實用英漢
法律大詞典

Practical English-Chinese
Dictionary of Law

彭金瑞　編著

商務印書館

實用英漢法律大詞典
Practical English-Chinese Dictionary of Law

作　　　者：彭金瑞
責任編輯：仇茵晴　黃家麗　黃稔茵
封面設計：涂　慧
出　　　版：商務印書館（香港）有限公司
　　　　　　香港筲箕灣耀興道 3 號東滙廣場 8 樓
　　　　　　http://www.commercialpress.com.hk
發　　　行：香港聯合書刊物流有限公司
　　　　　　香港新界大埔汀麗路 36 號中華商務印刷大廈 3 字樓
印　　　刷：中華商務彩色印刷有限公司
　　　　　　香港新界大埔汀麗路 36 號中華商務印刷大廈 14 字樓
版　　　次：2019 年 11 月第 1 版第 1 次印刷
　　　　　　© 2019 商務印書館（香港）有限公司
　　　　　　ISBN 978 962 07 0538 0
　　　　　　Printed in Hong Kong

序

　　自上世紀六十年代後半葉，彭金瑞先生在國際公法私法泰斗、著名法學家、外交部法律顧問、國際法協會會員和前南斯拉夫法庭法官李浩培教授的悉心指導下，結合外交工作實踐，編譯了《簡明英漢法律詞典》，分別於 1990－91 年由北京商務印書館和香港商務印書館承印出版。這是新中國成立後第一部得以在境外出版的法律詞典。

　　多年來，為加強法制建設，彭金瑞先生縱橫涉獵國內外法律典籍，在原著基礎上進行了全面修訂和擴編，尤其加大了外交、領事等國際法各領域法律術語的編輯力度，並附以必要注釋，內容豐富，貼近實用；並且還將他多年學習和積累常用的拉丁法律術語按字母順序編排作為詞典附編，查閱方便，富有創意。

　　欣聞香港商務印書館看到編者書稿至為青睞，決定要以繁體字在香港出版，並將該書取名為《實用英漢法律大詞典》(*Practical English-Chinese Dictionary of Law*)。我認為，此書不僅中國需要，外國也需要；這對提高中國在國際法學界的地位可謂是一件盛事，欣喜之餘，特此命筆作序。

潘漢典

中國政法大學比較法研究院比較法學教授、博導、

全國外國法制史研究會顧問、《元照英美法詞典》總審定

Pan Handian

Professor of Graduate School College of Comparative Law,

China University of Political Science and Law,

Advisor of China Association of World Legal History,

General Reviser of *English-Chinese Dictionary of Anglo-American Law*

2015 年 4 月 6 日於北京寓所

前　言

　　本詞典以"學古不泥古、學洋不媚外、融古通今、經世致用"的思想為指導，兼收並蓄，博採眾華，在原書《簡明實用英漢法律詞典》初稿等著作的基礎上進行修訂增編，旨在昌明法治，適應時代需求，本詞典主要增加特色如下：

一、法律術語薈萃，廣輯外交、領事和海商等國際私法、國際公法、國際經濟法術語

　　1. 全書條目增至八萬餘條，涵蓋英美法系、大陸法系、中華法系、羅馬法系、印度法系、伊斯蘭法系（亦稱"阿拉伯法系"）等，內容涉及中、美和英等國的國內法以及國際私法、國際公法和國際經濟法所屬各類法律術語和國際條約、國際機構名稱用語，並對其中部份條目附以必要解釋，以助理解；其語種除英語外，還包括法律上常用的拉丁語、法語、西班牙語和德語等法律術語；

　　2. 廣輯外交、領事和聯合國海商法、國際仲裁組織等術語；

　　3. 隨着國際法的不斷發展，本詞典輯入了新增的國際組織、國際條約、國際機構等名稱術語，諸如：G20、世界貿易組織、上海合作組織、南海各方行為宣言、跨太平洋夥伴關係協議、中美關於構建新型大國關係、一帶一路、亞洲基礎設施投資銀行，"雙軌並行"倡議、區域全面經濟夥伴關係、中智、中冰、中韓、中澳等自由貿易區協定以及紐約雷曼兄弟破產案而誘發的國際金融海嘯、歐洲諸國主權債務危機等法律術語。

二、注釋權威，囊括古今中外法學界精英的研究成果

　　1. 冶古今中外一批傑出的法學家雋智於一爐，諸如中國國際公、私法泰斗李浩培教授等對中華法系、歐美自由法系和大陸法系的研究成果及其對有關國際法、國際公約的分析、評論等精闢見解；

　　2. 揉合香港著名法學家、大律師對當代國際法的研究成果及其對香港常用法律術語的釋文，以及各國外交界、法學界對國際領事法和領事實踐的研究成果。

三、附錄含必要資料，方便學習、研究和應用

　　1. 增輯拉丁文法律術語。本詞典在李浩培教授提供資料的基礎上，加上本人多年閱讀積累，增譯各國法律典籍中部份常用的拉丁語條目，全書約輯八千條，按字母順序排列，作為附編方便查考使用；

　　2. 為了加強本詞典的實用性，特匯總部份常用詞條縮寫語及其原文千餘條，列表附於本詞典之末。以上均屬一種編輯嘗試。

　　簡言之，本詞典突出實用，相比海內外同類詞典，諸多術語為其所末有，從而增強本本詞典的工具性、實用性和知識性，期盼可為司法界、律師界、教育界和從事外交、外貿和新聞工作者提供案頭一本不可或缺的工具書。

　　中國著名法學家潘漢典教授獎掖後進，師表風範銘刻於心，末學多次登門請教，受益良多，深表謝忱！本詞典資料工作，得到王志雲、彭毅和劉元元女士以及諸多朋友鼎力襄助，在此一併致謝！

　　法律學博大精深，本詞典工程浩大。鄙人才識頑鈍，未能博聞辯智，戰戰兢兢，諸多條目僅供中譯，不盡如人意，誠如先賢所言"身不能至，心嚮往之"，一隅之見，紕漏難免，拋磚引玉，聊效前驅，懇請海內外專家學者不吝賜教。

彭金瑞

2019 年 2 月 22 日

修改於海南省樂東縣尖峰鎮

目　錄

凡 例

一、編排

1. 參照外國英文法律詞典編法，本書按英文詞語字母順序編排，每個條目第一個字母大寫。為方便查閱，書眉按需省略。
2. 本書對於複合詞和名詞片語均按詞序排列，如果第一個單詞相同，則按第二個單詞的字母順序排列。

二、條目

3. 名詞和專用語的縮寫字母合併置於該英語條目後的括號之內，例如：American Bar Association（ABA），如此查用簡便，縮小全書篇幅。
4. 詞意相同，但拼寫不同的則放在括號之內，例如：Alluvio（alluvion），餘則類推。

三、釋文

5. 一個單詞具有名詞、動詞（包括及物和不及物動詞）、形容詞等多種詞性，其釋文分別列出，但在其前面標以 I、II、III 等羅馬數字以示區別。
6. 如果兩個條目上下緊接着其釋文又相同者，後一條釋文略，而代之以"＝"、"同上"或"參見"表示。
7. 名詞釋文前所注的〔複〕表示為複數，但含有新意，例如：Amends 意為"賠償；賠罪"。
8. 本詞典中"Contract"一詞多譯為"契約"，有時也譯為"合同"、"合約"；又如"Mortgage"有時譯為"抵押"，有時譯為"抵當"（李浩培教授認為後者譯法更為貼切），因為作為擔保的標的物所有權移轉於擔保債權人；"Pledge 和 Pawn"譯為"質"，因為作為擔保的標的物的所有權並不移轉而只是佔有移轉於擔保債權人；"Hypothecation"譯為"抵押"至為精確，因為擔保的標的物的所有權和實際佔有都不移轉，而只是給予擔保債權人以取得佔有的權利（詳見劍橋大學出版社 1936 年出版的 *Roman Law and Common Law* by Buckland & McNair 一書）。再如，"Estate"一詞譯為："不動產物權"、"不動產"、"地產（權）""土地"和"財產"等，上述幾種釋文，全書亦未予統一，用者自酌。
9. 本詞典中有些釋文相異，但詞義相同，可以通用，例如："追訴、訴追"、"欺詐、詐欺"、"恢復、回復"、"反言、反悔"、"歸還、返還"、"有體、有形"和"法官、推事"（"推事"一詞，自明朝開始沿用至今）。對此，全文亦未予統一，用者自酌。
10. 本詞典中拉丁語和英語相雜者均劃歸英語條目。例如，"Act jure gestionis"、"Act jure imperii"等等。
11. 本詞典釋文包括古漢語等不同釋文都盡量列入以為查閱提供方便，例如："Broker"譯為："經紀人；掮客；居間人；中間人"等等。
12. 加注語法或使用方面的補充性說明，例如：〔總稱〕、〔用作單〕、〔B-〕（表示第一個字母要大寫），餘類推。
13. 附於《詞典》之末的常用縮寫術語表，除國際上定則之外，均以每個詞條單詞的首字母大寫進行簡縮。例如，"AAA，American Arbitration Association"。

縮略語表

一、詞性

1. a.………adjective　　形容詞
2. adv.……adverb　　副詞
3. n.………noun　　名詞
4. v.………verb　　動詞
5. prep. ... preposition　　介詞
6. conj. ... conjunction　　連接詞

二、詞源

〔中〕中國法律用語；
〔香港〕香港地區法律用語或其譯法；
〔台灣〕台灣地區法律用語或其譯法；
〔封〕中國、英國封建時代法律用語；
〔英〕英國法律用語；
〔撒〕撒克遜法律用語；
〔英古〕英國古代法律用語；
〔英移〕英國移民法用語；
〔主英〕主要為英國法律用語；
〔蘇格蘭〕蘇格蘭法律用語；
〔愛爾蘭〕愛爾蘭法律用語；
〔英、法〕英國和法國法律用語；
〔英俚〕英國法律俚語；
〔美〕美國法律用語；
〔主美〕主要為美國法律用語；
〔美移〕美國移民法用語；
〔美俚〕美國法律俚語；
〔美口〕美國口頭法律用語；
〔美、加〕美國和加拿大法律用語；
〔美、巴〕美國和巴拿馬法律用語；
〔加〕加拿大法律用語；
〔澳〕澳洲法律用語；
〔新〕新西蘭法律用語；
〔墨〕墨西哥法律用語；
〔美洲〕拉美國家條約法律用語；
〔南美〕南美國家條約法律用語；
〔古巴〕古巴法律用語；
〔以〕以色列法律用語；
〔猶太〕猶太法律用語 (亦即以色列法律用語)；
〔德〕德語、德國法律用語；
〔德古〕德語、德國古代法律用語；
〔法〕法語和法國法律用語；
〔法古〕法語和法國古代法律用語；
〔法、加〕法國和加拿大法律用語；
〔日爾曼〕日爾曼法律用語；
〔歐古〕歐洲大陸國家古代法律用語；
〔意〕意大利法律用語；
〔芬〕芬蘭法律用語；
〔丹〕丹麥法律用語；
〔冰〕冰島法律用語；
〔荷〕荷蘭法律用語；
〔比〕比利時法律用語；
〔瑞典〕瑞典法律用語；
〔瑞士〕瑞士法律用語；
〔歐共體〕歐共體法律用語；
〔南歐〕南歐國家條約法律用語；
〔北歐〕北歐國家條約法律用語；
〔希〕希臘法律用語；
〔希古〕希臘古代法律用語；
〔西、葡〕西班牙語、葡萄牙語及其法律用語；
〔日〕日語、日本國法律用語；
〔宗〕基督教、天主教等宗教法律用語；
〔伊斯〕古巴比倫法用語；
〔蘇〕前蘇聯法律用語；
〔波〕波蘭法律用語；
〔經互會〕前蘇聯為首的社會主義國家條約法律用語；
〔印〕印地語、印度法律用語；
〔伊〕伊朗法律用語；
〔土〕土耳其法律用語；
〔贊〕贊比亞法律用語；
〔肯〕肯雅法律用語；
〔羅德西亞〕羅德西亞法律用語；
〔沙特〕沙特法律用語；
〔國聯〕國際聯盟法律用語；
〔聯〕聯合國法律用語；
〔際〕國際法用語；
〔關貿〕關貿總協定法律用語或術語；
〔世貿〕世界貿易組織法律用語或術語；
〔關 / 世貿〕世貿 / 關貿組織法律用語；
〔基金〕國際貨幣基金用語；
〔世行〕世界銀行法律用語；
〔海法〕海事、海商法用語；

〔船〕船舶用語；　　　　　　　　〔航空〕航空法用語；

〔商〕商業用語；　　　　　　　　〔統計〕統計學用語；

〔財政〕財政法用語；　　　　　　〔會計〕會計法用語；

〔保〕保險用語；　　　　　　　　〔專利〕專利法用語；

〔軍〕軍事法律用語；　　　　　　〔邏輯〕邏輯法用語；

〔警〕警員及刑警法律用語；　　　〔口〕法律口語；

三、其他

〔罕〕法律罕用語；　　　　　　　〔諷〕譏諷法律用語；

〔貶〕貶義性法律用語；　　　　　〔喻〕比喻性法律用語；

〔蔑〕蔑視法官、法庭的法律用語；　〔俚〕法律俚語。

A

"A" list 〔英〕甲表 (甲類持股人名單，指清算人在公司解散過程中所列仍對公司資產負有清償責任的繳款人名單)

"A" mandate 〔國聯〕甲類委任統治地 (釋義見 "League of Nations")

A 100 〔英〕頭等船舶；一流船舶；一等船舶

A and B lists 〔英〕甲表和乙表 (甲、乙兩類持股人名單，至公司解散之日，甲仍為持股人，乙已不再是持股人，則依英國破產法規定，甲對公司債務負有償還債務或責任的繳款人義務)

A aver et tener 〔法〕擁有並持有；永久管業 (指永遠屬他及其繼承人所有和保有) (轉移不動產契據上的用語)

A balance of rights and obligations 權利與義務平衡

A binding 〔關貿〕一項義務 (指對關稅減讓表中產品項目的單項承諾)

A bon droit 〔法〕具有充分理由；正當；合理；公正

A brief summary of the legal basis of the complaint 起訴的法律根據概要

A catch-all category 〔領事〕包羅各種職銜類別 (意指包羅各類領事職銜，以適應各種紛繁複雜的領事工作)

A confidential version 保密文本

A consul's jurisdiction over merchant vessels flying the flag of the sending State within his district 領事對於在其領區內懸挂接受國旗幟的商船具有管轄權

A coordinated approach to the provision of technical assistance 〔世貿〕協調技術援助規定的方法 (指對最不發達國家的援助)

A copy of document 一份文件副本

A copy of the customs import and export tariff 一份海關進出口稅則

A deed or memorandum of appropriation 佔用契約或備忘錄

A document emanating from the competent authorities 一份由主管當局頒發的文件

A dominant mode of agreement 〔關貿〕主要的協議方式 (指關貿總協定務實地接受雙邊主義)

A fair, uniform and neutral system (for) 一個公平、統一和中性的制度

A fine force 〔法〕出於純粹必要的

A force 〔法〕必要的 (出於必要)

A force et armis 〔法〕用暴力；以暴力；使用武力

A forfait et sans garantie 〔法〕無追索權 (背書商業票據用語)

A group of products 一組產品

A group of states 一組國家

A group or range of goods 一組或一系列的貨物

A Guide to Money and Banking Statistics in International Financial Statistics (GMBS) 〔基金〕國際金融統計學貨幣與銀行統計指南

A Guide to Sensible Trade Policy 〔關貿〕實用貿易政策指南

A Guide to the Legal Sources of the Provisions of the GATT 關貿總協定規定的法律淵源指南

A hot topic in political circles 政治界的一個熱門話題 (指貿易與環境關係問題而言)

A issue (=at issue)〔法〕爭論中的；系爭中的；待裁決的

A lack of concordance 缺乏協調

A list of all information 〔世貿〕信息清單 (指檢驗國的檢驗機構應把貨品裝運前檢驗情況通知出口商，提供檢驗要求所必需的信息單)

A listing of the preferential arrangements 優惠安排的清單

A major proportion 〔關貿〕大多數 (指大多數的國內生產商)

A manner contrary to honest commercial practices 違反誠實商業行為的方式

A Manual on Government Finance Statistics (MFS) 〔基金〕政府財政統計手冊

A negative impact on the host country's environment 對東道國環境的負面影響

A new approach to managing global environmental problems 處理全球環境問題的新方法 (有學者認為，從長遠看環境與貿易制度兩者可以兼容)

A new approach to reducing poverty in Low-Income Countries 〔基金〕降低低收入國家貧困程度的新路子 (提供低息貸款、協助制定可持續發展的經濟政策等)

A New Chapter "新的一章" (指關貿總協定締約國於 1960 年 2 月召開特別會議接納新獨立的發展中國家入會而通過了《貿易與發展第四部份案文》，要求發達國家減少對發展中國家產品的貿易壁壘。為此，GATT 成立了貿易與發展委員會)

A new era of world trade 〔關貿〕世界貿易的新紀元 (指第八回合的烏拉圭多邊貿易談判所達成的建立 WTO 協定等巨大成果)

A new international legal entity 新的國際法人，新的國際法律實體 (意指 WTO)

A new version 新譯本；新版本 (指 WTO 為 GATT 的)

A norm of aspiration 〔關貿〕追求性規範 (指總協議中徒有名義規定，但不具強制義務性質，且發達締約國一直未採取切實可行的具體行動加以履行的規範)

A note of non-issuance 〔世貿〕不予簽發的通知書 (指因產品性質複雜無法在關稅領土內進行檢驗)

A party to an international undertaking 國際承諾的當事方；國際承諾的參加方

A prendre (profits a prendre) 〔法〕拿；佔有；取得；獲得；得到；抓住；採取權 (指收取他人土地上物產的權利)

A priori theories of law and justice 法律與正義的先驗論

A programme to monitor violations 一個監控違法的計劃

A public notice of the initiation of an investigation 一項發起調查的公告

A request for waiver 請求豁免 (豁免請求)

A request in writing 書面請求 (書面形式請求)

A

A request to extradite a person for bribery of a foreign public official　申請引渡賄賂外國公務員的人；請求引渡賄賂外國公務員的人

A series of principles for interpreting treaties　一系列解釋條約的原則

A series of recommendations　一系列建議

A set of rules and procedures governing countries of trade-related policies　〔關貿〕一套管理與貿易政策有關的國家的規則和程序

A single-package idea　一攬子計劃；一整套理念（指世貿組織是超越"外交主權"觀念的，所有成員方不容選擇，而應完全遵照執行"爭端解決程序"，處理彼此間的商事爭端案件，誠實地履行世貿組織的規則和規範）

A sophisticated set of procedures for dispute settlement　一套高級的爭端解決程序（指關貿與貿易總協定通過實踐開發出來的）

A stage code system　階段代碼系統（ISO 規定）

A standard classification system　標準分類系統（ISO 規定）

A statement　一份説明書；一份聲明書

A stranger to the contract　契約的局外人

A suppliers' list　供應商名單；供應商名錄

A System of National Accounts (SNA)　〔聯〕國民核算制度

A tort　〔法〕毫無道理；不公正地；不公允地；非法地

A tort et a travers　〔法〕毫不斟酌；毫無識別；未加鑒別

A true copy of credentials　（駐外大使）國書正式副本

A waiver in effect　一項有效的豁免

A whole　〔關貿〕總體（指國內生產同類產品的生產商的）

A world of trade blocs　很多貿易集團；眾多貿易集團

A year and a day　滿一年；一整年；一年和一日（指在此期間經過後喪失權利）

A-1 visa　〔美〕A-1 簽證（"外交官簽證"，美國駐外使、領館頒發給外國派駐美使、領館工作的外交官、領事官及其隨行配偶、子女的簽證）

A-2 visa　〔美〕A-2 簽證（指美國駐外使領館頒發給外國政府官員、僱員及其直系家屬，派往駐美國際機構官員及其直系家屬簽證等）

A-3 visa　〔美〕A-3 簽證（指美國駐外使、領館頒發給外國派往駐美使、領館工作的外交官的隨員、傭人、私人僱員及其直系親屬簽證）

Ab　猶太曆年（第 11 月，（聖年，即猶太教曆）第 5 月）；男女平等繼承父母的遺產（每月 24 日設宴慶祝廢止的撒都該法律）；〔英格蘭〕〔撒〕地名開頭字母的簡稱（例如，"abort"和"abbey"曾為方式或修道院建築）

Ab initio trespasser　從頭開始違法侵入者；從頭開始違法者

Abacist　算術家；算盤家

Abaction　盜竊家畜（罪）；以暴力方式盜走（牲畜）

Abactor (abacer)　盜竊成羣家畜者

Abalienate　*v.* 移轉權利；讓渡所有權

Abalienation　讓與；讓渡（產權或財產等所有權的轉讓）

Abandon　*v.* 放棄；拋棄；遺棄；〔保〕委付（指要保人為取得全損賠償把將因海難而受損之標的物的一切權益移轉給承保人）

Abandon act　拋棄行為；放棄行為；〔保〕委付行為

Abandon unfair trade practices　廢除不公平的貿易慣例（做法）

Abandoned　放棄的

Abandoned river-bed　廢河牀

Abandoned ship　棄船；被委付的船舶

Abandoned space object　被拋棄的空間物體

Abandoned things　拋棄的動產；被拋棄的所有物

Abandoned vessel　被委付的船隻；被委付的船舶

Abandonee　受領人（或有權領取被遺棄財物者）；被遺棄者；〔保〕受委付者（海運保險中由投保人委付海損財物全部權利的承保人）

Abandoner　委付者；放棄者

Abandonment　放棄；拋棄；讓與財產或權利；棄權；〔英〕遺棄罪（指按 1933 年《兒童和少年法》拋棄兒童或少年是一種罪）；〔美〕撤訴送達通知書（指使原告方放棄在高等法院的訴訟）；〔保〕委付（指在海難中，船舶或貨物要求按推定全損賠付時，被保險者須委付其全部權利、產權、求償權和佔有權，可取得的殘餘價值即歸承保人所有。其區別於：1. surrender 須經同意的放棄；2. forfeiture 喪失或沒收違背所有者意願所致）

Abandonment notice　委付通知書

Abandonment of action　放棄訴訟（原告看到無勝訴機會而放棄或撤銷控訴或上訴）

Abandonment of appeal　放棄上訴；撤銷上訴

Abandonment of children　遺棄子女

Abandonment of copyright　放棄版權

Abandonment of domicile　放棄住所；變更原住所；放棄戶籍

Abandonment of homestead　放棄宅地

Abandonment of household　放棄戶口

Abandonment of husband (or wife)　遺棄丈夫（或妻子）

Abandonment of ships　棄船；〔保〕船隻委付

Abandonment of the voyage　〔保〕放棄航次；拋棄航海

Abandonment to the secular arm　把罪犯從宗教法院引渡到普通法院

Abase　*v.* 使謙卑；使降低地位（或身份等）；降低品質；（貨幣等）變造；偽造

Abatable nuisance　可中止的妨害；可減輕的妨害；可排除的妨礙

Abate　*v.* 終止，廢止；撤銷（法令）；使失效；排除（障礙物）；扣減；減免；減輕；減少；降低

Abatement　〔英〕減免；減税（指海關減輕對進口貨物等的損害賠償額）；沖銷（指債務人全部財產不夠抵債而被迫沖銷其部份債務）；減少遺贈（因遺贈財產不夠分時，按比例減少之）；終止訴訟；潛佔完全保有的地產；自力救濟排除滋擾所產生的妨礙；〔保〕減免（撤銷部份或全部索賠）；〔刑罰等的〕減輕；回扣；中止支付（全部或部份，如租税等）；降價

Abatement and exemption from the penalties　刑罰減免；免除刑罰

Abatement of action or suit　終止訴訟（由於當事者死亡或者破產或送達的令狀不完備而中斷或中止訴訟）；〔美〕推翻訴訟；撤銷訴訟（美國某些地區法院規定，如果一起民事訴訟起訴後在特定期間內不送達訴訟文書則可予以撤銷）

Abatement of debts　減少債務（債務人的全部遺產不夠清償債務時，按各債權額比例分配）

Abatement of fire hazard　減少火災；消除火患

Abatement of freehold　〔英〕強佔自由保有的地產（指土地所有人死後其繼承人開始佔有以前，第三者非法佔有的土地）

Abatement of legacies 減少遺贈（全部或部份遺產之終止承受）

Abatement of nuisance 減少妨礙；〔英〕自力救濟排除妨害（指允許自力排除引起滋擾的妨礙物，並不得造成不必要的損害）；損害豁免（指在不可抗力的情況下的租約條款規定）；排除影響鄰里居民健康的滋擾通知書

Abatement of penalty 減刑（指減輕犯罪人刑罰或免除其部份刑罰的制度）

Abatement of penalty by degree on account of voluntary denunciation 自首減刑（指犯罪人被發覺前主動向司法機關告知自己犯罪的事實並表達出願意接受審判的意思，可從輕或免除處罰）

Abatement of purchase money 降價（因貨物有瑕疵，買主可請求減價）

Abatement of tax 減稅

Abater (abator) 非法佔有地產者（指被繼承人死亡後，在繼承人或受遺贈人登記佔有前，沒有登記權卻圖謀佔有自由保有不動產權而損害他們利益的第三者）；排除妨礙行為者（推翻、盡滅或摧毀權利妨害者）；除害者；訴訟中斷原因

Abattoir 〔法〕屠戶；屠宰場

Abbacinare 烙眼刑（中古時期的一種刑罰）；使人雙目失明（現代意大利語拼為兩個"b's"）

Abbacy 男修道院院長職務；大寺院主持權利和特權

Abbess 女修道院院長；尼姑庵長

Abbey 僧院；庵堂；修道院；大寺院

Abbot (abbat) 男修道院院長；大寺院主持

Abbreviate 縮寫；摘要；節略；〔蘇格蘭〕扣押破產者財產申請書及法院簡要通知書

Abbreviate of adjudication 判決摘要

Abbreviatio placitorum 〔英〕高級法院判例集（從理查一世 1184-1199 至 1290 年止，始有《判例年鑒》之前的訴訟判決記錄摘要）

Abbreviation 縮寫；簡略；摘要

Abbreviators 〔宗〕協助教皇起草敕書的官員

Abbreviature 〔英〕簡要的草案（簡要草稿）；摘要的草案（摘要草稿）

Abbrochment (abbroachment) 壟斷市場行為（囤積貨物以為零售，謀取暴利）

Abbuttals (Abuttals) 接壤；毗連；地界；邊界線（標明它們所屬的或接鄰的其他土地、高速公路或地方的界線）

ABC test 〔美〕ABC 檢測規則（排除在失業補助之外不受僱主控制的檢定規則：1. 所僱勞工不包括在僱主控制範圍內的勞務；2. 從事在僱主僱傭地區外勞務；3. 習慣從事自己獨立的職業）

ABC transaction 〔美〕ABC 交易（在開採礦產和石油中，甲經營者把開採利益轉讓給乙以獲取現金報酬，其留下的生產支出通常大於由乙付給的現金代價，而後甲又把所保留的生產支出部份再賣給丙以獲取現金。1969 年《稅收改革條例》取消了這種形式的轉讓業務優惠稅交易利益）

Abdicate v. 放棄（權利和職位等）；（國王）退位（或辭去政府的職位）；〔羅馬法〕剝奪繼承權

Abdicated monarch 退位君主

Abdication 放棄（放棄職位或在位特權是一種自願的行為，以便空位好讓指定的繼承人或事先選出者即位，其有別於"resignation"，"交還上級所授予的職權"）；（國王）退位

Abdicator 棄權者；罷免者；退位者

Abduct v. 誘拐，拐騙；劫持；綁架

Abduction 誘拐；劫持；綁架；〔美〕拐帶罪（指以詐騙、勸誘或公開動武拐走人妻、兒童及被監護人；非法誘拐或扣留女子為妻、妾或娼妓）；〔英〕拐帶（指騙走別人的妻子、兒童或被監護人。對此，有些案件中定為犯罪行為；有些在民事訴訟中定侵犯者敗訴）

Abductor 誘拐者；綁架者；劫持者

Aberemurder 〔撒〕故殺（明顯謀殺人、純粹謀殺人，其區別於"manslaughter"和"chance medley"）

Aberrance 〔英〕舉止；行為（指良好的生活作風）

Aberration 失常行為；錯誤行為；精神失常；神經錯亂

Abet v. 教唆；慫恿（犯罪）；幫助（犯罪）（指提供犯罪工具或任何有助於犯罪東西的人）

Abetment 教唆；慫恿；幫助；唆使（犯罪）

Abetter (Abettor) 教唆犯；幫助犯

Abeyance 遺產所有人未定（指已逾繼承期間的時效仍無人主張的產權）；〔英〕中止貴族稱號原則（指一旦發生共同繼承一個貴族稱號的情況下）；擱置；中止

Abeyant 無主的；所有人未定的

Abide v. 忍受；等待；履行；執行（指法院的判決）；居住

Abide by 遵照；遵守；履行

Abide by the law 守法；遵守法律

Abide by WTO's rules de facto and de jure 事實上和法律上均遵守世貿組織的規則

Abiding conviction 確定之罪（指從徹底查訊整個案件始末中得出的）

Abiding-place 居所；居所地

Ability 能力（指贍養配偶和家庭的能力）；技能；才能，才幹，才智

Ability theory 〔財政〕能力說

Ability to compete 競爭能力

Ability to monitor compliance with agreed solutions 〔世貿〕監督按約定解決的能力

Ability to pay 給付能力；支付能力，償付能力；納稅能力

Ability to raise capital or investments 籌資或投資的能力

Ability to receive 受領能力

Ability to repay in foreign exchange 外匯償付能力

Ability to repay investments in foreign exchange 償還外匯投資的能力

Abingdon law 阿賓頓法（"私刑"，即絞死囚犯後再行審判）

Abishering (abishersing) 免除罰金；免予沒收

Abjudicate v. 剝奪；判為不法

Abjuration 〔英〕宣誓放棄（指以宣誓放棄國籍或某些權利或特權）

Abjuration of the realm 〔英古〕不回國的誓約（指被放逐的罪犯宣誓除經允許永遠不回聯合王國）

Abjure v. 宣誓放棄

Ablative fact 依法取消權利的事實

Able 有法定資格的；有能力的；有才能的

Able to earn 〔美〕有掙錢能力的（指應僱期間，每個工人每週或每月平均能掙取工資額的能力、完成僱傭工作任務的能力）

Able to purchase 有購買能力的（通常指購買者的財力、資金）

Able-bodied 〔軍〕體格健壯的

Able-bodied seaman 一等商船水手；高級海員，一級海員

Ablocate v. 出租；租賃

Ablocation　出租；租賃

Abnegate　*v.* 放棄（權利等）

Abnegation　放棄；否認；拒絕

Abnormal　不正常的

Abnormal discount　不正常的折扣

Abnormal loss　非正常損失；非常損失

Abnormal person　變態的人；反常者

Abnormal risk　非正常風險；異常危險（如地震等）

Abnormal sexuality　變態性欲

Abnormality of mind　神經失常

Abode　居住地（暫時的住所，其反義詞為永久的住所 "domicile"）；住所；居所（指男人與家庭居住和夜裏睡覺的處所，可包括工作和營業的處所）；寄居；寄寓；寄宿

Abogado　〔西〕律師；辯護人

Abolish　*v.* 廢止；撤銷；取消；收回；撤回；徹底廢除（指諸如撤銷機構、廢除合同、習慣、慣例及廢除奴隸制）

Abolish Act　〔英〕廢除販賣奴隸法（1807-1838 年）

Abolish all remaining subsidies　〔關貿〕取消所有遺留的補貼

Abolish visa requirements　取消簽證要求

Abolishable　可廢除的；可撤銷的

Abolisher　廢除者；撤銷者

Abolishment　撤銷；廢止，廢除；撤回；取消

Abolishment and establishment　廢置

Abolition　廢止；廢除（法律、習慣、制度等的）；消滅；赦免（法、德民法用語）

Abolition of entry visas　取消入境簽證

Abolitionism　廢奴主義；廢除主義；廢奴主義者

Abolitionist　廢除主義者；主張廢除死刑者

Abominable crime　雞姦；獸姦（俗稱"可恥之罪"）

Abominable offence　獸姦罪行

Aboriginal　土著居民

Aboriginal cost　原始成本

Aboriginal title　〔美〕土著所有權（指土著的印第安人排他性的佔用。美國宣稱主權之前其祖先原著民所使用的土地和水域地帶）

Aborigines　土著；原住民

Abort　*v.* 流產；夭折

Abortee　被墮胎的婦女；做流產的婦女；被流產者

Aborticide　墮胎罪；墮胎；流產

Abortifacient　墮胎藥

Abortion (miscarriage)　墮胎；〔美〕人工流產（一種是故意使懷孕婦女流產；另一種經醫生診斷該懷孕婦女不應繼續懷孕）；〔英〕墮胎罪（指用藥物或手術使胎兒早產或使成為死胎的行為。但為了治療或保住孕婦生命的流產是合法的）

Abortion Act　〔英〕墮胎法

Abortionist　（以）搞墮胎為業的人；非法替人墮胎者

About　*prep.* 幾乎；差不多；大體上；接近；大致；大約；關於；對於

Aboutissement　〔法〕接壤；毗連；地界；邊界線

Above　較高的；上級的；在先的；超過的

Above average costs　平均成本以上；高於平均成本

Above marginal costs　邊際成本以上；高於邊際成本

Above normal loss　超常損失

Above par　高於票面價值；超過面值（指有價證券市價高於其票面價值）

Above par value　平價以上；高於票面價值

Above suspicion　無可置疑

Above the line　線上項目（編制資產負債表的損益表的習慣分類。在損益表中，其計算毛利時所必須列入的項目。在英國預算中，指從稅收得到的收入以及由此項收入中付出的開支）

Above-cited　前引的；前述的

Above-mentioned　上述（的）

Above-named　上文所提的

Above-the-line budget　線上項目預算；經常預算

Above-the-line expenditure　線上項目支出

Above-the-line item　線上項目

Above-the-line promotion　線上推銷

Abrasion　磨損；皮外損傷

Abridge　*v.* 減小；減少；刪節；節略；縮短

Abridged copy　節本；簡本（指對原本而言）

Abridgement of All Sea Laws　《海洋法大全》（1613 年）

Abridgement of the Statutes　〔英〕（中世紀）議會法規彙編（1481 年）

Abridgement of the Year Book　〔英〕年鑒概覽（年鑒要略）

Abridgement　節略，節本；著作的摘要；法律摘要；〔複〕《英國法律大全》（舊通稱）

Abridgement of damages　減少損害賠償額（指法院對某些案件具有減賠權）

Abroad　在海外；在國外；〔英〕國外（衡平法用語）

Abrogate　*v.* 撤銷；取消；使無效；廢止（以立法行為或習慣法而廢止前法）；廢除（法令、條約、習慣等）

Abrogation　廢除，廢止（因施行新法或習慣法而廢止前法。其區別於：1. derogation 廢止前法中某些部份；2. subrogation 替代前法中某一條款；3. dispensation 免除前法特定程序；4. antiquation 廢止舊法律）；撤銷（條約等）

Abrogation of judgement　撤銷判決

Abrogation of rights　撤銷權利

Abrupt action　突然採取行動

Abscond　*v.* 潛逃；脱逃（指為躲避法院管轄）；隱匿（指為避免法律程序）；失踪

Abscond to avoid punishment　逃避懲罰

Abscond with the money　持款潛逃；卷款潛逃

Abscondence　逃亡；失踪

Absconder　潛逃者；逃亡者

Absconding debtor　在逃債務人（指故意逃離通常住所，躲開債權人以圖賴債）

Absconding defendant　在逃被告；潛逃中的被告

Absconding employer　在逃僱主（在逃業主）

Absconding person released on bail　在逃的被保釋人

Absence　不在（指離開住所，或居所的在逃業主）；缺席，不到庭（不在特定的時間到庭）；〔英〕避不應訴；失踪（按英國婚姻案件程序法規定，夫或妻在某種情形下如失踪達七年之久即可提出重婚訴訟辯護和作為離婚的理由；夫婦分居連續達五年者即具離婚充分理由）

Absence of accused　〔英〕刑事被告人缺席（指在叛國案件中，刑事被告在預審和審判時必須出庭，其在公訴中是否出席審判則無關緊要，但對於簡易罪，法院可接受被告書面認罪答辯）

Absence of constituency support　沒有選民的支持；缺乏選民支持

Absence of consular relations　無領事關係

Absence of diplomatic relations 無外交關係

Absence of jurisdiction 無管轄權

Absence of nationality 無國籍狀態

Absence of proof 缺乏證據

Absence on leave 因假缺席

Absence without leave 擅離職權；擅自缺席；曠工

Absence without reasonable excuse 無合理原因擅離職守

Absent 缺席的；不在的；不在場的；缺勤的

Absent from work without reason 無故曠工

Absent nationality 無國籍

Absent person 不在者；缺席者；失踪者

Absent voting law 缺席投票法

Absent without leave 曠工的；缺勤的；擅離職守的

Absentee 不在者 (指不在通常的居所和住所)；失踪者；缺席者；缺勤者；曠工者；〔移〕在外者 (指住在國外)

Absentee ballot 缺席投票；缺席選舉人票 (指缺席者預先交給選舉機構所投的票)

Absentee landlord 不在房東；不在出租人；不在地主 (指通常不住在其房屋內)

Absentee voting 缺席投票 (指因生病、服役、在外地經商等原因在選舉日內未能參加而通常以郵寄方式投票之謂)

Absenteeism 故意曠工行為；缺席率；怠工主義

Absenter 不參加者；缺席者

Absoile, assoil, assoile 寬恕；赦免；釋放 (指從逐出的教會中救出)；補償

Absolute 無條件的；絕對的；不受限制的，最終的；完全的；專制的；獨裁的

Absolute acceptance 無條件承兌；單純承兌

Absolute advancement 〔香港〕無條件提前遺贈 (指夫妻共同擁有的物業，如丈夫先去世，即構成推定為妻子的無條件遺贈與饋贈；此推定同樣適用於未婚夫以未婚妻子名義所購買的產業)

Absolute amnesty 無條件大赦

Absolute assignment 絕對轉讓；全部讓與

Absolute beneficiary 絕對受益人

Absolute bill of sale 動產絕對讓與證書；絕對買賣契約

Absolute bond 不附條件的債券

Absolute book 承兌支票登記賬 (簿記用語)

Absolute command 確定權

Absolute continuity 絕對連續性

Absolute contraband 絕對禁製品；絕對禁運品

Absolute contract 不附加條件的契約 (合同)

Absolute conveyance 無條件轉讓；無條件讓與 (權利或財產)

Absolute cost of production 絕對的生產成本

Absolute decree of divorce 離婚訴訟的最後判決

Absolute decree 絕對判決；最後判決

Absolute deed 不附解除條件的轉讓契據；無條件契據 (其有別於抵押契據："mortgage deed")

Absolute defence 絕對辯護理由

Absolute delivery 完全交付 (指寫好證書的同時交給對方使其立即生效的交付)

Absolute difference 絕對差額

Absolute disability 完全無行為能力；絕對無資格

Absolute discharge 完全撤銷 (法院的命令)；〔英〕無條件釋放 (因考慮到犯罪情景，犯罪性質和犯人性格不便治罪而予開釋)；〔香港〕絕對解除破產

Absolute divorce 完全離婚；絕對離婚 (指依法完全解除夫妻關係)

Absolute duty 絕對義務 (指無條件的、不受限制、不能撤回，亦非暫時性義務)

Absolute embargo 完全禁運；絕對禁運物品

Absolute endorsement 單純背書；絕對背書 (指不限制背書責任之無條件背書)

Absolute equity 絕對衡平法

Absolute estate 完全地產；絕對不動產

Absolute guaranty 無條件擔保

Absolute immunity 絕對豁免

Absolute impediment 絕對的結婚無效條件 (指無行為能力，如精神病人等)

Absolute interest (財產的) 絕對權益

Absolute international right 國際絕對權

Absolute invalidity 絕對無效

Absolute law 絕對法 (指真正合適的自然法則，不受抽象原則和理論方面的影響)

Absolute liability 絕對責任；無過失責任 (指對於無故意或過失而造成的損害負有的責任)；〔保〕絕對賠償責任

Absolute loss 實際全部損失

Absolute majority 絕對多數

Absolute military security 絕對軍事安全

Absolute monarchy 君主專制政體；專制君主國

Absolute necessity 絕對必要

Absolute net loss 絕對淨損

Absolute neutrality 絕對中立

Absolute nullity 絕對無效

Absolute obligation 絕對債務 (指在任何情況下都必須履行的債務)

Absolute order 絕對指令；立即完全生效的決定

Absolute owner 絕對所有人

Absolute ownership 絕對所有權

Absolute pardon 完全赦免；無條件赦免；絕對赦免 (指赦免罪行)

Absolute payment 絕對支付款項 (指完全按債務支付)

Absolute poverty line 絕對貧困線

Absolute power 絕對權 (不受法律支配的權利)

Absolute price competition 絕對價格競爭 (指以廉價的商品爭取銷路、佔領市場、擊敗對手的一種競爭形式)

Absolute privilege 絕對特權 (指人人均可應允得到的)

Absolute promise 無條件承諾

Absolute property 絕對所有權 (個人所擁有的財產)

Absolute proximity 絕對接近

Absolute quotas 絕對配額 (指對特定產品的進口數量或金額規定允許進口的最大限量)

Absolute responsibility 絕對責任

Absolute right 絕對權利

Absolute rules 絕對規則

Absolute sovereignty 絕對主權

Absolute standard of living 最低生活費；最低生活水平

Absolute title 〔英〕絕對地產權；絕對不動產所有權 (指依《1925 年土地登記法》登記而擁有絕對所有權的土地)

Absolute total loss 絕對全損 (指保險標的遭受全部滅失之災)

Absolute veto 絕對否決權；(統治者的) 絕對不認可權

A

Absolute warranties 〔蘇格蘭〕絕對擔保（指受讓人的土地所有權）

Absolutely 絕對地；完全地；無條件地；無限制地；不依賴於；缺席地

Absolutely fatal wound 絕對致命傷

Absolutely void 絕對無效

Absolution 〔宗〕赦免；免責；免罪（指牧師等被宣告無罪；或不受處罰或無罪釋放）；無罪宣告，宣判無罪（指被告所被指控的罪狀不成立而宣告無罪）；〔法〕駁回告訴；不受處罰（指行為雖不當，但尚未至要受處罰的程度）

Absolutism 絕對性；絕對主義；專制政體；專制主義（指不受任何法律、憲法控制而由某些人專權）

Absolve *v.* 宣告…無罪；赦免…罪行；解除…債務；解除…責任

Absorb foreign investment 吸收外資

Absorbed exposure 〔保〕吸收危險

Absorbing state 吞併國

Absorption 吞併；合併；吸收；就業優先權（指原公司被他公司兼併時，其老資格的工會會員在就業問題上可與僱主討價還價）；買方免付運費（指部份或全部運費由賣方或承運人支付之謂）

Absorption costing 吸收成本計算；全額成本計算（指累積成本，包括直接的材料成本、勞動成本、可變成本和固定成本）

Absorptive capacity 吸收能力

Abstain (from) *v.* 棄權

Abstain from pleading 放棄抗辯

Abstain from voting 放棄投票；不投票

Abstainer 不投票的人；放棄投票人

Abstaining 棄權

Abstention 拋棄；棄權；克制；迴避；〔法〕節制；克制；棄權

Abstention doctrine 〔美〕棄權原則（旨在避免與本州事務管理發生不必要衝突而放棄管轄權）

Abstention from voting (Abstention from vote) 棄權；不投票

Abstinence 節制（如暴食、暴飲、戒酒等）；禁欲

Abstinence of drug 戒毒；戒除毒癖

Abstract *v. & n.* I. 摘要；提取；抽取（銀行基金等）；竊取；轉移；分離；II. 摘要，概要；節略；抽象

Abstract concurrence of several offence 抽象數罪併發

Abstract jurisprudence 純粹法學（指僅限於分析各種實在法律規範的結構和關係，既不探討法與經濟、政治、道德等因素的關係，也不涉及人們在實際上如何行為的法學）

Abstract of a fine 〔英古〕土地轉讓協議摘要（按舊時不動產轉讓手續，契約令狀和協議摘要上載有雙方當事人姓名、所轉讓的土地和協議，更通俗地稱為 "note of a fine"）

Abstract of invoice (Abstract invoice) 裝貨清單摘要；簡式發票

Abstract of record 訴狀摘要；案情摘要（指訴訟案全過程的摘要）；卷宗節錄；記錄摘要；檔案節本

Abstract of title 產權說明書；所有權證書摘要（提供給買受人或受押人而準備的產權狀況摘要，說明產權的歷史及其檔案證據包括圖示等概要）

Abstract question 假設的問題（指無事實根據的問題或權利）

Abstract statement 摘要說明書

Abstraction 竊取；盜用（指懷有侵害或欺騙的意圖）

Abstraction of electricity 盜用電力

Absurdity 荒謬；邏輯上矛盾；荒唐（指公然反對、無視明擺的事實）

Abu Dhabi Fund for Arab Economic Development 阿拉伯經濟開發阿布扎比基金

Abundant proof 充分證據

Abus de confiance 〔法〕濫用信任；背信罪（指心懷偏見欺詐地濫用或花去為特定目的交給的貨物、金錢、票據、文件或契約）

Abus de droit 〔法〕濫用權利

Abuse *v. & n.* I. 濫用，妄用；II. 濫用，妄用；虐待，辱罵；凌辱（指在肉體上和精神上的）

Abuse civil proceedings 濫用民事訴訟程序

Abuse of asylum 庇護所的濫用

Abuse of authority 濫用權力

Abuse of competence 濫用職權

Abuse of discretion 濫用酌處權；濫用裁量權

Abuse of distress 濫用扣押物（指濫用扣押中的動產或牲畜）

Abuse of flag 濫用旗幟

Abuse of flag of truce 濫用休戰旗

Abuse of human rights 人權的濫用

Abuse of immunity 濫用豁免權

Abuse of judicial discretion 濫用司法裁量權

Abuse of justice 濫用司法

Abuse of monopoly power 濫用壟斷支配力

Abuse of neutrality 濫用中立

Abuse of police authority 濫用警察權力

Abuse of power 濫用權力

Abuse of privileges 濫用特權

Abuse of process 濫訴；濫用訴訟程序（指惡意或不當地利用某種司法程序以期從被告那裏取得得各種利益，其有別於 "malicious process"）

Abuse of rights 濫用權利（指行使超越法律所授予範圍內的權力）

Abuse of the air 濫用空間

Abuse of the diplomatic bags 濫用外交郵袋

Abuse of worker rights 濫用工人權利

Abuse office 濫用職權

Abuse power 濫用權力

Abuse theory 濫用理論

Abused and neglected children 〔美〕受虐待的兒童（指肉體上和情感上受到嚴重損害）

Abusing children 虐待兒童；〔英〕姦淫少女（罪）

Abusive 妄用的；濫用的；虐待的；傷害的

Abusive conduct 濫用行為

Abut (abutting) *v.* 鄰接，毗連，緊靠

Abuttals 接壤；毗連；地界（指標明毗鄰的其他土地、公路或屬它們的地方）；（鄰接土地的）邊界線

Abutter 毗連地產所有人；鄰接邊界土地所有人（指無其他土地、道路或街道介入其間的邊界）

Abutting 毗連的

Abutting owner 鄰接土地所有者；境界地所有者

Abyssal floor 深海底

Abyssal ocean floor 深洋底

Abyssal plain 深海平原；海盆

Abyssal sediment   深海沉積物

Ac etiam clause   同時條款

Academic   預備學校，預科（在美國指為升入大學作準備的學校；在英國一般指為升入高中作準備的學校）；不關案件的問題；假設的問題

Academic and infrastructural support   學術和基礎結構上的支持

Academic credentials   學術資格證書

Academic degrees regulations   學位條例

Academic freedom   學術自由；〔美〕合格教育權利

Academic jurist   經院法學家（書院法學家）

Academic qualification   學歷；學業資格

Academic question   〔美〕模擬訊問；假設訊問（指不要求法院回答或作出判決的爭點，因於案件無此必要）

Academic title   學銜

Academy   高等學府；研究院；學會；專家協會（指在文學、藝術、法律或科學的特定機構中的）；柏拉圖哲學

Academy of Criminal Justice Sciences (ACJS)   刑事司法科學院

Accede   *v.* 答應；同意（to）；就任（to）；加入（to）；繼承（to）

Accede to a treaty   加入條約

Accede to the Marrakesh Agreement Establishing the World Trade Organisation on the terms and conditions set out in the Protocol annexed to this decision   茲按附於本決議議定書中所列條款和條件加入《馬拉喀什建立世界貿易組織協定》

Acceding countries   〔世貿〕加入國

Acceding member   加入成員國

Acceding state   加入國

Accelerate depreciation   加速折舊（指固定資產實行比一般資產為快的折舊率）

Accelerate economic growth in developing countries   加速發展中國家的經濟增長

Accelerate process toward reducing poverty   〔基金〕加速降低貧窮的進度（程）

Accelerate the approval process   加速批准程序

Accelerated Cost Recovery System (ACRS)   〔美〕加速成本回收制（指美稅務署允准在一定期限內對固定資產加以免稅以加速其復蘇的一種核算方法，1986年修訂）

Accelerated depreciation   加速折舊；增重折舊（指比直線法更為加快對固定資產折舊的各種辦法）

Acceleration   提前佔有期待之財產權益（縮短期待權的期待期間）；加速到期；提前收益（指已預見將來違約而拒絕或可能拒絕償還債務的一種救濟，即較預期早得到的財產收益）

Acceleration clause   提前償付條款；加速到期條款（指在信托、典當、期票、債務、地契或其他信用協議的條款中規定貸款人可視債務償還情況或提前要求償還全部債務）

Acceleration premium   〔美〕增產獎金；增產而提高的工資級別

Accept   *v.* 接受；收受，收領；同意；承認；認可；承諾；履行；承兌（票據等付款人得支付委托承擔付款義務的行為）

Accept a bill of exchange   承兌匯票

Accept a nil or low profit   接受零利潤或低利潤

Accept bail   准予保釋

Accept consular access to protection of his nationals   〔領事〕同意領事會見保護其本國國民

Accept for honour   參加承兌（指預備付款人和票據債務人以外的第三人在匯票到期為了防止執票人行使追索權，加入承擔付款的行為）

Accept membership   接受會員國資格

Accept service   接受送達（律師代被告接受訴訟文書的送達）

Accept service of documents   接受送達文書

Accept some responsibility for the objectives of the other organisation   〔世貿〕承受其他組織目標的部份責任

Accept testing reports for products   接受產品檢驗報告

Acceptable risk level   可接受的風險水平

Acceptance   同意；接受；承諾（指受約人對要約人提出合同條款表示同意，接受要約）；承兌（指遠期匯票付款人接受匯票，如承兌人到期拒絕付款，則持票人可對其起訴）；〔保〕承保；接受分保；驗收（指對商品的檢驗）；〔英〕接受租金（指構成不動產租賃）；接受貨物

Acceptance au besoin   〔法〕必要時的承兌（指票人拒絕承兌的話，必要時就由他人來承兌）

Acceptance bank   承兌銀行

Acceptance bill   承兌票據，承兌匯票（指受票人拒絕承兌的話，必要時就由他人來承兌）

Acceptance book   承兌票據登記簿

Acceptance by all Members   〔世貿〕所有成員方接受規則（世貿組織協議第9條規定：修改世貿組織協定及其附件協定有關內容的規則需要獲得世貿組織所有成員方明示同意後才可以作出修改決定以確保世貿組織重大原則長期穩定）

Acceptance by intervention   參加承兌（指匯票付款人拒付時，由預備付款人或其他第三人給予承兌以維護付款人的信譽）

Acceptance clause   接受條款

Acceptance commission   承兌手續費

Acceptance contract   承兌合同

Acceptance council   承兌票據聯盟

Acceptance credit   承兌信用，承兌信貸；承兌信用證

Acceptance error   承兌誤差

Acceptance fee   承兌手續費；認付費

Acceptance for honour   參加承兌（釋議同"acceptance by intervention"）

Acceptance formula clause   接受公式條款

Acceptance in blank   空白承兌；不記名承兌（待填金額的匯票）

Acceptance letter of credit, acceptance L/C   承兌信用證（指對受益人開立的遠期匯票進行承兌，在匯票到期日予以付款的信用證。如指定銀行或保兌行拒絕承兌，則由開證行予以承兌並承擔到期付款的責任）

Acceptance limit   〔世行〕承兌限度（指特別提款權指定的）

Acceptance of a bill   匯票承兌

Acceptance of abandonment   〔保〕委付承認；委付的受理

Acceptance of appointment   應聘書

Acceptance of bill of exchange   匯票承兌

Acceptance of bribes   受賄（罪）

Acceptance of goods   購買贓物；接受貨物

Acceptance of membership   接受會員資格

Acceptance of offer   要約的承諾

Acceptance of protest   接受抗訴書；接受抗議書

Acceptance of risk   風險的承擔（僅存在於主僕之間爭議的一種分攤過失）

A

Acceptance of service 接受送達（律師代表當事人，接受訴訟文書、接受傳票）

Acceptance of shares 股票承兌

Acceptance of succession 繼承的承認；接受繼承

Acceptance of the bid 中標；得標

Acceptance register 驗收登記簿；承兌票據登記簿

Acceptance simpliciter 〔際〕單純接受（指簡單而無儀式的接受）；無限制的接受

Acceptance supra protest 參加承兌（指當受票人拒絕接受出票人的匯票時為免匯票被退回，出票人朋友背書參加承兌）

Acceptance under reserve 附保留接受

Acceptance, Entry into Force and Registration 〔關貿〕（本協議的）接受、生效和登記

Accepted 已承兌的；已認付的；已接受的；公認的

Accepted bill 已承兌的匯票；已承兌的票據

Accepted commercial practice 公認的商業慣例

Accepted draft 已付付的匯票

Accepted liberal norms 公認的自由化規範

Accepted meaning 〔際〕公認的意義

Accepted rules 公認的規則

Accepted standard of civilisation 公認的文明標準

Accepteur par intervention 〔法〕參加承兌票據人

Acceptilation 〔蘇格蘭〕銷賬；免除（指無償免除債務人所欠的款項）

Accepting house 〔英〕承兌銀行

Accepting service 〔英〕代收訴訟送達令狀（指被告律師代表被告接受法院的訴訟令狀或傳票並承諾出庭）

Acceptor (accepter) 受領人；受款人；承兌人；驗收人

Acceptor supra protest 參加承兌人（指受票人拒絕支付票據作成拒付證書後由出票人或背書人參加承兌）

Access 接近機會；出入自由權（指賦予土地所有者通過相鄰道路往返的權利）；查看（抄寫）版權作品的機會；〔英〕探視兒女權；接觸公共檔案的權利；交合的機會（指已與配偶發生性交的可能性，據此推斷該婦人的丈夫就是其子的父親，但其夫可列舉沒有發生性交的證據進行抗辯）；接近；進入；（市場）准入；銷路；〔計算機〕存取

Access into space 進入空間

Access limit 〔基金〕存取限額

Access of parliament 進入議會

Access of sea 出海

Access to a facility 〔基金〕取得一筆貸款

Access to business opportunities 獲得商業機會

Access to counsel 〔美〕向律師諮詢的權利；獲得律師辯護的權利（憲法第 6 條修正案保證賦予每個人獲得律師辯護等權利）

Access to courts 進入法院；訴諸法院的權利；獲得法院公正審判的權利；向法院申訴的權利

Access to distribution channels and information networks 〔世貿〕進入銷售渠道和信息網絡

Access to non-confidential evidence 〔世貿〕了解非保密性證據

Access to review 參與審查

Access to the children 〔香港〕探視兒女權

Access to the sea 通往海洋；出入海洋

Access to world market 進入國際市場；打入世界市場

Accession 權利的取得；增大，增加（包括動產或不動產、自然的或人為的增加在內都是財產所有者的財產組成部份，例如蔬菜長大、牲畜繁殖等）；添附（財產的添附、領土的添附）；加入（指無條件或有條件接受加入他國締結的條約）；就職；繼位，登基（指繼位的國王或女王）

Accession ad hoc 特別加入

Accession clause 加入條款

Accession commitment 加入承諾

Accession Convention 參加公約（荷、比、盧、丹等歐洲九個成員國 1975 年締結的）

Accession council 〔英〕（新王）繼位委員會（指國王一逝世，繼位委員會即由貴族院神職議員和世俗議員、樞密院成員和倫敦市長等組成召開新王登基會議）

Accession declaration 〔英〕繼位宣告（登基宣告）

Accession Declaration Act 〔英〕繼位宣告法（1910 年）

Accession of property 財產添附；財產自然孳息

Accession of territory 領土添附

Accession of the sovereign 繼承王位（根據 1910 年《繼位文告法》英王或女王駕崩，其繼承人即刻成為君主）

Accession process 〔世貿〕加入程序

Accession record 信托受理簿

Accession tax 財產所得稅

Accession to a treaty 條約的加入

Accession to an estate 財產的繼承

Accession to the throne 登基；即位；〔英〕英王繼位

Accession to the WTO Agreement 加入世貿組織協定

Accession Treaty 〔歐共體〕加入條約（1972 年）

Accession working parties 加入工作組（負責審查申請方是否符合加入世貿組織的各項規則和規範並負責向秘書處寫出書面報告）

Accessions 〔複〕附屬物；從屬物

Accessions and Adhesions 加入

Accessory (accessary) *n. & a.* I. 幫兇；從犯（指既非犯罪的主犯，也未參加作案，但在事前或事後對所犯的罪行有關係的人）；附屬物；附件，零件；II. 同謀者；附屬的；從屬的；附加的

Accessory action 附帶訴訟；從屬訴訟

Accessory after the fact 事後從犯（指明知犯罪者卻故意加以庇護使其逃避刑罰）

Accessory article 附屬性條款（附條）

Accessory at the fact 在場從犯（指犯罪時在場沒有參加作案，但也沒有在其能力範圍內協助阻止犯罪者）

Accessory before the fact 事前從犯（指在幕後教唆或幫助他人犯罪而不在犯罪現場者）

Accessory belligerent 輔助交戰國；輔助交戰者

Accessory building 附屬建築（指便益於主樓的附加的建築物。例如：工具棚等）

Accessory claim 附屬性求償

Accessory contract 附屬契約；從契約；從合同（指原當事人或其他當事人以抵押或質押來保證原合同得以履行）

Accessory debtor 從債務人（其反義詞為 "principal debtor"）

Accessory during the fact (=Accessory at the fact) 在場從犯（指犯罪時在場而沒有參加作案，但也沒有在其能力範圍內協助阻止犯罪者）

Accessory duty 附加義務（從義務）

Accessory law 附屬法律；輔助性法律

Accessory obligation 〔美〕〔蘇格蘭〕附加債務；從債務（指附加或從屬主債務並以此保證履行原始債務）；從義務；附帶義務

Accessory offender 從犯（其反義詞為"principal offender"）

Accessory penalty 從刑，附加刑（指附隨於主刑的刑罰，如罰金、剝奪政治權利和沒收財產、驅逐外國犯人出境等）

Accessory punishment 附加刑（指附屬於主刑的刑罰，例如：罰金、剝奪政治權利和沒收財產、對於外國犯人判刑後加以驅逐出境）

Accessory rights 從權利（指以主權利之存在為前提的權利，它的產生、變更和消滅均從屬主權利的存在，如抵押權等）

Accessory risks 〔保〕附加保險，附加險（指在保險單規定範圍以外另加的所有保險）

Accessory to adultery 通姦者從犯；通姦者幫兇

Accessory trust 附帶信托

Accessory use 從使用，附屬使用（就區域劃分法而言是從屬主使用而存在的）

Accident 意外；意外事故（指不單單是不可抗力、不可避免、無法預見到的，也不是由於玩忽職守人為過失而發生的事故）；〔英〕災禍；意外事件；〔美〕不測事件（根據 1975 年《社會保障法》通常的詞義）；衡平法上因原告過失而引起的事故和損失

Accident allowance 災害補助金

Accident and disability clause 人壽保險附加傷害殘廢保險條款

Accident benefit 傷害事故補助金

Accident collision 意外碰撞

Accident compensation 事故損失賠償

Accident death 意外死亡

Accident death insurance 意外死亡保險

Accident fire 失火

Accident frequency 意外事故頻率（指勞動者在一定時期內發生事故的次數）

Accident frequency rate 意外事故發生率（指勞動者在一定時期內發生事故的次數）

Accident injury 意外傷害

Accident inquiry 事故調查

Accident insurance 意外保險；事故保險（指意外事故給人身造成傷害的保險）

Accident involving civil liability 民事責任事故（涉及民事責任事故）

Accident involving criminal liability 刑事責任事故（涉及刑事責任事故）

Accident medical reimbursement insurance 意外醫藥費保險

Accident policy 意外保險單

Accident proneness 事故傾向；意外事故傾向

Accident report 意外事故報告書；海事報告書

Accident severity rate 災害事故輕重率；意外事故強度率

Accidental 偶然的；意外的；偶然發生的

Accidental allowance 災害補助金

Accidental cause 意外原因

Accidental damage 意外損害；意外損壞

Accidental death 意外死亡（指保險單上規定包括由於突然、沒有預見的外力造成的死亡）

Accidental death benefit 意外死亡受益條款

Accidental force 不可抗力（如天災、地震和戰禍等）

Accidental homicide 意外殺人（非故意殺人）

Accidental income 偶然所得

Accidental injury 偶然傷害；意外傷害

Accidental injury to passenger 旅客意外傷害

Accidental killing 意外殺人（非故意的殺人）；過失殺人；誤殺（指有理由認為其行為合法無害，但卻造成傷亡事故，其區別於"involuntary manslaughter"由於非法行為等造成誤殺）

Accidental means 意外原因（指非故意的、難以預期的、不可預見的突發原因造成的傷害）

Accidental vein 附屬礦脈

Accion 〔西〕訴權，起訴權；返還財產或通過追償債務的司法程序

Accolade 〔英〕騎士授封儀式

Accomenda （貨主和船長間訂立的）銷售貨物合同

Accommodated party 受融通票據者

Accommodation 貸款；空頭票據；融通票據（指僅作為一種與他人方便而不收受報償的一種調節或約定；或指央行在銀根緊迫時給予商業銀行的信貸援助和調濟等）；收容；調節；〔複〕膳宿供應；艙位

Accommodation allowance 住房津貼；食宿津貼

Accommodation bill (or note) 空頭票據；融通票據（指付款人並不欠發票人任何債務，而是為了發票人的利益而承兌匯票，使後者能把匯票向銀行貼現，取得信貸，發票人則在到期前把款項送還付款人，以備清償）；食宿費用（收據）

Accommodation endorsement 融通背書（指在其他公司、單位的票據上所作的背書）

Accommodation endorser 融通匯票背書人（為得益於其他當事人而不收取報酬在票據上簽名的人）

Accommodation lands 適用土地；房屋租用地；方便地（以改良鄰近土地為目的而購入的土地，一部份作為修建房屋用，其他部份作為增加地租用）

Accommodation line 〔保〕融通業務

Accommodation loan 融通貸款（一種不含有體代價的友好援助）

Accommodation maker 簽署融通票據人；融通票據出票人（指在期票上簽名，不收取代價以將其簽名信譽借給票據上的融通人）

Accommodation note 空頭票據；欠單；融通票據

Accommodation paper 融通票據（指為方便籌措資金而在票據上簽名並不收取報償的人）

Accommodation party 票據融通人；匯票擔保人（指在票據上簽名，作為承兌人、背書人，不收取代價以把自己的簽名借給他人之謂）

Accommodation road 〔美〕方便路；專用道路（指開闢專為通向家裏、地裏等用益的道路）

Accommodation works 〔英〕便利工程（指為方便連接鐵路土地所有者或佔有人要求鐵道部門建造門和橋等工程）

Accommodator 調解人；調停人；貸款人；背書擔保人

Accompany *v.* 伴隨；陪同（美國規定 16 歲以下的汽車司機必須要有成年人或有執照司機陪同開車）

Accomplice 幫兇；同謀犯；同案犯，共犯（指在犯罪現場或不在者但公開而自願地幫助慫恿或默許實行犯罪行為的在共同犯罪中起次要或輔助作用的犯罪份子）

A

Accomplice liability 從犯（刑事）責任（指包括案犯在作案前、作案現場或作案後的責任）

Accomplice under duress 脅從犯

Accomplice witness 共犯證人（指在犯罪現場或不在者但作為與以非法行為等犯罪有關的主犯、同犯或從犯者的證人）

Accomplices under duress shall go unpunished 〔中〕脅從不問（指在被脅迫或被欺騙等情況下參與犯罪的，為分化、瓦解反革命集團或犯罪團夥，故對其犯罪行為採取從輕或免予處刑）

Accomplished fact 既成事實

Accomplished offence 既遂罪

Accomplished offender 既遂犯

Accompt (=account) 賬目（指因合同或委托關係而引起當事人之間的債務債務情況的明細賬）；賬戶；客戶；交易關係；賬單；清冊；敍述；詳細報告；理由；利潤；利益

Accord *v. & n.* I. 同意；一致；贊成；達成協議；II. 協定；協議；和解協議（指侵害一方與受害者之間達成和解而停止一切訴訟）；〔際〕媾和

Accord adequate opportunity 給予適當的機會

Accord an initial negotiating rights 〔世貿〕給予最初談判權（對於因修改或撤消減讓而受損失的成員方一種補償形式）

Accord and satisfaction 和解與清償；合意解決（指雙方當事人同意全部或部份清償或補償受害者以為合意了結侵害一方的侵權或違約責任，且受害一方對此不得再行起訴）；調解（指在刑事案件中以更替某種管轄權方式調解斷案；在保險中對賠償金額等進行調解和評定）

Accord executory 待履行的和解合意；待履行的清償協議

Accord favourable treatment 給予優惠待遇

Accord full facilities (for) 給予…充分便利

Accord full facilities for the performance of the functions 〔領事〕提供執行職務的一切便利

Accord national treatment 給予國民待遇

Accord personal protection 提供個人保護

Accord privileges and immunities 賦予特權和豁免

Accord sympathetic consideration 給予同情的考慮

Accord tariff preferences to developing countries under the generalised system of preferences (GSP) 〔關貿〕依照普惠制規定給予發展中國家關稅優惠（指發達國家的承諾）

Accord the right to exchange preferences among themselves in the name of collective autonomy 〔關貿〕以集體自治原則的名義相互之間給予優惠的權利（指發展中締約國的承諾）

Accord the right to speak 給予發言權

Accordance 協調；一致；依照

Accordent 〔法〕同意的；一致的；協調的

According to the tenor 根據其本義或涵義

According to law 按照法律；依照普通法；與法律一致

Accost *v.* 勾引；引誘

Accouchement 〔法〕分娩（在證明親權關係中，在場的醫生或接生婆對於分娩事實所提供的直接證詞通常是非常重要的證據）

Account (a/c; acct.) 賬目（指因合同或委托關係而引起當事人之間的債務債務情況的明細賬）；賬戶；客戶；交易關係；賬單；清冊；敍述；詳細報告；理由；利潤；利益

Account annexed 所附賬目；附帶賬目

Account balance 結平的賬戶；賬戶結餘；賬戶差額；清訖

Account book 會計賬簿（指商人等登記商務交易的簿冊）

Account computation 清點賬目（關於法院或衡平法院訴訟中的債務人和債權問題）

Account current 往來賬戶；流動賬戶；銀行往來存款；往來賬單；會計月報表；業務月報

Account day 結算日；交割日（指證券交易所對上一期交易業的）

Account debtor 賬目債務人

Account duty 〔英〕遺產清算稅（對受遺贈人和人壽保險金領取人所課的稅金，現在遺產稅的一種）

Account for 說明理由；解釋原因；交待；負責；〔美〕把錢付給有權收款人

Account in trust 信托賬戶（指個人開設賬戶以受托保管他人之利益）

Account note (or statement of account) 賬目；賬單

Account of bankruptcy 破產賬

Account of customer 消費者賬戶

Account of executor 遺產清冊；遺囑執行人的賬目

Account of proceedings 遺產會計報告；訴訟登記簿

Account of sale 銷貨賬

Account on-the-spot 現場報告；實地報告

Account opening form （銀行）開戶申請表

Account or account render 開列（尚未付款的）賬單之訴；報表之訴（指普通法中對委托關係人如作為監護人、執達員、破產管理人因拒不提供財產清單而提起的一種訴訟方式）

Account party 開戶方；開戶當事人

Account payable 應付賬款（項）

Account payee only 只付收款人本人

Account receivable 應收賬款（項）

Account render 開列（尚未付款的）賬單之訴（指普通法中對委托關係人如作為監護人、執達員、破產管理人因拒不提供財產清單而提起的一種訴訟方式）

Account rendered 結欠清單；借貸細賬（債權人交給債務人的賬單）；發送的賬單

Account sales (A/S or A/s.) 承銷清單；寄售銷貨清單

Account settled 已結清賬目；付訖

Account stated （債務人認為無誤的）確認欠賬單；認可賬額；對賬單（指債務者與債權人之間就到期債務雙方同意支付與承兌全部結欠款項的交易的）；已結的賬目

Account transfer memo 轉賬通知單

Accountability 應負的責任；經管責任；會計責任；責任的確定

Accountable 應支付的；負有責任的；有說明義務的；有交代的；可歸責的

Accountable receipt 負有作出計算義務的（金錢或動產）收據

Accountancy 會計學

Accountancy law 會計法

Accountant 會計；會計師；查賬員；〔軍〕主計

Accountant and controller general 會計及事務管理主任

Accountant general of the navy 海軍檢查總監；海軍主計

Accountant in bankruptcy 〔英〕破產核算員

Accountant liability 會計師責任

Accountant of court 〔蘇格蘭〕高等民事法庭會計官

Accountant officer 會計主管；主計長；〔軍〕主計官

Accountant privilege 會計特權（指由會計給顧客準備的

材料不得披露的保護特權，顧客存款等非經司法程序不得查閱）

Accountant professional liability 會計師職業責任

Accountant to the Crown 〔英〕政府會計員

Accountant-client privilege 〔美〕會計師拒絕泄露客戶賬務的特權（保護客戶數據的特權）

Accountant-General 會計主任；〔英〕總會計師（掌管最高法院訴訟費用和保證金等）；財政部主計長；〔美〕海軍部主計總監

Accountant's lien 會計師的留置權（指會計師有權留置所清理的賬務直至僱主給付勞務費為止）

Accounting 會計；會計制度；會計方法；清算賬目（自願或根據法院命令清算賬目作出判決）；合夥公司賬務（徹底解決全部合夥賬務衡平訴訟程序）；借貸對照表；會計學

Accounting and Auditing Act 〔美〕會計和審計法（1956 年）

Accounting concepts 會計觀念；會計概念

Accounting entity 會計個體；記賬單位

Accounting equation 會計等式；會計方程式

Accounting evidence 賬目證據；查賬證據

Accounting for profits 返還收益之訴（收回信托關係中受托人違約所得收益的衡平法上的救濟訴訟）

Accounting identities 會計恒等式（指複式記賬中借方和貸方的恒等關係）

Accounting law 會計法（調整國家機關、企業事業單位在處理會計事務中經濟關係的法律規範）

Accounting Law of Imperial Railway 〔英〕帝國鐵路會計法

Accounting methods 〔美〕計算法；核算方法（指按收支情況核定應納稅的方法）

Accounting official 出納官員

Accounting period 會計結算期；會計期（美國稅務局規定納稅人必須在會計年度內履行其繳納所得稅的義務，即從 1 月起至 12 月 31 日止）

Accounting practices 會計實務；會計習慣做法

Accounting principles 會計原則；會計原理

Accounting Principles Board (APB) 〔美〕會計原則委員會

Accounting procedures 會計程序

Accounting rate 會計匯率；會計兌換率

Accounting Research Bulletin (ARB) 〔美〕會計研究公報

Accounting Series Release (ASR) 會計論文集；〔美〕會計審計程序公告（指會計證券交易委員會發佈關於向證交會報告應遵循的澄清會計與審計程序的原則）

Accounting standards 會計準則

Accounting unit 記賬單位；會計單位；財務處理單位

Accounting voucher 會計憑證

Accounting year 會計年度

Accounts and audit 〔香港〕賬目及核數

Accounts and Financial Reports Division 〔基金〕賬目財務報表處

Accounts and inquiries 〔英〕（法院指令在內庭）查詢賬目

Accounts of operation 作業會計

Accounts payable 應付賬款；應付未付賬款

Accounts receivable 應收賬款；應收未收賬款

Accounts receivable insurance 應收賬款保險（指因損害或賬簿毀損所致而無法收回所欠應收的賬項損失之保險）

Accounts receivable turnover 應收賬款步轉率（標志一公司每年應收賬款的次數轉成現金的比率；或平均應收賬款與淨賒銷之比）

Accouple *v.* 結合；結婚

Accredit *v.* 授權；認可；委任；任命（大使）；派遣（使節）；授予（使節）國書；鑒定…為合格

Accreditation 外交使節的任命；鑒定

Accreditation requirement 鑒定要求

Accredited 認可的（人）；採納的（意見）

Accredited agent 委任的代表；派遣的代表

Accredited correspondent 特派記者

Accredited diplomat 委任的外交官

Accredited diplomatic representative 委任的外交代表；派遣的外交代表

Accredited invoice 〔商〕認證發票

Accredited law school 〔美〕認可的法學院（指經州政府、法學協會和律師協會鑒定合格而批准創辦的學校）

Accredited representative 派遣的代表；委任的代表；經認可的代理人

Accrediting head of state 委任的國家元首

Accrediting of negotiators 派遣談判人員

Accrediting state 委任國；派遣國

Accredition 委任；派遣

Accretion 土地的自然增加（指由於海水退潮而露出的或河流沖積物堆成的自然原因而逐漸增加的土地）；財產的增加（指資金因利息而增加等）；繼承份額添附（指繼承人或受遺贈人有聚集任何共同繼承人或受贈人拒絕繼承，不遵守遺囑條件或因共同繼承人或受遺贈人中之一先去世而成為沒有資格繼承遺囑者之遺產的股份或份額的權利）；〔蘇格蘭〕所有權添附（指受讓者添加了對有瑕疵的所有權轉讓後經其完善的確認）

Accroach or accroche *v.* 侵犯；侵佔；〔英〕僭權（指企圖行使未經授權之權利）

Accrocher 〔法〕擱置；遲延；推遲，延期

Accrual （=accretion）財產增加；財產增值（指資金或財產的增加、土地自然添附、個人權利的增積）

Accrual accounting 權責發生制賬法

Accrual basis 應收應付制；權責發生制（指反映稅制年度和支出費用和已賺收益的一種會計方法）

Accrual basis of accounting 權責發生制；應計制；應收應付制

Accrual method of accounting 會計的應計法

Accrue *v.* （利息等）增殖；增添；增長；附加；產生；由…而引起；〔英〕提起（訴訟）

Accrue right 〔美〕城鎮公地享有權（指原先紐英倫鎮市民可分享在該城鎮的公有土地）

Accrued alimony 應付未付的扶養費

Accrued annual leave 累積年假

Accrued assets 增值資產；應計資產；流動資產；應收未收的款項

Accrued bond interest 應計未付債券利息

Accrued charges 應計費用

Accrued compensation 應付未付的補償費

Accrued depreciation 應計折舊

Accrued dividend 應計股息；應計股利（指已公佈但尚未付給的淨盈利股）

Accrued dividend certificate 應計股利證書

A

Accrued duties and taxes　應付捐稅

Accrued expense　應付未付的費用 (指已花而未付的開支)

Accrued income　應計收入 (指已賺得但尚未付的收益)

Accrued interest　應計利息 (指應計未付或應付的利息)

Accrued interest on mortgage　應計抵押利息

Accrued interest payable　應付未付利息

Accrued interest receivable　應收未收利息

Accrued liability　應計債務；應付未付的債務 (指在指定的會計結算期內但尚未到期應付的債務或欠款)

Accrued right　已產生的權利 (指司法當局要求對已判決的訴由給予救濟)

Accrued salary　應付薪金 (指僱主應付而未付給僱工的補償工資)

Accrued taxes　應付未付的稅款；應計稅款 (指定會計期內未付或應付的稅款)

Accruing　初期的；未完成的；在成熟過程中

Accruing costs　審判宣告的訴訟費用 (判決後應計的訴訟費用)

Accruing interest　累積的利息 (指逐日累積尚未付或應付的資本債利息，其區別於 "accrued or matured interest")

Accruing right　擴大的權利；增長中的權利

Accumulated adjustments account　〔美〕累計調整的納稅年度賬款

Accumulated allowance for depreciation　累計折舊提存

Accumulated amortisation　累計攤銷

Accumulated capital　累計資本

Accumulated cash　累計現金

Accumulated deposit　累計存款

Accumulated depreciation　累積折舊；增重折舊 (又稱 "折舊準備和應計折舊")

Accumulated depreciation allowance　累計折舊減免

Accumulated depreciation reserve　累積折舊儲備金

Accumulated dividend　累計股利 (指到期後尚未付給股東的紅利)

Accumulated earnings　累計收益

Accumulated earnings tax　累計收益稅 (指對公司所課徵的一種特別稅)

Accumulated fund　公積金

Accumulated income　累計收入

Accumulated interest　累計利息

Accumulated legacy　累積遺產 (尚未給付受遺贈人可分配部份的動產遺贈份額)

Accumulated net income　累計純收益

Accumulated net loss　累計淨虧損

Accumulated profit tax　累計利潤稅

Accumulated profits　累積利潤；滾存利潤 (指包括已賺得和投資的利潤在內)

Accumulated stock　累計股份

Accumulated surplus　〔美〕累積盈餘，滾存盈餘 (在涉及公司稅法中，指公司已擁有超過資本和負債的資金)

Accumulated taxable income　累積應稅收入 (指應課收公司的累積收益稅的收入)

Accumulated value　積累價值

Accumulated wealth　累積財富

Accumulated-earnings credit　累計收益扣除額 (指允許扣除應稅所得以確定累積收益稅)

Accumulation　滾存；積累；資本增益 (指出售主要資產或投資所累積的財產、收益)；〔美〕〔複〕滾存租利收益 (指遺囑執行人或其他受托人根據遺囑或契據將所收到的租金、紅利和其他收益作為資本投資從而產生新的收入資本如此滾存衍成資本、資金和累積的收益)

Accumulation of funds　資金積累

Accumulation of risk　〔保〕風險累積；責任累積 (指承保人一定份數的保險單所承保的標的或責任在一次事故中都有遭受損失或發生牽連的可能性之謂)

Accumulation trust　累積信托 (指受托人被指示累積一段收入後再行分配的 "累積收益信托")

Accumulative　累積的；資產增積的；附加的；加添的

Accumulative dividends　累積股利；累積紅利 (其釋義與 "cumulative dividends" 相同，但其特點是優先股股東合意先分取紅利後再分給普通股股東紅利)

Accumulative evidence　累積證據

Accumulative judgement　累積判決 (指罪犯已犯了罪並已判決，但又對他作出了第二個或附加的判決，須等其服完第一次刑後，再執行第二次判決)

Accumulative legacy　再次遺贈；雙倍遺贈；雙重遺贈

Accumulative liabilities　累積負債

Accumulative offence　累犯

Accumulative penalty　累積刑罰

Accumulative sentence　多數定罪處刑判決；累計判決 (指被告數罪併罰受到判決，一罪刑期服滿接着就服下一個刑期)

Accumulative sinking fund　累積償債基金

Accuracy of the translation　翻譯的準確性

Accurate assessment　精確的評估

Accusal　(=accusation) 告訴；控告；指控

Accusation　告訴；控告；指控

Accusation evidence　檢舉證據

Accusator　刑事告訴人；刑事告發人；刑事訴追人

Accusatory body　〔美〕控告團體 (指諸如大陪審團，其職責是審查證據以裁定是否應向某人提起控告，其區別於 "traverse or petit jury" 的職責)

Accusatory instrument　控告文書 (刑事起訴文書諸如大陪審團公訴狀、監察官控告狀或刑事起訴書)

Accusatory part　控告部份 (刑事起訴書的罪狀部份)

Accusatory pleading　刑事起訴狀；公訴狀 (政府據以審判該被告的罪狀)

Accusatory procedure　〔美〕對抗制訴訟程序 (指政府負有舉證責任，證明被告有罪的一種辯論式的訴訟程序，區別於 "inquisitorial system")

Accusatory stage　(刑事訴訟) 控告階段

Accusatory system　〔美〕對抗制；控告式制度 (司法機關不主動追查犯罪，被害人或其他人提出控告，司法機關法官審理案件是公開的、口頭的，主要是審查雙方當事人所提出的證據，並聽取他們的意見，然後作出判決，這是美國的判例制度，刑事罪犯由政府起訴審訊，其不同於糾問式訴訟制度)

Accuse　*v.* 告訴；告發；控告；指控

Accused　刑事被告人

Accused person　被指控人；被告人

Accuser　告訴人；告發人；控告人；控訴人

Accusing party　控方 (控告方)

Accustomed　習慣的；通常的；慣常的

Achieve a reasonable rate of increase (in)　取得合理的增

長率

Achieve full compatibility with GATT requirements 取得和關稅與貿易總協定規定完全一致

Achieve greater liberalisation, stability and expansion in international trade 實現國際貿易更大的自由化、穩定和擴大

Achieve improved market access for textiles and clothing products 〔世貿〕為取得紡織品和服裝產品優化的市場准入

Achieve mutually satisfactory compensatory adjustment 達成雙方滿意的補償性調整

Achieve progressively higher levels of liberalisation of trade in service 〔世貿〕逐步達到服務貿易自由化的更高水平

Achieve specific binding commitments 〔世貿〕達成具體約束承諾 (指在農產品協定中就市場准入等問題)

Achieve subject matter (=patentability)〔美〕可授予專利的標的

Acid rain 酸雨

Acid test 酸性測驗 (財政分析法，即以流動負債與流動資產作比較)

Acid test method 酸性測試法

Acid test ratio 酸性測試比率 (指現金資產和流動負債之比)

Acknowledge v. 承認；自白，供認；承擔責任；認領；簽收

Acknowledge a deed 承認證書

Acknowledgement 〔美〕承認；供認；確認 (指在授權的官員面前正式聲明所執行的文件)；(非婚生子女的) 認領；〔英〕債務承認書 (指經債權人或其代理簽署的證件不受時效限制)；簽認遺囑證書 (指遺囑人在其遺囑上簽字；如立遺囑人事實上未在兩個證人面前簽署，但其後將在他們面前明示或通過行動承認是在證人面前簽署的履行 1837 年《遺囑法》規定)；簽收 (訴訟令狀送達承認書)

Acknowledgement money 承認保證金

Acknowledgement of a deed 行為的供認

Acknowledgement of debt 承認負債

Acknowledgement of deeds 契約的確認

Acknowledgement of deeds by married women 〔英〕已婚婦女對契據的確認 (指由契據轉讓其分開的財產)

Acknowledgement of natural child 非婚生子女的認領

Acknowledgement of right to production of documents 〔英〕確認提供契據的權利 (指如果業主保留有關尚未售出部份財產的契據，其有權給買主提供和複製該契據並保證要妥為保存，並給予確認和保證；如果全部財產賣給兩家或多家者，那麼該契據由其中最大的一家買主保存，並給予確認和保證)

Acknowledgement of service 送達訴訟文件回執；〔香港〕送達認收書；專遞文件收據

Acknowledgment of wills 確認遺囑 (指立遺囑者在其遺囑上簽字確認)

Alcoholism 酒精中毒

ACP-EEC Convention of Lome (between the African, Caribbean and Pacific States and the European Economic Community) 非洲、加勒比和太平洋國家與歐洲經濟共同體的洛美公約

Acquainted 熟悉的

Acquereur 〔法〕〔加〕不動產取得者；不動產買主；購買人 (以購買方式取得所有權，尤指改良不動產)

Acquest 新置的財產；購得的財產

Acquets 〔法〕購得的財產；贈與的財產；非繼承的財產；夫婦共有財產 (指在結婚後共同獲得的財產)

Acquiesce v. 默認；默許 (指對於交易、權力擴大等行為的默示同意)

Acquiescence 默認；默許；消極承諾；默示同意 (指不公開地承認存在的交易、或交易的意向、或允許其成交的行為，其不同於認可公開有效的行為 "confirmation"；其與 "laces" 類同，前者含 "積極的同意"，後者含 "消極的同意")

Acquirable territory 可取得的領土

Acquire v. 獲得；得到；取得 (指通過自己的努力、購買、投資等方式而獲得的財產等)

Acquire new functions 〔領事〕取得新的職能

Acquire the most advanced Membership type 〔世貿〕獲得最高級類型的會員資格 (指在國際標準化機構中的類別)

Acquired 獲得的；取得的；得到的

Acquired allegiance 〔英〕僑民對其居留地國負擔的義務；僑民的效忠 (對歸化國的效忠)

Acquired enterprise 被購企業；被收購方

Acquired firm 被購企業，被收購方

Acquired nationality 取得的國籍 (指因歸化、婚姻或收養而取得國籍)

Acquired rights 既得權利；取得權利 (諸如主權、指揮權或財產權等)

Acquired rights clauses 既得利益條款

Acquired surplus 既得溢額；盤購盈餘 (指由於資本結構的變化或經營更多的生產而產生的溢額)

Acquirement of nationality 國籍取得

Acquirenda 〔蘇格蘭〕後得財產 (尤指由破產或婚後所得的)

Acquirer 取得人；轉得人

Acquiring enterprise 買方企業；收購方

Acquiring firm 買方企業，收購方

Acquiring land by compulsion 土地收用；土地徵用

Acquiring party 取方；讓受方

Acquiring state 取得國

Acquisition 取得；獲得 (亦即獲取特定財產所有權的行為，指成為某種財產所有者之行為)；徵用 (指東道國政府基於國家公共利益的需用，依一定法律程序，對外國投資企業資產的全部或一部份實行徵用，收歸國有)；收購 (指一個有限公司以現金、債券或股票購買另一公司的股票以取得對該公司的控股權)

Acquisition and loss of ownership 所有權的取得和喪失 (指確認所有權法律關係的發生和消滅，以及所有權主體的變更，即一方取得，一方喪失)

Acquisition by conquest 征服取得

Acquisition by occupancy 佔有取得

Acquisition commission 展業手續費

Acquisition cost 展業費；新合同成本；購置成本

Acquisition land 獲取土地

Acquisition of a claim 取得債權

Acquisition of asset 購置資產 (指一公司通過購買另一公司的財產)

Acquisition of Citizenship by Naturalisation of Parent 因父 (母) 入籍取得國籍；因父 (母) 歸化取得國籍

Acquisition of claim 取得債權；取得求償權

Acquisition of intellectual property rights 〔世貿〕知識產權的獲得

A

Acquisition of land　獲得土地

Acquisition of nationality　取得國籍

Acquisition of nationality by birth　因出生取得國籍

Acquisition of nationality by descent　因血緣取得國籍

Acquisition of SDRs　〔基金〕獲得特別提款權

Acquisition of territory　取得領土

Acquisition of title　取得所有權（指財產所有權的取得有原始取得和傳來取得兩種）

Acquisition price　收購價格

Acquisition of right in personam　債權的取得

Acquisitive impulse　營利衝動

Acquisitive offenses　〔美〕侵犯財產罪（指各種形式的盜竊和侵犯所有權或佔有財產的不法行為）

Acquisitive prescription　取得時效（指取得權利的時效，有時稱為 "positive prescription"）

Acquisitor　取得人

Acquit　*v.* 宣告…無罪；釋放；免除（債務）；履行（職責）

Acquitment　〔宗〕宣告無罪；免除刑罰；〔法〕駁回控告

Acquittal　免訴；釋放（指釋放嫌疑犯或罪犯）；宣告無罪，無罪判決（指陪審團證明被指控犯罪者無罪；或被控告者只是從犯，而主犯已經無罪釋放，從犯也就隨之宣告無罪）；免除合同責任；免除債務；償還債務；〔封〕履行職責（指中間領主保護承租人由於為其提供勞役而不被封建主要求賠償、侵入或騷擾的責任）

Acquittal in fact　依事實宣告無罪（指經陪審團審訊作出無罪判決）

Acquittal in law　依法律宣告無罪

Acquittal of a charge　無罪釋放

Acquittal of a debt　免除債務

Acquittal order　釋放令；解除令；償還令

Acquittals in fact　〔美〕依事實宣告無罪

Acquittals in law　〔美〕依法律宣告無罪

Acquittance　免除責任；免除債務證書（嚴格說來與 "receipt" 為同義語）

Acquittance register　償還債務收據登記冊

Acquitted　獲釋的；宣告無罪的；司法上免訴的；免除債務的

Acquitted of a charge　無罪釋放

Acquitted of a debt　免除債務

Acre　英畝

Acre foot　英畝尺（＝325,850 加侖或含一英畝一尺深的水量）

Acre right　〔美〕英畝權（新澤西城鎮共有地的公民享有權）

Acrisia　病況惡化

Across the border　跨境；跨越邊境

Across-the-board　全面的；包括一切的

Across-the-board cut　〔關貿〕全面削減（指第六輪 "肯尼迪回合" 多邊貿易談判達成有些工業品關稅降低 35%）

Across-the-board percentage reduction　〔關貿〕以百分率計全面降低（關稅）

Across-the-board tariff reduction　全面降低關稅

Act　行為；活動；公約；法令；條例；法律；制定法（議會制定法的略稱 "act of parliament"）

Act Against Such Persons as to Make Bankrupt　〔英〕破產條例（1542 年）

Act and warrant　〔蘇格蘭〕指定破產管理人的命令（指在蘇格蘭查封財產中頒發給保管人的證件，確認指定他並授與他佔有和收集破產者財產的權利）

Act as agent　擔任代理；充當代理（人）

Act as amiable compositeur　充當友好的調解人；當任仲裁人

Act as notary and civil registrar　擔任公證員和民事登記員

Act as representative of the sending state　當任派遣國代表

Act by which superficies are created　設定行為

Act committed　已實施的行為；已作行為

Act for Uniformity of Service and Administration of the Sacrament　〔英〕禮拜統一及聖禮執行法（1549 年）

Act for (or of) preservation　保存行為

Act harmful to the enemy　害敵行為

Act in collusion to make each other's confessions tally　串供（指和犯人串通，捏造供詞以舞弊）

Act in defiance of orders　違抗命令

Act in excess of authority　越權行為

Act in pais　法院外行為（在法院外作成，並不記錄在案的）；法院外作成的私人財產讓與證書（指兩人或兩人以上私自依據普通法當場作成的私人財產讓與證書或保險交易）

Act in the law　法律行為（指遺囑的表示或法人的意圖旨在設定、轉讓或消滅合法的權利並使其生效。諸如，訂立合同或遺囑，或執行財產轉讓）

Act malum in se　本質上不法行為

Act of Abjuration　〔荷〕獨立宣言令（1581 年）

Act of acceptance　接受行為；接受書

Act of acquisition　取得行為（併購行為）

Act of adhesion　加入行為；加入書

Act of adjournal　〔蘇格蘭〕刑事判決錄；高等刑事法院程序法（於 1672 年得到高等司法法院通過的法令所確認，現仍被視為《行政立法性文件集》加以援引，但可明示或默示廢止）

Act of administration　行政行為

Act of aggression　侵略行為

Act of appropriation　據為己有行為

Act of armed force　武裝力量行為

Act of Assembly　〔蘇格蘭〕長老會總會法

Act of Attainder　〔英〕褫奪公權法（指議會通過的立法，判處叛國罪犯和重罪犯死刑並沒收其財產和繼承權等）

Act of authentication　認證行為；授權行為

Act of authority　權力行為

Act of authorisation　授權行為

Act of bad faith　不誠實行為

Act of bankruptcy　破產行為（指破產債務人將其財產轉移給破產管理人以清償債務的行為）；〔美〕破產法

Act of business tax　營業稅法

Act of comity　禮讓行為

Act of commission　委任行為

Act of concealment　隱瞞事實行為

Act of Congress　〔美〕國會制定法

Act of consideration　有償行為

Act of corruption　腐化行為；賄賂行為

Act of Court　〔英〕訴狀性質的法律備忘錄（尤指海事法院）

Act of defence　防衛行為

Act of delimitation　劃界行為

Act of denunciation　廢約行為；退約行為；譴責行為

Act of depredation　掠奪行為

Act of destruction　破壞行為

A

Act of disposition 處分行為

Act of Elizabeth 〔英〕伊利沙伯女王法令（指亨利八世第 26 號法令，亦即伊利沙伯一世 1 號法令規定國王為國教教長）

Act of Emancipation 〔英〕解放令（指 1829 年規定新舊教徒權利相同）

Act of endowment 設立基金行為（財團法人設立的條件）

Act of espionage 間諜行為

Act of execution 執行行為

Act of faith 宗教法院判決宣告儀式；宗教法院的處刑（特指火刑）

Act of force 武力行為；暴力

Act of formal confirmation 正式確認行為

Act of genocide 滅絕種族行為

Act of God 天災；不可抗力（如毀滅性的風暴、地震或突然、不可預料的死亡）

Act of God and King's enemies 不可抗力

Act of government 政府行為

Act of grace 大赦；特赦；寬恕行為；〔英〕大赦令（在英格蘭指不經國王禦准，議會就通過宣佈大赦，其原於新君登基或其成年、結婚時或內戰結束時對犯人宣佈大赦）；〔蘇格蘭〕債權人應為被禁錮債務人提供生活費令（蘇格蘭 1696 年通過大赦法令中規定債權者應給被其監禁的債務者提供生活費）

Act of honour 參加承兌

Act of hostility 敵對行為

Act of illegitimate warfare 不正當的戰爭行為

Act of income tax 所得稅法

Act of indecency 猥褻行為

Act of indemnity 〔英〕豁免法（指赦免官員尤其是善意的行為所造成的法律責任，1690 年）；豁免處分

Act of infringement of regulation 違章行為

Act of insolvency （銀行）破產法；債務不能清償法；〔美〕破產行為（指銀行無力償付到期的債務，如期票、匯票等到期的票據不能得以兌現，發佈此法旨在維持銀行的信譽）

Act of insubordination 不服從行為

Act of interference 干涉行為

Act of interruption 中止時效行為

Act of intimidation 恫嚇行為

Act of labour health 勞動衛生規程；工業衛生規程（指國家為改善生產過程中勞動者的健康，預防和消除職業病和職業中毒而制定的有關法規）

Act of law 法律行為（指由於實施法律而產生不以有關當事人的意志為轉移的事件）；〔英〕法律效力；法律救濟（由於當事人行為事件發生而獲得特別所有權。因此，在英國 1926 年以前，長子可依據法律取得繼承其父未立遺囑的不動產）

Act of life-time 生前行為

Act of malice prepense 故意傷害行為

Act of Mediation 〔瑞士〕仲裁條例（1803 年）

Act of naturalisation 入籍行為

Act of nature 天災；不可抗力

Act of Navigation 〔英〕航海法（1849 年）

Act of naturalisation 中立化行為

Act of notary public 公證人行為

Act of Oblivion 〔英〕大赦令（指查理二世 1660 年第 11 號法令宣佈，自 1645 年暴發反對查理一世叛亂至 1660 年查理二世恢復統治時的政府中斷期間所作的不法行為除點名的幾個人物外給予免除刑罰）

Act of Parliament 〔英〕議會制定法（英國議會制定的成文法共有三類：1. 公法規；2. 地方的或專門的法規；3. 私人或關於個人的法規）；〔美〕國會立法

Act of party 當事人（意思）行為（指當事人的遺囑或其意思的表示，旨在設定、轉讓或消滅某種權利，並使其具有法律效力）

Act of perfidy 背信棄義行為

Act of piracy 海盜行為

Act of preservation 保存行為

Act of private right 私權行為

Act of procedure 訴訟行為

Act of providence 天災；不可抗力（如天災、地震、戰禍等，同 "Act of God"）

Act of public enemy 公敵行為

Act of Queen Anne 〔英〕安娜女王版權法（1709 年）

Act of Queen's enemy 〔英〕國家敵人的行為

Act of rape 強姦行為

Act of ratification 批准行為；批准書

Act of recognition 承認行為；〔英〕承認法

Act of reparation 賠償行為

Act of reprisals 報復行為

Act of Rescission 〔蘇格蘭〕廢止法（廢止 1662 年以前 20 年間發佈的全部法律）

Act of revision 修改行為

Act of sabotage 破壞行為

Act of sale 〔美〕財產銷售記錄（指公證員作成的將購銷雙方當事人的陳述寫成契約後由當事人簽字、證人證明的出售財產的正式記錄）

Act of Satisfaction 〔英〕清償法（指克倫威爾 1653 年頒佈法令將愛爾蘭分成克萊爾和康諾特兩個部份劃歸愛爾蘭紳士和地主所有，其餘地方沒收以償付給在愛爾蘭的探險家和軍隊的權利主張者）

Act of Secure Attendance of Out-of-State Witness 〔美〕保證州外證人出席法

Act of Security 〔蘇格蘭〕安全法令（1704 年由蘇格蘭議會通過的規定安妮女王死後，其繼承人必須由議會提名、必須是蘇格蘭王室成員和新教徒）

Act of Settlement 〔英〕王位繼承法（1701 年，英王威廉限定在安娜女王一死，王位由漢諾威的索菲亞公主繼承，並規定其繼承人必須是新教徒的法令）

Act of sovereignty 主權行為

Act of state 國家行為（指一國的主權權力或其授權的代表之所為。國家行為豁免，不受審問、不能在法庭上作為法律訴訟之標的）

Act of state doctrine 〔美〕國家行為說；國家行為主義（指排除法院對於一個被承認的外國主權政府在其領土內行為有效性的查究）

Act of Supremacy 〔英〕君王最高權力法（1558 年發佈，確立君主在教會問題上的至高權力，釋義同 "Act of Elizabeth"）

Act of technique for security 安全技術規程（指國家為防止和消除生產中的傷亡事故，保障勞動者安全而制定的各種法規）

Act of terror 恐怖行為

Act of terrorism 恐怖主義行為

Act of the Crown 〔英〕王位繼承法（1701 年）

Act of the law 〔英〕法律的實施

A

Act of the submission of the clergy 〔英〕牧師（僧侶）服從法（亨利八世時代）
Act of theft 盜竊行為
Act of Toleration 〔英〕信教自由法（1689 年）
Act of tort 侵權行為（指不法侵害他人財產和人身權利的行為）
Act of treachery 叛逆行為；背信行為
Act of unfair competition 不公平競爭行為
Act of Uniformity 〔英〕禮拜儀式統一法（1559 年查理二世頒佈全國教堂和公共做禮拜的場所都要使用《公禱書》並統一做禮拜儀式的法令）
Act of vandalism 破壞文物行為
Act of violence 強暴行為；暴力行為
Act of war 戰爭行為（指由戰爭造成的，包括國家間戰爭，也包括內戰，但不包括叛亂、敵對行為或臨戰狀態等）
Act of warfare 作戰行為
Act of will 意志行為
Act on Conflict of Laws 〔泰〕法律抵觸法
Act on Inter-provincial Conflict of Laws 〔波〕省際法律抵觸法（1926 年）
Act on petition 〔英〕海事案件略式審理程序（指原用於英國高等海事法院一種簡易的訴訟程序，雙方當事人各自扼要敍述案情並附以宣誓陳述書為佐證）
Act on Private International Law 〔波〕關於國際私法的法律（1926 年）
Act on Private International Law and the Rules of Procedure Relating Thereto 〔捷〕國際私法和國際民事訴訟法（1963 年）
Act on Succession of the Crown 〔英〕王位繼承法（1701 年）
Act on the Enjoyment of Civil Rights by Foreigners and on the Application of Foreign Laws 〔阿爾巴尼亞〕外國人享有民事權利及外國法律適用法（1964 年）
Act on the Suppression of Unfair Competition and Monopolistic Agreement 〔美〕抑制不公平競爭和壟斷協定法
Act or omission 作為或不作為（作為是指危害社會行為的一種，指行為人實施刑事法律所禁止的某種積極行為，如盜竊、搶劫、強姦、偽造貨幣、進行間碟活動等；不作為又稱為消極行為，這是危害社會行為的一種，是指行為人依法或自己的職務應該實施，並且能夠實施的行為而不實施，如遺棄罪、玩忽職守罪等）
Act Prohibiting Combinations in Restraint of Trade 〔加〕禁止限制性貿易的合併法（1889 年）
Act Regarding Navigation and Economic Co-operation between the States of the Niger Basin 關於尼日爾河流域國家航行和經濟合作條約（1963 年）
Act Relating Bill of Lading in Interstate and Foreign Commerce 〔美〕提單法（州際間對外貿易提單法）
Act relating to designs 圖案設計法
Act Relating to Navigation of Vessels, Bills of Lading, and to Certain Obligations, Duties, and Rights in Connection with the Carriage of Property (Harter Act) 〔美〕哈特法（船隻航行、提單及財產運輸的某些義務、責任和權利法，1893 年）
Act short of war 次於戰爭的行為
Act short of recognition 次於承認的行為
Act to Limit the Immigration of Aliens into the United States 〔美〕外僑移民限制法（限制外僑出境移民進入美國法）
Act to Promote Seed Production 〔芬〕加速種子生產法（1975 年）
Act to regulate commerce 貿易管理法
Act to the best of its ability 盡其所能
Act ultra vires 越權行為
Act without compensation 無補償行為
Act without consideration 無償約因；魯莽行事
Act without responsibility 無責任行為；不負責任行為；行事不負責任
Acta jure gestionis 管理權行為
Acta jure imperii 統治權行為
Acte 〔法〕文書；證書；契約；行為；法令；條例
Acte authentique 〔法〕公證文書，公證契據（指依某種程序在公證人或市長、法院書記官或有資格的官員等面前簽字的契據文書）
Acte de francisation 〔法〕船舶註冊證書；確認船舶具有法國國籍的證書
Acte d'heritier 〔法〕繼承行為（指任何明示或默示接受繼承意圖的訴訟抑或其他繼承人方面的事實）
Acte extrajudiciaire 〔法〕司法外文書（指經執達員送達而不經法律訴訟的文書）
Acte notarie 〔法〕公證書；公文書
Actes de deces 〔法〕死亡證明書
Actes de l'etat civil 〔法〕戶籍證明書
Actes de marriage 〔法〕結婚證明書（應包括雙方姓名、職業、年齡、出生地和兩人結婚的住所地和他們的父母，並且雙方協議無論如何要旨在成為夫妻）
Actes de naissance 〔法〕出生證明書（應包括出生日期、時辰和出生地點、教名、性別以及孩子父母和證人的名字）
Acting 臨時的；代理的（指代行他人的職責）
Acting agent 臨時代理人
Acting appointment 代理任命
Acting Chairman 代理主席
Acting charge d'affaires 臨時代辦
Acting consul 代理領事
Acting executor 代理遺囑執行人（兼有檢驗遺囑職務的遺囑執行人，但非法律指定的或事實上的遺囑執行人）
Acting head of post 代理館長（指使館或領館等的）
Acting minister 代理公使
Acting officer 代理指定官員的職務
Acting partner 代理合夥人
Acting prosecutor 代理檢察員（代理檢察官）
Acting state 行為國
Acting within scope of employment 僱傭範圍內的行為
Action 訴訟（法律意義上是指當事人向對方提出並堅持向法院提起的合法的正式的權益要求；訴訟可分為民事、刑事、動產、不動產和混合訴訟）；行為；作為；行動
Action ab irato 因憤怒所立不利於繼承人的遺囑之訴（指以此為由而提起撤銷該遺囑的訴訟）
Action at law 普通法訴訟
Action committee 行動委員會
Action de bonis asportatis 因奪取動產請求賠償損害的訴訟
Action ex contractu 契約之訴（指違反合同內明示或默示規定承諾的訴訟）

Action ex delicto 侵權之訴（指由於違反合同的責任而招致的訴訟）

Action for accounting 賬目訴訟（基於法律救濟不充分特別適用於彼此複雜的存在着機密和信託關係賬目的，以調整相互賬額使之平衡的衡平之訴）

Action for annulment of contract 廢除合同之訴（申請宣告合同無效的訴訟）

Action for collision 船舶碰撞訴訟

Action for compensation for non-delivery 就不交貨物而要求賠償之訴

Action for contribution 分擔履行責任的訴訟；要求他方履行分擔責任的訴訟

Action for damages 損害賠償之訴；追索賠償之訴

Action for deceit 詐欺訴訟

Action for divorce 請求離婚之訴

Action for exemption of property from attachment 請求免除扣押財產之訴

Action for money had and received 〔美〕返還金錢之訴；不當收取金錢之訴

Action for nullity 請求宣告無效訴訟；請求取消的訴訟

Action for poinding 請求扣押之訴（債權人提出要求扣押債務人地租和財物以清償債務的訴訟或執行扣押被告動產的訴訟）

Action for reimbursement 要求補償的訴訟

Action for re-trial 請求複審的訴訟

Action for the maintenance 保持佔有訴訟

Action for the price 追討貨價的訴訟

Action for the protection of possession 保全佔有之訴

Action for the recovery of damages 損害賠償之訴

Action for the recovery of land 回復土地之訴

Action for the recovery of possession 回復佔有之訴

Action for the restitution of the conjugal community 請求恢復夫妻同居之訴

Action for wrongful arrest 違法拘捕之訴

Action in chief 主訴；本訴（原告向被告提起的訴訟）

Action in forma pauperis 請求減免訴訟費之訴；窮困者取得法律援助的訴訟（指訴訟當事人無力繳納訴訟費用而言）

Action in personam 對人訴訟（指法院就其所涉及的被告個人權利並根據對其管轄權上尋求作出判決的訴訟）

Action in rem 對物訴訟（對物訴訟嚴格地說訴訟對象只限於船舶；根據英國判例，英國法院反對在其境內的船舶有國際民事管轄權，該傳票只能貼在船舶的桅杆上或船上適當的部位，不得在管轄國領域以外送達）

Action in respect of loss or damage to goods 關於貨物滅失或損害而提起的訴訟

Action initiated by an injured party without the participation of the public prosecutor 自訴（受害人提起沒有公訴人的參與的訴訟）

Action of account 計算請求訴訟（對於計算義務人請求作出計算的訴訟）

Action of adherence 〔蘇格蘭〕請求恢復婚姻權利之訴；請求同居之訴

Action of alienation of affections 離間夫妻感情之訴

Action of assize 巡迴陪審之訴（僅以出示祖先佔有業經證明原告所有權之普通法上的物權訴訟）

Action of assumpsit 索賠之訴；簡單契約之訴（指要求恢復因不履行口頭的或簡單契約所致損害的賠償之訴，釋義見 assumpsit）

Action of book debt 賬目清償訴訟（指以賬面借貸計算為證據進行求償訴訟）

Action of contract 契約之訴（通常以合同為充分證據為強制行使權利而提起的訴訟）

Action of covenant 〔英〕蓋印契約之訴（英國法上舊時的一種訴訟形式，由於不履行蓋印契約而請求賠償損害的訴訟）

Action of debt 債務之訴（請求履行金錢債務訴訟）

Action of detinue 返還動產之訴；收回非法佔有動產之訴

Action of ejection and intrusion 〔蘇格蘭〕收回佔有之訴

Action of ejectment 收回地產或樓宇之訴；請求收回不動產佔有之訴；請求收回和賠償被非法佔有的土地的混合訴訟

Action of foreclosure 排除贖回質物之訴；取消抵押品贖回權之訴

Action of mandamus 強制執行令；提請法院命令被告履行義務之訴

Action of mesne profits 非法佔有土地的損害賠償訴訟（土地的權利者對於土地佔有的侵奪者要求其返還以不法佔有所取得收益的訴訟）

Action of misrepresentation 虛偽陳述之訴（以被告虛偽陳述為由而提起的訴訟）

Action of nullity 請求取消的訴訟；請求宣告無效的訴訟

Action of prestation 給付之訴（指要求法院以判決認可原告請求有理，並責令被告履行相應的義務包括作為與不作為；被告如不自動履行，可依法強制執行，故又稱之"執行訴訟"）

Action of proving the tenor 〔蘇格蘭〕副本證明訴訟（為了證明遺失證書的條件而提出的）

Action of re-exchange 退匯補償之訴（指因匯票被拒絕付款或承兌所受損失而向發票人或背書人提起賠償的訴訟）

Action of rescission 解除合同訴訟

Action of revendication 請求恢復財產之訴；確定財產權之訴

Action of the first impression 新訴（無先例的訴訟）

Action of the writ 〔英〕訴訟令狀抗辨之訴（指當被告就某一個問題提出抗辯以其說明原告儘管有權就該同一問題取得其他令狀或起訴，但沒有取得其對此問題所提起訴訟的令狀的訴由）

Action of tort 侵權行為訴訟（指對他人財產或人身不法侵犯的訴訟）

Action of trespass 侵害訴訟；侵入住宅的損害賠償之訴

Action of trover 非法佔有動產損害賠償之訴

Action on contract 因合同引起的訴訟；控告破壞合同之訴

Action on the case 〔美〕案例之訴（根據既定判例審理）；准侵害的損害賠償訴訟（指依《威斯敏斯特法規第二條第 1285 款》給予對原告造成間接損害的侵權行為和違法行為的一種救濟）

Action outside the instrument 依票據外關係提出的訴訟

Action plan 行動計劃

Action programme 行動綱領；〔關貿〕行動計劃（綱領）（50年代末，發展中國家貿易狀況日益惡化，為此關貿總協定即採取步驟研究設法為發展中國家增加出口機會的辦法）

Action Programme for Development 發展行動綱領

Action Programme for Economic Co-operation among Non-Aligned Countries (APECONAC) 不結盟國家間經濟合作行動綱領

A

Action quare clausum fregit　對非法侵入土地的損害賠償訴訟

Action quasi in rem　准對物訴訟；半對物訴訟 (指僅限於尋求利害關係人解除其對某些財產求償權主張和撤銷對該項財產的判決)

Action redhibitory　解除買賣契約之訴 (指所購物品有瑕疵，賣方違反明示或默示保證，因此買方要求全部或部份退還所購物品並全數或部份退還已付的款項而提起的訴訟)

Action to quiet title　確認土地所有權之訴 (原告宣稱被告據有其部分土地所有權訴求毫無根據之訴)

Action to recover the price　要求取得支付價金的訴訟

Action vi et armis　對使用暴力的侵權行為的損害賠償訴訟

Actionable　可提起訴訟的

Actionable domestic subsidies　可訴訟的國內補貼

Actionable fraud　可起訴的詐欺 (旨在騙取他人的財產或某些合法權利)

Actionable libel　可起訴的誹謗

Actionable misrepresentation　可起訴的虛偽陳述 (指對涉及契約重要事實之虛偽的陳述並造成影響後果)

Actionable negligence　可起訴的過失 (指因過失違反或不履行法律責任而使他人遭受損害)

Actionable nuisance　可起訴的騷擾行為，可起訴的妨害行為

Actionable per quod　可訴訟的隱含性誹謗 (誹謗性言辭只有在對所陳述的主張造成特別損害證據，才屬可訴訟的)

Actionable per se　可起訴的當然誹謗 (指毋須提供損害證據。例如，欺詐、誹謗罪、影響原告生意和職業等等)

Actionable subsidies　〔世貿〕可訴訟的補貼 (指任何世貿組織成員不應通過補貼的使用給其他成員的利益帶來不利影響，並規定受害者可將其提交爭端解決機制，直至撤銷補貼或消除不利影響為止)

Actionable tort　可起訴的侵權行為 (指由於被告失職，疏於法律義務而造成對他人的損害)

Actionable words　可起訴的言辭 (例如誹謗性的言辭所包含的損害)

Actionable wrong　可起訴的過失行為 (指負責人本應預見到粗心大意的後果，而不給當事人適當的保護以避免損害的過失行為)

Actionable wrongdoing　可起訴的不法行為 (指負責人理應預見到粗心大意的後果，而不給當事人適當的保護以避免損害而犯下侵權之罪)

Actionnaire　〔法〕股東

Action-oriented　以行動為主

Actions civil and penal　〔英〕民、刑事之訴 (指要求強制執行回復民、刑事權利訴訟。例如，民事訴訟要求返還所借款項數額；刑事訴訟旨在要求對被告加以處罰)

Actions mixed　混合訴訟 (指因不動產和動產遭受不法侵害而提起要求賠償損害的訴訟，釋義見 "action real and personal")

Actions personal　對人訴訟 (指因對身體損害或名譽傷害而提起對人權利的訴訟)

Actions popular　〔英〕分享的訴訟 (指部份為了國王或窮人或公益；部份則為了他自己而以其名義根據刑法提起取得罰款的訴訟)

Actions real　對物訴訟；物權訴訟

Actions real and personal　〔英〕對物和對人訴訟 (對物訴訟是指要求回復不動產或自由保有的不動產的權利而提起的舊時封建訴訟，而與其相反的對人訴訟是指要求清償債務或要求對人身、財產的損害賠償而提起的訴訟。前者權利現多已廢止)

Activate　*v.* 正式成立

Active　訴訟中的；現役的；現行的；活動中的；活躍的；主動的；積極的

Active and creative record of events　積極而富有創意的事件記錄

Active and effective diplomatic role　〔領事〕積極而有效的外交角色 (作用)

Active assets　活動資產 (生產資產)；有收益資產

Active bond　生息債券 (有利息的證券)

Active cases　〔世貿〕現行案件

Active concealment　故意隱瞞

Active debt　附利息的債務；活動債務

Active duty　現役

Active duty status　現役身份

Active executive officer　現行執行官；〔軍〕現役主任參謀

Active hostilities　實際敵對行為

Active legal capacity　行為能力

Active list　〔軍〕現役名冊

Active militia　〔美〕現役國民警衛隊

Active nationality　積極國籍

Active nationality principle　積極國籍原則

Active negligence　故意過失；積極過失 (指因沒有給予適當注意而給他人造成傷害的非故意的行為)

Active participant　積極參與者

Active partner　出名合夥人；任職合夥人；普通股東；積極合夥人 (指既出資，又積極參加企業的經營管理者。其區別於 "dormant partner" 和 "sleeping partner" 隱名合夥人，但前者只分擔損益而不參加業務執行；後者既不參加經營管理也不為外界所知)

Active right of legation　積極使節權

Active role　積極的作用

Active Secretarial role　〔世貿〕秘書處的積極作用

Active service　〔軍〕現役

Active servitude　積極地役 (一種根據合約或條的所允許他人或他國在其土地或其領土上享受通行權之謂)

Active trade balance　貿易順差；出超

Active trust　積極信託 (指要求受託人方面應履行某些積極的義務而言)

Active use　速動法定財產；積極使用

Active waste　積極毀損 (指對木材的採伐、房屋的破壞、礦石的開採等人為的毀損或改變的不法行為)

Activities of international co-ordination　〔基金〕國際協調活動

Activity　活動

Activity jure gestionis　管理權活動

Activity jure imperii　統治權活動

Actor　代訴人；〔歐古〕代理人；辯護人；律師；管理人；〔羅馬法〕原告；代理人；管理人

Actor or Art and Part　〔蘇格蘭〕主犯和從犯

Acts of adjourn　〔蘇格蘭〕高等刑事法院訴訟程序法 (1672年)

Acts of court　法庭記錄；〔英〕法庭備忘錄 (舊時用於海事法

院答辯性質的記錄）

Acts of possession 〔美〕佔有行為（指構成對立佔有行為可分為敵對或對立、實際上、可見的、專屬的、繼續的和在主張所有權中的）

Acts of ratification 條約批准書

Acts of Sederunt 〔蘇格蘭〕最高民事法院訴訟條例或規則（1913 年）

Acts of the dominion 所有權的適用和同等的行為

Acts of treason 叛逆行為

Acts of Union 〔英〕合併法（指威爾斯併入王國依 1535 和1542 年亨利八世兩個議會制定法生效；蘇格蘭 1706 年法在安妮女王統治時期同英格蘭和蘇格蘭合併；按愛爾蘭法於 1860 年喬治王三世自 1801 年 1 月 1 日同大不列顛和愛爾蘭合併）

Actual 真實的；現實的；實際的；事實上的

Actual acknowledgement 實際知悉

Actual authority 實際權力（包括明示和默示的）

Actual bargain 實物買賣（交易所用語）

Actual bias 實際的偏見（指陪審員偏見不能給予明理的裁決）

Actual bodily harm 實際的身體傷害

Actual carrier 實際承運人

Actual cash value 實際現金價值（指財產的公平合理的價格）

Actual change of possession 〔美〕事實上變更佔有

Actual controversy 實際爭議（實際上涉及當事方合法利益的爭訟問題）

Actual cost 實際成本；實際價格；實際費用（指當事人購買貨物所付的實價不一定要與市價等同）

Actual damage 實際損害；實際損失；〔複〕實際損害賠償（指對實際傷害或所給予的賠償額，其區別於：1. "nominal damages" 名義上的損害賠償；2. "exemplary damages" 和 "punitive damages" 懲罰性損害賠償）

Actual danger 實際危險

Actual debt 實際債務

Actual delivery 實際財產的移轉；實際交付（指賣方把貨物實際移交給買方或其代表）

Actual draft （船舶）實際吃水

Actual escape 實際脫逃（被拘禁人的非法逃亡罪；因犯的不法釋放）

Actual eviction 實際逐出（指不動產承租人事實上被驅逐出其所租賃的部份或全部的房屋）

Actual exercise of sovereignty 主權的實際行使

Actual fraud 故意詐欺；實際詐欺

Actual GNP 實際國民生產總值

Actual holder 實際持有人

Actual information 確實信息

Actual insolvencies 實際無力支付債務

Actual interest yield 實際利息收益率

Actual liability 實際負債

Actual loss 實際損失（指被保險的財產受到真正和實質的毀損）

Actual malice 實際惡意；事實上的惡意

Actual market value 實際市場價格；公平市場價格

Actual military service 〔英〕現役

Actual neutrality 實際中立

Actual notice 事實上通知；實際通知（指直接把通知送到當事人家中）

Actual occupation 實際佔有；事實上佔有（指所有人直接

對物的控制，即直接佔有所有物而不問其權源如何）

Actual operation 實施

Actual performance 實際完成；實際業績

Actual possession 實際佔有；事實上佔有（指所有人直接對物的控制，即直接佔有所有物而不問其權源如何）

Actual practice 實際開業；實際營業（指積極、公開和公衆所知地方從事其生意或職業，其反義詞為 "casual clandestine practice"）

Actual promise 明約；實際承諾

Actual rate of return 實際收益率

Actual rent 實際地租

Actual residence 實際住所（實際上的住處）

Actual service 實際送達

Actual settler 〔美〕實際定居者

Actual sin 實際罪過

Actual sovereignty 實際主權

Actual taking 事實上的佔有奪取

Actual total loss 實際全損；絕對全損（指承保的標的物受到毀損或者全部滅失）

Actual trust 現實信托；實際信托

Actual trustee 實際受托人

Actual use 〔保〕實際操作；實際使用（指被保險的車輛經車主同意和許可實際上由其親戚在操作使用，其有別於 "imputed or constructive use" 推定使用）

Actual value 實際價值；實在值（指以兩相情願的賣方和買方之間商議的價格進行交易）；〔關貿〕實際價格（按關貿總協定第七條規定，進口貨物完稅後應以其被評估的實際價格為基礎）

Actual violence 事實上的毆打；實際暴力

Actually due amount 實欠數額

Actually paid or payable price 實付和應付的價格

Actuarial evidence 保險證據（明）

Actuarial method 〔保〕精算法

Actuarial reserve 〔保〕精算儲備

Actuarial science 保險精算學

Actuarial table 人壽保險精算表（保險公司用以確定保險費的）

Actuarial value 精算價值（保險數學上的價值）

Actuary 〔保〕精算師（統計保險、火險、人壽保險等各類保險費的人）；固定資產統計師；〔英〕記錄員；書記員（或抄寫員）（負責登記牧師人數和抄寫教會章程）

Actuary's valuation 〔保〕精算師的評估

Ad factum praestandum 〔蘇格蘭〕履行義務

Ad Hoc Arbitration 專項仲裁；特別仲裁（又稱為 "臨時仲裁"，指由雙方當事人在其爭議發生後臨時選擇仲裁員組成仲裁庭進行的仲裁。特別仲裁庭在仲裁結束後即自行解散。特別仲裁是國際商事仲裁的最初形式）

Ad hoc arbitration tribunal 臨時仲裁法庭

Ad hoc arrangement 特別安排

Ad hoc assignment 臨時任務；專門委派的工作

Ad hoc commission 特設委員會

Ad hoc committee 特設委員會

Ad Hoc Committee for Agenda and International Business 〔關貿〕議程及（休會期間）國際事務特別委員會（關貿總協定成立後第一個正式的行政機構，成立於 1951 年，因其先天不足，取代 "International Trade Organisation" 後，既缺經費、職員，又無秘書處）

Ad hoc committee of jurists　法學家特別委員會

Ad Hoc Committee on International Terrorism　〔聯〕國際恐怖主義問題特設委員會

Ad Hoc Committee on Reform of the International Monetary System and Related Issues (of the Board of Governors of IMF)　(國際貨幣基金組織理事會) 國際貨幣制度改革和有關問題特設委員會 (即 21 國委員會)

Ad Hoc Committee on the Restructuring of the Economic and Social Sectors of the United Nations System　聯合國制度經濟與社會部門改革特設委員會

Ad hoc consular courier　臨時領館信使；特派領館信使

Ad hoc diplomacy　特別外交

Ad hoc discussion　特別問題討論會

Ad hoc drafting group　臨時起草小組

Ad hoc economic surveys　專門經濟調查

Ad hoc expert group　特設專家小組

Ad hoc group　特設小組

Ad Hoc Group of Experts on Restrictive Business Practices　〔聯〕限制性商業慣例問題特設專家小組

Ad Hoc Group of Experts on Tax Treaties　〔聯〕稅務條約特設專家小組

Ad Hoc Group of Experts on the External Trade of the Least Developed Countries　〔聯〕最不發達國家對外貿易特設專家小組

Ad hoc institution　特設機構

Ad Hoc Intergovernmental Committee for the Integrated Programme for Commodities　〔聯〕綜合商品方案特設政府間委員會

Ad Hoc Intergovernmental High-Level Group of Experts on the Evolution of the International Monetary System　〔聯〕發展國際貨幣制度特設政府間高級專家小組

Ad hoc invitation　特別邀請

Ad hoc judge　特別法官；專案法官

Ad hoc meeting on debt renegotiation　債務重新談判專題會議

Ad hoc mission　特種使命；特別使團；臨時使團

Ad hoc observer　特別觀察員；臨時觀察員

Ad hoc panel　特設小組

Ad hoc plenipotentiary　特別全權代表；臨時全權代表

Ad hoc Political Committee　〔聯〕特別政治委員會

Ad hoc representative　特別代表；臨時代表

Ad hoc task　特殊任務；特別工作任務

Ad hoc time-bound waivers　〔世貿〕有特別時限的豁免

Ad hoc tribunal　特設法庭

Ad injunction　根據禁令

Ad interim contract　暫時合同；臨時合同

Ad litem agent　訴訟代理人

Ad referendum contract　草約；待核准的契約稿

Ad valorem　從價

Ad valorem duty　從價稅 (指以徵收對象的價格為徵稅標準，按其一定百分比例計徵的稅)；〔香港〕從價稅；從價印花稅

Ad valorem equivalent rate　從價等值費率

Ad valorem percentage criterion　〔關貿〕從價百分比標準

Ad valorem rate of duty　從價稅率

Ad valorem subsidisation　〔世貿〕從價補貼 (其總數按《補貼與反補貼協定》附件四的條款計算)

Ad valorem tariff　從價稅；從價關稅

Ad valorem tax　從價稅

Adamson Act　〔美〕阿德姆生法 (確定八小時工作日的國會立法) (1916 年)

Adapt to meet new challenges　適應新的挑戰

Adaptation　〔英〕改編 (指按 1956 年的版權法，把非劇本改編成劇本；或把劇本改編成其他作品；翻譯工作；把作品改成畫的形式；關於音樂作品的改編)

Adaptation right　(版權法) 改編權；修改權

Adaptation to regional conditions　適應當地情況

Adapted　適合的；可適用的

Adaptive expectations　適合的期望值

Adaptive research　適應性研究

Adat law　印度尼西亞亞習慣法與慣例彙編 (直譯《亞述法》)

ADB African Development Bank (AfDB)　非洲開發銀行

ADB Asian Development Bank (AsDB)　亞洲開發銀行

Add fuel to the fire　火上加油

Add on clause　增加條款 (指分期銷售合同使得容易購買，以此為增加新購買以堅實的擔保)

Add on interest　加息；增加利息

Add on purchase　增加購入

Add value to the projects　〔世行〕增值的項目 (指世行以 "舉債加價" 的方式使其所援助的項目增值)

Add　*v.* 聯合；附屬；合併，兼併；加入；加，增加；添加；添附

Added damages　追加損害賠償；懲罰性損害賠償

Added substance　添加劑

Addendum　補遺；附件；附錄；增編；附加物；〔保〕附約 (指補充或修改已簽署協議書的條件)

Addict　*n. & v.* I. 吸毒成癮的人；II. (使) 吸毒成癮

Addiction　吸毒成癮；沉溺

Addiction centre　戒毒中心

Addictive drugs　上癮的毒品；麻醉藥

Addition　增編；附錄；附件；附加物；增加固定資產；〔英〕頭銜；增加 (指 1. 財產增加：僕人、男僕和騎士的隨從；2. 等級或頭銜增加：騎士、伯爵、候爵、公爵；3. 職業或行業增加：文書、漆工、石工和木工；4. 居所地增加)；〔保〕(主建築物附加的) 增建部份

Additional　附加的；追加的；另外的；額外的

Additional act　附加文件

Additional agreement　附加協定

Additional allocations　追加的分配

Additional allowance　附加免稅額；增加津貼

Additional arbitrator　補充仲裁員

Additional article　附條；附加條款；增訂條款

Additional assessment　追加課稅額；增加稅額

Additional ballot　再次表決 (再投票表決)

Additional budget　追加預算

Additional burden　附加負擔

Additional call　〔保〕增收保險費；追加保險費

Additional channel　增加的渠道

Additional charges　附加費用；額外費用

Additional clause　附加條款；附款

Additional commitments　附加承諾

Additional convention　附加專約

Additional cover　追加擔保 (保險) 額

A

Additional coverage 增加承保範圍

Additional duty 附加稅（項）；追加稅

Additional duty allowance 附加工作的津貼

Additional expense-strike risk 罷工險額外費用保險

Additional expense-war risk 戰爭險額外費用保險

Additional extended coverage 〔保〕追加保險範圍

Additional facility 附加貸款

Additional freight 追加運費；增列運費

Additional functions 〔世貿〕附加職能

Additional income tax 附加所得稅

Additional information 補充資料；額外信息

Additional instructions 追加指示；附加說明（法官對陪審團關於證據、法律點或對原指導某些部份附加的說明）

Additional insurance 附加保險（指包括戰爭險和罷工險）

Additional insured 附加被保險人；追加要保人（指包括保險單上以外的人，例如使用他人的機動車輛的人需經要保人明示或默示允許給予特定人使用）

Additional investment 追加投資；額外投資

Additional item 增列項目

Additional judgement 追加判決

Additional legacy 附加遺贈（指在同一份遺囑中再給同一受遺贈人追加一份）

Additional liabilities for accidental injury to passenger 旅客意外傷害保險除外責任（指旅客中因自殺、疾病等死亡不付保險等責任）

Additional local tax 地方附加稅

Additional overhead cost 附加管理費

Additional Petition and Advice 〔英〕附加的請願與勸告（1654 年）

Additional premium (AP) 追加保險金；附加保險費

Additional procedural requirements 額外的程序性要求

Additional products 附加產品；追加產品

Additional proposal 附加提案

Additional protection 額外保護；附加保護

Additional protocol 附加議定書

Additional provisions 附加規定

Additional Provisions on Export Subsidies 〔關貿〕對出口補貼的附加規定

Additional punishment 附加刑；追加懲罰

Additional quantity 追加的數量

Additional rate of land fate 地價比率；地租比率

Additional resources 額外的資金；追加的資金

Additional risk 附加險（別）

Additional rules 附加規則；附則

Additional servitude 追加地役權（指一種新增使用地役的性質，對此財產所有者有權要求予以補償）

Additional share 增股

Additional signatory 附加簽字國；附加簽字者

Additional stipulation 附加規定

Additional suit 附加訴訟

Additional tax 附加稅；追加稅

Additional tax of business 營業附加稅

Additional Tax Payment Notice 補稅通知書

Additional trading rights 附加的貿易權利；追加的貿易權利

Additional treaty 附加條約；附約

Additional vote 決定性投票；（議長的）表決權

Additional work 追加的工作；額外的工作（指涉及工作性質的修改或變更，其區別於"extra work"）

Additionales 附加條款；增訂條款（契約上或提案建議條款）

Addled Parliament 〔英〕腐敗議會（1614 年）

Addone, addonne v. 沉湎於；沉溺於；〔法〕有…傾向的

Address 地址；住址；提出（申明、請願）；訴狀說明部份（指衡平法中向法院提交時的訴狀適當和專門的說明）；〔英〕（女王）致答詞

Address commission 委托備金；洽租傭金；租船回扣；發貨整理費

Address commission clause 特殊手續費條款

Address for service 送達地址（訴訟當事者應在法院所在地三英里以內指定送達訴訟文件的地址）

Address in mitigation 請求減刑

Address the Balance-of-Payments situation 處理國際收支狀況

Address the issue of exhaustion of intellectual property rights 〔世貿〕處理知識產權的權利用盡問題

Addressee 收件人；抬頭人

Addresser 發件人；發言人

Adduce v. 援引；引證；引述；提出；舉出；出示（尤其用於證據方面）

Adduce evidence 舉出證據；引述證據

Adeem v. 撤銷；撤回；收回；廢止；撤回遺贈，改贈（遺囑者事先改用代替物履行其贈與）

Adeling or atheling 尊貴的；高尚的（撒克遜時代給王子們的榮譽稱號）

Ademption 撤銷遺贈（指遺囑人在世期間不撤銷其遺囑而採取行動全部或部份取消其所給予的遺贈，使得其遺囑無法得以執行）

Ademption of legacy 撤銷全部或部份遺贈的動產；〔英〕默示撤銷遺贈（指立遺囑人以其後的行為取消其在遺囑中所給予的贈與，如，立遺囑者遺贈特定的動產，其後又把它賣掉等等）

Ademption of loss 〔保〕撤銷付的規則（指情勢變更使得全部損失減成部份損失）

Adequacy of financing 充分的資金供應

Adequacy of reserves 足夠的儲備金

Adequate 充分的；勝任的；足夠的；適當的；滿足的；相當的；令人滿意的

Adequate and enduring technical competence 〔世貿〕充分持久的技術權限（指給予出口成員方有關的技術評定機構）

Adequate care 足夠注意；充分注意（以免發生事故）

Adequate cause 充分理由（在刑法上可以怒不可遏等情感為由將故殺減為誤殺）

Adequate compensation 充分補償（在美國，如財產被國家徵用，根據美憲法第 5 條修正案一般給予按市價的金錢補償）

Adequate consideration 充分對價；合理對價（指就其價值而言給予均等的或合理比例的一份）

Adequate notice 充分的通知（指足夠給予，允許訴訟人考慮或抗辯的通知）

Adequate opportunity to compete 〔關貿〕充分的競爭機會（指政府在實行國營貿易時，應對國營貿易企業和非國營貿易企業及全國國營貿易企業的外國企業，在產品的進出口方面應予提供的）

A

Adequate opportunity to compete for sales　〔關貿〕充分的銷售競爭的機會

Adequate or reasonable facilities　〔美〕適當或合理的便利設施（指對鐵路修建設施的要求）

Adequate preparation　充分準備（包括與被告充分協商，會見證人，研究事實的法律以及確定審判中的對策和辯護性質）

Adequate protection　充分保護（指公司破產時對證券持有者的保護）

Adequate provocation　過份挑釁（指使人失去控制正常判斷的意志力以為殺人行為辯護）

Adequate remedy　充分救濟（指原告在訴訟中就特定的爭議問題可以得到足夠的救濟）

Adequate remedy at law　法律上的充分救濟（指對特定爭議問題的救濟）

Adequate remuneration　充分補償；應得的報酬；充分的報酬

Adequate reparation　適當賠償

Adequate resources　足夠的資源

Adequate, effective and prompt　"充分、有效、實時"（美國政府要求發展中國家對其海外私人投資企業實行國有化的補償條件）

Adhere to　加入；堅持；遵從

Adherence　參加；加入；依附；〔蘇格蘭〕忠誠（指要求夫妻雙方強制履行婚姻共同義務 =action for the restitution of conjugal rights）

Adherence to the agenda　遵照議程

Adherent　〔英〕依附者；支持者（女王敵人的追隨者，女王敵人的黨徒。如，協助敵人向其提供情報等構成叛逆罪）

Adhering　加入；依附；支持；加盟；忠誠（指公民而言）

Adhering motion　附議

Adhering power　加入國

Adhering state　加入國

Adhersion　〔際〕參加；加入（國際條約）

Adhesion contract　服從契約（合同）；附從契約（不經談判，由一方事先擬定好供消費者入約的統一的標準格式和服務，又稱"標準化合同"）

Adjacency　鄰接性

Adjacent　鄰近的；毗連的；緊挨着的；相近的

Adjacent air space　鄰接空間；領空

Adjacent archipelago　鄰接羣島

Adjacent area　鄰接區

Adjacent continental shelf　鄰接大陸架

Adjacent countries　毗鄰國家，相鄰的國家

Adjacent land　鄰接地

Adjacent non-submerged land　鄰接非淹沒地

Adjacent region　鄰接區

Adjacent sea　鄰接海

Adjacent state　相鄰國；毗鄰國家

Adjacent submarine area　鄰接海底區

Adjacent submarine resources　鄰接海底資源

Adjacent support (right of support)　土地受鄰接土地支持權

Adjacent territory　鄰接領土

Adjacent water　鄰接水域

Adjacent zone　鄰接區

Adjective　程序性的

Adjective law　程序法（是對實體法而言，其綜合程序規則或慣例用以管理、行使、維護權益或取得侵害的賠償的方法）

Adjoining　毗連的（其區別於"adjacent"相近，但不一定相接）

Adjoining land　毗鄰地；相鄰地

Adjoining owners　毗鄰土地所有人；毗鄰地或鄰接房屋所有人

Adjoining sea　鄰近海域

Adjoining state　鄰近國家

Adjoining tenements　相鄰地；相鄰房屋；毗鄰房屋

Adjonction de territoire　〔法〕領土附加

Adjourn　v. 推遲；延期（審訊）；改期；休庭；休會

Adjourn sine die　無限期延訊；無限期休會

Adjourn the court　休庭

Adjourned　延期的，改期的

Adjourned summons　延期的傳票（在美國指從法官辦公室取出，而後送交法院交由律師進行辯論的傳票；在英國指由衡平法庭法官辦公室提出可能由法官辦公室的主審法官將其延期，如果該案足夠重要則指示提交公開法庭律師進行辯論）

Adjourned term　延長期間

Adjournment　推遲；延期；休會；休庭；押後（指法庭暫時停審，同時並有權指定或不指定下次會議、審訊日等的延期或續行）

Adjournment day　延期開庭日；休庭日（由法官指定的續延休庭一日）

Adjournment error　複審開庭日（指在開庭結束確認判決遺留下的問題數日之前指定的日子）

Adjournment in eyre　巡迴法官指定開庭日

Adjournment of debate　暫停辯論

Adjournment of hearing　審訊延期；押後審訊

Adjournment sine die　無限期延期；無限期休會

Adjudge　v. 判決；宣判；裁決；宣告判刑

Adjudge sb. (to be) guilty　判決某人有罪

Adjudicate　v. 判決；宣判；裁判；裁決

Adjudicate according to law　依法判決

Adjudicated lunatic　由於精神失常而被禁止生育的人；由於精神失常的禁治產人

Adjudicated rights　已確定的權利（指在司法或行政訴訟中業已具結判給的權利）

Adjudicatee　〔法〕買主；中標人（法官判決拍賣中的買受者）

Adjudicating bodies　〔世貿〕審判機關（指《政府採購協議》規定允許和私人供應商可在採購實體所在地國的國內審議機關引用世貿組織法律）

Adjudication　〔美〕審判；裁判；判決；〔英〕破產裁決；破產宣告；文書應繳的印花稅金額裁決（國內稅務委員會依1891年印花稅條例裁定）；〔蘇格蘭〕扣押土地以為清償債務的裁決（指債權人扣押債務人土地作為償還其債務擔保，抑或強迫支付債務）

Adjudication by arbitration　仲裁裁決（仲裁判決）

Adjudication clause　審判條款；裁判條款

Adjudication division　審判庭

Adjudication fee(s)　法庭費用

Adjudication of bankruptcy　破產宣告（指由破產人提出或自願提出破產申請而後經破產法庭宣判）

Adjudication of death　死亡宣告

Adjudication of disappearance　失踪宣告

Adjudication or award 裁判或裁決

Adjudication Order 〔香港〕裁定破產令（指法院在審議債務人提交的債務協議後應債權人要求作出裁定後，頒發債務人破產令必須至少在兩份香港報紙上公佈）

Adjudication Order of Bankruptcy 破產宣告書

Adjudication rules 審判規則；投標決定

Adjudication supervisions 審判監督

Adjudication system 審判制度

Adjudication under law 依法裁決

Adjudicative claims arbitration 裁決性求償仲裁（基本上是涉及一些侵權和小額求償案件，旨在減少法院處理這類案件的負擔）

Adjudicative facts 〔美〕裁定性事實（對於行政訴訟中關於當事方的事實事項，通常情況下一般不觸及特定訴訟當事方的個人問題）

Adjudicator 判決者；審判者；審判官

Adjudicatory action 〔美〕行政性裁決行為（指將影響個人人身或財產權利的最後決定）

Adjudicatory hearing 〔美〕裁決性聽證（行政機關在通知關係人並給予聽證之後對其權利和職責作出裁決之前的程序）

Adjudicatory model 裁定模式；裁定爭端的模式

Adjudicatory proceeding 行政性裁決程序

Adjudicatory process 〔美〕裁決程序（裁定事實爭端方法，一般用於行政訴訟以比照司法訴訟的程序）

Adjudicature 〔加〕得標人（指在執行官執行判決權的拍賣上的買受人）

Adjunct 附屬品；附屬物（to）；助手；〔英、複〕增補法官

Adjunct consul 助理領事

Adjunct note 輔助票據

Adjunct powers of the court 法院的附隨職權

Adjunction 添加；添附；附合（指把屬某人或團體的財物歸附於另一人）

Adjuration 〔美〕誓約；立誓；宣誓；宣誓的拘束力

Adjust v. 〔美〕調節；調整；調停；債務調整；〔保〕理算；評定（賠償要求）

Adjust prices of goods and service 調整貨物和服務價格

Adjust the structure of agricultural production based on the demand of the market 根據市場需求調整農業生產結構

Adjustable peg system 可調整的釘住制度（指容許匯率在一定限度內變動）

Adjustable rate mortgage (ARM) 可調整的利率抵押

Adjusted basis 調整制（指允許財產折舊的基準，即：財產成本因改進生產設備而增值或因允許或可允許的折舊減低的數額）

Adjusted cost basis 〔美〕調整成本制（原來成本減去資本折舊值以為徵收所得稅基準）

Adjusted current earnings (ACE) 〔美〕調整後選擇計算公司最低可稅收益

Adjusted gross estate 〔美〕調整後遺產總值

Adjusted gross income 〔美〕調整後毛收入（旨在增加個人的納稅額）

Adjusted ordinary gross income 〔美〕調整後普通總收入；調整後一般毛收人

Adjusted present value (APV) 〔美〕調整後的現值（指資產價值由現增值加上資本結構動產兩部分相加）

Adjusted reserve 〔美〕調節後準備金

Adjuster 調停人；〔保〕仲裁人；（海事）調停人；海損理算師；理算師（精算師）

Adjusting entry 調整分錄

Adjustment 調整；調節；海損理算；索賠金額理算（海損理算算定共同海損的分擔金額或各保險者保險金的分擔金額等）；（在稅收業務上）調整錯誤的虧絀判決

Adjustment assistance 〔基金〕調整援助（此 IMF 以對個別國家的"指導＋貸款"調整援助為其主要的活動形式）；〔美〕調整援助（指美國政府對因進口競爭而產生的經濟扭曲給予工人和社區提供財政和技術援助）

Adjustment assistance for communities 〔美〕社區的調解援助

Adjustment assistance for firms 〔美〕廠商仲裁協助

Adjustment Board 〔美〕區劃調整委員會（也稱"分區上訴委員會"）

Adjustment bond 整理公債；調整債券（為公司重組而發行的債券）

Adjustment equation 調整方程式

Adjustment in macroeconomic policies 宏觀經濟政策上的調整

Adjustment letter 海損精算書；（保險業中）要求賠償評定書

Adjustment mortgage bond 整理抵押證書；調整抵押公債

Adjustment of average 海損理算

Adjustment of charges 〔世行〕調整費用；理算費用

Adjustment of frictions between nation-states 〔世貿〕調整單獨成員方與成員國之間的磨擦

Adjustment of general average 共同海損理算

Adjustment of loss 損失理算；海損理算

Adjustment of pleadings 〔蘇格蘭〕變更訴狀；訴狀調整（指律師在訴狀登錄前做出修改，以更好地重點突出當事人雙方的爭點）

Adjustment of quotas 〔世行〕配額調整

Adjustment of tax types 調整稅收種類

Adjustment of taxation 稅制調整

Adjustment of the structure of expenditure 調整開支結構

Adjustment premium 調整的保險費

Adjustment process 調整程序；理算程序

Adjustment programme 〔基金〕調整計劃（方案）

Adjustment securities 調整證券（公司重組期間發行的股票和債券）

Adjustment statement 海損理算書

Adjustment studies 調整研究；理算研究

Adjustment tax 調節稅

Adjustment with growth 調整增長

Adjutant 副官

Adjutant general 〔美〕高級副官（負責一個州國民自衛隊的官員）；（軍事單位）人事行政參謀主任

Adjutor 輔助人；幫助人

Admeasurement 分配；計量；測量

Admeasurement of dower 〔英〕調整寡婦土地令狀（繼承人成年後要求調整寡婦多佔其依法所享有亡夫分予的土地令狀）

Admeasurement of pasture 〔英〕調整共牧權令狀

Adminicle 輔助；支持；不完整的證據；〔蘇格蘭〕副證；補充性證據（丟失的契據訴訟中，企圖證明其存在的其他證據）

A

Adminicular　輔助的；補充的

Adminicular evidence　輔助證據；補充證據

Adminiculate　*v.* 提供輔助證據；補充證據

Adminiculator　賑濟官（指羅馬天主教會給予貧困的寡婦、孤兒以及有困難的人以賑濟）

Adminisibility of evidence　證據的可接受性

Administer　*v.* 管理；處理；執行；施行；監督；行使；實施；管理遺產；設定並分配死者遺產；執行判決；執行機關職務；管理信託；用藥

Administer an oath　監誓

Administer and implement the multilateral and plurilateral trade agreements　〔世貿〕管理並執行涉及多邊與複邊的貿易協定（WTO 任務之一）

Administer arrangements for the settlement of disputes　〔世貿〕執行解決爭端的安排（WTO 的任務之一）

Administer corporal punishment　處以徒刑

Administer justice　執法；司法；行使審判職權

Administer laws, regulations, decisions and rulings of the kind described in paragraph 1 of this Article　〔關貿〕實施本條第 1 款所述的法令、條例、判決和裁定

Administer quotas by means of licensing　〔世貿〕以許可證方式管理配額（指成員方對非自動進口許可證的產品實行配額制）

Administer the Trade Policy Review Mechanism　〔世貿〕管理實施貿易政策評審機制

Administer the Understanding on Rules and Procedures Governing the Settlement of Disputes　〔世貿〕管理實施有關爭端解決的規則與程序的諒解

Administered accounts　管理科目

Administered price　管理價格；操縱價格

Administered protection　〔世貿〕行政性保護；實施保護（指包括政府給予補貼救濟等）

Administered territory　管理領土（已受管理的領土）

Administering authority　管理當局

Administering of property　管理財產

Administering power　管理國

Administering state　管理國

Administrate　*v.* 管理；執行；施行；實施

Administrated price　〔美〕操縱價格；壟斷價格（即由大壟斷資本控制的不受市場供求規律支配的價格）

Administration　管理；經營；遺產管理（指遺囑檢驗法庭頒發的賦予遺產管理資格、管理和處分遺產權利的遺產管理狀）；政府；行政管理職能；行政機關公務員（包括國家各機關及其行政官員）

Administration action (suit)　〔英〕遺產管理訴訟

Administration bond　〔英〕遺產管理保證書（指個人或公司對遺產管理人或遺囑執行人行為的擔保）

Administration budget　行政預算；管理預算

Administration cum testamento annexo　無遺囑執行人時的遺產管理

Administration de bonis non　新任遺產管理（指新批准的對前任遺囑執行人或遺產管理人尚未得以管理的死者遺產的管理）

Administration de bonis non cum testamento annexo　〔美〕授予遺囑執行人死後所餘遺產的管理；後任遺產管理

Administration Department　〔基金〕行政部（司）

Administration expenses　行政管理費（在美國還可以用管理費開支來扣除遺產稅）；遺產管理費

Administration for home affairs　內務行政

Administration for Industry and Commerce　〔中〕工商管理局

Administration letters　〔美〕無遺囑遺產管理狀（由遺囑檢驗法庭等委任遺產管理人管理無遺囑死者財產的委任狀）

Administration of assets　遺產清算

Administration of control　控制管理

Administration of estates　〔美〕遺產管理（指由法庭依法指定負責人對無遺囑者或遺囑人無遺產管理人的遺產進行搜集、付債、納稅和分配等的管理工作）

Administration of Estates Act　〔英〕遺產管理法（1925 年）

Administration of foreign affairs　外事行政；外交事務管理

Administration of justice　司法；司法裁判

Administration of liquidation　清算管理

Administration of oath　監誓

Administration of Quality Supervision, Inspection and Quarantine　〔中〕國家質量監督檢驗檢疫總局（簡稱國家質檢總局）

Administration of state property　國家財產管理

Administration of territory　領土管理

Administration order　行政命令；財產管理令；〔英〕宣告破產管理令（指依照《破產條例》法院指定負責管理公司財產等事務者）

Administration organ　行政機關

Administration pendente lite　訴訟期間的遺產管理（指批准在涉及遺產有效性訴訟期間的遺產管理）

Administration police　行政警察

Administration Section　〔香港〕總務行政處（總攬行政事務）

Administration suit　〔英〕遺產管理訴訟（指由遺產執行人等向衡平法院提起的關於處分死者遺產訴訟）

Administration with the will annexed　附有遺囑的遺產管理

Administrative　管理的；行政的（其反義詞為"judicial"）；遺產管理的

Administrative account　一般經費損益賬

Administrative act　行政行為；執行行為；〔複〕行政法令

Administrative action　行政訴訟；行政行為；行政作用；公司行政決策；〔世貿〕行政行為；行政作用

Administrative adjudication　行政裁決程序

Administrative agency　行政機構；行政機關

Administrative agency's decision　行政機構的裁決；行政機關的判決

Administrative agent　行政人員

Administrative agreement　行政協定

Administrative and institutional capabilities　行政管理能力

Administrative appeal　行政申訴

Administrative approval　行政審批

Administrative area　行政區

Administrative arrangements　行政性安排

Administrative assistant　行政助理

Administrative audit　行政審核

Administrative authority　行政當局；行政職權；〔美〕行政自主權（根據 1930 年《關稅法》賦予的）

Administrative autonomy　行政自主；行政自治權

Administrative board　行政委員會；理事會

Administrative body　行政機構

Administrative boundary　行政疆界

Administrative budget　行政預算；管理費預算

Administrative budget expenses　行政預算開支；管理費預算開支

Administrative burdens (on)　行政負擔

Administrative Bureau for Industry and Commerce　〔中〕工商行政管理局

Administrative Bureau of Quota and Licence　〔中〕配額及許可證管理局

Administrative business　〔英〕行政事務；執行事務（指適用於與執行信托和遺囑相關的高等法院衡平法庭的術語）

Administrative code　行政法典

Administrative collateral estoppel　〔美〕行政上禁止間接推翻事實原則（行政機構代理以司法身份業經妥當解決的附帶爭議問題禁止翻供的原則）

Administrative committee　行政委員會

Administrative Committee on Co-ordination　〔聯〕協調工作行政委員會（聯合國秘書長為主席，IMF 和 IBRD 均為其成員）

Administrative conference　行政會議

Administrative contracting officer (ACO)　行政締約官員；〔美〕管理契約官員；締結契約的行政官員（指聯邦契約管理局的公務員）

Administrative control　行政控制；行政管理

Administrative controls on cross-border transactions　〔世貿〕跨越邊境交易的行政管理；過境交易的行政管理

Administrative cost　行政開支；管理費用（指申請手續費等）

Administrative county　行政縣；〔英〕行政郡（共計61個，其中英格蘭和威爾斯分別有40個和12個郡）

Administrative court　行政法院（德國行政法院分三級，即聯邦行政法院、高等行政法院和行政法院，負責審理除有關憲法、社會保險和財政以外的一切行政訴訟，被告一方為國家行政機關）

Administrative court director　行政法院院長

Administrative crime　行政罪（違反行政法規罪）

Administrative culture　管理文化

Administrative decision　行政決定

Administrative decree　行政命令

Administrative desposition　行政處分

Administrative detainees　〔台〕行政犯

Administrative detention　行政性拘留

Administrative determination　〔美〕行政裁決程序（釋義見 "administrative adjudication"）

Administrative deviation　信托管理變更（指受托人背離行政委托擅自或未經法院事先批准）

Administrative disciplinary measure　行政紀律處分

Administrative discipline　行政紀律

Administrative discretion　行政裁量；行政斟酌權

Administrative district　行政區；行政管理區

Administrative division　行政區域；行政區劃（為便於進行管理而實行分級管理的區域劃分制度）；〔基金〕行政處

Administrative division of P.R.C　中華人民共和國行政區劃（指中華人民共和國為進行分級管理，建立相應的國家機關而劃分的行政區域）

Administrative employee　行政僱員；行政事務員

Administrative enforcement　行政實施

Administrative Entry Procedures and Customs　行政申報手續和海關規定（指作為每個主權國家、作為 WTO 每個成員對進口貨物均有權確定各自申報手續和海關規定，但不一定都行使該貿易壁壘的權利）

Administrative execution　行政執行（指行政客體不履行其義務時，行政機關採用強制手段使其履行的一種強制的行政措施）

Administrative exhaustion　用盡行政救濟手段

Administrative Expenditures Division　〔基金〕行政開支處（管理費處）

Administrative expenses　一般經營費；行政費；辦公費；行政支出；行政開支；管理費用

Administrative function　行政職能

Administrative hearing　行政調查庭；〔美〕行政聽證程序（在行政機關審訊之前的一種口頭訴訟程序，如口頭辯論等）

Administrative institution　行政機構

Administrative instrument　行政文件

Administrative integrity　行政完整

Administrative international institution　行政性國際機構

Administrative interpretation　行政解釋（指行政機關對有關法律規範如何具體應用的問題所作的解釋）

Administrative intervention　行政干預

Administrative judgement　行政判決

Administrative jurisdiction　行政訴訟管轄權；行政管轄範圍

Administrative jurisprudence　行政法學

Administrative jurist　行政法學家

Administrative justice　行政司法

Administrative law　行政法（規範行政人員、國家機關的職能權力，為國家行政機關工作的法律依據，尤指其立法、司法和准司法的權力）

Administrative law judge　行政法官（指主持行政審訊的）

Administrative legal proceedings　行政法律訴訟；行政法定程序

Administrative legislation　行政立法

Administrative liabilities　行政責任

Administrative line　行政界線

Administrative litigation　行政訴訟（個人權利或利益在受到行政機關侵害時，向法院申訴請求撤銷或制止這種違法行為和命令行政機關某種行為或賠償其所受損失的一種救濟手段）

Administrative management　行政管理

Administrative means　行政方法；行政手段

Administrative measure　行政措施，又稱 "行政處分，或行政處分行為"（指國家行政機關依法單方面採取的行政行為）

Administrative mechanism　〔領事〕行政機制

Administrative notice　行政通告；行政通知

Administrative office　行政公署（省一級的簡稱 "行署"）

Administrative Office of United States Courts　美國聯邦法院管理署（根據1939年《行政公署法》成立的）

Administrative officer　行政官員（國家行政機關工作人員）；執行人員；〔基金〕行政官員

Administrative official　行政官員

Administrative operations　行政業務

Administrative order　政令；行政命令

Administrative organ　行政機關

A

Administrative penalty 行政處罰 (指國家行政機關對違反行政法規,但尚不夠刑事處分者所給的制裁)

Administrative personnel 行政人員

Administrative police 行政警察

Administrative post 行政職位

Administrative powers 行政權

Administrative procedure 行政程序 (其區別於適用法院的 "judicial procedure",前者向行政機關提出,後者是向法院起訴)

Administrative Procedure Act (A.P.A) 〔美〕行政程序法 (聯邦法律,制訂於 1946 年)

Administrative procedures 〔世貿〕行政手續;管理程序 (諸如,日常文書工作、規費都可能構成服務貿易中的一種壁壘)

Administrative procedures and remedies 行政程序及其救濟;管理程序及其救濟

Administrative procedures and requirements 行政程序規定

Administrative proceedings 行政訴訟程序

Administrative process 行政程序;傳訊 (指傳喚證人等)

Administrative protection 行政性保護 (指限制外國商品進口,如實行配額制以保護本國市場,屬於非關稅壁壘之一);保護貿易政策;行政性保護 (屬非關稅壁壘之一)

Administrative rate 行政地方稅

Administrative reform 行政改革

Administrative regulations 行政規章;行政法規;管理條例;行政條例 (諸如,領事法案、干擾貿易等也可構成服務貿易中的壁壘)

Administrative Regulations of P.R.C on Contracts Involving the Import of Technology 中華人民共和國技術引進合同管理條例

Administrative Regulations of P.R.C on Foreign Banks and Chinese foreign Joint Banks in Special Economic Zones 中華人民共和國經濟特區外資銀行、中外合資銀行管理條例

Administrative relations 行政關係

Administrative remedy 〔美〕行政救濟;行政補救方法;非司法救濟 (大多數情況下案件的全部行政救濟必須用盡後,法院才能接受管轄)

Administrative report 行政報告;〔複〕行政裁決彙編

Administrative responsibility 行政責任

Administrative review 行政複審 (通指對行政訴訟程序的,也包括在行政機關內部的上訴審);〔世貿〕行政複審 (指 1994 年《東京回合》達成的反傾銷協議規定,有關利害關係人或當局可對繼續徵收確定反傾銷稅或實施價格承諾的必要性進行行政複審以決定繼續還是終止反傾銷措施);行政審議;行政覆議

Administrative revocation 行政撤銷

Administrative rule 行政規則

Administrative rule-making 〔美〕行政法規制定程序權

Administrative rules and procedures 行政規則和程序

Administrative rules and regulations 行政規章

Administrative rulings 行政裁定;行政決定;行政處分

Administrative sanction 行政制裁;行政處分;行政處罰

Administrative search 〔美〕行政搜查 (指由安全審查委員會檢查業務上有無違法情況)

Administrative secretary 行政秘書

Administrative service 行政服務

Administrative Services Division 〔基金〕行政服務處

Administrative staff 行政人員 (行政官員)

Administrative supervision 行政監督 (指對國家行政機關及其工作人員進行的監督)

Administrative system 行政制度;管理體制;管理系統

Administrative treaty 行政條約

Administrative tribunal 行政法庭 (其區別於 "judicial forum" 司法法庭的審訊,前者是在特定 "行政機關" 內審訊)

Administrative tribunal or procedures 行政法庭或程序

Administrative union 行政組合

Administrative unit 行政單位

Administrative zone 行政區

Administrator 管理人員;行政人員;行政長官;局長;署長;遺產管理人 (在英國由衡平法院頒發遺產管理狀指定管理無遺囑死者的遺產及其債務;美國則由遺囑檢驗法院指定;其在職權上與 "executor" 並無二致)

Administrator ad colligenda bona 〔英〕收集遺產執行人 (按照 1981 年最高法院法規定,遺囑執行人年幼期間的臨時遺產管理人,負責收集死者易腐的財產)

Administrator ad colligendum (法院指定的) 臨時遺產管理人

Administrator ad litem 〔美〕法院特別指定的遺產管理人 (由法院特別指定一個與死者或與其無遺囑的遺產有利害關係的訴訟當事人)

Administrator cum testamento annexo (C.T.A.) 無遺囑執行人之遺產管理人 (指遺囑者的遺囑中或未指定遺囑執行人,或指定的為無行為能力者,或拒絕擔任)

Administrator de bonis non (D.B.N.) 後任遺產管理人 (遺囑檢驗法院指定管理先前未曾納入遺產管理項內的)

Administrator durante absentia 外出者的臨時遺產管理人

Administrator durante minor, minorite 代理未成年者遺囑管理人 (在指定的遺囑執行人未成年以前代為執行遺囑的人)

Administrator in a bankrupt estate 破產管財人 (破產財產管理人)

Administrator in law 〔蘇格蘭〕法定監護人;法定保佐人 (指未成年子女的父親或母親)

Administrator of oath 監誓人

Administrator of property 財產管理人

Administrator of railway 鐵路管理人

Administrator of the estate 遺產管理人

Administrator pendente lite 〔美〕訴訟中臨時遺產管理人 (指法院宣告為無遺囑遺產之前而臨時被指定保管死者遺產的人)

Administrator with will annexed 附帶遺囑的遺產管理人 (指死者遺囑中指定的遺囑執行人拒絕或未能執行之後而指定的死者遺產管理人)

Administratress (=Administratrix) 女管理人;女管理財產人;女遺產管理人 (由衡平法院指定負責管理無遺囑死者的遺產及債務)

Admiral 〔英〕海軍事務大臣 (具有審訊和判決所有涉及海事方面的民事和刑事的司法權)

Admiralty 海事法;海商法;〔英〕海事法院;海事法庭 (處理高等法院海事法庭的遺囑檢驗和離婚;接管高等海事法院的民事管轄權,主要管轄由碰撞發生的海難救助、損害賠償或在公海上發生的海事訴訟案件);〔英〕海軍部;海軍上將

的職位

Admiralty action 海事訴訟；海軍行動

Admiralty bond 航海保證金（書）

Admiralty chart 〔英〕海軍部海圖

Admiralty court 海事法院；〔美〕海事法庭（指對所有三海里內的海事契約、侵權、傷害或違法行為包括北美洲五大湖和河流航運等民、刑案件實施其管轄權）

Admiralty dispute 海事糾紛

Admiralty division 〔英〕海事法庭（1875-1970 年，高等法院屬下主管遺囑檢驗和離婚等案件）

Admiralty jurisdiction 海事管轄權

Admiralty Knot 海軍浬

Admiralty law 海事法

Admiralty liability 海事責任

Admiralty mile 〔英〕海圖局的海里（等於 1854.2 米）

Admiralty proceedings 海事訴訟

Admiralty Rules 〔美〕海事法庭法規

Admiralty subvention 海軍補助費

Admiralty territorial jurisdiction 〔美〕海上司法權

Admissibility （證據的）可採性

Admissibility of confession 供詞的可採性

Admissibility of evidence 可採納證據；可採信證據；可接受證據

Admissible 可准許的；可接受的；可採納的；可採信的；可適當考慮的（指在司法審判中裁定時可用於參考的證據等數據）；有資格加入的

Admissible assets 可課稅資產

Admissible evidence 〔美〕可採納的證據；可接受的證據；可採信的證據

Admissible plea 可受理的抗辯

Admission （證據的）採納，採信，接受；〔美〕〔複〕承認（民事訴訟中，指當事人對原告所陳述的事實予以承認）；自白；招認；供認（刑事訴訟中，指被告招認其所供和被指控的犯罪行為或有關證實其有罪的事實）；〔美〕允許免稅進口（指允許物品免稅進口加工後再出口）；允許保釋（指被指控拘押的罪犯經法院或治安官許可交保釋放）；裁定（審理法官可考慮口頭或其他的事實證據作出最後的判決）；〔英〕聖職的認可（指作為教會書記員）；接納（指接受作為公司成員、利伯維爾市民）；授予律師資格

Admission age 入學年齡

Admission by party-opponent 對造當事人的承認；對立當事人的承認

Admission of age 承認年齡

Admission of alien 外國人的入境許可

Admission of fact 自白，招供；承認事實

Admission of guilt 認罪（自認有罪）

Admission of liability 承認負有責任；認債

Admission of observers 〔關 / 世貿〕接納觀察員（有關程序性的規定）

Admission of partner 合夥人入夥

Admission office 招生辦公室

Admission procedure 接納程序

Admission qualification 入學資格；當選資格

Admission temporaire 免稅進口（加工後再出口）；臨時許可進口

Admission to bail 准許保釋

Admission to sufficient facts 對充分事實的承認（也稱 "提交裁決"，指法院認定的充分事實足以作出有罪裁決）

Admission to the bar 授予執業律師資格

Admissions against interest 不利於己的承認（指訴訟當事人一方事先供認有爭議的事實不同於現在所求償案件的事實，該承認違背訴訟當事人的利益，或意欲建立或不同意本案實質性事實）

Admissions by silence 默認（指一方當事人在另一方當事人面前陳述其索賠與事實不符，但未予否認之謂）

Admissions tax 入場稅，許可稅（指課收作為部份許可特種價格的形式）

Admit *v.* 接納；承認；允許

Admit one's guilt 自認有罪

Admit to bail 准許保釋

Admittance 〔英〕授予佔有謄本土地保有權；授予保有土地（指領主授予佃戶地產行為可分為三種：1. 無人繼承或放棄歸還他而自願授予佃戶的土地；2. 前一佃戶轉讓的土地；3. 因佃戶繼承其先人故去的土地）

Admittance free 免費入場；免費旁聽

Admitted into evidence 接收為證據

Admixture 混合；攙雜（的）；攙和行為

Admonish *v.* 告誡；忠告；警告（指防止違法行為或犯罪危險）

Admonition 告誡；警告（法官提醒陪審團應忠於職守，考慮證據的採納與否或採納證據之目的）；申誡；〔英〕訓誡（指法官警告釋放的被告不得再犯同樣的罪，此為教會法中一種最輕的處罰）；〔蘇格蘭〕開除軍籍（指因冒犯議會榮譽或特權罪而受到懲誡所致）

Admonitory torts 告誡性侵權（指法律目的在於制止侵權的發生）

Admortisation 捐作永久管業的財產（指把土地等不動產永久捐給教會或社會法人團體）；攤提，分期償還（指以償債基金定期償還債務的本金和利息）

Adolescence 青年期；青春期

Adopt *v.* 接受；認可；採用；採納；批准；同意；選擇；通過；實施；收養

Adopt a policy of combining suppression with leniency 〔中〕實行鎮壓與寬大相結合的政策

Adopt a series of policies that foster economic growth to cope with the challenges posed by the financial crisis 出台一系列應對金融危機帶來的挑戰，促進經濟增長的政策

Adopt local regulations 採用地方法規

Adopt measures necessary to protect public health and nutrition 〔世貿〕採取必要措施以保護公衆健康和營養

Adopt procedures for the multilateral prevention and settlement of disputes between Member's governments 〔世貿〕採取多邊性的防止和解決各成員方政府間的爭端程序

Adopt sound monetary policies 採用穩妥的貨幣政策

Adopt suitable domestic policies for maintaining employment 採取適合國內維持就業的政策

Adopted child 領養子女（養子或養女）

Adopted children register 收養子女登記冊

Adopted daughter 養女

Adopted heir 收養的繼承人

Adopted law 繼受法（指模仿外國法制定的所有法律）

Adopted on first reading 一讀通過（指立法程序）

A

Adopted son 養子

Adopted-son-to-be 將收養的兒子

Adoptee 被收養人

Adopter 收養人；養親

Adoption 收養（依法領養他人子女為自己子女，從而建立擬制親子關係的行為）；認定；採用；任用；採納；可決；通過；承認；追認

Adoption Acts 〔英〕收養法（1976 年）

Adoption by acclamation 鼓掌通過

Adoption by acquiescence 默認通過

Adoption by close relative 近親收養

Adoption by consensus 協商一致通過（以協商一致方式通過）

Adoption by estoppel 不容反悔的收養（一種通過承諾等不容許否定被收養人身份的衡平收養）

Adoption by reference 參照採用

Adoption de facto 事實上收養；事實上領養

Adoption doctrine 〔際〕採納說（意指當國際法與國內法不同時，國內法可推定已授權其將主權包含於國際法之內的一種國際法學說。法官有權據此將國際規則適用於國內法）

Adoption of agenda 通過議程

Adoption of children 〔英〕收養兒童

Adoption of Children Act 〔英〕兒童收養法（1926 年）

Adoption of contract 契約的追認；承認可撤銷的契約

Adoption of international standards 採用國際標準

Adoption of the ITO Charter by the International Conference on Trade and Employment in Havana 哈瓦那國際貿易和就業會議上通過《國際貿易組織憲章》（即史稱《哈瓦那憲章》，1948 年）

Adoption of the text 案文的通過；約文的議決

Adoption order 法院許可收養子女的決定；收養令

Adoption Ordinance 〔香港〕領養子女條例；領養條例

Adoption rule of sheriff 〔英〕執達員錄用規則

Adoption society 〔英〕收養公會（依據 1976 年《收養法》條款批准註冊成立的一個協會，其職能是協助兒童收養事宜）

Adoptive Acts 〔英〕待實施的國會制定法（在特定地區依規定方式予以實施的法律有待地方當局批准或該地區居民投票同意）

Adoptive child 養子女

Adoptive father 養父

Adoptive parent(s) 養親；養父母

Adoptor 養親；收養人；領養人；採納者

Adrhamire *v.* 〔歐洲〕承擔；宣稱；莊嚴承諾；宣誓保證

Adriatic Sea, the 亞得里亞海

Adrogate *v.* 收養未成年人為養子女

Adrogation 自權人收養（收養未成年人為養子女，男孩以未滿 14 歲為限，女孩則以未滿 12 歲為限）

Adsessores 助理法官；助理承審員；替補法官（地方法官的助理或顧問）

Adult *a. & n.* I. 已成人的；成年人的；已成熟的；II. 成年人（美國一般定為 18 歲；英國法規定 17 歲）

Adult Probation and Parole 成年人緩刑與假釋

Adulter 與他人妻子通姦的男人；仿造者；偽造者；變造者

Adulterant 摻假貨；摻雜劑

Adulteration 摻假；摻雜；劣等貨；摻假貨（指在食品、飲料和藥品中摻進劣質或不純的物品等貪贓枉法的行為）

Adulteration of Seeds Act 〔英〕摻雜種子法（1869 年）

Adulterator 摻假者；偽造者；偽造貨幣的人；收買者

Adulterer 通姦者；通姦的男子

Adulteress 姦婦；通姦的女子

Adulterine 通姦所生的；通姦的；摻假的；偽造的

Adulterine children 通姦所生子女

Adulterous bastards 通姦所生子女（指已婚女子與非其夫通姦所生）

Adultery 通姦（通常構成離婚或婚姻破裂分居的要件）

Adultery scandal 通姦醜聞

Adults under guardianship 受監護的成年人

Advance *v. & n.* I. 推進；促進；提升；晉升；預付；提供貨款；提供資金（協助一項目企業，以期待得回報）；提供信貸（現金或貨物）；II. 預付；預付款；墊款；貸款；（價格、工資等）增長

Advance appropriation 〔美〕預先撥款；預撥經費

Advance bill 預付票據；預開匯票（貨物裝運之前）

Advance call 墊款；預收保險費（主要保障賠償協會向船主預收的保險費）

Advance deposit requirement (on import) （對進口）預付押金的條件

Advance freight 預付運費（這種運費通常不能退還的，即使在船航行之前船舶或貨物滅失）

Advance from consignee 承銷人預付款

Advance from shareholders 股東墊款

Advance in price 漲價；物價上漲

Advance man 〔美〕先行人員；助選人員

Advance notice 預先通知

Advance of return fee 預付回信郵費；預付複電費

Advance of salary 預支薪水；借薪

Advance on consignment 收取委托銷售款

Advance on maintenance contract 維修合同預付款

Advance parole 提前假釋

Advance parole letter 〔美移〕預簽再入境許可證（指美移民局頒發給某些通過諸如探親滯留不歸等渠道入境已居住在美國境內依法可予頒發移民簽證的、但無資格在美境內調整身份，而又不能返回原籍者，為確保其出境前往第三國的美國領事館申請合法入境簽證萬一被拒簽時備用）

Advance payment 預付款項；（國際工程）預付款

Advance payment of income tax 預繳所得稅

Advance performance 先行給付（指法院在判決作出前，或者在判決生效前，經原告申請，或者由法院依職權裁定，由被告預先給付部份金額或財物，以解決原告生活上的急需）

Advance redemption 先期償還；預期付款

Advance rental payment 預付租金（租金預付款）

Advance repayment 預先清償

Advance repurchase 預先購回

Advance sheets 〔美〕判例通訊錄（每週發佈於《全國性判例彙編》的小冊子，包括最新公佈的特定法官的判決意見等）

Advance to captain 船長預支

Advanc freight 預付運費

Advanced countries 先進國家

Advanced developing countries 先進的發展中國家

Advanced life and health insurance 高級人壽及健康保險

Advanced note (Advance note) 預付匯票（預付船員工資的票據）

A

Advanced technology　先進技術

Advancement　預付；預支；預付款；墊付；提前饋贈，預先遺贈（親權人或有同等地位的人給予子女創業資金或將來的生活費，例如，指父親或代親給予其推定繼承人其後可繼承的金錢或財產，其區別於"gift"和"loan"）

Advancement clause　〔英〕預先遺贈條款

Advancement of justice　推進公理；促進正義

Advancing import deposit　進口存款預交制（指國家為限制某種產品的進口而採取的一種措施）

Advantage, favour, privilege or immunity　〔關貿〕利益、優惠、特權和豁免（關貿總協定的普惠條款的協議）

Advent　〔英〕基督降靈節（包含聖誕節前含有四個星期日的時期）；一段時間（為普通法和教會法所認可的，其自 11 月 30 日安德魯節或者接近於該節開始直至聖誕節）

Adventure　冒險事業；投機事業；冒險船隻；（冒風險的）海運貨物（指發貨人冒著風險把船或貨物送上海洋）

Adventurer　投機者；冒險家（指從事不確定或冒險活動或企業的人）

Adversarial model　對抗制模式

Adversary　對方當事人；對手；對方；敵方；反對者；敵對者

Adversary counsel　指定的律師；對造當事人律師

Adversary party　（訴訟的）對方，對造

Adversary proceeding　對抗制訴訟程序（尋求救濟的一造依法通知給予他造抗辯的機會）

Adversary system　對抗制；辯論式的訴訟制度（此為英、美法的民事辯論原則，允許雙方當事人就請求法院裁決的民事權利義務關係和事實，陳述各自的主張，互相進行辯論，法院聽取並查證後依法作出裁判，其有別於"inquisitorial system"）

Adverse　相反的；敵對的；不利的；非法的

Adverse claim　對抗權利主張；逆向權利主張；逆向索賠

Adverse competitive effect　反競爭影響（反競爭效果）

Adverse effects　〔關貿〕不利影響（指補助給成員國利益造成不利影響）；負面影響（指一成員方因受另一成員方政府補貼而遭受經濟上的損害之謂）

Adverse enjoyment　〔美〕相反享用權

Adverse interest　相反的利益

Adverse interest rule　相反利益規則（允許不利於當事人訴訟案件證人對質的規則）

Adverse opinion　〔美〕相反意見書（指企業的財務審計報告中沒有公正地表述其財務狀況、經營成果及其財務狀況變更不符合一般公認的會計原則）；反對意見報告（審計用語）

Adverse party　他造當事人；對方當事人；對方；敵方

Adverse possession　對抗佔有；相反佔有；事實上佔有（指佔有者並非事實上的所有者，其通過時效根據制定法取得佔有不動產所有權的方法之一，佔有時間可達五至二十年以上）

Adverse responses　反對的反應

Adverse use　〔美〕無執照的使用；未經許可的使用（依時效取得所有權或地役權的要件）

Adverse verdict　不利的裁決

Adverse witness　對立證人；敵意證人；有惡感的證人（指本造的證人出庭作證時卻做出袒護他造的陳述）

Adversely reflect on their position as international officials　〔世貿〕有損於作為國際官員的身份（指 WTO 官員的行為而言）

Advertise (advertize)　*v.* 通知；做廣告；登廣告

Advertised bidding　〔美〕公告招標

Advertisement　廣告；公告（特指以口頭、書面、電視等方式鼓勵要約者簽訂合同的通告或公告）

Advertisement for creditor　債權人通知

Advertisement offering a reward　懸賞廣告

Advertisement Regulation Act　〔英〕廣告管理法（1907 年）

Advertisement reward　懸賞

Advertisements of Queen Elizabeth　伊利沙伯女王公告（1564－65 年）

Advertiser　廣告人；廣告商

Advertising　廣告

Advertising agency　廣告代理；廣告公司

Advertising agency organisation　廣告專業委員會

Advertising articles and samples　廣告物品或樣品

Advertising association　廣告協會

Advertising goal　廣告目的

Advertising institute　廣告學會

Advertising media　廣告媒體

Advertising of public utility　社會公益廣告（公用事業廣告）

Advertising production corporation　廣告製作公司

Advertising restriction　廣告限制

Advertising services　廣告服務

Advertising solicitor　廣告律師

Advice　意見；消息；勸告；諮詢；建議；通知（商人或銀行業者在簽發匯票的同時以信函通知對方到貨或到期日期）；匯票票根

Advice capability　指導能力

Advice note　通知書；通知單

Advice of audit　審計通知（書）

Advice of charge　付款通知（書）

Advice of counsel　〔美〕律師的建議；律師的辯護指導；照律師建議的抗辯（被告向其律師提供全部調查的事實並按律師的建議對誣告他的訴訟提出抗辯）

Advice of credit　開證通知（開證銀行開出的信用證通知）

Advice of drawing　匯票通知書；提款通知（書）

Advice of payment　付款通知

Advice of request of redemption　償還請求通知書

Advice on acquisitions and on corporate restructuring and strategy　關於收購、公司改組及戰略的建議

Advice on evidence　〔英〕證據指導（律師對證據上提出的指導意見）

Advice the requesting party　〔領事〕通知請求方

Advise　*v.* 提供意見；建議；通知；勸告

Advised　經深思熟慮的（法院經審訊並評議後準備好宣判）

Advisedly　慎重地；故意地；經深思熟慮地

Advisement　合議；審議；評議（指在律師出庭辯論後，法官們在提出意見之前進行的磋商）

Advisement of rights　權利告誡

Adviser　顧問；諮詢者；建議者

Advising　〔蘇格蘭〕再評議（指高等民事法庭受理上訴案件的複審庭法官們會審考慮判決問題）

Advising Bank　通知行（接受開證委託，將信用證通知受益人的銀行）

Advising commission　通知手續費；通知儲金

Advisor to the Executive Director　〔基金〕執行董事顧問

A

Advisory 顧問的；諮詢的；勸告的；建議的；非強制性的；非結論性的

Advisory activities 諮詢活動

Advisory Board 顧問委員會；諮詢委員會

Advisory body 顧問團；諮詢機構

Advisory capacity 諮詢資格

Advisory commission 諮詢委員會

Advisory committee 諮詢委員會

Advisory Committee for Trade Negotiation (ACTN) 〔美〕貿易談判諮詢委員會 (充當政府關貿總協定談判事宜顧問)

Advisory Committee for Trade Policy and Negotiations (ACTPN) 〔美〕貿易政策談判諮詢委員會 (1994 年作為美總統、貿易談判代表和國會對美國對外貿易政策上的首席私營部門的顧問委員會)

Advisory Committee on Economic Co-operation and Development 〔聯〕經濟合作與發展諮詢委員會

Advisory Committee on Marine Resources Research (ACMRR) 〔美、日〕海洋資源研究委員會

Advisory Committee on the Application of Science and Technology to Development 科學技術開發應用諮詢委員會

Advisory Committee on Trade Negotiation (ACTN) 〔美〕貿易談判諮詢委員會 (或顧問委員會)

Advisory council 顧問委員會；諮詢理事會

Advisory counsel 諮詢律師；顧問律師 (其區別於 "trial counsel" 的法庭律師)

Advisory group 諮詢小組；顧問團

Advisory jurisdiction 諮詢管轄權 (國際法院受理國與國之間的訴案外，並有權對有關案件表示法律意見)

Advisory jury 〔美〕諮詢陪審團；顧問陪審團 (在聯邦法院訴訟中有權不用陪審團，法院可與顧問陪審團一起審理，但其評決對法院無拘束力)

Advisory opinion 〔美〕諮詢意見 (為國會和政府提供關貿總協定談判獻策)；諮詢意見；顧問性的意見 (指聯合國安理會、聯合國大會和聯合國所屬機構及其特別機構應聯合國大會授權可請求提供諮詢意見。該諮詢只解釋法律，但無拘束力，且亦不影響國際法主體地位；美聯邦法院不提供諮詢意見；但英國樞密院司法委員會則可予提供)

Advisory Opinion concerning the Jurisdiction of the Courts of Danzig by the Permanent Court of International justice 國際常設法院關於但澤法院管轄檔案的諮詢意見 (意指國際法院不阻止個人直接取得條約上的權利，只要締約國有此意圖)

Advisory panel 諮詢小組

Advisory procedure 諮詢程序

Advisory referendum 諮詢性的複決權

Advisory report 〔基金〕諮詢報告

Advisory service 諮詢服務

Advisory technical experts group 〔世貿〕技術顧問專家小組

Advisory trial 〔美〕(諮詢陪審團陪審下的) 參考性審理

Advisory verdict 〔美〕(諮詢陪審團陪審下的) 諮詢性評決

Advisory work 顧問工作；諮詢工作

Advisory, Conciliation and Arbitration Service (ACAS) 〔英〕諮詢、調解和仲裁服務處 (旨在促進改善勞資關係，對商務事端進行仲裁並提供免費諮詢的服務機構)

Advocacy 辯護；擁護；提倡 (積極的贊助)；建議

Advocacy of trade policy liberalisation 〔世行〕積極提倡貿易政策自由化

Advocate *n. & v.* I. 辯護人 (指具有在法院為他人辯護特權的人)；〔法國、蘇格蘭〕(最高法院的) 出庭律師；(舊時專屬宗教和海事兩法院的) 律師；輔佐人；助理；顧問；狀師；II. 辯護；擁護；公開推薦，薦舉；鼓吹

Advocate of the Church 教會律師

Advocate-Depute 〔蘇格蘭〕副總檢察長；律師協會會長助理

Advocate-General 〔英〕女王法律顧問；王室首席法律顧問；〔歐共體〕法務官

Advocating overthrow of government 〔美〕鼓吹顛覆政府罪 (這種行為在美國為聯邦罪)

Advocation 〔蘇格蘭〕案件移送 (民事訟案由下級法院移送上級法院程序；刑事訴訟由下級刑事法院移送高等刑事上訴複審程序)

Advoutrer 〔英古〕姦夫

Advoutry 通姦；姘居罪 (指已婚男女間的通姦或姦婦繼續與男人同居所犯的通姦罪)

Advow (Avow, Avouch) *v.*〔英〕堅持或維持所作行為正當化 (承認曾實行某一行為，但主張是根據權利實行的行為)；返還扣押動產之訴；坦白承認；公開宣稱；證明合法

Advowee (avowee) 聖職薦舉權人；聖職推薦權人

Advowee paramount 君主；國王；最高聖職薦舉權人

Advowson 聖職推薦權

Advowson appendant 屬地聖職推薦權 (附在捐獻者的所有地上不得分離轉讓給他人的聖職推薦權)

Advowson collative (主教) 直接聖職推薦權

Advowson in gross 屬人聖職推薦權 (附在捐獻者身上而不附在土地上)

Advowtry 通姦；姘居罪 (釋義見 "adultery")

Ael 〔法〕祖父；外祖父 (英國法庭所用的諾曼底人所說的法語)

Aerial agreement 空中協定

Aerial attack 空中攻擊

Aerial blockade 空中封鎖

Aerial bombardment 空中轟炸

Aerial cabotage 國內兩地間空運

Aerial collision 空中碰撞

Aerial domain 領空

Aerial hijacking 空中劫持 (指在航空器內使用暴力或暴力威脅，以致危害航空器或其所載人員、財產的安全，或危害航空器的良好秩序和紀律的行為)

Aerial inspection 空中視察

Aerial insurance 飛行保險

Aerial navigation 空中航行；航空

Aerial Navigation Act 〔英〕航空法 (1911 年)

Aerial observation 空中觀察；空中觀測

Aerial photograph 航拍照片；空中所拍照片

Aerial piracy 空中強盜行為

Aerial reconnaissance 空中偵察

Aerial space 大氣空間

Aerial target 空中目標

Aerial traffic 空中交通

Aerial warfare 空戰

Aero insurance 飛行保險；航空保險

Aerodrome 飛機場 (指設計供飛機起降設施使用的地面或水面)

Aerogramme 航空郵件；航空信件；無線電報

Aeronautical 航空的；航行的

Aeronautical industry 航空工業

Aerospace 大氣空間

Aerospace law 大氣空間法

Aerostat 氣船

Aerostation 浮空學；浮空器操縱術；航空站

Aerotrain 懸浮火車

Aerotransport 運輸機

Aesthetic value 美學的價值；審美的價值；藝術價值（指財產的價值歸因於其美麗或周圍環境的改善）

Aetiology of crime 犯罪成因；犯罪推理學

Affair intrusted (Affair entrusted) 委任事項

Affair of honour 榮譽事件

Affair(s) 事務；業務；事件；〔法〕訴訟；案件；法律訴訟

Affairs of the international organisations 〔世貿〕國際組織事務（指 WTO 選擇工作人員標準以熟悉國際組織事務為條件）

Affect v. 影響；作用；變化；（疾病）侵襲

Affect commerce 影響商業；妨礙商業自由流通（指導致勞動爭議而影響商務活動）

Affect customs clearance 影響通關

Affect international trade flows 〔關 / 世貿〕影響國際貿易流量

Affect one's status 影響…身份

Affect price comparability 影響價格的可比性

Affect the availability of food aid at a level 影響可獲得糧食援助的水平

Affect the integration 影響一體化

Affect the nature and scope of its work 〔世貿〕影響工作的性質與範圍

Affect the obligation 妨礙義務

Affect the operation of its programme and policy of economic development 〔關貿〕影響經濟發展規劃和政策的實施（指如果締約國全體批准解除一締約方因貨幣儲備而實施進口限制所承擔的義務時，該締約方認為這樣做對其本國經濟發展有有害影響則可在 60 天內致函通知秘書長退出 GATT）

Affect the operation of this Agreement 影響本協議的實施

Affect the precedence 影響優先的地位

Affect the right to seek relief in a judicial action 影響尋求司法訴訟的救濟權利

Affect the rights and obligations of Members 〔世貿〕影響各成員方的權利和義務

Affect the scope and nature of function 影響職務的性質範圍

Affect the taking of evidence 影響取證

Affect the welfare of the family 影響家庭福利

Affect trade in each sector 影響各部門的貿易

Affected Member 〔世貿〕受影響的成員方

Affected party 受影響的成員國；受影響的當事方；受影響的當事人

Affected state 受影響國

Affected with a public interest 影響及公衆權益

Affecting 〔關貿〕影響（指包括可能不利地改變進口產品之間的競爭條件的任何法令或規定）

Affecting commerce 〔美〕影響商業（關於影響工商業活動的勞工爭議）

Affection 感情；愛情；性情；特性；〔美〕當出物；設定抵押；以物或金錢擔保；疾病（醫學上用語）

Affeer v. 估價，評價，驗估；清算；核定金額

Affermer v.〔法〕出租；租賃；肯定，確認

Affiance v. 訂婚約（指男女雙方為結婚所作的事先約定）

Affiant 〔美、法〕宣誓陳述人；宣誓作證人（可與 "deponent" 通用，但後者作為指定的簽署宣誓者）

Affidavit 宣誓陳述書；宣誓書（經宣誓的書面陳述）

Affidavit evidence 誓證（宣誓書證據）

Affidavit maker 宣誓陳述人

Affidavit of claim 〔保〕請求給付申請書

Affidavit of defence 答辯宣誓書（例如，可向法庭動議給予即決判決）

Affidavit of discovery of documents 提出證據文件的宣誓陳述書

Affidavit of document 訴訟文件宣誓書（指提出命令他造須提出申請披露其所擁有的全部有關訴訟文件的宣誓書）

Affidavit of finding 尋回遺囑的證明書；發現已失遺囑的宣誓書

Affidavit of increase 額外費用陳述宣誓書（旨在查定應付訴訟費用數額或稅務員要求查明在訴訟賬面上沒有記載的律師費和證人費）；增加計算費用證明書

Affidavit of inquiry 〔美〕調查宣誓陳述書

Affidavit of means 經濟能力宣誓書（證明債務人有能力償債證明書）

Affidavit of merits 實體性辯護理由宣誓書（指被告對缺席判決上訴提出有實質性的辯護理由和可據以證明的事實）

Affidavit of notice 通知聽審宣誓書

Affidavit of plight and condition 遺囑完好宣誓書（說明遺囑在發現時或做成時無任何變化）

Affidavit of script （遺囑檢驗案件當事人說明有遺囑原稿的）宣誓陳述書；副本證明書

Affidavit of service 送達宣誓書（說明訴訟傳票或其他通知書已經送達的宣誓書）

Affidavit of support 〔美〕生活擔保證書；經濟資助宣誓陳述書（指美政府規定，中國公民赴美自費留學或探親者須由其在美親屬提供經濟擔保，以避免抵美後無經濟依靠，而成為美社會負擔）

Affidavit of verification 確認宣誓陳述書

Affidavit to hold to bail 〔英〕拘留債務人宣誓書（指在訴訟案中說明對擬要潛逃的債務人被逮住可以不超過訴訟費用的金額保釋）

Affile v. 存檔；歸檔

Affiliate v. & n. I. 確認生父關係（指確認非婚生子女與其生父的親子關係）；II. 附屬公司；聯營公司；聯號；分支機構

Affiliate company 聯號；聯營公司；附屬公司

Affiliated agency 附屬機構

Affiliated enterprise 分支企業；聯號企業

Affiliation 加入；聯營；聯號；附屬機構；確認私生子女與其父的關係；〔英〕私生子女認領訴訟（指分居的單身或已婚的婦女從治安法院得到判決其私生子為其夫所生的命令並判其夫每週給予其子定額的生活費和撫養費直至 13 歲為止，而且如果法院認為合式的話則給付至 16 歲或 21 歲為止）

Affiliation and aliment 〔蘇格蘭〕私生子認領與撫養之訴

A

Affiliation order 親子確認令（確認生父與非婚生子女的親子關係並且規定生父給付定額撫養費的命令）

Affiliation proceedings 私生子認領訴訟程序（關於如何維護子女的福利問題）

Affiliation Proceedings Ordinance 〔香港〕父職鑒定訴訟程序條例（指非婚生子女或養子女為請求生父母或養父母認領而提起的訴訟程序）

Affinity 密切關係；姻親關係（指夫妻雙方的兄弟姐妹之間的關係；摩西法和羅馬法均永久禁止直系姻親間的通婚；英國和蘇格蘭法律對姻親間通婚分別在 1947 年和 1977 年的法令中做了規定）；血親關係

Affirm *v.* 維持（原判）（上級法院維持下級法院的判決）；確認（判決、命令等）；追認（能取消的行為）；斷言；證明（指證人莊嚴正式宣誓其證詞屬實）；〔宗〕准許不同宗教信仰者不經宣誓而提供證言

Affirmance 追認；承認（前法或判決）；確認（對於得取消的行為、可撤銷的合同）；維持（指上訴法院對下級法院提交複審判決命令等的確認或批准）

Affirmance of judgement 維持原判

Affirmant 不經宣誓而作證者

Affirmation 確認；〔英〕無宣誓作證（指准許不經宣誓提供證據的人可在公開法庭上或以書面作證）；宣誓性質鄭重的宗教確認

Affirmation of fact 事實的確認（指對於交易標的不單光是意見的表示，而且還有事實作證）

Affirmative 贊成的；肯定的；確認的；證實的；正面的

Affirmative action 〔美〕積極行動；確認行動；矯正歧視性行動

Affirmative action programmes 〔美〕矯正歧視性就業行動計劃（聯邦法規定的僱用計劃，旨在矯正消滅現在和避免將來在一個特定地區僱用少數集團人員上存在着歧視性做法）

Affirmative charge 〔美〕肯定性指示（指法官對陪審團的指示，不管提出甚麼證據，被告不能據此告訴被判處有罪）

Affirmative defence 〔美〕積極的答辯（指在刑事案件中包括精神病、醉態、自衛及脅迫等為由進行抗辯）

Affirmative determination 肯定裁定（指五十年代國際貿易委員會對反傾銷控告案件作出的）

Affirmative duty 積極的義務

Affirmative easement 積極地役權（要役地的佔有者在承役地上可積極進行一定行為的地役權。例如通行權、引水權或排水權）

Affirmative pregnant 曖昧不明的拙劣抗辯（指在普通法的肯定主張中包含着有利於訴訟對方當事人的消極內容）

Affirmative proof 確認的證據；認定的證據；肯定性證據

Affirmative recovery 退貨之訴（指要求退回所交的貨物）

Affirmative relief 積極救濟；肯定性救濟

Affirmative servitude 積極地役權（要役地的佔有者在承役地上可積極進行一定行為的地役權。例如通行權、引水權或排水權）

Affirmative statute 〔美〕確認性法律；強制性法律（指明確規定可作為和不可作為之行為）

Affirmative vote 贊成票；可決票

Affirmative warranty 確定性保證；〔保〕保證書

Affix *v.* 固定；粘上；貼上；附上（簽名）；蓋（印）；添附；附屬於

Affix deceptive marks 貼欺騙性的標記

Affix signature 簽名，簽署

Affixed with the signature or seal 簽署或者蓋章

Affixing 粘貼緊着的；牢固粘附着的

Affliction 苦惱；折磨

Afflictive punishment 〔法〕酷刑（包括殘害肌體、肢解肌體、割舌等酷刑，1500 年）

Afforce *v.* 增加；加重，加強，增強

Afford adequate opportunity for consultation 給予充分協商的機會

Afford assistance 給予協助

Afford asylum 給予避難

Afford protection and assistance 提供保護和協助

Afford relief and repatriation 給予救濟和遣返

Afford sympathetic consideration 〔世貿〕給予同情的考慮（指一成員方有義務考慮另一成員方提出有關影響反傾銷協議實施的任何陳述，並提供充分機會進行雙邊磋商）

Affordable housing 保障性租房（經濟適用房）

Afforest *v.* 造林（法律意義上是指變土地為林地）

Afforestation 造林

Affouage 〔法〕公共樹林採伐權（指村莊居民有權從森林中採伐必需的木頭）

Affranchi 〔法〕歹徒；不法之徒

Affranchir *v.*〔法〕使獲得自由；釋放；解放

Affranchise *v.* 解放；使獲得自由

Affray 互毆罪（指兩人或兩人以上在私下或在公共場所相互鬥毆）

Affreighter 租船人

Affreightment 運輸契約；租船契約；〔英〕運貨合同；運貨契約

Affreightment by bill of lading 按運貨提單的運輸契約（貨運提單運輸契約）

Affreightment by charter party 租船運輸契約

Affretement 〔法〕租船；租船契約

Affri 〔英古〕耕畜（閹牛或耕馬）

Affront *v. & n.* 當眾侮辱；有意冒犯；無禮

Afloat 免債的；在船上；在途中；可流通的（票據等）；沒有負債的

Afonsine Ordinances 〔葡〕阿方索的葡萄牙法令匯纂

Aforementioned 前述的；上文所說的；上面提到的

Aforesaid 上述的；前述的

Aforethought 故意的；預謀的（用以界定區分 "murder" 和 "manslaughter"，前者為謀殺，後者為過失殺人）

African Association for Public Administration and Management (AAPAM) 非洲行政和企業管理協會（1971 年）

African Association of Management 非洲管理協會（AAM）（1981 年）

African Caucus 〔基金〕〔世行〕非洲決策委員會

African Centre for Monetary Studies (ACMS) 非洲貨幣研究中心

African Common Market (AFCM) 非洲共同市場

African Department 〔基金〕非洲部（司）

African Development Bank (AFDB) 非洲開發銀行（1964 年 9 月正式成立，1966 年 7 月開始營業，其總部設在科特迪瓦的阿比讓，廣義上講亦屬 "世界銀行集團"）

African Development Bank Group (ADB Group) 非洲開發銀行集團

African Development Fund　非洲發展基金；非洲開發基金會（1972 年 11 月 29 日成立，總部設在科特迪瓦的阿比讓）

African Economic Community (AEC)　非洲經濟共同體（成立於 1991 年 6 月 3 日，總部設在阿爾賈，現共有 51 個成員國）

African Economic Unity (AEU)　非洲經濟統一體

African Frontline States　非洲前線國家

African Groundnut Council (AGC)　非洲花生理事會（1965 年成立，總部設在尼日利亞首都拉各斯）

African Institute for Economic Development and Planning (IDEP)　非洲經濟發展與計劃協會

African Institute of Private International Law　非洲國際私法學會

African Intellectual Property Organisation　非洲知識產權組織

African Liberation Committee　非洲解放委員會

African policy　〔美〕非洲政策（《烏拉圭回合協定法》中要求美國克林頓政府開拓和執行一個全面的對非洲各國的貿易和發展政策）

African Postal and Telecommunication Union (APU/ATU)　非洲郵政電信聯盟

African Postal Union (AFPU)　非洲郵政聯盟

African Regional Centre for Technology (ARCT)　非洲區域技術中心

African Round Table　非洲圓桌會議

African Timber Organisation (ATO)　非洲木材組織

African Trade Centre　非洲貿易中心

African Women Jurists Federation　非洲婦女法學家協會；（非洲婦女法學家聯合會）

African Caribbean and Pacific (ACP)　非洲、加勒比和太平洋

African-American Society for Humanitarian Aid and Development　非美人道主義援助與發展學會

Afro-Asian Conciliation Commission (AACC)　亞非調停委員會

Aft　〔海法〕在後；向船尾

After　在後；隨後；以後

After acquired property　破產決定後獲得的財產；包括抵押權設定後取得的財產；債務者成交後所取得的財產；遺囑執行後獲得的財產

After acquired property clause　追加抵押條款；後得財產抵押條款（指借款人獲得貸款和抵押之日起其財產便自動成為該筆貸款的追加擔保）

After acquired title　後得所有權（財產轉讓後取得所有權）

After born child　遺腹子（指死者遺囑執行以後才出世的）

After born heirs　遺腹子繼承人；被繼承人死後出生的繼承人（指被繼承人未立遺囑而死，其後出世的繼承人有權繼承死者的財產）

After date (A/D, a/d)　出票後（指在發票日之後若干時間內付款）

After date bill　出票日後定期付款票據（從出票之日後起算，一定期間內付款）

After demand　見票即付

After sales service　售後服務（指家用電器等商品銷售後的免費維修等服務）

After sight (a/s)　見票後（用於應付票據在收到後若干日內付款）

After sight bill　見票後定期付款票據（從持票人提示匯票時起算，一定期間內付款）

After tax income　稅後收入

After tax profit　稅後利潤

After taxes　納稅後（簡稱"稅後"）

After the fact　作案後；事情發生之後（指隱藏、隱匿或幫助犯下重罪的主犯）

After thought　事後思考；事後想法

After-acquired　後得的（特定日期或事件後獲得的）

After-care　（罪犯釋放後的）安置

After-consent　事後承諾

After-discovered　事後發現的；之後發現的（在特定的日期或事件之後才發現的）

After-discovered evidence　事後發現的證據（指審判結束之後新發現的證據）

After-market　銷售後市場（指有價證券已經由承銷人出售的）

After-math　〔英〕（草的）第二次收割；有最後的收割權

Afternoon　下午；午後；午夜

After-sale service　售後服務（免費保養服務）

After-tax income　納稅後的收入

After-tax profit　納稅後的利潤

After-tax yield　稅後收益（納稅後的收益）

Afterward, afterwards　其後；後來；以後

Against　*prep.* 逆；相反；反對；違反；防備；以防；倚在；緊靠；憑…；與…對比；與…對照；與…抵觸

Against acts of unfair competition of all kinds　反對各種不公平的競爭行為

Against all risks (A/R)　全險；承保一切風險（不管損害多少，規定保險人均須賠償的海上保險契約條款）

Against Corruption Campaign　〔中〕反對腐敗運動（2013 年開始，以習近平總書記為首的中共領導展開老虎蒼蠅一起打的反對貪官污吏運動。此舉深得民心，博得國內外好評）

Against imports from the country in a manner inconstant with WTO agreement　反對從與世貿組織協定不一致的類別國家進口

Against interest　與…利益抵觸；違反…利益

Against public health offences　妨礙公共衛生罪行

Against public interest　違反公共利益（指被宣佈為不利於公共福利的協議或行為，法官可自行宣佈其無效）

Against the evidence　與證據相反的；與證據相佐的

Against the form of the statute　違反制定法的規定（違反禁止控告的制定法規定，其釋義同 "contra formam stratuti"）

Against the law　違法，違反法律

Against the peace　擾亂治安；妨害公共秩序

Against the weight of the evidence　違反證據的；與證據相反的

Against the will　違背意願（為搶劫、強姦等犯罪起訴書的技術用語）

Age　年齡；時代

Age discrimination　〔美〕年齡歧視（指禁止在年齡上的不公正和歧視性的就業待遇）

Age discrimination act　〔美〕年齡歧視法（1967 年）

Age for enlistment　徵兵年齡

Age limits　年齡定限；年齡限制

Age of consent　結婚年齡（指不須父母同意的結婚年齡）；〔美〕法定承諾年齡（指女方已達不經父母批准，可自行決定結婚的年齡，即法律上對性行為同意的年齡）

A

Age of discretion 判斷力年齡；自決年齡；責任年齡（英國法律規定為 14 歲）

Age of election 未成年人自己選擇監護人年齡

Age of majority 成年年齡；法定年齡（指有完全行為能力可以訂立契約的年齡，一般為 18 歲）

Age of reason 懂事年齡；責任年齡（一般為 7 歲）

Age of retirement 退休年齡

Age pension 養老金

Aged person 年長者；老年人；高齡人

Aged seamen and widows fund 〔英〕老海員及海員寡婦基金

Agency 代理；代理權（指代理人以被代理人名義在代理權限內進行直接對被代理人發生效力的法律行為）；代理關係；代理處；代理行；經銷處；（政府）機構；代理機構

Agency agreement 代理合同；代理關係合同；代理協議

Agency by conduct 通過行動成立的代理

Agency by estoppel 事實上的代理；表見代理；不容否認的代理（指委托人因疏於監督代理人的事務而表見允許代理人行使未經其授予的權力，使得他人有理由相信代理人具有必要的權威）

Agency by operation of law 因實施法律創設的代理

Agency by ratification 經批准的代理

Agency commission 代理手續費；代理傭金

Agency coupled with an interest 附利益代理（指代理人在處理財產或標的物中包含其本身利益在內。這種特殊關係的代理不以代理人死亡而終結）

Agency contract 代理契約（規定代理人與委托人之間關於代理關係事項）

Agency debt 〔美〕機構債務（由聯邦的其他機構向公衆舉借的債務之謂）

Agency en douane 報關行

Agency fee （資本市場）代理酬金；代理費

Agency for International Development (AID) 〔美〕國際開發署（成立於 1961 年，為美國務院所屬主管對外經濟援助的機構）

Agency for the Prohibition of Nuclear Weapons in Latin America (OPANAL) 拉丁美洲禁止核武器組織

Agency in fact 委托代理（經委托與代理人合意確認的，而不是依法指定的）

Agency mission 機構任務

Agency of adoption 收養辦事處

Agency of commerce 商業代理行

Agency of employment 職業介紹所

Agency of interpretation 〔際〕解釋機構

Agency of marriage 婚姻介紹所

Agency of necessity 必要代理；緊急事務代理

Agency of quarantine 檢疫機關

Agency of social insurance 社會保險機關

Agency of state 國家機構

Agency of the United States 美國行政機關（指聯邦政府內的司、處和行政機關）

Agency of Transit and of International Transport 國際轉口運輸代理處

Agency passport 機關護照

Agency relationship 代理關係（旨在確認僱主和第三者之間法定關係的僱傭代表）

Agency services 代理業務（代理服務）（例如，信托銀行或信托公司、商業銀行附設的信托部等所經營的多半業務）

Agency shop 〔美〕工會代理制企業

Agenda committee 議程委員會

Agenda control 議程管理

Agenda-setting authority 安排議事日程的權力

Agenda-setting authority to undercut the relative power of pro-protectionist groups 〔美〕安排議事日程當局削減親貿易保護主義團體的相關權力

Agenda-setting power on trade matters 安排貿易問題議事日程的權力

Agenesia 陽痿；性無能；無性行為能力

Agenfrida 〔撒〕物品的真正主人；物主

Agenhina 〔撒〕客棧房客（指在客棧連續住上三夜然後即被看作客店家庭成員）

Agent (AGT) 代理商；代理人（"principal"）；代表；官員

Agent ad litem 訴訟代理人（根據法律規定，由民事訴訟當事人授權或法院指定以當事人名義，代理一方當事人進行訴訟的制度）

Agent and patient 代理人兼承受人（權利義務兼有者）

Agent by estoppel 表見代理人（釋義同 "agency by estoppel"）

Agent consular 領事事務代理人；代理領事

Agent de change 〔法〕證券經紀人；代理人

Agent entrusted with and in possession 受托並且兼收佔有的代理商

Agent fee 代理費

Agent of necessity 緊急事務代理人；非常時期代理人（例如，被遺棄的妻子可為自己的子女定購生活必需品）

Agent of overseas principal 海外代表

Agent of state 國家代表；國家人員

Agent provocateur 〔法〕坐探；奸細；內奸；間諜（指應僱深入一個組織內部收集該組織成員並煽動鬧事的秘密間諜，為敵人竊取、刺探、提供本國情報的行為）；警察線人（"俗稱卧底"）；煽動份子

Agent provocation 間諜；秘密偵探

Agent qualification laws 代理人資格法

Agent report 〔保〕代理人的意見

Agent's authority 代理人權限

Agent's lien 代理人留置權

Agent's tort 代理人侵權行為

Aggravate *v. & n.* I.（病情等）加重；加劇；使怒；激怒；II. 總計，總額

Aggravated 加重的

Aggravated arson 加重的縱火罪

Aggravated assault 加重的罪行；企圖造成傷害罪（指圖謀或有意以殺傷性武器給他人造成嚴重身體傷害的行為，其區別於 14 歲以下男女兒童的 "common assault"）

Aggravated battery 加重的持械鬥毆罪（指使用危險的器械）

Aggravated burglary 〔英〕加重入屋行竊罪；加重侵入住宅罪（指侵入住宅犯下盜竊罪，同時侵入住宅時還携帶有槍支或仿造的槍支）

Aggravated circumstances 增加嚴重性的情節

Aggravated damages 加重懲罰性損害賠償（原告就其感情、體面等受到顯著傷害要肇事者給付超過實際損害的損害賠償）

Aggravated larceny 加重盜竊罪 (指根據偷竊的場所、方法、盜竊物的價格或性質犯罪情節嚴重,比單純偷竊科刑要重)

Aggravated negligence 嚴重過失

Aggravated robbery 加重的搶劫罪

Aggravating circumstances 加重處罰情節

Aggravation 加重犯罪情節 (指增加犯罪和侵權罪的情節;或用在抗辯中以增加損害賠償額但不影響其訴權)

Aggravation from repetition 因屢犯而加重罪名

Aggravation of penalty 加重刑罰;重罰

Aggravation of the disability 嚴重傷殘 (指涉及以此為由要求資方安排給予工人因特定傷殘事故的補償金)

Aggregate *a. & n.* I. 聚集的;合計的;II. 人或物的集團;法人團體;總額,總計,累積;綜合指標

Aggregate corporation 社團法人

Aggregate demand 總需求 (指一國的商品和勞務支出的總量)

Aggregate effects 綜合的作用;綜合效應

Aggregate fund 綜合基金

Aggregate GNP 國民生產總值

Aggregate holding 〔香港〕控股權益總額

Aggregate income 總收入 (指夫妻共同申報的稅單的)

Aggregate indemnity 賠償總額

Aggregate investment 投資總量

Aggregate level of borrowing 借款總額

Aggregate measurement of support (AMS) 〔世貿〕總量支持單位 (指對非特定農產品的國內支持其 AMS,發達國成員方不得超過其農業總值的 5%;發展中成員方為 10%)

Aggregate real gross national product 累積實際國民生產總值

Aggregate resources 累積的資金

Aggregate theory of partnership 合夥關係上的綜合理論

Aggregate tonnage 噸位總數

Aggregation 總和,聚集;集合體;〔美〕(兩個以上) 併合的專利求償 (指相互之間互不關聯的、互不合作的專利求償);(兩個) 互不作用的組合

Aggregation bias 總量偏倚

Aggregation doctrine 〔美〕排除總計求償規則

Aggression 侵犯行為;侵略 (指一個國家使用武力侵犯另一個國家的主權、領土完整或政治獨立;或與聯合國憲章不符的任何其他方式使用武力)

Aggressive intention 侵略意圖

Aggressive policy 侵略政策

Aggressive pricing 超高定價

Aggressive protective trade policy 侵略性的保護貿易政策 (指帝國主義國家為爭奪國際市場所採取侵略性的壟斷市場政策而盛行於二次世界大戰之間)

Aggressive use 侵略性使用

Aggressive war 侵略戰爭

Aggressor 侵略者;侵犯者;肇事者;挑釁者 (首先動手施暴者);故意施暴者

Aggressor corporation 併購公司

Aggressor state 侵略國

Aggrieved 受害的;受損害的;被侵害權利的

Aggrieved parties 〔世貿〕受害方;受害人

Aggrieved party 受害人;受害方

Aggrieved person 受害人;被害人;含冤者

Agiler 〔撒〕觀察員;檢舉人;密探;間諜;告密人

Aging 老齡;老年人;老齡化;分期

Aging of accounts 賬齡分析 (指將應收或應付的賬目按序時和先後組別進行排列)

Agio 貼水;升水;差值 (金屬貨幣與紙幣間的或兩種金屬貨幣的差值);銀行手續費

Agiotage 匯兌業務;股票經紀人的業務;股票投機;公債投機買賣;套利差額

Agioteur 〔法〕(公債漲跌的) 投機家;投機商

Agist *v.* 課稅;〔英古〕代人放牧 (放牧者應僱在國王森林中為第三者放牧並收取到期放牧費供國王使用)

Agistage 放牧契約;牧養費

Agister (agistor) 牧工;代人放牧者 (指收費以為牧主的放牧者,通常牧主按議價給付工錢)

Agistment 代人放牧契約

Agitation 騷動;煽動;鼓動

Agitator 煽動者;鼓動者 (不斷鼓吹社會變革的人)

Agnates 〔蘇格蘭〕父系血親;父系親屬

Agnatic 男方的;父系的

Agnation 父系親屬關係

Agnomination 姓;附加名;附加頭銜;別名,綽號

Agony 痛苦 (指精神上或肉體上的極度痛苦)

Agoranomi 〔希〕雅典司法行政官

Agrarian *a. & n.* I. 土地的;土地分配的;土地所有制的;II. 主張平均地權的人

Agrarian laws 土地分配法 (指包括公地和從征服敵人那裏所取得的土地在全民中進行分配)

Agrarian murder 地主與租地人的不和引起的殺人;由於土地佔有問題而實施的殺害

Agrarian outrage 地主與租地人不和造成的暴行或暴亂

Agrarian reform 土地改革

Agrarian reform law 土地改革法

Agrarianism 平均地權論;土地國有論

Agreation 〔法〕任命同意

Agree *v.* 同意;贊同;應允;商定;約定;(意見等) 一致

Agree in absentia 缺席同意

Agreed 協議約定的;一致同意的;達成協議的

Agreed amount clause 〔保〕議定數額條款 (保險單中規定被保險人應付規定保險金額範圍)

Agreed and declared 一致同意並公開宣稱的 (表示合意的習慣用語)

Agreed announcement 協議聲明

Agreed case 合意案件 (當事人雙方無異議報經法院同意不需要審判的案件,釋義見 "case agreed on")

Agreed combined statement 協議聯合聲明

Agreed criteria 一致的標準;議定的標準

Agreed decision 協議決定

Agreed Description of the Customary Practice 〔關貿〕約定的習慣做法說明 (關稅與貿易總協定於 1979 年 11 月 28 日在《東京回合》多邊談判中達成的,作為《Understanding regarding Notification, Consultation, Dispute Settlement and Surveillance》的附件)

Agreed duty 議定關稅

Agreed exceptions 〔世貿〕議定除外條款 (指在政府採購談判中,發展中國家某些實體、產品或勞務應排除適用國民待遇規則以享受其特殊差別待遇)

A

Agreed formula　一致同意方式；商定方案

Agreed higher limit　約定較高的限額

Agreed initial derogations　議定初步減損

Agreed insured value　定植保險；約定的保險價值

Agreed interpretation　協議解釋

Agreed judgement　〔美〕合產判決（一致同意的判決）

Agreed Measures for the Conservation of Antarctic Fauna and Flora　保護南極動植物協議措施（1964 年）

Agreed minutes　（巴黎俱樂部）一致同意的會談記錄；協議記錄

Agreed parallel unilateral statements　協議平行單方聲明

Agreed period　商定的期限

Agreed price　議定價格（指有關各方共同商定的價格）

Agreed price range　議定的價格幅度

Agreed rate　議定費率；協定運費率

Agreed reduction　議定的削減；議定的裁減

Agreed rent　議定租金；協定租金

Agreed solutions　〔世貿〕約定的解決辦法

Agreed statement of facts　一致同意的事實陳述（指經當事人約定的真實正確陳述事實提交法院就該案在法律上作出裁決）

Agreed statement on appeal　一致同意的上訴事實陳述

Agreed text　一致同意的文本；議定文本

Agreed value　協議保險價格；約定價值（指事先同意將財產的價值作為在合夥契約中當事人就特定數額合夥人利益的價值）

Agreed value clause　議定價值條款

Agreed-upon rules promoting trade liberalisation　商定促進貿易自由化的規則

Agreement　協定；協議（"agreement"，"contract" 為同義詞，通常混稱合同，但兩者有區別。"agreement" 缺乏 "合同的要素"，並且不具有法律效力；"contract" 則具有法律的拘束力）

Agreement by forty governments to implement the Ministerial Declaration on Trade in Informational Technology Products (26 March 1997)　40 個國家政府協議執行《關於信息技術產品貿易的部長宣言》（1997 年 3 月 26 日）

Agreement by symbol　〔際〕符號協議

Agreement Concerning Combined Carriage of Goods by Rail and Water　關於鐵路和水路貨物聯運協定

Agreement concerning scientific and technical cooperation　關於科技合作協議

Agreement Concerning the Cooperation in the Quarantine of Plants and Their Protection against Pests and Diseases　關於植物檢疫和保護其防止蟲害和疾病的合作協定（中歐國家與前蘇聯政府於 1959 年簽訂的）

Agreement Establishing the African Development Bank　建立非洲開發銀行協定（1963 年 8 月 4 日訂於蘇丹喀土穆，旨在協助成員國單獨或集體地發展非洲經濟和促進社會進步等）

Agreement Establishing the Asian Reinsurance Corporation　設立亞洲再保險公司協定（1977 年 4 月 20 日簽訂於曼，中國於 1979 年 5 月 24 日批准正式加入）

Agreement Establishing the Common Fund for Commodities　建立商品共同基金協定（1980 年 6 月 27 日，旨在保障發展中國家的利益。中國於 1980 年 11 月加入）

Agreement Establishing the WTO　建立世界貿易組織協議

Agreement for Cooperation in Dealing with Pollution on the North Sea by Oil　處理北海油污合作協議（簡稱《波恩協議》）

Agreement for insurance　保險契約；保險協議

Agreement for services　僱用契約；僱用協議

Agreement for the Prosecution and Punishment of the Major War Criminals of the European Axis　〔英、美、法、蘇〕控訴和懲處歐洲軸心國主要戰犯的協定（1945 年）

Agreement for work　承攬合同（指承攬人承擔標的物意外減失或工作條例意外惡化造成損失的風險，完成定作人所交付的工作，並將該項工作成果交付定作人，定作人在驗收工作成果後給付約定報酬的合同）

Agreement Governing the Activities of States on the Moon and Other Celestial Bodies　關於各國在月球和其他天體上活動的協議（1979 年）

Agreement in writing　書面協定

Agreement making power　訂立協定權

Agreement Modalities for the Establishment of Specific Binding Commitments under the Reform Programme　〔關貿〕根據改革規劃建立具體約束承諾模式的協議（規定了成員方對農產品的市場准入、國內支持、出口競爭的減讓承諾模式及發展中國家的待遇等）

Agreement not to be performed within a year　一年內不能履行的協議（需在一年以上才能履行的協議）

Agreement of an intention　條款的意旨

Agreement of election of forum　協議管轄（指含有涉外因素的民事訴訟當事人雙方明示同意達成書面協議，將其爭執交由某個國家審判）

Agreement of honour　信用協議

Agreement of intent　意向協議

Agreement of reimbursement　償付協議

Agreement of sale (agreement to sell)　銷售協定；買賣合同

Agreement of settlement　居留地協定

Agreement of the International Development Association (IDA)　國際開發協會協定（世行理事會於 1960 年 9 月 24 日會議通過的）

Agreement of the International Finance Corporation　國際金融公司協定（世界銀行的機構之一，也是聯合國的專門機構，1956 年 7 月 20 日簽訂於華盛頓）

Agreement of the International Monetary Fund　國際貨幣基金協定（1944 年 7 月在美國新罕布什爾州的布雷頓森林舉行的由中、美、英、法等 44 個國家出席參加的聯合國貨幣金融會議所通過的兩項協定之一，並於 1945 年 12 月 27 日生效。據此，國際貨幣基金組織即宣告正式成立）

Agreement of the people　〔英〕臣民條款（軍事參議院 1649 年發佈）

Agreement of the People for a Firm and Present Peace upon Grounds of Common Right　〔英〕人民要求在共同利益基礎上建立鞏固現實和平的協議（1649 年）

Agreement of the property of the husband and wife　夫婦財產契約書

Agreement on Applying anti-Dumping Measures　〔關貿〕適用反傾銷措施協定（指對確定傾銷產品發動、進行和履行

反傾銷調查程序,制定更為明確而詳細的規則)

Agreement on Beef 〔關貿〕牛肉協議(1979 年 4 月 12 日於東京回合第七輪多邊貿易談判達成的協議之一,1980 年 1 月 1 日生效,旨在擴大牛肉和牲畜的國際貿易,增進國際間的合作。協議規定:在關貿總協定範圍內,設立國際肉類理事會,負責審議本協議,分析國際市場上牛肉的供求狀況,提供協商論壇,解決影響牛肉貿易問題)

Agreement on Establishing the Multilateral Trade Organisation 建立多邊貿易組織協定(MTO 是在意大利提出倡議後,經過多次談判於 1993 年 11 月形成的一種想法)

Agreement on extradition 引渡協定

Agreement on Implementation 〔關貿〕實施協定(指實施 1994 年《海關估價協定》第七條的協定)

Agreement on Implementation of Article VI of the GATT 1994 實施 1994 年關稅與貿易總協定第 6 條的協議(該協議簡稱為《反傾銷協議》,共分三個部份:1. 總則、傾銷的確定、損害的確定、國內產業的定義、反傾銷調查程序、證據、臨時措施、價格承諾、反傾銷稅的徵收、追溯效力、反傾銷稅和價格承諾的期限及複審、公告和裁決的解釋、司法審查、代表第三國的反傾銷訴訟、發展中成員方等;2. 反傾銷實施委員會、協商和爭端解決等;3. 最後條款,以及兩個附錄:《關於反傾銷的現場調查程序》和《反傾銷調查中的最佳資料提供》)

Agreement on Interpretation and Application of Articles VI, XVI and XXIII of the General Agreement on Tariff and Trade 〔關貿〕關於解釋和適用關貿總協定第 6 條、第 16 條和第 23 條的協議(又稱《補貼與反補貼守則》,其宗旨是規定締約國不得使用補貼以損害其他締約國貿易利益、不採用反補貼措施來不合理地阻礙國際貿易)

Agreement on Multilateral Monetary Compensation 多邊貨幣補償協定(1947 年 11 月)

Agreement on Preferential Trading Arrangements 特惠貿易安排協議(東盟各國於 1977 年 2 月簽署的)

Agreement on reinsurance 分保合同;再保險合同

Agreement on Relationship between the United Nations and the International Finance Corporation 關於聯合國與國際金融公司關係的協議

Agreement on Subsidies and Countervailing Measures 〔關貿〕補貼與反補貼措施協議(指總協議《烏拉圭回合》在《東京回合》的基礎上於 1995 年達成的)

Agreement on Textiles and Clothing 〔關貿〕紡織品與服裝協議(關貿總協議《烏拉圭回合》制定的,旨在逐步結束雙邊限制,最後將兩者合為一個部門)

Agreement on the Application of Sanitary and Phytosanitary Measures 〔關貿〕適用衛生與植物檢疫協議(或譯"實施衛生與植物檢疫措施協議")

Agreement on the Conservation of Polar Bears 北極熊保護協議(1973 年)

Agreement on the Legal Protection of Invention, Industrial Design and Trademark in the Framework of Economic, Scientific and Technical Cooperation 〔經互會〕通過經濟、科學與技術合作組織對發明、工業品外觀設計和商標以法律保護的協議(1973 年)

Agreement on the Rescue of Astronauts, the Return of Astronauts and the Return of Objects Launched into Outer Space 營救宇宙航行員、送回宇宙航行員和歸還射

入外層空間的物體的協議(1967 年)

Agreement on Trade-Related Aspects of Intellectual Property Rights (TRIPS) 〔關貿〕與貿易有關的知識產權協議(指關貿總協定《烏拉圭回合》多邊貿易談判中簽訂的,包括一個序言和七個部份,共 73 條於 1995 年 7 月 1 日正式生效,其標志世界組織又拓展了一個新領域)

Agreement on Trade-Related Investment Measures (ATRIMS) 〔世貿〕與貿易有關的投資措施協定(包括與貨物貿易有關的投資範圍、國民待遇和數量限制、通報與過渡安排、透明度等共九條)

Agreement Relating to the Creation of an African and Malagasy Patent Office of Industrial Property 建立非洲、馬爾加什工業產權專利局的協議(1964 年)

Agreement Relating to the International Telecommunication Satellite Organisation (INTELSAT) 國際電訊衛星組織協議(1971 年成立於華盛頓)

Agreement tariff 協定稅則

Agreement to divide market 分割市場的協議

Agreement to Eliminate Tariffs on Information Technology Products 〔世貿〕消除信息技術產品關稅的協定(1996 年在新加坡部長會議上訂立)

Agreement to Establish the Multilateral Trade Organisation 建立多邊貿易組織協定

Agreement to Sell 出售協議;〔香港〕售賣協議;賣貨協定

Agreement to sell bond issue 發行出售公債契約

Agreement to sell land 〔美〕出售土地協議(指可在將來履行已達成的土地契約)

Agreement to the contrary 反對的合意;相反的合意

Agreement with mixed competitive consequence 帶有混合競爭後果的協議

Agreement year 〔世貿〕協定年(其定義為世貿組織協定開始生效的頭 12 個月起至與隨後的 12 個月的間隔期間)

Agrement 〔法〕任命;同意(指駐在國當局同意派遣政府所任命的外交使節)

Agribusiness 〔美〕農業綜合企業;農產品行業;農工聯合企業(指國民經濟中形成農產品行業一個產、供、銷跨行業的體系)

Agricultural Act 〔美〕農業法(1962 年)

Agricultural Adjustment Act 〔美〕農業調整法

Agricultural Adjustment Administration 〔美〕農業調整管理局

Agricultural amendment 農業改良

Agricultural and fisher board 農漁局

Agricultural association 農會;農業協會

Agricultural attaché 農業專員

Agricultural buildings 〔英〕農用建築物

Agricultural capital 農業資本

Agricultural chemical product 〔世貿〕農用化學物品

Agricultural Children Act 〔英〕《農業兒童條例》(1873 年發佈,以限制僱用兒童並給予教育為目的)

Agricultural commodities 〔美〕農業商品(釋義同 "agricultural 或 farm product",但不含農具)

Agricultural community 農業公社;農業社會

Agricultural Credit 農業信貸;農業貸款

Agricultural Credit Act 農業信貸法

Agricultural Credit Corporation 農業信用合作社

A

Agricultural Credit Institute　農業信用協會

Agricultural Credit Society　農業信用社；農家金融銀行

Agricultural credits　農貸；農業信用貸款

Agricultural crises　農業危機

Agricultural development projects　農業開發項目

Agricultural duty　農業（關）稅

Agricultural economy　農業經濟

Agricultural employment　〔美〕農場勞工；農業工人（釋義同 "farm labour"）

Agricultural Exemption Law　農業豁免法（1922 年美國發佈的，雖然禁止托拉斯，但承認農民共同銷售）

Agricultural extension services　農業（技術）推廣服務

Agricultural Fair　農業展銷會；農業集市

Agricultural Gangs Act　〔英〕《農業婦女和童工條例》(1867 年)

Agricultural holdings　農用土地；租借農牧地（指包含在租賃合同中的全部土地，不管其屬農地與否）

Agricultural Holdings Act　〔英〕農用土地法；農牧地租借法（1923 年）；《地主與租地人爭議條例》(1875，1883 年)

Agricultural input subsidies　〔世貿〕農業投入補貼（指對低收入及資源貧乏的發展中國家而言）

Agricultural insurance　農業保險

Agricultural labour　農業勞動（指佃農或農場主在其農場的勞動）

Agricultural land　〔英〕農用土地；農貿用地（限定用於農業及農貿的土地）

Agricultural lands tribunal　〔英〕農地法庭

Agricultural law　農業法

Agricultural lien　〔美〕農產品留置權（以擔保農學家可用於農作物上款項的法定留置權）

Agricultural loan　農貸；農業貸款

Agricultural Marketing Agreement Act　〔美〕農業市場經營協議法（1937 年通過的聯邦法律旨在建立和維持農產品市場條件和保護農民購買力）

Agricultural Marketing Service　〔美〕農產品銷售局

Agricultural Policy Advisory Committee (APAC)　農業政策諮詢委員會（旨在防止外國商品與美國同類商品的競爭）

Agricultural policy in a dilemma　農業政策的困窘（指 GATT 試圖解決美國和歐共體等西方國家扭曲農產品貿易政策，但收效甚微）

Agricultural politics (Agricultural policy)　農業政策

Agricultural pricing policies　農業價格政策

Agricultural production responsibility system　〔中〕農業生產責任制

Agricultural productive society　農業生產公會

Agricultural products　農產品

Agricultural protectionism　農業（貿易）保護主義（指國家採取措施保護本國農產品市場）

Agricultural protective duty　農業保護性關稅

Agricultural Rate Act　〔英〕農耕地地方稅法

Agricultural reform programme (on)　〔世貿〕農業改革計劃

Agricultural Sale Society　農業銷售公會

Agricultural sector　農業領域；農業部門

Agricultural security　農業安全

Agricultural Society　農會；農業協會

Agricultural Stabilisation and Conservation Service (ASCS)　〔美〕穩定農業保護署（農業穩定保護局）

Agricultural support institution　支農機構

Agricultural support service　農業支助服務

Agricultural tax paid in grain　〔中〕公糧（指農業生產者和生產單位每年繳納給政府的作為農業稅的糧食）

Agricultural Technical Advisory Committee (ATAC)　〔美〕農業技術諮詢委員會（美農業部和貿易代表處特許成立的）

Agricultural Trade Commission　〔關貿〕農業貿易委員會（關貿總協定的一個常設機構，由 49 個締約國於 1982 年組建成立的，其任務是在關貿總協定指導下審查各成員國市場准入、農業政策的透明度、及其農業產品的出口補貼等，同時並負責總協定的數量限制、例外條款和禁止補貼的例外條款，以及衛生標準條款等的修訂工作）

Agricultural Trade Development and Assistance Act (ATDAA)　〔美〕農產品貿易發展與援助法（通稱 "480 號公法"，於 1954 年國會通過）

Agricultural trade policy　〔關貿〕農產品貿易政策（指 20 世紀 50—60 年代，歐共體以其農業結構性弱點和國際收支差額等為由對美、日大量補貼的農產品進口實施限制）

Agricultural workers　農業工人

Agriculture　農業（包括園藝、果園和牧場等）

Agriculture (Seeds) Act　〔贊〕農作物（種子）法（1975 年）

Agriculture administration　農業行政；農業管理

Agriculture, Fisheries and Conservation Department　〔香港〕漁農自然護理署

Agriculture Foreign Investment Disclosure Act　〔美〕《農業用地外國投資申報法》(規定外國投資者在取得或轉讓農業用地之日起 90 天以內必須向農業部申報，1978 年)

Agriculture protectionism　農業保護主義（指發達國家採取對農業補貼等優惠政策鼓勵出口干擾農產品貿易市場）

Agro-economic zone　農業經濟區

Agro-industrial-commercial complex　〔中〕農工商綜合體，農工商聯合企業

Agro-industries　農業工業；農用工業；農產品加工業

Agudas Israel World Organisation　國際以色列東正教組織

Ahead of ship　船前方

Aid　*v. & n.* I. 援助；幫助；促進；II. 津貼，補貼；助手；援助；救助（指佃農在領主遇難或入獄時給予的救助或下院對國王的特別津貼，現代稅收即由此演變而來的）；〔英、複〕援助金；補助金

Aid acoount　經援賬戶

Aid and abet　幫助和教唆；幫兇；夥同作案（幫助或給犯罪提供方便，促成犯罪等言行）

Aid and comfort　〔美〕支持和援助；慈愚；〔英〕通敵罪（指在王國內外給女王的敵人以幫助，按 1351 年叛國條例為叛國罪）

Aid Bond　〔美〕援助債券（縣或市行政機關發行的以資助私人企業）

Aid by verdict　由於評決的幫助（由於陪審員的評定使訴訟程序的欠缺得到彌補）

Aid coordination　〔世行〕協調外援（旨在調和貸款國和借款國之間的利益，向貸款國提供借款國經濟狀況的資料以供貸款國考慮需要和有效利用外資的措施。由援助國和受援助國雙方代表參加，使有限外援得以有效使用，避免重複）

Aid disbursement　援助額

Aid flows (to)　援助流動

Aid for lawsuit　訴訟上的救助

Aid of the king 〔英古〕國王助我 (指當其他人向國王承租人徵收租金時，後者向國王祈求免徵的救助)

Aid prayer 〔英〕救助請求 (指當不動產的繼承出現問題時，利用通過在法院的申請從未來的所有權者或剩餘遺產承受人向不動產永久承租人請求救助的一種訴訟)

Aid societies 〔美〕互助會；共濟會；互濟會

Aid to Families with Dependent Children (A.F.D.C.) 〔美〕受撫養子女家庭的援助 (指對未成年兒童家庭的救濟)

Aid to the aged, blind and disabled (AABD) 對老年人、盲人和傷殘人士的援助

Aid to navigation 航行救助

Aid tying 援助的附帶條件 (對援助款項用途的限制)

Aid-donors 捐助人；贈與人

Aide 副官；助理

Aide de camp 〔法〕副官；侍衛官

Aide Memoire 協議備忘錄；(外交上的)備忘錄

Aider and abettor 幫助犯和教唆犯；幫兇；共犯

Aider by verdict (陪審團)裁定幫助 (指抗辯訴訟中的瑕疵或錯誤在初審中即為對立面的當事人所反對，但經陪審團裁定更正得以彌補)

Aid-giving nation (提供)援助國

Aiding an escape 公開幫助越獄行為 (指幫助依法被捕囚犯在起訴之前越獄)

Aiding and abetting 幫助和教唆

Aiding prostitution 協助賣淫

Aiel 〔法〕祖父；收回先祖父地產或房產被侵佔的令狀

Ailment 疾病 (小病)；不舒服

Aim *n. & v.* I. 目標；目的；企圖；II. 瞄準；對準；立志；企圖；打算

Aim a weapon 故意瞄準目標；蓄意 (以武器) 瞄準目標；瞄準

Aims and purpose 目的和宗旨 (指解釋條約應遵循的原則和程序)

Ainesse 〔法〕長子身份；長子繼承權

Air 空氣；大氣

Air "all risks" clause "航空全險"條款

Air accident 航空事故

Air and Water Pollution Laws 〔美〕空氣與水的污染法

Air and water quality 空氣和水的質量

Air attaché 空軍武官

Air attack 空中攻擊

Air base 空軍基地；航空基地

Air cabotage 國內兩地間空運；國內空運權

Air cargo liability insurance 空運貨物責任保險

Air charter 包機運輸

Air clause 航空條款

Air Consignment Note (ACN) 空運發貨單；空運托運單；〔香港〕航空托運單

Air corridor 空中走廊

Air crash 飛機失事

Air crew 飛機上人員；機組人員；空勤人員

Air cushion craft 氣墊船

Air defence 防空

Air defence identification zone 防空識別區

Air domination 制空權

Air flight information zone 飛行情報區

Air force 空軍

Air Force Act 〔英〕空軍法 (1917 年)

Air force contingent 空軍分遣隊

Air freighting 航空運輸 (國際貨物運輸的主要形式之一)

Air hijacking 空中劫持

Air identification zone 空中識別區

Air insurance 飛行保險；航空保險

Air law 航空法

Air law committee 航空法委員會

Air line 航線；航空公司

Air liner 班機

Air navigation 空中航行；航空 (指規定飛行和使用航空機的法律)

Air navigation services 〔英〕航空服務 (包括提供飛行情報及地勤等服務)

Air operation 空中作戰活動

Air Passenger Departure Tax 〔香港〕機場離境稅

Air piracy 空中騎劫，劫機，劫持航空器；空中強盜行為

Air pirate 騎劫飛機者

Air pollution 空氣污染

Air power 制空權；空中大國

Air quality and emission standard 大氣質量和排放標準

Air quality 空氣質量

Air reconnaissance 空中偵察

Air Register Book of Births and Deaths 航空生死登記冊

Air regulations 航空規章

Air rights 空間權；不動產上層空間使用權 (指所擁有的土地四圍的上空)

Air risk 航空險；空運險

Air route 航線；航空路線

Air service 航空服務

Air sovereignty 空中主權

Air space 空氣空間；上空；大氣空間

Air space control 制空權

Air space reservation 大氣空間保留區；空氣空間保留區

Air supremacy 制空權

Air traffic 空中交通

Air traffic rule 〔美〕航空運輸規則

Air transit of goods 空運貨物過境 (貨物空運過境)

Air transport 空中運輸

Air Transport Licensing Board 〔美〕空運許可委員會

Air transport sector 空運部門

Air transport services 空運服務

Air transportation 空運；航空運輸

Air transportation cargo insurance 航空貨物運輸保險

Air transportation insurance 空運保險

Air Travel Reserve Fund 〔英〕空中旅行準備基金 (根據 1975 年《空中旅行準備金法》設立的以為損失賠償不時之需)

Air violation 侵犯領空

Air war 空戰

Air warfare 空戰

Air Waybill (or air consignment note) 空運單；航空貨運單

Airbill 〔美〕空運提單；航空貨運單 (同 "air waybill")

Airborne contingent 空降分遣隊

Airborne forces 空運部隊；空降部隊

A

Airborne troops　空運部隊；空降部隊

Airborne vehicles　航空器

Airbus-Case　〔關貿〕空中巴士案（指《東京回合》談判中，美國和歐共體無法就空中巴士補貼計劃的爭端，即：甚麼是"構成補貼的定義"和"多於世界出口貿易的公平份額"達成諒解）

Aircert　航空執照

Aircraft　飛機；航空機；航空器（包括各種汽球）

Aircraft accident　飛機失事；飛機意外事故

Aircraft all risks　〔保〕飛機一切險

Aircraft carrier　航空母艦

Aircraft hijacker　飛機劫持者

Aircraft hijacking　飛機劫持

Aircraft hull insurance　航空機機體保險；飛機機身保險

Aircraft in distress　遇難飛機

Aircraft in transit　航空器過境

Aircraft insurance　飛機保險

Aircraft landing　飛機着陸

Aircraft landing fee　飛機着陸費

Aircraft liability insurance　航空責任保險；飛機責任保險

Aircraft marketing　航空器營銷

Aircraft parking fee　飛機停泊費

Aircraft passenger insurance　飛機乘客保險

Aircraft passenger liability insurance　飛機乘客責任保險

Aircraft piracy　空中強盜行為

Aircraft product liability insurance　飛機產品責任保險

Aircraft repair and maintenance services　航空器的修理和保養服務（航空器維修服務）

Aircraft standstill　凍結對飛機製造業的信用貸款（OECD成員國同意不再給飛機製造業提供優惠貸款）

Aircrew　機組人員；空勤人員

Airfare　機票費

Airflight　空中飛行

Airforwarder　空運貨物代理商；空運商

Airline　航空公司；航空線

Airline Deregulation Act, 1978　〔美〕航空公司不管制法（1978年頒佈）

Airline pilot　航線領航員；航空駕駛員

Airline transport pilot's licence　航空貨運機師執照

Airlines Alliance　航空公司聯盟

Airpilot risk　飛機駕駛員險

Airport　飛機場

Airport fire contingent　機場消防隊

Airport liability insurance　機場責任保險

Airport owner's and operator's liability insurance　機場所有者及其營運人的責任保險（機場所有者及其經營管理者責任保險）

Airport security guard　機場安全警衛

Airport Terminal　機場大廳（航站樓大廳）

Airway　航線；航空線

Airway Bill (AWB)　航空貨運單；〔香港〕空運票

Adjournment　〔法〕傳喚；審訊；傳票（相當於英國的"writ of summons"）；延期；延緩；休庭；休會

Ajuar　〔西〕嫁妝

Adjust a dispute　調解爭端

Akin　〔英古〕近親的；同族的；有近親關係的

Aktiengesetz　〔德〕股票法（1965年）

Alabama claims　〔美〕阿拉巴馬號求償事件（美國內戰時由於英國對美國輪船造成損害而提出的要求）

Alamannic Code　〔德〕阿拉曼尼法典（公元600−718年）

Alarm　警報

Alarm-signal　警報信號；警報器

Albacea　〔西〕遺囑執行人；遺產管理人

Albanagium　*n. & a.* I.〔法古〕外僑身份；外國人；外僑；II. 外國人的；外僑的

Albanus　〔法古〕陌生人；外國人；外僑

Albany convention　阿爾巴尼會議（1754年在阿爾巴尼召開從各殖民地選出代表向法國人和印度人進行對抗）

Albany Plan of Union　〔美〕阿爾巴尼聯合計劃（1754年）

Albinatus　〔法古〕外僑狀況；外國人狀況

Albinatus jus or droit d'aubaine　〔法〕國王佔有外僑遺產所有權（1791年廢止）

Album breve　空白令狀；空白文書

Alcabala (Alcavala)　〔西〕銷售稅（舊時在西班牙及其殖民地對動產及商品買賣所徵的稅）

Alcaide　監獄看守；獄吏；監獄長；要塞司令官

Alcalde　〔西〕鎮長；村長

Alcoholic Beverages　〔關貿〕酒精飲料

Alderman　〔英〕高級市政官（地位僅次於市長）；市參議員（市立法機構成員）；長老議員；〔美〕市政官員；市立法機構成員（俗稱"councilman"）

Aldermen's committee of prefecture　州縣參議會

Aldrich Bill　〔美〕奧爾德里奇法（1907年修正銀行制度法）

Aldrich-Vreeland Act　〔美〕奧爾德里奇−弗里蘭法（1908年關於銀行在緊急情況下可以公債以外的某種證券作為擔保發行銀行券的法律）

Ale silver　〔英〕愛爾啤酒稅（每年交付倫敦市長稅捐或租金）

Aleatory　僥幸的；賭博的；投機的

Aleatory agreements　僥幸合同；賭博合同

Aleatory contract　僥幸契約（以不確定事件的發生決定當事人各方得利或受損的契約）；投機性契約

Aleatory element　僥幸因素；投機因素

Aleatory promise　賭博性承諾（指約諾能否得以履行受不確定事件產生的制約）

Aleatory transaction　投機交易；賭博性交易

Alexandria Convention　〔美〕亞歷山大會議（1875年為了解決馬里蘭和維珍尼亞兩州的爭議而舉行的會議）

Alford plea　〔美〕阿爾弗德的無罪抗辯（1970年）

Alfred's Code　艾爾弗雷德法典（887年艾爾弗雷德大王搜集的撒克遜諸王時英國普通法一般法諺和司法訴訟程序）

Alguazil　〔西〕警官

Alias　*n. & a.* I. 再發令狀；第二令狀；別名，化名；又名；II. 別的；第二的

Alias dictus　又名；亦名；亦稱

Alias execution　第二道執行令狀（收回原先未得以執行後另發的執行令）

Alias process　第二道令狀（最初令狀由於某種原因沒有達到目的時再發的）

Alias subpoena　第二傳票（收回原傳票後另發的傳票）

Alias summons　第二傳票（指第一次發出的原來傳票因形式上或送到上有缺陷而未能生效的緣故）

Alias tax warrant　第二次發出的追繳稅收令狀（指第一次發

生沒有達到目的收回後再發的）

Alias writ 第二道令狀（最初令狀沒有達到目的時再發的）

Alias writ of execution 第二執行令狀（第二道令狀）

Alien *v. n. & a.* I. 讓與；讓渡（所有權）；II. 外國人；外僑；〔英移〕視同本土所生公民（指外交官在國外任職期間所生子女視同本土所生的公民）；III. 外僑的；外國的；外國人的；具有外國人身份的

Alien ami 友幫人；友國人（與英國有和平關係的外國國民）

Alien and sedition laws 〔美〕外僑叛亂法（指 1798 年，批准總統制定居留、遞解出境或監禁發表那些批評政府文章或言論的外僑權力法）

Alien corporation 外國公司

Alien domination 外國統治

Alien duty 外僑關稅；外國人關稅；異國稅

Alien enemy 敵僑，敵國人

Alien friend 友國僑民

Alien immigrant 外國移民

Alien nee 僑生（指出生為外僑的人）

Alien property 外僑財產

Alien Property Custodian (A.P.C.) 〔美〕外僑財產監管（官）人

Alien registration 外僑登記

Alien Registration Act (Smith Act) 〔美〕外僑登記法（即史密斯法，1940 年）

Alien seaman 外國海員；外籍海員

Alien tax 外國人入境稅；外僑入境稅

Alienability 可讓渡性；可讓與性；可流通性

Alienability of future interests 可轉讓的未來權益

Alienable 可讓渡的；可讓與的；可轉讓的

Alienable constitutional rights 可放棄的憲法權利

Alienage 外國人地位；外僑地位

Alienate *v.* 轉讓；讓渡（財產所有權）

Alienation 〔英〕轉讓；讓與；讓渡財產（指自願把自己的財產讓與他人，並為他人所接受）；移轉產權（由於法院命令或其他原因的財產權的轉移）；離間；(情感上) 疏遠

Alienation clause 〔美〕轉讓條款（指在文件中規定准予讓與或禁止讓與財產權的條款）；火災保險因被保險物所有權轉移而告在法律上失效的火險條款

Alienation in mortmain 永久管業的讓與（主要指讓與教會的土地或房產）

Alienation of affections 離間夫妻感情（指第三者故意侵害他人婚姻關係的侵權行為）

Alienation of affections action 第三者蓄意離間夫妻感情的訴訟；〔保〕准予某人讓與或禁止讓與財產權的條款

Alienation of the pledge 轉讓抵押品

Alienation Office 〔英〕令狀執行處（課收違反蓋印契約和侵奪土地權利人的損害賠償罰金的）

Alienator 讓渡人；讓與人；轉讓人

Alien-class elements 階級異己份子

Aliene *v.* 讓與

Alienee （財產）受讓人

Aliener (Alienor) （財產）轉讓人

Alienism 外僑身份；外僑地位

Alienist 精神病學家；精神病醫生

Aliens Act 〔美〕移民法（1798 年）；〔英〕外國人法；外僑法（1705 年，意指英格蘭議會迫使蘇格蘭議會同意英格蘭與英格蘭合併，否則禁止所有蘇格蘭人進入英格蘭的議會法令）

Aliens checkpoint 外國人檢查站

Alienship 外國人的身份；外國人地位

Alignment 定線（修建鐵路或其他道路的地面的劃線計劃）；結盟

Alignment of the boundary line 邊界線走向

Alike 類似的；相似的

Aliment *n. & v.* 〔法〕撫養費；II. 撫養；供養；食物

Alimentary debt 撫養債務（為了生活的負債；為了購買必須品的負債）

Alimentary provision 〔蘇格蘭〕撫養基金（為受益人生計而設定的）

Alimentary trusts 保障信託；撫養信託（例如，在婚姻財產設定中丈夫留出一部份財產以備破產或產權移轉時，給其妻兒生活有所保障或離婚分居時妻子作為受益人從其丈夫所留的財產受托人那裏取得生活費）

Alimony 扶養費（離婚後或訴訟期間或分居後法院判處由丈夫給付妻子的生活費）

Alimony in gross 定期定額撫養費

Alimony pendente lite 臨時贍養費（指離婚訴訟期間依法院命令給付妻子的贍養費）

Aliquot 能整除的；部份的

Aliquot part rule 〔美〕部份產權轉讓規則（指法院在宣佈做出對他有利複歸信託之前，當事人可要求取得部份財產所有權）

Aliunde evidence 外來證據；從另一來源的證據（例如，證人談話、自白或初步談判的證言等）

Aliunde rule 外來規則；其他來源規則（指法官裁決是可接受的證據，或來自其他方面的根據作出的）

Alive 活的，活着的（指出生的嬰兒）

Alkali Act 〔英〕鹼業法（1863 年）

All 一切；全部；全體；全數；大家

All and singular 皆悉；全部；全體；無例外；每一（用於財產轉讓和遺囑等用語）

All cases at law 〔美〕全屬普通法範圍內的案件（指陪審團所審理的案件均屬憲法保護範圍之內）

All events test 〔美〕所有應稅事項標準（指要求每個稅收年度作為一個獨立單位、所有毛收入及其折扣均應在年終加以申報）

All faults 所有瑕疵（指商品瑕疵不包含在其貨物說明之內）

All forms of obtaining access to foreign markets 取得進入外國市場的各種形式

All fours 完全符合（指兩宗案情或判決在所有事實方面之判例與系爭的法律點毫無二致）

All India Women's Conference 全印度婦女大會

All intents and purposes 無論如何；從任何方面看；在事實上

All interested parties 〔世貿〕所有利害關係方（指反傾銷調查當局有義務向所有有利害關係方提供其所調查的證據資料）

All levels of government 各級政府

All marine and war risks 一切海洋運輸及戰爭險

All marine risks 一切海洋運輸險

All members of association 同業總會會員

All men are equal before the law 法律面前人人平等

All obligations 總債務

All Pakistan Women's Association 全巴基斯坦婦女協會

All participation clause 全體參加條款

All rights reserved 不許複製；禁止翻印；版權所有

A

All risk (AR) 一切險；全險（承保人責任範圍為負責賠償戰爭和罷工等危險以外的一切外來原因造成的意外損失）；綜合險

All risk clause 一切險條款；綜合險條款

All risk cover policy 一切險保單

All risk insurance 一切險保險；綜合險保險（指旨在保護被保險人無論在甚麼情況下所造成的損失或損害的一種保險。此類多為海事和珠寶等保險）

All risks guaranties 全風險保證（美國政府對其私人海外投資企業長期貸款所發生的政治的及商業的一切風險，保險填補其損失的 75%）

All slanders and labels should be repudiated 〔中〕一切誣衊不實之詞應予推倒（指中國"文革"期間對幹部的迫害之詞）

All the estate 全部財產（為英國移轉或保險不動產條款的簡稱）

All the talents 〔英〕人才網羅內閣（1806 年的內閣）

All writs Act 〔美〕所有令狀法（允許聯邦法院必要或適應相應的管轄權並符合習慣及原則的所有法令）

All-China Lawyers' Association 中國律師協會（中華律師協會）

Allegation 斷言；陳述；宣稱；主張；辯解（尤指提不出證明的）；〔美〕個人斷定的陳述（指當事人在抗辯中列出對於訴訟擬做出的斷言、求償、聲明或陳述）；事實的陳述（指教會訴訟中，當事人意在依靠陳述事實以支持其爭執的訴訟）；實質性的陳述（當事人在抗辯中一個重要的主張或辯護）；〔宗〕辯護性陳述（此詞尤其是用於教會訟案中，其中被告如有任何情況要申述，必須以"辯護性陳述"的方式提出）；被告對文書誹謗訴訟的抗辯

Allegation of brutality 聲稱受虐待

Allegation of fact 事實陳述；事實主張

Allegation of faculties 財產狀況的陳述（離婚訴訟中，妻子為了取得生活贍養費而對其夫財產狀況所作的陳述）

Allegation of fraud 宣稱被詐欺

Allegation of invalidity 主張無效

Allegation of malice 聲稱被惡意中傷

Allegation of rape 聲稱被強姦

Allege v. 斷言，宣稱（尤其在提不出證明的情況下）；例舉；主張；指控；陳述

Alleged 陳述的；列舉的；主張的；宣稱的；指控的

Alleged infringer 嫌疑的侵權者；被指控的侵權者

Alleged thief 被指控為竊賊

Allegiance 效忠；忠誠（指對國家、政府、事業、個人等）；順從

Allegiare v. 自我辯護（指以正當的法律程序為自己作解釋）

Alleging diminution 聲稱記錄減少（在上級法院宣稱附屬初審檔案記錄有錯誤）

All-embracing agreement 包羅萬象的協定

Allen Charge 〔美〕艾倫指示（指承審員通知陪審員要確信可以解決而鄭重聽取彼此爭論點）；充滿爆炸性的訓令；強迫的指令；逼供的指示（這種指示在加利福尼亞州是禁止使用的）

Alleviate tariff burden 減輕關稅負擔

Alleviate the housing problems 減輕住房問題

Alleviate unreasonable tax 解除不合理的稅收

Allgemeine Deutsche Wechselordnung 〔德〕普遍德意志票據法（1848 年）

Allgemeine Wald-und Forstordnung 〔德〕森林和林業普通法規（1568 年）

Allgemeines Deutsches Handelsgesetzbuch 〔德〕普遍德意商法典（1861 年）

Allgemeines Landrecht fur die Preussichen Staaten 〔德〕普魯士國家的普通邦法（1794 年）

Alliance 聯姻，姻親關係；〔際〕聯盟；同盟

Alliance coin 〔希〕同盟貨幣（由於商業上和政治上的考慮希臘城市結成同盟時鑄造的貨幣）

Alliance for progress 〔美〕進步同盟

Alliance marine insurance company 海上聯合保險公司

Alliance of the Rhine 〔德〕萊茵河同盟

Alliance of workers and peasants 〔中〕工農聯盟

Allied authorities 盟國當局

Allied belligerent 同盟交戰國；同盟交戰者

Allied force 同盟軍

Allied power 同盟國

Allied Supreme Council 〔國聯〕協約國最高議會（處理 1914 年第一次世界大戰遺留下的諸多問題，包括國界的準確位置及國家特殊區域的問題）

All-inclusive type of income statement 總括性收益表

Allision 碰撞，衝撞（指輪船航行中，兩隻船相互碰撞，但其中一隻船先衝撞另一隻船，有別於"collision"）

Allocable 可分配的；可分成類的；可分開的；可分解的；可分攤的

Allocable share of income 〔美〕可分配的收入

Allocate v. 分配；配給；分派；劃撥

Allocate funds 撥款

Allocate market geographically 分割地域市場

Allocate quota to end-users 分配給直接用戶的份額

Allocate quotas 分配定額；分攤配額

Allocate scarce resources 分配稀有的資源

Allocated quota 分配的配額；國別配額

Allocation 分配；配給；劃撥款項；〔英〕法律上的津貼（以前稅務法院所列的一項眼目）

Allocation cartel 分配卡特爾

Allocation decisions 分配決定

Allocation of dividends 股利分配；分紅

Allocation of funds 資金分配

Allocation of income 收入分配

Allocation of items 項目分配

Allocation of power 〔世貿〕權力分配

Allocation of principal and income 本金和收入的分配

Allocation of resources 資源分配

Allocation of risk 風險分擔

Allocation of special drawing rights 〔基金〕〔世行〕特別提款權的分配

Allocation of time between A and B 甲乙之間的時間分配

Allocation procedures 分配程序

Allocation process 分配程序；分配手續

Allocation system 分配制度

Allocation warrant 分配通知書

Allocations and allotments 貸款的撥給及解凍

Allocative efficiency 資源分配效率

Allocution 量刑前的徵詢（指法官宣判前詢問被告是否有足以辯護其不服被判有罪的合法理由）

Allocutus　〔英古〕不服判決理由的陳述（指宣判犯有叛國罪和重罪之前，被告作不應對其判決理由的陳述。這種程序現已很少使用）

Allodial　自由的；自主保有的；〔封〕私有地的

Allodial land　私有地

Allodial tenure　土地絕對所有權

Allograph　他人代書（指由別人代書或代為簽署，其反義詞為"autograph"）

Allonge　附箋；票據的粘單（票據上無背書餘地時，所貼附的背書小紙條）

Allot　v. 分配，配給；分配噸數（對多數船舶裝貨人按比例分配噸數）；分配股份（申請股份超過募集額時給申請人按比例分配股份）

Allot office duties　分掌公務

Allotee　受領人；接受分配人，接受撥給物者

Allotment　分配；配給；一股；一份（指劃分給印第安人的土地）；（貨幣的）公差；〔英〕股額；小塊園地（指參與分給一份土地，諸如提供作為園地等等）

Allotment Act　分配地法（為了防止農村人口減少而出租土地給勞動者的法律）

Alloteement advice　撥款通知

Allotment and small-holdings association　分配地和小土地所有者的公會

Allotment certificate　派款證書；派股證明書（公司頒發給股份申請人宣佈股數和購股日期等）

Allotment letter　〔英〕派股通知書

Allotment note　（股份）分配通知書；〔英〕海員工資分配通知書（指海員將其部份工資分給其妻子、父親或母親、祖父、母和兄弟或姐妹）

Allotment notice　派股通知；股份分配通知書

Allotment of goods　裝載分配（以抽籤方式分給每個買主）

Allotment of land　土地分配（公地及荒地）

Allotment of shares　股份分配

Allotment system　〔英〕土地分配製（指將土地劃分成小塊供由農工、花匠和其他人耕作）

Allotted land　配給的土地（分得的一份土地）

Allotted number of votes　分配得選票數

Allow　v. 授予；准許；允許；承認；折讓；減少；酌減；容忍；默許

Allow a reasonable interval　留出合理的間隔

Allow for continuous autonomous industrial adjustment　允許進行持續的自主產業調整

Allow reasonable time (for)　給予合理的時間

Allow scope for the phased introduction of new sanitary or phyto-sanitary measures　〔世貿〕為逐步制定新的衛生或植物檢疫措施留有餘地

Allow the re-exportation of the infringing goods in an unaltered state or subject them to a different customs procedures　〔世貿〕允許侵權貨物原封不動地再出口或使其按照不同的海關程序辦理（指對仿冒進口貨物而言）

Allowance　津貼；補助費；撫養費；生活費；減價；折扣；折讓；免稅額

Allowance for bad debts　備抵壞賬（國外企業用以壞賬損失）

Allowance for depreciation　折舊提存

Allowance for setting up a home in a new place　安家費

Allowance for the support of the family of the deceased　死者家屬生活費

Allowance of special deduction　特殊減讓折扣；特殊扣除備抵

Allowance pendente lite　離婚訴訟期間撫養費（離婚訴訟或分居期間，依法院命令一方付給配偶子女的撫養費）

Allowance system　津貼制度

Allowance to surviving families　死者家屬補助費

Allowance to the family members of revolutionary martyrs　〔中〕烈屬優撫金

Alloynour　〔法〕隱藏者；偷盜者；搬走財物的人

All-purpose bank (non specialised bank)　通用銀行（非特定的銀行）

All-risk insurance　綜合險保險；一切險保險

All-round light　〔海法〕輻射燈（指能連續不斷地覆蓋照明一英畝360度的地平線）

All-round reformation of economic system　〔中〕全面改革經濟體制

All-round strategic partnership　全面戰略夥伴關係

All-states formula　"所有國家"的提法

All-the-round mutual aid team　〔中〕常年互助組（中國解放區和解放初期農民互助合作的組織）

All-the-talents administration　〔英〕人才網羅內閣

Alluvial deposits　沙積

Alluvion　漲攤；添附地；〔英〕沖積地（突然新增大量的海岸地屬國王所有；細微新增的土地或屬目前的地主或屬海岸主所有）

Ally　同盟國；同盟國公民；同盟國國民

Almanac　曆書；年鑒

Almesfeoh　〔撒〕救濟費

Almoner　〔英〕施賑吏；佈施分配人；〔蘇格蘭〕放賑官員

Alms　施捨物；救濟金；慈善捐贈

Alms fee　〔英〕教皇稅（天主教徒獻給羅馬教皇的年金，俗稱"彼得金"）

Alms-house　〔美、英〕貧民所；救濟院；賑恤院；善堂（美國由市、縣公家或私人資助的；英國則純由私人捐贈）

Alnager or ulnager　〔英〕國王布匹檢查官（國王的公共宣誓官員，其職責是檢查布匹法定標準、在布匹上加蓋固定印章、收取補貼或已售布匹稅）

Alodium (Allodium)　自有地（指自有地不需要向領主等納稅的完全自由保有所有權的土地）

Alone　單獨；獨自；獨一無二；單獨地；僅僅；唯一地

Along　沿着；靠近

Alongside delivery　船邊交貨

Al-pari-emission　平價發行法

Already existing provisions　原有規定

Already fixed budget　既定預算

Already fixed expenditure　既定歲出；既定開支

Alsatias　〔英〕罪犯庇護區

Also known as (a.k.a.)　又名，又叫；又以…著稱

Also　也；同樣；類似；又；亦；還；並且

Altarage　〔宗〕祭壇上的供物；祭品；牧師獲取祭壇上全部收益

Alter　v. 改動；訂正；修改

Alter the international economic scene　改變國際經濟景象

Alter the letter of credit　修改信用證

A

Alter the method of converting currency for customs purposes 〔關貿〕為了海關目的而改變貨幣的換算方法

Alter the rights and obligations 〔關／世貿〕改變權利與義務 (指一旦修正權力改變了成員方的權利和義務，拒絕接受修改的成員方可不受其約束。對此，部長會議可以四份之三的成員票數要求所有成員方接受該項修正案或撤銷協定、或要求該定義的成員方明示同意部長會議決定)

Alteration 改變；改動；更改；變更；修正 (指在契據、遺囑等履行或生效後對其實質性部份所作的修改)

Alteration bordereaux 〔保〕修正報告

Alteration of contract 合同的變更

Alteration of destination fee 變更卸貨港口費

Alteration of foreign economic contract 涉外經濟合同變更

Alteration of instrument 文件的變更或修正

Alteration of law 法律的修訂

Alteration of original judgement 變更原判

Alteration of port of departure 變更啓運港

Alteration of share capital 股本變更

Alteration of the action 訴訟的變更

Alteration of trust 信托的變更 (通常是在原契約內變更或修訂委托權限)

Altercation 爭論；爭吵；口角 (俗稱"口水戰")

Alternat 輪署制；輪換制 (如外交官調派不同國家工作的制度)

Alternat clause 替代條款；備用條款；輪署條款

Alternate *n. & a.* I. 候補代表；副代表；候補者；代理人；〔基金〕〔世行〕副理事，代理理事 (一個會員國可委派一人，任期五年，可連任，但只有在理事缺席時才有投票權)；II. 轉換的；交替的；替代的

Alternate beneficiary 備選受益人

Alternate delegate 副代表

Alternate Executive Director 〔基金〕〔世行〕副執行董事；代理執行董事

Alternate Governor 〔基金〕〔世行〕副理事；代理理事 (一個會員國可委派一人，任期五年，可以連任，但只有在理事缺席時才有投票權)

Alternate judge 代理法官

Alternate juror 候補陪審員；預備陪審員

Alternate legacy 選擇性遺產；未具體指定的遺產 (指立遺囑者不指定而由兩個或多個對象中自行挑選一個)

Alternate member 候補委員

Alternate policy 保險副單

Alternate proposal 替代提案

Alternate representative 副代表；候補代表

Alternate valuation date 〔美〕替代估價日 (指遺囑執行人或遺產管理人必須在死者去世之日起六個月內選定處理死者的遺產估價日以估價遺產稅)

Alternating fiscal agent 選擇財政代理人

Alternative *a. & n.* I. 選擇性的；兩者中任擇其一的；備選的；替代的；改變的；II. 選擇權；候補；替代；候補方案；備選方案

Alternative A 備選案文 A

Alternative agreement 選擇的合意；可替代協定

Alternative averments 選擇性陳述；可替代陳述；交替陳述

Alternative competence 替代職權

Alternative contract 選擇性合同

Alternative corrective measures 替代矯正措施

Alternative counts 交替罪項；可選擇的罪項 (指在刑事公訴中涉及若干個罪行可同時分開若干罪名來檢控)

Alternative danger 選擇性危險 (指為避免自己或他人生命財產危險而做出不得已的脫險行為)

Alternative delegate 候補代表；可替換的代表

Alternative demand 可選擇的要求 (要求在兩者之中選擇其一)

Alternative dispute resolution (A.D.R.) 〔美〕可選擇的爭端解決辦法；可選擇的解決爭端程序 (指除訴訟以外可選擇訴諸仲裁、調停或小型審判會三者擇一途徑加以解決，如此省錢、快捷，越來越為商界和勞工所接受)

Alternative drawee 可替換的付款人

Alternative duty 選擇稅；選擇性關稅 (指對進口物品的從量稅和從價稅中選擇徵收其中稅額較高的關稅以保護國產物品的競爭力)

Alternative hypothesis 替換性假設

Alternative judgement 可選擇履行的判決 (指當事人可選擇要求的一種判決。例如，賠款或坐牢，當事人可選擇其一)

Alternative jurisdiction 選擇管轄

Alternative legacy 選擇性遺贈物 (指立遺囑者給予兩個或兩個以上未特別指定的遺贈物)

Alternative mandamus 可選擇的履行命令書

Alternative measure 備用措施；替代性措施；可供選擇的措施

Alternative minimum tax (AMT) 〔美〕可選擇的最低稅；最低替代稅 (指自 1986 年之後開始，確保納稅人可選擇繳納七種最低的所得稅)

Alternative model 可供選擇的模式

Alternative negotiating venue 選擇談判地

Alternative obligation 選擇性債務 (指債的履行行為或標的可依法律規定或當事人一方的選擇。例如，債務人可選擇交貨或付一定數額的款項以履行契約，其反義詞為"absolute obligation")

Alternative payee 選擇性收款人；可替代的收款人

Alternative pleading 〔美〕選擇性主張 (指可提出一個或兩個求償或辯護的主張)

Alternative proposal 供選擇的建議；選擇性提案

Alternative relief 選擇性救濟 (指可選擇金錢判決或予衡平救濟)

Alternative remainders 選擇性剩餘遺產 (指剩餘遺產的處理只有甲放棄由乙代位繼承始能生效)

Alternative remedies 選擇性救濟 (釋義同 "alternative relief")

Alternative route 選擇性線路 (國際電訊用語)

Alternative settlement place 可選擇的定居地

Alternative sources of energy 替換性能源

Alternative tax 〔美〕可選擇稅 (指允許納稅人在計算長期資本淨收益上選擇納稅方式)

Alternative texts 備選條文文本；備選案文；供選擇的條文文本

Alternative to the multilateral trading system 替代多邊貿易制度

Alternative to the open multilateral system 替代開放的多邊貿易制度

Alternative use 替代用途

Alternative vicibus 更替;輪流

Alternative writ 可選擇令狀 (指命令收取令狀履行特定的事情或向法院説明為甚麼不應被強制履行該特定事情的理由)

Althing 〔冰島〕(中世紀) 自由制全國大會;冰島議會

Alumna 女校友;女畢業生

Alumnus 男校友;男畢業生;〔英〕養子 (領養的子女)

Amalgamated action 合併訴訟 (有狹義和廣義之分,但兩者有所不同。前者是指同一人就不同事件進行訴訟,或原告起訴後追加新訴、或對同一被告有數項要求;屬同一法院管轄,可以適用同一訴訟程序而進行合併審理,法理上稱之為客體合併;後者訴訟為訴的主體合併,詳見 "Joint action")

Amalgamated jurisdiction 合併管轄

Amalgamated society 合同公司;合同股份公司

Amalgamation (企業公司) 合併;混合 (指不同的種族,相反的成份、團體、工會、社團或公司融合而成一個完整的新的機構)

Amalgamation of stock (公司) 股本合併

Amalphitan code or table 阿瑪爾菲海上法典 (表) (公元 11 世紀末由意大利人阿瑪爾菲收集編輯的有關地中海沿岸國家實施的新的機構)

Amateur auditor 業餘查賬人 (與會計師相對照)

Amateur judge 業餘法官 (非專業性的法官)

Amateur Sports Federation and Olympic Committee 業餘體育總會與奧林匹克委員會

Ambasciator 調換工作崗位的人;輪職的人

Ambassade de reverence 〔法〕駐教廷大使館

Ambassade d'obedience 〔法〕駐教廷大使館

Ambassador 大使

Ambassador at large 無任所大使;巡迴大使

Ambassador designate (選出來而未上任的) 內定大使,候任大使

Ambassador extraordinary 特命大使

Ambassador extraordinary and plenipotentiary 特命全權大使

Ambassador plenipotentiary 全權大使

Ambassador resident 常駐大使

Ambassadorial ceremonial 大使禮節

Ambassadorial conference 大使會議

Ambassadorial privileges 大使特權

Ambassadorial-level diplomatic relations 大使級的外交關係

Ambassador's Act 〔英〕大使法 (1707 年頒佈,規定對外國大使、公使及其貨物財產的訴訟完全無效)

Ambassadress 女大使;大使夫人

Amber box measures 〔世貿〕(農業國內支持)"黃箱"措施

Amber category 〔關貿〕黃燈類 (指總協議的成員國對本國產品進行補貼之目的在於實施國內政治、經濟或社會政策要求,但又給協議進口國特定工業帶來嚴重損害而受到反補貼措施懲罰的補貼)

Ambidexter 兩面受賄的律師;兩面受賄的陪審員 (指在評決時從當事人雙方收受金錢者);兩手都善用的人;善耍兩面手法的人;兩面玲瓏的人

Ambidexterity 陪審員兩面受賄

Ambiguity 含糊不清;模棱兩可;文義不明確 (指在書面文件中所用的文字含意不明確可作兩種或多種解釋)

Ambiguity upon the factum 事實模棱兩可;事實不明確 (例如,立遺囑人對其遺囑中的特定條款的含義含糊,令人置疑)

Ambiguous 不分明的;曖昧的;模棱兩可的

Ambiguous statement 含糊不清的陳述

Ambit 邊界線,境界線;界限;範圍;周圍

Amblotic 具有墮胎效力的;用於墮胎的東西的

Ambulance 救護車;救護站;流動醫院;戰地醫院

Ambulance chaser 〔美〕唆使過失受害者起訴的律師;專辦交通事故案件的律師

Ambulanceman 救護人員

Ambulatory 可變更的;可移動的;可撤銷的

Ambulatory courts 〔英〕流動法院

Ambulatory disposition 可變更的處分 (指可變更修正或撤銷的判決、裁定或判刑)

Ambulatory will 可變更的遺囑

Ambush *v.* 埋伏,伏擊;突然襲擊

Ameliorating waste 改良性毀損 (承租人事實上改良土地,雖然構成毀損但不對土地的損害之行為)

Amelioration credit 改良信用

Ameliorations 改良;改善;提高

Amenable 負有義務 (或責任) 的;服理的;順從的

Amend *v.* 改良;改正;訂正;修補;修正 (議案等)

Amend a constitution 修改憲法;修正憲法

Amend a judgement 改判

Amende 〔法〕罰款;罰金

Amende honourable 公開賠禮道歉;公開謝罪;〔英、法〕(一種) 加辱刑 (犯罪人把繩子掛在脖子上手持火炬上法庭並在神面前和法庭上謝罪)

Amende honourable in figuris 〔法〕公開謝罪

Amended Articles of Agreement 〔基金〕修正的協定條款

Amended bill 修正案 (指就原案加以修正的意思)

Amended draft 修正草案

Amended invoice 訂正的發票

Amended London Guideline for the Exchange of Information on Chemicals in International Trade 關於交換修訂的倫敦國際化學藥品貿易情報 (資料) 準則

Amended ordinance 修正條例

Amended to ensure compatibility with WTO rules and principles 修訂以確保符合世貿組織的規則和原則

Amended Warsaw Convention 華沙條約修訂本 (1955 年)

Amender 修正者

Amending agreement 修正協定

Amending authority 〔關貿〕修正權力

Amending clause 修正條款

Amending instrument 修正文件

Amending ordinance 修正條例

Amending power 修正權

Amending process 修正程序

Amending statute 修正成文法;修正的制定法

Amendment 修改,修正;修訂;議會修正案;補充條款;法律的修正;令狀的修正;訴訟文件的補正

Amendment clause 修正條款

Amendment of By-Laws 修正的細則;公司章程附則的修改

Amendment of constitution 憲法的修改;章程的修改

Amendment of contract 合同的修改

A

Amendment of indictment 訴狀的修改

Amendment of judgement 〔美〕判決的修改（指判決登記後 10 天內可以提出動議修改或訂正）

Amendment of trust 信托的修改（指修改委托書中原來訂立的條款）

Amendment on court's own motion 〔美〕法官自行做出的修改（指未經當事人事先動議，法官更改或補充由其擬就的訴狀或其他文件）

Amendment process 修正程序

Amendment rule 修正的規則

Amendments to the Foreign Assistance Act (Hickenlooper Amendments) 〔美〕對外援助法修正案（即希肯珀修正案，1962 年）

Amends 〔複〕賠償；賠罪

Amenity 舒適（指住所，房子所處的地勢、風景、地點的水路通道等環境雅致適宜於居住）；〔複〕福利設施；便利設施；消極地役權

Amenity damages 妨害康樂的損害賠償；風致損害賠償

Amentia 妄想狂；精神錯亂；瘋癲；智力缺陷

Amentia partialis 部份狂

Amentia passiva 被動狂

Amentia senilis 衰老；精神衰弱

Amentia simplex 單純精神衰弱

Amentia stupor 痴愚；白痴

Amentia universalis 全部狂

Amerce v. 罰款；罰鍰；處以罰金

Amercement (amerciament) 罰款；刑罰；罰金（指只適用於政府官員瀆職或失職而受到上級處罰；其區別於"fine"，是因觸犯刑律而依法受到罰款處分，適用於包括官員在內任何犯法的人）

Amercement royal 罰金；減薪（指對官吏在職務上的非法行為處以罰款）

Amerciable 應罰款的

American 美國的；美洲的；泛美的

American Academy of Forensic Sciences 美國法庭科學學會

American Acceptance Council 美國票據承兌協會

American Accounting Association 美國會計協會

American agricultural policy 美國農業政策（一方面，對農產品價格和農場主的收入給予支持；另一方面，根據國內外供求情況，對主要農作物播種面積計劃加以控制）

American Association for Legal and Political Philosophy 美國法政哲學協會

American Association for the Advancement of Science 美國科學促進協會（科促會）

American Association for the Comparative Study of Law 美國法律比較研究協會

American Association of Criminology 美國犯罪學協會

American Association of Jurists 美國法學家協會；美洲法學家協會

American Association of Labour Legislation (AALL) 美國勞動立法協會

American Association of Law Libraries 美國法律圖書館協會

American Association of Oilwell Drilling Contractors (AAODC) 美國鑽井承包商協會

American Association of Public Accountants 美國會計師協會

American Bar Association (ABA) 美國律師協會（主要目的在於研究如何改善律師和司法裁判工作）

American Bar Association Disciplinary Rule (ABAD) 美國律師協會紀律準則

American Bar Association Journal (A.B.A.J.) 美國律師協會季刊

American Bar Foundation 美國律師基金會（是從律師協會派生出來的，旨在舉辦法律教育和社會問題研究項目並為其提供資金）

American Budget and Accounting Act 美國預算和會計法（1921 年）

American Bureau of Shipping 美國船舶局（又稱"AB"船級社）

American Civil Liberties Union (A.C.L.U.) 美國公民自由同盟（美國民權聯盟）

American clause 美國海運保險但書（或譯"美國條款"，規定承保人無權向後手保人要求分攤認購款項）

American College of Trial Lawyers (ACTL) 美國出庭律師學會

American Convention 〔美〕美國奴隸法廢止協會（1793 年）

American Convention on Human Rights 美洲人權公約（1969 年）

American Criminal Reports (Am.Crim.Rep) 美國刑事判決錄

American Depository Receipts (ADR) 美國存托憑證（又稱"存券收據或存股證"。即：由美國銀行充當中間商，而後再零售給美國普通投資者，並以此吸引全世界優質公司紛紛來美上市，從而聚集全球資本，使得美國經濟得以稱霸全球的一個重要基石）

American digest system 美國判例彙編制度（集所有案例的目錄索引）

American Economic Association 美國經濟學協會

American Engineering Standards Committee 美國工程標準委員會

American experience table of mortality 〔保〕美國人壽保險統計表；美國死亡統計表（根據投保人年齡規定各種人壽保險、保險費和保險價值）

American Federation of Labour (A.F.L) 美國勞工聯合會

American Federation of Labour and Congress of Industrial Organisation (A.F.L.C.I.O.) 美國勞工聯合會——產業工會聯合會（略稱"勞聯——產聯"）

American Foreign Credit Insurance Association 美國國外信用保險協會（成立於 1961 年，旨在使其比在國外的同行具有更大的競爭力）

American Foreign Insurance Association 美國外國保險協會；美洲外國保險學會

American Foreign Law Association 美國外國法協會；美洲外國法律協會

American Immigration Lawyers Association (AILA) 美國移民律師協會

American Institute in Taiwan (AIT) 美國在台協會（美國務院在美台"斷交"後於 1979 年 1 月根據干涉中國內政的所謂《與台灣關係法》成立的一個民間機構，總部在維珍尼亞州的阿靈頓）

American Institute of Aeronautics and Astronautics

(AIAA) 美國航空和星際航空協會

American Institute of Architects (ALA) 美國建築師學會

American Institute of Certified Public Accountants (AICPA) 美國執業會計師學會

American International Law 美洲國際法

American Journal of International Law 美國國際法雜志

American Judicature Society 美國司法學會

American Jurisprudence (A.J.) 《美國法理學》(美國的法律百科全書)

American Labour Union 美國勞動組合

American Land Title Association (A.L.T.A.) 美國土地所有權憑證協會；美國地契協會

American law 美國法

American Law Institute (ALI) 美國法律學會 (1923 年)

American Law Reports (A.L.R.) 《美國判例彙編》(美國法院判決錄)

American Law Review 《美國法律評論》(刊登各種法學問題研究文章等的雜志)

American Legion 美國退伍軍人協會

American Lloyd's 〔保〕美國勞埃德協會 (美國保險業者協會)

American Lloyd's Association 美國勞埃德 (保險) 公會

American Marketing Association (AMA) 美國銷售協會

American Medical Association (AMA) 美國醫學協會

American Motors Corporation 美國汽車公司

American Patent Law Association (APLA) 美國專利法協會

American Peace Society 美國和平協會

American Railway Association 美國鐵路協會

American Railway Engineering Association 美國鐵路工程學協會

American Railway Union 美國鐵路同盟

American Record 美國紐約船舶檢查組合

American revolution 美國獨立戰爭 (1783—85 年)

American rule "美國規則" (指傳統上兩造中勝訴一方不付律師費)

American Selling Price (ASP) 美國銷售價格 (美國對進口貨物估價的標準之一，旨在防止外國商品與美國同類商品的競爭)

American Selling Price System (ASPS) 美國售價制度

American share certificate 美國股票證書

American Society for Testing and Materials (ASTM) 美國試驗和材料學會

American Society of Civil Engineers (ASCE) 美國土木工程師學會

American Society of International Law (ASIL) 美國國際法學會；(美國國際法協會)

American Society of Mechanical Engineers 美國工程師學會

American Soybean Association (ASA) 美國黃豆協會

American Stock Exchange (ASEX) 美國證券交易所

American Symphony Orchestra League 美國交響樂團聯盟

American syndicalism 美國工團主義

American tradition of adversarial proceedings 美國對抗制訴訟傳統，美國辯論式訴訟傳統

American Trial Lawyers Association (ATLA) 美國庭審律師協會

American Warehousemen's Association 美國倉庫業者聯合會 (成立於 1904 年)

Americans with Disabilities Act 美國殘障法 (指禁止私人實體在就業、公共運輸、電訊服務、公共住宿服務上歧視殘疾人)

Ami, amy 朋友

Amicable compasition 〔法〕和解

Amicable compositeurs 〔法〕調停人；調解人，和解員 (釋義同 "amicable compounders")

Amicable 友好的；和睦的；和解的

Amicable action 合意訴訟 (指法律上有疑惑的問題雙方合意由法院裁定)

Amicable Arbitration 友好仲裁 (又稱為 "友誼仲裁"，指仲裁庭，經仲裁雙方當事人授權，不依嚴格的法律規則而是依據公平原則和商業慣例進行的仲裁)

Amicable arrangement 友好安排

Amicable case 和解訴訟的案件；和解中的法律疑點訴訟案 (指兩造在事實上無爭議，但在法律上有爭議，同意以訴訟方式予以解決)

Amicable composition clause 和解條款

Amicable compounders 〔美〕仲裁人 (即授權仲裁員廢除那些嚴格的法律規定給予自然公平的裁決) (路易斯安那州的法律和習慣法)

Amicable intervention 友好干涉

Amicable means 友好方法 (指國與國之間的爭端不訴諸武力而通過友好談判方式加以解決)

Amicable settlement 友好解決；和解

Amicable settlement of dispute 友好解決爭端

Amicus brief 法庭之友意見概要 (為協助法庭而對案情所提出的意見書)

Ammunition 軍火；彈藥 (包括手榴彈、炸彈和諸如導彈以及毒氣等)

Amnesia 記憶遺失；健忘症

Amnesty 大赦；特赦 (指政府赦免叛國、叛敵等所有政治犯，其區別於 "pardon"，是政府的一種 "寬恕")

Amnesty board 大赦委員會，特赦委員會

Amnesty clause 大赦條款；特赦條款

Amnesty International 大赦國際

Among 在…之中；在…中間

Amortisation (Amortisement) 永久管業 (指將土地永久讓與教會或其他法人)；分期償付；攤還債款；攤銷 (無體資產估用期內的費用分期支付的意思，其區別於：1. "depreciation" 指財物原價值因使用年限逐步降值而予以折舊；2. "depletion" 指礦物等變成可銷售的產品而減少了其賬面的價格)

Amortisation fund 減債基金；國債清理基金；分攤資金

Amortisation loan 分期償還貸款 (按年償還的貸款)

Amortisation of debt 分期償還債務

Amortisation of premium 保險費的攤提；溢價的攤銷

Amortisation payment 攤還付款

Amortisation rent 分期償付租金

Amortisation reserve 分期償還債務準備金

Amortisation schedule 攤銷表；分期償還債務計劃 (指欠債者分期償付利息和本金的安排)

A

Amortise v. 把…轉讓；轉讓土地（尤指把土地等永久讓與教會或其他法人為永久管業）；分期償還；分期攤銷

Amortised loan 分期償還的貸款；已攤還的借款

Amotion 罷免；趕出（當佃農被逐出或被罷免時，收回其租地）；冒認土地；挪動或拿走；不法拿走動產；（公司董事的）解除程序

Amount 數額；總數；總值；金額

Amount ceded 分保金額，再保險金額

Amount covered 投保金額；保險金額（承保人依保險單承擔賠償損失金額）

Amount declared 申報金額

Amount expressed in SDR 以特別提款權表示的金額

Amount for profit 利潤額

Amount in controversy 爭議金額；損害求償金額；訴訟求償金額

Amount in figures 小寫金額

Amount in words 大寫金額

Amount insured 保險金額；投保金額

Amount negotiated 議付金額

Amount not taken up 未用金額

Amount of access 存取金額

Amount of claim 求償額；賠償額

Amount of compensation 賠償額

Amount of consumption 消費額

Amount of contribution 出資額

Amount of creditor side 貸方金額

Amount of damages 損害賠償數額

Amount of debt 債務額；負債額

Amount of debtor side 借方金額

Amount of demand 投訴標的索賠價值總額

Amount of dividend 股息額

Amount of draft 匯票額；匯款金額

Amount of duty 租稅額

Amount of exports 出口額

Amount of imports 進口額

Amount of increased value 增價額

Amount of insurance 保險金額

Amount of insurance in force 有效保險金額

Amount of loss 損失額

Amount of obligation 債務額

Amount of payment 支付額

Amount of share 股票金額

Amount of subscription 認購金額

Amount of tax to be paid 應付稅額

Amount of the quota 配額份額

Amount outstanding (accounting, debt) 未償額（會計性債務）

Amount payable forthwith 應即刻付的款項（金額）

Amount realised 實收金額（指納稅人出售或交換財產所得）

Amount required 最低應член
Amount required 最低應繳金額

Amount retroceded 轉分保金額

Amount secured 被保險金額；擔保金額；擔保債權額

Amount subject 標的金額

Amount to 總計達

Amove v. 免職；撤職；調離

Amparo 〔西〕要求保護憲法權利的司法程序；憲法權利保護令；發給保護土地要求者文書（西班牙－美洲法用語）

Amphetamine 氨基丙苯；氨基丙胺；氨非他明（中樞神經興奮劑）

Ample evidence 充分證據

Ample opportunity to present evidence 充分出示證據的機會

Ampliation 擴張；延期；推遲判決（俟進一步查明訴訟原因後再行判決）；重審令（指命令在指定日期內就案件進行重審，以期收集更加充分的資料）；〔法〕清償債務證書（或其他文書）的副本；交付當事人的公證員文書副本

Amputation 截肢；砍除；刪除

Amputation of right hand 〔古法〕砍掉右臂（古代對攻擊坐堂法官的刑罰）

Amtrak (National Railroad Passenger Corporation) 〔美〕全國鐵路客運公司

Amusement 消遣；娛樂

Amusement tax 〔美〕娛樂稅（指政府對娛樂運動會等活動銷售的票券所課收的稅）

An agreed schedule for the gradual phase-out of quota 〔關貿〕約定的逐步取消額的時間表（時限為 10 年）

An agreed standard form 議定的標準格式

An equitable share of world export trade 〔關貿〕世界出口貿易的公平佔有率（指總協議《烏拉圭回合》談判中美國、日本及歐洲發達國家對農產品的出口補貼持容許未加絕對禁止的態度）

An excessive dependence on the export of primary products 〔關貿〕過份依賴於初級產品的出口（意指發展中國家為增加收入應增加加工品或成品的出口）

An identification system 〔ISO〕標識系統（國際標准化組織規定）

An, jour, et waste 〔英〕國王取得的重罪犯所有的土地一年零一日的收益並使該土地荒廢的特權

An Original Contracting Party to the General Agreement on Tariff and Trade 1947 〔中〕1947 年關稅與貿易總協定的原始締約國（中國與美、英、法等 23 個國家一起出席了聯合國經社理事會在哈瓦那召開的起草國際貿易組織憲章的會議，釋義詳見 "ITO"）

An outward-oriented development strategy 外向性發展戰略

Anacrisis 偵查，調查；審問（指以拷打形式調查事實、審問證人）

Analogical interpretation 類推解釋

Analogism 模擬推理；模擬法

Analogous 相似的；類似的

Analogous cases 類似案件

Analogous contraband 類似禁製品

Analogue country 〔關貿〕類比國（釋義同 "subrogate country"）

Analogue of contraband 類似禁製品

Analogy 推論；類推；類似

Analogy in criminal law 刑事類推（指對於刑事法律無明文規定而統治階級認為是危害社會的犯罪行為適用現行刑律中最相類似規範的制度）

Analysis certificate 化驗證書

Analysis of legal problems 〔英〕法律問題的分析

Analysis of pay roll 工資明細賬

Analysis of the crime scene 犯罪現場分析（現場勘查結束

時，在現場對事件的性質、有關實施犯罪的情況和犯罪人的情況等進行初步分析、研究和判斷）

Analysis report 化驗報告

Analyst 分析者；分析師

Analytical capacity 分析能力

Analytical jurisprudence 分析法學（指一種採用分析、歸類和比較各種法律概念）

Analytical method 分析的方法

Analytical school of jurisprudence 分析法理學派

Analytical school of law 分析法學派（或稱分析實證主義法學派，其法學思想主要由法學的研究範圍、法和道德的關係以及法的概念三個部份組成）

Analytical technique 分析技術（方法）

Analytical type of production 分解型生產

Analyse multilateral trade policy issues 〔關貿〕分析多邊貿易政策問題

Analysing ledger 分解式分類賬

Anaphrodisia 性欲缺失；性無能（指男、女性無能，尤指女方缺乏性交欲望）

Anarchic(al) 無政府主義的；不守法的

Anarchism 無政府主義

Anarchist 無政府主義者；主張武力推翻政府並宣傳無政府主義者（移民法規用語）

Anarchy 無政府狀態；混亂；無秩序

Anathema 革出教門（指中世紀基督教會的一種懲罰）

Anathematise v. 詛咒；宣佈教會處罰（即：宣告信徒被逐出教會並不得再與教會成員來往）；教會當局宣判被告；革出教門，逐出教會

Anathematise of Congress 逐出國會

Anatomical examination 解剖檢驗（指解剖屍體以為教學等用）

Anatomical gift 器官捐獻（指遺囑捐贈自己重要的器官供醫學研究之用）

Anatomical specimen 解剖樣本

Ancestor 被繼承人（指不光為一家的祖先，而且還包括不動產的被繼承人）；祖先，祖宗；直系尊血親

Ancestral 祖先的；祖傳的

Ancestral debt 被繼承的債務

Ancestral estates 祖產；祖傳地產（祖傳遺產）

Ancestral home 祖籍；原籍

Ancestress 女性被繼承人

Ancestry 血統；家系；家譜；祖先；列祖；先輩

Anchorage 錨地；停泊處；〔英〕停泊稅

Anchorage dues 停泊稅；停泊費

Anchorage-ground 投錨地；錨地；停泊地

Anchored submarine mine 海底固定水雷（繫錨海下水雷）

Anchoring berth 錨泊位

Anchoring-ground 投錨地；錨地；停泊地

Ancien regime (Ancient regime) 〔法〕舊政體；舊制度（指法國 1789 年革命前的社會和政治制度）

Ancienne Coutume de Normandie 〔法〕諾曼底古習慣法（指諾曼底公爵領地法規和習慣，一直存續至 1205 年）

Anciens Usages d'Artois 〔法〕阿圖瓦古代習慣法（1300 年）

Ancient 古代的；古老的；舊文具的；二三十年以上的

Ancient deed 舊契約；舊文據；舊蓋印證書（指作成後 30 年以上確定無疑的契據）

Ancient demesne 〔英〕古領地；古登錄保有地（指威廉征服王時期屬國王的領地並記錄在英國土地總賬裏的王室父祖相傳的領地）

Ancient documents 古文書；舊文據（作成後由官方保管經過 20—30 年以上的文件）

Ancient Egyptian Law 埃及古代法（自公元前 4000 年左右尼羅河流域開始出現國家起至公元前 1 世紀被羅馬佔領的埃及奴隸制法）

Ancient Greek Law 希臘古代法（古希臘各奴隸制城邦法律的總稱）

Ancient Indian Law 印度古代法（指公元 5—7 世紀以前古代印度奴隸制法）

Ancient Law 〔英〕古代法（亨利·梅英爵士編纂於公元 5 世紀）

Ancient lights 〔英〕排他性採光權（指面向他人所有地開窗，不間斷地採光 20 年，該他人並未設置障礙時，即取得開窗權利；根據 1959 年採光權利法已暫時延長至 27 年）

Ancient messuages 〔英〕古宅院（指建於理查德一世即位時期）

Ancient monuments 〔英〕古跡（指古代歷史遺址、建築物）

Ancient Pleas of the Crown 古代國王訴訟（指 1762 年凱爾漢姆所譯的布里頓一書的書名）

Ancient readings 〔英〕古讀本（英國古代法的解釋或講解）

Ancient records 〔美〕古文據；古文書（釋義同 "Ancient writings"）

Ancient rent 舊租金（老房租）

Ancient sergeant 〔英〕資深律師（指女王高級律師中最年長的老律師）

Ancient street 古街

Ancient wall 古牆（自建造之日起牆齡達 20 年以上）

Ancient water course 古河道

Ancient writings 古文據；古文書（指經過 30 年以上的文書）

Ancients 法律家（舊時老資格的律師的通稱，即英國律師學院和法學會館的資深律師）；〔單〕古代的；古老的；遠古的

Anciently 〔愛爾蘭〕年長；資深；老資格

Ancillary a. & n. I. 附屬的；輔助的；附加的；II. 〔英〕助手；隨從

Ancillary administration 〔美〕附加遺產管理（指可到死者有遺產或曾居住過的第二個或其後有管轄權的州去收取遺產或開始提起遺產訴訟）

Ancillary attachment 附屬扣押（指保管扣押的被告財產以清償原債務請求）

Ancillary benefits 輔助保險金

Ancillary bill or suit 附屬訴訟（指提起附帶的訴訟以彈劾或增強原訴的判決）

Ancillary claim 〔美〕附屬權利主張（指在聯邦管轄權內合理的附屬的權利主張）

Ancillary covenant against competition 防備競爭的附加契約條款

Ancillary departmental enterprise 附屬的部門企業

Ancillary judicial personnel in courts 法院習法輔助人員（主要包括書記員、法醫、司法警察和執達員）

Ancillary jurisdiction 〔美〕附屬管轄權

Ancillary legislation 輔助性立法；附屬立法

Ancillary proceeding 〔美〕附屬訴訟（指附屬於或輔助於主訴的法律上或衡平法上的訴訟。例如，披露文據以協助法律訴訟或扣押第三債務人財產程序）

A

Ancillary process 〔美〕附屬訴訟 (輔助或附屬於主訴之訴。例如，扣押財產)

Ancillary provision 附則

Ancillary receiver 輔助破產管理人 (指被指定協助收集和負責管理外方破產公司的資產)

Ancillary relief 附屬救濟

Ancillary resources 輔助資源

Ancillary restraint 附屬限制；附加限制

Ancillary right 輔屬權利

Ancillary rules 附加規則

Andean Common Market (ACM) 安第斯共同市場 (成立於 1969 年 5 月，總部設在秘魯首都利馬，成員共有玻利維亞、哥倫比亞、厄瓜多爾、委內瑞拉和秘魯等五個國家)

Andean Development Corporation 安第斯開發協會 (成立於 1968 年 2 月 7 日，總部在波哥大)

Andean Group 安第斯國家集團

Andean Pact 安第斯條約 (1969 年)

Andean Pact Organisation (APO) 安第斯條約組織 (指秘魯、智利、哥倫比亞、厄瓜多爾和玻利維亞等拉美五國於 1969 年 5 月簽訂的)

Andean Reserve Fund (ARF) (Jan. 1979) 安第斯儲備基金會 (1979 年 1 月成立)

Andean Sub-regional Integration Agreement (also known as Cartagerna Agreement) 安第斯分區一體化協定 (又以"卡塔赫納協定" 著稱)

Androgynus 兩性人

Andromania 女子淫狂；慕男狂

Androphonomania 殺人精神病；殺人狂

Anew 再，重新；重新審理 (指已經審訊過的案件或爭議，因法官更換等原因而重新審理)

Angaria 經常徵用權 (指戰時交戰國可以徵用或毀壞在本國或敵國內的中立國人的財產，而在戰後賠償的權利)；〔海法〕船舶的強制性義務 (指為公衆目的而強加的)；船舶的強行徵用；〔羅馬法〕強制性勞役；刑罰；〔封〕強制性勞役 (指佃戶給領主幹的個人苦役)

Angariation 非常徵用權；刑罰權

Angary 非常徵用權；戰時船舶徵用權；佔用中立國財產權 (指戰時交戰國可以徵用或毀壞在本國或敵國內的中立國人的財產而在戰後賠償的權利)

Angel 天使；〔英〕古金幣 ("安琪兒"，價值 10 先令)

Anghlote 〔英古〕單一稅 (按國家習慣納各人應納的稅)

Angild 〔撒〕一個人 (或物) 單一價值；單身贖罪金；單一賠償金

Angle of rudder with keel 〔海法〕舵位角 (船與船中線面間夾角)

Angling 〔英〕釣魚；垂釣 (只允許在日出前一小時和日落後一小時期間內垂釣)

Anglo-American Commission 英美委員會 (解決美、加白令海峽等問題，1898 年)

Anglo-American Law 〔英〕英美法 (又稱 "普通法系，英美法系或判例法系"，為英國法與美國法的統稱)

Anglo-American law system 英美法系；普通法系；判例法系

Anglo-American Treaty Association (AATA) 英美條約協會

Anglo-Indian 僑居印度的英國人

Anglo-Indian Codes 英屬印度法典 (1833 年)

Anglo-Japanese Alliance 日英同盟

Anglo-Saxon Codes 盎格魯－撒克遜法典 (公元 449－1066 年)

Anglo-Saxon law 盎格魯－撒克遜法 (公元第五、六世紀中征服並統治英國直至諾曼底人征服前時期的法律)

Anguish 肉體 (或精神) 上的極度痛苦

Aniens or anient 無效的；無法律約束力的

Animal 動物 (分為牲畜和野生動物兩種)；〔英、複〕動物飼養許可

Animal control officer 動物檢疫人員；動物檢疫官員

Animal cruelty 虐畜罪

Animal Procedures Committee 〔英〕動物問題訴訟程序委員會 (為國務委員在動物問題上提供諮詢，1986 年)

Animals Protection Acts 〔英〕動物保護法 (1849 年，1861 年)

Ann 〔蘇格蘭〕遺屬半年的薪金 (指大臣死後給其遺孀和子女及其最近的親屬)

Annals 記錄；年曆；編年史；歷史

Annals of Congress 〔美〕國會記錄 (1789－1824 年發言和陳述的非正式記錄)

Annapolis convention 〔美〕安納波利斯會議 (1786 年，1861 年)

Annates 〔宗〕初年聖俸 (指神職人員將其薪俸中第一年中的全部收入繳納給教皇)

Annecy Round 〔關貿〕安納西回合 (關貿總協議第二輪關稅減讓談判，1949 年 4 月至 8 月在法國安納西舉行，使佔應徵關稅進口値 5.6% 的商品平均降低關稅 35%)

Annex *v. & n.* I. 附加，添加；霸佔；併吞，兼併 (領土等)；II. 附加物；附屬建築物；附件；附錄

Annexation 兼併；合併 (領土或國家的吞併)；併吞物 (尤指領土)；〔加〕附加物，附着物 (指構成土地一部份的土地上的附着物，例如，土地上的建築物)

Annexation de fait 事實上兼併

Annexation of tax 附加稅

Annexation of territory 領土兼併

Annexed document 附件

Annexed letter 附函

Annexed state 被兼併國

Annexed statute 後附規約

Annexed territory 被兼併領土

Annexes 〔關貿〕附件 (指 GATT 所屬附件均為其組成部份)

Annexing state 兼併國

Annexion 〔法〕吞併；兼併；合併 (領土或國家的)

Anniented 〔法〕無效的；廢止的；不能履行的；落空的

Anniversary 週年紀念日；週年紀念

Anniversary date 〔保〕保險第一週年日；簽單週年日

Annoisance (=nuisance) 打擾；滋擾；妨害 (指非法妨礙或損害他人行為)

Annotate *v.* 作注解；注釋；評注

Annotated 注釋的；注解的

Annotated code (am.cod.) 注釋法典

Annotated statutes 注釋法規

Annotation 注解；注釋；評注；釋文；案例摘要

Announce *v.* 宣佈；宣告，發表；宣佈參加競選 (for)；(在競選中) 宣佈支持某人 (for)

Announce sb.'s crimes 公佈…罪狀

Announced 已公告受理的；已宣告判決的

Announcement 宣告；聲明；通告；告示

Announcement of blockade 封鎖宣告

Announcement of tender 招標公告

Annoy *v.* 使煩惱；使生氣；打擾

Annoyance 煩惱；不舒適，不自在；打擾；滋擾；妨害（釋義同 "nuisance"，主要指身體上和精神上的狀況）

Annual 每年的；週年的

Annual accounting period 會計年度；年度會計結算期（確定納稅人年度納的所得稅義務的時期）

Annual accounting period concept 年度會計結算期概念（指確定考慮納稅人繳納新所得稅義務的概念）

Annual accounts 年度賬；年度報告；年度決算報表

Annual allocation of import quantities 年度的進口數量分配

Annual allowance 年度津貼費；年度免稅額

Annual and Final Bound Commitment 〔關貿〕年度與最後受約束承諾水平（指各總協定成員國對基本農產品在其減讓表中所承諾的，在實施期內任何年份和最後的最大支持水平）

Annual appropriation 歲出經費

Annual assay 〔美〕硬幣年檢（年度金銀幣純度重量標準鑒定）

Annual average earnings 年均收入（指職工年度平均的工資收入）

Annual basis 年基準

Annual borrowing plan 年度貸款計劃

Annual bound commitment level 〔世貿〕（農業國內支持）年度的約束水平

Annual budget estimate 年度概算

Annual budget 年度預算

Annual closing (of accounts) 年度結賬；年度結算（決算）

Annual conference 年度大會

Annual depreciation 年度折舊

Annual economic development programme 年度經濟發展規劃

Annual exclusion 年度免稅額；〔保〕年除外責任

Annual expenditure 歲出；年度支出

Annual financial statements 年度財務報表；年度財務決算表

Annual general meeting 年度大會；全體股東年度大會

Annual growth rate 年度增長率

Annual income 歲入；年收入

Annual income tax return 年度所得稅申報表

Annual insurance policy 一年期保險單

Annual interest 年利；年息

Annual leave 年假（指每年職工的休假）

Annual meeting 股東年會；年度股東大會（召集年度會議以選舉職員、董事、批准和表決公司重大行為事項；關貿總協定 18 國集團每年召開兩次到四次會議）

Annual Meeting of the Board of Governors 〔基金〕〔世行〕理事會年會

Annual Meetings of the International Monetary Fund and the World Bank 國際貨幣基金組織和世界銀行年會

Annual overview 〔世貿〕年度總評

Annual pay 年薪

Annual pension 年金；年養老金

Annual percentage rate (APR) （借款的百分比）年利率

Annual permit 〔美〕年度許可證（指在本州島內經商的）

Annual Practice 〔英〕《訴訟年鑒》（最高法院白皮書）

Annual premium 年度保險費

Annual questionnaire on import licensing procedures 〔世貿〕關於進口許可證程序的年度調查表

Annual quota 年度定額

Annual quota growth 年度定額增長

Annual rate of investment 年投資額

Annual reckoning 年度計算

Annual Register 〔英〕年刊（創刊於 1758 年，自 1755-1788 年每年發表對歷史、政治和文學的觀察）

Annual rent 年租；〔蘇格蘭〕利息

Annual rental 年租（指年租金的總額）

Annual report 年度報告（指股東和有關當事人準備一年資產負債表、損益表和財務狀況變動表等情況報告）；〔美〕年度報告（指要求美國貿易談判代表按照《烏拉圭回合協定法》第 124 款的規定於每年 3 月 1 日之前向國會做出書面報告）

Annual Report of the Executive Board 〔基金〕執行董事會年度報告書

Annual Report on Exchange Arrangement and Exchange Restrictions 〔基金〕外匯安排及其管理年報

Annual Report on Exchange Restrictions 〔基金〕外匯管理年報（IMF 的機關刊物）

Annual return 〔英〕(公司)年度報告；年利潤

Annual revenue 歲入；年收益

Annual review 年度審查；年度審議；年度評審

Annual sale volume 年銷售額

Annual session 年會；屆會

Annual statement 年度報告；年度決算書

Annual survey 年度檢查

Annual tax allowance 年免稅額

Annual value 年淨值（指出自每件財產或可繼承的財產的年度淨收入以為估計繳納所得稅的責任）

Annual value of world merchandise trade 世界商品貿易年值

Annual votes 年度議決金額

Annual yield 年度收益；一年的收入

Annually 年年地；每年地；年度地

Annuitant 年金受益人；年金領取人；享受年金權利者

Annuities without compensation 無償年金

Annuity 年金（年金享受權）；〔保〕年金合同；〔英〕地租（指對於不動產年度應繳納的金額）

Annuity Act 〔英〕年金法（1813 年）

Annuity beneficiary 年金收益人

Annuity bond 年金債券（指沒有年限而永久地付給利息的）

Annuity certain 固定年金（指有說明付款年限的年金）

Annuity for life 終身年金

Annuity in possession 即付養老金；擁有養老金

Annuity in reserve 貯存年金

Annuity insurance 年金保險

Annuity method 年金計算法（減價償付的年金計算法，即應用公式計算年金存入數和領出數的方法）

Annuity policy 年金保險單（指自指定日期起每月付款給終要保人的證書）

Annuity retirement 退休年金

Annuity trust 年金信托（一種要求每月付給固定收入金額的信托）

A

Annul *v.* 廢除；撤銷，取消 (法令、合同、判決等)；宣告無效；使無效

Annul departmental rules 廢止部門的法規

Annul the administrative regulations 廢止行政規章 (條例)

Annulment 撤銷；取消；廢除；作廢；法定注銷

Annulment of bankruptcy order 取消破產法令；破產法令的廢止 (指因破產債務已得以清償等理由，故而法院取消其原先發出的破產令)

Annulment of marriage 宣告婚姻無效 (婚姻的無效宣告)

Anomalous 不規則的；例外的；不正常的；異常的，反常的

Anomalous endorser 票據的反常背書人

Anomalous plea 反常答辯 (半肯定半否定的答辯)

Anomie (anomy) 社會的反常狀態；社會道德頹廢；社會道德淪喪

Anon 匿名的

Anonym 匿名者；無名氏；匿名作者；假名

Anonymity 匿名；無名；作者不明；匿名者；無名者

Anonymous 匿名的；無名的；不具名的

Anonymous association 匿名協會

Anonymous author 無名氏作者

Anonymous letter 匿名信

Anonymous procuration 匿名代理

Anosmia 喪失嗅覺

Another (法律訴訟上不指名的) 第三當事人；另外的；附加的

Another action pending (=autre action pendant) 另一未決訴訟

Another place (議會) 下院

Answer *n. & v.* I. 答辯 (司法訴訟程序中，指被告的一項答辯或相反的陳述)；〔美〕答辯狀 (指在衡平法院訴訟中，被告對原告訴狀指控的書面抗辯)；(離婚訴訟中) 被告的答辯；〔宗〕陳述；衡平法部書記在訴狀上附記有口頭辯論日期的備忘錄；II. 回答；答辯；負責；承擔責任 (指負責償還或拖欠債務的責任)

Answer default of another 負責償還他人拖欠的債務

Answer for the debt 承擔償還債務

Answerable 可答覆的；可駁斥的；應負責的；有責任的

Answering statement to a demand for arbitration 仲裁程序中的答辯

Antagonism 敵意

Antarctic 南極的；南極區；南極圈

Antarctic area 南極地區

Antarctic claim 對南極的權利主張

Antarctic Club 南極俱樂部

Antarctic convergence 南極輻聚；南極輻合帶

Antarctic ozone hole 南極圈的臭氧洞

Antarctic region 南極區

Antarctic Treaty 南極條約 (1959 年)

Antarctica 南極洲

Ante mortem inspection 死前調查

Ante mortem interest 僅存在於讓與人死亡之前而不是死亡之後的利益

Ante mortem statement 遺言 (臨終的陳述)

Antecedent 先前的；先例的；生前作出的

Antecedent claim 提前求償權 (意指在流通票據法中，持有者只要所持票據上具有提前求償值，不論其到期與否均可提前求償)

Antecedent creditors 先前債權人 (指債務人移轉而尚未登記前所欠下的債)

Antecedent debt 先前的債務 (指申請破產之前 4 個月所欠的債務)

Antecedent party 前一背書人；提前背書人

Antecedent rights 原權；在先權

Antecedent trial 前審；預審

Antecessor (ancestor) *n. & a.* I. 先行者；先驅者；祖宗；祖先；被繼承人；前持有人 (指原房產主)；II. 在前的，在先的；事前的

Ante-date 倒填日期；日期提前 (指在文件書寫出之前就先簽署或生效的日子)

Ante-natal 誕生前的；產前的；出生前的

Ante-nuptial 婚前的；婚前所為的

Ante-nuptial agreement 婚前契約；婚前協議 (指婚前雙方就婚後一方去世或分居時如何解決他方生活費、財產分配和分割等問題)

Ante-nuptial conception 婚前懷孕

Ante-nuptial contract 婚前契約；婚前合同

Ante-nuptial gift 婚前贈與

Ante-nuptial pregnancy 婚前懷孕

Ante-nuptial settlement 婚前協議；婚姻家產設定 (結婚時把婚姻作為對價所作成的家產設定，夫婦的一方或其親戚通常為了確保妻子的收入而設定的，即結婚時分授給妻子的設定)

Ante-nuptial will 婚前遺囑

Anthropology 人類學；人身構造學

Anthropometrie 〔法〕人身測定法

Anthropometry 人體測定學 (刑法和法醫學上用以對人體的測定，如驗指紋等，1888 年始於法國)

Anti manifesto 〔際〕自衛戰宣言 (指兩個交戰國之一宣告，陳述其於戰爭屬自衛戰之理由)

Antiabortion 反對墮胎

Anti-Arab Boycott Law 〔美〕反阿拉伯聯合抵制法 (指禁止美國公民和公司參與反對以色列國的《阿拉伯聯合抵制法》)

Antiauthoritarian *a. & n.* I. 反獨裁主義的；反權力主義的；II. 反獨裁主義者；反權力主義者

Antiauthoritarianism 反獨裁主義；反權力主義

Anti-apartheid movement 反對種族隔絕運動

Anti-avoidance methodology 反規避方法學

Anti-bounty duty 反津貼稅 (釋義同 "countervailing duty")

Anti-boycott law 反經濟抵制法

Anti-cancellation laws 〔保〕反注銷法

Anticipated acceptance 限期前承兌的票據；預先承兌

Anticipated growth 預期增長

Anticipated growth rate 預期增長率

Anticipated payment 先期付款；提前付款；預先付款

Anticipated processing period 預期處理期限

Anticipating risk 預料風險

Anticipation 預料；預期；預支；預付；預先行為；預先處分將來可取得的財產或所得；動產轉讓行為；〔專利〕佔先 (指所發明已被先行批准獲得專利)；或然性 (指適用於事先預計到因過失所產生後果的責任)

Anticipation note 貼現票據 (預先付款回扣)

Anticipation of life 〔保〕預期壽命

Anticipation of tax (=tax relief bond) 租稅債券

Anticipatory assignment of income 預先轉讓收入

Anticipatory breach of contract 預期違約 (債務履行日屆至前債務人聲明不願履行或使自己不能履行)

Anticipatory Credit 預支信用證 (經申請人要求，在信用證中特別製作一條款，因用紅墨水寫成，故有此條款的信用證也被稱作 "條款信用證"，條款信用證中，受益人日後能否按信用證交單，交之風險以及銀行發生的利息或費用全部由申請人承擔)

Anticipatory Letter of Credit 預支信用證 (經申請人要求，在信用證中特別製作一條款，因用紅墨水寫成，故有此條款的信用證也被稱作紅條款信用證。該條款信用證中，受益人日後能否按信用證交單，交之風險以及銀行發生的利息或費用全部由申請人承擔)

Anticipatory nuisance 預期妨害 (預防因法院禁止令或其他命令而成為妨害案件之衡平法上的權利)

Anticipatory offence 不完整罪 (指構成犯罪之自身目的尚含犯罪未遂、犯罪共謀和犯罪教唆)

Anticipatory purchases 預期性購買

Anticipatory red clause credit 預支紅條款信用證

Anticipatory renunciation 預先放棄

Anticipatory repudiation 預期違約

Anticipatory search warrant 預發搜查證 (指據宣誓證明書表明有充分根據推斷在將來某個時間某個地點會找到犯罪的證據，而先期頒發搜查證)

Anticipatory self-defence 預先自衛

Anti-circumvention 〔關貿〕防止規避行為 (指當產品在裁定為傾銷並被徵收反傾銷稅的情況下，將該產品零部件出口到徵收反傾銷稅之進口國，再組裝成最終產品出售的行為)

Anti-circumvention action 〔關貿〕反規避行為 (烏拉圭回合的《紡織品和服裝協議》的最後協議草案第 5 條作了明確規定，旨在防止和抵制各種詐欺和規避行為，並要求各成員國對規避行為的調查給予合作)

Anti-circumvention measures 〔世貿〕反規避措施

Anti-circumvention of definitive anti-dumping duties 〔關貿〕防止規避反傾銷行為 (指當產品在裁定為傾銷並被徵收反傾銷稅的情況下，將該產品零部件出口到徵收反傾銷稅之進口國，再組裝成最終產品出售的行為)

Anti-circumvention provisions 〔世貿〕反規避條款

Anti-circumvention rules 〔世貿〕反規避規則

Anti-coercion laws 反強制法

Anti-coinsurance law 反共同保險法 (禁止共同保險法)

Anti-colonial war 反殖民戰爭

Anti-compact laws 禁止協議法，反協議法 (反托拉斯法的一種，即不得限制公平競爭的法律)

Anti-compact regulation 保險費同盟禁止法

Anti-competitive 限制競爭的；反競爭的

Anti-competitive effect 反競爭效果

Anti-competitive effect practices 防止競爭有效措施

Anti-competitive licensing practices 反競爭許可證的做法

Anti-competitive practices 防止競爭措施

Anti-competitive pricing behaviour 反競爭標價行為 (意指窮國難以對付強國公司的競爭削價)

Anti-competitive stock acquisition 反競爭性的股份收購

Anti-corruption 反貪污

Anti-crime 反罪惡的

Anti-cyclical measures 反週期措施

Anti-cyclical policy 反週期政策

Anti-cyclical reserve fund 反週期儲備基金

Anti-cyclical tax 反週期稅

Anti-deficiency legislation 〔美〕反赤字法；反虧空立法 (反虧空預算的立法)

Anti-dilution provision 反對稀釋證券條款

Anti-dilutive effect 反對稀釋效用 (如，減少在外普通股票數目)

Antidraft *a. & n.* I. 反徵兵的；II. 反徵兵；抗拒徵兵

Anti-dumping 反傾銷的

Anti-dumping abuse 反傾銷的濫用

Anti-Dumping Act 〔美〕反傾銷法 (指禁止外國商品在美低價出售，一旦發現其侵害美國產類似產品的銷售即被禁止進口，並可能引起侵權訟案)

Anti-dumping actions 〔關貿〕反傾銷行動

Anti-dumping Agreement 〔美〕反傾銷協定 (1980 年 1 月 1 日生效)；〔關貿〕反傾銷協定 (1994 年)

Anti-dumping and Countervailing Duties 〔關貿〕反傾銷稅和反補貼稅

Anti-dumping and countervailing-duty rules 〔世貿〕反傾銷與反傾銷稅規則

Anti-dumping case 反傾銷訴訟；反傾銷判例

Anti-dumping Code 〔關貿〕反傾銷守則 (總協定《東京回合》談判訂的對《肯尼迪回合》所簽訂的《反傾銷協議》的修訂)

Anti-dumping complaints 反傾銷投訴；反傾銷控告

Anti-dumping decision 〔世貿〕反傾銷決策；反傾銷裁決

Anti-Dumping Division 〔關貿〕反傾銷局

Anti-dumping duties 反傾銷費；〔關貿〕反傾銷稅 (是關貿的一種，屬進口附加稅一類，其目的在於抵制進口商品的傾銷以保護本國國內的市場。對此，關貿總協定第 6 條作了原則規定)

Anti-dumping investigations 反傾銷調查

Anti-dumping law 〔美〕反傾銷法； 〔世貿〕反傾銷法 (主要目的是認定並抵制傾銷行為以促使國際貿易在公平有序中進行，旨在調整和規範國際貿易中的傾銷行為)

Anti-dumping legislation 〔美〕反傾銷法規

Anti-dumping measures 反傾銷措施

Anti-dumping practice 反傾銷做法

Anti-dumping provisions 反傾銷規定

Anti-dumping regulations 反傾銷規定；反傾銷條例

Anti-dumping remedy measures 〔世貿〕反傾銷的救濟措施 (指進口國為保護其國內工業免受傾銷損害而採取反傾銷措施為合法)

Anti-dumping rules and procedures 〔世貿〕反傾銷的規則和程序

Anti-dumping standard 反傾銷的標準

Anti-dumping standard-of-review 〔世貿〕反傾銷審議標準

Anti-environmental interests 反環保團體 (企圖降低環保標準以降低生產成本)

Anti-evolution law 進化論禁止法

Anti-Federal Party 〔美〕反對聯邦黨 (反對美國憲法的)

Anti-Federalist 〔美〕反對聯邦制度者

Anti-foreign 排外的

Anti-government 反政府的

A

Antigraphy 副本；契據的副本；文件的副本

Antigun 軍火管制

Anti-Inflation Board (AIB) 〔美〕反通貨膨脹委員會

Anti-inflation programme 反通貨膨脹計劃

Anti-Japanese Bill 排日法案

Anti-lapse statute 〔美〕反遺贈失效法 (旨在確保指定的受遺贈人先故之繼承人或死者親屬不因遺贈失效而仍可得到其合法之遺產)

Anti-merger 合併控制

Anti-militarism 反對軍國主義；反對黷武主義

Anti-monopoly Act 反壟斷法

Anti-monopoly Act Guidelines 反壟斷法指導原則

Anti-monopoly law guideline 反壟斷法的指導原則

Anti-narcotic campaign 禁毒運動；掃毒運動

Anti-narcotic raid 掃毒突擊搜捕

Anti-narcotics 禁毒；掃毒

Anti-nepotism law 〔美〕反裙帶關係法 (1960 年代初頒佈，意即反對 "任人唯親"。但是，肯尼迪總統 1967 年就任命其弟約翰‧肯尼迪 (John F. Kennedy) 擔任司法部長；1993 年，克林頓總統亦任命其夫人希拉里在政府中擔任要職；2017 年，總統特朗普亦緊步其後，任命其女婿等入閣擔任要職，此確可謂 "舉賢不避親" 之舉)

Antinomia 〔希〕自相矛盾 (指羅馬法中兩種法規或法律條款之間真正或表面上相互矛盾或不一致、或相佐的判決)

Antinomy 法律上的自相矛盾 (指在邏輯上和法律上表明兩種法規、法律條款相抵觸。例如，兩個當局或兩種提案明顯的不一致或相互矛盾)

Anti-occupation war 反佔領戰爭

Anti-Option Bill 〔美〕限制信用以抑制投機的法案 (1864 年)

Antipeonage Act 反勞役償債法

Anti-persecution 反迫害

Anti-piracy work 反盜版工作；反剽竊版權所有者的作品

Anti-pollution 反污染

Anti-pollution industry 反污染工業

Anti-pollution measure 反污染措施

Anti-pollution zone 反污染區

Anti-protection forces 反對貿易保護勢力

Antiqua statuta (vetera statuta) 〔英古〕古代法彙編 (指從理查德一世到愛德華三世成文法的總稱，亦即 1327–1377 年時期的議會制定法)

Antiquate *v.* 廢棄，廢止 (舊法)

Antiquation 廢止舊法 (廢棄法律)

Anti-racialist war 反種族主義戰爭

Anti-Racketeering Act 〔美〕反敲詐勒索法

Anti-rebate laws 反保險費回扣法

Anti-recession programme 反衰退計劃

Anti-Rent Association 〔美〕反地租同盟

Anti-Rent Party 〔美〕反地租黨 (1839 年成立於紐約)

Anti-renters 〔美〕抗稅黨黨員 (19 世紀前半期的反對紐約州非法地租而起義的黨派)

Antiseptic substance 反腐劑

Anti-smuggling patrol boat 緝私船

Antismut 禁淫穢書籍的

Anti-social 反對社會組織的；反社會的

Antisocialist 反社會主義者

Anti-submarine warfare 反潛艇戰爭

Anti-submarine zone 反潛艇區

Anti-subsidy duty 反補貼稅；抵銷關稅

Anti-surge clause 〔關貿〕反劇增條款 (指總協定進口國對在一定時間內急劇增加的出口國紡織品加以限制性的保護措施)

Anti-sweating league 反榨取勞動制度同盟

Antiterrorism law 反恐怖法

Anti-thesis of regionalism 地區主義的對立面 (指多邊主義而言)

Antitrust 反壟斷，反托拉斯

Antitrust Act 反壟斷法；反托拉斯法

Antitrust Civil Process Act 〔美〕反壟斷民事訴訟程序法 (通過向地區法院申請強制執行命令)

Antitrust Enforcement Guidelines for International Operations 國際經營的反壟斷執法指南

Antitrust felony 反壟斷重罪

Antitrust immunity 反壟斷法除外

Antitrust injury 〔美〕反托拉斯傷害；反壟斷傷害

Antitrust laws 〔美〕反壟斷法；反托拉斯法 (美國以反壟斷、保護競爭為主旨的工商管理法規的總稱)

Antitrust litigation 反壟斷訴訟

Antitrust policies 反對托拉斯政策

Antitrust Procedures and Penalties Act 〔美〕反壟斷程序和處罰法 (1974 年)

Antitrust scrutiny 反壟斷審查

Antitrustism 反托拉斯主義

Anti-unfair competition 反對不公平競爭

Anti-war pact 反戰公約；非戰公約

Anti-war treaty 反戰條約

Anton Piller order 〔英〕安頓‧皮勒命令 (要求被告允許原告進入宅邸並取走文件的命令)

Anxiety 憂慮；擔心；焦急

Any 一個；一些；些許；任何；(無論) 哪些，哪一個

Any contract subject to this Agreement 〔世貿〕屬本協定管轄範圍的任何合同；屬本協定約束的任何合同

Any measures by a Member, whether in the form of law, regulation, rule, procedure, decision, administrative action, or any other form 〔世貿〕一成員方以任何措施，無論是法律、法規、規則、程序、決定、行政行為的形式，還是以任何其他形式

Any other country 〔關貿〕任何其他國家 (指包括關貿總協議締約國及其非締約國)

Any public body 〔世貿〕任何公共機構 (指成員方的)

Any safe world port (ASWP) 世界任何安全港口

Anzus Council 澳新美理事會

Apanage (Appanage) 屬地；附屬財產；〔法古〕(封建制度下) 幼主封地；親王的采邑；親王府修繕津貼；皇族費

Apart from the real cost of delivery 除實際遞送費用外

Apartheid 種族隔絕，種族隔離

Apartheid Act (Group Area Act) 〔南非〕種族分區隔離法 (即集團住區法，1950 年)

Apartment 房間；〔美〕一層樓公寓；一套房間；〔英〕一套房間

Apartment complex 〔美〕公寓大廈

Apartment house 〔美〕公寓房

Apatride 〔法〕無國籍人

A

APEC Forum 亞太經濟合作組織論壇

APEC meeting 亞太經合組織會議

Apex 頂；頂點；極限；礦脈頂

Apex of a vein 礦脈頂

Apex rule 〔美〕礦脈頂規則（關於在公地上發現礦脈的主張）

Aphomia 失音症（指喪失講話的聲音）

Api gravity 臨界壓力估價值（石油、礦脈等用語）

Apograph 〔英〕（一份）副本；抄本；（一份）財產清單

Apologia 辯解；自辯書

Apologise *v.* 道歉，謝罪；辯解，辯護

Apology 道歉，謝罪（文書誹謗訴訟的被告為減少所賠償金額在訴訟前謝罪）

Apology of the Commons 〔英〕下議院聲辯書（指下議院就其程序與特權的辯護陳述，1604 年）

Apostasy 叛教，棄教；變節；脫黨

Apostate *n. & a.* I.〔英古〕叛教者；變節者；脫黨者；II. 叛教的；變節的；脫黨的

Apostille or appostille 〔法〕附注；旁注

Apostles 〔英〕駁回上訴信（指當事人經允准從下級法院上訴上級法院陳述案情並宣告將案件記錄呈送上級法院）

Apostolic Constitutions 教廷傳道者法規集（公元 250 年）

Apostolic delegate 教皇代表

Apothecaries 藥劑師；藥商

Appalling crime 駭人聽聞的罪行

Apparatus 機構；機關

Apparatus of political power 政權機構；政權機關

Apparent 明顯的；顯而易見的；外表上的；明白的；表見的；外觀的

Apparent agency 表見代理

Apparent agent 表見代理人

Apparent authority 表見代理權；表見授權（指因委托人故意或疏忽以至於允許代理人僭取其權力）

Apparent condition 外觀狀態；表見條件；非實在條件（指把已確實的事實和不可能發生的事實等作為條件）

Apparent danger 現實危險；明顯危險（為他殺時的一種自衛的理論）

Apparent death 假死

Apparent defects 明顯缺陷；表面瑕疵；明顯次品

Apparent easement 表見地役權；明顯地役權（指外表上存在的地役權。例如，通行權）

Apparent heir (or heir apparent) 推定繼承人；法定繼承人；當然繼承人（指只要繼承人還在世者，其繼承權是不能廢除的）

Apparent necessity 自衛的必要性；明顯的必要性（釋義見"apparent danger"）

Apparlement 〔英古〕類似；相似

Apparlement of war 類似戰爭

Appeal *v.* 上訴；〔英〕控告；告發，揭發（指上訴人告訴被上訴人的重大罪狀，要求對遭受其傷害事予以處罰）

Appeal against a legal decision 不服法律判決的上訴

Appeal against conviction 不服定罪的上訴

Appeal against ruling 不服裁決的上訴

Appeal against sentence 不服判決的上訴

Appeal board 上訴委員會

Appeal bond 上訴擔保書（指法院要上訴人保證敗訴時應支付訴訟費）

Appeal cases 上訴案件

Appeal committee 刑事上訴委員會；〔英〕上訴委員會（該委員會每屆會議均由上議院委任在其職權範圍內審議關於向上議院申請上訴的案件）

Appeal court (App.ct) 上訴法院

Appeal disallowed 上訴駁回（駁回的上訴）

Appeal dismissed 上訴駁回（駁回的上訴）

Appeal for compensation 要求賠償；訴請賠償

Appeal for redress of a wrong 申請以求平反

Appeal from Philip drunk to Philip sober 提起上訴；請求複審（因初審在某種影響下不夠鄭重，故請求再審）

Appeal in forma pauperis 以貧民身份上訴（指貧窮的人可以上訴免費的特權）

Appeal jurisdiction 上訴管轄權

Appeal made against part of a judgement 不服部份判決的上訴（不服部份判決而提起上訴）

Appeal of felony 刑事上訴；〔英〕重罪控訴

Appeal procedures 上訴程序

Appeal process 上訴程序

Appeal record 上訴記錄（含歷次訴訟的判決和證據等上訴檔案記錄）

Appeal to a higher court 向上級法院上訴

Appeal to arbitration 訴諸仲裁

Appeal to arms 訴諸武力

Appeal to the country 〔英〕（解散國會後）訴諸輿論；訴諸國民的公斷

Appealable （案件）可上訴的

Appealable order 可上訴的裁定（指有權提出上訴複審，如業經審訊和判決後的中間命令案件可予上訴）

Appeals council 〔美〕上訴委員會（複審行政法院法官在社會保障問題上的裁決）

Appeals courts 〔美〕上訴法院（包括海關和專利上訴法院、軍事法庭上訴法院和高等法院）

Appear *v.* 出庭；到案；到堂；應訴

Appear and stand 到庭候審

Appear before the court 出庭（受審）

Appear in court as a witness 出庭作證

Appear in court at the hearing of the summons 應傳出庭審訊

Appear in the court 出庭；到案

Appear on face 顯露在表面上（意指文件讀起來，其瑕疵清楚而明顯，毋須從案卷外調查即可查明）

Appearance 出庭，到庭；應訴（民事訴訟被告收到傳票後一般多由律師出庭應訴；刑事訟案中，被告或自願到庭或被捕出庭，尤其涉及輕罪訴訟，亦由律師代表出庭，但在某些即決審判案件中被告可免予出庭聽審）；投案（指向警方自首）

Appearance bond 出庭保證金

Appearance by attorney 由律師代表出庭（在檢控訴訟中由代表委托人的行為，由律師向法院提起訴訟，陳述其代表委托人的事實）

Appearance docket 出庭記錄（指由法庭書記員保管，還包含該案件的全部訴訟摘要按此順序出庭）

Appearance fee 〔新〕應訴費；出庭費

Appeasement policy 綏靖政策

Appellant *a. & n.* I. 上訴的，有關上訴的；II. 上訴人；上告人

A

Appellant pending appeal　等候上訴者

Appellate　*a. & n.* I. 受理上訴的 (此詞的特定意義表示着 "原審管轄權"與"上訴管轄權"之間的區別)；II. 上訴人； 上告人

Appellate Body　〔世貿〕上訴機構 (指世貿組織的爭端解決 機構)

Appellate Committee　〔英〕(上議院) 上訴委員會 (該委員會 自 1945 年以來每屆會議均由上議院任命組成上議院法官議員 審理所有提交上議院的上訴案件，並將其裁決報告上議院)

Appellate court　受理上訴的法院；上訴法院

Appellate decision　上訴的判決

Appellate division (App.Div)　上訴分庭

Appellate jurisdiction　上訴管轄權 (指法院在上訴案件中行 使的管轄權，或指賦予上訴法院複審或更正下級法院對其上 訴判決案件審判行為的權力)；上訴審

Appellate Jurisdiction Acts　〔英〕上訴管轄權法 (1876， 1947 年)

Appellate panel report　〔世貿〕上訴專家小組報告書

Appellate procedure　上訴審程序 (在兩審終審的國家，上 訴審程序為第二審程序；在三審終審的國家，上訴審為第二 審和第三審程序。上訴審程序包括刑事上訴審和民事上訴審 程序)

Appellate report　〔關 / 世貿〕上訴報告書

Appellate review　〔世貿〕上訴審查 (為世貿組織爭端解決機 制中一種新的程序)；上訴複審 (在美國，指審查下級法院的 訴訟程序包括審理下級法院行政管理委員會的裁決)

Appellate rules　上訴程序規則 (指規定受理上訴的訴訟 程序)

Appellations of origin　商品產地名稱

Appellee　被上訴人

Appellor　〔英古〕上訴人 (現用語為 "appellant")

Append　*v.* 附加；隸屬；增補

Appendage　附屬物；附加物

Appendant　*a. & n.* I. 附加的；附屬的 (指附屬於主物或有體 遺產的)；II.〔英·法〕附隨於主要繼承財產的權利；附屬物； 附屬遺產

Appendant and appurtenant　〔英〕(附屬於另一可繼承的) 附屬遺產和附屬物

Appendant and appurtenant easement　物的及人的地役權

Appendant easement　准物的地役權

Appendant (or Appurtenant) powers　附隨權限；附屬權力

Appended document　附加文件；附件

Appendix　附錄 (指某造上訴案件附件包括有關文件和證 據)；附件 (附屬文件)；補遺

Appendix to a tariff　運費表附錄

Appertain　*v.* 屬於；從屬；與…有關

Appertaining　與使用中有關的；有關聯的

Applicability　適用性；可適應性

Applicability of bankruptcy　破產適用性

Applicability of treaty　條約的可適用性

Applicable　可適用的；合適的；適合的 (此詞含義很多，既 可譯為 "可適用的"，亦可譯為 "適用於"。前者是可適用甚 麼法律？後者是適用於無遺囑死者遺產所在地的當地法律， 不是 "可適用"，而是必須適用死者遺產所在地法，動產更是 如此)

Applicable administrative provision　適用的管理條款

Applicable date　適用日期

Applicable law　可適用的法律；准據法 (按照國際私法的抵 觸規則，對一個涉外民事法律關係應當適用的內國或某一外 國的實體法)

Applicable law for adoption　收養准據法 (依抵觸規則審理 涉外收養關係的實體法，各國關於收養的准據法包括收養成 立要件和收養的法律效力)

Applicable law for capacity for right of natural persons　 自然人權利能力的准據法 (應適用某一國家的實體法，始於 出生，終於死亡。其准據法主要是屬人法)

Applicable Law for Contracts　契約的准據法 (指涉外契約 依照抵觸規則所應適用准據法有：契約訂立地法、契約履行 地法、當事人的屬人法和對契約最有利的法律)

Applicable Law for Contracts of International Air Transport　國際航空運輸契約的准據法 (應適用的實體法主 要為 1929 年 10 月 12 日在華沙簽訂的《統一國際航空運輸某 些規則的公約》、《華沙公約》和 1955 年修改該公約的《海牙 議定書》)

Applicable Law for Contracts of International Maritime Transports of Goods　國際海上貨物運輸契約的准據法 (適 用的准據法，包括國際公約著名的《海牙規則》、《維斯比規 則》和《漢堡規則》、有關國家的法律以及當事人意思自治)

Applicable law for disposing capacity of natural persons　 自然人行為能力的准據法 (應適用某一國家的實體法，即包 括屬人法、對屬人法適用的限制和契約締結地法)

Applicable law for divorce　離婚准據法 (涉外離婚按照抵觸 規則所應適用某一國的實體法，現代各國適用離婚的准據法 共有：適用夫妻共同本國法、適用夫妻共同或一方住所地法、 適用法院地法、重迭適用夫妻的本國法和法院地法)

Applicable law for extinctive prescription　消滅時效的准 據法 (消滅時效除時間要素還要以繼續不行使權利為要件。 在涉外民事案件中依抵觸規則的規定，大陸法系國家認為應 依債權本身的准據法；英美法系國家應依法院地法解決)

Applicable law for guardianship　監護的准據法 (應適用某 一國的實體法，即受監護人的屬人法、法院地法、物的所在 地法和慣常居所地法)

Applicable law for inheritance (guardianship)　繼承 (監 護) 的准據法 (根據抵觸規則，涉外結婚應適用實體法。其有 兩種不同：1. 將不動產和動產區別開來，規定：不動產的繼 承適用物的所在地法，動產的繼承適用被繼承人的屬人法； 2. 都適用被繼承人死時的屬人法)

Applicable law for marriage　結婚的准據法 (按照抵觸規 則，涉外結婚應適用實體法，其分為兩類：1. 結婚的實質要 件。各國所採用的准據法是雙方婚姻舉行地法；2. 結婚的形 式要件，多數國家採取雙重制度或內國法或舉行地法)

Applicable law for matrimonial regime　夫妻財產制的准據 法 (按照抵觸規則，審理涉外夫妻財產制案件應適用實體法， 因各國夫妻財產制不同，有英美法系和大陸法系國家等等)

Applicable law for parentage　親子關係的准據法 (根據抵 觸規則，審理涉外親子案件應適用實體法。因案件而異，所 適用的准據法有婚生子女准據法、准婚生的准據法和收養的 准據法)

Applicable law for quasi-contracts　准契約的准據法 (准契 約為契約以外的債務關係，因國家不同其適用的法律有 "事 實發生地法、支配原來法律關係的法律"和以侵權行為的准 據法為准契約的准據法等其他法律)

A

Applicable law for real rights 物權的准據法（涉外物權關係依抵觸規則所應適用的法律，一般以物之所在地法為准據法）

Applicable law for the form of juristic acts 法律行為方式的准據法（根據抵觸規則，據以確定涉外法律為行的方式是否合法的實體法）

Applicable law for the legal capacity of juridical persons 法人權利能力和行為能力的准據法（按照抵觸規則，應適用某一國家的實體法。例如，法人的屬人法、對外國人的承認、對外國法人權利能力和行為能力的限制等）

Applicable law for tort 侵權行為的准據法（涉外侵權行為依抵觸規則所適用的准據法為法院地法和侵權行為地法）

Applicable laws, regulations and policies 可適用的法律、法規和政策

Applicable local law 〔美〕可適用當地法律；可適用地方法為准據法（指死者無遺囑死亡時確定繼承其遺產時適用其遺產所在地的地方法律）

Applicable provision 適用條款

Applicable tax rates 適用稅率

Applicable treaty provisions 適用的條約條款

Applicant 申請人；遺產管理證書申請人；請求者；應募股票人；投保人，要保人；開證申請人（指向銀行申請開立信用證的人。在國際貿易中，即是進口商，根據買賣合同開出信用證後，開證申請人享有）

Applicant contracting party 〔關貿〕申請締約國（指申請修改其減讓者）

Applicant for insurance 要保人；投保人（即對保險標的有保險利益而向保險人申請訂立保險合同，並負有繳付保險費的義務的人）

Applicant for membership 入會申請人（會員資格申請人）

Applicant state 申請國；請求國

Application 申請；請求；申請書；申請表；投保單（書）；要保書；適用；使用；處理（指受托人對變賣受托不動產所得資金的處置）

Application admission 申請加入

Application agent 〔美〕投保代理人

Application and enforcement 適用與執行

Application blank 空白申請書

Application by analogy 類推適用

Application ex parte 單方申請

Application fee 申請費

Application for a change of venue 申請改變審判地點（申請改變審判籍）

Application for a quota allocation 申請配額分配

Application for admission 加入申請

Application for Determination of Trademark Dispute 商標爭議裁定申請書

Application for employment 僱用申請書

Application for import licences 申請進口許可證

Application for insurance 投保申請書；投保單

Application for judicial review 複審申請書；〔英〕司法複審程序表

Application for membership 會員資格申請書

Application for naturalisation 入籍申請（書）

Application for product approval 產品批准申請書；產品核准申請書

Application for reexamination of trademark opposition 商標異議複審申請書

Application for revision 再審申請（書）

Application for share 認股書

Application for the initiation of an investigation 〔世貿〕發起調查申請書（指對受補貼的進口產品的）

Application for tonnage due certificate 船舶噸稅執照申請書

Application form 申請表；投保單（投保申請書）

Application Form for Overseas Voting 海外投票申請表

Application Form for the Establishment of a Foreign Wholly-Owned Enterprise in China 在中國設立外國獨資企業申請表

Application of discriminatory measures 實施歧視性的措施

Application of English Law Ordinance 〔香港〕英國法律適用法例（指 "Acts of Parliament"《國會條例》）

Application of foreign law 外國法的適用

Application of foreign public law 外國公法的適用（外國公法是指外國規定其國家與私人之間關係的法律，可分為強制實施性的適用或直接適用和強制實施性適用或間接適用兩大類）

Application of internal taxes to imports 〔中〕適用於進口商品的國內稅

Application of laws 法律的適用（1. 國家機關及其公職人員、社會團體和公民實現法律規範的活動，或稱"法的實施"；2. 國家機關及其公職人員依其職權範圍把法律應用於具體事項的活動，特指擁有司法權的機關及司法人員依法定方式把法律規範應用於具體案件的活動，或稱"司法適用"）

Application of national and MFN treatment to foreign nationals 〔中〕適用本國國民和對外國國民的最惠國待遇

Application of provisional measures 〔世貿〕臨時措施的適用

Application of punishment 刑罰的運用（指審判機關依法確定對罪犯應判處的刑等，輕重和減免）

Application of rules （程序）規則的適用

Application of safeguard measures 保障措施的適用

Application of sanitary and phytosanitary measures 〔世貿〕實施衛生和植物檢疫措施

Application of the principle of non-discrimination in relation to foreign individuals and enterprises 〔世貿〕對外國個人和企業實施無差別原則；關於對外國個人和企業適用非歧視性原則

Application of treaties 條約的適用

Application period 申請期間

Application to the New Territories Ordinance 〔香港〕新界適用條例

Applied administered price 實際管理價格

Applied book-keeping 應用簿記

Applied cost 已分配成本；實際費用

Applied economics 應用經濟學

Applied rate 已分配的費率；實計費率

Applied tariff rate 已分配的關稅率；應用關稅率

Apply *v.* 正式申請（指向法院等提出書面請求或請願等）；實施；適用；使用；應用；把…應用於（特定目的、用途或標的等）

Apply a safeguard measure 〔世貿〕採用保障措施；適用保障措施

A

Apply a specific transitional safeguard mechanism 〔世貿〕實施特定的過度性保障機制 (指紡織品和服裝貿易而言)

Apply a uniform standard 實用統一標準

Apply a verification system 實施核實制度

Apply by letter 書面申請

Apply conformity assessment procedure 實施合格評定程序

Apply equally to national and foreign suppliers 同樣地適用於單獨關稅區 (成員) 和外國的供應商；同樣地適用本國和外國的供應商

Apply for a residence permit 報戶口

Apply import restrictions 實施進口限制

Apply in person 親自申請

Apply new measures 實施新措施

Apply provisional or final measures 適用臨時或最終的措施

Apply rates of duty 實施稅率

Apply restrictions on international transfers and payments 實施對國際轉賬和支付的限制

Apply rules of origin equally for all purposes 〔世貿〕平等地實現原產地規則的各種目的

Apply the requirements of the WTO Agreement 實施世貿組織協定的規定

Apply to all pre-shipment inspection activities 〔世貿〕運用於所有裝運前的檢驗活動

Apply to any law, regulation, procedure or practice 〔世貿〕適用於任何法律、規則、程序或措施做法 (指世貿成員方政府採購而言)

Apply to automatic import licensing procedures 〔世貿〕適用於自動進口許可證手續

Apply to customs for a reconsideration 向海關申請覆議

Apply to imported products competition rules 〔世貿〕適用於進口產品的競爭規則 (指世貿組織反傾銷條款允許其成員方適用規定)

Apply to imports of products for immediate or ultimate consumption in governmental use 〔世貿〕適用於政府應急或最終消費性使用的進口產品

Apply to the court for habeas corpus (被拘禁人) 向法院申請頒發人身保護令狀

Appoint *v.* 任命；委派；處置 (財產)；約定；指定 (時間、地點)；拔出；選定 (是由投票從合格的選民中挑選的，不同於 "elect")

Appoint the Director-General of WTO 任命 WTO 總幹事

Appointed arbitrator 指定仲裁人

Appointed day 〔英〕指定日期 (指議會制定法或其部份開始生效的日期)

Appointed Executive Director 指定的執行董事；委任的執行董事

Appointed guardian 選任監護人

Appointed licensing bank 指定簽證銀行

Appointed member 指定會員；委任委員

Appointee 被指定人；被指定的財產授與人；被任命者 (指被授予行使權力者)

Appointer 任命者；有指定權人

Appointing State 派遣國；任命國；委任國

Appointment 任命；指派；委派；指定 (接受財產人)；分配

財產；撥款；約會 (安排會見)；職位，職務 ("appointment" 不同於 "election"。前者由個人或團體指定或選派的；後者由人民選舉產生的)

Appointment Act 〔英〕僱用條例 (1870 年)

Appointment and dismissal 任免 (官吏等)

Appointment of a counsel 辯護人的指定

Appointment of a guardian 選任監護人

Appointment of an adjuster 〔保〕指定理算人

Appointment of an agent 指定代理人

Appointment of an executor 遺囑執行人的指定

Appointment of an officer 官員的任命

Appointment on agreement 訂約聘用

Appointment on expatriate terms 按海外服務條件聘用

Appointment on non-expatriate terms 按本地服務條件聘用

Appointment on probation 試用

Appointment on secondment 借用；借調

Appointment on transfer 調任 (指官員的調任)

Appointor 指定人；任命人

Apport 〔英古、法〕稅；佃租，地租；貢金，貢物；付款；費用；夫妻雙方帶來的財產；投資額

Apportion *v.* 分派；(按比例) 分配；分攤

Apportionable (金錢、權利或其他財產) 可分配的；可分割的

Apportioned tax 分派的賦稅

Apportionment 分攤；按比例分配；〔美〕議席分配 (指給州、縣等確定分配送往立法機關的代表名額；並按各州人口分派選舉國會議員的代表名額)；撥款 (指供行政經費支出使用)；遺產稅的分攤 (指按照有關當事人的利益把合法的權利分割成數份各自分推。例如，在財政年度按比例分配不動產稅。該詞主要用於調節繼承人之間繼承財產的權利分配)；〔英〕法定權益分配 (本詞一般用於調整個人中對繼承同一財產權益的分配。例如，倆繼承人繼承終身地產保有權人的地租等收益，並將該項權益分成比例部份進行分配)

Apportionment Act 〔美〕(州眾議員) 代表名額分配法

Apportionment clause 〔保〕比例分配條款 (指對總保險金額按比例分配的保單)

Apportionment of appropriations 分派經費

Apportionment of contract 契約的分割 (在契約部份履行的場合，將契約債務按日計算或按履行的比例來確定已履行和未履行的部份)

Apportionment of general average 共同海損分配

Apportionment of profit 利潤分配

Apportionment of shares 股票分配

Apports en nature 〔法〕實物股 (指合夥人除現金外還帶以股票證券和房地產等入夥)

Apostille (or apostillle) 〔法〕附注；旁注 (指在文件腳上的加注)

Approximation 概算

Appraisal 鑒定；評價；估價；評估 (指財產的價值)

Appraisal clause 〔保〕鑒定約款；估價條款

Appraisal company 估價公司

Appraisal of asset 資產估價

Appraisal of business 企業估價

Appraisal of damage 估損；估計損失

Appraisal of project 項目評估 (此為世界銀行對申請告貸項

A

目國家的報告的貸款審批程序)

Appraisal of quality 品質鑒定

Appraisal remedy 估價補償(指股東撤資退夥時要求公司以批准該特別問題以前的價格購買其股份)

Appraisal rights 估價補償權

Appraise *v.* 評估;估價;鑒定

Appraised value 鑒定價值;估定價值

Appraisement 估價;評估(英國由評委會對發掘出的地下埋藏物及絕產等價格的評估;美國財產的真實價值則由司法部門評估);動產評估;估計;鑒定

Appraiser (licensed appraiser) 估價人;評估人;鑒定人

Appraiser's store 〔美〕鑒定官倉庫(鑒定期間存放課稅物品的場所)

Appreciable 可估價的;可以看到的;可感覺到的

Appreciable harm 較大損害

Appreciate *v.* 對⋯作正確評價;估價;評估;鑒別;意識到;懂得,領會;增值;升值

Appreciation 正確評價;鑒別;欣賞;增值,升值

Appreciation in value 資產增值(資產市場因通脹或需求增加而使其價值增加)

Appreciation of risk 危險增加(危險性的增重);風險之虞

Appreciation of violence 暴力之虞

Appreciation on investment 投資增值

Apprehend *v.* 逮捕;拘押;拘留;恐懼;憂慮;了解;懂得;領會

Apprehend a criminal 拿獲;逮捕罪犯

Apprehend the murderer 逮捕謀殺犯

Apprehension 逮捕;拘押;緝拿歸案;扣留;憂慮;〔蘇格蘭〕逮捕

Apprehension of damages 損害之虞

Apprehension of injury 損傷之虞

Apprehension of violence 暴力之虞

Apprendre *v.*〔法〕獲取收益;收到報酬

Apprentice 學徒,徒弟,徒工

Apprentices to the law 見習律師

Apprenticeship 學徒期(學徒學藝或服務年期);學徒身份;學徒地位(資格)

Apprenticeship system 徒弟制度;學徒制度

Apprising 〔蘇格蘭〕變賣地產的裁決(指執達吏變賣債務人地產以償還債權人如無買主,可以其部份土地抵債,並可在7年內贖回)

Apprize *v.* 通知;告知

Apprize a heritage 〔蘇格蘭〕把債務人繼承的財產給予債權人

Approach *v. & n.* I. 接近;靠近,臨近(地點或時間上);II.〔複〕途徑;通路;通道或(街衢);接近方法;處理方法

Approach to protection of the environment 保護環境的方法

Approaching market 進入市場

Approaching market shares 相接近的市場份額

Approbate *v.* (正式或依法)認可,核准,批准

Approbate and reprobate 〔蘇格蘭〕接受和拒絕(認可證書上所載有利於自己的部份而否定其餘部份,這是法律不許的;當事人對同一契據只取其有利部份,而拒絕其不利部份)

Approbation 認可,批准;核准

Appromissor 共同保證人

Appropriate *v. & a.* I. 佔用,挪用;據為己有;盜用;遺產分配(指遺囑執行人或管理人將死者的不動產分配給其繼承人以履行其職責行為);撥出(供專用款項等);II. 適當的;適宜的;適合的;相當的

Appropriate body 有關機構;主管機構

Appropriate compensation 適當補償

Appropriate framework for promoting growth of world trade in services 〔關貿〕促進世界服務貿易增長的合適架構(體制)

Appropriate knowledge 有關的知識

Appropriate level of sanitary or phytosanitary protection 〔關貿〕衛生或植物檢疫保護的適當水平

Appropriate measure 適當措施

Appropriate protection 適當的保護

Appropriated surplus 留存盈餘;特別公積金(除現有債務外,留作特定的用途)

Appropriation 佔用;挪用;據為己有;〔英〕永久佔用(指供單獨或集合體的宗教法人使用的教會聖俸土地,作為聖職推薦權人的生活費用);支付指定(指定支付償還特定債務的款項);撥款(用於政府的專項開支);遺產分配(指將死者的部份遺產撥歸遺贈);盜用罪(按1968年《盜竊法》規定,永久剝奪他人財產據為己有者為盜竊罪);〔美〕用水調配(指對使用流經公地水資源必須屬合理要求和實際使用範圍);土地徵用(指劃出部份土地以為公共建築或軍事用途)

Appropriation account 盈餘分撥賬;撥款賬戶

Appropriation bill 歲出預算案;撥款法案(在美國此項支出經立法機關授權的公款開支,並規定其開支金額、方式和用途;國會預算則經由眾議院提出審議)

Appropriation budget 歲出預算;支出預算

Appropriation by a personal representative 遺產代表人把遺產分配給受遺贈人

Appropriation committee 〔美〕撥款委員會(眾議院審議預算的機構)

Appropriation encumbrances 支出保留數;歲出保留數

Appropriation law 〔美〕(國會)撥款法(指國會立法機構授權公款開支、並規定各項開支的金額、方式及其用途)

Appropriation limitation 撥款限額

Appropriation of fund 撥款(作為歲出預算基金之用)

Appropriation of goods to a contract 指定將物品用於履行契約

Appropriation of land 土地的徵用(指佔用私有地以為公共或軍用等特殊用途)

Appropriation of payments 償債指定(指定供支付特定債務的款項)

Appropriation of property 將財產據為己有

Appropriation of supplies 〔英〕年度歲出撥款(規定把一定金額從聯合王國統合基金中支出而用於政府各部歲出項目)

Appropriation of water 水的佔用(水的佔有和合理使用)

Appropriation statement 歲出預算報表

Appropriation transfer warrant 撥款留用核定書

Appropriation warrant 撥款核定通知書

Appropriator 撥款者;挪用者;盜用者;侵吞者;〔英〕擁有聖俸用益權的宗教團體

Approvable 可批准的;可贊成的

A

Approval 批准，認可，核准；贊成，同意，贊同；〔保〕承保（指保險人同意接受投保人的條件給予保險）

Approval by acclamation 鼓掌認可

Approval jurisdiction 審批權限

Approval of imports 核准進口；批准進口

Approval procedures 認可程序；批准程序

Approval sales 試銷

Approval sales return 試銷退回

Approbation （等位）認定

Approve v. 批准；通過；同意；確認；改良（尤指改良土地）；圈地；墾荒（開墾公地或荒地）；增值

Approve amendments 批准修正

Approve the contents of the Agreement 〔世行〕批准協議內容（指世行和世界貿易發展協會於 1996 年 12 月 3 日批准了其與世貿組織所簽的加強彼此聯繫合作的協議並於 1997 年 4 月 25 日正式生效）

Approve the proposal by two-third majority 批准三份之二多數提案

Approve the rules of procedure for the Committee provided for in paragraph 7 〔世貿〕審批第 7 款所規定的委員會程序規則

Approved and sealed 已批准蓋章

Approved budget 核定預算

Approved indorsed notes 額外擔保的背書票據

Approved list 核定投資目錄；核准的案件清單

Approved sales 試銷（指經合意看貨後接受的貨物或土地財產所有權須經買主表示認可後才算成交）

Approved school 〔英〕少年犯教養院；感化院

Approved scope of business 核准的業務範圍

Approved society 〔英〕國民健康保險協會（依 1936 年國民健康保險法成立的）

Approvement 〔英〕改良共用地（須經環境國務允許）；圈佔部份公地（指領主把共用地的一部份改為個人佔有地）；改良土地的收益（指因核准改良的土地而獲益）；〔英古〕告發同案犯（指共犯者告發其他共犯者以逃脫叛逆罪等死刑判決）

Approvement of waste 圈佔荒地權

Approver v. & n. I.〔法〕控告；揭發；許可；批准；證明證實；證明…有效；II.〔英古〕告密者；自首告發同案犯者（指犯有叛國或重罪的犯人為取得赦免而告發同案犯，並供出對同案犯不利的證據，但如果陪審團宣告其所告的同案犯無罪，該犯就立即被處以絞刑）；增加百家村稅收的人

Approximate 近似，大約的；大概的

Approximate inventory 概算財產目錄

Approximate sum 概算額

Approximation 概算；〔美〕衡平原則；近似原則（法院查處慈善信託倒閉的原因）

Approximation of laws 〔歐共體〕法規近似原則（成員國法規近似的必要性）

Appurtenance 附屬物；從屬物（不是自然或原始的而是因贈與或時效而使其成為附屬於主物的）；土地上定着物；〔美〕從屬權利（例如，地域權、水流權等）

Appurtenant 附屬的；從屬的

Appurtenant easement 附屬物地役權

Apt 適當的；貼切的；合適的；正當的

Apt words 貼切的法律效力措詞；恰當的專門術語

Aquatic rights 河岸權（指個人使用河、海從事漁業和航行及其土壤的權利）

Aquatic Science and Fisheries Information System (ASFIS) 水產科學和漁業數據系統

Aquatic wildlife 野生的水中動物；魚類

Aquest 一份新置的財產

Aquilian law 阿克利安法（旨在監督《十二銅表法》的實施，規定傷、殺奴隸和牲畜等賠償法）

Aquit v. 釋放；赦免，宣告無罪；免除責任

Arab African International Bank 阿拉伯－非洲國際銀行

Arab Authority for Agricultural Investment and Development (AAAID) 阿拉伯農業投資和發展管理局

Arab Bank for Economic Development in Africa (ABEDA) (supersede the "Speccial Arab Aid Fund for Africa") 非洲經濟發展阿拉伯銀行（1974 年 2 月 18 日設立於開羅，行址在蘇丹喀土穆，其取代了"阿拉伯援助非洲特別基金"）

Arab Centre for Studies of Arid Zones and Dry Lands (ACSAZDL) (Leaque of Arab States) 阿拉伯貧脊地帶和乾旱地區研究中心（阿拉伯國家聯盟）

Arab Commission for International Law 阿拉伯國際法委員會

Arab Common Market (ACM) 阿拉伯共同市場（1965 年 1 月 1 日成立）

Arab Educational, Cultural and Scientific Organisation (AECSO) 阿拉伯教育、文化和科學技術組織

Arab Fund for Economic and Social Development (AFESD) 阿拉伯經濟和社會發展基金（組織）

Arab Industrial Development Organisation 阿拉伯工業發展組織

Arab Lawyers Union 阿拉伯律師聯合會

Arab League (League of Arab States) 阿拉伯聯盟

Arab League Forces 阿拉伯聯盟軍隊

Arab Maghreb Union (AMU) 阿拉伯馬格里布聯盟（1989 年 2 月 17 日成立）

Arab Monetary Fund (AMF) 阿拉伯貨幣基金組織（1976 年成立，總部設在開羅）

Arab Organisation for Agricultural Development 阿拉伯農業發展組織

Arab Society of Certified Accountants (ASCA) 阿拉伯註冊會計師學會；阿拉伯執業會計師學會

Arab Sugar Federation (ASF) 阿拉伯糖業聯合會

Arab Summit Conference 阿拉伯國家首腦會議

Arab Tourism Union (ATU) 阿拉伯旅遊聯盟

Arab Union of Land Transport (AULT) 阿拉伯陸地運輸聯盟

Arabian Law 阿拉伯法（阿拉伯穆斯林國家的法律）

Arabic Division 〔基金〕阿拉伯處

Arab-Latin American Bank 阿拉伯拉丁美洲銀行

Arable land 耕地；可耕地（可區別於 "swamp land"，沼澤地）

Arbeiterschutzgesetz 〔德〕工人保護法（1918 年）

Arbiter 裁決人；仲裁員；公斷人（指必須依法律和衡平法規則作出公斷的人，而 "arbitrator" 則完全依據個人的自由裁量作出公斷的人）；〔羅馬法〕具有自由裁量權的法官（指由司法行政官委任的有權依衡平法原則審理判決集團訴訟案件）

Arbitrability 可仲裁性；爭議的可仲裁性

Arbitrable 可仲裁的；可公斷的

Arbitrable difference 可仲裁紛爭

Arbitrable dispute 可仲裁爭端

Arbitrage 套利；套匯（指在不同市場上買賣證券或商品以獲取其差價的利潤）

Arbitrage broker 公斷經紀人；仲裁介紹人（掮客）

Arbitrage dealer 套利者；套匯人

Arbitrage in foreign exchange 套購外匯

Arbitrage in securities 套購證券

Arbitrage of exchange （多角）套匯

Arbitrage of stock and share 套購證券

Arbitragers 套利者；套匯人

Arbitral agreement 仲裁協定

Arbitral award 仲裁裁決；仲裁裁決書；仲裁書

Arbitral clause 仲裁條款

Arbitral college 仲裁團

Arbitral commission 仲裁委員會

Arbitral court 仲裁法院

Arbitral decision 仲裁決定

Arbitral delimitation 仲裁劃界

Arbitral jurisprudence 仲裁裁決例；仲裁判決

Arbitral practice 仲裁實例

Arbitral procedure 仲裁程序

Arbitral proceedings 仲裁程序；仲裁訴訟

Arbitral recommendation 仲裁建議

Arbitral review 仲裁複審

Arbitral settlement 仲裁解決

Arbitral tribunal 仲裁法庭

Arbitrament 裁決權，公斷權；仲裁；仲裁裁決

Arbitrament and award 被告主張本案已經仲裁的答辯

Arbitrarily, arbitrary 擅自的；任意的；武斷的；專斷的；專制的

Arbitrariness 任意；隨意性專斷行為；專橫

Arbitrary act 專斷行為

Arbitrary action 專斷行動；武斷行為

Arbitrary and capricious 擅自並隨意的（指行政機關或下級法院不顧事實情況就匆忙作出判決或採取行動）

Arbitrary arrest 擅自逮捕；亂捕

Arbitrary detention 擅自拘押（指公務員或僱員犯罪，無任何法律依據即被擅自關押）

Arbitrary or fictitious values 武斷或虛構的價格

Arbitrary or unjustifiable discrimination 〔關／世貿〕武斷或不合理的歧視待遇；任意或不公正的歧視待遇

Arbitrary power 隨意專斷權（指行政官員專斷地行使所賦予的權力）

Arbitrary punishment 任意性處罰（任由法官裁定的處罰）

Arbitrary verdict 任意性裁決

Arbitrate *v.* 仲裁；公斷；把（爭端）交付仲裁；使聽任公斷

Arbitrate a dispute 對爭端進行仲裁

Arbitrate by default 缺席仲裁

Arbitrated par 裁定匯兌平價；股票交易比例定價

Arbitration 仲裁（指兩個或兩個以上當事人將其爭議的全部問題提交給仲裁人作出裁決，如意見不一致，就招進一位獨立仲裁人，其裁決便是終局的）

Arbitration Acts 〔英〕仲裁法（1889，1950，1979年）；〔美〕仲裁法（聯邦和州的法律，申請仲裁包括勞工傷亡的爭議案件）

Arbitration aequo et bono 按公平合理的準則仲裁

Arbitration agreement 仲裁協定；仲裁協議

Arbitration and award 訴訟標的業經仲裁裁決的積極答辯（指被告主張訴訟標的事前已經仲裁裁決的積極抗辯）

Arbitration award 仲裁裁決

Arbitration award on appeal 仲裁上訴裁決

Arbitration board 仲裁小組；仲裁庭

Arbitration body 仲裁機構

Arbitration by summary procedure 簡易仲裁

Arbitration case 仲裁案件

Arbitration Clause 仲裁條款（仲裁條款是指雙方當事人在訂立有關商業合同時，在合同中規定的約定把將來可能發生的爭議提交仲裁解決的專門條款，涉及合同權利和義務爭議時的強制仲裁，但委內瑞拉、洪都拉斯等至今仍不承認涉及將來爭議的仲裁條款的效力）

Arbitration commission 仲裁委員會

Arbitration convention 仲裁專約（公約）

Arbitration court 仲裁法院

Arbitration Court of Trade Unions (ACTU) 工會仲裁法庭

Arbitration defence 仲裁答辯

Arbitration expense 仲裁費

Arbitration fee 仲裁費

Arbitration in equity 公平仲裁（按公平合理的準則進行仲裁）

Arbitration judge 仲裁法官

Arbitration jurisdiction 仲裁管轄權

Arbitration law 仲裁法

Arbitration notice 仲裁通知書

Arbitration of civil and commercial cases with foreign contact 涉外民商事仲裁（指對帶有涉外因素的民商事爭端案件作出的裁決）

Arbitration of exchange 套匯（指商人在一國內以他國的票據支付債務並在兩個或多個國家或多個市場中進行買賣，從中牟利）

Arbitration of International Investment Disputes 國際投資爭議仲裁

Arbitration procedure 仲裁程序

Arbitration proceedings 仲裁訴訟

Arbitration provision 仲裁規定

Arbitration rule 仲裁規則

Arbitration Rules of the United Nations Economic Commission for Europe 聯合國歐洲經濟委員會仲裁規則（1966年）

Arbitration ruling 仲裁裁決

Arbitration services 仲裁服務

Arbitration treaty 仲裁條約

Arbitration tribunal 仲裁法庭

Arbitrator 仲裁員；公斷人（指由爭議的雙方當事人挑選與本案無利害關係的私人組成，審理爭議的案件並作出裁決）

Arc of visibility 信號燈；可見弧度

Arch usurper of state power 竊國大盜

Archaeological value 考古價值

Archaionomia 撒克遜法律彙編（於1568年英國伊利沙伯女王統治時期用朗巴德拉丁文本盎格魯撒克遜語出版）

Archbishop 大主教（為大主教管區的教士首領）

Archbishop of Canterbury 坎特伯雷大主教

A

Archbishop of York 約克郡大主教

Arch-criminal 罪魁禍首；首惡

Archdeacon 副主教

Archdeaconry 副主教管轄區；最下級宗教管轄區的巡迴法院

Archdeacon's court 〔英〕副主教管轄區法院（最下級宗教法院）

Archdiocese 大主教管轄區

Archenemy 主要敵人

Arches court 坎特伯雷大主教附屬法院；上訴審宗教法院

Archetype （複製件之）原件；正本

Archibenthic zone 深海底帶

Archidiaconal courts 〔英〕副主教法庭（1963 年廢止）

Archipelagic doctrine 羣島原則

Archipelagic sea 羣島海域

Archipelagic state 羣島國（指全部由一個或多個羣島構成的國家，並包括其他島嶼）

Archipelagic waters 羣島水域

Archipelago 羣島

Archipelago base line 羣島基線

Architect 建築師

Architect's lien 建築師留置權

Architectural and engineering services 建築工程服務

Architectural services 建築上的服務

Architectural Services Department 〔香港〕建築署

Architecture 建築

Architecture of the postwar international economic system 戰後國際經濟制度的結構

Archival 關於檔案的；檔案中的

Archival material 檔案材料

Archives 檔案館；檔案室；檔案；案卷；訴訟卷宗

Archives bureau 檔案局

Archives Officer 〔基金〕檔案官員

Archivist 檔案保管員

Archo 〔希〕統治

Archon 〔希古〕最高執法官（公元 680 年）

Archpresbyter 〔英〕大長老

Arcs of circles method 圈弧法

Arctic airspace 北極空域

Arctic area 北極區

Arctic ocean 北冰洋

Arctic region 北極區

Arctic state 北極國家

Arctic territory 北極地

Arctic waters 北極水域

Ardent spirit 烈性酒

Ardour 〔英古〕縱火犯；火燒房屋的罪犯

Area 地區；區域；面積

Area bargaining 〔美〕地區性集體談判（指工會與幾家僱主在一指定地理區域範圍內談判達成集體的互惠協議）

Area beyond the limits of national jurisdiction 國家管轄範圍以外的區域

Area bombardment 面積轟炸

Area bombing 區域轟炸

Area Department 〔基金〕地區部（司）

Area development 地區發展

Area dispersion 地區分佈

Area distribution 地區分配

Area of application 適用範圍

Area of armed conflict 武裝衝突地區

Area of competence 權限範圍；職權範圍

Area of conflict 衝突地區

Area of hostilities 戰鬥地區

Area of liability 賠償責任範圍

Area of mixed usage 混合用地

Area of naval warfare 海戰區

Area of occupation 佔領區

Area of operation 作戰活動地區

Area of warlike disturbance 類似戰爭動亂地區

Area variance 地區差異；場地變更

Area wide bargaining （=area bargaining）〔美〕地區性集體談判（指工會與幾家僱主在一指定地理區域範圍內談判達成集體的互惠協議）

Areas of economic poverty 經濟貧困地區

Areas of low pest or disease prevalence 低病蟲害流行區域

Areopagite 〔希古〕律師；雅典最高法院首席法官；露天法庭

Arere 〔法〕拖欠；再；落後

Argent 銀幣；戴着（軍人的）勳章

Argenteus 〔法古〕錢幣（類似英國的 "先令"）

Arguable 可爭辯的；可論證的

Argue v. 爭辯，爭論，辯論

Argue one's case 為自己的案件辯論

Argument 爭論；辯論；論證；論據；論點；理由

Argument a fortiori 更有理由的論點

Argument a simili 類似論點

Argument at the bar 在法庭上辯論

Argument by counsel 律師的論述（律師就案件的是非曲直在法律點上寫給法官的論述）

Argument en droit 關於法律問題的辯論；關於權利的論點

Argument to jury 律師就陪審團的結案論述案件的實質問題

Argumentation 論據；爭論；辯論

Argumentative 爭論性的；辯論的；有爭議的

Argumentative affidavit 有爭議的供詞；陳述某事實並基於以進行法律辯論的宣誓陳述書；事實和法律觀點並列的宣誓陳述書

Argumentative instructions 可爭議的指示（指陪審團對特定的系爭點做出有利於提出問題的當事人或代替其問題的陳述）

Argumentative plea 爭論性的答辯；陳述間接的而且推定重要事實的答辯

Argumentative question 有爭議的盤問（指盤問證人時，含有對提出問題一方當事人有利的回答或替代所提問題的陳述）

Argumentative denial 有爭議的否定

Argumentum a contrario 相反論點

Arise v. 出現；由…產生；由…引起；呈現

Arise under 受…約束；依…提起（如，依美國憲法或法律而提起的訴訟案件之任何正確的判決與否均應使其置於對美國憲法院或法律的解釋確信之上）

Arising from 由此而產生

Arising out of and in the course of own employment

〔美〕(工傷事故)源於僱傭關係並且發生於其勞動過程之中

Aristocracy 貴族政治，寡頭政治；貴族政府；貴族統治的國家

Aristo-democracy 共和政體 (指貴族與人民分享政權的民主政體)

Arm badge 臂章

Arm of the law 法律權力；法網

Arm of the sea 凸出部份的島嶼；海灣

Armament race 軍備競賽

Armament supervision 軍備監督

Armaments 軍備；武裝力量

Armed 武裝的；持械的；持械或攜帶武器犯罪的；持械或攜帶武器自衛的

Armed action 武裝行動

Armed aggression 武裝侵略

Armed attachment 武裝分遣隊

Armed attack 武裝攻擊；持械襲擊

Armed band 武裝匪幫

Armed burglary 持械搶劫 (盜竊)

Armed clash 武裝衝突

Armed combat 武裝戰鬥

Armed conflict 武裝衝突

Armed conflict not of an international character 非國際性武裝衝突

Armed conflict of an international character 國際性的武裝衝突

Armed confrontation 武裝對抗；武裝對峙

Armed escort 武裝護衛

Armed expedition 武裝出征

Armed fighting 械鬥；武鬥

Armed force short of war 次於戰爭的武力

Armed forces 武裝力量；武裝部隊 (指一國的全部軍隊；國際法上則指交戰雙方的正規軍)

Armed group 武裝團體

Armed guards 武裝警衛

Armed hostile expedition 武裝敵對出征

Armed hostilities 武裝敵對行動

Armed intervention 武裝干涉

Armed invasion 武裝入侵

Armed liner 武裝班船

Armed mediation 武裝調停

Armed merchantman 武裝商船

Armed neutrality 武裝中立 (指中立國必要時在交戰中持武裝中立的態度)

Armed neutrality league 武裝中立同盟

Armed party 武裝隊；攜帶武器的士兵

Armed peace 武裝和平 (指兩個或兩個以上實際和平相處的國家全付武裝以防可能或很有可能發生戰爭的情勢)

Armed police 武裝警察

Armed raider 武裝襲擊者

Armed rape 持械強姦

Armed rebel 武裝叛亂者

Armed rebellion 武裝叛亂

Armed reprisals 武裝報復；武裝報仇

Armed resistance 武裝抵抗

Armed revolt 武裝反叛

Armed rioting 武裝暴亂

Armed robbery 持械搶劫 (指持危險性武器在物主面前以使用武力或使用武力相威脅搶劫其財產)

Armed self-defence 武裝自衛

Armed Services Procurement Committee 〔美〕軍事採購委員會

Armed Services Procurement Regulations (ASPR) 〔美〕軍事採購條例

Armed ship 武裝船舶

Armed struggle 武裝鬥爭

Armed struggle for self-determination 爭取自決的武裝鬥爭

Armed threat 武裝威脅

Armed warfare 武裝戰爭

Arming for merchantship 商船武裝

Arming for privateering 私掠武裝

Armistice (or truce) 停戰 (指交戰國之間在一個相當長的時間內暫時停止敵對行動。其區別於 "suspension of arms"，後者 "停戰" 是在一個很短暫的時間內而且僅出自地方性軍事目的而締結的)；停戰協議

Armistice agreement 停戰協議

Armistice commission 停戰委員會

Armistice convention 停戰專約

Armistice demarcation line 停戰分界線

Armistice line 停火線

Armistice negotiation 停戰談判

Armistice talks 停戰談判

Armistice terms 停戰條件

Armistice treaty 停戰條約

Armlet 肩章

Armored car and messenger insurance 武裝車輛及專送員保險

Armorial bearings or arms 紋章；盾徽

Armory 軍械庫；〔美〕兵工廠

Armory of legal and diplomatic tools 法律和外交工具的武庫 (指 GATT 成立的複雜過程)

Arms 〔美〕(暴行或鬥爭用的) 兇器；兵器；拎帶自衛性武器 (釋義見憲法第二修正案 "bear arms")

Arms and armour 因憤怒動手打人；〔英〕紋章；盾徽 (在英國指由祖先傳授下來的貴族標準，釋義見 "armorial bearings or arms")

Arms control 軍火管制；軍備控制

Arms dealer 軍火商

Arms embargo 軍火禁運；武器禁運

Arm's length pricing 正常交易定價；合理定價

Arm's length transaction (deal) 公平交易；正常商業交易 (該交易談判是由買賣雙方彼此間沒有關係的當事人各自代表自己的利益交易的)

Arms licence 槍械執照

Arms limitation 限制軍備

Arms merchant 軍火商

Arms race 軍備競賽

Arms supplier 武器供應國

Arms trade 軍火貿易

Arms traffic 軍火貿易

Arms transfer 武器轉讓

A

Arms-carrying Act 〔英〕武器携帶法 (1689 年，允許新教徒携帶護身用的武器)

Army 陸軍；軍隊 (指國家的武裝力量)

Army Act 陸軍法

Army council 〔英〕陸軍委員會

Army of occupation 佔領軍

Army-discharge bonus (軍人) 退役費

Around 在周圍；在附近

Arpen, arpent, arpennus 土地測量單位 (相當於一英畝，此為民法和法國舊時的土地面積單位相當於 20 至 50 公畝)；〔加〕長度單位 (=191.8 英尺)；面積單位 (=36,802 平方英尺)

Arpentator 丈量土地的人；測量土地的人

Arraign v. 傳訊 (刑事被告)；提審 (指提審被告到庭回答刑事起訴中所被控告的問題)；〔英古〕安排；調整；準備審問

Arraignment 傳訊 (刑事被告)；提審 (指提審被告到庭向其宣讀刑事起訴書中所列罪狀的認罪程序)；〔中古〕提堂；過堂

Arraignment hearing 提審聽證

Arraignment of defendant 提審被告

Arrange v. 調解；調停 (糾紛，分歧等)；安排

Arrange for next of kin to be informed of an accident or death and advise on procedures 〔領事〕安排把發生事故或死亡事件通知其親屬並建議處理程序

Arrange for the repatriation of distressed nationals 〔領事〕安排遣返遇難國民

Arrange legal representation for detained 〔領事〕安排被拘留者的合法代理人

Arranged marriage 包辦婚姻 (指不經子女同意而由父母決定的封建式婚姻)

Arranged total loss 商定全損；協議全損 (指要報人與承保人就水保財產和未受全損財產經協議按全損處理)

Arrangement committee 準備委員會

Arrangement fee 安排費

Arrangement for coordination and consultation 合作與磋商協議 (關貿與 IMF 之間的關係於 1948 年以換文的方式訂定，但與世行的關係則一直維持在 "非正式" 的基礎上)

Arrangement of clause 條款的議定

Arrangement of implementation 執行安排

Arrangement of land 耕地整理

Arrangement on Establishing ITCB 設立國際紡織品和服裝局的安排

Arrangement Regarding International Trade in Textile 國際紡織貿易協議 (亦稱 "Multifibre Agreement" 多種纖維協定，於 1973 年訂立，現已納入世界組織，並於 1995 年 1 月 1 日起生效，旨在擴大紡織品貿易，減少貿易障礙，以期實現世界紡織與服裝貿易自由化)

Arrangement with creditors 與債權人協議償債計劃 (指安排設定清償或延長支付債務時間)

Arrangements 〔英〕和解協議 (指債務人與債權人在破產法外的協調必須按照 1914 年和解方案條例安排)

Arrangements for consultation and cooperation with non-governmental organisations 〔世貿〕安排與非政府組織的磋商與合作 (與非政府組織的磋商和合作的協議)

Arrant thief 強盜

Array n. & v. I. 候選陪審員名單；II. 召集陪審團；挑選陪審員 (指召集全體充任陪審員的人，並從中選擇參加終審陪審員)

Arrears (Arrearages) 欠款；拖欠 (指到期未付清款項，例如，利息、租金)；落後；〔基金〕欠款；拖欠

Arrears certificate 遲延付款證明書；滯納利息證書

Arrears in contribution 拖欠會費 (拖欠款項)

Arrears of rent 欠租

Arrent v. 〔英古〕出租 (以固定地租，尤指領地或國有地的租賃)

Arrentation 〔英〕林地租賃權 (指允許林地業主根據森林條例在支付年租金條件下簽發圈圍土地租賃許可證)

Arrest v. & n. I. 逮捕；拘捕；扣留；扣押 (船舶貨物等)；II. (刑事) 逮捕；(民事) 拘禁；(海事訴訟中) 扣押船舶

Arrest and bring to justice 緝拿歸案

Arrest and deal with according to law 逮捕法辦

Arrest and detention 拘留 (拘捕扣留)

Arrest by mistake 錯捕

Arrest judgement (刑事被告) 申請中止判決

Arrest of debtor (破產) 拘留債務人

Arrest of inquest 停止調查；中止審訊 (指提出中止審訊理由的抗辯)

Arrest of judgement 停止宣判 (指法院認為原告所控罪狀不成立，被告並不觸犯刑律或法院認為其對所控罪狀無管轄權)；中止判決 (指陪審員的評決雖已作出；但發現記錄上有錯誤會導致誤判或判決會被駁回；如果起訴書等不告訴及刑事罪或法院對所告訴的刑事罪無管轄權，可根據被告動議中止判決)

Arrest of princes 封港 (外國船舶的禁止出港或扣留)

Arrest of ships 扣船 (船舶扣留)

Arrest on final process 憑最後判決令狀實施的拘留 (指拘留債務人藉以強制其履行確定判決支付金錢債務的令狀)

Arrest on mesne process 〔英〕憑中間令狀實施的拘留 (指為了強制被告出庭的拘留)

Arrest on suspicion 因有嫌疑而被捕

Arrest record 〔美〕逮捕記錄 (指警察逮捕人時所填寫的一種表格；亦為被逮捕者的逮捕後連續審訊的初審記錄，一般由緩刑司保管以供法官二審、三審之用)

Arrest sb. on a charge of 以…罪拘捕某人

Arrest the growing protectionism practised by the industrial countries 遏制工業化國家實行日益增強的貿易保護主義

Arrest warrant 拘票；逮捕證

Arrest without warrant 無證逮捕；擅自逮捕

Arrestable offence 〔英〕可逮捕罪行 (對無前科者依法規定可判處五年有期徒刑)；可逮捕犯罪 (對正在犯罪或懷疑在犯罪者依據《1967 年刑事法》可予無證逮捕)

Arrestee 被逮捕人；〔蘇格蘭〕財產被扣押人

Arrester (arrestor) 逮捕人；扣押債權人

Arresting officer 執行逮捕的警員；有逮捕權的官員

Arrestment (attachment) 〔蘇格蘭〕拘捕；財產扣押 (其同義語為 "attachment")；阻止；扣留，扣押

Arret 〔法〕判決 (主管法院判決，用於加拿大、美國路易斯安那州)；〔法古〕評決 (指法院給予各種團體和個人所涉及的法律、行政或政治問題上的)

Arret de prince 〔法〕國王 (扣船) 命令 (禁運或扣押外國船舶出港命令)

Arretted (被告) 被傳喚到法官面前並被控告有罪的

Arrival 到達；抵達

Arrive at a mutually satisfactory understanding 達成相互滿意的諒解

Arrive at mutually agreed solution 達成雙方都同意的解決辦法

Arrived ship 〔英〕到達船舶；到港船舶（特指租賃的船舶）

Arrogate v. 冒稱；僭取

Arrogation 自權人的收養（指收養不在親權之下的人為養子女，即收養具有完全行為能力的成年人）

Arrondissement 〔法〕（省以下最大）行政區；（大城市中的）區

Arsenals 兵工廠；軍火庫

Arson 放火罪，縱火罪

Arson clause 〔保〕縱火條款（指如果火災是在指導下或由要保人自己放火燒者則承保人所提供的保障無效）

Arsonist 放火犯；縱火犯

Art 藝術；技術；工藝；手藝

Art and part 〔蘇格蘭〕幫助犯；同案犯（在蘇格蘭刑法中，主從犯同樣治罪，無刑等區別）

Art of law 法術

Art Unions 〔英〕藝術品協會

Artesian basin 自流水域；自流盆地；涌泉

Article 節（契約或文章）；商品；物品；〔複〕明示書面協議（例如：結婚契約條款、婚前財產設定、公司章程）；條款（例如，戰爭條款）；僱用契約（海軍用語）；〔宗〕起訴書，控告狀（以列舉受誹謗的方式向宗教法院提交訴狀）；正式書面異議聲明（衡平法院習慣用語）

Article 14 consultation 〔基金〕第 14 條磋商條款（指施行外匯管制的會員國每年要與 IMF 進行磋商有關繼續施行其外匯管制問題）

Article IV, VIII, XVIV consultations 〔基金〕第 4、第 8 和第 154 條磋商條款

Article VIII Member 〔基金〕第 8 條會員國（指凡接受國際貨幣基金協定第 8 條規定的義務即被接納為 "第 8 條會員國"，該國貨幣即被定為 "自由兌換貨幣"，可用以償還從 IMF 獲取的貸款；釋義詳見《WTO 英漢－漢英實用詞典》）

Article by article 逐條

Article in transit 在運貨物

Article of set 〔蘇格蘭〕租地契約

Article-by-article bargaining 〔關貿〕逐項商品談判（指一種雙邊或多邊互商削減關稅的談判方法）

Articled clerk 見習律師（見習期在英國一般為 5 年，但也可為 4 年或 3 年）

Articles for scientific research, education and the disabled 科研、教育和殘廢人的條款

Articles for the Government of Navy (Articles of the Navy) 〔美〕海軍法

Articles for the official use 公務用品

Articles for the personal use 私人用品

Articles intended for one's establishment 定居用品

Articles of a treaty 條約條文

Articles of agreement 合同條款；協議條款；〔美〕協議條款書面備忘錄

Articles of Agreement as amended 〔基金〕修正的協定條款

Articles of Agreement of the International Bank for Reconstruction and Development 國際復興開發銀行協議條款（1945 年）

Articles of Agreement of the International Development Association 國際發展協會協議條款（1960 年成立於華盛頓）

Articles of Agreement of the International Finance Corporation (Washington, 1955) 國際金融公司協議條款

Articles of Agreement of the International Monetary Fund 國際貨幣基金組織協議條款（1945 年）

Articles of amendment （公司）修正條款

Articles of apprenticeship 學徒契約（指師徒之間訂立的，徒弟同意在指定的時期為師傅工作以換取職業教育）

Articles of association 社團章程；公司條例；公司章程（其有別於 "memorandum of association"，前者規定公司內部事務，例如，股東成員賬目、股東會議程序等；後者則為公司組織綱要，例如，公司名稱、宗旨、股東責任等）

Articles of Association of the Bank of China 中國銀行章程

Articles of confederation 〔美〕聯邦條例（1781 年）；北美十三州同盟條約（1788－1789 年）

Articles of consolidation 〔美〕（公司）兼併條款

Articles of co-partnership 合夥章程（條款）

Articles of crime 犯罪物品

Articles of dissolution 〔美〕解散文件（公司清償債務後，要求向州務卿或指定官員提出解散公司的申請）

Articles of evidence 證據物品

Articles of Faith 〔英〕宗教教規；基督教教規（指英國教會於 1562 年制定的，以 "39 條信條" 著稱）

Articles of impeachment 彈劾狀（指正式書面陳述彈劾理由等英國教會 "39 條信條"）

Articles of incorporation 公司註冊證書（公司章程；社團組織章程）

Articles of law 法律條文

Articles of legislation in constitution 憲法上的立法事項

Articles of merger, consolidation, or share exchange 〔美〕兼併、合併或股份交易文件（應向州務卿提出申請）

Articles of partnership 合夥協定

Articles of peace 戒嚴令；債務人出庭命令

Articles of pupilage 從師規約

Articles of Religion 〔英〕國教教規（指英國教會於 1562 年制定的 "39 條信條"）

Articles of Roup 〔蘇格蘭〕拍賣說明書（拍賣物情況說明）

Articles of the agreement as amended 業經修訂的協定條款

Articles of the Brussels Conference 布魯塞爾會議宣言

Articles of the clergy 〔英〕牧師章程（愛德華二世第九年發佈）

Articles of the eyre 巡迴法庭規章（13 世紀對法官巡視郡、百家村、鎮及自治市審問提綱規定）

Articles of the Fund 〔基金〕國際貨幣基金組織的條款

Articles of the Navy 〔美〕海軍條例

Articles of the peace 〔英〕人身安全保護請求狀（指原告向法院宣誓抱怨或起訴，有人恐嚇或企圖謀害使其擔心有生命之虞。如屬實，法院可為其提供安全擔保，如不實將被判處監禁）

Articles of Union 〔英〕合併協議（1707 年由英格蘭、蘇格蘭兩個王國議會討論通過達成協議，共計 25 條）

Articles of war 陸軍條例；戰爭條款；〔美〕陸軍或海軍法典

A

Articulate adjudication 〔蘇格蘭〕逐一宣判

Articulated pleading 逐項陳述(指就上訴、控告或答辯等
每個具體事實作逐一的陳述)

Articulately 逐條的(地);一條一條的(地)

Artifice 技巧;技能;奸計;詭計;欺騙;詐騙

Artifice of war 戰爭詐術

Artificer 製作者(指買進貨物經加工改造後再出售);技師;
工匠;發明人;創造人

Artificial 人工的,人造的;人為的;法定的

Artificial accretion 人為添附

Artificial accumulation 土地佔有人在地上蓄積可能危害他
人的物品

Artificial aerial 〔海法〕仿真天線

Artificial alluvion 人工漲灘(人工沖積成的土地)

Artificial argument 詭辯;強詞奪理

Artificial barriers 人為的壁壘(指對貿易而言)

Artificial boundary 人為疆界,人為邊界(指不問地形,或
者以經緯度分,稱為"人文邊界")

Artificial canal 人工運河

Artificial crime 人為犯罪

Artificial force 〔專利〕人為力;人造力(指以人力將自然力
轉化為一種新的發明創造的行為)

Artificial insemination 人工受精;人工受孕

Artificial island 人工島嶼

Artificial law 人為法(制定法)

Artificial line 人為界線

Artificial line of boundary 人為疆界線

Artificial pattern of trade 人為的貿易格局

Artificial person 法人(指為社會和政府之目的而依法創設
的具有權利和義務的非自然人,例如公司等)

Artificial presumptions 法律上的推定

Artificial price 人為市價;操縱價格

Artificial quotas 人為的配額

Artificial right 人定權

Artificial satellite 人造衛星

Artificial succession 法人的承繼(前任公司與繼任公司之
間的承繼)

Artificial water course 人工水道

Artificial waterway 人工水道

Artisan 工匠;技工

Artisan's lien 〔美〕工匠留置權(工匠、藝人等的法定權利,
即其所製作工藝品可被留置至付給工錢為止)

Artistic property 藝術財產

Artistic work 藝術作品(指雕塑、繪畫和版畫等藝術品)

Arusha Agreement 阿魯沙協議(1968 年由肯雅、坦桑尼亞
和烏干達三國訂立的關於東非共同體接受歐共體經濟援助的
協議)

Arusha Programme for Collective Self-Reliance 阿魯沙
集體自力更生綱領(1979 年,77 國集團)

As *adv. & conj* 如;像;類似;同樣地;因為;由於

As a further example 又如

As a general rule 通常

As a matter of fact 事實上

As aforesaid 如上所述;如前所載

As against 與…比較;與…相對照;依…

As agreed by the leading underwriter (as agreed L/U) 經

首席保險人同意

As and when 到…時;待…時;於…時

As appropriate 酌情

As between (=as against) 比,對;在…中間

As expiry 〔保〕照舊續保

As fast as can 儘快

As follows 如下;如次

As from 從…日開始;從…起

As from today 自即日起

As is 按現狀;概不保證(指以樣品現狀出售,明示和默示質
量不保)

As of 自…開始;從…時起;在…時;到…時為止;具有法
律效力

As of right 依法當然取得的(指勝訴方有權執行判決,即使
上訴推翻原判也不負有責任)

As of the date of entry into force of 自…生效之日起

As of trade 按規定記錄的交易

As original 〔保〕同原保險

As per 按照;根據;依據

As per original rates 按照原保險費(率)

As per sample 與樣品相符

As requested 按請求

As short a period as possible 〔世貿〕期限應盡可能短(指
規定進口產品的成員方採取反傾銷的臨時性措施的時效期
限一般不得超過四個月;辯訴方的時效期限亦不得超過六
個月)

As soon as 儘快,馬上;一…就;無論何時;一經…(立即)

As soon as may be 即刻地;毫不遲延地;極盡可能地

As soon as practical 在適當的時間內;在合理的時間之
內;迅速地

As speedily as possible 在合理時間之內;在可能情形下;
無故意拖延

Ascend *v.* 上升,登高,升高;追溯;登上

Ascend to the throne 登基;繼承王位

Ascendant by affinity 姻系尊親(例如,菲律賓法規定,繼
岳父即為姻親的尊親屬)

Ascendants 尊血親;直系尊親;祖先

Ascending line of descent 直系尊親

Ascension to the throne 繼承王位

Ascent 上升;追溯;上溯;將直系卑親屬的遺產移轉至直
系尊親的繼承人

Ascertain *v.* 確定,查明;弄清

Ascertain conditions 查明情況;調查情況

Ascertain that there is a quorum 檢查是否已達到法定
人數

Ascertain the sense of the meeting "探明會議的精神"(國
際貨幣基金組織成員國投票權不等,為避免內部對抗,基金
董事會主席常以此作出決定,便形成了一條內規)

Ascertain the whereabouts of a national 〔美〕查明國民
下落

Ascertained as aforesaid 確認如上所述

Ascertained by law 依法確認

Ascertained goods 已確定的貨物;已查明的貨物

Ascertainment 查明;確定;調查確實

Ascertainment of foreign law 外國法的確定(指當一國的
國際法指示某一法律關係應適用某一外國法時,所發生的應

A

對該外國法的內容和性質加以確定而後方可適用）

Ascertainment of loan 貸款審查

ASEAN Declaration 東南亞國家聯盟宣言（1967 年 8 月 8 日在曼成立並發表了宣言）

Asia and the Pacific Programme of Educational Innovation for Development (APEID) 亞太開發教育革新計劃

Asia Crime Prevention Foundation 亞洲預防犯罪基金會

Asia Pacific Broadcasting Union 亞洲太平洋地區廣播協會

Asian and Pacific Development Institute 亞洲和太平洋發展研究所

Asian and Pacific Information Network on Medicinal and Aromatic Plants (APINMAP) 亞太藥用及芳香植物數據網絡

Asian and Pacific Skill Development Programme (APSDEP) 亞太技巧發展計劃

Asian Band Directors' Association 亞洲樂隊指揮家協會

Asian Clearing Union (ACU) 亞洲清算聯盟（1974 年由印、巴等國組成，旨在為擴大亞太地區貿易支付等提供方便）

Asian Composers League 亞洲作曲家聯盟

Asian currencies 亞洲貨幣

Asian Currency Unit (ACU) 亞洲貨幣單位

Asian Department 〔基金〕亞洲部（司）

Asian Development Bank (AsDB, ADB) 亞洲開發銀行（根據聯合國亞洲及遠東經濟委員會決議於 1966 年 11 月在東京宣佈成立，同年 12 月 19 日開始正式營業，總部設在馬尼拉，旨在為亞洲及太平洋地區發展中國家提供信貸資金的區域性金融機構，簡稱“亞行”，廣義上講亦屬“世界銀行集團”）

Asian dollar 亞洲元（簡稱“亞元”）

Asian dollar market 亞洲美元市場（指經營美元買賣、借貸的市場）

Asian Games Federation 亞洲體育總會

Asian Industrial Development Council (AIDC) 亞洲工業發展理事會（1966 年 3 月成立，會址設在曼谷）

Asian Infrastructure Investment Bank (AIIB) 亞洲基礎設施投資銀行（簡稱“亞投行”，是一個政府間性質的亞洲區域多邊開發機構，重點支持基礎設施建設，總部設在北京。日前，中國、俄羅斯、印度、印尼、英、法、巴西、南非、澳洲和新西蘭等五大洲 57 國家簽署了《籌建亞洲基礎設施投資銀行的政府間框架備忘錄》，成了“亞投行”的創始會員國）

Asian Institute for Economic Development and Planning (AIEDP) 亞洲經濟發展和計劃研究所（後為“APDI”所替代）

Asian Organisation of Supreme Audit Institutions (ASOSAI) 亞洲最高審計院組織

Asian Pacific Youth Forum 亞洲太平洋青年論壇（青年論壇）

Asian Physics Education Network 亞洲物理學教育網絡

Asian Productivity Organisation (APO) 亞洲生產力組織

Asian Regional Cooperative Project on Food Irradiation (RPFI) 亞洲食品輻射區域合作計劃

Asian Regional Team for Employment Promotion (ARTEP) 亞洲區域促進就業小組

Asian Reinsurance Cooperation (Asian Re) 亞洲再保險公司

Asian-African Legal Consultative Committee 亞非法律協商委員會

Asia-Pacific Economic Cooperation (APEC) 亞洲－太平洋經濟合作組織（創立於 1989 年）

Asia-Pacific Information Network in Social Science (APINESS) 亞太社會科學信息網

Asia-Pacific Institute for Broadcasting Development (AIBD) 亞太廣播發展研究所

Asia-Pacific Postal Training Centre (APPTC) 亞太郵政培訓中心

Asia-Pacific Postal Union (APPU) 亞洲太平洋郵政聯盟

Asia-Pacific Programme of Education for All (APPEAL) 亞洲－太平洋全民教育計劃

Asia-Pacific Regional Free Trade Area 亞太地區自由貿易區（亞太經合會國家集團宣佈計劃於 2010 年實現自由貿易區）

Asia-Pacific Telecommunity (APT) 亞洲－太平洋電信共同體

Aside *adv.* 在旁邊；在一邊；到（或向）旁邊；到（或向）一邊

Ask *v.* 要求；請求，懇求；申訴；上訴；申請

Ask for a loan 告貸（借款）

Ask for the floor 請求發言

Ask to be heard 要求聆訊

Asking price 開價（賣主開叫的價格）

Asperse *v.* 誹謗；中傷；破壞（名譽等）

Aspersions 誣告；中傷，誹謗（或僅指批評、苛責）

Asphyxia 窒息（指已因缺氧等而明顯死亡）

Asphyxiating gas 窒息瓦斯；窒息性氣體

Asphyxiation 窒息狀態

Asportation 拿走；竊走；〔美〕竊取他人動產；轉移財產的所在（小小移動整個財產距離，即構成犯罪，盜竊罪和普通法綁架罪的構成要件之一）

Assailant 行兇者；攻擊者；襲擊者

Assailing thieves 暴力盜賊；攻擊性盜賊

Assart 〔英〕掘樹罪（指將林中樹要連根鏟除夷平以為耕地）；開墾，墾荒（在英國如依法掘樹墾荒不為罪，否則在罰款之前土地歸國王所有）

Assart rents 〔英〕墾荒地租金

Assassin 暗殺者；刺客，行刺者（常指政治性的）

Assassinate *v.* 暗殺；行刺

Assassination 暗殺，行刺（美國規定暗殺總統和副總統為聯邦罪）

Assassination clause 行刺條款

Assault 毆打（尤指未遂的）；暴行；（以言語）威脅，恐嚇；強姦（委婉語）；〔美〕企圖傷害罪（其罪等有的管轄區可分一級、二級和三級）；〔軍〕襲擊；強攻

Assault and battery 施暴行為；毆打行為；傷害人身罪；毆打罪（指蓄意觸及被害者身體並造成傷害的侵權行為，其中“assault”是未遂僅限於語言脅迫，“battery”則已傷及人體）

Assault and wounding 毆打成傷

Assault with dangerous or deadly weapon 持械行兇未遂（指攜帶危險或殺傷性武器行兇打人）

Assault with intent to commit manslaughter 意圖行兇殺人未遂（法理上的推定 “legal presumption”）

Assault with intent to commit murder 陰謀逞兇殺人未遂（指事先就故意要行兇殺人）

Assault with intent to commit rape 蓄意強姦未遂

Assaulter *n. & v.* I. 毆人者；逞兇加害者；脅迫他人者；II. 毆打；行兇；動武

A

Assay 檢驗；化驗；化驗分析；鑒定成色 (指對金、銀等金屬的成色、純度的化驗、鑒定、度量和品質等)

Assay certificate 鑒定證明書

Assay office 〔美〕(金銀成色) 化驗所

Assayer 化驗員；分析者

Assayer of the king 〔英〕皇家鑄幣局化驗員

Assecuration 〔歐洲〕保險 (指船舶、運費或貨物的保險)

Assecurator 〔海商〕保險商

Assemblage 聚衆，會衆；一羣人

Assemble data and information 彙集資料和信息

Assembling supplied parts 〔中〕來件裝配

Assembly 集合；集會；大會；會議；〔美〕州議會下院 (紐約等州的)

Assembly of goods 貨物組裝

Assembly of Heads of State and Government 國家與政府首腦大會

Assembly of Notables 〔法〕達官顯貴諮詢會議 (1740−1787 年)

Assembly of the wise 益格魯撒克遜國會

Assembly-man 議員；〔美〕(某些州的) 州議會衆議員；國會議員

Assent *v.* 允准；認可；同意 (其比 "consent" 表示同意，態度上積極)

Assent of executor 遺囑執行人的承認遺贈

Assent of personal representative 〔英〕死者代理人的同意 (意指死者的不動產受遺贈者、遺產受贈人或其近親屬的繼承只有經死者代理人書面同意才能生效，否則該遺贈僅僅是一種期待的權利而已)

Assentor 〔英〕同意者，贊成者 (指贊助人和倡議人在國會議員候選人推薦書上共同簽名的選舉人)

Assert *v.* 宣稱，斷言；維護，堅持，主張 (權利等)

Assert a maritime claim 海事索賠

Assertion 斷言；強硬的聲明

Assertion of rights 主張權利

Assertive evidence 肯定的證據

Assertory covenant 確認存在特定事實的蓋印契約；蓋有公章的約許

Assertory oath 確認宣誓 (指向海關供述進口貨物情況屬實)

Assess *v.* 估價；評估 (作為對財產徵稅根據)；確定 (稅款、罰款的) 金額；徵收 (稅款、罰款等)

Assess damages at 把賠款金額定為…

Assess the balance-of-payment situation 評估國際收支狀況

Assess the evidence 審查證據

Assess the overall situation of world market 評估世界市場的總體情況

Assess with precision 精確評估

Assessable income 可徵稅的收入

Assessable insurance 可估價保險；應追加保險費的保險

Assessable share 可催繳的股份 (附股券面值責任的股份)

Assessable stock 應追加股本的股票 (指公司發展需要的話，股東要追加股本金額)

Assessed (=imposed) 課稅的；徵收的；估價的；評價的；估值的；評估的；估定價值的

Assessed contribution 分攤的會費

Assessed taxes 估定稅額 (例如，所得稅)

Assessed valuation 估定價值 (按每個單位規定的價值金額繳納財產稅)

Assessment 〔英〕評估 (指評估委員會對可繼承財產年值的評估以為課交地方稅)，估價；估算；應繳額評估；課稅評定；攤派稅款

Assessment base (全部財產) 估稅總額

Assessment bodies 評估機構

Assessment company 〔美〕賦課人壽保險公司 (指保險者死亡所致損失費用向公司參保生存者會員課徵共同分攤)

Assessment contract 徵稅契約；賦課合同

Assessment district 徵稅區

Assessment fund 〔美〕賦課基金；攤付基金 (指互助會的攤派稅款基金扣除費用後之差則由會員們攤付)

Assessment insurance 賦稅型保險；攤派保險

Assessment list 課稅財產清單

Assessment of an economy 經濟評估

Assessment of damages 評估損失賠償額

Assessment of income tax 所得稅調查

Assessment of loss 損失估計；估損

Assessment of macroeconomic performance of borrowing countries 〔基金〕評估借款國宏觀經濟業績

Assessment of risks 風險評估；危險評估；〔關貿〕危險評估 (指對進口的動、植物病、蟲害和儀器、飼料、飲料衛生的潛在影響作出評估)

Assessment of the trade effects of a subsidy 〔世貿〕補貼對貿易影響的評估；估量補貼對貿易的影響

Assessment of the world trade outlook 世界貿易前景的估計

Assessment period 課稅期；納稅期；保險費追繳期

Assessment procedures 評估程序

Assessment ratio 課稅比率

Assessment roll 攤派稅款清冊 (應課稅人員及其財產清冊)

Assessment study 評估研究

Assessment tax 估定稅捐

Assessment work 〔美〕攤派改善礦區公地工作

Assessor 財產估價人；公估人 (又稱公證行)；估稅員；評稅主任；法庭顧問 (高等法院、上訴法院邀請一個或多個合格人員協助聽審)；〔羅馬法〕顧問律師 (指坐在省督或其他法官旁邊協助或指導法律的實施)；協同法官審案的科技專家；陪審員；陪席推事；(國際法院) 襄審官；〔香港〕評稅主任

Assessor system 陪審制；陪審員制度

Asset 財產；〔複〕資產；財產 (指含有各種財產，包括動產、不動產、有形和無形財產等)

Asset Depreciation Range (ADR) 〔美〕資產折舊幅度 (須經國內稅務局允准)

Asset dividend 資產股息；資產紅利 (指按公司財產分付紅利)

Asset management 資產管理

Asset markets 資產市場

Asset valuation 資產評估

Asset-based financing 〔美〕基於財產的融通資金方法

Asset-coverage test 〔美〕財產抵償測試 (指舉債額度極限)

Assets and liabilities 資產與負債

Assets assessment services 資產評估服務

Assets by descent 世襲地產；繼承資產；附債務的遺產 (地產)

Assets in hand 可支配資產 (委托給遺囑執行人的全部遺產)；現有資產

Assets per descent 足以償還被繼承人債務部份的資產

Assets preference 資產優先

Assets settlement 資產決算

Asseveration 肯定；斷言；嚴正聲明 (宣誓用語)

Assign *v. & n.* I. 讓渡；轉讓；轉讓財產；對某人設定一項權利；指出；指定 (說出錯誤和偽證等)；分配；陳述；選定；II. 〔複〕受讓人 (同 "assignee")

Assign customer 劃分客戶

Assign error 陳述錯誤；指出錯誤

Assign perjury 指出蓄意偽證罪

Assign the trademark 轉讓商標

Assign waste 指出對不動產的毀損；分配共享地

Assign, transfer, and set over 特定財產或權利的全部讓與

Assignability 讓渡性；可轉讓

Assignable 可讓與的；可轉讓的；可指定的；可分配的；可派遣的；(原因等) 可指出的

Assignable instrument 可讓與的證券；可過戶的證券

Assignable L/C 可轉讓信用證；可過戶信用證

Assignable lease 可轉讓租賃

Assignation 讓與，轉讓；委托

Assignation house 妓院

Assigned account 已抵押的賬戶 (指銀行或代理人可接受作為貸款擔保抵押賬戶)；已轉讓賬戶

Assigned clause 〔美〕被指定人條款

Assigned counsel 指定的辯護人 (法院為貧窮的刑事犯指定的)

Assigned risk 〔美〕分派風險 (承保人原不接受，但州法規有此強制其接受的規定)

Assigned risk plan 〔美〕強制機動車輛保險計劃；〔保〕分派風險計劃

Assigned tasks 分派的任務

Assignee 受讓人；受托人 (指被指派以自己權力代人行為的人)；被指定人；財產管理人 (指法定管理無遺囑遺產的人)

Assignee in bankruptcy 破產財產管理人

Assignee in fact 實際受讓人；事實上的受讓人 (指實際有權轉讓的當事人)

Assignee in insolvency 破產財產管理人；破產清算人

Assignee in law 法定受讓人 (指法律賦予的作為遺囑執行人或遺產管理人)

Assigner (or) 讓與人；轉讓人；委托人，委派人

Assignment 轉讓；讓與 (指當事人讓與其所擁有的各種形式財產包括動產、不動產、有形或無形的財產包括可轉讓票據以及其中的權利)；(財產) 轉讓證書；破產財團權利委付；分配；委派；委托

Assignment allowance 調動工作津貼；調職津貼；轉讓折扣

Assignment clause 轉讓條款

Assignment for the benefit of creditors 為債權人利益的轉讓；債務者財產的全部讓渡 (指對債權人有利的讓與，債務者變賣其全部財產和其收入分還給債權人，如有剩餘則歸債務者)

Assignment mechanism 〔領事〕任命機制

Assignment of account 賬戶轉讓，債戶讓與

Assignment of action (法院或在審判員之間) 分配訴訟案件

Assignment of book debts 賬面債務轉讓

Assignment of chose in action 無形動產 (債權股票等) 轉讓；訴訟財產讓與

Assignment of contract 合同轉讓

Assignment of contractual liabilities 合同義務轉讓

Assignment of contractual rights 契約權利轉讓

Assignment of copyright 版權轉讓

Assignment of counsel 指定律師；指定辯護人

Assignment of credit 債權轉讓 (基本上屬一種合同的買賣)

Assignment of debts 債務轉讓

Assignment of dower 寡婦不動產的分配 (指從其亡夫所遺不動產份額中分配)

Assignment of errors 錯誤陳述 (指原告對有錯誤記錄的抗辯)

Assignment of floor 指定發言次序

Assignment of income 工資轉讓 (指納稅人為免納所得稅把從其財產中產生工資的財產讓與他人的程序)

Assignment of lease 租賃權的轉讓

Assignment of life policy 人壽保險單的轉讓

Assignment of load lines 〔海法〕載重線勘定

Assignment of obligation 債務的轉讓

Assignment of policy 保險單的轉讓 (指持有者將其保險單轉讓他人)

Assignment of property 財產轉讓；財產分配

Assignment of quota 分配額的讓與

Assignment of rights 權利轉讓

Assignment of share 股份轉讓 (股份讓與)

Assignment of wages 〔美〕工資轉讓 (指美法律允許，僱傭勞動者可把工資的權利讓與債權人以抵債)

Assignment pro tanto 按順序分配

Assignment process 任命程序

Assignment with preference 優先分配債權利益；有優先權的轉讓

Assignor 轉讓人；讓與人；委派者

Assimilating colonial policy 同化主義的殖民政策

Assimilation 同化；等同

Assimilation of world economy 世界經濟同質化 (認為各國收入水平趨於相同的一種理論)

Assise of Bread 〔英〕麵包和啤酒價格條例 (1266 年)

Assise of Fresh Force 〔英古〕返還新近非法強行侵佔地產令狀 (根據城市或自治市慣例被非法侵佔的土地者在 40 天之內提起而發出返還之訴的令狀)

Assise of Nuisance 〔英〕要求除卻滋擾的令狀

Assisors 〔蘇格蘭〕陪審員；巡回法官

Assist *v.* 支持；幫助，援助，贊助

Assist delegations in their capacity as actual or prospective negotiators 〔世貿〕以實際的或未來談判者的身份協助代表團工作 (指專家認為，WTO 秘書處作用應僅限於協助各成員方代表團開展工作，亦即更多地做程序上的組織工作)

Assist fellow citizen 協助同胞公民

Assist governments in counteracting the forces opposed to liberalisation 〔世貿〕支持政府抵抗反對自由化的勢力

Assist in investigations 協助偵查

A

Assist in investigations in relation to a criminal matter　〔領事〕提供刑事偵查協助

Assist the integration of the poorest countries into the world trading system　〔世貿〕協助把最窮的國家納入世界貿易體系

Assistance　援助；救助；協助

Assistance and protection of crews in distress　〔領事〕協助和保護遇難海員

Assistance and salvage at sea　海上救助

Assistance hostile　〔法〕非中立役務；敵意協助

Assistance in the case of illness or hospitalisation, including arrangements for the payment of medical and hospital accounts　〔領事〕對（國民）生病或住院時，提供包括安排支付醫療和住院費用的協助

Assistance of counsel　〔美〕辯護律師的有效協助（美憲法第六條修正案保障給予刑事訴訟的被告以律師協助，為其進行有效的辯護）

Assistance relating to emergency evacuation of nationals　〔領事〕協助國民緊急撤離事宜

Assistance relating to enquiries regarding the whereabouts of nationals　〔領事〕協助查詢失蹤國民的下落事宜

Assistance relating to lost or stolen properties enquiries　〔領事〕協助查詢丟失或失竊財產事宜

Assistance to astronauts in distress　宇宙飛行員遇難救助

Assistance to vessels in distress　遇難船舶的救助

Assistance with arrangements regarding the deaths of citizens including local burial or shipment of the remains　〔領事〕協助安排關於公民死亡包括就地埋葬或運回其遺骸事宜

Assistant　助手，助理；助教；〔複〕總督助理

Assistant Attorney General　助理檢察長；副檢察長；〔美〕聯邦司法部長助理

Assistant Commissioner　〔香港〕(稅務) 助理局長

Assistant counsel　助理檢察員；助理律師

Assistant Director　〔基金〕助理總裁

Assistant Division Chief　〔基金〕助理處長；副處長

Assistant Editor　〔基金〕副主編

Assistant General Counsel　〔基金〕總顧問助理（負責立法和稅收工作）

Assistant guardian　副監護人

Assistant judge　助理審判員；助理法官；陪審法官

Assistant officer of judicial police　司法警官助理

Assistant prosecutor　助理檢察官

Assistant secretary　部長助理；〔美〕國務卿幫辦；〔世行〕〔基金〕助理秘書長（指主要負責大會期間的事務工作）

Assistant secretary-general　助理秘書長

Assistant shipping manager　船務副經理

Assistant superintendent　副監督員

Assistant supervisor　監察助理

Assistant to the Director　〔基金〕總裁助理

Assistant Treasurer　〔基金〕助理財務主任

Assistant Treasurer of the United States　美國財政部會計局副局長

Assistant Treasury　副出納員

Assistant Trust Officer　副信托員

Assistant Wharf Manager　碼頭副經理

Assisted country　受援國

Assisted investment　輔助投資

Assisted person　受法律援助人（指在訴訟中得到公款援助的人，即：無力交付訴訟費者）

Assistor　幫助人

Assize (assise)　〔英〕陪審員；陪審團的評斷或判決；條例；法令；制定法；〔英古〕〔常用複〕(各郡的) 巡迴審判；陪審法庭（古代的一種法庭，履行陪審團的職責通常由 12 人組成，審理有爭議的案件）；確定關於時間、數量、質量、重量及尺度；(對商品規格、價格等而制定的) 法定標準

Assize courts　〔英〕巡迴法庭（指由王室特別委員會派出兩個或以上專員組成被稱為巡迴法院法官在王國各地審理有爭議的問題。已於 1971 年廢止）

Assize courts on circuit　巡迴法院

Assize of Arms　〔英〕軍事武裝令（英王亨利一世時發佈）

Assize of Clarendon　克萊倫登敕令（1166 年亨利二世發佈，旨在改正刑法和確定巡迴法官權能）(1833 年廢止)

Assize of darrein presentment　最後的聖職推舉權訴訟（1833 年廢止）

Assize of Fresh Force　(=Assise of Fresh Force)〔英古〕返還新近非法強行侵佔地產令狀（根據城市或自治市慣例被非法侵佔的土地者在 40 天之內提起而發出返還之訴的令狀）

Assize of Jerusalem　耶路撒冷法典（十字軍東征時代在耶路撒冷制定的，編纂的內容主要為法國的法律及習慣法）

Assize of Measures　度量法（英王亨利二世發佈）

Assize of mort d'ancestor　返還被剝奪不動產繼承之訴（1833 年廢止）

Assize of Northampton　〔英〕諾塞姆普敦敕令（1176 年亨利二世發佈，把英格蘭分為六個巡迴區）

Assize of novel disseizin　返還新近侵佔不動產訴訟令狀（1833 年廢止）

Assize of Nuissance　排除妨害令狀（對在他人永久管業地上製造滋擾行為者要求其清除而發出令狀）

Assize of the court of burgesses　耶路撒冷法典中的一編

Assize of the forests　森林法；王室狩獵場法

Assize of the high court　耶路撒冷法典中的一編

Assize of utrum　教會收回地產所有權令狀（指教區主持牧師收回經其前任允許被不當沒收的教會土地）

Assize rents　〔英古〕定額租金；固定租金

Assize sermon　巡迴法庭開庭前在法官面前進行的說教

Assizer　陪審員；(負責度量衡) 檢定員；巡迴法官

Assizes Act　民事法院設置法（1830 年）

Assizes of Jerusalem　耶路撒冷法規與論文彙編（1187、1266 年）

Associate　同事；合夥人；非正式會員；准會員（只有部份權利的非正式會員）；〔英〕法庭事務官（普通法高等法院法官助理，職責為保管記錄和附屬於該法院的文件，參加民事陪審審判庭、記錄每個案件的裁決，整理口頭辯論的筆錄記載，並把記錄發給涉案的當事人）；助教

Associate Director　〔基金〕副總裁

Associate in Automation Management (AAM)　自動化管理准會員

Associate justices　〔美〕法官；推事（用於聯邦及諸多州法院除審判長或首席法官之外的法官）

Associate membership　准會員資格；非正式會員資格

Associate of the faculty　保險協會助理技師

Associate of the Institute of Chartered Accountant (AICA) 〔英〕特許會計師協會會員

Associate professor 副教授

Associated borrowing arrangement 〔基金〕聯繫借款安排

Associated company 聯營公司（或稱“聯號”）

Associated confinement 雜居拘禁主義

Associated country 聯繫國（歐共體於 1957 年在簽訂羅馬條約時創立的制度）

Associated General Contractors of America (AGCA) 美國總承包商協會

Associated Labour Act (Zakon o Udruzenom Radu) 〔南歐〕聯合勞動法（1976 年）

Associated legal instruments 〔世貿〕相關的法律文件

Associated member 准會員；非正式會員；聯繫會員（國）；贊助會員；聯繫會員國

Associated person 經紀商代理人

Associated Power 參戰國

Associated Press 美聯社

Associated state (country) 聯繫國（1957 年歐共體簽訂羅馬條約規定建立的制度）

Associated territory 聯繫領土

Associated trade mark (associated marks) 聯合商標

Associates (Iterim and Development Committees) （臨時發展委員會）准會員

Association 協會；社團；聯盟；聯合會；商社；結社

Association agreement 聯繫協定；聯合協議；〔關貿〕聯繫協定（指貿總協定審議歐共體與地中海沿岸各國、與原殖民地的非洲各國自由貿易區時而提出的）

Association Belgedes Assureurs Maritimes (ABAM) 比利時海事保險商協會

Association convention 聯繫公約

Association fee (dues) 協會會費

Association for the Advancement of Agricultural Science in Africa 非洲農業科學促進會（農科促進會）

Association for the Deaf 〔香港〕聾人體育協會

Association for the Reform and Modification of the Law of Nations 國際法編纂修訂協會

Association not for profit 非營利社團

Association of Administrator of the Interstate Compact for the Supervision of Parolees and Probationers 〔美〕各州監督假釋及緩刑協議管理人員協會

Association of African Central Banks 非洲中央銀行公會

Association of American Law Schools (AALS) 美國法學院協會

Association of Average Adjusters 〔英〕海損理算師協會（成立於 1869 年，旨在推動海損理算師執行統一理算的正確原則）

Association of British Fire Offices 英國火災保險協會

Association of Chambers of Commerce of the United States 美國商會聯合會

Association of Consumers 消費者協會

Association of English Country Bankers 英國郡銀行業者協會

Association of Food Marketing Agencies in Asia and the Pacific (AFMA) 亞太食品經銷商協會

Association of Futures Brokers and Dealers (AFBD) 〔英〕期貨經紀人和證券商協會

Association of Geoscientists for International Development 地球學家促進國際發展協會

Association of hooligans 流氓團夥

Association of Insurance Brokers 〔美〕保險經紀人協會

Association of Iron Ore Exporting Countries (AIOEPC) 鐵礦砂出口國協會

Association of Natural Rubber Producing Countries (ANRPC) 天然橡膠生產國協會

Association of Producers 生產者協會；生產業同業公會

Association of South East Asia (ASA) 東南亞聯盟（馬、菲和泰國三國間的經濟合作機構成立於 1961 年）

Association of South East Asian Nations (ASEAN) 東南亞國家聯盟（簡稱“東盟”，由泰、馬、新、菲和印尼等五國成立於 1967 年 8 月 8 日，總部設在曼，旨在通過共同努力，促進本地區經濟、文化和社會的發展，並促進東南亞的和平與安定，1984 年 1 月 7 日文萊加入，使聯盟增至六個成員國，現中、越、柬等國均被邀作為觀察員與會，2003 年 4 月溫總理訪問泰國時宣佈申請加入）

Association of state 國家聯合

Association of Superintendents of Insurance of the Province of Canada 加拿大省保險總監協會

Association of Tin Producing Countries (ATPC) 錫生產國協會

Association of Trial Lawyers of America (ATLA) 〔美〕美國庭審律師協會

Association system 雜居制（指將許多犯人拘禁在同一處所）

Association to regulate conditions of sales 調節出售條件協會

Assoil *v.* 解除…義務；宣告…無罪；赦免；釋放；免於開除教籍

Assortment 貨物的分類

Assume *v.* 假裝；佯為；承擔；擔當；擔任；接受；承諾

Assume jurisdiction over a salvage vessel or cargo 〔美〕承擔海難救助船舶或貨物的管轄權事務

Assume membership 〔關貿〕接受會員資格

Assume one's functions 擔任…職務

Assume responsibility 承擔責任

Assume the defence of the rights and interests 〔領事〕承擔（對僑民）權益的保護事宜

Assumed bond 擔保債權券；承擔債券（指他公司可代發行公司還本付息的公司債券）

Assumed facts 假定的事實（僅用於解釋法律點的）

Assumed focal date 〔英〕焦點日；假定結算日（英國交易所每兩週進行一次）

Assumed liability 承擔責任（債務）；間接負債

Assumed name 假名；化名；曾用名

Assumed risk 承擔風險；自負風險

Assumed settling day 〔英〕假定結算日（英國交易所每兩週進行一次）

Assumpsit for money had and received 〔美〕承諾賠付款項（被告應公平於心無愧地把要求賠償違約所受損失之訴訟所收到的款項交付給原告）

Assumpsit on quantum meruit 〔美〕合理報酬之訴（原告聲明提出被告承諾支付原告勞務應得的合理數目的報酬金額）

A

Assumption 假定；臆斷；擔當；擔任，承擔；採取

Assumption clause 〔美〕承擔債務條款（指如果沒有抵押權人的書面同意就不授理該抵押，規定受讓人自願承擔轉讓人的債務條款）

Assumption fee 承擔辦理費（出租人為買家辦理貸款手續費）

Assumption of care 承擔自負過失責任原則（釋義見 "Good Samaritan doctrine"）

Assumption of duty 就任；就職

Assumption of indebtedness 承擔債務（指保證為他人支付所欠的債務）

Assumption of mortgage 承擔抵押

Assumption of risk 風險承擔（指承保人有意置自身於高風險境地）；自負風險（原告由於自己同意而自願冒傷害的危險所造成的損害不可能取得賠償）

Assurance 承諾；擔保；保證；〔英〕不動產轉讓；不動產轉讓契據（在英國為財產讓與的法律證據）；保險（主要用於人壽保險）

Assurance by record 登記法院所作成或證明的轉讓財產證書

Assurance Companies Act 〔英〕保險公司法

Assurance contre la perte des effets de commerce 〔法〕商業票據保險

Assurance law 保險業法

Assurance of bill 票據保險

Assurance on death 死亡保險

Assurance policy method 保險單法（可予減價償還的）

Assurance with dividend 分配紅利保險

Assurance with participation 參加分紅保險（指人身保險）

Assurance without participation 不參加分紅的保險（不分配紅利保險）

Assure *v.* 使確信；宣稱；保證；保障；保險；擔保

Assure an economic employment of productive resources 〔關貿〕確保生產資源的經濟使用

Assured 要保人；被保險人（指向保險人或保險公司投保的個人或企業）

Assured clear distance ahead 確與前方車距；前方視線內距離（指要求機動車輛的司機保持他的車按掌控他們能清晰看到前方的停車距離）

Assured source of supply 穩定的供貨管道

Assured use 〔基金〕確保使用（指特別提款權的）

Assurer 保險人，承保人；保證人，保險商；保險業者；賠付者（損害賠償人）

Assyria Code 亞述法典（公元前 14、13 世紀）

Assyrian Law 亞述法（公元前 1000–2200 年，伊拉克祖先涉及法院處理債務爭端等案件的法律法規）

Assythment 〔蘇格蘭〕損害賠償金（刑事罪犯者應依法賠付給被謀殺者親屬）

Astipulation 雙方協議；相互同意；證人；（訴訟）記錄

Astitution (=arraignment) 傳訊（刑事被告）；提審（指提審被告到庭向其宣讀刑事起訴書中所列罪狀的認罪程序）；〔中古〕提堂；過堂

Astreinte 〔法〕逾期罰款；強制；強迫

Astriction 束縛；限制；〔蘇格蘭〕水車的地役（在某土地上所生產的穀物須由一定水車運載的義務）

Astronaut 宇航員；航天員

Astronautess 女航天員；女航天員

Astronautical jurisprudence 太空法學；宇航法學

Astronautical law 宇宙航行法；太空法；宇宙法（為國際民航法之外的一個更新國際法－外層空間法，叫做國際空間法）

Astronautical navigation 宇宙航行；太空飛行

Astronautics 宇宙航行學

Astronomical limit 天文界限

Astropolicy 宇宙保險單（為航天員投保的保險單）

Astrum 房屋；住宅地；家

Asylum 庇護；庇護所（指保護刑事罪犯和債務人免被逮捕之非法之場所）；庇護權（指對外國亡命者和逃犯等的庇護，但美國政府規定，對外國僑民無權要求僑居國政府給予庇護，戰時在中立國領土上對交戰國軍艦給予庇護）；收容所；精神病院（指對窮人的精神病患者提供保護和救濟之所）

Asylum state 庇護國；〔美〕避難州

Asymmetrical platform 不對稱的平台

At a comparable stage of commercial transaction 在商業交易的可比階段

At a discount 打折扣，折價（低於正常價格或票面價值）

At a premium 高於票面；溢價的；有升水

At all times 無論何時

At an early appropriate stage 在早期合適的階段

At arm's length 獨立；無關聯；各行其是（指彼此互不受對方控制和支配影響）

At bar (in court) 在法庭上

At different levels of economic development 在不同經濟發展的水平上

At equity 帶有（押款金額之外的）財產價值

At factory 工廠交貨價

At first sight 推定的；初看時；據初步印象

At godown 倉庫交貨價；貨棧交貨價

At intervals of two years 每隔兩年

At issue 爭論中的；系爭中的；待裁決的

At large 在逃的；消遙法外的；〔美〕不受限制的；供討論的；自由的；任意的；由全州選民任選的

At law 根據法律的；法律上的

At least 至少；〔保〕最低估計；最少估損；最低的求償

At once 馬上，立即

At one's discretion 斟酌處理；自行裁量

At one's disposal 自由處理

At one's own discretion 自主決定

At one's own risk 自己負責；自擔風險

At one's realistic convenience 在某人方便之時

At or better 按標價或更有利的價格

At owner's expenses （損失等）由物主負責

At owner's risk 風險由貨主承擔；風險由船東承擔

At par 按面值；平價（指上市的債券或優先股平價出售）

At sea 在海上

At sight 見票即付（指見票即付）

At sight bill 見票即付票據；即期匯票（在持票人提示匯票時付款）

At stake amount 受牽連額

At suit of (ATS) 在訴訟中

At the back door 〔蘇格蘭〕從後門進行公開市場業務活動

At the bar 起訴中；在法庭上

At the behest of one's government 在…政府的指示下；

A

奉…政府的指示

At the dock 碼頭交貨

At the end of the time-period 當期限屆滿時

At the end of the will 在遺囑的末尾 (指立遺囑人寫完遺囑後必須在其末尾簽字才會有效)

At the global level 在全球範圍內

At the HS 8-digit level 按八位稅號排列 (按八位協調制度稅號排列)

At the initiative of importer 進口商自行提出

At the instance of 應…請求

At the level of production 在生產階段

At the market price 按市價 (經紀人買賣股票的規則)

At the option of 任…選擇;任…取捨

At the pleasure of the King 根據國王的旨意 (意指官吏沒有過失,國王可任意剝奪其官職)

At the present stage 在現階段

At wharf 碼頭交貨

ATA carnet 〔法〕臨時進口證;允許暫時入境

Atheist 無神論者

Atia 憎恨;惡意

Atilian law 阿梯茲法

Atimia 〔希〕部份或完全喪失公民權利

Atinian law 阿梯尼亞法

Atlantic cable 大西洋海底電纜

Atlantic Charter 大西洋憲章 (1941 年)

Atlantic Division 〔基金〕大西洋處

Atlantic Ocean Command 大西洋統帥部

Atlantic-Pacific Canal 巴拿馬運河

Atmosphere 大氣;大氣層

Atmospheric concentration of carbon dioxide 大氣層二氧化碳的濃度

Atmospheric pollution 大氣污染

Atmospheric space 大氣 (層) 空間

Atom free zone 無原子區

Atomic diplomacy 原子外交

Atomic energy 原子能

Atomic Energy Act 〔美〕原子能法 (規定不許給外國人或外國人所有或控制的公司頒發許可證)

Atomic Energy Commission (AEC) 原子能委員會 (1946 年聯大設立,1952 年解散)

Atomic radiation 原子輻射

Atomic war 原子戰爭

Atomic warfare 原子戰爭

Atomic weapon 原子武器

Atomise *v.* 使霧化

Atone for a crime by good deeds 將功贖罪

Atone for one's crimes by doing good deeds 戴罪立功

Atonement 補償;贖罪 (耶穌教用語);和解;和合

At-risk amount 〔美〕風險資產 (指納稅人在其生意或投資中涉及其私人財產的風險數額)

At-risk limitation 〔美〕風險減稅額 (指納稅人在風險金額範圍內對其商貿風險投資等損失可予減稅)

At-risk rule 〔美〕風險規則 (納稅者風險投資損失可減免的稅額)

Atrocious assault and battery 致人於殘廢的傷害罪

Atrocity 暴行;兇惡;兇殘;殘忍

ATS Accounts 〔美〕自動過戶勞務項目

Attach *v.* 扣押;查封 (指查封財產並置於法院監管之下);使受約束;束縛;附加;附着;起保,起期 (保險責任的開始);保險契約的生效

Attach conditions to loans or grants 附加貸款或贈與條件

Attach political conditions 附加政治條件

Attach to resisting calls for protectionist measures and to countering financial chaos 注意抵禦要求採取貿易保護主義措施並對付金融動盪 (指 WTO153 個成員國的要求)

Attachable 可扣押的

Attaché 隨員;專員

Attached 附加的;隸屬的;附屬的;與其他建築物相關聯的

Attached account 被查封的賬戶 (指未經法院同意不得啓封,不得付賬)

Attached clause 附屬條款

Attached commercial act 附屬的商務行為

Attached government position 附屬官職

Attaching creditor 行使扣押權的債權人

Attachment 扣押;查封;拘押 (拒不執行法院命令的債者或財產);扣押令 (指依令狀、傳票或其他司法命令強制扣押債務人財產以保全訴訟。"attachment"與"arrest"有所不同。前者是依令狀或傳票逮捕或查封,可能連人及物;後者只是逮捕犯人入獄);附加;附屬;〔保〕附保;起期 (指保險生效日期)

Attachment bond 啓封保證金 (用以解除查封的財產以便啓封出售以清償原告的債務)

Attachment execution 〔美〕扣押執行令 (為了執行清償債務的判決而扣押債務人對第三人債權傳票以使其清償債務的名稱)

Attachment for unpaid taxes 滯納租稅的扣押

Attachment of a person 拘留某人

Attachment of debtor's property 扣押債務人的財產

Attachment of debts 〔英〕債款扣押 (指法院依法命令取得對債權人終局判決的第三債務人償還債務)

Attachment of earnings 〔英〕扣發收入令 (指高等法院或郡法院命令扣押債務者的收入執行判定的債務)

Attachment of privilege 〔英古〕特權者傳票 (指例如,高等民事法院律師因其享有特權而只能在特定法院對其起訴);逮捕在特權地者的令狀

Attachment of quota 扣押分配額

Attachment of risk 風險責任開始 (指財產從賣者轉到買者手中時,其毀損風險責任亦隨之而易手)

Attachment of the forest 〔英古〕皇家森林初級法庭 (指三個最低級法庭之一,其對侵佔少於四便士價值者有權進行調查,但無權定罪)

Attachment order 扣押令

Attack *v. & n.* 攻擊;襲擊

Attack and retaliation 〔中〕打擊報復

Attacking force 攻擊部隊

Attain *v.* 到達 (成年期);完成;獲得

Attain stable, equitable and remunerative prices for exports 〔關貿〕獲得穩定、公平和有利的出口價格 (指對發展中國家的出口產品而言)

Attain the objectives of this Agreement 〔關貿〕實現本協定的宗旨

Attain the status of desertion 獲得逃亡的身份

A

Attainder 褫奪公權 (指剝奪因犯叛國罪或重罪而被判處死刑者的民事權利並沒收其財產)；被剝奪法益人

Attaint *v. n. & a.* I. 剝奪 (被判處死刑者) 民事權利；玷污；凌辱；II. 〔英古〕審查陪審團是否作出非法裁決的令狀；剝奪陪審員非法評斷的財物及其土地收益的令狀；III. 判決剝奪民事權利和民事行為能力的；玷污的；褫奪法權的

Attaint d'une cause 〔法〕一起訴訟的收益

Attainted 被剝奪民事權利及其民事行為能力的

Attempt *v. & n.* I. 意圖；企圖；嘗試；〔古〕企圖殺害；II. 犯罪未遂；未遂行為；未遂犯

Attempt at an offence 未遂罪

Attempt to commit suicide 自殺未遂

Attempt to monopolise 企圖獨佔

Attempt to murder 謀殺未遂

Attempted 企圖的；未遂的；強姦未遂的

Attempted burglary (侵入住宅) 盜竊未遂

Attempted crime 未遂犯；未遂罪；犯罪未遂

Attempted felony 未遂的重罪

Attempted monopolisation 企圖獨佔

Attempted murder 謀殺未遂

Attempted rape 強姦未遂

Attempted robbery 搶劫未遂

Attempted suicide 自殺未遂

Attempted theft 偷竊未遂

Attend any meetings as an observer 作為觀察員身份參加會議；以觀察員身份出席任何會議 (指 WTO 應邀參加 IMF & IBRD 會議)

Attend as witness 到場作證

Attend such meetings with observer status 以觀察身份參加會議

Attendance 出席 (人數)

Attendance allowance 看護津貼

Attendance bonus 全勤獎；出勤獎

Attendance centre 〔英〕(青少年罪犯) 管教中心

Attendance rate 出勤率

Attendance roll 出席人數；出席名冊

Attendant *n. & a.* I. 服務員；治療者；護理員；隨從；II. 伴隨的；附隨的，附帶的；與⋯相聯繫的 (銜接的)

Attendant circumstances 附隨事件的事實

Attendant claim 附帶請求

Attendant risk of trade conflicts 附帶的貿易衝突風險

Attendant terms 長期隨存租賃權 (指設定信托保管較長的年限以保護不動產物權租賃的繼承)

Attending physician's statement 主治醫師報告

Attentat 〔法〕行刺；暗殺；暗害；行兇；妨害

Attentat clause 刺殺元首例外條款；行刺條款

Attention 注意，留心；關心；告示

Attenuating circumstance 從輕處罰情節

Attermining 〔英古〕准許延期支付債務；獲准延期 (指取得延長償付債務的時間)

Attest *v.* 見證；證明；證實，聯署證明

Attestation 見證；證明；認證；連署證明 (指應當事人請求一般至少由兩人作為證人簽署並證明文件或遺囑的真實性)

Attestation clause 證明條款 (指主具證明當一隻在遺囑等契據下端簽署屬實的附加句子)；見證執行遺囑事實和情況的證明書

Attestation of honour 人格保證

Attestation of will 遺囑的證明

Attested copy 檢定副本 (業經證明與原本無異的謄本)

Attesting witness 簽名證人；見證人 (指應當事人請求旨在證明和鑒定文件的真實性)

Attestment 證詞；證據

Attestor 見證人；證明人；簽證人

Attic Code 阿提卡法典 (公元前五世紀)

Attorn *v.* 轉讓 (交與他人金錢或動產)；〔封〕承認新地主 (指同意承認財產的新所有者並承諾向其繳納租金)

Attorney (atty.) 律師；代理人；輔佐人；〔英、法古〕律師；輔佐人；代理人 (指被指定和授權代他人辦事的人)

Attorney ad hoc 特設律師；專項律師

Attorney at large 〔美〕無任所的法院律師

Attorney ethics 律師職業道德

Attorney fees 律師費；律師酬金

Attorney for government 〔美〕政府律師；政府檢察官

Attorney General's Chambers 〔香港〕律政署

Attorney General's opinion 〔美〕司法部長意見書 (就法律問題向總統或向行政機關上呈的請求報告)；總檢察長意見書

Attorney of record 記錄在案的律師 (指律師名字永久地記錄在案件或檔案中)

Attorney of the day 值班律師

Attorney's licence 〔美〕律師執照

Attorney-at-law 〔美〕律師 (指允許在規定的州內執行律師事務並被授權代表委託人履行民、刑事職能，包括起草司法文件、提供法律意見、代表出庭應訴等)

Attorney-client privilege 律師－事主守密特權 (指律師和事主之間通信內容保密不予披露的特權)

Attorney-General's bill 〔美〕總檢察長公訴狀 (經法院同意呈交大陪審團無事先檢控的公訴狀)

Attorney-General (Atty. Gen.) 〔香港〕律政司 (指香港回歸前擔任港督的行政局法律顧問，同時亦為律政署的首長)；〔英〕檢察總長；英格蘭律師協會主席；〔美〕司法部長；總檢察長

Attorney-General's Department 檢察總署

Attorney-in-fact 〔美〕私人代理人 (指經書面委托書授權代理他人從事非法律事務的特定目的、特定行為或特定的一般事務性交易)

Attorney's certificate 〔美〕律師資格證明書

Attorney's fees 律師費

Attorney's lien 律師留置權 (指律師有權扣留其事主的財產直至交付律師費為止；同時也可扣留法院應付還其事主資金等權利)

Attorney's office 律師事務所

Attorney's opinion 律師意見聲明書

Attorney's work product 〔美〕律師工作成果 (指為訴訟案件所準備的筆記和工作文件等受法律保護，不予披露)

Attornment 讓與 (權利等)；〔封〕承認新領主；土地轉讓契約

Attracting 吸引的；誘惑力的

Attracting deposits 吸引存款

Attracting funds 吸引公債

Attracting savings 吸引儲蓄

Attractive agencies doctrine 〔美〕保護兒童免受有吸引力危險工具傷害原則

Attractive instrumentalities doctrine 〔美〕保護兒童免受有吸引力危險品傷害原則

Attractive nuisance 對兒童有吸引力的危險物品

Attractive nuisance doctrine 〔美〕保護兒童免受有吸引力危險品傷害原則（指對能吸引兒童前來玩耍的有害物品應採取預防措施以免受其傷害）

Attributability 可歸因性；可歸屬性

Attribution 歸因；歸屬；權限；責任歸屬；〔美〕納稅人權益讓與規則（指在某種情況下一納稅人可將其所有權的權益給予另一納稅人。例如，母親佔有某公司 60% 的股份，她兒子佔有公司 40% 的股份，那麼，母親可被認為法定所有人佔有該公司 100% 的股份）

Attrition rate 損耗率（指在僱員、存貨、設備方面的損耗）

Au pair 〔法移〕寄讀女生（指 17 歲或 17 歲以上經安排前來聯合王國學習英語，居住在說英語居民家庭）；應僱女傭（獲得入境工作許可證，在英國可全日打工，居留期不超過兩年）

Aubaine 〔法〕沒收外僑遺產權

Auburn system 〔美〕（紐約）奧本監獄制度（晚上單獨監禁，白天集體勞動，1820–24 年）

Auction 拍賣（蘇格蘭拍賣土地或建築物時常用 "coup"，類同 "bid"）

Auction bid form 競賣表

Auction by candle 蠟燭拍賣法（點一支蠟燭，在燃燒之前的最後出價人即為得標人的方法）

Auction by government 由政府拍賣

Auction charges 拍賣費用

Auction company 〔美〕拍賣行；拍賣公司（主要指果品之類）

Auction of immovables 不動產拍賣

Auction of movables 動產拍賣

Auction of ship 船舶拍賣

Auction sale (sale by auction) 拍賣銷售

Auctioneer 拍賣人；拍賣商；拍賣行（其有別於 "broker"，前者只許代人出賣財產，而後者買、賣均可；但前者只許公賣，而後者只許按私人契約出賣）

Auctioneer hammer 拍賣人的小槌（拍賣價格確定時打的槌子）

Auctioneer's fee 拍賣人手續費

Auctioneer's Institute of the United Kingdom, the 英國拍賣商人協會

Auctor in rem suam 只謀自身利益代理

Audience 聽證；會見，接見，謁見，勤見（國王、總統或其他國家領導人見外國使節等）；〔日〕公判；公審

Audience court 〔英〕坎特伯雷大主教附屬法院（與大主教法院具有同等的權力，但在尊貴和古風上不及主教法院。約克郡也有個附屬法院，但已曠久失用）

Audiovisual services 視聽服務

Audiovisuals 視聽數據（音像數據，可據以聽到聲音，看到圖像的錄音、錄像，以及電子計算機貯藏的數據和材料，其為訴訟中的一種證據兼具書證和物證的共同特徵）

Audit *n. & v.* I. 審計；查賬（指年終時對公司企業會計賬目報表進行全面的檢查）；II. 審計；查賬（查核納稅人報稅單和帶有納稅後果的各種業務）；旁聽

Audit Administration 審計署

Audit and control system 審核制度

Audit and supervision fund 稽核及監督經費

Audit certificate 審計證明書；查賬證明書

Audit Commission 〔香港〕審計署

Audit committee 審計委員會（通常由外聘董事提名獨立審計員組成一個公司董事會的委員會進行工作，主要職責為監督財務、會計工作）

Audit company 〔美〕查賬公司

Audit expenses 審計費用

Audit fee 審計費；審計師酬金；查賬師酬金

Audit law 審計法

Audit of expenditure 支出稽核

Audit office 審計署

Audit opinion 審計意見（審計報告）

Audit report 查賬報告；審計報告

Audit system 審計制度（指審核會計人員所做會計記錄，作出客觀公正評價的制度）

Audit year 審計年度

Audited 核實的

Audited account 審定決算

Audited statement 審定報表；審定決算書

Auditeur de nonciature 〔法〕教廷使館秘書

Auditing 審計（俗稱 "查賬"）

Auditing by test and scrutiny 用抽查法查賬；以抽查稽核

Auditing committee 財務審核委員會；審計委員會

Auditing department 查賬科；審計科

Auditing officer 審計人員

Auditing procedure 審計程序

Auditing services 審計服務

Auditing standards 審計準則

Auditor 審計師，審計員；查賬員

Auditor general 審計長；總審計師；〔美〕州會計查賬官

Auditor of (the) exchequer 會計查賬官

Auditor of Court of Session 〔蘇格蘭〕最高民事法院審計官

Auditor of public accounts 會計查賬官

Auditor of the imprest 〔英〕會計查賬官（舊時英國財政部對海關和陸海軍費等的）

Auditor of the receipts 〔英〕財務監督官

Auditor of the treasury 會計查賬官

Auditor's certificate 審計員證書

Auditor's comment 審計員（查賬）意見書

Aught 〔蘇格蘭〕財產；所有物

Augmentation 歲入增加（指王室ів封修道院並佔用其土地和收益）；〔英〕修道院與寺廟土地爭訟裁決法院（亨利八世設立的，現已廢止）；教區教士享有大什一稅的份額（現已由議會制定法作為一項永久的規定。此詞用於加拿大法律中亦有類似含義）；擴大；增加

Augmentation court 〔英〕增收法院（亨利八世為了增加歲入的目的建立的）

Augmented estate 〔美〕增大的遺產（遺產因喪葬費和遺產管理費的花銷而減少，但這些支出卻全部追加由繼承該遺產的配偶負擔，從而除善意買者外提高了遺產價格）

Auld Alliance 奧爾德同盟（蘇格蘭與法蘭西之間締結的長期同盟，1168–1745 年）

Aulic 附屬於皇家法院的

Aulic council 奧地利皇帝樞密院；神聖羅馬帝國最高行政和司法院

Aunt 姨母；姑母；伯母；嬸母；舅母

A

Auricular witness　用耳聞資料作證的人

Ausgleieh　〔德〕奧匈帝國組成條約（1867 年）

Aussereg staatsrecht　〔德〕對外國家法

Auster　對土地佔有者的驅逐

Australian ballot　澳洲式（投票）選舉（用政府所印刷的紙張進行秘密投票的方式）

Australian Law　澳洲法律（1825 年）

Australian, New Zealand and the United States Pact (Mutual Security Pact)　澳新美安全條約（或稱 "Security Treaty between Australia, New Zealand and United States"，1951 年 9 月 1 日在舊金山簽字，翌年 4 月 29 日生效）

Australia-New Zealand Closer Economic Relations (ANCER)　澳洲新西蘭更緊密經濟關係

Australia-New Zealand Free Trade Zone　澳洲－新西蘭自由貿易區；澳新自由貿易區（指自 1990 年 7 月 1 日起兩國之間實現貿易自由化，但雙方進口貨物時仍須按規定辦理進關手續）

Australia-New Zealand Free Trade Zone Agreement　澳洲－新西蘭自由貿易區協定

Austrian law　奧地利法

Austrian theory of interest　奧地利派利息學說

Austro-School　奧地利學派（以演繹的研究方法為特色並以門格爾為領袖的一個經濟學派）

Autarchy　獨裁政治；獨裁統治；自治；自主；自給自足

Authentic　認證了的；認為合法的；作準的；單純的；純粹的；可信的；可靠的；真正的；可信賴的；具有同等效力的

Authentic act　權威文件；作準文件；經認證登記的謄本；正本；〔羅馬法〕公證書

Authentic and definitive text　作準定本

Authentic clause　正本條款

Authentic copy　權威文本；作準文本

Authentic deed　公證證書

Authentic interpretation　專家解釋；權威解釋；有根據的解釋

Authentic manuscript　真正的原稿

Authentic only in the English Language　只有用英語語文作準的

Authentic representative　真正代表

Authentic text　作準文本；認證文本

Authentic writing　正本（真確的文據）

Authentical deed　公證證書

Authenticate　*v.* 認證；鑒定；證明

Authenticate the signature　認證簽字

Authenticated document　認證文件

Authenticated instructions　認證的說明書；作準說明書

Authenticated protest　（公證人對匯票）證明的拒付證書

Authenticating officer　認證官員

Authentication　鑒定；鑒證；認證（指所訂立的條約或證書的文本正確無誤，具有法律效力）

Authentication of document　文件的認證

Authentication of the seal and signature appearing on the document　認證文件上的印章和簽字（屬實）

Authentication services　認證服務

Authenticator　認證人；證明人

Authenticity　可靠性；真實性，確實性

Authenticity of a signature　簽名的真實性

Authenticity of the documents　文件的真實性

Authentics　（查士丁尼皇帝）新法令集

Author　著作者，作家；發起人；創造人，創始人；作曲家（其有別於 "editor, translator" 或 "compiler"）

Author of the trust　委托者（人）

Author state　行為國

Author's remuneration　作者的報酬

Authorised capital　〔英〕法定資本；額定資本；核定資本

Authorised minimum capital　〔英〕法定最低資本

Authorised share capital　〔英〕額定股份，法定股份（公司授權發行的）

Authoritarian　權力主義者；獨裁主義者

Authoritative　有權威的，可相信的；恃仗權勢的；命令式的；官方的；當局的

Authoritative interpretation　權威解釋

Authoritative organ　權威機關，主管機關（指法院審判法律規定範圍內民事糾紛的權限；即確定法院與其他國家機關、社會團體解決民事糾紛的分工；凡是其他國家機關和社會團體不能解決的民事糾紛通歸法院主管）

Authoritative precedent　權威性判例

Authoritative text　權威文本

Authoritative view　權威觀點

Authorities　憑據；典據（指引自法規、案例、法官意見和法律教科書等權威根據以為左證）；當局；官方

Authorities competent　主管當局

Authorities in charge of examination and approval　審查批准機關

Authorities' establishment of the facts　〔世貿〕當局所確立的事實（指由專家小組負責對爭議當局所確立的事實進行審查，並向總幹事作出結論性報告）

Authority　權力；代理權；管轄權；職權；權限；授權；判例；先例；法律根據；權威意見（指司法或行政機關等）；許可；委任；機構；當局；權威著作；泰斗

Authority by estoppel　表見代理權（不容否認的代理不是真實的而僅是一種表見代理權，釋義見 "apparent authority"）

Authority conferred by law　法律賦予的權力

Authority conferred by people　人民賦予的權力

Authority coupled with an interest　有償委任

Authority for subsidy　補貼權

Authority for the interpretation　解釋權

Authority of law　法律權威

Authority of the husband　夫權（中國封建社會的四權之一）

Authority to negotiate　授權議付

Authority to pay　授權付款

Authority to take joint action　採取聯合行動的權力

Authority with responsibility　有權有責

Authorisable　可授權的；可批准的；可認定的

Authorisation　授權；核准；准許；認可；訴訟委任

Authorisation for auction　拍賣委任

Authorisation from central government　由中央政府授權審批

Authorisation of the right holder　〔世貿〕權利所有人的授權；權利人的授權

Authorisation to conduct　訴訟委任

Authorisation view　權威的意見

Authorise　*v.* 授權；委任，委托；批准；許可；認可

Authorise an agent 授權代理人；委任代理人

Authorise retaliatory measures 授權報復措施

Authorise suspension of concession 〔世貿〕授權中止減讓 (指 DSB 權力而言)

Authorised 經授權的；核准的；認可的；公認的

Authorised agent 授權代理人；委任代理人

Authorised architect 認可的建築師

Authorised auditor 檢定審計師

Authorised bank 指定銀行；授權銀行

Authorised bond 法定債券；核准債券

Authorised by law 經法律准許的；法律授權的

Authorised capital 公認資本；核准資本；法定資本 (指公司按其章程規定發放供認股人認購的資本總額，其有別於 "issued capital")

Authorised capital stock 法定股本；核定股本；額定股份

Authorised company 〔美〕授權公司 (指經州政府核准註冊的保險公司)

Authorised copy of execution 執行正本

Authorised investment 核准投資

Authorised issue 發行認股額 (指公共公司出售所發行的全部股本金額)

Authorised minimum capital 〔英〕法定最低資本 (為五萬英鎊)

Authorised mortgage bond 核定抵押債券

Authorised personnel 編制人員

Authorised remedies 〔世貿〕授權的補貼 (指實施補貼成員方與申訴成員方就前者實施的不符 1994 年 GATT 以補貼問題舉行的談判未能達成協議時，經 WTO 秘書處報請《補貼與反補貼委員會》批准後者可採取適當的補救措施。諸如，徵收反補貼稅等)

Authorised reports 審定判例集

Authorised representative 授權代理人；授權代表

Authorised share capital 核定股份資本 (指公司註冊證內允許發行的可獲資本的股份總額)

Authorised signature 授權簽署；核定的簽名

Authorised stock 授權股本；法定股本 (指允許公司可發行各類股票的最高額)

Authorised stock issue 法定股本發行；額定股本發行 (指國內外公司章程允許發行銷售各種核定股本的總額)

Authorised tariff 固定稅則

Authorised translation 經 (原作者) 同意的譯本

Authorised version 核准文本

Authorising legislation (IDA) (開發協會) 授權法案

Auto alarm 自動報警；自動報警器

Auto burglary 偷盜汽車罪

Auto liability insurance 汽車責任保險

Auto sector 汽車部門

Auto theft 偷竊汽車；盜竊機動車輛罪

Auto-belligerency 自動交戰狀態

Autocide 自我毀滅；撞車自殺

Autocorrelation 自相關 (統計法用語)

Autocracy 獨裁政治，專制政治；獨裁政府；獨裁統治；專制政體

Autocrat 獨裁者；專制君主；獨斷專行的人

Autocrat and traitor to the people 獨夫民賊

Autocrat of all the Russian 俄羅斯皇帝的稱號

Autocratic government 專制政府

Autocratic monarchy 帝制；君主專制

Autocratic(al) 獨裁的，專制的

Auto-de-fe (pl. Autos-de-fe) 〔西、葡〕(中世紀天主教會宗教法院的) 判決儀式；火刑 (指對異教徒或異端著作等所處的火刑)；《公審大全》(1481–1850 年)

Autograph 親筆；手稿；親筆簽名

Autographed letter 親筆信

Autographic telegraph 親筆簽名的電報

Auto-interpretation 自行解釋

Auto-limitation 自限制

Auto-limitation clause 自行限制條款

Automated clearing house (ACH) 〔美〕自動化清算所 ("自動化票據交換所" 地區商業銀行間的電子信息網用以當天結算彼此間相互收付的票據)

Automated electronic network 自動化電子網絡

Automated Teller Machine (ATM) 自動取款機；〔香港〕自動櫃員機

Automatic acceptance 自動接受

Automatic acquisition 自動取得

Automatic adjustment mechanism 自動調節機制

Automatic alarm 自動警報器

Automatic belligerency 自動交戰地位；當然交戰地位

Automatic cover 自動承保

Automatic enforcement mechanism 〔世貿〕自動執行機制 (美著名參議員鮑勃·多爾 (Robert Joseph Bob Dole) 等認為這種機制會侵犯美主權，因而主張拒絕批准世貿組織協定，一直拖延至 1994 年感恩節前一天參議院才投票以 76 票對 24 票表決通過)

Automatic Exchange of Information (AEOI) 自動交換信息 (自 2018 年 9 月 1 日起，中國政府將同全球 100 多個 CRS 簽約國進行第一次自動交換金融賬戶涉稅信息)

Automatic expiration 自動滿期

Automatic import licensing 〔世貿〕自動進口許可證 (指世貿組織關於免費批准申請的進口許可證，一般指不限制進口的產品)

Automatic import quota (AIQ) 自動進口配額

Automatic ineligibility to use Fund's resources 〔基金〕無資格自動使用國際貨幣基金組織的資源

Automatic lapse of a patent 專利的自動終止；專利的自動失效

Automatic law 〔英〕(小區團體) 自治性法律

Automatic licensing 自動許可

Automatic licensing system 自動許可證制度

Automatic naturalisation 自動入籍

Automatic non-forfeiture clause 自動不沒收條款 (規定)

Automatic participation 自動參加

Automatic premium loan 自動抵繳保險費貸款

Automatic qualification 當然的資格

Automatic reinstatement clause 自動恢復條款；自動恢復原保險額條款；自動續保條款

Automatic reinsurance 自動再保險

Automatic renewal 自動恢復；自動展期；自動延長

Automatic reservation 自動保留

Automatic roll-over of unpaid principal and interest 未付的本金和利息的貸款自動展期

A

Automatic stay　自動中止（支付）

Automatic submarine contact mine　自動海底觸發水雷；自動水下觸發水雷

Automatic succession　自動繼承

Automatic termination clause　自動終止條款

Automatic Transfer Services (ATS)　自動過戶勞務；自動轉讓勞務

Automatic Transfer Services Accounts　〔美〕自動過戶勞務賬目

Automatically extended　自動延長（期）

Automatically lapse　自動失效

Automaticity of drawings　自動提款

Automatism　夢行症，浮客症（神遊）（指中樞神經失控，行為失掉知覺的狀態，可為刑事辯護一種理由）；無意識行為（指個人無目的的意圖的行為）

Automobile accident　車禍（機動車事故）

Automobile accident policy　（機動車事故）車禍保險單

Automobile collision　汽車碰撞

Automobile death and disability coverage　汽車死亡和殘疾事故保險

Automobile guest　汽車搭客

Automobile guest statute　〔美〕家庭成員駕車法

Automobile homicide　車禍殺人

Automobile insurance　汽車保險

Automobile liability insurance　汽車責任險

Automobile theft　盜車；汽車盜竊

Automotive production enterprises　汽車生產企業

Autonomic　自治的；自主的

Autonomic law　自治法

Autonomist　自治制主張者；自治論者；自治論者

Autonomous　自治的；自主的；自治權的

Autonomous and conventional tariff system　自主協定稅則制（自主協定稅則簽訂的貿易條約或協定，按締約雙方或多方共同商定的稅率制定的關稅稅則）

Autonomous area　自治區域

Autonomous authority　自主權；自主的權限

Autonomous county　〔中〕自治縣

Autonomous entity　自治實體

Autonomous institution　自治機構

Autonomous jurisdiction　自治權限；自主管轄權

Autonomous neutralisation　自主中立化

Autonomous port　自治港

Autonomous prefectures　〔中〕自治州

Autonomous region　〔中〕自治區

Autonomous state　自治國家

Autonomous tariff　自主稅則（又稱“國定稅則”，指本國政府自主制訂和徵收對進口產品的關稅）

Autonomous tariff system　自主稅則制

Autonomous territory　自治領土

Autonomous trade regime　〔世貿〕自主貿易體制（指對優惠原產地規則是否惠予可自主制定標準）

Autonomous transaction　自主性交易（亦稱“事前交易”，指根據自主的經濟動機進行交易活動）

Autonomy　自主；自治；政治上獨立；自主權；自治權；自治政府；自治團體

Autonomy of enterprise　企業自主權

Autonomy of parties　當事人意思自治（原則）

Autonomy of will　意思自治（亦即“契約自治”原則。指契約一經合法成立，當事人即須善加履行，非經共同同意，不得修改或廢除）

Autopsy　屍體剖檢；屍體解剖；驗屍

Autoptic evidence　展示證據；實物證據；親自勘察的證據（指在陪審團面前提供的實物證件作為陪審團親眼所見的證據）

Autoptic preference　實物證據（指提交公開法庭查驗的屍體剖檢展示物）

Autre　〔法〕其他的；另外的；別的；不一樣的；不同的；另一個；又一個

Autre action pendant　另一起未決訴訟（妨訴抗辯的一種）

Autre droit　〔法〕他人之權（意指受托人的權利是來自委托人的權利，非其自身的權利）

Autre vie　他人的生命（在他人的生存期間保有其不動產的租賃權）

Autrefois　〔法〕以前；從前，過去，往昔

Autrefois acquit (auterfois acquit)　前經宣告無罪，不應再受審判；（刑事被告）基於以前就同一事件已被宣告無罪釋放的抗辯（即“一事不再理抗辯”）

Autrefois attaint (auterfois attaint)　（刑事被告）基於已授權能剝奪的抗辯（刑事被告就過去所犯同一重罪已被剝奪公民權，不應再受審判的抗辯，過去這種抗辯理由可使刑事被告免受重罪）

Autrefois convict (auterfois convict)　〔法〕前經定罪，不應再受審判（指刑事被告基於以前就同一事件已受有罪判決的抗辯，即“一事不再受理抗辯”）

Autun Commentary　奧通注釋；奧通評注（1898 在奧通發現一名法學教師於公元五或六世紀對格勞秀斯《法學階梯》所作的評注）

Auxiliary　輔助的；補助的；附屬的；從屬的；備用的

Auxiliary body　輔助機構；輔助團體

Auxiliary claim　附帶求償

Auxiliary commerce　機關商業；輔助商業

Auxiliary financial services　輔助性金融服務

Auxiliary fleet　輔助船隊

Auxiliary forces　輔助軍隊，輔助部隊

Auxiliary jurisdiction　輔助管轄權；附屬管轄權

Auxiliary jurisdiction of equity　衡平法法院的附屬管轄（權）

Auxiliary measures　輔助措施

Auxiliary Medical Service　〔香港〕醫療輔助隊

Auxiliary organ　附屬機關；輔助機關

Auxiliary personnel　輔助人員

Auxiliary profession　輔助職業

Auxiliary route　補助線

Auxiliary service　輔助服務

Auxiliary ship　輔助船舶

Auxiliary war vessel　輔助艦

Auxiliary warfare　輔助戰

Avail of marriage　〔封〕結婚的權利（指領主或騎士的監護人對未成年被監護人有處置其婚姻的權利）；〔蘇格蘭〕結婚收益（指部下的繼承人達到結婚年齡時向君主繳納的金錢）

Availability　可用性；可用量；可獲量；可生效；效力

Availability of a consultation mechanism　〔世貿〕協商機制的存在

Availability of services technology　獲得服務技術

Availability register　(來賓)簽到薄

Availability theory　存在性理論(指國際貿易的發生是由於某些國家擁有某些特別經濟資源的理論)

Available　有當選希望的(指因政治背景等原因);願接受提名(或參加選舉)的;可用的;合用的,可得到的,可達到的;可利用的;有效的

Available asset　可用資產(清償債務的)

Available evidence　現有證據

Available fund　可得到的資金;可動用的資金

Available information　現有資料

Available land　可耕地(其別於不能耕種的沼澤地)

Available market　有現成的市場

Available scientific and technical information　有效的科技信息

Avails　(複)有利;有益,有助;土地收益;價金

Aval　(法)票據保證(指商業票據);(加)期票簽名保證(在期票下端署名的行為)

Avaria, avarie　海損(航運中遭受的損失或損害)

Avenant　(法)保險契約修正書;(合同的)附加條款,修改條款

Avenge in war　戰時復仇

Avenue of appeal　上訴途徑(手段)

Aver　*v. & n.* I. 證明,確證;斷言,主張,陳述;證明…為真實(古抗辯用語);II.(法古)財產;物質;工作畜(牛和馬等)

Average　*v. & n.* I. (為取得更有利的平均價格而)買進;賣出;II. 勞役(不動產承租人向其領主提供牛馬耕作的勞役);莊稼收割後餘留的部份;海損(海商法用語);單獨海損;雜費(船東付的小費,例如:領港費、引水費和拖輪費等);少額保管費(受貨人或貨主支付給船長和船舶所有人在運費外的費用);平均數(指兩個以上的數量,長度和數字的平均)

Average adjuster　海損理算人(師)

Average adjustment　海損理算

Average agent　海損代理人

Average agreement　共同海損協議書

Average and primage accustomed　小(額)海損和船長酬金須照例付給

Average annual growth rate (of)　平均年增長率

Average annual trade　平均年度貿易

Average bond　共同海損協議書;共同海損保證書

Average bound rates　平均約束率

Average c.i.f. unit values　平均到岸價格(單位產品平均到岸價格)

Average clause　共同保險條款;分攤條款(指明如果損失額少於保險標的物的價值者,其差額部份投保人以為自保;但被保險物受損部份則平均分攤)

Average contribution　共同海損分攤(額)

Average cost (AC)　平均成本

Average daily balance　平均日計表;平均日餘額(指存款結餘)

Average f.o.b. unit values　平均離岸價格(單位產品平均離岸價格)

Average fare per passenger　乘客人均運費

Average guarantee　海損擔保函

Average life　債務的有效期

Average loss settlement　海損計算法

Average man test　普通人標準(指用以確定預選的陪審員自稱雖與所評審案件深有瓜葛,但能公正不懷有偏見地檢驗)

Average premium　平均保險費

Average production cost　平均生產費用;平均生產成本

Average profit　平均利潤

Average rate　平均保險費率;平均費率

Average rate of tax　平均稅率

Average reserve position　平均儲備金狀態

Average revenue　平均收益;平均收入

Average share　平均份額(指對市場的佔有而言)

Average speed　平均速度

Average statement　海損理算書

Average total cost　平均總成本

Average undertaking　共同海損分攤保證書

Average unit of world labour　世界勞動的平均單位(指依馬克思《資本論》,生產某種商品所需的國際社會必要時間)

Average variable cost　平均可變成本;平均變動成本

Average warranty　部份損失免賠率條款

Average weekly wage (A.W.W)　平均週工資

Average yield　平均單位面積產量

Average-inflation country　平均通貨膨脹的國家

Averager　海損理算人

Averaging　(商品買賣)平均價

Averaging up　提高平均價(高價連續買賣法)

Averaging up or down　購賣同一證券不同價位的高低平均價(即,降低平均價或提高平均價)

Averment　(英)陳述(積極的事實陳述);證實,確證(被告提出有效抗辯,釋義同"verification");主張,宣稱("allegation"的技術性名稱)

Avert a trade war　避免一場貿易戰;防止一場貿易戰

Aviation　航空;航空學;飛行技術

Aviation Act (FAA)　(美)聯邦航空法(負責制訂航空規則飛機飛行安全等)

Aviation hull insurance　航空機體保險

Aviation insurance　航空保險(包括飛機毀損、第三方責任的旅客責任險)

Aviation licence　航空執照

Aviation passenger accident insurance　航空乘客意外事故保險

Aviation personal accident insurance　航空人身意外保險

Aviation service　航空服務

Avizandum　(蘇格蘭)法官對本案的判決(指法官在聽完兩造對案件辯論後需要時間考慮應作出如何判決)

Avocat　(法)諮詢律師(其職責通常是提供法律諮詢)

Avocation　(個人)副業;業餘愛好;法庭間訴訟移轉

Avocato　(意)律師(指意大利辦理訴訟案件的)

Avoid　*v.* 使無效;撤銷;迴避;躲避;逃避

Avoid acute social problems　(世貿)避免嚴重的社會問題(指因產業經營虧損所致)

Avoid an uneconomic employment of productive resources　避免生產資源不經濟的使用

Avoid attaching inducements of any kind (to)　避免附加任何種類的利誘(航空法用語)

Avoid causing serious prejudice to exports (of)　避免對出口造成嚴重的損害

A

Avoid circumvention of the price provisions 防止規避價格條款

Avoid creating adverse effects on the trade of other Members 〔世貿〕避免對其他成員方的貿易造成不利的影響

Avoid delays in payment 避免遲延支付

Avoid distorting the conditions of competition 避免扭曲競爭條件

Avoid duplication 防止複製

Avoid harmful interference with normal patterns of world trade 避免對世界貿易正常格局的有害干預

Avoid interference with 避免妨礙

Avoid international friction 避免國際衝突

Avoid over-categorisation 避免分類過細

Avoid premature disclosure of details of prospective tariff changes 〔關貿〕避免過早泄露預期改變稅率的細節（指對締約方間的談判或協商內容應盡可能予以保密）

Avoid surpluses and shortages 避免過剩和短缺

Avoid the obligation to make tariff concessions 〔世貿〕避免承擔關稅減讓的義務（指世貿組織允許發展中國家擁有這種權利）

Avoid the use of subsidies on the export of the primary products 〔關貿〕避免對初級產品的輸出實施補貼

Avoid unnecessary duplication 避免不必要的重複

Avoid unreasonable delay 避免無理的遲延

Avoid unwarranted curtailment of the period of protection 〔世貿〕避免保護期被不適當地縮短（指知識產權的保護期而言）

Avoidable 可作為無效的；可避免的；可迴避的；可撤銷的

Avoidable consequences doctrine 〔美〕可避免後果原則（減少受害者傷害至最低程度的責任原則）

Avoidance 〔英〕空缺（指因死亡、職位、聖職等）；宣告無效（指被告在訴訟抗辯中提出新的主張說明過去所承認的事實不應產生法律效果的理由）；使書證失效；撤銷（指以行為或契約有缺陷為由予以取消）；逃稅（其反義詞為 "evasion of tax"）；規避（指採取措施以防承擔一切責任和風險）；逃避；迴避；廢止，廢除

Avoidance of double taxation 避免雙重稅

Avoidance of doubt 避免引起懷疑

Avoidance of tax (=tax avoidance) 逃稅（指合法避稅）

Avoidance of unnecessary barriers to trade 避免不必要的貿易壁壘

Avoidance of voluntary settlements 廢止饋贈性協議

Avoidance techniques 規避技術

Avoiding service 逃避送達

Avoirdupois 〔法〕常衡（1 磅 =16 盎斯）；〔英〕常衡制

Avoucher 土地擔保人（指要求土地擔保人履行其擔保職責）

Avoue 〔法〕訴訟代理律師（指代表當事人出庭和辯護）；〔加〕律師

Avow v. 坦白；承認；招認，供認

Avow one's fault 認錯（罪）

Avowable 可承認的

Avowal 公開聲明（旨在使法庭知悉主證人將如何回答所提的問題並通知法庭訊問人是怎樣證明所獲證言與審判時提供的相反）

Avowant 承認者；自認者

Avowed 公開承認（或宣佈）的

Avowry 承認正當性答辯（指被告就收回扣押財產時收回其權利訴訟中承認扣押其財產是正當性的聲明）

Avowterer 〔英〕姦夫（指與有夫之婦繼續通姦的男人）

Avowtry 〔英古〕通姦；通姦罪

Avulsion 土地轉位（指因洪水引起的突然轉入他人土地內）；河流改道；土地分離（因水路的自然變更引起的，但該土地所有權不變）；〔香港〕崩附地

Avvocato 〔意〕律師

Await v. 坐等；等候；期待；埋伏以待；伏擊

Await trial 候審

Awaiting clearance 等候結關

Award v. & n. I. 判給；授與；給予；裁定；決標；II. 仲裁裁決（仲裁裁決為終局裁決）；裁決書

Award having the authority of res judicata 具有既判力的仲裁裁決（產生既判力的仲裁裁決）

Award made by consent of the parties 經雙方同意的仲裁裁決

Award made ex aequo et bono 依公平合理原則作出的仲裁裁決

Award of bid 決標

Award of contract 簽訂合同；授予合同（投標法用語）

Award of the Tribunal Constituted Under the Angro American Treaty Conducted at Washington 關於白令海漁業問題的仲裁裁判

Award rendered by default （一方）缺席下的仲裁裁決

Awardee 受獎者；得獎人

Away-going crop 〔英〕租期屆滿後成熟的作物（租地人最後一年所種植而在租期屆滿後才成熟的作物，對此租地人可依明示或默示合同條款等規定獲得該所種作物的補償權）

Ayant cause 權利承受人（指以遺囑、贈與、出售和交換等方式讓與權利）（法國和美國路易斯安那州法律用語）

Aye 贊成票；投贊成票者；同意

Aye and no 贊成與反對

Ayes and nos, the 贊成票與反對票；投贊成票者與投反對票者

Ayres 〔蘇格蘭〕巡迴法庭

B

"B" List 〔英〕"結業"公司花名冊（破產企業清算通知前 12 個月，法院或清算人作成的支付義務人員名單）

"Baltime 1939" Charter-party 〔英〕"1939 巴爾泰姆"租船合同（聞名的一種定期租船合同當事人方式）

"Bad-order" certificate 貨物短缺證明書

B (=baron) 〔英〕男爵；貴族（英國貴族的概稱）；財稅法院法官；自由民；丈夫（古用法）（對妻子而言）；夫婦；倫敦市首席行政官（即用"倫敦市長"以前的古代稱謂）；〔美〕巨商

B form credit 乙式信用狀

B-1 visa 〔美〕B-1 簽證（"臨時商務考察簽證"，但不准應僱在美工作的簽證，由美國駐外使、領館頒發給簽證申請人）

B-2 visa 〔美〕B-2 簽證（"觀光訪問簽證"，入境美國旅遊觀光簽證，由美國駐外使、領館頒發給簽證申請人）

Baby act 〔美〕未成年人抗辯（指主張未成年者所訂立契約無效的抗辯）；（廣義上的）訴訟時效抗辯；幼稚行為（小寫）

Baby Act 嬰兒保護法

Baby bond 〔美〕小額債券（面值 100 美元或以下）

Babylonian Law 巴比倫法（公元前 2750 年）

Bachelor 學士；學士學位；未婚男子；最低一級爵士；〔古〕鄉士；地主

Bachelor of Accounts 會計員；會計學士學位

Bachelor of Laws 法學學士學位

Bachelorette 未婚少女

Back *v. a. & adv.* I. 背書（指在支票等的背面簽字）；簽署；副署；為…承擔財務責任；〔英古〕背書逮捕令狀（指甲郡的法官簽發的逮捕證呈遞給乙郡的法官，准其在該郡執行）；II. 未付的；拖欠的；退回的；III. 在後；向後；在反方向

Back a loan 擔保償還貸款

Back carry 〔美〕非法打獵罪（指非法在森林中打獵，把獵物背走）

Back dividend 退回股利

Back freight 回程運費；退貨運費（指貨物到卸貨港不卸貨而將其運回的運費）

Back lands 〔美〕背地（公路或水路旁的土地，一般指不靠近高速公路或水路旁邊的土地）

Back order 未交貨訂單；延期交貨（指因存貨不足所致）

Back out of the contract 不履行合同；背棄合同義務

Back pay 欠薪；拖欠工資

Back pay award 追補增薪工資額（僱員提級後的較高工資與其原來已付工資之間的差額。對此，僱工有權要求僱主補還所欠工資差額）；支付欠薪的裁決（指司法或准司法機關對就業歧視案件中資方拖欠僱員薪金、工資和附加福利作出的判決）

Back taxes 〔美〕滯納稅；拖欠稅款（指向前年或前幾年遺留到期而未交付的欠稅人收稅）

Back title letter 〔美〕致函律師查核確定日期的產權狀況（由產權保險公司發給的）

Back to work agreement 復工協議（指罷工工人與工會訂立的）

Backadation (=backwardation)（證券）延期交割費（指股票

投機者不能按期把出售的股票交付買主為遲延交割所付的對價）；〔英〕現貨升水；現貨溢價（指現貨供求高於貨幣時，給按貨幣的價值的貼水以取得現貨貸款）

Back-bencher 〔英〕（下議院）後座議員（指未同時擔任政府部門職務的而有資格坐於議會上院後排座位上的國會議員）

Backberend(e) 〔撒〕竊賊背走贓得物；人贓具獲的竊賊

Back-bond 反擔保；賠償保證書（對保證人承諾賠償的證書）；〔蘇格蘭〕退還擔保證書（物的所有權的受讓人聲明為特定目的受托替別人管理該物，在目的完成後退回受讓人的管理物證書）

Backbone 基石（指 WTO 爭端機構在多邊貿易體制中所起的作用而言）

Backbone of economic interchange 經濟交換的支柱

Backdate 倒填日期；回溯

Backdating 倒填文件上的日期（指在文件上填寫其實際上起草之前的日期）；追溯

Backed bond 已背書債券

Backed by gold 已用黃金背書的

Background and experience in economic issues 〔世貿〕背景及經濟問題上的經驗（指世貿為組織挑選工作人員的標準）

Background papers 背景文件

Backhaul 回程運輸（運回已含在部份航程內的貨物）

Backing 〔英古〕背書（管轄外法院發出的逮捕狀上管轄法院所寫的背書）；支持

Backing a cheque (check) 背書的支票

Backing a warrant 〔英古〕背書逮捕令狀（為了使甲管轄區發出的逮捕證在乙管轄區執行，乙管轄區的治安法官對此加以認可署名，現在仍然實行於蘇格蘭、北愛爾蘭和英吉利海峽羣島，"保釋擔保"指警察逮捕被告人後可交保釋放）

Backlog 未交付訂貨累積；未交付訂單的累積額；尚未用完的撥款

Back-pay grab 立法者自行決議增薪；〔美〕可溯及議員增薪法（1873 年）

Back-rent 欠租（房租、地租等的滯納金）

Back-seat driver 〔美〕後座司機（一個高度緊張的坐在汽車後座或司機旁對駕駛員指手劃腳的人）

Backside 〔英〕後院

Backspread 套匯中較低差價

Backstopping 〔基金〕支助（指給予技術上的援助）

Back-to-back account (B/B) 對開賬戶

Back-to-back loan 背對背貸款

Backup 後備的人；代用品；備份（電腦用語）

Backup offer 後備要約

Backup resources 〔世貿〕後備資源（指熟悉對外貿易事務的人才資源）

Backup support 〔世貿〕備用援助；後備支援（指熟悉對外貿易事務的人，一旦需要時成員方可派員對 WTO 活動給予支援）

Backward country 落後國家

Backward linkage 後向聯繫

B

Backwardation 〔證券〕延期交割費 (指股票投機者不能按期把出售的股票交付買主為遲延交割所付的對價);〔英〕現貨升水;現貨溢價 (指現貨供求高於貨幣時,給按貨幣的價值的貼水以取得現貨貸款)

Backward-bending cure 後向異型曲線

Backwards *adv. & n.* I. 向後;II.〔保〕返港;往返於港口

Backwash effect 回波效應 (作用) (指不發達國家把出口貿易置於重點地位而以犧牲本國的製造業增長和農業工業化為代價而引起的不利狀況)

Backwater 回水,回流 (指溪流因水壩或下游阻礙而使水倒流);循環水

Bacon-Davis Act 〔美〕培根 — 戴維斯法 (指 1931 年聯邦法律授權勞工部長規定公共建築工程工資率以解決私人在私營企業的工資)

Bacteriological agent 細菌劑

Bacteriological methods of warfare 細菌作戰方法

Bacteriological warfare 細菌戰

Bacteriological weapon 細菌武器

Baculine 笞刑的

Baculus 〔英〕權標 (以柳條或木棍作為土地交易的標志)

Bad *a. & n.* I. 壞的,有法律漏洞的,不成立的,無效的;不合法的;不當的;II.〔英〕有法律漏洞的抗辯 (技術上的用語)

Bad character 〔美〕品行不良;道德敗壞 (這種品行在證據法上將會影響其所提供的證據的可信性)

Bad cheque (check) 空頭支票 (不能兌現的支票,存款不足的支票)

Bad debt 呆賬;壞賬;倒賬;不履行的債務

Bad debt reserve 壞賬準備金 (指可要求用以注銷呆賬以達到減稅目的)

Bad debts policy 壞賬保險單

Bad element 〔中〕壞份子

Bad faith 惡意;詐欺;失信;不忠實

Bad law 有漏洞的法律 (指徒具虛名含糊不清的法律)

Bad life 〔保〕不善壽 (短命)

Bad man 偷牲口賊;不法之徒;〔美〕受人僱用的刺客

Bad motive 惡意動機 (指明知不正當的行為卻仍故意冒犯)

Bad parliament 〔英〕壞議會 (1337 年)

Bad title 〔美〕有瑕疵的所有權;無效的產權 (指產權瑕疵如此徹頭徹尾,壓根就沒有銷路,因而不能迫使買者購買)

Bad-debt loss ratio 壞賬損失比率

Badge 徽章;像章,證章;象徵;標記

Badger *n. & v.* I.〔英古〕商販;小販;獵 (野獸);II. 煩擾

Badges of fraud 詐欺的嫌疑 (指在交易中以虛假的對價和虛偽的陳述等來隱瞞、詐欺債權人)

Badges of servitude 〔美〕消滅一切強迫勞役 (根據 1866 年憲法第 10 條修正案決定)

Bag job 〔美俚〕非法搜查 (間諜活動證據)

Baga 〔英古〕布袋;錢包

Bagavel 〔英古〕城市維修費 (指愛德華一世向愛克塞特市市民收取貢金和過路費以鋪設街道、修補城牆及城市之用)

Bagdad Pact 巴格達條約

Baggage 行李

Baggage check 行李單

Baggage declaration for passengers 旅客行李申報單

Bagimont's roll 〔蘇格蘭〕教會的地租賬

Bagman 行商,推銷員;賄賂掮客 (賄賂事件的中間人);

無記名彩票收款人

Bahrain financial market 巴林金融市場 (為西亞的石油美元金融市場)

Bail *v. & n.* I. 具保,交保 (指罪犯憑保候審,不得脫離法院管轄區;古含義還包括交付動產和不動產);保釋 (指民事案中直、間接地保證支付債務、履行民事責任;刑事案件中擔保人須保證一經法院傳訊,被告就要到庭;但對秉性暴烈或重罪的犯人則不允許保釋);II. 保釋;保釋人;保釋保證人 (指保證被告交保獲釋的罪犯一經傳訊即能在指定的時間和地點內到庭);保釋金;〔英〕保證;擔保 (提供與被扣押的船舶或其他財產價額相等的保證金,以解除扣押);寄托貨物

Bail above 特別保釋保證人

Bail below 普通保釋保證人;向司法行政官擔保的保證人 (指擔保被保應傳到庭)

Bail bond 保釋保證書 (指被告保證保釋後將及時應傳到庭);保釋金,保釋保證金 (被告或其擔保人書面具保被告將按法院指定出庭受審;如果被告保釋後,不應傳到庭,保證人就得按法令規定向法庭繳納保證金,否則該筆款項亦將被法庭所沒收)

Bail common 虛擬保釋保證人 (在虛擬的訴訟中僅表示被告會出庭的擔保,一種純屬虛擬的名義上的保釋擔保人,意如:"John Dod & Richard Roe")

Bail court 〔英〕保釋法庭 (指威斯敏斯特高等法院即前女王王座法庭附屬法庭,有時也稱"普通事件"法庭,主要職能是為刑事被告特別保釋辯護,已於 1854 年底廢止)

Bail dock 〔英〕審訊罪犯的小屋 (指倫敦中央刑事法院的關押罪犯和審訊的小屋)

Bail hostel 〔英〕保釋犯人旅館 (指保釋的犯人被還押時住宿之旅館)

Bail in criminal proceedings 刑事訴訟中的保釋

Bail in error 複審擔保 (指被告要求頒發複審令狀,同時並停止執行)

Bail money 保釋金

Bail piece 保釋備忘錄 (指過去用羊皮製成的在法院審理的民訴案件中取保候審或特別保釋保證的正式登記或備忘錄係未決民事訴訟中一種特殊保釋)

Bail point scale 〔美〕保釋計點制 (指以刑事被告個人背景全部積極面計點總數確定其可否據以自行具結抑或按確定其保釋金額而具保釋放)

Bail sb. out 准許保釋某人;把某人保釋出來;將 (財物) 委托於某人

Bail to the action 特別保釋保證人 (指為被告擔保如其敗訴就付訴訟費)

Bail to the action of bail above 被特別保釋保證金者

Bail to the sheriff or bail below 向司法行政官擔保的保證人 (指擔保被保應傳到庭);普通保釋保證人

Bailable 可保釋的;允許保釋的;授權保釋的;要求保釋的

Bailable action 允許保釋的訴訟 (指被告只有交保方可免予羈押)

Bailable offense 可保釋的罪行

Bailable process 保釋令 (指執達吏依法逮捕被告,並具保將應傳出庭後釋放)

Bailee 被保釋人;(財物的) 受托人;受托保管人 (指只受委托保管、運送或修補財物,但不移轉該財產所有權);〔香港〕受寄人 (保管人)

Bailee for hire 有酬受托人 (指將私人財產托付某人並補償

其保管的費用。例如：把汽車交付技工修理，該技工即為受托人）

Bailee liability insurance 受托人責任保險

Bailee policies 受托人保險單

Bailee's customer insurance 受托人顧客保險

Bailee's lien 受托人留置權（指扣留保管物至寄托人交付保管費為止的權利）

Bailie 〔蘇格蘭〕自治市司法行政官（具有民、刑事管轄權）；〔法〕（12 世紀）王室司法官員首席代表

Bailiff 〔美〕執達吏，執達員，執行官；法警（執行法院命令和辦理法院行政事務的官員）；〔英〕執達吏（由郡長僱用委派執行令狀等事務的下級官員）；（海峽羣島各島上的）首席民政官；〔蘇格蘭〕看守員（低級官員，如防止偷捕魚的水上警察，舊譯：地保；捕役）

Bailiff of a sheriff 執達吏；法警

Bailiff of county courts 縣法院執達吏；縣法院法警

Bailiff of forests 森林監守員

Bailiff-errant 百家村副村長；巡迴執行官；助理執達吏；助理法警

Bailiffs of franchise 〔英古〕（領主任命的特權區域）特別執達吏

Bailiffs of hundreds 〔英古〕百家村村長（由郡長任命，其職責是收集罰金、召集陪審團、參與巡迴法庭和季審法庭審判，並參加幾個百家村執行令狀和訴訟程序的官員）

Bailiffs of manor 〔英古〕莊園管家（莊園主任命負責管理土地和監督耕作）

Bailivia 〔古〕執達吏管轄區；〔英古〕專屬管轄區（指不受郡長管轄）；助理司法行政官管轄區域

Bailiwick 執達吏管轄區；（執達吏或郡長的）管轄區域（類同於今天政府的行政區）

Bailment 保釋；寄托（指一方將貨物或動產交付他方，他方同意代為保管的行為。在英國寄托有六類：單純寄托、供受托人無償借用、租賃、質、有償寄托和無償寄托）

Bailment document 寄存單據

Bailment for hire 有償寄托（委托人同意給受托人以補償）

Bailment for mutual benefit 互惠寄托（例如，委托人把車交付受托人修理並同意給付修理費）

Bailment lease 寄托租賃（例如，擬購一物品，又不能一次性付款者可分批支付，至付清償款擁有該物品為止。此法常用於購買汽車合同業務）

Bailor (bailer) 寄托人（指依委托合同將貨物委托或交付他人保管者）；保釋人

Bailout 〔美〕減稅措施（指一實體所有者可獲得帶稅後划算的利潤的各種程序。諸如，理想之目的就是只分股東“公司利潤”，不分“紅利收入”，因為後者作為“經營收入”都是上過稅的）；緊急援助（尤指財政援助）

Bailout stock 免稅股票（指發行發給股東不含稅之“股票紅利”）

Bailsman 保釋人；保證人

Baines's Act 〔英〕貝恩斯法（1. 1845 年發佈，規定重罪犯的事前從犯與主犯同樣處理，對事後從犯可分別起訴；2. 1849 年發佈，規定關於向四季治安法院告訴的程序）

Bair-man 〔英〕破產者；一文不名的債務人

Bairns' part 〔蘇格蘭〕子女的繼承份（指屬小孩或子女對死者的遺產繼承份額）

Bait 誘餌

Bait and switch 〔美〕誘售法（指通常以刊登銷售便宜貨品引誘顧客來到百貨公司勸導其購買昂貴之物品。這種“誘餌和調包”屬一種不道德的欺騙性銷售做法）

Bait selling 誘銷

Bait-and-switch 〔美〕誘售法的

Bajimont roll (Bagimont roll) 〔蘇格蘭〕教會地租賬

Balance *n. & v.* I. 餘額；差額（指一賬戶中借方分錄數減貸方分錄數的差額）；平衡；結平；剩餘遺產；剩餘；II. 結算（賬）；使平衡；跟…相抵

Balance a budget 平衡預算

Balance accounts 結賬；決算；結餘賬戶

Balance at the bank 銀行結餘

Balance between liberalism and interventionism 自由化主義與干涉主義之間的平衡

Balance between production and marketing 產銷平衡

Balance between rights and obligations 權利和義務的平衡

Balance book 分類賬餘額簿；分類賬差額簿

Balance brought forward 承前餘額；承前差額；上期結轉

Balance brought forward from the last account 轉賬（從舊賬轉到新賬上）

Balance carried forward to the next account 轉賬到後期；結轉下期

Balance due 結欠（金額）

Balance due from 人欠的

Balance due to 欠人的

Balance in one's favour 某…方結餘

Balance of benefit 利益均衡

Balance of capital account （國際收支中的）資本賬戶結餘

Balance of commercial opportunity 商業機會均等

Balance of concessions 關稅減讓平衡

Balance of current account 流動賬戶結餘；經常項目差額

Balance of errors 假餘額；誤算餘額

Balance of financial revenue and expenditure 財政收支平衡；財政收支狀況

Balance of indebtedness 負債相抵額；借貸差額

Balance of interests 利益均衡

Balance of international indebtedness 國際債務餘額；國際借貸差額

Balance of international payments 國際收支差額；國際收支平衡表；國際收支差額表（指國家在一年內或在一個時期內的外匯收支差額）

Balance of invisible trade 無形貿易收支差額（指國際勞務、服務項目等的收支）

Balance of payment measures 國際收支平衡措施；國際收支措施（指要求 WTO 各成員應按《烏拉圭回合》儘早公佈消除限制自由貿易措施的時間表）

Balance of payments 國際收支差額

Balance of payments according to IMF formula 根據國際貨幣基金組織規定的國際收支表

Balance of payments adjustment 國際收支調整

Balance of payments assistance 國際收支援助

Balance of payments difficulties 國際收支困難

Balance of Payments Division 〔基金〕國際收支處

Balance of payments exceptions for developing countries 發展中國家國際收支免責事項

Balance of Payments Manual　〔基金〕國際收支手冊

Balance of payments need　國際收支需求

Balance of payments position　國際收支狀況

Balance of payments provisions　〔關貿〕國際收支條款

Balance of payments reporting system　〔基金〕國際收支申報制度

Balance of payments test　〔SDR〕國際收支押碼（指特別提款權的）；國際收支檢驗標準

Balance of Payments Yearbook　〔基金〕《國際收支年鑑》（國際貨幣基金組織的的機關報刊）

Balance of power　均勢；勢力均衡

Balance of revenue and expenditure　收支平衡

Balance of trade　國際貿易差額；國際貿易平衡（同 "trade balance"）

Balance on current account　經常賬戶（項目）差額；活期存款差額

Balance on hand (balance in hand)　剩餘金額；現有餘額；現有差額；現有結平

Balance order　支付股金命令（法院根據清算人的申請作出，命令股東支付）；〔英〕清償欠款令；結欠通知單（缺席判決後，送達公司限定四天內結清分擔股金的特別通知單）

Balance sheet (B.S)　資產負債表；財務狀況表；貸借對照表；平准表；決算表

Balance sheet ratio　資產負債比率

Balance sheet test　貸借對照表檢查；資產對負債測試

Balance supply and demand of grains　均衡糧食供求

Balanced budget multiplier　平衡預算的乘數

Balanced distribution of holdings　均衡分配擁有的財產

Balanced growth　平衡增長；均衡增長

Balanced Land Use Pattern　土地均衡使用法

Balanced on hand　庫存金額；顯存差額；現有結平

Balanced position　平衡頭寸

Balanced representation　平衡代表制

Balance-of-payment committee　國際收支委員會

Balance-of-payments deficit　國際收支赤字

Balance-of-payments disequilibria　國際收支不平衡

Balance-of-payments measures for developing countries　〔關貿〕發展中國家國際收支平衡措施

Balance-of-payments provisions　〔關貿〕國際收支規定（旨在要求成員方政府推遲貨幣貶值以避免財政或金融管理失誤。但是，發展中國家若利用這一條款規定，則剝奪了其懇請關貿總協定紀律援助，以頂住國內貿易保護主義的壓力）

Balance-of-payments provisions of GATT　關貿總協定的國際收支條款

Balance-of-payments Restrictions Committee　〔基金〕國際收支管理委員會

Balancer　結算人（賬簿貸借兩方結算人）；清算人

Balancing allowance　結餘免稅額

Balancing charges　〔保〕差額稅（差額捐稅保險）

Balancing of interests　〔美〕利益平衡原則（指法院在審理州商貿利益的訟案中當涉及憲法原則時，如有州的合法利益、且無國會優先購買權的憲法意向，則以州訴訟勝訴為斷案原則）

Balancing test　〔美〕平衡原則（指確保個人言論自由和平等保護權利不受侵犯的憲法原則）

Balancing the equities　衡平救濟原則（非故意侵害建在他人土地上的建築物所致損害賠償不予衡平救濟原則）

Balenga　領地；管轄區

Balfour Declaration　〔英〕鮑爾福宣言（1926 年關於聯合王國與其自治領關係，主張英帝國內各聯邦成員國地位，內政外交平等的宣言）

Bali road map　巴厘路線圖

Balivo amovendo　撤銷執達吏職務令狀

Balkan Sub-Commission　巴爾幹小組委員會

Balkanisation　〔關貿〕巴爾幹化（指總協定為臨時適用，弊端的同義詞，意指沒有建立起一體化的貿易機制）

Balkan-Ji-Bari International　巴爾幹國際兒童園地會

Ball and chain　〔美〕禁錮犯人用的鎖鏈（繫有金屬圓球）

Ballast　（船舶）壓載；壓載物；鎮重物（指額外加沙石等壓艙物以補充船的吃水的深度）

Ballast cargo rate　壓載貨物運費

Ballast voyage　空船航海

Ballastage　壓船貨起岸費（指從港口底提起鎮重物的特權通行費）

Ballast-heaver　壓艙物的搬運工

Ballast-hole　壓艙物裝卸口

Ballast-port　壓艙物裝卸港口

Ball-bearing Case　〔關貿〕滾珠軸承案件（指 1972 年，日、法之間達成關於支持日本固定滾珠軸承出口歐洲價格協議，但受到歐共體的質疑）

Ballistic missile　彈道導彈

Ballistic verification of judicature　司法彈道檢驗（刑事偵察的主要研究：檢驗槍彈痕跡，以解決涉槍案件中發生的同槍支彈藥及其痕跡有關的問題）

Ballistics　彈道學；發射學（檢查槍支武器的射程）

Ballium　要塞；堡壘；擔保；保釋

Balloon loan　飄浮式貸款

Balloon mortgage　飄浮式抵押貸款（最後一筆特大的付款抵押）

Balloon note　飄浮式本票（最後一筆數目特大的本金期票）

Balloon payment　飄浮式付款（分期付款中最後一筆特大的付款，即期末整付）

Balloons and flying machines　飛機；航空機

Ballot　n. & v. I. 選票；投票總數；選舉程序或方法（通常有秘密的、書面印製的選票、或表決裝置）；候選人名單；〔英〕無記名投票（一種秘密投票選舉法）；II. 投票（選舉某人）；投票表決；抽籤

Ballot Act　〔英〕投票法（1836 年提出，直至 1872 年實行，從此在議會中以秘密投票法取代公開投票）

Ballot box　投票箱

Ballot paper account　投票計算

Ballot papers null and void　無效票

Ballot ticket　選票

Ballotage　決選投票（在各候選人得票均未達到法定多數時，對其中得票最多的兩三個候選人再次投票決選）

Balloting committee　投票選舉委員會

Ballot-paper　投票用紙；選票

Baltic and International Maritime Conference (BIMCO)　波羅的海國際海運公會（1905 年）

Baltic and White Sea market　波羅的海和白海的運費市場

Baltic clause　波羅的海條款（指船舶自由通行的）

Baltic Exchange　波羅的海交易所；波羅的海貿易和海運交

易所（波羅的海貿易和海運交易所，地址在倫敦，現為世界最大租船市場並兼營空運業務）

Baltic Mercantile and Shipping Exchange 波羅的海商業和航運交易所（釋義同 "Baltic Exchange"）

Ban *n. & v.* I.〔英古〕公告；結婚預告（舉行婚禮預告）；開除教籍公告；罰金；禁令；一片土地；空地；村子交界地；（村鎮或寺院）特許地；II. 查禁；禁令；取締

Ban all demonstrations within 500 feet of foreign embassies and consulates 〔領事〕禁止在距離外國使、領館 500 米之內所有的示威遊行

Ban of the (Holy Roman) Empire 神聖羅馬帝國關於剝奪諸侯、市、州等的權利或特權的敕令

Ban on the use of growth-promoting hormones 禁止使用促進生產的荷爾蒙

Ban reactionary secret societies 〔中〕取締反動會道門

Ban speculation and profiteering 取締投機倒把

Banc (banco) 〔法〕法官席（法庭內的）；合議庭；會審；審判會議

Banc le roy 〔英〕高等法院；王座法庭

Banco 〔意〕法官席；銀行；小片土地（指河流所屬國對岸河流的沖積地）

Bancroft convention 班克羅夫特專約

Bancroft treaty 班克羅夫特條約

Bancus publicus and bancus superior 〔英〕公共法院和高等法院（1649–1660 年克倫威爾攝政時期以 "高等王座法院" 著稱）

Bancus Superior (Banc. Sup. or B.S.) 〔英〕高等王座法院（為克倫威爾父子攝政時期所用）

Band (exchange rate) 帶（匯率、兌換率的波動帶）

Bandh 〔印〕罷工罷市

Bandit 土匪；盜匪；歹徒；強盜；罪犯（被剝奪法律權益者）

Bandit chieftain 匪首

Bandit gang 匪幫

Banditry 盜匪活動；有組織的搶劫；劫黨；搶劫罪

Bandit's lair 匪巢；匪窟

Bandwagon (effect) 增益（效力）；重新集合效果

Bane (=hue and cry) 罪犯，犯罪分子；壞份子

Bangkok Convention 曼公約

Banish *v.* 流放；放逐；充軍（指強迫犯人到邊遠地區充當軍士）

Banished man 被流放者

Banishment 流放；放逐；逐出國境

Bank 銀行；淺灘；沙洲；堤；岸；推事席；法官席；審判席；法院；合議庭

Bank acceptance 銀行承兌匯票；銀行承兌

Bank account 銀行存款賬戶；銀行往來賬戶

Bank accounting 銀行會計

Bank accounts 銀行賬戶

Bank Act 銀行條例

Bank amalgamations 銀行業合併

Bank annuities 〔英〕統一公債

Bank balance 銀行存款餘額；銀行往來餘額

Bank bill 〔英〕銀行票據；〔美〕鈔票；紙幣

Bank book 銀行存摺

Bank burglary and robbery insurance 銀行失竊及搶劫保險

Bank burglary and robbery policy 銀行失竊及搶劫保險單

Bank call 〔美〕銀行通知；銀行查訪（州或聯邦監察員對銀行借貸負債情況的檢查）

Bank Capability Letter 銀行資信函

Bank cash ratio 銀行現金比率

Bank charges 銀行手續費

Bank charter 〔美〕銀行營業執照

Bank Charter Act 〔英〕銀行特許法（1844 年通過的英格蘭銀行法）

Bank clearings （銀行）票據交換；銀行清算

Bank clients 〔世行〕世界銀行的客戶

Bank collection float 銀行托收浮動時間

Bank collections 銀行托收

Bank Comfort Letter (BCL) 銀行資信證明；銀行慰藉書

Bank commission 銀行手續費

Bank cost accounting 銀行成本計算

Bank credit 銀行信貸；銀行信用（指銀行給予顧客貸款信用等級或擔保及經雙方合意的自由提款權利）

Bank credit card 銀行信用卡

Bank credit rating 銀行信用等級

Bank credit transfer 銀行信用過戶

Bank debit 銀行客戶提款總額（指從銀行存款賬戶中開出的支票、商業票據和款項總額）

Bank deposit 銀行存款

Bank deposit certificate 銀行存款憑證

Bank depositor 銀行存款戶；銀行儲蓄戶

Bank deposits and collections 銀行存款與托收

Bank discount rate 銀行貼現率

Bank draft 銀行匯票

Bank endorsement 銀行背書

Bank examiner 銀行總監；銀行檢查官

Bank exchange 銀行交換額

Bank failure 銀行破產；銀行倒閉（指銀行不能支持客戶擠兌現金款項而被迫宣佈倒閉）

Bank for International Settlement (BIS) 國際清算銀行（由比、德、法、意、日、英中央銀行和美國金融機構在 1930 年成立於海牙，總部設在瑞士的巴塞爾，旨在處理德國賠償等問題；現為歐洲貨幣基金提供秘書處，幫助管理歐洲經濟共同體提供的貸款，銀行的責任還包括年度審議世界經濟）

Bank fund 銀行資金

Bank Group 〔美〕銀行集團；世界銀行集團（大寫）

Bank Guarantee (BG) 銀行擔保；銀行保函（與 Standby LC 差不多，都是銀行擔保的不同稱謂）；〔香港〕銀行保證書

Bank holding company 銀行持股公司；〔美〕銀行控股公司

Bank Holding Company Act 〔美〕銀行控股公司法（規定在美境內營業的銀行及商業信貸公司不得給予差別待遇）（1970 年修正案）

Bank holiday 〔美〕法定銀行假日（指星期日以外的銀行假日）；〔英〕法定假日（包括復活節星期一、五一節、元旦，以及春、秋季銀行節等）

Bank Holidays Act, 1871 〔英〕銀行假日法（1871 年）

Bank in gambling 莊家（賭博的）

Bank invoice 銀行發票

Bank law 銀行法

Bank Letter of Credit 銀行信用狀

Bank liquidity ratio　銀行資金流動比率

Bank loan insurance　銀行貸款保險

Bank Mark　銀行馬克貨幣（在漢堡使用的標準貨幣，於 2002 年停止流通）

Bank mission　〔世行〕世界銀行的使命；世界銀行的任務

Bank money　銀行票據（指支票、匯票等）；銀行貨幣

Bank night　銀行在夜間對外營業；劇院博彩（指 18 歲以上均可參加的一種賭博裝置）

Bank note　本票；鈔票；銀行票據

Bank Note Issue Ordinance　〔香港〕發行銀行鈔票條例

Bank note paper　公債證書用紙；銀行紙幣用紙

Bank of America　美洲銀行（迄今為世界上最大的一家銀行，並係發行信用卡的第一家銀行）

Bank of Central African States　中非國家銀行

Bank of China　中國銀行（國家外匯業務管制銀行）

Bank of circulation　發行貨幣（鈔票）銀行

Bank of deposit　儲蓄所；存款銀行

Bank of discount　貼現銀行

Bank of England Act　〔英〕英格蘭銀行法（1694 年）

Bank of issue　發行銀行（指一國法律授權貨幣發行銀行）

Bank order　銀行匯票

Bank organisation　銀行業務制度；銀行組織

Bank overdraft　銀行透支

Bank paper　（流通的）鈔票；銀行承兌的票據；銀行匯票

Bank post bill (B/P/B or B.P.B.)　銀行郵匯票；〔英〕銀行郵寄單

Bank post remittance　銀行外幣郵匯

Bank Procedure　〔世行〕銀行業務程序

Bank rate　（中央銀行規定的）貼現率；銀行利率（最低的放款利率）；〔英〕銀行利率；〔美〕中央銀行貼現率

Bank reconciliation　銀行現金量往來調節法

Bank reconciliation statement　銀行往來調節表

Bank reference　銀行徵信；銀行資信證明書

Bank refundment guarantee　銀行償付保證書

Bank reserve　銀行儲備金；銀行準備金

Bank return　銀行收益；銀行財務狀況報告書

Bank robber　搶劫銀行犯

Bank run　銀行擠提，銀行擠兌（指因政治或經濟等外因使客戶對其存款的銀行產生信用危機感，爭相提出其存款）

Bank Secrecy Act　〔美〕銀行保密法（規定 $10,000 以上非正常的貨幣交易應報國內稅務局、携帶或郵寄 $5,000 應報海關署、在境外存款的納稅者應報財政部批准）

Bank shareholder　銀行股東；銀行股票持有人

Bank statement　銀行報告；銀行對賬單；〔香港〕銀行結單

Bank stock　〔英〕銀行股票（銀行資產股）；銀行儲備

Bank supervision and control　銀行監督和管理

Bank supervisors　銀行監察員

Bank teller　銀行出納員

Bank/Fund Conference Office　〔世行〕〔基金〕世界銀行和國際貨幣基金組織的大會辦事處

Bank's Articles of Agreement　世界銀行協定條款

Bank's Bank (Bank of banks)　銀行的銀行；中央銀行

Bankable bill　（銀行）可貼現票據

Bankable paper　（銀行）可承兌票據

Bankable project　銀行肯擔保的項目

Banker　銀行家；銀行業者

Banker's acceptance　銀行承兌；銀行承兌匯票

Banker's bank　(=central bank) 中央銀行

Banker-out　破產的；無償債能力的

Banker's Acceptance　銀行承兌；銀行承兌匯票

Banker's acceptance bill　銀行承兌的遠期匯票

Banker's acceptance credit　銀行承兌信用證

Banker's bill　銀行匯票

Banker's books　銀行賬簿（指可作為對舉證人有利的表面證據加以援用）

Banker's draft　銀行票據；銀行匯票（指銀行對銀行發出的匯票）

Banker's letter of credit　銀行信用證

Banker's lien　銀行留置權

Banker's note　商業票據（類同 "bank note" 鈔票，但係由私營銀行所發）

Banker's order　銀行本票；（顧客發出的）銀行指令

Banker's reimbursement credit　銀行償付信用（證）

Banking　銀行業；銀行學；銀行業務

Banking Act　〔美〕銀行法（1933 年）

Banking business　銀行業

Banking Commission　〔美〕銀行事務委員會

Banking day　銀行營業日

Banking exchange system　銀行匯兌制度

Banking facilities　銀行設施；銀行營業機構；〔香港〕銀行服務

Banking flows　銀行業務流量

Banking game　賭博（指耍錢或冒險的賭博遊戲）；〔俚〕銀行業務

Banking hours　銀行營業時間

Banking institution　銀行機構

Banking law　銀行法；金融法

Banking licence　〔香港〕銀行牌照

Banking Ordinance　〔香港〕銀行條例；銀行業條例（規定在香港設行，申請人至少在港必須經營過 10 年以上存、貸款業務和至少有 20 億港元以上資產等嚴格限制規定）

Banking policy　銀行經營政策

Banking power　銀行投資能力；銀行貸出能力

Banking reform　銀行改革

Banking reserve(s)　銀行準備金；銀行貸出能力（支付能力）

Banking service　銀行業服務

Banking survey　銀行業務調查；銀行財務情況報告

Banking system　銀行系統；銀行制度

Bank-like institutions　銀行式的機構

Bank-note excess-issue duty　紙幣限外發行稅

Bankruptcy Act　〔英〕破產法（1914 年）

Bankrupt　*n. v. & a.* I. 破產；破產人；無力還債的人；無償付能力的人；II. 使…破產；III. 破產的；無償還能力的；無力還債的

Bankrupt estate　破產者的全部資產

Bankrupt landlord　破產地主

Bankrupt law (Bankruptcy law)　破產法（指債務人不能清償債務的情況下宣告破產，並由法院查封其財產包括動產和不動產進行清理、分配或和解等方面的法律規範）

Bankrupt obtaining credit　〔香港〕破產人申請貸款

Bankrupt's certificate　破產解除證明書

Bankrupt's creditor　破產債權人

Bankruptcy 破產;破產程序 (宣佈破產包括法人和自然人都必須依法律程序辦理);無償付能力 (其與 "insolvency" 不同,前者須履行一定手續,後者僅指無力清償債務)

Bankruptcy Act 〔英〕破產法 (1861, 1869, 1883);〔美〕破產法 (指在債務人不能或不願意償還債務時的清算其債務的程序) (1979 年 10 月 1 日生效)

Bankruptcy administrator 破產管理人

Bankruptcy cases (B.C.) 破產案件

Bankruptcy Code 〔美〕破產法典 (1978 年)

Bankruptcy court 破產法院

Bankruptcy creditor 破產債權人

Bankruptcy discharge 免除破產債務;〔美〕解除破產者債務令 (破產法庭發出的免除破產者的責任和全部債務)

Bankruptcy distribution 〔美〕破產財產分配 (指除優先支付破產行政費和清償破產債務後,餘款由破產管理人按比例分給債權人)

Bankruptcy estate 破產財產

Bankruptcy estates account 破產資產賬

Bankruptcy forms 破產申請表

Bankruptcy judge 審理破產案件法官

Bankruptcy law 破產法

Bankruptcy notice 破產通知

Bankruptcy offence 〔英〕破產罪

Bankruptcy order 〔英〕破產令

Bankruptcy Ordinance 〔香港〕破產條例 (類同英國 1914 年的《破產法》規定)

Bankruptcy petition 破產申請

Bankruptcy procedure 破產程序

Bankruptcy proceedings 破產程序

Bankruptcy rules 〔美〕破產規則

Bankruptcy schedules 〔美〕破產明細表 (破產資產、債務和無擔保債權人的一覽表)

Bankruptcy trustee 破產財產管理人;破產受托人 (由法院指派的負責收集破產財產、對破產者償求求償提起訴訟等事務)

Bannimus 〔英〕開除公告 (開除牛津大學成員方式,以作為一種譴責或公告形式把判決貼在公共場所以示眾)

Bannitus 〔英古〕流放犯;被剝奪公民權者;被驅逐出境者;不法之徒

Banns 〔英〕結婚公告 (明確報告結婚當事人的姓氏,在英格蘭教會舉行結婚的一個要件)

Banns of marriage 結婚預告;結婚公告 (參閱 "banns")

Banns of matrimony 結婚預告;婚姻公告 (該公告須在舉行婚典前連續三個星期日於教會或教堂做禮拜時發佈,以使知情人如認為該婚姻有法定婚姻障礙或有正當理由者可有機會提出反對締結該婚約)

Bannum (banleuga) 〔英〕莊園或城鎮的四至;莊園或城鎮的終端邊界

Bantu Self-Government Act 〔南非〕班圖自治法 (1959 年)

Bao-Jia system 〔中〕保甲制度 (以 10 戶為一甲,以 10 甲為一保,舊中國鄉村實施的一種統治制度)

Baptist World Alliance 世界基督教同盟

Bar admission 〔美〕准許執業 (指須發給律師行業執照,准許在某特定州或管轄範圍法院執業)

Bar an entail 廢除土地限定由一定類別的人繼承

Bar association 〔美〕律師協會 (在美國為州或市一級的律

師協會;1825 年成立於密西西比州,時為美國第一個律師協會);〔香港〕大律師公會

Bar by lapse of time 過時抗辯

Bar chart 〔統計〕金線圖

Bar check calibration 〔海法〕音響測深儀

Bar committee 〔英〕出庭律師委員會 (1883 年)

Bar Council 律師評議委員會;〔英〕出庭律師理事會 (成立於 1894 年,取代了 "Bar committee",其職責是維護會規和會務利益)

Bar examination 律師資格考試

Bar fee (barr fee) 〔英古〕獄吏酬金;釋放費 (被拘禁的重罪嫌疑犯在免訴釋放時向執行官繳納 20 英鎊釋放費)

Bar of public opinion 輿論制裁

Bar of the House 〔英〕議會審判地 (指兩院證人席和侵害特權者的罪犯判決席)

Bar of the House of Commons 〔英〕下議院可移動的罪犯審判席

Bar of the House of Lords 〔英〕上議院可移動的罪犯審判席

Baragaria 〔西〕小老婆,妾;情婦,姘婦

Barbarian Codes 蠻人法典 (哥德族人所制定的三部法典)

Barbarian laws 蠻人法規

Barbarous state 野蠻國家

Bare (or mere) licensee 被允許進入者 (指對土地佔有人無任何利害關係而單純被允許進入該土地的人)

Bare authority 單純代理權

Bare boat charter-party 光船租賃合同

Bare charter 光船租賃 (釋義同 "bareboat charter")

Bare contract 無條件契約;不附擔保契約 (指僅由當事人一方負擔義務,而他方只享有權利的合同)

Bare majority 勉強多數

Bare necessities 最低限度的必需品

Bare ownership 空頭產權;單純的產權

Bare pact 法律不予強制執行的契約

Bare patent licence 〔美〕普通專利許可證 (指允許在全美國製造、使用和販賣專利的產品,但不具有獨占權)

Bare trust 無條件信托 (受托人對財產不享有利益的合同);名義信托;消極信托

Bare trustee 單純受托人;消極受托人 (只單純保管財產,不負任何積極義務的受托人)

Bareboat charter 光船租賃 (一種無水手的租賃,租賃期間由承租人自己僱用海員加以使用和管理;又稱 "轉讓租賃",僅出租船舶而不轉讓其所有權,但在租賃期間該租船人是事實上的船舶所有人)

Bareboat charter-party 光船租賃合同

Barebone's parliament 〔英〕貝爾蓬議會 (1653 年克倫威爾召開的議會)

Bareness 赤貧;赤裸裸

Bargain *n. & v.* I. 合同交易;協議 (討價還價,即:兩個買賣雙方當事人之間的一種相互諒解、合同或協議);II. 議價;談判;用…作交易

Bargain and sale 〔英〕土地買賣合同 (指土地或貨物財產從賣主手中轉移給買主);財產轉讓協議 (財產由轉讓人移轉給受讓人)

Bargain and sale deed 不動產轉讓契據 (指記載附有不動產轉讓文字相互履行義務)

B

Bargain for account　定期交易

Bargain for cash　現金交易

Bargain money　定金；保證金

Bargain on spot　現場交易，即付交易

Bargain or contract in restraint of trade　〔美〕限制貿易合同

Bargain purchase option　承租人購買選擇權

Bargain renewal option　承租人續租選擇權

Bargain sale　廉價出售；低價交易；大甩賣（指以低於財產公平市場價格出售）

Bargain sale or purchase　大甩賣；低價交易（指以低於該財產公平市場價格出售）

Bargainee　買主；買受人；（財產轉讓契據中的）受讓人

Bargainer (Bargainor)　交易者；談判者；（財產轉讓契據中的）賣主

Bargaining　討價還價（議價）；交易；商定

Bargaining agent　談判代表（經美國勞工組織認可的作為工人的專門談判代表）

Bargaining chip　討價還價的籌碼（指談判中可用的，有利的）

Bargaining counter　（談判）籌碼

Bargaining for plea　控辯交易（指被告尋求認罪換取減刑或者以認罪減輕包括比較嚴重刑罰之罪）

Bargaining position　討價還價的地位（指談判中）

Bargaining power　討價還價的能力

Bargaining process　討價還價的談判過程

Bargaining representative　談判交易的代表

Bargaining tariff　可談判關稅（指可同其他國家談判關稅的減讓問題，其反義詞為“non-bargaining tariff”）

Bargaining tools　計價還價的工具

Bargaining unit　談判小組（指工會或工團代表為工人的利益同僱主進行集體談判）

Bargain-price　交易價格；廉價

Barkeley's Act　〔英〕烈性酒法（1855 年，規定星期日和假日午後 3 時至 5 時及夜晚 11 時至翌晨禁售酒類）

Barleycorn　〔英〕古時尺度名（=1/3 英吋）；名義租金；名義對價

Barmote Courts　〔英〕海皮克礦業法院（由大小兩個礦業權民事訴訟法院組成，專管鉛礦業訴訟案件的下級法院）

Barmote courts of High Peak　〔英〕海皮克礦區法院（鉛礦採掘權及民事權利管轄法院）

Barmote courts of Wirksworth and adjacent liberties　威克斯沃思及鄰近轄區的礦權糾紛法院

Barnard's Inn　〔英〕巴納德律師學院（衡平律師學院之一）

Barnstorm　v.（競選等活動中）四出遊說

Baro　人，男人（指奴隸或自由民，古法用語）；自由人；壯漢；優秀的士兵；僱傭兵；封臣；男爵；貴族；騎士；教堂掌門人；財務法院法官；長子；丈夫

Baron (B.)　〔英〕男爵；貴族（英國貴族的概稱）；財稅法院法官；自由民；丈夫（古用法）（對妻子而言）；夫婦；倫敦市首席行政官（即用“倫敦市長”以前的古代稱謂）；〔美〕巨商

Baron court　〔蘇格蘭〕（中世紀）領地法庭；封臣法庭

Baron et feme　男人和女人；丈夫和妻子

Baron of Exchequer　〔英〕稅務法院法官（蘇格蘭和愛爾蘭稅務法院法官亦冠有此頭銜）

Baron of the Court of Exchequer (B.E.)　〔英〕稅務法院法官

Baronage　〔英〕（總稱）男爵；貴族

Barones majores　〔英〕大貴族

Barones minores　〔英〕小貴族

Barones of the cinque ports (Dover, Sandwich, Romney, Hastings, Hythe)　〔英〕五港選出的下院議員

Baronet　從男爵（男爵之下，武士之上）

Baronetcy　〔英〕從男爵身份

Barons of the exchequer　稅務法院法官；首席稅務法官（為英國上訴法院六位法官之一，回答法官和其他法院首席法官的問題）

Barony　男爵領地；男爵爵位；貴族地位；〔愛爾蘭〕一個郡的小部份

Barony of land　〔英〕十五英畝的土地

Barra, or barre　法庭圍欄；〔古〕終止訴訟答辯（釋義同 “plea in bar”）；出庭律師

Barrator (barretor)　訴訟教唆犯；船長或船員的不法行為；聖職（或官員）買賣者

Barratrous　教唆訴訟的；買賣聖職（或官職）的；詐欺的；欺騙的；受賄的

Barratry (barretry)　船長或船員的不法行為（指因船長、船員故意詐欺或不法行為致使船舶或船貨遭受損害）；訴訟教唆罪（指經常依法或非法挑動或教唆他人訴訟、爭吵；英國 1967 年《刑法條例》已廢止此罪）；〔蘇格蘭〕法官受賄罪；推事受賄罪（指法官在賄賂的引誘下作出判決）；買賣聖職（罪）（指牧師到國外去羅馬教廷購買職位）

Barratry of the master and mariner　船長和船員的詐欺行為

Barred　被禁止的；受阻礙的；失去時效的

Barred action　失去時效的訴權

Barred by the statute of limitations　失去時效的

Barred claim　失去時效的求償；失去時效的債權（由於時效而消滅的請求權）

Barred debt　受時效限制的債務

Barred obligation　受時效限制的債務

Barred right　受時效限制的權利

Barrel　一桶（美國 =31.4 加侖；英國 =36 加侖）；石油桶（=158.988 升）；初步看來；表面上看來（農、商及檢驗規則用語）

Barrel buoy　筒形浮標

Barren money　無息債務（無實際價值的貨幣）；非生產性的資金

Barrenness　不育；不孕

Barretor　挑唆訴訟和爭吵者（指經常在法庭上或在郡內其他地方挑唆或包攬訴訟的人）；騷亂者（指散佈謠言和誣陷擾亂社會安寧，並據此引起鄰里不和的人）

Barrier　海關關卡；壁壘；障礙物

Barrier Act　〔蘇格蘭〕限制條例（1697 年）

Barrier to trade　貿易壁壘

Barrier Treaty　〔英〕〔荷〕保證安全屏障條約（1715 年英荷間締結的關於荷蘭應允保證英國新教徒繼承漢諾威王朝的王位，英國則承擔對荷蘭的要塞邊境城鎮設立安全屏障）

Barriers associated with trade in services　與服務貿易有關的壁壘

Barriers to access to electronic transmission facilities　進入電子傳送設施的壁壘

Barriers to entry　進入（市場）壁壘（指發展中國家很難進入班輪公會的航運市場）

Barriers to market access 市場准入壁壘

Barriers to means of transport 運輸方式壁壘 (運輸工具壁壘)

Barriers to telecommunications 電信通信壁壘

Barriers to the cross-frontier transport of services 跨越邊界服務運輸壁壘；過境服務運輸壁壘

Barriers to trade in services 服務貿易壁壘

Barrister 〔英〕出庭律師 (取得倫敦律師學院法官資格，授予出席高等法院出庭辯護權、從事審訊訴訟的抗辯案件大律師，但不審理破產案、不能兼職也不得經商)

Barrister counsel 律師

Barrister-at-law 律師

Barsin 水區

Barter *n. & v.* I. 易貨；物物交換；II. 易貨；作物物交換

Barter agreement 易貨協定 (換貨協定)

Barter contract 易貨合同 (以財物相互交換的一個非要式的、有償的雙務合同)

Barter economy 物物交換經濟；現物經濟

Barter market 易貨市場

Barter terms of trade 物物交易條件

Barter trade 易貨貿易

Barter trade arrangements 易貨貿易協定

Barterer 進行易貨交易者

Bartholomew Act 〔英〕傳教統一法 (1662 年)

Barton (Berton, Burton) 〔英〕莊園主直接領地；莊園宅邸 (德文郡等其他部份地區的法律用語)；農舍外屋

Bas 〔法〕低的；下級的；下屬的；附屬的

Bas chevaliers 〔英古〕下級騎士

Basal fracture 頭顱骨折

Basal year 基年

Base *n. & a.* I. 地基；基礎；基地；根據地；II. 下級的；低級的；卑劣的；附屬的；不純的

Base act 卑鄙行為

Base born 非婚生的

Base bullion 摻雜劣質銀條

Base coin 偽造貨幣；劣幣

Base court 〔英〕下級法院 (不作訴訟記錄的下級法院的總稱)

Base estate 〔英〕農奴地產

Base fee 〔英古〕附條件的世襲地產；限制繼承的地產；〔封〕家臣采邑

Base import policies for agricultures on commercial consideration 以商業上考慮作為農產品進口政策的依據

Base in space 太空基地

Base level 基礎水平

Base line 基線 (指據以測量劃定城鎮、高速公路、內水和領海範圍的方法)

Base money 貨幣 (流通) 基礎；基礎貨幣

Base of discussion 討論基礎

Base of military operation 軍事活動基地

Base of naval operation 海軍活動基地

Base of operation 作戰活動基地；戰爭根據地

Base of supplies 供應基地

Base on fact and take law as the criterion 〔中〕以事實為根據，法律為準繩 (為司法人員執法斷案原則之一)

Base outlay 基本支出；基本支出額

Base pay (salary) 基本工資；底薪

Base period 基期 (指作為比較的基準那個時期，其數字通

常用的是平均數，並使其等於 100)

Base quantity on textiles trade 紡織品貿易的基數 (指每個紡織品出口國或地區向其他進口國和地區的年出口水平)

Base rate 基本費率

Base salary 基薪；底薪

Base service 〔封〕領臣勞役 (領臣以佔有土地為條件向領主提供軍事勞務以外的勞役和支付金錢)；農奴勞役 (農奴以佔有土地為條件以提供為貴人所耻而由下等人幹的農活)

Base tenants 農奴；勞役佃農 (以佃農身份為領主提供勞務的不動產承租人)

Base tenure 〔封〕農奴土地保有 (領臣或農奴以提供勞役或支付金錢佔有土地的方法)

Base trigger level 〔世貿〕基礎觸發水平；基準觸發水平 (作為以是否徵收農產品附加稅的依據)

Base year 基準年

Based on fact 以事實為依據

Based on the regulations and practice of GATT 1947 〔世貿〕以《1947 年關貿總協定》的規則和實踐為基礎

Basel Convention on the Control of Transboundary Movements of Hazardous Wastes and Their Disposal (1989) 關於控制過境運輸危險廢棄物及其變賣的巴塞爾公約 (指禁止非法出口買賣危險廢棄物品公約，簽訂於 1989 年)

Baseline for environmental standards 環境標準的基線 (對此，迄今國際上尚無一致的意見)

Baseline scenario 〔基金〕基本設想，基本的遠景方案 (指國際貨幣基金組織的"世界經濟展望")

Base-weighted 按基數加權的

Basic accounting unit 基本核算單位；基本會計單位

Basic act 基礎行為

Basic advantage 基本優點

Basic agreement 基礎協定；基本協定

Basic agricultural product 基本的農產品

Basic balance 基本差額

Basic constitutional document 基本憲法文件

Basic copyright protection system 基本的著作權保護制度

Basic credit line 〔美〕貸款底線；基本貸款限額

Basic crops 〔美〕基本農作物 (指通常受政府價格支持的，諸如小麥、玉米、燕麥和大米等類似農作物)

Basic deficit 基本赤字 (國際收支差額表的)

Basic document 基本文件

Basic exemption 基本免稅額

Basic freight rate 基本運費率；運費基價

Basic goal 基本目標，基本目的

Basic human right 基本人權

Basic instrument 組織法；基本文件

Basic Instruments and Selected documents 〔世貿〕《基本文件和主要文件集》(指 ITO 和 GATT1947 年的文件，以及 GATT1994 年第四卷的西班牙語作準文集)

Basic law 〔德〕基本法；根本法 (1949 年)

Basic Law of the Hong Kong Special Administrative Region of the P.R.C 〔中〕香港特別行政區基本法

Basic Law on Adoption 〔南歐〕收養基本法 (1947 年)

Basic Law on Guardianship 〔南歐〕監護基本法 (1947 年)

Basic Law on Marriage 〔南歐〕婚姻基本法 (1947 年)

Basic Law on Relations between Parents and Children 〔南歐〕親子關係基本法 (1947 年)

B

Basic Law on the Management of State Economic Enterprises and Higher Economic Associations by Work Collectivities 〔南歐〕關於全體工人管理國家經濟企業和高級經濟聯合組織的基本法 (1950 年)

Basic level court 基層法院

Basic level election 基層選舉

Basic maxim 基本準則

Basic medical insurance 基本醫療保險

Basic national policy 基本國策

Basic norm 基本規範 (純粹的法律理論)

Basic or pioneer patent 基礎專利；首創性專利

Basic people's courts of autonomous counties 〔中〕自治縣初級人民法院

Basic people's courts of cities (without districts) and municipal districts 〔中〕市 (不含區) 和市區初級人民法院

Basic people's courts of counties 〔中〕縣初級人民法院

Basic people's courts of municipal districts 〔中〕市區初級人民法院

Basic peril 基本危險 (指基本上承保的事故範圍)

Basic period 〔基金〕基本期 (指分配特別提款權限而言)

Basic premium 基本保險費；基礎保險費

Basic price data 基本價格數據

Basic principle 基本原則

Basic programme 基本綱領

Basic provisions 基本規定；基本條款

Basic quota 基本配額

Basic rate of income 基本收益率

Basic rights and duties 基本權利和義務

Basic rule 基本規則

Basic rule of international commercial law 國際經濟法的基本規則

Basic salary 基本工資；基本薪資

Basic standard 基本準則；基本標準

Basic standard of international conduct 國際行為基本準則

Basic telecommunication negotiation 基礎電信談判

Basic telecommunication services 基礎的電信通信服務

Basic telecommunications 基礎電信

Basic treaty 基礎條約

Basic votes 〔基金〕基本投票數；基本議決金額

Basic wage 基本工資；最低工資

Basic-level people's court 〔中〕基層人民法院

Basilica 長方形大會堂 (古羅馬審判案件、集會等時用)；拜占庭帝國法典 (即《羅馬希臘法律彙編》，公元 880 年內東羅馬皇帝 Basilius 編訂，計 60 本為東羅馬帝國法律直到 1453 年君士坦丁堡王朝滅亡為止)

Basin 盆地；流域；內灣 (指部份由岩石環抱着的海)

Basin state 盆地國家

Basing-point price 基點制價格

Basing-point pricing system 基點定價制

Basis 基本原則；基礎工作；基礎；根據

Basis for exemption from the reduction commitments 〔關貿〕免除減讓承諾的基礎 (指詳細規定了本國對農產品支持措施免除減讓承諾的標準與範圍)

Basis of assessment 課稅標準；估稅標準；攤額基準

Basis of bargain 交易依據；交易的要素；交易的基礎

Basis of discussion 討論基礎

Basis of international law 國際法的根據；國際法基礎

Basis of reciprocity 互惠基礎；互惠原則

Basis of tariff 運費率基礎

Basis of valuation 評價的基礎

Basis point 〔美〕基點 (計算期票利率和債券收益變動的計量單位。一個基點等於 0.01%)

Basis rate 〔保〕基本費率

Basis right 基礎權

Basis right theory 基礎權所有說 (指受益者對其信託財產的權利)

Basket exit (basket extractor) procedure 〔關貿〕出籃子 (脫離籃子) 程序

Basket Extractor System 〔關貿〕通籃制 (亦稱 "脫離籃子" 制，為總協定對紡織品配額成長率的一種做法)

Basket of currencies 〔基金〕"一籃子" 貨幣；貨幣 "籃子" (指用以保持特別提款權價值一定的穩定性及各國貨幣與黃金脫鈎重新定值的一些主要貿易國家的貨幣)

Basket pegging 〔基金〕"一攬子"，亦稱 "一籃子" (貨幣) 釘住

Basket tenure 〔英〕編籃子勞役保有地 (指為國王編織籃子)

Basket-exit procedure "出籃子" 程序

Bastale test 貝斯特試驗 (指幼稚工業在保護下除了滿足彌勒試驗的自力發展條件外，受到保護成長後，其未來生產的利潤至少能夠補償保護期間，例如消費者支付較高價格的代價等的損失)

Bastard 私生子，非婚生子

Bastard aine 〔英古〕非婚生長子

Bastard eigne (bastard elder) 〔英古〕婚前私生長子，非婚生長子 (指合法結婚前所生的子女)

Bastard puine 非婚生次子；合法次子

Bastardisation 非婚生子的判定；私生子的判定 (認定)

Bastardise *v.* 判定 (或認定) … 為非婚生子；提出證實非婚生子的證據

Bastardy 〔英〕私生；庶出；非婚生子地位 (在生父母婚後可予以准正，且有繼承權，含通姦所生子女在內)

Bastardy order 確認父子關係令 (確認父親與非婚生子女間的關係的法院命令)

Bastardy proceedings 確定親子程序 (非婚生子生父裁定程序)

Bastille 〔法〕巴士底獄 (14-18 世紀法國巴黎城堡和國家監獄)；〔B~〕監獄

Bastinado (pl. bastinadoes) 打腳掌刑

Baston 〔英古〕典獄長棍棒；警棒

Batable-ground 有爭議土地 (指在英格蘭和蘇格蘭合併之前，位於它們之間的土地歸屬爭議)

Bataille 〔英古〕決鬥斷訟法；戰鬥

Batiment 〔法〕巨輪；海輪 (法國海洋法用語)

Batonnier 〔法〕律師公會會長；首席律師

Battel 決鬥審判制度；決鬥斷訟

Battered child 受虐待兒童 (指身心受到侵害，諸如性姦淫、營養不良等)

Battered child syndrome 受虐待兒童綜合症

Battered wife 受虐待的妻子

Battered woman syndrome 受虐待婦女綜合症

Battery 毆打；毆打罪 (指故意、可能或未加思索而使用武力，如動手打人等)

Battle 戰役；會戰；戰鬥

Battle field 戰場

Battle of the forms 格式之戰 (指用於買賣者間多種表格的效用問題)

Battle zone 戰場

Batture 海底隆起 (因砂、石和磐石堆積所致)；沖積地；河牀增高 (指河牀因沙、石等沉積物而升高出水面)；密西西比河特定河段年高水位時的淹沒地

Baumes Laws 〔美〕鮑姆斯法 (即 1926 年通過的紐約州刑法典)

Baron Campbell's Act (=Lord Campbell's Act) 〔英〕坎貝爾勳爵條例 (1846 年發佈的關於死亡損害賠償的條例；1843 年發佈的關於誹謗罪的條例；1857 年發佈的關於淫穢出版物取締的條例)

Bavarian Codes 巴伐利亞法典 (公元 1751 年)

Bavarian Law 巴伐利亞法 (公元 750 年)

Bawd 鴇母；妓院女老闆

Bawdy-house 妓院；窯子

Bay 海灣；供水車用的水室 (指築壩攔水以供磨坊水車轉動用的水)

Bay closing line 海灣封閉線

Bay delta 海灣三角洲

Bay mouth 灣口

Bay mouth bar 灣口沙洲；灣口壩

Baygall 低窪潮地

Bayley 〔英古〕執達吏 (用於殖民地新普利茅斯和麻薩諸塞)

Bayonet 刺刀 (一種雙刃的利刀)

Bayou 〔美〕牛扼湖；長沼；支流 (常見於路易斯安那州和德薩斯州)；墨西哥海灣的入口；出水口 (指沼澤、水潭、瀉湖等通向河海的出水口)

Be a candidate for 作為⋯的候選人

Be absent from any meeting 未出席任何會議 (缺席)

Be affixed with the signature or seal of the authority 〔領事〕須由送達文書機關簽署或者蓋章

Be afflicted with 患⋯病

Be afforded lenient treatment 從寬處理

Be at large 逍遙法外

Be authorised to approach the competent authorities for information 〔領事〕授權向主管當局索取資料

Be available at all times 隨時待命

Be bailed out 取保釋放

Be based on a reasonable expectation of recoupment of all costs 以補償全部費用的合理期望值為依據

Be based on consensus 是建立在協商一致的基礎之上的

Be betrothed 訂婚

Be better informed in this regard 更好地了解這方面的情況

Be broadly representative of Membership 〔世貿〕會員資格的廣泛代表性

Be called to bar 取得律師資格；加入律師公會；獲准出庭為律師

Be called to testify 被傳作證

Be called to witness 被傳作證

Be capable of verification 能夠進行核實

Be caught in the act (red-handed) 犯罪時當場被捕

Be caught red-handed 犯罪時當場被捕

Be checked and found to be true 查明屬實

Be committed to prison 監禁；入獄

Be confined in prison awaiting trial 監禁候審

Be construed as restricting or calling into questions about the rights (of) 被解釋為限制或懷疑⋯權利

Be contrary to the public interest 違背公共利益

Be converted to domestic currencies 轉換成國內貨幣

Be court-martialled 由軍事法庭審判

Be dealt with according to law 依法處理

Be decided by voting 由投票決定；通過投票決定

Be declared illegal 被宣佈為非法

Be deposited with 由⋯保存；交存

Be destined for the consumption in the exporting country 〔關貿〕用於出口國消費

Be determined by lot 以抽籤決定

Be determined on a case-by-case basis 逐案予以確定

Be difficult to repair 〔世貿〕難已挽回 (指因進口產品的傾銷給進口成員方所造成的損害而言)

Be discouraged from inflating or deflating the importance of the dispute settlement system 不要過份誇大或縮小解決爭端制度的重要性

Be effective 有效

Be elected after democratic consultation 由民主協商選舉產生

Be elected by a unanimous vote 以全票當選

Be eligible for re-election 〔世貿〕有資格再次參選 (指任期屆滿的主席和副主席)

Be eligible to become original Members 有資格成為創始會員 (指按世貿第 11 條規定，1947 年關貿締約方和歐共體成員可以簽字或以其他方式成為世貿的創始會員)

Be engaged to be married 訂婚

Be enthroned 君主登基

Be equally authentic 同一作準

Be exclusively international in character 〔世貿〕純屬國際性質 (指總幹事及秘書處行為而言)

Be executed 執行死刑

Be forbidden under pain of death 違犯者處以死刑

Be foreign to international law 〔世貿〕不屬國際法範圍之列 (作者認為，英美案例法的概念不適用於國際法，DSB 根據 WTO 協定所作出的仲裁裁決，任何有管轄權的法院均可對其加以強制執行，美國也不例外)

Be found guilty 認定有罪

Be found guilty of corruption 認定犯貪污罪

Be found to be a prohibited subsidy 〔世貿〕被視為屬禁止性補貼 (指給予出口企業的補貼而言)

Be guilty of all kinds of evil 罪惡多端

Be guilty of monstrous crimes 罪惡滔天

Be guilty of the most heinous crimes 罪大惡極

Be handcuffed 戴上手銬

Be held below the world price 〔關貿〕被壓低到低於國際價格水平

Be illegal 違法；非法

Be illegalised 被宣佈為非法

Be immune from a suit 被免訴

Be imprisoned 被監禁

Be in compliance with its GATT 1994 obligations 符合其 1994 年關貿總協定義務

B

Be in custody　在押

Be in debt　負債

Be in force　在實施中

Be in full conformity with the original certificate　和原證書完全一致

Be in grant　根據契約和物權移轉

Be in jail　在監禁中

Be in pledge　在出質中

Be in prison　受監禁

Be in the gazette　被宣告破產

Be involved in a law suit　涉訟

Be laid under restraint　被監禁

Be members of the same family　屬同一家族成員

Be no longer warranted　無正當理由

Be obliged to accept shipments　有義務接受裝運的貨物

Be of　屬

Be on parole　（俘虜）憑誓獲釋；被假釋

Be on the bench　當法官

Be on the rack　受酷刑

Be on ticket-of-leave　獲准假釋在外

Be on trial　受審

Be open for acceptance　開放供接受

Be open for accession　開放供加入

Be open for signature　開放供簽署

Be open to representatives of all Members　從所有成員方代表中產生；由所有成員方代表組成；對所有成員方代表開放

Be out on bail　在保釋中

Be outlawed　被宣佈為法律不予保護的人；受法益剝奪處分

Be paid by the hour　計時取酬

Be paid by the piece　計件取酬

Be placed on probation within the Party　〔中〕留黨察看（黨內的紀律處分之一）

Be punished according to law　依法懲處

Be punished for a breach of discipline　以違反紀律論處

Be put in prison　入獄

Be put to torture　受拷問

Be put under restraint　被監禁

Be raised to bench　升任法官

Be reappointed consecutively　連任；蟬聯

Be released after serving a sentence　刑滿釋放

Be released on bail　取保釋放

Be released on bail for medical treatment　保外就醫

Be released upon completion of a sentence　刑滿釋放

Be represented at any meeting as an observer　以觀察員身份列席任何會議

Be resolved through consultation by diplomatic channels　通過外交途徑協商解決

Be returned guilty　被認定有罪

Be sent to jail　入獄

Be sentenced to imprisonment for life　判處無期徒刑

Be subject to approval by the General Council　〔世貿〕（應）由總理事會批准

Be subject to clearly-defined criteria　符合明確規定的標準

Be subject to effective sanction for breach of confidential requirements　〔世貿〕受到違反保密要求的有效處罰

Be subject to effective surveillance　採取有效監測；受到

有效監測

Be subject to periodic review　接受定期審議

Be subject to ratification　須經批准

Be subject to reasonable step　採取合理的步驟

Be subject to tendering requirements　實行招標要求

Be subject to the approval of　須經…批准（同意）…

Be subject to the law of the Requested Party　〔領事〕遵守被請求方的法律

Be subject to the provisions of this Agreement　〔世貿〕遵守本協定規定；受本協定規定的約束

Be subject to WTO obligations　應遵守世貿組織項下的義務

Be submitted to the Ministerial Conference for consideration　〔世貿〕提交部長會議審議（成員方請求豁免應遵循經協商一致作出的決定做法）

Be sued　被控

Be taken in the toils　落網

Be taken to prison　被關入監獄

Be temporarily relieved of one's post for self-examination　停職反省

Be the heir apparent to the throne　立為皇儲

Be tortured　受拷問

Be tried　受審

Be unable to escape the net of justice spread by the People　逃不出人民的法網

Be under a murder rap　〔美俚〕被控犯謀殺罪

Be under detention　在押

Be under the panel's authority　受專家組管轄

Be under ward　被監禁；被監督

Be verified　查明屬實

Be void against　使無效；取消

Beach　*n. & v.* I. 正常高低潮水位標記；測落潮的水位；海灘；海濱；湖濱；河灘；II. 沖灘；使擱淺；使船沖上岸灘（常指船失火或漏水等情況下使船上岸）

Beacon　燈標；岸標；指向標；信號浮標（水路標、礁標、淺水標、燈塔等）；〔古〕篝火；烽火，狼煙，烽煙，烽燧（指古代邊防敵人入侵報警時所燒的烽火等）

Beacon buoy　杜形浮標

Beacon duties　信標稅；礁標稅

Beaconage　警標費；信號燈費；燈標費

Beadle　〔英〕教區委員會助理（教區委員會挑選的低級官吏，其職責包括參加教委員會會議、發佈會議通知、協助治安等工作）

Beak　〔英俚〕治安法官

Beams and balance　天平

Bear　*n. & v.* I. 空頭，賣空（賣空的證券交易投機商）；II. 支撐；承擔；承受；經得起；耐（得住）；結（果實）；生（利息）；引起；支持；維持；提供（證言等）

Bear an official signature　蓋有官方印章

Bear arms　〔美〕携帶武器（美憲法第二條修正案規定"人民携帶武器的權力不受侵犯"）

Bear contract　無條件契約

Bear criminal responsibility　負有刑事責任

Bear false witness　作偽證

Bear financial responsibility　承擔經濟責任

Bear interest　生息，生利（就本金而言）

Bear malice to　對…懷有惡意

Bear market　空頭市場（指市場價格主要受賣方左右）；熊市

("跌風市場"，指下跌的股市)

Bear operator 空頭 (指以空頭方式進行證券交易的投機者)

Bear testimony 作證

Bear the legal liability 承擔法律責任

Bear visible external marks (of) 附有可資識別的外部標記

Bear witness 作證

Bearer 持票人 (支票、匯票、本票)；持有人；持證人 (指契據、地契等)

Bearer bill 來人式抬頭匯票；無記名匯票 (這種匯票無需背書，姓名，只寫 "payable to bearer" 交付來人)

Bearer bond 無記名債券 (這種債券轉讓所有權不要背書，只要轉讓佔有權即可)

Bearer certificate 無記名票證

Bearer cheque 無記名支票；見票即付支票；來人支票 (指持有該支票的人即可據以到銀行承兌)

Bearer debenture 無記名的公司債券

Bearer document 無記名單據 (指獲得票據後，只有交付才能議付；即持有人為該單據的所有人)

Bearer instrument 來人票據；無記名轉讓票據；無記名債券 (指持有票據的人即為受款人)

Bearer note 無記名票據

Bearer of despatches 信使

Bearer of flag of truce 軍使

Bearer paper 來人票據；無記錄轉讓票據 (商業票據，持有人即為合法受款人)

Bearer security 無記名證券

Bearer shares 無記名股票 (指在股票上不記載股東的姓名，其轉讓因交付而生效)

Bearer stock 無記名股票 (釋義同 "bear shares")

Bearing compass 〔海法〕方位羅經

Bearing date 簽署日期；標明特定日期

Bearing resolution of radar 〔海法〕雷達方位分辨力

Beat v. & n. I. 非法人身侵犯行為 (接連地 "打"、"敲"，刑法和侵權法中為 "毆打")；II.〔美〕"村" 或 "鎮" (為南部諸州的阿拉巴馬、密西西比和南卡羅萊那州的縣主要司法分區)；選舉區；(警察) 巡邏地段

Beat the rap 逃過刑事責任 (或刑罰)

Beat up 毆打

Beating 打擊；笞打；毆打

Beating duty (值班工作) 分段巡邏

Beating of the bounds 〔古〕巡視教區轄界 (此為英國古老的習慣，牧師每年在其轄區內巡視一次)

Beating, smashing and looting 〔中〕打、砸、搶 (特指 "文革" 中迫害羣眾或幹部的犯罪行為)

Beaufort scale 〔海法〕蒲福風級

Beaupleader 〔法〕禁止執達吏直接對惡意答辯處以罰金的命令；對惡意答辯科處的罰金

Beauty parlor malpractice liability insurance 美容院業務責任保險

Beauty parlor public liability insurance 美容院公共責任保險

Beccaria, C.B. (1738−1794) 貝卡里亞，C.B. (意大利法學家，刑事古典學派創始人，著有《論犯罪和刑罰》一書，生卒年為 1738−1794)

Becketed life line 〔海法〕半環救生索

Become a member of the WTO 成為世貿組織的成員

Become acquainted with 認識；熟悉；知曉

Become aware 知悉

Become due 到期

Become effective 生效 (發生效力)

Become operative 生效 (發生效力)

Bed 河牀；河底；同居 (或同居權)；婚媾權

Bed and board 同居 (夫妻同居，但不共寢食)；夫妻共同生活

Bed Chamber Question 〔英〕王室夫人不得干政原則 ("王室臥房問題"，1839 年)

Bed of the open sea 公海海牀

Bed of the sea 海牀

Bedel 〔英〕法庭執達員 (法庭傳呼員或通訊員，傳訊原、被告到庭答辯)；教區執事 (教區或特許區的下級官員)；森林執達員；國王的收租人

Bedelary 執達吏管轄區；法警管轄區

Bederepe 雜役；收穫役 (古代農奴為領主收割玉米的)

Bedford Level Registration 〔英古〕土地轉讓登記官 (指以使受讓人依法給予構建最高圍欄的特權)

Bedlam 精神病院

Beerhouse 〔英〕啤酒店 (指持有在店內外均可銷售啤酒牌照的啤酒店，其反義詞為 "beer shop")

Before Christ (B.C) 公元前

Before the bar 在法庭上

Before the fact 事前的；作案前的

Before-tax (納) 稅前的；未除稅的

Beg v. 乞食；乞求施捨

Beg off 請求免除 (責任，責罰等)

Beget v. 生子女 (指做父親)；當…的父親

Beggar 乞丐；乞討者

Beggar-my-neighbour (beggar-thy-neighbour) 損人利己的 (尤指對外政策)

Beggar-my-neighbour policy 以鄰為壑政策 (指實行嚴重壓制國際貿易損人利己的貿易政策。諸如，限制進口、不公平競爭等政策)

Beggar-thy-neighbour 以鄰為壑，損人利己

Beggar-thy-neighbour policy 以鄰為壑的政策

Begin v. 開始；着手；創建；提起；發生；發源

Begum 〔英〕夫人；貴婦人；公主

Behalf 利益；支持；擁護

Behaviour 生活作風；表現；行為；舉止；風度；品行

Behaviour as heir 〔蘇格蘭〕作為繼承人的責任

Behaviour therapy 行為療法 (一種心理療法)

Behaviour variable 可變的行為；行為變量

Behavioural equation 行為方程 (主要根據經濟理論指出人們在面臨一種經濟決策時的所為)

Behavioural science 行為科學 (指企業管理中研究如何發揮職工個人潛在能力的一門新興的企業管理科學)

Behead v. 斬首；砍…的頭

Beheading 斬首

Behetria 〔西〕可選擇領主權的土地 (指住在位於城市或莊園土地的居民有選擇其領主權)

Behind bolt and bar 關在監獄裏

Behind the bars 關在監獄裏；在監禁中，入獄

Behind-the-scene(s) master (boss) 幕後操縱者

Behind-the-scene(s) scheming 幕後策劃

B

Behoof 利益；好處

Behring Sea Fisheries Arbitration 1893 白令海漁業權仲裁案（1893 年）

Beijing Adjustment Rules 北京理算規則（CCPIT 共同海損理算暫行規則的簡稱）

Being duly authorised 適當授權

Being struck 碰撞（指兩物體相撞，其中一物可能是靜止不動的）；撞傷人的情況；關閉的營業（因罷工所致）

Belgian law 比利時法

Belgium-Luxembourg Economic Union (BLEU) 比盧經濟同盟

Belief 相信；確信；信仰，信條

Belief-action distinction 〔美〕信仰與行動區別（意指言論自由與信仰自由受美憲法第一條修正案保護，但某人將其信仰附諸行動時，州警察亦有權保護他人如是的行動）

Believe *v.* 信奉，信仰（in）；相信

Bell buoy 鳴鐘浮標

Bellicose 好戰的

Belligerency 〔際〕交戰狀態；交戰地位

Belligerent *a. & n.* I. 交戰的（指進行合法的戰爭）；敵意的，不友善的（指人的品性）；好鬥的；II. 交戰國，交戰團體；交戰者（指戰爭或武裝衝突中合法參戰人員）

Belligerent act 交戰行為

Belligerent activity 交戰活動

Belligerent aircraft 交戰飛機

Belligerent army 交戰軍隊

Belligerent blockade 戰時封鎖

Belligerent captor 交戰捕獲者

Belligerent community 交戰團體

Belligerent convoy 交戰護航

Belligerent dispatches 交戰公文

Belligerent domicile 交戰住所

Belligerent forces 交戰部隊

Belligerent individual 交戰國個人

Belligerent jurisdiction 交戰管轄權

Belligerent measures 交戰措施

Belligerent merchant ship 交戰國商船

Belligerent military aircraft 交戰國軍用飛機

Belligerent nationality 交戰國籍

Belligerent nations 交戰國

Belligerent non-military aircraft 交戰國非軍用飛機

Belligerent occupant 交戰佔領者

Belligerent occupation 交戰佔領

Belligerent occupying force 交戰佔領軍

Belligerent party 交戰一方

Belligerent power 交戰國

Belligerent prerogative 交戰特權

Belligerent prize court 交戰國捕獲法庭

Belligerent property 交戰國財產

Belligerent qualification 交戰資格

Belligerent reprisal 交戰報復；交戰報仇

Belligerent retaliation 交戰報復

Belligerent right 交戰權利

Belligerent service 交戰役務

Belligerent state 交戰國

Belligerent territory 交戰領土

Belligerent troop 交戰部隊

Belligerent vessel 交戰國船舶

Belligerent warship 交戰國軍艦

Bell-shaped curve 標準的鐘形曲線

Belong *v.* 屬；關於；為…一員；擁有

Belonger 居民

Belonging 附屬品；附屬物；所有權；〔複〕財產；動產；隨身行李；所有權（指公用事業管理局規定的公用事業合理率的司法裁定需要有適當程序的機會）

Below 下級的；下級管轄的；初審法院管轄權的；初審的；初等的；附屬的

Below par 低於面值；在面值以下

Below par value 平價以下；低於票面價值

Below per unit fixed and variable 〔關貿〕低於每單位固定和可變的（價格）

Below the line 欄外會計；線下項目

Below the line item 〔英〕線下項目（指預算中從舉債取得的收入以及從其中付出的款項）

Below-cost dumping 低於成本的傾銷

Below-cost standard 低於成本的標準

Below-market interest rates 低於市場的利率

Belt 帶；地帶

Ben Avon doctrine 〔美〕本‧阿翁原則（指公用事業委員會按正當程序要求有機會依法為公用事業公司規定合理的收費原則）

Bench 法官席；(總稱) 法官；法庭；司法行政官；〔英〕聖公會主教（英國國教的主教亦稱為 "bench of bishops"）；(議會的) 議席

Bench and bar (總稱) 法官和律師

Bench blotter 逮捕記錄（指警察局保管的逮捕犯人和其他事件的記錄）

Bench book 法官手冊

Bench conference 法官聯席會議（指律師和法官們在開庭審判前、審判中或審判後或聽證會前在沒有陪審團參加的情況下開會討論有關訴訟程序問題）

Bench legislation 法官造法；判例法（釋義見 "case-law"）

Bench mark 水準基點；基準

Bench trial 法官審判（無陪審團的審判）

Bencher 〔英〕律師公會主管（指英國主管律師的培養、選拔和紀律處分的四個團體中選任的資深律師）；下議院議員

Bench-warrant 〔美〕法院拘捕令；法院拘票（指發現有藐視法庭、提起公訴或不服從傳訊的證人而由首席法官或法院直接發出拘捕令狀）；〔英〕法官拘捕令；拘傳（由主審法官簽發，逮捕罪犯到案接受訊問）

Bend the law for the benefit of friends (or relatives) 徇情枉法

Benefaction 捐款；捐助物

Benefactor 捐助人；捐贈人；保護人

Benefactress 女捐助人

Benefice 聖職；聖俸（牧師的薪俸法，1898 年）；封地；領地；〔法〕利益；特惠；特權（指法律賦予的，而不是當事人合意給予的）

Benefice de discussion (=benefit of discussion)〔法〕先訴抗辯權

Benefice de division 〔法〕分攤的利益；共同保證人分攤的權利

Beneficent expenditure 受益費

Beneficial 有益的；有利的；可受益的；有使用權的

Beneficial enjoyment 不動產受益權（指可享受屬於自己的不動產權益，而不作為他人財產的受托人）

Beneficial estate 受益財產權（指受益人僅取得不動產的用益權）

Beneficial expenditure 收益經費

Beneficial expenses 有益費；改良費

Beneficial holders of securities 受益證券持有人；受益股票持有人

Beneficial interest 受益權；衡平法上受益權（指事實上享有不動產的受益衡平法上的權利）；受益股權

Beneficial occupation 受益者的土地佔有（指有利於佔有者利益的土地佔有）

Beneficial outcome 實際成果

Beneficial owner 衡平法上的所有人；受益所有人（指僅享有不動產的委托所有權，該財產的真正所有權則屬委托人自己）；〔香港〕股份受益所有人（為名義上的股東，其權益由所持信托證明書得以保障）；最終受益人（指屋業所有者等）

Beneficial ownership 受益所有權（實際所有權）

Beneficial power 受益權

Beneficial tariff 優惠稅率

Beneficial use 受益使用（指按個人喜好使用和依個人愛好享有財產的權利）

Beneficiary 受俸牧師；受益人（指有權享受信用證利益的人。在國際貿易中，一般是出口商）；信托受益人；受款人；收票人；受惠國；遺囑指定受益人，受遺贈人；壽險保單受益人（指要保人一死即有權取得該死者保險收益的人）；不動產所有者估稅人；封建社會的封臣；臣屬；臣下

Beneficiary association （=benevolent association）慈善協會

Beneficiary certificate 受益人證明書

Beneficiary country 受惠國（指享受最惠國待遇的國家，即根據條約在給惠國中享有最惠國待遇的國家）

Beneficiary heir 受益繼承人（負擔遺債不超過繼承價值的繼承人）；合法繼承人；〔美〕財產清單上的利益繼承人（路易斯安那州）

Beneficiary of a credit 信用證受益人

Beneficiary of remittance 匯款收款人（匯款受益人）

Beneficiary of trust 信托受益人

Beneficiary state 受惠國；受益國

Beneficiary supplier 受惠供應國

Beneficent expenditure 受益費

Benefit 好處；特權；利益；利潤；效益；津貼；救濟金，撫恤金；保險賠償費

Benefit association 互助會

Benefit Building Society 〔英〕建築互助會（釋義見"Building Society"）

Benefit certificate 受益人證書（指按特別規定的條件付給指定款額的書面義務，或由兄弟會或互濟會發的保險證書）

Benefit club 互助會；共濟會；救濟會

Benefit country 受惠國；受益國；受援國

Benefit of argument 先訴抗辯權；舉證權

Benefit of bargain rule 索賠利益規則（指原告可以財產的賣價與其市場公平市價差額之規則索償）

Benefit of cession 讓與權（指債務人將其財產讓渡給債權人以免除因債務而坐監）

Benefit of clergy 〔英〕僧侶特權；神職人員特權（指舊時僧侶犯重罪時可免受國王法院刑事審判的特權，後來這個特權擴及於一切能閱讀的人，1827 年廢止）

Benefit of counsel 〔美〕獲得律師的辯護權（指刑事被告因經濟上困難可要求法院委派律師免費為其辯護的權利，為憲法第 6 條和第 14 條修正案所賦予的權利）

Benefit of discussion 先訴抗辯權（指保證人得要求債權人先予強制執行債務人的財產）

Benefit of division （=benificium divisionis）分攤利益

Benefit of doubt 在有懷疑的情況下，被告人應獲得有利考慮的權利；非突然相信而作出的善意推測

Benefit of insurance clause 保險利益條款

Benefit of inventory 限定繼承的特權（指有權要求按法律規定的時間和方式列出所繼承的財產清單以限定在所繼承財產價值範圍內支付繼承的費用及其債務）

Benefit of order 先訴抗辯權（釋義同"benificium ordinis"）

Benefit of survivorship 生存者就先死者的財產享有權利

Benefit snatching 抓住效益；抓住利潤

Benefit society 互助會；共濟會；互濟會

Benefit system 福利制度

Benefit tax 特別利益稅

Benefit to survivors 遺屬生活費

Benefit-cost ratio 利得成本比率；效益成本比率

Benefits department 〔保〕理賠部；給付部

Benefits of concessions 減讓利益

Benefits rule 〔保〕理賠規則

Benefit-to-the-recipient principle 受援國受益原則（指給予受援方津貼的原則）

Benelux （為 Belgium, the Netherlands and Luxembourg 的縮寫）比、荷、盧經濟共同體（1943 年）

Benelux Customs Union 比荷盧關稅聯盟（指比利時、荷蘭和盧森堡於 1944 年簽訂，1948 年生效，逐步取消三國彼此之間的關稅）

Benelux Economic Union 比荷盧經濟聯盟（指比利時、荷蘭和盧森堡三國政府於 1946 年共同決定將關稅聯盟擴大至經濟聯盟，1958 年 2 月在海牙訂約，1960 年 11 月生效，有效期 50 年）

Benerth 土地保有人義務（指佃農以犁和車為封建領主服務）

Benevolence(s) 慈善；善行；捐助物，捐款；〔英〕強制捐獻（指從前英王事實上為強制貸款或苛稅）

Benevolent 人道的；慈善的

Benevolent association 慈善協會；互助會

Benevolent corporation 慈善公司；非營利公司；社會福利救濟公司

Benevolent neutrality 善意中立

Benevolent society （=Benevolent association & Benevolent corporation）慈善協會

Bentham, T. (1748−1832) 邊沁·丁（英國法學家、哲學家，功利主義學說首創人，其主要著作《道德和立法原則導論》、《政府片論》、《為高利貸辯》、《獎勵原理》、《懲罰原理》、《司法證據原理》和《憲法典》等）

Bequeath v. 遺贈；遺贈動產（一般指遺囑遺贈動產，其不同於"devise"，後者是遺贈不動產，但如果遺贈者遺詞時作為"devise"的同義語則亦包括不動產之遺贈）

Bequeathal 遺贈；遺產；遺物

Bequeathment 遺贈

Bequest 〔英〕動產遺贈（一般指用遺囑遺贈動產）；遺贈物

Berat (or barat) （東方君王御賜的）榮譽令狀；特權令狀（特權許可狀）

Berbiage （牧羊草場的）羊場租金

Bereaved family 遺族；已故人的家屬

Bering Sea Dispute 〔美、英、加〕白令海爭端（1881 年）

Berlin Decree 柏林敕令（1806 年拿破侖一世禁止歐洲大陸各國同英國貿易）

Berlin Revision of the Convention 柏林修訂公約（1908 年）

Bermuda Agreement 百慕達協定

Berne Convention 伯爾尼公約（指伯爾尼著作權保護公約，1886 年）

Berne Convention for the Protection of Literary and Artistic Works 保護文學藝術作品的伯爾尼公約（1886 年，中國於 1992 年加入）

Berne Union (International Union of Credit and Investment of Insurers) 伯爾尼聯盟（指信用及投資保險人國際聯盟，成立於 1954 年，目的在於對國際貨物中的信用保險給予援助，即 "信用及投資保險人國際聯盟"）

Bernet 〔撒〕縱火；縱火罪

Bernstein test 伯恩斯坦測驗（指以驗血的四種血型認定兒童的驗血檢測方法）

Berth 停泊處

Berth a ship alongside quay （將船）靠碼頭

Berth Charter 泊位裝貨租船合同；班輪條件租船合同；船位包租

Berth note 訂艙單；泊位通知（指船舶掮客通知船東該船已約定用於裝載特定貨物用的合同單）

Berthage 停泊費；船席費；泊位

Bertillon's system 伯蒂朗辨別法（用人體器官各組織部份來測定犯罪的一種方法）

Besaile 曾祖父；外曾祖父

Besayel 〔英古〕收回被佔的繼承曾祖父的不動產訴訟令狀

Besetting 侵擾行為

Beside the point 離題

Besides 除此以外；而且；尤有進者；同樣；亦；並且

Besieged area 被包圍區

Besoin 〔法〕需要

Besot v. 使愚蠢；使沉湎

Best 最好的；最佳的；最理想的；最適合的；最令人滿意的

Best allocation of resources 〔關貿〕資源最佳配置

Best efforts 全力；最大努力

Best efforts undertaking 〔香港〕全力的承擔（指市場的風險由借款人而不是由受托銀行承擔）

Best estimate 最高估價

Best evidence 最佳證據（書面契據本身就是基本的、最有利的可資證明證據）

Best evidence rule 最佳證據規則（指照片、錄音和原著等而禁止採用間接證據）

Best information available (BIA) 〔世貿〕現有最佳資料（指 1994 年《東京回合》反傾銷協議規定，假若利害關係人在合理的時間拒不提供必要的資料或嚴重妨礙調查，當局可根據現有掌握的最佳材料作出裁定）

Best liner unbiased estimator (BLUE) 最佳班輪的公正估算員

Best use 最佳使用（值）

Best-effort basis 〔美〕最大努力原則（指應承諾以發行新證券投資當事方銀行或集團的代理人處理新發行證券的銷售事宜）

Bestiality 獸姦（人與獸性交）

Bestow v. 給予；贈與；授予

Bet n. & v. I. 賭金；賭注；打賭；II. 打賭

Betaches 〔英〕耕用牧師享用之土地的俗人

Beth-din or bet-din 猶太人法庭（審理關於民事、刑事和宗教法律問題案件）

Betray v. 背叛，出賣；泄露（機密等）；玩弄，誘姦（婦女）

Betrayal 通敵；背叛；告密；誘惑

Betrayal of secrets 泄露秘密

Betrayer 叛逆者；叛徒；背信者；告密者；誘惑者

Betriebsverfassungsgesetz 〔德〕企業委員會（1972 年）

Betroth v. 訂婚

Betrothal 定親；婚約

Betrothal gifts 聘禮

Betrothed 已訂婚約者

Betrothment (betrothal) 婚約；定親（舊中國及封建社會的習慣做法）

Better Business Bureau 〔美〕優級商業經營局

Better equity 較佳資產淨值；〔英〕優先地產請求權（指甲比乙從衡平法院得到較優先地產或財產權）

Better policies scenario 〔基金〕較佳的政策設想；較佳的政策遠景方案（指國際貨幣基金組織的 "世界經濟展望"）

Better rule of law 〔美〕較好法律規則（指賴福勒教授提出的一種衝突法學說，最有利於原告的法律，以保護受害者的利益）

Betterment 改良；改善（不動產的改善維修因而提高其價值）；改良投資；改良和擴建

Betterment acts 〔美〕改良法（房地產修繕法）

Betterment charges 受益者負擔；土地改良費

Betterment insurance 改良保險

Betterment order 房屋修繕令；改良擴建資產通知單；添購自用資產通知單

Betterment taxes 改良稅；改進稅；改建稅

Betting 打賭；投注；賭博；博彩（用有價值的錢或物打賭）

Betting book 賭金登記簿（指賭在跑道上比賽的押金等）

Betting dues 〔香港〕博彩稅（指舉辦賽馬會所投注的各項彩金均應繳稅）

Betting duty 〔香港〕博彩稅

Betting house 賭場

Betting office 〔英〕賭館，博彩公司（經政府許可，經營博彩公司要按《1963 年賭博彩票法》規定辦理）

Betting poor 賭彩池

Betting slips 賭票；博彩券（寫有參賽的狗、馬等號碼或名字構成起訴非法賭博之證據）

Bettor (better) 賭博者；打賭者

Between prev. 在（兩者）…之間；在…中間

Between wind and water 吃水線

Beveridge Report 〔美〕貝弗里奇關於社會保險及聯合服務報告（1942 年）

Beyond a reasonable doubt 於理無可置疑的；排除合理懷疑（在證據上，意指令人滿意的、完全信服的；刑事案件中則指被告的犯罪事實確鑿無疑）

Beyond control 不受約束；脫離控制（例如，成年的孩子就不受其父母法律上的控制）

Beyond dispute 無可爭辯（不容爭議）

Beyond doubt 無可置疑

Beyond the seas 〔美〕在美利堅合眾國邊界以外（指不在美國境內）；〔英〕在海外（指不在聯合王國、英吉利海峽和馬恩島境內的人）

Bilateral 雙方的；雙邊的

Biannually 一年兩次地；每半年一次地

Bias 偏袒；偏見；傾向；定見；先入為主的意見（指法官審判上的偏頗，先入為主，不按是非曲直斷案）

Biased 有偏見的

Bible 《聖經》

Bibliography 目錄提要；文獻目錄

Bicameral system 兩院制（指上、下兩院）

Bicameralism 兩院制主義

Bicameralist 兩院制主義者

Bid 要約；遞盤；出價；投標（指購買指定的財產或以規定的價目履行勞務合同等）；〔美〕僱員另外一份工作申請書

Bid and asked 出價和討價

Bid bond 投標保證金（指申請投標承攬公共建築工程項目時一種保證以免決標後投標人拒絕簽訂合同或決標前退出競標）

Bid guarantees 投標保證書（指承諾支付保證金義務等）

Bid in 標落自手（故意出最高價以使標落到自己手裏）

Bid off 中標（拍賣時，擊錘賣掉的貨物）

Bid price 出價；遞價（指買賣人所提出的價格）

Bid quote 報價（經紀人願買的證券或商品價格）

Bid rate 〔英〕存款利率；出價，買價；投標價

Bid shopping 壓價；壓標（總承包商標得低標後迫使其他分包商提出更低的標價）

Bidder 出價人；遞盤人；投標人；競標人

Bidding contract 招標契約

Bidding up （拍賣時）抬價；哄抬標價

Biddings 出價；發價（指定貨物或其他財產在拍賣時的售價）

Bid-offer spread 買賣價之間的差額

Bids and offers 買價與賣價（證券交易報價）

Bienes 〔西〕財物；財產（含動產、不動產）

Biennial 每兩年發生一次的；兩年一度的

Biennial session 〔美〕兩年一次的會議（大多數州每兩年開一次立法會議）

Bienes communes 〔西〕共有的財產

Bienes ganancia les 〔西〕夫妻共有的財產（離婚時各分其半）

Bienes publicos 〔西〕公有財產（諸如河、港口及公路等）

Biens 〔英古〕財產（指除了世襲財產和自由民以自由役務不定期保有的不動產物權和繼承產以外的各種動產和不動產）；〔法〕財產；產業（含動產和不動產在內所有各種財產）

Bifurcated trial 分別審判；分開審判（指在刑事審判中，罪與刑罰、罪與心智健全問題，以及人身傷害和意外致死訟案的責任爭議問題）

Bifurcation in the thinking 〔關貿〕兩個思想分叉（指關貿總協定成立之初在"爭端解決程序"上是按"權力取向方法"，還是按"規則取向方法"來解決締約商事上的糾紛的意見模糊不清，而後逐漸演變到用規則取向的正確方法）

Big Blue 〔美〕大藍皮書（1978 年卡特總統的報告，其旨在研究如何防止電子信息被盜用）

Big Board 大行情牌（紐約證券交易所列有各種證券的現行價格）；紐約證券交易所（別名）

Big character poster 〔中〕大字報（指文革中羣眾把自認為幹部領導或社會上醜惡的事寫在大張紙上張貼公諸於衆）

Big Eight (The eight largest public accounting (CPA)
firms) 〔美〕八大會計師事務所（按照營業總收入和職員人數論，其為 1. 安達信會計師事務所；2. 永道會計師事務所；3. 恩斯特－惠尼會計師事務所；4. 迪利奧蒂－赫斯金斯－塞爾斯會計師事務所；5. 畢馬威會計師事務所；6. 羅兵咸永道會計師事務所；7. 塔奇·羅斯會計師事務所；8. 亞瑟·楊會計師事務所）

Big power politics 大國外交（政策）

Big stick 顯示武力；顯示實力

Big stick policy 大棒政策；威脅主義

Bigamist 重婚罪犯；重婚者

Bigamous 重婚的；犯重婚罪的

Bigamous marriage 重婚

Bigamy 重婚罪

Bigot 固執的人；執拗的人；抱偏見的人；盲從的人（指對宗教、種族意見等）

Bilateral 雙方的；雙邊的

Bilateral Accords 雙邊協議（指 1994 年 12 月智利與厄瓜多爾簽訂了雙邊協議，兩國之間削減了 400 多項產品的關稅，每年削減關稅 25% 直至 1999 年止全部實現自由貿易）

Bilateral act 雙邊行為

Bilateral action 雙邊行為（行動）；兩造訴訟

Bilateral agreement 雙邊協定

Bilateral agreement on textiles under MFA 關於按多種纖維協議的紡織品雙邊協議

Bilateral agreement quotas 雙邊協定配額（制）

Bilateral Agreements for Exchange of Interport Items 電訊機傳真專遞雙邊協定

Bilateral Agreements for Exchange of Money Orders 兌換匯票雙邊協定

Bilateral and plurilateral commitments 〔關 / 世貿〕雙邊和多邊的承諾

Bilateral arbitrage 雙邊套利

Bilateral arrangement(s) 雙邊安排

Bilateral assistance 雙邊援助

Bilateral central rate 雙邊的中心匯率（匯價）

Bilateral consultation 雙邊協商；〔世貿〕雙邊磋商（指當成員方之間發生反傾銷爭端時，WTO 總幹事負責受理其書面申請，並協調其磋商活動）

Bilateral contract 雙務合同；雙邊契約；雙方合同（指締約當事人雙方應互惠地履行彼此的義務）

Bilateral convention 雙邊專約；雙邊公約

Bilateral Convention for the Reciprocal Recognition and Enforcement of Judgements 相互承認和執行判決公約（指 1927 年，英國同奧、比、以、意、荷德等國簽訂的）

Bilateral countries 雙邊協議的國家

Bilateral declaration 雙邊聲明

Bilateral diplomacy 雙邊外交

Bilateral discussion 雙邊會談

Bilateral import quota 雙邊協議的進口配額（制）

Bilateral influences 雙邊影響

Bilateral international relations 雙邊國際關係

Bilateral market access negotiations 雙邊市場准入談判

Bilateral market access negotiations on goods 雙邊關於貨物的市場准入談判

Bilateral mistake 雙方錯誤

Bilateral monopoly 雙邊壟斷

B

Bilateral most favoured nation clause 雙邊最惠國條款

Bilateral negotiations 雙邊談判

Bilateral partner 雙邊合夥人

Bilateral payments agreement (arrangement) 雙邊支付協定

Bilateral political power relations 雙邊政治權力關係

Bilateral portfolio investment 雙邊有價證券投資

Bilateral pressures (on) 雙邊壓力

Bilateral quota 雙邊協議的配額

Bilateral quotas to production subsidies 雙邊生產補貼的限額

Bilateral reservation 雙邊保留

Bilateral swap agreement 雙邊信貸互惠協定

Bilateral tariff negotiation 雙邊關稅談判

Bilateral trade negotiations 雙邊貿易談判

Bilateral trade 雙邊貿易

Bilateral treaty 雙邊條約 (指兩國或兩國政府間所訂的條約)

Bilateralism 雙邊主義

Bilboes 〔複〕足枷 (指帶有長條形鐵鐐的舊時用於海上的一種處罰刑具)

Bilie 執行官；市參事會員；〔蘇格蘭〕高級市政官 (地位僅次於市長)，百家村司法官

Biline 傍系親屬；傍系血親

Bi-linear tariff 雙率稅則

Bilinguis 〔英〕雙語的；說兩國語的；使用兩種語言的 (指陪審團是由一個說英語和一部份說外國語的人組成)

Bill 匯票；票據；(衡平法) 訴狀；(刑、民事) 訴狀 (由一個人提出，一般多涉及個人、公司或市、區的利益，提交大陪審團裁決)；議案；法案 (由議會或政府部長提出，一經議會通過即成為法律、條例)；〔美〕鈔票；紙幣；賬單；發票；通知單；清單 (指債權人交付債務人的貨物或所作工作的清單)

Bill act 票據行為

Bill as security 質押票據 (指以票據作貸款之質)

Bill at presentation 出示證券

Bill at sight 即期票據

Bill broker 票據經紀人；證券經紀人

Bill broker bank 證券經紀銀行

Bill by way of mortgage 抵押權設定證書

Bill Chamber 訴狀法庭 (蘇格蘭高等民事法庭休庭期間審理案件的法庭，1532−1933 年廢止)

Bill clerk 法案書記

Bill clerk's office 法案登記處

Bill day 議案提出日

Bill de bene esse 證人的特別審理申請；臨時訴狀

Bill discounted 已貼現票據

Bill excambii 匯票

Bill exonerationis 提貨單；提單

Bill falling due 票據到期

Bill for a new trial 請求複審訴狀 (指向衡平法院申請禁止執行判決的特別救濟)

Bill for collection 托收票據 (匯票)

Bill for foreclosure 出賣抵押品訴狀 (指承受抵押人申請出售抵押債務人的房產以收取帶有利息的款項等費用)

Bill for payment 付款票據 (匯票)

Bill improvided for 無資金可供付款的票據

Bill in aid of execution 撤銷財產負擔或產權移轉的訴狀 (指以詐欺為由，要求駁回詐欺性債務負擔或轉讓財產)

Bill in (of) chancery 〔英〕向衡平法院起訴的訴狀 (1873 年以前)

Bill in equity (bill of complaint) 〔英〕向衡平法院起訴的訴狀 (指原告以控告侵權為由向衡平法院提交訴狀要求給予補償的書面陳述)

Bill in nature of a bill of review 複審性訴狀 (指既非原訴方，亦不受判決約束的當事人向衡平法院提出要求複審或撤銷判決的訴狀)

Bill in nature of a bill of revivor 回復中止性質的訴狀 (續審狀)

Bill in nature of a supplemental bill 補充性的訴狀 (指訴狀開始後加入新的利害關係人)

Bill in nature of interpleader 主參加訴訟 (確定主張金錢或其他財產權利訴訟者以解除被迫提起訴訟的權利主張者的責任或訴訟的訴狀)

Bill in Parliament 〔英〕法案 (指將法案提交上院或下院討論，要求批准通過將其成為制定法)

Bill Jones 〔美〕商船法 (又稱瓊斯法案) (1920 年)

Bill obligation 票據債務

Bill obligatory 〔英〕蓋印的債務票據 (寫明借款數目、日期及付款地點，一般需借款人簽字並蓋上印章才能生效)；〔美〕保兌票據 (債券)；單一債務票據

Bill of address 〔美〕彈劾法案；罷免法官議案 (麻薩諸塞州撤換法官須經州長和參議院批准的法案)

Bill of adventure 貨主承擔風險的托運單 (承運商說明以他名義所承運的貨物由貨主承擔風險的署名契據)

Bill of advocation 〔蘇格蘭〕複審請求狀 (蘇格蘭刑事訴訟程序中要求高等刑事法院更審下級法院審理的刑事案件，特別是錯判案件)

Bill of amendment (議會) 修正案 (指議員等對議會的議案提出並加以修正)

Bill of attainder 〔英〕公權剝奪令 (宣判犯人犯有叛逆罪或重罪並處以死刑和沒收其財產、剝奪其民事能力的議會制定法)；〔美〕號奪公民權法案

Bill of attorney 委任狀

Bill of certiorari 〔美〕調送案卷複審訴狀 (請求上級法院命令將下級法院的卷宗或案件因無管轄權或不公道為由移送上級法院審查或審理的申請書)

Bill of chancery (=bill of complaint) 向衡平法院起訴的訴狀 (1873 年以前)

Bill of charges 費用清單

Bill of clearance 出港申報表；出港申報單；結關證書

Bill of complaint 〔英〕向衡平法院起訴的訴狀 (1873 年以前，見 bill in equity)

Bill of conformity 請求妥善清理遺產的訴狀 (遺產管理人或遺囑執行人請求衡平法院指示其如何執行職務的申請書)

Bill of costs 訴訟費用賬單；訴訟費清單

Bill of credit 〔美〕信用憑單；付款通知書；取款憑單；通知墊款匯票

Bill of debt 借條，借據；借款單 (釋義同 "bill obligatory")

Bill of discovery 要求披露的訴狀 (請求命令對方當事人披露事實或提出書面證據的申請書)

Bill of divorce 離婚起訴書 (離婚申請書)

Bill of divorcement 離婚起訴書；休書 (根據摩西法規定，只要丈夫提出休書，即可離婚)

Bill of entry (B/E) 入港申報表；報關單（向海關提交的輸入出貨物的明細報單）；報稅通知書

Bill of estimate 估價單；預報賬單；概算賬單

Bill of estimation 估價單

Bill of evidence 證詞筆錄（指庭訊中速記員所記的證言謄本，可作為 "bill of exceptions" 上訴證據之用）

Bill of exceptions 不服原審法官裁決的聲明書（因法官在法律點上裁定錯誤，律師就此提出由上訴法庭予以更正）

Bill of exchange 匯票

Bill of Exchange (crossed cheques) Act 〔英〕匯票（劃線支票）法（1906 年）

Bill of Exchange (time of noting) Act 〔英〕匯票（關於拒絕證書作成期間）法，1917 年）

Bill of exchange at sight 見票即付的匯票；即期匯票

Bill of Exchange Ordinance 〔香港〕票據條例；票據交換條例（規定如果支票被拒絕兌現，銀行應負責將情況通報客戶）

Bill of exchange to bearer 憑票付款的匯票

Bill of gross adventure 共擔風險的壓船貸款契約（指以船舶或貨物作為擔保的貸款，擔保物減失時貸款無須償還的契約）

Bill of health （船舶的）檢疫證書；船舶停泊地無疫和船員健康證明書（指船隻進出港口、邊境口岸時檢疫機關簽發的免疫證書）；健康證明書

Bill of human rights 人權法案

Bill of indemnity 〔英〕〔美〕免責訴狀（指公務人員執行其公務期間的公務行為受法律保護）

Bill of indictment 刑事起訴狀；公訴狀（指正式或向大陪審團提出公訴要求採取行動）

Bill of information 〔英〕公訴狀；告發狀（由律師或副檢察長提出涉及皇家或政府的案件）

Bill of injunction 禁止狀

Bill of interpleader 主參加訴狀（指主參加人提出旨在為權利各方解決金錢和財產問題的衡平訴狀，迫使權利人提出訴訟解決他們之間的權利或不動產所有權問題，從而解除主參加人的義務）

Bill of lading 提單；提貨單（指由船長簽發給予發貨人或托運人的載貨憑單）

Bill of Lading Act 〔美〕提單法

Bill of lading clause 提單條款

Bill of lading copy 提單副本

Bill of law 法案

Bill of Middlesex 〔英古〕米德爾塞克斯命令（以被告虛有的侵權行為假定方式所發佈授予高等法院民事訴訟的管轄權的命令，已於 1832 年廢止）

Bill of oblivion 大赦令

Bill of pains and penalties 〔英〕特別處刑的議會法案（次於死刑刑罰的議會法案，即對於被認為犯有叛國罪或重罪者不經普通法院審判而由議會以制定法宣判死刑以下的刑罰，其所犯下較輕於 "bill of attainder"，而且不需要經過司法判決的罪）

Bill of parcels (B/P) 〔英〕包裹單；發貨單（包裹發票，即裝運明細單、發貨明細單）

Bill of particulars 〔英〕返還索賠之訴（指原告提交給被告要求賠償的清單或被告另索賠清單）；〔美〕詳情起訴狀（指披露方式，列出所犯罪狀的時間、地點、犯罪工具和方式方法以此通知被告使其有所準備）

Bill of peace 案件整理申請書（指就同一爭議標的物向衡平法院提起控告同一人的許多不同的訴狀）；禁止濫訴申請書（請求衡平法院永久禁止對方進行濫訴的申請書）

Bill of presentation 提示應付款的匯票

Bill of privilege 特權起訴書（貴族請求由貴族階層審判的特權）

Bill of prosecution 起訴書；公訴狀

Bill of quality 質量證書（品質證明書）

Bill of quantities 建築工程清單；數量清單

Bill of receipt 收條；收據

Bill of review 複審訴狀（指在受理法院終審判決後，請求衡平法院推翻或改變原判並予複審的上訴狀）

Bill of reviver 續審訴狀（恢復訴訟的訴狀）

Bill of reviver and supplement 續審並補充事實的訴狀（指恢復因原告死後而中止的訴訟並補充原訴狀欠缺的內容）

Bill of Rights 〔英〕權利法案（1689 年英國臨時議會制定法）；〔美〕民權宣言（1789 年美國國會對美國憲法第一至第十條修正案）

Bill of rights or Declaration of rights 〔英〕權利法案；民權宣言書（1689 年的英國臨時議會制度法）

Bill of sale (B.S.) 〔美〕賣契；賣據；有體動產所有權移轉證書（指貨物或有體財產的買賣，將其權益由賣者轉移給買者的一種蓋印契據）；〔英〕動產抵押據；移交動產契約證書（1882 年修訂，1978 年頒發）；出貨單；銷售證

Bill of sale by way of mortgage 動產抵押權設定契約

Bill of sight 海關臨時起岸報關單；進口貨臨時報單；輸入品概要通知書（指貨物進口商品應盡其所知向海關申報進口物品的準確數量和質量等情況）；〔英〕進口商提交海關貨物申報單（因進口商不知其所進口貨物精確數量與質量，故要當場盡其所知向海關員提交報關單）

Bill of stores 船上用品免稅單（指航程中所需用品）；〔英〕再輸入免稅單（出口貨物海關記錄的摘要證書）；儲存單

Bill of sufferance 〔英〕免稅單；免稅許可證（指免稅進出英國各港口間進行貿易的許可證）

Bill of Suspension 〔蘇格蘭〕判決中止執行訴狀（因無管轄權等事由暫停下級刑事法院定罪訴狀）

Bill of victualling 裝載航程所需食品的海關執照

Bill pay (bill payable) 應付票據；工資單

Bill payable (B/P) 應付票據（指到期應償付的款項）

Bill payable after sight 見票後付款的票據

Bill payable at fixed period after date 確定日期後應付的票據；出票後定期付款的匯票

Bill payable at sight 見票即付票據

Bill payable on demand 見票即付的票據；即期票據

Bill payable on fixed day 指定日期應付的票據

Bill payable renewed 延期應付票據

Bill payable retired 撤回應付票據

Bill payable to bearer 無記名的票據；不記名式匯票

Bill preferably policy 〔美〕優先經營國庫券政策（1960 年）

Bill quia timet 請求衡平法院保護產權的訴狀（因當事人擔憂其權益受到侵害而請求衡平法院保護）

Bill receivable (B/R) 應收票據（指到期應付的銷售貨物的貨款）

Bill receivable discounted 應收貼現的票據

Bill receivable negotiated 轉讓應收票據

Bill relation 票據關係

Bill rendered 開出的賬單（指債權人開給債務人的，=account rendered）

Bill single 保兌票據 (指書面承諾無條件地把指定金額在指定時間支付給某人或指定的票據，如有蓋章則稱其為"蓋印金錢債務證書"或"單純票據")

Bill taken pro confessio 〔英〕衡平法院的裁決 (指被告不提出完全答辯狀，可看作完全接受原告的主張因而按原告請求判決的衡平法院訴訟程序)

Bill to carry a decree into execution 申請執行判決的訴狀 (指由於當事人疏忽或其他原因，須申請法院再次發出判決執行令)

Bill to establish will 〔英古〕請求衡平法院確認遺囑有效的申請書

Bill to mature 到期票據

Bill to perpetuate testimony 證言保全訴訟 (向衡平法院申請永久保存證人證言以供將來訴訟用的訴狀)

Bill to quiet possession and title 排除侵佔產權的訴訟；確認佔有和產權的訴狀

Bill to suspend a decree 中止執行判決的訴狀；暫時取消判決的訴狀

Bill to take testimony de bene esse 證言保全訴狀 (先行錄取證供的訴狀，以防擔心該證供在審判前丟失)

Billa vera (=true bill) 大陪審團認可的起訴書 (大陪審團認為證據充分而簽署應予以受理的刑事起訴書；大陪審團支持起訴的裁斷

Bill-book 支票簿；出納簿；匯票簿；存摺；票據賬簿；本票賬簿 (期票賬簿)

Billet(ing) 〔美〕授權軍人佔用民房住宿令；〔英〕佔用民房許可證 (指皇家部隊士兵在緊急情況下可宿營客棧、旅館和其他住所的議會制定法規定)

Bill-head 空白單據 (由商人填寫開給其客戶印製好的有企業名稱、地址的票據)

Billing cycle 提交票據週期 (債權人定期向顧客或債務人通報的票據清單)

Bills discounted 票據貼現 (已貼現票據)

Bills in chancery 向衡平法院提起的訴狀 (訴請頒發確保被告出庭並受審訊的傳票令狀)

Bills in eyre 〔英古〕請求巡迴法庭救濟的訴訟 (1280-1330 年)

Bills of Exchange Act 〔英〕匯票法 (1882 年)

Bills of Exchange Ordinance 〔香港〕票據交換法例；票據條例 (1902 年)

Bills of mortality 〔美〕死亡統計表 (指在指定時間內在某個區內死亡的人數)

Bills of Sale Act 〔英〕動產所有權讓與證書法 (1882 年)

Bills rediscounted 票據再貼現

Bills to order 指示票據；記名票據

Bimetallic (金銀) 複本位制的

Bimetallic standard (金銀) 兩本位制；複本位制

Bimetallism 複本位制 (指在一國內以相對固定價格同時合法地使用兩種金屬幣制)

Bimetallist (金銀) 兩本位主義者；(金銀) 複本位制論者

Bind *v.* 使受 (合同等) 拘束；使負 (法律上等) 義務；使負責；指定作…償還債務之用

Bind a high proportion of its tariffs at very low rates of duty 〔關貿〕承擔將大部份關稅置於低水平的義務

Bind out 使…承擔；使…履行 (使某人按照法律義務為他人服務) Bind over 〔英〕具保 (指向法院具結保證從事特定行為而要受處罰的拘束，例如，避免再犯法，擾亂治安)

Bind sb. over to fulfill a contract 使某人受履行合同的約束

Bind sb. over to good behaviour 命令某人具保循規蹈矩

Bind sb. to keep the peace 命令某人具保守法

Bind tariff for all products 訂各種產品的稅則

Binder 臨時契約，暫保單，承保協議 (指在調查風險期間，保險公司給予要保人以臨時保護或直到正式發給保險單為止的重要條款)；購買不動產的定金 (或定金收據)

Binding 有拘束力的；有效力的

Binding agreement 有約束力的協議；有拘束力的契約

Binding arbitration 有約束力的仲裁

Binding authority 接受業務授權書；限制權限；〔美〕有拘束性的權力根據 (指法官斷案時應考慮到法律淵源、制定法和在類似案件上高等法院的判決等)

Binding award 有拘束力的仲裁裁決

Binding character 拘束性，約束性

Binding contract 有約束力合同 (指世貿組織協定與其成員方之間構成法律上的關係)

Binding deadline 約束性的最後期限

Binding decision 拘束性判決；拘束性決定

Binding effect 拘束力 (分為對行政主體的拘束力和對行政客體的拘束力，和相對一方都受它拘束的效力)

Binding findings 拘束性的判決

Binding force 拘束力；約束力 (指例如合同一經訂立，雙方當事人即應受其拘束)

Binding force of the precedent 先例的拘束力

Binding in future rounds of trade negotiations 對將來各輪貿易談判具有約束力

Binding international law obligations 拘束性的國際法義務；有效的國際法義務

Binding jury instruction 對陪審團具有拘束力的指示 (指如陪審團發現屬實的情況時應告知原告或被告的指示)

Binding Legal Agreements 〔世貿〕有約束力的法律協定 (指世貿組織本身)

Binding liberalisation commitment 〔世貿〕約束性的貿易自由化承諾

Binding obligations 〔世貿〕有拘束力的義務 (指對全體成員方而言)

Binding of duty rate 對稅率的約束 (指對兩國間的關稅協定而言)

Binding of duty treatment 對關稅待遇的約束 (指締約國承諾不把現行免稅商品改為納稅商品)

Binding of unilateral concessions 對單方減讓的約束

Binding on all Members 〔世貿〕對所有成員方具有約束力

Binding over 具結候審 (由法院或法官要求某人具結或交保出庭受審、維持治安或出庭作證的行為)；具保候傳 (在下級法院發現確認被告可能犯罪的理由後，把案件移交上級法院或大陪審團的行為)；移送上級法院審理

Binding over to keep peace 〔英〕責令守法；責令不得擾亂治安 (1361 年)

Binding precedents 有拘束力的先例；有約束力的判例

Binding rates 約束性稅率 (當貨物應付高於特定稅率時准予向當事人補付的關稅率協議)

Binding receipt 暫保單；承保收據 (指由保險人出具給投保人保費的收據)

Binding slip 暫保單 (指保險代理人對要保人的申請在保險公司決定願意承擔風險之前發給對所收物品的暫保收據)

B

Binding status 〔關貿〕有效的法律地位（指專家組的報告獲得關貿理事會全體一致通過而言）

Binding treaty 拘束性條約（對國內法具有各種法律效力）

Binding treaty obligation 拘束性條約義務

Binnacle 〔海法〕羅經櫃

Binoculars 〔海法〕雙筒望遠鏡

Biological agent of warfare 生物戰物劑

Biological diversity 生態變化；生態多樣性

Biological method of warfare 生物作戰方法

Biological parents 生身父母

Biological standards 生物標準

Biological warfare 生物戰

Biological weapon 生物武器

Bio-parent 親生父（或母）（親生父母）

Bio-telemetry (eco-telemetry) 生態遙測術

Bipartisan system 兩黨制

Bipartite （公文等）一式兩份的；由兩份組成的；（條約等）兩方之間的

Bipartite agreement 雙方協定

Bipartite convention 雙方專約

Bipartite treaty 雙方條約；兩個之間的條約

Bipolar relationship 兩極關係

Birretum 〔英〕法官和高級律師戴的方形帽（高等法院審判員在宣告死刑或舉行其他儀式時戴的假髮上的方形帽）；高級律師資格

Birth 出生；誕生

Birth certificate 出生證明書

Birth control 節育；控制生育

Birth defect 先天性缺陷（指經濟學家們對關稅與貿易總協定的機構職能而言所作的評論）

Birth mark 胎痣；胎記

Birth rate 出生率

Birth record 出生記錄（記載出生日期、出生地點以及生父母等）

Birth-place 出生地

Birth-place theory 出生地主義

Birth-right 長子繼承權；生得權利（生得即有的權利）；自然的權利

Bis 〔副則〕；〔拉丁〕再；兩度；之二

Bis Tariff Negotiations 〔關貿〕附加關稅談判

Bishop 〔英〕主教（在英國是由皇家任命委員會選舉後提請首相和女王任命）；（新教）監督或（希臘教）主教；（天主教）司教；（佛教）僧正

Bishop's court 〔英〕主教法院（在主教管區的教堂內舉行）

Bissextile 閏年（"Leap-year"，每四年一次）

Biting injury 咬傷

Biting rule 〔美〕盯住規則（指第一接收者收到呈交建設的第一份轉讓財產所有權證書，其後對該證書任何更改均屬無效的規則）

Black acre and white acre 黑畝和白畝（老作家為避免模棱兩可和方便詳盡描述起見而使用文字的一種擬制名稱）

Black Act 〔英古〕流浪者取締法（1772 年頒發）

Black Acts 〔蘇格蘭〕黑體字法（蘇格蘭議會，1535－1594 年通過的法律）

Black book 黑名簿（記有黑名單的書）；〔美〕（白宮發表的）黑皮書（指總統新聞發佈會上可能會被提及的問題和回答）

Black Book of Admiralty 〔英〕海軍法典（愛德華三世時代所編）

Black Book of the Exchequer 〔英〕財政部黑皮書（1728，1771－1774 年）

Black cap 〔英〕黑帽（高等法院法官在宣判死刑或舉行其他儀式時法官戴在假髮上的方型帽）

Black coat 〔英〕職員

Black Code 〔美〕黑人法典（1865 年奴隸解放前，在美國南部諸州施行的，禁止黑奴住宿公共旅館和乘坐公共汽車等法律）

Black flag 黑旗（海盜旗或在監獄外宣告執行死刑的旗幟）

Black hand 〔意〕黑手黨（20 世紀初紐約的一個由意大利移民組織的詐騙集團）；19 世紀西班牙的無政府主義組織

Black letter law 〔美〕黑體字法（一個非正式的法律術語，普遍為法院所接受或包括於特殊管轄權內的基本法律原則）

Black list *n. & v.* I. 黑名單；危險人物；無償付債務能力者名單；破產人名單；II. 把…列入黑名單

Black Lung Benefits Act 〔美〕黑肺病者津貼法（指勞工部給煤礦工人的慢性職業性肺病津貼）

Black maria 囚車（載運往返於法院和監獄之間的）

Black market 黑市（非法市場）

Black Parliament 〔蘇格蘭〕酷刑議會（1320 年蘇格蘭的議會，1529－1536 年英國宗教改革議會或譯為"黑暗議會"）

Black rents 〔英古〕黑租（以提供勞動、穀物、糧食或低級金錢等繳納的地租）

Black republic 黑人共和政治

Black Republican 黑人共和黨員

Black Rod 〔英〕烏棍侍衛（上議院中引導下議院議員入席的官員，因持黑棍，故名）

Blackguard 惡棍

Blackjack 〔美〕黑杰克棒（包着皮的鉛頭棍棒）；小皮帶包的棍棒；海盜旗；"黑桃"（撲克牌中一個花色）；黑杰克牌戲（俗稱"21 點"，一種賭博）

Blackleg 〔美〕職業賭徒（依靠賽馬和賭博為生的人）；〔英〕破壞罷工的工賊（指罷工中繼續工作的人）；騙子

Black-letter conflict rules 硬性規範（指大陸法系國家不願賦予法官斷案以過大的自由裁量權）

Blackmail 訛詐罪（包含未遂的）；〔蘇格蘭〕保護費（指居住在與蘇格蘭交界的英格蘭居民向蘇格蘭族長提出作為條件以免其受到強盜和土匪搶劫）；〔英〕黑色地租（以付給穀物或金錢以外方法，如提供勞役、家畜繳納的地租）；敲詐；勒索

Blackmailee 被綁架者；被綁票者；被敲詐勒索者

Blackmailer 敲詐者；勒索者

Black-marketeer 黑市商人

Blackout 燈火管制；新聞封鎖

Black's Law Dictionary (Black's) 〔美〕布萊克法學辭典

Blackstone, Sir William 布萊克斯通·威廉爵士（英國法學家和法官，牛津大學第一位瓦伊納律律教授，其著名的著作《英蘭法釋義》，1723－1780 年）

Blackstonian Doctrine 布萊克斯通原理（主張"國際法是國內法的一部份"的理論）

Blanc seing 〔美〕署名的空白票據（依協議授權填寫人，由其酌情自行填寫數目的簽名票據或支票，路易斯安那州法律用語）

Blanche firme 〔法〕白銀地租（應以白銀支付的地租）

Bland Act 收購銀塊法

Bland bill　收購銀塊法案

Bland dollar　標準貨幣單位

Bland law　收購貨幣法

Bland-Allison law　收購銀塊法

Bland-Allison Silver Coinage Act　銀幣鑄造法

Blank　空白的；〔美〕空白表格；〔複〕白色硬幣（亨利五世所鑄造，但 1423 年英國法禁止在英國流通）

Blank acceptance　空白承兌票據（指空白的蓋有印章的並由承兌人自行填入金額的匯票單）

Blank bar　要求指明侵害地的抗辯（指在侵害土地的訴訟中，被要求原告具體指明受侵害地點的抗辯）

Blank bill　空白票據（無記名票據）

Blank bonds　〔蘇格蘭〕不記名債券

Blank cheque (check)　空白支票；空額支票（支票發行人簽名後由受票人自填數目的簽名支票）；自由行動的權力

Blank credentials　空白委任狀；空白國書

Blank deed　空白契據（證書用紙）

Blank endorsement (indorsement)　空白背書（又稱"無記名背書"，指持票人必須在匯票背面簽上自己的名字，或匯票或本票上寫明背書人的名字，不填被背書人或商號名稱，交付受讓人，而未提及應收款人的姓名，如此亦移轉票據訴權於收款人）

Blank policy　空白人壽保險單；無記名人壽保險單

Blank power of attorney　空白委任狀

Blank rate　總括保險費率

Blank shares　〔美〕空白股票；系列股票（各種不同的系列之間其相應的權利和優先股別也不同）

Blank shot　空炮

Blank transfer　空白轉讓；不記名轉讓（不指定受讓人的股份讓與證書）

Blank vote　空白選票

Blanket ballot　總括候選人名單（印有包括各政黨候選人並按姓名順序排列的選票）

Blanket bond　一攬子擔保；總括履約保函；一攬子債券

Blanket crime policy　總括犯罪保險單（包含公司僱員失信、現金單據遺失，以及偽造單據等）

Blanket insurance　總括保險；統保；綜合保險（指籠統而不指明特定標的物的保險）

Blanket licence　總許可證；總括執照（萬用許可證）

Blanket mortgage　總括抵押；一攬子抵押（指以兩種或兩種以上為質的資產或財產以支持指定的債務）

Blank norms　〔瑞士〕自由裁量規範（指授予法官在任何案件中適用任何法律而不受約束的自由裁量權，但也不是毫無約束的）

Blanket policy　總括保單；統保單（指一個保險金額統保不同項目的保險單）

Blanket provision　總括規定

Blanket rate　總括保險費率；統保費率；統批費率（適用於一種以上的財產或標的保險）

Blanket search warrant　〔美〕通用搜查證（一個搜查證可用於搜查指定一個地區至多處以上不用再授權）

Blasphemous　侮辱性的；誹謗性的

Blasphemous libel　褻瀆神明的誹謗罪

Blasphemy　〔英〕褻瀆神明罪（指以言語侮罵上帝、耶穌、聖經、國教的祈禱書，意在傷害人類感情，煽動藐視和仇恨教會等行為）

Bleeding blend　混合貸款（開發協會和世界銀行）

Blemish　瑕疵

Blemishing the peace　妨害安寧

Blend book　混合賬簿

Blended fund　〔英〕混合基金（指按照遺囑將全部遺產變賣後所得總價金額，含動產和不動產）

Blighted area　破落地區（指經濟衰落地區，諸如貧民窟）

Blind alley　困境；死胡同；無勝訴把握

Blind corner　（駕車的）死角

Blind entry　失實的記錄；虛賬；不加說明的分錄

Blind selling　盲售（指不給買方檢查擬購物品機會的買賣）

Blind tiger　〔美〕酒類的秘密銷售處；秘密銷售酒類窩點

Blind trust　盲目信托；保密委托（指不向外界透露投資情況）

Blindcraft　盲藝；盲人手藝；盲人工藝

Blindness　盲人；失明

Bloc　（立法機構中）臨時性政黨集團；〔美〕（國會及州議會的）跨黨派議員集團；集團

Block　*n. & v.* I. 街區；街段；座；集團；大宗股票（或以單位出售的債券）；II.〔英〕宣佈反對（議案）；限制使用（貨幣財產等）；封鎖；堵塞

Block book system　財產估稅摘要制度

Block club　互助委員會；地區居民保安聯會

Block Crown Leases　〔香港〕集體官契

Block policy　統保單；綜合保險單（指承保受保人全部財產大部份風險的）

Block ship　封鎖船

Block the adoption of panel reports　阻止專家組報告的通過

Block the export expansion　阻礙擴大出口

Block trade　大宗股票交易

Blockade　*n. & v.* I. 封鎖（指戰時從海陸方面對敵國採取孤立、阻礙通訊聯絡、商業供給和人員出入敵國的行為）；實施封鎖的部隊；II.封港；閉塞；擋住；封鎖（海上或陸上封鎖，或海陸同時封鎖）

Blockade and embargo　封鎖與禁運

Blockade breaking vessel　破壞封鎖的船舶

Blockade by aircraft　飛機封鎖

Blockade by notification　通知封鎖

Blockade de facto　事實上封鎖

Blockade in time of war　戰時封鎖

Blockade inwards　內向封鎖

Blockade measure　封鎖措施

Blockade of canal　運河封鎖

Blockade of river　河流封鎖；江河封鎖

Blockade of strait　海峽封鎖

Blockade outwards　外向封鎖

Blockade runner　破壞封鎖者

Blockade running　破壞封鎖

Blockade running vessel　破壞（反）封鎖船

Blockade zone　封鎖區域

Blockaded area　被封鎖區

Blockaded belligerent　被封鎖交戰國

Blockaded port　被封鎖港口

Blockaded state　被封鎖國

Blockaded-runner　偷越封鎖的人（或船）；破壞封鎖者；秘密出入的船

Blockader　封鎖者；執行封鎖的船；封鎖艦

Blockading force　封鎖部隊

Blockading power　封鎖國

Blockading squadron　封鎖艦隊；閉塞艦隊

Blockading state　封鎖國

Blockage　蠆售折扣；凍結資產；〔美〕（大宗股票）估算稅；蠆售股票估算稅；阻塞

Blockage rule　阻塞規則（按照市場公平價值以蠆售一定折扣徵收大宗股票的贈與和遺產稅規則）

Blocked account　凍結賬戶；被封鎖（銀行）賬戶（指政府限制存戶將存款轉移到國外去）

Blocked asset　被凍結資產

Blocked currency　凍結貨幣，凍結銀行存款（使用範圍受限制的貨幣；不能兌換外匯的貨幣，以免匯出外國）

Blocked deposits　凍結存款

Blocked fund　凍結資金

Blocked fund attestation　凍結資金證明書

Blocked gold or dollars　凍結黃金或美元

Blocked income　〔美〕受限制收入（指在外國納稅人所賺的錢不要在美國納稅，因為外國政府不准納稅人所賺得外匯不能自由兌換成美元）

Blocked national　受限制國民

Blocking　凍結（為關稅與貿易總協定的一個缺陷）

Block-voting　集團投票；集體投票

Blodwyte (bloodwit)　殺人罰金；領取殺人罰金的特權；免繳殺人罰金的特權；〔英古〕殺人犯向領主繳納的贖罪金

Blonger　〔移〕居民

Blood　血；血統；〔英〕血親（指 1926 年以前無血親關係不得據以繼承不動產取得人）；可繼承無遺囑者遺產的血親者

Blood alcohol count　〔美〕血液中的酒精含量（為酒後駕車檢測的法定標準）

Blood brother　同胞兄弟

Blood feud　血親復仇；家族間的仇殺（指親屬間的仇恨或仇殺）

Blood fines　血罰（古代的一種刑罰）

Blood group (type)　血型

Blood grouping test　血型檢驗（指以此來認定私生子等的生父）

Blood guiltiness　殺人；殺人罪

Blood guilty　犯殺人罪的

Blood line　血統世親

Blood money　血錢；血腥錢（如受僱殺人所得的錢）；人身賠償金（償付給被殺者親屬的錢）；死刑犯證人酬金

Blood relations　有血緣關係的親屬；血親

Blood relationship　血親（關係）；血緣關係

Blood sister　同胞姊妹

Blood stain　血跡；血斑

Blood stained　犯殺人罪的

Blood test　驗血；血檢

Blood test evidence　驗血證據；血檢證據

Bloodhounds　警犬；獵狗；血提（指嗅覺敏銳的警犬）

Blood-type evidence　血型證據

Blood-type verification　血型檢驗

Blood-wit　(=blodwyte) 殺人罰金；免繳殺人罰金特權；〔英古〕殺人犯向領主繳納的贖罪金

Bloody Assizes　〔英〕血腥的審判（1865 年）

Bloody hand　〔美〕血腥殺手（指非法捕殺林中之鹿）

Bloody shirt　被謀殺者血衣

Blot on title　所有權瑕疵；所有權遺漏點

Blotter　臨時記錄（記入正式檔案前的）；（警察分局的）逮捕犯人記錄（=police blotter）；流水賬；分欄日記賬

Bludgeon　大頭短棒（一種用作傷人武器的很重的棍棒）

Blue books　〔英〕〔美〕藍皮書（指議會、樞密院許多報告、統計，以及政府各部委等的出版物用藍色封皮封面製成，故名）；〔美〕名人錄；職員錄；議事錄（議會、樞密院各部及委員會等等議事案）

Blue box　〔世貿〕藍箱（指《農產品協議》中生產限制計劃項下直接付款措施的標準）

Blue chip　〔英〕熱門股票；藍籌股（指由公認有名的公營公司發行的利潤和收益最佳，且穩定增長的股票或證券）；高質量或貴重物品

Blue chip investment　〔美〕熱門股票投資；藍籌股投資（指風險最小利潤最佳的股票或證券）

Blue collar　藍領階級；工人階級

Blue ensign　〔英〕海軍預備艦隊旗（用於由皇家海軍預備役軍官指揮的商船隊）

Blue law(s)　藍色法（指規定有關星期天的娛樂活動、工作和商業活動的嚴酷的法律）；〔美〕清教徒法規（殖民地初期紐英倫法律）

Blue list　〔美〕藍色清單（關於市政債券每日上市的報價情況一覽表）；〔英〕藍表（倫敦勞合社報導各國航運動態的週報）

Blue notes　〔保〕藍色票據（指為人壽保險公司所接受的到期可續保保險費金額的單據）

Blue peter　出航旗（白方芯蘭旗）；藍旗；開船旗（國際通用的藍底方白格旗，船舶離埠時所挂）

Blue Thursday　青灰色星期四（1901 年 5 月 9 日世界股票市場危機日）

Blue-collar worker　藍領工人（通指從事工農業生產的勞動者和第三產業的服務人員）

Blue-ribbon　〔美〕藍帶的；（陪審團等）特別選出的；頭等的；第一流的

Blue-ribbon committee　〔美〕特別委員會

Blue-ribbon jury　藍帶陪審團（特選陪審團，第一流的陪審團，由高素質的陪審員組成的）

Blue-ribbon programme　無錯（一次通過）程序

Blue-sky laws　〔美〕藍天法（指保護證券買賣交易不受詐騙的證券交易管理法）；股票發行控制法；投資管理法（保護投資者的法律）

Bluff　*a. n. & v.* I. 壁立的，陡峭的；II. 陡岸；懸崖；峭壁；III. 偽裝欺騙；嚇唬

Blunder　〔美〕大錯（指由於因無知、普通疏忽鑄成大錯而發生本可避免的傷亡事故等）

Blunderbuss　〔美〕無準確射擊目標的大口徑短槍

Blunt protectionist pressures　減弱貿易保護主義的壓力

Board　*n. & v.* I. 委員會（指依法由監督、控制或履行行政、代表或委托代理等職別的人士組成。例如，"市參議員委員會"和"董事會"等）；全體委員；局；部；院；廳；膳食，寄膳宿；招待（賓客）；必需食品（指供監獄犯人食用）；II. 收費；供膳（宿）；登船；登機

Board a ship　登船；上船

Board allowance　膳食津貼

Board discussions　董事會討論

Board lot　(=round lot) 股票交易單位；成交批量

B

Board meeting of directors　董事會會議

Board minute　董事會會議記錄

Board of adjustment　〔美〕區劃調整委員會 ("公設准司法機構" 負責聽取並裁定對市政規劃的意見)；區劃上訴委員會

Board of administration　董事會；理事會

Board of admiralty　〔英〕海軍委員會；海軍將官會議

Board of advisors　顧問委員會

Board of agriculture and fisheries　〔英〕漁農委員會

Board of aldermen　〔美〕市政委員會 (市政府的管理機構)

Board of appeals　〔美〕上訴委員會；申訴委員會 (複查非司法行政裁判機構審定官等所作出的裁決)

Board of arbitration　仲裁委員會

Board of audit　審計局；審計委員會

Board of auditing (auditors)　審計委員會

Board of bank commissioners　〔美〕銀行監督委員會

Board of Banking Supervision　〔英〕銀行監督委員會 (由英格蘭銀行按 1987 年《銀行法》成立的，由英格蘭銀行行長兼任和獨立的會員組成)

Board of bar overseers　〔美〕律師管理委員會 (指各州負責頒發律師執照監察律師風紀的機構)

Board of canvassers　調查委員會

Board of conciliation and arbitration　和解與仲裁委員會

Board of conciliation and investigation　和解與調查委員會

Board of county commissioners　〔美〕縣專員委員會

Board of decoration　功賞局；獎賞委員會

Board of directors　董事會；理事會

Board of education　〔美〕教育委員會 (負責州或市政府學校教育管理工作)

Board of enquiry　調查委員會

Board of equalisation　〔美〕均衡課稅委員會 (目的是平衡稅率)；稅率調查委員會

Board of examination　考試委員會

Board of examiners　〔美〕審查委員會；考核委員會 (委任考核申請人的資格以頒發從事職業或執照)

Board of executive directors　執行董事會；執行理事會；〔世行〕執行理事會 (負責領導並處理世行日常業務的機構，由 22 人組成，其中五人由持股最多的美、英、日、法、德國指派，其餘 17 人由其他 100 多個會員國按地區分組推選)

Board of fire underwriters　〔美〕火災保險人協會

Board of governors　(=Board of Governors of Federal Reserve System) 理事會；董事會；校董會；〔基金〕〔世行〕理事會 (IMF 世行的最高權力機構，每個會員國委派理事和副理事各一人。理事一般多由財政部長或央行行長出任，副理事多是外匯管理機構負責人，任期五年，可連選連任)

Board of Governors of Federal Reserve System　〔美〕聯邦儲備委員會 (聯邦儲備銀行董事會，簡稱 "美聯儲"，由七人組成，任期 14 年，管轄 12 個聯邦儲備銀行和分行、制定貨幣和貸款等政策)

Board of green cloth　〔英〕宮廷財務委員會 ("綠色桌布委員會"，由宮庭官員、司庫和審計員等組成因桌上鋪綠布而著稱)

Board of guardians　〔英〕監護委員會 (貧民保護委員會)

Board of health　〔美〕衛生委員會 (負責市或州的公共衛生工作)；衛生局；衛生部

Board of immigration appeals　〔美〕移民上訴委員會 (司法部准司法機構，負責審核關於移民歸化局裁定的上訴案件和複審移民歸化局長遞解、驅逐外僑出境的訴訟等移民事務案件)

Board of Inland Revenue　〔英〕國內稅務署

Board of inquiry　(勞資糾紛) 調查委員會

Board of investigation　調查委員會

Board of investment　投資委員會；投資局

Board of management　管理委員會；理事會

Board of national investments　〔英〕國家投資委員會

Board of pardons　〔美〕赦免委員會 (州長為委員會成員之一，並被授權對囚犯給予覆核和赦免)

Board of parole　〔美〕假釋委員會 (州和聯邦罪犯管理委員會，授權其決定囚犯刑滿前可否釋放等問題)

Board of Patent Appeals and Interference　〔美〕專利上訴與爭議委員會

Board of public prosecution　〔英〕檢察院 (公訴委員會)

Board of referees　仲裁委員會

Board of reference　諮詢委員會

Board of regents　〔美〕督導委員會；教務委員會

Board of registration　〔美〕註冊委員會 (管理州內職業和準職業人員的風紀和營業執照等事宜)

Board of Review　〔香港〕稅務上訴委員會；〔美〕覆核委員會；審查委員會 (授權覆核對行政機關所作的判決和裁斷以及對財產評估不當等案件；有些州還負有審查告發警察殘忍或防衛過當案件的責任)；稅務上訴委員會

Board of supervisors　〔美〕監察委員會；監事會 (由部份縣政府官員組成，指定負責縣的稅收問題)

Board of tax appeals (B.T.A.)　〔美〕稅務上訴委員會 (現被指定為美 "Tax Court"，管轄聯邦稅務問題)

Board of trade (BOT)　〔英〕貿易部 (樞密院的一個委員會負責處理其他部委不管的工貿等雜項事務，現由工貿國務大臣經管)；〔美〕商會；商業公會；商品交易所

Board of trade and plantation　〔英〕貿易和殖民委員會 (成立於 1674 年，現貿易委員會的前身)

Board of trustees　監理委員會

Board of Underwriters　保險商協會

Board of Underwriters of New York　紐約海上保險商協會

Board of United States General Appraisers　美國關稅審定局

Board of works　〔美〕公共工程委員會

Board room　(董事會的) 會議室

Board system　合議制

Board wages (board money)　供食宿工資

Board works　〔美〕公共工程委員會

Boarder　〔美〕搭夥者 (依明示合同僅提供正常膳食，含有或不含住宿)；寄膳宿者；寄宿生；攻上敵船的士兵

Boarding charge　住宿費

Boarding cost　膳宿費

Boarding house　〔英〕膳宿公寓；寄宿公寓 (指提供臨時的寄宿者的食宿)

Boarding school　寄宿學校

Boarding-ship　檢查中立國船舶有無違禁品的船

Boards of poor law guardians　救貧法監督委員會

Boat compass　〔海法〕艇羅經

Boatable　可航行的；可通行小船的；可用小船運輸的

Boatage　小船運貨；小船運輸費；駁船運貨；駁船運費

Boating Act　〔美〕郵輪法

Boating waters 可航行水域

Boatswain 水手長；水兵長

Boatswain's mate 副水手長

Bob wig 〔英〕(法官戴的) 短而卷的假髮

Bobbies 〔英〕警察

Boc 〔撒〕書籍；文章；契據

Boc horde 〔撒〕文書閣 (指存放文書、契據或證據)；(寺廟) 藏經閣

Boc land (bookland) 〔撒〕私人保有地；特許狀保有地 (指以契據保有的土地或其他書面證據保有的土地財產所有權)

Boceras 〔撒〕抄寫員；公證員；司法官；書記員；主事

Bodily 身體的；肉體的

Bodily condition 身體狀況

Bodily exhibition 身體裸露 (指公開或半公開裸露身體陰私部份的行為)

Bodily harm 身體傷害 (身體損傷)

Bodily heirs 直系血親繼承人 (自身繼承人)

Bodily infirmity 體弱；身體虛弱

Bodily injuries causing death 傷害致死

Bodily injury (BI) 身體傷害 (指有由於傷害身體致病；強姦的受害者也構成一種 "身體傷害")

Bodily punishment 體刑；體罰

Bodin, Jean (1530−1596) 丁‧博丹 (法國政治學家、法學家，主要著作有《國家論六卷集》，為西方政治、法律思想史中第一個系統地論述國家主權學說)

Body 人 (自然人或法人)；(人的) 軀幹；樹幹；(文件的) 本文，正文；法律彙編 (=body of laws)

Body corporate 法人 (公或私法人，釋義見 Black's Law Dictionary)

Body execution 人身執行令 (指法院拘捕債務人命令。例如，強制執行付稅判決)

Body guard 保鑣；警衛員

Body heirs 直系血親繼承人

Body of a county 〔英〕郡內全部土地；〔美〕全縣

Body of a deed 契據的主要部份；契據本文

Body of a law 法律的主要部份

Body of an instrument 文件的正文 (指文件的實質性主體部份)；文件的實質性條款

Body of laws 法律彙編

Body of persons 社團

Body of rules and understandings 規則和諒解的機構

Body of sea water 海水水域

Body of the offence 罪體

Body politic 政治團體

Body snatcher 盜屍人

Body-snatching 盜屍 (掘墓盜屍)

Bogota Conference 波哥大會議 (指加拿大以外於 1923 年召開的美洲國家國際會議，旨在建立一個泛美聯盟)

Bogota Declaration 波哥大宣言 (赤道國家，關於美洲國家 1923−1936 年和平解決國際爭端的宣言)

Bogota treaty 波哥大條約 (指 1948 年 4 月 30 日簽訂於波哥大，旨在解決美洲國家間爭端，其使條約締約國負擔義務將不能依調停、調查或者和解程序解決的不問甚麼種類的一切爭端，服從仲裁或者審判的程序。如無相反的協約，國際法院原則上對此具有管轄權，但如被認為屬爭端一方國內事務者除外)

Bogus 假的；偽造的；贗品的

Bogus certificate 偽造的證件

Bogus cheque (check) 空頭支票

Bogus concern 幽靈商行

Bogus independents 假裝獨立經營

Bogus medicine 假藥

Boiler insurance 鍋爐保險

Boilerplate 同一字義；標準語言 (法律文件上使用的)

Boiler-room 證券推銷所

Boiler-room transaction 電話推銷交易 (指通過電話極力推銷價值可疑的證券，有時與出售熱門的有價證券有關)

Boiling to death 煮刑 (對投毒者的刑罰，15 世紀盛行於英國和歐洲)

Bolster free trade 支撐自由貿易

Bolstering 〔美〕不恰當加強證據可靠性或證據力

Boltings 〔英〕案例討論 (曾於倫敦律師學院舉辦，尤為特別的是在格雷律師學院舉行)

Bolts (=bolting)〔英〕案例討論

Bomb 炸彈

Bombarded district 被轟炸區

Bombardment 轟炸；轟擊；炮轟

Bona fide bay 善意海灣

Bona fide business purpose 善意商業目的

Bona fide claimant 善意原告

Bona fide cost 真正的成本

Bona fide credit card system 〔香港〕真正的信用卡制度

Bona fide creditor 真正的債權人

Bona fide endorsee 善意被背書人

Bona fide error 無意之過；善意錯誤

Bona fide holder 善意持票人 (指持票人以善意所取得的票據，受到法律保護)

Bona fide holder for value 善意有償持票人 (指所持的流通票據具有充分對價的)

Bona fide judgement creditor 判定的善意債權人 (指經法院判定，債權人屬善意者，無詐欺或串通之舉，故而判決如數返還所欠他的債務)

Bona fide mortgage 善意抵押 (要件是：善意的、不必通知並支付固定契約債務的抵押)

Bona fide occupational qualification 善意的職業資格限制

Bona fide owner 善意所有人

Bona fide possession 善意佔有 (指只知道自己是該土地的所有者而不知道他人有更正當佔有土地的權利)

Bona fide possessor 善意佔有人

Bona fide purchase 善意購買

Bona fide purchaser (B.F.P) 善意買方；善意買主；善意取得人；(信用證) 合法持證人；真實持證人

Bona fide residence 事實上的居所

Bona fide test 善意測試；適當的檢驗

Bona-fide third party 善意的第三者；善意的第三方

Bond 保證書；債券 (指發行公司或政府機構向債券持有人承諾到期償付本息的憑證)；契據，蓋印證書 (指債務人責成自己、繼承人、遺囑執行人和遺產管理人在指定的日期內付給他方一定數額的金錢的證書)；義務；責任；約束力；關棧保留；海關保稅倉庫；保稅單；保釋金；保證金；人壽保險證書；〔複〕保證保險 (指保險公司向要保人提供擔保服務)；鐐銬，監禁

B

Bond amortisation 按年償還的公債；債務溢價攤銷

Bond and disposition in security 〔蘇格蘭〕債券及土地擔保的處分 (指自 18 世紀直至 1971 年採用土地抵押作為借款擔保的標準形式)

Bond and mortgage 債券及押款 (擔保償還貸款和不動產抵押債券)

Bond certificate 債券；公司債券

Bond conversion 債券更換 (指將優先股轉換成普通股的行為)

Bond coupon 債券息票

Bond covenant 債券約定 (債券合約)

Bond creditor 保證債權人 (指以債券為償付債務的擔保)

Bond discount 債券折價 (指以低於市場價格出售)

Bond dividend 債券股利

Bond equivalent yield 〔美〕債券真實的利息或成本

Bond for deed 契據契約 (許諾作成契據以轉移所有權的契約，一種待履行出售的所有權契約，賣方許諾在買方付清價款後轉移衡平法上的所有權)

Bond for land 土地所有權契約 (許諾作成契據以轉移土地所有權的契約)

Bond for title (=bond for deed) 契據契約 (許諾作成契據以轉移所有權的契約，一種待履行出售的所有權契約，賣方許諾在買方付清價款後轉移衡平法上的所有權)

Bond holder 債券持有人

Bond indenture 債券契約 (指債券發行人與債券持有人之間簽定的)

Bond interest 債券利息

Bond interest payment 債券利息付款

Bond investment 證券投資

Bond issue (issuance) 債券發行；債券發行總額 (指在指定期限內發行出售給認股者)

Bond issue agreement 債券發行契約

Bond issue trustee 債券發行受托人

Bond market 債券市場

Bond note 保稅單；債券式票據；關棧證明書

Bond of caution 〔蘇格蘭〕保證債券

Bond of indemnity 補償債券

Bond of state or local government 〔美〕州或地方政府發行的債券

Bond premium 債券溢價 (指債券現價高於發行時的面值)

Bond rating 債券評級 (指評定個別債券投資價值)

Bond redemption 債券回贖

Bond refunding 債券調換 (發行新低利成本的債券以取代舊債券)

Bond retirement 債券償還；債券回贖

Bond subscription 債券認購 (書)

Bond (payable) to bearer 憑持票人付款的債券

Bond value 債券價值

Bond warrant 保稅倉庫收據

Bond yield 債券收益

Bond(s) as legal investment 作為法定投資債券

Bondage 〔英〕奴隸制；強制奴役；監禁；〔英古〕農奴土地保有制

Bonded 保稅的；(貨物) 留存關棧以待完稅的

Bonded area 保稅區；保稅地域

Bonded debt 債券債務 (指以借入資金發行債券所負的債務)

Bonded exhibition 保稅陳列 (場) 所

Bonded factory 保稅工廠

Bonded goods 〔英〕保稅貨物；關棧貨物 (指進口存放在政府關棧以待完稅的物品)

Bonded store-keeper 保稅倉庫管理員

Bonded stores 保稅倉庫

Bonded warehouse 保稅倉庫；保稅關棧

Bond-equivalent yield 等同債券的收益

Bonding company 保證公司；擔保公司

Bonding fee 關棧費

Bonds 〔複〕鐐銬；監禁；下牢；〔保〕保證保險

Bonds due for repayment 到期應償付的債券

Bonds payable 應付的公司債券

Bond-servant 奴隸；被奴役的人

Bond-slave 奴隸

Bondsman 保證人；保人；奴隸；農奴

Bond-tenant 登錄不動產權保有人；習慣登錄地產權承租人

Bonification 〔美〕退稅；關稅減額；〔法〕出口免稅 (旨在鼓勵出口銷往外國的商品)

Bonification of tax 出口退稅

Bonitarian ownership (衡平法上的) 所有權；羅馬公民財產權

Bonitary 無所有權而有使用權的

Bonus 額外津貼；獎金；紅利；〔香港〕花紅；〔美〕職業運動員工資補貼；(退伍軍人) 補助金；〔保〕增付保險金

Bonus and welfare fund 獎勵及福利基金

Bonus bond 紅利債券 (指債券發行公司用以獎勵的)

Bonus dividend 贏利股；紅利；股息

Bonus plan 獎金計劃

Bonus scheme 獎金制度

Bonus share 紅股；紅利股票 (以鼓勵和刺激購買證券或放款)

Bonus stock 紅股；紅利股票 (以鼓勵和刺激購買證券或放款)

Bonus system 分紅製；獎金制；賞鼠制

Bonus to officials 官員獎金

Bonuses for accident prevention or reduction 防止事故或減少事故獎金

Booby trap 陷阱；餌雷

Boodle 賄賂 (金)；贓款 (指所留下的一筆指定款項作為賄賂付給貪官污吏)

Boodler (政治上) 受賄者

Boodling 〔美俚〕影響立法的腐敗程序及其腐敗因素

Book n. & v. I. 書籍；〔複〕賬簿；賬目；II. 訂貨；訂購；預訂；預僱；登記；記入

Book account 往來賬戶；賬簿；賬冊

Book balance 賬面餘額

Book cases 判例彙刊；判決案例集

Book credit 賬面信貸

Book debt 賬面負債；賬面債務；賒欠

Book entry 賬面記錄；賬簿登記

Book hand 〔英古〕抄錄書稿的各種手跡

Book losses 賬面損失

Book of account 賬簿

Book of Assizes 〔英古〕法律案例年鑒 (1327–1277 年)

Book of Common Player 〔英〕公禱書 (按 1662 年《禮拜儀

式統一法》規定制定的）

Book of decision 決議錄

Book of entries 〔英〕樞密院議事錄

Book of original entries 原始賬簿；日記賬

Book of rates 〔英〕關稅稅率一覽表

Book of the Consulate of the Sea 地中海領事日常海事法規集

Book of the Council 〔英古〕樞密院議事記錄（1421-1435-1540 年）

Book of the Covenant 契約法規大全

Book profits 賬面利潤

Book rate 賬面折合率；賬面利率

Book to register the members 會員登記簿

Book value 賬面價值（指公司營業中的價值）

Booked 約定的；預定的；預訂的；訂購的；已登記的（即把告訴刑事被告向警察局記錄簿登了記）

Booking 〔美〕登記（被抓進公安局時，應登記被拘捕人的姓名、被捕的罪名及有關罪項，包括拍照和指印等）；賭博登記表（指看賭賽馬、賽狗等）；預訂；記賬；記載；〔蘇格蘭〕佩斯利自治市地產保有（按自治市地方習慣保有土地特殊方法）

Booking contract 演出契約（指代理商簽定取得演技和演員出場表演契約的契約）

Booking list 訂艙清單

Booking note 訂艙單；托運單

Book-keeper 簿記員；記賬人；賬房先生

Book-keeping 簿記；簿記學

Book-keeping by double entry (system) 複式簿記

Book-keeping by single entry (system) 單式簿記

Book-land 特許自由保有地；私有地；世襲地

Bookmaker 賭場經營者（以賭博（馬）為業者）；博彩經紀人；登記賭注者

Bookmaking 賭博業；博彩業

Books and papers 〔美〕各種書面文件記錄（指傳喚時應隨身携帶出庭的各種書面證據）

Books of Adjournal 〔蘇格蘭〕高等刑事法院公判錄

Books of authority （不同法系的）權威論著

Books of council and session 〔蘇格蘭〕高等民事法院登記簿

Books of Entries （中世紀原、被告訴狀）判例選編

Books of Sederunt 〔蘇格蘭〕（高等民事法庭第一庭）開庭登記錄

Boomage 護舷費（指港口提供船舶停泊所使用護舷檔木的費用）

Boon-days 〔封〕勞役日

Boot 〔撒〕筒靴狀刑具；（土地承租人）伐木權；〔美〕應稅差額；附屬利益；補價（以舊資產相抵不足部份付以現金的購物法的稅收計算用語）

Booth 投票站；（有篷的）貨攤；攤位

Bootleg *n. & v.* I. 違法賣酒；II. 非法釀酒；非法運輸或銷售（酒）；私自販運

Bootlegger 非法售酒者

Bootlegging 走私漏稅；違禁賣酒（指違法使用、佔有或販運酒類和非法進口銷售烈性酒類）

Bootless crimes 金錢無法抵償之罪；金錢難贖之罪

Bootstrap programme 輔助程序

Bootstrap doctrine 既判力原則（指法院對特殊或一般出庭

具有管轄權的判決不受間接攻擊而是"一事不再理"，即終局判決）

Bootstrap sale 輔助銷售（銷售者以節稅安排把銷售生意與一般收益轉換成銷售公司股票的資本收益）

Booty 戰利品（指陸戰時從敵方掠奪之物）；掠奪物；贓物

Booty of war 繳獲品；戰利品（指陸戰中所獲的戰利品，其當然歸國王所有）

BOP Committee 國際收支委員會

Bord-brigch (Borgbriche) 〔撒〕違反；破壞；違反保證合約；違反誓約；背信；違反相互誠信

Bordello 妓院；窰子

Border 邊境；邊界

Border adjustment 出入邊境調整

Border area 邊境區

Border charges 邊境費用

Border checkpoint 邊卡；邊防檢查站

Border clashes 邊界衝突

Border commission 邊境委員會

Border control 邊境管制

Border country 邊境國家

Border crossing 越境；〔美〕過境身份證

Border crossing card 過境證

Border crossing identification card 過境身份證

Border district 邊區

Border incident 邊境事件

Border land 邊區

Border line 邊境線

Border measures 邊境措施

Border pass 邊境通行證

Border patrol 邊境巡邏

Border point 過境點

Border police 邊境警察

Border policy 邊界政策

Border pollution impacts 邊界污染影響

Border region 邊區

Border river 邊境河流

Border search 〔美移〕邊境搜查（指移民官員在邊境進行檢查以防止和偵察非法移民偷渡入境）

Border state 毗鄰國家

Border station 邊境站

Border stone 界石

Border tax 邊境稅；國境稅

Border tax adjustment 〔關貿〕國境稅調整；〔美〕國境調節稅；國境稅的調節（指出口貨物免稅，包括轉出消費者應交的銷售稅、增值稅和其他間接稅，但不含所得稅。這些可能會阻礙出口貿易，1993 年克林頓政府提出，旨在限制進口）

Border town 邊境城鎮

Border trade 邊境貿易（俗稱"邊貿"）

Border trade regions 邊境貿易區域

Border traffic 邊境交通

Border warrant 〔美移〕邊境搜捕令（指用以在邊境搜查和逮捕非法移民）；〔蘇格蘭〕邊境捕獲令（指依債權人申請由在蘇格蘭和英格蘭邊境法官頒發的逮捕居住在英格蘭邊境一方的債務人或其財物直至其找到擔保物抵償為止）

Border workers 邊境工人

B

B

Bordereau 〔保〕業務報表指（原保險人向再保險人就其曾所分保的損失情況、保險費率情況等提交的書面報告）；摘錄簿；摘錄簿（指代理人與保險公司之間的交易摘要）；〔法〕細賬；清單

Border-guard 邊防戰士

Borderland 邊區

Borderline case 邊境線案件

Borg 〔撒〕質押；擔保品；保證人；保證協議；保證的承諾

Born 生來的；出生的

Born alive 生下來活着的

Born dead 生下來死的

Born in (lawful) wedlock 婚生的

Born out by ironclad evidence 鐵證如山

Born out of wedlock 非婚生的

Borough 〔英〕自治市（根據敕許狀賦予法人人格的、享有議員選舉權的城鎮）；設有城防工事的都市；〔美〕自治村鎮（具有市特許狀的）；行政區（紐約市五大行政區之一）；（阿拉斯加州的）縣

Borough council 自治市議會

Borough court 自治市法庭（指一般由治安法官主持的法庭，全英共有 140 多所）

Borough English 〔撒〕幼子繼承制（如果死者無子嗣，地產則由其幼弟的繼承）

Borough fund 〔英〕自治市財政收入（指市鎮財政收入主要靠自治市地租、土地產品、房屋和股票證券等）

Borough justice of the peace 自治市法院法官

Borough justices 自治市法院法官（審判員）

Borough member 自治市議會議員

Borough police force 都市警察

Borough policeman 〔英〕自治市警察

Borough sessions 〔英〕自治市刑事法庭

Borrasca 無利可圖；利潤不敷運營開礦成本

Borrow *v.* 借用；借入；借貸

Borrow money on security 抵押借款；擔保借款

Borrow on joint security 連帶擔保借款

Borrowed capital 借入資本

Borrowed employee 〔美〕借用僱員（指必須完全受第二僱主的管制和指揮）

Borrowed resources 借入的資源

Borrowed Resources Suspense Accounts (BRSA) 借入的資源暫記賬戶

Borrowed servant 借僱傭人（=Borrowed employee）〔美〕借用僱員（指必須完全受第二僱主的管制和指揮）

Borrowed statutes 〔美〕繼受法；借用法（指一個州在涉及選擇適用的法律裁定抵觸問題時借用另一州的法規或管轄權）

Borrower 借款人；借戶；借款國；債務人；借方，債戶

Borrowing arrangement 借款安排

Borrowing authority 〔美〕借款授權

Borrowing capacity 借款能力

Borrowing countries 借款國

Borrowing on non-concessional terms 非減讓性借款

Borrowing peak 借入極限；借入頂點

Borrowing plan 借款計劃

Borrowing powers 借債能力（市、鎮教區和公司等的）

Borrowing programme 借款計劃

Borrowing rate 借款利率

Borrowing ratio 〔基金〕借款比率

Borrowing requirement 借款要求

Borrowing stock 借入股

Borrowing-quota ratio 〔基金〕借款配額比率

Borrowings 借款（指債務人以各種形式所彎債務）；透支

Borrowings outstanding 未償還借款額

Borsholder 〔撒〕自治市首席市政官

Borstal 〔英〕青少年犯教養感化院

Borstal institution 〔英〕青少年犯教養感化院（年齡在不小於 16 歲至 21 歲以下的犯罪者就地羈押進行勞教）

Borstal training 少年犯感化訓練

Boston interest 波士頓式利息（指使用以 30 日為月單位計算利息的）

Boston ledger 分欄分類賬；波士頓式分類賬（指一種多式分類賬）

Botanical excursion 〔澳〕流放；流放服刑地（指新南威爾斯布達尼港流刑地）

Botany bay 〔澳〕流刑地（澳洲悉尼附近英國 19 世紀布達尼港流刑地）

Bote, bot 〔英〕賠償金；補償金；殺人贖金

Boteless 〔英古〕無賠償的；無以支付金錢而獲減刑特權的；無救濟的

Both *a. & pron.* I. 兩，雙；II. 兩者；兩人；雙方

Both Houses （參、衆）兩院

Both parties in a lawsuit 訴訟中的兩造；訴訟雙方當事人

Both plaintiff and defendant 兩造（原告與被告）

Both Robes 文官和武官

Both to blame 共同過失；互有過失

Both to blame collision clause 雙方互有過失碰撞條款

Bottle club 〔美〕飲酒俱樂部（指飲酒俱樂部成員不准在售酒的地方飲酒，但可將俱樂部所供應的酒帶回家飲用）

Bottleneck inflation 瓶頸式通貨膨脹；產品短缺引起的物價上漲

Bottom fisheries 海底魚類

Bottom hole contract 井底合同（指要求鑽探石油、天然氣井到特定深度時，油井所有者應付給承租鑽探油井者一定費用的井底合同）

Bottom land 沖積地；低窪地

Bottom line 末行數字（指所得稅後的淨收入或損益額的末行數字）；〔際〕底線（外交談判用語）

Bottom rate 最低（稅）率

Bottom rock price 最低價

Bottomry 〔英〕押船借款（以船舶作抵押的貸款，以使該船繼續航程）；〔美〕押船借貸契約（指船東以船舶做抵押租船使用等，並規定該船如因在特定航行中或在限期內遇難者就不必向出租人支付租金的契約）

Bottomry bond 押船借款保證書；押船借款契據（指以船舶為擔保抵押的借款契約，如該船安全返航時，出租人可收回連本和保險費，加雙方同意的利息，如該船舶失事所借本金則隨之喪失）

Bottomry bondholder 船舶抵押債權人；押船債券持有人

Bottomry lien 船舶抵押留置權（指船隻和運費作為借款抵押，在該船與貨抵達目的地之前債權人都有留置權）

Bough and land 〔蘇格蘭〕城市和農村

Bough English 〔英〕幼子繼承制（已於 1922 年廢止）

Bought and sold notes 買賣單據；買賣備忘錄（買賣成立時，由經紀人分別把買單交給買主把賣單交給賣主，作為買賣證券的憑證）

Bought note 購貨單據

Boule 〔希〕議會；〔希古〕立法會議

Boulevard rule 〔美〕幹道規則（指高速公路上車輛通行禮讓規則）

Boulevareism 〔美〕布爾韋爾主義（指勞工在勞資集體談判中的一種策略）

Bouncer 〔美〕維持治安的人（在夜總會等娛樂場所中應僱）

Bound a. & n. I.（道德上或法律上）受約束的；承擔義務的；II. 界限；邊界；界線（真的想像的目的物或空間的外部或限定的界線）

Bound bailiff 〔英〕郡長助理

Bound commitment level 〔世貿〕受約束承諾水平

Bound items 〔關貿〕受約束的項目（指關稅減讓表中的產品項目）

Bound labour 合同工；契約工

Bound level 約束水平

Bound over （=binding over）具保侯傳；具結侯訊

Bound rate 約束稅率（指受兩國協議限制的稅率）

Bound rate at date of accession 〔世貿〕加入之日的約束稅率（指加入世貿組織之日）

Bound rates 〔關貿〕受約束的稅率；固定稅率（多邊貿易談判達成的關稅減讓的一項內容，即受關稅談判協議限制的稅率）

Bound reduction 受約束的削減

Bound tariff items 約束稅號（受約束的稅則號）

Bound tariff negotiation 受約束的關稅談判

Boundary 分界線；邊界；疆界

Boundary adjustment 疆界調整

Boundary agreement 疆界協定

Boundary arbitration 疆界仲裁

Boundary area 疆界地區

Boundary bay 界灣；疆界海灣

Boundary commission 疆界委員會；〔英〕分配議會選舉席位委員會（共有英格蘭、蘇格蘭、威爾斯及北愛爾蘭）

Boundary convention 疆界專約（邊界公約）

Boundary demarcation commission 標界委員會

Boundary dispute 邊界爭端；疆界爭端

Boundary lake 界湖；疆界湖澤

Boundary land-locked sea 疆界內陸海；疆界內海

Boundary line 疆界線；邊界線

Boundary map 疆界地圖

Boundary mark 界標

Boundary marker 界椿

Boundary mountain 界山

Boundary mountain and hill 疆界山丘

Boundary of war 戰域

Boundary post 疆界哨所

Boundary regime 疆界制度

Boundary river 界河；國境河流

Boundary sign 界標；疆界標志

Boundary stone 界石

Boundary strait 界峽；疆界海峽

Boundary tablet 界碑

Boundary treaty 疆界條約；界約

Boundary trees 界樹

Boundary water course 國境河流

Boundary waters 界水；疆界水域

Bounded tree 邊界樹（指位於田邊或屋邊之樹）

Bounders 界標（丈量土地所畫的記號或標示表明路線和距離）

Bounds 〔複〕分界線；界限；範圍上的限制（真的或想像的目的物或空間的外部或限定的界線）

Bounties or grants 獎勵或津貼（指鼓勵出口的措施）

Bounty 補貼；津貼（指政府給產家、進出口商津貼以資鼓勵）；獎金（指國王對下級官吏或軍人等的賞賜）

Bounty dumping 獎勵金傾銷（指在政府直間接津貼之下以低於本國市場價格在其他國家或地區銷售本國產品的行為）

Bounty hunter 為獲得賞金而追捕野獸（或歹徒）的人

Bounty Land Act 〔美〕獎賞土地法（1850 年美國政府賞給在軍隊中服役戰士或其寡婦或其未成年子女的公地的法律）

Bounty Lands 〔美〕獎賞的土地（主要獎賞給現役軍人的公有土地部份）

Bounty on export 出口獎勵

Bounty on import 進口獎勵

Bourgeois jurisprudence 資產階級法理學

Bourse 〔法〕交易所；證券交易所

Bourse de commerce 〔法〕商品交易所；證券交易所

Bourse transaction tax 有價證券交易稅

Bout of sentencing 審判時期

Bovate （中世紀）土地量度（指“一牛埂或一牛垓”土地）

Bovill's Act 〔英〕波維爾法（目的在於簡化權利訴願程序）

Bow Street Magistrate （倫敦）鮑街治安官（主管逃犯引渡案件）

Bow Street Runners （倫敦）鮑街偵探（1750 年）

Box for accusation letters 〔中〕檢舉箱（指舉報貪污受賄的黨政官員等犯罪行為而設的）

Boxed weight basis 包裝後重量計根據

Boxer Indemnity 〔中〕庚子賠款（1900 年八國聯軍侵略中國，次年在北京簽訂《辛丑條約》，強迫中國“賠償”各國軍費白銀四億五千萬兩，規定三十九年付清，加上利息共九億八千二百多萬兩，其中各省地方“賠款”未計在內。1900 年用干支記年是庚子年，故稱這筆賠款為庚子賠款）

Boxer Indemnity Protocol 庚子賠款議定書（指因義和團反抗列強侵略，清廷無能而戰敗於 1900 年，簽訂了《辛丑條約》，賠款白銀四億五千萬兩）

Boy clerk 〔英〕少年書記員

Boycott 經濟抵制；聯合抵制；聯合起來拒絕購買（以威脅、恐嚇和脅迫等方式阻止與某人或某國做買賣，俗稱“杯葛”）

Boycott movement 抵制運動；禁貨運動

Bozero 〔西〕律師；辯護人

Brace de la mer 〔法〕海灣；港灣

Bracery 〔英〕制止權利買賣；籠絡；收買（對法官、陪審員的）；〔英古〕非法買賣財物罪

Bracket 組級；等級（例如 "age bracket" 年齡組級；"income bracket" 收入組級；"salary bracket" 薪級和 "zero bracket" 零等級）

Bracket creep 〔美〕通脹遞進稅級法（指通脹把個人推向更高的稅收等級的過程）

Bracket progression 分等遞進徵稅

B

Brackish water 淡水

Bracton 〔英〕布雷克頓 (國王亨利三世時的一位著名律師，以其淵博的民法和普通法知識著稱，他的成名之作為《英格蘭的法律和習慣》)

Brady material 〔美〕無罪的情報 (指證明被告無罪或處罰的資料)

Brain death 腦死亡 (指以醫生確診大腦活動能力連續停止即可宣告該人的死亡)

Brain industry 知識產業 (泛指腦力勞動及服務的產業)

Brain trust 智囊團

Brake 制動器；剎車；閘

Branch 分局；分行；支行；分店；分庭；(家譜) 分支；分公司；支流；支脈；支線；支路；〔保〕險種

Branch bank 銀行分行，銀行支行

Branch court 分庭

Branch of custom house 海關分署；海關支署

Branch of insurance 保險類別

Branch of legislature (上、下) 兩院之一；立法機關之一

Branch of the sea 海的分流 (包括河水的漲潮和退潮)

Branch office 分局；分行；分公司

Branch police station 警察分局

Branch railroad 鐵路支線

Brand 印記；烙印 (古時烙在犯人身上的)；〔喻〕犯罪 (或恥辱) 的標記；牌號，牌子；商標

Brand of cain 殺人罪；殺人犯

Brand reputation 商標信譽；品牌信譽

Brand royalty 商標牌號使用費；品牌使用費

Brandeis brief 〔美〕布蘭代斯上訴案件摘要 (1907 年任聯邦最高法院助理法官，在馬勒訴奧瑞根案中進行了成功辯護的案例，主張把經濟和社會上的調查研究與法律原則和所援引的案例結合在一起)

Branding 刺字刑；烙刑 (指古代一種刑罰，在犯人臉上刺字或烙印)；(識別牲口的) 烙印

Brandt Commission (also known as Independent Commission on International Development Issues) 〔聯〕勃蘭特委員會 (促進南北對話的專門組織，成立於 1977 年 11 月，常設秘書處設在日內瓦，負責聯絡和統籌工作，又稱 "國際發展問題獨立委員會")

Brandt Commission Report (North-South: A Programme for Survival) 勃蘭特報告 (南北問題：一個生存計劃)

Branks 〔英〕口鉗 (古代一種刑具)

Brass cheque (check) 〔美〕大財團給報界人士的賄賂

Brass knuckles 指節銅套 (戴在手上用以自衛或致人於死命的兇器)

Brassage 鑄幣費 (只收成本費 "實際價格"，如獲取利潤則為 "seignorage" 鑄幣稅)

Bravo 壞蛋；刺客 (尤指被人僱用的亡命之徒)

Brawl 喧嘩；吵架；〔英〕吵鬧；妨害秩序行為 (在公共場所吵架喧嚷擾亂公共秩序；在教會或在教堂院子裏吵架或吵鬧行為製造治安的妨害)

Brawling 喧嘩；(在教堂或其他神聖場所的) 妨礙秩序行為

Brazen law (iron law) 工資鐵則 (有關人口論的工資規律論)

Breach 非法侵入他人地界；不履行契約；破壞治安；強力打開牲畜圍欄；劫獄；侵害婚約；違反約；違反信托

Breach dikes 決水

Breach of agreement 破壞協約；違反協議

Breach of arrest 越押罪；脫逃罪；違反約束規定

Breach of arrestment 〔蘇格蘭〕擅自處分法院扣押財產令 (指被扣押財產者蔑視法院根據債權人申請所送達的財產扣押令，將債務人在第三人手中的財產交給債務人)

Breach of blockade 破壞封鎖

Breach of close 非法侵入他人地界

Breach of condition 違反契約條件

Breach of confidence 破壞信用；泄露商業機密

Breach of constitution 違憲

Breach of contract 違約；違反合同 (指無合法藉口而部份或完全不履行契約的承諾)

Breach of covenant 違反契約約定；違約行為

Breach of covenant of warranty 違反附隨約款

Breach of discipline 違反紀律；違反軍紀；破壞紀律

Breach of duty 違反義務；失職；瀆職

Breach of etiquette 失禮行為

Breach of faith 失信；不忠誠；出賣

Breach of international law 違反國際法

Breach of international law obligations 違反國際法義務

Breach of law 違法；違反法律；不法行為

Breach of morality 有傷風化，傷風敗俗；破壞道德

Breach of parole 破壞誓言；違背誓言

Breach of police regulations 違反警規 (違反警察規則)

Breach of pound 打開扣押物的處所；打開牲畜圍欄 (非法取去牲口或扣押物)

Breach of prison 越獄罪 (指因犯未經許可以暴力逃離其監禁的處所)

Breach of privilege 〔美〕侵害特權；違反特權 (指對議會、國會兩院或對州立法機關特權的侵害)

Breach of promise 毀約；違背諾言

Breach of promise of marriage 違背婚約

Breach of regulations 違章；違例

Breach of statutory duty 違反法定義務

Breach of the covenant of warranty 違反附隨約款

Breach of the peace 〔美〕破壞治安罪；〔英〕妨害公共秩序

Breach of the treaty 破壞條約

Breach of trading warranty 違反航行範圍保證 (指船隻超出合議規定的航行範圍之保證)

Breach of trust 違反信托 (指受托人違反信托條款或超越其權限致使信托人受害的行為)

Breach of trust with fraudulent intent 〔美〕以欺詐意圖而違反信托

Breach of warranty 違反保證 (指食言、不履行規定的約諾，違背明示或默示保證)

Breach of warranty of authority 違反代理權保證

Breaches buoy 〔海法〕救生褲

Bread Acts 飲食法規 (關於被告在監管期間的飲食生活的規定)

Breadth of territorial sea 領海寬度

Break v. 闖入 (房屋等)；違約；違反合同；識破 (密碼)；破獲 (案件)；(行市) 暴跌

Break a promise 違反諾言；食言

Break an agreement 破壞協定

Break and take 〔美〕買一送一 (指顧客付款買一物品，還可免費任選一不同的物品)

Break his shipping engagement and desert his vessel

〔領事〕違反航運約定跳船而逃（通指海員、水手）

Break into a jail and rescue a prisoner 劫獄

Break matrimony 通姦；犯通姦罪

Break of contract 違約；違反合同

Break off an engagement 違約；退婚；解約

Break one's parole （企圖）違誓脫逃

Break out of prison 越獄

Break rules and regulations 違章

Break sb. on the wheel 用輪刑處死某人（古代刑法用語）

Break the ice 打破僵局

Break the law 違反紀律；犯法；違法

Break the law and violate discipline 違反法紀；違法亂紀

Break up 驅散

Break up clause 拆卸船舶保險條款（承保受保險的船隻駛往船塢進行拆卸）

Breakage 破損津貼（產家給予買方因運貨或存儲而造成破損的補貼）；零頭（計算貨款或存款利息時的）

Breakage allowance 破損津貼；允許破損率

Breakage clause 機器故障條款

Breakdown insurance 故障保險

Breakdown of marriage 婚姻破裂（指通姦、遺棄、無理行為或雙方分居多年為由致使婚姻破裂而提出離婚申請）

Breakdown of multilateral cooperation 多邊合作的破裂

Break-even 不虧不盈的；收支相抵的

Break-even lease rate 夠本租約利率

Break-even point 收支平衡點；盈虧臨界點；保本點（指企業運作中不虧損、不盈利之點）

Break-even tax rate 臨界稅率

Breaking 闖入；夜盜

Breaking a case 分析案情（指法官之間對承審案件等交換看法和意見）；破案（指犯罪偵察員用以對拘押的首要嫌疑犯的罪惡宣佈其處理意見）

Breaking a close 非法進入他人土地

Breaking a seal 拆封；啓封；破毀封條

Breaking a will 破壞遺囑

Breaking and entry 〔美〕破門闖入（指夜間闖入他人寓所意圖犯下重竊罪）

Breaking bail 〔美〕受托人盜竊罪

Breaking bulk 〔美〕拆包盜竊罪（指受托保管人或承運人犯下拆開受托或承運包裝好的大宗物品、箱子、包裹內貨物分開並竊為己用罪）；開艙卸貨

Breaking distance 〔美〕剎車距離

Breaking doors 破門而入

Breaking into （懷着盜竊意圖）破門而入

Breaking jail 越獄罪

Breaking-up value （破產企業的）財產清理價值；拆卸價值；廢物價值

Break-off of diplomatic relations 外交關係的破裂

Breast fast 〔海法〕橫纜

Breast line 〔海法〕橫纜

Breast of the court 法官的良知；法官的裁量權

Breast rope 〔海法〕橫纜

Breath of specimen 呼吸樣本（含酒精成份）

Breath test 〔英〕呼吸測試（英國警察測驗汽車司機是否飲酒過量的方法）

Breathalyzer 〔美〕呼吸分析器；呼吸分析儀

Breathalyzer test 〔美〕呼吸測試（測驗被捕的汽車司機飲酒量）

Breathing apparatus 呼吸工具

Bredwite 〔撒、英古〕罰款（指因麵包缺斤少兩而受罰）

Breed *v.* 孵卵；使生殖；飼養

Brehon Laws 〔愛爾蘭〕布雷恩法律（指愛爾蘭古代法律，至英王亨利二世征服後才被廢止，1865-1901 年先後出版六卷）

Bremen Rules 不來梅規則（指以德意志票據法為基礎的票據國際法）

Brephotrophi 育嬰堂保姆（指被委任收攬和照顧被遺棄的嬰兒）

Brethren 兄弟（遺書用語，但亦可包括姊妹）

Breton Woods Agreement 布雷頓森林協定（1944 年 7 月在美國新罕布什爾州的布雷頓森林召開聯合國貨幣和金融會議上通過了《國際貨幣基金協定》和《國際復興開發銀行協定》，並建議建立該兩個國際金融組織，英文簡稱為 "IMF" 和 "IBRD"）

Bretton Woods Agreement Act 〔美〕布雷頓森林協定法（1945 年）

Breton Woods Conference 布雷頓森林會議（指關於 1944 年 7 月於美國新罕布什爾州布雷頓森林舉行的聯合國貨幣金融會議）

Bretton Woods Era 布雷頓森林時代（指布雷頓森林制度於 1944 年的建立到 1973 年 2 月各國不再同美元維持固定比價；同時美國單方面宣佈停止以美元兌換黃金，不再負責承擔兌換其他國家持有美元的義務，繼此以美元為中心的國際貨幣體系隨之走向瓦解。這即意味布雷頓森林時代的結束）

Breton Woods System 布雷頓森林體系（指根據布雷頓森林會議通過的國際貨幣基金協定所建立的國際貨幣體系）

Brevet 〔美〕名譽督級令（晉升一級軍銜，但不增加其軍餉）；〔法〕證書；特許證；專利證（政府頒給私人授予特別恩惠和特權）

Brevet d'apprentissage 〔法〕滿師證書

Brevet d'invention 〔法〕發明專利證

Breviate 法案提要；法案內容備忘錄；概括的陳述書；節略

Brewery insurance 釀造保險

Brewster sessions 〔英〕布魯斯特區頒發酒類許可證法官年度大會（會議在每年二月份頒兩週召開，持續兩天的工作會議，內容包括執照展期、申請新執照、撤換和執照過戶等）

Briand-Kellogg Pact 凱洛格非戰公約

Bribability 受賄的可能性；被收買的可能性

Bribable 可收買的；可賄賂的

Bribe *n. & v.* I. 賄賂；行賄物；誘餌；II. 行賄，賄賂；收買

Bribe a foreign public official 賄賂外國公務員

Bribe-broker 賄賂經紀人

Bribee 受賄者；索賄者

Bribe-giver 賄賂者

Briber 行賄者

Bribery 賄賂罪（指官員或司法人員等接受他人金錢的賄賂以影響斷訟的犯罪行為）

Bribery affair 行賄案件；受賄案件

Bribery and corruption 貪污受賄

Bribery at election 〔美〕選舉賄賂罪

Bribery case 行賄案件；受賄案件

Bribery Convention 行賄公約（指 1997 年 OECD 通過的《關於反對在國際商業交易中賄賂外國公務員的公約》的簡稱）

B

Bribery-pander 串通賄賂
Bribery-taker 受賄者
Bribes 臟物
Bribour 小偷；竊賊；盜賊
BRIC (Brazil, Russia, India and China) 金磚國家（2009 年 6 月，巴西、俄羅斯、印度和中國領導人首次在俄羅斯會晤，並發表某卡琳堡會晤聯合聲明，宣佈成立"金磚四國"，由四國英文名字首字母組合而成的"BRIC"一詞，其發音與英文"磚塊"{bricks}相似，故而得名；2010 年 10 月南非加入，共計五國）
BRIC Development Bank 金磚國家開發銀行（金磚國家五國首腦在巴西發表成立金磚國家開發銀行《福塔萊薩宣言》，總部設在上海）
Brics 4 (Brazil, Russia, India and China) 金磚四國（指巴西、俄羅斯、印度和中國合起來恰好組成英語的"磚"字，且又是四個經濟崛起的國家，故而得名）
Bride-price 聘禮；彩禮
Bridewell 〔英〕感化院
Bridge bond 橋梁債券；銜接債券（籌措急需資金之前而發行的一種臨時債券）
Bridge insurance 橋梁保險
Bridge loan 臨時貸款；過度貸款
Bridge securities 橋梁證券（指發行以為建造橋梁融資的證券股票）
Bridgebuilder 調解人；斡旋者
Bridging credit 臨時信用貸款；過渡信用貸款
Bridle path 騎馬道（指通馬不通車的合法騎馬或牽馬的小路，其反義詞為人行道"footpath"）
Brief 〔英〕訴訟摘要；律師辯護狀（指由律師準備的包括民事或刑事訴訟案件的有關證件、答辯狀副本以及證人的證據等等）；〔美〕律師法律理由書（指律師把在法院對案件辯論情況寫成意見書，一般是提交上訴法院）；判詞摘要（由法學院學生準備對已公佈的判例意見的摘要）
Brief description 簡要說明
Brief of biography （個人）簡歷
Brief of title 所有權摘錄
Brief-bag 律師公文包
Briefing 情況介紹
Briefing session 吹風會（簡要情況介紹會）
Briefings of various kind 各種情況介紹；各類簡報
Briefless （律師）無人委托的；沒有生意的
Briefless barrister 無人委聘的律師
Brieves 〔蘇格蘭〕令狀（中世紀大法官法庭頒發的簡易法令）
Brigand 土匪；強盜（尤指流竄匪幫中的一員）
Brigandage (brigandism) 搶劫；掠奪；搶奪
Brigandish 土匪般的
Brigbote (bragbote) 〔英〕橋捐（指維修橋梁等的貢賦）
Bring *v.* 帶來；拿來；引起；導致；產生；提起
Bring a case to book 破案
Bring a false charge against sb. 誣告某人
Bring a lawsuit 起訴；告發
Bring a lawsuit (an action) against sb. 對人起訴
Bring a lawsuit to a court 向法院起訴
Bring a prisoner before the court 提審
Bring a suit against sb. 對某人起訴
Bring about 取得；引致；實現；完成

Bring about a rapid advance in the standards of living in these countries 〔關貿〕使這些國家的生活水平得到迅速提高
Bring about further liberalisation and expansion of world trade 〔世貿〕使世界貿易更加自由化和不斷擴大
Bring about the fullest liberalisation of trade in tropical agricultural products 〔世貿〕實現熱帶農產品貿易完全自由化
Bring action 起訴
Bring an accusation against sb. 對某人告訴；告發某人
Bring an action against sb. 對某人起訴
Bring home 證明；證實
Bring in a finding of non liquet 法院作出"拒絕受理"的裁定
Bring in a verdict （陪審團）宣告評決
Bring in an indictment 起訴；提起公訴
Bring in of a prize 捕獲品的帶進
Bring into 引入；説明；介紹
Bring into hotchpots 混合財產
Bring sb. to justice 把某人送交法院審判；把某人緝拿歸案；予以法辦
Bring suit 起訴
Bring the alleged subsidy in question to the notice of the Committee 〔世貿〕將該項據稱的補貼提請（補貼與反補貼措施）委員會注意（指受損害或受損害威脅的進口成員方可向該委員會提出陳訴）
Bring the period of restrictions into line with the Agreement year 〔世貿〕使限制期限與協定年度相一致（指紡織品與服裝協定的安排而言）
Bring to account 使説明理由；歸罪
Bring to book 譴責某人，要求解釋其行為
Bring to justice 法辦；緝拿歸案；繩之以法
Bring to trial 使受審問；（被告）受審問
Bring under 鎮壓；壓制，使就範
Bring up 撫養子女（指直至成年）；把（某人）帶上法庭並對他起訴；（賬目）結轉
Bring up and adjudicate a case 提審案件
Bringing in of prize 捕獲品的帶進
Bringing money into court 存放保證金於法院（指將系爭款項先行存放於法院或法院的書記官以備清償債務或履行義務、或等候互爭權利之訴結果）
Brink-of-war policy 戰爭邊緣政策
Bristol bargain 布里斯托爾合同（一種互惠分期清償借款合同，意指甲憑抵押品借給乙 1000 英鎊，雙方同意其中 500 英鎊在指定的時間內連本帶息付還；餘下的 500 英鎊，乙將在 7 年內帶息每年償還給甲 100 英鎊）
Bristol Tolzey Court 〔英古〕布里斯托爾自治市法院（法院各種債權訴訟和對回復動產和不動產及賠償損害的兩種"混合訴訟"不管其賠償多大均具有審判管轄權）（1971 年廢止）
Britain exiting from the EU (Brexit or Brixit) 英國退出歐盟（英國於 2016 年 6 月 24 日通過脫歐公投，並經與歐盟談判，以確定正式退出歐盟之日期）
Britannia 不列顛銀本位（含銀鈍度為 958.4/1000 單位）
British 英國人；英聯邦人
British Airports Authority 英國機場管理局（指對希思羅、蓋特威克等機場管理）
British Airways Board 英國航空委員會

British Association of Forensic Medicine (BAFM)　英國法醫學會

British Broadcasting Corporation (BBC)　英國廣播公司

British citizenship　英國國籍；英國公民資格（出生時父或母為英公民者、出生於英國屬地者，凡屬上述之一均可取得英國國籍）

British Columbia (B.C.)　英屬哥倫比亞

British Commonwealth　英聯邦

British Commonwealth of Nations　不列顛國協

British Corporation for the Survey and Registry of Shipping　格拉斯哥船舶等級公司

British Council for the Promotion of International Trade　英國國際貿易促進委員會

British Crown Cases　英國王室刑事判例集

British Crown colony　英屬殖民地

British Decoration　英國勳章

British Dependent Territories Citizens (BDTCs)　英國屬地公民（英國屬土公民）

British dependent territories citizens' passport　英國屬土公民護照

British Empire　大英帝國

British garment market　英國服裝市場

British Honour　英國勳銜

British House of Commons　英國下議院

British House of Lords　英國上議院

British Islands　英倫島嶼

British Isles　不列顛諸島（包括英格蘭、威爾斯和蘇格蘭三地構成的“大不列顛”和鄰接的較小島嶼、羣島、北愛爾蘭的六個郡，以及曼島和海峽羣島組成）

British Labour Party (B.L.P)　英國工黨

British law　不列顛法；英國法（有時主要指通用於英格蘭、威爾斯、蘇格蘭和北愛爾蘭法系的法律原則）

British Library　大英圖書館（由科學發明參考書目錄館、中央圖書館、科技書籍借閱館和國家文獻目錄館等大量的書籍、手稿和期刊組成）

British Lloyd's　英國勞埃德協會；英國勞埃德海上保險和船舶檢查協會

British Marine Insurance Act, 1906　英國海上保險法（1906年）

British Maritime Law Association (BMLA)　英國海商法協會

British Maritime Law Association Agreement (Gold Clause Agreement)　英國海商法協議（又稱“黃金條款協議”，1950年）

British Monroe doctrine　英國門羅主義

British National (overseas) (BNO)　英國（海外）國民

British National Oil Corporation　英國國家石油公司（根據1975《石油和海底油管條例》成立的）

British North American Acts　大不列顛北美殖民地法（1867年）

British Overseas Citizenship　英國海外公民

British patent (B.P)　英國專利

British Pharmacopoeia　英國藥物大全

British preference tariff system　英聯邦特惠關稅制度

British preferential tariff　不列顛特惠關稅率

British preferential treatment　英聯邦特惠待遇

British protected person　英國的受保護人；受英國保護的

人（指根據英國法律由其委任統治地托管地等屬地的國民可歸化成英國臣民或公民）

British Ruling Cases　英國法院裁定案例集

British Ship　英國船隻

British Society for Social Responsibility in Science　英國科學社會責任協會

British sovereigns　英國國王

British Standard Specification　英國標準規格

British Standard Time　英國標準時

British Standard Wire Gauge　英國標準線規

British Standards Institute Specification for Freight Containers　英國貨運集裝箱規格標準學會

British Standards Institution (BSI)　英國標準學會

British subject　英國臣民

British Telecom　英國電訊公司

British Territory　英國屬地

British Theory of Constitutional Law　英國憲法理論（指議會具有至高無上權力的原則）

British Transport Docks Board　英國運輸船塢委員會（創設於1962年）

Britton　《布里頓法律彙編》（是在布雷克頓和弗雷達創立的學說基礎上在愛德華一世指揮下編纂的著名論著，大約寫於1290年）

Broad arrow　〔英〕寬箭形戳記（用於標明英國政府財產的官印）

Broad construction　廣義解釋

Broad constructionist　對於美國憲法做寬大解釋的人

Broad continental shelf　寬大陸架

Broad grant of cover minus exception　列明除外責任的廣泛承保範圍

Broad interpretation　〔美〕（憲法的）廣義解釋；（法規的）廣義解釋

Broad money　廣義貨幣

Broadcast war　廣播戰

Broadcasting　廣播；播音

Broadly defined money supply　廣義上限定的貨幣供應

Broadmoor　〔英〕布羅德莫爾精神病院（1863年開立於伯克郡）

Broadside objection　籠統反對

Brocage　經紀業；居間人傭金，回扣；傭金

Brocard　法律格言（原用於羅馬法或古代的習慣用語）

Brocator　（=Brocarius）〔英古、蘇格蘭〕經紀人；代理人，中間商；捐客

Broken cross-rates　有差距的套算匯率

Broken fortunes　破產；倒閉；財政上的苦境

Broken home　破裂的家庭（尤指夫婦分居或離婚，其子女缺乏照顧的家庭）

Broken lot　零星股（規定單位以下的交易股數，即一百股以下）；零星批量；散批貨物

Broken promise　背棄的諾言

Broken stowage　虧艙（船舶貨倉內的空位）；填充積載空際的貨物

Broker　經紀人；保險經紀人；捐客；中間人；代理人（以介紹貨物、股票、公債、保險等交易為業從中獲取傭金的中間商人）〔英〕（官方批准的對債務人財物的）估價（或出售）人

Broker for construction of steamers　造船經紀人；造船居間人

Broker for sale and purchase of ship　船舶買賣經紀人；船舶買賣居間人

Broker insurance　保險經紀人

Broker of produce　商品經紀人；商品居間人

Broker of real estate　不動產經紀；不動產居間人

Broker's cover note　保險經紀人暫保單

Broker's market　經紀行情（指股票市場）

Brokerage　經紀人傭金；回扣；經紀業；居間人業務

Brokerage agreement　居間合同；傭金合同

Brokerage business　經紀業

Brokerage charges　經紀費；傭金

Brokerage contract　經紀合同；傭金合同

Brokerage listing　〔美〕經紀目錄；居間要約（單方契約要約）

Broker-agent　經紀人兼代理人

Broker-dealer　證券經紀人（經營為顧客買賣證券業務）

Bronze coinage　青銅貨幣

Bronze Coinage Act　〔英〕青銅貨幣鑄造條例（1859 年）

Brookings Institution　〔美〕布魯金斯學會（美國全國公共事務中心，從事研究政治、經濟和對外事務等的私人機構）

Brossus　青腫的；瘀傷的（皮下的傷痕）；受擊傷的

Brothel　妓院

Brother of the coif　最高級的不出庭律師

Brother's daughter　侄女

Brother's son　侄子

Brother-in-law　聯襟；姻兄弟；姊夫；妹夫

Brother-sister corporation　兄妹公司

Brought to the attention of　提請注意；使注意；使知悉

Brought to the International Court of Justice　〔聯〕提交國際法院（審理）

Brought to trial　提審；傳喚被告到庭訊問

Brown decision　〔美〕布朗案裁定（指最高法院裁定宣佈在公立學校實行種族隔離是違反憲法第 14 條平等保護條款的）

Brussels Convention on Value (BCV)　布魯塞爾估價公約

Brussels Convention relating to the Distribution of Programme Carrying Signals Transmitted by Satellite　播送人造衛星傳播載有節目信號的布魯塞爾公約（1974 年）

Brussels Definition of Value (BDV)　布魯塞爾價值定義

Brussels Entente　〔法〕布魯塞爾約定

Brussels Protocol　布魯塞爾議定書（1968、1972 年關於修改統一提單若干規則的國際公約）

Brussels Tariff Nomenclature (BTN, =Brussels Nomenclature for the Classification of Goods in Customs Tariffs)　布魯塞爾稅則商品分類目錄（《海關合作理事會商品分類目錄》，1957 年正式實施）

Brussels Treaty　布魯塞爾條約（1965 年關於成立歐共體的單一議會等）

Brutal　殘忍的

Bruton error　布魯頓錯誤（產生於會審中一種共同被告供認株連被告的錯誤）

Brutum fulmen　虛聲恫嚇；空口威脅；空洞判決（指無法律效力和約束力的判決）

Bryan cooling-off treaty　布萊恩冷卻條約（見 "Bryan Treaty"）

Bryan Treaties　布萊恩條約（指 1914 年起，美國和一些國家訂立的條約，規定設立的常設調查委員會就爭端提出報告以前，爭端當事國不得從事敵對行為，即：史稱"冷卻條約"）

Bubble Act　〔英〕泡沫法（1720 年，該法使公司取得法人地位困難，因而於 1825 年廢止該法）

Bubble company　〔主英〕虛設公司（為行騙而虛設的公司）

Bucket shop　〔美〕投機性交易所；非法交易所（非正規的、無照的、從事冒充證券等買賣的一種投機商號，例如，經紀人接受證券買賣訂單，但從不予以履行）

Bucketeer　買空賣空者；投機家

Bucketing　〔美〕買空賣空證券的投機性行為（指光開出買賣而無意使其成交的股票訂單）

Budapest Treaty on the International Recognition of the Deposit of Microorganisms for the Purposes of Patent Procedure　國際承認用於專利程序的微生物保存布達佩斯條約（1977 年，中國於 1995 年加入）

Budget　預算；預算案；預算書

Budget act　預算法

Budget agency　預算機構

Budget amendment　預算修正案

Budget and Accounting Act　〔美〕預算會計法（1921 年）

Budget and contributions　預算和會費

Budget and Expenditure Control Division　〔基金〕預算和開支管理處

Budget and Planning Division　〔基金〕預算編制處

Budget appropriation　預算撥款

Budget Assistant　〔基金〕預算助理

Budget audit　預算審查（審計）

Budget bureau　預算編制局；〔美〕預算署

Budget buster　龐大的預算（"預算炸彈"，意指 WTO 預算開支數目之大，美國會反對派以此為由不批准美國加入世貿組織）

Budget committee　預算委員會

Budget control　預算控制（預算管理）

Budget cost　預算成本

Budget cuts　裁減預算；縮減預算

Budget deficit　預算赤字

Budget deliberation　預算審議

Budget estimate　概算（指政府年度預算估計的數字為編制預算的依據）

Budget for expenditures　支出預算

Budget for foreign receipts and disbursements　外匯收支預算表

Budget for revenues and expenditures　收支預算

Budget law　預算法

Budget making　預算編制

Budget message　預算諮文

Budget of payment　支付預算

Budget Office　〔基金〕預算辦事處（預算司）

Budget outlays　預算支出

Budget outturn　預算盈虧差額

Budget process　預算程序

Budget proposal　概算；預算草案；預算的提案

Budget provision　預算撥款

Budget reserve　預算準備金

Budget revenue　預算收入（指國家通過預算集中資金）

Budget savings　預算盈餘，預算節餘

Budget slack　預算備用部份（指預算中有意估低收入和估高支出，以備發生偏差，但仍然在預算限度之內）

Budget system　預算制度

B

Budget variance　預算差額；預算差異（指預算金額與其實際生產總額之間的差額，以兩種差異的分析做預算）

Budget year　預算年度

Budgetary control system　（經濟上的）企業預算管理制度

Budgetary expenditure(s)　預算支出

Budgetary outlay　預算支出；預算費用

Budgetary process　預算程序

Budgetary resources　預算經費

Budgetary restraint　預算限制

Budgetary scrutiny　預算審查

Budgetary stringency　預算銀根緊缺

Budgeted funds　預算基金

Budgeter　預算編制者

Budgeting　編制預算計劃；制訂預算

Budgetline　預算限額；預算線

Budget-setting process　〔世貿〕制定預算程序；預算編制程序

Buff Paper　〔基金〕淺黃皮書（關於公佈 IMF 理事簡歷決議的聲明）

Buffer　緩衝（的人或物）

Buffer mission　緩衝使團

Buffer state　緩衝國（指國際間的強國為了避免直接武裝衝突，常把在地理上處於它們之間的弱國或小國作為緩和衝突的地區之謂）

Buffer stock financing　〔基金〕緩衝存貨貸款（IMF1969 年 12 月 29 日決定增設此項貸款，用以幫助初級產品國家以穩定國際市場上初級產品價格的資金之需，會員國交付緩衝存貨須繳納資金時，如其外匯不足可用本國貨幣從 IMF 提取外匯，但不得超過該會員國借款份額的 75%，為期三至五年）

Buffer stock financing facility (BSFF)　〔基金〕緩衝儲存貸款（基金的業務之一）

Buffer stock schemes　〔關貿〕緩衝儲備方案

Buffer zone　緩衝地帶

Bug　竊聽器

Bug out　逃避責任

Buggery　雞姦（指男人之間或男人與獸性交）

Bugging　竊聽

Build a new pattern of relationship between great powers　構建新型大國關係（2013 年 6 月，習近平主席和奧巴馬總統在加利福尼亞州安納伯格莊園會晤時就構建中美新型大國關係達成重要共識，為兩國關係發展指明了正確方向）

Build the capacity of governments　構築政府能力

Builder　營造業者；建築工人

Builder's certificate　造船證明書

Builder's risk insurance　建築工程保險；造船保險；船舶建造險

Builder's risks　船舶建造險

Building　營造；建築；樓宇；建築物；營造物；建築術

Building Act　建築條例

Building and loan association　〔美〕住房貸款協會

Building and mutual loan association　建築相互貸款協會

Building Association　〔美〕房屋協會

Building authority　建築管理局

Building block system　〔世貿〕"積木"系統；板塊系統（技術貿易壁壘用語）

Building code　〔美〕建築法規；建築規約（宜居建築物、宅邸及住所單元的建築、維修及其外觀的建設標準要求的法規、法令或政府條例）

Building construction completion certificate　房屋建築峻工證書

Building contract　建築合同

Building contractor　建築承包商

Building Department　〔香港〕屋宇署

Building fund　建築基金

Building insurance　建築物保險

Building is covered　〔美〕建築物設有保險（指建築物臨時保險單或合同中標明，在正式保險合同簽發或批准前建築物將依標準保險單格式作保）

Building land　建築用土地

Building law　〔中〕基本建設法

Building lease　租地蓋房合約；〔英〕建築工程租約（一種土地租賃，約定承租人在租地上所建房屋的所有權和所租土地在租期終了時應一並移交給地主的土地長期租賃契約，租期通常為 99 年）

Building lien　建築工程留置權（指承包者拆建房屋的法定留置權）

Building line　房基線（指房屋建築規劃線旨在使各街道、人行道之間距離劃一）

Building loan agreement　建築貸款協議

Building lot　建築房物用地；宅地；建築物地基

Building maintenance expense　建築物維修費

Building mortgage　建築物抵押

Building Ordinance　〔香港〕建築物條例

Building Ordinance (Application to the New Territories)　〔香港〕建築物條例（新界適用條例）

Building owner　業主

Building permit　〔美〕建築許可證；建築執照（地方政府頒發的新建、改建或擴建；建築計劃、估計費用等經審批後頒發執照。該執照應展示於建築工地）

Building property　房產；建築物財產

Building property mortgage　房產抵押

Building property right　房產權

Building property title certificate　房產證書

Building (Planning) Regulations　〔香港〕建築物（設計）規例；建築物（計劃）條例

Building (Planning) Regulations Cap. 123　〔香港〕香港法例第 123 章建築物（設計）規例

Building restrictions　〔美〕建築物類型限制

Building Societies Act　〔英〕建築貸款協會法 (1986)

Building Societies Commission　〔英〕建築貸款協會委員會（依據 1986 年建築貸款協會法成立的，旨在保護投資股東等權益以穩定資金來源）

Building Societies Investor Protection Board　〔英〕建築投資者保護委員會

Building Societies Investor Protection Fund　〔英〕建築投資者保護基金

Building society　〔美〕建築貸款協會（從會員中籌款並貸款給需要造屋、買屋的會員組織）

Building structure　房屋結構

Building tax　房產稅

Building tenancy　建築權

Buildings Department　〔香港〕屋宇署

B

Buildings Ordinance (Application to the New Territories Ordinance) 〔香港〕建築物條例（新界適用條例）

Building-type restriction 建築類型限制

Built-in 內在的；固有的；附設的；嵌入的，內裝的

Built-in agenda 附設的議程

Built-in stabiliser （經濟）內在穩定因素

Bulk 整包；整批貨物

Bulk cargo 散裝貨

Bulk mortgage 大宗財產抵押（指幾項物權擔保抵押或一塊以上的不動產抵押）

Bulk sale 大宗轉讓；整批銷售；估堆賣；疊售；〔英〕待銷存貨商品出售（要求按特定程序出售的臨時法律細則以保護債權人利益）

Bulk Sale Acts 〔美〕大宗銷售法（指旨在預防債權人將存貨秘密地大宗出售）

Bulk trade 大宗貿易

Bulk transfers （=bulk sale）大宗轉讓

Bull 買空；多頭；含義不合邏輯的文句；（羅馬教皇）訓諭；敕令

Bull market 牛市；多頭市場（證券市場上證券價格正在上漲或有望上升或在看漲）

Bull operator （證券投機中的）多頭

Bull pen （法庭等的）犯人候審大房間；監獄中的禁閉室

Bullet 子彈；槍彈；彈丸

Bullet loan 期終一次貸款（行情走俏）

Bullet wound 槍彈創傷

Bulletin 公報；會報；公告；最新新聞簡報；機構或協會出版物（機關報）

Bulletin des lois 〔法〕法律公報

Bull-headed 固執的；頑固的；不受管束的

Bullion （造幣用的）金（銀）塊；金銀錠；條塊金銀

Bullion broker 金銀經紀

Bullion fund 造幣基金

Bulletin de la Societe Internationale de Criminologie 〔法〕國際犯罪學學會通報

Bulwark 保障；堡壘；防禦物；〔常用複〕防波堤

Bum-bailiff 討債人（僱以逮捕債務人的執達員）

Bump test 〔海法〕撞擊試驗

Bumping 〔美〕（僱員）替換（指在同一行業中以一名資歷較深的工人取代年資淺的工人，通常發生在解僱期間）

Bunda (boundary) 〔英古〕界限；分界線；邊界；疆界；限制

Bundesgerichtshof 〔德〕聯邦最高法院

Bundesrat 〔德〕聯邦參議院

Bundesstaaten 〔德〕聯邦

Bundestag 〔德〕聯邦議會

Bundesverfassungsgericht 〔德〕聯邦憲法法院

Bundesverwaltungsgericht 〔德〕聯邦行政法院

Bunkerage 燃料費

Bunko game 〔美〕詐騙性賭博（亦為西方國家的一種賭博遊戲）

Bunko steerer 〔美〕騙子

Buoy 浮標

Buoy tender 〔海法〕航標船

Buoyage 浮標；浮標費；浮筒費

Buoyancy 保持稅收水平；保持高價；行情堅挺

Buoyancy of a tax system 保持高稅收的稅制

Buoyant apparatus （救生）浮具

Buoyant quoit 救生圈

Burden 義務；責任；負擔；負荷能力；船舶載重量；船舶噸位

Burden of contract 履約義務；履約責任

Burden of debt servicing 償債負擔

Burden of establishing 確信事實存在的責任

Burden of going forward 〔美〕被告拒絕承認被控盜竊贓物的責任

Burden of going forward with the evidence 舉證責任

Burden of indebtedness 債務負擔

Burden of persuasion 〔美〕說服責任（指當事人負有向調查事實的法官證明案件全部要素的義務；在刑事案件中，政府有責任提供被告罪狀的確鑿證據）

Burden of producing evidence 舉證責任（指當事人舉出充分證據以避免就爭議問題作出不利於他的裁決之責任）

Burden of proof 證明責任；舉證責任（指舉出證據證明某事實的存在）

Burden of rebuttal 提出相反證據的責任

Burden of taxation 稅收負擔，賦稅負擔

Burden sharing 〔基金〕責任分擔（指對國際貨幣基金費用的分擔責任）

Burden tax 賦稅負擔

Burdens 〔蘇格蘭〕限制；影響個人或財產負擔（特別是要求付款的人）

Bundestag 〔德〕聯邦議院

Bureau 〔美〕辦事處；聯絡處；專門行政機構（進行交流信息、聯絡及協調等活動）；處；局；司；所；社

Bureau for information 情報局

Bureau of census 國家人口調查局

Bureau of charity 救濟事務所

Bureau of civil administration 民政局

Bureau of Computing Services 〔基金〕計量服務局

Bureau of corporation 法務局；有限公司局

Bureau of criminal affairs 刑事局

Bureau of criminal matters 刑事局

Bureau of Customs 〔美〕海關署（負責徵收輸入貨物稅）

Bureau of decorations 授勳事務局

Bureau of Drug Abuse Control 吸毒管制局

Bureau of Economic Analysis 〔美〕經濟分析局（商務部下屬機構，成立於 1953 年 12 月 1 日）

Bureau of education 教育局

Bureau of Export Administration 〔美〕出口管理局（商務部下屬機構，成立於 1987 年 10 月 1 日。主要職責是執行出口管理法、協調聯邦各部、商務機構的出口管理計劃，以及監控外國抵制美國貨等等）

Bureau of Harbour Administration 港務管理局

Bureau of immigration 移民局

Bureau of internal revenue 國內稅務局

Bureau of Justice Statistics 〔美〕（司法部）司法統計局

Bureau of Land Management 〔美〕國家土地管理局（負責執行關於公有土地轉讓和租賃法律事宜，成立於 1946 年 7 月 16 日）

Bureau of Language Services 〔基金〕語文服務局

Bureau of legislation 法制局

Bureau of military justice 軍法局

B

Bureau of navigation　海事局；海運局

Bureau of Public Security　公安局

Bureau of Secret Service　偵探局

Bureau of soils　土壤調查局

Bureau of standards　度量衡局

Bureau of Statistics　〔基金〕統計局

Bureau of Temples and Shrines　寺廟局

Bureau of the House of Representatives　衆議院事務局

Bureau of the Indian Affairs (BIA)　〔美〕印第安人事務局

Bureau of the pension　養老金局；撫恤金局

Bureau of the territories　〔美〕領地事務局（設於內務部內）

Bureau of trust　戰時敵國財產管理局

Bureau of veritas　（1883 年在布魯塞爾創立的）各國船舶檢查所；世界船舶檢定協會（總部設在巴黎）

Bureau of vital statistics　人事統計局

Bureau of war risk insurance　戰時保險局

Bureaucracy　官僚主義；官僚政治；〔總稱〕官僚

Bureaucrat capital　官僚資本

Bureaucrat capitalist　官僚資本的；官僚資本家（者）

Bureaux Internationaux Reunis pour la Protection de la Propriete Intellectuelle (BIRPPI)　〔法〕國際知識產權保護聯合局

Burford doctrine　〔美〕伯爾福德學說（根據伯爾福德棄權論，聯邦法院應避免干預複雜的州管理計劃事務）

Burgage　〔古〕自治市土地房產保有法；民宅（自治市城鎮居民的住宅）

Burgage boroughs　〔英〕自治市選區

Burgage-holding　〔蘇格蘭〕君主土地保有（在蘇格蘭王室自治市的土地由其君主保有）

Burgage-tenure　〔蘇格蘭〕自由農役保有（按自治市地方習慣由市民、公民或城鎮居民保有土地每年向國王或領主繳納一定租金，具有農役土地保有方法的性質）

Burgator　夜盜者

Burgbote　〔英古〕捐贈（建築修繕古堡、自治市或城市城墙之用的）

Burgenses　〔英古〕自治市鎮居民

Burger court　〔美〕伯格法院（美國最高法院，以其首席法官沃倫·耶爾·伯格命名的）

Burgeristh　破壞城鎮安寧；擾亂城鎮治安

Burgerliches Gesetzbuch (BG)　德國民法典（1896 年）

Burgess　〔英古〕自治市的居民；自由民；自治市治安法官；選舉人；投票人；（合格的）選民；（自治市、鎮國會下院）議員；〔美〕獨立戰爭前馬里蘭州（或維珍尼亞州的）議員

Burgess roll　自治市居民花名冊；自由民名冊

Burgh　〔蘇格蘭〕自治市鎮；自治市法庭（具有民、刑事管轄權）

Burgh acres　自治市租賃地（指供自治教市附近租給該都市居民的土地）

Burgh court　〔蘇格蘭〕自治市法庭（具有縣民、刑事管轄權）

Burgh police court　〔蘇格蘭〕自治市治安法庭（對破壞自治市安寧輕罪等具有刑事管轄權）

Burgh-breche　擾亂自治市城鎮治安罰金

Burgher　〔蘇格蘭〕（自治市的）自由民

Burghmote　〔撒〕自治市法庭（由主教或城鎮貴族主持每半年召開一次的）；（管轄鉛礦業訴訟案件的）下級法院

Burglar　夜間竊賊（意圖犯重罪而夜間侵入住宅行竊者）

Burglar alarm　偷盜警報器

Burglarious(ly)　夜盜的（地）；犯盜賊罪的（地）

Burglarising ring　盜竊集團（夜盜集團）

Burglary　夜盜罪（指夜間侵入住宅行竊罪，破門而入的時間在晚九時至次日晨六時之間）

Burglary and house-breaking insurance　盜竊保險

Burglary and robbery insurance　盜竊保險

Burglary and robbery insurance for banks　銀行盜竊保險

Burglary and robbery insurance for business firms　商店盜竊保險

Burglary insurance　盜竊保險

Burglary tools　盜竊作案工具

Burglary-breaking or entering　黑夜盜竊

Burgomaster　〔德〕鎮長；市長

Burgundian law　〔羅馬法〕勃艮第法（指公元 501 年，為歐洲野蠻之國勃艮第國王岡都巴德根據他及其前輩們對屬人法等的判決編輯成為一部法律）

Burial　埋葬

Burial expenses　喪葬費

Burial ground　墓地

Burial insurance　喪葬保險

Burial place　墳地；墓地

Burial service　喪禮

Burke's Act　伯克條例（1773 年穀物條例，該條例是英國自由貿易政策的開始；1782 年官制改革條例）

Burkek's Peeage　〔英〕伯克貴族系譜（1826 年）

Burking (burkism)　勒殺罪（殺人目的旨在出賣屍體供解剖，特別是招死人）

Burlaw court　鄰里法庭（由鄰里共同推選的裁判員組成以判決爭端的法庭）

Burnaby's Code　伯納比法典（洪都拉斯灣定居者慣例彙編，1765 年）

Burning ratio (rate)　焚燒率；再保險賠款率；火險比率（指財產因火災所受損失與財產總值之比）

Burning to death　焚刑（公元 18 世紀羅馬人對縱火者、德國人之間的通姦者以及英國婦女所犯叛國罪者均處以極刑）

Burnt　〔保〕火焚

Burr Act　〔美〕伯爾條例（俄亥俄州發佈的，以緝捕不安份子為目的，1806 年）

Bursar　（大學）司庫；財務主管；會計主任

Bursary (or buraria)　大學（或社團）會計；（大學）助學金；補助金；津貼

Burying alive　活埋

Burying-ground　埋葬地；墓地

Bushel　蒲式耳（英美容積單位）

Bushrangers　〔澳〕叢林草寇（1789-1850 年）

Business　商業；工商業；企業；營業；業務；經營業務；事務；〔保〕業務量

Business accounting　經營核算；商業會計（學）

Business address　營業地址

Business administration　商業管理；企業管理

Business affairs　商務；商業事務

Business affected with a public interest　〔美〕關乎國計民生的企業；涉及公衆利益的企業

Business agent　商務代表；業務代理人；營業代理人；〔美〕工會代表

B

Business and professional licences　經營專業許可證
Business Association　商業協會；商社
Business automobile insurance　商用汽車保險
Business bad debts　〔美〕商業呆賬（可據以減稅的）
Business capital　商業資本
Business circle　實業界；企業界；商業界；經濟界
Business climate　商業氣候
Business community　商業團體；商業社會；實業界；經濟界
Business company　商業公司
Business confidential　〔關貿〕商業秘密（指檢驗貨品的所有情報）
Business connection　交易關係；營業關係；業務聯繫
Business contracts　商業合同；貿易合同
Business control　商業統制
Business corporation　商業法人
Business crime　企業犯罪
Business cycle　商業週期（商業循環）；經濟週期
Business day　營業日
Business district　商業地區；業務區域
Business done　成交額
Business done in State　〔美〕州內貿易
Business efficacy　商業效益
Business efficiency　經營效率
Business enterprise　商業企業；工商企業
Business entertainment expense　交際應酬費（可依法減稅）
Business entity　商業實體
Business entry　營業記錄；商業記錄
Business entry rule　商業記錄規則（指雖然做記錄者未出庭，但可允許把通常情況下的營業記錄作為證據的除外傳聞證據法則加以引用）
Business establishment　商業公司；商業機構
Business ethics　商業道德
Business expense　〔美〕營業費用；經營費用，交際費用（可依法減稅）
Business failures　企業倒閉
Business field　實業界
Business firm　商業企業，商號
Business gains　營業收益，營業利潤
Business guest　商務客人
Business guild　同業公會；營業公所；商業行會
Business hours　營業時間
Business in commission　經紀業；居間業
Business income tax　企業所得稅
Business incorporation law　商業公司設立法；事業團體設立法
Business insurance　營業保險；商業保險
Business interruption insurance　營業中斷險；停工損失險
Business invitee　商務賓客（指應房主邀請以為客人身份入屋看房從事交易銷售生意）
Business judgement rule　商業交易經營管理者免責原則
Business law　商業法；營業法
Business league　商業公會
Business liability　職業責任；營業責任
Business liability insurance　經營責任險
Business licence　營業執照；營業許可證
Business losses　營業虧損

Business man's risk　作為實業家的風險
Business management　商業管理；企業管理
Business manager　事務長；商務經理
Business name　商號，莊號
Business of peddling　挨戶兜售；沿街叫賣
Business of public character　公共性商業
Business of transportation　運輸業；搬運業
Business office　營業所；事務所
Business on secret　保密業務（指工作性質上需要保密的事業）
Business operation information　企業經營活動信息
Business patent　營業特許
Business Permit Act　營業許可法
Business practice　營業實踐；商業慣例
Business premises　商業事務所
Business premises insurance　店鋪盜竊保險
Business profit margin　企業利潤率；企業利潤幅度
Business profit tax　營業稅；盈利稅；商業利得稅
Business profits　營業利潤；營業毛利；交易利潤，交易毛利
Business property　營業財產
Business purpose　企業宗旨；商業目的；營業目的
Business records　商業記錄
Business Records Act　〔美〕商業記錄法（屬聯邦立法，適用各個州）
Business records exception　〔美〕商業記錄規則（釋義見 "business-entry rule"）
Business registration certificate　商業登記證
Business Registration Fee　〔香港〕商業登記費
Business Registration Office　〔香港〕商業登記科
Business risk　商業風險；企業風險；經營風險
Business risk management　企業風險管理
Business rule　事務規程
Business secret　商業秘密
Business services　商務服務
Business situs　營業地；營業處所
Business solvency　經營償付能力；商業的償付能力
Business statistics　經營統計；營業統計；商業統計
Business tax　營業稅
Business tort　商業上侵權（行為）
Business transaction　業務交易；商務交易
Business trust　企業信托；商業信托（此種信托中，經理是主債務人，股東是信托財產的受益人，其不同於合股公司）
Business usage　商業慣例
Business use of home　居所的商業性使用
Business visitor　商務訪問者；商務客人
Business walks　實業界；商業界
Business year　營業年度
Bust　*v. & n.* I.〔俚〕拘捕；突然搜查；突襲；破產；II. 拘捕；突襲（特指警察的突然搜捕）
Bustler age of wines　〔英〕酒類輸入稅
But　除…以外；除非；相反；但是；也是；仍然
But for test　〔美〕"若不是"標準；"倘非"標準（一項確定侵權責任的標準，以確定原告是否遭受被告侵權行為的損失，以排除被告侵權責任）
Butler's Ordinance　〔英〕巴特勒處罰命令（指繼承人懲處生

活中毀損被繼承人財產行為的法律）

Butt 桶（液體容量單位 =108 加侖）；限界（丈量土地單位）

Buttals 地界；相鄰土地邊界線

Butted and bounded 地界；疆界的四至（指標明土地面積的所有權範圍界限）

Buttock mail 〔蘇格蘭〕對犯姦淫者課以罰金

Butts and bounds 地界；邊界（讓渡土地等不動產用語，類同於 "metes and bounds"）

Buy and sell agreement 買賣協議

Buy America 買美國貨（指美國貿易保護主義的主張）

Buy American Act 〔美〕購買美國貨法（1933 年，要求聯邦政府採購時應優先購買美國貨）

Buy American acts 〔美〕購買美國貨法（優先購買美國貨規約，該法要求在聯邦和各州政府的採購合同中要優先購買美國貨，以保護美國工業等等，是部典型的貿易保護主義法規）

Buy American Clause (Provision) 購買美國貨條款（2009 年 1 月 28 日由美衆議院提出，並獲參議院通過。這是華爾街爆發金融危機後使美國經濟陷入嚴重衰退而使貿易保護主義死灰復燃，遭到世人同聲反對）

Buy at home 購買國貨

Buy back 產品返銷；買回，回購；補進（賣空後買進）

Buy in 買進（股票等）；補進（賣空後買進）

Buy National Act 〔美〕買本國貨法（1933 年）

Buy off retaliation 收買報復

Buy out 出錢使（某人）放棄地位（或財產）；買下（指購入另一公司控股權或其全部產權）

Buy over 收買，賄賂

Buy-back 回購；商品返銷

Buy-down 〔美〕代表房主降低抵押利率和月付款的購買

Buyer 買主；買方（尤指不動產）

Buyer in ordinary course of business 正常交易中的買方

Buyer in possession 〔香港〕管領貨物的買主

Buyer's credit 買方信貸（出口國的銀行給予進口貨物國買方的優惠貸款，由買方 5-10 年內分期償還）

Buyer's interest 買方權益；買方保險利益

Buyer's market 買方市場（指求過於供，市場看好）

Buy-in 〔美〕補進，買入（證券交易中的一種程序）；買入（股票等）

Buying and selling 購銷

Buying commissions 購貨備金；購買備金

Buying in （=buy in）買進；買入；補進

Buying long 買空；買進多頭（投機買進多頭）

Buying member 買方會員

Buying on margin 邊際購買；以差價購買；交押金購買（指買方部份交現金，部份付以貸款的購買）

Buying rate 投標價；存款利率；買入匯率（俗稱"買價"，指銀行買入外匯的價格）

Buy-out 全部購買（購入某種產品全部存貨）；控股購買

Buyout provision 購買脫離公司合夥人股權條款

By *prep.* 不遲於；在…之前；在…旁；靠近；相差，相似；符合；由於；按照；根據；依法

By a majority of the votes cast 以所投票數的簡單多數

By a simple majority (of) 以簡單多數

By a vote of 80 to none with 6 abstention 以八十票贊成，零票反對，六票棄權

By accident 偶然；意外地

By administration order 按照行政程序

By all lawful means 以一切合法手段

By article 3 of the treaty 根據契約第 3 條

By authority 根據…授權

By bill 〔英古〕根據訴狀起訴的案件

By colour of office 假借職權行事；以執行公務為幌子（意指假公濟私，未經授權而擅自行事）

By consensus 一致決定；一致同意；經協商一致

By contract 以承包方式；按照包工方式；按合同

By contractual means 通過簽約方式

By electronic means 以電子方式

By estimation 大約；約計（指土地的數量是大約的，而不是丈量的精確數量）

By force 以強力地；以武力地；憑藉武力

By hinting （=innuendo）隱含的誹謗；對有誹謗意義的詞句的說明

By inference 按推理

By lease 以租借方式

By mail 通過郵寄

By means 決不；決非

By mutual consent 經雙方同意

By norms of accession 以加入方式

By notice in writing 以書面形式通知

By operation of law 依法；依法實施；依據法的適用

By order of 奉…之命

By parol 以口頭陳述的方式

By permission of 得…許可（經…許可）

By products 按產品排列

By protestation 以抗議的方式

By proxy 由指定的代理人

By public tender 通過公開投標

By reason of 由於；基於…理由；因…緣故

By reference 旁注（指在條約等條款旁邊的注釋）

By regulation 根據…規章

By representation 根據繼承，按繼承

By resolution 根據…決議

By right 當然地；正當地

By right of blood 根據血統

By signature or otherwise 以簽字或其他方式（以簽字或以其他方式）

By tariff number 按稅號排列

By the by 附帶地；偶然地；順便說及地，〔英〕不須再頒發新傳票（因被告已經在押）

By these presents 根據本文件

By turn 依次；輪流；交替；順序

By virtue of 憑藉；依靠；由於；因為

By virtue of regulations 根據規章

By way of 經由

By way of mortgage 以抵押方式（以按揭方式）

By way of trust for sale settlement 以出售信托的方法設定繼承財產

By word of mouth 口傳

By-bidder 受僱競買者；虛假競買人；抬高售價人

By-bidding 抬價行為；受僱抬價；虛假的拍賣行為

By-census 概括性戶口調查

Bye-bil-wuffa　〔印〕典契；附條件銷售；抵押證書；附條件銷售

Bye-laws (by-law)　地方性法規；公司內部章程；附則；細則；社團規程

By-election　補缺選舉；補選 (在議會會期中進行的選舉，補足下議院的空缺)

By-law men　〔英古〕鎮長；村長；鄉長

By-laws, Rules and Regulations　〔基金〕章程和規章制度

Bypass trust　繼承信託 (旨在避免遺產稅)

By-product　副產品

Byrnes Act　〔美〕伯恩斯法 (禁止州際間運送罷工破壞者)

Byroad　小路；支路

Bystander　旁觀者；候補陪審員

Bystander in a court　法庭旁聽者

Byzantine law　拜占庭法；東羅馬帝國法 (公元 330–1453 年)

C

"C" mandate　〔國聯〕丙類委任統治地 (釋義見 "League of Nations")

"Centrocon" charter-party　〔英〕著名的航次租船合同格式

"Corresponding" registered design　〔香港〕相應註冊設計 (指根據英國 1965 年版權法第 10 條規定，在 "相應" 註冊設計範圍內，製造和買賣等設計行為不構成侵犯版權)

C. Corporation　〔美〕第三股份有限公司 (國內稅務法規第三分章規定管理)

C.i.f. contract　成本加保險費和運費價合同

C.i.f. valuation　到岸價定值

C-1 visa　〔美〕C-1 簽證 ("外國人過境簽證" 由美國駐外使、領館頒發給過境美國前往第三國的簽證)

C-2 visa　〔美〕C-2 簽證 (由美國駐外使、領館頒發 "前往聯合國總部的過境簽證")

C-3 visa　〔美〕C-3 簽證 (由美國駐外使、領館頒發給外國政府官員及其直系家屬、隨員、僱員及傭人等過境美國的簽證)

CAB Sunset Act　〔美〕民用航空委員會撤消法 (1984 年 9 月 20 日頒佈)

Cabal　〔英古〕陰謀小集團 (指查理二世統治時期的 "秘密顧問會議")；(政治) 陰謀

Cabal ministry　秘衛顧問書議

Cabalist　〔法〕代理人；經紀人

Caballer　結黨陰謀者；陰謀家

Caballeria　〔西〕封地 (分給由征服取得土地的騎士)

Cabaret tax　〔美〕卡巴萊歌舞稅

Cabinet　內閣

Cabinet Committee to Combat Terrorism and the International Narcotics Control Programme　反恐與國際麻醉品管制規劃內閣委員會

Cabinet council　內閣會議；〔英〕秘密會議

Cabinet rank　內閣級別 (指美國會賦予 STR 談判代表級別和薪水)

Cabinet responsibility　內閣責任

Cabinet shadow　影子內閣

Cabinet system　內閣制

Cable buoy　電纜浮標

Cable programme service　〔英〕電信服務

Cable rate　電匯匯率

Cabotage　沿海岸貿易；沿海岸航行權；國內交通運輸權；國內載運權；〔西〕沿岸航行 (意指不進入公海，只航行於沿海港口之間)；〔際〕沿海岸貿易 (指岸與沿海之間)

Cabotage law　沿海貿易法

Cabotage right　國內載運權

Cachet　〔法〕印；封印

Cacicazgos　〔西〕限於印第安村落酋長及其後裔繼承的地產 (西班牙–美洲法用語)

Cadastral survey　地籍測量 (為課稅的土地測量)

Cadastration　課稅地測量

Cadastre (cadaster)　〔法〕地籍簿；土地冊；稅產清冊及不動產估價

Cadastu　〔法〕土地清冊

Cadaver　屍體；屍首

Cadaver exhumation　屍體發掘

Cadaveric　屍體的

Cadaveric ecchymoses　屍斑 (指死亡後血液循環停止，血液墜積於屍體的低下部位，透過皮膚呈現的斑痕)

Cadaveric rigidity　屍僵 (指死後肌肉逐漸變堅實、強硬、輕度收縮，如四肢不能屈等現象)

Cadaveric spasm　屍體痙攣

Cadena　〔西〕(囚犯的) 索鏈；監禁 (含帶枷的苦役)

Cadena perpetua　〔西〕終身監禁

Cadena temporal　〔西〕有期徒刑

Cadet　受訓官員；〔美〕西點軍校學生；安那波里斯海軍學院學生；(軍校) 士官生；〔英〕幼子；弟弟；後備役志願兵

Cadi　(穆斯林國家的) 民事法官

Caduciary　無人繼承財產的；無主財產沒收歸公的

Caduciary right　〔蘇格蘭〕無人繼承財產收歸國有的權利；〔羅馬法〕失效的遺囑處分財產

Caesarean operation　破腹接生 (指以外科手術破腹而生的孩子)

Caesaropapism　政教合一 (尤其在東羅馬帝國為君士坦丁堡所採用)

Cafeteria plan　〔美〕凱夫特瑞福利計劃；額外福利計劃 (指僱員除收到特定附加福利外，還允許其選擇一份指定美元的補助金額計劃)

Cage　監獄；監牢

Cahiers de doleances　〔法〕改革請願書 (1789 年向法蘭西國王提出要求改革)

Cain　〔喻〕殺害兄弟者；殺人者

Cairns Group　凱恩斯集團 (指由澳洲、新西蘭、加拿大、匈

牙利、智利等五個農產品出口國在澳洲凱恩斯所組成的鬆散性的集團,因在凱恩斯舉行故而著稱;該集團是由發達國家、發展中國家和東歐國家組成的農產品出口國集團)

Cairo Declaration 開羅宣言 (1943 年 12 月 1 日《開羅宣言》明文規定,"日本所竊取於中國之領土,例如東北四省、台灣、澎湖羣島等,歸還中華民國")

Cajolery 欺騙;引誘 (指執法人員故意以假許諾引誘被告放棄權利,回答所提問題)

Calaboose 牢獄;監獄;拘留所;看守所 (尤指市或鎮的監獄或拘留所)

Calamitous 造成災難的;災難的;不幸的

Calamity 災難;禍患;不幸事件;災害

Calculated 預謀的;蓄意的;故意的

Calculated market (interest) rate 預測市場利率

Calculated risk 預期的風險

Calculated to deceive 蓄意詐騙;意圖欺詐

Calculation of equivalent measurement of support 支持等值的計算

Calculation of margins of dumping 〔關 / 世貿〕計算傾銷的利潤點;計算傾銷的幅度

Calculation of the amount of a subsidy in terms of the benefit to the recipient 〔世貿〕按接受補貼者所得利益計算的補貼量

Calculation of the total ad valorem subsidisation 〔世貿〕從價補貼總量計算

Cale 〔法古〕拖刑 (用繩子把船員縛在船底拖行的刑罰)

Calendar 曆書;曆法;案件日程表;〔英〕犯人名單;〔美〕候審人名單及被控罪名目錄;〔英、複〕記錄大全

Calendar call 宣讀指定候審案件的開庭日期

Calendar days 工作日;〔單〕曆日

Calendar month 曆月

Calendar of prisoners 因犯名單;〔英〕(巡迴法院或中央刑事法院的) 羈押刑事被告名冊

Calendar of sentence 判決記錄

Calendar week 曆週

Calendar year 歷年;自然年度

California Reports 〔美〕加利福尼亞州判例集

Call *n. & v.* I. 召集;召集通知;催還貸款;催繳股款通知書;地標;界標 (指轉讓的土地可見的自然標記);催繳股款通知書;購買選擇權 (指要求按指定價格在指定時間內劃撥或轉讓股份權利);(船舶) 短暫停靠;〔英〕授與出庭律師學位; II. 請求;要求;傳喚;點名;召集;召開;催繳;催付;催交追加股款;訪問,拜訪 (指對潛在客戶登門造訪以招攬或拓展業務)

Call a meeting 召開會議

Call a party 傳當事人到法庭

Call a special meeting of the Council 〔關 / 世貿〕召開理事會特別會議

Call a strike 舉行罷工

Call Capital 催繳未付股金;催繳資本 (款)

Call feature 可提前贖回債券條款

Call for capital 籌集資本

Call for committed funds 籌集營業資本

Call for more 附有追加購買權的購買

Call for subscribed capital 招募認購股本

Call for tender (bids) 招標

Call for the order of the day 宣佈本日議程

Call in arrears 催交延付股款

Call in evidence 傳喚證人

Call letter 催款信

Call loan 通知貸款;活期貸款;短期同行拆借 (通常在接到通知 24 時內歸還放款)

Call loan rate 活期貸款利率

Call market 短期同行拆借市場;短期放款市場;短期資金市場

Call money 通知放款;短期融資

Call money date 通知放款日期;短期融資日期

Call money market 拆款市場;活期放款市場

Call of more 再次購買權

Call of more option 附有追加購買權的購買 (同 "Call for")

Call of the House 〔英〕會議通知書 (根據議會決議,命令兩院議員缺出席會議,違者可以罰款或入獄處分)

Call of three times more 附有追加購買原買額三倍的權利的購買

Call of twice more 附有追加購買原買額兩倍的購買

Call on debenture 催繳公司債券認購人支付應繳款項

Call on share-holders 要求支付股款 (催告股東支付應繳股金)

Call on shares 催告股票認購人支付應繳股金

Call one to account 問罪;譴責

Call option 購買選擇權

Call patent 〔美〕授予個人經營的公地

Call premium 贖回溢價;提前償還溢價;收兌溢價

Call price 期前兌回價格;贖回價格

Call provision 提前回收條款 (允許發行人,以避免高息票利率損失)

Call sb. in evidence 傳某人出庭作證 (叫某人來作證)

Call the diet 傳原、被告在指定日期出庭 (在指定的日期把原被告傳到法庭)

Call to the bar 授予出庭律師資格 (指英國學院的學生經考試合格者,由英格蘭律師協會頒發律師證書)

Callable 經通知可提前償付的;經通知即可提前贖回的

Callable bonds 可提前贖回的債券 (指債券發行人保留到期前兌還的價格的權利以便在債券到期前就贖回其責任)

Callable preferred stock 可提前贖回的優先股

Called meeting 特別會議

Called session 特別會議;臨時會議

Called to testify 被傳作證

Called up 徵召 (服役);召喚;傳 (訊);交完股款的

Called upon to pay 催付;強制付款

Called within the Bar 受聘為御用大律師

Called-up share capital 催繳股份資本

Calling 職業;行業

Calling list 〔蘇格蘭〕(張貼法院牆上訴訟聆審) 案件清單

Calling the jury 〔英〕選出陪審團並傳喚到庭 (從陪審團名冊中抽籤選出 12 名宣誓作為特定案件的陪審員)

Calling the plaintiff 〔英古〕駁回原告訴訟 (指原告不應傳到庭。此為舊時拋棄訴訟的一種方法)

Calling to the Bar 授予律師資格 (指接納為律師會館成員)

Calling upon a prisoner 允許被告量刑前陳述理由 (指當對因犯被指控裁定有罪時,在判決前,法院書記員傳喚被告出庭陳述其反對判決的理由)

Calls on contributories　〔英〕催告負連帶債務人分攤其資產

Calumniate　*v.* 誣告（惡意無理的告訴）

Calumniation　誣告（惡意無理的告訴）

Calumnious　誣告的

Calumny　誣衊；中傷；誹謗；誣告罪

Calvo clause　卡爾沃條款（阿根廷外長於 20 世紀初提出由合同條款引起的一切爭議，均由東道國法院管轄，以維護中小國家的主權）

Calvo doctrine　卡爾沃主義（主張一國由於其國民在另一國因內亂或內戰所受損害，不得以武力或外交壓力對後者索取賠償）

Cambio　〔西〕匯兌；交易

Cambist　匯兌行家；買賣匯票的人；熟悉匯兌業務的人；外匯交易商

Cambridge University law school　劍橋大學法學院（成立於 1858 年）

Camera　法官辦公室（在法庭後面的）；審判員密談室；禁止旁聽的審訊（指不許公眾參加的私下審訊的案件）；年金；定期生活津貼；羅馬教廷的財政部；〔英古〕室；寢室；櫃，箱

Cameralistics　財政學

Cameroonian Association of Female Jurists　喀麥隆女法學家協會

Camouflage　*n. & v.* I. 偽裝；隱瞞；欺騙；II. 偽裝；掩飾；掩護

Camp　營地；陣地

Camp David　〔美〕戴維營（總統療養地）

Camp of prisoners of war　戰俘營

Campaign　競選活動；戰役

Campaign committee　競選委員會

Campaign fund and votes　競選運動的基金和選票

Campaign strategy　競選戰略（競選方略）

Campaigner　競選者

Campbell's Act　康貝爾法（釋義詳見 "Lord Campbell's Act"）

Campers　一份；幫訴者份額；幫訴者分享；幫訴者分享土地

Campesino　〔西〕農民；農業工人

Camphor monopoly　樟腦專利

Campum partere　分割土地

Can　*v. & n.* I. 能；會；能夠；有權；允許；II. 罐；罐頭；聽頭；〔俚〕監獄；〔英古〕證明；確證

Can buoy　〔海法〕截錐浮標

Canada Customs　加拿大海關

Canada National Energy Programme (CNEP)　加拿大國家能源規劃署

Canada Revenue Agency　加拿大稅務所

Canada Supreme Court　加拿大最高法院

Canada-U.S. Free Trade Agreement (CUSFTA)　加－美自由貿易協定（指加拿大與美國於 1980 年簽訂的）

Canada-U.S. Free Trade Agreement goes into effect (1989)　加拿大－美國自由貿易協定生效（1989 年）

Canadian Comprehensive Auditing Foundation (CCAF)　加拿大綜合審計基金會

Canadian Disputes Investigation Act　加拿大產業爭議審查法

Canadian Institute of Actuaries　加拿大保險計算師學會

Canadian National Energy Programme (CNEP)　加拿大國民能源計劃署

Canal　運河

Canal dues　運河通過稅；運河通行費

Canal tolls　運河通行費

Canal zone　運河區；巴拿馬運河區

Cancel　*v.* 取消；廢止；使無效；抵消；撤銷；注銷；刪去；抹去；銷掉；免除；清償（=discharge or pay）

Cancel an order for goods　取消定貨單

Cancel one's residence registration　注銷戶口

Cancelling clause　注消租約條款（指如船舶不能在租約中規定的在指定港口裝貨，租船人有權注銷租約）

Cancelling date　撤銷契約日期；廢約日期；解約日期

Cancellaria　〔英〕大法官法庭；衡平法庭

Cancellaria curia　〔英〕大法官法庭；衡平法庭

Cancellation　廢除；終止；刪除；注銷；取消；撤銷；解約（指保險單到期前單方或雙方終止保險的行為）

Cancellation clause　解約條款；解除租約條款；〔保〕注銷條款

Cancellation evidence　失效證據

Cancellation of contract　撤銷合同（契約）

Cancellation of document　文件作廢（畫上取消線以表示廢除文件）

Cancellation of franchise　取消特許權；取消專利權

Cancellation of household registration　注銷戶口

Cancellation of licence　吊銷牌照

Cancellation of Special Drawing right　〔基金〕取銷特別提款權

Cancellation of will　取消遺囑；撤銷遺囑

Cancelled cheque (check)　注銷的支票；付訖支票

Candidacy　候選人資格

Candidate　候選人；候補人

Candidature　候選資格

Candlemas day　〔蘇格蘭〕聖燭節；季期地租支付日（每年二月二日為支付一季地租的日期）

Cane　*v.* 鞭打；笞刑

Cang(ue)　枷（某些東方國家舊時的刑具）

Caning　鞭笞

Caning practice　〔美〕鞭打；笞刑

Cannabis　大麻毒品

Cannon of professional ethics　律師職業道德準則

Cannon rule　〔美〕加農規則（指內國或外州公司擁有股票的規則）

Cannon shot rule　大炮射程規則（指 18 世紀一些法學家提出一種劃分領海寬度標準的主張）

Canon　法律；法規；規則；準則；規範；標準；原則；判斷標準；〔英〕英格蘭教會法；英格蘭教會教士（由國王有時或由主教任命的）

Canon law　東正教教會法；天主教教會法（1339 年）；〔英〕教會法（1603 年）；羅馬教會法；又稱 "寺院法或宗規法"（在法學著作中通常專指中世紀羅馬天主教的法律）

Canon law of Church of England　英國聖公會教會法（1919 年，為英格蘭的國教會法）

Canon of economy　經濟法規

Canon of interpretation　解釋規則

Canon of taxation　課稅準則

Canon shot rule　大炮射程規則

Canonical　教規的；與教會有關的

Canonical disability 陽痿;(無法治愈的)性無能
Canonical obedience 牧師的天職(以遵從主教為己任)
Canonical purgation 滌罪宣誓(指在宗教法庭所用的方式做出無罪證明)
Canonical sin 死罪
Canonist 宗教法學者,寺院法學家;寺院法教授
Canons of construction 解釋規則(公認指導解釋或解釋書面契據的基本規則和法律格言的制度)
Canons of descent 繼承法規則
Canons of ethics 道德準則
Canons of inheritance (=Canons of descent) 繼承法規則
Canons of judicial ethics 〔美〕司法道德準則;法官職業道德行為準則(始為美律師協會採用,後為各州所效法)
Canons of professional ethics 〔美〕律師職業道德準則
Canons of Taxation 課稅原則(亞丹·斯密斯的租稅四原則:平等、方便、肯定、經濟)
Canton 〔法〕區(行政區單位);〔瑞士〕州(行政區單位)
Canum 〔封〕貢賦(指佃農應以土地收穫物繳納給其領主)
Canvass 決定選票真實性的審查(指在公共投票選舉中檢查、統計選舉結果報告以確認其真實性);監票;檢票;驗票;計票;(遊說)拉選票
Canvass a district for votes 拉選區選票(為爭取選票在選區進行遊說)
Canvass for a Candidate 拉候選人的選票(為候選人拉選票活動)
Canvass for insurance 兜攬保險
Canvass the votes cast 審查選票
Canvasser 監票人;監督選舉投票人;挨戶拉選票人;兜攬生意的人;推銷員;遊說員;保險推銷員
Canvasser for votes 拉選票的人
Canvassing agent 監督投票代理人;新聞雜志的推銷員
Canvassing for votes electioneering 競選拉票活動
Cap *v.* 限額(限制侵權訴訟中非經濟損害賠償的追償金;限制利率金額能增加年度可調整的抵押利率)
Cap of maintenance 〔英〕王徽;徽章(英國幾個城市市長曾經佩戴)
Capable 有能力的;有資格的;有才能的;擁有法定權力或能力的;合格的;合適的
Capable of industrial application 工業上能夠適用的
Capable of producing a written record 有資格出具書面記錄
Capacitate *v.* 使在法律上合格
Capacity 能力;資格;身份;行為能力;責任能力;承保能力;生產能力;容量
Capacity constraints 生產能力制約;生產能力不足(指受條件限制)
Capacity defence 缺乏基本行為能力辯護;缺乏犯罪辯護能力(指7歲以下的兒童)
Capacity for legal act 法律行為能力
Capacity for work 工作能力
Capacity of acceptance 承諾能力
Capacity of action 結婚資格;訴訟資格
Capacity of corporation 法人行為能力
Capacity of enjoyment of rights 權利能力
Capacity of legacy 受遺(贈)能力;遺產承受資格
Capacity of management 管理才能

Capacity of marriage 結婚資格
Capacity of minority 刑法上未成年人行為能力
Capacity of party 當事人能力;當事人資格
Capacity of self-governing 自治能力
Capacity of testator 遺囑能力
Capacity of voyage 航海力
Capacity of will 意思能力;自主能力
Capacity output 生產能力產出
Capacity rights 運力權(指一架飛機在其航線上可提供的商務載貨量和可飛行的班次的運力)
Capacity to act 行為能力
Capacity to conclude treaties 締結條約能力
Capacity to contract 訂約能力;訂立契約資格
Capacity to labour 勞動能力
Capacity to submit to arbitration 提請仲裁能力
Capacity to sue and defend 訴訟能力(起訴和辯護能力)
Capacity use 生產能力的利用
Capacity utilisation rate 生產能力利用率
Compatibility Rule 和諧一致標準(指一國提出保留有效與否須依該條約的目的和宗旨而定)
Cape 〔英古〕司法令狀(涉及從承租人手中收回土地或房產的令狀,已廢止);海角;岬
Cape ad valentiam 一種大令狀
Capers 私人戰艦(僅比普通武裝民船略小而已)
Capital *n. & a.* I. 首都(亦稱國都);資本;資金;資產總值;資本總額;投資總額;股本總額;II. 可處死刑的;首都的;首位的;第一流的;主要的;基本的;重大的
Capital account 資本賬戶;股本賬戶;資本項目;公積金賬戶
Capital account data for in-ward and out-ward foreign direct investment 對內和對外的外國直接投資的資本項目的數據
Capital and title insurance 資本及權利保險
Capital assets 資本資產;固定資產
Capital budget 資本預算;基本建設預算
Capital case 可判死刑案件
Capital change 資本變更;重大修改
Capital clause 資金條款(指公司協會章程中說明公司資本總額)
Capital construction 基本建設
Capital construction funds 基本建設資金
Capital contribution 資本攤繳(指合夥人認繳的現金、財產或勞務);資本追加(指股東以各種形式向公司追加資金)
Capital costs 資產維修費用(指公司為籌措資金所發行的證券和股票以及用於改良固定資產等支出數);〔美〕資產改良費用(諸如改進資產使用年限的折舊);資本費用;基本建設費用;資本成本
Capital credit certificate 資信證明書
Capital crime 死罪;死刑罪
Capital deepening 資本增密
Capital deficiency 資本虧絀
Capital depreciation 資本折舊
Capital Development Fund 〔聯〕資本發展基金
Capital embodied technological progress 包含技術進步的資本

C

Capital expenditure　基本建設費用；固定資產支出；資本性支出（指用於改良固定資產的支出數）

Capital felony　死罪；可判處死刑罪

Capital flight　資本外逃；資本外流

Capital flows　資本流動；資本流量

Capital flows organisation　資本流動的組織（二戰後指"IBRD"）

Capital formation　資本形成；資本積累

Capital fund　資本資金

Capital gains　資本收益；資本利得

Capital gains tax (CGT)　〔英〕資本收益稅（指個人從出售股票和不動產等所得個人收益部份所徵的稅）

Capital goods　資本貨物，生產資料

Capital grants　資本贈予

Capital impairment　資本減少；資本虧絀

Capital importing country　資本輸入國

Capital improvement　改進生產設備費用；資本資產改善（釋義見"capital expenditure"）

Capital increase　增資（資本增加）

Capital inflows　資本流入（資本輸入）

Capital insurance　資本保險

Capital intensive produce　資本密集型產品

Capital intensiveness (intensity)　資本密度；資本密集性

Capital investment　資本投資；基本建設投資

Capital investment company　投資公司

Capital issue　發行股票

Capital issue committee　〔美〕資本發行審查委員會

Capital lease　融資租賃；資本租賃（指轉讓出租財產所有權契約）

Capital ledger　資本分類賬；資本總賬；資金底賬

Capital leverage　資本槓杆作用；資本槓杆率

Capital levy　資本稅；財產稅；企業資產稅（指資本主義國家對私營企業在所得稅以外按資本額所徵地財產稅）

Capital loss　資本損失（指資本銷售或交易中的損失）

Capital manor　王侯直轄地

Capital market　資本市場

Capital messuage　莊園土地地

Capital movements　資本流動；資本移動

Capital offence　死罪

Capital outflows　資本流出；資本外流（資本輸出）

Capital outlay　資本支出；耗資；基本建設投資；基建費

Capital profit　資本利益（潤）

Capital punishment　死刑；極刑

Capital ratio　資本比率

Capital recovery　資本回收；資本恢復（指收回沖銷掉的呆賬）

Capital redemption reserve　償還資本儲備

Capital redemption reserve fund　償還資本儲備基金

Capital restriction　資金限制；資本上限制（指服務貿易中國內外資金流動限制，例如，對國家的船舶限制外國投資）

Capital return　資本收益；資本利得；納稅人收入申報表

Capital revenue　資本收入

Capital shares　股本

Capital sharing system　資本分配制度

Capital stock　股本；實際資本；資本貨物；（農作物）主要品種，種植面積

Capital stock tax　股本稅（指對私營企業在所得稅以外按資本額所徵的財產稅）

Capital structure　資本結構（指企業的資本構成，包括長期和短期的債務、業主的優先股和普通股的權益等種類和數額）

Capital subscription　認購股本；認繳股本

Capital surplus　資本公積；資本盈餘；資本淨值賬戶

Capital tax　資本稅（指對私營企業在所得稅以外按資本額所徵的財產稅）

Capital transaction　資本資產交易

Capital transfer　資產轉移；資產轉讓

Capital transfer tax (C.T.T.)　〔英〕資產轉讓稅

Capital turnover　資本營業額；資本回轉率；資本周轉率

Capital value　資本價值

Capital widening　資本擴大

Capital- and skill-intensive　資本和技術密集型的

Capital-asset ratio　資本資產比率

Capital-debt ratio　資本債務比率

Capital-intensity　資本密集型

Capital-intensive　資本密集的；使用大量資本的

Capital-intensive production　資本密集型生產

Capital-intensive technology　資本密集型的技術

Capital-labour ratio　資本勞動比率

Capital-loan ratio　資本借貸比率

Capital-market integration　資本市場一體化

Capital-output ratio　資本－產出比率

Capitalist law　資本主義法

Capitalist legal system　資本主義法制（泛指資本主義法律和制度）

Capitalist sector of the economy　資本主義經濟成份

Capitalistic production　資本主義生產

Capitalisation　資本總額；資本化價值；資本化；資本還原

Capitalisation accounting method　確定財產現值資本化計賬方法

Capitalisation method　資本化方法

Capitalisation of earning　企業收益的資本化；將企業收益改變為企業資本

Capitalisation of interest　利息轉為資金；刊息資十化

Capitalisation rate　資本化率；資本報酬率；折現率

Capitalise　*v.* 使本金化（指把定期付款轉為相等現金）；投資於；變為資本；使作為資本使用；計算現在價值；核定資本總額

Capitation　人頭稅；按人收費

Capitation grant　每個人的補助金（按人計算發給的補助費）

Capitation tax　人頭稅

Capitol　〔美〕國會大廈；州議會大廈

Capitol Hill　〔美〕國會山

Capitula legis regum Langobardorum　〔意〕倫巴第國王敕令彙編（公元 830 年）

Capitulare Italicum　〔意〕意大利法規彙編（公元 1090 年）

Capitularies　〔英〕法典；教會法規集；〔法〕法蘭克國王敕令集（墨洛溫和卡羅溫國王頒佈的敕令）

Capitulate　*v.* 投降（有條件投降）；停止抵抗

Capitulation　（附條件）投降；（按規定條件的）投降協定；投降條款；〔複〕領事裁判權條約

Capitulation treaty　領事裁判權條約

Capitulationism　投降主義

Capitulatory regime　領事裁判制度

Capitulatory right 領事裁判權權利

Capper 幫訟者；勾引者；引誘者；誘騙者；拍賣者；假買手（為抬高價格而串通好的假買者）；賭博作弊同夥

Caprice 多變；反復無常；古怪；不能理解的怪想

Captain 船長；艦長；領班；首長；（部隊）指揮官

Captain Elliot's Proclamation 〔香港〕義律宣言（指割讓香港等中國領土為英國殖民地）

Captain of a commercial aircraft 商營飛機機長

Captain of the ship doctrine 〔美〕外科醫生助理過失責任原則（"船長主義"）

Captain's protest 海難證明書；船長海事報告

Captation 〔法〕騙取；詐欺

Captator 騙取遺贈的人

Caption 標題；解說詞；法律文書的開端部份（說明做成的地點、日期和根據的權限等）；案件說明（司法文件的構成部份。例如，說明訴狀何時、何地、由哪個當局提出或執行等）；〔英〕逮捕；〔蘇格蘭〕逮捕狀（拘押債務人）

Captive *n. & a.* I. 被捕者；俘虜；戰俘；獵獲物；II. 被俘虜的；被關押的；被捕獲的；受控制的；受制於母公司的；被壟斷的

Captive audience 受制的聽眾（聽眾團體不得隨便離開會場）

Captive Insurance Company 專業自保公司（由承保人自己擁有和控股保險公司）

Captive market 〔美〕（供貨者）壟斷市場

Captivity 在俘；囚禁

Captor 俘獲國；俘獲者；（海上）捕獲者

Captor ship 俘獲船

Captor state 俘獲國

Capture *v. & n.* I. 捕獲（因先佔野獸而取得所有權）；奪得（敵國財產）；拿捕；佔領；II. 拿捕；俘獲；捕獲物，戰利品

Capture at sea 海上拿捕

Capturing power 俘獲國；拿捕國

Capturing state 俘獲國；拿捕國

Car accident 汽車失事；車輛事故；車禍

Car licence tax (fee) 車輛執照稅

Car mile 車英里（載滿一車運行的英里數）

Car pool 〔美〕合夥用車

Car tax （機動）車輛稅

Car trust certificate 〔美〕鐵路車輛信托證書（指鐵路車輛或火車頭、機車附條件銷售或租賃的一種投資信托證書）

Car trust securities 〔美〕鐵路車輛信托債券

Carak 武裝商船

Carat 克拉（鑽石及其他寶石等重量單位）

Caravan 有蓬的車輛（可供人居住的旅行移動車）

Carbon copy 複本

Carcelage 監獄費

Carcer 〔美〕監獄；看守所（嚴格意義上講是拘留所而不是刑罰）

Card vote 憑卡投票（用於某些歐洲工會，卡上記明所代表的工人數）

Cardholder （工會）會員卡；持卡人

Card-indexes 記錄卡片；〔香港〕記錄卡片

Care *v. & n.* I. 注意；照顧；管理；II. 注意；管理；監護；看護；護理；照顧

CARE International 國際扶貧組織聯合會（"國際關懷"，於 2012 年由 14 個成員國組成在非洲等 84 個國家進行脫貧

工作）

Care of (c/o) 由…轉交

Care order 〔英〕監護令（由少年法院發出的缺乏良知照護兒童或青少年命令，1969 年）

Career ambassador 職業大使

Career candidate programme 〔領事〕職業外交候選人選拔規劃

Career consul 職業領事

Career consular officer 職業領事官員

Career criminals 職業罪犯

Career development 職業發展

Career diplomat 職業外交官

Career employee 〔領事〕職業僱員

Career minister 職業公使

Career mobility programme 〔領事〕職業工作調動規劃

Career patterns 〔領事〕職業工作模式

Career status 職業工作身份

Career-enhancing jobs 加強職業生涯的工作

Careless 粗心的；疏忽的；不注意的；不謹慎的

Careless driving 粗心駕駛；不小心駕駛（指駕駛員在路上開車時沒有小心和注意或沒有合理地考慮到其他人使用道路的路況）

Care-taker 暫時行使職權者；看守人；管理員

Care-taker cabinet 看守內閣；臨時內閣

Care-taker government 看守政府

Carey Act 〔美〕凱里荒地開墾條例（1877 年）

Carey Street 〔英〕（倫敦）凱利街（成為"破產"的同義詞）

Carga 〔西〕負擔；費用

Cargare 〔英古〕收費；要價

Cargo 貨物（指船、火車、貨車、飛機和其運載工具所運送的商品）

Cargo boat 貨船

Cargo capacity 載貨容積

Cargo Carrying capacity 載貨容積

Cargo damage 貨損

Cargo flows 貨物流量

Cargo freight 貨物運費

Cargo handling area 貨物裝卸區

Cargo handling basin 貨物裝卸場地

Cargo insurance 貨運保險；貨物運輸保險

Cargo insurance policy 貨運保險單

Cargo insurance rate 貨運保險費率

Cargo insurer 貨運承保人

Cargo line 貨運航線

Cargo liner 定期貨輪；貨運班輪；貨運班機

Cargo marine insurance 海上貨運保險

Cargo navicert 貨物航運執照

Cargo policy 貨物保險單

Cargo premium 貨運保險費

Cargo reservation 預定艙位；保留貨運權；貨運保留

Cargo ship safety equipment certificate 〔海法〕貨輪安全設備證書

Cargo ship safety radiotelephony certificate 〔海法〕貨輪無線電話安全證書

Cargo underwriter 貨運承包人

Cargo volumes 運貨量

C

Cargo-booking monopolies 約定貨載壟斷

Cargo-handling 貨物裝卸

Caribbean Association of Industry and Commerce 加勒比工商協會

Caribbean Basin Initiative 〔美〕加勒比地區倡議(指該地區輸美產品實行單方面自由貿易,免稅 20 年,並適當增加美國的直接貸款,旨在改善該地區因政治社會動亂而產生的嚴重經濟困難)

Caribbean Common Market 加勒比共同市場

Caribbean Community 加勒比共同體

Caribbean Community and Common Market (CARICOM) 加勒比共同體和共同市場(1973 年 4 月成立,為加勒比區域經濟合作組織)

Caribbean Community Secretariat (CARICOM) 加勒比共同體秘書處

Caribbean Conservation Association 加勒比環境保護協會

Caribbean Development and Cooperation Committee (CDCC) 加勒比發展與合作委員會

Caribbean Development Bank (CARIBANK, CDB) 加勒比開發銀行(成立於 1970 年)

Caribbean Free Trade Area 加勒比自由貿易區

Caribbean Free Trade Association (CARIFTA) 加勒比自由貿易協會

Caribbean Multi National Shipping Company 〔美〕加勒比多國海運公司

Caribbean Organisation 加勒比組織(即"經濟社會發展協會",成立於 1960 年,由美、英、法、荷等加勒比國家組成)

Caribbean/Latin American Action 〔美〕加勒比／拉丁美洲行動(旨在促進加勒比盆地諸國中貿易和投資,鼓勵各成員國實行民主公共政策等)

Carload 車載量

Carlsbad decrees 〔德〕卡爾斯巴德部長會議決議(1819 年)

Carmack Act 〔美〕卡馬克法(關於州際間承運商對損失或對商務財產傷害賠償責任規定)

Carnal 肉體的;肉欲的;性欲的;淫亂的;色情的;不道德的;下流的

Carnal abuse 猥褻行為;強姦未遂

Carnal intercourse 姦淫罪

Carnal knowledge 性交;姦淫

Carnet 〔法〕通關證;臨時過境證;貨物通行證(指免稅允許成員國間的貨物從一國出口到另一國再返回原產地國的國際海關證書)

Carolina (or constitutio carolina criminalis) 卡洛林法典(神聖羅馬帝國皇帝查理五世刑事審判法,1522 年)

Caroome 〔英〕馬車執照(倫敦市長頒發的駕駛馬車許可證)

Carpet bagger 〔美〕不屬本選區但想參加競選的人

Carrel (cartel, chartel) 交戰國間交換俘虜的協定;交換戰俘(或被俘獲船隻)協定;戰地協定;決鬥書;挑戰書;同業聯合;卡特爾("同業聯盟",各廠家聯合來統制生產、銷售和價格以壟斷特種工業品)

Carriage 四輪馬車;(客、貨)運輸;運費;貨運費;車馬費;(議會中提案)通過

Carriage by air 空運,航空運輸

Carriage by Air Acts (Application of Provisions) Order 〔香港〕空運法例(條款實施)法令(1967 年)

Carriage by land 陸運,陸路運輸

Carriage by rail 鐵路運輸

Carriage by sea 海運;海上運輸

Carriage contract 運輸契約;運輸合同

Carriage forward 運費由收貨人支付;運費到付

Carriage free 免付運費;運費由賣主付

Carriage insurance 馬車保險

Carriage of contraband 禁製品的運載;違禁品運輸

Carriage of goods 貨物運輸;運送貨物

Carriage of goods by air 空運貨物

Carriage of goods by land 陸地貨物運輸

Carriage of goods by sea 〔香港〕海運貨物

Carriage of Goods by Sea (Hong Kong) Order 海運貨物(香港)法令(1980 年)

Carriage of Goods by Sea Act (C.O.G.S.A.) 〔美〕海上貨物運輸法(1936 年);〔英〕海上貨物運輸條例(1924 年);海運貨物法例(1971 年)

Carriage of passengers by air 空運旅客;航空旅客運輸

Carriage of passengers by rail 鐵路旅客運輸

Carriage of passengers by road 公路旅客運輸

Carriage of passengers by sea 海運旅客;海上旅客運輸

Carriage paid 運費付訖(運費已付)

Carriage paid to (named place of destination) (CPT) 〔美〕(指定的目的地)運費已付

Carriage prepaid 〔美〕已預付運費

Carriageway 車行道;馬路

Carried forward 結轉;上期轉來;轉入次頁

Carrier 承運人;運輸行;運輸工具;保險業者

Carrier manifest 承運人艙單;載貨清單

Carrier MTO 聯運承運人

Carrier of passengers 旅客承運人;民航機

Carrier's liability insurance 承運人責任保險

Carrier's lien 承運人的留置權(指承運人有權留置待收貨人交付運費後放行所承運至目的地的貨物)

Carroll doctrine 〔美〕卡羅爾原則(關於廣播站競爭性執照原則)

Carrots and sticks 大棒加胡蘿蔔(美國慣用的政治、經濟和外交的手腕)

Carry v. 運載;運送;運輸;攜帶;轉移;轉達;獲勝(指選舉、競選);(議會提案)通過;〔英〕單獨承擔(困難的)重任;〔保〕帶有;持有;佔有

Carry an election 競選獲勝;選舉獲勝

Carry arms or weapons 〔美〕攜帶武器(指以備與他人衝突時進行攻擊或自衛之用,多數情況下為犯罪行為)

Carry away 運走;拿走;轉移財物所在地點

Carry costs (敗訴方)承擔訴訟費的裁決

Carry into effect 實施;付諸行動

Carry on trade or business 營業

Carry out a death sentence 執行死刑

Carry out international agreements in good faith 誠實地履行國際協定

Carry out investigation on the premises of a firm 〔世貿〕進行對企業現場調查

Carry out one's obligations 履行義務

Carry out reasonable spot checks 進行合理的現場檢查

Carry out the functions 履行職能

C

Carry out the functions of the WTO 履行世貿組織的職能

Carry over 將（賬目）結轉（次頁）；結轉庫存；滾存；轉入下期，轉歸後期（數）；延期；〔英〕（在交易所中）將…轉期交割

Carry stock 賒購（提供資金或信貸以供合意的一段時間內購買支付項下之用）

Carry-back 〔美〕向前結轉；移前扣減（指准許納稅人申請將一年的淨損從最近三年前稅收年度中扣減）

Carrying away 拿走（轉移財物所在的行為，構成盜竊罪的要件）

Carrying capacity 承載能力；載貨量

Carrying charge 附加費用（分期貸款加利息費用）；資產費用；股票經紀人收取的費用

Carrying concealed weapon 携帶隱藏武器罪

Carrying cost 儲存成本；（財產）保管費用

Carrying offensive weapons 携有攻擊性武器

Carry-over 遺留物；〔美〕向後結轉；移後扣減（指將一年的營業淨損轉入下一個選擇的稅收年度）；〔英〕延期（指完成股票買賣契約）

Cart bote 〔英古〕允許依法修繕農具的伐木權

Carta 〔英古〕特許狀；執照；契據；〔西〕書信；契據；委任狀

Carta de Foresta 〔英古〕森林法憲章（1217 年）

Carta Mercatoria 〔英古〕貿易特許狀（1303 年頒佈，給予外國商人免納市場稅等廣泛的貿易權利）

Cartage (ctg.) 卡車運輸；貨車運輸；運輸費；搬運費

Cartagena Agreement 卡塔赫納協定（安第斯共同市場的文件，簽訂於 1969 年）

Cartagena Group 卡塔赫納集團

Carte 〔法〕航海圖

Carte branche 〔法〕無限行動權；自由裁量權；空白委托書（簽有姓名空白票據紙可由代理人自行填寫）；全權信用券

Cartel 戰地協定；交換戰俘（或俘獲船售）協定；決鬥挑戰書；卡特爾；同業聯合；〔香港〕聯營機構卡特爾

Cartel ship 交換戰俘船

Cartelisation 卡特爾；組成卡特爾

Carting a jury 〔英古〕馬車上的陪審團

Cartulary 契據庫；契據集；契據登記簿

Cart-way （運貨）馬車道

Carucage 〔英古〕耕地税；地租（土地税）

Carucata (or carucate) 〔英古〕卡魯卡特（以一定數量的土地作為納税的標準）；一滿車貨；一犁地（指以一張犁就能夠在一年一天時間耕種的土地）；一百英畝年耕地

Cas de demandes 〔法〕指導性判例集

Cas de judgement 〔法〕指導性判例集

Cas fortuit 〔法〕〔保〕偶然情況；不可避免的事故

Cas royaux 〔法〕重罪案例（例如：大逆罪和煽動叛亂罪等）

Cascading 周轉作用（指間接稅）

Case 訴訟（為 "action"、"suit" 和 "cause" 等訴案的通用術語）；案件；案例；判例；（法庭上的）辯論；〔英〕事實陳述（就涉及交易事項的書面陳述以技術形式提交法庭或法官裁決）

Case agreed 合意的訴狀（當事者同意並由其他法院寫成的訴訟案的訴狀）

Case agreed on 合意案件（指法院依法按當事人雙方同意的事實陳述書不經審訊而可作出判決）

Case at bar 在審案件；審理中的案件；辯論中的案件；提出於法院的案件

Case at law 法律案件

Case cited （援引的）判例

Case for recovery of damages 請求賠償損害的訴訟

Case for the defendant 有利於被告的陳述

Case in chief 庭審中負有先舉證當事人的庭審案件

Case in international law 國際法判例

Case law 判例法

Case load （法庭等的）承辦案件數；工作量

Case made （=case reserved）保留案件（原、被告律師在法官監督下共同做出的關於本案事實的書面陳述，以便全體法官就事實的法律點作出判決）

Case of actual controversy 有實際爭議的案件

Case of adoption 收養案件

Case of dyke-breaking 決堤

Case of first impression 沒有判決先例可循的案件

Case of first instance 初審案件；一審案件

Case of injustice 冤案

Case of legal action 訴訟案件

Case of murder 謀殺案件

Case of necessity 必要情形

Case of personal procedure 人事訴訟案件

Case of private prosecution 自訴案件（指被害人或其法定代理人、近親屬直接向司法機關追訴被告的刑事案件）

Case of proclamations 〔英〕敕諭案件（1610 年英國國王濫用刑罰權時，大法官予以否認的案件）

Case of public prosecution 公訴案件

Case of special urgency 特別緊急情形

Case of treason 叛國案

Case of urgency 緊急情形

Case on appeal 待審的上訴案件

Case reserved 保留案件（原、被告律師在法官監督下共同做出的關於本案事實的書面陳述，以便全體法官就事實的法律點作出判決）

Case stated 案情陳述；判案要點陳述（指原、被告雙方同意的本案事實陳述書為下級法院所準備以供上級法院裁決之依據）；〔英〕律師向陪審團陳述的案件

Case stating system 判例制

Case study 案例研究；案情分析；專題研究

Case sufficient to go to a jury 足可提請陪審團裁定的案件

Case system 案例教學法（一種教育或學習法律學的方法）

Case without a jury 無陪審團參加而審判的案件

Casebook 判例集；判例教科書；警署案情記錄冊

Case-by-case analysis 逐案分析

Case-by-case interpretation 逐案解釋

Case-filing 立案（指司法機關對管轄範圍內發生的犯罪事件進行審查後決定對訟案進行偵查或審理的程序）

Case-lawyer 精通判例的律師

Case-method 判例教學法

Cases and controversies 〔美〕案例和爭議（美國憲法中的用語，明確而詳細觸及對抗利益的訴訟當事人諸方的法律關係）

Cases in international law 國際法判例

Caseworker 〔美〕社會工作者（一般指社會機構個案調查工作者）

Cash　*n. & v.* I. 現金；現款；即期；II. 兌現；變現

Cash account　現金賬戶

Cash against delivery　貨到付款

Cash against document　憑船運提單付款；憑證券付款；憑單據付現；交單付款

Cash allowance　現金補貼

Cash assistance programme　現金援助計劃

Cash at bank　銀行現存（金）；活期存款；銀行往來賬戶存款

Cash bail　〔美〕現金保釋金（刑事被告擔保應傳到庭而郵寄的保釋金）

Cash balance　現金結存；現金餘額

Cash basis　現收現付制；收付實現制

Cash basis accounting　收付實現制會計；現金收付會計

Cash basis of accounting　（現金）收付實現制

Cash basis reporting　收付實現制報告

Cash before delivery　交貨前付款；付款後交貨

Cash book　現金賬簿；現金出納賬簿

Cash breakeven point　現金收支平衡點

Cash budget　現金預算

Cash credit　現金透支額；現金貸方

Cash crop　經濟作物；商品作物（供銷售的農作物）

Cash cycle　現金循環；現金週期

Cash deposit　現金存款；保證金

Cash deposit as collateral　保證金；押金

Cash discount　現金折扣；提前償債折扣；付現折扣（指貨物在指定日期到達前，買方已付清貨款者可享受價格折扣優惠）

Cash dividend　現金股息；現金紅利

Cash down　即期付款；即付現金

Cash equivalent　等同財務現金；抵作庫存現金

Cash equivalent doctrine　（納稅人）現金等值原則；等同庫存現金原則

Cash flow　現金流量；現金收益；現金出納額；周轉及擴充用現金

Cash flow break-even　現金收益相抵

Cash flow from operations　公司現金正常運轉

Cash flow per common share　每普通股現金收益

Cash in　兌現；變賣；結算；賺到錢

Cash in deposit　銀行現金存款

Cash in hand　庫存金額

Cash in transit insurance　現金運輸保險（指一種包括現金在運轉過程中損失的保險）

Cash in vault　庫存現金

Cash loan　財政貸款；現金貸款

Cash management　現金管理

Cash margin　現金邊際；現金差價

Cash market　現貨市場；現金交易市場

Cash market value　公平市價；合理市價；現金價值

Cash note　〔英〕銀行兌換券；現金本票

Cash on delivery (C.O.D.)　貨到付款；現款交貨

Cash on delivery price (C.O.D. price)　貨到付款價格

Cash on the nail　現金；當即付款

Cash out　〔美〕賣斷（全部財產售以現金）

Cash outside banks　銀行外信用貨幣流通的現金

Cash payment　現金支付；交付現金；現付

Cash plan　銀行計劃

Cash pledge　押金

Cash position　現金頭寸；現金狀況；現金流量；流動資產

Cash price　現金付款價格；現貨價格

Cash receipt journal　現金商業收據特刊

Cash sale　現金買賣；現銷

Cash surrender value　解約退保金；退保現金現值；保險單的現金退保金額（指承保人要付給要保人死亡前廢約的保險金額）

Cash transaction　現金交易

Cash value　現金價值；〔保〕退保價值；解約金

Cash value option　〔保〕現值選擇權

Cash voucher　現金憑單；現金傳票

Cash with order (C.W.O.)　定貨付款；現金定貨

Cash-and-carry system　現購自運制；倉庫交貨價制度

Cashier　*v. & n.* I.（軍官）撤職；開除；解僱；II. 出納員；〔美〕司庫；出納主任（指銀行或信托公司內負責財物的高級職員）

Cashiered　被免職的；被除名的

Cashier's cheque (check)　銀行本票

Cashlite　罰金；罰款

Cassare　*v.* 撤銷；廢止；使無效；取消

Cassation　〔法〕廢除；撤銷；翻案；撤銷判決（指最高法院撤銷下級法院的判決）

Cast　*v.* 投票；解僱；辭退；使敗訴；拋棄；遺棄；投；拋；擲

Cast (obtain) recession to　主張（被承認）有不出庭的相當理由

Cast a ballot　投票

Cast a vote　投票

Cast away　拋棄；扔掉；（船舶）擱淺

Cast in a lawsuit　敗訴

Caste system　〔印〕種姓等級制度

Castigate　*v.* 懲罰；鞭打；申訴

Castigator　懲戒者

Castigatory　*n. & a.* I. 浸刑椅（懲罰潑婦的刑具）；II. 懲戒性的

Casting Industry Suppliers Association　鋼鐵工業協會

Casting vote　決定性投票（贊成票數和反對票數相等時議長或主持會議者所投的決定性一票）

Castle doctrine　城堡主義（住家不受侵擾原則）

Castle guard　〔封〕城堡護衛

Castleguard rents　〔英古〕城堡護衛租（由居住在城堡附近居民繳納）

Castle-ward　〔封〕城堡護衛

Castration　閹割；〔中〕宮刑（封建社會五種刑罰之一）

Casual　不定期的；臨時的；偶然的；碰巧的；非正式的；無規律的；不可預見的；不確定的；無策劃的

Casual bettor　偶而的打賭者（依美國法不為罪）

Casual conditions　偶然性條件

Casual deficiency of revenue　資金意外虧絀

Casual deficit　〔美〕臨時赤字

Casual ejector　名義上的不動產侵佔者（指舊時在收回承租地的訴訟中擬制的被告 "Richard Roe" 的別名）

Casual employment　臨時僱傭

Casual labourer　臨時工

Casual overtime　臨時加班

Casual poor　〔英〕接受不定期救濟金者

C

Casual revenue 臨時收入

Casual sale 不定期銷售;非常規銷售;臨時銷售

Casual vacancy 臨時空缺

Casual ward 〔英〕(濟貧院)臨時收容所

Casual worker 臨時工;散工

Casualties 死傷;傷亡人員 (包括被俘、失踪患病等人員)

Casualty 意外事故;嚴重傷亡事故;突發性災難 (例如,火災、船難和雷擊等)

Casualty insurance 災害保險;意外事故保險

Casualty loss 意外損失 (指因水、火、風災及機動車事故等造成的意外損失,納稅人可據此申報減免稅)

Cat 九尾刑鞭 (帶有九條皮條的刑鞭)

Cat burglar 慣從屋頂侵入的竊賊

Catalogue 目錄;商品目錄;〔美〕學校章程

Catalogue of Books on Law in China 《中國法律圖書目錄》

Catastrophe 嚴重災難 (指自然災害);完全失敗;毀滅性破壞

Catch all in a drag net 一網打盡

Catch quota 打漁配額;捕魚配額

Catch time charter 計時租賃合同 (事實上租用已按定期賠償付款規定的船隻)

Catch-all 一攬子條款;包羅條款 (關於違章案件的處理規定的)

Catchall exceptions 一攬子免責 (條款)

Catching bargain 詐騙協議 (以不公平價格購買他人期待繼承的遺產契約,常使年青、無經驗或無知者受騙上當)

Catchings 〔美〕捕獲物 (例如,捕獲的魚蝦等)

Catching-up 追上;彌補

Catchland 〔英〕攫取之地 (指諾福克郡土地教堂牧師首先攫取該郡土地並享受第一年的什一稅)

Catchpoll 〔英〕法庭副執達吏;法警

Catch-up demand 彌補需求

Categories of activities 〔世貿〕活動種類 (指包括執行《烏拉圭回合》結果、監督活動和爭端解決等等)

Categories of trade in service 服務貿易的種類

Cater cousin 遠房兄弟;遠親

Catering services 〔航空〕向空運旅客供應食品的服務

Cathedral n. & a. I. 教會用地;〔宗〕總教堂;大教堂;II. 權威(的) (指關貿總協定權威,更確切的應稱為 "多邊農業框架",由主要的農業貿易集團美、澳、印、日、加、巴西、歐洲共同市場和新西蘭組成,並定期討論國內農業的國際貿易政策)

Catholic creditor 〔蘇格蘭〕擔保債權人 (以債務人財產全部或一部作為債權擔保債權人)

Catholic emancipation 〔英〕天主教徒解放運動 (1829 年賦予天主教徒民權和政治上的權利)

Catholic Emancipation Act 〔英〕天主教解放條例 (1829 年)

Catomite 雞姦兒童

Cats and dogs 〔美俚〕劣等次有價證券;高度投機性的證券

Cattle 牛;牲口;家畜

Cattle epidemic insurance 家畜傳染病保險

Cattle gate 〔英古〕放牧權

Cattle insurance 家畜保險

Cattle rustling 〔美〕盜牛;偷盜牲畜

Cattle trespass 家畜侵入土地;家畜侵害土地訴訟

Cattle War 〔關貿〕牛肉戰 (指 1973 年,加拿大為保護本國牛肉市場而對美國牛肉進口施加限制的爭端)

Caucasian a. & n. I. 白種人的;II. 白種人

Caucus 〔美〕(政黨推舉代表、提名候選人) 會議;決策委員會;〔英〕地方政黨組織

Caucus convener 〔台灣〕黨團召集人

Caught in the act 當場捉住

Caupones 小旅館老闆

Causae majores 〔德古〕大案件 (重罪)

Causae minores 〔德古〕小案件 (輕罪)

Causal link 因果關係

Causal relation 因果關係

Causal relationship 因果關係

Causality 因果律;因果關係

Causality of crime 犯罪的因果關係

Causation 起因;原因;因果關係;因果律 (指犯罪行為與犯罪結果間合乎規律的關係是確定罪責的要件之一)

Causator 訴訟當事人;參與原告 (或被告) 訴訟者;〔歐古〕幫訴者 (為他人爭訟者)

Cause n. & v. I. 訴訟;案件;訴因;訴訟事由;原因;起因;II. 引致;導致;造成;使發生;使遭受;迫使

Cause a person's injury or disability 致人傷殘

Cause a serious injury to a home industry 〔世貿〕對一國內產業造成嚴重損害 (指傾銷而言)

Cause a significant delay 造成嚴重拖延

Cause and effect 因果 (原因和結果)

Cause cebebre 〔法〕著名案件 (轟動一時的重大刑事或民事案件);判例彙編 (指包含 17-18 世紀法國法院重大判決錄)

Cause in fact 肇事原因;事實上的原因

Cause injury within the meaning of this Agreement 〔世貿〕造成屬本協定範圍內的損害

Cause irreparable harm 造成不可彌補的損害

Cause list(s) 案件目錄;案件審判日程表 (按登記順序審判)

Cause of action 案由;訴因;訴訟原因 (訴權由以發生的事實);訴訟理由;訴權

Cause of bankruptcy 破產原因

Cause of criminality 犯罪原因

Cause of death 致死原因;死因

Cause of injury 傷害原因

Cause of invalidity 無效原因

Cause of liberalisation 自由化的事業

Cause of material injury 重大損害的原因

Cause of registration 登記原因

Cause or threat to cause serious injury to the domestic industry 〔世貿〕造成對國內產業嚴重損害或嚴重損害威脅 (指對同類或直接競爭產品的產業)

Cause patent 理由公開的;理由簡單的;原因明白的

Cause serious damage or actual threat thereof 〔世貿〕造成嚴重損害或嚴重損害的實際威脅 (指大量紡織品和服裝進口對進口國國內同類產業造成的影響)

Cause serious injury (disability, death) 致人重傷 (殘廢、死亡)

Cause significant diversions of trade into its market 造成進入市場的重大貿易轉移

Cause suit to be brought 〔美〕開始

Cause to be made 扣押和拍賣債務人的動產以清償其判決債務的令狀

C

Cause trade-restrictive and distorting effects 產生貿易限制和扭曲作用

Cause unnecessary inconvenience to the applicants 給申請人造成不必要的麻煩

Causes celebres 〔法〕著名判例集（包括 17−18 世紀法國法院重大判決錄）

Causeway （穿越濕地或水面的）堤道；（高於路面的）人行道；公路

Caution *n. & v.* I. 警告，告示（聲明不動產登記處在未通知聲明人前不得擅自處理不動產）；預告（土地利害關係人向登記官業提出的）；告誡（意指刑事被告陳述前，法官提醒告其所作的陳述可能被作為不利於他的證據）；〔蘇格蘭〕保證；擔保；II. 危險通知；〔英〕警告；告誡；提醒（拘捕犯人時告以所作的任何供述都將作為他的證供作呈堂之用）

Cautionary 警戒的；警告的；擔保的；抵押的

Cautionary instruction 〔美〕（法官對陪審團）告誡性指示

Cautionary money 〔英〕（法學協會入會）保證金

Cautionary obligation 擔保債務；〔蘇格蘭〕擔保義務（指承擔他人違約時擔保償還其債務的附帶義務，相當於英國法律的 "suretyship"）

Cautionary town 抵押城市（成為外債抵押品時徵稅權就在外國人手中）

Cautioned statement 警告後錄得供詞（指犯罪案件關係人或嫌疑人經警察提醒其無義務要回答詢問後錄得自願提供案情的陳述書）

Cautious 細心的；慎重的；謹慎的

Cavalier parliament 〔英〕騎士國會（又稱"王黨國會"，指英國國王查理二世自 1661 年 5 月至 1679 年的第一國會）

Caveat against arrest 中止扣押財產的申請

Caveat against release and payment 中止解除財產的扣押並付給所售賣財產應得款項的申請

Caveat to will 反對在公開法庭出示和檢驗遺囑的請求（一種對所稱遺囑有效性的攻擊）

Cavers 〔英〕偷盜鐵礦石的人；（德文郡）鐵礦官員

Cayage 停泊費；碼頭費

Cayagium 〔英古〕停泊費；碼頭裝卸費

Ocup 〔奧〕交易；買賣，出售；動產；家畜，侍售物；出賣物

Ceapgild 付款抑或沒收牲畜（古代的沒收方式）

Cease *v.* 停止；終止；中止

Cease and desist order 〔美〕禁止令（指行政機關或法院命令某人或商號禁止繼續進行錯貼商標廣告的誤導行為）

Cease fire 停火

Cease fire agreement 停火協定

Cease fire arrangement 停火安排

Cease fire line 停火線

Cease fire order 停火命令

Cease fire resolution 停火決議

Cease to be effective 停止生效

Cease to be in force 失效；停止實行

Cease to discharge one's functions 〔領事〕終止履行…職務

Cease to have effect 停止生效

Cease to run 中止生效

Ceasing to be a member 退出（一組織）

Cede *v.* 放棄；讓與；割讓（指一國政府將其領土割讓給另一國政府）；〔保〕分保，再保

Cede territory 割地

Ceded company 再保公司

Ceded state 受讓國

Ceded territory 被割讓領土

Cedent 讓與人；轉讓人；〔保〕（分保）分出人；分出公司

Ceding company 分保公司

Ceding state 割讓國

Cedo 〔墨〕我轉讓（轉讓土地所有權）

Cedula 〔西〕承認債務證書（債務人簽字承認欠債金額並允在指定日期或按要求清償其債務的行為）；出庭通知；傳票（指張貼在逃犯家門上令其出庭應訊的通知或傳票）；（破產訴訟的）資產債務清單；〔英古〕（議會制定法及其他文件的）附則；附件；計劃表

Cedule 〔法〕借據；傳票；所得稅稅表

Ceiling （規定價格、工資等的）最高限度；最高限額；最高限價

Ceiling binding 最高的約束

Ceiling price 最高限價

Celation 隱瞞懷孕；隱瞞分娩

Celebrate a marriage 慶祝婚禮（通常適用於宗教儀式的婚禮。例如，教堂結婚紀念式 church wedding）

Celebration of marriage 結婚典禮；結婚儀式

Celestial bodies 天體

Celibacy 未婚狀態；獨身生活（指宣誓永不結婚）

Cell 單人牢房

Cell block 監獄分區

Celler-Kefauver Antimerger Act 〔美〕塞勒−凱弗維爾反合併法（1950 年）

Celtic law 凱爾特族法律（凱爾特人法）

Cemetery 公墓；墓地

Censo 〔西、墨〕年租；地租；年金享受權

Censo al quitar 〔西〕可贖回的年金享受權

Censo consignativo 〔西〕收到的年金款項

Censo enfiteutico 〔西〕永久性年金

Censo reservativo 〔墨、西〕牛產享受權

Censor （新聞，電影，書刊等）審查員；國際調查官；（古羅馬調查戶口、檢查社會風紀等的）監察官；〔軍〕審查官（審查戰士信件並刪除可能危害安全等內容）

Censorial 監察官的；審查員的；檢查員的

Censorial jurisprudence 批判法學

Censorship 審查（指對有傷風化的新聞、電影等發行和生產製作的審查制度）；保密檢查；〔羅馬法〕檢察官職位

Censorship of press 出版物的審查；新聞審查

Censure *v. & n.* I. 指責；譴責；II. 〔英〕訓戒（達文和康沃爾郡內一些地區 16 歲以上的人都要被傳喚向領主作效忠宣誓並交人頭稅的一種風俗）；譴責

Census 人口普查；人口調查；〔羅馬法〕人口統計；人口登記；財產狀況；〔歐洲〕租稅，貢稅；捐稅；通行稅

Census and Statics Department 〔香港〕統計處

Census Bureau 人口普查局；〔美〕人口統計局（每十年進行一次）

Census data 人口調查資料

Census of population 人口統計

Census officer 戶籍官員；人口調查官員

Census police 戶籍警

Census record 戶口清冊

Census registration　戶籍；人口普查登記

Census registration office　戶籍所；戶籍辦公室

Census taking　（國家）人口普查；人口調查

Census tract　戶口區；普查地段

Census-paper　人口調查表；戶口調查表

Census-register　人口登記簿；人口普查簿

Cent　分

Centime　〔法〕生丁（百份之一法郎）

Central administration　中央行政

Central African Customs and Economic Union　〔美〕中非關稅和經濟同盟（成立於 1964 年 12 月 8 日，為中部非洲國家間經濟合作組織）

Central African Monetary Union　中非貨幣同盟

Central American Bank of Economic Integration (CBEI)　〔美〕中美洲經濟一體化銀行（1961 年）

Central American Clearing House　中美洲清算所

Central American Common Market (CACM)　〔美〕中美洲共同市場（1960 年 12 月 13 日訂立，1961 年 6 月 3 日生效，為中美洲國家組織，致力於經濟上協調成員國之間的貨幣政策、財政政策和貿易政策）

Central American Court of Justice　中美洲法院（指哥斯達黎加等中美洲五國於 1907 年在華盛頓締約成立，1918 年撤銷）

Central American Division　〔基金〕中美洲處

Central American Economic and Social Community (CESCA)　中美洲經濟與社會共同體

Central American Economic Council (CAEC)　中美洲經濟理事會

Central American exception clause　中美洲例外條款

Central American Free Trade Area　〔美〕中美洲自由貿易區

Central American Fund for Economic Integration (CAFEI)　中美洲經濟一體化基金會

Central American Fund for Social Development (CAFSD)　中美洲社會發展基金會

Central American Monetary Council　中美洲貨幣理事會

Central American Monetary Stabilisation Fund (CAMSF)　中美洲貨幣穩定基金會

Central American Monetary Union　中美洲貨幣聯盟

Central American public law　中美洲公法

Central Arbitration Committee　〔英〕中央仲裁委員會（1975 年）

Central area　中心區

Central authorities　中央機關

Central authority　中央政權；中央機關

Central bank　中央銀行（簡稱"央行"）

Central bank credit control　中央銀行信用管制

Central bank money　中央銀行貨幣

Central Bank of West African States (CBWAS)　西非國家中央銀行

Central Banking Department　〔基金〕中央銀行業務部

Central bureau of statistics　中央統計局

Central criminal court　〔英〕中央刑事法院（管轄倫敦、根德郡和米德塞克斯郡等地方的重大刑事案件和以前在海事法院管轄權限內的重罪案件）

Central European Division　〔基金〕中歐處

Central exchange rate　〔基金〕中心匯率（指國際貨幣基金組織成員國所規定的各有關國家貨幣對美元的匯率，據以計算對其他貨幣的匯率）

Central government　中央政府

Central government standardising bodies　〔世貿〕中央政府標準化機構（指世貿組織各成員國應採取適當措施保證其境內的地方政府機構、非政府機構和非政府機構在擬訂、通過和適用技術規章應履行中央政府的義務）

Central institution for international trade cooperation in the world　〔世貿〕全球性國際貿易合作中心機構（指世貿組織在當今國際貿易中的地位）

Central institution of international monetary system　〔基金〕國際貨幣制度的中央機構（指 IMF 是國際金融機構的決策機構）

Central Intelligence Agency (CIA)　〔美〕中央情報局

Central Military Commission of the C.P.C　中共中央軍事委員會

Central moments around the mean　圍繞平均值的中心要素

Central Office　〔英〕（最高法院）中央辦公廳（成立於 1879 年）

Central Office of the Supreme Court　〔中、英〕最高法院中央辦公廳

Central People's Government　〔中〕中央人民政府

Central planning　集中計劃（指經濟計劃由中央政府制訂的國家）

Central planning of an economy　中央計劃經濟

Central police　中央警察

Central Policy Unit　〔香港〕中央政策組

Central Product Classification　〔聯〕中心產品分類

Central role　主要作用

Central tax-jurisdiction　中央課稅權範圍

Central tender board　投標總局

Central treasury　中央金庫

Central Treaty Organisation　中央條約組織

Centralism　中央集權制；集中制；集中主義

Centralist　中央集權主義者；集中制擁護者

Centralisation　集權；中央集權（指權力集中於中央組織或政府）

Centralisation of authority　中央集權

Centralisation of power　集權

Centralisation of state power　集權（國家權力集中於中央）

Centralise　*v.* 把（權力）集中於中央機構；使（國家等）實行中央集權制

Centralised bureaucracy　中央集權的官僚制度

Centralised cooperative association　統一產業協會

Centralised feudal monarchy　中央集權的封建君主制

Centralised government　集權制政府；中央集權制政府

Centralised management　集中管理（指公司日常業務不是由股東而是由其任命的職員管理）

Centralised payment　集中支付

Centrally planned economy　中央計劃經濟（主要指社會主義國家由中央政府指令性的經濟運行模式）

Centre　中心

Centre for Advanced Legal Training　〔美〕（加州）高級法官培訓中心

Centre for Economic and Social Study of the Third World　第三世界經濟社會研究中心

Centre for Industrial Development (CID)　工業發展中心（歐共體的）

Centre for Latin American Monetary Studies (CEMLA)　拉丁美洲貨幣研究中心

Centre for Research on the New International Economic Order　國際經濟新秩序研究中心（成立於 1979 年）

Centre for Shipping Information and Advisory Services　（亞太經社會）航運情報與諮詢服務中心

Centre of Concern　關注中心（設於美國緬因州，一個非營利機構，主要給居住在美國緬因州個別老年人提供撫養服務）

Centre of gravity　重心；重點

Centre of gravity doctrine　最密切聯繫原則（指解決法律抵觸問題以選擇適用最重要關係或以與事件或與當事人最密切聯繫的訴訟或系爭問題的管轄權為原則）

Centre of Integrated Rural Development for Asia and the Pacific　亞洲太平洋農村發展綜合中心

Centre of production　生產中心

Centrepiece of trade policy　貿易政策的重點

Century　百年；世紀；〔羅馬法〕選民單位；（古羅馬軍團中）的百人隊；百人團

Ceorl　〔撒〕自由民階級（個人自由，但不擁有土地）

Cerebral concussion　腦震盪

Ceremonial act　禮節使用；禮節行為

Ceremonial envoy　禮節使節

Ceremonial honour　禮節榮譽

Ceremonial mission　禮節使團

Ceremonial precedence　禮節上優先權

Ceremonial usage　禮節上的慣例

Ceremony　禮節；禮儀；儀式；典禮

Cert money　〔英〕人頭稅（莊園居民每年向幾個莊園領主繳納金錢，以為莊園刑事法院的費用）

Certain　確定的；確信的；確鑿的；無疑的；可靠的

Certain acts　特定行為

Certain enterprises　特定企業

Certain measurement　〔關貿〕特定措施（指某些成員國為避免受總協定有關法律規則約束而採取的那些保護國內生產者的保障措施）

Certainty　確定；無疑；肯定；特定申述；明確申述；〔保〕一定性

Certainty of law　法律的確定性

Certifiable　可證明的

Certificate　證明書；執照；證券；單據；憑單；（公債）國庫債券；法院通知（指發給其他法院、法官或職位官員）

Certificate de coutume　〔法〕持有外國律師頒發的證明書

Certificate for costs　〔英〕訴訟費用證明書

Certificate for export　出口檢驗證書；出口合格證

Certificate for meritorious service　立功獎狀

Certificate in Management Accounting (CMA)　〔美〕管理會計考試合格證書

Certificate into chancery　〔英〕普通法院法官就法律問題提請衡平法院裁決的意見書

Certificate lands　〔美〕購買土地憑證（指南北戰爭時參戰的戰士可憑證購買維珍尼亞西部一片土地）

Certificate of a dead foetus　死胎證書

Certificate of acknowledgment　〔美〕確認書；公證書（由公證員、太平紳士或授權的官員在當事人面前對契據等證件加以公證）

Certificate of amendment　〔美〕修訂章程申請書（指州法人組織向州務卿提出申請以修訂其組織的條款、章程或協議）

Certificate of analysis　化驗單；化驗證書

Certificate of appointment　委任書；委任狀

Certificate of appointment of consul　領事委任書；領事委任狀

Certificate of assize　〔英古〕（巡迴法院）複審案件令狀

Certificate of auditing　審計證明書

Certificate of authentication　認證證書

Certificate of authorisation　授權書；核准證書

Certificate of authority　〔美〕執照；許可證；營業執照（外國公司經向州務卿申請批准准予該公司在該州內的商業經營權）

Certificate of authority for collection of mail　收信權證明書

Certificate of average　海損理算書

Certificate of beneficial interest　受益證書；領取股利證書

Certificate of birth　出生證明書

Certificate of breakage　貨物損毀證書

Certificate of cause of death　死因證明書

Certificate of citizenship　公民證書；入籍證

Certificate of clearance　船舶啟航許可證；結關單；記錄清白證明書；手續完備證書

Certificate of competence　資格證書；合格執照

Certificate of competency　合格證書；〔美〕資格執照（小企業管理局要求出示履行特定的政府採購合同的證明）

Certificate of Competency as Master　合格船長執照（航行外國的船舶的），船長合格證書

Certificate of Competency in First Aid　急救合格證書；救傷執照

Certificate of completion of sentence and release　刑滿釋放證書

Certificate of compliance　合格證書

Certificate of conformity　合格證；〔英〕破產證明書（現代之以 "An order of discharge"）

Certificate of Contested Validity　〔香港〕經爭論有效證書（指法院發給專利權訴訟的勝訴方的證書）

Certificate of convenience and necessity　〔美〕公共事業運輸公司經營執照

Certificate of Coroner　驗屍官證書；死因裁判官證書

Certificate of costs　訴訟費證明書

Certificate of damage　殘損證明書

Certificate of death　死亡證明書

Certificate of deduction of income tax　扣除所得稅證書

Certificate of delivery　送達證書；交貨證明書

Certificate of deposit (C.D.)　存單；存款單；存款證書；〔香港〕存款證

Certificate of deposit of ratification　交存批准證書

Certificate of derivative citizenship　〔美〕派生公民證書

Certificate of diagnosis　（醫生）診斷證書

Certificate of disability　殘廢證

Certificate of discharge　（船員）解僱證明書

Certificate of election　〔美〕當選證書

Certificate of emphyteusis of ground　永久租地證書

Certificate of entry　入會證書；出入證

Certificate of establishment　設立許可證

Certificate of exchange of ratifications　交換批准證書

Certificate of exports subsidy system　出口津貼證明書制度

Certificate of fitness　健康證明書；機器合格證

Certificate of foreign insurance　外地保險證書

Certificate of Foreign Office　外交部證書

Certificate of good conduct　〔美〕品行良好證明

Certificate of goods in warehouse　倉庫貨物寄存證

Certificate of graduation　畢業證書；畢業證明

Certificate of holder of attached property　被扣押財產佔有人的證明書

Certificate of honour　榮譽證書

Certificate of hull and machinery　船級證書

Certificate of identification　身份證；鑒定證書

Certificate of identity　身份證明書

Certificate of import licence　進口許可證

Certificate of Incorporation　公司註冊證書；公司章程；〔英〕公司登記執照

Certificate of indebtedness　債務憑證；借款憑證；借據；政府債券；國庫券；公債券

Certificate of inheritance　繼承權證明書

Certificate of inspection　檢驗證書

Certificate of inspection during construction　視察工程證明書

Certificate of insurance　保險憑證；保險證書

Certificate of interest　（石油和天然氣部份）權益憑證

Certificate of invention　發明證書

Certificate of itinerary　航程證明書

Certificate of job qualification　職務證書

Certificate of kinship　親屬關係證明書

Certificate of load line　（船舶）吃水線證明書

Certificate of manufacture　製造證明書

Certificate of Marriage　結婚證書

Certificate of master　〔英〕主事官證明書（指衡平法院主事官關於訟案調查結果情況的書面報告）

Certificate of membership　會員資格證書

Certificate of merit　獎狀；立功獎狀

Certificate of mortgage of ship　船舶抵押證書

Certificate of Nationality　船舶國籍證書

Certificate of naturalisation　入籍證明書；歸化證書

Certificate of need　〔美〕保健服務證書（應向政府有關部門申請頒發）

Certificate of No Impediment　〔新〕無婚姻障礙證明書

Certificate of non-appearance　不到庭證明書

Certificate of occupancy　〔美〕佔有證明書（指佔居房屋之前須報當地政府機關審批，並經檢查後才能入住）

Certificate of organisation　創立證書

Certificate of origin　原產地證明書；產地證明書（通常由裝船港的領事館簽發，證明貨物由其原產地裝運上船）

Certificate of origin and intent　來源與意向證書

Certificate of origin and interest　來源與關係證書

Certificate of partiality　〔英〕國民身份證明書（由王國政府駐外機關代表或由內政部頒發）

Certificate of participation　出資證明；參股證書；〔保〕投保證書

Certificate of particulars of motor vehicle　機動車輛記錄證明書

Certificate of patent　特許證書；專利證書

Certificate of possession of land　土地所有權證明書

Certificate of posting　投寄證明書；郵遞證明書

Certificate of protest　拒付證書

Certificate of public convenience and necessity　〔美〕公共事業及運輸公司經營權執照

Certificate of purchase　購買證

Certificate of quality　質量證書；貨物品質證明書

Certificate of quantity　貨物數量證書

Certificate of redemption　贖回財產證書（指通過在法官判決的拍賣會上，業主買回所丟失的財物）

Certificate of re-export　轉口證明書

Certificate of registration　登記證書；註冊證書

Certificate of registration of design　設計註冊證書

Certificate of registry　（船舶）登記證書；註冊證書

Certificate of registry of ship　船舶登記證書

Certificate of relationship　親屬關係證明書

Certificate of residence　居所證書；居所證件

Certificate of sale　購買證書（指法官判決的司法拍賣）

Certificate of Search　調查證明書；〔新〕查無婚姻登記證明書（必須持此證書方可申請批准結婚）

Certificate of seaworthiness　適航證書

Certificate of service　送達證明書；服務證書

Certificate of share　股票；股權證明（指一種擁有公司指定的股權數目的文據）

Certificate of ship's nationality　船舶國籍證書；船籍證書

Certificate of ship's valuation　船舶估價單

Certificate of shipment　裝運證明書（裝載貨物證明書）

Certificate of soundness　合格證書

Certificate of stock　股票；股權證明（指一種擁有公司指定的股權數目的文據）

Certificate of survey　船舶檢定證書

Certificate of tax-paying　納稅證明書

Certificate of the only child　〔中〕獨生子女證書

Certificate of title　所有權證明書；所有權憑證；產權證書（指由保險公司專家鑒定後出具的不動產產權完好的證書）

Certificate of title to shares　股票所有權證明書

Certificate of transfer　讓與書

Certificate of vaccination　預防接種證書（防疫注射證）

Certificate of validity　有效證明書

Certificate of value　價值證明書

Certificate of vessel registration　船舶登記證書

Certificate of weight　重量證明書

Certificate on hold　船舶檢驗證書

Certificate to practice　執業證書

Certificate with licence　附有執照證明書

Certification　證明；業經證明的陳述；指定；選派（指出任作為勞資談判小組僱員代表）；〔蘇格蘭〕通知；認證；〔英〕複審令狀（廢止）

Certification and approval procedures　認證和認可程序；認證和批准程序

Certification and authentication　證明和認證

Certification charge　證明費

Certification fee　認證費

Certification mark 證明標誌;證明商標

Certification of a seal-impression 印鑑證明書

Certification of assize 〔英〕重審令狀;複審令狀

Certification of cheques (checks) 支票保付證明書

Certification of emphyteusis of ground 永久借地證書

Certification of fitness 質量合格證

Certification of labour union 工會談判代理權證書

Certification of questions of law 〔美〕法律問題的確認

Certification of record on appeal 〔美〕上訴複審案件記錄簽認書(由承審法官簽發)

Certification of service 服務證明書;送達證明書

Certification of services suppliers 服務提供者證書;勞務供應商證書

Certification of the registration of design 設計註冊證書

Certification of transfer 股票過戶證明

Certification procedures 認證程序

Certification to Federal Court 〔美〕提請聯邦法院確認(指將案件從上訴法院移送最高法院審理的方法)

Certification to state court 〔美〕提請州最高法院裁定

Certification trademark 證明商標

Certified 被證明了的;業已證明的;持有證明書的

Certified accountant 職業會計師;註冊會計師

Certified carriers 〔美〕特許承運人(指持有州政府發的可使用高速公路的證明書)

Certified cheque (check) 保付支票

Certified copy 證明無誤副本;認證抄本;核正副本(經認證的繕本)

Certified (as) correct 證明為正確無誤;證明無誤

Certified mail 〔美〕經證明的郵件(指保證寄到但無金錢保險的信件)

Certified Management Accountant (CMA) 〔美〕執業管理會計師

Certified manifest (經領事)簽證的船單

Certified public accountant (CPA) 〔美〕特許執業會計師;註冊執業會計師

Certified public auditor 註冊審計員

Certified question 經證明的問題

Certified signature 經驗證的簽名

Certified statement of weight 重量證明書

Certified true copy 經證明無誤的副本

Certified under the hand of ... 經…簽名證明

Certifier 證明者

Certify *v.* 認證;證實;證明(以書面證明某物屬實);〔美〕(銀行)擔保支付

Cesionario 〔西〕受讓人;受托人;被指定人

Cess *n. & v.* I.〔蘇格蘭〕土地稅;〔愛爾蘭〕徵收軍糧;〔英〕地方稅;II.〔英古〕停止;中斷;終止;結束;確定;失敗

Cessation 停止;中止;中斷

Cessation of arms 停戰

Cessation of fire 停火

Cessation of hostilities 停戰(停止的戰爭);敵對行動的停止

Cessation of work 停工;停止工作

Cesser 懈怠;不作為;年金的終止期;〔英〕(滯納地租而被收回土地的)承租人;〔法〕(期限、責任等的)中止;終結

Cesser clause 責任終止條款(指船貨一運到,租船人的責任即行終止)

Cesser of liability clause 租船契約解除責任條款

Cessio of obligation 債權讓與

Cessio of territoty 領土割讓

Cession 割讓;放棄;轉讓;放棄財產或權利;〔際〕(領土的)割讓;〔宗〕放棄薪俸;〔保〕分保

Cession des biens 〔法〕財產轉讓(指破產債務者將其全部財產自願或被迫讓與債權人以抵償其債務)

Cession in lease 租借割讓

Cession legis 法定讓與

Cession of goods 交出財產;讓與財產(指債務人交出其全部財產給債權人以清償債務)

Cession of territory 領土割讓

Cession of the administration 行政割讓

Cessionary (財產權利等的)受讓人

Cessionary bankrupt 財產讓與人(指把自己的不動產讓與債權人的破產人)

Cessionary state 割讓國

Cestui que trust 〔法〕信托受益人;信托財產受益人;〔香港〕受益人

Cestui que use 〔法〕保有不動產受益人

Cestui que vie 〔法〕投保人(指以人的壽命來計算信托、贈與、不動產物權或保險合同期限長短);終生受益人(指土地、房產保有物或可繼承的財產)

Ceyer 拍賣人;叫賣人

Chafe 〔海法〕擦傷

Chafewax (chaffwax) 〔英〕(衡平法院)臘印官(職責為臘印加封令狀、委任狀及其他簽發的文件,已於1852年廢止)

Chaffers 貨物;商品;物品;器皿

Chaffery 貿易;交易;買賣行為

Chain 測鏈(用66英尺的鏈製成的陸地測量器,一百鏈或四竿);〔複〕枷鎖;鐐銬;囚禁

Chain conspiracy 連串同謀;連鎖共謀

Chain discount 褲環折扣

Chain gang 連鎖囚犯(指用鏈拴在一起的囚犯隊)

Chain of causation 事故鏈;因果鏈(指連鎖之因果關係鏈)

Chain of custody 〔美〕物證的連續保管(指審理毒品案件而言)

Chain of possession 佔有的連續

Chain of representation 連續代表(遺囑執行人連鎖性代表關係)

Chain of title 產權的連續;產權鏈(指特定的一塊土地被安排連續地從政府等手中轉讓給現在的所有人)

Chain stores 聯號;連鎖店

Chain system of import and export 進出口連鎖制(指外向性的"加工貿易"政策)

Chain-certificate method 〔美〕外國官方記錄認證法

Chains and links 鏈和令;測鏈(用以測量土地的,一鏈等於66英尺或為100令)

Chains of evidence 證據鏈(連串的證據)

Chair *v. & n.* I. 主持會議;擔任主席;II. 教授職位(大學的);(會議主席)座位

Chairman 主席;議長;會長;董事長;〔中〕委員長

Chairman of Committees of the Whole house 〔英〕議會全院委員會主席(下院議員中當選主持每屆新議會會議)

Chairman of prefectural assembly 地區議會主席;州(縣)

議會主席

Chairman of the board 董事長；董事會主席

Chairman of the Executive Board 〔基金〕執行董事會主席

Chairman of the informal meetings of the heads of delegation 〔世貿〕代表團團長非正式會議主席（指 1996 年 12 月在新加坡召開世貿組織成員方部長會議上，世貿總幹事亦兼任會議主席）

Chairman of the Trade Negotiations Committee 〔關貿〕貿易談判委員會主席（指在烏拉圭回合最後一輪的談判中由關貿總幹事出任會議主席，總攬會議全域，對會議的成功起了很重要的作用）

Chairman of the tribunal 法庭庭長

Chairman of Ways and Means 〔英〕賦稅委員會主席

Chairman's ruling 主席的裁決（指 1948 年夏天，關貿總協定就古巴徵收荷蘭領事稅問題在爭端解決機構第二次會議上間接地提出，會議主席認為古巴徵收其出口產品的領事稅不屬 "歧視性" 待遇，並對此作出否定的裁決，認為古巴的做法 "適用最惠國義務的第 1 條"，因此而舉世聞名）

Chalking the door 〔蘇格蘭〕收回租賃的通知（俗譯為 "粉筆通告"）

Challenge *v. & n.* I. 宣佈反對；對⋯表示異議（指對某表決票或投票者的資格）；申請（法官或陪審員）迴避；質疑；（指對某人的合法性和法律資格）；詰難；挑戰；II. 疑義；反對（對陪審員或法官的）迴避請求

Challenge for cause 因特定理由要求陪審員迴避

Challenge of the juror 申請陪審員迴避；要求陪審員迴避的請求

Challenge procedures 質問程序

Challenge the existence of an "other duty or charge" 〔世貿〕對 "其他稅費" 的存在提出質疑（指關稅的減讓而言）

Challenge to a jury 拒絕陪審員；申請陪審員迴避（指訴訟當事人反對名單上所列的全部陪審員或其中個別人）

Challenge to fight 挑戰；提出決鬥；〔英〕與他人決鬥的要求（口頭或書面提出決鬥者為犯罪行為，要受到罰款或牢獄懲罰）

Challenge to jury array 申請全體陪審員迴避；對陪審團組成的異議（指對陪審員團產生的方式方法表示異議）

Challenge to the favour 由於有不公平的懷疑而申請陪審員迴避；以偏見為由而申請陪審員迴避

Challenge to the polls 對特定陪審員的迴避請求

Challenge witness 申請證人迴避

Challenger 申請迴避人；提出反對人

Challenges and opportunities confronting the WTO 世貿組織面臨的挑戰和機遇

Challenging work 〔領事〕對工作提出質疑

Chamber 寢室，臥室；私人錢庫；庫房；立法機關；（下議院）會議廳；〔複〕法官辦公室

Chamber barrister 顧問律師

Chamber business （法官）辦公室事務

Chamber council 秘密會議；樞密會議

Chamber of accounts 〔法〕會計審計院；〔法古〕王室財稅法院

Chamber of assurance 保險協會

Chamber of commerce (C\C) 商會

Chamber of deputies 〔意〕〔法〕〔巴西〕〔智利〕〔葡〕下議院；眾議院

Chamber of peer 〔葡〕參議院

Chamber of representatives 下議院；眾議院

Chamber of Shipping 〔香港〕航務航運商會

Chamber of shipping of the U.K. 英國船舶局

Chamber of summary procedure 簡易程序分庭

Chamber-counsel 法律顧問

Chamber-counsellor 顧問律師

Chamberlain 〔英古〕王室管家；王室司庫；侍臣；御前大臣；掌禮大臣（管理威斯敏斯特王宮和監督貴族院開會並在加冕儀式時陪同英王執行職務的第六位大臣）；〔美〕司庫；羅馬教廷司庫

Chamberlain ayre 〔蘇格蘭〕首席財政大臣巡迴法庭（1512 年）

Chamberlain's court 倫敦市財政官法院

Chambers of the King 〔英〕國王專屬海灣

Chambre ardente 〔法〕火刑法庭（審判異端邪說等罪，1682 年廢止）

Chambre des Comptes 〔法〕審計法庭

Chambre des Enquetes 〔法〕（巴黎最高法院）調查法庭

Chambre des Requetes 〔法〕（巴黎最高法院）訴狀審判庭

Champarty (=champerty) 幫助訴訟，包攬訴訟（俗稱 "包打官司"，英國 1967 年《刑法》宣佈廢止。釋義見 "champartor"）；幫助訴訟罪（指約定勝訴時以訟爭標的一部份作為報酬的）

Champertor 幫訴人；助訟人（指幫助人直、間接地幫人提起訴訟並付訴訟費用，但約定勝訴時取得訴訟標的一部份作為報酬）

Champertous 幫訴性的；幫訴罪的；受幫訴影響的

Champerty (= Champarty) 幫助訴訟，包攬訴訟（俗稱 "包打官司"，英國 1967 年《刑法》宣佈廢止。釋義見 "champartor"）；幫助訴訟罪（指約定勝訴時以訟爭標的一部份作為報酬的）

Champion of the King or Queen 〔古法〕代戰者（指代替教士、婦幼等決鬥）；英王（或女王）護衛官

Chance 意外事件；偶發事件；風險；危險；冒險；機會；機遇

Chance bargain 冒險合同交易；投機性契約

Chance of loss 〔保〕損失機會

Chance verdict 〔美〕偶然裁決（未經陪審團同意的這種做法現為非法）；抽籤裁決

Chancel 聖壇所；（教會的）寺廟殿堂

Chancellery (chancellory) 大法官的官職；大法官法庭；衡平法院院長的官職；公署；辦事處；使館行政處；使館辦公室

Chancellor (C.) 主事；大法官；〔英〕御前大臣（樞密院成員兼任議長和內閣部長等要職）；蘭開斯特公爵領地司法官；財政大臣；大學校長；嘉德騎士事務大臣；（大主教管轄區）主教法律助理；〔美〕（某些州）衡平法院法官；衡平法院院長；審判長；主審官；（美國某些州高等教育系統的）首席行政官；德意志聯邦議會議長；（直屬於君主、主教等的）高級法律顧問官；〔蘇格蘭〕陪審員團發言人；（宣佈評決的）首席陪審員；（德、奧等國）總理

Chancellor of a university 大學校長

Chancellor of the County Palatine of Durham 達勒姆領地衡平法院法官

Chancellor of the diocese 大主教管轄區法院司法官

Chancellor of the Duchy of Lancaster 〔英〕蘭卡斯特公爵領地事務大臣（蘭開斯特公領法院院長；由國王任命的內閣成員，只有名義上的官職）

Chancellor of the Exchequer 〔英〕財政大臣（舊時作為財政部長助理，初期並兼任稅務法院的法官的高級事務官，現為財政部相當於副部長的內閣成員，財政委員會主席，主管財政部事務，是事實上的財政部長）

Chancellor of the legation 使館主事

Chancellor's court 〔英〕(劍橋與牛津) 大學校長法庭

Chancellor's foot 大法官公正性的良知尺碼

Chancellorship 大法官的職位；衡平法院院長的職位

Chance-medley 自衛殺人（爭鬥中正當防衛或偶發的過失因而發生的殺人犯，可酌量案情予以免刑）；突然鬥毆

Chancer v. 衡平（指依照衡平原則進行調整，就如同按衡平法院處置一樣。此種辦法產生於紐英倫州，在無衡平管轄權的情況下，法院只能按衡平原則行事）

Chancery 大法官職；檔案館；〔英〕文書署；衡平法院；大法官法庭（今屬高等法院一部，為衡平法院的簡稱）；〔美〕衡平；衡平管轄權；衡平法院；衡平法院行政管轄制度

Chancery court of county palatine of Durham 〔英〕達累姆巴拉丁郡領地衡平法院

Chancery court of county palatine of Lancaster 〔英〕蘭開斯特巴拉丁郡領地衡平法院

Chancery court of York 〔英〕約克郡大主教法院

Chancery division (of the high court of justice) 〔英〕高等法院衡平法庭（高等法院三個分庭之一，分管財產管理、合夥企業訴訟以及抵押、信托和破產案等訴訟案件）；〔美〕衡平法院

Chancery orders 衡平法院訴訟規程

Chandler Act 〔美〕昌德勒法（對 1938 年的聯邦破產法作了重大修改）

Change v. & n. I. 改變；變更；更改，更換；兌換；代替；II. 找頭；零錢；改變；更改，改動；代替；替換物

Change hands 轉手；易主

Change in accounting method 〔美〕(納稅人) 變更會計方法

Change in accounting period 〔美〕變更會計結算期

Change in accounting principle 〔美〕變更會計原則

Change in address 住址變更

Change in holdings 佔有變更（指持有的股票、債券等財產）

Change in per value 變更票面額（面額變化）

Change in relative shares of the market 〔世貿〕相對市場份額的變化（指產品的市場份額本應下降而因受到政府或其機構的補貼而減緩、而穩定，乃至增加之謂）

Change in tariff classification 關稅分類的變更；變更關稅分類

Change of beneficiary 受益人變更

Change of circumstances 情況變更

Change of domicile 住所變更

Change of government 政府變更

Change of international law 國際法變更

Change of location 場所變更

Change of name 姓名變更；名稱變更

Change of nationality 變更國籍（國籍變更）

Change of ownership 所有權變更

Change of residence 住所變更

Change of right in personam 債權變更

Change of sovereignty 主權變動

Change of status 變更身份

Change of tide 〔海法〕轉潮

Change of title 產權變更；所有權變更；級銜變更；權利人名義變更

Change of venue 移轉管轄；變更審判籍；審判地變更（指變更案件的審理地和召集陪審員的區域；在刑事案件中，法院如認為被告因被歧視而得不到公正判決可准予變更審理地）

Change of voyage 航程的變更（指任意變更船舶在保險證書上特定到達的港口而航行到別的目的地。航線變更時，除有相反特約外，變更後的保險責任消滅）

Change one's name by legal process 通過法律程序更改名字

Change the line of production 轉產

Changed conditions 情勢變遷（指帝國主義國家常以此為藉口，片面廢除所訂條約，或者不善於履行條約的義務）

Changes in aggregate volumes of trade with non-members 〔世貿〕與非成員方貿易總量的變化

Changing of solicitor 〔英〕更換律師（經向法院申請通知可予撤換）

Changjiang River Delta Open Economic Coastal Area 長江三角洲經濟開發區

Channel 海峽；航道；方法，途徑

Channel Cross-straits Economic Cooperation Framework Agreement between Mainland China and Taiwan (ECFA) 海峽兩岸經濟合作框架協議（指中國大陸海基會與台灣海協會於 2010 年 6 月 29 日在重慶簽字，從而加強了兩岸經濟關係，一個具有里程碑意義的文件，但由於"太陽花"學運反對，迄未簽署）

Channel Islands 〔英〕海峽群島

Channel of communication 聯絡途徑

Channel tunnel 海峽海底隧道（橫穿英法海峽間的海底火車地道，1986 年 2 月 12 日簽約；1994 年通車）

Channel-demarcation 海峽標志；航道標志

Channels of commerce 商業渠道

Channels of distribution 銷售渠道

Channels of influence 影響渠道

Channel-way 水路

Chantage 敲詐，勒索

Chapel 教堂；小教堂；附屬教堂

Chapel of ease 〔英〕方便小教堂

Chapitre 〔英〕案情概要（指提交巡迴法庭法官或治安法官擬要調查案件的概要）

Chaplain 牧師（在監獄、軍隊、醫院等地執行職務）

Chaplain of the pope 教皇法庭法官

Chapman 經營小商品的流動商販

Chapter 章；節；回；〔英〕牧師會（一個由高僧組成的團體）；(社團等的) 分會；分機構

Chapter 7 (liquidation) bankruptcy 〔美〕破產 (清算) 第 7 章

Chapter 11 (reorganisation) bankruptcy 〔美〕破產 (重組) 第 11 章

Chapter 12 (farmer) bankruptcy 〔美〕破產 (農民) 第 12 章

Chapter 13 (wage earner's) bankruptcy 〔美〕破產 (工資勞動者) 第 13 章

Chapters of the eyre 〔英〕巡迴法庭擬調查的案件清單（巡迴法庭法官提交陪審團之前主持調查製作的百多項案件清單）

Character 人格；性格；特徵；名聲；名譽

Character and habit 品德（性格嗜好）；品性（性格特性）

Character certificate 身份證明書

Character evidence 品格證據（指在社區內基於名譽上的道德水準）

Character loan 信用借款；信貸

Character Merchandising 角色商品的銷售權（指對帶有圖畫或其他標志的商品促銷權）

Character witness 〔美〕品格證人（指在刑事訴訟中，被告有權以其人格、名譽等證據提出為自己辯護）

Characterisation 定性（指法院決定涉外民事案件所涉及的法律關係的性質，以確定所應適用的准據法）

Characterisation performance 〔瑞士〕特徵性履行（指為契約提供了一個具有完善機能的規則體制）

Charge v. & n. I. 指控；控告；（法官對陪審員團關於法律問題的）指示；説明；索價；徵税；收費；開發票；使承擔（責任、債務等）；委托；授權；II.（首席司法官對陪審團職責的）指示；〔宗〕（主教對牧師教職人員）訓論；訓導；控告；指控；（土地）負擔；（不動產）留置權；責任；義務；照顧；照管；被照顧者；被看管物件；價格；價錢；（服務）費用；傭金；應付項目；〔香港〕檢控書

Charge a nominal transaction fee 收取名義上的交易費

Charge account 掛賬；賒記賬戶；賒購制

Charge ad valorem 按值收費

Charge and discharge 〔美〕原、被告陳述書與答辯書（在衡平法庭上向主事法官提出其關於債權、債務的書面陳述）

Charge and specifications 犯罪指控和詳陳事實（指被告的一般舉證和詳細敘述每一事實）

Charge back 扣回；收回信貸（指銀行減少對客戶貸款額）

Charge by way of legal mortgage 以法定抵押擔保債務的償還

Charge certificate 收款證明書

Charge d'affaires 〔法〕代辦

Charge d'affaires ad hoc 〔法〕特命代辦

Charge d'affaires ad interim 〔法〕臨時代辦

Charge d'affaires en pied 〔法〕代理代辦

Charge d'affaires en titer 〔法〕本任代辦

Charge des affaires 〔法〕臨時代辦

Charge des archives 〔法〕檔案保管員

Charge imposed on imported goods 課徵進口商品的捐税

Charge of murder 謀殺指控；謀殺罪名

Charge on accounts 〔香港〕賬戶抵押

Charge on book debts 抵押賬項

Charge sheet 〔美〕拘捕摘錄；控告記錄（指警察局製作的被羈押人員姓名、被控犯罪性質及每個案件被告人姓名的記錄簿）；〔英〕指控狀（提交承審法官被控犯罪事項）

Charge the same fee 收取同樣的費用

Charge to grand jury 法官對大陪審團關於本案證據和法律的説明

Charge to jury （=jury instructions）法官對陪審團關於本案證據和法律的説明

Charge with murder 控以謀殺罪名

Chargeable 可能被指控的；適於使承擔義務或責任的

Charge-back system 轉讓價格制度

Charged 受到刑事指控的；被控告犯罪的；已被彈劾犯罪的；被檢舉犯罪的

Charged with murder and arson 被控殺人放火

Charged with the duty of making payments 附有支出的負擔

Charge-off 沖銷；銷賬；剔除；轉銷

Charges for commission agents' services 傭金代理人服務手續費

Charges for settlement, clearing and transmission services of banks 銀行的支付、結算和轉遞服務手續費

Charges in an indictment 罪狀（起訴狀中所列刑事被告的各項犯罪）

Charges of any kind 〔關貿〕各種費用（指締約國對最惠國待遇條款中進出口產品所徵收的費用）

Charges receivable 應收的手續費（傭金）

Charging lien 先取特權（指債務人手中特定的財產）；律師費優先權（律師對其在訴訟中所花的費用及服務費的）

Charging order 〔英〕扣押動產償債令（指債權人扣押股份、年金、公債和其他債務人名義上的資金以供執行償還債務判決令）

Charitable 慈善的；具有慈善性質的；以慈善為目的的

Charitable annuity trust 慈善年金信托

Charitable bequest 慈善饋贈（具有宗教、教育、政治和社會公益的）

Charitable contributions (gift) 慈善捐贈

Charitable corporation 慈善法人

Charitable deduction 慈善捐贈減免税（指納税人給慈善機構捐贈可申請從其報税單中扣税）

Charitable donations 慈善捐款；慈善捐贈

Charitable foundation 慈善基金會

Charitable gift 慈善捐贈；慈善性贈與

Charitable immunity 慈善豁免

Charitable institution 慈善機構

Charitable organisation 慈善組織

Charitable purpose 慈善宗旨；慈善目的

Charitable remainder 慈善性餘款贈與

Charitable remainder annuity trust 慈善余產的年金信托

Charitable trusts 慈善信托（為了救濟貧民、教育、宗教及其他社會公共利益而設定的信托）

Charitable use 慈善事業用途

Charitable uses and trusts 慈善公益與信托

Charity 慈善，施捨；慈善團體；慈善機構；施捨行為，賑濟物；慈善捐款；公益捐款

Charity commissioners 〔英〕慈善事務委員會（設在英格蘭和威爾斯）

Charity sale 義賣

Charlatan 吹牛者；騙子；庸醫；江湖郎中；竊賊

Chart 海圖；航用圖

Chart datum 海圖基準水面

Chart of accounts 會計科目表（指公司詳細的賬戶和相關的賬號明細表）

Charta maritia of Great Britain 大不列顛海上大憲章

Chartel (cartel) 挑戰；決鬥的挑戰書；戰地協定；交換戰俘協議；卡特爾；同業聯盟

Charte-partie 〔法〕租船合同

Charter　*n. & v.* I. 〔英〕憲章 (其與 "constitution" 不同，前者由國王禦准；後者須交由全民公決)；特許狀 (君主或立法機構對成立自治市、公司等的)；(城市的) 組織法；基本法；公司章程；契據；執照；土地轉讓契約；地契；租賃契約；租船合同；〔香港〕英廷敕書 (指由君主賦予國家或個人創辦學校和成立公司的權力)；II. 許可；特許；租賃，租用，包租；包機，包船

Charter agreement　〔英〕租船合同；包租契約

Charter by time　期租；按時計費

Charter by voyage　程租；航次租船；按航次計費

Charter by way of demise　租船契約

Charter contract　包租合同

Charter fee　包租費

Charter for a lump sum　定額運費租船契約

Charter for the International Trade Organisation (CITO)　國際貿易組織憲章 (國際貿易組織是美、英兩國政府發動建立的並於 1948 年由 56 國代表在哈瓦那開會簽字通過的《國際貿易組織憲章》，又稱《哈瓦那憲章》，該憲章對就業和經濟活動、經濟發展和復興、商業政策、限制性商業措施以及國際商品協定等重大問題作了規定，但因未獲得美參議院批准，而胎死腹中。為擴大國際貿易，實現充分就業，關貿總協定是在這種情況下應運而生並且把憲章的大部份規定接納為後來關貿總協定的內容)

Charter for World Trade (CWT)　世界貿易憲章 (有學者認為應以 CWT 取代 GATT 以便克服 GATT 組織上的缺陷並以此取得美國會的支持)

Charter member　(社區、公司等的) 創始成員；基本會員

Charter of affreightment　海運合同

Charter of confirmation　〔蘇格蘭〕購買確認書

Charter of constitution　憲章

Charter of demise　光船租賃合同

Charter of freight　租船運費

Charter of Incorporation of the Standard Chartered Bank in the U.K.　英國渣打銀行組織章程

Charter of Liberties　〔英〕自由憲章 (亨利一世)

Charter of Liberties and Privilages　〔美〕自由與特權憲章 (1683 年)

Charter of Nuremberg Tribunal　紐倫堡法庭組織；紐倫堡法庭憲章 (1945 年 8 月 8 日簽訂的關於審判歐洲戰犯的倫敦協定及其附件國際軍事法庭憲章)

Charter of pardon　特赦狀

Charter of the International Military Tribunal　歐洲國際軍事法庭憲章 (1945 年)

Charter of the International Military Tribunal for the Far East　遠東國際軍事法庭憲章 (1946 年關於審判德、意納粹戰犯的規定)

Charter of the Organisation of African Unity　非洲統一組織憲章 (1963 年)

Charter of the Organisation of American States (Charter of Bogota)　美洲國家組織憲章 (《波哥大憲章》，1948 年)

Charter of the United Nations　聯合國憲章

Charter on the Economic Rights and Duties of States　國家經濟權利與義務憲章 (聯合國 1974 年 12 月 12 日通過的決議)

Charter party　租船合同

Charter party form　租船契約格式

Charter Rolls　〔英〕特許狀卷宗 (1200-1515 年)

Charter traffic　租船運輸；租船運送

Charterage　租船費

Chartered　特許的；包租的

Chartered accountant　〔英〕執業會計師；特許會計師 (持有皇家特許狀並為會計師協會會員)

Chartered Association of Certified Accountants (ACCA)　特許註冊會計師協會；特許註冊會計師公會；特許執業會計師公會

Chartered Bank　特許銀行

Chartered by law　依法設立的

Chartered colony　特許殖民地

Chartered companies　特許公司

Chartered flight　特許飛行；包租飛行

Chartered freight　租船運費；包機費用

Chartered Life Underwriter (C.L.U.)　〔美〕特許人壽保險承保人

Chartered member　基本會員；創始會員

Chartered public accountant　特許會計師

Chartered right　特許權

Chartered ship　租船；包船

Chartered societies　特許成立的協會

Chartered trading company　特許貿易公司

Chartered vessel　租船

Chartered-back　回租；返租 (指船東為籌措資金等先把船賣掉，而後再租回經營)

Charterer　租船人；船舶租賃人；包機人；承租人；〔英〕柴郡自由保有的土地所有者

Chartering　包租 (船、機)；治租；租賃業務

Chartering agent　租船代理商；承租人代理人

Chartering broker　租船經紀人

Chartering market　租船市場

Charter-land　世襲地；特許保有地 (指根據蓋印證書繳納一定地租和提供自由役務的佔有地)

Charter-party　租船契約，租船合同；船舶租賃契約；包機契約；包機合同

Chartism　〔英〕憲章運動 (1836 年)；憲章主義

Chartist　憲章派；憲章主義者；憲章運動者

Chartophylax　〔歐古〕檔案保管員；公共文書保管員；登記員；檔案保管處

Chartroom　海圖室

Chartulary　(中世紀) 契據登記簿；特許狀登記簿

Chase　*n. & v.* I. 獵場；狩獵地 (指飼養鹿等獵物)；狩獵權 (指許可在一定區域打獵)；對野生動物的先佔；II. 追逐；追趕；驅逐

Chaste　貞潔的 (指從不自願進行非法性交)

Chasten　*v.* 懲戒；責罰

Chastener　懲戒者

Chastise　*v.* 懲戒；責罰；體罰

Chastisement　〔英〕懲戒，責罰；懲罰權 (指父母、老師或其他人有管理處罰兒童或年青人的普通法監督權)

Chastiser　懲罰者；責罰者

Chastity　貞節；貞操

Chattel　動產 (含有生命或無生命的)

Chattel lien　動產留置權

Chattel mortgage　質；動產抵押 (指只移轉權利而不移轉抵押物的佔有)

Chattel paper 動產文據 (指證明特定財物的金錢債務或擔保物權的文據)

Chattels Personal 動產；有體動產；屬人財產

Chattels real 不動產 (如不動產上的收益；房屋、土地及其租賃收益)；〔香港〕不動產的收益

Chaud melle 〔蘇格蘭〕激怒殺人 (指因過份激動而突然冷不防的殺人，其有別於 "deliberate murder")

Chaud-medly 忿激殺人 (指門毆或吵架時因過份激怒而殺人)

Chauffeur 〔法〕(領館的汽車) 司機；受僱汽車司機；〔法古〕暴徒；強盜 (用火焚腳逼迫被盜者說出存錢的地方)

Cheap labour 廉價勞動力；工資低廉的工人

Cheap money 低息借款

Cheap money policy 低息政策；低息貨幣政策；低息借款政策

Cheaper labour force 比較廉價的勞動力

Cheat *n. & v.* I. 詐欺；詐騙；II. 詐騙；詐取；欺詐

Cheat and bluff 招搖撞騙

Cheater (escheators) 騙子；〔英古〕(無人繼承財產收歸國有的) 管理官

Cheating 欺詐；詐騙〔英〕詐騙罪 (以詐騙方式取得他人財產罪)

Cheque (check) *n. & v.* I. 支票；憑證；賬單；II. 控制；限制；制止；檢查；檢驗；核對；查賬；審計

Cheque (check) book 〔美〕空白支票簿

Cheque (check) cashing exchange 〔美〕支票兌付處

Cheque (check) clerk 書記長；監督書記

Cheque (check) drawee 支票受票人

Cheque (check) drawer 支票出票人

Check in (到場) 登記；報導；簽到；檢查

Check in counter 入境檢查處；報導處

Cheque (check) kiting 開空頭支票；支票詐騙

Check list 〔美〕選舉人名單；核對用的清單

Check on household occupants 〔中〕查戶口

Check on residents 清查戶口

Check out (離開旅館、機場) 登記；檢查；(在旅館等) 付賬後離去

Check point 檢查站

Cheque (check) register 支票登記簿

Check residence cards 查戶口

Cheque (check) to order 記名支票

Cheque (check) trading 支票交易；經營支票貼現

Check up 檢查；核對

Checkable deposits 可轉讓支票上的存款

Checked 查訖

Checked paper 已查核的支票 (匯票)

Checkerboard 西洋棋盤

Checkerboard system 〔美〕棋盤式登記法 (一種土地登記法，如：三塊土地所建入口處彼此相互重疊)

Check-in counter 入口檢查處；入境檢查處；報道處

Check-off system 〔美〕工會會費扣繳制 (指僱主從工人工資中扣除其工會會員費並匯寄給工會)

Check-point 檢查站 (指入出境口岸的)

Check-roll 〔英〕備人名冊 (女王或達官貴人備人或工資的名冊)

Checks and balances 制衡原則 (指政府機構間權力的相互制衡，意即 "三權分立")

Check-weigh 覆核重量 (指車輛卸貨後的重量)

Check-weigher 監秤人

Chef de protocole 〔法〕禮賓官

Cheke *v.* 扼殺

Chemical agent 化學藥劑

Chemical agent of warfare 化學作戰物劑

Chemical analysis 化學分析 (指查驗人體血中的含酒精和毒品等成份)

Chemical and bacteriological weapons 化學和細菌武器

Chemical and biological warfare 化學和生物武器戰爭

Chemical emergency 化學事故

Chemical examination of judicature 司法化學檢驗 (指運用化學分析的原理和方法對物證作檢驗)

Chemical fiber 化學纖維

Chemical Fibre Agreement 化學纖維協議 (1972 年歐洲部份國家與日本公司就貿易爭端問題達成的協議)

Chemical method of warfare 化學作戰方法

Chemical products 化工產品

Chemical registration 化工製品註冊

Chemical tanker 運載有毒化工物品的油輪

Chemical warfare 化學戰爭

Chemical warfare agent 化學戰劑

Chemical weapon 化學武器

Cheque (check) 〔英〕支票

Cheque (check) card 支票卡

Cheque (check) clearing system 匯劃結算系統；〔香港〕匯劃結算

Cheque (check) crossed generally 普通劃線支票

Cheque (check) crossed specially 特別劃線支票

Cheque (check) drawer 支票出票人

Cheque (check) holder 支票持有人

Cheque (check) only for transfer 轉賬支票

Cheque (check) payable at sight 見票即付的支票

Cherokee Natim 〔美〕徹羅基部落聯盟 (開化的印第安部落之一)

Chevisance 協議 (指償還部份欠款而了結債務的)；非法契約；高利貸的間接收益

Chicago Board of Options Exchange (C.B.O.E.) 芝加哥外匯買賣選擇權交易所

Chicago Board of Trade (CBT) 芝加哥期貨交易所 (大量農產品期貨交易合同在此簽訂，成立於 1948 年)

Chicago Convention on Air Transport 芝加哥航空運輸公約 (1944 年)

Chicane 詐騙

Check list 材料清單 (簽證用語)

Chickasaw Nation 〔美〕文明的印第安部落 (指奇克索部落聯盟為印第安諸部落中的一支)

Chicken War 〔關貿〕雞肉戰 (指 1960 年代初，法國限制美國雞肉進口的爭端)

Chief *n. & a.* I. 首領；頭目；酋長；主任；II. 主要的，首要的；首席的，第一位的

Chief accountant 總會計師；會計主任；會計科長 (處長)

Chief actuary 總精算師

Chief administrative officer 行政首長

Chief Aid Service 〔香港〕民眾安全服務處

Chief appraiser 鑒定官

Chief arbitrator 首席仲裁員

C

Chief argument　主要論據；主要理由

Chief auditor　審計長

Chief bailiff　總執達員；首席執達吏（首席執行官）；法警警長

Chief baron (C.B.)　〔英〕財務法院首席法官；司稅審判長

Chief Baron of the Exchequer　財務法院首席法官

Chief burgess　鎮長

Chief cashier　出納主任；出納科長

Chief chamberlain　待從長

Chief civil administrator　民政長官

Chief clerk　書記員；衡平法院審判員助理（協助法官處理些次要事務，諸如審訊傳票等）；〔美〕（國務院）辦公廳主任

Chief commissioner of metropolitan police　首都警察總監

Chief constable　〔英古〕高級治安法官；〔英〕警察局長（郡及其他同等地方的，同美"high constable"）

Chief counsel　主任顧問；主任律師

Chief criminal　首惡；首犯

Chief criminal shall be punished without fail　首惡必辦

Chief delegate　首席代表

Chief Editor　〔基金〕主編；總編輯

Chief Electoral Officer　〔香港〕總選舉事務主任

Chief executive　行政首長（在美國指總統、州長和市長等）；〔香港、澳門〕行政長官

Chief Executive for Hong Kong Special Administrative Region　〔香港〕香港特別行政區行政長官（俗稱香港"特首"）

Chief Executive for Macao Special Administrative Region　〔澳門〕澳門特別行政區行政長官（俗稱澳門"特首"）

Chief Executive Office　〔香港〕行政長官辦公室

Chief Executive Officer (CEO)　首席執行官（又稱"行政總裁"，是一個企業中負責日常經營管理的最高級管理人員；香港特別行政區和東南亞國家中的稱呼或稱"最高執行長"）

Chief Interpreter　首席翻譯

Chief investigator　主任調查員

Chief Judge　〔英〕倫敦破產法院法官；〔美〕首席法官

Chief Justice (C.J.)　首席法官；〔英〕高等法院王座法庭分庭庭長；〔香港〕按察司；正按察司；首席按察司（首席大法官）

Chief Justice of England　英格蘭首席大法官（其地位僅次於英國大法官）

Chief Justice of the Common Pleas (C.J.C.P.)　〔英〕民事高等法庭首席法官

Chief Justice of the Court of Final Appeal　〔香港〕終審法院院長；終審法院首席法官

Chief Justice of the King's Bench (C.J.K.B.)　〔英〕高等王座法庭首席法官

Chief Justice of the Queen's Bench (C.J.Q.B.)　〔英〕高等王座法庭首席法官

Chief Justice of the United States　美國最高法院首席大法官

Chief justiciar　〔英〕諾曼國王的最高大臣；首席司法官

Chief lord　〔英〕直接領主（封地的直接領主，為佃戶親自直接負責的主人）

Chief magistrate　〔美〕行政首長（指總統、州長或市長等）；〔香港、澳門〕行政長官；首席行政官

Chief matter　主物

Chief of a police station　警察局局長（署長）

Chief of a rural division　郡長

Chief of a tribe　酋長

Chief of an urban division　區長

Chief of government　政府首腦

Chief of Missions　（外交使館）館長；使團長（指駐在國的外交機構的代表）

Chief of (the) police　警察局局長（署長）

Chief of protocol　禮賓官；禮賓司長

Chief of protocol department　禮賓司長

Chief of staff　職員主任

Chief of state　國家元首；國家首腦

Chief of the civil administration office　民政首長

Chief of the general staff　總參謀長

Chief office　總部；主辦事處；主事務所

Chief officer　主任官員；首席官員

Chief officer of police　首席警官

Chief Pleas　〔英〕高等法院王座法庭首席法官；薩克島立法議會

Chief preventive officer　海關監視長

Chief procurator　檢察長

Chief procurator of a local court　地方法院檢察長

Chief procurator of the people's procuratorate　〔中〕人民檢察院檢察長

Chief procurator of the Supreme People's Procuratorate　〔中〕最高人民檢察院檢察長

Chief public procurator　〔英〕檢察長

Chief rents　〔英古〕免役地租（指自由土地保有者向領主繳納的年租）；免除勞役地租（指買地者應付給賣地者以為買賣的對價以免除勞役）

Chief Secretary　首席秘書；〔香港〕布政司（1997 年香港回歸中國後，改稱"政務司司長"）

Chief Secretary for Administration　〔香港〕政務司司長

Chief Secretary for Administration's Office　〔香港〕政務司司長辦公室

Chief secretary of the cabinet　內閣秘書長

Chief secretary of the privy council　樞密院秘書長

Chief Staff Officer　〔香港〕幕僚長

Chief supervisor　首席監事

Chief use　〔美〕主要用途

Chief whip　議院總務；〔英〕議會的組織秘書

Chief witness at a wedding ceremony　證婚人

Child　兒童（14 歲以下）；子女；嬰兒

Child abuse　虐待兒童

Child allowances　〔香港〕子女津貼；子女免稅額（指課稅年度內未滿 18 歲未婚子女，或超過 18 歲不足 25 歲之全日制學校的未婚或超過 18 歲殘疾 / 弱智不能工作子女均可享受免稅額待遇）

Child and dependent care credit　〔美〕兒童及受扶養人免稅額（指嬰兒及殘疾配偶等可依稅法得以減免稅之百分比）

Child benefit　兒童津貼；兒童補助金

Child benefit allowances　子女津貼免稅額

Child betrothal　〔中〕童養媳（指舊社會窮苦人家被迫將幼小的女兒送交婆家養活）

Child birth　分娩；生育，生產

Child born out of wedlock　私生子女；非婚生子女

Child bride　童養媳

Child Care Centres Ordinance　〔香港〕幼兒中心條例（涉及幼兒註冊、管理、衛生及安全等規定）

Child custody　兒童監護

Child destruction 人工流產；〔英〕墮胎罪；殺害胎兒罪（指故意造成可能生下活的嬰兒的死亡）

Child en ventre sa mere 胎兒

Child in the womb 胎兒

Child labour 童工

Child labour bill 少年勞動法案

Child labour laws 〔美〕童工法

Child nutrition programme 兒童營養計劃

Child of school age 學齡兒童

Child relief allowance 兒童補助津貼

Child support 子女撫養；子女撫養費

Child welfare 兒童福利

Child's income tax 兒童所得稅

Child-bearing 懷胎；生育

Child-care centre 兒童保健中心；兒童保育中心

Child-rearing 養育子女

Children Act 〔英〕少年法；少年條例

Children and young persons 兒童和少年

Children born in wedlock 婚生子女

Children born out of wedlock 非婚生子女；私生子女

Children's allowance 子女津貼

Children's benefit 子女補助金

Children's court 〔英〕少年法庭

Children's Employment Commission 〔英〕少年僱工調查委員會（1840 年）

Children's probation officers 〔英〕少年保護觀察官；監督少年緩刑犯官

Children's protective punishment 少年保護處分（罰）

Child-stealing 拐帶兒童（罪）；偷盜兒童（罪）

Childwit 〔撒〕私生子罰金

Chilean Apples Case 〔關貿〕智利蘋果案（指 1981 年，歐共體提出限制智利蘋果進口的貿易協定。對此，關貿總協定專家組利用"特殊因素"概念裁定歐共體的配額限制不符合關貿總協定第 13 條第 2 款規定）

Chilean Epropriation Act 智利徵用法

Chileanisation 智利化（指 1971 年智利政府頒佈對外國投資實行國有化）

Chilling a sale 串通競賣（拍賣時聯合併串通壓制公平競爭企圖購取公平價格之下貨物）

Chilling effect doctrine 〔美〕抑制行使憲法權利原則（指嚴格阻止行使憲法權利的影響，例如"上訴的權利"）

Chiltern hundreds 奇爾特恩百家村；奇爾特恩百村警護官（實際上是個閒職，英國下院議員要求放棄其席位時通常委以此職，以規避議會不准放棄席位的限制）

Chimin 〔英古〕路；道路；公路

Chiminage 通過森林道路稅

Chiminus 道路通行權（指國王及受其保護的所有臣民均有道路通行權）

Chimney money 〔英〕煙囪稅

China Certification & Inspection (Group) Co. Ltd. (CCIC) 中國檢驗認證（集團）有限公司

China Council for the Promotion of International Trade (CCPIT) 中國國際貿易促進委員會

China Granted Observer Seat on the Arctic Council 中國被賦予北極理事會永久觀察員（北極理事會成立於 1996 年。中國於 2006 年提出申請，2013 年 5 月 15 日在瑞典基律納市召開的北極理事會第八次部長級會議上，被批准為觀察員國，其無投票權、亦無年會上的發言權，但在北極議題上具有合法權利）

China Inspection and Quarantine Bureau (CIQ) 中國出入境檢驗檢疫局

China International Economic and Trade Arbitration Commission (CIETAC) 中國國際經濟貿易仲裁委員會（簡稱"貿仲委"，是中國國際貿易促進委員會屬下的一個民間性常設仲裁機構，總部設在北京，並於 1990 年 3 月成立了上海分會和深圳分會，同時，就受理國際商事爭議案件的數量而言，它已超過國際商會仲裁院而處於世界第一位）

China Legal News 中國法制報

China Triangle 中華三角，中國三角（通指中華人民共和國、中國台灣和美國）

China watcher 中國觀察家；中國通

China Working Group Talks on the Resumption of China's GATT Contracting Party Status 〔關貿〕中國複關談判工作組

China's accession commitments 中國加入的承諾（指加入世貿組織的承諾）

China's accession to the WTO Working Group 中國入世工作組

China's foreign trade export enterprises to have adopted various measures to address the financial crisis 中國外貿出口企業已採取多種措施應對金融危機

China's market-access commitments on goods and services 中國關於貨物和服務的市場准入承諾

China's Rules on Banning the Infringement of Business Secrets 中國關於禁止侵犯商業秘密的規則（1995 年 11 月 23 日）

China's Standard Service Network (CSSN) 中國標準服務網絡

China-Canada Textile and Clothing Trade Memorandum 中加紡織品和服裝貿易備忘錄（1981 年 6 月 29 日於北京簽署）

China-Chile Free Trade Agreement 中智自貿協定（中智自貿協定簽署於 2005 年 11 月，智利是第一個與中國建交的拉美國家，第一個支持中國加入世貿組織的拉美國家，第一個承認中國"國家市場地位"的拉美國家，第一個與中國簽署自由貿易協定的拉美國家，第一個支持中國參加服務貿易協定談判的拉美國家，第一個可兌換人民幣的拉丁美洲國家。中國現在已成為智利最重要的出口市場、成為智利在全球的第一大貿易夥伴）

China-EEC Textile Trade Agreement 中國和歐共體紡織品貿易協定（中國政府與歐共體於 1979 年 7 月 18 日草簽紡織品貿易協定）

China-Finland Textile Trade Agreement 中芬紡織品貿易協定（1982 年 4 月 30 日在北京簽訂）

China-Sweden Textile Trade Agreement 中國－瑞典紡織品貿易協定（1984 年 10 月 14 日在北京簽訂）

Chincom List 〔美〕巴黎統籌委員會對華禁運清單（尤指限制或不准高、精、尖技術轉讓或出售給中國）

Chinese Act 〔英〕限制華人移民條例（1882 年）

Chinese Community in the United Kingdom 旅居英國華僑團體

Chinese Community in the United States 旅居美國華僑團體

Chinese customary marriage　中國傳統婚姻（指允許納妾之一夫多妻制）

Chinese Depository Receipts (CDR)　中國存托憑證（由中國證監會籌劃出台中國式的存托憑證，亦將吸引外國優質公司來華上市，聚集資本，踐行習近平新時代中國特色的社會主義思想，加速實現偉大中華民族復興的中國夢）

Chinese Exclusion Act　〔美〕排斥華人法（1882－1892－1902年）

Chinese garment export market　中國服裝出口市場

Chinese law　中國法

Chinese legal system　中華法系（中國封建法律由戰國至清朝歷經二千多年的發展，形成了沿革清晰、特點鮮明的法系，為世界五大法系之一）

Chinese People's Political Consultative Conference (CPPCC)　中國人民政治協商會議（中國的統戰組織，是發揚民主政治的一種重要形式）

Chinese Restriction Act (Chinese Act)　〔英〕限制華人移民條例（1882年）

Chinese Taipei Separate Customs Territory of Taiwan, Penghu, Kinmen and Matsu　〔世貿〕台澎金馬個別關稅領域

Chinese textile export market　中國紡織品出口市場

Chinese Walls　金融企業集團間信息壁壘；金融企業集團間無形圍墻（旨在防止不同金融企業集團之間的利益衝突）

Chinese-foreign contractual joint venture　中外合同合營企業

Chinese-foreign cooperative enterprises　中外合作經營企業

Chinese-foreign cooperative exploration and development of natural resources　中外合作勘探自然資源

Chinese-foreign equity joint venture　中外股份合資經營企業

Chinese-foreign joint ventures　中外合資經營企業

Ching Dynasty law　〔香港〕清朝法律（指1900－1905年期間，英帝國接管新界時，土地所有權亦採用中國古書中的規定）

Chip designs　芯片圖案；芯片設計

Chippingavel　〔英古〕貿易稅；交通稅；銷售稅；交易稅

Chirograph　騎縫證書（在騎縫處分成兩半，當事人雙方各執其一）；〔英〕手書契據（由國王或當事人親筆書寫或簽署）

Chirographer　〔英〕和解協議保管法官

Chirographer of fines　〔英〕民訴法庭和解協議保管法官

Chit-fund company　銀會公司

Chitty (chit)　（小額債務的）欠據；便條；賬單；（受僱傭者）資信保證書

Chivalry　〔英古〕軍役土地保有制（以服軍役為條件的對土地的佔有權）

Choate　完美的；成熟的

Choate lien　完全留置權（指完美到不需要做甚麼事項即可使之具有執行力的留置權）

Choice of differing provision　不同規定的選擇

Choice of forum clause　法院的選擇條款

Choice of jurisdiction　管轄選擇

Choice of law　法律選擇（指發生法律抵觸時所應選擇適用的法律）

Choice of law clause　法律適用條款（指合同上規定發生爭議時當事方將選擇適用指定國家法律的條款）

Choice of Law Rules　法律規則選擇

Choice of particular rules　選擇特定的規則（特定規則選擇）

Choice of partner　合夥人的選擇

Choice of the exchange rate　〔基金〕費率選擇

Choose a path suitable for the development of one's own country　選擇適合於自己國家的發展道路

Choose an institutional solution　選擇從制度上解決問題的辦法

Chop　戳記；圖章；印鑑

Chop wound　砍傷

Choreographic work　舞蹈作品

Chorepiscopus　〔歐古〕鄉村主教；主教代理

Chose　〔法〕物，動產；個人財物

Chose in action　權利上的動產（只有通過訴訟才能回復其權利，現在或將來才能佔有的動產）；提起追償債務或金錢權利之訴；〔香港〕權利上的財產（指只有通過訴訟才能得以執行或實現的）

Chose in possession　佔有的動產（交過稅和關稅的財產才屬佔有動產，否則即為"Chose in action"）

Chose jugee　〔法〕既決事項；已判決事項

Chose local　定着物（土地附着物。例如，磨粉機附着於土地上）

Chose to delay application of the provisions specified in this paragraph　〔世貿〕選擇推遲適用本款所列的條款

Chose to exercise the right of appeal　選擇上訴權（選擇行使上訴權）

Chose transitory　可移動物；動產（不附着於土地上可自由移動，可從一處移動至另一處之物，即動產）

Chosen freeholders　〔美〕（縣、鎮）當選的土地所有者委員會

Chosen-expert　選任的鑒定人

Christian court　基督教法院；宗教法院

Christian marriage　基督教式婚姻

Christian name　教名

Christianity　基督教

Christmas Day　聖誕節

Christmas vacation　聖誕節休庭（英國高等法院開庭之一）

Chronic　慢性的

Chronic alcoholism　漫性酒精中毒

Chronic poisoning　慢性中毒

Chronic problem　經常性的問題

Chronic unemployment　長期失業；經常性失業

Chronological record　逐日記錄（特指日記賬）

Chronological Table and Index to the Statutes　〔英〕制定法的年代表與索引（1867年）

Church　教堂；禮拜堂（教堂有兩層不同的含義：1. 全體基督教徒；2. 英國國教、天主教等）

Church Assembly　〔英〕英格蘭國教全國大會（新西蘭稱為"聖公會全國代表大會"）

Church Commissioners　國教委員會（成立於1947年）

Church court　教會法院

Church establishment　〔英〕國教；國立教會（根據法律制定的宗教制度）

Church judicatory　宗教法院；教會法院

Church law　教會法；寺院法

Church of England　英格蘭國教會；英國聖公會

Church of Ireland 愛爾蘭教會

Church of Scotland 蘇格蘭長老會

Church property 教會財產

Church school 教會學校

Church-rates 教會費 (教會維持費)

Churchwardens 教會執事;教區委員;寺院領地管理員 (指照護與管理屬教會的財物。例如,機構、聖經及教區書籍等)

Churl or ceorl 〔撒〕普通自由民

Churning 〔美〕攪乳法 (指中間商一種漁利的忽悠式買賣,騙取顧客信任,詐騙證券買賣,違反聯邦證券交易法)

Cider Act 〔英〕酒類增稅條例 (1763 年)

Cigarette tax 香煙稅 (煙草稅)

Cinematograph film 放映的電影

Cinq les abu 〔法〕五毒 (指行賄、偷稅漏稅、偷竊國家資料、偷工減料及盜竊國家經濟情報)

Cinq les chatiments 〔法〕五刑 (指笞、杖、徒、流、死)

Cinque ports 〔英〕五港 (黑斯廷斯、羅姆尼、海斯、多佛和桑威奇及後來附加的溫撒爾西和拉伊二港共為七港的總稱;舊時為面向法國的要港,設置特別鎮守官,負責守衛、行政和司法。1855 年根據七港條例廢除此制度)

Cinque Ports Salvage Commissioners 〔英〕五港海上救助會

Cipher 密碼

Circuit 巡迴審判區 (全美共有 13 個司法巡迴區;英國英格蘭和威爾斯分有 6 個巡迴區)

Circuit and on-spot trial 〔中〕巡迴審理,就地辦案 (指法官深入其轄區基層審判民事案件)

Circuit court 巡迴法院;巡迴法庭 (中共"十八"大之後,宣告成立的巡迴法庭是最高人民法院派出的機構,審理各省市重大的行政和民商事等案件)

Circuit court of appeals 〔美〕巡迴上訴法院 (美稱為"聯邦中級上訴法院",1948 年)

Circuit judge 巡迴法院法官 (擔任多種審判職務的法官)

Circuit paper 〔英〕巡迴審判日程表 (指定開庭的時間和地點)

Circuitous carriage of contraband 禁製品的迂迴運載

Circuity of action 濫訴;循環訴訟 (提起一個訴訟後,再提起另一形式的訴訟,以求得同一的結果)

Circular 通告;通知,通函,通諜;傳單

Circular letter 通函;通告;通知

Circular letter of credit 流通信用證

Circular note 通函;通告;通告照會

Circular notes 旅行支票;旅行信用證 (銀行向外國銀行發行的類似信用狀的證件)

Circular telegram 同文電報

Circulate periodic reports 公佈定期報告

Circulate the notifications to all Members for their information 〔世貿〕把通報分發給所有成員方供其參考 (指取消紡織品和服裝貿易限制情況)

Circulated 傳播的;運轉的;運行的;流通的

Circulating assets 流動資產

Circulating capital 流動資本;流動資金;周轉資金

Circulating fund 流動資金;流通資金

Circulating medium 流通媒介

Circulating note 流通兌換券

Circulating real capital 流動資產;動產

Circulation 循環;流通;銷路

Circulation redemption fund 銀行券償還基金

Circumjacent state 周圍國家

Circumstances 情況;情狀;詳情;細節;附帶事項;次要的事實

Circumstances of a crime 犯罪情節

Circumstances of distress 遇難情況

Circumstances of negotiation 談判情況

Circumstances of tenancy 租賃情況

Circumstantial evidence 情狀證據;間接證據;旁證,佐證 (與爭點事實本身無關,但與該事實有重要關聯的其他事實的證據;從情狀證據可以推斷出待證明的爭點事實)

Circumstantial letter 〔英〕(向海軍軍事法庭提起的) 訴狀

Circumstantibus 候補陪審員

Circumvent reduction commitments 〔世貿〕規避削減的義務 (指對農產品的出口補貼,但不要發展中成員方承擔此義務)

Circumvent tariff concessions 規避關稅減讓

Circumvention 規避 (指原產地國為使其產品不被反傾銷制裁而將其出口產品通過第三國等手段轉口至被傾銷國之行為);〔蘇格蘭〕欺詐 (勸誘他人損害其自己利益行為,如得逞者,由此而達成之交易無效)

Circus 馬戲場;雜技場

Ciric sceat 教堂稅 (在聖馬丁節主要繳納穀物)

Ciric-bryce 侵犯教堂特權

Cista 保管箱 (主要存放合同等及貴重物品)

Citacion 〔西〕傳票

Citation 法院傳票 (指由法院或由警察發出傳票傳喚指定訴訟當事人備好在指定的日期出庭,主要用於蘇格蘭法院、教會法院和遺囑檢驗訴訟);警方傳訊 (在指定的日期向治安法官或法官報到);引證;引用 (判例);(對於法律先例等的) 援引;訴訟通知狀;嘉獎狀;傳令嘉獎;榮譽狀 (軍事用語)

Citation of authorities 先例或法律權威學說的援引

Citation of report 判決的援引

Citation of statutes 法律的援引

Citation viis et modis 公示傳票

Citators 〔美〕法律案例援引集

Cite *v.* 傳訊;傳喚;引證;引用;援引;〔美〕法律訴訟通知 (指通知某人出庭應訴);〔法〕(= city;a city)

Cited case 案例

Citer (citor) 引證者;引用者;表揚者

Citizen 公民;平民;老百姓 (區別於軍人和警察等);〔英〕市民;城鎮居民

Citizen's arrest 〔美〕公民逮捕 (指一公民對另一公民犯有重罪或擾亂治安者可予逮捕)

Citizen's rights 公民權

Citizen-informant 線人;舉報的公民

Citizenry 〔總稱〕公民;平民

Citizens of no-disputing countries 〔世貿〕無爭端國的國民 (擔任專家組成員的資格規定)

Citizens' rally 市民大會

Citizenship 公民身份;公民資格;國籍

Citizenship by adoption 收養公民資格 (收養取得國籍)

Citizenship by birth 出生公民資格 (出生取得國籍)

Citizenship by descent 血統公民資格 (血統公民身份)

Citizenship by naturalisation 歸化的公民資格 (歸化取得國籍)

C

Citizenship by registration 〔移〕因登記取得公民身份（指
取得獨立的英聯邦國家或愛爾蘭公民子女或英聯邦國家婦女
與英公民結婚可在英本土內登記取得公民身份）

Citizenship law 〔美〕公民法

Citizenship registration records 公民資格登記簿；國籍登
記簿

Citrus products 〔關貿〕柑桔產品案（指 1969 年，美國提出
歐共體國家對突尼斯、摩洛哥、西班牙和以色列出口柑桔給
特惠稅待遇是違反關貿總協定，給美國出口同類產品造成損
害。對此，關貿工作組所做的報告沒有結論，既不肯定也不
否定，後來美國同西班牙和以色列分別舉行雙邊談判於 1971
年 2 月得以解決）

City 城市；都市；〔英〕特許市（指通常只有一個主教，並根
據國王的敕許狀取得法人資格的）；〔美〕市政法人；自治市
（有法人地位的城市，通常以市長為首長和市議會管理）

City Code on Take-over and Mergers 〔英〕城市接管合併
規約（關於上市公司接管合併證券交易運營規約）

City companion （中世紀）倫敦同業公會

City council 〔美〕市議會（市政府的權力機關，批准市政條
例、徵稅和一般的市政管理事務）

City councilor 市議員

City courts 〔美〕市法院（審訊被指控違反市政條例及小的
民、刑事案件）

City debt 市債

City employee 市公務員

City fathers 〔複〕市議會；市參議會（市政府的主要成員，
如市議員等）

City government 市政府

City Hall 市政廳

City judge 市審判員

City manager 〔美〕市行政官（由市議會任命）

City of London Court 倫敦市法院

City of London Police 倫敦市警察

City open to the outside 開放城市

City plan 都市計劃；市區計劃

City planning 都市計劃；都市規劃

City port 市有港口

City property 市有財產

City real estate 〔美〕市有不動產；市有財產（市政府擁有並
用於市政目的）

City state 〔希古〕城邦；(中世紀) 城市國家

City-manager plan 〔美〕市長委任制

Civic 市的；市政的；市民的；公民的；公民資格的；市民
資格的

Civic duties 公民義務

Civic enterprise 〔美〕市政事業（旨在促進城市公益福利
事業）

Civic rights 公民權利；民權

Civil 民事的（與刑事的、軍事的、政治的和教會的相反）；
法律規定的；根據民法的；公民的；平民的；國民的；市民
的；國家的；政府的；社會的；國內的；民用的；民間的；
文明的；文職的；非軍事的

Civil action 民事訴訟（提起、實施、補救或保護私人權利的
訴訟）

Civil adjudication tribunal 民事審判庭

Civil administration 民政；民政管理；民事行政

Civil administration organ 民政機關

Civil Aeronautics Board (C.A.B) 〔美〕民用航空委員會（促
進和規範國內外民用航空工業和為促進國內外貿易、郵政和
國家安全事務服務）

Civil Aid Service 〔香港〕民眾安全服務處

Civil air regulations (CAR) 民航規章；〔美〕民用航空條例

Civil air transport 民用航空運輸

Civil aircraft 民航機；民用飛機；民用航空器

Civil aircraft activities 民用航空器活動

**Civil aircraft certification requirement and specifications
on operating and maintenance procedures** 〔世貿〕民用
航空機操作和維修程序的證書要求和規格

Civil and criminal lawsuits 民刑訴訟

Civil and criminal liabilities 民、刑事責任

Civil and military relationship 民政權力與軍事權力的關係

Civil arrest 民事逮捕；民事拘留

Civil authorities 民政當局

Civil authority clause 〔美〕民政條款；消防損失條款（指火
險單中規定對被保險人因消防隊員、警察等造成損害的賠償
條款）

Civil aviation 民航；民用航空

Civil Aviation Authority (CAA) 〔英〕民航局（法人團體，職
能包括頒發空運執照等）

Civil Aviation Counsel of Arab States (CACAS) 阿拉伯國
家航空理事會

Civil Aviation Department 〔香港〕民航處

Civil bail 民事保釋

Civil Bill Court 〔愛爾蘭〕民事訴訟法院（具有與英國的郡法
院類似民事管轄權）

Civil capacity 民事能力

Civil case 民事案件；民事訴訟

Civil claim 民事求償；民事權利主張；民事訴訟要求

Civil code 民法典

Civil commitment 〔美〕民事拘禁令（指精神病患者、嗜
酒和吸毒者等的拘禁）

Civil commotion 民變；平民騷亂；民眾暴亂（造成社會秩序
處於嚴重而長期動亂狀態，但未及達到戰爭或武裝衝突的地步）

Civil conspiracy 〔美〕民事共謀（指兩人或兩人以上以合法
手段達到非法目的或以不法手段達到合法目的共謀）

Civil Constitution of the Clergy 〔法〕僧侶民事組織法
（1790 年）

Civil contempt 〔美〕民事藐視（指蓄意不執行法院命令等）

Civil corporation 民事法人

Civil court 民事法庭；民事法院

Civil Damage Acts 〔美〕民事損害賠償法（規定出售酒類的
商人須對醉漢的妻子和家屬賠償因醉漢造成的損害）

Civil day 民事上的一日（從半夜到次日半夜為止）；民用日
（區別於天文日）

Civil death 褫奪公權；褫奪權利能力；剝奪政治權利終身；
〔美〕宣告喪失一切民事權利；〔英〕民事死亡（指因剃度為僧
而宣告法律上死亡或因失蹤七年者即被宣告死亡者；被剝奪
法律權益者；被判犯叛國罪或重罪而剝奪其民事權利或民事
行為能力者）

Civil debt 民事債務

Civil defendant 民事被告

Civil defence 民防

Civil defence body 民防團體

Civil defence personnel 民防人員

Civil disabilities 無民事行為能力;〔美〕剝奪公民權利 (褫奪公權)

Civil disobedience 民事騷動;非暴力抵抗 (以拒絕遵守法令或拒絕納稅等方式進行的)

Civil disorder 內亂;市民騷亂

Civil dispute 民事糾紛

Civil disturbances 內亂;市民騷亂

Civil division of a people's court 〔中〕人民法院民事審判庭

Civil domicile 民事住所

Civil embargo 本國船舶扣留;國內扣船;平時禁止本國和外國船舶出港;〔英〕國內禁運

Civil Engineering Department 〔香港〕土木工程署

Civil engineering works 土木工程工事

Civil Evidence Act 〔英〕民事證據法 (1968 年)

Civil execution 民事執行

Civil fraud 民事詐欺 (指逃稅等)

Civil immunity 民事豁免

Civil injuries 民事損害;民事侵害行為

Civil interests 平民階層

Civil judgement 民事判決;民事裁判

Civil judicial procedures and remedies 民事司法程序及其救濟

Civil jurisdiction 民事管轄;民事管轄權

Civil jury trial 〔美〕民事陪審團審理

Civil Law (C.L.) 民法 (涉及民事權利或私人權利及其法律救濟);羅馬法;羅馬市民法;市民法 (指任何指定國家之法律,現與市民法 "municipal law" 加以區分,"civil law" 俗指羅馬民法,該術語在加拿大通指魁北克民法典);羅馬法系;大陸法系;民法法系

Civil law countries 大陸法系國家

Civil law courts 民事法院

Civil law system 大陸法系 (又稱民法法系、羅馬法系、羅馬－日耳曼法系或成文法系,19 世紀初葉發展起來的西方各國的一大法系)

Civil lawsuit 民事訴訟

Civil legal relation 〔中〕民事法律關係 (調整財產和人身的法律關係)

Civil liability 民事責任;民事損害賠償責任

Civil liability acts 〔美〕民事責任法

Civil liability insurance 民事責任保險

Civil libel 民事誹謗 (罪)

Civil liberties 公民自由 (法律範圍內的公民自由權)

Civil list 〔英〕王室年費 (王室年俸);〔美〕政府開支;文官年俸表;文官的工資;文官名冊;公務員職稱表

Civil List Act 〔英〕王室年俸法 (1782 年)

Civil loans 自治團體的借款;〔英〕政府借款

Civil marriage 民法結婚 (指不舉行宗教儀式)

Civil means of transport 民用運輸工具

Civil mediation 民事調解

Civil nature 民事性質

Civil nuisance 民事妨害 (例如妨害他人的土地和房產等)

Civil obligation 民事義務;法律上義務 (指受法律拘束並要由法院強制執行的)

Civil offence 民事罪行;民事違法行為

Civil office 民事機關;民事辦事處;〔美〕文職機構 (行使政府權力的非軍事機構)

Civil officer 文職官員;民政官員

Civil official 文官;文職官員

Civil parish 行政區

Civil penalties 〔美〕民事懲罰 (例如,違反反托拉斯法、污染和證券法等)

Civil personnel 民政人員;文職人員

Civil plaintiff 民事原告

Civil population 平民;一般平民

Civil possession 民法上的佔有;民事佔有

Civil power 統治權;政權;〔英〕維持治安力量

Civil prescription 民事時效 (指取得或喪失某種民事權利的制度)

Civil prisoner 民事犯 (本詞條譯法業經李浩培教授生前校對過的)

Civil procedure 民事訴訟程序;民事訴訟法

Civil Procedure Convention 民事訴訟慣例

Civil procedure law 民事訴訟法

Civil Procedure Law of the P.R.C. 中華人民共和國民事訴訟法

Civil procedure of first instance 民事第一審程序

Civil proceedings 民事訴訟;民事程序 (包括民事求償、抗辯、查明爭議事實及其判決,以及上訴和複審等規定事項)

Civil process 民事傳票;民事令狀

Civil registrar 民政登記員

Civil relation containing foreign elements 涉外民事法律關係

Civil remedy 民事訴訟法上的救濟;民事救濟;民事補救方法

Civil reputation 法律上的名譽

Civil responsibility 民事責任 (指承擔因侵權行為或犯罪而致他人或公司造成傷害的法律責任)

Civil responsibility insurance 民事責任保險

Civil rights 民權;民事權利

Civil Rights Act 〔美〕民權法 (1957,1964,1968 年)

Civil Rights Bill 〔美〕民權法案 (規定凡出生在美國一律給予公民權的 1866 年條例)

Civil rules 〔美〕民事訴訟規則

Civil salvage 海難救助;民用船舶救助

Civil sanction 民事制裁

Civil servant 公務員;文官;文職人員

Civil service 公務;〔總稱〕文職人員;〔美〕文官制;〔英〕文職部門

Civil Service Act 〔美〕文官任用法 (關於委任總統制定文官任用法的 1871 年法令)

Civil Service Bureau 〔香港〕公務員事務局

Civil service commission (C.S.C.) 〔美〕文官事務委員會

Civil service commissioners 文官考試專員

Civil service pension 文官養老年金

Civil service regulations 文官任用規則

Civil service system 文官制度;公務員制度

Civil Services Training and Development Institute 〔香港〕公務員培訓處

Civil side 〔英〕民事部 (主審民事案件);〔美〕民事部 (分民事一部負責審理民事訴訟案、民事二部審理刑訴案件)

Civil state　全體國民（除陸海空三軍和僧侶人員以外）

Civil status aliens　外國人民事法律地位

Civil strife　內爭；內亂

Civil suit　民事訴訟

Civil transport　民用運輸

Civil trials　民事審判（以別於 "criminal cases"）；〔香港〕民事訴訟

Civil war　內戰；國內戰爭；〔美〕南北戰爭（1861–1865 年）；〔英〕內戰（1642–1652 年，查理一世及其子對議會的戰爭）

Civil wrong　〔英〕民事侵權行為；民事不法行為

Civil year　民用年（區別於天文年）

Civilian　羅馬法學者；羅馬法專家；民法專家；平民；平民個人

Civilian agent　民政人員

Civilian authorities　民政當局

Civilian hospital　民用醫院

Civilian internee　被扣留敵僑

Civilian medical personnel　民用醫務人員

Civilian object　民用物體

Civilian person　平民；平民個人

Civilian personnel　文職人員

Civilian population　平民；一般平民

Civilian target　民用目標

Civilians　市民法學派

Civilians in military service　軍屬；軍事部隊中非戰鬥人員

Civilisation　把刑事程序改為民事程序

Civilise　*v.* 使刑訴民事化；把刑事程序改為民事程序

Civilised nation　文明國家

Civilised state　文明國家

Civilly　從民事角度說；根據民法

Claflin trust　〔美〕克勒弗林信托（意指法院拒絕受托人終止托管人信托權利而構成 "永久性信托"）

Claim　*n. & v.* I.（提出作為自己的）權利要求；權利主張；訴訟請求；專利發明主張；〔美〕破產管理人（就國際私法而言，一國對於破產被告具有管轄權可委任破產管理人向其索償）；II. 主張（權利）；要求；提出；索償；索價；聲明；宣稱；認領

Claim adjuster　〔保〕理賠理算人

Claim and delivery　返還動產之訴（追償非法扣押動產訴訟）

Claim check　寄托財產憑證

Claim compensation for damages　要求賠償損失

Claim dilution　索賠勻減

Claim expense　理賠費用

Claim for compensation　索賠；補償要求

Claim for damages　索取損害賠償；要求賠償損失

Claim for indemnity　求償權；要求賠償

Claim for reimbursement　償還請求；要求償還

Claim for security　擔保請求

Claim for short delivery　關於不足額的賠償請求

Claim in detinue　收回不法佔有動產的請求

Claim in equity　衡平法上救濟性理賠

Claim jumping　〔美〕強佔別人礦區權

Claim made on the basis of an abstract qualification of damage calculated in accordance with theoretical models　基於依照理論模式而計算的抽象損害標準的索賠（1980 年）

Claim of cognisance　管轄權請求（指第三者介入要求對原告在求償法院外提起的訴訟案件行使管轄權或裁決權）

Claim of liberty　〔英古〕自由權請求（舊時在稅務法院向英王請求由檢察長確認）

Claim of ownership, right and title　〔美〕所有權的請求權（權利請求權、產權請求權和所有權請求權就對抗佔有來說三者是同樣的）

Claim of refund　償債要求（退款要求）

Claim of Right　〔蘇格蘭〕權利宣言書（1689 年）

Claim of right doctrine　〔美〕收益權利主張的原則（稅法用語）

Claim or loss department　〔保〕理賠部

Claim preclusion　一事不再理（指業經法院判決不准再訴請求償）

Claim property bond　主張財產權利擔保書（指在返還財產之訴並執行取得歸還財物時，被告填寫的擔保書）

Claim settlement　〔保〕理算賠款；理賠

Claim settlement service　索賠清算服務

Claim settling　〔保〕理賠

Claim settling agent　〔保〕理賠代理人；賠償代理人

Claim statement　損失清單；理賠清單

Claim to sovereignty　主權主張

Claimable　可要求的；可認領的

Claimant　認領人；權利主張人；求償人；索賠；債權人；主張權利人；要求者；原告

Claimant adjuster　索賠理算人

Claimant government　求償國政府

Claimant state　求償國

Claimee　被索賠人

Claimer　索賠人；債權人；求償人；主張權利人

Claimor　〔英古〕訴訟請求；權利主張；權利要求人；債務；告訴

Claims assessor　〔保〕估損人

Claims board　求償委員會；索賠委員會；理賠局

Claims Collection Act　〔美〕超支償法（指聯邦法律要求聯邦政府各機構應設法追償因各行政機構活動而使聯邦政府超支的款項）

Claims commission　求償委員會

Claims convention　求償專約

Claims court　求償法院

Claims document　求償證件；索賠單證（指商檢證明、承運人證明及發票求償文件）

Claims of sovereignty　主權主張

Claims on nonresident　非當地居民的索賠

Claims on resources　資源索賠

Claims paid　賠償已付

Claims reserve　給付準備金；賠款準備金

Claims settlement agreement　解決求償協定（理賠協定）

Claims settlement commission　解決求償委員會（理賠委員會）

Clamp down　強制執行；施加壓力；取締；箝制

Clamp down on improper activities　取締不正當活動

Clan　氏族；部落；宗親；宗派；小集團；一夥人

Clan disputes　宗族糾紛

Clandestine　秘密的；暗中的；隱蔽的；私下的

Clandestine marriages　秘密婚姻；不合法婚姻

Clandestine Outlawries Bill 〔英〕下議院優先辯論的議案（克蘭德斯丁法定程序外議案）

Clandestine possession 秘密佔有

Clansmen's association 宗親會

Clarendon Code 〔英〕克拉倫登法典（查理二世統治下制定的限制不信奉國教者權力和自由的四個法律的總稱）

Clarify a positive standard 澄清肯定標準

Clarify and reinforce the disciplines of GATT 1994 〔世貿〕促進和加強 1994 年關貿總協定那些準則

Clarify the facts (or factual) of situation 澄清事實

Clarify the factual situation 澄清事實；澄清實際情況

Clash between trade and environmental policymaking 貿易與環境決策衝突

Class 階級；階層；等級；級別；類別；種類；類型；集團；船級

Class action 集團訴訟；集體訴訟（代表所有同樣處境的人所採取的法律行動）

Class directors 〔美〕董事任期交錯制（董事任期交錯制度使得交接工作很難）

Class gift 集體贈與；合夥贈與；分類饋贈；〔美〕總括贈與（指一筆綜合贈款，贈與時受贈人數不確定，俟來日確定時每人均分之）

Class index number 類別物價指數

Class legislation 階級立法（特別是關於階級利益的立法）；不統一適用的立法

Class of appeal 上訴種類

Class of beneficiaries 受益人組別

Class of punishment 罪別

Class of taxes 稅目；稅收類別（稅收種類）

Class or representative action 〔美〕集團訴訟；派生訴訟；代表訴訟（指代表所有同樣處境的人所採取的法律行動，起訴抑或被訴）

Class origin 階級出身

Class rights 類別權利

Class status 階級成份

Class strife 階級鬥爭

Class struggle 階級鬥爭

Class suit 〔美〕集團訴訟；代表訴訟

Class tax 稅級；稅別，稅種

Class vote system 等級投票制

Class voting 集體投票；團體投票

Class war 階級鬥爭；階級戰爭

Classes of electors 選舉人分類

Classes of stock 股票類別（一般分為 A、B 兩類，通常情況下只有一種類別有投票權）

Classical law-of-nature school 古典自然法學派（指 17、18 世紀反封建鬥爭中代表新興資產階級利益，強調自然法為特徵的一個法學派別）

Classification 類別；分等；分類；分級；危險分類；船級；歸類

Classification certificate 船級證書

Classification clause 船級條款

Classification committee 等級委員會

Classification of consular post 領事館類別

Classification of crimes 犯罪分類；犯罪類別；罪行類別

Classification of evidence 證據分類；證據類別

Classification of law 法的分類（法按其特點可分成文法和不成文法；一般法和特殊法等類別）

Classification of legal relations 法律關係定性

Classification of risks 危險分類；風險類別（指在火險類別中標明承保條款的性質和情勢及要保人在意外事故中的地位）

Classification of ship （船的）定級

Classification society 船級社

Classification system (in freight) （運費）等級制

Classified 分類的；分級的；密級的

Classified information 機密資料；機密情報

Classified record 分類記錄

Classified tax 類別稅；分類徵稅制（指各個不同財產組別按不同稅單徵稅的制度）

Classmen's association 宗親會

Clause 條款；項；目；句子；從句；分句；〔英〕法案條款

Clause bill of lading 不潔提單；附批注條款提單

Clause compromissoire 〔法〕仲裁條款

Clause de style 〔法〕格式條款；例行條款

Clause for excepted perils 危險除外條款

Clause of accession 加入條款

Clause of adhesion 加入條款

Clause of denunciation 退約條款

Clause of devolution （責任、權利等的）轉移條款；交付條款

Clause penale 違約金條款

Clause potestative 〔法〕任意條款（指合同一方當事人保留廢除條款的權利）

Clause protocolaire 〔法〕形式條款

Clause reserve 〔法〕保留條款

Clause rolls 〔英古〕秘密敕令卷宗

Claused bill of lading （=dirty bill of lading）不潔提單；附條款提單；有批注提單

Clauses Acts 〔英〕綜合條款法（旨在解決出現在特別制定法中的諸多具體規定的各種形式，將其歸而為一。例如，鐵路建設等各種公共事業的特別規定）

Claves insulae 馬恩島立法議會；馬恩島法律元老

Clavia 〔英古〕棍棒；權杖

Claw back 〔英〕填補；補償（指政府用附加稅填補增加的福利及津貼的開支）

Clawa 圍地；小塊圍地

Clayton Act 〔美〕克萊頓法（1914 年，旨在禁止企業聯合）

Clayton Antitrust Act 〔美〕克萊頓反托拉斯法（1914 年通過，旨在禁止不公平競爭）

Clayton-Poulwer Treaty 克萊頓－布爾沃條約（1850 年，英美間保證巴拿馬運河中立化條約）

Clean 無可指責的；無瑕疵的；無欺詐的；無保留的；無辜的

Clean Air Acts (CAA) 〔美〕空氣淨化法（規範和控制空氣污染的環保法規，1970 年）

Clean bill 光票（指不附帶任何商業單據的匯票，其流通全憑出票人或背書人的資信或指不附有代表貨物所有權單據的匯票）

Clean Bill Collection 光票托收（指賣方僅開出匯票不附有任何商業單據的托收。在國際貿易中不常使用，通常只用於收取貨款尾數或儲金、樣品費等小額款項）

Clean bill of health 合格健康證書；無疫證書（指船上無傳染病證書）

Clean bill of lading 清潔提單（指無任何批注的提貨單）

Clean documents 完全的文件；無瑕疵文件

Clean draft 普通匯票；光票

Clean float 清潔浮動；自由浮動（指未受官方干預的匯率浮動）

Clean hands 〔英〕清白；無辜（衡平法院在有詐欺或其他不公正行為時不給予救濟的原則）

Clean hands doctrine 清白原則

Clean L/C 光票信用證

Clean letter of credit (clean L/C) 清潔信用證；光票信用證（指憑票可付款的信用證）

Clean Report of Findings (CRF) 〔關貿〕調查終結報告（指商檢結果的報告）；清潔檢驗報告（指世貿組織的《裝運前檢驗協議》第 2 條第 16 款和第 18 款的規定，檢驗機構應於五日內簽發檢驗結果的報告）

Clean slate principle 白板原則（指新獨立的國家沒有義務維持原國家同別的國家締結的條約的效力；國際法上關於國家在條約繼承的公約第 16 條，有此項規定）

Clean slate theory 白紙論（釋義同「白板原則」）

Clean Water Act 〔美〕清潔水法；水淨化法（指規定和控制水的污染而頒佈聯邦與州的環保法）

Clean-handed 清白的；沒有做過壞事的

Cleaning the tank charge 洗艙費

Clean-up fund 〔保〕善後基金

Clean-up negotiations 善後談判

Clear *v. & a.* I. 弄明白；使清楚；消除（嫌疑）；宣告無罪；開釋；（議案等）通過；（為船舶或貨物）結關；交驗（單據）；使（支票）兌現；清賬；結算；出售（商品）；II. 明顯的；清楚的；無疑問的；清白的；無罪的；暢通的；無債務的；無負擔的；無障礙的；確知的

Clear account 清賬

Clear and convincing proof 清楚和令人信服的證明

Clear and present danger 明顯而具體之危險（新聞、言論自由嚴重危及公共利益時可加以限制的原則）

Clear and present danger doctrine 〔美〕明顯而現實之危險原則（新聞、言論自由嚴重危及公共利益時可加以限制的原則）

Clear annual value 年淨值（指財產所有者稅後的）

Clear annuity 淨年金（指免稅後年金；免除遺產稅後年金）

Clear area 暢通區

Clear chance 充分避險機會（指當事人有採取措施避免交通傷害事故發生的足夠時間）

Clear coast 無阻礙海岸

Clear days 淨日數；足日數（除去第一天和最後一天的日數）

Clear declaration 明示

Clear evidence 確證；明顯的證據

Clear income 純所得；淨收入

Clear legal right 明顯合法權利（指作為法律問題可從無可置疑的事實推論出的權利）

Clear majority 過半數

Clear market price 公平市價（公平市場價格）

Clear market value 公平自願的市場價格

Clear meaning 明顯意義

Clear reflection of income 〔美〕收入的明確反映

Clear residue 遺產淨餘額（指支付死者債務和遺產管理費用所用的資金後之餘）

Clear sum 扣除稅外的純所得數

Clear the docket 結束所有案件的審理；清理積案

Clear the market 使市場供求平衡

Clear title 〔美〕完好的契據；有效的所有權；可出售轉讓的產權（指無負擔、無障礙、無限制的產權）

Clear title of record 無明顯瑕疵記錄的地契（無明顯瑕疵、無嚴重懷疑和無不確定爭議記錄的產權）

Clear view doctrine 〔美〕一眼看清原則（釋義詳見 "plain view doctrine"）

Clearance 船舶離港權；船舶出港許可證；結關證書；結關；清貨；間歇時間（指故事片在兩個戲院放映合同中，在一個戲院放映完再到另一個戲院放映之間的間歇時間）

Clearance card 〔美〕離職卡（說明解僱理由或自願離職、說明受僱時間、受僱者能力和他以前相關受僱情況等其他事實）

Clearance certificate （船舶）離港證書；結關單

Clearance dues 出港稅

Clearance fee 結關費用；進出港手續費

Clearance inward 入港手續

Clearance label 〔英〕離港證

Clearance notice 出港通知書

Clearance order 〔英〕拆除命令（指地方政府徵得衛生部長的同意拆掉不合居住條件的房屋令）

Clearance outward 出港手續

Clearance papers 船舶出入港許可證；結關；（軍事、飛行等當局的）許可證；票據交換

Clearance sale 清倉拍賣；減價出售存貨

Clear-cut 明確的；清晰的；鮮明的

Clearing 〔美〕清關；結關（指船舶照章辦完清關手續後離港）；票據交換；匯劃結算；清算；結算；轉賬

Clearing a position 結清長頭寸；結清空頭

Clearing account 清賬；清結賬戶；暫記賬戶（包含會計期末由一個賬戶過到另一個賬戶）

Clearing agreement 清算協定；結算協定（指兩國政府不動用外匯，而以記賬或沖銷賬戶的方式清償其貿易的債權債務問題）

Clearing arrangement 清算協定；結算協定

Clearing bank 交換銀行；清算銀行

Clearing Corporation （證券）清算公司

Clearing house (C.H.) 清算所；票據交換所；交流中心

Clearing label 出港狀；出港標志

Clearing loan 清算信貸

Clearing mark （海圖）安全符號

Clearing member bank 票據交換加入銀行（聯邦儲備銀行）

Clearing office 交換所

Clearing sale 減價出售存貨；清倉拍賣

Clearing title 使契據可銷售的必要行為或過程

Clearing Union 清理會；票據交換聯盟（通常是各國央行結成聯盟以便利多邊貿易與支付業務）

Clearings 〔美〕銀行間匯劃結算方法（指銀行與銀行業者之間兌換和結算的方法）

Clearly 明亮地；明顯地；明晰地；明瞭地；無障礙地

Clearly erroneous 〔美〕明顯錯誤的

Clearly foreseen 〔世貿〕可預見的（意指傾銷造成的損害可清楚地預見到的）

Clearly imminent 〔關貿〕明顯迫近的（指對總協定締約國國內工業等嚴重損害的威脅）

Clearly proved 業經證明了的

Cleentines 克萊蒙法令集

Clemency 仁慈；寬厚；寬大；憐憫；（對犯罪行為的）寬恕

Clement's Inn 〔英〕克列門特律師公會

Cleptomania 盜竊癖

Clergy 神職人員（指牧師、教士、僧侶）；神職人員特權

Clergy privilege 牧師特權；神職人員特權

Clerical 牧師的；教士的；僧侶關係的；神職人員的；辦事員式的；辦公室工作的；文書工作的

Clerical errors （謄抄工作者的）筆誤；書寫錯誤

Clerical misprision 法院書記員瀆職

Clerical tonsure 〔英古〕神職人員的削髮（儀式）

Clerical work 書記員工作

Clerigos 〔西〕神職人員；牧師；教士

Clerk 〔基金〕書記員；辦事員；法院書記官；律師助理；法官助理；執事；神職人員；簿記員；職員；辦事員；店員

Clerk of arraigns 〔英〕（巡迴法庭）助理書記官；（中央刑事法院主任）書記員助理

Clerk of assize 〔英〕巡迴法院書記官（負責記錄法官在巡迴法庭上的全部程序）

Clerk of enrolments 〔英〕（前英國註冊辦公室）登記書記官（衡平破產法院）登記書記官司

Clerk of Justiciary 〔蘇格蘭〕高等刑事法院書記官

Clerk of Session 〔蘇格蘭〕最高民事法院書記官

Clerk of the Council in Ordinary 〔英〕樞密院常任書記官

Clerk of the Crown in Chancery 〔英〕主任事務官（舊時隸屬大法官的行政事務主任事務官，現附屬於高等法院掌管兩院議員召集、選舉等事務）；（舊時衡平法院辦公室）主任書記官

Clerk of the hanaper 〔英〕保管令狀書記官（舊時隸屬衡平法院普通法部負責管理有關看守令狀，敕許狀和特許狀事務）

Clerk of the House of Commons 〔英〕下議院書記官（由英王頒發特許狀下議院官員）

Clerk of the market 〔英〕市場監督官

Clerk of the Parliaments 〔英〕上議院主任書記官（由英王頒發特許狀任命上議院官員）

Clerk of the peace 治安書記員

Clerk of the privy seal 〔英〕國王玉璽事務官

Clerk of the table 〔英〕（下議院）議程事務官

Clerks of records and writs 衡平法院案卷和令狀書記官（舊時負責密封保存訴狀、宣誓陳述書和記錄等事務）

Clerkship 實習期（指法學院學生在被接納為律師前在一律師事務所的見習期）；助理（指法學院學生或法學院畢業生做律師或法官的書記員）

Click here economy 點擊經濟（俗稱"網上購物"）

Click-wrap contract 點擊合同（計算機網絡法用語）

Click-wrap licence 點擊許可證（計算機網絡法用語）

Client 委托人（舊譯"事主"，指個人或團體聘用律師、會計師等）；（律師的）當事人；附庸國；附庸政府（"client state"的簡稱）；顧客；客戶

Client security fund 〔美〕委托人保障基金（諸多州律師協會設立的以彌補支付個別律師會員不誠實而對委托人所造成的損失）

Client state 附庸國；附庸政府

Client's privilege 〔美〕委托人特權（指委托人要求律師對彼此通訊保密的特權）

Clifford trust 〔美〕克里福德信托（旨在為子女受益人而設立的把高收入的父母納稅稅級轉移到較低稅級的子女頭上以規避納稅責任）

Clifford's Inn 〔英〕克里福德律師公會

Climate Change Convention 氣候變化公約（1992 年簽訂於里約熱內盧）

Clinical observation （對在監犯人的）精神觀察

Clinical tests 臨牀檢查（涉及對病人直接觀察，包括實驗室和診斷檢查）

Clipped sovereignty 〔美〕被剪切的主權（指幾個州與其國家領土的相互交叉）

Clique 派系；小集團

Cliquism 小集團主義；排他主義

Clito 〔撒〕國王之子；皇帝之子；王位繼承人；撒克遜貴族

Cloere 監獄；地牢

Clog on the equity of redemption 〔英〕妨礙衡平法上對出質財產的贖回權（指抵押契約條文中妨礙贖回出質財產為無效）

Clogging equity of redemption 〔英〕妨礙或限制衡平法上對出質財產的贖回權（根據法諺，"一旦為抵押，永遠為抵押"，意指只要財產一作抵押，對於抵押權人贖回其財產權利，要麼剝奪，要麼阻止）

Close *v. n. & a.* I. 結束；終止；結算；結清（賬目）；商定（交易）；閉市，收盤；關閉；封閉；封鎖；包圍；II. 圈地；圍地（指四周有柵欄或籬笆圈圍起來的一塊地）；結束；終止；（股票交易所的）收盤價；III. 密封的；關閉的；封閉的；接近的；不公開的；禁漁的；禁獵的

Close a case 結案；銷案

Close blockade 近距離封鎖

Close company 〔英〕封閉式公司；股份不公開公司（由五個或少於五個股東控制的股份不公開的公司）

Close confinement 禁閉

Close control and supervision 嚴密控制和監督

Close cooperation between the institutions to avoid possible inconsistency 〔世貿〕密切機構之間的合作以避免可能在行動上的自相矛盾

Close copies 〔美〕（用詞不嚴謹或鬆散的）法律文書副本；〔英〕事務律師文件副本（一律師為其另一律師委托人使用而製作的證件副本）

Close corporation 〔美〕封閉型公司（股份由少數人控制不公開對外招股的公司）

Close interpretation 狹義解釋

Close jail execution 收監執行令

Close line 封閉線

Close of a bankruptcy （破產程序中）分配的終結

Close of hostilities 戰事結束

Close of occupation 佔領結束

Close of pleadings 訴辯程序結束（原、被告書面訴答的結束）

Close of the war 戰爭結束

Close proximity 附近

Close range blockade 近距離封鎖

Close relatives 近親屬（指父母、兄弟、姐妹、夫妻及其子女）

Close rolls 〔英〕密封卷宗（1205 年至今）

Close season (or closed season) 禁獵期；禁漁期

Close substitute　近似替代品

Close the books　結賬

Close the polls　終止投票

Close to　接近於；在附近；在左右

Close writs (or close rolls)　密封令狀；密封敕令；（封建帝王）密封詔書

Closed air space　封閉空間；鄰接空間

Closed area　禁區；閉區；封閉地區

Closed auction　非公開拍賣

Closed ballot　無記名投票

Closed bay　閉灣

Closed bloc　排他性集團

Closed blockade　近距離封鎖

Closed cargo policy　閉口貨物保險單

Closed conference　秘密會議

Closed convention　關閉公約

Closed court　〔英古〕封閉性法庭（只允許高級律師在高等民事法庭上對案件進行辯論，1883 年廢止）

Closed door policy　關閉政策；閉關政策

Closed economy　封閉性的經濟，封閉型的經濟（指前社會主義國家的中央計劃經濟）

Closed fishing season　（禁止捕魚季節）禁漁期

Closed harbour　封閉港

Closed insurance policy　封閉性的保險單

Closed institution　封閉性機構

Closed meeting　秘密會議

Closed multilateral convention　封閉性多邊公約

Closed multilateral treaty　封閉性多邊條約

Closed port　封閉港（暫時禁止進入）

Closed primary　〔美〕排他性預選；封閉性初選（指僅有某政黨成員參加，而且只能提名本黨黨員參加的預選，不允許提名其他黨候選人）

Closed rolls　密封記錄

Closed rule　定案規則（議會禁止對某一議案再提修正意見的規定）

Closed sea　閉海

Closed season　禁獵期；禁漁期

Closed session　秘密會議

Closed shop　〔美〕排他性工廠；不僱傭非工會會員的工廠；又稱"封鎖工廠制"（指工會與資方協議只僱用本工會會員為先決條件的商店或工廠制度）

Closed shop contract　〔美〕排他性僱傭企業合同；只僱用本工會會員的工廠合同

Closed sitting　秘密會議

Closed strait　封閉性海峽

Closed transaction　〔美〕已結清交易（指納稅事項）

Closed treaty　封閉性條約；不開放條約

Closed union　封閉性工會（指對入會者有限制）

Closed vote　秘密投票

Closed zone　閉區

Closed-door policy　閉關自守政策（其反義詞為"open-door policy"）

Closed-end investment company　股份固定的投資公司（指具有固定的資本結構的投資公司）

Closed-end investment trust　封閉性投資信托（只有原始認購的股份可予分紅的投資托拉斯）

Closed-end mortgage　滿額抵押；限額型抵押

Closed-end transactions　封閉性信貸交易（固定償還金額及時間條件信貸交易）

Closed-market economy　封閉型的市場經濟

Close-hauled　〔海法〕搶風（航行）（指船舶順風航行）

Closely approximates　非常接近（指進口貨物完稅價格而言）

Closely held company　(= close company) 股東人數有限的公司

Closely held corporation　(= close corporation) 股東人數有限的公司

Closely resembling　〔關貿〕極為相似的

Closer Economic Relations Agreement between Australia and New Zealand　更加密切澳洲和新西蘭之間的經濟關係協定（1990 年）

Closet homosexual　非公開同性戀者

Closet link　最密切聯繫（指實體法上所應適用的准據法而言）

Closet sin　秘密犯罪

Closing　（房地產）完成交易的；有擔保抵押的，獲得抵押的；產權過戶了的

Closing account　結賬

Closing address　閉幕詞

Closing argument　終結辯論（指雙方律師向陪審團或法院作證據辯論的總結）

Closing bill　決算案

Closing costs　〔美〕（不動產買賣成交的）手續費；借款手續費（指對產權的審查，產權保險及製作契據等的規費）

Closing date　結算日期；決算期；（議會等）閉幕日期；截止日期（指船舶等收載的最後期限）

Closing entries　結賬分類；結賬分錄（指把暫時的借貸賬目轉入有關的結算資產負債表賬戶中）

Closing estates　〔美〕清算遺產（以便給付遺贈、繼承、遺產稅以及結算遺囑檢證賬款）

Closing liabilities　收盤債務

Closing line　封閉線

Closing of border　邊界關閉

Closing of port　封港

Closing of the frontier　封閉邊界（邊界封閉）

Closing order　〔英〕封屋令；封閉令（指關閉不宜居住部份的樓宇）；停止營業時間令

Closing price　（證券交易）收盤價格

Closing session　閉幕會議

Closing sitting　結束會議；閉幕會議

Closing statement　〔美〕（房地產交易會方面分析的）終結財務報表

Closure　終止辯論程序；終結辯論（指如果議會動議付諸表決，如議員不到百名投票者，辯論就必須終結）

Closure of border　關閉邊界（邊界關閉）

Closure of debate　結束辯論；終止辯論付諸投票表決

Closure of liquidation　清算完結

Closure of port　封港；閉港

Closure rule　停止討論規則

Cloud on title　產權瑕疵（指土地使用權由於有關的契據等移轉而遭受的損害，或該地產已經抵押或已設定擔保等）

Clough　山谷；峽谷；折扣（指按重量購買批發的貨物享有的優惠）

Club 俱樂部（指關貿總協定制定的規則等沒有約束性，成員國可以不予執行，形同一個俱樂部）

Club of ten (Group of ten) 十國俱樂部（又稱十國集團）（指國際貨幣基金組織的一個附屬機構，其於 1961 年 12 月由美、英、法、西德、意、日、荷、加拿大、比利時、瑞典十國在巴黎開會成立，故而又稱 "巴黎俱樂部"）

Club-law 暴政；武力統治；武器法

Clue 線索；提示（指提供或可能解決犯罪或困惑問題的一個證據）

Cluster housing 住宅建築羣（指各個房屋連在一起而各自間留下很小的場地，但有寬大的公用地方）

Cluster zoning 〔美〕住宅組羣區劃

Co-acceptor 連帶受領人；共同承兌人

Co-accused 共同被告人

Co-adjutor 助手；夥伴；幫手；〔英〕主教助理

Coadjutor bishop 〔英〕助理主教

Co-administration 共同管理

Co-administrator 共同管理人；共同管理遺產人；共同管理國

Co-adventurer 共同投資人（指參與其他人一起從事冒險投資買賣等）

Co-agent 共同代理人

Coal Mines Emergency Act 〔英〕煤礦緊急法（1920 年）

Coal-burning power plants 燒煤發電廠（指放出二氧化碳等形成酸雨的有毒氣體，屬環境污染產業）

Coal-fired power plant 燒煤的熱力發電站（散發出的二氧化碳為污染源之一，指非環保產業）

Coalition 聯合；聯盟

Coalition Against Trafficking in Women 反拐賣婦女聯盟

Coalition cabinet 聯合內閣

Coalition government 聯合政府

Coalition of states 國家的聯合

Coalition patterns 聯合格局

Coalitionist （政治上的）聯合論者；參加同盟者

Coal-steel community 煤鋼聯盟（歐洲的）

Co-assignee 共同受讓人（同一標的物的兩個或兩個以上的受讓人）

Co-assurer 共同保險人；共保人

Coast 海岸；海濱（地區）

Coast and geodetic survey 海岸和大地測量

Coast blockade 〔英〕海岸封鎖

Coast fisheries 近海捕魚權；沿海漁業（指法定三海里內的漁業）

Coast guard vessel 緝私船

Coast line 海岸線

Coast line traffic 沿岸運輸

Coast pilot 沿岸領航員

Coast submarine area 沿岸海底區

Coast town 沿海城鎮

Coast waiter 〔英〕監督沿岸貨運海關官員

Coast waters 沿岸水域；近海水域

Coastal archipelago 沿岸羣島；近海羣島

Coastal area 沿海區

Coastal boat 沿岸小艇

Coastal control 海岸控制

Coastal domain 沿海領地

Coastal fisheries 沿海漁業

Coastal fishing boat 沿岸小漁船

Coastal fishing vessel 沿海漁船；沿岸漁船

Coastal front 沿海前沿

Coastal indentation 沿岸水曲

Coastal island 沿岸島嶼；近海島嶼

Coastal jurisdiction 沿海管轄權

Coastal lagoon 沿海環礁湖

Coastal navigation 沿海航行

Coastal region 沿海區

Coastal resources 沿海資源

Coastal sea 沿海海域

Coastal sea bed area 沿海海牀區

Coastal security 沿海安全

Coastal shipping 沿海航運

Coastal state 沿海國

Coastal state jurisdiction 沿海國管轄權

Coastal state priority zone 沿海國家優先區

Coastal state resource jurisdiction 沿海國家資源管轄權

Coastal submarine domain 沿海海底領地

Coastal terrace 沿岸階地

Coastal trade 沿海貿易；沿岸貿易

Coastal trader 沿岸貿易商

Coastal traffic 沿海交通

Coastal warfare 沿海戰

Coastal waters 沿海水域；沿岸水域

Coastal zone 沿海區

Coaster 〔美〕沿海貿易船（指專門從事內國港口貿易的船舶）

Coast-guard 〔美〕海岸警衛隊（負責執行關於公海上的聯邦法規及美國通航水域和其佔有物）；〔英〕海岸警備隊（原屬英海軍管轄，現由貿易委員會管理，職責是保衛王國海岸線和緝私等）

Coast-guard service 〔英〕海關緝私部

Coasting 沿海航行；〔美〕從事沿海貿易

Coasting Act 〔美〕沿岸貿易及漁業條例（1793 年）

Coasting fishery 沿海漁業

Coasting line 沿海航線；沿岸線

Coasting route 沿海航線

Coasting ship 沿海航行船

Coasting trade 沿岸貿易；沿海貿易；〔美〕國內貿易（指不同州的地區之間或同一州的不同地區之間的貿易等）

Coasting trader 沿岸貿易商

Coasting-pilot 沿海領航員

Coast-liner 沿岸貿易船

Coastwise 沿海岸的；〔美〕沿岸貿易船舶（指從事於國內港口之間貿易的船舶）

Coastwise service 近海航線

Coastwise trade 沿岸貿易；沿海貿易

Coastwise traffic 沿海交通

Coat and conduct money 〔英〕服裝和行軍費（非法勒索支付士兵服裝和招募旅差費，1640 年）

Coat of arms 國徽；徽章；盾徽

Coattail *a. & n.* 〔美〕I. 具有政治聲望的；具有附選力的；II. 政治聲望；附選力（指一個強勢的候選人可帶領弱勢者勝選）

Coauteur 〔法〕共同主犯，共犯；合著者

Co-authenticating agent 連署代理人

Co-author　共同著作人

Co-basin state　共同盆地國；共同流域國

Cobden Treaty　科布登條約 (1860 年英法間締結的通商條約)

Co-belligerency　共同交戰地位

Co-belligerent　共同交戰者；共同交戰國

Co-belligerent power　共同交戰國

Co-belligerent state　共同交戰國

Co-borrower　共同借款人

Cobweb theorem　蛛網定理 (一種試圖解釋某種商品價格循環變動的規律的理論)

Cocaine　可卡因 (毒品的一種)

Co-chairmen　聯合主席；兩主席

Cocket　〔英〕海關印鑒；關稅付訖證書 (指由海關官員簽發的通關貨物證明)

Cocket card　離港證

Cockpit　〔英〕鬥雞場；鬥雞場大樓 (指曾用於白金漢宮樞密院司法委員會辦公樓所建地址的別稱)

Cocksetus　舵手；船長

Cocoa Consultative Group　可可協商組；可可諮詢組

Cocoa Producers' Alliance (CPA)　可可生產者聯盟 (1962 年 5 月成立，由拉美的巴西和非洲加納等可可生產國組成，總部設在拉格斯)

Co-conspirator　同謀者；共謀者 (指與他人從事非法共謀活動)

Co-conspirator's rule　同謀犯規則 (指每個同謀犯成員的所有犯罪行為均可相互承認的)

Co-contracting party　共同締約者

Co-contracting state　共同締約國

Co-contractor　共同承包商；共同承攬人；共同訂約人；共同承建商；聯合承建商

Cocotte　妓女；娼妓

Co-countrymen　〔領事〕共同國民 (指既持有原籍國有效護照，又持有居住國的合法居留證件者)

Co-creditor　共同債權人

Code　法典；法規彙編 (指把某一現行的部門法律，規則或規章條例編纂為比較系統的永久有效的法律彙編)；〔古羅馬〕〔查士〕尼大帝命令編纂的《羅馬法大全》

Code Civil　〔法〕民法典 (1803–1804 年間編纂)

Code conditionality　守則條件性 (指 GATT 最惠國待遇基本原則遭到某些締約方的破壞，即指他們所簽署的排他性的雙邊協議，把最惠國的 "無條件" 待遇變成 "有條件" 的)

Code d'instruction criminelle　〔法〕刑事訴訟法典 (1808 年關於刑事訴訟程序)

Code de Commerce　〔法〕商法典 (1807 年)

Code de Procedure Civile　〔法〕民事訴訟法典 (1806、1975 年)

Code de Procedure Penale　〔法〕刑事訴訟法典 (1806、1959 年)

Code des Douanes　〔法〕海關法典 (1791 年)

Code des Obligations (Obligationrecht)　〔瑞士〕債務法典 (1881 年)

Code des Postes et Telecommunications　〔法〕郵電法典 (1972 年)

Code due Travail Maritime　〔法〕海上勞動法典 (1926 年)

Code for Preventing Technical Barriers to Trade　〔關貿〕防止技術性貿易障礙規約 (1973 年東京回合大會提出草案，1979 年通過)

Code General des Impots　〔法〕普通稅法典 (1934 年)

Code Judiciaire　〔比〕司法法典 (1962 年)

Code Louis　〔法〕路易法典 (1667–1670 年)

Code Michau　〔法〕米歇爾法典 (1629 年)

Code Napoleon (Code of Napoleon)　〔法〕拿破侖法典 (1803–1804 年，法國的民法典，包括其時有效的 36 種法令)

Code Noir　〔法〕黑色法典 (命令將猶太人趕出法國殖民地，禁止非天主教在那裏活動等的法規)；黑人法 (1685 年法國人在聖多明各編寫的法律)

Code nunciat　共同被告 (人)

Code of behaviour　行為守則

Code of Canon Law　教會法法典

Code of Civil Procedure　〔美〕民事訴訟法典；(加州) 民事訴訟法典

Code of conduct　行為準則；行為守則

Code of Conduct for Liner Conferences　班輪公會行動守則

Code of Conduct for Preventing Technical Barriers to Trade　〔關貿〕防止技術性貿易障礙規約；防止技術貿易壁壘行動守則

Code of Conduct on Transnational Corporations　跨國公司行動準則

Code of criminal procedure　〔美〕刑事訴訟法典

Code of criminal prosecution　刑事訴訟法典

Code of Draco　〔希〕德拉哥法典 (古希臘雅典立法者德拉哥制定，非常嚴厲，所有現在用以指一特別嚴厲的法律)

Code of ethics　道德準則；道德規範；道德規約；〔美〕職業道德法典

Code of Federal Regulations (CFR)　〔美〕聯邦法規彙編

Code of Frederick the Great　〔普〕腓特烈大帝法典 (1751 年普魯士法典)

Code of Good Practice　〔世貿〕適當做法守則 (指對世界貿易組織各成員國領土內的任何標準化機構開放接受，其包括中央、地方政府機構、非政府機構和區域性標準化機構)

Code of Good Practice for the Preparation, Adoption and Application of Standards　〔世貿〕標準的擬訂、通過和適用的適當做法守則 (簡稱《適當做法守則》)

Code of Hammurabi　〔巴比倫〕漢摩拉比法典 (公元前 18 世紀)

Code of international conduct　國際行為準則

Code of international law　國際法法典

Code of Justinian　查士丁尼法典

Code of laws of war　戰爭法典

Code of Lipit-Ishtat　〔伊斯〕利皮特－伊斯諾法典 (公元前 20 世紀)

Code of manu　〔印〕摩奴法典 (古代印度法典)

Code of Military Justice　〔美〕軍法典 (陸海空軍事司法法典)

Code of practice　行規；業務守則；工作守則

Code of professional responsibility　律師職業責任法典

Code of signals　信號譜

Code of the laws of war　戰爭法典

Code of Trade Liberalisation　貿易自由化法典

Code of written law　成文法法典

Code on Multinational Enterprises　跨國企業守則

Code on Technical Barriers　〔關 / 世貿〕技術壁壘守則

Code on treaty law　條約集；條約法彙編

Code penal 〔法〕刑法典（1810 年）

Code pleading 〔美〕訴求和答辯程序（指民事訴訟請求和答辯程序規則或守則）

Code Savary 〔法〕莎娃里法典（1673 年頒佈的關於法國的一部主要的商業程序法典）

Co-debtor 共同債務人

Co-defendant 共同被告人

Co-defending state 共同防禦國

Codes maximilianus 麥克斯米連民法典（1756 年）

Codex 法典；法令大全（特指查士丁尼法典）；一本；一卷（寫在紙上或羊皮紙上的一卷或一本）

Codex Alimentarius Commission 國際營養標準委員會

Codicil 遺囑補正書；遺囑附言；遺囑附錄（指對遺囑的補充或增加，或加以解釋、修訂或撤銷現有遺囑中的某些條款）

Codification 法典編纂

Codification and progressive development of the international law 國際法的編纂和逐步發展

Codification conference 法典編纂會議

Codification convention 法典編纂公約

Codification of international law 國際法的編纂（指把國際法某一部門的原則、規範、制度，全面地、系統地用類似法典的形式編纂出來）

Codifier 法典編纂者

Codify *v.* 把（法律）編纂成法典；編纂法典

Codifying statute 把既存的判例法作成成文法的議會制定法

Codigo Bustamante (Bustamante Code, Code of Private International Law) 〔古巴〕布斯塔曼特法典（《國際私法法典》，1928 年，美洲古巴等國制定的）

Coding clerks 譯電員

Co-dominion 共管

Co-drawer 共同出票人；共同開票人

Co-emption 收購；囤積（購買全部數量的任何商品）

Co-equal 相互平等的；等量的；等值的；相同等級的

Coerce *v.* 脅迫；強迫；迫使；強制；壓制

Coerce a statement 逼供

Coerce confession 逼供

Coerced (or induced) offender 〔中〕脅從犯（中國刑法規定的被脅迫，被誘騙參加犯罪活動的犯罪份子）

Coercion 脅迫；強制；強迫；逼迫（指以武力或威脅逼人為所不為之事，如強迫訂立遺囑、訂立契約）；〔英〕妻子在丈夫逼迫下犯罪

Coercion Acts 〔英〕鎮壓法；脅迫條例

Coercion in fact 事實上的脅迫

Coercionist 高壓統治論者；強制主義者

Coercive 強迫的；強制的；脅迫的

Coercive act 脅迫行為

Coercive action 脅迫行動

Coercive measure 強迫措施

Coercive measure in civil suits 〔中〕民事強制措施（指對妨害民事訴訟的人採取拘傳、訓誡、具結悔過、罰款和拘留五種強制手段以排除妨害）

Coercive measure short of war 次於戰爭的強迫措施

Coercive method (measures) 強制方法（手段）；強制措施；強迫措施

Coercive package licensing 〔世貿〕強制性一攬子許可（旨在防止的控制許可證合同中的反競爭性實踐）

Co-executor 共同遺囑執行人（指兩人或兩人以上共同執行遺囑）

Co-executrix 女共同遺囑執行人

Co-existence 共處

Coffers 資產；財力；財源；國庫；金庫

Co-financing 共同籌資；共同提供資金

Cogent 有說服力的；無法反駁的

Cogent evidence 有說服力的證據

Cogent ground 有說服力的理由

Cogent reasoning 有說服力的陳述理由

Cognate offence 同類罪（指含有較重罪所沒有的犯罪要素，但事實上與較重罪有關聯，且與較重罪要素還有共同點，其屬同級或同類罪）

Cognates 母系親屬關係；女系親屬關係

Cognation 親族；同族；女系親族；母系親族；〔美〕親屬；血緣關係

Cognisance （=cognisance）管轄權；審判權；司法認知；承認；認可

Cognition 〔蘇格蘭〕確定（精神病人並指定管理其財產的保佐人）

Cognition and sale 〔蘇格蘭〕出售被監護人財產程序（指從高等法院出售被監護人財產授權書的程序）

Cognition and sasine 〔蘇格蘭〕租地財產的繼承法

Cognitor 訴訟代理人；訴訟辯護人；到庭訴訟者辯護律師

Cognisable 能在指定法庭審判或訊問的；在法院管轄權之內的；授予法院裁判糾紛權力的；可認識的；可識別的（意指在選任陪審員程序中將被告人無條件地從可識別團組中排除出去）

Cognisance 管轄權；審判權；司法認知；承認；認可

Cognisance of pleas 排他性司法管轄權；專屬司法管轄權；審判管轄權

Cognisance of the court 法院審理權

Cognisee 被科以罰金者

Cognisor 科處罰金者

Cognosce *v.* 審理；訊問；宣告為白痴或瘋子

Cognovit 被告承認書（被告承認原告訴訟為正當時所具結的）；民事被告的請求供認狀

Cognovit judgement 供認判決；接受判決（指債務人書面同意一旦拖欠債務可對其作出負債判決）

Cognovit note （= confession of judgment）〔美〕認諾判決；承認判決指示書（指債務人書面授權代理人接受法院對其判決）

Co-guarantor 共同擔保人；共同擔保國

Co-guardian 共同監護人之一

Cohabit *v.* 男女同居

Cohabitant 同居者

Cohabitation 男女同居

Cohabitation agreement 男女同居協議（涉及雙方同居者財產和財務關係的合同）

Cohabitation with habit and repute 〔蘇格蘭〕習慣與共知的同居

Cohabitee 同居者

Co-heir 共同繼承人之一

Co-heiress (Coheiress) 共同女繼承人

Coheirship 共同繼承

C

Coherence in economic policies between trade, financial, and development issues 〔世行〕經濟政策與貿易、金融和發展問題之間的協調關係 (有學者認為，雖然各成員國政府均要求世界銀行、國際貨幣基金組織和世貿組織三者之間要形成合力，但是，世貿組織作為國際組織的遊戲者一方的財力和人力相形之下均不如世界銀行和國際貨幣基金那樣雄厚)

Coherence in global economic policy-making 〔世貿〕協調全球經濟的決策

Coherent solutions to common problems 共同問題的一致解決辦法

Cohort analysis 〔美〕(僱工) 組羣檢測 (檢測僱用上是否存在種族歧視的一種方法)

Coif 〔英〕(高級律師戴的) 小白帽；高級律師資格

Co-imperium 共同統治權

Coin *v. & n.* I. 鑄造硬幣；鑄幣；II. 硬幣；鑄幣

Coin bar 〔金〕鑄幣條

Coinage 鑄幣過程；造幣權；鑄幣制度；鑄幣流通總量

Coinage clause 〔美〕鑄幣條款 (憲法賦予國會的權力)

Coinage regulation 鑄幣條例

Coincidence with a frontier 一致的邊界

Coincidental indicator 同步指標；一致指標

Co-inheritance 共同繼承

Co-inheritor 共同繼承人

Co-instigator 共同教唆犯

Co-insurance 共同保險；共保 (指要保人與承保人共同約定分擔保險標的物因火災等招損時賠償的百分比，一般只賠 80%)

Co-insurance clause 共同保險條款；共保條款

Coinsurer 共同保險人；共保人

Coke's Institutes (Co.Inst) 科克爵士法學總論 (共四卷，公元 1628 年出版，詳見 "Institutes of Lord Coke")

Cold blood 謀殺；預謀的殺人

Cold war 冷戰 (指美蘇對峙。20 世紀 90 年代初，蘇聯解體，"冷戰時代" 遂告結束)

Cold war era 冷戰時代 (指第二次世界大戰後美蘇對峙彼此敵對行動，稱霸世界形成的戰後世界格局)

Coldbath fields 〔英〕陰冷之所 (米德爾塞克斯教養院或克勒肯韋爾監獄的謔稱)

Co-lessee 共同租地人；共同承租土地人

Co-lessor 共同出租土地人；土地共同出租人

Co-litigant 共同訴訟人 (指在兩人或兩人以上的共同訴訟中起訴或應訴的當事人之謂)

Co-litigation 共同訴訟 (指當事人一方或雙方是兩人以上的訴訟)

Collaboration 通敵；資敵；勾結 (通常用於勾結敵人的叛國行為)；合作；合著

Collaboration between the WTO and IMF and the World Bank 世貿組織與國際貨幣基金組織和世界銀行之間的合作

Collaborationist 通敵者；奸細；共謀私利者

Collaborative arrangement 協作安排

Collaborator 合作者；合著者；勾結者

Collapse *v.* 暴跌 (指價格、股市)

Collapsible corporation 〔美〕可隨時進行清理的公司 (旨在防止公司事先安排好把普通收益轉為資本收益以規避普通所得稅)

Collapsible partnership 〔美〕可隨時解散的合夥

Collate *v.* 對照；校對；核對；〔宗〕委任為牧師職務

Collateral *a. & n.* I. 附屬的；附加的；並行的；旁系的；有擔保的；附屬擔保的；II. 旁系親屬；旁系血親；附屬擔保品

Collateral act 擔保行為

Collateral actions 附屬訴訟 (從屬另一訴訟的訴訟)

Collateral agreement 附帶協定；從屬協定

Collateral ancestors 旁系尊血親 (指叔伯和姑姨等旁系的長輩血親)

Collateral assignment 擔保物轉讓；間接讓與，間接轉讓 (以為貨物的附屬擔保)

Collateral assurance 從屬擔保

Collateral attack 〔美〕間接攻擊 (指企圖彈劾或推翻判決)

Collateral bilateral treaty 附帶雙邊條約

Collateral condition 附帶條件

Collateral consanguinity 旁系親屬；旁系血親 (指同一祖先但不是父子相傳而是叔侄輩的旁系血親)

Collateral contract 從契約；附屬合同

Collateral covenant 並行契據 (指不屬讓與房產蓋印證書的)

Collateral damage 附帶損害

Collateral descent 旁系繼承

Collateral estoppel 間接不容否認；間接禁止翻供 (指兩造對已作出有效判決的爭議事實將來不得再就此提起訴訟)

Collateral estoppel doctrine 間接禁止翻供原則

Collateral evidence 旁證；間接證據；佐證

Collateral facts 間接事實 (指爭議以外的，與主要問題或爭議問題無直接關係的)

Collateral family 旁系親屬

Collateral fraud 附隨詐欺

Collateral heir 旁系繼承人

Collateral impeachment 間接攻擊 (釋義見 "Collateral attack")

Collateral inheritance tax 旁系親屬繼承稅 (指按遺囑或無遺囑法所轉讓的附屬擔保財產要課以遺產稅)

Collateral issues 附帶爭點；次要爭點 (指不影響被告有罪課罰與否的抗辯所引起的爭點)

Collateral kin 旁系親屬

Collateral Kinsmen 同祖旁系親屬；非直系遠房親屬

Collateral line 旁系血親

Collateral loans 有擔保貸款 (以特定財產為質的擔保貸款)

Collateral matter 附帶事項；附帶問題

Collateral measure 附帶措施；並行措施

Collateral mortgage 附帶抵押 (作為債務的附加擔保)

Collateral mortgage bond 附有抵押權的公司債券

Collateral negligence 間接過失

Collateral note 附帶期票；有擔保期票 (釋義同 "collateral loan")

Collateral order doctrine 〔美〕附帶判決原則

Collateral partnership 〔美〕可隨時解散的合夥

Collateral power 附隨權力

Collateral proceeding 附帶訴訟程序

Collateral promise 附帶承諾

Collateral relation 旁系親屬

Collateral relationship 旁系親屬；旁系親族

Collateral relatives 旁系親屬 (如表兄弟姐妹等)

Collateral security 附加擔保；抵押擔保品；附加擔保物 (指附加於直接擔保的一種抵押擔保。一旦直接擔保不能履行，

債權人即可借附帶擔保收回債務）

Collateral source rule 〔美〕平行來源規則（指受害者從侵害者以外渠道取得賠償，不法行為者不能從中獲益。意即：被告侵權者依然還要給予受害者以補償）

Collateral stipulation 附帶約款

Collateral treaty 附帶條約

Collateral trust bonds 擔保信托債券

Collateral warranty 附帶保證；附屬擔保（通常適用於地產交易，即第三者對產權的擔保）

Collation 校對核實；謄本核對人報告；勘驗（把謄本與原本對照，以檢查謄本的真假）；財產混同；遺產合併分割（為平均分配遺產，將幾筆遺產合併）；聖職授予儀式

Collation inter haeredes 〔蘇格蘭〕合併繼承原則

Collation inter liberos 〔蘇格蘭〕子女均等繼承原則

Collation of goods 財產混同

Collation of seals 核對印章

Collation to a benefice 合併授予附有聖俸的聖職（根據教會法，主教和有俸聖職為同一人時可合二而一）

Collative advowson (=collation to a benefice) 合併授予附有聖俸的聖職（根據教會法，主教和有俸聖職為同一人時可合二而一）

Collect v. 徵收；募集；聚集；收集；收款；收稅；收債

Collect anti-dumping duties 課徵反傾銷稅，徵收反傾銷稅

Collect customs duties on goods 徵收貨物關稅

Collect evidence 搜集證據

Collect on delivery (C.O.D.) 貨到付款

Collect rent 收租

Collect taxes 徵收賦稅；收稅

Collect the revenue from imports 徵收進口稅

Collectible 可收賬款；可以法律程序方式支付債務；可收集的古玩

Collecting agent 代收人；收款代理人

Collecting bank 托收銀行（指接受外國銀行委托代為受理票據的業務）

Collecting bill 收款匯票（收取票據款項）

Collecting clerk 收款員

Collecting commission 〔保〕托收手續費

Collecting note 收款本票；賠款收款單

Collecting officer （法官執行判決的）收款員

Collecting society 托收保險費共濟會

Collecting-post 傷病員收容所；〔英〕戰俘收容所

Collection 徵收；收款；托收；募捐

Collection Act 〔美〕徵稅條例（1799年發佈的，有關徵收輸入稅和海關事務）

Collection agent (=collecting agent) 代收人；收款代理人

Collection charge (fee) 代收手續費；托收手續費

Collection district 〔美〕關稅區

Collection endorsement 托收背書；收賬背書

Collection float 收賬浮存

Collection item 托收款項

Collection of assets 財產的收集

Collection of bills 收取票據款項

Collection of countervailing duties 〔世貿〕反補貼稅的徵收（指經磋商核實，如出口成員方不撤銷其出口產品的補貼即課徵其稅）

Collection of data 收集資料（數據）

Collection of illegal fees 非法規費；非法收費

Collection of taxes 徵收租稅；徵收稅款

Collection on document 跟單托收

Collection order 托收委托書

Collection section 〔香港〕稅收處

Collection teller 收款員

Collective 集體的；共同的；集團的；聚合性的；集合的；集體主義的

Collective accident insurance 集合災害保險

Collective act 集體行為

Collective action 集團訴訟；集體行動

Collective action solution 〔基金〕集團訴訟的解決方法（指解決債務國欠債問題）

Collective agreement 集體談判合同；勞資協議（指代表工會與僱工協會簽訂的以勞動條件為中心內容的書面集體協議，又稱聯合工作合同）

Collective agreement between employers and workmen 勞資協議

Collective autonomy 集體自治原則

Collective bargaining 集體談判；勞資談判（由工會代表勞方集體進行的勞資談判）

Collective bargaining agreement 〔美〕集體談判勞動合同；勞資談判協議

Collective bargaining power 勞資談判權

Collective bargaining unit 集體談判組；勞資談判單位（一般以一個僱主單位的全體僱員為一談判單位）

Collective capitulation 集體投降

Collective contract of labour 集體勞動契約

Collective convention 集體公約

Collective deals 集體交易

Collective defence 集體防衛

Collective diplomacy 集體外交

Collective disciplinary measure 集體處罰措施

Collective economic security 集體經濟安全

Collective economy 集體經濟；共同經濟

Collective enforcement 集體強制；集體執行

Collective expulsion 集體驅逐

Collective guarantee 集體保證；集體聯保

Collective insurance 集體保險；集合保險

Collective intervention 集體干涉；共同干涉

Collective investment management 集體投資管理

Collective investment scheme 集體投資計劃（安排）

Collective labour agreement 〔美〕集體勞動協議；勞資協議（勞資間訂立的關於工資和勞動條件等約定）

Collective mark 聯合商標，共同商標；集體商標

Collective measure 集體措施

Collective mediation 集體調停

Collective migration 集體遷移；集體移民

Collective naturalisation 集體入籍

Collective note 集體照會

Collective output 合計產量

Collective ownership 集體所有制

Collective ownership by the working people 〔中〕勞動人民集體所有制

Collective passport 集體護照

Collective peace 集體和平

C

Collective penalty　集體刑罰

Collective policy　團體保險單；集體保險單

Collective punishment　集體懲罰

Collective recognition　集體承認

Collective relief　集體救濟；集體救濟物品

Collective reserve funds　集體公積金

Collective responsibility　集體責任；〔英〕集體責任制

Collective sanction　集體制裁（指國際社會對違反國際法行為的有組織的強制行動）

Collective security　集體安全

Collective security pact　集體安全公約

Collective security system　集體安全體系

Collective self-defence　集體自衛（指一國因他國受到第三國攻擊，而給予的武力協助）；集體自力更生

Collective sovereignty　集體主權

Collective title　共同標題；集體標題

Collective trademark　聯合商標

Collective treaty　集體條約

Collective treaty of alliance　集體同盟條約

Collective treaty of general interest　一般利益的集體條約

Collective treaty of special interest　特殊利益的集體條約

Collective understanding　集體諒解

Collective vote　集體投票

Collective welfare　集體福利

Collective will　集體意志

Collective work　集體作品（例如，分工合作共同編纂的詩文選集和百科全書等）

Collectivism　集體主義

Collectivity of states　國家集合體

Collector　（臨時）遺產管理人；收稅員；收款員；募捐人；〔印〕稅務兼地方行政長官

Collector of births and burials　〔英〕出生和死亡調查員

Collector of customs　〔美〕關稅徵收官

Collector of decedent's estate　〔美〕臨時遺產管理人（由遺囑檢證法庭指派的臨時負責人收集死者租金、遺產、利息和應收的票據等，一旦合格的遺產管理人和遺囑執行人接管，其任而即告終止）

Collector-General　〔蘇格蘭〕王室稅收主計長（王室總收稅官）

Collegatory (Collegatary)　共同受遺贈人

College　學院；大學（美國指大學；在新西蘭為中學）；書院

College of advocates　〔英〕（寺院和海事兩法院專屬的）律師協會

College of arms　〔英〕紋章院（主要職責為授予申請人紋章服飾，進行家系調查和允許更改名字等）

College of Justice　〔蘇格蘭〕最高民事法院司法協會

Collegial judgement　合議審判；合議判決

Collegial judgement system　合議審判制度

Collegial panel　合議庭

Collegial system　合議制

Collegialiter　有法人資格（以法人資格）

Collegiate bench of a judge and people's assessors　〔中〕審判員和人民陪審員合議庭

Collegiate bench of judges　合議庭（指由法官和陪審團參加的審判庭）

Collegiate church　〔英〕牧師會（由教長和法政牧師組成的一個法人團體）；〔美〕聯合教會

Collegiate court system　合議庭制度

Collegiate head of state　集體國家元首

Collegiate system　合議制

Collegiate system in the administration of justice　合議審判制

Collide　*v.* 相撞；碰撞；衝突；抵觸

Collided ship　被撞船

Colliding ship　碰撞船

Collier　煤礦礦工；運煤船；運煤船員；燒炭人

Collier master　運煤船船長

Colligendum bona defuncti (letters ad)　〔美〕收集遺物；〔英〕收集死者遺物特許狀（由高等法院衡平法庭經妥善考慮後頒發給謹慎的人授權其妥為保管死者遺物並維護合法繼承人的利益）

Collision　船舶相撞；碰撞（兩船在海上相撞，視其損壞情況按比例平分賠償責任）；衝突；撞車；撞機

Collision at sea　海上碰撞

Collision avoidance system　〔美〕避碰制度

Collision clause　碰撞條款（船船保險公司的附加條款，規定船舶碰撞損失可由保險公司賠付）

Collision in air space　空中碰撞

Collision in outer space　外層空間碰撞

Collision insurance　碰撞保險

Collision liability　碰撞責任

Collision on land　陸上碰撞

Collision Regulations　國際海上避免碰撞規則（1989 年）

Colloquium　〔美〕誹謗之訴之言論主張（誹謗之訴書面陳述的一個慣常部份，一般陳述原告所指控的誹謗言論或在訴狀中提供旁證證明所指控言論具有誹謗性質問題）；討論小組；（學術）討論會

Collude　*v.* 共謀；串通；勾結

Collusion　合謀；串通；共謀；串騙（原被兩方通同作弊的訴訟，以合法方式詐騙他人權利或依法取得禁製品，尤指夫婦雙方合謀使一方誣告他方浦姦以構成離婚的理由）

Collusion between domestic and foreign firms　國內外公司間的勾結

Collusion between insiders and outsiders　內外勾結

Collusive　串通的；串騙的；合謀的；通謀的

Collusive action　串通的訴訟（不是建立在各方實際爭議上的訴訟，而是提出為了在法律上取得驚異的滿意的訴訟；或不是為了解決各方之間的權利訴訟，而是為了解決第三者權利的訴訟）

Collusive agreement　勾結性協議

Collusive bidding　勾結性投標

Collusive bids　串通投標

Collusive joinder　〔美〕串通合併（訴訟）；共謀合併（訴訟）

Colombo Plan Committee　科倫坡計劃委員會（1950 年 1 月在斯里蘭卡召開由英國等七個英聯邦成員國制定的東南亞經濟開發計劃）

Colonial administration　殖民政府

Colonial application　殖民地適用

Colonial article　殖民地條文

Colonial autonomy　殖民自治

Colonial boundary　殖民地疆界

Colonial bureau　殖民地局；拓殖局

Colonial charter　〔英〕殖民地特許狀（例如，允許開辦企業、

學校或學院等)

Colonial clause 殖民地條款

Colonial commercial policy 殖民地貿易政策；殖民地商業政策

Colonial country 殖民地國家

Colonial court 殖民地法院

Colonial domination 殖民地統治

Colonial enclave 殖民地飛地

Colonial finance 殖民地財政

Colonial frontier 殖民地邊界

Colonial goods 殖民地物產

Colonial government 殖民地政府

Colonial governors 殖民地總督

Colonial imperialism 殖民帝國主義

Colonial institution 殖民制度

Colonial law 殖民地法

Colonial Laws Validity Act 〔英〕殖民地法律效力法（1865 年）

Colonial legislature 殖民地立法機關

Colonial mandate 殖民委任統治

Colonial office 〔英〕殖民部（1966 年 8 月與聯邦關係部合併成聯邦部；1968 年 10 月聯邦部又與外交部合併）

Colonial people 殖民地人民

Colonial possessions 殖民領地

Colonial power 殖民國家

Colonial protectorate 殖民被保護國

Colonial regime 殖民制度

Colonial regulations 〔英〕殖民地規則

Colonial reservation 殖民保留地

Colonial Secretariat 〔香港〕殖民地司署（其後改稱為輔政司署，並在 1976 年改稱為布政司署）

Colonial state 殖民國家

Colonial system 殖民制度

Colonial territory 殖民領土

Colonial war 殖民戰爭

Colonial welfare grants 殖民地福利基金

Colonialism 殖民主義

Colonialisation 殖民化

Colonist 殖民者；殖民地居民

Colony 殖民地；殖民團；〔美〕僑民；僑居地（指居住在大都市一個小區內來自同一個國家的一個獨立的政治社區）

Colony settlement 殖民地

Colour 表面權利；表見權利；假裝；偽裝；托辭

Colour in pleading （被告）虛偽的申述

Colour of authority 權力表徵

Colour of law 表面合法的權力；假托合法權利（指在法律的幌子下，幹非法的勾當）

Colour of office 假托職權；濫用職權

Colour of right 推定的權利；表面上的權利

Colour of state law 〔美〕表面上州的合法權利

Colour of title 推定的所有權；表面上的所有權（指僅是原告對求償土地所有權的意願，卻無確認該物權的證據）；有名無實的所有權（有名無實的所有權的有關憑證）

Colour of Title Act 〔美〕表見所有權法（由內務部長頒發除礦產外臨時佔有權以取得名義上的金錢數額）

Colourable 表面的；假裝的；冒充的；杜撰的；似是而非的；有名無實的

Colourable alteration 表面竄改（指只是把事物的外表加以竄改，其主要用在著作物和專利品等方面以逃避侵權法規）

Colourable cause 假案；假告狀

Colourable claim 假求償（由作為破產代理人而又佔有破產人財產的人提出的求償）

Colourable imitation 偽造；假冒

Colourable invocation of jurisdiction 表面行使管轄權

Colourable transaction 虛假交易

Coloured 有色人種的

Columbian Law 哥倫比亞法

Co-maker 聯合出票人；〔美〕共同貸款擔保人

Co-manager 共同管理人；〔香港〕協同經理人

Combat *v.* 格鬥；戰鬥；決鬥

Combat area 作戰地區；交戰區

Combat counterfeiting activities 反抄襲行動；反剽竊行動

Combat crime 打擊犯罪

Combat zone 作戰區

Combatant 戰鬥員

Combatant forces 戰鬥部隊

Combe 小山谷；狹窄的山谷

Combination 結合；聯合（指兩人或兩人以上為達到共同的目的）；結黨；共謀（指陰謀從事非法或犯罪活動）

Combination Acts 〔英〕禁止工會條例（1799、1800 年頒佈法令，宣佈工會主義為非法）

Combination carrier 兼用貨輪；通用貨船（旨在大批量裝載石油或固體貨物的輪船）

Combination in restraint of trade 〔美〕聯合貿易限制（指兩人或兩人以上以合同等形式不合理地限制競爭、壟斷貿易行為，是違反謝爾曼反托拉斯法規定）

Combination Laws 〔英〕禁止組合法（1777–1800 年為阻止僱主和傭人相互組合而發佈，1824 年廢除）

Combination of a global forum to broker WTO's rules and its dispute settlement process 結合全球性的論壇以推銷世貿組織的規則和爭端解決程序

Combination of an internal knowledge base and an ability to exert conditionality on individual countries 以對內部情況的基本了解和對（被貸款國的）個別國家施加制約的能力相結合（此為 IBRD 和 IMF 對發展中國家發放貸款的原則）

Combination of colours 色彩組合

Combination of legislative and executive powers 議行合一（指社會主義國家機關重要工作的決議和執行統一進行的制度）

Combination of leniency with punishment 〔中〕寬大與懲辦相結合

Combination of punishment and education 〔中〕懲治與教育相結合

Combination of signs 標志組合

Combination of the work of specialised organs with mass line 〔中〕專門機關的工作和羣眾路線相結合（中國司法人員偵破刑事案件工作方法之一）

Combination of trade 聯合；合併；企業聯合

Combination patent 混合專利（指只是把各類特定的發明綜合在一起，並無新穎之處）

Combination policy 合併保險單；混合保險單（指一張保險單上有好幾家承保人）

Combine collective leadership with individual responsibility
〔中〕集體領導和個人負責相結合

Combine punishment for more than one crime 數罪併罰

Combine punishment with leniency 〔中〕懲辦和寬大相結合

Combined action 聯合行動

Combined bill 聯合訴狀

Combined international enforcement action 國際共同強制行動

Combined legation 聯合使館

Combined liability policy 綜合式責任保險單 (指同時承保僱主責任和公共責任險)

Combined market (interest) rate 〔基金〕混合的市場匯率，混合的市場匯價 (指特別提款權)

Combined rate 綜合率；混合率

Combined tariff 複合稅

Combined transport 聯合運輸；聯運

Combined transport bill of lading (COMBI bill) 聯運提單；聯合運輸提單 (指承運業者承諾以陸海空聯合運輸方式將貨物運至目的地的提單)

Combined transport document (CTD; COMBIDOC) 聯運單據；聯合運輸單據

Combining account 聯合賬；結合賬

Combining committee 聯繫委員會

Combustible *a. & n.* I. 易燃的；II.〔複〕易燃物品

Come *v.* 露面；出庭；到庭

Come into force 生效；實施

Come into operation 生效；開始實施

Come of age 已屆法定年齡

Come to an agreement 達成協議

Come to an understanding 達成諒解

Come to court 〔英〕出庭

Come to gallows 被處以絞刑

Come to power 上台；執政

Come to terms 達成協議

Come within provisions of the law 落入法網

Comes and defends 到庭並答辯

Comfort letter 〔美〕安慰信；安慰函 (由會計事務所發出的說明只有按上次確立的審計程序所提供的審計財務報表情況才是可信的)

Coming and going rule 〔美〕不享受賠償法規則 (指僱工在上下班途中受傷而不是在工地上受到傷害則資方不予傷害賠償)

Coming into force 生效

Coming to rest doctrine 〔保〕停止裝卸原則

Comite Internationale des Sports des Sourds (CISS) 〔法〕國際聾人體育委員會

Comite Internationale pour le Fair Play 〔法〕國際公平比賽委員會

Comity 禮讓；禮貌；〔美〕(州際間的) 司法禮讓

Comity approach (國際) 禮讓方式 (國際間解決糾紛的方式之一)

Comity of nations 〔英〕(各國法院間) 承認；國際禮讓 (國際之間在禮讓上相互遵守的規則，但不是國際法；一國的訴訟手續或判決能在對方的國家內得以執行)

Command 命令；指揮；控制權

Command of the air 制空權

Command of the sea 制海權

Command papers 〔英〕政府文件；敕許文件 (依英王命令由內閣部長提交議會的文件)

Commandeer *v.* 軍事徵用；強迫服役

Commandement 〔法〕送達判決的催付令狀

Commander in chief 總司令

Commander of a ship 船長；艦長

Commandery 〔英古〕領地，莊園宅第

Commanding officer 指揮官；船長

Commanditaire 〔法〕匿名合夥人；有限責任股東

Commandite 〔法〕隱名合夥

Commando operation 突擊作戰行動

Commandos 突擊隊員；突擊隊

Commence *v.* 開始

Commencement 開始；開端；〔美〕大學畢業典禮；學位授與式；學位授與日

Commencement and termination of cover 保險責任起訖

Commencement and termination of litigation 訴訟的始末；訴訟的起訖

Commencement of action 起訴；訴訟開始 (指因民事權益受到侵犯或發生爭議而向法院申請要求通過審判，以得到法律上保護的訴訟行為)

Commencement of building or improvement 〔美〕建築或改建的開始

Commencement of coverage 保險起期

Commencement of hostilities 敵對行動的開始；戰事開始

Commencement of neutrality 中立的開始

Commencement of prosecution 公訴的開始；檢控的開始；〔美〕刑事訴訟的開始

Commencement of risk 保險責任的開始

Commencement of statute 制定法的施行日

Commencement of suit 訴訟的開始

Commencement of the limitation period 時效期的開始

Commencement of the term 始期，起期；期間的起算點

Commencement of winding-up 公司清算的開始

Commenda 〔法〕合夥經營；托付的領地 (指將領地交付不能享有合法所有權者臨時管理並開列出其收益的賬單)

Commendam 有限合夥；〔宗〕保管聖俸 (任命一牧師保管無效或空缺的聖俸)

Commendation 推薦；托付；讚賞；表揚；〔封〕獻地稱臣 (指封建時代的土地持有者為了接受領主的保護而獻出其保有地成為領主的臣下或佃戶)

Commendator 出資者；〔複〕聖職托管人 (托管聖俸的俗人)

Commendatory 受有牧師聖俸者

Commendatory letters 〔宗〕推薦信

Comment 注解；注釋；評注；評論

Comment upon evidence 〔美〕對證據的評論 (指禁止審判員向陪審團轉告其對證據真偽發表的個人意見，但不禁止法官對審判過程中的問題向律師說明其裁決的理由)

Commentaries on the laws of England 英國法律注釋

Commentary 評注；注釋；評論

Commentators 〔羅馬法〕後注釋法學派；評注法學派；評論法學派 (指公元 1250－1400 年一批活躍在意大利的法律學者和教師)

Commerce 商業；貿易

Commerce among the states 〔美〕州際貿易

C

Commerce clause 〔美〕商業條款 (指憲法賦予國會對州際間的貿易專有權)

Commerce court 〔美〕商業法庭

Commerce Department 〔美〕商務部

Commerce power 商業管理權

Commerce with foreign nations 〔美〕對外貿易

Commerce with Indian tribes 〔美〕與印第安部落的商業

Commercial 商業的；商務的；商品化的

Commercial acceptance bill 商業承兌匯票 (由企業或個人承兌的遠期匯票，以企業或個人的商業信用為基礎)

Commercial act 商業行為；商務行為

Commercial action 商事訴訟

Commercial activity 商務活動

Commercial administration 商務管理

Commercial agency (C.A.) 〔美〕商業代理 (代客戶收債)；商業徵信所 (收集信用信息)

Commercial agent 〔美〕商務代表；商務領事

Commercial agreement 商務協定；商業協定

Commercial aircraft 商務飛機；商用飛機

Commercial arbitration 商務仲裁；商事仲裁

Commercial attaché 商務專員；商務參贊

Commercial aviation 商業航空運輸；商務航空；民用航空

Commercial bank 商業銀行

Commercial banking system 商業銀行業務制度 (其主要職能是促進信貸和貨幣流通)

Commercial basis 商品標準

Commercial benefits 商業利益

Commercial blockade 商業封鎖；貿易封鎖

Commercial bribery 商事賄賂罪

Commercial broker 商務掮客；商業居間人；商業經紀人

Commercial building property 商品房 (產)

Commercial capital 商業資本

Commercial case 商務案件；商業訴訟

Commercial cause 商務案件

Commercial code 商法典

Commercial code of signals 商業信號譜

Commercial Code of Signals for the Use of All Nations 萬國商船信號譜 (1857 年)

Commercial concern 商業康采恩；商行

Commercial considerations 〔關貿〕商品化的考慮；商業上的考慮 (指作為締約方間分配配額的原則之一)

Commercial contract 商業合同

Commercial corporation 商業公司

Commercial counsellor 商務參贊

Commercial Counterfeiting Code 〔關貿〕商品偽造守則 (為《烏拉圭回合》TRIPS 的組成部份，旨在阻止進口仿造的標籤不規格的商品，以保護商標等知識產權)

Commercial court 〔英〕商事法庭 (1895 年以來為了簡易迅速審理商務案件由高等法院王座法庭一名法官組成)

Commercial credit 〔美〕商業信用證

Commercial credit companies 商業信貸公司

Commercial credit control 商業信用管制

Commercial credit insurance 商業信用保險

Commercial crime 商業罪行

Commercial custom 商業習慣 (慣例)

Commercial customary law 商業習慣法

Commercial delegation 商務代表團

Commercial documentary letter of credit 商業跟單信用證

Commercial domicile 商業住所

Commercial education 商業教育

Commercial equality 商業平等

Commercial establishment 〔美〕營業處所 (進行商品買賣之處所)

Commercial ethics 商業道德

Commercial exploitation 商業利用

Commercial failure 商業破產

Commercial flag 商旗

Commercial free zone 商業免稅區

Commercial frustration 商業契約落空 (指當事人以契約因意外的事故而不能得以履行的藉口)

Commercial impracticability 貿易合同不能履行

Commercial insolvency 商業破產 (指商人無力支付正常到期的商業債券)

Commercial inspection 商品檢驗

Commercial inspection mark 商檢標志

Commercial instrument (=commercial paper) 商業票據

Commercial insurance 商業保險

Commercial intercourse 商務交往；商業往來

Commercial invoice 商業發票 (由賣方開具給買方所售貨物清單和賬單等)

Commercial law 商法 (指適用於從事商業、貿易或商品推銷者之間的權利、交往和關係的法律)

Commercial letter of credit 商業信用證

Commercial level factors 商業水平因素 (指進口貨物完稅價格而言)

Commercial liability insurance 商業責任保險

Commercial lines 〔保〕商業保險網絡

Commercial list 〔英〕商業法院案件目錄單

Commercial loan 商業貸款

Commercial marine operation 海上商業行為；海運業

Commercial market criteria 商品化市場標準

Commercial motor vehicle 商業機動車；〔美〕商業運輸車輛 (諸如，卡車、運貨汽車等)

Commercial name 商號

Commercial national loan 商業公債

Commercial navigation 商業航行

Commercial oil (gas) field 商業性油 (氣) 田

Commercial paper 商業票據 (包括匯票、期票、銀行支票等各種短期需要支付的流通票據)

Commercial paper L/C 商業票據信用證

Commercial par 商業平價

Commercial passport 商務護照

Commercial policy measures 商業政策措施 (指保護本國生產產品免受外國競爭)

Commercial presence 〔世貿〕商業存在；商業實體 (指成員方服務者到另一成員方境內建立經營企業或專業機構提供服務。例如，開餐館或零售商店等)

Commercial property 商業房產 (如，辦公樓、公寓等)

Commercial reasonableness 〔美〕符合適銷性擔保貨物

Commercial record system 商業的記錄系統

Commercial register 商業註冊簿；商業登記簿

Commercial registration 商業註冊；商業登記

C

Commercial relations 商務關係
Commercial rental 商業性出租
Commercial representation 商務代表權;商務代表制
Commercial representative 商務代表
Commercial residence 商業居所
Commercial residential buildings 商品住宅;商品房
Commercial risk 商業風險 (通指由於東道國市場或投資者經營不善等原因引致的風險)
Commercial sale 商品展銷;商業性的買賣;商品銷售
Commercial samples 商業貨樣;商業樣品
Commercial satellite 商務衛星
Commercial scale 商業規模
Commercial science 商業學
Commercial security Co. 商業證券公司
Commercial set 成套的商業單據 (包括裝船貨物的主要文件,例如,發票、提單、期票和保險證書等)
Commercial speech doctrine 〔美〕商業性用語原則 (旨在促銷商品和服務利潤等廣告用語)
Commercial statistics 商業統計
Commercial terms 商業用語
Commercial terms of contract 商業性契約條款
Commercial transaction 交易;買賣;商業行為
Commercial traveler 〔英〕旅行推銷員 (出門兜攬生意者)
Commercial treaty 商務條約;通商條約;商約
Commercial unit 商品單位
Commercial use 商業用途
Commercial value 商業價值;交換價值;經濟價值
Commercial vehicle insurance 商業汽車保險;商用運輸車輛保險
Commercial vessel 商船
Commercialism 重商主義;商業主義;商業精神
Commercialist 商業主義者;重商主義者
Commercialisation 商業化;商品化
Commercialisation of inventions 發明的商品化
Commercially available 取得的商業性的;市場上可以買到的 (指僅從商業上考慮而不受限制地在國內和進口的產品選擇取捨)
Commingle v. 混合;攙和;混雜
Commingled fund 綜合投資
Commingling of funds 資金混合 (指受托人違規將其受益人、委托人、僱員等資金與自己的資金混在一起的行為)
Commissaire 〔法〕特派員;稽核員 (指受股東會議特別授權查賬);特別法官 (指由法院特別委員會任命調查或監督破產事宜);警察分局局長
Commissaires du gouvernement 〔法〕政府特派員;政府稽查員 (協助法庭作出正確判決)
Commissaires-priseurs 〔法〕拍賣商 (具有在城鎮公賣個人財產獨佔權)
Commissariat 軍需部門;〔蘇〕(人民) 委員部 (前蘇聯政府各部門的舊稱);〔美〕陸軍部全體軍官
Commissary 專員,〔軍〕糧秣員;軍需官;軍糧庫,補給庫;特派員;代表 (指受派遣為上司執行任務);代理主教 (指在主教邊遠管區內實施宗教管轄權);(軍事基地的) 雜貨店;(電影製片廠或電視台的) 食堂
Commissary courts 〔蘇格蘭〕愛丁堡代理主教法院 (1876年廢止)

Commissary general 〔英〕軍隊運輸部長;兵器部長;〔美〕軍隊糧食經理部長
Commissary general of subsistence 〔美〕軍隊糧食經理部長
Commission 委員會;公署;行署;專員公署;委托;授權;委任狀 (指授權審理或裁判訴案或錄取證人證言);〔複〕傭金;手續費
Commission agent (C.A) 傭金代理人;代理商 (指受理物主的貨物、動產、或商品予以買賣交易或加以處理,並由此而收取傭金的人,類同 "factor")
Commission and diligence 〔蘇格蘭〕取證委任狀 (民事法院委任監督專員提取宣誓證人口頭供詞或檢驗在第三方手中與訴訟有關的證件並向法院報告)
Commission broker (證券) 經紀人;掮客
Commission charge 傭金;手續費
Commission day 〔英〕巡迴法院開審日 (又稱為 "委托日",即巡迴法庭開庭時,法官先取出他的委任狀宣讀故而得名)
Commission del credere 付款擔保 (指賣貨代理人向貨主承諾擔保買方支付其到期的欠款,"del credere" 意大利語同 "guaranty or warranty")
Commission for compilation of laws and regulations 法規編纂委員會
Commission for Conventional Armaments 〔聯〕常規軍備委員會
Commission for Discipline Inspection 〔中〕紀律檢查委員會
Commission for examination of witnesses 詢問證人委托書 (指一種頒發給向不能到庭作證者取證的委任狀)
Commission for trademark 商標傭金
Commission government 〔美〕委員會制政府 (立法權掌握在少數人裏的政府)
Commission insurance 傭金保險
Commission merchant 傭金代理商;代售商
Commission of a consul 領事委任狀
Commission af a crime 犯罪
Commission of an illegal act 不法行為的實施
Commission of an offence 犯罪;實施犯罪
Commission of anticipation 〔英〕先期徵稅委任狀
Commission of appeals 〔美〕上訴委員會 ("臨時上訴法院" 在正規法院忙時開庭)
Commission of appraisement 估價委員會
Commission of appraisement and sale 〔美〕估價與出售指令 (指在物權海事訴訟中法院下令出售被扣押的財產或准予保釋)
Commission of arbitration 仲裁委員會
Commission of array 〔英古〕徵兵令 (向每個郡簽發的徵召居民參軍)
Commission of assize 〔英〕巡迴審判委任狀 (指國王委任高等法院或上訴法院法官,授權其在巡迴審判庭審判民訴案件)
Commission of authority 授權書
Commission of bankruptcy 調查破產委任狀
Commission of charitable uses 〔英古〕慈善的不動產調查令 (指慈善協會由橫平法院向主教或其他人等發出委任狀,要求其對捐增的土地使用不當,抑或存在詐欺和爭議進行調查,加以糾正。亦即:調查主教是否存在濫用慈善地產收益

或對其予以糾正等問題的命令）

Commission of conciliation　和（調）解委員會

Commission of customs　關稅委員會

Commission of Delegates　〔英古〕代審委任狀（蓋有國璽的委任狀，通常是授權勳爵、主教或法官在衡平法院上訴庭開庭審理宗教和海事訴案，現已廢止）

Commission of enquiry　調查委員會；調查團

Commission of eyre　〔英〕巡迴法官委任狀（指授權巡迴法官開設巡迴法庭的）

Commission of gaol delivery　〔英〕提審囚犯委任狀（指授權巡迴審判庭法官提審每個在押犯後，賦予釋放刑事被告人之權）

Commission of inland revenue　〔英〕國內稅收委員會

Commission of inquiry　調查委員會

Commission of International Trade and Investment Policy　〔美〕國際貿易及投資政策委員會

Commission of investigation　調查委員會

Commission of jurists　法學家委員會

Commission of Justice of the Peace　太平紳士委任狀；治安法官委任狀

Commission of legislative affairs　〔中〕法制委員會（指全國人民代表大會常務委員會下設的法律事務委員會）

Commission of lunacy　〔英〕精神病鑒定委任令（指將精神病人交由醫院推薦兩名開業醫生向精神健康審查法庭申請鑒定）

Commission of nisi prius　〔英〕民事案件巡迴審判授權令（指授權巡迴審判法官通過陪審團審理所有民事案件）

Commission of oyer and terminer　〔英〕刑事案件審判委任狀（授權巡迴審判法官審理判決所有叛國罪、謀殺或其他重大罪行的審判委任狀）

Commission of partition　〔英〕不動產分割委員會（指共同承租人希望對其所共同保有的土地加以分割）

Commission of rebellion　〔英〕強制出庭傳票；強制出庭令狀（於 1841 年廢止）

Commission of reform　改革委員會

Commission of Review　〔英〕複審授權令（授權複審教會法院的特別案件）

Commission of the European Communities (CEC)　歐洲共同體委員會

Commission of the offence　犯罪行為

Commission of the Peace　〔英〕治安委任狀（指委任在某一個區內由一名或多名法官或治安法官構成蓋有國璽的委任狀）

Commission on boundaries　疆界委員會

Commission on Environmental Cooperation　環境協作委員會（指北美自由貿易區下屬的機構）

Commission on Human Rights　〔聯〕人權委員會

Commission on International Commodity Trade (CICT)　國際商品交易委員會

Commission on International Development (also known as "Pearson Commission")　〔聯〕國際發展委員會

Commission on International Trade Law　國際貿易法委員會

Commission on the Limits of the Continental Shelf　〔聯〕大陸架界限委員會

Commission on Transnational Corporations (CTC)　〔聯〕跨國公司委員會

Commission plan　〔美〕委員市政制（自 1900 年以來，美國很多城市採用市政制，據此立法和行政權授予由五、六人組成的選舉委員會。在很多地方已被市長經理制所取代）

Commission rogatoire　〔法〕調查取證委托書

Commission to examine witnesses　錄取證詞委托書（指委托外國法院向住所地證人調查取證）

Commission trade　行紀商業

Commissioned judge　受托法官（委任的法官）

Commissioned officers　委任的官員；〔美〕委任的陸軍軍官（由總統任命的）

Commissioner　專員；委員；特派員（為派遣國專門人員，如法院工作人員、官員、律師等，也可以是被派遣國律師，除非經被派遣國同意，不得向非派遣國國民調查取證；除非獲被派遣國司法機關協助，不得採取強制措施）；行政長官；司法長官；〔美〕保險總監；〔香港〕稅務司；專員；處長

Commissioner for oaths　〔英〕監誓公證人；監誓專員（指由大法官委任律師對作宣誓陳述書以用於法律訴訟的人加以監督）

Commissioner of audit　審計專員；稽核專員

Commissioner of banking　〔美〕銀行督察；〔香港〕銀行監察專員

Commissioner of bankrupt　破產管理員

Commissioner of Correctional Services　〔香港〕懲教署署長

Commissioner of customs　關稅委員；海關稅務司長

Commissioner of emigration　移民監督官

Commissioner of excise　消費稅管理局長

Commissioner of Inland Revenue　〔美〕國內稅務署署長；〔香港〕稅務局長

Commissioner of justiciary　〔蘇格蘭〕高等法院審判員

Commissioner of labour　勞動調查委員

Commissioner of police　〔香港〕警務處處長

Commissioner of revenue　稅收委員

Commissioner of state　〔中〕國務委員

Commissioner of the circuit court　巡迴法庭（事務）專員

Commissioner of the higher civil service examination　高級文官考試委員

Commissioner of the patent office　專利局局長

Commissioner of the patents　專利局局長

Commissioner on Uniform State Laws　〔美〕統一州法委員會委員（1892 年）

Commissioner system　（行政）委員制

Commissioner's court　〔美〕特派員法院（該法院在某些州對縣事務具有管轄權）

Commissioner-general　委員長；主任專員；首席專員；高級專員

Commissioners for Local Administration　〔英〕地方行政訴訟調查專員

Commissioners for lunacy　〔英〕精神病鑒定人

Commissioners in bankruptcy　〔英〕破產專員（由大法官委任並監督下對破產者及其財產行使管轄權）

Commissioners (justices) of assize　巡迴（法院的）審判官

Commissioners of bail　〔美〕（民事案件）保釋官

Commissioners of deeds　〔美〕契據證明官員（指授權居住在另一個州的政府官員對在本州用作證據的契據和其他文件加以證實適用的效力）

C

Commissioners of highways　〔美〕公路管理專員（指授權管理公路開建等事務）

Commissioners of Inland Revenue　〔英〕國內稅務專員公署

Commissioners of sewers　〔英〕低窪地排水管理專員公署（根據 1571 年及其後的法律任命專事負責監修英格蘭低窪地部份的溝渠下水道確保其順暢排放入海事務）；〔美〕排水管委員會委員

Commissioners of teinds　〔蘇格蘭〕什一稅法官

Commissioners of the treasury　〔英〕財政委員會委員（通常由首相、財政大臣及其他五人組成）

Commissioner　專員；委員；特派員（為派遣國專門人員，如法院工作人員、官員、律師等，也可以是被派遣國律師，除非經被派遣國同意，不得向非派遣國國民調查取證；除非獲被派遣國司法機關協助，不得採取強制措施）；行政長官；司法長官；〔美〕保險總監；〔香港〕專員；處長

Commit *v.* 犯罪；監禁；押交；提交；委托；出質（動產）；付諸於委員會行動

Commit a crime (an offence)　犯罪

Commit adultery　通姦

Commit an indiscretion　生活不檢點（尤指男女關係）

Commit bribery　行賄；受賄

Commit for contempt　因侮辱法官加以拘留

Commit physical assault　侵犯人身

Commit physical murder　謀殺

Commit suicide to escape punishment　畏罪自殺

Commitment　監禁；押交；收監；拘禁（特指預審終結和延期公審時發出的拘禁命令或拘禁狀；藐視法庭的短期拘禁）；犯罪；入獄執行書；委托；交托（保管或看管）；承擔義務；承諾；承付款項；（商業上）約定

Commitment authority　〔世行〕承諾權（指世界銀行授予其所屬部門承諾貸款金額的權限）

Commitment basis accounting　約定基楚簿計學（會計學）

Commitment charge (fee)　承擔費；承約費；貸款手續費

Commitment fee　貸款手續費；承諾費

Commitment for cost overruns　〔香港〕超額成本承諾

Commitment gap　〔基金〕承付款項差額

Commitment letter　抵押貸款承諾書（所列條件，貸款金額，利率和其他條件）

Commitment to accord foreign enterprises and individuals favourable treatment　〔中〕承諾給予外國企業或個人優惠的待遇（給予外國企業或個人優惠待遇的承諾）

Commitment to accord non-discriminatory treatment to all foreign individuals and enterprises and foreign-funded enterprises　〔中〕承諾對所有外國個人、外國企業和外商投資企業給予無差別待遇

Commitment to guarantee non-discriminatory treatment in respect of the prices and availability of goods and services　〔中〕承諾在價格上和現有的貨物和服務方面保證給予無差別待遇

Commitment to improve the transparency of state trading enterprises operation and the measures relating to such operation　〔中〕承諾改進國營貿易企業經營及關於其經營措施的透明度

Commitment to progressively liberalise the availability and scope of the right to trade　〔中〕逐步放開可獲得經營權範圍的承諾

Commitment to support tariff liberalisation proposal　〔中〕支持關稅自由化提案的承諾

Commitment to uniform administration　承諾統一管理

Commitments　〔關貿〕承擔義務（指發達國家應承擔降低或撤除對發展中國家初級產品進口的關稅或非關稅壁壘）；承諾；約定；承付款項

Commitments of fixed, or semi-fixed, exchange rate　〔基金〕固定或半固定匯率的承諾

Commitments on home support　國內支持的約定

Committal　(=commitment)〔關貿〕承擔義務（指發達國家應承擔降低或撤除對發展中國家初級產品進口的關稅或非關稅壁壘）；承諾；約定；承付款項

Committal charge　起訴罪名；委托任務

Committal for contempt　以藐視罪扣押

Committal for trial　拘押候審；交付審判；〔英〕解送審訊（指被指控犯罪先交由陪審團審理）

Committed act　已作行為

Committed resources　指定資源

Committed to jail　收監，押入監獄；監禁受刑

Committed to prison　收監；被判入獄

Committed to trial　受審判；交付審判；解送法庭訊問

Committee　委員會；受托人；監護人；〔關/世貿〕委員會（為 GATT 附屬機構，旨在深入、持續的基礎上審查一些重要問題，一般為常設機構。諸如，貿易發展委員會、紡織委員會、反傾銷委員會、國際收支差額委員會、關稅減讓委員會等等部門會議下設的專門委員會，負責執行世貿組織賦予的專項任務）

Committee Chairman　委員會主席

Committee for Development Planning (CDP)　〔聯〕發展計劃委員會（發展規劃委員會）

Committee for European Economic Cooperation　歐洲經濟合作委員會

Committee for International Cooperation in National Research in Demography　國家人口學國際合作研究委員會

Committee for International Investment and Multinational Enterprises　國際投資和多國企業委員會

Committee for Non-violent Action　〔美〕非暴力行動委員會

Committee for Privileges　〔英〕上議院特權委員會

Committee man　委員；委員會成員

Committee mechanism　委員會機制

Committee meeting　委員會會議

Committee of accounts　決算委員會

Committee of appropriation　歲出委員會；撥款委員會

Committee of Both Kingdoms　〔英〕兩王國委員會（指查理一世及其子於 1644 年成立清教徒委員會並賦予對議會內戰的最高戰略指導）

Committee of consultation　協商委員會

Committee of Coordinators for Economic Cooperation among Non-Aligned Countries　不結盟國家經濟合作協調委員會

Committee of Council for Trade　〔英〕樞密院商務委員會

Committee of detail　條文委員會

Committee of economic policy　經濟政策委員會

Committee of Enquiry for Business Tax　營業稅調查委員會

Committee of European National Shipowners' Associations 歐洲各國船東協會委員會

Committee of experts 專家委員會

Committee of Experts on Restrictive Business Practices (OECD) （經合會）限制性商業做法專家委員會

Committee of full powers 全權證書委員會

Committee of good offices 斡旋委員會；調停委員會

Committee of inquiry into qualification 資格審查委員會

Committee of inspection 〔英〕監察委員會（旨在監督破產管理人處理破產人之財產，一般由債權人推舉三至五人組成）

Committee of jurists 法學家委員會

Committee of lunatic 〔英〕精神病人監護人

Committee of Political and Legal Affairs 〔中〕政法委員會

Committee of Privileges and Elections 〔英〕特權及選舉委員會

Committee of Public Accounts 〔英〕（下議院）公共撥款委員會

Committee of Public Safety 〔法〕公安委員會（1793 年）

Committee of review 覆核委員會

Committee of selection 選任上議院選舉委員會

Committee of style 體制委員會

Committee of Supply 〔英〕（下議院）預算委員會

Committee of the Board of Governors of Fund on Reform of the International Monetary System and Related Issues （"Countries of Twenty"） 國際貨幣基金組織理事會關於國際貨幣制度改革及有關問題委員會（又稱"二十國委員會"，為 IMF 的一個諮詢機構，成立於 1972 年 7 月，發展中國家對美、英等"十國集團"故自對美元作出貶值等決定使發展中國家蒙受重大經濟損失而十分不滿，因此而於 1972 年 5 月末在聯合國第三屆貿易與發展會議上成立了一個包括 9 個發展中國家代表的"二十國委員會"專門研究改革國際貨幣制度問題，故而聞名於世）

Committee of the council 樞密院委員會

Committee of the whole 全體委員會

Committee of the Whole for the Annual Report (CWAR) 〔基金〕年度報告全體委員會

Committee of the Whole House 〔英〕全院委員會

Committee of the Whole on Review of Quotas 〔基金〕評審配額問題全體委員會

Committee of Twenty (Now called Group of Twenty Countries or G20) 〔基金〕二十國委員會（為 IMF 貨幣制度改革的顧問委員會）

Committee of Ways and Means 〔英〕（下議院）賦稅委員會；〔美〕籌款委員會

Committee on Accounting Procedure 〔美〕會計程序委員會

Committee on Administrative Tribunals and Enquiries 〔英〕行政法庭與調查委員會

Committee on Agriculture 〔世貿〕農業委員會

Committee on an International Agreement on Illicit Payments 違法付款問題國際協定委員會

Committee on Anti-dumping Measures 〔關貿〕反傾銷措施委員會（成立於 1979 年，其職責是審核各成員方對反傾銷措施執行的情況）

Committee on Anti-Dumping Practices 〔世貿〕反傾銷做法委員會；反傾銷措施委員會

Committee on Appropriation 預算委員會

Committee on Arrangement 整理委員會

Committee on Article XIV Consultations 〔基金〕第 14 條磋商委員會

Committee on balance-of-payments restrictions 〔關貿〕國際收支限制委員會（1994 年關貿總協定《烏拉圭回合》規定實行）

Committee on Balance-of-Payments Restrictions 〔世貿〕國際收支差額限制委員會（世貿組織屬下一個機構）

Committee on Budget, Finance and Administration 〔世貿〕預算、財務和行政委員會

Committee on Capital Movements and Invisible Transactions 資本流動和無形交易委員會

Committee on Central American Economic Cooperation 中美洲經濟合作委員會

Committee on Commodities 〔貿發會〕商品委員會

Committee on Commodity Problems (CCP) 〔糧農〕商品問題委員會

Committee on Contributions 〔聯〕會費委員會

Committee on Crime Prevention and Control 防止與控制犯罪委員會

Committee on Customs Valuation 〔關貿〕海關估價委員會

Committee on Disarmament (CD) （日內瓦）裁軍談判委員會

Committee on Disciplinary Punishment 紀律懲戒委員會

Committee on Discipline 紀律委員會

Committee on Economic Cooperation among Developing Countries 發展中國家經濟合作委員會

Committee on Enrolled Bill 〔美〕登錄法案委員會

Committee on Environment and Public Works 〔美〕環境與公共工程委員會（1993 年 5 月 21 日頒佈）

Committee on finance 財政委員會

Committee on Financial Markets and on Insurance 金融市場和保險委員會

Committee on Government Procurement 〔世貿〕政府採購委員會

Committee on Import Licensing 〔關貿〕進口許可證委員會（指凡屬非《東京回合》許可證手續協議的發展中締約國的發展中成員國在許可證中請收到十個工作日內適用方面有具體困難者，可通知進口許可證委員會推遲適用這些規定，但不得超過兩年）

Committee on Interpretation 〔基金〕解釋委員會（國際貨幣基金董事會的）

Committee on Investment and Multinational Enterprises 投資與跨國企業委員會

Committee on Invisibles and Financing Related to Trade 〔貿發會〕與貿易有關的無形資產和金融問題委員會

Committee on Manufactures 〔貿發會〕製造商委員會

Committee on Market Access 〔世貿〕市場准入委員會

Committee on Petitions 請願委員會

Committee on Procedure 程序委員會

Committee on Reform of International Monetary system and related issues 〔基金〕國際貨幣制度改革及有關問題委員會

Committee on Regional Trade Agreements 〔關貿〕區域貿易協議委員會（統一處理原先由 24 個專門處理區域貿易問題的新論壇）

C

Committee on Rules　規則委員會

Committee on Rules of Origin　〔世貿〕原產地規則委員會（又稱"技術委員會"）

Committee on Safeguards Measures　〔世貿〕保障措施委員會（關貿總協定根據《烏拉圭回合》《保障措施協定》而設立的專門機構）

Committee on Sanitary and Phytosanitary Measures　〔關貿〕衛生和植物檢疫措施委員會（關貿總協定成立的一個供成員國協商和協調的機構）

Committee on Shipping　〔貿發會〕航運委員會

Committee on Shipping, Transport & Communication　〔香港〕船務運輸、交通、通訊委員會（指在亞洲經社會的法定地位和參與活動情況）

Committee on Specific Commitments　〔世貿〕特別承諾委員會

Committee on Statistics　〔香港〕統計委員會

Committee on Subsidies and Countervailing Measures　〔世貿〕補貼與反補貼措施委員會（秘書處由 WTO 秘書處代理；委員會設一個主席，每年開兩次例會，下設一個常設專家組由五名資深的經貿專家組成，其職責是管理補貼與反補貼的事務）

Committee on Technical Barriers to Trade　〔世貿〕技術性貿易壁壘委員會

Committee on the Development of Trade　貿易發展委員會

Committee on the Peaceful Uses of Outer Space (Outer Space Committee)　〔聯〕和平利用外層空間委員會（簡稱"外空委員會"）

Committee on town holdings　都市保有土地委員會

Committee on Trade　〔香港〕貿易委員會

Committee on Trade and Development　〔世貿〕貿易與發展委員會（現在為世貿組織屬下一個機構，原為關貿總協定一個重要的常設機構）

Committee on Trade and Environment (CTE)　〔世貿〕貿易與環境委員會（1994 年 4 月 15 日在摩洛哥首都馬拉喀什部長會議上通過成立的）

Committee on Trade in Civil Aircraft　〔世貿〕民用航空器貿易委員會

Committee on Trade in Financial Services　〔世貿〕金融服務貿易委員會

Committee on Trade-Related Investment Measures　〔世貿〕與貿易有關的投資措施委員會（指世貿組織協定下設的一個組織，對所有成員國開放，設有正、副主席，每年至少舉行一次會議，主要職責為管理與貨物貿易有關的投資措施等事宜）

Committee on Transfer of Technology　〔貿發會〕技術轉讓委員會

Committee on Uniform State Legislation　〔美〕統一州立法委員會

Committee room　委員會會議室

Committee structure　委員會結構

Committee system　委員制度

Committee to Reelect the President　改選總統委員會

Committee woman　女委員

Committing magistrate　〔美〕預審推事，預審法官（指經授權對被控犯罪者進行預審並加以處分或因證據不足予以釋放，或將被告收監候審，或准予保釋的下級司法官員，其同

義詞為 "examining court"）；〔香港〕初級提審裁判司

Committor　監督委任者（指對瘋子和未成者的）

Commodate　*v.* 無償借貸；使用借貸（特別的東西借用後要歸還）

Commodato　〔西〕動產無償使用借貸契約（要求在指定時間內原物返還的不能消費的動產）

Commodities　〔世貿〕商品（此處泛指原材料和農產品）

Commodities clause　〔美〕商品條款

Commodities Division　〔基金〕商品處

Commodity　商品（農產品；礦產品；日用品）

Commodity agreement　商品協定（指國際主要進出口商之間關於原材料價格交易所達成的諒解）

Commodity capital　商品資本

Commodity composition of trade　貿易商品結構

Commodity control agreement　商品控制協定

Commodity council　商品委員會

Commodity Credit Corporation (C.C.C.)　〔美〕農產品信貸公司（1933 年 10 月成立，1948 年 7 月成為聯邦政府機構，現為美主要的農業金融機構之一。該公司旨在穩定和保護農場收入和農產品價格，以確保農產品的供應和經銷）

Commodity currency　商品貨幣

Commodity economy　商品經濟

Commodity exchange　商品交易所（除拍賣行以外的商品交易中心）

Commodity Exchange Authority　〔美〕農產品交易管理局；商品交易管理局（主管農產品期貨及其價格）

Commodity future　商品期貨

Commodity Future Trading Commission (C.F.T.C.)　〔美〕商品期貨交易管理委員會（1974 年）

Commodity futures contract　商品期貨合同

Commodity futures option　商品期貨買賣選擇權

Commodity gold　商品黃金

Commodity grain　商品糧

Commodity inspection and testing bureau　商品檢驗局

Commodity market　商品市場

Commodity marketing board　商品銷售局

Commodity option　〔美〕商品期貨（商品股票）

Commodity paper　〔美〕商品票據（指以提貨單或庫存品收據作為貸款抵押）

Commodity Policy Advisory Committee (CPAC)　〔美〕商品政策諮詢委員會（由美貿易代表處創設的）

Commodity rate　商品運費率；〔美〕特種商品運價（意指幾種鐵路貨運品的單一稅率）

Commodity tax　商品稅

Commodore　船長；領港長

Common　*a. & n.* I. 公共的；共有的；共用的；共同的；普通的；一般的；通常的；平常的；低劣的；粗俗的；II.〔複〕公地（在美國指"公園"）；共用地；共用權；公有權

Common accord　共同同意

Common accumulation　公共積累

Common action　共同行動

Common African and Mauritius Organisation (CAMO)　非洲和毛里求斯共同組織

Common agreement　共同協議

Common Agricultural Policy　〔歐共體〕共同農業政策（指歐洲共同體制定的尋求出口關於不能在歐洲聯盟內銷售農產

品的共同政策舉措，歐共體成員國對農業價格和農業補貼走向一體化所採用共同的保護政策）

Common allegiance 共同效忠

Common ancestor 共同祖先

Common appearance 共同到案；共同出庭；〔美〕共同外觀；共同表像（如：血的共同狀態都是 "紅" 的）

Common appendant 〔英〕共有地上放牧權（指屬可耕地的所有者或佔用人的權利）

Common appurtenant 〔英古〕附屬放牧權（只有特定的土地或住宅佔有人所享有的放牧權，不須耕耘或手工操作可供豬、羊等放牧的土地）

Common area 〔美〕公用地；共有地；公用地方（如大廳、過道、樓梯）

Common assault 單純暴行；普通干犯他人身體（指普通不嚴重侵犯他人身體的情況）；普通企圖傷害；普通毆打（罪）

Common (indebitatus) assumpsit 請求支付契約上的約定金錢支付訴訟（如：勞動報酬、買賣價金的訴訟）

Common assurances 〔英〕轉讓財產契據（轉讓財產的合法證據）

Common at large 〔英〕一般共有權（可根據契約或時效取得）

Common average 共同海損；普通海損

Common bail 普通保釋保證人（指兩個虛擬的被告表示將應傳到庭和服從）

Common bar 〔美〕要求指明侵害地點的抗辯（指侵害行為訴訟中被告要求原告確切指明其侵害地點的抗辯）

Common barrator 訴訟教唆者

Common bay 共同海灣

Common because of vicinage 〔英〕相鄰土地共牧權（指兩個鄰鎮居民其牲畜可以進入相互所有的田地的放牧權）

Common bench (=court of Common pleas)〔英〕高等民事法庭；〔美〕（賓州）中級民事及刑事法院

Common benefit 共同利益

Common benefit theory 共同利益說

Common boundary 共同疆界

Common calamity 共同傷亡事故

Common calling 〔英〕公共職業（指特殊法律責任的職業。諸如，公共承運人、客棧老闆和獸醫等）

Common carrier 公共運輸商；公共承運人

Common carrier's traffic 運輸業者的運輸

Common causes or suits 〔古〕民事訴訟

Common chase 公共狩獵地（公衆合法狩獵場所）

Common citizenship 共同公民資格

Common condidit 〔宗〕心智正常的答辯

Common consent 一致同意；共同同意（公認）

Common council 〔英〕倫敦市議會；〔美〕村鎮議會

Common council of the realm 國會

Common counts 一般訴因，普通訴訟理由（指原告在其陳述書中列出其最普通的訴訟原因，例如，出借款項、付出勞動以及出售和交付的財物等）

Common crime 普通罪

Common danger 〔保〕共同危險

Common defence 共同防禦；〔美〕共同辯護理由（指在審訊兩個或兩個以上被告時，全體被告共同主張其辯護理由）

Common descriptive name 一般圖形名；通用名稱

Common design 共謀（指兩人或兩人以上共謀一不法行為）

Common disaster 共同災難；〔保〕共亡事件（指受保人與

受益人同時死亡，並無跡象或證據表明哪個先去世）

Common disaster clause 〔保〕相同災難條款

Common elements 共同要素；公用設施

Common employment 普通就業；〔英〕共同作業（指普通法規定僱主不負責他的僱員在共同作業時因另一僱員疏忽而造成的損害賠償，已廢止）

Common enemy doctrine 共同敵人原則；〔美〕公害原則（指每個土地所有者均無保留地排除其土地上積水權利與義務之謂）

Common enterprise 〔美〕合資企業；聯合投資企業

Common equity 原始（自有）資本

Common external tariff (C.E.T.) 共同對外關稅（指歐共體成員國對來自非成員國的進口貨價實行的統一進口關稅；指美國徵收從第三國或從加勒比共同體及來自不符原產地規則產品共同市場成員國貨物的關稅制度，後經談判修訂至 1998 年削減產品關稅到 20%）

Common fine 〔英〕頭銀；付給領主的小額獻金（指采邑刑事法庭轄區內的居民）

Common fishery 共漁權（共同捕魚權）

Common form （遺囑檢驗的）普通形式

Common form business 〔英〕非訴訟事務（指在遺囑檢驗和遺產管理權利上無爭議）

Common form probate business 〔英〕普通形式上的遺囑檢驗事務（指取得與非訟遺囑檢驗和遺產管理權的事務上無爭議）

Common fund 共同基金

Common fund basis 共同基金準則

Common fund doctrine 共同資金原則（指從共設資金中返還訴訟費包括律師費的原則）

Common Fund for Commodities 商品共同基金

Common fund to finance buffer stocks 籌措庫存貨物的共同基金（指可動用國際彙集的資金來購買不同的庫存貨物的商品）

Common good 〔美〕公益（指普通公共事業的改良）；〔蘇格蘭〕公共財產（指由法人團體代表社區掌管的自治全部財產包括所佔有的土地、租稅、通行稅以及應得的規費等）

Common hangman 絞刑吏

Common heritage 共同繼承的財產

Common heritage of mankind 人類共同遺產（指主張把海牀和洋底看作人類可共同繼承的財產）；人類共同繼承的財產

Common humanity doctrine 普通人性說；普通人道主義原則（例如，乘客病了或受傷了，承運人有義務予以照護）

Common in gross 共同享有權（不管是否佔有土地和住宅，在他人土地上或水中與所有人共同佔有關係而享有採取自然產物的權利）；〔英〕一般共有權（可根據契約或時效取得）

Common informer 〔英〕一般告發人，一般起訴人（指對違反法令者提起訴訟，以發現犯罪人並進行告訴為業的人；非被害人而提起刑事訴訟請求判處罰金者其唯一目的就是請求對違法者課以罰金並依法分享其中的好處，此種訴訟已於 1951 年廢止）

Common injunction 〔英古〕適用普通法禁令（由衡平法院頒發的避免與衡平法相抵觸而提起或繼續進行的普通法訴訟程序之禁令，已廢止）

Common institutional framework 共同的體制框架

Common intendment 〔英〕（文字的）通常意義；一般含義

C

Common intent 〔英〕(文字的) 通常意義或解釋

Common interest 共同權益

Common international law 共同國際法

Common international standards for service trade 共同的國際服務貿易標準 (有專家認為，由於國家發展水平不同，需求不同，不應要求等一的標準，這是對發展中國家勞務輸出的無形壁壘)

Common jurors ballot box 普通陪審員投票箱

Common jury 〔英〕普通陪審團 (民事案件的普通陪審團，又稱為「小陪審團」由 12 人組成，只要有普通財產的人都有資格擔任)

Common knowledge 常識 (指不須提供證據的訴訟。諸如，法官職務上應知悉的事實等等)

Common lake 共有湖澤

Common law 普通法；習慣法；不成文法；判例法 (為英國古代的不成文法，其包括議會、普通法院和市民法)

Common law courts 〔英〕普通法法院

Common law defence 普通法上的抗辯

Common law jurisprudence 〔英〕普通法法律體系；普通法判例

Common Law State 習慣法國家 (指實行自由法系的國家，其對外所簽訂的協議以換文或備忘錄形式加以簽署生效)

Common law systems 普通法系；自由法系

Common law writ 普通法令狀

Common lawyer 〔美〕精通普通法的律師 (此術語現在一般不用)

Common licence 婚姻許可證 (牧師發的)

Common lodging house 〔英〕公共宿舍 (指提供不同家庭的窮人可佔用一間房屋以過夜食宿之用)

Common market 〔歐洲〕共同市場 (歐洲經濟共同體的簡稱，成立於 1957 年)

Common Market Law 〔歐共體〕共同市場法

Common meaning 普通意義

Common mistake 共同錯誤

Common nationality 共同國籍

Common neighbourhood 相鄰的兩個村鎮的居民在所有地上相互放牧權

Common nuisance 〔美〕公害；公共安居煩擾行為 (指影響及每個公民應享有的權利。詳見 "public nuisance")

Common of estovers 共同採伐燃料木權 (土地承租人在租地上採伐木材作為燃料等的權利，砍伐以生活必須為限)

Common of fishery 〔英〕共漁權 (在他人所有的河流中共同漁業權)

Common of pastures 〔英〕共同放牧權 (在他人土地上的放牧權)

Common of piscary 〔英〕共漁權 (在他人所有的河流中共同漁業權)

Common of shack 〔英〕鄰地共同放牧權 (指佔有位於一塊共有田圍的土地，在該田圍收成後可放出牲畜共同飼養的權利)

Common of turbary 在他人土地上開採泥炭權

Common ownership of the means of production 生產資料共有制

Common pleader in the city of London 倫敦市公共辯護律師

Common pleas (C.P.) 〔美〕(賓州) 中級民事及刑事法院；

〔英〕高等民事法院 (為威斯敏斯特四個高等法院之一，僅限於審理民事案件；對刑事案件無審理權，詳見 "court of common pleas")

Common pleas court 〔美〕(賓夕凡尼亞州) 中級民事及刑事法院；〔英〕高等民事法院

Common police 普通警察

Common prayer 〔英〕公禱文 (為英國禮拜堂和小教堂所共用)

Common price method 普通定價法

Common Programme of the Chinese People's Political Consultative Conference 中國人民政治協商會議共同綱領 (總結了中國革命經驗，確定了中華人民共和國應當實施的各個方面的基本政策，至 1954 年 9 月之前起了臨時憲法的作用)

Common property 〔美〕共同財產；共有財產 (如，兩人或兩人以上所共有的財產)

Common prostitute 〔英〕(習慣法上的) 販婦為娼罪

Common recovery 〔英〕廢除限嗣繼承的擬制之訴 (這種方式曾一度風行於英國，現已廢止)

Common register 共同登記簿

Common Reporting System (CRS) 共同稅務申報制度 (全球各國聯合起來打擊逃稅，讓所有參與國的金融機構將他國的稅務人在本國的賬戶信息自動申報回其稅務所屬地；中國已於 2018 年 9 月 1 日起施行)

Common repute 共知的聲譽 (在指定的社區中某種被廣泛接受的通行的事實)

Common right 〔美〕普通法上的權利 (指每個公民平等享有的權利、特權和豁免權)

Common river 共有江河

Common river boundary 共同河界

Common rules 共同規則；通則

Common safety theory 〔保〕共同安全主義

Common school 〔美〕公立學校 (初等教育學校：指公立免費小學和公立中、小學)

Common scold 〔英〕經常叫罵的婦人

Common seal 公司的印章；公章；〔香港〕公印；公章

Common seller 〔美〕普通推銷員 (經常、通常、慣常和習慣性的商品銷售員)

Common sense 常識

Common sergeant of London 倫敦市助理司法官 (地位僅次於首席司法長官)

Common share 普通股

Common stock 〔美〕普通股 (有限股份公司中最基本的一種股份代表公司的財產，持股者有投票權)

Common stock equivalents 實質上等同於普通股

Common stock ratios 普通股比率 (指以測算普通股東的求償對每股收益、現金流量和公司每股面額之比)

Common tangent 共同切線

Common tariff 共同關稅

Common tenancy 共有租賃 (共租者之一如死亡，其親屬無繼承權)

Common thief 慣偷；慣竊犯

Common traverse 簡單否認抗辯 (率直地否認對方對主要事實的陳述)

Common trust fund 〔美〕共同信托基金 (由一家銀行或信托公司辦理的一種由遺產、信托和監護關係來維持的基金)

Common understanding 共同諒解

Common usage 普通習慣；一般性的習慣

Common vouchee 〔英〕一般擔保人（指制止反對自由保有不動產承租人回復土地的擬制訴訟）

Common wall 共有墻；界墻

Common weal 公益；公共福利

Common welfare 共同福利

Common will 共同意志；共同遺囑

Commonable 公有的；共有的；允許在公有地上放牧的

Commonable Rights Compensation Act 〔英〕共有權補償法（1882 年）

Commonage （牧場或公地的）共用權；共有地；公地；〔總稱〕老百姓

Commonalty 〔英〕平民（指非貴族或不具有貴族爵位者）

Common-courts 普通法法院

Commoners 〔英〕下議院議員；平民；（牛津大學的）自費生；〔英古〕土地共用者（指在他人荒地上與領主共享的放牧者）

Common-land 共有地

Common-law 習慣法上的；普通法上的；根據習慣法的

Common-law action 普通法訴訟（指不是依據制定法、衡平法和民法而是依據普通法規定提起的訴訟）

Common-law assignments 普通法上的財產轉讓方式（指有利於債權人利益的轉讓方式）

Common-law cheat 普通法上的詐欺

Common-law contempt 普通法上的藐視法庭罪

Common-law copyright 習慣法版權（著作權）（指複製或出售文學藝術作品之作者的無體權利，其別於“statutory copyright”，前者是無形、無體、一經創作即具有永久的權利，而後者是有體的，出版後才獲得權利，而且有時效限制，一般為作者故後 50 年為限）

Common-law countries 英美法系國家；普通法系國家

Common-law courts 〔英〕普通法法院

Common-law crime 判例法確定的罪行；普通法上的犯罪（指依普通法應懲處之罪，其區別於制定法規定之罪行）

Common-law dedication 普通法上的奉獻

Common-law exchange 普通法上的交換

Common-law extortion 普通法上的敲詐勒索罪（指假托公司名義非法收費）

Common-law jurisdiction 普通法上的管轄權

Common-law larceny 普通法上的盜竊罪

Common-law lien 普通法上的留置權（指優先受償權）

Common-law marriage 同居關係；不具備法定要件的婚姻；〔美〕普通法婚姻（指未行正式儀式的婚禮，但在同居之後協議結婚。這種婚姻在美國密蘇里、印第安納、馬里蘭、麻薩諸塞和紐約等 18 個州中為無效婚姻；在蘇格蘭則適用於因習慣和因與有名氣者而同居成婚的人）

Common-law Procedure Acts 〔英〕簡易訴訟程序法（1852、1854、1860 年發佈的簡化訴訟辯論等形式的條例）

Common-law state 〔美〕夫妻共有財產制之州

Common-law system 英美法體系（從 11 世紀起以日爾曼習慣法的普通法為基礎逐漸形成的一種獨特的法律制度，又稱普通法系、英國法系或判例法系）

Common-law trademark 〔美〕普通法上的商標；習慣法商標（指按習慣法的規則而不顧制定法規定所選定的商標）

Common-law trust 企業信托，商業信托；普通法上的信托（其共同特點是受托人持有財產經營企業，而股東為信托受益

人，其時常以“Massachusetts trust”著稱）

Common-law wife 〔美〕習慣法上的妻子；普通法上的妻子（指在一男人生存期間與其同居，在其死後主張依普通法規定為其妻子的女人）

Commons 〔英〕平民；臣民（國王、王族和貴族除外）；下議院；下議院議員；公地；共用權；〔美〕公地；廣場（如，公園等）

Commons Act 〔英〕關於公有地管理和改良的法令（1876 年）

Commons Supplication against the Ordinaries 〔英〕下議院反對主教或副主教充任法官的改革請願運動（1532 年）

Commonwealth (Com.) 公益；公共福利；聯邦；共同體；共和國；共和國全體國民；〔英〕共和政體（1649 年克倫威爾處死英王查理一世後開始到 1660 年封建王朝復辟時的英國共和政體）；〔美〕政治實體（肯塔基、麻薩諸塞、賓夕凡尼亞和維珍尼亞四州的稱呼）；英聯邦國家；澳洲聯邦

Commonwealth Attorney General's Department of Australia 澳洲聯邦司法部

Commonwealth Broadcasting Association 英聯邦廣播協會

Commonwealth citizen 〔英〕聯邦公民

Commonwealth Conciliation and Arbitration Act (CCAA) 〔澳〕聯邦調解仲裁法

Commonwealth Conciliation and Arbitration Commission (CCAC) 〔澳〕聯邦調解仲裁委員會

Commonwealth court 〔美〕（賓夕凡尼亞州）民訴法院；州法院

Commonwealth Fund 〔英〕英聯邦基金

Commonwealth Games Federation 英聯邦體育總會

Commonwealth Immigration Act 〔英〕聯邦移民法

Commonwealth Law 英聯邦法

Commonwealth of Independent States (CIS) 獨聯體國家（指前蘇聯的各加盟共和國）

Commonwealth preference 〔英〕帝國特惠關稅

Commonwealth preference certificate 〔英〕聯邦特惠關稅證書

Commonwealth preference system 英聯邦特惠制

Commonwealth Secretariat 〔英〕聯邦秘書處

Commonwealth trading ties 〔英〕英聯邦貿易關係

Commorancy 〔美〕臨時居所；〔英〕慣常住所

Commorant 〔美〕臨時住戶；〔英〕常住居民（特定鎮、市或區的居民）

Commorientes 〔英〕同時死亡者（指在同一意外事故中同時遇難）；年幼生存者優先級產權

Commote 〔英〕半個百家村；半個威爾斯（包括 55 個村莊及若干個莊園等地方）

Commotion 騷擾；騷動；動亂

Communal courts 社區法院

Communal estate 夫妻共有財產

Communal forest 公有林；共有林；市鎮村所有林

Communal land 公地

Communal marriage 雜婚；羣婚；共婚

Communal socialism 自治社會主義

Communalism 地方自治主義

Commune 〔美〕自治鎮；自治村；小社區，羣居村（指共同享有社區財產的小村莊）；〔英古〕平民；〔法〕公社，人民委員會（1793 年）；市政法人；地方團體；（歐洲諸多國家的）最小行政區

Commune of Paris　巴黎公社 (1871 年)

Communicate　*v.* 授予；參與；傳達，傳送；通訊；通知；轉告；溝通

Communicate channel in the extradition field　〔領事〕引渡領域的溝通渠道

Communicate directly with each other for matters concerning mutual legal assistance　〔領事〕就司法協助事項相互直接進行聯繫

Communicate through consular channel　通過領事途徑

Communicate through diplomatic channel　通過外交途徑

Communication　通信；通訊；會議；協商；聯繫；聯絡；溝通；交流意見；傳達的信息

Communications Act　〔美〕電訊法

Communication expense　交通費；通訊費

Communication officer　通訊官員

Communication satellite　通訊衛星

Communication services　通信服務

Communications Division　〔基金〕通訊處

Communications officer　〔基金〕通訊官

Communiqué　〔法〕公報

Communist Eastern European Common Market　東歐共產主義國家的共同市場 (指前蘇聯的 "經互會")

Communist economic system　共產主義經濟制度

Community　鄰居；近鄰；團體；共同體；社區；居民區；〔英〕(威爾斯) 教區

Community account　〔美〕團體賬戶

Community antenna television (CATV)　有線電視系統

Community Centre　社區服務中心；社區活動中心；公共會堂

Community charge　〔英〕社區稅

Community Chest　團體公款；社區公益金；〔美〕公共募集的基金

Community Convention on the Mutual Recognition of Companies and Bodies Corporate　〔歐共體〕互相承認公司及法人公約 (1968 年)

Community creation　社會創造

Community debt　(夫妻) 共同債務

Community Destiney　命運共同體 (意指要建立一個以合作共贏為核心的新型國際關係，大小國家一律平等、不衝突、不對抗、相互尊重、合作共贏的命運共同體)

Community Development Fund　社區發展基金會

Community economy　村落經濟；公社經濟；社區經濟

Community homes　〔英〕社區教養所；少年犯教養院，(釋義見 "approved school")

Community house　公租房；經濟公寓房；共有住房 (兩個以上個人或家庭共住的)；社區活動中心

Community income　共同收益；共同財產收益；夫妻共同收入

Community land　〔英〕社區土地

Community law　〔歐共體〕共同體法；區域法

Community lease　共有地租賃 (幾個出租人分別擁有幾塊土地同租給同一承租人)

Community of goods　財產共有

Community of goods between spouses　配偶間財產共有

Community of human destiny　人類命運共同體 (意指要打造一個平等相待、互商互諒的夥伴關係，營造公道正義、共

商共建共享的安全格局，謀求開放創新、包容互惠的發展前景，促進和而不同、兼收並蓄的新型國際關係)

Community of income and profits　收入和利益的共有

Community of Independent States (C.I.S.)　獨聯體國家

Community of interest　利益共同體；共同利益集團；〔美〕共同利益；團體利益 (指合資雙方或各方共同關心和擁有的共同利益)

Community of International Inquisity　國際審查委員會

Community of movables between spouses　配偶間動產的共有

Community of nations　國際社會

Community of ownership　共有制

Community of profits　〔美〕(合夥) 共有利潤；利潤的共同性

Community of states　國際社會

Community Patent Convention　〔歐共體〕共同體專利公約 (1975 年)

Community property　〔美〕夫妻共有財產 (在美國分夫妻財產收入均分區和夫婦各方收入歸各自所有的普通法區。除路易斯安那、德克薩斯、新墨西哥、加里佛尼亞、華盛頓、愛達荷和內華達八個州為夫妻財產共有區外，其餘各州均屬普通法系區)

Community property law　夫妻共有財產法

Community service　〔美〕社區服務 (指一種判決輕罪者在規定的時間內為社區做些特定的服務工作，如掃大街等清潔公益的工作)

Community service order　〔英〕社區服務令 (規定 17 歲以下青少年犯在社區內處以無工資的懲罰勞動時間)

Community Service Ordinances　〔香港〕社會服務指令

Community welfare　社區福利

Commutation　〔美〕變換；代替；減刑 (指改變較重的刑罰，如把執行死刑改為無期徒刑)；改變；代償，代償金 (把不定額的或分期支付的債務換算為定額的一次付清的債務；以一種形式的支付代替另一種形式的支付；或以現金支付代替依約履行)；〔保〕改變付款方式；代償；折換

Commutation Act　〔英〕課稅代納法 (1836 年)

Commutation of sentence　減刑

Commutation of taxes　減稅；稅收折代

Commutation of tithes　什一稅代償金 (指付以固定的現金)

Commutation ticket　〔美〕長期車票 (指在規定的期間內可憑證乘坐無限次數的火車票)

Commutative contract　雙務契約 (指訂約各方付出和收入權益均等)

Commutative justice　〔美〕替代法官；交換法官 (釋義詳見 "justice")

Commute　*v.* 減輕；改變 (付款方式)；補償

Commute a sentence　減刑

Commute the death sentence to life imprisonment　由死刑改判無期徒刑

Commuted value　折現價值；補償現值 (指對將來支付現在財產的價值在稅收和估價上的損害賠償)

Compact　*n. & a.* I. 契約；合同；協定；協約；公約 (通指國家間共同關心的問題)；II. 緊密的；堅實的；結實的；牢固的

Compact clause　〔美〕協約條款；盟約條款 (指該法規定未經國會同意不得同其他州訂立任何協議或盟約)

Compact of government　政府協約

Companage　各類食品 (除麵包和飲料外的)

Companies Act　〔英〕公司法 (1862 年)

Companies (Foreign Interest) Act, 1917　〔英〕(外國人利益的) 公司法 (1917 年)

Companies (particulars as to directors) Act, 1917　〔英〕(關於董事的) 公司法 (1917 年)

Companies Clauses Consolidation Act　〔英〕公司法條款合併法 (1845 年)

Companies Ordinance　〔香港〕公司條例 (關於在港設立公司的法律規定)

Companies Registry　〔英〕公司登記處;〔香港〕公司註冊處

Companies' Seals Act, 1864　〔英〕公司印章條例 (1864 年)

Companionate marriage　試婚;同居

Company　公司

Company Act　公司法

Company Colonial Register Act, 1888　〔英〕公司殖民地登記條例 (1888 年)

Company Consolidation Act, 1908　〔英〕統一公司法 (1908 年)

Company cost book　公司成本賬

Company incorporated by Royal Charter　國王特許成立的公司

Company incorporated by special act of Parliament　(議會) 特別條例許可設立的股份有限公司

Company incorporated (inc.)　註冊公司

Company law　公司法 (規定公司的種類、組織章程、股東的權利責任、公司的改組、合併以及歇業等)

Company Law Amendment Committee　〔英〕公司法修訂委員會

Company limited (ltd.)　有限公司

Company limited by guarantee　〔英〕擔保有限責任公司;保證有限公司 (規定公司清算時依章程規定每個股東應承擔償還債務的責任)

Company limited by shares　〔英〕股份有限公司 (公司清償時依章程規定負債以股份面值為限)

Company liquidation account　公司清盤賬

Company Memorandum of Association Act, 1890　〔英〕公司基本定款條例;公司註冊證書法 (1890 年)

Company not for profit　公益法人;非營利法人

Company promoter　公司創始人

Company town　〔美〕公司城 (指公司擁有的居住與商用兩用房)

Company union　公司工會 (會員只限於由單一公司的僱員組成的)

Company Winding-up Act　〔英〕公司解散條例 (1890-1893 年)

Company's loan with security　附有擔保的公司貸款

Company's solicitor　公司法律顧問

Comparable　可比較的;類似的;可匹敵的;同等的

Comparable accommodation　(租金上的) 可比住處

Comparable basis　可比基數;可比標準

Comparable commercial loan　可比的商業貸款

Comparable data on service trade　服務貿易的可比性資料 (數據)

Comparable merchandise　可比的商品

Comparable price　可比價格

Comparable sales　可比銷售價格 (指作為沒收的財產與類似財產的市場價格的銷售證明)

Comparable worth　〔美〕可比工資價值;類比工資值 (指男女工資差別比較)

Comparables　〔美〕參照財產 (可用以比較特定財產價值的財產)

Comparative advantages　相對優勢,比較優勢 (指發展中國家廉價的勞動力)

Comparative balance sheet　資產負債對照表;比較借貸對照表

Comparative cost　比較生產費;比較成本;相對成本

Comparative dynamics　比較動態學;比較動態學分析

Comparative impairment approach　〔美〕比較損害方法

Comparative interpretation　比較性解釋

Comparative jurisprudence　比較法學;比較法理學 (指對不同國家的法律作比較研究或通過比較各種不同的法制來研究法學的一種方法)

Comparative law　比較法

Comparative method　(法理學上) 比較方法

Comparative negligence　相對過失;比較過失 (指過失按百分比賠付)

Comparative penal law　比較刑法

Comparative private international law school　比較國際私法學派 (指第一次世界大戰期間產生的一個新的國際私法學派,其學說重點放在就每一類法律關係尋求對當事人最公平最妥當的准據法的問題上)

Comparative quotation　相對市價;比較行情

Comparative rectitude　〔美〕較小過錯判決原則 (夫妻雙方列出離婚理由中,法院作出對過錯相對較小一方的判決原則)

Comparative statement　資產比較表;財政比較表

Comparative statics　比較靜態學

Comparative statistics　比較統計學

Comparative stylistics　比較文體學;不同風格學 (一種證據的技術,集中鑒別存疑作品在打字員文法、格式等不同比較)

Comparative-advantage relationship　相對優勢關係

Comparator country　比較國

Comparison of handwriting　字跡比較;筆跡鑒定 (鑒定兩種文件是否為一人所寫)

Compass bearing　〔海法〕羅經方位

Compass card　〔海法〕羅經刻度盤

Compass error　〔海法〕羅經誤差

Compass of competency　管轄範圍 (區域)

Compass of diversion book　船舶變更航線登記簿

Compass rose　〔海法〕羅經花

Compass variation　〔海法〕羅經差

Compassing　〔英〕籌謀;設想;想像

Compassionate allowance　死者家屬撫恤金;烈屬撫恤金 (補助金)

Compatibility　可比性,兼容性,一致性 (指實用於由一人承擔的兩個公司間職務和連續性的關係);和諧關係 (指夫妻間的和睦關係)

Compatible with laws and regulations　符合法律法規

Compel　*v.* 強迫;強使屈服;強制獲得 (同意、服從等)

Compel enforcement　強制執行

Compellability　強迫出庭作證可能性

Compellable witness　被迫作證的證人

Compelling abortion　強制墮胎

Compelling reasons　〔關貿〕被迫原因

Compelling state interest 〔美〕重要的國家利益（根據平等保護和憲法第 1 條修正案所賦予的權利，國家在面對侵犯時被迫或有義務急切需要採取國家行為以維護國家利益；根據國家警察權，國家行為也是得到正當授權的）

Compendium 概要，概括，綱要，簡編

Compendium of environmental concerns and needs 環境關心和需求問題的概略

Compendium of Rules of Origin （經合發組織）原產地規則簡編

Compensable 應予補償（或酬報）的；可補償（或酬報）的

Compensable death 〔美〕應予賠償的死亡事故（指因工傷事故所致）

Compensable injury 〔美〕應獲賠償傷害（依照《工人賠償法》予以賠償）

Compensacion 〔西〕補償；債務抵銷

Compensate *v.* 補償；賠償；抵銷

Compensating adjustments 補償性調整（指合理分配許可證水平而言）

Compensating balance 最低應存款；補償性餘額（銀行要求借款人存款賬上最低額度的百分比，通常為 10–20% 以獲取貸款條件）

Compensating duty 補償稅（指補償出口商對進口同類商品所徵的稅）

Compensating errors 抵銷錯誤

Compensating tariff 補償關稅

Compensating tax 〔美〕補償稅（指對有體財產的使用、貯藏和消費的一種增值稅）

Compensation 〔美〕補償；賠償；土地補償費；〔英〕逮捕犯人酬金；土地補償金；賠償金（指傷害、違約等損害賠償）；〔蘇格蘭〕抵銷，補償物；〔香港〕現金賠償；〔關貿〕補償（指 GATT 締約國間進口方應給予出口方因其不合理的高關稅稅則所蒙受實際損失的補償）

Compensation and Cross Retaliation 補償和交叉報復；〔世貿〕補償和交叉報復（當專家小組或上訴機構的建議或報告未被 DSB 採納或執行時，在自願的基礎上，爭端各方可就補償辦法達成一致協議。如在合理期限後 20 天內不能達成令人滿意的一致，則援引爭端解決程序的一方可要求 DSB 授權其中止履行對有關協議（協定）的減讓和其他義務，除非 DSB 一致拒絕該項要求）

Compensation for cancellation of contracts 解除合同的補償費

Compensation for damages 損害賠償；補償性損害賠償金

Compensation for death attributable to service 因公死亡補償

Compensation for nominal damage 名義上的損害賠償

Compensation for removal 遷移費；遣散費；解職金

Compensation for victims of violence 對暴力受害者的補償

Compensation insurance 補償保險；職工賠償保險

Compensation Order 〔英〕賠償令（指法院命令罪犯賠償因其犯罪行為致受害者遭受人身傷害等損失）

Compensation period 〔美〕補償期限（指工人領取失業或受傷）

Compensation pool 補償總庫

Compensation retaliation measures 〔世貿〕補償性報復措施（其在爭端解決中並非主要的手段）

Compensation to third country 〔世貿〕對第三國的補償（費）

Compensation trade 補償貿易

Compensations and benefits 補償與津貼

Compensator 補償者；賠償者

Compensatory adjustment 〔關貿〕補償調整；補償性調整（辦法）

Compensatory approach 補償辦法；賠償方式

Compensatory concession 〔關 / 世貿〕補償性減讓

Compensatory damages 補償性損害賠償金

Compensatory drawing 補償性提款

Compensatory duty 補償稅

Compensatory financing 補償性資金融通；補償性資金供應

Compensatory financing facility (CFF) 〔基金〕補償貸款辦法

Compensatory financing of export fluctuation 〔基金〕出口波動補償貸款（指初級產品出口國收入下降而發生國際收支困難時可申請此項 50% 份額專用貸款，此係 IMF 對會員提供的一項特別貸款安排）

Compensatory Financing of Fluctuations in the Cost of Cereal Imports 〔世行〕穀類食物進口價格波動補償性貸款

Compensatory Fund facility 〔基金〕補償性融通資金；補償性基金貸款

Compensatory measures 〔關貿〕補償措施

Compensatory official financing 補償性官方資金融通

Compensatory payment 補償報酬；補償金；賠償金

Compensatory programme 補償方案（計劃）

Compensatory tax 補償稅

Compensatory trade 補償貿易（指以外國貸款進口建廠設備等，爾後以產品或其他原料等償還貸款的一種貿易方式）

Compete *v.* 競爭；比賽；比勝

Competence 作證能力；作證資格；能力；資格；〔英〕權限；管轄權（指法院處理特殊事務的權力，其有別於或類同於管轄權）

Competence to conclude treaties 締約權

Competency 資格；能力（指作證能力和行為能力）

Competency of mandate 委任權限

Competency of witness 證人的作證資格；證人能力

Competency proceedings 〔美〕確定精神能力訴訟（指審訊確定民、刑事被告的精神意識能力是否健全）

Competency to stand trial 〔美〕受審能力（意指被告如不能理解訴訟性質及其目的，不能向律師諮詢，並協助準備為自己辯護者不具備受審的能力）

Competent 有權能的；有法定資格的；有行為能力的；主管的；有能力的；能勝任的；足夠的；合格的

Competent authorities 主管當局；主管權限

Competent central authorities 中央主管當局

Competent court 管轄法院（指具有合法管轄權的民、刑事法院）

Competent evidence 可採納的證據；可接受的證據

Competent local authorities 地方主管當局

Competent military authorities 軍事主管當局

Competent national authorities 國家主管當局

Competent organ 主管機關

Competent person 具有行為能力的人；合格人員

Competent registry office 主管登記機關

Competent to exercise rights and perform duties 行使權利和履行義務的能力

Competent witness 〔美〕法律上合格的證人；符合法定資格的證人；有作證能力的證人 (如在法庭上認證遺囑)

Competing bargaining blocs 競爭的談判集團

Competing goods 競爭性商品

Competing group 競爭集團

Competing model 競爭模式

Competing product 競爭產品

Competing technology 競爭性技術

Competition 競爭；角逐

Competition between substitute products 替代產品之間的競爭

Competition laws 競爭法規

Competition policies 〔世貿〕競爭政策 (以此替代反傾銷措施)

Competition price (competitive price) 競爭的價格

Competition with private enterprises in the market 在市場上與私營企業的競爭 (在市場上與民營企業的競爭)

Competition-oriented criteria 競爭取向的標準；競爭導向標準

Competitive ability 競爭能力

Competitive bidding 競爭性投標；競標

Competitive civil service examination 〔美〕競爭性公務員考試

Competitive exchange depreciation 競爭性匯率貶值

Competitive goods 競爭性商品

Competitive law 〔美〕競爭法 (指 "Anti-Trust Law" 的別稱)

Competitive markets 競爭性市場

Competitive need criterion 競爭性需要標準

Competitive political system 競爭性的政治制度

Competitive position 競爭狀態

Competitive power 競爭能力

Competitive practice 競爭行為

Competitive price 競爭價格

Competitive products 有競爭性的產品 (指價廉物美和銷售服務周到的產品)

Competitive sale 買賣競爭

Competitive tender 競爭性投標；公開投標

Competitive tendering procedures 競爭性投標程序

Competitiveness 具有競爭能力；競爭性

Competitors 對手；競爭者；角逐者；爭霸者

Compilacion de Canellas 卡內拉斯法令集 (指阿拉貢國王詹姆斯 1245 年頒佈的各種法規彙編)

Compilation 〔美〕法規彙編；財務報表彙編；(版權的) 創作資料彙編

Compilation of data 數據編排

Compile *v.* 編纂；編輯

Compiled statutes 法律編纂

Compiling country 申報國 (編制報告)

Complain *v.* 起訴；告發；控告

Complainant 原告；起訴人，告發人；控告人

Complaining Member 〔世貿〕原訴成員方；投訴成員方 (即向 DSB 提出投訴的成員方)

Complaining party 〔世貿〕申訴方 (指對爭議事項向 DSB 提出的)

Complaint 〔美〕民事起訴狀 (指向治安法院提出民事訴訟要求救濟，強制對方付款令等)；刑事控告狀 (向有刑事管轄權

的承審員提起，其與 "information" 通用)；〔蘇格蘭〕簡易訴訟令狀 (控告某人犯下指定罪)；〔香港〕原告人提出要求

Complaint bill 告訴狀

Complaint of the victim 受害者告訴狀

Complementary agency 輔助機構

Complementary criteria 〔世貿〕補充標準 (指原產地規則而言)

Complementary document 補充文件

Complementary goods 互補性商品；相關貨物，輔助貨物；補充貨物

Complementary treaty 補充條約

Complete *a. & v.* I. 完整的；完全的；圓滿的；完成的；結束的；II. 完成，結束

Complete action 法律上完全生效行為

Complete agreement 完全協議

Complete and exclusive sovereignty 完全和專屬主權

Complete annexation 完全兼併

Complete bankruptcy 徹底破產

Complete delivery 完全交付

Complete determination of cause 〔美〕定案；案件審結 (指案件的每個爭點均已作出裁決，以至於可作出既判力判決)

Complete economic integration 完全的經濟一體化

Complete elimination of barriers 完全消除壁壘

Complete extinction 全部消滅

Complete in itself 〔美〕包括完整項目之立法行為的；無遺漏的；不是修正性的

Complete incorporation 全部合併

Complete interruption 全部停止

Complete loss of sight 完全失明

Complete operation rule 全程操作規則 (指保險單的條款規定貨物運至目的地全部卸完貨交付收貨人為止)

Complete payment (按合同) 結清付款

Complete restitution 全部歸還

Complete text 全文

Complete the qualification procedure 完成資格審查程序

Complete works 全集

Completed contract method 〔美〕全部完工法；合同期滿損益計算法

Completed job method of accounting for long-term contract 長期合同完工會計法

Completed offense 既遂罪

Completed operations insurance 完工保險 (指對建造過程中造成工傷、死亡及財產損失風險提供保險)

Completely constituted trust 完全成立的信托

Completeness rule 〔美〕完全使用證據的規則 (允許進一步使用已有文件證據解釋部份的證據規則)

Completion 完成；完工；竣工；〔英〕合同的完成 (尤指土地的銷售)

Completion bond 竣工保證書；〔保〕完工保證保險

Completion of the term of imprisonment 刑期屆滿

Complex and many-sided business 複雜而多方面的業務

Complex and multifaceted international trading relations 複雜而多樣的國際貿易關係

Complex cause 複雜的原因；綜合原因

Complex crime 混合罪 (指兩種以上的罪)

C

Complex executive bureaucracy　複雜的行政官僚
Complex foreign service system　複雜的外交服務體系
Complex formalities of establishing jurisdiction of the International Court of Justice　確立國際法院管轄權的複雜手續
Complex most favoured nation clause　完整式最惠國條款
Complex standard　複本位制
Complex system of world trade　複雜的國際貿易制度
Complex tariff　複合關稅（指一個稅目徵收兩種以上的稅，例如，同時徵收從價稅和從量稅）；複式稅則；複合稅
Complex trust　複雜信託（附有詳細規定的信託。受託人對於積累和分配信託收益上有完全的自由裁量權。其反義詞為“simple trust”）
Complexity of consular task　領事任務的複雜性
Compliance　依照；順從；服從；遵守；一致；履行
Compliance with which is necessary to obtain an advantage　〔世貿〕獲得某項好處而必須遵守（指外國投資者在成員方境內投資應遵守 TRIMS 規定措施）
Complicated　複雜的；難理解的；難解釋的；混雜的
Complicated procedural problems　複雜的程序問題
Complice　同謀者；共犯；從犯；幫兇（指與他人一起圖謀不軌共同犯罪的人）
Complicity　共犯關係；同謀關係 (in)；串通；共同參與犯罪（指兩人以上共同故意實施的犯罪）
Complicity in crime　共同犯罪關係人
Comply with all WTO-consistent requirements related to importing and exporting　履行世貿組織有關進出口的一貫規定
Comply with all WTO-consistent requirements related to importing and exporting TBT and SPS　〔中〕履行世貿組織各種有關技術性貿易壁壘與衛生和植物檢疫進出口的一貫規定（要求）
Comply with GATT rules　遵守關貿總協定規則；符合關貿總協定的規則
Comply with market-access obligations　〔世貿〕履行市場准入的義務
Comply with the government programme　按照政府的計劃辦理，遵照政府的計劃辦理
Comply with these recommendations within the specified period　〔關貿〕在規定的限期內執行這些建議
Component currency　〔世行〕合成貨幣（為特別提款權的“貨幣籃子”）
Component of economic and industrial policy　經濟和工業政策的組成部份
Component of equipment　設備零件；設備部件
Component of machinery　機械部件；機械零件
Component state　組成國
Components manufacturing enterprises　元部（配）件生產企業
Compose　*v.* 調停；調解（糾紛等）
Composed of　組成的；構成的
Composers' & Authors' Society of Hong Kong　香港作曲家及詞人協會
Composite claim　複合求償
Composite effect of tariff and non-tariff barriers　關稅與非關稅壁壘的混合效應（作用）

Composite international person　複合國際人格者
Composite of currencies　複合貨幣
Composite peg　釘定一組貨幣兌換率
Composite rate　綜合率；複合率
Composite ratio　綜合比率
Composite state　複合國（指兩種以上的國家為一定軍事、貿易目的而結盟的國家，但成員國各自保留其主權）
Composite tariff system　複合稅率制
Composite treaty　複合條約
Composite work　〔美〕集成作品（指由數位作者共創而成）
Compositeur amiable　〔法〕和解人；調解人；調停人
Compositio mensurarum　〔英古〕計量法（亨利八世頒佈的）
Composition　構成；組成；〔英〕和解協議（指土地所有者與聖職人員之間以支付代償來免除什一稅的契約）；和解金（指債務人以償還部份欠款了結債務與債權人達成協議）；和解證書（影響的土地可以債務人名義按 1972 年土地負擔法第 7 款登記）；賠償金，抵償金（依日耳曼法，加害者支付給受害者一定數額的金錢以釋冤仇）
Composition contract　〔蘇格蘭〕和解契約
Composition deed　和解契約書（包括債務人和債權人之間解除債務的條件）
Composition of export and import　進出口商品結構
Composition of matter　〔專利〕組合物（由兩種或兩種以上不同物質組合的混合物或化合物，其形式不變）
Composition of panels　專家組人員組成
Composition of services　服務構成
Composition of tithes　什一稅和解協議
Composition of trade in goods and services　貨物和服務貿易的結構
Composition of world trade　國際貿易商品結構
Composition with creditor　與債權人和解協議書（債權人同意由其破產債務人償還部份欠款以了結全部債務而達成之協議）
Compound　*v. & n.* I. 互讓；解決（爭端、債務等）；與債權人達成和解協議；私了；妥協；II. 混合物；化合物；合成品（指通過人力使兩種以上元素或東西合而為一）；人造產品
Compound arbitrage　重複套匯
Compound duty　複合關稅；複合稅；混合稅（指對同一商品同時徵收兩種從價和從量的一種關稅）
Compound force　伴有其他犯罪的暴行
Compound interest　複利（指把上一期的利息併入本金再生利息，成為第二期本金，如此逐期滾算。俗稱“利滾利”，其反義詞為“simple interest”）
Compound larceny　混合盜竊罪；併合盜竊罪（指伴有侵入住宅等罪行）
Compound settlement　〔英〕複合契據（如，由祖孫三代以上非限嗣繼承的地產地契組成）；綜合解決辦法
Compound tariff　複合稅率
Compound with creditors　與債權人和解
Compounder　調解人；和解人（“amicable compounder”，路易斯安那州法律用語）
Compounding　私了；私了案件；和解；私下和解
Compounding a debt　清理債務的契約
Compounding a felony　私了重罪（指因受到賠償而不起訴達成歸還被盜竊的財物或取得其他利益以不告訴犯罪者的和解協議）

Compounding crime　私了犯罪（達成盜竊者歸還財產或賠償以換取不起訴盜竊等罪的協議）

Compounding period　複利（計算）期

Comprador　買辦

Comprehensive agreement　全面協定

Comprehensive approach to environmental problem solving　全面解決環境問題的方法

Comprehensive audit　綜合審計

Comprehensive automobile liability insurance (CALI)　機動車輛綜合責任險

Comprehensive compendium of interim agreements　臨時協定的主要梗概（1991 年關貿總協定總幹事鄧克爾草案）

Comprehensive crime endorsement　綜合犯罪附加險

Comprehensive disarmament　全面裁軍

Comprehensive due diligence investigation　全面精心的調查（指關於公司證券發盤銷售營業及融資前景的調查）

Comprehensive Employment and Training Act　〔美〕綜合就業培訓法（1975 年）

Comprehensive Environmental Response Compensation, and Liability Act (CERCLA)　〔美〕綜合環境特性、補償和責任法（1980 年）

Comprehensive examination　通盤檢查；全面審查

Comprehensive Import Supervision Scheme (CISS)　〔關貿〕綜合進口貨物監督體制（指對進口商品檢驗制度）

Comprehensive insurance　全保；綜合保險（指保人身損害及車輛失竊等險）

Comprehensive interest analysis　〔美〕綜合利益分析說（指一種衝突法學說，其主張適用一種不具體地涉及到任何州的法律規範，以便最有效地促進所有與爭端有本質聯繫的州的共同利益）

Comprehensive list　詳細一覽表；綜合一覽表

Comprehensive listing of all products and services　全部產品和服務的綜合一覽表

Comprehensive mandatory sanction　全面強制性制裁

Comprehensive measures of support　全面支持措施

Comprehensive multilateral disciplines and protection　綜合多邊紀律保護（指世貿組織的作用）

Comprehensive personal liability insurance　綜合個人責任保險

Comprehensive policy　綜合保險單

Comprehensive Programme of Disarmament　綜合裁軍方案（1979 年）

Comprehensive report　綜合報告

Comprehensive service　綜合服務

Comprehensive strategic partnership　全面戰略夥伴關係

Comprehensive test ban　全面禁試（指全面禁止核試驗）

Comprehensive zoning plan　〔美〕綜合區域規劃（通盤劃分區域計劃）

Comprint　n. & v. I. 侵害著作權的出版；翻印他人著作物；II. 盜印

Comprise　v. 包含；包括；由…組成

Comprise representative of all parties to the WTO　由世貿組織所有成員方代表組成

Compromis　〔法〕仲裁協定；和解契約

Compromis d'arbitrage　〔法〕仲裁協定

Compromise　妥協；和解（指民事訴訟當事人約定互相讓步或

和解息訟）；互讓了結；了結方案；折中方案；締結和解契約；仲裁協議；危害；損害；〔英〕和解契約（指通過讓步方式協調求償爭議，或不訴諸法律訴訟、或放棄已提起的訴訟條件）

Compromise Act　〔美〕妥協條例（1833 年發佈的關於輸入稅的條例，在國會內兩個反對派互相妥協的基礎上制定的）

Compromise and settlement　〔美〕爭議和解協議（指雙方當庭或庭外私了爭端）；了結爭端協議；〔羅馬法〕仲裁協議（指兩人或兩人以上接受公斷人或仲裁員的裁決）

Compromise clause　和解條款；仲裁條款

Compromise of action　訴訟和解

Compromise settlement　協商解決

Compromise solution　協商解決辦法

Compromise tariff　調和關稅

Compromise the independence of the output　協商自主產出

Compromise the solution　協商結果；協商解決辦法

Compromise verdict　〔美〕拆衷裁定

Compromised total loss　〔保〕協議全損；約定全損

Compromissory clause　仲裁條款

Compte rendu　〔法〕議事錄；報告

Compter (or Counter)　v. & n. I. 預測；打算；期望；II.〔英〕債務人監獄（1817 年廢止）

Comptroller (controller)　〔美〕審計員（也是財政部挂名官員）；〔英〕會計監查員；官方接管員（由法院任命的破產事務官員）；王室管家；衡平法院官員

Comptroller and Auditor General　〔英〕總審計長

Comptroller General　〔美〕總審計長

Comptroller in Bankruptcy　破產審計官

Comptroller of the Currency　〔美〕通貨監理官

Comptroller of the Pipe　〔英〕筒狀檔案保管員

Comptroller of the Treasury　會計監督官

Comptroller-General of Patents, Designs, and Trade Marks　〔英〕專利、外觀設計和商標局長

Compulsion　強制；強迫；客觀需要；脅迫

Compulsion of insurance　強制保險

Compulsive behaviour　失控行為（指盜竊癖或變態性欲行為等）

Compulsive emigration　強制移民

Compulsive injunction　（特定行為的）強制履行命令；強制性禁令

Compulsive means　強制性方法；強制手段

Compulsive means of settlement　強制解決方法

Compulsive settlement　強制解決

Compulsory　a. & n. I. 強迫的；強制的；義務的；法律程序或執行所強制的；II.〔宗〕強制出庭作證令狀

Compulsory acquisition　〔英〕強制取得；徵用（指未經本人同意強徵其土地）

Compulsory acquisition of land　強制徵用土地

Compulsory administration　強制管理

Compulsory appearance　強制出庭應訴

Compulsory arbitral settlement　強制仲裁解決

Compulsory arbitration　強制仲裁

Compulsory attendance　強制參與（有法律義務的參與，例如，普及義務教育、學齡兒童必須上學等）

Compulsory attendance law　義務教育法

Compulsory auction　強制拍賣

Compulsory automobile liability insurance laws　強制車輛責任保險法；機動車輛法定責任保險法

Compulsory cession　強制割讓

Compulsory circulation　強制流通

Compulsory conciliation　強制性調解；強制和解

Compulsory contribution　強制攤派；強迫捐獻；應交會費

Compulsory counterclaim　強制性反訴；強制性反求償（必須邏輯上與原求償有關聯，並且是基於同一標的物而衍生的）

Compulsory disclosure　〔美〕強制披露（指法院命令強制披露規則範圍之內事項，或指公務員或候選人有義務披露從私人渠道來源的財產或收入）

Compulsory education　義務教育

Compulsory emigration　強制移民出境

Compulsory execution　強制執行

Compulsory expatriation　強制放逐

Compulsory import cartels　法定進口同業聯盟；〔關貿〕強制進口卡特爾

Compulsory insurance　強制保險（如機動車輛均在登記時要求承保責任總額）

Compulsory integration　強制合併

Compulsory investigation　〔加〕強制調查制（指調停爭議的制度）

Compulsory joinder　強制聯合訴訟

Compulsory judicial settlement　強制司法解決

Compulsory jurisdiction　強制管轄

Compulsory labour　強迫勞動

Compulsory licence　〔美〕強制許可證；法定執照（指依版權法允許特定當事人在支付特定版稅及允許不經用有者的明示准許而可使用其一部份著作權的資料）

Compulsory licensing　〔香港〕強迫發牌照

Compulsory liquidation　強制清算

Compulsory means　強制手段

Compulsory measure short of war　次於戰爭的強制措施

Compulsory membership　強制性會員資格（強制性成員資格）

Compulsory military service　義務兵役制

Compulsory national debts　強制公債

Compulsory nonsuit　駁回訴訟（非自願終止訴訟）

Compulsory payment　強制支付（指一種被迫的或失去知覺時的支付）；法定債務支付（例如納稅和撫養費等）；強制償付債務（如，扣押債務人財產以為對償權人之救濟）

Compulsory pilot　強制引水員；強制領港人（指獨立指揮船舶行駛）

Compulsory pilotage　強制領航

Compulsory portion　遺產特留分

Compulsory powers　強制購買權（對經營鐵路、運河等公共事業的公司以制定法給予強制收買土地的特權）

Compulsory process　強制法律程序；〔美〕強制性傳票（例如，強制被通緝人到庭作證，包括普通傳票、逮捕證或必要拘禁令，但刑事被告依據憲法第 6 條修正案“有權獲取有利於證人的強制性傳票”）

Compulsory property insurance　強制財產保險

Compulsory purchase　〔美〕強迫取得；徵購，徵用

Compulsory purchase order　〔英〕強制徵購令（指地方當局經部長確認徵用土地）

Compulsory referendum　強制性國民複決權

Compulsory removal　〔英〕強制移送（指對非法入境定居並患有精神病者的強制遣返）；〔美〕強制搬移（指除卻被委棄於航道的船價障礙物）

Compulsory rescheduling　強制性重新安排（償還期）

Compulsory reserve　強制準備

Compulsory reserve deposits　強制性儲備存款

Compulsory retirement　強制性退休

Compulsory sale　強制出售

Compulsory sanction　強制性制裁

Compulsory school attendance　強制學生就學

Compulsory self-incrimination　〔美〕強制性認罪；強迫自認其罪（在美國任何肉體上或精神上脅迫被告認罪的做法是違反憲法第 5 條修正案有關條款的規定）

Compulsory service　義務兵役

Compulsory service system　義務兵役制

Compulsory settlement　強制解決

Compulsory settlement of international disputes　國際爭端的強制解決（指以非法使用武力的強制手段來解決國家間的爭端為現代國際法所禁止）

Compulsory subjects　必修科目

Compulsory testimony act　強制證言法

Compulsory universal jurisdiction　強制普遍管轄權

Compulsory voting　強制表決

Compulsory winding-up　強制清理；強制解散

Compulsory withdrawal　強制退出

Compurgation　宣誓斷案（在寺院法院受理的僧侶刑事案件中的善良誓言）；宣誓斷訟法（據他人證供證明被告清白無罪的程序）

Compurgation or wager of law　〔英古〕宣誓斷訟法；善良誓言斷訟法；宣誓滌罪法

Compurgators　宣誓證明被告無罪者；宣誓助訟者（指鄰居中有一位被指控犯罪或為民事訴訟中的被告，其他 12 位鄰居一起應傳出庭並宣誓證明被告的無罪宣誓屬實之宣誓助訟者）

Computable general equilibrium (CGE)　可計算的總體平衡

Computation　計算；估計；計算（期間）

Computation of the duration of imprisonment　刑期計算

Computation of time　〔美〕時間的計算；期間的計算（依民事訴訟程序規則計算行為的日數，其中星期六、星期天和法定假日除外）

Computed value　估算價格；推定價值

Computed value of imported goods　進口貨物的估算價格

Computer　電腦；電子計算機

Computer crime　計算機犯罪

Computer Facilities and Operations Division　〔基金〕電子計算機設備管理處

Computer fraud　〔美〕電腦詐騙（罪）；電腦智能犯（指在詐欺和侵佔公款中涉及利用電腦幫助犯罪陰謀）

Computer Law　計算機法

Computer Law Association (CLA)　計算機法委員會

Computer Networks　電腦網絡

Computer programs　計算機程序

Computer programs and compilations of data　〔世貿〕計算機程序和數據彙編

Computer reservation system (CRS)　計算機儲存系統

Computer reservation system services　計算機儲存系統服務（意指由儲存空運公司的時刻表、可供量收費及其規定電腦系統所提供的服務）

Computer software in any format or form 任何格式或形式的電腦軟件

Computer software's registration 電腦軟件的註冊

Computer Systems Officer 〔基金〕計算機系統分析員

Computer-based 以電子計算機為基礎的

Computerised accounts 計算機化的賬目

Comsat 通訊衛星;〔美〕通訊衛星公司

Comsymp 〔美〕親共派

Con *a. & prep.* I.〔美俚〕信心;II. 和;與;同

Con buena fe 〔西〕誠實地;善意地;真誠地

Con game 騙局;詐騙

Con man 騙子

Co-national 〔領事〕共同國民(指既持有原籍國有效護照,又持有僑居國"綠卡"者)

Concave coast 凹海岸

Concave state 凹海岸國

Conceal *v.* 隱藏;隱匿;隱瞞(掩蓋明知並在職責上應予披露的真相;保險法上指故意隱匿信息使有權得知者一無所知)

Conceal booty 窩藏贓物

Conceal criminal evidence 隱匿犯罪證據

Concealed and unreported 隱瞞不報

Concealed asset 隱瞞的資產;賬外資產

Concealed cession 隱蔽割讓

Concealed class enemy 隱藏的階級敵人

Concealed dumping 隱瞞傾銷;隱蔽傾銷

Concealed subsidies 隱瞞補貼

Concealed weapons 隱匿兇器;私帶兇器

Concealers 〔英古〕隱藏土地的發現者

Concealment 隱藏;隱瞞;隱瞞不報;隱瞞事實

Concealment may be basis of estoppel 隱瞞可能是禁止翻供的依據

Concealment of birth 隱瞞出生;〔英〕隱瞞出生罪(指產婦秘密處死新出生的嬰兒)

Concealment of fact 隱瞞事實

Concede benefits 讓與利益

Conceder 〔法〕特許;讓與

Concentration account 集中賬戶;鎖箱賬戶

Concentration camp 集中營

Concentration services 〔美〕集中服務(指把從不同地區的郵箱現金歸集到一個單鎖箱賬戶來從中撥款投資)

Concentric-circled effects 盤旋性影響;同心圓式效果

Concept of trade liberalisation 貿易自由化的概念

Conception 受胎;妊娠;觀念;概念;設想;構想

Conception of invention 發明設想;發明構思

Concepts and conception 〔英〕觀念;概念

Conceptualism 觀念論;概念法理學

Concern *n. & v.* I. 商行;康采恩;II. 關心;屬;涉及;使感興趣;影響…利益

Concerning; concerned 關於;涉及

Concerns over the practice of restrictions upon participation in the Chinese economy based upon the nationality of the entity concerned 〔世貿〕基於對有關實體的國籍問題而限制參與中國經濟的做法表示關切

Concert *v. & n.* I. 商議;共同議定;共同安排;協調;II. 協同;一致

Concert of action rule 〔美〕協同行為規則(指兩個人協議共同犯下一種特定罪者不能以共謀串通論起訴,因該罪具有要求兩人必須一起共同犯罪性質)

Concert of Europe 歐洲協同體("歐洲協約",指歐洲大國在 19 世紀前半期通過協商以解決歐洲問題在外交上一致行動的非正式組織)

Concert of nations 國際聯合;國際協同體

Concert of the powers 列強協商(指 1900 年日本和歐洲列強對華協約)

Concerted action (concert of action) 協調行動;聯合行動;協同行為

Concerted Action for Economic Development of Economically Less Development Countries 為經濟不發達國家的發展而採取聯合行動(1960 年聯大決議)

Concerted declaration 意見一致的宣言

Concerted effort 共同努力;一致努力

Concession 讓步;讓與;租讓;租讓權;特許權(指政府或地方團體賦予採礦權、土地使用權);租借地;租界(按國際法,依條約在一國境內劃出某些口岸或城市供外國僑民"居住和經商"的一定區域、並僭取管理租界內的行政、司法和警察權。如解放前上海的法租界、漢口的英租界等);(關稅、租稅)減讓;減免;折扣;回扣

Concession agreement 租讓協定;特許權協定

Concession inconsistent with the development, financial, and trade needs 〔世貿〕(最不發達國家不要做出)與其"發展、財政和貿易需求"不一致的減讓

Concession of business 特許營業

Concession of tariff 關稅減讓

Concession of tariff negotiation 〔關貿〕關稅減讓談判

Concessionaire (concessioner) *n. & a.*〔法〕I. 特許權受讓人;特許權所有人;讓受人;II. 讓與的;特許的

Concessional 減讓的;優惠的

Concessional loans and interests 優惠貸款和利息;減讓性貸款和利息

Concessional terms 特惠條件;優惠條件;減讓條件

Concessionality 減讓特點;優惠特點

Concessionary 特許的;讓與的;減讓的;優惠的;讓渡特權的

Concessionary contract 租讓合同;特許權契約;讓與契約

Concessionary element 減讓因素

Concessionary right 租讓權利;特許權

Concessionary terms (=Concessional terms) 減讓條件,特惠條件,優惠條件

Concessions 〔關 / 世貿〕關稅減讓;特許權

Concessions on agricultural tariffs 農業關稅減讓

Concessor 〔英古〕讓與人;授予人;贈與人 (=grantor)

Conciergerie 〔法古〕門房;巴黎裁判所的附屬監獄

Conciliation 和解;調停;調解;當庭和解(指勞資間爭議以友好、非對抗的方式在訴諸仲裁前和為避免審判而和解息訟)

Conciliation Act 〔英〕勞動調停法(1896 年);和解法

Conciliation board 調解委員會;調停委員會

Conciliation commission 調解委員會;和解委員會

Conciliation procedure 調解程序;和解程序

Conciliation proceedings 調解程序;和解程序

Conciliation Rule 調停規則;調解規則(指 1980 年聯合國貿發會決議推薦的友好地解決國際商務關係中的各種爭端的規則)

Conciliation treaty　和解條約；調解條約

Conciliator　和解員；調解員

Conciliatory model　調停模式

Conclude　*v.* 締結，訂立；結束，終結；禁止反言；不容否認；禁止，阻止；防止

Conclude a headquarters agreement　〔世貿〕締結總部所在地協議；訂立總部協定

Concluded　結束的；終結的；締結的；禁止翻供的

Conclusion　斷定；結論（原告的訴由隨其聲明而了結）；締結（條約）；訂立；（買賣等的）議定，〔古〕禁止反言；契據或訴訟文件的結尾

Conclusion against the form of the state　違反有關制定法的結論

Conclusion of a contract　合同的訂立

Conclusion of fact　（法官關於）事實認定；事實結論

Conclusion of indictment　公訴結論

Conclusion of law　（法官關於）法律認定；法律結論

Conclusion of Negotiations on Basic Telecommunications Agreement: the Telecommunication Agreement (February 1997)　締結關於基礎電信談判協定，即電信協定（1997 年 2 月）

Conclusion of Negotiations on Movement of Natural Persons Agreement (28 July 1995)　〔世貿〕達成（締結）關於自然人流動的談判協定（1995 年 7 月 28 日）

Conclusion of negotiations on the Financial Services Agreement (28 July 1995)　〔世貿〕締結了金融服務談判協定（1995 年 7 月 28 日）

Conclusion of peace　締結和約；媾和

Conclusion of treaty　條約的訂立；條約的締結

Conclusion to the country　（請求陪審員斷定爭端）訴狀的結尾部份

Conclusive　決定性的；不容有疑義的；最後的；終止的；結論性的

Conclusive evidence　確證；確鑿證據；決定性證據；結論性證據（認為充分、不許反證的證據）

Conclusive evidence clause　最後證據條款

Conclusive presumption　不許反證的推定；決定性推定

Conclusiveness of statement　聲明的確定性

Concoction　策劃；陰謀

Concoctor(er)　策劃者

Concomitant actions　〔美〕附帶訴訟（指共同提起要求某種救濟的民事訴訟）

Concord　一致；協調；和解協議（指一方有權訴請違約方賠償的協議）；（國際間的）協定，協約；〔英古〕和解協議（根據 1833 年的《擬訴異議法》，偽裝的被告承認爭議之土地為原告的權利而達成協議）

Concordat　國際條約；教約；教廷條約（臨時主權國就教會問題與教皇簽訂的協議）；〔法〕清償債務協議（指債權人同意破產人在一定期限內付還部份債務後解除全部求償權）

Concubinage　姘居（男女非法同居）；〔古〕蓄妾；納妾制；〔羅馬法〕妾的身份

Concubine　妾；情婦；姘婦

Concubine's child　庶子

Concur　*v.* 同意；一致；協力；合意；〔美〕共同對破產者提出資產索償訴訟（路易斯安拿州法律用語）；同意意見（指上訴法院法官就本案與另一法官的結論一致）

Concurator　共同監護人

Concurrence　同時發生；俱發；並行；同意；贊成；合意；一致

Concurrence deloyale　〔法〕不正當競爭

Concurrence of crimes　數罪俱發（"合併論罪"指中國古代刑法對一人犯有數罪，同時或先後被告發，予以一併懲處）

Concurrence of offences　數罪併罰（釋義同 "concurrence of crimes"）

Concurrent　兼任的；同時發生的；並存的；具有相同權利的；一致的；同意的；共存的；合作的；（權力等）由兩個負責當局行使的

Concurrent causes　〔美〕共存原因；同時造成傷害的原因

Concurrent competence　並行職權

Concurrent conditions　相互依存條件；同時履行條件；〔香港〕共存的條件

Concurrent consideration　同時發生的對價（兩個當事者同時交換的許諾）

Concurrent covenant　同時履行的合同

Concurrent criminal jurisdiction　並行刑事管轄權

Concurrent estates　共有財產；共同佔有的財產（指兩人或兩人以上共同擁有或佔有的財產）

Concurrent insurance　重覆保險；同時保險（對同一個被保險物同時締結兩個以上的保險契約）

Concurrent interests　(=concurrent estates) 共有財產；共同佔有的財產（指兩人或兩人以上共同擁有或佔有的財產）

Concurrent jurisdiction　並行審判權；並存管轄權（指數個不同法庭對同一訴訟標的同時具有管轄權）

Concurrent liens　並存留置權（對同一財產同時具有留置權或佔有權）

Concurrent negligence　並有過失；共同過失

Concurrent offence　俱發罪

Concurrent opinion　並存意見（指法官原則上同意判決，但持有不同的推理）

Concurrent personal jurisdiction　並行屬人管轄權

Concurrent policy　同時保險單

Concurrent power　〔美〕並行權力（國會或州議院對同一標的各自備有獨立的立法權）

Concurrent punishment　併合處罰

Concurrent punishment for several crimes　數罪併罰

Concurrent resolution　〔美〕（國會兩院）共同決議

Concurrent sentences　合併判決；數罪同時處刑判決

Concurrent sovereignty　並行主權

Concurrent territorial jurisdiction　並行領土管轄權

Concurrent tortfeasors　〔美〕同時侵權者；並行侵權者；共同侵權行為者（指兩人獨自因過失行為而同時侵害第三者之謂）

Concurrent writ　複製令狀（被告有數人時，或需要送達到幾個地方時，按原本複製發給的令狀）

Concurring opinion　〔美〕（法官的）同意意見；並行意見書（指一個或一個以上的法官對法院多數法官所作出的裁決各自提出自己同意的理由）

Concurring vote　同意票

Concussion　敲詐勒索罪（指以武力威嚇非法迫使他人交出有價值財物，其不同於 "robbery"）；腦震盪

Condemn　*v.* 宣判（某人）有罪；宣告沒收（或徵用）；宣告某樓宇不適宜居住（或不適宜使用）；宣告某船舶為戰利品不適於航行；徵用某財產為公用（以行使國家徵用權）

Condemn sb. to death 判處某人死刑

Condemn sb. to imprisonment 判處某人徒刑

Condemn without a hearing 不加審訊即行宣判有罪

Condemnation 定罪；判決沒收；宣告民事被告應向原告給付或將民事原告的請求駁回的判決；〔美〕徵用（指通過以國家徵用權方式徵用私有財產以為公用，但給業主以補償）；〔英〕捕獲船舶判決（指捕獲法院宣告海上捕獲船舶行為為合法，並把該捕獲為合法戰利品，將其所有權判歸捕獲者所有的判決）

Condemnation money 宣判敗訴方支付賠償金

Condemnation par contumace 〔法〕缺席判罪

Condemnation suit 徵用訴訟

Condemned building 宣佈為危險的建築物；封閉式樓宇

Condemned cell 死刑犯監禁室

Condemned criminal 已決的囚犯；死囚

Condemned prisoner 死囚

Condemned ward 死刑犯人牢房

Condemnee 被徵用者（被徵用財產者）

Condemner 徵用者

Condescendence 〔蘇格蘭〕詳陳案情起訴書（指民事原告詳陳事實，要求給予合法救濟）

Condition 條件；（合同或協議的）條件條款；（附屬於土地轉讓）限制條件；（保險單上印製的）風險限制條件；狀況；狀態；形勢；身份；地位

Condition as imported 進口時的狀態

Condition of accession 加入條件

Condition of appeal 上訴條件

Condition of belligerence 交戰狀態

Condition of contract of airway bill 空運提單合同條款

Condition of employment 僱傭條件；就業條件

Condition of grant 讓與條件；〔香港〕授權書（指承租人要建造樓宇使用官地，即公有地須經政府批准）

Condition of insurance 保險條件

Condition of lawsuit 訴訟條件

Condition of neutrality 中立狀態

Condition of neutralisation 中立化狀態

Condition of peace 和平條件；和平狀態

Condition of punishment 處罰條件

Condition of reciprocity 相互條件；互惠條件

Condition of recognition 承認條件

Condition of sale 銷售條件（售貨條件）；拍賣條件

Condition of service 服務條件；服務狀況

Condition of validity 有效條件

Condition of war 戰爭狀態

Condition precedent 先決條件；停止條件

Condition resolutoire 〔法〕解除條件

Condition subsequent 解除條件（解除合同義務的條件）

Condition(s) of grant 讓與條件；補助條件；〔香港〕授權書

Conditional 附條件的；有條件的；視…而定的（on, upon）；不確定的

Conditional acceptance 附條件接受；附條件承諾；有條件承兌

Conditional adhesion 附條件加入

Conditional agreement 有條件的協定

Conditional amnesty 有條件赦免

Conditional appearance 有條件的出庭應訴；保留向法院

申請撤消其出庭令的條件

Conditional assault 附條件的傷害威脅（例如，強盜說："你給錢，還是要命"）

Conditional assignment 有條件轉讓

Conditional bequest 附條件遺贈

Conditional bond 附加條件債券

Conditional clause 附條件條款；有條件條款

Conditional condemnation 緩期執行

Conditional contraband 相對戰時禁製品；有條件禁製品

Conditional contract 附條件合同（指須具備一定條件才能得以執行的）

Conditional conveyance 有條件的財產轉讓

Conditional creditor 附條件的債權人（指附有未來訴訟權利的債權人）

Conditional declaration of war 附條件宣戰

Conditional delivery 附條件交付（指對方履行一定事項，如支付金錢時，使其在交付約定之下把證書暫時交給第三者）

Conditional devise 附條件遺贈

Conditional discharge 有條件釋放

Conditional endorsement 附條件背書（指背書人對其現在或其後的背書責任所附的條件）

Conditional estate 附條件不動產物權；附條件的世襲不動產物權

Conditional fee 附條件的世襲地產（例如，只限於男性直系血親繼承等）

Conditional gift 有條件贈與；附條件贈與

Conditional guarantor 有條件擔保人（指只有債權人用盡向債務人收債機會後才予擔保者）

Conditional intent 有條件的意向

Conditional jurisdiction 附條件管轄權

Conditional juristic act 附條件的法律行為

Conditional legacy 附條件遺贈（指遺囑是否生效取決於某件事件發生與否而定）

Conditional legal acts 附條件的法律行為

Conditional lending 有條件的放款

Conditional limitation 附條件期限；有限制條件（指不得超過文字上明示的時限）

Conditional loan 附條件的貸款

Conditional most favoured nation clause 有條件最惠國條款

Conditional most favoured nation treatment 有條件最惠國待遇

Conditional most-favoured nation status 有條件的最惠國地位

Conditional obligation 附條件債務；有條件的責任

Conditional offer 附條件的要約；附條件的發盤

Conditional payment 附條件付款；附條件支付

Conditional privilege 附條件的特權；附條件的免除責任

Conditional programme 附有條件的規劃

Conditional promise 附條件的許諾（指條件不履行，約因即無效）

Conditional ratification 附條件批准

Conditional recognition 附條件承認

Conditional release 假釋；有條件的釋放；有條件的免除義務

Conditional rescissory juristic act 附解除條件的法律行為

Conditional right 附條件的權利（例如，父母有權懲罰子女，但處罰須以合理為條件）

Conditional sale 附條件銷售；有條件的買賣

Conditional sale agreement 附有條件的銷售協議（指只有買方付清款項後才交付所售貨物）

Conditional sale contract 附條件的買賣合同（指買者不付款，賣者保留貨物所有權）

Conditional sentence 附條件的監禁刑判決（指被告知如果不符合緩刑條件就得入獄）

Conditional subsequent juristic act 附解除條件的法律行為

Conditional surrender 附條件投降；有條件投降

Conditional termination 附條件終止

Conditional upon making payments 以支出為條件的

Conditional will 附條件遺囑（指一種規定只有特定緊急事件時才生效的遺囑）

Conditionality 制約

Conditionality adjustment programme 調整制約規劃（制約性的調整計劃）

Conditionality for the tranches 〔基金〕份額貸款制約

Conditionally duty free importation 有條件地免稅進口

Conditionally privileged communication 〔美〕有條件的特許發表（指要求報道人所要報道的基本要件是：善意、有益、報道內容限於該目的範圍、在適當場合以適當方式向適當對象發表，否則難免訟累之虞）

Conditions and terms 條件

Conditions attached to loans or credit 附加於貸款或信貸的條件

Conditions concurrent 同時履行的條件（例如，銷售與支付必須同時履行）

Conditions of Contract (International) for Works of Civil Engineering Construction 土木工程建築（國際）合同條件（1977 年）

Conditions of employment 僱傭條件；就業條件

Conditions of pay 工資條件

Conditions of sale 〔英〕拍賣條件；銷售條件（拍賣財產時訂定的條款）

Conditions of service 任職條件；服務條件；服務狀況

Conditions on patent application 專利申請人的條件

Conditions precedent 〔英〕先決條件（指讓與或處分財產而言）

Conditions subsequent 〔英〕解除條件

Condo 公寓

Condominium apartment 共管公寓

Condonacion 〔西〕免除債務（公開的或默示的）

Condonation 寬容；寬恕（指夫婦一方寬恕另一方犯的私通罪使訴訟權得以消滅，使夫妻關係得以維持）

Condone v. 寬恕；不咎（罪過）

Conduce v. 導致；有助於（to）

Conducing conduct 扶助行為

Conduct n. & v. I. 行為；操作；品行；舉動；實施；II. 處理；經營；實施；管理；指導

Conduct a major review 進行一次主要的審議

Conduct a public trial 舉行公審

Conduct a review (of) 進行審議

Conduct criminal proceeding (against) 進行刑事訴訟

Conduct inspections or examining 勘驗或者檢查

Conduct investigations into any incidents 調查任何事故

Conduct investigations on foreign subsidies 對外國的補貼進行調查

Conduct money 〔英〕證人補助費；證人酬金；證人出庭旅費（指審訊時證人應傳到庭作證應付給足夠的往返和居住於審判地點的合理費用）

Conduct of business 處理事務；事務的處理；議事規則

Conduct of government 政府行為

Conduct of hostilities 戰鬥行為；進行戰鬥

Conduct of negotiation 談判行為

Conduct special training courses 提供特殊的培訓課程

Conductor 承攬人；承包人；售票員；〔羅馬法〕僱主；租賃人；承租人

Conduit concept 〔美〕（稅法）管道概念（指稅法上對某些實體及其所有者在待遇上所採取的方法）

Conduits 居間人；經紀人；傳送票據

Cone 峽谷錐形區（由一條小溪附近圓石、小石、砂礫和碎石岩所堆集成的組合區）

Cone and key 〔英古〕賬目與鑰匙（指已屆掌管家庭賬目和鑰匙 14–15 歲的女子年齡）

Coney 兔子（作為一種賭博遊戲的工具）

Confederacy 共謀；結夥（指兩個或兩個以上結夥從事不法損害他人的行為，通常稱"conspiracy"）；〔際〕同盟；聯盟；邦聯

Confederate state of America 美國南部各州邦聯

Confederate states 〔美〕邦聯（指 1861 年美國南部 11 州聯合所暴發的內戰）

Confederation 同盟；聯盟；邦聯（指國與國或州與州之間相互支持，但聯邦內的成員各自仍保持其固有的主體地位）

Confederation articles 〔美〕聯邦條例（1781 年）

Confederation of International Societies of Authors & Composers 國際作曲人及作曲家協會聯合會

Confederation of states 邦聯；國家聯盟

Confer additional and acceptable concessions 〔世貿〕給予可接受的附加減讓（指可享受特別待遇的初級農產品而言）

Confer estate functions upon consuls 授予領事處理遺產職務

Conference 列國會議；磋商會（指外交使節間在正式會議前的）；〔美〕協商會（由參、眾兩院分別任命的協商委員會協商解決兩院的分歧以達成共識）；聯合會（由宗教團體和體操隊組成）；〔英〕討論會（出庭律師與庭外律師之間討論訴訟案件的會議）

Conference agenda 會議議程

Conference committee 會議委員會；協商委員會

Conference diplomacy 會議外交

Conference of ambassadors 大使會議

Conference of Locarno 洛迦諾會議（歐洲第一次大戰後的安全保障會議）

Conference of ministers 部長會議

Conference of National Tourism Administration of Socialist Countries 社會主義國家旅遊管理會議

Conference of Non-Aligned Countries 不結盟國家會議

Conference of plenipotentiaries 全權代表會議

Conference of the Group of 77 on Economic Cooperation among Developing Countries 關於發展中國家經濟合作的 77 國集團會議

Conference on Asian Economic Co-operation 亞洲經濟
合作會議

**Conference on Confidence and Security-Building Measures
and Disarmament in Europe (Conference on Disarmament
in Europe)** 在歐洲建立信任與安全措施和裁軍會議

Conference on Disarmament (CD) 日內瓦裁軍談判會議

**Conference on Economic Co-operation among Developing
Countries** 發展中國家經濟合作會議（即：77 國集團）

**Conference on Interaction and Confidence-Building
Measures in Asia (CICA)** 亞洲相互協作與信任措施會議
（亞信會議是哈薩克斯坦總統納扎爾巴耶夫於 1992 年 10 月
在第 47 屆聯合國大會上提出的，以 1993 年 3 月召開的第一
次專家組織會議為標志宣告成立，簡稱“亞信會議”，是一
個有關安全問題的多邊論壇，其旨是通過制定多邊信任措
施，加強對話與合作、增加信任的措施，促進亞洲和平、安
全與穩定，現已制定軍事政治、新威脅新挑戰、經濟、生態、
人文等五大領域信任措施，現有 26 個成員國、12 個觀察員
國和組織，橫跨亞洲各個區域，涵蓋不同制度、不同宗教、
不同文化、不同發展階段，具有廣泛的代表性）

Conference on International Economic Cooperation (1973)
國際經濟合作會議（又稱“南北對話”1973 年）

Conference papers 會議文件

Conference participants 會議參加者

Conference rate 協定運費率；班輪公會運費率（指為限制
競爭各班輪公司議訂共同遵守的費率）

Conference records 會議記錄

Conference room paper 會議室文件

Conferences officer 〔基金〕會議官員

Conferment 授予；頒給

Confess *v.* 自白，坦白；供認；承認

Confess after torture 屈打成招

Confess and acknowledge one's crimes 坦白承認罪行

Confess one's guilt 認罪

Confess without being pressed 不打自招

Confessing error 承認錯誤（對立面當事人同意應予撤銷在
事實上或法律上的錯誤判決）

Confession 坦白；自白；供認；認罪陳述（指被告自願供
述所犯罪行）；〔宗〕懺悔

Confession and avoidance 供認與規避（承認對方所主張
的事實但同時對主張新事實以使對方的主張在法律上無效的
抗辯）

Confession and defence of the accused 被告人供述與辯
解（例如，被告承認打人，但同時自稱是為了自衛以開脫或
減輕罪責）

Confession of defence 原告承認被告的辯護（因被告提出
有效抗辯，原告預計不能勝訴時，即簽署辯護狀通知書交付
被告，並同意負擔到此為止的訴訟費而終結訴訟，除非法庭
另有裁決）

Confession of Faith 〔蘇格蘭〕信綱聲明（該聲明確認長老
會教務評會管理和選舉制度。現為蘇格蘭長老會的基本聲明）

Confession of judgement 接受判決（指債務人書面同意對
其作出負債判決，不抗辯或撤回抗辯，釋義參見“cognovit
judgement”）

Confession of plea （“confession of defence” 的舊稱）

Confession of villeinage 農奴身份的承認

Confession statements 〔香港〕自白

Confession to extort 迫供，逼供

Confessor 認罪者；自首者；懺悔者；〔宗〕聽取懺悔的神父

Confide *v.* 信托；交托，委托；信任；相信

Confidence 信用；信任；信托；信賴；信托關係

Confidence coefficient 信任系數；信用系數

Confidence game 騙局（指以欺騙等故意的虛偽陳述等手段
騙取受害者信任而取得金錢或財產）

Confidence interval 置信區間（統計用語）

Confidence level 可信賴程度

Confidence man 詐騙者；騙子

Confidence vote 信任票

Confidential 機密的；秘密的；極受信任的；心腹的；參與
機密的

Confidential clerk 機要秘書；機要書記官

Confidential communication 秘密通信；通信特權（指夫
妻之間、律師與訴訟委托人之間等相互有秘密關係和依賴關
係的通信，以拒絕提供作為證據的秘密通信）

Confidential document 機密文件

Confidential envoy 密使；秘密使節

Confidential information 機密情報；〔世貿〕機密情報；機
密信息；機密資料（WTO 透明度原則規定，如果會妨礙成員
方法律的執行、違背公共利益或危害特定公、私企業的合法
商業利益等的有關法規和行政措施內容的機密材料可以不予
公佈）

Confidential order 密令

Confidential relation 信托關係；信任關係；信用關係（指
一種不公開的當事人和律師之間、委托人和代理人之間的金
錢信托關係）

Confidential relationship 信任關係

Confidentiality 機密；秘密性；可獲取信任的品質；作為私
下不公開的處置

Configuration of international economic organisations
國際經濟組織形式

Confine *v. & n.* I. 關押；監禁；幽禁；限制；II.〔複〕邊界；
界限

Confined to bed 〔保〕臥病在牀

Confined waters 限定海域

Confinement 拘留；禁閉；監禁；限制；產期；分娩期

Confining condition 〔保〕限制條件（由於病殘等原因）

Confirm *v.* 使完善；同意；確認；追認；證實；批准；保兌

Confirmation （對合同、書面備忘錄的）批准；認可；確認；
保兌（指對信用證而言）；核准（指美參、衆兩院對總統行政
行為的批准，如對重要官員的任命等）；〔蘇格蘭〕遺囑檢認
書；遺產管理狀；〔英〕地產或權利的轉讓；當選主教的認可；
〔宗〕按手禮；堅信禮（指基督會的入會洗禮的儀式）；成交
確認書（指顧客或公司供貨商發給獨立審計員證實其應收到
或應付的數額的正式備忘錄）

Confirmation Bill 追認議案

Confirmation of executor 遺囑執行人資格的確認

Confirmation of minutes 會議記錄的確認

Confirmation of order 訂貨確認書（指買方向賣方確認訂貨
的書面通知，屬一種簡易合同，具有法律拘束力）

Confirmation of Sale 司法拍賣的確認

Confirmation powers 〔美〕確認權（指參議院）

Confirmator 〔美〕確認者；追認者

Confirmed 被認可的

C

Confirmed credit 保兌信用證（由買方銀行開給賣方銀行保證可兌付現金）

Confirmed criminal 慣犯

Confirmed irrevocable credit 保兌不可撤銷的信用證（保兌是指一家銀行開出的不可撤銷的信用證由另一家銀行加以保證兌付）

Confirmed letter of credit 保兌信用證（保兌是指一家銀行開出的不可撤銷的信用證由另一家銀行加以保證兌付。保兌信用證有兩家銀行對其負責，保兌行和開證行，且保兌行承擔首先付款的責任，因此保兌信用證對受益人更為有利）

Confirmee 確認契據受讓人

Confirming Bank 保兌銀行（指對自家或由第二家或第三家銀行開出的信用證擔保付款的銀行）

Confirming house 保付商行（即代理國外進口商在開證行開出的不可撤銷的信用證上加上自己保證兌付的責任的商行或稱"保付公司"）

Confirming judgement 〔美〕確認判決（指非美國的原告在非美國法院對美國被告的判決，如果該國與美國又無司法協助條約則須取得美法院的確認方可執行）

Confirmor 〔美〕確認契據讓與人

Confiscable 應沒收的；應充公的；可沒收的；可充公的

Confiscare 〔英古〕沒收；充公；收歸國庫

Confiscate (confisk) *v.* 徵用（指徵收財產供政府所用）；充公；沒收（指戰時沒收敵國財產或指剝奪犯人個人的財產無償地收歸公有）；查抄

Confiscate equipment used for making counterfeit notes 沒收用於製造偽幣的設備

Confiscate the driving licence 吊銷駕駛執照

Confiscate the personal property 沒收個人財產

Confiscation 沒收；徵用；查抄；充公（指將犯人的財產或違法所得財產收歸為公有）

Confiscation Acts 〔美〕沒收法（1861、1862年內戰期間，國會制定的一些法令授權政府扣押、徵用和沒收用於反政府暴動目的的財產）

Confiscation cases 〔美古〕沒收案件（指最高法院於1868年裁定沒收的15件案件）

Confiscation of land 徵用土地；沒收土地

Confiscation of property 沒收財產

Confiscation of unlawful income 沒收非法收入

Confiscator 沒收者；查抄者

Confiscatory decree 沒收性命令

Confiscatory rates 〔美〕沒收性價格（指徵用於公用事業的財產不給予該財產合理價值的回報）

Confiscatory taxation 沒收性賦稅

Confisk (=confiscate) 徵用（指徵收財產供政府所用）；充公；沒收（指戰時沒收敵國財產或指剝奪犯人個人的財產無償地收歸公有）；查抄

Conflict *v.* 抵觸；衝突

Conflict between cooperation and competence 合作與權限的衝突

Conflict not of an international character 非國際性抵觸；非國際性衝突

Conflict of attribution 權限爭議

Conflict of authority 權威抵觸（指兩個或兩個以上終審法院在法律原則和適用法上意見分歧）

Conflict of competences 職權抵觸；職權衝突

Conflict of interest 利益衝突（違背公衆利益行為）

Conflict of jurisdiction 管轄權衝突

Conflict of law and equity 〔英〕衡平法與普通法的抵觸（1603−1625年，詹姆斯一世對王室法院院長科克爵士和大法官厄爾斯米爾爵士的爭論進行敕裁以後，衡平法一般認為高於普通法。1873年的司法法對此加以確認）

Conflict of laws 法律衝突；法律抵觸；國際私法（指不同的國家對同一標的物適用不同的法律。例如，在美國簽訂的合同欲在中國執行就存在法律適用問題。對此，李浩培教授認為：許多國家的大部份商法的內容包含在民法中，民法和商法不一致，實質上"就是民法抵觸"，"說衝突法似乎太嚴重，過份了一點"；衝突規範不直接規定當事人的權利義務關係，只是起一種間接調整作用、是指明某種涉外民法關係應適用何國法律的規範）

Conflict of maritime laws 海事法的抵觸

Conflict of marriage laws 婚姻法抵觸

Conflict of nationality laws 國籍法抵觸

Conflict of penal laws 刑法抵觸

Conflict of personal laws 〔美〕屬人適用法律抵觸；屬人法衝突（指對不同種族和宗教團體在適用普通法時與其自身法律所產生的衝突）

Conflict Rules 抵觸規則；衝突規範（指某一涉外民事法律關係應適用何國實體法的法律規範的總稱。在國際私法上，也有把衝突規範稱作）

Conflict with a norm of jus cogens 與絕對法抵觸

Conflict with its concern for microeconomic development 〔世行〕擔心與其微觀經濟的發展相衝突（指世行活動權限範圍更加複雜，且難以把握等有悖於其貸款目的）

Conflict with the provision of the GATT 與關貿總協定的規定有抵觸

Conflicting evidence 衝突證據（指原告和被告或檢舉人和被檢舉人所提供的證據互不一致，不能調和）

Conflicting interests (group) 衝突的利益集團

Conflicting power 衝突國

Conflicting pressures of interests 利益集團的衝突壓力

Conflicting provisions 衝突條款；抵觸條款

Conflicts of interests 利益衝突

Conform *v.* (使)一致；(使)遵照；(使)符合；適合 (to)；按照

Conform to developed-country rule 符合發達國家的規則（指南非以發達國家身份參加烏拉圭回合多邊貿易談判）

Conform to the requirements of this subparagraph 〔關貿〕符合本項規定的要求（指分款而言）

Conform to WTO rules 符合世貿組織的規則

Conformable 相似的；一致的；符合的；適合的

Conformably to the laws 符合法律的

Conformed copy 一致的抄本；一致副本

Conforming 〔美〕符合的；一致的；相符的

Conforming use 〔美〕使用相符（指在城市分區及土地使用規劃上，結構物使用上特定地區區域分類允許使用與分區規劃相符合）

Conformity 一致；適合；遵照；遵奉；與⋯⋯一致

Conformity Act 〔美〕一致法（指規定民事訴訟等處理程式應盡量與州類似案件相一致，已於1872，1947年廢止）

Conformity Assessment Body 符合評定的機構

Conformity assessment procedure 〔世貿〕合格評定程

序；符合估價程序

Conformity assessment system 合格評定制度（體系）

Conformity hearing 〔美〕複審判決聽證（指法院命令裁定由勝訴方起草的判決與法院所擬的判決是否一致的聽證會，在通常情況下其各自所起草的判決應相吻合）

Conformity law 〔美〕一致法

Conformity statute 〔美〕一致法

Conformity with technical regulations 符合技術法規

Confront *v.* 使對質；使對證；對抗；對比

Confront the accused with his accuser 使被告和原告對質

Confrontation 對證；對質（指讓證人與犯人在法庭面對面對質以使犯人對證人可表示反對，或讓證人借此驗明囚犯身份）（刑法用語）；〔際〕對抗，對峙（指敵對國家之間）

Confrontation clause 〔美〕對質條款（指被告與證人）

Confrontation in court 在法院對質

Confrontation of witness 與證人對質

Confused account 混亂的賬目

Confusion 混同；混合（指兩個或兩個以上所有者之可替代物混合在一起以至於各自物品難以區分識別）；〔蘇格蘭〕合併（指債務人繼承了債權人的財產或反之）

Confusion of boundaries 邊界糾葛；邊界糾紛（指所有權上有爭議或未確定的邊界糾紛）

Confusion of debts 債的混同（消滅債務的一種方式，例如，債權人變成債務的繼承人等等）

Confusion of goods 物品的混同（指兩人或兩人以上所有者財產混雜一起而難以確認）

Confusion of rights 權利的混同（債務人和債權人屬同一人）

Confusion of titles 產權合併（指屬同一人的同一財產的兩種所有權的合併）

Confusion or intermixture 混同或混合（意指根據羅馬法，所取得財產全部混合在一起無法區分開）

Confute *v.* 推翻；駁倒；證明為假的（有缺陷或無效的）

Conge 〔法〕許可；休假，准假；執照；（船舶）通關許可證；武裝、裝備或駕駛船舶的許可

Conge d'accorder 〔法〕准予和解（指法庭准許被告與原告以和解方式轉讓土地所有權之訴的舊程序）

Conge d'appel 〔法〕上訴的許可

Conge d'emparler 〔法〕准予庭外和解；准予延期答辯

Conge de cour 〔法〕經法院許可

Conge delire 〔法〕推選敕許狀（指女王禦准教長推薦一個主教）

Congeable 〔法〕適法的；合法的；允許的；〔英〕法律許可的（事）；經允許做的（事）

Congenital 先天的；天生的；生來狀況的；先天條件的

Congildones 〔撒〕同業公會會員

Conglomerate 集團企業，集團公司；多種行業聯合企業；混合型大公司（通常由單一法人實體所管轄）

Conglomerate merger （跨行業的）集團企業合併

Conglomerate takeover 集團企業接管

Congregate *v.* 集合；集會；聚集；聚合

Congregation 集會；集合；（某教區的）會眾；人羣；紅衣主教會議；大學畢業典禮；猶太民族大會

Congress （代表）大會；議會；〔美〕國會（由參、衆兩院組成，為實行三權分立制的國家的最高立法機關）

Congress of Industrial Organisation (C.I.O.) 〔美〕產業工會聯合會（簡稱"產聯"）

Congress of the United States 美國國會

Congress of Vienna 維也納公會

Congress Research Service of the Library of Congress 〔美〕國會圖書館的國會研究部

Congressional （代表）大會的；會議的；國會的；議會的

Congressional action 國會行動

Congressional apportionment 〔美〕國會議員的地區分配（以各州人口數目為基準分配衆議員席位名額）

Congressional budget 國會預算

Congressional committee 〔美〕國會委員會（指衆院或參院委員會或衆參兩院就些特定公共目的組成的聯合委員會）

Congressional district 〔美〕（各州）衆議員選區（一州為一地理單位，從中選出一位衆議員）

Congressional Globe 〔美〕國會世界（指私人發表的國會議員議事錄，1834–73 年後為 "Congressional record" 所取代）

Congressional hearings 國會聽證

Congressional immunity 國會議員豁免權

Congressional legislation 國會立法

Congressional liaison function 〔領事〕國會聯絡職能

Congressional Library 〔美〕國會圖書館（建立於 1800 年）

Congressional overload 〔美〕國會工作負擔過重

Congressional powers 國會權力（指美國憲法賦予參衆兩院的立法權力）

Congressional ratification 〔美〕國會批准

Congressional record 〔美〕國會記錄（指國會議員全部發言和聲明的非正式發表，開會期間每日發行，自 1873 年 3 月 4 日始編輯出版）

Congressional vote 〔美〕國會表決

Congressman 國會議員（嚴格地說指美國衆議員，以區別於參議員）

Congressperson 〔美〕國會議員

Congresswoman 國會女議員（尤指美國女衆議員）

Conical buoy 〔海法〕錐形浮標

Conjecture *v.* 推測；猜測；假設（只是一種可能性並無直接證據可考）

Conjoint robbery 共同搶劫（指兩人或兩人以上的）

Conjoint sovereignty 聯合主權

Conjoint will 聯名遺囑；共同遺囑

Conjoints 聯姻；夫妻；財產共有人

Conjudex 〔英古〕助理法官

Conjugal 婚姻的；夫婦關係的；夫妻之間的

Conjugal infidelity 私通；不貞

Conjugal kindness 夫妻和睦

Conjugal rights 婚媾權利；配偶權利（指從夫婦關係產生的相伴、相慰和相愛的個人權利）

Conjunction 結合；聯合；連接；併合；關聯；（事件的）同時發生，同處發生

Conjunctive *a. & n.* I. 聯接的；聯合的；II. 連接詞

Conjunctive denial 聯合否認；聯合拒絕接受

Conjunctive obligation 聯合的債務

Conjuration 巫術；魔法；同謀犯罪；結黨犯罪；〔英古〕共同宣誓損害公益圖謀

Conjurator 同謀者；陰謀者；同謀犯罪者；結黨犯罪者

Connect *v.* 連接；結合；捆綁；聯繫；聯想；聯合起來

Connected 相關的；有關聯的；連接的；連通的；結合的

Connected depositor 〔香港〕有關存款人

Connecting carrier 聯合承運人；聯合承運公司

Connecting factors 連接因素；〔香港〕相關因素

Connecting ground 連結根據 (抵觸規則兩個必要構成成份之一，又稱 "連結因素"，"連結概念"，"連結點"，指一個抵觸規則應適用甚麼法律的根據；在國際法私法中用以確定特定案件應選擇適用法律准據法之連結點)

Connecting up doctrine 關聯原則 (指插入證據原則包括證言應表明其與其後證據相關聯的)

Connection 連接；連結；關係；聯繫

Connections 血親；姻親；夫妻關係

Connexite 〔法〕關聯的合併 (指兩標的相似的訴訟)；合併審理 (指由同一法官審理兩個近似未決客體訟案)

Connivance 默許；縱容 (at，in)；縱容違法 (或犯罪) 行為 (指秘密或間接同意或允許他人違法或犯罪行為)；縱容通姦 (指夫妻中一造縱容他造與第三者通姦，因而喪失離婚請求權)

Connive v. 共謀；縱容；默許

Connoissement 〔法〕運貨單；送貨單 (由船長或其代理人簽署)

Connubiality 婚姻；婚姻生活

Conquered country 被征服國

Conquered territory 被征服領土

Conquering state 征服國

Conqueror 〔蘇格蘭〕不動產的第一購買人；第一個買進家庭的不動產者

Conquest 〔際〕征服；〔封〕購買；取得；非因世襲取得不動產所有權；非依繼承取得的遺產

Conquestor 〔英〕征服者

Conquets 〔法〕夫妻共有財產

Consanguineous 同血緣的；同宗的；血親的

Consanguineous frater 同父異母兄弟

Consanguineous marriage 近親婚姻

Consanguinity 血親關係；親屬；血緣；同宗

Conscience 良心；道義心；正義感

Conscience money 良心債；良知給付 (尤因不誠實而瞞稅等受到良心譴責而向政府補納以求心安)

Conscience of the Court 法庭的良知 (衡平法院判決時着眼於當事者的良心義務，而不在於案件的形式，故有時有此稱呼)

Conscience of the world 世界良知

Conscientious objector 拒絕參戰者 (指因受過宗教信仰訓練而反對參戰)；拒服兵役者 (指從前獻身於國民健康、治安等民事工作)

Conscientious scruple 良心上的責備 (由於認為判處死刑是道德上的不法行為而拒絕宣誓參加宣判死刑、軍事職責等的陪審團)

Consciousness 意識

Conscript insurance 徵兵保險

Conscription 徵兵；徵募；徵集；義務兵役 (制)

Conscription age 徵兵年齡

Conscription district 徵兵區

Conscription law 徵兵法

Consecrate v.〔宗〕奉獻；奉為神聖；使任神職

Consecutive 連續的；逐次的；連貫的；順序的

Consecutive interpretation 連續傳譯

Consecutive sentences 分期執行刑罰；連續執行的判決 (指第一個判決接連着第二個判決，此種判決亦可適用於 "緩刑判決")

Consed (=grant)〔西、墨〕授予；轉讓

Conseil des prises 〔法〕捕獲法庭

Conseil d'Etat 〔法〕(行政院) 國務委員會 (1302 年)；投訴調查部 (法國司法組織，負責調查國民對政府行政法例的投訴)

Consensual contract 合意契約 (指單憑訂立約方同意無履行外部手續或象徵性的行為所確定的義務)

Consensual jurisdiction 合意管轄

Consensual marriage 合意婚姻 (僅由雙方當事人同意的婚姻)

Consensual means of dispute resolution 合意解決爭端的手段 (指國際商務仲裁庭的職能)

Consensual selectivity 〔關貿〕合意選擇性 (指進口國成員方在採取選擇性保障措施之前應徵得有關受限制的供應國同意)

Consensual theory 同意說

Consensus 〔世貿〕完全一致；共同意見；協商一致；協商一致同意 (世貿組織規定與會成員方只要有一票正式反對就算否決，但任何成員方缺席或棄權，均不屬否決之列的一種強制性行為規範)

Consensus against adoption 〔關 / 世貿〕反對協商一致通過 (指對專家小組的報告)

Consensus decision 〔關 / 世貿〕協商一致的決策；協商一致的決議

Consensus findings 協商一致的裁決

Consensus negotiation procedures 〔關貿〕協商一致的磋商程序

Consent v. 同意；贊同；默認；答應；允諾 (指完全自願而不受詐欺和脅迫自己作出的思維判斷並予執行的理智行為。例如，16 歲以下的兒童法律上就不具備這種意志力)

Consent calendar 同意議程

Consent decree 〔美〕被告同意的判決 (指政府訴被告時，經被告同意後可撤訴)；(衡平訴訟中) 雙方同意的判決 (根據雙方當事人同意的判決。該判決對雙方當事人有拘束力，但對法院則無拘束力)

Consent dividend 同意股利；認同股利

Consent judgement (當事人) 協議的判決

Consent jurisdiction 合意管轄

Consent of rape (受害者) 同意的姦污

Consent of victim 受害者同意

Consent rule 〔美〕同意記錄 (被告供認被原告逐出侵佔擬制租約訴訟中的租賃登記和逐出的訴訟記錄)

Consent search 〔美〕經同意的搜查 (指被查人同意警察進行為合法化的無證搜查)

Consent settlement 〔美〕承諾調解 (指聯邦貿易委員會以調解方法解決企業的違法競爭問題)

Consent to appear as a witness in proceedings or to assist in investigations 〔領事〕同意訴訟中以證人出庭作證或者協助偵查

Consent to be sued 〔美〕同意被告 (事先約定按特定方式被告訴)

Consent to notice 同意通知 (指按文件要求事先通知)

Consequences 結果；後果；推論；推斷

Consequences arising from the injury 由傷害所產生的後果

Consequent impact 〔世貿〕隨繼影響（指傾銷的產品對進口該產品另一成員方國內同類產品隨之而產生的影響）

Consequential amendment 相應的修正

Consequential contempt 間接的藐視法庭；推定的藐視法庭

Consequential damage clause 間接損害條款

Consequential damages 間接損害，後果性損害（指某行為的遠因所產生的間接損害）；災後侵害（指某行為的遠因所產生的間接損害）；〔香港〕連帶賠償（指損害不是由於他人直接犯罪行為或疏忽而是由其行為間接後果而且非馬上就產生的損害）

Consequential injury 間接傷害，後果性傷害（指由於他人犯罪行為或疏忽而產生的）

Consequential loss 〔保〕間接損失；災後損失；後續損失

Consequential loss insurance 附隨損失保險，後續損失保險；災後損失保險；間接損失保險（指因保險標的物毀損所致損失的保險）

Conservation 保存；〔英〕保護（指對動－植物的保護）

Conservation area 保護區（名勝古跡地區）

Conservation culture 生態文明

Conservation laws 自然資源保護法

Conservation of resources 資源維護

Conservation regulations 養護規章

Conservation zone 養護區；保護區

Conservative measures 保全處分（指仲裁所涉及的標的物或其他有關利益保持現存狀態的臨時措施）

Conservator 監護人；保護者；（法院頒佈的財產和事務）管理人；監督官

Conservator of a river 河流管理局

Conservator of Scots Privileges 蘇格蘭特權保護官（1799 年）

Conservator of the Truce and Safe Conducts 〔英〕休戰與安全通行證監督官

Conservator trucis 〔英〕五港治安官（指舊時在丹佛等五個港口內為審判破壞治安的罪犯而設置的官員）

Conservators of the peace 〔英〕治安官（根據習慣法負責維持治安事務，是法官、執達吏及治安審判員的總稱，俗稱"太平紳士"）

Conservatory measures 保全措施；防護措施

Conservatory measures in litigation 訴訟保全（指法院在民事訴訟中，對可能由於當事人的行為，或者某種客觀原因，使以後判決不能執行或難以執行的案件，在判決前作出裁定，採取限制當事人處分或者轉移財物的措施）

Conservatrix 女監護人

Conserve v. 保存；保藏；保養

Consider v. 考慮；細想；熟悉；認為；視為；重視；尊重；就…而論；給予報酬

Considerable 值得考慮的；該注意的

Considerable support 巨大的支持

Consideration 約因；對價（指訂立契約時約許人所受的利益或被約許人所受的損害。按照英國法，約因的存在是非要式契約的有效要件）

Consideration of "blood" 自然的近親感情和慈愛的約因，道義上的約因（有時稱之為"meritorious consideration"）

Considered 經深思熟慮的；決心的；決定的，決斷的；合理對待的

Considered dictum 法官深思熟慮的附隨意見

Consign v. 交付；發貨；委托，托運；寄售；寄存

Consignation 〔蘇格蘭〕寄存（指債務人根據法院授權將其所有物或爭議物交存於第三人）；〔法〕寄存；寄售；寄存物；寄存金

Consignatory 共同簽名者

Consignee 收貨人；代售人；承銷人；受托人

Consignment 寄售；發貨；托運；托運物（從甲地運至乙地，其收受人是買主，或為發貨人銷售的代理人）

Consignment agent 寄售代理人

Consignment contract 寄售合同；委托合同

Consignment insurance 寄售保險

Consignment note 托運單；發貨通知單

Consignment of goods 貨物托運

Consignment sale 委托銷售；寄售（指將貨物運交代理商銷售）

Consignor 寄售人；托運人；發貨人；委托人

Consignor of the goods 貨物托運人

Consist v. 由…組成；由…構成；包括；存在於

Consistency 一致性，一貫性，連續性

Consistency of valuation 一致性估價，一貫性估價

Consistent 一致的；連貫的；一貫的；始終如一的

Consistent estimator 一致性估算員

Consistent with normal commercial practice 〔世貿〕符合正常的商業做法

Consistent with the provisions 〔世貿〕符合規定

Consistent with this Agreement 與本協定一致

Consistor 司法行政官；〔英〕治安法官；地方法官

Consistorial action 〔蘇格蘭〕主教管區法院的訴訟；主管高等民事法庭的訴訟

Consistory 〔宗〕（由羅馬教皇召集的）樞機主教會議

Consistory courts 〔英〕（主教）教區法庭（法庭設在教區教堂內，審理各自教區內的宗教訴訟案件，主教長或主教代表任法官）

Consol 永久性債券

Consolation 安慰；慰問；滿意

Consolato del mare 〔西古〕海事法彙編（據稱於 14 世紀後半葉由阿拉貢國王下令編纂的，記載地中海沿岸的海事習慣，是當時海事法的主要淵源，其對於歐洲海洋法的形成產生了很大的影響）

Consolidate v. 統一；合併；綜合；聯合；鞏固；加強；合併議案（指兩個法案合二而一）

Consolidated annuities 〔英〕統一公債（略作 consols，1751 年發行）

Consolidated appeal 〔美〕合併上訴（指兩人或兩人以上不服地區法院的判決或命令的）

Consolidated approval process 統一批准程序

Consolidated balance sheets 合併資產負債表（指兩個或兩個以上在股權上有密切聯繫的公司或企業的債務和收益的財務報告）

Consolidated bonds 〔美〕統一債券（指發行替代兩三種現行的債券合併成一種單一的債券）

Consolidated corporation 合併的公司（釋義詳見"consolidation of corporations"）

Consolidated financial statement 合併財務報表（指母公司及其子公司的附屬公司合併的資產、債務、收益及其實體的全部支出）

Consolidated first mortgage bond 附第一抵押權的統一公司債券

Consolidated fund 〔英〕統一基金 (1787 年發行,包括累積基金、普通基金和南海基金等三種)

Consolidated Fund of the United Kingdom 聯合王國統一基金 (1786 年以聯合王國的稅金及其他幾乎全部公共稅收構成的國庫基金充作支付國債利息和王室費用等)

Consolidated goodwill 合併商譽;聯合信譽

Consolidated industrial and commercial tax 〔中〕工商統一稅

Consolidated interest rate 綜合利率

Consolidated laws 〔美〕(紐約州) 法律彙編 (1909 年);法律彙編 (按每個州的現行法律類別編纂)

Consolidated loan 合併債務;統一公債

Consolidated mortgage 合併抵押 (幾項未償還債務抵押的合併)

Consolidated profit and loss statement 總損益表;綜合損益表

Consolidated public loan 合併債務

Consolidated securities 統一證券;合併證券 (指發行足夠大量的證券以清償債務證券)

Consolidated statement 合併報表;綜合說明

Consolidated Statutes of Canada 加拿大統一法規

Consolidated stock 統一股票;〔英〕統一公債;合併存貨

Consolidated tax 統一稅;綜合稅

Consolidated tax returns 〔美〕合併報稅單;合併 (所得稅) 申報表 (指某些附屬公司的稅單可簡化統一的申報手續)

Consolidation 〔美〕合併 (指兩個或兩個以上的企業合併重組一新公司,原公司企業不復存在;聯合;統一;鞏固;合併訴訟 (指兩個或多個訴訟的合併為一的訴訟);〔宗〕薪俸合併 (指兩個或多個牧師薪俸的合併);〔羅馬法〕用益權合併 (指用益權與劃出有爭議的財產合併於一人)

Consolidation Acts 〔英〕法律合併法 (合併關於同一事項的幾個議會制定法)

Consolidation loan 合併貸款

Consolidation of actions 〔美〕合併訴訟 (指同一法院有數個關於同一標的、同一爭點或同一辯護訴訟時,或對於複數被告,關於同一爭議事項有複數訴訟時,按當事人申請,法院可以裁定合併訴訟)

Consolidation of cases 訴訟合併 (釋義見 " consolidation of actions")

Consolidation of corporations 公司合併 (指新公司成立以接管一、兩個已消亡的公司財產並承擔其債務,故不同於幾間公司單純合併)

Consolidation of debts 債務整理;聯合債款;債務合併

Consolidation of mortgages (securities) 〔英〕抵押的合併 (指作為某債務的擔保,提供複數擔保的債務者,只要贖回其中一個擔保時,債權人可請求回贖擔保的衡平法上的權利)

Consolidation of provisions 條款合併

Consolidation of shares 股份合併 (指將票面價值的小股併成票面價值的大股)

Consolidation of statutes 制定法的合併 (合併數個議會制定法為統一法律)

Consolidation order 〔英〕合併訴訟審理令 (指原告或被告在幾個訴訟中之系爭問題、引用的證據完全一樣,法院可命令合併審理,其多半用於對保險商之保險單訴訟)

Consols (Consolidated annuities) 〔英〕統一公債 (1751 年首次發行的,一種可隨時按面值償還的無期限的永久性債券)

Consonant 一致的;和諧的

Consonant statement 〔美〕輔助性陳述書 (指當證人的證言和信譽受到攻擊時,法院允許其發表聲明維護其可信度;同時,該攻擊通常被排除作為傳聞證據)

Consort 配偶;夥伴

Consortia (=consortium)〔複〕國際財團

Consortium 配偶的權利 (指夫妻間交相互助的權利);合法的羅馬婚姻;聯合企業;國際財團;銀行團;借款團;船舶保險財團

Consortium creditor 國際財團債權國

Consortship 海難互助協議 (不同船主間訂立的在海難時互助、互救協議)

Conspicuous 顯著的;明顯的;注目的;醒目的;著名的;拔羣的

Conspicuous clause 明顯的條款 (意指寫的很清楚,白紙黑字,理應注意之謂)

Conspicuous place 醒目的地方;顯著的地點

Conspiracy 陰謀;合謀,同謀,串通;共謀 (兩個以上共謀從事非法的行為－非法行為、對別人或對社區特定階級、或對一般公眾有害的違法行為－或企圖以欺詐、行使暴力等非法手段進行合法行為的合意,不管其進行的行為程度如何,依據英美法均構成輕罪);謀叛;同謀犯罪

Conspiracy in restraint of trade 合謀限制自由貿易;聯合限制貿易

Conspiracy of silence (對醜事) 保持緘默的密約 (指知情者表示一旦醜事東窗事發,對薄公堂時不主動出庭,不作對被告不利的證人之謂)

Conspirator 同謀者;陰謀家;謀叛者;同謀犯

Conspiratorial activities 陰謀活動

Conspire *v.* 共謀;密謀;同謀

Constable 〔英〕警察;警官;(舊時城堡、要塞) 司令官;皇家軍事和司法長官 (中世紀,地位僅次於國王);〔美〕治安官員 (類似行政司法官,但其權力與管轄權均小於行政司法官,主要職務是維護社會治安,為治安法院或法庭送達令狀,出席刑庭開庭等由地方法院或制定法賦予的任務,現其權限任務一般已為行政司法官所取代)

Constable Chief 警察局長;警察署長 (郡及其他同等地方的)

Constable of Scotland 〔蘇格蘭〕軍事和司法長官

Constablewick 〔英〕治安官的管轄區域

Constador (SP) 會議員;會計官;事務長

Constant 經常的;不變的;固定的

Constant annuity 定額年金

Constant capital 不變資本;固定資本

Constant improvisation 〔關貿〕隨意即興之作 (指有專家對關稅與貿易總協定缺乏組織機構的規定的諷意)

Constant purchasing power 不變購買力

Constant return 固定的收益

Constant-attendance allowance 出勤津貼;經常性照料補貼

Constat *a. & n.* I. 明顯的;肯定的;無疑的;II.〔英〕檔案記錄證明書 (指財稅法院書記員應將來答辯要求所作的證明)

Constate *v.* 建立;構成;組成;規定;制定;證實

Constestation of suit 〔宗〕訴訟的爭辯

Constitucion Politica de los Estados Unidos Mexicanos 墨西哥合衆國憲法 (1917 年)

Constituency 地區代表；國家代表；〔美〕選舉區全體選民；選區居民；〔英〕選區；選舉區（下議院擁有的各自選區）；顧客

Constituent *a. & n.* I. 組成的；形成的；有選舉權的；有權制定（或修改）憲法的；有任命權的；II.〔美〕委任人；選民；區選舉團成員

Constituent act 立憲法令；憲法的構成法令；組織文件

Constituent assembly 立憲會議；制憲會議；國民代表大會

Constituent corporation （組成母公司的）子公司

Constituent data 基本資料；基本數據；構成數據

Constituent documents 〔香港〕組織章程文件

Constituent elements 〔美〕犯罪因素；訴訟成因（指犯罪、侵權訴訟等要素）

Constituent instrument 基本約章；組織法；組織文件

Constituent power 制憲權

Constituent territories 組成領土

Constituent treaty 組織條約

Constitute *v.* 組成，設立（機構、委員會等）；制定（法律等）；使（文件等）通過法律手續；指定；任命

Constitute a disguised restriction on trade 〔世貿〕構成對貿易的變相限制

Constitute a form of dumping 〔關貿〕構成某種形式的傾銷

Constitute a form of price dumping 〔關貿〕構成價格傾銷的一種形式

Constitute a means of arbitrary or unjustifiable discrimination 構成任意或不合理的歧視手段

Constitute a quantitative restriction on imports or exports 構成對進出口的數量限制

Constitute a quorum 構成法定人數

Constitute a restriction on the right to import and export 構成對進出口的權利限制

Constitute a subsidy to exports 〔關貿〕構成一種出口補貼

Constitute an act of unfair competition 構成不公平競爭行為

Constitute an arbitrary or unjustifiable discrimination (against) 構成任意或不合理的歧視

Constitute an integral part of this Agreement 〔世貿〕構成本協定的組成部份

Constitute an offence 構成犯罪

Constitute criminal proceeding 構成刑事訴訟；提起訴訟

Constituted authorities 〔美〕公僕（指依據憲法合法任命的政府官吏）；合法當局

Constituted state 組成國

Constitution 憲法；政體；敕令；章程；組織法；基本法；重要法律

Constitution de la Republique Francaise 〔法〕法蘭西共和國憲法 (1958 年)

Constitution granted by the sovereign 欽定憲法

Constitution made by the people 民定憲法

Constitution made by the sovereign and people 協定憲法

Constitution of a committee 委員會的組織章程；委員會的組織

Constitution of Canada 加拿大憲法 (1981 年)

Constitution of five powers 〔中〕五權憲法（指立法、行政、司法、考選和糾察五權為孫中山先生法律思想的核心）

Constitution of Food and Agricuture Organisation of the United Nations 聯合國糧食及農業組織章程

Constitution of Japan 日本國憲法 (1946 年)

Constitution of the Communist Party 共產黨黨章

Constitution of the Hanseatic League 漢薩同盟憲章

Constitution of the P.R.C 中華人民共和國憲法

Constitution of the Republic of India 印度共和國憲法 (1949 年)

Constitution of the State of New York 〔美〕紐約州憲法 (1777 年)

Constitution of the United State of America 美利堅合衆國憲法 (1787 年 9 月 17 日在費城起草，1789 年 3 月 4 日正式成為美國的基本大法。世界上最早的成文憲法之一)

Constitution of three powers 三權憲法（立法、行政和司法為資本主義憲法的一項主要原則）

Constitution(s) of Clarendon 〔英〕克拉倫登法（為了解決宗教法院和世俗法院之間的糾紛，英王亨利二世 1164 年根據克拉倫登會議的結果而制定的成文法的總稱。該法把宗教法院的管轄權限制在一定事項內）

Constitutional 〔美〕憲法的；符合憲法的；符合規章的；與憲法條款相一致的；與州基本法不抵觸的；依據憲法的；法治的；擁護憲法的

Constitutional act 憲法行為；憲法文件

Constitutional administration 立憲行政

Constitutional Affairs Bureau 〔香港〕憲制事務局（政制事務局）

Constitutional alcalde 〔墨〕太平紳士；治安法官（根據墨西哥憲法是一位很有身份地位的治安法官）

Constitutional balance 憲法上的平衡

Constitutional change 憲法上的修改

Constitutional convention 〔美〕制憲會議 (1787 年在費城，擬定、校訂或修正憲法的會議)

Constitutional court 〔美〕憲法設立的法院（指由憲法命名或規定的，受憲法明示保護的。例如，聯邦最高法院是根據憲法第 3 條第 1 款規定設立的）

Constitutional document 憲法文件

Constitutional entrenchment of GATT 關貿總協定結構性的權利侵害（指對個別政府經常規避關貿總協定的義務而言）

Constitutional freedom 〔美〕憲法上的公民自由（指確保宗教、信仰、言論、出版和集會等基本權利）

Constitutional government 立憲政體；憲政

Constitutional homestead 〔美〕憲法保護的宅地權（家長可購買、受憲法保護、免受扣押的特殊不動產之權利）

Constitutional initiative 制憲權；憲法創制權

Constitutional instrument 組織文件；組織法

Constitutional international law 國際憲法

Constitutional law (law of the constitution) 憲法；根本法（國家的最高法律）；〔英〕憲法律例（指君主的權力的實施或運用能產生直、間接效能的，諸如有關立法、司法和行政的法律均稱為憲法律例）

Constitutional liberty or freedom 〔美〕憲法上的自由（指受憲法保護的公民享有自由權）

Constitutional limitations 〔美〕立法權的憲法限制（指限制制定法規類別的立法）

C

C

Constitutional monarchy 君主立憲制；立憲君主政體；立憲君主國

Constitutional office 〔美〕憲法創設的公職

Constitutional officer 立憲官員；憲法創設的公職官員

Constitutional power 憲法性權力

Constitutional powers and functions 憲法的權力和職能；憲法職權

Constitutional prescription 憲法規定

Constitutional principle 憲法原則

Constitutional problems 結構性問題（指 GATT 自身的缺陷而言）

Constitutional procedure 憲法程序；組織法程序

Constitutional process 〔美〕憲法程序

Constitutional protections 〔美〕憲法保護（憲法所保障的基本保護，如：正當法律程序、平等保護、憲法第 1 條修正案所涉及的言論、出版和宗教信仰自由）

Constitutional questions 憲法性問題（指需要憲法給予解釋的涉及法律爭議的問題）

Constitutional reform and modernisation 〔中〕變法維新（指清朝光緒皇帝在位期間，康有為等人於 1898 年發動的戊戌變法運動，但以失敗告終）

Constitutional regime 立憲政體

Constitutional restriction 憲法限制

Constitutional right 〔美〕憲法權利（指憲法所保障賦予公民的權利）

Constitutional seat 章程地址

Constitutional state 立憲國；憲政國

Constitutional structure 憲法結構

Constitutional system 立憲制度；憲法制度

Constitutional tort 違憲的侵權行為；〔美〕憲法性侵權行為

Constitutional treasury system 獨立國庫制度

Constitutional Union Party 〔美〕立憲統一黨

Constitutionalism 憲政；立憲政體；立憲主義；擁護憲法主義

Constitutionalist 立憲主義者；擁護憲政者；憲政黨

Constitutionality 合憲法性

Constitutions of Clarendon 〔英〕克拉倫登憲章（1164 年）

Constitutions of the Forest 〔英〕森林憲章

Constitutive acquisition 創設取得；設定取得

Constitutive character 構成性

Constitutive elements of crime 犯罪構成

Constitutive government 官吏任用規定

Constitutive recognition 構成性承認

Constitutive Theory 構成說

Constitutive theory of recognition 承認的構成說

Constitutive treaty 構成條約

Constraint 拘束；限制；制約（因素）；〔複〕限制條件

Construct *v.* 構築；建築；建造；建設；編制；組成；構成；創立；構想

Constructed price 〔關貿〕結構價格；推定價格

Constructed value 結構價格；推定價值；建造價值

Construction 解釋；詮釋；推定；法律釋義（不管當事者的意思如何，法對於某一種行為賦與一定的法律效果）；構築；建築；建造；建設；結構；工程；建築方法

Construction bond 建設債券（指由國家指定的投資發行的一種可抵押、轉讓、到期付息的債券）

Construction contract 建築合同；工程建設契約

Construction cost 基建成本

Construction differential subsidy (CDS) 〔美〕造船差價津貼

Construction insurance 建築工程保險；建築保險

Construction lien 建造留置權（指依法確保對改良財產所提供的勞動、服務或提供的材料者的付款）

Construction line 虛擬線

Construction loan 建設貸款；建築工程貸款

Construction of contract 契約結構

Construction of desertion 推定遺棄（指由於配偶中的一方行為不端而迫使另一方離開婚姻住所之謂）

Construction of five powers 五權憲法解釋（指：立法、行政、司法、考選和糾察五權為孫中山先生法律思想的核心）

Construction of law 法律推定（不管當事者的意思如何，法對於某一種行為賦與一定的法律效果）

Construction of policy 保險單的解釋；保險單內容

Construction of references 權限的解釋

Construction of will 遺囑的解釋（指當遺囑條款適用法律中與死者原來意思有抵觸時，一般由遺囑檢驗法院執行解釋）

Construction permit 建築許可證

Construction policy 船舶建造險保險單

Construction project contract 建築工程承包合同

Construction projects 基建項目

Constructive 推定的；推斷的；認定的；解釋上的；積極的；建設性的；法定的（指法對於某種事實賦予一定的法律效果，因而發生法律行為或法律要件）

Constructive acquisition 創設取得；設定取得

Constructive adverse possession 推定的對立佔有；推定事實上的佔有

Constructive assent 推定同意

Constructive authority 推定的權限

Constructive blockade 虛擬封鎖

Constructive breaking into house 推定的破門行竊

Constructive condition 推定的條件（指合同詞句中雖既無明示亦無默示條件規定，但法律承認使其實現公正目標的義務）

Constructive contempt 推定的侮辱法庭行為；間接蔑視法官行為

Constructive contract 准契約（指不是從當事人意圖而是從避免不公正的執法中產生的契約）

Constructive conversion 推定侵佔（實際上沒拿別人的財產，但法律上視同侵佔的行為）

Constructive delivery 推定交付；法定交付（指非現實交付，但根據法律推定，產生與其相同法律效果的交付。例如，交付物品倉庫的鑰匙被看作物品本身是現實交付）

Constructive desertion 推定遺棄（指丈夫或妻子一方不端行為已被迫使離開婚姻住所）

Constructive dishonour 推定拒付

Constructive dividend 建設股利；推定的紅利（指股東無限制分紅的權利。該股利被公司以推定用於納稅而駁回股東的要求）

Constructive domicile 推定住所

Constructive elements of a crime 犯罪構成（指行為構成犯罪所具備的各種要件，包括犯罪客體和犯罪客觀方面的要件、犯罪主體和犯罪主觀方面的要件之總和）

Constructive eviction 推定的非法妨害不動產佔有（由於房

東做了手腳便使房子不適於居住，從而事實上剝奪了承租人的佔租）

Constructive fault　推定過失

Constructive filing　〔美〕推定提出向唯一可收到證件的人申請（指雖非指定收件人，但唯一能夠收到向其提出該證件申請者）

Constructive force　推定的暴力（指僅以言語威脅使用暴力，有別於 "actual force"）

Constructive fraud　推定欺詐（指惡意動機，但侵害別人或共同利益，在法律上應以欺詐行為論處）

Constructive imprisonment　視同拘禁

Constructive intent　推定意圖

Constructive knowledge　推定知悉；推定知情

Constructive loss　〔保〕推定滅失

Constructive malice　推定惡意；默示惡意（指法律從有害的行為活動中推理的）

Constructive notice　視同通知；推定知悉；推定通知（法律上看作關於某事實或法律關係等已得到通知）

Constructive occupation　虛擬佔領；推定性佔領

Constructive ownership　推定所有權

Constructive payment　推定支付（例如，收款人尚未收到付款人已郵出的支票）

Constructive possession　虛擬佔有；推定佔有；法律上視同佔有（指控制財產權或控制財產的意圖）

Constructive receipt of income　推定應納所得稅的收入

Constructive remedies　推定救濟；建設性救濟

Constructive service　視同送達；推定送達

Constructive service of process　推定的傳票送達（例如，將送達刊登在報紙上即為 "推定送達"）

Constructive taking　推定佔有；解釋上的佔有奪取（事實上脫離某人的佔有物，但法律上仍看作在該人佔有中並違反其意思而偷竊。例如，使用人侵佔由主人暫時寄託的東西時，被看作奪取了主人解釋上的佔有）

Constructive total loss　推定全損（被保險者由於保險事故喪失了保險標的財產的佔有，預計難以恢復時或為了恢復該財產的佔有需要的費用超過回復後的標的物價額時，標的物的損傷的修繕費超過修繕後標的物的價格時，就是推定全損）

Constructive total loss only　只保推定全損

Constructive transfer　推定轉讓

Constructive treason　推定叛國罪（指把法規內容推廣到明文或根據類推解釋產生的叛逆罪。舊時英國星座法院曾承認之）

Constructive trust　推定信託（對於得到關於某財產普通法上的物權的人，如其享受由此而產生的利益違反衡平觀念時，為了防止此不當利得，衡平法認定的信託把他人認為法定的受托人，為應受益的人在受托名義下保有其物權）

Constructive trust ex delicto　推定為違約信託（指受托人違反其職責將受托財產聲稱或收為己有的財產）

Constructive trustee　推定受托人；推定受托管理人

Constructive willfulness　推定故意；推定完全屬看護上的故意失職（指明知而全然不顧他人生命或財產的安全行為）

Construe *v.* 結合；歸納；解釋（指解釋契據、法律、規定、法院判決或其他法定權限的字義）；解剖（句子的構造）

Consuetudinary law　習慣法；不成文法

Consuetudines　〔英古〕習慣；慣例

Consuetudines Cantiae　根德郡習慣法

Consuetudines et Assise de Foresta　森林慣例與法規（1278 年）

Consul　領事；〔英古〕伯爵稱號；〔羅馬法〕首席執政官（帝國時期每年選出兩名執政長官）

Consul de carriere　〔法〕職業領事

Consul electi　選任領事

Consul general　總領事

Consul marchand　〔法〕商人領事

Consul missi　派任領事

Consul's plate　領事車牌

Consul's political functions　領事政治職責

Consulado de Burgos　〔西〕伯格斯商人法庭（1494 年）

Consular access to nationals in detention　〔領事〕領事探視被拘押的國民

Consular act　領事行為

Consular affairs　領事事務

Consular agency　領事代理處

Consular agent　代理領事；領事代理人；領事事務代理員

Consular agreement　領事協定

Consular amenability　領事義務；領事責任

Consular archives　領事檔案

Consular assistant　領事助理；副領事

Consular attache　領事隨員

Consular authentication　領事認證（指駐在國領事官員對本國公證機關未經外交機關辦妥認證手續而發往接受國使用的公證文書，或接受國政府機關出具的擬發往派遣國使用的各類文書加以簽字並蓋上該使館領事部或領事館公章，證明該文書上簽字和印章屬實，以使該文書取得域外法律效力的行為）

Consular authority　領事機關；領事代理權

Consular bag　領事郵袋

Consular body　（外國的）領事團

Consular certificate　領事證書

Consular certification　領事公證（指領事官員可應駐在國的本國公民或僑民合法要求出具法律效力的公證書，例如：學歷公證書等；或對本國公證機關發往接受國使用但未在國內辦妥認證的公證文書，可對其複印後加以另紙公證，證明複印件與原件一致並簽字蓋章，例如：結婚公證書等，以使原公證書具有域外法律效力的行為）

Consular clerk　領事館書記員

Consular commission　領事委任書；領事委任狀（一般由派遣國外交部長任命）

Consular convention　領事專約

Consular corps　領事團

Consular correspondence　領事通訊

Consular courier　領館信使

Consular courier ad hoc　特派領館信使

Consular couriers in transit　過境領事信使

Consular courts　〔美〕領事法庭（指條約規定的權限內在他國領土內由派遣國領事主持開庭解決民事案件，某些情況下也有刑事管轄權，但應由派遣國政府法院複審）

Consular de carriere　〔法〕職業領事

Consular district　領館轄區；領區

Consular division　領事處（澳、新、美等國譯為 "領事司"）

Consular document　領事文件

Consular employee　領館僱員

Consular establishment　領事館

Consular estate function　領事處理遺產的職務

Consular exequatur　領事證書

Consular fees　領事規費

Consular fees and charges　領事規費和手續費

Consular flag　領館旗幟

Consular formalities and documentation　領事手續和證件 (指進口貨物須有進口國官員批准出示特別發票等證件)

Consular function　領事職務；領事職能；領事職責

Consular guard　領館警衛

Consular immunity　領事豁免

Consular institution　領事機關 (指一國依據協議派遣到他國一定地區執行護僑、通商、航務等領事職務的機關)

Consular instruction　領事訓令

Consular intercourse　領事交往

Consular interview　領事面談；領事會見

Consular invoice　領事發票 (亦稱 "領事簽證發票"，指由出口企業按進口國規定格式，並由進口國派駐當地領事加以簽證，以供海關核稅及統計之用)

Consular jurisdiction　領事管轄權；領事裁判權 (指外國人犯罪依照雙邊條約規定不受駐在國法院的管轄而由本國法院行使管轄權)

Consular law　領事法

Consular law and practice　領事法律與實踐

Consular legalisation　領事認證

Consular letter　領事信函

Consular licence　領事認可狀

Consular list　領事名冊；領事名銜錄；領事名單

Consular marriage　領事主持的婚禮 (指由派遣國駐外領事或外交官員主持結婚禮儀；中國公民或僑民如要求在國外登記結婚者，男女雙方可到中國大使館領事部或領事館申請結婚登記，經審查合乎婚姻法規定者即可准予結婚並頒發給結婚證書)

Consular merit system　領事獎賞機制

Consular mission　領事團；領事使團

Consular office　領事辦公處

Consular officer　領事官

Consular official　領事官

Consular operation　領事工作

Consular organisation　領事組織

Consular orientation programme　〔美〕領事工作方向大綱

Consular patent　領事憑證

Consular personnel　領事人員 (指一國依據協議派遣他國一定地區執行領事職務的政府代表)

Consular police　領事警察 (指 20 世紀 30 年代，日本帝國主義侵略者駐紮偽滿的警探)

Consular policy　領事政策

Consular post　領館；領事機關；領事職位

Consular pouches　領館郵袋

Consular premises　領館館舍

Consular privilege　領事特權

Consular privileges and immunities　領事特權與豁免 (指為了領事人員在接受國能夠有效地執行職務而由接受國給予的特別權利和優遇，一般地免受接受國刑事管轄)

Consular procedure　領事訴訟程序

Consular protection　領事保護

Consular protective functions　領事保護職能；領事保護職務

Consular provision　領事證書；領事委任書

Consular rank　領事等級

Consular recognition　領事承認

Consular reform　領事改革

Consular registration　領館登記

Consular relations　領事關係

Consular Relations Act　〔英〕領事關係法 (1968 年)

Consular representation　領事代表權

Consular representative　領事代表

Consular responsibility　領事責任

Consular right to be notified of the arrest　領事有權獲取逮捕事件的通知

Consular rights and privileges　領事權利與特權

Consular role　領事作用

Consular seal　領事印章

Consular secretary　領事事務秘書

Consular section　領事科

Consular service　領事職務；領事部門

Consular specialist　領事專家

Consular staff　領事人員

Consular status　領事身份

Consular tax　領事稅

Consular tax exemption　領事稅收豁免

Consular testimony　領事證言

Consular title　領事官銜

Consular training　領事培訓

Consular treaty　領事條約

Consular tribunal　領事法庭

Consular usage　領事慣例

Consular visa　領事簽證

Consular work　領事工作

Consular-related topic　與領事有關的問題

Consulate　領事館

Consulate general　總領事館

Consul-at-large　巡迴領事

Consules missi　〔法〕職業領事

Consulship　領事職位；領事任期

Consult　*v.* 諮詢；磋商；商議；〔醫〕會診

Consult to determine the terms and conditions under which the request can be executed　〔領事〕協商決定執行請求的條件

Consultant　顧問

Consultant expert　顧問專家；諮詢專家

Consultary response　法庭對於法律點的判斷 (當事人關於訴訟案件的事實問題沒有任何爭議，其權利義務關係只歸結於某種法律點時，或在審理開始前有法律問題須作決定時，根據當事人的合意申述或法院的職權向當事人提出只就該法律點的判斷)；〔美〕法庭意見 (指法庭對特定案件的意見)

Consultation　協商 (指 GATT/WTO 均主張各締約方通過協商解決貿易糾紛為其基本原則)；磋商；諮詢；評議會；法庭律師與法庭外律師之間的訴訟協議；會診；令狀 (指舊時被宗教法院錯誤禁止受理而移送到世俗法院案件退回到下級宗教法院審理的令狀)

Consultation and cooperation with non-governmental organisations 與非政府組織的協商和合作

Consultation and settlement of disputes 爭議的協商解決

Consultation committee 協商委員會

Consultation machinery 協商機制（機構）

Consultation mechanism 協商機制；磋商機制；諮詢機制

Consultation Practices Division 〔基金〕磋商業務處

Consultation procedures 〔世貿〕協商程序；磋商程序（解決成員方之間爭端的機制，即雙方通過談判，在互讓互諒的基礎上達成協議，以解決彼此之間的爭端）

Consultative 協商的；諮詢的；顧問的

Consultative assembly 協商大會

Consultative Assembly between the African Caribbean and Pacific States and European Economic Community 非洲、加勒比－歐洲經濟共同體諮詢會議

Consultative body 顧問團體

Consultative committee 諮詢委員會；顧問委員會

Consultative conference 協商會議

Consultative council 諮詢理事會

Consultative council of Jewish Organisation 猶太組織諮詢理事會

Consultative group 協商小組；諮詢小組

Consultative Group Cooperation Committee (COCOM) 巴黎統籌委員會（專門審查限制對社會主義國家和發展中國家貿易和技術出口問題）；合作諮詢委員會

Consultative Group of Eighteen (CG18) 〔關貿〕十八國協商集團（釋義詳見《WTO 英漢－漢英實用詞典》；1979 年成為關貿總協定的常設機構，但不是決策機構）

Consultative Group on International Economic and Monetary Affairs 國際經濟和貨幣事務諮詢委員會（指 30 國集團）

Consultative Meeting of Contracting Parties to the London Dumping Convention 倫敦傾倒公約締約方協商會議

Consultative panel 協商小組；諮詢小組

Consultative status 諮詢地位；協商地位

Consulting Member 〔世貿〕參加磋商的成員方

Consulting service for foreigners 對外諮詢服務公司

Consumable goods 消耗品

Consumable things 消費物

Consumer 消費者；用戶

Consumer advocate 〔美〕消費者權益代言人（指司法、行政和立法訴訟中代表消費者權益投訴的人）

Consumer boycotts 消費者抵制

Consumer Council 〔香港〕消費者委員會

Consumer credit 消費信貸（指對消費者個人購買商品和服務而發放的短期貸款）

Consumer credit code 〔美〕消費信貸法典

Consumer credit insurance 消費者信用保險

Consumer Credit Protection Act 〔美〕消費者信貸保護法（1968 年）

Consumer credit sale 消費者信貸銷售；賒銷

Consumer credit transaction 消費者信貸交易（指向自然人提供的金錢、財產和服務等信貸）

Consumer debt 消費（者）債務（主要因個人或家庭所產生之債）

Consumer durables 耐用消費品

Consumer goods 消費品；生活資料；消費者貨物

Consumer hire 〔英〕消費租用

Consumer lease 〔美〕消費租賃（也含住房租賃）

Consumer loan 消費貸款

Consumer market 消費者市場

Consumer organisation 消費者組織

Consumer price 消費品價格

Consumer price index (CPI) 消費價格指數（消費物價指數）

Consumer product 消費品（用於個人或家庭生活的附屬或安裝於不動產上之有形動產）

Consumer product advertising 消費品廣告

Consumer Product Safety Act 〔美〕消費品安全法（1972 年）

Consumer Product Safety Commission 〔美〕消費品安全委員會（海關的職責之一，以維護消費者的利益）

Consumer protection 保護消費者的法律措施；對消費者利益的保護

Consumer protection laws 〔美〕消費者權益保護法

Consumer purchasing power 消費者購買力

Consumer report 〔美〕消費品報告（指由私人或政府發表的關於某些產品質量等問題的報告）

Consumer reporting agency 〔美〕消費品報告機構

Consumer savings 消費儲蓄

Consumer services 消費服務

Consumer tastes 消費者嗜好

Consumer's preference 消費者偏好（嗜好）

Consumerism 消費主義；〔美〕保護用戶利益主義

Consumers and consumer protection law 〔英〕消費者和消費者保護法（1974 年）

Consumers association 消費者協會

Consumer's cooperative 消費者合作社

Consuming country 消費國

Consuming households 消費家庭

Consummate *a. & v.* I. 完成的；圓滿的；老道的；完全無缺的；II. 成就；完成；使…達到頂點或程度；取得；完婚；圓房

Consummate lien 完整留置權（複審動議被否決後因此僅餘下不完整之判決留置權）

Consummate tenant by curtesy 〔英〕完成繼承亡妻地產或物權的保有人

Consummated crime 犯罪既遂，既遂罪

Consummation 完成；既遂；同居式的完成；圓房（指婚姻以完成性交為完成）

Consummation of fornication 姦淫既遂

Consummation of marriage 完姻；完婚（婚姻由夫婦的同居性交而完成）

Consummation of tenancy by the curtsey 〔英〕完成繼承亡妻不動產的權利（指按照英國普通法，丈夫繼承其亡妻所遺不動產的權利，但該權利已經 1925 年遺產管理法廢止）

Consumption 消費；消耗；用盡；耗盡；毀壞；破壞；浪費；腐爛

Consumption abroad 〔世貿〕境外消費；國外消費（指一成員方的服務消費者在另一成員方境內接受服務，例如旅遊、境外就醫和留學等）

Consumption duty 消費稅

Consumption effect of economic growth 經濟增長的消費效應

Consumption expenditure 消費支出

Consumption fund 消費基金

Consumption goods 消費品；生活資料

Consumption of national resources and waste production 自然資源與廢品的消耗

Consumption pattern 消費方式

Consumption tax 消費稅

Consumption-backed tax 靠消費納稅

Consumption-oriented 消費導向的

Consumptive co-operation 消費合作

Consumptive credit 消費信貸

Consumptive effect of integration 消費一體化效應

Contact lens insurance 隱形眼鏡保險

Contact mine 接觸水雷

Contact points 〔世貿〕聯絡站（1. 向發展中成員國服務商提供服務信息；2. 為成員國採購單位所設，以解答決標或未獲標者的問題）

Contact services 交際服務；聯繫服務

Contact zone 接觸區

Contador 會計員，會計官；事務長

Contadora Group 孔塔多拉集團（指哥倫比亞、墨西哥、委內瑞拉和巴拿馬四國外長於 1983 年 1 月 9 日在巴拿馬的孔塔多拉開會表示聯合起來和平解決中美洲各國間的衝突與爭端）

Contagious disease 傳染性疾病

Container 集裝箱；貨櫃

Container bill of lading 集裝箱提貨單

Container carrier 集裝箱裝運車（船）

Container consortium 集裝箱聯合企業

Container hire 集裝箱租金

Container insurance 集裝箱保險

Container leasing 集裝箱租賃

Container loading list （集裝箱）裝箱單

Container operator 集裝箱營運人

Container rate 集裝箱運費率

Container rules of freight conference 航運公會集裝箱則

Container ship 集裝箱貨輪（船）

Container standard 集裝箱標準規格

Container tonnage 集裝箱船噸位

Container transportation 集裝箱運輸

Containerizable cargo flow 可集裝箱化的物流

Containment 〔際〕牽制；遏制

Containment policy 〔際〕遏制政策

Contaminated zone 污染區；沾染區

Contamination 污染；不純狀態（由於摻雜或與雜質接觸的結果。此為海上貨物一種附加的保險）

Contango 延期利息；延期交割費（倫敦股票交易所，指每股或每份的延期日息）；期貨溢價（升水）

Contango day 升水日；轉期日

Contango duty 延期費稅

Contango rates 延期利率

Contemn v. 輕蔑；蔑視

Contemner 藐視法庭罪的人（指蔑視法庭權威者）

Contemplate v. 沉思；仔細考慮；計劃；調解；反映；反省

Contemplation 默察；沉思；期待；企圖；計劃；期待；預期

Contemplation of bankruptcy 破產意圖（指知道生意處於破產境地，難以為繼）

Contemplation of death 死亡預期

Contemplation of insolvency 破產意圖；預期破產（指知道生意處於破產狀態而未雨綢繆）

Contemporaneous construction 〔美〕當時解釋（指行政機構有權對長期模稜兩可的法律涵義作出確定法律意義解釋的重要性）

Contemporaneous objection rule 〔美〕及時異議原則（指就上訴問題是否考慮可採納的證據時，如不予考慮則要求及時提出異議）

Contemporary community standards 〔美〕當代社會標準（指就污穢資料是否具有文學等價值而言）

Contemporary international law 當代國際法

Contemporary interpretation 流行解釋

Contempt 藐視；侮辱；輕蔑（指對於法院或議會的命令，或違抗公眾權威）

Contempt in procedure 違背命令（指當事者和證人等不遵奉法官的判決、命令和其他指示。違背者要被拘留到直至服從命令為止或到一定期限）

Contempt of Congress 〔美〕藐視國會（罪）（指公然干涉國會兩院的職權）

Contempt of court 侮辱法庭；藐視法庭；侮辱法官（指任何明目張膽地企圖製造無視法庭司法權威的行為，例如，公開侮辱法官、不遵守法庭命令等）

Contempt of parliament 〔英〕藐視議會（罪）（國會議員妨礙議事或者明顯誹謗其他議員的行為。根據議會的特別權限處以短期的拘禁）

Contempt power 懲罰藐視法庭人的權力（指每個法庭都有懲處藐視法庭人之固有權力）

Contempt proceeding 〔美〕蔑視法庭罪的訴訟程序（裁定某人是否蔑視法庭罪或對其做出適當處分或審判的程序）

Contempt, perjury and the making of false declarations 藐視法庭、偽證和虛假陳述

Contemptuous damages 不正當的損失賠償要求（指已經法院判決為不合情理的要求）；〔香港〕輕蔑性的賠償（意指法庭對原告要求不予重視等）

Contending party 相爭一方；爭議當事人

Content validation 工作內容合法性測試（指僱用工作合法性分析關鍵點是要求分析如何確保承擔充分完成所涉及該項合法的僱用工作）

Contention in writing （訴訟中的）書面答辯

Contentious 有爭議的；爭訟的

Contentious business 〔英〕爭議事項（有爭訟的法律事項，現常用於為取得遺囑檢證和遺產管理的爭議事務）

Contentious case 爭訟案件

Contentious jurisdiction 〔際〕訴訟管轄；〔宗〕審判爭訟事項管轄權（法院對爭議問題的部份管轄權，其對於自願管轄權而言，只關心的是不為對抗管轄）

Contentious matter 訴訟事項；爭訟事項

Contentious possession 有爭議的佔有

Contentious procedure 訴訟程序

Contentious proceedings 訴訟程序（有爭議的訴訟程序）

Contents and not contents 〔英〕贊成者或不贊成者（指上議院議員對法案的表決）

Contents unknown 內容不詳；內貨不明（指附於貨物提單或包裝單上的用語。意指承運人只承認裝載貨物外表狀況良好）

C

Contents unknown clause 內容不明條款

Conterminous 有共同邊界的；鄰接的；相連的（with）；在共同邊界內的

Contest *v.* 答辯（指在法院中向對造的權利主張提出答辯）；反駁（指對原告或檢察官提起訴訟案作出辯駁）；爭辯；異議；否認；辯護；競爭

Contest of will 遺囑爭議（指對遺囑內容的真實性）

Contestable clause 〔保〕可爭議條款（承保人規定在承保期間要保人詐欺等因素可使保險單無效的條款）

Contestation of suit 〔宗〕（教會訴訟中）訴訟爭辯；事實上同意的爭點

Contested case 有爭議案件（指他造或有關當事人反對法院或行政訴訟程序）

Contested election 有爭議的選舉（如在競選中發現違反憲法條款規定屬實可使該選舉無效）

Contested territory 有爭議的領土；爭執領土

Contestee 〔美〕受挑戰的競選人；有爭議的候選人

Contesting parties 訴訟各方；爭議各方

Contesting state 爭訟國

Context 上下文；文章的前後關係（指法規、合同或遺囑中相關聯文字的句段或款項）

Context of free trade agreements 自由貿易協議範圍

Context of liberalisation 自由化範圍；自由化範疇

Contiguity 毗連性；鄰接（指相互連接的幾塊土地）

Contiguous 鄰近的；相鄰的；毗鄰的；毗連的；接近的（to）

Contiguous air space zone 空中毗連區

Contiguous airspace 鄰接空間

Contiguous area 毗連區

Contiguous fishery zone 毗連漁區

Contiguous frontier zones 〔世貿〕毗鄰的邊境地區

Contiguous geographical area 毗連地理區域

Contiguous international river 毗連國際河流

Contiguous international watercourse 毗連國際水道

Contiguous island 毗連島嶼

Contiguous sea area 毗連海區

Contiguous space 毗連空間

Contiguous state 毗連國

Contiguous submarine area 毗連海底區

Contiguous territory 毗連領土

Contiguous zone 毗連區；鄰接區；鄰接海域

Continencia 〔西〕訴訟案件程序的自製或歸一

Continent West Africa Conference 歐洲大陸西非公會

Continental 大陸的；大陸性的

Continental base 大陸基

Continental bill 匯到大陸的匯票

Continental blockade 大陸封鎖（指 1806 年拿破侖對英國的封鎖）

Continental borderland 大陸邊界（大陸邊區）

Continental canal 洲際運河

Continental Congress 〔美〕大陸會議（美國獨立戰爭時1774–1789 年舉行過幾次會議，為美國史上第一個立法會議，其中 1776 年的獨立宣言就在該會議上通過）

Continental crust 大陸地殼

Continental currency 〔美〕大陸貨幣（大陸會議授權下發行的鈔票）

Continental edge 大陸沿

Continental island 大陸島

Continental law 大陸法

Continental law system 大陸法系；民法法系（亦稱“羅馬法系”，為歐洲大陸的法律，其屬羅馬－日爾曼法系，於 18 世紀初葉發展起來的西方國家的一大法系）

Continental margin 大陸邊緣；洲緣

Continental platform 大陸台地

Continental rates （向歐洲大陸）匯兌價格

Continental rise 大陸基；大陸隆起；大陸隆堆

Continental sea 大陸海

Continental shelf 大陸架；大陸礁層（亦稱“大陸棚”，大陸向海面以下延伸的部份，傾斜平緩，在大陸周圍水深不超過 200 米緩斜於海底，由於它近岸而水淺，有豐富水產並蘊藏有豐富的礦產資源。毗鄰國家為此而提出領土主張）

Continental shelf area 大陸架地區

Continental Shelf of the North Sea case of 1969 〔關貿〕1969 年北海大陸架案（指英、荷、丹、挪四國就北海大陸架歸屬問題遵照國際法院“有拘束性的法律原則”舉行談判並獲得解決）

Continental slope 大陸坡

Continental state 大陸國家

Continental terrace 大陸階地

Continental waters 大陸水域

Contingency 偶然性；或然性；可能性；不確定性；意外事故；偶發事件

Contingency account 意外準備金賬戶

Contingency contract 不確定性契約（指至少部份契約條款能否得以履行有賴於偶發事件的發生）；應急費用契約（通常與律師簽訂的成功酬金安排）

Contingency duty 應變關稅（通常稱為反補貼稅）

Contingency fund 應急費用；意外開支準備金

Contingency insurance 偶發事項保險；意外事故保險

Contingency mechanism 應急機制

Contingency plan 應變計劃；應急計劃

Contingency reserve 應急儲備金；意外損失準備金（對於偶然的、不可預見的事故的開支而設立的基金）

Contingency with double aspect 〔英〕雙重不確定性；雙面不確定性（指明示限制一個不確定的剩餘不動產繼承權取代另一個剩餘的不動產繼承權）

Contingent *a. & n.* I. 應急的；偶然的；不確定的；或有的；非可斷定的；附條件的；可能的；可能沒有把握的；II. 分遣隊

Contingent annuity 或有年金；臨時年金

Contingent asset 或有資產

Contingent beneficiary 或有受益人；次順位受益人；潛在受益人（意指主要受益人死亡或喪失受益權者的繼位人）

Contingent claim 未定債權；或有的求償權（指尚未取得或取決於未來可能永遠不會發生的事件）

Contingent commitment 附條件的承諾

Contingent credit lines 意外信貸限額

Contingent debt 〔香港〕未經肯定的債務；〔蘇格蘭〕或有負債，不確定的債務（指未來可能因不能預料的事件發生而欠債）

Contingent estate 或有財產；可變財產；不確定性的財產（指有待於某種事件發生的結果而定。例如嬰兒的誕生）

Contingent event 偶然事件

Contingent fee 〔美〕成功酬金；勝訴分成（指律師與其委托人達成協議，勝訴後按賠償比例提成，付給律師酬金，一般為 25%，上法庭者為 30%）

Contingent fund 應急基金（指為了支付不測事件或有災害損失項目而建立的一種基金）

Contingent insurance 偶發事故保險；或有保險

Contingent interest 期待利益；或有利益；附條件權益；不確定利息

Contingent interest in personal property 不確定的個人財產權益；或有的動產權益（指不可轉讓的未來權益。例如，立遺囑者將他基金收歸其妻子，並由她死前將其夫的基金分配給其子女。該筆基金對她每個子女即稱之為“期待繼承的權益”）

Contingent legacy 期待性遺贈（指遺贈須等受贈人屆滿 21 歲才能生效）

Contingent liability 或有負債；不確定的債務（指因將來不確定事故發生所致，一種潛在的債務或責任）；附條件義務；連帶責任；尚不確定的責任（潛在的責任，例如，未決的訟案有爭議的求償等）

Contingent life annuity 死後終身年金

Contingent limitation 解除條件；確定事故發生條件

Contingent payee 〔保〕次順位保險金受益人

Contingent profit 偶然利益；或有利潤

Contingent remainder 附條件的剩餘土地指定繼承權；不確定的剩餘財產權；期待剩餘地產權（指或有的有限土地繼承權，只有在其前面所有的土地佔有者確定後才能生效）

Contingent rights 未必權利；或有權利；期待性權利

Contingent rights stock 附有第二分配權的普通股

Continual applicability 連續適用性

Continual claim 繼續主張權利（舊時不動產所有者被他人侵佔其不動產時，為確保其所有權而每年企圖進入其不動產一次）

Continuance 會議延期；訴訟延期（會議、聽審、審訊或其他訴訟的休會或延期到翌日或其他時間進行）

Continuance in force 繼續有效

Continuance nisi 附條件延期；確定期限的延期

Continuance of company 公司的延期

Continuando 繼續性的侵權行為的主張；主張被告有繼續性侵權行為的訴訟（舊時對於連續數次侵入土地的侵權行為所造成的損害，要求在一次訴訟中得到合併救濟的一種訴訟申述形式）

Continuation 決算延期；延期交割（指買賣雙方延期交付成交的股份或延期支付價款至下次定期結算的合意）

Continuation clause 〔保〕展期條款；延續有效條款（雖然保險契約的期已過，但保險標的船舶航行尚未終了時，使保險延期到航行結束為止因而使該契約繼續有效的保險條款）

Continuation of endorsement 背書的連續

Continuation of tenancies 租約的繼續；續約的租約

Continuation rate 展期利率

Continue *v.* 使（訴訟）延期；使繼續；轉眼；延伸；持續

Continue the practice of decision-making by consensus followed under GATT 1947 〔世貿〕繼續奉行 GATT1947 年所遵循的經協商一致作出決定的做法

Continued bond 延期償還公債；連續生效的債券

Continued term of remission of land-tax 免交土地稅的繼續年限

Continued writing method 連記法（特指投票）

Continuing 繼續的；連續的；持續的

Continuing account 流水賬

Continuing agreement 包括契約書；持續的約定

Continuing and subsisting trust 明示信託

Continuing consideration 繼續對價

Continuing contract 連續性契約；連續性合同（指在一定時間內要求分期履行的契約）

Continuing cost 連續成本

Continuing crime 連續犯罪（指由一系列行為但均源自同一犯罪意圖所構成的一個單一罪）

Continuing damages 連續性的損害賠償（指同一損害行為在不同的時間內連續發生）

Continuing director 留任董事

Continuing guarantee 持續保證的契約（沒有期限規定的，保證人如不取消則繼續有效的契約）

Continuing guaranty 連續擔保；繼續保證狀

Continuing insurance 連續保險

Continuing jurisdiction 連續管轄權（指法院對監護兒童的管轄權）

Continuing legal education (CLE) 〔美〕繼續法律教育（指美國律師、法官和法學教授如果要保持其律師協會資格每年都要接受強制的教學計劃的最低的課程）

Continuing member 〔香港〕永久成員

Continuing offense 連續犯罪（指在上一次犯罪的時效內又犯罪）

Continuing operation 持續作業；持續運作

Continuing operation of the adjustment process 持續調整理算程序運作

Continuing resolution 〔美〕追加決議（指對預算年度新活動項目的國會追加撥款而言）

Continuing servitude 繼續地役權

Continuing trespass 連續性的侵權行為（例如把垃圾連續傾倒在鄰居的土地上）

Continuing warranty 繼續擔保；繼續保證；不間斷的擔保

Continuity 連續性

Continuity of life or existence 法人存續性（指一實體所有人死亡或退出並非該實體存在的終結，亦即股東的死亡或退夥不會影響法人的存在）

Continuity of nationality 國籍連續性

Continuity of state 國家連續性

Continuity of statehood 〔際〕國家的連續性

Continuous 連續的；持續的；不間斷的

Continuous adverse use 連續未經許可的使用；連續無照使用；持續的時效使用（取得所有權或地役權）

Continuous arrears 〔基金〕連續拖欠

Continuous arrears to the Fund 〔基金〕持續拖欠國際貨幣基金的款項

Continuous budgeting 連續編制預算

Continuous easement 持續性地役權（指要役地的佔有者沒有任何行為而繼續享受的地役權。例如，採光權）

Continuous injury 連續性傷害行為（指一個接一個致害，但不必是永不休止的）

Continuous manufacturing 持續性製造業（例如在紡織業中，作業可以從一工序又一工序流水般繼續進行）

Continuous nationality 連續國籍

C

Continuous offence 連續犯罪

Continuous possession 連續佔有；持續佔有

Continuous session 連續會議

Continuous transportation 連續運載

Continuous treatment doctrine 〔美〕持續治療原則

Continuous voyage 連續航程（戰時禁製品不只限於直接運
向敵港的貨物，雖向中立港運送，但意在其後繼續運向敵國
時，該兩次航行均被看成為一次戰時禁製品的原則）

Continuous working year 連續工齡

Continuously 連續地；不斷地；不間歇地

Contour map 〔美〕等高線圖；等值線圖

Contra account 抵銷賬戶；對銷賬戶；軋賬方式

Contra asset 抵銷的資產（指在財務報表中用以減少資產
餘額）

Contra asset account 資產抵銷賬戶（指用以減少在財務報
表中的結平資產賬戶）

Contra credit 貸方對銷；抵銷貸記；反信用；背對背信用證

Contra debit 借方對銷

Contra items 〔香港〕抵消項目

Contra liability 負債抵銷

Contra liability account 負債抵銷賬（指用以對銷財務報表
中債務差額賬）

Contra revenue 收入抵銷

Contra revenue account 收入抵銷賬戶（指用以在收益報表
中扣除收入和計算淨收入賬）

Contra-balance 反向平衡（例如，收入與貸出平衡）

Contraband *n. & a.* I. 禁製品；違禁品；走私；非法買賣；
走私品；II. 禁運的；非法買賣的；走私的

Contraband by analogy 類似禁製品

Contraband control base 禁製品控制基地

Contraband goods 禁製品貨物

Contraband list 禁製品表（單）

Contraband of war 戰時禁製品（指中立國不得給交戰國任
何一方運送武器彈藥等）

Contraband per se 本身違禁品

Contraband trade 禁製品貿易

Contraband traffic 禁製品交易

Contraband vessel 禁製品船舶

Contrabandist 走私者；違禁品買賣者

Contracausator 罪犯；刑事被告人

Contraception 避孕

Contraceptive 避孕藥；避孕工具

Contraceptivism 發放避孕藥罪；防止懷孕罪

Contract 契約；合同；合約；承包

Contract at discretion 任意契約；隨意契約

Contract by competition 競爭契約；競爭合同

Contract by deed 契約式合同；契據；〔香港〕加印合同（指
對契約的違約方告訴應於發生後 12 年內提出，但對民事侵害
訴訟應於其發生後 6 年內提出，否則過時失效）

Contract carrier 合同運輸人；合同承運人（指提供運輸服
務以滿足托運人特種需要，而其他公共運輸人提供該種服務
的契約運輸商）

Contract clause 〔美〕契約條款；合同條款（憲法規定各州
制定的法律不得損害合同的義務）

Contract created by operation of law 准契約（與當事者意
思無關，但法律上承認其效果類似契約）

Contract debt 契約債務

Contract dispute 合同糾紛

Contract dissolution 解約

Contract emigrant 契約移民

Contract for assembly 來件裝配合同

Contract for carriage 運輸契約

Contract for deed 〔美〕契據契約（指當滿足賣方某些條件
時即交付財產契據）

Contract for delivery 供給契約；運輸契約；交貨合同

Contract for fixed output 包產合同

Contract for future delivery 遠期交貨合同

Contract for necessaries （供給）必需品契約（此類生活必
需品契約即須在未成年人或精神病患者締結時也是有效的）

Contract for publication 出版合同

Contract for sale of goods 貨物買賣契約（含現在和將來
商品買賣的契約）

Contract for sale of land 土地買賣契約

Contract for servicers 勞務合同

Contract for the delivery of goods by installment 分批交
貨買賣合同

Contract for the payment of goods by installment 分批
支付貨款合同

Contract for the supply and use of electricity 供電合同

Contract for the supply of labour 提供勞務合同

Contract for work 包工契約；承攬契約（指承攬人承擔標的
物意外滅失或工作條件意外惡化造成損失的風險，完成合作
人所交付的工作並取得約定報酬的合同）

Contract goods 約定物品；合同中所列貨物

Contract holder 合同持有人

Contract implied by law 准契約（與當事者意思無關，但法
律上承認其效果類似契約）

Contract implied in fact 事實推定的合同；事實上的默示合同

Contract implied in law 法律推定的合同；法律上的默示合同

Contract in formula 約定受拘束方式

Contract in personam 個人契約

Contract labour 契約勞工；合同工

Contract law 合同法；契約法

Contract lien 依契約行使的留置權；約定留置權

Contract life 契約有效期限，合同有效期限

Contract mail 合同郵件；約定郵件

Contract money 合同價款

Contract not to compete 〔美〕不與競爭合同（指僱工承諾
僱傭終止後不在指定時間和指定地區與僱主競爭）

Contract note 合同票據；約定票據；〔英〕買賣合同；合同備
註；買賣股票通知書（由股票經紀人或代理人通知其委托人）

Contract note of sales 買賣契約書

Contract of adhesion 附合契約（又稱"服從契約"，指未經
談判而接受他方事先制定的合同）

Contract of affreightment 海運契約；（海上）運輸合同

Contract of affreightment by a general ship 海上運輸契約

Contract of affreightment by charter party 租船運輸契約

Contract of annuity 年金契約

Contract of apprenticeship 學徒契約

Contract of arbitration 仲裁契約；公斷契約

Contract of benevolence 捐贈物契約；單方受益合同（僅
締約一方受益的合同）

Contract of betrothment　婚約

Contract of bill　票據契約

Contract of brokerage　居間合同（居間人為委托人提供訂
約的機會或充當訂約的介紹人，由委托人給付報酬的合同）

Contract of carriage　運輸契約；運輸合同；運貨合同

Contract of carrier　運貨人契約；承運人契約

Contract of commission agency　行紀合同（又稱"信托合
同"，即行紀人受委托人的委托，以自己的名義，為委托人從
事商業活動而收取報酬的合同）

Contract of concession　特許權合同；租讓合同

Contract of consideration　有償契約

Contract of copartnership　合夥契約

Contract of deposit　保管合同（又稱"寄托合同"，即保管人
一方有償或無償地保管寄托人交付的寄托物，並在期滿或依
寄托人請求時將原物返還寄托人的合同）

Contract of dormant partnership　隱名合夥合同（指隱名合
夥人對出名營業人進行投資，分享利潤的合同）

Contract of employment　聘約；僱用合同

Contract of engagement　僱傭合同

Contract of forwarding　運輸契約

Contract of gift　贈與合同（指贈與人把自己的財產無償地送
給受贈人，受贈人同意接受的合同）

Contract of grace　延期契約（寬限合同）

Contract of guarantee　保證契約

Contract of guaranty　保證合同；擔保合同

Contract of hire　租用合同；僱用合同

Contract of hire of labour and services　僱用勞務合同

Contract of hiring of ship(s)　船舶租賃契約

Contract of indemnity　賠償合同

Contract of inheritance　繼承契約

Contract of insurance　保險契約

Contract of insurance against loss　損害保險契約

Contract of insurance of persons　人身保險契約

Contract of labour　勞動合同

Contract of lease　租賃合同

Contract of lease of property　財產租賃合同

Contract of life annuity　終身年金合同

Contract of life insurance　人壽保險合同

Contract of loan for consumption　消費借貸合同

Contract of loan for use　使用借貸合同（指出借人把物品交
給借用人無償地暫時使用）

Contract of mandate　委任合同（又稱"委托合同"，即委任
人委托受任人處理事務，受任人允許代為處理的合同）

Contract of marine insurance　海上保險合同

Contract of marriage　婚約

Contract of ocean carriage　海運合同

Contract of ordering agricultural products　〔中〕農產品預
購合同

Contract of partnership　合夥合同（指兩人以上互約出資以
經營共同事業的合同）

Contract of payment　支付合同

Contract of pledge　質約

Contract of principal and surety　保證契約（在主債務人不
履行債務時，保證人負履行義務的契約）

**Contract of processing and assembling with foreign
enterprises**　對外加工裝配合同（指一國工廠和外商提供的

原料或配件按外方要求進行加工或裝配後將成品交外方銷售
收取工繳費的合同）

Contract of property insurance　財產保險合同

Contract of protection　保障性合同

Contract of publication　出版合同（指由著作人提供作品，
由出版人複製發行的合同）

Contract of ransom　贖買合同；贖回合同

Contract of real rights　物權契約

Contract of record　記錄合同；記錄在案合同（指已由管轄
法院作出宣佈判決並已記錄在案應予以遵守執行的契約）

Contract of repayment　還款契約

Contract of sale　銷售合同，買賣合同（包括現實買賣和約
定買賣兩種）

Contract of scientific and technical cooperation　科技協
作合同

Contract of service　勞務合同

Contract of specialty　蓋印契約

Contract of supply　供應合同

Contract of suretyship　保證合同

Contract of the utmost good faith　最大誠信合同

Contract of tourist economy　旅遊經濟合同

Contract of transfer of technology　技術轉讓合同

Contract of transportation　運輸合同

Contract of utmost faith　保險契約

Contract offer　合同要約

Contract offerer　合同要約者

Contract out formula　約定不受拘束方式

Contract price　合同價格

Contract rate　約定運費率

Contract rate of interest　約定利率

**Contract Regarding an Interim Supplement to Tanker
Liability for Oil Pollution**　油輪油污責任暫行補充約定
（1971 年）

Contract revenue　契約收入

Contract rights　〔美〕合同權利

Contract system　〔美〕契約制；合同制（指州監獄之囚犯的
勞役由私人或承包商承包）；合同運費制

Contract tender　承包投標

Contract terms　合同條款

Contract terms for delivery　合同的交貨條款

Contract ticket　團體票

Contract treaty　契約性條約

Contract uberrimae fidei　(=contract of utmost faith) 最大
誠信契約

Contract under seal　蓋印契約（在約因論問世前數世紀和
非正式契約啓用很久以前，都是使用的蓋印契約，印章或是
真的，或只將其貼在紙上，其類似今日英美公證文書上所貼
的小圓紅紙）

Contract wage　合同工資

Contract without compensation　無償契約

Contract work　包工

Contracted　約定的；已訂約的；合同規定的

Contracted debt　約定債務

Contracted domain　契約範圍

**Contracted management responsibility system of foreign
trade**　〔中〕對外貿易承包經營責任制

Contracting administration 訂約政府

Contracting government 締約政府

Contracting in 約定受約束

Contracting in formula 約定受約束方式

Contracting organisation 締約組織

Contracting out 〔際〕約定不受約束；訂立契約（指把工程包出去）；〔主英〕退出合約（以特約排除制定法規定的適用）

Contracting out formula 約定不受約束方式

Contracting parties 〔關貿〕締約國（小寫時的含義為關貿總協定的締約國）；締約國全體（大寫時的含義為關貿總協定的各締約國採取聯合行動，即 "締約國全體"，為 GATT 條文規定中唯一的組織機構和最高權力機構，具有立法權、接納新締約方、監督各國政府實施各協定情況、豁免某個締約方所承擔的總協定義務和解決締約方之間的貿易爭端等職權）；〔世貿〕締約方（成員方）

Contracting parties primarily concerned 〔關貿〕主要有關的締約國

Contracting party 締約方；締約當事人；締約國；契約當事人

Contracting party applying the import restrictions 〔關貿〕實施進口限制的締約國

Contracting party with a principal supplying interest 〔關貿〕在供應上具有主要利害關係的締約國

Contracting power 締約國

Contracting state 締約國

Contraction 縮寫；省略

Contractor 訂約人；承包人；承包商；承攬人；承建商

Contractor Act 〔英〕承包人法（1782 年）

Contractor Weighted Average Share (CWAS) 承包商在成本風險中承擔的加權平均額

Contractor's liability 承攬人責任；營造商責任

Contractual 合同的；約定的；合同規定的

Contractual act 契約性行為

Contractual agreement 契約性協議

Contractual allowance 合同規定的津貼

Contractual breach 違約

Contractual claim 契約性求償；根據合同所產生的債權

Contractual clause 契約性條款

Contractual debt 契約性債務

Contractual debt service 合同規定的債務償付

Contractual delinquency 契約性不法行為

Contractual forum 合同規定的管轄法院

Contractual joint venture 合同合營企業；〔香港〕契約式合資經營企業

Contractual liability insurance 契約責任保險；合同責任保險

Contractual licence 契約性許可證

Contractual maturity 合同到期日

Contractual obligation 約定義務；合同義務（由合同或協議產生的義務）；〔香港〕契約上的義務

Contractual provisions 契約性條款

Contractual responsibility 契約上責任；契約性責任

Contractual revenue 契約收入

Contractual right 合同權利；契約性權利

Contractual route 合同規定的航線

Contractual terms 合同條款

Contractual trade regime 契約性貿易體制

Contractual treaty 契約性條約（指交易性質的法律行為，如通商、通航等國際性條約）

Contractual voyage 約定航次（由租船或提貨單中宣佈的從裝貨港到卸貨港）

Contractual wages 約定工資（合同規定的工資）

Contradict *v.* 否認；反駁；反證；同…矛盾；同…抵觸；證明與證人所稱相反的事實

Contradict the constitution 與憲法相抵觸

Contradiction 抵觸；否認；反駁；矛盾；反證

Contradiction in terms 用語矛盾；措詞不一致（指明顯不一致部份的措詞。例如，"無罪殺人"、"終身世襲地"，顯然措詞不當）

Contradictory testimony 相互矛盾的證言

Contraescritura 〔西〕相反證書（指與買賣行為等同時履行的文件）

Contrainte par corps 〔法〕人身拘捕令（逮捕詐賣方的民事狀）

Contra-intervention 反干涉

Contrarients 〔英〕反政府者（指愛德華二世時既非反叛亦非叛國者）

Contrarotulator 查賬員；審計長；主計長；會計長；總會計師；監管官；稅收總監（監管為國王和人民之用而徵收的錢財）

Contrary 相對的；相反的；對抗的

Contrary evidence 反證（相反的證據；對抗的證據）

Contrary to law 違反法律的；不合法的

Contrary to the constitution 違憲；與憲法抵觸

Contrary to the evidence 違反證據的；與證據證明效力相佐的

Contrast *v.* 對比；對照；比照；（對照之下形成的）懸殊差別

Contravene *v.* 違犯；觸犯（法律等）；抵觸；與…衝突；〔法〕違法行為

Contravening equity 違反衡平法上的權利

Contravention 違反；觸犯；干犯；〔法〕違法；違章；違警通知；違警罰款；違警罪（指違反法律、違反條約或協議者罰款不超過 15 法郎和關押不超過 3 天）

Contravention to treaty 違反合約

Contrefacon 〔法〕盜版罪（指翻印未經作者授權之版權）

Contre-intervention 反干涉

Contre-maitre 〔法〕大副（指輪機長生病或不在時的舵手）

Contre-memoire 〔法〕辯訴狀

Contribute *v.* 捐款；捐獻；資助；攤付；繳款；助成（指在傷害與過失之間因果相連，助成過失，但有別於 "negligence" 的過失行為）

Contribute money 捐款

Contribute much (or heavily) to the fund 為一筆基金提供大量捐款

Contribute to improve the overall situation of the world market consistent with the objectives and aims of the GATT 1994 有助於優化 1994 年關貿總協定一貫性的目標與目的的整個世界市場狀況

Contribute to the attainment of the objectives of expansion and liberalisation of world trade 〔世貿〕有助於實現擴大世界貿易及其自由化的目標

C

Contribute to the promotion of technological innovation and to the transfer and dissemination of technology　〔世貿〕有助於促進技術革新及技術轉讓

Contribute to the smoother functioning of the multilateral trading system　〔世貿〕有助於多邊貿易體系更加平穩地運行

Contribute to the WTO its share　向世貿組織繳納其分配的會費份額（指每個成員方）

Contributed property　捐贈財產；捐獻財產

Contributing cause　促成原因；促成因素

Contributing country　捐助國

Contributing government　捐助國政府

Contributing property　營業中斷保險

Contributing to delinquency　助長犯罪行為；促成少年犯罪

Contribution　貢獻；捐助；捐款；繳費；〔美〕分攤賠償額（指受到賠償判決的侵權者有權向其他連帶侵權者因其過失給原告造成傷害而要求他們按比例分攤賠償費）；分攤（指連帶債務人對已清償全部債務的另一連帶債務人償還其應分攤的數額）；破產財產的分攤；共同海損分攤額；連帶保險人應支付損失份額；〔英〕保險金（指強制性繳納的社會保險基金）；軍捐（指佔領軍可向佔領地居民徵收金錢）

Contribution Act　〔美〕聯邦保險稅法

Contribution clause　分攤條款；攤派條款（指合夥保險人按其保險範圍按比例分攤損失）

Contribution for general average　共同海損分攤

Contribution from member states　會員國交納的會費

Contribution from non-member states　非會員國的繳納

Contribution in arrears　拖欠會費

Contribution in kind　實物捐獻

Contribution in money　現金捐獻；貨幣捐獻

Contribution in services　勞務捐助

Contribution margin　創利額，公利額；邊際利潤；邊際收益

Contribution of war　戰時捐獻

Contribution to capital　〔美〕分攤資本；出資額（指股東所出的資金或財產份額乃公司營業的財政基礎，同時也是意味着公司對其客戶奉獻的資金來源）

Contribution to general average　共同海損分攤

Contribution to policy reform　致力於政策改革

Contributor　捐助者；出錢者，供款人；資助國；捐款國

Contributory　*a. & n.* I. 捐助的；助成的；促成的；引致的；歸責於；II.〔美〕負連帶賠償還責任人（負有分攤結業清算公司資產責任的人，指公司結業時，現公司成員或其過去成員均有義務分攤公司的資產債務）；〔英〕清算出資人（破產法用語）

Contributory cause　助成因素；附帶原因

Contributory fault　自身過失（貨主或受害者的）

Contributory infringement　〔美〕資助侵權（指故意幫助他人製造、出售或使用別人的專利發明）

Contributory mortgage　分攤抵押（指從兩個或兩個以上放款人分別取得款項者）

Contributory negligence　受害方的過失；分攤的過失；共有過失；促成過失（指受害者不能取得全部損害賠償是因其自身過失而促成事故的發生，如兩車相撞事故中過失責任不一定全在被告一方）；〔香港〕原告的疏忽

Contributory reinsurance　分攤再保險

Contributory value　共同海損分攤；分攤價值

Contributory value clause　共同海損分攤值條款

Contrivance　用以騙人的裝置；用於完成某種目的的儀器或精巧物件

Contrive　*v.* 圖謀；策劃；設計

Contrived scarcity　人為的稀缺性

Control　*n. & v.* I.〔中〕管制（指將罪犯或壞份子交由羣衆施行強制管束）；控制；管轄；監督管理；支配；支配權；II. 克制，抑制；控制；管制；管轄；支配；監督

Control and inspection zone　監督和視察區

Control commission　監察委員會

Control company　控股公司（指多數投票權股由個人或法人所控制）

Control credit　限制信貸

Control exchange　管制外匯

Control group　〔美〕控制小組（關於代表公司享有與律師通信特權的小組成員組成等規定）

Control inflation　控制通貨膨脹

Control measures　〔中〕管制措施（指對罪犯不予關押而限其行動自由的一種刑罰）

Control of accounts　會計檢查

Control of anti-competitive practices　反競爭行為的控制

Control of arms　武器管制

Control of expenses (expenditure)　控制支出

Control of guns and ammunitions　槍支彈藥管制

Control of poisonous materials　毒品管制

Control of Pollution Act　〔英〕污染控制法（1974 年）

Control of price　物價管制

Control of provision　管理條款

Control of the air　制空權

Control organ　監督機關

Control person　〔美〕公司決策人（公司掌門人）；控制證券發行人

Control premium　控股貼水；控股溢價

Control prices　規定價格（管制價格）

Control procedure　管制程序

Control room　調度室

Control system　監督制度；控制系統

Control test　管制標準（檢驗）

Control zone　管制區

Controlled company　〔美〕受控公司；子公司（指公司 51% 以上的表決權股為少數個人或法人所控制）

Controlled economy　統制經濟

Controlled foreign corporation　〔美〕受控外國公司（指美方要控制公司 50% 以上有表決權的股份）

Controlled group　受控公司集團（享有低標準的法人稅及各種稅收利益）

Controlled price (set by the government)　管制價格（政府規定的）

Controlled substance　〔美〕管制的麻醉品

Controlled Substance Acts　〔美〕麻醉品管制法（指聯邦與州均管制麻醉品之分銷、銷售及使用）

Controller　審計員；審計師；主計長；會計長；查賬員

Controller general　總審計長；主計長

Controller in bankruptcy　破產管理監查官（監督員）

Controller of ballot　（選舉）監票員

Controller of currency　通貨調查官

Controller of household　〔英〕王宮調度長

Controlling account　統轄賬；統馭賬戶（科目）

Controlling authorities 控制機構；控制當局

Controlling company 控股公司；總公司；統制公司（指不直接對外營業，但可發行股票和公司債券並持有各子公司過半數股份）

Controlling interest 控制股權（指要佔子公司 50% 以上股份）

Controlling traffic 交通管制

Controver *v.*〔英古〕捏造假消息的人

Controversial entities 有爭議的實體

Controversial provisions 有爭議的條款

Controversy 爭執；爭議；論戰；爭訟的問題；法院對抗制訴訟程序；可由法院裁決的爭議

Controvert *v.* 爭執；否認；反對；爭辯；辯論

Contumace capiendo 〔英〕逮捕蔑視法庭者（衡平法院發出的對侮辱宗教法院的人的拘留令狀）

Contumacious conduct 藐視法庭行為；拒不服從法庭行為（通常應受到處罰的）

Contumacy 藐視法庭；不服從法庭傳喚或命令；拒不出庭應訴（指拒絕或故意不理法庭傳喚出庭對其指控提出辯護）

Contumely 傲慢無禮；謾罵；侮辱

Contuse *v.* 打傷（常指皮肉不破裂的內傷）；挫傷；撞傷；損傷；瘀傷

Contusion 傷痕；（打起的）烏青；瘀傷

Conusance 〔英〕承認；管轄；審理；司法認知；確認管轄權

Conusance of pleas 排他性司法管轄權；專屬管轄權

Conusant 知情的；認識的；了解的

Conusee 被科以罰金者

Conusor (cogniser) 科處罰金者

Convalesce *v.* 漸愈；恢復健康

Convalescence 漸愈（逐漸恢復健康）；（病後）康復期

Convenances internationales 〔法〕國際禮讓

Covenant 盟約；公約

Covenant on Civil and Political Rights 〔聯〕公民政治權利公約

Covenant on Economic, Social and Cultural Rights 〔聯〕經濟社會文化權利公約

Convenated civil service 宣誓官員

Convene *v.* 召集；召開；召集（會議）；集會；提起訴訟（大陸法用語）

Convenience and necessity 便利和必要

Convenience(s) 〔複〕有用品；便利

Convenient 適宜的；合適的；方便的，便利的

Convenor 召集人

Convent 修道士的團體；尼姑庵；修道院

Conventicle 集會（尤指非法的秘密宗教集會）

Conventicle Act 〔英〕集合禮拜法（又稱 "禁止集會法" 1664 年五月頒佈的除國教外，禁止以宗教為目的非家庭成員的四人以上集合的法律）

Convention Abolishing the Requirement of Legalisation for Foreign Public Documents 廢除要求認證外國公文的公約（1961 年）

Convention and Operating Agreement on the International Maritime Satellite Organisation (INMARSAT) 國際海事衛星組織公約與運營協定（關於國際海事衛星組織公約及操作協定，1976 年）

Convention and Statute of 1923 on the International Regime of Maritime Ports 國際海港管理公約（1923 年）

Convention area 協定區

Convention concernant la competence des autorites et la loi applicable en matiere de protection des mineurs 〔法〕保護未成年人管轄權和法律適用公約（1960 年）

Convention concernant la reconnaissance de la personnalite juridique des societes, associations et fondations etrangeres 〔法〕承認外國公司、社團和財團法律人格公約（1956 年）

Convention concernant la reconnaissance et l'execution des decisions en matiere d'obligations alimentaires envers les enfants 〔法〕兒童撫養義務判決的承認和執行公約（1958 年）

Convention concernant les conflits de lois relatifs aux effets du mariage sur les droits et les devoirs des epoux dans leurs rapports personnels et sur les biens des epoux 〔法〕婚姻效力涉及夫妻身份關係和財產權利義務法律抵觸公約（1905 年）

Convention concernant l'interdiction et les mesures de protection analogues 〔法〕關於禁治產及類似的保護措施公約（1905 年）

Convention concerning Bombardment by Naval Forces in Time of War 戰時海軍轟擊公約（第 9 公約，1907 年）

Convention concerning Certain Questions relating to the Conflict of Nationality 關於國籍法抵觸的若干問題的公約（1930 年）

Convention concerning Forced or Compulsory Labour 禁止強迫勞動公約（1930 年）

Convention concerning Stamp Laws in Connection with Bill of Exchange and Promissory Notes 匯票和本票印花稅法公約（1930 年）

Convention concerning the Collection of Maintenance Allowances 扶養費收取公約（1931 年，北歐）

Convention concerning the International Administration of the Estates of Deceased Persons Concluded on October 2, 1973 遺產國際管理公約（1973 年）

Convention concerning the Navigation of the Rhine (Convention of Mannheim) 萊茵河航行公約（曼海姆公約，1868 年）

Convention concerning the Practice of the Liberal Professions 執行自由職業公約（1889、1939 年，南美）

Convention concerning the Protection of the World Cultural and Natural Heritage 保護世界文化和自然遺產公約（1972 年）

Convention concerning the Rights and Duties of Neutral Powers in Maritime War 海戰中中立國之權利和義務公約（第 13 公約，1907 年）

Convention containing Certain Provisions of Private International Law regarding Marriage, Adoption, and Guardianship 關於婚姻、收養和監護的某些國際私法規定的公約（1931 年，北歐）

Convention Defining Aggression 侵略定義公約（1933 年）

Convention Establishing a Customs Cooperation Council 建立海關合作理事會公約（1950 年 12 月 15 日）

Convention Establishing the Multilateral Investment Guarantee Agency 建立多邊投資擔保機構公約（1985 年 10 月 11 日）

Convention Establishing the World Intellectual Property Organisation 建立世界知識產權組織公約 (1893 年)

Convention examination 〔保〕年度審計

Convention for A.T.A. Carnet for the Temporary Admission of Goods 空運協會為臨時接受貨物簽發通行證公約 (1961 年)

Convention for Ensuring Economic Cooperation 確保經濟合作條約

Convention for the Adaptation to Maritime Warfare of the Principle of the Geneva Convention 日內瓦公約原則適用於海戰公約 (第 10 公約，1907 年)

Convention for the Adaptation to Maritime Warfare of the Principles of the Geneva Convention of August 22, 1864 日內瓦公約原則適用於海戰公約 (第 3 公約，1899 年)

Convention for the Amelioration of the Condition of the Wounded and Sick in Armies in the Field 改善戰地武裝部隊傷病員境遇公約 (1906、1929 年)

Convention for the Amelioration of the Condition of the Wounded in Armies in the Field 改善戰地武裝部隊傷員境遇公約 (1864 年)

Convention for the Application of the Principles of the Geneva Convention to Maritime Warfare 把日內瓦公約原則適用於海戰的海牙公約

Convention for the Avoidance of Double Taxation of Copyright Royalties Remitted from One Country to Another 避免版權收入從一國匯往另一國重複徵稅公約

Convention for the Conservation of Antarctic Seals 保護南極海豹公約 (1972 年)

Convention for the Construction of a Ship Canal (Hay-Varilla Treaty) 〔美、巴〕關於開鑿通洋運河的條約 (海－瓦里拉條約，1903 年)

Convention for the Creation of an International Criminal Court 創立國際刑事法院公約 (1937 年)

Convention for the Organisation for Economic Co-operation and Development 經濟合作及發展組織公約 (1960 年成立於巴黎)

Convention for the Pacific Settlement of International Disputes 和平解決國際爭端公約 (第 1 公約，1899、1907 年)

Convention for the Prevention of Marine Pollution from Land-based Sources 防止來自陸地上的海洋污染公約

Convention for the Prevention of Maritime Pollution by Dumping from Ships and Aircraft 防止船舶和飛機傾倒廢物造成海洋污染公約 (1972 年)

Convention for the Prevention of the Pollution of the Sea by Oil 防止海上石油污染公約

Convention for the Protection of Cultural Property in the Event of Armed Conflict 關於在武裝衝突情況下保護文化財產的公約 (1954 年)

Convention for the Protection of Industrial Property, 1883 (Paris Convention) 1883 年保護工業產權公約 (簡稱 "巴黎公約")

Convention for the Protection of Migratory Birds 〔美、加〕候鳥保護公約 (1916 年)

Convention for the Protection of Producers of Phonograms Against Unauthorised Duplication of Their Phonograms 保護唱片錄製者防止其唱片被擅自複製的公約 (1971 年；中國於 1993 年加入)

Convention for the Regulation of Aerial Navigation 關於航空管理的公約 (巴黎航空公約，1919 年)

Convention for the Settlement of certain Conflicts of Laws in connection with Bills of Exchange and Promissory Notes 解決匯票和本票的某些法律抵觸公約 (1930 年)

Convention for the Settlement of Certain Conflicts of Laws in connection with Check 解決支票的某些法律抵觸公約 (1931 年)

Convention for the Suppression of the Traffic in Persons and of the Exploitation of the prostitution of Others 禁止販賣人口及取締意圖營利使人賣淫的公約 (1949 年)

Convention for the Suppression of Unlawful Acts Against the Safety of Civil Aviations 關於制止危害民用航空安全的非法行為的公約 (蒙特利爾公約，1971 年)

Convention for the Suppression of Unlawful Seizure of Aircraft 關於制止非法劫持航空器的公約 (海牙公約，1970 年)

Convention for the Unification of Certain Rules of Law respecting Assistance and Salvage at Sea 統一有關海上救助的若干法律規則的公約 (1910 年)

Convention for the Unification of Certain Rules Relating to International Carriage by Air (Warsaw Convention) 統一國際航空運輸某些規則的公約 (華沙公約，1929 年)

Convention for the Unification of Certain Rules relating to the Immunity of State-owned Vessels 統一關於國有船舶豁免的某些規則的公約 (1926 年)

Convention money 約定貨幣 (兩國以上會議商定發行的貨幣)

Convention not open for accession 非開放加入公約

Convention of armistice 休戰專約

Convention of Constantinople 君士坦丁堡公約

Convention of constitution 憲法的默契；憲法的慣例

Convention of consul's businesses 領事職務公約

Convention of delegates 代表大會

Convention of establishment 定居專約；居留專約

Convention of estates 〔蘇格蘭〕全階級代表者會議 (指與英格蘭合併前商談國家案件而召集的會議)

Convention of extradition between Japan and America 日美引渡公約

Convention of International Organisation of Legal Metrology 國際法制計量組織公約 (1955 年 10 月 12 日)

Convention of Royal Burghs of Scotland 蘇格蘭全體自治市代表大會 (12 世紀由愛丁堡等四個自治市發展而成的機構)

Convention of Scottish local authorities 蘇格蘭地方當局代表大會 (1975 年)

Convention of state 〔美〕州立法委員會

Convention of the Regime of Navigable Waterways of International Concern 國際航行河道公約

Convention on a Code of Conduct for Liner Conferences 〔貿發會〕班輪公會行為守則公約

Convention on Arbitral Procedure 仲裁程序公約 (1955 年)

Convention on Asylum 關於庇護的公約 (1928 年，美洲)

Convention on Bankruptcy 破產公約 (1933 年，北歐)

Convention on Cases of Multiple Nationality 6 May 1964 多重國籍案件公約 (1984 年 5 月 6 日)

Convention on Celebration and Recognition of the

Validity Marriages-concluded March 14, 1978 關於結婚儀式及承認婚姻有效公約（1978 年）

Convention on Certain Questions Relating to the Conflict of Nationality Laws (the Hague, 1930) 關於同國籍法抵觸的某些問題的公約

Convention on Combating Bribery of Foreign Public Officials in International Business Transactions 〔聯〕反對在國際商務交易中賄賂外國公務員公約（1997 年 5 月 23 日）

Convention on Consular Agents 關於領事代辦公約（1928 年，美洲）

Convention on consular relations 領事關係公約（泛指規定領事關係的國際公約，特指 1963 年《維也納領事關係公約》）

Convention on Containers 海關貨櫃公約（集裝箱）

Convention on Continental Shelf 大陸架公約（1958 年）

Convention on Customs Treatment of Containers 海關處理集裝箱公約（1956 年，日內瓦）

Convention on Customs Treatment of Pallets in International Transport 國際運輸海關處理貨盤公約（1960 年成立於日內瓦）

Convention on Damage Caused by Foreign Aircraft to Third Parties on the Surface 關於外國航空機對於第三者所引起的地面損害公約

Convention on Diplomatic Officers 關於外交官的公約（1928 年，美洲）

Convention on diplomatic relations 外交關係公約（泛指一切規定外交關係的國際公約，特指 1961 年《維也納外交關係公約》）

Convention on Extradition 引渡公約（1933 年，美洲）

Convention on factoring contract 代理人合同公約

Convention on Fishing and Conservation of the Living Resources in the Baltic Sea and the Belts 波羅的海及其海峽生物資源捕撈及養護公約（1973 年）

Convention on Fishing and Conservation of the Living Resources of the High Seas 捕魚及養護公海生物資源公約（1958 年）

Convention on Freedom of Transit 過境自由公約

Convention on International Civil Aviation 國際民用航空公約（1944 年）

Convention on International Liability for Damage Caused by Space Objects 空間物體所造成損害的國際責任公約（1971 年）

Convention on International Trade Endangered Species of Wild Fauna and Flora 面臨滅絕危險的野生動植物種類國際貿易公約（1973 年）

Convention on jurisdiction and the Enforcement of Judgement in Civil and Commercial Matters 關於民商事司法管轄和判決執行公約（1968 年，歐洲共同體）

Convention on Jurisdiction, Applicable Law and Recognition of Decrees Relating to Adoptions-concluded November 15, 1965 關於收養的管轄權、法律適用與裁定的承認公約（1965 年 11 月 15 日）

Convention on leasing contract 租賃合同公約

Convention on Limitation of Liability for Maritime Claims 海事索賠責任限制公約（1976 年）

Convention on Long-Range Transboundary Air Pollution 遠距離越境空氣污染公約（1979 年）

Convention on Nationality 國籍公約（1933 年，美洲）

Convention on Nature Protection and Wildlife Preservation in the Western Hemisphere 西半球自然保護和野生生物保護公約

Convention on Offences and Certain Other Acts Committed on Board Aircraft 關於在航空器內的犯罪和其他若干行為的公約（東京公約，1963 年）

Convention on Political Asylum 政治庇護權公約（1933 年）

Convention on Private International Law 國際私法公約（1928 年）

Convention on Prohibitions or Restrictions on the Use of Certain Conventional Weapons which may be deemed to be Excessively Injurious or to have Indiscriminate Effects 禁止或限制使用某些可被認為具有過份傷害力或濫殺濫傷作用的常規武器公約（1980 年）

Convention on Protection of Workers Against Ionising Radiation 保護工人避免感染游離輻射公約

Convention on Recognition and Enforcement of Foreign Judgements 外國判決的承認和執行公約（1933 年）

Convention on Registration of Objects Launched into Outer Space 關於登記射入外層空間物體的公約（1974 年）

Convention on Settlement of Investment Disputes between States and Nationals of other States 解決國家與其他國家國民投資糾紛公約（1966 年成立於華盛頓，要求外商與政府之間的投資糾紛應根據國際公認的慣例進行處理）

Convention on special missions 特別使團公約（1969 年）

Convention on Succession and Administration of Estates 繼承和遺產管理公約（1934 年）

Convention on the Choice of Court-concluded November 15, 1965 選擇審判籍公約（1965 年 11 月 15 日）

Convention on the Civil Aspects of International Child Abduction-concluded October 25, 1980 關於民事方面的國際誘拐兒童公約（1980 年 10 月 25 日）

Convention on the Conflicts of Laws Relating the Form of Testamentary Dispositions-concluded October 5, 1961 關於遺囑方式的法律抵觸公約（1961 年 10 月 5 日）

Convention on the Conservation of European Wildlife and Natural Habitats 保護歐洲野生動物和自然棲所公約（1979 年）

Convention on the Conservation of Migratory Species of Wild Animals 野生動物遷徙物種保護公約（1979 年）

Convention on the Continental Shelf 大陸架公約；大陸礁層公約

Convention on the Contract for the International Carriage of Goods by Road 國際貨物公路運輸合同公約（1956 年）

Convention on the Declaration of Death of Missing Persons 失蹤人死亡宣告公約（1950 年）

Convention on the Elimination of All Forms of Discrimination against Women 消除對婦女一切形式歧視公約（1979 年）

Convention on the Execution of Foreign Arbitral Awards 關於執行外國仲裁裁決的公約（1927 年，日內瓦）

Convention on the High Seas 公海公約（1958 年）

Convention on the Transferred Sentenced Persons 21 March 1983 關於移交已決囚犯公約（1983 年 3 月 21 日）

Convention on the Unification of Certain Rules relating to International Carriage by Air Performed by a Person other than the Contracting Carrier (Guadalajara, 1960) 統一非締約承運人所辦航空運輸某些規則以補充《華沙公約》的公約 (1960 年，瓜達拉哈拉)

Convention on the Unification of Certain Rules Relative to International Carriage by Air 統一有關國際空運的某些規則公約（1929 年訂立於華沙）

Convention on the Valuation of Goods for Customs Purposes 海關貨物課稅估價公約

Convention on third Party Liability in the Field of Nuclear Energy 核能方面第三者責任公約（1960 年）

Convention on Transit Trade of Landlocked States 內陸國家過境貿易公約（1965 年）

Convention on Wetlands of International Importance Especially as Waterfowl Habitat 關於具有國際意義的濕地,特別是作為水禽栖所的濕地的公約（1971 年）

Convention open for accession 開放加入公約

Convention parliament 〔英〕自由議會（根據敕令召開的）；協議國會（1660 年及 1689 年國民協議國會）

Convention pour Regler la Tutelle Des Mineurs 〔法〕未成年人監護公約（1902 年）

Convention pour Regler les Conflit de Lois en Matiere de Mariage 〔法〕婚姻法律抵觸公約（1902 年）

Convention pour Regler les Conflits de Lois et de Juridictions en Matiere de Divorce et de Separation de Corps 〔法〕離婚及分居的法律與管轄抵觸規則公約（1902 年）

Convention pour regler les conflits entre la loi nationale et la loi du domicile-conclue le 15 juin 1955 〔法〕解決本國法和住所地法抵觸公（1955 年 6 月 15 日）

Convention Providing a Uniform Law for Bills of Exchange and Promissory Notes 匯票和本票統一法公約（1930 年）

Convention Providing a Uniform Law for Cheques (Checks) 支票統一法公約（1931 年）

Convention regarding the Regime of Navigation on the Danube 多瑙河航行制度公約（1948 年）

Convention regarding the Regime of the Straits (Convention of Montreux) 關於海峽制度的公約（蒙特勒公約，1936 年）

Convention relating to a Uniform Law on the Formation of Contracts for the International Sale of Goods 國際貨物買賣合同的訂立統一法公約（1964 年）

Convention relating to a Uniform Law on the International Sale of Goods 國際商品買賣統一法公約（1964 年）

Convention relating to the Distribution of Programme-Carrying Signals Transmitted by Satellite 人造衛星播送載有節目信號公約（1974 年）

Convention relating to the Status of Refugees 關於難民地位的公約（1951 年）

Convention relative a la Procedure Civile 〔法〕民事訴訟程序公約（1896，1905，1954 年）

Convention relative a l'exequatur et a l'extradition 〔法〕〔阿爾及利亞〕執行判決和引渡專約（1964 年）

Convention relative to Certain Restrictions on the

exercise of the Right of Capture in Maritime War 海戰中限制行使捕獲權公約（第 11 公約，1907 年）

Convention relative to the Conversion of Merchanships into Warships 商船改充軍艦公約（第 7 公約，1907 年）

Convention relative to the Establishment of an International Prize Court 設立國際捕獲法院公約（第 12 公約，1907 年）

Convention relative to the Laying of Automatic Submarine Contact Mines 敷設自動觸發水雷公約（第 8 公約，1907 年）

Convention relative to the Opening of Hostilities 戰爭開始公約（第 3 公約，1907 年）

Convention relative to the Status of Enemy Merchant Ships at the Outbreak of Hostilities 戰爭爆發時敵國商船之地位公約（第 6 公約，1907 年）

Convention relative to the Treatment of Prisoners of War 戰俘待遇公約（1929 年）

Convention respecting Bombardment by Naval Forces in Time of War 關於戰時以海軍力量炮擊的公約

Convention respecting the Free Navigation of the Suez Maritime Canal (Convention of Constantinople) 關於蘇伊士運河自由航行的公約（君士坦丁堡公約，1888 年）

Convention respecting the Laws and Customs of War on Land 陸戰法和習慣公約（第 4 公約，1907 年）

Convention respecting the Limitation of the Employment of Force for the Recovery of Contract Debts 限制使用武力索償契約債務公約（第 2 公約，1907 年）

Convention respecting the Rights and Duties of Neutral Powers and Persons in Case of War on Land 陸戰中中立國及中立國人民之權利和義務公約（第 5 公約，1907 年）

Convention respecting the Rights and Duties of Neutral Powers in Naval Warfare 關於海戰時中立國的權利和義務的公約

Convention Supplementary to the Warsaw Convention for the Unification of Certain Rules Relating to International Carriage by Air Performed by a Person Other Than the Contracting Carrier (Guadalajara Convention) 統一非締約承運人所辦國際航空運輸某些規則以補充華沙公約的公約（瓜達拉哈拉公約，1961 年）

Convention sur la competence du contractuel en cas de vente a caractere international d'objects mobiliers corporels-conclue le 15 avril 1958 〔法〕關於國際有體動產買賣協議管轄權公約（1958 年 4 月 15 日）

Convention sur la loi applicable au transfert de la propriete en cas de vente a caractere international d'objets mobiliers corporels-conclue le 15 avril 1958 〔法〕關於國際有體動產買賣所有權轉移公約（1958 年 4 月 15 日）

Convention sur la loi applicable aux contrats d'intermediaires et a la representation (convention on the law applicable to agency) 〔法〕居間合同及代理法律適用公約（代理法律適用公約，1978 年）

Convention sur la loi applicable aux obligations alimentaires envers les enfants 〔法〕對兒童扶養義務法律適用公約（1956 年）

Convention sur la loi applicable aux ventes a caractere international d'objets mobiliers corporels-conclue le 15 Juin 1955 〔法〕關於國際有體動產買賣的法律適用公約（1955 年 6 月 15 日）

C

Convention tendant a faciliter l'acces international a la justice　〔法〕對涉外民事訴訟提供便利公約 (1980 年)

Convention to Protect Birds Useful to Agriculture　保護農業益鳥的公約 (1902 年)

Convention with respect to the Laws and Customs of War on Land　陸戰法律和習慣公約 (第 2 公約，1899 年)

Conventional　慣例的；常規的；協定的；約定的；傳統的；沿用的

Conventional act　協定行為

Conventional aircraft　常規飛機；普通飛機

Conventional armament　常規軍備

Conventional arms　常規武器

Conventional border protection measures　〔關貿〕協定邊界保護措施 (指 GATT 成功地使成員方取消協定邊界成為無協定邊界限制)

Conventional boundary　協定疆界

Conventional community　約定共有財產

Conventional contraband　協定禁製品

Conventional customs duty　傳統的關稅；協定關稅

Conventional delimitation　協定劃界；協議劃界

Conventional disarmament　常規裁軍

Conventional duty　協定關稅 (指對關稅同盟或成員國實行的一種約定優惠關稅)

Conventional estates　約定地產權 (指各方當事人明示行為創設的不動產物權)

Conventional forces　常規部隊

Conventional heir　約定繼承人 (根據契約的繼承人)

Conventional hypothec　約定的抵押；契約設定的抵押

Conventional interest　協定利息

Conventional international law　協約國際法；協定國際法

Conventional jurisdiction　協定管轄

Conventional law　協定法

Conventional lien　協定留置權

Conventional loan　普通貸款；傳統貸款 (不以擔保而以實際財產抵押的一種貸款)；〔美〕常規貸款 (協定不動產貸款，以保險方式，政府不參與的)

Conventional necessaries　慣例上的必需品

Conventional neutrality　協定中立

Conventional obligation　約定義務；約定債務

Conventional rate of interest　協定利率

Conventional rule　協定規則

Conventional rule of international law　國際法的協定規則

Conventional servitude　協定地役

Conventional stipulation　合意訂定

Conventional succession　約定繼承

Conventional tariff　約定稅率；協定稅則；協定關稅 (指依條約減讓進口物品的關稅率)

Conventional tariff system　協定稅則制 (一國根據與別國之間的商務條約所建立的稅則)

Conventional terms　普通條件

Conventional weapons　常規武器

Conventions of International Maritime Transport of Goods　國際海上貨物運輸公約

Conventuals　僧尼；修士；尼姑；修女

Convergence in attitudes and policies　態度和政策的聚焦 (指有學者認為，IMF、IBRD 和 WTO 在態度和政策上為共同的利益而結合在一起)

Conversant　相親的；熟悉的；通曉的；有關係的

Conversation　〔美〕生活方式；生活習慣；生活狀態；生活作風；性交

Converse　*v. & a.* I. 會談；交談；轉換；換位；轉化；II. 相反的；逆的

Conversion　轉換；兌換；換算；〔美〕侵佔；侵佔他人財產 (指未經授權為個人目的而私自改變他人財產的性質，排除他人財產所有權。例如，把不動產變成動產等等)；〔英〕轉為己用 (變換他人財物為己用，因而引發訴訟，刑法上為盜用罪，詳見英國 1968 年《盜竊法》)；變換財物性質 (指為了某種目的而變換他人財物性質，把不動產變成動產，或把動產變成不動產，或把其土地變賣現金，或把現金購買土地，從而成為被佔有者據此提起訴訟的理由)

Conversion by detention　由於扣留動產而構成的侵佔

Conversion by taking　由於佔取動產而構成的侵佔

Conversion by wrongful delivery (disposition and destruction)　由於非法交付 (處分和破壞) 動產而構成的侵佔

Conversion clause　轉換條款 (指允許借款人在借款期間某一個點上可調整的利率轉換成固定利率的貸款)

Conversion hysteria　變態歇斯底里；變態的臆躁證 (神經病的一種，由於感情上受刺激產生的憂鬱症，尤指女人)

Conversion interval　複利期間

Conversion of goods　侵佔動產

Conversion of merchantman　商船的改裝 (成軍艦)

Conversion of property　財產的變換處理；財產的侵佔

Conversion of the debt into equity　將債務折算成股本

Conversion option　兌換選擇權

Conversion or convertibility clause　兌換或可兌換性條款

Conversion parity　兌換平價

Conversion premium　(股票) 兌換溢價

Conversion price　(股票) 兌換價格

Conversion ratio (rate)　〔美〕轉換數目 (指將證券轉換成普通股)；(股票) 換算比率；匯價

Conversion securities　〔美〕轉換證券 (由可轉換的證券而來的證券，例如將證券等轉換成普通股)

Conversion share　轉換股份

Conversion stock　轉換股票

Conversion table　換算表；轉換表

Conversion value　(股票) 轉換價值

Convert　*v. & n.* I. 變換；兌換；轉變；侵佔 (指未經許可佔有他人的財物或動產)；II. 〔宗〕改教者；改變信仰者

Convert the currency of another country into its own currency　把別國貨幣折成本國貨幣

Converted merchantman　改裝商船

Convertible bond　可轉換債券

Convertible collateral trust bond　可變換的有擔保信托證券

Convertible currency　可兌換貨幣

Convertible debenture　可轉換債券；可兌換公司債券

Convertible debt　可換債務 (指持有人在一定時間和條件下可把無擔保債券等轉換成股份)

Convertible debt instrument　可兌換的債務票據；可兌換的債務證券

Convertible foreign exchange　可自由兌換的外匯

Convertible income bond　可轉換的收益債券；更換公司債券

Convertible insurance 可換約保險（意指保險人有權要求承保人將原有保險改換成新的長期保險）

Convertible note 兌換券；可兌換紙幣

Convertible paper currency 兌換券；可兌換紙幣

Convertible preferred stock 可轉換的優先股票

Convertible securities 可轉換證券（持有人可將優先股兌換成普通股）

Convertible stock 可兌換股票

Convertible term insurance 可換約定期保險（例如，可把定期險換成終身人壽保險）

Convertible terms 更新條項

Convertibles 可轉換證券（可兌換的有價證券）

Convex coast 凸海岸

Convex coast state 凸形海岸國家

Convex state 凸海岸國（家）

Convey v. 讓與；轉讓；交付；轉達；傳達；搬運；運輸

Conveyance 產權轉讓；不動產所有權轉讓；不動產權利讓與證書；土地權利讓與證書；運輸；搬運；運輸工具

Conveyance by agreement 合意讓與土地權利

Conveyance by land 陸上運輸

Conveyance by sea 海上運輸

Conveyance by water 水路運送

Conveyance insurance 運輸保險

Conveyance of mails Act 郵遞法（郵件運送法）

Conveyance of property 財產轉讓

Conveyance of quota 分配額的讓與

Conveyancers 〔美〕不動產轉讓中介人；〔英〕不動產轉讓律師（指為當事人撰寫製作不動產讓與證書、不動產抵押等從事與不動產讓與的有關事務）

Conveyancing 不動產讓與手續；不動產轉讓業務（例如，查驗地契、撰寫契據等）；過戶證書

Conveyancing Act 〔英〕不動產轉讓法（1881 年）

Conveyancing and Property Ordinance 〔香港〕房產轉讓及財產法例（1984 年）

Conveyancing costs 轉讓不動產手續費；物業轉讓手續費

Conveyancing counsel 〔英〕不動產物權移轉出庭律師（原先根據 1852 年條例任命，旨在協助法院調查產權案件，法院或法官都會遵其所提意見辦理。但是根據 1981 年《最高法院法》規定，由大法官任命，人數不得超過三至六人，且必須從事製作不動產轉讓證書十年以上經驗）

Conveyancing counsel to the court of chancery 〔美〕衡平法院不動產物權移轉法律顧問團（人數不少於六人，由大法官任命，旨在協助衡平法院或法官就不動產移轉事務提出處理意見）

Conveyancing Ordinance 〔香港〕物業轉讓法例

Conveyer (or Conveyor) 轉讓不動產者；運送者；押運工；運輸機

Conveyor's heirs 讓與者的繼承人（指不以購買而是以法定繼承人方式繼承）

Convict n. & v. I. 既決犯；囚犯（常指長期監禁服刑者）；II. 判罪，定罪；宣判…有罪

Convict awaiting execution 等候執刑的囚犯

Convict prison 徒刑監獄

Convict sb. of crime 定罪

Convict sentenced to death 死囚；判處死刑的囚犯

Convict system 流刑制；徒刑制度

Convicted 已被定罪的；被宣判有罪的

Convicted prisoner 既決罪犯（已判決有罪的囚犯）

Convicting magistrate 〔香港〕判決裁判司

Conviction 定罪；有罪判決；罪名成立

Conviction on indictment 經公訴程序判決；依訴狀定罪

Conviction quashed 推翻原判

Conviction record 〔移〕定罪記錄

Convictive 定罪的

Convince v. 使認錯誤（或罪行）；使信服

Convincing proof 確證（確鑿的證據）；令人信服的證明

Convocation 〔宗〕僧侶代表會議，牧師代表會議

Convoy n. & v. I. 護航；護航隊；護送隊；戰時商船護衛艦；II. 護航；護送

Convoy Act 護送法

Convoying ship 護航船

Co-obligee 共同債權人；連帶債權人

Co-obligor 共同債務人；連帶債務人

Cook accounts 虛報賬目

Cook up a false charge against sb. 偽造某人罪名

Cook up charges 羅織罪名

Cooked 偽造的；假的；捏造的

Cooked account 竄改的賬單（目）

Cooked report 竄改的報告書

Cooker 竄改者；偽造者

Cool blood 理智狀態；冷靜狀態（指殺人者已犯罪時，其精神上不存在狂熱、憤怒和極度興奮狀況）

Cool state of blood 保持冷靜狀態；保持理智狀態

Cooley doctrine 〔美〕庫利原則（主張州不應有立法權）

Coolie hire 苦力費

Coolie trade 苦力買賣

Cooling off period 〔美〕冷卻期；等待期（指勞資雙方停止訴訟期間；在提交離婚申請及其審理的順延期間）

Cooling off treaty 冷卻條約

Cooling time 息怒時間（指殺人犯恢復冷靜時間）

Cooperate v. 合作；協作；配合

Cooperating body 合作機構

Cooperation 合作；協作；合作行為；〔美〕協作，〔專利〕協調行動

Cooperation among developing countries 發展中國家間的合作

Cooperation and linkages between the WTO and the IMF and the World Bank 世貿組織、國際貨幣基金組織和世界銀行之間的合作與聯繫

Cooperation and rationalisation of technical assistance 〔世貿〕合作與技術援助的合理化

Cooperation between judicial organs and masses 〔中〕司法機關同羣眾相結合（刑事訴訟法的基本原則之一，以避免冤假錯案）

Cooperation clause 〔保〕合作條款（保險單上的條款，要求被保險人的索賠抗辯中應與承保人合作）

Cooperation in international economic affairs 國際經濟事務上的合作

Cooperation in the preparation of trade projections and joint research projects on subjects of common interests 準備就貿易預測和聯合研究共同關心的專題項目的合作

Cooperation modalities 合作方式；協作方式

C

Cooperation of ocean and railcarrier 輪船鐵路運輸同盟

Cooperation with IMF and the World Bank 〔世貿〕同國際貨幣基金組織和世界銀行的合作（旨在全球經濟決策中加大協調力度）

Cooperation with International Organisations and Non-governmental Organisations 〔世貿〕與國際組織及非政府組織的合作

Cooperation with other Organisations 〔關／世貿〕與其他組織的合作

Cooperative *n. & a.* I.〔美〕合作社（指純為股東或會員提供經濟服務的法人組織）；合作公寓；II. 合作的；協作的；合作化的

Cooperative agencies for credit information 信用調查合作社

Cooperative apartment 〔美〕合作式公寓（可出租自己擁有的一種多元式住宅公寓）

Cooperative arrangement 合作協議

Cooperative association （＝cooperative）合作協會；〔美〕合作社（指純為股東或會員提供經濟服務的法人組織）；合作公寓

Cooperative business corporation 合作社商業公司

Cooperative congress 合作總社

Cooperative consumption 消費合作社；產業合作社

Cooperative contract 合作合同

Cooperative corporation 〔美〕合作社公司（為會員提供服務和利益的組織）

Cooperative credit 信貸合作社

Cooperative credit association system 信用合作社制度

Cooperative dismantling of trade barriers 合作拆除貿易壁壘

Cooperative division certificate 合作優待證

Cooperative economy 合作經濟

Cooperative enterprise 合作企業

Cooperative exploitation 合作開發

Cooperative federalism 〔美〕合作聯邦主義（指聯邦政府與地方或州政府分享權力）

Cooperative housing 〔美〕合作公寓（同 "cooperative apartment"）

Cooperative industrial society 產業協會

Cooperative insurance 合作保險

Cooperative insurance company 協同保險公司

Cooperative insurance societies 協同保險合作社

Cooperative intergovernmental mechanism for environment policy 政府間環境政策合作的機制

Cooperative Joint-Venture 合作式合營企業

Cooperative negligence （＝contributory negligence）促進過失；共同過失

Cooperative principle 合作主義

Cooperative productive society 合作生產協會

Cooperative savings and loans association 儲蓄及貸款協會

Cooperative savings association 合作儲蓄協會

Cooperative savings bank 合作組織儲蓄銀行

Cooperative sector 〔英〕合作社

Cooperative sector of the economy 合作經濟部份（門）

Cooperative Societies Ordinance 〔香港〕合作社條例

Cooperative society of consumption 消費合作社

Cooperative society of producer 生產合作社

Cooperative supply association 信用供給協會

Cooperative system 協作制；合作制度（勞動協作經營制）

Cooperative trade 合作商業；合作貿易

Cooperative union 購買聯合會

Cooperative wholesale society 批發合作社

Cooperative worker's society 勞動者生產協會

Cooperative worker's stores 勞動者消費合作社

Cooperative workshop 合作車間

Co-optation 補選；增選（內股公司空位的委員）；增添選舉；增補；機構成員本身選定新委員

Co-opted member 補選會員；增選會員

Coordinate 同等的；並列的

Coordinate jurisdiction 並行管轄權；共同管轄權（數個同級法院共同具有的管轄權）

Coordinate policy 協調政策

Coordinate system 坐標系（標示土地方位的方法）；協同制

Coordinate with each other and restrain each other 〔中〕互相配合，互相制約

Coordinating body 協調機構

Coordinating committee 協調委員會

Coordinating Committee for International Voluntary Service 國際志願服務協調委員會

Coordinating council 協調委員會

Coordinating machinery 協調機制

Coordination 同等；同格；配合；協調；協作；調整

Coordination and collective action 協調與集體行動

Coordination Bureau of the Non-aligned Countries 不結盟國家協調局

Coordination Committee for the Textile Industries in EEC 歐共體紡織工業協調委員會（1961 年 2 月設立於布魯塞爾）

Coordination Committee on Multilateral Payment Arrangements and Monetary Cooperation 多邊付款安排和貨幣合作協調委員會

Coordination council 協調委員會

Coordination Council for North American Affairs (CCNAA) 〔美〕北美事務協調委員會

Cu-ordination gains 〔世貿〕協調的成果

Coordination Group for the Tsunami Warning System in the Pacific 太平洋區海嘯警告系統協調委員會

Coordination in the realms of international finance, international capital flows, and development and trade 〔世貿〕協調國際金融、國際資本流動、發展和貿易範圍內的事務（指各成員方賦予世貿組織的職權）

Coordination mechanism 協調機制

Coordination of international administration 國際行政協作

Coordination of production and marketing 產銷平衡

Coordinator 協調員；統籌人

Co-owner 共有人；共同所有人（指兩人或兩人以上共同擁有的財產、不動產或動產者）；合夥業主；合夥船東

Co-owner of ship 船舶共有人

Co-ownership 共有；共有財產；共同保有的繼承財產；共同所有權

Co-ownership of shipping 船舶共有

Coparcenary *n. & a.* I.〔英〕共同繼承保有的地產（指死者的

女性和男性繼承人，例如死者女兒、姐妹、姑姑及堂表姐妹和死者兒子、兄弟及堂兄弟等共同繼承）；II. 共同繼承的；共同繼承地產的

Coparceners　〔英〕連帶共同繼承人（指數個繼承人連帶共有並共同繼承一份地產）

Co-partner　合夥人；合股人；合作者

Copartnership　(=partnership) 合夥；合股；合營；合夥關係；合夥契據；〔保〕合夥團體；〔香港〕合夥企業；合股商號（規定其來自或獲自香港生意中所得利潤均應納稅）

Co-partnership　合夥；合夥關係

Co-party　共同當事人

Cope　〔英〕鉛稅（應付給王室於鉛礦法院管轄內的以外礦山）；小山；屋頂；僧袍（牧師禮服）

Coping with new challenges to investment abroad　應對海外投資的新挑戰

Copeland Act　〔美〕科普蘭法（禁止克扣從事公共建築、修繕或工程的工人工資的聯邦法，1934 年頒發）

Copeman　(=chapman)　經營小商品的流動商販

Copenhagen Climate Accord　哥本哈根氣候協議（2009 年 12 月）

Copenhagen Climate Council　哥本哈根氣候理事會（成立於 2010 年）

Copesmate　商人；經商合夥人

Copilacion de Canellas　西班牙法規彙編（1245 年）

Copist examination　(特指議院的) 抄寫員考核

Co-plaintiff　共同原告；共同起訴人

Cop-out　〔美俚〕逃避；退出；妥協；逃避者；妥協者

Coppa　〔英〕分堆的穀物、乾草或玉米堆收穫物

Copper Act　銅法

Copper and scales　銅和稱

Copper Exporting Countries Council　銅出口國理事會

Copper warrant　銅條倉庫證券；貯藏銅塊證券

Coppers　銅幣；銅錢

Co-principal　共犯；共同主犯；共同委托人（兩人或兩人以上委托其有權控制的代理人）

Copulative term　聯接術語；聯絡渠道

Copy　抄本；副本；摹本；複製品

Copy of Approval to Export　出口許可證副本

Copy of Licence to Export　出口執照副本

Copy of Statement of Availability　供貨數量證書副本

Copyhold　謄本保有權；副本土地保有權；登錄的不動產保有權（在莊園主領地內從事耕作或放牧的農奴保有的土地或保有權除某些如不動產外和完全保有的不動產，根據英國 1922 年不動產法均為特權地）

Copyhold tenure　謄本保有地

Copyholder　謄本保有權者；副本土地保有權者；登錄不動產保有權者

Copy-money　印稅；原稿費；版權費

Copyright　版權；著作權（指為實定法所承認的文學藝術、戲劇或音樂作品等經登記而取得作者在世期間和死後 50 年內排除他人侵害的權利）

Copyright Act　〔英〕版權法（1709、1911、1956 年）；〔美〕版權法（1976 年）

Copyright in registered design　設計版權

Copyright infringement　侵犯版權

Copyright law　著作權法；版權法

Copyright notice　版權通知；版權聲明

Copyright obligations　版權義務

Copyright of computer software　電腦軟件的著作權

Copyright (Hong Kong) Order　〔香港〕版權憲令（《版權 (香港) 憲令》，1972 年）

Copyright Ordinance　〔香港〕版權條例（1956 年）

Copyright (International Convention) Ordinance　〔香港〕版權 (國際公約) 令（1979 年）

Copyright owner　版權所有者；著作權所有者

Copyright piracy　盜版行為；盜版案件（著作權的非法翻印）

Copyright policy　著作權政策；版權政策

Copyright protection　著作權的保護；版權的保護

Copyright regime　版權制度；著作權制度

Copyright reserved　版權所有（不准翻印）

Copyright royalty　版稅；版權使用費

Copyright royalty tribunal　版權稅法庭

Copyright work　版權所有者的作品

Copyrighted　有版權的；版權所有的；受版權保護的；有著作權的；著作權所有的；受著作權保護的

Copyrighted works　版權著作

Coral reef　珊瑚礁

Coral sea area　珊瑚海區

Co-rapporteur　共同報告員

Cord　考得（"木材堆的體積單位"，計 128 立方英尺）

Cordon　警備線；哨兵線；封鎖線

Core component of its policy advice　〔世行〕政策性建議的核心組成部份

Core group　核心小組；核心集團

Core interest　核心利益（現下中國台灣、西藏、新疆、釣魚島列島和南海的東沙、西沙和南沙諸島的主權均是中國的核心利益）

Core labour standards　核心的勞動準則；核心的勞動標準（指包括倫理道德方面和勞動基本條件方面兩個標準的內容。例如，集體談判、同工同酬以及勞動工資、勞動時間和安全、衛生條件等等）

Core proceedings　〔美〕(破產法院裁定的) 核心的訴訟

Co-respondent　共同被告（丈夫對通姦的妻子的離婚訴訟中可以相姦者作為共同被告）

Co-riparian state　共同沿岸國

Corn chandler　〔英〕糧食零售商

Corn duty in sliding scale　穀物滑尺關稅法

Corn factor　穀物商

Corn laws　〔英〕穀物法（1846 年廢止）

Corn loft　穀倉

Corn pit　〔美〕小麥現場交易所

Corn rent　〔英〕穀物地租（以穀物交納或按穀價折合的地租）

Corn shifter　徵收輸入穀物稅的官員

Corn society　穀物銷售協會

Corn up　壟斷；囤積

Cornage　〔英〕鳴笛役土地保有（指一種軍役土地保有制，土地保有者在敵人侵入國境時負有鳴笛以使國家警戒的義務）

Corner　囤積；壟斷

Corner man　街頭遊手好閒者；流氓；囤積居奇的人，市場壟斷商

Corner stone　奠基石；墻腳石

Corner the market　壟斷市場；囤積居奇；使價格上漲

C

Cornering the market 〔美〕壟斷市場

Corn-exchange 穀物交易所

Cornish hug 詐欺；隱瞞

Cornwallis Code 康沃爾斯法典《英屬印度行政綱要》，1793 年)

Corody 〔英古〕僧院救濟金

Corollary 〔邏輯〕推論；推斷；必然的結果

Coronation 加冕典禮 (即位儀式)

Coronation cases 加冕典禮案例

Coronation oath 〔英〕加冕宣誓 (指新王宣誓承諾依法治理聯合王國及其自治領事務)

Coronator 驗屍官；法醫

Coroner 驗屍官；法醫；〔香港〕死因裁判官

Coroner's Act 〔英〕驗屍官法 (1988)

Coroner's Court 驗屍法庭 (審究死因的)

Coroner's inquest 驗屍官調查 (指驗屍官由陪審團協助查究因發生暴力或可疑的情況而造成死亡的原因和情景)

Coroner's jury 驗屍官陪審團 (審究死因的)

Corporal 肉體的；身體的

Corporal imbecility 無性交能力

Corporal injuries 身體傷害；毆打創傷

Corporal oath 莊嚴宣誓；手按《聖經》宣誓

Corporal punishment 肉刑；體罰，體刑

Corporal punishment in disguised form 變相體罰

Corporal touch 肉體接觸；拘押

Corporal wound by mistake 過失傷害；誤傷

Corporate 法人的；社團的；公司的

Corporate accounting standards 公司會計標準

Corporate acquisition 公司收購

Corporate agent 公司代表；公司代理人 (授權管理公司業務的自然人，廣義上包括公司全體員工)

Corporate alternative minimum 〔美〕法人可選擇的最低稅

Corporate assets 公司資產

Corporate authorities 〔美〕市政法人職權 (州制定法授予的主要處理稅務及債券債務等)；市政官員 (授權處理徵稅等特定事務)

Corporate body (body corporate) 法人；法人團體

Corporate bonds 公司債券

Corporate bylaws 公司章程；公司組織細則

Corporate charter 公司執照；公司特許狀；〔美〕公司註冊證書 (一般由州務卿頒發的)

Corporate citizenship 〔美〕法人國籍；公司公民權 (指外國在美註冊公司的法人身份)

Corporate codes of conduct 公司 (企業) 行為守則

Corporate crime 〔美〕法人犯罪；公司犯罪；企業犯罪

Corporate domicile 法人住所

Corporate enterprise 法人企業；合作企業

Corporate entity 公司實體；法人身份；法人行為能力 (有自己名稱、可以自己名字起訴、被訴以及買賣、租賃和抵押財產的權利)

Corporate existence 法人成立

Corporate finance 公司財政

Corporate finance planning 公司財政規劃

Corporate franchise 〔美〕法人公司經營權；法人特許權

Corporate income 公司收入；法人所得

Corporate income tax 公司所得稅；公司稅

Corporate judicial person 法人

Corporate liability 公司責任；法人責任

Corporate liquidation 公司清算

Corporate member 團體會員；社團會員

Corporate mortgage trust 〔美〕法人抵押信托

Corporate name 法人名稱；公司名稱；商號

Corporate officers 公司高級職員 (指董事長和財務主任等高管)

Corporate opportunity doctrine 〔美〕公司機會原則 (意指公司管理人員應克盡職守不得把生意機會轉為己有)

Corporate personality 〔英〕法人人格

Corporate powers 法人權限；公司權力

Corporate proceedings 〔香港〕公司內部程序

Corporate processing float 〔美〕公司處理收取客戶支付款項的浮動時間

Corporate profit 公司利潤；公司收入

Corporate profit tax 〔美〕公司利潤稅

Corporate purpose 公司宗旨；法人宗旨

Corporate raider 公司襲擊者

Corporate reorganisation 公司重組；公司改組

Corporate responsibility 法人責任

Corporate right 法人權利

Corporate sacramentum 〔英古〕手按着《聖經》宣誓

Corporate seal 法人印章；公司印章

Corporate society 法人團體

Corporate spying (非法的) 商業間諜活動

Corporate state 全體主義國家；總體國家 (指第二次世界大戰前法西斯統治的意大利等國家，又稱 "勞資社會協義國家")

Corporate stock 公司股票

Corporate trust 法人信托業

Corporate trustees 法人受托人；公司受托人；受托公司

Corporation 法人；公司；社團；〔美〕股份有限公司；(市鎮的) 自治機關

Corporation acquisition 公司併購 (公司兼併)

Corporation Act 〔英〕市議會條例；自治都市法 (1661 年 12 月)

Corporation aggregate 〔美〕集合法人；公司法人；社團法人 (由授予法人權限的諸多個人組合的公司)

Corporation attorney 公司法律顧問

Corporation bonds 公司債券

Corporation book-keeping 公司簿記；公司賬簿

Corporation boroughs 〔英〕全體自治市選民

Corporation charter 公司章程

Corporation council 〔德〕法人評議會

Corporation counsel 市政法律顧問

Corporation courts 〔美〕市政法院 (前為維珍尼亞州某些城市的)

Corporation de facto 實際公司；事實上的法人團體

Corporation de jure 合法公司；法律上的公司

Corporation duty 法人稅

Corporation Law 公司法；法人法

Corporation lawyer 〔美〕公司法律顧問

Corporation not for profit 非營利法人；公益法人

Corporation of the city 倫敦市法人

Corporation of the city of London 倫敦市區公共團體

Corporation profit tax 公司利潤稅

Corporation seal 公司印鑒

Corporation sole 〔美〕單獨法人；獨任法人 (指僅由一人組成的法人實體，其永久存續性由其成員的依法可以繼承)

Corporation tax 公司稅；法人稅

Corporation trust company 法人事務信托公司

Corporatist support 各階級合作主義的支持 (指 1927 年由意大利法西斯工會、企業主聯合會和法西斯黨等的代表共同組成，自稱是 "各階級合作" 的組織)

Corporator 集合法人成員；公司成員；發起人；股東

Corporeal 有形的；有體的 (指動產)；肉體的

Corporeal capital 有形資本

Corporeal hereditaments 可繼承的有體遺產；有形遺產 (諸如土地、房屋)

Corporeal movables 有體動產

Corporeal property 有體財產

Corporeal right(s) 有形財產權

Corporeal thing 有體物

Corps 團；團體

Corps diplomatique 〔法〕外交 (使) 團

Corps of volunteers 志願團

Corpse (人的) 屍體

Corpse examiners document 驗屍證件

Correct and prevent restrictions and distortions in world agricultural markets 〔世貿〕糾正和防止世界農產品市場的限制和扭曲

Correct attest 〔美〕矯正無誤 (指銀行對上報銀行督察官文件上簽發確認所述情況屬實)

Correct maladjustment 矯正失調

Correct one's errors and make a fresh start 改過自新

Corrected death rate 〔統計〕矯正死亡率

Corrected policy 更正的保險單

Correction 改正；糾正；矯正；校正；修正；勘誤；(對罪犯的) 教養；懲戒，責備；制止；(市場上漲的價格) 回落

Correction of errors 糾正錯誤

Correctional *n. & a.* I. 教養院；II. 教養的；懲戒的；修正的

Correctional court 小法院 (受理輕罪案件)

Correctional institutions 矯正機構 (諸如，監獄；少年犯教養院；拘留所)

Correctional Services Department 〔香港〕懲教署

Correctional system 〔美〕矯正網絡；矯正體系 (監獄、教養院及少年教養院政府機構的罪犯教養制度、赦免緩刑制度)

Correctitude (行為) 端正

Corrective (對少年犯的) 教養處分

Corrective action 調節行動；糾正措施

Corrective measure 糾正措施；改進措施

Corrective polices 調整政策

Corrective training 〔英〕感化處分 (指罪犯要在監獄中接受改造二至四年，1948 年成立，1967 年廢止)

Correctives of foreign exchange 外匯的矯正對策

Corrector 責備者；處罰者；〔英〕校對品

Corrector of the staple 〔英古〕毛織品的監查官；商品交易記錄員

Corregildor 〔西〕地方法官 (審理各種輕罪及民事性質的案件)

Correlation 相互關係；伴隨關係

Correlation coefficient 〔統計〕相關係數

Correlation surface 〔統計〕相關面

Correlation table 〔統計〕相關表

Correlative 相關的；有關的；相互依賴的 (例如，父子之間的關係等等)

Correlative figure 〔統計〕相互圖形

Correlative rights 相鄰權 (適用於土地所有人及其使用相鄰或其河流下游土地所有人相互權利的原則)

Correspondence 通訊；來往信件 (文件)

Correspondence audit 〔美〕函寄式納稅審計 (指國內稅務署通過利用郵寄方式對納稅人的稅費進行審核)

Correspondent 商業代理；代理行；代理商行；外地客戶；記者

Correspondent bank 代理銀行；同業銀行；往來銀行

Corresponding member 通訊員；通信員

Corresponsive 相應的，相當的

Corridor of high seas 公海走廊

Corroborate *v.* 確證；證實 (指以附加確定的事實或證據來增加力度和可信度)

Corroborating evidence 輔證；佐證；(加強證據力的) 補充證據

Corroboration 加強證據；佐證 (支持主要證據的證據)

Corroborative 確證的

Corroborative evidence (加強證據力的) 補充證據；佐證

Corroborator 確證者；確證物

Corrosive 腐蝕的，腐蝕性的

Corrupt *a. & v.* I. 腐敗的；貪污的；道德敗壞的；II. 賄賂；腐敗；墮落；收買；行賄

Corrupt and illegal practices 〔英〕賄選非法行為

Corrupt and Illegal Practices Prevention Act 〔英〕腐敗及不法行為防止法 (1883 年關於取締議員不正當選舉的法律)

Corrupt motive doctrine 〔美〕賄賂動機原則 (判定引用行賄禮品及款項動機的原則)

Corrupt official 貪官污吏；受賄賂的官員

Corrupt person 收賄者；受賄者

Corrupt practices 〔英〕舞弊行為；選舉舞弊 (指國會議員和其他的選舉中違反選舉法行為)；貪污腐化；腐敗行為 (指接待、不正當影響和行賄、受賄等)

Corrupt Practices Act 〔美〕腐敗行為法 (指以賄賂外國官員取得生意為犯罪行為)

Corrupt practices acts 〔美〕禁止選舉舞弊法 (競選運動捐款經費規定)

Corrupter 收買者

Corruption 腐化，墮落；貪污；腐敗；腐蝕；賄賂；〔美〕徇私枉法行為 (指從事與自己公務及他人權利不符、利用自己社會地位和名譽非法為自己或為他人謀取利益的行為)

Corruption and degeneration 貪污腐化

Corruption case 受賄案件

Corruption involving articles of public property 〔中〕貪污公共財物

Corruption of blood 〔英〕血統沾污 (禁止叛逆犯和重罪犯享有、繼承財產和稱號的法律制度，即這種人由於被剝奪了民事權利，其血統破壞在法律上被認為是沾污的，因此不能繼承土地，不能繼承其祖先的稱號，不能保有其原有的財產，也不能按血統把財產傳給任何繼承人。1870 年廢止)

Corruption offence 貪污罪

Corruption through misuse of law 貪贓枉法

C

Corruptionist　腐化份子

Corruptly　腐敗地；腐化地；〔美〕接受賄賂地（非法獲取金錢或其他利益的企圖）

Corruptor　收買者；〔移〕賄賂者

Corsaire　〔法〕私掠船；海盜船；海盜；私掠船船長；私掠船船員

Corsned　〔撒〕神意裁判法；神判滌罪法（即刑事被告如能一口氣順利吞下一盎司麵包，就宣佈他無罪；否則即是有罪證據）

Cortes　〔西、葡〕國會；議會

Cortis　房前院子；房前庭院

Corvee　〔法〕徭役；差役；強迫勞動（尤指修築公路等苦工）

Cosa juzgada　〔西〕既決事項；既判力；一事不再理

Cosas comunes　〔西〕公有物（指空氣、海洋和流動的河水）

Cosening　〔英古〕詐騙罪

Co-sign　*v.* 連署；共同簽字

Co-signatory　*a. & n.* I. 連署的；II. 連署者；共同簽字人；共同簽字國

Co-signatory powers　連署國

Co-signer　連署人

Cosinage (cosenage)　〔英〕堂表親關係；收回被佔的高曾祖父土地之令狀（死者玄孫作為繼承人請求收回被人非法佔有其高曾祖父所有土地的訴訟令狀）

Cosmic environment　宇宙空間

Cosmic law　宇宙法

Cosmic power　宇宙空間國家；空間大國

Cosmic space　宇宙空間

Cosmonauts　宇宙航行員

Cosmopathis　宇宙志的

Cosmopolitan justice　世界主義刑事裁判權（不管犯罪地何在，任何國家的法院都有權對在其土地上罪犯予以懲罰的理論）

Cosmopolitanism　世界主義

Cosmos　宇宙

Co-sponsor　共同發起人；共同提案國；共同發起國

Co-sponsoring nations　聯合國家

Cost accounting　成本核算；成本會計

Cost Accounting Standard Board (CASB)　〔美〕成本會計標準局

Cost accounts　成本賬戶

Cost allocation　成本分配

Cost and freight (C.A.F. or CF)　成本加運費

Cost and Freight (named point of destination) (C&F or CFR)　（指定目的地）成本及運費

Cost and price comparability　成本和價格的可比性

Cost audit　成本審計

Cost avoidance　規避不必要的高成本項目或服務費支出

Cost basis　成本基準；成本基礎

Cost bond　訴訟費保證金（指訴訟當事人準備作為敗訴時給付的訴訟費）

Cost centre　成本中心；成本項目；〔美〕成本責任中心

Cost clerk　成本書記員

Cost collection card　成本合計卡

Cost collection sheet　成本費合計賬單

Cost consciousness　成本意識

Cost containment　成本抑制

Cost contract　成本加成合同

Cost control system　成本控制制度

Cost decreasing effect of integration　一體化降低成本效應

Cost depletion　成本耗費

Cost flow assumption　成本流轉假設

Cost journal　成本日記賬

Cost keeping　成本核算

Cost measurement system　成本核定制度；費用計量制

Cost object　成本對象

Cost of adaptation　改編的成本

Cost of building　建築費

Cost of capital　資本費用；資本成本

Cost of carrying　儲運成本

Cost of completion　竣工費

Cost of construction　造價；建築工程費

Cost of defence　國防費

Cost of goods manufactured　製成品成本；產品成本

Cost of goods sold　銷貨成本

Cost of insurance　保險成本

Cost of insurance paid to (named place of destination) (CIP)　（指定目的地）保險費業已付給

Cost of lawsuit　訴訟費用

Cost of legal proceeding　訴訟費用

Cost of living　生活費用

Cost of living clause　生活費用保障條款（指工資和退休金自動地隨着生活費提高的規定，通常按 CPI 確定）

Cost of loss　損失成本

Cost of ordering　訂單成本；訂貨成本

Cost of parts and materials　料件費

Cost of production　生產成本

Cost of production theory of value　生產費價值說；生產成本價值說

Cost of production value　生產價值成本

Cost of purchasing　購買成本（庫存盤存價格減去允許的折扣，加上運輸費）

Cost of reducing pollution　降低污染成本

Cost of repairs　修繕費

Cost of reparation　修埋費

Cost of reproduction　再生產費

Cost of risk　風險成本

Cost of salvage　救助費；海難救助費

Cost of service　勞務費用；服務成本

Cost of service principle　生產費用說；勞務成本原則

Cost of service theory　〔財政〕國家經費說

Cost of the Bank's average outstanding borrowing　〔世行〕世界銀行未清償借款的平均費用

Cost of the less-polluting alternative　較少污染選擇的費用

Cost of transportation　運輸費用；運輸成本

Cost of wear and tear　損耗費

Cost pool　成本類；成本積聚

Cost price　成本價

Cost pricing　按成本定價

Cost reduction　降低的成本

Cost sheet　費用清單

Cost structure 成本結構

Cost system 成本計算制；成本賬戶系統

Cost(s) 成本；價格；費用；代價；〔複〕訴訟費用（英美法規定，在民事訴訟中包括印花稅及其他應該交付給法院的費用和支付給法庭外律師及法庭律師的費用和報酬；刑事訴訟費用則視案件的情況由國家、被告或由訴追者負擔；尤其判處敗訴一方償付勝訴一方的訴訟費用）

Cost, freight and insurance (C.F.I) 成本、運費加保險費

Cost, insurance, and freight (C.I.F) 到岸價格（成本、保險費加運費）

Cost, insurance, and freight (named point of destination) (CIF) （指定目的地的）到岸價格

Cost, insurance, freight and commission (C.I.F. & C.) 到岸價格加傭金價（成本、保險費、運費加傭金價）

Cost, insurance, freight and exchange (C.I.F. & E.) 到岸價格加匯費價（成本、保險費、運費加匯費價）

Cost, insurance, freight and interest (C.I.F. & I.) 到岸價格加利息價（成本、保險費、運費加利息價）

Cost, insurance, freight and war risk (C.I.F. & W.) 含戰險的到岸價；到岸價格加戰爭險價

Cost, insurance, freight by plane 成本、保險費加空運費價

Cost, insurance, freight cleared (C.I.F. cleared) 到岸價格加結關費用價（成本、保險費、運費加結關費用價）

Cost, insurance, freight commission and interest (C.I.F.C. & I.) 到岸價格加傭金及利息價（成本、保險費、運費加傭金及利息價）

Cost, insurance, freight duty paid 成本、保險費、運費加關稅價

Cost, insurance, freight ex ship's hold (C.I.F. ex ship's hold) 到岸輪船倉底交貨價（成本、保險費、運費至輪船船底交貨價）

Cost, insurance, freight inland waterway (C.I.F. inland waterway) 到岸價格加內河運費價（成本、保險費、運費加內河價）

Cost, insurance, freight landed terms (C.I.F. landed terms) 到岸價格加卸貨價（成本、保險費、運費加卸貨價）

Cost, insurance, freight liner terms (C.I.F. liner terms) 到岸價格加班輪條件（成本、保險費、運費加班輪條件）

Cost, insurance, freight net (C.I.F. & net) 到岸價格淨價（成本、保險費加運費淨價）

Cost, insurance, freight under ship's tackle (C.I.F. under ship's tackle) 到岸輪船吊鈎下交貨價（成本、保險費、運費至輪船吊鈎下交貨價）

Cost, insurance, freight, interest and commission (CIFIC) 到岸價格、利息加傭金價（成本、保險費、運費、利息加傭金價）

Cost, insurance, freight, interest and port of destination 到目的地港加利息價（成本、保險費、運費至目的地港加利息價）

Co-state 共同國家

Cost-benefit analysis (CBA) 成本收益分析；成本利得分析

Cost-book mining companies 〔英〕合夥採礦成本賬務公司（公司在海皮克德貝夏的威爾克烏爾斯區和德文及康沃爾郡，由合夥人任命一位事務長管理礦務、記載合夥人或股東及其所持有股份等的議事錄）

Cost-effectiveness 成本效率

Costing 成本估算；〔主英〕成本會計

Costing index number 成本指數

Co-stipulator 共同約定者；連帶約定者

Costodial, depository and trust service 監督、保管和信托服務

Cost-of-living allowance 生活費補貼

Cost-plus 成本加成；成本保利（在實際成本之外加以一定比例費用）

Cost-plus basis 〔財政〕成本定率利益加算法；成本加最低利潤

Cost-plus contract 成本加成合同；成本保利合同（在實際成本之外加一定比例費用的價格的合同；以生產成本為基礎的價格的合同）

Cost-push inflation 成本推動型通貨膨脹

Cost-raising social standard 提高社會標準的成本

Costs and damages 訴訟費和損害費

Costs de incremento 增加的運費（按陪審團估計的費用外，由法官判決另行增加的費用）

Costs for recourse action 追索訴訟費

Costs of administration 管理費

Costs of appeal 上訴費用

Costs of hiring unskilled workers 僱傭非熟練工人的費用

Costs of the day 開庭日費用（含準備開庭所產生的費用、證人費及其他出庭費）

Costs of trial, trial on appeal, and action at court of law 審判、上訴審判及出訴的費用

Costs to abide the event 依判決結果徵收訴訟費（當受理上訴的法院作出改變判決的裁定時，該裁定所需的費用包括上訴的費用在內，如果被上訴人最後勝訴，他就有權徵收上訴所花的費用）

Cost-taking 成本計算；成本記錄

Costumbre 〔西〕慣例；不成文法

Cost-volume-profit analysis 成本－數量－利潤分析

Co-successor 共同繼承權；共同繼承人

Co-surety 共同保證人；連帶保證人；聯保人；共同擔保

Co-tenancy 共同租地；共同租佃；共同租屋

Co-tenant 共同租地（或租屋）人；共同佃戶；共有人

Co-transfer agent 共同讓與證書代理人

Co-trustee 共同托管人；共同受托人

Cottage 農舍；茅屋；農民住宅；〔美〕（築在海濱等的）宅邸；別墅；（不附有土地的）小宅

Cottage area 平房區

Cottage farming 用鋤頭進行的耕作

Cottage industry 家庭手工業

Cottager 〔英〕村民；佃農；〔美〕住避暑別墅的人

Cotter 〔蘇格蘭〕佃戶；僱農

Cottier 〔愛爾蘭、蘇格蘭〕小農

Cottier rent 小農地租；小農付的地租

Cottier system 〔愛爾蘭〕小農耕作制

Cottier tenancy 〔愛爾蘭〕房屋土地租賃（出租者提供一個良好的房舍和不超過半英畝土地，每次租賃不超過一個月條件）

Cotton broker 棉花經紀人

Cotton capacity （船運）袋裝貨物容積

Cotton Duty Act 棉稅條例

Cotton fabrics 棉織品

Cotton futures 棉花期貨（交易）契約；棉花期貨買賣

Cotton Futures Act 棉花期貨（交易）契約條例

Cotton notes 〔美〕棉紗存庫收據

Cotton Textiles Committee 〔關貿〕棉紡織品委員會

Cotton warehouse 棉花倉庫

Cotton-spinner 紡紗工人；紗廠主

Couchant 伏着的；臥狀的；蹲着的

Couchant and levant 起臥的（牲畜侵入不屬牲畜主人的土地，侵入時間長達一夜以上）

Council 政務會；理事會；商議會；討論會議；地方議會；委員會；〔英〕地方自治會；諮議會；〔美〕（市或自治市）立法機關；（委任協助州長行政司法的）顧問委員會；〔宗〕教務會；〔聯〕理事會；〔基金〕委員會（國際貨幣基金組織的決策性機構）；〔世貿〕理事會（是總理事會的附屬機構，由成員方代表組成，每年至少召開八次會議，負責處理各自領域的事項）

Council approval process 〔關／世貿〕理事會批准程序

Council board 議事桌；全體議事者

Council estate 〔英〕（市、鎮、郡等）地方當局所有的地產

Council for Cultural Cooperation 文化合作理事會

Council for Economical Affairs 〔德〕經濟事務評議會（設立於 1880 年）

Council for Industrial Business (CIB) 〔美〕工業事務委員會（經美貿易代表處特許成立的）

Council for International Economic Cooperation and Development 國際經濟合作和發展委員會

Council for Licensed Conveyancers 〔英〕特許的不動產轉讓律師執照理事會（1985 年設立，旨在確保撰寫契據業務能力、專業守則、充分保護消費者利益，提供經濟實惠服務的標準）

Council for Mutual Economic Assistance (CMEA) 經濟互助委員會（簡稱"經互會"，由前蘇聯等東歐國家組織成立於 1949 年）

Council for Trade in Goods 〔世貿〕貨物貿易理事會（世貿總理事會轄下的三個分理事會之一）

Council for Trade in Services 〔世貿〕服務貿易理事會（世貿總理事會轄下的三個分理事會之一）

Council for Trade-Related Aspects of Intellectual Property Rights 〔關／世貿〕與貿易有關的知識產權理事會（世貿總理事會轄下的三個分理事會之一）

Council of Appointment 任命評議會

Council of Arab Economic Unity 阿拉伯經濟統一體理事會（又稱"阿拉伯經濟聯盟理事會"，成立於 1957 年 6 月）

Council of Association of Developing Countries Producers-Exporters of Raw Materials 發展中國家原材料生產出口商協會理事會

Council of Commons 下議院

Council of Conciliation 和解會議；〔英〕勞資爭議調解委員會（由勞資雙方成員組成）

Council of Decoration 勳章會議；獎賞委員會

Council of Defence 防務會議；國防會議

Council of Discipline 紀律委員會

Council of Economic Advisers (CEA) 經濟顧問委員會

Council of Europe (CE) 歐洲理事會（1949 年）

Council of European National Youth Committees 歐洲國家青年委員會理事會

Council of Five Hundred 〔法〕五百人會議（法國執行內閣的一院）

Council of Foreign Ministers 外長會議

Council of International Civil Aviation Organisation 國際民航組織理事會

Council of Law Reporting 〔英〕判例編纂委員會（成立於 1863 年）

Council of Legal Education 法制教育委員會；〔英〕（律師學院）法律教育理事會

Council of Military Court 陸軍軍法會議

Council of Ministers 內閣，部長會議（歐、亞、非和拉美一些國家中國家權力的執行機關）；〔法〕內閣會議；部長理事會

Council of Ministers for Asian Cooperation 亞洲合作部長理事會（1968 年）

Council of Ministers of the European Communities 歐洲共同體部長理事會

Council of National Defence 〔美〕國防調查會

Council of Nationalities 民族委員會

Council of Naval Education 〔英〕海軍教育會議

Council of Nobles 上議院

Council of Patronage 保護委員會；〔宗〕牧師薦舉權會議

Council of People's Committee 人民委員評議會

Council of Prefecture 縣參議會；專區政務會

Council of Record 〔美〕出庭律師備案理事會

Council of Regency 攝政會議

Council of Representatives 〔關貿〕代表理事會（代表關貿總協定閉會期間的常設執行機構，全權處理 GATT 日常事務）

Council of Revision (conseil de revision) 徵兵參事會；〔法〕徵兵體格檢查委員會；法案修正委員會

Council of State 國務院；〔法〕參議院；〔英〕國務會議

Council of State Government 〔美〕州政府委員會

Council of Supervision （公司等的）監事會

Council of Ten 秘密立法委員會（1797 年威尼斯共和政府的）

Council of the Bar 〔英〕律師理事會（審理指控律師的投訴案件和審理對牧師抱怨及調查報告等並向四大律師學院報告附有其勸告性意見的調查結果）

Council of the Entente （非洲）協定理事會

Council of the Governor （美國初期的）州長參議院

Council of the International Chamber of Commerce 國際商會

Council of the North 〔英〕北部法院（亨利八世於 1537 年設立的管轄約克郡及其他北部四個郡的法院，已廢止）

Council of the Trade 商務院

Council of the Trade and Plantation 〔英古〕商務移民法院

Council of the West 〔英〕西部法院（亨利八世於 1537 年成立仿效北方法院改革做法，管轄西部四個郡法院，已廢止）

Council of Wales ("Council in the Marches of Wales") 〔英〕威爾斯法院（威爾斯邊界郡法院）

Council of War 軍事會議；軍事參議院

Council on Foreign Relations 外交關係協會

Council on Tribunals 〔英〕法庭評議會（1958 年成立，旨在聽取公眾對法庭意見等）

Council overseeing the functioning of that Agreement 〔世貿〕監督該協定實施情況的理事會

Council recommendations 〔關貿〕理事會的建議書

Council system 會議制

Council system in administration 行政合議制

Council-man 〔美〕市議員

Council-manager plan 〔美〕(由市議會) 推選市長的市政制度

Councilor (地方議會) 議員；顧問；評議會；評議員 (州議會或自治州議會的) 議員；參贊

Councilor minister 公使銜參贊

Councilor of a burgh 自治市議會議員

Councilors, Alternates and Associates of the Council 〔基金〕委員會的顧問、代理理事和准會員

Counsel 〔美〕(刑法方面的) 律師；顧問；辯護人；勸告；建議；諮詢意見；〔英〕出庭律師

Counsel and procure 〔英〕指控唆使犯罪

Counsel fee 律師費

Counsel for the crown 〔英〕檢察官

Counsel of record 〔美〕備案律師 (出庭律師已記錄於法院公報)

Counsel on both sides (原、被告) 兩造的律師

Counsellor 律師 (代理委托人出庭處理民、刑和行政法律事務)；(大使館等的) 法律顧問；參贊；〔台灣〕參事；〔基金〕律師；法律顧問

Counsellor and Director 〔基金〕顧問董事

Counsellor and Treasurer 〔基金〕顧問財務主任

Counsellor minister (大使館) 公使銜參贊

Counsellor of State 〔英〕樞密院監事

Count *n. & v.* I. 訴訟理由；訴因 (民事訴訟中的每一項獨立請求的訴因)；罪項，罪狀 (刑事起訴狀中的每一條罪狀)；起訴狀；II. 聲明；陳述；答辯；爭論；宣讀罪狀

Count in declaration 請求申訴書列舉的獨立罪項

Count in indictment 起訴書中列舉的獨立罪項

Count of the House 〔英〕下議院不足法定人數而宣佈休會 (指議長點名時，如不及 40 位議員到會，即宣佈休會)

Count of votes 計算投票數

Count palatine 羅馬帝國大法官；〔英〕伯爵 (在領地內享有王權的伯爵)；地方伯 (享有司法權的伯爵)；〔德〕宮中伯 (在皇宮享有最高司法權的伯爵)；地方伯 (在領地享有最高司法權的伯爵)

Countee 〔英古〕伯爵 (西歐除英國以外的稱謂)

Counter 相反的，對立的；反對的；副的；替代的；敵對的

Counter guarantee 反擔保

Counter letter 〔美〕相反證書 (指由無條件限制契據通過的返還財產僅作為相反擔保之用)

Counter letter of credit 對開信用證

Counter measures 對策；反措施；對抗措施

Counter offer 反要約 (不承諾原要約，而提出與原要約不同的新要約)；還盤；還價；〔香港〕謹要約

Counter sample 複樣；對等貨樣

Counter statement 反聲明

Counter subversion 反顛覆

Counter tariff 對抗關稅

Counter trade 對等貿易；反向貿易 (指出口人承擔從對方購買等值的貨物以與其出口的貨款相抵)

Counter war 反戰爭

Counter wills 相互遺囑；互惠遺囑

Counter-action 反訴；抵抗

Counter-affidavit 反宣誓書 (與原宣誓書相佐的宣誓書)

Counter-appeal 反上訴

Counter-attack 反擊

Counter-blockade 反封鎖

Counter-bond 反擔保 (賠償保證書)

Counter-case 反訴案件

Counter-cash 銀行出納台備有的現金

Counter-charge *n. & v.* 反訴

Counter-check *n. & v.* I. 銀行取款單 (只能由發票人親自向銀行兌現的支票)；II. 複查

Counter-cheque I. 銀行取款單 (只能由發票人親自向銀行兌現的支票)；II. 複查

Counter-claim 反索賠，反求償；反訴 (由被告向原告提出反求償或減少原告的求償，一般有利於被告)

Counter-cyclical action 反週期行動；穩定行情的反週期措施

Counter-declaration 反宣言；反意思表示

Counter-deed 反對證書；〔英〕相反契據 (一種經公證的或已加蓋私人印章的一種秘密文書，其可破壞、改變公開契據或使公開契據失效)

Counter-draft 對案

Counter-embargo 反禁運

Counter-entry 相對記入

Counter-espionage 反間諜

Counterfeit *n. & v.* I. 偽造物；仿造品；贗品；冒牌貨；II. 偽造 (貨幣、手跡等)；仿造；假裝；假冒

Counterfeit coin 偽幣

Counterfeit currency 偽幣；假幣

Counterfeit Medals Act 〔英〕禁止仿造徽章法 (1883 年，禁止製造、販賣類似的貨幣的徽章)

Counterfeit money 偽幣；假幣

Counterfeit national currency 偽造國家貨幣罪

Counterfeit note 偽鈔

Counterfeit producer 偽造品生產者

Counterfeit trademark goods 仿冒商標產品

Counterfeit valuable securities 偽造有價證券

Counterfeiter 偽造者 (尤指造假硬幣的人)；仿造者

Counterfeiting 偽造貨幣；偽造貨幣罪

Counter-fesance 偽造行為

Counterfoil 支票存根；匯票存根；存執

Counterfoil receipt 存根收據

Counter-guarantee 相反擔保 (指向保證人承諾如因擔保受到損失將給於賠償)

Counter-Inflation Act 〔英〕反通貨膨脹法 (1973 年)

Counter-insurgency war 反叛亂戰爭

Counter-intervention 反干涉

Counter-letter 相反契據 (指撤銷原契據條款的契據，其與原契據一起之兩種契據在路易斯安那州構成 "不動產抵押契約")

Counterman 店員；〔保〕營業員

Countermand *v. & n.* I. 改變；取消；撤回；召回；II. 撤回 (命令、訂貨單等)；取消行為；撤回已發出的命令；逆命令

Countermand payment 撤回付款；追回付款

Counter-mark 副標志；對號

Counter-marque 反私掠

Counter-measure 對策；對抗措施；〔世貿〕反措施

Counter-memorial 辯訴狀；〔際〕答辯書

Counter-notification 〔關貿〕反向通知（指總協定任何一個成員國有理由認為另一個成員國未適當履行把國家貿易企業活動透明度通知貨物貿易理事會者可向該會作出反向公佈、通知和報告，作為輔助於透明度的程序）

Counteroffer 反要約（指當事方提出簽訂合同的要約提出替代人要約或拒絕其要約而提出新要約者之謂）；還盤、還價

Counter-order 反命令（即：收回成命的命令，宣佈取消前一命令的命令）；取消訂貨

Counterpart 〔美〕副本；複本（轉讓契約文件的相對稱的部份）；對方；相對應的人；對應部份

Counterpart allocation 對應分配

Counterpart Crown Lease 〔香港〕租地契約副本

Counterpart entry 對應賬目

Counterpart Fund 對應基金

Counterpart monetisation 對應貨幣化

Counterpart to allocation 對應分配（分配的交換物）

Counterpart to cancellation 對應取消（取消的交換物）

Counterpart to demonetisation 對應貨幣回籠（非貨幣化的補償物）

Counterpart to monetisation 對應貨幣化（貨幣化的交換物）

Counterpart writ 〔美〕副本令狀（被告居住在他縣或法院發現其在他縣故而簽發給另一個同樣對本案具有管轄權的副本令狀）

Counter-plea 再抗辯；再抗告

Counter-project 對案

Counter-proposal （反對別人提案的）反提案；對案；反建議

Counter-purchase 互購；回購；反向購買

Counter-reprisals 反報復

Counterrevolutionary case 反革命案件

Counterrevolutionary clique 反革命集團

Counterrevolutionary gangs 反革命組織

Counterrevolutionist 反革命份子

Counter-rolls 〔英〕執行官和驗屍官雙方共同的記錄（指雙方共同記有該訴訟和上訴所涉及死因調查的詳細記錄）

Counter-security 反擔保（雙重保證）

Counter-sign *n. & v.* I. 會簽；副署；連署；II. 副署；連署

Counter-sign B/L 副署提貨單

Counter-signature 副署（簽名）；連署（簽名）；會簽

Countersignature law 連署法

Countersigning agent 附署代表

Counter-subversion 反顛覆

Counter-subversion committee 反顛覆委員會

Countersuit 反訴

Counterterror 反恐怖

Counterterrorism 反恐怖主義

Counterterrorist 反恐怖份子

Counter-trade 對等貿易；反向貿易

Countervail *v.* 補償；抵銷；對抗

Countervail livery 〔美〕抵消讓渡（指所有者轉讓的不動產所有權實際上在為另一人所佔有中，故其實屬一種「抵銷讓渡」）

Countervailable subsidies 反傾銷稅補貼（指政府給予某種形式的財政捐助以彌補所受傾銷的害）

Countervailing duty (CVD) 〔世貿〕反補貼稅；反傾銷稅（指按 GATT1994 年第 6 條第 3 款規定，對接受補貼等的製造、生產或進口的外國商品所徵收的一種附加稅，其稅額通常等於補貼數額）

Countervailing duty investigation 〔世貿〕反補貼稅調查；反傾銷稅調查

Countervailing duty remedies 反傾銷稅補償（辦法）

Countervailing equity 抵消股權；同等股權；對等權益

Countervailing levy 反補貼稅；抵銷稅；反補貼稅

Countervailing measures 〔世貿〕反補貼措施（指進口成員方可按 1994 年 GATT 第 6 條規定對出口成員方的產品徵收反補貼稅的措施，以免本國同類的產品受其損害）

Countervailing measures 〔世貿〕反補貼措施

Countervailing-duty decision 反傾銷稅決策

Counterview 對質

Counting 計算

Counting assistant 點票助理

Counting of ballot 點票

Counting overseer 監票人

Counting-house （公司、商店等的）存賬賬室；會計室

Counting-house book 商店賬簿

Counting-house of the King's Household 〔英〕皇家會計室

Counting-room （公司、商店等的）存賬室；會計室

Countors (or contors) 〔英古〕高級律師（中世紀應僱為受委托人出庭辯護）

Count-out 〔英〕下議院因法定人數不滿而宣佈休會；〔美〕被故意少報選票而落選的候選人

Countries in economic transition desiring entry into the WTO 要求加入世貿組織的經濟轉型的國家

Countries in transition from centrally planned economy to market-oriented economies 〔世貿〕從中央計劃經濟到面向市場經濟的過渡國家

Countries with recent debt serving problems 近期內有償債困難的國家

Countries without debt serving problems 無償還債務困難的國家

Country 國家；國土；領土；國民；民眾；鄉村；〔英〕陪審團；區域；地區

Country bill 地方付的票據；別處付的票據

Country by country compare 國別比較；逐國比較

Country gentleman 鄉紳

Country ledger's book-keeper 市外分類賬簿記員

Country note 〔英〕地方銀行發行的鈔票

Country of assignment 任職國

Country of asylum 庇護國

Country of departure 出發國；啓運國

Country of destination 目的地國；到達國；寄達國；投資對象國

Country of dispatch 發貨國；輸出國

Country of emigration 移出國；遷出國

Country of immigration 移入國；遷入國

Country of importation 進口國

Country of origin 來源國；運出國；原產國；寄出國；原籍國；原產地；出產地

Country of origin identification 原產地國家證明

Country of refuge 避難國

Country of registration 登記國；註冊國；船籍國，船舶註冊國

Country of residence 僑居國；居所地國；居留國

Country Parks Ordinance 〔香港〕郊野公園條例

Country presentation　國情介紹

Country quota　國別配額（指進口國將其規定的進口商品總額分配給不同國家的進口配額）

Country report (paper)　國別報告

Country risk　國別風險；產地風險

Country sessions　在州（郡）召開的四季法院

Country value　國別價值

Country whence he came　〔美移〕遣返原籍國（指根據美移民法對於非法入境的外僑因未在美國獲得居所而被遞解出境遣送回其原籍國）

Country-by-country commodity　（大）國別貨物（指將貨物依國別分類）

Country-by-country monitoring process　逐國監控程序

Country-by-country programme　國別方案

Countryside Commissions　〔英格蘭、蘇格蘭〕鄉村委員會

Country-specific derogation from the provisions of GATT 1947　特定國家背離1947年關貿總協定的規定

County　〔英〕郡（原由無限定的百家村組成，現依1972年《地方政府法》劃分為大都市及非大都市郡；威爾斯分成八個郡；每個郡分成區，每個郡和區都有諮詢議會，但大倫敦區不在其內）；〔美〕縣；〔中〕縣；（西藏自治區的）宗

County affairs　〔美〕縣事務

County assembly　縣議會；郡議會

County attorney　〔美〕縣代理律師；縣檢察官

County auditor　〔美〕縣審計官

County board　郡委員會；〔美〕縣政委員會（管理縣的行政機構）

County board of equalisation　〔美〕縣均稅局

County board of supervisors　〔美〕縣監察委員會

County bonds　〔美〕縣公債券（由縣官員發行的，由徵收特別稅償還）

County borough　〔英〕郡（級）自治市；郡市（人口五百萬以上的郡，國會議員選舉區）

County borough-mongery　國會議員地盤買賣

County business　〔美〕縣法人實體事務

County clerk　郡法院書記官

County commissioners　〔英〕郡務委員；〔美〕縣專員（負責管理各種行政及行政部門的職務，但基本上主管縣財政事務；有些縣選賦予有限的司法權）

County convention　郡會議；縣會議

County corporate　〔英〕市鎮法人；特別市（與郡具有同等地位的城市）

County Council Act　〔英〕郡議會法（1888年）

County councilor　〔英〕郡議會議員

County councils　縣議會；〔英〕郡議會（根據1972年《地方政府條例》創立的選舉機構，由郡議長和參議員組成，每四年舉行一次選舉）

County court　〔英〕郡法院（特指受理小額債務的民事法院）；〔美〕縣法院（其權力和管轄大小與範圍由州憲法或州的法規決定）；〔中〕縣法院；地方法院

County court accounts　〔英〕郡法院裁判所的報告

County electors　〔英〕郡選舉人

County government　縣政府

County hall　郡公所；縣公所

County head　〔中〕縣長

County house　〔英〕貧民院

County jail　縣監獄

County judge　郡法官；郡審判員

County justice of the peace　郡（縣）治安法官

County magistrate　縣長

County magistrate's assistant　〔中〕縣丞（古代中國的縣長助理）

County meeting　郡（縣）會

County member　〔英〕郡部議員；（代表郡或區）國會議員

County of a city　〔英〕市郡

County of a town　〔英〕鎮郡

County office　郡公所；縣公所

County officer　〔美〕縣官員

County or shire　〔英〕郡（原由無限定的百家村組成）

County order　郡令

County organisation　郡制

County palatine　巴拉丁郡（享有王權伯爵的領地）；特權郡（領主根據國王的授予在其領地內享有與主權同樣的統治權，長期行使對罪犯的大赦權、法官及其他官吏的任免權的郡）

County People's Congress　〔中〕縣人民代表大會

County People's Court　〔中〕縣人民法院

County People's Government　〔中〕縣人民政府

County People's Procuratorate　〔中〕縣人民檢察院

County police force　郡（縣）警察

County powers　〔美〕縣的權力（由法律明示賦予的或明示中所含必要默示的權力）

County prison　〔美〕縣看守所（羈押嫌疑犯和未決犯之所）

County property　〔美〕縣財產

County purpose　〔美〕縣宗旨；縣目的

County rate　〔英〕郡土地稅

County road　〔美〕縣道路

County seat　縣首府；縣城

County sessions　〔英〕郡季審法院

County supervisors　（=county commissioners）〔美〕縣專員（負責管理各種行政及行政部門的職務，但基本上主管縣財政事務；有些縣選賦予有限的司法權）

County tax　縣稅

County warrant　〔美〕縣支付令（指縣政府授權官員指示其主管財政官員從縣資金中支出指定數額款項給指名個人的命令）

County-town　〔英〕郡首府；〔美〕縣首府

Coup de grace　〔法〕致命的打擊

Coup d'etat　〔法〕（軍事）政變

Coupled with an interest　附有利益的

Coupon　（公債、債務等的）息票；聯券票；配給票

Coupon bond　附息票債券；息票債券；無計名債券

Coupon cheque (check)　息票用的支票

Coupon collecting department　息票徵集部

Coupon collection teller　息票徵集人員

Coupon equivalent yield　〔美〕實際利息成本（365天等量收益的息票）

Coupon insurance　票券保險（指將票券附在所購物品上一種免費保險廣告保險方式）

Coupon ledger　息票分類賬

Coupon notes　附息票本票；附息票期票（利息寫在期票的底部，票據到期時可剪下據以承兌）

Coupon paying account　息票支付賬

C

Coupon paying department 息票支付部

Coupon payment 〔美〕息票付息（指公司同意按合同規定以息票利息付給債券保持有人）

Coupon policy 票券保險單

Coupon rate of interest 息票利率（指定的息票利率）

Coupon securities 〔美〕附息票證券（指付給持票人本金並分期支付給相應息票的利息）

Coupon teller 息票出納員

Cour de Cassation 〔法〕最高法院

Courbe tangente 〔法〕曲切線

Courier 信使；信差

Courier passport 信使護照（指各國政府頒發給外交信使所持享有特權與豁免的外交護照）

Cours force 〔法〕強制流通不能兌換的貨幣

Cours legal 〔法〕法幣；法定通貨

Course 航線；路線；航程；過程；方針；測定子午線上一條線的方位

Course of business 〔美〕經營期間；商業慣例

Course of dealing 〔美〕交易過程；交易慣例

Course of employment 僱傭期間；僱傭過程

Course of exchange 匯兌行情表；（外匯）兌換率；匯兌率

Course of performance 表演期間；履約過程（指雙方當事人對履行待執行合同過程中之行為不予反對）

Course of river 河道；河流；水流

Course of trade 商事慣例；商業交易方法；通常的商業經營

Course of vein 礦脈

Course of vessel 船舶航線

Course of voyage 航行路線

Course recording machine 〔海法〕航向記錄器

Courses and distances 四至與長度（不動產契據標明地界一種方法）

Court 法院；法庭；法官；宮庭；朝庭；庭院；院子；死胡同；〔美〕麻薩諸塞州立法機關

Court above 上級法院；〔美〕上訴審法院

Court action 法院（法庭）審判

Court administrator 〔美〕法院行政人員（負責管理法院預算、候審案件和非司法人員）

Court ball 法庭保釋

Court baron 〔英〕領地法庭；莊園法庭

Court below 下級法院（指案件由上級法院退由原審法院，即初審法院審理）

Court bond 〔保〕司法保證（指提供保險保障，屬一種別例）

Court business 法庭事務；審判事務

Court calendar 法院案件審理日程表；候審案件日程表（每週、每月或每個開庭期候審或上訴辯論的案件）

Court Christian 〔英〕基督教法院；教會法院

Court circular （報紙上逐日發表的）宮庭活動錄

Court commissioner 法庭特派員（法官任命的專門負責調查取證，如出售財產等於本案有關事項的人員）

Court costs 訴訟費

Court councilor 宮庭顧問

Court day 開庭日；審判日

Court decision 判決；法院判決

Court docket (=docket) *n.& v.* I. 概要；摘記；訴訟摘錄；庭訊摘要；判決摘要書；備審案件目錄表；關稅完稅證；II. 把…記入備審案件目錄；給（案情等）作出摘要

Court document 訴訟記錄；法院文書

Court en banc 合議庭

Court exhibit 開庭時出示的證物

Court expert 法庭專家；法庭上鑒定人

Court fee 法庭費用

Court for Consideration of Crown Cases Reserved 〔英〕刑事案件再審法庭（解決下級法院法官所提出的法律問題，成立於 1848 年，先後於 1966 和 1968 年廢止）

Court for Crown Cases Reserved 〔英〕保留刑事法律問題判例法庭

Court for Divorce and Matrimonial Causes 〔英〕離婚及婚姻案件法庭（1857 年）

Court for Small Causes 小額債務訴訟法庭

Court for the Correction of Errors 〔美〕複審法院

Court for the Relief of Insolvent Debtors 〔英〕無償付能力債務者救濟法庭

Court for the Trial of Impeachments 彈劾法庭（授權審理政府官員的；在美國由參議院或州立法院審理彈劾政府官員的案件；在英國則由貴族院審理）

Court having jurisdiction 具有管轄權法院

Court in banc (en banc) 合議庭（規定數目的法官全部出席審訊）

Court in session （法院）開庭

Court interpreter 法庭翻譯（譯員）

Court land (＝terrae curtiles) 領主自用地

Court Leet 〔英〕領地刑事法庭（公元 17 世紀以後一年開庭一次，審訊由陪審團提出在百家村或莊園管轄區內居民所犯的輕罪案件，已於 1922 年廢止）

Court Martial (courts-martial) 〔美〕軍事法庭（審判處罰三軍犯法的武裝軍事成員）

Court of Administration Litigation 行政訴訟法庭

Court of Admiralty 海事法院（庭）

Court of Aids 海關法院

Court of Ancient Demesne 〔英〕（由國王任命的執行官主持的）特別領地法庭

Court of Appeal 上訴法院；上訴法庭；〔英〕上訴法院（為最高司法法院的分支，創設於 1873 年）

Court of Appeal in Chancery 〔英〕大法官法庭上訴庭（1851 年）

Court of Appeals (CA) 〔美〕上訴法院（通稱為“中級上訴法院”，在紐約、馬里蘭和華盛頓特區為“最高上訴法院”、在弗吉尼亞為“終審上訴法院”、在阿拉巴馬等州為“刑事上訴法院”。在美國亦稱“巡迴上訴法院”，在英國亦稱“高等訴訟記錄保管法院”，分為民庭和刑庭）

Court of Appeals for the Federal Circuit 〔美〕聯邦巡迴上訴法院（美全國分 13 個聯邦司法區巡迴區，每個區都設有一個上訴法院，叫做“美國巡迴上訴法院”。13 個巡迴區含華盛頓特區上訴法院和聯邦巡迴上訴法院在內）

Court of Appeals in Cases of Capture 〔美〕拿捕案件上訴法院；捕獲上訴法院

Court of Arbitration of the Chamber of Commerce 〔美〕（紐約市）商會仲裁法庭

Court of Archdeacon 〔英〕副主教法院（為英國宗教法院最基層一級的法院）

Court of Arches 坎特伯雷大主教附屬法院；宗教法院

Court of Arms 紋章法院

Court of Assistants 〔美〕總督法院（殖民地時代的馬塞諸塞州最高法院，1630 年組建的由州長、副州長及其助理組成，行使立法和司法、以及該殖民地衡平管轄權）

Court of Assize 巡迴法庭

Court of Assize and Nisi Prius 〔英古〕（各郡的）巡迴民事審判法庭

Court of Attachments 〔英古〕皇家森林扣押法院（為三個森林法院最低一級的一個，每 40 天開庭一次，審理森林官所扣押的財產及侵權犯罪者案件）

Court of Audience 〔英〕坎特伯雷大主教附屬法院（坎特伯雷大主教親審法院，釋義見 "audience court"）

Court of Augmentation 〔英〕增收法院（亨利三世為增加收稅而設的）

Court of Bankruptcy 破產法院

Court of Brotherhood 〔英古〕五港聯席法庭，五港特許監督長會議（指五港市長及其主要官員的會議）

Court of Cassation 〔法〕最高法院

Court of Chancery 衡平法院（指根據衡平的形式和原則管理衡平和訴訟程序。美國已廢止衡平法院）

Court of Chivalry 〔英〕騎士法院

Court of Civil Appeals 〔美〕民事上訴法院（指阿拉巴馬、俄克拉荷馬和德薩斯州的）

Court of Claims 〔美〕索賠法院（現在伊利諾州、密芝根州、紐約和俄亥俄等越來越多州均設有）；〔英〕權利求償法院

Court of Clerk of the Market 〔英〕集市附屬法院（主要審理集市上的度量衡犯罪案件）

Court of Commissioners for Ecclesiastical Causes 宗教法院

Court of Commissioners of Sewers 〔英〕低窪地排水專員署法院（主要監督修理河岸及河流航道等事宜）

Court of Common Council 倫敦市議會法庭（1275 年）

Court of Common Hall 倫敦市議事廳會議

Court of Common Pleas 〔英〕高等民事法院；〔美〕（賓州）中級民事及刑事法院

Court of Competent Jurisdiction 〔美〕有法定管轄權的法院（指按憲法或法律規定，具有管轄權、可對爭議問題作出裁決的法院）

Court of Conciliation 調解法庭（指調解債務人和債權人之間關於債務的爭端以免對簿公堂）

Court of Conscience 〔英〕良心裁判法庭（又稱 "小額債務法院"，是為了審判小額債務，根據特別議會制定法而在英格蘭各地設立的下級法院。1846 年地方法院設立的同時，廢止了該法院的名稱）

Court of Conservancy 泰晤士河保存事務局

Court of Constable and Marshal 軍法法院

Court of Convocation 〔英〕宗教法院；教士代表會議（由各省省高級神父和低級神職人員代表組成，屬教會議會性質的，具有司法職能，管轄審理異端邪教等，以及其他純屬教會案件，並可上訴及國王）

Court of County Commissioners 〔美〕（某些州的）縣行政專員法庭（在有些州每個縣都設有一個 "court of record"）

Court of Criminal Appeal 〔英〕刑事上訴法院

Court of Customs and Patent Appeals (=Customs and Patent Appeals Court)〔美〕關稅及專利上訴法院（成立於 1929 年）

Court of Customs Appeals 海關上訴法院

Court of Delegates 〔英〕皇家教務代表法庭（1534 年成立至 1832 年廢止）

Court of Dispute of Limit of Right 權限爭議法院

Court of Distribution 分配法院（對無遺囑死者財產的分配）

Court of Divorce and Matrimonial Causes 離婚及婚姻法院

Court of Ecclesiastical Causes Reserved 〔英〕宗教案件初審管轄權法院（1963 年成立的，管轄坎特伯雷和約克兩個教省中涉及牧師和主教等違犯教義、禮儀及儀式等案件）

Court of Equity 〔美〕衡平法院；衡平法庭（美國各州均已廢止，其案件均併入 "civil action"）

Court of Error 複審法院（複審下級法院的判決）

Court of Errors and Appeals 〔美〕終審法院（前為新澤西州和紐約州的）

Court of Exchequer 〔英古〕財稅法院；稅務法院

Court of Exchequer Chamber 〔英古〕國庫法院；財稅上訴法院（介於普通法的上訴法院和上議院之間）；財政部內室法庭（1873 年後，其管轄權移交給上訴法院）

Court of Faculties 〔英〕大主教特許授權法庭（坎特伯雷大主教辦事處，授予包括頒發結婚證書的特權、坎特伯雷和約克郡法官為該法庭的當然主事）

Court of Final Jurisdiction 終審法院

Court of First Fruits 〔英〕徵收初年聖俸及什一稅法院（1554 年廢止）

Court of First Instance 初審法院；第一審法院

Court of First Report 初審法院；一審法院

Courts of the Forest 〔美〕森林法院

Court of General Quarter Sessions of the Peace 〔美〕（新澤西州）季審刑事法庭；〔英〕季審治安法庭

Court of General Sessions 〔美〕（某些州的）刑事初審法院（一般刑事案件管轄權法院）；〔英〕一般治安法庭

Court of Great Jurisdiction 〔美〕一般管轄權法院（"管轄權無限的法院"，對民、刑事案件都有不受限制的審判權）；〔英〕一般治安法庭

Court of Great Sessions in Wales 〔英〕威爾斯巡迴法庭（每年在威爾斯郡開庭兩次，1830 年廢止並被併入英格蘭）

Court of High Commission 宗教事務高等法院（伊利沙伯女王宗教法院創設於 1559 年）

Court of Honour 〔英〕榮譽法庭（善行審查會，審理關於個人榮譽和紋章等案件）

Court of Human Rights 人權法庭

Court of Hustings 哈斯廷法院（舊時倫敦縣獨審法官法院和以前維珍尼亞州部份地方法院）

Court of Inquiry 〔英〕調查法庭（指調查軍事法庭量刑是否過重等案件）；〔美〕調查法庭（嚴格而言，該庭只是調查事實，並無權裁定任何官兵罪與非罪案件）

Court of International Trade 〔美〕國際貿易法院（1980 年成立，管轄所有進口業務訴美同事等案件）

Court of Judicature 法院

Court of Judicial Arbitration 仲裁法院

Court of Justice 法院；法庭

Court of Justice of the European Communities 歐洲共同體法院（為歐共體的仲裁機構，設在盧森堡）

Court of Justice Seat 〔英〕皇家園林高等法院（也稱 "Court of the Chief Justice in Eyre"）

Court of Justiciary 最高刑事法院

Court of King's (Queen's) Bench　王座法庭；〔高等法院〕王座分庭（高級法院 13 世紀許從國王法院劃自出來而成為獨立的法院，由於英國王曾經親自坐而聽審，後來法官所到之處均加以沿用，故而得名，1873 年依法院組織法第 34 款關於法院管轄權限規定劃入高等法院王座分庭）

Court of Last Instance　終審法庭

Court of Last Resort　終審法院（指最後的上訴審，即最高法院的一種俗稱）

Court of Law　〔美〕（廣義上指）法院；（狹義上為）普通法院

Court of Limited Jurisdiction　〔美〕有限管轄權法院（屬下級法院，例如只管遺囑檢證的少年案件的法院）

Court of Lord High Steward of Great Britain　〔英〕王室刑事法庭；貴族審判庭（議會休會中以敕令任命特別議長召集全體貴族院議員組成特別法庭審理貴族犯罪案件的特別法庭）

Court of Lord High Steward of the Queens's Household　〔英〕女王刑事審判庭（創設於 1541 年，主要調查、審判所有叛國罪、謀殺罪等案件）

Court of Magistrates and Freeholders　〔美〕奴隸與有色自由民刑事法院

Court of Marshalsea　〔英古〕皇家宮廷法院（管轄自王宮 12 英里以內所屬土地的案件和當事者一方與王室有關係的所有債務與合同案件的舊時法院）

Court of Military Appeals　〔美〕軍事上訴法院（於 1950 年國會設立的，由總統任命三個民事法官審理將軍和海軍將官等死刑案件）

Court of Nisi Prius　〔美〕獨任法官民事初審法院（舊時由賓夕凡尼亞州最高級法院一名法官主審賓夕凡尼亞州市、縣民事案件，1874 年廢止）

Court of Ordinary　〔美〕遺囑檢驗及監護法院（該法院以前在南卡羅萊納州對遺囑檢證管理，白痴、精神病者分配死者遺產以及任命、罷免未成年及精神病患者監護人等事務具有排他性管轄權）

Court of Original Jurisdiction　〔美〕原審法院；一審法院；初審法院

Court of Orphans　〔美〕孤兒法院；〔英〕（倫敦）孤兒法院

Court of Oyer and Terminer　〔英〕重罪巡迴法院（為審判叛國罪、重罪等重大罪犯而特別設立的法庭）；〔美〕（州）刑事法庭；（州）刑事分庭（或一般管轄法院刑事分庭現只適用於特拉華和賓夕凡尼亞州）

Court of Oyer and Terminer and General Gaol (or Jail)　〔美〕（舊時賓夕凡尼亞州）刑事法庭；〔英古〕刑事調查和審判法庭

Court of Palace at Westminster　〔英〕王宮法院

Court of Passage　〔英〕利物浦自治市法院（只管轄發生在該市案件及海事案件的下級法院）

Court of Peculiars　〔英〕僧侶法院；附屬於坎特伯雷大主教法院（對坎特伯雷教省所有教區具有管轄權）

Court of Piepoudre (or Court of Piepowder)　〔英〕集市法庭（舊時當場審理市場內發生的案件，為英國最基層的法院）

Court of Pleas　〔英〕地方普通法法院

Court of Pleas at Durham　達勒姆特權領地法院

Court of Policies of Assurances　保險法院（舊時倫敦市法院之一，根據議會制定法設立以簡易程序審理關於保險的案件）

Court of Policy　（英領地）圭亞那立法機關

Court of Private Land Claims　〔美〕私人土地求償權法院

Court of Probate　遺囑檢驗法院（審理死者遺囑、管理和分配死者遺產等事宜）

Court of Protection　〔英〕保護法院（高等法院一個部門，專門保護因精神病不能管理財產的人）

Court of Public Summons　公示催告法院

Court of Quarter Sessions　〔英〕季審法庭（指在州、市內按季開審法庭，已廢止）

Court of Quarter Sessions of the Peace　〔美〕治安季審法庭（舊時為賓夕凡尼亞州審判輕罪和某些行政性案件法院）

Court of Queen's Bench　〔英〕王座法庭

Court of Record　〔英〕案卷法院；保管訴訟記錄的法院

Court of Referees　〔英〕公斷人法院

Court of Regard　〔英〕護林法院（每三年舉行一次）

Court of Requests　〔英〕小型衡平法院（1641 年廢止）；小額債務索賠法院（為了審理返還小額債務，根據特別議會制定法而在英格蘭各地設立的下級法院的名稱。1846 年地方法院設立的同時廢止了該法院的名稱，其意同 "court of conscience"）

Court of Requisition　受托法院

Court of Review　〔英〕複審法院

Court of Rome　羅馬教廷

Court of Second Instance　第二審法院

Court of Session(s)　〔蘇格蘭〕最高民事法院；〔美〕（某些州的）刑事法院（指對離婚和海事具有民事管轄權）

Court of Sewers　〔英〕排放污水的政府特派員

Court of Shepway　〔英〕謝普韋法院（在五港特別長官主持下開庭的法院其民事案件管轄權於 1855 年撤銷，但仍擁有海事管轄權）

Court of Sheriff's Tourn　〔英〕郡長治安巡迴法院（每年在復活節和米迦勒節後的一個月內開庭兩次）

Court of Special Sessions　〔美〕專案法庭（為審理專門案件而成立的法庭）

Court of St. James　英國朝廷（英國外交文辭）

Court of Stannaries of Corwall and Devon　〔英〕（康沃爾和德文郡）錫礦區法庭（於 1896 年廢止並將其管轄權轉入郡法院）

Court of Star-Chamber　〔英〕星座法庭（於 1641 年廢止，以專斷殘暴著名）

Court of Suit　受訴法院；起訴法院

Court of Summary Jurisdiction　〔英〕即決法庭；簡易裁判庭（在英格蘭和威爾斯司法行政官行使審理無陪審團、無法官的刑事管轄案件的簡易法庭）；〔蘇格蘭〕郡司法行政官法院（行使即決刑事管轄權）

Court of Survey　〔英〕海事調查法庭；驗船上訴法院（由授權一名法官和兩名陪審員負責審理對某些官員依商船法所作出的判決的上訴案件）

Court of Sweinmote (Swainmote, Swai-gemote)　〔英〕皇家森林法院（英國最古老的林地法院之一，每三年舉行一次，主審森林官員犯下的受害者等案件）

Court of Teinds　〔蘇格蘭〕什一稅法庭

Court of the Chief Justice in Eyre　〔英〕皇林高級法庭（每年開庭一次，除犯有森林法罪外，無刑事管轄權）

Court of the Clerks of the Market　〔英〕市場監督官法院

Court of the Constable and Marshal　〔英〕騎士法庭

Court of the Coroner　〔英〕驗屍官法庭

Court of the Council of the Marches of Wales 〔英〕威爾斯邊區議會法院

Court of the Counties Palatine 〔英〕郡特權領地法庭 (舊時關於蘭卡斯特和達勒姆享有特權郡一種私人法院)

Court of the Duchy Chamber of Lancaster 〔英〕蘭開斯特公爵領地法庭

Court of the Earl Marshal 〔英〕軍事法庭;〔英古〕陸軍元帥

Court of the Lord High Admiral 〔英〕王室海軍大臣法院 (自15世紀初以後設有一個海軍大臣事務法庭和一個海軍部法庭)

Court of the Lord High Steward of Great Britain 〔英〕王室貴族審判庭 (調查貴族犯罪案件的)

Court of the Lord High Steward of Universities 特設大學法庭 (牛津和劍橋兩所大學分別設立具有對學生和僱員民事和刑事案件的管轄權)

Court of the Lord Steward of the Queen's Household 〔英〕王室刑事法庭

Court of the Lords Justices 〔英〕高等上訴法院

Court of the Official Principal 〔英〕坎特伯雷教區法院

Court of the Officials 〔日〕內宮官員;宮內廳

Court of the Ordinary 〔英〕主教法院

Court of the Steward and Marshal 〔英〕高等法院;巡迴法院;宮廷法院

Court of the Steward of the King's Household 〔英〕王室刑事法庭 (審理叛國罪等刑事案件)

Court of Veterans Appeals 〔美〕退伍軍人上訴法院 (1988年)

Court of Wards and Liveries 〔英〕王室監護法院 (成立於亨利三世統治時期,旨在對佔有有價值財產的人調整與管理)

Court packing plan 〔美〕法院重組方案 (羅斯福總統1937年更換不贊同其社會哲學理念的最高法院法官的意圖)

Court ranks 位階;法院等級

Court reporter 法庭記錄員;判決發佈人

Court rolls 法庭案卷;〔英〕莊園法庭案卷 (記錄莊園內莊園主和佃農遺囑和贈予等各種活動)

Court room 法庭;審判室

Court rule 〔美〕法院規則 (法院審訊實踐及其程序具有法律效力的指導規則)

Court system 法院體系;法院系統

Court System in the Period of the Republic of China 中華民國時期法院組織 (指北洋政府和國民黨政府各級法院的組織體系。前者實行四級三審制,後者改為三級三審制並統稱法院)

Court System of France 法國法院組織 (法國法院組織劃分為普通法院與行政法院兩大系統)

Court System of the Federal Republic of Germany 德意志聯邦共和國法院組織 (設立六種法院,即:憲法法院、普通法院、勞工法院、行政法院、社會法院和財政法院,自成系統,除憲法法院外,由聯邦級法院組成聯合委員會,進行協調工作)

Court System of the Union of Soviet Socialist Republics 前蘇聯法院組織 (由區、市人民法院,邊疆區、州、市、自治州和自治專區法院、自治共和國最高法院、加盟共和國最高法院和蘇聯最高法院等組成,實行審判合議制和兩審終審制)

Court System of the United Kingdom 英國法院組織 (英國司法組織因襲歷史的傳統體系比較錯綜複雜,法院大部份不是由固定屬配的法官組成,而是由一定等級的法官到法院組成法庭進行審判)

Court of Tax 〔美〕租稅法院;賦稅法院

Court to which an application for enforcement is made 受理申請執行判決法院

Court trusts 官司信托

Court verdict 判詞;判決書

Court will rule on the matter 法院將對此事作出裁決

Courtesy 禮讓

Courtesy card 特別優待券

Courtesy of England 〔英〕鰥夫財產 (指結婚契約享有亡妻的財產權利)

Courtesy of Scotland 〔蘇格蘭〕鰥夫財產 (指根據結婚契約享有亡妻的財產權利)

Courtesy of the port 港口禮遇 (指本國公民回國抵港時海關給予優先履行手續的待遇)

Courtesy of the Senate 〔美〕參議院禮儀 (總統任命參議院議員或任命前參議員為州官員時都要徵詢委員會同意的慣例;總統任命州官員時要尊重該州選出的參議院議員的希望的慣例)

Courtesy of the trade 萬國版權同盟承認前美國主要出版者的約定

Courtesy visa 禮遇簽證 (指發給國家元首和大使等外國政府高級政要官員)

Courtesy visit 禮節性訪問

Court-hand 〔英古〕法院卷宗書寫體 (指法庭書記員庭審記錄,一種特別書寫形式直至喬治二世為止)

Court-house 〔美〕法院;法院大樓 (作為開庭和庭審之用)

Court-lands 領主自留地;貴族保有地 (貴族保有的供養家眷專用領地或土地)

Court-like procedures 〔世貿〕類似法院的程序 (指審議機構對採購中違規的政府實體所起的作用)

Court-Martial Reports 〔美〕軍事法庭判例集

Courtoisie intenationale 〔法〕國際禮讓

Court-paper 案件審判始末公報

Courtroom lawyers 法庭律師

Courts of Appeals 〔美〕上訴法院 (亦稱"中級上訴法院"由國會創設於1891年,其直至1948年均以"巡迴上訴法院"著稱)

Courts of Common Law 〔英〕普通法法院 (普通法的總稱,其中由國王法院直接分出來的王座法院、人民訴訟法院和財務法院,統稱三上級法院,舊時在倫敦威斯特敏斯特作為英國的中央法院進行活動,對普通法的形成發展有過貢獻,於1873年以後併入高等法院)

Courts of Military Review 〔美〕軍事複審法院

Courts of Record 〔美〕保管訴訟記錄法院 (永久保存訴訟記錄,且具有對藐視法庭者罰款或入獄權力)

Courts of the Bishops of Dioceses 〔蘇格蘭〕主教管區法院

Courts of the Franchise 〔英古〕特許法院 (1274年)

Courts of the United States 美國法院 (含最高法院、上訴法院、聯邦地區法院、國際貿易法院、哥倫比亞特區上訴法院、哥倫比亞特區高等法院、廣島地區法院、維爾京羣島地區法院、債務求償法院、關稅和專利上訴法院、稅務法院、海關法院、破產法院和軍事上訴法院以及作為彈劾法院的參議院法庭)

Courts of the Universities 〔英〕特設大學法庭 (牛津和劍橋兩大學分別設立的具有對學生或僱員民事和刑事案件的管轄權)

Courts of Westminster Hall 〔英〕英格蘭高等法院

C

Courts System of Japan　日本法院組織（由最高裁判所和下級裁判所行使，實行四級三審制）

Courts System of the United States of America　美國法院組織（劃分為聯邦和各州兩大體系，名稱和審級不盡相同，一般是民、刑事兼理，法官由總統任命，各級法院檢察官受司法部領導）

Courts-martial　軍事法庭；軍事審判

Courts-Martial Appeal Court　〔英〕軍事法院上訴法庭

Courtyard　庭院；院子

Cousin　堂（表）兄弟；堂（表）姊妹；親戚；遠親

Cousinage　堂（表）兄弟姐妹關係；旁系血親關係

Cousinhood (cousinship)　堂（或表）兄弟姐妹關係；親戚關係

Cousin-in-law　堂兄弟的妻子；堂姐妹的丈夫（堂姊妹夫）

Cousins german　(=first cousin or full cousin) 堂（或表）兄弟；堂（或表）姊妹

Coustoumier (coustumer or coutumier)　〔法〕習慣法彙編

Couthutlaugh　〔撒〕窩藏罪犯者（指明知而自願藏匿罪犯者與罪犯同罪）

Coutume　〔法〕慣例；習慣法；習慣法彙編

Coutumes de Beauvaisis　〔法〕博韋茲習慣法集（約 1280 年）

Couverture　〔法〕客戶保證金（指客戶交給經紀人一筆錢以為其購買證券擔保）

Covenable　〔法〕方便的；適宜的

Covenant　*n. & v. i.* 〔英〕蓋印契約；協議條款；〔美〕蓋印契約；合同；協議；違反蓋印契約求償之訴；盟約；公約；條約；II. 締結同盟；訂立契約

Covenant against encumbrances　無負擔保證條款（指所轉移的地產無抵押或扣押負擔的契約書）

Covenant appurtenant　隨土地移轉的契約（條款）

Covenant for further assurance　再擔保約款（賣主擔保履行把標的物的權利完全轉移給買主所需要做的所有行為的義務條款）

Covenant for possession　佔有約款（受讓人或租賃人授予佔有的契約）

Covenant for quiet enjoyment　安寧享用擔保約款（指地主或讓與人向承租人或買受人擔保其所有權無瑕疵並在其上無任何騷擾的承諾）

Covenant for title　所有權擔保約款（在土地讓與契約中通常訂明的約款，讓與者保證對標的物所有權是完全的、而且無任何瑕疵，並擔保履行完全移轉所有權所必要的一切行為）

Covenant in gross　不隨土地轉讓合同

Covenant not to compete　禁止競爭協議（指訂約人承諾在特定時間和指定區域不與受約者競爭）

Covenant not to sue　不起訴協議

Covenant of non-claim　不主張權利約款（指有訴訟權，但同意不使用其權利）

Covenant of right to convey　立約人有權轉讓擔保約款

Covenant of salt　不可背棄的盟約；神聖契約

Covenant of seisin　不動產保有擔保約款（指轉讓人向購買人擔保其所讓與財產數量和質量的保有約款）

Covenant of the League of Nations　國際聯盟盟約（簽訂於 1919 年 6 月 28 日，共有 44 個國家加盟，旨在反對共產國際）

Covenant of warranty　擔保約款

Covenant on Civil and Political Rights　公民政治權利公約

Covenant on Economic, Social and Cultural Rights　經濟社會文化權利公約

Covenant running with land　隨土地轉移的合同

Covenant running with title　隨產權轉移的條款

Covenant to convey　轉讓的蓋印契約（指立約人同意在特定情況下讓與受約人財產權蓋印契約）

Covenant to renew　續租合同

Covenant to stand seized　承諾移轉佔有的條款（把土地轉讓給自己的妻子、子女或近親的條款）

Covenanted　立過契約的；有契約上義務的

Covenantee　受約者；合同受約者

Covenanter(or)　立約者；訂立合同者；立約承擔義務者

Covenants on Human Rights　國際人權公約

Covenants performed　〔美〕蓋印契約已履行（賓州的蓋印合同抗辯之訴中的一種做法。被告非正式地通知原告，以證據否認原告的指控。此種抗辯做法已於 1887 年廢止）

Covenants running with reversion　隨複歸權轉移的約款

Covent　(=convent) 修道士的團體；尼姑庵；修道院

Coventry Act　〔英〕考文垂法（關於懲罰毆打人、使人殘廢和毀容等規定，1671 年）

Cover　*v. & n.* I. 給…保險；投保；彌補（指買方有權要求因賣方違約致使不能依約買到貨物而不得不買代用品所致損失要求補償的權利）；沖銷；拋銷；補進；補空；抵償；II. 購買替代物權（指賣方違約者，買方如屬善意有權在公開市場上購買替代貨物）；封面；〔保〕保障；彌補（損失）；付定金；包封；表面

Cover a significant proportion of world trade　涵蓋世貿的重要部份

Cover charge　（某些國家中飯店等的）附加費；服務費

Cover note　暫保單；承保通知書（指由代理人代表承保人簽署所提出的保險建議供承保人考慮的臨時保險單，其不同於由公司出具的"binder"）

Cover operating losses　彌補經營損失

Cover short sales　將囤積的股票廉價出售

Cover the travel costs of family members and expense of shipping a family's household effects　〔領事〕包括家庭成員旅行及運送其家庭用品費用（指美政府規定，領事家庭成員同行及其家庭用品運費出政府負擔）

Coverage　承保範圍；保險總額；保險類別；保險險別；新聞採訪

Coverage of specific tariff reduction　特殊關稅的削減範圍

Coverage ratio　盈利與利息比率（衡量公司支付資金費用能力）

Coverage to all forms of trading services　包括各種貿易服務方式

Cover-all clause　一攬子條款（指投保人一攬子保險其意識到可能發生的不測）

Covered Agreements　〔世貿〕包括在世貿組織框架內的多邊協定

Covered interest rate arbitrage　套利率交易

Covered interest rate differential　套利率差額

Covered money　〔美〕（歸國會調撥的）國庫存款

Covering approval　書面許可

Covering by shorts　賣方的買回

Covering contract　補進合同

Covering note　認保單；暫保單（由經紀人出具的被保險人

一旦受到損失，可據此向經紀人作為賠償的依據)

Covert 受丈夫保護的；有掩蔽的；隱藏着的；暗藏的；在保護下的

Covert baron 已婚的；受丈夫保護的

Covert wrecker 暗藏的破壞份子

Covert-baron 有夫之婦；已婚婦女

Coverture 妻子的地位；有夫之婦身份；已婚婦女的法律身份

Coverture scheme 夫婦同體主義；夫妻一體主義 (指法律上視夫妻為一體，其人格已被相互吸收，而不承認雙方各有獨立的人格)

Cover-up 隱瞞；隱匿；掩蓋手段；隱瞞不法行為或犯罪行為

Covin 詐害行為；詐害密謀 (指兩人或兩人以上共謀傷害或詐欺他人而訂立的秘密協議)

Crack a counterrevolutionary case 破獲一起反革命案件

Crack a criminal case 破案 (破獲一宗刑事案件)

Cracksman 夜盜；盜竊保險箱的賊

Cradle to grave benefit 終身福利

Craft 船隻；手藝；職業；行會；行會成員；同行

Craft of the woods 森林專家；(作為行業的) 狩獵

Craft union 行業工會；同行工會

Crafts etc. Clause 駁運條款

Craftsman guild 手工業者行會

Cramdown 〔美口〕強制破產 (指儘管債權者反對，法院還是批准破產)

Cranage 起重機使用權；起重機使用費；起重機岸吊費

Crank 壞脾氣的人，易發火的人；怪人

Crash *v.* (飛機等的) 墜毀；失事；衝撞，碰撞

Crash coverage 飛機墜毀保險

Crash pad 〔美俚〕免費 (或不必受邀請而可) 住宿處

Crashworthiness 耐撞原則 (指對設計上有缺陷的車輛予以摔碎，其給司機或乘客造成嚴重傷害應由廠商承擔責任的原則)

Crating charge 裝箱費

Crave *v.* 請願；請求；懇求

Craven 懦夫 (指對在決鬥訴訟中失敗者的一個侮辱性稱呼)

Crawl out of its skin 掙脫出線 (指歐洲共同市場任何一國的匯率如要超出平價上下各 2.5% 範圍時，歐洲共同市場各國央行即行干預，以防止其匯率出線)

Crawling adjustable-peg 緩慢調整之釘住匯率

Crawling peg 小幅度調整匯率；緊緊釘住匯率

Crazy 瘋狂的；狂熱的；精神錯亂的；神經病的；熱衷的

Cream-laid paper 〔主英〕(乳白色的) 證券印刷用紙

Creance 〔法〕請求權；債務；債權；相信；信用

Creancer 信托人；債權人

Creancor 債權人

Create *v.* 創造；創作；產生；造成；建立；創立

Create a sound and viable technological base 〔世貿〕建立一個穩固可行的技術基礎

Create a unique opportunity to build international trading systems 創建一個舉世無雙的國際貿易制度 (指 WTO)

Create an effective deterrent to infringement 〔世貿〕對侵權行為造成有效的威懾

Create an unnecessary obstacle to international trade 〔世貿〕給國際貿易帶來不必要的障 (指技術法規而言)

Create any right for any private person to obtain or exclude evidence 〔領事〕為私人獲取或者排除證據而創設權利

Create any rights or obligations 〔關貿〕產生任何權利或義務

Create principles and rules 創立原則與規則 (指國際機構可起的一種明確的職能作用)

Create restrictive, distorting, or disruptive effects on international trade 〔世貿〕對國際貿易產生限制性、歪曲性或破壞性的影響 (意指不應以貨物的原產地規則作為直、間接推行貿易的工具)

Create serious administrative and financial difficulties 〔關貿〕產生行政上和財政上嚴重困難

Created 創新的；獨創的；創作完成的

Created before and in Consideration of Marriage 〔香港〕在結婚前訂立並以婚姻為代價

Creation 創設；創造；創作；(騷動等的) 產生；成立；開辦；(爵位等的) 授與；設定

Creation of a formal legal framework for the rescheduling of debts 〔關貿〕創制一個重新安排債務償還期的正式法律體制 (有學者認為，關貿總協定很機敏地迴避了對 IMF 的債務問題)

Creation of LAFTA (1960) 北美自由貿易區協定的創立 (1960 年)

Creation of Special Drawing Rights 〔基金〕特別提款權的創制

Creation of the peers 〔英〕增封新貴族 (政府用以克服上院阻撓的最後手段)

Creation of trust 信托的產生

Creator 選舉人；設計人；創設人；創立人；創立信托人；授爵者

Creator of trust 信托創立人

Creche 〔法〕棄兒養育院；育嬰堂；托兒所

Credence 憑證；證件；信用

Credentials 資格證書；全權證書；(大使等等) 國書；證件

Credentials committee 〔聯〕全權證書審查委員會；代表資格審查委員會；全權證書委員會

Credibility 可信度，可信性 (其區別於 "competency"，前者指在證人提供證據之後考慮其所提供 "證據的可信程度"，後者是在證人提供證據之前就考慮及其證據的可信度，證人所提供的證據質量是否值得相信)

Credible 可信的；可靠的

Credible commitment 可信的承諾

Credible organisational macroeconomic analysis 〔基金〕(國際貨幣基金組織) 從組織上做出可信的宏觀經濟分析

Credible witness 可信的證人；可靠的證人；有證言信用的證人

Credibly informed 據可靠消息來源獲悉的；被可信地告知的

Credit *n. & v.* I. 信用；償債能力；信用證；賒欠期；貸方金額，貸方餘額；貸方；信貸；貸款；貸記；學分；II. 記入貸方；匯入貸方金額；賒欠

Credit account (客戶購貨的) 賒購賬

Credit activities 信貸活動

Credit advertising 信用廣告 (為信用作廣告)

Credit against (a) tax 稅收信用

Credit and obligation on bill 票據上的債權和債務

Credit arrangement 信貸協定；借款協議

Credit balance 貸差結欠；貸方餘額；〔香港〕結餘賬款

Credit barometries 信用率；使用確率；資產確率

Credit bill　信用匯票

Credit brokerage　信貸經紀業

Credit bureau　(=credit agency) 徵信所

Credit capital　信貸資本

Credit card　信用卡

Credit card crime　信用卡犯罪 (指利用偷盜、取消或其他理由而得來的信用卡以取得財產或服務的罪犯)

Credit card insurance　信用卡保險

Credit ceiling　信貸最高額

Credit certificate　信用證明書

Credit clerk　信貸員

Credit code　信用法典

Credit committee　徵信委員會

Credit control　信貸控制；信用管制

Credit Control Act　〔美〕信貸管理法 (1969 年)

Credit control by the central bank　按中央銀行的信用統制

Credit control by the rediscounting rate of the central bank　按中央銀行再貼現率的信用統制

Credit cooperative　信用合作社

Credit currency　信用通貨

Credit cycle　信用循環

Credit disclosure　信貸披露

Credit economy　信用經濟

Credit entry　貸方賬戶，貸方分錄；貸項

Credit facilities　信用透支；信用措施；〔香港〕信用服務 (銀行對同業提供信用)

Credit files　信用錄；信貸檔案

Credit folders　(=Credit files) 信用錄；信貸檔案

Credit foncier　〔法〕土地信貸銀行；〔美〕不動產抵押貸款公司

Credit foncier de France　〔法〕法蘭西地產銀行

Credit funds　信貸基金

Credit grading　信用評級 (例如，2011 年 8 月標普公司降低了美國主權債務級別)

Credit information　資信調查；信用信息

Credit installment system　分期付款銷售法

Credit instruments　信用票據

Credit insurance　信用保險

Credit interest　存息

Credit life insurance　信用人壽保險

Credit limit　信貸限額

Credit line　信貸限額；透支限額

Credit manager　信用調查經理

Credit measures　〔世貿〕信貸措施 (指服務貿易中以非關稅壁壘的形式包括優惠貸款及其利率)

Credit memorandum　〔美〕貸項通知單；貸記憑單，貸項憑單 (指賣方賒購錯賬、折扣或退款的通知單)

Credit mobilier　〔美〕動產銀行；動產抵押貸款銀行 (一公司為建設公共工程、鐵路、礦業等籌資)

Credit money　信用貨幣

Credit note (Cr.n)　貸方票據；賒欠憑據；貸項清單；貸項通知；欠條

Credit of bankrupt　破產債權

Credit of enterprise　企業貸款

Credit on real estate　土地信用；不動產信用

Credit policy　信用保險單；信貸政策；信用政策

Credit purchases account　賒買賬

Credit purchasing　賒買

Credit rating　信用評級，信貸定額；信用評估 (指評估計個人經營能力和過去清償債務情況)

Credit rationing　貸款分配

Credit reference and analysis　信貸參考和分析

Credit reform association　信用改革協會

Credit report　信用報告；信貸報告 (載有個人或公司的信用等級和財務數據以供評估信貸風險的徵信所文件)

Credit risk　信用風險；信貸風險

Credit sale　賒銷 (指允許買者先買而後付款)

Credit sales account　賒銷賬戶

Credit side of an account　賬目的貸方

Credit slip　貸方傳票；存入憑條；〔美〕信用條 (指商店或供貨商通知退還顧客允許換購他種物品或退還現金通知單)

Credit squeeze　信貸緊縮

Credit squeezing　信用緊縮；貸款緊縮

Credit standing　信用等級；資信狀況；商業信譽；借貸信用

Credit system　信用制度

Credit tranche　(基金) 信貸份額 (信貸部份貸款)

Credit tranche drawing　〔基金〕提取信貸份額 (提取信貸部份貸款)

Credit tranche purchases　〔基金〕購買信用貸款份額 (購買信貸部份貸款)

Credit transaction　賒賬交易；信貸交易

Credit Union　信用合作社；信用協會；信貸互助會；〔香港〕儲蓄互助社

Credit Unions Ordinance　〔香港〕儲蓄互助社條例 (指合夥人的貸款所得利息不入稅務條例中 "利息" 定義之內)

Credited　替代支付的；二者擇其一支付的

Credited with interest　連同利息的

Creditor　債權人；債主；貸方

Creditor at large　普通債權人

Creditor beneficiary　債權受益人

Creditor country　債權國

Creditor nation　債權國

Creditor of bankruptcy　破產債權人

Creditor of claim　求償債權人

Creditor of the estate　繼承債權者

Creditor's bill　債權人開出的票據；債權人訴訟 (指執行債務人的財產償還債務的衡平訴訟)

Creditor's claim　債權人的求償權

Creditor's equity　債權人的產權；債主權益；行使扣押權的債權人 (指不包括股東之內的產權)

Creditor's meeting　債權人會議

Creditor's rights　債權人的權利

Creditors in solido　連帶債權人；共同債權人 (釋義同 "joint creditor")

Creditors on bill　票據上的債權者 (人)

Creditors' committee　債權人委員會

Creditors' suit　債權人訴訟

Creditors' voluntary winding up　債權人自願結業；債權人自願清盤

Creditrix　女債權人

Credit-sale agreement　〔美〕賒賣合同；信用買賣合同 (指允許買主先買而分五期以上付款的合同)

Credit-trade　信用分期付款的銷售業

Credit-worthiness 信用的可靠性;信譽

Creed 〔宗〕信條;基督教教規;教條

Creek 小河;小港;小灣

Creeping expropriation 逐步徵收;逐漸徵用

Creeping inflation 緩慢的通貨膨脹;爬行式通貨膨脹

Cremation 焚化;火葬

Cremation certificate 焚化證明書

Cremation of bonds 債券的燒失

Crematory 焚屍爐;火葬場

Crest 紋章;項飾;(盾等的)紋飾

Crew 船員;水手;航行人員;空勤人員

Crew accommodation 〔英〕海員住宿設施(包括宿舍、食堂、衛生和醫院設施、百貨商店及海員娛樂場所)

Crew list 海員名單;機組人員名單

Crew's messroom 〔海法〕船員餐室

Crewman's pocket-ledger 海員袖珍賬簿

Cribber 剽竊者;作弊者

Crier (法庭)傳令官;庭丁(按:其主要職責是宣佈開庭、休庭,傳喚法官、證人和當事人到庭等事務);宣讀公告人;拍賣商

Crime 罪;犯罪;罪行;犯罪行為(指觸犯刑律的作為或不作為)

Crime against humanity 危害人類罪;違反人道罪

Crime against international law 違反國際法罪

Crime against military orders 違反軍令罪

Crime against nature 雞姦罪;獸姦罪

Crime against peace 破壞和平罪

Crime against property 侵犯財產罪

Crime against the human species 侵犯人類罪

Crime against the law of nations 違反國際法罪

Crime against the public confidence 損害信用罪;破壞信用罪

Crime against the state 叛國罪

Crime and punishment 罪與罰

Crime Control Acts 〔美〕犯罪管理法 (1988年)

Crime dealing with gambling 賭博罪

Crime dealing with the lottery 發行彩票罪

Crime in international law 國際法上罪行

Crime in space 空中犯罪;太空犯罪

Crime insurance 犯罪保險(指保護要保人免受盜竊等犯罪行為所致損失)

Crime jure gentium 國際法上罪行

Crime mala prohibita 法定犯;法律禁止的犯罪(侵犯他人權利罪)

Crime motive 犯罪動機

Crime of abortion 墮胎罪

Crime of affray 互毆罪;騷亂罪;聚眾鬥毆罪

Crime of aggressive war 侵略戰爭罪

Crime of children 少年犯罪

Crime of Control Act (為《Omnibus Crime Control and Safe Streets Act of 1968》的縮寫)〔美〕犯罪管制法(旨在減少犯罪的聯邦法律)

Crime of corruption 貪污罪

Crime of counterfeiting and using official seal 偽造和使用公章罪

Crime of counterfeiting national currency 偽造國家貨幣罪

Crime of counterfeiting of imperial document 偽造詔書罪

Crime of counterfeiting seals 偽造公章罪

Crime of counterrevolutionary homicide 反革命殺人罪

Crime of counterrevolutionary subversion 反革命顛覆罪

Crime of defamation 誹謗罪

Crime of destroying evidence 銷毀證據罪

Crime of destroying goods 銷毀物品罪

Crime of disposing state secrets 〔中〕泄露國家機密罪

Crime of embezzlement of public funds 盜用公款罪;侵吞公款罪

Crime of explosion 爆炸罪

Crime of extradition 引渡罪

Crime of false charge 誣告罪

Crime of fire by imprudence 失火罪

Crime of forgery 偽造罪

Crime of forgery of imperial document 偽造詔書罪

Crime of forgery of seals of a public office 偽造公章罪

Crime of fraud 詐騙罪

Crime of fraudulent use of public seals 盜用公章罪

Crime of genocide 滅絕種族罪

Crime of illegal detainment 不法監禁罪

Crime of incendiarism 縱火罪

Crime of infringement on military marriage 〔中〕侵犯軍婚罪

Crime of insulting of official 〔日〕侮辱官員罪

Crime of interfering with elections 妨害選舉罪

Crime of internal disturbance 內亂罪

Crime of kidnapping and selling women and children 拐賣婦女兒童罪

Crime of misdemeanour 猥褻罪

Crime of money-laundering 洗錢罪(指販毒、走私及其他犯罪份子通過銀行等金融機構將其非法所得的錢財加以轉移、兌換、購買金融票據或直接投資以掩蓋其非法來源的性質,從而使得其非法資產合法化的一種犯罪行為)

Crime of murder 謀殺罪

Crime of omission 不履行法律義務罪;不作為犯罪(如果不屬故意就可能屬過失殺人犯)

Crime of passion 激怒犯罪

Crime of perjury 偽證罪

Crime of posing as state personnel to cheat and bluff 〔中〕冒充國家工作人員招搖撞騙罪

Crime of receiving bribe 收受賄賂罪

Crime of riot 騷亂罪;聚集暴徒罪

Crime of riot and incendiarism 暴動縱火罪

Crime of selling the state secret 出賣國家機密罪

Crime of squander of money 揮霍金錢罪;浪費罪

Crime of squander of money, bills or any movable effects 浪費金錢、票據或動產罪

Crime of the law of nations 國際法上罪行

Crime of the opening of a letter 拆信罪

Crime of trafficking narcotics 販毒罪;非法買賣毒品罪

Crime of treason 叛逆罪;叛國罪;賣國罪

Crime of violence 暴力罪(包括故意過失殺人、謀殺、強姦、拐騙和搶劫等使用暴力行為)

Crime of war 戰爭罪

Crime passionnel 〔法〕因情欲妒忌而造成的犯罪

C

Crime prevention and control 預防和控制犯罪

Crime rate 犯罪率

Crime-ridden 罪大惡極的

Crimes against marriage and family 〔中〕妨害婚姻、家庭罪 (指違反婚姻法的規定,妨害婚姻、家庭制度、危害社會等行為)

Crimes against property 〔中〕侵犯財產罪 (指以非法佔有為目的獲取公私財物,或者故意毀壞公私財物的犯罪行為)

Crimes against public security 〔中〕危害公共安全罪 (危害廣大羣眾生命健康和公私財產的安全,足以使多人死亡或使公私財產遭受重大損失的行為)

Crimes against social administration 〔中〕危害社會管理秩序罪 (指妨害國家對社會的管理活動,破壞各種管理法規和公共秩序的危害社會行為)

Crimes against socialist economic order 〔中〕破壞社會主義經濟秩序罪 (指違反國家經濟法規,破壞國家經濟管理活動,使國民經濟遭受嚴重損害的行為)

Crimes against the rights of the person and the democratic rights of Citizens 〔中〕侵犯公民人身權利、民主權利罪 (指非法侵犯公民的人身權利和民主權利的行為)

Crimes mala in se 自然犯;自然犯罪 (屬自身犯罪,例如:偷盜,縱火,強姦和謀殺等破壞安寧的罪行)

Crimes of Counterrevolution 〔中〕反革命罪 (指以推翻現政權為目的的行為)

Criminal *a. & n.* I. 犯罪的;刑事上的;刑事的;有關犯罪的;涉及犯罪的;II. 罪犯;犯人

Criminal abortion 墮胎罪

Criminal act 犯罪行為

Criminal action 刑事訴訟

Criminal activities 犯罪活動

Criminal anarchy 〔美〕虛無政府罪 (指主張以暴力或其他非法手段推翻政府的理論,已被定為重罪)

Criminal anatomy 犯罪解剖學;刑事解剖學

Criminal anthropology 刑事人類學 (關於刑事犯罪原因在於隔世遺傳和因犯病理兩種因素所致的天生犯罪理論)

Criminal appeal 刑事上訴

Criminal Appeal Act 〔美〕刑事上訴法 (對區法院的判決、命令和裁決向聯邦法院提起上訴)

Criminal arrest 刑事逮捕

Criminal assault 企圖傷害罪

Criminal at large 在逃犯

Criminal attempt 犯罪未遂

Criminal bail 刑事保釋

Criminal bankruptcy 刑事破產 (1972 年設定的因犯罪者損害他人財產予以補償而遭致破產的一種方式)

Criminal bankruptcy order 〔英〕刑事破產令

Criminal behaviour 犯罪行為 (指對社會造成法律規定的應受處罰的危害行為)

Criminal capacity 刑事責任能力;刑事犯罪條件 (如年齡和精神狀況)

Criminal carnal intercourse (knowledge) 姦淫罪

Criminal carnal knowledge 姦淫罪

Criminal case 刑事案件;刑事訴訟

Criminal caught in or immediately after the act 現行犯

Criminal charge 刑事告訴;刑事指控

Criminal codes 刑法典;〔美〕刑事法典

Criminal coercion 〔美〕犯罪脅迫

Criminal coercive measures 〔中〕刑事強制措施,刑事強制處分 (指在刑事訴訟中為防止現行犯、嫌疑犯或被告人逃避偵察等而對其採取限制人身自由的措施)

Criminal compensation 刑事賠償

Criminal connection 通姦;私通

Criminal conspiracy 共謀犯罪

Criminal contempt 侮辱法官;蔑視法庭罪 (指在法院內外侮辱民、刑的審判、法官或法院的尊嚴或妨礙司法事務的當事者、證人及其他第三者的不法行為,在英美法上為輕罪)

Criminal conversation (Crim. Con.) 通姦罪;私通罪 (指與有夫之婦或有婦之夫同居)

Criminal court 刑事法院;刑事法庭

Criminal damage 〔英〕刑事損害

Criminal defendant 刑事被告 (人)

Criminal delay 構成犯罪的遲延行為

Criminal detention 拘役 (審判機關以外的判決形式;短期剝奪犯罪人的自由並關押在一定場所的刑罰)

Criminal disability 無犯罪能力

Criminal element 犯罪份子;犯罪因素

Criminal evidence 罪證 (刑事案件的證據)

Criminal execution 刑的執行 (主要指死刑)

Criminal extradition 犯罪引渡;罪犯引渡

Criminal Extradition Act 〔美〕罪犯引渡法

Criminal for trial 候審犯人

Criminal forfeiture 沒收犯罪之用財產 (例如用於走私毒品的汽車,使用沒有執照的獵槍等)

Criminal fraud 詐欺罪 (指為逃稅而假報稅單等);〔美〕逃稅罪

Criminal fugitive 逃犯

Criminal gang 犯罪集團;流氓集團 (指三人以上為實施犯罪行為而事先通謀、有組織、有目的、有計劃、有分工的共同犯罪組織)

Criminal gross negligence 嚴重刑事過失行為;嚴重過失罪

Criminal group 犯罪集團

Criminal homicide 殺人罪

Criminal immunity 刑事豁免

Criminal in custody 在押犯

Criminal information 刑事告訴;檢察官起訴

Criminal Injuries Compensation 〔英〕刑事傷害賠償

Criminal Injuries Compensation Board 〔英〕刑事損害賠償委員會 (1964 年)

Criminal Injuries Compensation Scheme 〔英〕刑事損害賠償制度

Criminal insanity 精神病犯

Criminal instrumentality rule 〔美〕犯罪介入原則 (指犯罪並非受害者過失為所致,乃為犯罪之近因)

Criminal Intelligence Service 刑事情報服務處

Criminal intent 犯罪動機;犯罪意圖

Criminal international law 國際刑法

Criminal investigation 刑事偵查;刑事調查

Criminal investigation Department (CID) 〔英〕刑事偵查局;刑事調查局

Criminal judgement 刑事判決

Criminal judgement and ruling 刑事裁判 (指法院在刑事

審理中根據事實依法對當事人及其他訴訟參與人作出有拘束力的決定)

Criminal jurisdiction 刑事管轄權 (指把不同的刑事案件劃分給不同法院審判,以便正確適用法律)

Criminal jurisprudence 刑法學 (包括比較刑法學、沿革刑法學和解釋刑法學)

Criminal jurist 刑法學家

Criminal justice 刑事審判

Criminal Justice Administration Act, 1914 〔英〕刑事司法法 (1914 年)

Criminal justice system 刑事司法系統 (指執法和司法之法院、法庭的網絡系統)

Criminal law 刑法;刑律;〔英〕刑法 (1976 年);〔香港〕刑事案件

Criminal Law Amendment Act 刑法修正法

Criminal Law of P.R.C 中華人民共和國刑法

Criminal Law of the Air 空中刑法

Criminal letter 〔蘇格蘭〕公訴狀

Criminal liability 刑事責任

Criminal libel 誹謗罪 (指誹謗性的出版物)

Criminal lunatic 精神病犯 (因精神錯亂而假誓者或免刑者)

Criminal malversation 〔美〕瀆職罪 (廣義的刑事上的官吏腐敗行為)

Criminal matter 刑事事件

Criminal minor 未成年罪犯

Criminal misappropriation 侵佔罪

Criminal mischief 〔美〕故意損壞財物罪

Criminal misconduct 刑事不法行為

Criminal motive 犯罪動機

Criminal negligence 過失罪;刑事過失行為

Criminal non-support 故意不履行法定撫養義務罪

Criminal object 犯罪客體

Criminal objects 犯罪物件

Criminal offence 刑事罪行;犯罪

Criminal offender 罪犯;刑事犯;犯罪份子

Criminal offender on a medical parole 保外就醫的刑事犯

Criminal operation 墮胎罪

Criminal penalty 刑罰;刑事處罰

Criminal physiology 犯罪生理學

Criminal policy 刑事政策 (指尋求救治犯罪方法以為決定刑事政策的準繩)

Criminal prisoner 刑事犯;在押犯;未決犯

Criminal procedure 刑事訴訟;刑事程序 (指關於刑事案件自犯罪偵察至無條件釋放的宣判步驟,例如,頒發拘票、迫使當事人到庭問訊的證件、逮捕、搜查和拿捕及保釋等的法律和法庭規則)

Criminal procedure at first instance 刑事第一審程序 (指公訴人提起公訴後,法院對該刑事案件進行初次審判,以決定是否受理)

Criminal Procedure Law 刑事訴訟法 (指關於追究和懲罰犯罪活動的程序的法律)

Criminal Procedure Ordinance 〔香港〕刑事訴訟程序條例 (指 16 至 21 歲以下被告不得被判處監禁,除非法庭認為別無其他良策)

Criminal proceedings 刑事訴訟

Criminal process 〔美〕刑事訴訟令狀 (強迫被告出庭應訴,

例如,逮捕證)

Criminal prosecution 刑事起訴;公訴;刑事訴訟

Criminal protector 窩藏罪犯者;包庇罪犯者

Criminal psychology 犯罪心理學 (研究人的心理狀態同犯罪關係的理論)

Criminal punishment 刑罰

Criminal record 前科;犯罪記錄;刑事犯罪記錄

Criminal registration 刑事登記 (指要求罪犯依法向警察登記以使社區人人知曉)

Criminal responsibility 刑事責任 (指犯罪主體實施刑法禁止的行為所必須承擔的法律後果)

Criminal sanction 刑事制裁

Criminal sociology 犯罪社會學 (指觀察社會環境與犯罪關係的科學。如,失業、文化教育和家庭狀況等)

Criminal somatology 犯罪人體學

Criminal statutes or codes 〔美〕刑事法律或刑法典

Criminal suit 公訴;刑事訴訟

Criminal suspect 嫌疑犯;犯罪嫌疑

Criminal syndicalism 工團主義犯罪 (指蓄意主張、唆使、煽動、影響政治變革理念,進行破壞、暴力和恐怖主義、工團主義犯罪或其他非法的革命主義方法)

Criminal technique 刑偵技術 (又稱犯罪偵查技術,包括刑事照相和司法物理檢驗以及法醫學檢驗等)

Criminal trespass 非法侵入 (侵佔) 罪 (指未經許可或亦無特權而非法侵佔他人不動產)

Criminal trial 刑事審判

Criminal tribunal 刑庭;刑事法庭

Criminal type 犯罪類型;犯罪定型

Criminal undergoing reform through labour 〔中〕勞改犯

Criminal with previous convictions 有前科犯

Criminalist 刑事偵察員;刑法學家

Criminalistics 〔複〕(用作單) 刑事偵察學,又稱 "犯罪偵查學" 或 "刑事偵查學" (指用自然科學或心理學的方法對犯罪進行偵查的一門學問,其以實現刑法和刑事訴訟法的任務為目的,為揭露犯罪、揭發與證實犯罪人而研究如何查明案情,收集證據,查緝罪犯的方法、措施以及技術手段的一門科學)

Criminality 有罪;犯罪性

Criminalisation 定罪;犯罪宣佈 (並處罰)

Criminalise *v.* 使有罪;定罪

Criminate *v.* 控告;證明…有罪;告發;使有罪

Crimination 控告;定罪;責備

Criminative 定罪的;控告的;責難的

Criminator 公訴人

Criminatory 定罪的;控告的;責難的

Criminological 犯罪學的

Criminologist 犯罪學家

Criminology 犯罪學;刑事學 (指論述犯罪原因及其規律、預防犯罪和專行罰則的科學)

Criminous (criminal) 犯罪的;刑事上的;犯了罪的

Crimp *n. & v.* I. 誘騙 (或迫使) 別人去做水手 (或當兵) 的人;兵販子;誘騙和搶劫偽允載水手上岸的人;II. 誘迫,誘騙 (做水手或當兵)

Crimper 兵販子

Crippling 殘廢 (限於肢殘,特別是腿殘足殘,無力、不能活動或無工作能力、無用、殘廢)

Crisis 危機;轉折點;決定性時刻

Crisp loan　乾脆的借款
Criteria for allocation　分配標準
Criteria for evaluation　評定標準
Criteria for interpretation　解釋標準
Criteria for making the determination of substantial transformation　確定實質性改變的標準 (普惠制用語)
Criteria for patentability　專利權標準
Criteria of value　價值規範
Criterion of change of tariff classification　〔關貿〕稅則分類變化標準
Criterion of manufacturing or processing operation　生產或加工操作標準
Critical area　關鍵 (地) 區
Critical date　關鍵日期
Critical element　關鍵因素
Critical evidence　關鍵性證據
Critical input　關鍵性投入
Critical juncture　重要關頭；關鍵性關頭
Critical jurisprudence　批評法學
Critical shortage　嚴重缺乏；嚴重短缺
Critical stage　關鍵階段 (指在刑事訴訟中，被告有權向其律師諮詢否則就會喪失良機，影響判決結果)
Criticize strictly, handle leniently　〔中〕批判從嚴，處理從寬 (中共對犯錯誤幹部的懲誡政策)
Croft　〔英〕(附屬於住宅的) 小田地，小農場
Croises　香客；朝聖者；十字軍；保護十字軍朝聖者的騎士
Crook　詐騙者；盜賊；竊賊
Crooked　不誠實的；不正當的；詐欺的
Crop credit　農作物貸款；農作物信貸
Crop insurance　收穫保險；農作物保險
Crop insurance schemes　農作物保險計劃；收成保險計劃
Crop rent　農作物地租
Crop report　收成公報
Crop year　作物年度
Cropper　〔美〕分益佃農；分成制農民
Crops　作物；莊稼；收成
Cross　*n. a. & v.* I. 畫押；十字形記號 (“X”)；II. 相反的；互相矛盾的；III. 轉到另一方面；橫渡 (河流等)；劃線 (支票的)
Cross a cheque (check)　劃有橫線的支票
Cross and pile　貨幣；金錢；貨幣的表裏
Cross appeal　交叉上訴；反上訴 (指被上訴人對上訴人的反訴，兩造當事人如果都不服法院判決，可相互提起上訴，要求複審)
Cross bench　〔英〕中立議員席 (下議院中兩大政黨以外的中立政黨的議員坐的座位)
Cross bill　反訴狀 (衡平法院訴訟中，被告就同一標的對原告或共同被告提起請求救濟的訴訟)
Cross check　劃線支票；相互核對
Cross collateral　交互擔保；相互擔保 (指雙方當事人擔保對同一合同或承諾的履行或支付款項)
Cross debt　相互抵銷的債務
Cross entry　轉記入；對消記錄
Cross interrogatory　盤詰；反詰問 (指對方對證人的訊問；已作了盤詰的訴訟當事人可由所有其他當事人反詰)
Cross liability clause　相互債務條款；相互責任條款
Cross off　注銷；刪去；劃掉

Cross order　互相定貨；交互定購股票
Cross out　劃掉
Cross rate　套匯匯率；套算匯率
Cross reference number　索引編號
Cross remainder　交叉剩餘地產權；交叉剩餘遺產承受權
Cross Strait Relations Association　海峽兩岸關係協會 (屬大陸社會團體法人性質的民間團體，簡稱“海協會”，成立於1991年12月16日，其宗旨是“促進海峽兩岸交往，發展兩岸關係，實現祖國和平統一”)
Cross subsidisation　交叉補貼
Cross trade　交叉交易；轉賬交易 (交易所用語)；相互買賣；套購套售交易；外國港口間貿易；買空賣空
Cross trading　做假行情
Cross voting　交叉投票 (投反對自己所屬黨派的票)
Cross-action　互訴；反訴；交叉訴訟 (指被告對原告提起訴訟，在未決訴訟中被告為了實行與本訴訟有牽連的、別的請求而對原告提起的獨立反對訴訟)
Cross-agreement retaliation　〔世貿〕跨越協議的報復 (指在達法之訴中，申訴成員方在被申訴方不履行 DSB 裁定時可作出的請求，但其必須在 “cross-retaliation” 之後方可採取)
Cross-border claim　境外的債權
Cross-border flows　跨越邊界流量；跨國流量
Cross-border lending　境外貸款
Cross-border liberalisation　過境自由化 (指跨越兩國邊境的)
Cross-border movement of services　〔世貿〕過境服務活動
Cross-border service transactions　跨界服務交易；跨國服務交易
Cross-border supply　〔世貿〕過境供應 (指一成員方到另一成員方境內向其服務消費者提供諸如視聽、金融等服務)
Cross-border trade　〔世貿〕過境貿易
Cross-border trade in service　〔世貿〕過境服務貿易
Cross-border transactions　〔世貿〕過境交易
Cross-claim　〔美〕交叉請求；〔英〕反訴；交叉訴訟；被告的反對訴求
Cross-classification　交叉分類
Cross-complaint　互控；反訴狀 (指被告或交叉被告提出反訴)
Cross-conditionality　〔基金〕〔世行〕相互制約；交叉制約
Cross-contamination　交叉污染
Cross-cove　盜賊；強盜
Cross-cutting interests　相互削減彼此的利益
Cross-default　連帶拖欠 (債務)
Cross-default clause　連帶拖欠條款
Cross-demand　反要求；交互要求 (指乙向甲提出要求，甲反過來又向丙提出要求)
Crossed Cheque (Check) Act　〔英〕劃線支票條例 (1871年發佈的開始禁止匯票流通的條例)
Crossed Cheque (Check)　劃線支票
Crossed in blank　白地橫線 (支票)
Cross-errors　交叉錯誤 (原、被告指出再審令狀中的錯誤)
Cross-examination　盤詰；盤問；反對詢問；反詰；反質 (指在庭訊中於本訊問終了後，本造律師向對造證人的質問；反之亦然)；〔香港〕次輪訊問 (指證人受對方律師的盤問，旨在複驗證人在首輪訊問中所作的證詞是否屬實)
Cross-examine　*v.* 盤問 (反對訊問對方傳喚的證人)

Cross-examiner 盤問人

Cross-exchange rate 交叉匯率；套算匯率；套稱匯率

Cross-file 〔美〕多黨候選人 (在預選中登記作為一個以上政黨的候選人)

Cross-fire *v.* (通融匯票) 互相開具

Cross-frontier commercial bribery 跨越邊界的商務賄賂；跨國商務賄賂

Crossing 交叉路口；十字路口；橫道；(支票上的) 劃線

Crossing of the frontier 越界

Crossing stock 轉換交易；相對買賣

Crossing trade(s) 轉換交易；相對買賣；買空賣空

Crossing zebra 〔交通〕斑馬線

Cross-liability 交叉責任；相互債務

Cross-licence 相互特許；交叉許可證

Cross-licensing 交叉許可 (指兩人或兩人以上互相交換專利許可證允許各自使用並謀取其利)

Cross-licensing agreement 交換許可證協議

Cross-provinces 跨省

Cross-purchase buy-sell agreement 〔美〕互購買賣協議 (交叉購買意指幸存所有人同意購買退夥者的股權)

Cross-question *v. & n.* 詰問；交叉詢問

Cross-references 相互引用

Cross-regions 跨地區

Cross-retaliation principle 〔世貿〕相互報復原則；交叉報復原則

Cross-section analysis 典型分析；抽樣分析；切面分析

Cross-sector deals 跨部門交易；跨行業交易

Cross-sector retaliation 〔世貿〕跨部門報復 (指在違法之訴中，申訴成員方在被申訴方不履行 DSB 的裁定時可作出的請求)

Cross-sectoral issues 跨部門問題 (多種部門的問題)

Cross-sectoral negotiations 跨部門的協商

Cross-sectoral negotiations and trade-off 〔關貿〕跨行業協商和交換條件

Cross-sectoral trade-offs in negotiations for barrier reduction 降低 (貿易) 壁壘談判中多部門間交換條件

Cross-trader 買空賣空的交易商

Crowd out 追奪…所有權；排擠；擠出

Crown (the C-) 國王；君主；王室；王權；王冠；冕；王國政府；王徽；〔英〕(舊制) 5 先令硬幣

Crown advocate 〔英〕王室律師，御用律師；王室海事法律顧問 (舊時在海事法院擔任王室法律顧問的助手以代理國王的法律顧問)

Crown agent 〔蘇格蘭〕刑事律師；〔英〕聯邦採辦處

Crown Agents 〔英〕王室商務金融代表 (指由外交大臣任命的代理殖民地和被保護國代辦商品等事務)

Crown Appointment Commission 〔英〕欽定主教委員會 (1977 年)

Crown cases 〔英〕刑事案件

Crown cases reserved 〔英〕待決刑事案件 (在巡迴審判中發生而留待刑事上訴法院解決的法律問題)

Crown colony 〔英〕直轄殖民地 (在國王直轄下，立法權屬國王，行政權屬本國政府)

Crown colony system 〔英〕王室殖民地制度 (1815 年)

Crown court 〔英〕刑事法院 (於 1971 年根據法院條例設立的以取代前巡迴法院和四季法院，為高等法院的一部，管轄

蘇格蘭和威爾斯，為英國高等記錄法院之一)

Crown courts of Liverpool and Manchester 利物浦和曼徹斯特刑事法庭 (指作為該兩個地區的巡迴法庭和按季開審法庭，專審刑事案件)

Crown debtor 〔英〕欠王室債務的人

Crown debts 〔英〕欠王室的債務

Crown domains 王室領地；王室產業

Crown Estate Commissioners 〔英〕王室地產管理專員公署 (創設於 1956 年)

Crown forest 皇林；王室所有林；官有林

Crown jewel 王室珠寶；錦標珠寶；公司中最盈利或最值錢生意的單位

Crown Land Alienation Act 國有地讓與條例；國有土地出讓條例

Crown Land Licence 〔香港〕官地執照

Crown Land Occupation Act 國有地佔有條例

Crown Land Ordinance 〔香港〕官地條例 (旨在加強對非法佔用租借地的管制)

Crown Land Resumption Ordinance 〔香港〕收回官地條例

Crown lands 公有地；國有土地；官地；〔英〕皇家土地 (在英國和加拿大屬國王個人、政府或國家的土地)；〔奧〕省 (最大的行政區劃)

Crown law 〔英〕刑法

Crown lawyer 〔英〕刑事律師

Crown lease 〔香港〕官地租借 (契)

Crown lease conditions 〔香港〕官地租借條件

Crown lease registration 〔英〕政府租地登記

Crown Leases Ordinance 〔香港〕官地租借條例

Crown lessee 〔香港〕官地租借人

Crown loan 〔美〕無息活期放款 (通指父母給年幼子女贈與物以幼子稅級納稅)

Crown Office 〔英〕(公訴署) 刑事部；刑事辦公廳 (最初屬王室法院一個部門，其於 1879 年成為最高法院中央辦公廳的一個部門，專門處理法院刑事事務，其中大量的行政事務則由高等法院王座法庭獨立法官處理下級法院的監督和手續上的事務的機構)；大法官樞國璽部

Crown office in chancery 〔英〕衡平法院刑事部 (王室法院所屬的辦公室，處理對下級法院的監督和手續上的事務的機構，現屬中央刑事法庭一部份)

Crown ownership 〔香港〕官方所擁有

Crown paper 〔英〕刑事案件名單 (指等候高等法院王座法庭刑事部審訊或判決的刑事案件清單)

Crown prince 王儲；皇太子

Crown princess 王儲的妻子；皇太子妃；女王儲

Crown private estates 〔英〕國王私有不動產

Crown privilege 王室特權 (政府特權)

Crown Proceeding Ordinance 〔香港〕王室訴訟條例 (1966 年)

Crown proceedings 〔英〕政府訴訟程序 (指依照 1947 年政府訴訟程序法規定，政府犯有過失罪或違背契約被告訴時應賠償受害者的損失)

Crown Proceedings Act 〔英〕政府訴訟程序法；王室訴訟法

Crown Proceedings Ordinance 〔香港〕皇家訴訟法例

Crown Prosecution Service 〔英〕刑事起訴署 (1985 年設立，其職司為代表警方提起各類刑事訴訟案件)

Crown Prosecutor　〔英〕公訴人；檢察官（由公訴檢察長任命的一位律師作為王座檢察署成員）；〔香港〕皇家檢察司（在前港英政府中主管全體檢察員刑事工作）

Crown rent　〔英〕地稅；政府土地稅

Crown Rent and Premium (Appointment) Ordinance　〔香港〕地稅及補價（分攤）條例

Crown rent roll　〔英〕地稅記錄冊（政府租金目錄）

Crown Rights (Re-entry and Vesting Remedies) Ordinance　〔香港〕政府土地權（收回及授權管理輔助辦法）條例

Crown servants　〔英〕國王侍從；王室官員

Crown side　〔英〕刑事部；刑事管轄權（高等法院王座法庭刑事部，審理刑事案件和大量民事案件）

Crown solicitor　〔英〕公訴署長（舊稱公訴人，現檢控案件由署長、警方或公共機構負責代表政府承辦）；〔蘇格蘭〕郡檢察官（為檢察長任命的下屬）；〔香港〕皇家律師（負責處理民事案件並兼任舊時港英政府的法律顧問）

Crown Suits Act　〔英〕國王訴訟條例（政府訴訟條例）

Crown tenant　〔香港〕官地承租人

Crown witness　〔英〕（刑事案件）公訴方證人；檢察方證人

Crown's evidence　檢察官提供的證據

Crowned mace　戴冠權標（表示作為主權的代表者的市長權杖）

Crown-tax　王室貢稅

Cruce signati　〔英古〕畫押（指簽十字或畫有"X"記號的）；香客；十字軍士（因其前往聖地朝拜時所穿衣服上佩有"x"號，故名）

Crucial　嚴厲的；決定性的；關鍵性的

Crucifixion　〔羅馬法〕木樁刑（指將奴隸釘在十字架上的酷刑）

Crucify　*v.*（反動軍隊中的一種戰地刑罰）把…像釘在十字架上那樣綁起來；把…釘死在十字架上

Crude　天然的；未加工的；粗的

Crude data　原始數據

Crude death rate　粗算死亡率

Crude oil equalisation tax (COET)　〔美〕原油均衡稅（指能源危機時，美國適用調節追加原油進口稅）

Cruel and inhuman treatment　殘忍和非人道的待遇（在美國可為離婚的根據）

Cruel and unusual punishment　酷刑

Cruel beat　殘酷鞭笞

Cruel punishment　酷刑

Cruel torture　殘酷拷問

Cruelly beat up　嚴刑拷打

Cruelly injure or slaughter draft animals　殘害耕畜

Cruelly torture　嚴刑拷打

Cruelty　殘忍；殘酷；虐待

Cruelty to animals　虐待動物

Cruelty to children　虐待兒童

Cruise car　警察巡邏車

Cruiser　巡洋艦；警察巡邏車

Cruising blockade　間接封鎖

Cruising radius　航續半徑；航續距離

Cruising squad　巡邏緝捕隊

Crumbling institutions　瓦解的制度；崩潰中的機構

Crush　*v.* 壓榨；搗碎；碾碎；榨；壓潰

Cry　*n. & v.* I. 叫喊；追趕逃犯的叫喊聲；II. 叫賣；大聲報告

Cry off　取消（買賣、契約等）

Cryer　拍賣人；叫賣人

Crying need　迫切的需要

Crying tithe　交納小牧畜的什一稅

Crypta　地窖；教堂地下室

Crypto　（政黨、社團等的）秘密成員；秘密支持者

Crypto-censorship　秘密審查（保密審查）

Cryptonym　匿名

Cubic feet (c.ft.)　立方英尺

Cucking stool　〔英〕浸水刑凳

Cuckold　姦婦的丈夫；妻子有外遇者

Cuckoo in the nest　奪取他人父母之愛的人；破壞他人家庭幸福的人

Cudgel　*n. & v.* I. 棒；棍；II. 棒打

Cueillette　〔法〕海洋法一術語

Cuff　*n. & v.* I. 打耳光；II. 用巴掌打（耳光）；毆鬥

Culpability　有罪（性）；應受懲罰；應受譴責；罪責

Culpable　犯罪的；有罪的；可歸咎的；應受懲處的；應受譴責的（指涉及法律上的失職或犯有過失，應受到道義上的譴責）；違反義務的

Culpable act　有罪行為；不合法行為

Culpable conduct　有過失的行為；有罪行為；應受譴責的行為

Culpable homicide　殺人罪；〔蘇格蘭〕誤殺（在蘇格蘭法中殺人並非謀殺）

Culpable negligence　可歸責的過失；負有罪責的過失；應受懲罰的過失（指造成事故、損失或災難等）

Culprit　刑事被告；犯罪人；未決犯（指在法庭上申辯無罪等待審判定罪的犯人）

Cultivable land　可耕地

Cultivate friendly relations with media　〔領事〕培養與傳媒的友好關係

Cultivated land　耕地

Cultivation land　〔澳〕適於耕作的土地

Cultivation paddock　圍場耕作

Cultivator　耕作者；〔美〕用穀物交租的佃農

Cultural affinity　文化密切關係

Cultural agreement　文化協定

Cultural attaché　文化專員

Cultural counsellor　文化參贊

Cultural delegation　文化代表團

Cultural exchange　文化交流

Cultural exchange programme　文化交流規劃

Cultural heritage　文化遺產

Cultural impediments to international trade　國際貿易的文化障礙（指一國社會、文化習慣及其態度對貿易的影響）

Cultural integrity　文化的完整性

Cultural property　文化財產

Cultural relations　文化關係

Culture system　〔印尼〕爪哇殖民地開拓法

Cum dividend　附紅利（指股份銷售後，買方擁有股息的權利；指所銷售的股票價格中含下期的股利）

Cum drawing　附抽籤權（指購買公債抽籤所附有的權利）

Cum new　附帶權利；附帶認股權

Cum rights　附帶權利；附帶認股權

Cumulation of imports　〔關貿〕進口累積（指產品進口對進

口國工業造成的損害是由於同時與許多國家相互貿易的累積而產生的)

Cumulative (證據等)與同一事實相重的;加重的;累積的;累加的;逐增的;累進性的

Cumulative assessment 〔關/世貿〕累加估計(指對受補貼產品進口對國內同等產品在競爭條件上的影響)

Cumulative bonus 累積紅利;累積的優先股紅利

Cumulative consols 繼續的統一公債

Cumulative deficit 累積赤字

Cumulative dividend 累積紅利;累積優先股息

Cumulative dividend feature 特定股利(指在支付普通股股利之前全部先付遺漏的優先股紅利要求)

Cumulative evidence 累積證據;補充證據

Cumulative fatigue 積累疲勞

Cumulative income bond 積累收益債券

Cumulative injury assessment 〔關貿〕累積損害評估

Cumulative interest 累積利息(指逾期不付追加的利息)

Cumulative interpretation 累積解釋

Cumulative judgement 累積判決

Cumulative labour 積蓄勞動

Cumulative legacies 追加遺贈;累積遺贈(對於同一個人重複兩個以上的遺贈)

Cumulative multiplier 累積乘數

Cumulative net drawings 累積淨提款額

Cumulative offence 累犯(同日或不同時日內屢犯同一種罪)

Cumulative ordinary share 累積普通股

Cumulative participating reference share 累積利益分紅的優先股

Cumulative penalty 累積處罰;數罪併罰;合併處刑

Cumulative preference shares (stock) 累積優先股

Cumulative preferred dividend 累積的優先股紅利

Cumulative preferred stock 累積優先股

Cumulative punishment 累積刑罰

Cumulative remedy 累積救濟

Cumulative sentences 累積判決;數罪俱罰;合併宣告刑罰

Cumulative share 累積股

Cumulative sinking fund 累積償債基金

Cumulative stock 累積股本(累積股份)

Cumulative trauma 累積創傷

Cumulative vote 累積投票(允許投票者投與被選人同數的票,而且可以把全部票投給一個候補人)

Cumulative voting 累積投票制(指一個股東可投等於董事候選人數的票數,並可將票全部投給一人)

Cunades 〔西〕聯姻;姻親;聯盟

Cuneiform law 楔形文字法(指古代亞洲西南部美索不達米亞一帶自公元前 3000 年左右先後興起的各奴隸制國家的法律,因以楔形文字鐫刻而得名,是迄今已發現的人類歷史上最早的一批成文法)

Cunnilingus 舔陰(指用嘴舔女性生殖器官行為)

Cupidity 貪財;貪心

Curagulos 物的保管人;財產管理人

Curate 助理牧師

Curateur 〔法〕(未成年人)財產管理監護人

Curative 治療的;救濟的;補救的;矯正的

Curative admissibility of evidence 〔美〕補救證據的可採

納性(指對方當事人只要有需要時,可反駁以類似證據解除可能接連性對其不公正偏袒的可採性證據的原則。此原則在美國不被普遍適用和接受)

Curative statute 補救性法;矯正法(旨在補救既往交易中一些法律瑕疵追溯性效力)

Curator 保佐人(法院指定照管禁治產者、放蕩者或未成年者的財產);財產臨時管理人(指代理無行為能力者管理其財產);(博物館、藝術館)館長;〔美〕(法院指定的)失踪者財產管理人(路易斯安那州法律用語)

Curator absentis 失踪人的財產管理人

Curator ad hoc 特別監護人;特別保佐人

Curator ad litem 訴訟監護人;訴訟保佐人

Curator ad lites 破產財產管理人

Curator bonis 財產保佐人;遺產保佐人;財產監護人;財產受托人(指在某些案子中,指定監護或托管人保護財產)

Curator bonorum 財產管理人

Curator dativus 官選保佐人

Curator furiosi 精神病患者保佐人

Curator hereditatis 遺產管理人

Curator hominis mente capti 白痴的監護人

Curator legume et morum 法律和習慣保佐人

Curator lits 破產主任官

Curator massae 破產管財人

Curator minorum 適婚未成年者保佐人

Curator prodigi 禁治產者的保佐人

Curator rei publiae 公有物保佐人

Curatorship 保佐人的職責(或身份);保佐人辦公室

Curatrix 女保佐人

Curb 〔美〕場外證券市場;紐約街上交易所(正規交易所以外的交易所,亦即,場外交易);制止;抑制

Curb broker (證券交易所的)場外證券市場經紀人;街上交易員

Curb Exchange 〔美〕股票交易所

Curb market 場外證券市場

Curb the air pollution 制止空氣污染

Curbing intervention 制止干預

Curbstone 場外(證券)交易的

Curbstone broker 場外經紀人;街上交易員

Cure v. 治療;治愈;康復

Cure by verdict 〔美〕通過裁決糾正(《民事訴訟法規則》允許通過裁決糾正因訴狀瑕疵所作的裁定)

Cure deficiencies 消除不完全的弊病(指申辦許可證法律程序上的缺陷等)

Cure of souls 〔宗〕牧師的職責

Cure unemployment 消除失業

Curfew 戒嚴;宵禁;〔美〕宵禁時間;宵禁令;〔英古〕夜半鐘聲

Curial law 仲裁法院訴訟程序法

Curiality 〔蘇格蘭〕鰥夫產(丈夫繼承亡妻的遺產,釋義同 "Curtesy of England")

Curing error 糾正錯誤

Curing title 消除地契上滯銷的瑕疵

Currencies and securities with depositories 存放於家中的貨幣和證券

Currencies held by the Fund 國際貨幣基金持有的貨幣

Currency 通貨;貨幣

Currency acceptable to the Fund　國際貨幣基金組織可接受的貨幣

Currency Act　〔美〕金本位法（1900 年）；通貨條例

Currency bank　通貨銀行

Currency budget (superseded by operational budge)　本期預算；現況預算（被"業務預算"取代）

Currency committee　通貨委員會

Currency component　貨幣構成

Currency composite　複合貨幣

Currency composition　貨幣構成

Currency control　貨幣管制

Currency conversion　貨幣兌換

Currency convertible in fact　事實上可兌換的貨幣

Currency designs　通貨圖案

Currency doctrine　通貨主義；通貨原則（指銀行券的發行應該只在硬幣準備之下進行的學說）

Currency exchange　匯兌；貨幣兌換

Currency exchange at the border　邊境貨幣兌換

Currency fluctuation　幣值波動

Currency future　貨幣期貨

Currency future contract　貨幣期貨合同

Currency holdings　持有的貨幣；貨幣存額

Currency (money) in circulation　流通貨幣（流通中的貨幣）

Currency instability and misalignment　貨幣不穩定和失調

Currency liabilities　貨幣負債

Currency loan　通貨貸款

Currency manipulator　匯率操縱國（者）

Currency note　〔英〕流通券（指由英格蘭、威爾斯、蘇格蘭、北愛爾蘭、海峽諸島、馬恩島及愛爾蘭共和國合法印製發行的均可流通和兌現）

Currency option bond　附買賣選擇權的債券

Currency outside banks　銀行外信用流通的貨幣

Currency parity　貨幣平價

Currency peg　貨幣釘住（按一個固定比率使本國貨幣同一種外幣挂鈎）

Currency retention scheme　外匯留成計劃；外匯留成安排

Currency shipment　捅貨輸送；通貨供給

Currency substitution　貨幣替代（貨幣代用品）

Currency swap　貨幣互惠信貸

Currency (monetary) system　幣制

Currency theory of the Cambridge School of Economics　〔英〕劍橋學派經濟學的貨幣理論

Currency union　貨幣聯盟；貨幣協會

Currency unit　貨幣單位

Currency valuation adjustment　〔基金〕貨幣定值調整

Currency-issuing agency　發行貨幣的機構

Current　現行的；通用的；通行的；流通的；時下的

Current access commitments　現行准入承諾

Current account　往來賬戶；活期存款賬戶；經常賬戶

Current account balance　經常往來賬差額

Current account data on services　服務往來項目數據

Current account of foreign exchange receipt　活期外匯存款賬戶的收據

Current administrative affairs　日常行政事務

Current Agricultural Research Information System (CARIS)　現時農業研究資料系統

Current appropriation　本年度撥款；本期撥款

Current area　水流地

Current assets　流動資產（指通常在一年內在正常的生意運作中可轉化成現金的財產）

Current bound rate　現行約束稅率

Current budget　本期預算；經常預算

Current cost accounting　〔美〕現行成本會計（指計算認可企業擁有的個別資產的價格變化及其有關當期成本資產的通脹方法）

Current criteria　現行標準；通用的標準

Current deposit　活期存款

Current deposit account　活期存款賬

Current deposit ledger　活期存款分類賬

Current domestic market price　現行國內市場價格

Current domestic value　當前國內價值

Current earnings and profits　現行收入與利潤

Current expenditure　經常開支；本期支出

Current expenses　經常開支；本期支出；經營費用

Current fiscal year　現會計年度；現時的財政年度

Current funds　流動資金

Current income　現行收入；本期收益

Current international transactions　經常性國際交易

Current liabilities　短期負債；短期債務；流動負債

Current maintenance　現時維修費

Current market access　現行市場准入

Current market prices　市場現行價格；現在市場價格

Current market value　現在市場價值；市場現值

Current maturities　本年到期

Current money　通貨（國家流通的貨幣）

Current obligations　存續中的債務

Current operational budget　〔基金〕經常性的業務預算

Current operational budget use of Fund resources　〔基金〕國際貨幣基金資源的經常性業務預算使用

Current operational　現時營業情況的

Current price　現價；時價；市價

Current prices of stocks　股票市價

Current Publications Division　〔基金〕日常期刊處

Current quota year　本配額年度

Current ratio　流動比率

Current revenue　本期收入

Current revenues　本期收入

Current Studies Division　〔基金〕時事研究處

Current total aggregate measurement of support　〔關貿〕現行總綜合支持程度（指成員國對農產品生產者的國內支持在實施期的任何年份實際提供的支持水平）

Current total AMS　〔世貿〕現行綜合支持總量（指對國內農業的支持）

Current transaction　經常項目交易（指國際收支差額表範圍內的）

Current value　現值；時價

Current wages　現時工資；本期工資；流動工資

Current year　當年；本年度

Current yield　本期收益；本期收益率；現時收益率

Current-weighted (also known as "Paasche index")　按照年度市價通過加權而編制的（指數）（又稱"帕拉斯"指數）

Current-weighted index　通過加權而編制的指數

Curriculum 課程（指學校指定的定期必修的）

Curse of canan 黑人奴隸制度；黑奴

Cursing 咒罵

Cursitor 〔英古〕書記官（1835-1836 年廢止）

Cursitor baron 〔英〕財稅法庭行政官

Cursor 羅馬天主教法院低級法官

Cursory examination 粗略的查驗（指對明顯可見或可確定的瑕疵）

Curtail v. 截短，縮短；削減（經費）

Curtail sb. of his citizenship 褫奪某人的公民權

Curtailing a note 更新證書；節約金額證書

Curtailment of stay 縮短停留日期

Curtain clause 〔英〕序言條款（指對 1925 年財產法衡平原則修改的注明）；説明條款

Curtesy 鰥夫產（指丈夫應得亡妻的遺產）

Curtesy of England 〔英〕鰥夫產（丈夫繼承亡妻遺產的享有權）

Curtilage (curtillicum) 宅院；庭院；住宅；庭園地，附屬於房屋的土地

Curtiles terrae 〔英古〕領主自用地（貴族保有的供奉其家眷專用的領地或土地）

Curvature 彎曲；彎曲處

Custodial 監管的；看守的；管理的；保管的

Custodial account 照管性賬戶；監護性賬戶

Custodial arrest 〔美〕羈押性逮捕（指被警察或政府當局拘禁）

Custodial engineer 〔美〕房屋看管人

Custodial interference 〔美〕監護干預（指因故意干預監護人父母權利而造成的侵害）

Custodial interrogation 〔美〕羈押訊問（指執法人員羈押被告或以任何有效方式剝奪其自由後進行訊問時應告之其憲法的權利）

Custodial officer 典獄官；管教人員；物資管理員

Custodial parcels 寄存的小包裹

Custodial responsibility 保管責任

Custodian 監護人；保管人；看守人；監管人；破產財產管理人（破產訴訟中債務人資產和財產管理人或受托人）；〔警〕監視人

Custodian agreement 保管人協定

Custodian engineer 〔美〕房屋看管人

Custodian fee 保管費

Custodian lease 〔英古〕禦准監管性租賃（指舊時國王給予特定人保管租賃王室土地的蓋有財政部大印的證書）

Custodian of alien property 外僑財產保管員

Custodian of enemy property 敵產保管員

Custodian of the interests of the developing countries 發展中國家利益的保護者

Custodian trustee 保管受托人（指只有信托財產所有者的名義而沒有任何管理事務的受托人）；保管小件行李

Custodianship 財產管理；證券管理；保管人（或看守人）資格（或責任）

Custodianship order 〔英〕兒童監護令（指法院根據長期照顧兒童的親戚或他人作為一種收養的決擇對於為取得合法監護而申請者可頒發授予合法監護命令）

Custodier 管理人；保管人

Custody 拘留；關押；羈押；監禁；監視；監管；保管；收容；監護（指離婚訴訟中，法院有權宣判父方或母方對其子女的監護權）

Custody account 保管賬戶（指受托保管人有責任保存和保護托管人財產安全的賬戶）

Custody bill of lading 〔美〕存棧提單（又稱"棉花提單"）

Custody for trial 羈押候審

Custody of account 保管財產的賬目

Custody of bond 證券保管

Custody of children 〔美〕兒童的監護；子女的監護（指法院判由離婚或分居訴訟中父母親的一方對兒童的照顧、管理和撫養）；〔香港〕兒女撫養權

Custody of enemy property 敵產保管

Custody of goods 貨物保管

Custody of the law 法律監管下的財產

Custody pending trial 羈押候審

Custody-fee (custodian fee) 保管費

Custom 風俗；習慣；慣例；〔英〕習慣法（由長期延用的習慣而確立的不成文法；可分：1. 一般慣例，即稱之為"習慣法"；又如，在英聯邦國家中靠左邊行車為古代的習慣，現已成為判例；蘇格蘭法中，死者財產自然歸其配偶和子女所有亦為古代的習慣，現亦為法院等的立法規則；2. 特定地區慣例）

Custom and usage 習慣；慣例；習慣法

Custom duties 〔美〕關稅（指課徵的進出口商品稅）

Custom duty forward 關稅先付

Custom duty paid 關稅已付

Custom duty unpaid 關稅未付

Custom House 〔英〕海關

Custom of London 倫敦慣例（主要指：無立遺囑的繼承權法律及查封外國的財產）

Custom of merchants 商業習慣；商業習慣法（指匯票、合夥和其他商業問題法律的規則）

Custom of the country 〔英〕鄉村農業慣例（舊時規範農業地主和佃農之間的關係）

Custom of the Realm 〔香港〕該地區的慣例（運輸貨物用語）

Custom of war 戰爭習慣

Custom preventive officer 海關緝私官員

Custom tariff system 關稅費率制度

Custom's User Fees Case 〔關貿〕海關用戶規費案（指加拿大和歐共體反對美總統於 1986 年 10 月 21 日批准對石油徵收用戶費，後經專家組審議並報由關貿總協定締約方全體裁定美國做法違反關貿總協定第 8 條規定）

Customage 支付關稅；繳納關稅

Customary 習慣上的；慣例的；通常的

Customary business practice 商業慣例；例行商業做法

Customary court 〔英古〕習慣法庭

Customary court baron 〔英古〕領地習慣法庭

Customary dispatch 〔美〕合理速送（指按照港口或有關港口合法、合理和周知注意趕快發送慣例）

Customary estate 〔英〕習慣保有的不動產物權

Customary freehold 〔英古〕莊園農奴習慣土地保有權；特許自由保有的不動產所有權（通過自由役務保有的登錄不動產保有權）

Customary guardianship 習慣監護

Customary heir 〔英〕習慣繼承人（根據根德地方習慣上存在的特種土地保有方法或者只有末子才能繼承土地的繼承習慣的特別繼承人）

Customary international law 習慣國際法

Customary interpretation 慣常的解釋 (指按法院對爭議問題連續或並有的判決按照慣例作出解釋)

Customary land tenure 〔英〕根德習慣土地保有制 (指根據根德地方習慣上存在的特種土地保有方法或者只有末子才能繼承土地的繼承習慣)

Customary law 習慣法 (指國家認可和由國家強制力保證實施的習慣，是人們共同信守的行為規則)

Customary law of nations 習慣國際法

Customary line 習慣線

Customary marriage 〔中〕舊式婚姻 (指中國舊社會封建買賣式的包辦婚姻等)

Customary practices 慣例；常規

Customary procedure 習慣程序

Customary rent 習慣法上的地租

Customary rule 習慣規則

Customary rule of international law 國際法習慣規則

Customary rule of war 戰爭習慣規則

Customary rules of interpretation of public international law 國際公法的習慣解釋規則

Customary services 習慣法上的勞役 (僅根據舊時習慣或時效應負擔的勞役)

Customary tenants 〔英〕習慣佃戶 (根據莊園習慣保有的登錄不動產承租人)

Customary tenure 習慣的租用土地

Customer 顧客；主顧

Customer work 〔蘇格蘭〕顧客工作

Customer's goods 〔保〕客戶的財物

Customer's liability 信用狀抵押擔保賠

Customer's liability for acceptance and guarantee 客戶承兌及保證責任

Customer's man 替證券經紀人招攬業務的人

Customer's receipt 收條

Customer's security department (銀行的) 證券保管部

Customer's service division 信託公司服務部

Custom-free 無稅的；免關稅的

Custom-house agent 海關代理人；報關行

Custom-house broker 〔美〕報關行；報關經紀人；報關代理人 (指負責辦理進出口貨物的報關手續和有關證件等事務)

Custom-house fee 海關手續費

Custom-house officer 海關人員

Custom-house overtime 海關臨時加班

Custom-house premises 〔美〕海關內設的政府倉庫

Customs 海關；〔美〕關稅；(貨物) 進口稅 (或出口稅)；海關估價員

Customs Act 〔加〕海關法 (1904 年頒佈為國際上第一部以國內法形式建立起來的一套系統的反傾銷制度的法律，其中第六節為反傾銷法的內容)

Customs action 海關措施

Customs administration 海關管理局

Customs agreement 關稅協定

Customs aircraft 海關飛機

Customs and administrative entry procedures 海關及行政性報關手續

Customs and Excise 〔英〕關稅和國內貨物稅 (1932 年)

Customs and Excise Department 〔香港〕海關

Customs and excise duties 關稅和國內消費稅

Customs and Patent Appeals Court 〔美〕關稅及專利上訴法院 (成立於 1929 年)

Customs area 關稅地區；關稅境界

Customs arrangement 海關安排

Customs attaché 海關專員

Customs authorities 海關當局

Customs barrier 關稅壁壘

Customs basis 關稅基礎

Customs bill of entry 報關單；入港呈報表；報稅通知單

Customs bond 海關保稅單據 (指暫存於海關保稅倉庫中尚未完稅的貨物)

Customs bonded warehouse 海關保稅倉庫

Customs border 海關邊境

Customs boundary 海關疆界；關稅國境界

Customs broker 〔美〕海關代理人；海關經紀人；報關行 (指主要業務是處理貨物的結關手續)

Customs certificate 海關證明書

Customs charges 海關手續費；關稅手續費

Customs cheque (check) book 海關支票簿

Customs classification 海關歸類

Customs clearance 結關；海關出口放行；海關出口許可證

Customs clearing charges 結關費

Customs compound 海關場院；海關貨場

Customs confiscation 海關沒收

Customs control 海關監督；關稅控制

Customs convention 關稅專約

Customs Convention on Containers 海關貨櫃公約 (集裝箱海關公約)

Customs Co-operation Council (CCC) 〔關貿〕海關合作理事會 (1950 年成立於布魯塞爾，旨在研究與關稅有關的問題)；〔香港〕關稅合作委員會

Customs Cooperation Council Classification Nomenclature 海關合作理事會商品分類稅則目錄 (1949 年草擬，1950 年由海關合作理事會制定於布魯塞爾)

Customs data 海關數據

Customs declaration 報關單；退稅單

Customs declaration for imports and exports 進出口貨物報關單

Customs declaration made at the time of entry 入境申報單

Customs detention 海關扣留

Customs district 海關區；〔美〕關稅區

Customs dues (=customs duties) 關稅

Customs duties as means of protection 關稅保護原則

Customs duty 關稅

Customs duty bill 海關稅單；關稅通知單

Customs entry 報關手續；海關登記；進口報關

Customs facilities 海關便利

Customs fees 海關費；通關手續費

Customs formalities 海關手續

Customs franchise 關稅豁免

Customs frontier 海關邊界；關境

Customs general administration 海關總署

Customs House 〔美〕海關

Customs import and export tariff 海關進出口稅則

Customs inspection 海關檢查；驗關

Customs inspection post　海關檢察站

Customs invoice　海關發票 (供出口和進口驗關放行的憑證)

Customs law　海關法

Customs manifest　報關單

Customs measure　關稅措施；海關措施

Customs nomenclature　海關稅則目錄

Customs of Amsterdam　阿姆斯特丹 (海上) 習慣法

Customs officer　海關人員

Customs on goods　〔英〕進出口貨物關稅

Customs pass　海關通行證

Customs patrol　海關巡查

Customs permit　海關放行證明；海關許可證明

Customs petition　關稅訴願

Customs police　關稅警察；海關警察

Customs port　輸入港；開放港

Customs procedures and norms　海關手續和準則

Customs protests　關稅訴願

Customs quota　關稅配額

Customs regime　關稅制度

Customs representative　海關代表

Customs returns　海關報表

Customs revenue　關稅收入

Customs route　關稅通路

Customs seal　海關加封

Customs search (of ship)　海關檢查 (船舶)；抄關

Customs Service　〔美〕海關總署；海關事務管理局 (負責徵收進口關稅和查禁走私販毒等事宜)

Customs Simplification Act　〔美〕關稅手續簡化法 (1954 年頒佈)

Customs supervision　海關監督

Customs supervision and control　海關監督與管理

Customs supervision zone　海關監督區

Customs tariff　海關稅則；關稅稅則；關稅率

Customs tariff law　關稅稅法

Customs territory　關境；海關轄區；〔香港〕關稅地區

Customs union　關稅同盟；〔關貿〕關稅同盟 (指以單一關稅代替兩個或兩個以上的關稅區為減免或減少貿易限制而簽訂協議結盟)

Customs Union Agreements　〔關貿〕關稅同盟協議

Customs Union's instrument of trade policy　關稅同盟的貿易政策手段 (工具)

Customs valuation　海關估價；關稅估價

Customs Valuation Agreement　〔關貿〕海關估價協定 (1994 年)

Customs Valuation Code　〔關貿〕海關估價守則 (《東京回合》根據總協定第 7 條制訂的，旨在避免任意估價形成貿易障礙，1981 年 1 月 1 日起實施)；〔台灣〕海關估價規約 (釋義詳見 "Agreement on Implementation of Article VII of the GATT")

Customs valuation methodologies　海關估價的方法

Customs valuation procedures　海關估價程序

Customs valuation system　海關估價制度

Customs value　海關價值；完稅價格

Customs value of imported goods　進口貨物的完稅價格

Customs warehouse　海關倉庫

Customs warrant　關稅保證書；海關倉庫貨物出倉單

Customs waters　海關水域

Customs zone　海關區

Custumals　古代莊園習慣記錄

Cut　*v.* 切斷；削減；截短；切；割；剪；刪節；分贓；分攤

Cut a loss　放棄時機不利的投機；為防止更大的虧損而終止的證券交易

Cut a melon　董事會宣佈增加股息

Cut and dried　已決定

Cut back　中止

Cut off　剝奪…的繼承權

Cut sb. off with a shilling　給某人一先令為象徵以剝奪其實際繼承權

Cutback(s)　(財務政策上的) 嚴格措施；減少 (指減少產量)

Cutcherry (cutchery)　〔印〕法院；行政機關

Cuth, couth　明知的；已知的

Cuthred　精明的律師

Cut-off date　截止日期

Cut-over land　砍伐了樹木的土地；砍伐了最好木材的土地

Cutpurse　扒手；剪包賊 (以割錢包方法偷竊者)

Cutpurse hall　扒竊練習所

Cut-rate　減價的；有減價貨出售的；次等的

Cuts in defence spending　削減國防開支

Cutter of the tallies　〔英古〕(財政部) 切符官

Cut-throat　*n. & a.* I. 兇手；謀殺者；II；殺人的；無情的 (如 cutthroat competition，以大幅度降價和薄利的手段同對手進行殘酷無情的競爭)

Cutting a melon　好的分配；增額股息

Cutting away wreck　切斷遇難船隻的貨物

Cutting clause　裁減條款

Cutting of the feet　荊刑 (中國封建時代刑罰之一)

Cutting of the nose　劓刑 (中國封建時代刑罰之一)

Cutting off the communication　交通切斷

Cutting price　降低價格

Cutting sb. in two at the waist　腰斬刑 (中國封建時代刑罰之一)

Cutting trade　最薄利的買賣

Cutting up the communication　切斷交通

Cy　〔法〕在這兒，在這裏；在此處；如此；同樣地

Cyber attack　網絡攻擊；網絡入侵

Cyber authority　網絡主權

Cyber crime　網絡犯罪

Cyber encryption　網絡加密

Cyber security　網絡安全；互聯網安全

Cyber sovereignty　網絡主權

Cycle　週期；循環

Cycle track　公眾步行權地帶

Cyclical downturn　週期性下降

Cyclical drawing　週期性提款

Cyclical unemployment　週期性失業

Cyclically adjusted　週期性調整

Cyclopedia　百科全書

Cyclopedia of Law and Practice (CYLP)　法律習慣百科全書

Cylindrical buoy　〔海法〕圓筒浮標

Cyne-bot　〔封〕弒君罰金 (古時撒克遜時代的弒君罰金一部份上交國家；另一部份付給國王家屬)

Cynebote　〔古〕殺人贖罪金；殺人罰金 (古時付給殺人者或死者家屬)

Cyphonism 枷刑 (古代用的一種刑罰,後傳入中國封建時代,稱之為 "wooden collar")

Cy-pres 力求近似;近似原則 (推理解釋應盡可能符合立遺囑者本意的原則);衡平法上解釋契據應力求接近當事人本意的規則。例如,遺囑者意欲創立一個永久管業或慈善遺願,那麼法院即應盡力解釋死者遺囑以使其遺願得以實現)

Cy-pres doctrine 力求達意原則 (解釋盡可能符合文書作出人原意的原則)

Cyricbryce 破門闖入教堂

Cyricsceat 〔撒〕貢金;滯納給教堂款項

Cyrillus 塞里勒斯 (公元五世紀一位希臘法學家,貝利特斯法學院教授,是為查士丁尼開闢立法道路的普世學派的創始人之一)

Cyrographarius 〔英古〕高等民事法庭法官

Cyrographum 親筆;親筆字據;〔英古〕親筆騎縫蓋印證書

Czar (or zar, tsar, tzar) 沙皇 (俄國沙皇凱撒大帝的稱號)

D

D visa 〔美〕海員和機組人員簽證 (由美國駐外國領事館頒發給外國海員和機組人員入境美國領海或領空的簽證)

D notice 〔英〕國防機密通知 (指為國家安全計,要求報紙不要刊登秘密消息)

Dab *n. & v.*〔俚〕I. 指紋印;II. 打下…的指紋印

Dab down 支付;銷售

Dab in the hand 賄賂;定金;保證金

Dabbing 做小額股票投機事

Dabble *v.* 做小額投機買賣

Dabbler 做小額股票投機的人;到處伸手要錢的人

Dacion 〔西〕交付 (指合同中規定,標示的物的實際和有效執行交付)

Dactylogram 指紋

Dactylography 指紋學;指紋鑒定學 (研究掌面膚紋生理特徵、紋理結構及其收集、顯現、儲存、分類與識別的原理和方法的科學,為偵查刑事犯罪的依據) Dactyloscopy 指紋鑒定法

Dagger 匕首;短劍

Dagger-money 〔英古〕匕首錢 (分別付給年長或年輕的法官購買匕首以防備蘇格蘭人的襲擊)

Dail Eireann 〔愛爾蘭〕共和國眾議院 (創立於 1919 年,由選出的 148 名議員組成,任期五年)

Daily 日報;每日;日常;逐日;按日

Daily allowance 每日津貼

Daily balances 日計表;日結存

Daily cause list 每日審案一覽表

Daily duty sheet 每日值勤表

Daily final balance method 按日最終差額計算法 (指每日對利息的計算)

Daily installment 按日攤付的款項

Daily interest rate on private loans or deposits 拆息

Daily occupation 日常工作

Daily payment 日付款 (按日支付的款項)

Daily rate of pay 日工資率 (指付給職工的每個標準工作日的基本工資)

Daily rate 日利率;日稅率;每日價格;每日比率

Daily SDR rate 〔基金〕特別提款權的逐日匯率

Daily subsistance allowance 每日生活津貼

Daily test book 日計檢查賬冊

Daily traveling allowance 每日旅費津貼

Daily-rate 日薪

Dairy 製奶酪業;牛奶場

Dairy-loans 牲畜改良資金;改良牲畜的貸款

Dairy-man 牛奶場主;牛奶及乳製品商人

Dak 〔印〕驛站;郵政

Dak boat 郵船

Dale and sale 〔英〕英語書籍中虛構的地名

Dalus, dailus, dailia 土地的一種計量單位;可耕地之間所保留的狹長牧場

Damage *n. & v.* I. 損害;傷害;毀壞;損失;〔複〕損害賠償額;損害賠償金 (指在民事訴訟中,由法院判處對於非法行為或過失致他人或其財產、權利所受的損失或傷害給予金錢賠償);II. 損壞;毀壞;損害;傷害

Damage by natural vice 因應〕貨物固有的瑕疵而引起的損害

Damage cargo clerk 〔美〕貨物損毀稽核員

Damage certificate 貨物損毀證書

Damage feasant (faisant) 牲畜闖入他人土地所致損害 (吃掉莊稼或損害樹木);(扣押) 侵害中的動物留置到得以賠償損害為止的權利

Damage from natural vice 由貨物固有的瑕疵而引起的損害

Damage insurance 損壞保險

Damage moral 精神上的損害

Damage report 損壞報告;損壞物品的報告

Damage suit 損害賠償訴訟

Damage to cargo 指裝卸和運輸過程中所產生的損壞

Damage to person 人身損害 (指由另一個人故意或過失造成對人的肉體、精神和感情上的傷害)

Damage to property 財產損壞

Damage-cleer 〔英古〕賠償案件的手續費 (指原告從其侵權案勝訴中所得賠償金中付出 1/10 或 1/20 給首席書記官等作為起草特別令狀和訴狀的酬金)

Damaged goods 受損的貨物;水漬貨

Damaged land 災害地;受災地

Damaged quality 瑕疵物 (有缺損的物品)

Damages ultra 追加的損毀賠償金;額外損毀賠償金

Damaging effect of currency fluctuation on international trade 貨幣波動對國際貿易的破壞作用

Damaging surges in imports 進口損毀劇增

Damaiouse 〔英古〕造成損害的；造成損失的；非法的

Damasking 〔英〕飾上新式國璽花紋（英國新王登基時要用新國璽，一般會在舊國璽飾上新式花紋）

Dame 〔英〕夫人（在英國指對勳爵夫人或伯爵夫人法律上的敬稱）；女騎士／女爵士稱號（最下級的非世襲勳爵的夫人或伯爵夫人法律上的稱號）；舍監（伊頓學校宿舍）

Damn v. 詛咒；指責；援引捕獲判決；宣告永久判決；判入地獄

Damnatus 〔英古〕被判有罪的；被判刑的；法律上禁止的；非法的

Damnification 損傷；損害；加害

Damnify v. 損害；加害；加害於他人

Damning 導致定罪的

Damning evidence 有罪的確證

Dan 〔英古〕先生；〔西〕先生

Dance of death 絞死罪；絞刑

Dance of macabre 絞刑；絞死罪

Dance on a rope 被絞死

Dance upon nothing 被絞死；以絞刑處死

Dance voyage 始終沒有航海捕魚

Dandy note 〔英〕出庫證明書；提貨單（指允許從保稅倉庫提貨的海關通知）

Danegeld 〔英古〕丹麥金（英國古時為向丹麥進貢或籌措抗丹麥費而課的土地稅）；盎格魯－撒克遜軍捐（指為防備從北方侵入英國的丹麥族而徵收充作軍費的地租）

Danelage, Dane Law 〔英〕〔丹〕丹麥法；丹麥習慣法（古時丹麥人入侵英國東部和北部後在該地施行的法律）；施行丹麥法的地區（指英國的東部和中部的一些地區）

Danger 危險；危害；侵害

Danger angle method 〔海法〕危險角法（根據角度弄清楚沿岸距離而避免沿岸隱險的方法）

Danger area 危險區域

Danger invites rescue 因營救而招致的傷害

Danger money 從事危險工作的額外報酬；危險工作津貼

Danger of war 戰爭危險

Danger prevention 預防危險

Danger zone 危險地帶

Dangerous 危險的；危害的；不安全的

Dangerous articles 危險品

Dangerous cargo 危險貨物

Dangerous chattels 〔英〕危險的動產

Dangerous coast 危險的海岸

Dangerous condition 危險狀態；危險狀況

Dangerous criminal 危險的罪犯（指企圖用武力方法等逃避審判監禁的重罪犯）

Dangerous driving 危險駕駛（指超速行駛等）

Dangerous drugs 危險藥物

Dangerous drugs clause 〔海保〕危險藥物條款

Dangerous goods 危險貨物；危險物品

Dangerous instrumentality 危險媒介；危險物；危險的工具

Dangerous machine 危險的機器

Dangerous mark 危險品標誌

Dangerous object 危險物

Dangerous occupation 危險的職業

Dangerous per se 危險本身

Dangerous place 危險地區；危險地段

Dangerous premises 危房；危樓

Dangerous product 危險產品；有害產品

Dangerous things 有害物品；危險物品（指將有害物質注入土地或埋入地下，如核廢料等）

Dangerous weapon 兇器；危險的武器

Dangerous-tendency test 危險趨勢測試（指人或動物的加害，例如狗咬人等）

Dangers of navigation 航行風險；航運風險

Dangers of the rivers 內河航運風險（不包含人為操作上的事故）

Dangers of the sea 海上危險；海難（指擱淺和風暴等不可抗力的意外事故）

Daniel 正直的法官

Danish Civil Code 丹麥民法典

Danish law 丹麥法

Danism 借貸；高利貸

Danube charter 多瑙河憲章

Danube Commission (DC) 多瑙河委員會

Danzig Railway Officials Case, 1928 1928 年但澤鐵路官員案

Darraign v. 澄清；解決爭端；被控告的答辯

Darrein 〔法〕最終的；最後的

Darrein continuance 上一次延期

Darrein presentment 〔英〕最終推舉權之訴訟

Darrein seisin 〔英古〕承租人最終佔有

Dartmoor 〔英〕達特穆爾監獄（英國一座著名的監獄，位於德文郡達特穆爾偏僻的荒野高地上）

Dartmouth College Case 〔美〕達特茅斯學院案（1819 年）

Data 〔複〕作為證據的事實；資料；材料；數據

Data base 數據庫

Data Fund 〔基金〕數據基金

Data processing 數據處理

Data protection registrar 數據保護註冊商；〔英〕保護資料員，（根據 1984 年《資料保護法》任命的，職責是促進資料使用者遵守保護資料原則）

Data subject 〔英〕（個人）資料問題（指依照 1984 年《資料保護法》對不正確使用或未經授權而披露個人資料招致損失，要求嚴格予以賠償的規定）

Data transmission 數據傳輸

Data user 〔英〕數據用戶（指使用資料應依照《資料保護法》登記）

Data-book 參考資料手冊

Datal 按日計算工資

Datal property 數據屬性

Datary 羅馬教廷中負責教廷官員候選人資格審查的官員

Date 日期；時期

Date certaine 〔法〕日期證明

Date closing 截止日期

Date incomplete 日期不完整

Date of accession 加入的日期

Date of admission 入學日期

Date of bankruptcy 法院宣告的破產日期

Date of bidding 投標日期

Date of bond 證書日期；公債日期

Date of cleavage 提出自願破產申請日期為（指從自願申請破產日期起為清算債務的終止日期）

Date of composition 組成日期

Date of declaration　申報日期；宣佈發放股息日期
Date of delivery　送貨日期；交付日期
Date of draft　出票日期
Date of entitlement　〔聯〕領取養恤金起算日期
Date of expiration (expiry)　到期日期
Date of expiry　到期日期
Date of filing an application for registration　〔世貿〕提交註冊申請的日期
Date of hearing　審訊日期，開庭日期，庭訊日期
Date of highest bidding　拍賣終止日期
Date of initiation of the investigation　調查開始日期
Date of injury　受傷日期
Date of Inspection　檢查日期
Date of introduction of a safeguard measure　〔世貿〕引入保障措施的日期
Date of issue　（合同）簽發日期；（票據）開證日期；（債券）發行日期；〔保〕簽單日（指保險單執行日或交付日而非其生效日）
Date of judgment　判決日期
Date of maturity　（期票、債券、債務）到期日；終止日期
Date of opening　開始日期
Date of payment　付款日期；紅利發放日期
Date of policy　保險單生效日期；政策日期
Date of presentation　；呈送日期；提交日期
Date of record　記錄日期（指應把股息發給其股東的日期）；〔美〕登記日期（指股東有權享有股息的股份日期）；截止過戶日期
Date of registration　登記日期；註冊日期
Date of service　送達日期；服務開始日期
Dated bond　定期債券
Dates establishing maximum margins of preference　〔關貿〕確定最高優惠幅度的日期
Dation　贈與；給付（其有別於"donation"。前者是原本就有權獲取，後者則屬慷慨之贈）
Dation en paiement　〔法〕抵債；代物清償（指債務人交付某物代替金錢和債權人收取的方式償還債務）
Dative　經公共當局任命的；〔蘇格蘭〕法院委任的遺囑執行人；〔英古〕可隨意處分的贈與物
Dative executor　〔蘇格蘭〕法院委任的遺囑管理人
Daughter's daughter (granddaughter)　〔香港〕外孫女
Daughter's daughter's husband (grandson-in-law)　〔香港〕外孫女婿
Daughter's son (grandson)　〔香港〕外孫
Daughter's son's wife (granddaughter-in-law)　〔香港〕外孫媳婦
Daughter-in-law　媳婦；兒媳
Davy　〔俚〕宣誓書
Davy Jone's natural children　海賊；秘密輸入者
Dawes plan　〔美〕道斯方案（美國代表道斯提出的關於德國第一次世界大戰的賠償方案）
Dawish law　丹麥道德法
Day　一日；一晝夜（計24小時）；日子；白日；白晝；日間；工作日；出庭日；（傳票，令狀）回呈日；〔複〕連續工作日（用於租船合同，表明連續工作日包括長期天和假日在內的）
Day book　日記賬；流水賬
Day certain　指定日；特定日；輪換日；確定日

Day from which　從哪一天開始
Day in bank　銀行日（指賦予當事人到庭起訴求償、尋求救濟等的權利和機會）
Day in court　在法庭上的一天；出庭日
Day labour　臨時工；計日工
Day labourer　臨時工；散工
Day loan　按日貸款；日折；日貸
Day of atonement　〔猶太〕贖罪日
Day of cause　開庭審判日
Day of demurrage　（船舶）滯期天數；延滯日數
Day of hearing　審訊日期
Day of maturity　到期日；期滿之日
Day of reckoning　結賬日
Day of remuneration　支薪日
Day order　當日訂購；當日有效訂單（指在特定日期內買賣證券或商品，過期失效）
Day prior to the date of entry into force　生效日期前一天
Day rate　計時制；計時工資；日工資率；按日計算的匯率
Day room　日間羈留所
Day rule　〔英〕准許囚犯在日間外出監獄的法院命令；准許囚犯出獄一天的法院命令（指法官准許囚犯出獄一天，辦理不得已的事情的命令，已於1842年廢止）
Day training centre　〔英〕日培訓中心（關於遺囑檢證事務）
Day work system　計日工資制
Day writ (=Day rule)　〔英〕准許囚犯在日間外出監獄的法院命令；准許囚犯出獄一天的法院命令（指法官准許囚犯出獄一天，辦理不得已的事情的命令，已於1842年廢止）
Day, year, and waste　〔英古〕一年又一日收益和荒廢之權（指國王享有使犯有輕微叛國罪犯或重罪犯土地一年零一日收益並使其荒廢的權利）
Day's work　〔海法〕日誌推算（根據航海日誌上的記錄可知現在地點的方法）；工時；一天的工作時間
Daylight　日光；白天；晝間；清晨
Daylight saving time　夏令時間（指每年從春至秋時針往前快一小時）
Day-plan of payment　按日支付的方法
Days dismissed from criminal service　刑事免役日
Days in bank　〔英古〕出庭日（當事人出庭的指定日期）；送回令狀日
Days of grace　優惠日期；寬限日期（指對出庭日期的限期以及對到期應支付的票據和到期保險單予以寬限三天到庭、支付和延期之限定）
Daysman　〔英〕仲裁人；公斷人；選任的法官（用於英國北部某些地區）
Day-taller　計日工；臨時工；散工；零工
Daytime　白天；日間
Day-time register　出勤自動計時計
Day-to-day advance　日常預付款
Day-to-day coordination problem　〔世貿〕日常協調問題
Day-to-day loan　逐日放款；逐日計息貸款
Day-to-day policy issues　〔領事〕日常政策問題
Day-wages　計日工資；日工資
Daywere　〔英古〕一日內即可能耕完的土地
Day-work plan　計日工資制；日工作計劃
Day-work report　每日工作報告書
Dazzle system　偽裝法（商船加以偽裝以避免敵船的攻擊）

De bien et de mal 〔法〕無論如何;〔英古〕出清監獄的特別令狀

De commodo droit 〔法〕共同權利的;根據普通法的

De commodo et incommodo 〔法〕有關利弊的(指對設廠等工程的可行性的利弊調查);利弊得失;優劣

De domino maris 海洋主權論(荷蘭法學家賓克舒克寫於1702 年)

De facto 事實上的;實際上的

De facto adoption 事實上收養

De facto application 事實上適用

De facto authority 事實上的權威

De facto blockade 事實上封鎖

De facto continuity 事實上連續性

De facto contract 事實上的契約

De facto control 事實上的控制;事實上的管制

De facto corporation 事實上的公司;未立案公司;事實上的法人

De facto court 〔美〕事實上的法院(公認的並依法行使其司法職能,雖然該法其後被認定違憲,但該法院是經事實上的政府當局批准成立的)

De facto director 實際董事;事實上的董事

De facto export subsidies 事實上的出口補貼

De facto general government 事實上的全國政府

De facto government 事實上的政府

De facto International Trade Organisation 事實上的國際貿易組織(指有學者認為,GATT 在《烏拉圭回合》多邊貿易談判中所起的作用)

De facto judge 實際上的法官

De facto jurisdiction 事實上的管轄權

De facto line 事實上的分界線

De facto local government 事實上的地方政府

De facto marriage 事實婚;事實上的婚姻(指未履行結婚的法定程序便以夫妻關係共同生活)

De facto officer 事實上的官員

De facto quota 事實上的配額

De facto recognition 事實上承認

De facto revision 事實上修改

De facto risk carrier 事實上的風險承擔人

De facto segregation 〔美〕事實上的種族隔離(例如黑人子女不能上學是由於社會、經濟等原因所致)

De facto sovereignty 事實上的主權

De facto statelessness 事實上的無國籍

De facto subject 事實上的臣民

De facto taking 事實上佔有(指以國家徵用權的名義剝奪個人對其財產的使用和收益權)

De facto termination 事實上的終止

De facto tort 事實上的侵權行為

De facto war 事實上的戰爭

De gratia 恩惠的;優惠的;施與的;惠給的;仁慈的

De Heretico Comburendo 〔英〕鎮壓信奉異端邪說者法令(1401 年)

De jure 權利上的;法律上的;合法的;按照法律的;依據法律的;完全按照法律要求的

De jure authorities 法律當局

De jure corporation 〔美〕依法成立的公司;已立案公司(指完全符合憲法或州制定法要求而創設的公司)

De jure government 法律上的政府

De jure nationality 法律上的國籍

De jure recognition 法律上的承認

De jure segregation 法律上的種族隔離

De jure war 法律上的戰爭

De minimis clause 《巴黎俱樂部》的)小額條款

De minimis dumping margin 小額傾銷幅度(按照價值低於 %)

De minimis exemption for non-product-specific support 小額豁免對非特殊農產品的支持(小額免除對特殊產品的支持)

De minimis imports 〔世貿〕少量進口(指非商業性質的仿冒物品,例如私人帶進供自己使用的)

De minimis levels 最低水平;微量水平

De minimis margin 微量幅度

De minimis modifications 〔世貿〕微量修改(指對條款而言)

De minimis percentage 微量百分比

De minimis provision 小額條款;最低限度的規定

De novo trial 重審;再審

De plein droit 〔法〕當然

De son tort demesne 〔法〕出於自身過錯的;自己招致侵權責任的;屬自己過失的;咎由自取的(原告主張作為被告的特免抗辯所提出的抗辯事實,起因於被告自身過錯行為招致的侵權責任)

De son tort 〔法〕咎由自取的;出於自身過失的

Deacon 〔宗〕執事(指牧師職務中最低一級的);助祭(副主祭);(在貨品等上)詐騙;〔蘇格蘭〕職工組合會長

Deaconess 〔宗〕女執事

Dead *a. & n.* I.(法律等)名存實亡的;已失去重要性的;無效的;廢棄的;死亡的;剝奪公民權的;II. 喪失民事權利;死者

Dead asset 無價值財產;報廢資產(指無變現價值的)

Dead beat 〔美俚〕賴債者;拖延不償付者

Dead body 死屍;屍體

Dead calm 〔海法〕毫無風浪;風平浪靜

Dead cannot bear witness 死無對證

Dead charges 間接費用;對製品人沒有轉嫁的間接費;與製造沒有直接關係的費用

Dead cheque (check) 無產支票(交易之前出票人已死亡的支票)

Dead drop 情報點;情報秘密傳遞點

Dead foetus 死胎

Dead freight (D.FRT) 空艙費;虧艙運費(指船東可向承租人因其未依約裝滿貨物所造成的損失賠償費)

Dead hand 永久管業(土地歸法人所有而不能變賣,永久不得轉移所有權的土地所有狀況)

Dead horse 舊債;預付的工資

Dead letter 形同虛設的規定;失效的法令(因長期不適用而形成過時的法律);死信(指無法投遞的信件,如:地址不詳、郵資不足或無回郵地址)

Dead line 監牢周圍劃定的死亡線;不可逾越的界限;最後期限;截限時間;截止日期

Dead load 自重;淨重;淨負荷;固定負載

Dead luck 失掉全部財產者;死者生前無所得;無價值或不履行的擔保

Dead man's statute 〔美〕死者生前口頭承諾法(規定死者生前口頭承諾不能接受作為索取其遺產的合格證據)

D

Dead man's part 〔英、蘇格蘭〕死者份額 (指死者未立遺囑的遺產中，歸妻子和子女繼承的那部份以外的動產；歸遺產管理人所有的部份動產。依倫敦和約克郡的慣例，如死者遺有妻兒則可得三分之一；如只遺有妻子或只遺下子女，則遺產管理人可得死者動產的一半)

Dead on arrival (D.O.A., DOA.) 〔警〕送抵醫院即死亡 (警察或驗屍報告用語)

Dead reckoning 〔海法〕推算航行法；船位推測法 (根據航海日誌記載測知船的位置的方法)

Dead rent 〔英〕固定租金；付空租 (礦場租賃中，即使在礦場不開採或停工的情況下也須支付礦場使用費以外的地租)

Dead salesman 屠宰商人

Dead stock 呆滯存貨；呆滯商品 (指無市場，銷售不出的貨物)；呆滯資金；滯銷股票

Dead storage 滯銷貨；(貨物的) 長期庫存

Dead time 囚犯未得到服役積分時間；無成效時間；窩工時間 (指不給付工資的時間)；空載時間

Dead use 將來用益權；未來使用權

Dead weight charter 滿載租船合約 (指船雖未滿載貨物，但仍按滿載合約付費)

Dead weight loss 無謂的損失

Dead weight ton (DWT, D.W.T., dwt) (船舶) 載重噸

Dead year 凶年；饑饉年

Dead-and-alive 不景氣的；(職業等) 單調的

Dead-born 死胎；出生時死亡 (按：普通法的法例視死亡的胎兒為從未出世的生命)

Dead-head 免費搭車的人 (指鐵路員工或看戲者用語)；木浮標

Deadlock 僵局；僵持不下

Deadlocked 陷入僵局；不能達成一致

Deadlocked jury 限於僵局的陪審團 (指由於在案件上意見嚴重分歧而無法作出判決的陪審團)

Deadly force 致命暴力 (指致人死亡或重大傷害的力量)

Deadly practice 致命的做法 (指美國眾參兩院通過的 "買美國貨" 以鄰為壑的貿易保護主義的行徑)

Deadly sins 〔宗〕重罪 (該罰入地獄的七大重罪)

Deadly weapon 兇器；致命的武器

Deadly weapon per se 本身致命的兇器，本身致命武器 (指自身具有或通常使用就會造成死亡的，例如槍支等)

Dead-pledge 死質；典質 (指不移轉佔有物的擔保，抵押物及其孳息均仍為債務人所佔有和收益，並不以其抵償債務，而只是給予擔保債權人以取得佔有的權利)

Dead-weight 淨自重；載重量；死重 (車輛的自重)；英格蘭銀行代替政府支付的年金等

Dead-weight tonnage (D.W.T.) 總載重量；載重噸位

Deaf and dumb 聾啞者 (人)

Deaf and dumb persons 聾啞人

Deaf person 聾人

Deaf-mute 又聾又啞

Deal *n. & v.* I. 〔美〕交易；經營；(政治上的) 密約；秘密協議 (意指幾個關係當事人聯合協商取得組織的結果)；II. 經營；交易；(商業) 協議；介入；調停；期貨交易

Deal with 劃分財產等；和…交易；做買賣；經營；處理

Deal with according to law 根據法律辦理

Deal with according to military law 根據軍法處理

Deal with international trade in counterfeit goods 〔世貿〕

應付國際仿冒商品貿易；處理國際仿冒商品貿易

Dealer 商人；商行；經銷商；零售商；證券經紀

Dealer's license 經銷商的執照

Dealer's talk (經銷商) 吹噓性商品廣告；(販賣商拍賣時) 抬價

Dealing as consumer 消費方的協議

Dealing by official right 職權處分

Dealing in futures 期貨買賣；期貨交易；定期交易

Dealings 買賣；交易；貿易或商務往來

Dealings in difference 差額交易；買空賣空

Deals and trades at the polls 選舉投票上的交易

Dean (大學學校) 院長；主任；系主任；教務長；學監；(律師協會) 會長；〔英〕教長；監督牧師 (地位僅次於大主教)；外交使團團長；使節團長 (=Dean of Diplomatic Corps)

Dean of faculty 學院院長；系主任；〔蘇格蘭〕律師協會會長

Dean of Guild 〔蘇格蘭〕同業公會會長

Dean of Guild Court 〔蘇格蘭〕同業公會法庭庭長 (1975 年廢止)

Dean of students 訓導主任；訓導長

Dean of the Arches 〔英〕拱頂法院法官

Dean of the Consular Corps 領事團團長

Dean of the Diplomatic Corps 外交使團團長

Dean schedule 分解費率表；狄恩表 (指狄恩火險等分析表)；院長安排

Dear cheap 缺乏；不足；高價

Dear money 高利貸 (高利借款)；高利率；銀根緊

Dear year 凶年；物價昂貴年份

Dearness allowance 物價津貼；親屬津貼

Death 死亡；褫奪公權；剝奪政治權利

Death action 不當死亡之訴訟 (指代表因他人故意或過失而死亡的受益人提起的訴訟)；死亡行動

Death annuity 撫恤年金

Death bed will 臨終願望；臨終遺囑

Death benefits 死亡撫恤金；喪殮福利金 (指僱主付給僱員受益人的數額及依社會保障法對死者提供之死亡金)；〔保〕死亡保險金

Death by accidental means 意外死亡

Death by hanging 絞刑

Death by misadventure 意外事故致死

Death by poison 中毒死亡

Death by suffocation 窒息致死

Death by wrongful act 〔美〕不法行為致死 (因提供不衛生的食物侵害行為致死，遺囑執行人可就此提出訴訟)

Death cell 死囚牢房

Death certificate 死亡證明書

Death chamber 死囚行刑室

Death claim 死亡索賠

Death due to misadventure 死於不幸；死於意外；死於偶然事故

Death duties 〔英〕遺產稅 (現為 "inheritance tax")；繼承稅：死者財產移轉稅 (1975 年 3 月 12 日廢止)

Death duty 〔美〕遺產稅 (=death taxes)

Death house 行刑前的牢房 (死刑犯牢房)

Death in line of duty 因公殉職

Death inquiry 死因調查

Death insurance 死亡保險

Death Knell Doctrine 〔美〕喪鐘原則 (指因中間命令延遲複審，令導致不可彌補的實質性權利損害和造成永久阻止索償救濟的實際效果，因而允許立即提出上訴的原則)

Death of live stock insurance 家畜保險

Death on High Seas Act (DOHSA) 〔美〕公海上死亡法 (指如因過失或未履行職責，在公海上不法行為致死，可據此提出金錢的索償金)

Death penalty 死刑；極刑

Death place 死亡地；死亡處所

Death rate 死亡率

Death records 死者檔案；死亡記錄

Death roll 死亡表

Death row 死囚室

Death sentence 死刑判決

Death sentence with reprieve 死刑緩期執行；判處死刑緩期執行 (俗稱 "死緩")

Death taxes 〔美〕遺產稅 (含遺產和繼承稅，即課收死亡業主的財產稅及其過戶的財產稅)

Death trap 危險建築；危險場所；死亡圈套

Death warrant 死刑執行令狀 (指執行當局發佈執行死刑的時間、地點的令狀)

Death watch 臨終的看護；死囚的監守人 (看守將受死刑者的人)；守屍

Death's part (=dead man's part) 〔英、蘇格蘭〕死者份額 (指死者未立遺囑的遺產中，歸妻子和子女繼承的那部份以外的動產；歸遺產管理人所有的部份動產。依倫敦和約克郡的慣例，如死者遺有妻兒則可得三分之一；如只遺有妻子或只遺下子女，則遺產管理人可得死者動產的一半)

Deathbed 〔蘇格蘭〕臨終規則

Deathbed declarations 臨終陳述；臨終遺言

Death-bed or dying declarations 臨終遺言 (指受傷死亡之前的陳述，可為法庭接納為證據)

Death-qualified jury 〔美〕死刑案件的合格陪審團

Deathsman 死刑行刑人；絞刑人；劊子手

Debarment 禁止；阻止；排除 (指禁止從政府取得承包或分包)

Debase v. 降低 (硬幣) 的成色；(貨幣) 貶值

Debased coin 贋造貨幣

Debasement 降低 (硬幣) 成色；貨幣貶值

Debatable land 〔英、蘇格蘭〕有爭議的土地；爭地 (指英格蘭和蘇格蘭間的爭議地)

Debate v. & n. 爭議；辯論；討論

Debate on military-base closings 〔美〕關閉軍事基地的辯論

Debate on the Address 〔英〕對國情咨文的辯論 (指議會對女王致詞的辯論)

Debauch v. (使) 道德敗壞；誘姦；放蕩；淫逸

Debauchee 放蕩人；縱慾者

Debauchery 放蕩；淫亂；縱慾；狂飲暴食

Debenture 無擔保債券；公司債券 (公法人或公司發行)；〔美〕信用債券 (無抵押的長期債券)；〔英〕債務憑證 (通常是個人欠公司的，明示或默示承諾償還的憑證)；退稅憑單 (指對輸入品再輸出而言)

Debenture bearer 公司債券持有人

Debenture bonds 信用債券；無擔保債券；無抵押公司債券

Debenture capital 債券資本 (本金)；借入資本；〔香港〕信用資本

Debenture coupon 債券利息券

Debenture holder 債券持有人

Debenture income bond 無抵押收益債券；信用擔保收益債券

Debenture indenture (無抵押擔保的公司) 債券契約

Debenture mortgage bonds 附有抵押的債券

Debenture share 〔英〕債券股

Debenture stock 〔英〕公司債券；信用債券 (指付利息但不定期還本的)；〔美〕債券股

Debenture stock certificate 公司債券證書

Debenture trust deed 〔英〕(公司) 債券信託契據

Debentured goods 收取退稅物品或貨物

Debilitate the accession negotiations of developing countries 〔世貿〕破壞發展中國家的加入談判

Debit (Dr.) (賬簿中的) 借方；借入；借方金額；債項；借記

Debit and credit bonus system 借貸獎金制度

Debit balance 借方餘額；借方差額；借餘；借差

Debit card 借方卡；借記卡；結算卡 (指電子設備的自動提款機)

Debit memorandum 借項通知書；借項憑單

Debit note (D/N) 借項通知單；借記通知書；借項清單 (借方明細賬，即欠款清單)

Debit side of an account 賬目的借方

Debitor 〔英古〕債務人

Debouche 〔法〕(商品的) 銷路；銷售市場

Debrief v. 責令不得泄露國家機密；向 (從國外投奔過來的人) 盤問詳情

Debt 債；債務；欠款；借款

Debt adjustment 債務調整 (債務人與債權人之間以和解與調整方式解決債務爭議)

Debt burden 債務負擔

Debt by simple contract 單純債務契約 (指口頭或書面但不經蓋印的契約)

Debt by specialty 蓋印契約之債

Debt cancellation 取消債務

Debt capacity 債務能力 (指在公司資產結構中最適宜的債務金額)

Debt capital 債務資本

Debt collector 收債人

Debt concellation 〔美〕債務取消

Debt consolidation 債務合併 (債務人調整償還其多個債權人債務的安排)；債務調整 (債務人同意定期償還債權人的債務安排)

Debt consolidator 協助清理債務的人

Debt crisis 債務危機

Debt due 到期債務

Debt financing 債務融資 (指通過發行債券或票據等籌集資金)

Debt forgiveness 免償債務，豁免債務

Debt funding 債務整理；債務合併 (指短期債券，法文為 "consolidation de la dette")

Debt instrument 債務證券；債務票據

Debt limit 債務限額

Debt limitations 〔美〕舉債限額 (指個人、公司或政府舉債最高限額；有些州政府禁止赤字開支)

Debt management 債務管理

Debt of honour (法律上不能追索的) 信用債務；信用借款

D

Debt of record　有案可查的債務；有訴訟記錄證明的債務 (例如有法院判決訴訟記錄，證明已到期或具結保證的債務)

Debt owing　欠債

Debt per capita　(按人口計算平均) 每人負債額

Debt poolers　協助清理債務的人

Debt pooling　債務合併 (指債務者將其全部資產，在債主中進行分配償還債務；=debt consolidation)

Debt provable in bankruptcy　宣告破產時確認的債務

Debt ratio　負債比率 (指長期債務對公司原有資本之比)

Debt relief　減免債務；債務償還

Debt reporting system　〔世行〕債務報告系統

Debt repudiation　債務抵賴；拋棄債務

Debt rescheduling　重訂還債期限 (重新安排償債日期)

Debt retirement　債務償還

Debt security　債務證券 (指公司為舉債而發行的各種有價證券)

Debt service　償債；還本付息；償還債務業務 (指到期債務包括本金在內的利息及其手續費)；借款服務處

Debt service ratio　債務清償率，債務償還比率 (指一國在其一個年度內外償還本付息額，在其當年內或上一年的商品和勞務出口收入總額的比率)

Debt servicing capacity　債務償還能力；還本付息能力

Debt to assets ratio　負債務與資產比率

Debt to total assets ratio　〔美〕負債與總資產比率 (參見 "debt-equity ratio")

Debtee　債權人；債主；貸主

Debt-equity ratio　負債對資產淨值比率；債務對原有資本比率 (指一實體權益總額與其負債總額之比)

Debtor　債務人；借方；借戶

Debtor and creditor　借方和貸方；債務人和債權人

Debtor bank　負債銀行

Debtor country　債務國

Debtor government　債務國政府

Debtor in possession financing　保有融通資金債務者 (指提供給重組中的破產公司延期貸款或其他金融項目服務)

Debtor in possession (DIP)　〔美〕擁有控制權的債務者 (指債務者仍在設法恢復其財務狀況)

Debtor nation　債務國；舉債國，負債國

Debtor position　債務人狀況；債務人地位

Debtor principal　主債務人

Debtor relief　債務人減免

Debtor reporting system　〔世行〕債務人報告制度；債務國報告制度

Debtor side　借方

Debtor's Act　〔英古〕債務者法 (廢除監禁負債者和懲罰欺詐性債務者法，1869 年)

Debtor's summons　債務人傳票 (指破產程序中債權人接到支付金錢判決或支付命令後對債務人發出的通知)

Debt-service capacity　債務償還能力

Debt-to-net-worth ratio　負債淨值比率

Debug　v. 拆除竊聽器；(使用電子儀器) 使竊聽器失效

Debugger　拆竊聽器專家

Decapitation　死刑；砍頭；斬首

Decapitator　劊子手；斷頭機；〔美〕免別人職務的人

Decaptitate (decapitate)　v. 斬首；砍頭；〔美〕立即免職；解僱

Decease　n. & v. I. 死亡；逝世 (不包含 "civil death")；II. 死亡；逝世；辭世

Deceased　n. & a. I. 死者；已故的人；II. 死亡的；已故的

Deceased account　死者賬戶

Deceased wife's sister bill　〔英〕廢除禁止同已故妻子姐妹結婚的法案

Deceased's Family Maintenance Ordinance　〔香港〕遺囑贍養條例；死者家屬撫養權法例 (指須在亡夫故後六個月內，申請從其遺產中取得合理供養以維持生活)

Decedent　〔美〕死者；死亡者；故人

Decedent's estate　〔美〕死者遺產 (含動產和不動產)

Deceit　欺騙；欺詐；欺騙行為；〔英古〕基於請求因欺詐所致損害賠償的開審令狀；要求承租人返還其詐欺所得土地的司法令狀

Deceitful　欺詐的；騙人的；不老實的

Deceitful plea　欺詐性的答辯

Deceivable　可欺的

Deceive　v. 欺騙；誆騙；行騙

Deceiver　騙子；欺騙者

December bonus　年終獎金

Decenary　十戶區 (由十戶相鄰的家庭組成)

Decency　正當；正派；公認規矩 (指行為、言語及穿着等)

Decendibility of future interests　適宜於合法作為指定繼承未來財產權

Decentralisation　分權政策；分權制；權力分散；企業的分權管理；獨立經營管理；分散化；都市分散

Deception　欺詐；欺騙；矇騙；詐騙；蓄意誤導 (依英國法，為一種言語或行為，不誠實地獲取他人的財產或金錢利益罪)

Deceptive　欺詐的；騙人的；靠不住的

Deceptive act　欺詐行為

Deceptive advertising　欺詐性廣告

Deceptive and fraudulent practices　欺騙與欺詐性做法

Deceptive practice　欺騙行為；詐騙行為

Deceptive reporting　欺騙性報導

Deceptive sales practices　〔美〕(商業) 欺騙性行為 (指採取欺騙手段進行銷售物品或服務的欺詐)

Deceptor　欺詐者

Decertify　v. 收回或取消證件或執照

Decheance　〔法〕喪失權利；失效；追索權的喪失

Decide　v. 裁決；判決；決定

Decide by ballot　投票表決

Decide on a verdict　定案

Decide on the nature of the guilt　定罪

Decide the case on its merits　根據是非曲直斷案 (判決)

Decided cases　判案；〔香港〕判例

Decider　裁決者；決定者

Deciding factor　決定因素

Deciding influence　決定性的影響 (指南歐各國對貿易自由化的態度)

Deciding vote　決定性的投票；裁定票

Deciles　〔統計〕十分位數

Decimal coin　十進制貨幣

Decimal currency　十進制通貨；十進制貨幣；小通貨

Decimation　抽籤處罰 (指每十個士兵叛變或瀆職，以抽籤方法懲罰其一)

Decision　判決；裁定；裁判；決定；決議；(司法或準司法

性質的）決議

Decision by Contracting Parties on the Application of Sanitary and Phytosanitary Measures 〔關貿〕締約方適用衛生和植物檢疫措施的決定

Decision by majority 多數決定；多數議決；過半數決定

Decision by the date of receipt 受信主義（以收到承諾的日期作為合同成立期）

Decision Concerning Paragraph (b) of Article XIV of GATS 〔關 / 世貿〕關於服務貿易總協定第 14 條第 (b) 款的決定（指授權組建一個工作組，審查對該條款可能的修改，以便進一步檢查環境與服務貿易之間的關係）

Decision Concerning Professional Services 關於專業服務的決定（提出創設一個專業服務工作組以檢查專業服務部門技術標準和許可證規定）

Decision function 決策功能；決策性職能

Decision of Article XXIV 2 of the Agreement on Government Procurement 〔世貿〕關於實施政府採購協議第 24 條（2）款的決定（規定一個國家擬加入政府採購協議及加入手續通知程序的決議）

Decision of bankruptcy 破產裁定；破產決定書

Decision of the Trade Negotiations Committee 〔關貿〕貿易談判委員會決議（指 1989 年 4 月在烏拉圭多邊貿易談判中，達成的《紡織品與服裝協議》）

Decision on Acceptance of and Accession to the Agreement Establishing the World Trade Organisation 關於接受與加入《建立世界貿易組織協定》的決定

Decision on Accession to the Agreement on Government Procurement 關於加入《政府採購協定》的決定

Decision on Action of Dispute Settlement Procedures 〔關貿〕關於爭端解決程序，採取行動的決議（1984 年 11 月 30 日在第 40 屆全體會議上通過）

Decision on Anti-Circumvention 關於反規避的決定

Decision on Certain Dispute Procedures for the GATS 〔關 / 世貿〕關於服務貿易總協定部份爭端程序的決定（指規定部份和附加的爭端解決程序）

Decision on Financial Services 關於金融服務的決定（指允許在金融服務貿易協議生效後，暫停最惠國豁免 6 個月以調整承諾表）

Decision on Improvements to the GATT Dispute Settlement Rules and Procedures 〔關貿〕關於完善關貿總協定爭端解決的規則和程序的決議（1989 年 4 月 12 日在烏拉圭多邊貿易談判全體會議上通過）

Decision on Institutional Arrangements for GATS 〔關 / 世貿〕關於服務貿易總協定機構安排的決定（指由服務貿易委員會授權向補貼機構提出建議）

Decision on Maritime Transport Services 關於海上運輸服務的決定（規定海上運輸服務將來談判的權限）

Decision on Measures Concerning the Possible Negative Effects of the Reform Programme on Least-Developed and Net Food-Importing Developing Countries 〔世貿〕關於改革計劃，可能對最不發達國家與糧食淨進口發展中國家，產生負面影響之措施決議

Decision on Measures in favour of Least-Developed Countries 〔世貿〕關於有利於最不發達國家措施的決定

Decision on merits 實質判決（指根據書面證明作出的判決，其後不能再就同一起訴原因提起訴訟）

Decision on Negotiations on Basic Telecommunication 〔關 / 世貿〕關於基礎電信通信談判的決定（規定電信通信部門將來談判的權力範圍）

Decision on Negotiations on Maritime Transport Services 關於海上運輸服務談判的決定

Decision on Negotiations on Movement on Natural Persons 關於自然人口流動問題談判的決定

Decision on Notification of First Integration under Article 2.6 of the Agreement on Textiles and Clothing 關於根據《紡織品與服裝協定》第 2 條第 6 款通知第一階段一體化的決定

Decision on Notification Procedures 關於通知程序的決定

Decision on Organisational and Financial Consequences Flowing from Implementation of the Agreement Establishing the World Trade Organisation 關於實施《建立世界貿易組織協定》所產生的組織與財務問題的決定

Decision on Procedures under Article XXII Questions Affecting the Interests of a Number of Contracting Parties 〔關貿〕關於依照第 22 條解決影響某些締約方利益問題的程序的決定

Decision on Professional Services 關於專業服務的決定

Decision on Proposed Understanding on WTO/ISO Standards Information System 關於世界貿易組織 / 國際標準化組織標準信息系統擬議諒解的決定

Decision on Review of Article 17.6 of the Agreement on Implementation of Article VI of the General Agreement on Tariffs and Trade 1994 關於審議《關於實施 1994 年關稅與貿易總協定第 6 條的協定》第 17 條第 6 款的決定

Decision on Review of the ISO/IEC Information Centre Publication 關於審議國際標準化組織 / 國際電工委員會情報中心出版物的決定

Decision on Tests Relating to Minimum Values and Imports by Sole Agents, Sole Distributors and Sole Concessionaires 〔世貿〕關於與最低限價及獨家代理人、獨家經銷人和獨家受讓人進口有關的文本的決定

Decision on the Application and Review of the Understanding on Rules and Procedures Governing the Settlement of Dispute 〔世貿〕關於適用和審議《關於爭端解決規則和程序諒解》的決定（規定該諒解可繼續適用於至世貿組織協定生效，並至世貿組織協定生效後四年內，完成對該諒解的審議）

Decision on the Establishment of the Preparatory Committee for the World Trade Organisation 關於建立世界貿易組織籌備委員會的決定

Decision on the Treatment of Interest Charges in Customs Value of Imported Goods 關於處理進口貨物關稅額利息費的決議

Decision on the Valuation of Carrier Media Bearing Software for Data Processing Equipment 關於估價承運人廣告媒介載有數據處理設備軟件的決議

Decision on Trade and Environment 〔關貿〕貿易與環境決議；關於貿易與環境的決定

Decision on Trade in Services and The Environment 關於服務貿易與環境的決定

Decision on waivers 〔關 / 世貿〕關於豁免的決定

Decision Regarding Cases Where Customs Administration Have Reasons to Doubt the Truth or Accuracy of the Declared Value 關於海關管理局有理由懷疑申報價格真實性或準確性的情況的決定

Decision Relating to the Agreement on Implementation of Article VII of the General Agreement on Tariffs and Trade 1994 與《關於實施 1994 年關稅與貿易總協定第 7 條的協定》有關的決定

Decision to appeal 決定上訴

Decision to exempt from prosecution 〔中〕免予起訴決定書

Decision-maker 決策人

Decision-making 決策；決斷行動

Decision-making body 決策機構

Decision-making modes 決策方式

Decision-making power 決策權

Decision-making procedures 〔世貿〕決策程序

Decision-making process 決策程序

Decision-making rules 決策的規則

Decision-making states 決策的國家

Decision-making structure 〔領事〕決策結構（制定政策結構）

Decisions at Marrakesh 〔世貿〕馬拉喀什決策（指在摩洛哥首都馬拉喀什會議上通過決議成立 WTO）

Decisions relating to the Agreement on Technical Barriers to Trade 與《技術性貿易壁壘協定》有關的決定

Decisions Relating to the General Agreement on Trade in Services 與《服務貿易總協定》有關的決定

Decisive 決定的；明確的；果斷的

Decisive ballots 決選投票

Decisive battle 決定性的戰鬥

Decisive evidence 確證；決定性證據

Decisive factor 決定性因素

Decisive guidance 〔關貿〕決定性指導作用（意指因傾銷而對同類產品造成的損害作用的情況的因素，是多種原因所致，決非僅一、二種因素所能主導）

Decisive proof 確證

Decisive vote 決定票

Deck cargo 〔海法〕艙面貨物；甲板貨物

Deck cargo clause 甲板貨物條款；艙面貨物條款

Deck line 甲板線（指在船舶兩旁劃的記號條以為船的乾舷帶）

Deck officer 〔海法〕駕駛員

Deck passenger 甲板乘客

Deck steward （膳食等）服務員

Decker *n. & v.* I. 小生意；小交易；物物交換；〔美〕妥協；II. 做小生意；共謀；妥協

Declarant 陳述者；聲明人；入籍申請者；報關人

Declarant alien 作出聲明的外國人

Declarant state 聲明國；宣言國

Declaration 聲明（根據一定方式所作的權利設定、轉移、證明或其他有關的意思表示）；（證人的）陳述；〔美〕書面陳述（證據法用語）；（原告）起訴狀；〔英〕判決（特指衡平案件中，法院對各當事人權利的宣判）；〔蘇格蘭〕（刑事嫌疑犯的）供述；未宣誓陳述（指買賣交易當事人或放棄對所存在事實有利害關係的人所作的）；權利聲明（例如公寓房的個人所有權等）；（入關貨物）申報單；〔際〕宣言；宣告；聲明；〔保〕啟運通知

Declaration Adopted by the Conference of the Sovereigns and Heads of the Member Countries of the Organisation of the Petroleum Exporting Countries (The Solemn Declaration) 石油輸出國組織成員國國王和國家元首會議通過的宣言（又稱"莊嚴宣告"）

Declaration against interest 不利於本人的陳述（指陳述人不能到庭而在庭外所作的供述，如供述確實不利於其本人金錢或財產利益，依據普通法，可作為傳聞證據規則例外予以採納）

Declaration and Plan of Action of Lima on Industrial Development and Cooperation (Drawn up by the Group of Seventy-Seven, 1975) （1975 年 77 國集團）關於工業發展和合作的利馬宣言和行動計劃

Declaration and Programme of Action on Afro-Arab Cooperation 非洲−阿拉伯合作宣言和行動綱領

Declaration and the Programme of Action on the Establishment of a New International Economic Order (1974) 建立新國際經濟秩序宣言和行動綱領（1974 年）

Declaration by debtor of inability to pay his debts 負債人無力清償債務聲明

Declaration by the Leaders of the G20 20 國集團領導宣言（指 20 國首腦 2008 年 11 月 15 日在美國首都華盛頓，發表的關於國際經濟和金融市場宣言）

Declaration by United Nations 聯合國宣言（1942 年）

Declaration Concerning the Laws of Maritime War (Declaration of London) 海戰法規宣言（1909 年，又稱"倫敦宣言"）

Declaration concerning the Prohibition of the Use of Bullets Which Expand or Flatten Easily in the Human Body 禁止使用在人體內易脹或易扁的子彈的宣言（又稱第三宣言，1899 年）

Declaration concerning the Prohibition of the Use of Projectiles which have as their Sole Purpose the Spreading of Asphyxiating or Noxious Gases 禁止使用以散佈窒息性或有毒氣體為唯一目的之投射物宣言（1929 年）

Declaration concerning the Prohibition of Throwing Projectiles and Explosives from Balloons or by Other 禁止自氣球上擲丁投射物和爆炸物或其他類似新方法宣言（又稱第一宣言，1899 年）

Declaration date 宣告股息日（指公司董事宣佈紅利以區別於實際給付紅利的日期）；報關日（指商品或船舶入關時申報之日）

Declaration des Droits de l'Homme (Declaration des Droits de l'Homme et du Citoyen) 〔法〕人權宣言（又稱"人權與公民權宣言"，1789 年）

Declaration des Droits Internationaux de l'Homme 〔法〕國際人權宣言（1929 年）

Declaration draft 宣言草案

Declaration for exportation 出口申報單

Declaration for importation 進口申報單

Declaration for ship's entry 入港申報單

Declaration for warehouse 入倉申報單

Declaration form 申報單；報關表

Declaration in chief 對主要訴由的陳述

Declaration in lieu of oath 代替宣誓的聲明

Declaration of acceptance 接受聲明

Declaration of acceptance of office 就職宣言

Declaration of adherence　加入聲明

Declaration of adjudication　判決公告

Declaration of agreement　合意聲明；協議聲明

Declaration of alienagae　放棄國籍聲明；取得他國國籍聲明；放棄國籍的意思表示；作為外國人的聲明

Declaration of application　適用聲明

Declaration of avoidance　無效宣告

Declaration of bankruptcy　破產宣告

Declaration of blockade　封鎖宣告

Declaration of Breda　〔英〕〔荷〕布萊達宣言（指 1660 年 9 月 4 日英王查理二世宣佈王政復古後，荷蘭王布萊達發佈大赦及信教自由的宣言）

Declaration of complaint　投訴聲明

Declaration of continuance of application　繼續適用聲明

Declaration of continuity　連續性聲明

Declaration of contraband　違禁品聲明

Declaration of death　死亡宣告

Declaration of deceased person　死者生前的陳述

Declaration of disappearance　失踪宣告

Declaration of dividend　分紅宣告；宣佈分紅（指按公司提出淨收益或盈餘收益部份，股東按所持有的股權多少進行分配）

Declaration of estimated tax　〔美〕估稅申報單

Declaration of forfeiture　沒收公告

Declaration of homestead　〔美〕宅地豁免權公告（指為取得宅地豁免權，要求宅地所有者向相應的州或地方官員或代理機構提出申請，出示其財產所有權為，該申請權僅是制定法賦予一個所有者取得其宅地權利或特權行為的聲明，既非所有轉讓合同，亦非對所有權有任何變更）

Declaration of human rights　人權宣言

Declaration of inability to pay debts　〔英〕無力清償債務聲明

Declaration of Independence　〔美〕獨立宣言（1776 年 7 月 4 日）

Declaration of Indulgence　〔英〕宗教自由令（英王查理二世 1662 年頒佈）

Declaration of ineligibility　〔基金〕不合格的報關單

Declaration of intent　意向聲明

Declaration of intention　〔美〕入籍動機聲明（指外僑宣誓永遠放棄效忠外國而真誠要求成為一個美國公民的動機）

Declaration of Legal Principles Governing the Activities of States in the Exploration and Use of Outer Space　各國在探索與利用外層空間活動的法律原則的宣言（1963 年）

Declaration of legitimacy　婚生宣告（指正式宣佈某人為婚生子女）

Declaration of Lima　利馬宣言（即“關於工業發展與合作的利馬宣言和行動計劃”的簡稱）

Declaration of London　倫敦宣言（1909 年各國在倫敦開會，就戰時封鎖中立國和戰時禁運品等的協定）

Declaration of martial law　戒嚴宣告

Declaration of neutrality　中立宣言

Declaration of nullity　宣告無效

Declaration of occupation　佔領宣言

Declaration of one's will　意思表示

Declaration of pain　〔美〕庭外痛苦陳述（允許原告在庭外陳訴包含其苦衷的證據的除外傳聞證據法則）

Declaration of Paris　巴黎宣言（1856 年列強在巴黎開會達成有關海戰法的協定）

Declaration of Philadelphia　〔美〕費城宣言（1944 年）

Declaration of policy　政策聲明

Declaration of Principle Governing the Seabed and the Ocean Floor and the Subsoil thereof Beyond the Limits of National Jurisdiction　國家管轄範圍以海牀和洋底及其底土的原則的宣言（1970 年）

Declaration of principles　原則聲明

Declaration of Principles Concerning Multinational Enterprise and Social Policy　關於跨國企業和社會政策的原則宣言

Declaration of right　〔英〕權利宣告（1947 年）

Declaration of Rights　〔英〕民權宣言（1689 年規定英國憲法的基本原則）

Declaration of Santo Domingo　聖多明各宣言（1972 年，中美洲和加勒比各國的宣言）

Declaration of secrecy　保密宣言

Declaration of solvency　有償付能力的聲明（指關於公司自動結業時有清償能力的聲明）

Declaration of St. Petersburg, 1868　聖彼得堡宣言（1868 年列強在聖彼得堡開會，規定不得使用 14 安士以下的炮彈）

Declaration of state of mind　〔美〕精神狀態聲明（允許在庭外陳述關於個人心理狀態之證據除外傳聞證據法則）

Declaration of Taking Act　〔美〕徵用法令（關於聯邦政府徵用私有財產作為公用的法令）

Declaration of the Army　〔英〕陸軍宣言（1647 年關於要求議會開除敵視軍隊的議員等）

Declaration of the poll　宣佈選舉投票結果

Declaration of the United Nations Conference on the Human Environment (Declaration on the Human Environment)　聯合國人類環境會議宣言（又稱“人類環境宣言”，1972 年）

Declaration of trust　信托聲明；保管證明書（指受托佔有他人的土地財產或為某種特定目的而有權使用該信托財產的行為，俗稱“權柄單”）

Declaration of uses　用益權聲明（土地收入受益人聲明他受土地法定所有人之委托，取得該土地的收益）

Declaration of value　申報價值

Declaration of war　宣戰；宣戰書；戰爭宣告

Declaration of war and peace　宣佈戰爭與和平

Declaration of war and reconciliation　宣佈戰爭與和解

Declaration on Afro-Arab Economic and Financial Cooperation (1977)　關於非洲－阿拉伯經濟和財政金融合作宣言（1977 年）

Declaration on Dispute Settlement Pursuant to the Agreement on Implementation of Article VI of the General Agreement on Tariffs and Trade 1994 or Part V of the Agreement on Subsidies and Countervailing Measures　〔關貿〕關於根據《關於實施 1994 年關稅與貿易總協定第 6 條的協定》或《補貼與反補貼措施協定》第 5 部份解決爭端的宣言

Declaration on Dispute Settlement Pursuant to the Agreement on Implementation of Article VI of the General Agreement on Tariff and Trade　〔世貿〕履行關稅與貿易總協定協議第 6 條關於爭端解決的宣言

D

Declaration on General Security　〔蘇〕〔中〕〔美〕〔英〕普遍安全宣言（1943 年）

Declaration on German Atrocities　關於德國暴行的宣言（1943 年）

Declaration on International Economic Relations　〔關貿〕國際經濟關係宣言

Declaration on International Investment and Multinational Enterprises　國際投資和多國企業宣言（1976 年）

Declaration on Measures concerning the Possible Negative Effects of the Reform Programme on Net Food Importing Developing Countries　〔關貿〕關於改革規劃可能對純進口糧食的發展中國家產生負面影響而採取措施的宣言

Declaration on Principles of International Law concerning Friendly Relations and Cooperation among States in Accordance with the Charter of the United Nations　關於各國依聯合國憲章建立友好關係和合作的國際法原則宣言（1970 年）

Declaration on Principles of the Rational Exploitation of Living Resources of the Seas and Ocean in the Common Interest of all Peoples of the World (Moscow Declaration, 1972)　合理開發海洋生物資源謀求世界人民共同利益的原則宣言（1972 年“莫斯科宣言”）

Declaration on Territorial Asylum　領土庇護宣言（1967 年）

Declaration on the Conduct of Parties in South China Sea　南海各方行為宣言（2002 年的 11 月 4 日，在第六次中國與東盟領導人會議上，中國與南海有關各方簽署了這一政治文件）

Declaration on the Contribution of the WTO to Achieving Greater Coherence in Global Economic Policymaking　關於世貿組織對實現全球經濟決策更大一致性所作貢獻的宣言

Declaration on the Establishment of a New International Economic Order　建立新的國際經濟秩序宣言（由發展中國家提出並於 1974 年 5 月 1 日在聯合國大會第六屆特別會議上通過建立國際經濟新秩序宣言）

Declaration on the Granting of Independence to Colonial Countries and Peoples　給予殖民地國家和人民獨立宣言（1960 年）

Declaration on the Human Environment　人類環境宣言

Declaration on the Inadmissibility of Intervention and Interference in the Internal Affairs of States　不容干涉和干預別國內政宣言（1981 年）

Declaration on the Inadmissibility of Intervention in the Domestic Affairs of States and Protection of Their Independence and Sovereignty　不容干涉各國內政和保護各國獨立和主權的宣言（1965 年）

Declaration on the Issues of the Law of the Sea　關於海洋法問題的宣言

Declaration on the Prohibition of the Use of Nuclear and Thermo-nuclear Weapons　禁止使用核武器和熱核武器宣言（1961 年）

Declaration on the Protection of All Persons from Being Subjected to Torture and Other Cruel, Inhuman or degrading Treatment or Punishment　保護人人不受酷刑和其他殘忍、不人道或有辱人格待遇或處罰宣言（1975 年）

Declaration on the Relationship of the World Trade Organisation with the International Monetary Fund　〔關／世貿〕世界貿易組織與國際貨幣基金組織關係宣言（1994 年）

Declaration on the World Food Problem　世界糧食問題宣言（1968 年）

Declaration on Trade　貿易宣言（1978 年）

Declaration on Trade Measures Taken for Balance of Payments Purposes　〔關貿〕為國際收支平衡採取貿易措施宣言（總協定《東京回合》談判達成的）

Declaration policy　預約保險單；申報保險單

Declaration Prohibiting the Discharge of Projectiles and Explosives from Balloons　禁止自氣球上投下投射物和爆炸物宣言（1907 年）

Declaration Recognising the Right to a Flag of States Having no Seacoast　承認無海岸國家懸掛船旗權利的宣言

Declaration Renouncing the Use, in Time of War, of Explosive Projectiles under 400 Grammes Weight (Declaration of St. Petersburg)　禁止在戰爭中使用重量在 400 克以下爆炸性投射物的宣言（又稱“聖彼得堡宣言”）

Declaration respecting maritime law　尊重海商法宣言

Declaration theory　宣示說

Declaration under open policy　預定保險申報單（書）

Declarative character　宣示性

Declarative recognition　宣示性承認

Declarator　〔蘇格蘭〕確認權利之聲明（屬一種訴訟方式。例如聲明婚姻無效、私生子身份等，並無給付或作為要求）

Declarator of trust　信託聲明（一種訴諸反對持有產權證表面上為自身利益的受托人的普通法訴訟）

Declaratory　宣告性的；宣示性的；陳述性的；解釋性的；說明性的；確認的

Declaratory act　〔英〕陳述法令（只說明現行法令或習慣法）

Declaratory Act　〔英〕公告法（1766 年）；宣告性法令（肯定了北美 13 州人民的反抗，最後導致美國的獨立宣言，宣告獨立）；陳述法令（只說明現行法令或習慣法；批准愛爾蘭議會的立法權，並視愛爾蘭議會僅為其附庸機構，1719 年）

Declaratory Act or Statute　〔英〕宣示成文法；解釋性法律（為了消除普通法上的疑義或統一各個互相矛盾的規定而制定的，不規定任何新規則）

Declaratory action　〔美〕宣告性訴訟（= declaratory judgment）

Declaratory code　宣示性法典

Declaratory decree　〔英〕宣告權利令（指宣告當事人的權利令，但不令其有任何作為）

Declaratory judgment　宣告式判決；確認判決（只確認權利的存在的法律關係判決而不命令履行義務的判決）

Declaratory Judgment Act　〔美〕確認判決法（1934 年，該法允許有實際爭議當事方提起陳述各自權利之訴訟。法院所作的判決對各方現在和將來之訴訟均具有拘束力）

Declaratory law　宣示性法（只說明現行法律）；解釋性法律

Declaratory model　宣示性典範

Declaratory of international law　宣告性國際法

Declaratory part of a law　〔美〕法律的確認部份（宣示遵守明確界定的權利和避免違法行為的法律部份）

Declaratory power (jurisdiction)　〔香港〕宣佈權（指獲得授權立法之立法機構須經最高法院宣佈）

Declaratory precedents　遵循性的判例

Declaratory relief　確認性救濟

Declaratory resolution 宣告性決議

Declaratory Statute 〔美〕宣示成文法;解釋性法律 (為了消除法律上的疑義或終止法律對特定問題上互相矛盾的判決而制定的)

Declaratory treaty 宣告性條約

Declare v. 宣告;聲明;申報 (納稅品等);申訴;供述;陳述

Declare a dividend 宣告分紅 (告知支付股息)

Declare dutiable goods 申報應徵稅貨物

Declare guilty 判決有罪

Declare sb. (to be) innocent 宣佈某人無罪

Declare sb. guilty 定罪;宣佈某人有罪

Declare the vote closed 宣佈表決結束

Declared 公然宣稱 (或承認) 的;已申報的;已標明價格的

Declared a defaulter 宣告不履行債務的人;宣告違約者

Declared and covert 公開宣稱的和隱瞞的

Declared capital 法定資本;申報的資本額

Declared trust 宣佈信任明示信托

Declared value 申報價值;標明價格

Declared war 經宣告的戰爭

Declination 拒絕受理;〔美〕拒絕信托申請書 (受托人向法院申請選擇不以其名義送達文件);抗辯管轄權 (普通法上以承審法官對該訴訟案件有個人利害關係為由,對法院的管轄權提出抗辯)

Declinatoires a.& n. I.〔法〕不承認有管轄權的;II. 不承認有管轄權 (對法院管轄權提出抗辯)

Declinatory exceptions 管轄權異議 (指拒絕受理法官對所提訴案有管轄權)

Declinatory plea 〔英〕主張神職人員特權的抗辯 (指在庭審或定罪前向法庭提出,已於 1827 年廢止)

Declinature 〔英〕自行迴避 (承審法官以對該訴訟案件有個人利害關係為由,拒絕行使管轄權的特權與義務)

Decline v. 推卸;謝絕,拒絕;衰退;(物價) 下降

Decline to give evidence 拒絕提供證據

Declining trend 遞減傾向;下跌傾向

Decollate v. 殺…的頭;將…斬首

Decollation 斬首

Decolonisation 非殖民化

Decommission pay 復員費

Decomposed body 腐爛的屍體

Deconfes 〔法〕未懺悔而死的人

Decontrol 解除管制;解除控制

Decontrol items 解除管制的項目

Decorations 勳章;獎章

Decoupled income support 〔世貿〕對去耦收入的支持;不掛鈎收入的支持

Decoupling inventory 去掉存貨

Decoy v. 誘騙;勾引

Decoy letter 引誘信 (指用於偵探發現罪犯,誘其上鈎伏法的手段)

Decrease and simplify import and export documentation requirements 〔關貿〕減少和簡化輸出入單證規定

Decreasing annuity 遞減年金

Decreasing premium plan 保險費遞減計劃;保險費遞減的保險法

Decree n. & v. I. 判決 (經過辯論所作的判決,以前用於平衡法院的判決,後來也用以指高等法院的檢證遺囑、離婚和海事法庭的判決);政令;敕令;佈告;法令;裁定;〔蘇格蘭〕終審判決;II. 頒佈 (法令、政令);判決;裁定

Decree a mensa et thoro 分居判決

Decree a punishment 判刑

Decree absolute 終局判決 (指在解除婚姻或使婚姻無效的訴訟中的絕對判決);〔香港〕絕對離婚制令 (如通姦、遺棄、同意分居 2–5 年等造成無可挽回的婚姻破裂,包括對 16 歲以下子女合理安排,則法庭予以判決離婚宣告)

Decree an amnesty 頒佈大赦

Decree Arbitral 〔蘇格蘭〕仲裁員裁決

Decree condemnator 有利於原告的判決

Decree dative 〔蘇格蘭〕指定遺囑執行人的判決

Decree in absence 〔蘇格蘭〕缺席判決

Decree nisi 〔美〕暫時判決;臨時判決 (對於離婚訴訟一審時只作出臨時判決,但如在指定日期之前不提出反對理由即行生效的絕對判決);〔英〕附條件判決 (離婚訴訟的初期判決,但以後經申請可改為"絕對判決",除非有正當理由加以反對);〔蘇格蘭〕終局判決;〔香港〕暫准離婚制令

Decree of distribution 〔美〕遺產分配裁決書 (指繼承人據以接收死者財產的裁決書);終局判決 (對參與訴訟各方當事人的終局判決)

Decree of forthcoming 〔蘇格蘭〕強制讓與財產的判決 (債務者被逮捕後,拒絕依照法院命令償還債務時所發佈的)

Decree of insolvency 〔美〕遺產不足清償債務的判決 (由遺囑檢驗法庭作出的宣告)

Decree of nullity 婚姻無效判決

Decree of nullity of marriage 宣告婚姻自始無效的判決

Decree of public administration 公共行政命令

Decree of special pardon (or amnesty) 特赦令

Decree on Natural Resources 自然資源法令

Decree on private international law 〔匈〕關於國際私法的法令 (1979 年)

Decree pro confesso 原告勝訴的判決 (指因被告對訴狀不做答辯,因而被視為承認原告的指控而作出認罪的判決)

Decrees in effect 現行法令

Decreet absolitor 駁回索賠判決;宣告被告人無罪的判決

Decreet arbitral 〔蘇格蘭〕仲裁判決

Decreet condemnator 〔蘇格蘭〕原告勝訴的判決

Decreet of valuation of teinds 〔蘇格蘭〕確定什一稅的判決 (由最高民事法院裁定什一稅的範圍及其數額)

Decrepit a. & n. I. 衰老的;老朽的;年邁的;老弱的;II. 殘疾人 (指因年老或因身體缺陷所致)

Decret 〔法〕法令;命令;政令;公告;通告

Decretal (對尋求救濟的) 批准或拒絕;法令;羅馬教皇的教令;〔複〕教令集;教規彙編

Decretal order 臨時判決 (指裁定是非曲直和權利問題)

Decretists 〔羅馬法〕教會法學家

Decretive 法令的

Decret-loi 〔法〕行政命令 (具有法律效力的命令)

Decrial 誹謗;詆毀

Decrier 詆毀者

Decriminalisation 非刑事化;合法化

Decrowning 剝奪王權行為

Decry v. 詆毀;誹謗;剝奪信用;貶低 (貨幣) 價值

Dector 探測器 (一種探測金屬等物的電子裝置)

Decumulation 減少存貨

Dedbana　〔撒〕屠殺；殺人

Dedicate　*v.* 捐獻；奉獻

Dedication　捐獻；捐為公有；奉獻行為 (提供私有土地作為公用，通常作為建築公路用)

Dedication and reservation　〔美〕捐獻與保留 (指奉獻者可施加合理的保留條件等權利，但在普通法上其保留非永久性的)

Dedication of way　〔英〕獻作公路 (指放棄私有道路獻作公用)

Dedication-day　〔宗〕奉獻日

Dedition　放棄；讓與

Deduct　*v.* 扣除；減去；折扣

Deduct losses from the total receipts　從總收入中減去虧損

Deducted discount　扣除貼現率；扣除減價額

Deductible　可扣除的；可減免的；可減稅額的；〔保〕免賠額

Deductible clause　〔保〕免賠條款；自負額條款 (保險單上規定被保人自己負擔第一部份損失，保險人支付超過免賠額的損失)

Deductible form　〔保〕減扣責任額

Deductible franchise　〔保〕絕對免賠額 (指承保人不負賠償責任)

Deduction　扣除；〔美〕扣除金額 (指從毛收入中扣減所得稅以獲取淨收入)；扣留份 (指在遺產分割之前，繼承人有權從總體繼承物中提取一份或物件)；〔保〕免賠額

Deduction for dependent　贍養家屬的扣除額 (指扣除贍養者的所得稅而言)

Deduction for new　〔保〕修繕扣除金額 (指對船舶因海損所受損害支付給保險商的修繕費，一般為修補船舶成本的1/3)

Deduction from income tax　減免所得稅額

Deduction of a claim　權利主張的推定

Deductions in respect of a decedent　〔美〕對於死者遺產稅和所得稅的返還數 (死者臨終累積而非最後的所得稅申報單的扣除額)

Deductive method　演繹法；推論法

Deductive policy　減額保險單

Deductive school　演繹學派

Deductive value　扣除價格

Deed　證書；蓋印證書；契據；〔美〕不動產移轉證書，行為，事實；功績

Deed absolute　絕對契據 (絕對轉讓所有權，其有別於mortgage deed)

Deed for a nominal sum　名義上契據；象徵性契據

Deed in fee　讓與非限嗣繼承土地的契據；收費契約

Deed indented　齒形證書；缺損契約；多邊契據 (在證書上邊或側邊剪成鋸齒形，把雙方當事人的兩張證書的鋸齒形缺口合起來，就成為完整的一張)

Deed of accession　同意證書 (破產程序中，債權者對破產者所提出的財產處理法，表示同意的證書)；〔蘇格蘭〕破產的財產讓與

Deed of appropriation　使用權證明書

Deed of Arrangement　〔英〕和解文書；和解文據 (指債權人與債務人依破產程序，在法庭外達成的和解文據)

Deed of association　合夥契據；合夥契約

Deed of assumption　保管人共同指定財產保管人的證書

Deed of bargain and sale　賣契；土地讓與證書；購買證書

Deed of composition　〔英〕債務和解協議 (指按1986年破產法規定，債務人與債權人訂立償還部份欠款而了結全部債務的協議)

Deed of contract　契約書

Deed of conveyance　移轉不動產所有權證書

Deed of covenant　副契約書 (通常應該寫在同一契約中的一部份條款，為了方便起見將其寫成另外一份契約)

Deed of distribution　遺產分配契據 (將死者不動產讓與受托人證書)

Deed of feoffment　讓與證書；土地贈與證書

Deed of gift　贈與證書

Deed of grant　財產轉讓契據

Deed of indemnity　賠償契據；賠償證書

Deed of inspectorship (inspectorship deed)　監督權契約書 (清算監督人作為債權者的代理人，一方面監督計算，一方面使其逐漸清償債務的監督契約證書)

Deed of mortgage　抵押契據 (抵當證書)；押契；典契

Deed of Mutual Covenant　〔香港〕相互契據文件 (指房地產購買者的業主"有權根據合約規定住用、出租、出售或處置其財產，並可註冊為該房產的擁有人")

Deed of partnership　合夥契約

Deed of purchase　買賣契約

Deed of real property　不動產證書

Deed of release　免責轉讓契據；(土地權利者) 放權利契據；清償契據 (指一經支付款項後即將新抵押擔保物權的財歸還給原主)

Deed of resettlement　繼承再設定證書

Deed of sale　賣契

Deed of separation　分居協議 (指第三者代表受托人進行調解，在夫婦之間達成分居和給付妻子生活費條款的協議)

Deed of settlement　〔英〕繼承設定證書；協議契據 (過去使用的組織股份公司的一種證書，規定一些人為公司財產托管人)

Deed of surrender　交權契據

Deed of title　地契

Deed of transfer　轉讓證書；轉讓契據

Deed of trust　信托契據；信托證書 (托管財產作為抵押，用以保證債務清償的證書)

Deed of variation　〔香港〕變更契約 (意指承租人與公地簽署承租契約後應該到註冊總署簽訂土地變更契約)

Deed speciality　蓋印證書

Deed tax　契 (約) 稅

Deed-poll　〔美〕單方證書；單邊契據 (指最初將紙切成平直以別於齒形證書，因由單方當事人簽立的，故又稱做"平邊契據")

Deem　*v.* 視作；相信；認為；判定

Deemed interest　認定利息

Deemed transferor　推定的讓與人；設定轉讓人

Deeming　〔英〕(普通法上的一種法律) 擬制；假定；視為

Deemster　〔英〕(馬恩島高等法院的兩個) 法官；推事

Deep discount bond　大幅度折價債券

Deep discount issues　大幅度折價刊物

Deep draft　(船舶的) 裝載量

Deep in debt　債台高築

Deep integration　〔世貿〕深層次的一體化

Deep ocean floor　深底

Deep pocket　〔美〕"深口袋" (指以自然人或法人之巨額財產判為依據而做出的索賠)

Deep Rock doctrine 〔美〕深層岩石原則 (指破產公司擁有控股權的股東依據破產法原則提出不公平的權利主張應服從普通貿易債權人的權利主張的原則)

Deep sea fisheries 遠洋漁業；深海漁業

Deep sea floor 深海底

Deep seabed 深海牀

Deep Seabed Hard Mineral Resources Act 〔美〕深海海底固體礦物資源法 (1980 年)

Deep sea-bed resources 深海海底資源

Deep water berth 深水泊地

Deep water plain 深水平原

Deepest subdivision load line 最深分負載

Deep-sea fishing 深海漁業

Deep-sea sediment 深海沉積物

Deep-sea sounding 〔海法〕深海測深；深海探測

Deface *v.* 塗改；塗抹；磨滅；毀損 (文件、簽字或手稿等使得字跡模糊無法辨認)；使失面子

Defacement 毀損；塗污；毀損物；貶值；破相

Defacement of papers 毀損文書

Defalcate *v.* 侵佔受托款項；侵吞公款；貪污；盜用

Defalcation 盜用公款；挪用公款；監守自盜 (指公司職員或公務員利用職務之便盜用在其手中的公款)；虧空額；抵銷；補償；求償權；反索賠；反訴

Defalcator 盜用公款者；監守自盜者；虧空委托金者；侵佔受托款項者

Defalk *v.*〔美〕抵銷；扣除債務

Defamacast 廣播誹謗 (利用廣播手段誹謗)

Defamation 中傷，誹謗；毀損名譽；毀壞名譽 (以書面或口頭方式，把誹謗別人的名譽和信用的事實告訴第三者，以圖中傷別人信譽，可分為口頭和書面的誹謗，均屬不法行為，但後者構成犯罪)

Defamation Act 〔英〕誹謗法 (1952 年)

Defamation insurance 毀壞名譽保險

Defamation of character 人格詆毀

Defamatory 破損名譽的；誹謗的；污蔑的；中傷的

Defamatory advertising 誹謗性廣告

Defamatory libel 文字誹謗；書面誹謗 (反義詞為 "oral defamation")

Defamatory per quod 歸咎於可引致誹謗訴訟言語的

Defamatory per se 當然誹謗的；本質上屬毀損名譽的 (意指文字或言語本身即含有侮辱性，不用舉證即可斷定屬毀謗他人的名譽)

Defame *v.* 毀損…名譽；誹謗；詆毀

Defamer 誹謗者；毀損名譽者

Defames 〔法〕聲名狼藉的；臭名遠揚的；被剝奪公權的

Default 缺席；不出庭，抗傳 (故意疏忽不採取必要步驟在指定日期應傳到庭辯護)；未履行職責；違約；不履行債務；拖欠 (債務)

Default action 〔英〕不履行合約之訴訟 (郡法院一種簡易返還債務或清償債務要求的程序)

Default fine 〔英〕違約罰金

Default in the payment 延給付；拖欠付款

Default judgment 缺席判決 (指法庭作出一造敗訴時，其不出庭抗辯或答辯之謂)

Default of appearance 不出庭；不投案

Default of co-surety 連帶保證人不履行債務

Default of defense 無答辯

Default of payment 不償還貸款；拒絕付款

Default on obligations 不履行義務

Default penalty of land use fee 滯納土地使用費的處罰

Default summons 支付債務令狀 (指在地方法院關於收回拖欠債款或少額金錢債務的訴求程序)

Defaulted bond 拖欠債券

Defaulter 缺席者；不出庭者；不履行義務者；違約者；虧空公款者；盜用公款者；挪用公款者；手續懈怠者；〔英〕違反軍規者；觸犯軍紀者；〔香港〕欠稅人

Defaulter of tax 欠稅人

Defaulting country 違約債務國

Defaulting debtor 違約債務人

Defaulting party 缺席的訴訟當事人；(合同) 違約方

Defaulting state 違約國家

Default-judgment 缺席判決 (指當法庭作出一造敗訴時，其不出庭抗辯或答辯之謂)

Defeasance 解約證書；解除合約 (指使得其他契據失效或無法運作)；解除契約條件；廢約條件；撤銷條件；〔保〕合失效

Defeasance clause 解除抵押權條款；廢止條款

Defeasible 可失效的；可使無效的；可取消的；可廢止的；符合廢止條件的

Defeasible deed 可致財產復歸原主的契據

Defeasible fee 可失效的世襲不動產物權 (指因剩餘遺承受人，在其確定遺囑生效之前死亡所致)

Defeasible interest 可解除的權益

Defeasible title 可撤銷的所有權；可使無效的所有權

Defeasive 擊敗原告返還求償權的；可被撤銷的；可被宣為無效的 (指行為、協議等)

Defeat *v.* 防止；阻止；阻撓；落空；挫折；敗訴；使無效；廢除；取消；(競選中) 戰勝；(競賽中) 擊敗

Defeat one's action 使…敗訴

Defeated candidate 落選的候選人 (被擊敗的候選人)

Defeated party 敗訴方 (人)

Defect 缺陷；瑕疵；(法律要件上) 欠缺；標的物履行上的欠缺

Defect in highway or street 公路或街道安全通行的瑕疵

Defect in title 所有權的瑕疵；權瑕疵

Defect of form 形式上的瑕疵；手續上的缺陷 (指法律文據等不完全，有實質性的瑕疵)

Defect of parties 出庭當事人遺缺 (指當事人提交法院之前的指定訴訟中，因不作為引發的或應出庭的原告或被告加入，給予法院裁定爭議物管轄權和權力上的缺陷)

Defect of substance 實質性瑕疵

Defect to the enemy and turn traitor 投敵叛變

Defection 背信；(義務等的) 不履行；背叛；變節；缺損

Defective *n. & a.* I. 有缺陷的人；心智不健全的人 (指身體或精神上有奇缺者)；II. 有缺陷的；有瑕疵的；有缺點的；不完全的

Defective ballot 廢票

Defective condition 產品瑕疵狀 (指使用時可能造成對消費使用者身體上損害等)

Defective delivery 沒有完全交貨；〔香港〕交貨不完善

Defective execution 未能執行的瑕疵 (不符合法律要求的、不充分或有瑕疵的文件)

Defective pleadings　有缺陷的訴狀 (指告訴、答辯被告的反對訴求和反訴等在形式或實質上，都不能達到充分的或準確的最低水準)

Defective product　次品；有缺陷的產品；有瑕疵的品

Defective record　有缺陷的記錄 (與上訴規則要求不一致的上訴記錄)

Defective text　有錯誤的文本

Defective title　〔美〕有瑕疵的權利 (以詐欺、脅迫等不法手段立約取得的所有權)

Defective verdict　有瑕疵的判決 (指決的合法性有缺陷或理由不充分，缺乏合法依據，因而不一定據此作出裁決)

Defective work report　缺損物品報告

Defector　開小差者；逃兵；背叛者

Defence (defense)　辯護；答辯；答辯理由；答辯事實根據；被告方 (包括被告及其律師)；辯護方 (指被告及其律師在事實上和法律上駁斥或否定原告的案由或挫敗其追償)；(被告的) 答辯書；防禦；防衛；設防；〔香港〕答辯書的內容

Defence and identification　防空識別圈 (一般指沿岸國為了本國安全，在與其領海上空毗連的公海上空，劃定一定的空域，要求外國飛行器進入者應事先報批)

Defence area　防禦區

Defence bonds　國防公債；國防債券

Defence of necessity　緊急事故抗辯；必要的辯護理由

Defence of superior orders　上級命令的抗辯；上級命令的辯護理由

Defence of the Realm Acts　〔英〕保衛國土法 (在 1914 – 1918 年第二次世界大戰期間，樞密院授權國王制訂的保衛王國法規，廢止於 1921 年 8 月 31 日)

Defence Policy Advisory Committee on Trade (DPACT)　〔美〕國防貿易政策諮詢委員會

Defence regulations　〔英〕國防條例 (指 1939 – 45 年第二次世界大戰期間，非常時期的權力國防授予政府權力)；保衛國土法 (指 1914 – 18 年第一次世界大戰期間，樞密院授權國王制訂保衛王國法規)

Defence sea area　海防區

Defence spending　國防支出，國防開支

Defence tax　防衛稅

Defence zone　防衛區；防區

Defend　v. 禁止；否認；抗辯；辯訴；辯護；為⋯答辯；防守；保衛

Defend a case in court　出庭辯護

Defend a fixed exchange rate system　〔基金〕保護 (一個) 固定匯率的制度

Defend national interests　〔領事〕保衛國民的權益

Defend the privileges and interests of the nationals of Sending State　捍衛派遣國國民的特權和利益

Defend their national rights and interest　保護他們國民的權益

Defendant　〔英〕被告 (指民、刑事訴訟中被告人；在刑事犯罪案中亦稱為"刑事被告")；〔美〕辯護人 (指在民事訴訟中或刑事訴訟中的被告人被要求救濟、追償的人)

Defendant state　被告國

Defendant's agent　被告代表；辯方代表

Defendant's representative　被告代理人

Defendant's seat　被告席

Defendare　v. 承擔責任；對⋯負責

Defended area　設防區

Defended locality　設防地點

Defended place　設防地方

Defended town　設防城鎮

Defender　n. & v. I. 辯護人；答辯人；保護人；II.〔法〕否認；(在訴訟中為被告) 辯護；禁止；保衛；〔蘇格蘭〕(教會法) 被告

Defender of the Faith　〔英古〕護教者 (1512 年)

Defending counsel　辯護律師

Defending party　被告方

Defendour　〔法〕辯護人；被告人；上訴的被告方

Defendress　女被告

Defeneration　高利貸款

Defenestration　甩出窗外的 (物或人)

Defense (defence) attorney　辯護律師 (指民事或刑事訴訟中代表被告出庭辯護的專業人員)

Defense au fond en droit　〔法〕法律抗辯；妨訴抗辯；提議

Defense au fond en fait　〔法〕總括否認答辯 (指被告否認原告或公訴人全部主張的答辯)

Defense bonds　〔美〕儲蓄債券 (＝savingsbonds)

Defense capability　國防能力；國防能力

Defense Contract Audit Agency (DCAA)　〔美〕國防合同審計局

Defense costs agreement　辯護費合約

Defense counsel　辯護律師

Defense for Children International Movement　保護兒童國際運動

Defense in abatement　主張判決無效的抗辯

Defense lawyer　辯護律師

Defense of habitation　〔美〕住所防衛權 (指可用武力保護居所的權利。例如歹徒入屋行竊可開槍自衛等)

Defense of insanity　缺乏基本犯罪能力的辯護；精神病的合法辯護 (指一種積極答辯，即干預證明被告患有精神病，缺乏刑事責任所要求的基本精神能力)

Defense of others　保護他人 (當有人傷害或威脅他人時，對其予以保護的理由是正當的)

Defense of property　〔美〕保衛財 (權)

Defense of self　〔美〕自衛；自身防衛 (指保衛自己財產及居所等不受他人傷害)

Defense tax　防衛稅

Defense upon the merits　實質性抗辯 (指就案件是非曲直的抗辯)

Defense witness　被告證人

Defense less person　無防禦的人

Defensible　能辯護的

Defensive allegation　〔宗〕(指被告不是以宣誓否認原告的指控，而是有權利用此場合提出對抗性證據進行辯護)

Defensive alliance　防禦同盟

Defensive area　防禦區

Defensive armament　防禦性軍備

Defensive collateral estoppel　間接辯護不容否認 (禁止原告僅以變換對造而就同一爭點重複提出訴訟的原則)

Defensive forces　防禦部隊

Defensive line　防線

Defensive marks　保護性商標；防禦商標

Defensive measure　防禦措施

Defensive pact　防禦性公約

Defensive quarantine　防禦性隔離

Defensive war　防禦戰爭

Defensive warfare　防禦戰

Defensive weapon　防禦武器

Defensively armed merchantman　防禦性武裝商船

Defensively armed neutralship　防禦性武裝的中立船舶

Defer　*v.* 推遲；延遲；延緩；展期；延期

Defer a ballot　推遲投票

Defer a vote　推遲表

Defer payment　延期付款

Deferment　延期；延遲；緩期；暫緩服刑；〔軍〕緩役

Deferment clause　延期條款

Deferment of increment　延期加薪

Deferment of leave　延期休假

Deferment of sentence　〔英〕緩期判 (不得超過六個月)

Deferral　延期 (行為)；遞延；緩徵 (指稅收)；〔軍〕緩役

Deferral of taxes　滯納稅；緩繳稅款 (指推遲至下一年度繳納)

Deferral period　寬限期 (指延期支付保險金和利息等)

Deferred　推遲的；延遲的；遞延的；後派股的 ("deferredshare" 比普通股後分配公司利潤的股票)

Deferred annuity　延付年金

Deferred annuity contract　延期年金契約 (指延期至退休年齡時起付年金的契約)

Deferred assets　延期資產；遞延資產；滾存資金

Deferred availability items　延期使用支票類；利用延期支票的票據類

Deferred bonds　延期付息債券；遞延債券

Deferred charge　遞延費用；遞延借項 (指事後才予確認已預付的租金或保險費等)；滾存費用 (指費用要轉到以後資產負債表中予以確認)

Deferred claims　延期債權 (指延期至將來一個日期或到其後一個會計期實現的債權)

Deferred compensation　延期補償；遞延報酬

Deferred credits　遞延貸項；延期信用

Deferred debt　延期債務；遞延債務

Deferred dividend policy　延期股息保險單；延付紅利保險單 (推遲附有利益分配的保險單)

Deferred equity　遞延股本 (最後將轉移換成 "普通股本")

Deferred income　延遲所得；遞延收益 (預收但尚未到期應收的利得，如預收租金或保險金等)

Deferred income tax　遞延所得稅

Deferred insurance　擱置保險

Deferred interest bonds　延期付息債券；延付利息債券

Deferred interest certificate　遲延利息證書

Deferred liabilities　遞延負債；延期負債

Deferred lien　遞延留置權

Deferred ordinary shares　延期付息普通股

Deferred pay　延期支付金

Deferred payment L/C　延期付款信用證 (一般不開匯票，信用證規定交單後若干天內予以付款的信用證，稱為延期付款信用證)

Deferred payments　分期付款；延期付款；遲付 (指延期或分期支付本金或其利息)；延付貨款

Deferred premium　遞延保險費；延期保險費；延付保險費

Deferred rebate　延期回扣 (指公共托運人將其一部份運費退還托運人以為支付延期的回扣)

Deferred rebate system　運費延期回扣制度

Deferred retirement　延期退休

Deferred retirement benefit　遞延退休金；延付退休金

Deferred sentence　〔美〕推擱宣判；暫緩判決

Deferred serial　推遲分期償還的證券

Deferred shares　後派息股；延期付息股 (指要待優先及普通的股利分派之後，故亦稱 "後派股")

Deferred signature　延期簽字

Deferred stock　延期付息股票；後派息股

Deferred taxes　遞延稅金 (指延期繳納所得稅，因有爭議所致)

Deferred telegrams　遲發電報

Deferred-interest mortgage　延期利息抵押

Defiance　藐視；蔑視；挑釁；違抗；反抗

Defiance of law　藐視法律

Deficience bill　暫時借入證券 (政府從中央銀行暫時借款時開具的)

Deficiency　缺乏；不足額；虧絀 (指納稅人應繳納稅款不足額)；貨物缺陷

Deficiency account　虧損目；虧絀賬戶；清算損失表

Deficiency action　補絀訴訟；清償虧絀訴訟

Deficiency assessment　〔美〕應繳稅評估虧絀 (指國內稅務署估稅高納稅人所估稅差額)

Deficiency bill　通融證券；〔美〕(國會) 預算追加提案；彌補撥款不足額議案；〔英〕(政府) 虧絀墊款

Deficiency dividend　〔美〕虧絀的紅利 (可依法予以減稅或免稅)

Deficiency judgment　清償不足額判決 (指抵押債務人未能清償抵押品贖回權，取消後所產生全部到期債務的餘額)

Deficiency notice　〔美〕補稅通知單 (指在國內稅務署發出欠稅通知後 90 天之內繳納稅款)

Deficiency of papers　文件欠缺

Deficiency payments　差額補貼 (指政府給予農民全部或部農品的市場差價的一種津貼)

Deficiency suits　追償債務差額的訴訟

Deficient reserves　不確定的儲備金；儲備金；不足的公積金

Deficient timber resources　缺乏木材資源

Deficit　虧損；虧空 (額)；赤字；逆差

Deficit financing　赤字理財；赤字籌資；赤字財政 (政府為刺激生，大量增加開支和發行公債及實行寬鬆貨幣政策做法)

Deficit spending　赤字開支；超支

Defile　*v.* 弄髒；玷污；褻瀆；敗壞；淫猥；使腐敗

Defile the marriage-bed　通；犯通姦罪

Defilement　不潔；污染；玷污；不貞；(道德或行為) 敗壞；墮落

Define　*v.* 解釋；下定義；闡明；限定；決定；確定…的界線；使清楚

Definite　限制的；限定的；固定的；肯定的；明確的；確切的；有界限的；有界的

Definite benefit　定額給付金 (指按一定的百分比給付退休金)

Definite bordereaux of risks　〔保〕確定報告

Definite claim bordereaux 〔保〕確定支付保險費報告

Definite failure of issue 確定無子女

Definite interest 確定利益

Definite plan 成案;確定的案件

Definitepolicy (船舶)確定保單

Definite sentence 〔美〕定刑期判(監獄當局依據犯人在獄中的良好表現而確定監禁年限的判決);(宗教法庭的)終局判決;終審判決

Definite supposition 肯定推測

Definite term 確定期限

Definite undertaking 確定承諾;明確承諾

Definition 定義;解釋;釋義;界定;限定

Definition of aggression 〔聯〕侵略定義(指一國行為構成侵略的國際規定,1974 年)

Definition of boundary 規定邊界(用文字說明邊界的位置和走向)

Definition of capital goods 生產資料的定義;固定資產的定義

Definition of domestic industry 〔世貿〕國內產業的定義

Definition of property rights and responsibilities 產權和職責的定義

Definition of subsidy 〔世貿〕補貼的定義

Definition of terms 契約條款的闡釋;術語定義

Definitive 最後的;終局的;終審的;確定的;限定的

Definitive anti-dumping duties 〔世貿〕固定反傾銷稅(規定徵收反傾銷稅的數額,應相當當涉訟產品正常價值與其出口價格比較的差價)

Definitive counter vailing duty 〔世貿〕最終反補貼稅

Definitive international arrangement 權威性的國際安排

Definitive sentence 確定刑期的判;〔宗〕終審判

Definitive statute 最後規約

Definitive treaty of peace 最後和約

Deflate v. 緊縮通貨(指取行動緊縮通貨以降低或穩定物價)

Deflation 通貨緊縮

Deflationary 緊縮通貨的

Deflationary demand measures 通貨緊縮的需求措施

Deflationary gap 通貨緊縮差額

Deflationary pressure 通貨緊縮的壓力

Deflator 消除通貨膨脹指數;通縮指數

Defloration 誘污處女;踐踏童貞

Deforce v.〔英古〕非法有他人合法所有的土地

Deforcement 〔英古〕非法侵佔他人的土地(非法佔有合法所有人的土地);扣押寡婦的特留份;〔蘇格蘭〕抗拒執法(抗拒法官的職權)

Deforceor (deforcor) 不法佔有者;非法佔有他人土地者

Deforciant 非法佔有他人土地者

Deforestation 砍伐森林;盜伐

Deformity 殘廢;畸形;智力缺陷

Defossion 活埋(處罰)

Defraud n. & v. 欺騙;騙取;詐取(錢財)

Defraud the revenue 漏稅;逃稅

Defraudation 詐騙取財;詐取(錢財)

Defrauder 詐欺者;騙子

Defray v. 支付;支出;補償

Defrayment 支付;支出;支付成本費用

Defunct a. & n. I. 已死的;已消滅的;不存在的;已停業的;

II. 死者

Defunct company 已停業的公司;已解散的公司;倒閉的公司;〔漢〕停業公司

Defunct government 已被推翻的政府

Defy v. 違抗;藐視;公然反抗

Defy the leadership of one's organisation 目無組織

Degaster 〔法〕浪費

Degenerate v. 腐化;墮落

Degradation 降級;貶黜;(道德、品德)墮落;貶低爵位;革除神職

Degradation of labour 勞動價值的低落

Degradation of the environment in the low-standard country 低標準國家環境的退化

Degradations 〔法·單〕降級;革職;罷免(貶黜);褫奪公權;剝奪政治權利;毀壞;損壞;荒地;〔複〕浪費

Degrading 謾罵的;卑劣的;可恥的;墮落的;不名譽的;恥辱的

Degree 地位;身份;等級;(罪行的)輕重;程度;學位;等;(航海圖上標示的)60 海里(距離)

Degree of affinity 親和度

Degree of autonomy 自主程度

Degree of care 注意程度

Degree of consanguinity 血緣度(血親的親)

Degree of control 管制程度

Degree of correlation 相關程度

Degree of dependence upon foreign trade 依賴外貿的程度;外貿依存度

Degree of family relations 家庭關係的程度

Degree of freedom 自由程度

Degree of integration 一體化程度

Degree of intergovernmental consensus 政府之間協商一致的程度

Degree of kindred 親屬程度

Degree of prevalence of offence 犯罪率

Degree of proof 證明程度(指為排除合理懷疑證據等級刑事案件中,證明案件性質的說服力程度的證據,民事案件中即多指其具有合理傾勢的證據)

Degree of protection in the shipping services 航運服務貿易保護程度(指發達國家)

Degree of relationship 關係程度

Degree of the severity of the punishment 刑的輕重

Degrees of crime 罪等;罪行等級(現有一個或多個犯罪因素確定量刑輕重的等級)

Degrees of kin 親屬的程度

Degrees of kinship 親屬關係(親屬和姻親關係等級)

Degrees of negligence 過失程度(以此確定行動者責任大小)

Degrees of secrecy 保密級;機密程度

Degression (稅率)遞減

Degressive (稅率)遞減的

Degressive tax 累退稅;遞減累進稅(按照遞減的稅率而增加累進稅。其稅率隨課稅基數的增大而提高,課稅基數每增大一個數額,稅率的提高就減少一點)

Degressive taxation 遞減累進稅

Dehire v.〔美〕解僱

Dehors 〔法〕在…之外;無;與…無關;同…沒有關聯

De-isolate　*v.* (使) 取消隔離 (政策)

Dejaction　〔西〕放棄；讓與；〔保〕解約；委付 (放棄保險財產委付於承保人)

Dejeration　(莊嚴) 宣誓

Del credere　〔意〕保付；擔保還款 (代理人為取得附加佣金，賒銷貨物時保證買者得給付和履行合約的含意)

Del credere account　〔意〕債務資力保證賬

Del credere agency　〔意〕保付公司 (商行)；保付貸價代理

Del credere agent　〔意〕保付代理人；信用擔保代理人 (指代理人以高額佣金為條件，保證委托人能收到他代為售貨的貨物的貨款)

Del credere agreement　〔意〕保付貨款協定；保付貨價合約

Del credere commission　〔意〕保付貨款佣金 (指貨主除付給寄售貨物的佣金外，再加付的佣金)

Del credere contract　〔意〕保付合約

Del credere factor　〔意〕保付貨款代理人

Delate　*v.* 公佈 (罪行等)；控告；告發；告訴；彈劾

Delator　告發者；檢舉人；舉報人；獻媚人

Delay　*v.* 耽誤；遲滯；延遲；懈怠

Delay defeats equities　延遲自絕於衡平

Delay in delivery　交貨延遲；交貨延誤

Delay of collection of tax　徵稅延緩；徵稅延期

Delay of justice　延誤司法遲

Delay rental　延遲租賃；〔美〕石油煤氣田附加租金

Delayed payment　延遲付款；延付

Delegable duty　〔美〕可由他人履行的義務；可委托他人履行的義務

Delegalisation of international trade relations　國際貿易關係非立法化 (有學者認為，若企圖通過貿易政策工具以求達到實現國內政策目的就會南轅北轍，破壞國際經濟秩序)

Delegate　*n. & v.* I. 代表；〔美〕推選為眾議院議員 (通常是被推選代表選區出席特別會議或黨代會)；II. 委托；委任；委派；授權

Delegate authority　授權

Delegate observer　觀察員代表

Delegate to the Party Congress　〔中〕黨代會代表

Delegate without the right to vote　列席代表

Delegated authority　代理權限

Delegated jurisdiction　〔蘇格蘭〕代理審判權

Delegated legislation　授權立法；委任立法

Delegated legislation power　委任的立法權；授予的立法權

Delegation　委任；委派；授權；代表團；〔美〕使節 (指派遣代表區區或政治團體參加黨代會等的人)；債務人變更 (意指在債務更替中，第一債務人為第二債務人所替換)

Delegation of authority　權力的委任；權力的授予

Delegation of powers　權力的委任

Delegation Theory　代表説

Delete　*v.* 刪除；刪去；擦去；抹掉

Delete if imapplicable　刪去不適用的詞句

Deletion　刪除 (事項)

Deliberate　*a. & v.* I. 審慎的；深思熟慮的；不輕率的；故意的；蓄意的；II. 審慎；權衡；仔細考慮；商討；討論

Deliberate a case　評議案例

Deliberate deception　蓄意行騙

Deliberate murder　謀殺

Deliberate speed　〔美〕審慎的速度 (指公立學校中取消種族隔離的教學進度，應與本州人民的福利相一致及社會治安等問題)

Deliberately　故意地；有預謀地；有目的地；熟慮地；不慌不忙地

Deliberately break the law　知法犯法

Deliberation　審議；評議；商討；討論；深思熟慮；慎重考慮；〔美〕預謀 (用於一級謀殺構成要件，指經過慎重考慮行為的後果，而非一時衝動所為)；蓄謀 (屬一級謀殺，指被告旨在報復所為)

Deliberative organ　議事機構；審議機構

Delict　不法侵害；侵權行為；輕罪；〔羅馬法〕侵權行為的罰金

Delict relating to tax　租稅犯；與稅收有關的誹謗

Delictual capacity　不法行為能力

Delictual claim　侵權行為引起的索賠

Delictual damage　侵權行為引起的損害

Delictual fault　不法過失 (侵權行為產生的責任性過失)

Delictual responsibility　不法行為責任

Delimit　*v.* 劃界；分界；劃分 (界限)；劃定 (邊界)

Delimitation　劃分；劃界；分界；劃定邊界；劃分領土邊界線 (指確定領土邊界線和權限等行為)

Delimitation agreement　劃界協定

Delimitation commission　劃界委員會

Delimitation of boundary　劃界；劃定邊界 (在地圖上標明邊界的位置和走向)

Delimitation of frontiers　劃定邊界

Delimiting the territorial sea　劃定領海界限

Delinquency　過失；違法行為；失職；瀆職；拖欠債務；〔英〕犯罪行為 (有時或為"輕罪"，尤指少年犯罪行為)

Delinquency charges　拖欠的款項 (指純因逾期沒有償還借人的款項)

Delinquency proceeding　〔美〕少年犯訴訟程序

Delinquent　*n. & a.* I. 不法行為者；罪犯 (特指青少年犯罪者)；II. 拖欠 (稅款、債務) 的；有過失的；違法的；違約的；失職的；懈怠的

Delinquent act　不法行為

Delinquent child　少年兒童犯；犯罪少年；犯罪兒童

Delinquent party　違約方；違約當事人

Delinquent state　不法行為國；侵權國

Delinquent tax certificates　滯納稅證明書

Delinquent taxes　拖欠稅款；逾期稅款

Delist　取消上市；注銷上市權利；取消掛牌資格

Delisting　〔美〕被中止上市特權程序 (由於不符合股票證券上市要求所致，這種中止上市特權可永久性的或暫停的)

Delit　〔法〕輕罪；違法行為

Delit complexes　〔法〕複合罪；俱發罪

Delits politique complexes　〔法〕複合政治罪

Delits politique relatives　〔法〕相對政治罪

Deliver　*v.* 釋放；提解；傳送；發表；接生 (嬰兒)；交付；交貨；移交；拉 (選票)；拉 (支持者)

Deliver (oneself) up　自首

Deliver a gaol (or jail)　把監獄中的犯人全部提審

Deliver goods against surrender of the document　憑單交貨

Deliver judgment　給予 (宣告) 判決

Deliver oneself to the police　向警察局自首

Deliver over　引渡；交出

Deliverance　〔美〕(陪審團的) 裁決；返還動產令狀 (指被告已受到法院歸還扣押物的缺席判決)；〔蘇格蘭〕(法院) 臨時強制扣押財產程序令

Delivered　已交付的；包括交貨費用在內的；已投遞的

Delivered (delivery) price　到貨價格 (包括交貨費在內的價格)；期貨交貨價格

Delivered at frontier (DAF)　在邊境交付

Delivered duty paid　完稅後交貨

Delivered duty paid (named place of destination) (DDP)　(指定目的地) 完稅後交貨價

Delivered duty unpaid (named place of destination) (DDU)　(指定目的地) 未完稅的交貨價

Delivered ex quay duty paid (named port of destination) (DEQ)　(指定的目的港) 碼頭完稅後交貨價

Delivered ex ship (named port of destination) (DES)　(指定目的港) 船上交貨價格條件

Delivery　讓渡 (指移轉動產佔有)；交付；交割；交貨；投送；遞交；交割股票；分娩

Delivery and acceptance certificate　交貨和驗收證明書

Delivery and customs agent　提貨報關代理人

Delivery and disbursement　(金錢的) 出納；交付和支付

Delivery bond　交付保證書 (指判決後回復被告的扣押物或支付被扣押物價值後歸還之謂)

Delivery book　交貨簿；送貨簿

Delivery by ship　船舶交貨；駁船運輸

Delivery certificate　(船舶) 交貨證明書

Delivery clause　(船舶) 交貨條款；交船條款

Delivery date　交貨日期

Delivery hire　運送費

Delivery in escrow　附條件交付 (待條件完成後由轉讓協議代理人交付)

Delivery in fact　事實上交付

Delivery man　送貨人

Delivery of a deed　交付契據；蓋印證書的交付

Delivery of goods by installment　分批交貨；分期交貨

Delivery on arrival　貨到交付；到貨即提

Delivery order (D/O)　交貨單 (倉單)；提貨單；提貨通知書；出貨單；棧單；卸貨單；〔香港〕交貨單

Delivery ports　交貨港；到貨港；輸出港

Delivery settlement　實物交割

Delivery sheet　送貨單

Delivery station　交貨站；運送站

Delivery time (D.T.)　交貨期

Delivery without seal　無縅封的投遞

Delivery-based documents　憑單據交付

Delivery-receipt　送貨 (或送件) 回單；交貨收據

Delta　三角洲

Delusion　妄想；誤信；錯覺；迷惑

Dem　〔美〕出租；轉讓；遺贈

Demagogic　煽動的；蠱惑的

Demagogue　煽動者；蠱惑民心的政客

Demagoguery　〔美〕煽動；蠱惑民心的宣傳

Demagoguism　煽動；煽動主義

Demagogy　煽動；蠱惑人心；惡意宣傳

Demain (=demesne)　*n. & a.* I. 私有地；自主地 (指不是由君主和領主封給的土地)；地主不出租的地產；〔封〕領地；莊園；直接領地；(領地內莊園主的) 自用地；II. 自己的；適當的；原來的 (訴訟答辯用語)

Demand　*n. & v.* I. 合法權利的主張；需求；需要；請求兌現 (指要求歸還到期債務或款項)；即期 (例如即期應付支票、票據等)；II. 要求；需要；請求；催告；傳喚；法庭傳訊；詰問

Demand a scrutiny　要求複查選票

Demand an account　送交未付款的賬單

Demand bill　即期匯票；即付票據

Demand collateral paper　要求交付附屬擔保證書

Demand compensation from a third party　向第三方索賠

Demand curves　需求曲線

Demand debt　即期債務

Demand deposits　即期存款；活期存款

Demand draft (D/D)　即期匯票；票匯 (買方向進口地銀行購買銀行匯票寄給賣方，賣方或其指定人持票向賣方所在地銀行取款)

Demand for change of venue　申請變更審判地

Demand for judgment　請求判決

Demand for restitution　要求賠償；要求恢復原狀

Demand instrument　即期票據；見票即付的票據

Demand loan　即期貸款；活期放款

Demand management　需求管理

Demand mortgage　活期抵押

Demand note　繳款通知單；即期票據；見票即付票據

Demand point　需求點

Demand price curve　市價與需求關係曲線

Demand promissory note　即期票據；即期本票

Demand shift　需求的變化

Demand shift inflation　需求的變化而引起的通貨膨脹；需求推動型的通貨膨脹

Demandant　(不動產訴訟中的) 原告；(不動產訴訟中的) 當事人

Demandant of extradition　引渡請求書

Demand-pull inflation　需求引起的通貨膨脹

Demandress　(不動產訴訟中的) 女原告

Demand-side intervention　需求方干預

Demarcation　劃定界線；分界；標界

Demarcation commission　標界委員會

Demarcation line　分界線；標界線

Demarcation of boundary　標定邊界；標界 (在地面上樹立界樁)

Demarche　〔法〕交涉

Demeanor　態度；行為；舉止 (指證人或其他人舉證應答時的語調和情態等)

Demeanor evidence　情態證據；行為證據 (指真實的證據包括證人在證人席上作證時的行為舉止的表現可用以考驗其所提供證據的可信性)

Demease　〔英古〕死亡

Demembration　〔蘇格蘭〕斷肢罪

Demented　失去理智的；發狂的

Demerit　記過 (處分)；缺點；過失

Demesne　*n. & a.* I. 私有地；自主地 (指不是由君主和領主封給的土地)；地主不出租的地產；〔封〕領地；莊園；直接

領地；(領地內莊園主的) 自用地；II. 自己的；適當的；原來的 (訴訟答辯用語)

Demesne land 〔英古〕(中世紀) 領主直接領地；領主自用地

Demesne land of the crown 王室自用地

Demesne of the state 國有地；官有地；公地

Demi *n. & a.* I.〔法〕半；半個；一半；II. 半個的；一半的

Demi-interdiction 〔法〕准禁制產

Demilitarisation 非軍事化；解除武裝

Demilitarised territory 非軍事化領土

Demilitarise zone 非軍事區

Demi-nationalite 〔法〕半國籍的

Demi-official *n. & a.* I. 半官方人士

Demisable 可讓與的；可遞位的

Demi-sangue 〔法〕半血統的；混血的

Demise *n. & v.* I.〔美〕(不動產的) 轉讓；讓與；繼承 (指終身讓與或遺囑讓與的不動產)；租賃；光船租賃；死亡；〔英〕贈與 (尤指土地)；(國王) 駕崩；II. 讓與；轉讓 (或創設永久或終身的財產)；出租；租賃；遺贈；繼承

Demise and redemise 相互租賃 (當事人相互出租同一土地或生長在該土地上的物品。例如：甲將其土地以一定期限出租與乙，收取名義上的租金，而乙將該地轉租於甲，租期較短，但收取較多租金)

Demise charter 光船租賃 (無海員的船舶租賃)；轉讓租賃

Demise charter party 光船租賃合同 (有時稱 "轉讓租賃合同" "bareboat charter party"，租賃者放上自己的貨物、燃油，並僱用其船員，該船即歸租方掌管)

Demise of Crown Act 王位繼承法

Demise of state 國家消亡

Demise of the Crown 〔英〕君權繼承；王位繼承

Demised premises 出租的房產；租賃的房產 (指全部或部份出租給承租人)

Demobilisation 〔軍〕復員；轉業；遣散 (軍隊)

Demobilisation order 〔軍〕復員令

Demobilisation pay 〔軍〕復員費

Demobilised soldiers 復員軍人；轉業軍人

Democracy 民主；民主政體；民主主義；民主政治

Democratic centrailism 民主集中制

Democratic consultation 民主協商

Democratic process 民主程序

Democratic rights 民主權利

Democratic ticket 〔美〕民主黨候選人名單

Demography 人口統計學

Demolish *v.* 拆毀；破壞；推翻 (計劃、制度等)

Demolished Buildings (Redevelopment of Sites) Ordinance 〔香港〕拆卸建築物 (重建地盤) 條例

Demolition 拆毀建築物；廢止；取消

Demolition cost 拆遷費用

Demolition expense 拆除費

Demolition insurance 拆遷保險

Demolition order 〔英〕拆除危房令；拆房令；拆遷令 (指拆掉不適合人們居住的房屋。英國 1985 年住房條例授權地方當局下令拆除危房的命令，即居民必須在 28 天以內搬遷，六個星期內拆掉房子)

Demonetise (demonetize) *v.* 使失去通貨資格；禁止流通

Demonetisation 非貨幣化；喪失通貨資格 (指廢止特定金屬硬幣作為本位貨幣的通用)

Demonetisation of gold 黃金的非貨幣化

Demonetised 已廢止通用的 (貨幣)

Demoniac religion 邪教

Demonopolise *v.* 取消對於…的專賣權；解除專賣權

Demonstrable risk of evidence 存在明顯的證據風險

Demonstrant 示威者

Demonstrate *v.* 示範；證明；論證

Demonstrate meritorious service 〔中〕有立功表現

Demonstrate repentance (demonstration of repentance) 〔中〕有悔過表現

Demonstration 展示；示範；描繪；示威遊行

Demonstration effect 示範效應 (指可刺激需求的商品品種)

Demonstrative bequest 指示遺贈；遺囑贈予 (=demonstrative legacy)

Demonstrative evidence 確證；實物證據

Demonstrative legacy 〔美〕指示遺贈；定額遺贈 (指遺囑指定要從特定的資金中指定支付一定金額的遺贈。例如從某公司的股份中領取一千美元)

Demonstrator 示威者

Demoralisation 道德淪喪；風俗敗壞；士氣低落

Demotion 降級；降薪

Demotion in office 降職

Dempster 〔蘇格蘭〕公告人 (指公佈法律或判決的官員)；普通絞刑吏；〔英〕馬恩島高等法院法官 (裁決各種爭端) (=deemsters)

Demur *v.* 抗辯；表示異議；提出妨訴抗辯

Demur to the judge 申請法官迴避

Demurrable 可抗辯的；可提出妨訴抗辯的

Demurrage (船舶等的) 延期費；滯期費；〔英〕金銀塊兌換費

Demurrage charge 延期停泊費；滯期費

Demurrage lien 滯期費留置權；延期費留置權

Demurrant 提出異議者；提出妨訴抗辯者

Demurrer 妨訴抗辯 (被告主張原告在訴狀中陳述的事實不足以構成訴訟請求的理由，因此不作任何答辯；或訴訟當事人一方主張他方的答辯沒有法律根據，因此不再答辯)；被告主張刑事訴狀有重大缺陷的抗辯；〔英〕反對控訴 (指訴訟當事方主張沒有法律根據。現已廢止)

Demurrer book (妨訴抗辯的) 法律爭點記錄

Demurrer ore tenus 口頭法律抗辯；以訴狀未能陳述訴由而反對提出任何證據

Demurrer to evidence 對證據的異議 (被告雖承認對方提供的證據是真的，但不足以維持其法律上對原告裁決抗辯)

Demurrer to interrogatories 反對提出書面質詢的抗辯 (指證人尤其反對所提的書面證據，並說明其反對或拒絕回答理由的抗辯)

Demy sanke 半血親；半血緣

Den and Strond 〔英古〕船舶靠岸停泊或擱淺的自由權

Denationalisation 剝奪國籍；開除國籍；剝奪國民權利或身分；非國有化；恢復私有化

Denaturalisation 除籍；退籍

Denaturalise *v.* 除籍；使入籍人退籍；剝奪…公民權

Deneutralisation 解除中立

Denial 〔美〕拒絕；否認；駁回 (指當事人在抗辯中對他方當事人所提出事實陳述的反駁。按美《民事訴訟程序規則》，當事人的反駁必須具體並針對被反駁的特定陳述)

D

Denial of benefits 〔世貿〕利益的否定；拒絕給予利益（意指成員方可拒絕 WTO 給予服務等利益）

Denial of human rights 剝奪人權

Denial of justice 拒絕司法；執法不公（或審判不公平）

Denial of quarter 拒絕受降

Denial of sovereignty 主權的否定

Denier 〔法、英古〕否認；拒絕

Denier a dieu 〔法〕定金；保證金

Denisation 客民入籍；〔英〕授與國籍（指外國人根據國王的國籍授與狀而取得英國國籍）；授與外國出生者公民權；〔美〕（=denizen）

Denizen *n. & v.* I.〔英〕歸化入籍者；客民；授與英國國籍的外國人；〔美〕居住民；外籍居民（指享有僑居國某些權利的外國人）；II. 使入籍；授予永久居留權；授與外國人以英國國籍

Denman's (Lord) Act 〔英〕登曼（勳爵）證據（修訂）法

Denman's (Mr.) Act 〔英〕登曼（先生）刑事審訊程序（修訂）法

Denombrement 〔法古〕授予采邑的記錄（或法令）

Denomination 命名；名稱；名目；貨幣面額；票面金額；派別；宗派；教派

Denomination portraits 紙幣額面的（人物）肖像；印在鈔票額面的肖像

Denomination value 票面價值

Denominational institution 教派機構；宗教組織

Denoting stamp 印花稅票

Denounce *v.* 譴責；告發；揭發；通知廢止（條約、協定等）

Denouncement 退約；〔美〕（向當局）申請授予開礦權；〔墨〕採礦用地申請（指依據墨西哥法律確定的規則）；〔西、墨〕沒收外僑佔有土地的司法程序

Denouncer 告發人

Denouncing party 退約國；退約一方

Denouncing power 退約國

Dense network of contacts 密集的聯繫網絡

Density zoning 〔美〕密集度區分制（指對公共土地、人口密度和土地使用的區劃）

Denuciate (denounce) 譴責，告發；揭發；通知廢止或退出（條約、協議等）

Denuclearisation 無核化；非核化

Denuclearised zone 無核區；非核化區

Denude *v.* 剝奪；濫伐…上的樹林

Denude forests 濫伐森林

Denumeration 當場支付（行為）

Denunciation 告發；〔際〕廢約；退約；退出；（單方面）解除條約；〔宗〕由一非原告者向教會法院提供信息

Denunciation clause 退約條款；廢止條款

Denunciation of treaty 條約的廢止（或退出）；宣告條約無效

Deny *v.* 否定；否認；拒絕（讓與或接受）

Deny a request 拒絕請求

Deny consular protection 拒絕領事保護（剝奪領事保護）

Deny national treatment 剝奪國民待遇

Deny one the right to perform one's functions 剝奪…執行職務的權利

Deny the right of appeal 剝奪上訴權

Deny trading partners of benefits from their liberalisation 剝奪貿易夥伴的自由化利益

Denying Member 〔世貿〕拒絕成員方

Deodand 〔英古〕敬神之物（指因致人死亡而被國王沒收的動產，廢止）

Deontology 〔英〕道義學（邊沁所著倫理學中強調人的義務，而非善行或權利的功利主義之說）

Depart *v.* 離開；出沒；死亡；違背

Department 〔法〕縣；行政區；〔美〕部；〔中〕司；局

Department discipline action 內部紀律處分

Department for Price and Consumer Protection 〔英〕物價與消費者保護署

Department of ceremonies 典禮局

Department of Commerce 〔美〕商務部；商業部

Department of Defense (DOD) 〔美〕國防部

Department of Education 〔美〕教育部

Department of Energy (DOE) 〔美〕能源部

Department of Foreign Affairs 外交部

Department of Health 〔香港〕衛生署

Department of Imperial Household 宮廷部

Department of Interior 〔美〕內政部；內務部

Department of Justice 〔美〕司法部；〔香港〕律政司

Department of Labour 〔美〕勞工部

Department of Public Works 〔香港〕工務司署

Department of Social Security 〔美〕社會保障部

Department of State 〔美〕國務院；〔英〕政府部門

Department of Trade and Industry 〔英〕工貿部

Department of Transporation (DOT) 〔美〕交通部（運輸部）

Department of Treasury 〔美〕財政部

Department of War 陸軍部

Department Store of financial institution 〔美〕信托公司

Departmental committee 〔英〕部設調查委員會（各部調查委員會）

Departmental contract cost accounting 部門合約成本核算

Departmental contract system 部門契約成本計算制度

Departmental cost accounting 分成本記算

Departmental cost system 分類成本制度

Departmental discipline action 內部紀律處分

Departmental enterprises 部門企業

Departmental headquarters 總部；總署

Departmental rules 部門法規

Departmental trading account 分類營業賬（戶）

Departmentalism 官僚作風；本位主義；分散主義；部門主義

Departments of State 〔英〕中央政府各部（指內務部、外交部、國防部等）

Departure 越軌訴訟（指當事人變更答辯原因，與其原來主張前後矛盾之謂）；放棄前抗辯以取得新的抗辯；矛盾的主張（與上一次主張不同或抵觸）；偏離；背離；違背標準規則；離境；出發

Departure in spite of court 〔英古〕藐視法庭而擅自退庭（舊時在回復不動產的訴訟中，承租人出庭一次後，再傳時不出庭，即此謂之）

Departure registration 出境登記

Depasture 家畜放牧

Depecage 〔美〕分割（單一案件中所產生的同一類事實的不

同的爭點，依照各該州法律裁決，亦即適用不同州的法律）

Depeculation 〔英〕搶劫君主或聯邦財產；挪用公共財產

Dependable 可靠的；可信任的

Dependant *n. & a.* I. 受贍養人；受撫養人；遺屬；II. 受撫養的；從屬的；依靠的；依賴的

Dependant benefit 眷屬補助金；護養補助金

Dependant contract 附帶契約；附條件契約（指契約一方在他方履行同一契約中，規定的某項義務之前，無履行契約義務的契約）

Dependant covenant 雙務契約；附條件契約；相依契約（指兩個或兩個以上的契約彼此相互關聯、相互依賴，其中一項契約必須在其他契約之前履行）

Dependant spouse 受撫養的配偶

Dependence 依靠，依賴（指尋求他人衣、食、住的供養和保護）；附屬；附庸；附屬關係

Dependence on the American market 依賴美國市場（指日本）

Dependency 附屬地；附屬國；從屬地位；依賴

Dependency allowance 撫養津貼

Dependency benefit 撫養補助金

Dependency exemption 撫養免稅額（指納稅人不足 19 歲的子女或學生）

Dependency period 撫養期間

Dependent *n. & a.* I. 依靠者；受撫養人；被贍養人；〔香港〕受撫養人士；II. 受撫養的；受贍養的；依靠的；從屬的；〔香港〕親屬

Dependent children 從屬少年；受撫養的子女

Dependent claim 從屬權利要求

Dependent conditions 相依存條件

Dependent contract 附屬契約；附條件契約；相依契約（指契約一方在他方未履行同一契約中規定的某項義務之前，無履行契約義務的契約）

Dependent country 附屬國

Dependent covenant 附屬契約；附條件契約；相依契約（=dependant covenant）

Dependent coverage 受撫養者保險

Dependent domain 從屬領地

Dependent elderly 受撫養的年長者

Dependent intervening cause 附屬性介入原因

Dependent labour force 從屬的勞動力

Dependent of dead military heroes 〔中〕陣亡烈士軍屬

Dependent of martyrs 〔中〕烈屬；烈士家屬

Dependent on the North American market 依賴北美洲市場（指歐洲）

Dependent parent allowance 供養父母的免稅額

Dependent parents 受贍養的父母

Dependent passport 家屬護照

Dependent patent 從屬的專利

Dependent people 附屬地人民；附屬國人民

Dependent promise 附條件承諾（指承諾人只有在另一方履行同一協議中的義務承諾，才履行其義務）

Dependent relative revocation 〔美〕附條件的相對撤銷（關於取消一遺囑取代另一遺囑，以分配遺產行為而出於同一計劃意圖的相依關聯說；受撫養者撤消一遺囑代替另類契證，以分配遺產的相互依賴行為原則）

Dependent spouse 受撫養的配偶

Dependent state 附屬國；依賴國

Dependent territory 屬地；附屬地；附屬領土；殖民地

Depending 未決的；尚未確定的；正在進行的；〔專利〕依賴於（指一個裝置的部件相互關聯）

Depesas 〔西〕鎮上留作公共的放牧地

Depletable economic interest 可耗減的經濟利益

Deplete *v.* 耗竭；耗盡；弄空；倒空

Deplete the stock 耗盡庫存

Depleted cost 已折耗成本；耗餘成本

Depletion 折耗；耗減；(石油、天然氣或其他礦藏貯量在納稅年度期間) 減少；(資產) 耗盡；枯竭；資源涸竭

Depletion allowance 折耗減免；備耗折耗；耗減賦稅優惠（指對石油、天然氣、礦藏、木材所有者因其資源枯竭或減少而給稅收減免）

Depletion deduction 耗減扣除（=depletion allowance）

Depletion reserve 耗減準備（指反映消耗性資產價值上減少的收入量。如油井的儲油量）

Depoliticise trade 非政治化的貿易

Depone *v.* 宣誓證實；宣誓作證

Deponent 宣誓作證人；宣誓證人；提供書面證詞者；宣誓書作出者

Depopulation 〔英古〕人口下降；人口減少

Deport *v.* 遞解出境；驅逐出境；放逐 (罪犯)

Deport under escort 押解出境

Deportation 驅逐出境；遞解出境 (指驅逐出境伴之以沒收財產和剝奪公權，此適用於外國人的一種刑罰)；放逐 (指把輕罪犯驅逐出境，流放到孤島上去)

Deportation order 遞解出境令

Deportee 被驅逐出國者；被判處放逐者；被遞解出境者；被押解出境者

Depose *v.* 作證；提供書面證詞；罷官；免職；廢黜 (尤指君主)；聲明作證人 (古代習慣)；宣誓作證

Depose an inheritor 廢除遺產繼承人

Deposed monarch 廢位君主

Deposed sovereign 被罷免的主權；廢位君主

Deposit *n. & v.* I. 定金；保證金；抵押物；存款；寄存 (物件)；(礦物的) 儲量；〔蘇格蘭〕寄存貨物契約；II. 寄托；保管；存放；寄存；交存；交托；儲蓄；交付保證金

Deposit account (D/A) 存款賬戶；〔英〕存款賬戶；〔香港〕提存賬戶

Deposit an instrument of acceptance 交存接受證書

Deposit at call 通知存款；即期存款

Deposit at notice 即期存款；通知存款

Deposit bank 〔英〕存款銀行

Deposit banking 儲蓄銀行業務；存款業務

Deposit banking system 銀行存款制度；儲蓄銀行制度

Deposit Board 〔英〕存款保護委員會

Deposit book 存摺 (存款簿)

Deposit box 保險箱；保管箱

Deposit by bond 存款證券

Deposit certificate 銀行存款證 (單)；存摺，存單

Deposit company 保管公司 (主要業務是安全保管證券及貴重物品)

Deposit contract 存款合約

Deposit for hire 有償寄托

Deposit for safe custody 保管押金；保管寄存金

Deposit guaranty fund commission　〔美〕存款保證基金委員會

Deposit in court　〔美〕提存法院裁定支付的款項 (指債務人對應償還的有懷疑時，將款存入法院，由法院裁定清償的人；該筆存款也包含關於收回不動產案未決訴訟的租金在內)

Deposit in transit　在途存款 (指已登記入公司檔案，但尚未收到銀行入賬收據的存款)

Deposit in trust　信託存款

Deposit insurance　〔美〕儲蓄保險；存款保險

Deposit Insurance Act　〔美〕聯邦存款保險法

Deposit Insurance Corporation　〔美〕聯邦存款保險公司

Deposit interest rate　存款利率

Deposit liability (or liabilities)　保證金債務；存款項下負債；〔香港〕短期負債

Deposit line　保留存款最低的限額；存款水平；平均存款餘額

Deposit loan　儲蓄貸款；信貸存款

Deposit money banks　存款貨幣銀行；押租銀行

Deposit of customs duty　預交關稅

Deposit of formal instrument　正式文件的交存

Deposit of instrument of accession　加入文書的交存

Deposit of instrument of ratification　批准文書的交存

Deposit of ratification　批准書的存放

Deposit of the award　提交仲裁裁決

Deposit of title-deeds　房地契質押；土地所有權證書存作擔保 (把地契委託給債權人作為借款清償的擔保，從而在土地上設定衡平法上的擔保權)

Deposit opening form　開戶存款表格

Deposit premium　預付保險費

Deposit Protection Board　〔英〕存款保護委員會

Deposit Protection Fund　〔英〕存款管理保護基金 (該基金存款保護委員會依 1987 年銀行法規定管理，其職能是一旦有一家銀行破產，所有銀行均有義務攤給基金賠償存款者損失)

Deposit rate　存款利率

Deposit ratio　存款資本之比 (存款總額與資本總額比率)

Deposit receipt　存單；存款收據；(共同海損) 保證金收據

Deposit rent　押租

Deposit reserve fund　存款儲備基金

Deposit slip　存款單；送貨單

Deposit taking　獲得存款；彙集存款

Deposit Taking Companies Ordinance　〔香港〕接受存款公司條例 (規定除有銀行執照外，還須向政府註冊，並繳足最低港元資本條件，頒佈於 1976 年)

Deposit vault　信託倉庫

Depositaries of public money　受理公款銀行

Depositary　保管人；受託人；保管機關 (指銀行或信託公司)；(條約) 保存者；保存國；存儲處

Depositary agency　交存機構

Depositary clause　交存條款

Depositary government　保存國政府

Depositary of the treaty　條約保存者

Depositary state　保存國

Depositary under court order　法定財產保管人

Deposited with the Secretary-General of the United Nations　交予聯合國秘書長存放

Deposition　口供；筆錄供詞；證言錄取書；證人供述書；宣誓的證言 (指在法庭外法官辦公室，通常是在一個律師事務所對證人作出的口頭訊問)；廢位；〔宗〕剝奪聖職 (宗教法院刑罰之一)；〔香港〕(公堂外或律師辦公室內) 作供

Deposition by witnesses　證人證言；證據保全

Deposition de bene esse　〔美〕庭審中將宣讀的書面證詞 (指證人不能到庭時，法官可在審判時宣讀其證言，並以如同證人出庭情況下的方式進行審判)

Deposition of territory　土地沉積

Deposition procedure　證據保全程序

Deposito　〔西〕寄託；寄託合同 (一種實物合同，一旦要求，即予交還)

Depositor　存放者；儲戶；存款人；付托者

Depositor's forery bond　存款人防偽保險單

Depositor's bond security system　存款人證券擔保制

Depositor's forgery insurance　存款票據偽造保險

Depositor's guaranty fund　存款人保證基金

Depositor's guaranty fund system　存款戶保證基金制

Depository　寄存處；存儲所；倉庫 (本術語與 "depositary" 不應混淆，前者是指地點，在美國是指受託保管稅收等公款的指定銀行；後者是指負責保存的人或機構)；〔美〕存放公款銀行 (選擇和指定接受存放公共基金，如稅款等)；保存國

Depository bank　托收銀行；付款銀行；保管銀行 (代客戶保管貴重物品等)

Depository for wills　〔英〕遺囑保管所

Depository institutions　存款機構；保管機構

Depository Receipts (DR)　存托憑證 (又稱存券收據或存股證)

Depository transfer cheque (check) (DTC)　〔美〕托收轉賬支票 (一種未簽署的禁止轉讓的用以從地方托收銀行劃撥資金到資本集中銀行)

Depot　〔法、英〕倉庫；寄託；(物品) 寄存處；

Depot of arms　武器庫

Deprave　*v.* 誹謗；墮落；腐化；敗壞；〔宗〕貶低；蔑視 (在英國視為刑事罪)

Depraved　墮落的；道德敗壞的

Depraved mind　道德敗壞；思想墮落 (道德上內在的缺陷)

Depraved person　腐化份子

Depravity　墮落；腐敗；腐敗墮落行為

Depreciable　應計折舊的 (資產等)

Depreciable assets　應折舊資產

Depreciable base　應折舊的基價 (指工廠和設備物品原成本減除剩餘價值)

Depreciable life　應折舊年限；攤還期限 (對固定資產而言，應折舊的成本所分攤的整個時期；對於報稅單而言，折舊年限要比估計服務年限為短)

Depreciable real property　應計折舊的不動產 (指定於土地上的建築物)

Depreciate　*v.* 降低…的價值；降低…價格；使 (貨幣) 貶值；折舊

Depreciated value　折餘價值 (亦稱 "淨值")

Depreciation　貶值；折舊；減價；減值

Depreciation allowance　折舊備抵；折舊提存；可免稅的折舊；折舊減免；折舊提存

Depreciation and appreciation of the SDR in terms of the U.S. Dollar　〔基金〕特別提款權按照美元貶值和升值

Depreciation charge　折舊費用

Depreciation funds 折舊基金

Depreciation insurance 貶值保險

Depreciation of fixed capital 固定資產折舊（費）

Depreciation of plant 廠房折舊

Depreciation of value 減價；貶值

Depreciation reserve 折舊準備；折舊儲備金賬戶；折舊準備賬戶（指留存款項作為對沖財產因時間和使用而付折舊費之用）

Depredate v. 降低的價值；降低價格；使（貨幣）貶值；折舊

Depredation 搶劫；偷盜；（戰爭中的）掠奪；〔法〕劫掠；搶劫；損壞；毀壞（尤其是毀滅死者遺產）；浪費公款

Depredator 掠奪者

Depress v. 使蕭條；使不景氣；使減值；使跌價

Depress prices to a significant degree 〔世貿〕大幅度地壓低價格；很大程度上抑制了價格（此為確定是否因傾銷所致損害的又一個檢驗原則）

Depressed area 蕭條地區

Depression 凹地；低窪地；大蕭條；不景氣（通常是經濟景況很差伴隨着高失業，其比 "ression" 嚴重得多）；抑鬱症

Depressive reaction 消極反應；抑鬱症反應（指罪犯的精神狀態）

Deprivable 可奪去的；可剝奪的

Deprival 剝奪；褫奪

Deprival of civil right 剝奪公民權

Deprival of political right for life 剝奪政治權利終身

Deprivation 〔美〕剝奪；褫奪；喪失；沒收（諸如剝奪憲法權利或以國家徵用權名義沒收個人財產）；〔宗〕罷免聖職；沒收寺院領地

Deprivation heir 廢除繼承人

Deprivation of citizenship 〔英〕剝奪國籍

Deprivation of civil rights 剝奪民事權利；剝奪公權

Deprivation of freedom 剝奪自由

Deprivation of nationality 國籍的剝奪；喪失國籍

Deprivation of personal liberty 剝奪人身自由

Deprivation of political rights 剝奪政治權利

Deprivation of property 沒收財產；剝奪財產；〔美〕剝奪私人財產

Deprivation or restriction of freedom 剝奪或限制自由

Deprive v. 剝奪；褫奪；使喪失；免去…的職務（尤指聖職）

Deprive permanently 永久性剝奪（1. 永久剝奪物主財產的佔有、使用或用益權，且無返還之意；2. 保有物主的財產除非其回購或回租者外；3. 除了處置物權或除物主外另有人提出索償，佔有者可將該財產出售、典質或贈與）

Deprive sb. of civil rights 褫奪…民事權利

Deprive sb. of his post 褫職；罷官

Deprive sb. of political rights 剝奪…政治權利

Deprogrammer 消除信仰；洗腦專家

Deprogramming 〔宗〕消除受毒化的信仰（指對信教集團的成員進行洗腦或控制其思想以勸其放棄宗教信仰的過程）

Depth contour 深度曲折；〔海法〕等深線

Depth contour chart 〔海法〕等深線海圖

Depth of ship 船深

Depth-sounding 〔海法〕回聲測深儀

Deputation 委派；委托代理；委任代表

Deputise v. 委派代表；授權…為代表；委任…為副代表

Deputy 代理人；代表；受托人；副官；代理官員；副代表；

署理；（法國等）下院議員

Deputy Assistant Secretary 〔美〕助理國務卿幫辦（助理部長幫辦）

Deputy Attorney-General 〔英〕助理檢察長；檢察總長代理；〔美〕助理司法部長

Deputy auditor-general 副審計長

Deputy chairman 代理主席（或議長）；副主席（或議長）；副會長

Deputy chief judge 副庭長

Deputy collector of customs 〔美〕代理海關署長；副海關署長（海關副署長）

Deputy commander in chief 副總司令

Deputy commissioner of Inland Revenue 副稅務長；〔香港〕（稅務）副局長

Deputy commissioner of customs 海關稅務副司長

Deputy consul 副領事（領事代理）

Deputy consul-general 副總領事

Deputy controller 〔世行〕副總會計師

Deputy Director 〔基金〕副董事

Deputy Director-General 〔世貿〕副總幹事

Deputy General Counsel 〔基金〕副總顧問

Deputy governor 副州長；〔日〕副知事

Deputy inspector-general 副檢察長

Deputy judge 準審判員；助理審判員；備補法官

Deputy lieutenant 〔英〕郡長助理；副郡長；郡軍事長官助理

Deputy Managing Director 〔基金〕副總裁（輔助總裁工作）

Deputy mayor 副市長

Deputy president 副會長；代理會長

Deputy procurator 副檢察長；助理檢察長

Deputy representative 副代表

Deputy Secretary 〔基金〕副秘書

Deputy sheriff 〔美〕（縣）司法行政官助理；〔英〕代理郡長（指定代理郡長執行公務）

Deputy steward 〔英〕莊園管家代理

Deputy to the National People's Congress 〔中〕全國人民代表大會代表

Deputy treasurer 〔世行〕副司庫

Deputy Under Secretary 〔美〕副國務卿

Deraign v. 證明；辯護；反駁；對…主張表示異議

Deranged 精神錯亂的；發狂的

Derangement （精神）錯亂；發狂

Derate v. 減稅；減低（或取消）對…徵收的稅；免稅

Derecho 〔西〕法律；權利；稅收

Derecho comun 〔西〕普通法

Derecognition 取消承認

Deregistration 〔美〕撤銷註冊（指根據《1934 年證券交易法》第 12 條規定，當證券持有人數目銳減到一定數量時，可撤銷註冊要求）

Derecognise v. 取消承認（國家）

Deregulate v. 解除…管制；放寬限制

Deregulation 放鬆管制（指減少政府對商業管制以允許市場自由競爭）

Derelict n. & a. I. 遺棄物；委棄物；無主物；無主船；海上棄船；〔美〕水退後露出的新土地（指河流改道而留下的舊河牀）；II. 遺棄的；被拋棄的；無主的

D

Derelict lands　新陸地 (指因河、海波浪沖刷急劇露出的土地歸國有；逐漸露出的土地則屬鄰接土地的所有者)

Dereliction　〔英〕新生土地 (指因河、海波浪沖刷急劇露出的土地歸國有；逐漸露出的土地則屬鄰接土地的所有者)；〔海法〕委棄 (指船舶或貨物)；〔羅馬法〕拋棄；遺棄

Dereliction of duty　瀆職；失職；玩忽職守

Dereliction of territory　領土的遺棄

Derequisition　v. 取消對…的徵用

Derestrict　v. 取消對…的限制

Derivative (or derivate)　a. & n. I. 派生的；衍生的；第二次的；轉承的；繼受的；II. 導數；派生物；繼受物

Derivative acquisition　繼受取得；轉承取得；派生取得；傳來取得；轉讓取得 (指依法因沒收、繼承、婚姻、判決、無力償還、無遺囑或因贈與、銷售或遺贈而取得的財產)

Derivative action　派生訴訟 (指以對他人傷害而提出的訴訟。例如丈夫因第三者對妻子的傷害喪失配偶權而提出的訴訟)；股東代位訴訟；股東為公司權利提出的訴訟

Derivative citizenship　繼受公民資格；轉承公民資格

Derivative contraband　派生違禁品 (指財產項目雖非法，但要被沒收)

Derivative Conveyance(s)　附隨性轉讓 (以既存的所有權轉移證書為前提加以補充、確認、改變、恢復或轉讓原書所賦予權利)

Derivative evidence　派生證據 (指從非法得來的證據中衍生的，因其基本上的污點，因而不能採納作為證據)

Derivative international personality　繼受國際人格；轉承國際人格

Derivative jurisdiction doctrine　〔美〕派生的管轄權原則 (指只有州法院對該爭議物具有管轄權時，該案件才可以移轉)

Derivative liability　〔美〕派生責任 (① 原告提出對被告的平反訴訟；② 原告提出自我平反之訴訟。在上述兩種情形下所派生的責任)

Derivative nationality　繼受國籍；轉承國籍

Derivative naturalisation　轉承入籍

Derivative suit　派生訴訟；代位訴訟 (股東為公司權利提出的訴訟)

Derivative title　〔美〕派生財產權；繼受權 (美國編纂的習慣法僅指取得出讓人財產的權利)

Derivative tort　派生侵權責任；轉承侵權責任 (指委託人承擔由代理人的不法行為派生的侵權責任)

Derivative treaty　轉承條約

Derivative work　派生的作品；演譯的作品 (例如在原著的基礎上進行翻譯、改編等)

Derive　v. 得到；派生，衍生；推知；引出

Derive additional earnings　獲得更大的收益；獲得額外的收益

Derived　衍生的；派生的；導出的

Derived demand　派生需求；間接需求

Derived liability　派生的責任；分賠責任

Derived supply price　派生供應價格

Dernier　〔法〕最後的；最終的

Dernier resort　〔法〕終審

Dernier testament　〔法〕臨終遺囑

Derogate　v. (法律、權利、合同、條約等的) 部份廢除；減損；貶低；毀損

Derogate from existing obligations　減損現行的義務

Derogate from obligations subsisting between the Parties pursuant to other international agreements　〔領事〕減損雙方根據其他國際協定所承擔的義務

Derogation　局部廢止 (指法律、合同、條約等的部分廢除；因後法限制前法範圍和效力而部份廢止，其與 "abrogation" 不同，後者指全部廢止，如因施行新法而廢止舊法)；貶低；撤銷；股票買賣契約之變更 (或廢止)；減損 (指違背或逃避應盡的義務)

Derogation from grant　減損財產轉讓契據中的自我限制條款

Derogatory　毀損的；減損的；有害的；誹謗的

Derogatory clause　限制變更條款 (指立遺囑者聲明該遺囑為立遺囑者最後遺囑)；失效條款 (指立遺囑者加進的自我保留條款，即他其後如再立遺囑應作無效，以防被迫另立遺囑或他人採取不正當的方式取得違反立遺囑人本意的遺囑)

Desafuero　〔西〕違法行為；違反習俗和理性行為

Desamortisation　〔墨〕剝奪永久管業權 (意即放鬆對教會及民事法人的控制的財產)

Descend　v. 繼承；傳給 (遺產)；繼承轉讓

Descendant (or descendent)　子孫；後裔；直系親屬 (指兒子、孫子等直系相傳的子孫)

Descender　不動產法定繼承；子孫身分；下行字母

Descendibility of future interests　〔美〕未來財產的可繼承性 (指諸如剩餘財產權、未來財產利益，在財產持有者死後即可繼承轉讓)

Descendible　可繼承的，可遺贈的 (指遺產、產權、官職或其他財產)

Descending from an airplane　〔保〕離開飛機

Descent　〔英〕血統繼承制 (無遺囑繼承)；〔美〕法定繼承制；法定繼承權 (含財產與名位的繼承)；不動產法定繼承 (合法繼承人分配無遺囑的不動產)；血統；世系；祖籍

Descent by distaff　女系；母方

Descent cast　無遺囑死者的不動產的繼承 (指無遺囑死者一死亡即將其不動產移交其繼承人)；回復被侵佔土地的繼承權 (當某人以侵佔手段獲取土地時，死亡時侵佔的土地仍在其名下，繼承人對該土地真正所有者的進入權已被繼承，因此繼承人只能通過訴訟才能收回該土地的繼承權)

Descent of land　土地的繼承

Describe　v. 描寫；描述；敘述；形容；表述；解釋；說明；製圖；分界；標界

Description　敘述；描述；形容；詳情；內容摘要；說明書 (如：物品規格；申請專利產品與機構裝置)；(對特定人) 身分介紹；法案的簡介 (指以通俗易懂的語言形象，介紹法律草案主要特點，以利於投票人理解)；(對搜捕狀宣誓書中搜查的) 地點說明；對犯罪嫌疑人的描述；對土地轉讓、銷售廣告的詳細敘述

Description of business　營業種類；營業科目；營業範圍

Description of land　土地標示

Description of person　人物描述；人物說明書

Description of person's appearance　人物外表的描述

Description of products　產品說明書

Description of real estate　不動產說明

Description of the invention　發明物說明書

Description of the subsidy practice to be investigated　〔世貿〕對要受調查補貼行為的說明

Descriptions of all products 全部產品說明書

Descriptive 描述的；附有說明的

Descriptive mark 描述性商標

Descriptive part (of) 欺騙性部份

Desecrate v. 褻瀆；污辱；玷污 (指故意沾污公共紀念碑等，美國法律對此類行為者定為輕罪)

Desegregation 取消種族隔離；廢除種族隔離

Desert v. 拋棄；遺棄；擅離職守

Desert Act 〔美〕開墾荒地法 (1877 年)

Desert the diet 延期開庭；延期審判

Deserted 被拋棄的；被遺棄的

Deserted children 被遺棄的子女

Deserter 逃亡者；逃兵；擅離職守者

Desertification 沙漠化

Desertification of agricultural lands 農業土地的沙漠化

Desertion 擅離職守；逃亡；逃兵；逃役；拋棄；遺棄罪 (指丈夫或妻子無正當理由，對病中的配偶在需要的情況下而故意不予以照顧、保護和撫養)；〔英〕逃亡罪 (在英國陸、海、空軍人未經許可逃役為刑事罪)

Desertion and non-support 〔美〕遺棄和不履行撫養義務 (指丈夫對妻子而言)

Desertion of diet 〔蘇格蘭〕放棄訴訟 (指在刑事訴訟中，原告放棄特定訴訟之訴訟)

Deserving 值得受賞的；應得獎賞的；有功的

Desgrading 〔英古〕剝奪封號或顯爵

Deshonra 〔西〕不名譽；侵害；毀謗

Desiccation of the body 屍體乾燥

Design n. & v. 計劃；構思；設計；企圖；策劃；圖謀；繪製；製圖；〔常用複〕外觀設計；II. 計劃；構思；設計；企圖；策劃；圖謀；準備；指定

Design Copyright Act 〔英〕設計版權法 (1968 年)

Design drawings 圖案裝飾

Design fee 設計費

Design of forest establishment 造林設計書

Design services for mechanical and electrical installation for buildings 房屋技術和電器安裝的設計服務

Designate v. 標示；指明；指出；指定；選派，奉派；委任；推舉；稱呼

Designate a single central government authority 〔世貿〕指定一中央政府機構 (負責實施本協定關於通知程序的規定)

Designate boundaries 標明疆界

Designated advocate 指定的辯護人

Designated area for travel 劃定的旅行區域

Designated bank 指定銀行

Designated depository 指定存款

Designated foreign exchange bank 指定的外匯銀行

Designated guardian 指定監護人

Designated heir 指定繼承人

Designated measure 〔世貿〕指定措施 (《政府採購協議》規定的程序之一)

Designated products 指定的產品

Designated recipient 指定受益人

Designated trading 指定貿易；指定交易

Designated trading regime 指定貿易制度

Designated transaction 〔基金〕(特別提款權的) 指定交易事項

Designating petition 〔美〕提名候選人的請求 (指定本黨在預選會上指定黨的候選人或選派黨的候選人的請求)

Designation 標示；指明；選任；任命；(特別提款權的) 名稱；稱號；牌號；〔軍〕番號

Designation of homestead 〔美〕宅基地的標示；宅基地的指定

Designation of the Consulate on its premises 在領事館的館舍懸掛館牌

Designation of the Embassy on the premise 使館館牌

Designation of the Embassy on its premises 在大使館的館舍懸掛館牌

Designation plan 計劃名稱

Designed 圖謀的；陰謀的；預先策劃的；故意的

Designedly 故意地；有意地；非法地；罪惡地；兇惡地

Desirable 可取的；合意的

Desire v. 願望；期望；要求；請求；授權；遺贈 (不動產)

Desired goals 理想的目標

Desist from an infringement 停止侵權行為

Desistement 外國遺囑解釋適用法院地法原則；〔法〕放棄 (權利等)；撤訴；退出競選

Desk officer 〔美〕處級官員 (指美國國務院負責特定國家事務處的主管官員。例如 "China Desk" 中國處)

Desk-book 細賬

Deslinde 〔西〕劃界 (指地界或國家的邊界)

Desmemoriado 〔西〕損失記憶的人；健忘的人

Despatch (dispatch) n. & v. I. 公文；發送；急件；快速完成；迅速處理；速處死刑 (斬立決)；II. 派遣；調遣；發送；速殺；〔海法〕快速卸貨

Despatch bearer 信使

Despatch money 〔海法〕速遣費；速遣獎金 (指提前履行按合約規定時間的費用，即裝卸貨不到約定的日期)

Despatcher 發送人

Desperado 亡命之徒；暴徒

Desperate debt 爛賬；無法追償的債務

Despoil v. 搶劫；掠奪；剝奪他人所有

Despojar 〔墨〕收回土地佔有的訴訟；返還不動產佔有的訴訟

Despoliation 掠奪；搶劫

Desponsation 訂婚

Desposorio 〔西〕訂婚；婚約

Despot 專制君主；暴君；惡霸

Despotic 專制的；專橫的；暴虐的；專制君主的

Despotic government 專政政治；獨裁政治

Despotic landlord 惡霸地主

Despotic monarchy 專制君主政體；獨裁君主國

Despotic rule 暴政

Despotical state 專制國家

Despotism 專制；專制主義；虐政 (despotism 不完全雷同於 autocracy，後者不必含有前者所包含暴君的思想或濫用權力，但專制者一定是暴君者)

Desrenable 〔法〕無理由的；不合理的；非理性的

Dessaisissement 〔法〕放棄；剝奪 (破產者一俟宣佈，立即剝奪其全部財產權利)

Desseisee (or desseised) 被 (別人) 侵奪土地的佔有者

Destabilising 破壞平衡；破壞穩定

Desterilise v. 〔美〕解禁；解封 (指將國庫中的黃金存入中央銀行以擴大貨幣和信貸的發行)

Desterilise gold 解封國庫中的黃金 (存入中央銀行以擴大貨幣和信用額)

Destination 目的地；終點；目標；目的；預定 (指預定所要使用物品或基金)；指定用途 (指立遺囑者規定指明其遺產應按其指定使用)；〔蘇格蘭〕提名 (契據中指定人的或遺囑中要賦予權利的人的)

Destination bill 〔美〕目的地提貨單 (承運人應發貨人的要求，不在裝貨地點而改在貨物到站地簽發提貨單)

Destination contract 〔美〕目的地交貨合約

Destination port 目的地港

Destitute 貧困的，赤貧的；缺乏基本生活必需品的

Destitute circumstances 貧困境況

Destroy v. 破壞；拆毀；摧毀；滅失；取消；塗改；撕毀；使無用 (指保險單、租約等)；使…無效；使…喪失法律效力 (指遺囑、合約等)

Destroy criminal evidence 銷毀罪證

Destroy evidence 銷毀證據

Destroy incriminating evidence 銷毀罪證

Destroy material evidence 銷毀物證

Destroyed by fire 火災毀損

Destructibility 可破壞性；可消滅性

Destructibility of contingent remainders 不確定剩餘財產權的可消滅性 (指未來不確定的剩餘財產權，因不具備條件有滅失可能性的處理原則)

Destructible trust 可消滅的信托 (指因某種事件的發生或依法律效力而被終止)

Destruction 破壞；毀壞；消失；毀滅；銷毀

Destruction certificate 毀壞證書

Destruction of enemy property 敵人財產的毀壞

Destruction of prize 捕獲品的毀壞

Destruction of public document 毀壞公文罪

Destruction of subject-matter 破壞標的物

Destruction or disposal of infringing goods 〔世貿〕銷毀或處理侵權貨物 (指對仿冒進口貨物而言)

Destruction policy 〔保〕保險單損毀

Destructive competition 破壞性的競爭

Destructive war 毀滅性戰爭

Desuetude 廢棄；不用；〔羅馬法〕法律不用就會被廢止；〔蘇格蘭〕議會制定法長期不實踐就會失效

Detachable warrant 可分離出售發行證券的購股證

Detached breakwater 獨立防波堤

Detail n. & v. I. 零件；元件；細目；細節；詳情；選派的人 (指派出執行特殊任務或役務的軍人)；〔複〕目錄；II. 詳述；細說；列舉

Detail drawings 詳圖；明細圖

Detail(s) of contract 契約的細目；合約的細目 (節)

Detail(s) of the treaty 條約細節；合約細節

Detailed account 明細賬目；詳細報告

Detailed analysis 詳細分析

Detailed information 詳細資料；詳細信息；詳細情報

Detailed management 具體管理

Detailed regulation 細則

Detailed Regulations on Rewards and Penalties 〔中〕獎懲細則

Details of a criminal case 罪案詳情

Detain v. 扣押；扣留 (財產)；羈押；看押；阻止；攔截

Detain the smuggler 拘留走私犯

Detained goods 被扣留的貨物

Detained person 被拘留人員；被拘押的人

Detainee 被拘留者；被拘押者

Detainer 扣押 (指對他人合法所有土地或財物非法的)；不法佔有；即將釋放服刑犯的通知；服刑犯另一刑事指控的通知；〔英〕強行羈押；續行拘禁 (續行拘禁犯人的令狀)；強佔 (某人財產)

Detaining authorities 拘押當局；拘留當局

Detaining power 扼殺權力

Detaining State 拘留國

Detainment 扣留；扣押；拘留；攔阻；〔保〕扣留 (船舶)

Detainment of vessel 扣船；船舶扣押

Detection 探測；偵查；調查

Detection of anti-competitive practices 檢查反競爭性做法；發現反競爭性做法

Detection rate 破案率

Detective 偵探；探員；私人偵探；〔複〕偵察隊，偵緝隊

Detective agency 偵探社

Detective constable 偵察；探員

Detective police 偵探警察

Detector 探測器；竊聽器

Detente 〔法〕緩和；和好；〔際〕外交上緊張關係的弛緩

Detention 扣留；拘留；留置；扣押；羈押；〔軍〕禁閉；拘役 (指審判機關以判決形式，短期期剝奪犯罪人的自由並關押在一定場所的刑罰)；〔英〕(對青少年犯的) 收容管教

Detention barracks 軍事監禁所

Detention centres 〔英〕拘留中心；感化中心 (英國法規定須為不小於 14 歲和 21 歲以下者方可進入中心進行短期的懲戒性拘禁教養)

Detention clause 〔保〕拘留條款

Detention evidence 拘留證據

Detention for questioning 羈留查訊

Detention hearing 〔美〕拘留聽審 (指屬司法或準司法訴訟程序，以裁定是否適宜於交保釋放或予以臨時拘留的少年犯作出判決，同時，拘留後必須在 24 小時內聽審)

Detention home 青少年罪犯的臨時拘留所

Detention house 看守所；拘留所

Detention in a reformatory 〔美〕關押夜感化院 (對青少年犯的一種懲罰教育)

Detention in port 港內拘留

Detention of ships 扣船；扣留船舶

Detention of vessel clause 〔英〕扣留船隻條款 (扣押船舶條款)

Detention on remand 在押；還押拘留

Detention order 拘留令

Detention warrant 拘留證；羈押令

Detention without trial 未經審訊的拘留

Detentor 持有者；暫許佔有者；拘留者

Detenu 〔法〕被拘留者；被監禁者；犯人

Deter v. 威懾；阻止；防止

Deter recourse to these procedures 阻礙援用這些程序

Deterioration 腐爛；變質；變壞；退化；耗損；惡化

Determinable 可終止的；可確定的；可決定的；可測定的；有限定的

Determinable estate 可終止的不動產物權

Determinable fee 〔美〕可終止的自由土地保有權；可終止的不動產物權；可終止可繼承的土地保有權

Determinable freeholds 可終止的自由土地保有權

Determinable interest 可終止的權益

Determinate 確定的；決定性的；限定的；有限的

Determinate hospitalisation 確定的住院治療期（指按民事拘禁令確定送入醫院就診的固定期限）

Determinate obligation 確定的債務（例如負債者履行交送一匹馬即告清償其債務之謂）

Determinate sentence 定期刑判決（指犯人的刑期部份依法判定，另部份要視犯人在獄中的表現而定）

Determination 判決；裁判；裁決（法院或行政機構作出的裁判或裁決）；產權的終止；權力的終結；決定；終結

Determination decision 確定性的判決

Determination letter 〔美〕稅務核准書（應納稅人要求，由地區《國內稅務署》署長簽發的）

Determination of boundary 確定邊界

Determination of injury 〔世貿〕損害判定（指對國內產業的重大損害、實質性損害的威脅或嚴重阻礙該產品的建立）

Determination of injury and causation 確定傷害及其因果關係

Determination of lease 租期屆滿

Determination of Purpose of Trust 〔香港〕信托目的之終止

Determination process 裁定程序（指對反傾銷案而言）

Determine *v.* 確定；使終止；終結；解決

Determine a case 定案

Determine a crime 定罪

Determine customs value of goods 確定貨物的關稅額（值）

Determine price comparability 確定價格可比性

Determine rules on the rights and obligations of observers 〔關／世貿〕決定觀察員權利和義務的法規

Determine their duties and conditions of service 確定他們的職責和服務條件（指 WTO 總幹事應按部長會議通過的條例明確秘書處職員職責之謂）

Determinism 原因決定論；先在條件決定論

Deterrence 〔英〕威懾（例如殺一儆百）

Deterrent *a. & n.* I. 阻礙的；制止的；II. 制止物；阻止因素；威懾因素（例如刑罰就是阻止犯罪的因素）

Deterrent forces 威懾力量

Deterrent penalty 恐嚇性懲罰；震懾性懲罰

Detinue 〔美〕請求返還動產之訴訟（指原告請求歸還被非法佔有動產的訴訟，其不同於"trover"侵佔物的賠償訴訟）

Detinue of goods in frank marriage 要求離婚後的妻子返還結婚贈與物的令狀

Detour 〔法〕迂回；繞行（因修路等原因）；改航（指臨時改變通常的航線）

Detournement 濫用；挪用

Detournement de pouvoir 〔歐共體〕權力濫用

Detraction 〔美〕轉移；移轉財產（指依遺囑或按照繼承將財產由一個州搬到另一個州去）

Detractor 毀損者；貶低者；誹謗者

Detriment （對人身或財產的）損害；傷害；損傷

Detriment to promisee 有損於受約人

Detriment to promiser 有損於立約人

Detriment to reputation 損害名譽（有損名譽）

Detriment to the business administration 有損於業務管理

Detrimental 有害的；有損的；不利的

Detrimental reliance 有損信賴（指受約者單方契約行為有損於立約者的要約）

Detunicari 發現；揭露；公諸於世

Deuterogamy 再婚（指妻子或丈夫死亡後）

Deuteronomic Code 希伯萊法典（公元前七世紀，即稱之為"申命法典"）

Devaluation 貨幣貶值

Devastation 揮霍遺產；浪費遺產（指奢侈的喪葬或不必要的開支）；毀壞；蹂躪

Devastator 遺產浪費者

Devastaverunt 〔英古〕他們浪費了（指遺囑執行人及遺產管理人浪費管理的遺產）

Devastavit by maladministration 由於管理不善而浪費管理的遺產

Devastavit by neglect 因管理遺產疏忽而造成浪費

Develop a core set of international accounting standards 開發一套核心的國際會計準則

Develop a mutually satisfactory solution 形成雙方滿意的解決辦法

Develop a procedure to monitor the process of international harmonisation 制定一套程序以監控國際協調進程

Develop a suitable mechanism 開創一個合適的機制

Develop an integrated, more viable and durable multilateral trading system 〔世貿〕建立一個完整的、更有活力的和持久的多邊貿易體制（有學者的期望）

Develop forms of remedy and sanctions 開發補救與制裁的方式

Develop its own working procedures 制定自己的工作程序

Develop new tax structures 開發新的課稅結構

Develop rules of procedure 〔世貿〕開發程序規則（指 1997 年上訴機構七位職員研究開發的）

Develop small-scale and cottage industries 〔世貿〕發展小型工業和家庭手工業（指促進發展中國家在農村和落後地區建立和發展工業）

Develop the full use of the resources of the world 〔世貿〕開發世界資源的充分利用（WTO 序言中的表述）

Develop viable commercial codes 開發可行的商業法典

Develop-and-import scheme 開發與進口計劃

Developed and developing countries 發達的和發展中國家

Developed contracting party 〔關貿〕發達締約方

Developed country 發達國家

Developed country content 發達國家含量（指發展中國家出口到發達國家的產品所含該發達國家的材料部份）

Developed country Member 〔世貿〕發達國家成員（取代 GATT 的 "developed contracting party"）

Developed member 發達國成員

Developing Committee 〔基金〕〔世行〕開發委員會

Developing contracting party 發展中國家成員

Developing Countries Studies Division 〔基金〕發展中國家研究處

Developing countries tariff reductions 發展中國家的關稅減讓

Developing countries that have successfully integrated with the international economy 成功地實現了與國際經濟一體化的發展中國家

D

Developing country 發展中國家

Developing country Member 〔世貿〕發展中國家成員（指取代 GATT "less-developed contracting party"，享有比在 GATT 體制下更多的特殊待遇，例如自 WTO 生效之日起五年內可不受對其產品出口補貼的約束，但應逐年漸次減少，以及給予較長向市場經濟過渡期等）

Developing market economy countries 發展中的市場經濟國家

Developing the full use of the resources of the world 〔關貿〕發展世界資源的充分利用

Development 開發；發展

Development aid 開發援助

Development and backstopping 發展與支援

Development and general mortgage 附有改良費的一般抵押權

Development and International Economic Cooperation (DIEC) 〔聯〕發展和國際經濟合作（1975 年）

Development and Programme of Action on Afro-Arab Cooperation 非洲阿拉伯合作的發展和行動綱領

Development area 開發地區

Development assistance 發展援助；〔世行〕發展援助（這是 IBRD 對個別國家"指導＋貸款"進行援助為主要活動形式）

Development Assistance Committee (DAC) 〔聯〕發展援助委員會

Development Assistance Directorate 〔聯〕開展援助管理局（聯合國經合發組織的）

Development assistance programme 發展援助計劃

Development Bank of Central African States 中非洲國家開發銀行

Development bottleneck 發展瓶頸（口）

Development capital 開發資金

Development charge 〔英〕土地開發費

Development Committee 〔基金〕〔世行〕開發委員會（指國際復興和開發銀行理事會和國際貨幣基金組織理事會關於向發展中國家轉移資金的部長聯合委員會的通稱）

Development cost 開發成本

Development credit agreement (DCA) 〔IDA〕開發信貸協定（指世行的附屬機構"國際開發協會"的通稱）

Development Decade 〔聯〕發展十年

Development expenditure 發展費用支出

Development expense 開發費用；推銷費用；推廣費用

Development finance 發展資金；開發金融

Development Finance Companies (DFC) 開發金融公司

Development Finance Service (UNDP) 〔聯〕發展基金服務處

Development financing 開發融資

Development framework 發展體系

Development fund 發展基金（政府用於開發性項目）

Development insurance fund (DIF) 發展保險基金

Development lending 發展放款

Development loan 開發貸款

Development loan fund (DLF) 〔美〕開發貸款基金（自 1957 年起增列的一項對外援助金）

Development mortgage 附有改良費的抵押權

Development of industrial systems 工業制度的發達

Development of land 土地開發

Development of mind 智力開發（智力發展）

Development of multilateral rules and commitments 〔世貿〕發展多邊規則和承諾（指區域貿易自由化也可對世貿組織規則和承諾做出有利的貢獻）

Development of non-governmental organisations 發展非政府組織

Development of open, overlapping and plurilateral trade agreements 發展開放的、交叉的複邊貿易協定

Development paradigm 發展模式

Development planning 發展計劃；發展規劃

Development policy 〔世行〕發展政策（指現行在貿易方面的）

Development proceeds 發展的收益

Development programme 發展規劃

Development project 發展項目；開發項目

Development Research Centre 發展研究中心（歐洲"經合會"轄下的組織）

Development stage 創業期；事業發展期

Development Support Information Service (UNDP) 〔聯〕發展資助新聞處（聯合國開發計劃署的）

Development tax 發展稅；開發稅；展業稅

Developmental regionalism 區域開發主義

Development-promotion functions 〔世行〕促進發展的職能（指以從"私人資本市場"借款加價的辦法，給發展中國家以援助，並為世界銀行研究機構提供基金，以達到提高世界銀行組織的能力）

Devest (divest) *v.* 剝奪（指剝奪所有權或產權的佔有）；沒收；移走

Deviation 繞航（指因鐵路段正在建設中而繞行。例如鐵路承運人無必要或無正當理由而自動改變正常路線或規定的承運方式等等）；〔保〕偏航；變更航線（船舶離開原定的航線或通常航線以外的航線，保險和航運合約中無明示規定；無正當理由變更航線時，從變更航線時起保險者不負保險責任）；〔海法〕變更海運路線；跨繞航行（依海牙規則只允許：1. 為安全冒險；2. 為救人命；3. 根據租船合約明示條款規定）

Deviation by ship 船舶繞航

Deviation clause 變更航程條款；繞航條款（偏航條款）

Deviation Doctrine 偏離原則（1. 允許代理人酌情變更業主允許的活動範圍原則；2. 允許變更遺囑或信托條款的原則）

Deviation in direction 方向偏差

Deviation of compass 〔海法〕指南針的偏差

Deviation well survey 〔美〕允許井位偏差勘查（勘查油、汽井用語）

Device 發明；設計；發明物；標誌牌；詭計；詐騙；計劃；謀略

Device trademark 圖案商標

Devil *n. & v.* I. 助手（受律師等僱用）；印刷所學徒；II. 做律師的助手

Devil on the deck 〔英〕頸枷（門在脖子或腿上纏塊鐵制的扭在一塊以撐斷脊柱，舊時用以屈打成招的刑具）

Devil's Island 魔島（位於大西洋法屬圭亞那沿岸的一個小島）

Devil's parliament 〔英〕惡魔議會（1459 年亨利五世統治下召集的）

Devisable 可遺贈的；可設計的；可發明的

Devilling 〔英〕代理辦案（指大律師代理出庭或代撰訴狀）；辦案協助（指倫敦律師協會新接納的大律師不露面而幫助年青律師做職業事務工作）；介紹案情

Devise *n. & v.* I. 不動產遺贈；不動產贈與 (指遺囑中訂明的動產和不動產的處理)；II. 遺贈；不動產遺贈；設計；發明；計劃，策劃；準備

Devisee 受遺贈人 (特指接受不動產的受遺贈者)

Devisor 〔美〕不動產遺贈者；立遺囑人

Devoir 〔法〕責任；義務本份；職責

Devolution 財產轉移；權力轉移 (指權利、債務和爵位等因保有者死亡而轉移給法定繼承人)；授權代理；(議會的) 委員付托；〔宗〕剝奪權利和轉移 (在教會權力被剝奪者，其薪俸權力即轉讓給其後的有權享有者)

Devolution agreement 移交協定 (讓渡協定)

Devolution clause 轉移條款；讓渡條款

Devolution of authority 權力的移交

Devolution of intestacy 無遺囑的財產繼承

Devolution of title 產權的繼承

Devolution of treaties 條約的轉移；條約的繼承

Devolve *v.* 轉移 (指產權、權利和責任等)；移交 (尤指彌留之際將其財產傳給在世者)

Devy 〔法〕死亡；亡故

Dewan 〔印〕政府官員 (尤其財政官員)；聯邦政府的首席部長

Dharmasastra 〔印〕古代法理學本文 (迄今仍然生效，並作為僑居海外印度人的家庭法)

Diaconate 〔宗〕執事職位；執事團；副主祭職位；副主祭團

Diacones 教會執事

Diagnosis 診斷；調查分析

Diagnosis tests 診斷檢驗

Dialogue 對話

Dialogus de Scaccario 斯卡卡里奧對話集 (由一位倫敦大主教和英格蘭司庫，於 1179 以想像的對話形式，詳細叙述了英國 12 世紀財務法院事務)

Diana's foresters 攔路搶劫者；山賊

Diana's livery 貞操；純潔

Diaoyu Islands 釣魚島 (釣魚島自古就是中國固有領土，又稱作釣魚山、釣嶼、釣台或者是釣魚臺島，中國最早發現、開發釣魚島，通過先佔取得主權。日政府於 1895 年 (清光緒二十一年) 就承認釣魚島是中國的)

Diarchy 兩頭政治

Diatectics 辯證法

Diatim 天天的；每天的；一天又一天的 (舊時檔案記錄用語)

Dica 〔英古〕符木賬册 (會計用語)

Dicast 〔希〕審判官 (音譯為 "迪卡斯特")

Dicastery 陪審官法庭 (古雅典司法機構，"迪卡斯特法庭")

Dicta (dictum) 〔複〕〔美、英〕法官個人意見 (指法官在審判中無拘束力的言詞)；附帶意見 (指在審判時，法官對案件、規則、原則或法律適用等表示個人附帶意見，但對該案件的判決無直接關係、沒有判例的效力)；〔英古〕仲裁裁決；仲裁員裁決書；〔法〕(法官的) 判決報告書 (指由其中一位法官所做出的判決報告)；仲裁，公斷

Dictate *v.* 命令；口授 (以令人筆錄)；口述 (指令人逐字聽寫)；逐字聽寫 (指主遺囑人口述，由另一人寫成的口述遺囑) (路易斯安那州法律用語)

Dictate of public conscience 公衆良心的要求

Dictated testament 代筆遺囑

Dictated will 代筆遺囑

Dictation 〔美〕口述；口授使人筆錄 (路易斯安那州遺囑法

用語)

Dictator 獨裁者；專制者；〔羅馬法〕獨裁官 (指對羅馬公民生命財產擁有無上權力，其任期僅為 6 個月)

Dictatorial interference 專橫干涉

Dictatorship 專政；獨裁

Dictatorship of the bourgeoisie 資產階級專政

Dictatorship of the proletariat 〔中〕無產階級專政

Dictatus Papae 教皇教令集 (由教皇格里戈里七世於 1075 年編纂)

Dictores 仲裁員；公斷人

Dictorgraph 偵聽錄音器；錄音電話機

Dido 審判員的意見

Die *v.* (期限等) 終止；死；喪生

Die by one's hands 自殺；自盡

Die from (of) 死於 (由於…而死)

Die hard 頑固份子；死硬份子

Die intestate 無遺囑死亡 (未立遺囑死亡)

Died without issues (D.W.I.) 死而無後；身後無子嗣

Dienstvertrag 〔德〕僱傭契約

Dies insurance 死亡保險

Diet (丹麥、日本等國的) 議會；(歐洲大陸的) 議會；國會；神聖羅馬帝國國議會；〔蘇格蘭〕(被告) 到庭日期

Diet of appearance 出庭日期 (關於民、刑事訴訟的)

Dietman 日本國會議員

Dieu et mon droit 〔法〕上帝及我的權利

Diffacere *v.* 毀壞；毀容；毀傷…面相

Difference 區別；〔複〕爭議，紛爭；歧見，差別，不同 (指對仲裁協議的異議或爭議；對合約說明等方面在意見、解釋和結論上的分歧)；餘額；差額

Difference account 差額計算賬戶

Difference in price 價格上的差別；差價

Differences in opinon 意見分歧

Differences of a political nature 政治性爭端

Different career path 〔領事〕不同的職業道路

Different categories of imports 不同的進口商品種類

Different categories of spirits 不同的烈酒種類

Different conclusion 不同的結論

Different economic trade-offs 不同的經濟抉擇

Different in Character from the IMF and World Bank 〔世貿〕性質上不同於國際貨幣基金組織和世界銀行組織 (有學者認為，世貿組織重要的職能不限於具體的事務性管理上，而是集中精力於發展和制定全球性貿易制度政策的決策和規則，並監督其貫徹執行，以抗爭貿易保護主義)

Different interest rate movement 〔基金〕不同利率的變動

Different kinds of trade and foreign investment 不同貿易種類和外國投資

Different level of government 不同級別的政府

Different levels of economic development 不同的經濟發展水平

Different stages of development 不同的發展階段

Different tasks 不同的任務

Different terms 不同的術語

Different views 不同的觀點

Differential duties 差別關稅

Differential *a. & n.* I. 差別的；區別的 (運費、關稅)；II. 鐵路運費差率；(同一行業中熟練和非熟練工的) 級差工資

Differential and More Favourable Treatment, Reciprocity and Fuller Participation of Developing Countries 〔關貿〕發展中國家的差別和更加優惠的待遇、互惠和更加充分的參與（1978–1979 年通過的決議）

Differential association 犯罪行為淵源學說

Differential duties 差別稅；差別關稅

Differential duties system 差別關稅制（指對從不同的國家進口貨物使用不同關稅率的制度）

Differential in inflation rates 通貨膨脹率差別

Differential land rent 差別地租

Differential measures 差別措施

Differential piece rate wage system 差別計件工資制度

Differential rate 差別工資率

Differential rate system 工資差別率制度

Differential rates of duty 差別關稅率

Differential rent 級差地租（差額地租）

Differential subsidy 差別補貼

Differential system 區別對待制；差別辦法

Differential tariff 差別稅則；差別運價表；差別關稅率

Differential treatment 區別對待；差別待遇

Differential vote 差額選舉

Differential voting 差額選舉制；差額投票制

Differentiation of procedure 程序專業化

Differing provision 不同規定

Diffuse *v.* 蔓延；傳播；散播；散佈

Diffusion effect 擴散效應（指一地區經濟發展，對其周邊地區的經濟發展會產生有利的影響）

Digamist 再婚者

Digamy (or digamma) 再婚；續弦；二婚（指原配死後或解除婚約後的再娶）

Digest 文摘（例如判例摘要等等）；法規彙編；法律總覽；法律大全；〔羅馬法〕《學說匯纂》（"The D"，釋義見 "Digestum"）

Digest of cases 案例摘要；判決要旨

Digestum (or digesta, dig) 〔拜占庭〕《學說匯纂》（公元 6 世紀，東羅馬皇帝查士丁尼命令彙編的法學家學說摘錄，共 50 卷。此詞與 "abridgment" 不同，後者只是原作的節錄或摘要。《法律匯纂》乃居中題目之一）

Digger 〔澳〕礦工（尤指金礦工人）

Digging 〔澳〕採掘；挖掘；開採；〔複〕礦區；金礦地；（俗）處所，寓所

Digging grave （非法）挖掘墳墓

Digital broadcasting by satellite 衛星數字廣播

Digital furrow 指紋

Digital threats 數字化威脅

Dignitary 〔宗〕教會長；高級教士；權貴，顯要人物

Dignity 〔英〕（貴族）封號（一種無形的世襲繼承權）；尊稱；顯貴身分；勳爵權

Dignity of courtroom 法庭的尊嚴

Dignity of human personality 人格尊嚴

Dignity of state 國家尊嚴

Digressive tax 遞減累進稅（按遞減的稅率而增加的累進稅）

Digs 〔美俚〕住所

Dijudication 法庭裁決；法院判決

Diktat 〔德〕（強加給戰敗國的）單方面的苛刻解決條件；強加條件；絕對命令

Dilacion 〔西〕（訴訟當事人）應訴或提供爭議事實證據的期間

Dilapidation 倒塌；毀壞；〔美〕浪費教堂產業（寺院領地、土地、山林和建築物管理不善，使其荒廢或加以改變而造成的損害可作為解除住持、牧師和教會人員的理由）；必要修繕（有修繕特約的承租人忽視修繕，租賃房屋者同意交回前有義務修理完善）

Dilatory 故意拖延的（指拖拉以取得時間或以期推遲判決）

Dilatory defense 延訴答辯（指攻擊程序上不完備因而訴訟須延期的衡平法上的答辯）

Dilatory exceptions 拖延訴訟異議（指不是要勝訴，而是僅在拖延訴訟的進度）

Dilatory motion 延擱提案動議；延期審理動議

Dilatory pleas 延訴抗辯（指攻擊程序上不完備因而訴訟須延期的普通法上的抗辯，該抗辯或指受理法院無管轄權，或某些問題暫時無資格審理而要求中止訴訟，或表示某些問題需要減刑或宣告判決無效的一種抗辯）

Dilatory pleas in suspension 主張應暫時停止進行訴訟的抗辯

Dilatory pleas to the jurisdiction 主張法院對本案無管轄權的抗辯

Diligence 注意；謹慎；〔蘇格蘭〕扣押；查封；強制證人出庭或出示文件的令狀

Diligence against the heritage 〔蘇格蘭〕債權者的不動產扣押令狀

Diligence against the person 〔蘇格蘭〕債權者逮捕狀

Diligence against witness 〔蘇格蘭〕要求證人出庭的訴狀

Diligence to examine havers 傳訊證人令狀；證人傳票

Diligent 注意的；勤勉的；勤奮的；用功的；孜孜不倦的

Diligent inquiry 謹慎的調查；不恥下問

Dillon Round 〔關貿〕狄龍回合（關貿總協定第五輪關稅減讓談判，達成雙方工業製品的關稅率降低約 20%，1960 年 1 月 9 日至 1962 年 3 月應美國副國務卿 C.D. 狄龍建議在日內瓦舉行，故而聞名）

Dillon's Rule 〔美〕狄龍規則（指用以解釋制定法授予地方政府的權力）

Dilution 產權削弱；淨資產平均值的降低（指因追加發行額外證券，而使得在外的證券價值降低所致）；淡化；稀釋

Dilution doctrine 反淡化原則（指保護商標新性原則）

Dilution of stock right 淡化股權

Diluvian 洪水的；洪積的

Diluvion 洪積（指因河、海波浪沖刷急劇露出的土地歸國有；逐漸露出的土地則屬鄰接土地的所有者）

Dimension of investment 投資規模

Diminish the protection (of) 降低保護

Diminished capacity doctrine 減輕責任能力原則（指被告雖無精神病等足夠犯罪思想的具體要件，但確由醉酒等導致）

Diminished responsibility 減輕責任（指精神失常的人缺乏犯罪能力，因此可減輕刑罰或刑等）

Diminished responsibility doctrine 〔美〕減輕責任原則（指因缺乏犯罪思想的具體要件而減輕處罰或犯罪刑責等）

Diminishing marginal productivity 邊際生產力遞減

Diminishing return 遞減報酬；遞減收益

Diminishing utility 遞減效用

Diminution in value （財產）價值減損

Diminution of damages 減輕損害賠償；減輕損失

Diminution 縮減；減小；（記錄）脫漏；不完備，不完全（意

指從下級法院移送上級法院複審的檔案記錄不完備等)

Diminution of crime　犯罪案件減少

Diminution of territory　領土縮減

Diminution of working capacity　工作能力的減少

Diminutive state　小國家

Dimissory letters　〔美〕請求出任另一教區許可狀 (指前一教區主教，具函給後一教區主教，推薦以使該聖職候選人能到另一教區出任聖職)

Dimist　〔英古〕我已將…出租

Dinarchy　兩頭政府 (兩個人的政府)

Dingley Act　〔美〕海運業獎勵法 (1884 年)

Dino da Muhello (Dynus)　迪諾·達·穆杰洛 (意大利著名法學家，1240–1299 年)

Diocesa mission　主教團；教區佈道團

Diocesan　*n. & a.* I. 主教；司教；教區成員；II. 主教管區的；教區的

Diocesan convention　主教管區會議 (僧俗代表每年舉行一次會議)

Diocesan court　主教法院

Diocese　教區；主教管轄區 (以副主教區構成設有寺院法院)

Dioichia　主教佈道區

Dionysiana collection　狄奧尼西教規彙編 (520 年)

Dionysiana-Hadriana (or Hadriana)　狄奧尼西－哈德里安 (或哈德里安) 法律彙編 (774 年)

Dionysius Exiguus　狄奧尼西·埃克息古斯編纂的《狄奧尼西教令集》(550 年)

Dip　行情下跌；〔美俚〕扒竊

Diploma　畢業證；文憑；文件；獎狀；〔英〕特許證；執照；〔羅馬法〕(由儲君或國王頒發授予榮譽特權的) 開封許可狀

Diploma of court rank　法院職稱文書

Diplomacy　外交；外交政策；外交策略

Diplomacy ad hoc　特種外交

Diplomacy by conference　會議外交

Diploma'd (diplomaed)　執有文憑的；持有執照的

Diplomat　外交官；外交家

Diplomat's way　外交方法

Diplomate　(大學) 文憑持有者；學位證書持有者

Diplomatic action　外交行動

Diplomatic adviser　外交顧問

Diplomatic affairs　外交事務

Diplomatic agent(s)　外交代表；外交人員

Diplomatic agreement　外交協定；外交協議

Diplomatic and consular representation　外交和領事代表權

Diplomatic and consular use　外交和領事使用

Diplomatic archives　外交檔案

Diplomatic asylum　外交庇護

Diplomatic audience　外交謁見

Diplomatic bag　外交信袋；外交郵袋

Diplomatic blind alley　外交死胡同

Diplomatic body　外交團

Diplomatic career　外交生涯

Diplomatic ceremonial　外交禮儀

Diplomatic channel　外交途徑；外交渠道

Diplomatic circles　外交界

Diplomatic claim　外交求償；外交要求

Diplomatic clerk　外交書記員

Diplomatic communication　外交通訊

Diplomatic conference　外交會議

Diplomatic Conference on a Convention on International Multimodal Transport　國際多式聯運公約外交會議

Diplomatic Conference on Maritime Laws　海商法外交會議

Diplomatic Conference on the Carriage of Goods by Sea　海上貨物運輸外交會議

Diplomatic convention　外交專約

Diplomatic corps　外交使團；外交隊伍

Diplomatic correspondence　外交通信；外交文書

Diplomatic courier　外交信使

Diplomatic courier ad hoc　特派外交信使

Diplomatic custom　外交習慣

Diplomatic demarche　外交步驟

Diplomatic dispatches　外交公文

Diplomatic document　外交文件；外交文書 (指外交照會、備忘錄和信函等)

Diplomatic employee　外交僱員

Diplomatic envoys　外交使節

Diplomatic etiquette　外交禮節

Diplomatic evidence　文獻上的證據

Diplomatic exemption　外交豁免

Diplomatic good offices　外交斡旋

Diplomatic honour　外交榮譽

Diplomatic hurdles　外交障礙

Diplomatic immunity　外交豁免 (權)

Diplomatic impasses　外交僵局

Diplomatic institutions　外交機關 (指負責處理國內外外交事務的機關)

Diplomatic instructions　外交訓令

Diplomatic instrument　外交文件

Diplomatic intercourse　外交往來

Diplomatic interposition　外交干預

Diplomatic interpretation　外交解釋

Diplomatic intervention　外交干涉

Diplomatic jurisdiction　外交管轄權

Diplomatic jurisprudence　外交法理學；外交法律學

Diplomatic language　外交語文

Diplomatic law　外交法

Diplomatic license plates　外交執照的車牌

Diplomatic list　外交官銜名錄

Diplomatic mail　外交郵件

Diplomatic mail-bag　外交郵袋

Diplomatic manoeuvering　外交策略

Diplomatic means　外交手段

Diplomatic means of dispute settlement　〔關貿〕解決爭端的外交手段

Diplomatic meeting　外交會晤；外交會議

Diplomatic mission　外交使團；外交代表機關

Diplomatic negotiation　外交談判

Diplomatic norms　外交準則 (外交規範)

Diplomatic note　外交照會

Diplomatic notification　外交通知

Diplomatic officer　外交官員

Diplomatic operation　外交業務；外交運作

Diplomatic organs　外交機關 (機構)

Diplomatic overture　外交建議
Diplomatic paper　外交文書
Diplomatic passport　外交護照
Diplomatic personnel　外交人員
Diplomatic policy　外交政策
Diplomatic position　外交職位
Diplomatic pouch　外交信袋
Diplomatic practice　外交實踐；外交慣例
Diplomatic premises　外交館舍 (房舍)
Diplomatic prerogative　外交特權
Diplomatic pressure　外交壓力
Diplomatic privilege　外交優遇；外交特權
Diplomatic privileges and immunities　外交特權與豁免
Diplomatic procedure　外交程序
Diplomatic process　外交過程
Diplomatic protection　外交保護 (作者認為，"國家的抱怨"經常是暗含着 "外交保護"的一種形式)
Diplomatic protocol　外交禮節
Diplomatic quarters　外交區；使館區
Diplomatic questions　外交問題
Diplomatic rank　外交官銜
Diplomatic reception room　外交接待室 (外事接待室)
Diplomatic reciprocity　外交互惠
Diplomatic recognition　外交承認
Diplomatic records　外交記錄
Diplomatic relations　外交關係；邦交
Diplomatic representation and privileges　外交代表與特權
Diplomatic representations　外交表示；外交交涉；外交申訴
Diplomatic representative　外交代表
Diplomatic rupture　斷絕外交
Diplomatic sanction　外交制裁
Diplomatic school　外交學派
Diplomatic secrecy　外交秘密
Diplomatic service　外交部門；外交人員的總稱；外交職務
Diplomatic staff　外交工作人員
Diplomatic status　外交地位；外交身分
Diplomatic style　外交風格
Diplomatic training programme　外交官培訓計劃 (規劃)
Diplomatic transit　外交官過境
Diplomatic transit visa　外交官過境簽證
Diplomatic treaty　外交條約
Diplomatic usage　外交慣例
Diplomatic visa　外交簽證
Diplomatics　文書學；古文書學
Diplomat-in-transit　過境外交官
Diplomatist　外交官；外交家
Dipsomania　酒狂；嗜酒狂
Dipsomaniac　酒徒；嗜酒狂
Diptych　可摺合的雙連書寫板；登記；登記表
Direct　*a. & v.* I. 直系的；直接的；即時的；徑直的；順行的；率直的；II. 指引；指導；指揮；命令
Direct access to end-users　直接進入最終用戶
Direct action　直接行動 (指罷工、商品抵制行動等)；〔保〕直接訴訟 (指要保人直接向保險公司而不是對侵權人，提出損害保險訴訟)
Direct aggression　直接侵略

Direct and proximate cuase　近因；直接原因
Direct appeal　直接上訴
Direct applicability　〔歐共體〕直接適用性 (指條約條款在其成員國內，具有直接法律效力的適用性)
Direct application　直接申請
Direct appropriation　直接撥款
Direct armed attack　直接武裝攻擊
Direct ascending line　直系血親
Direct attack　直接攻擊 (指由於充分理由，主張撤消、駁回、改正原判的訴訟程序)
Direct barriers to the trade in transport or financial services　直接的運輸貿易或金融服務貿易壁壘
Direct bilateral political power relations　〔世行〕直接的雙邊政權關係 (有學者認為，世行沒有直接介入發展中國家以及窮國的內政問題)
Direct bill of lading　直達提單 (直接運往目的地港口的提貨單)
Direct blockade　直接封鎖
Direct bribery　直接賄賂
Direct broadcasting by satellite　衛星直接廣播
Direct carriage of contraband　禁製品的直接載運
Direct cause　直接原因
Direct charge-off method　直接沖銷法
Direct confession　直接供認 (罪行)
Direct consumption tax　直接消費稅
Direct contempt　直接藐視法官；直接藐視法庭
Direct costing　直接成本計算
Direct costs　直接成本；直接費用
Direct counter-claims　直接反訴
Direct damage　直接損失
Direct damages　直接損害賠償
Direct demonstration　直接證明
Direct effect　直接影響
Direct election　直接選舉；直選
Direct estoppel　直接禁止反言 (指相同當事人中，基於同一案由的訴訟已作的判決不容翻供)
Direct evidence　直接證據 (指從證人真正看到、聽到或觸及審訊爭點問題中所取得的證詞)
Direct examination　直接訊問 (要求作證的一方對證人進行的訊問)
Direct exchange contract　直接匯兌合約
Direct export subsidies　直接出口補貼
Direct financing　直接融資；直接籌資
Direct foreign investment　直接的外國投資
Direct forgiveness of debt　〔世貿〕直接的債務豁免 (指一成員方採取免除政府債權和以補貼抵債等違法措施)
Direct holding　直接持股
Direct incitement　直接教唆
Direct inheritance tax　直接繼承稅 (直系繼承稅)
Direct initiative　公民的直接倡議權 (創制權)
Direct injury　直接侵害
Direct insurance　直接保險
Direct insurance programme　直接保險制度 (指直接與要保人簽約)
Direct insurer　直接保險人
Direct interest　直接利益
Direct intervention　直接干預

Direct investment 直接投資

Direct investment income 直接投資收入

Direct L/C 直接信用狀

Direct labour 直接人工 (指直接參與生產商品勞動人員的工資總額)

Direct labour cost 直接工費;直接人工成本

Direct labour cost method 直接人工成本法;工費比率法

Direct leasing 直接租賃

Direct legislation 直接立法

Direct liabilities 直接負債

Direct line 直系血親;直航航線;專線 (電話)

Direct loss 直接損失

Direct material cost 直接材料費

Direct national tax 直接國稅

Direct naturalisation 直接入籍

Direct negotiation 直接談判

Direct object 直接客體

Direct observation 直接觀察

Direct offer 直接募集法;直接要約

Direct paper 直接票據

Direct payment 直接支付;直接發放

Direct payment by buyers 買方直接付款方式 (是買方通過銀行以匯款方式將貨款支付賣方,分信匯、電匯和票匯)

Direct payments to producers 直接向生產商付款;直接向生產商支付

Direct placement 直接募股;直接銷售 (指債券發行者將其全數售與法人投資者);〔保〕直接進行分保

Direct pressure 直接的壓力

Direct primary 直接預選 (由選民直接投票預選)

Direct primary election 〔美〕直接投票的預選

Direct proof 直接證據;直接證據效力

Direct recourse 直接追索權

Direct relative 直系親屬

Direct repatriation 直接遣返

Direct representation 直接代理

Direct responsibility 直接責任

Direct route 直航;直接航線

Direct sacrifice 〔財政〕直接犧牲

Direct selling 直接銷售;廠家直銷

Direct service 直接送達

Direct settlement 直接結算 (指買方與賣方之間)

Direct subject 直接主體

Direct subsidy 〔關貿〕直接補貼 (指政府對生產出口產品企業的現金支付和其他特定的具體措施)

Direct subtraction method 直接扣除法

Direct tax 直接稅 (諸如遺產稅、個人所得稅等);〔關貿〕直接稅 (指所得稅和財產稅、遺產稅的統稱,其包括工資稅、利潤稅、利息稅、租金稅、版稅,所有其他形式的收入稅以及不動產所有權稅)

Direct tax on consumer 直接消費稅

Direct taxation 直接徵稅;〔香港〕直接稅制 (含物業稅、利息稅、薪俸稅和利得稅)

Direct testimony 〔香港〕直接的證據 (香港法庭不接納傳聞證據,只接受證人親自出庭確認或宣誓後所作的證供)

Direct trade 直接貿易

Direct transfer of funds 〔世貿〕直接的資金轉移 (如贈與、貸款、投資)

Direct trust 指示信托;直接信托 (即 "express trust",其反義詞為 "implied trust")

Direct unnatural service 直接非中立役務

Direct utilisation 直接需用 (直接利用)

Direct voyage 直航

Direct writer 直接承保人

Direct-charge-off method 直接沖銷法 (指呆賬只有在其部份或完全喪失價值時方可沖銷)

Directed verdict 〔美〕法官指令的評斷 (指由於負舉證責任的當事人一方拒不舉證,法官指令陪審員對案件作出有利於當事人另一方的評斷;在刑事案件中,法官可能作出宣告有利於被告的無罪判決)

Directing committee 指導委員會

Direction 法律說示 (指陪審員的評斷涉及到法律問題時,法官說明有關的法律;不當的法律說示可成為上訴的理由);(衡平訴狀中的) 技術性說示;董事會;指導;監督;指令;命令;方向

Direction finder 〔海法〕測向儀

Direction of trade 貿易流向 (指地線上的)

Direction of Trade Statistics 〔基金〕對外貿易統計指南

Direction of Trade Statistics Yearbook (DOTS yearbook) 〔基金〕對外貿易統計指南年鑒

Direction to a jury 法官對陪審團的指示 (法官就法律點上向陪審團作出指示,以使其能夠適用於所得的證據)

Directive planning 指令性計劃

Directive target 指令性指標 (指社會主義國家經營經濟,由中央下達生產計劃指標的模式)

Directives 行政指令 (指歐共體委員會依照條約為了執行其任務,而發出的次於規章而又高於決議的指令)

Directly competitive or substitutable product 〔關貿〕直接競爭產品或可替代產品

Directly competitive product 直接競爭產品

Director 董事;理事;經理;主任;主管;局長;署長;〔美、複〕董事長 (Board of directors)

Director board 董事會

Director executive 執行董事;常務董事;執行理事

Director general 總幹事;幹事長;總監

Director managing 董事兼經理;常務董事

Director of company 公司董事 (長)

Director of education 〔香港〕教育局局長

Director of Home Affairs 〔香港〕民政事務局局長

Director of Public Prosecution (D.P.P.) 檢察長;〔英格蘭〕〔威爾斯〕檢察官 (服從司法部長的指揮,就重大犯罪及追訴困難的犯罪案件,負有幫助追訴職務的司法官)

Director of Public Works 〔香港〕工務局局長

Director of the CIA 〔美〕中央情報局局長

Director of the mint 造幣局局長

Director's remuneration 董事酬勞;董事報酬

Director's report 董事報告;〔複〕董事會報告 (關於公司上一財政年度財政和活動情況報告)

Director's service contract 經理服務合約 (就其酬勞及服務條件與公司達成協議)

Directorate 董事會;理事會

Directorate of Accident Prevention (D.A.P.) 〔英〕(飛機) 安全駕駛管理局

Director-General　總幹事

Director-General of Fair Trading　〔英〕公平交易總監

Director-General of the GATT　〔關貿〕關貿組織總幹事 (1965 年 3 月以後至 1994 年 4 月 WTO 成立之前自行更換的稱謂)

Director-general of the WTO　世界貿易組織總幹事 (只設一名,是世貿組織的行政首長,由部長會議任命,其權力、職責、服務條件和任期由部長會議規則予以確定,領導世貿組織秘書處,任期為 4 年)

Directors and Officers liability insurance　董事和高級職員責任保險

Directors' Liability Act, 1890　〔英〕董事長責任條例 (1890 年)

Directory　*n. & a.* I.〔美〕工商行名錄;號碼簿;公司名錄;商品名錄;人名地址錄;(工商) 指南;II. 指導性的;指示性的

Directory of Agencies and Organisation　〔美〕機構和組織的姓名地址錄;工商機構組織銜名錄

Directory statute　〔英〕指導性制定法;宣示成文法 (命令或禁止某種行為的成文法)

Directory trust　〔美〕指導性信託

Directress　女董事

Direct-to-home transmission　直接到家的傳送 (指服務貿易)

Diriment impediments　〔宗〕絕對障礙 (指未達婚齡而使婚姻絕對無效的障礙)

Dirty bill of lading　不潔提貨單

Dirty float　有干預的浮動;受限制的浮動

Dirty mate's receipt　不法收貨單

Dirty tariffication　有干預的關稅化;受限制的關稅化 (指人為地把關稅定在高於正常的進口關稅之上,從而不能放開限制讓更多增列的貨物入境)

Disabilities　傷殘人;無能力者 (使婚姻自始就無效,一般指未成年和精神錯亂的人無能力進行法律行為、提起訴訟和選舉等)

Disability　無行為能力;無資格;殘障;傷殘

Disability Allowance Scheme　〔香港〕傷殘津貼計劃 (規定香港永久居民 18 歲以上殘疾或弱智者不能工作的子女或 16 歲或不滿 16 歲有殘疾的父母,均可享受免稅額待遇)

Disability and infirmity allowance　傷殘老弱津貼

Disability benefit　殘廢津貼;殘廢結付;殘廢保險金

Disability benefit insurance　殘疾給付保險

Disability benefit law　殘障撫恤金法

Disability certificate　殘廢證明書,殘疾證明書

Disability clause　〔美〕傷殘條款 (指在傷殘期間可要求免納保險費之保險條款)

Disability compensation　〔美〕傷殘補償 (指在傷殘期間或喪失工作能力,可由社會保險給付或工人賠償殘廢津貼)

Disability insurance　傷殘保險;殘疾保險

Disability pension　殘廢撫恤金

Disability retirement　〔美〕殘疾退休 (計劃)

Disable　*v.* 使無資格;使無能力;使殘廢;使傷殘

Disable military personnel　殘廢軍人

Disabled adversary　失去戰鬥力的敵人

Disabled person　殘疾人;殘廢人;無行為能力人

Disablement　喪失工作能力;無能力;殘廢

Disablement benefit　不能從業者救濟金

Disabling injury　致殘性傷害;傷殘

Disabling restraints　〔美〕限制轉移財產 (指如與公共政策抵觸通常為無效)

Disabling statutes　〔英〕限制行使權利法 (指限制任何人從事以前合法或允許的議會制定法);限制地產轉讓法 (尤指限制教會慈善法人團體的租賃權力。例如 1558 年伊利沙伯女王限制大主教或主教租讓土地超過 21 年等規定)

Disaccredit　*v.* 對⋯不信任;撤銷對⋯的委托;撤銷對⋯的授權

Disadvantage　不利;不利條件;損害,損失 (指在名譽、信用、經濟等方面)

Disadvantaged regions　落後地區

Disadvantaged state　處於不利地位的國家

Disadvocare　*v.* 否認;拒絕 (某物)

Disaffection　〔英〕挑唆背叛;不滿現政權;不忠 (尤指在政治方面)

Disaffirm　*v.* 撤銷;拒絕承認;廢除 (以前的判決和交易等)

Disaffirmance　〔美〕否認;拒絕;廢除 (以前的判決和交易等);(對合約的) 撤銷;(對可撤銷合約的) 無效宣告;注銷

Disafforest　*v.*〔英〕使土地成為不受森林法支配的普通地;把森林地恢復為耕地

Disafforestation　〔英〕使土地成為不受森林法支配的普通地;把森林恢復為耕地

Disaggregated data　分門別類的數據

Disaggregation　分類;分門別類;化整為零;劃分為小單位

Disagio　逆貼水

Disagreement　意見分歧;意見不一 (指法官之間、陪審員之間和仲裁員之間意見不一致);拒絕;異議;不同意

Disallow　*v.* 拒絕;不准許;禁止;不允許;不認可;否決

Disallowance　不准許;拒絕;否決;禁止

Disalt　*v.* 剝奪人的行為能力;使人殘廢

Disanual　*v.* 取消;廢除

Disappear　*v.* 不見;失踪

Disappearance　失踪;消失

Disappearance and declaration of death　失踪和死亡宣告

Disappearance of state　國家的消失

Disappeared person　失踪者

Disappearing deductible　相對免賠額 (指超過保險限額內的免賠額部份的損失,不由保險人賠付)

Disappropriation　取消聖俸的撥款

Disapprove　*v.* 不核准;不贊成;不同意;不許可;否決

Disarm economic reform coalitions　解除經濟改革聯盟的武裝 (指發展中國家而言)

Disarmament　解除武裝;解除軍備;裁軍;減少軍備

Disarmament conference　裁軍會議

Disaster　災禍;災難;天災;海難

Disaster area　災區

Disaster loss　受災損失;災難損失

Disaster Relief Funds　救災款項

Disaster relief provisions　救災規定

Disaster Relief Trust Fund　救災信托基金

Disaster stricken enterprises　受災企業

Disaster victims　災民

Disavow　*v.* 否認;抵賴;拒絕 (拒絕由其承擔的職權)

Disbar　*v.* 取消律師資格 (指剝奪律師的身分和特權)

Disbarment　取消律師執業資格;吊銷律師執照 (指由法院吊銷律師執照)

Disbarring　取消律師學院會員資格

Disbench　*v.* 剝奪法學院長職務;取消⋯律師協會評議員的

資格；取消律師公會監督的特權

Disburden *v.* 卸下…的重負；解除…負擔；卸去（負擔等）

Disburse *v.* 支出；支付；撥款；償付

Disbursed debt 已付的債務；已償還的債務

Disbursement 支付；支付額；償付債務；船舶儀器的安裝費；〔美〕船舶使用費；〔保〕費用保險

Disbursement commission 船舶使用費佣金（船主給代理商的墊款佣金）

Disbursement insurance 船舶安裝保險

Disbursement of assets 財產的分配

Disbursement voucher 付款收據；支付憑單

Disbursing office 收支機構；付款部；代付機構

Disbursing operations 收支業務

Discarcare 〔英古〕解除（責任）；卸貨（從船舶上）

Discargare 〔歐古〕解除（責任）；卸貨（從馬車上）

Discerning trend 洞察力傾向

Discharge *v. & n.* I. 開釋，釋放；廢除，撤銷；免除（債務）；清償（債務）；履行（義務），執行；解約；解僱；駁回（訴訟）；排污，排泄；卸貨；II. 釋放；出獄；履行；清償；解職；解僱，解約；解除；撤銷（法院命令等）；釋放證明書；退伍證明書；解僱證明書；〔英〕解除（1. 解除破產人債；2. 解除擔保人擔保義務；3. 解除監禁，釋放犯人；4. 支付欠款，解除債務人負債；5. 付款後以解除土地的抵押；6. 法院以陪審團已履行或不同意審訊案件為由而予以解散；7. 案件一上訴即解除複審命令；8. 因非最後的判決而解除臨時的裁定；9. 解除陪審團的裁決；10. 罪犯認罪，免除刑罰而解禁或有條件釋放）；清償（債務）；卸貨

Discharge a debt 解除債務

Discharge an obligation 〔基金〕履行義務

Discharge by agreement 通過協議解除契約

Discharge by breach 因違約行為而解除

Discharge calendar 解除委員會責任議程

Discharge from public employment 開除公職

Discharge in bankruptcy 解除破產（指因倒閉而宣告解除破產者未清償的債務令）

Discharge in insolvency 法庭對無力清償債務者在交出其全部財產後免除其責任的裁定

Discharge notaries functions 〔領事〕執行公證職務

Discharge of (from) prison 出獄

Discharge of a jury 解除陪審員的職務（由於死亡、任務的完成或其他原因而解除陪審員的職務）

Discharge of an attachment 解除財產扣押

Discharge of bankrupt 解除破產（指破產法院免除破產者殘餘債務，並予以複權）

Discharge of cargo 卸貨；卸下船上的貨物

Discharge of contract 合約的解除；解除合約

Discharge of contractual obligations 契約債務的解除

Discharge of debt 免除債務（債務消滅）；清償債務

Discharge of duty 履行職責

Discharge of mortgage 解除抵押貸款

Discharge of obligation 履行義務

Discharge of officials 官員免職；免除官員職務

Discharge of one's official duties 履行…官員職責

Discharge of prisoners 釋放犯人

Discharge of proceedings 取消訴訟

Discharge official functions 履行官員職務

Discharge one's consular duties 履行…領事職務

Discharge the responsibilities of the Dispute Settlement Body 〔世貿〕行使爭端解決機構的職責

Dischargeable claim 〔美〕可免除債務（指破產解除令禁止免解除的債務，但如欲免除，須另行安排）

Discharged bankrupt 免責破產者；已清償債務的破產人

Discharged by 由…執行；由…履行

Discharged from prison 出獄

Discharged prisoners' aid societies 〔英〕獲釋犯人就業援助基金會（1918 年成立，旨在協助出獄犯人安排就業以使其獲得正當謀生手段）

Discharging lay days 卸貨期間

Discharging permit 卸貨許可證

Discharging port 卸貨港（目的地港）

Disciplinal 懲罰的；有關紀律的；紀律上的

Disciplinarian 懲罰性的；有關紀律的

Disciplinary 懲戒性的；紀律上的

Disciplinary action 紀律處分；懲戒行為（處分）

Disciplinary award 紀律處分

Disciplinary case 紀律案件

Disciplinary committee 紀律委員會

Disciplinary court 懲戒法院

Disciplinary disposition 懲戒處分

Disciplinary examination committee 紀律檢查委員會

Disciplinary Law of Seaman 海員懲戒法

Disciplinary matter 懲戒事項

Disciplinary measure 紀律處分；紀律措施；懲戒處分

Disciplinary offence 違反紀律罪；違反紀律行為；紀律處分

Disciplinary penalty 紀律懲罰；行政處罰

Disciplinary power 紀律權力

Disciplinary proceedings 紀律處分程序；職業懲戒程序（指懲戒律師各種違反職業道德，從而停止乃至剝奪其律師資格）

Disciplinary punishment 紀律懲罰

Disciplinary routine 例行紀律措施

Disciplinary rules 〔美〕職業紀律規則

Disciplinary sanction 紀律制裁；行政處分

Disciplinary sentence 紀律判決

Disciplinary treatment 紀律處分

Discipline 懲罰；懲戒；紀律；風紀；規章制度；行為準則；訓練；教導

Discipline of the Party 〔中〕黨的紀律

Discipline tribunal 紀律懲戒法庭

Disciplined service duty allowance 軍役職務津貼

Disciplines to govern the application of rules of origin 〔世貿〕實施適用原產地規則的紀律（指不得用以實現貿易目標的工具等行政性規定）

Disclaim *v.* 放棄；棄權；不認領；不索取；〔英〕放棄請求；拒絕接受；拒絕參與或與…聯繫

Disclaimer 〔英〕放棄；棄權；拒絕；不承認；否認（用法如下：1. 被告人放棄衡平訴狀提及所有求償權的答辯狀；2. 拒絕接受擬轉讓給他的地產；3. 破產受托人拒絕接受破產者給予附有負擔的租賃物或附有義務的財產；4. 否認保有領主的土地；5. 放棄根據 1938 年商標法第 14 條規定申訴權；6. 棄權；7. 拒絕接受某公司清算人附有負擔的租賃物或附有義務的財產）

D

Disclaimer by bankruptcy trustee　破產管財人拋棄屬破產
財團的財產

Disclaimer by patentee　拋棄一部份特許權；專利人放棄專
利權

Disclaimer by tenant　承租人否認租賃關係的存在

Disclaimer by trustee　受托者的拒絕信托

Disclaimer clause　否認條款；放棄條款

Disclaimer in equity　被告在衡平法庭上完全否認原告請求
的抗辯（廢止）

Disclaimer of peerage　〔英〕放棄貴族爵位

Disclaimer of power　棄權；有指定權者放棄指定權

Disclamation　〔封〕不承認（指領臣不承認或拒絕承認某人
是其領主）

Disclose　v. 揭發，揭露；公佈，使公開；披露，透露，泄露

Disclose confidential information　〔關貿〕公佈機密資料

Disclose illegal activities　揭露非法活動

Disclose state secrets　泄露國家機密（罪）

**Disclose the confidential information without formal
authorisation (from)**　〔世貿〕披露未經正式授權的機密信息

**Disclose the confidential information without specific
permission of the party submitting to it**　未經提供方許
可而公開其機密資料

Disclose the invention　披露發明

Disclosed ballot　記名投票；開封式投票；公開投票

Disclosure　披露；泄露（機密）；通知，告知（律師名字）；
公開；信息披露；〔專利〕表述，說明書（或譯“材質單”）；
發明標的物說明書；信貸交易信息

Disclosure by parties　當事人披露（詐騙重要事實的義務）

Disclosure of confidential information　機密資料的公開

Disclosure principle　公開揭示的原則（指一個實體企業，
必須提供有利判決的全部財務報表信息等重要事實）

Disclosure statement　〔美〕表述財務報告書；公開財務報表

Discommodity　無使用價值的東西（商品）

Discommon　v.〔英〕圈佔公有地；把公有地圈為私有；剝奪
公有性質的土地使用權

Discontentment　不服

Discontinuance　撤回訴訟；訴訟終止（指原告以書面或通
過法官指令，通知被告撤訴而終止訴訟）；禁止；中止；中
斷；斷絕；放棄；停刊

Discontinuance of action　撤回訴訟；中止訴訟（原告認
為由於缺乏證據以及其他理由進行目前的訴訟不利，但擬日
後提起同一標的訴訟時，可以支付被告的訴訟費用而中止訴
訟，但如原告已送達抗辯狀則須經法院許可）

Discontinuance of an estate　終止或暫停限嗣不動產物權

Discontinuance of appeal　終止上訴；撤回上訴

Discontinuance of business　停業；終止營業

Discontinuance of legal proceeding　中斷訴訟；撤銷訴訟

Discontinuance of possession　中止佔有權

Discontinuance of publication　停刊

Discontinuation of crime　犯罪中止

Discontinuation of relations　斷絕關係

Discontinue　v. 撤銷（訴訟）；中止

Discontinue a crime　中止犯罪

Discontinued operations　停止經營（指已出售的、放棄的
或已處置的部門生意）

Discontinuous easement　不繼續地役權（例如通行權）

Disconvenable　〔法〕不適當的；不合適的；不相稱的

Discount　v. & n. I. 貼現；折扣；打折扣賣；II. 貼現（指提前
兌現未到期的票據現金而付給銀行的補償）；貼現率；折扣，
折現；貼水；貼息；扣價（國際貿易上指低於基價的差價）

Discount amortisation　折現以承認利息費用，處理應付的
期票（貼現以承認利息費用應付的期票，分期價付）

Discount bond　貼現債券；還本時付息債券（指以低於票面
或到期價值出售的一種還本付息債券）

Discount broker　票據貼現經紀人；貼現掮客

Discount corporation　減價公司；貼現票據銀行

Discount Corporation of New York　〔美〕紐約貼現公司

Discount loan　貼現貸款

Discount market　貼現市場（銀行和金融在貨幣市場做商業
票據貼現交易，指貼現匯票及經營國庫券、匯票和短期債券
的市場）

Discount of bill　票據的貼現

Discount of the trade bill of exchange　商業票據的貼現

Discount on capital stock　股本折扣；股本折價

Discount period　貼現期

Discount rate　貼現率；折現率；折扣率；貼水率

Discount rate of the Bank of England　英格蘭銀行貼現率

Discount shares (=discount stock)　折扣股；折價股

Discount stock　折扣股；折價股

Discount window　〔美〕貼現窗口（聯盟儲備銀行向其會員
銀行提供的一種便利服務）

Discount yield　折價收益率（減價出售的證券的收益）

Discountable　可貼現的；可打折扣的

Discounted　已貼現的

Discounted bill　已貼現票據

Discounted central banking　已貼現的中央銀行業務

Discounted cheque　已貼現支票

Discounted investments　已貼現投資

Discounted premium　貼現保險費

Discounted values　已貼現價值

Discounter　折扣者；預扣利息而後借款的人；減價商店

Discounting　貼現計算

Discounting notes receivable　貼現應收票據

Discourage the full utilisation of quotas　阻礙配額的充分
使用

Discourteous act　失禮行為

Discover　v. 發現；暴露

Discovered peril doctrine　〔美〕限制促成危險原則（已發現
看作為促成避免過失的普通時效規則，看作是避免發生傷害
為每個人的人道主義之責）

Discovert　a. & n. I.（女子）未婚的；寡居的；II. 未婚婦女；
單身女子；寡婦

Discovery of documents　披露文據；提供證件清單（訴訟
當事人一方要求對方把所持的證據文以宣誓書寫成並提出
的程序，辯論前調查對方所持證據的方法）

Discovery of facts　披露事實（訴訟當事人一方向對方提出
訊問書，要求他以宣誓書作出回答，該回答宣誓書成為調查
的證據）

Discovery of territory　領土發現

Discovery rule　〔美〕瀆職的披露規則（按照過失責任事故時
效法“披露規則”，醫患一受到合理和細心照護之日，就會發
現非法瀆職行為的原因）

Discovery vein 暴露的礦脈；新發現的礦脈

Discovery 發現；新發現；〔專利〕發明物；發現新礦區；披露（訴訟當事人一方申請法院命令他方在案件審理前提出有關本案的文件或提出有關本案爭議文件或事實的説明）；〔英〕公開財產（指破產人為了債權人的利益而公佈其財產）；表述財產；〔香港〕提供證據程序；〔際〕發現（指對從未被人所知的國家、大陸或島嶼的新發現而主張其所有權）

Discredit *v.* 詆毀；懷疑；不信任（主要指在法庭上不相信自己的證人或文件）；喪失信用；使喪失信譽

Discreetly 慎重地；謹慎地；審慎地

Discrepancies in statistical information 統計資料上的差異

Discrepancy 不符合；矛盾；不一致；差異；不和；不睦；意見分歧

Discrete 不連續的；分立的（數學、經濟學上的用語）

Discrete depreciation 逐步折舊；階梯性的折舊

Discretely 分立的；分離的；不聯絡地

Discretion 自行裁量；自由心證；〔美〕自由裁量權；判斷能力；辨別能力（指判斷和辨別正確與錯誤，以便裁定對其行為應負的責任；在刑法和侵權法中，意指區別 "正確和錯誤"、合法與非法及智愚的能力）；明智之舉；謹慎判斷（尤指涉及財產等問題）；〔香港〕隨意權力；斟酌的自由

Discretion statement 〔英〕請求按自由裁量作出離婚判決的陳述（離婚訴訟的原告雖有通姦行為，但仍可請求法庭按自由裁量作出離婚判決的原告申述書）

Discretionary 隨意的；無條件的；無限制的；隨意運用的；放任的

Discretionary account 無條件賬戶；〔美〕委托賬戶（指客戶授權經紀人自行酌情買賣證券或商品的賬戶）

Discretionary act 任意性行為；自由裁量行為；自由處理行為

Discretionary allowance 特種補貼

Discretionary authority 〔美〕自主權，酌定權

Discretionary costs 自定成本；選擇性成本；自由處理費用

Discretionary damages 〔美〕酌定損害賠償金（指賠償多寡由公正的陪審員憑良心衡量）

Discretionary export or import licensing scheme 〔關貿〕任意性出口或進口許可制度（指旨在逃避關貿總協定規則約束）；自定進出口許可證辦法（意指這些均屬不符合 WTO 的類似自行貿易保護措施）

Discretionary fixed cost 抉擇性固定成本；自定固定成本（例如企業的廣告、調研和開發管理費用上與產量無直接關係的固定成本）

Discretionary function 裁量行為（可自主決定履行與不履行的職能）

Discretionary grounds 可酌情處置的理由

Discretionary import licensing 〔世貿〕斟情頒發進口許可證（指削減關税而言）

Discretionary income 可自由支配的收入（指扣除衣、食、住房及納税後所餘的淨收益）

Discretionary jurisdiction 任意管轄權

Discretionary licensing 酌情發給許可證

Discretionary policies 隨意性政策；自定政策

Discretionary power 自由裁量權；自由處理權；〔香港〕隨意權

Discretionary principle 酌情原則（把刑的運用授權給法官）

Discretionary review 〔美〕（上訴法院）複審酌定權

Discretionary trusts 自由裁量的信托，任意處理的信托；有選擇權的信托；〔香港〕全權信托（即可隨意運用所托管財產的收益及信托資金）

Discriminated price 歧視性價格；差別價格

Discriminating duties 差別關税；歧視性關税（指按國別用不同税率徵收進口關税）

Discriminating monopoly 歧視性壟斷（指對不同的買主計收不同的貨價）

Discriminating tariffs 差別關税；歧視性關税

Discrimination 歧視（包括人種、膚色、國籍以及性歧視等）；差別待遇；不平等待遇

Discrimination (Employment and Occupation) Convention 1988 〔聯〕歧視（就業及職務）公約（1988 年）

Discrimination in loans 差別待遇貸款；證券除外貸款（指因股市暴跌，不能用證券以擔保或抵押）

Discriminatory 歧視的；差別的；不公平的

Discriminatory action 歧視行為

Discriminatory analysis 歧視性的分析

Discriminatory barriers 歧視性壁壘

Discriminatory consular tax 歧視性領事税（是指 1948 年，荷蘭、比利時和盧森堡指責古巴對辦理其領事證件所收的規費，GATT 認為此非歧視，並判古巴勝訴）

Discriminatory currency practice 歧視性貨幣措施

Discriminatory government procurement policy 歧視性的政府採購政策

Discriminatory law 歧視性法律

Discriminatory legislation 歧視性立法

Discriminatory measure 歧視性措施；不公平措施；差別措施

Discriminatory pricing 歧視性定價；差別定價

Discriminatory procedure 歧視性程序

Discriminatory quantitative restrictions 歧視性的數量限制；差別性的數量限制

Discriminatory tariff 差別關税；歧視性税則；差別待遇税則

Discriminatory tax 不公平的捐税；差別待遇税則

Discriminatory trade measures 〔關貿〕差別貿易措施（1994 年規定，在締約國國內合法的政策目標無法達到時，可允許使用此措施）

Discriminatory treatment 歧視性待遇

Discriminatory treatment in international commerce 〔關貿〕國際貿易中的歧視性待遇

Discrown *v.* 退位；廢黜…的王位

Discuss and appraise 評議；討論和評價

Discussion 討論；商討；〔美〕保證人先訴抗辯權（主債務人在訴諸其債務擔保程序前，應用盡其清償債務的財產）；〔蘇格蘭〕保證人先行扣押特權（指擔保人在其財產被扣押之前，除非本人放棄，有權先行扣押主債務人的財產，此特權已於 1865 年取消，但可明示授予）

Discussion group 討論小組

Discussion of heirs 〔蘇格蘭〕繼承人償還死者所負債務的順序

Discussion of property 公賣債務人的財產（根據債權人的請求）

Disease 疾病

Disease carrying organisms 帶病細菌

Disease causing organisms　致病細菌

Disease control　疾病控制

Diseconomy　不經濟；不合算

Disembargo　v. 解除禁運

Disembarkation　登岸（指下飛機、下船）

Disembodied productivity growth　虛有的生產力增長

Disembodied technological progress　虛有的技術進步

Disendow　v. 剝奪基金

Disengagement　脫離接觸

Disentail　v. 撤銷不動產限嗣繼承權（旨在使其成為自由保有的不動產）

Disentailing deed　撤銷（不動產）的限嗣繼承權證書

Disentailment　撤銷對不動產的限嗣繼承權

Disequilibrating capital flows　破壞平衡的資本流動

Disequilibrating　不平衡；打破平衡

Disestablishment　〔英〕政教分離

Disfigurement　損形；毀容，破相

Disfranchise　v. 剝奪…公民權；剝奪…選舉權；剝奪（某地）選派議員的權利；終止…特許權

Disfranchisement　剝奪公民權；剝奪選舉權；剝奪特許權；剝奪公司成員權利並開除公職的行為

Disgavel　〔英〕廢除平等繼承土地保有制（指取消根德郡對所有兒子均可平分繼承的規定）

Disgorge ill-gotten gains　〔中〕退賠

Disgrace　不名譽；耻辱；侮辱；失寵；被貶黜

Disguise　v. & n. I. 假扮起來；偽裝起來；變相；II. 偽裝，假裝；掩飾；偽裝行為；假裝用的服裝

Disguised barriers of trade　變相的貿易壁壘

Disguised cession　變相割讓

Disguised forms of corporal punishment　變相體罰

Disguised restriction on international trade　對國際貿易變相的限制（變相的國際貿易限制）

Disguised restrictions on trade in services　變相的服務貿易限制（對服務貿易的變相限制）

Disguised unemployment　變相失業；隱蔽性的失業

Dishabilitate　v. 取消資格

Disherison　剝奪繼承權；妨害繼承權（已廢術語）

Disheritor　剝奪他人繼承權的人（已廢術語）

Dishoarding　不囤積；不儲藏（貨幣）

Dishonest　不誠實的；欺詐的

Dishonest conduct　不正直的行為

Dishonest profits　不正當的收益

Dishonesty　詐欺；不誠實

Dishonour　v. & n. I. 拒絕承兌；拒付；拒收（票據）；〔美〕玷污國旗；II. 拒絕承兌（票據）；拒絕支付；耻辱

Dishonour a bill of exchange　拒絕承兌匯票

Dishonour a cheque　拒付支票

Dishonour and recourse　匯票的拒付與追索（又稱為"退票"，指持票人向付款人提示匯票要求承兌或付款時，遭到付款人拒絕。此外，如付款人避而不見、死亡或宣告破產，也視為拒付。匯票遭拒付，持票人向出票人或背書人或承兌人要求償還匯票金額的行為稱為追索。匯票遭拒付時，除匯票載明不需作拒絕證書外，持票人都必須在法定時間內做拒絕證書，否則不得進行追索）

Dishonour by non-acceptance　拒絕承兌

Dishonour by non-payment　拒絕支付

Dishonour of a bill　票據拒付

Dishonoured　拒收的；拒付票據的；拒收支票的；拒收票據的；不能兌現的

Dishonoured cheque　空頭支票；不能兌現的支票

Disimal science　沉悶的科學（是指資本主義社會政治經濟學）；經濟學

Disincarcerate　v. 解放；釋放（出獄）；恢復自由

Disincentive　制止的；抑制的；（在生產等方面）起抑制作用的行動（或措施）

Disincentive de facto situation (deliberate policy measure)　事實情況上的抑制（指一種審慎的政策上的措施）

Disinfected　免受妨害的；免役的

Disinflation　反通貨膨脹；緊縮通貨

Disinflationary　反通貨膨脹的；通貨緊縮的

Disinherison　剝奪繼承權（屬一種遺囑處分財產行為，須按遺囑規定方能生效）

Disinherit　v. 剝奪繼承權

Disinheritance　〔美〕剝奪繼承權（指遺產所有者剝奪可能成為其繼承人的遺產繼承權）；廢嫡（指遺囑中訂明的遺產處理，並非僅僅只是缺乏子女方面的處罰）

Disintegration　解體

Disintegration of a state　國家的解體

Disinter　v. 掘墓；掘屍；從墓中挖出

Disinterested　不關心的；無利害關係的；公平的；不偏袒的；清廉的

Disinterested person　第三者

Disinterested witness　公正無私的證人；無利害關係的證人（與案件或爭議問題無利害關係的證人）

Disintermediation　資金流離；大量提款；弱化金融中介（指自由市場利率上揚超過政府規定存款利息最高限額時，部份存款人就會提走資金直接投資到高利息的地方去，從而削弱了金融機構的中介作用）

Disinvestments　停止投資；投資減少；抽回投資

Disjunctive allegations　選擇性主張（指刑事訴狀中對謀殺或被謀殺的陳述；民事訴狀中則指對多種救濟中的選擇）

Disjunctive term　選擇性術語（如"or"）

Dislaimer of peerage　〔英〕放棄貴族爵位

Dislocation　錯位（放錯位置）；混亂；脫節；脫臼

Disloyal　不真實的，不忠實的，不誠實的；不忠貞的

Dismantle　v. 拆除設備（裝備、防禦工事等）

Dismantle exchange restriction　解除外匯限制

Dismembered territory　被瓜分的領土

Dismemberment　分裂；〔保〕肢體斷離

Dismemberment of state　國家的分裂

Dismes　十分之一；〔宗〕什一稅

Dismes decimae　〔英〕什一稅（也包括應繳納給羅馬教皇和其後給君主的什一稅）

Dismiss　v. 拒絕受理；解僱；開除；免職；罷免；駁回（起訴）；終止訴訟（指未經考慮或審理的訴訟）

Dismiss a person and have him prosecuted　〔中〕撤職查辦

Dismiss a person from his post　撤銷其職務

Dismiss an action　撤訴，撤銷訴訟

Dismiss from office　罷官；撤職

Dismiss the action　撤訴

Dismiss the appeal　駁回上訴

Dismiss the court 退庭

Dismissal 罷官；免職；革職；解僱；駁回；不受理；駁回起訴；撤銷訴訟

Dismissal and nonsuit 撤訴；終止訴訟（因原告不指控或不想繼續控告而結案）

Dismissal compensation 解僱費；解僱補償

Dismissal for cause 〔美〕基於合法理由解除公職（指法律和公共政策確認為罷免的充分的法定理由，詳見 "for cause"）

Dismissal from office 罷官；免職；撤職

Dismissal from proceedings 免訴；撤回起訴

Dismissal of a law case 訴訟不受理；訴訟的駁回

Dismissal of action 訴訟的駁回（指原告延遲遞交索賠陳述書或審判時不出庭，則可被駁回上訴）

Dismissal of appeal 駁回上訴

Dismissal of bill in equity 〔英〕駁回向衡平法院起訴的訴狀（視情況可能部份駁回或全部駁回）

Dismissal of diplomatic envoy 外交代表的免職

Dismissal of law case 訴訟不受理；訴訟駁回

Dismissal of legal action 駁回訴訟

Dismissal wage 離職工資；解僱工資；退職工資

Dismissal with prejudice 裁決實體性駁回起訴；終局處分性駁回起訴（指宣判駁回起訴後，禁止原告就同一求償或訴由提起或維持訴訟的權利）

Dismissal without prejudice 駁回不影響原告將來就同一訴由提起的訴訟權；可避免阻止再訴的駁回起訴（指原告訴訟被駁回後仍准其就同一訴由再行起訴的權利）

Dismissed days from criminal service 免除服刑期（免去在監獄裏違法律上當然的服役日）

Dismissed for want of equity 因缺乏衡平法上的權利而被拒絕受理；〔美〕因缺乏可作出實體判決而駁回起訴（指原告的訴狀不真實或救濟理由不充分緣故所致）

Dismissible 可免職的；可解僱的

Dismission (dismissal) 駁回（訟案）；罷官；免職；解僱；開除

Dismortgage v. 贖回抵押物

Disobedience 違反法律；違抗；不順從；不服從（命令）

Disobedient child 〔美〕少年犯；不服管教的兒童（指故意不服從父母、法定監護人或其他人的監護）

Disorder 秩序混亂；騷亂；動亂；不道德行為；下流行為；違反公共禮節和道德；疾病

Disorderly 目無法紀的；無秩序的；暴亂的；不安寧的；妨害治安的

Disorderly conduct 妨害治安行為；違法行為；不端行為；猥褻行為；酗酒

Disorderly exchange market conditions 雜亂無序的外匯市場情況

Disorderly house 妨害鄰里治安的場所；治安紊亂的場所；賭場；〔英〕妓院；娼家

Disorderly persons 危害治安份子（指不良行為或惡習者危害社會治安和福利救濟）

Disorderly picketing 非法阻止工人開工（危害同盟罷工時，工會所派出的糾察員，妨礙罷工中的工人復工）

Disorientation 迷失方向（指無能力識別時間、地點及四周情況）

Disown v. 否認…同自己有關係；聲明（同子女等）脫離關係

Disparage v. 與身分不相稱者聯姻（指門不當戶不對）；貶損他人信譽或財產

Disparage v. 與身分不相稱者聯姻（指門不當戶不對的婚姻）；貶謗他人信譽或財產

Disparagement 〔英古〕身分不相稱聯姻者的損害（1. 因下嫁或嫁娶比與自己地位低的人結婚而使名譽受到損害；2. 封建時代的領主許可臣下與身分不相稱的卑賤的對方結婚以降等處分的行為）；貶損他人商品或服務（指貶損他人的地產、動產、無形財產或其質量，該行為可招致訴訟）

Disparagement of goods 詆毀競爭對手的物品（指為使公眾不買競爭者的產品而故意詆毀其產品質量）

Disparagement of title 詆毀他人財產的所有權（指說別人財產的壞話以使其難以出售或出租的侵權行為）

Disparaging instructions 詆毀性訓示（指法官對陪審團企圖剝奪或誹謗訴訟者或訴訟當事人的指責）

Disparate treatment 差別待遇；歧視性待遇（指對職工或申請人因種族、膚色、性別、籍貫等而實施的歧視性待遇）

Disparity 差別，懸殊；速遣費

Disparity of sentence 判決的差別

Dispatch (despatch) n. & v. I. 急速處理；發送；發運；派遣；急件；快信；公文；速處死刑；捷運公司；II. 發送；派遣；趕快了結；迅速處理；速殺

Dispatch bearer 信使

Dispatch boat 遞送公文的船

Dispatch book 物品發送賬

Dispatch box (case) 公文遞送箱

Dispatch clause 運送條款

Dispatch money 快裝費（指船東應支付給租船人裝、卸貨物時的 "節省時間費"，又稱 "速遣獎金"）

Dispatch (despatch) n. & v. I. 急速處理；發送；發運；派遣；急件；快信；公文；速處死刑；捷運公司；最快的發速度（海商法用語）；II. 發送；派遣；趕快了；迅速處理；速殺（斬立決）

Dispauper 喪失訴訟救助權（因貧困而得到訴訟救助者，但在其後訴訟結束之前取得財產，或因犯罪緣故就會喪失其訴訟救助的特權）

Dispel v. 趕跑，驅散；消除

Dispensary 藥房；藥鋪；〔美〕酒店

Dispensation （法外）特許；特免權（指允許做法律所禁止的事）；法的適用免除（指免除法律管制，一種法外的特許）；〔宗〕（教會法）特許權（執照或許可證）

Dispense v. 分配；執行；施行（法律等）；免除；豁免；廢除

Dispensing power 免除權；豁免權（英國王免除對某事項適用制定法特權）

Disperse v. 退席；退庭；解散（集會等）

Dispersed internee 分散的被拘留人

Displace v. 排擠；擠出；流離失所；頂換；取代（指取代某人的職位）；接任；免職

Displaced person （因戰爭）流離失所的人

Displacement 移位；變位；免職；取代；情感轉移；流離失所；〔海法〕排水量

Displacement scale 〔海法〕排水量標尺

Displacement ton 排水噸位

Displacement tonnage 排水噸位；排水量

Display v. 懸掛；陳列，展出；展示；展覽；顯示；表現

Display its coat-of-arms on the building 〔領事〕在建築物上懸掛國旗

他人信譽或財產

D

Display of authority　行使管轄權

Dispone　*v.* 處分；移轉；讓與；遺產的讓與

Disponent owner　租船船東

Disponer　分產人

Disportionate　不成比例的

Disposable earnings　可支配的所得（指付稅後可自由支配的收入）

Disposable income　可支配的收入（指扣除所得稅後的）

Disposable personal income (DPI)　個人可支配的收入

Disposable portion　可自由處置份額（指除妻兒部份以外可任意處置的財產）

Disposable profit　可隨意支配的利潤

Disposal　*n. & v.* I. 處理；處置；處分（指對一財物的出售、質押、放棄、使用、消費或其他形式的處置）；（自由）處置權；II. 控制；變賣；轉讓；贈與

Disposal by sale　銷售處分

Disposal of forfeits　沒收財產的處理

Disposal of government property　政府財產的處理

Disposal of stolen goods　銷贓

Dispose　*v.* 處理；處分；處置；放棄；變賣；讓與

Dispose of　讓渡財產所有權；訴訟的判決；處分，處置，處理；變賣

Disposer　處理者；整理者

Disposing capacity or mind　有行為處分能力或心智；具有訂立遺囑能力（與 "sound mind" 和 "testamentary capacity" 為同義詞）

Dispositif　〔法〕判決主文

Disposition　轉讓；出售；處理；處分；放棄（財產）；〔香港〕產業轉移（指父母去世未定遺囑，其生前財產業已轉移，但其合法子女仍有權參與該遺產的分配）；〔美〕宣判；（刑事案件）最終解決；性癖；氣質；傾向；狀態

Disposition and settlement　全部遺產整理委托書；處置和解決

Disposition for failure to pay　滯納處分，滯納處理；因無力支付而處理

Disposition for public sale　公賣處理；公開出售的處置

Disposition hearing　〔美〕宣判聽審（審判刑事被告或處分的司法程序）；處置聽證會

Disposition of assets　財產轉讓；財產出售；財產處理

Disposition without trial　不經審判的處理（指刑事被告業已認罪或有足夠的事實認定有罪，故毋須再審理即行宣判）

Dispositive clause　實質條款；〔蘇格蘭〕讓與條款

Dispositive facts　〔美〕決定性事實（指創制、修改或消滅法律關係行為的事實，亦即法律事實）

Dispositive law　任意法

Dispositive provision　處分條款

Dispositive treaty　處分條約

Dispossess　*v.* 剝奪佔有；逐出土地

Dispossess proceedings　〔美〕逐出承租人之訴（指業主因租戶滯納租金或違反租約而訴請解約，收回佔有）

Dispossession　逐出土地；剝奪佔有；霸佔土地；強行佔有；非法侵入不動產或可繼承財產

Dispossession of land　冒認土地；強佔土地

Dispossessor　強佔（他人土地、財物）者

Disproof　反證；反駁；反證物；反證的證據

Disproportionate　比例失調的；失衡的；不相稱的

Disprove　*v.* 證明…為虛假；反駁；駁斥；舉反證（反證的證據）

Disputable　〔英古〕不承擔責任的；不應懲罰的

Disputable presumption　可反駁的推定；可反證推翻的推定

Disputant　爭端者，爭執者，爭論者

Dispute　衝突；糾紛；爭端；爭議；訟爭；爭論；辯論

Dispute of competency　權限爭執；權利爭議

Dispute of competency of administration　行政權限的爭執

Dispute of negative limit of right　非權限爭議；消極的權限爭議

Dispute panel report　〔世貿〕爭端專家小組的報告書

Dispute prevention　爭端預防

Dispute resolution mechanism (DRM)　〔美〕爭端解決機構

Dispute settlement　〔世貿〕爭端解決（成員方解決商事爭端的司法程序）

Dispute settlement and enforcement　〔世貿〕爭端的解決和執行（實施）

Dispute Settlement Body (DSB)　〔世貿〕爭端解決機構（為 WTO 一個常設機構，負責處理世貿組織成員方之間的貿易爭端，其並可根據需要建立自己的程序規則，設立自己的主席，通過專家小組和上訴機構解決成員方之間的爭端）

Dispute settlement function　〔世貿〕爭端解決的職能

Dispute settlement machinery　爭端解決機制

Dispute settlement mechanism　〔世貿〕爭端解決機制（旨在確保並解決一成員方利益，因另一成員方減讓措施而受到損失或損害）

Dispute Settlement Panels　〔世貿〕解決爭端的專家小組（爭端解決機構轄下的一個組織）

Dispute settlement procedure　〔世貿〕爭端解決程序

Dispute Settlement Process　〔世貿〕爭端解決程序

Dispute settlement system　〔世貿〕爭端解決制度（是 WTO 給多邊貿易體系提供安全和可預測性的核心組成部份）

Dispute Settlement Understanding (DSU)　〔世貿〕爭端解決諒解書

Dispute the pas　爭優先權

Disputed area　（歸屬）有爭議的地區；爭議地區

Disputed frontier　爭議邊界

Disputed territory　爭議領土

Disputes clause　爭議條款

Disputes over barriers to trade in services　服務貿易壁壘的爭議

Disputes tribunal　裁決爭端的法庭

Disputing nations　爭議的本國單獨成員方

Disqualification　無資格；取消資格；不合格

Disqualification for interest　因有利害關係而喪失資格（例如與該訴訟有利害關係的法官不得審判該訴訟）

Disqualified person　無資格的人；被取消資格者

Disqualify　*v.* 使…不適合；取消…資格（諸如承審法官因對本案有利害關係而被取消資格，陪審員因持有定見而喪失資格；公職候選人因無居所、未及法定年齡或有前科而喪失錄用資格）

Disguised unemployment　變相失業

Disrate　*v.* 開除海員；降職；降級

Disrationare or dirationare　證明為…正當；滌清自己的過錯；推翻指控；駁斥；反證

Disregard *v.* 不理；不顧；漠視；無視；不注意；不考慮

Disregard law and discipline 〔中〕目無法紀；無視法律和紀律

Disregard of corporate entity 不考慮法人實體

Disregard organisational discipline 目無組織；無視組織紀律

Disrepair *v.* 失修；破損

Disrepute 聲名狼藉；不名譽

Disrupt *v.* 使混亂；破壞；使崩裂；分裂；瓦解

Disrupt marriage and family 破壞婚姻家庭

Disrupt public order 破壞治安

Disrupt the order of social administration 破壞社會管理秩序

Disrupt traffic 引起交通混亂

Disruption 分裂瓦解；使混亂

Disruption of diplomatic relations 斷絕外交關係

Disruption of market 擾亂市場

Disruptive conduct 擾亂秩序的行為；蔑視司法行為

Disruptive effect on trade 對貿易的干擾作用

Dissave *v.* 動用儲蓄；超支

Dissaving 超支；提取儲蓄存款；動用儲蓄金

Dissection 解析；解剖（解剖動物等以解析其結構或利用其器官）

Disseise (disseize) *v.* 剝奪土地；強佔土地

Disseise sb. of his property 強佔他人不動產

Disseised 被強佔地產的

Disseisee 被強佔地產者；被非法剝奪土地佔有者

Disseisin (desseizin) 強佔；剝奪；非法剝奪他人的不動產

Disseisitrix 女性強佔者

Disseisitus 被強佔地產者；被非法剝奪土地佔有者

Disseisor 強佔者；非法剝奪他人不動產佔有者（指非法強佔他人不動產並將原所有人逐出者）

Disseisoress 非法強佔他人地產的婦女

Disseminate germs 散佈病菌

Dissemination of information 信息傳遞

Dissension 異議；意見分歧；不和；紛爭（尤指黨派紛爭）

Dissent *v. & n.* I. 不同意；持異議；不從國教；II. 異議；歧見；反對意見（指判決時少數的法官發表反對多數法官的意見）；〔英〕反對國教；不從國教者

Dissenters 持異議者（尤指持不同政見者）；〔英〕不從國教者；反對國教者；〔蘇格蘭〕長老會外教徒

Dissenter's Chapels Act 〔英〕非國教教堂禮拜法（1844 年）

Dissenter's Marriage Act 〔英〕非國教教徒自由結婚法（1836 年發佈，規定非國教教徒得按其各自所屬教會的方式結婚）

Dissenting judgment 異議判決

Dissenting opinion 〔美〕反對意見（指法官不同意多數法官通過的整體判決）；異議聲明書（指法官部份或全部不同意多數法官所作出的判決。英國法官對樞密院承審的案件直至 1966 年才被允許發表反對的意見）；〔際〕反對意見（國際法院中個別法官對判決表示的異議意見）

Dissenting share holder 持異議的股東（指 1. 解散議會；2. 解除合夥；3. 離婚；4. 公司停業、結業）

Dissenting vote 反對票；不同意票

Dissident *a. & n.* 持不同政見的（人）；持異議的（人）；不同意見的（人）

Dissignare 〔古〕拆封

Dissipate *v.* 浪費；揮霍（金錢）；驅散（人羣）；蕩盡家產；放蕩

Dissoluble 可解除的；可分離的；可解散的

Dissolute 無節約的；放蕩的；無法無天的；淫佚的

Dissolution 解散；解除；解約；（議會、公司等）解散；終止

Dissolution of a legal entity 解散法人

Dissolution of company 解散公司

Dissolution of contract 解除契約；解約；解除合約

Dissolution of injunction 解除禁制令

Dissolution of marriage 婚姻的解除（指因一方配偶自然死亡或法院判決而解除婚姻關係所致）

Dissolution of parliament 解散議會

Dissolution of partnership 散夥；拆夥；終止合夥關係；拆股

Dissolution of responsibility 免除責任

Dissolution of service 解職；罷免

Dissolution of state 國家的解體

Dissolution of treaty 條約的解除

Dissolve *v.* 解散；終止；（婚姻等）解除；取消；宣告無效

Dissolve partnership 散夥；拆夥；拆股

Dissolve the legislature 解散議會（指立法機關）

Dissolving 〔關貿〕融化，融解（指以多邊體制辦法取消區域集團的歧視因素）

Dissolving bond 撤銷法律令狀的保證書（指附有讓對立方賠償損失或遵守指定判決的條件）；解除付款保證書

Dissolving condition 解除條件（指恢復原狀）

Dissonance 不和諧；不協調；不一致

Dissonant 不和諧的，不協調的；不一致的

Dissuade *v.* 勸阻；諫止；勸止（指勸告某人得以不行兇作案）；勸阻作證（勸阻證人不舉不利於被告的證據在習慣法上為可起訴之罪）

Dissuade a witness 勸阻證人作證（指勸阻不作不利於在普通法中被控犯有公訴罪的人的證據）

Distaff 母親；母方

Distaff side 母系；母方

Distaff side of the house 女系；一家中婦女的一邊

Distance 距離

Distance water fishing 遠洋捕魚

Distant fishing power 遠洋捕魚國；遠洋漁業國

Distant-water state 遠海國家

Distill *v.* 釀酒；蒸餾；用蒸餾法提取（提取酒的法律術語）

Distilled liquor 蒸餾的烈性酒

Distiller 釀酒商

Distillery 造酒場；酒廠

Distinct 明顯的；清楚的；分明的；判然的；特殊的

Distinct forms of licensing for imports 不同的進口許可證表冊

Distincte et aperte 〔英古〕清楚且公開的（錯案重審令狀用語）

Distinction between a frontier and non-frontier barriers 〔世貿〕邊界與非邊境壁壘的區別（指兩者對服務貿易的區別不很清楚）

Distinctive badge 特殊勳章

Distinctive behaviour 獨特的行為；不一般的行為

Distinctive emblem 特殊標誌；區別標誌

Distinctive flag　特殊旗幟

Distinctive mark　特殊標誌

Distinctive sign　特殊記號

Distinctive signal　特殊信號

Distinctively　特色地；特殊地

Distinctiveness　特定；區別性（指作為商標發明的一個要件）

Distinguish　v. 區分；區別；辨別；識別；證明引證作為可適用的判斷

Distinguish between the chief culprit and the accessory　區分首犯和從犯

Distinguishing　識別（依先例原則，如果先例不可識別，法官就受其約束或亦具有說服力）

Distinguishing feature　特徵

Distinguishing mark　特殊標誌（如胎痣等）；識別性標誌（如投票人在選票上故意附加個人標志可使該選票無效）

Distort　v. 歪曲，曲解；篡改

Distort the price relations　扭曲價格關係

Distort trade　干擾貿易

Distorting agricultural market　農產品市場紊亂；使農業市場失常

Distorting effect on trade　扭曲貿易的影響

Distortion　扭曲；歪曲；失實

Distortion of fact　歪曲事實

Distortive effects　扭曲作用

Distracted person　精神錯亂者

Distraction rule　注意分散原則（原告被分散危險的注意力所分攤過失問題，應由陪審團評定的原則）

Distrain　v. 扣押（以私人的力量扣押他人動產以為質物，以保證對自己債務的清償；或扣押納稅人財產以抵償其滯納的稅款）

Distrainee　動產被扣押者

Distrainer (Distrainor)　扣押人；〔美〕扣押動產者

Distraint　扣押；扣押動產；扣押財物

Distraint to ship　對於船舶的強制執行

Distress　扣押動產（指 1. 扣押承租人貨物和動產以清償欠租；2. 扣押不法侵害人財物以獲取補償；3. 扣押被告貨物以強迫其到庭；4. 扣押動產作為一種簡易即決救濟以迫使履行義務，清償債務或對不法侵害的補償）；〔英〕被扣押的財物（指佔有他人私人動產，以迫使其履行義務）；（船舶）遇險；遇難

Distress and danger　遇險待救的船隻

Distress area　災區；貧困地區

Distress damage feasant　扣押侵害中的動物（土地所有者對侵入其土地並毀壞其作物的別人家畜，加以扣押並留置到賠償其損害為止的權利）

Distress for rent　因欠租金而被扣押（以不付租金為理由扣押不動產承租人的動產）

Distress freight　削價運費（指以低價運費招徠貨主，俗稱"苦生意運費"）

Distress infinite　〔英〕無限制扣押（指數量上、次數上直至達法者被征服為止）；窮追至征服為止；窮追至陪審員到庭為止

Distress message　遇難電報；遇險信息

Distress on sea　海上遇難

Distress rocket　〔海法〕求救訊號彈

Distress sale　扣押物的拍賣；公賣

Distress signal　〔海法〕遇難信號；求救信號

Distress warrant　動產扣押令；扣押委任狀（指土地出租人授權代理其扣押出租的地產）

Distressed goods　虧本出售的商品；停業清理甩賣的貨物；賤賣的貨物

Distressed property　扣押之抵當財產的公賣；無償債能力遺產的拍賣

Distressed sale　清理大拍賣；賤賣商品；〔美〕清算減價出售

Distributable net income (DNI)　可分配的淨收益

Distribute　v.〔美〕分配；分紅；分割；分類；經銷（毒品）；分發（毒品）；分佈；散佈

Distributed lag model　延遲分配的模式；分佈滯差模式

Distributee　被分配到財產的人；〔美〕繼承人；無遺囑遺產受分配者

Distributing centre　集散地；集散中心；批發中心

Distributing syndicate　銷售證券辛迪加；出售證券的團體；包銷集團（指發行銷售證券的財團）

Distribution　分發；分派；推銷；分佈；分割；分紅；發貨；遺產分配（指法院對無遺囑死亡者的財產，在近親屬之間按法定順位進行分配）；發行（證券的公開發行）

Distribution according to need　按需分配

Distribution according to work　按勞分配

Distribution channel　分配渠道；銷售渠道；銷售網

Distribution in kind　實物分配

Distribution in liquidation　清算中的分配（指解散公司的資產分配）

Distribution licenses　推銷許可證

Distribution of benefits　利益分配

Distribution of costs and benefits　成本和利益的分配

Distribution of income　收入的分配

Distribution of jury summons　訴訟文件的送達

Distribution of national dividend　國民股息的分配

Distribution of powers　權力分配

Distribution of profits　利潤分配

Distribution of resources　資源的分配；資源的分佈

Distribution of risk　〔保〕危險分佈；分散風險

Distribution of the burden of loss　平均分攤損失

Distribution of time　時間分配

Distribution of time between A and B　甲乙之間的時間分配

Distribution on direct labour cost as a basis　以直接勞動力為基礎的間接費分配法

Distribution on direct material cost as a basis　以直接材料費為基礎的間接費分配法

Distribution on flat cost as a basis　以淨成本為基礎的間接費分配法

Distribution on man-hour as a basis　以加工時間為基礎的間接分配法

Distribution or sale of imported goods　進口貨物的分配或銷售（進口貨物的經銷）

Distribution per stripes　依家系分配死者的財產（適用於無遺囑死亡者的財產，其反義詞為 "distribution per capita"；按人頭分配遺產）

Distribution services　拆卸服務；拆卸業務；配送服務

Distribution system　分配制度；分配體系；分發系統

Distributional　分配的；分佈的；銷售的

Distributive　分配的；分發的；分派的

Distributive clause　分配條款（指指導收入分配和最終分配

或贈與的委托條款)

Distributive deviation 分配誤差；分配偏差

Distributive effects 分配的動產 (財物)；分配效應

Distributive finding of the issue 爭議問題的分配性評決 (指陪審員對事端的評斷部份對一方有利，部份對另一方有利)

Distributive justice 賞罰公平；分配公道 (指在社區羣體和成員中對權利、特權、職責和義務的公平分配)

Distributive majority 分配多數

Distributive service 經銷勞務

Distributive share 分配的份額 (指繼承人收到一份按合法分配之無遺囑的遺產或合夥公司財產或資金法定的分配額)；〔保〕可分配的損益

Distributor 分配者；分發者；投遞者；經銷商；批發商

Distributor contract 經銷合約

Distributorship agreement 經銷協議

District 〔美〕區；(州衆議員) 選區；行政區；管區；巡迴審判區

District and Parish Council Act 〔英〕村會法 (1894年)

District and session judges 區審判員

District assembly 區會；郡會

District association 〔中〕街坊會

District attorney (D.A., DA) 〔美〕地區檢察官

District auditor 〔英〕區審計員

District Board 〔香港〕區議會

District clerk 〔美〕(州) 地區法院書記員；(聯邦) 地區法院書記員

District Colombia bonds 〔美〕哥倫比亞特區公債

District committee 區 (縣) 參議會；區委員會

District council 〔英〕區委員會 (根據1972年《地方政府法》，英格蘭和威爾斯稱為 "郡"，其下又設 "區"，設有主席和參事)；〔蘇格蘭〕區屬委員會

District courts (D.C.) 〔蘇格蘭〕地區法院 (是最低一級的行使輕罪簡易管轄權的刑事法院)；〔美〕聯邦地區法院 (每個州都有一個或多個聯邦司法區域，每個區都有一個地區法院，均為縣有一級聯邦管轄權的審理法院)；州地區法院；〔香港〕地方法院 (香港法院分為：最高法院、地方法院、裁判庭、死因裁判庭、兒童法庭、土地審裁處、勞資審裁處及小額錢債審裁處)

District headmaster 區長；郡長

District judge (D.J.) 〔美〕聯邦地區法院法官；(某些州) 州地區法院法官

District Law Society 〔新〕區律師協會 (為投訴律師收費過高或辦事不力的機構)

District leader 〔美〕(州議會議員) 選區政黨領導人

District of Columbia 〔美〕哥倫比亞特區

District of competency 管轄地；管轄區

District of jurisdiction (司法上的) 管轄區

District of law 法域

District of law of siege 戒嚴地

District offices 地方分店；郡機關；地區代辦處；地區辦事處

District parishes 〔英〕教區分區 (為禮拜、婚喪和洗禮等舉行地)

District registries 〔英格蘭〕〔威爾斯〕地區登記處 (頒發高等法院傳票和處理審理中的訴訟程序等)

District surveyor 區檢查官

District under government of the customs 海關管轄區域

District visitor 〔英〕教區牧師助理；小教區巡視員；地區巡迴商人

Districting 〔美〕區劃 (限定選區範圍的界線)

Distringasto compel appearance 〔英〕扣押被告財產以強迫其出庭的令狀

Distringere 〔封、英古〕扣押 (動產)；強迫；脅迫

Disturb *v.* 滋擾，擾亂；妨礙，妨害

Disturb peace 擾亂治安

Disturb the social order 擾亂社會秩序

Disturbance 妨害，；妨礙；干擾；騷擾；騷亂；侵害 (指對他人行使和享有無體財產權侵害，例如侵害採光權或換氣權等行使和享有構成侵權行為)

Disturbance of common 侵犯公地使用權；侵犯公有地

Disturbance of communication 妨害通訊罪

Disturbance of patronage 妨礙聖職推薦權

Disturbance of peace 擾亂治安 (指喊叫噪音影響鄰居和社區安寧的良好秩序)

Disturbance of public meetings 妨礙公衆集會 (罪)

Disturbance of public worship 〔宗〕妨害公衆禮拜罪

Disturbance of tenure 侵害租地保有關係 (指以威脅等手段使得承租人離開其領主的租賃地，領主可據此向威脅者提起訴訟)

Disturbance of ways 妨害道路通行權

Disturbance term 騷亂條件

Disutility 負效用；反效用 (指某種商品或勞務所具有的引起不便或痛苦的能力)

Ditch (明) 溝；溝渠；在文件末尾留下可供加注的空白部份

Dittay 〔蘇格蘭〕刑事指控事項或理由 (古刑法用語)

Divan 吸毒館；煙窟；煙館 (鴉片煙牀) 〔土〕法院；國務會議

Divergence 分歧；違背

Divergence the indicator 偏差經濟指標

Divergence threshold 差異限度；差異臨界值 (指央行對匯率變動進行干預的上下限)

Divers 若干個的；好幾個的；各種各樣的

Diverse portfolio of interest 不同利益的總和

Diversification of economic activities 經濟活動多樣化

Diversification of economy 經濟多樣化

Diversification of investment modalities 投資方式的多樣化

Diversification programme 多樣化計劃；多元化計劃

Diversified economy argument 經濟多樣化論 (巴西經濟學家對商品出口與價格問題上的主張之一)

Diversion 轉向；轉移；繞道；〔美〕改變 (尤指未經授權擅自改變水道而對下游造成損害)；擅自挪用資金

Diversion certificate 繞航證書

Diversion of waters 水流轉向

Diversion order 轉向命令

Diversion programme 〔美〕轉化舉措 (指在刑事被告有罪判決之前或判決後，法院指導被告參加工作或教育計劃以觀後效，作為轉化的部份工作，以期取消控告)

Diversionary dumping 轉變注意力的傾銷

Diversite de courts et lour jurisdictions, et alia necessaria et utilia 〔法〕(亨利八世) 關於處理高等法院、下級法院、權利令狀的審理和其他問題的小冊子

Diversite des courts　〔法〕論法院及其管轄權小冊子（1525年英王愛德華三世時期所寫）

Diversity　〔美〕身分有誤的抗辯（指刑事犯在普通刑事罪執行庭上，申訴自己並非曾受被奪公權及沒收財產的處刑判決的真正罪犯，因而請求停止執行判決的抗辯）

Diversity jurisdiction (= Diversity of citizenship)　〔美〕公民身分不同的管轄權（不同州公民之間或州公民和外僑之間的爭訟案件金額，應適用符合聯邦法院管轄權規定）

Diversity of citizenship　〔美〕公民身分不同的管轄權（不同州公民之間或州公民和外僑之間的爭訟案件金額，應適用符合聯邦法院管轄權規定）

Diversity of status　身分變更；地位變更

Divert　*v.* 轉移；轉向；改變…方向（通常用於改變水的流向）；挪用（資金等）

Dives cost　普通訴訟費

Divest (devest)　*v.* 剝奪（他人地產或權益）；放棄；拋棄

Divestiture　剝奪（財產、權力等的）；〔美〕放棄財產令（指法院要求被告放棄被告財產、證券及其他資產的法院命令）（反托拉斯法用語）

Divestive fact　消滅或變更法律關係的事實

Divestment　縮減（在房地產法中，某項權益終結前的縮減，包括完全喪失或部份喪失）；轉讓部分投資

Divide　*v. & n.* I. 分割；劃分；分配；分享；分攤；分裂；II. 分割；分配；分水界；分水嶺；分界線

Divide and rule　分而治之

Divide out the costs　分攤訴訟費

Divide the spoils　分贓

Divided court　法官意見分歧的法院（上訴法院中法官對於特定案件的判決或裁決意見不一致）

Divided coverage　〔保〕分開承保

Divided custody　〔美〕分開監護（指離婚夫妻共同分擔對其子女的撫養監護責任）

Divided sovereignty　分割主權

Divided state　分裂國家；分割國家

Divided territory　分割領土；分裂領土

Dividend　紅利，股息；股利（英國簡稱為 "divi"）；破產償金（即把破產人的財產分配償付給債權人）

Dividond addition　〔保〕紅利增額

Dividend class　〔保〕紅利種類（依年齡及購買種類款項分紅）

Dividend coupon　股利息票；股利券

Dividend endowment　〔保〕生存者利益分配

Dividend forecast chart　股息預測表；股息估計表

Dividend growth method　股利增長計算法

Dividend income　股利收益；股利收入

Dividend investment　〔保〕生存者利益股息

Dividend limitation　紅利限制；股利限制（指限制公司以現金支付紅利方法的契約）

Dividend mandate　股利委托書

Dividend notice　股息通知書

Dividend of profit　利潤股息

Dividend off　無股利；除去股息；不帶紅利

Dividend on land shares　〔中〕土地分紅（1950 年代初，中國農村興辦初級農業生產合作社時，農民將私有土地入股分紅）

Dividend on　有股利；帶紅利

Dividend payable　應付股利

Dividend payer　支付股息的人；股息支付公司

Dividend payout ratio　股息分配率；股利支付率

Dividend policy　股息保險單；分紅保險單（指管理公司的收益與現金流動部份以支付普通股股東現金股利）

Dividend rate　股息率

Dividend received deduction　〔美〕股息收入的扣除額

Dividend reinvestment plan　股息再投資計劃；紅利再投資計劃

Dividend reserve　股息儲備

Dividend rights　領取股息的權利（股東領取紅利的權利）

Dividend tax　股息稅；紅利稅

Dividend warrants　股息券；股息單（具有和支票略同的形式和效果的有效證券）；支付股利保證書

Dividend yield　股息收益率

Dividends (in bankruptcy)　股息（破產）；分配償金；破產分配

Dividends in arrears　積欠股利；拖欠股息

Dividing line　分界線

Divine law　神聖的法律

Divine right　神權；王權神授

Divine right of Kings　〔英〕君權神授（英王國政府據此理論於 17 世紀成立的）

Divine service　〔宗〕彌撒；宗教禮拜

Divisibility of sovereignty　主權可分性

Divisible　可分的；可分割的；可分離的

Divisible contract　可分契約；可分割契約

Divisible divorce　可分割的離婚判決（指可分為撫養費、贍養費條款和解除婚姻條款）

Divisible L/C　可分割信用證

Divisible obligation　可分債務；可分割債務（指按債務性質可分履行的債務）

Divisible offence　〔美〕可分的犯罪（指一重罪包括兩個或兩個以上輕罪等的罪在內，例如謀殺罪含毆打罪；謀殺可分為毆打和殺害等）

Divisible or indivisable obligation　可分割或不可分割的債務

Divisible thing　可分物

Divisible transferable L/C　可分割轉讓的信用證

Division　分配；〔英〕分級（指監獄中犯人的待遇）；分組表決（議會表決時分成贊成票與反對票兩組）；選區；（法院的）分區；分院；分庭；分歧；意見不一致；（土地的）分界；處；司；部門；〔新、澳〕司；〔軍〕師；支艦隊

Division A　〔基金〕國際貨幣基金一處

Division B　〔基金〕國際貨幣基金二處

Division C　〔基金〕國際貨幣基金三處

Division Chief　〔基金〕處長

Division D　〔基金〕國際貨幣基金四處

Division of employment　職業分工

Division of Energy and Resources　〔美〕能源與資源局（負責批准採礦權與租賃特許權事宜）

Division of labour　分工（勞動分工）

Division of labour responsibility system　〔中〕分工負責制（中共黨政集體領導的一種制度）

Division of legislative conference　〔美〕立法審查處

Division of net profit　淨利分配；純利潤分配

Division of opinion　〔美〕意見分歧（指上訴法院法官對案件

無一多數意見，因而無法作出判決）

Division of powers 〔美〕分權（即立法、司法和行政並行的三個部份）；權力分配

Division order 〔美〕購買汽油指令（規定購買人僅付給有資格的當事人）

Divisional bond 〔美〕部份債券

Divisional courts 〔英〕高等法院分庭；高等法院上訴庭（1873 年創設主要受理郡法院、治安法院上訴案件、不適於由單獨法官審理的案件和高等法院交下的特別案件）

Divisional securities （籌措特別項目資金的）特種債券

Divisional system 〔英〕分級服刑制（一般為三級）（1898－1948 年）

Divisions of the high court 〔英〕高等法院各分庭（高等法院由衡平法庭、王座法庭和家庭法庭三個法庭組成）

Divisions of the law 〔英〕法律體系的分類（諸如民法、刑法、公法和私法等等）

Divisive activities 分裂活動

Divism 〔英古〕各自地；分別地

Divorce 〔法〕離了婚的男子

Divorce 離婚（離婚原因大致為通姦、無理由的遺棄、虐待和精神病等）

Divorce a mensa et thoro 分居；別居（保留夫妻關係，但不共寢食。即夫妻正在進行離婚訴訟程序中，尚未獲取離婚判決）

Divorce a pair 使夫婦離婚

Divorce a vinculo matrimonii 完全離婚（婚姻關係的完全解除）

Divorce by consent 同意離婚（無過失離婚）

Divorce by mutual agreement 協議離婚（指夫妻雙方不經法院判決而自立約約離婚）

Divorce by mutual consent 協議離婚（指夫妻雙方不經法院判決而自立契據離婚）

Divorce certificate 離婚證明書

Divorce county court 〔英〕郡離婚法院

Divorce court 離婚法院（庭）

Divorce division 法院離婚處；〔英〕離婚法庭（為高等法院遺囑檢驗、離婚和海事法庭的通稱）

Divorce from bed and board 分居；別居（指夫婦雙方分居，而不影響其婚姻關係）

Divorce one's spouse 與…配偶離婚

Divorce proceeding(s) 離婚程序；離婚訴訟

Divorce proctor 〔美〕離婚代理人（一般為律師，指定為保護離婚訴訟的子女及所在州的利益等）

Divorce Registry 離婚登記處；〔香港〕離婚註冊處

Divorcee 〔法〕離了婚的女子；被離婚者（指婦女）

Divorcement 離婚

Divorcer 提出離婚的人；離婚的原因

Divulge *v.* 泄露（秘密）；透露（情報）；公佈；發表

Divulge confidential business information 泄露機密商業信息

Dixie crat 〔美〕持不同政見的民主黨黨員（南部各州中，尤指在 1948 年總統競選中反對該黨在民權問題上所持立場的民主黨人）

Dixieme 〔法〕十分之一；第十部份；交納給國王的什一稅

DNA identification 聚合酶鑒定；遺傳基因鑒定（指法庭通過驗血、驗發以鑒別罪犯與排除罪犯嫌疑或父母血型案件）

Do not reform after repeated education 〔中〕屢教不改

Do sheet system 案頭工作制度（指公司或企業領導人處理日常案頭的工作制度）

Do shoddy work and use inferior material 偷工減料

Do time 服徒刑

Do violence 行兇

Dock *n. & v.* I. (刑事法庭) 被告席；碼頭；站台；船塢；集裝箱出入口；II. 扣減（工資和津貼等）；(懲罰性地) 剝奪；扣去…應得利益；拖入船塢；使船靠碼頭

Dock an entail 廢棄限定繼嗣命令

Dock and town dues 〔英〕利物浦港的使用費；碼頭和城市稅（費）

Dock brief or dock defence 〔英〕(被告) 當庭指定律師辯護（指律師給無錢的被告免費辯護）；律師辯護理由書

Dock charge 入塢費；碼頭費

Dock defense (=dock brief) 〔英〕(被告) 當庭指定律師辯護（指律師給無錢的

Dock floor 塢底

Dock pilot 港口引水員

Dock pilotage 領港費

Dock receipts 碼頭收據；碼頭收貨單

Dock rent 碼頭租金

Dock sale 〔美〕碼頭銷售

Dock sheet 碼頭貨單

Dock the entail 撤銷限定繼承權

Dock warrant (D/W) 〔英〕碼頭棧單；碼頭起貨單；倉單（指受到貨物寄托的碼頭公司對貨物所有者簽發的一種證明貨主所有權的憑證）

Dockage 碼頭費；船塢費；碼頭使用費

Dock-dues 入塢費；碼頭費

Docket *n. & v.* I. 概要；摘記；訴訟摘錄；庭訊摘要；判決摘要書；備審案件目錄表；關稅完稅證；II. 把…記入備審案件目錄；給（案情等）作出摘要

Docket fee （勝訴方）律師費

Dock-master 船塢管理員；〔英〕船塢長

Documentary bill 跟單匯票（指除匯票當事人的信用外，需附有如代表貨物所有權的各種商業單據作保證，以為承兌或付款的先決條件）

Doctor *n. & v.* I. 博士；醫生；大夫；II. 診治；醫療；開處方

Doctor juris 法學博士

Doctor juris utriusque 法學博士

Doctor of Canan Law 教會法學博士

Doctor of Civil Law (D.C., DCL) 民法學博士

Doctor of Comparative Law 比較法學博士

Doctor of Criminal Law 刑法學博士

Doctor of jurisprudence 法學博士；法理學博士；判例學博士

Doctor of laws 法學博士

Doctor of philosophy 哲學博士

Doctor of science 理學博士

Doctor of social studies 社會科學博士

Doctor statistics 竄改統計數字

Doctor's Commons 〔英古〕(法學) 博士院（成立於 1857 年，宗教和海事法院及其專屬律師協會所在的建築物名稱，位於聖保羅寺院附近，宗教和海事法院曾在該處開庭審案，直至該會於 1857 年解散為止）

Doctored data　偽造的數據

Doctor-patient privilege　病人－醫生通信特權（可免除提供病人給其內科醫生通信證據）

Doctors and students　〔英〕《博士與學生》（指 1509－1547 年亨利八世統治時，聖‧日爾曼所著的以神學博士和法律學生對話的形式通俗地說明法理，故得此名稱，並被認為英國法律的權威書之一）

Doctrinal interpretation　學理解釋（指法律、條約、契約等的）

Doctrine　規則；法理；原則；學說；主義；教義

Doctrine of abolishing immunity　廢除豁免論（是英國勞特派法學者主張從根本上廢除國家及其財產豁免的原則，其主張在理論和實踐上均是不可取的）

Doctrine of absolute immunity　絕對豁免理論（指一國的行為和財產在他國享有絕對豁免權，其主體包括國家元首、國家本身、中央政府及各部門、其他國家機構、國有公司或企業等）

Doctrine of act of state　國家行為說（指國家行為豁免，不能作為被告起訴）

Doctrine of bilateral relation　雙邊關係說

Doctrine of cannon range　大炮射程說（主張一國領海以大炮射程的三海里為限）

Doctrine of capital maintenance　資本維持的原則

Doctrine of comity of nations　國際禮讓說（指既要強調主權原則，又要在相讓的基礎上，在一定範圍內相互承認法律的域外效力）

Doctrine of common employment　共同受僱原則，共同作業原則（指普通法規定僱主不負責他的僱員在共同作業時，因另一僱員的疏忽而受的損害賠償）

Doctrine of consistency　一貫性原則；一貫主義

Doctrine of continuity　連續說（直正的變化是連續性的而不是突發性的學說）；毗連學說（一種領海與公海之間的海域行使管轄權的主張）

Doctrine of continuous transports　連續運輸原則

Doctrine of Continuous Voyage　繼續航海學說（指戰時中立國船隻避免攔截的一種學說）

Doctrine of enumerated powers　美國憲法對政府只給予明文規定的權力的學說

Doctrine of equal immunity　平等豁免論（指國家享有平等豁免，不享有絕對豁免，國家豁免權受到限制是基於國家主權平等，平等互利地正常交往而否定絕對豁免論）

Doctrine of estoppel　禁止反言原則（指過去所做的陳述或行為既已使人相信某事實的存在就禁止其日後否定其陳述的真實性或否認該事實存在的原則）

Doctrine of hinterland　內地主義

Doctrine of hot pursuit　〔際〕緊追主義（指追捕侵犯領海的敵國船舶）

Doctrine of implied powers　賦予美國政府憲法明文規定以外的權力說；隱含權力說

Doctrine of land taxation　田賦論；土地稅收原則

Doctrine of liberal construction　從寬解釋原則

Doctrine of market overt　公共市場上取得的原則（指按市場的習慣在公開市場上善意地購買動產的人，不管賣主的權利如何，可完全取得所有權的原則。如果購買物是盜竊物，只在所有者追訴犯人並受到有罪判決時，才能例外地把所有權歸還給所有者。此外，關於馬匹則另有規定）

Doctrine of marshalling (marshalling assets)　遺產順位分配原則

Doctrine of Monroe　〔美〕門羅主義（指 1823 年門羅總統提出不許干涉美洲事務的主義）

Doctrine of nonrecognition　不承認主義（指由外國武力建立起來的或在其武力支持下建立起來的傀儡政權不予承認的國際法原則）

Doctrine of non-resistance　不抵抗主義

Doctrine of part performance　部份履行的原則（根據詐欺法，由於契約的形式不完備，不得強制履行的情況下，當事人已經履行部份契約時，不許對方主張不能強制的抗辯的原則，這是衡平法承認的原則）

Doctrine of party autonomy　當事人意思的自治原則（指契約一經合法成立，當事人必須依約善意履行，非經共同同意不得修改或廢除）

Doctrine of private international law　國際私法學說（指自 13 世紀以來興起的各種國際私法流派的學說）

Doctrine of relation back　不得修改答辯的原則

Doctrine of relation of continuous transports　連續運輸主義

Doctrine of relative or restrictive immunity　相對或限制豁免理論（其可分為：主權行為和非主權行為；統治權行為和非事務權行為；公法行為或私法行為。意指非主權行為在他國不享有豁免，前蘇聯集團國家法學者稱之為"職能豁免論"）

Doctrine of res ipsa loquitur　事實勝於雄辯說

Doctrine of stare decisis　先例有拘束力的原則；判例拘束主義（指同樣的案件以其先例為判決的準繩。即"case law"原則）

Doctrine of state immunity　國家豁免說

Doctrine of strict compliane　單證嚴格符合的原則

Doctrine of supremacy of law　法律至上原則

Doctrine of the Freedom of the Seas　海洋自由主義

Doctrine of the presumption of innocence　無罪推定原則

Doctrine of the proper law　適用法律原則

Doctrine of ultra vires　越權行為原則

Doctrine of unilateral relation　片面關係說；單邊關係主義

Doctrine of unjust enrichment　不當利得原則（指致他人遭受損失而獲得非合法的利益）

Doctrine of uti possidetis　〔際〕保持佔有主義

Doctrine of visited rights　既得利益說（指從法律的嚴恪屬地主義性出發，一個法官既不能直接承認和適用外國法，也不能直接執行外國的判決，因為法院的任務只是絕對地適用國內法律，但是為了保障涉外民事關係的穩定性，對於根據外國法已設定的權利，除了與國內公共政策、道德原則和國家主權發生抵觸者外，都應獲得承認和保護）

Doctrine of waiver　棄權主義；棄權原則

Doctrines of law　法律學說（指由法官和法學家系統闡述法學原則、規則、概念、標準或案例類型等的論著）

Document　公文；文件；文據；文獻；證件；證券；〔複〕證書；票據；單據

Document a text　為正文提供旁證（或文件等）

Document acceptance bill　承兌押匯票（指承兌後，交付單據的匯票）

Document against Acceptance (D/A)　承兌交單（指賣方的交單以買方承兌匯票為條件。買方承兌匯票後即可從代收行取得貨運單據，領取貨物，等到匯票到期時再支付貨款）

Document against Acceptance Bill (=Document against Acceptance)　承兌交單（指賣方的交單以買方承兌匯票為

條件。買方承兌匯票後即可從代收行取得貨運單據，領取貨物，等到匯票到期時再支付貨款)

Document against Payment (D/P) 付款交單 (指賣方交單以買方付款為條件，即委托行必須在買方付清貨款時，才能把裝運單據交給買方)

Document against payment after sight 遠期付款交單

Document against payment at sight (D/P sight) 即期付款交單

Document against payment bill 支付承兌匯票；付款交單匯票

Document against payment of bill (=Document against Payment) 付款交單 (指賣方交單以買方付款為條件，即委托行必須在買方付清貨款時，才能把裝運單據交給買方)

Document of acceptance 接受文件

Document of annuity 年金證書

Document of approval 批准文件

Document of contract 合約文件 (訂約書)

Document of obligation 債權證書

Document of paying back of tax 付還稅款證書

Document of resolution 決議文件

Document of search 搜查令

Document of shipping 裝貨單

Document of title 所有權憑證；物權憑證；地契 (指便利證件持有人能如物主一樣，處理該證件上所有的財產)；〔香港〕物權證件

Document of title to land 地契；土地權利證

Document of title to the goods 貨物所有權憑證

Document of verification 檢認證書

Document visa 〔澳〕有效的旅遊證件

Documentary acceptance 跟單承兌

Documentary bill 押匯匯票；跟單匯票 (指除匯票當事人的信用外，需附有如代表貨物所有權的各種商業單據作保證，以為承兌或付款的先決條件)

Documentary Bill Collection 跟單托收 (指賣方將匯票連同商業單據一齊交銀行委托代收貨款。按交單方式不同又可分為付款交單與承兌交單)

Documentary bill of exchange 跟單匯票

Documentary credit 跟單信用證；押匯信用證

Documentary draft 跟單匯票；貨物押匯票據

Documentary evidence 書面證據；書證；文書證據

Documentary file 文件檔案；文件整理器

Documentary four months' sight 四個月見貨即付的提貨單

Documentary instructions 跟單契據說明書 (指進出口商人就各種跟單貨物處理，達成的書面協議)

Documentary letter of credit 跟單信用證；押匯信用證

Documentary originals rule 原始文件規則 (指其為最有利的證據)

Documentary promissory note 跟單本票 (期票)

Documentary proof 文件證明

Documentary proof of relationship 親屬關係證明書

Documentary public debts 證書公債

Documentary requirements 書面要求 (是普惠制原產地規則之一，也是給惠國對受惠國的要求)

Documentary securities 有價抵押券；有價債券

Documentary six months' sight 六個月見貨即付的提貨單

Documentary stamp 〔美〕印花稅票 (指貼在契據、轉讓文書上的印花)

Documentary thirty day's sight 30 天內見貨即付的提貨單

Documentation 表報；文件證明 (可分法規或法院直接出具的或複製件)；典據；提供的證明文件

Documents against payment (D/P) 付款交單

Documents of pledge 抵押物或物權證件

Documents or articles intended for official use 〔外交〕公務用的文件或物品

Dod's parliamentary companion 〔英〕多德議會指南 (關於政府、公共機構、上下議院議員言行錄資料，以及選區名單等)

Dodge a creditor 避債

Dodge a tax 逃稅

Doe, John 都約翰 (舊時收回土地訴訟中虛構的原告名字)

Dog 狗 (包括牝犬、靈堤、小犬、小狗及其咬傷者的賠償責任)

Dog race 賽狗 (狗比賽，一種賭博)

Dog-Latin 拉丁語文盲

Dogma 教義，教條，教理；〔美〕參議院法令説明 (只是偶而用之)；獨斷意見或主義

Dogmatic interpretation 學理解釋 (指法律、條約、契約等的)

Dogs of law 嚴厲的法律；巡查

Doha Development Agenda (DDA) 〔世貿〕多哈發展議程

Doha Round on market access for non-agricultural products 〔世貿〕多哈回合非農產品市場准入

Doing business 〔美〕經營；經商；從事商業活動 (指外國公司在美法規範圍內從事正常商務活動不受干涉)

Doing business as (D.B.A.) 以…名義經營；以…名義營業

Doing business rights 商務權 (航空法用語)

Do-it-yourself divorce 〔美〕自助離婚

Do-It-yourself-Divorce Law 〔美〕自助離婚法 (1978 年由加利福尼亞州家庭法院所創設的夫妻雙方自行解除婚姻關係的法律)

Dole 份額；一分部份；界標；一塊荒地；共有地；施捨；布施物；〔英〕失業津貼；失業救濟金；〔蘇格蘭〕犯罪意圖；犯意 (古刑法用語)

Dolesman 接受施捨的人；領取失業救濟的人

Dolg 〔撒〕創傷；傷口

Dolg-bote 〔撒〕傷痕賠償；傷害賠償

Dollar acceptances 美元承兌 (票據)

Dollar area 美元區 (指在美國控制之下以美元為中心的國際貨幣集團)

Dollar averaging 美元平均法 (投資證券買賣術語上，指每隔一段時間內購買指定固定的美元證券金額)

Dollar bill of exchange 美元匯票

Dollar diplomacy 金元外交

Dollar foreign bond 美元外國公債證書；美元外國債券

Dollar gap 美元短缺 (指 1950 年早期的情況)

Dollar stabilisation 稅定美元；美元穩定

Dolly-shop 無執照的當鋪；船舶用工具商店

Dolo 〔西〕惡意；居心不良；預謀不軌

Dolose (dolous) 欺詐的；有犯罪意圖的

Domain 〔美〕完全絕對的土地所有權；物業所有權；房地產；(國家) 領土；版圖；領域；領地；官有地；範圍；土地徵用權；勢力範圍

D

Domain of use　土地所有權；租地人的權利

Domaine reserve　〔法〕保留範圍；保留領域

Dombrowski doctrine　〔美〕多姆布羅斯基原則 (大意是根據憲法第 1 條修正案賦予確保不受妨害的權利，原告有權向聯邦法院提出禁止令，阻止州官員對其起訴或威脅要對其起訴)

Dome　〔撒〕審判；判決；宣誓；法律；法令

Dome-book (=liber judicialis)　〔英〕艾爾弗雷國王命令彙編 (關於英格蘭王國習慣包括普通法主要格言、對輕罪的懲罰，以及司法訴訟形式等)

Domesday Book　英國土地概論 (1081−1086 年)

Domesday of Ipswich　伊普斯惠茲海法典

Domesmen (doomsmen)　〔撒〕審判員 (審理莊園領地、法院的原告爭議案件一類的下級法官)

Domestic　*a. & n.* I. 國內的；國產的；本國的；家庭的；家事的；與家庭有關的；出生地的；原籍的；II. 家奴；僕人；傭工

Domestic advertising　國內廣告；本國廣告

Domestic affairs　內務；內政

Domestic affairs of States　國家內部事務

Domestic agent　國內代理人；國內代理中間商

Domestic agreement　〔香港〕親屬間的協議 (指法律推定親屬間的協議，雖不含有取得法律效力的意圖，但可予以反駁)

Domestic and foreign postage　國內外郵資 (費)

Domestic (tame) animals　家畜；畜類；家禽；馴養的動物

Domestic authority　〔美〕家長訓導權 (指父母對子女教育，廣而言之亦含老師對學生的教育)；老師權 (對學生而言)；夫權 (對妻子而言)

Domestic bank　國內銀行；本國銀行

Domestic bill　〔美〕國內匯票；州內匯票 (指在國內簽發承兌的匯票，其反義詞為 foreign bill)

Domestic calamity　內患

Domestic capital　本國資本；國內資本

Domestic citizenship　〔美〕州公民身分；州公民籍

Domestic commerce　〔美〕州內商業；州內貿易

Domestic competition　國內競爭

Domestic consumption　內銷

Domestic content　本國含量 (指本國產品佔有出口產品的比例份額，或指出口產品構成中本國原材料或零部件所佔的比例)

Domestic corporate tax policies　國內的公司稅政策

Domestic corporation　國內法人；國內公司；〔美〕州內公司；州內法人

Domestic courts　當事人居所地法院；〔美〕當地法院；本地法院

Domestic credit (DC)　國內信貸；國內信用證

Domestic credit expansion (DCE)　本國信貸擴張；國內信用膨脹

Domestic currency　本國貨幣

Domestic currency unit value　本國貨幣單位價值；本國貨幣計值

Domestic demand　國內需求

Domestic dispute　內部爭端；家庭糾紛

Domestic economic growth　國內經濟增長

Domestic economy　家庭經濟；國內經濟

Domestic end product　〔美〕國產最終產品 (指定政府採購中 "購買美國貨" 產品應佔 50% 以上的標準)

Domestic expenses　家庭開支；家庭經費

Domestic exports　〔美〕國內出口貨物；國產出口貨物

Domestic factor　國內代理人；國內代理商人；國內因素

Domestic farm subsidies　國內支持農產品價格的補貼

Domestic financial market　國內金融市場；本國金融市場

Domestic firms　國內公司；本國公司

Domestic flat　國內住宅

Domestic food aid　國內糧食援助

Domestic forces against trade liberalisation　國內反對貿易自由化的勢力

Domestic goods　〔世貿〕國貨；國產；土產 (WTO《原產地規則協議》規定，允許採購國貨可高於進口貨物原產地標準)

Domestic hijacking　國內劫持 (飛機)

Domestic household　家庭住宅

Domestic industry　〔世貿〕國內產業 (指同類產品的國內生產者全體)；國內工業；家庭工業

Domestic interest groups　〔美〕國內利益集團 (團體)

Domestic International Sales Corporation (DISC)　〔美〕國內國際銷售公司 (通常為子公司享受遞納降低母公司法人所得稅待遇；根據 1971 年《稅務法》設立的一個特別公司，可遞緩繳納出口利潤收入中的聯邦所得稅的百分比率)

Domestic invoice book　國內貨物托運支票簿

Domestic judgment　國內判決

Domestic jurisdiction　國內管轄；國內管轄權；〔英〕家事案件管轄權

Domestic jurisdiction clause　國內管轄條款

Domestic law　國內法；內國法

Domestic law statute-like effect　〔世貿〕國內制定法似的法律效力

Domestic legal person　國內法人；內國法人

Domestic legal processes　國內法律程序

Domestic legal relationship　國內法關係

Domestic legislation　國內立法

Domestic legislative measures　國內立法措施

Domestic legislative process　國內立法程序；本國立法程序

Domestic letter book　國內書信備查簿 (指保存或謄錄的信件)

Domestic letter of credit　國內信用證 (指發證銀行與受益人於同一國家內)

Domestic liabilities　本國債務；國內債務

Domestic liquidity　本國償債能力；國內資產流動性

Domestic loan　對內貸款；國內貸款；內債

Domestic market　國內市場

Domestic matter　國內事項

Domestic navigation　內地航行

Domestic output　國內產出；本國產量

Domestic policies and trade measures　國內政策和貿易措施

Domestic policies of democracies　國內民主政策

Domestic policy objectives　國內政策目標

Domestic political campaign　〔美〕國內政黨競選運動

Domestic political pressures　國內政治壓力

Domestic political process　國內政治進程

Domestic politics　國內政治

Domestic premises　住宅 (供居住的處所)

Domestic pressure groups　國內壓力集團（團體）

Domestic price　〔關貿〕出口國價格；國內市場價格

Domestic proceedings　〔英〕家事訴訟（指依婚姻法和監護關係法等制定法在治安法院提起的）

Domestic procurement prices　本國採購價格；國內採購價格

Domestic producers or workers　〔世貿〕本國生產者或工人（指根據《烏拉圭回合》協定關於傾銷和反傾銷稅規定，他們有權向法院提出申訴）

Domestic production-ledgrowth　國內生產主導的增長

Domestic products　〔世貿〕國產；國貨；土產（同 "domestic goods"）

Domestic question　國內問題；內部問題

Domestic regulation　國內規定；國內規章；國內條例

Domestic relations　〔美〕家庭關係法（指處理家庭問題涉及離婚、分居、收容、撫養等法律問題）

Domestic relations court　家事法院（指當事人居住地或住所地現有和具有管轄權法院）

Domestic remittance　國內匯兌

Domestic rent　住宅租金

Domestic resource cost　國內資源成本

Domestic rule of foreign state　〔美〕外國的內國規範（指在承認和執行外國法院對涉外因素的判決時要將所適用的外國法律轉化為與本國法律相同或相似的規範，以排斥適用外國或外州法律，該理論屬於美國國際私法的一種實用主義和新保守主義的理論）

Domestic sales requirements　〔關貿〕國內銷售要求（指東道國政府要求外資方，必須將其一定數量的產品以低於國際市場價格在東道國內銷售）

Domestic saving (DS)　國內儲蓄

Domestic securities　本國證券；本國股票

Domestic servant　家奴；家僕；家庭傭人

Domestic services　國內服務業

Domestic services capacity　國內服務能力

Domestic subsidies　國內補貼

Domestic suppliers　國內供應商；本國供應商

Domestic supply curve　國內供給曲線

Domestic support commitment　〔關／世貿〕國內支持承諾（指總協定各成員國對給予國內農產品生產者的各種支持措施的削減承諾）；指每個 WTO 成員方應計算在 "綠色盒子" 類別以外對本國所有產品的補貼，應按 "綜合支持的檔量程度" 規定減少承諾）

Domestic support measures　〔世貿〕國內支持措施（指所有本國支持措施應以《農產品協定》規定的規則和紀律為準來處理，以維護市場準入和出口補貼的措施）

Domestic support of agriculture　國內農業的支持

Domestic support policies　〔關貿〕國內支持政策

Domestic support reduction commitment　〔關貿〕國內支持減少承諾（指各成員方對給予國內農產品生產者的各種支持措施的削減承諾）

Domestic support tables　國內支持的項目表

Domestic support within de minimis levels　〔世貿〕國內中最低水平的支持（指對農產品出口補貼而言）

Domestic system　家庭工業制；國內工業制度

Domestic tax　國內稅

Domestic telegram fee　國內電報費

Domestic trade　國內貿易

Domestic tribunals　〔英〕內部法庭（稱之為 "自主裁決權"，公司和其他公法人對其內部成員間爭端實施紀律懲治，可不經法院干涉進行裁決的權能而建立的一種準司法機構）

Domestic vested-interest groups　國內既得利益集團（團體）

Domestically produced raw materials　國內生產的原材料

Domesticated　自製的；畜養的；被馴服的（如馴服的野馬）

Domestic-currency unit value　本國貨幣單位價值；本國貨幣計值單位

Domesticus　〔歐古〕管家；執事；法官助理；陪審法官

Domicellus　〔英古〕修道院中較好的僕人；國王的私生子

Domicide　*v.* 殺害主人

Domicile　住所（指自然人或法人的地址，永久居住的處所，有別于 "residence"）；戶籍；期票支付場所；〔香港〕永久居留地（指雖非香港永久居民，但如其作品第一版是在香港出版的，其權利亦受到保障）

Domicile and Matrimonial Proceedings Act　〔英〕住所和婚姻訴訟法（1973 年）

Domicile by operation of law (necessity)　法定住所（如父親住所變更時，伴隨着的兒子也當然取得新住所）

Domicile discount bill　外埠貼現票據

Domicile of birth　出生的住所（出生時的戶籍）

Domicile of choice　選擇住所

Domicile of corporation　法人住所；公司住所

Domicile of origin　原始住所；出生地；生來住所（根據出生地情況法律認定的住所）；原籍

Domicile of succession　（動產）繼承地；事實上的住所

Domicile of trustee　受托人住所

Domiciled　定居的；居住的；〔美〕公認指定住所的；隸屬於指定州的；依照住所權管轄的

Domiciled alien　有住所的外國人；有住所的外僑

Domiciled bill　外埠付款票據；間接匯票

Domiciled drawee　（指定地點的）期票付款人；（指定地點）外埠期票付款人

Domiciliaries　居民

Domiciliary　住所的；戶籍的；與住所有關的

Domiciliary administration　〔美〕住所地遺產管理（指死者於所在州去世時的住所遺產，視為主要的住所地遺產管理）

Domiciliary administrator　〔美〕住所地遺產管理人

Domiciliary bill　外埠付款票據

Domiciliary register　戶籍簿

Domiciliary search　住宅搜查

Domiciliary state　居住國

Domiciliary visit　住宅搜查；抄家

Domiciliate　*v.* 定居；落戶；居住；確定…住所

Domiciliated bill　外埠付款的匯票

Domiciliation　〔西〕取得定居權和身分（相當於 "naturalisation"，因出生和與當地土著居民結婚等取得居留權）

Domiciliation　〔西〕取得住所權利和地位（相當於 "naturalisation"）

Domiculture　家庭經濟；家政

Dominance　統治

Dominant　控制的；主要的；有支配力的；有統治權的

Dominant estate　需役地；承役地；佔主導地位

Dominant export of service　支配服務輸出；操縱勞務輸出；主導出口服務

Dominant factor　關鍵因素；支配因素；主導因素

Dominant firm　主要商號 (指佔統治地位的公司)；主導公司

Dominant nationality　主要國籍

Dominant owner　需役地所有者；主導者

Dominant partners　〔關／世貿〕佔支配地位的合夥人 (指據統計，發達國家至 1990 年代初佔世界服務輸出貿易總量的 80%)

Dominant player in the WTO　世貿組織遊戲規則支配者 (指美國而言)

Dominant players in world trade　世界貿易中的主要遊戲者 (泛指美、日等工業化國家)

Dominant tenant　需役承租人；需役地受益人；佔主導地位的租戶

Dominant tenement　需役地；承役地；佔主導地位的物業單位

Dominant theme　主題；主要思想 (指佔優勢的、主導性和感染力的或統馭地位的思想)

Dominant voting power　支配投票權；支配表決權；主導投票權

Dominate　*v. & n.* I. 支配；統治；控制；II.〔羅馬法〕君主制時期；帝政時期

Dominating position in the market　市場支配地位

Domination　贈與；統治；支配；控制；管轄；主權；所有權

Domination benefit　失業救濟金

Dominio　〔西〕所有權

Dominio alto　〔西〕國家徵用權

Dominio directo　〔西〕直接所有權

Dominio pleno y absoluto　〔西〕完整的絕對所有權

Dominio util　〔西〕用益所有權

Dominion　主權；統治；管轄；〔英〕自治領；領域；領地；控制 (完全控制所有權)；佔有；支配；管轄

Dominion Bureau of Statistics　〔加〕統計局

Dominion over premises　房產所有權

Dominion parliament　自治領議會

Dominion status　〔加〕自治領地位

Domino theory　〔美〕多米諾理論 ("爛了一個蘋果，就會爛掉一筐"，"一個國家落入共產黨手中，這個地區的其他國家就會像多米諾骨牌一樣，一個接一個的倒下去"。它表明客觀是不以人的意志為轉移的，這個多米諾骨牌效應的政治理論是艾森豪威爾總統於 1954 年 4 月提出來的。它表明客觀規律是不以人的意志為轉移的)

Donate　*v.* 捐贈；贈送 (towards)

Donated assets　捐贈資產

Donated capital　捐贈資本

Donated stock　〔美〕捐贈股票；捐獻股份

Donated surplus　捐贈盈餘

Donation　贈與；捐款；贈與物；〔宗〕聖職贈與

Donation allowance　捐款免稅額

Donation benefit　失業救濟金 (失業支付金)

Donation lands　〔美〕贈與土地 (將公地贈與個人作為獎勵金，尤指賓州史上將土地贈與革命戰爭的軍人)

Donation of Constantine　康士坦丁大帝的贈禮 (公元 750−850 年)

Donation tax　捐贈稅

Donative　*n. & a.* I. 贈品；捐贈物；II. 贈送的；饋贈的

Donative advowson　〔宗〕贈與聖職推薦權

Donative intent　捐贈意圖

Donative trust　贈與信托 (以轉讓財產形式贈與受益人，且不要求受益人支付任何對價的信托)

Donator　捐贈人；捐款人；贈與人

Donatory　接受國王恩賜者

Done　完成的；結束的

Done in a single English original　用一份英文正本寫成

Donee　受贈人；被授權人；指定人；〔英古〕土地受贈人

Donee beneficiary　受益第三人；受贈第三人

Donee of power　被授權人 (被授予行使權力的人)

Donneur daval　〔法〕票據支付擔保人

Donor　贈與人；捐款人；捐贈人；授權人；信托人；贈與限嗣繼承的地產人；〔英古〕贈與人；贈與地產人

Donor country　援助國；捐款國；捐贈國

Donor government　援助國政府

Donoughmore committee　〔英〕多諾摩爾委員會 (大臣權力監督委員會，1929 年由多諾摩爾勳爵領導，旨在限制政府大臣們濫用職權)

Doom　命運；厄運；刑罰；死亡；宣判；〔撒〕判決；法令；司法判決；〔宗〕末日審判

Doom-book　撒克遜法典

Doomsday-book (domesday)　英國土地概論；英國土地總賬 (1086 年英王威廉一世頒佈的全國土地、財產、牲畜和農民的調查清冊，分上下二冊，現存放在英國財政部)

Doomsmen　〔英〕自由民裁判官 (指中世紀時期日耳曼人的法律糾紛，由全體日耳曼人代理組成的法院依習慣裁判)

Door closing doctrine　(援引制定法或裁決) 彌補法律漏洞原則

Door to door transport　門對門運輸

Dorbie's knock　秘密成員暗號 (秘密組織的會員相互打招呼時用 "敲" 的暗號)

Dormancy　喪失執行判決的時效；判決留置權失效

Dormant　休眠狀態的；不活動的；不活潑的；未知的；中止的；隱名的；隱匿的；沉默的

Dormant account　休眠賬戶；不活動賬戶

Dormant capital　游資；未利用的資本

Dormant claim　擱置的求償

Dormant corporation　不活躍的公司；暫停運作的公司

Dormant debt　潛在的債務；隱名的債務

Dormant execution　〔美〕押候執行令狀 (債權人指示司法執行官僅予扣押財產，等候接到同一被告不同判決的第二道令狀後再出售債務人財產)

Dormant funds　未動用基金；閒置資金 (繳納 15 年以上沒有歸還請求而留存法院賬目上的金錢)

Dormant judgment　已逾執行期限的判決 (指在規定時效內未予執行，但在收到第一個判決後才能予以執行複審)

Dormant partner　不記名股東；隱名合夥人；未參與管理的合夥人 (指不積極參與合夥企業的事務，不為外界所知但分享合夥企業的收益)

Dormant partnership　隱名合夥營業

Dorotheus　拜占庭法學家多奧西斯 (公元 6 世紀)

Dossier　〔法〕案卷；專案材料；一宗檔案材料 (尤指關於個人經歷的)；訴訟要點摘錄；(律師的) 辯護狀

Dossiers management　〔法〕檔案管理

Dot　〔法〕奩產；嫁妝；陪嫁財產；納聘禮物 (指女方結婚帶給丈夫的財產、繼承份或嫁妝) (美國路易斯安那州法用語)

Dot chart　電線圖

Dotage　衰老，老年痴呆；陪嫁物；嫁妝

Dotal　嫁妝的；妝奩的

Dotal property　奩產（妻子結婚時帶給丈夫承擔舉辦結婚費用的賠嫁財產）（美國路易斯安那州法律用語）

Dotation　送給嫁妝；捐贈（如捐贈一所醫院或其他慈善機構）

Dote　n. & v. I.〔西〕嫁妝（妻子因結婚而送給丈夫或用以支付婚姻費用）；II. 衰老；昏饋；老年痴呆

Douane　〔法〕海關；關稅

Double　n. & a. I. 二重；雙重；〔複〕特許證書；特權證書；〔英〕開封特許狀；II. 雙的；雙倍的；雙重的；雙層的；成對的；雙關的；二心的；不忠實的

Double account form of balance sheet　雙賬式資產負債表

Double adultery　已婚男女間的通姦（有夫之婦與有妻之夫的通姦）

Double agent　雙重間諜

Double allegiance　雙重效忠

Double assessment　雙重徵稅（指由同一稅務當局對同一標的物的課稅）

Double character　雙重特性（指政府特許契約"concession"，包括"國際公法"和"國內私法"的雙重性格）

Double check　覆核

Double claim　雙倍賠償要求

Double commissions　雙重手續費；雙重佣金（指賣者和買者以不同的身分都向同一人支付了佣金）

Double complaint　〔美〕雙重指控（指牧師向教省大主教同時指控法官和書記員拖延或拒絕給予公平的判決）

Double costs　加倍訴訟費；雙份訴訟費

Double counting　雙倍計算；重複計算

Double creditor　雙重債權人（指兩項資金均有留置權者）

Double crime　雙重罪

Double criminality　雙重罪行；雙重犯罪（指被請求引渡的罪犯既觸犯請求國也同時觸犯被請求國的刑律）

Double crosser　騙子

Double currency　二重通貨

Double damages　雙重損害賠償

Double dealing　雙重交易；欺詐，欺瞞

Double distress　〔蘇格蘭〕雙重扣押

Double domicile　雙重住所

Double eagle　〔美〕雙鷹金幣（一塊價值 20 美元）

Double endowment insurance　加倍養老保險

Double entendre　雙關語

Double entry　雙重記錄，複式登記；複式記賬制（指同時記載每筆交易的借方與貸方的款項制度）

Double factor terms of trade　雙要素貿易條件；雙重因素貿易條件（即通過商品來比較一國生產出口的一個單位要素服務時間與另一出口產品要素服務時間之間的交換率）

Double hearsay　〔美〕庭外供述；〔英〕多重傳聞（庭外由非見證的共謀者反覆傳聞的被告）

Double house　雙連房（供兩家居住的房屋）

Double identity disc　雙身分牌

Double imposition　複稅；雙重拼版

Double income-tax relief　減免重複課收所得稅

Double indemnity　〔保〕雙倍賠償；加倍補償（尤指如保險人因意外殘廢，要求承保人支付雙倍保險金額的人壽保險條款）

Double indemnity claim　雙倍賠償要求

Double insurance　重複保險；雙重保險（指要保人將同一標的和利益分別向幾個保險商投保，且其總保險金額超過保險價額）

Double jeopardy　〔美〕一事不再理規則（禁止對同一犯罪行為經過一審宣判無罪或定罪後再行第二次起訴。普通法和美國憲法第 5 條修正案之規定，此為英美法上的一項重要訴訟原則）；〔保〕雙重危險

Double liability　雙重責任

Double majority　雙重多數

Double nationality　雙重國籍

Double option　雙重選擇權（指對購售而言）

Double or triple-protection policy　加倍或三倍保險保單

Double ownership　〔英〕雙重所有制（權）

Double parking　并行停車

Double parole　模棱兩可的話；含糊其詞

Double patenting　雙重專利（避免單項發明獲取重複專利的原則）

"Double pause" and "dual track parallel" initiative　"雙暫停"和"雙軌並行"倡議（中國根據朝鮮半島局勢，提出"雙暫停"和"雙軌並行"倡議，旨在按照同步對等原則，並行推進實現半島無核化和建立半島和平機制兩條軌道）

Double plea　雙重起訴；重複抗辯

Double proof　〔美〕雙重證明；雙重證據（指要求對某些罪做出有罪判決，對此，政府須提供確證）

Double quarrel　〔英〕雙重告訴（例如同時向主教法院和大主教法院告訴）

Double radius rule　雙重半徑規則

Double recovery　雙重損害賠償；雙倍追償；超額賠償（超過當事人各方所受全部損失的賠償要求）

Double rent　雙倍租金（指承租人接到退房通知後仍繼續佔用者要加倍付租）

Double rent and double value　雙倍租金或損害金（承租人被通知解約，或承租人申請解約，而不交出租賃的不動產時，有義務加倍支付遲滯期間的租金，加倍支付遲滯期間的損害賠償金，現已廢止）

Double Renvoi　雙重反致（又稱"完全反致"）

Double ship's papers　複式船舶文書

Double sovereignty　雙重主權

Double standard　雙重標準（指歧視措施所採取的標準。如基於性別、種族和膚色的歧視）；複本位制（"金銀複本位制"的簡稱）

Double tariff system　雙重（關）稅率制度

Double tax rule　雙重課稅規則

Double taxation　雙重徵稅；雙重課稅

Double taxation relief　減免重複課稅（雙重稅款減免）；〔香港〕雙重課稅寬免（指對遺產稅等視具體情況可予減免）

Double use　〔專利〕新用途

Double value　〔英古〕雙倍地租（指承租人逾期不退出所租土地應向地主支付加倍罰款）

Double veto　雙重否決權

Double vote registered share　每股具有兩個表決權的記名股票

Double voucher　〔英古〕二次擔保

Double waste　雙重毀損（指負有特別修繕義務的房屋租賃人，聽任房屋毀壞，不予修理，後來又砍伐樹木來修理而構成雙重毀損）

Double will　連帶遺囑；相互遺囑（指兩個人聯合立遺囑，各自把自己的財產交給對方，以便全部歸生存者所有）

Double-bin system　（材料保管上的）複函制度

Double-column tariff　雙欄稅則（指列出對部份或全部進口商品徵收兩種關稅的海關稅則）

Double-cross　*n. & v.* 欺騙；出賣

Double-deal　*v.* 行騙；欺騙

Double-dealer　兩面派人物

Double-declining-balance depreciation (DDB)　雙倍餘額遞減折舊法

Double-digit inflation　兩位數通貨膨脹

Double-edged sword　雙刃劍

Double-entry system　複式記帳賬制

Double-track system　雙軌制

Doubt　*v. & n.* I. 懷疑；不相信；拿不準；II. 疑問；疑點；懷疑；疑惑

Doubtful account　呆賬；可疑賬款

Doubtful assets　可疑的資產；不確實的資產

Doubtful case　疑案

Doubtful debt　呆賬（指逾期未能收回的賬款，可能成為壞賬）

Doubtful loan　遲付貸款

Doubtful title　存疑的所有權；有爭議的財產所有權（指財產所有權在事實上或法律上的有效性均有可疑，有導致訴訟之虞）

Doubts about the depth of the American commitment to the multilateral system　懷疑美國對多邊貿易制度承諾的程度（有的 WTO 專家持此看法）

Douglas cause　〔蘇格蘭〕道格拉斯訴訟案（18 世紀）

Doun　〔法〕贈與；贈禮品；禮物

Dovetail seniority　〔美〕合併資歷名單（指兩個以上不同公司合併時，職工僱用名次合成一個總表，每個僱員仍可要求保留其以前的名次，儘管其後有被新僱主僱用）

Dow Jones Average　〔美〕道瓊斯股票平均價格指數

Dow Jones Composite Average　〔美〕道瓊斯股票平均價格綜合指數

Dowable　應付費用給寡婦的；有接受亡夫不動產資格的

Dowable lands　應付給寡婦有權享有的地產

Dowager　享有亡夫地產（或稱號）的寡婦；貴婦人（指王、公等的未亡人，王或公等的遺孀）

Dowager-queen　國王遺孀；王太后

Dower　〔英〕妝奩；寡婦地產（寡婦可取得亡夫三分之一遺產的權利）

Dower by common law　普通法上的寡婦地產（權）

Dower by custom　〔英〕習慣法上的寡婦地產（權）（指妻子可佔有亡夫一半、全部或四分之一的地產）

Dower de la plus belle (de la pluis beale)　〔法〕最公平的寡婦地產

Dower ex assensu patris　〔法〕經父親同意的贈禮

Dower interest　寡婦利益

Dow-Jones Index　〔美〕道瓊斯股票指數

Dowle stones　〔美〕（分隔地產等的）界石

Dowment　〔英古〕捐贈；寡婦地產

Down grade　降級（例如 2011 年 8 月，菲普公司降低了美國主權債務信用評級，從 AAA 降至 AA+）

Down payment　首付款；第一次付款；定金（其部份價格資金不由貸款籌措；部份由購買時支付）

Downing Chair of Law　〔英〕（劍橋大學）唐寧講座法學教授職位（由喬治·唐寧爵士大約創設於 1684 年）

Downing street　唐寧街；英國政府；英國首相官邸（英國倫敦西區一街名，首都官邸和一些主要政府部門的所在地）

Downstream integration　後續一體化

Downswing　下降趨勢（商業周期）

Downturn　（經濟）下降；下降趨勢

Downward adjustment　降低（價格）；調低

Downward bias　偏低；（物價等）下降的趨勢

Downward pressure　減少壓力

Downward-sloping curve　向下坡度曲線

Dowress　被授予亡夫地產權的寡婦（享有已故丈夫一部份遺產產權人）

Dowry　聘禮；嫁妝；陪嫁物

Doyen　（外交使團）團長

Doyen of diplomatic corps　外交團團長

Dozen peers　〔英古〕十二貴族（亨利三世的樞密顧問）

Draco　德拉古（雅典法律制定者，公元前 621 年）

Draconian　（法律等）嚴厲的；殘酷的；殘忍的；不人道的

Draconian laws　苛法（極端嚴厲的法律）；德拉古法典（雅典著名的法官德拉古所擬制的）

Draff　渣滓；糟粕

Draft　*n. & v.* I. 匯票；提款單；草案；草稿；（例如遺囑、合同及租約等的）；（貨物）重量減損折扣（或津貼）；〔美〕船舶吃水；II. 起草；設計；選派；徵兵

Draft after date　署有日期的匯票

Draft age　〔美〕應徵年齡

Draft agenda　議程草案

Draft agreement　協定草案

Draft amendment　草案修正

Draft annex　附件草案

Draft article 3　第 3 條草案

Draft articles　條款草案；條文草案

Draft articles 8 as revised　第 8 條草案修訂案文

Draft Articles of Agreement for International Investment Insurance Agency　國際投資保險機構協定條款草案（1966 年）

Draft Articles on State Responsibility　關於國家責任的條文草案（1979 年）

Draft authority　票據代理權

Draft Board　〔美〕徵兵局（負責徵募義務兵役者）

Draft budget　預算草案

Draft card　徵兵證

Draft centre　〔美〕徵兵站

Draft code　法典草案

Draft Code of Offenses Against the Peace and Security of Mankind　破壞人類和平與安全罪法典草案（1951 年）

Draft committee　起草委員會

Draft constitution　章程草案

Draft contract　合約草案

Draft convention　公約草案

Draft Convention on the Legal Position and Functions of Consuls　關於領事的法律地位和職務公約草案（1932 年）

Draft Convention on the Protection of Foreign Property　關於保護外國人財產公約草案（1962 年）

Draft decision　決議草案

Draft declaration　宣言草案；聲明草案

Draft dodger　〔美〕逃避服兵役者

Draft Guide Money and Banking Statistics　貨幣與銀行業務指南草案

Draft holder　匯票持票人

Draft Instrument on Government Purchasing Policies, Procedures and Practices　〔關貿〕政府採購政策、程序及實行文件草案

Draft law　徵兵法

Draft Manual on Government Finance Statistics　政府財政統計手冊草案

Draft of contract　契約草案；合約草案

Draft of Directive on the Approximation of the Laws of Member States Relating to Product Liability　〔歐共體〕使成員國產品責任法互相接近的指示草案（1976 年）

Draft office　（海上的）調度科

Draft on demand　即付匯票

Draft proposal　提案草案

Draft protocol　議定書草案

Draft protocol of accession　加入議定書草案

Draft Protocol on the Amendment of the International Convention on the Simplification and Harmonisation of Customs Procedures　關於簡化和統一海關程序的國際公約修正議定書草案（中國於 2000 年 6 月 15 日簽署了該議定書）

Draft provisions　條款草案

Draft regulations　章程草案

Draft resister　〔美〕抵制兵役的人

Draft resolution　決議草案

Draft revision　修正案（修正草案）

Draft text　文本草案

Draft treaty　條約草案

Draft with usance　定期匯票；遠期匯票（又稱 "有信用期限的匯票" 或特定日期付款的匯票又可分為：確定日期付款的匯票；出票後定期付款；見票後定期付款三種）

Draftee　〔美〕應徵入伍者

Drafter　（合同等）起草人

Drafting instruments　〔香港〕起草或修訂法律的指示（指修訂法律文書程序：由律政司擬就後呈交行政會議審批，而後提交立法會討論）

Drafting　起草；草稿的措詞

Drafting centre　徵兵站

Drafting commission　起草委員會

Drafting committee　起草委員會

Drafting group　起草小組

Drafting subcommittee　起草小組委員會

Draftsman　起草人（指起草司法文書、遺囑、財產轉讓證書、訴狀、議案和法案者）；製圖員，繪圖員

Dragnet　法網；天羅地網

Dragnet clause　拖網式條款（未列名貨物的徵稅條款）；〔美〕抵押人擔保條款（指抵押人為過去、現在和將來的墊付債務提供擔保）

Drago doctrine　〔阿根廷〕德拉戈主義（指阿根廷外長 1907 年提出歐洲列強，不得為了國債而對美洲任何國家進行武裝干涉和佔領土地之謂）

Drain　*v. & n.* I. 排水；耗盡；II. 排水；放水；排水渠；排水溝；流水地役權（指通過他人土地上流水地域權）；硬幣外流；消耗

Drainage basin　流域盆地

Drainage bonds　排水資金公債

Drainage district　〔美〕排水區管理委員會（州內一個政治分支機構，旨在排水後開墾低窪地和被水沒的土地，以及維護公共衛生和便民設施）

Drainage ditch　排水溝

Drainage right　〔美〕排水權（指地主不應阻礙或改變河流的自然流向等）

Drainage Services Department　〔香港〕渠務署

Drainage works　排水工事

Dram　打蘭（衡量單位相等於 1/16 盎司）；微量酒類飲品

Dram Shop Act　〔美〕酒店或酒類供應商責任法（指酒店的酒類供應商對第三者因飲用其所售烈性酒受到傷害時，應承擔的責任等規定）

Dram shop law　酒店法（酒店供應商責任法）

Dramatic composition　〔美〕戲劇作品

Dramatic copyright　戲劇版權；戲劇著作權

Dramatic foreign policy initiatives　急劇變化的外交政策的主動權

Dramatic works　〔英〕戲劇作品（1983 年《版權設計與專利法》）

Dram-shop　〔美〕小酒店；酒館；酒吧

Drastic　（法律等）極端的，嚴厲的

Drastic measures　嚴厲措施

Draught marks　〔海法〕吃水標誌

Draw　*v.* 草擬，制訂；拔出（槍或致命武器故意瞄準）；瞄準；提取（錢款）；通匯；領取；開立（票據或支票）；拖出，推出（執刑）；引出；挑選（陪審員）；拉到（刑場）

Draw adverse inferences　做出反面推斷

Draw and quarter　四肢裂解（絞死後取出內臟，肢解屍體）

Draw or issue　出票（出票的含義有二：1. 出票人製作匯票並在匯票上簽名；2. 將匯票交給受票人，才算完成出票）

Draw up　擬稿（法律）；出具；草擬；寫出；制定

Draw up a deed of sale　訂立銷售合同

Draw up a document　起草文件

Draw up a report　起草報告

Draw up and keep up to date an inventory of all measures　開列並保持一份最新的各項措施清單

Draw up indictment　起草起訴書

Draw up programmes of technical assistance　擬定技術援助計劃

Drawback　〔美〕退款，退稅（指由政府部份或全部退還對進口商品徵收估高的關稅的稅款等規定）

Drawback entry　退稅申報

Drawback for duties paid　退稅；退回已付關稅

Drawback settlement　〔海關〕退稅清單

Drawback system　退稅制度；退費制度（指對進口後再出口的貨物先徵收進口稅，經核實後再退回進口稅的制度）

Drawee　受票人；付款人（兌付匯票人）

Drawee and drawer of bill of exchange　匯票的受票人和出票人

Drawee in case of need　（票據的）預備付款人

Drawer　出票人；簽發人；開票人（國際貨幣基金組織的資金設施，如為透支額、貸款額等出具匯票）

Drawing account 提款賬戶；(業主)提存賬戶；〔美〕預支賬戶(指推銷員或其他僱員提前支付工資或佣金以支付經營費用)

Drawing and quartering 〔英〕四肢裂解(1283 年)

Drawing Country 〔基金〕提款國

Drawing down 提取(款項)；抽取(股款)

Drawing down in general 一般提款

Drawing down of stocks 提取存貨

Drawing facilities 提存貸款；提款設施

Drawing in the gold tranches 黃金份額提款

Drawing lots 抽籤

Drawing of ballot 開票；抽籤

Drawing of cheque (check) 簽發支票；以支票提款

Drawing right of IMF 國際貨幣基金組織的提款權

Drawing rights 提款權；提存權

Drawing up 草擬

Drawing up of a budget 製成預算

Drawing up of the GATT (1947) 制訂關稅與貿易總協定(1947 年)

Drawing-down of stocks 出清存貨；出售庫存

Drawing-in process 銀行票的回收

Drawings 素描

Drawings on loans extended 從延期貸款項下提取

Drawlatches 賊；強盜

Drayage (貨物的)馬車拖運；用貨車搬運；貨運費；運貨馬車運費

Dredge 挖泥機；疏浚機；挖泥船；捕撈船

Dredged channel 已疏浚航道

Dredger 挖泥船

Dregs of society 社會渣滓

Drenches, Drenges or Drenges 〔撒〕自由佃農；國王直臣(據稱為諾曼征服王時因半服兵役、半服徭役而獲取的)

Drengage 〔美〕自由佃農土地保有制；國王直臣軍役土地保有制(經常發生在英格蘭北方郡涉及一般役務的各種封建軍役土地保有制)

Drift 漂流物；(股票等行情)波動

Drift-land (drofland, dryland) 〔撒〕采邑通行費(承租人為了牽著家畜通過莊園前往趕集或市場，每年應向國王或地主繳納的通行費)

Drift-stuff 〔美〕飄流物(指海難中無主的飄浮財物歸河岸地主所有)

Drift-way 家畜路(有權驅逐家畜通行的公用道路)

Drince-lean 〔撒〕酒稅

Dringking shop 〔美〕酒鋪

Drink 〔英〕酒；飲料

Drink and food 飲食物

Drip 屋檐滴水地域權(指從相鄰屋檐滴水落到自己地上的權利)

Drive *v.* 運動；駕駛

Drive-it-yourself cars 〔美〕租賃汽車；(租車人)自駕汽車

Drive-other-cars coverage 駕駛其他車輛保險(指承保借用他人車輛對第三者人身或財產損害法律責任險)

Driver 司機；駕駛員

Driver's license (機動車)駕車執照

Driving 驅趕；催促；推動；駕駛

Driving license (driver's license) 駕駛執照

Driving privileges 駕駛特權

Driving while intoxicated (DWI) 酒後駕車；醉酒駕車

Drofland 〔英古〕免役稅；免役地租；(牲畜的)采邑通行費

Droit 〔法〕(法律上的)權利；法律(例如用於國際法的片語)；公平；衡平；正義

Droit a l'autodetermination nationale 〔法〕民族自決權

Droit administratif 〔法〕行政法

Droit administratif international 〔法〕國際行政法(是指各該國國內法規的總和。例如外國護照或者特許的有效性須按照外國的行政法來判斷，其有別於國際法上行政法)

Droit civil 〔法〕民法

Droit civil en vigueur 〔法〕現行民法

Droit common 〔法〕普通法

Droit corporatif international 〔法〕國際同業公會法

Droit coutumier 〔法〕習慣法

Droit d'accession 〔法〕加工的財產(指由加工而獲取的財產)

Droit d'accroissement 〔法〕增添權(指繼承人或受遺贈人加上自身的權益的意思之謂)

Droit d'adaptation 〔法〕改編權

Droit d'ainesse 〔法〕長子繼承權；長子權

Droit d'amarrage 〔法〕(船舶)停泊權

Droit d'ancrage 〔法〕(船舶)停泊權

Droit d'angarie 〔法〕(戰時)非常徵用權

Droit d'execution 〔法〕證券經紀人代其顧客出售證券權

Droit d'aubaine 〔法〕外僑遺產沒收權

Droit de bris 〔法古〕失事船隻享有權

Droit de chapelle 〔法〕設堂禮拜權

Droit de culte 〔法〕禮拜權

Droit de detraction 〔法〕外僑遺產出境徵稅權

Droit de garde 〔法古〕監護權

Droit de gite 〔法古〕(巡行)國王膳宿權

Droit de greffe 〔法〕出售檔案室保有的各種訴訟記錄或公證文書權

Droit de maitrise 〔法古〕學徒滿師從業費

Droit de nanfrage 莊園主權

Droit de naufrage 〔法古〕(海岸所有者)擁有對失事船舶及其船員處置權

Droit de passage 〔法〕通行權；迪行稅

Droit de poursuite 〔法〕索取使用費權

Droit de prelevement 〔法〕先取權(指法國人如依法國法是繼承人時，即使依應適用的外國法不是繼承人，其但對位於法國境內的遺產，仍可從中取得依法國法應屬他所有的那一部份遺產)

Droit de preseance 〔法〕位次權

Droit deprise 〔法古〕供應王室賒購消費品的義務

Droit dequint 〔法古〕采邑(所有權)變更費

Droit de renvoi 〔法〕外僑遣回權

Droit de rescousse 〔法〕追回海盜船貨報酬權

Droit de seigneur 〔法〕首夜權(指中世紀歐洲封建領主與奴僕新娘首夜的共枕權特權)

Droit de suite 〔法〕版稅權；追索權；追及權(指債權人迫使債務人將其財產交付第三人以索償債務的權利)

Droit d'enquette 〔法〕查問權

Droit des gens 〔法〕國際法

Droit d'etape 〔法〕軍隊過境權

D

Droit d'extradition 〔法〕引渡權

Droit ecrit 〔法〕成文法

Droit innocent 〔法〕無害通過權

Droit international 〔法〕國際法

Droit maritime 〔法〕海商法；海上法

Droit moral 〔歐洲〕藝術的完整性（指未經作者允許不得更改其作品）

Droit naturel 〔法〕自然法

Droit ne donne plus queso it demande 〔法〕法律不會給予多出其所需求（法律應運而生，不會多出其所需求）

Droit ne peut pas marier 〔法〕權利永存；權利永存不滅

Droit-droit 雙重權利（指擁有對該財產的所有權和佔有權）

Droits 〔複〕關稅；合法收入

Droits civils 私權；公民權

Droits of admiralty 〔英〕海軍權利（戰時奪獲敵國海上財產權；捕獲敵船或從遇難船、棄船中所得的收入享有權；1702年規定海軍提督的薪俸制後，海上的捕獲物和遺棄物歸國王所有；以後海上遺棄物的部份，根據 1894 年海商法歸商務部所有）

Droitural 〔法〕權利的；所有權的；關於權利的；作為所有權或佔有的不動產之訴的

Droitural action 〔英〕權利訴訟（包括回復土地所有權令狀以及所有回復土地所有權性質的令狀）

Drop *v. & n.* I.〔英〕擱置（指法官們在可推翻的案件判決上分成兩派意見對立，既不能撤銷，也做不出終局判決。這個規則叫做"擱置"，但實踐上可以提出上訴）；II. 絞刑架下的活動踏板

Drop a lawsuit 撤銷訴訟

Drop on 訓斥；懲罰

Drop on (in) the market 滯銷貨

Drop shipment delivery 直接發貨（指不經批發商之手，製造商直接將貨物運交經銷商或消費者）

Drop shipper 承運批發商；直接發貨批發商

Drop-letter 〔美〕本地收寄信件；毒品

Drown *v.* 溺殺；溺死；溺斃

Drudgery 勞役

Drug 藥；藥品；藥材；藥劑；麻醉藥品；麻醉劑；毒品；麻醉藥品；致癮性毒品

Drug abuse 濫用藥品

Drug addict 吸毒者；癮君子；吸毒成癮者

Drug addiction 吸毒

Drug addiction treatment centre 戒毒中心

Drug control 毒品管制

Drug den 毒窟

Drug dependence 毒品嗜好；（染有）毒癮

Drug dependent 染有毒癖者

Drug Endorsement Administration 〔英〕禁毒管理局（處）

Drug in the market 市場上的滯銷商品

Drug offence 販賣毒品罪

Drug smuggling 毒品走私（販賣毒品）

Drug Supervisory Body 〔聯〕麻醉劑監督機構

Drug trafficker 毒品販子（毒品走私販）

Drug trafficking 販運毒品；生產販賣毒品

Drug-dependent 吸毒者

Druggist 藥商；藥劑師

Druggists' liability insurance 藥劑師責任保險

Druggy 〔美〕吸毒者；癮君子

Drugless healer 按摩脊柱治療者；不用藥物治療者

Drug-pusher 販毒者；販賣麻醉藥的人

Drugster 吸毒者；癮君子

Drumhead court-martial 戰地軍法審判；戰地簡易軍事法庭

Drummer 〔美〕旅行推銷員；鼓手

Drummer discount 減價零售

Drunk 醉漢；酒鬼；酗酒犯

Drunk and disorderly (D and D, DD) 〔警〕醉酒後擾亂治安的

Drunkard 醉漢；酒鬼

Drunken parliament 〔英〕酩酊議會（1661 年）

Drunken person 醉漢

Drunkenness 醉酒；酗酒

Drunk-o-meter 〔美〕測醉器（醉酒測量器）

Dry *a. & n.* I. 禁酒的；禁酒主張者的；乾的；名義上的，形式上的；假的；公平的；II.〔美〕主張禁酒者；禁酒主義者

Dry basis 乾基（煤炭用語）

Dry dock 乾船塢

Dry dock duty 乾船塢稅費

Dry exchange 〔美〕虛假交易；名義上的交易

Dry goods 〔英〕雜糧，穀類；〔美〕綢緞；尼絨類

Dry goods store 布和服裝業；布店

Dry hole agreement 乾井合同（指關於鑽控開採石油、天然氣現金資金協議）

Dry hole clause 乾井條款（關於租賃油井和煤氣井鑽探時碰到"涸井"時，應支付租金的規定）

Dry lease 乾租賃（不含機組、船舶合同的租用）

Dry measure （穀物的）乾量

Dry metricton (DMT) 乾公噸（乾公噸是指礦石在 105 攝氏度下水分被蒸乾後的淨重）

Dry mortgage 單純抵押；有限責任抵押（以土地作為付款留置權的抵押）

Dry receivership 名義上破產財務管理（指即便行動是在以制定法形式進行，但對於一般債權人而言，其在管理上並無任何財產可供管理）

Dry rent 無扣押擔保的租金（不附動產扣押條款約定的租金）

Dry Salter 乾貨商

Dry season 旱季；不是捕魚期

Dry state 〔美〕禁酒州（禁止銷售酒精飲料的州）

Dry town 禁止販賣酒類的城鎮

Dry trust 名義上的信託；單純保管信託；消極信託（指受託人只負責將金錢或財產轉給信託受益人而已，不負有實際行使任務之信託）

Dry trustee 單純保管受託人（指除了只管理信託財產以外不負任何積極義務的受託者）

Dry-craft 巫術；魔術

Dry-dock *v. & n.* I.（使）入乾船塢；II. 乾船塢

Drysaltery 乾貨商；乾貨類；乾貨業；藥品染料

Dual allegiance 雙重效忠

Dual business 〔美〕兩種生意；雙重生意（指兩個實際上分開的獨立單位，但又具有生產利潤的能力）

Dual capacity doctrine 〔美〕雙重權利說（指僱主因行為不當對其僱工遭致人身傷害有權向法院申訴，要求僱主負補償的侵權責任）

Dual citizenship 雙重公民身分；雙重國籍

D

Dual control　雙重管轄；兩國共管

Dual court system　〔美〕雙軌法院體系（或譯"雙重法院體系"，指聯邦和各州的法院制度，各自具有平行管轄權，互不隸屬）

Dual criminality　雙重犯罪性

Dual diplomatic-consular appointment　外交兼領事官員的雙重任命

Dual diplomatic-consular status　外交兼領事的雙重身分

Dual distributor　雙渠道經銷商（兼營批發和零售職能的雙渠道公司）

Dual economy　雙重經濟；二元經濟

Dual exchange market　兩種外匯市場；雙重交易市場

Dual jurisdiction　雙重管轄權

Dual leadership　雙重領導

Dual listing　（證券）雙重上市；雙重掛牌

Dual loyalty　雙重效忠

Dual monetary unit　（通貨的）複本位制（"金銀複本位制"的簡稱）；雙重貨幣單位

Dual national　雙重國籍人

Dual nationality　雙重國籍

Dual ownership　二人共有的所有權

Dual personality　雙重人格

Dual pricing　雙重標價；雙重定價

Dual pricing arrangement　雙重標價制（指市價與議價的兩種制度）

Dual purpose doctrine　雙重目的論（指職工為公司勞動和與其假公濟私兩種不同目的所受損害予以不同論處）

Dual rate　雙重匯率

Dual rate system　雙重運費制

Dual representation　雙重代表；雙重代理

Dual role　雙重作用

Dual sovereignty　雙重主權

Dual standards　雙重標準

Dual substantial transformation　二次實質性改變（指美國對二次加工的產品要求受惠國成分價值不得低於其出廠價的35%）

Dual tariff　雙重關稅

Dual income family　雙職工家庭

Dualism　二元論

Dualistic doctrine　二元論原則

Duality of rights　〔香港〕權利重疊（指分為有限與無限兩種版權制度，已出版作品自作者死後再加上50年；尚未出版作品，其版權是無限的，但一經出版就變成50年有效的限期等規定）

Dual-status aliens　雙重身分的外僑（一般指具有雙重國籍的外國人）

Duarchy　二元政治；雙頭制（兩名統治者聯合執政的政府形式）

Dubitante　*v.* 懷疑；持疑（意指法官在判例彙編中，對被編入他所作的判決正確與否有所保留，似有隱情）

Ducat　〔歐古〕外國通用的金幣（或硬幣）

Duchy　〔英〕公國；公爵領地；公爵全部遺產

Duchy Court of Lancaster　〔英〕蘭開斯特公爵領地法院（1835年）

Duchy of Cornwall　康沃爾公爵領地

Duchy of Lancaster　蘭開斯特公爵領地

Ducking-stool　〔英古〕浸水刑凳

Ducroire　〔法〕支付能力保證；資力保證；支付能力保證費；支付能力保證人；資力保證人

Due　*a. & n.* I. 適當的；正當的；合理的；合法的；充分的；（票據）到期的；應支付的；II. 到期；付款日期；〔複〕應付款；捐稅

Due and payable　到期應付的

Due and proper care　應有和適當的注意

Due and reasonable care　適當而合理的注意；應有和合理的注意

Due bill　〔美〕借約；借據；到期匯票

Due care　適當注意；應有注意

Due clause　稅務條款

Due compensation　適當的補償

Due consideration　充分的考慮；適當的對價

Due course　正當過程；適當的時候

Due course holder　善意持票人；正當持票人

Due course of justice　正當司法程序

Due course of law (due process of law)　正當法律程序；合法程序

Due date　到期日（指在到期之日以前，應依法履行契約義務等）

Due date of bill　票據的滿期日；匯票到期日

Due diligence　應有的注意；適當注意

Due east　正東（地界用語）

Due from　應收

Due from consignor　應收寄售人欠款

Due influence　正當影響；訴諸感化（指通過規勸或動之以情等方法施加影響）

Due justice　正當司法程序

Due negotiation　正常流通

Due No.　支付號碼

Due north　正北（地界用語）

Due notice　〔美〕充分依法規定的通知

Due posting　〔美〕應付足夠的郵資

Due process　正當程序；正當法律程序

Due process clause　〔美〕正當法律程序條款（1791年，1867年）

Due process of law　正當法律程序

Due process rights　〔美〕正當程序權利（指公民所獲取的全部權利都符合公平正當的合法程序標準）

Due proof　充分的證明；〔保〕足夠的證據

Due regard　應有的注意；適當的注意；適當的考慮；應有的尊重

Due restraint　適當克制（指對農產品補貼而言）

Due share capital and dividends　到期股金和股息

Due to　應歸於；由於；應付

Duel　決鬥（指兩人之間事先安排的生死決鬥，如有一人鬥死，另一人則為謀殺罪）

Dueling　決鬥（提出決鬥的為輕罪，以決鬥使對方致死時構成殺人或傷害致死罪。古代有決鬥審判制度，有時視為合法）

Due-on-encumbrance clause　再抵押加速到期條款（指如果抵押人要拖累債務情況下給予受押人加速抵押債務的買賣選擇權）

Due-on-sale clause　出售加速到期條款（指抵押債務馬上到

期，應按受押人關於出售抵押財產的買賣選擇權，規定支付條款）

Dues 〔複〕應付款；稅款；會費；捐費

Dues and taxes 捐稅

Dues clause 稅務條款

Duffer 〔俚〕賣騙人貨的小販；假貨；不中用的東西

Duke 公爵；(歐洲公國的) 君主

Duke of Cornwall 〔英〕康沃爾公爵 (指英國皇儲世襲職位的尊稱)

Duke of Exeter's daughter 一種拷問的刑具 (15 世紀愛克斯塔監獄一種拉肢的刑架)

Duke of York's laws 約克公爵法規彙編 (1665 年為紐約殖民地政府所編)

Duly 適當地，及時地

Duly accredited agent 正式委派的代理人

Duly adjudged 依法判決的

Duly admitted 正式核准的；正式承認的；正式授權的

Duly authorised 正式授權的；正式委派的

Duly authorised representative 正式授權的代表

Duly certified copy 正式核准的副本

Duly notify 及時通知

Duly ordianed minister of religion 按照教規任命的牧師

Duly qualified 〔美〕完全合乎擔任公職資格的

Dumb barge 〔英〕無舵的遊艇

Dumb bid 拍賣底價；投標底價

Dumb person 聾啞人

Dumb show 啞劇

Dumbarton Oaks Conference 〔美〕敦巴頓橡樹園會議 (1944 年 10 月 7 日在華盛頓召開，由中、美、英、蘇四國參加，旨在建立一個以愛好和平國家的主權平等原則為基礎的普遍性國際組織。即其後成立的聯合國)

Dumb-bidding 拍賣底價；秘密以最低價格競爭

Dumdum bullets 達姆彈 (指一種在人體易膨脹的殺傷力很強的子彈，是英國在印度達姆兵工廠製造的這種槍彈，故而得名)

Dummy *a. & n.* I. 假的；虛構的；名義上的；掛名的；II. 名義上的所有人；假人

Dummy car 緩衝車

Dummy corporation 掛名公司；虛設公司 (指完全是為了逃避個人負債而成立的公司)；秘密代營公司；皮包公司

Dummy director 名義董事；掛名董事 (指本人對公司無任何股權，選為董事，僅代表他人而已)

Dummy out 消除；抹掉

Dummy share 表面股

Dummy shareholder 掛名股東；名義股東

Dummy variable 虛變量 (一種虛構的經濟統計變量)

Dump *v.* 傾銷；拋棄；傾倒；傾卸；拋售

Dumped product 傾銷的產品

Dumping 傾銷；卸貨；拋棄；傾倒 (垃圾等)

Dumping Act 〔美〕反傾銷法

Dumping and subsidy investigations 傾銷與補貼的調查

Dumping balance 傾銷差額

Dumping margin 傾銷幅度；傾銷差價 (指國際貿易中正常銷售價格與傾銷商品價格之間的差價)

Dumping policy 傾銷政策

Dumping price 傾銷價格

Dumping rules 傾銷規則

Dun 催討；催債；討債

Dungeon 地牢

Dunkel mode 鄧克爾方式 (是指關貿總協定總幹事，在關貿總協定第八輪關稅談判中所起的作用)

Dunkel protocol 鄧克爾議定書 (是指第八回合烏拉圭多邊談判達成成立 WTO 的議定書)

Dunnage 填艙物料 (以一塊塊木頭填塞船艙兩邊或船底防漏泄以保護貨物)

Dunner 催債債務者

Duodena 12 人陪審團 (古案卷用語)

Duopoly 雙頭賣主壟斷；(賣方) 雙頭壟斷 (指一種指定的產品在市場內只有兩個廠家或兩家賣主的情況)

Duosony 雙頭買主壟斷；(買方) 雙頭壟斷

Duplex 雙的；二重的；雙聯的；複式的；雙工的；雙向的

Duplex house 〔美〕供兩家居住的房屋 (這種單元房或相毗連或跨於兩層樓)

Duplex system 只對全損的擔保保險

Duplicate *n. & v.* I. 副本；抄本；摹本；複製本 (一式兩份)；〔英〕當票；II. 複寫；複印；複製；打印

Duplicate bill 副本票據；複本票據 (指支付日期前把票據喪失時，請求開票人重發具有與喪失的票據同一文字的票據)

Duplicate bill of exchang 副本匯票

Duplicate bill of lading 提單副本

Duplicate certificate 證件副本

Duplicate copy 副本 (第一副本)；複本

Duplicate invoice 發票副本

Duplicate license 執照副本

Duplicate receipt 收據存根

Duplicate tag method 重複傳票法

Duplicate taxation 雙重徵稅，雙重課稅

Duplicate will 遺囑副本；複本遺囑 (遺囑人自願簽發正副兩本遺囑，一份由本人自己保存，另一份交他人保存)

Duplication of work 重複工作

Duplicator 複製者；複印機

Duplicitous 合併答辯的；數罪並訴的

Duplicitous appeal 〔美〕並行上訴 (可對兩個分別命令提出上訴；可對兩個分別獨立命令提出上訴)

Duplicity 合併爭點的陳述 (合併訴狀中一個訴狀中，兩個或兩個以上答辯中，幾個辯護理由等事實爭議)；數罪並訴 (指同樣罪狀兩個或兩個以上犯罪合併起訴)；奸詐；詐騙；言行不一；兩面派

Durable goods 耐用品

Durable leases 〔美〕長期租賃 (指保留應付一年租金，再進入的租賃權利)

Durable power of attorney 〔美〕永久代理權 (指一旦指定為代理，除非其喪失能力，否則永遠有效)

Durable stock 耐用的材料

Durable years 使用年限

Durance (長期) 監禁；禁錮

Durance vile 不當監禁

Duration 持續；持久；持續期間；期間

Duration and review of safeguard measures 〔世貿〕保障措施的期限和複審

Duration clause 期限條款 (訂明保險期限的定期保險條款，一般為 12 個曆月，含頭尾兩個月在內)

Duration of agreement　協議有效期

Duration of contract　合約有效期

Duration of detention　拘留期間

Duration of franchise　特許的期限

Duration of hearings　審訊期間；聽審期間

Duration of imprisonment　刑期；監禁期間

Duration of insurance　保險期間

Duration of license　執照年限（執照有效期間）

Duration of prescription　時效期間；有效期間

Duration of protection available　有效的保護期

Duration of retaliation　報復期限

Duration of risk　保險期間；風險存續期間；危險保障期間

Duration of service　服務期限；耐用期限

Duration of subsidy　補貼期限

Duration of validity　有效期；有效期間

Duration of war　戰爭期間

Durbin-Watson Statistic　德賓－沃森統計數（一種經濟學的統計方法）

Duress　〔美〕監禁（事實上的拘押，實際失去自由者）；強迫；脅迫；威脅（指以給予生命、身體和自由等的侵害或企圖以此威脅他人；對以脅迫訂立的契約、遺囑等可訴請取消）

Duress of goods　以非法扣押財產相威脅

Duress of imprisonment　以監禁相威脅；以非法限制自由相威脅

Duressor　強迫者；脅迫者

Durham　〔英〕達勒姆巴拉丁郡領地

Durham rule　德拉姆規則（指因情緒或衝動，由於有病或精神缺陷而犯罪時不負刑事責任規則）

During　在…的期間；在…的時候；當…期間；在開始之後和終結之前

During good behaviour　在行為良好期間（不得剝奪職務）；〔美〕被告緩期宣判時遵守州法律期間

During the hours of service　〔美〕在勞動期間（指工作期間加合理的進出期間為《工傷事故補償金法》所規定的時間）

During the off-season period　淡季期間

During the period of supervision and control　監督和管理期間

During the trial　〔美〕在審理期間（指從陪審團宣誓起到做出裁決為止，或始自大陪審團向法院呈遞公訴書，終止做出最後判決）

Dustuck　〔印〕通關免稅許可證

Dusty purlieus of the law　律師常出入的場所；律師業務

Dutch auction　荷蘭式拍賣法（開價甚高然後逐漸降低的虛偽拍賣）

Dutch bargain　飲酒時做成的交易（常指不牢靠或不公平）

Dutch disease　荷蘭病（指石油或天然氣出口國的患有的）

Dutch law　荷蘭法

Dutch lottery　荷蘭式博彩法（又稱為"集體抽彩法"，有別於意大利的"熱那亞抽彩法"）

Dutch man　荷蘭船；荷蘭人

Dutiable　（進口貨物）應徵的；應課進口稅的

Dutiable goods　應徵稅貨物；應課稅商品

Dutiable price　完稅價格

Dutiable value　完稅價值

Duties　稅（是"進口稅"或海關稅"imports"或"customs"的同義語）；稅捐

Duties of abstention　不作為的義務

Duties of acquiescence　默認的義務

Duties of detraction　〔美〕遺產轉移稅（指因繼承或遺囑處分遺產而要求把遺產從一個州轉移到另一個州應納的稅）；〔法〕外僑遺產出境稅

Duties of humanity　人道主義義務

Duties of prevention　防止的義務

Duties of the office　任務

Duties on imported goods　商品進口稅

Duties on imports　〔美〕進口稅

Duties on issue　發行稅

Duties to examine and to notice　檢查及通知的義務

Duty　義務；責任；任務；本分；稅；稅收；關稅

Duty allowance　職務津貼

Duty at hardship posts by danger, isolation, endemic diseases, adverse climates, and the like　〔領事〕面對著危險、孤立、傳染病、惡劣氣候等艱巨崗位的任務

Duty bound to furnish　設備的義務

Duty bound to pay tax　納稅的義務

Duty clause　關稅條款（指出口貨物途中因毀損而退稅所致損失險條款）

Duty created by private law　私法上的義務

Duty created by public law　公法上的義務

Duty drawback　退稅；退還進口稅

Duty exemption and reduction　關稅的免減（額）

Duty free　免稅

Duty free certificate　免稅證

Duty free goods　免稅品；免稅貨物

Duty free quota list　免稅限額表

Duty free slip　免稅單

Duty free store　免稅商店

Duty free zone　免稅地帶

Duty in public law　公法上的義務

Duty in the sliding scale　滑尺關稅

Duty insurance　關稅保險（＝duty clause）

Duty of allegiance　效忠義務

Duty of assured clause　被保險人的義務條款

Duty of care　注意義務；保管責任；撫養責任；〔香港〕謹慎辦事的責任；〔保〕照管責任（避免因過失而產生的風險）

Duty of contribution　出資義務；認捐義務

Duty of declaration　申報義務；陳述義務

Duty of maintenance　撫養義務

Duty of military service　兵役義務

Duty of paying-in of charge　納稅義務

Duty of producing evidence　舉證義務

Duty of subjects　國民義務；臣民義務

Duty of superintendence　保管義務

Duty of support　撫養義務；供養責任

Duty of the flag　〔英古〕降旗義務

Duty of tonnage　（船舶）噸位稅

Duty of water　〔美〕灌溉用水稅

Duty officer　值班官員；值勤官員

Duty on tobacco　煙草稅

Duty on value added　增值稅

Duty on wine　酒稅

Duty passport　公務護照

Duty pending goods 保稅貨物

Duty quota 關稅限額

Duty rate 稅率

Duty rebate or remission 關稅退還或減免

Duty recovery 關稅追償；關稅回收

Duty reduction 關稅減少額

Duty sergeant 當值警官；值班警官

Duty solicitor 〔新〕責任律師；義務律師（指為貧困的刑事被告提供免費辯護）；〔英〕值班律師

Duty to act 作為義務（指採取行動防止傷害他人的義務）

Duty to inform 通知的義務

Duty to mitigate 減輕損害賠償義務（指最大地減少非違約方的損害賠償責任）

Duty to support children 撫養子女的義務

Duty to support parents 贍養父母的義務

Duty-bound 義不容辭的；責無旁貸的

Duty-bound to accord the co-nationals protection 〔領事〕給予共同國民的保護責無旁貸

Duty-exempt treatment 免稅待遇

Duty-free 免稅的

Duty-free access 免稅存取

Duty-free entry 免稅入境；免稅入關

Duty-free goods 免稅物品

Duty-free quota list 免稅限額表

Duty-Free Quota-Free Market Access 免稅配額和市場的自由准入

Duty-free shop 免稅商店

Duty-free status 免稅地位（指 1976 年，美國單方給予加勒比盆地國家進口美國的大量產品的優惠）

Duty-free treatment 免稅待遇

Duty-paid （貨物）已完稅的；已納稅的

Duty-paid certificate 完稅單；納稅證明書

Duty-paid goods 已完稅貨物；已納稅貨物

Duty-paid price 完稅價格

Duty-paid proof 完稅憑證

Duty-paid value 完稅價值

Dwell *v.* 住；居住

Dwelling 住處；住宅；寓所（指作為或擬作為住所的建築物或其一部份）

Dwelling defense 〔美〕住宅防衛；寓所防衛（指為住所和自身的安全對侵入住所的歹徒，可允許使用槍械等殺傷性武器的保護主張）

Dwelling house 住宅

Dwelling package policies 住所綜合保險單（包括不動產、動產及個人責任等）

Dwelling place 住處

Dwelling unit 居住單元；住所單元

Dyarchy 兩頭政治（指羅馬君主與其元老院分享統治權）；〔英〕二元政體

Dyer Act 〔美〕戴爾法（指 1919 年國民機動車輛盜竊法，規定在州際間或國外運輸或接受所盜竊車輛為刑事罪）

Dying 臨終的；彌留之際的

Dying declaration 臨終陳述（指臨終時的陳述，可被認為陳述人被他人加害的證據）

Dying evidence 臨終證言

Dying intestate 無遺囑死亡（指未立遺囑而亡）

Dying statement 臨終聲明；臨終陳述

Dying wish 臨終心願

Dying without issue (D.W.I.) 死而無後；無嗣而亡（死而無子女）

Dying words 遺囑

Dyke-reed or Dyke-reve 〔英〕堤壩（溝渠）排水渠監督官（防護官）

Dymoke 〔英〕國王加冕典禮護衛戴莫克家族（1820 年）

Dynametrical horse power 實際馬力

Dynamic capital 能動資本

Dynamic economics 動態經濟學

Dynamic effect of economic integration 經濟一體化動態效應（指可對成員國經濟增長和發展生產的效果）

Dynamic gains 〔美〕動態效益（美學者預言美國加入 WTO 的好處）

Dynamic multiplier 動態乘數

Dynamic risk 〔保〕動態危險

Dynamite instruction 〔美〕強迫性指示（指當陪審團通知就刑事案件難以達成一致評決時，承審法官便規勸他們考慮同仁意見做出妥協的指示，被稱之為"allen charge"，但此種強迫性的"艾倫指示"在加利福尼亞等州是被禁止的）

Dynastic economy 動態經濟

Dynastic succession 王朝繼承

Dynasty 王朝；朝代

Dysnomy 壞的立法；惡法的制定

Dyspareunia 女性無能（指性交困難且疼痛難忍）；無性交快感症（指女性缺乏性交或損害性交欲望）

E

80% co-insurance clause 百分之八十的共同保險條款

E-1 visa 〔美〕E-1 簽證（"條約商人簽證"，由美國發給執行與美國締結有通商與航運條約者，及其眷屬和 21 歲以下未婚子女的）

E-2 visa 〔美〕E-2 簽證（"條約投資者簽證"，由美國發給前往美國投資、申辦合資企業、執行與美國締結有通商與航運條約者，及其眷屬和 21 歲以下未婚子女的）

Ea 〔撒〕水面；河流；河口（指高低潮水位標記中露出的地帶）

Each 各，各自；每個

Each text being authentic 每個文本具有同等效力

Eagle 〔美〕鷹幣（10 元金幣）

Ealder 〔撒古〕年長者；首領

Ealderman (ealdorman) 〔撒〕伯爵（高級司法行政官的名稱，統帥武裝部隊，執行郡的法律，其地位僅次於市長，類似於丹麥的伯爵和羅馬的參議員）

Ealdor-biscop 大主教；大監督

Ealdorburg 〔撒〕大都市；中心城市（已廢止）

Earl 〔英〕伯爵；〔古〕郡長（在貴族中位居第三）

Earl marshall of England 〔英〕督軍最高指揮官（諾爾曼王朝時期國家最高指揮官之一，與監軍指揮官共同指揮軍隊，除主持名譽法院的審判外，還負責特別是監督軍隊的部署和領臣兵軍事勞役的執行）；紋章院院長

Earldom 伯爵爵位；伯爵的管轄權

Earles-penny (earl's penny) 已給付部份定金（指已支付部份貨物的保證金，以示合同的拘束力的證據）

Earlier maturity rule 〔美〕較早到期規則（債券、證券先到期先出售規則）

Earlier treaty 先前條約

Early delivery 早日交貨；自買賣契約起二、三日內交付貨物

Early drawing 〔基金〕提averaged前提款（是國際貨幣基金組織的補償性資金融通的措施）

Early re-purchase 〔基金〕提前購回

Early retirement 提前退休

Early shipment 早日裝運（自買賣契約起 30 日至 60 日內裝運）

Early stages of development 早期發展階段

Early Warning System 預先通知制度；預先警報制度

Earmark *v. & n.* I. 辨別（財產）；打上記號（辨認財產所有權）；指定…用途；區分；II. 記號；標記；耳戳（打在牛、羊耳朵上表示所有權的）；指定（款項）用途

Earmark a fund for its specified purpose only 專款專用

Earmark rule 標記規則（指標明混合存款與銀行資金的規則）

Earmarked account 專款賬戶；指定的賬目

Earmarked gold 專用黃金；特予標明的黃金（指由外國政府代行保管）

Earmarked loans 專用貸款

Earmarking 〔英〕特別用途款項的保管；（款項）指定用途；專用於…

Earn *v.* 賺得；應得（勞務中所得）

Earned income 勞動所得；賺得收益

Earned income credit 〔美〕勞務所得稅減免（對低收入的工人養育子女負擔而言）

Earned income relief 賺得收益免稅額

Earned premium 已賺保險費；滿期保險費

Earned surplus 經營盈餘；已獲盈餘；營業盈餘

Earner 工資收入者；生產財產所有人

Earnest 定金；保證金（買賣契約的證據，釋義見 "Earles-penny"）

Earnest money 定金；保證金（指買賣契約的證據而交付金錢。10 磅以上的動產買賣契約已交付定金時，即便不具備契約證書及其他法定的強行要件情況也可強行執行，不管其定金的金額多少或把定金做價款的一部份時，在效力上無任何區別）

Earning capacity 收益能力（指工人在市場上出賣勞務時要考慮其健康、專業和年齡等條件）；證券的收益率

Earning power 賺錢能力；收益能力；盈利能力

Earning rate 收益率

Earnings 收入；利潤；收益；〔美〕工資；所得

Earnings after tax (EAT) 稅後收益；稅後利潤

Earnings and profits 收入和利潤（檢測法人納稅者可分給股東紅利的經濟能力）

Earnings before interest and taxes (EBIT) 利稅前收益（利稅前利潤）；付息及稅前利潤；繳付利息和稅款前收益額

Earnings deficiency 收益虧空（指合夥企業收入不乎工資和利息津貼）

Earnings of management 營業利潤；管理所得（根據經濟事務處理報酬）

Earnings per share (E.P.S.) 每股收益（計算普通股價格的方法）

Earnings report 損益報告書；損益報表

Earth 泥土；土壤（含各種的泥土）

Earth Resources Technology Satellites 地球資源技術衛星

Earth Summit 地球高峰會議；地球峰會（特指聯合國於 1992 年 6 月召開的關於環保問題的會議）

Earth-land 適合耕作的土地；可耕地

Earthman 地球居民

Earth-orbiting station 地球軌道站

Earthquake 地震

Earthquake insurance 地震保險

Ear-witness 耳聞證人（把自己聽聞的事實進行陳述的證人）（證據法用語）

Ease 安樂；安逸；安靜；自在；舒適；滿意；容易

Easement 地役權（土地佔有者把別人的鄰接地為自己的土地提供方便的權利，即：使用非己佔有土地的權利；地役權為附着於受益地的要役地的一種無形財產權，附着於要役地一起移轉提供方便的土地稱為承役地）

Easement by estoppel 不容反悔的地役權

Easement by implication 準地役權（指默示或推定的地役權）

Easement by necessity 必要的地役權

Easement by prescription 永續有效的地役權

Easement ex jure naturale 法定地役權；當然地役權（指依法賦予的地役權）

Easement in gross 人役權（指有權使用他人的土地）

Easement of access 通行地役權（指通禍屋主房屋或其土地的附屬物）

Easement of convenience 便益地役權

Easement of natural support 自然支撐地役權

Easement of necessity 必要地役權

Easements and profits 〔英〕地役權和收益權

Easier （市價）較疲軟的；（銀根）較鬆的

Easily said than done 說易做難

Easing 放鬆；放寬；鬆動

East 正東（地界用語）

East African Common Market 東非共同市場

East African Common Service Organisation 東非共同服務組織

East African Community (EAC) 東非共同體

East African Development Bank (EADB) 東非開發銀行

East African Division 〔基金〕東非分部

East African Economic Community (EAEC) 東非經濟共同體

East Asia Insurance Congress (EAIC) 東亞保險協會（由東亞各國組成，旨在交流信息，討論共同關心的問題，以增進友誼）

East Asian Trading Bloc 東亞貿易集團

East Caribbean Common Market (ECCM) 東加勒比共同市場

East Caribbean Currency Authority 東加勒比貨幣局

East Caribbean Division 〔基金〕東加勒比分部（取代了原英聯邦加勒比處）

East European countries 東歐國家（指前蘇聯的盟國）

East European economies in transition 東歐的轉型經濟；東歐的過渡性經濟

East Indian Act 〔英〕東印度條例（1797 年喬治三世頒佈）

East Indian Company 〔英〕東印度公司（1874 年解散）

East Indian Company Act 東印度公司法

Easter 〔宗〕復活節

Easter dues and offerings 復活節稅（指個人給牧師應納的什一稅或個人勞務什一稅）

Easter offerings (=Easter dues) 復活節稅（指個人給牧師應納的什一稅或個人勞務什一稅）

Easter Rising 〔愛爾蘭〕復活節起義（1835 年）

Easter sittings 復活節開庭期（復活節第二周的星期二開始到復活節後第七個星期日前的星期五為止，即 7 月 31 日為止）

Easter term 〔英〕復活節開庭期

Easter vacation 〔英〕復活節休庭期（高等法院休庭日之一）

Easterly *adv.* 正東

Eastern Caribbean Central Bank (ECCB) 東加勒比中央銀行

Eastern European Division 〔基金〕東歐分部

Eastern pacific regionism 東太平洋區域主義

Eastinus 東海岸；東方國家

Eastman formula 〔美〕伊斯特曼公式（指鐵路重組計劃時，其固定留置權不得超出過去十年中的三年最低淨收入的 80%）

East-South trade 東南貿易（"東"指東歐社會主義國家，"南"指發展中國家，形容他們之間的貿易術語）

East-West trade 東西貿易（"東"指前蘇聯等東歐社會主義非市場經濟的國家，"西"指西歐、北美和日本發達市場經濟的國家，形容它們之間的貿易術語）

East-West trade monitoring system 〔美〕東西方貿易監控制度（指美國國際貿易委員會監視從非市場經濟國家向美國進口的情況，並至少每個季度向商務部報告一次該商品進口對美國類似產品競爭或就業的影響）

Easy money policy 放寬信用政策

Easy-money 放鬆銀根；銀根鬆；用低息即可借到的錢

Easy-to-write, easy-to-enforce rules "易寫、易行的規則"（有學者認為 WTO 規則"容易制定，亦容易實施"）

Eaves dropper 偷聽者；竊聽者

Eaves-drip 滴水權，滴水地役權（從毗鄰所有者土地上的屋檐滴水的權利）（=eament of drip）

Eavesdrop *v.* 竊聽；偷聽；〔英〕滴水地役權（=eavesdrip）

Eavesdropping 竊聽罪（普通法用語）；竊聽；偷聽

Ebb and flow （海水）漲落；〔古〕海事法院管轄權限

Ebb or ebb tide 退潮

Ebb stream 退潮流

Ebb tide line 低潮線

Ebba 〔英古〕退潮

Eberemorth, eberemors, eberemurder 明顯的謀殺罪

Ebriety 酗酒，爛醉；酒精中毒

Eccentricity 怪癖；古怪

Ecclesiarch 教堂主管

Ecclesiastic *a. & n.* I. 教會的；II. 牧師；教士；司祭

Ecclesiastical 基督教教會的；教士的；教會的；牧師的；宗教上的

Ecclesiastical authorities 〔英〕教會臨時主持

Ecclesiastical Commissioner for England 英國國教事務委員會（1863 年議會決議設置）

Ecclesiastical commissioners 〔英〕寺院管理委員會；宗教事務委員會（成立於 1835 年是為了管理寺院的財產及收入而組織的團體）

Ecclesiastical corporation 〔英〕教會法人（為了發展宗教和保存寺院財產而設立的法人，分別以單獨僧侶構成的單獨法人和以僧侶會的僧侶構成的集團法人）

Ecclesiastical council 〔紐英倫〕教會法院；教會法庭

Ecclesiastical courts 宗教法院；〔英〕教會法院（含坎特伯雷和約克兩大教區法院以及每個教區法院）；〔美〕教會法院

Ecclesiastical courts (England) 〔英〕教會法院

Ecclesiastical courts (Scotland) 〔蘇格蘭〕教會法院

Ecclesiastical divisions of England 英國教會劃區（根據管轄僧侶的等級分為大主教區、主教區、主教分區、農村教區和教堂管轄區）

Ecclesiastical government 教會政治；宗教政治

Ecclesiastical judge 教會法院法官

Ecclesiastical jurisdiction 宗教（會）管轄權（例如對教會法院、宗教爭端等案件）

Ecclesiastical law (=canon law) 〔英〕寺院法；教會法（英國寺院法院關於寺院和僧侶關係事項適用的法規總稱。英國寺院法院開始時也把羅馬法作為羅馬法作為英國教會法照樣適用，但隨着英國王權的確定，寺院法院失勢；同時寺院法本身也有修正；1533 年關於新宗教法規的條例發佈後，教會制定的寺院法必須經過國王裁決才可執行）；羅馬教會法

Ecclesiastical law (English) 〔英〕教會法

Ecclesiastical law (Scottish) 〔蘇格蘭〕教會法

Ecclesiastical matter 教會事務；宗教事務

Ecclesiastical offences 教會法上的犯罪；寺院法上的犯罪；宗教法上的犯罪

Ecclesiastical parish （舊時的）教區

Ecclesiastical things 教會財產（包括教會建築、教會財產、教會墓地以及捐贈教會施捨給窮人的財物）

Ecclesiastical Titles Act 教會級銜法（1871 年廢止）

Ecdicus （法人）律師；代理人

Echantillon 〔法〕符木；樣本

Echevin 〔法〕（1789 年革命前一些城市的）助理法官；市政長官

Echolalia （病理性的）模仿言語；一種精神病學名；失語症

Echouement 〔法〕擱淺（海洋法用語）

Eclecticism 折衷主義

Ecloga 〔拜占庭〕法律彙編（740 年由利奧三世用希臘文出版）

Eco-and social labeling 生態和社會標簽（費）

Ecocide warfare 生態滅絕戰爭

Eco-dumping 生態傾銷

Eco-dumping duties 生態傾銷稅（實指反傾銷稅）

E

Eco-duty　生態稅 (指美國提出的所謂 "生態稅"，但卻成為貿易保護主義者的一種新的關稅壁壘工具，迄今無法做出統一的標準)

Eco-imperialism　生態帝國主義

Eco-label　生態標簽

Eco-labeling　〔世貿〕生態標誌 (旨在限制對環境有害的生產和流通，而引導促銷對環境無害商品的生產流通)

Ecological and environmental quality　生態環境質量

Ecological balance　生態平衡

Ecological conditionality　生態制約 (性)

Ecological consequences　生態影響

Ecological harm　生態損害

Ecological impact　生態影響

Ecological interdependence　生態相互依賴

Ecological interdependence of the planet　星球生態的相互依存

Ecological values　生態價值

Ecologie de loi　〔法〕法律生態學

Ecology　生態學 (研究生物體與環境關係的一門科學)

Ecole Nationale d'Administration　〔法〕國立行政管理學校 (1945 年成立)

Ecole Nationale de la Magistrature　〔法〕國立法官學校

E-commerce　電子商務

Eco-naysayers　生態反對者；生態唱反調者

Econometrics　計量經濟學 (一門以研究數學和統計方法研究計量工資、價格、成本和利率等經濟變數相互影響的科學)

Economic accounting　經濟核算

Economic accounting rate　〔世行〕經濟核算比率

Economic administration of justice　經濟司法

Economic adviser　經濟顧問

Economic agents　經濟代理人

Economic aggression　經濟侵略

Economic agreement　經濟協定

Economic aid　經濟援助

Economic allocation of resources　經濟資源分配

Economic and Development Review Committee　〔聯〕經濟和發展審議委員會

Economic and Financial Committee ("Second Committee")　〔聯〕經濟財政委員會 (即 "第二委員會")

Economic and monetary union　經濟和貨幣同盟

Economic and political reforms　政治經濟改革 (指要實現區域貿易一體化，區域內國家必先進行政治和經濟改革)

Economic and Social Commission for Asia and the Pacific (ESCAP)　〔聯〕亞洲及太平洋經濟社會委員會 (簡稱 "亞太經社會")

Economic and Social Commission for Western Asia (ECWA)　西亞經濟社會委員會 (簡稱 "西亞經委會")

Economic and Social Committee of European Communities　歐洲共同體經濟和社會委員會 (簡稱 "歐洲經社委員會")

Economic and Social Council (Esc: Ecosoc)　〔聯〕經濟及社會理事會 (簡稱 "經社理事會")

Economic and social policy　經濟和社會的政策

Economic and Social Survey of Asia and Pacific　亞太經濟社會概覽

Economic and Technological Development Zone　〔中〕經濟技術開發區

Economic and trade relations with WTO Members　與世貿組織成員方的經濟與貿易關係

Economic armament　經濟軍備

Economic association　經濟聯合

Economic base　經濟基礎

Economic biology　經濟生物學

Economic bloc　經濟集團

Economic blockade　經濟封鎖

Economic boycott　經濟抵制

Economic circles　經濟界

Economic class (economy class)　經濟客艙 (俗稱 "二等艙")

Economic classification of expenditure　經濟支出分類

Economic clause　經濟條款

Economic closure　經濟封閉

Economic code　經濟法典

Economic coercion　經濟強迫

Economic Commission for Africa of UN (ECA)　〔聯〕非洲經濟委員會 ("非洲經委會"，成立於 1958 年，隸屬於聯合國經社理事會領導)

Economic Commission for Asia and the Far East (ECAFE)　〔聯〕亞洲及遠東經濟委員會 ("亞遠經委會")

Economic Commission for Asia and the Far East Rules for International Commercial Arbitration　亞洲及遠東經濟委員會國際商事仲裁法則 (1960 年)

Economic Commission for Europe (ECE)　〔聯〕歐洲經濟委員會 ("歐洲經委會" 成立於 1947 年)

Economic Commission for Latin America (ECLA)　拉丁美洲經濟委員會 (簡稱 "拉美經委會")

Economic Commission for Latin America and the Caribbean (ECLA)　拉丁美洲和加勒比經濟委員會 (簡稱 "拉美經委會")

Economic Commission for West Asia (ECWA)　西亞經濟委員會 ("西亞經委會")

Economic committee　經濟委員會

Economic Committee of the League of Nations　國際聯盟經濟委員會

Economic community　經濟共同體

Economic Community for West African States (ECWAS)　西非國家經濟共同體 (簡稱 "西非國家經共體")

Economic Community of Central African States (ECCAS)　中非國家經濟共同體 (1983 年 10 月 13 日成立，旨在取消成員國之間貿易關稅與非關稅壁壘等問題)

Economic Community of the Great Lakes Countries　大湖國家經濟共同體 (1976 年 9 月 20 日成立，為非洲大湖地區區域性經濟合作組織)

Economic Community of the Great Lakes Countries of Mid-Africa　中非 (洲) 大湖國家經濟共同體 (指盧旺達、布隆迪和剛果民主共和國三國的經合組織)

Economic Community of the West African States　西非國家經濟共同體 (成立於 1975 年 5 月 28 日，是非洲較大區域性經濟合作組織)

Economic compensation　經濟賠償；經濟退賠；經濟報酬

Economic condition　經濟狀況

Economic construction bonds　經濟建設公債

Economic contract　經濟合約

Economic Contract Arbitration Committee　經濟合約仲裁

委員會

Economic Contract Law of P.R.C 中華人民共和國經濟合同法 (1982 年 7 月 1 日至 1999 年 10 月 1 日)

Economic cooperation 經濟合作

Economic Cooperation Administration 〔美〕經濟合作署

Economic Cooperation Centre for the Asian and Pacific Region (ECOCEN) 亞洲太平洋區域經濟合作中心 ("亞太經合中心")

Economic Cooperation Organisation (ECO) 經濟合作組織

Economic Counselor and Director 〔基金〕經濟參事董事

Economic court 經濟法庭

Economic crime 經濟犯罪

Economic crisis 經濟危機

Economic cycles 經濟循環

Economic data 經濟資料；經濟數據

Economic Defense Board 〔美〕經濟保衛局

Economic depression 經濟大蕭條

Economic development 經濟發展

Economic Development Administration (EDA) 〔美〕經濟發展管理局 (美商務部內的一個組織，其職責是給美國低收入和高失業地區的人民提供商業貸款以為他們籌措資金的最後一個手段，是根據 1965 年《公共工程和經濟發展法》成立的，旨在促進美國工商業的發展)

Economic development agreement 經濟發展協定 (又稱 "特許協議"，外國法學界稱其為 "國家契約" 或 "特別保證契約"，是東道國政府與外國投資者簽訂的規定，前者將其擁有和行使的特定權力和權利授予後者的協議。一般為自然資源開發與公用事業而簽訂的。例如修建鐵路和開採石油等)

Economic diplomacy 經濟外交

Economic discrimination 經濟歧視 (指在商業方面對特定產品或固定價格上的抵制)

Economic distribution of cost of service 服務費的經濟分配

Economic duress 經濟脅迫；商業衝動

Economic dynamics 經濟動態學；動態經濟學

Economic effect 經濟效益；經濟成效

Economic effectiveness 經濟效果

Economic entity 經濟實體

Economic espionage 經濟間諜

Economic establishment 經濟權勢集團

Economic forms 經濟狀態 (組織)

Economic freedom 經濟的自由

Economic gain 經濟收益

Economic general staff 〔英〕經濟總參謀部

Economic geology 經濟地質學

Economic good neighbourliness 經濟睦鄰

Economic goods 經濟貨物

Economic growth 經濟增長；經濟成長

Economic growth process 經濟成長過程

Economic growth resulting in more pollution 造成更多污染的經濟增長 (是指無限制地使用資源和臨界生態系統上廢料的堆積所致)

Economic growth stage 經濟增長的階段

Economic history 經濟史

Economic ideas 經濟思想

Economic incentive 經濟刺激；經濟鼓勵

Economic indepependence 經濟獨立

Economic index number 經濟指數

Economic institution 經濟機構 (指銀行、金融企業及證券交易所等)

Economic integration 經濟一體化

Economic integration area 經濟一體化地區

Economic integration of European Community 歐洲共同體經濟一體化

Economic interpretation 經濟解釋

Economic judgment 經濟判決 (指法官與律師之間對關貿總協定經濟案件上的判斷存在分歧)

Economic judicature 經濟司法

Economic jurisdiction 經濟管轄

Economic jurisprudence 經濟法學

Economic law 經濟法；經濟法制

Economic legislation 經濟立法

Economic life 經濟年限；經濟壽命 (指財產的有用或可獲利的經濟壽命)

Economic literature 經濟著作

Economic loss 經濟損失 (指在產品責任訴訟中，包括恢復買賣交易中有瑕疵財產費用等在內的經濟損失賠償金)

Economic man 經濟人 (不管別人的權利，只求自己利益的人)

Economic management 經濟管理

Economic mission 經濟特使；經濟代表團

Economic model 經濟模式；經濟模型

Economic motive 經濟動機

Economic nationalism 經濟國家主義 (指希望一國在貿易上完全自給自足，毋須進出口，以保本國昌盛；又稱，"閉關自守"、"國家自給自足")

Economic objectives 經濟目標

Economic obsolescence 經濟廢異；經濟性報廢 (指由於經濟發展使得財產產喪失吸引性和使用壽命等)

Economic Opportunity Act 〔美〕經濟機會法 (1964 年)

Economic order 經濟秩序

Economic orthodoxy 經濟正統化

Economic outputs 經濟產出

Economic performance 經濟成就；經營成果；經濟特性

Economic Planning Agency 〔日〕經濟企劃廳

Economic plundering 經濟掠奪；經濟搶劫

Economic plurilateral convention 多邊經濟公約

Economic policy 經濟政策

Economic Policy Committee (EPC) 經濟政策委員會 (歐洲 "合約組織" 附屬機構)

Economic policy coordination 經濟政策協調

Economic power 經濟力量；經濟實力

Economic pressure 經濟壓力

Economic principle 經濟原則；經濟主義

Economic production run 經濟流水線生產

Economic profession 經濟職業 (專業)

Economic rapprochement 經濟和親；經濟和睦狀態

Economic rationalism 經濟合理主義；經濟理性主義

Economic recession 經濟衰退

Economic reckoning 經濟核算

Economic recovery 經濟復蘇；經濟恢復

Economic Recovery Tax Act (ERTA), 1981 〔美〕經濟復原稅法 (1981 年)

Economic region 經濟區

E

Economic regional integration　區域性經濟一體化

Economic rent　經濟地租；經濟純利 (經濟學名稱)

Economic resource zone　經濟資源區

Economic resurgence　經濟復蘇

Economic returns　經濟收益

Economic review on multilateral trade negotiations and developing countries interests　〔世貿〕經濟上評審多邊貿易談判與發展中國家的利益

Economic rewards　經濟獎勵

Economic rights　經濟權利

Economic risk　經濟風險

Economic sanction　經濟制裁 (指諸如禁運、封鎖和中斷貿易對違反或破壞國際義務、條約或協定等的一種懲罰措施，美國常用這種大棒政策)

Economic scale　規模經濟學

Economic science　經濟科學

Economic sea zone　經濟海區

Economic Search and Analysis Division　〔世貿〕經濟研究和分析處 (秘書處下設的三個處之一)

Economic self-determination　經濟自決

Economic Services Bureau　〔香港〕經濟局

Economic servitude　經濟地役

Economic slowdown　經濟 (不斷) 衰退

Economic sovereignty　經濟主權

Economic speed　(船的) 經濟速度

Economic stages　經濟的階段

Economic statics　經濟靜態學；靜態經濟學

Economic statute　經濟法規；經濟制定法

Economic stipulus plan　經濟刺激計劃

Economic Strategy Institute　〔美〕經濟戰略研究所 (其任務是通過對國內外經濟政策、工業科技的發展和全球問題的研究以增加美國經濟的競爭力，並對此向美國會和政府機關作證)

Economic strike　經濟罷工 (指工人因工資、工時、勞動條件等與資方有爭端而拒絕開工)

Economic subject　經濟實體；經濟主體

Economic system　經濟制度

Economic test　經濟需求測試；經濟檢驗

Economic theories of law　法律的經濟學理論 (主要論及馬克思－恩格斯的社會經濟學說)

Economic tort　經濟上的侵權行為

Economic tribunal　經濟法庭

Economic union　經濟同盟

Economic unit　經濟單位

Economic value　經濟價值 (交換價值)

Economic warfare　經濟戰；經濟競爭

Economic waste　生產過剩 (尤指石油和煤氣的過量開採)

Economic welfare　經濟福利

Economic welfare gain from trade liberalisation　貿易自由化的經濟福利收益

Economic world　經濟界

Economic zone　經濟區

Economic, financial and administrative constraints　經濟、財政和行政上的壓力 (指最不發達國家成員方面而言)

Economical administration　經濟行政

Economical goods　經濟貨物

Economical philosophy　經濟哲學

Economical speed　經濟速度

Economical strike　經濟的罷工

Economics　經濟學；(國家的) 經濟狀態；經濟

Economics of agriculture　農業經濟學

Economics of business administration　工商管理經濟學

Economics of commerce　商業經濟學

Economics of consumption　消費經濟學

Economics of crime　犯罪經濟學

Economics of insurance　保險經濟學

Economics of management　經營經濟學；管理經濟學

Economics of production　生產經濟學

Economics of scale　規模經濟學

Economist　經濟學家；經濟學者；經濟師

Economist programme (EP)　〔基金〕經濟學家的方案 (規劃)

Economisation　節約

Economize　*v.* 節約；節省；有效地利用

Economy　經濟；節約 (指金錢的開支和資源的使用)

Economy in transition　轉型經濟 (尤指由一種經濟模式過渡到市場經濟模式)

Economy need test　〔世貿〕經濟需要檢驗 (為《服務貿易總協定》附錄中規定勞務人員流動准入，要以東道國國內沒有居民／國民不能從事同種工作為前提，而且就業水平和工作條件必須經過公開招聘，因而不利於發展中國家勞務出口)

Economy of agriculture　農業經濟

Economy of business administration　工商管理經濟

Economy of commerce　商業經濟

Economy of consumption　消費經濟

Economy of management　經營經濟；管理經濟

Economy of measurement　計量的經濟

Economy of nature　自然經濟；自然法則；自然法理

Economy of production　生產經濟

Eco-subsidies　生態補貼

Ecosystems　生態系統

Eco-terrorism　生態恐怖主義 (指伊拉克將石油泄入波斯灣)

Eco-theologian　生態神學家

Ecumenical　一般的；普遍的；教會全體的；普世教會的

Edge Act　〔美〕埃奇法 (依此美國立法，美國銀行得設立分行以從事國外銀行業務)

Edge Act Bank　〔美〕艾奇法銀行 (聯邦儲備法伸國家銀行組成公司以從事國際或外國的銀行業務)

Edge corporation　關於埃奇法的國外業務銀行

Edge lease　油井邊緣租賃 (指租賃一塊位於富有石油結構邊緣的地)

Edict　法令；敕令 (由國王頒發)；(羅馬法到法官面前的) 傳票；告示 (是羅馬帝政時代裁判官所發佈的命令，分一般告示、特殊告示等，其後將各種告示編成法典)

Edict of Atalaric　阿塔拉里克敕令

Edict of grace　〔法〕特赦敕令 (1626 年路易十三世發佈的關於宗教自由、大赦叛逆和重建羅馬教會的敕令)

Edict of Milan　米蘭敕令 (指君士坦丁大帝征服意大利及宣誓要給基督教徒恢復民權及宗教的權利的敕令)

Edict of Nantes　〔法〕南特敕令 (1598 年法國國王亨利四世發佈的確認信教自由和新舊約教徒同樣的權利的敕令)

Edict of Theodoric　狄奧多西敕令 (東哥德人的國王狄奧多西對其羅馬臣民發佈的敕令)

Edictal citation 〔蘇格蘭〕域外傳票（指對所有不住在蘇格蘭但有土地的外國人或在外國的蘇格蘭人所發出的傳票）

Edicts of Justinian 查士丁尼敕令（附在希臘法律彙編的查士丁尼 13 部新法）

Edition 版；版本；版次

Editor 編者；主筆；編輯主任；編輯；校訂者

Editorial Assistant 〔基金〕編輯助理

Editorial Division 〔基金〕編輯部

Editorial officer 〔基金〕編輯人員（官員）

Edmunds Act 〔英〕埃德蒙慈法（1882 年發佈的禁止和懲罰一夫多妻制的法律）

Educated guss 建立在正確推理基礎上的估計

Educated-unemployed 知識份子的失業

Education 教育

Education Bureau 〔香港〕教育局

Education commission 學務委員會；教務委員會

Education committee 〔英〕交易委員會

Education Department 〔香港〕教育署

Education insurance 教育保險

Education of legal system 法制教育

Education Ordinance 〔香港〕教育條例（指強迫父母讓其未成年子女到指定學校上學，違者將罰款並監禁 3 個月）

Education services charges 教育服務費用

Educational administration 教育行政

Educational appliance 教具

Educational background 學歷

Educational business 教育事務

Educational code 教育法典

Educational court 教育法院

Educational expenses 教育費用

Educational fund 教育基金

Educational institution 教育機構（如大學、學院和中、小學或其他教育設置）

Educational purposes 〔美〕教育目的（憲法和立法條款規定教育項下的開支可以免稅）

Educational qualifications 學歷

Educational service 教育服務

Educational society 教育協會

Educational tariff 培植（育）關稅（指為了保護國內新興的幼稚工業而制定的）

EEC Convention on Jurisdiction and Enforcement of Judgment in Civil and Commercial Matters, the 歐洲共同體關於民事和商事的管轄及其判決執行公約

Effect 〔法〕匯票；〔複〕財產；動產

Effect *n. & v.* I. 結果；效果；作用；影響；實行；實施；生效；II. 產生；招致；製造；通過；執行；實施；生效；實現；完成；達到（目的等）

Effect a policy 取得保險單（指加入某項保險所得的單據）

Effect an insurance 取得保險；實行保險；投保

Effect of appeal 上訴效力

Effect of influencing the quantity and composition of agricultural imports 影響農業進口數量和結構的作用

Effect of mandate 委任的效力

Effect of war 戰爭的效果

Effect service of documents 送達文書

Effecting loan 落實貸款；實施貸款（意指實現、完成了貸款手續）

Effective 有效的

Effective administrative sanction 有效的行政處罰

Effective and expeditious dispute settlement mechanisms 有效快速解決爭端的機制

Effective and expeditious procedure 有效快捷的程序

Effective and expeditious resolution of disputes 有效快速地解決爭端

Effective annual rate 實際年率

Effective application of rights and obligations under this agreement 〔世貿〕有效實施依據本協議的權利和義務

Effective assistance of counsel 〔美〕律師的有效援助

Effective blockade 有效支持；有效封鎖

Effective boundary line 有效疆界線

Effective call price 有效的贖回約定價格

Effective cause 直接原因

Effective circulation 實際流通

Effective compensation 有效的賠償

Effective connection 有效聯繫

Effective control 有效控制

Effective cooperation with other intergovernmental organisations 〔世貿〕與其他政府間組織的有效合作

Effective cost of borrowing 有效借款成本；實際借款費用

Effective date 生效日期；有效日期

Effective date and repealer 生效日期及廢止

Effective date and transition provisions 生效日期及過渡規定

Effective date of regulations 條例生效日期

Effective demand 有效需求；有支付能力的需求

Effective enforcement mechanism 〔世貿〕有效的執行機制（指可對違反組織規則和拒不更改非法行為的成員方施加有效的制裁）

Effective exchange rate 有效匯率；實際匯率

Effective execution 有效執行

Effective exercise of jurisdiction 有效行使管轄權

Effective governance of the international system 國際制度的有效管理

Effective guarantee 有效保證

Effective import opportunities 有效的進口機遇

Effective instrument 有效文件

Effective international control 有效的國際監督

Effective interpretation 有效解釋

Effective link 有效聯繫

Effective market access opportunity 有效的市場准入機遇

Effective mechanism to police consular activities 監督領事活動的有效機制

Effective money 硬幣

Effective multilateral control 〔世貿〕有效的多邊管理

Effective nationality 有效國籍；實效國籍

Effective occupation 有效佔領

Effective period of claim for compensation 索賠有效期

Effective possession 有效佔有

Effective procuring cause 有效購買原因（指經紀人促成不動產買賣成交的原因）

Effective production-restricting measures 〔世貿〕有效的限產措施（但初級農產品不受此限）

Effective protection　有效保護（實際保護）

Effective rate　實際利率；有效匯率

Effective rate of protection　有效保護率；實際保護率；有效的保護價格

Effective rate of return　有效利潤率；有效收益率（指投資的實際收益率）

Effective reciprocity　有效互惠

Effective recourse　有效追索權

Effective relief　有效救濟

Effective remedy　有效補救辦法

Effective rules and discipline　有效的規則和紀律

Effective safety measures　有效安全措施

Effective use of resources　有效的資源利用

Effective utility　有效實利

Effective work　有效勞動

Effective working relationship　〔領事〕有效的工作關係

Effectiveness　實效；〔英〕管轄效力；有效管轄權（為法院管轄權的一條重要原則）

Effectiveness of blockade　封鎖的實效

Effectiveness of occupation　佔領的實效

Effects　〔複〕財物；財產（包括動產和不動產）；個人財產（的別稱）

Effects mobiliers　〔法〕動產；股票

Effects not cleared　未清算動產

Effectual adjudication　〔蘇格蘭〕有效判決（扣押不動產的一種訴訟）

Effectual demand　有效需求

Effet　〔法〕匯票；〔複〕財物；財產；動產

Effets mobiliers　〔法〕資金；股票

Efficiency　效率；效能；效力

Efficiency bonus reward　效率獎金制

Efficiency curve　效率曲線

Efficiency earnings　效率收入

Efficiency loss　效率損失（無謂損失）

Efficiency of labour　勞動效率

Efficiency of money　貨幣效率

Efficiency of taxation　租稅效率

Efficiency test　效率試驗

Efficiency variance　效率差異（可變間接費用的效率差異）

Efficiency wages　效率工資

Efficient　有效的；效率高的；能勝任的

Efficient capital market　有效資本市場（指可在數小時內迅速而準確地反映股票價格）

Efficient cause　實際原因；有效原因；直接原因

Efficient demand　有效需求

Efficient intervening cause　有效阻止事故原因

Efficient performance of the functions (of)　有效執行職務

Efficient rule-oriented dispute settlement system　〔世貿〕有效的規則取向的爭端解決制度

Efficient use of resources　有效地使用資源（指可以保護環境）

Efficient, advanced infrastructure　高效而先進的基礎設施

Efficient-markets analysis　有效的市場分析

Effigy　肖像，雕像；模擬像

Effluent　污水；廢水（流入河湖的）

Efflux　滿期（適用租賃到期等）；（時光的）消逝

Effluxion of time　期限屆滿（指在租賃、轉讓等賣據中的特定合約期限屆滿等自然原因而非當事方人為原因所致）

Efforcialiter　強制地；強迫地；運用武力地

Effort　努力；奮鬥

Effraction　〔法〕破壞圍牆；撬鎖；闖入；侵入

Effractor　〔法〕竊賊（入室行竊者）；侵入者；闖入者

Egalite　〔法〕平等

Egregious abuse　極端惡劣的濫用

Egress　出口；出路；外出；出去；外出權（指外出工具或外出行為，與 "access" 通用）

Egyptian law　埃及法

Egyptians　〔英古〕吉普賽人

Ehrlich, Eugen　奧地利法學家埃利希·尤金（1862－1922 年）

Eia or Ey　一個島

Eight Hour Act　〔英〕八小時工作法

Eight hour laws　八小時勞動法（八小時工作制法）

Eight trade negotiating rounds of the GATT　〔關貿〕關稅與貿易總協定八輪貿易談判（從 1948 年至 1994 年，歷時 46 年）

Eight-digit tariff headings　八位數字的稅目

Eighteen powers of Congress　〔美〕國會的 18 項權力（美國立法權，在美國憲法第 8 條中所規定的 18 項權力）

Eighteenth Amendment　〔美〕憲法第 18 條修正案（禁止生產、銷售、運送和出口烈性酒類，1919 年）

Eight-grade wage scale system　八級工資制

Eighth Amendment　〔美〕憲法第 8 條修正案（禁止超額保釋金、罰金及酷刑）

Eighth preference　〔美移〕第八優先（指美國公民的父母，其移居美國家庭團聚，不受移民配額限制，1791 年）

Eighth round of multilateral tariff negotiations under the GATT　關稅與貿易總協定第八輪多邊關稅談判（又稱《烏拉圭回合》，1986－1994 年）

Eighth stocks　八分之一股；八分之一股票

Eight-hour day　八小時工作制

Eight-hour movement　〔美〕八小時工作運動

Eight-hours work system　八小時工作制

Eighty Club　〔英〕八十年俱樂部（指 1880 年組織的自由主義）

Eigne　最年長的；先出生的

Eire　〔英古〕巡迴（巡迴法院制度成立前存在的巡迴審判，由國王派往各地的巡迴法官掌管王國內的審判，同時監督地方行政，每 7 年為一巡迴週期）；行程；路程；路線

Eisne　長子

Either　*a. & pron.* I.（兩者之中）任一個的；每一方的；非此即彼的；II. 兩者之一；任何一方

Eject　*v.*（通過訴訟）排除（租戶等）佔有權；解僱；驅逐；免職；排斥；噴射；彈射；拋出

Ejection　驅逐；排斥；〔美〕排除佔有；〔蘇格蘭〕收回無權佔有之訴；排除非法剝奪繼承權之訴

Ejective　逐出的

Ejectment (action of ejectment)　〔英〕收回土地之訴；〔美〕收回和賠償被非法佔有的土地的混合之訴；收回土地佔有之訴

Ejector　驅逐者；侵佔者；排除他人佔有者；收回土地者；迫遷者

Ejectum　海上漂棄物

Ejectus　〔英古〕嫖客；老鴇；淫媒

Ejercitoria 〔西〕對船東之訴（關於船東的船舶修繕或供給履約訴訟）

Ejidos 〔西〕（市民）公用土地

Ejuration 放棄職位；辭職

Ejusdem generis principle 同類原則；同一範疇原則（在證書、制定法等中先寫上特定的事項，然後再附加一般事項時應解釋為其一般事項只限於和特定的事項同類的解釋上的原則，如在"商人、勞動者、工人及其他人"的規定中："其他人"應該解釋為從事同一性質職業的人，而不包含農民在內）

Ejusdem generis rule 同類規則（指類似情況也適用於同一範疇的規則）

Elabourare v.〔歐古〕取得；獲得；購置，購買；獲得（指靠勞動或勤勞所得的）

Elastic clause 〔美〕彈性條款（美國憲法第 1 條第 8 款專用語，意指賦予國會的默示權力）

Elastic tariffs protection 〔關貿〕彈性關稅保護

Elastic tax 彈性稅

Elasticity of demand 需要的彈性

Elasticity of expectations 預期彈性

Elasticity of export supply 出口供給彈性

Elasticity of ownership 所有權的伸縮性

Elasticity of supply 供給的彈性

Elder Brethren 〔英〕領港公會會員（管理倫敦船舶公司事務）

Elder title 老頭銜（一種較早日期獲得的頭銜，但其與後得的頭銜同時生效，稱之為"老頭銜"，並以其為準）

Eldest a. & n. I. 最年長的；最早出生的；II. 長子；長男；長女；長輩；資歷最深；職位最高

Elecmosynaria 施捨辦事處

Elect v. 選舉；推選；進行票選；選擇

Elect by ballot 票選

Elected 當選的；被選的；通過投票選出的

Elected consul 選舉領事

Elected Executive Director 當選執行經理；當選執行董事

Elected leaders 當選的領導人

Elected member 當選會員（或議員）

Elected officials 當選的官員

Electee 當選者

Electicism 折衷主義

Election 選舉；當選；選擇

Election agent 選舉代理人；選舉事務長（指國會議員候選人選舉時所選的事務長）

Election at large 〔美〕大區選舉（指公務員是從一個大選舉區推選出來的，而不是在一個大單位內小分區選出的）

Election auditor 選舉費用檢查員

Election board 選舉委員會

Election by ballot 投票選舉

Election by compromise 委任選舉

Election by compromission 委任選舉（根據授與選舉權的委員的決議選舉出受教會支持的人）

Election by spouse 〔美〕配偶的遺產選擇權（指遺孀可在亡夫遺囑所立的或制定法規定的兩者中選擇繼承其亡夫遺產的份額，乃至推翻其亡夫遺囑之權）

Election campaign 競選運動；選舉運動

Election commissioners 〔英〕選舉調查委員；選舉監察專員（指調查議會有無賄選舞弊等事宜，1969 年廢止）

Election committee 選舉委員會；〔英〕（議會中的）選舉調查員會

Election contest 選舉異議（指落選者、勝選者的計票、有效票等問題提出異議）

Election district 選區

Election dower 遺孀遺產選擇權（指遺孀拒絕亡夫遺囑中有關規定而選擇制定法給予的遺產規定）

Election dust 選舉騷動

Election expenses 選舉費用；選舉開支

Election goals 選舉目標

Election judges 選舉案件法官；〔英〕當任選舉案件法官（指為了審理國會議員的當選無效訴訟，每年由高等法院王座法庭的陪審法官中選任法官）

Election law 選舉法

Election mechanism 選舉機制（指負責辦理選舉事務）

Election meeting 選舉會議

Election objectives 選舉目的；選舉目標

Election of defenses 〔美〕抗辯的選擇（答辯選擇）

Election of nationality 國籍選擇（選擇國籍）

Election of remedies 救濟的選擇（指受害者對不法分割補償有兩個或兩個以上彼此不相一致救濟時，可選擇其中的一個）

Election office 選舉辦公室；選舉事務所

Election petition court 〔英〕〔蘇格蘭〕〔北愛爾蘭〕選舉申訴法庭（指投票人或落選人以選舉人資格為由對選舉的有效性提出質疑）

Election petitions 〔英〕選舉效力的申訴（指選舉時發生賄賂雙重投票時，主張國會議員等的當選由於收買及其他理由而無效並就當選的效力請求審理的訴訟）

Election precinct 選舉區

Election programme 競選計劃；競選綱領

Election quotient 當選所需票數

Election results 選舉結果

Election returns 選舉報告（指對每個候選人的投票數含贊成票與反對票統計結果，向選舉監督委員會做出報告）

Election year 選舉年

Electioneer v. 拉選票；進行競選活動

Electioneerer 搞競選活動的人；搞拉選票的人；選舉運動者

Electioneering 競選；助選；拉選票

Elections at the basic level 基層選舉

Elections from the lower level upward 由下而上的選舉

Elective 選舉的；（職位權力等）選任的；由選舉產生的；有選舉權的；可以選舉的；選擇的

Elective Executive Director 〔基金〕選任的執行董事

Elective franchise 選舉權；投票權（指在公共選舉中的投票權）

Elective government 選舉政治

Elective monarchy 選舉君主制；選舉君主政體；選舉君主國

Elective office 當選的職位（指由普選而不是由任命所獲得的職位）

Elective share 選擇的份額（指寡婦繼承亡夫的遺產，釋義見"election by spouse"）

Elector 選民；合格選舉人；有選舉權者；〔美〕選舉團成員；〔羅馬法〕選帝侯（神聖羅馬有權參加選舉皇帝者）

Elector's certificate 選民證書

Elector's list 選舉人名單（名冊）

Elector's right 選舉權

Electoral 選舉的；選舉人的；由選舉者組成的

Electoral body　選舉團

Electoral college　〔美〕選舉團 (指各州選出的專門負責選舉總統和副總統的一批人)

Electoral college system　選舉團制

Electoral commission　〔美〕調查選舉投票委員會 (1876 年)

Electoral district　選區

Electoral law　選舉法

Electoral Law of the P.R.C for the All-China People's Congress and Local People's Congresses of All Levels　中華人民共和國全國人民代表大會和基層人民代表大會選舉法

Electoral lawsuit　選舉訴訟 (指關於選舉國家各級代表機關、代表或議員的程序和結果是否合法的訴訟)

Electoral procedure　選舉程序

Electoral proceedings　選舉程序

Electoral process　選舉過程；選舉方法

Electoral Reform Society of Great Britain and Ireland　大不列顛和愛爾蘭的選舉改革

Electoral register　選民登記簿

Electoral roll　選舉名冊

Electoral system　選舉制度

Electoral unit　選舉單位

Electoral ward　選區

Electoralism　選票主義 (指為獲取更多選票而將急需但不受歡迎的措施擱置的行為)

Electorate　全體選民；選舉區；選舉團；有選舉權者

Electors-at-large　〔美〕代表州的全體選民選出的選舉人

Electress　女選民；〔德古〕有權選舉神聖羅馬帝國皇帝的諸侯的妻子

Electrial exempotion clauses　電氣設備損壞免責條款 (指因電流作用而致損之該設備不負賠償責任之謂)

Electric alarm　電氣警報器

Electric and International Telegraphic Company　〔英〕國際電訊公司

Electric buoy　電燈浮標

Electric chair　電椅 (指處死刑的一種刑具)

Electric larceny　盜竊電 (氣) 罪

Electric measure　電氣測定

Electrical and Mechanical Services Department　〔香港〕機電工程署

Electrical exemption clause　電器設備除外條款 (指因電器設備損壞所致火災不保條款)

Electrical injuries　電流損傷 (指人工電流或自然電流，如雷電作用於人體造成的損傷)

Electricity reticulation　電力網絡

Electricution　〔美〕電刑 (執行死刑方法的一種，即讓罪犯坐在電椅上觸電而死，於 1890 年起用)

Electro-contact mine　電觸水雷

Electrocute　*v.* 以電刑處死 (罪犯)；使觸電而死

Electronic commerce (E/c)　電子商務

Electronic data interchange　電子數據交換

Electronic Data Interchange Messages (EDIM)　結轉電子數據信息 (指轉遞國際貿易文件信息系統)

Electronic document transmissions (EDT)　電子文件傳輸

Electronic eavesdropping　電子竊聽

Electronic finger priting　電子儀器印出指紋法

Electronic funds transfer　電子資金轉賬

Electronic funds transfers　電子資金轉賬；電子資金匯兌 (指通過電腦、電話或電子儀器同國際機構進行交易。例如自動提款機)

Electronic or mechanical screening　電子技術甄別

Electronic surveillance　電子監視；電子偵察 (包括使用竊聽等)

Electronic trade or Internet trade (ET or I/T)　電子貿易和網上貿易

Eleemosynae　屬教會的財產

Eleemosynary　*a. & n.* I. 依靠救濟的；慈善事業的；施捨的；救濟的；II. 依靠救濟的人；慈善法人

Eleemosynary corporation　慈善法人 (指把以慈善、義捐及其他類似目的捐獻的金錢為基金，為實現捐贈的宗旨而設立的法人，醫院、學校等多屬此類法人)

Eleemosynary defense　〔美〕慈善法人豁免權辯護 (指慈善團體或機構被訴侵權時豁免權辯護，這種豁免權已被廢止，在很多州或受到嚴格限制)

Eleemosynary institution　慈善機關

Eleganter　精確地；區別對待地

Elegit　〔英〕佔有土地的執行令狀 (指債權人按照判決佔有債務人的土地直至其償還債務為止)

Element　元素；分子；要素；因素；原理；〔複〕自然力；原行 (指 "地、水、火、風" 為四行構成宇宙的四元素)

Element of gift or grant　補助金成份；津貼因素

Elementary Education Act　初等教育條例

Elementary requirements of international law　國際法的起碼準則

Elementary school　〔美〕初等教育學校 (含中、小學)

Elementary time study　基本的時間研究 (工廠管理用語)

Elements of crime　犯罪要素；犯罪的構成要件

Elements of international law　國際法原理

Elements of transaction　交易要素

Elevator collision insurance　電梯碰撞保險

Elevator liability insurance　升降機責任保險；電梯責任保險

Eleve　〔法〕徒弟；門生

Eleve-consul　〔法〕見習領事；候補領事

Eleventh Amendment　〔美〕憲法第 11 條修止案 (指司法判決權不應延伸至法律或衡平訴訟等，1798 年)

Eligibility　合格；有資格；當選資格；符合被選舉的條件；〔保〕投保資格

Eligibility roster　合格人員登記表

Eligible　合格的；有資格的；符合被選舉條件的；符合被推選為候選人的

Eligible acceptances　合格的承兌票據；〔美〕聯邦儲備銀行承兌轉貼現的票據

Eligible agricultural paper　〔美〕合格的農業期票

Eligible alien　〔美〕合格僑民

Eligible bill for rediscount　合格的轉貼現票據

Eligible bill of exchange　〔美〕合格的匯票

Eligible bill　合法票據

Eligible corporate dodies　合格的法人團體

Eligible employee　合格的僱員

Eligible for accreditation and accorded national treatment　鑒定合格的並給予國民待遇

Eligible for rediscounting　合格再貼現

Eligible IMF members　合格的國際貨幣基金會員

Eligible investor　合格投資者

Eligible list　候用人員名單

Eligible note(s)　合格的票據；適當的票據

Eligible officer　稱職的官員；(公司中) 合格的職員

Eligible paper(s)　合格的票據 (指央行認可的貼現或轉貼現票據)

Eligible person　合格的人

Eligible service　合格服務期間 (指在聯合國秘書處工作期間)

Eligible to become original Members of the WTO　有資格成為世貿組織創始成員 (指根據世貿組織第 11 條的規定)

Eligible vote　合格的選票

Eliminate all discriminatory non-tariff measures　取消所有歧視性的非關稅措施

Eliminate all other duties and charges for ITA products　取消信息技術協定產品的所有其他的稅 (捐) 和規費

Eliminate for both Chinese and foreign-invested enterprises any export performance　取消中資和外資企業的出口業績 (規定)

Eliminate foreign-exchange balancing and trade balancing requirements　廢除外匯平衡和貿易平衡的規定

Eliminate import and export volume for obtaining the right to trade the products　取消取得經營產品權利的進出口數量 (額)

Eliminate international trade in goods infringing intellectual property rights　〔世貿〕消除侵犯知識產權商品的國際貿易

Eliminate passport-visa fees　取消護照簽證費

Eliminate tariffs on all information technology products　取消全部信息技術產品的關稅

Eliminate the examination and approval system　〔中〕取消審批制度

Eliminate trade restricting or distorting effects　〔世貿〕消除貿易限制性或破壞性影響

Eliminate unnecessary barriers to trade　取消不必要貿易壁壘

Elimination　排除；剔除；消滅；取消；〔英古〕放逐；流放

Elimination and cessation of enforcement of trade and foreign exchange balancing requirements　取消並停止執行貿易和外匯平衡的要求 (規定)

Elimination entry　抵消分錄；沖銷分錄 (會計用語)

Elimination of all agricultural protection and subsidies　全部削除對農業的保護和補貼

Elimination of certain measures　〔世貿〕消除某些措施

Elimination of counterrevolutionaries　肅清反革命份子

Elimination of discriminatory treatment in international commerce　〔關貿〕取消國際貿易中的歧視性待遇

Elimination of discriminatory treatment in international trade relations　〔世貿〕消除在國際貿易關係中的歧視待遇

Elimination of exploitative forms of child labour　削除童工的剝削形式

Elimination of quantitative restrictions to defend the balance of payments　消除數量限制以保持國際收支 (平衡)

Elimination prints　排除嫌疑印紋

Elinquation　割舌刑罰 (一種刑罰)

Elisors　特任陪審員選擇官 (指在執達吏或驗屍官無資格處理

Elite　〔法〕精華；精英份子；傑出人物；社會中樞

Elite guard　〔法〕衝鋒隊

Elizabeth Regina (ER)　伊利沙伯女王

Elkins Act　〔美〕艾爾金斯法 (1903 年發佈的禁止壟斷法)

Ellipsis　省略詞語；省略必要的句子

Elmira system　〔美〕埃爾米拉刑罰制度 (美國刑法制度設立於 1876 年)

Eloigne　〔法〕搬到遠處；遠離；移走

Eloignment　〔法〕遠離；遠隔 (指把物或人弄走，移到遠處法院不可及的地方)

Elongata　*a. & n.* I. 被移放遠處的；II. 執行動產所在地不明的報告書 (在回覆被扣押動產的佔有的訴訟中，執行官記載物品或牲畜由於沒有指定地點而不能執行的報告書)

Elongatus　已逃匿 (指執達吏奉命執行將某人予以保釋令狀回程報告稱，該人已經逃匿起來或不在其管轄範圍之內用語)

Elope　*v.* 出逃；逃亡；棄職；私奔

Elopement　出走；私奔 (指遺棄丈夫私自出走與他人同居，或指女兒私密離家與他人私訂終身)；逃走；逃亡

Elsewhere　*adv.* 在別處；向他處；向別處地；在別的地方；別處

Eluviations　水土流失 (指由於過多的流水而把泥土沖涮走)

Ely　〔英〕伊利島 (於 1837 年同化為英格蘭，現為劍橋郡的部份)

Emanations　流出；發出；流出物；發出物

Emancipate　*v.* 解放；自立 (在監護下的子女)

Emancipated minor　獲得解放的未成年人 (指 18 歲以下的少年脫離父母而獨立生活的未成年人)

Emancipation　解放 (指解放農奴、奴隸和受制於人的行為)；自主 (主要用於指放棄對未成年子女的親權責任)

Emancipation of the serfdom　農奴的解放 (指 1861 年俄皇亞歷山大二世宣佈廢除附屬於土地的農奴制度)

Emancipation proclamation　〔美〕解放宣言 (指 1862 年林肯發佈黑奴解放令)；解放宣言 (指 1863 年林肯宣告根據解放令解放三百萬以上的黑人奴隸)

Emancipationist　奴隸解放論者；解放論者

Emancipator　解放者

Emancipatory　解放的

Emancipist　〔澳〕刑滿釋放者 (指於 18 世紀末、19 世紀初得以赦免和在爭取獲得完全民事權利的囚犯)

Emasculate　*v.* 閹割 (指使人失去性的能力)

Embago list　禁運貨單

Embalming　屍體防腐

Embargo　*n. & v.* I. 禁運；扣船；(戰時) 封港令；禁運令 (指禁止外輪、商船出入港口全部或部份物資)；II. 徵用 (指政府暫時或永久徵用個人財產)；扣船 (指國船隻等)；封港 (禁止船隻出入港口)；禁止 (貿易)；禁運 (物資)

Embargo Acts　〔美〕禁運條例 (指美總統傑弗遜發佈禁止船隻出入港口，進出美國的商船須總統許可)

Embargo on arms shipment　武器禁運

Embargo on ships　〔英〕禁止船舶通行 (禁止船舶進出港口)

Embarrass　*v.* 使負債；使財政困難；使為難

Embarrassing pleadings　妨害公平裁判的主張

Embassador　大使 (=ambassador)

Embassy　大使館；大使官邸；大使命；大使職務；大使及其隨員；大使館全體人員；大使為首的外交代表機構

Embassy premise　大使館房舍

Ember Days 〔宗〕四季齋日節（四旬齋星期日後的星期三、星期五和星期六）

Embezzle v. 侵佔；盜用；貪污（公款）

Embezzle public funds 侵佔公款；侵吞公款；盜用公款

Embezzlement 侵佔；侵佔罪（指店員或僕人所犯下偷盜僱主的錢財、動產或有價證券等的罪行）；監守自盜；盜用公款（指利用合法的公務、僱傭或托管身分盜用主人的金錢財產）

Embezzlement of government money 盜用政府資金；挪用政府資金；侵吞政府資金

Embezzlement of tax funds 盜用稅收基金；侵吞稅收基金；挪用稅收基金

Embezzler 貪污犯；盜用公款者；監守自盜者；挪用委托款項或物品者

Emblem 標記；象徵；符號；徽章

Emblements 〔複〕莊稼；農作物；莊稼收益（在被收割之前均被看作屬個人財產）；〔美〕莊稼收益原則（收穫耕作物的原則意指在租佃期滿時佃農對所種莊稼有收割運走權）

Emblers de gentz 〔法〕偷竊（偷人東西）

Embodied cost 歸併並成本，加入成本

Embodied technological progress （在資本中）包含技術進步

Embodiment of national sovereignty in Parliament and President 國家主權體現在議會和總統上（某西方學者的觀點）

Embolism 〔醫〕(血液) 栓塞

Embolus 〔醫〕栓子，血凝塊

Embrace v. 籠絡；收買 (陪審員等)；擁抱；包括；皈依

Embracer (embraceor) 犯有賄賂陪審員罪者

Embracery 〔美〕籠絡陪審員罪；賄賂陪審員罪（指在法庭上提出證據和辯論以外的方法，企圖引導陪審員作有利於一方的評斷行為，構成輕罪）

Embryo reservation 胚胎保留

Emenda 賠償（指對傷害或犯罪的）

Emendare v.〔撒〕賠償（因犯罪或侵權所致）；罰款；被罰

Emerge v. 露出；出現；興起；崛起

Emergency 緊急狀態；緊急情況；突然事故；非常時刻

Emergency act 緊急法令

Emergency action 緊急行動；應急行動

Emergency Action on Imports of Particular Products 〔關貿〕對特定產品進口的緊急措施（指根據關貿總協定第 19 條的規定，締約方對產品進口大幅度增加對本國同類產品造成嚴重損害或產生嚴重損害的威脅的特定情況下可以實施保障措施）

Emergency assistance 緊急援助

Emergency cabin 緊急預備室；船長預備室

Emergency case 緊急情況

Emergency closing of the border 緊急封鎖邊界

Emergency Committee for American Trade 美國貿易緊急委員會（因會員是由熱衷於國際貿易和投資者組成，支持開放貿易，反對限制美國的輸出技術，由美國副總統牽頭）

Emergency Court of Appeals 〔美〕緊急上訴法庭（二戰期間成立，1953 年廢止；現依 1970 年《平定經濟條例》再度成立，旨在處理工資和物價管制的問題）

Emergency decree 緊急狀態令

Emergency doctrine 緊急避險原則；突發危險處理原則（如司機處理其交通事故，醫生搶救病危兒童等）

Emergency Economic Committee for Europe 歐洲經濟非常委員會

Emergency employment doctrine 緊急僱傭原則

Emergency financial assistance 緊急財政援助

Emergency force 緊急部隊

Emergency fund 應急基金

Emergency government 緊急政府

Emergency hand 臨時工；短工

Emergency loan 緊急貸款

Emergency measures 緊急措施；〔美〕緊急立法；緊急法令；緊急市政條例；

Emergency meeting 緊急會議

Emergency order 急速訂貨；緊急命令

Emergency ordinance 緊急法令；緊急條例；緊急敕令

Emergency passport 緊急護照

Emergency penal ordinance 緊急治罪條例

Emergency Power Act 〔英〕非常權力法（1920 年）

Emergency powers 〔英〕非常時期的權力（指國家遇到危險或其他特殊情況）

Emergency procedure 緊急程序

Emergency provisions 緊急規定（條款）

Emergency Relief Act 〔美〕緊急救濟法

Emergency Relief Fund 緊急救濟基金

Emergency safeguard measures 〔關貿〕緊急保障措施（指《服務貿易總協定》規定為消除因服務輸入而給本國經濟帶來不利衝擊，各成員國可根據主權享有的原則採取必要措施）

Emergency session 緊急會議

Emergency special session 緊急特別屆會；緊急特別會議

Emergency tariff 緊急關稅（指當一國因外國商品大量進口而受到威脅時對該進口商品所加徵的附加稅藉以保護本國市場）

Emergency Tariff Act 〔美〕緊急關稅法（1921 年制定，總結完善加拿大 1904 年《海關法》和《1916 年稅收法》的反傾銷經驗的第二部反傾銷法）

Emerging nation 新興國家

Emigrant n. & a. I. 移民（指移居國外居留而不準備回國的人）；出境移民（移居他國的移民；相反的從別國到該國的移民稱其為“僑民”）；II. 移居的；移民的

Emigrant agent 移民出境代理人（指以招募勞工到國外勞動為職業的人）

Emigrant law 出境移民法

Emigrant worker 僑工（出境移民工）

Emigrate v. 永久移居外國；移民

Emigration 移民出境；移居外國

Emigration officers 出境移民官員

Emigration policy 移民出境政策

Emigratory 移居的；移民的

Emigre 〔法〕移居外國的人；僑居國外者；流亡者（指由於政治原因被迫移居外國的人）；〔法古〕流亡貴族（指資產階級大革命時期）

Eminence 紅衣主教的榮譽稱號；樞機主教的榮譽稱號

Eminent domain 國家徵用權（指國家為了共同的福利有徵用公民財產的權利）；最高領土權；支配權

Eminent person 知名人士

Eminent Persons Group 知名人士集團

Emissary 使者，使節；密使；間諜

Emission 發射物；放射物（如從工廠或人身排泄出來的污物或臭氣等）；紙幣的發行；發行額

Emission standards 發射物排放標準（指限制把雜質排放入空氣中）

Emit *v.* 發表（意見）；發行（紙幣等）；發出；發射；放射

Emolument 報酬；薪水；津貼（指個人的工作勞務所得）

Emotion-packed 充滿感情的

Empalement 〔古〕穿肛刑（指穿刺犯人肛門的刑罰）

Empanel *v.*（法院書記官）編選陪審員名單；選任…為陪審員（指挑選已被選任為審理特定案件的陪審員，釋義同 "impanel"）

Emparlance 庭外調解（指法院許可訴訟當事人在法庭外友好解決）；法庭指定被告答辯的期限（釋義同 "imparlance"）

Emparnours 〔法〕民事訴訟承辦人

Emperor 皇帝

Emphasis on conditionality 強調制約

Empire 帝國；帝權；皇帝管轄權

Empire city 〔美〕紐約市（俗稱）

Empire state 〔美〕紐約州

Empiric 江湖醫生；庸醫

Empirical 根據經驗的；經驗主義的；以經驗為根據的；來自觀察的

Empirical evidence 經驗主義的證據

Empirical focus 經驗重點

Empirical law 經驗主義法則

Empiricism 經驗主義；實驗學派

Empiricism-pragmatism school 經驗主義－實用主義學派（20世紀初美國的一個國際私法學派）

Empiricist theories of justice 司法的經驗主義論

Emplead *v.* 告發；控告；起訴

Emplorium 海運貨物批發站；海港城鎮；商場

Employ *n. & v.* I. 僱用；使用；職業；II. 利用；使忙於；使從事於

Employ custody 執行羈押

Employed 就業的；僱用的；受僱用的

Employee 僱員；僱工；職工；受僱者；從業員

Employee association 職工聯合會

Employee benefit programmes 職工福利計劃

Employee bonus 員工獎金；職工獎金；僱員獎金

Employee compensation 僱員補償金；職工報酬

Employee director 職工董事

Employee income tax withheld 代扣職工所得稅

Employee liability insurance 職工責任保險

Employee pension fund 職工養老基金；職工退休金基金

Employee pro hac vice 借用的職員（借入僱員）

Employee Retirement Income Security Act (E.R.I.S.A) 〔美〕僱員退休收入保障法

Employee services & benefit 職工福利費

Employee stock option 職工股票購買權；僱員認股權

Employee stock ownership 僱員股份所有制；職工股票所有權

Employee Stock Ownership Plan (ESOP) 〔美〕僱員持股計劃

Employee welfare fund 職工福利基金

Employee withholding allowance certificate 預扣僱員所得稅證書

Employee's answers 受僱者答辯書

Employee's compensation 勞工賠償，職工補償金（指破產債務時，法院優先償還所欠僱員的工資或薪金）

Employee's death benefits 職工死亡福利待遇

Employees Restraining Board 〔香港〕僱員再培訓局

Employees' compensation law 僱員保險法

Employees' share scheme 〔英〕（公司）職工認股制（公司為了職工利益出發，鼓勵職工認購公司股份或債券的做法）

Employer 僱主；業主；僱用者

Employer's answers 僱主答辯書

Employer's association 僱主協會

Employer's cartel 僱主卡特爾（聯合）

Employer's contribution 僱主分攤費；僱主捐助金（包括社會保險、退休金和保險）

Employer's insurance 僱主保險

Employer's liability 僱主責任

Employer's Liability Act 〔英〕僱主責任法（指1880年的規定受僱人的工傷事故應受到損害 償權利的條例）

Employer's negligence 僱主的過失

Employer's payroll or manpower tax 僱主薪工稅或人力稅

Employer's pension 僱主退休金

Employer's social security 僱主社會保險

Employers and Workmen Act 〔英〕僱主與僱工法（1875年發佈的擴大關於僱主與僱工爭議時法院的權力）

Employers' confederation 僱主聯合會

Employers' Liability Act 〔英〕僱主責任法（指1880年的規定受僱人的工傷事故應受到損害賠償權利的條例）

Employers' liability acts 〔美〕僱主責任法

Employers' liability insurance 〔英〕僱主責任保險（指對僱員工傷事故負損害賠償金的責任險）

Employment 僱用；就業；工作；職業；事務；活動

Employment Act 〔美〕就業法（1946年）

Employment agency 職業介紹所

Employment agent 經營職業介紹所者

Employment and indemnity clause 〔英〕定期租用船舶及損害賠償條款

Employment and Training Act 〔美〕就業培訓法（1973年）

Employment Appeal Tribunal 〔英〕勞工上訴法庭

Employment at will 自由僱傭；隨意僱傭（指僱工可隨時終止合約）

Employment bureau 職業介紹所

Employment card 僱用勞動卡

Employment certificate 僱用證書；工作證明；（可參加）有酬工作證明書

Employment contract 聘約；僱用合約

Employment counseling 就業諮詢

Employment disease 職業病

Employment exchange 〔英〕（勞工部等機構設立的）勞工介紹所

Employment injury insurance 工傷保險；職業傷害保險

Employment Medical Advisory Service 〔英〕就業醫療顧問服務處

Employment of foreign labour 僱傭外國勞工

Employment of profit 利益運用；有利職業

Employment office 職業介紹所；勞動就業辦公室

Employment opportunities 就業機會

Employment pattern　就業模式

Employment permit　工作證

Employment prospects of developing countries　發展中國家的就業前景

Employment protection argument　就業保護論 (指一種利用關稅和配額以限制進口，發展本國工業，確保增加就業的理論)

Employment record of work　工作經歷

Employment registration　就業登記

Employment security　就業保障 (如失業津貼等)

Employment Service Agency (ESA)　〔英〕就業服務局

Employment slack　就業不足；就業呆滯

Employment system　勞動就業制度 (為具有勞動能力的公民獲得就業提供勞動和工作單位的制度)

Empoison　v. 投毒；下毒

Emporium　海運貨物批發市場；港口鎮；商業中心；大百貨市場

Empower　v. 授權；准許

Empty chair doctrine　空位原則 (意指本案庭審法官應指示陪審團：原告證人缺席不到庭作證則可據此推斷，其證人如出庭將會作出不利於原告證言的原則)

Empty purse　無資力；貧窮

En arere　〔法〕過去

En autre droit　〔法〕為第三者的利益 (指遺囑執行人保有財產並以有權繼承立遺囑者的遺產權益提起訴訟)

En banc　〔法〕在法庭上；全體法官庭審 (指在美國對重大的上訴案件不是由普通法定人數的法官審判，而是由全體法官出庭審判)

En bloc　全體；整個；一攬子；作為整體

En bloc vote　全體票決；集體票決

En bon droit　〔法〕有正當理由

En brevet　〔法〕公證書 (公證員草擬未經登記的公證書)

En declaration de simulation　〔美〕宣佈所訂合約虛構無效 (旨在消除所有權瑕疵並將所出售之物復歸原主，為路易斯安那州一種訴訟形式)

En demeure　〔美〕賴債；不履行債務 (指債務人不按照債務條件規定支付債務) (路易斯安那州法用語)

En fait　〔法〕事實上；實際上；真正地

En gros　〔法〕總括的；整批的；大量上；躉售的

En juicio　〔西〕裁判官似地；合乎法官身分地；在法庭上；在普通法的訴訟中

En masse　〔法〕成羣；成堆；整體地，整個地；成批地；批發地

En mort mayne　〔法〕屬永久管業 (在死者手中，釋義見 "in a dead hand；in mortmain")

En recouvrement　〔法〕背書以使被背書人收回匯票款項的權力

En regle　〔法〕依照規定；符合規定的；符合手續的

En route　在途中

En ventre (de) sa mere　〔法〕腹中胎兒；待生胎兒

En ventre sa mere　〔法〕胎兒 (指尚在娘腹中)

En ventre sa mere marriage　指腹為婚

En vie　〔法〕生存中的；活着的

Enable　v. 授與…權力；使能夠；使實現；使實現成為可能

Enabling Act　〔美〕授權法 (1816 年)

Enabling clause　〔關貿〕授權條款 (指總協定在《東京回合》談判中於 1979 年 11 月 28 日通過的決議，規定給予發展中國家優惠和差別、非優惠待遇提供法律基礎、差別待遇的制定應符合發展中國家需要，對來自發展中國家產品實施關稅待遇，而不須把這種待遇提供給其他締約國)；〔美〕授權條款

Enabling legislation　〔關貿〕授權立法

Enabling power　批准權；指定權 (指經不動產贈與人授予權力生效後，受贈人才能取得其佔有)

Enabling statute　授權法 (指授權自然人或法人或行政機關從事可作為的法律)

Enach　〔撒〕賠罪；賠償過失

Enact　v. 制定法律 (特指議會制定法)；頒佈 (法令)；通過 (法案等)

Enact new laws　制定新的法規

Enacting　制定；立法；命令

Enacting clause　制定法權力條款 (說明法律制定經過的條文)

Enactive　制定法律的；有制定權的

Enactment　〔美〕制定法律 (指法案在立法機構成為法律所依據的方法或程序)

Enactment of domestic laws　國內法的制定

Enactment of law　法的制定

Enajenacion　〔西、墨〕轉讓財產

Enaser　v. 〔法〕割去鼻子；施以鼻刑

Enbrever　〔法〕縮寫；簡寫

Encash　v. 〔英〕把…兌現；兌換現金；用現金支付的支票

Encash to securities in Fund accounts　在國際貨幣基金組織賬目中把證券兌成現金

Encashable　可兌換成現金的

Encashment　兌換現金；兌成現款

Encashment right of Fund creditors　向國際貨幣基金組織借款人的兌現權

Enceinte　〔法〕懷孕的

Encheason　〔法〕原因；理由；成就的原因

Encircled area　被包圍地區

Enclave　飛地

Enclave of territorial sea　領海飛地

Enclose (=inclose)　包圍；圈起；附入；裝進；封入

Enclosed sea　閉海；內海

Enclosed sea area　閉海區

Enclosure　飛地；圈地 (指把公地圈作私有)；附件 (信函、公文中的)；圍牆；圍欄；籬笆

Enclosure Acts　〔英〕圈地法 (圈地者須在教區門上張貼廣告連續三個星期日)

Enclosure movement　圈地運動 (經濟史用語)

Encomienda　〔西〕國王授予私人部份殖民地及其土著居民的特許；授予軍隊皇室特權

Encompass the current GATT structure　囊括現行關貿總協定的結構

Encounter special difficulties　遇到特殊困難

Encourage　v. 唆使；慫惥；煽動；助長；鼓動；促使 (刑法用語)

Encourage international investment　〔世行〕鼓勵國際投資 (世行基本任務之一)

Encourage the voluntary settlement of disputes　鼓勵自願解決爭端

Encourage their economic development through regional

or global arrangements among developing countries
〔世貿〕鼓勵發展中國家間通過區域或全球安排發展其經濟

Encouragement fun 獎勵基金

Encouragement of navigation 航海獎勵

Encouragement of shipbuilding 造船獎勵

Encroach *v.* 侵害；侵入；侵佔；侵犯；蠶食；僭權（指企圖行使未經授權之權力）

Encroachment 侵佔；霸佔；食地（指在公路上或航運的河流上附設圍牆或籬笆而非法侵佔其部份土地）；侵佔物；拖累；妨害；阻礙；阻塞

Encumber *v.* 使負擔債務（或抵押等）；負有義務；妨害；阻塞；拖累

Encumbered with debts 負有債務

Encumbrance 負擔；債務負擔；土地負擔（指在不動產上設定抵押、判決留置權等）；應計拖欠的稅款；〔香港〕負擔

Encumbrancer 〔美〕留置權持有者；抵押品持有者；財產的合法求償人

Encyclical （羅馬教皇對教會的）通諭，通告

Encyclopaedia of jurisprudence 法學通論；法學百科全書

Encyclopaedia of United States Supreme Court Reports 美國最高法院判例集百科全書

End 目標；目的；結果；結局；末端

End consumer 最終消費者

End lines 礦脈界線；〔海法〕船側停泊的水脈界線

End of month (E.O.M) 月末；月底（銷售合同的付款條件）

End of will 遺囑結尾（通常跟隨在遺囑證明條款之後）

End product 製成品；最終產品

End use 最終用途

End user 直接用戶；最終用戶

Endanger public security 危害公共安全

Endanger society act 危害社會行為

Endanger the personal safety and other legitimate rights and interests of any witness or law enforcement officer or any person related to or associated with them 〔領事〕危及任何證人、執法官員及與其有關人員的人身安全和其他合法的權益

Endangered species protection 危險物種的保護

Endeavor *v.* 努力；盡力；力圖；試圖

Endeavor to maintain a general level 力求維持一般的水平

Endeavour to obtain statements of persons or the purpose of an investigation, prosecution or proceeding in relation to a criminal matter 〔領事〕努力獲取刑事偵查、起訴或者訴訟所需的人員陳述

Endenzie or endenizen 釋放；特免；給予公民權

Endocarditis 心內膜炎

End-of-quarter to end-of-quarter change 從季末到季末更換

Endogamy 親屬通婚；同族結婚

Endogenous growth models 內在增長標準

Endogenous shock 內部衝擊；內在衝擊

Endorse *v.* 背書；簽收；簽署；加注；批注（公文等）；贊同；許可；擔保

Endorse and encourage the participation 贊成和鼓勵參與

Endorse for accommodation 通融資金背書

Endorse generally 無記名背書

Endorse in full 記名背書

Endorse over a bill to another person 背書票據把權利讓與別人

Endorse specially 記名背書

Endorse such interpretations and opinions 〔世貿〕採納此類解釋和意見（指原產地規則委員會的作用而言）

Endorsee 被背書人；受讓人

Endorsement (indorsement) 背書（匯票是一種流通證券。背書即持票人在匯票上或黏單上簽上自己的名字和／或受讓人姓名並將匯票交給被背書人的行為。前者稱為背書人，後者稱為被背書人。背書的法律意義在於，匯票經背書意味著背書人將匯票的權利轉讓給被背書人。對匯票的受讓人來說，所有在他以前的背書人和出票人均是他的"前手"，均對他負有擔保匯票必被承兌或付款的責任；所有在他讓與以後的受讓人都是他的"後手"。在匯票遭拒付或拒絕承兌時，有對前手或出票人進行追索的權利。）

Endorsement for collection 授權取款背書；托收背書

Endorsement for credit 信托背書

Endorsement for transfer 讓與背書；轉讓背書

Endorsement in blank 無記名（式）背書；空白背書

Endorsement in full 記名背書；詳細背書

Endorsement of a bill 票據背書；背書提單

Endorsement of a note 票據背書

Endorsement of pledge 質入背書；抵押背書

Endorsement of service 送達背書（指執達吏對令狀送達時間、地點和方法等的批注）

Endorsement prohibiting transfer 禁止轉讓背書

Endorsement required 需要背書

Endorsement without recourse 無償還背書；無追索權背書；免於追索的背書（背書人在背書時註明"免于追索"字樣。當此種匯票遭拒付時，持票人將繞過該背書人，向其他前手進行追償）

Endorser 背書人；轉讓人

Endow *v.* 給（寡婦一份）財產；賦予；授予；捐贈基金給（個人、組織等）；資助；〔保〕滿期

Endower 捐助者

Endowment 捐款；捐贈的基金（給學校、慈善機構、醫院或醫療研究）；資質；天賦；才能；給寡婦的財產；〔保〕養老保險

Endowment assurance with limited number of premiums 定期支付養老金保險

Endowment assurance with participation 附有分配利益的養老保險；有分紅的生存保險

Endowment fund 捐贈基金；留本基金

Endowment insurance 養老保險；儲蓄保險；兩全保險（指一種含人壽和投資在內的"儲蓄性的人壽保險"。即保險到期，如受保人尚在世即可得取其保險面額，如已故則付其受益人）

Endowment life insurance 人壽定期保險

Endowment policy 〔保〕養老保險單；兩全保險單

Endrever *v.* 〔法〕〔羅馬法〕作成一覽表

Endurance 耐久性；耐用度；忍受，忍耐

Enduring power of attorney 〔英〕委托書的持續性有效（意指不因其後贈與人精神無能而作廢）

End-use system 使用期制度；最終用途制度（航空法用語）

End-user 目的用戶；直接用戶；最終用戶 (指消費者)

End-user demand 直接用戶的需求

Enemy 敵人；敵方；仇敵；敵國

Enemy agent 敵特 (釋義見 "Enemy belligerent")

Enemy alien 敵僑；敵國人 (指兩國交戰時居住或被扣留在一交戰國的敵國公民)

Enemy armed forces 敵方武裝部隊

Enemy association 敵性聯繫

Enemy belligerent 敵國交戰者；交戰國公民；敵特 (指與敵國政府軍隊保持聯繫並進入敵國從事敵對行動的公民)

Enemy character 敵性

Enemy convoy 敵方護航

Enemy destination 敵方目的地

Enemy flag 敵旗

Enemy goods 敵貨

Enemy goods, enemy ship 〔英〕敵船載敵貨 (指中立國上所載敵國貨物就可能被作為敵產予以沒收。此為 16－17 世紀法國所提出的爭論不休的法諺，但迄今未被接受)

Enemy individual 敵國個人

Enemy intercourse 對敵往來

Enemy merchant ship 敵國商船

Enemy merchantman 敵國商人

Enemy national 敵國國民

Enemy nationality 敵國國籍

Enemy objective 敵性目標

Enemy occupied territory 敵方佔領地；敵佔領土

Enemy person 敵人

Enemy property 敵產

Enemy ship (vessel) 敵船

Enemy ship, enemy goods 〔英〕敵船載敵貨 (指敵船載的敵貨就可能當作敵貨予以沒收。此項學說 1640－1780 年為各國條約所認可，但迄今未被看作普通國際法來接受)

Enemy spy 敵探；敵特

Enemy state 敵國

Enemy subject 敵國臣民；敵國人

Enemy territory 敵國領土

Enemy trading 與敵貿易

Energy Act 〔英〕能源法 (1976 年)

Energy consumption 能源消耗

Energy development 能源開發

Energy law 能源法

Energy Petroleum Allocation Act 〔美〕石油能源分配法 (1973 年)

Energy price 能源價格

Energy saing growth 節約能源增長

Energy saing technology 節能技術

Energy Supply and Environmental Coordination Act 能源供應和環境協調法

Energy tax credit 〔美〕能源稅扣除；能源稅優惠

Energy tax proposal 〔美〕能源稅建議 (1993 年，克林頓政府提出的)

Energy-intensive industry 能源密集型工業

Energy-intensive process 大量消耗能源的工藝

Enfeoff v. 封地；賜與 (某人) 采邑；授與某人可繼承的有體財產；讓渡不動產

Enfeoffment 采邑的授予；封地；采邑；不動產的讓渡；地

產授與證書

Enforce v. 實施；使生效；執行；強制遵守；強迫支付債務 (或罰金)

Enforce a law 實施法律

Enforce dictatorship over the class enemy 對階級敵人實行專政

Enforce the law 執法

Enforceable (enforceable) 可實施的；可能執行的；可強行的

Enforceable contract 可強制執行的契約 (有效契約大多有強制執行的可能)

Enforced currency 強制通貨

Enforced education 義務教育

Enforced liquidation 強制清理

Enforcement 實施；執行；強制執行 (指判決、仲裁判決)

Enforcement act 強制徵稅法

Enforcement action 執行行動；強制行動；強制執行判決之訴

Enforcement formula 法院強制執行判決令

Enforcement jurisdiction 強制執行管轄權

Enforcement machinery 執行機構

Enforcement measure 強制措施；執行辦法

Enforcement mechanism 〔世貿〕執行機制

Enforcement of a new law 新法律的執行

Enforcement of an award 執行仲裁裁決

Enforcement of claim barred by limitation 行使時效已完成的債權

Enforcement of claim established by judgment 行使已經判決確定的權益主張

Enforcement of foreign arbitral award 執行外國仲裁裁決

Enforcement of Foreign Judgments Act 〔美〕執行外州法院判決法

Enforcement of guardian's liability 執行監護人的責任

Enforcement of intellectual property rights 行使知識產權法

Enforcement of laws and regulations 法律規章的實施

Enforcement of legal obligation 執行法律義務

Enforcement of rights 行使權利

Enforcement officer 執法官吏

Enforcement powers 〔美〕執行權 (美憲法第 13、14、15、19、23、24 和 26 條憲法修正案；每次修訂都包含有授權國會通過適當立法執行修正案各項規定的條款)

Enforcement procedure 強制執行判決程序

Enforcement regulations 實施條例

Enforcement solutions 〔世貿〕執行解決辦法

Enforcer 實施 (或強制等) 者；"執法人" (指流氓集團內以維護黑紀律而設的)

Enforcing authority 強制執行判決的權力機關

Enfranchise v. 給予…公民權 (或選擇權)；給予 (城、鎮) 以政治權利；〔英〕給予自由 (指給予選舉權或自由投票權)；給予選派議員權；給予自由土地保有權 (指變土地租賃權為自由保有權)；使自由；釋放 (奴隸)

Enfranchisement 給予公民權；給予投票權；給予選舉國會議員權 (指給一個自治市或其他選區有權選出一個或多個國會議員)；給予自由土地保有權 (指把租借土地保有權變為自由土地保有權；舊時農奴在莊園的飼料地上提供不確定的農

業勞動佔有的證據的方法變為公民承擔自由勞役佔有土地的
方法);給予自由;釋放 (奴隸等)

Enfranchisement of copyhold 〔英〕謄本土地保有權轉為
自由土地保有權

Engage *v.* 僱傭;聘任;使從事;參加;開始做;使着手;
使捲入;約定

Engage in a lawsuit 打官司

Engage in an act of espionage 從事間諜的行為;從事間
諜行動

Engage in conspiratorial activities 圖謀不軌;參與陰謀
活動

Engage in consultations 進行磋商;從事磋商

Engaged in 從事於…;受僱於…

Engaged in commerce 從事於商務

Engaged in employment 從事於僱用勞動

Engagement 婚約;訂婚;許嫁 (指男女雙方為結婚所作的
事先約定);協議;契約;合約;〔複〕債務

Engagement and discharge 僱傭和解僱

Engagement arranged by parents 定親 (舊中國和封建社
會時的買賣、包辦婚姻的做法)

Engagement to marry (娶妻) 婚約

Engender *v.* 產生;造成;引起;釀成

Engender crimes 產生犯罪

Engine and boiler insurance 機車鍋爐生產保險

Engine driver 〔英〕火車司機

Engine of torture 刑具

Engineer 工程師;精明的管理員

Engineer certificate 技師證書

Engineering 工程;工程學

Engineering adviser 工程顧問

Engineering contract 工程合約

Engineering corporation 工程公司

Engineering design services 工程設計服務

Engineering insurance 工程保險

Engineering services 工程服務

Engineering works 工程

Engine-house 發動機室

England 英格蘭 (不列顛島的部份)

Englescherie 〔英古〕(被殺害者為) 英格蘭人身分的證明

English and Scotch Tariff Rates Conference 英國和蘇格
蘭關稅率 (運費率) 同盟

English Author's Society 英國作家協會

English banking system 英國式銀行制度

English Copyright Act 英國版權法 (1956 年)

English Crown Cases 英國刑事判例彙編

English Division 〔基金〕英語處

English High Court 英國高等法院

English incorporated company 依英國法組成的公司

English Infants Relief Act 英國未成年人保護條例

English information 〔英古〕英格蘭訴訟 (英國檢察長為了
請求屬國國王私法上的債權或損害賠償在王座法庭財務署提
起的訴訟)

English law 英格蘭法 (只包括聯合王國和威爾斯,不含蘇
格蘭在內的法律制度)

English Law Reports 《英國判例彙編》(但不包括蘇格蘭和
愛爾蘭判決錄的搜集開始於 1292 年的年鑑。其最初主要是法

律界的備忘錄,把判例看作習慣法逐漸確立的同時,朝野法
律界個人編纂判決錄的人逐漸增加。判決錄的數量也越來越
多。最後於 1863 年由律師會及其他代表人組成判決錄編纂委
員會從事編纂工作。1865 年以後,法官協助把最高法院及貴
族陸軍的判決錄以半官方的形式每月發行至今。其中 1865-
1874 年稱為判例集,其後編的稱為判決錄)

English pale 英格蘭直轄區 (環杜柏林地區)

English school of political economy 英國派政治經濟學

English system of book-keeping 英國式簿記法 (制度)

Englishry 英格蘭人身分證明 (查明被謀殺者為英格蘭人,
1340 年廢止)

Engravings 雕刻;銅版畫

Engross *v.* 謄清文件;正式寫成 (議案、決議、條約等);(以
壟斷方式) 大量 (或全部) 收購;囤積;獨佔

Engrosser 包買主

Engrossing 〔英〕囤積居奇 (指大量囤積收購穀物和其他糧
食,旨在高價出售牟取暴利);謄清文件 (指在簽字契約以前
把契約條文謄清)

Engrossment 謄清契據;獨佔市場;囤積居奇;〔美〕(付諸
立法機關最後表決前的) 決議案或議案的最後謄清

Enhance *v.* 提高;增加;提高…的價格;使上漲;加強

Enhance access to foreign markets for U.S. suppliers 加
強美國供貨商打入外國市場

Enhance environmental quality 提高環境質量 (指貿易自
由化的效應)

Enhance the transparency of one's activities 提高活動的
透明度

Enhanced 加強的,增強的;提高的

Enhanced surveillance 〔基金〕加強監督

Enhancement 提價;漲價;增加價值

Enjoin *v.* 要求;責成;命令;明確指令;〔主美〕禁令 (指以
禁止令狀要求某人履行、放棄或停止某種行為);要求某人
依照禁制令執行或停止履行某行為

Enjoy *v.* 享受;享有 (利益、權利、聲譽)

Enjoy a good reputation and social position 享有良好的
信譽和社會地位

Enjoy a high degree of protection (from) 享有高度的保護

Enjoy additional facilities 享有額外便利

Enjoy the protection during the legal staying abroad 〔領
事〕享有在國外合法停留期間的保護

Enjoyment 行使權利;享有權利;使用權;享樂;享受

Enjoyment of private right 私權的享有

Enlarge *v.* 擴大;擴張;增加 (指增加地產的權利);延長期
限;准予續延時間;允許當事人延長訴訟期限;〔美〕釋放 (指
監禁或拘留的人)

Enlarge an order 延期執行命令

Enlarged access policy 〔基金〕擴大存取政策

Enlarged access resources 〔基金〕擴大取得資源

Enlarged access to the Fund's resources 〔基金〕擴大進
入國際貨幣基金組織資源的權利

Enlarged bureau 擴大的主席團

Enlargement 延期;擴大;〔美〕釋放;〔英〕土地拓展;擴
大的權利 (不動產法用語)

Enlargement of a rule 延長訴訟行為的期間

Enlargement of estate 由於混同而增大地產權

Enlargement of territory 領土擴大

Enlargement of time　〔美〕期限的延長（指允許在法院規定訴訟行為或命令特定的期限內完成）

Enlarging　延長；擴大；使更加全面

Enlarging statute　擴充法令（指補充和擴大法律的權力）

Enlightenment　啓蒙運動（歐洲一批反教會、反傳統、反封建、反專制政治，主張人定法等哲學思想家）

Enlist　v. 徵募；入伍；應募；自願從軍

Enlist for military service　應徵入伍；入伍從軍

Enlistee　〔美〕自願從軍者

Enlistment　徵募；自願應募入伍；自願服兵役

Enlistment age　從軍年齡；服兵役年齡

Enoc Arden doctrine　伊諾克·阿登原則（孤身配偶再婚原則，主張一方配偶別離另一方配偶離久至使另一方配偶相信其已去世而再婚；其後如原配丈夫回來時可辦理離婚手續後再婚）

Enormity　重罪；窮兇極惡；無法無天的行為

Enormity of the crime　罪大惡極

Enormous　極惡的；兇暴的；龐大的；巨大的；極大的

Enpleet　v.〔古〕控告；起訴；訴訟

Enquest (=inquest)　驗屍調查；陪審員的調查

Enquete (=inquest)　〔法〕訊問證人（受權的法官詢問證人，搜集證據寫下書面材料以供審判之用）（宗教法用語）；〔英〕調查（指由陪審團進行調查訊問）

Enquete par turbe　〔法〕習慣規則認可的調查（依據集團調查取證性質的特別程序）

Enquiry　詢問；打聽；訊問；調查（指最高法院書記官在法官事務室調查案件事實）；〔英古〕調查令狀（指由 12 名誠實合法的陪審員組成調查確定原告的損害賠償金額）

Enquiry commission　調查委員會

Enquiry convention　調查專約

Enquiry point　〔關貿〕諮詢處；詢問處（為每個世貿組織成員國所設的回答其他成員國內利害關係人提出的所有合理詢問）

Enquiry procedure　調查程序

Enquiry service counter　詢問處

Enregister　v. 登記；記錄

Enregistrement　〔法〕登記

Enriched person　受益者

Enroll　v. 登記；編入…；使登錄於法院的檔案；最後謄清（議會通過的議案）；抄寫；加入

Enroll oneself in army　參軍

Enrolled　註冊的；登記的（船籍國用語）

Enrolled bill　〔美〕（兩院）通過的最後法案（或聯合決議）；待簽法案（待總統或州務卿簽署為法律）；歸檔的法案

Enrolled bill rule　〔美〕已歸檔法案規則

Enrolled vessel　內國登記的商船

Enrollee　應徵入伍者；入會者

Enrolling clerk　謄正書記員

Enrollment　〔英〕登記（指登記各種合法的行為）；註冊；入伍；入會；註冊人數；入學人數；〔軍〕入伍

Enrollment of deed　契據登記

Enrollment of members　會員登記

Enrollment of vessels　船舶的登記

Enrollment of voters　〔美〕（黨派）選民登記

Enschedule　v. 寫入；記入；列入（名單、賬目或文章）

Enseal　v. 密封；封上；蓋章於

Enserver　v.〔法〕使服勞役；使做苦役

Enshrine rule of law in international economic and trade relations　〔世貿〕使國際經濟與貿易關係處於神聖的法治地位

Ensign　旗；軍旗；團旗；徽章；標誌；商船旗

Ensnare　v. 誘捕；誘惑；使入圈套；陷害

Ensuing year　次年度；第二年度

Ensure　v. 接着發生；跟隨而來

Ensure a smooth transition from the current system　保證現行制度的順利過渡（保證從現行制度的平穩過渡）

Ensure an effective and uniform implementation　確保有效和統一的履行

Ensure conformity of customs fees and charges with Article VIII of the GATT 1994　確保合乎 1994 年關稅與貿易總協定第 8 條的海關規費和手續費的規定

Ensure free competition　保證自由競爭

Ensure full employment　保證充分就業

Ensure mutual economic advantage and balance of rights and obligations　〔世貿〕保證相互經濟利益和權利與義務的平衡

Ensure optimum effective international competition　保證國際競爭最佳有效

Ensure prompt and effective resolution of disputes　確保迅速而有效的解決爭端

Ensure recovery of all costs plus a profit　保證收回全部成本加利潤

Ensure the balance of rights and obligations　保證權利和義務的平衡

Ensure the conformity of laws, regulations and administrative procedures with its obligations　〔世貿〕保證法律、條例和行政程序與其義務相一致

Ensure the integrity and stability of financial system　保證金融體系完整和穩定

Ensure the maximum transparency possible in its notification　〔世貿〕保證在通報中最大可能的透明度（指成員方國營企業向貨物貿易理事會通報其運作狀況的承諾）

Ensure the quality of the service　確保服務質量

Ensure the security and confidentiality of messages　確保信息的安全和機密性

Ensure the transparency of the activities of state trading enterprises　〔世貿〕確保國營企業活動的透明度

Ensure uniform performance of inspection　〔世貿〕擔保檢驗統一執行

Entail　n. & v. I. 限定繼承人的地產；限嗣財產繼承權（指定由某些子孫繼承，而不是所有繼承人繼承的地產）；〔蘇格蘭〕限定法定繼承人之外的繼承；II. 限嗣繼承（不動產）；創設限嗣繼承地產

Entail the loss of nationality　限制喪失國籍

Entail unreasonable additional cost and trouble　承擔不合理額外費用和麻煩

Entailed　限定繼承的；限定特定繼承人的

Entailed estate　限定繼承的不動產；具有一定身分的人才能繼承的土地

Entailed money　限嗣繼承的款項（指定投資於限定不動產繼承的款項）

Entailer　限嗣的不動產繼承人

Entailing binding decision　必須作出有約束力的決議

Entailment　限嗣繼承（的不動產）；世襲財產

Entendment (intendment)　含義，真正意義（指對法律的理解或解釋）

Entente　〔法〕協商；協定，協議；協約；諒解；協約國（指第一次世界大戰的）

Entente Cordiale　〔法〕協約；友好協商

Entente countries　協約國（第一次世界大戰中的）

Entente powers　協約國

Enter　*v.* 在法庭上正式提出；報關（指向海關申報船或貨）；進佔，佔有（土地或財產等）；參加；加入；進入；登記；注明

Enter (up) satisfaction　在法院備案表示借款已還

Enter a bid　投標；提出入港手續；向海關提出清單

Enter a caveat　（向法庭）提出終止訴訟程序

Enter a judgment　判決的正式登記（指把判決登記於法院的卷宗或檔案，這是對其提起上訴或起訴之前必須履行的手續）

Enter a nolle prosequi　提出終止訴訟（意指原告或公訴人撤回訴訟之謂）

Enter an appearance　出庭；到案

Enter an area forbidden to foreigners　禁止外國人進入的地區

Enter an item in an account　把一筆賬記入賬戶

Enter an item of expenditure in the accounts items of expenditure　記入出賬（指把一筆開支賬目記入支出項下）

Enter for consumption　供銷費

Enter into a contract　簽訂合約

Enter into a special exchange agreement with　與…簽訂一個外匯特別協定；與…簽訂一個特別換文協議

Enter into a treaty　締約；締結條約

Enter into contract　訂立契約；簽訂合約

Enter into effect　生效

Enter into force　生效

Enter into force before the date of accession　加入之日前生效

Enter into force on the 30th days following the date of its acceptance or accession to this agreement　〔世貿〕接受或加入本協議後第 30 天開始生效

Enter into reciprocal and mutually advantageous arrangements　〔世貿〕達成互惠和互利的安排

Enter into recognisances　具結（如向法院保證隨傳隨到）

Enter into special arrangements　做出特別安排

Enter lands　取得優先購買土地的權利；（向當局）提出購買公有地的請願書

Enter motion　提出動議（在法庭上正式提出）

Enter the law　取得律師和法官資格

Enter the reservations (of)　提出保留

Enter up　記載在審判記錄上；正確記載已准許的事項

Enter up an account　入賬

Enter upon (or on)　佔有（土地、財產等）

Enter upon one's duties　履行…職務；執行…職務

Entered inwards　輸入

Entered outwards　輸出

Entering　登記（類似 "recording"）

Entering bills short　收到未到期票據的暫時登記（銀行從顧客收到未到期票據時，只把接受票據放好，其金額和到期日期收據則記在客戶賬上）

Entering into an association　入社；入會

Entering into marriage　結婚

Entering judgments　判決登記（正式登記於法院判決的記錄卷，以為日後上訴或對判決提出訴訟時所必需）

Entering short　收到未到期票據的暫時登記（銀行從顧客收到未到期票據時，只把其金額和到期日期收據記在客戶賬上）

Enterpleader (=interpleader)　主參加訴訟者；確定權利之訴（在有一人或二人以上均對同一標的物主張權利時促使有關第三方參加訴訟的程序，以確定其權利主張）

Enterpot trade　轉口貿易；中轉貿易

Enterprice tax　企業稅；事業稅

Enterprise　企業；事業

Enterprise behaviour　企業行為

Enterprise entity　企業實體

Enterprise for the Americas Initiative (EAI)　美洲事業計劃（1990 年 6 月 27 日由布殊總統提出，旨在確保美國在美洲事務是政治與經濟的支配地位）

Enterprise liability　企業責任

Enterprise on a large scale　大企業

Enterprise on a small scale　小企業

Enterprise possessing the right to trade　具有經營權的企業

Enterprise with foreign investment (or foreign-invested enterprise)　外資企業

Enterprise with overseas Chinese investments　僑資企業

Enterpriser　企業家；事業家；創業者

Enterpriser cartel　企業家；壟斷企業家

Enterprises' scope of business　企業業務範圍

Enterprising person　企業家

Entertaining expenses (entertainment expenses)　〔美〕交際費；接待費（此種開支如與經營生意有關者可獲得減稅）

Entertainment tax　〔香港〕娛樂稅

Enthronement　即位；登基

Entice　*v.* 引誘；誘使；慫恿；誘姦（兒童）；吸引

Entice into unlawful sexual intercourse　誘姦

Enticement　煽惑；引姦；引誘（指誘姦兒童）

Enticement of a child　〔美〕誘拐兒童

Enticing　*n. & a.* 引誘（的）；誘惑行為（的）（相當於拐騙或劫持人質行為時為犯罪）

Entire　整體的；全部的；完整的；完全的；整體性的；不可分割的

Entire act　完整的法律（法官的責任在於檢查法律開端、主體部份及其緊急條款以為解釋制定法的規則）

Entire balance of my estate　〔美〕全部剩餘遺產（指償還債務等之後所餘）

Entire blood　純血親關係；同血緣關係（同宗而且同一祖父母）

Entire contract　整個契約；不可分契約（指不得把債務加以分割履行的契約）

Entire day　全日；一整天（即 24 小時）

Entire evidence　全部證據；完整的證據

Entire interest　全部利益；整體利益

Entire loss of sight　失明

Entire output contract　全部產量包銷合約（指承諾將全部產品交付給受約人）

Entire tenancy　全部租賃；單獨保有；單獨佔有（指單獨一人佔有所租借的房地產等）

Entire use, benefit, etc. 唯一使用權、特權等 (指物權信託書條款中對已婚婦女權益的規定)

Entirely without understanding 完全不能理解

Entireties 夫婦共同物權；夫妻共有財產

Entirety 〔美〕(夫妻) 共有制，共同佔有 (例如當土地轉讓給夫妻兩人即意味着屬其共同佔有)；總體；整體；全部 (意指在法律上為全部不可分的)

Entitle *v.* 給…權利 (或資格)；授予頭銜 (如牧師或神職人員)；給予標題 (或名稱)

Entitle, entitled, entitled to 〔香港〕有權獲得

Entitled 有資格的；有權的

Entitled to representation 交涉權；代理權

Entitled to the benefit of any reasonable doubt 〔關貿〕有權主張任何合理懷疑的利益

Entitled to vote 投票權

Entitlement 法定權利；應享權利；〔複〕保障額

Entitlement programme 〔美〕提供社會保護權利綱要

Entity 存在者；實體 (包含個人、財產、公司、企業、政府單位等)

Entity assumption 〔美〕單位承擔 (指把生意看作一個單位，與其他所有者和公司區分開，責任不由物主或其他公司承擔)

Entity convention 個體慣例

Entity for negotiations and oversight 〔世貿〕協商和監督的實體

Entity of corporation 法人實體

Entrance dues 入港稅

Entrance examination 入學考試

Entrance fee (入) 會費；入學費；入港手續費；入場費

Entrance fee for tour sites 旅遊地點入場費

Entrance permit 輸入執照；准許入港證

Entrance point 入口

Entrap *v.* 誘捕；使入陷阱；使陷入圈套 (或羅網等)

Entrapment 誘捕；誘陷；誘騙；使入圈套；〔美〕執法人員設的陷阱；使入圈套 (指政府官員或其代理人誘騙一個無犯罪意圖的人犯罪以達到對其提起刑事訴訟或犯罪證據之目的)

Entreaty 懇求的；請願的；性質卜虔誠的

Entrenched clause 〔英〕剛性條款 (指憲法或制定法條款的修訂或廢止須經特定程序或多數票決，不得草率從事)

Entrenchment 侵害權利；侵犯

Entrepot 〔法〕倉庫；貨站；貨物集散地；保稅倉庫；中轉口岸

Entrepot reels 〔法〕公設的保稅倉庫

Entrepot trade 轉口貿易；中轉貿易

Entrepreneur 〔法〕企業家；主辦者；承包商；中間商

Entrepreneurial freedom 企業家的自由

Entrepreneurial income 企業家收益

Entrepreneurship 企業家精神

Entrust *v.* 委托；信托；托管 (物件等)；責成

Entrust the custody of the consular premises 〔領事〕委托監管領事館館舍

Entruster 信托人；托管人

Entrusting 托賣；托付 (指把貨物轉讓給該貨物的交易商，並由其將該貨物連同其所有權銷售給貨主)

Entrustment 委托；信托；托管 (物件等)

Entrustment of an agent 委托代理

Entry 入口；入境；進港；進入 (進入土地或房屋，旨在主張其權利)；入賬；登記 (版權登記，著作權登記)；記載；記錄 (指將案件詳細內容或概要存放法院備查)；侵入 (非法進入住宅以期盜竊)；報關手續；報關單 (報關文件，如原始發票等)；(賬目、詞典等) 條目

Entry book 登記簿

Entry certificate 〔英〕入境證明書 (由英國駐外機關頒發的入境定居證明)

Entry clearance 〔英〕入境許可證 (含護照、簽證、入境證書和同意書)

Entry clerk 售貨登記員

Entry fee 入場費；進港手續費

Entry for consumption 進口貨物報告單

Entry for free goods 免稅貨物進口報關單

Entry for importer 進口申報單；進口報關手續

Entry free 免稅入口

Entry grades for newcomers to the foreign service 〔領事〕新進入外交部門人員的等級

Entry in log (book) 載入航海日記

Entry in regular course of business 按通常事務過程所作的記錄 (指記錄員按其通常的職責行事)

Entry into force 生效

Entry into operation 施行；實施

Entry into WTO 加入世貿組織

Entry of appeal 提起上訴

Entry of appearance 出庭登記；到庭登記

Entry of cause for trial 〔英古〕提出訴訟理由書 (原告提出訴訟爭議問題供法庭審訊)

Entry of decree 判決登記

Entry of free goods 免稅貨物進口申報單

Entry of judgment 判決登記 (釋義同 "entering judgment"；在英國登記存放在衡平法院或高等法院王座法庭)

Entry of judgment on a ward 承認法院對於仲裁裁決的判決

Entry of motion 正式提出建議 (動議)

Entry on (upon) land 對土地的進入或侵入

Entry on the roll 〔英古〕案卷記錄 (指由法院書記員將兩造口頭申述記錄在羊皮紙上)

Entry permit 入境許可證

Entry procedure 入境手續

Entry visa 入境簽證

Enumerate *v.* 逐條陳述；列舉；枚舉

Enumerated 特別提及的；明確指定的；明確列舉的；詳細說明了的

Enumerated powers 〔美〕(憲法) 授予的特別權力；特別授予國會的權力

Enumerators 〔英〕統計員 (被指定收集人口調查統計報表者)

Enure (inure) *v.* 施行；生效 (例如交易結果取得效益)；有助益；有用；使…獲利

Environment 環境；四周；外界

Environment abuse 環境濫用

Environment accounting 環境會計 (指估量某特定經濟個體活動對於環境的影響的會計)

Environment Committee of WTO 世貿組織環境委員會

Environment complex 環境複合體

Environment contamination 環境污染

Environment cooperation　環境合作

Environment court　環境法庭

Environment crusade　環境改革運動

Environment ecology　環境生態學

Environment engineering　環境工程學

Environment factor　環境因素

Environment fund　環境基金

Environment groups　環保集團

Environment improvements　環境改善；優化環境

Environment issues　環境問題

Environment law　環境法

Environment Liaison Centre International　國際環境聯絡中心

Environment of plan　計劃環境

Environment policy reform　環境政策改革

Environment protection　環境保護

Environment protection agency (EPA)　〔美〕環境保護局

Environment protection zone　環境保護區

Environmental　環境的；環境產生的

Environmental accounting　環境會計

Environmental activities　環境活動

Environmental agnosticism　環境不可知論

Environmental amenities　環境設施

Environmental analyst　環境分析

Environmental assessment　環境估計

Environmental awareness　環境意識

Environmental behaviour　環境行為

Environmental benefits　環境效益

Environmental body　環境機構

Environmental burdens　環境負擔

Environmental capacity　環境的負荷量

Environmental circles　環境界

Environmental claims　環境索賠

Environmental cleanups　環境清理；環境掃除

Environmental commitment　環境承諾

Environmental community　環境團體

Environmental companies　環境公司（從事污染控制與預防的技術）

Environmental competitiveness　環境競爭

Environmental complex　環境複合體

Environmental compliance cost　可塑性的環境費用

Environmental conditionality　環境制約

Environmental conditions　環境條件

Environmental consequences of trade liberalisation　貿易自由化的環境後果

Environmental conservation　環境保護

Environmental consumption tax　環境消費稅

Environmental cost　環境費用（例如生產為降低成本而獎勵不處理廢品等等）

Environmental court　環境法庭（院）

Environmental crises　環境危機（有學者認為，當前貿易與環境關係現狀難以為繼，盲目堅持"主權"的陳舊觀念、追求狹隘的國家利益，勢必導致將環境的費用看成是客觀化或外表化的交易和加強獎勵，耗用資源，造成堪虞的環境後果）

Environmental damage　環境損害，環境損毀

Environmental damage across the boundary　跨越邊界的

環境損害；跨國環境損害

Environmental debts　環境債務（指今天超量的經濟活動是以未來的環境為代價，因而會給子孫後代留下無法補償的環境債務）

Environmental degradation　環境退化

Environmental deterioration　環境惡化

Environmental discipline　在環境方面的約制

Environmental diseconomy　環境不經濟（指環境規劃中佔地不當，費用太高等）

Environmental disputes　環境爭端（主要指對不同國家不同的環境標準及其目標和解決環境問題不同的方法）

Environmental disruption　環境失調；環境破壞

Environmental dumping duties　環境傾銷稅（是歐共體委員會提出無法作出界定和談判的）

Environmental economist　環境經濟學家

Environmental economy　環境經濟

Environmental education　環境教育

Environmental effect　環境效應

Environmental efficiency　環境效率

Environmental engineering　（礦）井下環境工程；環境工程學

Environmental expertise　環境專門知識

Environmental experts　環境專家

Environmental externalities　環境外差因素（指環境的個人利益與社會利益的不一致）

Environmental Federalism　〔美〕環境聯邦主義（指規定最低的環境標準允許各州促進貿易，更加注意保護環境）

Environmental force　環境力量

Environmental groups　環境集團；環境團體

Environmental groups' opposition to trade and investment liberalisation　環境保護團體反對貿易和投資自由化（其理由是會使自然資源耗盡和毀壞自然環境等）

Environmental harm　環境危害（指美國和歐共體國家對有限的農地給予超額農業津貼，而使用大量化肥以增加產量所造成對環境的損害）

Environmental hazards　環境危害

Environmental health criteria　環境衛生標準

Environmental hygiene　環境衛生措施

Environmental impact　環境效果；環境影響

Environmental impact assessment　環境影響評估

Environmental impact report　環境影響報告書

Environmental impact statements　〔美〕環境影響報告書（指州和聯邦法律要求對重大工程項目可能影響周邊環境要附上處理建議報告的文件）

Environmental implications　環境影響

Environmental indicators　環境指示器

Environmental industry　環境產業

Environmental information　環境信息

Environmental infrastructure　環境基礎建設

Environmental injury　環境傷害

Environmental interest　環境利益

Environmental interest at stake　與環境利益攸關的

Environmental investment　環境投資

Environmental jurisdiction　環境管轄權

Environmental knowledge and technology　環境知識與技術

Environmental law　〔英〕環境保護法

E

Environmental legitimacy　環境的合法性

Environmental limit　環境限制

Environmental media　環境媒介；環境媒體

Environmental modification technique　改變環境的技術

Environmental monitoring　環境監測

Environmental motives　環境動機（指發展中國家懷疑發達國家利用環境問題以阻止對發展中國家的市場准入）

Environmental movement　環境運動

Environmental needs of the planet　星球環境需要

Environmental negotiation　環境談判（指通過談判改進處理環境問題以求達成協議）

Environmental norm　環境規範

Environmental obligations　環境義務

Environmental official　環境官員

Environmental organisation　環境組織

Environmental origin of product　產品的環境產地

Environmental performance　環境業績；環境經營

Environmental perspective　環境前景；環境觀點

Environmental plus　環境附加額

Environmental policy　環境政策

Environmental policy decision　環境政策決策

Environmental policy goals　環境政策目標

Environmental policy mechanism　環境政策機制

Environmental pollution　環境污染

Environmental practices　環境做法

Environmental products　環境產品

Environmental Programme (UN)　〔聯〕環境規劃署

Environmental projection　環境預測

Environmental propositions　環境建議

Environmental protection　環境保護

Environmental Protection Agency (EPA)　〔美〕環境保護署（1970 年成立，授權政府在環保方面直接協調有效地行動）

Environmental Protection Department　〔香港〕環境保護署

Environmental protection efforts　致力於保護環境

Environmental protection law　〔英〕環境保護法（1970 年成立，授權政府在環保方面協調有效行動）

Environmental protection zone　環境保護區

Environmental quality　環境質量；環境素質

Environmental quality control　環境素質控制

Environmental quality management　環境素質管理

Environmental realm　環境領域；環境範圍

Environmental regime　環境結構（制度）

Environmental regulation　環境條例

Environmental resources　環境資源

Environmental responsibilities　環境責任

Environmental rules　環境規則

Environmental safeguards　環境保障措施

Environmental scandals　環境醜聞

Environmental sensitivities　環境敏感度；環境的敏感性

Environmental services　環境服務；環境勞務

Environmental standard　〔關貿〕環境標準

Environmental status quo　環境現狀

Environmental studies　環境研究

Environmental technology　環境技術

Environmental terms　環境條件

Environmental threat　環境威脅

Environmental trade　環境貿易

Environmental trade measures　環境貿易措施

Environmental trade preference　環境貿易優惠（以此作為對發展中國家污染控制和環保投資的補助）

Environmental training　環境培訓；環境訓練

Environmental training programme　環境培訓規劃

Environmental treaties　環境條約

Environmental virtue　環境優點；環境道德

Environmental warfare　環境戰

Environmental weapon　〔世貿〕環境武器（指以此來保護貿易利益）

Environmentalist　環境問題專家

Envoy　使節；使者；公使

Envoy ceremonial　典禮使節

Envoy extraordinary　特別使節

Envoy extraordinary and ambassador plenipotentiary　特命全權大使

Envoy extraordinary and minister plenipotentiary　特命全權公使

Envoy of mankind　人類使節

Envoy political　政治使節

Eoth　〔撒〕誓言；宣誓

Epanagoge　〔拜占庭〕《法律入門》（公元 879 年編纂的）

Eparch　〔拜占庭〕都長（公元 6－11 世紀期間的“總理大臣”，地位僅次於皇帝）

Epeiric sea　大陸海（與海洋毗連的海）

Ephemeral services　短暫的服務

Ephor　掌政官

Epicontinental sea　陸緣海（指含大陸架及其鄰近水域）

Epidemic　*n. & a.* I. 傳染病；時疫；流行病；II. 傳染病的；流行性的

Epidemic hospital　傳染病醫院

Epidemiological surveillance　流行病學的監測

Epilepsy　癲癇；羊癲瘋

Epipelagic zone　海洋上層帶；上海層帶

Epiphany　（耶穌的）主顯節

Epiqueya　〔西〕衡平（按時間、地點和人的情況給予法律中肯慎重的解釋）

Episcopacy　監督機構；主教辦事處（監督教會所關心的事務）；主教統治制度

Episcopalia　教士捐稅（由牧師或教區繳納給主教）

Episcopalian　*a. & n.* I. 主教教會的；聖公會的；II. 監督教會員；聖公會教徒

Episcopalian system　監督制度；主教（團）制度

Epitome　抄本；節錄；梗概

Epurate　清洗（尤指第二次世界大戰後，法、意兩國對官吏中法西斯黨徒等的刑事訴訟）

Eqinoctical　晝夜平分的；晝夜平分線的；晝夜平分時的；春分或秋分的

Eqinoctical line　晝夜平分線；赤道

Equal　相等的；均等的；相同的；平等的

Equal Access Rule　同等機會規則

Equal Access to Justice Act　〔美〕司法平等法（指勝訴當事人可返還律師費、專家證人費和其他訴訟相關的費用等規定）

Equal and uniform taxation　〔美〕均等統一稅

Equal and universal electoral system　平等普選制

Equal Credit Opportunity Act 〔美〕均等信貸機會法（指在貸款不分膚色人種一律平等，不得歧視）

Equal decrement of life 〔保〕某期間內死亡率確定說

Equal degree 同一親等（指源於共同的祖先）

Equal effect (validity) 同等效力

Equal Employment Opportunity Comnission (E.E.O.C) 〔英〕就業機會均等委員會（1975 年，主張男女平等，消滅性別歧視）

Equal footing 平等地位

Equal justice under law 依法公平審判

Equal miles rate system 固定運費率制

Equal opportunities 均等機會

Equal Opportunities Commission 〔香港〕平等機會委員會

Equal opportunities commissions 〔英〕機會均等委員會（指消滅歧視，促進男女之間機會均等而於 1975 年成立的機構）

Equal opportunity 機會均等

Equal pay 〔英〕（男女）同工同酬

Equal Pay Act 〔英〕同工同酬法（1970 年）

Equal pay for equal work 同工同酬

Equal pay law 同酬法

Equal protection 平等保護

Equal protection clause 〔美〕法律平等保護條款（美憲法第 14 條修正案規定，同樣的人在同樣情況下應受到法律的同等保護）

Equal protection of the laws 法律面前，人人平等；〔美〕法律平等保護（指人人生命、自由、財產及追求幸福上相似情形下不得被剝奪，享有與其他階級同等法律保護）

Equal rate reduction 均等稅率削減

Equal Remuneration Convention 同酬公約

Equal representation 平等代表權

Equal right 平等權利；同等權利

Equal rights Amendment (ERA) 〔美〕（性別）平等權利修正案（1972 年提議對憲法第 27 條的修正等，即："依法平等權利不得因性別不同而被拒絕賦予或剝奪"，但迄今未獲通過）

Equal sacrifice 均等犧牲（租稅用語）；均等負擔

Equal sacrifice theory 均等犧牲說（租稅用語）；均等負擔說

Equal suffrage 平等選舉權

Equal Time Act 〔美〕相等時間法（所有公職候選人平等使用廣播設施的時間法）

Equal treatment 平等待遇

Equal value exchange rate 等價匯率

Equal value principle 〔基金〕等價原則（特別提款權的）

Equal voting 平等表決（權）

Equal-diffusion theory （關於租稅的）均一分佈說

Equality 平等；均等；相等；〔關貿〕平等（意指"先來先辦理"）

Equality and mutual benefit 平等互利

Equality before the law 法律面前人人平等（法律確認的保護公民在享有權利和承擔義務上處於平等地位，不允許任何人有超越於法律之上的特權）

Equality between the sexes 男女平等

Equality clause 公平條款（指港稅、通行稅的變更，要以公平為宗旨的條款）

Equality in fact 事實上平等

Equality in law 法律上平等

Equality in status 地位平等

Equality is equity 平等即衡平

Equality of economic opportunity 經濟機會均等

Equality of nationality 民族平等

Equality of opportunity 機會均等

Equality of representation 代表權平等

Equality of rights in litigation 訴訟權平等原則（指民事訴訟法賦予當事人雙方同等的訴訟手段和機會以保護其權益）

Equality of states 國家平等

Equality of taxation 納稅均等

Equality of treatment 待遇平等

Equality of votes 票數相等；平等選舉權

Equality treatment 平等待遇；同等待遇

Equality Treatment (Social Security) Convention 同等待遇（社會保障）公約

Equalisation 使相等；同等化；均衡；均等

Equalisation board 〔美〕稅收均等委員會（屬地方政府機構）

Equalisation charge 平衡稅（指對同一種貨物徵收差別稅率）

Equalisation fund 平準基金

Equalisation of landownership 平均地權

Equalisation of pay 薪水平等

Equalisation of taxes 捐稅均等化；〔美〕平衡稅收

Equalise v. 使相等；使平等；使平均；同等看待

Equalising tariff 平衡關稅；調劑關稅

Equally authentic 同一作準；具有同等效力

Equally binding 具有同等拘束力

Equally divided 平分的；平等分割的（指按人頭平分遺產）

Equation of exchange 交換方程式

Equation of international demand 國際需求的平均

Equatorial African Division 〔基金〕赤道非洲分部

Equidistance 等距離

Equidistance area 等距離區域

Equidistance boundary 等距離邊界；等距界限

Equilibrium 平衡；均衡；平均；相稱；（判斷上的）不偏不倚

Equilibrium of demand and supply 供求均衡（平衡）

Equilibrium price 均衡價格；平均價格

Equilibrium terms of trade 均衡貿易條件

Equilibrium theory 均衡論；（價值）平衡論

Equilocus 同輩；相匹敵者

Equi-marginal sacrifice theory （關於租稅的）邊際犧牲均等說

Equinoxes 晝夜平分時；春秋分

Equip v. 供給；給予；（船舶等的）裝備；配備

Equipment 設備；（船舶的）用具；器材，器械；（一企業除房地產外的）固定資產

Equipment leasing 設備租賃

Equipment officer 裝備員

Equipment trust 〔美〕設備信托（指鐵路購置租用設備費用的支付方法）；設備信托公司

Equipment trust bonds 器材信托債券

Equipment trust certificate 設備信托證券（附有鐵路車輛、飛機等設備擔保的證券）

Equipollent 均等物；相等物；同價物

Equi-proportional increase in quotas 〔基金〕等比例的增加分配

Equitable 衡平法（上）的；衡平法上有效的；按照衡平法原則的；公平的；公正的

Equitable abstention doctrine 〔美〕公平棄權原則（指如涉及外國或外國公司等情況下，聯邦法院應放棄行使其管轄權，避免干預州行政當局的裁決）

Equitable action 衡平法上的訴訟（指一種尋求衡平救濟的訴訟，旨在制止不法行為或傷害行為）

Equitable adjustment theory 〔美〕公平調解理論（指訂約官員應在合理時間內公平地調解承包商要求解決其與分包商、供應商及其債權人糾紛）

Equitable adoption 〔美〕衡平法上的收養（指被收養的兒童享有對收養人遺產的繼承權）；事實上的收養

Equitable apportionment 衡平法上的分配（指未經債務者同意，債主就可對租金或其他款項進行分配）

Equitable assets 衡平法上的資產；須經衡平法院處理的遺產；依衡平法供清償債務的遺產（指死者的債主只能經衡平法院才能得到死者供清償債務的遺產，意指不受債權人控制）

Equitable assignment 衡平法上的讓與（指法律上無效，但衡平法承認並可加以執行的讓與）

Equitable assignment of debt 衡平法上的債務讓與（指債主通過債務人其債務已讓與第三人而不必提起訴訟即可轉讓）

Equitable benefit doctrine 〔美〕衡平法上利益原則（指在處理破產案件時，允許破產法院給予提供服務的求償者以優先地位）

Equitable charge 〔英〕衡平法上的擔保（衡平法上以交付地產所有權契據作為擔保）

Equitable chattel mortgage 衡平法上的動產抵押

Equitable chose 衡平法上的動產

Equitable claims and defence 〔英〕衡平法上索賠權與抗辯（指1873年普通法院組織法規定，被告向任何法院提出抗辯均可得到法律上和衡平法上救濟）

Equitable conversion 〔美〕衡平法上轉讓不動產原則（適用於簽署變賣死者不動產和轉讓地契時間的合約對各方有約束力時）

Equitable defense 衡平法上的答辯；衡平法上的有效辯護；衡平法上的抗辯理由

Equitable defense at common law 衡平法為依據的普通法訴訟答辯（指抗辯訴訟中如與普通法抵觸，以衡平法為有效杭辯理由）

Equitable distribution 〔美〕公平分配（無過失離婚法規授權法院公平分配離婚夫妻的全部財產）

Equitable distribution of land ownership 平均地權

Equitable doctrine of advancement 預先遺贈的衡平法原則（這個原則把父親或其他親權人出資以子女名義購買的不動產或投資推定為了子女利益的預付款項，因此該款項可以抵償以後對子女的遺贈。丈夫以妻子的名義購買不動產或投資時，適用同一原則）

Equitable doctrine of approximation 〔美〕衡平法上近似原則（授權法院解釋大致上要保持贈與信托和執行符合立遺囑者本意的原則）

Equitable doctrine of election 衡平法上的選擇原則（指衡平法上就兩個權利中可任選其一的原則）

Equitable doctrine of satisfaction 衡平法上代物清償原則

Equitable doctrine of satisfaction of debts 衡平法上清償債務的原則（指債務人對債權人遺贈與其債務相等或更多的金錢時，只要債權人不表示反對，即認為代物清償、債務自行消失的衡平法上的原則）

Equitable easement 衡平法上的地役權

Equitable ejectment 禁止出售不動產的衡平法程序

Equitable election 衡平法上選擇權（指在遺囑中規定兩種相矛盾的權益上只可擇一的權利）

Equitable estate 衡平法上的不動產物權

Equitable estates and interests 〔英〕衡平法上的財產權益

Equitable estoppel 衡平法上的禁止反言；橫平法上的不容否認（指原應主張的行為沉默不得予以翻供）

Equitable execution 衡平法上的執行

Equitable geographical distribution 公平的地理（地域）分配

Equitable interests 衡平法上的利益（在委托人和受托人利益上，受托者權益優先之謂）

Equitable jointure 衡平法上的未來寡婦產（根據衡平法，丈夫指定於其死後供妻子生活的財產）

Equitable jurisdiction 衡平法管轄權

Equitable lien 衡平法上的留置權（從他人佔有中的部份或全部財產得到優先償還的衡平法上的先取特權。留置權在普通法上以佔有為要件而衡平法則無此限制）

Equitable Life Assurance Society 〔美〕公平人壽保險協會（公平人壽保險公司）

Equitable life estate 衡平法上終身不動產物權

Equitable maxim 衡平法格言

Equitable mortgage 衡平法上的抵押（意指債務人把財產讓與債主以為抵押，一方償清債務後，債主應解除抵押）；衡平法上的贖回擔保；動產的贖回抵押

Equitable obligation 衡平法上的債務；〔香港〕衡平法上的義務

Equitable owner 衡平法上的財產所有人；〔香港〕衡平法上的土地所有人或土地權益所有人

Equitable ownership 衡平法上的所有權

Equitable participation 公平參與

Equitable plea 衡平法上有效的抗辯

Equitable principles 公平原則

Equitable recoupment 〔美〕公平補償損失規則

Equitable redemption 衡平法上的抵押財產贖回權（指抵押人償還抵押財產的債務後贖回其財產）

Equitable relief 衡平法上的救濟

Equitable remedies 衡平法上的補救措施

Equitable remedies are discretionary 衡平法上的補救措施為自由裁量的

Equitable rescission 衡平法上的撤銷判決（由衡平法院命令撤銷判決，其不同於"legal rescission"）

Equitable restraint doctrine 〔美〕衡平法抑制原則（指聯邦法院不應干預禁止州候判的刑事案件）

Equitable right 衡平法上的權利

Equitable seisin 衡平法上的佔有（尤指終身財產或世襲領地）

Equitable servitudes 衡平法上地役（指對建築物和對使用土地的限制）

Equitable subrogation 衡平法代位求償

Equitable title 衡平法上的所有權

Equitable treatment 公平待遇

Equitable waste 衡平法上的毀損（指不良好的管理而對有體財產造成永久性的損害）

Equities 無固定利息的股票；股份權益

Equity 〔英〕衡平法（指與普通法平行發展的、適用於民事件的法律，但如與普通法抵觸，則衡平法優先）；衡平法上的

權益;財產;資金;公正;公平;股本;自有資本;資產淨值 (例如房子市場價值減以抵押所得房子的純價值);〔複〕產權;股東權益;(無固定利息的) 股票;〔英〕證券;〔羅馬法〕騎士團

Equity acts in personam 衡平法救濟依對人的判決 (指按對人的管轄權給予救濟的衡平原則辦事)

Equity aids the vigilant 衡平法援助警覺者

Equity before the law 法律面前,人人平等

Equity capital 〔世貿〕產權資本;股東資本;自有資本 (由政府提供或由企業主自己投入的)

Equity capital 產權資本;〔世貿〕自有資本 (由政府提供或由企業主自己投入的);股東資本 (指公司業主自己所投入的資金以換取股份)

Equity capital inflow 自有資本流入

Equity contribution agreement 股東權益工程項目攤派協議 (指某種特定條件給工程項目攤派資金)

Equity court 衡平法院

Equity evidence 衡平證據

Equity financing 股本籌措;(發行) 股票融資 (指公司以發行或銷售股票籌措資金)

Equity follows the law 衡平法遵從法律 (意指衡平法依法律規則提供的類似規則斷案)

Equity for marshalling 衡平法上的順位清償權

Equity imputes an intent to fulfil an obligation 衡平法歸功於當事人有履行義務的意向

Equity infusion 投股 (指 WTO 成員方政府財政資助的一種形式)

Equity Joint-Venture 產權聯合式經營;合資經營;〔香港〕產權式合資經營企業

Equity jurisdiction 衡平管轄權

Equity jurisprudence 衡平法理學;衡平法學 (大致包括法律理論、原則及法諺等)

Equity loan 房屋抵押淨值貸款 (指銀行可貸給房主以其房屋為抵押所取得的貸款限額);〔世行〕(可以資本) 參與放款 (指以參與形式取得貸款)

Equity looks to the intent rather than the form 衡平法注重內容而不是形式

Equity looks upon that as done which ought to have done 〔美〕衡平法把各當事方權利主張,本應按其所期待的最終行為視為已經執行

Equity method 權益法 (對普通股長期投資的一種會計的計算方法,其投資賬戶包括購置成本、接受投資者淨收益份額、淨損和紅利)

Equity never contravenes the law 衡平絕不違背法律

Equity never lacks a trustee 衡平法從不缺少受托人

Equity of a statute 〔美〕制定法的正確解釋 (制定法的正確解釋含有衡平精神)

Equity of partners 合夥人權益 (指點每個合夥股東所擁有公司的財產亦適用其應付的公司債務)

Equity of redemption 衡平法上贖回權;衡平法上贖回抵押物權 (指在償清抵押債務後可以贖回抵押物的權利)

Equity ownership 產權;所有權

Equity participation 股東權益分享;參與股權;資本參與

Equity partner 股東合夥人

Equity ratio 淨資產比率;股東權益比率 (指股東產權除以資產總額)

Equity receiver (法院指定的) 清算財產管理人

Equity regards the balance of convenience 衡平法重便利平衡

Equity security 股票;股份 (指表示對公司擁有衡平法上所有權的利益,而不是負債的一種有價證券);有限合夥權益;授權書;購股證

Equity share capital 〔英〕(公司發行的) 股票資本

Equity shares 股票 (屬任何一種普通股票,不論其對於紅利或資產有無優先權與否,均具有無限的紅利權)

Equity suffers not a right without a remedy 〔美〕衡平法如無救濟所遭受損害不光是權利而已

Equity term 衡平法院審理期 (只專門處理衡平事務,而既不審理任何刑事案件,也不審理選任陪審團參與審訊的案件)

Equity title 衡平法上所有權

Equity to a settlement 妻子享有衡平法上財產權 (指當丈夫訴訟減少妻子衡平法上財產歸他所有時,妻子可佔有原設定歸妻子和兒女所有的全部或部份衡平法上的財產權)

Equity transaction 產權交易;產權會計事項

Equity tribunal 衡平法庭

Equity will not assist a volunteer 衡平法不幫助自願行為者

Equity will not permit a statute to be cloak for fraud 衡平法不允許制定法披上詐騙的外衣

Equity will not suffer a wrong to be without remedy 衡平法不允許不法行為而無救濟

Equity, like nature, does nothing in vain 衡平法如同自然從不做徒勞無益的事情

Equivalence (檢驗檢疫標準) 等效性

Equivalent *n. & a.* I. 等值物;等量物;等價物;II. 同等的 (指價值、權利等);相等的;相同的;均力的;等量的;等值的

Equivalent academic qualification 同等學歷

Equivalent assurance 同等擔保

Equivalent commitments 〔關貿〕當量承諾 (指對其具體產品的國內支持、當量承諾應按適用的管理價格和可能接受的價格做出減讓承諾)

Equivalent compensation 同等補償

Equivalent concessions 相等減讓;等量減讓

Equivalent duty 等量關稅

Equivalent exchange 等價交換

Equivalent load 等量負荷

Equivalent Measurement of Support 〔關貿〕當量支持程度 (指總協定成員國對國內農業生產者的年度以貨幣方式表示的支持水平)

Equivalent services 等值服務;等值勞務

Equivalent to the level of the nullification or impairment 〔世貿〕相等於利益喪失或損害的水平 (指在違法之訴中,被申訴成員方所採取的報復水平應與其所受的利益喪失或損害的水平相當)

Equivalent treatment 同等待遇

Equivalents doctrine 〔美〕同類發明物鑒定原則 (指兩項發明裝置只是名稱、方式和外形有所不同而其功能結果大致相同者按 "等同論" 處理)

Equivocal 模稜兩可的;含糊的;兩可的;曖昧的;雙關的 (其同義詞為 "ambiguous")

Era 紀元;時代;年代

Eradication measures 根除措施 (指疾病和瘟疫而言)

Erase *v.* 抹掉；擦掉；删去；除去；〔美俚〕殺死

Erastianism 伊拉斯托拉斯主義 (1524－1553 年，瑞士神學家主張國家應管理宗教義務，對特定地區教士或俗人犯罪行為均應予以處罰)

Erastians 〔英〕埃拉斯廷斯 (主張對於犯下宗教和道德之罪應受國法治罪，不應由教會苛責或開除教籍)

Erasure (rasure) 擦掉；删去；消除；毀滅；擦掉處；删去處

Erect *v.* 建立；設立；創立 (其同義詞為 "construct")

Erecting shop 裝配車間

Erection 建立；設立；安裝；裝配；建築物

Erection insurance 安裝 (工程) 保險

Ermine 貂皮長袍 (形容法官廉潔的)；法官的廉潔；法官的職位和職責

Erosion 沖蝕；侵蝕；腐蝕；風蝕 (指由於水、風或其他因素使得泥土逐漸消蝕)

Erotic mania 女性色情狂；慕男狂

Erotomania 色情狂

Errant *n. & a.* I. 神志恍惚；精神錯亂；胡言亂語；巡迴者 (如行商，巡迴傳教士)；巡迴法官；法警、執行官 (通稱)；II. 周游的；巡迴的

Erring 有罪過的；做錯了事的；走上歧途的

Erroe lapsus 遺漏的錯誤

Erroneous 錯誤的；不正確的；違背法律的

Erroneous arrest 錯捕

Erroneous assessment 不當評估；錯誤估價 (指背離法律，因而是無效的)

Erroneous judgment 錯判；誤判 (指違背法律的或適用法律原則上的錯誤等)

Erroneous or illegal tax 〔美〕不法徵稅 (指無制定法依據的或不屬納稅之列的財產等)

Erroneous promise 錯誤許諾

Erronice 錯誤

Error 誤判；謬誤；錯誤；過失；罪過；違犯行為；過錯；訴訟記錄的誤記或脫漏；複審令狀的略稱；〔英〕(答辯或訴訟程序) 錯誤；(刑事訴訟) 錯誤；〔蘇格蘭〕誤信 (指關於責任問題而言)

Error and omissions 錯誤和遺漏

Error apparent 顯然的錯誤；明顯的錯誤

Error by good faith 善意的過失

Error case 〔美〕關於法律上的訴訟案件

Error coram nobis 在我們面前所犯下的錯誤 (就指定的錯誤在原審法院作為複審、更正或撤銷判決的理由)

Error coram vobis 在你們面前所犯下的錯誤 (上訴法院發給主審法院再審令狀中的用語)

Error culpabilis 有責任的錯誤；基於過失的錯誤

Error facti 事實的錯誤

Error fucatus nuda veritate in multis; est probabilior; et seape numero rationibus vincit veritatem error 巧妙地粉飾錯誤，在很多情況下其比明顯的真相大體上更加可信得多，並且錯誤常常要用各種理由以壓倒真理

Error in calculi 誤算；錯算

Error in corpore 標的物的錯誤

Error in exercise of jurisdiction 行使管轄權上的錯誤

Error in extremis 危急中的錯誤 (指危急中善意的過錯可免除責任)

Error in fact 認定事實錯誤 (例如，當事人一造已故，法院依然做出判誑，致使無法執行)

Error in judgment 判斷錯誤 (指法院在案件上適用法律的錯誤。例如，法官取證的錯誤等)

Error in law 適用法律錯誤 (指法院在案件上過錯，例如，法官援引法律或採納證據錯誤)

Error in name 姓名錯誤 (指在契據等文件上寫錯名字)

Error in navigation 航行過失

Error in negotia 法律行為性質的錯誤 (例如，甲購買房子，乙則認為租賃)

Error in objecto 標的物的錯誤；關於客體的錯誤 (例如，甲買漢語詞典，乙則給予英語詞典)

Error in persona 錯誤 (對人的錯誤)；主體錯誤

Error in posting 過賬錯誤；郵遞錯誤

Error in substantia 對於實質的錯誤；關於要素的錯誤；物質錯誤 (關於物的錯誤。例如，把鋼錯認為金)

Error in vacuo 有害錯誤而無有害結果；無不利後果的錯誤 (指法官對當事人做出不利而事實上無不利後果的錯誤，應受批評而不應成為對該案件再審的理由)

Error intolerabilis 有責任的錯誤

Error invincibilis 不可避免的錯誤

Error juris 法律上的錯誤 (不諳法律的錯誤)

Error juris nocet 法律上錯誤產生有害的後果；法律上錯誤的傷害 (指所犯錯誤者應承擔其後果)

Error Justus 免責的錯誤

Error lapsus 疏漏的錯誤 (因誤解或疏漏而造成的錯誤)

Error nominis 姓名錯誤

Error of fact 認定事實錯誤 (釋義同 "error fact")

Error of judgment 判斷錯誤

Error of law 適用法律錯誤

Error probabilis 無過失的錯誤；偶誤

Error qui non resistitur approbatur 錯誤沒有受到抵制或反對就意味着對其認可

Error vincibilis 可避免的錯誤

Errors and omissions 錯誤遺漏

Errors and omissions excepted (E.O.E) 錯誤和疏漏除外

Errors and omissions insurance 錯誤與過失保險

Errors and omissions liability insurance 錯誤與疏漏責任保險

Errors excepted (e.e) 錯誤除外 (指對已結賬目中細小錯誤或疏忽免於追責)

Erthmiotum 〔英古〕調解鄰里爭端的會議；審理兩塊地界的法庭

Escalation clause 自動調整工資條款；(合同) 滑動條款

Escalation clause in sales contracts 銷售合約的滑動條款

Escalation in trade disputes 貿易爭端升級

Escalation price 自動增價契約價格

Escalator *n. & a.* I. 規定 (工資等) 定期按生活費用作出上下調整的條款；II. 規定 (價格、工資等) 定期按比例作出上下調整的

Escalator clause 〔美〕浮動條款 (指在工會的合約中，規定工資升降按某種生活費指數調整的條款，租貸條款中則因稅收增加而增加)

ESCAP/UNIDO Fertiliser Advisory, Development and Information Network for Asian and the Pacific (FAD INAP) 亞太肥料諮詢、開發與資料網絡

Escapade 越軌行為

Escape *v. & n.* I. 逃避；逃亡；逃脫（指在合法釋放前逃出羈押的監獄；或看守人准許或縱愚讓逃出監獄）；II. 逃亡罪；越獄；看漏（指故意允許或疏忽讓囚犯出逃）

Escape clause 〔世貿〕例外條款；免責條款；免除條款（指在國內產業受到成員方進口競爭損害時，可暫時取消減讓條款）；退出條款；合約滑動條款（指勞動合同及規章等）

Escape from prison 越獄

Escape of dangerous things 〔英〕危險物的排放；危險物的泄漏（侵權行為法的原則之一）

Escape period 〔美〕允許退出期間（指在合約快期滿而新合約又未簽訂之前的一段時間內，允許工人離開工會而又保持會員資格的條款）

Escape punishment 逃脫懲罰；逃跑處分

Escape vents 〔海法〕脫險口

Escape warrant 逃犯追緝令；追緝逃犯的拘票

Escaped convict 越獄犯

Escaped criminal 在逃犯

Escaped criminal of convict 逃犯

Escaped prisoner 脫逃戰俘；脫逃戰犯

Escapee 越獄犯人；逃脫者；逃亡者；逃犯；逃俘

Escapee artist 善於越獄的罪犯

Escheat *n. & v.* I.〔美〕無主財產；無人繼承財產（指因無行為能力可繼承的任何個人財產收歸國有）；〔英〕土地復歸；產業歸公（指無血親繼承人的財產收歸封建領主、國王或國家所有）；II. 充公；收回；復歸（指無主的土地財產等）

Escheat and forfeiture 〔英古〕（土地）復歸與沒收（指承租人死而無後嗣或犯罪者）

Escheat grant 復歸土地的轉讓

Escheator 〔英〕復歸財產管理官（由財政大臣委任管理各郡復歸國王的產業，此等官員現已不復存在）

Escort *n. & v.* I. 護送；護衛；保鏢；護送衛士；II. 護送；護航；護衛；陪同

Escort a criminal from one place to another 遞解（古刑法用語）

Escort expense 押送費用

Escort office 押送局；鏢局

Escort under police 警察押送（警察護送）

Escot 〔英〕維持稅（指曾是一種支付以維持自治市鎮社區之稅）

Escribano 〔西〕公證人

Escroqueie 〔法〕智能犯；詐欺；詐騙

Escrow 等候條件完成的證書（由第三者保存，待條件完成後，即交受讓人的契據或證書）；附條件交付契據（例如土地買賣契約中訂明只有款項全部付清後才交給地契）

Escrow account 代管賬戶（例如支付房地產稅的存款通常由受押人記入銀行出的賬戶上）

Escrow agent 有條件轉讓契約代理人

Escrow agreement 附條件的交付契約；有條件轉讓協議

Escrow bond 附條件的債券；有條件轉讓債券；第三者代管的債券

Escrow contract 代理合約（指由買方、賣方和受托代理人三方之間訂立協議，闡明各自的權利和義務）

Escrow costs 第三者代管費用

Escrow deposit 代管存款

Escrow depositary 讓與形式的保管

Escrow fees 代管費

Escrow fund 代管基金

Escuage 代償兵役稅；護衛軍役（封建時代騎士軍役中的一種，不動產佔有人自負軍費陪同國王出征 40 天，如不隨同出征可以上繳代用品代替，其後改為付款）

Esketores 強盜；毀壞他人土地或財產者

Eskimo 愛斯基摩人（居住在北冰洋沿岸的原住民種族）

Eskippeson, eskippare *v.* 裝船；運送

Esnecy 年長權（指共同繼承的財產分割時，長子女有選擇其中最好的部份的權利）

Espera 期間（依法律或法院確定的時間內應履行的行為，例如出具文件、償債等等）

Espionage 間諜；間諜行為；刺探；〔美〕間諜罪（指提供用以損害美國或有利於外國的情報）

Espionage Act 〔美〕間諜法（1916 年發佈的禁止妨害戰爭繼續的行為；現在是懲處間諜、特務及有關罪行的聯邦法律）

Espionage activity 間諜活動

Espionage or spying 間諜行為或間諜活動

Esplees 土地上的產物；土地收益（例如牧草和可耕地上種植的玉米等）；〔古〕土地

Espousal of a claim 對求償的贊助

Espousals 婚約（指男女間相互約定擇時嫁娶）

Espouse *n. & v.* I. 配偶

Esprit de corps 〔法〕團體精神（團隊精神）；集體精神

Esprit de legalite 〔法〕法制精神

Espurio 〔西〕私生子；生父不明之子（指其母與眾多男人性交，故不知懷胎是哪位男子）

Esquire, esq 〔英〕大人；先生（治安官等的尊稱；騎士長子的尊稱；貴族幼子的尊稱）；候補騎士；紳士；地主；隨從；〔美〕先生（普遍附於律師名字之後）

Essay on Crimes and Punishment 〔英〕《論犯罪與刑罰》（貝卡利亞 1738－94，其時的意大利政府官員）

Essence 要素；本質；精華；精髓

Essence of a contract 契約要素；合約要件（例如合約規定，時間為其成立的要素）

Essences of crime 犯罪要素

Essential 必不可少的；必需的；極為重要的；基本的；主要的；本質的

Essential basis 必要根據

Essential documents 主要文件；主要單據

Essential element 主要成分

Essential goods 生活必需品

Essential governmental duties 〔美〕（憲法構想的）聯邦政府各部門的主要職責

Essential interest 根本利益

Essential products 主要產品；基本產品

Essential provisions 主要規定

Essential requirement 實質要件

Essential rights 基本權利

Essential security interest 基本的安全利益

Essentially 在本質上；在要素上；在主要的方面

Essex affair 〔英〕〔美〕埃塞克斯號貨輪糾紛事件（1804－1805 年）

Essoign (or essoin) *n. & v.*〔英古〕I. 不出庭藉口；不出庭理由；II.〔英古〕申述未按傳票規定的日期出庭的理由

Essoin day 〔英〕調查不出庭理由的開庭日期

Essoin de malo villae 被告因病不能出庭（派人請求寬恕，原告要對此加以查實）

Essoin de outré mer　被告因在國外不能到庭

Essoin roll　〔英〕未按指定日期出庭理由者及延期開庭的案卷簿

Essoinee　未出庭的人

Essoiner　受當事人委託陳述未能應傳到庭理由的人

Essoiniator　代表被告申述未能傳到庭理由的人

Est ascavoir　據悉；就是說

Establish　*v.* 建立；設立 (公司等)；創辦；制定；確立；證實；委任；委派；安置；認可；批准；使 (先例) 被永久性地接受 (或承認)

Establish a fair and market-oriented agricultural trading system　〔世貿〕建立一個公平的、市場導向的農產品貿易體制

Establish a list of panels　編制一份專家組名單

Establish a multilateral framework of principles and rules for trade in services　〔世貿〕建立一個多邊的服務貿易原則和規則的框架

Establish a mutually supportive relationship　〔世貿〕建立一種相互支持的關係

Establish a review procedure　建立一項審查程序

Establish a socialist market economy　建立社會主義市場經濟

Establish a time-period　確定一個期限

Establish a transparent system　建立一個透明度的體系

Establish an alibi　證明不在犯罪現場

Establish authenticity　確認 (其) 真實性

Establish constitution　制定憲法

Establish effective bid challenge mechanism　建立有效的投標質疑機制

Establish floors　規定最低價

Establish general horizontal principles　〔關貿〕確定普遍相同的原則 (指發展中國家要求確定高科技的專門知識勞務與高度勞動力密集型勞務的原則)

Establish guardianship　建立監護關係

Establish health, safety and environmental regulations　制定健康、安全和環保的法規

Establish its rules of procedure　〔世貿〕制定自己的程序規則 (指總理事會而言)

Establish joint technical cooperation projects　〔關貿〕確定聯合的技術合作項目

Establish new rules and regulations　制定新的規章

Establish procedures for periodic consultations　〔世貿〕建立定期協商的程序

Establish rules for the application of safeguard measures　〔世貿〕制定為運用保障措施的規則

Establish the above-mentioned fact　證實上述事實；確認上述事實

Establish the suicideis identity　驗明自殺者的正身

Establish tolerances for contaminants in foods　確定食品中污染物允許量

Establish trusteeship　建立受托關係

Established　公認的；既定的

Established by law　為法律所規定

Established case　案例

Established church　〔英〕國教會 (指國家法律上認可的教會，即官方教會)

Established custom　成規；確定的慣例；已確立的習慣

Established enterprises　已有的企業；已建立的企業

Established fact　確定的事實，既成事實

Established functions　公認的職能；公認的作用

Established international practice　公認的國際慣例

Established practice　成規；慣例

Established principle　既定原則

Established principles of international law　公認的國際法原則

Established principles of law　公認的法律原則

Established religion　國教；國家承認的宗教

Established rules of conduct　公認的行為準則

Established uniform procedure　〔關貿〕既定的統一程序

Establishing identity　同一認定 (證明某人確是該人或某物確是該物的一種刑事技術鑒定中所運用的一種科技手段)

Establishing, maintaining or authorising an import monopoly　〔關貿〕建立、維持或授權實施進口壟斷 (指關貿總協定對國營企業的要求)

Establishment　國家的統治集團；國家的權力機構；政府體制；〔美〕營業地；公共機構；私人機構；權勢集團；建立；設立；制定；編制

Establishment and operation of the mechanism　機制的建立和運作

Establishment charges　開辦費

Establishment clause　定居條款；〔美〕(憲法第 1 條修正案規定的) 政教分離條款

Establishment Department　〔英〕編制部 (財政部內的人事行政部)

Establishment hand　周薪的職工

Establishment of a formal office of legal affairs for the GATT Secretariat　成立關貿總協定秘書處的正式法律事務所 (1983 年)

Establishment of consular relations　領事關係的建立

Establishment of diplomatic relations　外交關係的建立

Establishment of the Commission of the European Communities　歐洲共同體委員會成立 (1957 年)

Establishment of the organisation　組織的建立

Establishmentarian　*n. & a.* I. 擁護既成權力機構 (或體制)；II. 擁護既成權力機構 (或體制) 的；擁護政府的；政府 (人員) 的

Estadal　〔西〕土地測量單位 (相等於 16 平方碼)

Estate　不動產物權；地產；地產權；財產 (包括動產和不動產)；房地產；(死者全部的) 遺產；狀況；政治集團；社會地位；社會等級；社會階層

Estate account　資產賬

Estate accounting　遺產會計

Estate ad remanentiam　非限嗣繼承遺產 (不限制具有一定身分的才能繼承的遺產)

Estate administrator　遺產管理人；財產管理人

Estate agent　〔英〕房地產經紀人；房地產掮客；土地管理人

Estate and interest　在不動產及動產上存在着與財產同樣物權的總稱

Estate at sufferance　容認的不動產物權 (指經所有者允許可繼續合法佔有的地產)

Estate at will　任意地產權 (根據約定，一方可予以終止的不動產物權，亦即承租人可按出租人的意願租借其地產)

Estate by dower 寡婦的終身財產 (丈夫死後，其所遺土地財產的三分之一歸其妻子所有)

Estate by elegit 償還債務抵押的不動產 (指債務者依照判決執行將其擁有的動產或不動產以為償還債務抵押，直至償還債權人全部債務為止的令狀)

Estate by purchase 置得地產 (指除繼承以外其他方式所購置所得的財產)

Estate by statute merchant 〔英〕商人法保證書地產權 (直至債務人清償債務為止，釋義見 "statute merchant")

Estate by statute staple 〔英〕貿易中心保證書的地產 (指為確保外商或製造商利益，根據貿易中心法，債務人將其地產交付倫敦市長作為償還債務的抵押，直至償還權人的債務為止)

Estate by the curtesy 鰥夫終身財產 (鰥夫享有其亡妻的遺產)

Estate by the entireties 夫婦共有財產；夫婦共同不動產所有權

Estate clause 〔英〕地產權條款 (以前為附加於土地轉讓契約上的明示條款)

Estate contract 〔英〕地產契約；不動產契約 (指普通法上的不動產物權的保有者，設定或轉移普通法上的不動產物權的契約)

Estate corpus 遺產淨值 (遺產本金)

Estate duty 〔英〕遺產稅 (1975 年以後為資本轉讓稅所代替)

Estate Duty Office 〔香港〕遺產稅科

Estate for another man's life 在另一特定人生存期間繼續存在的不動產物權 (地產權)

Estate for life 終身財產；終身保有的地產權 (指終身保有的不動產物權)；非世襲的終身財產

Estate for years 定期地產 (一定期限後消滅的不動產物權)；租賃的不動產物權

Estate freeze 〔美〕逃避財產稅 (指業主將持有普通股換成優先股付於固定的現金股息，擁有現金價值，然後將普通股給予其子女。如此，本人取得終身的股息，而公司未來股份增值累積則歸其子女所有，以此避稅)

Estate from period to period 期間連續租賃的地產權 (指一年期間連續租賃的地產直至租約被終止為止，釋義見 "tenancy from period to period")

Estate from year to year 年期連續租賃的地產權 (指租期屆滿後，承租人仍被允許繼續租賃其地產之謂)

Estate in common 共有的不動產；共有的地產 (指兩人或兩人以上共同佔有的地產)

Estate in coparcenary 共同繼承的產業；共同繼承的地產

Estate in dower 寡婦地產

Estate in entirety 夫婦共有的地產權；夫婦共有的產業

Estate in expectancy 將來產業；期待地產權

Estate in fee simple 無條件繼承的土地所有權；非限定繼承的產業

Estate in fee simple absolute in possession 完全的地產權 (無限定繼承的土地所有權)

Estate in fee tail 限定繼承人的地產權 (限定繼承人的不動產物權)

Estate in future 將來的地產權；期待地產權

Estate in gage 出質的不動產 (指供擔保的土地財產，分為 "活質" 和 "死質" 兩種或抵押)

Estate in intestacy 無遺囑繼承的遺產；合法繼承的遺產

Estate in joint tenancy 共同所有的不動產 (共同保有的地產)

Estate in lands 地產；地產權 (含土地、土地及有關權利法保有或可繼承的財產)

Estate in libero maritagio 結婚時贈與夫婦的免役不動產物權

Estate in possession 現有財產；現有的不動產物權

Estate in remainder 剩餘地產權；殘餘財產歸屬權

Estate in reversion 復歸的地產 (權)；復歸的財產

Estate in severalty 單獨保有的物權；單獨保有的地產

Estate in tail 限嗣繼承地產；限定繼承地產權 (指限定直系親屬繼承的不動產)

Estate in vadio 出質地產；抵押地產 (已作抵押財產，釋義見 "estate in gage")

Estate income 產業收入 (益)；遺產收益；房地產收益

Estate intestate 無遺囑的遺產

Estate inventory 遺產清冊

Estate less than freehold 定期地產權；任意地產權；容認地產權 (指承租人在合法租期屆滿後，仍可繼續佔用的意思)

Estate list 遺產清單

Estate not of inheritance 不可能繼承的地產權；不能繼承的財產

Estate of a deceased person 遺產

Estate of copyhold 謄本地產保有權 (在莊園領主的領地內從事耕作或放牧的農奴保有的土地或其保有權)

Estate of freehold 完全保有的地產權；自由保有的地產權 (自由民以自由役務不定地保有的不動產物權)

Estate of inheritance 可繼承的地產 (繼承財產；世襲財產)

Estate on condition 附條件的地產權

Estate on conditional limitation 附轉讓條件限制的地產 (意指讓與人將其地產轉讓給受讓人未能如期轉成者，該地產即被轉為第三人所享有)

Estate on limitation 附時效限制的地產

Estate owner 〔英〕地產權所有人；普通法上的不動產物權保有人 (依英國 1925 年財產管理條例法，嬰兒不能為普通法上不動產物權所有人)

Estate planning 遺產計劃 (指安排個人財產、不動產、考慮遺囑法、稅法、保險法等等以取得最大收益，以便一死就能按自己的意願處理身後財產的計劃)

Estate pur autre vie 在他人生存期間保有的地產

Estate settlement 遺產清算

Estate shrinkage 遺產減損

Estate sole 單獨保有的地產權 (單獨保有的產業)

Estate subject to a conditional limitation 受附有條件的期限限制的地產

Estate tail 限嗣繼承的地產 (指限於本身及直系親屬繼承的不動產)

Estate tail female 限定女性繼承的地產 (限定女性及其後嗣繼承的財產)

Estate tail general 全體直系繼承人繼承的地產 (不問男女)

Estate tail male 限定男性繼承的地產 (指只限於男性及其後嗣繼承的財產)

Estate tax 〔美〕遺產稅 (指徵收死者留下的全部財產稅，有別於 "inheritance tax")

Estate transfer 遺產轉讓；財產轉移

Estate upon condition (=estate on condition) 附條件的地產權 (指取決於特定事件的發生而使得財產得以創設、擴大或者被減失)

Estate upon condition expressed　附明示條件限制的地產權

Estate upon condition implied　附默示條件限制的地產權

Estated　有財產的；有產業的；有地產的

Estates of fees　世襲所有地

Estates of the realm　〔英〕王國的議會等級（由上議院的僧侶議員的大主教和主教、上議院普通議員和平民即由貴族、僧侶和庶民組成）

Esthonian law　愛沙尼亞法

Estimate　*v. & n.* I. 估價；估計；預算；判斷；II. 估計；估價；預算；估計數；（承包人的）估價單

Estimate of the period　估計期限

Estimate return　估價報告

Estimated　估計的；預計的

Estimated amount of expenditures　預算支出的金額；估計支出額（數）

Estimated amount of revenues　歲入預算額；估計歲入額（數）

Estimated assessment　預算稅額

Estimated balance sheet　估計資產負債表

Estimated cost　估計費用；估計成本；預算成本

Estimated expenditure　預算支出；費用預算

Estimated revenue　收入預算數

Estimated statement of profit and loss　估計損益表（估計盈虧的財務報表）

Estimated sum　〔美〕估算金額；預算金額

Estimated tax　估計稅款（指聯邦和州稅法要求按季度表單估計公司等到期應繳的稅，以及納稅人預選報稅單並據此分期納稅，而後報年終稅單）

Estimated tonnage　計劃噸數；估計噸數

Estimated useful life　估用使用年限（指特定納稅人使用其資產期限為每年計算資產折舊減稅等用）

Estimated value　估價；估計的價值

Estimated weight　估計重量

Estimates　〔英〕財政預算（英國財政大臣每年提交下議院審議的國家行政和國防支出預算）；估計；概算

Estimates Committee　〔英〕（議會下院）預算委員會

Estimating of working capital　營業資本的估計

Estimation　估計；估價；預算；推算；評價；判斷；意見

Estimation of national wealth　國家財富的推算

Estin doctrine　〔美〕艾斯丁原則（意指離婚判決是絕對的，但判決書中要求對妻子扶助部份效力的執行是可分的）

Estop　*v.* 禁止翻供；不容否認；禁止；阻止；防止

Estoppel　禁止翻供；禁止反言；不容反悔；不容否認；禁止作相反主張（指禁止否認以前的供詞或推翻以前所作的行為或事實陳述）

Estoppel by conduct　不許推翻的事實（某人只要以某種言論或行為承認某種事實，就不許他對該事實加以爭辯的原則）

Estoppel by deed　〔英〕禁止推翻的契據（不許作出契據的當事人否認該蓋印證書事實的原則，意即轉讓人轉讓財產後取得產權不容否認其已經生效的轉讓財產的擔保契據）

Estoppel by judgment　終局的判決不容推翻（指主管的管轄法院對已構成終局判決的事實對其各方當事人不管以任何形式或案由所提起的訴訟都具有拘束力）

Estoppel by laches　因延遲而喪失求償權不容否認

Estoppel by matter of record　禁止否認記錄在案事實的原則；對已判決事項不許爭辯的原則（指當事者或關係人對於已構成終局判決的內容不許爭辯的原則）

Estoppel by record (=estoppel by matter of record)　禁止否認記錄在案事實的原則；對已判決事項不許爭辯的原則（指當事者或關係人對於已構成終局判決的內容不許爭辯的原則）

Estoppel certificate　不可否認的證明書（指承租人或出押人業經簽署證明的事實陳述書，不容以後再提出相反的權利主張）

Estoppel in pais　〔英〕不容推翻的事實（指禁止租用並已繳納地租的承租人對其業主土地產權提出權利主張）；〔美〕對權利主張沉默行為不容否認原則（指由於當事人對其權利主張或保持沉默不當行為之責任不容反言的原則）

Estover　〔英〕伐木權（指土地承租人可在所租土地上採伐必需的木材以供燃料、製作籬笆及農具等用，但不得存為日後所用）；〔美〕生活補助費（指供喪失財物者買食物和服裝用）；分居妻子贍養費（釋義見 "alimony"）

Estranged spouses　被離間的配偶；被疏遠的配偶

Estrays　〔英〕迷途家畜（無人認領者歸國王或莊園主所有）；海上漂浮物

Estreat　*n. & v.* I.〔英〕法院判決記錄副本（指以前抄錄的具結條件受破壞被沒收了具結保證金，故而保證人成為國王的債務人）；II. 摘錄（指從法院已判決記錄中摘錄被沒收具結保證金等並將其送交法官以便執行）；追索保證金

Estreciatus　（把路）弄直的

Estrepe　*v.* 拆除（指砍光樹木、撤除建築物等）；荒廢（土地並減損其價值）

Estuary　河口（指受潮汐影響的入海河流的河口或低潮後低水道部份）；三角灣

Estuary harbour　河口；港口；海口；三角灣

Etablissements de Saint Louis　〔法〕聖·路易法令集（14世紀）

Eternal law　永恒法

Eternal neutrality　永久中立

Eternal security　〔宗〕永久保障

Ethical　倫理的；道德的；倫理學的

Ethical jurisprudence　倫理法學；倫理法理學；道德法理學

Ethics　倫理學，道德學；道德標準；行為準則；（某種職業的）規矩

Ethics or moral philosophy　倫理學或道德哲學

Ethnic discrimination　民族歧視

Ethnic rights　民族權利

Ethno-law　人種法律

Ethno-political　人種政治的

Ethnopsychiatry　人種精神病學

Etiquette　禮節；禮儀；戒規；成規；（同業間的）規矩

Etiquette of the profession　職業守則（法律界，尤指律師界全體成員達成共識的職業操守）

Euclidian　〔美〕歐幾里德式的普通市區劃分制（指將公寓、營業和零售店等居民區除外）

Euclidian zoning　歐幾里德分區制

Eugenics　優生學；人種改良學

Eugenist (or eugenicist)　優生學家

Eunomy　平等的法律和良好的政府規章

Eunuch　宦官；太監

Eurafrica　歐非共同體

Euratom (=European Atomic Energy Community)　歐洲原子能聯營（又稱"歐洲原子能共同體"或"歐洲原子能總署"）

Euro　歐元（歐洲共同市場除英國等 11 個國家，自 1999 年開

始流通使用的統一貨幣)

Euro currency market 歐元貨幣市場

Euro market 歐洲市場

Euro-banks 歐洲銀行

Eurobond 歐洲債券 (指美國公司在美國以外的地方以美元買賣並計息的債券);歐陸債券

Eurobond issue 歐洲債券發行

Eurobond market 歐洲債券市場

Euro-Canadian dollar 歐洲加元

Euro-commercial paper 歐洲商業票據

Eurocontrol (=European Organisation for the Safety of Air Navigation) 歐洲空中航行安全組織 (成立於 1960 年 12 月 13 日)

Eurocrat 歐洲共同市場行政委員會官員或行政人員 (簡稱 "共市官員或行政人員")

Euro-credit 歐洲信貸

Eurocurrency 歐洲通貨;歐洲貨幣 (指各國存放在歐洲銀行的貨幣)

Euro-currency credit 歐洲貨幣信貸;歐洲貨幣貸款

Euro-currency deposit 歐洲貨幣存款

Eurodollar 歐洲美元 (指存放於歐洲銀行的美元)

Euro-dollar bond 歐洲美元債券

Euro-farmer 歐洲共同體市場農民

Euro-issue 歐洲證券

Euronote 歐洲債券;歐洲借據

Europe Broadcasting Union 歐洲廣播聯盟

Europe Migrants Association Council (CAIE) 歐洲移民協會理事會

European Agreement for the Prevention of Broadcasts Transmitted from Outside National Territories 防止國境外的電台廣播的歐洲公約 (1965 年)

European Alliance of Press Agencies 歐洲新聞社聯盟

European Atomic Energy Community (EURATOM EAEC) 歐洲原子能聯營 (又稱 "歐洲原子能共同體" 或 "歐洲原子能總署")

European Bank for Reconstruction and Development (EBRD) 歐洲復興開發銀行

European bargaining tariff 歐洲協約稅率

European Coal and Steel Community (ECSC) 歐洲煤鋼共同體 (歐洲煤鋼聯營)

European command 歐洲統帥部

European Commission on Human Rights 歐洲人權委員會

European Committee for Economic and Social Progress 歐洲經濟與社會進步委員會

European Committee on Crime Problems 歐洲犯罪問題委員會

European Committee on Legal Co-operation 歐洲法律合作委員會

European Common Agricultural Policy (ECAP) 歐洲共同體農業政策

European common margins arrangement 歐洲共同浮動幅度安排

European Common Market (ECM) 歐洲共同市場

European Communities (EC) 歐洲共同體 (簡稱 "歐共體",由歐洲經濟共同體、歐洲原子能聯營和歐洲煤鋼聯營組成,成立於 1967 年 7 月 1 日,總部設在布魯塞爾,設有部長理事會、委員會、歐洲議會和歐洲法院等四個主要機構)

European Communities Act 歐洲共同體法 (1972 年)

European Communities Visitors Programme 歐洲共同體訪問者規劃署 (為科研項目提供資助)

European Community Law 歐洲共同體法

European company 歐洲公司 (成立於 1966 年)

European Concert (or Concert of Europe) 歐洲協調;歐洲協商

European Confederation of Woodworking Industries 歐洲木工行業聯合會

European Container Manufacturers' Committee 歐洲集裝箱生產者委員會

European Convention for the Protection of Human Rights and Fundamental Freedoms (ECPHRFF) 歐洲保護人權和基本自由公約 (1950 年) (即 "歐洲人權公約")

European Convention of Human Rights 歐洲人權公約 (1993 年)

European Convention on Extradition 歐洲引渡公約 (1957 年)

European Convention on Human Rights 歐洲人權公約 (1950 年)

European Convention on Human Rights and Fundamental Freedoms 歐洲人權與基本自由公約

European Convention on International Commercial Arbitration (ECE/UNCITRAL) 歐洲國際商業仲裁公約

European Convention on Products Liability in Regard to Personal Injury and Death 關於人身傷亡產品責任歐洲公約 (1976 年)

European Convention on Reduction of Cases of Multiple Nationality and Military Obligations in Cases of Multiple Nationality 減少多重國籍情況和在多重國籍情況下的兵役義務的歐洲公約 (1963 年)

European Convention on State Immunity 歐洲國家豁免公約 (1972 年)

European Convention on the International Validity of Criminal Judgments 28 May 1976 關於刑事判決國際有效性的歐洲公約 (1976 年 5 月 28 日)

European Court 歐洲法院;歐洲共同體法院

European Court of Human Rights 歐洲人權法院 (1959 年)

European Court of Justice 歐洲法院 (1951 年)

European Currency System (ECS) 歐洲貨幣制度

European Currency Unit (ECU) 歐洲通貨單位

European Customs Study Group 歐洲關稅研究組

European debt crises 歐洲債務危機

European Defense Community 歐洲防務共同體

European Department 〔基金〕歐洲部

European Development Fund (EDF) 歐洲開發基金會;歐洲發展基金 (成立於 1958 年,為歐共體向聯合國提供財政經濟援助而設的組織)

European Economic and Monetary Union (EEMU) 歐洲經濟和貨幣同盟 (1970 年 2 月建立於盧森堡,是歐共體成員國推行經濟一體化目標和計劃之一)

European Economic Community (or Common Market) 歐洲經濟共同體 (簡稱 "歐共體" 成立於 1958 年 1 月,EEC)

European Economic Zone 歐洲經濟區 (又稱 "歐洲經濟空間",於 90 年代初成立,佔世界貿易 40% 以上的世界最大的自由貿易區)

European Establishment Convention 歐洲居留公約（歐洲理事會多數成員間關於處理成員國國民彼此入境、停留和遷徙至另一國領土及其公民權利、法律和行政保護以及經濟活動的多邊條約，1955 年）

European Federal Bank of Issue 泛歐聯邦準備銀行

European Federation of Conference Towns 歐洲會議鄉鎮聯合會

European Free Trade Area (EFTA) 歐洲自由貿易區（1973年 1 月 1 日）

European Free Trade Association (or European Free Trade Area) (EFTA) 歐洲自由貿易聯盟（又稱"小自由貿易區"，與歐洲共同體相抗衡，1960 年 1 月 4 日成立於斯德哥爾摩，同年 5 月 3 日生效，其成員有奧、丹、挪、葡、瑞典、瑞士和英國等 7 個國家，後來芬蘭和冰島相繼加入，英、丹、葡又先後退出，其目的在於逐步取消聯盟間的關稅壁壘）

European Insurance Committee 歐洲保險委員會

European integration 歐洲一體化（有學者認為，西歐在意識形態上可分為以德國為中心的一個集團、以英、丹、瑞典為一個集團和南歐包括芬蘭在內另一個集團，雖大體上都支持貿易自由化，但三個集團地區人民支持態度上有支持、有反對、有既不支持，也不反對，對待"一體化"的三種態度，情況很複雜）

European International Law 歐洲國際法

European Investment Bank (EIB) 歐洲投資銀行

European joint float 歐洲聯合浮動（指歐洲共同市場各國貨幣匯率變幅維持在平價上下各 2.5% 範圍之內的意思）

European Law 歐洲法

European Monetary Agreement (EMA) 歐洲貨幣協定

European Monetary Co-operation Fund (EMCF) 歐洲貨幣合作基金組織

European Monetary System (EMS) 歐洲貨幣體系

European most favoured nation policy 歐洲最惠國政策

European narrow margins arrangement 歐洲狹小匯率幅度安排

European Organisation for Nuclear Research (CERN) 歐洲核研究組織

European Organisation for the Safety of Air Navigation (Eurocontrol) 歐洲空中航行安全組織（成立於 1960 年 12 月 13 日）

European Parliament 歐洲議會（歐洲共同體議會，1958 年成立，常設秘書處設在盧森堡，為歐共體的監督諮詢機構）

European Patent Convention (Convention on the Grant of European Patents) 歐洲專利公約（1973 年）

European Payments Union (EPU) 歐洲支付同盟（1950 年）

European plan 歐洲收費制（旅館的住宿費和服務費固定而膳費另算）

European public law 歐洲公法

European recovery programme 歐洲復蘇計劃（指二次大戰後的）

European roll 歐洲人選民名冊（指在羅德西亞）

European Union 歐洲聯盟（簡稱"歐盟"，成立於 1993 年）

European Unit of Account (EUA) 歐洲記賬單位

European-American Chamber of Commerce 歐洲－美國商會（會員是由美國在歐洲和歐洲各國在美國經商的公司組成，旨在雙方之間進行自由公平的貿易和投資）

Euro-speak 歐洲共同市場官方語言

Euro-yen 歐洲日元

Euthanasia 安樂死（為結束不治之症患者的痛苦而施行的"安樂死"醫術）

Evacuation 撤離；疏散；撤退

Evade *v.* 迴避；規避；逃避；躲避

Evade (paying) one's debts 逃避…債務

Evade a duty 逃避職責

Evade domestic ratification procedure (for the establishment of the GATT) 規避本國批准程序（指 GATT 成立而言）

Evade duty 漏稅

Evade foreign exchange 逃避外匯

Evade payment of duty 逃避繳稅

Evade tax 逃稅

Evade taxation (taxes) 逃稅；偷稅

Evaluate *v.* 評價；估…的價；把…定價

Evaluate the world supply and demand situation and outlook 評估世界供求情況（形勢）及其前景

Evaluation 估價；評價；評審

Evaluation Committee of Academic Degree 〔中〕學位評審委員會

Evaluation Committee of Academic Ranks 〔中〕學銜評審委員會

Evaluation group 審評小組

Evarts Act 〔美〕埃瓦茨法（1891 年關於成立巡迴上訴法庭及確立當代聯邦上訴複審計劃大綱）

Evasion 規避；逃避；狡猾地迴避事實或法律懲罰；逃稅（"Evasion" 不同於 "avoidance"，前者是非法不納稅，後者乃合法避稅）

Evasion of fiscal 漏稅

Evasion of foreign exchange control 逃避外匯管制

Evasion of Law 法律規避（又稱"法律欺詐"，是指涉外民事法律關係當事人為了實現利己的目的，故意改變構成法院地國衝突規範連結點的具體事實，以避開本應適用的對其不利的准據法，而使對其有利的法律得以適用的行為）；簽名；加簽；認可；贊同；批注；批單（保險單上加注的變更保險範圍的條款）

Evasion of legal sanction 規避法律制裁

Evasion of responsibility 逃避責任

Evasion of statutes 〔美〕規避法（指美國某些州制定的法律規定：凡是規避本州的法律而到他州去結婚者屬無效）

Evasion of tax 逃稅；偷稅

Evasive 規避的；逃避（捐稅）的；遁詞的；推托的；含糊的；不可捉摸的

Evasive answer 含糊其詞的回答（按按理應需要知道的事情既不直接、明確承認，也不否認。對此，當事人可動議法院命令強迫被告對披露問題作出回答）

Even 同一日期的（商業用語）

Evening 晚上；黃昏

Event （重要）事件；事變；意外事件（如地震等天災）；訴訟結果；判決結果

Event of default 違約事件

Events at issue 訴訟爭點

Evergreen clause 永久有效條款

Evergreen contract 永久有效的合約（指逐年按對方通知作展期的契約）

Evergreen loan 常用貸款

Ever-increasing importance　日益增加的重要性

Every　每個；每一個；一切；全部

Every other　每隔；所有其他

Every other thing　所有其他事情（指要求僱主對於同類事情必須盡力提供安全工作地點，以對僱員提供合理必要的保護）

Evesdroppers　竊聽者；偷聽者

Evict　*v.* 收回（通過法院判決和司法判決追回租地、租屋等）；逐出（租戶）

Evict a tenant　趕出房客；逐出承租人

Evictee　被追回者；被驅逐者

Eviction　逐出（租地）；強制遷出；收回（指通過法律程序收回被佔有的土地或租賃的房屋等）

Eviction by title paramount　〔英〕因無絕對產權而被逐出租地（指由於出租人對土地無絕對產權而將該土地租給承租人）

Evictor　追回者；逐出者

Evidence　證據（包括人證、書證和物證）；證詞

Evidence accounting　查賬證據

Evidence aliund　外來的證據；旁證（堪為佐證的證據）

Evidence by deposition　筆錄證據；筆錄供詞

Evidence by inspection　可察覺證據（指有體證據、實物證據）

Evidence clause　證據條款

Evidence codes　證據法典

Evidence completed　舉證完畢（指雙方業已出具證據，原告自動停止向法庭提出證據，而被告已提出對原告案件作出裁決的動議，堅持其動議並謝絕出具證據）

Evidence de bene esse　暫定為可應用的證據；在非審訊地錄取的證供

Evidence in chief　主要證據

Evidence in support of alibi　證明被告不在犯罪現場的證據

Evidence in writing　書面證據；文字證據

Evidence insurability　〔保〕可保證明（指體檢和檔案等以供承保人確定被保險人可保資格的證據）

Evidence obtained by polygraph　由測謊器獲取的證據

Evidence of a crime　罪證

Evidence of conformity　符合要求的證據

Evidence of debt　債務證據

Evidence of guilt　罪證；有罪證據

Evidence of identity　身分證據

Evidence of innocence　無罪證據

Evidence of insurability　〔保〕可保證明；可保性證據（指體檢和檔案等以供承保人確定被保險人可保資格的證據）

Evidence of insurability satisfactory to company　可向保險公司提供滿意的人壽保險證明

Evidence of international customs　國際習慣的證據

Evidence of international law　國際法的證據

Evidence of marks or signs　標記或記號的證據

Evidence of negligence　過失證據；疏忽行為的證據

Evidence of origin　原產地證明

Evidence of payment　付款證據

Evidence of serious injury　嚴重損害的證據

Evidence of title　產權證據（尤指不動產證據）

Evidence on appeal　上訴證據

Evidence outside the instrument　票據外的證據

Evidence reasonably tending to support verdict　〔美〕可據有效、公正、充分理由作出裁定的證據

Evidence record　憑證記錄

Evidence rules　〔美〕舉證規則

Evidence to support findings　支持裁決的證據（提供陪審團裁決的證據）

Evidence upon oath　宣誓證據

Evident　明顯的；明白的；顯然的

Evidential effect　證據效力

Evidential facts　證據事實

Evidential requirement of form　證據的形式要求

Evidentiary (evidential)　證據的；證明的；憑證據的；作為證據的；提供證據的；有關證據規則的

Evidentiary effect　證據力

Evidentiary facts　證據事實

Evidentiary harpoon　不可採納的證據（指證人所檢舉提交陪審團不適當的證據，如被告以前被捕過、認罪過的資料）

Evidentiary hearings　調查證據庭；聽證會

Evidentiary theory　證明說；證據說

Evidently　明白地；明瞭地；顯然地

Evildoer　壞份子；歹徒

Evocation　〔法〕移送訴訟案件（指將案件從下級管轄權法院撤回移交另一法院或法官審理）

Evocatory　移送案件的

Evoke　*v.* 〔英〕移審（指將案件從下級管轄權法院撤回移交另一法院或法官審理）

Evolution of law　法律的演進（法的進化）

Evolution of the situation of the international market　國際市場的形勢變化

Evolution statute　〔美〕禁止學校教授進化論的法律

Ex ante commitment　事前承諾

Ex ante profit　根據推斷的利潤

Ex bond　保稅關棧交貨價

Ex bond warehouse　保稅倉庫交貨價

Ex bonus　無獎金；不附紅利

Ex commission　無佣金

Ex coupon　未附息票

Ex delicto trusts　違法信托，非法信托（旨在防止債權人從財產中收取求償）

Ex dividend　無股息；除股利；無紅利

Ex dock　碼頭交貨價

Ex dock (named port or importation)　（指定的港口或進口）碼頭交貨價格

Ex elevator　〔美〕穀物倉庫交付的穀物（芝加哥物產交易所用語）

Ex fictione juris　依法律擬制

Ex godown　（賣方）倉庫交貨價格

Ex gratia payment　優惠付給；〔保〕通融賠款

Ex interest　無利息（不論到期與否）

Ex lighter　駁船交貨價格

Ex maker's godown　製造廠商倉庫交貨價

Ex mill　工廠交貨價格

Ex mine　礦山交貨價

Ex office justices　當然的法官（依法委任的專任法官；依行使司法職權的法官）

Ex officio action　依職權的行為

Ex officio member　當然會員（成員）；依職權成員（或委員）

Ex officio oath 〔英〕依職務宣誓 (宣誓人要被迫回答可能會使他遭到教會處罰。此等宣誓要在高等法院監督下進行,但依英國 1661 年法律禁止教會法院作此等宣誓)

Ex officio principle 依職權原則 (指執法機關進行刑事訴訟,必須依法律所賦予的職權,主動負責地追究犯罪、懲罰罪犯,不受任何行政機關、團體和個人的約束與干涉)

Ex parte divorce 〔美〕只依單方離婚的訴訟 (指只有一方配偶參與的離婚訴訟,而另一方沒有到庭,這種離婚有效與否則取決於法院送達給缺席一方配偶通知書的性質)

Ex parte hearing 〔美〕只依單方的聽審 (指法院或法庭僅聽取爭議一方的聽審)

Ex parte injunction 〔美〕只依單方申請而簽發禁制令 (指訴訟因雙方爭議而提起,但法院只聽審了一方的申請就簽發禁制令)

Ex parte investigation 單方調查

Ex parte lawsuit 單方訴訟;一造訴訟

Ex parte proceeding 〔美〕單方程序 (指如在簽發臨時限制令案件中只聽審一造司法或準司法的程序)

Ex parte revocation 〔美〕單方撤銷 (指沒有讓當事人參加或沒有向其發出通知、未聽取及其答辯機會就撤銷或吊銷其執照或其他代理權)

Ex partner 前合夥人

Ex pier (or quay, wharf) 碼頭交貨價格

Ex plane 飛機上交貨價格

Ex plantation 農場交貨價格

Ex post audit 事後審計

Ex post cheating 事後行騙

Ex post facto approval 事後批准

Ex post facto law 有追溯效力的法律;溯及法

Ex post facto sanction 事後制裁

Ex post opportunity 事後機會

Ex post profit 事後利潤

Ex quay 碼頭交貨價格

Ex quocunque capite 不論何種理由;無論如何

Ex rail 鐵路旁交貨價格

Ex rights 除權;無新股特權;無權認購新股

Ex seller's godown 賣方倉庫交貨價格

Ex ship (目的港) 船上交貨價格 (指貨物裝船後,一切風險由買方承擔之謂)

Ex ship's hold 船上艙底交貨價

Ex stock-dividend 無紅利;無股息

Ex store 〔美〕店鋪交貨價;倉庫交貨價

Ex store 倉庫交貨;〔美〕店鋪交貨價

Ex tunc 追溯力

Ex warehouse (or store) 倉庫交貨價;貨棧交貨價

Ex warrants 無認股權證的股票 (指由賣方留存的在特定時間按特價出售特定數額無認股證書的股票)

Ex wharf 碼頭交貨價

Ex works 工廠交貨價

Ex Works (named place) (EXW) (指定的地點) 工廠交貨價

Exact *v.* 強徵;勒索

Exact age 實足年齡

Exact confession by torture 刑訊逼供

Exact obedience 順從;絕對服從

Exaction 強徵;勒索;強索的費用 (指官員額外收取費用的不法行為)

Exactor (exacter) 〔羅馬法〕收費人;稅務員;徵稅人;〔英古〕徵收公款的人;徵稅人

Examinable 在審查範圍內的;可檢查的

Examinant 檢查人;審查人;主考人

Examination 審查;訊問;查問;詰問;盤問;(對證人的) 訊問;〔英〕詢問 (指破產管轄權法院審查破產者財產狀況);預審 (將罪犯提交法庭審判前先由領薪治安法官對其控狀進行預審的意思);審查;檢查;調查

Examination anchorage 候檢錨地

Examination and approval 審批

Examination and inspection 〔移〕審查

Examination Committee 檢查委員會

Examination for lawyers 律師考試

Examination for position 錄用考試

Examination of a witness 訊問證人 (指訴訟一造或律師對證人所知的事實進行一系列的盤問之後將其提交法庭或陪審團)

Examination of conscience 〔中〕反省 (指檢查自己的思想行為)

Examination of credentials 審查證書 (國際法、外交上的用語)

Examination of pilot 領航員的考試

Examination of the voir dire 對被傳喚的證人法庭預先訊問是否可靠

Examination of title 產權檢驗

Examination of witness on commission 根據囑托訊問證人;委托錄取供詞 (法庭委任他人錄取證人的供詞)

Examination procedure 審查程序

Examination-in-chief or direct examination 〔英〕直接訊問;主訊問 (指提出證人的當事人一方的律師向本造當事人及證人的訊問);〔香港〕首輪訊問 (指由傳召證人的一方訊問證人)

Examine *v.* 審查;考核;查問;檢查;考查;調查;驗屍

Examine and approve 審批;核准

Examine and verify 審核

Examine into a rumour 調查謠言的來龍去脈

Examine the accounts 查看賬目

Examine the accuracy and adequacy of the evidence provided 〔世貿〕審查所提供的證據的準確性和完整性

Examine the cadres' personal histories 〔中〕審查幹部 (簡稱 "審幹")

Examine the records of a firm 〔世貿〕檢查企業的檔案;查閱企業的檔案

Examine the scope and modalities for complaints of the type 〔世貿〕檢查那種類型的控訴的規模和形式 (指解決投訴的爭端)

Examine the verification procedures 審查核實程序 (制度)

Examined copy 校正本;檢定抄本;檢定副本

Examinee 受審查者;接受訊問者;受試人

Examiner of Private Bills 〔英〕私法案審查人 (議會兩院各委派一人負責查明私法案各項預備工作是否均遵照議會議事規則要求辦理。審查通知應送達必須出席的提案人,否則該私法案將被取消)

Examiner of titles 物權審查官

Examiner(s) 檢查人;審查人 (負責審查可否給予發明專利者);證人訊問官;〔中〕稽核員;檢查員;驗貨員 (指中國的海關官員)

Examiners of the court 〔英〕庭外訊問官（由大法官委任至少有三年經驗的律師到庭外訊問證人）

Examining board 〔美〕審查委員會（指由國家公務員或準公務員組成對申請職業和專業證書者進行審查的委員會）

Examining court 預審法院；初審法院

Examining judge 預審法官

Examining justice 預審法官

Examining magistrate 預審法官

Examining trial 預審

Example of judgment 判例

Example of legislation 立法範例

Exarch 〔拜占庭〕總督；（東正教的）大主教

Excambiator 土地交換人；土地買賣經紀人

Excambion 〔蘇格蘭〕互易房地產契約（指以土地或房屋契約換取其他的土地或房屋契約，可能要付以金錢平等交易）

Exceed a previous license level 〔世貿〕超過過去許可證規定的水平（意指貨物進口超量了，下次分配許可證時應予補償性調整）

Exceed conventional rules 越出常規

Exceeding one's authority (in structions) 越權

Exceeding one's instructions 越權

Except *prep. & v.* I. 除非；若非；只是⋯；不包括⋯；除⋯以外；不計在內；II. 除去；除外；把⋯除外；反對（和 agaist 連用）

Except as concerns precedence and etiquette 除關於在優先權和禮儀事項外

Except otherwise herein provided (EOHP) 本約另有規定者除外

Except right of way 通行權除外

Except to its laws and regulations (concerning) 除⋯另訂法律規章外

Exceptant 抗告者；異議者

Excepted perils 〔保〕例外險情；除外風險；除外責任險（指船東、承運人對天災和公敵等所致損害不負賠償責任）

Excepted risk 除外保險（指承保人排除承擔損失賠償以外的保險，因而不在保險之列）

Excepted the perils of the seas 〔保〕除外危險（在租船契約或提單中規定的承運人不負責的海險）

Excepting *prep. & conj.* I. 除⋯以外；II. 只是；要不是

Exception 反對，異議；例外；除外（口頭或書面的）；除外的人（物或特定案件）；免責事項；（契據中的）保留條款；〔蘇格蘭〕辯護；抗辯

Exception clause 例外條款；免責條款

Exception d'illegalite 〔法、歐共體〕就違法性異議提出抗辯

Exception de l'acte Etat 〔法〕國家行為的抗辯

Exception dilatoire 〔法〕就法律程序延遲提出抗辯

Exception in deed 契據中的保留條款

Exception law 例外法

Exception list 貨物殘損報告；例外清單；貨損貨差清單（航運用語）

Exceptional circumstances 非常情況；例外情況；特殊情況

Exceptional circumstances justifying the decision 〔世貿〕證明該決定合理的特殊情況（指部長會議給予豁免的理由）

Exceptional measure 例外措施

Exceptional rates 特定運費率

Exceptional remedy 特殊補救方法

Exceptions clause 例外條款；免責條款；除外責任條款

Exceptions especially provided for 特別規定的例外

Exceptions to the agreement 本協議的例外

Exceptions to the Rule of Non-discrimination 〔關貿〕非歧視原則的例外（指對國際交易外匯支付和轉讓及部份進口限制等允許背離 GATT 的規定）

Exceptive law 例外法；特殊法

Exceptor 〔英古〕（對法庭裁決提出）異議者或抗辯者

Excerpt (=excerptas) 摘錄；選錄；節錄

Excess 超額；過量；〔保〕扣除免賠額；自負額；〔複〕過度行為；暴行

Excess 20% condition 〔保〕超過 20% 的分損

Excess baggage 超重行李

Excess capacity 生產能力過剩（指航運業）

Excess capital accumulation 超額資本積累

Excess capital formation 超額資本形成

Excess clause 超額條款（指要保人必須承擔特定損失額的責任條款）

Excess condemnation （財產）過度徵用

Excess demand 超額需求

Excess employment 超額就業（意指人浮於事）

Excess fare 補票費

Excess floating policy 超額流動保險

Excess franchise 〔保〕扣除免賠額（指承保人不賠付超過保險單條款訂明的損失金額）

Excess holding ratio 超額持有比率（特別提款權的）

Excess insurance 超額損失保險

Excess jurisdiction 超越管轄範圍；分外管轄權

Excess liabilities insurance 超額責任保險

Excess limits 超額；超額限定額（超過限定保險賠償額）

Excess line broker 超額保險經紀人

Excess liquidity 過剩流動性（資金）

Excess loans 超額貸款；超過法定的貸款

Excess of authority 越權

Excess of jurisdiction 超越管轄範圍；超越管轄權

Excess of loss 〔保〕超額賠款

Excess of loss cover 〔保〕超額賠款保障

Excess of loss ratio reinsurance 超額賠付率再保險

Excess of loss reinsurance 超額損失再保險；超額賠款分保

Excess of loss reinsurance treaty (excess treaty) 超額損失率分保合約；超賠分保合約

Excess of power 越權

Excess of the commitment levels 超過承諾水平

Excess or surplus water 超量水流（河水超過合理需求的流量）

Excess policy 〔英〕複保險單（指標的物同時在兩家保險公司作保險的雙重保險單）；超額保障保險單

Excess profit duty 逾額利得稅；超額利潤稅

Excess profits 超額利潤

Excess profits tax 〔英〕超額利潤稅（1939–1946 年）

Excess purchasing power 剩餘購買力

Excess reserve 〔美〕超額準備；超額儲備金；剩餘儲備金

Excess surplus value 超額剩餘價值

Excessive 過度的；過多的；超額的；極端的；法外的

Excessive assessment 〔美〕過高估算應稅金額

Excessive bail 〔美〕過高的保釋金（美國憲法第八條修正案禁止不合理的超額保釋金）

Excessive damages 超額的損害賠償金

Excessive defense 防衛過度，自衛過度

Excessive drunkenness 過度醉酒（過度狂飲而失態無法自控）

Excessive expenditures 超支

Excessive fine or penalty 過重罰款，超額罰金（美國憲法第八條修正案，以各州憲法均予此禁止）

Excessive force 防衛過度（指為保護財產而使用致命的武力）

Excessive government subsidies 過度的政府津貼；政府過度津貼

Excessive leniency 過寬；寬大無邊

Excessive noice 超噪音

Excessive punishment 過重的刑罰；量刑過當

Excessive sentence 過當的刑罰；量刑過重的判決

Excessive speed 超速（行駛）

Excessive verdict 裁決過當（指陪審團有失公正的裁決，由感情或偏見左右的評決）

Excessively 過度地；非常地

Excessively intoxicated 過度醉酒的（因醉酒而神態失控）

Exchange *v. & n.* I. 交換；交易；兌換；交流；II. 交易；交易；交流；（外幣）兌換；匯兌；兌換率；〔英〕票據交換所；交易所；土地交易所

Exchange administration 外匯管理

Exchange and Trade Relations Department 〔基金〕外匯與貿易關係部

Exchange Arrangements 〔關貿〕外匯安排

Exchange at common law 普通法上的交換

Exchange at equal value 等價交換

Exchange Banks' Association 〔香港〕兌換銀行公會

Exchange blows 互毆

Exchange broker 匯兌掮客；外匯經紀人；證券交易所經紀人

Exchange by mutual conveyance 交換（指金錢以外的財產權相互讓與）

Exchange cheque (check) 交換支票

Exchange commission 兌換佣金

Exchange contract 外匯合約

Exchange control 外匯管制（指限制進出口貿易額，屬非關稅壁壘之一）

Exchange control regulations 外匯管制條例

Exchange controls and other restrictions on the transfer of funds 外匯管制和其他資金轉讓的限制

Exchange cost 外匯兌換費用

Exchange cover 外匯拋補（指買入多於賣出時拋，反之則補）

Exchange dealings 匯兌交易

Exchange discount 外匯貼水；兌換折扣

Exchange dumping 外匯傾銷

Exchange Equalisation Account 〔英〕外匯平準賬戶

Exchange fund 外匯基金；外匯準備金

Exchange information on law 交換法律資料

Exchange information within the constraints of mandates of all three organisations 交換僅限於三個組織授權範圍內的信息（指世貿組織、國際貨幣基金組織和世界銀行）

Exchange instruments of ratification 互換批准書

Exchange law 交易所法

Exchange loss 匯兌損失

Exchange market 外匯市場；交易所市場

Exchange memo 外匯兌換水單

Exchange of ambassadors 互派大使

Exchange of concessions 互相減讓

Exchange of diplomatic notes 互換外交照會

Exchange of documents and information 交換文件和交流信息；交換文件資料

Exchange of equal values 等價交換

Exchange of goods 易貨；貨物交換

Exchange of hostage 交換人質

Exchange of information 交換消息；交流信息；交流情報（資料）

Exchange of information between organisations for their confidential use 交換各組織間的信息（資料）以供機要使用（指 WTO、IMF 和 World Bank 互相交換信息，彼此之間保持密切聯繫）

Exchange of instruments 互換文件

Exchange of laws 交流法律資料

Exchange of letters 互換文件；換函（互換信函）

Exchange of money 金錢交換

Exchange of notes 換文；互換照會

Exchange of Notes Regarding the Limitation of Naval Armaments 〔英、德〕關於限制海軍軍備的換文（1935 年）

Exchange of notes verbales 互換普通照會

Exchange of populations 交換居民

Exchange of prisoners of war 交換戰俘

Exchange of ratifications 交換批准書

Exchange of territory 交換領土

Exchange of unequal values 不等價交換

Exchange of views 交換意見

Exchange offer 互換要約（在雙方契約中一旦接受即構成有價約因的一部份）

Exchange parity 外匯平價

Exchange proviso clause 外匯保值條款；外匯保留條款

Exchange quotations 外匯行情，外匯牌價（匯價）

Exchange rate 外匯匯率；匯價；匯率；兌換率

Exchange rate differential 匯率差額

Exchange rate fluctuation 匯率波動

Exchange rate instability 匯率不穩定

Exchange rate mechanism 匯率機制

Exchange rate misalignment 匯率失調

Exchange rate of RMB 人民幣的匯率

Exchange rate policy 匯率政策

Exchange rate realignment 匯率調整；匯率走向

Exchange rate regime 匯率制度

Exchange rate stability 匯率的穩定

Exchange rate volatility 匯率變動

Exchange ratio 轉換比率（指收買股權的公司應給予併購公司的股份比率）

Exchange record 匯兌記錄

Exchange reserves 外匯儲備（＝Forex reserves）

Exchange restrictions 外匯限制

Exchange Restrictions Division 〔基金〕外匯管理處

Exchange risk 外匯風險

Exchange risk insurance 外匯風險保險；匯兌風險保險

Exchange scholars 交換學者

Exchange settlement 結匯

Exchange settlement certificate 結匯證明書

Exchange stability （外匯）兌換穩定性

Exchange stabilisation fund 外匯穩定基金；外匯平準基金

Exchange students 交換留學生

Exchange system 兌換制度

Exchange tax 外匯稅

Exchange theory 交換說（財政用語即記賬交易的一種理論）

Exchange through money 貨幣交換

Exchange treaty 外匯條約

Exchange value 交換價值

Exchangeable value 交換價值；交換價格；市價

Exchanging information on law 交換法律資料

Exchequer 〔英〕財政部；國庫；〔英古〕財稅法院；國庫法院

Exchequer and Audict Department 〔英〕財政及審計署

Exchequer bills 〔英〕國庫券（財政部證券）

Exchequer bond 〔英〕國庫債券

Exchequer chamber 〔英〕財政署上訴法院（介乎普通法高等法院和上議院之間的中級上訴法院，並於 1873 年併入上訴法院）

Exchequer court 〔英古〕財稅法院（最初主要管理關於王室歲入案件，1873 年）

Exchequer division 〔英〕高等法院財稅分庭

Exchequer grants 〔英〕財政援助

Exchequer note 〔英〕財政部證券

Exchequer of Account 〔英〕收支監督局

Exchequer of the Jews 〔英〕猶太人財政署（1195-1290 年）

Exchequer records 〔英〕（財政部）財政文件記錄大全

Excisable 應繳納貨物稅（或執照稅）的

Excise （國內）貨物稅；消費稅；國產稅；執照稅；領許可證稅

Excise Bill 〔英〕國內消費稅法案（1733 年）

Excise duty 國產稅；消費稅；貨物稅

Excise law 〔英〕造酒法；〔美〕酒類買賣取締法

Excise lieu property tax 〔美〕保險公司代收的總額保險費稅

Excise office 稅務署

Excise right to vote 行使投票權；行使表決權

Excise tax 〔美〕貨物稅；消費稅；營業稅；牌照稅；特許權稅（指從事某種特許行業稅）

Exciseman 〔英〕收稅官

Excited utterance 〔美〕激情狀態下陳述（指舉證人因驚人事件或情景造成興奮狀態下所作出的陳述，其為傳聞證據規則的一種例外）

Excluded person 被拒絕入境的人

Excluded risks 除外責任保險

Exclusagium 〔英〕排水溝津貼（指應付給領主的）

Exclusion 排斥；排除在外；拒絕入境；〔保〕除外責任（指不在保險單列明的承保事項或其範圍）；〔美〕收入項目除外（例如贈與和繼承不包括在總收入之內）

Exclusion of penalty 不論罪

Exclusion policy 鎖國主義；排外政策；關閉政策

Exclusionary clause 排除條款；免責條款

Exclusionary hearing 〔美〕排除證據的聽審（指審判本案的法官對預審前所取得的非法證據，庭審時要作出裁定該證據是否可被採納）

Exclusionary rule 〔美〕證據排除規則（審判中必須把在破壞憲法保證特權的情況下所取得的證據排除在外的規則，即禁止在法庭訴訟程序中使用不合法手段獲得的證據）

Exclusionary zoning 〔美〕除外分區制（欲將特定階級的人羣或事務排除出特定地區的分區形式法令）

Exclusionism 排外主義；鎖國主義

Exclusive *a. & n.* I. 獨有的；獨佔的；唯一的；除外的；排外的；排他的；獨一無二的；專有的；II. 專有權；專屬權

Exclusive agency 獨家經銷；獨家代理

Exclusive agency listing 〔美〕獨家代理協議（指房產主承諾不動產居住人能在上市期間銷售掉其不動產，房主即付給佣金）

Exclusive agency system 獨家代理制；專用代理人制度

Exclusive agent 獨家代理人；總代理商

Exclusive and current jurisdiction 〔美〕專屬並行管轄權（指就一具體訟案上聯邦與州法院同時具有管轄權）

Exclusive area 專屬區

Exclusive association 專屬性聯合

Exclusive claim 專屬性權利主張

Exclusive competence 專管；專屬管轄；專屬職權

Exclusive contract 專營合約；專銷合約；專購合約；排他性合約

Exclusive control 專屬控制權

Exclusive dealing arrangement 專銷安排；排他性交易協議

Exclusive distributor 總經銷商，獨家經銷商

Exclusive domestic jurisdiction 專屬國內管轄權

Exclusive economic zone (EEZ) 專屬經濟區（指沿海外鄰接其領海的海域所設立的一種擁有主權權利的專屬管轄區。現國際上通行的為 200 海里）

Exclusive fishery jurisdiction 專屬漁業管轄區

Exclusive fishery limits 專屬漁區

Exclusive fishery right 專屬漁權

Exclusive forum 專屬審判地；專屬管轄地；專屬管轄法院

Exclusive franchise 〔美〕獨家專賣權；獨家經銷權

Exclusive grant-back 專屬反授；獨享性回授（技術轉讓用語）

Exclusive grant-back conditions 專屬反授條件；獨享性回授條件（技術轉讓用語）

Exclusive jurisdiction 專屬管轄權

Exclusive license 獨家專利權；專門許可證

Exclusive licensee 獨家專利使用權者（指取得使用、生產製造和銷售該專利產品者）

Exclusive listing 獨家（代理）協議

Exclusive marketing rights 獨佔市場權；獨佔銷售權；專有銷售權

Exclusive of 不包括…在內

Exclusive or special privileges 〔關貿〕獨佔權或特權（指政府為保證質量標準和外貿效率等所採取的措施，不構成授予該企業等特權）

Exclusive ownership 排他性所有權（指不受法定或衡平上利益或其他任何種類的限制）

Exclusive patent 獨家專利

Exclusive patronage contract 獨家承運契約

Exclusive possession 專屬佔有；排他性佔有；絕對擁有權

Exclusive power 專有權

Exclusive privilege 專有權；獨佔權；〔蘇格蘭〕給予具有特權的自由都市的商業公司的專業權（規定市民以外的人不得在此城市經營同類的商業）

Exclusive right 專屬權；獨佔權；專有權；專利權

Exclusive right of reproduction 獨家再版權

Exclusive sales 包銷

Exclusive selling right 獨家經銷權；包銷權

Exclusive service 專營服務（專營勞務）

Exclusive service suppliers 專營服務提供者；專營勞務供應商

Exclusive settlement 專屬居留地

Exclusive sovereignty 專屬主權

Exclusive use 專用；專有使用權（指註冊的商標權或任何混淆的類似商標權和地役權的使用等）

Exclusive voice 否認權；不認可權

Exclusively 排他地；獨佔地；單獨地；僅僅

Exclusively used 專用的（純供慈善目的使用的，如做禮拜和學校所用場所免稅）

Exclusiveness 獨佔；專屬；專用；專有；排他性

Exclusivism 排他主義；排外主義；獨佔主義

Excommengement (=Excommunication) 剝奪權利；〔英古〕開除教籍；逐出教會；開除教籍公告；（天主教）絕罰

Excommunication 剝奪權利；〔英古〕開除教籍；逐出教會；開除教籍公告；（天主教）絕罰

Excommunicator 革出教會者

Ex-convict 刑滿出獄的人；前科犯（曾被定罪處刑的人）

Excruciate *v.*〔古〕使受酷刑；拷打

Excruciation 酷刑；拷問

Exculpate *v.* 開脫；辯解；使無罪

Exculpation 剖白；開釋；宣告無罪

Exculpatory 宣告無罪的；開脫罪責的；昭雪的；辯白的

Exculpatory clause 剖白的條款（在遺囑中為受托人善意用權的辯護條款）；免責條款（指在合約中免除當事方違法行為的責任條款）

Exculpatory evidence 釋罪證據；宣告無罪的證據

Exculpatory statement 無過失申述；無罪申述（旨在為被告辯護，證明其無過或無罪的陳述）

Excursion rates 遊覽收費遊率；旅收費率

Excusable 可辯解的；可原諒的；可免除的；可容許的

Excusable assault 可免責的毆打（指合法行為中不意犯下的傷害）

Excusable homicide 〔英〕可宥恕的殺人；可免責的殺人行為（指意外事故或自衛殺人）

Excusable homicide by misadventures 誤殺；由於意外事故的殺人行為（非因過失而致人死亡）

Excusable homicide in self defense 由於自衛的殺人行為

Excusable homicide per infortunium 由於意外事故的殺人行為；非因過失而致人死亡

Excusable neglect 可原諒的過失（指不是由於當事人故意而是由於突發的意外事故）

Excusable trespass 可原諒的侵害

Excusator 〔英古〕藉口人，托辭的人；〔德古〕被告人；斷然否認原告訴求者

Excuse 特免理由；托詞；辯解；藉口；寬恕，宥恕；原諒

Excuss *v.* 依法扣押；依法扣留

Ex-date 無紅利日期；除息日期

Ex-dividend date 無股息的日期；除息日期

Ex-dividend stock 除息股票

Exeat 〔美〕允許（指主教准許牧師離開其管轄區）；（一般的）離開許可

Execute *v.* 完成；簽字；實行；實施；執行；履行；貫徹；履行必要手續簽署合約和發出交貨通知；處決，處死刑；〔英〕讓渡（財產）

Execute a contract 履行契約（合約）

Execute a criminal 正法（處決罪犯）

Execute a criminal on the spot 就地正法（就地處決）

Execute a deed 作成證書（用簽名蓋章的方式）；簽名使契據生效

Execute a judgment 執行判決

Execute a punishment 執行刑罰

Execute a sentence 執行判決；執行刑罰

Execute a sentence outside prison 監外執行判決

Execute an order 履行訂貨

Execute commissions to take evidence 〔領事〕調查證據委托書

Execute criminal judgments, verdicts or decisions 〔領事〕執行刑事判決、裁定或決定

Execute letter of rogatory 〔領事〕執行囑托調查書

Execute one's duties 盡職（克盡職守）

Execute search and seizure 執行搜查和扣押

Execute the law 執法

Execute the provisional measure 執行臨時性措施

Executed 已生效的；已執行的；已履行的；已讓與的；已完成的；已付的（指款項）；現有的；已付予信托的；已簽署的；已轉讓權利（或）佔有的

Executed agreement 已履行的協議

Executed and executory 已執行和期待執行的

Executed and executory contracts 已執行和期待執行的合約

Executed clause 已執行條款

Executed consideration 已履行的對價（締結契約前，對方已提供的利益）

Executed contract 已履行的契約（指當事者一方已完成契約上的義務，只有另一方還要履行的殘存契約）

Executed estate 確定的物權；既定地產權

Executed express trust 明示訂定的信托；管理信托

Executed gift 已交付的贈與

Executed in duplicate 簽署（文件）一式兩份

Executed note 已開出的期票（已簽名交付的期票）

Executed oral agreement 已履行的口頭協議

Executed person 受刑者

Executed provision 已執行的規定

Executed remainder 確定的地產殘餘物權；既定的剩餘地產權

Executed sale 已完成的買賣

Executed treaty 已執行條約

Executed trust 書面訂明的信托；已生效的信托

Executed use 已經設定的用益權；〔英〕已生效的用益

Executing agency 執行機構

Executing creditor 申請執行判決的債權人

Executing organ 執行機關

Execution by shooting 槍決

Execution clause 執行條款

Execution creditor 〔美〕請求執行的債權人（指債主已取得法院對債務人的判決並頒發給執行令）

Execution debtor 債務執行人

Execution for movables 對於動產的強制執行

Execution ground 刑場；法場

Execution law 執行規則；執行法規

Execution lien 執行留置權

Execution of a punishment 刑罰的執行；處刑

Execution of a use 已經設定的用益權

Execution of compensation 賠償處分

Execution of criminal judgment and ruling 刑事裁判的執行（憑藉國家權力將已發生法律效力的刑事裁決、裁定、按其內容和要求附諸實現的程序）

Execution of criminals 〔英〕處決罪犯

Execution of deeds 要式證書（契據）的作成（契據或遺囑規定必須認證方為有效和實施的規則）；執行契約

Execution of instrument 契約的作成（包括簽署和交付）；契約的生效或執行條件

Execution of judgment 判決的執行

Execution of power 權限的行使

Execution of punishment 執行刑罰

Execution of requests 請求的執行

Execution of requests for search and seizure 〔領事〕執行搜查和扣押的請求

Execution of testament 遺囑的執行

Execution of the convention 公約的執行

Execution of the treaty 條約的執行

Execution of wills 遺書的作成

Execution of writ 令狀的執行

Execution of written contract 書面契約的執行；書面契約的生效

Execution paree 〔法〕出售基於經公證的債務人財產以償還債務的權利

Execution register 執行登記

Execution sale 〔美〕執行拍賣（指對債務人的財產由執達吏等依判決執行令予以出售）

Execution 實施；實行；執行；完成；簽署（在契據或遺囑上的）；生效；（合約的）履行；處決；執行死刑；執行令狀（指押送被告的債務人出庭的法院命令）；法律手續的完成；（經簽名蓋章等）法律文件的生效

Executioner 死刑執行人；行刑人；劊子手

Executive *a. & n.* I. 執行的；行政上的；行政官的；總經理的；II. 行政人員；行政部門；〔美〕行政首長（指總統、州長）；（企業）高級管理人員；〔英〕最高執行權

Executive action 行政措施；行政行動

Executive administration or Ministry 〔英〕行政機關；高層負責官員

Executive agency 行政機構；執行機構

Executive agent 行政人員

Executive agreement 〔美〕行政協定（總統無需經參議院同意即可與外國簽訂協定的特權）

Executive branch 行政部門

Executive calendar 行政議程

Executive capacity 〔美〕行政管理能力（指積極參與公司業務的控制、監督和管理能力）

Executive certificate 〔際〕行政部門證書（英政府行政機關簽發給法院向其證明一些爭議事實的證書）

Executive chairman 執行主席

Executive clemency 〔美〕首席行政官的赦免權（指總統或州長赦免罪犯的行政效力，例如將死刑減為無期徒刑）

Executive commission 執行委員會

Executive committee 行政委員會；常務委員會；執行委員會；幹事會；〔美〕管理委員會

Executive control 行政控制權

Executive council 諮詢會議；行政會議；行政理事會；執行局；行政局；最高行政會議；〔美〕參議院；〔香港〕行政會議；行政局

Executive decision 行政決定

Executive declaration 行政聲明

Executive department 〔美〕（政府的）行政部門；職能部門（指執行立法機關制定的法律的政府行政部門）

Executive direction and management 行政領導和管理

Executive director 執行主任；執行董事；常務董事（理事）；執行理事；幹事長；總幹事；執行經理

Executive director and alternate 執行董事和副執行董事；執行董事和後補執行董事

Executive employees 〔美〕行政管理人員（實際上就是指導行政僱員工作的人員）

Executive expense 行政費；（企業的）總務費

Executive function 行政職能（行政上的職能）

Executive head 行政首長

Executive international organ 國際行政機關

Executive interpretation 行政解釋

Executive mansion 〔美〕總統官邸；州長官邸

Executive measure 執行措施（指執行機關按照法定程序，為實現法律文書所規定的內容而採取的強制手段）

Executive meeting 行政會議；〔中〕常務會議

Executive office of the president 〔美〕總統府（舊稱）

Executive officer 行政官員；行政主任；（公司）副總裁；〔美〕副總裁；〔軍〕參謀；副艦長

Executive order 〔美〕行政命令（指由總統或其屬下機構發佈的命令或規則）

Executive order Indian reservation 〔美〕印第安人居留地行政令（劃還被移民者佔有的印第安人土地，保留為印第安人專屬居住地的總統令）

Executive overload 〔美〕白宮工作超負荷

Executive pardon 行政赦免；行政上的赦免權（指總統或州長可免除聯邦憲法或州憲法賦予的對個別人犯罪的處罰權）

Executive powers 行政權

Executive privilege 行政特權；行政官員豁免權（指涉及國家機密文件、軍事、外交上的特權）

Executive process 執行手續；行政上的手續

Executive sanction 行政制裁

Executive Secretary (IMF/IBRD, Head Title of the ITO) 執行秘書（發展委員會的）；〔關貿〕執行秘書（GATT 的首腦自 1948 年 1 月至 1965 年 3 月時的稱謂，其原本是 ITO 等機關首腦的名稱，其後自行改為總幹事）

Executive session 內部會議（尤指立法機構的會議，特定人士才能應邀與會）；行政會議（指董事會，執行機構的會議）；參議院會期

Executive Vice President 執行副總經理；〔世行〕執行副行長

Executive-and-management level 行政管理層面

Executor 〔美〕遺囑執行人；遺產管理人（指由死者遺囑所指定負責處理其遺產和債務事務者）；〔蘇格蘭〕遺囑指定的財產管理人；執行人；實施者

Executor by representation 執行遺囑的代理人

Executor by substitution 繼任遺囑執行人（指由立遺囑者委託接替第一個辭職的遺囑執行人）

Executor de son tort 無權的遺囑執行人（指沒有授予執行遺囑或管理遺產的職權卻自封有資格充當管理死者遺產的行為的人）

Executor lucratus 有利的遺囑執行人（遺囑執行人擁有立遺囑者生存期間非法干預別人財產而使其負有法律責任的遺產的遺囑執行人）

Executor nominate 遺囑指定的管理財產人

Executor of his own wrong (=executor de son tort) 無權的遺囑執行人

Executor of testament 遺囑執行人

Executor of the tenor 在遺囑中委託遺囑管理人應做事項的人

Executor's personal representative 遺囑執行的私人代表

Executor's years 指定遺囑執行人的義務年限

Executor-dative 〔蘇格蘭〕法院指定的遺囑執行人；〔宗〕主教指定的遺囑執行人

Executorship 遺囑執行人職務

Executory 待生效的；將來生效的；有待履行的，有待執行的；將來實施的；有執行力的

Executory accord 待履行約定；待履行的和解協議

Executory agreement 待履行的協議

Executory bequest 待履行的遺贈

Executory clause 待執行條款

Executory consideration 待履行的對價

Executory contract 待履行的合約；未完全履行的合約（指當事者雙方均未完成履行的債務契約，如尚未銷售或生產製造的指定物品等）

Executory contract to sell 待履行的銷售合約

Executory damages 懲戒性賠償；超過實際損失的賠償

Executory devise 將來生效的不動產遺贈；附條件的不動產遺贈

Executory estate 未確定的物權；未確定的地產權（其反義詞為 "executed estate"）

Executory express trust 需要補足行為才完成的明示信托

Executory interests 將來的利益（指限於將來某個時間開始才能實現的土地上的權益）；期待利益（需要在衡平法院起訴才能實現的權利）

Executory judgment 待執行的判決（指法院的判決尚未得以執行，如被告尚未履行給付原告的法院命令）

Executory limitation 將來的利益（以蓋印證書或遺囑給予的將來的財產權；亦稱 "executory devise"）

Executory order 執行令

Executory process 執行程序（一種民法執行程序）

Executory promise 待履行的承諾

Executory provision 待執行規定

Executory remainder 將來的不動產物權；不確定的殘餘地產權；期待的剩餘地產權

Executory sale 期貨銷售（指交易條件雖達成，但其價格等細節事項待定）

Executory treaty 待執行條約

Executory trust 不完全信托；待執行的信托（指轉讓或設定信托事項有待受托人執行）

Executory unilateral accord 待執行的單方要約；尚未生效的單方合約

Executory use 將來的用益權

Executory warranty 附條件的擔保（指某些條件尚待要保人執行）

Executress (or executrix) 女性遺囑執行人；女遺產管理人；女執行者

Exedos 〔西〕公用土地

Exegetic interpretation 注釋解釋

Exemplars 標本證據；採樣證據（諸如被告的指紋、血型、筆跡等等）

Exemplary 示範的；警戒性的；懲戒性的

Exemplary damages 懲戒性損害賠償；懲罰性損害賠償金（指被告負擔的損害賠償數額不限於原告所實際遭受的損害，法院給予加量賠償以示對被告的懲罰）

Exemplary punishment 懲戒性的處罰

Exemplification 認證謄本；真實抄件（指作為證據使用的國家檔案文件的正式抄件，蓋有官方或法院印章經認證或公證的抄本）

Exemplified copy 認證謄本；經公證證明的謄本

Exemplify v. 製作為正本；製作經公章證明的謄本

Ex-employee 舊僱員；前僱員

Exempt v. n. & a. I. 豁免；免除（指免股兵役、某種財產可免稅或免除破產責任等）；II. 被免服役的人；免稅者；III. 被豁免的；被免除（義務、責任）的

Exempt from commercial and industrial taxes 免徵工商稅

Exempt from conscription 免服兵役

Exempt from income tax 免除所得稅

Exempt from penalty 免罰

Exempt from prosecution 免予起訴

Exempt from punishment 免刑；免罰

Exempt from tax 免稅

Exempt from taxation 免稅

Exempt from the imposition of countervailing duties 〔世貿〕免徵反補貼稅（指經調查，有關成員方沒有違反補貼協議的 "損害或損害威脅" 等規定）

Exempt from the levying of tariff 免徵關稅

Exempt income 〔美〕免稅收入（指免納州或聯邦所得稅的）

Exempt measures related to the products of prison labour from the obligations under the GATT 根據關貿總協定規定免除與監獄勞動產品有關的義務措施

Exempt organisation 免稅組織（部份或全部豁免聯邦所得稅）

Exempt property 〔美〕免稅財產（指國家、慈善團體、教育部門等財產免徵不動產稅）

Exempt securities 〔美〕豁免證券；例外證券（免於聯邦或州的證券法規定要求的註冊證券）

Exempt surplus reserved 免除公積金

Exempt transactions 〔美〕法外交易（指不在 1933 年證券法和證券交易範圍之內）

Exempt zone 豁免區

Exempted claim 〔澳〕免稅礦區

Exemption 〔美〕豁免；免除服兵役；免除責任；財產豁免權（指破產訴訟中被免除的財產）；免稅額（尤指部份所得

稅）;（收入中的）免稅額

Exemption certificate 免稅證書；免稅單；豁免證書

Exemption clause 免責條款；豁免條（約）款

Exemption equivalent 〔美〕轉讓資產最高免稅額（指因運用聯邦統一稅即減免贈與稅或遺產稅的數額）

Exemption from arrest 逮捕豁免

Exemption from civil jurisdiction 民事管轄豁免

Exemption from conscription 免除兵役

Exemption from criminal jurisdiction 刑事管轄豁免

Exemption from customs duty 關稅豁免

Exemption from duty 免稅

Exemption from income taxes 免除所得稅

Exemption from inspection 免驗；免檢

Exemption from international obligations 免除國際義務（債務）

Exemption from judicial process 司法程序豁免

Exemption from local jurisdiction 當地管轄豁免

Exemption from local law 當地法律豁免

Exemption from making reciprocal tariff concessions 〔關貿〕免除對等的關稅減讓（指發達國家對發展中國家而言）

Exemption from penalties 免刑；免罰

Exemption from police 警察豁免

Exemption from prosecution 免於起訴

Exemption from punishment on account of voluntary denunciation 自首免刑

Exemption from rates 豁免捐稅

Exemption from service of process 免除傳票送達

Exemption from subpoena as witness 到庭作證豁免

Exemption from taxation 免稅；租稅豁免

Exemption from taxes 免稅；免除租稅

Exemption from territorial jurisdiction 領土管轄豁免

Exemption from the application of the law 法律適用豁免

Exemption from the reduction commitments 〔世貿〕免除削減義務

Exemption laws 〔美〕財產豁免權法（指債務人一定數額的財產可免予執行和破產）

Exemption of debt 免除債務（債務的免除）

Exemption of income tax 免收所得稅；豁免所得稅

Exemption of MFN 〔世貿〕免除最惠國待遇（詳見《服務貿易總協定》第 2 條第 2 款的規定）

Exemption of tax 免稅

Exemption of the execution of a punishment 免除執行刑罰

Exemption of the minimum of subsistence 最低生活費免稅

Exemption of VAT, consumption tax and the business tax 免除增值稅、消費稅和營業稅

Exemptions from trade disciplines 免除貿易紀律；免除貿易懲戒（有學者認為，若解除豁免公認的貿易制裁紀律，而一味附和保護貿易主義勢力，以求達到實現國內政策目的，其結果也會破壞國際經濟秩序）

Ex-enemy state 前敵國

Exercise *v. & n.* I. 實行；行使（權利等）；履行；運用；施加；II. 行使（權利等）；實行；履行；運用；〔美〕典禮；儀式；答辯（學位考試的）

Exercise clause 〔美〕自由信教條款（美憲法第一條修正案規定）

Exercise consular jurisdiction over civil disputes and offences committed on board ship 〔領事〕對發生在船上的民事糾紛和犯罪案件行使領事管轄權

Exercise criminal jurisdiction on board a foreign merchant ship 〔領事〕行使登上外國商船的刑事管轄權

Exercise functional approach 履行職務的方法

Exercise of consular protective functions 行使領事保護職務

Exercise of judgment 審判權的行使；行使審判權

Exercise of jurisdiction 行使管轄權

Exercise of option 行使選擇權

Exercise one's right with discretion 審慎地行使權利

Exercise price 〔美〕協定價格

Exercise proper surveillance 進行適當的監督

Exercise rights of supervision and inspection 行使監督和檢驗權

Exercise surveillance over members' monetary and financial policies 〔基金〕執行監督成員國的貨幣和金融政策（權力）

Exercise the notaries functions 行使公證職能

Exercise the right to vote 行使表決權（或選舉權）

Exercise their right to vote 行使他們的投票權

Exercise value 〔美〕（行使選擇權的）期權持有人價值（又稱"隱含價值"，"現金價值"）

Exercised dominion 〔美〕實施的支配；實施公開的管理（指關於作為絕對佔有、使用和所有權的主張證據的土地，實施公開行為和管理）

Exercitalis 士兵；僕役

Exercitorial power 給予商船船長的托管權

Ex-factory price 出廠價（賣方工廠交貨價格）

Exfrediare *v.* 破壞安寧；擾亂治安；公開暴力行為

Exhaustible resource 可耗盡的資源

Exhaustible the fund 耗盡資金

Exhaustion 耗盡；用盡；失效

Exhaustion of administrative remedies 用盡行政救濟原則（此為當事人訴請救濟之前的一個規則）

Exhaustion of domestic remedies 用盡國內救濟手段；用盡當地救濟原則

Exhaustion of effect 有效期滿

Exhaustion of intellectual property rights 用盡知識產權權利

Exhaustion of local remedies 用盡當地救濟手段；用盡當地救濟方法

Exhaustion of state remedies 〔美〕用盡本州救濟原則（指聯邦法院規定，只有在州政府救濟手段用盡後才接受其囚犯提出人身保護令的申請）

Exheredate *v.* 剝奪…繼承權

Exheredation 剝奪繼承權；喪失繼承權

Exhibere *v.* 出示（有實體實物以期得以解決）;（親自）出庭辯護

Exhibit *n. & v.* I. 證件；物證；證物（向法庭上提出）；展覽物；陳列品；II. 出示（指向法院提交證物或證據）；顯示；展出；陳列

Exhibit register 物證登記簿；證據記錄簿

Exhibition 出示證據（向法庭提出的書面證據）；博覽會；展覽會；〔蘇格蘭〕蓋印證書複製件；強制複製契據的訴訟；〔英〕獎學金

Exhibition association 博覽會協會

Exhibition grounds　展覽會場

Exhibition insurance　博覽會保險；展覽保險

Exhibition room　展覽室

Exhibition space　展覽品場所

Exhibition value　票房價值（指電影票預期價格，可獲得最低銷售收入）

Exhibitionism　裸陰癖（指陰莖，多為男性露出陰莖以取悅異性）

Exhibitionsit　有裸體癖者

Exhibitor　（展覽會等的）參加者；展出者

Exhortation　催告；督促；規勸；勸勉；告戒

Exhumation　發掘；掘出；掘屍檢驗；挖墓掘屍

Exigence (or exigency)　緊急（狀態）；急切（需要）；急需

Exigency of a writ　令狀的要求；令狀指示部份

Exigendary　〔英〕宣佈剝奪公民權的法院官員

Exigent　〔英〕催促被告出庭的令狀（如果被告收到五次以上的催促仍不出庭時，就剝奪其公民權的司法令狀）

Exigent circumstances　緊急情況（指警察無逮捕證可以"緊急情況"為由拘捕現行犯）

Exigent list　急審案件名單

Exigent search　緊急搜查

Exigenter　〔英〕高等民事法院緊急事務主事官（指簽發催促被告出庭並宣佈剝奪公民權的令狀職責的官員，已廢止不用）

Exigible　可要求的；可強索的

Exigible debt　要求清償的債務；到期債務

Exiguity of a market　狹小的市場

Exile　*n. & v.* I. 放逐；流亡者；被流放者；被放逐者；II. 充軍；流放；流亡；放逐

Exile government　流亡政府

Eximbank　進出口銀行

Exist　*v.* 存在；生存；生活；繼續存在

Exist from time immemorial　自遠古以前就存在的

Existence　存在；生存；存在物；實體

Existence of consular relations　領事關係的存在

Existence of diplomatic relations　外交關係的存在

Existence of that right　該權利的存在

Existent service　存在性服務（指以商品實物形式存在的服務，例如書籍、電影、錄像等）

Existing　現行的；目前的；當前的；現存的；現在的；現有的

Existing and emerging trade policy issues　〔世貿〕現有和新出現的貿易政策問題

Existing barriers to trade in agricultural commodities　〔世貿〕現行農業商品貿易壁壘

Existing bilateral and multilateral relationship in world trade　現行世界貿易中的雙邊和多邊關係

Existing certification marks　現有的證明標誌

Existing Chinese Standards　目前的中國標準；現有中國標準

Existing claim　現行待決求償

Existing debt　現存債務

Existing disease　現行的疾病

Existing domestic laws　現行國內法規；當前國內的法規

Existing foreign exchange restrictions　現行外匯限制

Existing fund　現存基金

Existing international environmental agreements　現行國際環境協定

Existing international environmental management structure　現有國際環境管理體制（一印度學者認為，迄今國際上尚無一個單獨的環境組織，均是附屬於某個組織的。諸如"聯合國環境規劃署"、"聯合國開發計劃署"、"聯合國可持續發展委員會"和"全球環境系統"以及其他一些組織，結果政出多門，混亂不堪，缺乏一個系統的關注國際環境問題的統一組織）

Existing law　現行法律

Existing laws　現行法規

Existing machinery　現有機制；現有體制

Existing market　目前的市場

Existing non-border restrictions on market access　〔世貿〕現有對市場准入無邊界限制（指成員方商品可跨越邊界自由貿易）

Existing non-conforming measures　現有不一致措施

Existing obligations　現行義務（債務）

Existing person　未出生的胎兒

Existing policy　現行政策

Existing pollution levels　目前污染程度

Existing preferences　現行的優惠

Existing prior rights　現行的優先權

Existing programmes　〔世貿〕現行計劃（指成員方在加入WTO之前在其境內實施對出口產品補貼不符合規定的計劃應於入會後90天內向WTO通報）

Existing recognition measures　現行承認措施

Existing resources　〔世貿〕現有的資源

Existing rights and obligation of Members under the WTO Agreement　按世貿組織協定全體成員目前的權利和義務

Existing rules and norms　現行的規則和規範

Existing standards of government standardising body　政府標準化機構的現有標準

Existing subject matter　現有的標的

Existing tariff line　現有關稅細目

Existing tax obligations　現行稅收義務

Existing taxes　現行稅制

Existing trade barriers　現行貿易壁壘

Existing trademark right confirmation system　現行商標權確認書制度

Existing trading position of the developing countries　發展中國家目前的貿易地位（意指據統計，發展中國家在航運服務業方面至90年代初所佔市場份額不到20%，而發達國家卻佔80%）

Existing trust　現存信托

Existing trustee　當前受托人（指尚未退休的原有指定的遺產受托人）

Existing works　現有著作

Existing WTO rules governing the use of AD and CVDs　現行指導使用反傾銷和反傾銷稅的世貿組織規則

Exit medical inspection certificate　出境檢疫證書

Exit option　出口選擇；出境選擇；出路選擇（指美國對待WTO的態度）

Exit permit　出境許可證

Exit receipt　出境回執

Exit visa　出境簽證

Exit wound 穿透的槍傷（指槍彈穿透至體外的傷口）

Exoculation 挖眼刑

Ex-offender 前罪犯

Ex-officio justices 當然法官

Exogamy 異族通婚

Exogenous shock 外部衝擊

Exoine 〔法〕民事被告書面陳述不出庭的理由

Exonerate *v.* 開釋；免罪；免除；解除；昭雪；證明…無罪；使無罪；解除（財產）負擔

Exonerate sb. From accusation 宣佈某人無罪

Exoneration 免罪；昭雪；雪冤；免除（義務、責任）；追償權（指依法或按照死者遺囑，從死者部份遺產中補償應為他人支付所承受的債務）

Exoneration clause 免責條款

Exonerative 免罪的；免除的

Exorbitant 超出的；越出的；越軌的；過高的；昂貴的

Exorbitant profit 超額利潤；非法利潤

Exorbitant taxes and levies 苛捐雜稅

Exordium （演說）開場白；（文件的）緒言

Exotic *a. & n.* I. 外來的；外國產的；II. 外來品；舶來品

Exotic species 外國種；外來種

Expand economic cooperation 擴大經濟合作

Expand rather than contract international trade 擴大而不縮小國際貿易

Expand the production of trade in goods and service 〔世貿〕擴大貨物與服務貿易生產

Expansion of armaments 軍備擴張

Expansionary impulse 擴張性推動

Expansionary policy 擴張性的政策

Ex-parte application 單方申請

Ex-parte evidence 原告（或被告）單方面提出的證據；原告（或被告）一方的證據

Expatriate *v. & n.* I. 移民國外；放棄原國籍；選擇外國籍；II. 移居國外者；居住國外的人；放棄原國籍者

Expatriate oneself 移居國外；放棄原國籍；歸化於外國籍

Expatriate staff 離國服務的工作人員

Expatriated person 出籍的人；被流放國外的人

Expatriation 出籍；放棄原國籍（歸化為外國公民的自願行為）；流放國外

Expatriation allowance 移居國外津貼

Expatriation permit 出籍許可證

Expect *v.* 期待；預期

Expectance (expectancy) 期待；期望；預期；期望的事物；預期價值

Expectancy of life 預期壽命；估計壽命；生命期望值（生命預期收益）

Expectancy tables 〔保〕壽命統計表；死亡率表

Expectant （有繼承權而）期待佔有的；期待的，預期的；期望的；推定的

Expectant commercial transaction 推定的商業交易（行為）

Expectant estate (=estate in expectancy) 將來產業；期待地產權

Expectant heir 預期繼承人；期待繼承人；候補繼承人；推定繼承人

Expectant heir to property 推定遺產繼承人

Expectant right 預期的權利；期待性權利

Expectation damages 估計海損

Expectation of life 〔保〕生命期望值（根據概率統計求得的）

Expectations 預期；期望值；預期繼承的財產；升職希望

Expectations for enhanced exports and trade 期望加強出口貿易

Expected duration and timetable for progressive liberalisation 〔世貿〕逐步放寬的預定期限和時間表

Expected economic life (time) 預期經濟壽命

Expected future cash flow 預期未來現金流量

Expected future rate of return 預期未來收益率

Expected rate 預期利率

Expected rate of growth 預期增值率

Expected rate of inflation 預期通貨膨脹率

Expected utility 預期效用

Expected value 預期值

Expected yield 預期收益率

Expedient 得策的，得計的；有利的；權宜的；合算的；有用的

Expediente 君主授予土地有關程序的歷史記錄；〔墨〕政府授予土地的約定（包括政府授予的土地的所有證書或其產權的所有權證書或文件）

Expediment 個人全部財物；個人全部動產

Expedite *v.* 加快；促進；迅速處理

Expedite review 從速審查

Expedited Funds Availability Act 〔美〕加速銀行資金可用性法（指支票存款）

Expediter 工廠材料補給員

Expedition 考察；探險；遠征

Expeditionary forces 遠征軍

Expeditious 擁有的，佔有的；具有…特徵的；迅速的；急速的；敏捷的；高效的，效率高的

Expeditious naturalisation 簡便入籍

Expel *v.* 驅逐；趕出；開除

Expel from the Party 〔中〕開除黨籍

Expellable 可驅逐的；應開除的

Expellee 被驅逐（出國）者；被驅逐出境者

Expend *v.* 消費；花費；用光，耗盡；使用

Expendable 可消費的；可消耗的

Expendable goods 可用貨物；備用貨物

Expenditors 出納員；繳稅人；軍需官

Expenditure 支出；開支；費用；

Expenditure balance the receipt 支出和收入相抵

Expenditure budget 支出預算

Expenditure commitment (budget) （預算）支出約束

Expenditure connected with the establishment 設立費用

Expenditure for loan payments 借款支出

Expenditure item 支出項目（指預算的）

Expenditure on national defense 國防開支（支出）

Expenditure on training 培訓費；培訓開支（支持某種特定服務貿易的基礎設施，也可構成對其他國家出口的間接壁壘）

Expenditure tax 支出稅；消費稅

Expenditures on revenue 收益的支出

Expense 費用；花費；支出

Expense account 支出賬；報銷單；費用賬戶；職工出差費

Expense against revenue 收入項目開支；收入項下開支

Expense allowance　費用津貼

Expense book　營業費明細賬

Expense for common benefit　公益費用

Expense fund　營業費基金；經費基金

Expense in carrying on business　〔美〕（一年內）正常營業費用

Expense in litigation　訴訟費用

Expense item　費用項目；開支項目

Expense limitation　費用限額

Expense of canvassing for votes　選舉運動費

Expense of civil procedure　民事訴訟費

Expense of collection　徵收費用；托收費用

Expense of management　管理費

Expense of performance　清償費用；履行職務費用；執行費用

Expense of preservation　保存費

Expense of production　生產費用

Expense of taxation　稅金；納稅開支

Expense ratio　費用比率（支出與收入之比）

Expense(s)　經費；費用

Expenses and fees of experts　鑒定人的費用和報酬

Expenses and fees of translation and interpretation　筆譯和口譯的費用和報酬

Expenses of administration　遺產管理費

Expenses of extraordinary nature　非常費用

Expenses of family　〔美〕家庭開支（指不僅包括家庭商品全部費用，還包括夫妻一方醫療和喪葬費用）

Expenses of receivership　破產財產管理費（指破產管理人在清理破產公司項下的各種開支，例如律師費、評估費和審計費等）

Expenses of students abroad　留學生費用

Expenses of the state　〔美〕州政府財政年度正常費用（指在憲法條款規定範圍內，籌措州政府財政年度的業務開支稅費）

Experience and ability in producing, importing, marketing or servicing　生產、進口、銷售及服務的經驗和能力

Experience　經驗；經歷；閱歷

Experience balance of payments difficulties　遭遇國際收支的困難

Experience grading and rating schedule　〔保〕經驗等級分類費率表（火災保險用語）

Experience of conditional lending　有條件放款的經驗

Experience rating　〔保〕經驗費率（指以風險損失經歷作為基礎的計算保險率的方法）

Experience table　〔保〕壽命估計表（根據人壽保險公司統計資料製成）；死亡率統計表

Experiment　嘗試；試驗，實驗

Experimental regulation　試驗章程；試行章程

Expert　專家；鑒定人

Expert accountant　專門會計師；會計專家

Expert commission　專家委員會

Expert committee　專家委員會

Expert consultant　專家顧問；諮詢專家

Expert enquiry　專家調查

Expert evaluation　鑒定結論

Expert evidence　專家證據；鑒定證據

Expert examiner　鑒定人

Expert Group on Export Credit　出口信貸專家小組

Expert Group on International Monetary Issues　〔聯〕國際貨幣問題專家小組

Expert Group on Multilateral Payments Arrangements　〔聯〕多邊支付安排專家小組

Expert opinion　專家意見；鑒定意見

Expert report　專家報告；鑒定書

Expert review group　〔世貿〕專家審查組（指其職能是對世貿組織成員國當事方，提出的涉及科學或其他技術事項的事實問題，發表書面的諮詢報告）

Expert testimony　鑒定；司法鑒定；專家鑒定；專家證言

Expert witness　專家證人；鑒定人

Expert's conclusion　鑒定結論（指在訴訟中運用專門知識或技能，對專門性問題進行檢驗、分析後作出的科學判斷）

Expert's statement　專家鑒定書

Expertise　專家意見；專門知識，專門技能；專長

Expiate　*v.* 抵償；補償；贖；為（作惡犯罪等）而受罰；抵罪；贖罪

Expiate one's crime by good deeds　將功折罪；將功贖罪

Expiate sin (or a crime)　贖罪

Expiation　抵罪；贖罪

Expiator　抵罪者；贖罪者

Expiatory　抵罪的；贖罪的

Expilation　盜竊；搶劫

Expilator　盜賊；盜竊者；掠奪者

Expiration　期滿；屆滿；截止；到期；終止

Expiration date　截止日期；到期日期

Expiration notice　期滿通知書

Expiration of contract　契約期滿；合約期滿；斷氣（死亡）

Expiration of partnership　合夥契約屆滿

Expiration of policy　保險單期滿（保險單過期）

Expiration of the term of office　任期屆滿

Expiration of the term of partnership　合夥契約屆滿

Expiration of the term of sentence　刑期屆滿

Expiration of years　年期屆滿

Expire　*v.* 到期；終止；期滿

Expired passport　過期護照

Expired pledge　已到期的質（典當）

Expiring laws　失效的法律

Expiring Laws Continuance Act　〔英〕失效法律延續條例（指對暫時性法例通常要逐年展期）

Expiry　（期限、協定等）滿期

Expiry date　終期；滿期日；到期日

Expiry date of L/C　信用證到期日（信用證有效期）

Expiry of leave　假期屆滿

Expiry of the legal　〔蘇格蘭〕取消期滿（指由於清償債務可以取消破產判決的期限屆滿）

Explain the justification for that technical regulations　〔世貿〕說明該技術法規的合理性

Explanation　解釋；說明

Explanation of vote　對投票作解釋性說明

Explanatory act　說明某一法律意義的法律

Explanatory declaration　說明性聲明

Explanatory evidence　例證

Explanatory memorandum　解釋性備忘錄；摘要說明

Explanatory note　說明照會；注釋；解釋性説明

Explanatory power　解釋權

Explanatory treaty　説明性條約

Explees (or esplees)　土地收入；土地收益；土地孳息

Explicit　(租金等)須直接付款的；明白的；明確的；清楚的

Explicit concern with long-term growth issues　直接關心長期增長的問題

Explicit confirmation　明示確認

Explicit costs　直接以貨幣支付的成本

Explicit global rules　〔世貿〕明示的全球性規則

Explicit imposition of macroeconomic conditionality　〔世行〕直接施加宏觀經濟制約；明示強行宏觀經濟上的制約

Explicit interest　現付利息

Explicit macroeconomic policy regime　〔基金〕直接的宏觀經濟政策制度

Explicit renewal　明示重訂

Explicitly or implicitly　以明示或默示方式

Exploit one's office　利用職權 (營私舞弊)

Exploit the loopholes in trade law　利用貿易法的漏洞

Exploitability　可開發性

Exploitation　開發；利用；剝削

Exploitation aid　開發援助

Exploitation of labour　勞動剝削

Exploitation through land rent　地租剝削

Explorability　可勘探性

Exploration　勘探；探測；探索

Exploration risks　勘探風險

Explorator　偵察員；獵人；追捕者

Exploratory consultation　探討性磋商

Exploratory talk　探討性會談

Explore possible negotiated solutions with the prevailing party　探討與勝訴方可能再舉行談判的解決辦法

Explosion　爆炸

Explosion insurance　爆炸保險

Explosive　*a. & n.* I. 爆炸性的；易爆的；II. 爆炸性；爆炸物；炸藥

Explosive bullet　爆炸性彈丸

Explosive projectile　爆炸性投射物

Export　*v. & n.* I. 出口；輸出；II. 出口；〔複〕輸出品

Export Administration Acts of 1969 and 1977　〔美〕1947年和 1977 年出口管理法 (授權總統限制或停止向外國目的地出口美國商品和技術)

Export Administration Review Board　〔美〕輸出管理審議委員會 (由內閣部長和政府其他部門首長組成的，其職責是審查頒發出口許可政策，尤其是關乎美國安全問題向商務部長提出建議)

Export Bank credit　出口銀行信貸

Export blockade　出口封鎖

Export bonus　出口獎金

Export bounty　出口津貼；出口獎勵金

Export capacity　出口能力

Export competition　出口競爭

Export Competition Commitment　〔關貿〕出口競爭承諾 (指關貿總協定成員國根據《農業貿易協定》規定所作的削減農產品出口補貼的承諾)

Export Competition Commitment　〔關貿〕出口競爭承諾 (指總協定成員國根據《農業貿易協定》規定所作的削減農產品出口補貼的承諾)

Export contract　出口合約

Export control　出口管制

Export credit　出口信貸；出口信用證

Export credit guarantee　出口信貸擔保；出口信用保證

Export credit insurance　出口信貸保險

Export credit insurance facilities　出口信貸保險業務

Export credit rate　出口信貸利率

Export credit terms　出口信貸條件

Export declaration　出口申報單

Export documentation　〔美〕出口證件；出口單據 (諸如進口許可證等)

Export drafts　出口匯款單；出口匯票

Export drawback　出口退稅；外銷退稅 (指出口貨物可退還繳納的國產稅以鼓勵出口)

Export drive　出口鼓勵

Export duties and taxes　出口稅捐

Export duty　出口稅

Export earnings　出口收益

Export entry　出口報關單；出口登記

Export from MFN duties　〔關貿〕以最惠國稅率出口

Export growth　出口增長

Export guarantees　〔英〕出口擔保 (指貿工部長對出口物品廠商給予業務擔保)

Export Guarantees Act　〔英〕出口擔保法

Export Guarantees Advisory Council　〔英〕出口擔保諮詢委員會

Export insurance　出口保險

Export invoice　出口發票

Export item　出口項目

Export letter of credit　出口信用證

Export license　出口許可證

Export license system　出口許可證制度 (指一國政府對外貿易實行管制的制度，屬非關稅壁壘之一)

Export loan　出口貸款

Export loan insurance　出口貸款保險

Export moderation　出口節制

Export moderation, export-price or import-price monitoring system　出口節制、出口價格或進口價格監控制度 (這些均屬不符合 WTO 的類似自行貿易保護措施)

Export of capital　資本輸出

Export or import surveillance　〔關貿〕出口或進口監督

Export Payment Insurance Corporation (EPIC)　出口支付保險公司 (由澳洲政府擔保，於 1957 開始營業)

Export performance　〔世貿〕出口實績；出口業績 (指成員方政府在法律上或事實上僅根據企業等出口業績而對其提供補貼行為，為 WTO 多邊貿易體制所禁止)

Export permit　出口許可證

Export potential　出口潛力

Export price　〔關貿〕出口價格

Export price maintenance　維持出口價格

Export processing　出口加工 (指進口原料加工製作成產品後再出口)

Export processing zone (EPZ)　加工出口區；〔中〕出口加工區

Export prohibitions 禁止出口

Export promotion 促進出口；出口鼓勵

Export Qualification Certificate 出口資格證書

Export quarantine 出口檢疫

Export quotas 出口配額；出口限額

Export rebate 出口退稅 (政府鼓勵出口政策之一)

Export regulations 出口條例

Export requirements 〔關貿〕出口要求 (指東道國政府要求外國投資方必須將其一定比例的產品用於出口，履行其最低出口量義務方面的規定)

Export restraint 出口限額

Export restriction 出口限制

Export shortfall 出口不足

Export subsidy 〔關貿〕出口津貼；出口補貼 (指政府給予出口生產企業的一種刺激性補貼)

Export surplus 出超 (出口盈餘)

Export tariff 出口關稅 (率)

Export tax 〔美〕出口稅；輸出稅

Export tender 出口招標

Export trade 出口貿易

Export Trade Act 〔美〕出口貿易法 (1918 年)

Export trader 出口貿易商

Export Trading company Act 〔美〕出口貿易公司法 (旨在增加中小企業商品及勞務出口) (1982 年)

Exportation 輸出；出口

Exportation and importation 輸出輸入；進口出口

Exportation permit 輸出許可證

Exporter 出口商；輸出者

Exporters of manufactures 生產出口商

Export-Import Bank (Eximank) 〔美〕進出口銀行 (成立於 1935 年，旨在擴大美產品出口以為提供資金)

Export-import Bank of Washington 華盛頓進出口銀行

Export-Import Board 進出口管理委員會

Exporting firm 出口商號 (行)

Exporting industry 出口產業；出口工業

Exporting Member 〔世貿〕出口成員方

Exporting trade 出口貿易；輸出業；輸出商

Export-led growth 出口主導的增長 (出口增加帶動的經濟增長)

Export-oriented 面向出口的；出口取向的；出口型的；外向型的

Export-oriented enterprise 產品出口的企業

Export-oriented industrialisation to a growing number of developing countries 出口取向的發展中國家工業化數目日增

Export-oriented manufacturing 外向型的生產製造；出口型的生產製造

Export-oriented policy 出口導向的政策；面向出口的政策

Export-price or import-price monitoring system 〔關貿〕出口價格和進口價格監控機制

Export-processing free zone 出口品加工免稅自由區

Export-processing zones 加工出口區；出口商品加工區

Export-substitution policy 出口替代政策

Exports clause 〔美〕出口條款 (指憲法限制各州對進出口貨物課稅權力)

Exports of goods and services 貨物和勞務的出口

Expose v. 暴露；揭露；揭發；檢舉；使曝光；使遭受；使冒險 (危險等)；陳列 (商品等)；展出；遺棄 (嬰兒等)；〔法〕(事實的) 陳述；申述；解釋；揭秘；揭露

Expose de motif 〔法〕說貼 (外交用語)

Exposing 〔英〕暴露銷售食品罪 (依 1984 年法，如包含對人體健康有害的物質)；遺棄子女罪；猥褻露體 (釋義見 "indecent exposure")

Exposing children 〔英〕棄嬰罪

Exposition 解釋；說明；闡述

Exposition d'um criminal 〔法〕罪犯的示眾

Exposition de part 〔法〕棄嬰 (因不能哺育而棄於公共和私人場所)

Expositive jurisprudence 解釋法理學 (解說法學)

Expository jurisprudence 解釋法理學

Expository statute 〔美〕解釋性法律 (指解釋以前製造法的意思)

Exposure 揭發；揭露；暴露 (指裸露下體)；(商品等) 陳列；(嬰兒等) 遺棄；曝光；〔保〕承受風險

Exposure of child 遺棄嬰兒

Exposure of person 示眾；曝屍於眾 (指罪犯裸體或將其陰部示眾以對社區風化產生威懾作用)；裸露人體 (指在公眾場合脫光或暴露陰私部份，有傷道德風化)

Express a. & n. I. 明示的；明白的；明確的；特快的；直接的；清楚無誤的；II.〔英〕明示；專差；快匯；專差急送的文件；快遞；快運；〔美〕捷運公司

Express abrogation 明示廢止 (指新法廢止後法)

Express act of recognition 明示承認行為

Express active trust 明示積極信托

Express agency 明示代理 (指經當事人口頭或書面合意而創設的)

Express agreement 明示協定；明示協議

Express assumpsit 明示有償約諾 (指口頭或書面的向他人承諾對其履行某種行為給予一定報酬)

Express authority 明示授權 (以明言形式授權代理人做某事的權利)；明示委托

Express business 捷運業務

Express carrier 捷運承運商

Express clause 明示條款

Express colour 〔英〕明示的表見權利 (指被告在訴訟中以間接抗辯的規避形式否認原告的全部主張)

Express common-law dedication 明示依普通法將私有地獻作公用

Express company 〔美〕捷運公司

Express conditions 明示條件

Express consent 明示同意；明確表示同意

Express consignment 快件；捷運貨物

Express contract 明示契約 (指用口頭或按慣例簽訂的)

Express declaration 明示聲明

Express dedication 直接貢獻 (指用投票，發言，舉手等辦法)

Express delivery 〔英〕明示交付；(郵件的) 快遞；特別投遞

Express delivery post 快寄郵件；專送郵件

Express dissatisfaction 明示不滿 (指遺囑中宣佈如受益人對遺囑明示不滿意即喪失其權益)

Express fee 快遞費

Express mail 快寄郵件

Express malice 〔美〕明顯的惡意 (旨在故意造成傷亡或捏

造誹謗他人的行為，依美國法構成一級謀殺）

Express notice 明示通知；明白知悉

Express notification 明示通知；實際上知道某種事實

Express objection 明示反對

Express obligation 明示債務（指契約中訂明的債務）

Express one's regrets and apology 表示遺憾和道歉

Express or implied consent 明示或默示的同意

Express or implied obligation 明示或默示的債務

Express parcel 快寄郵包

Express permission 〔美〕明示許可（車主明示同意使用其車輛應負的法律責任）

Express private passive trust 明示私益消極信託（指除了受益人指示外，受託人未明示或默示授權佔有受益人的土地或對其行使所有權）

Express private trust 明示創設的私人信託

Express promise 明示許諾

Express provision 明文規定；(法律的)明文；明示條款

Express ratification 明示認可；明示批准；明示追認

Express recognition 〔際〕明示承認

Express repeal 明示廢止（法令或成文法）

Express republication 〔美〕明示恢復撤銷的遺囑；明示重新執行已撤銷的遺囑

Express request 明示請求

Express reservation 明示保留

Express sample 小件快寄樣品

Express terms 明示條款；〔香港〕有條款說明

Express their regrets and apology 表示遺憾和道歉

Express trust 明示信託（指任當事人的意思而設定的信託）；書面委託（由契約或文件明文規定而產生的）

Express waiver 明示放棄

Express warranty 〔保〕明示保證（指要保人在保險單中訂定關於風險的某些事實真實性等的明示協定）

Expressed 明示的；宣告的；陳述的；明確的；確切的；特殊的

Expressly 明示；明講的；明說的

Expression 表達；表示

Expression of intention 意思表示

Expression of opinion 意見的發表

Expression of regret 道歉

Expressly *adv.* 明示地；明確地

Expressly stipulated 明文規定的；特別載明的

Exprisoner 前因犯；已出獄的囚犯；出監人

Expromissor 承擔債務人；代位債務人（指承擔他人債務，成為單獨代替債務人負責清償債務的人）；〔羅馬法〕保證；保證人

Expropriate *v.* 徵用（土地等）；沒收（財產等）；剝奪…所有權；把(他人的財產)轉移到自己名下；放棄財產請求權

Expropriating state 徵收國

Expropriation 〔美〕徵收；徵購；徵用；沒收美國在外國境內的企業；放棄權利(指放棄專有財產的請求權)；國家徵用權（美國路易斯安那州法律用語）；〔英〕對於財產有補償的強制徵收（指公共當局對土地的強制徵用，但附以由董事局或由法院給予定額補償）；剝奪財產所有權（尤指"強迫購買財產所有權"）

Expropriation of land 土地的徵用

Expropriation risk 徵用風險（意指外國投資被所在國政府

沒收或徵用而遭受部份或全部損失之謂）

Expropriator 剝削者；沒收者；徵收者

Expulsion 驅逐出境；除名；開除

Expulsion from military service 開除軍籍

Expulsion from Parliament 〔英〕逐出議會

Expulsion of consuls 驅逐領事出境

Expulsion of member 會員除名

Expulsion on masse 集體驅逐

Expulsion order 驅逐出境令

Expulsion proceedings 驅逐出境程序

Expulsive 逐出的；開除的

Expunge *v.* 銷毀；滅跡（指犯罪檔案材料）；刪除；擦去；拭去；省略

Expungement of record 〔美〕銷毀罪犯檔案記錄程序（指罪犯檔案記錄到期後或銷毀或封存法律程序）

Expurgation 刪除；刪改；訂正

Expurgator 刪改者；訂正者

Ex-rights date 除權日期

Ex-service 退役的

Ex-service men 退役軍人；退伍軍人；復員軍人

Ex-soldier 退伍軍人；退役軍人

Extend *v.* 擴大；擴充；擴張；延長；延伸；延期；〔英〕估價（指估價判決債務人的地產）；被沒收保證金者

Extend assistance to vessels and aircraft 〔領事〕對船舶和飛機提供協助

Extend the right to register as designated importing and exporting enterprises 擴大作為指定進出口企業的註冊權利

Extend the widest measure of corporation 提供最廣泛的合作

Extend to export restrictions 〔關貿〕適用於出口限制

Extended 延期的；延續的；展期的；延展的；擴張的

Extended active duty 超期服役

Extended arrangement 〔基金〕中期安排

Extended arrangement charge 〔基金〕中期安排費用

Extended bond 展期償還公司債

Extended coverage clause 〔保〕擴展承保責任條款

Extended credit 展期信用證

Extended facility 〔基金〕中期貸款（用於會員國較長時期國際收支逆差之需，其信貸額度可達140%份額，還款期限四至八年）

Extended Fund facility 〔基金〕中期基金貸款（1974年9月設立的此項貸款，主要用於資助成員國克服因結構性失調所致國際收支困難）

Extended insurance 展期保險；延期保險

Extended risks guaranties 〔美〕擴大風險擔保（美國政府對其私人海外投資企業長期貸款所發生的政治以及商業的一切風險，保證補償其損失的75%）

Extended sentence 延期刑罰的判決；加刑

Extended service in the army 超期服役

Extended term insurance 延長定期保險（展期死亡保險）；出口信用保險（指信貸逾180天的一種保險）

Extended warranty 售後服務保修單；延長售後服務合約（指家用電器和汽車等）

Extension 延期；展期；延長；擴建（指作為附屬的建築或房屋而言）

Extension agreements 延期協議

Extension and advisory services 推廣和諮詢服務

Extension clauses 〔英〕擴大保險範圍條款 (指包括駕駛不屬受保人車輛等)

Extension commission 展期手續費

Extension fee 延期費

Extension of debt 延長償還債務期限

Extension of judgments 判決延伸

Extension of jurisdiction 管轄延伸

Extension of loan 貸款償還期的延長

Extension of note 延期期票 (指同意將到期的債務延期到原契約中所規定的日期)

Extension of period 展期時期；延期期間

Extension of service 延長服務

Extension of the assured life of schedules 〔關貿〕延長減讓表的有效期限

Extension of the scope of export subsidisation 擴大出口補貼範圍

Extension of time 延期；展期 (例如延發付款時間等)

Extension of time for payment 准許展期付款；推遲付款時間

Extension of treaty 條約有效期的延長

Extension or renewal of note 〔美〕票據展期 (指延展原先合約規定付款時間)

Extension reserve 新設的公積金

Extensive 廣大的；廣闊的；廣泛的；廣博的；外延的；可予以延伸的

Extensive interpretation 廣義解釋；推廣解釋

Extensive order 大批定貨

Extensive procedures 擴大的程序

Extensive territorial waters 延伸領海

Extensive transaction 巨額交易

Extent 數量；數額；範圍；程度，限度；〔英〕地值評估 (依法執行評估債務人財產並交付債權人程序)；估價令狀 (指由財稅法院頒發給執行官委任其對判決債務者的土地、財產和有體財產進行估價的令狀)；〔英古〕扣押令狀 (指命令行政司法官扣押王室債務之死者土地和財物)；〔美〕臨時扣押土地令 (指債權人臨時佔有債務人的地產直至其償還債務)

Extent and nature of the subsidisation 〔關貿〕貼補的性質和範圍 (指締約方對出口產品等的補貼和支持，包括收入和價格的支持)

Extent for measurement of punishment 量刑幅度

Extent in aid 〔英古〕優先償還債務權利令狀 (國王施加恩惠於債務人而簽發的償還所欠債務訴訟令狀，1947 年以前的程序)

Extent in chief 〔英古〕扣押債務者財產令狀 (由財稅法院簽發的指示郡長評估債務人的地產、財物和牲畜的價值以償還所欠王室債務的一種簡易訴訟令狀，英國 1947 年以前的程序)

Extent of authority 權限

Extent of jurisdiction 管轄範圍

Extent of loss 損失程度

Extent of occupation 佔有範圍

Extent of such payment 〔美〕至付清保險保證金存款程度

Extent, Old and New 〔蘇格蘭〕新舊土地兩種估價 (1474 年)

Extenuate *v.* 掩飾 (罪過等)；減輕 (懲罰等)

Extenuate crime 減輕罪行 (用辯解等)

Extenuating circumstances 減輕情節 (可使罪行減輕的情況)；減輕處罰情節

Extenuation 減輕 (指犯罪或侵權責任，其反義詞為 "aggravation")；減輕情節

Exterior 外部的；外來的；外交的

Exterior territorial waters 外部領海

Exterminate banditry 肅清盜匪

Extermination 消滅；滅絕；消除

External 表面的；外表的；外觀的；外部的；外界的；外來的；外圍的；對外的；肉體的

External account 〔英〕對外賬戶

External Adjustment Division 〔基金〕對外調整處 (取代了 "特別研究處")

External affairs 對外事務；外部事務

External aggression 外部侵略

External aid 外部援助

External assets 國外資產

External asylum 對外庇護

External Audit Committee 〔基金〕外聘審計委員會 (指不由基金機構人員，而是聘用外來審計師擔任，以示公正避嫌)

External auditor 外聘審計員 (師)

External balance 對外差額；對外餘額；對外順差

External bond 國外債券；外國的債券

External commercial relations 對外商務關係

External control 外部控制；外加管制

External debt 外債

External debt servicing 外債償付

External disturbances (國內市場的) 外部失調

External economic policy 對外經濟政策

External economics 外部經濟學；外部節約

External economy 外部經濟；外部經濟效果

External evidence 外部證據

External Finance Division 〔基金〕外來資金處

External financial position 對外金融地位

External force 外力

External imbalance 對外收支不平衡

External independence 對外獨立

External intervention 外來干涉；外部干涉

External jurisdiction 外部管轄權

External law 對外法

External liberalisation 外部 (環境) 自由化；對外自由化

External liquidity 對外清償能力

External loan 外債

External mark 外部標誌

External or visible evidence 外部的或可見的證據

External payments 國外支付

External policy 對外政策

External processing 對外加工

External public law 對外公法

External purchasing power 對外購買力

External reference price 外部參考價格

External relations 對外關係

External Relations Department 〔基金〕對外關係部

External representation 對外代表權

External reserves 對外儲備

External security 外部安全

External short-term liabilities 對外短期負債

External sovereignty 對外主權

External statistic 外部的統計

External subversion 外部顛覆

External supremacy 對外最高權

External tax 輸出稅

External trade 對外貿易

External trade liberalisation 對外貿易自由化

External Training Division 〔基金〕對外培訓處

External value of currency 貨幣的對外價值

External, violent and accidental means 外部的、暴力的及意外的原因;〔保〕外部突發原因引致死亡(指並非直接疾病或身體柔弱所致)

Externalities 外差因素

Exterritorial 治外法權的

Exterritorial asylum 域外庇護

Exterritorial bodies 域外機構

Exterritorial consular jurisdiction 領事裁判權

Exterritorial criminal jurisdiction 域外刑事管轄權

Exterritorial jurisdiction 治外法權(指一國國民在外國境內不受所在國法律管轄,例如外交特權和豁免);領事裁判權(指一國在他國境內所行使的管轄權,一國可依條約對在他國境內的本國國民行使本國的司法管轄權,例如外國列強曾在上海、漢口和廈門設有會審公廨,對其公民在華民刑事案件享有領事裁判權)

Exterritoriality (or extraterritoriality) 治外法權;領事裁判權

Extinct 熄滅的;滅絕的;已滅失的;(職位等)廢除了的;(貴族稱號等)無合法繼承人的;(法令等)過時的;失效的;失去時效的

Extinct family 已絕嗣的家族

Extinct state 已消滅的國家

Extinction 消滅;滅絕;廢除;終止;撲滅

Extinction of debt 還清債務

Extinction of rights 權利的消滅

Extinction of state 國家的消亡

Extinctive condition 消滅條件

Extinctive prescription 消滅時效

Extinctive prescription of punishment 刑罰消滅時效

Extinguish *v.* 取消;廢除;使無效;償清(債務等);終止;消滅;熄滅;撲滅

Extinguish a claim 使索償(權)消滅;使索賠無效

Extinguishment 消亡;滅絕;消滅(指債務、時效所有者的權利消滅,例如租約、道路權等隨着土地、道路的出售而消滅;口頭契約隨之蓋印而生效);(權利或義務的)取消,廢除,無效;(債務等)償清;合併(用法上有時與"merger"相混,但有明顯區別);〔保〕熄滅;熄火

Extinguishment fund 償債基金(＝sinking fund)

Extinguishment of a Private Right 喪失私權

Extinguishment of common 〔英〕共有權的消滅

Extinguishment of copyhold 〔英〕登錄不動產保有權的消滅(指自由保有的不動產與登錄保有的不動產兩者歸屬於同一人所致)

Extinguishment of debts 債務的消滅(指因債務的清償等而消滅)

Extinguishment of legacy 遺贈的消滅(指死者的動產業已遺贈或已被處分不復存在)

Extinguishment of lien 留置權的消滅(依法解除留置權)

Extinguishment of powers 〔英〕權力的消滅;權力的終止(因實施 1925 年的財產法所致)

Extinguishment of rent 地租的取消(因購買了該原租地而消滅應交的地租)

Extinguishment of ways 道路通行權的消滅(指因買下了該路過的圍地所致)

Extirpation 〔英〕根除;鏟除;滅絕;消滅,毀滅;驅除;毀損;破壞

Extirpatione 〔美〕制止破壞土地的司法令狀(判決前或判決後發出的司法令狀,當發現地產裁決不利於他時所採取的摧毀土地上的房屋或拔除其上樹木的惡意的毀滅行為)

Extort *v.* 逼供;逼迫;脅迫;強取;敲詐;勒索

Extort a confession 逼供

Extort a confession by torture 刑訊逼供

Extort bribes 索賄

Extort by blackmail 敲詐勒索

Extort excessive taxes and levies 橫徵暴斂

Extortion 〔英〕敲詐;勒索罪;〔美〕恐嚇取財(非法使用武力或恐嚇手段取得他人財產)

Extortionate 勒索的;敲詐的;強奪的;高利的

Extortionate credit 放高利貸

Extortioner 敲詐者;勒索者;強奪者

Extra allowance 額外津貼;〔美〕附加訴訟費

Extra budget 臨時預算;額外預算

Extra charges 附加費;額外費用

Extra compensation 額外補償

Extra continental power 大陸以外的國家

Extra costs 〔英〕額外費用;追加的費用

Extra dividend 附加股息;額外股利

Extra expenditure 臨時費;額外支出

Extra expense 特別費用;額外費用

Extra fine 特等的;特優的

Extra fund 特別基金(資金)

Extra hand 臨時僱工;額外的人手

Extra holiday 臨時休業

Extra judicial document 司法外文書(指一個官方機構或執行員發出的雖非民商事訴訟文書但可能有間接關係的文件,如有關匯票的拒絕證書、要求給付的催告書、對他人婚姻的反對書以及收養的同意書等)

Extra packing 特別包裝費

Extra parochial places 教區之外的地方

Extra pay 特別津貼;額外報酬

Extra premium 額外保險費

Extra provincial company 外國公司

Extra resolution 特別決議

Extra revenue 臨時收入

Extra risk 特別風險

Extra session 臨時開庭;特別會議

Extra super fine 極好;特別好

Extra wage 附加工資;額外工資

Extra work 額外工作;附加的工作;加班

Extra-atmosphere space 大氣外空間

Extra-budgetary (XB) 預算外的

Extra-budgetary accounts 預算外賬目

Extra-budgetary expenditure 預算外的開支

Extra-budgetary funds 預算外經費；預算外基金

Extra-continental power 洲外國家（大陸以外的國家）

Extra-contractual effect 契約外效果

Extract *n. & v.* I.（文件）摘錄；抄錄；選錄（著作的一部份）；〔蘇格蘭〕判決摘錄書；私人契據的認證副本；II. 抽出；拔出；挖出

Extraction of confession by torture 刑訊逼供（指司法官員在審判活動中，對嫌疑人、被告人、證人施行肉刑和精神折磨以逼取供述的殘暴行為）

Extraditable （逃犯、戰俘等）可引渡的；罪犯可被引渡的；（罪行）足以使犯者被引渡的

Extraditable crime 可引渡的罪行

Extraditable offence 可引渡的罪名

Extraditable person 可引渡的人

Extradite *v.* 引渡（逃犯、戰俘等）；使（逃犯等）被引渡

Extradited person 被引渡的人

Extraditing state 引渡國

Extradition 引渡（按雙邊條約或法令等引渡逃犯；犯人引渡，戰犯引渡）

Extradition Act 〔美〕引渡法

Extradition case 引渡案件

Extradition convention 引渡專約

Extradition law 引渡法

Extradition of criminal 罪犯引渡

Extradition of national 本國國民的引渡

Extradition of non-national 非國民的引渡；非本國國民的引渡

Extradition of war criminal 戰犯引渡

Extradition proceedings 引渡程序

Extradition treaty 引渡條約

Extradition warrant 〔美〕引渡逮捕狀

Extra-dotal property 妻子特有的財產；嫁妝外的財產（指不屬婦女嫁妝組成部份財產）（美路易斯安那州法律用語）

Extrahazardous 〔保〕特別危險的

Extra-judicial document 司法外文件

Extra-jurisdictional environmental trade 管轄權以外的環境貿易

Extrajudicial 司法外的；訴訟外的；超出法庭職權的；在正常司法程序或範圍以外的

Extrajudicial confession 法庭外的自供狀

Extrajudicial evidence 司法外證據

Extrajudicial identification 庭外辨認；庭外鑒定

Extrajudicial oath 庭外宣誓；司法外宣誓（指不在司法程序範圍內所作的宣誓）

Extrajudicial statement 法庭外陳述（包括口頭的或書面的）

Extrajurisdictional 管轄權以外的

Extralateral right 〔美〕超越礦界開採權（或譯"走向平巷"外的權利，指礦主主張礦脈走向在其土地的地界之內為由而主張對該礦公地外的開採權利）

Extralegal 不受法律制裁的；法律權力以外的；未經法律制定（或准許）的

Extramarital 私通的；通姦的

Extramural 市外的；城鎮以外的

Extranational 本國領土外的；本國管轄範圍外的

Extraneous evidence 外部證據；旁證

Extraneous income 額外收益

Extraneous offence 附加罪；當事人的審判之外罪行

Extraneous question 枝節問題（指爭點之外的或與待裁決爭點無關的問題）

Extraneous risk 附加險；特殊風險

Extraneous risks to International Marine Cargo Insurance 國際海上貨物運輸保險的附加險

Extraordinary 特命的；非凡的；特殊的；特別的；反常的；額外的；破例的

Extraordinary agent 特別代表

Extraordinary ambassador 特命大使

Extraordinary average 〔保〕共同海損分擔（指由一部份利害關係當事人造成對船貨的損失）

Extraordinary budget 非常預算；臨時預算

Extraordinary care 最高程度注意；極端注意；特別注意

Extraordinary circumstances 特殊情況；非常情況

Extraordinary cost 特別費用；附加訴訟費

Extraordinary danger 特殊危險（指不是工作中發生的普通意外事故）

Extraordinary diligence 非常的注意（指格外謹慎地保護自己的財產和權利）

Extraordinary dispursement 臨時支出

Extraordinary dividend 特別紅利（指因公司資本資產獲得異乎尋常高的利潤因而不定期內把股息發給股東，其不同於不宣告的，"ordinary dividend & regular dividend"）

Extraordinary envoy 特使

Extraordinary event 非常事件

Extraordinary expenditure 額外費用；非常支出；臨時支出

Extraordinary expenses 特別支出；特別費用；臨時費用

Extraordinary flood 特大水災；特大洪水

Extraordinary gain or loss 非常損益

Extraordinary General Meeting of Shareholders 臨時股東大會

Extraordinary general meeting 特別股東大會；臨時總會

Extraordinary grand jury 特設大陪審團（只限於調查和審問證人不得用以披露或干預枝節問題）

Extraordinary hazard 異專危險（指非一般工作的危險）

Extraordinary jurisdiction 非常管轄權

Extraordinary lords 〔蘇格蘭〕特命勳爵；特命貴族（由國王任命出席高等民事法庭的）（1532 年）

Extraordinary meeting 臨時大會；臨時會議；非常會議；特別會議；股東臨時會議

Extraordinary member 特別會員；參事會員

Extraordinary mission 特別使團

Extraordinary remedies 特別救濟；特殊救濟

Extraordinary repairs 特別修繕（指所租房子受到意外損壞，雖非毀壞性的，但不像原先那樣適用，故而須加以特別維修）

Extraordinary resolution 臨時決議；非常決議（指超過四分之三多數票通過）

Extraordinary revenues 臨時收入；非常收入

Extraordinary risk 〔保〕特殊風險（正常範圍外的危險，例如發生部份工人傷害另一部份工人的事故）

Extraordinary session 特別會議；非常會議；〔美〕臨時立法會議（通常在兩個屆會之間由州長召集；此類會議大多數

州限於審議州長提出的特定問題)

Extraordinary Session of the Diet (歐洲國家的)臨時議會

Extraordinary special tax 非常特別稅

Extraordinary storm 特大風暴

Extraordinary tax 額外稅

Extraordinary writs (法院的)特別令狀

Extraparlimentary 國會外的

Extra-parochial 臨時教區制度的;教區外的;不在教區界限內的

Extra-parochial places 〔英〕教區以外的土地(指不與教區相連結或構成教區部份的土地)

Extra-patrimonial rights 非承襲權利

Extra-statutory and extra-constitutional body 成文法及憲法以外的機關

Extra-terrestrial science 外空科學

Extraterritorial 域外的;治外法權的

Extraterritorial asylum 域外庇護權

Extra-territorial authority of law 法律的域外效力

Extraterritorial bodies 域外機構

Extraterritorial country 領事裁判權國家

Extraterritorial court 領事裁判權法院

Extraterritorial crime 域外罪行

Extraterritorial criminal jurisdiction 域外刑事管轄權

Extraterritorial effect 域外效力

Extraterritorial effect of competition laws 競爭法的域外效力

Extraterritorial effect of law 法律的域外效力(指適用與該法律關係有關的外國)

Extraterritorial enforcement measure 域外強制執行措施

Extraterritorial jurisdiction 治外法權;領事裁判權(指一國國民不受所在國法律約束和法院管轄)

Extraterritorial operation 域外效力;域外施行

Extraterritorial personal jurisdiction 域外屬人管轄權

Extraterritorial privilege 域外特權;域外法權特權

Extraterritorial protection 域外保護

Extraterritorial pursuit 域外追逐;域外追捕

Extraterritorial recognition of rights 權利的域外承認

Extraterritorial right 治外法權權利

Extraterritorial space 領土外空間

Extraterritorial trade jurisdiction 域外貿易管轄權

Extraterritorial wrong 域外侵權行為

Extraterritoriality 治外法權;領事裁判權

Extravagance 奢侈;鋪張;浪費;放肆;放肆的話(或行動)

Extravagance and waste 鋪張浪費

Extravagant 奢侈的;浪費的;(言行等)放肆的;越軌的

Extravagant acts 放肆的行為

Extravagantes 教令集外集(羅馬教皇克萊門特五世以後頒佈的,此前包括在羅馬教會法內)

Extreme 極端的;極度的;嚴厲的;過分的;過激的;末端的;最後的;非常的

Extreme case 極端案件;絕望的案件(指無論事實上或法律上或兩者均已頻臨極限或絕境)

Extreme cruelty 極端殘忍(指對一方配偶造成肉體或精神傷害可批准離婚)

Extreme low tide 最低潮

Extreme moments 臨終時刻

Extreme penalty 極刑;死刑

Extreme tide 最大潮汐(指上下水位間差)

Extreme urgency 特急

Extremes of wealth 貧富懸殊

Extremity 極端;極限;末端(指人手腳的);非常處置;極端危險;極端行為;極端措施;〔複〕四肢;手足

Extrinsic 外在的;外部的;外來的;外表的;體外的;外國有的;非固有的;附帶的

Extrinsic acceptance 票外承兌

Extrinsic ambiguity 外在的不確定性(指契約中的條款意義不明確並非契據本身,而是來自於呈現在契據內的一些附隨問題)

Extrinsic evidence 外部證據;旁證(指不包含在契約本身中而以其他方法證明的證據)

Extrinsic fraud 本案外欺詐;外在欺詐;附隨欺詐

Extrinsic measure 外部措施

Extrinsic method of interpretation 外來解釋方法

Extrinsic punishment 附帶懲罰

Extrinsic reward 附帶報酬;額外報酬

Exuere patriam 放棄原國籍

Exulare 〔英古〕流亡;流放

Exuperare 制服;逮捕

Eyde 〔法〕幫助;協助;救濟;補貼;補助金

Eye for an eye 〔英〕以眼還眼(通常用以表明法律上允許受害者對不法侵害者所致傷害作出相等的報復)

Eyewitness 目擊證人;見證人;陳述目擊事實的證人(指在現場親眼看見事件發生的證人)

Eyewitness identification 目擊證人的辨認

Eygne 〔法〕最老的;最年長的;最早生的

Eyre 巡迴;巡迴法庭(盎克魯－諾曼嚴正王朝12世紀所創立的君主法庭,每七年到指定地點巡迴審理案件);路程;歷程

Eyrer 〔法〕旅行;旅遊;巡遊

F

401 (K) plan 〔美〕401(K)計劃(指公司為僱員利益而設立的一種儲蓄計劃,即公司允許按一定比例,將僱員工資其構成僱員的部份免稅資產的部份稅前收入,投資於公司基金、債券或其他投資工具,其構成僱員的部份免稅資產)

F.1st (Federal Reporter, First Series) 〔美〕聯邦法院判例彙編第一集

F.2d (Federal Reporter, Second Series) 〔美〕聯邦法院判例彙編第二集

F.A.S. Contract　船邊交貨價合約

F.C & S.Clause　〔保〕捕獲和扣留除外條款

F.O.B.clause　離岸價格約款；船上交付價約款

F.O.B Contract　離岸價格合同 ("船上交貨不另收費" 合約)

F.O.B. valuation　船上交貨價格定值；離岸價格評價；離岸估價

F.O.R. Contract　鐵路上交貨價格合約

F-1 visa　〔美〕F-1 簽證 ("學生簽證"，由美國駐外使節、領事館頒發給自費申請到美國中學或大學學習的簽證)

F-2 visa　〔美〕F-2 簽證 ("學生的配偶陪讀或其家屬的探親簽證")

Fabian　費邊社員；費邊主義者；拖延

Fabian socialism　費邊社會主義 (由英國資產階級知識份子組成的，倡導改良主義思潮，維護資產階級民主，反對無產階級革命專政)

Fabian society　費邊協會；費邊社

Fabric lands　教堂用地 (指給予教堂或教會的維修、重建或修繕而捐獻的土地)

Fabrica　〔英古〕製造；鑄幣；鑄造硬幣

Fabricate　*v.* 捏造；偽造；贋造 (貨幣)

Fabricate charge　誣告

Fabricate history　偽造歷史

Fabricated evidence　偽造的證據；捏造的證據

Fabricated fact　捏造的事實 (指無任何真實根據的)

Fabrication　捏造；偽造；贋造；偽造物；捏造之事

Fabricator　捏造者；偽造者

Fabula　〔歐古〕契約；格式協議 (倫巴德和西哥特法律，指婚約或遺囑)

Fabulist　撒謊者

Face　*n. & v.* I. 字面；字義；正面；表面；面額；票面；II. 面對

Face a considerable risk of rejection　〔領事〕面臨很大的拒簽風險 (指申請入境簽證而言)

Face amount　面額；面值；票面金額 (作為債務證據只指到期應付的本金而不附加利息或費用)

Face amount certificate company　面額證券公司

Face amount insured by the policy　〔美〕按保險單上承保面額支付

Face deportation proceedings　面對遞解出境的訴訟

Face of instrument　(票據的) 票面 (做為債務證據，只指到期應付不加利息的本票數額)；文件正面

Face of judgment　判決金額 (指利息除外的判決給付金額)

Face of policy　保險單票面 (指保險單的第一頁，指整個保險契約包括其附加條款等)

Face of record　訴訟案件的案卷 (包括整個案件的完整記錄，即庭審記錄詳細過程等；刑事案件則包括訴狀和陪審團的評斷)

Face par　票面價格

Face special problems　面臨特殊的困難

Face to face service　面對面服務

Face value　票面價值；表面價值；面額；面值

Facial　面部的；表面的

Facial disfigurement　毀容 (面部毀損)

Facilitate　*v.* 使便利；利便；使容易；促進；推進；簡化

Facilitate a satisfactory solution　達成滿意的解決 (辦法)

Facilitate discussions among members on how to better

cope with the current international economic crisis　〔世貿〕便利成員國之間討論如何應對當前國際經濟危機

Facilitate dissemination of information　提供信息傳播方便

Facilitate execution of the request　〔領事〕有助於執行請求；提供執行便利的請求

Facilitate expeditious subsequent multilateral review of the dispute　〔世貿〕提供其後快速對爭端進行多邊審查的方便

Facilitate investment across international frontiers　〔世貿〕提供跨國投資的便利

Facilitate the exchange of goods, services and capital among countries　〔基金〕提供各國之間進行商品、服務和資金交流的方便 (此為國際貨幣基金組織的基本任務)

Facilitate the expansion and balanced growth of international trade　〔基金〕便利於國際貿易的擴大和均衡增長

Facilitate the flow of international trade　便利於國際貿易的流通

Facilitate the implementation, administration and operation of this Agreement　〔世貿〕促進本協議執行、管理和運作

Facilitate the process of extensive tariff bindings　簡化外延關稅約束力的程序 (進程)

Facilitate the review process　制定審議程序

Facilitation　簡化；促進；提供他人犯罪之方便行為 (例如給嫌疑犯換車以使其逃避警察監控提供方面的行為)

Facilities, privileges and immunities　便利，特權與豁免

Facility　〔常用複〕便利；設備；設施；工具；資金設施；資金融通；貸款

Facility and circumvention　〔蘇格蘭〕易受人左右和受騙上當 (指如果贈與者受人左右，不能按自己意志或判斷行事，就容易使其所訂立的合約、贈與或遺囑無效，此為蘇格蘭法律的主要原則)

Facility of payment　融通給付

Facility of payment clause　〔保〕融通付款條款；便利付款條款 (指團體保險中給予僱主指定受益人的應急權力)

Facsimile　複本；複製品；摹真本；傳真

Facsimile copy　(文件等) 傳真本

Facsimile of legal seal　印鑒樣本

Facsimile probate　〔英〕遺囑檢驗謄本；遺囑檢驗摹真本 (遺囑檢驗影印本) (指法院因受到發現原始遺囑的影響而命令檢驗該傳真件遺囑的內容結構，以便有助於揭示立遺囑者的意思)

Facsimile signature　簽字樣本；印鑒樣本；影本簽字；複製簽名；傳真簽字

Facsimile weather chart　傳真氣象圖表

Fact　事實；實情；真相

Fact and law　事實與法律的問題 (前者由陪審團解答；後者由法院裁定)

Fact finder　事實調查人

Fact finding board　〔美〕事實調查委員會 (指受商業、勞工組織或政府部門指派而組成對某事件進行調查並作出報告的機構)

Fact material to risk　〔保〕風險的重要事實 (指承保人根據保標的的承擔風險責任情況；要麼拒保，要麼要求增加保險費)

Fact of judicial knowledge　普通司法知識的事實 (指一國或一社區智者共知無可爭辯的常識)

Fact of legal case　案情

Fact of unquestionable demonstration　可真確表明的事實

Fact question　事實問題(指事實問題及其由無陪審員的審判所作出的裁決一般而言是不能上訴的)

Fact-finding　*n. & a.* I. 事實斷定;查明事實;調查;II. 實情調查的

Fact-finding interview　〔保〕核實(指與客戶面談核實保險標的情況)

Fact-finding meeting　事實調查會

Fact-finding mission　事實調查團

Fact-finding organ　事實斷定機構;調查機構

Factio active　遺囑能力(=facto testamenti)

Factio passive　接受遺囑權;受領遺囑的能力

Factions　派別;宗派;小集團;派系鬥爭;內訌

Factor　代理商(指委託銷售貨物等以領取佣金的代理商,或稱"賣辦");代理人,代理經營(依法指定的管理被沒收或被扣押財產的人);管家;因素,要素;〔蘇格蘭〕地產管理人

Factor analysis　〔統計〕因素分析法(例如分析普通股實際利潤率的一種統計程序)

Factor cost　要素成本;代理商費用

Factor endowment　生產要素禀賦

Factor income　要素收入

Factor income terms of trade　要素收入貿易條件(衡量國際貿易標準之一)

Factor intensity　要素密集度(指按照生產過程中投入要素的比例劃分商品類型的標準)

Factor market　生產要素市場

Factor market policies　生產要素市場政策

Factor of safety　安全系數;保險系數

Factor payments　支付要素費用(即生產成本)

Factor ratio　要素比例(指一國各種生產要素總量之間的比例)

Factor services　要素服務(例如勞務輸出和工程承包等);生產要素提供的勞務

Factor shares　要素份額(指各種不同的生產要素份額)

Factor's acts　〔英〕代理商法(制定法的名稱,可使代理人成為貨物的有效保證,或能使人相信該代理人就是物主)

Factor's lien　代理商留置權(指可佔有委託人財產直至其給付佣金為止)

Factorage　代理商佣金;代理商手續費;代理業務;代銷業務

Factorial terms of trade　要素貿易條件(國際貿易的衡量標準之一)

Fact-oriented　事實取向的;面向事實的

Factories Acts　〔英〕工廠法(1937年)

Factories and Workshops Act　〔英〕工廠和車間法

Factoring and financing of commercial transaction　代理和商業交易的資金融通

Factoring commission　代理人佣金

Factoring　未償債務代理業務;貸款保收業務;代理融通業務;托收信貸行(指將一商行應收的賬以貼現價格賣給代理商並收取和承擔損失的風險)

Factorising process　〔美〕扣押在第三者手中債務人的財產程序(更通常的術語為"trustee process"等)

Factor-output co-efficients　生產要素產出系數

Factor-price distortions　生產要素價格扭曲

Factors affecting domestic prices　影響國內價格的因素

Factors of production　生產要素(指土地、資本和勞動)

Factors Ordinance　〔香港〕貨物代理商條例

Factorship　批發業;代理商業

Factory　工廠;(在外國的)代理商行;代理店

Factory acts　〔美〕工廠法(旨在規定勞動時數、工人健康及安全條件)

Factory and Commission　〔蘇格蘭〕授權委托書(指一種授權他人代其作為的契約)

Factory and Education Act　工廠及教育條例

Factory and Workshop Act　〔英〕工廠和作坊法(1901年)

Factory and Workshop Consolidation Act　〔英〕工廠和作坊合併法(1878年)

Factory board meeting　工廠管理會議

Factory book-keeping　工廠簿記;工業簿記

Factory certification　工廠證書

Factory cost　製造成本;工廠成本(指直接成本費加上製造中的間接成本費)

Factory director　廠長

Factory expenditure statement　工廠開支明細賬

Factory girl　女工

Factory law　工廠法

Factory ledger　工廠分類賬;製造分類賬

Factory legislation　〔英〕工廠法(自1802年皮爾的《學徒健康和道德案例》起,英國限制工人每日勞動12小時,禁止9歲以下兒童到棉紡廠工作,並限制12-16歲兒童每天工作的時間,其後工廠、車間工人勞動時間逐漸減少到每天為10小時。現每日工時多由工會和資方談判議定)

Factory mutual insurance　工廠互相保險

Factory owner　廠主

Factory payroll　工廠工資單(工廠發放的工資額)

Factory price　出廠價格

Factory tax　出廠稅

Factory wastes　工廠廢物

Facts about a crime　罪狀

Facts in dispute　有爭議的事實(據此,原告提起訴訟;被告則提出否認辯護)

Facts in issue　〔美〕有爭議的事實(指兩造訴訟中爭議的事實)

Facts incomplete　欠缺的事實(指承審法官對"不服原審法官裁決聲明書"不置正確與否,只證明其所呈事實的證明書)

Facts of a crime　犯罪事實(罪狀)

Fact-type hearing　事實式的聽證會

Factual　確的;與事實有關的

Factual admission　據實招認

Factual evidence　事實證據

Factual impossibility　事實上不可能性

Factual information　真實資料

Factual materials　事實材料

Factual report　事實報告

Facultative　任意的;可選擇的

Facultative compensation　任意性賠償

Facultative jurisdiction　任意管轄權

Facultative reinsurance　臨時分保;臨時再保險(指分保人可選擇接受原承保人投標部份的保險)

Facultative reinsurance contract　分保合約

Facultative-obligatory reinsurance　預約分保；合同分保

Faculties　能力；權力；資格；才能

Faculties of husband　丈夫的生產能力（指在離婚訴訟中估定丈夫的經濟狀況及生產能力用以估算瞻養費的數目）

Faculty　能力；權力；才能；〔宗〕教會特許權（指可免登結婚預告的結婚，但須經坎特伯雷的主教法庭批准）；（學校）全體教職員工；（大學的）學院，系；〔蘇格蘭〕權力（指人們可自由行使的權力）

Faculty board　系務委員會；院務委員會（高等學校的）

Faculty meeting　教員會議

Faculty of actuaries　保險計算師聯合會

Faculty of advocates　〔蘇格蘭〕（最高民事法院）出庭律師協會

Faculty tax　技能稅（指對於從技術才能收入的）

Faculty theory　承擔賦稅能力說

Fade-out　淡化；當地化（指東南亞國家外資法中普遍規定外資股權的逐步當地化，即逐步減少其股權）

Fade-out equity　（外資）逐步減少股權

Fade-out formula　逐漸減少股權的公式

Faderfium　〔英古〕嫁妝（指新娘的父親或兄弟所給予的）

Faeder-feoh　〔英古〕嫁妝

Faesting-men　曾被管教的強悍武裝人員；富人，有產者；訴訟保證人，保人（指按撒克遜習慣每個人必須對彼此良好品行負責）

Faggot　左道徽章（古時被判處信異教邪說者標誌）；火刑

Faggot vote　〔英〕變相獲得議員投票權；名義上的投票權（指以名義上轉讓土地財產方式，使無投票資格者獲得選舉議員的投票權）

Faggot voter　名義上投票權人

Fagin　教唆犯（尤指教唆兒童犯罪者）

Faida　〔撒〕惡意；公開敵意；死敵

Fail　*v.* 過失；疏忽；拒絕；缺乏；失敗；（考試）不及格；未達目的；未履行；破產；失去清償能力；（身體）衰弱

Fail in election　落選

Fail to achieve a mutually agreed solution　未能達成雙方同意的解決辦法

Fail to fulfill　未能完成；未能履行

Fail to offer adequate compensation　不提供適當補償

Fail to produce a mutually satisfactory solution　未能達成雙方滿意的解決辦法

Fail to pursue the right of action　沒有尋求起訴權

Failed projects　不合格的項目；失敗的項目

Failing circumstances　瀕臨破產（資不抵債的情況）

Failing of record (=failure of record)　〔美〕無法出示記錄（指被告未能出示其所稱並賴以答辯的記錄）

Faillité　〔法〕破產；無支付能力；失敗

Failure　委付；放棄；失敗；缺乏；破產；無償債能力；不履行；失職；疏忽；玩忽職守；衰竭；故障

Failure of consideration　無對價；對價無效（指原對價消失了）

Failure of evidence　證據不足；證據缺乏（指不能證明相互矛盾的推理或假設）

Failure of good behaviour　〔美〕行為不當（作為解僱公務員的理由之一）

Failure of issue　死亡時無子女；無子嗣

Failure of justice　誤判；判決失當；判決不公

Failure of proof　證據不足；證據缺乏（指完全不足以證明訴因或辯護）

Failure of record　〔美〕無法出示記錄（指被告未能出示其所稱並賴以答辯的記錄）

Failure of title　〔美〕所有權瑕疵（指買方無法出示部份或整個完好無損的承諾可出售轉讓的所有權）

Failure of trust　過期信托；信托無效（指擬議的契據因有瑕疵或不法等緣故而過期或失效）

Failure otherwise than upon merits　即決判處原告敗訴（指法院對訟案未經事實審理就宣告原告敗訴）

Failure rate　〔領事〕失敗比率

Failure to bargain collectively　集體談判失敗（因僱主拒絕就涉及僱傭條件與合約的解釋同工會談判）

Failure to make delivery　交付不到；未能送達（指未能按要求交付）

Failure to meet obligations　未能支付到期債務；無力清償到期債務（指銀行無力支付存戶提款要求而關門、停止交易業務等）

Failure to perform　未能履行；拒絕履行（指關於相互許ით問題，當要求被告陳述"未能履行"等於"拒絕履行"時，除非原告的履行是訴由的先決條件）

Failure to state cause of action　起訴理由不足（指原告訴狀中未能陳述充分的事實以維持其訴訟）

Failure to testify　〔美〕拒絕作證（指在刑事審訊中，根據美國憲法第 5 條修正案關於保護公民權利規定，刑事被告有權拒絕提供證詞，法官不得據此斷案）

Failures in revenue　稅入虧絀（其類同於"casual deficits"）

Faint action (or feigned action)　〔英〕虛造訴訟；假托訴訟（指告訴的言論是真實的，但當事人的訴因沒有根據，沒有要回復權利的訴由）

Faint pleader　〔美〕虛假答辯；詐欺答辯；串通答辯（指虛偽的答辯以欺騙善意第三者）

Faint pleading (=faint pleader)　〔英〕虛假答辯；詐欺答辯；串通答辯（指虛偽的答辯以欺騙善意第三者）

Fair　*n. & a.* I. 〔美〕商品交易會；展覽會；〔英〕（定期）集市；義賣市場；開市權（指按敕許或時效取得的）；II. 正直的；公平的；公正的；公允的；不徇私的

Fair and equitable procedures　公平合理的程序

Fair and equitable treatment　〔關貿〕公平合理的待遇

Fair and impartial jury　公正而無偏袒的陪審團（指陪審團在採集證據和裁決上公正而不以先入為主地評決被告罪與非罪等）

Fair and impartial selection process　〔領事〕公平和公允的選任程序

Fair and impartial trial　公正而無偏袒的審理（指是在審議全部證據和事實後再行宣判定罪）

Fair and proper legal assessment　〔美〕公平、恰當而合法的財產評估（指將財產價值置於公正、平等和統一的基礎上，同全國和州的其他相似財產的性質和價值做出評估）

Fair and reasonable value　公平合理價值；公平市價

Fair and valuable consideration　公平合理的對價（公平有價約因）

Fair averaging　合理平均數（指 12 個月內貨物數量與價格的平均數）

Fair cash market value　公平市場價；合理市價

Fair cash value　公平市價；合理價值（實際現金價值）

Fair comment 公正評論 (當批判損毀別人名譽時,其批判如公正而且善意地進行則不構成名譽毀損,這是誹謗訴訟中的一種辯護,這種辯護大體上必須是真憑實據的;對於劇本、著作等的評論應基於公正的立場而不歪曲事實或中傷個人,以免文字毀謗所造成傷害)

Fair competition 公平競爭

Fair consideration 合理對價 (指在任何情形下都是誠實的、合理的、不懷有任何疑慮的對價)

Fair copy 清樣;清稿

Fair Credit Billing Act 〔美〕公平信用票據法 (旨在解決票據付款錯誤上的爭議問題並使信用卡發行公司更加負責其信用卡的質量)

Fair Credit Reporting Acts 〔美〕公平公正信用報告法 (指保護消費者權利的法律)

Fair day's work 公平的一天工作量

Fair dealing 公平交易;公平施政;〔英〕合理使用 (指版權法的)

Fair Debt Collection Practice Act 〔美〕正當收債行為法 (1978 年聯邦的立法,旨在消滅收債人濫用收債做法以保護消費者權益)

Fair employment 公平就業

Fair Employment Practice Acts 公平僱傭法

Fair equivalent 公平等價 (指財產出讓時以公平價值相交換)

Fair game 依法准予捕獵的鳥獸

Fair hearing 公正審理 (包括舉證、詰問和根據證據判決)

Fair knowledge or skill 合理水準的知識或技術 (指衡量知識或技術的尺度)

Fair Labour Standards Act (FLSA) 〔美〕公平勞工標準法 (1938 年)

Fair market place 公平的市場

Fair market price 公平市場價格;公允市價

Fair market value (FMV) 公平市價;公平市場價格

Fair on its face 表面上合法 (指文件是由法院或具有法律權威機構簽發的,無外部證據證明其為非法的)

Fair persuasion 以理服人;正當勸說 (指可進行爭辯,但不以動武傷及肉體或造成經濟損失相威脅,一種對人無肉體損害或經濟損失等正當規勸)

Fair play 公平裁判;公平對待;公平處理;光明磊落

Fair preponderance of evidence 合理證據優勢 (指舉證當事人就其案件所提出的證據,足以使審理事實的人相信該案件可得以確證)

Fair price 公平價格;合理價格

Fair rate of return 〔美〕公平報酬率;公平收益率 (指經公用事業委員會允許在維修公共事業勞務上所賺得利潤額)

Fair referee 公正的裁判員;公正的仲裁人

Fair rent 合理租金;〔英〕公平地租 (指 1881 年土地法案規定的地租)

Fair rental 公平租金

Fair representation 合法代表 (指工會代表其全體會員公正地履行其職責)

Fair retuns 合理的報酬;公平報酬

Fair return on investment 合理的投資回報;合理投資收益

Fair sale 公平買賣

Fair Trade Act (FTA) 公平貿易法 (旨在降低美國與加拿大之間的關稅)

Fair Trade Commission 〔日〕公平貿易委員會

Fair Trade Laws 〔美〕公平貿易法;公平交易法 (指允許名牌廠家或經銷商規定最低的零售價格。該法於 1976 年被國會廢止)

Fair trade practice 公平貿易行為 (做法)

Fair trading 〔英〕公平貿易

Fair Trading Act 〔英〕公平貿易法 (1973 年)

Fair treatment 公平待遇 (指締約國間保證給予投資者公正待遇)

Fair trial 公正審理

Fair use doctrine 〔美〕合理使用原則 (指未經作者同意應合理地使用版權所有者資料的特權)

Fair value 公平價格;公平市價

Fair Wages Clause 〔英〕公平工資條款 (合理工資條款,依據 1891、1909、1946 年下議院決議規定)

Fair-ground 集市的場所

Fairly 公平地;公正地;光明正大地;無偏見地

Fairness doctrine 公平原則 (指適用於司法程序上的正當法律手續)

Fairness or equal time doctrine 〔美〕公平或相等時間原則 (指應充分公允地廣播報導公眾關心的重大問題上的不同意見)

Fairway buoy 航道浮標

Fair-trade agreement 公平貿易協定 (廠商規定代理商不得以低於規定價格拋售貨物的約定)

Fait 〔法〕契據;行為;事實;已合法執行的契據;法律行為;犯罪行為

Fait accompli 〔法〕既成事實

Fait collateral 〔法〕間接事實

Fait enrolle 〔法〕已登記的契據

Fait juridique 〔法〕法律事實

Faith 信任;信賴;信心;信用;可靠;目的;意圖;誠信;〔宗〕信仰

Faithful 忠實的;忠誠的;可信賴的;可靠的;可信的;守信的;盡職的

Faithfully 忠實地;誠實地;真正地;切實遵守地

Faitours 懶漢;遊民;流浪者;遊手好閒者

Fake *v. & n.* I. 偽造;捏造;贗造;偽裝;II. 假貨;贗品;偽裝物

Fake certificates 假證明;偽造證明書

Fake document 偽造文件

Fake evidence on behalf of courts of the sending State 〔領事〕偽造代表接受國法院的證據

Faker (小) 騙子;偽造者;偽裝者;冒充者;售假貨者

Falcidia 〔西〕法爾西迪亞份額 (不能從繼承人所立遺囑中依法劃出的繼承份額,意指 1/4 的特留份)

Falcidian law 遺囑處分法 "法爾西迪亞法",即保證法定繼承人取得遺產四分之一的特留份的羅馬法律)

Falcidian portion 遺囑特留份或稱 "法爾西迪亞份額" (劃歸法定繼承人四分之一的遺產特留份的羅馬法)

Faldstool or foldstool 〔英〕跪拜台 (英王加冕祈禱時跪拜處)

Faldworth 〔撒〕十戶聯保制成員 (12 歲以上男子)

Falk-land (=folc-land) 〔撒〕民有地;共有地 (盎格魯撒克遜時期內村民公共用地,是莊園主口頭上隨意許給在村民中分配的土地)

Fall *n. & v.* I. 秋季;(債務等) 到期;失敗;跌價;陷落;失守;II. 置於…限度 (範圍或管轄權) 之內;跌價;(經濟) 衰退;流入;注入

Fall due 到期；滿期（到履行期）

Fall from grace 〔宗〕犯罪；墮落

Fall into disuse (in) 廢止使用

Fall into the net of justice 落入法網

Fall into the public domain 處於無版權狀態

Fall of (the) hammer 下錘（在拍賣中以擊槌決定成交）

Fall of land 一小塊土地

Fall out of lease 租賃期限屆滿

Fallacy 欺詐；虛偽；謬誤

Fallback method 〔關貿〕重複使用法（指確定的海關估價應盡可能以先前確定的海關估價為基礎的做法）

Fallback option 退路選擇

Fallback remedy 可依靠的救濟（對違犯案件的）

Falling of building clause 〔保〕房屋重要部份坍塌的約款

Fallopian tube 輸卵管

Fall-out 幅射塵

Fallow *a. n. & v.* I. 荒蕪的；不毛的（土地）；休耕的；不妊的，未孕的；II. 休耕地；休閒地；III. 休耕；使休閒

Fallow-land 休耕地；休閒地

Fallum 〔英古〕特種土地

Falsare *v.*〔英古〕偽造（印章）；造假幣

Falsarius (falcarious) 偽造者；造假幣者

False 假的；不真實的；偽造的；錯誤的，繆誤的；欺騙的

False account 假賬；假報告

False accounting 偽造賬目

False accusation 誣告；誣陷；捏造

False action 虛擬訴訟；假托訴訟（=feigned action）

False and fraudulent 虛假和詐騙的

False answer 虛假答辯；虛假回答

False arrest 非法拘捕（指未經本人和司法機關許可的）

False bill 假票據

False bill of lading 假提單

False certificate of citizenship 假身份證

False certification 假證件；假證書

False character 〔英〕假冒主人身分罪（指奴僕假冒其主人或女主人所犯之罪）

False charge 誣告（罪）

False cheque (chook) 〔美〕空頭支票（使用空頭支票騙取銀行金錢罪）

False claim 〔美〕謊報（無根據的債權）；虛構求償（指向政府提出虛構的或欺騙性的求償為刑事罪）

False Claims Act 〔美〕謊報法（指明知是假票據等而向政府提出求償者為民事和刑事罪的規定）

False coin 偽幣

False colours 虛假的船籍國旗

False declaration 謊報；虛報；虛報稅額

False Decretals 偽教令集；偽伊西多爾教令集（指後人根據空想偽造的教皇訓令集，成文約於公元 9 世紀）

False demonstration 錯誤描述（指在書面文件中對人或事物的錯誤描述）

False entry 虛假記錄；記假賬（指以文字、數字或記號不真實地記載賬目）

False entry in a certificate of diagnosis by a physician 醫生診斷書虛假記載（之罪）

False evidence or testimony 偽證；假證據

False expert evaluation 假鑒定

False fact 捏造的事實（指列舉事實，不是基於真相而僅是言論，類似騙人的）

False impersonation 假冒身份；假冒名義罪（以他人名義進行詐騙錢財等犯罪活動）

False implication libel 虛構關係的誹謗訴訟（指社會知名人士反對新聞媒介誹謗之訴）

False imprisonment 非法拘禁；非法禁錮（指無合法理由監禁或在街上強行拘捕人的侵權行為，通常多為民事訴訟的問題）

False instrument 仿造的文書；假冒的文件

False judgment 〔英古〕糾正錯誤判決令狀（當一個錯判被郡法院宣告時而發出的令狀）；〔法古〕錯誤判決的上訴（敗訴方控告法官的錯判宣告）

False Latin 錯用拉丁字（指在以拉丁語寫的法律訴狀中，應不因有一詞關係重大，遣詞不當就使公訴狀、訴狀或罰款無效）

False light privacy 〔美〕惡意曝光陰私的侵權之訴（指新聞媒介把原告當成被告公告於眾，因而被指控一種事實上的惡意）

False lights and signals 惡意詐騙性的燈光信號（旨在使船舶誤入險區）

False make 仿造（指只是抄襲的）

False making 偽造（指主要成分是偽造的，但未涉及重大的更改，其中部份是虛構的，不是真實的）

False misrepresentation 虛假的陳述；謊報

False news 假消息；謊言；〔英〕散佈謠言罪（為輕罪）

False oath 假誓；偽誓（指含有故意的、詐騙性成分）

False papers 假文書；假證件（如船隻携帶的關於所運貨物和目的地等的）

False personation 冒名頂替；假冒身分（指冒名頂替進行詐騙）；身分詐稱罪（英國法上構成輕罪）

False plea 偽辯；虛假答辯

False pretences 欺詐，謊稱（指以虛偽手段損害他人的利益）；〔英〕詐騙罪；詐欺取財罪（指以取得他人的金錢財物等利益為目的而進行詐騙）

False proof 虛假證明

False Prospectus Act 不當招股說明書制裁法

False report 虛假報告；謊報收益（指隱瞞應稅收益額）；偽造的報告書

False representation 詐稱；虛假陳述

False return 謊報；虛假的執行報告（執行官或其他人對他們已經執行的法院命令，作虛假的報告。對此受害者可提出損害賠償訴訟）；謊報收益（指隱瞞應稅額）

False signals (or lights) 錯誤信號；〔英〕詐騙信號罪（旨在蓄意使船陷入險境）

False statement 不實報表；虛假陳述（指對破產等情況作出不正確的陳述藉以行騙）；偽證供；〔香港〕假資料（提供租賃、加建或改造建築物的違法行為）

False Statement Acts 虛偽營業報告書制裁法

False statement by company directors, etc. 公司董事和職員作虛假的報告

False swearing 〔美〕偽誓；偽造誓證罪

False token 〔美〕假證件；假事實（用意在詐欺）；虛假標誌（事實上不存在的）

False trade description 〔英〕虛假的商品說明

False verdict 繆誤裁決；不當裁決；陪審員的非法評斷（指

明顯地違反權利和公正的原則。對此，受害人可對陪審員提出查問令狀，推翻原判決並使陪審員受到處罰）

False weights 〔美〕不準的法碼；虛假度量衡（指不符合州或政府規定的度量衡標準）

False witness 假見證

Falsedad 〔西〕虛假；改變真實；欺騙；詐騙

Falsehood 謊言；虛偽的陳述；不真實；故意或虛假的言行

Falsely 不真實地；錯誤地；不正地；不實地；虛妄地；偽造地；欺詐地

Falsely accuse 誣告

Falsely accuse and frame 誣陷

Falsely impersonate 冒名頂替（指未經合法授權而冒稱某人行事）

Falsely make 偽造的證件；假文據

Falsely pass off 假冒

Falsification 弄虛作假；偽造；篡改；歪曲

Falsification of accounts 偽造賬目（罪）；篡改賬目

Falsification of evidence 偽造證據

Falsification of official documents 偽造正式文件；偽造官方文件

Falsification of public seal 偽造公章

Falsified scene of a crime 偽造犯罪現場

Falsifier 偽造者；篡改者；撒謊者；弄虛作假者

Falsify *v.* 偽造；變造；偽稱；篡改記錄（一種是有意篡改，另一種屬無意中失真）；（文件）證明…是偽造的；證明…是無根據的；迴避；挫敗

Falsify accounts 篡改賬目；偽造賬目

Falsify evidence 偽造證據

Falsify history 偽造歷史

Falsifying a record 〔美〕篡改記錄罪

Falsing evidence 偽造證據

Falsing of dooms 〔蘇格蘭〕質疑判決（針對高等法院的）

Falsity 虛假；不真實；謊言

Fam D (=Family Division) 〔英〕家事分庭（高等法院三個分庭之一，受理婚姻、親屬問題，以及非訴或遺囑驗證事務。創設於 1971 年）

Famacide 誹謗者；中傷者；毀壞名譽者；詆毀者；造謠中傷者

Familia 〔西、英古〕戶主；家庭；家長；加主權；家用地（足以維持一個家庭生活的一份土地）

Familiar *n. & a.* I. 親近的；熟悉的；通曉的；II. 老手；親昵；私通

Familiarity 親近；親密；熟知；精通

Familiarise oneself with the local laws 〔領事〕熟悉當地法律法規

Families of laws 法系；家庭法

Family 家；家屬，親屬；子女；家庭（由婚姻、血緣或收養關係而產生的親屬間共同生活組織）；家族

Family allowance 〔英〕家庭津貼；〔美〕家屬撫養補助（指支付養育子女至學齡為止的津貼），遺屬撫養補助（指在死者遺產管理期間分配給寡婦及其受撫養子女的生活費）

Family allowance insurance 家庭津貼保險

Family arrangement 家產分配協議（指在父母兄弟之間按與法律規定不同的方法把財產分配或處分的特殊約定，為了家庭內的和睦以善意進行時才具有效力）

Family automobile doctrine 〔美〕家庭用車責任原則（指車主為其家庭公用車輛過失承擔責任）

Family automobile policy 家庭汽車保險單

Family Bible 家用聖經（供記載家屬生死、結婚等事項用）

Family car doctrine 〔美〕家庭用車責任原則

Family community 家族社會

Family Compact 家族協約（18 世紀法、西、西西里、布魯班家庭為了對抗英國而統一行動的條約）

Family company 家族公司

Family composition certificate 親屬關係證明書

Family conference 親屬會議

Family contract 家庭契約

Family council 〔美〕親屬會議（指處分家庭死者如先祖遺產的會議）

Family court 家事法院（審理關於虐待兒童及撫養訴訟等案件）

Family dependency period 家庭護養期間

Family dependents 家眷

Family disturbance 〔美〕家庭紛亂（指記述關於家庭內或家庭成員的犯罪、侵權或妨害治安等侵擾家庭安寧問題）

Family Division 〔英〕家事分庭（高等法院三個分庭之一，受理婚姻、親屬問題，以及非訴或遺囑驗證事務。創設於 1971 年）

Family economy 家族經濟；家庭經濟

Family expense policy 家庭意外費用保險單

Family expenses statutes 〔美〕家庭開支法（州法規，處理與家庭撫養有關的夫妻財產債務，諸如租金、食品、衣着和學費等費用支出問題）

Family forgery insurance 家庭偽造保險

Family ground 家庭墓地；家族墓地

Family group 〔美〕家庭用車責任原則（釋義同 "family purpose doctrine"）

Family in which one was born 出生的家庭

Family income insurance 家庭所得保險；家庭收入保險

Family income policy 家庭收入保險單

Family Law 〔美〕家庭法；家庭關係法（受理收養、離婚、分居、親權、監護、撫養和兒童照護等案件的法律）；〔香港〕家庭婚姻法（有關結婚儀式、離婚及子女撫養，以及出嫁女兒無繼承權等規定）

Family life insurance 家庭人壽保險

Family living expenses 家庭生活費用；家庭生活開支

Family maintenance policy 家庭保障保險（一種終身保險和定期保險相結合的）

Family maintenance remittance 贍家匯款

Family man 有家室的人；有家庭的人；故買贓物者

Family meeting 親屬會議；家庭會議

Family name 姓（姓氏）

Family of a martyr 烈士親屬

Family of a soldier 軍屬

Family of first class 一等親

Family of military personnel 軍屬；軍人家屬

Family of nations 國際社會；國際大家庭

Family of pauper 貧困家庭

Family of second degree 二等親

Family of sixth degree 六等親

Family of third degree 三等親

Family origin 家庭出身

F

Family partnership　〔美〕家庭合夥（由夫婦等直系血親成員並為其利益而組成的）

Family physician　家庭醫生

Family planning　計劃生育

Family plot　〔中〕自留地（指中國農村實行農業集體化以後留給農民個人自己耕種的少量土地）

Family property law　家庭財產法

Family protection policy　家庭保障保險單（有關受保人死亡後，其家屬可領取撫養費的保險）

Family provision　家庭供養；〔英〕家庭供養費（指法院依法可從死者遺產中撥出財產以供死者眷屬維持生活費用的條款）

Family purpose doctrine　〔美〕家庭用車責任原則（指車輛所有者讓其家屬使用應對其車禍負責）

Family reunification understanding　〔領事〕家庭團聚諒解

Family risk management　〔保〕家庭風險管理

Family service rule　〔美〕家庭用車責任規則

Family settlement　〔美〕家產設定；家庭財產分配協議（指家屬間解決財產分配的協議）

Family system　家族制度；家庭制度

Family tree　家譜；家系圖

Family use　家用；家庭使用

Famine price　缺貨時的價格；饑荒價格

Famine relief fund(s)　饑荒救濟金

Fanatic　宗教狂熱者；熱衷政治者；極端份子

Fanciful terms　〔美〕憑空想像的術語；杜撰的稱謂（指無獨立意思的商標名稱）

Fanciful trade-name　〔美〕意匠的商號；杜撰的商品名稱

Fancy franchise　任意規定資格的選舉權

Fancy paper　熱門股票

Fancy stock　熱門股票（利潤最高的股票）

Fannie Mac　〔美〕聯邦國民抵押貸款協會

FAO Consultative Sub-Committee on Surplus Disposal　〔聯〕糧農組織處理剩餘物資小組協商委員會

FAO Principles of Surplus Disposal and Consultative Obligations　〔聯〕糧農組織的《剩餘食品處理原則和磋商義務》

Faqueer　〔印〕苦行僧；〔伊斯蘭〕托鉢僧

Far and man　〔蘇格蘭〕受到特別保護的行商

Far Eastern Freight conference　遠東水腳公會；遠東貨運公會（世界上最大航運壟斷組織之一，會址在倫敦）

Fardel of land　〔英古〕四分之一碼的土地

Farding-deal　一英畝地的四分之一

Fare　航行；旅行；運費；車費；船費；水費；（飛機）票價；〔美〕（州際間的）旅客車（船）費；乘客

Fare free age　免費年齡

Farewell audience　告別謁見（指大使等對駐在國首腦的離任拜會）

Farleu (Farley)　〔英〕貢金（佃戶交給領主的上乘牲畜）

Farlingarii　嫖客；皮條客；龜奴；姦夫

Farm　*n. & v.* I. 農地；農場；租金；租佃地；養殖場；畜牧場；林場；〔撒〕包稅區；II. 佃出；出租（土地）；耕種；種植；經營（農場）；養殖

Farm credit Act　〔美〕農業信貸法（1933 年）

Farm credit Administration (F.C.A.)　〔美〕農業信貸管理局

Farm crossing　農地鐵路交叉通道（鐵路跨越農地而修建的鐵路軌道上、下車行道）

Farm for Reform Through Labour　〔中〕勞改農場

Farm gaol　農場監獄

Farm labour　農業工人；農場工人；僱農

Farm labour system　農業勞工制

Farm land　農地；耕地

Farm let　〔美〕農地出租；農地租佃（以支付定額租金出租農地的定期租賃的技術用語）

Farm Loan　農貸；農業貸款

Farm Loan Act　〔美〕農業貸款法

Farm loan bond　農業信貸銀行債券；農場抵押貸款債券

Farm loan districts　農場抵押貸款區；農場抵押貸款銀行區

Farm loan system　農場抵押貸款制度

Farm Mortgage Bankers Association of America　全美農場抵押銀行家協會

Farm mortgage companies　農場抵押公司

Farm out　〔美〕以固定的租金定期出租土地；歸還農地所有人經營管理；照管；包出（農地稅收等）；以單一作物種植法而耗盡地力

Farm products　農產品

Farm stock　農業股票；農業資產

Farm tax　地稅；田賦

Farm, ferm or feorme　〔撒〕包稅；定額年租金

Farmer　〔英古〕佃農；包稅人；承租人；農民；農夫；農場主；牧場主；農場承包者

Farmer bankruptcy　農場主破產

Farmer pressure group　農民壓力團體（指發達國家反對從發展中國家進口農產品）

Farmer's law　〔拜占庭〕（村社）農民賦稅法典（公元 8 世紀）

Farmer-general　地方收稅官；包稅人（1789 年法國大革命時期）

Farmers Home Administration　〔美〕農場主住宅管理局（金融機構之一，由農業部轄下主管直接給在農村和小城鎮地區的農民貸款、扶助佃農和農戶抵押保險等業務，成立於 1946 年）

Farmers' alliance　〔美〕農民同盟（指農產品不經商人之手而直接出售給消費者）

Farmers' market　農民市場

Farming operation　農事經營（包括農耕、農牧場，以及農作物種植等）

Farming-out　包出；部份轉讓；出讓

Farming products　農產品

Farming purposes　〔美〕農作宗旨；農事目的（包括農耕和養殖業）

Farmor　轉讓人

Farmout agreement　〔美〕天然氣井鑽探外包合同；天然氣井鑽探轉讓協議

Faro　法羅紙牌戲（一種僥倖的賭博）

Far-reaching measures　深遠影響的措施

Farrier　釘馬蹄的職業；蹄鐵工

Farriery　蹄鐵店；獸醫院

Farthing damages　名義上損害賠償（對於侵害權利象徵性的損害賠償）

Farthing of gold　〔美〕金幣（含 1/4 的黃金價值）

Farthing of land　〔美〕大片土地

Farvand　海上通行；水上航行

Faryndon's Inn　〔英〕法靈頓律師公會（高級律師學院的舊

稱，約於 1484 年之前）

FASB Interpretation 《財務會計標準的解釋》

Fascist 法西斯主義者；法西斯份子

Fascist legal thoughts 法西斯主義法律思想（通常指第二次世界大戰結束前德國和意大利的法西斯政權所鼓吹的法律思想，人類法律思想史上最反動的法律思想之一）

Fast bill of exception 〔美〕提交上級法院迅速複審的訴狀（指舊時在喬治亞法院強制命令的訴訟案件和類似案件）

Fast counter 〔美〕偽造選舉票數者；騙子

Fast estate 〔美〕不動產

Fast fingered 〔美俚〕不合法的；非法的

Fast freight 急件；快運貨物

Fast of the ebb 退潮末

Fast track 快速的軌道；快車道

Fast-and-loose 在市場進行欺詐的賭博

Fast-day 齋戒日（基督教的禁止從事法律業務之日）

Fastening penny 小額金錢（指為了鞏固約定在僱傭時給傭工的款項）

Fastermans, fastermannes or fastingmen 〔撒〕望族（有名望和資質的人）；擔保人；保證人

Fast-growing market 快速增長的市場

Fast-track procedure 〔美〕快車道程序（1974 年《貿易法》頒佈授權總統在對外貿易談判中的職權）

Fast-track trade authority 〔美〕快車道自主權（指美國法律授權總統處理貿易談判的職權，無須經國會修正或拖延）

Fatal 致命的；毀滅性的；不幸的；嚴重的

Fatal accident 死亡事故（指由雷擊、過失和粗心駕駛等所致）

Fatal Accident Inquiry 〔蘇格蘭〕死亡事故調查（法庭）

Fatal Accident Ordinance 〔香港〕意外死亡條例（1946 年規定民事侵害致人於死亡者應負對死者親屬的賠償責任，以及受害者或死者親屬應在 3 年內提起賠償訴訟等規定）

Fatal Accidents Act 〔英〕意外死亡條例（指因他人過失造成的死亡，死者親屬無權要求賠償）；〔香港〕致死意外法（規定死者如還活着，則可控告侵害行為者，並負有賠償責任；如家屬因死者亡故而受到經濟上損失可要求侵害行為者賠償等）

Fatal defect （契約上）有嚴重瑕疵

Fatal errors 重大錯誤（告訴方可以此為由要求重審）

Fatal injury 致命傷害

Fatal variance 嚴重不一致；實質性分歧（指原告在訴狀中企圖誤導被告抗辯，其在訴狀中的陳述與法庭審判事實證明相佐）

Fatal wound 致命傷害

Fat-frying 用不正確的手段取得的選舉費

Father 父親；神父

Father of the bar 年長的律師

Father of the city 倫敦市議會議員

Father of the House 〔英〕下議院元老（指授予在下議院中連續任職最長的議員稱號）

Father right 父權；父系繼承權

Father's father's wife (=grandmother-in-law) 〔香港〕庶祖母

Father's mother's husband (=grandfather-in-law) 〔香港〕非嫡親祖父

Father's sister (=aunt) 姑母

Father's wife (=stepmother) 庶母

Fatherhood 父親的身分（或資格）

Father-in-law 岳父（妻子的父親）；公公；家翁；繼父

Fathom 〔英〕噚（長度單位，主要用測量海水深度，1 英噚相等於 6 英尺；用於測量土地和礦山則為 36 平方英尺）

Fathom line (charts) （海圖的）等深線；水深線

Fatico hearing 〔美〕對抗性的判決前聽審（指被告無罪，且未認罪，法院可據此認為該審訊是非法的；但如果政府以優勢的證據證實其斷言，法院也可考慮判處被告有罪是恰當的）

Faubourg 〔法〕（毗連主城的）區或鎮；市區；市郊（路易斯安那州法律用語）

Fault 過失；過錯；失職；不法行為；非法行為

Fault liability 過失責任；過失賠償責任

Fault of navigation 航行過失

Faulty driving 有過失的開車

Faulty possession 有過失的佔有

Fauntleroy doctrine 〔美〕方特勒瑞原則（指美最高法院主張一個州應充分信賴其具有審判管轄權的兄弟州的判決）

Faute consciente 〔法〕有意過失

Faute de service 〔歐共體〕職務過失（如不按規定方法展期僱傭合約）

Fautor 〔英古〕支持者；教唆犯；黨徒；慫恿抗拒執行判決者；〔西〕共犯；同謀犯；幫兇

Faunx *n. & a.* I.〔法〕虛假；欺詐性變造事實（與拉丁語 "falsum"、"crimen falsi" 同義）；II. 偽造的；不真實的

Favour *n. & v.* I. 贊成；偏愛；好意的行為；II. 贊成；支持；偏愛；體恤；有利於

Favour legitimationis 子女合法地位原則（衝突法中援引支持子女婚生地位訴訟案件的原則）

Favour matrimonii 確認婚姻原則（私法衝突中援引維持婚姻的原則）

Favour negoti 支持協議原則（贊成當事方反對給予協議的非法解釋的合意為私法衝突的法律原則）

Favour paternitatis 支持父權原則（私法衝突中援引維持子女父權的法律原則）

Favour solutionis 適用法解釋原則（私法衝突中支持指導履行適用法律的合同解釋規則之一）

Favour testament 遺囑有效原則（國際私法中確認遺囑效的一般規則）

Favourable balance 順差

Favourable balance of payment 國際收支順差

Favourable balance of trade 貿易順差；貿易出超

Favourable conditions 有利條件；優惠條件

Favourable construction 自由解釋；任意解釋

Favourable rate of exchange 有利的匯率（順匯率）

Favourable recommendation 有利的推薦

Favourable trade surplus with... 對…國的貿易順差

Favourable treatment 優惠待遇

Favourable variance 順差；有利差異（指實際收入高於預計收入，或實際成本低於標準或預算成本）

Favoured beneficiary 特受受益人

Favoured exporting firms 受惠的出口公司

Favoured nation 受惠國

Favoured rates of credit 優惠的貸款利率

Favoured son 〔美〕黨派全國代表大會上為本州代表所擁護的總統候選人的人；有名氣的政治家（或政論家）

Favouritism 徇私；偏袒；任人唯親

Feal　忠實的；忠誠的；真實的；正當的

Fealty　〔封〕效忠；忠誠；效忠宣誓（指佃農對其所佔有土地的領主發誓效忠）

Fear　恐懼；擔憂；害怕；畏懼

Feasance　作為；履行

Feasant　作為的；闖入的；正在進行的（例如牲畜正在他人的土地上）

Feasibility　可行性

Feasibility report　可行性報告

Feasibility study　可行性研究

Feasible　可行的，可執行的；可能的；行得通的

Feasor　行為者；實施者；制定者；製作人

Feasts　〔宗〕節假日；〔英古〕繳租日；開庭日

Feat of merchandise　交易事業；商業

Featherbedding　〔美〕額外僱工（指一種製造或增加就業的做法而人為地要求資方僱用多餘的工人）

Featherstone Riots Inquiry　〔英〕費瑟斯通暴亂案調查（1893 年）

Featureless　（股票）無變動的

Fecial law　祭師法（類似於一個國際法，以"古代世界"著稱，為古羅馬法理學一個分支）

Federal　聯合的；聯邦的；聯邦制的；同盟的；聯盟的；聯邦政府的；條約的

Federal Acquisition Regulations (FAR)　〔美〕聯邦採購法規（關於政府承包訂約方法、要求及其程序的管理規定，即採購美國開採的、生長或製造的零部件應佔所有零部件總值 50% 以上）

Federal Acts　〔美〕聯邦法律（國會根據憲法規定授予聯邦政府權限內就有關事項而制定的法律）

Federal Advisory Council　〔美〕聯邦諮詢委員會

Federal agency　〔美〕聯邦行政機關（指政府和軍隊等各級行政部門）

Federal agency securities　〔美〕聯邦政府債券（聯邦政府行政部門發行的債務證券）

Federal Anti-Trust Law　〔美〕聯邦反壟斷法；聯邦反托拉斯法（1890 年）

Federal Arbitration Act　〔美〕聯邦仲裁法

Federal Aviation Administration (F.A.A.)　〔美〕聯邦航空管理局（負責飛機的安全與註冊事宜）

Federal Bankruptcy Act　〔美〕聯邦破產法

Federal Bill of Lading Act　〔美〕聯邦提貨單法

Federal Board of British Industry　英國產業委員會

Federal Bureau of Investigation (FBI)　〔美〕聯邦調查局（成立於 1908 年）

Federal census　聯邦人口普查；聯邦人口統計

Federal Chartered Bank　〔美〕聯邦特許銀行

Federal Child Labour Act　〔美〕聯邦童工法

Federal Circuit of Appeal　〔美〕聯邦巡迴上訴法院

Federal citizenship　〔美〕美國公民權（指美國公民享有權利與義務包括所有在美國出生或歸化入籍者）

Federal clause　聯邦條款

Federal Common Law　〔美〕聯邦普通法（指由聯邦法院發展的"判決法"）

Federal Communication Act　〔美〕聯邦電訊法（規定禁止外國所有或控制的公司取得經營通訊事業的一切設備營業執照）（1934 年修訂）

Federal Communications Commission (F.C.C.)　〔美〕聯邦電訊委員會（主管審批通訊事業營業執照機關，成立於 1934 年）

Federal Constitutional Convention　〔美〕聯邦立憲會議（1787 年）

Federal Constitutional Court　〔德〕聯邦憲法法院

Federal Corrupt Practice Act　〔美〕聯邦選舉賄賂行為取締法

Federal court　〔美〕聯邦法院

Federal Credit Administration (F.C.A.)　〔美〕聯邦信貸管理局

Federal crime　〔美〕聯邦犯罪（指聯邦法律規定的犯罪行為）

Federal Crime Insurance　〔美〕聯邦犯罪保險

Federal Crop Insurance Corporation (F.C.I.C.)　〔美〕聯邦農作物保險公司（成立於 1938 年）

Federal Deposit Insurance Act　聯邦存款保險法；聯邦儲蓄保險法（1950 年）

Federal Deposit Insurance Corporation (F.D.I.C.)　〔美〕聯邦儲蓄保險公司（成立於 1934 年）

Federal Drug Administration (F.D.A.)　〔美〕聯邦藥品管理局

Federal Election Committee　〔美〕聯邦選舉委員會

Federal Employee's Compensation Act (FECA)　〔美〕聯邦僱員損害賠償法（關於支付工人因工死亡或傷殘的賠償費法律規範）

Federal Employers' Liability Act (FELA)　〔美〕聯邦僱主責任法（指保護從事州際間鐵路或外貿傷亡事故的員工）

Federal enclave　〔美〕聯邦飛地

Federal Energy Regulatory Commission　〔美〕聯邦能源管理委員會

Federal Environmental Pesticide Control Act　〔美〕聯邦環境農藥管理法（1972 年）

Federal Environmental Protection Agency　〔美〕聯邦環境保護局

Federal estate tax　〔美〕聯邦遺產稅

Federal excise tax　〔美〕聯邦貨物稅；聯邦執照稅

Federal farm credit system　〔美〕聯邦農業信貸系統（包括聯邦土地銀行、聯邦土地銀行等組成）

Federal Farm Loan Act　〔美〕聯邦農業貸款法

Federal Farm Loan Board　〔美〕聯邦農地貸款局；聯邦農地貸款委員會

Federal Farm Loan Bonds　〔美〕聯邦農地銀行債券

Federal Farm Loan District　〔美〕聯邦貸款區

Federal Farm Loan System　〔美〕聯邦農業貸款制度；聯邦農地抵當貸款制度

Federal Food, Drug and Cosmetic Act　〔美〕聯邦食品、藥品和化妝品法

Federal forest　〔美〕國有林

Federal funds　〔美〕聯邦基金（聯邦儲備會的會員銀行的自由儲備，用作銀行間借貸，使其他銀行保持合法儲備）

Federal gift tax　聯邦贈與稅（指公民間贈與超過特定免稅額要徵收其稅）

Federal Government　聯邦政府體制；聯邦政府（指由幾個原為獨立的州政府組成的聯盟國家，即美國聯邦政府）

Federal grand jury　〔美〕聯邦大陪審團（每個地區法院均設一個由 16～23 人組成）

Federal Home Loan Bank Board (FHLBB)　〔美〕聯邦住宅貸款銀行委員會

Federal Home Loan Banks (FHLB)　〔美〕聯邦住宅貸款銀

行 (1932 年)

Federal Home Loan Mortgage Corporation (FHLMC)
〔美〕聯邦住宅貸款抵押公司

Federal Housing Act 〔美〕聯邦住宅法

Federal Housing Administration (FHA) 〔美〕聯邦住宅管理局

Federal Housing Finance Board 〔美〕聯邦住宅金融委員會 (負責監管聯邦住宅貸款銀行系統)

Federal Income Tax 〔美〕聯邦所得稅

Federal Income Tax Withholding 〔美〕聯邦所得稅扣繳 (指根據美國社會保障法規定，僱主須為職工代扣保險所得稅)

Federal Insecticide Act 〔美〕聯邦殺蟲劑管理法

Federal Insecticide, Fungicide and Rodenticide Act (FIFRA) 〔美〕聯邦殺蟲、殺菌和滅鼠劑法

Federal instrumentality 〔美〕聯邦政府機構

Federal Insurance Contributions Act (FICA) 〔美〕聯邦保險稅法 (規定美國企業僱主必須從僱員工資中扣繳社會保險稅、僱主和僱員各繳一半)

Federal Intermediate Credit Bank 〔美〕聯邦中期信貸銀行

Federal judge 〔美〕聯邦法官

Federal Judicial Code 〔美〕聯邦司法法典 (內容包括美聯邦法院制度程序、司法部及法院法官等)

Federal Jurisdiction 〔美〕聯邦法院管轄權 (基於美憲法第3條所賦予聯邦法院的權力)

Federal Land Bank 〔美〕聯邦土地銀行 (由國會設立的地區性銀行)

Federal land bank district 〔美〕聯邦農業銀行區

Federal lands 聯邦土地；公有土地

Federal Laws 〔美〕聯邦法

Federal legislation 聯邦立法

Federal Loan Board Rulings and Regulation 〔美〕聯邦農地貸款局裁決及規章

Federal Maritime Commission (FMC) 〔美〕聯邦海事委員會 (負責管理沿海貿易、外貿和轉口貿易業務及水上運輸等事宜，確保對各國國際貿易公開和平等的條件下進行，同時並反對壟斷海上貿易)

Federal Mediation and Conciliation Service (FMCS) 〔美〕聯邦調解調停服務局 (主要職能是協助解決州際間商業勞務管理爭議)

Federal National Mortgage Association (FNMA, "Fannie Mae") 〔美〕聯邦國民抵押貸款協會 (成立於 1938 年)

Federal offences 〔美〕聯邦罪行

Federal police power 聯邦警察權

Federal political system 聯邦政治制度

Federal Power Commission 〔美〕聯邦動力委員會 (負責頒發非聯邦的水力發電站項目許可證等事宜，1977 年併入能源部)

Federal pre-emption 〔美〕聯邦專有權 (憲法和國會法令就州際間貿易和叛亂等某些問題上授予聯邦政府專有權)

Federal principle 聯邦原則

Federal Privacy Act 〔美〕聯邦隱私法 (指禁止侵犯個人權利和竊聽個人電話等)

Federal Procurement Regulations (F.P.R.) 〔美〕聯邦採購法規

Federal Quarantine Services 〔美〕聯邦檢疫局

Federal question 〔美〕聯邦問題 (指聯邦憲法、國會制定法與條約涉及其解釋和適用的案件歸聯邦法院管轄，涉及上述的案件一般歸述為 "聯邦問題")

Federal question jurisdiction 〔美〕聯邦問題管轄權 (釋義同 "Federal question")

Federal Register 〔美〕聯邦登記 (1935 年經國會授權註冊開辦)

Federal Regulation of Lobbying Act 〔美〕聯邦游說管理法

Federal regulations 〔美〕聯邦法規

Federal regulatory commissions 〔美〕聯邦企業管理委員會 (全國約有 60 個，設於不同時期，負責管理各類企業並被授予立法權和司法權)

Federal Reporter 〔美〕聯邦法院判例彙編

Federal reserve 聯邦儲備

Federal Reserve Act 〔美〕聯邦儲備法 (關於銀行儲備制度的法律，1913 年)

Federal Reserve Advisory Council 〔美〕聯邦儲備顧問委員會

Federal reserve agent 〔美〕聯邦儲備監理官 (負責地方鈔票發行事宜)

Federal reserve bank collections account 〔美〕聯邦儲備銀行收款賬

Federal reserve bank notes 〔美〕聯邦儲備銀行券 (由聯邦儲備銀行印發的美元紙幣)

Federal Reserve Banks (FRB) 〔美〕聯邦儲備銀行 (簡稱 "美聯儲")

Federal Reserve Board 〔美〕聯邦儲備銀行委員會 (1935 年更名為 "聯邦儲備系統委員會"，簡稱 "美聯儲")

Federal Reserve Board of Governors (FRB) 〔美〕聯邦儲備委員會 (由總統任命國會批准 7 位行長組成主管中央和聯邦各支行貨幣政策等項工作)

Federal Reserve Board Regulations 〔美〕聯邦儲備局條例

Federal Reserve Board Settlement 聯邦儲備局儲備區間的結算

Federal reserve branch bank 〔美〕聯邦儲備銀行分行

Federal reserve cities 〔美〕聯邦儲備城市

Federal Reserve Credit 〔美〕聯邦儲備信貸 (即央行信貸)

Federal reserve districts 〔美〕聯邦儲備區 (全美共分波士頓和三藩市等 12 個區)

Federal Reserve Float 〔美〕聯邦儲備浮存

Federal reserve notes 〔美〕聯邦儲備券 (為美國的法定貨幣、佔流通貨幣的 90%)

Federal reserve ratio 〔美〕聯邦儲備比率

Federal reserve rediscount rate 〔美〕聯邦儲備銀行再貼現率

Federal reserve system 〔美〕聯邦儲備系統 (成立於 1913 年，旨在控制通脹和貨幣收縮，協調 12 個中央銀行及其支行貨幣和票據等流通工作)

Federal Rules Act 〔美〕聯邦規則法 (1934 年)

Federal Rules Decisions (F.R.D.) 〔美〕聯邦訴訟規則判例 (出版發行關於聯邦民事、刑事和上訴程序規則，以及聯邦證據規則的解釋和適用的判決彙編制度)

Federal Rules of Appellate Procedure (F.R.A.P.) 〔美〕聯邦上訴程序規則 (1967 年制定，規定聯邦上訴法院審理各種案件時所進行的活動)

Federal Rules of Bankruptcy Procedures 聯邦破產程序規則

Federal Rules of Civil Procedure (F.R.C.P.) 〔美〕聯邦民事訴訟規則（1938 年）

Federal Rules of Criminal Procedure 〔美〕聯邦刑事訴訟規則

Federal Rules of Equity Practice 〔美〕聯邦衡平訴訟規則

Federal Rules of Evidence 〔美〕聯邦證據規則

Federal Rules of Evidence Manual 〔美〕聯邦證據規則手冊（Kenneth R Redden 教授著）

Federal Seed Act 〔美〕聯邦種子法（1939 年）

Federal Social Security Act 〔美〕聯邦社會保障法（1935 年）

Federal state 聯邦國家；合眾國；聯邦

Federal state clause 聯邦條款

Federal Statistical Office 〔德〕聯邦統計局

Federal statutes 〔美〕聯邦法規；聯邦制定法

Federal Superannuation 〔英〕聯邦年金制度

Federal Supplement 〔美〕聯邦法院判例彙編補遺（發表於聯邦法院逐一案例的判決意見）

Federal supreme government 〔美〕聯邦最高政府

Federal system 聯邦制度

Federal Tort Claims Act 〔美〕聯邦侵權索賠法（關於聯邦政府侵權行為責任豁免及確立對聯邦政府起訴和索賠的條件等規定，1946 年發佈）

Federal Trade Commission (F.T.C) 〔美〕聯邦貿易委員會（維護美工商企業自由和公平競爭的管理機構，成立於 1914 年）

Federal Trade Commission Act 〔美〕聯邦貿易委員會法（頒發於 1914 年）

Federal Travel Regulations 〔美〕聯邦旅行條例

Federal unemployment insurance tax 〔美〕聯邦失業保險稅

Federal Unemployment Tax Act (FUTA) 〔美〕聯邦失業稅條例（主要向僱主課收以支付失業者救濟之用）

Federal union 聯邦（同盟）

Federal Utility Regulations Annotated 〔美〕聯邦公用事業注釋法

Federal Warranty Act 〔美〕聯邦擔保法（詳見《馬格努森－莫斯質量保險法》）

Federal Water Pollution Control Act 〔美〕聯邦水污染控制法（1948，1972 年）

Federal Youth Corrections Act 〔美〕聯邦青年感化法

Federalism 聯邦制（由若干成員單位組成，即州、邦、省、共和國等聯合組成複合制國家的一種國家結構形式）；聯邦主義；聯邦分權主義

Federalist 聯邦黨；聯邦黨人；聯邦派；擁護聯邦制者

Federalist papers 擁護聯邦制者論文集（指亞歷山大·威美頓等人所寫的關於闡述和主張通過《美國憲法》的 85 篇論文於 1787 年 10 月至 1788 年 4 月發表於紐約《獨立日報》上）

Federated Superannuation System 〔英〕聯邦年金制度

Federation 聯邦政府；聯合會；聯盟；聯邦（其與 "confederation" 均根據條約而組成聯邦國家。但前者對內權力及於全國，對外代表一個主體國家；而後者對內是個鬆散的邦聯，對外則為獨立的主權國，如前蘇聯的烏克蘭等均為聯合國的會員國）；聯合會；工會聯合會

Federation des Bourse du Travail 〔法〕全國勞工聯合會總會

Federation Interamericaine de L'Industrie de la Construction (FILC) 〔法〕美洲國家工業建築聯合會

Federation of Afro-Asian Insurers and Reinsures (FAIR) 亞非保險再保險聯合會

Federation of ASEAN Shipper's Council (FASC) 東盟托運人理事會聯合會

Federation of Associations of Specialists and Sub-contractors (FASS) 〔英〕專家和轉包商協會聯合會

Federation of British Industries 〔英〕英國工業聯合會

Federation of Economic Organisation 〔日〕經濟團體聯合會（成立於 1946 年，是日本全國性經濟團體，對外活動廣泛）

Federation of Latin American Banks (FELABANK) 拉丁美洲銀行業聯合會

Federation of National Association of Ship-Brokers 各國船舶經紀人代理行協會聯合會

Federation of states 聯邦

Federation of the British Empire 英帝國本土及其殖民地的聯合制

Fee 費用；酬金；可繼承地產；祖傳土地；世襲土地；采邑；封地；〔蘇格蘭〕非限嗣繼承的地產（世襲不動產物權）

Fee absolute 無條件繼承的地產；無限制繼承的地產

Fee base 附條件繼承的地產（釋義見 "base fee"）

Fee conditional 附條件的世襲地產（釋義見 "conditional fee"）

Fee damages 不動產損害賠償（指因建造鐵路橋梁等給相鄰不動產業主所造成的損害）

Fee estate 繼承地（指以勞動為報酬的、無條件的）

Fee expectant 期待繼承的地產（指被繼承人給予其外子夫婦和他們子女繼承的不動產一種創制的名稱）

Fee for acknowledgment of receipt 回執費（指掛號信等的）

Fee interest 可繼承的地產權益

Fee of delivery certificate 傳遞證書手續費

Fee of permit 許可證費；執照費；牌照費

Fee simple 非限嗣繼承的土地；無條件繼承的不動產；不限制繼承人身分的土地（指所有者生存期間具有完全的、無條件的財產處分權，無遺囑死亡時，可由其繼承人和代理人不限制具有一定身分的人均可繼承的土地）

Fee simple absolute 絕對不附限嗣繼承的土地；無條件非限嗣繼承的土地；絕對自由繼承的土地

Fee simple conditional 附條件的非限嗣繼承的地產（指永久由死者直系血親或其男性繼承人繼承，無時效或條件限制；參見 "conditional fee"）

Fee simple title 〔美〕享有非限嗣繼承地產的權利或資格

Fee splitting 律師費分成（指承辦律師和介紹顧客的律師之間分取律師費，後者多為新手缺乏辦案經驗）

Fee tail 限嗣繼承的地產（生前享有所有權、死後限於直系血親才能繼承的不動產）

Fee tail female 限定女性繼承的地產（生前享有所有權、死後只能由限定女性直系血親繼承的土地）

Fee tail male 限定男性繼承的地產（生前享有所有權、死後限定由男系血親繼承的土地）

Fee tail special 〔英〕特殊限嗣繼承的土地（指限於遺囑指定的受遺贈人或指定的子女才能繼承的地產）

Fee territory 自由領土

Feeble 〔美俚〕聯邦調查局人員

Feed v. 助長（給予附帶支持）；事後加強；增加抵押

Feedback 反饋；回饋；考核制；檢查分析制

Feedback on performance 業績考核

Feeder loans 牲畜飼養貸款；飼料貸款

Feeder organisation 〔美〕免稅性盈利組織（但這種關係並

不導致該組織本身為免稅組織）

Feedwater space 〔海法〕給水櫃

Fee-farm 永久租賃地（指按年支付土地產出價值之半或其他比例地租外，不附帶任何勞動的）

Fee-farm rent 永久租賃地的地租（每年必須繳納產出價值 1/4 的地租）

Fees and charges 規費及手續費

Fees and charges for services rendered 提供服務的規費

Fees and Formalities Connected with Importation and Exportation 〔關貿〕與輸出入有關的規費和手續費；與進出口有關的規費和手續費

Fee-simple absolute in possession 享有完全所有權的土地

Feet of fines 〔英〕土地產權虛擬訴訟協議存根（該協議一式三份，擬制訴訟當事人各執一份，存根由令狀保管人保管。土地產權擬制訴訟協議存根的編纂工作主要由郡當局負責，最早始於 1175 年）

Feigned 偽造的；假裝的；虛構的；想像的；杜撰的

Feigned accomplice 佯裝同謀犯（指以臥底摸清罪犯的犯罪計劃，以為破案搜集證據）

Feigned action 虛構訴訟；假托訴訟（指訴訟令狀上的話都是假定的，訴訟雙方對簿公堂目的是為將爭議的事實交由陪審團評決，謀求解答一些法律的疑問）

Feigned diseases 假裝的疾病；裝病

Feigned issue 假托的爭議；虛構的爭議（指當事人可經協議將爭議問題提交陪審團裁決而不提起訴訟的虛構的爭議點）

Feigned name 假名；化名

Feigned trade 偽裝的貿易

Felagus 〔撒〕保人；盟友；結義兄弟；（死者的）替代人

Fellow 夥伴；同伴；同事；同行；（學術團體的）成員；會員；（大學或法人團體的）研究員；院士；伴侶

Fellow countrymen 同胞

Fellow of the Institute of Chartered Accountants 〔英〕會計師協會會員

Fellow of the Institute of Chartered Brokers (F.I.C.B.) 〔英〕經紀人協會會員

Fellow servant 〔美〕同業僱員（指共同受僱於同一僱主）

Fellow servant doctrine 〔美〕共同僱員傷害責任原則（=fellow servant rule）

Fellow servant rule 共同僱員傷害責任原則（指僱員所受傷害完全由其另一同事僱員過失所致因而其所受傷害責任與僱主無關）

Fellow-heir 〔美〕共同繼承人（同一繼承的配偶）

Fellow-national 僑胞（指在居住國持有祖籍國有效護照者）

Fellows in crime 同案犯

Fellowship 研究生獎學金；進修金；（學術團體）會員資格；聯誼會；夥伴關係

Fellowship programme 〔領事〕獎學金規劃

Fellow-up report 後續報導

Felon 〔英〕重罪犯

Felon of one's self 自殺（已廢止使用）

Felonice (=feloniously) 有害地；惡意地；懷有惡意地

Felonious 重罪的；犯重罪的；故意犯罪的；違法的；非法的；惡意的

Felonious assault 惡意企圖傷害人身罪

Felonious entry 〔英〕惡意侵入（屬一種夜間闖入他人住宅犯下法定的重盜竊罪）

Felonious homicide 故意殺人

Felonious intent 重罪犯意（指故意拿走並企圖永久剝奪物主的財產）

Felonious murder 嚴重謀殺罪；重罪殺人犯

Felonious rioting 嚴重騷亂罪

Felonious taking 惡意偷竊（用於盜竊和搶劫罪，意欲偷竊他人的財物）

Feloniously 犯罪意圖地；犯有重罪地；惡意地

Felony 〔英〕重罪（普通法中包括要被判處沒收土地和財產，例如叛國罪等）

Felony case 重罪案件

Felony murder 重罪謀殺

Felony murder doctrine 〔美〕重罪謀殺規則

Female 女性；女人；婦女

Female estate tail 限於女性繼承人繼承的遺產

Female head of a house 女戶主

Female heir 女繼承人

Female judge 女法官；女審判員；女推事

Female mill-hand 女工

Female operative 女工

Female partner 女合夥人

Female prisoner 女囚犯；女犯人

Female suffrage 婦女選舉權；婦女參政權

Feme (or femme) 〔法〕婦女；妻子；女僕；侍女

Feme covert 已婚婦女；有夫之婦

Feme plaintiff 女原告

Feme sole 單身女子（包括已婚婦女，但因丈夫去世或分居的婦女）

Feme sole trader 〔英古〕單身女商人；獨立已婚的女商人（指依倫敦慣例，已婚婦女獨立於丈夫自行經商，還包括分居的女人在內）

Femicide 殺害婦女；殺害婦女的兇手

Feminine 女的；女性的；婦女的；屬女性的

Feminism 男女平等主義；爭取女權運動

Feminist 男女平等主義者

Femme couleur libre 〔美〕非白種女人（直至南北戰之前的時間，1861-1865 年除白色種族婦女外，包括印第安人在內的所有人）

Femme covert 〔法〕已婚婦女；有夫之婦

Femme sole 〔法〕單身女子；寡婦；離婚婦女

Fence 柵欄；圍欄；籬笆；〔口〕買賣贓物的人；收買賊贓的人或場所

Fence county 〔美〕尚未實行圈養法的縣

Fence month (or defense month) 〔英古〕禁獵期（指每年仲夏前 15 天及後 15 天均不准到林中打獵）

Fence season 禁獵期；禁漁期

Fence time 禁獵期（指一年中有 31 天禁止在林中打獵）；禁魚期（禁止捕魚）

Fencer 買賣贓物者

Fence-shop 贓物店（買入贓物的場所）

Fencing 買賣贓物

Fencing ken 〔英〕收藏贓物者的巢穴；窩藏贓物場所

Fencing patents 保護性專利（專利獲得者設法擴大該發明產品的生產範圍或實際上的生產和特許的方法）

Fencing-cully 〔英〕收藏贓物者

Fencing-repository 收藏贓物的場所

Fendlesman 〔撒〕被剝奪公民權者

Feneration 高利貸；有息貸款；利息收入；利息

Fengeld 〔撒〕禦敵稅 (指為了抗拒敵人而課徵的稅)

Fenian 鬥士；冠軍；英雄；巨人；愛爾蘭組織委員會成員 (居住在美加地區的愛爾蘭人旨在推翻英國在愛爾蘭的統治)

Feod (=feud or fief) 采邑；封地；領地

Feodal (or feudal) 封建的；封建制度的；屬封地或領地的

Feodal actions 不動產訴訟

Feodality 忠誠；效忠

Feodary 〔封〕監護法庭調查官 (由法院主事官任命的)

Feodatory, or feudatory 封地的受封人；(因提供封建役務保有土地的) 封臣或佃戶

Feoffee 采邑承受人；不動產受讓人；〔英〕公共不動產管理人

Feoffare *v.* 〔法〕授與不動產；授予采邑

Feoffator (feoffer or feoffor) 〔英古〕授予封地者；不動產讓與人

Feoffatus (=a feoffee) 采邑承受人；不動產受讓人；〔英〕公共不動產管理人

Feoffee to uses 用益受托人 (把土地轉讓第三者使用的人)

Feoffer 采邑授與人；不動產讓與人

Feoffment 授予采邑；讓與自由保有地

Feoffment to uses 用益讓與 (指將土地的用益權轉讓給第三方)

Feoffment with livery of seisin 〔英古〕讓與保有土地的方法 (指讓與人與受讓人在靠近準備讓與的土地上，以土塊或細樹枝為記號，在證人面前完成的轉讓土地的方法)

Feoffor 采邑授予人；不動產讓與人

Feoh 〔撒〕牲畜；財產 (或金錢)；酬金；獎賞；封地 (封建土地贈與)

Feorme (土地受讓人按租約條款付給領主部份) 農產品 (=farm)

Ferdfare 〔撒〕徵召服兵役令；兵役豁免

Ferdingus 〔英〕最低等級的自由民

Ferdwite 〔撒〕軍中非故意殺人者免除責任；不參加遠征軍者的罰金

Ferial days 節假日

Ferlingata 碼田的四分之一

Ferlingus 弗隆 (=furlong)

Ferlita 〔歐古〕創傷；毆打；打擊

Ferm (or Fearm) (依租約方式出租的) 房屋；(依租約方式出租的) 土地；(依租約方式出租的) 房地產

Ferme 〔撒〕農地；地租；(以租賃取得的) 土地或房屋

Fermentation 發酵

Fermented liquors 發酵飲料

Fermer 租用人；承租人；農民；定期土地或無形財產權保有者

Fermier 〔法〕包稅人 (指包辦徵收財政收入)

Fermory 〔宗〕濟貧所

Fernigo 〔英古〕廢地；荒地

Ferrator (=farrier) 釘馬蹄的職業；蹄鐵工

Ferret out military secret 刺探出軍事秘密

Ferriage 擺渡費；擺渡業；擺渡；輪渡

Ferry 渡口；渡運，渡輪；渡運業；飛機渡運航線；經營擺渡特許權；渡船營業權

Ferry franchise 渡運特許權 (指在特定地點)；陸上轉運權

Ferryman 渡船工人

Ferry-master 渡船長；聯絡船船長；渡船場看守；收擺渡費的人

Ferry-runs 渡輪班次

Ferry-station 渡船塢

Ferry-steamer 渡輪

Fertile octogenarian 長壽的人 (80－90 歲的人)

Festa in cappis 〔英古〕戴帽節

Festing-man 〔英古〕保證人；擔保人；(十戶) 聯保人

Fetal death 死胎；胎兒的死亡

Fetch a detainee for interrogation 提審

Fetch down 減輕 (刑罰等)；使…飛趺 (物價等)

Fetial law 戰爭與和平法 (古羅馬關於宣戰和締結和約的法律)

Feticide 殺害胎兒；非法墮胎；墮胎罪

Fetter(s) (常用複) 腳鐐

Fettering 給別人戴上鐐銬

Fetters and handcuffs 鐐銬

Fetus 胚胎；胎兒

Feu (or Few) 〔蘇格蘭〕租佃保有地 (以服兵役、穀物或現金方式向領主繳納租稅，屬永久租賃土地的性質)

Feu et lier 〔加、法古〕家；住宅 (指承租人在其土地上建立的定居點)

Feu holding 交付穀物或金錢代之以軍役的保有地

Feuar 〔蘇格蘭〕租佃地保有人

Feud 封地；采邑；可繼承的土地使用和佔有權 (釋義見 "fee")；〔蘇格蘭、英格蘭北部〕復仇 (指殺害者與被謀害者親屬及其種族間各種怨仇，＝"fee")；〔撒、德古〕(家族間) 世仇；宿仇；血親復仇

Feudal 封地的；采邑的；領地的；封建的；封建制度的

Feudal actions 不動產訴訟 (古代的名稱用語)

Feudal courts 領地法院；采邑法院

Feudal debitum 封地的債務

Feudal land tax 田賦 (封建地租)

Feudal law 封建法

Feudal lord 封建主

Feudal possession (封建制下) 法定佔有，世襲領地

Feudal provincial governor 〔中〕刺史 (中國封建社會地方的官僚職銜，別名"知州")

Feudal rent 封建地租

Feudal service 封建徭役

Feudal superstition 封建迷信

Feudal system 封建制度

Feudal tenures 封建土地保有 (制)

Feudalism 封建主義；封建制度

Feudality 封建性；封建制；封建領地

Feudalise *v.* 分封 (土地)；使封建化；使實行封建制度

Feudary *n. & a.* I. 佃戶；佃農 (封建制度下的不動產承租人)；II. 封臣的；履行封建役務的；關於以提供封建役務而保有土地的

Feudist 封建制法學者；研究封建法的專家

Feudo 〔西〕采邑；封地 (釋義見"feud or fee")

Feu-duty 〔蘇格蘭〕租地稅

Few 不多的；很少的；少許的；幾乎沒有的

Fiancé 〔法〕未婚夫

Fiancéé 〔法〕未婚妻

Fiancer 〔法〕保證守信；訂婚；給人…定親

Fiar 〔蘇格蘭〕可繼承的土地所有權者；世襲土地保有者

Fiars' price 〔蘇格蘭〕穀物的集市價格（指每年每種穀物價格由執達吏和陪審團在集市上定價）

Fiat in bankruptcy 〔英〕破產調查令（指大法官授權破產法院受理債權人訴訟的命令）

Fiat money 法定貨幣；不兌現紙幣；名義貨幣（指該貨幣本身並無價值、不能兌現黃金或白銀）

FIATA Combined Transport Bill of Lading 聯合運輸提單（由運輸行作為承運人或承運人的代理人簽發的）

Fiaunt 命令；指揮

Fiction 虛構；虛擬；擬制

Fiction of law 法律上擬制（指法律在文字上沒有改變，但其運用已發生變化。意指法律的推定事情就是真實的，不必查詢其實與否，只要其合於公正就有真理的效力）

Fiction theory 擬制學說（一種法人人格的擬制理論，主要由德國法學家薩維尼發展起來的一種學說）

Fictitious 擬制的；虛假的，假托的；虛構的；假設的；假裝的

Fictitious action (suit) 虛擬訴訟；虛假訴訟（指為了解決某種法律點上的歧見而非雙方事實上爭議之目的假裝以訴訟的形式、當事者及事實而提起的訴訟）

Fictitious assets 虛構資產

Fictitious bay 虛擬港灣

Fictitious bill 假票據；空頭支票

Fictitious blockade 虛擬封鎖

Fictitious contract 虛構契約

Fictitious defendant 假托的被告；假設的被告

Fictitious island 虛構島嶼

Fictitious name 假名；杜撰的名稱

Fictitious occupation 虛擬佔領

Fictitious party 虛擬的當事人；假冒的當事人

Fictitious payee 虛擬收款人（抬頭人）

Fictitious person 虛擬的人；假想的人

Fictitious plaintiff 假設的原告；虛擬的原告（指對法院蔑視故而以偽有當事人名義提起訴訟）

Fictitious price 虛價

Fictitious profit 虛擬的利潤

Fictitious promise 虛擬的允諾；默契；法律上的默認

Fictitious transfer 虛擬的轉讓

Fictitious value 虛構的價值

Fictive state 虛擬國家

Fide-commissary 信托受益人；信托財產受益人（此詞時為論述衡平法理學的學者所用，=cestuique trust）

Fidei defensor 信仰的衛道士（指教宗良十世封給英國亨利八世的稱號，該封號迄今仍刻印在英國的硬幣上）

Fidelity 忠誠；忠實

Fidelity and guaranty insurance 忠誠和保證保險（指承保人對要保人不誠實所致損害的一種誠實或擔保的保險契約）

Fidelity bond 忠誠保險契約；誠實保證（指僱員對僱主的生意，因盜用、盜竊或重大過失的保證保險）

Fidelity guarantee and contingency insurance 忠誠保證及意外事故保險

Fidelity insurance 忠誠保險（指含僱工因不誠實而使僱主遭致損害的一種保險）；貞操保險

Fidelity policy （職工）忠誠保險單；信用保險單

Fiducial 信托的；信用的

Fiducial business 信托業務

Fiducial relation 信托關係

Fiduciant 信托者

Fiduciary *n. & a.* I. 信托業務；受托人；受信托人；財產受托人；〔香港〕信托性（指代理人須向其代表的委托人或受益人負有信托性義務）；II. 信托的；信用的；受信托的；（紙幣）信用發行的

Fiduciary account 信托賬目；受信托賬面；財產受托人賬目

Fiduciary bond 受托保證書（指受托人、遺產管理人、遺囑執行人、監護人等按法院要求提出申請保證履行其責任）

Fiduciary capacity 受托人身分（指代為他人處理金錢和財產的利益）

Fiduciary character 信托性質

Fiduciary contract 信托契約；信用契約（合約）

Fiduciary contribution 信用出資

Fiduciary debt 信用債務（指純因信托行為而產生的債務，其不同於合約而產生的債務 "debt"）

Fiduciary duty 誠信責任；受托人責任；受托人義務（信任性的義務，如受托人、監護人的義務）

Fiduciary estate 信托財產（指土地或金錢）

Fiduciary guardian 受托監護人（指負有按遺屬把繼承交付給指定的人）

Fiduciary heir 受托繼承人（指應按主遺囑人的要求將其繼承事項交付給指定的人）

Fiduciary money 信用貨幣（無黃金儲備，只以有價證券作儲備的紙幣）

Fiduciary notes 無儲備發行紙幣（釋義同 "fiduciary money"）

Fiduciary obligations 信托性義務（指受托人不能使受益人蒙受債務而言）

Fiduciary position 信托地位

Fiduciary property 受托保管的財產

Fiduciary relation 信托關係；信任關係；信用關係

Fiduciary shield doctrine 信托保護原則（個別被告不能提供行使管轄權，在沒有行使該管轄權合適情況下，僅以公司官員身分對其他人起訴所採取行動的衡平原則，意指被告的公司官員只要是出自公司利益考慮，該衡平原則即可授予豁免管轄權）

Fiduciary vendor 信托賣主

Fief 采邑；領地；封地（=fee）

Fief masculine 男系的不動產承受人

Fiel 〔西〕查封財產人；系爭財產暫行保管人；（法院指定的）涉訟財產管理人

Field 土地；田地；農地；田圃；荒地；荒野；無人居住的地方；田地礦區；田徑賽場地；棒球球場；領域；範圍；〔軍〕戰地；戰場

Field allowance （士兵）戰時津貼

Field army 野戰軍

Field audit 〔美〕實地審計；現場審計（由國內稅務局到納稅人營業所就地審計）

Field book 〔美〕城鎮地況記錄書

Field code 〔美〕《斐爾德法典》（紐約州最早的民事訴訟法典，於 1948 年由大衛·達德利·斐爾德所創立，他呼籲簡化民事訴訟程序，其後該法典成為各州民事訴訟法規的典範）

Field court　戰地軍事法庭

Field force　外勤人員

Field general court-martial　戰地高等軍事法庭

Field investigation　實地調查

Field mail　戰地郵件

Field monument　古戰場遺址

Field notes　勘察記錄 (筆記)

Field of application　適用範圍

Field of battle　戰場

Field of operation　戰場；野外作業

Field of technology　技術領域

Field office　(政府) 分支機構；附屬機構；駐地辦事處；外地辦事處 (指不在中央駐地的政府附屬機關)

Field reeve　〔英古〕牧場總管 (由牧場主推選的)

Field sobriety tests　清醒度現場檢測 (以確定合理拘留酒後駕車者的根據)

Field storage　野外保管；農作物保管倉庫

Field vision　視野

Field warehouse financing agreement　就地存貨質押融資協議

Field warehouse receipt　實地倉庫棧單；實地存貨質押收據 (指倉庫工作人員簽發的入倉貨物的收據憑證)

Field warehousing　實地存貨質押；實地貨棧擔保 (是批發商、廠家或商人的一種財政擔保，實際上把貨物交由第三者看押)

Field work　現場工作；實地作業；外勤工作 (指從實地搜集資料的工作)

Fieldad　〔西〕財產扣押令；財產暫時保管

Field-tenant　〔英古〕領地保有人；自由土地保有者

Fifteen disbursement clause　15% 的費用條款 (船舶保險起價須佔其運費 15% 以上方予承保)

Fifteenth Amendment　〔美〕憲法第 15 條修正案 (指 1870 年批准的、確保美國公民不分種族、膚色均享有平等選舉權)

Fifteenth and tenth　〔英〕十五分之一稅和什一稅 (13 世紀後半葉至 17 世紀中葉對英國市鎮及諸侯領地居民徵收的動產十五分之一稅，向其他居民徵收的動產十分之一稅)

Fifteenths　〔英古〕十五分之一稅

Fifth Amendment　〔美〕憲法第 5 條修正案 (指不得強迫刑事罪犯自供罪狀等規定，1870 年)

Fifth degree of kinship　〔美〕五親等血親 (指適用於無遺囑死亡者及其第一親等表兄弟姐妹的子女)

Fifth preference　〔美移〕第五優先 (指 21 歲以上美國公民的兄弟姐妹，含同父異母或同母異父的兄弟姐妹移民美國所屬按配額的審批順序)

Fifth Round of Tariff Negotiations under the GATT　關稅與貿易總協定第五輪關稅談判 (又稱 "狄龍回合") (釋義見 "the Fifth Round…")

Fifty decisions　五十道敕令集 (指查士丁尼國王於公元 529–530 年頒發的解決爭議或爭端的法令)

Fifty-fifty　均分的；對半的；對半開的

Fifty-year life　五十年的壽命；五十年期限

Fight　戰鬥；博鬥；打鬥；打架；(口頭) 辯論；爭論

Fight gang　聚眾打架；打羣架

Fighting forces　戰鬥部隊

Fighting words　挑釁性言論，撥弄是非的言論；挑起爭端的言論 (不涉及憲法本身問題而是攻擊聽眾會招致暴力行為之

言論為美國憲法所禁止)

Fighting words doctrine　挑釁性言論原則 ("口水戰" 原則，依憲法第 1 條修正案原則規定挑釁性言論引起傷害不受言論自由的憲法保護)

Fightwite　〔撒〕爭吵罰金 (指對擾亂治安的罰款)；繳付罰款 (指在郡內擁有在領主領地上犯有不法行為應向領主繳付不少於 120 先令的罰款)

Figure at crime scene　犯罪現場圖 (現場勘查記錄的方式之一，即反映出事地點的情況)

Figure-head　掛名首腦；傀儡

Figures　畫像；塑像

Filacers　〔英〕令狀歸檔官 (將被告傳喚狀歸檔官，威斯敏斯特高等法院設有 14 位官員，1837 年廢止)

Filch　*v.* 偷竊 (指不貴重的東西)

Filcher　小偷

Filching　偷錢 (一般為秘密偷竊小額的金錢)

File　*n. & v.* I. 文件；檔案；案卷；卷宗；法院檔案；II. 歸檔；存入法院檔案；提起 (訴訟)；呈請備案

File a bill　提出議案或訴狀

File a brief　(律師向法院) 提出法律辯論書 (理由書)

File a case　立案

File a formal immigrant visa application　〔移〕提出正式移民簽證申請

File a plaint at court　向法院提出訴狀

File charges in court　向法院提出告訴

File clerk　檔案管理員

File for records　存檔備用；存檔備查

File for reference　存查

File of treaties　條約編檔

File wrapper　〔美〕專利申請記錄 (專利申請人與專利局就專利獨家經營合約初步談判書面記錄)

File wrapper estoppel　〔美〕專利申請記錄不容反悔原則

File wrapper estoppel doctrine　〔美〕專利申請記錄不容反悔原則

Filed rate doctrine　〔美〕規定的收費規則 (指禁止管理單位為其服務申請收取費用)

Filial law　子法

Filiation　生父身分認定 (私生子女父親的認定)；父親與子女的關係；子女與父母及其祖先的血統關係

Filiation proceeding　〔美〕生父確認程序 (指強制非婚生子之推定父親承擔撫養義務和責任的，形式上一種特定法定刑事程序)

Filibuster　〔美〕阻撓議事策略；妨礙和推遲立法行動的策略 (指在眾議院或參議院進行冗長演說的手法，故意遷延及多數黨議員議決的少數議員)

Filibustering　〔英〕阻撓議事 (慣技)

Filibusterism　不法侵犯；阻礙議案通過；妨礙議事

Filicide　殺害子女者；殺害子女行為

Filing　文件歸檔；存檔

Filing and recording　歸檔與登錄

Filing basket　公文筐；文件處理筐

Filing bill in equity　存放於衡平法院檔案中的訴狀 (此表示正式向衡平法院提起訴訟的開始)

Filing cabinet　公文櫃

Filing date　申請日期；歸檔日期；填寫日期；簽發日期

Filing fees　(訴狀、專利的) 申請費

Filing officer 〔美〕檔案管理員

Filing petition 提出申訴書（破產的）

Filing status 〔美〕申報所得稅身分（可分單身、戶主、已婚夫妻共同報稅及分居等四類納稅身分的報稅單）

Filing with court 〔美〕向法庭提交法律文件（指要求當事人提交訴狀後應把所有文件提交給法庭）

Fill v. 填充；注滿；佔滿；滿足；完成；履行；供應（定貨）

Fill (out) a cheque 開支票

Fill a gap 〔領事〕填補空缺

Fill an order 供應定貨；執行定單

Fill out 填寫（簽證申請表等）

Fill policy position 〔領事〕填補（外交）政策職位

Film censorship 電影審查

Film exhibition 〔英〕影片展覽

Filth 淫猥；猥褻語；污穢；污物

Filthy 猥褻的；不潔的；污穢的；下流的；卑劣的

Filthy mud 污泥

Filthy pelf 不義之財

Filthy water 污水

FIML procedure 全部信息最大可能性的程序

Fin 〔法〕終止；結束；時效；時效限制；死亡

Fin de non recevoir 〔法〕拒絕接受；拒絕受理；（法庭）拒絕受理的抗辯（指因已逾時效等而使原告無權提起訴訟之謂）

Finable 可罰款的

Final 最後的；最終的；終審的；終局的；決定性的

Final account 決算賬戶；期終賬目

Final accounts of state revenue and expenditure 國家收支決算

Final act 最後文件

Final Act Embodying the Results of the Uruguay Round of Multilateral Trade Negotiations 〔關貿〕收歸《烏拉圭回合》多邊貿易談判結果的最後文件（其包含世貿組織組織法、世貿組織貨物貿易法、世貿組織服務貿易法以及多邊貿易協定，於 1994 年 4 月 15 日在摩洛哥首都馬拉喀什簽署）

Final Act of Congress of Vienna 維也納會議最後文件（指對 1814 年拿破侖戰爭善後的處理）

Final Act of the Conference on the Conservation of Antarctic Marine Living Resource 保護南極海洋生物資源會議最後文件（1980 年）

Final Act of the Uruguay Round 〔關/世貿〕烏拉圭回合最後文件（包括 21 個領域、45 個協議、協定和決定，幾乎囊括了當前國際貿易的所有問題，構成了比較完整的國際貿易規則體系）

Final agreement 最後協定

Final and conclusive judgment 確定判決

Final appeal 終審上訴

Final appealable order 可上訴的終審決定

Final architect's certificate （建築師）竣工證書（指工程竣工後頒發裁定涉及當事方終結性的工錢及爭議權利的證明書）

Final articles 最後條款

Final audit 期末審計；年終審計

Final average renumeration 最後平均薪資

Final award 終局裁決

Final ballot 決選投票

Final bound rate of duty 最終受約束稅率

Final cash settlements 最後現款清償

Final clauses 最後條款

Final Communiqué of the Asian-African Conference 亞非會議最後公報（1955 年）

Final concord 紛爭的解決（指根據主權者或司法官的裁決）；終局協議（契約）；確定和解終結契約

Final consumption 最終消費

Final decision 最後決定；終局裁定；終局判決

Final decision rule 〔美〕終局判決規則（指訴案只有在地區法院做出終審判決之後才能向聯邦上訴法院提出上訴的規則）

Final declaration 最後宣言

Final decree 終審判決；終局判決；終局裁定；（離婚）判決書

Final delivery 最後交付

Final destination 最終目的地

Final determination 終局判決；最後判決

Final disposition 終局裁決（標的的物雙方當事人權利與義務作出結論的排他性仲裁判決後，就不能再提出訴訟）

Final dividend 年終紅利；最後股利（由公司董事會提議後交由年度全體大會審定）

Final draft 最後草案

Final expenses 善終費用（指醫療、債務和喪葬等費用）

Final goods 最終產品；最終產品（亦即"消費品"）

Final hearing 最後一次聽審（指確定標的物事實相關的訴訟程序所處階段敘述而言，其不同於預審和中間性質的審理）

Final injunction 確定命令（指原、被告權利決定時，法官宣判的終審命令，即為"永久禁制令"）

Final instance 終審

Final interpretation 最終解釋

Final judgment 終局判決；終審判決（指原、被告權利決定時法官判決的終審命令，即不准上訴的判決，其反義詞為 "interlocutory judgment"）

Final judgment rule 〔美〕終審判決規則（指上訴法院對非終審案件無管轄權）

Final judicial decision 最後司法裁決；終局司法裁決

Final meeting 最後會議

Final order 終局裁決（指訴訟的終止）；終局決定；決定性命令

Final passage （議案）最後通過

Final payment 〔美〕終結付款（指依據《統一商法典》第四條規定，不得取消的付款）

Final process 〔英〕終審令狀（強制執行判決的程序）

Final product 最終產品；成品

Final protocol 最後議定書

Final provisions 最後條款；〔世貿〕最後條款（主要內容是對服務貿易總協定中的重要概念作出定義，並規定各成員可拒絕給予該協定各種利益的情況）

Final reading 三讀（國會通過議案的最後一讀）

Final receiver's receipt 〔美〕正式的收受人收據

Final repatriation 最後遣返

Final repayment 終期清償（分期償還銀行貸款的）

Final report 決算報告；決算書；〔世貿〕最後報告（指由專家小組在對案件作了調查、審理後所作出的結論性報告）

Final review and assessment 〔世行〕最終審查評定（指對項目貸款設計方案成本效益的評審）

Final ruling 最後裁定

F

Final Selection Board　〔英〕決選委員會（錄用文官掌管的口試機構）

Final settlement　最後清算（指在遺囑檢驗訴訟中，直接宣告死者所有遺產已得以充分管理，遺產管理人完全履行了其受托責任，依法規定對應收的金錢款項都已全部入賬）；最後結算（指有關政府當局應付所欠工程承包商的款項）；（不動產轉讓的）最後交付

Final sitting　閉幕會議

Final stage　最後階段

Final state accounts　國家決算

Final submission　最後結論（指結束訴訟程序後，應將整個案件上報法院判決）

Final terms　最後條件；終期

Final text　最後定本；最後文本；最後案文

Final ultimatum　最後通牒

Final user　最終用戶；直接用戶

Finale　〔法〕最後部份

Finality rule　〔美〕終局判決規則（=final decision rule）

Finance　*n. & v.* I. 財政；金融；財務；籌措資金；財政學；金融學；II. 提供資本；提供貸款；融資；理財

Finance & Development　〔基金〕金融與發展

Finance Act　〔英〕財政法

Finance and Development Office　〔基金〕財務與發展辦事處

Finance and trade (or commerce)　財貿

Finance bill　財政法案；〔美〕通融票據（匯票）

Finance Bureau　〔香港〕庫務局

Finance charge　融資費用（遞延支付買進貨物價格特權的對價）

Finance committee　〔美〕（參議院）財政委員會（其職能和權力類似國會的"Ways and Means Committee"）；（企業的）財務委員會

Finance company　金融公司；信貸公司（非銀行的公司，從事向個人或企業界放款業務的金融企業）

Finance contract　信貸合同

Finance corporation　金融公司

Finance investment projects through direct loans　通過直接貸款給投資項目融資

Finance lease　融資租賃；財務租賃；資金租賃；融通資金的租賃

Finance secretary　財政大臣

Finance technical assistance　財政技術援助

Financial　國庫的；財政的；財務的；金融的

Financial accounting　〔美〕財務會計；理財會計（主要報告公司對外的財務活動結果）

Financial Accounting Standards Board (FASB)　〔美〕財務會計標準委員會（成立於 1973 年）

Financial action task force (FATF)　〔世行〕金融行動特別工作組（致力於控制洗錢的國際組織）

Financial adjustment　財務調整

Financial administration　財政管理；財務行政

Financial administration and management　財政行政和管理

Financial adviser　財務顧問

Financial affairs　財務；財務事務

Financial agent　財政代理人

Financial aid　財務資助；經濟援助；補助金

Financial allocation　財政撥款

Financial arrangement　財務安排；財產分配協議

Financial assets　金融資產；財務資產；財政資產

Financial assets and liabilities account　金融資產及債務賬

Financial assistance　財政援助

Financial assistance loans　〔領事〕財政援助貸款（指領事館官員對危難的本國僑民的）

Financial assistance package　財政援助的一攬子交易（指 IMF 和世行提供的）

Financial attaché　財務專員

Financial audit　財務審計

Financial autonomy　財政自主；財政獨立

Financial blockade　財政封鎖

Financial bonds　金融債券

Financial book　賬簿

Financial budget　財務預算

Financial burdens (on)　財政負擔

Financial capital　金融資本

Financial centre　金融中心

Financial channels　金融渠道

Financial chronology　〔美〕金融年表

Financial circumstances　財務狀況

Financial claim　金融債權

Financial claims held　持有的金融債權

Financial claims issued　發行的金融債權

Financial clause　財政條款

Financial coercion　財政強迫

Financial committee　財務委員會

Financial compensation　財政性補償

Financial condition　經濟狀況；財務狀況；資訊狀況

Financial contribution　財政捐款；出資；〔世貿〕出資；財政捐款（指成員方政府或公共機構對其國內企業或產業或對其產品價格等提供補貼以直、間接方式增加其產品出口或減少某種產品進口的行為或措施）

Financial control　財務監督；財務控制

Financial cooperation　財政合作

Financial cost　財政費用

Financial credit guarantee　信用通融擔保

Financial crisis　金融危機；財政危機

Financial data processing service　財務數據處理服務

Financial deepening　財源擴大

Financial default　不履行債務

Financial delict　財政犯；財政上的不法行為

Financial distress　財界災厄；財界危難

Financial flows　金融流動；資金流量

Financial function　財政職能

Financial guarantee　財政擔保；財務擔保；貸款擔保；財務保證書；財務保險單

Financial hardship　財政困難

Financial independence　財務獨立

Financial Institution Division　〔基金〕金融機構處

Financial institutions　金融機構（指保險銀行、商業銀行或信托公司或外國銀行在美支行）

Financial Institutions Reform, Recovery and Enforcement Act　〔美〕金融機構改革、恢復和實施法案（1989 年）

Financial institutions sector　金融機構部門

Financial intercourse　財政往來

Financial interests　金融界；財界；〔美〕財源；所得

Financial intermediary　金融中介；金融居間人

Financial Intermedite, Managers and Brokers Regulatory Association (FIMBRA)　〔英〕金融居間人、經理和經紀人規範協會

Financial intervention　財政干涉

Financial law　財政法

Financial leasing　金融 (性) 租賃；財務租賃

Financial leverage　財務杠杆作用 (關於利用金融債務以改進公司收益的作用)

Financial liabilities　金融義務；金融債務

Financial loan　財政貸款；先進貸款

Financial market countries　金融市場國家

Financial markets　金融市場

Financial obligation　債務；財政義務

Financial official　〔世貿〕財務主任；金融官員

Financial operation　金融業務；理財；財務經營 (活動)

Financial or technical assistance　財政和技術援助 (指美國利誘發展中國家，以使美國產品源源不斷地打入發展中國家的市場)

Financial penalty　(財政) 罰款

Financial performance　財務業績

Financial pooling arrangement　調整共有財政資源的協議

Financial position　財務狀況

Financial power　財力；財權

Financial pressure　財政壓力；資金匱乏；資金缺乏

Financial protectionsm　金融保護主義 (意指某些大國銀行在當前國際金融危機中，為保護本國私利而拒絕給發展中國家貸款)

Financial rating　信用等級；信用評級

Financial ratio　財務比率

Financial records　財務記錄

Financial reform　財政改革

Financial regulations　財務規則；財務規章；財務條例

Financial regulations and supervision　財務條例和監督

Financial relation　財務關係

Financial Relations Division　〔基金〕金融關係處

Financial reports　財務報告

Financial responsibility　財務責任 (機動車輛保險的同義語)

Financial Responsibility Acts　〔美〕財務責任法 (關於車主的經管情況以為頒發車牌和登記的法規)

Financial responsibility clause　〔美〕財務責任條款 (汽車保險單中要求提供最低保額的規定)

Financial responsibility laws　〔美〕(州) 財務責任法

Financial risk　財務風險

Financial rules　財務細則

Financial secretary　〔英〕(財政部) 財務秘書

Financial security　財政擔保；經濟擔保；經費上保障；〔美〕金融債券；金融股票 (一種標準的金融資產，諸如普通股、優先股、可轉換的債券或金融期貨等)

Financial service　金融服務 (勞務)；金融服務項目；財經服務社 (一種研究貿易趨勢的機構)

Financial services accord　金融服務協議 (簽訂於 1995 年 7 月 28 日)

Financial Services Act　〔英〕金融服務項目法 (1986)

Financial services agreement　〔世貿〕金融服務協定

Financial Services and the Treasury Bureau　〔香港〕財經事務及庫務局

Financial settlement　財務結算

Financial solvency　財政支付能力；有財務償還能力

Financial statement　財務報告；會計報表；財務報表 (指資產負債表、損益計算書等)

Financial Studies Division　〔基金〕金融研究處

Financial subsidy　財政補貼

Financial suicide　財政上的自殺

Financial support fund　〔聯〕財政支援基金

Financial survey　財務狀況；財政調查

Financial tariff　財政稅

Financial terms　財政條件 (條款)；融資條件

Financial undertakings　金融事業

Financial world　財界；金融界

Financial worth　財產價值；實有資產 (指不含債務在內的總資產)

Financial year　〔英〕財政年度；會計年度

Financial year of the Fund　〔基金〕國際貨幣基金財政年度

Financial, commercial and technical capacity　〔世貿〕資金、商業和技術能力 (指參與政府採購投標供應者條件)

Financially embarrassed　財務拮据；財政困難

Financially able　〔美〕有償付能力的；能償還到期債務和費用的；有給付能力的

Financier　理財家；財政家；金融家；金融業者；金融機構

Financing　籌資，融通資金；資金供應；資金周轉

Financing agency　信貸機構；理財機構；融資機構

Financing capital　籌措資本

Financing facility　〔基金〕籌資機制；融資機制

Financing gap　財政缺口；資金缺口

Financing items　籌資項目

Financing lease　融資性租賃

Financing requirement　財政需要

Financing statement　〔美〕融資聲明 (旨在通知第三方，通知將來的買方或貸方對債務者財產出具可執行利息擔保)；資金調度表 (指用以反映現有動產的安全利息或求償藉以確保債務)

Find　v. 發現；尋找；找到；得出結論 (指爭議的事實或爭議的情況)；作出裁 (判) 決；(陪審團) 做出裁決；認定；判定；確定；查明；探明

Find a satisfactory solution (through)　尋找一個滿意的解決辦法

Find a true bill　(大陪審團決定) 提起公訴

Find a verdict　(陪審團) 作出評斷

Find a will　(陪審團) 認定遺囑

Find against plaintiff　(大陪審團) 作出不利於原告的判決

Find an indictment　(大陪審團) 決定提起公訴

Find appropriate solution　找到適當的解決辦法

Find bail　交保；具保

Find for the plaintiff　作出有利於原告的判決

Find guilty　認定有罪

Find not guilty　認定無罪

Find out　查明；找出；發現；把 (壞人、罪犯等) 揭發出來

Find surety (or sureties)　具保

Finder　發現人；查明人；拾得人；中間人；經紀人；居間人；掮客（謀取佣金的經紀人）；證券承銷商

Finder of fact　事實的認定人（或查明人）

Finder of goods　財物拾得人

Finder of lost objects　失物拾得者；遺失物拾得人

Finder's fee　中介費；經紀人佣金；居間人佣金；中間人佣金；發起人費（指出面把當事人聚集起來給予生意機會，以使其公司業務運作起來而索取的費用）

Finder's fee contract　中介費合約；中間人報酬合約

Finding　斷定；（陪審團的）裁決；（法院）事實的認定；調查結論；遺失物的拾得

Finding of a jury　陪審團的裁決

Finding of law　適用法律的裁決（指法院就對有關事實的認定而做出的）

Findings of fact　事實結論；事實認定；事實裁定（指法院或行政機關根據案件的證據做出的裁決）

Findings of the report　〔世貿〕（對專家小組）報告的裁定

Findings report　調查報告

Fine　*n. & v.* I. 罰金；罰款（指法庭判處罪犯或輕罪犯以罰款）；〔英古〕合意和解訴訟（指訴訟當事人在法庭上按同意的條件准予用以轉讓土地的手段而和解息訟）；土地轉租費（指佃戶把土地轉租他人應向領主繳納一定的易主費用）；亡夫遺產繼承費；續租費（指承租人支付一定金額的款項展期其租約）；II. 處⋯以罰金

Fine and Recovery Act　〔英〕廢止土地轉讓費和擬制土地限嗣繼承法

Fine arts and antiques insurance　美術品與古玩保險

Fine cargo　精良貨物

Fine for alienation　〔英古〕土地轉讓費（承租人讓與領地時向領主支付的款項）

Fine for delaying payment　滯納罰金；滯付罰金

Fine for endowment　〔英古〕亡夫地產繼承費（寡婦繼承亡夫承租地時應向領主支付的款項，否則不予繼承）

Fine for paying late　滯付罰金（逾期付款罰金）

Fine gold　精金；純金

Fine (troy) ounce　精製（金衡制）盎司，純金的（金衡制）盎司

Fine print　〔保〕小號字體印刷

Fine rates　優惠貼現率；罰款率

Fine rolls　〔英〕《貢賦錄》（記載了自 1199 至 1641 年為各種名目的費用而繳納給王室的賬目的卷宗）

Fine turning　微調（"微調"政策，是指 20 世紀 60 年代，美國民主黨政府實行的經濟政策）

Fine-comb　仔細搜查

Fine-force　絕對必要；無法規避的拘束

Fineness of coins (=quality of coin)　貨幣品位；貨幣質量；貨幣純淨

Fineness of gold　黃金純度；黃金成色（含金量）

Fines and forfeits　罰款和沒收

Fines le roy　〔法〕繳納給國王的罰金（例如蔑視法庭或犯罪等）

Fine-tooth-comb　仔細搜查

Finger mark　指跡

Finger pier　竪立碼頭；指狀碼頭

Finger ridge count　指紋脊數

Finger wear　指紋磨損

Fingernail impression　指甲痕

Fingernail injury　指甲傷；指甲掐傷

Finger-pillory　頸手枷（古代的一種刑具）

Fingerprint detective　指紋偵查

Fingerprint evidence　指紋證據

Fingerprint file　指紋檔案

Fingerprint identification　指紋鑒定；指紋判定法

Fingerprint pattern　指紋類型

Fingerprint records　指紋檔案

Fingerprint system　指紋法

Fingerprinting　提取指紋

Fingerprints　*n. & v.* I. 〔複〕指紋；指印；II. 捺指印；捺印指紋

Finire　〔英古〕徵收罰金；繳納罰金；結束或完成某一事情

Finished goods　製成品

Finished product　成品；製成品

Finished product trade　製成品貿易

Finished stock warehouse expenses　成品倉庫費用

Finished work　已完成的工作

Finisher of the law　死刑執行人

Finite distress　有限扣押

Firdfare　〔撒〕軍事遠征的徵召令

Firdringa　〔撒〕參軍準備；入伍服役準備

Firdsocne　〔撒〕免服兵役

Fire　*n. & v.* I. 火刑；（火刑）烤問；失火；火災；II. 解僱；開除

Fire a warning shot　鳴槍示警

Fire and fagot　火刑；火炙刑（對異教徒施加燒殺的）

Fire bill　（船員的）防火部署表；火災崗位表

Fire brigade　消防隊

Fire coinsurance　火災共同保險

Fire company　〔英〕火災保險公司；〔美〕消防隊

Fire coroner　火災驗屍官

Fire detecting and extinguishing appratus　探火及滅火裝置

Fire district　〔美〕防火區；易失火地區

Fire division　火災分界（指把城市以防火牆加以區分以便於消防隊提高滅火效率，降低火勢蔓延）

Fire hazards　火災危險

Fire insurance　火險；火災保險

Fire insurance policy　火災保險單

Fire insurance premium　火災保險費

Fire insurance surveying　火災保險檢查（測定）

Fire insurance tariff rate　火災保險費率；火災保險協定率

Fire legal liability insurance　火災法律責任保險

Fire loss　火災損失

Fire loss adjustment　火災損失理算

Fire marshal (or warden)　〔美〕防火部門主管（人）（負責州、縣、市、鎮消防監督和預防火災工作的官員）

Fire marshal or warden　〔美〕防火警務官；防火部門主管人

Fire office committee　〔英〕火災保險公司委員會

Fire ordeal　〔英古〕火審；鐵火審判；鐵塊斷罪法（指以火或燒紅的鐵塊斷罪，限於對高官顯貴的刑罰）

Fire petrol in ship　船上火警巡邏

Fire policy　火（災保）險單

Fire prevention (metropolis) Act, 1774　倫敦火災防止法（1774 年）

Fire risk　火險；火災風險

Fire risk ashore clause 岸上火險條款

Fire risk on freight 貨物火災危險

Fire sale 〔美〕火災中受損物品廉價銷售

Fire Services Department 〔香港〕消防處

Fire signals 火警信號

Fire statute 〔美〕火災法規

Fire underwriter 火災保險業者；火險承保人

Firearm 槍支；火器（在美國一般指步槍、手槍等）

Firearms Acts 〔美〕火器管理法（指無牌照不得擁有、銷售和使用槍炮）

Firearms certificate 〔英〕火器證書；獵槍證書（每三年可展期一次）

Firearms control 槍支管制

Firebare （海邊的）燈塔

Firebote 燃料木補貼（指供佃戶足夠房中燒火用的木材補貼）

Fire-brand 煽動叛亂者；挑動爭執者

Firebug 〔口〕縱火犯；放火犯；放火狂者；縱火罪

Fire-eating 強暴的；咄咄逼人的

Fireman 消防員

Fireman's Rule 消防隊員規則

Fire-office 〔英〕火災保險公司；火災保險事務所

Fire-raising 〔蘇格蘭〕縱火（罪）

Firing 點火；（爐火的）燃料；解僱

Firing party 行刑隊（負責對軍事法庭判處死刑的犯人執行槍決的工作）

Firing squad 行刑隊（負責對軍事法庭判處死刑的犯人執行槍決的工作）

Firm *n. & a.* I.（合夥）商號；商行；II. 有拘束力的；附有義務的；固定的；最終的；確定的；堅挺的

Firm bid 確定的出價；遞實盤（指買方向賣方提出不可撤銷的訂單或發盤）

Firm name 商號名稱；行號；字號

Firm offer 不變的要約；實盤；不可撤銷的發盤（指一般在三個月規定期限內，簽署買賣貨物者不得隨意撤回要約）

Firman 〔土〕命令；特許狀；旅行證（旅行護照）；許可證；通行證（莫臥兒大帝頒發給在土耳其有管轄權的領土上經商的外國船長）

Firmly 堅定地；堅決地；強有力地；嚴格地；確認地

First *a. & n.* I. 第一的；最初的；首要的；II. 第一；首先；最初；開始；開端

First 4% 第一回 4% 的利息（指英帝國的公債）

First agent 發起人；第一代理人

First aid clause 急救條款

First Amendment 〔美〕憲法第 1 條修正案（指保證言論、信仰、出版、集會和昭雪請願的基本自由的權利）

First and nearest 第一順位親等的最近親者

First audit 初次審計

First ballot 第一次投票

First Bank of the Unitet States 美國第一銀行

First beneficiary 第一受益人

First blush 〔美〕第一印象（指陪審團裁定損害賠償金額如此之大，以至於使法官印象良深，認為陪審團有受到感情或偏見之虞，而可宣告該裁定無效）

First blush rule 〔美〕取消裁定的規則（指給人的第一眼印像就發現陪審團因受到感情左右或偏袒而作出的評決可予推翻）

First chamber （荷蘭、瑞典等國的）上議院

First class airfare 頭等艙機票費

First class misdemeanant 〔英〕一級輕罪犯（指英國監獄法中把勞獄犯分為兩個等級，其中一級輕罪犯不被看作刑事犯）

First come, first served 〔關貿〕先來先做，先來先得；先來先辦理

First commoner 〔英〕下議院議員

First cousin （堂）表兄弟者；（堂）表姐妹

First cousin once removed （堂）表兄弟或（堂）表姐妹的子女

First cousin twice removed （堂）表兄弟或（堂）表姐妹的孫子女

First covenant 第一契約（1557 年蘇格蘭貴族保持宗教改革所作的誓願）

First credit tranche 〔基金〕第一檔信用貸款；第一信貸檔（為 IMF4 檔信貸中優先考慮的信貸，如申請信貸會員國已超過其黃金份額貸款 25%，但仍在 50% 之內，只要做出計劃表明得克服收支困難即可獲准，可向 IMF 提用現金，此為 IMF 的業務之一）

First credit tranche conditionality 〔基金〕第一檔信用貸款制約；第一信貸檔制約

First crime 初犯

First degree murder 一級謀殺罪（指公開預謀殺人，可判處死刑或終身監禁）

First devisee 第一受遺贈者（指依遺囑第一個給予的不動產者）

First difference 第一差別；第一差額

First fruits 〔英古〕第一年貢捐（國王直臣死後，其承租地的第一年全部收益歸國王所有）；初年聖俸（指在職牧師或寺院主教繳納給教皇的第一年全部收益）

First hand 直接的；第一手的

First hand evidence 第一手證據

First hand knowledge 第一手材料；原始材料；第一手信息；第一手直接知識（例如親自看到的殺人犯）

First heir 第一繼承人（指在終身財產佔有人或定期財產死後的佔有繼承者）

First impression 無先例可適用的案件

First impression case 初見案件；無判決先例可援的案件（指無判決先例可循的法律問題的訴訟案件）

First in succession to the throne 王位第一繼承人

First in, first out (FIFO) 先進先出法（一種計算存貨價值的會計方法）

First installation 首次就任安家物品（指接受國給予派遣國外交、領事等官員第一次上任所携帶安居物品報關的免稅特權待遇）

First instance 第一審；初審（指由初級管轄法院受理的）

First lien 第一留置權；最先留置權（指對同一財產最先得到清償索賠權）

First line of defense 〔領事〕第一線保衛

First Lord of the Admiralty 〔英〕海軍大臣（為文官）

First Lord of the Treasury 〔英〕首席財政大臣（指首相，其全稱 "Prime Minister, First Lord of the Treasury and Minister for the Civil Service"，財政大臣為 "Chancellor of Exchequer"）

First loss insurance 第一損失保險（指發生損失後即按所受損失的實際數額得以賠付，但不得超過最高保險的限額）

First lost policy 第一損失保險單

First magistrate　君主；國王；總統；統治者

First mate　（船上的）大副

First matter　原料；材料；第一類郵件

First meeting　〔美〕首次相遇（因侮辱性言詞等而引致殺機）

First meeting of creditors　債權人首次會議（由法院主持審查破產的首次會議）

First minister　首相

First mortgage　第一抵押權（指較其他抵押有優先得以受償權）

First mover　發起人；倡議人

First naval division　第一海軍區

First of exchange　第一聯匯票；匯票正本

First offender　初次犯罪者；初犯（按英國 1972 年《刑事審判法》規定法院對 21 歲或 21 歲以上初犯，除非沒有處置辦法外不予監禁）

First offense　初犯；初次犯罪行為；初次違法行為

First officer　（船上）大副

First Outline of Reform　（國際貨幣基金組織）改革的第一個綱要

First Pan-American Congress　第一次泛美會議（1889 年）

First papers　（要求加入國籍的）初步申請書

First party　甲方

First party insurance　第一方保險；甲方保險

First party release　〔保〕第一方責任免除；甲方責任免除

First policy year　〔美〕保險單第一年度（指保單第一次簽發後至每年展期的年）

First possession　先取；先佔

First preference　〔美移〕第一優先（指美國公民 21 歲以上在海外的未婚子女申請移民美國團體的優先順序）

First President　巴黎最高法院院長（法國國王任命的）

First principles of law　法學通論；法律的首要原則

First profit-making year　頭一個營利年（指第一年營利的企業）

First purchaser　最初買受人（在繼承法上是指在家族中第一個以繼承外的方式獲得土地所有權的直系祖先，且該地產迄今仍保留為其家屬或直系子孫所有）

First reading　一讀（指議案交付審議時的正式初讀）

First refusal　首先選購權；優先取捨權

First report　第一次報告

First return　〔美〕首次納稅申報表（指財產毛收入和耗減扣稅後的退回所得）

First Round of Multilateral Tariff Reductions Negotiated first in Havana and then in Geneva　第一輪多邊貿易關稅減讓談判先後在哈瓦那和日內瓦舉行（1947 年，釋義見 "the First Round…"）

First sale rule　第一賣主原則（指專利版權所有人出售特定版本後即讓與了其專有權）

First sea lord　〔英〕第一海軍次官

First sergeant　〔英〕首席律師（指在皇家法院中享有特權的高級律師）

First son　長子

First Statute of Labourers, the　〔英〕第一次勞動者條例（1351 年）

First surplus reinsurance　第一次溢額再保險；第一溢額分保

First tariff　第一稅率

First timer　初次服刑者；首次被監禁的犯人

First trial　初審；原審；第一審

First vested estate　首先授予的遺產（在被繼承人死後，在其繼承人中被第一個授予的遺產）

First-class　一級的；頭等的；上流的

First-class airline ticket　頭等艙機票

First-class captain　一級船長

First-class elector　一級選舉權者

First-class mail　一類郵件；頭等郵件；密封郵件（是不受檢查，郵資最高的）

First-class mail matter　一類郵件物品

First-class paper　頭等票據；一等票據

First-class secretary　一等書記官

First-class title　一級所有權（指有清潔記錄可出售轉讓的產權）

First-class town or village　一級村鎮

First-hand experience　〔領事〕第一手經驗；直接經驗

First-mentioned defendant　第一被告

Fisc　〔法〕國庫（指王國、國家、州或其他政府機關的）；〔英〕財政部

Fiscal　*a. & n.* I.〔美〕財政的；財務的；金錢的；國庫的；國庫歲入的；II. 財政部；（荷蘭及其殖民地的）受理違反會計法案件的法官；〔蘇格蘭〕檢察官（下級刑事法院，包括歐洲一些國家在內）；印花稅票

Fiscal Affairs Department　〔基金〕財務部

Fiscal agency　金融機構；金融代理

Fiscal agent　稅收代理人；代理會計（募集外債時要處理原成本利息的支付及其他事務的人）；〔美〕財務代理銀行（一般指作為私人或公共基金代理收集和支付金錢的銀行）

Fiscal barrier to trade　財政貿易壁壘

Fiscal Cliff　〔美〕財政懸崖（指的是在 2013 年年初，因為包括 "布什減稅" 在內的一系列稅收優惠到期，奧巴馬政府面臨嚴重的財政危機，導致政府行政部門關門）

Fiscal court　〔美〕財政管理機關（過去某些州的財政管理和執行機關）

Fiscal crisis　〔美〕財政危機（指 2012 年 12 月）

Fiscal deficits　財政赤字

Fiscal domicile　納稅住所

Fiscal drag　財政拖累

Fiscal expenditure　財政支出

Fiscal illusion　財政幻覺；財政錯覺

Fiscal immunity　稅收豁免

Fiscal incentive　財政刺激；財政鼓勵（如對企業等的稅收減免）

Fiscal infrastructure　財政基礎設施

Fiscal Insurance　財政保險；租稅保險

Fiscal judge　財政官；財務官

Fiscal lands　作為維護國王的權威所必須的資金的土地

Fiscal law　財政法；會計法

Fiscal law of operation　作業會計法

Fiscal levy　財政稅收

Fiscal management system　財政管理制度

Fiscal measures　財政措施（是指 WTO 服務貿易中的出口補貼、各種進口徵稅、關稅配額、反傾銷稅和退稅）

Fiscal monopoly　財政壟斷；專賣

Fiscal officers　〔美〕（州）財務官員；（私人公司的）財務監督員（監查員）

Fiscal period　會計期間；財務期間（可分月份，季度和年度）

Fiscal policy　財政政策

Fiscal requirement　財政條件；財務需求

Fiscal revenue　財政歲入；財政收入

Fiscal Review Division　〔基金〕財務審議處

Fiscal stabilisation of the economy　經濟財政穩定

Fiscal stamp　印花稅票

Fiscal system　財政制度；會計制度

Fiscal tariff　金融稅則

Fiscal union　稅收同盟；財政聯盟

Fiscal year　財政年度；會計年度

Fiscal-monetary mix　財政金融綜合政策

Fish commission　〔美〕漁業管理局

Fish commissioner　〔美〕漁政專員（現併入 "Fish and Wildlife Service" 管理）

Fish royal　王室漁產權（指在英國海岸或沿海地區捕捉或由潮水沖上海岸的鯨或鱘，根據特權，屬英王所有的財產）

Fisher　捕魚人；捕魚船

Fisher equation　菲希爾方程（即 "貨幣流通速度"）

Fisheries　〔英〕捕魚權

Fisheries Convention, 1964　〔歐洲〕漁業公約（1964 年）

Fisherman's association　漁業協會

Fisherman's log　捕魚船航海日記

Fishers jurisdiction　漁業管轄區

Fishery (or piscary)　漁業；漁場；〔英〕捕魚權（可分為 "自由漁業權、分別漁業權和共漁權"）

Fishery closing line　漁業封閉線

Fishery commission　漁業委員會

Fishery conservation zone　漁業資源保護區

Fishery contiguous zone　漁業毗連區

Fishery control zone　漁業控制區

Fishery convention　漁業公約

Fishery insurance　漁業保險

Fishery jurisdiction　漁業管轄區

Fishery law　捕魚法

Fishery limits　漁區

Fishery or piscary　漁場；捕魚權；漁業權（指在他人水域內捕魚的權利）

Fishery right　漁業權

Fishery servitude　漁業地役；漁業地役權

Fishery treaties　漁業條約

Fishery zone　漁區

Fish-farm　養魚場

Fishgarth　漁欄；攔魚堤（指在河中圍起一個堤壩以捕魚）

Fishing　捕魚（權）

Fishing boat　小漁船

Fishing conservation zone　漁業資源保護區

Fishing expedition　審前盤問；摸底調查；超越訴訟範圍的調查；手段不當的調查；〔美俚〕遠距離求證

Fishing fleet　漁船隊

Fishing grounds　漁場

Fishing license　〔英〕捕魚許可證

Fishing Port Law　漁港法

Fishing preserve　禁漁區

Fishing resources　漁業資源

Fishing rights　捕魚權

Fishing trip (=fishing expedition)　審前盤問；摸底調查；超越訴訟範圍的調查；手段不當的調查；〔美俚〕遠距離求證

Fishing vessel　漁船

Fishing waters　漁區

Fishing zone　漁區；專屬漁區

Fit　適宜的；適合的；恰當的

Fitness for human habitation　適宜於人類居住

Fitness for particular purpose　〔美〕特定用途貨物適用性（指賣方簽約時按買方要求選擇所需特定用途的貨物）

Fitness for purpose　符合用途；適用性

Fitting out of a vessel　武裝船舶；船舶裝備

Fitting task　裝配任務

Fitz　〔諾曼〕兒子（原意為非婚生子，是法律和家譜用語）

Fitzroy　國王之子

Five chief forms of punishment in ancient China　〔中〕五刑（指封建社會的五種刑罰：墨、劓、荆、宮、大辟）

Five freedoms agreement　五項自由協定

Five freedoms of the air　航空五大自由（指 1. 不作降落而飛越其領土；2. 非業務性降落而飛越其領土；3. 非業務性降落、卸下自航空器所屬國領土裝來的客、貨和郵件；4. 裝載前往航空器所屬國領土的客、貨、郵件；5. 裝卸前往或來自任何其他締約國領土的客、貨、郵件的特權）

Five in one overall layout and Four comprehensive strategic layout　〔中〕五位一體總體佈局和四個全面戰略佈局（此為以習近平為首的中共領導就 "實現中華民族偉大復興" 而作出的戰略決策）

Five Mile Act　〔英〕五哩律（1665 年發佈，對不依禮拜統一律登記的人所採取的立法措施。根據該法，凡拒作不抵抗之誓的牧師，被禁止去從自治市或牧師曾經講道的地方五英里以內的區域。該法在 1689 年廢止）

Five percent exemption clause　〔保〕5% 以下不擔保條款

Five percent sterling loan　〔英〕付 5% 利息的英幣債券

Five percent stocks　付 5% 利息的債券

Five ports, the (Cinque ports, i.e. Dover, Sandwitch, Hastings, Romney, Hythe)　〔英〕五大港口（指多佛、桑威奇、黑斯廷斯、羅蒙妮和海德）

Five Pounds Act　五鎊條例（1758 年，紐約殖民地當局發佈的關於五鎊以下民事訴訟案件審判權交給保安官或其他地方官處理）

Five Principles of Peaceful Co-existence　和平共處五項原則（1953 年 12 月 31 日周恩來總理與印度政府代表團在北京舉行談判的談話中首次提出）

Fix　v. & n. I. 確定；決定；固定；租定（船舶）；歸罪；歸咎；將可能或附帶的責任轉變為現實和確定的責任；II. 窘境；困境；尷尬處境；（船隻、飛機等）方位，定位；毒品的非法注射（吸毒者的自我毒品注射）

Fix the designation of consular officers　〔領事〕固定領事官員名銜

Fix the price according to the quality　按質定價

Fixation　錄製；固定法

Fixed　確定的；固定的；定期的；不變的；定價的（指雙方協定的買賣價格）

Fixed assets　固定資產

Fixed bail　確定的保釋金額

Fixed beacon　〔海法〕固定航標

Fixed by law　法律所規定的；依法安排的

Fixed capital　固定資本

Fixed capital assets 固定資本資產

Fixed capital formation 固定資本形成；固定資本構成

Fixed charge stock 〔英〕固定擔保的公司債券

Fixed charges 固定費用（指以資產負擔責任的公司債券）

Fixed costs 固定成本；固定費用

Fixed date 確定日期；指定日期；固定日期

Fixed date bill 定日付款匯票（又稱"板期付款匯票"，在匯票上載明付款的具體日期）

Fixed day of hearing 審理日期；聽審日期

Fixed day of maturity 到期日期

Fixed day to be carried out 施行日期

Fixed debt 固定債務（指公債或公司債券形式持欠性債務）

Fixed deposit 定期存款

Fixed duty 固定關稅

Fixed exchange rate 固定匯率

Fixed expenditure 固定支出

Fixed expenses 固定費用

Fixed external reference price 固定的外部參考價格

Fixed fee 固定酬金（用於為建設合約給付費用）

Fixed fund 固定基金（資金）

Fixed income 固定收入

Fixed indebtedness 確定的債務

Fixed installment 定額分期付款

Fixed intangible assets 固定的無體資產；固定的無形資產

Fixed interest 固定利息；定息

Fixed liabilities 固定債務；固定負債；長期債務

Fixed light 〔軍〕固定燈；不動燈

Fixed loan 定期放款

Fixed medical establishment 固定醫療所

Fixed opinion 成見；定見

Fixed output to households 〔中〕包產到戶（中國初級農業生產合作社時為鼓勵農民生產積極性而實行的制度）

Fixed par of exchange 匯兌的法定平價；固定匯兌平價

Fixed parity 固定平價；固定比價

Fixed penalty 固定刑罰；定額罰款

Fixed penalty notice 定額罰款通知書

Fixed post 派出所；警崗

Fixed price basis 固定價格基數

Fixed price contract 固定價格合約

Fixed prices 固定價格（指批發商與零售商間議定的銷售物價）

Fixed property 不動產；固定財產

Fixed rate 固定匯率

Fixed rate loan 固定利率貸款

Fixed rate mortgage 〔美〕固定利率抵押貸款（通常指長期貸款，每月償付固定本息直到貸款還清為止）

Fixed rate of exchange 固定匯率

Fixed rent 固定地租

Fixed rent for farmland 固定地租

Fixed route 固定航線

Fixed salary 固定薪金

Fixed sanitary establishment 固定醫療所

Fixed signal 常置信號（特指鐵路用語）

Fixed standard rate 〔香港〕標準稅率（指所謂"標準"以按個人薪俸稅）

Fixed tangible assets 固定的有形資產

Fixed term insurance 定期保險

Fixed weighted price index 固定加權價格指數

Fixed-machine-rate method 確定的機械率法（間接工資轉嫁方法之一）

Fixed-term imprisonment 有期徒刑

Fixed-wage system 固定工資制

Fixer 〔美〕代人向官方行賄（或疏通者）；中間拉線人；〔美俚〕毒品販子

Fixtures 固定裝置；附屬物；定着物（即土地保有者或承租人附着於土地或房屋的動產）

Flaco 死水（地）區

Flag 旗；旗章；旗幟；國旗；船籍國旗；旗艦；司令旗

Flag bearer 旗手

Flag day 〔英〕公益事業基金的募捐日；旗日；〔美〕國旗制定紀念日（每年 6 月 14 日）

Flag desecration 〔美〕褻瀆國旗（罪）

Flag discrimination 船籍歧視（指一國政府為扶植其本國船業而對特定國籍或一般外國船舶所實行的差別待遇，如對本國船舶減收引水費、碼頭費、稅收及領事簽證費等，並在船舶停靠碼頭和運載貨物方面給予優待。現發展中國家航運業方面即以此來解決其所面對的困難）

Flag locker 〔海法〕信號旗櫃

Flag of convenience 方便旗（指船舶所有人旨在逃避本國賦稅而轉移其船舶的註冊國，如掛巴拿馬國旗）

Flag of registration 註冊旗

Flag of state 國旗

Flag of the United States 美國國旗

Flag of truce 休戰旗（白旗）

Flag preference practice 船旗優惠慣例

Flag salute 向國旗致敬

Flag ship 船籍船；船籍船

Flag state 船旗國；船籍國

Flag station （鐵道上的）旗站；信號停車站

Flag surtax 船籍附加稅

Flagellant *n. & a.* I. 自行鞭笞以贖罪的宗教信仰者；II. 自行鞭笞的

Flagellate *v.* 鞭打；鞭撻

Flagellator 鞭打者

Flagrant 罪惡昭彰的；罪惡滔天的，兇惡的；現行的；窮兇極惡的；明目張膽的

Flagrant delict 現行犯；現行罪犯（逮捕當場正在實施犯罪行為中的罪犯）

Flagrant delit 〔法〕現行犯罪；現行犯

Flagrant encroachment on another nation's sovereignty 對於別國主權的公然侵犯

Flagrant necessity 〔英〕緊急必要；緊急避險

Flagrant offence 大罪；現行罪

Flagrant violation 公然破壞；重大違反

Flag-ship 旗艦

Flare pistol 信號槍

Flare-up light 閃光燈

Flash and show a light 〔海法〕閃示一下信號燈

Flash cheque (check) 空頭支票（因在銀行無資金而無法兌現的空頭支票）

Flash gentry 監賊；流氓

Flash money 膺造貨幣；假鈔

Flash note 偽造貨幣；假票據

Flash-house 〔英〕(盜賊)巢穴(指19世紀初，倫敦的酒吧、公寓和咖啡店為罪犯團夥聚集和交換犯罪情報等處所)

Flashing light 〔英〕信號燈；閃光燈(每隔一定時間，每秒鐘閃120次)

Flat *n. & a.* I. 一層；(樓房的)一層；(公寓上同一樓層的)一套房間；淺海；淺灘(指船舶無法航行)；不附分保條款的保險單；無利息(銷售無息的有價證券)；〔複〕一套公寓；II. (價格)固定的；統一的；一律的；平準的；無息的；純的；(市場等)不景氣的；蕭條的

Flat bond 無息債券；無息公債(指應計利息已含於價格之中)

Flat cost (=prime cost) 統一成本；淨成本；素價；平價(勞動費加原材料之和)

Flat denial (refusal) 斷然否認(拒絕)

Flat interest 平均利率

Flat money 法定貨幣(政府發行的，不是以黃金或白銀為基礎的紙幣)

Flat rate 〔美〕統售價格；統一費率；均一費率(指在特定時期內對電和煤氣等按統一的收費率而不按每個時期的實際使用量收費)；〔保〕統扯費率(保持不變的費率)

Flat rate allowance 定額津貼

Flat tax 固定統一稅(即對所有毛收入均按額定稅率納稅)

Flat tax rate 統一稅率

Flattery 獻媚；阿諛；捧場；吹捧；恭維的話；獻媚的舉動

Flaw in an argument 論據的缺點；論據的瑕疵

Fledgling institution 新生的機構

Flee from justice 逃避審判；畏罪潛逃；逃出法網

Flee to the wall 逼無退路；被逼到牆角(一種自衛殺人的隱喻語)

Fleecy shop 暴利商；敲竹槓的商店

Fleet 小河；小海灣；艦隊；機羣；弗利特監獄(倫敦債案犯監獄，依1842法關閉，三年後拆除)

Fleet Books (倫敦)弗利特監獄結婚登記簿(1686-1754)

Fleet marriages 〔英〕弗利特婚姻(指在倫敦弗利特河一帶由名譽極壞的教士主持的秘密結婚)

Fleet of the desert 沙漠商隊；沙漠旅行隊

Fleet policy 車隊統保單；船隊保險單

Fleet prison 〔英〕弗利特監獄(在倫敦主要監禁受宗教迫害者、星座法庭判處的罪犯、債務者及藐視法庭罪犯。1842年關閉)

Fleet register 弗利特河登記簿(指倫敦18世紀在弗利特河一帶監獄進行的結婚登記)

Flem 〔撒〕逃亡的奴隸；逃亡的農奴；逃犯

Flemeswite 佔有逃犯的財物

Flet 〔撒〕土地；房屋；家；住所

Fleta 弗利特法學論著(英王愛德華一世時一位無名氏律師用"弗利特"假名根據布萊克頓"Bracton"和格蘭維爾"Glanville"的言論所撰寫的關於英國法律以及《英格蘭普通法》等法學論著，其時該律師可能是弗利特監獄囚犯，因在獄中寫成，故而得名)

Flex prices 伸縮性價格

Flexibility 靈活性；伸縮性

Flexibility in utilising foreign capital, introducing foreign technology and conducting economic co-operations overseas 〔中〕利用外國資金、引進國外技術，以及同海外進行經濟合作的靈活性

Flexibility on quota 配額上的靈活性(特指在紡織品配額上允許出口國可採取某些靈活做法)

Flexible budget 彈性預算

Flexible constitution 軟性憲法；柔性憲法(指可修改的憲法或章程)

Flexible currency 軟貨幣

Flexible duty 伸縮關稅

Flexible measures 彈性措施

Flexible participation bank night 〔美〕不買彩票式的博彩

Flexible participation scheme 〔美〕自由參與式博彩

Flexible price 伸縮性價格；易變動價格

Flexible rate mortgage 〔美〕彈性利率抵押貸款(利率根據金融指數調整，每月的償付額、貸款期限和本金都隨之變動)

Flexible scheme 靈活的計劃

Flexible system 伸縮性制度(指聯合國大會1952年通過的一項決議，要求聯合國秘書長僅充當"提出保留或反對保留"文件的保存者，而不審查這些文件的法律效果，由他將該文件送交一切國家自行引出其法律上的效果之謂)

Flexible use of tariff protection 〔關貿〕靈活運用關稅保護(指對發展中國家而言)

Flexible value data 可變起息日；靈活生效日

Flitchwite 〔撒〕對爭吵或喧鬧者的罰款

Flight 航班；(資金等的)抽逃；外逃；逃匿

Flight from currency 貨幣抽逃；逃離貨幣

Flight from justice 逃亡；逃犯；畏罪潛逃

Flight from money 貨幣抽逃；逃離貨幣

Flight from prosecution 逃避追訴；畏罪潛逃；畏罪隱匿

Flight insurance 航行保險(空中飛行人身意外傷害保險)

Flight money 游資

Flight of capital 資本抽逃；資本外逃

Flight of funds 資金外逃

Flight space 飛行空間

Flim-flam 合謀詐騙(先博信用而後竊取的手段，即兩個互不相識者願賭，勸說受害者壓上定金以示"信任"為誘餌後，得手者即逃之夭夭)

Flint age (史前)石器時代

Flipping 利滾利(指消費貸款複利的俗語)

Float 〔美〕在途票據(指流通在市面上應收而未收的票據)；浮存；不能抵用的存款(支票已貸記存款人銀行賬戶，但尚未借記出票人銀行賬戶的一種尚在托收過程的存款)；發行(公債等)；籌資；浮動匯率(指貨幣利率隨供求法則變化)；(商店留用的)備用零錢；(通過發行債券等方式)創立公司；浮塢；浮標；浮筒；〔美〕土地證書(指曾在美西諸州授權選佔未定位置和數量的土地)

Float a loan 舉債；募集貸款；發行公債(以發行債券方式)

Float bonds 發行債券；發行公債

Float securities 發行證券

Floatage 漂浮物(尤指從失事船隻中漂出的物品)；漂流物的佔有權；火車輪渡費

Floatation cost 發行證券成本；籌資成本(指銷售所發行證券的成本)

Floatation of loan 起債；發行公債

Floater (公司等的)籌資開辦人；(債券等)發行人；〔美〕浮動投票人；非固定選區的代表；流動證券(公認為可靠擔保物的)；運輸貨物的保險；流動保險；流動工人

Floater policy　流動保險單（乘客隨身携帶物品保險單，例如珠寶等隨身穿着的物品）

Floating　（貨幣等）浮動的；流動的；不固定的

Floating aerodrome　浮動機場

Floating airport　浮動機場

Floating anchor　浮錨；海錨

Floating asset　流動資產

Floating beacon　浮標；浮燈塔

Floating bond　流動公債

Floating capital　流動資本；流動資金

Floating cargo　路貨；未到貨

Floating charge　浮動擔保；流動債權（流動質權）；流動抵押；流動費用（指公司臨時以其資產上的信用債券創設的一種費用以獲取自由處理其財產權）

Floating coinsurance clause　包括共同保險約款；流動分保約款

Floating currency　浮動貨幣

Floating debenture　流動債券（指以公司總資產作抵押的債券）

Floating debt　流動債務；短期債務（例如銀行貸款等）；附利息短期債券

Floating decimal point　浮點十進制

Floating dock　浮塢（浮碼頭）

Floating easement　流動地役權；通行地役權

Floating exchange rate　浮動匯率；〔加〕浮動的匯率（指1960年代加拿大違反國際貨幣基金組織要求成員國固定以黃金或美元兌換其貨幣的規定）

Floating exchange rate regime　浮動匯率的制度

Floating exhibition　流動博覽會

Floating facility　〔基金〕流動貸款

Floating harbour　流動港

Floating hospital ship　浮動醫療船

Floating insurance　流動保險

Floating interest rate　流動利率

Floating island　漂流的海島；浮動島嶼

Floating liabilities　流動負債

Floating lien　浮動留置權

Floating light　棉頂燈（如擱淺船隻發出的危險信號）；燈船；浮標燈

Floating meadow　浮動牧草地

Floating policy　流動保險單（不問運送船舶的貨損的、對財產等一種預約的補充保險）

Floating population　流動人口

Floating range　浮動的幅度（範圍）

Floating rate　浮動匯率

Floating rate bond　浮動利率債券

Floating rate notes　浮動利率債券

Floating security　浮動擔保；總括擔保

Floating stage　浮動棧橋；浮動碼頭

Floating stock　流動股票（供投機買賣用的）；〔美〕發行股票（已發行並銷售的股票之行為或過程）

Floating supply of securities　股票證券的流動供給

Floating territory　浮動領土

Floating vote　流動票；不屬黨派的投票（指不依附於某一政黨的人的所投的總票數）

Floating voter　流動投票人；游離選民

Floating wage　浮動工資

Floating wreckage　漂流船舶殘骸

Floating zone　〔美〕流動地帶（經事先批准成立的不確定地點的特種區劃土地使用區）

Flode-mark (=flood mark)　〔英〕高潮線；漲潮線；標記

Flogging　笞刑；鞭打刑（指用皮鞭抽打的一種肉體刑罰）

Flood　洪水；水災

Flood Control Act　〔美〕防洪法

Flood Insurance　水災保險；洪水保險

Flood protection　水災防護

Flood stream　漲潮流

Flood stricken area　洪泛區

Flood tide　漲潮

Flood water　水患；洪水

Flood-defending facilities　防洪設施

Flooding　決水（罪）

Flooding of debris　洪水泥石流

Floodplain　漫灘；泛濫平原

Floor　地面；地板；（樓房的）一層；（物價、工資等）底價；最低額；最底限價；交易廳；交易場；經紀人席（證券交易所等的）；（議會的）議員席；發言權；〔英〕法官席位；律師前排席位；高等法官或上訴法官訴訟當事人席

Floor broker　場內經紀人（交易所內代客買賣的）

Floor leader　議院領袖

Floor of the court　訴訟當事人席位（位於法庭審判與第一排法庭律師席位之間）

Floor partner　場內合夥人

Floor plan financing　展銷貸款；貨物擔保貸款安排（例如買車人把車給汽車經銷商作抵押以取得購車所需的抵押貸款，直至付清貸款後才真正擁有該輛汽車）

Floor plan insurance　抵押物保險

Floor plan rule　展銷廳購車規則（指購買汽車者在車主陳列室內所購之車不容反悔的規則）

Floor prices　最低價格；底價；最低限價（旨在防止進口貨物進行傾銷，低於該規定價格的產品就不准進口）

Floor tax　〔美〕最低稅（指已繳過國內稅貨物的產品，如煙酒等）

Floor trader　場內交易人（交易所內自行經營買賣的）

Floored　（汽車）被賒銷的

Floor-walker　〔美〕（百貨店中）巡視員

Flopper　〔美俚〕偽造事故騙取錢財（如保險金）的人

Florence Agreement　佛羅倫薩協定（由聯合國教科文組織倡議於1950年在聯合國大會上一致通過，旨在為交換科技文化書刊等資料提供便利，即促進自由交流思想。該協定於1966年11月2日在美國開始生效）

Flota　商船隊

Flotage　漂浮物（=flotsam）

Flotation (or floatation)　發行（新公共公司在股票交易所上市證券的籌資行為）；（企業）籌資創立；浮動

Flotation cost　發行證券成本；融資成本

Floterial district　〔美〕非固定選區（無附加代表權資格的獨立立法區）

Flotilla　小艦隊；輕型艦隊；船隊；〔美〕（海軍）縱隊（下轄兩個以上中隊）

Flotsam　（遇難船隻的海上）漂浮物；漂流船貨；遇難船殘骸

Flotsam and jetson (or jetsam)　船隻殘骸或其貨物（飄浮

於水面或沖到岸上的)

Flotsan (=flotsam) (遇難船隻的海上) 漂浮物；漂流船貨；遇難船殘骸

Flout law and discipline 目無法紀

Flow 流量；流程；流轉

Flow of funds 貨幣流量；資金流轉

Flow of labour and technology 勞動與技術的流動

Flow tide 高潮

Flowage 流出；積水；泛濫流出的河水；承水地役權 (指下游不動產所有者負有承受上游河水自然流向的地役權)

Flowage easement 承水地役權 (指允許高地的水從比其較低土地上流過的權利)

Flower bond 〔美〕鮮花債券；流動債券 (一種儲蓄債券，可用以交抵聯邦遺產稅)

Flowing lands 使積水的土地 (指修築堤壩使水回流以減少從原地上排出多餘的水)

Flow-of-funds table 貨幣流量表

Fluctuating clause 波動條款 (指允許在合同期間增加費用的)

Fluctuating exchange rate 波動匯率

Fluctuating rate 波動匯率

Fluctuation in exchange 匯率波動

Fluctuation margins 波動幅度

Fluctuation of interest and exchange rates 利率和匯率波動

Fluctuation of price 物價波動

Fluctuations around the trend 圍繞趨勢浮動

Fluid assets 流動資產

Fluid capital 流動資本

Fluid market 流動市場

Fluke 錨爪

Flume (指定專用的) 放水溝；〔美〕溪；峽流；砂金採集用水溝；人工水道 (指明溝或暗溝)

Fluvial boundary 河流疆界

Fluvial law 河川法

Fly for it 〔英〕逃避審判 (刑事法庭審判時問詢的常用語)

Fly the flag 掛國旗 (佔有土地所有權的一種表示)

Fly the flag of the sending State 〔領事〕懸掛派遣國國旗

Fly-by-night *n. & a.* I.〔美俚〕夜逃的負債 (者)；無信用的借債 (人)；II. 夜逃的；不可靠的

Fly-by-night corporation 無信用的公司；夜裏逃債的公司

Flyer 快車；冒險的投機買賣；飛行員

Flying bridge 船上的駕駛台；浮橋；假橋

Flying field 飛行場 (常指私人飛機起落的場地)

Flying limit 飛行界限

Flying machine 航空機

Flying packet 快遞郵包

Flying post 快遞郵件

Flying-caper 〔俚〕越獄

Flyma 〔英古〕逃亡者；逃犯

Flyman-frymth 窩藏逃犯；包庇逃犯

Fly-power 空白授權書 (附於股票上可書面過戶的)

Fly-the-garter (在市場上進行) 詐騙的賭博

FOB New York 紐約船上交貨價格 (指買方為把貨物損失的風險轉移到賣方的地點，在交貨合約中載明交貨地)

FOB Rotterdam 鹿特丹船上交貨價

Focage (=house bote, firebote) 燃料木補貼 (指供佃戶足夠房中燒火用的木材補貼)

Focale 〔英古〕木材；採木燒火權

Focus of the trade and environment debate 貿易與環境辯論的焦點

Fodder 秣；糧草；飼料 (供馬、牛等牲畜之用)；〔封〕供給穀物飼料特權

Foedal 地界；畦頭的未耕地；岬 (凸出於其他的土地)

Foeman 敵人；敵兵

Foeticide (or feticide) 非法墮胎；殺害胎兒

Fog 霧；靄；濛氣

Fog signal 〔海法〕霧中信號

Fog-horn 〔海法〕霧笛；霧角

Foist *v.* 騙售 (假貨、劣貨等)

Folc (or folk) 人們；鄉下人；平民；百姓

Folc-gemote 〔撒〕民眾大會

Folc-right (or folkright) 〔英〕全體人民的共有權 (在盎格魯撒克遜時代的後期，英國習慣法的名稱)

Foldage 供施糞肥的特權 (莊園領主為給其直屬領地施肥，要其領地內佃戶的羊在其領地上放牧的權利，領主作為其代償負有設置羊欄的義務)

Fold-course 〔英古〕領地放牧權；領主放牧權 (指領主保有在其佃戶土地上的放牧權)

Folding anchor 拆疊錨

Fold-soke 〔英〕佃戶在領主土地牧羊的義務 (領主要求為其土地供應羊糞)

Folgoth 官職 (官銜的尊稱)

Folio (法律文件的) 一頁；(一定字段) 單位字數 (法律文件使用時正式指每頁 72-100 不等的字數)；(賬簿中的) 頁；頁碼

Folio verso (f.v.) 在一頁的背面；在反面

Folketing 〔丹〕一院制議會；下議院 (1953 年以前的)

Folkland (folc-land) 〔撒〕民有地；共有地 (盎格魯撒克遜時期內村民公共用地，是莊園主口頭上隨意許給在村民中分配的土地)

Folkmote (or folimoot) 〔撒〕郡法院；執達吏巡迴法院；民眾大會 (指城、鎮或百家村全體居民以聽到敲鐘之聲集合到會議廳開會)

Follow a consistent trend 呈現一貫的趨勢 (指產品進口市場增幅而言)

Follow a policy based on the partnership rather than alliance 〔中〕奉行結伴而不結盟的政策

Follow consistent and mutually supportive policies 遵循一貫和相互支持的政策 (指經濟全球化的效應)

Follow the law 當律師

Follower (契據的) 附頁

Following assets 〔英〕追索財產 (指把從被財產受托人違反受托關係轉到第三者手中的財產收回返還給產主。此為財產信托關係的一個重要的衡平法原則)

Following landing number 連續卸貨編號

Following market 衛星市場

Following the date of such acceptance 在此接受之日後；在此接受之日起

Follow-land 休閒地

Follow-up 繼續的；後續的；連續廣告 (或推銷) 法；後續行動；後續措施

Follow-up action　後續行動

Follow-up investment　後續投資

Follow-up meeting　續會；後續會議

Follow-up ministerial meeting　〔世貿〕後續的部長級會議

Follow-up programme　後續方案；補充方案

Fonds de commerce　〔法〕商業貨物；貿易貨物

Fonds et biens　〔法〕貨物和財物 (包括不動產)

Fonds Menetaire Internationale (FMI)　〔法〕國際貨幣基金組織

Fonds perdus　〔法〕以息養本 (以利息債還資本)

Food　食品；食物

Food additives　食品添加劑

Food Aid Convention　食品援助公約 (1986 年)

Food allowance　伙食補助

Food and Agriculture Organisation of the United Nations (FAO)　聯合國糧食及農業組織 (簡稱《糧農組織》，1945 年 10 月成立於加拿大，1946 年成為聯合國第一個專門機構，旨在改善成員國糧食及農作物的生產，提高農民生活水平)

Food and Drug Administration (FDA)　〔美〕食品藥物管理局

Food and Health Bureau　〔香港〕食物及衛生局

Food controller　食品管理官

Food crops　糧食作物

Food facility　〔基金〕糧食貸款基金

Food processing and production measures　食品加工和生產措施

Food safety experts　糧食安全專家

Food security　食品安全

Food, Drug and Cosmetic Act　〔美〕食品、藥品和化妝品法 (1938 年)

Food-poisoning　食品中毒；食物中毒

Foot　*n. & v.* I. 英尺；基礎；底部；末端；足；II. 結算；總計

Foot acre　一英呎厚的一英畝煤田

Foot of a fine (=foot of the fine)　〔英〕回復土地佔有合意訴訟的結尾部份 (不僅結束因此而提起的訴訟，而且也終結關於該問題的所有其他訴訟與爭議，合意訴訟結尾的第五部份，其詳述當事人姓名、日期、年和地點及證人等整個訟案問題的始末)

Foot pound　〔美〕尺磅

Foot up　償還欠債

Foot up an account　結算賬目

Foot-frontage rule　〔美〕實際土地面積規則 (指評估改良臨街屋前土地面積的規則)

Foothold　據點

Footloose service　可移動的服務 (指通過獲取技術資本投資方式，服務則可隨之從一國到另一國)

Footnotes　注釋；附注；〔美〕腳注 (是財務報表的一部份，藉以提供報表內更多的情況)

Footpad　(徒步的) 攔路強盜

Footpath　〔英〕人行道；小徑；小路

Footprint identification　足印鑒定

Footprints　腳印；足印；鞋印；足跡 (指人腳在地面、雪地或某種物體上留下的踩踏痕跡包括赤腳印和穿鞋、穿靴、穿襪腳印，可據此追尋犯人)

Foot-ton　尺噸

Footway　〔英〕人行道 (指公眾依法在高速公路上也有徒步通行權)

For　*n. & prep.* I.〔法〕法庭；代理；代表；II. 為了…利益；為…代替；代…；代替；考慮到…；作為…報酬；屬；關於；由於；因為；為了…；適合於；適宜於 (目的、要求、性質或狀態)

For account of　入…的賬；由…票據上背書人收

For account of whom it may concern　〔美〕考慮涉及所有應保利益者 (釋義見 "on account of whom it may concer")

For arrival　船到後應立即交貨

For benefit of whom it may concern　為關係人的利益

For cause　根據…理由 (以法律和公共政策為充分憑據的理由)

For collection　托收款項 (對期票或支票的背書方法之一，僅限於授權受讓人此種背書是受限制的)

For export　出口品 (常用商品標簽)

For hire　供出租的；運送乘客的

For hire or reward　供出租的；收費的 (以收取運送乘客或財產的工錢)

For long account　(股票行情) 看高 (指預測股票價格上漲行情)

For orders　為了接受指定的停留港 (租船契約用語)

For other reason　出於其他原因

For purpose of　為了…目的；旨在…

For rent　招租；出租

For sale　待售；出售

For short account　(股票行情) 看低 (預測股票價格行情的下跌)

For that　為此… (肯定性陳述)

For that whereas　由於… (正式陳述原告案件抗辯中的事實部份)

For the honour of　為…的名譽

For the purpose of this Agreement　〔世貿〕就本協定而言

For us　對我們有利

For use　為他人的利益 (起訴)；為使用借貸

For value　付對價

For value received　對價收訖；已收付的對價 (已付票據或期票合法的對價)

For whom it may concern　可能涉及保險利益的人

Forage　*v.* 向…徵集糧秣；搜集 (糧秣等)

Forager　糧秣徵收員

Foraker Act　〔美〕福勒克法 (通常指 1900 年 4 月 12 日批准的關於波多黎各文官政府的國會法)

Foraneus　外僑；外國人；第三者

Forathe　可宣誓的人；可為他人宣誓作證的人 (森林法用語)

Forbannitus　海盜；亡命徒；被剝奪公民權者

Forbearance　債償延期；寬容履行期限 (指債權人寬容支付應付到期而延長到債務行為)；容忍；克制；不作為 (不行為)；扣押訴訟；暫停行使權利

Forbearance is no acquaintance　延展期限不等於免除債務

Forbid　*v.* 禁止；不許

Forbid the banns　對預告的結婚提出異議

Forbidden an international commitments inconsistent with the protective provisions of U.S. agricultural legislation　禁止做出任何與美國農業立法保護條款不符的國際承諾 (這是美國不批准 ITO 成立的理由之一)

Forbidden area　禁區

Forbidden degrees　禁止親屬結婚的親等

Forbidden fishing zone　禁漁區；禁止捕魚區

Forbidden zone　禁區

Force　*n. & v.* I. 武力；暴力；強迫；強制 (通常指非法的暴力)；效力 (指法律、條約、規章等)；〔複〕武裝部隊 (國家陸軍和海軍力量)；〔英古〕事前從犯；II. 威脅；強迫

Force and arms　暴行；暴力和強力

Force and fear　暴力和恐嚇 (指強迫和恐嚇之下訂立的契約無效)

Force and violence　暴力和脅迫

Force establishment　警隊編制

Force majesture (=force majeure)　〔法〕不可抗力 (使無法履行契約的，如天災、戰爭等人力不可抗拒)

Force majeure　〔法〕不可抗力 (使無法履行契約的，如天災、戰爭等人力不可抗拒)

Force majeure clause　不可抗力條款 (指天災等使得合約不能履行的免責條款)

Force majeure exception　不可抗力免責

Force majeure risk　〔保〕不可抗拒的風險 (指融資項目因火災等而中斷建設)

Force of defense　防禦力量；防禦效力；防禦實力

Force of habit　習慣勢力

Force of law　法律效力 (指法律對當事人、地點和時效的效力)

Force of public opinion　輿論的壓力

Force of state　國家權力

Force publique　〔法〕國家武裝力量

Force short of war　次於戰爭的武力

Force with force　以暴還暴；以暴易暴

Forced auction　強制拍賣

Forced cession　強迫割讓

Forced covering　勉強補進；被迫補進 (指賣空是為了了結其證券交易)

Forced currency　跌價貨幣；強制流通貨幣

Forced draft (air)　〔海法〕強力通風

Forced heirs　享有特留份的法定繼承人 (指不得剝奪立遺囑人或贈與人依法留下的遺產繼承份)

Forced insurance　強制保險

Forced labour　勞役；強迫勞動

Forced landing　強迫着陸；迫降，強迫降落

Forced liquidation　強制清算；強迫拋出；強制出售

Forced loan　〔英〕強制借貸；義務公債；強迫公債

Forced migration　強迫遷移；迫遷

Forced movement　強迫遷移

Forced quotation　限價

Forced sale by auction　強制拍賣 (商店等倒閉前為償債等的)

Forced sales　強制出售

Forced saving　強制儲蓄

Forced up commodity prices　抬價

Forcible　強制的；強迫的；用武力的；施加暴力的

Forcible act　強力行為

Forcible action　強力行動

Forcible annexation　武力兼併

Forcible detainer　強行扣押；強制扣留；〔美〕強行佔有 (指租賃期限屆滿拒不遷出所租賃的土地或房屋者，合法所有者

可強行進入收回使用權)

Forcible detention　強制扣留

Forcible diversion　強制改變航線

Forcible entry　強行侵入 (土地或住宅)

Forcible entry and detainer　〔美〕強行侵入並霸佔；強制進入並扣押 (指迅速恢復被非法逐出或剝奪佔有的不動產所有權的簡易程序)

Forcible eviction　迫遷 (強迫收回租地或房屋)

Forcible execution　強制執行

Forcible feeding　強制給食 (指給絕食者進食)

Forcible invasion　武力侵犯

Forcible purchase　強買

Forcible rape　〔美〕暴力強姦 (罪) (應加重依法加以懲罰的強姦)

Forcible repatriation　〔移〕強制遣返 (指偷渡入境的非法移民)

Forcible resistance　武力抵抗；強力抗拒

Forcible sale　強賣

Forcible self-help　強力自助

Forcible trespass　強行侵入 (指侵入私人財產權，諸如暴力侵佔他人財產等)

Forcibly seize　搶奪

Forcing house　〔喻〕溫牀 (指發生罪惡等的)

Forcing quotations　企圖不使股票下降

Ford Speculation Act　〔美〕限制信用以抑制投機的法律 (1864 年)

Fordal　〔撒〕地界；岬

Fore　〔撒〕(=before)；〔法〕(網球) 出界 (=out)

Fore an aft mooring　〔海法〕首尾繫泊

Forecast　預測

Forecasting period　預測時期 (期間)

Foreclose　*v.* 終止抵押人贖回權 (指取消抵押債務人的抵押品)；阻止；終結

Foreclose a mortgage　終止抵押財產贖回權 (法院判決因抵當債務人逾期不償還債務而喪失贖回其抵當財產的權利)

Foreclosure　終止贖回權 (指抵押人未能在合理期限內支付抵押債務的本金或利息而喪失了衡平法上贖回抵押物的權利)；沒收；排除；阻止；〔香港〕止贖權 (指由法院宣佈取消借款人的抵押品贖回權，受押人因此就成為該抵押品的絕對所有人)

Foreclosure decree　〔美〕嚴格終止抵押品贖回裁決；出售抵押宅邸清償債務的裁決

Foreclosure sale　抵押期滿的拍賣；變賣抵押財產 (指抵當財產不許贖回時的予以拍賣以清償債務)

Foreclosure suit　終止贖回權之訴

Foreclosure value　抵押物的拍賣價值；沒收擔保品價值

Foredate　*v.* 倒填日期 (指契約、票據上所填的日期早於實際上的日期)

Foredated cheque (check)　倒填日期的支票

Foregift　〔英〕預付款；押租；租賃小費 (指承租人預付的佣金)

Foregoers　〔英〕王室用品徵收官

Foregone earnings　不足的收益；所得不足

Forehand rent　〔英〕預付租金

Foreign　〔美〕州法適用地域外的；他州的；法律範圍外的；管轄外的；外國的

Foreign acceptance　外國票據的承兌；外國承兌票據

Foreign Account Tax Compliance Act (FATCA) 〔美〕外國賬戶稅收遵從法案 (2012 年通過，已在全球實施，旨在追查美國納稅人在海外偷稅漏稅或隱匿申報金融賬戶的法案，該法案要求全球的金融機構向美國報告美國稅務居民，包括美國公民、綠卡持有人、以及在美國居住超過 183 天者均應向政府報告其在海外賬戶信息，以便美國政府徵稅)

Foreign administration   域外的遺產管理

Foreign administrator   域外的遺產管理人

Foreign affairs   外交事務；對外事務；外務，外事

Foreign Affairs Committee of House of Representative of Congress   〔美〕國會眾議院外交委員會

Foreign affairs issues   外交事務問題

Foreign agencies   國外代理處；外國代理機構；商行

Foreign agent   〔美〕外國代理人 (指代表外國政府或外國公司利益就進口配額、旅遊和對外援助等向美聯邦政府註冊的院外活動集團的游說者)

Foreign aggression   外部侵略

Foreign aid   外援；對外援助

Foreign and commonwealth courts or tribunals   外國和英聯邦法院或法庭

Foreign answer   〔英古〕郡外答辯

Foreign apposer   〔英〕財政部審計官

Foreign arbitral award   外國仲裁裁決

Foreign artificial persons   外國法人

Foreign assests   外國資產

Foreign assignment   域外轉讓

Foreign Assistance Act   〔美〕對外援助法

Foreign assistance programme   〔領事〕對外援助規劃

Foreign attachment   〔英〕外國人財產扣押令 (指扣押欠判決訴訟人之非訴訟當事人的財產以清償債權人的債務程序)；居留地或失踪債務者的財產扣押程序；附扣押債權出庭命令 (扣押不服從傳喚的債務者的債權以強制其出庭)；(=garnishment)

Foreign availability studies   〔美〕外國產品可獲取量研究

Foreign balance   外匯結存；國際收支平衡表；國外存款結餘

Foreign bill   外國匯票，列國票據；〔美〕外州匯票

Foreign bill of exchange   外國匯票；〔美〕外州匯票

Foreign bills payable in gold   以黃金支付的外國匯票

Foreign bond   外國債券

Foreign borrowing   對外借貸 (指向外國舉債)

Foreign capital   外資；外國資本

Foreign career officer corps   職業外交官團隊

Foreign claims   外國索賠；外國債權

Foreign Claims Settlement Commission   〔美〕對外索賠處理委員會

Foreign coins   〔美〕外國硬幣

Foreign commerce   國外貿易；〔美〕對外貿易 (指在美國人與外國人之間進行的)

Foreign commercial affairs   對外貿易事務 (外貿事務)

Foreign commercial service (FCS)   對外貿易服務 (外貿服務)

Foreign company   〔英〕外國公司；非本地公司

Foreign concession   居留地；外國租界

Foreign consul   外國領事

Foreign consulate   外國領事館

Foreign contractor   國外承包商；國外承包商

Foreign corporate bonds   外國公司債券

Foreign corporation   〔美〕外國公司；外州公司

Foreign Corrupt Practices Act (FCPA)   〔美〕反國外行賄法 (指禁止美國公司對外國行賄，並規定對行賄者罰款或有期徒刑的制裁) (1977 年)

Foreign courts   外國法院；〔美〕外州法院

Foreign Credit Insurance Association (FCIA)   〔美〕對外信貸保險協會 (由美進出口銀行和 60 多家私營保險公司聯合成立的保險組織，旨在確保保險單持有者免受因國外買者不能付款遭致損失等等)

Foreign currency deposit accounts   外幣存款賬戶

Foreign currency risk   〔美〕外匯風險 (指一國幣值，即外匯匯率的經常波動而言)

Foreign currency transaction   外匯交易

Foreign debt   外債

Foreign decree   外國判決

Foreign Deposition Act   〔美〕外州證詞法

Foreign deposits   國外存款；外國存款

Foreign diplomatic or consular officers   〔美〕外國外交官員或領事官員 (指受某外國政府委任保護其在美境內國民利益的官員)

Foreign direct investment   外國直接投資

Foreign divorce   域外離婚

Foreign divorce decree   外國法院的離婚判決

Foreign domicile   國外住所；外國住所；域外住所

Foreign dominion   〔英〕自治領

Foreign duty pay   國外勤務津貼

Foreign earned income exclusion   〔美〕國外所得收入的稅收除外 (指國稅法在外國所賺得收入所得稅因各國稅基稅率不同可予減輕)

Foreign economic relations   對外經濟關係

Foreign elements   涉外因素 (指法律關係中含有涉外因素，或表現為法律關係的主體之雙方或一方涉外，或是法律關係的標的物在國外，或是法律行為成立、變更、消滅有關的法律事實發生在國外)

Foreign enlistment   外國徵募；〔英〕應徵外國兵役罪 (指根據 1870 年制定法規定，任何英國臣民未經國王批准受僱在外國陸軍或海軍中參加與土國友好的國家作戰等將受到罰款或處以兩年監禁處分；或同時受到兩種處罰)

Foreign Enlistment Act   〔英〕應募外國兵役法 (指禁止英國臣民在外國海、陸軍中服兵役的法令，1870 年)

Foreign enterprise   外商投資企業；外國企業

Foreign equity holding   外國股份

Foreign exchange (F/X)   外匯；國際匯兌

Foreign exchange and form of payments   外匯及支付方式

Foreign exchange arrangement   〔世貿〕外匯協議

Foreign exchange assets   外匯資產

Foreign exchange balancing requirements   外匯平衡要求

Foreign exchange broker   外匯經紀人

Foreign exchange certificate   〔中〕外匯兌換券 (原用于香港，現已廢除)

Foreign exchange control   外匯管理；外匯管制 (指限制使用某種貨幣、鈔票或其他支付手段以調控進出口和國際收支)

Foreign exchange control regulations   外匯管制條例

Foreign exchange dealer   外匯經銷商；外匯經紀人

Foreign exchange dividend system 外匯分紅製

Foreign exchange earnings 外匯收入

Foreign exchange equivalent 等值外匯

Foreign exchange for incidental use 臨時性外匯

Foreign exchange holdings 外匯持有額

Foreign exchange income 外匯收入

Foreign exchange license 外匯許可證

Foreign exchange market 外匯市場

Foreign exchange method 外匯辦法（紙幣發行法的）

Foreign exchange policy 外匯政策

Foreign exchange position 外匯狀況；外匯地位

Foreign exchange rate 外匯匯率

Foreign exchange receipt 外匯收入

Foreign exchange reserve 外匯儲備

Foreign exchange restrictions 外匯限制；〔關貿〕外匯管制（指東道國政府限制外國投資方將其持有的本國貨幣兌換成自由兌換貨幣）

Foreign exchange risk 外匯風險（又稱“禁兌險”，指投保人在保險期內因東道國干預致使投資本金、利潤及其收益不能兌現或匯出境外之謂）

Foreign exchange risk insurance 外匯風險保險（匯率保險）

Foreign exchange speculation 外匯投機

Foreign exchange trading officer 外匯交易高級職員

Foreign exchange trading system 外匯交易制度（外匯貿易制度）

Foreign exchange transaction 外匯交易

Foreign executor 域外遺囑執行人

Foreign factor 外國代理人（商）；駐外代理人（商）

Foreign firms 外國商行；洋行；外國公司

Foreign forces 外國部隊

Foreign freight agent (F.A.A) 國際貨運代理商

Foreign general agent 國外總代理人

Foreign general average (FGA) 外國共同海損（指在外國理算的共同海損）

Foreign government bond 外國政府公債

Foreign government loans 外國政府貸款

Foreign guardians 域外監護人；外國人的監護人

Foreign house 外國商店（商行）

Foreign immunity 〔美〕國家豁免；國家管轄豁免（指外國國家、外國代理機構及其媒體不受美國法院管轄）

Foreign insurance company 外國保險公司

Foreign insurer 外國投保人；外國保險人

Foreign interference 外國干預

Foreign intervention 外國干涉

Foreign investment 外國投資；國外投資；對外投資；海外投資

Foreign Investment Act 〔美〕外國投資法

Foreign Investment Commission 外國投資管理委員會

Foreign investment company 〔美〕外國投資公司

Foreign Investment in Real Property Tax Act (FIRPTA) 〔美〕外國人投資不動產稅收法（指外國自然人或法人在美投資不動產所產生的收入應依法繳納所得稅）

Foreign Investment Law 外國投資法（“外資法”）

Foreign Investment Review Act (FIRA) 〔加〕外國投資審議法（內中涉及金幣的歧視性稅收待遇，後經關貿總協定理事會審議予以取消，1975 年 12 月）

Foreign Investment Review Agency (FIRA) 〔加〕外國投資審議機構

Foreign Investment Review Regulations 〔加〕外國投資審議法施行細則

Foreign Investment Study Act 〔美〕外國投資研究法

Foreign invoice 國外發票；外國發票

Foreign invoice book 外國貨物托運賬

Foreign inward manifest （向海關申報的）外國物品輸入目錄

Foreign joint venturer 外國合營者

Foreign judgment 外國判決；〔美〕外州判決（指不屬本管轄區內或本州內、亦不在其領土內行使管轄權的判決）

Foreign Judgments (Reciprocal Enforcement) Act, 1933 〔英〕外國判決（相互執行）法（1933 年）

Foreign jurisdiction 外國管轄權；域外管轄權（指美英等列強在舊中國和遠東地區國家內所行使的領事裁判權）

Foreign Jurisdiction Act 〔英〕領事裁判權條例（1843 年）

Foreign juristic person 外國法人

Foreign laws 外國法（指外國法律是個事實問題要由專家證明，且只能由英國法官判斷；但美國政府承認外國法律為美國法律的附則）；〔美〕外州法

Foreign legal consultants 外國法律顧問

Foreign legal service provider 對外法律服務提供者；涉外法律服務提供者

Foreign legislation 外國立法

Foreign lending 外國貸款

Foreign liabilities 外債

Foreign liquidation 外國債務的了結；外國企業的清算

Foreign loan 外債；國外貸款

Foreign market value 國外市場價值；外國市場價值

Foreign marriage 涉外婚姻

Foreign Marriage Act 〔香港〕外國婚姻法（指在 1892 至 1947 年在香港以外所締結的婚姻可適用於普通法下結合的婚姻）

Foreign military base 外國軍事基地

Foreign minister 外交部長；外長；外相；外務相；外交大臣

Foreign ministry 外交部

Foreign mission (F.M.) 外國使團

Foreign money 外幣；外國貨幣；外國交換媒介；外國通貨

Foreign national 外國國民

Foreign non-governmental organisation 外國民間團體；外國非政府組織

Foreign offender 外籍罪犯；外國罪犯

Foreign Office (F.O.) 外交部門；〔英〕外交部

Foreign official act 外國官方行為

Foreign official adjustment 外國公認的清算

Foreign official sector 對外的官方部門

Foreign oil tax credit 〔美〕外國石油稅抵免

Foreign Operation Administration (FOA) 〔美〕援外事務管理署

Foreign ownership 外國所有制

Foreign participant 外國經營者

Foreign Pay-off Law 〔美〕防止外國公司賄賂法

Foreign personal holding company (FPHC) 〔美〕外國個人控股公司（國外私人股權公司）

Foreign personal representative 〔美〕域外管轄遺產代理人；外州管轄的遺產代理人（見 “Uniform Probate Code”）

F

Foreign plea　〔英〕無管轄權抗辯（主張法官對所受理的案件無管轄權為由而提出抗辯；主張法官對受理的問題超越出權限的抗辯）

Foreign policy　對外政策；外交政策

Foreign policy association　〔美〕外交政策協會（成立於1918 年）

Foreign policy in complexity　外交政策的複雜性

Foreign policy process　外交政策程序

Foreign policy school　對外政策學派（指以隆茨為首的蘇歐國家的國際私法學派）

Foreign politics　對外政治 (學)

Foreign principal　外國委托人；國外委托人

Foreign proceeding　〔美〕國外破產程序（包括司法、行政和按照破產法提起的清算公司資產的訴訟程序）

Foreign Proceedings (Prohibition of Certain Evidence) Amendment Act　〔澳〕外國訴訟 (禁止某種證據) 修正法 (1976 年)

Foreign Process Act　〔英〕域外訴訟文書送達條例 (1832、1834、1852 年)

Foreign profit creation effect　外國利潤創造效應（指關稅同盟給國外投資者帶來擴大生產和增加利潤效應）

Foreign profit diversion effect　外國利潤轉移效應（指關稅同盟內，外國投資者的部份收益向東道國轉移）

Foreign public law　外國公法

Foreign public officials　外國公務員；外國官員

Foreign receiver　〔美〕外州涉訟財產管理人；外州涉訟財產管理人（指由外州或外國法院任命的正式涉訟財產管理人）

Foreign registered judgment　外國登記在案的判決

Foreign registered mail matter　外國掛號的郵件

Foreign related insurance　涉外保險（與外國有關的保險）

Foreign relations　對外關係

Foreign representatives　外交代表；〔美〕域外破產財產程序中選任的受托人、管理人或其他代理人

Foreign resident　外國居民

Foreign retaliation　外國報復

Foreign revenue　外國稅收；國外稅收

Foreign right-holder　外國權利擁有者

Foreign route　遠洋航線

Foreign sales corporation　國外銷售公司；外國銷售公司；〔美〕外國銷售公司（指根據美國國內稅務規約在美境內成立的外國公司應向美方提供其減免稅的情況，以免從美出口產品拖延繳納所得稅而構成對產品的直接補貼）

Foreign Secretary　外相；外交部長；外交大臣

Foreign service　〔美〕外交部門

Foreign service experience　外交服務經驗 (外事工作經驗)

Foreign service grade structure　外交部門等級結構

Foreign service of process　訴訟文書的域外送達（指美國法院向外國的個人送達訴訟文書以取得對其管轄權）

Foreign service officers (FSOs)　外交部門官員

Foreign service personnel system　外交部門人事制度

Foreign service reserve officers (FSRs)　外交部門儲備官員

Foreign service staff (FSS)　外交部門職員

Foreign service system　外交部門體系

Foreign service umbrella　〔領事〕外交服務傘（意指美政府要求其駐外領事官員應利用"特權和豁免"這把"傘"，積極拓展領事工作空間）

Foreign services　對外服務 (對外勞務)

Foreign settlement　外國人居留地；外國租界

Foreign settling day　〔英〕外國證券交割日 (倫敦證券交易所的)

Foreign ship　外國輪船

Foreign Sovereign Immunities Act, 1976　〔美〕外國主權豁免法（指美國對外國主權政府實體在某種條件下所履行的行為免責，旨在區別政府行為或政治行為和商務非主權行為，頒佈於 1976 年）

Foreign staff and workers　外籍職工；外職員工

Foreign states　外國；〔美〕外州

Foreign styled merchant vessel　洋式商船

Foreign subcontractor　外國承包商；國外轉包商

Foreign substance　〔美〕異物（指外科醫生留在病人體內而後被發現的非病人自身體內所有的物質，如麻藥等藥品而引起的訴訟）

Foreign suppliers　外國供應商；外國提供者（指服務貿易的）；外國供應廠商

Foreign tax credit　國外稅額的減免；〔美〕外國稅收抵免

Foreign tax credit or deduction　〔美〕國外稅收抵免或折扣（指個人或公司納稅人從國外取得的收入已向外國交過所得稅者可申請扣減在國外已交的稅額）

Foreign trade　對外貿易

Foreign trade arbitration　對外貿易仲裁

Foreign trade control　對外貿易管制

Foreign trade deficit　對外貿易逆差 (外貿逆差)

Foreign trade index number　對外貿易指數

Foreign Trade Law　對外貿易法

Foreign trade multiplier　對外貿易乘數（西方經濟學家的一種理論，認為擴大出口能夠增加就業和國民的收入，其作用如同投資，而進口則如同儲蓄。國民收入增加量與出口增加量的比例關係就是對外貿易乘數）

Foreign trade policy　對外貿易政策；外貿政策

Foreign trade regime　外貿制度；對外貿易制度

Foreign trade sector　對外貿易部門

Foreign trade structure　對外貿易結構

Foreign trade surplus　對外貿易順差 (外貿順差)

Foreign trade zone　〔美〕對外貿易區；自由貿易區（專事出售免稅進口的電器產品、手錶、汽車等）

Foreign trademark　〔美〕外國商標

Foreign water-borne trade　對外水上貿易

Foreign will　涉外遺囑（指死者臨終的遺囑是在外國或外州，不是在其居所地的州內立案的）

Foreign-born national　外國出生的國民；出生在外國的國民

Foreign-built or reconstructed vessels　外國建造或改建的船舶

Foreign-built vessel　外國建造的船舶

Foreigner　外國人；外國船；外國來的物品

Foreign-funded enterprises　外商投資企業

Foreign-funded project　外國提供資金的項目；外資項目

Foreign-going route　遠洋航線

Foreign-going ship　遠洋船舶；國外航行船

Foreign-held balances　外國持有的餘額

Foreign-invested enterprises　外國投資企業；外資企業

Foreign-owned (corporation) 外國資本擁有的（公司）；外資所有的

Foreign-owned enterprise 外商投資企業（簡稱"外企"）

Foreign-policy conflict 對外政策衝突；外交政策衝突

Foreign-policy crisis 對外政策危機

Foreign-policy themes 外交政策主題

Foreign-reconstructed vessel 外國改建的船舶

Forejudge v.〔英古〕逐出法庭（因法官或律師犯罪或不應傳到庭所致）；剝奪財產判決；剝奪；驅逐；流放

Forejudgment 逐出法庭

Forejudger 〔英〕剝奪（某人或其財物的）判決；將某人驅逐出法庭或流放的判決

Foreman 陪審團團長；首席陪審員；〔蘇格蘭〕陪審團發言人（或宣佈裁決的人）；工頭；工長；領班

Foreman of the yard 職工長；職工領班

Fore-matron 女陪審團團長

Forendihaz 〔匈〕上議院

Forensic 與法庭有關的；屬法庭的；法庭用的；司法的

Forensic dentistry 法醫牙科學

Forensic detachment 法院的超然性；法院的獨立性

Forensic enginecing 司法工程學

Forensic histology 法醫組織學

Forensic homo 律師；（法庭）辯護人

Forensic hypnosis 司法催眠術

Forensic immunology 司法免疫學

Forensic linguistics 司法語言學

Forensic medical examination of living persons 活體檢驗（為了確定被害人、被告人的某些生理特徵、傷害情況及生理狀態，由法醫或經司法部門委托的臨床專科醫師依法對人身進行的法醫學檢查）

Forensic medical examination of material evidence 法醫學物證檢驗（指對犯罪事件有關的人體組織、體液、分泌物、排泄物，如血液、精斑、毛髮等物證進行的檢驗）

Forensic medicine 法醫學（包括可為醫生和司法工作者看作一致的根據，例如調查可疑的謀殺或懷疑精神健全之類的案件）

Forensic oratory 法庭演說

Forensic pathology 司法病理學

Forensic pharmacy 法醫製藥學

Forensic physician 法醫

Forensic psychiatry 司法精神病學；法醫心理分析學

Forensic science 司法科學；司法鑒定學

Forensic serology 法醫血清學

Forensic surgery 法醫外科學

Forensic thanatology 法醫死因學

Forensic toxicology 法醫毒理學；法醫毒物學

Forensis (=forensic) 與法庭有關的；屬法庭的；法庭用的；司法的

Forensis homo 律師；狀師；辯護人

Forensis medicina 法醫學；審判醫學

Fore-oath 訴訟前宣誓（要求第一審開始時應作出保證反對無意義之訴）

Foreperson (=foreman) 陪審團團長；首席陪審員；〔蘇格蘭〕陪審團發言人（或宣佈裁決的人）；工頭；工長；領班

Foreright 優先繼承權；長子繼承權

Foreseeability 可預見性；先知

Foreseeable 可預見的

Foreseeable consequences 可預見的結果（指可預見到危險發生的後果）

Foreseeable loss 可預見的損失

Foreshore 前濱；前灘；岸坡；海灘；海邊窪地（由海潮下落而露出的）

Foreshores and Sea Bed Ordinance 〔香港〕海灘海牀條例

Foresight 預見；先見；遠慮

Forest 森林；森林地帶；〔英〕禦獵場（在一定山野內飼養和保護野生動物並把它作為狩獵的特權）；〔英古〕狩獵特權

Forest administration 森林行政；森林管理

Forest belonging to the imperial family 皇家森林（皇有林）

Forest court 〔英古〕皇家獵場法院

Forest denudation 森林荒廢

Forest establisher 造林人

Forest establishment 造林；植林

Forest guild 森林行會（或協會）

Forest law 〔英古〕皇家獵場法

Forest police 森林警察

Forest ranger 林警；森林保護員

Forest Sevice 〔美〕林業局

Forestage 〔英古〕王室獵場稅

Forestall v. 壟斷，囤積（用抬高價格等辦法）；搶先；〔英古〕攔路；攔截行人（指攔截或阻止旅客從國王公路上通行）；攔阻佃農（前往田地）；攔截鹿的歸路

Forestall the imminent threat of a serious decline in its forex reserve 防止外匯儲備嚴重下降的迫切威脅

Forestall the market 壟斷市場

Forestaller 〔英古〕阻止；阻礙，阻攔；攔截；攔截公路通行罪；阻止佃農前往其土地；攔截鹿返回森林；囤積者；囤積居奇罪者

Forestalling 〔英〕囤積；壟斷（釋義見"engrossing"）；〔美〕阻塞公路交通；在公路上阻攔人通行

Forestalling the market 壟斷市場

Forester 〔英古〕禦獵場巡查官；〔美〕林務員；林業局僱員

Forethought 預謀；預先策劃

Forever 永久地；永遠地

Forewoman 女陪審團團長（指負責審理因妊娠而請求緩期處決的）；女工長；女領班

Foreword 前言；序（言）

Forex account 外匯賬戶

Forex balancing 外匯平衡

Forex business 外匯生意

Forex inflows 外匯流入

Forex open market 外匯開放市場

Forex operation （經營）外匯業務

Forex payment 外匯支付

Forex quota system 外匯留成額制度；外匯配額制度

Forex reform 外匯改革

Forex reserve 外匯儲備

Forex retaining system 留存外匯制（指政府對於出口廠商所得外匯准予留存部份或全部，並發給證明書，使其有優先進口物品的權利。該證明書並可自由買賣）

Forex retention 外匯自留額（制度）

Forex settlement account 外匯結算賬戶

Forex transactions 外匯交易

Forfeit *n. & v.* I. 罰金；罰款；沒收（因犯罪、失職、違約等）；喪失（地位或個人權利）；剝奪；II. 喪失（財產、權利、特權等）；疏忽；受罰；沒收；剝奪

Forfeit of one's civil rights 公民權的被剝奪；剝奪…公民權

Forfeit of one's life 喪命；償命

Forfeit one's bail 保釋後不如期出庭，因而沒收保釋金

Forfeit one's property by one's crime 因犯罪而被沒收財產

Forfeit the instrument of crime 〔領事〕沒收犯罪工具

Forfeitable 可沒收的；可被沒收的（指因不行使權利、疏忽、犯罪所致）

Forfeited share 失效的股票

Forfeiter 受沒收處分者；喪失者；被剝奪者

Forfeiture 剝奪；喪失；沒收（俗稱"充公"，因犯罪所致）；罰金；罰款；沒收的物品；〔英古〕喪失土地保有權（佃農因違反效忠領主所致）；沒收財物或動產（因犯罪或輕罪所受的處罰）

Forfeiture and destruction of infringing goods and the materials 沒收和銷毀侵權物資

Forfeiture for felony 因犯重罪而被沒收財產

Forfeiture for outlawry 因受到剝奪公民權而喪失其財產權

Forfeiture of a lease 喪失租賃權（因違反租賃契約失權條款時，租賃權即消滅）

Forfeiture of a patent 喪失專利權

Forfeiture of an estate 喪失土地保有權（毀壞或無視領主的權利而喪失對土地的保有權）

Forfeiture of bond 沒收保證金（指被告未能應傳到庭）；違約金（指承諾方未能履行允諾的條件而受罰金）

Forfeiture of marriage 〔美〕婚姻罰金（指對以服兵役為條件而佔有土地的未成年之未婚者，未經同意而與領主提議外的女人結婚的罰金令）

Forfeiture of pay 罰薪；停薪

Forfeiture of property 沒收財產；財產的喪失

Forfeiture of share 沒收股份；股份的喪失

Forfeiture of vessel 船舶的沒收

Forfeiture of wages 工資的喪失

Forfeitures Abolition Act 〔英古〕廢除沒收法（1870 年）

Forgavel 小額租金；〔封〕免役地租；免役稅

Forge *v. & n.* I. 偽造；仿造；假冒；II. 犯偽造罪

Forge a signature 偽造簽字

Forged bill 偽造的匯票；偽造的票據

Forged bill of lading 偽造的提貨單

Forged certificate 偽造的證明書

Forged document 偽造的文件；偽造的單據；假證件

Forged draft 偽造的票據

Forged instruments 偽造的證券；偽造的文件；篡改的證券；篡改的文件

Forged note 假票據；贗造的紙幣

Forged seal 偽造的印鑒

Forged signature 偽造的簽字

Forged transfer 偽造的過戶股份（指旨在減少讓受人在公司中現有的股份將其轉到受讓人的名下）

Forger 偽造者；偽憑證者；偽造犯

Forgery 偽造（簽字、文件、貨幣和證據等犯罪行為）；偽造文書罪

Forgery insurance 防偽造保險

Forgery of a license 偽造執照罪

Forgery of an emblem 標誌偽造罪

Forgery of document 偽造文書；偽造證件（罪）

Forgery of household registry 偽造戶籍證件（罪）

Forgery of public document 公文偽造（罪）

Forgery of seals 印章偽造（罪）

Forgery of seals of public office 偽造公章（罪）

Forgetfulness 健忘；遺忘

Forgive *v.* 免除（債務）；寬恕

Forgive a debt 免償債務

Forherda 畦頭；（或籬笆邊）的未耕地；海岸地

Forinsic 〔英古〕外部的；外國的；特別的

Forisfamiliation 解除親權監護；〔英〕成年（現定為 18 歲，但婦女 18 歲之前亦可成婚）

Forjudge (=forejudge) *v.* 〔英古〕逐出法庭（因法官或律師犯罪或不應傳到庭所致）；剝奪財產判決；剝奪；驅逐；流放

Form 要式；格式；形式；表格；〔新〕年級（新西蘭中學的年級）

Form 10-K 〔美〕表格 K10；年度報表（指公開上市的公司應向證券交易委員會提交年度申報表）

Form 10-Q 〔美〕表格 Q10；季度報表（指公開上市的公司應向證券交易委員會提交季度財務報告）

Form a quorum 構成法定人數；達到法定人數

Form and content of requests 〔領事〕請求的形式和內容

Form APR 普惠制產地證書（"Certificate of Origin Form A for Postal Consignment"簡稱，指小額郵寄商品的普惠制的產地證）

Form asking for exchange of collateral 擔保品交換申請書

Form expert review groups 組成專家審議小組；組成專家評審小組

Form of a subsidy 〔世貿〕補貼的形式（包括授予、貸款和稅收減讓等）

Form of barrier 壁壘形式

Form of government 政體；政府形式

Form of income 收入形式

Form of payment 支付方式；支付形式

Form of payment of the subscription 繳付認購股本的方式（支付認股的形式）

Form of prohibition 禁制方式

Form of proxy 委任書；委任方式

Form of request for additional security 〔領事〕增加擔保請求書

Form of settlement 結算方式

Form of state 國體

Form of taxation 課稅形式（方式）

Form of the statute 〔美〕制定法形式（指制定法所用的語言、文字和法規的框架等）

Form of treaties 條約格式；合同方式

Form utility 形態的利用

Formal 正式的；形式的；形式上的；合法的；關於形式事項的

Formal acceptance 正式接受；正式承諾

Formal acceptance process 正式接受程序

Formal act 正式行為；要式行為（指為使行為發生法律效力，就必須採取一定方式，例如不動產產權的移轉必須簽訂書面合同等）

Formal adherence　正式同意；正式加入

Formal admission　自認；正式接納；正式承認

Formal agreement　正式協議

Formal Agreements Concerning Cooperation Reached between the WTO and the IMF and World Bank　世貿組織與國際貨幣基金組織和世界銀行之間達成正式的合作協定（1996 年 11 月）

Formal announcement　正式宣佈；正式公告

Formal apology　正式道歉

Formal approval　正式核准

Formal authorisation (from)　正式授權

Formal clause　形式條款；例行條款

Formal contract　正式契約；要式契約；〔香港〕真正的承諾（指訂立契約必須是無條件的）

Formal coordination between international organisations　國際組織間的正式協調

Formal copy　正式繕本

Formal copy of epitome　正式節錄謄本

Formal declaration　正式宣言；正式聲明

Formal defect　形式上的瑕疵

Formal delict　形式犯

Formal document　正式文件

Formal form　正式形式

Formal ineligibility　不可正式接納

Formal nationality　形式國籍

Formal negotiation　正式談判

Formal notification　正式通知

Formal objection　正式反對

Formal parties　形式上的當事人；名義上的當事人

Formal protest　正式抗議

Formal provisions　正式條款；正式規定

Formal reciprocity　形式上互惠

Formal renunciation　正式放棄

Formal training　〔領事〕正式培訓

Formal treaty　正式條約

Formal vote　正式投票

Formality　法律手續；法律形式；〔複〕禮節；儀式；規格；〔英〕禮服；法服（指城市行政司法官等在莊嚴場合所穿着）

Formally convertible　可正式兌換的；可正式兌款的

Format　格式

Formation of a trust　信托的設定

Formed action　程式化訴訟（必須墨守的一套規定措詞形式的訴訟）

Formed design　〔美〕預先謀劃（謀定的殺人意圖，特指既定意圖殺人之謀劃）

Formedon　〔英古〕限嗣土地受贈人令狀（地產權保有者對於無權佔有土地者提起回復訴訟的令狀）

Formedon in the descender　限嗣地產受贈人回復地產權令狀

Formedon in the remainder　限嗣地產受贈人享有剩餘地產權令狀

Formedon in the reverter　限嗣地產受贈人（或其繼承人無子嗣的）回復地產權令狀

Former adjudication　先前的判決（指上一次的訴訟判決或對當事人權益的終審判決或對某種事實問題的裁決）

Former aquittal　先前的無罪判決

Former half year　上半年

Former jeopardy　〔美〕一事不再理規則（指按憲法第 5 條修正案"一罪不二審"，以保護該法賦予罪犯的權利。釋義見 "double jeopardy"）

Former marriage　前婚

Former proceedings　前訴（指上次訴訟及其結果如已定案，即停止本訴訟的進行）

Former recovery　先前的判決（指先前關於恢復權利或財產業已判決的訴訟，釋義見 "res judicata"）

Former statement　先前的陳述（指當事人或證人上次所舉證的審訊中所提供的證據在某種條件下可在本訴訟中加以使用）

Former testimony　上次的證言（指當事人或證人在上次審訊中所舉的證據）

Formerly convicted　刑事被告人申述同一案件已受有罪判決一事不再理會的抗辯

Formerly known as (FKA)　曾以…著稱

Formers acquittal　先前的無罪判決

Formless　不要式的

Formless act　不要式行為

Formless contract　不要式契約（非正式契約）

Forms of action　訴訟形式；訴訟格式；訴訟程式

Forms of barriers to market access　市場准入壁壘的形式

Forms of law　法的形式（法律形式的淵源，大體上有五種。它們分別是習慣、司法判決、制定法、協定法和法律規範，以及法學家根據歷史和比較研究所擬定的教科書法）

Formula　程式（普通法訴訟實踐中慣用的語言）；〔羅馬法〕訴訟；方案；準則；公式

Formula basis　公式基數（一種銷售新發行證券普通股的方法）

Formula deal　〔美〕（馬戲票收入）分成交易

Formula instruction　程式化的指示（指陪審團評決的指示慣用的語言程式是基於對法律充分説明的基礎上做出的）

Formula of measurement　丈量公式

Formularies　〔羅馬法〕《措辭程式彙編》；《法律用語程式手冊》

Formulatary system　程式訴訟制度（羅馬法上的民事訴訟制度，特點是每一種訴訟理由都有一種語言程式或一套言詞闡述將被判決問題的訴訟形式，其於公元前 125 年被編入《阿伊布萊亞法》）

Formulate a standardisation development programme　制訂一個標準化的發展計劃（規劃）

Formulate administrative regulations　制定行政法規

Formulate and implement positive measures and mechanisms　〔世貿〕制定和實施積極的措施和機制（指實施衛生與植物衛生措施規定而言）

Formulate non-tariff measures　制訂非關税措施

Formulate the trade-reform programmes of countries acceding to WTO　制定加入世貿組織國家的貿易改革計劃（方案）

Formulation　制定；擬定

Formulation of policy　制定政策

Formulation of reservation　擬定保留；提出保留；保留的制定

Fornicate　*v.* 私通（常指未婚男女之間或一方未婚者而言）

Fornication　私通（指未婚男女之間的性行為）

F

Fornicator 私通者

Fornicatress (or fornicatrix) 女私通者

Fornix 妓院；青樓

Foros 〔西〕永久租賃地的租金

Forprise 例外；除外；保留（古時常用於租賃和轉讓的術語）；勒索；強徵

Fors and againsts 贊成與不贊成者；利與不利；贊成與否的議論

Forsake 遺棄；拋棄；摒棄

Forsake darkness and cross over to brightness 棄暗投明

Forschel 公路旁的一塊狹長土地

Forspeaker 〔英〕訴訟代理人；辯護人

Forswear v. 發偽誓；作偽證（宣誓證人知此是不真實的）

Forswear oneself 作偽證；作偽誓

Fort 〔美、加〕邊界上的交易站（原設有堡壘）

Forthcoming 即將舉行的；即將發生的；〔蘇格蘭〕扣押貨物

Forthcoming bond 保全財產保證金（指債務人向執達吏繳納財產保證金後仍允許其佔有該財產，但一經要求，即予交出）

Forthwith adv. & n. I. 即刻；立即；迅速地（指被告收到法院命令後必須在 24 小進內出庭抗辯）；在案情合理的時間內；迅速合理的發送；II.〔美俚〕必須立即執行的命令

Fortia 暴力；〔英古〕從犯以暴力幫助主犯

Fortia frisca 新近的暴力

Fortification 堡壘；防禦工事

Fortified place 設防地方

Fortified port 設防港口

Fortified zone 設防地帶

Fortlett 有一定兵力的地方；小堡壘

Fortress 要塞；堡壘

Fortuit 〔法〕偶然的；意外的；幸運的；偶然發生的；未能或不明原因發生的

Fortuitous 偶然的；偶然發生的；意外的

Fortuitous accident 意外事故

Fortuitous casualties 意外損失；意外死傷

Fortuitous cause 意外原因

Fortuitous collision 意外碰撞（指船舶在海上意外觸礁）

Fortuitous event 偶然事故；意外事件

Fortune 財產

Fortune-teller 算命的人（給人算命的人，在英國這種人屬詐騙，要受處罰的）

Forty 40 英畝（土地）

Forty cubic feet 40 立方英尺（船的容積噸單位）

Forty days 40 天（聖經中經常提及和一段時間，意指對違犯者的處罰不得超過 40 天等規定）

Forty days court 〔英古〕40 天法院（在森林法許可下每四十日開庭一次的法院）

Forty shilling freeholder 〔英古〕40 先令自由土地保有者（作為享有各郡議會選舉權的資格）

Forum 〔世貿〕《論壇》（世貿組織的一個出版刊物）；法庭

Forum for "analysis and discussion" 〔世貿〕"分析和討論"型的論壇（有些成員方代表團建議將世貿組織舉辦成一個論壇性組織）

Forum for arbitration 仲裁法庭

Forum for multilateral trade negotiations 〔世貿〕多邊貿易談判論壇（WTO 作為論壇的組織者及其任務之一）

Forum for the regular surveillance of Members' policies 〔世貿〕定期監督成員方政策的論壇（WTO 職能之一）

Forum of negotiations 談判場所

Forum of the inheritance action 繼承人訴訟管轄法院

Forum selection clause 〔美〕協議管轄法院條款（指在合約條款中雙方預先協議選擇指定州、縣法院或行政程序以解決爭端的管轄條款）

Forum shopping 選擇法院（法庭任擇，原告挑選特定法院以便能作出最有利於其判決或裁決）

Forum state 法院地國

Forward v. 發往目的地；運送（貨物）；傳送；轉遞；轉運

Forward business 期貨交易

Forward buying 買期貨；買預盤；做多頭（預期購買）

Forward commitment 預先承付款項

Forward contract 期貨合同；遠期合同；訂貨合同

Forward cover 期貨抵補

Forward crop 早熟作物

Forward delivery 遠期交貨；定期交貨

Forward discount 期貨折扣

Forward exchange market 外匯期貨市場；期貨匯兌市場；遠期外匯市場

Forward exchange rate 遠期匯率（期貨貿易的遠期外匯率）

Forward exchange transactions 遠期外匯交易；期貨業務；期貨匯兌交易（指買賣雙方先訂合同，待預約合同到時再辦理交割業務；期貨業務時間按月計算，一般為 1–6 個月亦可延長 1 年或 1 年以上，但通常為 3 個月）

Forward exchange 遠期外匯；期貨匯兌

Forward foreign exchange 遠期外匯

Forward market 期貨市場

Forward operations 期貨交易；期貨營業；期貨業務

Forward premium 期貨溢價（指期貨匯率超過即期匯率時，期貨匯率與即期外匯匯率之間的溢價）

Forward price 期貨價格

Forward rate 遠期匯率（指在未來一個日期內兩種貨幣交付買賣的匯率）

Forward rate agreement 遠期匯率協議；期貨匯率協議

Forward securities 期貨證券

Forward shifting 到期前轉嫁（指稅收等）

Forward trading 期貨交易

Forwarder 轉運商；運輸代理；發運人；裝運代理人

Forwarder's MTO （多種方式）聯運代理人

Forwarder's receipt 運輸商收據；轉運商收據；發運代理人收據

Forwarding agency 運輸行；運輸報關行

Forwarding agent 運輸代理人；運輸行；運輸報關代理；轉運行

Forwarding bank 轉遞銀行；代理銀行

Forwarding clause 運輸條款

Forwarding suit papers 轉遞訴訟文件

Foster v. 養育；領養；寄養（交由非親生父母撫養的孩兒）

Foster child 〔美〕領養的孩子（指由非親生父母負責照護、教育和養育的男孩或女孩）

Foster cultural or ethnic ties with local population 〔領事〕培育同當地人民的文化或種族關係

Foster daughter 領養的女兒

Foster economic growth 促進經濟增長

Foster father 養父

Foster home 〔美〕孤兒之家 (指收養和照護沒有父母的孤兒或被拐騙走的兒童的收容所)

Foster mother 養母

Foster open market oriented policies 鼓勵開放市場型的政策

Foster parent 養父母；寄養父母

Foster positive measures to achieve their development objectives 〔世貿〕採取積極的措施以期實現他們的發展目標

Foster son 養子 (領養的兒子)

Fosterage (兒童的) 領養

Fostering 領養；寄養 (愛爾蘭的一種古代習慣，養子女可參與其寄養父母的生財之道，比血親撫養更密切)

Foster-land 養育地；食邑 (指供寺院僧侶等種植食物的土地)

Foster-lean 〔撒〕結婚禮物；妻子生活補助費；領養費 (撫養領養子女的報酬)

Fostress 保姆

Fouage 火爐稅

Foul berth 不安全泊位 (指船舶在錨地相互間無足夠迴旋的地方)

Foul bill of health 〔海法〕(船舶) 不全合格健康證書 (不適於航行的健康證明書)

Foul bill of lading 不潔提單 (即附有加注說明裝載時貨物有破損或短缺的提單)

Foul ground 多暗礁的危險海底；(海上) 險惡地

Foul of the law 違法

Foul play 不正行為；欺詐行為；奸詐；暴行 (如謀殺等)

Foul proof 未經校對的初稿

Found 發現的；找到的 (指送達訴訟文件的人)；查明的；認定的

Foundation 根基；地基；基礎；基金；基金會；〔美〕預備性問題 (指向證人提出以確定其證據的可採納性)

Foundation for the Establishment of an International Criminal Court 建立國際刑事法庭基金會

Foundation fund 財團法人基金

Foundation incorporated 註冊的財團法人

Foundation stone lying ceremony 奠基典禮

Founded 建立在…基礎上的；基於…之上的；由…而引起的；由…而產生的；依據的；依賴的

Founded on 做為…依據的；以…為基礎的

Founder 發起者；奠基者；創立者，創辦人；捐資人 (指為創辦企業提供資金者)；〔海法〕(船舶浸水) 沉沒

Founder's shares 〔英〕創辦人股票，發起人股票 (分配給公司創辦者，其有權獲取普通股紅利後的一定比例收益)；〔香港〕延緩股 (指股份持有人權利在普通持有人之後，不得分享發行股份當年的股息)

Foundering 沉沒 (全船沉沒)

Foundering at sea 在海上沉沒 (不容易打撈的沉沒)

Founding member 創始會員國；創始成員國

Founding Member of the GATT (in) 關貿總協定的創始會員國

Foundling 棄嬰；流浪兒童 (指無父母或監護人，亦不知其親戚的兒童)

Foundling hospital 育嬰堂

Foundress 女奠基人；女創立人

Four 〔法〕烘爐；烤爐；爐灶

Four and half percent sterling loan 附 4.5% 利息的英幣公債

Four class 工農商學

Four corners 四角；全部範圍 (指文件所有內容已包括在內)；十字路口

Four corners of a document 文件的範圍 (指契據的所有內容都已寫在內)

Four corners of a treaty 條約的範圍 (指條約的所有內容都已寫在內)

Four corners rule 四角規則 (作為文件總體範圍的規則)

Four Doctors 四大博士 (羅馬註釋法學派：巴爾格魯斯、馬蒂努斯、雅格布斯和胡果)

Four-fourths running down clause 四分之四衝突損害賠償條款

Four freedom agreement 四項自由協定

Four freedoms 〔美〕四項自由 (指 "免於貧困的自由、信仰自由、言論自由和免於恐懼的自由"。這是羅斯福總統於 1941 年二戰期間向國會所做的一次推動支持《Lend Lease Bill》諮文中首次提出的)

Four Fundamental Principles 〔中〕四項基本原則 (指堅持馬列主義毛澤東思想、堅持黨的領導、堅持走社會主義道路、堅持人民民主專政)

Four months' prompt 四個月交付

Four percent sterling loan 四分利息的英鎊貸款

Four seas 四海 (圍繞大不列顛聯合王國領土的四海，包括大西洋、愛爾蘭海、北海和英吉利海峽)

Fourcher 〔法〕遲延訴訟方法 (共同被告輪流缺席以延遲訴訟)

Four-digit tariff line 四位數關稅細目

Fourierism 傅立葉主義 ("社會主義模式"，19 世紀法國著名的空想社會主義者，揭露和批判資本主義罪惡，以及提出消滅城鄉區別等合理思想)

Fourteen points 〔美〕十四點建議 (指威爾遜總統於 1918 年 1 月 8 日向國會演講時，提出的關於第一次世界大戰後和平解決之基本依據的 14 點聲明，其內容是：1. 開放的公約應公開締結；2. 海洋自由；3. 清除貿易壁壘；4. 裁軍；5. 平等地考慮殖民地人民和殖民國家的利益，以調整其相應的要求；6. 從俄國領土撤軍，由俄國人民獨立地決定自己國家的政策；7. 從比利時撤軍並使之得以復興；8. 從法國撤軍並使之得以復興，歸還阿爾薩斯－洛林；9. 10. 11. 沿歷史上建立的民族界限，重新調整奧匈帝國、意大利和巴爾幹邊界；12. 開放達達尼爾海峽，允許土耳其自治；13. 恢復波蘭獨立，以及 14. 按專門公約的規定，建立一個國際間的普遍聯盟)

Fourteenth Amendment 〔美〕憲法第 14 條修正案 (1868 年首次通過批准禁止剝奪美公民特權和豁免等權利)

Fourth Amendment 〔美〕憲法第 4 條修正案 (關於確保房屋及其財產不受無理搜索權)

Fourth estate 第四等級 (指新聞、宗教貴族、世俗貴族和平民)

Fourth industry, the 第四產業 (指第一、二、三產業以外的新興產業，例如電腦、網絡和遺傳工程等)

Fourth market 〔美〕第四市場 (指私人作未掛牌的證券交易)

Fourth preference 〔美移〕第四優先 (指美公民的已婚子女不受移民配額限制)

Fourth World 第四世界 (指沒有資源的不發達國家)

Fourth-class mail matter 第四類郵件事項 (指包裹郵遞)

Fowl 家禽

Fox's Libel Act 〔英〕福克斯誹謗法 (1792 年)

F

F

Foy boat 領航船；援助船

Fraction 破碎；分割；一部份；小部份；片斷；碎片；分派；分股；零股

Fraction movement 分派運動

Fraction of a day 〔英〕一天的一部份；一天的分割（只有出自司法方面的需要，法律才承認一天的分數。鑒此，一天某個時辰要做某事，則全天均可為之）

Fractionable 可分開的

Fractionable L/C 可分開信用證

Fractionable transferable L/C 可分開轉讓信用證

Fractional 部份的；碎片的；少量的；分塊土地的（根據政府測量，尤指城鎮被劃成幾個區、段）；（礦區）外部邊界線界限的；不足買賣單位的（指證券交易）

Fractional certificate 非整數股份證明書

Fractional currency 輔幣

Fractional money 輔幣

Fractional premium 分期繳納保險費

Fractional share 零股；零星股份（指不足買賣單位的股份）

Fractional share formula 零星股份公式

Fractional stock warrants 零股認股權證

Fractional warrant(s) 分割的權利；零股證書

Fragging 〔美俚〕士兵殺傷上級軍官行為

Fragile balances of payments 脆弱的國際收支平衡

Fragmentation 〔世貿〕碎片化（指現在各成員方之間的商事爭端均應在爭端解決機制中解決，從而克服了過去 GATT 在這方面的嚴重缺陷）

Fragmentation weapon 殺傷武器

Frais 〔法〕費用；開支；支出

Frais de justice 〔法、加〕訴訟費用

Frais de portage 〔法〕搬運費

Frais jusqu'a bord 〔法〕裝船前費用

Frame *v.* 陷害；誣陷；捏造；構築；建造；編制

Frame a case against sb. 羅織罪名；捏造案情陷害某人

Frame of reference 參考依據；基準體系

Framed 捏造的；陷害的；誣陷的（指證據而言）

Frame-up 陰謀；策劃

Frame-up case 誣告案件

Framework 框架，結構；體制；範圍；綱領；基礎

Framework Agreement 〔關貿〕框架協議；框架協定；基礎協定（指"東京回合"談判中所達成的更有利於發展中國家的"改善世界貿易"的國際行為的架構）

Framework articles 綱要性條款

Framework convention 框架公約

Framework for making and enforcing policies 〔中〕制訂和執行政策的體制

Framework for the long-term reform of agricultural trade 〔關貿〕長期的農業貿易改革綱要（指工業發達國家應在 6 年內減少出口補貼的價值和數量分別為 36% 和 21%）

Framework treaty 框架條約；綱要條約

Framing of issues 擬具要點；草擬訴訟綱要

Franc 法郎（法國貨幣單位）

Franc area 法郎區（指使用法郎的地區）

France's mixed presidential-parliamentary system 法國混合的總統議會制

Franchilanus 自由民；自由佃農；自由承租人

Franchise 公民權；投票權；選舉權；特許；特權；特許權（赦許或根據時效的特定人享有的特權）；經銷權，專賣權（指政府給予個人、公司或社團經營某種事業的，通常是由產家或權利享有者授予在特定地區的專營權，其通常涉及某種商標或者某種商標許可證的權利）；管轄範圍；免賠額（保險契約規定的免賠限度）；〔法〕免除；豁免；免費

Franchise agreement 特許協議（指供貨商、服務、商標專利或版權所有者與特許經銷商之間達成的）

Franchise and Redistribution Bill 〔英〕選舉權及選舉區修正案（1912 年）

Franchise appurtenant to land 從屬土地的特許權

Franchise Bill 選舉法案；〔英〕增加國會議員投票人數的議案（1884 年）

Franchise clause 〔保〕免賠率條款；免賠額條款（指承保公司只賠付超保部份損害，未超保部份則由受保人自負）

Franchise Court 〔英〕特權法庭（指根據特許或國王批准私人開設的）

Franchise de l'hotel 〔法〕館舍不可侵犯權

Franchise des quartiers 〔法〕館區不可侵犯權

Franchise fee 營業執照捐

Franchise ordinance 特許條例

Franchise qualification 選民登記資格

Franchise tax 特許權稅（指政府特許經營的公司稅收）

Franchised dealer 特許零售商；特約經銷商

Franchisee 特許證持有人；特許經營人（由特許權者授予個人或公司）；大公司的聯營店

Franchising 出賣產銷權

Franchising fees 特許酬金（指從特種技術科研規定中所獲的收入，經申請可免繳所得稅）

Franchisor 特許權者；特許權授予人（授予特許權的政府或企業）

Franco 〔法〕免費的；准免郵費的；准免運費的；目的地交貨價

Franc-tireur 〔法〕義勇軍；游擊隊員

Franc aleu 〔法〕〔封〕自主地；自主遺產；自主地產

Frank *n. & a.* I. 免費郵寄；〔美〕免費郵寄權；〔英〕免費郵件；II. 自由的；免費的；免稅的；坦白的；光明磊落的

Frank bank 〔英古〕寡婦膽本土地保有權（=freebench）

Frank chase 〔美〕自由狩獵權

Frank tenure 自由保有地（通常負擔自由役務而保有土地）

Frankalmoign, Frankalmoin 〔英〕教會永久保有地（由施捨捐贈獲取的）

Frank-fee 免除勞役保有地；自由保有的土地（免付所有勞役，但對領主仍要效忠）

Frank-fold 〔英古〕（=foldage）供施糞肥的特權（莊園領主為給其直領領地施肥，要其領地內佃戶的羊在其領地上放牧的權利，領主作為其代償負有設置羊欄的義務）

Frankfort Agreement 法蘭克福協定（1882 年）

Frankfurt financial market 法蘭克福金融市場

Franking note 免費郵件通知單

Franking of letters 〔英〕免費寄信（1837 年廢止）

Franking privilege 〔美〕免費郵遞信件的特權（指國會議員享有經簽字免費郵寄一定數量郵件特權）

Frank-law 公民的權利；自由民的自由和民事權利

Franklin 自由民；小地主；土地執行官；〔英〕執事；管家；弗蘭克林礦業合約

Frank-marriage 〔英〕免役陪嫁的地產（結婚時岳父贈給女

婿或女方血親贈予免除各種形式役務的限嗣繼承的不動產）

Frank-pledge 〔英〕連帶擔保（指以集體行為端正向國王作保）；十戶聯保制（指十戶區內所有新出生的 14 歲以上的居民集體向英王作良好的保證）

Frank-tenant 自由保有地產者

Frank-tenement 〔英〕自由保有的不動產（=freehold）；〔香港〕土地完全保有權（指不受繼承限制的不動產的所有權）

Franks Committee 〔英〕弗蘭克斯委員會（即 "行政法庭和調查委員會"）

Fraternal 友愛的；兄弟的；屬兄弟互助會的

Fraternal benefit association or society 〔美〕兄弟會；互助；共濟會

Fraternal insurance 互助保險；互利保險（由兄弟互助互益保險會提供的一種人壽或意外事故保險形式）

Fraternal lodge 兄弟會分會

Fraternia 兄弟關係；兄弟會

Fraternity 兄弟會；〔美〕大學生聯誼會

Fraternity or co-operation 〔英〕博愛或合作

fratriage 弟弟的繼承（權）

Fratricidal 殺害兄弟（或姐妹）的；殺同胞的

Fratricide 殺害兄弟姐妹者；殺害兄弟姐妹

Fraud 詐騙；訛詐；欺詐；欺詐行為（分為言行上的故意欺詐和言論上推定欺詐兩種，但都必須故意不誠實的行為）；假貨；智能犯（動腦子的犯罪，如偽造罪等）

Fraud in fact 〔美〕事實上的欺詐

Fraud in law 〔美〕法律上的欺詐

Fraud in the execution 履約中的欺詐（指錯誤陳述證明契約文件的性質騙取其他當事人）

Fraud in the factum 契據上詐騙（指錯誤陳述文件性質騙取了簽字人毫不知情的情況下畫押）

Fraud in the inducement 引誘性欺詐（意指與所簽署的契據的性質無關，而是原始交易本身含有欺詐性）

Fraud on a power 〔英〕欺詐用權（指行使超出了委托人設立委托書的權限）

Fraud on court 詐騙法庭（企圖干預法庭公正判決陰謀）

Fraud order 〔美〕禁止郵件詐騙令（指郵政總局局長頒發禁止利用郵政手段取得金錢財產）

Fraudulent 欺騙性的；欺詐的

Fraudulent act 詐騙行為

Fraudulent alienation 欺詐性讓與（欺詐性出讓）

Fraudulent alienee 欺詐性的受讓人（指欺詐地從遺產管理人手中收受部份遺產者）

Fraudulent alterations 欺詐性篡改；欺詐性變造

Fraudulent assignment 欺詐性讓與

Fraudulent banking 欺詐性的銀行業務（指銀行業者已知其銀行破產而仍開具的存款收據）

Fraudulent bankruptcy 假破產；欺詐性破產

Fraudulent claims 欺騙性索賠；〔保〕騙賠

Fraudulent concealment 欺詐性的隱瞞

Fraudulent conduct 欺詐行為

Fraudulent conversion 欺詐性變換（指侵佔屬別人的金錢和財產）

Fraudulent conveyance 欺詐性轉讓財產（指為一種蓄意欺騙債權人的財產讓與，旨在逃避納稅或躲避債務）

Fraudulent declaration 虛報；欺詐表示

Fraudulent intent 欺詐故意（指為了私利或誤導他人進入訴訟，做出明知為虛假的陳述）

Fraudulent medium 欺詐性靈媒

Fraudulent misrepresentation 虛偽的陳述；欺詐性錯誤陳述

Fraudulent naturalisation 欺詐入籍（指欺詐手法取得國籍）

Fraudulent preference 欺詐性特惠；虛假的優先權（破產程序中債務人以欺詐意思給予債權人獲得優償債權企圖使其他債權人受損之欺詐性行為，於法無效）

Fraudulent representation 欺詐的陳述

Fraudulent return 謊報收益；虛報稅單

Fraudulent sale 欺詐性銷售

Fraudulent statement 虛假的陳述

Fraudulent trading 欺詐性交易

Fraudulent transfer 欺詐性財產轉讓（=fraudulent conveyance）

Fraudulent use 偽造的使用

Fraudulently purchase state controlled commodities 〔中〕套購

Fray 鬥毆罪（釋義見 "affray"）

Frectum 〔英古〕運費

Freddie Mac (=Federal Home Loan Mortgage Corporation) 〔美〕聯邦住宅貸款抵押公司

Free *a. & v.* I. 自由的；自主的；免稅的；免費的；無限制的；II. 解放；釋放；免除

Free access 自由進入；隨意使用

Free access to the sea 自由進入海洋；自由通達海洋

Free agency 自由經營權；享有自由經營權的機構

Free agricultural products from state pricing 〔中〕開放農產品不再由國家限價（做法）

Free alms 〔英〕（教會等接受的）施捨的永久保有地（釋義見 "Frank almoigne"）

Free alongside （啓運港）船邊交付

Free alongside (named vessel at designated port) (FAS) （在指定的港口指定的船邊）交貨價；（起運港船邊）交貨價

Free alongside quay 碼頭邊交貨（價格）

Free alongside ship (F.A.S.) 啓運港船邊交貨；船邊交貨（價格）

Free and clear 無財產負擔的；可銷售的（意即 "可出售轉讓的無留置權的產權"）

Free and equal 〔美〕自由平等的（指美國憲法規定，人人都有平等投票權和投票選擇權）

Free appreciation 自由裁量

Free articles 自由物品

Free at frontier 離境交貨價

Free balance 無利息的結欠；免費餘額

Free banking law 自由銀行法

Free burgh 〔蘇格蘭〕自由市邑

Free business 自由經營；自由職業

Free capital 自由資本

Free carrier （指定地點）貨交承運人

Free carrier (named place) (FCA) （指定地點）貨交承運人

Free chapel 自由禮拜堂

Free choice of partner 自由選擇合夥人；自由選擇合資夥伴

Free Church case 〔蘇格蘭〕自由教會案（1843 年）

Free city 自由市（城）

Free commonwealth 自由共和國

Free communication 自由通訊
Free competition 自由競爭
Free congregation 自由協會 (指 1845 年普魯士創立的唯心主義者團體)
Free consent 自由同意
Free convertible currency 〔基金〕自由兌換的貨幣 (指凡為 IMF 第 8 條會員國之貨幣均可用以償還自 IMF 獲得的貸款)
Free course (船舶) 順風航行
Free dealer 自由商人；自由貿易主義者；獨立於丈夫而從事交易的女子
Free debt 任意公債；自由公債
Free delivery 免費投遞，免費送達；免費交貨
Free depot 〔海關〕免費倉庫；閒置倉庫
Free election 自由選舉
Free enterprise 私營企業；自由企業
Free enterprise economy 自由企業經濟
Free entry 免稅報關單 (關於免稅物品的海關通知單)
Free entry in the market 自由入市 (免費進入市場)
Free entry, egress, and regress 〔美〕反復進出土地的自由
Free evaluation of evidence through inner conviction 自由心證 (指證據的取捨證明力，法律不預先加以機械的規定，而由法官、陪審員根據內心確信進行自由判斷)
Free exchange rate 自由匯價 (率)
Free excise clause 免除貨物稅條款；〔美〕宗教活動自由條款 (憲法第 1 條修正案規定政府不得干涉人們信仰自由)
Free extra-European trade 歐洲外部自由貿易
Free fisher 自由捕魚者
Free fishery 公海捕魚權；附屬於土地所有權的漁業權；共同漁業權；〔英〕自由捕魚權；敕許特定人的捕魚權
Free floating 自由浮動
Free flow of labour 勞動力流動自由
Free flow of payments and transfers 支付和轉賬的自由流動
Free from (of) strikes, riots and civil commotion clause 罷工、暴動、民眾騷亂除外條款
Free from all Average (F.A.A.) 全損險；全損賠償 (指約定共同海損和特殊海損不賠，只有保險標的全損時，承保人才按保險金額全賠)
Free from all average and salvage charges 全損及救助費不保
Free from all average, seizure and capture including running down clause 全損、捕獲扣押除外，包括碰撞不保責任條款
Free from alongside 〔美〕船邊交貨 (價格)
Free from average under 3 percent 三分以下的分損不保
Free from capture and seizure clause 捕獲扣押除外條款 (把承擔戰爭危險的責任排除在外之海上保險契約條款)
Free from foreign capture 戰爭險不保；外國捕獲險不保
Free from general average (F.G.A.) 共同海損 (或國外共同海損)
Free from particular average (F.P.A.) 平安險；單獨海損不賠 (指承保人對被保險貨物負責賠償，其除了船舶擱淺、碰撞或沉沒等造成的危險和共同海損之外，不負責其他單獨海損)
Free from particular average absolutely 一切單獨海損不賠 (單獨海損絕對不賠)
Free from particular average American conditions (FPAAC) 美國式平安險 ("美國條件"平安險)
Free from particular average clause 單獨海損不賠條款
Free from particular average English conditions (FPAEC) 英國式平安險 ("英國條件"平安險)
Free from particular average unless being stranded, burnt, collided, 4/4ths running down clause, general average 全損救助費因觸礁、火災和碰撞所致四分之四分不賠條款
Free from particular average unless caused by the vessel being stranded, fire, sunk on trial or in collision 按全損、準全損、救助費的被保險船舶觸礁、擱淺、火災、沉沒或與在水外的其他物體碰撞而使被保險船舶損傷的修繕費 (即分損、共同海損、碰撞損害賠償及訴訟的全部費用不保)
Free gold 自由黃金；自由金幣；游離金
Free gold market 自由金市場
Free goods 中立貨物 (1856 年巴黎宣言的第一條原則)；免稅品；免稅貨物；免稅進口貨物
Free ground rent (F.G.R.) 無地租
Free ice 自由冰 (指適航的河流)
Free in (F.I.) 船方不負擔裝貨費用
Free in and out (FIO) 船方不負擔裝卸貨費用 (意指貨物的裝卸均由貨主支付)
Free in and out and stowage (F.I.O.S.) 船方不負擔裝、卸、理倉費用
Free in and out freight rates 船方不負擔裝卸費的運費率
Free interpretation 自由解釋
Free into barge (FIB) 駁船上交貨價
Free into bunker 船上煤倉交貨價 (燃料倉交貨價格)
Free into wagons 車箱內交貨價
Free intra-European trade 歐洲內部自由貿易
Free labour 自由勞動；自由人的勞動 (與奴隸勞動相對而言)；〔總稱〕不屬工會的工人
Free labour market 自由勞動力市場
Free labourer 自由勞動者；〔總稱〕不屬工會的勞動者
Free land 無租費無徭役的土地
Free law 〔英〕自由法
Free list 免稅商品表；免稅進口物品單；自由物品單；海關免稅品目錄 (指不須特定國家許可證、免徵進口稅的商品目錄)
Free love 未經合法結婚的自由同居；自由戀愛
Free market (外匯) 自由市場
Free market economy 自由市場經濟
Free market price 自由市場價格
Free men 自由民 (指解放的奴隸)
Free movement 〔英移〕自由遷徙
Free movement of goods 商品自由流動 (指歐共體的基本原則之一，即確保歐共體各國之間商品可自由流通，免除進口關稅和禁止進出口配額限制等)
Free movement of persons, service and capital 人員、勞務和資本的自由流動 (歐共體國家重要的基本自由之一，即成員國有義務不允許對其人員、勞務和資本自由流動中的任何一項設置障礙)
Free navigation 自由航行
Free of all average (F.A.A.) 全損賠償；全損險 (指共同海

損及特殊海損均不預賠償，只在全船損失時才能要求賠償）

Free of capture and seizure (F.C.S.) 拘捕和扣押除外（指
"不負被捕和被扣押的賠償責任"，指在海上保險中船舶因戰
爭或海盜所造成的損失，承保人不負賠償責任）

Free of capture and seizure clause 捕獲和扣押除外條款

Free of charge 免費

Free of damage absolutely （船體）損壞不賠

Free of duty 免稅

Free of expense 免費；無償

Free of export duty 免徵出口稅

Free of ground rent 免租，免地租

Free of income tax 免付所得稅

Free of interest 無息；免息

Free of particular average (F.P.A.) 單獨海損不賠；平安險

Free of tax 免稅；稅除外

Free of war risk clause 戰爭險除外條款；兵險除外條款

Free on application 申請即免費奉送

Free on board (F.O.B.) 船上交貨價；離岸價；〔香港〕船上
交貨不另收費

**Free on board (named inland carrier at inland point of
departure) (FOB)** （在指定國內起運地點指定的承運人）船
上交貨價格

**Free on board (named inland carrier at named inland
point of departure)** （在指定國內起運地點指定的內陸承運
人）船上交貨價格

**Free on board (named inland carrier at named point of
exportation) (FOB)** （在指定的出口港地點的內陸承運人）
船上交貨價格

Free on board (named inland in country of importation)
（在進口國指定的內地）船上交貨價格

Free on board airport (FOA) 飛機場交貨價

Free on board vessel (named port of shipment) (FOB)
（指定的裝貨港）船上交貨價格

Free on plane (F.O.P.) 飛機上交貨；飛機上交貨價

Free on quay (F.O.Q.) 碼頭交貨；碼頭交貨價

Free on rail (F.O.R.) 火車上交貨；鐵路交貨價

Free on ship 船上交貨；船上交貨價

Free on truck 貨車上交貨；貨車上交貨價

Free on wagon 貨車上交貨；貨車上交貨價

Free out 失效（指股票）；船方不負擔卸貨費用

Free overside 目的港駁船交貨價

Free parliament 〔英〕自由議會（不用敕令召集的）

Free pass 免費通行；自由通行證；免費車票（免費乘車券）

Free passage 自由通過；自由通行

Free perimeter 免稅地帶；免稅區

Free piscary 公海漁業壟斷權；附屬於土地所有權的漁業
權；共同漁業權

Free pontage 免稅過橋費

Free port 自由港；免稅港；自由貿易港

Free port district 自由港地區

Free press 出版自由；新聞自由；出版自由權

Free public schooling 公費教育；免費公立學校教育

Free quarantine 免除檢疫；無疫

Free reserves 〔美〕自由準備金

Free rider 〔關／世貿〕搭便車者（是指沒有直接參加關稅談
判，或沒有作出關稅減讓承諾，但卻因此而獲得關稅減讓實

惠的其他締約國者，他們應有義務將其本國的關稅作出相應
的減讓；服務貿易總協定規定在服務領域實行互惠與對等，
拒絕"搭便車"，後經多次談判同意給予發展中國家無條件的
最惠國待遇）

Free riding 搭便車；免費搭車（意指對於發展中國家環保
而言，其帶有國家貿易制度類似"以鄰為壑，損人利己"的
風險）

Free scientific research 自由的科學研究（倡導法學家們對
立法術語解釋應從更廣泛的因素上考慮）

Free service(s) 免費服務；〔英〕免費役務（指自由民的自
由土地保有者應負有義務或必要的勞務，否則其土地即被收
回，例如自由民在戰爭中應為領主服兵役和捐款等等）

Free shareholders 無償股份股東；增股股東

Free ship 中立國船舶；海盜船

Free ship, free goods 自由船載自由貨（指在戰爭中中立國
船舶海上通行豁免權）

Free soil 〔美〕自由地區；自由土地（指南北戰爭前禁止蓄奴
的州）

Free speech 言論自由

Free speech fight 要求言論自由的運動

Free spending of public money 濫用公款

Free state 獨立州；獨立國；自由邦

Free states 〔美〕（南北戰爭前的）自由州；不使用奴隸的地
區；〔愛爾蘭〕自由邦（=Irish Free State）

Free tenure 自由保有（公民負擔自由役務的土地保有制）

Free territory 自由領土

Free time 自由時間，免費時間；裝卸期間（指火車車廂或船
舶在延期停泊費開始之前的卸載中的一段時間）

**Free to choose the categories, types and models for
vehicle producers** 自由選擇汽車產家的汽車類別、類型和
款式

**Free to deviate temporarily from the provisions of Article
2** 〔世貿〕允許暫時背離第 2 條的規定（指發展中國家為平
衡國際收支緣故，WTO 允許其可按 1994 年關貿總協定相應
規定採取限制性貿易規定）

Free to frontier 在邊境交貨價格

**Free to make determination on the basis of the facts
available** 〔世貿〕有權以可獲得的事實為依據作出裁定（指
有關成員方未能在合理的期限內提供信息而言）

Free town 自由市（鎮）

Free trade 自由貿易

**Free Trade Agreement of the People's Republic of China
and the Government of New Zealand** 中華人民共和國
政府與新西蘭政府的自由貿易協議（中新自貿協議於 2004 年
11 月啓動談判，經過 3 年 15 輪磋商，雙方於 2008 年 4 月在
北京簽署，是中國與發達國家簽署的第一個自由貿易協議，
也是中國與其他國家簽署的第一個全面的自由貿易協議）

Free trade area (FTA) 自由貿易區

Free Trade Area of the Asia Pacific (FTAAP) 亞太自由貿
易區（2002 年，由亞太經濟合作會議成員國中的新西蘭、新
加坡、智利和汶萊等四國發起，旨在促進亞太地區的貿易自
由化；2010 年在日本橫濱亞太經合會部長級會議上，與會部
長表示，將在 43 項雙邊及小型自由貿易協定的基礎上在亞太
地區建立自由貿易區。亞太自由貿易區對促進發展亞太地區
貿易自由化意義重大，亞太地區佔全球人口 40%，其經濟產
出則佔全球的 53%）

Free Trade Area of the three countries between China, Japan and South Korea (or China-Japan-South Korea Free Trade Area) 中日韓自由貿易區（中、日、韓三國領導人於 1999 年在菲律賓出席東盟 10+3 會議期間首次提出建立自由貿易區，中日韓三國迄已進行了 11 輪談判，該自貿區一旦建成，其將覆蓋 15 億人口、經濟總量佔亞洲 70%、僅次於北美自由貿易區和歐盟的第三大自由貿易區，彼此可消除貿易壁壘，擴大區域市場，推動三國經濟融合，實現三國互利共贏）

Free trade in information technology 信息技術的自由貿易
Free trade in services 自由服務貿易
Free trade model 自由貿易模式
Free trade policies 自由貿易政策
Free trade principle 自由貿易原則
Free trade regime 自由貿易制度
Free trade school 自由貿易學派
Free trade system 自由貿易制度
Free trade zone 自由貿易區；〔關貿〕自由貿易區（指根據關貿總協定，締約國間取消關稅和其他限制性商業規章的地區；或指在一國之內劃出一塊免除關稅的地區）
Free trader 自由貿易主義者；獨立於丈夫經營商業的妻子
Free transit 自由過境；自由轉口
Free use 自由使用
Free voting 自由投票
Free warren 野生鳥獸特許飼養場
Free water clause 自由航行約款
Free will 自由意志（指在哲學、道德和法律上自由表達個人的思想和行為）
Free zone 免稅區；自由區；自由貿易區（海港、機場附近收受或轉運、堆放貨物不需付關稅的地區）
Free-bench 〔英古〕寡婦膽本土地保有權（"寡婦財產權"指對其亡夫所有土地財產的佔有權利）
Free-board 幹舷；幹舷的高度；載重極限的吃水線
Free-board mark 幹舷標記
Free-board regulation (rule) 幹舷規則
Free-booter 海盜；強盜
Freedman 自由民（指得到解放的人、獲得自由的奴隸）
Freedman borough 〔萃〕自由民自治市（關於自由民選舉權的規定）
Freedmens' Bureau 〔美〕解放人救濟局（從 1865–1872 年存在的陸軍部所屬的救濟被解放的奴隸而設立的局）
Freedom 自由
Freedom fine 加入商會的會費
Freedom from arrest or molestation 〔英〕免受逮捕或困擾的自由（指下議院議長提出每屆開會時給予議員們一項特權，其後延伸至所有議員開會期間及往返於議會途中免予所有民事訴訟逮捕的特權）
Freedom from discrimination 不受歧視的自由
Freedom from double jeopardy 免受兩次危險之權
Freedom from self-incrimination 免受強迫供認權
Freedom from taxation 免稅
Freedom of access 〔英〕會見自由（指議員在議會開會期間有要求會見女王陛下的自由）
Freedom of action 行動自由
Freedom of aerial navigation 航空自由
Freedom of air transit 航空過境自由

Freedom of alighting 降落自由
Freedom of assembly 集會自由
Freedom of association 結社自由
Freedom of belief and opinion 信仰和意見自由
Freedom of choice 〔美〕選擇自由
Freedom of commerce 通商自由
Freedom of communication 通訊自由；交流自由
Freedom of conscience 信仰自由
Freedom of contract 契約自由；合約自由；〔英〕締約自由；訂立合約自由（指成年和精神健全的人應享有訂立和不訂立契約的最大自由）
Freedom of correspondence 通信自由
Freedom of entrance 進入自由；進口自由
Freedom of expatriation 出籍自由；放棄國籍自由
Freedom of expression 〔英〕言論自由；表述個人意見自由
Freedom of fishing 捕魚自由
Freedom of immersion 潛水自由
Freedom of immigration 移民自由
Freedom of industry 產業自由
Freedom of information 新聞自由；信息自由
Freedom of Information Act (FOIA) 〔美〕新聞自由法；信息自由法
Freedom of innocent passage 無害通過自由
Freedom of inoffensive passage 無害通過自由
Freedom of marriage 婚姻自由
Freedom of migration 遷徙自由；移民自由
Freedom of movement 行動自由；遷徙自由；通行自由；移動自由
Freedom of navigation 航行自由
Freedom of passage 通過自由
Freedom of person 人身自由
Freedom of press 出版自由
Freedom of procession 遊行自由
Freedom of religion 信仰自由；信教自由
Freedom of religious belief 宗教信仰自由（信仰自由）
Freedom of religious worship 宗教自由
Freedom of space flights 空間飛行自由
Freedom of speech 言論自由
Freedom of speech and assembly 言論與集會自由
Freedom of speech and expression 言論與表述自由
Freedom of the air 航空自由；空中自由
Freedom of the borough 自治市的自由
Freedom of the city 〔英〕榮譽市民權（指授予公主和貴賓的）
Freedom of the high seas 公海自由
Freedom of the open sea 公海自由
Freedom of the press 出版自由；新聞自由
Freedom of the rule 〔蘇格蘭〕律師出席英國法庭進行辯論的權利
Freedom of the seas 公海自由；海上貿易自由權；商船在海上的自由航行權；戰時中立國船隻不受交戰國軍艦干涉的自由航行權
Freedom of trade 營業自由；貿易自由
Freedom of transit 過境自由
Freedom of travel 旅行自由
Freedom rider 〔美〕為爭取公民權利去南方各州乘坐實行種族隔離的交通車輛的示威者

Freedom to fly over the high seas 公海上空飛行自由

Freedom to hold private property 〔英〕保有私有財產自由（包括動產和不動產）

Freedom to lay submarine cables and pipelines 鋪設海底電纜與管道自由

Freedom to work 工作自由；勞動自由

Freedoms of the air (or five freedoms of the air) 空中自由（或指"空中五大自由"：1. 不作降落而飛越其領土；2. 非業務性降落而飛越其領土；3. 非業務性降落、卸下自航空器所屬國領土裝來的客、貨和郵件；4. 裝載前往航空器所屬國領土的客、貨、郵件；5. 裝卸前往或來自任何其他締約國領土的客、貨、郵件的特權）

Free-enterprise economy 私營企業經濟；自由企業經濟

Free-fooder 反對繳納食品稅者

Freehold 自由保有的不動產；自由土地保有權；地產（職位等）的完全保有；完全保有的地產（指終身保有的不動產，可分為 "freehold in deed" 和 "freehold in law" 事實上佔有和法律上佔有兩種，後者僅是一種權利上的佔有，其反義詞為 "copyhold"，即包括終身保有的不動產或可遺贈的"世襲不動產"）；〔香港〕永久管業地；土地完全保有權（指不受繼承限制的不動產所有權）

Freehold estate 自由保有的不動產權（舊時自由公民通過服自由役務保有的地產權）

Freehold in deed 事實上自由保有的地產（權）

Freehold in law 法律上自由保有的地產（權）；自由保有的職位

Freehold land 自由保有的土地（舊時自由公民通過服自由役務保有的不動產物權）；〔香港〕永遠管業地（指不允許立遺囑者把其擁有的該土地遺贈於他人）

Freehold land societies 〔英〕自由地產協會（旨在幫助機械工人等以盡可能低價購得自由保有的地產以使他們獲得選舉權）

Freehold office 終身職務

Freehold property 自由保有的財產

Freehold tenure 公民負擔自由役務的土地保有制

Freehold title 完全的所有權

Freeholder 自由地產保有者；自由土地保有者；世襲不動產保有者

Free-lance writing 投稿

Free-law school of law 自由法學派

Freely negotiable credit 自由議付信用證

Freely usable currency 自由流動貨幣

Freeman 〔美〕自由人（指在自由政體下擁有並享受給予人民的民事和政治權利的人）；自由民（指按羅馬法，指解放的奴隸，生來或後來賦予的享有某種市民豁免或特權的人）；〔英古〕自由地產保有者（亦是賓州殖民地法用語）榮譽市民；享有平民特權的人

Freeman's roll 〔美〕自由民名冊

Free-market pricing 自由市場定價

Freemason 共濟會會員

Freemasonry 共濟會的綱領；共濟會制度；共濟會議程；〔集合名詞〕共濟會成員

Freemen borough 自由民的自治市

Freemen of London 倫敦市自由民（1. 以世襲繼承；2. 通過為自由民勞役；3. 用金錢購買的三種方法可取得自由民身分）

Free-standing agreement 獨立協定

Free-standing technical assistance loans and credits 獨立技術援助貸款與信用貸款

Free-surety 互保；連環保

Free-trading rules 自由貿易規則

Freeway 高速公路

Freeze *v.* 凍結

Freeze the instrument of crime 〔領事〕凍結犯罪工具

Freeze-out 排擠；把…排擠出去（意指在封閉性控股公司中，控股股東為排擠少數持股人直、間接獲取公司投資利益，而按有利於控股者條件要求清算其在公司的投資）

Freezing of assets 資產凍結

Freight （船舶）運費；〔英〕船運的貨物；〔美〕（水上、陸上、空中）運輸貨物；貨運；裝貨

Freight 30% primage (or freight 10% primage, ect.) 運費外另付三成酬金（或另付一成運費酬金等）

Freight absorption 免費運送；免收運輸費

Freight adjustment 運費調整

Freight agency 貨運業務

Freight agent 貨運代理人

Freight allowed to (named point) (FOB) 運費補助至（指定的出口貨地點）

Freight and cartage 水陸運費

Freight and insurance on merchandise 運費加商品保險費

Freight bill 運貨單；運費發票

Freight booking 貨運訂艙；貨運預訂

Freight by weight 按重量計算的運費

Freight charges 運費

Freight clause 運費條款

Freight Conference 航運公會；水腳公會

Freight dumping 運費傾銷（指出口企業在政府或企業聯合會的優惠運費率下進行銷售的行為）

Freight forward 運費到付（運費由提貨人支付）

Freight forwarder 貨物轉運商；貨物運輸報關行；貨運代理人（公司）

Freight forwarder's conference 貨運受理人同盟

Freight in (inward) 運入運費；購貨運費

Freight insurance 運費保險

Freight list (F/L) 運費單；運價表

Freight market report 運費市場通報

Freight mile 運費哩；噸英里（指一噸貨物的一英里的運費）

Freight note 運費單；運費通知單

Freight on weight 按重量計算的運費

Freight out (outward) 運出運費；銷貨運費

Freight paid 運費付訖；運費已付

Freight payable at destination 買主付運費；貨到岸付運費（貨到目的地付運費）

Freight payable on delivery 交貨時付運費

Freight pending 超期運費；超期付船費用

Freight policy 運費保險單

Freight prepaid 運費預付

Freight rates 運費率；運價

Freight rates war 運費戰；運費率競爭

Freight rebate 運費回扣

Freight shed 貨物棚

Freight space 艙位

Freight space system 運費容量制度

Freight station　貨運站；中轉站

Freight tariff system　運費費率制

Freight then pending　航行收益；航次收入

Freight to be collected　運費待收

Freight ton　運費噸

Freight war　運費戰

Freight/carriage insurance paid to (FCI)　運保費付至

Freight/carriage paid to (FCP)　運費付至

Freighter　租船人；貨船（輪）；裝貨人；承運人；貨主；運輸機

Freightliner　集裝箱火車

Freirechtslebre　〔德〕自由法學派

French Community　法蘭西共同體（根據 1958 年《國家憲法》建立的國家聯盟）

French Division　〔基金〕法國分部

French law　法國法

French pool　同注分彩賭博（尤指賭馬）

French spoliation claims　禁止法國非法捕獲的要求（1800－1801 年美法條約以前因法國非法捕獲而由美國提出的要求）

Frenchman　法國人；法蘭西人；〔英古〕外國人；陌生人

Frendlessman　〔撒〕被剝奪公民權的人

Freoborgh　〔英〕自由擔保人；自由民聯保制

Freoling　〔撒〕生來自由民

Frequent　*v.* 常去；時常出入於…

Frequenter　常客；常往來的人（指獨立承包商所僱備往未來房東屋內勞作的僱工）

Fresh　新的；新近的；最近的；及時的

Fresh complain rule　〔美〕及時告發規則（指在性侵犯訟案中，受害者應及時向救助者提供其可信性的證據）

Fresh disseizin　新近侵佔的土地（按古時普通法規定，被非法奪去的土地佔有人不經法院審判以自己的力量回復自己的土地佔有）

Fresh evidence　新證據（指發現新證據可為提出再審的理由）

Fresh fine　〔英古〕已徵收上一年的罰金

Fresh force　新近的暴力

Fresh pursuit　立即追捕；及時追捕盜竊犯；〔美〕追捕重罪犯權（指准許警察超越其管轄範圍進入他州逮捕重罪犯的特權）；〔英〕立即追回（指即刻抓同逃跑的鳥或家禽或奪回失竊之物）

Fresh sample　新樣本；新樣品

Fresh start adjustment　〔美〕重新開始調整（規定 1976 年以後去世的死者財產所得稅基數將結轉到其繼承人財產項下）

Fresh suit　追捕；緊追（＝fresh pursuit）〔英古〕立即追捕（指追捕飛走的鳥、獸或失竊之物地）

Fresh water　淡水

Fresh water damage　淡水損失

Fresh water load line　淡水載重線

Fresh water tank　淡水船艙

Freshen　〔海法〕變強的

Freshen ballast　新添的壓艙物

Freshen wind　〔海法〕變強風

Freshet　洪水泛濫（指因洪水或融雪所致）

Fresh-water clause　淡水險條款

Fresh-water sailor　內河航船

Fret　〔法〕租船；運費；租船費

Freter　〔法〕船貨；租船；出租船舶

Freteur　〔法〕船東；船舶出租人

Friar　修道士；托鉢僧

Friction　摩擦；衝突

Friction monger　煽動不和者

Frictional unemployment　摩擦性失業（指因供過於求所致的短期失業）

Fridborg, frithborg　〔英〕十戶聯保制；治安擔保

Friend of the court　法庭之友

Friendless man　〔撒〕被剝奪公民權者；喪失公民權人

Friendly action　友好行動

Friendly consultation　友好協商

Friendly domicile　友好住所

Friendly fire　〔保〕友善之火（如爐火、煤氣火等）

Friendly lead　窮人救濟公會

Friendly nation　友邦；友好國家

Friendly neighbourly relations　睦鄰關係

Friendly neutrality　友好中立

Friendly receivership　友好接管

Friendly relation　友好關係

Friendly settlement　友好解決（辦法）

Friendly societies　〔英〕共濟會；互助會（指救濟會員疾病及其孤兒寡婦）

Friendly Society Act　〔英〕共濟會法；互助會法；友好協會法

Friendly state　友好國家

Friendly suit (or litigation)　友好訴訟（1. 為了審判關於雙方有利害關係的事項當事者協定提起的訴訟；2. 當事者為了取得法院對雙方有利害關係問題的意見協定提起的訴訟；3. 債權人對遺囑執行人或遺產管理人提起的訴訟；4. 其目的是為了解決某些法律問題，或先取得法院的許可後再妥為行動）；〔美〕雙方協議的訴訟（為了審判關於雙方有利害關係的事項，當事者協議提起的訴訟或當事者為了取得法院對雙方有利害關係問題的意見協定提起的訴訟，債權人對遺囑執行人或遺產管理人提起的訴訟）

Friendly takeover　友好接管（指法人經目標公司批准或支援後接收）

Friends of the people　〔英〕人民之友（成立於 1792 年）

Friendship Commerce and Navigation Treaty　友好通商航海條約（指第二次世界大戰前資本輸出國與他國之間，通常為解決兩國間商務問題所簽的一種綜合性的雙邊條約）

Fright　恐嚇；驚嚇

Fringe benefits　附加福利（指僱主給僱員保險、娛樂設施、病假等作為訂立合同談判的籌碼）；小額優惠；邊緣利益

Frisian code　弗里西亞法典（公元 734 年、800 年）

Frisk　*n. & v.* 搜身（指警察搜身以偵查是否携帶武器）；扒竊

Frith　海灣；海口；河口；〔撒〕和平；安寧；安全；保護

Frithbote　破壞安全罰金

Frithbreach　破壞安寧；破壞和平

Frithsocne　治安保證；治安管轄權

Frithsplot　罪犯庇護所

Frivolous　無意義的；瑣屑的；無關重要的

Frivolous action　無意義的訴訟（指勝訴希望很渺茫，原告只是旨在使被告感到尷尬和煩惱）

Frivolous and vexatious proceedings　無意義和無根據的訴訟（如果法官發現是無訴由的訴訟等，可予中止或駁回該訴訟）

Frivolous appeal　〔美〕無意義的上訴（指沒有要呈請法院審

理的問題，亦無勝訴可能。對此，上訴法院可裁決上訴人損害賠償，乃至付給雙倍的訴訟費用）

Frog-march 使（犯人）面朝下而由四人執其四肢行走

From 由；從；離；因…；由於…

From each according to his ability, to each according to his work 各盡所能，按勞取酬

From henceforth 嗣後；從今以後；今後（例如自本契約訂立以後）

From person 〔美〕從某人那裏（攻擊和搶劫財產）

From shallow integration to deep integration 〔世貿〕由淺而深的一體化

From simple border measures to complex trade facilitation issues 〔世貿〕從簡單的邊境措施到複雜的貿易簡化手續問題

From status to contract 從身分到契約（關於法律進步的一種理論）

From time to time 臨時；時常；常常；不時

From, through or under 從產地或產權的移交和除非有的產權或其內衍生的利益已被過戶或者除非有害於死者遺產的當事人外，禁止遺囑的制定是不適用的

Front 前面的；前部的；正面的；面部的；面容的；前線的

Front bench 〔英〕前座議席（通常為政府大臣、部長和資深官員的座席）

Front bencher 〔英〕（下院的）前座議員

Front foot 〔美〕臨街長度（涉及測算對路邊、人行道、下水道和街道等公共設施改良費用的測量方法）

Front office 全體決策人員；警察本部

Front wages 預付工資（歧視性工作的受害者的一種欠薪補償）

Frontage 臨街面；臨街土地，臨河土地，臨湖土地；臨街地界；臨街屋前的空地

Frontager 臨街土地所有者；臨河（湖等）土地所有者

Frontal delimitation 前沿劃界

Frontal line 前沿線

Front-end fee 啓用費；開辦費（指創辦公司投資項目開始所投入的啓動資金）

Front-end money 開辦費（指創辦公司投資項目開始所投入的啓動資金）

Frontier 邊界；邊境

Frontier area 邊界地區

Frontier commission 邊界委員會

Frontier control 邊界控制

Frontier controversy 邊界糾紛

Frontier convention 邊界專約

Frontier customs dues 邊境關稅

Frontier defense 邊防

Frontier delimitation 劃界

Frontier delimitation commission 劃界委員會

Frontier dispute 邊界爭端

Frontier district 邊界區

Frontier duty 邊界關稅

Frontier incident 邊界事件

Frontier inspection regulations 邊防檢查條例

Frontier inspection station 邊防檢查站

Frontier line 邊界線

Frontier measures 邊境措施

Frontier pass 邊界通行證

Frontier police 邊界警察

Frontier ports 國際口岸；邊境口岸

Frontier rectification 邊界更正

Frontier region 邊疆；邊區

Frontier regulations 邊界章程

Frontier station 邊界站

Frontier tax 國境稅；邊境稅

Frontier technology 尖端技術；邊緣技術

Frontier town 邊界城鎮

Frontier trade 邊界貿易（邊境貿易俗稱"邊貿"）

Frontier traffic 邊界交通

Frontier transit 邊界過境

Frontier water 邊界水域

Frontier zone 邊界地帶

Frontiers of knowledge 知識領域

Fronting and abutting 〔美〕接壤；交界

Front-Line States 〔非〕前線國家

Front-loaded spending 前期投入的消費

Frontsman 掛名負責人；出面人物；店前銷貨員

Frost insurance 霜害保險

Froth extinquisher 泡沫滅火器

Frozen account 凍結賬戶

Frozen assets 凍結資產

Frozen credits 凍結信用貸款

Frozen deposits 凍結銀行存款（指由於公司破產或資不抵債時不許提款，但不要求納稅人可不報告其被凍結存款的利息）

Frozen loans 凍結債款；呆賬

Frozen sea 凍海

Frozen snake 〔諷〕忘恩負義；以德抱怨

Fruit 〔美〕樹籽；產物；(行為) 後果；成效；效果

Fruit and the tree doctrine 〔美〕不得轉讓收益原則（個人財產或服務收入不得轉讓而避稅的法院原則）

Fruit of the body 胎兒；子孫；子女

Fruit of the poisonous tree doctrine 〔美〕毒樹之果原則（指非法搜查或訊問所取得的不利於被告的證據不可採用的原則）

Fruiter 運水果的船

Fruiterer 水果商

Fruitful 有利的；有效果的；收穫很多的

Fruits 〔複〕成果；收入；收益；報酬

Fruits of crime 犯罪所得物

Frumstoll 〔撒〕主宅；居所；故居

Frustrate liberalisation commitments 自由化的承諾落空（使放寬貿易限制的承諾落空）

Frustrate policymakers' good intentions 違背決策者良好的意圖（使決策者良好的意圖落空）

Frustrate the intent of the provisions of the Articles of Agreement of the International Monetary Fund 〔關貿〕妨礙國際貨幣基金協定各項規定意圖的實現

Frustrate the objectives of this Agreement 阻礙本協定目標的實現（指紡織品和服裝協定而言）

Frustrated 變得不能履行的；挫折的；落空的

Frustrated contract 不能履行的契約（指與法規相抵觸，抑或契約內容錯誤等意外事件所致）

Frustration 目的實現受挫；合同落空（契約因意外事件而不能履行，例如指目標的物毀滅所致）；航次受阻；〔香港〕不能履行（1. 立約一方當事人死亡；2. 履行契約成為非法的；3. 政府不允許履約）

Frustration clause 航程中止條款（指萬一承運貨物因戰爭而滅失時免除承保人的責任）

Frustration of adventure 航程受阻；航程中止

Frustration of contract 合約落空（指特定的標的物不存在，因而終止履行合約）

Frustration of purpose doctrine 契約宗旨受挫原則（由於契約簽訂後因不可預見的特殊情況不能履行，因而解除承諾人義務的原則）

Frustration of the voyage 航次受阻

Fuage, fouage, or feuage 〔英〕爐火稅

Fuel 燃料；薪炭

Fuel endurance 續航距離

Fuel exporter 燃料出口商

Fuel tax 燃料稅

Fuelling service 燃料補給服務（指空運等的）

Fuer 〔英古〕逃跑；不出庭（有兩種情況：事實上逃跑 "fuer in fait"；法律上不出庭 "fuer in ley"）

Fuer in fait (or fuer in facto) 事實上逃跑（指某人顯然已逃跑）

Fuer in ley (or fuer in lege) 法律上的逃跑（指被告不應傳出庭，法律上解釋為逃跑）

Fuero 〔西〕法律；法典

Fuero de las leyes 〔西〕卡斯蒂利亞法典（1255 年）

Fuero de Leon 〔西〕萊昂法典（公元 1020 年）

Fuero de los Espanoles 〔西〕西班牙憲章（1945 年佛朗哥將軍批准賦予公民個人自由，一個通向民主的政體）

Fuero Juzgo 〔西〕西哥特蠻族法

Fuero Real 〔西〕里亞爾法典（公元 1255 年）

Fuero Viejo de Castilla 〔西〕舊卡斯蒂利亞法典

Fueros de Aragon 阿拉貢法典

Fugitation 逃亡罪（指刑事犯如拒不應傳到庭答辯，法院即宣判其逃亡罪，包括沒收其財產歸國有）

Fugitive 逃亡者；亡命者；逃犯

Fugitive criminal 刑事逃犯

Fugitive deserter 逃犯（叛逃犯）

Fugitive Felon Act 〔美〕逃亡重罪犯法

Fugitive from justice 逃犯；失踪的犯人

Fugitive offender 逃犯

Fugitive Slave Law 〔美〕逃亡奴隸法（1793−1850 年）

Fugitive soldier 逃兵

Fugitive troop 逃亡部隊

Fugitive's goods 〔英〕逃犯物品（指盜竊犯所拋棄的贓物）

Fugitivewitness 逃亡的證人

Fugue 浮客證；神游

Fulfill *v.* 執行；履行；付諸實施

Fulfill a legitimate object 實現合理的目標

Fulfill an obligation 履行義務

Fulfill day-to-day's work such as issuance of passports, visas, notarisation and authentication, adoption cases and relative legal matters 〔領事〕完成日常工作，諸如頒發護照、簽證、公證和認證、收養案件及有關法律事務

Fulfill the legal requirements of the importing Member 〔世貿〕符合進口成員的法律要求

Fulfill the objectives (of) 實現…目標

Fulfill trade policy conditions 〔世貿〕履行貿易政策的條款（條件）

Fulfillment 履行；行使；履行日期；完成；清償

Fulfillment date 履行日期

Fulfillment of a claim 清償債務

Fulfillment of contractual obligations 履行合約義務

Fulfillment of plan 完成計劃

Fulfillment of responsibility 行使職責；履行職責

Full 充足的；充滿的；裝滿的；完備的；完全的；完善的；正式的；詳盡的；到期的

Full access 全權使用

Full age 成年；法定年齡（中國定為 18 歲，英、美定為 18 歲和 21 歲）

Full Amount Anticipatory Credit 全部預支信用證（允許受益人在貨物裝運交單前支取全部貨款的信用證。此種信用證僅憑出口商的光票付款，相當於一般的預付貨款。但也有要求在出具光票的同時，向出口地銀行附交一份保證按期裝運和提交所需貨運單據的聲明）

Full answer 全面答辯（指普通法抗辯中詳細陳述事實的完整答辯格式）

Full asset settlement 全部資產清算

Full belligerency 完全交戰狀態

Full Bench 〔蘇格蘭〕合議庭（指由高等刑事法院三位法官，甚至是五至七位法官審理的刑事上訴案件）

Full beneficial ownership 完全收益所有制

Full blood 全血親（緣）；純血統（指同父同母）

Full brothers 親兄弟；同胞兄弟

Full capacity level 完全生產能力水平

Full cash value 全部現金價值；商品平均價值

Full compatibility with the WTO obligations 與世貿組織的義務完全一致

Full compensation 充分補償；全額賠償

Full conformity with the principle of national treatment 完全符合國民待遇原則

Full consultation 全面協商；全面磋商；充分協商

Full consultation procedures 〔世貿〕充分協商程序（為國際收支故要採取限制進口措施之前四個月即請求"國際收支差額限制委員會"協商，如不提出請求，委員會主席也應邀請該成員方舉行協商）

Full container load (FCL) （集裝箱）整箱貨

Full copy 完整副本（指訴狀或答辯的全文及其一份全部證據完整副本）

Full Corporate Offer (FCO) 責任供貨函；軟報盤

Full council 全體會議

Full court 合議庭；全體法官出席審判

Full Court of Divorce 〔英〕離婚合議庭（由一名常任法官和兩位前離婚的婚姻案件法院成員組成的一種法庭，已於 1881 年併入上訴法院）

Full cousin 親堂（表）兄弟；親堂（表）姐妹

Full covenants 完全擔保合約（含土地佔有擔保合約；轉讓擔保合約；充分安寧享用擔保合約）

Full coverage 全部責任保險；完全承保

Full crew laws 〔美〕正式鐵路乘務員法

Full defense 全面答辯；全面防禦

Full disclosure 充分披露；完全公開（指向消費者全部公開

交易的詳細情況，或依選舉法規定，如實向公衆公佈競選經費來源情況）

Full employment 完全就業，充分就業

Full employment multiplier 乘倍數就業

Full endorsement 完全背書；記名背書（指把錢付給指定的人收，其區別於"blank endorsement"）

Full faith and credit clause 〔美〕充分誠信條款（憲法第 4 條第 1 項的條款，規定在美境內的各州必須相互承認彼此的制定法、公判錄和私法判決）

Full faith and credit debt 〔美〕市政信用債務；充分誠信的債務（指政府等所欠以以稅收擔保償還的債務）

Full fledged member 正式成員

Full force and effect 充分有效；完全有效

Full freight 全部運費（指租船契約訂定的）

Full hearing 充分聽證（不僅包括有權出示證據，而且應給反對方當事人提供合理的機會了解對方的債權請求，並且會見他們）

Full house 全體出席（特指議會成員）；滿座，客滿

Full indorsement 記名背書；完全背書；特別背書（指名付給特定人的款項的背書）

Full Information Maximum Likelihood (FIML) procedure 全部信息最大可能性程序

Full installment 全額攤付；付清全部金額

Full insurance 〔保〕足額保險

Full interest admitted 承認全部可保權益（指發生損失時可按保單上規定得以補償）

Full judicial personality 完全的法人資格

Full jurisdiction 完全管轄權

Full liabilities 全部責任；完全責任

Full life 完全生存（事實上生存、法律上也未受民事死亡判決，事實上與法律上的生命）

Full line 整股；滿載；全套貨物；各種貨物

Full lot 標準的買賣單位；買賣單位；一批；一張；整批貨物；整數批量

"Full market" category 〔聯〕"十足市場租金"類（房地產收租辦法之一）

Full member 正式成員

Full name 姓名；全名

Full neutrality 完全中立

Full of iniquities 惡貫滿盈

Full paid 全部付訖（全部交付）

Full paid (capital) stock 全部繳清的股本

Full participant 完全參與人；正式與會者

Full pay 全薪

Full payout 費用全付

Full performance 全部履行

Full powers 全權證書

Full powers instrument 全權文件

Full premium if lost (F.P.I.L.) 全損時補繳全部保險費（定期租賃的船舶保費一般是分期繳付，一旦該船在保險期間發生全損時，被保險人應補繳所餘未繳付的保費。此為倫敦保險市場對定期船舶保險常用的一個條件）

Full proof 充分證明（指有兩個證人或一個公開契據，使陪審團對爭議事實真實性證據感到滿意，從而解除其所有合理的懷疑）

Full qualification 完全資格

Full range of cooperative partnership with the times, the 與時俱進的全方位合作夥伴關係（2015 年 11 月 6 日，習近平主席應新加坡總統陳慶炎邀請訪問新加坡期間，兩國一致同意將中新關係定位為"與時俱進的全方位合作夥伴關係"，並啓動中新自由貿易協定升級談判）

Full returns 退還保險費（指船舶停航或注銷其保險時可退回保費）

Full rights 全權；完全權利（全權享有實際佔有的良好所有權）

Full rights to trade 充分的貿易權

Full settlement 全面解決；全部厘清（指當事人間調解所有懸而未決的問題並解除彼此以前的債務）

Full signature 正式簽署；完全簽字

Full sister 親姐妹

Full sovereign state 完全主權國

Full sovereignty 完全主權

Full speed ahead 〔海法〕全速前進

Full speed astern 〔海法〕全速後退

Full subject of international law 完全的國際法主體

Full text 全文

Full time 專職的；全日制的

Full time labour 〔總稱〕全勞動力

Full time service 專任職務；〔英〕正規軍的現役

Full title 全稱

Full value 全值；全額；足額

Full value insurance 全值保險；足額保險

Full-cost pass-through 把貶值的成本全部轉嫁到國內價格上；全部資本轉嫁

Full-employment budget surplus 充分就業預算盈餘

Full-fledged diplomatic representative 〔領事〕全能的外交代表

Full-line forcing 強制交易；經銷每一種產品

Full-paid-up share 繳足股份（全部付清股款）

Full-time 專職的；全日制的

Full-time agent 專職代理人（全職代理人）

Full-time arbitrator 專職仲裁員

Full-time job 全日工作職位

Full-time magistrate 專職承審員

Full-time representative 專職代表（意指全日制而不兼任他職的）

Full-time student 全日制學生

Full-trap 偽刑事；偽巡查

Fully administered 全部執行完畢（指全部遺產已處理完畢無餘款可資償還新債權的抗辯，釋義見"plene administravit"）

Fully competitive conditions 〔關貿〕充分競爭的條件（指可對獨家代理商以外者給予同樣特殊折扣價格的待遇）

Fully Funded Revolving Documentary Letter of Credit (FFRDLC) 全額可循環信用證

Fully paid policy 完全付清的保險單

Fully paid-up stock 繳足股份（股金全部付清的股份）

Fully secret trust 完全秘密信托

Fully underwritten offer 全面包攬的要約

Fumage 〔英古〕煙囱稅（1662–1688 年）；肥料

Fumigation fee (expenses) （船舶的）熏艙費用

Function *n. & v.* I. 職務；職責；職能；任務；II. 履行職責；起作用；工作；操作；運行

Function in an acting capacity　代行職權
Function of rule observance　遵守規則的職能
Functional analysis　〔美〕功用分析説（旨在以調和衝突方法來解決私法衝突，其可解決州際間法律衝突，但該理論在國際私法衝突中則難以適用）
Functional basis　司職準則
Functional capacity　職能性能力
Functional claim　智能性權利主張
Functional classification of expenditure　按開支用途分類
Functional commission　司職委員會；職能委員會
Functional committee　職能委員會
Functional depreciation　功能性折舊
Functional discount　職能性折扣
Functional disease　官能病；功能性疾病（指人體的器官功能運行梗阻，其有別於 "organic disease"）
Functional federation　職能性聯邦
Functional foreman　專門工頭；專門領班
Functional groupings　機能的集體組織
Functional immunity　職能性豁免
Functional institution　職能性機構
Functional international institution　職能性國際機構
Functional interpretation　職能解釋
Functional jurisprudence (or functional school of jurists)　功利法理學（或功利法學派）（屬社會學法學，又稱社會實證主義法學，功利主義原則既是倫理也是立法原則，其學説的核心是法律在社會上的作用）
Functional middleman　機能的商人（指專取佣金的掮客）
Functional necessity　職能需要
Functional obsolescence　功能性報廢（指設備型號陳舊過時，效能低下）
Functional organisation　機能機構（職能性組織）
Functional protection　職能保護
Functional representation　職能代表制
Functional theory of international regime maintenance　維繫國際制度的職能性理論
Functional transfer　職務調動
Functional zone　職能區
Functionality　功能性（商標）；第一用戶專利權（根據商標專利法，只要非職能性的，就允許保護其形狀結構或彩色圖案的原則）
Functionary　官員；公務人員；（公司）職員；工作人員
Functioning of the GATT system (FOGS)　關貿總協定制度的運行
Functioning of the international trading system　國際貿易制度的運行
Functions and powers　職權（職責及權力）
Functions and powers of the state　國家職能
Functions of sanctions　制裁作用
Functions of the consulate come to an end　領事館職務的終止
Functions of the IMF, the World Bank and the WTO　國際貨幣基金組織、世界銀行及世貿組織的職能
Fund　n. & v. I. 資金；基金；專款；基金會（大寫）；〔複〕存款；現款；運用資本淨額；II. 提供資金以生利息；把短期借款轉化為有固定利息的長期借款；融資
Fund certificate　基金證券；基金證明書；出資證券

Fund for compensation awards　補償金基金
Fund for Cooperation, Compensation, and Development　〔基金〕用於合作、補償和發展的資金
Fund for relief　救濟基金
Fund for special use　專用基金
Fund for U.N. Environmental Programme　〔聯〕環保規劃署基金
Fund holder　證券持有人；〔英〕公債持有人
Fund holders tax　公債所得税
Fund holdings of currencies　〔基金〕國際貨幣基金組織擁有的貨幣
Fund in court　〔英〕存放於法院的資金（一般由心神失常者、所有權有爭議者及應由中間人保管的資金）
Fund liquidity　〔基金〕國際貨幣基金組織（債務、債權的）確定性（償債能力）
Fund loans for development projects　為發展項目提供資金貸款
Fund of machinery depreciation　機械折舊償還基金
Fund Office in the United Nations, N.Y.　〔基金〕國際貨幣基金組織駐紐約聯合國辦事處
Fund quota　〔基金〕國際貨幣基金組織的份額（通稱 "基金份額"）
Fund raising　資金籌措
Fund review mission　〔基金〕國際貨幣基金組織審議任務（指審議某項規劃）
Fund transfer　資金轉讓
Fund's General Account　〔基金〕國際貨幣基金組織的普通賬戶；國際貨幣基金組織總分類賬
Fundamental　根本的，基本的；主要的
Fundamental breach　重大違約；根本違約（例如有違反基本條款或或義務的情況）
Fundamental capital　基礎資金
Fundamental change　根本的變革；基本改變
Fundamental change of circumstances　情況的基本改變；情勢基本變遷
Fundamental character　基本性質
Fundamental conditions　基礎條件；根本條件
Fundamental Constitution of Carolina　〔英〕卡洛萊納根本法
Fundamental contribution to the understanding in the third world of the importance of trade liberalisation　〔世行〕對第三世界了解貿易自由化重要性的重大貢獻
Fundamental duties　基本義務
Fundamental duties of citizens (of P.R.C.)　〔中〕公民的基本義務
Fundamental duties of states　國家的基本義務
Fundamental error　根本性錯誤；重大錯誤
Fundamental fairness doctrine　基本公平原則（以適用於司法程序的正當法律程序）
Fundamental freedom　基本自由
Fundamental functions　基本職能
Fundamental goal　基本目標；根本目的；基本目的
Fundamental human rights　基本人權
Fundamental law　基本法；根本法（指憲法而言）
Fundamental obligations　基本任務；根本任務
Fundamental Orders of Connecticut and New Haven　〔美〕康涅狄克和紐黑文基本規章（1636-1818 年）

Fundamental principle　基本原則

Fundamental principle of non-discrimination　非歧視性的基本原則；無差別待遇的基本原則

Fundamental principle of WTO jurisprudence　世貿組織法理學的基本原則

Fundamental principles of governmental administration〔中〕國家行政管理的基本原則（即人民在國家生活中的基本權利和行政權應受法律約束等維護人民權益的原則）

Fundamental right(s)　基本權利

Fundamental rights and duties of citizens　公民的基本權利和義務（指為國際法所確認的獨立權、平等權、管轄權和自衛權的國家基本權利及其負有不侵犯他國基本權利的義務）

Fundamental rights and duties of states　國家的基本權利和義務

Fundamental rights of men　基本人權

Fundamental rights of states　國家基本權利

Fundamental risk　基本危險

Fundamental role　基本作用

Fundamental unit　基本單位

Fundamus〔英〕我們創設的（指由英王御准所創立之公司正式用語）

Fundator　發起人；奠基人；創辦人；捐贈者（=founder）

Funded　固定基金的；設定基金的；已積累基金的

Funded debt　融資債務；長期債務；固定債務

Funded indebtedness　擔保負債（有保證的負債）

Funded liability　長期借款；固定公債

Funded life insurance trust　附有資金的人壽保險信托

Funded pension plan〔美〕資金累積式退休金計劃（指公司按僱員退休所得保障法設立累積資金以供應現在和將來退休僱員給付義務的計劃）

Fundholder〔英〕公債持有人；證券持有人

Funding　提供資金；〔美〕債務轉期（指為籌措基本建設支出而發行長期債券替換短期負債，或換之為長期公債以供退休金和福利等經常性財政支出）；〔香港〕資金來源（主要有：1. 鈔票持有人向銀行存款；2. 來自香港兩家銀行：匯豐銀行和渣打銀行發行的鈔票）

Funding Act〔英〕公債條例（1790 年）

Funding system〔美〕債務轉期法；投資金於公債法（指借錢以支持政府開支的做法，設立償債基金以期逐步有效地降低本息的辦法）

Fund-in-trust　信托基金

Fund-monger　公債經紀人；股票掮客

Fund-related asset〔基金〕與國際貨幣基金組織有關的財產

Funds for construction　建設資金

Funds for extending credit　信貸資金

Funds General Account〔基金〕基金普通賬戶

Funds raised by oneself　自籌資金

Funds (articles) received as bribes　贓款（物）

Funeral expenses　喪葬費

Fungible　*a. & n.* I. 替代的；可互換的；II.〔複〕可代替物；代用物；類同物（可稱、可數的、可量的，例如穀物或錢幣）

Fungible thing　可代替物

Furlong〔英〕弗隆，浪（英國長度單位 =1/8 里或 201.167 米）

Furlough　休假；請假；准假（指軍人及在國外工作的政府官員等）；准假證

Furnish　*v.* 供給，提供；裝備

Furnish fresh evidence　提供新的證據

Furnish information and advice　提供信息和意見

Furnish non-confidential summaries　提供非機密的摘要

Furnish technical assistance　提供技術援助

Furnish the information available　提供現有資料；提供所掌握的情報資料（指世界奶製品市場需求信息等）

Furnish with　提供

Furnival's Inn〔英〕弗尼瓦爾律師協會（=inns of chancery）

Further advance (or charge)〔美〕追加貸款

Further assurance　附加蓋印契約；再擔保合同（副證書）

Further calls　未付股金的催告繳付

Further consideration　進一步審議

Further copyright〔香港〕後者的版權（例如改編和翻譯別人的作品等所獲取的版權之謂）

Further hearing (or further proceedings)　再審；進一步審理；重新審理（指根據上訴法院指示對本案繼續進行審理）

Further instructions　進一步指示；追加指示；附加的訓示（指一般情況下，因陪審團對適用法律上沒有把握而要求法官再給予指示，法官應其請求而補充的指示）

Further investigation　進一步調查

Further proof of　進一步證明

Furtherance　促進；推動

Furtherance of offence　助長犯罪

Furtive　偷偷摸摸的；鬼鬼祟祟的；偷來的

Fuse of the rocket　火箭引信

Fusion of states　國家的混合

Futhwite, or fithwithe　鬥毆罰金；擾亂治安罰款

Future acquired property　破產程序開始後取得的財產（釋義見 "after acquired property"）

Future advance clause　追加貸款條款；後得財產抵押條款（指追加型抵押或信托契據中的允許將來追加部份借貸款項）

Future advances　追加貸款

Future benefit　未來利益；將來利益

Future course of prices　將來價格

Future damages　未來的損害賠償金

Future debt　未到期的債務

Future delivery　遠期交貨；遠期交割

Future earnings　未來的收入（指補交給原來所受的傷害而迄今未給付的款項）

Future estate〔美〕將來地產權（指將來佔有生效的不動產物權）

Future goods　期貨（指非現存和驗定的財產，諸如銷售的合約）

Future interests〔美〕未來權益（指將來而不是現在對動產或不動產、贈與或信托其他財產權益的佔有或享有的特權）

Future performance　遠期履約；延期履約

Future property　後取財產；未來財產；期待財產

Future right　未來權利

Future use　將來用益權

Future value (or terminal value)　未來值；終值（指以現在的現金數額而估計未來增長的價值利率）

Futures　期貨；期貨合同

Futures business　期貨業務

Futures contract　期貨合同

Futures exchanges　期貨交易所
Futures market　期貨市場
Futures trading　期貨貿易；期貨交易
Fyrd　〔撒〕陸軍；國民軍 (是盎格魯‧撒克遜時代的英格蘭
　民兵組織)

Fyrdfare　〔撒〕軍事徵召令 (指應募參加軍事遠征軍)
Fyrdsocne or fyrdsoken　〔撒〕兵役豁免
Fyrdwite　〔撒〕懈怠應徵服兵役的罰金；逃兵罰金；軍中謀
　殺者罰金；豁免軍中謀殺者罰金

G

G-1 visa　〔美〕G-1 簽證 (指由美國駐外使、領事館頒發給申
　請前往駐美國際組織各會員國的主要代表及其隨員、直系親
　屬的簽證)
G-2 visa　〔美〕G-2 簽證 (指由美國駐外使、領事館頒發給申請
　前往駐美國際組織各會員國和其他代表及其直系親屬的簽證)
G-3 visa　〔美〕G-3 簽證 (指由美國駐外使、領事館頒發給申
　請前往駐美國際組織未被承認的外國政府、或非會員國的代
　表及其直系親屬的簽證)
G-4 visa　〔美〕G-4 簽證 (指由美國駐外使、領事館頒發給申
　請駐美國際組織官員或僱員及其直系親屬的簽證，諸如聯合
　國和國際基金組織官員或僱員及其配偶等的簽證類別)
G-5 visa　〔美〕G-5 簽證 (指由美國駐外使、領事館頒發給申
　請 G-1 至 G-4 的侍從、傭人或私人僱員及其直系親屬的簽證)
G20 (Group of Twenty Finance Ministers and Central Bank
　Governors)　二十國集團 (是一個國際經濟合作論壇，於
　1999 年 9 月 25 日由原工業發達國家八國集團和十二個新興
　國家的財長和央行行長在華盛頓召集會議，國際貨幣基金
　組織與世界銀行列席會議，旨在加強國際社會協作、共同應
　對金融危機和支持經濟增長達成一致，呼籲改革世界金融體
　系，防止類似危機再次發生，確保各個國家和地區的監管制
　度符合全球化的現代金融體系，以利於國際金融和貨幣體系
　的穩定；自此二十國集團遂告成立，史稱《二十國集團》，簡
　稱為 "G20")
G8 (Group of Eight)　八國集團 (始為 "六國集團" 成立於
　1975 年，簡稱 "G6"；1976 年加拿大加入後構成 "七國集
　團"，簡稱 "G7"；1991 年起俄羅斯應邀參與 "G7" 峰會的部
　份會議，至 1997 年被接納為成員國，變成 "八國集團"，簡稱
　"G8"，2014 年俄羅斯會籍被凍結，復稱 "G7"，史稱 "富國
　俱樂部")。
Gabel　(國內) 貨物稅；動產稅；租金；習慣；慣例；服務；
　〔歐洲〕稅；國產稅 (尤其用於歐洲大陸)；〔法古〕鹽稅 (也適
　用於其他工業產品稅)
Gabelle　〔法〕鹽稅 (尤指法國 1789 年大革命前所課的鹽務
　稅)；鹽稅局
Gag　v. & n. I.限制言論自由；II.〔英〕(議會下院) 限制辯論
　時間；終止辯論程序
Gag laws　〔美〕限制言論自由法 (指 1836 年國會通過法令規
　定，如果有關奴隸的請願不提交委員會處理或被出版發行是
　違反憲法第 1 條修正案的。已於 1844 年廢止)
Gag order　〔美〕限制言論令 (指法院指示：1. 限制不守秩序
　的被告要受憲法約束不要再打斷審訊令；2. 律師和證人不要
　和記者討論審理中臭名昭彰的人的案件，以確保對被告的公
　平審判；3. 記者不要報道法院訴訟案件或其中某個部份的法

令。但後一種命令最高法院認為有礙憲法的新聞自由規定而
被取消)
Gage　*n. & v.*〔英古〕I. 質；質押；典當 (指出讓動產以為抵
　債之擔保，其釋義同 "pawn"、"pledge")；〔法〕質押契約；
　典當契約；典當物；II. 質；當；典當；付款擔保；履行；
　打賭
Gage of land　〔英〕土地質押 (以土地乍為債務質押)
Gage Plan　〔美〕蓋奇法案 (1901 年關於美國銀行匯票和紙
　幣發行條件的修正法案)
Gagee　被質押物
Gager　質押 (=gage)
Gager de deliverance　〔英古〕保證交付；擔保返還 (指在回
　復佔有被扣押的動產訴訟中，被告提供牲畜擔保作為支付爭
　議動產的保證)
Gager de ley　宣誓斷訟法；宣誓滌罪法 (釋義見 "wager of
　law")
Gain　*n. & v.* I. 收益；利潤；增值；II. 賺取；獲得
Gain first-hand knowledge　〔領事〕取得第一手知識
Gain sharing　利益分成
Gain sharing process　利益分配方法；利益增給法
Gainage　耕作收益；耕種收益
Gainage land　〔英〕開墾出收益的土地 (指由羅姆尼海邊沼
　澤地開墾出來的土地)
Gainery　耕作；耕種；耕種收益 (使用耕牛的收益)
Gainful　有利益的；有收益的，賺錢的
Gainful employment　有薪酬的就業
Gainful occupation　有償職業；有報酬的職業
Gains from liberalisation　自由化的收益 (成果)
Gains from trade　貿易收益
Gaius　蓋尤斯 (公元 115−180 年，羅馬著名法學家)
Gale　〔英〕(定期交付的) 租金；稅金；年金；開礦特許權；
　採礦特許權費；(封建時代領臣向國王繳納的) 租稅；〔海法〕
　大風 (蒲福風級 7−11 級)；暴風
Gale day　〔英〕交付租金日
Gale of interest　定期交付利息；到期利息
Galea　海盜船 (古時卷宗用語)；〔軍〕艦長乘艇；游船
Gallagher agreement　(釋義見 "Mary Carter agrement")
Gallicanism　高盧主義 (主張限制羅馬教皇在法國權利及保
　留天主教的團體，1682 年)
Gallon　加侖 (英制相等於 4.546 升，美制相等於 3.785 升)
Galloping inflation　急驟的通貨膨脹；奔馳式通貨膨脹
Gallows　絞刑架；絞刑台；斷頭台；〔口〕絞刑；死刑
Gallows bird　受絞刑的人

Gallows ripe　應處絞刑的

Gallows tree　絞刑架；絞台

Gallup poll　〔美〕蓋洛普民意測驗

Galway jury　獨立的陪審官；賢明的陪審員

Gamble　v. 賭博；投機；冒險

Gamble in oil shares　進行石油股票投機 (投機買賣石油股票)

Gamble in the stock (exchange)　進行股票投機

Gambler　賭博者；賭徒；投機者

Gambling　賭博；打賭；投機；冒險

Gambling Act　〔英〕賭博條例 (禁止賭博保險法)

Gambling contract　賭博契約；打賭契約

Gambling device　賭具

Gambling house　賭場

Gambling in group　聚賭

Gambling place　賭場 (賭博場所)

Gambling policy　賭博保險單 (屬沒有保險收益的一種非法的人壽保險)

Game　野生動物；獵物 (指狩獵野生的鳥獸)；賭博

Game license　〔英〕狩獵許可證；狩獵執照

Game of chance　賭博；博彩

Game of hazard　賭博

Game of trade in services　服務貿易遊戲

Game preserve　禁獵區

Game theory　博奕論 (指 WTO 的遊戲規則)

Game-keeper　〔英〕獵場看守人

Game-laws　〔美〕狩獵法 (指保護野生動物，禁止或完全禁止捕殺特定的獵物)

Gamester　賭棍；賭徒 (特指犯罪團夥成員、盜賊人等)

Game-tenant　狩獵場 (或漁場) 承租人

Game-theoretic　策略運籌論的；博奕論的 (一種研究縮小經營企業損失的方法論)

Gaming (or gambling)　賭博；博奕；賭博性，打賭性

Gaming contract　賭博契約；(=gambling contract)

Gaming debt　賭債

Gaming device (=gambling device)　賭具

Gaming house (=gambling place)　賭場

Gaming transactions　賭博交易

Ganancial　〔西〕夫妻共有財產的

Ganancial property　〔西〕夫妻共有財產 (夫婦共同財產權的一種，離婚時各有平分的權利)

Gananciales　a. & n. I.〔西〕夫妻共同財產的 (結婚期間取得的財產)；II. 夫妻共有財產 (解除婚姻時，雙方予以平分)

Ganancias　〔西〕收益；利潤

Gang　犯罪團夥；一夥歹徒；幫夥；團夥；幫會

Gang fighting　結夥鬥毆

Gang leader　團夥頭目；幫會首領

Gang of Four　〔中〕"四人幫" (指 1966 年 5 月 16 日開始的文化大革命中，以江青、張春橋、姚文元、王洪文四人為首的反革命集團)

Gang of hooligans (or hoodlums)　流氓集團

Gang piece rate　(按組的) 計件工價

Gang robbery　結夥搶劫

Gang war　(歹徒幫派間) 打羣架

Gang work　隊組工作

Gang-bang　流氓集團的集體淫亂行為

Gangbuster　取締流氓組織的執法人員

Ganger　工長；領班；工作隊長；工頭；監工

Gangiatori　〔古〕負責檢查度量衡的官員

Gangland　黑社會；強盜世界 (指有組織地進行暗殺等罪惡活動)

Gang-master　工長；把頭

Gangster　〔美〕匪徒；流氓；歹徒；暴徒 (指盜匪等犯罪集團成員)；罪犯同黨；入幫者

Gangsterism　強盜行為

Gang-way man　舷門看守人

Gante lope　〔軍〕鞭笞 (對犯罪軍人的一種刑罰)

Gantt bonus plan　甘特式獎金工資制

Gaol　〔英〕監牢；拘留所

Gaol bird　囚犯；慣犯；流氓

Gaol delivery　〔英〕監獄出空 (從監獄釋放囚犯)；提審未決囚犯委任狀；(=jail delivery)

Gaol fever　(從前監獄中流行的一種) 惡性傷寒

Gaol limits (=gaol liberties)　監獄自由活動區 (指允許囚犯在監獄劃定的區域範圍內自由活動並確保返回，意即所謂 "放風" 地方)

Gaol sentences　徒刑

Gaol sessions　〔英〕監牢法庭 (已於 1877 年移交內務大臣管理)

Gaoler　〔英〕監獄看守 (=jailer)

Gaoleress　監獄女看守

Gap financing　虧空融通資金；虧空籌資；需要提供保證金的投資

Gap in the law　法律上的缺漏

Garage insurance　車庫保險

Garage keepers' legal-liability insurance　車庫管理人法定責任保險

Garage liability insurance　車庫責任保險

Garandia or garantia　保證；保證書

Garantie　〔法〕擔保；保證

Garble　v.〔英〕選擇；精選；篩選 (指對挑選出壞的香料、藥品等)

Gard or garde　〔法〕監護；照管；監管；(城市) 行政區

Gardein　〔法〕保管員；監護人

Garden party　遊園會

Garner the gains from trade　從貿易上得到收入

Garnestura　〔英古〕(城鎮或城堡的) 戰備品；軍需

Garnish　v. & n. I.〔美〕警告；通知；傳喚 (因甲乙雙方爭論而傳訊第三者)；向第三者頒發出庭命令的訴訟手續；扣押債權；II.〔英〕勒索入獄費 (指老囚犯向新囚索要入獄費)；扣押第三債務人財產 (指判決敗訴債權人的財產被扣押在第三債務人手中，法院通知他不予賠付)

Garnishee　第三債務人 (指佔有屬被告的金錢或財產的人、或欠被告債務的人，但是項金錢、財產或債務已被法院扣押，即：受到法院扣押令限制，債務人不得償還直接債權人而應償還取得終局判決的人)；向第三債務人發出債權扣押令

Garnishee order　扣押令 (=Garnishment)

Garnishee proceedings　扣押債務人在第三者手中債權的訴訟

Garnishment　扣押債務人在第三者手中財產的程序；扣押被告財產的通知 (根據美憲法第 14 條修正案，正當程序的規定要求)

Garnishor　〔美〕對第三債務人的債權申請扣押的債權人

Garrison and regimental court 衛戍及聯防軍法會議

Garrison court martial 軍法會議

Garroting 〔西、葡〕勒喉搶劫罪（指以搶劫為目的勒死別人的犯罪行為）；使用鐵環的絞刑（用以勒死罪犯的方法，用於葡、西等國）

Garrotte *n. & v.* I.〔西〕絞刑；絞刑刑具；勒死繩索（以搶劫為目的絞死別人的犯罪行為）；II. 處以絞刑；勒殺搶劫；以鐵環等勒死

Garsumme 〔英古〕罰金；罰款

Garter 〔英〕嘉德勳位（英國爵士中最高的榮譽勳位）

Garth 〔英〕庭院；花園；圍場（指房屋或教堂的四圍）；魚欄（指設置於河中捕魚的籬笆或圍牆）

Gas buoy 掛燈浮標

Gas chamber 〔美〕死刑毒氣室（美國有些州所用）

Gas sold 售氣量（出售的油氣量）

Gas warfare 毒氣戰

Gaseous pollutant 氣體污染物

Gasoline tax 〔美〕汽油稅（指由聯邦和州政府課收的汽油貨物稅）

Gate house 城門上面（或旁邊的）房屋（舊時用以監禁犯人或供守門人使用）

Gather information 搜集信息；搜集資料

Gather intelligence information 搜集情報

Gather statistical information 搜集統計資料

Gathering 捐款；結集，聚集

Gathering of data (=collection of data) 數據的結集；資料的搜集

Gathering of deposits 聚集存款

Gathering of funds 聚集資金

Gathering of savings 聚集儲蓄

GATS work programme 〔世貿〕服務貿易總協定工作計劃（方案）

GATT Activities 《關稅與貿易總協定活動》（關貿的刊物）

GATT Annual Report 《關稅與貿易總協定年報》（關貿的刊物）

GATT Anti-Dumping Code 關貿總協定反傾銷守則

GATT Articles of Agreement 關貿總協定的協定款

GATT Articles of Agreement 關貿總協定的協定條款

GATT Articles related to the trade restrictive and distorting effects of investment measures 〔關 / 世貿〕與投資措施的貿易限制和扭曲影響相關的關貿總協定條款

GATT concept of national treatment 關貿總協定的國民待遇概念

GATT contracting parties 關貿總協定締約國；關貿總協定締約國全體（大寫時意為）

GATT Council 關貿總協定理事會；關貿總協定組織委員會（指在表決權方面，關貿委員會對申請國設有免除義務和加入的批准權）

GATT Customs Valuation Code 關貿總協定關稅估價守則

GATT Customs Valuation Code 關貿總協定關稅估價準則

GATT focus 《關貿總協定透視》（關貿的刊物）

GATT in the formulation of trade-reform objective in loan programme 關貿總協定制定貸款計劃的貿易改革目標

GATT law and practices 關貿總協定的法律與慣例（指 GATT 所主持舉辦的八輪多邊貿易談判期間所制定的法律和形成的學術會議的慣例）

GATT legal obligations 關貿總協定的法律義務

GATT legal system 關貿總協定的法律制度

GATT model 關貿與貿易總協定的模式（關貿組織的特點是：1. 它的締約方是由政府簽署契約產生的、並由此承擔義務、取得權利；2. 它的秘書處本質上沒有實權、沒有對契約的解釋權，而只有締約方才有對政府所簽契約的解釋權）

GATT national treatment provision 關貿總協定國民待遇條款（規定）

GATT panel ruling 關貿總協定專家小組裁定

GATT Protocol Relating to Trade Negotiation among Developing Countries 〔關貿〕關貿總協定中有關發展中國家間貿易談判的議定書

GATT rules-based multilateral trading system 關貿總協定以規則為基礎的多邊貿易制度

GATT study group on services 關貿總協定服務業研究小組

GATT "Studies in International Trade" 關貿總協定《國際貿易研究》（關貿的刊物）

GATT tradition of tariff-line by tariff-line negotiations 關貿總協定關稅細目逐條談判的傳統

GATT Working Party on Environmental Measures in International Trade 關貿總協定關於國際貿易環境措施工作組

GATT/WTO law and jurisprudence 關貿 / 世貿法律和判例

GATT's distinctive jurisprudence 關貿總協定富有特色的法律體系

GATT's environmental provisions 關貿總協定的環境條款

GATT's general clauses 關貿總協定一般條款

GATT's legal machinery 關貿總協定的法律機制

Gauge note 計量證書

Gaugeator (=gauger) 〔英〕計量員；計量官；收稅官（檢查徵收國內貨物稅）

Gauger 〔英〕計量員；計量官；收稅官（檢查徵收國內貨物稅）

Gauging-rod 計量竿，計量器（收稅員測算容量等用）

Gauntlet 夾笞刑（執行夾笞刑的兩排人）

Gautamadharmasutra 〔印〕喬達摩法經（約公元 10 世紀中葉）

Gaval 貢金；通行稅；關稅；年租金

Gavel 法錘（法官、會議主席及拍賣員用的）；〔英〕貢金；通行稅；年租金；租稅；〔中〕驚堂木（封建衙門審案時，主審官吏拍案所用以示聲威的木塊）

Gavel bred 實物地租（指以玉米等繳納的地租）

Gavelgeld 年收益；年貢稅

Gaveling men 除繳納習慣捐稅外應支付保留租金的承租人

Gavel-kind 〔英〕根德郡土地保有習慣（根德郡土地保有習慣規定，死者土地傳由其所有兒子或最近親者繼承；寡婦可擁有已故丈夫一半的土地）；平均繼承制習慣（指被繼承人無遺囑死亡時，其土地由其兒子們平均繼承；如無兒子則由其女兒們平均繼承；同時，該土地不因繼承人犯有重罪而被收歸國有；只要繼承人年滿 15 歲即可轉讓其土地。這種繼承制習慣已於 1925 年廢止）

Gavelkind Act 〔愛爾蘭〕土地平均繼承法（1704 年刑法之一規定：一信奉天主教徒死亡，其土地由其兒子們平均繼承，但如其兒子中有一個信奉天主教則全部土地由該兒子繼承）

Gavelking land 〔英〕根德郡特種土地習慣保有法（根德郡地區習慣上存在的特種土地保有方法）

Gavel-man 有義務繳納租稅或貢賦的承租人

Gavelwerk 習俗勞役 (指由佃農本人或以其馬車供役)

Gazette 〔英〕政府公報；憲報

Gazette of the Standing Committee of the National People's Congress 〔中〕全國人民代表大會常務委員會公報

Gazette of the State Council 〔中〕國務院公報

Gazette of the Supreme People's Courts 〔中〕最高人民法院公報

Gazetted 〔香港〕在政府《憲報》上發表 (指所有破產接管令的通告均須由破產管理官在《憲報》上發表)

Gazetteer 新聞記者

Gazumping 〔英〕爽約；撤回契約 (指賣主撤回已同意 "以簽訂契約為條件" 土地買賣契約，以便賣給出價更高的買主)

GDP per capita 人均國內生產總值

Gearing ratio 〔行〕資本與負債的比率結合；資本搭配比率 (亦稱為 "capital gearing")

Gebocced 〔撒〕被轉讓的

Gebocian v.〔撒〕轉讓；轉讓特許狀保有地

Gebrauchsmuster 〔德〕專利 (按照德國法頒發的)

Geld 〔撒〕金錢，貢賦；價值；價格；犯罪賠償金；罰款；捐稅 (盎格魯撒克遜和諾爾曼王朝時期地主應向君主繳納的)

Geldable 應納捐稅的；應納稅的

Gemot 〔撒〕會議；集會；公衆聚會；百家村法庭

Gencon 根康格式 ("統一雜貨租船合約"，國際上認可的旅程船舶租約兩格式之一)

Gencon' charter-party 〔英〕根康租船合約 (著名統一雜貨租船合約)

Gendarme 憲兵

Gendarmerie 〔法〕警察總隊；憲兵隊

Gendarmerie international 〔法〕國際憲兵

Gendarmerie Nationale 〔法〕國民憲兵隊

Gene 基因

Genealogy 家譜；族譜；宗系；世系；系譜學

Genealogy of English Law 英國法系 (英吉利法系)

Genealogy of Law 法系

Genearch 家長

Geneath 〔撒〕農奴；佃農；農民

General 一般的；普通的；全體的；概括的

General ability 一般能力

General acceptance 一般性承諾；一般性承兌 (不附帶保留條件的承兌)

General Accepted Accounting Principle (GAAP) 通用會計準則；公認的會計原理

General accident insurance 普通事故保險

General Account 總賬；總分類賬；總決算

General account(s) 總分類賬；總賬；普通賬戶；總決算

General Accounting Office (GAO) 〔美〕審計總署 ("審計總局" 成立於 1921 年)

General Accounting Office Act 〔美〕會計總署法 (1974 年)

General act 總議定書；總文件；公約

General Act for the Peaceful Settlement of International Disputes, 1928 和平解決國際爭端的總議定書 (1928 年)

General Act of the Brussels Conference Relative to the African Slave Trade 關於非洲奴隸買賣的布魯塞爾公約 (1890 年)

General Act of the Conference of Berlin Regarding

Africa 有關非洲的柏林公約 (1885 年)

General Administration for Industry and Commerce 〔中〕工商行政管理總局

General administration orders 普通行政管理命令

General administrator 無遺囑時的遺囑執行人

General affairs 總務

General agency 總代理；總經銷；一般代理；〔保〕總代理機構

General agency business 一般代理業務 (指不僅只為一間公司、個人，而且還從事公共事務代理)

General agent (GA) 一般代理人；總代理人 (具有關於特定業務或營業的全部事務包括代理權的人)

General agreement 總協定

General Agreement on Tariffs and Trade (GATT) 關稅及貿易總協定

General Agreement on Tariffs and Trade of 1947 (GATT, 1947) 1947 年關稅與貿易總協定 (是 "哈瓦那憲章" 第四部份與第一輪關稅減讓協定的名稱，以此作為各締約方在世界貿易中協調貿易政策、降低關稅稅率和數量限制等貿易壁壘、推動多邊貿易談判與貿易自由化的一個 "事實上的國際組織"，由中、美等 12 個發達國家和 11 個發展中國家，共計 23 個國家於 1947 年 10 月 30 日在日內瓦簽署)

General Agreement on Tariff and Trade of 1994 (GATT, 1994) 1994 年關稅與貿易總協定 (《1994 年關貿總協定》是世貿組織的組成部份，也是調整多邊貿易關係的法律與原則的基礎，其在 1947 年關貿總協定的基礎上從 1948 年至 1994 年跨越近半個世紀，經先後八輪多邊貿易談判，對 1947 年的關貿總協定做了許多修訂和補充，為、使其得以豐富和完善，從而使其從被視作一個 "行政性協議"，而成為一個比較完整的具有法律拘束力機制的新協定)

General Agreement on Trade in Services 〔關貿〕服務貿易總協定 (關貿總協定《烏拉圭回合》談判達成的)

General Agreement on Trade in Services (GATS) 〔關 / 世貿〕服務貿易總協定 (關貿總協定《烏拉圭回合》談判達成的，包括 29 條正文、6 個附件和 8 個部長會議決議。其中正文是服務貿易規則的核心內容，是成員方進行服務貿易應遵循的原則)

General alliance 一般性同盟

General amnesty 大赦

General and complete disarmament 全面徹底裁軍

General and conventional tariff system 普通及協定稅則制

General and security exceptions and subsidies 一般、安全例外和補貼

General Annual Licensing Meeting 〔英〕核查酒類銷售牌照年度總會 (有時稱其為 "Brewster sessions")

General annual report 年度總決算；年度總報告

General appearance 〔美〕一般應訴 (指被告放棄送達上的瑕疵並服從法院管轄而出庭)

General arbitration treaty 一般仲裁條約

General armistice 全面停戰

General armistice agreement 全面停戰協定

General Arrangements to Borrow (GAB) 〔基〕借款總安排 (指 1961 年 10 個西方國家為使 IMF 能增加其對成員國貸款所需資金而同意向其提供本國貨幣備用貸款的協定，其總金額為 60 美元)

General article 一般條文

General articles　總則；一般條款

General assembly　大會；聯合國大會；〔美〕（諸多）州議會；〔宗〕長老制教會最高司法機構

General Assembly of the Church of Scotland　蘇格蘭長老會全會（為蘇格蘭的最高法院和立法會議年會，每年五月召開）

General Assembly of the United Nations　聯合國大會（聯合國的制定政策機構，每個成員國可由一至五個代表組成，但只有一個投票權）

General asset currency　充當總資產的貨幣；充當銀行資產的紙幣

General assignment　全部財產轉讓（指讓出全部財產以償還債務）；總任務

General assignment for benefit of creditors　總轉付（指債務人將全部財產交由受托人轉付以清償其所欠債權人債務）

General assize　〔英〕普通巡迴法院；古代英國議會

General assumpsit　普通有償契約之訴（指在某些案件中，基於依法默示的承諾或合同而提起的簡約之訴）

General Assurance Act　一般保險法

General audit　一般審計

General Auditing Office　〔美〕聯邦審計總署

General authority　總代理權；一般委任

General average (GA; g.a.)　共同海損（又稱“公共海損”，指海難中船隻、船貨和運費所遭受的損失由利害關係人如船主、貨主、貨運商共同分擔）（海上保險用語）

General average account　共同海損賬戶（指為海損擔保所付現金和分攤金額所立賬戶）

General average act　共同海損行為；共同海損法

General average adjuster　〔保〕共同海損理算師

General average adjustment　共同海損理算；共同海損清算書

General average agreement　共同海損協議

General average apportionment　共同海損分攤（額）

General average bond　共同海損分擔保證書（指船長在交付貨物之前，要求作為共同海損分擔份額之擔保協議）

General average clause　共同海損條款

General average contribution　共同海損分擔（指所有與該次運輸有關當事方為確保該運輸成功須負責的分擔）

General average deposit　共同海損保證金

General average deposit receipt　共同海損保證金收據

General average disbursement　共同海損費用

General average essentials　共同海損要素

General average expenditure　共同海損費用

General average fund　共同海損基金

General average guarantee　共同海損擔保書（函）

General average letter of guaranty　共同海損擔保書

General average loss　共同海損損失（指船遇海險時為了救護船舶而拋掉貨物所致損失）

General average price　一般平均物價

General average sacrifice　共同海損犧牲（指為挽救全船或船上部份貨物而要拋棄部份貨物時所作出的犧牲，船主和貨主應分攤的損失）；〔香港〕共同海損拋棄事宜

General average statement　共同海損理算書

General aviation services　〔航空〕普通航空服務

General background paper　總體背景文件

General backlash　一般的強烈和不利的反應

General banking facilities　〔香港〕一般銀行信貸服務

General banking law　〔英〕普通銀行法

General bequest　一般遺贈（依遺囑從普通遺產中給付而非特定物或金錢遺贈）

General binding of margin of preference　〔關貿〕一般的約束性特惠差額（指對有關減讓中未列產品的關稅和費用的特惠差額不得超過 1947 年 4 月 10 日所實施的兩種稅率的差額）

General bond (security)　一般債券

General building scheme　〔美〕總體建築規劃

General calumny　一般誹謗罪

General catalogue　總目錄

General cessation of hostilities　全面停止敵對行動

General characteristics　〔保〕一般性特徵（指保險標的為團體，而非個人）

General Chinese Charities Fund　華人普通慈善基金

General circulation　普通發行量（指報紙的銷路）

General clause　一般條款

General close of military operation　全面結束軍事行動

General closing　通常決算；總決算

General combination act　禁止結社法

General committee　總務委員會

General committee of elections　〔英〕選舉委員會總會

General conditions　一般條件；基本條件；基本條款

General conditions of delivery of goods　交貨共同條件（在國際貿易中標準化和規範化的、適用於多次具體交易的合約共同條款，又稱交貨一般條件）

General conditions of insurance　普通保險約款

General conference　全體會議

General Conference for Weights and Measures (GCWM)　國際計量大會

General conference of representatives of the workers　工人代表大會

General confiscation　普遍沒收

General consul　總領事

General consulate　總領事館

General contractor　總承攬人；總承包人（指承包整座樓房或工程的全部建築工作）

General contribution　共同捐獻

General convention　一般性公約

General cooperative union　一般生產聯合會

General corporation law　一般法人法

General council　全體理事會；總評價會；〔世貿〕總理事會（由全體世貿組織成員國代表組成，在部長會議閉會期間，行使部長會議職能）；〔宗〕（世界羅馬天主教）大公會議

General Council of British Shipping　英國海運總理事會

General Council of the Bar　〔英〕律師聯合評議會；出庭律師總理事會（成立於 1895 年）

General Council of the Press　〔英〕新聞工作者理事會（成立於 1953 年）

General Counsel　〔基金〕法律總顧問（國際貨幣基金組織的）

General court　〔美〕（殖民地時期麻薩諸塞州和新罕布什爾等）州立法機關或州議會；評議員會（參事會）

General court martial　普通海軍法會議；〔美〕普通軍事法庭（指根據軍法政府和軍法統一法典舉行懲辦軍人違反軍法案件）

General court of military　普通軍法會議

General credit　一般信用證（又稱自由信用證 “open credit”，

可自由選擇銀行要求押匯的信用證）；〔美〕一般信譽（指一般具有作為值得信賴的證人品格）

General creditor 普通債權人（對於優先債權人而言）

General crossed cheque (check) 普通劃線支票

General crossing 普通劃線；無記名劃線

General custom 一般習慣（指全國性的習慣）

General Customs Administration 〔中〕海關管理總局

General damages 普通損害賠償；〔保〕一般損害賠償金（指原告身體所受的痛苦、健康損壞和生活的不便等，法律推定為由於不履行契約而當然產生的損害）

General de facto government 全面事實上政府

General debate 一般性辯論

General debt 普通債務；一般債務

General declaration of succession 一般性繼承聲明

General demurrer 〔英〕一般妨訴抗辯（指不闡明妨訴抗辯訴由、承認所陳述的全部事實並提交法院判決）

General denial 總括否認答辯（指被告證明原告所陳述的全部事實均不成立）

General Dental Council 〔英〕牙科總會（旨在促進牙科教育水平和牙醫的職業準則）

General Department 總部；總局

General depreciation 一般減價；一般折舊

General devastation 全面毀壞

General devise 一般遺贈；不特定遺贈

General direction of the coast 海岸的一般方向

General disability 一般傷殘；普通傷殘；一般無行為能力

General Duties Manual 服務手冊

General Economy Division 〔基金〕經濟管理處（取代了"General Statistics Division"）

General edict 一般法令；一般告示（在古羅馬奉行的法律與發佈的律令）

General election 大選；普選（全民投票）

General election day 普選日期

General elimination of quantitative restrictions 〔關貿〕數量限制的一般取消；普遍取消數量限制；一般數量限制的取消

General endorsement 無記名背書；一般背書

General endorsement of claim 一般請求要旨附記；一般記錄請求的要點

General equitable charge 〔英〕衡平法上一般抵押性擔保（根據《1972年土地負擔法》，按照銷售信托或財產授予，該抵押不影響關於法定財產文件交存、不會引起或影響由此而產生的權益的擔保）

General essence 一般成立要素

General estate 全部財產（指個人擁有的）

General exception 一般例外；一般異議（指反對無實質內容的抗辯）

General exception clause 一般免責條款（指發生自然災害和不可抗力事故時可免責的條款）

General exceptions 〔關貿〕一般例外（指不得對國際貿易施加變相限制，保障人民、動植物生命健康所必需的措施，以及保護可用竭的自然資源等有關環保措施）

General exchange arrangement 一般交換安排

General execution 普通執行令（指以被告的部份財產執行清償債務判決的令狀）

General executor 遺囑總執行人（指總管全部遺產直至處理完畢）

General expenditure 總開支（綜合支出）

General expenses 〔世貿〕一般費用（指包含銷售所涉貨物的直、間接費用）

General extradition treaty 一般性引渡條約

General federation of trade union 〔英〕工會總聯合會

General fee conditional 〔美〕附條件的限定繼承地產（指限定將其身後財產讓與某人或其至親的所有繼承人）

General fee tail 一般限嗣繼承的地產

General field 公共用地（指把幾塊明顯不同或幾片土地圍起來作為共有地）

General finding （初審法院的）事實認定

General forum 普通審判籍

General framework of regional development 〔世貿〕地區發展總體計劃（是指地區的補貼計劃）

General full powers 普通全權證書

General fund 普通基金（指非營利實體的資產和債務）；政府單位主要業務基金

General government 公共行政管理；一般管理機構

General guarantee 全面保證

General guarding 一般看守（指監獄警察）

General hearing list 普通的聽審名單

General heir 法定繼承人

General hostilities 全面敵對行動

General Housestead Act 〔美〕一般家產法（一般宅地法）

General immunity 一般豁免

General implementation 總的執行情況

General improvement 一般性改良；公共設施改良（旨在增進公衆利益）

General incidence 總體水平；總體影響範圍

General incidence of the duties, the 〔關貿〕稅率總體水平（指對非關稅同盟成員的締約各方徵收的關稅不得高於其成立或臨時協議簽訂之前）

General Inclusure Act 〔英〕圈地法規彙編（喬治三世將圈佔公地和荒地的幾種法規彙編成冊）

General income tax 一般所得稅

General increase in quotas 普通的配額增加

General index number 總物價指數

General indorsement 無記名背書；普通背書

General information concerning visas 〔領事〕簽證須知

General inspector 監察主任；監察長；總監

General insurance 普通保險（指人壽保險以外的所有保險）

General insurance policy 總保險單（人壽以外的所有保險）

General intangibles 普通無體財產，一般無形財產（指除了貨物、賬簿和契據等動產以外並含訴訟中的個人財產）

General Inter-American Convention for Trade-Mark and Commercial Protection 商標和商務保護泛美公約（1929年）

General interest 一般利益（一般僅限於社區內小部份人的利益，指接受傳聞證據而言）

General international convention 一般性國際公約

General international institution 一般性國際機構

General international law 一般國際法

General international organisation 一般性國際組織

General international standards 國際通用標準

General international usage 普遍的國際慣例

General internment 普通拘禁

General interpretative note 普通的解釋性注釋

G

General inventory 財產總目錄 (財產目錄)

General issue 〔英〕全盤否認答辯, 全面否認答辯 (指被告列出原告向其求償的全部事實證據以確立該主張契約為無效的答辯)

General journal 普通日記賬

General jurisdiction 〔美〕全面管轄權 (指在法院權限和救濟範圍內對所提交的爭議問題擁有全面的管轄權)

General jurisprudence 〔英〕法學概論; 一般法理學 (指英國實證主義法學派創始人奧斯丁的法學理論, 認為一般法學任務是從邏輯上比較分析各種實在法律制度上共同的原則, 概念和特徵, 包括其權利、義務、損害、制裁、懲罰和賠償等重要概念)

General Land Office 〔美〕土地總局 (1946 年劃歸於內政部管轄下)

General laws 一般法 (適用於公眾之法, 其不同於只適用於特定物或特定人羣的特別法)

General ledger 總賬; 總分類賬

General ledger adjustment a/c 分類整理賬總賬

General legacy 一般遺贈; 不特定財產遺贈 (指遺囑中指明不特定物或金錢的遺贈)

General legislation 一般立法

General letter of hypothecation 一般押匯擔保函; 押匯總質押函 (指出口商向銀行申辦出口押匯)

General letters of marque (or mart) 政府授與對全部敵國人實行報復的權限; 民用船捕獲外國或敵國船舶的特許證

General levy 總動員; 集體徵召

General license 一般許可證; 總許可證

General lien 總括留置權 (指某些代理人, 例如律師和保險經紀人等扣押當事人某一動產直至其清償到期債務為止的權利)

General Life and Health Insurance Law 〔美〕一般人壽及健康保險法 (1853 年, 紐約州政府頒佈)

General lighthouse authority 〔英〕海商促進公會 (負責監管英格蘭、威爾斯和毗鄰海域及島嶼的燈塔、浮標和岸標等項工作)

General Lighthouse Fund 〔英〕領港公司基金 (指作為領港公司在燈塔、浮標等工程和服務費用)

General line of the coast 海岸總線

General loan and collateral agreement 總貸款及擔保品合約; 總貸款及抵押品協議

General manager 總經理

General Medical Council 〔英〕醫師總會 (成立於 1983 年, 規範醫學教育、開業醫師註冊, 及醫師職業道德等的組織機構)

General meeting 全體會議; 全體大會

General meeting of creditors 債權人總會

General meeting of establishment 成立大會

General meeting of shareholders 股東大會

General membership meeting of the branch 部門大會; 分行大會

General MFN Treatment 〔關貿〕一般最惠國待遇

General mortgage bond 普通抵押債券

General most-favoured-nation clause 一般性最惠國條款

General most-favoured-nation treatment 〔關貿〕一般最惠國待遇 (是總協定多邊貿易體制的基石, 保證所有締約方均能享受穩定的、多邊的無條件最惠國待遇)

General multilateral treaty 一般性多邊條約

General Navigation Act 〔英〕一般航海法 (喬治四世發佈)

General neutrality 一般中立

General normative treaty 一般規範性條約

General notification 普遍通知

General notification requirements for WTO Members 普遍通知世貿組織各成員方的要求

General Nursing Council 〔英〕護理總會 (負責管理接納護士申請註冊、護士資格及其職業紀律事務)

General obligations and disciplines 〔世貿〕一般義務與紀律 (指服務貿易遵循的幾項具有一般指導意義的基本原則, 為各成員方權利與義務的基礎)

General occupant 一般佔有人 (指地產而言)

General Optical Council 〔英〕眼科總會

General or Occumenical Council 羅馬天主教紅衣主教和主教大會

General order 普通議程; 〔美〕一般命令 (海關用語); 〔軍〕衛兵守則

General outline 大綱

General overhead 管理費用

General pardon 大赦

General Part 〔德國《民法典》〕概論

General participation clause 普遍參加條款

General partner 普通合夥人; 無限責任合夥人 (指兩人或兩人以上合組一公司, 對公司債務負有共同責任, 其反義詞為 "limited partner")

General peace 全面和平

General penalty 集體處罰

General plea 概括否認抗辯 (指全部否認訴訟爭議的全部事實)

General policy conditions 保險單一般條件規定

General power 總括的權限 (指具有某種法律上地位或職務的人所具有)

General power of appointment 〔美〕非限定指定權 (指受贈人可任擇人委以權限)

General power of attorney 全權委托書

General practice 一般事例

General preferential duties 普通優惠稅

General preferential duties system 普通優惠稅制 (其核心內容是 "工業發達國家應單方面給予發展中國家關稅優惠", 而不要求發展中國家提供對等的關稅優惠)

General preferential right 一般優先權; 一般先取特權

General preferential system 普遍優惠制

General principle 一般原則; 總則; 通則

General principle of international law 國際法一般原則

General principle of law 一般法律原則

General principle of taxation 租稅原則

General principles of international law 國際法的一般原則

General principles of justice and equity 公正與公平一般原則

General principles of law 一般法律原則

General Principles of Law Recognised by Civilised Nations 文明國家所公認的一般法律原則 (指同外資企業簽訂的特許協議中, 主張調整契約關係、處理契約爭議最適當的法律原則應為文明國家所公認的一般法律原則)

General principles of municipal jurisprudence 國內法一般原則

General principles of private law 私法一般原則

General principles of the civil code 〔中〕民法通則

General Principles of the Constitution (of the P.R.C.) 中華人民共和國憲法總原則

General principles of the law of nations 國際法一般原則

General privilege 〔西〕普通特權（1283 年）

General procedural committee 一般程序委員會

General profit sharing 一般利潤分配；一般利潤分成

General programme 總綱

General property 普通財產

General property and income tax 一般財產所得稅

General property tax 一般財產稅

General protection 全面保護

General protocol 總議定書

General provisions 總則；通則；一般規定；一般條款

General public 公眾

General public subscription 一般認捐；一般公募

General publication 公開發表；公開發行（著作權法用語）

General quarter sessions 〔英〕四季法院（郡及自治市的下級刑事記錄法院，因一年開庭四次而得名）

General question 總訊問（讓證人把所知情況都道出來的訊問）

General rates 一般稅率

General receivership 一般破產管理

General recognition 一般性承認

General recommendation 一般性建議

General regulations 一般章程

General remarks 一般（性）評論

General repairs 普通修繕費

General report 總報告

General reprisals 全面報復（指俘虜敵國人並沒收其財產）

General reputation 〔美〕公眾聲譽（指一個在社區中飲譽和睦、守法的公民"聲譽證人"）

General request 普通請求（限定時間和地點）

General reserve 總準備金；普通準備金

General Resources Account 普通資源科目；一般資源賬目

General restraint of trade 一般貿易限制

General retainer 一般律師聘用費

General revenue 〔美〕總收入；普稅收（指州或市政府在無明文規定的情況下的合法債務，以供法院使用的一項特別的基金）

General review of quota 〔基金〕份額總回顧（指國際貨幣基金組織的貸款額）

General rule 一般規則；常規；總則，通則

General rule of international law 國際法一般規則

General rules 一般規則；總則

General rules of international customary law 國際習慣法的一般規則

General rules of interpretation 一般性解釋規則

General rules of jurisprudence 一般判例規則

General safeguard clause 總的保障條款（指日本在雙邊協議中對敏感性產品所作的特殊安排）

General sales tax 一般銷售稅（=turnover tax）

General sanction 全面制裁

General saving clause 一般性保留條款

General schedule (GS) 〔美〕工資等級表（政府文職人員工資共分 18 等級）

General schedule of salaries 工資總表

General search warrant 〔美〕總括搜查證（指未限定搜查所涉及的地點、人或物的範圍）

General security 一般安全

General service category 〔聯〕一般事務人員類別（指秘書處人員類別）

General service level 〔聯〕一般事務人員職等（指秘書處人員職等）

General services 總務

General Services Administration (GSA) 〔美〕行政事務管理局（主管聯邦政府財產和檔案等事務）

General sessions 〔英〕治安法庭（由兩名以上法官組成，每季都有開庭，於 1971 年廢止）

General ship 一般商船；雜貨船；一般貨運船（指由船東或租船人憑運貨提單進行運輸的船舶）

General society of industrial and commercial credit 工商信貸總會（成立於 1859 年）

General special imparlance 被告保留一切抗辯的延期答辯

General standard-setting 確定一般標準

General statute 一般制定法（＝general act）

General strike 總罷工；總同盟罷工

General subsidy 〔關貿〕一般補貼（指生產補貼）

General succession 一般繼承；全面繼承

General suffrage bill 普選法案

General superintendent 總裁

General superintendent of police 警察總監

General supervision 全面監督

General surveillance 〔英〕全面監視

General surveyor 總檢查員；總檢查官；〔美〕測量主任（指負責某地區工地的工作）

General suspension of hostilities 全面暫停戰事

General synod 〔英〕宗教大會

General synod of the Church of England 英國聖公會大會（即英格蘭國教大會，由主教院和牧師院組成上院；從教區中選出的俗人院組成下院，該三院成立於 1969 年）

General system of preferences 普遍優惠制

General tail 〔英〕普通限嗣繼承（指限定男性及死者直系親屬的繼承）

General tariff 一般稅率；固定稅率；通用稅則

General tariff system 通用稅則制；普通稅率制；通用稅則

General taxes 普通稅收（由政府向納稅人課收財產稅和營業稅等）

General tenancy 一般租賃；普通租賃（一種不訂明租賃期限的租賃）

General term 通常開庭期（由全體法官出席的審判期）

General terms 一般術語；通用術語

General theory of law 法律的一般原理

General ticket plan 〔美〕連記選舉法

General traverse 全盤否認（以指控教唆犯罪的方法全面推翻被告所陳述的事實）

General treaty 一般性條約

General Treaty for the Renunciation of War as an Instrument of National Policy (Treaty for the Renunciation of War, or Briand-Kellogg Pact) 廢棄戰爭作為國家政策工具的一般條約（即通稱《非戰公約》,《白里安－凱洛格公約》,巴黎，1928 年）

General Treaty on Central American Economic Integration (SIECA) 中美洲經濟一體化公約

G

General truce　全面停戰

General trust company law　一般信托公司法

General uncertainty, inconsistency and discrimination in trade of bulk commodities　散裝貨物貿易普遍的不穩定、不配套和歧視性

General usage　通例

General verdict　〔英〕總括裁決（指陪審團在民事訴訟中只裁定原告或被告的勝訴；而在刑事訴訟中只斷定原、被告有罪或無罪；陪審團只陳述全部事實，而涉及法律問題則留由法院判決）

General war　全面戰爭

General warrant　〔英古〕一般逮捕狀（原有國務大臣頒發建捕誹謗的作者、印刷業者、出版商的令狀，後於 1766 年宣佈該令狀為非法、無效的）；〔商〕總棧單；〔美〕總搜查證（指未限定搜查所涉及的地點、人或物的範圍）

General welfare　〔美〕公共福利（指政府對公民健康和安全等的關心）

General welfare clause　〔美〕公共福利條款（憲法規定為了給美國公民提供福利，國會應繳納捐稅和債務）

General will　共同意志（指盧梭認為，國家是"代表公民的共同意志"概念）

General words　例行文句（在財產轉讓書中表達該財產以及附隨於該財產所有物件或權利讓與的詳細措辭文句）

Generalite　〔法〕特別行政區（14 世紀成立的為確定分配賦稅金額行政單位）；(1789 年之前的) 財政區

Generalised　普遍的

Generalised floating　普遍浮動

Generalised non-reciprocal and non-discriminatory preference　普遍非互惠和無歧視優惠

Generalised preferences　普遍優惠

Generalised preferential treatment　普遍優惠待遇

Generalised System of Preferences (GSP)　普遍優惠制（簡稱"普惠制"，特惠制的一種，1964 年聯合國貿發會第一次大會上提出，1971 年 6 月關貿協定通過決議，同意發達國家締約方對發展中國家產品實行普惠制，對發展中國家或地區出口的製成品和半製成品給予普遍的、非歧視的、非互惠的優惠關稅制度）

Generalised system of preferences certificate of origin　優惠關稅產地證明書（G.S.P. 規定，給產國產品報關時應出示的憑證）

Generally accepted　公認的；普遍接受的

Generally Accepted Accounting Principles (GAAP)　〔美〕公認的會計原則；通用會計總則（這些原則均援引於《財務會計標準委員會》）

Generally Accepted Auditing Standards (GAAS)　〔美〕公認的審計標準；通用審計標準

Generally accepted commercial practice　普遍接受的商業慣例；公認的商業慣例

Generally accepted rule　公認規則

Generally crossed cheque　一般的劃線支票

Generate increasing opportunities　造成越來越多的機會（指擴大貿易的效應）

Generate the desired results　產生理想的結果

Generating line　母系

Generation　一代（指"一代人"，約 30 年）；世代；子孫；後裔；時代

Generation of savings　節約的構成

Generation-skipping transfer　〔美〕跨代轉讓；隔代轉讓（例如祖父跨越其子將其財產隔代轉讓給其孫子之謂）

Generation-skipping transfer tax　〔美〕跨代轉讓稅；隔代轉讓稅（指祖母將其財產轉讓到其孫子名下即規避了該財產的轉讓稅）

Generation-skipping trust　〔美〕跨代信托；隔代信托

Generic　屬性的；(商標名) 不註冊的；一般的；通有的；普通的（其反義詞為 "specific" 或 "special"）

Generic drug laws　〔美〕通用藥品法

Generic mark　一般標誌；通用標誌

Generic name　(商品) 通用名稱；(官方概略) 正式名稱；(銀行收付) 總稱

Generic term　通用術語；一般用語；通稱；總稱

Genertal annual report　年度總決算；年度總報告

Genetic fingerprinting　聚合酶指紋鑒定；遺傳指紋識別（釋義見 "DNA identification"，遺傳基因鑒定）

Genetically modified organisms　轉基因生物

Geneva agreement　日內瓦協定

Geneva Arbitration　日內瓦仲裁（指確定英國在《阿拉巴馬號案》中對美國提出求償的賠償責任範圍）

Geneva Award　日內瓦裁決（1872 年在日內瓦的仲裁裁決，確定了英國賠償美南北戰爭時對美商界所受的損害）

Geneva Bar　日內瓦法庭

Geneva Bureau of the International Telecommunication Union　日內瓦國際電信局

Geneva Convention for the Amelioration of the Condition of the Wounded and Sick in Armed Forces in the Field　改善戰地武裝部隊傷者、病者境遇的日內瓦公約（第一公約，1949 年）

Geneva Convention for the Amelioration of the Condition of Wounded, Sick and Shipwrecked Members of Armed Forces at Sea　改善海上武裝部隊傷者、病者及遇難船者境遇的日內瓦公約（第二公約，1949 年）

Geneva Convention for the Protection of Producers of Phonograms Against Unauthorised Duplication of their Phonograms　保護唱片錄製者防止其唱片被擅自複製的日內瓦公約（1971 年）

Geneva Convention on the Continental Shelf　日內瓦大陸架公約（1958 年 4 月 29 日）

Geneva Convention on the Fishing and Conservation of the Living Resources of the High Sea　公海捕魚與生物資源養護日內瓦公約（1958 年）

Geneva Convention on the High Seas　日內瓦公海公約（1958 年 8 月 23 日）

Geneva Convention Relative to the Treatment of Civilian Persons in Time of War　關於戰時保護平民待遇的日內瓦公約（第三公約，1949 年）

Geneva Convention Relative to the Treatment of Prisoners of War　關於戰俘待遇的日內瓦公約（第四公約，1949 年）

Geneva Conventions　日內瓦公約（又稱《紅十字條約》，1864 年及 1865 年歐洲列強在日內瓦締結的關於改善戰時傷病員及狀況的國際公約。1900–1926 年的二次日內瓦會議上作了修改）

Geneva Copyright Convention　日內瓦版權公約（釋義見

"Universal Copyright Covention")

Geneva Cross 日內瓦十字 (戰時中立象徵)

Geneva Disarment Conference 日內瓦裁軍會議 (1963 年)

Geneva Drugs Convention 日內瓦禁毒公約

Geneva Economic Conference 日內瓦經濟會議

Geneva International 日內瓦第一國際

Geneva Nomenclature for the Classification of Goods in Customs Tariff 日內瓦稅則商品分類目錄 (1931 年由國聯起草，1937 年實施的)

Geneva Protocol for the Pacific Settlement of International Disputes 和平解決國際爭端的日內瓦議定書 (1924 年)

Geneva Protocol on Arbitration clause 關於仲裁條款的日內瓦議定書

Geneva Round 〔關貿〕日內瓦回合 (指關貿總協定第一輪關稅減讓談判，達成 "產品對產品" 的模式，發達國家進口關稅平均降低 35%)；日內瓦回合 (關貿總協定第四輪關稅減讓談判，1956 年 1 月至 5 月在日內瓦舉行，達成關稅減讓商品 3000 個項目，使應徵稅進口值的 16% 的商品降低稅率 15%)

Geneva Space Braocasting Conference 日內瓦外空廣播會議 (1977 年)

Geniculum 親等

Genocide 滅種 (罪)；種族滅絕 (指蓄意全部或部份地毀滅一個民族、種族或宗教的人羣的罪行，又稱 "滅絕人羣罪")

Genocide Convention 滅絕種族罪公約

Genoese lottery 熱那亞式抽彩法 (又稱 "數字抽彩法"，指從 90 個連續數字中選出 5 個進行抓鬮，其有別於 "class lottery")

Genossenschaft 〔德〕法人協會 (法人社團，人數至少應由七人組成)

Gens de justice 〔法〕司法人員；法院官員

Gensaki market 杰薩基交易市場

Gentleman 〔英〕紳士；有身分的人 (包括 "自耕農" 等級以上所有人)；出身高貴人；〔美〕眾議員

Gentleman adventurer 名門的冒險者 (指在海外從事冒險事業而出身名門的人)

Gentleman at large (依附朝廷的) 有閒階級的人；無職業者；失業者

Gentleman farmer 鄉紳 (有土地而不參加勞動者)

Gentleman of fortune 海盜；領取年金者；冒險者

Gentleman of the long robe 法官及其他高級的司法官

Gentleman of the pad 攔路搶劫的盜匪

Gentleman of the robe 律師；辯護人；法官

Gentleman of the short staff 警官

Gentleman usher of the Black Rod 烏杖侍衛 (釋文見 "Block Rod")

Gentlemen's agreement 紳士協定；君子協定 (通常以當事人的人格保證履行，但無法律拘束力)

Gentle-woman 淑女；良家女；貴人侍女

Gentrification 〔美〕移居開發 (指人們投資把以前落後地區的土地開發成新興的發達地區)

Genuine 真實的；非偽造的；非冒牌的 (通指票據、債券及其他文契等)

Genuine issue 真正的爭議點；真正的事實爭點

Genuine link 真正聯繫

Genuine suspect 真正嫌疑犯

Geodetic survey system 〔美〕國土測量系統

Geographic boundaries 地理疆界

Geographic Criterion 地理標準

Geographic market 〔美〕地區市場；區域市場 (指商人們可進行自由競爭之所)

Geographic restrictions 地區限制

Geographical area 地域；地理區域

Geographical bay 地理上海灣

Geographical constituency 地方選舉

Geographical contiguity 地理上毗連 (性)

Geographical cotinental shelf 地理上大陸架

Geographical distribution 地理上分配

Geographical error 地理上錯誤

Geographical evidence 地理證據

Geographical group 地域集團

Geographical indications 地區標記；地域標記；地理標誌

Geographical integration 地理上一體化

Geographical limits of liability 賠償責任的區域限制

Geographical location 地理位置

Geographical propinquity 地理上接壤

Geographical proximity 地理上接近

Geographical representation 地區代表制

Geographical unity 地理上統一

Geographically advantaged state 地理條件有利國家

Geographically disadvantaged state 地理條件不利國家

Geometric mean 〔統計〕幾何平均 (數)

Geometrical boundary 幾何疆界；幾何邊界 (指以兩個定點之間的直綫分，稱為幾何邊界)

Geometrical delimitation 幾何學劃界

Geometrical mile 海里

Geo-stationary satellite 赤道衛星

Geothermal Steam Act 〔美〕地熱動力法 (只有美公民或在美國內註冊的公司才有租賃地熱資源的權利)

Gerechtsbode 法警 (紐約法舊用語)

Gerefa 〔撒〕地方行政官

Germ warfare 細菌戰

German 嫡親的；同父母的，嫡堂的、姨表的；姑表的

German (Federal Republic of German) law 德國 (德意志聯邦共和國) 法 (1200–1970 年，涵蓋公法、私法及刑法等各類法律，德意志聯邦共和國成立於 1945 年，德國法屬大陸法系，由公法和私法兩大部份組成。公法包括憲法、行政法和刑法，以及民、刑事訴訟法；私法主要包括民法、商法以及與此有關的法)

German athenians 講希臘語的德國人

German confederation 德意志邦國 (成立於 1815 年)

German Empire 德意志帝國 (1918 年亡亡)

German school of political economy 德國政治經濟學派

Germane 關係密切的；有關的；同樣的；恰當的；貼切的 (to)

Germane to the title 與標題密切相關的

Germanic law 日耳曼法 ("日耳曼人的法律"，通指古代日耳曼諸部落聯盟在侵入西羅馬帝國並建立 "蠻族國家" 的過程中，由原有的部落習慣逐漸發展形成的法律)

Germanischer Lloyds 德國勞埃德協會

Germany garment market 德國服裝市場

Gerontocomi 老年醫院管理員 (收留照顧老年窮人)

Gerontocomium 老年醫院養老院

G

G

Gerontocracy 長者統治；老人政府

Gerousia 長老會議（由 2 個國王和 28 位至少 60 歲的長老組成）

Gerrymander 〔美〕不公正劃分的選區（為了自己政黨利益而以不可告人和非法手段變更一個州或領地的政治區或選區）

Gerrymandering 不公正劃分的選區

Gest 〔撒〕賓客

Gestapo (Geheime Staats-polizei) 〔德〕蓋世太保（納粹德國的秘密國家警察）

Gestation 懷孕期；妊娠期

Gestor 管理人；代理人；事務代理人

Gestor negotiorum 事務管理人（指在別人缺席的情況下，干預他人的事務）

Gesture 姿勢，態勢；手勢；表示

Get *v.* 收到；得到；獲得；取得；取得優勢；〔猶太〕離婚證書（=bill of divorce）

Get a bill through Congress 使議案在國會通過

Get legal redress 得到法律上的補救

Get out of the way 〔海法〕讓路

Get round 規避（法律等）

Get to the bottom of 弄清…真相

Get-tough policy 強硬政策

Gewineda 〔撒〕（古時裁決案件的）民眾會議

Gewitnessa 〔撒、英古〕提供證據；作證

Gewrite 〔撒〕契據；文件；證書；蓋印契約

Ghetto 分隔區；居留區

Gibbet 絞刑架；絞首台；吊屍架，犯人屍體示眾架

Gibbet law 〔英古〕私刑

Gift 饋贈；捐贈；贈與；贈與物；贈與財產（指自願無償地和無對價地將財產、土地或財物讓與他人）

Gift causa mortis 臨終贈予（指俟贈與人死時，其動產即行饋贈）

Gift coupon 贈券

Gift deed 贈與契據（指一種名義上贈與少額金錢行為或愛情贈與行為）

Gift element 贈與成分

Gift enterprise 附送禮品的企業；〔美〕有獎銷售計劃（企業的一種貨物促銷的方法，例如銷售活動中進行有獎抓鬮，以吸引更多顧客參與之營銷方法）

Gift in contemplation of death 預期死亡贈與

Gift in trust 信託贈與（指受托人取得享有受益人合法所有權）

Gift inter vivos 生前贈予（指贈與人和受贈人生存期間的贈與）

Gift of property 財產的贈予

Gift or donation 贈與或捐贈（一種自願無償的財產讓與）

Gift ostensibly beneficial 〔香港〕表面上使受贈人受益的贈與（指購買財產表明上為了私人用途，但實質上是為了完成或協助實現某一項目）

Gift over 轉贈（可變贈與，即發生甲死亡情況時，則繼續贈與給乙）

Gift splitting 分割式贈與（指丈夫對其財產贈與人，如其妻子也同意，那麼就好像夫妻各半都要讓與，以此降低其贈與財產贈與稅等級）

Gift splitting election 〔美〕（夫婦）分開贈與選擇（旨在獲取年度減免稅額）

Gift subject to a charge 附有負擔的贈予

Gift tax 贈與稅

Gift tax credit 贈與稅免繳額（指依法規定贈與財產中有一部份可予免稅）

Gift to a class 向團體贈與

Gift with obligation 附有義務的贈與

Gifts and the gaffs 〔蘇格蘭〕得失；利害；損失；盈虧

Gifts to Minors Act 〔美〕向未成年人贈與財產法（通常為股票證券、債券贈與）

Gifts within three years of death 〔美〕死亡前三年內的贈與（應稅財產自動包括如果所贈與的財產發生在贈與人死亡前三年內的贈與）

Gild (or guild) 罰金；罰款；損害賠償；〔英古〕行會；同業公會；〔撒〕租稅；貢稅；十戶聯保組

Gild hall (gild-hall) 會館

Gilda mercatoria 〔英古〕商會；商人行會

Gilded chamber 〔俚〕英國上議院；貴族院

Gilded moonshine 〔俚〕偽造的匯票；無效匯票

Gildo 〔撒〕行會會員；十戶聯保組成員

Gild-rent 〔英古〕行會貢賦（指行會或兄弟會繳納給國王貢稅）

Gill 吉爾（液量單位，相等於 0.25 品脫，約 0.14 升）；峽谷；峽流

Gilt edge 〔英〕金邊證券（政府發行）；〔美〕上等商業票據

Gilt-edged 金邊的；上等的

Gilt-edged bonds 金邊債券（本息有保證的債券）

Gilt-edged securities 金邊債券；上等證券（尤指有政府擔保的股票）

Gilt-edged shares 金邊股票（尤指有政府擔保的）

Gin Act 〔英〕禁酒法（禁止銷售杜松子酒類，1751 年）

Gini coefficient 堅尼系數（用以衡量某種收入分配接近絕對平等或不平等的一種尺度，亦可用以確定稅收變動對收入分配的影響）

Ginnie Mae (=Government National Mortgage Association) 〔美〕聯邦政府國民抵押協會（指聯邦政府機構主要從事在二手市場上購買由借款人組織政府補貼居民住宅）

Gipsies 吉卜賽人；流浪者；游民

Giro 〔德〕直接轉賬；匯劃局

Giro Agreement and Regulations 〔香港〕郵政轉賬服務協定及規條（指與國際電信公約有關的公約均適用於香港）

Giro system 轉賬匯劃制度；直接轉賬制度；郵政轉賬制度

Girammte 〔意〕出票人

Girth 〔撒、英古〕格斯（長度單位，相等於一碼）

Gisement (or agistment) 〔法〕代人放牧；代人放牧酬金（指在自己的土地上為他人放牧家畜以收取報酬）

Gisetaker 代人放牧者

Gisle 〔撒〕質押；保證

Gist 訴訟依據；訴訟理由；要點；要旨

Gist of action 訴訟理由；訴訟的根據；訴訟要點

Gist of the offense 犯罪要點

Give *v.* 無償轉讓所有權（佔有權）；贈與；授予；給予

Give a heavier punishment 〔中〕從重處罰

Give a lesser punishment 〔中〕從輕處罰

Give a punishment beyond the maximum prescribed 〔中〕加重處罰

Give a ruling on 對…做出仲裁（裁決）

Give access to all information 查閱所有資料

Give advance notice to the firms in question 提前通知有關企業

Give advisory opinion on appropriate solutions based upon the facts presented 根據所提供的事實恰當地解決方法方面提供指導意見

Give and bequeath 給予並遺贈 (遺囑者死後立即生效的給予和贈與)

Give and take *n. & a.* I. 平等交換；互相讓步；交換意見；II. 平等交換的；互讓的；交換意見的；互通有無的

Give and take theory 平等交換理論 (對租稅而言)

Give bail *v.* 交保；取保 (指交納保釋金以為應傳到庭的擔保)

Give colour 姑且承認；表面上承認 (對方所主張的事實，即承認對方表面的權利)

Give day 賒賣；延期付款

Give decisive guidance 做出決定性依據；給予指定性的指導

Give due notification (to one.) 妥為通知

Give due respect to national policy objective of an interested Member 〔世貿〕適當考慮到利害關係成員方的國內政策目標

Give effect 付諸實施

Give effect to 使生效；使實行起來

Give effect to a court order 執行法院命令

Give evidence 作證；提供證據

Give evidence as a witness 以證人作證

Give evidence or assist in investigation 〔領事〕作證或者協助偵查

Give false witness 作假見證

Give information 提供資料；提供情報；提供信息

Give judgment 宣判 (指對在法院提起的法律訴訟作出判決，而非對供認作出的判決)

Give lenient treatment to prisoners of war 寬待俘虜

Give notice 通知

Give oneself up 投降；〔警〕自首

Give oneself up to the police 投案

Give policy advice 給予政策上的指導

Give positive consideration to accepting as equivalent technical regulation (of) 積極考慮將⋯作為等效技術法規加以接受

Give priority consideration 給予優先的考慮

Give priority to the importation of essential products 優先進口必需的產品

Give priority to the needs of 優先考慮⋯的需要

Give priority to the supply of services 給予服務提供的優先考慮

Give reasons for the refusal 提出拒絕的理由；陳述拒絕的理由

Give rise to the material impairment 〔世貿〕造成重大損害

Give rise to unnecessary delays or unequal treatment 〔世貿〕出現不必要的延遲或不平等的待遇

Give sb. disciplinary warning 給予某人紀律警告處分

Give sb. the benefit of the doubt (在證據不足的情況下) 假定某人是無辜的；無罪推定

Give shelter and rehabilitation 收容教養

Give shelter to a criminal 窩藏罪犯

Give sufficient advance notice 做出充分的預先通知

Give testimony in a law court 在法庭上作證

Give the IMF the possibility to approve trade measures 〔關貿〕給予國際貨幣基金組織核准貿易措施的可能性 (指 IMF 在整個烏拉圭回合談判的過程中堅持關貿總協定應保留 "國際收支規定")

Give up ill-gotten gains 退贓

Give up nationality 放棄國籍

Give vent to spite or retaliate 泄憤報復

Give warning 發給解僱預告

Give way 讓道；讓路 (指在航行中允許其他船隻不改變其航線情況下通過；公路上則是讓在自己後面的車先通過)

Giver 贈與人；贈與者

Giving in payment 〔美〕抵債；以物抵債 (指用動產或不動產代替金錢清償債務) (路易斯安那州法用語)

Giving or taking of evidence shall include the taking of oral testimony and the production of documents, records or other material 〔領事〕提供證據或取證應當包括錄取口頭證詞和出示文件、記錄或其他材料

Giving place of refuge to prison 隱避

Giving time 延期 (延長償還債務期限)

Giving up business 放棄營業

Gladston Committee Report 〔英〕格拉德斯通委員會報告 (1895 年，有關英國刑法制度的報告，譴責的勞改制度，尤其譴責非生產的懲罰性勞動，而主張僱傭犯人從事有用工業勞動)

Glanville 〔英〕格蘭維爾著作 (指格蘭維爾於 1181 年所寫的《論英格蘭王國的法律和習慣》一書)

Glasgow Marine Insurance Rules 格拉斯哥國際海上保險規則 (1901 年)

Glasgow regulation 格拉斯哥規定 (1866 年格拉斯哥的共同海損規定)

Glass bill 〔美〕格拉斯法案 (聯邦儲備法最初的草案)

Glass house 〔英俚〕軍事監獄

Glass-men 流浪者；漂泊者；游民

Glass-Steagall Act 〔美〕格拉斯－斯蒂格法 (亦稱《1933 年銀行法》，限制並禁止商業銀行從事與股票有關的業務；擁有經紀公司或從事某種商業經紀業務；該規定同樣適用於國立和國立特許銀行)

Glaucus' way (or glaucus' swop) 偏利一方的買賣；不平衡的買賣

Gleaning 拾穀穗 (指收割者遺落田間的穀物，稱其為 "拾落穗")

Glebe 教會附屬地 (捐贈為教會牧師俸祿的財產，包括全部土地、房子或其他建築物組成)；〔蘇格蘭〕教會附屬地 ("基督教牧師享用的土地"，即教區長或代理牧師占有教會權利內的土地)；鄰接於教會部分土地；〔羅馬法〕土塊；草泥；泥土；繼承地；保有的地產；〔愛爾蘭〕泥炭

Glebe land 基督教牧師享用的土地；寺院領地

Gliding parity 滑動平價

Gliscywa 〔撒〕兄弟會

Global balance of payments 全球支付差額

Global carbon tax 全球性複寫紙稅 (反污染而課徵的稅種之一)

Global ceiling 總的最高限額

Global coherence of economic policies 全球經濟政策的連貫性

Global collective action 全球集體行動

Global Committee of Parliamentarians on Population and Development 全球人口與發展議員委員會

G

Global communication law 全球通信法

Global compatibility 全球通用性；全球兼容性

Global compensation 總括補償

Global compensation award 總括補償貿易裁決

Global Comprehensive Strategic Partnership 全球全面戰略夥伴關係 (指 2015 年 10 月 23 日，習近平主席應邀訪問英國期間與英國首相卡梅倫舉行會談達成共識，決定共同構建中英兩國面向 21 世紀全球全面戰略夥伴關係)

Global computable general equilibrium (GCGE) model 全球性可計算的總體平衡標準

Global development policy regime 〔世貿〕全球性發展的政策制度

Global development strategy 全球開發戰略；全球發展戰略

Global disarmament 全球裁軍

Global economic crisis 國際經濟危機；全球經濟危機

Global economic down-turn 國際經濟向下趨勢；全球性經濟下滑

Global economic organisations 全球性經濟組織

Global economic policy-making 〔關貿〕全球性經濟決策

Global Economic Prospects report 〔世行〕全球經濟招股說明書報告 (1996 年)

Global economic regime 全球性經濟制度

Global economy 全球性經濟

Global Environment Facility (GEF) 〔聯〕全球環境貸款 (資金設施)

Global Environmental Facility (聯合國) 全球性環境貸款 (設施)

Global environmental management 全球環境管理 (監測)

Global environmental organisation (GEO) 〔聯〕全球性環境組織 (只是環保學者的一種渴望，迄今尚未成立)

Global environmental problem 全球性環境問題

Global environmental projects 全球性環境工程項目

Global environmental relations 全球性環境關係

Global financial crisis 國際金融危機；全球金融危機

Global financial tsunami 國際金融海嘯；全球金融海嘯

Global financial turmoil 國際金融動盪；全球金融動盪

Global free trade 全球自由貿易；國際自由貿易

Global harm 全球性損害 (指從臭氧層放出彌漫整個星球的損害結果)

Global Information and Early Warning System of Food and Agriculture 世界糧食和農業情報及早期警報系統 (簡稱 "世界糧糧情報系統")

Global Information and Early Warning System on Food and Agriculture (GIEWS) 世界糧糧情報預警制度

Global information infrastructure 〔世貿〕全球性信息基礎設施

Global Information Society 全球信息協會 (1995 年 2 月 26 日由歐共體和美英等 7 國發達國家共同發起在布魯塞爾召開了第一次會議，通過了國際信息技術合作的 11 個試辦項目)

Global institutions 國際組織

Global intellectual property regime 全球知識產權制度

Global international institution 全球性國際機構

Global macroeconomic policy coordination and sovereign debt issues 〔基金〕全球性宏觀經濟政策的協調以及主權國的債務問題

Global macroeconomic policy regime 〔基金〕全球性的宏觀經濟政策制度 (指使富國支持協助解決窮國的宏觀經濟問題)

Global market dominance (對) 全球市場的操縱

Global market information and research system 全球市場信息和研究系統

Global multilateral system of trade and investment 全球性多邊貿易和投資體系

Global or trans-boundary environmental problems 全球或跨越國境的環境保護問題

Global output 總產量；全球產量

Global policy-making 全球性決策

Global power with worldwide interest 具有世界範圍利益的國際大國 (指美國)

Global protectionism 全球性貿易保護主義

Global public health issues 全球公共衛生問題

Global quotas 總計配額；全球性配額 (指進口國規定了某種商品的進口總限額)

Global reciprocity negotiations 〔世貿〕全球互惠性談判

Global regime 全球性的結構

Global reserves 〔基金〕全球儲備 (指會員國外匯儲備的總和)

Global responsibilities 國際責任

Global run for service trade 全球服務貿易走向

Global surveillance of macroeconomic policies 〔基金〕全球性的宏觀經濟政策監督

Global System of Trade Preference 〔世貿〕全球性貿易優惠制度

Global system of trade preference among developing countries (GSTP) 發展中國家間的全球貿易優惠制

Global trading system 〔世貿〕全球性貿易制度；全球貿易體系

Global warming 全球變暖

Global welfare 全球性福利

Globalisation of economic activity 經濟活動全球化

Globalisation of markets 市場全球化

Global-resource organisation 全球性資源組織

Globe governance 全球性管理

Gloss 注釋；解釋；評論；評註 (指對羅馬法原文行間或旁邊的評註)

Glossator 羅馬法注釋家；法律評論家；注釋法學家 (特指 12 世紀以伊爾內留斯為首的復興研究羅馬法教授和老師們的注釋家的用語；西歐 11 世紀末到 15 世紀，產生的一支與神學法學相對抗的新的法律思想派別)

Glove-money 〔英古〕禮金；手套金 (=gloves)

Gloves 〔英〕手套金；承審法官的酬金 (國王赦免的犯有謀殺或殺人的罪犯，犯人則向承審員或法官上交一副白手套作為法庭費用以釋其罪，後演變為一種 "手套金" 津貼。此為中世紀的一種法律慣例)

Glove-silver (=glove-money) 〔英古〕禮金；手套金 (=gloves)

GNP deflator GNP 的縮減指數

GNP gap 國民生產總值差距

Go *v.* 被法院駁回 (訴訟)；法院簽發 (令狀)

Go bail 保釋 (指承擔對保釋保證書的擔保責任)

Go bankrupt 破產

Go fifty-fifty 平分；對分；對半開 (指當事人雙方平分利潤等的約諾)

Go from place to place committing crimes 流竄作案

Go hence 可以離開 (法庭)；駁回訴訟 (指拒絕給予原告尋求救濟的目的或解除所施加給原告的責任)

Go insane 發瘋

Go into effect 施行

Go into liquidation (被施加破產) 清算

Go on strike 罷工

Go set-free 逍遙法外

Go straight 改過自新

Go to 〔美〕歸屬於 (指應屬某人的財產)

Go to court 起訴；打官司；對簿公堂

Go to law 訴諸法律；打官司

Go to prison 入獄；被監禁

Go to protest (票據) 被拒兌；遭到拒付 (指商業票據)

Go to the bar 當律師

Go to the country 〔英〕解散議會重新選舉下議院 (在議會投反對政府的票之後)

Go to the pulls 去投票處投票

Go up King's Street 〔澳〕宣告破產

Go without day 駁回；毋須再來 (指法院沒有指定當事人的出庭日期，意即訴訟被法院駁回或撤銷)

Goal of competence 權限目標；管轄權目標

Goals of agricultural negoliation 〔關貿〕農產品談判目標 (指 1986 年 10 月，GATT 全體締約方在烏拉圭回合確定的)

Goals of trade liberalisation and environmental protection 〔世貿〕貿易自由化與環境保護的目標

Go-between 媒人；中間人；媒介者

God and my country 提交神裁和陪審團審判；讓上帝裁決和陪審團審判

God's acre 〔英〕墓地

God's penny (God-penny) 僱傭定金 (指僱用時僱主交給僱工的定金)

God-bote (教會) 罰金 (犯下反對上帝罪的)

God-gild 祭品 (祭拜上帝的祭祀物品)

Godown 貨倉；倉庫；貨棧

Godown charge 棧租；倉儲費

Godown man 倉庫看守人；倉庫管理員

Godown warrant 棧單；倉單

Godsend 遇難船；漂流貨物

Goffredo da Trani 戈弗列多·達·特拉尼 (意大利寺院法學家，卒於 1245 年)

Go-go 〔美〕賭博性投資的

Go-go fund 〔美〕賭博性投資 (指企圖在短期內賺大錢的投資基金)

Going 現行的；流行的；經營中的；營業中的；現行有效的

Going and coming rule 〔美〕上下班途中 (受傷) 規則 (指僱工上、下班途中所受傷害不享受《工人賠償法》的救濟規則)

Going before the wind 〔海法〕順風航行 (指風自船後或船尾吹來，使船加速行進之風)

Going concern 運營企業

Going concern value 運營企業的價值 (指增值中的企業資產，而不是停業清理大拍賣的財產的價值)

Going into effect of act 產生法律效力

Going money market rate 現時貨幣市場利率；時下貨幣市場利率

Going off large 〔海法〕搶風航行 (風向船尾部吹來)

Going prices 時價；現行價格

Going private 非上市公司 (指由上市公司轉化的)；轉為私營持股 (指公營公司變成非公開招股的私人持股公司)

Going public 〔美〕轉為公開持股 (指用於描述首次發行向公眾出售股票的上市公司術語；私營持股公司轉變為公營公司)；公眾投資 (指公司的股分向公眾發行、而不是由小數股東所持有)

Going rate 現行利率；現行匯率

Going short 賣空

Going through the bar 〔英〕徵詢律師有無訴訟申請 (指普通法院開庭時，首席法官依律師資歷逐個詢問有無申請提起訴訟。此乃 1873 年以前業已廢棄的一種習慣)

Going to the country 將案件提交陪審團 (被告答辯結束時的用語："將案件提交陪審團"評斷)

Going value (企業) 持續經營價值 (=going concern value)

Going witness 〔美〕將要離開法院管轄區域的證人

Going-over 徹底審查；核對

Gold 金幣；金塊

Gold and Silver Act 〔英〕金銀輸出管理法 (1917 年)

Gold bill 美元匯票；金元匯票

Gold bond (GB) 〔美〕黃金債券 (指任何貨幣中均可接受以償還所欠美國到期的債務)

Gold bullion 金條

Gold certificate 金券；黃金券；金庫券

Gold clause 〔美〕黃金條款 (指借款時附加保證按同等含金量償還的條款的契約、債券和抵押)

Gold clearance fund 以黃金結算的資金

Gold coin 金幣

Gold coin standard 金幣本位制

Gold collateral transaction 黃金擔保交易

Gold currency 金本位貨幣

Gold delivery authorisation 黃金交割許可證

Gold embargo 黃金禁運

Gold exchange standard 金匯兌本位制 (又稱 "虛金本位制"，為金本位制的一種)

Gold held exclusively against Federal Reserve Note 〔美〕聯邦儲備券所具備的專屬黃金額

Gold market 黃金市場

Gold note 金券

Gold parity 黃金平價

Gold points 黃金點

Gold pool 黃金總庫

Gold price 黃金價格

Gold price fixing 黃金訂價

Gold reserve 黃金儲備

Gold settlement fund 黃金結算資金

Gold standard 金本位制

Gold subscription 黃金認捐額；黃金認繳股款

Gold substition account 黃金替代賬號

Gold tranche 〔基金〕黃金份額 (指會員國應交納的基金份額為 25%，是用黃金繳付，其餘的 75% 用本國貨幣交付者，不須特殊批准，可以自由動用，故而稱其為 "黃金份額" 貸款)

Gold tranche drawing 黃金份額提款

Gold tranche position 〔基金〕黃金份額的地位；黃金份額購買權地位 (指 IMF 規定，會員國按其 25% 份額範圍內以黃金交納的部份中所享有提取或購買其他國家貨幣的權利)

G

Gold tranche purchase 〔基金〕黃金份額的購買

Gold unit of account 黃金賬戶單位

Gold value 黃金價值

Gold-backed 黃金支持的 (黃金擔保的)

Golden Bull 金璽詔書 (匈牙利安德魯國王二世於 1222 年頒發的蓋有金印或金璽的特許狀共計 71 條，涉及限制皇權、貴族和僧侶基本權利和特權等規定)

Golden Bull of the Empire 〔英〕帝國金璽詔書 (查理國王四世於 1356 年頒發的關於選舉親王的憲法地位等規定)

Golden document 〔德〕黃金文書 (1353 年德國的卡洛羅四世發佈的憲法)

Golden eggs 巨額利潤

Golden parachute 〔美俚〕金色降落傘 (指公司易手終止合約時高管人員和董事或迫使離職或自動離職給予豐厚津貼和其他福利)

Golden rule argument 〔美〕"金科玉律"型辯論 (指要求陪審員把受害者當作類似自己家人或親友一樣作出公正的評斷。但這種辯論於民、刑事案件是不正當的)

Golden rule of accumulation 積累的金科玉律

Golden rule 金律 (金科玉律)

Golden-ager 老年人

Gold-pegged currency 釘附於黃金的貨幣

Goldsmith's notes 〔英〕金匠票據，金匠本票 (指銀行給予收取顧客的款項收據)

Goldwit 賠款；罰金；罰以黃金 (以黃金罰款)

Gomorrah (gomorrha) 罪惡的城市；罪惡的地方

Good 有效的；法律上充分的；有實效的；有效果的；不會招來反對的；無可厚非的；良好的；合適的；健全的；負責的；有信譽的；有償付能力的；能夠付得起特定金額的

Good abearing 品行良好；守法行為

Good and clear record title, free from all encumbrances 〔美〕記錄在案的、無明顯瑕疵、無實質性疑問可再出售的所有權

Good and collectable "此票據純正，開票人有支付能力，金額可根據法律取得"

Good and due form 妥善的形式

Good and valid 充分並有效的；法律上無懈可擊的；足夠的；適當的，負責的；有信譽的

Good and workmanlike manner 〔美〕熟練能幹的樣子 (指以在社區工作業績作為能力的判斷)

Good attendance bonus 勤工獎

Good bargain 賺錢生意；廉價買進物品

Good behaviour 品行良好；行為端正；沒有過失行為

Good cause 充足理由 (法律上有充分的根據或理由)

Good character (在社區享有的) 良好信譽；良好性格；良好品性

Good condition 良好狀態

Good conduct 〔美〕行為規矩；品行良好

Good consideration 有效約因；道德對價 (指親屬之間出於其感情而訂約)

Good debts 有把握收回的債款

Good faith 善意；誠意；誠信；良好信譽

Good faith accord 誠意協議

Good faith bargaining 〔美〕(勞資之間的) 誠意談判

Good faith declarant 〔美〕善意入籍申請人

Good faith exception to exclusionary rule 誠信排除例外

證據規則

Good faith motivation 誠信目的；誠信動機

Good faith purchaser 善意購買人；善意買主

Good for this day only 限當日有效

Good for three days only 限三日內有效 (指醫生所開的處方等)

Good health 〔保〕身心健康；健康狀況良好

Good husbandry 良好耕作；好管家

Good jury 特別陪審團 (由特別陪審員名單中挑選出組成的)；(法官指定的) 優良陪審團

Good lawyer 精通法律的人

Good leasehold title 〔英〕有效的租賃地保有權登記

Good life 〔保〕健康的身體 (保險公司樂於承保的)

Good medium 中上的 (指物品質量)

Good middling 中等以上 (指棉花的質量而言)

Good moral character 〔美〕良好的品行 (指從事律師職業的先決條件)

Good name 信譽；名聲

Good neighbour policy 睦鄰政策

Good neighbourliness 睦鄰；善鄰

Good neighbours 善鄰

Good office refugee 斡旋難民

Good offices 〔際〕斡旋 (由第三國出面解決兩國之間的爭議)

Good offices and mediation 〔際〕斡旋和調停

Good offices, conciliation and mediation 〔際〕斡旋、調解和調停

Good order 良好狀況 (貨物或財產完好無損)

Good order and condition (船舶) 狀態正常

Good ordinary 中等以上的 (特指棉花質量)

Good parliament 〔英〕善良議會；廉潔議會 (1376 年愛德華三世召開的議會別名，以反對法院和政府腐敗而著稱)

Good practices 〔世行〕良好操作 (意指世行在其業務工作中均貫徹滲透着環境保護政策)

Good prize 合法捕獲物

Good record title 記錄良好的所有權 (指產權上無求償、無留置權和財產負擔)

Good repute 好聲譽；好名聲

Good Samaritan doctrine 〔美〕善意營救的禍失原則

Good seamanship 良好的船藝；良好的航海術

Good till cancelled orders 取消以前一直有效的定貨單

Good title 無瑕疵的所有權；有效的所有權 (指不僅事實上有效、可出售，而且可作抵押用的)

Good understanding 良好諒解

Good, merchantable abstract of title 〔美〕良好的可出售的所有權摘要 (指完好、無任何抵押權負擔的所有權)

Good, merchantable quality (or good marketable quality) 暢銷貨質量

Goodness of fit 調節等級；調節精確度

Goodright, goodtitle 〔英古〕古德賴特 (驅逐訴訟中的擬制原告，同 "John Doe")

Goods 動產 (有體動產)；商品；〔關貿〕貨物 (限於指商業慣例中理解的產品)

Goods administered 已處分的遺產

Goods afloat 未卸貨物；運送中的貨物；未到貨物

Goods and chattels (全部的) 動產 (指有體的動產，其反義詞為 "real property")；個人財產

Goods and gear 財產;財富

Goods and service account 商品和服務賬

Goods attached 已查封的貨物

Goods available for sale 本期待銷商品;目前有貨可銷商品

Goods consigned 托運的貨物;寄售的物品

Goods council 〔關貿〕貨物理事會

Goods credit 貨物抵押貸款

Goods damaged prior to customs release 海關放行前受損的貨物

Goods depot 貨物車站;貨物倉庫

Goods different to invoice 和貨單不一致的貨物

Goods exchange and payments agreement 換貨和付款協定

Goods freight 貨物運費

Goods in bond 保稅貨物(指存放於保稅區倉庫尚未納稅的貨物)

Goods in communion 〔蘇格蘭〕夫妻共享的財產(指丈夫的動產應為配偶共同享有,死後可移轉給其遺孀)

Goods in deposit 儲藏的貨物

Goods in stock 存貨

Goods in transit 過境貨物;在途貨物(運輸途中的貨物)

Goods in transit insurance 在運貨物保險

Goods not administered 未處分的遺產

Goods of the same class or kind 〔世貿〕同級別或同種類貨物

Goods on consignment 寄售貨物

Goods ordered 定購的貨物

Goods receiving book 收貨賬(簿)

Goods roof 貨倉(帶有屋頂的貨場)

Goods sold and delivered 〔美〕業已出售並交付的貨物

Goods stored by the custom 收容貨物(指海關存留的貨物)

Goods tax 貨物稅

Goods temporarily imported 臨時進口的貨物

Goods to arrive 將到貨物

Goods to arrive account 將到貨物賬

Goods to be valued 待估價的貨物(被估貨物)

Goods trade 貨物貿易

Goods transactions 貨物交易

Goods, effects and credits 物品、財產與債權

Goods, service and income 商品、服務和收入

Goods, wares and merchandise 〔美〕貨物,器皿和商品(用於欺詐法規等等術語)

Goods-in on consignment 承銷貨物(承銷品)

Goods-out on consignment 寄銷貨物;代銷品(寄銷品)

Good-till-cancelled (GTC) 取消前有效的

Goodtime 〔美〕縮減的刑期(給予因犯在獄中表現良好的減刑獎勵)

Goodtime allowance 〔美〕縮減刑期(因犯因在獄中表現良好可據此得以減刑)

Goodwill 商譽;商業信譽(一種無形性質的資產);善意;親善

Goodwill clause 善意條款(巴黎俱樂部的)

Goodwill mission 友好使團

Goodwill visit 友好訪問;善意訪問

Goodwill 商譽;信譽

Goose without gravy 不到流血程度的笞刑

Gore 〔英古〕小而狹窄的地塊;〔美〕小塊三角地;(紐英倫等州)散居點

Gossipred 〔宗〕教親關係;神親關係

Gothland Sea Law 哥得蘭海洋法(又稱"Wisby"威斯比港海洋法;在奧列龍海洋法之後編纂成的)

Govern *v.* 管理;控制;指導;規定;執行;成為規則、先例、法律或指導原則

Governance system 〔世貿〕管理制度

Governing board 董事會;理事會

Governing body 決策機構(指具有決策和控制權的機關和團體組織);領導機構;管理機構;理事機構

Governing body of international labour office 國際勞工局理事會

Governing committee 管理委員會

Governing council 理事會

Governing director 常務理事;執行董事

Governing factor 主導因素(支配因素)

Governing law 管轄的法律;適用的法律;〔香港〕管轄該契約的法律(指提貨單所列事項應適用約克-安特衛普法律條款)

Governing party 執政黨

Governing principle 指導原則

Governing structure 決策結構

Government 政府(中央和地方國家機構中的國家行政機關或國家管理機關);〔英〕內閣;統治權;政體;體制;行政管理;管理機構;行政管理區域

Government act 政府行為(指代表國家行為)

Government actions 政府行為

Government administration council 政務院

Government agencies 政府機關

Government agencts 〔美〕政府公務人員(包括消防員和警察在內)

Government agency 行政機關;政府機構

Government annuities 〔英〕政府養老金保險

Government appointment 政府任命

Government authority 政府職權

Government bill 政府債券,公債券;政府提案

Government bodies 政府機構;政府組織

Government bonded warehouse 政府設的保稅倉庫

Government bonds 政府債券;公債

Government borrowing 政府舉債

Government broker 政府經紀人

Government by civilians 民治

Government by council 樞密院政治

Government by force 武治

Government by law 法治

Government by party 政黨政治

Government by the people 民治

Government capital 國有資本

Government contract 政府契約;政府合約(指政府與私人間訂立的合約)

Government contractor 政府承包商

Government corporation 政府法人

Government corporation 國營公司

Government credit 政府信貸

Government credit guarantee 政府信貸擔保;政府信用保證(指對出口的貨物受損時提供補償擔保)

G

Government de facto 事實上的政府

Government de jure 法律上的政府

Government debt or government-guaranteed debt 政府債務或政府擔保的債務

Government debt outstanding 尚未償還的公債 (政府尚未償還的債務)

Government decree 政令；政府法令

Government department 政府部門

Government enterprise 公營企業；國營企業

Government Expenditure Analysis Division 〔基金〕政府財政支出分析處

Government expenditure 政府行政支出 (政府行政開支)

Government expense 政府費用

Government expert 政府專家

Government Finance Division 〔基金〕政府財政處 (取代了 "Government Finance Statistics Division")

Government finance statistics 政府財政統計

Government fire insurance 〔日〕官營火災保險

Government functions 政府職能

Government funds 政府資金

Government gazette 政府公報；官方公告

Government grant 政府撥款；政府補助金；〔美〕政府轉讓證書

Government guarantee 政府擔保 (指政府對其公民在海外投資風險事後補償損失的擔保)

Government Guarantees to Foreign Invertors 〔美〕政府對外國投資者的保證

Government guaranty 政府保證 (指發展中國家給予外國投資者企業法律上有效和可靠的保證以吸引外資開發建設項目)

Government guidance price 政府的指導性價格

Government guidance price mechanism 政府指導性價格機制

Government immunity 〔美〕政府豁免；主權豁免

Government in commission 政府委員會

Government instrumentality doctrine 〔美〕政府機構原則 (指享有稅收豁免權)

Government insurance 〔美〕政府保險

Government interference 政府干預；政府干涉

Government intervention 政府干預

Government investment 政府投資

Government Laboratory 〔香港〕政府化驗所

Government land 政府土地；公有土地；官有地

Government Land Transport Agency 〔香港〕政府車輛管理處

Government loan 政府貸款；政府借款；國債，公債

Government Logistics Department 〔香港〕政府物流服務署

Government man (G-man) 〔美〕聯邦調查局調查員

Government mandate 政府授權

Government mining industry 政府經營的礦業

Government monopoly 政府壟斷；政府專營

Government National Mortgage Association (Ginnie Mae, G.N.M.A) 〔美〕聯邦政府國民抵押協會 (指聯邦政府機構主要從事在二手市場上購買由借款人組織政府補貼居民住宅)

Government notice 政府佈告

Government obligations 政府債券

Government of administration section 行政區政府

Government of autonomous regions 自治區政府

Government of China applied for accession to the Marrakesh Agreement Establishing the World Trade Organisation 中國政府申請加入《建立世界貿易組織》的馬拉喀什協定 (中國政府根據世貿組織協定第 12 款規定，於 1995 年 12 月 7 日致函世貿秘書處提出正式申請)

Government of India Act 印度政府法 (指 1859 年頒佈的印度統治權歸屬英國法律)

Government of laws 法治政府 (美國法理的基本原則，指要求美國法院所作出的判決必須依據法律、制定法和普通法)

Government of municipalities directly under the central government 〔中〕中央直轄市政府

Government of township 鎮政府

Government office 政府辦公處；機關；官署

Government official 政府官員

Government order 政令；政府命令

Government ordinance 政府規章；行政命令

Government organ 政府機關

Government organisation of every department 政府各部的編制

Government organisation of mint 造幣局的編制

Government organisation of privy council 政府樞密院編制

Government ownership 政府所有制 (指計劃經濟的模式)

Government paper 政府文件；政府發行的有價證券；政府債券

Government permission 政府許可 (政府批准)

Government policies relating to cross-border trade 〔世貿〕政府關於跨越邊界的貿易政策；政府關於跨國貿易的政策 (指 WTO 明示各成員方政府關於協商執行過境貨物貿易或環球服務貿易的待遇規則)

Government post 官職；政府郵件

Government pricing in the service sectors 政府對服務行業的標價

Government printer 〔英〕政府印刷局

Government Printing Office (GPO) 〔美〕國家印刷局

Government procurement 〔關貿〕政府採購

Government procurement agreement 政府採購協議

Government procurement and practices 政府採購與做法 (屬一種非關稅的貿易壁壘)

Government Procurement Code 〔關貿〕政府採購守則 (關貿總協定《東京回合》簽訂的，旨在擴大政府採購的自由化，促使各成員國對政府採購規定公開，並確定產品及供應商均無差別待遇的管理制度。1981 年 1 月 1 日起實施)

Government procurement policy 政府採購政策

Government Procurement Review Board 〔日〕政府採購審查局 (依照世貿組織的規定於 1995 年 12 月 1 日成立的，以對政府部門採購實施監督、透明、公平和有效的競爭性，負責審查供應商對中央政府實體和與其相關實體的採購情況，並於 90 天內寫出書面結果報告提交給審查辦公室)

Government property 公有財產，政府財產

Government railway 國有鐵路

Government receipts 政府收入

Government regulations 政府規章 (條例)

Government representation 政府代表制

Government representative 政府代表

Government revenue 政府稅收;政府歲入 (指政府徵稅之收入)

Government Risk-Sharing in Foreign Investment 〔美〕外國投資中政府分擔的風險 (1965 年)

Government school 公立學校

Government seal 官印;政府印章

Government sector 政府部門

Government securities 政府發行的有價證券 (或稱"公債券")

Government service 公職人員;政府行政部門;政府職務

Government share 〔中〕公股 (指公私合營中公方的股份)

Government spokesman 政府發言人

Government standardising body 政府標準化機構

Government statistics 官方統計

Government subsidy 政府補貼

Government succession 政府繼承

Government support 政府支持

Government survey 政府測繪圖 (政府測量記錄)

Government survey system 〔美〕政府測量系統

Government tax revenue 政府稅收

Government tort 〔美〕政府侵權行為

Government welfare 政府福利

Governmental 政府的;與政府有關的;政治上的;管轄的;立憲政體的

Governmental act 〔美〕政府行為 (指行使警察權力的行為等)

Governmental action 政府行動

Governmental activity 〔美〕政府行為 (指向公衆提供服務,諸如收稅等)

Governmental agency 政府機構;行政機關

Governmental agents 政府人員;公務人員

Governmental agreement 政府間協定

Governmental assessor 政府顧問;稅務評議員

Governmental assistance measures to encourage agriculture and rural development 〔關貿〕政府鼓勵農業和農村發展的援助措施

Governmental assistance to economic development 〔關貿〕政府對經濟發展的援助

Governmental body 政府機構

Governmental corporation 〔美〕政府法人 (指組織履行政府職能)

Governmental duties 政府職責 (指憲法賦予的)

Governmental enterprise 政府企業;〔美〕政府規劃 (或企業) (指永久性的政府項目或企業,諸如排水區管委會)

Governmental facility 〔美〕政府設施 (指政府建築物或機構。諸如法院和縣監獄)

Governmental functions 政府職能

Governmental functions and organs 〔英〕政府職能和機關

Governmental immunity 政府豁免;主權豁免

Governmental industrial transactions 政府行政上的商業交易

Governmental influence 政府影響

Governmental instrumentality 〔美〕政府機構 (指履行重要的政府職能)

Governmental insurer 政府保險人

Governmental interest analysis 〔美〕政府利益分析說 (美國法學家柯里的理論,他認為法院在審理法律衝突案中,政府利益應作為適用法律的唯一標準,亦即:法院審案時首先應釐清,原被告雙方法律所體現各自政府的利益是否有真正衝突,如果無利益衝突,法院即應適用與該案唯一有利益關係的政府的法律)

Governmental interests 〔美〕政府權益 (特指處理政府管轄政策爭議時應適用的法律)

Governmental international institution 政府性國際機構

Governmental intervention 國家干預 (指法院代表國家對民事訴訟當事人的處分行為是否合法實行監督,檢察機關代表國家對法院的民事審判活動實行法律監督)

Governmental measures affecting imports or exports by private traders 〔世貿〕政府影響民間商人進口或出口貿易的措施

Governmental organ 統治機關

Governmental powers 政府權力

Governmental privileges 政府特權

Governmental purpose 政府宗旨 (政府的目的)

Governmental secrets 政府機密 (指軍事、外交或違反公衆利益的秘密事項)

Governmental stabilisation plan 政府穩定計劃

Governmental stockholding programmes 政府庫存計劃;政府儲備計劃

Governmental subdivision 政府部門;政府機構 (政府職能性機構,其創立目的在於履行政府宗旨或其職能)

Governmental survey 〔美〕政府測量

Governmental trusts 政府信託;公立信託 (一種慈善信託用以建造或維護公共建築物等)

Government-backed 政府擔保的

Government-controlled prices 政府控制的價格

Government-determined provincial supply and utilisation 政府決定的地方供給與應用

Government-directed procurement 政府指導的採購

Government-guaranteed debt 政府擔保的債務

Government-held debt 政府持有的債務

Government-in-exile 流亡政府

Government-mandated counter-trade 政府授權的補償貿易

Government-mandated scheme 政府授權的方案

Government-operated 政府經營的

Government-owned 政府所有的

Government-owned bank 公有銀行 (政府所有的銀行)

Government-owned banks 國營銀行

Government-purchased products 政府購買的產品

Government-supervised and merchant-managed 官方監督商人運營的

Government-to-Government basis 政府對政府的基礎上

Governor 〔基金〕〔世行〕理事 (由會員國委派,任期五年,可以連任,多由各會員國財政部長或國家銀行行長兼任) 省長;〔英〕獄長;(殖民地) 總督;(銀行) 總裁;總監;〔美〕州長;(要塞或衛戍區的) 司令官

Governor in Council 〔香港〕港督會同行政局 (指城市設計委員會上報的建設計劃被否決後可上呈港督會同行政局審核)

Governor of a prison 典獄長

Governor of island 島司

Governor's Act 〔英〕關於殖民地總督及代理總督條例 (1699 年發佈處理殖民地官員犯罪的法規)

Governor-General 〔英〕總督

Governorship　總督職守（或任期）

Gown　〔英〕禮袍（為法官和大學教師穿着的禮服）

Gownsman　法官；律師（穿律師長袍或禮服的人）

Grab line　〔海法〕救生索；把手繩

Grace　優惠；恩惠；寬恕

Grace of payment　延期付款；支付寬限

Grace period　寬限期；優惠期

Graceless behaviour　墮落的行為；道德敗壞的行為；粗野的行為

Gradatim　〔英古〕逐漸地；逐步地；循序漸進地

Grade　*n. & v. I.*〔美〕梯度；坡度；斜坡；等級；職級（別）；階段；（學校的）年級；II. 平定等級；築平（平整場地）；平土方；定坡度

Grade bonus　等級獎金

Grade crossing　〔美〕平面交叉；水平交叉點（指鐵路和公路、公有路等的交叉）

Grade labeling　〔美〕（商品質量的）分級標簽（貼等級標簽）

Grade system　分級制；等級制

Graded commission　級差佣金

Graded fare　車費區域制

Graded income tax　級差所得稅

Graded offense　〔美〕分等級犯罪（如一級謀殺定為相應的二級或三級謀殺）

Graded tariff　分級稅率

Graded tax　等級稅；級差稅

Grades of crimes　犯罪等級

Grading fare　分級工資；分級車（船）費

Gradual emancipation　漸次解放（指依照奴隸的年齡和服務年限而獲得解放的規定）

Gradual phase-out of quotas　逐步取消配額

Graduate　〔美〕畢業生；〔英〕取得大學學位的畢業生

Graduate certification　畢業證書

Graduate securities　行情逐步上升的證券

Graduated lease　累進租賃；分級租賃（指根據未來收入可變情況酌定）

Graduated Payment Mortgage (GPM)　〔美〕累進償還抵押；逐步償付式抵押（初期每月償付額比較低，然後逐漸增加，通常在五年到十年內增加，隨後即保持穩定，一直到貸款期滿）

Graduated tax rates　累進稅率

Graduated tax(es)　累進稅（指繳納的稅隨納稅人收入的增加而增加）

Graduated taxation　分級課稅；累進稅制

Graduating exercise　畢業儀式（畢業典禮）

Graduation　分等級（指發展中國家經濟上逐步發展至成為一個發達國家的一種理念）

Graffer　公證人；抄寫員

Graffium　登記簿；登記冊

Grafio　男爵；財政官；律師

Graft　詐取，貪污（指利用職權之便非法詐取公款）；受賄，不義之財；確定抵押權（衡平法用語）

Graft and embezzlement　貪污和侵佔

Graft and theft　貪污盜竊

Grafter　〔美〕貪污者；貪污份子；受賄者；欺詐者

Grafters and thieves　貪污盜竊份子

Grain　穀物；穀類；穀類植物；谷（英美最小的重量單位，

相等於 64.8 毫克，原為小麥平均穀粒的重量）

Grain broker　穀物經紀人

Grain capacity　（船舶）散裝貨容積

Grain depot　糧棧

Grain distribution station　糧站

Grain measurement capacity　以穀物計算的裝載能力

Grain paper　穀物票據

Grain rent　穀物地租

Grain reserve for emergency use　機動糧

Grain standard Act　〔美〕穀物標準法（1916 年）

Grain subsidy　糧食補助

Grain supply centre　糧站

Grain tax　〔中〕公糧（糧食稅）

Grain troy　金衡最小單位（＝0.0648 克）

Gramadan　〔印〕土地村有制（指把土地所有權移交代表全村的鄉議會管理）

Grammar school　〔英〕大學預科（指進入學院或大學前的補習學校）；文法學校；〔美〕初級中學（小學與高中之間的學校）

Grammatical interpretation　文法解釋

Gramme　克（公制重量單位）

Gramm-Rudman-Hollings amendment　〔美〕格拉姆－盧德曼－霍林斯修正案（1986 年提出的關於平衡預算，自動削減聯邦年度開支目標）

Granary　穀物；糧倉

Grand　*a. & n. I.* 重大的；主要的；全部的；總的；宏大的；莊嚴的；II.〔美俚〕1000 美元

Grand Alliance　大同盟（1.1689 年德、西、英、薩優伊等國為對付法國結成的同盟；2.1701 年德、英等國為對付法國路易十四國王而結成的同盟）

Grand army of the republic　〔美〕南北戰爭時在政府內的秘密結社

Grand assize　〔英〕特別陪審法庭（根據英王亨利二世命令以 16 位爵士組成，用以代替決鬥的裁判，受理訴訟案件，1833 年廢止）

Grand Bank, the　紐芬蘭大海灘

Grand bill of sale　賣船契據

Grand cabotage　大沿海航運

Grand Canal　〔中〕大運河；〔意〕（威尼斯）土運河

Grand cape　〔英古〕回復佔有令狀（指承租人或被告缺席時未應傳到庭，法庭頒發回復不動產訴訟的令狀，1833 年廢止）

Grand chamberlain　侍從長

Grand committee　〔英〕常設委員會（下議院審議法律和貿易的機構兩個常設委員會之一）

Grand conseil　〔法〕皇家法院（成立於 1497 年，主要審理主教及教士聖俸案件）

Grand Coutumier　〔法〕習慣法彙編

Grand Coutumier de France (or Coutumier de Charles VI)　《法國習慣法大全》（或《查理六世習慣法》，編於 1385 年）

Grand coutumier de pays et duche de Normandie　〔法〕《諾曼第地區與其公爵領地習慣法大全》（1205 年以諾曼第的古法和古習慣法彙編成的法典）

Grand coutumier of Normandy　〔英古〕諾曼第習慣法大全（大部份為海峽羣島的習慣）

Grand cross　〔英〕大十字勳章

Grand Days　〔英〕（律師協會）會慶節；盛大節日（諸如聖燭節、復活節、耶穌升天節等等）

Grand distress　〔英〕全部財產扣押（指承租人或被告缺席而扣押其在郡內的貨物和動產）

Grand duchess　大公夫人；大公爵夫人；女大公爵

Grand duchy　大公國；大公爵領地

Grand duke　大公；大公爵

Grand inquest　大陪審官

Grand inquest of the nation　〔英〕下議院

Grand inquisitor　〔西〕宗教法庭法官

Grand jours　〔法〕地方巡迴法院（在暑期開庭）

Grand juror　大陪審團的陪審員

Grand jury　大陪審團（由 12～23 人組成）

Grand jury investigation　大陪審團的調查

Grand juryman　大陪審團的陪審員

Grand larceny　重盜竊罪（在美國，指非法侵佔超過 100 美元的財產罪；在英國，指非法偷竊價值超過 12 便士的財產罪，但此區別已於 1827 年廢止）

Grand Old Man (G.O.M.)　英國的偉大人物（指政治家 W.E.Gladstone）

Grand Old Party (G.O.P.)　〔美〕共和黨（的別稱）

Grand Remonstrance　〔英〕大抗議書（1641 年）

Grand serjeant　〔英〕大警官（國王的侍衛官）

Grand serjeanty　國王的警衛官（或譯為“大侍衛土地保有”，是為國王做侍衛工作，如為國王舉旗、持劍等）

Grand tutor　太傅

Grand vizier　土耳其宰相

Grandchild　孫兒（女）；外孫兒（女）

Grande vitesse　〔法〕快信

Grandee　〔西、葡〕最高貴族；大公

Grandfather　祖父；外祖父

Grandfather clause　〔美〕祖父條款；老祖父條款（指南部各州以文化程度和財產狀況限制選舉權的條款；舊時美國南部某些法律保護白人利益的一種條款，按此條款，南北戰爭前享有選舉權的白人的後代，即使沒有文化也有選舉權，為維護白人特權提出的條款和 GATT《臨時適用議定書》中“先適用本國立法”的條款、“祖父條款”、“祖父權利”。例如，美國援引 1897 年“反補貼稅法”，宣佈不必事先調查、證實是否對美國相同產品造成重大損害即可課征反補貼稅，這是濫用祖父條款的典型事例）；（某些法律中）不追溯條款；保留條款；免試條款；免稅業務

Grandfather right　〔關貿〕祖父權利（指一國加入關貿總協定後在不違背其現行國內立法的最大限度內可臨時適用關貿總協定第二部份的權利，即可保留在加入日期之前已頒佈的那些具有強制性質的國內立法，諸如過境自由、海關估價和貿易條例等）

Grandmother　祖母；外祖母

Grandnephew　侄（外）孫；甥（外）孫

Grandniece　侄（外）孫女；甥（外）孫女

Grandparent　祖父母；外祖父母

Grandson　孫子；外孫

Granduncle　叔（或伯）祖父；舅公；丈公

Grange　〔美〕格蘭其（亦稱“農民協進會”，1867 年成立的美國全國性保護農民利益的田莊農民秘密組織，正式名為“保護農業社”）；格蘭其成員；田莊，農莊（建有穀倉、馬廐等農業設施）

Granger cases　〔美〕格蘭其社員案件（1876 年，美最高法院判決了六起格蘭其社員案件）

Grangia　農場；農莊；田莊；農家秘密組合（“格蘭其”）

Grant　*n. & v.* I. 贈與；讓與；轉讓；授與物；不動產轉讓；財產轉讓證書；助學金；〔英〕撥款（指議會將部份公款撥給地方當局或其他機構以為指定用途）；特權的授予（國王授予臣民蓋有國璽的開封特許狀）；II. 批准；贈與；賦予；授予；讓與；轉讓

Grant a marriage license　頒發結婚證書

Grant a new trial　准予複審

Grant a patent right　授予專利權

Grant a quota　發放配額

Grant a special amnesty to war criminals　特赦戰犯

Grant an exequatur　頒發領事證書

Grant and to freight let　〔美〕讓與並作貨用出租（指允由租船人自酌預定航程，一般轉讓該船的佔有權，由租船人支配）

Grant bail　准予保釋

Grant bonds　特別抵押債券

Grant element　贈予成分

Grant in aid for agricultural association　農會補助金

Grant in perpetuity　永久贈予

Grant of decoration　授予獎章

Grant of leave　准假（批准請假）

Grant of limited property interest　讓與限定的財產利益（限定財產利益的讓與）

Grant of money on the sick and wounded man　傷病員的補助金

Grant of patent　專利權的轉讓

Grant of personal property　〔美〕動產讓與（不同於“gift”，一般為有償轉讓動產的一種方式）

Grant of probate　〔英〕批准遺囑檢驗

Grant of probate or letters of administration　〔英〕批准遺囑檢驗和授予遺產管理委任書（指主管法院授權遺囑執行人或遺產管理人處理死者的遺產及其相關事務）

Grant of quarter　饒恕；接受敵人投降

Grant of quota allocations　批准配額分配

Grant of representation　授予代表權

Grant of trading rights to non-state trading entities to import TRQ allocations　准予非國營貿易單位（實體）分配進口關稅率配額的經營權

Grant or denial of a license　批准或拒發許可證

Grant or maintain any subsidy　〔關貿〕給予或維持任何補貼

Grant quantity discounts　〔世貿〕給予數量折扣（指買賣方降低價格的手法）

Grant specified, time-limited exceptions　〔世貿〕給予特定的和有時限的例外（指發展中國家而言）

Grant tax exemption to the property used for consular functions　批准用於領事職務的財產稅豁免

Grant technical assistance　提供技術援助

Grant the right to trade　給予貿易權

Grant the widest measure of mutual assistance　〔領事〕相互提供最廣泛的協作

Grant titles and territories to the nobles　〔封〕分封諸侯

Grant to any enterprise possessing the right to trade any product to Section 5 of the Draft Protocol　賦予企業擁有經營《議定書草案》第五部份所規定的各種產品的權利（指《與貨物貿易有關的協定》的議定書）

Grant to uses　用益讓與（"讓與第三者用益的權利"，成為英國讓與不動產的最佳方式）

Grant, bargain, and sell　〔美〕轉讓、交易和出售（不動產轉讓證書關鍵性用語）

Grantee　受讓人，承讓人；被授予者；受補助者；〔香港〕（專利權）領受人

Grantee of a patent　被授予專利權者；特許專利權人

Grant-in-aid　撥款；補貼；補助金（指政府機關給予個人或研究機構供教育或專題研究用）

Granting and administration of import licenses　進口許可證的頒發與管理

Granting authority　〔關／世貿〕授予當局（指 GATT/WTO 的成員國政府當局給予的補貼）

Granting clause　讓與條款（指在不動產讓與契據上所寫的轉讓現有用益權的文句）

Granting of franchise　特許（賦予特權）

Granting of observer status　批准給予觀察員地位

Grantor　授予人；讓與人；轉讓人；賣主；銷售者

Grantor retained income trust (GRIT)　〔美〕讓與人保留收入信托

Grantor trusts　〔美〕讓與人信托（指讓與人保留控制對其信托財產收益）

Grantor's lien　賣主留置權（指此種留置權產生於賣方把所有權讓渡給買方而賣方未收到所售財產權的全部對價）

Grantor-grantee index　〔美〕讓與人與受讓人目錄（存放於縣檔案局）

Grantz　〔英古〕貴族；大公

Grass　大麻（訛稱）

Grass week　〔英古〕食草周（指古時在出庭律師公會和衡平法院的祈禱節中只能吃素）

Grass widow　〔美俚〕分居妻子；已離婚的女子；被遺棄的情婦

Grass widower　離了婚（或分居）的男子；妻子暫時離開的男子

Grassland law　草原法

Grasson　〔英古〕土地轉讓金（指在莊園領主保有的領地內從事耕作的農奴，支付讓與其副本土地保有權的費用）

Grass-roots　基層；基層群眾

Grassroots action　〔際〕基層行動

Grass-roots court　基層法院

Grassum　〔蘇格蘭〕土地租賃金；土地續租費（應向地主繳納）

Gratian　意大利和尚（寺院法編纂者）

Gratification　獎金；報酬；賞錢

Gratis　*a. & adv.* 免費的（地）；無償的（地）；無代價的（地）

Gratis dictum　自願的陳述（不受法律拘束的當事人自願的陳述或未經證實的話）；空言，一面之詞；未經證實的話

Gratuitous　免費的；無償的；無代價的；單方受益的；〔英古〕自願的；公平的

Gratuitous allowance　撫恤金；退休金；養老金

Gratuitous assignment　無償讓與

Gratuitous bailee　無償受托人（無償佔有讓與動產者，有責任善加保管的受托財物）

Gratuitous bailment　無償寄托；免費寄存

Gratuitous coinage　無償鑄造；免費鑄造貨幣

Gratuitous contract　單方面受益的契約

Gratuitous conveyance　無償讓與；無代價轉讓證書

Gratuitous deed　（無充分對價的）任意讓與契據

Gratuitous guest　〔美〕免費搭車人（指應車主或其授權代理人的邀請免費使用汽車者）

Gratuitous insult　無理的侮辱

Gratuitous licensee　獲允入內者（雖未收到邀請，但被允許免費進入他人建築物而不視為侵權者）

Gratuitous loan　無償借貸；無償貸款（為古代北歐諸國對外貿易的一種慣列）

Gratuitous passenger　免費乘客

Gratuitous promise　無償允諾；無對價允諾

Gratuitous service　免費服務

Gratuity　退職金；慰勞金；捐贈物；獎金；賞金；小費；〔軍〕退伍金

Gravamen　訴訟要點；控告要點（重點是指控被告）；〔宗〕冤情陳述書（教士控告其所受主教冤屈的要點）

Grave　*n. & a.* I. 墓地；墳墓；墓穴；II. 嚴重的；嚴肅的

Grave breaches　嚴重破壞行為

Grave crime　嚴重罪行

Grave misconduct　嚴重不當行為

Grave robber　盜墓人

Gravel road bonds　砂礫道路公債

Graven dock　陸塢（其反義詞為 "floating dock"）

Graveyard　墓地；墳場；公墓

Graveyard insurance　欺詐保險（指對幼童、風燭殘年的老人和生命垂危的病人進行騙保）

Graveyard shift　夜班（自午夜十二時至翌日早上八時）

Graving beach　修船塢；修船岸

Graving dock　乾（船）塢

Graving expenses　（船舶的）掃除費（指對船的清除和塗油）

Graving slip　修船臺；修岸船

Gravis　嚴重的；重大的

Gravity of the offence　罪行的嚴重性（嚴重罪行）

Gravity pier　降卸橋墩；降卸碼頭

Gravius　首席司法行政官；首長

Gray market goods　〔美〕灰色市場貨物（指未經美國商標持有者允許所進口貼有美國商標的外國製造的貨物）

Gray's Inn　格雷律師學院（英國四大法學院之一）

Graze　*v.* 放牧

Grazier　放牧人；畜牧業者；牧場主；〔澳〕牧羊租地人

Graziery　畜牧業

Grazing　放牧；放牧法

Grazing right　放牧權

Great　重大的；重要的；主要的；偉大的；長期的

Great assize　〔英〕特別陪審法庭（=grand assize）

Great aunt　伯祖母；叔祖母；舅婆；姑婆；姨婆

Great bargain　廉價貨物；減價交易

Great barons　列席英國大議會或被召集參加議會的諸侯

Great bodily injury　重大身體傷害（指被毆打受到重傷）

Great Britain　大不列顛（由英格蘭和威爾斯與蘇格蘭於 1706 年合併而組成的一個政治實體）

Great care　高度注意

Great Charter　〔英〕大憲章（=the Magna Charta）

Great Contract　〔英〕大契約書（1610 年，在英國提出的一項對封建稅收制度的財政改革，進行冗長的談判而以破裂告終）

Great Council of the Realm　〔英〕王國大會議（諸曼征服後，英王於 1640 年召集的大臣和高僧會議，後來發展為貴族院）

Great Depression 大蕭條（指 20 世紀 30 年代在歐洲發生的以增加本國產品出口而損害他國利益政策為代價的經濟危機）

Great diligence 高度注意

Great elector 大選候（指有權選舉神聖羅馬帝國皇帝的諸侯）

Great fluctuation 大波動

Great grandchildren 曾孫兒女；外曾孫兒女

Great grandfather 曾祖父；外曾祖父

Great grandmother 曾祖母；外曾祖母

Great inquest of the nation 〔英〕下議院

Great international cycle 國際大循環（又稱“國際經濟大循環”的一種理論）

Great Lakes States Development Bank 大湖國家發展銀行

Great Law (The Body of Laws of the Province of Pennsylvenia) 〔美〕大法典（指賓夕凡尼亞州及其領地於 1682 年制定的第一部成文的法典）

Great master 侍從

Great (grand)-nephew 曾侄孫；外曾侄孫

Great (grand)-niece 曾侄孫女；外曾侄孫女

Great (grand)-uncle 曾叔祖；曾伯祖；外叔祖；外伯祖

Great Officers of the Realm 〔英〕王國文武重臣；〔蘇格蘭〕國務大臣

Great opening sale 大拍賣

Great parliament 〔英〕大議會（1925 年按三個等級規定召開的）

Great power chauvinism 大國沙文主義

Great power role 大國作用

Great power support 大國的支持

Great powers 列強（泛指歐洲帝國主義國家）

Great quarter court 〔美〕（殖民時期）麻薩諸塞州最高法院

Great Rolls of the Exchequer 〔英〕財政部財務檔案集

Great seal 國璽（在英國用於召集國會令狀、同外國政府簽訂條約和關係王國問題的國家律令）；公印；〔美〕州璽

Great Seal of the United Kingdom 〔英〕聯合王國國璽

Great Session of Wales 威爾斯大法庭

Great tide port 潮差大的港口

Great tithes 〔宗〕大什一稅（對穀物、豌豆、蠶豆或薪材和牧草所課的稅）

Great vassal 〔封〕大諸侯

Great writ of liberty 大自由令狀

Greater administration area 大行政區

Greater excommunication 〔宗〕開除出教門

Great-grandchild 曾孫；外曾孫

Great-granddaughter 曾孫女；外曾孫女；重孫女

Great-grandparents 曾祖父母；外曾祖父母

Great-power politics 大國外交

Gree 賠償（指對犯罪、傷害以賠償解決）

Greek Civil Code 希臘民法典（1940 年）

Greek Kalends 〔俗〕驢年馬月（無限遙遠的時間，意即永遠不可能發生的事情）

Greek law 希臘法

Greek letter fraternities 大（中）學生聯誼會

Greek Orthodox Archdiocesan Council of North and South America 南北美洲希臘紅衣主教理事會

Green 〔英〕村鎮；公共草坪（供村鎮居民合法運動和康樂的地方）

Green 301 mechanism 〔美〕綠色 301 機制（即所謂“生態稅”，對競爭策采恩而言，並非一個建設性的工具，但不得超過基期平均農業生產總值的 10%）

Green bag 〔英〕律師的公文包

Green book 綠皮書（“華盛頓社交名冊”的俗稱）

Green box 〔世貿〕綠箱；綠盒子（指《農業產品協議》規定的措施標準，即可免除對國內農業產品削減補貼的義務，包括國家可實施一系列財政支農計劃、基礎設施建設及農業扶持開發項目等等）

Green box measures 〔世貿〕“綠箱”措施（指對國內農業的支持。例如：對農業科研、自然災害救濟、農業結構調整投資、農業環保、落後地區援助等的補助）

Green box policies 〔世貿〕綠箱子政策；綠盒子政策（WTO《農產品協議》附件 2 等有關環保政策和法律的規定）

Green box reduction commitments 〔世貿〕降低綠色類補貼承諾（指對農業不合格的補貼措施）

Green box status 〔世貿〕綠盒子狀況；綠色類狀況（指支持計劃證明不合於定為以降低承諾為依據的綠色類措施）

Green card 〔美〕綠卡（指頒發給在美國常住民以為外僑合法身分的證據）；〔英〕綠色保險卡（汽車意外險的保險憑證）

Green category 〔關貿〕綠燈類（指其補貼對國際貿易影響不大，不應受到反補貼制裁，亦稱“許可使用的補貼”）

Green clause credit 綠條款信用證（指在澳洲羊毛出口交易中所用）

Green clause letter of credit 綠條款信用證（信用證預支條款的一種）

Green clauses 〔世貿〕綠色條款（泛指 WTO 諸協定所涉及環境問題的規定之統稱）

Green cloth 〔英〕王宮財務署（因會計桌上鋪以綠布，故而得名）

Green fees 綠色手續費（指環保的）

Green Fund 綠色基金（指有學者建議，從貿易和資本流動的稅費中徵收 1% 為環保基金）

Green goods man 偽造紙幣行使者

Green paper 〔英〕綠皮書（供政府立法準備的背景材料）

Green protectionism 綠色保護主義

Green River ordinance 〔美〕格林里弗條例（指禁止小販等上門叫賣的地方性許可證法規）

Green subsidy programme 綠色補貼計劃（環境研究專家的提議）

Green subsidy rules 綠色補貼規則（環境研究專家的提議）

Greenback 〔美〕美鈔；綠背美鈔（美國的國庫券的俗稱，因其背面為綠色，故而得名）

Greenhouse 溫室

Greenhouse effect 溫室效應

Greenhouse gases 溫室氣體

Greenlandman 〔丹〕格陵蘭沿海貿易船

Greenmail 〔美〕綠色郵件（“回購股份”，指計劃被收購公司以高於市場的貼水買回由潛在取得人擁有的股份）

Green-peace International 國際綠色和平隊；國際綠色和平組織（國際環境保護組織，1971 年成立於加拿大溫哥華）

Greenshields' case 〔英〕格林謝爾茲民事上訴案件（指在 1707 年英格蘭和蘇格蘭議會合併後，確立了上議院可以審理蘇格蘭最高民事法庭的民事上訴案件的權力）

Green-wax 〔英〕財稅法院記錄副本（指送給郡長的蓋有綠色火漆印的財稅法院罰款判決記錄的副本）

G

Greffier　〔法〕法院書記官；訴訟檔案保管員

Gregorian calendar　格里戈里曆（為基督教國所用的曆書）

Gregorian Code　格里戈里法典（公元三世紀中葉的羅馬法學家格里戈里厄斯編纂）

Gregorian epoch　格里戈里紀年（1582 年至今，其所編的曆書為多數歐洲國家所採用）

Gregorius Tolosanus　〔法〕戈雷戈里烏斯·托洛薩努斯（1540–1597 年，法國的一位法學家，人文主義學者）

Gremio　〔西〕行會

Gressume　〔英古〕慣例性貢賦（指登錄不動產保有權的承租人在其領主死亡時繳納的一種易主費）

Gretna Green marriage　〔蘇格蘭〕格里特納·格林婚姻（指結婚只要男女雙方同意，有兩個證婚人或文字證明即可，無須儀式。英(«英利)男女為逃避父母干預而到該村結婚，以規避蘇格蘭法所要求的儀式）

Greva　（舊時檔案中）沙灘；海灘或海濱

Greve　權力；權威

Grey area　次貧地區；〔關貿〕灰色區域（指實施"自願出口限制"等雖與 GATT 宗旨相悖，但卻默認其處於曖昧的法律地位的意思）

Grey area measures (or grey area trade restraints)　〔關貿〕灰色區域措施（指那些與關貿總協定原則和規則不符、缺乏透明度、不受協定法律約束的貿易措施）

Grey area trade restraints　〔關貿〕灰色區域貿易限制措施（指不受關貿總協定法規管轄與監督，缺乏透明度，實行保護性貿易限制措施的地區）

Grey market　半黑市（"灰市"）

Grey market goods　〔美〕半黑市貨物；半灰市商品（指外國製造的貼有美國商標的，但未經美商標持有人同意而進口之貨物）

Grievance　冤情；〔美〕申訴（勞工對勞動條件、工傷、不公平及侵犯權利的表示）

Grievance day　冤情陳述日

Grieved　受委屈的；痛苦的；悲痛的；受損害的（＝aggrieved）

Grievous　令人難受的；慘無人道的；嚴重的

Grievous bodily harm　重傷（但不是永久性的傷害）

Grievous crime　重罪

Grievous fault　嚴重過失

Grinding floor　股份的最低發行價格

Grinding mill　磨麵廠；製粉廠

Grith　〔撒〕治安；安全；保護；公共秩序

Grithbrech or grithbreche　〔撒〕破壞安寧；妨害治安；擾亂公共秩序

Grithstole　〔撒〕隱匿地；避難所

Groat　〔英〕銀幣（發行於公元 14–17 世紀）

Grocer　〔英古〕壟斷居奇者；包買主；雜貨商

Grogging　〔英〕摻水烈酒（用水泡浸裝過酒精的空木桶，使水變成酒，然後抽出銷售，1979 年頒令禁用）

Grog-shop　酒館；酒店

Groot Placaet-Boeck　《荷蘭法彙編》（編於 1097–1795 年，包括權威性的特許狀、法令和法規，並於 1658–1796 年出版，為羅馬–荷蘭法的重要淵源）

Groover　坑夫；挖槽者；礦山勞動者

Gross　*n. & a.* I. 毛數；總額；羅（12 打，144 個，計量單位）；〔英〕無體財產獨立所有權（指不伴隨他物而單獨存在的物或權利）；II. 嚴重的；惡劣的；有罪的；應受處罰的；總體的；全面的；毛的

Gross accumulation　累積總額

Gross adventure　押船借款；船舶抵押貸款（指以船舶作抵押的借貸合約，釋義同 "bill of gross adventure" 和 "bottomry"）

Gross Agricultural Product (GAP)　農業總產值

Gross alimony　〔美〕生活費總額（夫妻分居時經雙方同意的，通常是分期給付）

Gross average　平均毛額；〔保〕共同海損（釋義同 "general average"）

Gross capital formation　總的資本構成；資本形成總值

Gross charter　總租船契約；總承付租賃（指一種碼頭至碼頭的全部貨物運費由船東承付的契約）

Gross cost　總成本

Gross debt　總負債

Gross deposits　存款總額

Gross domestic expenditure　國內支出總額

Gross Domestic Income (GDI)　國內總收入

Gross Domestic Product (GDP)　國內生產總值

Gross earnings　總收入；總收益；毛收入（指未減除個人或營業費用的開支）

Gross earnings of management　經營總收入

Gross error　重大錯誤

Gross estate　〔美〕遺產總值；全部遺產（指所擁有應納聯邦遺產稅的全部財產）

Gross export value　出口總值

Gross fault　重大過失

Gross fixed capital formation　固定資產積累總額；固定資本形成總值

Gross freight　總運費；毛運費

Gross Fund position　〔基金〕國際貨幣基金組織的總額地位

Gross horse-power　總馬力

Gross immorality　嚴重道德敗壞

Gross income　總收入；總收益（指納稅之前的全部收入）

Gross income multiplier　〔美〕總收入倍數（估計不動產的評估技術。例如總收入乘以一個指定的毛收入等於估算總值）

Gross income tax　總所得稅（指沒有支出花銷和折扣的補貼）

Gross industrial output value　工業總產值

Gross injustice　沉冤；重大冤案

Gross interest　總利息；毛利總收入

Gross interference　嚴重干預；公然干涉

Gross lease　總額租賃（指出租人要求承租人統交一筆租金以供支付稅收，水、公用事業及保險等費用）

Gross margin　邊際收益；毛利

Gross migration　總遷移

Gross misdemeanor　嚴重的輕罪

Gross National Consumption (GNC)　國民消費總值

Gross National Expenditure (GNE)　國民總支出；國民支出總額

Gross National Happiness (GNH)　幸福指數（是個心理學名詞，即人們對生活滿意度的一種主觀感受）

Gross National Product (GNP)　國民生產總值；國民產總值

Gross National Welfare (GNW)　國民總福利

Gross neglect of duty　嚴重失職；嚴重不負責任

Gross negligence　〔美〕重大過失（指無視影響他人生命和

財產而故意不履行其明顯的責任)

Gross operating loss or profit 營業總虧損或總收益

Gross out v. 冒犯;羞辱

Gross output 總產量

Gross premium 〔保〕毛保費;總保險費

Gross price 總的價格 (總價)

Gross price list 總價格表;總價目表

Gross proceeds 總收入;總貨價收入

Gross profit 毛利;總利潤 (指含各種開支在內的總利益)

Gross profit margin 毛利潤率

Gross profit method 銷貨毛利法 (按公司的毛利率,估計庫存金額的一種方法)

Gross receipts 總收入,毛收入;營業總收入

Gross receipts tax 總收入稅

Gross recording 總記錄

Gross register tonnage 總註冊噸位;登記總噸位

Gross registered tons 總登記噸數;登記總噸數 (指船舶載貨量的容積)

Gross rental 毛租費

Gross reserve position 總儲備情況

Gross revenue 總收入;總收益

Gross sales 銷貨總額 (指以發貨票價計算未包括打折等理應算在內的全部銷售額)

Gross social product 社會生產總額

Gross spread 總價差 (指投資銀行發行價與公眾購買價之間的價格差額)

Gross stress reaction 〔美〕強烈反應 (用於對嚴重環境壓力情緒上的劇烈反應)

Gross ton (G.T.) 英噸;總噸;長噸 (相等於 1016.6 公斤)

Gross tonnage 總噸數;總噸位

Gross up v. 添回到原財產價值;加入已付稅的收入額

Gross value 總價值

Gross weight 毛重;總重量

Grosse aventure 〔法〕海上冒險借貸

Grossome 〔英古〕罰金;(租賃) 罰款

Grotius 格勞秀斯 (1583–1645 年,荷蘭法學家,古典自然法學派主要代表之一,近代國際法奠基人,著有《戰爭與和平》、《捕獲法》、《海上自由論》和《荷蘭法律導論》等)

Ground 土地;地面;理由;根據;論據;原因

Ground annual 〔蘇格蘭〕年地租;年租金

Ground floor 有利地位;優先地位;股票最低發行價格

Ground for divorce 離婚的理由;離婚的根據

Ground game 小獵物 (如野兔及兔子)

Ground landlord 土地出租人 (收取地租的土地轉讓者)

Ground lease 土地租賃 (指尚未開發的空地或未改良的不動產)

Ground norm 基本規範

Ground of action 訴訟根據 (訴訟的基礎事實);訴訟理由 (訴訟的原因事實);原告起訴的真正目的

Ground of decision 作出決定的理由

Ground of intervention 干涉理由

Ground Pass 〔聯〕"訪問護照" (指聯合國應聘專家級工作人員所持因公出訪會員國申辦簽證用)

Ground rent 地租 (指承租人在租地上建築房子時應支付的地租)

Ground risk (飛機) 地面險

Ground tackle 〔海法〕船舶裝置;錨泊索具;繫泊設備

Ground vessel 擱淺的船舶

Ground water 地下水;泉水;淺井水

Ground writ 〔英古〕審判地令狀

Ground(s) 土地;地面;基礎;〔複〕根據;理由

Groundage 〔英〕船舶進港費;停泊費;港口費

Ground-hold 停泊工具

Grounding (船舶) 擱淺

Grounding clause 擱淺條款 (規定船舶在河道、運河、海灘擱淺或觸礁不作擱淺處理)

Groundless 無根據的;無理由的

Group 羣體;團體;派;〔複〕集團;小組

Group accident-and-health insurance 〔保〕團體意外傷害及健康保險

Group accounts 〔英〕合併財務報表 (指公司及其附屬公司賬目損益陳述書);集團賬戶;分類賬戶

Group agreement 集團協定

Group annuity 〔美〕團體養老金保險 (指僱主依總計劃每年為每個合格的僱工購買延期年金)

Group boycott 聯合抵制;集團抵制;集體禁貨

Group consolidated balance sheep 集團綜合資產負債對照表

Group contract 團體合約

Group counseling 〔英〕小組精神療法 (廣泛用於監獄犯人心理康復治療)

Group endowment insurance 團體養老保險

Group gambling 聚賭

Group index number 類別物價指數

Group insurance 〔保〕團體保險

Group lease bill 團體地契;集體租賃單

Group libel 團體誹謗

Group life insurance 〔保〕團體人壽保險

Group life policy 〔保〕團體人壽保險單

Group of 77 (G77) 77 國集團 (指亞非拉發展中國家 1963 年成立,1964 年發表聯合聲明而著稱於世)

Group of African, Caribbean and Pacific Region Countries 非洲、加勒比和太平洋地區國家集團 (簡稱"非加太集團",成立於 1975 年 6 月)

Group of enterprise 企業集團;聯合企業

Group of Governmental Experts on Reverse Transfer of Technology 技術反向轉讓政府專家組

Group of High-Level Governmental Experts on the Effects of the World Inflationary Phenomenon on the Development Process 世界通貨澎脹現象對發展進程的影響問題政府高級專家組

Group of islands 列島

Group of Latin American and Caribbean Sugar Exporting Countries (GEPLACEA) 拉丁美洲和加勒比食糖出口國集團

Group of Negotiation on Goods (GNG) 〔關貿〕貨物談判小組

Group of Negotiation on Service (GNS) 〔關貿〕服務談判小組

Group of Seven (G7) 七國集團 (由美、英、法、澳洲、加拿大、意大利及日本原七個發達工業國構成,其後俄羅斯被吸收加入,但 2014 年因烏克蘭動亂又被開除)

Group of states 國家集團

G

Group of Ten (G10)　十國集團(是「"IMF"」的一個附屬機構，1961 年 12 月由美、英、法、意、日、荷、比、西德、瑞典和加拿大等十國在巴黎開會成立，以貸款方式支持 IMF，並研究各種改善國際財政系統的措施，旨在管理新設的一項 60 億美元的信貸基金而成立的組織，史稱"巴黎俱樂部"或"十國俱樂部")

Group of Twenty-four　〔基金〕二十四國集團(由 IMF 成員國內 23 個亞非拉國家和前南斯拉夫組成發展中國家的經濟集團，為反對十國集團操縱、壟斷 IMF 事務而於 1972 年 1 月成立的的組織)

Group of workers　〔美〕勞工團體(指可按 1974 年《貿易法》201 條款規定，對因進口而遭受損害或有嚴重損害威脅者允許向政府申請進口救濟)

Group on negotiations in services (GNS)　〔關貿〕服務談判小組

Group passport　團體護照

Group policy　團體保險單

Group sentenced to reform through labour　〔中〕勞改隊

Group term life insurance　團體定期人壽保險

Group test　(招工時的) 集體檢查

Group veto　集團否決

Group visa　團體簽證

Grouping of Contacts　關係聚集地(指發生法律選擇爭議時，法院將適用與訴訟結果最密切管轄法律；同時亦以"重點論"方法或原則著稱)

Grouping of contacts theory　〔美〕集中聯繫說(美法學界主張應適用在整體聯繫中最有實際聯繫的地方法律的學說)

Grow illicit narcotic crops　種植非法的麻醉品作物

Growing complexity of trade relations　〔世貿〕貿易關係的日益複雜化 (性)

Growing crops　青苗 (未分離的果實；生長中的果實)

Growing importance of trade in services for the growth and development of the world economy　〔世貿〕服務貿易對世界經濟增長與發展的重要性日益增強

Growth and stability of world economy　世界經濟的增長和穩定

Growth fund　發展基金 (一種互惠基金投資公司，旨在增長資本價值)

Growth half-penny　〔英古〕牡牛稅

Growth in the quota　配額的增長

Growth management　增長管理

Growth of a foreign country　外國產的

Growth of global economic welfare　全球性經濟福利增長

Growth of home　本國產的

Growth of international trade and travel　國際貿易旅遊的增長

Growth path　增長途徑

Growth pole　增長中心

Growth rate　增長率

Growth rate under MFA　按照多種纖維協議的增長率

Growth rates for quotas　配額增長率

Growth stock　看漲股票；增長股票，發展股票；熱門股票(一種僅次於"熱門"的股票的發展公司所發行的股票)

Gruarii　〔美〕林務官 (森林的主管官員)

Grub stake　〔美〕探礦合約 (指兩個當事方之間：一方承擔提供必要的食物、工具和供需品，另一方負責勘探和尋找礦區，而後雙方議定平分或按比例分取利潤的合同)

Grubstaker　貸款者

Gruel　v. 使精疲力盡；使極度緊張 (指用重刑或逼供等所致)

Gruelling trial　車輪式審訊；疲勞審問

Grundnorm　〔英〕基本規範

Guadia　〔歐古〕質押

Guarantee　n. & v. I. 接受保證的人；被保證人；被擔保人；保證合同；保證人的責任〔香港〕擔保人；II. 保證；擔保

Guarantee and indemnity　擔保與損害賠償

Guarantee association　保證協會 (擔保協會)

Guarantee clause　〔美〕擔保條款 (指合同中規定一方擔保為另一方給付債務)；保證條款 (按按美憲法第 4 條規定，聯邦政府向各州擔保實行共和政體，並且承擔一旦國家發生內亂時要保護州和聯邦政府的安全)

Guarantee company　擔保公司

Guarantee freight　〔美〕擔保運費

Guarantee fund　擔保基金；保證基金

Guarantee insurance　(損失) 保證保險

Guarantee L/C　擔保信用證；投標履約信用證

Guarantee of bill　票據保證

Guarantee of export credit　出口信用擔保

Guarantee of freight　運費保證 (付運費保證書)

Guarantee of insurance　保險擔保書 (指提交出口商説明出口貨物已作保險的押匯銀行的擔保書)

Guarantee of performance　履約保證 (履約保函)

Guarantee of tax-paying　納稅保證人；納稅擔保人

Guarantee slip　保單

Guarantee stock　保證股票；擔保股票 (擔保付息)

Guarantee the payment of the debts　保證償還債務

Guarantee to pay compensations　保證賠償

Guarantee to produce bill of lading　提供提貨單的保證

Guarantee treaty　保證條約

Guarantee with one's property　以財產作擔保

Guaranteed　有保證的；有利息的

Guaranteed annual wage　保證年薪 (指僱主在勞資合同中同意每年給僱員支付確定基本工資固定金額條款，儘管僱員有小時或周薪安排)

Guaranteed bond　擔保債券；保證債券 (指由公司而不是由債券發行人保證還本付息的保證債券)

Guaranteed credit　有擔保的信貸

Guaranteed dividend　擔保股利；擔保紅利

Guaranteed letter of credit　保付信用狀 (有擔保信用證)

Guaranteed payment　保證支付；保付

Guaranteed sale　〔美〕包銷；售房擔保 (指在特定期限內保證賣掉上市的不動產協議書)

Guaranteed share　保證股票；擔保股票 (股息由另一公司予以保證，同樣情況下其債券亦得以保證)

Guaranteed state　被保證國

Guaranteed stock　擔保股票；保證股票

Guaranteeing state　保證國

Guaranties for housing investment　〔美〕住宅投資保證 (美國政府對其私人投資企業在中南美洲國家住宅投資項目所受的政治及商業的一切風險，保證填補其損失的 10%，此為美鼓勵海外投資保險的三體制之一)

Guarantor　保證人；擔保人

Guarantor enterprise　擔保企業

Guarantor state　保證國

Guaranty　*n. & v.* I. 保證；擔保；保證協議 (指保證履行他人債務責任之協議)；II. 保證；擔保

Guaranty bond　保證書 (保證支付和履約)

Guaranty clause　〔美〕保證條款；擔保條款 (=guarantee clause)

Guaranty company　保證公司；擔保公司

Guaranty for antecedents　身分保證

Guaranty fund　保證基金 (作為銀行確保存款人的提款和破產時用以支付存款人)

Guaranty insurance　〔保〕(職工) 保證保險；誠實保險

Guaranty of bank deposit　銀行存款保證；銀行存款支付保證

Guaranty of payment　付款保證

Guaranty pact　保證公約

Guaranty stock　〔美〕保證股

Guaranty with one's property　以財產作保

Guard dog　〔英〕警犬；警衛犬；看家犬

Guard prisoners　看守犯人

Guard the sanctity of the law　維護法律的尊嚴

Guardage　保護；監護；監護狀態

Guardhouse　禁閉室；拘留所

Guardian (Gdn.)　監護人 (負責照料和管理未成年人及其財產，但一般指監護和教育不能管理自己事務的人)

Guardian ad litem　訴訟監護人 (法院為未成年人或精神失常者所任命的訴訟代理人)；訴訟代理人

Guardian allowance　監護津貼

Guardian and ward　監護人與被監護人

Guardian by appointment of the court　〔英〕法院指定的監護人

Guardian by custom　〔英〕習慣上的監護人 (指在一些城市或自治市中，對兒童父親去世有一種特定習慣行使監護職務的官員或團體)

Guardian by election　選任監護人 (為未成年者選擇的監護人)

Guardian by estoppel　不容否認的監護人 (自己承擔充任無合法權力的監護人)

Guardian by nature　自然監護人 (指父死後，母為監護人)

Guardian by nurture　養育監護人 (指父死後，母為監護人)

Guardian by parental appointment　父母指定的監護人

Guardian by parental right　〔英〕親權監護人 (父或母有權監護其未成年子女至 18 歲)

Guardian by statute　〔美〕遺囑監護人 (指父親以契據或最後遺囑為其未成年之子女指定監護人，監護其子女和遺產直至成年為止)

Guardian by testament　遺囑指定的監護人

Guardian curator　保佐人 (指對未成年人或瘋子的監護)

Guardian de son tort　自任監護人 (準監護人)

Guardian for nurture (=guardian by nurture)　養育監護人 (指父死後，母為監護人)

Guardian in chivalry　騎士軍役繼承者監護人 (封建時代領主在屬臣男未及 21 歲，女未屆 14 歲者繼承軍役未成年期間，負責監護未成年者及其土地的權利)

Guardian in socage　〔英〕保有地的繼承者監護人 (監管 14 歲以下未成年者法定繼承的土地，由至親者充任)

Guardian of spendthrift　揮霍無度者監護人

Guardian of the estates　不動產管理人

Guardian of the estates of a minor　未成年者財產監護人

Guardian of the peace　治安監護人

Guardian of the person　人身監護人

Guardian of the spiritualities　聖職職位空缺代管人 (指在教區聖職職位空缺時負責代管)

Guardian of the temporalities　聖職財務代管人 (指在聖職財務職位空缺時負責代管)

Guardian of treaties　條約監護人

Guardian (or Warden) of the Cinque Ports　〔英〕五港總監 (英國效法羅馬帝國在五港設置官署任命首席行政官以加強禦敵，管轄五港事務)

Guardians of the poor　〔英〕濟貧管理人 (指接受衛生部監督，由教區及其他有資格者選任的委員)

Guardianship　監護關係；監護職責；監護權；監護 (對無行為能力人和限制行為能力人的人身、財產權益依法實行的監督和保護，有些國家稱為"保佐")

Guardianship by appointment of the court　法庭任命的監護 (高等法院衡平法部門在未成年者沒有監護人或其他情況時任命的監護)

Guardianship by parental appointment　親權生前指定的監護 (父親或母親為了死後未成年的子女而在生前指定的監護)

Guardianship court　監護法院

Guardianship of Minors Ordinance　〔香港〕未成年人監護條例 (規定母親可在遺囑中指定其終身後子女的監護人)

Guardianus　監護人；看守人；保管人

Guarentigio　〔西〕履約保證 (指書面授權法院視同作出判決以強制履行的合約)

Guernsey　〔英〕古尼爾西島

Guerpi　〔法〕被遺棄的；被拋棄的；遺留的

Guerra (guerre)　戰爭

Guerrilla　游擊隊

Guerrilla band　游擊隊

Guerrilla operation　游擊行動

Guerrilla troop　游擊部隊

Guerrilla warfare　游擊戰

Guertin Laws　〔保〕古梯法 (美國精算師 Guertin 因起草該法而聞名，該法內容主要涉及保險的評估及其管理事項)

Guest　客人；賓客；旅客

Guest statute　乘客法 ("賓客駕車法"，車主自願款待允許使用其汽車，法律規定對於乘客故意過失等傷害負有責任)

Guidage　〔英〕領路費 (指引導人安全走過陌生的地段或他人領地的報酬)；導遊辦事處 (指引導遊客通過危險陌生的道路)

Guidance clause　〔世貿〕指導性條款

Guidance note　指導性說明

Guidance plan　指導性計劃

Guidance pricing　指導性價格 (標價)

Guide　領路人；導遊；嚮導

Guide book　旅行指南

Guide farmers　指導農民

Guide for a new-born consular service　新建領事館服務指南

Guide to Facilities and Services to be Taken into Account in Determining Airport's Costs　考慮決定機場成本設施和服務指南 (國際民用航空組織和國際航空電信協會制定於 1996 年)

G

Guide to Money and Banking Statistics in International Financial Statistics 國際金融統計貨幣與銀行統計指南

Guideline 準則；指導路線；指導方針，行動綱領；指標

Guideline for the study of the transfer of technology to developing countries 研究向發展中國家轉讓技術問題的指導原則

Guidelines for arrangements on relations with non-governmental organisations 〔世貿〕關於與非政府組織間關係的安排準則

Guidelines for borrowing by the Fund 國際貨幣基金組織貸款指標

Guidelines for early repurchase 提前回購指標

Guidelines for eco-labeling and packaging requirements 生態標籤和包裝要求準則

Guidelines for the management of floating exchange rates 〔基金〕浮動匯率管理準則

Guidelines on comsuption of inputs in the production process 〔世貿〕關於生產過程中投入消耗的準則（指用於取得出口產品消耗在生產加工和催化中體現出的物質投入、能源、燃料和石油方面的消耗）

Guidelines on conditionality 關於制約的原則

Guidelines on Corrective Action 調節行動的準則；糾正措施的指導原則

Guidelines on Environmental Development of Projects 〔世行〕環境項目發展的指導方針（1975 年頒發）

Guiding price 指示性價格

Guiding principles 方針；指導原則

Guidon de la mer 〔法〕《海標旗》（1607 年出版，於 16 世紀末由一位無名氏所著，是一本論述"保險、押船借款及共同海損"方面最早的著作之一）

Guild 基爾特；（中世紀的）行會；同業公會；（相互扶助、慈善、傳道等的）協會

Guild Church 〔英〕吉爾特教會（成立於倫敦市，服務於白天不上班的倫敦市居民）

Guild merchant 〔英〕商人同業公會

Guild period 行會時代

Guild regulations 行規；行業條例（規章）

Guild rents 〔英〕行會稅（繳付給王室的稅賦）

Guild system 行會制度

Guild-hall 市政廳；同業公會會所；行會會館

Guildhall sittings 〔英〕市政廳開庭期（在倫敦同業公會會場開庭審理倫敦市案件）

Guillotine *n. & v.* I. 斷頭台；〔英〕截止審議的程序（旨在加速下院在預定時間內對議案等進行表決的一種程序）；II. 截止審議（議案等）；處決

Guilt 罪；犯罪；過失

Guilty 犯罪的；有罪的；有過失的

Guilty act 犯罪行為

Guilty but insane 〔英〕"有罪但患有精神病"的裁決（指陪審團於 1883 年對已審案件作出裁決，後發現該犯人有精神病而宣佈無效。此後自 1964 年起凡是精神病罪犯均判無罪）

Guilty deed 犯罪行為

Guilty intent 犯罪意圖；犯罪動機

Guilty knowledge 犯罪認識；明知有罪

Guilty mind 犯罪心理；犯罪意圖

Guilty of a crime 有罪

Guilty of adultery 通姦罪

Guilty of the most heinous crimes 罪大惡極

Guilty party files, the 惡人先告狀

Guilty place 犯罪地點

Guilty plea 認罪答辯

Guilty tolls 犯罪工具

Guilty verdict 有罪裁決（指陪審團正式宣判被告被控所犯的罪行成立）

Guinea 〔英〕堅尼（英國舊幣，值 24 先令）

Guinea merchant 買賣奴隸者（指販賣黑奴）

Gulch 〔美〕乾谷；峽谷；沖溝（尤指產金地的激流峽谷）

Gule of August 八月一日

Gulf 海灣

Gulf Cooperation Council (GCC) 海灣合作委員會（1981 年 5 月 26 日成立，旨在加強成員國間合作，在自力更生的基礎上協調、統一和聯繫）

Gulf International Bank 海灣國際銀行

Gulf state 海灣國家

Gullible 輕信的；易上當受騙的；易受欺騙的

Gun 槍枝；〔複〕手槍；左輪槍；來福槍；卡賓槍

Gun Barred Proof Act 〔英〕槍枝證明法（1978 年）

Gun control laws 〔美〕槍械銷售和使用管理法；槍械管制法規

Gun control regulations 〔美〕槍支管理規定

Gun license 〔英〕火器執照（指經營銷售和攜帶機關槍、汽槍和手槍等均需要有政府頒發的許可證）

Gun robber 持槍搶劫犯

Gun shot rule 炮火射程規則

Gunboat diplomacy 炮艦外交（指以軍事權力恐嚇弱小國家屈服，如美西奧多·羅斯福總統所推行的"大棒加胡蘿蔔"帝國主義"強權政治"的政策，藉以強制其他國家結盟締結不平等條約）

Gunman 持槍歹徒；槍炮工人

Gunpowder plot 〔英〕火藥陰謀案（指 1605 年一天主教團夥因不滿政府鎮壓天主教措施，密謀轟炸議會兩院）

Gun-runner 軍火走私販

Gun-running 軍火走私

Guns and butter 〔美〕大炮加牛油政策

Guns insurance 槍械保險

Gun-toting 持槍行兇

Gutter-child 街頭流浪兒童

Gutter-man 攤販；貨郎

Gwalstow 法場；行刑場

Gwayf 〔英〕（盜竊犯逃跑時）丟棄的贓物

Gyltwite 〔撒〕（詐欺或侵害的）賠償；賠償金

Gynecocracy 女人主事的政府；婦女執政的政府（例如英國女王）

Gypsies 吉普賽人

Gyrocompass 〔海法〕電羅經

Gyroxompass repeater 〔海法〕電羅經複示器

Gyves 腳鐐；手銬

H

H-1 visa　〔美〕H-1 簽證 ("臨時工作簽證"，由美國駐外使、領館頒發給具有傑出成就及才能之臨時來美工作者，諸如學者、律師、醫生及大、中學的教師等)

H-2 visa　〔美〕H-2 簽證 ("臨時短缺的勞工簽證"，由美國駐外使、領館頒發給來美從事美國所無的各類勞務者，諸如農工、護士、裸母姆等)

H-3 visa　〔美〕H-3 簽證 ("臨時培訓者簽證"，由美國駐外使、領館頒發給來美接受短期醫務等職業培訓者；並且在培訓期間，培訓單位將發給被培訓者以工資)

H-4 visa　〔美〕H-4 簽證 ("臨時工作者配偶或子女簽證"，由美國駐外使、領館頒發給 H1、H-2 和 H-3 簽證持有者之配偶或其 21 歲以下未婚子女簽證)

Habeas Corpus Acts　〔英〕人身保護法 (1640，1679 年)

Habeas Corpus Suspension Act　〔英〕人身保護法中止條例

Habendum clause　權利範圍條款 (指契據中確定不動產或契據授予權益範圍的契據條款)

Habilitate　v.〔美〕投資 (礦山)；給 (礦山) 資金和設備

Habilitation　礦山投資

Habit and repute　〔蘇格蘭〕人所共知 (男女兩人雖未舉行結婚儀式，但其事實上的婚姻人所共知)

Habit(s)　習慣；習性；嗜好

Habitability　可居住性 (指對健康和安全無嚴重大問題，具備居民的住宅條件)

Habitable　適合居住的；適合租住的

Habitable repair　適合居住的修繕

Habitancy　居所；住所；住處

Habitant　〔加〕常住的承租人；居民；定居者；法裔加拿大人 (尤指農民)

Habitation　住所；居所；住處；居住權

Habitual　慣常的；習慣性的；通常的

Habitual criminal　慣犯；累犯 (積犯)

Habitual Criminals Act　〔英〕(新南威爾斯) 累犯處罰法 (1905 年)

Habitual Criminals and Offenders Act　〔新西蘭〕累犯處罰法 (1906 年)

Habitual drunkard　慣常酗酒人；酒徒；酒癖 (指由於習慣性飲用烈性酒不僅經常對自己或對他人造成危險的人)

Habitual Drunkards Act　〔英〕酗酒條例 (1879 年)

Habitual drunkenness or intoxication　習慣性醉酒；一貫酗酒

Habitual offence　習慣犯罪

Habitual offender　慣犯；累犯

Habitual residence　慣常居所

Habitual robber　慣盜

Habitual theft　慣竊

Habitual thief　慣賊 (慣常的盜竊者)

Habitually　習慣性地；慣常地；經常地

Habitually steal　慣竊，慣偷

Hable　〔英古、法〕港；港口；口岸；船港；停泊港

Hack　(對海軍軍官的) 營房拘禁；〔美俚〕監獄看守

Hacker　黑客 (指網絡入侵者)

Had　〔美〕已提起的；已開始的 (用於制定法，意指應無阻礙抵押訴訟等提起或維持的，意即 "commenced or begun")

Hadbote　〔撒〕褻瀆聖職的賠償；侵犯聖職人員的罰金

Hadd　〔印〕邊界；界限；刑罰 (指法律規定而非任意性的)

Hadgonel　〔英古〕稅款；罰款；罰金

Hadriana Colletio　哈德良教規彙編 (羅馬教會法彙編，公元 774 年)

Hafne　港；港口；船隻拋錨處

Hafne courts　〔英古〕港口法院 (法庭)

Hagne　小手槍；"海牙" 字的拼寫錯誤

Hagnebut　小手槍

Hague Academy of International Law　海牙國際法學院 (1923 年)

Hague Agreement Concerning the International Deposit of Industrial Designs　工業品外觀設計國際保存海牙協定 (1925 年)

Hague Conference on Private International Law　海牙國際私法會議 (創設於 1898 年，國際間以逐漸統一國際私法為目的政府間組織)

Hague Convention for the Suppression of Unlawful Seizure of Aircraft　關於非法制止劫持航空器的海牙公約 (1970 年)

Hague Convention Regarding the Laws and Customs of Land Warfare　關於陸戰法律和習慣的海牙公約

Hague conventions　海牙公約 (指 1899 年和 1907 年列強在海牙所訂關於陸、海戰等協約)

Hague Peace Conference　海牙和平會議 (旨在解決國際爭端，1899-1907 年)

Hague Regulations　陸戰法規慣例章程 (指 1907 年《海牙陸戰法規慣例公約》的附件)

Hague Regulations on Land Warfare　海牙陸戰規則

Hague Rules　海牙規則 (1921 年由船東、貿易商、保險業者及銀行家等在海牙擬定了 "海牙規則草案"，1924 年在布魯塞爾會議上簽訂了 "統一提單的若干法律規則的國際公約"，簡稱 "海牙規則")

Hague Rules of Air Warfare　海牙空戰規則 (1923 年)

Hague Tribunal　海牙法庭 (海牙常設國際仲裁法庭；常設國際仲裁法庭)

Hague-Visby Rules　海牙－維斯比規則 (1968 年英、法及北歐各傳統海運國在布魯塞爾會上對 "海牙規則" 適用範圍、賠償限額、集裝箱等賠償計算單位等作了修改和補充，簽訂了一個通稱 "維斯比規則" 或 "海牙－維斯比規則")

Hail a ship　呼喚船舶

Hail from　(船舶) 來自…港

Hail insurance　〔保〕雹災保險；冰雹保險

Hail insurance on crops　農作物雹災保險

Hailstorm insurance　雹災保險；暴風雨保險

Hakh　〔美〕真理；真神 (真的上帝)；正當合法權利；依村官所創設的可求償的慣例

Hakim　〔伊斯蘭〕地方長官；法官

Half　一半（法律用語）

Half a devaluation　〔關貿〕半貨幣貶值（指控制進口改變國際商品交易價格可產生的結果）

Half endeal, halfen-deal　一半；一部份

Half fare　（車船）半票；半價；半價運費

Half nephew　半血緣的外甥；半血緣的侄子

Half niece　半血緣的外甥女；半血緣的侄女

Half pilotage　半價領航費

Half price　半價

Half secret trust　半秘密信托

Half section　〔美〕半塊地（政府測量土地時或南北線或東西線劃合含320英畝土地）

Half sibling　同胞兄弟；同胞姐妹

Half sovereignty　半主權

Half sovereignty state　半主權國家

Half year　半年（通常為182天）

Half-beam measurement capacity　裝載雜貨能力

Half-blood　〔英〕半血親；半血緣親屬（同父異母或同母異父的兄弟或姊妹，凡親屬對於動產和不動產依法都有平等繼承權，但同胞血親優先於半血親）；混血兒

Half-brother　半血緣兄弟（異父或異母兄弟；同父異母或同母異父兄弟）

Half-cargo steamer　貨客兩用船；貨客混合船

Half-day holiday　半休日；半假

Half-deck　商船上見習生住宿處；半甲板

Half-duty　半稅

Half-finished goods　半成品

Half-most, at　下半旗

Half-pay　半薪

Half-price ticket　半票

Half-proof　初步的證明（指只由一個證人提供的證言或私人證件）；不充分的證明（指不足以據此作出判決）

Half-quarter days　〔英〕季度中間日（指2月2日、5月9日、8月11日和11月11日，它們分別介於每個季度之間）

Half-sane half-insane offender　半瘋癲犯

Half-seal　〔英古〕半印（指英國衡平法院以前用於就教會或海事案件向教會和海事上訴法院之委托書所加蓋的印章）

Half-sister　半血緣姐妹（異父或異母姐妹；同父異母或同母異父的姊妹）

Half-tangue　雙語的；〔美〕混合陪審團（指由半為本國人和半為非本國國籍人組成的）

Half-term　半期

Half-time　半工半薪

Half-timer　〔英〕半工半讀兒童；半日工（指童工）

Half-way house　重返社會訓練所；〔香港〕過渡期宿舍（為長期監禁或住院治療者或吸毒者戒毒而設立的）；〔喻〕妥協方案；折衷方案

Halifax Gibbet Law　〔英〕哈利法克斯絞刑法（指偷竊13便士以上者不經法律程序即予砍頭處決，最後一宗處決於1650年）

Halifax inquest　即決裁判（哈利法克斯簡約判決）

Halifax law (=Halifax Gibbet Law)　〔英〕哈利法克斯絞刑法（指偷竊13便士以上者不經法律程序即予砍頭處決，最後一宗處決於1650年）

Halifax summit communiqué　哈利法克斯最高級會議公報（指美英等七國集團1995年的年會）

Halimas　〔英〕萬聖節（11月1日）

Hall　大廳；堂；會所；集合所；〔英古〕（莊園）治安法庭

Hallazgo　〔西〕無主物的先佔（先發現和先佔有的無主物而成為先佔者的財產）

Hall-day　開庭日

Hallimote (or halimote)　〔英〕莊園佃農會議；〔撒〕領主法庭；莊園法庭（指莊園領主的承租人和自由民由法官主持集中在大廳開會並就他們之間的爭議作出判決）；（舊時為烤麵包商開庭的）倫敦市法院

Hall-mark　n. & v. I.（倫敦企業公會證明金銀純度的）檢驗印記；金銀純度標誌；II. 在…上蓋檢驗印記；標誌

Hallmarking　〔英〕金銀的純度標誌

Hallucination　幻覺；妄想；幻覺象

Hallucinogenic drug　致幻藥；幻覺藥劑

Halsbury's Laws of England　英格蘭法律大全

Halsey's premium plan　哈塞式的增加工資制

Halt　n. & v. 停止

Halter　絞索；絞刑

Halwercfolk　〔撒〕教役土地保有人（指從事維修、保衛教堂或紀念碑役務者）

Halymote　〔英〕教會法院；〔英古〕領主法庭；莊園法庭

Ham (or hame)　〔英〕房屋；小鎮；村莊；小塊窄草地

Hama　〔英〕一塊土地；地塊

Hamburg Rudes　《漢堡規則》（指1968年聯合國貿易和發展會議決定了《海牙規則》和《維斯比規則》作出全面修訂，委托聯合國國際貿易法委員會起草，1978年3月在漢堡召開外交會議通過，其全稱為《聯合國海上貨物運輸公約》，其內容上較大程度加重了承運人的責任，保護了貨方利益）

Hamesucken (hamesoken, or hamsocn)　〔英古〕強行入室毆打或盜竊罪；〔撒〕強行入宅傷害罪

Hamfare　〔撒〕住宅內毆打；破壞私宅安寧

Hamilton's business barometer　漢密爾頓財界晴雨錶

Hamilton's cycle chart　漢密爾頓財界循環特徵圖

Hamlet (or hamelata, or hamleta)　小村莊（尤指無教堂的小村子）；小村莊的一部份；小村莊的某些人

Hammal　（土耳其和東方各國的）搬運工

Hammer　強制變賣；公開拍賣

Hammurabi Code　《漢穆拉比法典》（指古巴比倫王國第六代國王漢穆拉比於約公元前1792−1750年在位期間頒佈的法律）

Hampden's case　〔英〕漢普登案（或"軍艦籌款案"，即1634年，英王查理一世為籌建海軍軍艦款項而發佈的命令）

Hamper the exercise of consular functions　〔領事〕妨礙執行領事職務

Hanaper　〔英古〕大籃子（供放衡平法院令狀之用）

Hanaper-office　〔英〕臣民事務局；令狀局（附屬於衡平法院事務部、掌管該部發出的全部令狀及其回覆、國璽許可狀及其收費計算事務的機關）

Hand　掌幅（相等於4英寸，量馬之用）；簽字；畫押；趾骨；指骨；（犯罪的）器具部份；人手；僱工；僱員；〔英古〕宣誓；誓詞；〔複〕佔有

Hand down　〔美〕宣佈（或提出）判決意見（指法院保留覆議的判決）

Hand flare　〔海法〕手把火焰信號

Hand money　保證金；預付款；定金

Hand note 票據

Hand over to military tribunal for interrogation 送交軍事法庭審訊

Hand over to the people's court for trial 交由人民法院審處

Hand print 手印 (泛指手指和手掌皮膚花紋留下的反映現象)

Hand show 舉手表決

Hand signals 手語

Hand-bill 傳單；廣告；招貼

Handborow 〔撒〕手保 (指十戶聯保制內實行一種質押擔保方式)

Hand-cuffs 手銬

Hand expert 筆跡鑒定專家

Hand-fasting 〔英古〕握手婚約；〔蘇格蘭〕臨時婚姻 (可同居一年又一個月或永久成婚姻或分手)；〔丹〕姘婦 (指同居即成為合法妻子；蘇格蘭迄今仍然承認此習慣為 "公認的婚姻")

Hand-grith 〔英古〕國王親自保護 (亨利一世的法規用語)

Handhabend or hand-habende 〔撒〕人贓並獲 (的盜竊犯)

Handicapped 殘廢的；有生理缺陷的

Handicapped persons 殘廢人

Handle v. 控制，操縱；管理；經營；買賣；經銷；處理；搬運；對付；應付

Handle procedures 辦理手續

Handle stolen goods 分贓 (處理贓物)

Handling 〔英〕收受贓物罪；〔美〕處理 (收送貨物等)；管理

Handling charges 手續費；經營費；搬運費

Handling cost (船舶)手續費；管理費；裝卸費；管理成本；經營成本

Handling fee 手續費

Handling of letters from the people 處理人民來信

Handling of risks 風險處理

Handling stolen goods 處理贓物；銷贓罪

Handling, upgrading and other processing costs 〔世貿〕處理、提高和其他加工的成本 (指對農產品而言)

Hand-out 施捨

Handplay 扭打；互毆

Hand-sale 握手買賣；定金 (古歐洲北部各國以握手表示成交的買賣交易，尤指口頭交易習慣)

Hand-sample 小樣品

Handsel 握手買賣；定金，保證金；開門紅 (指第一筆營業收入)；開業賀儀；新年禮物

Handseller 小販；攤販

Hand-vote 舉手選舉

Handwork commerce 手工業商業

Handwriting 筆跡；手寫；手寫稿；手稿

Handwriting exemplars 筆跡樣本

Handwriting expert 筆跡專家

Handwriting verification 筆跡鑒定

Hang v. 使 (陪審團)懸而未決；擱置；絞死

Hang one's head and admit one's guilt 低頭認罪

Hang oneself 自縊

Hang tag (商品上)使用保養說明的標籤

Hang the jury 〔美〕使陪審團懸而未決 (指由於意見分歧而不能做出裁定)

Hangar keepers' legal-liability insurance 飛機庫管理員法律責任保險

Hanger 執行絞刑者

Hanging 絞刑

Hanging Cabinets 〔英〕預奪絞刑的內閣會議 (指 18 世紀末−19 世紀初處理貴族罪犯的會議)

Hanging gale 滯納地租；欠交租金

Hanging gear 絞刑具

Hanging in chains 〔英古〕吊屍 (1752−1834 年廢止)

Hanging matter 絞刑案件 (可處絞刑的案件，可能導致絞刑的事情)

Hanging offence 應處絞刑的罪；死罪

Hanging the process 訟案懸而未決

Hanging, drawing, and quartering 〔英古〕吊剖分屍刑 (宣判叛國犯處以絞刑，拉往刑場、吊上絞刑架，並肢解其屍體成四份的刑罰)

Hangman 執行絞刑者；劊子手

Hangman's day 處絞刑日

Hangwite 〔撒〕罰金 (指對非法絞死盜賊或任其逃跑的制裁)；允許；赦免

Hansa league 漢薩同盟 (中世紀北德意志及其附近各國的商業都市同盟)

Hansard 〔英〕議會議事錄 (英國議會辯論逐字記錄的官方報告)；〔香港〕立法局會議錄

Hanse 〔德〕漢薩同盟 (=Hanseatic league)

Hanse towns 漢薩同盟諸城鎮

Hanseatic 漢薩同盟的；商業同盟的；漢薩城市的

Hanseatic laws of the sea 漢薩海商法典 (1591 年)

Hanseatic league 漢薩同盟 (中世紀北德意志及其附近各國的商業都市同盟)；商品稅

Hans-in-kelter 〔蘇格蘭〕胎兒

Hantelod (or Hantelode) 〔歐古〕逮捕；扣押

Hap v. 抓捕；不意而遇；偶然發現

Happiness 幸福

Happy dispatch 切腹自殺

Hara-kiri 〔日〕切腹自殺

Harassment 騷擾；困擾；煩擾

Harbinger 〔英〕(王室或軍隊)先行官；內廷官員；禦膳宿事務官 (負責國王及王室成員的禦膳宿事務官員)

Harbour n. & v. I. 港口；港灣；海港；避風港；II. 使 (船隻)在港內停泊；窩藏；包庇 (罪犯等)

Harbour a criminal element 窩藏犯罪份子

Harbour authority 港務局 (港務當局)

Harbour board 港務局

Harbour buoy 港口浮標

Harbour dues 港口費；港口稅；入港稅

Harbour duty 港稅

Harbour fees 港口費；入港稅

Harbour light 港燈

Harbour limits 港界

Harbour line 港界線 (指在公共水域中劃出部份水域作為港口停泊船舶用的邊界線)

Harbour log (船的)停泊日誌

Harbour master 港務長；港監

Harbour officer 港務官

Harbour pilot 領港員；港口領航員，港口引水員

Harbour police 水上警察

Harbour reorganisation scheme 〔英〕港口重組計劃

H

Harbour revision order 〔英〕港口檢查令（關玆檢查改進、維修和管理工作的命令）

Harbour routine 停泊的日常工作；停泊例行公事

Harbour superintendence administration 港務監督管理局

Harbour superintendent bureau of the P.R.C. 中華人民共和國港務監督局

Harbour tug 港口拖船

Harbour Workers' Compensation Act 〔美〕港口工人賠償法

Harbour works 港口工事；海港工程；港口建築

Harbourage 停泊處；躲藏處；港口費

Harbouring 〔英〕窩藏罪；包庇罪（例如盜賊，間諜等）；收留有夫之婦

Harbouring a criminal 〔美〕包庇罪犯，窩藏犯人罪

Harbouring resentments 懷怨；挾嫌

Hard and harigold money 〔蘇格蘭〕給予礦工的生產津貼

Hard bargain 艱苦的談判；苛刻的交易

Hard cases 疑難案件（意謂難以作出真正符合法律原則的司法判決）

Hard cases make bad law 疑難案件使法律徒具虛名（指含糊不清的法律使審理案件難以作出完全合乎法律原則的司法判決）.

Hard cash 硬幣；現金

Hard copy 印本；（原文）複製件

Hard core waiver 最困難的免除（指關貿總協定在 1955 年第二次評議會上比利時等締約國決定免除對最困難國家出口數量限制）

Hard currency 硬通貨；硬幣

Hard evidence 真憑實據；鐵證

Hard goods 耐用品；耐用消費品

Hard labour 〔英〕苦役；苦工；強迫苦役（指判處附帶勞役的監禁刑）

Hard law 硬法（如公約等，對締約國有拘束力之謂）

Hard loan 條件苛刻的貸款；硬貸款

Hard money 硬通貨；硬幣（指合法金屬製成的通貨）

Hard spot 堅挺的股票；堅挺的現貨

Hard terms 苛刻條件

Hard-and-fast 嚴格的；固定不變的；不許變動的

Hard-and-fast prohibition against trade restrictions 嚴格禁止貿易限制（意指在生產程序和方法上應改變關貿總協定原來的規則，即反對適用治外法權或管轄權以外的以免對環境造成損害）

Hard-core country 最困難的國家

Hard-core unemployment 長期失業人員

Hardened criminal 慣犯

Hardened thief 慣竊；慣偷

Hardgrove Grindability Index (HGI) （煤炭的）可磨性指數

Hardship 〔美〕貧窮；困難；武斷；不公正（指在劃界上、在特定法律解釋上有時是武斷的、嚴酷的）；（法律解釋的）嚴謹性

Hardship condition 〔領事〕困難條件；艱難處境

Hardship for a member 〔基金〕成員國的艱難

Hare 野兔

Hariot (=heriot) 〔英〕上乘牲畜貢賦權（指領臣死亡時或移轉保有地時向領主進貢最好的牲畜和其他動產的義務）

Harm 損害；傷害；危害

Harmful 有害健康的（指有毒食品）；有害的（指敗訴者權利受到傷害，上訴法院將考慮予以更審）；〔美〕有害的（審案上錯誤嚴重損害個人權利）

Harmful act 加害行為；傷害行為；有害行為

Harmful consequences 損害結果，危害結果

Harmful effect 〔關貿〕有害的影響（指一締約方對其初級產品的出口給予補貼會損害其他締約方的進出口貿易）

Harmful publications 〔英〕有害的出版物

Harmful substance 有害物質

Harmless 無害的；無惡意的；無損害的

Harmless error 無害的過錯（指僅是學術性的不損及當事人實際權利，也不影響案件結果，亦不為更審理由的無害的錯誤）

Harmless error doctrine 〔美〕無害錯誤原則（指對審判中的小錯或無害之錯，上訴法院不會推翻原判，因該裁決對被告無影響或影響很小，故而不允許提出複審或撤銷裁決的理由）

Harmonic plane 〔美〕諧波線（美商務部所採用潮汐表等的零點基線之認可的最低程度的潮汐聲波線）

Harmonisation 協調化；一致化

Harmonisation across countries of domestic policies 協調跨越本國政策的國家

Harmonisation of environmental standards 協調環境標準

Harmonisation of laws 法律協調

Harmonisation of regulatory regime 協調規範性制度

Harmonisation of rules of origin for goods 〔世貿〕協調產品的原產地規則

Harmonisation programme 協調方案（計劃）

Harmonisation system 協調關稅制度

Harmonisation work programme 協調工作計劃

Harmonise *v.* 協調；和諧；一致

Harmonise rules of origin 協調原產地規則

Harmonise standards 統一標準

Harmonised Commodity description and Coding system (HCDCS) 〔關貿〕商品統一分類及編碼制度；商品名稱及編碼協調制度（為海關合作理事會主持下編寫的）

Harmonised non-preferential rules of origin 協調非優惠的原產地規則

Harmonised System (HS) 協調制度；統一分類制度（是國際貨物貿易一種新的分類制度，於 1970 年為海關合作理事會所創制，意欲通過制定統一的產品分類制度，以增強國際貿易）

Harmonised tariff schedule (HTS) 〔美〕統一海關稅則表；統一的關稅率表

Harmony 協調；一致；和諧；融洽

Harsh and unconscionable 〔英〕苛刻且違背良心的（衡平法院視之為有悖於良心，且顯失公平而不予以執行）

Harsh contract 苛刻的合約

Harsh duty 苛捐雜稅

Harsh terms 苛刻的條件

Harter Act 〔美〕哈特法（1893 年，規定在海上運輸中船主為確保船舶適航而採取的措施，所致損失不負上責任）

Hart-Scott-Rodino Antitrust Improvement Act 哈特－斯科特－羅迪諾漢反拖拉斯改進法（指 1976 年提出的加強司法部反拖拉斯執行權力的程序性制定）

Harvard Research in International Law 〔美〕哈佛大學國際法研究部

Harvest 收穫；所得；報酬

Harvest insurance　收穫保險

Harvest of the sea　捕獲的總海產量

Harvest theory　太陽黑點說（傑文斯的商業循環說）

Harvesting　收割；收穫

Hashish (hasheesh)　大麻（印度大麻的莖和葉製成的麻醉品）

Hatch a plot　策劃陰謀

Hatch a sinister plot　圖謀不軌

Hatch Act　〔美〕哈奇法（禁止聯邦政府和地方僱員參加某種政治活動的聯邦法規）

Hatch list　艙口單（指倉內所裝貨物的清單）

Hatch, match, and dispatch column　（報紙上）出生、結婚和死亡廣告欄

Hatch-craft　絞刑官職；執行死刑的官職

Hatcher　出謀劃策的人

Hatchet　〔美〕收受賄賂（指紐約海關人員允許禁止進口的物品不送到倉庫而存放碼頭所收受的賄賂）

Hatchet job　惡毒的誹謗或攻擊

Hatchet-man　被僱的殺人兇手；打手

Hat-money　小額酬金（指貨主給船長或船員運費外的小額值班津貼）

Hatti　〔海地〕皇帝親署的敕令

Haul　拖曳；拖運；硬拖，硬拉；用力托運

Haul away　〔海法〕啓航！轉向！（指給船、艦下命令）

Haul distance　（鐵道）搬運（拖運）距離

Haul down　〔海法〕速降（指航速）；降下（指航速）

Haul down rapidly　〔海法〕速降

Haul down slowly　〔海法〕徐降

Haula　〔英古〕大廳；法庭

Haulage　拖運；拖運費；搬運費

Haulage royalty　拖運補償費

Haulier　貨運馬車夫；貨運承運人；陸路運貨者；運輸工

Haunt　（犯罪等的）巢穴

Havana Charter　哈瓦那憲章（1947 年 11 月－1948 年 3 月，此為 “關貿總協定” 的前身，釋義見 “ITO”，即 “國際貿易組織憲章”）

Havana Convention　泛美商業航空公約（哈瓦那商業航空公約）

Havana Convention on International Trade　哈瓦那國際貿易公約（指 1947 年 11 月 21 日至 1948 年 3 月 24 日聯合國經社理事會召開的國際貿易與就業大會上倡議擴大國際貿易的公約，而提出建立國際貿易組織（ITO），後由於美國等國家反對而夭折）

Have　v. 有；所有；保有；佔有；懷胎；生育

Have a bearing on the state of the industry　〔世貿〕對國內產業的影響（指傾銷而言）

Have a dual nationality　具有雙重國籍

Have a full opportunity for the defense of their interests　〔世貿〕有為其利益進行辯護的充分機會（指被指控為傾銷的被告）

Have a lien upon (or on) the cargo　對船貨有留置權

Have a principal supplying interest　具有主要供應利益

Have a relevant mandate　具有相關的授權

Have a right of appeal or reviews　〔世貿〕有權進行上訴或複審（指進口許可證申請者無正當理由沒有獲准可依進口國法律提起訴訟）

Have a right of voting　有選舉權

Have a right to vote　有選舉權

Have a significant effect on trade　〔世貿〕對貿易有重大影響（指成員方的技術法規標準等而言）

Have a substantial interest　具有實質利害關係

Have access to all proceedings　可參加所有程序（指審查機構的職員而言）

Have access to all relevant information　可獲得所有有關信息

Have an effective opportunity to protect the contractual right　〔關貿〕有充分保護契約權利的機會

Have an initial negotiating right　〔世貿〕具有最初談判權

Have and hold　（不動產的）取得並持有（該短語衍生自舊普通法 “habendum et tenendum”，意即從轉讓契據獲得權利）

Have illicit relations with a foreign country　〔中〕裏通外國

Have legal personality　具有法人資格

Have legal power to enforce a technical regulations　有執行技術法規的法定權力

Have no precedent to go by　無先例可援

Have no remedy at law　法律上無任何救濟辦法

Have one vote　擁有一票（有一票投票權）

Have reason to doubt the truth or accuracy of documents produced in support of this declaration　〔世貿〕有理由懷疑為證明該申報所提供文件的真實性和準確性（指進口商對海關所報證件而言）

Have reasonable doubts about the truth or accuracy of the declared value　〔世貿〕有合理理由懷疑申報價格的真實性和準確性（指進口商對海關所報的證件而言）

Have recourse to law　訴諸法律

Have regard to non-trade concerns　顧及非貿易因素；注意到非貿易關注

Have restricting effects　產生限制作用

Have sb. under hack　把某人拘禁在營房內

Have stable foreign exchange rate　具有穩定的外幣匯率

Have the authority to take decisions (on)　有權對…做出決定

Have the benefit of　享受…利益

Have the biggest say over the budget and management of the WTO　對世貿組織的預算和管理具有最大的發言權

Have the exclusive authority to adopt interpretations　〔世貿〕具有專門解釋權（意指世貿組織部長會議和總理事會對《建立世界貿易組織協定》和多邊貿易協議具有排他性的解釋權威）

Have the far-reaching effects of international trade on the economy and well-being of a nation　國際貿易對於一個國家經濟和福利具有深遠的影響

Have the last word　辯論中作最後辯駁；有決定權

Have the merits　在訴訟中證明自己有理

Have the right to assign　〔世貿〕有權轉讓（指專利而言）

Have the right to be represented on the Technical Committee　〔世貿〕有權派代表參加技術委員會

Have the right to correspond with and visit the imprisoned co-nationals　〔領事〕具有通訊和探視被監禁的共同國民的權利（具有與被監禁的共同國民通訊和探視的權利）

Have the right to expect the full cooperation of importers (in)　〔世貿〕有權期望進口商進行全面合作

Haven　避風港；錨泊地；港口；避難所

Have-nots 無財產的人;窮國

Haves and have-nots 富國和窮國

Havings 〔複〕財產;所有物;貨物

Hawker 〔英〕行商;小販(指騎馬或騎着其他牲畜馱着商品流動挨戶兜售商品者,1966年廢止)

Hawker's license 小販執照

Hawking 挨戶推銷;沿街叫賣

Hawley-Smoot tariff 〔美〕赫萊－斯摩特稅則(指該法在30年代把大幅度提高美國關稅的法律)

Hawser 〔海法〕首纜

Hay note 〔中〕海氏通諜(1899年,列強迫使中國開放門戶的通諜)

Haybote or hedgebote 〔英〕制叉或制耙農具所需的木料;〔英古〕草木取用權

Hay-Paunceford Treaty 海－龐斯富德條約(關於美國享有巴拿馬運河開鑿權和制定規則的美英間條約)

Hay-Varilla Treaty 海－瓦利拉條約(關於許可巴拿馬運河管理權的美巴兩國間的條約)

Hayward 〔英古〕莊園看守官(由領主法庭委任的看守鎮內牲畜等職責的官員)

Hazard 〔保〕危險;危險性;或然性(危險因素);公害(指工業廢氣、廢水等的危害);〔英古〕擲骰子遊戲;賭博

Hazard pay 高危工作補助金

Hazard rating 危險等級

Hazardor 〔英古〕玩擲骰子遊戲者;賭博者

Hazardous 有危險的;冒險的;擔風險的

Hazardous contract 冒險合約(指合約能否得以履行要取決於一個可信的因素而定)

Hazardous employment 高危職業(高度危險並有意外事故的工作)

Hazardous enterprise 冒險企業

Hazardous insurance 危險保險;高危保險(例如對火災滅失人命財產的非常特別危險保險)

Hazardous negligence 危險的過失

Hazardous substance 危險品

Hazardous waste 危險廢棄物

Hazar-zamin 保釋人;擔保人(指擔保他人應傳出庭的人)

Hazy weather 霧霾天氣

He who comes into a court of equity must come with clean hands 〔美〕來衡平法院起訴者須自身清白(求助衡平法庭救濟者必須是清白無辜者)

He who seeks equity must do equity. 〔美〕求諸公平者亦須善待被告(請求衡平法庭救濟者應持公平正義,而且對待被告的求償不應苛刻強迫)

Head 首領;首長;主管;(河流的)源頭;上游;水位

Head and gun money 給予捕獲者按人頭計算的獎勵金

Head count 人口調查

Head injury 頭部受傷

Head light 桅燈;前燈

Head of a county 縣長

Head of a train crew 列車長

Head of consular post 領館館長

Head of diplomatic mission 外交使團團長

Head of family 戶主;家長

Head of government 政府首腦(現代各國中央政府領導人的通稱,其職權等由各國憲法和法律規定)

Head of household 戶主;家長(依美國所得稅法,未婚者對其親屬等未成年子女的撫養可享受免稅額的待遇)

Head of state 國家元首(最高國家政權機構組成部份,其由各國憲法和法律規定)

Head of stream 河流源頭;河流發源地

Head of the mission 使館館長;代表團團長

Head office 總公司;總店;總行;總部;總社;總局

Head official (船的)事務長

Head sea 〔海法〕頂浪

Head tax 〔美〕人頭稅(按固定金額對個人所課收的直接稅)

Head wind 〔海法〕頂風

Headborough or headborrow 〔撒〕十戶長(十戶聯保組的首腦,由領地刑事法庭推選,負責本地區的治安事務);(享有特權的)自治市市長;首席官員

Headborow 〔撒〕首保(釋義見 "headborough")

Head-courts 〔蘇格蘭〕領主法庭(1747年廢止)

Head-fast 〔海法〕船頭繫繩

Headland method 〔海法〕海角方法

Headline 〔海法〕(船的)首纜

Head-man 工頭;監工;村長;劊子手

Head-money 人頭稅;懸賞(指對捕獲人犯等的賞金);入場費;〔美〕移民船隻稅(1882年國會規定,凡帶進美國的移民船隻均應納稅)

Head-note 判決提要(例如在判決書等前書寫的眉批等)

Head-on collision 〔鐵道〕正面衝突;相撞

Head-pence 〔英〕人頭稅

Headquarters 大本營;會址;會所;總部;總辦事處;總局;總會;總店;司令部;〔基金〕國際貨幣基金組織本部(總部)

Headquarters agreement 會址協定;總部協定

Headquarters country (government) 總部所在國(政府)

Headquarters district 會址區;總部區

Headright 〔美〕人頭權;按份權(指按1906年《分配法》創設的來自印第安部落所擁有土地的採礦收入和其他礦區租用費權益或權益之中按比例分配所擁有的信托基金股的一種權益)

Headright certificate 人頭權證明書;戶主分地證明書(指1835年由德克薩斯共和國頒發給移民該國的戶主,每戶據此可分得640英畝土地)

Heads of the Proposals 〔英〕諫議書要點(1647年,陸軍委員會呈遞查理一世國王御批的上書建議:關於議會應規定其閉會日期,每兩年召開一次議會的會期不得少於120天,對陸、海軍享有控制權限期10年、五年內不得批准保皇黨份子在國家擔任公職等等,激怒了國王。該上書建議經某些修改,最後於1653年在《政府約法》中得以實施)

Headwaters of streams 上游

Healer 醫師;醫治者;醫療者;藥劑

Healgemote 〔撒〕宗教法庭(法院);領主法庭,莊園法庭

Healing act 矯正法

Healsfang 〔撒〕頸首枷(古代的一種刑具)

Health 健康;健康狀況

Health and Morals of Apprentices Act, 1802 〔英〕學徒健康和道德法(1802年)

Health and recreational section 保健地區

Health and Safety at Work Act 〔英〕工作健康和安全法(1974年)

Health and safety standards 健康與安全標準

Health and sanitary regulations 保健和衛生條例

Health care proxy 〔美〕保健代理（指病人可為自己指定有法律權威的代理人）

Health centre 健康中心

Health certificate 健康證明書；〔船〕檢疫證書

Health declaration form 健康申明卡（表）

Health insurance 健康保險

Health insurance benefit 健康保險給付

Health laws 衛生法；健康法

Health Maintenance Organisation (HMO) 〔美〕保健組織

Health officers 衛生官員

Health policy 健康保險單

Health quarantine 衛生檢疫

Health regulations 衛生法規

Health services 醫療服務；〔英〕公共醫療衛生服務

Health subsidies 保健費

Health-officer 防疫官；衛生官員（指負責執行衛生法規的官員）

Health-official 防疫官

Healthy 健康的；健壯的

Hear *v.* 聽；審理；聽審；聽證

Hear counsels on both side 聽取雙方律師的陳述

Hear the case 聽訟；審理案件

Hear witness 聽取證詞

Hear yard 前桅杆

Hearing 〔美〕（國會舉行的）聽證會；意見聽取會；審問；聽審（刑事的公審或民事案件的口頭辯論，一般而言，所有民、刑事案件均вис公開審理，但是某些特殊案件為了確保公共安全亦可秘密審理）；辯論（指雙方當事人在場對各自觀點進行辯論）；〔英〕聽審；聽證；審訊；聆訊

Hearing a proceeding 聽訟；審理訴訟案件程序

Hearing de novo 重審；再審；第二次聽審

Hearing examiner 〔美〕聽證官；行政法官（負責審理行政機關轄權範圍內的問題）

Hearing in camera 秘密審訊

Hearing in presence 〔蘇格蘭〕正式聽訟（指高等民事法院全體法官出席開庭聽訟）

Hearing of petitioners 聽取請願者申訴

Hearing officer 〔美〕聽審法官

Hearing on the World Trade Organisation and U.S. Sovereignty 關於世貿組織與美國主權問題的聽證會（1994年6月14日就美國會認為 WTO 制度會損害美國 "主權" 而舉行的）

Hearing record 審訊筆錄；勘驗記錄

Hearsay 傳聞；道聽途說的；傳聞證據（指證明聽人家所說的，法院一般不予採用）

Hearsay evidence 傳聞證據（指證人在庭外說的可資證明問題為真實的證據）

Hearsay rule 傳聞證據的法則

Heart balm statutes 〔美〕心裏慰藉法（指廢除離間夫妻感情、違背婚約、通姦及誘姦法定年齡同意者的訴訟權利法規）

Heart injury 心臟損傷

Hearth money 火爐稅（釋義見 "chimney money"）

Hearth penny 教皇稅（指獻給羅馬教宗的年金）；〔英〕火爐稅（英國的舊規定，現已不用）

Heat 〔美俚〕警方；警察；（警察對犯人的）窮追；大肆偵查；

偵察活動的地區

Heat of passion 激怒狀態（指被告因被挑動感情上發怒而殺人）

Heating allowance 煤火補貼

Heave to 〔海法〕停船（指因逆風驚濤駭浪而拋錨）

Heaving line 〔海法〕（船的）拋纜；引纜繩

Heavy buyer 大宗購貨人

Heavy duty (H.D) 重稅；重關稅

Heavy goods 重量貨物

Heavy mortality 高死亡率（指死亡人數比保險業者預計的要多的多）

Heavy motor car 〔英〕重型汽車（指建造為載貨、載人卸貨超過 2.5 噸的重型機車）

Heavy penalty 重罰

Heavy poll 投票人數眾多

Heavy tax 重稅

Heavy taxation 徵收重稅

Heavy-buying 大量買進

Heavy-duty (H.D) 關稅重的

Heavy-handed government 嚴厲的政府

Hebberthef 〔撒〕（在一定範圍內）扣取盜賊財物並審判他的特權

Hebdomad 一星期；七天

Hebote 〔美〕要求其子民下地幹活的國王敕令

Hebraic law 希伯來法

Hectare 公頃（相等於 100 英畝；15 畝；10,000 平方米）

Heda 小巷；小碼頭；着陸地

Hedagium 〔英古〕（碼頭）卸貨稅

Hedge *v. & n.* I. 避免作正面答覆；多方面投資以防損失；II. 套頭交易；套期保值；套購保值；套賣或套售交易

Hedge clause 套期保值條款；避免責任條款；套頭交易條款；平衡交易條款

Hedge currency 保值貨幣

Hedge fund 〔美〕套頭交易基金；平衡交易基金；套頭基金；對沖基金（指股份公司的一筆投資基金，用以進行投機性的私人投資資本）

Hedger 兩頭下注的人；套頭交易者；套期保值者

Hedging 套期保值；期貨保值；套頭交易（=hedge，指為一種避免因市場價格波動遭受損失而買進賣出的一種投機性交易）

Hedging forward market 套頭交易期貨市場

Hedonic damages 〔美〕享樂損害賠償

Hedonic principle 享樂主義（享樂原則）

Hedonist utilitarianism 享樂主義者的功利主義

Heedless 不注意的；掉以輕心的；欠考慮的

Heel 〔海法〕（船的）橫傾；〔美俚〕小偷；越獄（從犯罪地點逃跑）

Heeling resistance of ship 船的橫傾阻力

Hegelian Philosophy of Law 黑格爾法律哲學

Hegemonic leadership 霸權領導

Hegemonism 霸權主義

Hegemony 霸權；盟主權

Height of high tide 高潮高度

Heimatlos 〔德〕無國籍（人）

Heimatlosat 〔德〕無國籍狀態

Heir 繼承人；〔複〕法定繼承人；不動產法定繼承人（指依習慣法，無遺囑死者的遺產可依法指定其繼承人）

Heir apparent　當然繼承人 (任何人不能為生存者的繼承人，只有死後才存在死者的繼承人，如死者的長子等，這是英國繼承法的一條法律規則)

Heir at law　法定繼承人 (指依習慣法，直系被繼承人無遺囑死亡，其繼承人可依血親繼承其土地、房屋等全部遺產)

Heir beneficiary　限定繼承人 (指接受按遺囑限定的受益繼承)

Heir by adoption　〔美〕被收養的法定繼承人 (指因收養而成為法定繼承人)

Heir by blood　血親繼承人 (繼承所有土地的)

Heir by custom　〔英古〕習慣繼承人 (指按特定的地方習慣的繼承，諸如根德郡土地保有習慣或自治市的英國人)

Heir by devise　〔英古〕土地受遺贈人 (指依死者遺囑贈與土地的受遺贈人)

Heir collateral　旁系繼承人 (例如繼承伯父、叔父、表兄弟、兄弟等的遺產)

Heir conventional　約定繼承人 (指依據契約或授予的財產繼承)

Heir entitled to a legal portion　合法繼承人

Heir expectant　期待法定繼承人 (在英國為長子)

Heir general　一般法定繼承人 (指按血親繼承所有土地的普通繼承人)

Heir hunter　繼承人查尋人 (指尋找遺失的繼承人的工作人員)

Heir in tail　〔英〕限嗣繼承人 ("限嗣物權繼承人" 指依法律選擇繼承無遺囑者限嗣繼承的土地)

Heir of conquest　〔蘇格蘭〕祖先購買的土地繼承人

Heir of inventory　〔蘇格蘭〕限定繼承人；合法繼承人

Heir of line　直系血親繼承人；〔蘇格蘭〕法定繼承人

Heir of the blood　血親繼承人 (包括非婚生子女，但不包括丈夫、妻子及其收養的子女在內)

Heir of the body　〔美〕直系血親繼承人 (不包括在世的丈夫、妻子、養子女及旁系親屬在內)

Heir presumptive　推定法定繼承人 (在英國如果死者只有女兒，她即為其父的繼承人；但在美國路易斯安那州為至親者。例如作為被繼承人的推定繼承者兄弟或侄子之權利，即因該人的子女出生而喪失)

Heir special　贈與方式的繼承人；習慣繼承人；〔英〕限嗣繼承人；特定繼承人

Heir testamentary　遺囑指定的繼承人

Heir to a property　遺產繼承人

Heir unconditional　無條件繼承人；〔美〕非限定繼承人 (指無保留、無限嗣的繼承死者的遺產，路易斯安那法用語)

Heir whatsoever　〔蘇格蘭〕法定繼承人

Heir's portion　繼承人特留份

Heirdom　繼承

Heiress　女繼承人；嗣女

Heiress portioner　無男性繼承人時的兩個以上女子繼承人

Heirless　無繼承人的

Heirless estate　無人繼承的遺產 (指沒有法定繼承人也沒有遺囑繼承人，或者全部繼承人都放棄繼承權或被剝奪繼承權的遺產)

Heirlooms　祖傳遺產 (隨不動產一起繼承的動產)；傳家寶 (這些財產不必經過遺囑執行人處理而按習慣直接由繼承人繼承。例如家雜和照片等等)

Heirs and assigns　法定繼承人與受讓人 (時效與不屬購買的文字；在普通法中，准予世襲土地產權轉讓的文字)

Heirs at law shall not be disinherited by conjecture but only by express word or necessary implication　法定繼承人不應以臆斷而被剝奪繼承權，其繼承權只能以明示或必要默示的文字上加以推斷

Heirs per stirpes　按家系繼承；代位繼承；法定繼承人

Heirs portioners　〔蘇格蘭〕繼承人；遺產獲得者 (指死者同一親等的所有女子平等繼承)

Heirship　繼承人身份；繼承權；繼承關係 (繼承人與被繼承人之間的關係)

Heirship movables　〔蘇格蘭〕可繼承的動產 (指某些可動性質的物件不按一般規則交由死者的遺囑執行人處理，而是直接傳給繼承人。例如家雜、紋章、印章等)

Heist　〔俚〕持兇器搶劫；劫奪；偷竊

Held　(法院) 判決；限制人身自由 (指拐帶罪則指拐帶犯已被拘押)；佔有；保有 (釋義見 "hold")

Held covered　〔英〕繼續承保；仍予保險 (指儘管要保人違反保證或改變其航程、或定期保險單已經到期，但船舶還在海中的情況下，承保人仍然同意，只要被保險人一交附加保險費即對標的物繼續承保)

Hell　〔英古〕債務人監獄 (舊時在國庫法院下監禁國王的債務人的處所)

Hell hole　下流；(或罪惡的) 場所

Hellenistic law　希臘化法律 (公元前 323−公元 212 年)

Helmsman　舵工

Help　幫助；補助，援助；傭人

Help-Age International　國際助老會

Help-wanted index　〔美〕徵求指數

Hempen fever　死刑；絞首臺上處死

Hempen tippet　絞刑用的索

Hempen widow　應以絞刑的人的寡婦

Henceforth　從今以後；自此以後

Henchman　親信；心腹；(政治上) 追隨者；順從者；僕從；幫兇；犯罪集團成員

Henfare　〔英古〕科收謀殺犯逃跑的罰金 (因謀殺犯逃跑而科以罰金)

Henghen　〔撒〕監獄；監牢；教養院；改造所

Hengwyte　〔撒、英古〕因絞殺竊賊而免除債務

Henogamy　單一婚制 (指只允許一家中一人結婚的習慣，藉以限制財產的繼承人數。此種習慣現尚存於印度南部一些部落中)

Henry system　〔美〕亨利制；亨利指紋法 (指把 10 個手指作為一個單位，以字母和數字對指紋進行分類，其廣泛用於英美各國)

Heordfaete, or hedefaest　〔撒〕管家

Heordpenny (=Peter's pence)　〔英〕教皇稅；聖彼得節獻金 (舊時英國每戶每年呈給羅馬教皇的一便士獻金)

Heordwerch　〔撒〕放牧勞役 (指佃農要按領主的意願為其提供牧役)

Hepburn Act　〔美〕赫伯恩法 (關於修訂擴大了州際之間的商業管轄權的法令，1906 年)

Heptarchy　〔英〕七頭政治 (一國七個政府，指公元 560 年由諾森布里亞、麥西亞、東盎格利亞、埃塞克斯、薩塞克斯、威塞克斯、根德組成的)

Her Britanic Majesty (H.B.M.)　英女王陛下

Her Imperial Majesty (H.I.M.)　皇后陛下

Her Majesty Stationary Office　〔英〕皇家文書出版署

Her Majesty the Empress　女王陛下；皇后陛下

Her Majesty's dominions　〔英〕女王殿下自治領

Her Majesty's Forces　〔英〕皇家三軍 (指海、陸、空)

Her Majesty's pleasure　〔英〕女王核奪；女王諭旨

Her Majesty's Most Honourable Privy Council　〔英〕英廷樞密院

Her Majesty's Overseas Judiciary　〔英〕英屬地司法制度

Herald　〔英〕傳令官 (傳達國王和各州之間的通信聯絡，特別是關於宣戰、和平或媾和，為國王的外交信使)；(司宗譜的) 紋章官

Heraldry　紋章學

Heralds' college　〔英〕紋章院 (成立於 1483 年，有權授與和登記紋章，頒發更換姓氏證明書和證明人們的家系等)

Herbage　(在別人土地上) 放牧權；放牧地役權

Herbert Lionel Adolphus Hart　〔英〕哈特 (1907－1992，英國法學家，新分析法學派首創人。長期任牛津大學法理學教授，主要著作《法的概念》(1967) 和《刑法的道德性》(1965) 等)

Herd　*v. & n.* I. 放牧；II. 牧羣 (包括羊、馬和牲畜)

Herd insurance　家畜保險

Herdbook　牧羣登記簿

Herder　放牧人；看管牧畜的人

Here in before　上文所述

Hereafter　從此以後；今後；此後

Hereby　因此；特此；由此；借此；憑此

Heredad　〔西〕已耕地；熟地；不動產；遺產；繼承權

Heredad yacente　〔西〕期待繼承的遺產；待接受的遺產

Heredero　〔西〕繼承人

Heredes suit　繼承人的訴訟

Hereditaments　可繼承財產 (本詞包括動產、不動產、有形和無形財產、或混合財產，不僅包括土地及其上的所有財產，也包括祖傳的世襲財產，以至於將來按習慣可繼承的財產)

Hereditary　世襲的；祖傳的；可繼承的；遺傳的

Hereditary government　世襲的政府

Hereditary jurisdiction　世襲管轄權；按照世襲權行使管轄權

Hereditary monarchy　世襲君主國；世襲君主政體

Hereditary pension bond　世襲的年金公債

Hereditary property　世襲財產

Hereditary real estate　可繼承的不動產

Hereditary revenues of the Crown　〔英〕王室的世襲年俸；王室總收入

Hereditary right to the Crown　〔英〕王位繼承權

Hereditary succession　法定繼承；世襲繼承；法定繼承權

Hereditary successor　法定繼承人

Hereditary system　世襲制度

Heredity　遺傳；遺傳性 (指由父母的基因遺傳其子女)

Herefare　〔撒〕從軍；入伍；參戰；出征；軍事遠征

Herein　在此；於此；在這當中；在此中

Hereinafter　以下；以後；今後；在下文中

Hereinbefore　前文；在上文；在上；以前；上文所述

Heresy　〔英〕信奉異教罪 (現只由教會管轄，而不再受到世俗法律處罰)；異端；異端邪説 (指違犯基督教教義罪。不是全部反對基督教，但公開並頑固地反對其基本的教規)

Heretic　異教徒；異端者；信奉左道邪説者

Heretic comburendo　宣誓放棄異教信仰之後，再次信仰異教時要處以焚刑的引渡犯人令狀 (已廢止)

Hereto　到此為止；至此

Heretoch　將軍；司令員；指揮員；王室貴族；王爵

Heretofore　到現在為止；在此以前，迄今為止

Hereunder　在下面；在下文；據此

Herge　〔撒〕團夥搶劫犯 (指 35 人以上的團夥組織)

Hericus Vetus　〔英〕老亨利 (英國人對亨利一世國王的如此稱謂，以區分他之後的英國國王)

Heriot　〔英古〕上乘牲畜貢賦權 (指領臣死亡時或轉移保有地時向領主繳納武器、家畜和其他動產的義務)

Heriot custom　〔英〕習慣法上的貢賦權 (根據莊園地方的習慣，佃戶死亡時或其保有地轉移時，領主從領臣那裏取得最好的家畜或動產的權利)

Heriot service　〔英〕地租貢賦權 (佃戶死亡或轉讓保有地時領主保留收取地租的權利)

Herischild　〔古英〕軍役；兵役；騎士封地

Herislit　逃兵 (放下武器)

Heristal　軍營；營地

Heritable　可繼承的 (一般指地產和所有物權)

Heritable and moveable　可繼承的和可移動的

Heritable bond　〔蘇格蘭〕以可繼承財產擔保的債券 (指以附加讓與土地以支付或償還到期債務作為向債權人擔保)；讓渡土地或繼承財產作為債權擔保的保證書

Heritable building right　可繼承的房屋建築權

Heritable jurisdiction　〔英〕世襲管轄權 (指在封建制度下，領主對其佃戶擁有司法管轄權。對此，在蘇格蘭已於 1747 年廢止)

Heritable obligation　〔美〕可繼承的債務；可轉讓的債務 (指可向債務者的繼承人請求履行的債務，路易斯安那法用語)

Heritable property (or heritage)　〔蘇格蘭〕可繼承財產；可繼承不動產

Heritable rights　可繼承權利；不動產權利

Heritable securities　〔蘇格蘭〕可繼承財產擔保

Heritable security　〔美〕世襲財產擔保；可繼承財產擔保

Heritage　〔美〕不動產 (指包括土地、房屋、森林和沼澤地以世襲或購買取得等各種形式的財產)；遺產；可繼承財產；世襲財產；(長子) 繼承權；傳統

Heritor　繼承人；〔蘇格蘭〕遺產所有人 (尤指負有償還公共債務的義務)

Hermandad　〔西〕兄弟會 (不同村鎮人組織起來以防止犯罪和掌權人虐待和傷害)

Hermaphrodite　兩性人；半陰陽人

Hermeneutics　解釋學；神經學；聖經注釋學

Hermer　大領主

Heroin　海洛因；二乙醯嗎啡

Herring silver　〔英〕青魚代替金 (指佃戶每年應向寺院供應青魚的代替金習慣)

Heterogeneous category　參差不齊的種類 (指發展中國家類別)

Heterogeneous state　雜合國

Hewer　砍伐者；採煤工人

Hewers of wood and drawers of water　砍柴挑水的人；最下等的勞動者

Hexabilos　〔拜占庭〕六法簡編 (公元 14 世紀)

Hibernensis Collectio　愛爾蘭教會法彙編 (起始決公元 700 年，共計 65 章)

Hidage 〔英〕海得稅 (指每一犁地應向國王繳納的一種特別一犁耕地的特別稅)

Hidalgo 〔西〕貴族；享有貴族特權者；地主

Hidalguia 〔西〕世襲貴族；血統貴族 (世系貴族)

Hidden 隱藏的

Hidden asset 隱匿資產；賬外資產 (指市場價值比賬面價值為大的資產)

Hidden counter revolutionary 隱藏的反革命份子

Hidden danger 隱患

Hidden defect 內在瑕疵 (指以正常手段難以查出的財產內在的缺陷)

Hidden dumping 隱蔽傾銷

Hidden export subsidy 隱藏的出口補貼

Hidden harbour 隱港 (避風波等)

Hidden inflation 隱蔽性通貨膨脹

Hidden injury 內傷

Hidden property 埋藏財物；地財

Hidden tax 間接稅；隱蔽稅 (指用不同於一般稅的形式納稅)

Hidden trade barriers 隱藏的貿易壁壘

Hidden traitor 內奸

Hidden unemployment 潛在的失業；隱蔽的失業

Hide 〔撒〕海得 (一犁地，可耕地面積單位，約合 8 頭公牛一年中可耕的面積，相當於 60～120 英畝，不同國家計量不同)

Hide clause 〔海保〕皮革條項

Hide of land 〔英〕海得地 (指一犁耕地，一年內一把犁可能耕完一定量的土地。對此，有說是 60 英畝，有說是 100 英畝。其畝數可能以當地慣例而定)

Hidegild 海德稅；免鞭撻稅 (為免受鞭打的農奴或家奴而支付的金錢)

Hidel 〔英古〕庇護所；避難所

Hiding 隱匿；隱藏；躲藏處

Hierarchical doctrine 層次學說

Hierarchy 教職政治；僧侶政體；教階制度；等級制度；等級體系 (等級、級銜制，例如法院、法官及法律淵源等高低級銜區分)

High 高的；高度的；高尚的；高貴的；高級的；重要的

High altitude flight 高空飛行

High altitude jurisdiction 高空管轄權

High bailiff 高級執達吏 (由郡法院任命，其職責為維護法庭秩序，協助送達傳票和執行逮捕狀)；公司的重要幹部

High boat 捕獲最多的船 (指魚或野獸)

High commission 高級委員會；〔英〕宗教事務高等法院 (伊利沙伯女王為了審理違反 1583 年關於君主權力法和信教統一法等的罪行而設立的刑事法院，於 1811 年廢止)；高級專員公署

High commission court 〔英〕宗教事務高等法庭 (伊利沙伯女王為了審理違反 1583 年關於君主權力法和信教統一法等罪行而設立的刑事法院，於 1811 年，已廢止)

High commissioner 〔英〕高級專員 (派駐英聯邦國家，享有大使級豁免權)

High constables 〔英古〕高級治安法官 (由法院任命，維持村莊治安)

High contracting party 締約國；締約一方

High court 〔英〕高等法院 (簡稱)；高級法院

High court of admiralty 〔英〕高等海事法院

High Court of Australia 澳洲高等法院

High court of chancery 〔英〕衡平法院

High court of chivalry 〔英〕高等騎士法庭；高等軍事法庭

High court of delegates 〔英〕高等宗教法院上訴庭 (由皇家委員會委任的代表組成，原為審理上訴法庭的全部上訴案件)

High court of errors and appeals 〔美〕高等上訴法院

High court of judicature 大審院 (高等法院)

High court of justice 〔英〕高等法院

High court of justiciary 〔蘇格蘭〕高等刑事法院

High court of parliament 議會高等法院；〔英〕議會 (含上、下兩議院)

High degree of autonomy 高度自治權

High degree of care and diligence 高度注意

High degree of negligence 重大過失

High diligence 高度注意

High farming 集約耕作 (指不留有空地的高度使用土地的耕作方法)

High grade investments 高級投資

High insult 嚴重的侮辱

High interest 高利息；重利息

High judicial office 高級司法職務 (機構)；大法官職

High license 高級執照

High marshal 〔英〕典禮官

High mightiness 君主等的稱號；荷蘭國會議員的尊稱

High misdemeanor 較重的輕罪 (次於叛國罪)

High resolution radar 〔海法〕高分辨力雷達

High risk premium 高風險升水

High sea fishery 公海漁業

High seas 公海 (指距離海外線領海 12 海里以外的海域，或按照傳統國際法，指不包括國家領海或內水的全部海域)

High sheriff 〔英〕郡長 (每年由大法官、財務法院法官和樞密院大臣等在皇家法院會議上推薦出三個人選，報呈女王御准委任為英格蘭和威爾斯兩郡郡長，負有維護女王安全、鎮壓叛亂和防止外敵入侵等職責)

High Steward 〔英〕貴族審判長 (指在議會休會期間任命審判貴族的叛逆罪或重罪等)；內宮大臣 (主管皇室內廷事務大臣)；牛津大學法院審判長 (審理大學中被控犯有重罪的學者或享有特權者之案件)

High technology business services 高技術商業服務

High technology industries 高技術工業 (技術性強的工業)

High tide 高潮；高水位

High tide line 高潮線

High transaction cost 高成本的交易

High treason 〔英〕叛國罪；重叛逆罪 (指反對君主、元首和女王等)

High treason case 叛國罪案；重大叛國案件

High unemployment 高失業

High water 高潮；高水位

High water line 高潮線；高水位線

High water mark 高潮水標 (指潮水漲到最高時海水通常到達的海岸的部位)

Higher and lower scale 高、低價額 (指法庭費與律師費用而言)

Higher court 高級法院；上級法院

Higher credit tranche 〔基金〕高檔信貸份額；高檔信貸部份貸款 (指黃金份額貸款和第一檔部份信用貸款 50% 的額度

都已用完，還要使用其餘的信貸額度的意思，審批條件較嚴，需要一定的監督）

Higher education 高等院校；高等教育

Higher income brackets 較高收入等級

Higher law 高級法（就比較實定法而言，該規範更具有法律權威）

Higher official 高級官員

Higher orders 上流社會

Higher peace preservation police 高級保安警察

Higher people's court 高級人民法院

Higher people's court of autonomous region 〔中〕自治區高級人民法院

Higher People's Court of Municipality directly under the Central Government 〔中〕中央政府直轄市高級人民法院

Higher People's Court of Provinces 〔中〕省高級人民法院

Higher police 高級警察

Higher roll 〔羅德西亞〕高級選民名冊

Higher-level Competent authority 上級主管機關

Highest and best use 〔美〕最高且最佳的使用（指徵收土地或建築物的程序中，要求專家確定在指定時期內的最大經濟報酬效益上對被徵用財產的公平市場價值應使用的方法）

Highest auctioneer 最高價格的拍賣商人

Highest average gross return 最大平均總收益

Highest average net return 最大平均純收益

Highest average return 最大平均收益

Highest bid 最高出價；最高遞價（盤）

Highest bidder 最高價競買人；出價最高的投標人（指拍賣或投標時的得標者）

Highest bidding 〔美〕最高價的投標

Highest court 最高法院

Highest degree of care 最高注意；極度謹慎（指運送乘客而言）

Highest organ 最高機關

Highest organ of state authority power 最高國家權力機關

Highest possible price 可能得到的最高價格

Highest proved value 〔美〕裁定為最高值（指在侵佔動產之訴中，陪審團裁定該動產具有最高值）

Highest quality 最好的質量

Highest supervisory office (organ) 最高監督機關

Highest tax-payer 最高納稅人

Highgrading 盜礦；偷竊礦沙

High-growth "middle income" developing countries 高增長的中等收入的發展中國家

High-income countries 高收入國家

High-inflation country 高通貨膨脹國家

High-level bilateral negotiations 高層的雙邊談判

Highness 〔英〕殿下（對王子、親王等尊稱）

High-paying job 高薪的工作

High-powered money 強力貨幣；高效貨幣

High-profile leaders' meeting 高層領導會議（會晤）

High-tech district 高科技區

High-tech enterprises 尖端技術企業

High-tech industries 高技術工業；技術性強的工業

High-tech product 高科技產品

Highway 公路；公共道路；(水、陸、空) 交通幹線

Highway board 公路委員會

Highway Commission 〔美〕公路委員會

Highway code 〔英〕公路規則（包括環保和使用道路指南等）

Highway district 公路區

Highway maintenance tax 養路稅；公路維修稅

Highway patrol 公路巡邏隊

Highway rate 〔英〕公路稅

Highway robbery 〔美〕攔路搶劫

Highway tax 〔美〕公路稅

Highway toll 公路過路費

Highway transportation 公路運輸

Highwayman 攔路強盜（攔路搶劫的強盜）

Highways Department 〔香港〕路政署

Higler 〔英〕小販；行商；叫賣者

Hijack *v.* 攔路搶劫（連車帶人）；劫持；劫機；綁架

Hijacked aircraft 被劫持飛機

Hijacked plane 被劫持飛機

Hijackee 劫機事件的受害者；被劫持者

Hijacker 攔路搶劫者；劫持（飛機）者

Hijacking 劫奪；劫持；騎劫；攔路搶劫；劫持航空器（指在飛機上以武力或各種要脅手段，旨在劫奪或控制飛行中的飛機之犯罪行為，也包括劫奪過境的貨物，一般多為貨車）；〔英〕劫機罪；劫奪（在北愛爾蘭共和國中劫持汽車、輪船亦為犯罪行為）

Hilary Rues 〔英〕希拉里規則（1833 年由高等法院法官起草的關於民事訴訟的抗辯規則）

Hilary term 〔英〕春季開庭期（"希拉里開庭期"，每年 1 月 11 日－31 日）

Hilton doctrine 〔美〕希爾頓規則（指在石油和天然氣爭議中，如果給被告的租賃期已屆，那麼對擁有礦區使用權者勝訴）

Himalaya Clause 喜馬拉雅條款（指規定承運人的代理及僱員均可享受提貨單之豁免責任）

Hinde Palmer's Act 〔英〕欣德·帕爾默條例（1869 年發佈，在整理遺產方面，廢止對特別契約的債權予以優先權的習慣法）

Hindeni hominess 男人社會；〔撒〕人的等級（按損害賠償金額不等把人分為三等）

Hinder *v.* 阻止；妨礙；阻礙（或妨礙）行動

Hinder the achievements of the objectives of this Agreement 〔關貿〕阻礙本協定目標的實現

Hinder the procedures of customs 妨礙清關程序；妨礙通關程序

Hinder the procedures of customs clearance 妨礙清關程序

Hinder their ability to discharge fully their obligations under this Agreement 〔世貿〕阻礙他們充分履行本協定項下義務的能力（指技術性貿易壁壘協定而言）

Hindu law 印度教法（是指印度、東非和東南亞國家印度教團體的屬人法）

Hindu law system 印度法系（指公元 5-7 世紀以前古印度奴隸制法）

Hindu Widow's Remarriage Act 印度教徒寡婦再婚法

Hine (or hind) 〔英古〕農場僱工；農場管理人

Hinefare 〔英古〕喪失奴僕；奴僕離開其主人

Hinterland 內地；腹地

Hipoteca 〔西〕不動產抵押

Hirable 能租用的；能僱用的

Hire *v. & n.* I. 租；租用；僱用；II. 租用；僱用；租金；工錢

Hire charge 租費

Hire charter 包租

Hire out boats by the day 按日計算出租船隻

Hire personnel on the basis of ability (Hire personnel on the basis of their abilities) 〔中〕量才錄用

Hire potential career employees 〔領事〕僱備潛在的職業外交僱員

Hire purchase (H.P) 〔英〕租購；分期付款購買

Hire system 〔英〕分期償付購買法；租購制

Hired man 受僱人

Hired-labour 僱工

Hiree 被僱者；僱工

Hireman 臣民；國民

Hire-purchase (H.P.) 〔英〕租購；分期付款購買

Hire-purchase agreement 分期付款購買協議；租購協議

Hire-purchase credit 〔英〕租購信用（分期付款購買的信用）

Hire-purchase system 分期付款購買制度；租購法（指租賃貨物的人在付清最後一次固定的款項後即便成為貨主的所有人，即須不按期付款也給予某種權利）

Hirer 僱主；租借者；承租人

Hiring 租；僱用；租用；租賃合同（一種合同，其中租 "hiring" 與借 "borrowing" 兩者不同，前者是有價出租、定期生活津貼或附加的補償，而後者是免費的）

Hiring agreement 僱用合同；租賃合同

Hiring at will 隨意性僱用合同（指僱主有權可隨時解僱）

Hiring contract 僱用契約；租賃契約

Hiring hall 〔美〕職業介紹所（指工會、僱主、州或地方就業招工服務機構）

Hiring of a ship 租船；船舶租賃

Hiring of service 僱用

Hiring of things 物品租賃

Hiring out prisoners 僱備在押犯

His (or her) honour 〔美〕閣下；大人

His Britanic Majesty (H.B.M.) 〔英〕國王陛下

His Catholic Majesty 西班牙國王的稱號

His Excellency 閣下（用於副王、總督、大使或總司令、外交部部長、麻薩諸塞州州長，以及部份牧師或教職成員的尊稱）

His Gallic Majesty 法國國王的稱號

His honour 〔美〕閣下；大人（用於麻薩諸塞州副州長以及市長的尊稱）

His Imperial Highness 殿下；閣下

His Imperial Majesty (H.I.M.) 皇帝陛下

His Majesty the Emperor 天皇陛下

His Royal Highness 殿下

Hispana Collectio 西班牙教會法集（始編於公元八世紀）

Hispana Versio 西班牙教規集（公元五世紀的一部寺院法彙編）

Hissa 一份；一份收益；一份租金

Historic bay 歷史性海灣

Historic boundary 歷史性疆界

Historic building 歷史性建築物（指具有歷史或建築學影響的）

Historic Buildings and Monuments Commissions 〔英〕歷史性建築物和紀念碑委員會

Historic fishing right 歷史性捕魚權

Historic monument 歷史性紀念碑

Historic preservation 歷史性的保護（指保護歷史性的建築物，禁止拆除等）

Historic preservation law 〔美〕歷史保護法

Historic rights 歷史性權利

Historic site 歷史遺址；遺跡；古跡

Historic strait 歷史性海峽

Historic title 歷史性權利

Historic waters 歷史性水域

Historic wreck （打撈出的）歷史性失事船舶（殘骸）

Historical 歷史性的

Historical bay 歷史性海灣

Historical cost 歷史成本；實際成本；原始成本（即原來建築時所花的成本）

Historical economics 歷史經濟學

Historical error 歷史性錯誤

Historical exceptions 〔關貿〕歷史上的例外（＝historical preference）

Historical graph 〔統計〕歷史系列圖

Historical interpretation 歷史性解釋

Historical jurisprudence 歷史法學

Historical jurist 歷史法學家

Historical legal philosophy 歷史法律哲學

Historical materialism 唯物史觀

Historical method 歷史的方法

Historical monument 歷史紀念碑

Historical preference 〔關貿〕歷史上的特惠（指關貿總協定所指的國家和關稅領土，諸如英聯邦內的特惠安排、美國與其海外領土間的特惠安排等等）

Historical preservation 歷史性保護（指歷史性建築物禁止拆除等）

Historical review 歷史回顧

Historical school 歷史學派（指 19 世紀德國經濟學派）

Historical school of law 歷史法學派（強調法律體現民族精神和傳統的法學派）

Historical series 〔統計〕歷史系列

Historical title 歷史性所有權

Historical waters 歷史性水域

Historigram 〔統計〕歷史系列圖

History 歷史

History of commerce 商業史

History of European Diplomacy 歐洲外交史（英國 R.B.Mowat 教授於 1970 年代所著，開拓了國際關係學研究的先聲）

History of jurisprudence 法理學史

History of law 法律史；法制史

History of prices 物價史；價格的變遷

History of written constitution 成文憲法史

Hit and run accident 肇事後逃逸的事件（指汽車撞了行人或兩車相撞後就逃逸的交通事故，其為犯罪行為）

Hit man 〔美〕（犯罪集團的）職業殺手

Hit out against corruption and theft 〔中〕打擊貪污盜竊

Hit-and-run （汽車司機等）肇事後逃逸

Hit-and-run driver 肇事後逃逸的汽車駕駛員

Hit-and-runner 肇事後逃逸的汽車司機

Hitherto 至今；到目前為止

Hittite law 赫梯法 (約公元前 15 世紀小亞細亞中南部赫梯帝國的法律)

HLA test 〔美〕遺傳基因化驗

Hlafaeta 〔撒〕由僱主供給膳食的備人

Hlaford 〔撒〕貴族；封建領主；勳爵；君主

Hlafordsocna 〔撒〕領主保護；貴族庇護

Hlafordswice 〔撒〕背叛領主罪；背叛

Hlasocna 〔撒〕法律利益

Hlothbote 〔撒〕參加非法集會的罰金 (8-35 人為非法集會)

Hoard *v.* 窩藏的錢財；私藏的東西；囤積，貯藏

Hoarder 貯藏者；囤積者；囤戶

Hoarding 囤積；〔常用複〕貯藏 (或囤積) 物；臨時籬笆；板圍 (指圍住房屋和材料之間施工者工作中的籬笆)

Hoarding goods for emergency 囤積商品以供應需

Hoarding goods in short supply for speculation 囤積居奇

Hoarding labour 囤積勞動力

Hoarding of money 貯藏貨幣

Hobblers 〔英古〕輕騎兵；弓箭手；特種不動產承租人 (職責是維持一小支輕騎以告知海盜入侵等)

Hobbs Act 〔美〕〔聯邦〕反敲詐勒索法 (1951 年,指以敲詐、搶劫或人身暴力干預州際間貿易的犯罪行為)

Hobby 嗜好

Hobby loss 〔美〕嗜好的損失 (指因個人嗜好所造成的損失)

Hock 典當；抵押；〔美俚〕監牢

Hocker 典當者

Hodge-Podge Act 〔美〕混合法 (各種不同法令的集合名詞)

Hodman 勞動者；僱傭工人；幹低級助理工作的人；〔主英〕搬運灰泥、磚瓦等人；砌磚工人的助手

Hog cycle 豬的周期 (指豬的生產周期因受玉米飼料價格波動影響而變化)

Hogarth's Act 〔英〕霍格斯法 (旨在保護雕刻版畫權,1776 年)

Hold *n. & v.* I. 監獄,監牢；保留 (或延遲) 的通知；掌握；控制；〔英古〕土地保有制 (指佃戶保有一定數量的土地)；II. 〔美〕依法佔有；租賃；裁定,判決；支持；約束；拘留；拘押；主持；依法進行；執行，舉行 (如舉行選舉)；保有,持有；佔有

Hold a brief (訴訟中) 當辯護律師；(律師) 受有出庭的委任

Hold a by-election for a people's deputy 〔中〕補選人民代表

Hold a court 開庭；開審

Hold a hearing 開庭審理

Hold an assembly 舉行集會

Hold annual consultations 舉行一年一度的磋商 (指發展中國家成員方對出口產品補貼情況應每年向委員會開會磋商)

Hold back one's wage 被暫時扣下…工資

Hold capacity 艙內容積；貨艙容積

Hold captive 俘虜

Hold course 〔海法〕保持航向

Hold good 有效

Hold harmless agreement 免責約定；轉移責任契約 (亦稱 "保持無損失合同",指一種典型的租賃合同,一方不承擔交易過程中所產生的責任,而由第二方承擔)

Hold in custody 羈押

Hold in demesne 按照自由租地法持有

Hold in fee simple 享有土地所有權；享有無限嗣承的地產權；永遠繼承的土地

Hold office for a period of one year 任期一年

Hold over 〔美〕逾期佔有人 (承租人租期屆滿後繼續佔有)；留任官員 (指官員合法任期屆滿後留任並繼續行使其職責)；續僱

Hold pleas 〔美〕聽審；審理；審理案件

Hold public sitting 公開審訊

Hold sb. to bail 扣留某人,令其交保

Hold under duress 脅持

Hold-back 被暫時扣下 (東西或工資)；暫時停頓

Holdback pay 暫欠工資

Holder 持票人 (指支票、匯票等)；持有人；佔有人；地產保有人

Holder for value 有代價的持有人；有代價的持票人 (指已付出代價的證件、契據或投資證券的持有人)

Holder in due course 正當持票人 (指有價值的,誠信的,不知道已到期已被拒兌等的票據持有人)

Holder in good faith 善意持有人；善意持票人 (指不知道所有權有缺點的財權或契據的持有人)

Holder of a license 持照人；牌照持有人

Holder of procuration 代理署名人

Holder of servitude 地役權者

Holding 〔美〕裁決 (指從法院的意見或裁決中得出的法律意見)；(法院裁定的) 法律原則；擁有 (指個人或公司擁有的股票、債券等)；〔英〕租借地；〔蘇格蘭〕土地保有制；土地保有權；〔複〕擁有投資的財產 (指不動產、股票等)

Holding a watching brief 有出席權但無發言權

Holding company 持股公司；控股公司 (指以控制股權為目的投資公司)

Holding company tax 控股公司所得稅

Holding court 庭審；開庭；主持法庭

Holding gains and losses 〔美〕持有資產的損益 (指取得財產的成本和當期成本之間的差額)

Holding of land 〔香港〕保有土地

Holding office 任職

Holding out 〔英〕自稱；詐稱；冒稱；捏報身份

Holding over 〔英〕逾期佔有 (指租賃土地的合法所有權期滿後未展期租約的繼續佔有者；租房合約期滿後未向房東展期租約而繼續居住者)；(任期滿後) 留任

Holding period 〔美〕(稅法) 資產佔有期；資產持有期 (指資本資產持有期限長短,必須由其出售或交換的損益確定)

Holding rate 〔基金〕持股比率

Holding-out partner 名義上的合夥人

Holdings bellow allocations 〔基金〕擁有 (特別提款權) 以下的分配額

Holdings of bonds 擁有債券

Holding-up partner 推舉合夥人

Holdover tenant 逾期承租人 (租契期滿後仍保有的承租人)

Hold-up 攔劫；攔路截劫

Hole 牢房

Hole and corner transaction 秘密交易

Holiday 宗教節日；歷史事件紀念日；假期,假日；休息日

Holiday season 休假季節

Holiday with pay 有薪假期

Holidays Extension Act 〔英〕銀行假期延長法 (1875 年)

Holmes, Oliver Wendell (1841–1935) 霍姆斯, O.W. (美國法官、法學家,實用主義法學創始人。主要著作有《普通法》,1881 年和《法律論文集》,1920 年)

H

Holografo 〔西〕親筆文據；親筆遺囑（指契據尤其是遺囑完全由訂立人親筆書寫簽字）

Holograph 〔美〕親筆遺囑；親筆契據（指遺囑者或贈與人在無證人在場時親筆書寫簽名訂立的遺囑或契據）；〔英〕親筆契據；手書；〔蘇格蘭〕親筆契據；親筆遺書（指立遺囑者親筆所寫遺書，雖無證人在場，但依據蘇格蘭法仍然有效）

Holograph cheque 親筆寫的支票

Holographed testament 自書遺囑；親筆遺囑

Holographic will 親筆遺囑

Holy alliance 神聖同盟（1815 年俄、奧、普三國根據基督教博愛主義成立的）

Holy City 聖都（指耶路撒冷）

Holy communion 聖餐禮

Holy Days 聖日（宗教祭日，9 月 14 日，天主教徒祭日）

Holy office （天主教）宗教法庭；宗教裁判所

Holy orders 〔英〕聖職（指主教、大主教、教士和執事等）

Holy Roman Empire 神聖羅馬帝國（公元 5 世紀停止此稱號，公元 800 年復活。史上羅馬帝國分裂成：西羅馬帝國於公元 476 年滅亡；東羅馬帝國，即拜占庭帝國，於 1453 年滅亡）

Holy see 〔羅馬法〕教廷；教皇的地位或權力

Homage 〔英〕效忠儀式（領臣在領主予以租地時對領主的忠誠宣誓）；臣服（新任大主教向女王忠誠宣誓）

Homage jury 〔封〕領臣陪審團（由莊園內經忠誠宣誓的領臣組成的莊園法庭陪審團）

Homager 〔封〕臣服者（忠誠效忠宣誓者）；有臣服義務者

Hombre bueno 〔西〕區法官；〔兩造選擇的訴訟〕仲裁員；聲望極高者；有資格訴訟的作證人

Home 家；住宅；住所；家庭；家庭生活

Home administration 內政

Home Affairs Bureau 〔香港〕民政事務局

Home Affairs Department 〔香港〕民政事務總署

Home and dry 〔英〕安全的

Home and foreign affairs 內政和外交事務

Home brew 家釀酒類

Home constituency 原選舉單位；原選區

Home debt(s) 內債

Home drain （硬幣）湧向國外

Home factor 本國代理商

Home farm 所產供應大莊園（或企業等）的農場

Home field 建立農家或農場的土地

Home for the Aged 養老院

Home government 自治；本國政府

Home government association 自治協會

Home health care 家庭健康護理

Home industry 本國工業；國內工業；家庭工業

Home insurance 住宅保險（宅第保險）

Home loan 國內債務；國內貸款；〔複〕住宅抵押貸款

Home loan bank 〔美〕住宅貸款銀行（釋義見 "Federal Home Loan Banks"）

Home Loan Bank Board 〔美〕住宅貸款銀行委員會

Home manufacture 本國製造；國內製造

Home market 國內市場

Home market input 國內市場投入

Home Minister 內務大臣；內政部長；內務部長

Home mortgage market 〔美〕住宅抵押貸款市場

Home of Respect for the Aged 敬老院

Home Office 〔英〕內務部；內政部；〔商〕總公司；總機構

Home Owners Loan Act 〔美〕房主信貸法

Home Owners Warranty (HOW) 〔美〕房主擔保與保險計劃

Home port 船籍港（指船舶註冊港或船東通常最近的居所港）

Home port doctrine 〔美〕船籍港原則（指從事於州際間或外國商業的船舶只向其船隻港納稅的原則）

Home price 國內價格；國內行情

Home production 本國生產

Home products 國產品

Home remand 拘留所

Home rule 內部自治（特指愛爾蘭人的主張）；〔美〕地方自治（指憲法規定地方城鎮政府如果接受州立法的條件可提供其進行自治的措施）；〔英〕地方自治運動（特指愛爾蘭人自 1870－1921 年；蘇格蘭人 1850 年）

Home Rule Bill 愛爾蘭自治法案

Home rule charter 〔美〕（市政公司）地方自治憲章

Home Rule League 〔英〕自治同盟（特指愛爾蘭）

Home secretary 〔英〕內務大臣；內政部長

Home service 內部事務；國內服務；上門服務

Home territory 本土

Home trade policy 國內貿易政策

Home use 內地用；國內消費

Home valuation 按內地港與輸入港的市價對輸入品的評價

Home waters 領海；本國的水域

Home-bound 返航的；回國的；回程的

Home-bound ship 返航船舶

Home-bound voyage 返航

Home-bounder 返航船，歸航船

Homebuilder 〔美〕住宅建築商

Home-freight 返航運費（返程運費）；國內運費

Home-made articles 本國製品；國產品

Home-made goods 本國製品；國產品

Homeowner's association 〔美〕房主協會（指在改進和維護住家地區的住房質量）

Homeowner's equity loan 抵押房屋淨值貸款

Homeowner's insurance 房主保險

Homeowners policy 房主保險單（"房主懂蓋保險單"，包括火災、水災、盜竊和責任事故等）

Homestead 〔美〕家宅；宅地（包括房屋及其周圍的田地）；〔加〕宅邸（用在加拿大西部，意指屋主佔用以為宅邸）；家產制度

Homestead Act 〔美〕宅地條例（1862 年頒佈的關於對美國公民和加入美國籍的外國移民規定給予公有地面積的條例）

Homestead aid association 房屋建築互助協會

Homestead association 宅地聯合會

Homestead corporation 〔美〕住宅開發公司

Homestead entry 〔美〕住宅登記；住宅記錄；非法進入他人住宅（意在犯罪或行竊）

Homestead exemption laws 〔美〕（各州的）宅地豁免法（指允許戶主或家長指定一座房屋或宅地做為住宅可免於強制執行一般債務）

Homestead law 宅地法

Homestead right 宅地居住權（指不受債權人對之主張產權等的干擾居住的宅地權）

Homesteader 宅地擁有者；佔有宅地者；分得土地的定居移民

Homeward conference 返航同盟（即返航的海運同盟）

Homeward far east conference 從遠東至歐洲返航運費回扣同盟

Homeward voyage 返航（回程，回航）；歸復

Homicidal 殺人的；殺人成性的；嗜好殺人的

Homicidal arsonist 殺人放火犯

Homicidal mania 殺人狂；殺人成性；殺人癖

Homicide 殺人（可分三類：1. 正當殺人：1）依法判處死刑；2）為執法人進行拘捕中所殺；3）為驅散暴亂或避免殺人姦淫中所殺；2. 可免除責任的殺人：1）意外殺人；2）自衛殺人；3. 有重罪的謀殺或誤殺等）；〔香港〕誤殺控罪（特指如對 14－16 歲以下兒童提出非誤殺罪應注意保障此類少年犯的九項利益）

Homicide Act 〔英〕殺人罪法（1957 年）

Homicide by misadventure 誤殺；過失殺人；意外殺人

Homicide by necessity 必要殺人，不得已殺人（指出自保護財產和人身安全而殺人）

Homicide by poisoning 投毒殺人

Homicide case 人命案；殺人案件

Homicide death 他殺（指被人殺害）

Homicide in self-defense 自衛殺人

Homicide per infortunium 過失殺人；意外殺人（指由非故意行為所造成的死亡）

Homicide se defendendo 自衛殺人

Homicide squad 殺人集團；犯罪集團

Homicide sua defendo 自衛殺人

Homme 〔法〕人類；男人；人；人物

Homogeneity 同質性（指性質上無差異的商品、勞務或生產要素）

Homologacion 〔西〕默認；確認，同意，認可；批准

Homologate *v.* 批准；確認；贊同；同意（指別人所說或所寫）

Homologation 認可；批准；（法官）同意；命令執行判決；〔蘇格蘭〕認可契據的行為（指契約本身雖有瑕疵，然只要擬確認其有效者，就對認可者具有拘束力）；〔英〕不准許推翻的事實（＝estoppel by conduct）

Homonymous indications 同名標識；同名標誌

Homosexual （男）同性戀者

Homosexual conduct 同性戀行為

Homosexuality 同性戀（指男人之間的）

Hondhabend 〔撒〕當場抓獲

Honest 善意的；誠實的；正直的；公允的，公正的；真誠的；可信任的

Honest broker 善意經紀人

Honest commercial practices 誠信的商業做法

Honest motives 善意的動機（目的）

Honest possession 善意佔有

Honestiores 羅馬高貴階層

Hong Kong Administrative Law 香港行政法

Hong Kong and Shanghai Banking Corporation 香港上海匯豐銀行

Hong Kong and Shanghai Banking Corporation Ordinance 香港上海匯豐銀行條例

Hong Kong Arts Development Council 香港藝術發展局

Hong Kong Association of Banks 香港銀行公會

Hong Kong Association of Banks Ordinance 〔香港〕香港銀行公會條例（指規定在香港總資產要達數十億港元才有入會資格）

Hong Kong belonger 香港居民

Hong Kong Certificate of Identity 香港身份證明書

Hong Kong Composers' Guild 香港作曲家協會

Hong Kong Contract Law 香港公司法

Hong Kong Council for Accreditation of Academic and Vocational Qualifications 香港學術及職業資歷評審局

Hong Kong Council on Smoking and Health 香港吸煙與健康委員會

Hong Kong Deposit Taking Companies Association 香港接受存款公司公會

Hong Kong Earth Station 香港地面接收站

Hong Kong Export Credit Insurance Corporation 香港出口信用保險局

Hong Kong financial market 香港金融市場

Hong Kong Government Gazette 香港政府憲報

Hong Kong Government Music Office 香港政府音樂事務統籌處

Hong Kong Housing Authority 香港房屋委員會

Hong Kong Identity Card 香港身份證

Hong Kong Industrial Estates Corporation 香港工業村公司

Hong Kong inter-bank offered rate 香港銀行間同業拆放利率

Hong Kong Law Reports 《香港法律記錄》；《香港法院判例錄》（自 1905 年至今已彙編判例達百餘卷）

Hong Kong Lotteries Board 香港政府獎券管理局（規定發行獎券，必須徵收 30% 博彩稅）

Hong Kong Monetary Authority 香港金融管理局

Hong Kong Observatory 香港天文臺

Hong Kong Police Force 香港警務處

Hong Kong Postal Authority 香港郵政局

Hong Kong Productivity Centre 香港生產力中心

Hong Kong Productivity Council 香港生產力促進局

Hong Kong Special Administrative Region of P.R.C 〔香港〕中華人民共和國香港特別行政區

Hong Kong Sports Association for the Deaf 香港聾人體育協會

Hong Kong Sports Association for the Mentally Handicapped 香港弱智人士體育協會

Hong Kong Sports Association for the Physically Handicapped 香港傷殘人士體育協會

Hong Kong Sports Development Board 香港康體發展局

Hong Kong Stock Exchange 香港證券交易所

Hong Kong system 香港制度（指香港紡織品的一種特殊的自動出口限制制度）

Hong Kong Tourist Association 香港旅遊協會

Hong Kong Trade Development Association 香港貿易發展局

Hong Kong Trade Development Council 香港貿易發展局（負責促進及拓展海外貿易，同時向海外宣傳同香港貿易的利益和機會）

Hong Kong Youth Symphony Orchestra 香港青年交響樂團

H

Hong merchants　洋行（商行）團體（指 19 世紀外國資本家在華所設的、壟斷中國對歐洲貿易的商行）

Honour　*n. & v.* I. 榮譽；名譽；〔英古〕領地；領主特權；榮譽等級（對年長領主、貴族等的榮譽稱號）；〔美〕閣下；先生（對法官或偶而對某些高級官員的尊稱）；II. 承兌，承兌並付款；承付，付款；履行；承諾

Honour a bill　承兌票據

Honour a cheque (check)　兌付支票

Honour a debt in advance　提前還債

Honour and Vital interests　〔英〕名譽和重大權益（以前通常排除在條約中賦予國際仲裁或司法法庭以管轄權的事項）

Honour courts　〔英古〕大領主法庭

Honour one's liability　承擔⋯賠償責任

Honour policy　信譽保險單；名譽保險單（指法律上無拘束力，但雙方受信譽約束的保險單）

Honour sb's signature　承認某人的簽字而付款

Honour system　榮譽制度（信任犯人因而不加監視的制度或無監視的考試制度）

Honour the contract　履行合約

Honour the obligation　履行義務

Honourable　閣下（此詞在英國用於對議員、伯爵、子爵和男爵的年幼子女們，以及下議院議員的禮節性的稱號；在美國則為各級官員和法官、議員的禮節性尊稱）

Honourable commissioner　名譽事務官

Honourable discharge　〔軍〕榮譽退役；榮譽退役證書

Honourable duty　名譽職務

Honourarium　謝禮，酬金（通指對醫生和律師的）

Honouary　光榮的；名譽的；榮譽的（對公職人員榮譽的稱呼）；義務的；無報酬的；道義上的

Honouary advisor　名譽顧問

Honouary canons　（無薪的）名譽法政牧師

Honouary consul　名譽領事

Honouary consular officer　名譽領事官員

Honouary Degree Committee　榮譽學位委員會

Honouary degrees　榮譽學位；名譽學位

Honouary fellows　名譽校友

Honouary feuds　〔英古〕爵位稱號（只有長子才能繼承的貴族稱號，但是，軍隊稱號可傳給所有兒子）

Honouary member　名譽成員；名譽會員

Honouary Member of Executive Committee of Prefecture　〔日〕府縣名譽參事

Honouary office　名譽職位；榮譽職務

Honouary Research Fellow　名譽研究員

Honouary services　榮譽義務（指大服侍親自為國王舉旗、捋劍等勞役）

Honouary title　榮譽稱號

Honouary trust　名譽信托

Honouary trustees　名譽受托人

Honours　〔英〕勳位（指女王授予貴族、男爵、騎士和多種騎士等級資格，以及其他類似榮譽的資格）

Hontfongenethef　〔撒〕人贓俱獲的盜賊

Hony　〔法〕羞恥；恥辱；污名；邪惡

Hood　〔美俚〕強盜；地痞；流氓；惡棍

Hoodette　女強盜；女阿飛；女惡棍

Hoodlum　〔美俚〕惡少（行兒的年輕無賴）；阿飛；流氓；惡棍

Hooligan　小流氓；街頭惡棍

Hooligan activities　流氓活動

Hooligan group　流氓集團

Hooliganism　流氓行為

Hoosegow　〔美俚〕監獄

Hootch　〔美俚〕走私的劣酒（供飲料用，又稱 "moonshine"）

Hope　*v. & n.* I. 希望；期望；II.〔英古〕山谷；峽谷

Hopper　意見箱（投放要求立法機關討論的議案的）

Hoppo　收款人；收稅員；貿易主管（中國人的術語）

Hordera　〔英古〕司庫；會計；出納；財務主管

Horizontal　橫向的；同行業的；同業的

Horizontal agreement　橫向協議；同業協議（指同行競爭者之間達成的約定）

Horizontal analysis　橫向比較分析；水平分析（指比較財務報表中相應項目美元和百分比變化比較計算）

Horizontal boycott　垂直抵制

Horizontal combination　水平式合併；橫向合併；同業合併

Horizontal commitment　〔世貿〕（服務貿易）水平承諾

Horizontal competition　同業競爭；水平競爭

Horizontal consolidation　橫向合併；橫向聯合

Horizontal effect　橫向影響

Horizontal exploitation　垂直開發

Horizontal integration　橫向聯合；橫向合併水平一體化；橫向結合；同業結合；水平式合併

Horizontal international division of labour　水平型國際分工（指經濟發展水平大致相同的國家之間生產專業化與協作）

Horizontal merger　橫向合併（指產銷同樣物品公司的同行業合併）

Horizontal price-fixing　橫向操縱價格；橫向統一定價

Horizontal price-fixing contract　〔美〕橫向統一定價協議（指廠家、批發商與零售商之間的）

Horizontal property acts　〔美〕平行財產法；平行物業法（處理合作及共有的財產）

Horizontal reduction　劃一削減（關稅）；直線式減低（關稅）（指按同一百分比削減關稅）

Horizontal restraints of trade　水平貿易限制；橫向貿易限制

Horizontal trade　水平貿易（指經濟發展相近的國家之間的貿易）

Horizontal union　同業工會（跨行業的職工工會）

Horn tenure　〔英古〕鳴號角役務的土地保有權（以發現蘇格蘭人或其他敵人侵入國土時負有鳴笛警報義務為條件的土地保有權）

Hornbook　初級讀本；入門課本

Hornbook law　〔俗〕法律概要；法學基礎；《法學入門》

Horner　嗅吸毒品成癮者

Horngled (or hornagium)　〔撒〕有角野獸稅（森林中的一種稅）

Horning　〔蘇格蘭〕鳴號

Horrible crime　令人髮指的罪行

Hors　〔法〕在⋯之外；除⋯以外；在⋯外面

Hors de combat　〔法〕退出戰鬥；失去戰鬥力

Hors de la loi　〔法〕置身於法律之外的；不受法律保護的；被剝奪公民權的

Hors de son fee　〔法〕不在世襲的土地範圍之內（在古代普通法抗辯中為租稅或役務訴訟的抗辯詞名稱。被告申述爭執的土地不在原告繼承土地之內）

Horse and vehicles police　車馬警察

Horse power　馬力

Hortatory　勸告的；忠告的

Hose test　〔海法〕沖水試驗

Hospiatal Services Department　〔香港〕醫院事務署

Hospice　可供人住宿的寺院；庵堂；養育院；救貧院；臨終醫院

Hospital　醫院；救貧院，教育所；慈善堂

Hospital Authority　〔香港〕醫院管理局

Hospital insurance　〔美〕住院保險（指承保人對受保人住院期間的承保範圍內的費用負責賠付的保險）

Hospital liability insurance　醫療責任保險

Hospital localities　醫院處所

Hospital medical insurance　住院醫藥費保險

Hospital professional liability insurance　醫療職業責任保險

Hospital room benefits　病房費用給付

Hospital service contract　醫療服務合約

Hospital ship　醫院船

Hospital tax　〔美〕醫院稅（向海員徵收每月四先令的稅作為海員醫院的費用，於 1884 年廢止）

Hospital zone　醫院區

Hospitality　款待；接待

Hospitality committee　接待委員會

Hospitalisation and medical care insurance　住院醫療保險

Hospitalisation expenses　住院費

Hospitalisation insurance　住院保險；醫療保險

Hospitalisation policy　住院保險單

Hospitallers　〔英〕（耶魯撒冷）騎士救護團

Hospitator　主人；款待客人者

Hospiticide　殺害客人或主人者

Hospitium　小旅館；客棧；住宅

Host　*n. & v.* I. 主人；旅館老闆；東道主；（廣播、電視節目）主持人；〔法〕軍隊；軍隊出征；戰爭；II. 接待；招待

Host agreement　東道國協定

Host country　東道國；僑居國；所在國

Host government　東道國政府

Host liability　主人責任

Host liquor liability　主人的醉酒責任（指勸酒導致傷害他人者）

Host state　東道國

Host test　〔海法〕沖水試驗

Hostage　人質；抵押品

Hostage crisis　人質危機

Hostage murder　殺害人質

Hostage trial　審訊人質

Hostageship　充當人質；被抵押狀態

Hostage-taking　劫為人質

Hostel　招待所；宿舍

Hosteler　旅館老闆；客棧掌櫃；主人

Hosticide　殺敵；殺敵者

Hostile　敵方的；敵意的；敵對的

Hostile act　敵對行為；戰鬥行為

Hostile action　敵對行動

Hostile activity　敵對行動

Hostile army　敵對軍隊

Hostile assistance　敵性援助

Hostile attack　敵對攻擊；惡意攻擊

Hostile character　敵性

Hostile commercial domicile　敵性商業住所

Hostile demonstration　敵意示威

Hostile destination　敵性目的地

Hostile dispatch　敵國公文

Hostile domicile　敵性住所

Hostile embargo　敵意扣船；敵對禁運（禁止外國船舶出入港口）

Hostile expedition　敵對出征；敵對出征隊

Hostile facilities　戰爭設施

Hostile fire　〔保〕惡意之火（指火災在出乎意料的地方發生，故稱之為 "惡火"）

Hostile government　敵方政府

Hostile intention　敵意

Hostile international law　戰時國際法；戰時國際公法

Hostile military action　敵對軍事行動

Hostile military expedition　敵對軍事出征；敵對軍事出征隊

Hostile nation　敵國；敵對國家

Hostile pact　敵對公約

Hostile party　敵方

Hostile passage　敵意通過

Hostile port　敵港；敵方港口

Hostile possession　（不動產的）對抗佔有

Hostile power　敵國；敵對國家

Hostile relations　敵對關係

Hostile service　敵意服務

Hostile state　敵國；敵對國家

Hostile takeover　敵對接管（指反對由目標公司接管）

Hostile territory　敵方領土

Hostile witness　敵意證人（指為本造所提出的證人，但出庭作證時卻做出不利於本造之證言，按英國法如遇這種情形，本造可經法官許可進行反詰）

Hostilities　〔英〕敵對行動；作戰行動；軍事行動（指須代表敵國政府或有組織叛亂集團所為者）

Hostility　敵意；敵對；敵對狀態；敵對行動；敵對事件；戰事；戰爭

Hot blood　衝動；激怒（指因受激怒使感情失控由誤殺導致故殺）

Hot cargo　勞資爭議貨物（指由僱主生產或處理，其與工會發生爭議的貨物）

Hot cargo agreement　勞資爭議貨物協議（指中立僱主與工會就爭議貨物、迫使與另一僱主在爭議物問題上達成協議）

Hot issue　〔美〕熱門股發行；搶手股發行（指公債等）

Hot line　熱線（指政府首腦間就相互關心的重大國際問題的直接通話，交換意見或看法）

Hot money　游資；燙手錢

Hot pursuit　追捕罪犯；緊追；窮追

Hot water ordeal　〔英古〕沸水神裁法

Hotchpot　混合財產；財產混同；財產合算（指將各項財產合併，以便在繼承中平均分配）

Hotchpot interest　〔保〕混合利益

Hotel　旅館；旅店；酒店；飯店

Hotel Accommodation Tax　〔香港〕酒店房租稅（規定按房客所付房租 5% 納稅）

H

Hotel divorce　〔美〕旅館離婚（一種串通離婚的方式）

Hotel keeper　店東；旅館老闆；旅店業主

Hotel keeper's lien　店主留置權（指店主可扣留房客的私人動產以為不繳費的擔保）

Hotel management company　旅遊飯店管理公司

Hotel representation　旅遊飯店代理人機構

Hotel reservation and referral system　飯店預定和介紹系統

Hotel services　旅館服務

Hound sb. to death　逼死

Hounds of law　緝捕吏

Hour　小時（自然日的 1/24 小時或 60 分鐘的時間）

Hours of banking　銀行營業時間

Hours of business　營業時間；工作時間

Hours of cause　審問的時間；審判的時間

Hours of Employment Act　勞動時間法

Hours of labour　工時；勞動時間

Hours of Service Act　〔美〕勞動時間法

Housage　存儲費；倉儲費；保管費（由承運人或在碼頭給付的）

House　屋宅；住宅；房屋；房間；室；立法機構（含上、下兩院）；會議所；商行，商號；〔英俗〕證券交易所

House agent　〔主英〕房地產經紀人

House air bill (HAB)　航空運送單；空運貨物單據

House arrest　軟禁

House bill (H.B.)　公司匯票；議會法案；〔美〕衆議院法案

House bill of lading　"商號"提貨單（指承攬人發給托運人的貨物單據）

House calendar　議院會議工程

House collector　商店專門收款員

House community　家族團體

House confinement　軟禁

House counsel　〔美〕法律顧問（作為商務上的顧問律師，通常逐日就商務上遇到的問題提出處理意見）

House duty　〔英〕房稅

House economy　家庭經濟

House for rent　〔美〕供出租的房屋

House industry　家庭工業

House keeping function　議院院務管理權

House law　家法（由王室或貴族家庭等的家長所立的法規，其涉及家庭婚姻政策、家產處分以及繼承權等，但大部份規定已過時）

House lease　房契；房屋租費

House mortgage　房產抵押

House number　（房屋）門牌號碼

House of call　零工待僱處；職業介紹所

House of Common Papers　〔英〕下議院文件（指包括按法律規定呈送議會討論的各種報告等文件）

House of Commons (H.C.)　〔英〕下議院（指由全國代表組成，與上議院聯合組成英國議會高等法院）

House of correction　〔美〕(少年) 感化院；教養院；勞教所；〔英〕勞改所監獄（勞動教養流浪漢、小偷、失足女人、被遺棄兒童）

House of Councilors　〔日〕參議院

House of delegates　〔美〕代表會議（律師協會 ABA 的行政機構）；委員集會（美衆院初期的一個名稱）；州衆議院；州

下議院（指維珍尼亞、西維珍尼亞和馬里蘭州）

House of detention　拘留所

House of diplomatic envoy　外交使節住所

House of ill fame　妓院

House of keys　〔英〕馬恩島立法議會（由延烏爾德議會選出的分支立法機構，由有選舉資格的成年人選出 24 名議員組成，任期五年）；馬恩島的立法院分部（三個等級參政者中的一個階級）

House of Laity　〔英〕世俗議會；俗人院

House of Lords (H.L.)　〔英〕上議院（由上議院的僧侶議員和上議院的普通議員組成）；貴族院（亦作為民事上訴案件的終審法院）

House of Parliament　〔英〕議會大廈

House of peers　貴族院

House of prostitution　妓院

House of public worship　教堂；禮拜堂

House of refuge　救濟所；〔美〕少年犯管教所；教養院；感化院

House of Representatives (H. R.)　〔美、澳、日等〕衆議院

House of tolerance　立案妓院

House of worship　教堂；禮拜堂

House property　房產

House rate　戶別比率（例）

House rent　房租

House rule　住宿規則

House tax　房產稅；房捐

House to be let　房屋招租

House to house collections　〔英〕挨戶募捐

House to house inspection　挨戶檢查

Housebote　木料採伐權（土地租賃人為維修房屋和燃料可在地主的地上擁有採木權）

House-breaker　〔英〕侵入住宅人；破門入屋者

House-breaking　〔美〕侵入住宅行竊罪（指撬門侵入住宅、大廈和店鋪等行竊之犯罪行為，其不同於"burglary"前者是在白天侵入住宅和各種樓房進行盜竊；後者則於夜間，盜竊範圍僅限于住宅）；〔英〕破門行盜罪（按 1967 年盜賊法不再定為單獨的重罪）；〔蘇格蘭〕加重盜竊罪（除非夜盜或意圖盜竊，否則不為罪）

House-burning　〔英〕燒房罪

House-craft　家政學

House-flag　（商船的）公司旗；商號旗

Household　*n. & a.* I. 家屬；家庭；戶；住戶；II. 家庭的；家屬的；家裏的，家內的；一家的

Household economy　家庭經濟

Household furniture　家具；家用物品

Household goods storage　家用物品倉庫

Household income percapita　人均家庭收入

Household insurance　家庭財產保險

Household policeman incharge of household registration　戶籍警

Household production　家庭生產；本國生產

Household rate　戶數比例

Household register　戶籍；戶口登記簿

Household registration　戶口登記

Household registration book　戶口簿

Household registration system　戶口登記制度

Household suffrage　戶主選舉權

Household troops　〔中〕御林軍 (指保衛京師或宮廷的軍隊)

Householder　戶主；家長；住戶；屋主 (佔有房子的人)

Householder's comprehensive insurance　住戶綜合保險 (包括對建築物，以及對第三方人身傷害、財產損害等意外事故保險)

Householder's comprehensive policy　住戶綜合保險單

Housekeeper　主婦；女管家；管理家務的人；房屋管理人

Housekeeping　財物管理；家務管理；家政；(企業中) 房屋的管理；公司 (國有) 財產的管理

Housekeeping services　家政服務；家務管理服務

Housekeeping unit　家庭單位

Housemaid　女傭

House-raiding　抄家 (指查抄並沒收家產或家中有關的東西)

House-rent insurance　租屋保險

House-renter　租屋者

House-wife　家庭主婦

Housewifery　家務；家政

Housing accumulation fund　住房公積金

Housing Act　〔美〕住宅法 (1949 年)

Housing administration　〔美〕房屋管理局

Housing allowance　住房津貼，房屋津貼

Housing and land tax　房地產稅

Housing and Town Planning Act　城市計劃條例 (1907 年)

Housing Authority　〔香港〕房屋委員會 (授權審批管理房屋建築用地事宜)

Housing code　〔美〕建築法典 (指宜居建築物、宅邸及住所單元的建築、維修及其外觀建築標準要求的法規、法令或政府條例)

Housing corporation　住宅建築公司

Housing courts　〔美〕住宅法院 (主要解決業主與租戶之間，包括房屋修繕、租期等糾紛案件)

Housing loan　住房貸款

Housing problem　住宅問題；房荒問題

Housing programming　住房規劃

Housing projects　住宅建設規劃

Housing shortage　住宅難；住宅荒；房荒

Housing society　〔英〕住宅協會

Housing subsidies　〔英〕住房津貼；住房補助

Housing trust　房產信託

Hoveler　無執照的領港人

Hovercraft　〔英〕氣墊船

Hovering Act　禁止外國船舶去領海內逗留法

Hovering vessel　〔美〕不准靠岸船舶

Hoverport　〔英〕氣墊船碼頭

Hovertrains　〔英〕氣墊火車 (指固定行駛於地面的軌道上)

Howard League for Penal Reform　霍華德刑法改革聯盟

HS code　協調制度編碼

HS heading　協調制度品目

HS lines　〔世貿〕協調稅制細目 (種類)；協調制度稅號

HS lines per se　協調制度稅目本身；協調制度稅號本身

Huckster　叫賣小販；小商人；小行商

Huckstering　叫賣；做小商販

Huckstery　零賣；零售

Hue and cry　〔英古〕捉拿聲；追捕呼叫 (指古時追捕重罪犯吹號並大聲呼叫的習慣)；通緝文告；通緝令 (緝捕越獄囚犯的佈告)；遇劫持時的呼救

Hue and Cry Act　〔英〕追捕越獄囚犯的修正條例 (1885 年)

Hug the coast　靠岸航行

Huge sales and small profits　薄利多銷

Huggery　〔英〕律師競爭辦案

Hui　〔夏威夷〕土地所有者會員協會

Hulks　〔英古〕處罰犯人的地方；〔單〕囚船 (古時用作監獄)

Hull clause　船舶保險條款

Hull damage　船損

Hull insurance　船舶保險；船殼保險；肌體保險

Hull policy　船體保險單；機體保險單

Hull voyage policy　船舶航程保單

Human　人的；人道的；人類的；有人性的

Human act　人的行為 (其不同於自然力的偶發事件)

Human being　人；自然人

Human capital　人力資本；技能資本

Human dignity　人的尊嚴

Human engineering　人事管理 (尤指工業企業內的人事管理)

Human environment　人類環境

Human law　人的法律；人定法

Human resource flow　人力資源流動

Human resources　人力資源

Human rights　人權

Human Rights Day　〔聯〕人權日

Human rights standards　人權標準

Human rights violations　違反人權

Human Rights Watch　人權觀察 (總部設在美國紐約，非政府的國際組織，旨在調查、促進國際人權問題)

Human rule　人道規則

Human society　人類社會

Human testimony and material evidence　人證和物證

Human tissue　〔英〕人體組織

Human Tissue Act　人體組織條例 (指經死者生前同意將其遺體部份取證作醫學上用途)

Human trafficking　販賣人口

Human treatment　人道待遇

Humanists　人文主義法學家 (1400–1600 年)

Humanitarian activities　人道主義活動

Humanitarian assistance　人道主義救助

Humanitarian body　人道主義團體

Humanitarian character　人道性質

Humanitarian doctrine　人道主義原則

Humanitarian duty　人道主義義務

Humanitarian function　人道主義職能

Humanitarian gesture　人道主義姿態

Humanitarian intervention　人道主義干涉

Humanitarian law　人道主義法

Humanitarian mission　人道主義使命

Humanitarian organisation　人道主義組織

Humanitarian rule　人道主義規則

Humanitarian treaty　人道主義條約

Humanity　人性；人情；人道

Humanisation of warfare　戰爭人道化

Humble Petition and Advice　〔英〕恭順請願和建議書 (1657 年)

Humbug　騙子；冒名頂替者

H

Humiliate women 侮辱婦女

Hundrdarius 〔英古〕(=hundredary)；百家村居民

Hundrdary 百家村長；百家村首席執行官

Hundred 〔英〕百家村；百戶區（由郡構成的村落單位）；一百

Hundred court 〔英〕百家村法庭（負責審理百家村裏案件。此法庭早已過時不用）；（中世紀）郡會

Hundred gemote 〔撒〕百家村居民大會；百家村法庭

Hundred lagh 百家村法；郡會法；百戶區法庭；出席百戶區法庭義務

Hundred man 〔英〕百家村長；百家村法庭官員

Hundred penny 〔英古〕百家村稅（由郡長或百家村領主向其居民徵收）

Hundred rate 〔英〕百家村稅；百戶區稅

Hundred rolls 〔英〕百家村案卷（"百家村卷樣的記錄"，1274−75 年）

Hundredors (Hundreders) 〔英〕百家村村民；陪審員（每個村民均有擔任陪審員義務，負責百家村土地關係案件）；百家村法庭法官；百家村直達吏

Hundredweight 英擔（相等於 112 磅）

Hung jury 懸案陪審團（由於意見嚴重分歧而無法作出評斷的陪審團）

Hunger strike 絕食（尤指獄中的抗議行動）

Hunt down 追捕

Hunting license 狩獵執照

Hunting tax 狩獵許可稅

Huntley hearing 亨特利聽審（指在紐約關於確定刑事案件中可否採納被告庭外陳述的個別訴訟程序）

Hurdereferst 家僕；備人；家庭成員

Hurdle 〔英古〕雪橇狀囚籠（指把叛國犯拉往刑場處決所乘的雪車，1870 年）

Hurdle rate 必須超過的收益率；最低資本回收率

Hurricane 颶風（蒲福風級 12 級）

Hurricane insurance 颶風保險（蒲福風級 12 級）

Hurrier 礦山搬運夫

Hurt *n. & v.* I. 痛；受傷；傷害；（精神、感情上的）創傷，痛苦；II. 傷害；損傷；傷感情；使（精神或肉體）痛苦

Hurt by competition 受競爭的傷害

Hurtle *v.* 猛烈碰撞；觸礁

Hurto 〔西〕偷竊；盜竊；盜竊罪

Husband 丈夫；〔撒〕農民；管理人

Husband and wife 夫婦；夫妻關係

Husband of ship 船舶管理人

Husband's authority 夫權

Husband's daughter's son (grandson-in-law) 〔香港〕丈夫與前妻的外孫

Husband's father (father-in-law) 〔香港〕家翁

Husband's rights 夫權

Husband's son 〔香港〕丈夫與前妻的兒子

Husband's son's son (husband's grandson) 〔香港〕丈夫與前妻的孫子

Husbandage 船舶管理費；船主付給船舶管理人佣金

Husbandman 〔美〕農夫；農民

Husbandry 農業；耕作；家政（家務管理）；資源的細心管理；養殖業；畜牧業

Husband-wife privilege 〔美〕婚姻特權（是指配偶間秘密婚姻通信的特權）

Husband-wife tort actions 〔美〕夫妻間侵權訴訟（有些州目前只保留汽車侵權訴案，其餘已廢除）

Husbrec 〔撒〕夜盜罪；侵入住宅罪；侵入住宅盜竊罪

Husfastne 房地產擁有人

Husgablum 〔英古〕房租；房租稅

Hush-money 封嘴錢；緘口錢（指用金錢賄賂阻止證人告發，俗稱"緘口錢"）；安寧維持費

Hustings 〔英〕議員競選演說壇；參事會；地方院院；法庭

Hustings court 〔英〕市法院（倫敦市法院為最古老和最高級法院）

Hutesium et clamor (=hue and cry) 〔英古〕捉拿聲；追捕呼叫（指古時追捕重罪犯吹號並大聲呼叫的習慣）；通緝文告；通緝令（緝捕越獄囚犯的佈告）；遇劫持時的呼救

Hybrid 混合

Hybrid bill 〔英〕（下院）混合法案

Hybrid class action 〔美〕混合集團訴訟

Hybrid committee 〔英〕（下院）公私混合議案委員會

Hybrid security 混合證券

Hydraulic dock 水力修船塢

Hydro project 水利項目

Hydro-electric company bonds 水力電氣公司債券

Hydro-electric securities 水力電氣股票；水力電氣債券

Hydrogen bomb 氫彈

Hydrographic chart 水路圖；水文圖；海圖

Hydrographical surveying 水文測量法

Hydrographical surveying mark 水文測量標

Hydrospace 海洋空間

Hygiene 衛生；衛生學

Hygiene of factory 工廠衛生

Hygienic practice 衛生慣例

Hymen 處女膜

Hymenal caruncles 處女膜痕

Hyperinflation 惡性通貨膨脹；極度通貨膨脹

Hyperthecated assets 質押資產；抵押資產(=pledge assets)

Hypnosis 催眠；催眠狀態；催眠術（規定在公共娛樂場所表演催眠術要受到法律控制）

Hypnotism 〔英〕催眠；催眠術；睡眠狀態

Hypochondria, hypomania 精神病；抑鬱症，憂鬱症

Hypothec 不移動佔有的抵押（指不轉移抵押佔有物的擔保物權）

Hypotheca 抵押（指債務人只以其物擔保債務，即不以移轉該物的佔有權和所有權；又如土地等的抵押，債主雖將其土地抵押給債權人，但仍擁有該土地的所有權，或稱之為"動產質"，其不同於"pledge"，後者債主則交出其土地所有權）

Hypotheca on land 土地抵押

Hypotheca on real estate 不動產抵押權

Hypothecary action 實現抵押權訴訟（指允許債權人按照民法規定執行對抵押財產索賠權契約訴訟）

Hypothecary charge 抵押負擔

Hypothecary debt 抵押債務

Hypothecary value 抵押價值；擔保價值

Hypothecate *v.* 抵押（財產）

Hypothecated asset 抵押資產

Hypothecation 抵押（不轉移佔有的）；船舶或船貨抵押；

抵押契約 (指以船舶作抵押以換取生活必需品)

Hypothecation bond 押船借貸契約；船舶抵押

Hypothecation certificate 抵押證明書；擔保證明書

Hypothecation clause 抵押條款 (指為確保履行支付買賣貨物的早退單信用證，買方應向銀行辦理交付文件等有關抵押手續)

Hypotheque 〔法〕抵押權；不動產抵押權

Hypotheque tacite 〔法〕法定抵押 (路易斯安那州法律用語)

Hypothesis 假說；假設 (刑事審訊上根據檢舉控告而創設的一種學說)

Hypothesis testing 假設檢驗；假設測算

Hypothetical 假定的；臆想的；基於假定的

Hypothetical facts 假定的事實 (指純屬推測或假定的過去不存在、現在也不存在的事實)

Hypothetical par 假定的平價

Hypothetical question 假設的問題 (為了徵求證人的意見而進行訊問的一種方法)

Hypothetical yearly tenancy 〔英〕假定按年度租賃 (指對評級的土地和可繼承的遺產以濟貧稅為基礎進行課稅或估稅)

Hysteria 歇斯底里；癔病

Hysteropotmoi 失散良久回家之人 (指離散多年以為早已亡故卻平安返回家中的人)；征戰倖存者 (指家人以為早已死於征戰之中卻意外地生還回家團聚的親人)

Hysterotomy 子宮切開術

I

I owe you (IOY) 欠款單；借條；借據 ("我欠你")；債務的標誌

I visa 〔美〕"I"簽證 ("外國新聞從業人員簽證"，由美國駐外使、領館頒發給外國派駐美國的新聞記者、其配偶和 21 歲以下的未婚子女的簽證)

I.C.C Court of Arbitration 國際商會仲裁院

Iavolenus Priscus 伊婭沃莉娜斯·晋莉薩斯 (生於公元 60，卒於 125 年。著名的羅馬法學家，薩比尼學院院長，兼任法學教師，深受同時代人的尊敬，他的代表作《批復》(Epistulae) 被節選入《學說匯纂》)

IBRD functions 國際復興與開發銀行的職能 (指包括借貸、開發研究和發展援助等)

Ice petrol 〔海法〕冰區巡邏

Ice shelf 冰架

Ice territory 冰封領土

Iceberg 冰山

Ice-boat 破冰船；冰上駛行船

Ice-free port 不凍港

Icelandic lawspeaker 冰島法律發言人；冰島法律長老 (中世紀冰島共和國唯一的祭司首領選舉產生的官員)

IDA Credit 國際開發協會信貸

IDA functions 國際開發協會的職能 (指包括借貸、開發研究和發展援助等，其除了借貸一項受制約外，其他職能類同 IBRD)

Idea 思想；意見；打算；概念；理念

Idea of law 法律觀念；法律意識；法律理念

Ideal concurrence of crime 想像中的數罪並發

Ideal index 理想的指標

Ideals (法制的) 理想

Identical 同一的；同樣的；相同的；恒等的

Identical crimes 同樣罪；相同的犯罪

Identical goods 相同貨物

Identical intervals 同樣的間隔

Identical offenses 同樣罪行；相同罪行

Identical person 相同當事人

Identical product 同樣產品；同一產品

Identical notes 同文照會

Identification 鑒定 (在訴訟中運用專門知識或技能，對某些專門性問題進行檢驗，分析後所作出的科學判斷之謂)；驗明；辨認；識別 (指為審查犯罪嫌疑人或查明無名屍體身份提供依據而對其進行識別的一種偵查活動；但對涉外民事案識別，應包括兩個相互制約和影響的內容：其一，是對有關的法律事實或問題進行識別，以判定該涉外民事案件的性質，明確其屬於什麼法律範疇。比如，是屬於合同問題還是屬於侵權問題，是屬於人的能力問題還是行為方式有效性問題等等，旨在準確地根據有關衝突規範去進行法律選擇，找到應適於該案件的準據法；其二，是對衝突規範本身的識別。即對衝突規範"範圍"和"連結點"中的有關法律概念、法律術語進行解釋)；認定同一；定性 (指在適用衝突規範時，依照某一法律制度，對有關事實或問題進行分類和定性，將其歸入一定的法律範疇，並對有關衝突規範進行解釋的過程)

Identification book 罪犯檔案冊

Identification by fingerprint 指紋鑒定

Identification by hair 毛髮鑒定；毛髮識別

Identification by palm print 掌紋鑒定

Identification by photos 相片辯認

Identification card 身份證；保險卡

Identification depth 〔海法〕(文件) 規定船深

Identification document 證明文件

Identification mark 識別標誌

Identification of blood 血液鑒定

Identification of bullet 槍彈鑒定；彈頭鑒定

Identification of goods 商品鑒定；〔美〕貨物辨認 (指買主經辨認，如非所購貨物者可予退回或拒收)

Identification of non-actionable subsidies 〔世貿〕不可訴補貼的確認

Identification of payee 受款人的確認；驗明受款人

Identification of poison 毒物鑒定

Identification of the dead 屍體辨認；屍體鑒定

Identification of the living 活檢

Identification papers 身份文件 (證明)

Identification parade 〔英〕列隊辨認 (指一種由控告人或證人在身材和外表相似的一隊人中辨認嫌疑犯的一種刑事手段)

Identification tag　身份證牌；識別標籤

Identifier　鑒定人；檢驗人

Identify　*v.* 鑒定識別；驗明；辨認；認為⋯⋯一致；使等同於

Identify free trade with the public interest　使自由貿易與公衆利益相一致

Identify of legal personalites　法律人格的同一性

Identify person　辨認人員

Identify the nationality　確認國籍

Identify the payee of a cheque　驗明支票的受款人

Identifying evidence　鑒定證據 (指通過對人或物查驗後所得的)

Identitate nominis　〔英古〕釋放同名囚犯令 (指釋放被錯捕的同名者)

Identity　同一；一致；同一性 (指向法院提供的人、物與所指稱的事實一致)；身份；個性；特性

Identity card　身份證

Identity certificate　身份證明書

Identity disc　身份牌；識別標籤

Identity document　身份證件 (身份證明文件)

Identity is unclear　身份不明

Identity of extradition and prosecution　引渡與追訴的同一

Identity of interests　〔美〕利益的同一性；利益的一致性 (指在民事訴訟程序中，允許控方修正與其企業經營活動利益一致的當事人)

Identity of lost goods　證實失物與失主所報相符

Identity of parties　當事人的同一性 (指關於同一當事人的訴項業已判決，即 “一事不再理” 之訴)

Identity of person　〔英〕驗明身份 (指要驗明所提訴訟是否屬同一已決囚犯)

Identity of state　國家同一性

Identity of the applicant　申請人的身份

Identity of the voyage　〔保〕航海的同一性

Identity papers　身份證明書

Identity parade　在人羣中指認關係人

Ideograph　象形文字；表意文字

Ideological compromise between politics and market efficiency　政治學與市場效率之間的思想上妥協

Ideological criminal　思想犯

Ideological difference between the United State and Western Europe　美國與西歐之間意識形態上的分歧

Ideological education　思想教育

Ideological foundations of the trade regime　意識形態上貿易制度的基礎

Ideological remolding　〔中〕思想改造

Idiocy　白痴；生來的心神喪失

Idiot　白痴；生來心智喪失者

Idle and disorderly person　〔英〕遊手好閒而妨礙治安者 (遊民，流浪者，統指一般妓女，街頭遊蕩行乞者)

Idle balances　閒置的餘額

Idle capacity　閒置生產能力

Idle capital　閒置的資本

Idle fund　遊資；閒置資金

Idle money　遊資；閒置款項

Idle resources　未利用的資源

IEC Information Centre in Geneva　日內瓦國際電工委員會情報中心

If　如果；假如；要是；即使，即便

If affirmed　如果維持原判的話

If necessary　如果必要的話；如屬必需者

IFC service and support fee　〔世行〕國際金融公司償付的勞務和資助費用

Ignominious punishment　不名譽的刑罰

Ignominious treaty　屈辱性的條約

Ignominy　耻辱；不名譽

Ignorance　不知；無知

Ignorance of fact　不知事實 (指對某些事實不知情)

Ignorance of hostilities　戰事不知

Ignorance of law　不知法律 (指缺乏法律知識或不知道某些行為等應適用的法律)

Ignore　*v.* 不顧；不理；忽視；駁回；拒絕承認；駁回刑事訴狀 (尤指因證據不足被大陪審團駁回)

Ignore the bill　刑事訴狀不予受理 (陪審團決定無相當證據不將被告交付審判)

Ill　法律上有缺陷的；無價值的；無效的

Ill asposit　〔蘇格蘭〕敵意

Ill fame　壞名聲；臭名 (諸如妓院和賭場等)

Ill treatment　虐待；不公正的對待

Illegal　不合法的；非法的；違法的；違例的

Illegal abortion　非法墮胎

Illegal act　非法行為，不法行為；違法行為

Illegal activities　違法行為

Illegal alien　非法入境的外國人；非法入境的外國僑民

Illegal arrest　非法逮捕

Illegal association　非法結社

Illegal behaviour　不法行為

Illegal condemnation　非法判罪

Illegal confinement　非法監禁

Illegal consideration　不法對價；非法報酬；有損害公衆利益或違法的承諾

Illegal contract　非法合約；違法契約

Illegal decision　違法裁決

Illegal detainment　違法拘禁

Illegal disposition　不法處分

Illegal enclosure　違法律築圍欄；非法圈地

Illegal entrant　〔英〕非法入境者

Illegal entry　非法入境

Illegal felling of trees　非法砍伐樹木；濫伐樹木

Illegal immigrant　非法入境移民；非法移民

Illegal immigration　非法移民

Illegal imprisonment　非法監禁

Illegal income　非法收入

Illegal infiltration　非法滲透；非法進入

Illegal interest　非法利息；高利貸

Illegal interrogation　非法訊問

Illegal landing　非法着陸

Illegal measures　不法措施

Illegal omission　非法遺漏

Illegal operation　違法經營；非法手術

Illegal per se　自身非法；自身的非法性

Illegal picketing　不法監視

Illegal practices　〔英〕非法手段；選舉舞弊；非法競選罪 (指國會議員在國會或地方政府選舉過程中的犯罪行為，包括票

決罪、無選舉結果報告和公佈選舉費用等)

Illegal punishment 私刑

Illegal racing 非法超速行車

Illegal remittance of foreign exchange 套匯;逃匯

Illegal search and seizure 非法搜查和扣押

Illegal structure 非法建築

Illegal trade 非法貿易

Illegal transaction 非法交易

Illegal trust 違法信托,非法信托

Illegal vote 非法表決;不合法投票

Illegal voting 非法投票

Illegal war 非法戰爭

Illegality 違法;不合法;非法;非法性;非法行為(指與法律行為相違背的)

Illegalise *v.* 使非法;宣佈…為非法

Illegally buy up 套購

Illegally buy up goods for which there is a state monopoly of purchase and marketing 〔中〕套購國家統購統銷物資

Illegally chop down trees 盜伐樹木

Illegally obtained evidence 〔美〕非法獲得的證據(指執法官員無違捕證和充分根據違反被告權利,非法逮捕和搜查)

Illegally procured 非法獲得的

Illegitimacy 非法(性);違法(性);私生;非婚生;非婚生的身份(指在父母未結婚狀況時所生子女)

Illegitimate *a. & n.* I. 非法的;未經法律允許的;非婚生的,私生的;II. 無合法身份的人;非婚生子,私生子

Illegitimate act of war 不正當的戰爭行為

Illegitimate child 非婚生子女;私生子女

Illegitimate daughter 私生女,庶女(指非正室所生的女兒)

Illegitimate means of warfare 不正當的戰爭手段

Illegitimate son 私生子;庶子(指妾所生之子)

Illegitimate warfare 不正當戰爭

Ill-founded 無理由的;無事實根據的;理由不充分的

Ill-gotten profit 不義之財

Illicit 違法的;非法的;違禁的;禁止的;不允許的;不正當的

Illicit and clandestine trafficking 非法和秘密販運

Illicit cohabitation 非法同居

Illicit Commercial Practices Regulations 〔歐共體〕不正當商業行為規則(旨在避免第三國不正當商業規則所造成的損害,1984 年)

Illicit connection 非法性交;私通

Illicit distillery 〔美〕非法酒廠(非法銷售烈性酒者)

Illicit income 非法收入

Illicit intercourse 私通;通姦(=illicit connection)

Illicit market 黑市

Illicit money 贓款

Illicit prostitution 暗娼;秘密賣淫

Illicit relations 非法性交;私通

Illicit sale 私賣

Illicit trade 違禁貿易;非法貿易

Illinois land trust 〔美〕伊利諾式土地信托(法)

Illiquid 非現金的;不能立即兌現的;非流動資金的

Illiteracy 文盲;失學

Illiterate *a. & n.* I. 文盲的;未受教育的;無知的;II. 文盲者;目不識丁者;失學者

Illiterate parliament 〔英〕文盲議會(指 1464 年亨利四世召集的議會)

Illness (生)病;疾病;身心不健康

Illocable 不能僱用的;不能出租的

Ill-treat *v.* 虐待

Ill-treatment 虐待

Illusion 錯覺;幻覺;幻影

Illusory 因錯覺產生的;虛幻的;迷惑人的;謬誤的

Illusory appointment 〔英〕名義上處分;虛假處分(指利用權力在有限人羣中處分不動產或私人財產,但其實際上缺乏物質存在,且無效)

Illusory contract 虛假契約;虛假合同

Illusory promise 虛假承諾

Illusory tenant 名義上承租人;虛假承租人

Illusory trust 名義上信托;虛假信托

Illustration 說明;舉例;圖解;保險宣傳冊

Illustrative list 〔世貿〕例示清單;解釋性清單(為《TRIMS 協議》的附錄,意指外國投資措施應按 TRIMS 措施規定辦理)

Illustrative list of export subsidies 〔世貿〕出口補貼解釋性清單

Illustrative quotas 解釋性的配額

Illustrious 〔英〕閣下(英親王血親者頭銜的前綴)

Image of environmental callousness 漠視環境的形象

Imaginary line 假想線

Imbalance 不平衡;失調

Imbalance in the international economy 國際經濟失調

Imbalance in the supply and demand situation 供求不平衡狀況;供求狀況失調

Imbalance in the supply and demand 供求失調

Imbargo (=embargo) 禁運;封港;禁止貿易;扣船,徵用(船隻和物資等)

Imbasing of money 降低硬幣成色

Imbecile *n. & a.* I.〔英〕低能者;弱智者;禁治產者;II. 低能的

Imbecility 低能;弱智(指精神不健全的人)

Imbezzele (=embezzle) *v.* 侵佔;盜用;貪污(公款)

Imbracery (=embracery) 〔美〕籠絡陪審員罪;賄賂陪審員罪(指在法庭上提出證據和辯論以外的方法,企圖引導陪審員作有利於一方的評斷行為,構成輕罪)

IMF Agreement 國際貨幣基金組織協定(為布雷敦森林協定的組成部份,簽訂於 1944 年 7 月,1945 年 12 月正式生效,內容規範成員國的權利與義務,以及特別提款權等)

IMF and IBRD open for business 國際貨幣基金組織和世界銀行開業(分別於 1947 年 3 月 1 日和 1946 年 6 月 25 日)

IMF Board of Governors 國際貨幣基金組織理事會(是 IMF 的最高權力機構)

IMF Committee on Liaison with the WTO 國際貨幣基金組織與世貿組織的聯絡委員會

IMF credit 國際貨幣基金組織信貸

IMF credit par value 國際貨幣基金組織信貸平價

IMF credit position 國際貨幣基金組織的(信貸)狀況

IMF credit quota 國際貨幣基金組織分攤出資配額

IMF credit system 國際貨幣基金組織(信貸)制度

IMF economic restructuring programmes 國際貨幣基金經濟復興計劃

I

IMF Institute   國際貨幣基金組織協會

IMF intellectual tradition   國際貨幣基金組織知識傳統

IMF Memorandum   國際貨幣基金組織備忘錄

IMF par value   國際貨幣基金組織平價

IMF position   國際貨幣基金組織狀況

IMF programmes   國際貨幣基金組織項目

IMF quota   國際貨幣基金組織出資分攤額；國際貨幣基金組織分攤出資額

IMF regulations   國際貨幣基金組織的規章

IMF stand-by arrangement   國際貨幣基金組織的備用信貸協定（指給埃及的結構性調整貸款）

IMF survey   國際貨幣基金組織概覽（雙月刊）

IMF travel budget   國際貨幣基金組織旅差費預算（據稱，光其一項費用預算即等於世貿組織的全年經費預算，WTO 的經費不及 IMF1/10，極言 WTO 經費拮据）

IMF's Articles of Agreement   國際貨幣基金組織協定條款

IMF's Balance of Payments Statistics   〔基金〕國際貨幣基金組織的國際收支統計學

IMF's External Relations Department   〔基金〕國際貨幣基金組織對外關係部

IMF's organization structure   國際貨幣基金組織結構

IMF's par value system   國際貨幣基金組織的平價制度（指成員國選擇的費率須得其同意）

Imitation   仿造；膺品；冒牌貨；抄襲

Imitation of a trademark   冒牌商標；偽造商標

Immaterial   不重要的；無實質的；無形的

Immaterial averment   非實質性的主張（指在抗辯中會被命令刪掉的沒有的贅述）

Immaterial evidence   無關緊要的證據（指所舉無補於法庭解決爭點的證據）

Immaterial facts   無關緊要的事實（非訴權或抗辯必要的事實）

Immaterial forgery of writing   無形的文件偽造

Immaterial issue   不重要的的爭點（指抗辯中未切中斷案的要點）

Immaterial variance   細微差異；非重大差異（指在抗辯中所述與所舉的證據之間性質上非重大差異且無關緊要，以至於對方無隙可擊）

Immediacy   緊急性

Immediate   現在的；目前的；直接的；即時的；最接近的；立即的；毫不遲疑的

Immediate adjacent   緊鄰

Immediate annuity   即期年金；期末年金

Immediate assets   流動資產

Immediate cash payment   即期付現

Immediate cause   近因；直接原因

Immediate consultation   直接磋商

Immediate control   瞬時操控（指有汽車司機能駕馭車輛，及時處理險情）

Immediate danger   緊急的危險

Immediate death   直接死亡

Immediate delivery   立即交貨

Immediate descent   直接繼承

Immediate drawing   立即提款；直接提款

Immediate estate   立即遺產

Immediate evidence   直接證據

Immediate execution   立即執行；立即處決；斬立決

Immediate family   近親屬（"直接家庭成員"，指父母、妻子、子女及兄弟姐妹）

Immediate indebtedness   急迫債務

Immediate investigation   直接調查

Immediate liabilities   流動負債

Immediate notice   〔保〕立即通知；即刻通知（指依保險單要求，在合理的時間之內通知以為損失證明）

Immediate party   直接當事人；直接關係人

Immediate payment   即期付款

Immediate possession   直接佔有

Immediate relatives   〔美〕直系親屬

Immediate right   可即時運用的權利

Immediate sale   即時買賣（"現貨買賣"之謂）

Immediate shipment   立即裝運；即期裝運

Immediate solvency   即時支付的能力

Immediate superior   頂頭上司

Immediate testimony   直接證據

Immediate transport   保稅運輸

Immediate urgency   直接緊迫性

Immediate vicinity   相鄰；近鄰

Immediate withdrawal   直接退出；立即撤回

Immediately   馬上；立刻地；直接地；迅速地

Immediately available funds (IAFs)   立即可獲得資金

Immemorial   無法追憶的；很久以前的；遠古的

Immemorial possession   遠古佔有；〔美〕自古佔有（路易斯安那州法用語）

Immemorial prescription   遠古時效

Immemorial time   無法追憶的時代

Immemorial usage   （自古以來的）風俗；（長期形成的）習慣，習俗

Immigrant   入境移民；僑民（指離開一個國家而長期居住另一個國家之國民）

Immigrant Advisory Service   〔英〕移民諮詢處（移民顧問處）

Immigrant alien   外國移民；外國僑民

Immigrant remittance   僑匯

Immigrant status   〔美〕（入境）移民身份

Immigrant Visa   〔美〕（入境）移民簽證

Immigrant worker   〔英〕〔菲〕（入境）移民工人（指菲律賓等英聯邦國家的公民可申請獲取英國簽證可在英國合法工作，但無定居權）

Immigrate   v. 移民入境；遷居入境

Immigration (Emigration)   移民；移居入境；移民入境

Immigration Act   〔英〕移民法（1971 年）

Immigration agent   移民代理

Immigration anchorage   船舶入境檢查處

Immigration and Nationality Act   〔美〕移民及國籍法（處理移民和驅逐外國僑民的綜合性聯邦法律，頒佈於 1952 年）

Immigration and Naturalisation Service (I.N.S.)   〔美〕移民歸化局（俗稱"移民局"，辦理接納移民申請、驅逐、遞解非法入境、僑民歸化入籍等事務）

Immigration Appeals Board   〔美〕移民上訴法庭（是移民事務的最高行政法庭，負責解釋和實施移民法，審理移民局判決的上訴案件，亦涉及外僑申請酌情免予遞解出境案件）

Immigration application form   〔加〕移民申請表

Immigration bond　〔美〕移民保證金

Immigration categories　移民類別

Immigration Centre　〔加〕移民中心站

Immigration control　〔英〕移民控制；移民管制

Immigration Department　〔香港〕入境事務處

Immigration law　移民法

Immigration Officer　移民官；移民局官員

Immigration policies　移民政策

Immigration procedure　移民程序；(移民) 入境手續

Immigration quota　移民定額；移民配額

Immigration regulations　移民章程

Immigration Restriction Act　移民限制條例

Immigration Restriction Law　移民限制法

Immigration Section　〔加〕移民處

Immigration Service　〔美〕移民局

Immigration through family relationships　因家庭關係的移民 (指美英等西方各國移民法規定：夫或妻在外國取得合法居留權，其妻或夫亦可因之取得居留權前往團聚)

Immigration ticket　移民票

Immigration visa　入境移民簽證

Immigration zone　入境移民區

Imminent　刻不容緩的；危急的，急迫的；迫切的

Imminent danger　緊迫的危險

Imminent peril　緊急危險；迫在眉睫的危險

Imminent unlawful aggression　逼近的非法侵略

Imminently dangerous article　非常危險的物品；高度危險品；高危物品

Immoderate　法外的；不合理的；不在合理範圍之內的

Immoral　不道德的；道德敗壞的；淫蕩的；猥褻的

Immoral act　不道德行為

Immoral conduct　不道德行為；可恥行為

Immoral consideration　不道德對價

Immoral contracts　不道德契約；不道德合約；有傷風化的合約

Immoral obligation　不道德義務

Immoral offence　有傷風化罪

Immoral principles　不道德原則

Immoral trust　不道德的信托

Immoralist　不道德的人

Immorality　猥褻；不道德行為；傷風敗俗的行為

Immovable　不動的；不可移動的 (可觸及，但不能移動的)

Immovable assets　不動產

Immovable private property　私有不動產

Immovable property　不動產

Immovable public property　公有不動產

Immovable things　不動產

Immovables　不動產 (指自立不動的或可被移動的。衝突法上尤指土地和土地的附屬物，如樓宇等)

Immovables insurance　不動產保險

Immune　免除的；不受影響的；豁免的

Immune from taxation　免稅

Immunity　豁免；豁免權；免除；特許；免疫

Immunity arrest　免受逮捕；免受民事管轄

Immunity clause　豁免條款

Immunity from administrative jurisdiction　行政管轄豁免

Immunity from attack　免受襲擊

Immunity from capture　免受拿捕

Immunity from civil jurisdiction　民事管轄豁免

Immunity from criminal jurisdiction　刑事管轄豁免

Immunity from criminal liability　刑事責任豁免

Immunity from duty　關稅豁免

Immunity from execution　執行豁免

Immunity from giving testimony　作證豁免

Immunity from judicial process　司法程序豁免

Immunity from jurisdiction　管轄豁免

Immunity from legal process　免除法定程序；免除法律手續

Immunity from prosecution　〔美〕追訴豁免

Immunity from suit　訴訟豁免；免受起訴

Immunity from suit of foreign state　外國國家訴訟豁免權

Immunity from taxation　免稅，捐稅豁免

Immunity of archives　檔案豁免

Immunity of diplomatic envoys　外交代表豁免權

Immunity of diplomatic premises　外交房舍豁免

Immunity of domicile　住所豁免

Immunity of private property　私有財產豁免

Immunity of state-owned vessel　國有船舶豁免權

Immunity of the residence　居所豁免

Immunity of warship　軍艦豁免

Immunity of witness　證人豁免權

Immunity ratione materiae　屬物理由的豁免

Immunity ratione personae　屬人理由的豁免

Immunisation　免疫法；免疫作用

Impact　衝擊；影響力；衝擊力；撞擊力

Impact damage　衝擊損害；衝撞損害；撞擊損害 (如開車不慎撞成店鋪等所致損壞)

Impact injury　碰撞傷

Impact of soil erosion　土壤侵蝕的影響

Impact of the global financial crisis　國際金融危機的影響

Impact of unilateral trade liberalisation policies　單邊貿易自由化政策的影響

Impact on service trade　對服務貿易的影響 (是指非關稅壁壘)

Impact on the work of the delegations　〔世貿〕對代表團工作的影響

Impact rule　衝擊規則；碰撞規則 (指情感打擊或過失影響所造成的損害賠償規則)

Impacted area　〔美〕受影響地區 (指因聯邦僱員與子女劇增及學校用地緊缺而受影響地區)

Impair　*v.* 削弱；減少；損害；損傷

Impair regular channels of trade　損害正常的貿易渠道

Impaired capital　虧絀資本；減損資本；受損資本

Impaired risk　〔保〕弱體險

Impairing the obligation of contract　〔美〕損害合約義務

Impairment　缺陷；損壞；身體的損傷；弱體情況

Impairment of capital　資本虧絀；資本減損；資本損失

Impairment of concession　減少減讓；損害減讓

Impairment of memory　記憶力受損

Impalement　處以代刑，代刺刑 (古巴比倫和亞述國對通姦和自我墮胎者的刑法)

Impanelling a jury　〔英〕編選陪審團的成員名冊 (指由執達吏把陪審團成員名字編寫在羊皮紙名冊上)

Impannel　*v.* 選任 (陪審員)；將…列入陪審員名單

Imparl *v.* 庭外調解（法院允許訴訟當事人在法庭外進行和解）；延期答辯；〔保〕取得延期理算

Imparlance 延期答辯（指准許被告延期答辯）；庭外和解（指給予被告緩期答辯時間看訴訟問題能否取得原告的友好解決）

Impartial 不偏袒的；公正無私的；公平的

Impartial expert 公正的專家（例如勞工賠償委員會聘請醫生對僱員傷害情況作出裁決進行補償）

Impartial expert 公正的專家（例如勞工賠償委員會延聘醫生對僱員傷害情況作出裁決進行補償）

Impartial humanitarian body 公正的人道主義團體

Impartial humanitarian organisation 公正的人道主義組織

Impartial juror 公正的陪審員

Impartial jury 公正的陪審團

Impartiality 不偏不倚；公允；公正（指對法官和執法者對爭議雙方當事人應公平而言）

Impartible 不可分割的（指地產等）

Impartible feud 〔封〕不可分割的封地

Impawn *v.* 典當；抵押；保證

Impeach *v.* 控告；檢舉；彈劾；責問；置疑

Impeach a witness 責問證人；指責證人

Impeach the testimony of a witness 對證人證詞可靠性提出異議

Impeachable 可控告的；可彈劾的；可懷疑的

Impeached for treason 被控犯有叛國罪

Impeaching the character of a witness 對證人信用的質疑（攻擊證人的信譽）

Impeachment 彈劾（指對行政或司法官員因失職請求給予處分或懲戒。此項請求在美國由衆議院提交參議院；在英則由下議院提交上議院）；控告；檢舉；〔蘇格蘭〕刑事訴訟法上的抗辯（指犯罪行為非被告所為，而是另外指名人所為）

Impeachment court 〔美〕彈劾法庭

Impeachment of the President 〔美〕對總統的彈劾

Impeachment of verdict 對審團裁決的質疑（指攻擊陪審團對其作出裁斷的考慮或行為欠妥當）

Impeachment of waste 〔英〕禁止衡平法上的毀損行為（指允許終身承租人可在租賃的土地上砍伐木材和開礦，但禁止拆毀該地莊園宅第和砍倒觀賞性樹木或進行任何被認為構成衡平法上毀損的行為或訴請其賠償損害）

Impeachment of witness 對證人誠信的質疑（指對證人列舉證據手段表明該證人證據不可信）

Impeccant 無罪過的；無缺點錯誤的

Impechiare *v.* 彈劾；指控；對重罪犯或叛國犯提起公訴

Impede *v.* 妨礙；阻止；阻滯

Impede law enforcement 妨礙法令的貫徹執行；妨礙法律的實施；妨礙執法

Impede the full utilisation (of) 阻礙充分利用

Impede the investigation 妨礙調查

Impede the transfer and dissemination of technology 〔世貿〕妨礙技術轉讓和傳播

Impediment to practice of law 實施法律的障礙

Impediment to trade 貿易障礙

Impediments 身體上缺陷；合法婚姻障礙；締結合同的障礙（例如未成年或缺乏締約理由等）；〔單〕阻礙；障礙；障礙物

Impediments to marriage 法定婚姻障礙（指屬禁止親等婚姻之列）

Impediments to world trade 國際貿易的障礙

Impeding apprehension 〔英〕妨礙逮捕罪

Impeditor 〔英古〕干擾者（指妨礙聖職訴訟推薦者）

Impel *v.* 逼使；迫使；強令；驅使

Impending 逼近的；迫切的；即將發生的

Impenetrability of the state 國家的不可滲透性

Imperative 必要的；迫切的；強制的；命令的；緊急的

Imperative law 強行法

Imperative miliary reason 迫切軍事理由

Imperative military necessity 迫切軍事必要

Imperative necessity 迫切必要

Imperative necessity of security 迫切的安全必要

Imperative power 強制性權力

Imperative reasons of security 迫切的安全理由；迫切的安全必要

Imperative statute 強制性法律

Imperative stipulation 強制規定

Imperative theory 〔英〕強制說（意指法律是一種規範強制人行為的，英國實證主義法學派的一種法學理論）

Imperfect 法律上不可實施的；不能履行的；未經批准的；不完善的；有缺陷的；不完整的；不完全的；未完成的

Imperfect acceptance 不完全接受

Imperfect act 不完全行為

Imperfect competition 不完全競爭

Imperfect competition area 〔世貿〕不完善的競爭地區

Imperfect competition market 〔世貿〕不完全競爭的市場；不完善的競爭市場（指由於種種原因市場競爭作用不能得以充分發揮）

Imperfect federation 不完全聯邦

Imperfect information 不完備的資料；不完整的資料

Imperfect international person 不完全的國際人格者

Imperfect international personality 不完全的國際人格

Imperfect mortgage 不完全抵押

Imperfect neutrality 不完全中立

Imperfect obligations 〔英〕道德上的義務；不完全的義務（一種不能強制執行，只是道義上的義務，而無法律拘束的義務。例如慈善，公益等）

Imperfect ownership 不完全所有權

Imperfect ratification 不完全批准

Imperfect recognition 不完全承認

Imperfect rights 不完全的權利

Imperfect sovereignty 不完全主權

Imperfect substitute 不完全的替代品

Imperfect title 不完整的土地所有權（指轉讓土地而言）

Imperfect trust 不完整信托；不完全信托；待履行信托

Imperfect usufruct 不完全用益權

Imperfect war 不完全戰爭

Imperfection 缺點；瑕疵

Imperial 帝國的；皇家的

Imperial academy 帝國學會；帝國學士院

Imperial appointment 敕任；皇帝委任

Imperial Arms 〔英〕皇室徽號

Imperial autograph 敕書；御筆；皇帝手稿

Imperial Chamber 帝國大法院（即"神聖羅馬帝國最高司法法院"，1495-1806 年神聖羅馬帝國馬克斯米廉一世創立的）

Imperial Conference 〔英〕帝國會議

Imperial constitution 帝國憲法

Imperial crest 皇室御紋章 (指頂飾等)

Imperial customs union 帝國關稅同盟

Imperial decision 皇帝裁決；御裁

Imperial Defense Committee of Cabinet 〔英〕帝國國防委員會

Imperial Diet 〔日〕帝國議會

Imperial edict 聖旨；敕令

Imperial enactment 詔書

Imperial envoy 欽差大臣

Imperial examination 〔中〕科舉 (始於隋朝，開中國 "任人唯賢"，選拔人才制度的先河)

Imperial headquarters 帝國司令部

Imperial heir 皇嗣；皇太子

Imperial house 皇室

Imperial house law 皇室典範 (皇室法律)

Imperial household 皇室；皇家；皇帝內宮官員

Imperial household department 〔日〕宮內廳

Imperial household expenditures 皇室經費

Imperial line 大統；皇統

Imperial nomination 敕選

Imperial nominee 敕選議員

Imperial ordinance in place of law 代替法律的敕令

Imperial palace 皇宮

Imperial Parliament 〔英〕帝國議會

Imperial permission 敕許

Imperial politics 帝政學

Imperial preference 帝國優惠；〔英〕帝國優惠關稅制度

Imperial preference system 帝國特惠制 (1932 年英聯邦《渥太華協定》，純屬殖民主義性質的貿易制度，隨着英國於 1974 年加入歐共體而消失，但卻換以 "自由貿易區" 面目出現)

Imperial proclamation (will) 聖諭；聖旨

Imperial rescript 皇帝的指示

Imperial rescript 皇帝的指示；御批

Imperial sanction 敕許

Imperial Service Medal 〔英〕效忠服務獎章

Imperial speech 皇帝講話；敕語

Imperial standards 〔英〕帝國標準 (法定度量衡標準)

Imperial statutes 英國法律；議會制定法

Imperial subject abroad 帝國國外臣民；帝國海外臣民

Imperial tax 〔英〕國內稅

Imperial throne 皇位

Imperial weights and measures 〔英〕帝國標準度量衡

Imperial will 聖旨

Imperialism 帝國主義

Imperious necessity 緊急必要

Impermissible 不允許的；不許可的

Impersonal account 不記名賬戶；非人名賬戶；非個人賬戶

Impersonal services 間接服務 (指涉及電腦軟、硬件計算機的)

Impersonal tax 對物稅；間接稅

Impersonation 偽裝；冒名頂替；假冒身份 (冒替別人以進行詐騙之犯罪行為，普通法上為輕罪，根據不同法律多數情況下都予以懲罰，釋義同 "false personation")

Impertinence 不對題；不切題 (指在訴訟中申述不必要的或所列舉的證據與爭點無關的事項)

Impertinent 不對題的；不切題的；無關係的 (指不構成訴訟或抗辯理由所必要的事項)

Impescare *v.* 彈劾；起訴

Impetrare *v.* 〔英古〕通過請求取得 (如以令狀或特權方式)

Impetration 〔英古〕通過請願或請求獲得 (指通過向羅馬教廷請求獲取原由國王頒發的聖職)

Implead *v.* 〔美〕控告；起訴；使 (新當事人) 參加訴訟；〔英〕起訴；逮捕；依法提起公訴

Impleader 控告者；起訴者；第三方參加訴訟 (由第三方參加訴訟的程序)

Implement *n. & v.* I. 履行 (承諾等)；實施 (法律等)；〔蘇格蘭〕完全履行；〔複〕工具；家具；II. 履行；執行；實施

Implement foreign policy 執行外交政策

Implement of housebreaking 進屋偷竊的用具

Implement of war 戰爭工具

Implement reduction commitment 〔世貿〕實施削減承諾；履行削減義務

Implement the obligations 履行義務 (債務)

Implement the policies of the Party 〔中〕落實黨的政策

Implementation 實施

Implementation measure 執行措施

Implementation Measures of the Ministry of Finance for Putting into Effect the Preferential Terms on Taxation Provided in the Provisions of the State Council Regarding the Encouragement of Foreign Investment 〔中〕財政部貫徹國務院《關於鼓勵外商投資的規定》中稅收優惠條款的實施辦法

Implementation of contract 契約的履行；合約的履行

Implementation of GATT agreements and procedures 履行關貿總協定的協定和程序

Implementation of national treatment 履行國民待遇

Implementation of project 項目的執行

Implementation of Uruguay Round Agreement 〔世貿〕烏拉圭回合協定的履行

Implementation period 執行期間；實施階段

Implementing legislation 〔美〕履行立法，實施立法權力 (指旨在履行國際行政協定或條約的國內法)

Implements of punishment 刑具

Implicate *v.* 牽連；株連；連累；暗示

Implicated offender 株連犯

Implicated relatives 受株連的親屬

Implication 包含，暗示；推斷；默示 (指一種沒有直接宣示的東西的一種合法推斷)

Implicit cost 潛在成本；默示成本

Implicit price 內含的價格

Implicit price deflator 內含的價格減縮指數

Implicit "global development policy" regime 〔世行〕潛在的 "全球性發展政策" 制度

Implicit tax 默示稅收

Implied 默示的，推定的，暗示的；不言而喻的

Implied acceptance 默示接受

Implied agreement 默示同意

Implied assertions 默示聲明 (指已推定在文字上或言語上的)

Implied authority 默示代理權

Implied condition 默示條件；暗含條件（未經明示之條件）
Implied confession 默示供認
Implied consent 默許；默示同意
Implied contract 默示契約；準契約
Implied covenant 默示合同；暗示合同
Implied devise 默示遺贈
Implied duty 默示義務
Implied easement 默示地役權
Implied exception 默示例外
Implied intent 默示意向（隱含的意向）
Implied jurisdiction 默示管轄權
Implied malice 推定的惡意；隱含的惡意
Implied partnership 默認合夥
Implied powers 默示的權力
Implied powers of Congress 〔美〕國會的默示權力
Implied promise 默契；默示的允諾；合意的約束
Implied ratification 默示追認；默示批准
Implied recognition 默示承認
Implied rejection 〔美〕默示的拒絕
Implied renunciation 默示放棄
Implied repeal 默示廢止（成文法）
Implied reservation 〔美〕默示保留（默示保留的地役權）
Implied reservation of water doctrine 〔美〕默示保留水資源的原則
Implied revocation 默示取消
Implied surrender 暗示放棄
Implied term(s) 暗含條款；默示條款（指包含當事方未予明示的一種合同要素）
Implied termination 默示終止
Implied terms and conditions 〔英〕默示的條款和條件（指一旦"合約落空",可解釋為非雙方當事人的過失所致）
Implied trust 推定信托；默示信托
Implied undertaking 默示承擔
Implied waiver 默示放棄
Implied warranty 〔保〕默示擔保；默示保證
Implied warranty of seaworthiness 〔保〕默示適航保證
Impliedly 暗示地
Impliedly reserve 默示保留
Imploitation 資源開發管制
Imply v. 默示（含有…的意思）；暗示；暗指
Imply the waiver of immunity (from) 默示放棄豁免權
Imply, implied, impliedly 暗示,暗示的,暗示地
Import v. & n. 進口；輸入；引入
Import absorption 吸收進口
Import administration 進口管理局
Import and export classification list 進出口貨物分類表
Import and export commodity inspection 進出口商品檢驗
Import and export declaration 進出口申報單
Import and export duties 進出口關稅
Import and export prohibitions and restrictions 進出口禁令和限制
Import and export volume 進出口數額
Import availability 具有進口的財力
Import bill 進口匯票
Import capacity 進口能力
Import charges 進口規費；進口稅費（指關稅、捐稅以及進口貨物所徵收的財務稅收）

Import commitment 進口承諾
Import commodities 進口商品
Import commodities restricted by the state 國家限制的進口商品
Import competition 進口競爭
Import content 進口成份
Import control 進口管制；輸入管制
Import credit 進口信用證
Import demand 進口需求
Import deposit requirements 〔世貿〕進口保證金要求；進口存款規定；進口押金規定（要求）
Import deposit scheme 進口押金制；進口存款制
Import deposits 進口押金
Import document 進口單證（據）
Import documentation 進口文件；進口單據
Import documents 進口證件；進口單據
Import duty 進口稅（指對外國商品進入本國海關時所徵收的關稅）；〔複〕進口關稅
Import Duty Act 〔英〕進口稅法（1932年）
Import duty rate on raw materials 進口原材料稅率
Import duty rates 進口稅率
Import duty reduction 降低進口稅
Import duty reduction or exemptions 進口關稅削減或豁免（減免進口關稅）
Import duty risks 進口關稅保險（貨物進口稅險）
Import entry 進口報關單；進口登記
Import expenses 輸入費用
Import goods at the out-of-quota rate 以配額外的貨價進口（進口配額外的價格商品）
Import intensive 進口密集型的
Import interference with agricultural programmes 〔美〕進口阻礙農業計劃（指美國際貿易委員會根據總統指示,調查外國進口對美國的農產品是否實質上阻礙了美農業計劃的實施等情況,並經由總統決定是否採取課收進口稅或實行配額措施予以限制）
Import license 進口許可證
Import license system 進口許可證制度（指一國政府對外貿易實行管制的制度,屬非關稅壁壘之一）
Import license with quota 有配額的進口許可證；有定額進口許可證
Import Licensing Agreement 〔關貿〕進口許可證協議（1973—79年在《東京回合》多邊貿易談判中達成的）
Import Licensing code 〔關貿〕進口許證守則
Import licensing procedures 〔關/世貿〕進口許可證程序（1979年在《東京回合》多邊貿易談判中達成的,1996年2月做了修正）
Import licensing system 〔關貿〕進口許可證制度（指一國政府對外貿易實行管制的制度,屬非關稅壁壘之一）
Import market value 進口市場價格
Import mark-up 進口加價（指進口壟斷對該產品所訂價格與其到岸價格之間的差額）
Import penetration ratio 進口滲入率
Import performance 進口業績；進口實債
Import price 進口價格
Import procurement policy 進口的采購政策

Import prohibition 禁止進口

Import protection for specific sector 〔世貿〕特定部門的進口貿易保護（例如對本國工業 和產品的保護以限制進口的政策）

Import quarantine 進口檢疫

Import quota 進口配額

Import quotas system 〔關貿〕進口配額制（指限定進口一定產品數量和金額）

Import regulation 進口條例

Import relief 進口救濟

Import restrictions 〔世貿〕進口限制

Import services 輸入勞務（服務）

Import statistical data 進口的統計數據（資料）

Import substitute 進口替代；進口替代的產品

Import substitution 〔關貿〕進口替代

Import substitution policies 進口替代政策

Import substitution potential 進口取代潛力

Import substitution practices 進口替代作法

Import substitution project 進口替代的項目

Import substitution requirements 〔關貿〕進口替代要求（指要求外資企業必須符合東道國進口替代發展戰略所需的規定）

Import surcharge 進口附加稅

Import surplus 逆差（亦稱"入超"、"貿易逆差"）

Import surtax 進口附加稅

Import surveillance 進口監督

Import tariff 進口關稅；進口稅則（通常包括稅則號碼、貨物名稱和稅率）

Import taxes 進口稅

Import tender 進口招標

Import trade bill 進口貿易票據

Import variable duties 進口差價稅

Import volume of products 進口產品數額（數量）

Importance of cooperation between the WTO, the IMF and the World Bank in achieving greater coherence 世貿組織與國際貨幣基金組織和世界銀行合作以增強凝聚力的重要性（學者的看法）

Importance of trade, money and finance linkges 貿易、貨幣和金融聯動的重要性

Important backing for the revolutionary cause 對革命事業的重要支持

Important clues 重要線索

Important criminal 要犯

Importation 進口貨物

Importation for production purposes 生產用途的進口貨；進口用於生產用途的貨品

Importation of technology 技術引進

Import-competing firms 進口競爭公司

Import-consumption ratio 進口消費比率

Imported articles subsidised or sold at less than fair value 〔美〕進口的有補貼或銷售較低於公平價格的商品（對此，美國際貿委會將進行調查確定是否對美產業造成實質性損害、實質性損害威脅或實質性阻礙報告，商務部並據此做出必要的反應措施或決策）

Imported goods 進口的貨物（商品）

Imported inflation 進口通貨膨脹

Imported materials and parts 進口料件（進口材料和零部件）

Imported products 進口的產品

Imported raw material 進口的原材料

Imported substitution 進口替代；進口取代（指由本國生產全部依賴進口的商品，以減少該商品的進口）

Importer 進口商

Importer quotas 進口商配額（指進口國把規定進口產品總額分配給本國進口商。該進口商後按所分配額度組織進口，超額者不准進口）

Import-export clause 〔美〕進出口條款

Importing government 〔世貿〕進口方政府（與出口成員方政府相對）

Importing Member 〔世貿〕進口成員方

Importing power 進口能力

Importing products originating in developing country Members 〔世貿〕原產在發展中國家成員方的進口產品（意指頒發進口許可證時應予特別照顧）

Import-restricting actions 〔關貿〕限制進口行動（指關貿總協定第 19 條規定在緊急和不可預見的發展情況下發生進口造成或危害國內產家的直接或類似競爭的產品，那麼締約方可隨時停止義務或者撤銷或修改其減讓）

Imports clause 〔美〕進口條款

Imports of textiles and apparel products 進口紡織和服裝產品

Import-substitution- policy 進口替代政策

Importunity 〔美〕急切的請求，緊急的懇求，糾纏不休的權利要求

Impose *v.* 課徵；徵收（稅等）；索取；設定負擔（指稅收義務或負擔費用）

Impose a countervailing duty 〔世貿〕徵收反補貼稅

Impose a fine 罰款

Impose a punishment 處刑

Impose a sentence 判處

Impose an anti-dumping duty 徵收反傾銷稅

Impose an excessive burden 造成過分負擔

Impose an excessive burden on the resources 造成資源的過分負擔

Impose an unreasonable burden of proof 強加不合理的舉證責任

Impose an unreasonable burden on the third-country Member 〔世貿〕強加於第三國成員方的不合理負擔（指收集對產品的補貼資料而言）

Impose duties on tobaccos and wines 徵收煙酒稅

Impose levies of money 〔中〕派款（國民黨統治大陸時期對農民課徵的一種苛捐雜稅）

Impose no obligation 不施加任何義務

Impose retaliatory duties under section 301 〔美〕按照 301 條款徵收報復性關稅

Impose substantial penalties (for) 嚴加處罰

Impose trade restrictions to protect the balance of payments 〔關/世貿〕強制執行貿易限制以確保國際收支平衡

Imposed constitution 欽定憲法

Imposition 徵稅，稅捐；課稅；懲罰；不合理要求；負擔；〔英古、複〕苛稅案（1606 年）

Imposition and collection of countervailing duties 〔世貿〕反補貼稅的徵收

Imposition of a fine 課徵罰款

Imposition of macroeconomic conditionality 施加宏觀經濟上的制約（從宏觀經濟上加以制約）

Imposition of surcharge 收取附加稅

Impossibility 不可能性；不可能的事

Impossibility of execution 執行不可能

Impossibility of performance 無法履行；履行不可能（指合同等）

Impossibility of performance of contract 合約無法履行；合約履行不能

Impossibility of relief 無法給予法律救濟

Impossible 不可能的

Impossible case 不能發生的案件

Impossible condition 自始不可能的條件

Impossible consideration 不可能實現的對價

Impossible contract 自始不能履行的合約

Impossible promise 自始不能的約許

Impost 〔英〕進口稅；關稅；進口貨物稅；進口商品分類估稅

Imposter 冒名頂替者；假冒者；騙子

Impostor rule 〔美〕冒名人規則（指美國《統一商法典》第三章規定，冒名人簽領取背書支票為有效規則）

Imposts 〔美〕稅捐；關稅；進口稅

Impotence (impotency) 陽萎；性無能，性交不能（男女性無能為婚姻無效理由之一）

Impotent 無能的；陽痿的；性無能的

Impound v. 扣押（指迷路的牲畜；扣押債務人動產）；扣留（指在審訊中把提出可疑的文件或用以作案的汽車等扣留在法院予以保護性保管）

Impound account 累積資金賬

Impounding fee （車輛）扣留費

Impoundment 〔美〕扣押（指總統或其他政府官員對國會阻止預算權力的義務或開支的行為或不行為，指撥款而言）

Impracticability 〔美〕不能實行（指對集團訴訟提供的聯邦規則，如參加人數眾多難以實施）

Impracticable 難以實行的；不能使用的；不能通行的；行不通的

Imprescriptible rights 不受時效限制的權利；不因時效而喪失權利

Imprescriptibility 不受時效限制性；不受時效拘束性

Impression 印記；印痕；印象

Impression thumb 拇指印（如逮捕海員為國王服役）

Impressments 〔英〕強制服役；強行徵用（指國家徵用國民或公共財產以供國防之用的權能）

Imprest 預付款；預付公款（政府預付給某人執行公務的錢）；墊款；備用金；借出

Imprest account 定額備用基金賬戶；預付賬戶

Imprest fund 定額備用金（指企業小額的日常零用錢）

Imprest money 預付款（供徵兵或海員使用）

Imprest office （海軍）預付款局

Imprest system 定額備用金制度；預付制度

Imprevision 〔法〕不可預見

Imprison v. 監禁；囚禁；關押；限制自由

Imprisonment 監禁；入獄；坐牢；拘押；限制人身自由

Imprisonment for debt 債務拘禁（因負債而被拘捕入獄）

Imprisonment for six years 判處六年徒刑

Imprisonment with a suspension of sentence 緩期監禁

Imprisonment with hard labour 苦役監禁刑（附有勞役的禁錮刑）

Imprisonment with light labour 輕禁錮刑

Improbable 未必真實的；不大可能發生的；未必可信的

Improper 不適當的；不當的；（性質、時間和地點上）不合適的

Improper arrest 錯捕；不當逮捕

Improper behaviour 品行不端

Improper conduct 不良行為

Improper cumulation of actions 不當的合併訴訟

Improper feud 〔英〕派生的封地（除服軍役以外條件的保有地）

Improper improvement 不當改善

Improper influence 不正當影響（=undue influence）

Improper navigation 不當航行；航行錯誤

Improper removal 不當變更住所

Improperly obtained evidence (=illegally obtained evidence) 〔美〕非法獲得的證據（指執法官員無逮捕證和充分根據違反被告權利，非法逮捕和搜查）

Impropriate v. 把…據為己有；把（教會或寺院的財產）交俗人保管

Impropriation 將牧師聖俸讓與俗人使用；把教會財產轉交俗人

Impropriator 領受聖俸的俗人；保管教會財產的俗人

Improve v. 提高（田地、地產的價值）；改良；修繕，改進；〔世貿〕優化；改進；改善

Improve agricultural irrigation system 優化農業灌溉系統

Improve and strengthen the international trading system 改進和加強國際貿易體制

Improve conditions of employment 改善就業條件

Improve cross-strait relations 〔中〕改善海峽兩岸關係（指中國大陸與中國台灣）

Improve efficiency of production 提高生產效率

Improve macroeconomic regulatory system 〔中〕優化宏觀經濟管理制度；改進宏觀經濟管理制度

Improve market accessibility 優化市場准入性

Improve nutritional levels 改善營養水平；提高營養水平

Improve social welfare 改善社會福利

Improve the building 修繕建築物

Improve the data collection mechanism 改進資料收集機構（制）

Improve the diet 改善飲食

Improve the economy and raise the standard of living of every Member nation 改善每個成員國經濟並提高其生活水平（有學者認為，WTO 是當今世界上最強有力的經濟組織，具有巨大的作用）

Improve the functioning of the international monetary system 優化國際貨幣體系的職能性作用

Improve the international framework for the conduct of world trade 〔世貿〕改善指導世界貿易的國際結構

Improve the quality of life 改善生活質量

Improve the terms and conditions of service 改善服務條款和條件

Improve the well-being 改善福利

Improve, modify or withdraw 〔世貿〕優化、修改或撤回（美、日及歐盟地區等 15 個國家可免除作為最惠國對金融服務的承諾）

Improved land 〔美〕改良地；增值地（指不動產由於風景美化，增加了溝渠、道路和公共設施等而增價）

Improved market access 優化的市場准入

Improved safeguards mechanism 優化的保障機制

Improved value 〔美〕增值（土地及其改良後總價值）

Improvement 〔美〕不動產增值性改良（指因修繕、美化等原因而使不動產增值所致）；〔專利〕改良，改進（旨在或聲稱要增加以前發明或發現的效用或價值）

Improvement bonds 〔美〕發展債券（由城鎮或特定當局發行，旨在為修繕、美化市容融資）

Improvement Commissioners 〔英〕促進市政委員會（補充地方當局有限的權力，旨在促進倫敦和威斯敏斯特城市清潔、照明等設施，其第一個特設機構成立於 1662 年）

Improvement of dwellings 〔英〕住房改善（1974《住房法》的強制規定）

Improvement patent 〔美〕改進專利

Improvement tax 〔美〕都市設施改良稅

Improvement trade 加工貿易

Improvidence 〔美〕無先見之明；管理不善（指對無遺囑的不動產和財物管理不善和缺乏遠見以致可能造成不安全，丟失和可能使得財產價值減縮）；不節儉

Improvidently 輕率地；未經深思熟慮地（指對判決等而言）

Improving lease 土地改良租約（為獎勵承租人不斷改良土地而給予較普通租期為長的租賃土地契約）

Impulse 〔美〕衝動；即興；推動力

Imputability 可歸責性（可使某人對一種行為負責的狀況；對行為或不作為所負的責任）

Imputation of payment 給付的攤算；〔美〕償付請求（指債務人向債權人提出償付請求）（羅馬法用語）

Impute *v.* 歸因於；歸咎於；把…推於（指罪名、責任等）

Imputed 被歸咎於關係人的；被認為的

Imputed capital flow 估算資本流動

Imputed capital value 估算資本值

Imputed cost 應計成本（或譯"應付成本"）；估算成本

Imputed income 推算收入；應計收入

Imputed interest 估算利息；應計利息

Imputed knowledge 推定知道（指所存在的事實在他視線之內理應注意到的）

Imputed malice 推定惡意

Imputed negligence 轉移過失（關係人受株連的過失。如代理人在其僱用範圍內之過失可由委托人負責）

Imputed notice 推定通知；〔香港〕責任通知

In （不動產）在佔有中；關於；（法令等）在執行中；（證據等）在手頭；在獄中；在店；表示取得權利的方式或根據

In a comparable situation 在可比的情況下

In a consistent, uniform, impartial and reasonable manner 以一貫、一致、公正合理的方式

In a fair and equitable manner 以公平合理的方式

In a flexible and supportive manner 以靈活和支持作用的方式

In a manner contrary to honest commercial practices 違反誠信商業實踐的方式

In a particular medium 以一種特殊介質（指電腦化的賬目）

In a precise and complete manner 以準確而完整的方式

In a relatively short time 〔世貿〕在相當短的時間內（指所受傾銷產品損害的時間短而湧入量大）

In a sprit of mutual understanding 以互諒的精神

In abatement 在停止訴訟（指因形式上有不完備之處）

In abeyance 在延擱中的；在擱置中的；在中止中的

In accordance with 按照；依據

In accordance with judgment 按照判決

In accordance with the seriousness of the case 根據情節輕重

In acknowledgement of 為酬答；領謝

In action 不在佔有中的；可通過訴訟取得的（或收回的，指當事人尚未佔有的但唯一有權通過訴訟回復佔有的財產）

In active reserve 在後備隊

In all likelihood 大概是；多半是

In amity 和睦的

In an elevator 在電梯中

In an exhaustive manner 以詳盡無遺的方式

In an intoxicate condition （司機）處於醉態中

In any other manner 以任何其他方式

In autre (auter) droit 〔法〕憑藉他人權力；代表他人；作為他人代表；代理他人行使權利

In bad faith 惡意的

In banc 全體法官庭審（=en banc）

In banco (=en banc) 〔英〕（民訴法庭）開庭中

In being 存在的；生存的；在世的；活着的；現有的

In blank 空白的（票據用語）

In bond 尚未完稅；在關棧中

In bond price 保稅倉庫交貨價；關棧交貨價

In bonds 在扣留中

In breach of 不履行

In brief 扼要

In bulk 大量的；整批的；散裝的

In cahoots 共享感興趣財產；合夥（企業共同參與人）；非法行為；共謀；勾結

In camera inspections 〔美〕私下審查（指審判員公開做出裁決前在其辦公室內查閱律師希望在審訊時使用的可採性文件。如大陪審團的證詞）

In camera proceedings 不公開程序（指在不對公眾開放的地方進行審訊或聽審，如在法官辦公室內進行審訊或聽審）

In case 如果；假如

In case of divergence 如遇分歧時

In chains 上着鐐銬；在囚禁中

In chambers 在法官辦公室（指法官在閉庭期間的司法行為的處所）

In chancery 在衡平法院（或大法官法庭）的訴訟中

In charge of 負責看護；主理；掌管；指導

In chief 主要的；基本的；直接獲取的

In commendam 〔法〕代為保管；托管

In commerce 〔美〕在州際商業上（指州與州之間的商務貿易往來）

In commerce test 〔美〕在商業上的檢查（意指州際商業質量標準上應符合司法管轄條件要求）

In common 公用的；共用的；共享的；同等的

In compliance with 依從；按照

In conformity with 遵照

In conformity with the WTO Agreement 符合世貿組織協定

In conformity with WTO obligations 與世貿組織的義務相一致

In conjunction with　與…協力；與…連同；與…關聯
In consequence of　由於；基於；因…緣故
In contemplation of death　〔美〕死亡之際；在臨終的情況下 (指讓與者就遺產稅問題在死亡之前考慮如何讓與或贈與其財產問題)
In contempt　蔑視法庭 (不遵守法庭規則又不犯罪的狀態)
In contradiction to　違反
In contravention of law　違法地；非法地
In contravention of the martial law　違反戒嚴法
In control　受到控制
In course of empolyment　在工作過程中
In court　在法庭上
In critical circumstances　在緊急的情況下
In current price　按時價計算；按現價計算
In custody　(嫌疑犯) 被拘留；被監禁；在羈押中 (指警察拘留嫌疑犯)
In deadhand　社團法人等所有的土地或財產
In debtedness　處於負債狀態；負債；欠債
In deed　事實上；實際上
In default　缺席；不出庭；違約
In defense of　為…辯護；為保衛
In demand　有需要
In dispute　有爭議的；在爭論中
In due course　以正當程序；通過正常途徑
In effect　實際上；生效；在實施中；在實行中
In emergency situations　在緊急情況下
In equal shares　平均分享
In equity　在衡平法院；公理上；依衡平法原則
In evidence　已被引作證據的 (已包括在所援引的證據之內)
In exceptional cases　在例外的情況下
In exceptional circumstances　在例外的情況下
In exclusive manner　以專有的方式
In execution and pursuance of　為執行；為使契據生效 (旨在使其他契據生效)
In expectation　期待中的
In eyre　在巡迴中
In fact　事實上的；實際的
In favour of (F/O)　贊成；幫助；有利於；抬頭人；受益人，支付給… (人)；(簽票據等) 以…為受款人
In fee simple　自由繼承；非限嗣繼承 (指不限定繼承人的地產)
In fee tail　限嗣繼承 (參見 "fee tail")
In flagrant delict　在犯罪當場；現行 (犯)
In force　有效；生效
In force policy　生效的保險單
In fraud of　為了詐騙
In full　完全；充分；十足；全額
In full accord　完全一致
In full agreement　完全同意
In full life　〔美〕完全存活的
In full settlement　全部支付；全部償還債務
In furtherance of　為促進…
In gerene　以同類
In good faith　誠意的；誠實的；忠實的
In gross　附屬於人的；非屬土地而附屬於人的 (指權利的享有，只屬人，而不屬土地或附着於土地)；不減少的；批發

的；大體上；大批地；批發地；大量地；概括地
In highly unusual and critical circumstances　在極不尋常和緊急的情況下
In jeopardy　在危險中；處於危險狀態
In judgment　在法庭上
In kind　同一種的；用實物的；以同類之物；以實物；〔保〕以實物補償
In law　在法律意義上；考慮到法律問題；涉及法律問題；根據法律所默示的；依法律所推理的；以法律的手段
In laws　姻親；外戚 (諸如岳父和女婿的關係)
In legal parlance　用法律上的話來説
In less trade-restrictive manner　〔世貿〕以更少貿易限制的方式
In lieu of　代替；取代
In limine　開始；起首；開端
In line with the objective　與目標相符合
In litem　在訴訟中；為了訴訟
In mortmain　永久所有的
In nomine　以…名義
In one's debt　負有金錢上的義務；負有道義上的義務
In operation　正在實施
In other fora　在其他場所
In pais　在法庭之外；非正式的
In part　部份
In particular　尤其；特別是
In payment　訂金；訂貨付款
In perpetuity　永久；無限期
In person　親自
In personam jurisdiction　對人管轄權
In place of　代替
In point of law　從法律上
In possession　持有；佔有
In possession of　握有；佔有；〔香港〕仍然管領
In practice　實際上；在執行中；在實施中
In principle　原則上
In proceeding under this paragraph　〔關貿〕在按本款規定辦理時
In public-interest garb　披着公眾利益的外衣
In pursuance of a judgment　依照判決；根據判決
In rapid progress of development　在迅速發展過程中
In recognition of　為酬答
In rem jurisdiction　對物管轄權
In respect of decedent　關於死者的；就死者而言的
In return for the franchise　對於特許的報酬
In session　在開庭中；在審訊中；在審理中
In specie　特殊的；特別地；以硬幣方式；以實物方式；以同樣方式
In stirpes　按家系；依血統 (指死者無遺囑時)
In stock　在貯存中；在倉庫中；有存貨
In tail　〔英〕限定繼承 (限定按遺囑繼承的不動產)
In terrorem clause　警告條款；恐嚇條款
In the absence of　如無…；沒有…
In the absence of such domestic price　沒有這種國內價格
In the absence of the agreement　如無協議；沒有協議
In the air　未定的；無根據的；在醖釀中
In the country　事故發生的時間、地點和環境 (工傷事故賠

償用語）

In the course of a business 在商業買賣的過程中

In the course of employment 在執行職務中；在工作中；在僱傭期間（指作為傷亡事故，是發生在為僱主工作或服務期間）

In the custody of the law 在法律保管下

In the early stage of development 處於發展初期階段

In the financial crisis and under the weight of the economic crisis 在金融危機及經濟危機重壓下

In the form of specified goods or services 以特定貨物或服務的形式

In the intendment of law 根據法律條文真正意義

In the intervals between meetings of the Ministerial Conference 〔世貿〕在部長級會議休會期間

In the long run 為長遠計

In the matter of 有關…；在…問題上；在…方面

In the preferred medium 以選擇的介質

In the public eye 從公眾的觀點看來

In the wastepaper basket of history 在歷史的廢紙籃裏

In tort 在侵權行為中

In transit 在途中

In transit across the territory of a contracting country 〔關貿〕經由一締約國領土過境

In vain 徒然；無效的

In view of 鑒於

In view of the public 示眾（如將犯人遊街等）

In virtue of 由於

In witness whereof 立此為證；特此證明；茲為證明；為此證明（此為契據文書的結束語，出自拉丁語 "in cujus rei testimonium"）

In writing 書面的；用文字的

In yearly rates 按年率計算

Inability or no-right 〔英〕無能力或無權利（指無權或無法律能力反對或阻止他人行使其特權或自由）

Inaccessible 〔美〕無法傳訊的

Inaction 無行為；不作為；呆滯；不活躍

Inactive 非現役的；不活動的；不活躍的

Inactive trust 消極信託

Inadequacy 不充分；不足額；不適當

Inadequacy of consideration 〔英〕對價不平衡（明顯的不平衡往往被衡平法院看成詐欺和威壓的證據，但不影響合同的有效性）

Inadequacy of reserves 儲備不足

Inadequate 不充足的；不充分的；不適當的；不完全的；失權衡的

Inadequate consideration 不充分的對價（不等同於讓與物的價值）

Inadequate damages 不足額的損害賠償金

Inadequate price 不等值的價格（指缺乏與所售物件的充分對價）

Inadequate remedy 〔美〕不足以作為賠償；不足額的補償

Inadequate remedy at law 〔美〕法律上不適當救濟（意指根據衡平法規則，在性質和特點上所考慮的救濟不適當或者不符合原告目的要求，此類訴訟衡平法是不予以受理的。例如原告所要求的是防範性禁制令，而不是損害賠償）

Inadequate sentence 刑罰過輕；判刑過輕

Inadmissible 不可採納的；不能承認的；不能允許的；不能接受的

Inadmissible assets 無清算價值的資產；不可徵稅的資產（指免收所得稅的公司股票的股利或政府公債的利息）

Inadmissible evidence 不能接受的證據；不可採納的證據（指諸如非法搜查到的或傳聞的證據）

Inadvertence 疏忽；疏漏；粗心大意；缺乏照顧

Inadvertent errors 疏忽性差錯

Inalienability 不可讓與性；不可剝奪性

Inalienability of allegiance 效忠的不可讓與性

Inalienability of sovereignty 主權不可讓與性；主權不可分割性

Inalienable 不可轉讓的；不可分割的；不可分離的；不可買賣或讓與的（如自由等某種個人權利是不可買賣或讓與的）

Inalienable interests 不可讓與的權益（指財產上的權益不能買賣、交易的）

Inalienable right 不可轉讓的權利；不容剝奪的權利；不得侵犯的權利（指言論、信仰自由等）

In-and-out 〔美〕短期清算；（證券）短期買賣

Inappeasable 難以平息的

Inappellable （判決等）不得申訴（或上訴）的

Inapplicable 不適用的；不能援用的

Inapplicable treaty 不能適用的條約

Inappropriate use of import licensing procedures 〔世貿〕不適當地使用進口許可證手續

Inaugural sitting 創立會議

Inauguration 就職典禮；就任；開幕式；落成典禮；開始，開展

Inauguration Day 〔美〕總統就職日

Inblaura 〔古〕土地收益；土地產物

Inboard 在船倉內；在船內

In-bond industries 關棧控制的工業（指建在免稅區內的）

Inborh 〔撒〕個人動產擔保；個人動產質押

Inbound common 未標界的公地

Inc. 〔美〕股份有限公司（=incorporated）

Incapability 無能；無能力；不勝任；無資格

Incapability of consent 無承諾能力

Incapable 無資格的；無能力的

Incapacitate *v.* 使無資格；使無能力；剝奪…資格（能力）

Incapacitated 喪失（行為）能力的；殘廢的

Incapacitated from voting 被剝奪選舉權

Incapacitated person 無行為能力者；喪失行為能力者

Incapacitated shareholder 無行為能力的股東；喪失行為能力的股東

Incapacity 無資格；無能力；無處置權力；欠缺法律行為能力

Incapacity for action 無訴訟能力

Incapacity to defense 無辯護能力

Incapax 無犯罪能力

Incarcerate *v.* 監禁；禁閉；關押

Incarceration 監禁；禁閉；關押

Incendiarism 放火；縱火

Incendiary *n. & a.* I. 放火犯；縱火犯；II. 縱火的；引起燃燒的

Incendiary bomb 燃燒彈

Incendiary warfare 燃燒戰

Incendiary weapon 燃燒武器

Incense 焚香

Incensor 放火犯；縱火犯

Incentive 刺激；激發；鼓勵

Incentive goods 獎勵物品

Incentive pay 獎勵，獎金；鼓勵津貼

Incentive pay plans 獎勵性工資計劃

Incentive stock option 〔美〕鼓勵性認股權 (指准許職工在指定期限內購買公司的規定價格的股票)

Incentive wage system 工資獎勵制

Inception 開始；發端 (指合同或遺囑等運作的開始)

Inception of lien 留置權的開始

Incest 亂倫；近親性交；亂倫罪

Incestuous 亂倫的；犯亂倫罪的；犯近親性交罪的

Incestuous adultery 〔美〕近親通姦罪

Incestuous bastards 亂倫的私生子女 (近親相姦所生者)

Inch 英寸

Inch of candle 蠟燭拍賣法 (曾一度在商人中用於拍賣的方式)

Inchmaree clause 〔保〕伊區瑪瑞條款；潛在缺陷條款；疏忽條款 (意指因船舶自身潛在的缺陷、船長或海員、工程師和引航員的疏忽亦應由保險人賠付的條款)

Inchoate 初始的；不完全的；未完成的；在進行中的；尚未成熟的；尚未生效的；尚未全部履行的 (如契約雙方雖已議定，但尚未正式簽字)

Inchoate battery 毆打未遂

Inchoate bill 空白匯票；空白支票；不完全票據

Inchoate crimes 未遂罪

Inchoate dower 亡夫地產享有權 (該土地可成為丈夫死後寡婦的權利)

Inchoate instrument 不完全的文件 (指尚未依法登記或註冊手續的契據)；空白票據

Inchoate interest 期待的權益 (尚未實現的不動產權益)

Inchoate lien 期待留置權；不確定留置權 (指只有待複審動議被駁回後才能成為完整的留置權)

Inchoate right 期待權 (指發明人只有其發明申請簽發專利證書始獲取專利權)

Inchoate right to freight 對於運費的請求權

Inchoate title 不完全權利；未完成權利

Incidence 負擔；影響範圍

Incidence of duty 關稅負擔者；關稅歸宿

Incidence of tax 租稅歸宿；納稅負擔；稅收負擔

Incidence rate 事故發生率

Incident *n. & a.* I. 附屬物；附帶條件；附隨於財產的權利 (或負擔)；事故；事件；事變；II. 附隨的；從屬的；附屬的

Incident appeal 附帶上訴

Incident of ownership 所有權的附帶權利

Incident of tenure 附帶負擔；保有土地的條件；土地的附帶權利義務

Incident(al) to arrest 搜查中附帶逮捕的

Incidental 附屬的；附帶的；伴隨的；從屬的；非主要的；偶然連帶發生的

Incidental appeal 已附帶上訴

Incidental beneficiary 附帶受益人 (指由於履行合約而受益的)

Incidental Charges 附帶費用；雜費；從屬費用

Incidental civil action 附帶民事訴訟

Incidental claim 附帶的求償；附帶的請求

Incidental contract 附帶合約，附屬合約

Incidental costs (or charges) 附帶成本 (或費用)

Incidental crime 附帶犯罪

Incidental damages 〔美〕附帶損失賠償金 (指因買方或賣方違反合同在交貨或轉運過程中而產生的損失，包含合理商業上的損失收費、開銷和佣金等合理費用)

Incidental expenses 雜費；臨時費用；附帶費用

Incidental insurance 附隨保險

Incidental malpractice 附屬不法行為

Incidental motion 連帶動議

Incidental powers 附帶權力；附屬權力 (這種明示賦予的附屬權力只是為了使公司執行其創業宗旨而存在的)

Incidental protection 附帶的保護

Incidental provision 細則；附則；追加的費用

Incidental to appeal (上訴中的) 附帶訴訟

Incidental to employment 附隨工作事故險；〔美〕職業風險 (指僱員在直、間接發生與其完成工作任務有關的普通的或特殊事故，參見 "risk incident to employment")

Incidental use 附帶使用；附屬用益權 (指劃區中使用獨立於或附屬于主屋的住宅)

Incite *v.* 煽動；挑起；鼓惑；慫恿；促使

Incite defection 策反；煽動叛逃

Incite war 煽動戰爭

Incitement 〔英〕刺激；煽動；教唆；教唆他人犯罪；煽動他人犯罪

Incitement to racial hatred 煽動種族仇恨罪

Incitement to riot 煽動叛亂 (罪)

Inciter 教助犯；教唆犯；從犯

Inciting to riot 騷擾；煽動暴亂

Incivism 疏忽公民義務；缺乏愛國心

Inclose *v.* 環繞；圍繞；包圍；圈起；關閉；接界；(隨函) 封入

Inclosure 圍欄；柵欄；圈圍地 (指取消土地和荒地的共有權，使公地圈為私有)

Inclosure Acts 〔英〕圈地條例 (1801–1845 年發佈的將公地和荒地分配給附近地主的條例)

Includable compensation 包括薪資 (指退休前一年的免稅額應含工資在內)

Include *v.* 關進；禁閉；圍住；包括；包含；算入

Include non-governmental experts in the investigation team 〔世貿〕吸收非官員專家參加調查組

Included offense 〔美〕混合罪 (指一罪中包括另一個罪在內。如鬥毆即含謀殺罪之內)

Includible gain 〔美〕包括收益稅 (指委託銷售或交易財產所，即含於所得稅之內)

Including war risk 包括戰爭風險

Inclusion 包括；包含

Inclusionary approach 〔美〕包括法 (指除了出示被告犯罪傾向外，以前的罪證、犯罪行為均可計算在內)

Inclusive 包括的；包含的；包括在內的；相容的；包圍住的；範圍廣的

Inclusive legacy 包括遺贈

Inclusive legatee 包括受遺者

Inclusive survey 統包性勘測；包含性勘測 (包括邊界範圍內的所有地區的丈量)

Incognito 〔意〕隱名的；化名的；隱匿姓名的；無名氏的

Income 收入；收益；所得

Income account 收益賬戶；損益賬戶

Income after tax 稅後收入

Income and Corporation Act 〔英〕所得稅與公司稅（1988）

Income and expenses (expenditure) 收支

Income and outlay account 收支表（收支賬戶）

Income and surplus accounts 收益和盈餘賬戶

Income averaging 〔美〕收入平均法（"所得稅平均法"，指個人本年收入與前三年收入相加後平均計算的應納稅額方法）

Income basis 收入基準（按紅利和利息等計算收入率方法）

Income beneficiary 收入受益人；遺產收益的受益人

Income bond 收益債券；〔保〕退休年金

Income bondholder 附有利益分紅的公司債權人

Income bracket 收入等級（別）

Income by public law 按照公法的收入

Income claims 收入權利要求

Income distribution 收入分配

Income exclusions 〔美〕免稅收入（如購買市政當局發行的債券利息收入等不課收聯邦稅）

Income fee 收入的手續費

Income from labour service in foreign countries 對外勞務收入

Income in respect of decedent (I.R.D.) 〔美〕與死者有關的收入（指截至死者臨終之日前的收入，可不交最後的所得稅申報表，只截至死亡之日的累計收入）

Income insurance 所得保險；年金保險

Income loss 收入損失

Income multiplier 收入乘數

Income of money 按貨幣額表示的收入

Income of money's worth 按貨幣值表示的收入

Income on investment 投資收入

Income per capita 每人收入；按人頭的收入

Income policy 收入政策

Income property 收益性財產

Income purchasing power 收入購買力

Income reallocation 收入再分配

Income refund notice 收入退還通知書

Income safety-net programme 收入安全網計劃

Income security 〔美〕收入保障（指政府維持低收入規劃，包括社會保險、政府退休年金、失業補助金、社會福利、食物票等）

Income sensitivity 敏感性收入

Income settlement option 〔保〕收入給付法選擇（指全年或保險金給付選擇權）

Income shares 收入份額（指不同集團中國民所收入部份）；收入股票

Income shifting 收入轉嫁（指納稅人設法把收入轉移到家庭中較低稅率的納稅者以降低其納稅義務）

Income splitting 〔美〕收入分計；所得分計（指夫婦各繳一筆所得稅，各自分別計算納稅義務。詳見 "joint tax return"）

Income spread 收入差額

Income statement 損益表，收益表（指收支、損益的定期財務報表）

Income target 〔基金〕收入指標

Income tax 所得稅

Income tax bracket 所得稅等級

Income tax credit 所得稅的抵免

Income tax deficiency 所得稅不足數（指納稅人未繳足應納的所得稅）

Income tax group 所得稅組別

Income tax law 所得稅法

Income Tax Law of the P.R.C. Concerning Foreign Enterprises 中華人民共和國外國企業所得稅法

Income Tax Law of the P.R.C. Concerning Joint Ventures with Chinese and Foreign Investment 中華人民共和國中外合資企業所得稅法

Income tax on profit 利潤所得稅

Income tax on wages 工資收入稅（工資所得稅）

Income tax reduction 所得稅扣減

Income tax reduction and exemption 所得稅減免

Income tax return 所得稅申報表

Income tax surcharge 所得附加稅

Income tax withholding table 預扣所得稅表

Income tax withholdings 預扣所得稅

Income terms of trade 貿易收入條件

Income value 收入價值

Income velocity 收入速度

Income velocity of currency 貨幣收入速度

Income velocity of money 貨幣流通速度

Income-earning ability 收入能力

Income-spending lag 收支的差距

Incoming profits 利潤收益

Incomings 〔複〕收入；進庫

Incomings and outgoings 收支

Incommensurable (incommensurate) 不能相比的；無共同單位可計量的；無共同尺度的

Incommunicado *a. & n.* I. 被單獨禁閉的（指剝奪被控犯罪者與外界通信權）；斷絕與外界來往的，被禁止與外界接觸的（正在調查所犯罪行中的被告）；II.〔美〕私訪身份，不顯露身份的人；不暴露真正身份的旅客

Incommunicative 緘默的

Incommutable 不能交換的；不能變換的；不可轉換的

Incompatibility 〔美〕不能和諧共存；感情不合；不能相容（指夫妻二人的個性和氣質無法調解難以維持正常的婚姻關係）

Incompatibility of temperaments 〔美〕個性不合

Incompatible office 不相容的職位；不相容的公職

Incompatible provisions 相抵觸的規定

Incompatible treaties 相抵觸的條約

Incompetence 法律上無資格；不勝任；不夠格；無能力

Incompetency 無行為能力；法律上無資格；不適合；不勝任；不稱職

Incompetent *a. & n.* I. 法律上無資格的；無行為能力的；不勝任的；不適合的；禁治產的；II. 無行為能力人

Incompetent evidence 不可採納的證據；不合格的證據

Incompetent judge 被迴避的法官

Incompetent person 禁治產者；無行為能力者

Incompetent person to action 無訴訟能力者

Incompetent person to oath 無宣誓能力者

Incompetent tribunal 無管轄權的法庭

Incompetent witness 無資格的證人

Incomplete 不完全的

Incomplete absorption 不完全吞併

Incomplete bill 不完全票據

Incomplete instrument 不完全票據

Incomplete ratification 不完全批准

Incomplete recognition 不完全承認

Incomplete transfer 〔美〕不完全讓與（指死者生前有某些保留）

Incomplete war 不完全戰爭

Incompletely constituted trust 未完全成立的信託

Incomprehensible 不能理解的

Inconclusive 非決定性的；無結果的；不確定的；不同意的；被駁回的

Inconclusive ballot 無結果的選舉

Inconclusive presumption 非決定性的法律推定

Inconclusive vote 無結果的表決

Inconsequential 無關緊要的；微不足道的

Inconsistency 前後矛盾；不一致

Inconsistency of treaties 條約的前後矛盾

Inconsistent 不一致的；不協調的；矛盾的

Inconsistent counts 前後不一致的訴訟理由

Inconsistent defenses 自相矛盾的抗辯

Inconsistent position 前後不一致的態度

Inconsistent statement 自相矛盾的陳述（不一致的陳述）

Inconsistent treaties 前後矛盾的條約

Inconsistent with the obligations 與義務前後不一致

Inconsistent with the principle 與原則相矛盾

Inconsistent with the principle of national treatment 不符合國民待遇的原則

Inconsistent with the provisions 與規定不符

Incontestability clause 〔保〕不容抗辯條款（指人壽保險單條款已實施二、三年之後，受保人不得對其在投保單中陳述提出抗辯等規定）

Incontestable 無可爭辯的；無可否認的

Incontestable clause 不可抗辯條款（指保險有效期限內不得對保險單有效性提起訴訟）

Incontestable evidence 無可否認的證據；鐵證

Incontestable policy 不可爭辯的保險單

Incontinence 無節制；淫亂；〔美〕不守貞潔；非法姦淫

Incontrovertible evidence 無可辯駁的證據

Inconvenience 不方便（犧牲或損害重大公共利益；阻礙政府合法活動或公務事項或侵犯個人權利造成嚴重）；麻煩；困擾

Inconvertibility of currency 通貨的不可兌換性（通指發展中國家當地貨幣外匯管制不能自由兌換為外幣匯出）

Inconvertible 不能兌現的；不能變換的

Inconvertible currency 不能自由兌換的貨幣（不兌換通貨）

Incoordination 不協調

Incorporate v. 使組成公司；使組成法人團體；組合；合併；編入（指宣佈把另一文件併入或編入本文件）

Incorporated (Inc.) 合併組成的；組成法人的（具有社團公司等法人資格的）

Incorporated association 法人協會

Incorporated branch （股份有限公司的）分公司

Incorporated company 股份公司；法人公司

Incorporated Council of Law Reporting for England and

Wales 〔英〕英格蘭及威爾斯判例編纂統一委員會（編纂自 1865 年以後英格蘭和威爾斯的判例集）

Incorporated enterprise 法人企業

Incorporated foundations 財團法人

Incorporated law society 〔英〕庭外律師協會（設立於 1825 年，1831 年成為法人，保管庭外律師名冊；1877 年以後對庭外律師考試合格者頒發合格證。此外，根據 1919 年的庭外律師法具有開除會員的權力）

Incorporated territory 被併入的領土

Incorporated trustee 信托公司

Incorporated trustee of Islamic Community Fund 〔香港〕伊斯蘭公益金法定受托人

Incorporation 法人設立；公司；法人；合併；併入；〔羅馬法〕兩塊所有土地的合併

Incorporation by reference 併合文件；組合文件（指兩個文件各有一部份合併組合成一個整體的新文件）

Incorporation doctrine 〔美〕合併原則（依照憲法第 14 條修正案規定）

Incorporation of a state 國家的合併

Incorporation of a territory 領土的併入

Incorporation of companies 公司合併，公司聯合

Incorporation procedure 公司註冊手續

Incorporator 公司創辦人；執行公司章程者；合併者；社團成員

Incorporeal 無形體的；非物質的；無形的；無體的

Incorporeal chattels 無形資產（如債權、股份、著作權）

Incorporeal hereditament 〔英〕可繼承的無形資產（如特許權、專營權、地役權）；無形的不動產遺產；無體的世襲財產

Incorporeal possession 無體物的佔有；權利的佔有

Incorporeal property 無體財產；無形財產

Incorporeal rights 無體財產權；無形財產權（如土地的佔有權或使用權）

Incorporeal things 無體物（如繼承權、地役權、知識產權等）

Incorrigible 不能矯正的；屢教不改的；難以糾正的；怙惡不悛的；不可改造的；不可救藥的

Incorrigible thief 慣竊

Incorruptible 不受誘賄的；收買不了的；清廉的，廉潔的

Incoterms 〔美〕國際貿易術語解釋通則

Increase v. & n. I. 增加；增長；增大；增強；增加量（增加額）；增值；滋生；II. 增長；增加；產物；（人類、動植物）繁殖；〔美〕動物後代

Increase a bound rate of duty 提高約束關稅率

Increase and extend trading rights 增加並擴大貿易經營權

Increase cost 增加成本

Increase in subscription to the Bank's subscribed capital 〔世行〕世界銀行認繳資本的增加額

Increase of budget 追加預算

Increase of capital 資本的增加

Increase of penalties 刑的加重；加重刑罰

Increase of premium 增加保險費

Increase of risk 風險的增加

Increase of salary by merit 論功加薪

Increase of wages 增加工資

Increase the availability of trading rights 增加可使用的貿易權；增加可用的貿易權

Increase the certainty and predictability 增加確定性和可預測性

Increase the drift of polluting industries to poor regions 增加把污染工業排放到貧困地區 (指發達國家不願增加環保投入而把污染工業遷到第三世界的經濟落後地區。例如美墨邊境就堆放了美國工業污穢廢品長達一個多英里)

Increase the number of designated entities permitted to import goods 增加允許進口貨物的指定實體的數目

Increase the number of enterprises with trading rights 增加經營貿易權利的企業數目；增加具有貿易經營權的企業數目

Increase the pace of liberalisation 加快放寬限制速度；加快自由化的步伐

Increase the probability of creating a majority in favour of free trade 增加擁護自由貿易佔多數的可能性 (概率)

Increase unemployment 增加失業

Increased fare 增加租金

Increased hazard 增加的風險

Increased value insurance 增值保險

Increasing annuity 遞增年金

Increasing cost 遞增成本

Increasing disputes at agricultural negotiations 〔關貿〕農產品談判中長期爭端的問題

Increasing participation of developing countries 〔世貿〕發展中國家更多參與

Increasing premium plan 保險費累加法

Increasing returns 收益遞增

Increasing reward 累增的報酬

Increment 增長；增額；增值；增量；增價

Increment tax on land value 土地增值稅

Increment value duty 增值稅 (土地等價值自然增加稅)

Incremental analysis 增值分析

Incremental approach 〔基金〕增量方法 (國際貨幣基金的配額計算表)

Incremental capital-output ratio (I.C.O.R.) 資本產出增長比率

Incremental cash flow 增加的現金流動 (指可歸委於特定資本投資項目對公司資金流動的淨增加)

Incremental cost 增支成本，增量成本；邊際成本

Incremental labour-output ratio 勞動產出增長比率

Incremental revenue 附加收益；增量收益；邊際收益

Incriminate *v.* 控罪；顯露有罪；歸罪於；把自己牽連進刑事案件；涉嫌犯罪

Incriminate oneself 把自己牽連進刑事案件

Incriminating admission 對犯罪事實的承認 (傾向於確認被告有罪事實的承認)

Incriminating circumstance 證明犯罪事實情況

Incriminating evidence 有罪的證據 (可證實被告的犯罪證據，或可從其他證據推斷被告有罪)

Incriminating statement 證明被告有罪的陳述

Incrimination 控罪；牽連；歸罪；自認犯罪

Incroachment 侵犯；侵佔；侵佔物；蠶食地；不法擴張財產權 (釋義見 "encroachment")

Inculpate *v.* 控告；牽連 (犯罪)；歸罪於

Inculpatory 可指控的；可控告的；證明有罪的；連累的

Inculpatory evidence 告訴證據；定罪證據；顯示有罪的證據

Incumbency 任職；任期；義務；責任

Incumbency certification 在職證明書

Incumbent *n. & a.* I. 在職者；在職公務員；教區牧師；在職牧師；〔英〕帶俸祿牧師；II. 負有責任的；在職的

Incumbent president 在職總統；在任總統

Incumber *v.* 妨害；阻礙；阻塞；拖累；使負擔債務

Incumbrance (encumbrance) 妨礙；阻礙；累贅；無用的附加物；土地負擔；產權負擔 (指動產或不動產上所設定的負擔或抵押)；不動產留置權

Incumbrancer 擔保權利人；抵押物業負擔者 (指有權對不動產或動產施以負擔或抵押)

Incur *v.* 負有義務，負有責任 (指依行為或依法使其負有義務或責任)；遭受；招致；引起

Incur a deficit 引起赤字

Incurable disease 不治之症

Incurred losses 已遭受的損失；已發生的損失

Incurred risk 所招致的風險

Incurrence of liabilities 承擔債務

Indebted 負債的；欠債的；法律上有義務償還的

Indebted developing country 負債的發展中國家

Indebtedness 處於負債中；所欠之款；債務

Indecency 猥褻；下流行為；有傷風化的行為

Indecent 猥褻的；下流的；有傷風化的

Indecent assault 強暴猥褻行為 (侵犯他人身體行為)；〔英〕猥褻罪 (指未經女方同意的下流行為，但無強姦意圖)

Indecent behaviour 有傷風化行為

Indecent books 黃色書刊；猥褻性書籍

Indecent conduct 猥褻行為；下流行為

Indecent exhibition 淫穢的展覽 (指一種不道德的展覽，如將屍體解剖或示眾)

Indecent exposure 有傷風化的暴露；猥褻裸體 (指裸露陰部)；〔英〕有傷風化罪

Indecent language 下流語言

Indecent liberties 猥褻行為；下流的調戲行為 (指對女童)

Indecent prints 猥褻印刷品；黃色印刷品

Indecent prints or books 猥褻印刷品或書籍；黃色印刷品或書刊

Indecent publication 淫穢出版物

Indefeasible 不能取消的；不能廢除的；不能收回的；不可使之無效的 (通常適用於不能取消的財產或權利)

Indefeasible right 不能取消的權利

Indefinite 無限期的；不確定的；不清楚的

Indefinite appointment 不定期任用

Indefinite failure of issue 絕後 (指無子嗣)

Indefinite legacy 未確定數額的遺贈

Indefinite number 不確定的數目；可隨意增減的數額

Indefinite payment 不指定清償；不指定償還哪一筆債務 (指欠同一債權人數筆債務，還款時不指明屬某一筆債務)

Indefinite supposition 不確定的推測

Indefinite tenancy 不定期租賃

Indefinitive duration 無限期

Indefinte imprisonment 不定期監禁刑

Indefinte sentence 不定期刑

Indemnification 賠償；補償；〔美〕補償金 (指公司支付就公司事務方面給在訴訟中作為被告的管理人員的費用)

Indemnification aliunde 〔保〕來自外面的賠償；來自第三方的賠償（指受保人在收到承保人賠償之前或之後降低或清償損失的補償）

Indemnification of the defendant 被告的賠償

Indemnification of the importer and of the owner of the goods 〔世貿〕對商品進口商和貨主的補償（指錯誤扣押貨物所致損失而言）

Indemnify *v.* 損害賠償；賠償損失（給予受部份或全部，或付款或修繕或更換的損失）

Indemnitee 受賠償人；被賠償人；受補償人

Indemnitor 賠償者；補償者

Indemnity 賠償；補償；賠款；損害賠償；補償金；補償契約；〔英〕賠償保證書

Indemnity Acts 〔英〕赦免法（因特定行為所產生犯罪行為後果免於追訴，例如 1868 年以前每年議會都要赦免一次因未依法宣誓而就職者的罰金；又如 1920 年第一次世界大戰所犯下的某種行為。又如 1927-1928 年不信奉國教者一概不予追究）

Indemnity against liability 損害賠償的責任

Indemnity agreement 補償協議（賠償協議）

Indemnity bond 賠償保證書

Indemnity company 賠償公司

Indemnity contract 賠償契約

Indemnity for defamation 名譽損害賠償

Indemnity for risk 風險賠償

Indemnity insurance 損害賠償保險

Indemnity lands 〔美〕補償用地（指供因修建鐵路所佔用的公地）

Indemnity of loss 損失賠償

Indemnity of residence 住宅補償

Indemnity policy （損失）賠償保險單

Indemnity subrogation 代位求償權

Indemonstrable 無法證明的

Indent *n. & v.* I.〔美〕齒形證書（指美國政府革命結束所發公債的本金和利益）；進口訂貨單；委托採購；雙聯訂單；〔英〕徵用令；II. 割成鋸齒狀；以騎縫分割開；一式兩份地起草；〔英〕（用雙聯單）訂貨；訂立合同以約束

Indent account 代辦賬戶

Indent agent 訂貨代理人

Indentation 水曲；縮進

Indented coastline 鋸齒形海岸線

Indentee 受托代購商

Indentor 委托代購商

Indenture 雙聯合同，契約；憑單（如商業上的傳單、清單等）；（破產）信托證書；〔複〕師徒契約；定期服務合同

Indenture deed 騎縫契約；雙聯合同（契約）；鋸齒證書

Indenture of lease 租賃契約

Indenture of trust 信托契約

Indenture system 契約移民制度

Indenture trustee 〔美〕信托財產契約受托人

Indentured labour 合同工

Independence 獨立；自主；自立

Independence Day 〔美〕獨立紀念日

Independence Hall 〔美〕獨立宮（北美 13 州第二次大陸會議 1775-77 年於賓夕凡尼亞費城舉行，1776 年 7 月 4 日宣佈獨立，成立美利堅合眾國）

Independence of judicature 司法獨立

Independence of state 國家獨立（獨立國家）

Independence treaty 獨立條約

Independent 獨立的；自主的；自立的；自治的；不受外來管轄或制約的

Independent adjuster 獨立理算師

Independent advice 獨立意見；公正勸告

Independent agent 獨立代理人

Independent audit 獨立審計

Independent banking system 獨立銀行制度

Independent budgetary status 獨立預算的地位

Independent candidate 獨立候選人

Independent charter 單獨包租

Independent claim 獨立權益要求

Independent Commission against Corruption 〔香港〕廉政公署

Independent Commission Against Corruption Ordinance 〔英〕廉政專員公署條例

Independent Commission on International Development Issues (also known as Brandt commission) 國際發展問題獨立委員會（促進南北對話的專門組織，成立於 1977 年 11 月，常設秘書處設在日內瓦，負責聯絡和統籌工作，又稱"勃蘭特委員會"）

Independent committee 獨立委員會

Independent contract 獨立契約（指相互間的行為或約諾彼此沒有關係）

Independent contractor 獨立承攬人；獨立經營承包商；〔香港〕包工

Independent counsel 〔美〕獨立的法律顧問（指由政府任命調查政府高級官員可能犯罪行為的案件）

Independent covenant 獨立契約條款

Independent economy 獨立經濟

Independent entity 獨立實體

Independent executor 獨立遺囑執行人

Independent figures 無黨派人士

Independent floating 自主浮動

Independent grocer 獨立經營的雜貨商

Independent influence 單獨的影響；獨立的影響

Independent intervening cause 獨立干預訴訟的理由

Independent labour force 獨立勞動力

Independent legal counsel 獨立的法律辯護人（非官方的法律顧問）

Independent operation 自主經營

Independent Police Complaints Council 〔香港〕獨立監察警方處理投訴委員會

Independent projects 獨立項目

Independent Property Department 〔香港〕知識產權司

Independent regulatory commission 獨立的管制委員會

Independent research 獨立研究

Independent review 〔美〕獨立審計（指由獨立的外聘審計師對會計控制進行複查評估）

Independent review procedures 〔關貿〕獨立審議程序

Independent significance 〔美〕獨立執行遺囑者或死者遺囑法律文件的意義

Independent source rule 〔美〕獨立證據來源的規則

Independent state 獨立國家

Independent surveyor　獨立公證人；獨立公證行

Independent Third Party　〔美〕獨立第三黨

Independent trade experts' group　〔世貿〕獨立的貿易專家小組（職責是獨立審核對裝運前抱怨的爭議案件）

Independent treasury system　獨立國庫制度

Independent tribunal　獨立的法庭

Independent variable　自變量

Independent voter　無黨派選民

Independent witness　獨立證人

Independents　無黨派；獨立派

Indestructible trust　永久性信托（不允許受托人損害本金的信托，尤其將本金收益提供甲終生享用；甲死後將剩餘傳其子，如甲無子則傳給其女，直至其後代所享用）

Indeterminate　不確定的；未限定的；不明確的；未決定的；未解決的

Indeterminate bonds　無限期公債；永久公債

Indeterminate conditional release　不確定的附條件釋放（指刑事犯監禁服刑滿要視其是否破壞取消釋放條件而定）

Indeterminate damages　未確定的損失賠償金

Indeterminate franchise　不定期的特許

Indeterminate mortgage　不確定的抵押（不詳的抵當）

Indeterminate obligation　不明確的債務

Indeterminate sentence　〔美〕不定刑期的判決（指判定刑期限度，但具體刑期則由刑事當局視犯人表現而定的判決）

Index　索引；目錄；指數；指標；可調整的利率（如折扣期終止的抵押利率）

Index crime　〔美〕指數罪案（聯邦調查局的分類罪犯案報告，每年統計公佈的最嚴重罪案之一）

Index Florentinus　佛羅倫薩索引（查士丁尼編寫《學說匯纂》曾摘錄引用的作者及著作的索引）

Index fund　指數基金

Index number of cost of living　生活費指數

Index number of real wages　實際工資指數

Index number of wages　工資指數

Index of consumer price　消費物價指數

Index of living　生活指數

Index of physical volume　數量指數

Index of physical volume of production　生產數量指數

Index offences　〔美〕指數犯罪（每年由 FBI 報告列舉八類重罪）

Index options　指數期權（指股票指數期權的買賣）

Index tag　指數標簽；索引標簽

Index tied　按指數計算的

Index to legal periodicals　〔美〕法律期刊索引

Index to records of title　產權記錄索引

Index to the Statutes　〔英〕制定法索引

Indexation　指數化

Indexed bond　指數債券（按指數償付的債券，又稱"穩定債券"）

Indexed life insurance　指數人壽保險

Indexed life policy　指數人壽保險單

Indexed loan　指數貸款（按指數償付的貸款）

Indexing　指數化；索引法；編目，編制指數（如因通脹而調整"消費物價指數"，CPI）

India market　東印度運費同盟

Indian　印第安人；印度人

Indian agent　〔美〕印第安人事務官員

Indian bazaar, bazar　東印度交易所（或市場）

Indian civil service　印度文官制度

Indian Claims Commission　〔美〕印第安人求償委員會

Indian Contract Act　〔英〕印度契約法

Indian Council Act　印度評議會法；印度參事會法

Indian country　〔美〕印第安人地區（指劃出部份地供印第安人使用、佔有和保護）

Indian Institute for Non-Aligned Studies　印度不結盟問題研究學會

Indian lands　〔美〕印第安人土地

Indian Law　印度法（1947 年）

Indian Law Commissions　印度法律委員會

Indian Law Resources Center　印度法律淵源中心

Indian Legislative Council　印度立法評議會

Indian reservation　〔美〕印第安保留地（根據特許把一部份公有地保留作為印第安人部落使用或佔有）

Indian reserve　〔加〕印第安人保留地

Indian Slavery Act　印度奴隸法（廢除印度奴隸法）

Indian title　〔美〕印第安人的權利；印第安人原始土地所有權（聯邦政府准許名義上的佔有，但可隨時予以取消）

Indian treaties　〔美〕印第安條約

Indian tribal property　〔美〕印第安部落的財產

Indian tribe　印第安部落

Indian Trust Act　印度信托法

Indicate one's status　載明…身份

Indicate the nature of the inconsistency　指出不符的性質

Indicated horse-power　指示馬力

Indicated person　被教唆者

Indicated power　指示馬力（實馬力）

Indicated yield　預想的收穫；預見的產量

Indicatif　〔英〕移送令狀（已廢止）

Indication　象徵；指徵；指示；表示；徵候

Indicative evidence　指示性證據

Indicative list　指示姓名單

Indicative price　指示性價格

Indicator threshold　指標界限

Indicia of title　職銜標誌；產權證明；產權憑證（含動產和不動產）

Indicial comity　法院適用外國法的禮讓

Indict　*v.* 控告；揭發；起訴；公訴

Indict sb. for sabotage　告發某人破壞行為

Indictable　可被控告的；可被提起公訴的

Indictable misdemeanor　可訴的輕罪

Indictable offences　可訴罪；公訴罪

Indicted　（在公訴書中）被控犯有刑事罪的；受到犯罪指控的

Indicted on a charge of　因犯罪被起訴

Indictee　刑事被告人；被檢舉人

Indicter　檢舉人；告發人；控告人

Indiction　公訴；起訴；告發；十五年會計期（君士坦丁皇帝制定的稅制）；佈告（為了評價十五年期的初期徵收財產稅的君士坦丁皇帝佈告）；財產稅（在十五年初期以評價財產稅為基礎的賦稅或軍捐）

Indictment　刑事起訴書；公訴狀；大陪審團起訴書

Indictor　檢舉人；告發人；控告人

Indifference curve　無差異曲線

Indifferent 公平的；無偏袒的；中立的；冷淡的；漠不關心的

Indifferent judge 鐵面無私的法官

Indigenous 本土的；本地的

Indigenous community 本地居民團體

Indigenous inhabitant 土著居民；本地居民

Indigenous law 本土法

Indigenous population 本土居民

Indigenous shipping services 本國的航運服務（包括建造和銷售船舶等業務）

Indigenous World Association 土著（居民）世界聯合會

Indigent 貧窮的；貧困的

Indigent defendant 貧困被告人（無力聘請律師辯護的被告）

Indignation 憤慨

Indignity 〔美〕無禮；侮辱；有傷個人的尊嚴；侮辱的言行

Indirect 間接的；迂回的；曲折的；非直接了當的；不坦誠的

Indirect agency 間接代理

Indirect aggression 間接侵略

Indirect appeal 間接上訴

Indirect application 間接適用

Indirect attack 間接攻擊

Indirect barriers to trade in services 間接的服務貿易壁壘

Indirect bribery 間接賄賂

Indirect confession 間接供認

Indirect consumption 間接消費

Indirect consumption taxes 間接消費稅

Indirect cost 間接成本

Indirect damage 間接損害；間接損失

Indirect demonstration 間接證明

Indirect election 間接選舉；複選

Indirect emigration 間接移民

Indirect evidence 間接證據；情況證據

Indirect exchange 間接匯兌

Indirect expense 間接費用

Indirect exposure 單獨承擔風險

Indirect expropriation 間接徵用（指對外國投資企業）

Indirect goods 間接貨物

Indirect harm to migratory birds 對候鳥的間接損害（指使用 DDT 殺蟲為鳥所吃致死）

Indirect holding 間接持股

Indirect initiative 間接的公民創制權

Indirect instigator 間接教唆者

Indirect jurisdiction 間接管轄權（指歐洲法院應成員國請求，對涉及共同體法問題作出裁決，雖屬中性，但具有法律約束力）

Indirect labour 〔美〕間接勞動工資

Indirect labour cost 間接人工成本

Indirect legacy 間接遺贈

Indirect loss 間接損失

Indirect material cost 間接原料成本

Indirect materials 間接材料；次要材料（例如膠水、清漆和鐵釘等）

Indirect means 間接手段

Indirect negotiation 間接談判

Indirect organ 間接機關

Indirect possession 間接佔有

Indirect protection 間接保護

Indirect quotation of exchange rates 匯率間接標價法

Indirect rate 間接匯率

Indirect recognition 間接承認

Indirect Renvoi 間接反致

Indirect representation 間接代理

Indirect responsibility 間接責任

Indirect route 迂回路線

Indirect subsidy 〔關貿〕間接補貼（指政府給予國內出口產品企業在貸款、技術設備、稅收、工人的工資和社會福利等方面以特殊的優惠或特權）

Indirect tax 間接稅（指對本國商品和進口商品在流通領域中所徵收的各種名目的稅費，諸如：行政管理費、統計稅、銷售稅、消費稅、流通稅、增值稅、特許稅、印花稅、交易稅、庫存設備稅、公路稅、邊境稅以及最後由消費者負擔的銷售稅、消費稅等所有各種稅）

Indirect tax rebate scheme 間接稅退稅安排

Indirect taxation 間接徵稅

Indirect testimony 間接證言

Indirect trade 間接貿易

Indirect unneutral service 間接的非中立役務

Indirect valuation method 間接評價法

Indirect-counter-claim 間接反訴

Indiscipline 無紀律

Indiscretion 言行失檢；輕率的言行

Indiscriminate 不分皂白的；不加選擇的

Indiscriminate arrest 濫捕；亂捕

Indiscriminate attack 不分清紅皂白的攻擊

Indiscriminate bombardment 不分皂白的轟炸

Indiscriminate warfare 不分皂白的戰爭

Indiscrimination 不分彼此；不加區別；無歧視

Indispensable 必不可少的；必需的；緊要的；不可避免的

Indispensable evidence 必不可少的證據；不可或缺的證據

Indispensable parties 必不可少的當事人

Indisputable 確實的；不容置疑的；無可爭辯的

Indissoluble 不能撤銷的

Indissoluble contract 不能撤銷的契約

Indistanter 立即；即刻；毫不遲疑地

Inditee 〔英古〕被控告者；刑事被告人

Individual *n. & a.* I. 個人；私人；個體；II. 個人的；個別的；單獨的；個體的

Individual assets 〔美〕合夥人私人財產（指純屬於合夥公司個人的財產，以區分開公司的財產）；個人資產

Individual citizenship status 個別人國籍身份

Individual commitment 個別承諾

Individual commodity agreement 單項商品協定

Individual coverage 個人保險範圍

Individual debts 〔美〕合夥人私人債務；個人債務

Individual economy 個體經濟；單一經濟

Individual economy law 個體經濟法

Individual enterprise 個體企業

Individual exposure 單獨承擔風險

Individual farming 單幹；私人耕種；個體農業生產；個體農業經營

Individual guarantee　個別保證

Individual income tax　個人所得稅

Individual income tax law　個人所得稅法

Individual insurance　個體保險；個人保險

Individual labour　私人勞動；個體勞動

Individual liability　個人責任

Individual license　個體營業執照；個別許可證

Individual life insurance　個人人壽保險

Individual life policy　個人人壽保險單

Individual master file　〔美〕個人主要的文件（檔案）

Individual member country　〔世貿〕個別成員國；個別會員國

Individual migration　個體遷移

Individual naturalisation　個別加入國籍

Individual opinion　個別意見

Individual ownership　個體所有制

Individual private ownership　個體所有制

Individual producer　個體生產者

Individual productive capacity　個人生產能力

Individual profit sharing　個別利益分配法

Individual progressive wages system　個人累進工資制度

Individual property　個人財產

Individual proprietorship　個人獨資企業；個體經營；獨資經營

Individual relief　個別救濟

Individual responsibility　個人責任；個別責任；單獨責任

Individual retirement account (IRA)　〔美〕個人退休金賬戶

Individual Retirement Annuity (IRAN)　〔美〕個人退休年金

Individual Retirement Bond (IRB)　〔美〕個人退休保證金；個人退休人壽險投資證明書；個人退休債券

Individual risk rating　個人風險費率厘定

Individual self-defense　單獨自衛

Individual specimens of a product　〔世貿〕單個產品的標本（指供檢疫之用）

Individual system of location　〔美〕分別定位系統（用於某些州標示公共土地位置的用語）

Individual test　個別檢查法

Individual utilitarianism　個人的功利主義

Individualism　個人主義；利己主義；自由放任主義；不干涉主義（指對私營工商企業而言）

Individually　個別地；個人地；單獨地；各自地；特殊地；就個人而言地

Indivisibility　不可分性；不可分割性

Indivisibility of sovereignty　主權不可分性

Indivisible　不可分的；不能分離的；不可分割的

Indivisible right　共有權利

Indoctrination centre　教養所

Indoctrination through labour　勞動教養

Indoor meeting　屋內集會

Indorse　*v.* 背書；認可；贊同；批注；簽注（釋義見 "endorse"）

Indorse off　把已接受一部份金額的事實寫在票據的背面

Indorsee　被背書人；背書票據受讓人；空白背書票據持有人

Indorsee in due course　誠信的受讓人；手續正當的被背書人

Indorsement (=endorsement)　背書（匯票是一種流通證券。背書即持票人在匯票上或黏單上簽上自己的名字和／或受讓人姓名並將匯票交給受讓人的行為。前者稱為背書人，後者稱為被背書人。背書的法律意義在於，匯票經背書意味著背書人將匯票的權利轉讓給被背書人。對匯票的受讓人來說，所有在他以前的背書人和出票人均是他的 "前手"，均對他負有擔保匯票必被承兌或付款的責任；所有在他讓與以後的受讓人都是他的 "後手"。在匯票遭拒付或拒絕承兌時，有對前手或出票人進行追索的權利。）

Indorsement (memorandum) of service　〔英〕送達傳票背書；送達日期的記載（在傳票送達後三日以內送達者在傳票上記載送達的日期，不作此記載時不得進行缺席審理）

Indorsement after maturity　到期日後的背書

Indorsement before due or after maturity　到期前或到期日後的背書

Indorsement by mandate　委任背書

Indorsement for deposit　銀行托收背書

Indorsement in blank　空白背書；不記名背書（指背書人只簽名而不指定受讓人）

Indorsement in full　完全背書；詳細背書

Indorsement of address　地址背書；住所記載（指原告律師在訴訟傳票上記載原告住所或送達的住所）

Indorsement of ballot　選票背書

Indorsement of claim　索賠背書；請求要旨附記（指原告在完成的訴訟傳票上簡略地附記其請求或要求救濟的附記）

Indorsement of credit　信托背書

Indorsement of deed　契據背書

Indorsement of overdue bill or note　後背書（指支付拒絕證書作成期間經過後的背書）

Indorsement of pledge　質權背書

Indorsement of service　〔英〕送達背書（指每個令狀送達等詳情必須在三日之內完成）

Indorsement on indictment　大陪審團起訴的背書

Indorsement on information　檢察官起訴背書

Indorsement to order　指示式的背書

Indorsement without recourse　免責背書；無追索權背書（即不擔保付款的背書）

Indorser (endorser)　背書人；背書票據讓與人

Indorser of bill　票據背書人

Indowment (=endowment)　捐款；捐贈的基金（給學校、慈善機構、醫院或醫療研究）；資質；天賦；才能；給寡婦的財產；〔保〕養老保險

Indubitable proof　確證（指該證據不僅可信，而且重要，並使得所列事實毋庸置疑）

Induce　*v.* 誘騙；誘發；引誘；教唆；招致；惹起

Induce a person to make a confession　誘供

Inducement　犯罪動機；犯罪教唆；立約誘因；勸誘；（訴狀的）序言部份；契約的對價

Induct　*v.* 引導；引入；授職；使就任（to, into）；使正式入會；徵召…入伍（to, into）

Inductee　〔美〕被徵入伍者；就任者；入會者

Induction　會；入伍；牧師就任儀式；授與教會教士財產的儀式；入伍儀式（徵調入伍的行為或儀式）；序言；緒言

Induction of evidences　提供證據

Induction of facts　列舉事實

Inductive method　歸納法

Inductive questioning　誘導性發問

Inductive school　歸納學派

Indulge　*v.* 容許延期付款

Indulgence　付款延期；縱容；寬容；(天主教的) 免罪，贖罪

Indulto　〔宗〕教皇的特許；〔西〕免罰 (指國王對罪犯免於刑罰)

Industrial　*n. & a.* I. 產業工人；工業股票；工業公司；工業家；II. 產業的；工業的；實業上的

Industrial accident　工傷事故；職業意外事故

Industrial accident commission　〔美〕工傷事故委員會

Industrial accident fund　工傷撫恤基金；工業事故基金

Industrial adjustment　產業調整

Industrial amelioration　產業的改善

Industrial and Commercial Consolidated Tax　工商統一稅

Industrial and Provident Society　〔英〕勤儉互助會

Industrial arbitration　〔英〕勞資仲裁；工業仲裁

Industrial Arbitration Board　〔英〕勞資仲裁委員會 (成立於 1919 年)

Industrial area　工業區

Industrial assurance　〔英〕勞工人身保險；簡易保險 (指收款人到 10 英里外的遠處收集保險金，其保險金額不到 20 鎊的叫作簡易人壽保險。可作簡易保險業的只限於簡易保險協會、共濟協會或得到特別許可的簡易保險公司)

Industrial assurance Act　〔英〕簡易保險法 (1923 年)

Industrial assurance business　〔英〕簡易保險業

Industrial Assurance Commissioner　〔英〕簡易保險專員 (1923-1968 年)

Industrial attaché　工業專員

Industrial bank　工業銀行；實業銀行

Industrial bond　工業債券

Industrial book-keeping　工業簿記

Industrial bounties　工業補貼

Industrial circle　工業界；產業界

Industrial classification　工業部門分類

Industrial compensation　工業上的補償 (賠償)

Industrial Conciliation and Arbitration Act　〔新西蘭〕工業調解及仲裁法 (1894 年)

Industrial conference　產業會議

Industrial control　產品管制；產業管理

Industrial corporation　產業協會；勸業公司

Industrial country　工業國；工業化國家

Industrial court　〔英〕勞資法庭

Industrial Court Act　〔英〕勞資法庭條例

Industrial crises　產業危機

Industrial death benefits　工傷事故死亡撫恤金

Industrial democracy　產業民主主義

Industrial design　外觀設計 (專利法用語)；工業產品設計；工業設計；工業品外觀設計

Industrial designs law　工業設計法

Industrial Development Board (IDB)　〔聯〕工業發展理事會 ("工發理事會")

Industrial Development Bonds　〔美〕工業發展債券 (由市政府發行以吸引私人投資)

Industrial Development Decade for Africa (IDDA)　〔聯〕非洲工業發展十年

Industrial Development Fund (IDF)　工業發展基金

Industrial disease benefits　職業病津貼

Industrial diseases　工傷及職業病

Industrial dispute　勞資糾紛

Industrial Dispute Investigation Act　〔加〕勞資爭議調查法

Industrial duty　工業關稅

Industrial estate　〔英〕工業地產

Industrial experimental station　工業實驗所

Industrial finance corporation　產業金融公司

Industrial Functional Advisory Committee (IFAC)　〔美〕工業職司諮詢委員會 (美商務部特許設立的)

Industrial goods　工業品；工業用品 (生產商品)

Industrial growing crops　經過耕種生產的果實 (通常被看作動產)

Industrial hospital　勞工醫院

Industrial injury　工傷

Industrial injury benefit　工傷福利

Industrial insurance　簡易保險；勞工保險 (工廠員工保險)

Industrial invention　工業發明

Industrial joint-venture agreement　工業合營企業協議

Industrial labouratory　工業實驗室

Industrial law　勞動法；〔英〕勞資法 (處理僱主與僱員之間關係的法律)

Industrial life insurance　簡易人壽保險；勞工人身保險

Industrial life insurance company　簡易人壽保險公司

Industrial maintenance　失業者救濟制度

Industrial organisation　產業組織

Industrial park　〔美〕工業園區

Industrial peace　產業和平

Industrial policy　工業政策

Industrial policy of automobiles　汽車工業政策

Industrial policy, including subsidies　〔中〕包括補貼的工業政策；工業政策包括對其補貼的政策

Industrial pooling　產業聯合；工業合同計算

Industrial processes and production　工業工程工藝和生產

Industrial property　工業產權

Industrial protective duty　工業保護關稅

Industrial recession　工業衰退

Industrial relations　勞資關係

Industrial relations and disputes　勞資關係和勞資爭端

Industrial research　產品研究 (指以開發新產品、新工藝等為宗旨的研究)

Industrial revenue bond　〔美〕工業收益債券 (一種收益債券，目的為提供工業設備出租，並按租項收益分期償還及收付利息)

Industrial Revolution　產業革命；工業革命

Industrial schools　工藝學校；〔英〕工讀學校 (尤指教育青少年犯的教育機構，成立於 1857 年)

Industrial section　工業地區；工廠地帶

Industrial services　工業服務

Industrial shares　工業股票；產業股份

Industrial society　工業協會；產業協會

Industrial stock　工業股票，產業股份

Industrial structure　產業結構

Industrial system　產業制度

Industrial tribunals　〔英〕勞資法庭 (關於工人就業，尤其是不公平解僱控告之訴和額外求償等糾紛案件，1964 年)

Industrial union　產業工會；〔新西蘭〕同業工會

Industrial unrest　產業動亂

Industrial users　工業用戶

Industrial workers society　產業工人協會

Industrial zone 工業區

Industrial-enterprise Law 工業企業法

Industrialism 工業（或產業）主義；工業熱；工業制度

Industrialist 實業家；工業主義者

Industrialised-nation tariff 工業發達國家的關稅；工業化國家的關稅

Industrierat 〔德〕工業會議

Industries (Development and Regulation) Act 〔印〕工業（發展和規定）法（1951 年）

Industrious income 勤勞所得

Industry 工業；產業；行業

Industry classification 產業分類

Industry revolution 產業革命；工業革命（指科技發展帶動社會經濟各個部門和工業化的進程）

Industry Sector Advisory Committee (ISAC) 〔美〕工業部門諮詢委員會

Industry tax 產業稅

Industry wide liability 工業責任

Industry-wide safety standards 〔美〕泛行業安全標準（指把行業安全責任轉讓聯合同業公會，原告可以將其作為被告，使各行業製造商承擔連帶賠償責任）

Inebriate *a. & n.* I. 酗酒的；酩酊的；II. 酒徒；醉漢；酒鬼

Inebriates Acts 〔英〕關於監禁酗酒者的條例（1789－1900 年）

Ineligibility 無被選資格；無被委任特定職務資格；無資格；不合格

Ineligibility provisions 不能接受的條款

Ineligibility to use Fund's rescources 〔基金〕沒有資格動用國際貨幣基金組織的資源

Ineligible 無被選資格的；無資格的；不合格的

Ineligible person 不合格的人

Ineptitude 不適宜；不稱職

Inequality 不平等；不相等；不公平；偏私

Inequitable 不公正的；不公平的；偏私的；不符合衡平原則的

Inequitable exchange 不等價交換

Inequity 不公正；不公平；偏私

Inescapable 逃避不了的；必然發生的

Inescapable duty 推卸不了的責任

Inescapable perial （原告）逃避不了的危險

Inevitable 不可避免的；無法規避的；必然（發生）的

Inevitable accident 不可避免的事故；不可避免的意外

Inevitable discovery rule 無法規避的披露規則（如控方能證明以非法手段獲得證據，政府以合法手段也必然可獲得該證據，則該證據可予採納之）

Inevitable mistake 不可避免的錯誤；免責錯誤

Inexcusable neglect 不可宥恕的過失

Inexecution 不履行

Inexperienced policy-markers 缺乏經驗的決策者

Inexpiable （罪過）不能抵償的；不贖的；（冤恨等）不能和解的；不能平息的

Infamous 不名譽的；聲名狼藉的；（因犯重罪）被剝奪（部份）公權的；〔美〕被剝奪法律上作證權的；犯有喪失廉恥罪行的

Infamous conduct 不名譽行為，可恥行為（指醫生或牙醫在行醫方面的可恥行為）

Infamous crime 無恥罪；不名譽罪（包括犯下獸姦、雞姦和叛國罪等重罪者因此而喪失作證能力的資格）

Infamous offense 無恥罪；不名譽罪

Infamous punishment 〔美〕恥辱刑（特指悔罪者被關進教養所處以不名譽的處罰重勞役刑）

Infamy 不名譽（諸如犯下偽證罪、偽造罪等而使犯者喪失名譽、信譽和作證的法律身份）；喪失證據能力；臭名昭著；聲名狼藉

Infancy 未成年；幼年，童年；嬰兒期

Infancy is a field, not a sword 以未成年為理由的抗辯，可作為防衛，而不能作為攻擊的工具

Infangthef and outfangthef 莊園內部及莊園外竊賊裁判權（中世紀早期法律關於誰許管轄權用語）

Infant 嬰兒；幼兒；未成年人（現降至 21 歲以下者，凡是未屆法律上規定之年齡）

Infant industry 幼稚工業；幼稚產業

Infant Industry Agreement 幼稚工業協定

Infant maritime industry 幼稚的海運業

Infant plaintiff 未成年原告

Infant's register 未成年人登記；未成年人登記簿

Infant's Relief Act 〔英〕未成年者保護條例（1874 年）

Infanticide 殺嬰罪；殺害嬰兒

Infanticide by drowning 溺嬰罪

Infantile insurance 幼兒保險

Infants under guardianship 監護下的未成年者

Infants under parental power 父權下的未成年者

Infection doctrine 感染主義

Infections disease 傳染病

Infeoffment 贈與不動產行為；授予封地（=enfeoffment）

Infer a procedural protection 指明程序上的保護

Inference 歸納；類推；推理；推斷；推論，結論

Inferences of fact 事實推論

Inferential 推論的，推理的；推論上的，推理上的；可推理的；可推論的

Inferential facts 推定的事實（指不是直接由證言或其他證據，而是從證據推理或結論中得出的事實）

Inferior *a. & n.* I. 下級的；權力較小的；部下的；等級較低的；劣等的；II. 下級；部下；權力較低者；必須服從者

Inferior coin 次等貨幣（指質量等）；劣幣

Inferior courts 初級法院；下級法院

Inferior description 次等品

Inferior goods 低檔的貨物；次貨

Inferior limit 下限；最小限度

Inferior ownership 下級所有權

Inferior property right 小財產權；低位財產權

Inferior quality 劣等品

Inferior statutory tribunals 法定的下級法庭

Inferred selection of the proper law 對適用法律的推定選擇

Infeudation 授封；分封土地；賦與俗人什一稅的權利；封建君臣關係

Infeudation of tithes 〔英〕授予俗人徵收什一稅的權利

Infidel 不信奉基督教的人；不忠實的行為；異教徒；不信奉基督教者；不信教者；不信仰宗教者

Infidelity 不貞；（夫婦間）不忠實的行為（指私通）

Infinitive distress 無限扣押（財物）

Infirm　虛弱的；體弱的；優柔寡斷的；意志薄弱的

Infirmative　弱化的；削弱證據力的（證據法用語，有些權威者將其視與 "exculpatory" 為同義語）

Infirmative consideration　弱化案件的有罪事實（指在證據法上，傾向於考慮減輕有罪事實的推斷或假設）

Infirmative fact　弱化有罪的事實

Infirmative hypothesis　〔美〕（被告）無罪的假設

Infirmity　虛弱；疾病；無能力

Inflatable life raft　（船的）氣胀式救生筏

Inflation　通貨膨脹

Inflation (rate) differential　通貨膨脹（率）差額（差別）

Inflation accounting　通貨膨脹會計

Inflation rate　通貨膨脹率

Inflation spiral　通貨膨脹螺旋

Inflationary expectations　通貨膨脹預測

Inflationary finance　金融性通貨膨脹（指貨幣產生的）

Inflationary gap　通貨膨脹差額；通貨膨脹缺口

Inflationary pressure　通貨膨脹的壓力

Inflationism　通貨膨脹主義

Inflection point　改變點；轉變點

Inflict　*v.* 處（罰）；加（刑）

Inflict a punishment on a criminal　懲處罪犯

Inflict the death penalty upon the murderer　處殺人犯以死刑

Inflictable　（罰金等）可處的；可科（刑）的

Inflicting bodily injuries　致人傷害

Inflow of capital　資本流入

Inflow of private funds　注入私人資金

Influence　權力，勢力；影響；感化（力）；支配力

Influence interpretation of statutes　影響法規的解釋

Influence the thinking and actions　影響思想和行動

Influence trade policy matters of relevance to GATT/ WTO　影響與關貿／世貿相關的貿易政策問題（事項）

Influencing jurors　影響陪審員；左右陪審員（企圖期盼作出有利自己的裁決）

Inform the other Party of such change through diplomatic channels　〔領事〕任何一方變更應補禍外交途徑通知另一方

Inform the Requesting Party of the reasons　〔領事〕把原因通知請求方

Inform the results of the criminal proceedings　〔領事〕通報刑事訴訟的結果

Informal　缺乏法定形式的；非正式的；非正規的；缺乏正當形式的；不要式的

Informal act　不要式行為；非正規行為

Informal admission　非書面的供認；非正式承認

Informal adoption　非正式收養

Informal agreement　非正式協定

Informal communication　非正式通信

Informal consultation　非正式磋商

Informal contract　不要式契約（一般指"口頭契約"）

Informal diplomatic relations　非正式的外交關係

Informal discussion groups　非正式的討論組

Informal financial sector　非正規的金融部門；非正規的財務部門

Informal linkages　〔世行〕非正式的聯繫（指世行自 20 世紀 80 年代早期與關貿／世貿組織開展的聯繫）

Informal meeting　非正式會晤

Informal meeting of the Board　〔基金〕董事會非正式會議

Informal proceedings　不要式審訊程序（諸如小額債務、調解法庭和行政聽證會等法庭不事先通知的一種非正規的審判）

Informal regional group　非正式的區域小組

Informal sector in services　非正規的服務業（意指按發達國家標準和證書等要求，發展中國家無法輸出其勞務）

Informal sector　非正規經濟部門

Informality　不符合法定形式；缺乏法定形式

Informant (informer)　檢舉人；告發人；報訊人，告密者；提供信息的人士；線人

Informateur　〔法〕旁聽員

Information　〔美〕檢察官起訴書；〔英〕衡平法院起訴書；（高等法院王座分庭）刑事訴狀；告發；情報；資料；信息；消息

Information about the adoption and application of rules of origin　關于採用和運用原產地規則的信息（資料）

Information and belief　信息和確信（雖非第一手知識，但確信所述屬善意而且真實的陳述）；基於可信的告訴而發出請求搜查令

Information and market monitoring　〔關／世貿〕資料和市場監督

Information and Media Relations Division　〔世貿〕信息和傳媒關係司處（秘書處下設的三個司處之一）

Information and Procedures for Modification and Introduction of New Rules of Origin　〔世貿〕修改和實現新的原產地規則的通知及程序

Information and Research Centre on Transnational Corporation　〔聯〕跨國公司資料研究中心

Information bureau　情報局

Information centres　資料中心；信息中心

Information cost　信息成本

Information Division　〔基金〕情報處；信息處

Information Group of Experts on Export Statistics　〔世貿〕出口統計專家資料組

Information in chancery　〔英〕衡平法院起訴狀

Information in rem　〔英〕沒收不動產的訴訟（高等法院王座庭代表王室提出財產要求的訴狀，已於 1947 年由《王權訴訟法》所廢止）

Information in the nature of quo warranto　〔英古〕濫用權力之訴（舊時對於非法主張有官職或特許權的人，為審問其主張根據而發出的訴訟令狀，對此有爭議的當事人向法院起訴請求審查確認其官職或特許權的令狀）

Information memorandum　資料備忘錄

Information network　信息網絡

Information notice　〔基金〕情報通知（書）

Information notice system (meaning "IMF changes in exchange arrangements")　〔基金〕情報通知書制度，信息通知書制度（意指國際貨幣基金組織交流安排的變更）

Information officer　〔基金〕情報官員；資料官員

Information on judicial practice　司法實踐的資料

Information on tariff rates for specific products　關於特殊產品的關稅率資料

Information on the identity, nationality and location of the person　〔領事〕關於該人的身份、國籍和所在地情況資料

Information points　〔世貿〕信息點（指為出口商提供裝運前檢驗貨物的一個實體）

Information retrieval 信息檢索

Information revolution 信息革命

Information secrets 信息機密

Information Service for Techincal Assistance in Shipping and Ports to Developing Countries 發展中國家航運港口技術援助服務處

Information Services Department 〔香港〕政府新聞處

Information technology (IT) 信息技術

Information Technology Agreement (ITA) 〔世貿〕信息技術協議（1997 年談判達成的）

Information Technology and Broadasting Bureau 〔香港〕資訊科技及廣播局

Information technology industry (IT) 信息產業

Information technology products 信息技術產品

Information to be assisted with locating or restraining or freezing of the instruments or proceeds of crime 〔領事〕協助查找、限制或者凍結犯罪工具或者犯罪所得的資料

Information to be Provided by China in the Context of the Transitional Review Mechanism 〔世貿〕中國在過渡性審議機制中提供的信息

Information-gathering process 資料收集程序

Information-sharing 信息共享

Informative documents 指導性文件

Informed consent 知悉同意（指外科醫生手術前應將全部風險事實告知病人獲簽允後始為之）

Informer 告發人；告密者；檢舉人；線人

Informer's action 檢舉人訴訟

Informer's privilege 檢舉人特權（指揭露官員違法事實者身份，政府予以保密特權）

Infraction 違犯；違反；違背；違法；侵權

Infraction of regulations 違反規章

Infrangible 不可違背的；不可侵犯的；不可分離的；不可破壞的

Infrastructural services 基礎設施服務

Infrastructural support project 基礎結構資助項目

Infrastructure 基礎設施；基礎結構

Infrastructure construction 基礎設施建設；基礎結構建設

Infrastructure construction fund 基礎設施建設資金

Infrastructure projects 基礎設施項目

Infringe *v.* 違犯；侵犯；侵害

Infringe a rule 犯規

Infringe activity 侵權活動

Infringe upon sb. rights 侵犯某人權利

Infringement 違法；侵權；權利侵犯；侵犯版權；侵犯專利權；冒用商標；剽竊

Infringement action 侵犯專利權訴訟

Infringement dispute 侵犯專利權的爭端

Infringement of citizen's rights 侵犯公民權

Infringement of copyright 侵犯版權；侵犯著作權

Infringement of name 侵犯姓名權

Infringement of patent right 侵犯專利權

Infringement of rights 侵犯權利

Infringement of territorial sovereignty 侵犯領土主權

Infringement of trade mark 侵犯商標權

Infringement of trade name 侵犯商號權；侵犯商號專用權

Infringer 侵權人（指侵犯版權者；侵犯專利權者；冒用商標者）；侵害者；剽竊者

Infringer's profit 侵犯專利權人的收益

Infringing act 侵權行為

Ingenious and pragmatic leadership 〔關貿〕足智務實的領導（有學者認為，關稅與貿易總協定五十年中由於早期精明務實的領導，克服了其成立時的先天缺陷，取得了顯著的成就）

Ingrain criminal 慣犯

Ingress 進入；入境；進入權；入境權；入口處

Ingress, egress and regress 進入，退出，再進入；外出權和複歸權；出入往返權（指 "lessee" 在承租的土地上有進出回復權）

Ingrossing (engrossing) 謄清文件；囤積商品行為

Inhabit *v.* 居住於

Inhabitant 居民；住戶；常住居民

Inhabited house duty 〔英〕住房稅，住宅稅

Inhalation 吸入

Inhere *v.* 生來即存在於；本質上即屬；固有；原有；生來具有

Inherent 固有的；先天的；內在的；生來的；附着的

Inherent cause 遺傳原因

Inherent defect 〔貨物〕固有缺陷；內在瑕疵；〔香港〕本身的毛病（嵌於物體的自身，外觀上難於發現的）

Inherent income 固有所得；固有收入

Inherent jurisdiction 固有管轄權

Inherent powers 固有權力

Inherent powers of a court 法院的固有權限

Inherent right 生來的權利；固有權利；天賦權利

Inherent vice 〔貨物〕固有的瑕疵；內在缺陷；潛在瑕疵

Inherently dangerous 內在危險的；固有危險的（隨時都有危險，要求予以特別注意以防受傷）

Inherently discriminatory 〔關貿〕固有的歧視性（指商品 "配額" 本質上所含有的特性，因而成為反對使用配額的理由之一）

Inherit *v.* 繼承；接受遺產；成為繼承人；接受；獲得

Inheritable 可繼承的；有繼承權的；可遺傳的

Inheritable blood 有合法繼承權的血親

Inheritance 繼承；遺產

Inheritance (Provisions for Family and Dependents) Act 〔香港〕繼承財產法的家庭與受撫養者法令（1975 年）

Inheritance agreement 繼承合同；繼承協定

Inheritance declaration 繼承聲明

Inheritance of property 財產繼承

Inheritance rules 繼承規則

Inheritance tax 〔美〕繼承稅

Inheritor 繼承人；遺產繼承人

Inheritress (inheretrix) 女繼承人（舊術語）

Inhibit *v.* 禁止；阻止；抑制；約束

Inhibit the filing of each TRQs 禁止填寫每個關稅率配額的報稅率

Inhibition 〔美〕制止；中止；〔英〕禁審令（指上級教會法院下令下級法院法官繼續審理某一訴訟案件的令狀）；禁止辦理土地令（指在指定時間內或無進一步命令之前對已登記的土地禁止辦理令）；中止職務令（由主教或教會法官發出中止神職人員行使其職務的令狀）；〔英古〕禁止下級法官進一步審理待決案件的令狀；〔蘇格蘭〕禁止私人令狀（指禁止債務人轉讓其土地損害債權人的私人令狀）

I

Inhibitor (or inhibiter)　禁止者；抑制人；抑制因素

Inhibitory　禁止的；阻止的

In-house mechanism　內部機制

Inhuman　殘忍的；殘酷的；不人道的；非人的

Inhuman act　不人道行為

Inhuman prison condition　不人道的監獄條件

Inhuman treatment　不人道待遇

Inhumation　土葬；埋葬

Iniquitous　不公正；不正直的；邪惡的

Iniquity　不公正；不正直；不義行為；罪惡

Initial　*v. a. & n.* I. 草簽；花押；II. 初步的；開始的；創議的；III. (姓名的) 首字母；花押

Initial agreement　草簽協定

Initial allocation　首期分配

Initial allowance　首次拆舊額；初步折扣；〔香港〕免稅額

Initial amendment to the patent law　〔中〕專利法的第一次修改

Initial appearance　第一次露面 (指被告被捕後，第一次出現在法官或治安官面前)

Initial arrest report　第一次逮捕的報告

Initial capital　創辦資本；〔保〕基金

Initial carrier　第一承運人

Initial commitment in services　首次服務承諾

Initial day　起算日

Initial determination　〔美〕初步裁定 (指對社會保障給付主張權利人的申請的)

Initial expenditure　創業費；開辦費

Initial fund　創始資金；開辦資金

Initial interview　首次面談，初次面談；初次會見

Initial issue of invitation to tender　首次發出的投標邀請

Initial judicial decision　初步司法裁決

Initial jurisdiction　原始管轄權

Initial maturity　初步到期；首次到期

Initial negotiating right　期初談判權

Initial outlay　創始費用，開辦費用

Initial pension　最初撫恤金

Initial premium　第一次保險費 (初交保險費)

Initial price　價，開始價格；最初價格 (指對拍賣時的叫價)

Initial quota volume　首次配額量

Initial rate　原稅率

Initial registration　首次註冊

Initial right of appeal　首次上訴的權利

Initial stage　初期階段

Initial tariff equivalent　最初關稅等值

Initialed statement　草簽聲明

Initialed text　草簽文本

Initialing　草簽

Initialing ne varietur　〔法〕不變更草簽

Initiate　*v.* 創始；開始；發動，發起；引進

Initiate a dispute settlement case　提起爭端解決訴訟案件 (是指按規定，世貿總幹事無權就爭端案件提起訴訟)

Initiate a process of reform of trade in agriculture　〔世貿〕開始農產品貿易改革進程

Initiate a proposal　提出一個動議 (建議)

Initiate an investigation　〔世貿〕發起調查 (指對據稱受補貼的進口產品對本國同類產品損害或威脅損害而採取的措施)

Initiate complaint　起訴；提起訴訟

Initiate legal proceedings　提起訴訟

Initiate more aggressive measures to open foreign market　〔美〕提出更加進攻性的打開國外市場的措施

Initiate public prosecution　提起公訴

Initiate the transition from GATT to WTO　開始從 GATT 向 WTO 過度 (意指烏拉圭回合的歷史性貢獻)

Initiation fee　〔美〕入會費；會員費 (指參加一個組織或俱樂部應繳的)

Initiation of an investigation　〔世貿〕發起調查 (指對反補貼等案子而言)

Initiation of proceedings　提起的訴訟

Initiation of public prosecution　提起公訴

Initiative　主動性；主動行動；〔美〕公民立法創議權 (指人民可獨立於立法機關而倡議法案、法規和憲法修正案等權利)

Initiative clause　創制權條款 (《巴黎俱樂部》的)

Initiative right　創制權；立案權；議案提出權

Initiator　發起人；創始人

Injudicial　不依照法律形式的；不符合法官身份的

Injudicious　判斷不當的；不慎重的；不明智的

Injunction　禁制令；法院強制命令 (指法院強制禁止某人從事特定的行為或命令其消除某些錯誤或侵害)；禁令 (指司法機構有權責令一當事方停止侵權)

Injunctive　命令的；指令的；禁令的

Injure　*v.* 傷害；損害；毀壞；侵犯他人的合法權益

Injure private interests　損害私人利益

Injured　被害的；受害的；受損害的

Injured party　受害者；被害人；受害方

Injured state　受害國

Injurer　施害者；傷害者

Injuries from high and low temperature　高、低溫傷害

Injuring party　加害人；加害方

Injuring person　加害人；傷害他人者

Injurious　有害的；致傷的；中傷的；誹謗的 (出自惡意傷害他人的經濟利益)

Injurious act　侵害行為；傷害行為

Injurious affection　有害的影響 (如在毗鄰或相近的土地上建造工程建設而受到侵害的公、私財產權益者有權提出賠償)

Injurious consequences　損害性後果

Injurious dumping　損害性的傾銷

Injurious effect　損害作用

Injurious exposure　有害暴露 (如從事有毒的工作可能給僱工帶來的職業病。例如因此造成的傷害)

Injurious falsefood　〔美〕中傷；〔英〕有害的詆毀 (指惡意用虛偽陳述來欺騙第三者，因而給他人財產以損害的不法行為。如詆毀別人商品、誹謗所有權等)

Injurious reliance　有害性信賴

Injurious words　中傷的言論；誹謗性言論

Injury　侵害，損害；傷害 (尤指名譽損害、人身傷害)；〔羅馬法〕侵害權利

Injury by accident　意外事故損傷，意外事故傷害

Injury determination　損害裁定 (指五十年代國際貿易委員會對反傾銷控告案件做出的)

Injury determination process　損害裁定程序

Injury from blunt utensil　鈍器傷

Injury from sharp utensil　利器傷

Injury in fact 事實上的損害

Injury insurance 傷害保險

Injury Investigation and Determination Committee (IIDC) 〔中〕傷害調查和裁決委員會

Injury standard 傷害的標準

Injury Test 〔美〕損害測試(《1979 年貿易協定法》規定，未簽署 "東京回合" "反補貼守則" 者可以不予履行)

Injury test for anti-dumping action 〔關貿〕反傾銷訴訟的傷害檢驗

Injury threats 〔關貿〕損害威脅(指外國進口產品對本國產品可能的損害而言)

Injury to credit 損毀信用

Injury to person 人身傷害

Injustice 〔美〕不公平；非正義；〔美〕法院的過失；〔羅馬法〕侵害權利

Inlagare v.〔英古〕恢復法律保護(指恢復對被剝奪公民權狀態者的法律保護)

Inlagary (or inlagation) 〔英〕恢復法律的保護；恢復受法律保護狀態

Inlagh 受法律保護者

Inland 國內；內地；內陸；〔英古〕(莊園領主)自用地

Inland bill 國內匯票

Inland bill of exchange 國內匯票

Inland bill of lading 內陸提貨單

Inland boundary cities 內陸邊境城市

Inland canal 內陸運河

Inland carrier 內陸承運人；國內運輸工具

Inland customs due 國內關稅

Inland marine 內陸運輸

Inland marine exposure 內陸運輸風險

Inland marine insurance 內河運輸保險；內陸水上運輸保險

Inland navigation 內地航行；〔美〕內水航行(國會立法上意為在 "內水上航行")

Inland navigation rights 內河航行權

Inland navigation vessel 內河航行船舶

Inland port 內地港

Inland post 內地郵政

Inland revenue 〔英〕國內稅收(如印花稅等由國內稅務專員掌管，但不包括關稅)

Inland Revenue Department 〔香港〕稅務局

Inland revenue office 國內稅務局

Inland Revenue Ordinance 〔香港〕稅務條例

Inland Revenue Ordinance Committee 〔香港〕稅務條例委員會(1954 年)

Inland Revenue Rules 〔香港〕稅務規則

Inland river 內河

Inland sea 內海

Inland trade 國內貿易

Inland traffic 內地貿易

Inland vessel 內地航行船舶

Inland water bill of lading 內河提貨單

Inland water transportation 內地水運，內河運輸

Inland waters 內水 ("內陸水域"，包括河川、湖泊、運河和港灣等)

Inland waterway 內地水道 (內陸水道)

Inland waterway bill of lading 內河水運提貨單

Inland waterway consignment note 內河水運發貨單

Inlaughe v.〔撒〕在法律保護下；在十戶聯保制或十戶區之下

Inlaw v.〔美〕置於法律的保護之下

Inlawry 法律保護；恢復法律權益 (指對犯人)

Inlet 港灣

Inmate 同獄犯人 (同獄犯人或住在同一收容所的人)；同屋居住者；同房病人

Inmate's citizenship 同獄犯人的國籍

Inn 〔英〕旅店；客棧；〔蘇格蘭〕定期生活津貼

Innavigability (河、海)不適航性；不具備適航條件

Innavigable 不適航的；不能通行的 (如河道不夠寬、河水不夠深等)

Inner barrister 〔英、法〕高級律師 (國王大律師允許在法庭欄杆內進行辯護的 "內庭律師")；(倫敦) 四大律師公會會員

Inner continental shelf 內部大陸架

Inner harbour 內港

Inner House 〔英〕內廷；上訴庭 (主要受理上訴案件的高等民事法庭複審部，由外屋進入法庭，故而得名)

Inner space 內層空間

Inner temple 〔英〕內寺律師學院；內殿法學會 (指倫敦四個享有授予律師資格的律師學院之一)

Inner waters 內水

Innings (海邊)開墾的土地 (指以抽乾水和圍堤的辦法從羅姆尼濕地獲取海中的土地)

Innkeepers 〔英〕旅店主人；小旅店老闆 (指對賓客遺下財物六周之內不認領者有權依法處置)

Innkeepers legal liability 旅館主人的法律責任

Innocence 清白；無罪

Innocent a. & n. I. 清白的；無辜的；無罪的；II. 無辜者；無罪者

Innocent agent 無辜的幫兇 (指只是充當犯罪的工具，而不知所為是非法而犯罪者)

Innocent air passage 無害空中通過

Innocent character 無害性質

Innocent conealment 善意的緘默

Innocent conveyance 無害讓與；無害轉讓 (指由承租人轉租屬租賃和二次租賃性質的不動產，如果是終身承租人轉讓，則屬佔有不動產的蓋印證書，其操作不能構成不法行為，因而其轉租是無害的)

Innocent destination 無害目的地；非敵性目的地

Innocent dissemination 無心散佈的誹謗

Innocent homicide 無辜殺人；非故意殺人

Innocent intention 善意

Innocent merchant 無害商人

Innocent misrepresentation 善意的誤述；善意的不實表示

Innocent omission 無意的遺漏

Innocent party 無辜方；非過失方

Innocent passage 無害通過；無害航行(權)(指依國際慣例在他國領海上無害航行之權)

Innocent prima facie 表見無罪

Innocent purchase 善意購得物權

Innocent purchaser 善意買主 (以誠實合同形式購取財產，但不知賣方所有權憑證的瑕疵)

Innocent trespass 無辜侵入他人土地

Innocent trespasser 無辜侵入他人土地者

Innocent victim 無過失受害者;無辜受害者

Innominate 無名的;匿名的;〔羅馬法〕未命名的;未歸類的;不屬特定類別的;列於總項目項下的

Innominate contract 無名契約;無名合約

Innovation 新法令;新制度;新方案;創新;革新;改革;〔英〕債務更替(經債權人同意,以新債取代舊債以新債務人取代舊債務人)

Innovation risk 創新風險

Innovative programme of performance incentives 〔領事〕創新業績獎賞規劃

Inns 小酒店;小酒館

Inns and innkeepers 〔英〕小客棧與旅館主人

Inns of chancery 法學會;律師會館(原為年輕法學院學生的宿舍)

Inns of court 法學院;法學會;法學會館;〔英〕律師學院;出庭律師公會(指倫敦享有授予律師資格的四個律師學院)

Innuendo 譏諷;影射;隱含誹謗;間接誹謗;解釋(指對訴狀中前一次文字的解釋,但此種情況甚少);〔香港〕有誹謗性的訊示;誹謗性含義的解釋(對有誹謗含義的字句的解明)

Inoffensive navigation 無害航行

Inoffensive passage 無害通過

Inofficious 不履行道德義務的(指父母遺囑中無正當理由而剝奪子女的繼承權或子女不欲繼承的財產)

Inofficious testment 違反道德義務的遺囑(無理地剝奪繼承人繼承權的遺囑)

Inofficious will 違反道德義務的遺囑(無理地剝奪繼承人繼承權的遺囑)

Inoficiosidad 〔西〕所為之事有違責任或義務

Inoperative 無效的;不生效的;不能實行的

Inoperative will 無效遺囑

Inpatient 住院病人

Inpayment 訂金;訂貨付款

Inpeny and outpeny 〔英古〕租地出入費(指進出租地或租屋等習慣地應向地主繳納的一便士)

Input 投入;輸入

Input in cash 現金投入

Input in kind 實物投入

Input in production 生產投入

Input price 投入價格

Input subsidies 〔世貿〕生產投入補貼

Input-output analysis 投入產出分析

Input-output table 投入產出表

Inquest 〔美〕驗屍調查;死因調查(查明是謀殺、猝死或在獄中死亡);〔英〕陪審團調查(由 12 人或少於 12 人或多於 12 位陪審員組成的陪審團裁定是否屬國王有權佔有的土地、保有物、財物或動產);驗屍官調查(根據 1988 年《驗屍法》第 30 款規定,驗屍官有管轄權主持對埋藏物的調查);陪審團的裁決(根據 1983 年《精神健康法》裁決是否屬精神病犯者)

Inquest after death 死後調查

Inquest jury 調查陪審團

Inquest of office 〔英古〕官方調查(指由執達吏、驗屍官或陪審團以調查方法對於因無人繼承、沒收或精神不健全者土地、財產以特權方式使國王有權佔有該財產)

Inquest of sheriffs 〔英〕對罷免郡長的調查(指 1170 年亨利國王二世對被罷免的郡長的進款和不法勒索,並令其作出回答和退賠)

Inquiry 〔英〕詢問,訊問,調查;查究;查詢

Inquiry agency 信用調查所

Inquiry commission 調查委員會

Inquiry court 〔英〕〔美〕(軍事)調查法庭;審訊士兵民事訴狀法庭

Inquiry notice 調查通知

Inquiry office 問詢處

Inquiry points 〔世貿〕諮詢站(指一成員方如被問及有關事項時應及時提供詳細情況,給予明確答覆)

Inquisition 調查(由執達吏和組成的陪審團對特定事實的調查);異端裁判所;宗教法庭(指中世紀天主教審判異端的);調查報告書;司法調查報告書(指弄清當事人是否精神失常,不能自理、評估並徵用土地價值、死亡原因)

Inquisition after death 死後調查

Inquisition by torture 〔中〕刑訊

Inquisition of the dead 死者遺產調查(依土地歸屬法,決定將死者遺產交付調查,如土地無人繼承時,收回國有)

Inquisitor 審問官;調查官;〔宗〕宗教裁判所法官

Inquisitor General 〔西〕宗教法庭法官

Inquisitorial 有關訊問的;有關調查的

Inquisitorial system 糾問制(大陸法系國家之刑訴制度;自由法系國家則採用"對抗制""adversary system")

Inquisitory procedure 糾問式訴訟程序

Inredeemable bond 不兌換債券;定期償還公債(指到期前不能償還的公債)

Inrolement (enrolment) 登記;註冊

Inroll (=enroll) v. 登記;編入…;使登錄於法院的檔案;最後謄清(議會通過的議案);抄寫;加入

Inrollments of Acts of Parliament 〔英〕議會制定法案卷錄(1642–1849 年保存於國家檔案局)

Insane 精神錯亂的;精神病的;瘋狂的

Insane delusion 精神虛狂症

Insane person 精神錯亂的人;精神病人;狂人

Insanity 精神病;精神錯亂;顛狂;心神喪失

Inscribe v. 雕;刻;寫

Inscribed 記名的;登記的

Inscribed security 記名債券

Inscribed stock 記名股票;〔英〕記名公債

Inscriber 登記人

Inscription 銘文證據,碑文證據;註冊;登記(指在國家檔案簿上登記抵押、留置等);〔羅馬法〕惡有惡報(從事誣告人犯罪者來日必將會受到同樣的處罰)

Insecure 不安全的;不確定的;有危險的

Insecurity clause 不安全條款(指債權人要敲定有效理由相信債務人不能償還其到期的債務)

Inseparable obligation 不可分的債務(債權人與債務人訂立的由債務人償付債務的合同條款)

In-service training 在職培訓(工作期間培訓)

Inshore fishery 近海捕魚權;近海漁業

Inside address 內部地址

Inside money 內部貨幣

Inside tip 內部預測(指行情等);內部秘密消息;內幕的通知

Insider 局內人；內情人；內幕人員

Insider dealing 〔英〕內線交易（指知道證券公司內部行情以買賣股票獲利的人）

Insider information 內部消息；內幕信息

Insider reports 內部報告；〔美〕股票內線交易月報表（應《證券交易委員會》要求，董事長及股東等所擁有10%股份每月交易情況應予上報）

Insider trading 〔美〕公司內銷股票；內線交易；內部交易；內幕交易

Insiders' group 〔美〕內線團體（由有特權的公司說客組成專門做國會議員的游說工作）

Insignia 勳章；國徽；符號

Insiliarius 出壞主意的顧問

Insincere self-criticism 〔中〕假檢討

Insinuation 〔美〕暗示；疑議；嫌疑；〔羅馬法〕登記；備案（指對文件副本的報備，但只有屬贈與目的，才有此必要）

Insinuation of a will 〔羅馬法〕遺囑提交於登記官（指首次製作的遺囑留由登記官加以檢驗）

Insist *v.* 堅持

Insist on one's innocence 堅持認為自己無罪

Insistence 堅持

Inslium 壞建議；壞顧問

Insolvable 不能解決的

Insolvency 無力償付債務；無償債能力；無償付能力

Insolvency Act 〔英〕破產法；無力償債法（1986年）

Insolvency fund 破產基金

Insolvency practitioner 〔英〕代理破產公司清算人；臨時清算人

Insolvency proceedings 破產程序；破產訴訟

Insolvency risk 破產風險

Insolvency Services Account 〔英〕破產服務賬戶（按照《1986年破產法》關於破產訴訟，由國務秘書和英格蘭銀行掌管的由收到的英格蘭銀行支付的全部款項）

Insolvency statutes 〔美〕無力償債法

Insolvent *n. & a.* I. 無力償債者；破產者；財產不足抵債者；II. 無償債能力的

Insolvent debtor 無償付能力的債務人；破產債務人

Insolvent laws 破產法；無力償債法

Inspect *v.* 檢查；檢驗；審查；視察；調查

Inspectator 起訴人；檢察官；對手；對方當事人

Inspecting and supervising 〔世貿〕檢查和監督（指特別強化對一國資金需求和銀行經營風險方面的）

Inspection 審查；檢查；檢驗；調查；〔英〕協助調查義務（指如法院有命令，則一方當事人有責任給另一方當事人提供其所具有與本案有關的文件供其檢查）

Inspection agencies 檢驗機構

Inspection and supervision 檢查與監督

Inspection and testing certificate 商品檢驗證書

Inspection authentication 檢驗公證

Inspection by customs 〔美〕海關檢驗

Inspection card 檢疫票

Inspection certificate 檢驗證明書

Inspection certificate of imported motor vehicles 進口機動車輛檢驗證明

Inspection certificate of quality （商品）品質檢驗證書

Inspection certificate on damaged cargo 殘損貨物檢驗證書

Inspection committee 檢查委員會

Inspection fee 檢驗費

Inspection laws （建築等的）檢查官採用的規則；〔美〕檢驗法（指對各種待售商品尤其是食品等的商檢）

Inspection of commercial affairs 商務視察

Inspection of disarmament 對裁軍的視察；裁軍監督

Inspection of documents 文件檢查（指訴訟當事人可查閱和抄寫對方所持有的文件之權利）

Inspection of premises 房舍檢查

Inspection of property 〔英〕財產檢查（指法官在審案中可自行檢查訴訟中所引起的有關問題之任何地方或物件，也可授權一陪審員前往查核）

Inspection of register 登記簿的驗證

Inspection of vessles 〔美〕船舶檢查

Inspection office at the port 口岸檢查機關

Inspection on damaged cargo 貨物殘損檢驗

Inspection on the administration 行政監督

Inspection panel 〔世行〕監察小組（負責調查違反世行政策和環保政策等事宜的一個半獨立機構）

Inspection procedure 檢查程序

Inspection report 檢驗報告；調查報告

Inspection requirements 檢驗要求

Inspection rights 檢驗權（指貨物買者付款前有查驗權）；查閱權（查查閱和複製由法官保管或對造佔有的與維持其訟案具有關鍵或重要的文件等權利）

Inspection searches 查抄；〔美〕行政搜查；行政性調查（依地方或州當局頒發的授權書對公共場所等衛生狀況進行調查）

Inspection services 檢驗服務

Inspector 檢驗員；監察員；監督員；視察員；檢查員；稽查員；巡官；督學

Inspector general （軍隊）監察長；〔美〕總監；監察主任（聯邦政府各部門均設有監察主任辦公室，其主要職責是對政府特定部門有關的計劃運作進行監察審計和調查）

Inspector general department 監察署

Inspector of taxes 〔英〕稅務稽查員

Inspector of weights and measures 度量衡檢查員

Inspector-general of police 警察總監

Inspectorship 檢查員（或監察員等）的職位（或任期權）

Inspectorship deed (deed of inspectorship) 〔英〕監督契約證書（指債權人指定一個或多個清算監督員代表債權人監督無力償還債務人清算債務；同時，債權人並承諾不告訴債務人，債務人則同意支付英鎊和解金，即：清算員監督員一面作為債權人代理人一方面監督計算，使無力償還債務者繼續營業並使其逐漸清償債務的監督契約證書）

Install *v.* 安裝；安置；安頓；裝配；就職；就任

Installation 就職典禮；就任典禮；安裝；安置；裝配

Installation allowance 安置津貼

Installation ceremony by his majesty 國王登基典禮

Installation fee 安裝費

Installation grant 安置津貼

Installation insurance 安裝保險

Installation risk 安裝風險

Installment 分期付款；分期收款；〔英〕支付部份到期債務；分期付款金額；分期付款中每一期所付的款項；授予教會的尊嚴典禮

Installment allotment 分期付款分配金額

Installment bond 分期償付債券

Installment buying 分期付款採購

Installment contract 分期付款合約；分期履行合約

Installment credit 分期付款信貸；分期付款信用

Installment delivery 分期交貨 (分批交貨)

Installment insurance 分期交付保險費的保險

Installment land contract 〔美〕分期付款土地買賣契約 (指賣主只有在收到買方支付最後一筆款項時才交給地契)

Installment legacy 分期給付遺贈

Installment loan 〔美〕分期償還的貸款 (一般要在數月內，通常分幾筆等數額償還)

Installment method 分期付款方法

Installment note 分期付款期票

Installment plan 分期付款銷貨方法

Installment policy 分期支付年金人壽保險單

Installment purchase and selling 分期付款的購銷

Installment receivable 應收分期款項

Installment refund 分期償還

Installment sale 分期付款銷售

Instance 審級；訴訟手續，訴訟程序；實例；請求

Instance court 〔英〕初審法院；普通海事法庭

Instance court of admiralty 〔英古〕海事法院分庭 (行使除捕獲案件以外的，所有普通海事管轄案件，現為高等法院的組成部份)

Instance of appeal 上訴程序；上訴審

Instance of appeal court 上訴法院的訴訟程序

Instant 立刻；立即；緊迫的；直接的；現在的；迫切的

Instantaneous 即刻的；瞬間的

Instantaneous crime 即時完成的犯罪

Instantaneous death 猝死

Instanter 馬上；立刻；立即；不遲延

Instantly 立即；立刻；即刻

Instigate *v.* 教唆；慫恿；煽動；引誘

Instigate a rebellion 煽動叛亂

Instigate court proceedings 提起法律訴訟

Instigation 教唆；慫恿；煽動；指使；引誘

Instigator 教唆者；主使人；煽動者；教唆犯

Instinctive movement 衝動

Institorial action 對委任代理人的本人提起的訴訟

Institorial power 代理權限 (授予店員代理管理店鋪權力)

Institue of Chartered Accountant in England and Wales 英國註冊會計師協會

Institut de droit international 〔法〕國際法學會

Institut International des Brevets 〔法〕國際專利研究所

Institute *n. & v.* I. 提起 (訴訟)；開始；建立；學會；會館；〔基金〕協會；學院；研究機構；(公認的) 基本原則；〔複〕法學概要；〔美〕法律教科書；〔蘇格蘭〕第一繼承人；II. 開始；制定；創建；建立；設立；提起 (訴訟)；任命

Institute 10% disbursement clause 協會 (船舶險) 10% 費用條款

Institute a proceeding 提起訴訟

Institute a suit against sb. 對某人起訴

Institute an investigation 進行調查

Institute Cargo Clauses (倫敦保險) 協會貨運保險條款

Institute Cargo Clauses (A) 協會貨物保險條款 (A) (指承保除罷工、兵險、不適航等之外的標的物毀損滅失的一切險)

Institute Cargo Clauses (B) 協會貨物保險條款 (B) (指承保火災、觸礁、碰撞、船難等標的物毀損或滅失險)

Institute Cargo Clauses (bailee) 協會貨運保險條款 (受托人條款)

Institute Cargo Clauses (both to blame collision) 協會貨運保險條款 (駁船互有過失碰撞責任條款)

Institute Cargo Clauses (C) 協會貨物保險條款 (C) (所承保之標的物類似 "F.P.A" 險)

Institute Cargo Clauses (Change of voyage) 協會貨運保險條款 (航程變更條款)

Institute Cargo Clauses (constructive total loss) 協會貨運保險條款 (推定全損條款)

Institute Cargo Clauses (craft risk) 協會貨運保險條款 (駁船條款)

Institute Cargo Clauses (extended cover) 協會貨運保險條款 (保險延展條款)

Institute Cargo Clauses (free of capture and seizure) 協會貨運保險條款 (拘捕和扣留除外條款)

Institute Cargo Clauses (free of strikes, riots and civil commotions) 協會貨運保險條款 (罷工、暴動和民變除外條款)

Institute Cargo Clauses (general average) 協會貨運保險條款 (共同海損條款)

Institute Cargo Clauses (termination of adventure) 協會貨運保險條款 (責任終止條款)

Institute Cargo Clauses (warehouse to warehouse) 協會貨運保險條款 (倉至倉條款)

Institute Cargo Clauses, All Risks 協會航空貨物一切險條款

Institute clauses 〔保〕協會條款 (指倫敦保險協會所制訂的各項保險條款，稱 "倫敦保險協會條款")

Institute for International Economics 國際經濟研究所；國際經濟學會 (從事研究和制定政策建議書，其涉及國際貨幣事務、貿易、投資、匯率、商品以及南北和東西經濟關係)

Institute judicial, arbitral or administrative tribunals or procedures 〔關貿〕建立司法的 仲裁的或行政的法庭或程序

Institute legal proceedings 提起法律訴訟 (向法院提出申訴)

Institute licensing procedures 制定許可證程序 (包括自動和非自動兩種)

Institute of Accountants in Edinburgh 愛丁堡會計師協會 (1853 年)

Institute of Actuaries 〔英〕保險計算師協會 (1849 年)

Institute of Certified Management Accountants 〔美〕公證執業管理會計師協會

Institute of Chartered Accountants in England and Wales 英格蘭和威爾斯特許會計師協會 (1853 年)；特許會計師協會

Institute of Chartered Brokers 〔英〕特許經紀人協會

Institute of International Container Lessors 國際集裝箱出租商協會

Institute of International Finance 國際金融學會 (國際商業銀行、跨國公司和官方貸款機構為其會員)

Institute of International Law (IIL) 國際法學會 (1873 年)

Institute of London Underwriters (ILU) 〔英〕倫敦保險協會 (經營海上保險的保險人公會組織，1889 年成立於倫敦。舊譯 "倫敦保險學會")

Institute of management 經營管理研究所

Institute of political science and law 政法學院

Institute of Space Law 〔美〕太空法學會；空間法學會

Institute of the Chinese Academy of Social Sciences 中國社會科學院研究所

Institute penal proceedings 提起刑事訴訟

Institute proceeding for annulment 提起（合同）無效的訴訟

Institute proceedings against a legal offender 對罪犯提起公訴

Institute rules 制定規則

Institute Running Down Clause 協會碰撞條款

Institute Strike Clause 協會罷工險條款

Institute Strike, Riots and Civil Commotion Clauses 協會罷工、暴動、民變條款

Institute Theft, Pilferage and Non-Delivery Clauses 協會偷竊及提貨不着條款

Institute Time Clauses 會定限時條款；協會定期（船舶險）條款

Institute Time Clauses (Freight) 協會定期船舶險運費條款

Institute Time Clauses-Hull-Port Risks 協會船舶港口險定期條款

Institute Time Clauses-Hulls 協會船舶險定期條款

Institute Voyage Clauses (Freight) 協會船舶險航程運費條款

Institute Voyage Clauses (Hulls) 協會船舶險航程條款

Institute War and Strikes Clause 協會戰爭和罷工險條款

Institute War and Strikes Clause-Hulls-Time 協會戰爭和罷工險條款－船舶定期保險

Institute War Cancellation Clause 協會取消戰爭險條款

Institute war clause 協會戰爭險條款（兵險附帶條款）

Institute Warehouse to Warehouse Clause 協會倉至倉條款

Institute Warranties 協會保證條款（指租賃船舶契約及其保險中規定在一定期限內不得駛至或駛入某些航區，或裝運某種貨物）

Instituted 已開始的；已建立的；已提起的

Instituted executor 〔美〕無條件遺囑執行人（由立遺囑者生前指定的）

Institutes （查士丁尼）《法學概要》；法學著作；法律教科書

Institutes of Gaius 《蓋九斯法學階梯》（關於羅馬法學家蓋九斯的基本著作，其構成查斯丁尼《法學階梯》的重要基礎）

Institutes of Justinian 《查士丁尼法學階梯》《羅馬法原理》（君士坦丁皇帝在位時編纂的關於查士丁尼論述羅馬法的基本原理）

Institutes of Lord Coke 《科克爵士法學總論》（是 1628 年出版的英國法提要的簡稱，共四卷。第一卷是有名的利特頓法官法論的注釋書，簡稱 "科克對利特頓的注釋"；第二卷以下分別稱為第二、三、四注釋書。該書對英美政治和法律影響很大）

Institutes of the Laws of England 《英國法律提要》（1628年出版的《科克爵士著作》的簡稱，廣泛評述土地保有制、大憲章、刑事訴訟以及各級法院）

Institution 訴訟的提起；法律；規則，規定；設立；原則；原理，慣例；繼承人的指定；制定；設立；創設；事業單位；學校；學會；〔宗〕授予聖職；住持的任命儀式

Institution building 機構建設

Institution functioning abroad 駐外機構

Institution of industry 工業制度

Institution of law 法律制度

Institution of petition 請願的提起

Institutional accounting 機關會計

Institutional Arbitration 機構仲裁（又稱 "常設仲裁" 機構仲裁，能為當事人的爭議解決提供多方面的協助和便利，具有固定組織、規則和仲裁員名單及完整的行政辦事機構和嚴格的管理制度的固定性仲裁組織，具有穩定性，有利於爭議的及時公正解決的機構）

Institutional change 機構改革；體制改革

Institutional consultation 制度化的磋商

Institutional cooperation 機構間的合作

Institutional coordination 機構間的協調

Institutional exit option 組織機構的出路選擇

Institutional framework 機構框架

Institutional infrastructure 〔關貿〕機構的基礎設施（指有學者稱，關稅與貿易總協定原擬依賴國際貿易組織 ITO 為其貿易基礎結構，但因美國會不批准而流產，且淪為只是一個協調各國貿易活動的中心站）

Institutional investors 機構投資者（如養老基金會、退休基金和人壽保險公司等以其所擁有的大筆資金進行投資）

Institutional lender 機構貸款人（指銀行、儲蓄放款合作會等機構給職工的放款）

Institutional provisions 〔關貿〕制度條款；組織條款（主要內容有協商機制、爭端解決與執行、服務貿易理事會、技術合作及與其他國際組織的關係等）

Institutional reform 體制改革；制度改革

Institutional structure 體制結構

Institutional support for free trade 〔世貿〕制度上支持自由貿易

Institutional theory of law 團體法學派（是新托馬斯主義法學的支派，創始人是法國法學家 Hauriou 和 Renard，主張多元論政治學說，如家庭、教會、工會企業組織等都是社會有機體，是社會關係法律上人格化的體現）

Institutional writings 〔蘇格蘭〕仿效《法學階梯》類著作；經典法律著作（通常詳盡而系統地闡述全部法律問題，或者至少是民法和刑法問題）

Institutionalised free trade norms 〔世貿〕制度化的自由貿易規範

Instruct *v.* 指導；指示；指令；通知；托辦；〔美〕當事人向律師介紹案情；律師向出庭律師建議；法官向陪審團介紹案情；提供事實情況；授權…做為律師出庭

Instructions 調查或取證階段（歐洲大陸和歐共體法院訴訟程序）；指示（由庭外律師 "solicitor" 發給 "barrister" 的）；教習；〔複〕指導；指示；指令；訓令；〔際〕訓示；訴訟委任狀；〔商〕說明書；須知；〔電腦〕指令

Instructions for the Government of the Armies of the United States in the Field (Lieber Code) 美國野戰軍管理令（又稱《利伯爾法典》）

Instructions for use 使用說明（書）

Instructions to jury 〔美〕對陪審團的指示

Instrument 文件 (指正式的書面法律)；契約；票據；證券；
　工具；〔英〕非正式的書面法律文件
Instrument of acceptance 接受書
Instrument of accession 加入書
Instrument of adherence 加入書；加入文件
Instrument of amendment 修正文件
Instrument of appeal 〔英〕(離婚訴訟) 上訴狀
Instrument of approval 核准書
Instrument of blockade 封鎖工具
Instrument of bombardment 轟炸工具
Instrument of Commitment 承諾書 (指國際開發協會補充
　資金時要求各會員國對分配給該國的份額出具承諾書和附
　條件承諾書。只有在 12 個發達國家交存了總額達補充資金
　的 80% 的承諾書和附條件承諾書後，補充資金的協議才開始
　生效)
Instrument of credit 信用證券；商業證券；信用證書
Instrument of crime 犯罪工具
Instrument of denunciation 退約文件
Instrument of dictatorship 專政工具
Instrument of evidence 證物；證據文件
Instrument of government 〔英〕政府約法 ("攝政憲法"，
　1655 年 12 月 16 日頒佈)
Instrument of interpretation 解釋文件
Instrument of justice 法律文件
Instrument of national policy 國家政策工具
Instrument of ratification 批准書
Instrument of subscription 認股證；股份申請書
Instrument of succession 繼承文件；繼承書
Instrument of surrender 投降書
Instrument of torture 刑具
Instrument pledge 抵押契約
Instrument to pursue trade objectives 推行貿易目標的
　工具
Instrument underhand 〔英〕署名文件 (不要求證明的)
Instrument underseal 蓋印文件；蓋有公章文件
Instrumental 有幫助的；起作用的；作為手段 (或工具) 的
Instrumental capital 工具資本
Instrumental goods 間接貨物
Instrumentality 工具；媒介；媒介機構
Instrumentality of the offence 犯罪工具
Instrumentality rule 〔美〕媒介機構規則 (是總公司的工具，
　不具有獨立的法人資格，其職能就是服務於總公司)
Instruments 工具；手段；文件，文據；契約
Instruments and proceeds of crime 犯罪工具和犯罪所得
Instruments of crime 犯罪工具
Instruments of torture 〔中〕刑具
Insubordinate 不服從的；反抗的
Insubordination 犯上；不服從 (指拒絕執行上級命令)
Insufficiency 〔英〕不足，不充分 (指在答辯方式上或實質的
　缺陷，對原告的主張沒有陳述特定抗辯的答辯書；在口頭辯
　論前，對於訊問事項沒有進行充分陳述的宣誓書)
Insufficiency of evidence 證據不足；證據不充分
Insufficiency of evidence to support verdict 支持裁決的
　證據不足
Insufficient 不足的；不充分的；不能勝任的；不適當的；
　缺乏能力的

Insufficient account 報告不詳備
Insufficient evidence 不充分的證據
Insufficient funds 資金不足；存款不足
Insufficient quorum 不足法定人數
Insula passport 島嶼護照
Insular bonds 島嶼公債
Insular courts 〔美〕海島法院
Insular possesion 屬島
Insular shelf 島架
Insular slope 島坡
Insular state 島國
Insular terrace 島台
Insular territory 島嶼領土
Insular waters 島嶼水域
Insulation period 隔離期；禁止期 (意指勞資集體協議期滿
　前 60 天之內，如無代理提出交涉申請者，可允許僱主與在職
　工會可談判簽署的新勞資合同)
Insult *v. & n.* I. 侮辱；凌辱；冒犯；損害；II. 侮辱；凌辱；(對
　身體或其一部份的) 損害名譽
Insult human dignity 侮辱人格
Insurability 可保性
Insurable 應保險的；可保險的；適於保險的；可給予保險
　充分理由的
Insurable bond 可保債券
Insurable interest 〔美〕可保利益
Insurable property 可保財產
Insurable risks 可保風險
Insurable title 可保權利
Insurable value 保險價值；可保價值
Insurance (or assurance) 保險 (主要包含六種險：1. 海上
　保險；2. 火險；3. 壽險；4. 意外保險；5. 機動車輛險；6. 公
　共責任險)
Insurance account 保險賬冊
Insurance Act 保險法
Insurance adjuster 保險理算師
Insurance against accident 傷害保險
Insurance against all risk 保一切險
Insurance against annuity 年金保險
Insurance against earthquakes 地震災害保險
Insurance against epidemic diseases 傳染病保險
Insurance against fire 火災保險
Insurance against hail 雹災保險
Insurance against litigation 訴訟保險
Insurance against loss 損害保險
Insurance against nonperformance 保契約不履行險
Insurance against old age and invalidity 年老和殘廢保險
Insurance against sickness 疾病保險
Insurance against strike 同盟罷工保險
Insurance against third party risks 對第三者損害的保險
Insurance against total loss only (TLO) 只保全損險
Insurance against unemployment 失業保險
Insurance against war risk 戰事保險
Insurance age 保險年齡
Insurance agency 保險代理機構；保險代理行
Insurance agent 保險代理人
Insurance amount 保險金額

Insurance amount's lien 保險代理人的留置權

Insurance applicant 要保人；申請保險人

Insurance appraiser 保險鑒定人

Insurance auditor 保險審計師

Insurance binder 臨時的保險契約書；暫保單；保險（承諾書）活頁夾

Insurance bond 保險公司證券（保險業者投資購買的債券）；人壽保險證券

Insurance broker 保險經紀人

Insurance Brokers Registration Council 〔英〕保險經紀人註冊委員會

Insurance business 保險業務

Insurance by daily installment 按日付款保險

Insurance by way of indemnity 補償保險（指某種特定事項發生時補償其實際損害的保險。如火險、海上保險）

Insurance card 保險卡（保險證）

Insurance carrier 保險承保單位

Insurance certificate 保險證書；保險憑證

Insurance charge 保險費用

Insurance claim 保險索賠

Insurance claim ratio 保險損失率

Insurance clauses 保險條款

Insurance collector 保險收費員

Insurance commission 保險事業管理委員會；保險佣金

Insurance Commissioner 〔美〕保險總監；保險專員

Insurance company 保險公司

Insurance company adjuster 保險公司理賠員

Insurance company on mixed plan 混合組織保險公司

Insurance company on non-participating principle 股份組織保險公司（被保險者不分享紅利的保險公司）

Insurance contract 保險合約

Insurance co-operative 保險合作社

Insurance corporation 保險公司；保險集團

Insurance cost 保險成本

Insurance cover 保險責任

Insurance coverage 承保範圍；承保險別；保險保障；保險總額（投保總額）

Insurance department 〔美〕（州）保險局

Insurance firms 保險公司

Insurance for adult 成人保險

Insurance for impaired lives 弱體保險

Insurance for liability 責任保險

Insurance for life 人身保險；終身保險

Insurance for movables 動產保險

Insurance for old-age 老年保險；養老保險

Insurance for the impaired 體弱保險

Insurance for unemployment 失業保險

Insurance for war 戰時保險；戰爭保險

Insurance form 保險表格

Insurance fund 保險基金

Insurance in blank 空白保險；所持人保險

Insurance in force 有效保險

Insurance in full 全額保險

Insurance in general 概括保險；總括保險

Insurance indemnity 保險賠償

Insurance industry 保險（行）業

Insurance intermediation 保險中介

Insurance items 保險項目

Insurance law 保險法

Insurance liability 保險責任

Insurance lien 保險留置權（亦稱"保險費優先權"）

Insurance macroeconomics 保險總體經濟學；保險宏觀經濟學

Insurance mathematics 保險數學

Insurance microeconomics 保險個體經濟學；保險微觀經濟學

Insurance money 保險金

Insurance of damage 損害保險

Insurance of domestic animals 家畜保險

Insurance of export-import goods 進出口貨物保險

Insurance of hull and engine 船舶保險

Insurance of indemnity (damage) 損害保險

Insurance of inferior lives 弱體生命保險

Insurance of money 金錢保險

Insurance of the person 人身保險

Insurance of transport by air 空運保險

Insurance Ombudsman Bureau 〔英〕民政保險專署（成立於 1951 年，處理保險單持有者的求償案件）

Insurance on hull 船體保險

Insurance on immovable(s) 不動產保險

Insurance on last survivor 生存者終身保險；最長壽命保險

Insurance on single life 單獨生命保險

Insurance other than life 物的保險

Insurance period 保險期

Insurance policy 保險單

Insurance policy on cargo 貨物保險單

Insurance policy on hull 船體保險單

Insurance politics 保險政策

Insurance pool 共保集團；保險聯營

Insurance portfolio 保險業務總量

Insurance premium 保險費

Insurance premium card 保險費卡

Insurance premium expired 過期保險費

Insurance premium theory 保險費學說（對租稅而言）

Insurance preserve fund （保險公司的）責任儲備金

Insurance proceeds 保險賠款

Insurance programme 保險計劃

Insurance property 保險財產

Insurance protection 保險保障

Insurance rate 保險費率

Insurance rating 保險定額；保險定級

Insurance rebate 保險回扣

Insurance receipt 保險收據

Insurance record （關於信託公司的）保險登記簿

Insurance reserve 保險積存金；保險準備金

Insurance risk 保險風險

Insurance salvage （海上）打撈物保險

Insurance science 保險學

Insurance service 保險業務

Insurance settlement 保險理賠

Insurance shares 保險股票（保險業者投資購買的）

I

Insurance slip　投保單 (水險投保單)

Insurance solicitor　保險律師；保險公司推銷員

Insurance superintendent　保險總監

Insurance system　保險制度

Insurance tax　保險稅

Insurance term　保險期限

Insurance to be effected by buyer　由買方保險

Insurance to bearer　空白保險；所持人保險

Insurance to value　足額保險 (於價值相應的保險)

Insurance trust　保險信托

Insurance with participation　附有分配利益的保險

Insurance without dividend　無股利保險；無紅利保險

Insurance without participation　無紅利保險

Insurance without return premium　無保險費補貼的保險

Insurance-related services　與保險有關的服務

Insurant (=Insured)　被保險人；要保人；保險戶

Insure　*v.* 投保；承保；保險；提供保險；保證

Insure with particular average　保水漬險；保單獨海損賠償險

Insured　被保險人；要保人；保險戶

Insured amount　保險金額

Insured bond　附有保險的證券

Insured deposit　被保險存款

Insured event　保險事故

Insured exporter　被保險出口人

Insured letter　保價信

Insured letters and boxes　保價信件及其箱物

Insured liability　保險責任

Insured loan　保險貸款

Insured mail　被保險的郵件

Insured object　保險對象

Insured percentage　共保比例

Insured person　被保險人

Insured post　保險郵件

Insured premises　被保險房產

Insured property　被保險財產

Insured value　保險價值；投保價值；保值

Insurer　承保人；保險人；保險商；保險公司

Insurer of goods　貨物承保人

Insurer's interest　保險人權益

Insurer's liability　保險人責任；承保人責任

Insurer's security　保險人的保證

Insurgence　叛亂

Insurgency　叛亂；叛亂狀態

Insurgent　叛亂者；起義者；敵人

Insurgent body　叛亂團體

Insurgent force　叛亂部隊

Insurgent government　叛亂政府

Insurgent vessel　叛亂船舶

Insuring clause　〔美〕保險條款 (保護受保險人免受損失或損害形式的條款)

Insurrection　暴動；起義；造反；叛亂；叛變；〔美〕暴力罪

Insurrectional government　叛亂政府；叛變政府

Insurrectional movement　叛變運動

Insurrectionist party　叛亂團體

Intakers　收受贓物者；收贓人

Intakes　〔英古〕臨時圈地

Intangible　無體的；無形的

Intangible asset　無形資產；無體財產

Intangible barriers　無形的壁壘 (指服務貿易、高科技貿易等)

Intangible chattels　無形動產 (指純屬一種沒有實體的權利)

Intangible drilling costs　無形的鑽探成本

Intangible interest　無形利益

Intangible property　無形財產 (權)

Intangible right　無形權利

Intangible value　無形財產價值 (如專利、版權和信譽等的價值)

Intangibles　無體物；無體財產 (例如專利、版權、商標等)

Intangibles tax　〔美〕無形財產稅；無形權利稅

Integated agreement　綜合協議

Integral　構成整體所必要的；組成的；完整的；整個的；不

Integral link　不可分割的聯繫

Integral part　組成部分

Integral part of domestic laws　國內法組成部份

Integral restitution　全部歸還

Integral territory　完整領土

Integrate　*v.* 完整；統一；綜合；一體化

Integrated approach　一體化方法

Integrated bar　〔美〕統一律師協會

Integrated circuit　集成電路

Integrated circuit design　集成電路設計

Integrated contract　全面契約；完整契約，綜合契約

Integrated Data Base (IDB)　綜合數據庫

Integrated dispute settlement process　〔世貿〕統一爭端解決程序

Integrated enforcement mechanism　〔世貿〕一體化的執行機制

Integrated fund　綜合基金

Integrated Global Ocean Services System (IGOSS)　全球聯合海洋服務系統

Integrated operation　一體化經營

Integrated programme for commodities (IPC)　商品綜合方案 (指發展中國家為了改變工業品和初級產品之間的不等價交換而制定的把多種商品綜合起來解決的辦法；1976 年 5 月聯合國第四屆貿易和發展會議上，正式通過了 "商品綜合方案" 的決議)

Integrated project proposal　綜合項目提案

Integrated property settlements　〔美〕綜合財產分割協議 (指夫妻分居或離婚時，按法院判決達成分割其共有財產的合同)

Integrated regional co-operation　一體化的區域合作

Integrated writing　統一文本；完整契約 (指各方對協議最後的統一的表述)

Integration　結合，綜合；整合，一體化；合而為一；合併；〔美〕取消種族隔離；族群融合 (給予不同種族平等待遇)

Integration into the world trade order　世界貿易秩序一體化

Integration of economies　經濟一體化

Integration of global capital markets　〔基金〕國際資本市場一體化

Integration of the global economy　全球經濟一體化

Integration of the territory　領土完整

Integration process 〔世貿〕一體化進程（世貿組織紡織品與服裝的）

Integration programme 納入計劃；一體化計劃

Integrative jurisprudence 〔美〕統一法學；"整體法理學"或"綜合法理學"（指以美國現實主義法學為代表的社會學法學、分析實證主義法學和自然法學三派）

Integrity 完整；完善；〔美〕正直；誠實；廉正，廉潔（指公務員、受托人等的法定資格、道德及品行）

Intellectual and operational contribution of the World Bank to trade liberalisation 〔世行〕世界銀行對貿易自由化思想上和業務上的貢獻

Intellectual cooperation 文化合作

Intellectual creations 智力創造

Intellectual output 知識輸出

Intellectual property 知識產權；知識產品；文化財產

Intellectual property fees 知識產權費

Intellectual property working conference 知識產權工作會議

Intellectual resources 知識資源

Intellectual revolution 知識革命

Intelligence 情報；諜報；智力

Intelligence agent 情報員；諜報員

Intelligence bureau (department) 情報局

Intelligence gathering 情報搜集

Intelligence office 情報處；職業介紹所

Intelligence quotient 智商

Intelligibility 〔美〕可以理解；明瞭（指在抗辯訴狀中"每個陳述應簡單、簡明和直接"以便於普通人理解）

Intelsat 衛星通訊組織

Intemperance 無節制；放縱；酗酒

Intend *v.* 打算；準備；意圖；決意；意旨；意思是

Intendance 行政管理部門；監督；管理

Intendant 監督人；管理人；經理；〔法、西、葡〕（王朝的）總督；管家；州長；地方行政長官

Intendant of circuit 〔中〕巡按（封建時代的官員）

Intendant of the generality 〔法〕省長

Intendant of the province 〔法〕省長

Intendant office 監督署

Intendant-general 監督總長

Intended end-uses of products 〔世貿〕擬定產品的最終用途；產品的預期最終用途

Intended procurement 擬議的採購；預定的採購

Intended to be recorded 〔美〕擬登記的（產權轉讓用語）

Intended use doctrine 〔美〕預期用途原則（即指產家預定上市營銷的產品應合理考慮及其使用環境安全責任原則）

Intending husband 〔香港〕未婚夫；推定丈夫

Intending passenger 候車乘客；候機乘客

Intending wife 〔香港〕未婚妻；推定妻子

Intendment 〔英〕（法律文件詞句的）含義；真正意義

Intendment of law 〔美〕法律真義；法律上的正確理解；法律的意旨；法院的推定或推斷

Intense competition in the field of science and technology 科技領域的激烈競爭

Intensity of transportation 運輸強度

Intensive farming 精耕農業；集約農業

Intensive process of negotiation 深入細緻的談判過程

Intent 意思；意圖；目的

Intent of conditioning import relief 調節進口救濟的意圖

Intent to kill 殺人目的，殺人意圖

Intention 意思，意向；意旨，意圖，目的；用意，蓄意

Intention agreement 意向協定

Intention of act 行為意思

Intention of remaining 永住的意思

Intention of testator 立遺囑人的意圖

Intention of the Parties 締約國的意圖；當事人的意圖

Intention to appeal 上訴意圖

Intention to contract 契約目的；合約目的

Intentional 故意的；蓄意的

Intentional act 有意行為

Intentional bombing 故意轟炸

Intentional concealment 故意隱瞞（事實真相）

Intentional crime 故意犯罪

Intentional default 故意缺席

Intentional flooding 故意決水（罪）

Intentional injury 故意傷害

Intentional misconduct 故意的不當行為

Intentional offence 故意犯罪

Intentional running on shore 故意擱淺

Intentional stranding 有意擱淺；自動擱淺

Intentional tort 故意侵權；蓄意侵權

Inter continental arrangement 洲際安排

Inter Lease 國際租賃協會

Inter partes summons 對訴訟各造的傳票

Inter se member 秘密會員

Inter terrorem clause 恐嚇條款

Inter vivos gift 生前贈與（在世時的贈與）

Inter vivos instrument 生前所立的文據

Inter vivos transfer 生前讓與；生前財產讓與（在世時的財產讓與）

Inter vivos trust 生前信托

Interaction 相互作用；相互影響

Interaction and Confidence Building Measures in Asia (CICA) 亞洲相互協作與信任措施會議（簡稱亞信會議，由哈薩克斯納扎爾巴耶夫總統於 1992 年 10 月在紐約發起成立的，是一個有關安全問題的多邊論壇。現有 26 個成員國、12 個觀察員國和組織。亞信的宗旨是通過制定多邊信任措施，加強對話與合作，促進亞洲和平、安全與穩定）

Interaction between trade and competition 〔世貿〕貿易與競爭之間的相互影響

Interactions between global economic organisations 全球性經濟組織之間的相互影響

Inter-African Coffee Organisation (IACO) 非洲國家咖啡組織

Inter-African Organisation of Forestry Economy and Timber Trade 泛非森林經濟和木材貿易組織

Inter-agency agreement 機構間協定

Inter-agency consultation 機構間協商

Interagency Consultative Board 〔聯〕機構間磋商委員會（為開發計劃署的一個機構，世界銀行行長也是其中成員之一）

Inter-agency coordination 機構間協作（調）

Inter-agency group 機構間小組

Inter-agency loan 機構間貸款

Inter-agency subcontract 機構間分包合約
Inter-agency transfer 機構間調撥；機構間轉讓（過戶）
Inter-American Centre for Training in National and International Marketing (CICOM) 泛美國內和國際銷售訓練中心（泛美國內和國際市場營銷培訓中心）
Inter-American Commercial Arbitration Commission (IACAC) 美洲國家商務仲裁委員會（1934 年 4 月 25 日成立於烏拉圭首都蒙特維多，旨在建立一套解決美洲國家間商務爭端的仲裁制度，並安排其活動）
Inter-American Conference 美洲國家會議（1889 年）
Inter-American Convention on Extraterritorial Validity of Foreign Judgments and Arbitral Awards 美洲國家關於外國判決和仲裁裁決域外效力公約
Inter-American Council of Commerce and Production (IACCP) 美洲國家商業和生產理事會
Inter-American Court of Human Rights 美洲人權法院
Inter-American Development Bank (IADB) 美洲開發銀行（成立於 1959 年由美國、拉丁美洲和加勒比海地區 22 個國家組成，旨在為拉丁美洲國家提供資金來源廣義上講亦屬"世界銀行集團"）
Inter-American Draft Convention on Jurisdictional Immunity of States 關於國家管轄豁免的美洲國家公約草案
Inter-American Economic and Social Council (CIEC) 美洲經濟及社會理事會（又稱"美洲經社理事會"）
Inter-American Export Promotion Centre 美洲出口貿易促進中心
Inter-American Federation of Insurance Companies 美洲保險公司聯合會
Inter-American Federation of Tourism and Automobile Clubs (FITAC) 美洲國家間旅遊與汽車俱樂部聯合會；泛美旅遊、汽車俱樂部聯合會
Inter-American Freight Conference (Section A) 美洲貨運公會（A 區）
Inter-American Housing Union 美洲住房聯盟
Inter-American Indian Institute 美洲印第安人學會
Inter-American Juridical Committee (LAJC) 美洲國家法律委員會
Inter-American Savings and Loans Bank 美洲儲蓄和貸款銀行
Inter-American Statistical Institute (also known as ISI or IASI) 美洲國家間統計學會
Inter-Arab Investment Guarantee Corporation (IAIGC) 泛阿拉伯投資擔保公司（泛阿擔保公司）
Inter-arrangement 暫時安排
Inter-authority 在權力機構之間的
Inter-bank 銀行同業的；〔複〕同業往來
Interbank business 銀行間交易
Inter-bank call loan market 同業銀行活期貸款市場
Inter-bank deposit 銀行同業存款
Inter-bank forex market 銀行同業的外匯市場
Inter-bank rate 銀行間匯率；銀行間利率
Inter-bourse 國際交易所；國際證券交易所
Intercede v. 居間調停；調解；代為請求；說項
Intercept v. 〔美〕截取（情報）；竊聽
Interception 中途阻止；攔截；截取；竊聽，偵聽
Interceptor 截擊機；攔截的人

Intercession 調解；說情
Intercessional Committee 閉會期間委員會；〔關貿〕閉會期間委員會
Intercessory 調解的
Interchange n. & v. 交換；互換；交替；交易
Interchangeability 互換性；可交換性；可交替性
Interchangeable bonds 可變更的公債；可交換的公債
Interchangeably 可互易地；可交替地；可交換地；可互換地；以交換或互換的方式
Intercity 市際間的；都市間的
Inter-coast Shipping Act 〔美〕沿海航運法（1933 年）
Intercolonial conference 〔英〕殖民地會議
Intercolonial private law 殖民地私法
Intercommoning 〔英〕相互放牧（指兩個相互接壤的莊園領地間居民可相互放牧）
Inter-communication 互通消息
Inter-company agreement 同業合同，聯營公司協議；公司間的協議
Inter-company bond holdings 公司間持有對方的債券
Inter-company transactions 集團內公司間交易（指在集團內母公司與其附屬公司間的交易）；公司間會計事項
Inter-continental arrangement 洲際安排
Inter-continental ballistic missile 洲際彈道導彈
Inter-coopeative international law of coordination 團體間聯立國際法
Intercourse 交易；交流；交往；交合（指性交）
Intercourse of states 國家交往
Inter-departmental agreement 政府部門間協定
Inter-departmental arrangement 政府部門間安排
Interdependence 互相依賴；互相依存；相互依存
Interdependent 相互依賴，相互依存
Interdict v. & n. I. 禁止；停職；停止職權；II.〔英〕禁令；〔宗〕褫奪教權令；禁治產人（指無行為能力的人，須經法院宣告）；〔蘇格蘭〕禁令（類同於英國法院強制命令）
Interdict contraband 禁止走私物品
Interdicted person 禁治產人；戰時禁制人
Interdiction 〔法〕禁治產（指因精神病不能自理者）；禁令；〔際〕禁止商務交往；〔羅馬法〕剝奪公民權；〔蘇格蘭〕禁治產程序（指精神病患者無能力自理）；〔法〕〔加〕訴請取得監護人及其財產程序；〔宗〕褫奪教權禁令（指禁止神職活動的教會申斥）
Interdiction of fire and water 〔美〕水火禁止令
Interdictory 禁止的；制止的
Interest 權益；地產權益；不動產權益；利益；利害關係；利息；保險主體；保險利益；行業；損害；損害賠償金
Interest account 利息賬（戶）
Interest accrued 未收的利息；應計利息
Interest allowances 利息津貼
Interest arbitrage 套利
Interest based on each installment 按分期付款額計息
Interest bond （作為支付）利息債券
Interest charge 利息費用
Interest community 利益共同體
Interest coupon （附有公債券等的）息票
Interest coverage ratio 利息償付比率（指收益與利息償付額之比）

Interest (rate) differential 利息差額

Interest due and but not paid 到期但尚未支付的利息

Interest elasticity 利息彈性 (指貨幣理論)

Interest equalisation tax (IET) 〔美〕利息平衡稅

Interest Equalisation Tax Laws 〔美〕利潤平衡稅法

Interest expense 利息費用

Interest group 利益集團

Interest in dividend 分紅；分利

Interest in expectancy 預期利息

Interest in land 土地權益

Interest in property 財產權益

Interest in real property 不動產權益

Interest of assured 被保險利益

Interest of beneficiary 受益權

Interest on a loan 借款利息

Interest on arrears 延期利息；滯納利息

Interest on daily balances 按日差額利息

Interest on holdings of special drawing rights 特別提款權持股的利息

Interest on Lawyer's Trust Accounts (IOLTA) 〔美〕律師信託賬戶的利息 (某些州將這種利息轉交給社會公益事業機構)

Interest on public debt 公債利息

Interest or no interest policy 賭博保險單

Interest payable 應付利息

Interest payable quarterly 按季度付息

Interest payable semi-annually 每半年付息

Interest payments 利息付款；付息

Interest per annum 年利

Interest period 計息期

Interest policy 利益保險單

Interest rate 利率 (利息率)

Interest rate basket 〔基金〕利率籃子

Interest rate liberalisation 放寬利率；利率自由化

Interest rate parity 利率平價 (指兩個國家在指定時間內的即期匯率與期貨匯率之差價)

Interest rate shield 〔美〕所得稅利息稅減免額

Interest rate swap 利率掉期

Interest rebate 利息回扣

Interest receivable 應收 (未收) 利息

Interest reipublicae ut sit finis litium 關乎國家權益之訴應予終結；為了公眾的福利應設定訴訟的期限

Interest revenue 利息收入

Interest school of law 利益法學派 (社會法學派的一個流派，強調法官應注意平衡各種相互衝突的利益為理論基礎)

Interest sensitivity 利息敏感性

Interest subsidy 利息補貼

Interest subsidy fund 〔世行〕利息貼補基金 (由工業化國和產油國自願提供的捐獻，自付 4% 利息、付給世行 4% 利息，共計 8% 利息，較世行一般貸款 85% 利息為低。該項基金由世行貸出，其差額由借款國自行支付)

Interest suit 〔英〕死者遺產管理權訴訟 (由高等法院衡平法庭受理關於裁定有權授予死者遺產管理狀之訴)

Interest surcharge 附加利息

Interest table 利息表

Interest tax 利息稅

Interest under contract 約定利息

Interest upon interest 複利

Interest, Profits, and Dividends (IPD) 〔英〕利息、利潤和紅利 (展示國際收支差額)

Interest-based explanations of trade policy 按貿易政策解釋的利益

Interest-based on each installment 按分期付款額計息

Interest-bearing 生息

Interest-bearing securities 附息證券；帶利息公債

Interested contracting party 有關訂約當事方；〔關貿〕有利益關係的締約國

Interested government 有關政府

Interested Member 〔世貿〕當事成員方；有關成員方

Interested parties 利害關係人

Interested suppliers 有關的供應商

Interested witness 有利害關係的證人；偏心的證人

Interest-free 免息

Interest-free loan 無息貸款

Interest-group pressure 利益團體的壓力

Interests on Lawyer's Trust Accounts (IOLTA) 〔美〕律師信託賬戶的利息 (某些州將這種利息上交公共服務機構)

Interests Section 〔領事〕資產科 (指在兩國斷絕外交或領事關係時，派遣國在駐在國館舍等所有財產委託第三國使領館代管而設的)

Interface protocol 連接議定書

Interfactional 派系間的

Interfere *v.* 干涉；妨礙；擾亂；干預；對發明專利權提起訴訟

Interference 干涉；妨礙；擾亂；干預；干擾；〔美〕專利請求權抵觸 (對於二人或二人以上同時主張發明專利標的執先執後，專利商標局確定程序以專利發明先提出申請者為定，不服者可向專利上訴委員會提出上訴)

Interference with business relationship 〔美〕侵害營業關係

Interference with contractual relationship 侵害合約關係

Interference with economic relations 干預經濟關係；妨礙經濟關係

Interference with family relationship 妨礙家庭關係

Interference with trade 妨害職業

Interference with witness 干擾證人

Interfering with the exercise of public function 妨礙執行公務

Intergenerational equity 世代間公平；世世代代之間的公平

Intergovernmental agency 政府間機構

Intergovernmental agreement 政府間協定

Intergovernmental Agreement on the Establishment of an Inter-African Motor Vehicle Third Party Liability Insurance Card 制定非洲機動車輛第三者賠償責任保險卡的政府間協定

Intergovernmental arrangement 政府間安排

Intergovernmental Bureau for Informatics (IBI) 政府間信息科學局 (涉及計算機數學等)

Intergovernmental committee 政府間委員會

Intergovernmental Committee for Migration (ICM) 政府間移民委員會

Intergovernmental Committee on the Development and Utilisation of New and Renewable Sources of Energy 促進新能源和可再生能源的發展和利用政府間委員會

Intergovernmental conference 政府間會議

Intergovernmental Council of Copper Exporting Countries (CIPEC) 銅出口國政府聯合委員會

Intergovernmental decision-making 政府內部決策

Intergovernmental framework agreements 政府間基礎協定；政府間框架協議

Intergovernmental grants or transfers 政府間贈與或轉讓

Intergovernmental Group for the Creation of a Financing Fund for Buffer Stocks 建立資助緩衝儲存基金政府間小組

Intergovernmental Group of Experts on an International Code of Conduct on Transfer of Technology 政府間國際技術轉讓行動守則專家組

Intergovernmental Group of Experts on Restrictive Business Practices 政府間關於限制性商業做法專家組

Intergovernmental Group of Experts on Tariff Reclassification 政府間重訂海關稅則類別專家組

Intergovernmental Group of Experts on the Concepts of the Present Aid and Flow Target 政府間關於當前援助和流動指標概念問題專家組

Intergovernmental Group of Twenty-Four on International Monetary Affairs (Group of Twenty-Four) 國際貨幣事務24國政府間集團

Intergovernmental Group on Container Standards for International Multi-Modal Transport 國際多式聯運集裝箱標準問題政府間小組

Intergovernmental Group on Grains 〔糧農〕政府間關於糧食問題小組

Intergovernmental Group on Meat 〔糧農〕政府間關於肉類問題小組

Intergovernmental Group on Rice 〔糧農〕政府間關於糧食問題小組

Intergovernmental Group on Supplementary Financing 〔聯〕補充籌資的政府間小組

Intergovernmental Group on the Least Developing Countries 〔聯〕最不發達國家政府間小組

Intergovernmental instrument 政府間文件

Intergovernmental Maritime Consultative Organisation (IMCO) 政府間海事協商組織 (1957年聯合國成立的一個專門機構)

Intergovernmental military force 政府間軍事部隊

Intergovernmental organisation 政府間組織

Intergovernmental panel 政府間小組

Intergovernmental Panel on Trade and Environment (IPTE) 關於貿易與環境問題政府間專家小組

Intergovernmental Preparatory Group on Conditions for Registration of Ships 船舶登記條件政府間籌備組

Intergovernmental service fund 政府內部服務基金

Intergovernmental transactions 政府間的交易

Intergovernmental Typhoon Committee 各國政府間的颱風委員會

Intergovernmental working group 政府間工作小組

Interim agreement 過渡協定；臨時協定；〔關貿〕臨時協定；過渡協定 (指為成立 "關稅聯盟" 或 "自由貿易區" 而簽訂的)

Interim allowance 臨時津貼

Interim arrangement 臨時安排

Interim attachment 臨時扣押；臨時判斷

Interim audit 期中審計

Interim award 臨時仲裁裁決

Interim binder 〔保〕有約束力的臨時收據 (釋義見 "binding receipt")

Interim chairman 臨時主席

Interim commission 過渡委員會；臨時委員會；〔關貿〕臨時委員會 (監督實施關貿總協定的)

Interim Commission for the International Trade Organisation (ICITO) 〔關貿〕國際貿易組織臨時委員會 (1948年在哈瓦那會議上通過，其職能：1. 為國際貿易組織臨時籌備機構；2. 為關貿總協定的秘書處)

Interim committee 過渡委員會；臨時委員會

Interim Committee of the Board of Governors on the International Monetary System 〔基金〕國際貨幣基金組織理事會國際貨幣制度問題的臨時委員會 (通稱 "臨時委員會"，是 IMF 的諮詢機構，成立於1974年，其任務是負責 IMF 機構改革、修改 IMF 組織協定、處理威脅貨幣制度的突發事件等問題，並向 IMF 理事會提出意見和報告)

Interim court of arbitration 臨時仲裁法庭

Interim curator 〔英古〕重罪犯財產的臨時管理人 (由治安官任命直至由王室任命的正式管理為止)

Interim custody 臨時拘押

Interim disbursements 臨時支付

Interim dividends 期中股利；(結算未完畢時的) 暫定股息

Interim financing 臨時融資 (用於支付房屋建築費用)

Interim government 臨時政府；過渡政府

Interim guardian 臨時監護人

Interim injunction (法院) 暫時禁制令；臨時禁止令；中間禁止令

Interim interest 中期利息；臨時利息，暫付利息

Interim judgment 臨時判決；中間判決

Interim laws 臨時法規；暫行法規

Interim measure 臨時措施；暫時措施

Interim measure of protection 臨時保護措施

Interim officer 臨時官員 (指在職官員因缺席或不能正常視事而臨時空位的補缺者)

Interim order 中間命令；臨時命令 (有暫時效力的假命令)

Interim preservation 臨時保管

Interim procedures 暫行辦法

Interim Procedures for the Export Licensing System 〔中〕出口許可證制度暫行手續

Interim Procedures for the Handling of Loans by the Bank of China to Chinese-Foreign Joint Ventures 中國銀行辦理中外合資經營企業貸款暫行辦法

Interim Procedures of the State Import-Export Commission and the Ministry of Foreign Trade of the P.R.C Concerning the System of Export Licensing 中華人民共和國國家進出口管理委員會、對外貿易部關於出口許可證制度的暫行辦法

Interim provisions 暫行規定

Interim Provisions for Labour and Wage Management in the Special Economic Zones in Guangdong Province 廣東省經濟特區企業勞動工資管理暫行規定

Interim Provisions for the Registration and Administration of Enterprises in the Special Economic Zones in Guangdong Province 廣東省經濟特區企業登記暫行規定

Interim Provisions of the Special Economic Zones in Guangdong Province for the Control of Personnel Entering and Leaving China 廣東省經濟特區入境出境人員管理暫行規定

Interim Provisions of the State Council of the P.R.C for the Control of Resident Representative Offices of Foreign Enterprises 中華人民共和國關於管理外國企業常駐代表機構的暫行規定

Interim receipts 臨時收據 (指申請訂立保險合同而支付的保險費而言)

Interim receiver 臨時財產接管人 (根據 1986 年《無力償債法》規定，指定代理接管債務人財產者)

Interim regulations 暫行條例

Interim Regulations on Foreign Exchange Control of the P.R.C. 中華人民共和國外匯管理暫行條例

Interim report 期中報告；〔關 / 世貿〕中期報告 (指專家小組就爭端各當事方所交的書面評論截止時間過後，就其所作的調查結論等向當事方發佈報告)

Interim resolution 臨時決議

Interim statements 〔美〕季度財務報表；期中報表 (指月度或季度財務報表)

Interim Trade committee 〔關貿〕臨時貿易委員會 (關貿總協定提出徵求意見時被美國會所否決，胎死腹中)

Interim trustee 中間受托人；臨時受托人

Interinsurance 相互保險；連環保險

Inter-insurance exchange 相互保險交易

Interinsurer association 相互保險協會

Interior Department 〔美〕內政部

Interior sea 內海

Interior Secretary 〔美〕內政部長

Interior trade 國內貿易

Interior waters 內水

Inter-island waters 島嶼間水域

Inter-jurisdictional competition 管轄權之間的競爭

Interlaqueare 〔英古〕連接在一起；可互換地；可交替地

Inter-lending agreement 相互出借協定

Interlineations 行間書寫；在字行間書寫；寫或印在契據字行間的詞句

Interlining 〔美〕聯運業務

Interlocal private law 區際私法 (指解決同一國家中各地區民法抵觸的法律，其可發生於聯邦國家，也可發生於單一國家。例如美國各州之間的法律抵觸；又如英格蘭的民法和蘇格蘭的民法也不相同。解決區際民法抵觸的法律規則同解決國際民法抵觸的法律規則相同，所以在美國，區際私法與國際私法都稱為法律抵觸法)

Interlocking confession 聯鎖供認 (指供認的主要犯罪要素本質上相同)

Interlocking director 兼任董事；互兼董事；連鎖董事 (指相互兼任兩個或兩個以上公司的董事，美國聯邦法禁止競爭性企業中互兼董事)；兼任經理；互兼經理

Interlocking directorate 〔美〕互兼董事職位 (連鎖董事)

Interlocution 中間判決；本案前的判決

Interlocutor 〔蘇格蘭〕有效裁決 (指對某訴案部份或全部處理之謂)

Interlocutory 臨時的，暫時的；非最後的；中間的；在訴訟期間宣告的；中間裁決的；對話的；談論的

Interlocutory appeal （訴訟）中間上訴

Interlocutory Appeals Act 〔美〕中間上訴法 (指在民事訴案中，如果承審法官認為在主要法律問題意見分歧可中止訴訟，允許上訴複審)

Interlocutory application （訴訟）中間申請

Interlocutory decision 中間判決

Interlocutory decree 中間判決；非終局判決

Interlocutory injunction 臨時禁制令；中間禁止命令 (指原、被兩造權利決定之前，法院禁止被告在爭議中的行為的命令，或為了避免緊急重大的損害而發布的中間禁止命令，只要沒有其他命令，該命令的效力持續到本案判決為止)

Interlocutory judgment 中間判決 (裁定或裁決為中間判決之一)；非終局判決

Interlocutory order 中間命令；中間裁決

Interlocutory proceedings 中間程序

Interlocutory writ 中間令狀

Interlope v. 無執照營業；侵佔他人的權利；闖入；干涉

Interloper 〔美〕無執照經營者；干涉與其無利害關係之他人事務者；干涉與己無關並無責任的他人事務者；管閒事者；侵入者；闖入者；侵害他人權利者

Inter-marginal intervention 邊際利潤間的干預

Inter-Maritime Bank (Geneva) 國際海運銀行 (日內瓦)

Intermarriage 〔美〕種族混雜；異族通婚；(種族、民族間) 內部通婚

Intermeddle v. 干涉 (他人事務)；多管閒事

Intermediary 仲裁人；調解人；居間人；經紀人；中介組織；媒介；媒人

Intermediary bank 中介銀行；代收行

Intermediary services 中介服務

Intermediate n. a. & v. I. 中間人；調解人；II. 中間的；居間的；在訴訟進行期間的；III. 居間調停；起調解 (訴訟) 作用；起媒介作用

Intermediate account 中間賬目 (遺囑檢驗法中，遺囑執行人、遺囑管理人或在監護人在其對遺產向法院提交最終賬目之前的第一次或初次的賬目)

Intermediate Appellate Court 〔美〕中間上訴法院 (受理調解上訴法院)

Intermediate class 中間級 (英國刑法的第二期拘禁)

Intermediate consumption 中間消費

Intermediate country 中途國家；中介國

Intermediate court of appeal 中間上訴法院

Intermediate courts 〔美〕中間法院

Intermediate credit banks 中間信貸銀行

Intermediate goods 中間貨物；中間產品 (是指在生產過程中為生產其他產品所使用的產品)

Intermediate interest 中期利息；中間收益

Intermediate investment agency 投資的中介機構；居間的投資機構

Intermediate order 中間命令 (指訴訟開始與終局判決中的命令)

Intermediate people's courts 中級人民法院

Intermediate people's courts of autonomous prefectures and cities (with districts) 〔中〕自治區和自治州 (含區) 中級人民法院

Intermediate people's courts of prefectures 地區中級人民法院

Intermediate port 中間港；中途停泊港
Intermediate products 中間產品（泛指“半成品”）
Intermediate services 中介服務；中間性勞務
Intermediate trade 中介貿易
Intermediate trader 中介交易人
Intermediate vessel 貨客船
Intermediate voyage 中間航海
Intermediate witness 中間證人（根據他人證言證明事實的證人）
Intermediate zone 中間區
Intermediation 中介化（亦稱“金融中介”，指將資金置於銀行或其他金融機構手中，其目的是將該資金投資於股票、證券等）
Intermediation office 代銷處
Intermediator 中間人；調解人
Interment 埋葬；安葬
Interminate franchise 不定期特許
Interminate sentence 不定期刑判決
Inter-ministerial conference 部長級會議
Intermittent 間歇的；斷斷續續的
Intermittent dumping（世貿）間歇性傾銷（美國國際貿易學家認為這種傾銷應受到譴責，是反傾銷法規制裁對象）
Intermittent easement 間歇性的地役權
Intermittent or predatory dumping 間歇性或掠奪性傾銷（指出口商以低於國內價格或以其成本價格在外國市場銷售）
Intermittent stream 間歇性河流（指時斷時續的河流）
Intermixture 混合物；混雜（指一人的貨物與他人的貨物混為一體）
Intermixture of goods 混雜的貨物；貨物的混合（指將屬不同物主的摻合在一起）
Inter-modal 聯運的；聯合運輸系統的
Inter-modal carrier 聯合承運人
Inter-municipal Law 市際法
Intern *v. & n.* I. 拘留（俘虜等）；扣押（船隻等）；限制行動（如戰時限制敵僑活動）；II. 實習醫生；實習員
Internal 國內的；內部的；內心的；內在的；內政的；界線之內的
Internal act 內部行為
Internal administration 內部行政管理
Internal affairs 內政，內部事務
Internal affairs doctrine〔美〕內部事務原則（指涉及外輪及其海員與勞動和國際法問題）
Internal affairs of corporation 法人內部事務；公司內部事務；市政當局內部事務
Internal armed conflict 國內武裝衝突（內部武裝衝突）
Internal asylum 內部庇護權
Internal audit 內部審計
Internal auditor〔基金〕內部審計師（亦稱職員審計師 staff auditor）
Internal autonomy 內部自治
Internal bay 內海灣
Internal charge〔關貿〕國內費用
Internal commerce〔美〕州內商業
Internal commodities 國內商品；內國商品
Internal conflict 內部衝突
Internal constitutional organisation 內部憲法組織

Internal control 內部控制；內部管制
Internal customs 內地關稅
Internal customs clearance 國內結關
Internal debt 內債
Internal disorder 內亂
Internal displine 內部紀律
Internal disturbance 內部紛爭；內訌
Internal economy 內部經濟
Internal evidence 內在證據；內證（指事務本身所提供的證據）
Internal financing 內部融資；內部籌資
Internal governmental interpretation 國內政府解釋
Internal gulf 內海灣
Internal hazard 內部的危險（火災保險用語）
Internal improvements〔美〕內部改良（旨在促進電訊、貿易、商業、人員財產運輸或各州鐵路、公路等自然資源的開發等以改善公共事業的設施）
Internal injury 內傷
Internal interpretation 國內解釋
Internal intervention 內部干涉
Internal jurisdiction 國內管轄權；國內管轄範圍
Internal jurisdictional interpretation 國內司法解釋
Internal lake 內湖
Internal law 國內法；內部法
Internal lawsuit 中間訴訟
Internal legislation 國內立法
Internal market of European Economic Community 歐洲經濟共同體內部市場
Internal measurement〔海法〕（船的）內部丈量
Internal measures 國內措施
Internal migration 內部遷徙（指歐共體內各成員國之間人口的自由流動）
Internal order 內部秩序
Internal peace 內部和平；國內治安
Internal police〔美〕州警察權；州治安權（指適用於警察權力或制定涉及維護州內事務管理、處理公民安全、健康和道德方面州法律法規的權力）
Internal policies affecting foreign trade in goods〔中〕影響對外貨物貿易的國內政策
Internal policy 國內政策（對內政策）
Internal postmortem examination 屍體內部檢驗
Internal private law 國內私法
Internal public law 國內公法
Internal purchasing power 國內購買力
Internal quarantine 國內檢疫
Internal rate of return (IRR) 內部收益率
Internal regulations 國內條例；內部規章
Internal revenue 國內稅收；國內歲入
Internal Revenue Board〔美〕國內稅務局（現更名為“Internal Revenue Service”）
Internal Revenue Code (I.R.C.)〔美〕國內稅收法典
Internal revenue fund 國內稅收基金
Internal Revenue Service (I.R.S.)〔美〕國家稅務局（執行國際稅收協定和負責徵收和集中聯邦稅收的政府機構，其中包括個人和公司的所得稅、社會保障稅、貨物稅和贈與稅等）
Internal river 內河

Internal rules 內部規則

Internal rules of labour 內部勞動規則

Internal sale 國內銷售

Internal sea 內海

Internal sea waters 內海水域

Internal security 內部安全；〔美〕國內安全機關（如中央情報局及聯邦調查局機構）

Internal Security Act (Mc-Carran Act) 〔美〕國內安全法（又稱《史密斯法》、《麥卡倫法》，1950 年）

Internal settlement account (rate) 內部結算賬戶（率）

Internal sovereignty 對內主權

Internal standard ratio 內部標準比率

Internal Standing Committee on Investment 〔糧農〕內部投資常設委員會

Internal statistic 內部統計

Internal strait 內海峽

Internal subversion 內部顛覆

Internal supremacy 對內最高權

Internal taxes 國內稅

Internal tourist 國內旅遊

Internal trade 國內貿易

Internal trade barriers 國內貿易壁壘

Internal traffic 內地交通運輸；國內交通運輸

Internal trouble 內亂

Internal war 內戰

Internal waters 內水；國內水域（指國家領陸內以及領海基線向陸一面的水域，包括領海、港口、河流、湖泊、內海封閉性海灣和泊船處）

International *a. & n.* I. 國際的；國際上的；世界的；II. 國際性組織；國際勞動者同盟；共產國際；國際歌；取得一國國籍而長期僑居他國的人

International Abolitionist Federation 國際主張免除死刑聯合會；〔英〕國際廢娼聯合會

International Academy of Architecture 國際建築學會

International Academy of Comparative Law (IACL) 國際比較法學會

International Accounting Standard Committee 國際會計準則委員會（1973 年）

International Accounting Standards (IAS) 國際會計準則（1975 年 1 月－1979 年 11 月公布）

International act 國際行為；國際文書

International action 國際行動

International Actuarial Congress 國際保險計算師會議

International adjudication 國際裁判

International adjustment process and coordination between the IMF and the GATT 國際貨幣基金組織與關貿總協定之間調節國際程序與合作

International administration 國際行政

International Administrative Law 國際行政法（是指各該國國內法規的總和。例如外國護照或者特許的有效性，須按照外國的行政法來判斷，其有別於國法上行政法）

International administrative union 國際行政組合

International advertising 國際廣告

International affairs 國際事務

International affiliate 國際分支機構

International agency 國際機構

International Agency for Rural Industrialisation (INARI) 國際農村工業化機構

International agent 國際人員

International agreement 國際協定

International Agreement on Illicit Payments 違法付款問題國際協定

International Agreement on Jute and Jute Products 國際黃麻和黃麻產品協定（1982 年）

International Agreement on Prevention of Double Taxation 避免雙重稅國際協定

International agreements of investment protection 投資保護國際協定

International Agricultural Adjustment 國際農業政策調整（1973 年聯合國糧農組織第 17 屆大會通過）

International Agricultural Development Bank 國際農業發展銀行

International Air Convention 〔英〕國際航空公約；國際航空協定

International air force 國際空軍

International air law 國際空中法

International air navigation 國際航空

International air navigation line 國際航（空）線

International Air Safety Association 〔英〕國際空間安全協會

International air service 國際航空服務

International Air Services Transit Agreement 國際航空過境協定；國際民航運輸飛越協定（1944 年）

International air space 國際空域；國際空氣空間

International air traffic 國際空中交通

International air transport 國際空中運輸；國際空運

International Air Transport Agreement 國際航空運輸協定（1944 年）

International Air Transport Association (IATA) 國際航空運輸協會

International Air Transportation Competition Act, 1979 〔美〕國際航空運輸競爭法（1979 年頒佈）

International Aircraft Standard Bureau 〔英〕國際航空飛機標準局

International airline 國際航（空）線

International airport 國際機場

International airport of entry 國際航空進入港

International airway 國際空中大道

International Alert 國際警報

International Alliance of Women 國際婦女同盟

International Alliance of Women: Equal Rights, Equal Responsibilities 國際婦女同盟－男女平等權利、平等責任

International alphabet 萬國電信符號

International American Development Bank 美洲國際開發銀行

International Anti-dumping Code 國際反傾銷法典（守則）（本法典根據《關稅與貿易總協定第 6 條施行協定》於 1967 年制定，共有 17 條，為各成員方提供了一個公平、公開的程序作為傾銷案件調查的基礎）

International Anti-terror Organisation 〔英〕國際反恐組織

International Anti-trust Law 國際反托拉斯法（旨在反對國際跨國壟斷行為的法律武器）

I

International Arbitral Tribunals　國際仲裁法庭

International arbitration　國際仲裁（指當事國發生爭端時，經各當事國同意，由各當事國所選任的仲裁人員在尊重國際法的基礎上，對其法律性質的爭端，作出有拘束力的裁決）

International Arbitration and Peace Association　〔英〕國際仲裁與和平協會

International Arbitration League　〔英〕國際仲裁聯盟

International arbitrator　國際仲裁員；國際仲裁人

International Architects Designers' Planners for Social Responsibility (ARC-PEACE)　國際建築師設計規劃者社會責任

International area　國際地區

International armed conflict　國際性武裝衝突

International armed force　國際武裝部隊

International arrangement　國際安排

International asset management　國際資產管理

International Assets Valuation Standards Committee　國際資產評估標準委員會

International association　國際聯合會

International Association against Noise　國際反噪音協會

International Association against Painful Experiments on Animals　國際反對動物痛苦實驗協會

International Association Against Torture　國際反對酷刑聯合會

International Association for Driving Instruction and Traffic Education　國際駕駛指導和交通規則教育協會

International Association for Housing Science　國際住房科學協會

International Association for Impact Assessment　國際碰撞評估協會

International Association for Penal Law　國際刑法協會（1924 年）

International Association for Philosophy of Law and Social Philosophy　國際法哲學與社會哲學協會

International Association for Promotion and Protection of Private Foreign Investments (APPI)　國際促進及保護私人國外投資協會（簡稱 "私資協會"）

International Association for Religious Freedom (IARF)　國際宗教自由協會

International Association for Research into Income and Wealth　國際收入和財產研究聯合會

International Association for the Defense of Religious Liberty　國際保衛宗教自由協會

International Association for the Legal Protection of the Workers　國際勞工法律保護協會

International Association for the Protection of Industrial Property　國際保護工業產權協會

International Association for Volunteer Effort　國際志願者協會；〔香港〕〔澳門〕〔台灣〕國際義工協會；國際志工協會（民政部也曾稱 "國際自願者協會"，成立於 1970 年，由來自世界各地的志願者組成）

International Association for Water Law (IAWL)　國際水法協會

International Association of Airport and Seaport Police　國際機場與海港警察協會

International Association of Chiefs of Police　國際警察長協會

International Association of Classification Societies　國際船級社協會

International Association of Comparative Law (IACL)　國際比較法協會（1960 年）

International Association of Crafts and Small and Mediumsized Enterprises　國際手工業及中小型企業協會

International Association of Democratic Lawyers (IADL)　國際民主法律工作者協會；國際民主律師協會（1946 年）

International Association of Dry Cargo Shipowners (Intercargo)　國際乾貨船船東協會

International Association of Economics　國際經濟學協會

International Association of Gerontology　國際老年學協會

International Association of Hydatidology　國際包蟲囊病學協會

International Association of Hydro-geologists　國際水文地質學家協會

International Association of Independent Tanker Owners　國際獨立經營油輪船東協會

International Association of Insurance and Reinsurance Intermediaries　國際保險和再保險中間人協會

International Association of Judges　國際法官協會

International Association of Juvenile and Family Court Magistrate　國際青少年和家事法院治安法官協會（國際未成年人和家事法院審員協會）

International Association of Lawyers　國際律師協會，國際律師工作者協會（1927 年）

International Association of Legal Science (IALS)　國際法律科學協會（1950 年）

International Association of Lions Clubs　國際獅子俱樂部；國際獅子俱樂部聯合會（國際獅子會，成立於 1917 年，總部設在伊利諾州 Oakbrook，其宗旨在發揚人類博愛互助精神，增進國際間友好關係，提倡社會福利，以及促進國家安全）

International Association of Music Libraries　國際音樂圖書館協會

International Association of Mutual Insurance Companies　國際相互保險公司協會

International Association of Penal Law (IAPL)　國際刑法協會

International Association of Ports and Harbours (LAPH)　國際商埠和海港協會（國際港埠協會）

International Association of Schools of Social Work　國際社會工作學院聯盟

International Association of Students in Economics and Management　國際經濟管理研究工作者協會

International Association of University Presidents　國際大學校長協會

International Association of Women in Radio and Television　國際婦女廣播電視聯合會

International assurances　國際保障

International Astronautical Authority　國際宇航局機構

International Astronautical Federation　國際宇航員聯合會

International Atomic Energy Agency (IAEA)　國際原子能總署

International Atomic Energy Authority (IAEA) 國際原子能機構 (1957 年 7 月 29 日設立,總部在維也納,是聯合國專門機構之一)

International attorney in fact 事實上的國際律師

International aviation 國際航空

International Bank for Economic Co-operation (IBEC) 國際經濟合作銀行 (1964 年 1 月成立的 "經互會" 集團內的國際金融機構,總部設於莫斯科)

International Bank for Reconstruction and Development (World Bank, IBRD) 國際復興開發銀行 (又稱 "世界銀行",於 1945 年 12 月 27 日成立,並在 1946 年 6 月 25 日開業,旨在促進成員國經濟復興和開發,發放生產性的長期投資貸款,解決會員國發展經濟的長期建設資金之需的國際金融機構,總部設在美國首都華盛頓,現有 184 個國家和地區參加了該組織;"IBRD 與 IMF" 並列為聯合國的兩個姐妹組織)

International Bank for Settlement (BIS) 國際清算銀行

International Banking Act 〔美〕國際銀行法

International Banking and External Debt Division 〔基金〕國際銀行業務與外債處

International Banking Corporation 〔美〕花旗銀行

International Banking Facility (IBF) 〔美〕國際銀行業務單位 (創立於 1981 年 12 月 3 日,旨在提高美國境內金融機構的國際競爭力,親愛交易對象僅限於非居住民)

International bankruptcy 國際破產

International Bar Association (TBA) 國際律師協會 (1947 年 2 月 17 日成立於紐約的一個非政府組織)

International Bay 國際海灣

International bidding 國際投標

International bill of exchange 國際匯票

International bill of human rights 國際人權法案

International Bill of Rights 國際權利法案 (1960 年)

International body 國際團體;國際機構;國際機關

International bond 國際債券

International bond market 國際債券市場

International Banking Facility 〔美〕國際銀行業務代辦處 (分行) (法語為 "agence bancaire intenationale")

International borrowing 國際借貸

International boundary 國際疆界

International Bovine Meat Agreement 〔關 / 世貿〕國際牛肉協定 (1994 年)

International Brotherhood of Locomotives Engineers 國際火車司機協會

International bureau 國際事務局

International Bureau for the Protection of Industrial Property 國際工業產權保護局

International Bureau of American Republics 美洲共和國國際局 (創設於 1890 年)

International Bureau of Legal Metrology (IBWM) 國際法制計量局

International Bureau of Weights and Measures (BIPM) 國際度量衡局 (1875 年 5 月成立於巴黎)

International business 《國際商報》;國際商業;國際商務

International cabotage 國際沿岸航行

International canal 國際運河

International capital market 國際資本市場

International Capital Markets Division 〔基金〕國際資本市場處

International capital movements 國際資本流動

International Cargo Transportation Insurance 國際貨物運輸保險

International carriage by air 國際空中運輸

International cartel 國際卡特爾

International case law 國際判例法

International Centre for Public Enterprises in Developing Countries (ICPE) 發展中國家公營企業國際中心 (公營企業中心)

International Centre for Settlement of Investment Disputes (ICSID) 解決投資爭端的國際中心 (根據世界銀行制訂的《解決國家與外國投資者之間投資爭端公約》,簡稱《華盛頓公約》,1965 年 3 月 18 日發起,1966 年 10 月 14 日成立於美國華盛頓特區,是世行轄下的一個解決東道國與投資者之間爭端的專門機構,旨在對締約國間的投資爭端進行調和或仲裁,以促進私人國際資本的流通)

International Centre for Theoretical Physics (ICTP) 國際理論物理中心

International Centre for Public Enterprises in Developing Countries (ICPE) 發展中國家公營企業國際中心 (簡稱 "公營企業中心")

International Centre for Trade Union Rights (ICTUR) 國際工會權利中心

International certificate 國際證書

International Chamber of Commence Rules of Conciliation 國際商會和解規則

International Chamber of Commerce (ICC) 國際商會 (1920 年設於巴黎;1946 年成為聯合國 "經社理事會" 諮詢機構)

International character 國際性

International civil aviation 國際民用航空

International Civil Aviation Organisation (ICAO) 國際民用航空組織 (1944 年 12 月 7 日設立於芝加哥,總部設在加拿大蒙特利爾,為聯合國的一個專門機構)

International civil jurisdiction 國際民事管轄權

International civil law 國際民法

International Civil Procedural Law 國際民事程序法 (解決含有涉外因素民事案件、行使審判權問題的法律,其亦包括司法文件、司法外文件經郵局或駐外領事機構的域外送達)

International civil servant 國際文員;國際公務人員

International civil service 國際公務員制度

International civil war 國際性內戰

International claims 國際求償

International clearing 國際清算,國際結算

International Clearing House 國際票據交換所

International Clearing Union 國際清算同盟

International coasting 國際沿岸航線

International Cocoa Agreement 國際可可協定 (簽訂於 1972 年 3 月)

International Cocoa Council (ICC) 國際可可理事會

International Cocoa Organisation (ICCO) 國際可可組織

International co-coordinating centre 國際協調中心

International code 國際電信密碼;萬國銀行業電信密碼;萬國共同電碼;國際法典

International code of conduct　國際行為守則

International Code of Conduct on the Transfer of Technology　國際技術轉讓行為守則

International Code of Signals　萬國船舶信用電碼

International code on patents and trade marks　國際專利和商標守則

International codification　國際法典的編纂

International Coffee Agreement　國際咖啡協定（簽訂於1958年，現有40多個出口成員國和20多個進口國參加）

International Coffee Council (ICC)　國際咖啡理事會

International comity　國際禮讓

International Commerce　國際商務

International commercial arbitration tribunal　國際商務仲裁法庭

International Commercial Exchange　國際商業交易所

International commercial law　國際商法

International commercial legislation　國際商務立法

International commercial policy　國際貿易政策

International Commercial Terms (Incoterms)　國際貿易術語解釋通則（由國際商會專家們所制定）

International commission　國際委員會

International Commission for Air Navigation　國際航空委員會（為《巴黎航空公約》的常設機構）

International Commission for Limiting the Manufacturing and Regulating the Distribution of Narcotic Drugs　國際限制生產和經銷管理麻醉品公約（國際麻醉品公約）

International Commission for Scientific Exploration of the Mediterranean Sea (ICSEM)　地中海科學考察國際委員會

International Commission for the Southeast Atlantic Fisheries (ICEAF)　東南大西洋國際漁業委員會

International Commission of Inquiry　國際調查委員會（創設於第一次海牙會議，旨在和平解決國際爭端）

International Commission of Jurists (ICJ)　國際法學家委員會（1952年）

International Commission of Jurists of Rio de Janeiro　里約熱內盧國際法學家委員會

International commission on the cost of living　國際生活費用問題委員會

International commitment　國際義務；國際承諾

International committee　國際委員會

International Committee for European Security and Cooperation　歐洲安全與合作國際委員會

International Committee for Weights and Measures (ICWM)　國際計量委員會（國際度量衡委員會）

International Committee of Military Medicine (ICMM)　國際軍用醫藥委員會

International Committee of Outer Space Onomastics (ICOSO)　國際外層空間專門匯詞源學委員會

International Committee of the Red Cross (ICRC)　紅十字國際委員會

International Commodity Agreement (ICA)　國際商品協定

International Commodity-Related Environmental Agreements (ICREAs)　與商品有關的國際環境協定

International community　國際社會

International compact　國際協約

International competition　國際競爭

International competition code　國際競爭守則

International competition regime　國際競爭制度

International Competitive Bidding (ICB)　國際競爭性投標（國際公開投標）

International competitiveness waxes and wanes　國際競爭的盛衰

International Complementary Service　〔關貿〕國際追加服務（指為商品生產和出口而提供輔助性的服務，諸如市場調研等）

International concession　國際租讓；國際租界；國際特許權

International conciliation　國際和解

International condominium　國際共管

International Confederation of Ex-Prisoners of War　國際前戰俘同盟聯合會

International Confederation of Free Trade Unions (ICFTU)　國際自由工會聯合會

International confederation of states　國際邦聯

International conference　國際會議

International Conference of the Secretaries of National Trade Union Centres　各國工會中央書記的國際會議

International Conference on Trade and Employment in Havana　哈瓦那國際貿易與就業會議（1948年）

International congress　國際會議；國際公會；國際大會

International Congress of Actuaries　國際精算師會議

International Congress of Aviation Law　國際航空法會議

International Congress of Comparative Law　國際比較法大會

International Congress of Maritime Arbitrators　國際海事仲裁員大會

International conscience　國際良知

International consortium　國際財團；國際銀行團

International constitutional law　國際憲法

International consultation　國際協商

International contract　國際合約；國際契約

International contract for sale of goods　國際商品買賣合約

International control　國際管制；國際監督

International convention　國際公約

International Convention concerning the Carriage of Goods by Rail　國際鐵路貨物運輸公約（1970年）

International Convention for Limiting the Manufacturing and Regulating the Distribution of Narcotic Drugs　（關於限制生產和控制銷售的）國際麻醉品公約

International Convention for Protection of New Varieties of Plants　保護植物新品種國際公約（1961年簽訂於巴黎）

International Convention for Safe Transport Containers (CSC)　國際安全運輸集裝箱公約（又稱國際集裝箱安全公約）

International Convention for Safety of Life at Sea (SOLAS)　國際海上人命安全公約（1984年）

International Convention for the Prevention of Pollution from Ships　防止船舶造成污染國際公約（國際防止船舶污染公約）

International Convention for the Prevention of Pollution on the Sea by Oil　國際防止海上油污公約（1954年）

International Convention for the Protection of New Varieties of Plants 保護植物新品種國際公約 (1961 年)

International Convention for the Protection of Performers, Producers of Phonograms and Broadcasting Organisations 保護表演者，唱片錄製者和廣播組織國際公約 (1961 年)

International Convention for the Settlement of Investment Disputes between States and Nationals of Other States (ICSID) (1965) 解決國家與他國國民之間投資爭端的國際公約 (1965 年)

International Convention for the Suppression of the Traffic in Women and Children 關於禁止販賣婦女及兒童的國際公約

International Convention for the Unification of Certain Rules of Law in regard to Collisions between Vessels 統一船舶碰撞若干法律規則的國際公約 (1910 年)

International Convention for the Unification of Certain Rules of Law relating to Bills of Lading (Hague Rules) 統一與提單有關的若干法律規則的國際公約 (又稱 "海牙規則"，1924 年)

International Convention for the Unification of Certain Rules of Law with respect to Collisions between Vessels (Brussels, 23 September 1910) 關於統一若干有關船舶碰撞規則的國際公約 (布魯塞爾，1910 年 9 月 23 日)

International Convention for the Unification of Certain Rules relating to Penal Jurisdiction in Matters of Collision or Other Incidents of Navigation 統一船舶碰撞或其他航行事故中刑事管轄權方面若干規則的國際公約 (1952 年)

International Convention for the Unification of Certain Rules Relating to the Limitation of the Liability of Owners of Seagoing Vessels (Brussels, 25 August 1924) 關於統一若干有關海上船舶所有人責任範圍規則的國際公約 (布魯塞爾，1924 年 8 月 25 日)

International Convention for the Unification of Certain Rules Relating to Maritime Liens and Mortgages (Brussels, 10 April 1926 and Brussels, 27 May 1967) 關於統一若干海商留置權與抵押權規則的國際公約 (1967 年，5 月)

International Convention in Civil Liability for Oil Pollution Damage 油污損害民事責任國際公約 (國際石油污染災害民事責任公約，1969 年)

International Convention on Carriage of Goods by Air 國際航空貨物運輸公約

International Convention on Certain Rules concerning Civil Jurisdiction Matters of Collision 船舶碰撞中民事管轄權方面若干規則的國際公約 (1952 年)

International Convention on Civil Liberty for Oil Pollution Damage 國際油污損害民事責任公約 (1969 年，簡稱《責任公約》)

International Convention on Load Lines 國際船舶載重線公約 (1966 年)

International Convention on Patents 國際專利權公約

International Convention on the Elimination of All Forms of Racial Discrimination 消除一切形式種族歧視國際公約 (1965 年)

International Convention on the Establishment of an

International Fund for Compensation for Oil Pollution Damage 設立國際油污損害賠償基金的國際公約 (1971 年，簡稱《基金公約》)

International Convention on the Harmonised Commodity Description and Coding System 國際商品統一分類制度國際公約 (1988 年 1 月 1 日正式生效，中國 1992 年 1 月 1 日加入)

International Convention on the Simplification and Harmonisation of Customs Procedures 簡化和統一海關手續的國際公約 (中國 1988 年加入該公約)

International Convention on the Suppression and Punishment of the Crime of Apartheid 禁止並懲治種族隔離罪行國際公約 (1973 年)

International Convention on Tonnage Measurement of Ships 船舶噸位丈量國際公約 (1969 年)

International Convention on Training and Certification of Seafarers 國際海員訓練及資格證明公約 (1978 年)

International Convention relating to Intervention on the High Seas in cases of Oil Pollution Casualties 對公海上發生油污事故進行干涉的國際公約 (1969 年)

International Convention relating to the Limitation of the Liability of Owners of Seagoing Ships 船舶所有人責任限制國際公約 (1957 年簽訂於布魯塞爾)

International Convention respecting Load Lines 國際船舶載重線公約 (1930 年)

International conventional law 國際協定法

International conventional legislation 國際協定立法

International cooperation 國際合作

International Co-operation Administration 〔美〕國際合作署

International cooperation on exploitation of natural resources 自然資源的國際合作開採

International Cooperative Alliance (ICA) 國際合作社聯盟 (國際消費合作社同盟)

International coordination 國際協調

International Co-ordination Centre 國際協調中心

International copyright 萬國著作權；國際版權

International Copyright Act 國際版權法；萬國著作權法 (即 1887 年的《伯爾尼公約》)

International Copyright Convention 國際版權公約

International copyright treaty 國際版權條約

International Corporation Law 國際公司法

International corps of volunteers 國際志願兵

International Cotton Advisory Committee 國際棉花諮詢委員會 (1939 年 9 月成立，總部設在美首都華盛頓)

International council 國際理事會

International Council for Adult Education (ICAE) 國際成人教育理事會

International Council for Commercial Arbitration (ICCA) 國際商事仲裁委員會 (國際商業仲裁理事會)

International Council for Education of the Visually Handicapped 國際盲人教育理事會

International Council for Game and Wildlife Conservation 國際狩獵和野生動物保護委員會

International Council for Health, Physical Education and Recreation 國際健康、體育及康樂委員會

I

International Council for Sport Science and Physical Education　國際體育科學及體育委員會

International Council for the Exploration of the Sea (ICES)　國際海洋考察理事會；國際海洋探測協會

International Council of Environmental Law　國際環境法律委員會

International Council of Scientific Unions (ICSU)　國際科學聯合理事會

International Council of Voluntary Agencies (ICVA)　國際無償代理理事會

International Council of Women　國際婦女理事會

International Council on Alcohol and Addiction　關於酒精與吸毒問題國際委員會

International Council on Social Welfare　國際福利協進會（國際社會福利理事會）

International court　國際法院

International Court of Arbitration　國際仲裁法庭（院）

International Court of Arbitration for Marine and Inland Navigation　國際海上及內河航行仲裁法庭

International court of human rights　國際人權法院

International Court of Justice (ICJ)　國際法院（成立於 1946 年，總部在海牙，中國法學家倪征燠教授為首任法官）

International Court of Justice in the Hague　海牙國際法院

International Court of Justice: Revised Rules of the Court　國際法院修正規約（1978 年）

International Court of Prize　國際捕獲法院

International courtesy　國際禮讓（國際上的禮節，如軍艦到外國訪問時互鳴禮炮）

International covenant　國際盟約；國際公約

International Covenant on Civil and Political Rights　公民權利和政治權利國際公約

International Covenant on Economic, Social and Cultural Rights　經濟、社會、文化權利國際公約（1966 年）

International crime　國際罪行；國際犯罪（如海盜行為等）

International criminal code　國際刑法典

International criminal court　國際刑事法院

International criminal jurisdiction　國際刑事管轄權

International criminal law　國際刑法

International criminal liability　國際刑事責任

International criminal police　國際刑警（簡稱“Interpol”）

International Criminal Police Organisation (Interpol, ICPO)　國際刑警組織（1923 年）

International criminal responsibility　國際刑事責任

International criminal tribunal　國際刑事法庭

International cultural understanding　國際文化了解

International currency　國際貨幣

International custom　國際習慣

International customary law　國際習慣法

International customary rules　國際習慣規則

International customs　國際習慣

International customs and usages　國際慣例

International customs union　世界關稅同盟

International Dairy Arrangement　〔關貿〕國際奶製品協定（GATT 第七輪多邊貿易談判中於 1979 年 4 月 12 日達成的）

International Dairy Council　〔世貿〕國際奶製品理事會

International date line　國際日期變更線

International debt　國際債務

International debt contracts　〔基金〕國際債務契約（合約）

International decision　國際判決；國際決定

International decision making process　國際決策（作出）過程

International Defense and Aid Fund for Southern Africa　國際南部非洲防務和援助基金

International delegation　國際代表團

International delict　國際違法行為；國際不法行為

International delinquency　國際不法行為

International deposit　國際交存

International deposit insurance　國際儲蓄保險

International detente　國際緩和

International Development Advisory Board　〔美〕國際開發諮詢局（1951 年 3 月曾向聯合國經社理事會建議世行下應設立國際金融公司，以專門對私人企業貸款。其建議不久即被採納）

International Development Association (IDA)　國際開發協會（又稱“第二世界銀行”，成立於 1960 年 9 月 24 日，總部設在美國首都華盛頓，其宗旨是通過對低收入發展中國家提供為期 50 年低息貸款，可以本國貨幣償還，以促進其經濟發展，並協助世界銀行開展各種活動，為世行的附屬機構，凡是世行的會員均可成為協會的會員）

International Development Cooperation Agency (IDCA)　國際發展合作署（其職責是就影響發展中國家的國際經濟問題範疇內規劃政策、決策及協調政策）

International development law　國際發展法

International Development Law Institute (IDLI)　國際發展法研究所

International Development Research Centre (IDRC)　國際發展研究中心（簡稱“發展研究中心”）

International Development Strategy for the Third United Nations Development Decade　聯合國第三個發展十年國際發展戰略（1980 年，聯大決議）

International difference　國際紛爭

International discipline　國際紀律；國際懲罰

International discord　國際糾紛

International disputes　國際爭端

International division of labour　國際分工

International division of labour among industries　個體產業間的國際分工

International division of labour inside individual industry　產業內部國際分工

International double taxation　國際雙重稅

International drainage basin　國際河流流域

International Driving Permit (IDP)　國際駕駛執照（國際駕照）

International Driving Tests Committee　國際駕駛員考試委員會

International duty　國際義務

International economic aid　國際經濟援助

International economic conference　國際經濟會議

International Economic Co-operation　國際經濟合作總署

International Economic Co-operation Conference (The North-South Dialogue)　國際經濟合作會議（又稱“南北對話”）

International economic crisis　國際經濟危機

International Economic Development Law 國際經濟開發法

International economic diplomacy 國際經濟外交

International economic environment 國際經濟環境

International economic imbalances 國際經濟不平衡（特指 20 世紀 70 年代）

International economic integration 國際經濟一體化

International economic integration proceeds 國際經濟一體化收益

International economic integration 國際經濟一體化

International economic intercourse 國際經濟交往

International Economic Law 國際經濟法（指國際社會中經濟關係和經濟組織的國際法規範和國內法規範的總稱，屬於實體法規範，直接調整國際經濟關係中的權利與義務關係，不僅包括國際私法和國際公法，還包括不屬這種標準範疇的其他規則，其主體可以是個人、法人、國家和國際機構）

International economic order 國際經濟秩序

International economic organisation 國際經濟組織

International Economic Organisation Law 國際經濟組織法

International economic policy 〔美〕國際貿易政策（由國務卿協辦具體主管分析、制訂和實施雙邊、多邊或區域性國際貿易政策）

International economic relations 國際經濟關係

International economic zone 國際經濟區

International economy 國際經濟

International effect of law 法律域外效力

International Electrotechnical Commission (IEC) 國際電工委員會

International Electrotechnical Commission's System for Conformity Testing for Safety of Electrical Equipments 國際電工委員會關於電器設備符合安全檢驗制度

International embargo 〔英〕國際禁運

International emergency force 國際緊急部隊

International enclave 國際飛地

International Energy Agency (IEA) 國際能源署（成立於 1974 年 11 月，總部設在巴黎）

International enforcement action 國際強制行動；國際執行行動

International engagement 國際約定

International enquiry 國際調查

International environment 國際環境

International Environment Information System (INFOTERRA) 國際環境信息系統

International Environment Law 國際環境法

International environmental affairs 國際環境事務

International environmental priorities 國際環境優先

International environmental regime 國際環境制度

International equal exchange 國際平等交換

International equilibrium 國際均勢

International Equity Tribunal 國際衡平法庭

International European Construction Federation 歐洲國際建築聯合會

International exchange of goods 國際貨物交換

International exhibition 萬國博覽會

International extradition 國際引渡

International federation 國際聯邦

International Federation for European Law 歐洲法國際聯合會（1961 年）

International Federation for Housing and Planning 國際住房與規劃聯合會

International Federation for Hydrocephalus and Spina Bifida 國際腦積水和脊柱裂聯合會

International Federation for Information and Documentation 國際資料和文獻聯合會

International Federation of Agricultural Producers 國際農業生產者聯合會

International Federation of Asian and Western Pacific Contractors Associations (IFAWPCA) 國際亞洲和西太平洋承包商協會聯合會

International Federation of Associations of the Elderly (FLAPA) 國際老年人協會聯合會

International Federation of Business and Professional Women 國際商業與職業婦女聯合會

International Federation of Consular Corps and Association (FICAC) 國際領事團協會聯合會（國際領事團與協會同盟）

International Federation of Consulting Engineers (IFCE) 國際顧問工程師聯合會

International Federation of Freight Forwarder Association (FIATA) 國際運輸行協會聯合會（國際貨物轉運商協會聯合會；國際貨物運輸報關行聯合會）

International Federation of Inspection Agencies 國際檢驗代理行聯合會；國際檢驗行聯合會

International Federation of Journalists 國際新聞工作者聯合會（簡稱“國際記聯”，1926 年成立於巴黎，總部設在布魯塞爾，以各國報紙、通訊社、廣播電台、電視台的新聞工作者組成的全國性工會或專業性組織為團體會員的國際新聞組織，該組織最高權力機構是每三年召開一次的代表大會，秘書處主持日常工作，由常任秘書長負責）

International Federation of Landscape Architects 國際景觀設計師聯盟

International Federation of Non-Governmental Organisation for the Prevention of Drug and Substance Abuse 國際非政府間預防藥物濫用組織聯合會

International Federation of Phonogram Industries (IFPI) 國際唱片產業聯合會

International Federation of Red Cross and Red Crescent Societies (IFRC) 國際紅十字會與紅新月會聯合會

International Federation of Robotics (IFR) 國際遙控學同盟（國際機器人聯盟）

International Federation of Senior Police Officers 國際資深警官同盟

International Federation of Stock Exchange 國際證券交易所聯盟

International Federation of the Little Brothers of the Poor 國際窮人小兄弟聯合會

International Federation of Trade Union 國際工會聯合會

International Federation of Women in Legal Careers 國際法律職業婦女聯合會

International Federation of Women Lawyers 國際婦女律師聯合會

International Federation on Aging 國際老齡問題聯合會

International Federation Terre des Hommes 國際地球社聯合會

I

International Fellowship of Reconciliation 國際和睦聯誼會

International Finance Corporation (IFC) 〔世行〕國際金融公司（成立於 1956 年 7 月 20 日，旨在協助世界銀行拓展業務，為發展中國家的私營企業提供優惠貸款服務，促進發展中國家興辦民間生產企業及增強國際間私人對國外投資的活動，是世行的一個附屬機構，凡是世行的會員國均可成為公司的會員）

International finance organisation 國際金融組織（"IMF" 別稱）

International financial aid 國際財政援助

International financial chaos 國際金融動盪

International financial crisis 國際金融危機

International financial institution 國際金融機構

International Financial Law 國際金融法

International financial market 國際金融市場

International financial stability 國際金融穩定

International Financial Statistics 〔基金〕國際金融統計（月刊）

International Financial Statistics Yearbook (IFS Yearbook) 〔基金〕國際金融統計年鑒

International Fiscal Association 國際財政協會

International Fiscal Law 國際財政法

International flight 國際飛行

International flow of capital 國際資本流動

International Fluvial Law 國際河川法

International for the Defense of Religious Liberty 國際保衛宗教自由聯合會

International force 國際武力；國際部隊

International forum 國際公共論壇；國際討論會

International Foundation for Protection Officers (IFPO) 國際保護人員基金會

International framework for trade 國際貿易體制

International Franchise Association 國際特權代理協會（旨在監測法規和規章的執行，主辦討論會、專題討論會、商業展覽以及國內或國際特許授權大會）

International Frequency Registration 國際頻率登記

International frontier 國際邊界

International functional organisation 國際職能性組織

International Fund for Agricultural Development (IFAD) 國際農業發展基金（簡稱"農發基金"，1977 年 11 月成立於羅馬）

International garment market 國際服裝市場

International gendarme 國際憲兵

International general average rules 國際共同海損規則

International Geological Correlation Programme (IGCP) 國際地質對比計劃

International gold movement 國際黃金移動

International government 國際政府

International governmental committee 國際政府間委員會

International governmental interpretation 國際政府解釋

International governmental organisation 國際政府性組織

International Grains Arrangement 國際穀物協定

International Grotius Foundation for the Propagation of the Law of Nations 普及格老秀斯國際法基金會（1945 年）

International guarantee 國際保證

International guaranty 國際保證

International guardianship 國際監護關係

International guidelines and recommendations 國際指導原則和建議

International highway 國際大道

International hijacking 國際劫持（飛機）

International Human Rights Association of American Minorities (IHRAAM) 國際美洲少數民族人權協會

International Human Rights Internship Programme 國際人權實習計劃

International Human Rights Law Group 國際人權法律小組

International Humanitarian Law 國際人道（主義）法

International Hydatidological Association 國際包裹蟲病學協會

International Hydrographic Organisation (IHO) 國際水道測量組織

International Hydrological Programme (IHP) 國際水文計劃

International illegality 國際不法性

International in character 國際性質的

International indebtedness 國際負債

International Indian Treaty Council 國際印第安人條約委員會

International individuality service 〔關貿〕國際核心服務（指作為消費者單獨所購買，能為消費者提供核心效用的服務，諸如旅遊服務等）

International Information System for the Agricultural Science and Technology (AGRIS) 國際農業科學和技術資料系統

International inquiry 國際調查

International insolvency 國際性的破產

International inspection zone 國際檢查區

International Institute for Cotton (IIC) 國際棉花學會

International Institute for Prevention of Drug Abuse 國際禁止濫用毒品學會

International Institute for the Unification of Private Law (UNIDROIT) 國際統一私法學會（成立於 1926 年，總部設在羅馬）

International Institute of Administrative Sciences 國際行政科學學會

International Institute of Agriculture 國際農業局

International Institute of Higher Studies in Criminal Sciences 國際犯罪科學高級研究學會

International Institute of Humanitarian Law 國際人道主義法學會

International Institute of Refrigeration (IIR) 國際製冷學會

International Institute of Space Law 國際空間法學會（1960 年）

International Institutes for Cotton (IIC) 國際棉花學會

International institution 國際機構；國際制度

International institution of free trade 國際自由貿易制度；國際自由貿易機構

International institutional law 國際機構法

International instruments 國際文書（件）

International inter-bank call rate 國際銀行同業間折放利率

International intercourse 國際交往

International inter-government organisation 國際政府間組織

International interposition 國際干預；國際調停；外交干預（指公民個人在國外請求本國政府干預）

International interpretation 國際解釋

International interruption of prescription 國際時效中斷

International intervention 國際干涉

International investigation 國際調查

International investment and competition policy 〔世貿〕國際投資和競爭政策

International Investment Bank (IIB) 國際投資銀行（由前蘇聯 "經互會" 成員組成）

International Investment Code 國際投資法典

International investment disputes 國際投資爭端（是指任何涉及兩個或兩個以上國籍的自然人、法人或外國政府、外國公司機構間對與投資相關事項的不同意見或利益衝突）

International Investment Guarantee Corporation 〔聯〕國際投資保證公司

International Investment Investigation Act 〔美〕國際投資調查法

International Investment Law 國際投資法

International Investment Tribunal 國際投資法庭

International Joint Commission 國際聯合委員會

International judge 國際法官

International judicial assistance 國際司法協助

International judicial cooperation 國際司法合作

International judicial decision 國際司法判決

International judicial enforcement 國際司法執行

International judicial settlement 國際司法解決

International Juridical Institute 國際司法學會（成立於1918年）

International juridical standard 國際法律標準

International jurisdiction 國際管轄權；國際管轄範圍

International jurisprudence 國際判例

International jurist 國際法學家

International juristic person 國際法人

International justice 國際司法

International Jute Organisation (IJO) 國際黃麻組織

International Kolping Society 國際科平協會（天主教俗人協會）

International Labeling Centre (ILC) 國際標簽中心（1966年9月由丹麥、芬蘭等八國組成，總部在海牙）

International Labour Code 國際勞工法典

International labour conference 國際勞工會議

International labour convention 國際勞工公約

International Labour Law 國際勞工法

International Labour Office (ILO) 國際勞工局

International Labour Organisation 國際勞工組織（成立於1919年，原為系 "國聯" 的附屬機構，1946年12月成為聯合國第一個專門機構，總部設於日內瓦，旨在改善全世界勞工的工作條件與生活水準等，中國於1983年正式恢復席位）

International Labour Organisation Convention 國際勞工組織公約

International lake 國際湖泊

International land-locked sea 國際內陸海

International language 國際語文

International law 國際法（可分為兩個分支：1. 包括主權國家間的相互權利和義務的國際公法；2. 不同國家私人之間彼此權利義務，主要涉及管轄其交易特定法律問題的國際私法。中國當代法學家李浩培教授也稱其為 "法律衝突"）

International law and national law 國際法與國內法

International Law Association (ILA) 國際法協會（1873年10月發起於布魯塞爾）

International Law Commission (ILC) 國際法委員會（1947年11月21日根據聯合國章程第13條規定通過的《國際法委員會章程》而設立的）

International law in Time of Peace 平時國際法

International law in time of war 戰時國際法

International Law of Air 國際航空法

International Law of Bill 國際票據法

International Law of Contract 國際合同法

International Law of Development 國際發展法

International Law of Emigration 國際移民法

International Law of Procedure 國際程序法

International Law of Space 國際空間法

International law of transition 過渡國際法

International Law of Water 國際水法

International law principles 國際法原則

International Law Section 國際法小組

International Law Seminar 國際法討論會

International law, power and policy 國際法、實力與政策

International lawyer 國際法學者；國際法學家

International Lead and Zinc Study Group (ILZSG) 國際鉛鋅研究小組

International League 國聯（聯合國的前身，成立於1920年1月20日，共有44個會員國，後來逐漸增加到63個國家，總部設在日內瓦，為第一次世界大戰後成立的世界性的政治性的國際組織，宗旨是減少武器數目及平息國際糾紛，中國於1920年6月29日加入國聯）

International League of Societies for Persons with Mental Handicap 國際智殘人聯盟（成立於1960年，現有67個會員國，100個會員組織，總部設在比利時首都布魯塞爾）

International lease 國際租借

International leasing 國際租賃

International legal conference 國際法律會議

International Legal Conference on Marine Pollution Damage 關於海洋污染損害的國際法律會議

International legal duty 國際法律義務

International legal obligations 國際法義務；國際法責任

International legal person 國際法律人格者；國際人格者

International legal personality 國際法律人格

International legal right 國際法律權利

International legal studies 國際法學研究

International legal system 國際法律體系

International legality 國際合法性

International legislation 國際立法

International legislation on shipping 關於航運的國際立法

International legislative assembly 國際立法會議

International legislative instrument 國際立法文件

International legislative power 國際立法權

International legislative procedure 國際立法程序

International legislative process 國際立法程序

International legislature 國際立法機關

International lending　國際貸款

International lending agencies (institutions)　國際貸款機構

International lending and assistance agency　國際貸款與援助機構

International lending institutions　國際貸款機構

International Lesbian and Gay Association　國際同性戀協會

International letting and hiring　國際租賃

International level　國際層次；國際水平

International liability　國際責任

International license banks　國際許可證業務銀行

International licensing arrangement　國際許可證辦法

International liquidity　國際流通手段，國際清償能力（指用於國際貿易的流通貨幣儲備，其中包括黃金、儲備貨幣和特別提款權）

International liquidity creation　創造國際流通手段

International liquidity units　國際結算單位

International litigation　國際訴訟

International Load Line Certificate　國際（船舶）載重線證書

International Load-Line Regulation　〔英〕國際裝貨限制線規則

International loan　國際貸款

International Longshoremen's and Warehousemen's Union　國際港口倉庫勞工組合

International macroeconomic policy coordination　〔基金〕國際宏觀經濟政策的協調（為 IMF 的主要職能）

International majors　國際大石油公司

International mandate　國際委任統治

International Maritime Bureau (IMB)　國際海事局

International Maritime Committee (IMC)　國際海事委員會（成立於 1897 年）

International Maritime Conference　國際海運公會（簡稱《海運公會》）

International Maritime Consultative Organisation (IMCO)　國際海事協商組織

International Maritime Court　國際海事法院

International maritime domain　國際海洋領域

International maritime highway　國際海洋大道

International Maritime Law　國際海洋法；國際海事法；國際海商法

International Maritime Law Association　國際海洋法協會

International Maritime Organisation (IMO)　國際海事組織（創建於 1948 年，總部在倫敦）

International Maritime Satellite Organisation (INMARSAT)　國際海事衛星組織

International maritime traffic　國際海洋交通

International market　國際市場

International market price　國際市場價格

International Meat Council　〔世貿〕國際肉類委員會

International Medical Law　國際醫療法

International meeting　國際會晤；國際會議

International Men's Association　國際勞工協會

International Mercantile Marine Co.　國際商船公司

International Military Commission　國際軍事委員會

International military force　國際軍事部隊；國際軍事力量

International Military Tribunal at Nuremberg　紐倫堡國際軍事法庭（二戰結束後，蘇美英三國於 1943 年 10 月 30 日簽署《莫斯科宣言》規定把戰犯押往犯罪地由受害國根據其國內法進行審判；1945 年 8 月 8 日，蘇美英法簽署《倫敦協定》和《歐洲國際軍事法庭憲章》規定由四國各派一名法官組成軍事法庭）

International Military Tribunal for Europe (IMTE)　歐洲國際軍事法庭（1945 年設立以審判德國納粹戰犯的司法機構）

International Military Tribunal for the Far East　遠東國際軍事法庭

International Military Tribunals (IMT)　國際軍事法庭（1945 年設立以審判德國納粹和日本戰犯的司法機構，分別設於紐倫堡和東京）

International Military Tribunals at Tokyo　東京國際軍事法庭

International Miners' Organisation　國際礦工組織

International minimum standard　國際最低標準

International Mixed Court　〔中〕國際會審公堂（又稱"會審公廨"，清末民初上海、天津等地租界內設有法院，審判租界內的民、刑事案件，由外國副領事任陪審員，充任侵華殖民統治工具；1927 年由國民政府接管，改稱"上海臨時法院"）

International monetary and financial system　〔基金〕國際貨幣和金融制度

International Monetary Fund　〔基金〕國際貨幣基金組織（為於 1945 年 12 月 27 日成立，並於 1947 年 3 月 1 日開業，總部設在美國首都華盛頓，旨在提供短期資金，解決會員國國際收支暫時不平衡的外匯資金需要，促進貨幣的兌換和匯率的穩定，對會員國具有融資、提供資料及建議、規定匯率與外匯管制措施，以促進世界經濟發展的多種功能，現有 184 個會員國，基金的資金由會員國按規定的份額繳納，一般是交 25% 黃金，75% 本國貨幣。其投票權及借款權的大小均按份額的多少而定，其與世界銀行是一對孿生的姐妹組織，並列為聯合國專門機構，分別在聯合國總部設有辦事處。）

International Monetary Fund Agreement　國際貨幣基金協定

International Monetary Fund Parities　〔基金〕國際貨幣基金組織平價（平價是以黃金或美元表示，成員國應向 IMF 申報本國的平價，並規定成員國政府必須維持本國通貨對美元的平價的波動幅度在 1% 之內）

International Monetary Law　國際貨幣法

International monetary market　國際貨幣市場

International monetary system　〔基金〕國際貨幣制度（旨在為商品、服務和資金交換提供便利的框架）

International money by weight　國際稱量貨幣

International money order　國際匯票

International money system　國際貨幣制度

International monopoly price　國際壟斷價格

International morality　國際道德

International motor insurance card　國際汽車保險卡（也稱"綠卡"）

International Motor Vehicle Inspection Committee　國際機動車輛檢查委員會；國際汽車檢驗委員會

International Movement for the Apostolate Children　國際兒童使徒運動

International movement of gold　國際黃金移動

International Narcotic Control Board　國際麻醉品管制局

International Narcotic Enforcement Officers Association

國際麻醉品執行官協會；國際吸毒者強制執行官協會

International Natural Rubber Agreement　國際天然橡膠協定（1980 年 10 月 23 日生效）

International Natural Rubber Council (INRC)　國際天然橡膠理事會

International Natural Rubber Organisation (INRO)　國際天然橡膠組織

International Naval Conference　國際海軍會議

International navigation　國際航行

International Navigation Co.　國際航運公司

International negotiation　國際談判

International Network for Education Information (INED)　國際教育信息網

International Network for Information In Science and Technology Education (INISTE)　國際科技教育信息網

International non-intergovernmental organisation　國際非政府間組織

International norm　國際規範

International Nuclear Information System (INIS)　國際核情報系統

International obligation　國際義務

International observation　國際觀察

International observer　國際觀察員

International Ocean Institute　國際海洋學會

International ocean space　國際海洋空間

International offence　國際犯罪行為

International office　國際事務所

International Office of Documentation on Military Medicine (IODMM)　國際軍用醫藥文獻辦公室

International Office of Epizootics　國際獸醫局

International official　國際官員

International Oil Pollution Compensation Fund (IOPC Fund)　國際油污賠償基金

International Oil Pollution Prevention Certificate　國際防止油污的證書

International Olive Oil Agreement　國際橄欖油協定（簽訂於 1959 年）

International Olive Oil Council (IOOC)　國際橄欖油理事會 funcindjuri

International Olympic Committee　國際奧林匹克委員會

International Opium Convention　國際鴉片公約

International order　國際秩序

International organ　國際機關

International organisation　國際組織

International Organisation for Standardisation (IOS)　國際標準化組織（1946 年在倫敦成立，接替 1926 年成立的國家標準化協會國際聯合會和 1944 年成立的聯合國協調標準委員會兩組織工作，旨在促進世界標準化的發展、便利國際間商品和勞務交流，總部設在日內瓦）

International Organisation Immunity Act　〔美〕國際組織豁免權法

International Organisation of Consumers Unions (ISCU)　國際消費者聯盟組織

International Organisation of Employers　國際僱主組織

International Organisation of Indigenous Resource Development　國際本土資源開發組織

International Organisation of Legal Metrology (IOLM)　國際法定度量衡組織

International Organisation of Psychophysiology (IOP)　國際心理生理學組織

International panel system　國際陪審員制度

International parcel post transportation　國際郵包運輸

International Parliamentary Law　國際議會法

International participation in economic affairs　參與國際經濟事務

International Patent Classification Agreement　國際專利分類協定（1971 年）

International Patent Cooperation Union　國際專利合作同盟

International Patent Documentation Centre (INNPADOC)　國際專利文獻（證書）中心（1973 年 6 月成立於維也納）

International Patent Institute　國際專利學會（1949 年成立於海牙）

International Paternt Classification Agreement　國際專利分類協定（1971 年）

International payment　國際支付

International peace　國際和平

International Peace Academy　國際和平學會；國際和平研究學會

International peace and security　國際和平與安全

International peace conference　國際和平會議（1890 年在海牙召開）

International Peace Conference of Hague　海牙國際和平會議（1899 年和 1907 年）

International Penal and Penitentiary Commission (IPPC)　國際刑事和感化委員會

International Penal and Penitentiary Foundation (IPPF)　國際刑事和感化基金會

International Penal Law　國際刑法

International Penal Tribunal　國際刑事法庭

International Penitentiary Congress　國際監獄會議；萬國監獄會議

International person　國際人格者

International personality　國際人格

International petition　國際請願

International Planned Parenthood Federation (IPPF)　國際計劃生育聯合會

International Plant Protection Convention　國際植物保護公約（1951 年）

International plant-engineering contract　國際工程承包合約

International Plenipotentiary Conference　國際全權代表會議

International Police　國際警察

International police force　國際警察部隊

International policy arenas　國際政策舞台

International political crisis　國際政治危機

International political refugee　國際政治難民

International politics　國際政治學

International Post Tele-communication Conference　萬國郵電會議

International postage　國際郵資

International postal rate　國際郵費

International Postal Union　萬國郵政同盟

International practice   國際慣例；國際實踐
International price index   國際物價指數
International Prisoners Aid Association   國際俘虜救助協會
International private investment   國際私人投資
International private law (Private International Law)   國際私法 (是關於民法的法律適用法，而不是實體法，其在法律術語上，實體法是指直接解決當事人權利義務的法律，如民法、商法等都是。然而國際私法只是指出應當適用哪一國家的實體法來解決當事人的權利義務，而本身並不直接解決當事人的權利義務)
International private trade   國際私人貿易
International Prize Court   國際捕獲法院；國際捕獲審檢所
International procedural law   國際程序法
International procedure   國際程序
International proceedings   國際程序
International product liability law   國際產品責任法
International protection   國際保護
International Protection of copyright   版權的國際保護
International protection of human rights   人權的國際保護
International protection of intellectual property   知識產權的國際保護
International protection of patent   專利權的國際保護
International protection of trademark   商標權的國際保護
International protectorate   國際保護關係
International protocol   國際議定書
International public corporation   國際公法人
International public law   國際公法 (亦即國際法，舊稱"萬國法"，主要是調整國家之間有約束力的原則、規則和制度關係的法律)
International public opinion   國際輿論
International public order   國際公共秩序
International public policy   國際公共政策
International Public Services   國際公務
International Qualification Certificate for Chinese Language Teachers   國際漢語教師資格證書
International Quality Award   國際續保率獎 (指美國和加拿大授予其國外保險公司續保率優秀壽險業務員獎)
International quarantine   國際檢疫；對外檢疫
International radio-telegraph   國際無線電訊
International Radiotelegraph Convention   國際無線電報公約 (1906 年)
International Radiotelegraphic Conference   國際無線電訊會議
International Rayon and Synthetic Fibers Committee (IRSFC)   國際人造纖維與合成纖維委員會 (1950 年 6 月成立於巴黎)
International Real Estate Institute   國際房地產協會
International reclamation   國際求償
International recognition   國際承認
International Red Cross   國際紅十字會 (1859 年成立，總部設於海牙)
International redress   〔英〕國際救濟
International Refugee Organisation (IRO)   國際難民組織 (聯合國專門機構之一)
International regimes   國際制度；國際地役權 (例如國際社會對於蘇伊士運河、巴拿馬運河擁有使用權)

International register   國際登記處
International Register of Potentially Toxic Chemicals (IRPTC)   國際潛在有毒性化學品登記處
International registration   國際登記
International regulation   國際規章；國際管制
International Regulations for Preventing Collisions at Sea   國際海上避碰規則 (1889、1910、1948、1960、1972 年)
International reinsurance market   國際再保險市場
International relations   國際關係
International relocation of production   國際性的生產遷址 (指發達國家把污染性工業遷到發展中國家)
International remedies   國際補救方法
International remittance   國際匯兌
International Research Institute for Immigration and Emigration Politics   國際出入境移民政治學研究學會
International reserve assets   國際儲備資產
International reserves   國際儲備
International responsibility   國際責任
International right   國際權利
International right of correction   國際更正權
International right of man   國際人權
International Right to life Federation   國際生命權利聯合會
International riparian   國際沿岸國
International river basin   國際江河流域
International river community   國際河川共同體
International River Law   國際江河法
International rivers   國際河川；國際河流
International Road Federation   國際公路聯合會；國際路聯學會
International Rubber Research and Development Board (1960) (IRRDB)   國際橡膠研究發展委員會
International Rubber Study Group   國際橡膠研究會
International rule   國際規則
International rules and norms   國際規則和規範
International rules and procedures   國際規則與程序
International Rules for Navigation at Sea   〔美〕國際航海規則 (亦稱"海上避碰規則")
International Rules for the Interpretation of Trade Terms (INCOTERMS 1936 INCOTERMS 1953)   國際貿易術語解釋通則 (1936 年通則，1953 年通則)
International rules to prevent collisions   國際海上避碰規則
International safeguard system   國際保障制度
International safeguards   國際保障措施
International safety   國際安全
International sale contract of goods   國際貨物買賣合約 (又稱"國際貨物銷售合同"或"對外貿易貨物合同")
International sale of goods   國際性貨物買賣
International sanction   國際制裁
International sanitary regulations   國際衛生規章
International Save the Children Alliance   國際拯救兒童聯盟
International scenario   國際遠景狀況 (指服務市場而言)
International Schools Association   國際學校協會
International sea   國際海
International sea area   國際海域

International sea bed area 國際海牀區

International Sea Commission 國際海洋委員會

International Seabed Authority 國際海底管理局

International seaborne trade 國際海運貿易

International Seamen Club 國際海員俱樂部

International Seamen's Union 國際海員聯合會

International Secretariat 國際秘書處

International securities trust 國際證券信托；國際證券托拉斯

International security 國際安全

International security financing 國際股票抵押貸款

International Seed Testing Association (ISTA) 國際種子試驗協會

International Senior Citizens Association 國際老年人協會

International Sericultural Commission (ISC) 國際蠶絲業委員會

International service cooperation 國際勞務合作

International servitude 國際地役（權）（指甲國在乙國內行使特定的管轄權，如飛機飛越締約國領空等）

International settlement 國際居留地；國際租界；國際解決；國際清算，國際結算

International shipping 國際運輸；國際航運

International Shipping Federation (ISF) 國際航運聯合會

International shipping legislation 國際航運立法

International shipping route 國際航路

International shipping services 國際航運服務

International shoe case 〔美〕國際鞋業案（指只有在某州內業務量達到其最低標準才可在該州內提起訴訟的規則）

International sight draft 國際即期匯票

International Silk Association (ISA) 國際絲綢協會（1949年3月成立於蘇黎世）

International situation 國際局勢

International social justice 國際社會正義

International social law 國際社會法

International Social Science Council 國際社會科學理事會（成立於1952年）

International Social Security Association (ISSA) 國際社會保障聯合會

International society 國際社會

International Society for General Semantics 國際社會普遍語義協會

International Society for Research on Aggression (ISRA) 國際侵略問題研究會

International Society for Traumatic Stress Studies 國際外傷性應激研究學會

International Society of Contemporary Music 國際當代音樂協會

International Society of Criminology (ISC) 國際犯罪學學會

International Society of Social Defense 國際社會防衛學會

International Solar Energy Society 國際太陽能協會

International sovereign debt negotiations 〔基金〕國際有效債務談判

International specialisation 國際專業化

International specialised agency 國際專門機構

International Sports Organisation for the Disabled 國際殘疾人運動會組織

International standard 國際標準

International Standard Banking Practice (ISBP) 國際標準的銀行慣例

International Standard Book Number (ISBN) 國際標準書碼

International Standard of Industrial Classification of All Economic Activities (ISIC) 〔聯〕國際各種經濟活動標準工業分類（各種經濟活動工業分類的國際標準）

International standard of civilised justice 國際文明司法標準

International standard of justice 國際司法標準

International standard of treatment 國際待遇標準

International Standard Organisation (ISO) 國際標準化組織（成立於1946年，為聯合國專門機構之一，總部設於日內瓦，1987年推出了針對製造業及服務業ISO9000系列品質管理及其保證標準，被許多成員方引為國家標準）

International Standardisation Association (ISA) 國際標準化協會

International standardisation bodies 國際標準化機構

International standards 國際標準規格；國際準則

International status 國際地位

International statute law 國際制定法

International Steel Policy Advisory Committee (ISPAC) 〔美〕國際鋼鐵業政策諮詢委員會

International Stoke Mandeville Games Federation 國際斯托克曼德維爾體育總會

International strait 國際海峽

International stream 國際河流

International Studies Association 國際問題研究協會

International Sugar Agreement 國際食糖協定（簽訂於1954年）

International Sugar Council (ISC) 國際糖業理事會

International Sugar Organisation (ISO) 國際食糖組織

International supervision 國際監督

International syndicated loans 國際銀團貸款

International system 國際制度

International system of control and inspection 國際監督和視察制度

International system of nationally-held food reserves 國家掌握糧食儲備的國際制度

International Tanker Owners Pollution Federation, Ltd. 國際郵輪船東污染聯合會（有限）

International tax law 國際租稅法

International Tea Agreement 國際茶葉協定（簽訂於1933年）

International Tea Organisation (ITO) 國際茶葉組織

International Tea Promotion Association (ITPA) 國際茶葉促進協會

International Telecommunication Convention 國際電訊公約（1932年）

International Telecommunication Satellite Organisation 國際電訊衛星組織

International Telecommunication Union 國際電訊聯盟（前身為"國際電報聯盟"，成立於1865年5月，1947年11月成為聯合國專門機構，總部設於日內瓦）

International telegraph 國際電報

International Telegraph Convention 國際電報公約（1865年）

I

International Telegraph Union (ITU)　國際電報聯盟（1932 年）

International territory　國際性領土

International terrorism　國際恐怖主義

International Textile Institute (ITI)　國際紡織協會（成立於 1910 年 1 月於英國曼徹斯特）

International Textile Manufacturers Federation (ITMF)　國際紡織品製造商聯合會（1904 年成立於蘇黎世，1978 年 9 月遷至倫敦，改用現名）

International Textiles and Clothing Bureau (ITCB)　國際紡織品和服裝局

International ticket agency　國際車（船、機）票代銷處

International Tin Agreement　國際錫協定（1956 年）

International Tin Council (ITC)　國際錫理事會

International Tin Study Group　國際錫研究會（1946 年）

International tort　國際侵權行為

International tourism　國際旅遊

International tourist pricing strategy　國際旅遊定價策略

International tourist receipts　國際旅遊收入

International trade　國際貿易（世貿組織的出版刊物）

International Trade Administration (ITA)　〔美〕國際貿易署；國際貿易管理局（由商務部副部長兼任局長，成立於 1980 年 1 月 2 日，美商務部下屬機構，重點負責經營世界非農業國的貿易，參與制訂國際貿易政策，並推進加強美在國外貿易和投資地位的規則等等）

International trade arbitration　國際貿易仲裁

International trade by commodities　國際貿易商品結構（指各類商品在國際貿易中所佔的地位）

International trade by regions　國際貿易地區分布

International Trade Centre (ITC)　〔關貿〕國際貿易中心（1964 年 5 月成立，總部設於日內瓦，旨在為發展中國家擬訂實施貿易推廣計劃，設立促進貿易服務處，提供出口機會信息、市場開拓技術的諮詢，以及訓練必要人才。凡貿發會議及 GATT 的成員均可為其會員，1968 年改由聯合國貿發會議和關貿總協定共管）

International Trade Commission (ITC)　國際貿易委員會（"Tariff Commission" 為其前身的稱謂）

International Trade Court　〔美〕國際貿易法院

International Trade Court of Justice　國際貿易法院

International trade in goods and services　〔世貿〕國際貨物和服務貿易

International trade in service　國際服務貿易

International Trade Law　國際貿易法

International Trade Organisation (ITO)　〔美〕國際貿易組織（1945 年 12 月由美英政府提議建立，但因其所涉及的內容多、範圍廣、自由化程度高而未獲得美國會等與會國家批准而宣告流產，後其職能宗旨大部份由 GATT 所取代）

International Trade Organisation Charter　國際貿易組織憲章（ITO 由美、英兩國政府倡議，並已簽字，但被美參議院否決而夭折）

International trade policy　〔美〕國際貿易政策（由國務卿協辦具體主管分析、制訂和實施雙邊、多邊或區域性國際貿易政策）

International trade rules　國際貿易規則

International Trade Union Federation　國際工會聯合會

International trading order　國際貿易秩序

International trading system　國際貿易體制

International traffic　國際交通

International transaction　國際關係行為；國際交易；國際收支往來

International transactions and relations　國際交易與關係

International transfer　國際轉移；國際轉讓

International transfer of payments　〔關貿〕國際支付轉賬（指締約國對最惠國待遇條款中有關進出口貨物所徵收的關稅及任何費用）

International transfer of production factors　國際生產要素流動（指勞動力、資本、技術、企業家才能等生產要素跨越國界的流動）

International transit agreement　國際過境協定

International transit strait　國際過境海峽

International travel law　國際旅遊法

International treaty　國際條約

International Tribunal for the Law of the Sea　國際海洋法法庭

International Tribunal of Arbitration　國際仲裁法庭

International tribunals　國際法庭（具有裁判國家間爭議案件管轄權）

International Tropical Timber Organisation (ITTO)　國際熱帶木材組織

International trust and investment corporation　國際信托投資公司

International trust funds　國際信托基金

International trusteeship　國際托管

International trusteeship system　國際托管制度

International Tunneling Association　國際隧道協會

International understanding　國際諒解

International undertaking　國際約定；國際承諾

International Undertaking on World Food Security　世界糧食安全國際約定（指聯合國糧農組織理事會於 1934 年 11 月通過的一項約定）

International unequal exchange　國際不平等交換

International uniform law　國際統一法

International uniform legal regime　國際統一的法律制度

International union　國際組合；國際工會；國家聯盟；聯合國

International Union Family Organisation (IUFO)　國際家庭組織聯盟

International Union for Conservation of Nature and Natural Resources (IUCN)　國際自然和自然資源保護聯合會

International Union for the Protection of Industrial Property (Paris Union)　保護工業產權國際聯盟（簡稱 "巴黎聯盟"）

International Union for the Publication of Customs Tariffs　國際關稅稅則出版聯盟

International Union of American Republics　美洲共和國國際聯盟

International Union of Anthropological and Ethnological Sciences　世界人類與人種科學聯合會

International Union of Credit and Investment Insurers (also known as Berne Union)　信用及投資保險人國際聯盟（又稱 "Berne Union" 伯爾尼聯盟，成立於 1934 年）

International Union of Housing Finance Institutions　國際住房金融機構聯盟

International Union of Latin Notariat　國際拉丁公證人聯合會

International Union of Lawyers　國際律師聯合會

International Union of Local Authorities (IULA) 世界地方自治聯盟

International Union of Marine Insurance 國際海上保險聯盟

International Union of Official Travel Organisation 國際官方旅遊組織聯盟

International Union of Police Federation 國際警察同盟組合

International Union of Students 國際學生聯合會 (簡稱 "國際學聯")

International Union of Tenants 國際承租人聯合會

International Union of Tenants 國際承租人聯合會；國際承租人公會

International usage 國際慣例

International validity 國際效力

International value 國際價值

International verification 國際核查

International Vine and Wine Office 國際葡萄與葡萄酒局

International voyage 國際航程

International war 國際戰爭

International War Crimes Tribunal 國際戰犯法庭

International watercourse 國際水道

International watercourse system 國際水道系統

International waters 國際水域

International waterway 國際水道

International Whaling Commission (IWC) 國際捕鯨委員會

International Wheat Agreement 國際小麥協定 (指第二次世界大戰後美國和歐共體等出口小麥的國家共同簽訂的以穩定國際小麥價格的貿易協定 (實屬一個多邊的國際商業合同,簽訂於 1949 年,現有 52 個成員國)

International Wheat Council (IWC) 國際小麥理事會 (1949年成立,總部設在倫敦)

International Women's Tribune Centre 國際婦女論壇中心

International Women's Anthropology Conference 國際婦女人類學會議 (成立於紐約,迄今已有 40 年歷史)

International Wool Study Group 國際羊毛研究會 (小組)

International Wool Textile Organisation (IWTO) 國際毛紡織品組織 (1929 年成立於巴黎)

International Work Group for Indigenous Affairs 國際土著事務工作小組

International working group for the construction of sports and facilities 國際體育設施建設工作組

International Workingmens' Association 國際工人協會

International wrong 國際不法行為；國際過錯行為

International Young Christian Workers 國際青年基督教工人

International Youth and Student Movement for the United Nations (ISMUN) 聯合國國際青年學生運動

Internationale Kriminalistische Vereinigung 〔德〕國際刑法學會

Internationale transport verband, die 〔德〕國際運輸協會

Internationalism 國際主義

Internationalist 國際主義者

Internationalisation 國際化

Internationalisation of circulation sphere (貨幣等) 流通領域國際化

Internationalisation of competition 競爭國際化

Internationalisation of economic life 經濟生活國際化

Internationalisation of information, communication and transportation 信息、通訊和交通的國際化

Internationalisation of the world economy 世界經濟國際化

Internationalisation of World economy after World War II 第二次世界大戰後世界經濟國際化

Internationalised territory 國際化領土

Internationally illegal act 國際不法行為

Internationally protected person 國際被保護人

Internationally wrongful act 國際不法行為

Inter-nations agreement 國家間協定

Interned 被拘禁人

Interned alien 被拘禁的外國人

Interned person 被拘禁人

Internee 被拘禁者,被拘留者；被拘留犯

Internet 網絡；因特網；互聯網

Internet content provider (ICP) 互聯網內容服務提供商

Internet service provider (ISP) 互聯網信息設備提供商；互聯網服務提供商

Internet tax free zone 網絡貿易免稅區 (美國克林頓政府於 1997 年 5 月公布的)

Internet trade (IT) 網絡貿易；互聯網貿易

Internment 拘押；拘禁 (指拘禁敵僑或在特定地區有不忠誠之行為者)；(中立國) 扣留交戰國船隻、水手、士兵或其財產

Internment camp 拘禁營

Internonce 〔法〕教廷公使

Internship 見習期

Inter-oceanic aviation 通洋航空

Interoceanic canal 通洋運河 (連接海洋運河)

Inter-official Transactions 政府部門間的交易 (官方之間的交易)

Inter-operability 互相可操作性

Inter-operability of such services 這項服務之間的可操作性

Inter-Parliamentary Union (IPU) 國際議會聯盟 (或譯 "國際國會聯盟",成立於 1889 年,其時國際上百多個國家中有三分之一為會員國)

Interpellate *v.* (在議會中就政策等提出) 質詢；質問

Interpellation (議員的) 質問；催告；〔羅馬法〕當事人宣稱根據協議超過一定時間其行為不受協議約束

Interpellator 質問者；提出質詢的議員

Interpersonal law 人際法

Interpersonal private law 人際私法 (指解決同一國家中適用於各不同種族、宗教或階級成員的民法抵觸的法律。例如在亞、非不少國家中,關於人的身分、親屬或繼承所適用的民法,是隨着當事人所屬的種族、宗教或階級的不同而不同)

Interplanetary communication 星際通訊

Interplanetary flight 星際飛行

Interplanetary law 星際法

Interplanetary relations 星際關係

Interplanetary space 星際空間

Interplanetary travel 星際旅行

Interplea *v.* 確定權利之訴的抗辯 (指被告否認對所涉及財產有任何利害關係的抗辯,並要求對方權利主張者們應就他們之間的所有權提出訴訟以解除其責任)；第三者對扣押物主張權利之訴 (第三者闡明其對被扣押的特定財產所有權,尋求回復其佔有)

Interplead *v.* 主參加訴訟；使（提出債權等要求者）互相訴訟

Interpleader 主參加訴訟者；確定權利之訴（在有一人或二人以上均對同一標的物主張權利時促使有關第三方參加訴訟的程序，以確定其權利主張）

Interpleader by sheriff 由執行官確認反要求權利者的手續

Interpleader issue 互爭權利訴訟的爭點

Interpleader proceedings 確定權利之訴程序

Interpleader summons 互相訴訟的傳票（關係人要求互爭權利的兩人以訴訟確定權利的傳票）

Interpol (International Criminal Organisation) 國際刑警組織

Interpolate *v.* 篡改；插入（字句等）

Interpolated terminal reserve 〔美〕〔保〕期末彌補準備（用於人壽保險所含關於估算贈與稅和繼承稅目的之給付保險單的方法）

Interpolation 篡改；篡改（字句）行為；插入的字句；〔複〕對古典法律原來文本的更改（指準備編纂查士丁尼《學說匯纂》的專門委員會，為了適應現代要求和便於法典的編纂，對所搜集古典法律資料中按照指示做了修改）

Interpolator 篡改（文件）者；篡改（字句）者；添改（字句）者

Interposition 干預；調處；〔美〕拒絕接受原則（指州政府行使主權的原則時，可以憲法第 10 條修正案理念，提出聯邦政府命令違憲或超越憲法所賦予的權力為由，予以拒絕）

Interposition force 居間部隊

Interpret *v.* 解釋；闡明；翻譯；口譯

Interpret GATT rules 解釋關稅與貿易總協定規則（只能由爭端解決專家小組參與諮詢，而不包括秘書處成員參與其中，亦即秘書處無權做解釋）

Interpretation 解釋；傳譯；口譯

Interpretation Act 〔英〕解釋法（指對制定法中的"國務大臣"、"上訴法院"等標準含義的解釋，1837，1889，1978 年）

Interpretation clause 解釋條款（指對契約條款中特定詞句的解釋）

Interpretation of criminal law 刑法解釋

Interpretation of law 法律的解釋

Interpretation of the harmonised system 協調制度的解釋（凡其體的反規避條款中用語。其 1996 年反傾銷條例中規定，進口組裝的產品，其零部件價值達到總價值 60% 標準即為傾銷產品。對此，WTO 迄今尚無統一標準）

Interpretation of treaties 條約的解釋

Interpretation or construction 解釋；傳譯；口譯；法律上的解釋

Interpretation section 〔英〕解釋條款（指對現代議會所有實體法中某款項含義的解釋）

Interpretation system 翻譯系統

Interpretation, application or implementation 解釋、適用或者實施

Interpretative agreement 解釋協定

Interpretative analysis 解釋性分析

Interpretative clause 解釋條款

Interpretative declaration 解釋聲明

Interpretative note 〔關貿〕解釋性注釋（指對產品進口供貨配額變化的解釋）；注釋照會；解釋性照會（指關貿易總協定《烏拉圭回合》會議對國民待遇條款規定所作的一項補充，指出一項稅款由海關實施或徵收不妨礙該稅款為一項國內稅收）

Interpretative provision 解釋性規定

Interpretative reservation 解釋性保留

Interpretative resolution 解釋性決議

Interpretative rule 解釋性法規（指行政機構所頒佈的規則解釋、澄清或說明均應按其制定法規定施行）

Interpretative statement 解釋性說明

Interpretative understanding 解釋性理解

Interpreter 解釋者；翻譯，譯員

Interracial marriage 異族婚姻；異族通婚

Interregional 區域間

Interregional cooperation 區域間合作

Interregional expert group 區域專家小組

Interregional meeting 區域間會議

Interregional seminar 區域間專題討論會

Interregnum 中間期；空位期

Interrelated entries 相互登記

Interrelation 相互關係

Interrelation of interests 內部利害關係

Interrex 攝政；（空位期間的）攝政者

Interrogate *v.* 訊問；審問；審訊；盤問

Interrogate a prisoner 訊問犯人

Interrogate a prisoner of war 訊問戰俘

Interrogate a witness 訊問證人

Interrogate the defendant 訊問被告人

Interrogate with torture 拷問

Interrogation （刑事）訊問（指警察通過向被捕者或嫌疑犯尋求解決其是否有犯罪問題的程序）

Interrogation of a defendant 訊問被告

Interrogation of an indictor 訊問原告

Interrogative 訊問的；審問的

Interrogatoire 〔法〕審訊；訊問；審訊記錄

Interrogator 訊問者；審問者

Interrogatories 訊問書（尤指法院發出的書面訊問）；對證人的口頭訊問；〔法〕審問；審訊記錄（指法官就被指控的事實問題，訊問被告人及被告人的答覆）

Interrogatory 質詢的；訊問的；疑問的；詢問的（指原告或被告同對造就訴案內問題的發問）

Interrupt a ballot 中斷投票

Interrupt a vote 中斷表決

Interruption 中斷（時效中斷；佔有中斷；權利中斷）

Interruption of causality 因果關係的中斷

Interruption of financial relations 中斷金融關係

Interruption of member assigned the floor 阻撓發言

Interruption of prescription 時效中斷

Interruption of right 權利中斷

Interruption of possession 佔有中斷

Intersecting circles 交切圓

Intersection 交叉處；交叉點；十字路口（指兩條街道或兩條公路之匯合點）

Intersessional committee 閉會期間委員會

Interspace 空間（時與地的）；間隙

Interspousal 夫妻之間的

Interspousal immunity 〔美〕夫妻間（侵權訴訟）豁免（指禁止夫妻間的侵權訴訟，但有些州迄今亦僅廢除機動車輛侵權訴訟而已）

Intersputnik　前蘇聯通訊衛星組織

Interstate　〔美〕州際的；州之間的

Interstate agreement　國家間協定；〔美〕州際協議

Interstate and foreign commerce　〔美〕州際與涉外商業交易

Interstate bay　國際灣

Interstate carrier　〔美〕州際承運人

Interstate commerce　〔美〕州際商業；州際貿易

Interstate Commerce Act　〔美〕州際商業法（1887 年）

Interstate Commerce Commission (I.C.C.)　〔美〕州際商業委員會（1887 年）

Interstate compact　〔美〕州際約定（協定）

Interstate extradition　〔美〕州際引渡

Interstate ferry　〔美〕州際渡運；州際渡輪

Interstate Land Sales Full Disclosure Act　〔美〕州際土地銷售信息充分披露法（主要涉及未開發土地的購買和租賃事宜）

Interstate law　國際法；〔美〕州際法律

Interstate negotiation　國家間談判

Interstate rendition　〔美〕州際引渡權（指引渡犯罪嫌疑犯為規避審判而逃到他州）

Inter-State School of Hydraulic and Rural Engineering for Senior Technicians　水利與農業工程高級技師國際學校

Interstate surface water　〔美〕州際水流；跨州水流

Interstator　共有人

Interstellar　星際的

Inter-stellar space　星際空間

Inter-temporal international law　時際國際法

Intertemporal law (or transitory law)　時際法

Intertemporal private law　時際私法（指解決同一國家在不同時間施行的民法抵觸法。時際私法的原則主要是“後法廢除前法”和“法律不溯既往”）

Inter-temporal rule　時際規則

Interterritorial　領土間的

Inter-tidal zone　潮間帶

Interval　間歇；間隔；間際；（時空之間的）間距

Interval estimation　間隔估算

Interval ownership　〔美〕間歇性所有權（例如度假房每年只佔用二周或一個月）

Intervene　v. 參加訴訟（指第三者代表自身或公共利益而介入訟案）；調停；干預；介入

Intervener (intervenor)　調停者；干涉者；介入者；介入訴訟者；參加訴訟人（指第三者介入訴訟之謂）；〔商〕參加承兌人

Intervening act　干預行為；介入行為

Intervening agency　干預訴訟機構（使原來違法行為成為遠因，其與違法行為無關的一個獨立機構，能對違法行為所造成的損害原因做出合理結論）

Intervening cause　參加訴訟理由；介入原因；介入因素

Intervening damages　因遲延訴訟而引起的損害

Intervening force　干預力；介入力量

Intervening party　參加訴訟方

Intervening right provision　參與使用權條款

Intervening state　干涉國

Intervention　介入；干涉；調停；參加訴訟；介入訴訟

Intervention Board　〔英〕農產品調停委員會（成立於 1972 年，旨在執行歐共體的農業政策，包括課收農業稅）

Intervention by right　根據權利的干涉

Intervention currency　干預貨幣；干預通貨

Intervention for honour　參加承兌的票據（匯票）

Intervention in the case of arrest, detention or deportation　〔美〕干預被捕、拘留或遞解出境的案件

Intervention on the ground of humanity　人道主義的干涉

Intervention points　干預點（指匯價波動的上下限）

Interveying damages　判決或命令生效後的損害賠償

Interview　v. 面試，面談；會見

Interviewer　面試主持人；訪問主持人；面談者；會見者；接見者

Inter-vivos transfer　生前財產轉讓

Inter-vivos trust　生前信托

Interwar Conference　〔關貿〕大會期間之戰（指 1973 年秋舉行的《東京回合》談判，各國代表團為了美國立法機關的授權而等了 18 個月及至 1975 年 2 月初才開會。作者在此批評美國政府口喊“貿易自由化”，實際上卻實行“貿易保護主義”）

Intestable　無遺囑能力者（如嬰兒、精神病者或民事死亡者）

Intestacy　無遺囑繼承；無遺囑死亡

Intestary Estates Ordinance　〔香港〕無遺囑遺產條例

Intestate　a. & n. I. 無遺囑的；未立遺囑的；未完全按遺囑處分財產的；II. 無遺囑死亡者；未留下遺囑的死者

Intestate estates　無遺囑死亡者的遺產；未留下有效遺囑死亡者的遺產

Intestate Estates Act　〔英〕無遺囑死亡者遺產法（1925 年）

Intestate laws　〔美〕無遺囑死亡者遺產法（指提供並規定無遺囑死亡者遺產繼承的法規）

Intestate succession　未立遺囑的遺產繼承；無遺囑的遺產繼承（指死者生前或死前未立下遺囑；或其遺囑已被廢除或因其遺囑不正常而無效）；〔香港〕未立遺囑的遺產繼承法

Intestates' Estates Ordinance　〔香港〕無遺囑遺產條例

In-the-money　〔美〕較現值有利的價格選擇權（指基本資產價值高於約定價格時的購買選擇權）

Intimacy　友好；親密；親昵；不正當關係；私通

Intimate　a. & v. I. 親密的；密切的；熟悉的；內心的；機密的；私通的；II. 暗示；提示

Intimation　訴訟通知（尤指上訴方通知他造上級法院將予聽審他的上訴）

Intimidate　v. 恐嚇；威脅

Intimidation　恐嚇；恫嚇；威脅；脅迫

Intimidator　威脅者

Intitle (=entitle)　v. (給法令等) 命名，加標題

Into　進入…內；到…中；到…地點

Intol and uttol　進出口關稅；進口外銷

Intolerable Acts　〔美〕強制法（1774 年，指英國議會為報復北美人民反抗殖民地統治所採取的極刑等措施法律）

Intolerable indignity　無法容忍的侮辱

Intolerance　不容異己（指不願意或拒絕承認或不允許本主要集團以外者所持意見的存在）

Intoxicant　n. & a. I. 致醉劑；酒類飲料；II. 致醉的；中毒的

Intoxicated　喝酒的；醉酒的

Intoxicating dose　中毒量；致醉量

Intoxicating liquor (beverage)　烈性酒；烈酒

Intoxication　酗酒；醉態

Intoxilyzer　呼吸測醉器

Intoximeter　測醉儀

Intra vires decision　權力內決定

Intra-corporate communications　企業內部通訊

Intra-corporation trade　公司內貿易

Intra-European Payments Agreement　歐洲內部支付協定（為歐洲經濟合作組織成員國於 1948 年 7 月至 1950 年 7 月批准各成員國商務和貿易往來的協定）

Intra-governmental transactions　政府內部交易

Intra-industry trade　產業之內的貿易

Intraliminal　礦區內的；（礦區）境界內的

Intramural　〔美〕牆內的；內部的；自己範圍內的；限於機構或政府內部的

Intraparty　黨內的

Intra-period tax allocation　〔美〕期內所得稅分攤

Intra-regional trade　區域內貿易

Intrastate　〔美〕州內的；在一州內的

Intrastate bay　國內灣

Intrastate commerce　〔美〕州內商業

Intrastate sea　國內海

Intrastate sea water　國內海域

Intrationum　〔英〕舊判例彙編

Intra-trade　內部貿易

Intra-urban　市內的；在市區內

Intrazonal　地區內部的

Intricacies of service trade　服務貿易的複雜性

Intrig(u)ant　姦夫；私通者；陰謀者

Intrig(u)ante　淫婦；女陰謀者

Intrigue　*v.* 陰謀；詭計；密謀策劃；私通

Intriguer　私通者；陰謀者；密謀者

Intrinsic　內在的；固有的；本質的

Intrinsic evidence　內在證據；固有證據；本身證據（指書證而言）

Intrinsic fraud　固有的欺詐，本身欺詐；實質欺詐

Intrinsic method of interpretation　內在的解釋方法

Intrinsic value　固有價值，內在價值；隱含價值，實質價值

Introduce a new rule of origin　〔世貿〕採用新的原產地規則

Introduce export subsidies　採取出口補貼

Introduce the budget　（向英國下議院）提出預算案

Introduction　總論；導言；引言；序言

Introduction of calling　職業介紹

Introduction of foreign capital　引進外資

Introduction to law　法學通論

Introduction to the history of science of politics　政治科學史的概論

Introductory article　序文條款；引文

Introductory provisions　序文條款；通則

Introductory statement　介紹性說明

Intromission　引言；導言；進入；允許進入；〔英〕股票交易

Intruder　非法侵入土地者；侵入者；闖入者

Intrusion　侵入；闖入；〔美〕非法侵入（或佔有）他人財產；〔蘇格蘭〕非法佔有無所有權土地；〔英〕不法侵佔他人終身保有的地產

Intrusion into the dwelling　侵入住宅罪

Intrust (=entrust)　委託；交托

Intrusted affair　委任事項

Inuendo (=innuendo)　譏諷；影射；隱含誹謗；間接誹謗；解釋（指對訴狀中前一次文字的解釋，但此種情況甚少）；〔香港〕有誹謗性的訊示；誹謗性含義的解釋（對有誹謗含義的字句的解明）

Inuit circumpolar Conference　英紐特人北極圈會議（加拿大因紐特人，曾在過去十多年中擔任因努伊特人北極圈會議主席，出任地區、國家和國際層面的會議代表）

Inundation　泛濫；決水

Inundation by negligence　因過失造成的洪水淹沒

Inure　*v.*（法律等）生效；適用；確定（某人）利益

Inurement　*a. & n.* I. 有用的；有益的；有幫助的；II. 有用物；有益物

Invade　*v.* 侵犯（權利等）；侵入；侵略；侵襲

Invaded area　入侵地區

Invader　入侵者；侵略者；侵襲物

Invading forces　入侵部隊

Invading judge　侵犯法官；攻擊法官

Invading troop　入侵軍隊

Invalid　*a. & n.* I. 無效的；無效力的；無拘束力的；II.（無望康復的）病人

Invalid advice　無效通知（指支付期限已過的無效的匯款通知單）

Invalid ballot　無效票

Invalid cheque　無效的支票

Invalid contract　無效的契約（合同）

Invalid Fund Commission　殘廢人基金委員會

Invalid treaty　無效條約

Invalidated　無效的；失去法律效力的

Invalidated ballot　廢票

Invalidation　取消；無效

Invalidation procedures　無效程序

Invaliditatsversicherung　〔德〕傷殘保險

Invalidity　無效；無法律效力；（因病、殘而）失去工作能力

Invasion　入侵；侵犯；侵害；侵略

Invasion of corpus principal　本金虧損（例如信托本金虧損）

Invasion of privacy　侵犯隱私權

Invasive war　入侵戰爭

Inveigle　*v.* 誘惑；誘騙；引入歧途

Invent　*v.* 發明，創造

Invention　發明

Inventive step　發明性步驟

Inventor　發明人；發明家

Inventor's certificate system　發明人證書制度

Inventor's right　發明者權利

Inventories of the product　產品的庫存

Inventory　財產清單；資產清冊；遺產清單（冊）；貨物銷售清單；破產財產清單（由破產信托人開列的）；存貨

Inventory accumulation　存貨積累

Inventory book　存貨盤點簿

Inventory card　存貨盤點卡

Inventory changes　存貨變動

Inventory investment　存貨投資

Inventory list　盤存清單；財產目錄

Inventory method　存貨盤點法

Inventory of fixed assets　固定資產冊

Inventory of property　財產清冊；財產目錄

Inventory of tariff　關稅目錄

Inventory search　〔美〕財產清查（逮捕和監禁之前的一個附帶的行政步驟）

Inventory turnover ratio 存貨周轉比率

Inventory value 財產目錄的價值

Inventorying of property and auditing of capital 〔中〕清產核資

Inveritare *v.* 證明;證實

Inverse condemnation 〔美〕反徵用之訴 (指財產所有人向被政府機構或私人實體徵用的財產提起補償之訴)

Inverse order of alienation doctrine 〔美〕逆讓與財產權的原則

Inverted consensus rules 〔世貿〕反向一致規則 (是世貿組織的一項新的程序規則,旨在排除政治干預,防止阻撓有關程序的執行,以確保世貿組織爭端解決機制得以獨立運行,保證各成員方的權利,強制各成員方履行其義務)

Invest *v.* 投資;賦予 (權利),授與

Invest grants 〔關貿〕投資轉讓 (指東道國為吸引外資將本國投資部分或全部無償或低於原投資額轉讓給外方)

Invest with right 授予權利

Invested capital 投資資本

Invested cost 投入成本

Invested or registered as enterprises in China 作為在華投資或註冊的企業

Investee 接受投資人

Investigate *v.* 調查;偵訊;偵查;(病人的) 查詢

Investigate and ascertain 查清

Investigate and deal with according to law 依法究辦

Investigate and deal with accordingly 調查和處理

Investigate and prosecute 調查和起訴

Investigate and verify 查證

Investigate criminal responsibility 追究刑事責任

Investigated, detained, prosecuted or punished 偵查、羈押、起訴、處罰

Investigating authorities 調查當局

Investigation 調查;偵查

Investigation at crime scene 現場勘查

Investigation of cadres 〔中〕審查幹部 (簡稱 "審幹")

Investigation of crime 調查犯罪案件;偵查犯罪案件

Investigation of evidence 調查證據

Investigation personnel 偵察人員

Investigation process 調查程序

Investigation report 調查報告

Investigation reveals no evidence against the suspect 查無實據

Investigation Section 〔香港〕調查處

Investigations, prosecutions and proceedings 偵查、起訴和訴訟

Investigative experiment 偵查實驗

Investigative test 偵察實驗

Investigatory activity 偵察活動

Investigatory interrogation 調查性訊問 (指在起訴拘捕或被剝奪人身自由者之前由執法官員對其作例行的訊問)

Investigatory powers 〔美〕調查權

Investigatory process 調查進程;調查手續,調查程序

Investigatory stop 〔美〕調查性攔截 (指只對疑犯進行非闖入性的拘捕或初步訊問)

Investing activities 投資活動 (指涉及一實體資源投資活動)

Investitive fact 〔英〕賦予權利的事實 (指賦予某人特定的合法權利,違約抑或侵權事實而使受害者求償得以賠償損失);〔美〕存在權利的事實 (權利通過事實方式成為存在,例如被繼承人去世等等)

Investiture 授予公職或封號儀式;〔封〕公開移轉佔有或法律上佔有;封地儀式 (指領主公開地將其土地授予其封臣佔有的儀式);〔宗〕授職儀式

Investment 投資;投資金錢;投資資本 (指投入資金、購買股票證券等旨在獲取更大的收益);授予封地佔有權或聖職儀式

Investment account 投資賬戶

Investment administration 投資管理

investment advisor 投資顧問

Investment Advisors Act 〔美〕投資顧問法 (屬聯邦制定法規)

Investment allowance 投資補貼;投資稅減免

Investment and portfolio research and advice 投資和有價證券研究和建議

Investment approvals 核准投資

Investment association 投資協會

Investment bank 投資銀行

Investment banker 證券包銷商 (承銷新證券的一個金融機構)

Investment bankers association 投資銀行協會

Investment banking 證券包銷業務 (主要是向投資者承銷新發行的股票和債券)

Investment bill 投資匯票;投資票據

Investment bond 投資債券

Investment budget 投資預算

Investment capital 投資資本

Investment card (信托公司等) 投資權限卡

Investment Certification 出資證明

Investment climate 投資環境

Investment code 〔世貿〕投資守則;〔台灣〕投資規約

Investment commitment 投資承諾;投資保證

Investment committee (信托公司等) 財務委員會;投資委員會

Investment company 投資公司

Investment Company Act 〔美〕投資公司法 (1940 年)

Investment conditions 投資條件

Investment contract 投資合約

Investment corporation 投資公司

Investment cost 投資費用

Investment credit 投資稅抵免;投資稅減免 (額)

Investment credit control 投資信用統制

Investment decisions 投資決定 (決策)

Investment department 投資部

Investment deposit agreement 投資存款契約

Investment dispute 投資爭議

Investment fee 投資手續費

Investment flows 投資流動

Investment funds 投資資金

Investment grade 投資級別

Investment grade rating 〔美〕投資評級

Investment grants 投資補助金;〔關貿〕投資轉讓 (指東道國為吸引外資將本國投資部份或全部無償或低於原投資額轉讓給外方)

I

Investment guarantee 投資保證

Investment Guarantee Agreement 〔美〕投資保證協定（於 50-70 年代以前由美國首創並推行對其在海外投資者實行雙重保護）

Investment guaranty programme 投資保證計劃

Investment guidelines 投資方針；投資指導原則

Investment holding 控股投資

Investment in equity 股份投資

Investment in land 土地投資

Investment in securities 證券投資

Investment incentives 投資獎勵

Investment income 投資收入；投資所得

Investment indebtedness 〔美〕投資債務

Investment index number 投資指數

Investment installment certificate 投資分期付款證券

Investment Law 投資法

Investment letter stock 投資信股；未登記股票；非註冊股票

Investment loans 投資貸款

Investment Management Regulatory Organisation (IMRO) 〔英〕投資管理監管組織

Investment market 投資市場

Investment measures related to trade in goods 〔世貿〕與貨物貿易有關的投資措施

Investment measures related to trade in service 〔世貿〕與服務貿易有關的投資措施

Investment middlemen 投資居間人

Investment policies 投資政策

Investment Policy Advisory Committee (IPAC) 〔美〕投資政策諮詢委員會（由美商務部和貿易代表處特許成立的聯合委員會）

Investment portfolio 投資證券組合；投資票券目錄

Investment powers file 投資權限卡

Investment project 投資項目

Investment Promotion and Protection Agreement (IPPAS) 促進投資與報障協定

Investment property 投資財產；房地產投資

Investment ratio 投資比率

Investment regime 投資制度；投資體制

Investment report 投資報告

Investment risk 投資風險

Investment security 投資證券

Investment subsides 投資補貼

Investment tax credit 〔美〕投資稅減免；投資稅抵免；投資的減稅額（指以減稅優惠待遇來刺激資本和設備投資）

Investment trust 投資托拉斯；〔美〕投資信托公司

Investment trust company 投資信托公司

Investment value 投資價值

Investor 投資者

Invidious discrimination 〔美〕待遇上不公平的歧視；分畛域顯失公平的歧視（指違反憲法第 14 條修正案的立法宗旨）

Inviolability 不可侵犯性；免受侵犯；免受襲擊

Inviolability of communication 通訊不可侵犯性

Inviolability of consular archives 領事檔案不可侵犯性

Inviolability of diplomatic envoy 外交使節的不可侵犯性

Inviolability of domicile 住所不可侵犯性；住所不受侵犯性

Inviolability of frontier 邊界不可侵犯性

Inviolability of home 住宅不可侵犯性

Inviolability of official documents and archives 官方文件與檔案不可侵犯性

Inviolability of property 財產不可侵犯性

Inviolability of residence 居所不可侵犯性

Inviolability of territory 領土不可侵犯性

Inviolability of the person 人身不可侵犯性

Inviolable 不可侵犯的；不可違背的；不可褻瀆的；神聖的

Inviolate 不可侵犯的；不受褻瀆的；不被玷污的；貞潔的；完整無損的；免受實質性損害的

Invisible barriers 無形壁壘

Invisible exports 無形輸出；無形出口

Invisible imports 無形輸入；無形進口

Invisible trade 〔關貿〕無形貿易（指勞務等非實物形態的進出口貿易，包括技術、知識產權、投資、信托、運輸、保險和旅遊等項服務貿易，《烏拉圭回合》多邊貿易談判中發達國家提出將其納入最惠國待遇中）

Invisible transactions 無形交易（指非具體商品交易，如航運、保險、旅遊等）

Invitation 邀請；請貼；招待；引誘；招致

Invitation for (to) bid (I.F.B) 招標

Invitation for (to) tender 招標

Invitation for subscription 股票的認購；吸引認股（購）

Invitation for tender 招標；招標單

Invitation of offer 要約的邀請

Invitation to bid 招標

Invitation to tender 招標請柬；投標請帖

Invited error 〔美〕誘發的錯誤（指上訴案件審理中，如有一方請求法院對錯誤事實作出裁定，那麼其後就不能利用該錯誤裁定而提出上訴或要求複審的原則）

Invitee 被邀請者，受邀者（指在別人佔有的土地或房屋上與該佔有者有業務關係或得到暗示或默示接待的出入者）

Inviting State (country) 邀請國

Invocation （法規的）援引；召喚

Invoice （銷貨）發票，發貨單；發貨清單

Invoice annexed 所附的發票清單

Invoice book 發票簿；裝貨總賬

Invoice discounting 發票折扣；發票貼現

Invoice of merchandise 貨物發票；貨物證券

Invoice of transfer 撥付憑單

Invoice price 發票價格（指貨物的實際購買價格）

Invoice specification 發票明細單

Invoice value 發票價值

Invoices and Vouchers 單據憑證

Invoke v. 援引（法規等）；懇求幫助

Invoke a precedent 援例；援引先例

Invoke the veto in the dispute 在辯論中行使否決權

Involuntary 非本意的；非自願的；非故意的；強制的；不自覺的；偶然的

Involuntary act 非自願行為

Involuntary alienation 被迫的財產讓與（指因扣押、徵稅或因欠債而拍賣遭致財產損失或轉讓）

Involuntary bailment 非自願的寄托

Involuntary bankruptcy 非自願的破產；強制破產

Involuntary confession 非自願供認；強制供認

Involuntary conversion 強制變換（指因盜竊等所致損失或破壞）

Involuntary conveyance 強制財產轉讓；非自願的財產轉讓（指如離婚中不動產未經所有者同意即予轉讓）

Involuntary deposit 非本意的寄托

Involuntary deviation 非自動的變更航程；非自願航線

Involuntary discontinuance 被迫中止訴訟；強制中止訴訟

Involuntary entrance 非自願入境

Involuntary homicide 過失殺人

Involuntary insolvency 強制破產

Involuntary lien 強制留置權；法定留置權（指未經財產所有同意者的留置權。諸如欠稅不動產留置權，判決留置權等）

Involuntary liquidation preference 強制清算的優先權（指股票發行人如強制停產清理，應支付優先股東股的溢價）

Involuntary manslaughter 過失殺人；過失殺人罪

Involuntary payment 非自願付款；被迫支付

Involuntary retire 非自願退休；強制退職

Involuntary servitude 強制勞役

Involuntary transfer 非自願的財產轉讓

Involuntary trust 強制信托；非自願信托

Involuntary unemployment 非自願性失業（強制失業）

Involve actual sales of travel tickets 參與旅遊票的實際銷售

Involve scientific or technical issues 涉及科學和技術問題

Involvement 牽涉；參與；捲入

Inward blockade 內向封鎖

Inward charges 入港費

Inward documentary bill 進口跟單匯票

Inward foreign manifest 〔美〕輸入外國商品明細表；外國進口貨物清單

Inward manifest 進口艙單；輸入貨物清單

Inward pilotage 進港引水費

Inward reinsurance 〔保〕分入再分保

Inward towage 入港拖輪費

Inward-looking competition 向內競爭

Inward-oriented development 內向發展

Inward-oriented policy 內向性政策

Inwards notice 入港申報單

Iota 些微；丁點兒；最少量；希臘語最小的字母

IOU (I owe you) 欠款單；借條，借據（"我欠你"，債務的標誌）

Ipso facto party 當然當事國；當然當事方

Ipso jure termination of a contract 依法終止合同

Iranian Civil Code 伊朗民法典（1935 年）

Iranian Oil Consortium 伊朗石油財團（1954 年由 8 個外國石油公司組成）

Iraqi Fund for External Development (IFED) 伊拉克對外發展基金會

Irish Church Act 〔英〕愛爾蘭教會令（1871 年廢止）

Irish Free State 愛爾蘭自由邦（1922 年）

Irish gavelkind 愛爾蘭土地重新分配制（指土地所有者死後，該地區及死者土地要重新進行分配）

Irish Land Act 愛爾蘭土地法（1870 年發佈的調和地主與佃農之間關係的法令）

Irish law 愛爾蘭法

Irish National Land League 愛爾蘭佃農同盟（目的為減輕地租負擔等）

Irish representative peers 愛爾蘭貴族上議員

Irish system 愛爾蘭制（愛爾蘭刑法制度）

Irnerius 伊爾內留斯（1055－1125 年，意大利法學家，博洛尼亞法學院教師，他的講學極大地激勵振興了人們研究羅馬法的熱潮）

Iron v. 給…戴上鐐銬

Iron and steel industry (ISI) 鋼鐵工業

Iron law of wages 工資鐵則（指工人的平均工資必須夠其繼續生活及生育子女所必須金額的理論）

Ironclad evidence 鐵證如山；真憑實據

Iron-man 鋼鐵工人；鐵商

Iron-monger 〔英〕金屬器具商；小五金商人

Iron-mongery 〔英〕(總稱)五金器具；五金店；五金業

Irons 鐐銬

Iron-safe clause 〔保〕鐵製保險櫃條款

Iron-work 〔總稱〕鐵製品；鐵工；鐵製部份

Irrational 不合理的；愚蠢的；不合邏輯的；荒謬的

Irrebuttable presumption 不可反駁的推定；不容置疑的法律推定

Irreclaimable 無法改造的

Irreconcilable differences 〔美〕難以和解的分歧；難以彌合的分歧（指無過錯理由而解除婚約）

Irrecoverable 不能挽回的；不可撤回的；不能恢復的

Irrecusable 無法拒絕的；排斥不了的；無法反對的；必須接受的

Irredeemable 不能贖回的；不能償還的；不能變現的；無法補救的

Irredeemable stock 不能償還的股份

Irrefragable (論據等)不能駁倒的；無可非議的；無法回答的

Irrefrangible 不能違犯的

Irrefutable 無可辯駁的；駁不倒的

Irrefutable evidence 駁不倒的證據；鐵證

Irregular 不規則的；不符合已確立的法律、方法或慣例的；不符合自然規範或道德規範或已確立之原則的；無規律的；不正常的；不合常規的；〔美〕(商品)等外的；有小缺陷的；〔複〕非正規部隊

Irregular allotment 不正當分配股份

Irregular conduct 不正當行為

Irregular deposit 不定期存款

Irregular endorsement 不正規背書

Irregular force 非正規部隊

Irregular heir 〔美〕非正規繼承人（指死亡者無直系或旁系繼承人時，其在世的夫或妻或非婚生子女依法確定的繼承人）

Irregular jetsam 〔保〕不規則的投棄貨物

Irregular judgment 違規判決（不符法院常規的判決）

Irregular marriage 非正式婚姻；事實上婚姻

Irregular premium 非按期付的保險費

Irregular ratification 不規則批准

Irregular succession 不正規繼承（指依遺囑、合理的法律上承認的繼承人）

Irregularity 違規行為；不當行為；不符司法程序（不遵照規定的形式辦理的訴訟手續或訴訟文件）；〔宗〕妨礙就任聖職

Irregulars 非正規部隊

Irrelevancy 無關聯性；缺乏相關性；與訴訟程序或與爭點沒有關係的陳述

Irrelevant 不相關的；不中肯的；離題的；屬枝節問題的；與訴訟程序或爭論點沒有關係的陳述

Irrelevant allegation 〔美〕不相關的陳述（與訴訟雙方之間的爭議點無重大關係且不影響法院判決的陳述）

Irrelevant answer 〔美〕不相干的答辯（與爭議沒有實質上關係的答辯）

Irrelevant evidence 不相關的證據

Irreparable damages 不可回復的損害；難以金錢標準估量的損害

Irreparable harm 不可彌補的損害

Irreparable injury (or harm) 不能恢復的傷害；無法彌補的傷害

Irrepleviable (irreplevisable) 不能回復佔有的；不准具保取回的（財產）

Irresistible force 不可抗力

Irresistible impulse 不可抑制的衝動

Irresistible incident 不可抗拒的事件

Irresistible reasons 不能抗拒的原因

Irrespective of its source 〔關貿〕不問其來源（指關貿總協定對某一成員國產品實施保障措施，而對其他成員國的相同產品開綠燈，不問其來源）

Irrespective of percentage (I.O.P.) 〔保〕不受免賠百分比；不受（損失）百分比限制（指單獨海損不論所受損失程度概由保險人全部賠償）

Irretrievable breakdown of marriage 不可彌合的婚姻破裂

Irreversible 不可撤銷的

Irrevocable 不可撤銷的；不可廢止的；不可改變的；不可撤回的；最後的

Irrevocable beneficiary 不能變更的受益人，不可撤銷的受益人

Irrevocable confirmed banker's credit 不可撤銷的銀行保兌信用證

Irrevocable Corporate Purchase Order (ICPO) 不可撤消的購貨定單

Irrevocable credit 不可撤銷的信用

Irrevocable documentary L/C 不可撤銷的跟單信用證

Irrevocable documentary payment order 不可撤銷的跟單付款委托書

Irrevocable L/C 不可撤銷信用證（指在信用證有效期內，未經受益人、開證行、保兌行（如有的話）同意，不得加以修改和撤銷的信用證。這種信用證對受益人收款有保障，故在國際貿易中得到廣泛使用。按照 UCP500 規定，一切信用證必須註明是可撤銷還是不可撤銷的，未加註明的視為不可撤銷信用證）

Irrevocable letter of credit 不可撤銷信用證

Irrevocable Master Fee Protection Agreement (IMFPA) 不可撤銷費用保護協議書（不可撤銷的總體費用保護協議）

Irrevocable offer 不能撤銷的要約

Irrevocable title deed 不可撤銷的物權契據

Irrevocable trust 不可撤銷的信托

Irrevocable without recourse L/C 不可撤銷的無追索權的信用證

Irrevocable, non-transferable, revolving documentary letter of credit 不可撤銷、不可轉讓的循環信用證

Irrigation association 水利灌溉協會

Irrigation company 〔美〕灌溉公司

Irrigation district 〔美〕灌溉區

Irrigation district bonds 〔美〕灌溉區域水利債券；灌溉區域水利證券

Irritancy 〔蘇格蘭〕失效；失權；喪失權利

Irritant clause 〔蘇格蘭〕使契據無效條款

ISDS International Centre 國際期刊資料系統國際中心

Islam 伊斯蘭；穆斯林；穆斯林教徒

Islamic Development Bank (ISDB) 伊斯蘭（國家）開發銀行（成立於 1984 年 8 月，行址在沙特首都利雅德）

Islamic law 伊斯蘭法

Islamic law system 伊斯蘭法系（又稱"阿拉伯法系"）

Island 島；島嶼

Island administration office 島嶼管理局

Island chain 列島

Island developing country 發展中島國

Island developing state 發展中島國

Island shelf 島架；島嶼架

Island slope 島坡

Island state 島國

Island-studded sea 羣島海域；島嶼密布的海域

Isle of Man 馬恩島

Islemic Development Bank (ISDB) 伊斯蘭開發銀行（成立於 1974 年 5 月，行址於沙特阿拉伯吉達，旨在為會員國及非會員國的伊斯蘭國家提供貸款，以及特別基金的技術援助等）

ISO 14000 國際標準化組織國際環境管理體系認證

ISO 14001 國際標準化組織環境管理體系－規範及使用指南

ISO 14004 國際標準化組織環境管理體系－原則體系和支撐技術通用指南

ISO 14010 國際標準化組織環境審核－通用原則

ISO 14011 國際標準化組織環境審核－環境管理體系審核

ISO 14012 國際標準化組織環境審核－審核員的資格

ISO 9000 國際標準化組織質量管理體系認證（成立於 1987 年，旨在適應進出口貿易和國際經濟合作）

ISO container 國際標準化組織集裝箱

ISO Curency Code 國際標準化組織通貨代號

ISO Information Centre in Geneva 日內瓦國際標準化組織情報中心

ISO Marking Code 國際標準化組織標誌代號

ISO Standards 國際標準化組織標準（規格）

Isocost 等價

Isolate economy 孤立的經濟

Isolated sale 單獨銷售（指對所售商品不含有保證的買賣）

Isoquant 等量

Issei 〔日〕旅美日僑

Issuable 可爭論的；可提出抗辯的；（貨幣等）可發行的；待發行的；可簽發的

Issuable defense 可爭議的答辯；可提出實質性問題的法律辯護

Issuable plea 有關係爭點的抗辯；可反駁的抗辯；可就案件是非曲折問題提出答辯

Issuable terms 可爭辯的條件

Issuance 發行；發佈；頒佈；開具

Issuance of passports 頒發護照

Issuance of visa 頒發簽證

Issue *n. & v.* I. 子孫；後嗣；訴訟爭點；爭議點；發行（鈔票、紙幣等）；〔美〕（命令的）頒佈；發佈；II. 簽發（簽證、傳票等）；發佈；頒佈（法律、法令等）；發行（股票、證券）；孳息；生息；收益

Issue a mark 頒發標誌

Issue a summons 發出傳票

Issue a wanted circular 發出通輯令

Issue a writ 發出令狀

Issue administrative determination (of) 發布行政裁決

Issue age 〔保〕投保年齡；承保年齡

Issue an order of commendation 頒佈嘉獎令

Issue at a discount 發行折價的債券（指發行低於面值的證券或債券）

Issue at a premium 發行有升水的證券（指高於平價的）

Issue at law 法律上的爭點

Issue by marriage 婚生子女

Issue en ventra sa mere 〔法〕胎兒

Issue from a channel or narrows into open water 從狹窄航道入海

Issue in action 訴訟的爭點

Issue in fact 事實上的爭點

Issue in law 法律上的爭點

Issue of emergency travel documents 頒發緊急的旅行證件

Issue of fact 事實上的爭點

Issue of government bonds 發行公債

Issue of law 法律上的爭點

Issue of the writ 令狀的頒發

Issue periodic reports on global trends in international trade and trade policy developments 〔世貿〕關於就國際貿易和貿易政策發展的全球趨勢發佈定期報告

Issue preclusion 除外的訴訟爭點（是已決的訴訟爭點，禁止就此再向法院提出訴訟）

Issue roll 訴訟爭點卷宗

Issue tax 發行稅；出版稅

Issues to be Addressed by the General Council in Accordance with Section 18.2 of China's Protocol of Accession 〔世貿〕總理事會依照《中國加入議定書》第18條第2款處理的問題

Issued and paid-up capital 已發行的股本與實收資本

Issued capital 已發行的股本

Issued capital stock 已發行股本

Issued share capital 已發行股本（實際發行的為票面價值的股票）

Issued stock 已發行股票

Issuer 發行人（具有發行證券及分配權利的法律實體）；開證人（指信用證等）

Issues and profits 添附；孳息；不動產孳息

Issues of debt management 債務管理問題

Issuing Bank 開證行（接受開證申請人委托，開立信用證的銀行）

Issuing company 發行股票的公司；開具保險單公司；（保險單）出單公司

Issuing country （信用證）開證國

Issuing execution 簽發判決執行令

Issuing house 〔英〕證券股票發行公司，證券承銷公司；投資銀行

Issuing process 簽發傳票

Issurance 簽發；發行；頒佈；開具

Isthmus 地峽

Isuue at law 法律上的爭點

It being understood 上述（事實）已達成共識

Italian Arbitration Association 意大利仲裁協會

Italian Civil Code (Codice civile Italiana) 意大利民法典

Italian law 意大利法

Italian school 意大利學派

Item *n. & adv.,* I. 條；項；項目；細目；條款；承保項目；II. 亦；也；又，再次；同樣地

Item-by-item negotiations 〔關貿〕逐項談判（指就削減關稅對貿易所產生的影響等逐一討論，為關貿總協定第一至第五回合的談判方式）

Itemise *v.* 分條寫明；逐條列記；詳細列明；逐項登錄

Itemised account 明細賬

Itemised deductions 〔美〕分項扣減額（指根據《國內稅收法典》准許，從個人所得稅中扣減包括醫療費、房屋抵押貸款利息、州所得稅及慈善捐贈）

Itemised list 詳細項目單

Itemised manifest 詳細列明的貨物清單

Items of business 營業項目

Itinerancy 巡迴；旅程；旅行路線

Itinerant *a. & n.* I. 巡迴的；巡遊的；流動的；II. 巡迴；巡迴法官；行商；巡遊者

Itinerant ambassador 巡迴大使

Itinerant domicile 臨時住所

Itinerant envoy 巡迴使節

Itinerant judges 巡迴法官

Itinerant justices 〔英〕巡迴法官

Itinerant peddling 行商；沿街叫賣

Itinerant vendor 流動攤販

Itinerate *v.* 巡迴審判

J

J

J-1 visa 〔美〕J-1 簽證（"交流學者簽證"，由美國駐外使、領館頒發給與美國政府簽訂有協議者，來美學習交流的公派學者或公派自費留學生簽證）

J-2 visa 〔美〕J-2 簽證（"交流學者配偶及其子女簽證"，由美國駐外使、領館頒發給交流學者的配偶、21 歲以下的未婚子女的）

Jack 船首旗（標誌國籍）；公司旗；（戰爭中）馬兵盔甲

Jack at a pinch 緊急時有用的人（或物）；臨時召來代替的人

Jack in office 自命不凡的小官吏

Jack in the cellar 胎兒

Jack in the low cellar　胎兒

Jack in the polpit　自命不凡的小官吏

Jack ketch　〔英〕絞刑吏；死刑執行人；劊子手

Jack ketch's pippin　被定為絞刑的人

Jack tar　水手

Jackson-Vanik Amendment　〔美〕傑克遜－瓦尼克修正案（規定非市場經濟的共產國家貨物顯示器，必須以自由移民作為取得最惠國待遇地位的先決條件）

Jactitation　詐稱；無事實根據的誇耀（指誇耀與他人有爭議的事，特別是涉及妄稱與他人結婚之類）

Jactitation of marriage　〔宗〕詐稱結婚（指為獵取聲譽而詐稱已與某人結婚，受害方可就此對其訴請永久沉默命令，不准再作此種詐稱）

Jactitation of tithes　〔宗〕詐稱有權徵收什一稅（該人法律上並無所有權）

Jactitator　詐稱已婚的人；詐稱人

Jail　〔美〕監獄；看守所（次於監獄等級，主要關押輕罪犯或候審的醉漢及擾亂社會治安者）

Jail bird　囚犯；慣犯

Jail break　越獄

Jail credit　〔美〕刑期折抵（指對在監獄中表現關押期間稱許者將得以減刑）

Jail delivery　監獄出空（指把囚犯送去法庭受審或指在暴力威逼後釋放囚犯）；提審未決囚犯委任狀

Jail liberty　獄所自由區（指允許在監獄附近自由步行的地方）

Jailer (or jailor)　監獄看守；獄卒；獄吏；監獄管理員

Jaileress　監獄女看守；女獄卒；女監獄管理員

Jailhouse　監獄

Jailhouse lawyer　〔美〕獄中法律行家（指研讀法律並給同獄犯人尤其是文盲犯人以法律援助的罪犯）

Jamaica discipline　牙買加法（過去海盜對其搶劫物品進行分贓的規則）

Jane Doe　〔美〕都珍妮（法律訴訟中隱匿真名的女方）

Japan Commercial Arbitration Association　日本商事仲裁協會

Japan External Trade Organisation　日本貿易振興會

Japan's Textiles Voluntary Restraint in 1971　〔日〕紡織品自動限制方案（1971 年 3 月 8 日宣佈對美國《貿易法案》作出讓步）

Japanese and American Commercial and Navigation Treaty　日美通商航海條約

Japanese Government loan　日本政府貸款

Japanese Monroe doctrine　日本門羅主義

Japanese risks　日本船舶倫敦再保險費率

Japanese-American Gentleman's Agreement　日美君子協定（指 1907 年日美移民協定）

Jaques　〔英古〕小額金錢

Jason clause　〔美〕傑森條款（規定載運船隻在開航前後或開航時發生的事故或損失，承運人對此不負責任）

Javelin-men　〔英古〕巡迴法官護衛（指由郡長僱以護衛巡迴法庭的法官）

Jaw bone　〔美俚〕（財務上的）信用；賒買；借貸；借到的錢款

Jay Treaty　傑伊條約（指 1794 年英美間的堪薩斯州條約）

Jay walking　斜穿過馬路；橫穿過馬路

J-curve　J 曲線（主指一國匯率貶值對改善國際收支的影響）

Jedburgh jury　即決審判的陪審員；顛倒審判的陪審員

Jedburgh justice　即決審判；顛倒審判；私刑（這種刑罰施加於搶劫犯和重罪犯。如此稱謂是對靠近英格蘭邊境的蘇格蘭小鎮的入侵者和盜牛賊不經審判就施加絞死的刑罰，也拼寫為 "jedart"）

Jeddart justice　即決審判；顛倒審決；私刑（指不經合法審判的處決刑罰）

Jedwood justice　即決審判；顛倒審判；私刑（指不經審判的刑罰）

Jekyll's Act　傑蓋爾條例（指 1736 年禁止販賣酒類條例）

Jemadar (or jemidar)　稅關吏；印度警察

Jencks Act or Rule　〔美〕詹克斯法；詹克斯規則（指刑事被告有權查閱政府文件以期在證人盤問中有助於告發以前不同的陳述）

Jenkins Act　〔美〕詹金斯法案（1995 年 10 月頒佈，主張大量削減紡織品進口，主要針對發展中國家）

Jeofail　〔英〕（答辯中）失誤；改正訴訟答辯上的錯誤（制定法規定，對於承認口頭答辯中陳述錯誤者允許修正，以爭取阻止判決）

Jeopardise the effectiveness of the pre-shipment inspection programme　〔世貿〕危害裝運前檢驗計劃的有效性（指無法要求成員方披露合法的商業機密）

Jeopardy　危險；風險（刑事案件中被告面臨定罪和判刑的危險）

Jeopardy assessment　〔美〕預險徵稅（指一旦收稅出現問題或危險，發現納稅人計劃要離國等情況時，國內稅務署作出評估有權不按正常手續立即提前收稅）

Jeremy diddler　詐騙者；利用別人信用進行欺騙的人；用假的口實借而不還的人

Jerque　〔英〕海關檢查（指審問有無隱匿走私物品等的檢查）；走私；秘密輸入商品

Jerquer　〔英〕海關查驗員（指負責查驗有關走私和漏稅的官員）；結關員；水上稽查員

Jerry builder　偷工減料的建築商；工程草率的建築師

Jerry building　偷工減料的建築工程

Jerry-build　偷工減料；偷工減料地建造

Jetsom (or jetsam)　〔保〕投棄貨物（指船遇風暴或緊急危險中將所載貨物拋棄水中以減輕負荷，隨後船即沉沒或避免其沉沒）

Jettage　入船稅

Jettison (or jactus, or jactura mercum)　*n. & v.* I.〔保〕拋棄；投棄貨物（指海難的緊急情形下，為確保船舶等安全而將所載的部份貨物自船或機上投棄，以減輕載重）；II. 投棄；拋棄（船上的貨物）

Jettison and washing overboard (JWOB)　〔保〕拋棄及浪擊落海

Jettisoned　投棄的

Jetty　防波堤；碼頭

Jetty clause　〔保〕碼頭檢驗條款（指卸貨時要求立即進行檢驗、公證）

Jetty harbour　突堤港

Jevons' criteria　（對於壟斷的）傑溫文規範（標準）

Jeweller　珠寶商；寶石匠

Jewellery　珠寶；首飾

Jewellery insurance　珠寶保險

Jewish law　猶太法；猶太戒律

Jim Crow Laws　〔美〕傑姆·克勞法（泛指美國南部各州自

19 世紀 70 年代開始制定的對黑人實行種族歧視或種族隔離的法律)

J-List　〔美〕免稅進口商品單 (1930 關稅法的附件,即:標有原產地國的免除關稅產品的清單,例如螺絲、釣魚鈎、雞蛋等等)

Job　*n. & v.* I. 工作;一項工作;職業;職位;買賣;投機商;〔美俚〕犯罪行為 (尤指搶劫);II. 代客買賣 (股票等);假公濟私;承包;分包 (工程)

Job action　〔美〕工業行動 (工人採取罷工等方法以示對資方的抗議)

Job blue collar　藍領工作

Job card　工作卡;工時票

Job cost record　工作成本賬簿 (指提供特定工作財務信息賬簿)

Job creation　創造工作

Job description　職責說明書

Job holder　從業人員;〔美〕公務員

Job lot　整批出售;零星批量;零星交易

Job opportunity　就業機會

Job order costing　分批成本會計

Job related death　因工死亡

Job related injuries　因工受傷

Job study　工種研究;職業研究

Job training　工作培訓

Job's pound　監獄

Jobber　〔英〕股票經紀人;證券商;證券經紀人;批發商;中間商;假公濟私的人;散工

Jobbery　假公濟私;以權謀私;營私舞弊

Jobbing　代客買賣股票;中間貿易;投機;計件工作

Job-hunter　求職者;找工作的人

Job-hunting　求職;找工作

Job-work　包工;包活;計件工作

Jocelet　小莊園;小農場

Jocus　〔英古〕賭博;博彩 (一種危險的競技)

John company　東印度公司

John Doe　都·約翰 (訴訟程序中對不知真實姓名的當事人的稱呼;普通法中對恢復佔有不動產假設原告的稱呼)

John Doe proceedings　都·約翰訴訟程序 (發現負有法律上責任的人對假借別人進行的訴訟)

John Doe summons　都·約翰傳票 (指用於在不知道被告人姓名之前,得知其名字之後取而代之)

Join　*v.* (使) 共同訴訟;聯合;參加;加入;結盟

Join hearing　會審

Join illegal act　共同不法行為

Join issue　辯論 (按裁決爭點進行辯論;以爭議點基為礎的辯論);妥協;共同起訴

Join trial　會審

Joinder　合併訴訟;共同訴訟;結合;聯合;合併 (指由法院合併審理分別提出的幾個合併訴訟案件);接受他造提出的爭點

Joinder in demurrer　許諾接受對方抗辯中提出法律上的爭點 (原告接受被告在抗辯中提出法律上的爭議點)

Joinder in issue　爭點的認諾 (指訴訟一造接近或接受他造所提出的事實爭點)

Joinder in pleading　接受對方抗辯中提出的爭點和審判方式 (指一造在答辯中接受他造所提出的爭點)

Joinder of actions　訴訟合併 (指合併兩個或兩個以上訴訟

案件者)

Joinder of causes of action　訴因合併 (同一起訴訟有數項起訴原因,原告在某種情形下可對同一被告對幾起訴訟原因主張在一個訴訟中救濟)

Joinder of claims　訴訟求償的合併 (指幾個當事人的救濟訴訟合併統一向對方當事人提出求償之訴)

Joinder of defendants　被告人的合併 (指兩個或兩個以上的被告,如其被指控參與一系列同一行為或交易行為構成犯罪者不必逐一另立訴狀,可合併或逐一起訴)

Joinder of error　否認錯誤 (指在刑事訴訟的糾錯令狀中列舉錯誤時,書面否認被立證的錯誤陳述中的錯誤)

Joinder of indictment or information　起訴狀的合併;控告狀的合併

Joinder of issue　爭點的達成;爭點的確定 (指訴訟當事人就一方主張某事實,他方予以否認爭點上答辯階段達成一致)

Joinder of offences　數罪並發;數罪合併起訴 (對被告數宗相同或類似性質的罪行可合併審理)

Joinder of parties　當事人的合併 (指兩個或兩個以上作為原告或被告之共同訴訟、共同起訴或共同被訴之謂)

Joinder of remedis　救濟請求的合併 (指合併兩個以上求償之訴)

Joingt guardians　共同監護人

Joint　聯合的;合併的;連帶的;共同的;共有的,共享的

Joint a ship　(船員) 回到船上;參加船上工作

Joint acceptor　共同承兌人;連帶承兌人

Joint account　共同賬戶;聯合賬戶 (指兩個或兩個以上名字向銀行開立一個存款賬戶)

Joint account clause　聯合賬戶條款

Joint action　共同訴訟 (指二人或二人以上原告共同訴二人或二人以上的被告);共同行動;聯合行動

Joint action by the contracting parties　〔關貿〕締約國的聯合行動

Joint acts　共同行為

Joint administration　共同管理;聯合管理

Joint administrator　遺產共同管理人

Joint adventure　聯合短期投資;合營;合資;合夥 (在蘇格蘭僅限於航行、冒險或企業)

Joint advisory committee　聯合諮詢委員會

Joint agency　共同代理;聯運代辦處

Joint agent　共同代理人;聯運代辦人

Joint agreement　聯合協定

Joint analysis of specific problems of interdependence among the policies with each organisation　共同分析政策中與各個組織相互依賴的具體問題 (具體問題是指 WTO、IMF 和 World Bank 貿易、貨幣和金融等)

Joint and common property　〔英〕連帶共有財產權和按份共有財產權

Joint and several　連帶的;共同的和個別的;連帶的並各自的 (指當二人或二人以上聯合或分別聲明,即意味著如果協議條件得不到履行者,他們有義務對各自或分別對彼此提起訴訟應承擔債務責任)

Joint and several bond　連帶保函;連帶債券

Joint and several contracts　連帶合約;共同契約

Joint and several guarantee　聯帶保證;聯合保證 (負連帶責任的擔保)

Joint and several liability　連帶責任;共同責任

J

Joint and severally liable　連帶負責的

Joint annuity　聯合年金；共有年金

Joint appeal　聯合上訴；共同上訴；聯合呼籲

Joint association　聯合會

Joint authority　聯合權力

Joint authors　合作作者

Joint authorship　合著 (幾個人共同創作的作品)

Joint ballot　連記投票

Joint bank account　〔美〕共有賬戶 (指以二人或二人以上姓名在銀行開立的聯合賬戶，可同等共享生存者取得權)

Joint Bank-Fund Library　〔世行〕〔基金〕世界銀行及國際貨幣基金組織聯合圖書館

Joint Bank-IDA operations　〔世行〕〔基金〕世界銀行及開發協會聯合業務

Joint beneficiary　共同受益人

Joint bid　連帶附值；聯合遞價；聯合報價；組合報價

Joint boundary committee　邊界聯合委員會

Joint boundary demarcation commission　聯合劃界委員會

Joint Budget Resolution　〔美〕(兩院) 聯合預算決議

Joint capture　共同拿捕；聯合拿捕；共同戰利品

Joint cause of action　共同訴因 (=joider of cause of action)

Joint charge　聯合運輸費

Joint commission　聯合委員會

Joint committee　(國會兩院) 聯席委員會

Joint Committee on the Remuneration of Executive Directors and their Alternates　〔世行〕〔基金〕執行董事及副執行董事薪金聯合委員會

Joint communique　〔法〕聯合公報

Joint Communique of the Goverment of the People's Republic of China and the Goverment of Japan　中日聯合聲明 (指中日兩國政府於 1972 年 9 月 29 日發表聯合聲明，兩國政府決定自即日起建立外交關係，並宣告中日兩國之間的戰爭狀態結束；同時日本國政府保證履行《開羅宣言》和《波茨坦公告》關於台灣歸還給中國的條款，承認台灣是中國領土不可分割的一部份)

Joint Communique on the Potsdam Conference　波茨坦會議聯合公報 (1945 年)

Joint concern　聯合企業；聯合商行；合夥商店；合夥公司

Joint conference　聯席會議

Joint consulate　聯合領事館

Joint consultations　〔世貿〕聯合協商，共同協商 (指世貿組織任何一個當事國可將其爭端提交締約國全體協商解決)

Joint contract　連帶契約；共同合約

Joint control　共同控制權；聯合管理

Joint convention　〔美〕(兩院的) 聯席會議

Joint cost　連帶生產費；聯合成本 (指同一行業生產兩種以上產品的成本)

Joint cost of production　聯合生產成本

Joint Council for the Welfare of Immigration　〔英移〕移民福利聯合會

Joint credit　聯合信貸；連帶債權

Joint creditor　共同債權人；連帶債權人

Joint crime　共同犯罪

Joint debt　共同債務；連帶債務

Joint debtors　連帶債務人；共同債務人

Joint debtors' acts　〔美〕共同債務人法

Joint decision　習法裁決

Joint declaration　聯合聲明；聯合宣言

Joint Declaration by the Union of Soviet Socialist Republics and Japan, 1956　蘇維埃社會主義共和國聯盟和日本的聯合宣言 (1956 年)

Joint defendants　共同被告

Joint defense　共同防禦；共同答辯

Joint defense doctrine　〔美〕共同辯護原則 (指允許被告主張 "律師－顧客特權" 以期使共同被告律師為他們辯護)

Joint defense pact　共同防禦公約

Joint demand　共同需求；連帶需求

Joint demurrer　共同抗辯

Joint deposits　共同存款

Joint draft resolution　聯合決議草案

Joint earnings　合算收入 (指一家的合計收入)

Joint endorsement　聯合背書；共同背書

Joint enterprise　合營；合辦企業；合資企業

Joint estate　共同財產權；共有地產權 (指涉及地產權益、同一時間及該不動產的共同佔有)

Joint executors　遺囑的共同執行人

Joint family　聯合家庭；共同家族 (指男系的統一祖先通常有共同財產，選舉產生族長的家庭)

Joint fiat　共同裁定 (法院對二人或二人以上的商會會員作出的裁定)

Joint fine　共同罰金

Joint float　共同浮動；聯合浮動

Joint gift　共同贈與

Joint governmental activities　幾個行政部門聯合舉辦的企業活動

Joint group of experts　聯合專家小組

Joint guarantee　連帶保證

Joint guardians　共同監護人

Joint guild　聯合同業公會

Joint gurantees　共同受讓人

Joint gurantors　連帶保證人；共同保證人

Joint heir　共同繼承人；連帶繼承人 (指倆繼承人可由生存者繼承之謂)

Joint illegal act　共同不法行為

Joint indictment　合併起訴書；聯合訴狀 (指有好幾個罪犯時，一、二等級主犯與其事前和事後從犯在同一公訴狀中合併提出之謂)

Joint indosement　聯合背書；共同背書

Joint industrial councils　〔英〕聯合產業委員會，勞動產業會議制 (1916 年根據威特利制定的)

Joint insurance　聯合保險 (即養老保險)

Joint insured　聯合被保險人

Joint interest　共有利益

Joint international administration　聯合國際管理

Joint interpretation　共同解釋

Joint intervention　聯合干預

Joint inventions　共同發明

Joint investigation　聯合調查

Joint invitation to bid　聯合招標

Joint invitation to tender　聯合招標

Joint jurisdiction　聯合管轄權

Joint legation　聯合使館

Joint letters of administration　共同遺產管理委任狀

Joint liability　共同責任；連帶責任；〔保〕共有負債（指兩人或兩人以上共同負擔債務）

Joint liability company　兩合公司；連帶責任公司

Joint life annuity　聯合終身年金；聯合生存年金

Joint life insurance　聯合人壽保險；共同人壽保險（可譯為"聯合人壽保險"抑或"聯合保險"均可，因受保人為二人或二人以上的人壽保險，當其中有一人先死，即給付保險金，保險合同遂告終止）

Joint life policy　聯合保險單

Joint lives　共同生存期間（指定贈予給二人或二人以上生存期間享有繼承的土地或權利，只要其中一人死亡，該贈予即告終止）

Joint meeting　（議會的）聯席會議

Joint memorandum　聯合備忘錄

Joint metallism　結合本位制；混合金屬貨幣主義

Joint Ministerial Committee of the Boards of Governors of the Bank and the Fund on the Transfer of Real Resources to Developing Countries　〔世行〕〔基金〕世界銀行和國際貨幣基金組織理事會關於向發展中國家轉讓實際資源部長級聯合委員會（簡稱"發展委員會"）

Joint names　聯名

Joint negligence　共同過失行為（指二人或二人以上共同所致事故或損害）

Joint nomination　共同提名；聯合提名

Joint note　聯合照會；共同照會；聯名票據，共同票據，聯合票據，連帶票據

Joint obligation　連帶債務（指多人共同負擔某債務）；合同債權關係

Joint obligor　連帶債務人；共同債務人；共同義務人

Joint occupation　共同佔有

Joint offence　共同犯罪（指二人或二人以上共同犯下同一的罪）

Joint offenders　共犯（指二人或二人以上共同犯下的罪）

Joint overseas venture　海外合營企業

Joint owner　共同所有人；共有人（指共同擁有物業的業主）

Joint ownership　共有權；共同所有權（指兩人或兩人以上對同一財產共享所有權。共有人可為自然人，亦可為法人）

Joint ownership of trust　信託財產共有制

Joint parties　共同當事人

Joint partners　共同合夥人

Joint policy　聯合保險單（指夫婦聯合保險以利生存者的利益）

Joint pooling of imports　聯營進口貨

Joint possession　共同佔有

Joint probability　共同發生概率；共同發生的或然率

Joint Procedures Committee　〔世行〕〔基金〕聯合程序委員會

Joint product　連帶產品；相關產品（例如從原油中提煉出來的汽油等產品）

Joint production of a biennial report on coherence among trade, monetary, and finance policies　共同就協調貿易、貨幣和金融政策上做出兩年一次的報告（指 WTO 與 IMF 和 World Bank 三機構合作）

Joint promise　連帶契約（指發生連帶債務關係的債約）

Joint property　共有財產

Joint protectorate　聯合保護關係

Joint protest　聯合抗議

Joint provisions　共同規定

Joint rate　聯合運價，聯合運費；聯營運費（指兩家承運商共同承運一批貨物，一家運一段航程，剩餘為另一家承運）

Joint recognition　聯合承認

Joint registration　聯合登記

Joint representation　共同代表權

Joint resolution　（議會的兩院）聯合決議

Joint resolutions of Congress　〔美〕國會聯合決議（指眾、參兩院的）

Joint responsibility　共同責任；連帶責任

Joint return (=joint tax return)　共同報稅表；〔美〕夫妻共同報稅單；夫婦所得稅聯合申報表（夫婦共同繳納一筆所得稅）

Joint rights　共有權利；連帶權利

Joint rule　（議會兩院的）協議規程

Joint Secretariat　〔世行〕〔基金〕聯合秘書處（指國際貨幣基金組織世界銀行一起召開年會）

Joint select committee　（議會兩院的）特別委員會

Joint session　（國會兩院或立法機關的）聯席會議

Joint share　合股

Joint sovereignty　聯合主權

Joint speculation　合夥投機買賣（合作買賣）

Joint standing committee　（議會兩院的）聯合常設委員會

Joint standing industrial councils　聯合常設工業委員會

Joint statement　聯合聲明

Joint state-private enterprise　〔中〕公私合營企業

Joint state-private ownership　〔中〕公私合營

Joint stock　合股；合資；共同資本

Joint stock association　合股協會；合股企業聯合會

Joint stock bank　〔英〕合股銀行

Joint stock company　合股公司；聯合股份公司

Joint Stock Companies Act 1844　〔英〕股份公司法（1844 年）

Joint Stock Company Arrangement Act　股份公司協調契約法（1870 年）

Joint stock exchange　股票交易所

Joint stock insurance　股份保險

Joint stock insurance company　股份保險公司

Joint stock limited company　股份有限公司

Joint stock limited partnership　股份有限合夥

Joint stock system　股份制

Joint subsidiary　聯合子公司

Joint supply　聯合供應；連帶供給

Joint tax return　（夫妻）個人所得稅聯合升報表（=joint return）

Joint tenancy　合夥租賃；聯合租賃（指二人或二人以上共同租賃同一塊土地）；共有財產（權）（這種共有權主要特點是當事人之一死亡時，其份額由所有生存者共有，平均分配，其包括佔有、利息、所有權和時間）

Joint tenant　共有人；共同保有人；共同租賃人；合夥租賃人

Joint through rate　聯合全程運費

Joint tort　共同侵權行為；共同過失責任

Joint tort-feasors　共同侵權行為者；共同過失責任人（二人或二人以上共同或分別對受傷的人或財產負有連帶賠償損壞責任）

Joint traffic　連帶運輸

J

Joint transaction 〔香港〕聯合交易（指以子女或妻子名義購置產業）

Joint trial 會審；合併審理

Joint trustee 共同受托人

Joint trusteeship 聯合托管

Joint undertaking 共同事業；聯合經營

Joint use 共同使用

Joint use of territory 領土的共同使用

Joint venture 合資企業；合營企業；合夥企業；聯營企業；共同投資；聯合經營

Joint venture account 合營企業賬戶；合資企業賬戶；合夥經營賬；暫時合夥賬戶

Joint venture corporation 合資公司；合夥公司；合營公司

Joint venture enterprises 合資企業

Joint venture income tax 合營企業所得稅

Joint venture law 合資經營法；合作經營法

Joint venture with participation of public sector 〔世行〕與公營部份參與的合營企業

Joint venturer 合營者

Joint verdict 併合裁決（指包括一個以上的當事人的訴訟並把兩個以上的裁決合併為一）

Joint will 共同遺囑（連帶遺囑；連名遺囑；連名遺書）

Joint will of spouses 配偶的共同遺囑

Joint work 合著作品；聯合工作

Joint working group 〔關貿〕聯合工作組（指知識產權貿易委員會與農業委員會於 1964 年聯合成立，旨在共同探討貿易自由化機遇問題）

Jointist 〔美〕非法經營銷售烈酒者

Jointly 共同地；連帶地

Jointly acquired property 共同獲得的財產（指夫婦婚後期間共同勤勉而累積的財產）

Jointly and severally 共同連帶地；共同和各別地

Jointly and severally bound 連帶負責；負連帶的責任

Jointly and severally liable 連帶責任的

Jointly commit rape in succession 共同輪姦

Jointly owned property 共同所有的財產；共有的財產

Jointress (or jointuress) 享有寡婦地產權者（由丈夫生前設定為其生存期間所擁有地產權的女人）

Joint-stock bank 〔英〕合股銀行

Joint-stock corporation 股份公司；合股公司

Joint-stock land bank 〔美〕聯合股份土地銀行

Joint-stock land bank bonds 合股土地銀行證券

Jointure 未來寡婦自由保有的地產（丈夫生前撥給死後生效的由妻子自由保有的不動產或住宅）；夫妻婚前設定的財產（指寡婦取得丈夫所遺不動產三分之一的權利）；〔英〕合夥租賃的財產

Joker 〔美〕伏筆條款（為使法案等不遭到對立派反對得以通過而事先在條文中插入含糊或在條文中埋下的曲筆）（政治上慣用語）

Jolly Roger 海盜旗（飾有白色骷髏的黑旗）

Jolly rover 海盜；海盜船

Jones Act 〔美〕瓊斯法令（規定 1. 在美國兩地之間或其屬地之間的一切貨運、客運必須由在美國製造並在美國註冊，而且為美國公民所有的船舶裝運；2. 海員受僱傭期間因船東、船長或其他海員的過失受傷或因公死亡可依法得損害賠償或死亡的救濟）

Jornale 〔英古〕一天所能耕作的土地

Josh *v.* 戲弄；取笑；奚落；哄騙

Jostler 〔美俚〕扒手

Jougs (joggs or juggs) 頸枷（蘇格蘭、荷蘭等用的刑具）

Jour 〔法〕天；日子；日期

Jour in court 〔法〕開庭日；出庭日

Journal （立法機關等的）議事錄；日程；期刊；雜誌；日記賬；序時賬，流水賬，分類賬；〔海法〕航海日記

Journal cash receipts 現金收入日記賬

Journal cash-book 現金出納賬

Journal cash-book payment 現金支出日記賬

Journal enrty rule 〔美〕查核立法議事錄規則（通常要查核制定法制定議事日記）

Journal entry 分錄；日記賬分錄（指解釋借方和貸方交易記錄）

Journal entry rule 〔美〕（立法機關核查）日誌規則

Journal of Congress 〔美〕國會議事錄

Journal of the House of Commons 〔英〕下議院議事錄（1547-1714 年）

Journal of the House of Lords 〔英〕上議院議事錄（1509-1620 年，其後每年出版一次）

Journal outward 銷貨退出日記賬

Journal purchase 購貨日記賬

Journal sale 銷貨日記賬

Journalism 新聞業；新聞學

Journalist 新聞工作者；報界人士；雜誌撰稿人；記者；報人

Journalists privilege 〔美〕出版商特權；新聞工作者特權（指新聞記者在名譽誹謗訴訟中對其在公眾關心的問題上而對公務員或僱主所發表的公平評論享有受到法律保護的特權）

Journalise *v.* 把…記入日記（或日記賬等）；記日誌

Journalising 分錄（記錄每日借和貸形式的過程）

Journal-ledger 日記總賬

Journals of Parliament 國會議事錄；〔英〕議會日誌

Journals of the Houses of Congress 〔美〕國會議事錄

Journals of the Houses of Parliament 〔英〕議會日誌（1309-1347 年兩院議事的記錄）

Journal-voucher 傳票日記賬；收據日記賬；分錄憑單

Journeyman 〔美〕工匠（學徒期滿的）；熟練工人；職工

Journeyman fraternity 職工兄弟會；職工互助會

Journeys account 〔英〕再訴訟許可令狀（指原告如不屬其過錯在中止訴訟的合理時間內可允其再起訴）

Journeywoman 女工匠，女僱工，女工；女短工，計日女工；女職工

Journeywork 短工；僱用性工作；散工

Joyriding 〔美〕臨時偷車兜風（指只是臨時佔有車主的汽車而無永久剝奪該車之意）；偷用汽車罪（指未經車主允許偷用其機動車輛，比較偷盜汽車罪，一般定為輕罪）

Judge *n. & v.* I. 法官；審判員；推事（"judge" 與 "justice" 和 "court" 為同義詞，可互相通用。"推事" 官職自中國宋朝開始所設，其後一直沿用）；（糾紛爭等的）評判員；II. 審判；審理；評定；裁判；裁決（爭端等）

Judge ad hoc 〔際〕專設法官（指兩造共同以書面或口頭對爭端案件提交國際法院審理時，如果僅一造有其本國法官參與案件審判時，他造得臨時選派一位法官）

Judge Advocate (J.A) 軍法官；軍法檢察官；〔美〕軍法法院法律顧問（習慣上現為美國陸軍司令部首席法律顧問，冠以諸如“軍法參謀”等頭銜）

Judge advocate corps 〔美〕軍法署長參謀部

Judge Advocate General (J.A.G.) 〔美〕軍法署署長（在美國指陸海空三軍資深法律官員和首席法律顧問）；〔英〕高級軍法官（由大法官任命的以為王室軍法和陸軍軍法問題的法律顧問）；〔蘇格蘭〕代理檢察長

Judge Advocate General Department 軍法署

Judge advocate of the fleet 〔英〕海軍高級軍法官（海軍軍事法庭就法律必要時可擔任海軍高級軍法官助理及程序問題提供諮詢）

Judge consul 仲裁領事

Judge de facto 事實上的審判員；事實上的法官

Judge Department 〔日〕法務局

Judge general 法務局長；法務部長

Judge in chambers 內庭法官

Judge in lunacy 精神病患者的審判員；〔英〕審理精神錯亂病案件的法官

Judge lynch （“法官”）私刑

Judge martial 軍法會議審判官

Judge of criminal matter 刑事法官

Judge of election 選舉監視員；選舉法官

Judge of first instance 第一審法官；初級法院法官

Judge of registration 登記法官

Judge of the Court of Exchequer (B.A.) 稅務法院法官；上訴法院法官

Judge of the qualification of members 資格審查員

Judge ordinary 〔英〕常任法官（1875 年設立的審理離婚和婚姻案件以及其後的遺囑檢驗法庭和初審法院法官）；法庭庭長（1875 年後為高等法院遺囑檢驗、離婚和海事法庭和現稱之為家事法庭的庭長）；一般審判員

Judge pro tempore 臨時法官

Judge trial 〔美〕法官審判（無陪審團進行的審訊）；非陪審團的審理

Judge's certificate 訴訟費用繳付證書（訴訟費用請求權確認書）；法院意見書（大法官對於法律問題給法官的意見書）

Judge's chamber 法官事務室（法官事務辦公室）

Judge's lodgings 巡迴法官寓所

Judge's notes 法官庭審筆記；法官備忘錄

Judge's order 〔英〕法官命令（在法官辦公室作成的傳喚狀）

Judge's trials 〔英〕法官的試用（指根據 1579 年法令，對王室推舉的法官合格性的測試）

Judge's chamber 法官事務室

Judge's marshal 巡迴法官的秘書（巡迴法官的執行官）；普通律師

Judge's minutes (or notes) 法官庭審備忘錄（指審案時的筆錄）

Judge-made （由）法官創制的

Judge-made law 判例法（法官制定法；法官創制的法律）

Judges sitting together 合議庭法官

Judges' Rules 法官規程；〔英〕法官規則（指法官錄取證供應遵守的規定）

Judgeship 法官（或審判員）地位（或職權、任期）

Judgment affecting land 影響到土地的判決

Judgment affirmed 維持原判（指上訴時被駁回，維持一審

判決）

Judgment against the plaintiff （裁定）原告敗訴的判決

Judgment book 法院判決錄（指民、判案件判決登錄簿，要求由書記官保管的法院案卷）

Judgment by confession 按坦白判決；根據被告自供狀作出的判決

Judgment by default 缺席判決（指經傳喚不到庭者，法院即根據一造的辯論事實作出的判決，一般只適用於民事訴訟）

Judgment by nil dicit 被告不抗辯判決

Judgment creditor 勝訴債權人；判決確定的債權人（指根據判決取得求償的債權人，即當事人有權依判決強制執行，指終審判決）

Judgment creditor's action 勝訴債權人申請強制支付訴訟

Judgment debtor 判決債務人；判決確定的債務人；敗訴債務人（指法院宣判支付一筆欠款尚未支付者可沒收其財產以執行其判決）

Judgment debts 判定的債務（判決確定的債務）

Judgment docket 〔美〕判決登記表；判決登記簿（可為公眾開放查閱）

Judgment execution 判決執行令（指依法沒收債務人財產以清償判決確定的債務）

Judgment file 判決檔案；判決文檔

Judgment for the plaintiff 裁定原告勝訴的判決

Judgment in personam 對人的判決（裁定特定人的判決，而不是對物的判決）

Judgment in rem 對物判決

Judgment in retraxit 〔美〕撤訴的判決（通常是基於原告或按照庭外解決作出的判決，如同根據案情是非曲直的所作出的判決阻止原告嗣後反悔再就同一案申提起訴訟）

Judgment inter partes 對人判決（對特定當事人的判決而不是對物的判決）

Judgment lien 判決留置權（指法院判定判決書的持有者可扣留敗訴債務人的不動產以清償其債務）

Judgment non obstante veredicto (J.N.O.V.) 與陪審團評決相反的判決（指法院不顧陪審團已有的評決）

Judgment note 〔美〕認諾判決指示書（指債務人授權其律師等代表出庭接受法院對其所作出指定支付缺席判決的款項，但很多州法院對此項判決不予承認。（參見 “cognovit note” 和 “confession of note”）

Judgment of affirmance 維持原判的判決

Judgment of conviction 有罪判決

Judgment of creation 創設判決

Judgment of execution 執行判決

Judgment of final instance 終審判決

Judgment of God 〔英、歐洲〕神裁（古代英國和歐洲國家將犯人施以灼鐵刑和探火、探水等的所謂神裁法，參見 “judicium Dei”）

Judgment of his peers 由與被告同等地位者組成的陪審團審判（此術語借自 “magna chata”）

Judgment of Oleron 奧列龍審判（指海上事件判決）

Judgment of Paris 引起麻煩的判斷

Judgment of retraxit 基於原告撤訴而作出的判決（釋義見 “Judgment in retraxit”）

Judgment on the merits 實質判決（實質問題判決）；（根據）案情和證據的判決

J

Judgment paper 〔英〕判決文書（由主事法官簽發的終審判決書）

Judgment passed against him 判決宣告他敗訴

Judgment quasi in rem 准對物判決

Judgment record 判決記錄（在英國由國庫法院保管；在美國則由法院書記員保管）

Judgment recovered 〔美〕已通過判決獲得（被告答辯稱，原告已通過判決獲得賠償）

Judgment rendered 已宣告的判決

Judgment roll 判決案卷（在英國由國庫法院保管；在美國則由法院書記員保管）

Judgment seat 審判員席；法官席

Judgment summons 判決債務人拘禁傳票（指判決確定後，根據有權強制執行判決者之申請而發出要求債務人到庭的傳票）

Judgmental forecast 有根據的預估；有充分理由的預先估價

Judgment-proof 無力履行判決的（説明對所有人追償金錢債務判決不生效的。例如無力償付債務者、法院管轄之內無足夠財產以資清償債務者或受法律保護者之工資和財產免於執行判決者）

Judgments Extension Acts 〔英〕判決域外執行法（1868 年）

Judicative 有審判權的；有裁判權的

Judicator 審判員；法官

Judicatory *a. & n.* I. 判決的；司法的；與判決有關的；II.〔複〕法院；公堂；裁判所；司法；審判制度

Judicature 法庭；法院；司法權；裁判權；司法管轄權；〔總稱〕審判員；法官

Judicature Act 〔英〕司法組織法（1873-1881 年對英國法院組織、訴訟程序方法上作了重大修訂）；普通法法院組織法（1873 年發布，區別於衡平法院）

Judicature commission 〔美〕司法委員會

Judiciable 可審判的；應受審判的；可由法院審判的

Judiciable criteria 〔世貿〕可由法院審判的標準（指傾銷而言）

Judicial 司法的；審判的；法庭上的；法院判決的；法庭裁決的；司法訴訟的

Judicial act 司法行為

Judicial action 審判行為；司法行為

Judicial activism 〔美〕司法能動主義

Judicial adjudication 司法裁判

Judicial administration 司法行政

Judicial administrative authorities 司法行政權

Judicial administrative organs 〔中〕司法行政機關（在中國指司法部及地方各級政府的司法廳、局、處和科機關。其具體職責是管理和教育改造犯罪份子和違法分子等等）

Judicial admissions 司法供認；法庭上的承認

Judicial agreement 司法協定

Judicial aid 司法協助

Judicial allowance （軍人）分居津貼（指政府發給出征軍人家屬的）

Judicial apparatus 審判機關；司法機關

Judicial approach 司法方法

Judicial arbitration 司法仲裁；法院仲裁

Judicial arbitration court 司法仲裁法院

Judicial Article 〔美〕司法條款（憲法第三條款，據此成立美國最高法院，並授權國會成立下級法院等權力）

Judicial assembly 司法會議；審判大會

Judicial assessor 法定評價人

Judicial assistance 司法協助；訴訟互助

Judicial authority 司法權；管轄權；裁判權（指對爭議問題的）

Judicial award 司法裁決

Judicial behaviouralism 司法行為科學（為美國現實主義法學派 L. 洛溫所創）

Judicial bench 〔總稱〕法官

Judicial body 司法機構

Judicial bonds 司法保證書；訴訟保證金（指法院要求對上訴、訴訟費、財產扣押和禁止令等應付保證金）

Judicial branch 〔美〕（州和聯邦政府）司法部門

Judicial bribery 司法官賄賂；司法官受賄

Judicial business 司法事務

Judicial channel 司法途徑

Judicial circles 司法界

Judicial circuits 司法巡迴區

Judicial clause 司法條款

Judicial Code, 1911 〔美〕司法法典（1911 年）

Judicial cognisance 司法知悉（指法官職務上應知悉因而無須證明的事實）

Judicial combat 決鬥裁判；司法決鬥

Judicial comity 〔美〕司法禮讓原則（法院適用外國法的禮讓）

Judicial commissioner 司法委員；裁判委員

Judicial committee 〔英〕樞密院司法委員會

Judicial committee of the privy council 〔英〕樞密院司法委員會（由樞密院議長、副議長、大法官、常務上訴法庭的議員、高等法院審判員等人組成，管轄聯合王國及其屬地的上告案件）

Judicial Committee of the Supreme People's Court 〔中〕最高人民法院審判委員會

Judicial conference 司法會議

Judicial confession 司法供認；法庭內供認，審判上的自白（指刑事上被告庭審時供認所犯之罪）

Judicial control 司法控制

Judicial controversy 司法紛爭

Judicial conventions 司法公約（條約）；審判契約

Judicial cooperation 司法合作

Judicial council 司法委員會；〔美〕司法會議（巡迴上訴法院院長召集所有巡迴法官開會，每年二次，旨在確保對法院事務的有效管理）

Judicial court 法院；司法法院

Judicial cy pres 司法近似原則（指公平解釋遺囑的原則）

Judicial day 審判日；開庭日

Judicial decision 法院裁決；司法判決；法官的意見

Judicial declaration 司法陳述書（或上告書）；〔蘇格蘭〕法庭上的承認

Judicial declaration of law 法官關於法律的宣示

Judicial democracy 司法民主

Judicial department 〔美〕司法部；（州或聯邦政府）司法部門

Judicial dictum 法官意見（指法官在判決中不解決本案爭端的言論）

Judicial discretion 司法裁量權；法官的自由裁量權（指法官依法律規則作出合理的判斷之自由裁量權）

Judicial district 司法區；法院管轄區（在美國一個州中，一個司法管轄區域可包括兩個以上的縣）

Judicial document 司法書狀；司法文件；司法文書（又稱

"訴訟文書"，指民商事案件中法院發出的傳票、判決書以及當事人的訴狀、答辯狀等）司法職責

Judicial duty 法官職責；司法職責

Judicial equality and fairness 司法衡平與公平

Judicial errors 司法錯誤；審判上的錯誤

Judicial estoppel 訴訟中應禁止反言；司法上陳述禁止反言原則（指當事人應受其司法陳述約束，不得與其後涉及同樣爭議問題和同樣當事人的陳述有矛盾）

Judicial evidence 司法證據；法院認定的證據

Judicial expertise 司法鑒定（指訴訟進程中，為查明案情，就案件中某些專門性問題包括可疑或有爭議的某種物證或書證，委托專門機關或專家依法定程序進行鑒別和判斷）

Judicial factor 〔蘇格蘭〕指定財產管理人（指最高民事法院或法院指定保存和管理爭訟財產的人）

Judicial foreclosure 〔美〕司法取消抵押財產贖回權（由法院命令或按押契條款所規定的銷售權執行之）

Judicial form 判決正文；判決形式

Judicial function 司法職能

Judicial functionary 司法人員；法院工作人員

Judicial government 司法政府

Judicial government office 司法官辦公室

Judicial guarantee 司法保證

Judicial hearing 審判性的聽證會；〔香港〕審裁性質的聆訊會

Judicial heritage 司法遺產

Judicial hypothec 由判決產生的抵押

Judicial immunity 司法豁免

Judicial immunity of witness 證人的司法豁免

Judicial independence 審判獨立（為刑事和民事訴訟原則之一，指法院或法官對承審案件依法獨立進行審判）

Judicial inquiry 司法調查

Judicial institution 司法機構

Judicial interpretation 司法上的解釋；司法解釋

Judicial investigation 司法調查

Judicial jurisdiction 司法管轄

Judicial knowledge (=judicial notice) 司法認知；法官職務上應知悉因而無須證明的事實（諸如自然趨勢、因果過程、道路規則、國際法、重大歷史事件和孕期等乃法官應注意到的形式上證據，無須加以證明）；司法通知；司法說明

Judicial Law for Laymen 〔英〕俗人審判法（1280 年）

Judicial legislation 司法立法；審判法

Judicial lien 司法留置權

Judicial liquidation 經法院清算，裁定破產（指公司經由法院裁定宣告破產而加以清算）

Judicial means 司法方法

Judicial measure 司法措施

Judicial method 司法方法；審判方法

Judicial murder 法的殺人（指非法的死刑宣判）；冤死（指合法但不公正的死刑判決）

Judicial mutual assistance 司法互助，司法協助

Judicial notice (=judicial cognisance) 司法認知；法官職務上應知悉因而無須證明的事實（諸如自然趨勢、因果過程、道路規則、國際法、重大歷史事件和孕期等乃法官應注意到的形式上證據，無須加以證明）；司法通知；司法說明

Judicial oath 司法宣誓；〔英〕法官就職宣誓

Judicial office 司法機關；司法職位；司法職務

Judicial officer 司法官員；審判員；法官

Judicial opinion 〔美〕判決書（本術語性質上類似於終審判決）；〔英〕法官意見；司法見解

Judicial oratory （求刑或答辯的）法庭演說

Judicial order 法庭命令；法官命令

Judicial organ 司法機關；審判機關

Judicial organisation 司法組織（廣義指行使國家審判權，檢察權和管理司法行政工作的專門機關；狹義指國家審判機關）

Judicial penalties 司法處分；司法刑罰

Judicial pensions 法官退休金

Judicial person 法人（指依法成立的法律實體，如公司等等）

Judicial person of another Member 〔世貿〕另一成員方的法人（意指在另一成員境內依法成立的法律實體）

Judicial personnel 司法人員

Judicial police 司法警察

Judicial police officers 司法警察官員

Judicial possession 推定佔有

Judicial powers 司法權

Judicial practice 司法實踐

Judicial precedent 司法判例；先例

Judicial probationer 司法見習員

Judicial procedure 司法程序；審判程序

Judicial proceeding 法庭程序；司法程序；訴訟程序

Judicial Proceedings 〔英〕司法訴訟程序

Judicial Proceedings (Regulation of Reports) Act, 1926 〔英〕司法訴訟程序條例（規定發表訴訟判決錄不得損及公共道德的規範規範，1926 年）

Judicial proceedings against sb. 對某人起訴

Judicial process 司法程序；訴訟程序；傳喚被告到庭程序；傳票；司法令狀

Judicial question 司法問題

Judicial recognition 司法承認

Judicial records 訴訟判決錄；訴訟記錄

Judicial remedies 司法救濟；司法補救方法

Judicial rent-seeking 〔中〕司法尋租（意指一些法院不嚴格執法，擅自對法律作出擴大解釋，自行設定標準，幫助某些特定人羣利用漏洞，為司法尋租製造藉口）

Judicial report 判決錄

Judicial reprieve 司法緩刑

Judicial restraint 司法約束

Judicial review 司法審查；複審；上訴審查（指對審判法庭、中級上訴法院的判決向上訴法院提出複審）；〔關貿〕司法審查；司法複審（《烏拉圭回合》對反傾銷協議新增加的內容，旨在防止濫用反傾銷措施，並對有關利害關係人提供司法救濟）

Judicial Review Act 〔美〕司法審查法（指規定複審聯邦行政機關判決範圍）

Judicial review of administrative action 〔英〕行政活動的司法審查（指級法院有權就行政人員或行政機關行使行政權活動和決定的合法性和有效性進行審查）

Judicial review of the constitutionality 關於是否符合憲法的裁判

Judicial revision 司法複審

Judicial rules 司法規則

Judicial safeguard 司法保障

Judicial sale 司法拍賣；法官判決的拍賣（指必須根據法院的命令或判決的拍賣）

J

Judicial self-restraint 〔美〕法官自我制約（指法官判案時不允許滲入不符合現行判例或制定法的個人觀點或想法）

Judicial sentence 司法判決

Judicial separation 司法分居；法定別居（指經法院判決夫妻分居，在其分居期間雙方均不得再婚，有些國家堅持離婚判決主義，非經法院判決不得離婚）；〔香港〕制令分居；〔蘇格蘭〕法定離婚（但自 1560 年至今，其與"法定分居"兩者並存）

Judicial Service Commission 〔香港〕司法委員會（負責審查挑選補充任高等法院和地方法院法官的資歷）

Judicial settlement 司法解決

Judicial settlement of international disputes 國際爭端的司法解決（指在國際爭端各當事國同意的基礎上，由一個常設的國際司法機關，根據國際法，對於提交給它的爭端進行審理，並作出有拘束力的判決）

Judicial statistics 司法統計學

Judicial status 法律地位，合法地位

Judicial supervision 司法監督

Judicial supremacy 司法權的優越；司法主權，司法最高權力

Judicial system 司法體系；法院系統；司法制度

Judicial trustee 〔英〕司法受托人（指應在法院監督下進行工作）；選任受托者（法院委任的受托人，其行為受法院管制）；〔香港〕法院指派的受托人

Judicial Trustee Act, 1896 〔英〕司法受托者法（1896 年）

Judicial tyranny 司法擅斷

Judicial university 司法大學

Judicial usage 裁判慣例

Judicial veto 司法否決

Judicial work 司法工作

Judicial workers 司法工作者

Judicial world 司法界

Judicial writ 法院令狀；〔英〕司法令狀

Judicialisation of the WTO procedures 世貿組織程序司法化

Judiciary *a. & n.* I. 司法的；法院的；涉及政府或司法行政機關的；II. 司法部門；司法機關；法院體系；法官（統稱）；〔香港〕司法機關

Judiciary Act(s) 〔美〕司法法（國會根據憲法第三條款創設了最高法院及其下級法院系統，統制美國聯邦法院立法體制，第一屆國會根據 1789 年司法條例成立了聯邦下級法院系統；其後的主要司法條例包括有 1875 年授予聯邦問題管轄權條例等等）

Judiciary law 司法法

Judicious balance 審慎的平衡

Judiciously 明斷地；依據正確判決地

Juge 〔法〕法官；審判員；推事

Juge consulaire 〔法〕仲裁領事

Juge de paix 〔法〕下級司法官員；治安法官

Juge marchand 〔法〕商人領事

Juggle *v.* 歪曲；竄改；欺騙

Juggle the figures 歪曲（竄改）數字

Juggle with history 歪曲歷史

Jugulator 兇手；殺人犯；謀殺犯

Juice man 〔美俚〕高利貸者

Juicer 〔美俚〕酒鬼

Juicio 〔西〕審問，審判；訴訟

Julian law 尤利亞法

Jumbo risk 巨大危險

Jump *v.* 暴漲；猛增

Jump bail 棄保潛逃；棄保不到（指刑事被告交保獲釋後不應傳到案）

Jump ship 跳船逃跑（多指海員到外國港口上岸後"跳船"逃亡）

Jump-started the use of section 301 authority 〔美〕急速動用 301 條款的權力

Junction box 〔法海〕連接箱

Junior 較年幼的；資歷較淺的；地位較低的；次要的；低級的；〔英〕初級出庭律師

Junior barrister 〔英〕初級出庭律師

Junior bonds 低位債券

Junior Chamber International 國際青年商會

Junior execution （對同一被告不同判決的）第二道執行令

Junior interest 〔美〕從屬權益（指適用於財產的另一個權益，例如第二個抵押從屬第一個抵押）

Junior judge (J.J) 初級法官

Junior judgment 後一判決；從屬判決（指對同一被告不同索賠的判決）

Junior lien 從屬留置權；次優先留置權

Junior lord of admiralty 海軍副官

Junior lord of the treasury 〔英〕財政部副部長

Junior mortgage 次位抵押權；次優先抵押權

Junior partner 新合夥人；次要合夥人（指地位較低的合夥人）

Junior republic 青年產業行會

Junior security 次級證券；次等證券

Junior vice-consul 新任副領事

Junk 廢棄物（可重新利用的廢舊物資）；便宜貨；舊貨；廉價汽車

Junk bond 垃圾債券；破爛債券；風險債券

Junk price 賠本價格

Junk shop 舊船具商店（廢舊品商店）

Junk value 殘值；廢料價值

Junk-dealer 廢舊貨商人；廢舊船具商人；舊貨商

Junket 〔美〕公費旅遊（直接或間接由賭城安排並負擔部份交通、食宿和娛樂費用以誘人去賭博）

Junkman 廢舊品商人；舊貨商

Junta 政務會（尤指西班牙、意大利、拉丁美洲國家的立法、行政機關或政權集團；=Junto）

Junto 秘密政治委員會；政治團體；派系；小圈子

Jural cause 法律事項

Jural correlatives and opposites 法律正相關與對立關係

Jural entity 法律實體

Jural postulates 法律假説

Jural relations 法律關係

Jurat 宣誓證書（在主管行政官員面前簽署的宣誓證書，載明何時、何處和在誰的面前宣誓的）；〔英〕澤西和根西（Jersey and Guernsey 島司法系統中）法庭直達吏助理；（根德郡和修適士郡某些市的）高級市政官（或市參議員）

Juration 宣誓行為；監督（執行宣誓）

Jurator 陪審員（指 12 位鄰居共同出庭宣誓證明民事被告所說屬實）；清白無辜者（=compurgator）

Juridical 審判上的；司法上的；法律上的；合法的；司法行政的

Juridical action 審判行為；法律行動

Juridical aggravation　審判上的加重

Juridical bay　法律上海灣

Juridical committee　法律委員會

Juridical consciousness　法律良知

Juridical Criterion　法律標準

Juridical days　（法院）開庭日

Juridical demand　審判上要求

Juridical divorce　判決離婚

Juridical entity　法律實體

Juridical equality　法律平等

Juridical expense　審判費用

Juridical extenuation　法律上的減輕；審判上的減輕

Juridical functionaries　審判員

Juridical person　法人

Juridical person of education　教育法人

Juridical personality　法律人格；法人資格

Juridical practice　司法慣例；司法實踐

Juridical procedure　〔關貿〕司法程序（指關稅與貿易總協定成立之初由工作組處理爭端案件發展至成立專家組解決成員國商事糾紛的）

Juridical subrogation　審判上的代位

Juries (Ireland) Acts　〔愛爾蘭〕陪審官法（分別在 1871、1872、1875 年發佈的關於愛爾蘭陪審員資格選舉和召集等的英國法令）

Jurimetricist (or jurimetrician)　統計法理學家

Jurimetrics　統計法理學（以科學器具研究處理統計學中法律問題的一門新的法學）

Juris civilis doctor (JCD)　民法學博士

Juris Doctor (J.D.)　法學博士

Jurisconsult　法學家（指精通於國際法或公法）

Jurisdiction　司法權；裁判權；審判權；法院的管轄；管轄權；審判籍；管轄範圍；管轄區域

Jurisdiction Acts　〔英〕領事裁判權條例（1843 年）；即決審判法（1843 年頒佈的簡化訴訟程序）

Jurisdiction clause　〔美〕管轄權條款

Jurisdiction for Dissolution of Marriage (Special Cases) Law　〔以〕解除婚姻（特別案件）管轄權法（1969 年）

Jurisdiction in matter of prize　捕獲管轄權

Jurisdiction in personam　對人管轄權（指對被告人行使管轄權）

Jurisdiction in rem　對物管轄權

Jurisdiction of federal courts　〔美〕聯邦法院的管轄權

Jurisdiction of the cause　對案件的管轄權

Jurisdiction of the person　對人管轄權

Jurisdiction of the subject matter　〔美〕事物管轄權；訴訟標的管轄權（釋義見 "subject matter jurisdiction"）

Jurisdiction over person　對人管轄權

Jurisdiction quasi in rem　准對物管轄權；准物管轄權（常指住在管轄區內被告所負的債務）

Jurisdiction rationae materiae　對事管轄權

Jurisdiction rationae personae　對人管轄權

Jurisdiction section　〔瑞士〕管轄權選擇（旨在避免內部一致性法律關係遭受損害）

Jurisdiction to determinate its own jurisdiction　決定管轄權的管轄權（對管轄權的管轄權）

Jurisdiction volontaire　〔法〕自願的管轄

Jurisdictional　司法權的；管轄權的；裁判權的；管轄範圍的

Jurisdictional amount　〔美〕管轄金額（審判法院的管轄權限通常受訴訟金額限制）

Jurisdictional clause　管轄權條款

Jurisdictional competence　管轄職權

Jurisdictional controversies　管轄爭議

Jurisdictional dispute　管轄權爭議

Jurisdictional facts　〔美〕存在管轄權的事實；法院可獲取的管轄權事實（指可使法院取得特定案件管轄權的事實，例如已向被告人送達傳票、當事人屬不同州公民等等）

Jurisdictional fishing waters　管轄捕魚水域；管轄漁區

Jurisdictional immunities　管轄權豁免

Jurisdictional immunities of State and their property　國家及其財產的管轄豁免

Jurisdictional immunity of diplomatic representatives　外國國家外交代表的司法管轄豁免（指一國外交和領事代表在接受國享有司法管轄豁免，但在車禍、酗酒、打架等案件中的肇事者一般除外）

Jurisdictional immunity of foreign heads of States　外國國家元首的司法管轄豁免（根據國家主權原則，一國元首在另一國進行訪問或由於其他原因在另一國逗留時，後者不得對其行使任何刑事或民事管轄）

Jurisdictional immunity of foreign State　外國國家的司法管轄豁免（通指一個國家不受另一個國家管轄，從司法上講，根據國家司法主權原則，一個國家不得對另一個國家起訴或對其財產加以扣押或執行）

Jurisdictional immunity of foreign State vessels　外國國家船舶的司法管轄豁免（根據國際法原則，對於外國國家所有船舶，包括其經營的私有船舶不作為起訴標的，也不加以扣押或執行）

Jurisdictional limits　〔美〕管轄範圍；管轄權限制（指行使司法權應基於訴訟價額的憲法或制定法參數限制之內）

Jurisdictional line　管轄線

Jurisdictional matters　管轄事項

Jurisdictional plea　管轄權抗辯（指法院對被告或對訴訟標的有無管轄權的答辯）

Jurisdictional power　管轄權

Jurisdictional principle　管轄權原則；司法權準則

Jurisdictional protocol　管轄權議定書

Jurisdictional provision　管轄權規定

Jurisdictional right　管轄權利

Jurisdictional sea　管轄海

Jurisdictional statement　〔美〕司法權的財務報告書（指有些州對於求償有爭議的案件，要求將爭議金額列出一個財務報告書，允其交由一般管轄權法院審理而不將該案件發回下級下院審理）

Jurisdictional system　管轄制度

Jurisdictional territory　管轄領土

Jurisdictional treaty　管轄權條約

Jurisdictional waters　管轄水域

Jurisdictional zone　管轄區

Jurisprudence　法學；法理學；法律哲學；判例；〔英〕法律體系

Jurisprudence and anthropology　法理學與人類學

Jurisprudence and criminology　法理學與犯罪學

Jurisprudence and economics　法理學與經濟學

J

Jurisprudence and ethics 法理學與倫理學

Jurisprudence and history 法理學與歷史學

Jurisprudence and philosophy 法理學與哲學

Jurisprudence and political science 法理學與政治學

Jurisprudence and psychology 法理學與心理學

Jurisprudence and sociology 法理學與社會學

Jurisprudence and the Social Science 法理學與社會科學

Jurisprudence and theology 法理學與宗教學；法理學與神學

Jurisprudence of individual utilitarianism 功利法學

Jurisprudent 法律學家；法學家；精通法律

Jurisprudential 法理學的

Jurist 法理學家，法學家；法律學者；法官

Juristic act 法律行為 (指能發生法律效力的人們的意志行為。例如買賣和租賃等行為能產生法律效果的行為)

Juristic act subject to conditions 附條件的法律行為 (效力的發生或消滅取決於條件成就或不成就的法律行為)

Juristic act subject to stipulation of time limit 附期限的法律行為 (指效力的發生或消滅取決於期限到來的法律行為)

Juristic action 法律行為；法律訴訟

Juristic conceptions 法律概念

Juristic entity 法律實體

Juristic fact in civil law 民事法律事實 (指所在當事人間引起民事法律關係發生、變更或消滅的客觀情況)

Juristic person 法人

Juristic writing 法學文獻；法學著作

Juristic(al) 法律的；法學的；法律上所承認的；法學家的；法理學的

Juristic(al) fact 法律事實 (指能發生法律上效力的人們的意志行為，即能引起法律關係產生、變更和消滅的事實)

Juristic(al) theory 法學理論

Juristic(al) work 法學著作

Juror 陪審員 (陪審團的成員，除普通陪審員外，還包括特別陪審員和候補陪審員)；(表示忠誠的) 宣誓者；評判員，評審委員

Juror designate 已經抽籤指定的陪審員

Juror's book 〔英〕〔美〕陪審員名冊 (列有資格充任陪審員的人)

Juror's oath 陪審員宣誓

Juror's seat 陪審席

Jurors ballot box 陪審員投票箱

Jury 陪審團 (依法挑選由一定數量的男女成員經宣誓組成，調查案件的事實問題並根據證據在其面前宣佈事實的真實性，其有刑、民訴之分，刑事陪審團分大、小陪審團；民事陪審團分普通和非常陪審團。在英國大陪審團已廢止，但在美國尚存在；非常陪審團除商事案件外亦已廢止)；(行政上的) 評判委員會

Jury array 陪審團成員名冊

Jury box 陪審團席 (指陪審員坐以呈送他們審理案件的坐席)

Jury challenge (因特定理由) 請求陪審團迴避

Jury commissioner 陪審員錄選官；陪審員專員 (負責向法院報送合格陪審員名單的地方官員)

Jury de medietate lingux 雙語陪審團 (半數為英國人，其他半數由外國人組成的陪審團)

Jury de ventre inspiciendo 寡婦妊娠查訊陪審團

Jury finds the prisoner guilty 陪審團裁定犯人有罪

Jury instructions 法官對陪審團的指示

Jury of annoyance 治安調查陪審團 (被指定擔任調查妨害治安事項的陪審團)

Jury of awards 審查官

Jury of awards conference 審查官會議；陪審團會議

Jury of coroner 驗屍陪審員

Jury of inquest 驗屍陪審團

Jury of inquiry 大陪審團

Jury of matrons 受胎查訊陪審團 (判定婦女有無妊娠的陪審團，由護士長等 12 人組成，或稱"護士陪審團"，在判處女犯人死刑前查看她是否懷孕；在普通法實踐中，經查已判處死刑的女犯如已懷孕，可要求法院緩刑，且產後通常還可得到減刑)

Jury of physicians 醫生陪審團

Jury of the vicinage 〔美〕僅由住在本州人所組成的陪審團

Jury panel 候選陪審員名單 (指召集未來的陪審員在指定的日期到庭，並從中挑選籌組大、小陪審團)

Jury polling 徵詢陪審員的裁斷意見 (指每個陪審員對所訊案件的評決意見)

Jury process 陪審員召集令；陪審員傳喚程序 (陪審員應法庭傳喚到庭審案的程序)

Jury questions 提交陪審團裁定的事實問題 (指應由陪審團作出裁斷的特定範圍內的問題；也可由法官提交陪審團的特別問題或訊問書要求陪審團直接作出特別裁斷的問題)

Jury room 陪審員室

Jury Selection and Service Act 〔美〕陪審團選任及服務法 (指確保對陪審團選任與服務無歧視的聯邦法律，1968 年)

Jury summation (陪審團的) 辯論終結 (指由律師向陪審團或法庭總結其確定的證據，提交法庭審斷)

Jury system 陪審制度 (指國家審判機關吸收非職業法官或非職業審判員為陪審官或陪審員參加審判刑事、民事案件的制度)

Jury tampering 〔美〕影響陪審團審判的行為 (指以金錢或威脅等手段企圖影響陪審團審判的行為，參見"Tampering with jury")

Jury trial 陪審團審判 (指由陪審團參加的審判，而不是由法官審訊)

Jury trial in civil suits 民事訟案陪審權

Jury were divided in opinion 陪審團意見分岐

Jury wheel 〔美〕陪審員名單儲備儀 (指儲藏合格的陪審員名單資料並可任擇編制大小陪審團的電子儀器)

Jury-list 陪審員名單 (指被編入審訊案件的陪審員名單)

Jury-man 陪審員

Jury-woman 女陪審員；護士陪審員

Just 正義的；公正的；公平的；合法的；合理的；正當的；正確的

Just and amicable settlement 公正友好解決

Just and equitable 公平及公正的；正當和公平的

Just bill 合法的票據

Just cause 正當理由；合法理由；合理理由

Just cause of provocation 〔美〕挑鬥的正當理由 (指因被挑動或挑鬥引起的殺人可構成二級謀殺，即可將故殺減為誤殺)

Just claim 正當的要求；正常的權利主張；有根據的債權

Just compensation 合理補償；公正補償 (指對外資投資企業實行國有化之"合法條件")

Just debts 正當債務 (合法、有效和不可否認的債務，用於遺囑或制定法中的術語)

J

Just decision 公正的決定

Just prior 片刻之前；恰好在前面（意指兩個行為彼此時間間隔很短，即"just before"）

Just title 合法權利；正當所有權（指從時效而言，所有權的佔有人可誠信為該財產的真正所有人）

Just treatment 公正待遇

Just value 公平價格；合理價格（指財產的實際市場價格）

Just wage 公平工資

Just war 正義戰爭

Just year 成年

Justiable defense 正當防衛

Justice *n. & v.* I. 正義；公平；公正原則；公正賞罰；司法；〔美〕法官（最高法院、州最高法院和上訴法院法官的稱號）；〔英、複〕高等法院法官；II. 公平對待；公平評判；把某人送交法院審判

Justice and equity 公正與公平

Justice Department 〔美〕司法部

Justice has long arm 天網恢恢，疏而不漏

Justice of gaol delivery 〔英古〕提審全體囚犯的巡迴法官

Justice of the High Court 〔香港〕高等法院大法官

Justice of the pavilion 〔英〕市場法庭的法官（愛德華四世時期溫徹斯特牧師所設置）

Justice seat 〔英古〕皇家高級森林法院

Justice's clerk 治安法官的書記員

Justice's courts 〔美〕下級審判庭（由治安法官主持的審理民、刑事案件的有限管轄權法庭，如市、區法庭）

Justicer (=Justice) 〔古〕法官；司法者

Justices in eyre 〔英古〕巡迴法官（每七年在王國內巡迴審判一次）

Justices of appeal 〔英〕上訴法院法官

Justices of assize 巡迴法官

Justices of eyre nisi prius 〔英古〕民事巡迴法院初審法官

Justices of labour 〔英古〕勞工法官（指委任依法糾正那些息工或提出不合理工資要求、不好管理的工人思想的法官）

Justices of oyer and terminer 〔英〕刑事聽審巡迴法官（由英王愛德華一世於 1305 年委托兩名威斯敏斯特派到倫敦和米得爾塞克斯郡外，每年去各郡兩次審理輕罪犯和叛國罪等重罪犯）

Justices of the bench 〔英〕高等民事法院法官

Justices of the forest 〔英古〕森林法院法官

Justices of the hundred 〔英古〕百家村法院法官

Justices of the Peace (J.P.) 治安法官（俗稱"太平紳士"）

Justices of the quorum 治安法官（由法定人數的法官組成的）

Justices of trail-baston 〔英古〕專職調查法官（由英王愛德華一世於 1305 年任命調查全國賄賂和監贓等專案法官）

Justices on circuit 巡迴審判員；巡迴法官

Justices' warrant 〔美〕治安法官發出的逮捕令狀

Justiceships 法官的職位；法官任期；法官職責

Justicia 首席法官（中世紀阿拉貢國王時期的）

Justiciability 〔際〕可審議性；可裁性

Justiciable 可受法院裁判的；應受法院審判的；受法院管轄的

Justiciable dispute 可以司法解決的爭端；可裁判的爭端

Justiciary 〔英古〕法官

Justicies 〔英古〕特別授權審判令狀（授予郡長較其平常更大的權力在其郡法院審理訴訟案件的令狀，因其受命為當事人公平斷案，故而得名）

Justifiable 正當的；合理的；可辯明的；受法律保護的；法律認可的；情有可原的

Justifiable abortion 合法墮胎；正當墮胎（指因危及母體健康而進行的引流墮胎）

Justifiable cause 正當理由

Justifiable controversy 可由法庭裁決的權利求償爭執

Justifiable homicide 正當殺人（指有殺身之危或存在不法身體傷害時的自衛殺人）

Justification 正當理由；合法理由；辯明；證明為適當（被告辯明其所為有充分的理由）

Justification for imposition of restriction on imports for protectionist purposes 〔世貿〕為保護貿易主義目的而對施加進口限制辯護（世貿組織協定規定成員方不得以國際收支手段對進口施加限制）

Justification procedure 認可程序

Justificative (or justificatory) 認為正當的；辨明的；辯護的

Justificators (or justificatores) 宣誓證明被告無罪者（指在賭博和法律訴訟案中以宣誓證明被告人無辜）

Justifier 釋罪者；辯明者；證明者

Justify *v.* 證明為正當（或有理由）；辯護；提供法律依據；證明合法；宣告無罪

Justify proceeding with the case 證明處理該案件是正當的

Justify the action 證明行動的正當理由

Justify the initiation of an investigation 證明發起調查的正當理由

Justifying bail 合法保釋（指就財產而言，證明足夠擔保條件的）

Justinian Code 查士丁尼法典（=Corpus Juris Civilis）

Justinianist 民法學者；羅馬法學者

Justness 合法；正義，公正，公平，合理；正當

Juvenile 少年；未成年人（依美國聯邦少年違法行為規定，指 18 歲以下的人）

Juvenile assurance (insurance) 少年保險；未成年人保險

Juvenile courts 少年法庭（英國法律規定少年法院開庭時不允公眾出庭聽審；報界代表可以出席，但新聞報道程序則嚴加限制）

Juvenile criminality 少年犯罪

Juvenile delinquency 少年犯罪行為；少年違法行為

Juvenile delinquent 少年犯

Juvenile insurance policy 未成年人保險單

Juvenile judge 少年審判員；少年法官

Juvenile labour 童工

Juvenile offender correctional institution 〔中〕少年犯管教所

Juvenile offenders 少年犯；少年罪犯（少年犯通常為 16 歲以下的未成年人，在英國少年犯除殺人犯及與成年人共同犯罪者外，一般均由簡易法庭審理）

Juvenile Offenders Ordinance 〔香港〕少年犯條例

Juvenile probation 少年觀察制度（附有監視刑的執行制度）

Juvenile protector 少年保護官

Juvie (or juvey) 〔美俚〕少年罪犯；少年罪犯拘留所；教養所

Juxtaposition 毗連；使並置；並列；聚合（合併要求專利的項目）

Juzgado 〔西〕法院體系；法官（統稱）；（某案件中判決意見一致的）法官

J

K

K-1 visa K-1 簽證 ("美國公民未婚夫或未婚妻的簽證"，由美駐外使、領館頒發給美國公民在外國的未婚夫（妻）入境結婚團聚的)

K-2 visa K-2 簽證 ("美國公民未婚夫（妻）之非婚生的未成年子女的簽證"，由美駐外使、領館頒發給美國公民未婚夫婦之非婚生子女赴美團聚的)

Kabushiki kaisha 〔日〕股份有限公司（株式會社）

Kain 〔蘇格蘭〕〔古〕授予土地的回報（指封臣以家禽和動物獻給其主子作為授予其土地的回報）；承租人以家禽和蛋付給地主以為土地租約的酬報

Kalage (or Kaiagium) 碼頭費；（船舶的）停泊費

Kalendar 日曆

Kangaroo 〔英〕跳議法（指下議院議長經授權對諸多修正案可加選擇辯論以期節省時間）；袋鼠

Kangaroo closure 〔英〕限制議事法（由議會或委員會中主席決定僅將主要的幾個修正案付議，捨棄其他，以為終結辯論，不予置疑的一種議事規則）

Kangaroo court 〔美〕袋鼠法庭；非法法庭；（指無視人權等法律程序在監獄內私設模擬法庭等）；也指囚犯在監獄內舉行的模擬法庭)

Kansas-Nebraska Act 〔美〕堪薩斯－內布拉斯加法案（關於兩州編制採用奴隸制問題的規定）

Kantian Philosophy of Law 康德法律哲學

Karat (carat) 克拉（寶石單位，1 克拉相等於 200 毫克）

Karlsbad decree 〔德〕卡爾斯巴德法令（指 1819 年在卡爾斯巴德議會通過並經國會批准，限制出版自由，把以愛國為目的團結的德國學生的大聯合當作非法）

Katatonia 精神病；緊張性精神分裂症

Kay 碼頭；埠頭；碼頭（使用）費；鑰匙 (=key)

Keel rail （救生艇）艇底把手

Keelage 〔英〕（船的）入港費；停泊費；徵收船舶停泊港口的權利

Keel-haul 〔英〕船拖刑（把人用繩子縛在船底拖以作為一種刑罰，曾經為海軍中的一種刑罰形式）；嚴斥

Keep v. 繼續；履行（諾言、契約）；保持；保留；保有；辦理；經營；防護；看守；保衛；扶養；照管；飼養

Keep a prisoner secure 把囚犯牢牢地監禁着

Keep a reputation 保護信譽

Keep a tab on the expenses 記錄（或監督）各項費用

Keep accounts 記賬，開立賬戶

Keep afloat 免債；免於破產

Keep custody of the original text of the treaty 保管條約約文的正本

Keep in captivity 囚禁

Keep in repair 保養維修（指承租人在契約中承諾在租賃期間將房屋保持良好的保養狀態，否則即為毀約罪）

Keep intact the scene of a crime or accident 保護犯罪或事故的現場

Keep off (K.O.) 〔保〕不予承保

Keep strict watch 嚴密監視

Keep strictly to the terms of the contract 嚴格遵守合約條款

Keep the peace 守法；防止擾亂治安；維持治安

Keep the scene of a crime intact 保護犯罪現場

Keep the scene of an accident intact 保護事故現場

Keep to the left 靠左行駛

Keep to the right 靠右行駛

Keep under continuous review and surveillance 〔世貿〕進行連續審議和監督（指進口商對海關所報的證件而言）

Keep under detention 看押

Keep under review 進行檢驗

Keep up to date 更新

Keeper 監護人；保護人；監督人；保管人；（商店、客棧等的）經營人；管理人；（監獄）看守人

Keeper of a bawdy house or house of ill fame 經營妓院者

Keeper of a house of ill fame 經營妓院者

Keeper of gambling house 經營賭館者；經營賭博人

Keeper of public records 〔英〕國家檔案館管理官（依 1838 年《國家檔案條例》設立的，其後根據 1958 年國家檔案法設立此職）

Keeper of records 記錄員

Keeper of the exchange and mint 造幣局長

Keeper of the forest 〔英〕森林看守員；林區首席管理員

Keeper of the great seal 〔英〕掌璽大臣（英國舊時大法官必須捧持管理國璽，兼任國璽捧持官。亨利二世時曾廢止，但自 1562 年起又恢復由大法官兼任）

Keeper of the Great Seal of Scotland 〔蘇格蘭〕掌璽大臣（自 14 世紀以後一直由蘇格蘭國務大臣掌管）

Keeper of the King's conscience 〔英〕國王仁義之心維護者（以前有時稱為衡平法院大法官，因其行使王權職責，在沒有發展制定出明確公平規則之前，對向國王情願案件的裁決要按照國王仁義之心行使所賦予的王權；由於早期衡平法院大法官是教士，主持王室教堂事務維護國王仁義之心）

Keeper of the Peace 〔英〕太平紳士；治安官員

Keeper of the privy purse 〔英〕王室司庫

Keeper of the privy seal 〔英〕王璽大臣；〔蘇格蘭〕加蓋御璽大臣

Keeper of the rolls 保安長官

Keeper of the Signet 〔蘇格蘭〕國王印章掌管大臣（1532 年）

Keeper of the things deposited 儲存物保管員

Keeper of the touch 〔英〕貨幣檢定官；試金官（指造幣廠中化驗貨幣含金量的人）

Keeper of the Wardrobe 〔英〕宮廷司庫總管（13 世紀）

Keeping 保管；保存；看守；（諾言等的）遵守

Keeping a gambling device 經營賭博用具

Keeping a gambling house or place 經營賭館

Keeping a gambling table or bank 經營賭桌（擁有、存有

賭桌、使用和監管賭博者構成犯罪)

Keeping a lookout 留神觀察 (指司機注視自己汽車、他人車輛和行人的行動以保持安全行車)

Keeping and handling expenses 保管及處理費用 (指進出口貿易中包括應付所需的七種費用,即:倉儲費、火災保險費、揀選費、整理費、分堆分裝費、過磅費和精選費等)

Keeping books 記賬;保管賬簿

Keeping house 閉門躲債;匿居避債

Keeping terms 〔英〕按期修業 (指律師學院的學生按規定在院餐廳吃足就餐次數才能獲取律師資格)

Keeping the peace 守法;維持治安

Kefauver-Cellar Act 〔美〕凱法弗－塞勒反併購法 (1950 年)

Keiki 〔夏〕夏威夷人;兒童;後裔

Kellogg-Briand pact (or pact of paris) 凱洛格－白里安公約 (或「巴黎公約」) (1928 年)

Kelp-shore 岸地 (高、低潮之間的)

Kelsen, Hans (1881−1973) 翰斯·凱爾森 (美籍奧地利法學家,純粹法學派創始人,著有《國家法學說的主要問題》(1911 年) 等法學論著)

Kempf Bill 〔英〕克姆夫法案 (只給有房產所有權資格的婦女以選舉權)

Ken (盜賊等) 窩

Kenes 流浪漢;乞丐;無業遊民

Kennedy Round 〔關貿〕肯尼迪回合 (關貿總協定第六輪談判,1964 年 5 月至 1967 年 7 月由美總統 J.F. 肯尼迪發起舉行,改革了「產品對產品」方法,提出了「劃一削減」公式,即各國工業品的關稅按同一百分比削減,然後分階段實施,明確了發達國家與發展中國家不是互讓關稅,而是前者對後者給予發展援助問題,發展中國家可分享各項關稅減讓,並達成工業產品平均降低關稅 35%)

Kenning to a terce 〔蘇格蘭〕夫產三分權的認定 (指蘇格蘭郡長按夫產三分確定屬寡婦地產的程序)

Kentucky Resolution 〔美〕肯塔基決議 (1799 年宣佈《外僑和煽動叛亂法》為非法,宣佈聯邦政府嚴格釋法理論為無效)

Kentucky Rule 〔美〕肯塔基規則 (指受托管理人在收入和本金中分配股利時,不管是支付現金或股份均應視為股利)

Keogh plan 〔美〕自營職業納稅者退休計劃 (指自營納稅人的退休計劃,其享有類似一般企業退休制度相同的課稅優待)

Kerb market (or curb market) 〔美〕(紐約) 街上交易所

Kerbstone broker 場外經紀人

Kernes 流浪漢;乞丐;無業游民

Kerry witness 不被信用的證人

Ketubah 〔猶太〕婚姻契約;婚姻財產設定 (指婚前預定財產權、繼承權等)

Key 鑰匙;碼頭;埠頭;暗礁;低島

Key construction project 重點的建設項目

Key currency 關鍵貨幣;關鍵通貨

Key industry 基礎工業;生產生產資料的工業

Key infrastructure projects 重大基礎設施項目

Key ledger 總分類賬

Key money 額外租金;小費 (指房地產經紀人索取額外的小費);賄賂金;〔歐洲〕預付房租;〔香港〕頂手費

Key number system 〔美〕關鍵編碼法 (指在法規大全中確定相關案例法律點關鍵編碼為標準查找法律案例的研究工具)

Key person insurance 企業主管人員保險

Key rate 〔保〕標準材料

Key trading partners 主要貿易夥伴

Key witness 主要證人;關鍵的證人

Keyage 碼頭費;碼頭使用費;碼頭貨物裝卸費

Keyman insurance 企業主管人員保險;公司要員保險 (重要人物的死亡和傷殘險)

Keys 〔英〕馬恩島眾議員 (由 24 位下議院首領議員組成馬恩島立法院)

Keys of the house 〔英〕馬恩島立法院分部 (三個等級參政者中的一個階級);馬恩島立法議會

Keyus 監護人;監獄長;保管人;看守人

Kickback 〔美〕退賠的贓款;佣金;酬金;回扣 (這種不當的促銷手法的正常和必要的開支不能減稅)

Kiddie tax 〔美〕兒童非營業收益稅;兒童非勞動所得稅 (1986 年《稅改法》對 14 歲以下小孩份外收入所課收的稅,由其父母以最高稅率繳納)

Kidnap 誘拐;拐帶;綁架;綁票

Kidnap and sell women and children 拐賣婦女兒童

Kidnap for ransom 綁架勒索

Kidnapper 拐子;綁架者

Kidnapping 〔英〕誘拐 (特指女子);綁架 (指以武力綁走男、女和兒童等從其本國扭送到他國去等犯罪行為);綁架罪

Kidnapping law 〔美〕綁架法

Kilberg doctrine 〔美〕基爾伯格原則 (衝突法中,即關於意外死亡的賠償時效,不受死亡地法律拘束的法院規則)

Kill *v.* 殺死;行兇;謀殺;殺害 (動物或人);法律的否決;擱置 (法案);使 (議案) 通不過

Kill ratio 殺傷率

Kill with poison 毒殺;毒死

Killed instantly 瞬間死亡

Killer 殺人兇手;殺人者

Killing 殺人行為;賺大錢

Killing by misadventure 意外殺人 (指正當進行中的行為,因意外事故而致他人死亡的行為)

Kin (or kindred) *n. & a.* I. (法定) 親屬 (指近親屬有權繼承無遺囑死亡者之財產的繼承規則);家族;家屬;親屬關係;合法的關係;II. 同族的;親屬的

Kind *n. & a.* I. 類;種類;等級;實物;性質;II. 親切的;和藹的;仁慈的;體貼的

Kind gallows 〔蘇格蘭〕絞首台

Kind girl 妾;情婦

Kind of policy 保險單種類

Kindly tenancy 〔蘇格蘭〕優惠土地保有;優惠土地租賃

Kindly tenant 永久承租人

Kindred 家屬;親屬;親戚;親屬關係 (指具有血緣關係的親屬,分自然血親與法律擬制血親兩種)

Kindred and affinity 〔英〕姻親關係

Kinds of institutions 〔世貿〕機構種類

Kinds of punishment 〔中〕刑罰的種類 (中國刑罰共分管制、拘役、有期徒刑、無期徒刑、死刑、罰金、剝奪政治權利、沒收財產和驅逐出境等九種;西方國家通常分為:死刑、剝奪自由刑、肉刑和體罰、財產刑、剝奪公權和名譽刑等六種)

Kinds of risk 保險險別

King 王;國王;君主,君王

K

King can do no wrong　國王無過失（國王不可能犯錯誤）

King de facto　事實上的國王

King de jure　合法英王；法律的國王

King's (or Queen's) advocate　〔英〕王室法律顧問；御用律師（在教會法和大陸法佔優勢的法院中，其地位類似總檢察長，即在教會、海事和遺囑檢證案件方面，在國際法問題上，為國王出主意）

King's attorney　檢察總長

King's bench (K.B.)　〔英〕王座法庭（是王室法院和高等法院王座法庭的簡稱，具有民、刑事訴訟管轄權）

King's bench division (K.B.D.)　〔英〕（高等法院）王座法庭分庭

King's bench prison　王座法庭監獄

King's books　〔英〕牧師薪俸及其晉升登記簿

King's briefs (or King's letter)　〔英〕教會募捐特許狀（通常是發給牧師和教會執事的；1835 年王權復辟後，其旨在減災和喚起公眾同情）

King's coroner and attorney　〔英〕高等法院刑庭主事官（舊時在王室法院附屬的監獄中負責死囚的驗屍及其他事務的官員；1832 年以後由負責根據私人的控告把刑事的輕罪公訴提交給王室法院職務的主事兼管）

King's (or Queen's) Council (K.C.)　〔英〕御前會議（征服者威廉 1066 年至 1087 年設立的國王法院，為貴族院前身的議會、高等法院、其他法院和樞密院的起源；通常在宮廷內開庭）；(1250 年前的)議會政府

King's (or Queen's) counsel　王室大律師；〔英〕皇家大律師；御用大律師（從學術和經驗卓越的法庭律師中任命的顧問，精通法律以開封敕許狀授予高級律師的稱號，穿絹的法衣，坐在法庭欄杆內具有比一般律師先辯論的特權；但沒有特許不得替罪犯辯護。這種限制現已有所放寬）

King's enemies　敵國；敵國人；公敵

King's evidence　〔英〕供出對同案犯不利的證據（指有數人被指控犯罪，其中一人在國王答應給予赦免時出來揭發供出同案犯）；王室證據（免除追訴的證據）

King's exchange　硬幣與金屬板的交換所

King's freeman　〔蘇格蘭〕特許商人（雖然沒有加入商業公會，但經營得到政府特許的商業人）

King's friends　〔英〕糧秣官

King's head inn　〔英〕陰森的監獄 (1218 年初在倫敦建立的)

King's Inns　國王律師學院（由亨利八世成立於愛爾蘭都柏林，使得英國法律在愛爾蘭得以傳承）

King's judge　〔英〕習慣法法官；〔蘇格蘭〕最高刑事法院法官

King's marshal　王室典禮官

King's messenger　王室通訊員；公文送達官

King's peace　國王治安；社會安寧；公共秩序

King's printer　〔英〕特權印刷業者（其有專門印刷聖經、議會法令等特權，但不包括牛津和劍橋兩大學在內）

King's proctor　〔英〕王室代訴人（即政府律師在王室家事法院處理離婚案件）

King's remembrancer　〔英〕王室債權徵收官

King's sergeant　特許高級律師（法官或宣佈法庭命令的官吏、差役）

King's widow　〔封〕國王直臣的遺孀（指立誓未經國王准許不再婚）

King-at-Arms　〔英〕王室紋章官（現只有嘉德勳章等三種紋章；蘇格蘭的司章官；北愛爾蘭的威爾斯特長官）

Kingdom　王國

King-of-Arms　〔英〕王室紋章官（＝King-at-Arms）

Kinsfolk　親屬；家屬；家庭成員

Kinship　親屬關係（指因婚姻、血緣和收養而產生的、彼此間具有法律上權利與義務的社會關係）；血親關係；家族關係

Kinship and affinity　親屬和姻親

Kinship society　血親團體

Kinsman　男性親屬（同一種族或家族的男子）

Kinswoman　女性親屬（同一種族或家族的女子）

Kirk　〔蘇格蘭〕教堂

Kirk-session　〔蘇格蘭〕教區法院（由牧師和長老組成，具有行政和司法職能）

Kissing the book　吻聖經宣誓（指在法院宣誓後，吻聖經的新約）

Kist　〔印〕設定付款；定期付款；分期支付租金

Kite　空頭支票；空頭票據；抵用票據；融資票據；通用票據；用空頭票據騙錢

Kite bill　空頭票據

Kite-flyer　空票；通融票據

Kite-mark　〔英〕標準印記（指有在英國工業標準協會證明的商標，說明該產品是按照協會標準製造的）

Kiting　移挪補空的不法行為；開空頭支票騙錢（指在一個銀行存款，在另一個銀行提款，少存多取等開空頭支票騙錢行為）

Kiting cheque (check)　空頭支票；通融支票

Kiting stock　空頭股票

Kiting transaction　用抵押空頭票據交易

Kleptomania　盜竊癖；盜竊狂（具有盜竊癖的精神異常）

Kleptomaniac　有盜竊癖的人

Knacker's yark　〔英〕無用家畜屠宰場（屠殺不供人食用，如廢馬等）

Knave　流氓；無賴；惡棍

Knavery　流氓行為；無賴行為；欺詐行為

Knavish　無賴的；不正直的；欺詐的

Knife robber　持刀搶劫犯

Knight　〔英〕爵士；武士；騎士；郡選議員；最下級的非世襲勳爵；具有最下級非世襲勳爵的人

Knight of community　州選議員

Knight of industry　盜賊；騙子

Knight of the collar　應處以絞刑的犯人

Knight of the handcuffs　護送上了手銬的囚犯的警官

Knight of the order of the golden fleece　辯護者；律師；法律家

Knight of the parliament　郡選議員

Knight of the pen　文人；記者；抄寫員

Knight of the yard　會計員；代理人

Knight(s) of the road　路邊強盜封地保有制

Knight(s) of the rumpad　路賊

Knight's fee (Knights fee)　〔英〕騎士的薪餉；騎士封地（舊時騎士以報兵役為條件佔有按人的薪餉，年收入為二十鎊的土地；持有可繼承的地產，其年收入足以維持騎士的生活）

Knight's Service　〔英〕騎士役封地保有制（在諾曼征服王時期，英國全部土地劃分成六萬個騎士的封地，每個授封騎士均應參加戰爭，每年為期四十天等服役的規定）

Knighthood 騎士爵位;騎士(或爵士)身份;騎士(或爵士)尊稱

Knight-marshal 〔英〕管轄和審理王室或管轄區內犯罪案件和簽訂契約的官員(同時本身也是王室一個團體的成員);皇宮警官

Knights bachelors 〔英〕最古最低位階的爵士

Knights bannerets 軍旗騎士;軍功騎士

Knights of the post 〔英〕以作假見證為職業的人;以偽造證件保釋的證人;被處以笞刑的囚犯

Knights of the shire 〔英〕郡騎士議員(郡選出的下議院議員的稱呼)

Knit web 編織網絡

Knitted fabrics 針織品

Knock and announce rule 〔美〕叩門告知規則(指警察為執行逮捕和搜查,進入住宅之前應事先敲門通知授權來意的規則)

Knock down 成交;擊槌(意指槌落拍賣的財物賣出);降價;迫使降價;機器折散裝運;獲得(收入、薪金等)

Knock for knock agreement 〔保〕互撞免賠協議(指兩汽車互撞各自保險公司負責賠償要保人損失的保險協議)

Knock-down price (拍賣的)最低價格

Knocked-down kits 拆卸分裝運輸的成套器材

Knock-off 〔美俚〕複製品,仿製品,翻版;價廉物美(類似受大眾歡迎的原產品,但成本較低);停工

Knock-out 勾結拍賣(互相勾結一夥人在拍賣時,由一人以低價買進後在同夥內轉售);操縱拍賣(指拍賣時競買者中有一些人不叫價以使真正競買者得以低價成交的協議);擊倒(致命打擊)

Knock-out drops 蒙汗藥(指一種投置於酒或水等物中喝了或聞之,即頓失知覺的藥,多為拐帶兒童的手法)

Knot 海里;節(相等於海里/小時)

Knout 皮鞭(沙皇時代的刑具)

Know *v.* 知道;了解;認識;熟悉;精通

Know all men 百事通(委托書等重要文件的起頭語)

Know as 所知;已知

Know-how 專門技能;專門知識;技術訣竅(此語在稅法上意指可能有助於生產的工業信息和技術等)

Know-how contract 專有技術合約(指在國際技術貿易中,以轉讓技術的使用權為內容的)

Know-how license contract 專有技術許可證合約

Knowingly 明知地;故意地;有意識地;有意地

Knowingly and willfully 明知且故意地

Knowingly violate the law 知法犯法

Knowledge 知識;知情;熟知;通曉;理解;〔古〕性交

Knowledge industry 知識產業(1962年由美經濟學家弗里茨‧馬可盧普首先提出,現已成為生產力、競爭力和經濟成就的關鍵因素)

Knowledge intensive product 知識密集型產品

Knowledge-intensive projects 知識密集型項目

Known 有名的;已知的;公認的

Known as 以…著稱;被稱為;叫做;通稱

Known capital transactions 已知資本交易

Known factors 已知因素

Known heirs 已知的繼承人(指出售未知的繼承人財產時,已知繼承人的繼承權利大小取決於其與被繼承人的血緣關係的親疏而定)

Known loss 〔保〕已知損失

Known number 已知數

Known risk 〔保〕已知風險

Knuckle 〔海法〕(船的)折角

Knuckle line 〔海法〕(船的)折角線

Koinology 社會學

Koshuba 〔猶太〕結婚契約;婚姻財產設定(指結婚時分授財產給妻子的處理)

Kotwalee 〔英〕〔印〕警察局

Kourbash *n. & v.* I.〔土〕〔埃及〕皮鞭;II. 鞭笞

Kreise 行政區(神聖羅馬帝國勢力範圍或行政區)

Ku Klux Klan 〔美〕三K黨

Ku Klux Klan Act 〔美〕懲治三K黨人法

Kuleana 〔夏威夷〕庫阿納(一小片土地,是夏威夷君主於1850年授予所有申請土地的夏威夷人)

Kuto Protocol 京都議定書(指聯合國關於限制和禁止各國向大氣中排放二氧化碳等有毒氣體的國際環保公約,1997年2月16日簽訂於日本,但迄今美國和澳洲等工業發達國家尚拒絕簽字)

Kuwait Fund for Arab Economic Development (KFAED) 科威特阿拉伯經濟發展基金會

Kyth 〔撤〕親屬;親屬關係;血緣關係

L

L 〔縮〕(羅馬數字)五十;〔英〕(小寫)英鎊;法律;貴族

L/C of negotiation 議付信用證(信用證中規定,對受益人出具的匯票和/或單據,向出票人或善意持票人進行付款,且不得追索。按照UCP500的規定,開立信用證時,不得以申請人為匯票付款人,否則,銀行僅將此視為一份附加單據對待。所謂議付,是指被授權議付的銀行對匯票和(或)單據付出對價,只審單據而不付款不構成議付。議付行可以是開證行、保兌行或其指定的銀行或允許任何銀行議付,在後一種情況下的信用證稱為自由議付信用證)

L-1 visa 〔美〕L-1簽證("商務簽證",由美國駐外使、領館發給前往美國開辦實體公司任職的外國常駐商務人員的簽證,一般有效期為一年,到期可申請延期)

L-2 visa 〔美〕L-2簽證("商務人員之配偶或子女簽證",由美國駐外使、領館發給商務簽證持有者的配偶或21歲以下未婚子女的簽證,夫人可在美工作,子女可在美就讀)

La court se voet aviser de cest issue 〔法〕法院對系爭點將予以考慮

La Folletter Seamen Act 〔美〕拉福萊特海員法(1915年)

La ley favour la vie d'un home　〔法〕法律愛護人的生命

La ley favour l'inheritance d'un home　〔法〕法律顧及個人繼承權

La Paix Group　〔法〕自選小組 (在烏拉圭回合開會期間於 1989 年由關貿組織駐日內瓦大使們組成的)

La Reine le Veut　〔英、法〕女王批准 (指議會兩院已通過的關於公共利益的法案上呈女王御批所用的字句)

La Reine s'avisera　〔英、法〕女王未能照准 (指女王否決議會兩院通過的法案所用的御批字句,但這種否決權自 1707 年至今從未用過)

Label　標簽;簽條;產品說明 (指產品性質、質量及包裝材料等);(附在契據或令狀等文件上) 帶封印的絲帶紙條或令狀;補遺;附錄;〔英〕財稅法院令狀的副本;〔蘇格蘭〕(刑訴中) 實物證據

Label clause　〔保〕標簽條款 (海上貨物運輸的保險條款的一種)

Labeling regulation　標簽條例

Labes realis　〔蘇格蘭〕固有的瑕疵

Labour　工人;勞工;勞動 (含體力和腦力兩種);人工;勞動力;分娩;〔西〕拉蔔 (土地面積計量單位,=177.1/2 英畝,用於墨西哥和德薩斯州)

Labour a jury　〔美〕(用不正當手段) 影響陪審團裁決

Labour a/c　勞動力費賬;人工成本賬

Labour agitator　為勞工謀利益的人

Labour agreement　勞資協議 (指指工人代表與其僱主就勞動條件和工資等問題所簽訂的一種書面合同)

Labour bank　工會銀行

Labour budget　勞力費預算 (指企業預算統計上的)

Labour camp　勞動營 (指對犯人實行強制勞動場所)

Labour charter　勞工憲章;勞動憲章

Labour condition　勞動條件 (指含工時和工資在內)

Labour contract　勞工合同;勞動合同;勞資協議 (指僱主與僱工之間簽訂的關於勞動條件、工資、小額優惠和工傷事故的契約)

Labour convention　勞工公約

Labour co-partnership　勞資經營分擔制 (指根據損害分擔勞動者參與企業的經營制度)

Labour cost　人工成本;勞工成本,人工費用

Labour cost theory (Labour theory of value)　勞動價值說 (價值根據所費勞動的學說)

Labour court　勞資爭議法庭

Labour Day　勞動節 (五一國際勞動節);〔美、加〕勞工節 (9 月的第一個星期一)

Labour department　勞工部;勞動部;〔美〕勞工部;〔香港〕勞工處

Labour detachment　勞動隊

Labour discipline　勞動紀律

Labour dispute　勞資糾紛;勞資爭議;勞動爭議 (指因權利義務發生分歧而引起的爭議)

Labour distribution sheet　工資分配表;人工分配單

Labour education and rehabilitation school　〔中〕勞動教養所

Labour Exchange　〔蘇格蘭〕職業介紹所;〔主英〕勞工介紹所

Labour exchange act　職業介紹所法

Labour exchange bill　〔英〕職業介紹所法案 (1909 年)

Labour force　勞動力;勞動大軍

Labour Functional Advisory Committee (LFAC)　〔美〕勞工專業諮詢委員會 (美貿易代表處和商業部成立的聯合委員會)

Labour gain　勞動的收益 (指節約工錢)

Labour hoarding　囤積勞動力

Labour income　勞動收入

Labour input　勞力投入 (量)

Labour insurance　勞動保險 (簡稱 "勞保");勞工保險 (指工人勞動中發生偶然工傷事故時得到工資和醫療待遇保險)

Labour insurance regulations　勞動保險條例 (簡稱 "勞保條例")

Labour intensity　勞動強度

Labour intensive products　勞動密集型產品

Labour intensiveness　勞動密集

Labour law　勞動法;勞工法 (調整勞動關係以及勞動關係密切聯繫的法律規範。例如,訂立勞動合同的規定)

Labour legislation　勞動立法;勞工立法

Labour management　勞動管理

Labour market　勞動力市場;勞務市場;勞工市場

Labour Market Integration Agreement　〔關貿〕勞務市場一體化協定

Labour market policies　勞動力市場政策

Labour markets integration　〔世貿〕勞動力市場一體化

Labour mobility　勞力流動性 (指工人在同等技術水平上調換工作或因受教育或技術水平提升或降級而引起的)

Labour norm　勞動標準;勞動定額

Labour organisation　勞工組織 (主要負責處理工傷事故、勞資爭議、工資、稅率、勞動時間和僱工條件等事務)

Labour pact　勞動公約

Labour picketing　工人糾察;勞工糾察

Labour productivities　勞動生產率

Labour protection　勞動保護

Labour question　勞工問題;勞資問題

Labour rate variance　人工工資率差異;工資率差異 (指標準的人工工資與實際人工工資率之間的差異)

Labour reform　〔中〕勞改;勞動改造 (指對犯人的強制改造;"文革" 中也包括對知識份子下放農村的勞動改造)

Labour reform camp　勞改集中營

Labour reform committee　〔中〕勞改委員會

Labour reform law　〔中〕勞動改造法 (指通過勞動改造犯罪份子的法律)

Labour reform regulations　〔中〕勞改條例

Labour reform team　勞改隊

Labour reform under surveillance　〔中〕監督勞改

Labour Registry　〔香港〕土地註冊處

Labour regulations　勞動紀律;勞工條例

Labour relations　勞資關係

Labour relations acts　〔美〕勞資關係法

Labour relations adjustment law　勞資關係調整法

Labour Relations Board　〔美〕全國勞資關係委員會 (=National Labour Relations Board)

Labour rent　勞動地租

Labour representation league　勞動代表同盟

Labour representative　勞工代表

Labour representative committee　勞工代表委員會

Labour restrictions 勞動限制（指服務貿易範圍的勞務流動）

Labour service charge 勞動服務費

Labour service company 勞務公司，勞動服務公司

Labour service contract 勞務合同

Labour services 勞動服務（業）

Labour standard law 勞工標準法

Labour Standards 〔美〕勞工標準局（最低工資和最高工時標準，根據《公正勞動標準法》規定，每工時不得超過 40 小時，禁止僱用 16 歲以下童工，18 歲以下者不能參加高危職業等；屬勞工部下設的一個單位，參見 "Fair Labour Standards Act"）

Labour statutes 勞工法規

Labour supply 勞動力供應

Labour theory 勞力說

Labour ticket 工票（勞動時間計算券，憑此領取工薪）

Labour tribunal 勞資裁判庭

Labour turnover 人工周轉率（期中離職工人人數對平均僱用人數的比率）

Labour union 工會

Labour union bank system 工會銀行制度

Labour Union Law 工會組織法

Labour value 勞動價值

Labour-book 職工名冊；職工登記簿

Labourer 勞動者；工人，勞工；苦力

Labourer legislation 勞動者保護立法

Labourers' lien 〔美〕工人留置權；勞工留置權（指非佔有性的留置僱主的財物以要求優先支付工資）

Labour-in 入庫費

Labour-intensive firms 勞動密集型公司

Labour-intensive goods 勞動密集的貨物

Labour-intensive industrial product 勞動密集的工業產品

Labour-intensive industry 勞力密集的工業；勞動密集行業

Labour-intensive project 勞動密集型項目

Labour-management relations 〔美〕勞資關係（描述工會僱工與非工會僱工與其僱主的關係）

Labour-Management Relations Act (Taft-Hartley Act) 〔美〕勞資關係法（又稱"塔夫脫－哈特萊法"，1947 年）

Labour-Management Reporting and Disclosure Act (Landrum-Griffin Act) 〔美〕勞資關係報告與揭露法（蘭德勒姆－格里芬法，1959 年）

Labour-market performance 勞動市場業績

Labour-out 出庫費

Labour-output ratio 勞動力產出比率

Labyrinth of world trade 世界貿易難以擺脫的困境（有學者認為，主要指美國的貿易保護主義勢力）

Lacerated wound 破裂傷

Laceration 傷害；裂痕；傷口

Lacey Act 〔美〕雷西法（訂於 1900 年 5 月 25 日的國會法，各州可予實施，禁止從他州或外國進口動物及鳥類等）

Laches 遲誤；懈怠（指після於主張權利，一般指因疏忽而未及時提出權利主張或過久、不合理的緘默而未提出相反的權利主張以致喪失原本可以得到的救濟；衡平法從與時效法不同的立場出發拒絕對上述懈怠者給予救濟）；〔英〕權利者過份懈怠提出救濟的要求（衡平法從而以與時效法不同的立場出發拒絕對上述懈怠者給予救濟）

Lack a quorum 不足法定人數

Lack full capacity 缺乏充分行為能力

Lack of concordance 不一致

Lack of evidence 證據不足；缺乏證據

Lack of jurisdiction 缺乏管轄權；無管轄權（指法院對標的物而言）

Lack of natural resources 缺乏自然資源

Lack of policy advice capability 〔關貿〕政策指導能力不足（指關稅與貿易總協定職能性缺點）

Lack of research leadership 〔關貿〕研究領導能力不足（指關稅與貿易總協定職能性缺點）

Lack of social security system 缺乏社會保障制度；缺乏社會保險制度

Lack of sourcing 〔關貿〕財源匱乏（指關稅與貿易總協定職能性缺點）

Lack of standard classification 缺乏標準分類

Lack of technical expertise and technical infrastructure 缺乏技術專長和技術基礎設施

Lack of transparency 缺乏透明度

Lack of understanding of diplomacy 〔領事〕缺乏對外交事務的了解（指招聘或僱用的員工）

Lack-learning parliament 〔英〕無學議會（1404 年亨利四世召集的）

Lacuna 疏漏；缺漏（指文章等裏邊的）；空隙（文件中留存以後書寫的空白）；（知識面等的）空白

Lada 〔英古〕法庭；初級法院；〔撒〕滌罪裁判（以自行審訊發誓方式證明無罪）；不動產承租人提供馱畜役務的方式；河口；河牀；水道；供沼澤地排水的溝渠

Lade (lode) 河口

Laden in bulk 〔海法〕散裝的

Ladies' advisory committee 婦女諮詢委員會

Lady 〔英〕夫人（對男爵等妻子的尊稱）；貴婦人；女勳爵（對公、候和伯爵女兒的尊稱）

Lady chamberlain 侍女

Lady in waiting 王宮侍女

Lady-court 〔英古〕莊園領主夫人法庭

Lady-Day 〔英〕春季結賬日（3 月 25 日）；報喜節（舊曆 4 月 6 日，新曆 3 月 25 日為聖母瑪利亞領報日）；〔愛爾蘭〕聖母升天節（指 8 月 15 日為聖母升天之祭日）

Laen 〔撒〕一筆貸款；一筆債

Laenland 〔撒〕暫時租借保有地（指將土地以一種暫時貸款或贈予形式轉讓或贈予給一人或多人，受讓人有時須履行役務或一次性繳付租金。這種土地一般由教會贈與，不同於 "bocland and folland" 的保有地）

Lag 滯（落）後，遲延；時差，時間間隔；〔複〕遲延支付進口貨款

Lagan (of ligan) 有浮標投棄物（多以浮標標明物主）

Lage 〔撒〕法；法律

Lage day 〔英古〕開庭日

Lage-man 〔英古〕守法者；良民；合法的男人；陪審員

Lagerhus 〔德〕倉庫

Laggard 低價證券；滯銷證券

Lagged variable 滯後變量

Lagging indicators 遲滯指標；滯後指標

Laghday (or laghdy) 開庭日；郡法院開庭日

Lair 獸穴；獸窩；獸欄

L

Lairage　獸欄

Laird　〔蘇格蘭〕地主；地頭

Lairwite (lairesite)　通姦（或私通）罰金（古代付給莊園領主的）

Lais gents　〔法古〕俗人；陪審員

Laissez faire　〔法〕放任主義；不干涉主義；自由放任（指允許市場自由運作，政府不加限制和干預的一種政治經濟學的理論）

Laissez faire principle　〔法〕自由放任主義

Laissez policy　放任政策

Laissez-faire　〔法〕自由競爭；自由放任（指允許市場自由運作，政府不加限制和干預的一種政治經濟學的理論）

Laissez-faire policy　放任政策（意即實行市場自由化自行調節的政策）

Laissez-passe　〔法、聯〕通行證（聯合國頒發的一種可代替護照使用的旅行證件，分紅、藍色兩種。紅色的為聯合國官員持用，享受外交官待遇）

Laity　俗人（不屬神職部份的人）；外行（尤指不熟悉會計業務）

Lake　湖；池

Lake Chad Basin Commission (CBLC)　乍得湖區域委員會

Lakes and land-locked seas in international law　國際法上的湖泊和陸鎖海

Lamb　易受騙上當者（尤指在證券交易方面）

Lambeth degree　〔英〕蘭貝斯學位（坎特伯雷大主教授與的學位只授予牛津和劍橋兩大學，意指對其他大學懷有偏見）

Lame duck　〔美〕落選官員；落選議員（俗稱"跛鴨"）；〔美俚〕不能履行契約的人；無力償債的人（指交易所投機失敗後的）

Lame duck amendment　〔美〕落選議員修正案（指廢止短期的國會任期的美國憲法第 20 條修正案）

Lame duck session　〔美〕落選議員特別會議（或稱之"跛鴨"會議（指落選議員在大選後新議員就職前的最後一次參選會）

Lammas　收穫節；秋季結賬日

Lammas day　收穫季節（舊曆 8 月 12 日；新曆 8 月 1 日）；秋季結賬日（支付八月一日前後的日子）

Lammas lands　秋後共牧地（指收穫後至播種期前除土地所有者外其他人可以進入放牧的季節）

Lamster　逃亡者（尤指逃避法律制裁者）

Land　土地（從法律上講，土地應包括耕地、牧地、樹林、荒野和水流以及永久附着於該土地上的建築物等）；陸地；地面；國土；財產（包括動產和不動產）；地產權

Land Act　〔愛爾蘭〕土地法（1870 年愛爾蘭發佈的旨在協調地主與佃農的關係）

Land administration　土地管理

Land agent　〔美〕地產商；地產經紀人；地產交易商；〔英〕田產管理人

Land allotment　土地分配；土地核配

Land and building society　房地產協會；土地建築放款協會

Land and buildings　房地產；土地及房屋

Land and house tax　土地房產稅

Land area　陸地地區

Land bank　地產銀行；〔美〕聯邦土地銀行（經營土地的抵押業務；在美國依聯邦農業貸款條例給予農業保險低利率的貸款）；土地休耕計劃（指保護土壤計劃）

Land board　土地局

Land boundary　陸地疆界

Land certificate　土地所有權證；地契；土地登記證

Land charges　〔英〕土地負擔（指附着在土地上的負擔、影響土地權益的負擔，包括諸如，限制性的不作為條款和不動產物權契約以普通衡平法上的負擔等）

Land commission　〔英〕土地委員會

Land Commissioners　〔英〕土地專員（現歸農漁部管理）

Land compensation　〔英〕土地補償（指因工程建設所需而強制購買土地所付的補償費）

Land consolidation　土地合併（指小塊土地）

Land contact zone　陸地接觸區

Land contract　〔美〕土地買賣契約；土地分期付款買賣合同

Land cop　〔英古〕土地買賣

Land court　〔美〕土地法院（指麻薩諸塞州土地所有權註註冊法院）

Land damages　〔美〕土地補償（對被政府徵用的土地給付的補償）

Land deed　地契；土地證

Land department　〔美〕土地管理局

Land description　〔美〕土地說明（記載有政府勘測、地界等詳細說明）

Land development　土地開發

Land district　〔美〕（州或領土的）土地分區

Land domain　領陸；領土

Land Drainage Act　〔英〕耕地排水法（1861 年）

Land forces　地面部隊

Land free from taxation　免稅地；免租地

Land frontier　陸地邊界

Land gabel　〔美〕地稅；地租

Land grant　〔美〕土地授予

Land improvement　土地改良（旨在使不動產增值）；土地開發；土地改良投資

Land in common　共有地

Land in villenage　佃戶土地；通常從屬地

Land increment value duty　土地自然增值稅

Land inspection　陸上檢疫

Land intensive produce　土地密集型產品

Land jobber　〔英〕土地交易商；地產經紀人

Land law　土地法（指調整土地關係的法律規範，例如土地的所有權和使用權等）

Land ledger　地產分類賬賬

Land management　〔美〕土地管理

Land mark　界標；界石；地界標；分界標；土地標誌；里程碑

Land measure　土地測量；土地量度（一英里等於於 5280 英尺）

Land mile　英里

Land nationalisation　土地國有化

Land of uncertain ownership　所有權不明的土地

Land Offices　〔美〕地政局；土地管理局（主要在西部諸州，其職責是丈量土地和政府優先購買公地權等）；〔香港〕土地註註冊處（土地註冊廳）

Land owner　土地所有者；地產所有權人

Land ownership　土地所有制，土地所有權

Land patent　〔美〕公共土地轉讓特許證；轉讓的土地

Land Purchase Act　土地購買法

Land rates 陸上運費價（率）

Land receivers 〔美〕地產管理人；土地管理人

Land reclamation 土地開墾

Land reform 土地改革

Land Reform Law (of the P.R.C.) （中華人民共和國）土地改革法（指改變封建和半封建土地所有制為農民土地所有制）

Land registers 〔英〕土地登記冊

Land Registration Ordinance 〔香港〕土地註冊條例（又稱《香港法例第 128 章註冊登記條例》）

Land registrations 〔英〕土地登記（包括土地負擔金額的登記，普通法上的不動產物權的轉移或設定證書的登記、土地權利的登記）

Land registry 土地登記處

Land rent 地租

Land requisition 土地徵用

Land revenues 〔印〕土地收入；國有地歲入〔英〕王室土地總收入

Land sale contract 土地買賣合同

Land Settlement Act 〔英〕土地清算法（1919 年）

Land Severalty Act 〔美〕土地分割法（1857 年）

Land surveyor 土地丈量員；土地測定員

Land system 土地制度

Land tax 土地稅；田賦（指對土地收益所徵收的稅金）

Land tax and other levies 土地租稅（舊用語）

Land tax paid in kind 田賦徵實（指以實物繳納的土地稅）

Land tenant 土地承租人；土地佔有人；土地保有人

Land tenure 土地保有；土地保有制度

Land tenure reform association 土地保有改革協會

Land territory 領土；領陸

Land titles 〔加〕土地所有權登記制度（涉及所有權保證人的責任）

Land Titles and Transfer Act 〔英〕土地所有權及轉讓法

Land transfer 土地轉讓；土地過戶

Land Transfer Act 〔英〕土地轉讓法（1875 年）

Land transit insurance 陸運保險

Land transport 陸上運輸；陸地運輸

Land trust 〔美〕土地信託（指受益人把土地全權委託給受託人管理）

Land trust certificates 土地信託證明書

Land use certificate 土地使用證書

Land use planning 〔美〕土地使用規劃

Land values duties 〔英〕土地價值稅

Land waiter 〔英〕海關稅務檢查員；驗關員

Land war 陸戰；陸地戰爭

Land warfare 陸戰

Land warrant 〔美〕公有地購買證書（指購買公有地由地方政府土地管理局頒發的證書或者是發給個人特定數量土地的憑證）

Land-agency 地產代理所

Landagende, landhlaford, or landrica 〔撒〕土地所有者

Landboc 〔撒〕地契；土地授予特許狀

Land-book 土地總賬

Land-bridge transport 大陸橋運輸（指大陸兩端的海洋由橋梁加以連接的集裝箱運輸）

Landcheap 〔英古〕土地交易費（以貨幣或牲畜支付，在莊園內進行）

Landed 有地產權的；由不動產構成的；由土地構成的；擁有土地上權益的；上岸的；靠岸的；登陸的

Landed cost 登岸成本；卸岸成本

Landed estate 〔美〕地產；田產（一種通俗的口頭稱謂，通指不動產，一般位於鄉村或郊區的土地，不同於於市區的土地）；土地權益

Landed estate court 〔英〕地產糾紛法庭（審理地產糾紛事務）

Landed farmer 自耕農

Landed interest 地主派的利益（指一國或議會內等的）；土地權益

Landed men 〔蘇格蘭〕土地擁有者

Landed price 到岸價格；卸岸價格

Landed property (=Landed estate) 〔美〕地產；田產（一種通俗的口頭稱謂，通指不動產，一般位於鄉村或郊區的土地，不同於市區的土地）；土地權益

Landed proprietary 〔總稱〕土地所有者

Landed proprietor 地主；土地擁有者；不動產所有者

Landed securities 土地擔保（指抵押或影響土地的負擔）

Landed terms （貨物）起岸費用價格；（目的港）岸上交貨價格（指賣方將貨物運至買方所在的港口並在岸上交貨的買賣條件）

Landed weight 到岸重量；卸岸重量；卸貨重量

Landefricus 地主；領主；土地出租人

Land-grabber 侵佔佔土地者

Land-grant 〔美〕土地授予（指政府將公地授予其下屬政府、鐵路建設公司等）

Land-holder 地主；土地所有者；土地租用人；租地人

Landing （飛機）降落；着陸；起貨；卸貨；卸貨碼頭；卸貨處；〔軍〕登陸

Landing account 棧單；起貨單；起貨報告（指由棧方出具的貨物存棧的憑證）

Landing agent 卸貨代理商

Landing card 登岸證

Landing certificate 着陸許可證；登陸證書；卸貨證書

Landing charges 卸貨費；上岸費；着陸費；登陸費

Landing forces 登陸部隊；着陸部隊

Landing hire 卸貨費

Landing in safety 安全着陸；安全登岸

Landing licence 着陸許可證；上岸准許證

Landing order 登陸命令

Landing permit 着陸許可證；上岸准許證

Landing rate 卸貨費；貨物卸岸費（包括卸貨和進庫費用）

Landing right 着陸權

Landing slots （飛機）着陸通道

Landing waiter 〔英〕海關起卸貨物監督員；海關稅務檢查官

Landing weight 到岸重量；卸貨重量

Landing-stage 上岸碼頭；浮碼頭；躉船；囤船

Land-jobber 〔英〕地產投機商；地皮掮客；地產經紀人

Land-locked 陸圍地的；被他人土地包圍的（指周圍土地全屬別人的）

Land-locked country 內陸國；陸鎖國

Land-locked developing country 發展中的內陸國

Land-locked lake 內湖；陸鎖湖泊

Land-locked port 陸鎖港；內港

Land-locked sea 陸鎖海；內海

L

Land-locked state 內陸國；陸鎖國

Land-locked waters 陸鎖水域

Land-looker 森林巡視人；林木土地評價人

Landlord 地主；業主；領主；房東（指房屋出租人）；（旅館的）店主；土地出租人；土地所有者

Landlord and tenant 業主和租戶；地主和佃農；不動產出租人和承租人（的法律關係）（此種關係因租賃契約而產生，通常土地出租人對承租人保證目的物的佔佔有，承租人作為佔有的對價支付租金，不能毀壞目的物，在期限終了時有騰空返還的義務。如有滯納金時，出租人可扣押之）；〔香港〕業主和住客

Landlord and Tenant (Consolidation) Ordinance 〔香港〕業主與租客（綜合）條例（指除法律規定外，業主不得以其他理由驅逐受保障的租客）

Landlord and Tenant Act 〔英〕不動產出租人與承租人法；土地租賃法（1870 年）

Landlord and tenant relationship （不動產）業主與租戶關係；不動產租賃關係

Landlord cultivation 自耕農

Landlord of writ 法庭審定的業主

Landlord waiver 業主棄權聲明書

Landlord's warrant 〔美〕土地出租人扣押狀（指地主簽發的扣押土地承租人的財物並加以公賣，令其繳付地租或遵守租約規定）

Landlord-comprador class 〔中〕地主買辦階級

Landlordism 地主所有制

Landlord's right of distraint 地主扣押財物權

Landmark decision 〔美〕劃時代的裁決（指最高法院改變現行法律）

Land-poor 因擁有大量不毛土地納稅而致貧困的（指擁有大量無利可圖的土地而須借錢納稅而陷於經濟困境）

Land-rate 地租率

Landrecht 〔英〕邦區法（指某一國家或地區的普通法）

Land-reeve 土地監管人（指主管農場的木林及建築財產等等）

Land-rent 地租；佃租

Landrum-Griffin Act 〔美〕蘭德拉姆－格列芬法（"勞動管理報告公開信"，旨在約束工會領導腐敗和不明主行為等，1959 年）

Lands Clauses Act 〔英、蘇格蘭〕土地徵用條款法；土地徵用條款合併法（指英格蘭和蘇格蘭兩郡土地法為公共工程而授權於 1845 年將其合併為土地徵用特別條款法）

Lands Department 〔香港〕地政總署

Lands Tribunal 〔英〕土地裁判所（指關於有權裁判強徵土地賠償等問題）；〔香港〕土地審裁處

Lands Tribunal for Scotland 蘇格蘭土地裁判所

Lands Tribunal Ordinance 〔香港〕土地審裁署條例（關於於收回土地及賠償的有關規定）

Lands, tenements, and hereditaments 〔美〕地產，自由保有地產及可繼承的財產（根據古代法，本術語僅涉及自由保有地產 "freehold estate"，而不適用於地役權或其他可繼承的財產）

Land-sale 土地買賣；土地出售

Land-shark 向上岸水手行騙的人；搶土地者

Land-slide 壓倒的優勝；（競選中的）壓倒多數選票

Land-sourced pollutant 陸源污染物

Land-to-the-tiller 〔中〕耕者有其田（中國民主革命先驅者孫中山學說的一個重要原則）

Lane (line) 航路（線）；街巷；小徑；小路

Langeman 莊園領主

Language 語言；語文；語言或文字表達能力

Language Act 〔印〕語文法（1963 年）

Language of diplomacy 外交語文

Language of polite diplomacy 文雅的外交語文

Language of treaty 條約語文

Language officer 語文官員

Language training 語文培訓

Lanham Trademanrk Act 〔美〕拉納姆商標法（聯邦商標法及其註冊程序保護商標專利產品法）

Lanns manus 〔法古〕莊園領主

Lapidation 〔美〕用石頭砸死人行為；投石殺人罪

Lappage 〔美〕權利的重疊

Lapsable 應喪失權利的

Lapse *n. & v.* I. 權利的終止；權利的喪失；權利的失效；遺贈的失效（指因疏於於履行義務等而引起的）；由於遺囑的受益人在立遺囑者生存期間死亡，故所受的贈與便失效）；保險單的失效（指因未交付保險單所致）；II. (因失效而) 轉歸別人所有 (to)；（權利、任期等）終止；失誤；消滅；過期；消逝；失檢；背離；〔保〕保險單失效

Lapse of a patent 專利權期滿終止；特許權失效（由於於不付特許專利費所致）

Lapse of benefice 喪失聖職推舉權（指由於於在一定期間不行使牧師職務推舉權所致的）

Lapse of devise 遺贈失效（指受遺贈權的喪失）

Lapse of gift 遺贈權失效（指受遺贈人先於於遺囑人死亡時，遺贈失效）

Lapse of legacy 遺贈失效（指遺產承受人先於遺囑人死亡所致）

Lapse of offer 要約失效

Lapse of policy 保險單失效（指保險單屆滿或寬限期內未予展期或要保人未能履約所致）

Lapse of the pen 筆誤

Lapse of time 喪失時效

Lapse of trust 信託的失效

Lapse patent 替代特許權證（取代原先所發因疏於於主張而失效的土地特許權證）

Lapse statutes 〔美〕遺贈失效法規（指受遺贈者早亡故於於遺贈人或贈與人所致）

Lapsed 失效的；過期的；作廢的

Lapsed devise 失效的不動產遺贈（指因受遺贈人早逝於於遺贈人）

Lapsed legacy 失效的動產遺贈（受遺贈人過世先於於立遺囑人故而作廢，但該宗遺贈或作為殘餘遺產或可轉給受遺者的子嗣）

Lapsed patent 〔美〕失效的特許權證（指先發的土地特許權證因疏於於主張而失效，且已被其後補發的土地特許權證所取代）

Lapsed policy 失效的保險單（指已逾保險期限或不按期交付保險費而失效的保險單）

Lapsed treaty 失效條約

Lapse-of-time 喪失時效；過時失效

Lapse-of-time decision 失效的決定；失效的決議

Lapsible (lapsable) 應歸他人所有的；應屬無效的

Larboard （船舶）左舷（現一般用 "port"）

Larcener (larcenist) 偷竊犯；竊賊

Larcenous 偷竊的；構成偷竊罪的；犯偷竊罪的

Larcenous intent 盜竊意圖

Larceny 盜竊罪（指非法把別人的動產據為己有並把它轉移而成立的犯罪。其有別於 "burglary, robbery, theft"： "burglary" 為夜盜罪，懷着重罪意圖於夜間 9 點至晨 6 點破門侵入他人住宅行竊；"robbery" 為強盜罪，以武力進行搶劫；"theft" 為偷竊行為以剝奪別人的財物據為己有）

Larceny Act 〔英〕盜竊條例（1861 年）

Larceny by bailee 受託人盜竊罪（指保管人非法侵佔所保管的財產；受託保管人非法侵佔保管的財產）

Larceny by extortion 敲詐勒索盜竊罪

Larceny by fraud or deception 詐欺盜竊罪；詐騙盜竊罪

Larceny by trick 欺騙偷盜罪（指以暗設詭計詐騙手段非法侵佔佔他人財產）

Larceny from the person 扒竊罪（指從他人身上偷盜財物罪）

Larceny insurance policy 盜竊保險單

Larceny lash 鞭笞刑；鞭打；抽打

Larceny of auto 盜竊汽車罪

Larceny of property lost, mislaid, or delivered by mistake 〔美〕盜竊遺失、錯放或交付錯誤的財產罪（指發現者如未能採取合理舉措將其歸還物主則構成偷盜罪）

Larceny of public property 盜竊公物罪

Large country terms of trade 大國貿易條件

Large electoral district system 大選舉區制

Large policy 高額保險單

Large risks 〔保〕巨大危險；巨大風險

Large tithes 大什一稅（包括穀物、糧秣、木材等納入的什一稅）

Larger parcel 〔美〕更大塊的土地（指土地所有者一整塊地中較大部份被切割徵用，因此受到損害有權對政府提出賠償訴訟）

Larons 〔英古〕一夥盜賊

Lascivious 淫蕩的，好色的；猥褻的

Lascivious cohabitation 〔美〕非法同居罪（雖多有非法同居者，但少有受到指控）

Laspeyres index 賴斯伯利斯指數（指計算加權綜合指數統計方法之一）

Last *a. n. & v.* I. 最後的；最近的；剛過的；臨終的；結論性的；權威性的；II. 〔英古〕負擔；責任；義務；拉斯特（重量單位 =4000 磅）；III. 維持；持續；持久；不褪（色）

Last antecedent rule 〔宗〕最後先行詞原則

Last clear chance 最後避險機會（指被告司機有最後的機會原本可以避免意外事故的發生，但未加以合理的注意）

Last clear chance doctrine 最後避損機會原則（意指原告雖然助成過失，但被告駕車者已經發現卻沒有予以合理照顧防止損害發生的最後機會）

Last court 〔英〕權威法庭（根德郡法庭 24 名高級市政官員主持由執達員召集在根德郡沼澤地召開）

Last day for pay purposes 薪金截止日期

Last day of term 〔英〕開庭期的終止日

Last heir 〔英〕最後繼承人（指收領領主或君主所有的土地）

Last illness 致死之病（致死的疾病）

Last in, first out 後進先出法

Last instance 終審

Last pay certificate 最近薪給憑據

Last resort 〔美〕終審的（指到頂了，沒有再可上訴的。如，最高法院之謂）

Last survivor annuity 最後倖存者年金（指兩人中只要有一人生存就給付年金的保險契約）

Last survivor insurance 最後幸存者保險（指最後保險者亡故才給付保險金的合同）

Last will 臨終遺囑；最後遺囑

Last will and testament 臨終遺囑；最後遺囑

Last words 臨終的話；遺言

Lastage (or lestage) 〔英〕貨物稅（指趕集或上市所運去的貨物應交的稅）；壓艙物；裝貨艙房；市場稅（指按重量或度一次買 4000 磅以上批銷售稅）

Last-in, still-here (LISH) 後進還存法（其釋義同 "LIFO"，與期末庫存相連series）

Last-in, first-out (LIFO) 後進先出法（會計上計算存貨、賬目的方法）

Lasting effect 持久效力

Lasting peace 持久和平

Latching 地下測量；地下調查

Late 已故的；去世不久的；不再存在的；最近的；遲延的；過時的；遲緩的；晚期的；最近的；不久前的

Late appearance 遲延出庭；遲延到案

Late childbirth 晚育

Late delivery 晚傳遞；晚送到（指郵件）；遲延交貨

Late fee 〔英〕過時補加費（指郵局規定時間之後投遞的郵件所付費用）

Late interest 延期利息（參見 "moratory interest"）

Late marriage 晚婚

Late payment 〔基金〕遲延支付

Late presentation 遲延提示（指在票據受益人或持有人在過了其有效期後才向銀行出示承兌的票據）

Late shipment 遲延裝運

Late spring shipment 來年春天裝運

Late winter shipment 來年冬天裝運

Latent *a. & n.* I. 隱藏的；潛在的；潛伏的；不易發現的；II. 隱約的指印；潛指印

Latent ambiguity 隱含的曖昧；隱含的不明處；潛在的文字上缺陷（指正式文件上的用語從閱讀中其不確定或隱晦不明顯，但一適用時便就暴露出來）

Latent deed 隱藏契據（指保存在保險箱內或其他秘密地方至 20 年以上的）

Latent defect 潛在的缺陷；隱蔽的瑕疵（指一般檢查中不易發現的瑕疵，因其不顯露在外表上）

Latent equity 〔美〕隱瞞衡平法上的索賠權（指一個或數個標的物利害關係人實際存在的衡平法上的索賠權或權利已被限制或蓄意隱瞞）

Latent evidence 無色印痕證據

Later treaty 後條約

Lateral boundary 橫側疆界

Lateral delimitation 橫側劃界

Lateral economic association 橫向經濟聯合會

Lateral entry 〔美〕公開選拔制（指不論資歷，公開考試選任政府公務員的制度）

Lateral line 橫側線

Lateral railroad 橫向鐵路；鐵路支線

L

Lateral sea boundaries　橫向海洋邊界

Lateral support　相鄰土地支撐權；旁系撫養

Lateran Councils　拉特蘭教會委員會（1123–1517 年）

Lateran Pacts　拉特蘭諸條約（羅馬教庭與意大利簽訂於 1929 年，自此確認梵蒂岡為獨立的國家）

Laterare　〔美〕位於路的側面（指路末端的對面，描繪地界用語）

Lathe　〔英〕（根德郡）特區

Latin　拉丁語

Latin American Banking Federation (also known as Federation of Latin American Banks)　拉丁美洲銀行業聯合會

Latin American Coffee Agreement　拉丁美洲咖啡協定

Latin American Common Market (LACM)　拉美共同市場（由危地馬拉等國於 1960 年 2 月在薩瓦爾多成立）

Latin American Economic System (LAES)　拉丁美洲經濟體系（為拉美地區各國協商、合作和共同促進經濟和社會發展的常設機構，總部在委內瑞拉首都卡拉卡斯）

Latin American Energy Organisation (LAEO)　拉丁美洲能源組織

Latin American Free Trade Association (LAFTA)　拉丁美洲自由貿易協會（由拉美 11 個國家在聯合國拉美經濟委員會倡導下於 1961 年 6 月成立）

Latin American Free Trade Zone　拉丁美洲自由貿易區

Latin American Institute for Economic and Social Planning　拉丁美洲經濟與社會規劃學會

Latin American Integration Association (LAIA)　拉丁美洲一體化協會（1960 年 2 月成立，總部設在烏拉圭的蒙特維多）

Latin in law　法律拉丁語

Latin information　〔英〕拉丁訴訟（指由王室等提起的追償債務或侵權損害賠償等民事訴狀，1947 年廢止）

Latin side of Chancery　〔英〕衡平法院拉丁語訴訟分庭

Latin-American international law　拉丁美洲國際法

Latrocination　強盜行為；劫掠

Latrociny (=larceny)　盜竊罪（指非法把別人的動產據為己有並把它轉移而成立的犯罪。其有別於 "burglary, robbery, theft"："burglary" 為夜盜罪，懷着重罪意圖於夜間 9 點至晨 6 點破門侵入他人住宅行竊；"robbery" 為強盜罪，以武力進行搶劫；"theft" 為偷竊行為以剝奪別人的財物據為己有）

Latrunculator　判決和處死盜賊的法官；審判街道上強盜的法官

Laughe　〔英〕十戶聯保；十戶聯保制；十戶聯保制成員（=frank-pledge）

Launch　*v.*〔海法〕下水；發射；投擲；開始

Launching authority　發射機關

Launching state　發射國

Launchways　〔海法〕下水滑道；進水台

Launder　*v.* 瞞匯漏匯（指使非法所得的外匯金錢合法化）

Laundering　洗錢罪（指從非法買賣、毒品交易等來源所獲得的金錢納入合法渠道，而使之從原來的渠道無法查出）

Lausanne Conference　洛桑會議（1932 年）

Law Enforcement Assistance Administration (L.E.A.A.)　〔美〕執法援助管理局（執法援助署）

Law　法；法律（指 "上級制定下級必須遵照執行"，體現統治階級的意志，並以其確認和調整人們之間的權利和義務關係一個有秩序的社會的規範，但有的法學家認為，法律由理性為內在因素、意志為創造因素、公共福利為法律目的及其公佈實施為法律的實質等四大因素構成）；法規；法則；定律

Law Against Monopolies　〔英〕壟斷取締法；反壟斷法（1703 年）

Law agents　〔蘇格蘭〕法律事務代理人（指有資格在法院做人家代理的人）

Law and custom　法律與習慣

Law and decree　法令（法律與命令）

Law and discipline　法紀

Law and economy　法與經濟（指研究法與經濟基礎的關係）

Law and equity　法律與衡平

Law and fact　法律與事實

Law and morals　法律與道德

Law and motion day　〔美〕開庭日

Law and order　法律與秩序

Law and politics　法律與政治

Law and procedure　法律與程序

Law and regulations　法規（法令與規例）

Law and religion　法律與宗教

Law and the state　法律與國家

Law arbitrary　壟斷法；任意法

Law Association for Asia and the Pacific (LAW ASLA)　亞洲太平洋法律協會

Law book　法律書籍；法學課本

Law breaking　違法的

Law business　營業法

Law by custom　不成文法；習慣法

Law by enactment　成文法

Law case　訴訟案件

Law clerk　書記官；法官助理；律師助理

Law Commissions　〔英格蘭、蘇格蘭〕法律委員會（1965 年）

Law concerning foreign investment　外資法

Law concerning the Application of Personal Statute in respect of Non-Shiite Iranians　〔伊〕對非什葉派教徒的伊朗人適用人法的法律（1933 年）

Law cost　訴訟費用

Law court of appeals　〔美〕（南卡羅萊納州舊時的）上訴法庭

Law courts　法院；法庭；公堂；〔英〕普通法法院（嚴格說來應稱其為 "王室司法法院"，於 1882 年開庭辦公）

Law day　〔美〕法治日（每年 5 月 1 日全美學校、法院等均舉行紀念美國的法律制度）；擔保清償債務日（在債券、抵押等均規定每年 5 月 1 日為擔保清償到期債務日）；〔英〕開庭日（採刑事法庭或郡治安巡迴法庭開庭之日）

Law de novo　重訂的法律

Law department　法律部（指主管法律業務的政府部門）

Law Draftsman　〔香港〕法律草擬專員（負責起草法律工作）

Law enforcement　執行法律

Law enforcement agency　執法機構

Law enforcement area　執行法律區

Law Enforcement Assistance Administration (L.E.A.A.)　〔美〕執法援助管理局（執法援助署）

Law enforcement authorities　執法當局

Law enforcement bodies　執法機構

Law enforcement officer　執法官員

Law enforcement official (officer)　執法官員

Law ex post facto　溯及既往的法律

Law factory 〔美俚〕法律工廠（大律師事務所機構代名詞）

Law firm 〔英〕律師事務所

Law firm role 〔美〕律師事務所內的分工

Law for Protection of Foreign Capital Investment 〔土〕外國資本投資保護法（1954 年）

Law for the collection of national tax 國稅徵收法

Law for the Organisation of Courts of Justice 法院構成法

Law for the preservation of antiques and relics 文物保護法

Law French (L.F.) 法律法語（1400 年）

Law governing country 法治國家

Law governing state contract 國家契約適用的法律

Law in general 法律總論

Law in operation 現行法（施行中的法律）；有效的法規

Law in the slavery society 奴隸社會法（指制訂並強制實施確認、鞏固和發展有利於奴隸主階級的社會關係和社會秩序的法律規範）

Law Journal (L.J.) 法律期刊；法律雜誌

Law judge (L.J.) 法官

Law Latin (L.L.) 法律拉丁語（舊法律課本中所用拉丁語的訛誤形式）

Law Libraries 法律圖書館

Law list 〔英〕律師人名錄（由半官方發行的英國法官、法院職員、法庭律師和法庭外律師及其他法律工作者的名冊。1801–1976 年以後每年發行一次）；〔美〕律師地址電話號碼簿（＝law directory）

Law lords 〔英〕上議院貴族法官；上議院法官議員（正式職稱為 "Lord of Appeal in Ordinary"，持有高級法官職務的貴族議員）

Law making stipulations 造法規定

Law making treaty 造法性條約

Law martial 管制法；戒嚴法

Law merchant 〔英〕商法；商業習慣法；商務法（以歐洲商人間的商務習慣為基礎而形成，英國普通法法院承認其法律效力，並逐漸吸收到普通法中的商務法的總稱）

Law now in force 現行法

Law of a general nature 〔美〕一般法（指普遍性的法律；所有人同一標的之法律）

Law of account 會計法

Law of admiralty 海事法

Law of advocate 律師法

Law of agency 代理法

Law of agricultural association 農會法

Law of agriculture and industry bank 農工銀行法

Law of application 應用法

Law of arms 戰爭法

Law of arms control 武器管制法

Law of arrest 拘捕法

Law of assistance from fiscus for the teachers expenses of the common schools Shi, Cho, and Son 〔日〕市鎮村各小學教師費用國庫補助法

Law of auction 拍賣法

Law of audit 審計法

Law of averages 海損法；平均利潤法則（指為投資證券商取得平均利潤而投資於多種證券以分散其風險）

Law of aviation 航空法

Law of bankruptcy 破產法

Law of belligerency 交戰法規

Law of Belligerency and Neutrality 交戰與中立法（1905 年）

Law of belligerent occupation 交戰佔領法

Law of bills 票據法

Law of Brazil 巴西法

Law of business 營業法

Law of capture 佔領法；〔美〕獲取地表下礦物原則（指土地所有者除權力限制和規定外具有鑽探和佔有其屬地下面的礦物等排他性權利）

Law of carriage of goods 貨物運輸法

Law of Causality 〔統計〕因果法則

Law of Chili 智利法

Law of citations 引證法（羅馬皇帝 426 年的敕令，規定五位著名法學家的著作可以作為法律的權威予以引證）

Law of civil administration 民政法；民事行政法

Law of civil procedure 民事訴訟法（為處理民事審判程序的法律）

Law of commercial contract 商事契約法

Law of commercial transaction 商業交易法（商業行為法）

Law of Confidential Information 〔香港〕機密資料法

Law of conscription 兵役法

Law of constitution 憲法法

Law of Constitution of the Court of Justice 法院構成法

Law of consumption 消費法則

Law of contract 契約法；合同法

Law of Copyright 版權法

Law of corporation 公司法

Law of cost 成本規律；成本法（指為確保經濟效益和財政支持而對企業的成本支出和成本計算進行監管之法律規範）

Law of crew 海員法

Law of criminal procedure 刑事訴訟法（刑事訴訟程序法）

Law of criminal process 刑事程序法

Law of criminal saturation 犯罪飽和法則（關於於犯罪者數目的學說，即在一定社會內大約有一定數量的犯人，隨着社會的變動其數量也會有所增減）

Law of cultural relics 文物法

Law of customs tariff 關稅稅率法

Law of damages 損害賠償法

Law of Denmark 丹麥法

Law of Descent and Distribution 〔美〕（不動產）繼承分配法

Law of development 發展法

Law of diminishing returns 報酬遞減法則（資本主義政治經濟學的一種理論）

Law of diminishing utility 效用遞減法則

Law of diminution of marginal utility 限界效用遞減的法則

Law of distress 財產扣押法

Law of domestic relations 親族法；親屬法（指處理憲法、行為或事件的後果、解除夫妻、父子、監護人與被監護人等關係的一種家事法）

Law of domicile 永久居留地法律（指按國際私法，死者如無遺囑，其遺產的繼承，動產依居留地法，不動產依不動產所在地法）

Law of economic contract 經濟合同法

Law of education 教育法

Law of election 選舉法

L

Law of election for member of the House of Representatives
衆議院議員選舉法

Law of enterprise　企業法

Law of environmental protection　環境保護法

Law of equal marginal surplus　邊際剩餘均等法則

Law of equal marginal utility　邊際效用均等法則

Law of equality in the satisfaction of wants　滿足慾望平等法則

Law of equi-marginal return　同等邊際效用法（無差別法則）

Law of equity　衡平法（以情理為特點補救普通法之不足，訴訟程序簡單，不設陪審團，一般以書面形式審理，判決由衡平法院直接執行，違者以藐視法庭論處，重者可下獄）

Law of Establishment　定居法（指外國公司或跨國公司在內國設立營業所或事務所並從事一定的活動）

Law of evidence　證據法

Law of expropriation of land　土地徵用法

Law of extradition　引渡法

Law of family　家庭法

Law of family planning　計劃生育法

Law of Finland　芬蘭法

Law of flag　船旗國法；船籍國法；旗幟國法

Law of forest　森林法

Law of goods　貨物的法則

Law of greatest gain　最大利益法則（即以最小的費用而獲得最大的利益）

Law of Gresham　格雷沙姆法則（惡貨幣驅除斥良貨幣法則）

Law of guarantee　保證法；擔保法

Law of health　衛生法

Law of house　家法；家範

Law of immediate judgment of delicts　違警罪即決法

Law of income tax　所得稅法

Law of increasing returns　報酬遞增律

Law of indifference　無差別法則；一物一價法則

Law of induce　（租稅）負擔法則

Law of industrial association　產業組織法

Law of inheritance　繼承法

Law of insurance　保險法（指關於保險組織　保險對象以及當事人權利義務等法律關係規範的總稱）

Law of Intellectual Properties　知識產權法（指保護專利、版權和商標等有關創作和設計的法律）

Law of interest　權利法；股利法

Law of International Air Transport　國際航空運輸法

Law of International Bills　國際票據法

Law of international civil procedure　國際民事訴訟程序法（規定涉外民事訴訟程序的法律，其包括國際民事管轄權、訴訟程序和判決的國際效力）

Law of international institutions　國際機構法

Law of international organisation　國際組織法

Law of international patent　國際專利法

Law of international rivers　國際河流法

Law of international trade　國際貿易法

Law of international transfer of technology　國際技術轉讓法（調整技術的國際有償轉讓法律規範）

Law of interplanetary space　星際法（又稱"外層空間法"、"宇宙法"或"太空法"，即關於探索利用外層空間應遵守的

法律）

Law of intestacy　無遺囑繼承法；法定繼承法

Law of intestate distribution　無遺囑遺產處分法

Law of invention and trademark　發明與商標法

Law of investment　投資法

Law of labour relations in public industry　公有企業勞動關係法

Law of labourer　勞動法；勞工法

Law of labours safety and sanitary　勞動安全衛生法

Law of land　土地法

Law of land warfare　陸戰法規

Law of large numbers　〔統計〕大數律；大數法則（概率論的主要原則之一，為保險用語）

Law of Lithuania　立陶宛法

Law of Malta　馬耳他法（1530 年）

Law of mankind　人類法

Law of mariner　海員法

Law of maritime commerce　海商法

Law of maritime prize　海上捕獲法

Law of market control　市場管理法

Law of marque　捕拿抵償法；報復法（指戰時政府對商船船主授與捕獲敵人船貨權以資報復的法令；或指受害者在海上受到不法侵害的區域內得不到公平審判時即以奪取侵權者的船隻或船貨來抵償）

Law of marriage　婚姻法

Law of mass media　大眾媒體法（新聞工具法）

Law of material management and supply　物資供應管理法

Law of maximum　〔法〕最高價格法（1793 年）

Law of maximum satisfaction　最高滿足的法則

Law of Mexico　墨西哥法

Law of military occupation　軍事佔佔領法

Law of morality　道德法；道德準則

Law of mortality　死亡法則；死亡定律

Law of mortmain　永久管業權法（指轉讓給教會或社會團體的財產）

Law of national land　國土法

Law of nationality　國籍法

Law of nations　國際法；萬國法（=International Law）

Law of naturalisation　入籍法；歸化法

Law of nature　自然法（指羅馬人的一種假想的法律概念）

Law of naval warfare　海戰法

Law of navigation subsidiary　航海獎勵法

Law of negotiable instrument　票據法；票據流通法

Law of neutrality　中立法

Law of news media administration　新聞傳媒管理法

Law of obligations　債法

Law of official right　職權法

Law of Oleron　奧列龍法（最早的海洋法）

Law of outer space　外層空間法（"星際空間法"=Law of interplanetary space）

Law of Paraguay　巴拉圭法

Law of parsimony　省儉法（科學及哲學上的一法則）

Law of Passing Off　〔香港〕影射法（指模仿、剽竊他人設計、包裝和商號等違法行為）

Law of patents　專利法

Law of payment　給付法

Law of peace　和平法（平時法）

Law of pension　退休金法；養老金法；撫恤金法

Law of personal procedure　人事訴訟程序法

Law of personification　擬人法（指簿記上的借貸説明，對於非人道結算賦予的人格）

Law of Peru　秘魯法

Law of place of act　行為地法

Law of Poland Republic　波蘭共和國法

Law of population　人口規律

Law of population registration　〔中〕戶籍法

Law of Portugal　葡萄牙法

Law of post　郵政法

Law of press　新聞出版法

Law of prize　捕獲法

Law of probabilities　〔保〕或然律；蓋然律；確然律

Law of procedure　程序法（訴訟法）

Law of Property Act　〔英〕物業法；財產法（1925年）

Law of protection of persons of mental disorder　精神病者監護法

Law of publication　出版法

Law of railway nationalisation　鐵路國有化法

Law of railway transportations　鐵路運輸法

Law of Real Property　〔香港〕房地產法

Law of reason　理性法

Law of reciprocity　互惠法

Law of Regional National Autonomy　〔中〕民族區域自治法

Law of regional organisations　區域組織法

Law of Registered Design　〔香港〕註冊設計法

Law of regularity　〔統計〕規律的法則；經常的法則

Law of remedies　救濟法；修正法

Law of restitution　賠償法

Law of Romania　羅馬尼亞法

Law of satiable wants　慾望飽和的法則（效用遞減法則）

Law of Sea Tribunal　國際海洋法法庭

Law of sea warfare　海戰法

Law of self-government　自治法

Law of settlement　居住（定居）法

Law of ship　船舶法

Law of ship inspection　船舶檢查法

Law of ship's flag　船籍國法；船旗國法

Law of shooting　狩獵法

Law of siege　戒嚴令

Law of slaughter house　屠宰場法

Law of small numbers　小數律；小數法則

Law of social relief　社會救濟法

Law of space　空間法（"星際法"）

Law of Spain　西班牙法

Law of special account of education fund　教育基金特別會計法

Law of substitution　代用的法則（無差別的法則）

Law of succession　繼承法

Law of succession by older　年長者繼承法

Law of Sweden　瑞典法

Law of tax　税法；税收法

Law of telegraph　電信法

Law of the case　〔美〕案例法（指上訴法院作出的判決，即成為其後同類案件的判例，此為案件法律準則）

Law of the conflict of laws　衝突法；法律衝突法（指由內國法或條約規定的，在處理涉外民商事案件時而與有關國家的法律互相抵觸時，哪一類問題應當運用哪一種的法律規則）

Law of the court　法院地法

Law of the flag　國旗國法；旗幟國法；船籍國法

Law of the forum　法院地法；訴訟地法

Law of the high seas　公海法

Law of the House　議會法

Law of the international sale of goods　國際貨物買賣法（國際貨物銷售法）

Law of the jungle　叢林規則；弱肉強食法則

Law of the land　國家法；內國法；本國法；〔美〕正當法律程序

Law of the Medes and Persians　不可更改的法律；一定不動的法律

Law of the parties　當事人法（意指契約當事人之間的法律）

Law of the P.R.C. Chinese-Foreign Contractual Joint Venture　中華人民共和國中外合作經營企業法

Law of the P.R.C. on Chinese-Foreign Joint Venture　中華人民共和國中外合資經營企業法（指中國調整中外合資經營企業在建立、終止及生產經營管理中發生的各種關係的法律規範）

Law of the P.R.C. on Joint Venture Using Chinese and Foreign Investment　中華人民共和國中外投資經營企業法

Law of the parties　當事人法

Law of the place　事實發生地法

Law of the Place of Celebration　舉行地法

Law of the road　〔美〕路規；交通規則；道路交通法（指由車輛安全行駛的習慣和慣例而形成的道路通行規則、行車規則）

Law of the sea　海洋法（指有關對海洋的控制、管理、使用的規章制度）

Law of the Sea Conference　聯合國海洋法會議（指由聯合國於1973年12月3日在紐約召開第三次海洋法會議至1982年12月為止，旨在調整對全球不屬國家領海水域的開發和使用的法律規則，共有167個國家參加，並由參加國代表簽署了歷史上第一個綜合性的《海洋法公約》，簽字國共達155個國家和4個實體，已於1994年11月16日開始生效·中國是第一批簽字的117個國家之一，但美國迄今沒有簽署該公約）

Law of the staple　〔英〕商法（重要物產市場法）；商人法

Law of the state　國家法

Law of the Status of Aliens　外國人地位法（指外國人在內國是否享有某種民事權利的法律）

Law of the stronger　強權法則

Law of the Twelve Tables (Lex duodecim tabularum)　〔羅馬法〕十二銅表法（公元前451-450年公佈的成文法，其對世界五大法系影響深遠）

Law of the United Nations　聯合國法

Law of tort　侵權法

Law of town planning　城市規劃法

Law of Trade Libel　〔香港〕商業誹謗法（通指侵犯專利、版權和商標之法律）

Law of Trade Marks　〔香港〕商標法

Law of transportation　交通運輸法（調整交通運輸關係的法律規範，諸如運輸合同等）

L

Law of treaties　條約法

Law of unique price　齊價的法則

Law of value　價值規律

Law of value and price formation　價值和價格構成法

Law of war　戰時國際公法；戰爭法

Law of waters　水流法

Law office　〔美〕律師事務所

Law office for foreign economic affairs　涉外經濟事務律師事務所

Law officer　司法人員；法律顧問官

Law Officers of the Crown　〔英〕王國政府司法官員（指檢察總長、法務次長、北愛爾蘭和蘇格蘭檢察長和大法官）；〔蘇格蘭〕法律顧問（1729 年後以"副檢察長"著稱）

Law on Environmental Protection of the P.R.C　中華人民共和國環境保護法

Law on Joint Venture with Chinese and Foreign Investment Enterprise　中外合資經營企業法

Law on Metrology　計量法

Law on the People's Communes　〔中〕人民公社法（指中國於 1958 年在全國農村和城市成立的人民公社法）

Law on the Procedures of Conclusion of Treaties　〔中〕締結條約的程序法

Law on the promotion of investment　促進投資法規

Law on the state of siege　戒嚴法

Law on transfer of technology　技術轉讓法

Law poll　〔美〕法律民意測驗（指人民當前普遍關心的問題等）

Law presumption　法律推定

Law Quarterly Review　〔英〕《法律評論季刊》（由 Holland 等人為促進法律科學的發展而與 1884 年創刊，其在當前判決、書評等廣泛領域所給予的評論一直處於領先地位）

Law questions　法律問題（=question of law）

Law reform　〔英〕法律改革（始於 1833 年）

Law Reform Commission　〔香港〕法律改革委員會

Law regarding the Investment and Protection of Foreign Capital Investment　〔希〕關於外國資本投資保護法（1953 年 10 月 22 日）

Law relating to criminal procedure　刑事訴訟法

Law relating to imperial family　宮庭典範；王室典範

Law relating to land　土地法

Law reporters　判例彙編；判決錄；判例報道

Law reports (L.R.)　判例彙編；判決錄；判例報道；〔英〕判決集（指收集關於高級法院就法律爭議案件所做的判例彙編，即 1875 年以後的判決集）

Law Reports-Canadian　加拿大最高法院判決集（1874－1923 年）

Law Reports-English　英格蘭判例集（1535 年）

Law Reports-France　法國最高法院判例集

Law Reports-Germany　德意志聯邦最高法院判例集

Law Reports-Italy　意大利判例彙編

Law Reports-Scotish　蘇格蘭判例集

Law Reports-U.S.　美國判例彙編

Law review　〔美〕法律評論（法律期刊性質的，由法學教授、法官、律師的法律學生撰寫的論文）

Law revision committee　法律修訂委員會

Law school　法學院；法律學校；法律學派

Law School Admission Council (LSAC)　〔美〕法學院招生委員會

Law School Admission Service　〔美〕法學院招生服務處

Law School Admission Test (LSAT)　〔美〕法學院入學考試（指報考法學院的學生要經口頭和筆試關於法學知識和能力考試通過後方可被錄取）

Law shopping　選擇最有利的法律（指合同當事人選擇適用最有利的法律）

Law Society　〔英〕律師公會（亦可譯為"事務律師協會、庭外律師協會、初級律師協會"務成立於 1825 年，其職能主要是貫徹執行議會法令和法院的命令、提供司法教育、頒發律師證書、保存律師名冊以及處理律師行為不檢等案件）

Law Society of China　中國法學會

Law Society of Hong Kong　香港律師協會

Law Society of Scotland　蘇格蘭初級律師學會（成立於 1949 年，由所有開業律師組成，其職責為主持律師資格考試，頒發律師執照等事務）

Law spiritual　宗教法；教會法

Law store　〔美〕（加州）法律服務中心

Law student　法律學生

Law student intermship　法律實習生

Law worthy　〔美〕有權受到法律保護的

Law-abiding　守法的

Law-and-economics competency　〔世貿〕法律和經濟學的權限

Law-and-order　嚴肅法紀的；宣揚法治的

Law-applying　適用法律的

Law-breaker　犯法者

Law-breaking　違法的

Lawburrows　保人；擔保；〔蘇格蘭〕保護性救濟（指某人有理由認為或有理由察覺自己人身或財產受到他人加害危險時，可以請求法院對該人提出警告使其得到不受麻煩或干擾性保護，此雖是一種古老的救濟，現在有時仍然被援用）

Law-enforcement personnel　執法人員

Lawful　依法的；合法的；法定的；守法的；法律許可的；婚生的

Lawful act　合法行為

Lawful age　成年；法定年齡；成年年齡

Lawful arrest　合法逮捕；合法拘禁

Lawful authorities　合法當局

Lawful authority　合法權力

Lawful bearer　合法持票人

Lawful business　合法職業；合法生意；合法事務

Lawful cause　合法理由；合法的訴訟事由

Lawful conditions　合法條件

Lawful damages　法定損害賠償金

Lawful day　法定交易日

Lawful dependents　〔美〕法定受贍養人（在美國可從社會保障給付或私人基金中獲取，而且還可以享受免稅待遇）

Lawful discharge　合法免除債務（指免除破產者的債務）

Lawful earned income　合法收入

Lawful entry　合法進入（指依搜查證進入房舍住宅等）

Lawful fence　合法圍欄

Lawful goods　合法財物；〔際〕戰時中立國船隻所運送的貨物；合法持有出售或出口的財產；非禁運的財產

Lawful government　合法政府

Lawful heir　合法繼承人；法定繼承人（指法律認可的繼承

人，即直系卑親屬）

Lawful holder 合法持有者；合法持票人

Lawful hours 法定時間

Lawful interest 合法利息

Lawful issue 合法子嗣；直系卑親屬

Lawful man 有宣誓的能力者；自由民；有能力的男子；守
法者

Lawful means 合法手段

Lawful measures 合法措施

Lawful merchandise 合法商品（指可依法裝船並到抵達目
的地港卸船的貨物）

Lawful money 法幣；法定貨幣

Lawful principal wife 結髮夫妻（原配）

Lawful representatives 合法代表；法定的遺產代理人（包
含合法繼承人）

Lawful right 合法權利

Lawful rights and interests 合法權益

Lawful sheets 結婚；婚姻

Lawful structure 合法建築物

Lawful trade 合法貿易；合法經營

Lawful war 合法戰爭

Lawful wedlock 合法婚姻

Lawful wife 合法妻子

Lawful woman 有宣誓能力的婦女；有資格宣誓的婦女

Lawful year 成年；法定年齡

Lawfully detained 依法拘留；合法羈押

Lawfully earned income 合法收入

Lawfully entitled 合法擁有的

Lawfully possessed 合法佔有的

Lawfully sworn 合法宣誓

Lawfully wedded 合法結婚的

Lawgivers 立法者；制定法律者

Lawgivers-Australia 澳洲最高法院判例集（1903 年）

Law-hand 〔英古〕法律文書寫法（指古時英國寫法律文件的
一種書法）

Law-latin 〔英古〕法律拉丁語（指法律書及法律訴訟訛用文
件上的拉丁語）

Lawless 無法律的；目無法紀的；不受法律保護的；未受法
律授權的；違法的；不法的；非法的；無法無天的；失去法
律控制的；不受法律約束的

Lawless man 歹徒；不法之徒；被剝奪掉法律保護的人；
被剝奪法律權益的人

Lawless Parliament 〔英〕無法議會（指 1404 年亨利四世召
開的議會）

Lawless person 不法之徒

Lawless practices 違法行為

Law-maker 立法者；制定法律者

Law-making *n. & a.* I. 立法；II. 立法的；造法的

Law-making stipulation 造法規定；立法條款；造法性條
款（規定）

Law-making treaty 造法條約

Law-man 〔美〕執法官，直達吏（如警察）；〔英〕執法官員；
律師；司法工作人員

Law-men 法律通；司法官吏（中世紀斯堪的納維亞地區國家
精通當地古老的習慣規則，並充任法官者）

Laws and customs of maritime war 海戰法規與習慣

Laws and customs of war 戰爭法規及慣例（戰爭或武裝衝
突中以條約和慣例為形式的、調整交戰國之間和交戰國與中
立國或非交戰國之間關係以及作戰方法和手段的原則、規則
和規章制度）

Laws and decrees 法令

Laws and regulations 法律規章

Laws and regulations on prison management 〔中〕監獄
管理法規

Laws and regulations on protection of cultural relics
〔中〕保護文物法規

Laws of Antwerp 安特衛普法（海上法）

Laws of Canute 卡努特法（11 世紀中英王卡努特在溫切斯
特頒佈）

Laws of descent and distribution 〔美〕（不動產）繼承分配法

Laws of Henry 〔英〕亨利一世法律（後代編纂的亨利一世統
治下的法律，包括在這個時期為止未被廢止的法律）

Laws of Hongkong 香港法例（指港英政府時期香港立法局
制定的所有成文法的通稱）

Laws of humanity 人道法則

Laws of Ine 伊尼法（西撒克遜法於 688－695 年間頒佈的）

Laws of large numbers 〔保〕大數法則（大數定律）

Laws of naval war 海戰法規

Laws of neutrality 中立法規

Laws of Oleron 奧列隆法典（於 12 世紀在法國西海岸英國
領土奧列隆島頒發的）

Laws of Rhodes 羅德海法（指舊時羅德島的海上習慣法，
主要關於裝貨的規定，後被羅馬人所採用並被收入羅馬法大
全之中）

Laws of the country 〔美〕國內法；當地法律；地方法律

Laws of the realm 國家的法律；王法

Laws of the several states 〔美〕幾個州的法律（指要求要
適用幾個州的法規包括制定法及其對一般法律問題的裁決）

Laws of Twelve Tables in Copper 十二銅表法（指公元前
450 年羅馬發佈的確立平民權利的法律）

Laws of war 戰爭法規

Laws of war and neutrality 戰爭與中立法規

Laws of war on land 陸戰法規

Laws of war on sea 海戰法規

Laws of warfare 作戰法規

Laws of Wisby (or Laws of Wisbuy) 威斯比海（商）法（13
世紀末公佈，曾被歐洲大多數國家採為海商法）

Law-stationer 法律文具商

Lawsuit 訴訟（案件）；民事訴訟（通指兩造向法院或衡平法
院提起的一起爭議的案件，又譯為"打官司"）

Lawsuit about returning 當選訴訟

Law-term 法律術語；（法庭）開庭期

Lawyer 律師；法學家；法律工作者（指律師之通稱；但在
美國稱之為 "attorney at law" 或 "attorney and counselor at
law"；在英聯邦國家多稱之為 "solicitor" 或 "barrister"；其
為接受委託、協助處理法律事務或代當事人進行訴訟的法律
專業人員）

Lawyer's association 律師協會

Lawyer's certificate 律師證書

Lawyer's discipline 律師紀律

Lawyers' Committee for Civil Rights Under Law 〔美〕民
權律師委員會

L

Lawyers' Committee for Human Rights　人權律師委員會

Lawyers' Committee for International Human Rights　〔美〕國際人權律師委員會

Lawyer's fee　律師費

Lawyers' liability insurance　律師責任保險

Lawyer's list　律師名冊

Lawyer's professional liability insurance　律師責任保險；律師職責保險

Lay　*v. n. & a.* I.（抗辯中）陳述；提出；II. 捕獲魚貨分紅（指出海捕魚、鯨以工資形式分配給大副及海員等的一份紅利）；III. 凡俗的；外行的；非專業的

Lay (laying) days　靠岸日數；裝卸期限；裝卸日數（指允許租船人裝卸船貨的日期，逾期則應交納停泊費）

Lay a heavy tax on land　對土地課以重稅

Lay an indictment　起訴；告發

Lay corporation　世俗法人（指國家、地方團體、慈善法人等的非宗教法人的總名稱）；非營利公司

Lay court　世俗法院（指對宗教法院而言）

Lay damages　提出損害賠償金額（指原告提出要求賠償的數額）

Lay down the law　立法

Lay fee　普通封建保有的封地（指涉及提供暫時性的役務，具有教會性質的保有地，但不同於負擔自由役務的保有地）；不屬宗教保有的土地

Lay impropriator　〔英〕佔有教會財產的俗人

Lay investure　〔美〕授予主教暫時擁有教區財產的儀式

Lay judge　〔美〕助理法官；外行法官（指不精通法律）；〔英〕非職業法官

Lay lord　〔英〕上議院無資格處理法律事務的議員；海軍大臣；海軍部文官大臣

Lay observers　〔英格蘭、蘇格蘭〕（法律公會委任的）非專業觀察員

Lay on the table　延期（投票）議決；延緩；擱置（議案）

Lay people　陪審員

Lay system　〔美〕漁貨分紅制度（指漁船所捕獲的魚貨公賣扣除費用後在船長和船員中進行分配）

Lay tenure　世俗土地保有（方法）

Lay the action with a continuando　合併的訴訟

Lay the ground for the entry into force of the WTO Agreement　為《WTO 協定》的生效奠定基礎

Lay under contribution　強迫…付特別稅

Lay witness　外行證人；非專家證人

Layaway　〔美〕擁有期銷售貨物；消費者預付期貨價格協議

Layaway sales　保留銷貨

Layby sale　全部付款後的銷售

Laydown one's arms　放下武器；投降

Laye　〔法〕法律；法；法令

Laying foundation　〔美〕提供證據基礎（指證據法中，可提出必要物件證據以便進一步引出相關的、實物或充分的證據做法或要求）

Laying the venue　〔美〕提出審判地（指原告在訴狀中提出訴訟審判應在指定的區或縣的法院進行）

Layman　俗人；外行人

Layman judge　平民法官

Lay-off　解僱；裁員；（暫時）解僱期

Layoff pay　解僱費

Layout designs of integrated circuits　集成電路格式設計

Layout key　格式表（前歐洲經互會的）

Layout-designs of integrated circuits　集成電路外觀設計

Lay-up return (refund)　〔保〕停航退費；停泊退費（指連續航滿 30 天者可退還部份保險費）

Lazaret (or lazaretto)　檢疫站；檢疫所（指對境外瘟疫國家來的人接受檢疫的場所）；船上傳染病室；近船尾儲存室

Lazy income　財產所得

Le guidon de la mer　海上保險論（約於 16 世紀的一位無名氏法語著作的標題）

Le mort saisit le vif　〔法〕死亡立即把合法權利賦予其繼承人的原則（立遺囑者一去世，其法定所有權就立即賦予死者繼承人，而不存在其佔有權的間隙時間，但並不意味着被繼承人死亡之日未知或缺席的繼承人被排除在外）

Le Roy　〔法〕國王

Le Roy (or La Reine) remercie ses bons sujets accepte leur benevolence et ainsi le vault　〔法〕國王（或女王）感謝其忠誠的臣民、接受他們的捐獻，並依此批准

Le Roy le veut　〔法〕英王批准（釋義同 "La Reine le veut"）

Le Roy s'avisera　〔法〕英王未能照准（釋義同 "La Reine s'avisera"）

Le salut du peuple est la supreme loi　〔法〕人民的安全是最高的法律

Lead　*v.* 誘導性訊問（證人）；誘供；提示；提出

Lead bank　牽頭銀行（或稱 "Lead manager"），牽頭經理行；有時稱 "tenor bank" 匯票銀行

Lead captive　俘虜

Lead counsel　〔美〕首席法律顧問；（集團訴訟或多地區訴訟的）首席律師

Lead economy　牽頭經濟

Lead line　〔海法〕測深繩

Lead manager　〔香港〕首席經理

Lead the world economic recovery　引領全球經濟復蘇

Lead time　訂貨間隔期（訂貨至交貨的時間）；生產準備時間（從產品設計到投產的時間）

Lead to continuation or recurrence of duping and injury　〔世貿〕導致傾銷和損害的繼續和再度發生

Lead to continuation or recurrence of subsidisation　導致補貼的繼續和再度發生

Lead to inter-growing interaction　〔世貿〕致使相互作用日益增大（貿易全球化的結果）

Lead to undue disturbance of international trade　〔關貿〕帶來國際貿易不適當的紊亂（指從長遠來看，稅收來源主要依賴於出口初級產品和關稅的締約方要求談判修改或撤銷關稅減讓則弊多利少）

Leadage　礦物轉運費

Leader　〔英〕（案件一方當事人的）資深律師；首席律師；主要辯護人

Leader market　導向市場

Leader of the Opposition　〔英〕（下議院）反對黨領袖

Lead-in time for developing countries to change their laws　引導發展中國家改變其法規的時間

Leading a use　徵收土地轉讓費前的土地契據已生效之受益者（普通法用語）

Leading case　首創判例；主要判例；指導性判例（指在解決法律問題上有最大影響力的案件，亦即有判例效力的案件）

Leading counsel (=lead counsel) 〔美〕首席法律顧問；(集團訴訟或多地區訴訟的)首席律師

Leading delegations 〔世貿〕主要代表團；首席代表團 (指意欲使 WTO 秘書處保持為小型的而不增加其工作人員的)

Leading economic and financing force in international relations 國際關係中主要的經濟和金融力量 (指美國)

Leading indicators 領先指標；主要指標；超前指標

Leading light (船的)導燈

Leading line (海圖上的)導航標誌線

Leading marks 嘜頭 (識別貨物的標誌，指貼在板條箱上易辯認的記號)

Leading object rule 〔美〕主要標的物規則

Leading question 誘導性提問；誘導性訊問 (指律師在庭審交叉詢問時向本造當事人或證人作誘導性訊問)；希望照答的訊問

Leading sector 主要部門

Leads and lags 提前或推遲結算

Leafless tree 絞首台

Leaflet 傳單；小冊子

League 協會；聯盟；同盟；〔英〕里格 (= 三英里長的英制單位)

League of Arab States (LAS) 阿拉伯國家聯盟

League of Nations Assembly 國聯大會

League of Nations Council 國聯行政院

League of Nations International Conference on Traffick in Women and Children 國際聯盟禁止販賣婦女兒童國際會議

League of Nations (LON) 國際聯盟 (簡稱 "國聯" 聯合國的前身，成立於 1920 年 1 月 20 日，1920 年 1 月至 1946 年 4 月 18 日解體，總部設在日內瓦，為第一次世界大戰後成立的國際組織，宗旨是減少武器數目及平息國際糾紛，中國於 1920 年 6 月 29 日加入國聯)

League of Rhine 萊茵同盟

League of Women Voters 〔美〕婦女選民聯盟 (成立於 1920 年)

Leak *v.* 洩漏機密 (或情報)

Leak alarm 洩漏警報器

Leak of confidential information 泄露機密信息

Leakage 滲漏；漏損；(許可的)漏損率；漏泄量

Leakage clause 漏損條款

Leakage insurance 滲漏保險

Leal 〔法〕忠誠的；屬法律的 (事情)；合法的

Lealte 〔法〕合法性；忠誠；法人的條件；合法的男子

Lean *v.* 偏向；傾向於

Lean year 歉收年；饑荒年；凶年

Leaning against the wind "逆風" 行為；反潮流行為；反向干預 (指匯率政策)

Leap-year 閏年

Learn *v.* 學習；獲悉；學會

Learn from past mistakes to avoid future ones, and cure the sickness to save the patient 〔中〕懲前毖後，治病救人 (中共處理黨內幹部犯政策或路線等錯誤的法則)

Learned 有學問的；博學的；精通法律的

Learned in the law 精通法律的

Learned profession 需要學問的職業 (尤指律師等職業)

Learning 法律原則；法律學說

Learning curve 學習曲線 (指一種可幫助預測如何能在勞動時間中儘快熟練以提高生產效率的模式)

Learning effect of the expansion of exports in developing countries 發展中國家擴大出口的學習效果

Learning-by-doing effects 幹中學的效果

Leasable 可租賃的

Lease *v. & n.* I. 租借；租賃；出租；II. 租賃；租約，租契；租借權；租借年期；租賃物

Lease and release 〔英〕出租與棄租 (指一種讓與自由土地保有權的方法，先出租後放棄複歸權)

Lease broker 租賃經紀人

Lease by estoppel 禁止推翻的租賃；不容反悔的租賃 (指沒有權利出租土地的人，以後得到土地時不得否認其原先的租約)

Lease for lives 終身租賃

Lease for years 定期租賃；長期租賃

Lease in perpetuity 永久租借地；永租權；永佃權

Lease insurance 租賃保險

Lease of land 土地的租賃

Lease of territory 領土租借 (一國根據條約在一定期限內為條約所規定的目的租借給另一國的領土)

Lease rate 租約利率

Lease term 租賃期

Lease with option to purchase 〔美〕承租人有購買權的租約 (租賃選擇權期購買財產的價格和條件必須在租約中有效載明)

Lease-back 回租；租回財產

Leased area 租借地

Leased automobile 租賃的汽車

Leased base 租借基地

Leased goods 租賃材料；租賃用品

Leased immovables 租賃的不動產

Leased territory 租借地 (租借領土)

Leasee 承租人；租借人

Leasehold 租地權；租賃權；租借土地保有權 (主要的租借權共有：estate for years，periodic tenancy， tenancy at will 和 tenancy at sufferancy)

Leasehold improvements 租賃財產的改良 (費用) (指承租人對土地所作的改良以供政府決定給付徵用該土地的補償費)

Leasehold insurance 租賃保險

Leasehold interest 租賃權益

Leasehold interest insurance 租賃權益保險

Leasehold mortgage 租借抵押；租賃權益抵押 (指以租戶所租財產上的權益為擔保)

Leasehold mortgage bond 租賃權益抵押債券

Leasehold ownership 租賃地所有權

Leasehold property 租賃財產；〔香港〕租賃地

Leasehold tenure 〔香港〕租賃地

Leasehold value 租賃權益的價值 (通常指長期租賃不動產物權的市場租金額)

Leaseholder 租借人；租地人；承租人；租不動產人

Leasing 〔英〕出租；租賃辦法；財產設備；出租業務

Leasing Act 〔美〕(聯邦)租賃開採法 (1920 年)

Leasing company 租賃公司

Leasing trade 租賃貿易

Leasing-making 〔蘇格蘭〕誹謗君王罪

Leasor 出租人；租讓人

L

Least advantaged country　處境最困難的國家

Least developed country　最不發達的國家（WTO 給予他們享有比在 GATT 體制下更多的特殊待遇，諸如技術援助以及八年內可不受出口產品補貼規定的約束的過渡期。而且，如果不夠，還可在第七年時向委員會要求延長對出口產品補貼的期限）

Least disruptive effect on trade　〔貿〕對貿易最小的擾亂作用（指成員方在平衡國際收支時承諾優先考慮的措施）

Least favoured area　最不利的區域

Least sacrifice　最小犧牲

Least squares　最小平方

Least trade-restrictive means　最少的貿易限制手段

Least-Developed Country Members　〔世貿〕最不發達國家成員方

Least-square estimate　最小平方估算

Leave　*v. & n.* I. 給予；留給；留置；遺留，遺贈；捨棄；離開；脫離；存放，II. 許可；同意；准假；休假

Leave and licence　同意和許可（指被告的侵權行為得到原告的允諾和許可因而不負責任的一種抗辯）

Leave no issue　（死時）無後嗣

Leave of absence　准假；請准暫時離獄

Leave of court　法院的許可；經法院許可（指只有取得法院准許，才能採採取行動獲取延長答辯時間）

Leave on full salary and allowance　全薪假期

Leave pay　〔香港〕度假薪金

Leave standing　（車輛非法）停放

Leave the court　退庭

Leave to defend　〔英〕准予辯護

Leave with pay　帶薪假期

Leave without pay　留職停薪；無薪假期

Leave-breaker　超過假期的人；超假歸船的船員

Leave-of-ticket man　假出獄者

Leaving scene of accident　逃離事故現場（指肇事司機）

Leaving shop　無執照的當鋪

Lebensraum　〔德〕生存空間

Lecture　演講；講話；說教；教訓；佈道

Ledger　分類賬；總賬

Ledger account　分類賬；總賬科目

Ledger assets　賬面資產

Ledger of land　土地分類賬；土地總賬

Ledo　漲水；漲潮（海水上漲）

Lee　*n. & a.* I. 避風處；（海）風吹向處；船的下風方面；II. （海）的）下風方面的

Lee of the shore　〔海法〕岸的下風；岸的下風側

Leeman's Act　〔英〕利曼法（1867 年發佈的禁止銀行股票或公司債券買空賣空的行為）

Leet　〔英古〕刑事法庭（刑事管轄權法院的名稱，原來很重要，但後來廢置不用；參見 "court-leet"）；庭審日；〔蘇格蘭〕候選人名單

Leeward　〔海法〕（船的）向下風

Left　〔美〕傳下；臨終遺留；遺囑贈與

Left over by history　歷史上遺留下來的（問題）

Left wingers　〔美〕左翼份子

Left-hand term　（方程的）第一端邊

Left-handed marriage　〔英〕門第不當的婚姻（"門不當，戶不對"的婚姻，指上層社會男子與下層社會女子的通婚，如王

族或貴族等男子娶卑賤女子的通婚，其結果是該女子取得妻子的身分，她所生的子女是婚生子女，但母子都不能享有貴族的位階和稱號，不能繼承附屬於位階和稱號的財產）

Left-off goods　殘留的貨物

Leg of the law　律師；法律家

Legable　可被遺贈的

Legacy　（動產）遺贈；遺贈物（指以遺囑贈與的動產，一部或全部贈送給國家、集體組織、社會團體或其他個人的法律行為其區別於不動產遺贈的 "devise"）；〔英〕遺贈物（一般含動產和不動產）

Legacy (or succession) tax　〔美〕遺產稅

Legacy and succession duty　遺贈及繼承稅

Legacy duty　〔英〕遺產稅；繼承稅；動產遺產稅（指受遺贈者對受贈財產所納的稅）

Legacy subject to a charge　附有負擔的遺贈

Legacy with obligation　附有義務的遺贈（附有負擔的遺贈）

Legacy with term　附有期限的遺贈

Legal　*a. & n.* I. 法律的；法律上的；法律承認的；屬法律範圍的；法定的；合法的；依法的；II. 法定權利；〔蘇格蘭〕法定贖回期限（指債務人可在 10 年內贖回抵押品產權的期限）；〔複〕（儲蓄銀行或信託公司等依法可以用來投資的）合法證券

Legal act　法律行為

Legal act with expired term　附終期的法律行為

Legal action　法律訴訟

Legal acumen　〔美〕法律敏銳（對土地求償案中的瑕疵或無效問題，法律敏銳原則是要求披露其瑕疵在卷宗案件裏抑或訴訟程序中之後，衡平法院可以其權限或管轄權援引先例清楚此等瑕疵或無效）

Legal address　法定地址

Legal advice　法律意見；法律諮詢；法律指導

Legal Advice Centre　〔美〕法律諮詢中心

Legal adviser　法律顧問

Legal advisers' office　法律顧問處

Legal affairs　法律事務

Legal affairs commission　〔中〕法制委員會

Legal age　成年年齡；法定年齡（釋義同 "age of majority"）

Legal aid　法律援助；訴訟救助；法律顧問的協助（指個人收入未建　定數目者均可從法律救助基金中取得救濟，但也可能要從本人收入或資金中捐助部份金額；在美國指對財政上需要和無力聘請律師者提供援助）

Legal Aid and Advice　〔英〕法律援助和諮詢

Legal Aid and Advice Act　〔英〕訴訟救助諮詢法

Legal aid certificate　法律援助證書

Legal Aid Department　〔香港〕法律援助署（多為港英政府的律師或大律師為沒有足夠經濟能力的市民解決法律問題和訴訟案件）

Legal Aid Ordinance　〔香港〕法律援助條例

Legal Aid Services Council　〔香港〕法律援助事務局

Legal Aid society　〔美〕訴訟援助協會

Legal aide　法律助理

Legal aliment　法律上的扶養費

Legal and equitable interest　普通法上的權益與衡平法上的權益

Legal appropriation　法定撥款；法定用途（撥款）；〔香港〕必須呈交（指客戶賬戶中有足夠餘額或不超過銀行同意的透

支額度，銀行在營業時間應支付客戶簽發的支票）

Legal arbitration 法律仲裁

Legal argument 法律論據（理由）

Legal arrangement as to the property of the husband and wife 夫婦財產制

Legal assessor 法定評價人；法定估稅人

Legal assets 法律上的資產；普通法上的遺產（指歸屬於遺產執行者或管理者的普通法上的遺產，用以支付遺贈和死亡者的債務）

Legal assignment 普通法上的讓與；合法債權轉讓

Legal assistance 法律協助

Legal authority 合法權力；法定權限；〔世貿〕合法權力；合法當局

Legal bars 〔香港〕必須呈交（指客戶賬戶中有足夠餘額或超過銀行同意的透支額度，銀行在營業時間應支付客戶簽發的支票）

Legal basis 法律根據

Legal bibliography 法律書目提要學；法律書面文獻；法律文獻目錄

Legal blood 准血親

Legal body 法人

Legal bond 法定債券；法律約束；法律制約

Legal brief 案件摘要；法律理由書（一般多為上訴或承審法官要求而作的，內容包括案件事實及其爭訟問題摘要）

Legal budget 法定預算

Legal bureau 法務局

Legal cap 律師公文紙（法律家專用紙）

Legal capacity 法定資格；法律上的能力

Legal capacity of psychopaths 精神病人的法律行為能力（指能否承擔某種義務或是否具有從事某種活動的資格，包括刑事責任能力、民事行為能力、訴訟能力、作證能力和刑罰適應能力）

Legal capacity to sue 〔美〕起訴的法律資格（向法院起訴的權利）

Legal capital 法定資本（指已發行的股本票面值或設定面值）；賬面資產

Legal case 法律案件

Legal cause 法定原因；近因（指招致傷害的實質要素）

Legal cession 〔保〕法定分保

Legal character 法律性質

Legal charge 〔英〕普通法上的借貸擔保（土地權益所有人以讓與其地契上的權益作為借貸擔保的契據）

Legal chose 普通法上的無體動產（指金錢、債權、票據等）

Legal concepts 法律概念

Legal conclusion 法律上的結論（法律推斷，乃屬法院職權，不在辯論範圍）

Legal consciousness 法律意識（指人們對法和有關法律現象的觀點和態度）

Legal consequence 法律後果

Legal consideration （法律上）有效對價；合法對價

Legal construction 法律解釋；法律釋文

Legal continental shelf 法律上大陸架

Legal contract 合法的契約

Legal cooperation 法律合作

Legal counsel 訴訟代理人；法律顧問

Legal creditor 法定債權人

Legal cruelty 法律上的殘忍（指配偶一方對他方肉體和精神上殘害為判決離婚的有效理由）

Legal custody 合法拘禁；依法監護；法定監管

Legal custody rights 合法監護權

Legal Day 法務日（法律上的一日從夜十二時至翌日夜十二時）

Legal death 腦死亡（由內科大夫診斷確定停止呼吸，即宣告為所稱"哈佛的腦死亡定義"）；民事死亡（宣告法律上死亡）

Legal debt margin 合法的舉債幅度

Legal debtor 法定債務人

Legal decision 法律判決

Legal defeasance 〔美〕法定履約擔保（依債券發行契約規定把現金和允許的有價債券存放作為不可撤銷的信託，以足以確保發行者完全按債券契約規定履行發行的債務）

Legal defense 法律防衛；依法辯護

Legal definition 法律定義

Legal Department 〔香港〕律政署（多為前港英政府的律師或大律師）；〔保〕法律部；〔基金〕法律部

Legal dependent 法定受撫養人；法定受贍養人

Legal description 土地的法定說明（指政府對不動產四至的法定記述）

Legal detriment 法定損害

Legal discretion 〔美〕法官的勘酌權；法官的自由裁量權（指有兩種不同的判例時，法官不是用仲裁或其個人意願而是得以事實為根據，以法律為準繩或以衡平的裁決對於特定情況進行裁量後作出公平合理的判決）

Legal dispute 法律爭端

Legal distributees 法定的遺產繼承人（指在遺囑術語中，可解釋為"有權依法接受遺產分配人"）

Legal Division 〔基金〕法律處（國際貨幣基金組織自成立之日即設此機構）

Legal doctrine 法律學說；法律原理

Legal doctrines, principles, and rules 法律原理、原則和規則

Legal due date 實際支付日；法定到期日

Legal duty 法定義務（指由當事人契約而產生的義務。例如，丈夫扶養妻子兒女）

Legal Education and Training 〔加〕〔英〕〔蘇格蘭〕法律教育與培訓

Legal effect 法律效力

Legal effects 法律效果

Legal effects of reservation 保留的法律效果

Legal entity 法律實體

Legal equality 法律平等

Legal estate 普通法上地產權；普通法上的不動產物權；〔香港〕法律上的所有權；法定財產

Legal estoppel 普通法上的不容否認（言行或事實）

Legal ethics 律師職業道德（指律師界成員對當事人等的職業道德上的義務）

Legal evidence 法律上的證據；合法證據

Legal examiner 〔美〕法定主考人（指律師資格考試）

Legal exceptions to GATT obligations 關貿總協定義務的法定例外

Legal excuse 合法理由；合法藉口；免責理由

Legal executive 〔英〕初級律師助理（指被律師事務所僱傭，但尚未獲得律師資格者）

Legal expenses 訴訟費用

L

Legal expenses insurance 訴訟費保險

Legal expert 法律專家

Legal fact 法律事實

Legal fee 合法費用；法律費用；訴訟費用

Legal Fee Arbitration Board 〔美〕律師費用仲裁委員會（旨在解決訴訟委託人及其辯護人之間的費用糾紛）

Legal fiction 法律擬制（指法律把某種事實或情況認為存在，即使實際上並不存在的一種"法律上的假定"）

Legal force 法律效力

Legal foreclosure 法律上取消抵當品贖回權；剝奪衡平法上償還權的程序

Legal form 法律方式；法律形式；法定程式

Legal formalities 法律手續

Legal framework 法律體制

Legal fraud 法律上推定的詐欺

Legal fruit 法定孳息；法定果實

Legal government 合法政府

Legal guardian 法定監護人；法律監護人

Legal guilt 合法認定的有罪

Legal heirs 法定繼承人

Legal help 法律上的互助

Legal history 法制史

Legal holiday 法定假日；公休日

Legal humanism 人文主義法學派（舊譯"博古學派"，又稱"法國法學派"，為 15−16 世紀以法國為中心的、繼後期註釋法學派興起的法學派別）

Legal hypothec 妻子或未成年者的抵押權（但抵押物必須是債務人的所有物）

Legal identity 合法身分

Legal immigration status 合法移民身分

Legal impediment 法律上的障礙

Legal impossibility 法律上的不能

Legal imprisonment 合法監禁

Legal incapacity 法律上無能力；無法定資格

Legal injection 法律注射（指中國於 2013 年 3 月對諾康等在湄公河上殘殺 13 名中國船員的緬甸籍罪犯以"注射死亡針劑"取代槍決，電悟，可謂國際刑法上又一文明創舉）

Legal injury 侵害合法權利

Legal insanity 法定精神病；法律上的精神失常

Legal inspection 法定檢驗（指依法對進出口物品的檢驗）

Legal institutions 法律制度；法律組織

Legal instrument 法律文件；法律文書

Legal interest 法定利息；法定權益

Legal interpretation 法律解釋

Legal interruption 法定中斷

Legal investments 〔美〕法定投資目錄（有時為銀行和金融機構的稱謂，它們對此要進行投資）

Legal investments for trust fund 信託資金的法定投資

Legal issue 子女；後嗣；後裔；法律問題；法律爭點

Legal jeopardy 〔美〕法定危險（意指當某人交付管轄法院就對他在形式上和實質上足以認定有罪的檢舉或控告進行審訊，並已經要求陪審團對他作出裁斷。為此，陪審團已組成宣誓就任，因此被告人面臨被判有罪和判刑的"危險"險

Legal jointure 寡婦的合法所得產（指丈夫在婚前設定的，死後由妻子繼承的不動產）

Legal language 法律用語

Legal legacy 合法遺贈物

Legal liability 〔美〕法律責任（指法院認可並在訴訟當事人之間強制執行的責任）

Legal liability insurance 法律責任保險

Legal lien 法定留置權（按照法律規定或特約，債權者把自己佔有中的債務者財產留置到其履行債務為止）

Legal life estate 普通法上的終身地產權；普通法上的終身財產權

Legal limit （汽車等行駛的）法定速度；法定限制

Legal limit of time 法定時限

Legal liquidation 法定清算

Legal list 〔美〕合法證券清單；法定投資目錄（由各州政府推選上市的投資股票證券）

Legal literature 法學著述；〔英〕權威著作；〔蘇格蘭〕經典著述

Legal loophole 法律漏洞（法律上的疏漏點）

Legal malice 法律上的惡意（指對可能造成死亡、肉體上重大傷害和對人命的價值極端的漠視）

Legal malpractice 法律上的瀆職罪（多指律師、醫生和會計師玩忽職守，職業上的過失）

Legal man 法人

Legal marriageable age 法定婚齡（指法律中規定的結婚的最低年齡）

Legal matters division 法律事務部

Legal maxims 法諺；法律格言

Legal maximum 法定最高限額

Legal means 合法手段

Legal medical expert 法醫

Legal medicine 法醫學

Legal memory 〔英〕法定追溯日；法律追憶期（有法律上效果的記憶，可追憶到理查德一世即位起的 1189 年）

Legal merchandise 合法商品；合法貨物

Legal monopoly 法定專利；法定專營；合法壟斷（權）；專賣（諸如煙酒等只許公營）

Legal mortgage 法定抵押；不動產抵押；普通法上的可贖回抵當

Legal name 合法名稱（依法登記的行號或團體名稱）；合法姓名（一般普通法由名字、浸禮教名和姓組成）

Legal negligence 法律上的當然禍失

Legal newspaper 合法的報紙；法律報紙

Legal nexus 法律關係

Legal norm 法律規範（指國家機關制定或認可、由國家強制力保證其實施的一般行為規則）

Legal notice 法定通知；法律通告；法律告示

Legal obligation 法律義務

Legal obstacles 法律障礙

Legal occupation 合法職業

Legal officer 法律上官員

Legal opinion 法律意見書；〔香港〕法律意見書

Legal or judicial security 法定的或法院判決指定的擔保

Legal order 法律秩序

Legal owner 法定所有人

Legal person 法人（指依法設立，有一定的組織機構和獨立、或獨立支配的財產，並能以自己名義享有民事權利、承擔民事義務的社會組織）

Legal personal representative 〔美〕法定私人代表（指遺囑

執行人和遺產管理人）

Legal personality　法律人格；法人資格；

Legal phenomenon　法律現象

Legal philosophy　法律哲學

Legal phraseology　法律用語

Legal policy　合法的政策（指對雙邊貿易協議而言）

Legal pollution　〔美〕法律污染（指法律上的腐敗陰謀而言）

Legal portion　特留份；保留份

Legal position　法律地位

Legal positivism　法律實證主義

Legal possessor　合法佔有人

Legal powers　〔英〕法定抵押權（指根據 1925 年《財產法》，受委託者 "charge" 被賦予法定抵押權限可予轉讓或創設普通法上的不動產物權）

Legal Practioners Ordinance　〔香港〕法律執業人員條例（規定怎樣取得執業律師資格及取得律師資格後的權利和義務）

Legal practitioner　開業律師

Legal precedent　判例

Legal prejudice　法律上的損害（指被告可據此駁回原告訴訟的動議）

Legal presumption　法律上的推定；法理上的推定（指提出反證以前推定為真實）

Legal price　法定價格；強制價格

Legal principle　法律原則

Legal privity　法定相對關係（例如，代理人與委託人之間的）

Legal problems of foreign investment in developing countries　發展中國家外國投資的法律問題

Legal procedure　法律程序；訴訟程序

Legal proceedings　法律訴訟；法律程序

Legal proceedings of sub-district court　分區法院的訴訟程序

Legal process　法律程序

Legal profession　法律職業；律師職業（=law profession）

Legal proof　合法證據；法律上充分的證據；適合於法律要求的證據

Legal property　遺留財產

Legal proposition　〔香港〕法律論據

Legal protection　法律保護

Legal provisions　法律規定；法律條款

Legal psychiatry　司法精神病學（指重點研究各種精神病患者在刑事犯罪、民事法律關係和訴訟中的地位、能力問題等為司法部門進行審判提供科學的依據）

Legal quay　〔英〕法定碼頭（指議會法創設的或指習慣上早已存在的碼頭）

Legal question　法律問題

Legal rate　法定利率；法定運費

Legal rate of interest　法定利率；合法利率

Legal realism　法律現實主義

Legal reasoning　法律推理

Legal recognition　法律上承認

Legal record　法律記錄

Legal red tape　法律文書

Legal redress　法律補救

Legal regime　法律體制；法律制度

Legal relations　法律關係

Legal release　法律上的免除

Legal remedy　法律補救方法；法律上的補救

Legal renaissance　〔意〕古法律研究運動

Legal representation　法定代理；訴訟代理；法庭代理；合法代表權

Legal representative　合法代理人；法人代表；法定代理人；遺產管理人；遺囑執行人

Legal rescission　合法解除；合法撤銷（指當事人依法撤銷法律行為）

Legal research　法律研究

Legal reserve　〔保〕法定公積金；法定準備金（指保險公司依法留存支付人壽保險的流動資金或銀行留存以保障存款人隨時提兌的現金等）

Legal reserve ratio　法定準備金比率

Legal residence　法定住所；永久居住地（永久的固定住所，其反義詞為 "temporary residence"）

Legal responsibility　法律責任（法律上的責任，指對道德上的責任而言）

Legal restraint　法的約束；合法限制

Legal right　法定權利；法律上的權利；合法權利（指由於締約結果而存在的自然權利）；普通法上的權利（指普通法上承認的權利，例如由於不法行為造成的賠償損害請求權）；〔蘇格蘭〕（配偶及子女的）法定遺產求償權

Legal rights and obligations　法律權利和義務

Legal rights of bondholder　債券持有者的合法權利

Legal rule　法律規則

Legal sanction　法律制裁

Legal scholarship　法學學術；法律學術

Legal science　法學；法律科學；法理學

Legal scrivener　司法代筆人；司法公證人

Legal secretary　律師秘書（指律師或律師事務所的打字員等）

Legal sense　法律意義

Legal sentence　法定刑期；合法判決

Legal separation　法律上分居；判決分居（指未離婚夫婦依法院命令所安排條件的分居）

Legal services　法律服務

Legal Services Corporation　〔美〕法律服務公司（指對經濟上困難等非刑事訴訟案者提供經濟法律援助）

Legal settlement　法律解決；（=legal residence）

Legal sinologist　〔美〕"中國通" 律師

Legal sociology　法律社會學，社會法學（指以社會學方法去指導研究法律的原理以推動社會進步）

Legal source of right　正當權原

Legal sovereignty　法律主權

Legal speed limit　法定時速

Legal staff　司法人員

Legal standards　法定標準；〔英〕法律標準

Legal standing　法律上的能力；法律上的資格

Legal state　法治國

Legal station　法律身分

Legal status　法律地位

Legal status of earth-orbiting station　地球軌道站上的法律地位

Legal status of the Antarctica　南極的法律地位（指南極洲的歸屬和管轄問題）

L

Legal strike　合法罷工

Legal struggle　合法鬥爭

Legal subdivision　法定的土地再劃分（指由於政府用以測量方法所致）

Legal subrogation　法定代位

Legal subrogation payment　法律上的代位清償

Legal succession　法定繼承；合法繼承

Legal supplement　法律補遺；法律副刊

Legal suspension　法律上的停止

Legal system　法制；法律制度

Legal system work committee　〔中〕法制工作委員會（簡稱"法工委"）

Legal taxonomist　法律分類學者

Legal technicality　法律細節

Legal tender　法幣；法定貨幣（指用以有效和充分的支付債務的硬幣，例如金幣）

Legal Tender Acts　〔美〕法定貨幣法（1862 年）

Legal tender bonds　法定貨幣債券

Legal tender cases　〔美〕法定貨幣案（1871 年）

Legal term　法律術語；〔蘇格蘭〕法定支付期（指租金或利息的）

Legal theory　法律理論

Legal thought of ancient Greeks　古希臘的法律思想（指古希臘奴隸社會、特別是雅典城邦的法律思想）

Legal thoughts in Chinese history　中國法制史（指自先秦到中華人民共和國成立，中國歷史上各種不同法律觀點、理論和學說內容等的發展和相互鬥爭或相互吸收的歷史）

Legal time　法定時間

Legal time limit　法定期限

Legal Times of Washington　華盛頓法律時報（創刊於 1978 年）

Legal title　法定產權；合法所有權；法律上的權原

Legal treaty　法律性條約

Legal trust　法定信託

Legal usage　法律慣例；合法習慣

Legal usufruct　法定用益權

Legal utilitarianism　法律功利主義（一種關於刑罰的哲學思想，主張刑罰應能對人和對社會起到威懾和改造作用等）

Legal validity　法律效力

Legal value　法定價值

Legal visitors　官方巡視員

Legal voter　合法投票人；合法選舉人

Legal wage clauses　法定工資條款

Legal welfare expense　法定福利費

Legal willfulness　故意；法律上的故意（指蓄意無視他人生命財產的安全）

Legal worker　法律工作者

Legal world　法律界

Legal year　法定年齡

Legalese　深奧的法律用語

Legalism　〔中〕墨守法規；法家學說；死摳條文主義

Legalism versus pragmatism　墨守法律主義對務實主義（美學者認為，務實主義在處理政策問題和國際經濟法缺陷時有失方寸）

Legalist　〔中〕法律學家；墨守法規者；法家（指中國古代的）

Legalistic model　守法模式（美主張墨守 GATT 的法律規則以報復手段解決國際貿易爭端，而反對以協商手段通過外交等途徑加以解決）

Legality　合法性；法律性；〔宗〕律法主義

Legality of arrest　拘捕合法

Legality of securities　有價證券的合法性

Legalisation　合法化；使合法

Legalisation of abortion　墮胎合法化

Legalise　*v.* 使合法；認證

Legalised nuisance　認可的滋擾行為（例如，市政當局維持的醫院和娛樂場所等）

Legally　合法地；法定地；依法地；法律上

Legally adopted　依法收養的

Legally binding instrument　具有法律拘束力的文件

Legally committed　依法拘禁的（指司法行政官業已審理有充分證據拘禁被告）

Legally competent　符合法定資格的

Legally constituted authority　合法組織的權力機構

Legally constituted court　〔美〕依法組成的法庭（聞名且於法認可的法庭）

Legally constributing cause of injury　造成傷害的實際因素

Legally determined　依法確認的

Legally liable　負有法律上義務的；依法負責任的

Legally limited interest　法定利息（利息限制）

Legally sovereign　法律上的主權

Legally sufficient consideration　法律上的充分約因

Legally sufficient evidence　〔美〕合法的充分證據（指適格的、源於有關的法律來源）

Legally sufficient tender　（賣方承諾）充分履行義務的投標

Legally using automobile　合法使用車輛

Legally wrong　違法的

Legally-prescribed punishment　法定刑

Legally-prescribed time period　法定期間

Legal-research institute　〔中〕法律研究所；法學研究所

Legatary　受遺贈者；遺囑指定的遺產承受人；教廷使節

Legate　*v. & n.* I. 把…遺留給；把…遺贈；II.〔複〕教廷使節

Legatee　受遺贈人；遺囑指定的遺產承受人（一般指動產，但以依遺囑繼承則無動產和不動產之區別）

Legatine constitutions　教廷使節法（英國教會法的組成部份，制定於 1220–1268 年）

Legation　使館；公使館；公使館全體人員（包括公使、隨員和翻譯等）

Legation abroad　駐外公使館

Legation constitutions　教廷使節法（英國教會法的組成部份，制定於 1220–1268 年）

Legation guard　使館衛隊

Legation quarter　使館區

Legator　遺贈人；立遺囑人

Legislate　*v.* 立法；制定法律

Legislated barriers to entry to an activity　入境活動的立法壁壘

Legislation　立法；立法權；立法活動；立法程序；制定法律；〔香港〕法例

Legislation committee　立法委員會

Legislation on Apprehension and Arrest (of P.R.C.)　（中華人民共和國）逮捕拘留條例

Legislation on Labour protection　勞動保護法規

Legislation on wages　工資立法

Legislative　立法的；制定法律的；有立法權的；起立法作

用的；由立法機關成員組成的；根據法規執行的；由立法機
關產生的（區別於行政機關或司法機關而言）

Legislative act　法律的制定；立法機關制定法；立法行為

Legislative action　立法行動

Legislative apportionment　〔美〕議席分配（國會議員按州
大小和人口多少分配應選到國會的名額）

Legislative approval　立法核准

Legislative assembly　〔美〕（州或領地的）兩院制議會；（部
份立法機關的）下院；〔加〕一院制的立法議會（尤指省議會）

Legislative authority　立法權力；法律依據；立法機構的
權力

Legislative autonomy　立法自治

Legislative body　立法機構；立法團體

Legislative bureau　法制局

Legislative calendar　立法議程

Legislative clerk　立法書記員

Legislative committee　立法委員會

Legislative council　〔英〕議會上院（指英國殖民地或美國領
地的）；一院制議會；〔美〕立法委員會（由立法議員和選定
的官員一起研究立法問題和規劃立法會常會期間的立法總策
略）；〔新西蘭〕上議院；立法委員會；〔香港〕立法會（主要
職責是制定和修訂適用於香港的各類法規條例，共有 70 名議
員，每週舉行一次公開會議，每年 8−9 月休會）

Legislative council resolution　〔香港〕立法會決議案

Legislative counsel　〔美〕立法顧問（專職負責協助立法委
員完成立法任務的個人或機構）；立法院資政（指協助立法委
員完成立法任務，其負責處理研究和起草議案等問題）

Legislative courts　〔美〕立法機關建立的法院（區別於依憲
法設立的法院）

Legislative day　立法日

Legislative department　〔美〕立法部門（例如，國會由參眾
兩院組成，其職能就是立法）

Legislative districting　〔美〕立法議員席位的選區劃分（將
立法機構成員名額分劃分成若干個屬地區，由各區代表進
行選舉）

Legislative divorce　〔美〕立法上裁定的離婚（指在紐英倫州
對特定夫婦由立法機關頒佈法令判決離婚，而不由法庭判決
離婚）

Legislative expulsion　〔美〕罷免議員

Legislative freedom　立法自由

Legislative functions　立法職能

Legislative history　立法史；立法背景

Legislative immunity　〔美〕國會議員的豁免權（指憲法賦予
議員除了叛國罪、重罪和擾亂治安外，在國會開會期間不受
逮捕、發言在任何場所不受質問的特權）

Legislative institution　立法機構

Legislative intent　立法意圖

Legislative interpretation　立法機關解釋法律；立法上的解釋

Legislative investigations　〔美〕立法調查（指由議會授權對
立法根據的事件進行調查）

Legislative jurisdiction　立法權限

Legislative measure　立法措施；議會的決議；市政委員會
執行立法制定法的法規

Legislative officer　立法官員

Legislative organ　立法機關

Legislative power　立法權

Legislative procedure　立法程序

Legislative process　立法程序

Legislative reapportionment　〔美〕重新分配議席

Legislative reciprocity　立法互惠

Legislative record　議會的議事錄

Legislative review conference　立法審議會議

Legislative rule　立法規則；〔美〕立法性法規（由行政機構
制定頒佈，為法的淵源之一，各法院必須遵照執行）

Legislative series　法規彙編

Legislative subject　立法事項

Legislative supremacy　立法最高權

Legislative supremacy of parliament　議會最高立法權

Legislative treaty　立法性條約（諸如聯合國憲章等）

Legislative union　英格蘭與愛爾蘭合併（1801 年）

Legislative veto　〔美〕立法否決（權）

Legislative work　立法工作

Legislator　立法者；立法官；立法機關成員；立法委員；議
員；〔美〕參議員；國會議員；州議會議員

Legislatorship　立法機關成員（或立法者）的身份（或地位、
資格等）

Legislature　立法院；立法機關；立法議會；議會（通常由上
下兩院或參眾兩院組成）

Legist　法學家（尤指精通羅馬法或民法者）；精通法律的人；
律師

Legitim　〔蘇格蘭〕子女繼承權份額（指依 1968 年法律規定，
子女享有繼承父母親動產 1/3 或 1/2 權利的份額）；特留份
（指遺孀可享有先夫 1/3 的遺產）

Legitimacy　嫡出；准正；婚生地位；正統性；合法化

Legitimacy declaration　〔英〕合法子女的聲明；婚生宣言
（指英子民可依《1973 年婚姻訴訟條例》向法院申請宣告其為
婚生子女等）

Legitimacy Ordinance　〔香港〕非婚生子女獲取合法地位
條例

Legitimacy status　（子女）婚生地位

Legitimacy test　親子鑒定

Legitimate　*a. & v.* I. 合法的；正統的；法律認可的；婚生的；
合法婚姻所生的；II. 使合法；合法化；准正；授與合法地位
（指非婚生子女准正為婚生子女）

Legitimate birth rate　婚生率

Legitimate child　婚生子女；合法子女

Legitimate claim　合理的索賠

Legitimate commercial interests　合法的商業利益

Legitimate defense　正當防衛（合法防衛，指為了使公共利
益、本人或者他人的人身和其他權利免受不法侵害而進行反
擊，使侵害人受到某種損害的行為）

Legitimate government　合法政府；正統政府

Legitimate husband　結髮丈夫；合法丈夫

Legitimate interest　正當利益

Legitimate measure　正當措施；合法措施

Legitimate military objective　合法軍事目標

Legitimate mother　嫡母；生母

Legitimate object　正當目標

Legitimate objectives　〔關 / 世貿〕合法目標（指在 TBT 和
SPS 等協定中均列明應保護國家安全、防止詐欺行為、保護
人類健康或安全、保護動、植物生命或安全，以及保護環境
等等）

L

Legitimate power　合法權力

Legitimate price　合法價格；合理價格

Legitimate purpose　合理的用途；合法的目的

Legitimate right　合法權利

Legitimate rights and interests　合法權益

Legitimate self-defence　正當自衛；合法自衛

Legitimate son　婚生子

Legitimate sovereign　合法君主

Legitimate war　正當戰爭

Legitimate warfare　合法作戰行為

Legitimated child　准婚生子女（經准正的子女）

Legitimation　合法化；非婚生子女的認知（指私生子的承認）；立為嫡嗣；〔英〕准正（指父母婚後，使非婚生子女取得准婚生地位；英國甚至連通姦所生子女亦可取得合法地位）；〔香港〕合法地位

Legitimation by subsequent marriage　准婚生；婚後准正（指非婚生子女在其生父母婚後取得准婚生地位）

Legitimism　正統主義

Legitimist　正統王權擁護者（的）

Lehman Brothers' (the fourth-largest investment bank in the United States founded in 1850 declaring bankruptcy on 15 September 2008, triggering a strong concern of investors resulting therefore in the world's major stock markets plunged one after another, has caused an ongoing global financial crisis)　"雷曼兄弟公司"投資銀行（雷曼兄弟公司成立於 1850 年為美國第四大投資銀行雷曼兄弟公司於 9 月 15 日宣佈破產，消息引發了投資者的強烈擔憂，全球主要股市因此紛紛大跌，於是在全球範圍內爆發了金融危機）

Lehurecht　〔德〕德國封建法

Leipa　〔英古〕逃犯

Lemieux Act　〔加〕勒米約法（指加拿大發佈的關於鐵路等公益事業爭議的法律）

Lemon laws　〔美〕萊曼法規（關於管理購買新車和二手車的州法規）

Lend　*v.* 租借；出借；貸款；遺贈；給予

Lend all necessary assistance　提供一切必要的協助

Lend foreign exchange to countries with balance of payments problems　給國際收支困難的國家外匯貸款

Lend lease　租借

Lend Lease Act　〔美〕租借法（1941 年）

Lend Lease Agreement　租借協議（指 1943 年，美英兩國關於戰後經濟政策。諸如，進出口數量限制、補貼、出口稅、國營貿易和關稅減讓等問題而達成的雙邊協議）

Lender　出租者；出借人；貸款人；債權人；貸方

Lender market　借方市場

Lender of last resort　最後貸款人（西方國家央行一項重要職能）

Lending　出租；出借；借貸

Lending arrangement　貸款安排

Lending broker　貸款經紀人

Lending ceilings　最高貸款額

Lending country　貸款國

Lending credit　借貸信用

Lending criteria　放款標準

Lending for energy　〔世行〕能源貸款

Lending institution　貸款制度；借貸機構

Lending instruments　借貸契約；貸款手段

Lending limit　貸款限額

Lending operations　貸款業務；信貸活動

Lending or loaning money　〔美〕貸款

Lending programme　貸款方案

Lending rate　放款利率

Lending related to macroeconomic policy reform　〔世行〕與宏觀經濟政策改革有關的貸款

Lending research centre　借貸研究中心；貸款研究中心

Lending strategies　貸款戰略

Lending upon consideration　有償出租；有償借貸

Lending without compensation　無償出租；無償借貸

Lend-lease　租借

Length of residence　居住期限

Length of service　工齡；服務年限

Length of service bonus system　連續出勤獎金制

Length of time　持續時間

Length-of-voyage problem　航程期間的問題

Leniency　寬大；仁慈；有恕

Leniency to those who confess their crimes and severity to those who refuse to　〔中〕坦白從寬；抗拒從嚴

Lenient　寬大的；仁慈的

Lenient disposal of a criminal　對罪犯的從寬處理

Lenity Rule　〔美〕從寬原則（指制定法上關於多種懲罰規定文字上如有含義不明確之處應作有利於從寬判決處理）

Lenoxinium　〔蘇格蘭〕縱容妻子通姦

Lent　〔宗〕四旬齋；大齋節（從聖灰星期三至復活節）

Leod　人民；國家；全體國民

Leodes　〔歐古〕附庸；奴僕；役務

Lesbian　*a. & n.* I. 女同性戀的；II. 同性戀女子

Lesbianism　女同性戀關係

Lese majesty　〔英、蘇格蘭〕叛國罪（釋義同 "Laesa majestas"）

Lese-majeste　〔法〕叛國罪；大不敬罪

Lesion　*v. & n.* I. 損害；使受傷害；II. 損失；損壞；損害；（身體上的）傷害；損傷；〔蘇格蘭〕損失程度；損害程度；傷害程度

Less 3% for interest and insurance　〔保〕扣除 3% 做為利息及保險費

Less developed country (LDC)　不發達國家；欠發達國家（指泛亞非經濟落後的國家）

Less favourable treatment　欠優惠待遇

Less favoured area　處境較差的地區

Less privileged country　條件較差的國家

Less than full container load (LCL)　未滿載的集裝箱

Less-developed contracting party　欠發達締約方；〔關貿〕欠發達締約國（關貿總協定於 1965 年擬定的第四部份條款，共計 38 條，規定了對發展中國家實施優惠貿易待遇問題）

Leasee　承租人；租戶；租地人；租屋人

Leasee of ship　船舶承租人

Leasee's interest　承租人的利益

Lesser barons　小諸侯；小貴族（根據一般通知召集的小諸侯議會）

Lesser included offense　〔美〕構成重罪行內較輕的罪行

L

Lesser offense　較輕罪行

Lesson by negative example　反面教材

Lessor　出租人；房東

Lessor of small plots　〔中〕小土地出租者（中國農村土改運動時劃定的一種階級成份）

Lessor of the plaintiff　真正的原告

Lessor's interest　出租人的利益

Let　*v. & n.* I. 發包訂約（指同幾個呈交投標者中選定之一，並與其簽約）；出租；租賃；轉讓；授與，允許，容許（保釋）；II. 妨礙；阻斷（古法轉移產業用語）；中斷

Let go　釋放

Let one take part in the forced labour to see how he would behave　〔中〕強迫勞動以觀後效

Let out　出租；放走，放行

Lethal　致命的；致死的

Lethal chemical agent　致死化學劑

Lethal chemical weapon　致命化學武器

Lethal dose　致死劑量（指藥物或毒品的劑量）

Lethal injection　致命性注射劑（指以注射劑取代槍決死刑犯）

Lethal weapon　致命的武器；兇器

Let-off　供出租的土地和房屋；免除（義務、責任的）；免罰

Letter　字；字母；〔主英〕出租人；書信；函件；批復，答覆（指羅馬皇帝對其治安官員所提法律問題的答覆）；〔複〕證書；許可證

Letter ballot　郵遞投票

Letter bomb　書信炸彈（指藏在信內的炸彈裝置）

Letter contract　〔美〕契約書（聯邦合同法中，載有完備的允許承包商開始履約條款的書面合同文書）

Letter delegation　代理收款委託書

Letter missive　〔英古〕請求出庭傳票（以前當某貴族成為衡平法院被告時，大法官則發函請求他出庭，並隨函附去訴狀、請求書和法庭命令；如他不出庭就寄去一份訴狀副本和傳票，要求他出庭答辯；如他再不出庭應訴就暫時沒收其土地和財產並且以一般方法加以最終執行）；敕選主教命令書（國王或女王發送寺院評議會指名某人應被推選為主教的命令書）

Letter of abandonment　〔保〕委付書（指發生推定海損時受保人聲明將其保險貨物全部委付給承保人併要求按保險金額賠付）

Letter of accusation　檢舉信

Letter of administration (=letters of administration)　遺產管理委任狀

Letter of advice　通知單；發貨通知書

Letter of allotment　核定認股書

Letter of appointment　委任書；聘書

Letter of assignment　（財產權利）轉讓書；過戶證書；分派書

Letter of assurance　保險證書

Letter of attorney　授權書；委託書（釋義同 "power of attorney"）

Letter of attornment　〔美〕轉讓通知書；更換業主的通知書（指原業主通知承租人告知其財產已出售、租金應付給新業主等事項）

Letter of authority　授權書；委託撥款證書

Letter of authorisation　授權書；委任書；委託撥款證

Letter of cancellation　解約通知書；註銷通知書

Letter of comment　〔美〕不合格意見書（意即告知證券登記者其申請上市登記報告不符合證券交易的規定，=deficiency letter）

Letter of commitment (LOC)　承諾書；保證書

Letter of condolence　慰問信；吊唁信

Letter of confession　悔過書；自首書

Letter of confirmation　確認書

Letter of consent　〔英移〕定居同意書（指王國駐外使領館對申請前往英國定居者頒發給內政部批准入境定居的同意書）

Letter of convocation　召集會議的函信

Letter of countermarque (or counter-mart)　報復追償海事損失行動指令（指政府在戰時准許私人船主在公海上拿捕敵船和敵貨）

Letter of credence　（大使等的）國書

Letter of credit (L/C)　信用證；信用狀

Letter of credit negotiation　議付信用證（指向出票人或善意持票人進行付款，且不得追索）

Letter of credit terms　信用證條款

Letter of delegation　代理收款委託書

Letter of denisation　外僑入籍證書；客民入籍證書（指英王根據特權賦予國籍的證書）

Letter of deposit　抵押證書；押據

Letter of endorsement　背書信

Letter of exchange　匯票（=bill of exchange）

Letter of force major　不可抗力證明書

Letter of guarantee (L/G)　信用保證狀；保函

Letter of guarantee for production of bill of lading　提貨擔保書

Letter of hypothecation　質押證書；押匯質權證書

Letter of identity　身份證明書

Letter of indemnity　賠償保證書；賠償擔保書（指承擔給受保險方以賠付，一種具有法律約束力的約定）

Letter of indication　印鑒證明書（指一國銀行委託外國銀行承兌其本票之具結信函）；旅行信用證保證書

Letter of instruction　指示書；使用說明書；說明書

Letter of intent　意向書（當事人雙方在正式簽訂合同前達成的初步諒解）

Letter of intercommuning　〔英〕絕交佈告（蘇格蘭樞密院禁止與名單上的人來往的佈告）

Letter of introduction　介紹信

Letter of legitimation　許可居留並就業證書（許可在一定場所居住並且就業的證書）

Letter of licence　〔英〕延期償債許可證書（指債權者在一定期間中止其請求，同意讓債務者繼續自由營業延期償還債款的契約書，並保護債務者免被逮捕、起訴或其他干擾）

Letter of lien　（財產）留置權證書；扣押權信

Letter of mart and countermart　私掠船特許證書

Letter of modification　〔香港〕修改信（指政府只能根據公有地承租人所持公有地授權書等文件方能對公有地的使用限制加以修改）

Letter of procuration　委任狀（指對代理人的委任）；委託代理信

Letter of protest　抗議書；損失證明書

Letter of proxy　（對代理人的）委託書

Letter of ratification　批准書；批准函件

Letter of recommendation　推薦書；介紹函

L

Letter of recredentials 〔美〕召回國書；正式復函（指召回駐外公使等）

Letter of reference 證明信；介紹信；查詢信；保證書證明信

Letter of regret 認股已滿通知書

Letter of reject 拒絕書

Letter of reprisal 強制捕獲許可證；沒收通知書

Letter of request 調查委託書；調查囑託書；調查請求書（指請求外國法院協助代向證人錄取證供）；〔英〕拿捕許可證（由玉璽掌管大臣批准）；〔宗〕放棄管轄權請求書

Letter of reveversion 歸屬證書（地池產等）

Letter of service 推薦信；品行證明書

Letter of subrogation 代位讓與書；債權代位證書；權益轉讓書

Letter of the law 〔美〕法律要義表述（指用以表明對制定法、條例、法規或法律準確、嚴格的解釋）

Letter of transfer 權利轉讓證書

Letter of transmittal 轉送書；送文函；傳達指示信

Letter of trust 信託書

Letter of undertaking 擔保書

Letter ruling 〔美〕書面答覆（指稅務署應納稅人要求就稅法有關事項徵詢作出書面答覆）

Letter stock 非註冊股票；信股（限制及未登記股票，未進行登記手續前不准在市場發售）

Letter of administration （法院指定）遺產管理委任書；遺產管理狀；遺產管理證書

Letter(s) of recall 召回國書；辭任國書；〔美〕收回檢修通知書（指廠家通知經銷商將其所購汽車等產品退回修理或更換部件）

Letter-book 書信備查簿（保存商務或交易往來的信件）

Letters ad collegendum bona defuncti 收集遺產授權書

Letters ad colligena bona 〔英〕管理遺產委任狀

Letters close 〔英〕緘封特許狀（指國王私人的密封特許狀，其反義詞為 "letters patent"）

Letters of absolution 解職證書；赦免證書

Letters of administration 遺產管理委任狀

Letters of administration C.T.A. 〔美〕附遺囑的遺產管理狀（指由死者或由遺囑檢驗法院指定的遺囑執行人負責將死者的遺產清償債務或將其分配給有權繼承的人）

Letters of administration D.B.N. 〔美〕指定尚未被管理之遺產的遺產管理狀（由遺囑檢驗法院頒發的指定一名遺產管理人證書）

Letters of administration D.B.N.C.T.A. 〔美〕指定附遺囑尚未管理之遺產的遺產管理狀（由遺囑檢驗法院發給取代已故遺產管理人的後繼人的遺產管理證書）

Letters of business 〔英〕提議書（指國王致坎特伯雷或約克大主教牧師大會的親筆文書，期盼大會考慮其信中所提事項）

Letters of guardianship 監護證書

Letters of marque 行動狀；私掠船證書；拿捕許可證（指在戰時對商船的船長及其他私人做為對敵人侵害的報復手段授與捕獲敵人或敵貨權限的命令書，通常由國王頒發）

Letters of marque and reprisal 私掠船與報復證書（指政府在戰時授與私人船主在公海上捕獲敵船或敵貨的權利的證書）

Letters of safe conduct 〔英〕安全特許證（指國王承認對於交戰國國民加以保護使其免除逮捕的特許狀）

Letters of slaions or slanes 〔英〕同意赦免書（指被殺害者親屬告稱，已收到死亡賠償金，並向國王申請予罪犯以赦免）

Letters overt 特許證書；特權證書；〔英〕開封特許狀（指蓋有國王玉璽並無緘封的特許享有某種官職特權等證書）

Letters patent 專利證書；特許證書；〔英〕開封特許狀（指蓋有國王玉璽並無緘封的特許享有某種官職特權等證書）；〔香港〕英皇制誥（指回歸中國前英王頒發的為港督統治香港的法律依據）

Letters rogatory 〔美〕執行囑託調查書；委託調查書；調查囑託書（指請求外國法院協助代向證人錄取證供，要求提供證據）

Letters testamentary 執行遺囑授權證書（指法院根據死者遺囑中指定的遺囑執行人而發給的一種授權證書，亦即遺產管理人證書）

Letting 出租；發包（工程）（舊金山市、鎮用語）

Letting and hiring agreement 租賃合同

Letting contract 發包合同

Letting out 出租（財產行為）；訂立發包合同（指與工程中標者簽訂承包工程合約）

Letting promises 出租房屋

Lettre de cachet 〔法〕拘票（指由法國國王簽署和國務大臣副署的囚禁臣民的密旨）

Lettre de creance 〔法〕國書

Lettre de pouvoir 〔法〕授權書

Lettre de provision 〔法〕領事委任書（由本國使館遞交給駐在國外交部請求頒發的）

Lettre de recommendation 〔法〕推薦書

Lettre de recreance 〔法〕召回國書；辭任國書

Lettres reversales 〔法〕互相讓步的交換信

Letzeburgish Law (=Luxembourg Law) 盧森堡法

Leuca 〔法古〕路格（土地測量單位，一路格 =1500 步）；〔英古〕路格（一路格或一英里 =1000 步）

Levant 〔英〕躲債（特指逃避賭債）

Levant et couchant 〔英〕附着在土地上的權利（指共有地上在冬天可牧養一定數目的牲畜吃草耕地和拉尿屎的權利，一般臥伏在地上為一天和一夜，至少一夜）；〔美〕起臥（指非法侵入土地的牛羣臥下休息，起來吃草，一般逗留一天又一夜，至少一夜）

Levant trade 地中海東部地區和歐洲之間的貿易

Levanter 〔英〕躲債人

Levee 〔美〕堤岸；碼頭；（總統）招待會；〔英〕（皇室等）午後受謁

Levee district 〔美〕堤壩區（指州的一個市政分區，或為一個公營公司）

Levee en masse 〔法〕（國家戰時）總動員；居民軍

Level a charge against 控告（某人）

Level crossing 〔英〕（鐵路等的）平面交叉點；平面交道口

Level of barriers to trade 貿易壁壘的範圍

Level of concessions 〔世貿〕減讓水平

Level of import controls 〔關貿〕進口管制程度

Level of liberalisation 自由化的水平

Level of local environmental risk 地方環境風險水準

Level of restrictions 〔世貿〕限制程度（指成員方在國際收支失衡時可施加進口限制，但對此限制程度上關貿 / 世貿均未採用過一個標準）

Level of significance 重要水準

Level of tariff protection 關稅保護水平

Level rate 均衡保險匯率

Leveling-off 停滯不前；達到極限；(貨幣等的) 穩定

Leverage 〔美〕籌措投資能力 (以小額支出。例如，預付定金)；舉債經營 (以小投入而達到高回報目的)；借貸投機；槓桿作用

Leverage in corporate finance gearing ratio 公司財政中資本搭配比率的槓桿作用

Leverage influence of gearing ratio on equity capital yield 資本搭配比率對於自有資本收益率槓桿作用的影響

Leverage of trade policy 〔美〕貿易政策手段 (指在美國政治經濟中相對而言作用有限)

Leveraged buyout 槓桿購股；借款購股 (購買由管理公司持有公開發行的在外股票或場外投資者持有的股票的籌資方法，所籌借的資金主要來自投資銀行或經紀人)

Leveraged lease 融資租賃；槓桿租賃；減稅優惠租賃；代償貸款租賃 (一種金融財務租賃亦稱第三方的公平租賃或稱為稅收租賃，實質上是一種抵押貸款的租賃方式)

Leviable 可徵收的；可徵稅的；應納稅的

Leviate marriage 遺孀與夫弟再婚 (古希伯來的慣例)

Levier 強收人；徵稅人

Levitical degrees 〔英格蘭、蘇格蘭〕禁止結婚的親等 (特指宗教上)

Levy a fine 罰款；徵收罰金

Levy an execution 強制執行

Levy anti-dumping or countervailing duty (on) 〔關貿〕徵收反傾銷稅或反補貼稅

Levy charges 徵收手續費

Levy countervailing duty on the dumped product 〔關貿〕對傾銷的產品徵收反傾銷稅 (反補貼稅)

Levy court 〔美〕徵稅委員會 (特指華盛頓特區負責華盛頓縣的徵稅以修橋、鋪路給窮人蓋房子等項任務的一個機構)

Levy definitive duties 課收最終稅，徵收最終稅

Levy exorbitant taxes 橫徵暴斂

Levy in peace 平時徵兵

Levy of attachment 扣押財產

Levy of taxes 租稅的徵收

Levy of troops 招募軍隊

Levy on sb.'s property 扣押某人的財產

Levy tariff 徵稅；徵收關稅

Levy tax on income 徵收所得稅

Levy taxes 徵收賦稅

Levy *v. & n.* I. 徵收 (捐稅、罰款、貢品等)；強索；徵召；徵募 (兵員)；徵稅；扣押 (財產)；發動戰爭 (開戰)；強制執行；II. 徵收；沒收；罰款；稅款；扣押 (財產)；徵募兵員；〔英〕(為學校留下而召開的) 學生大會

Levying of a fine 訴訟上的和解 (指一方承認他方的土地所有權，因而達成和解)

Levying war 〔美〕開戰 (指聚眾鬥毆)；發動戰爭

Lewd 淫蕩的；猥褻的；下流的

Lewd and lascivious cohabitation 姘居 (指履行合法婚姻手續前的同居，亦稱 "illicit cohabitation")

Lewd house 妓院

Lewd person 淫棍；好色之徒；無法無天的人

Lewdness 淫亂；淫猥

LEXIS 〔美〕電腦協助法律研究的服務

Ley 〔法〕法；法律；誓言；宣誓助訟人；〔西〕法；法律；抽象的法律；草坪；草地

Ley civile 〔英古〕羅馬法

Ley gager 宣誓斷訴法 (指被告由宣誓斷訟人確認否認原告訴權的宣誓，證明被告無罪，釋義見 "Wager of law")

Leze-majesty 〔英〕叛逆罪；叛亂罪

Liabilities constituting foreign authorities' reserves 構成外國當局的儲備的債務 (負債)

Liabilities insurance 責任保險

Liabilities position 債務狀況

Liability 責任；法律責任；義務；〔複〕債務；負債

Liability accident 責任事故

Liability adjustment 債務調整

Liability based upon fault 過失責任

Liability bond 責任保險單

Liability certificate 負債證明書

Liability clause 責任條款；債務條款

Liability company 有限公司

Liability created by statute 制定法規定的責任 (而非賴於當事人合同規定的責任)

Liability for breach of contract 違約責任

Liability for compensation 賠償責任

Liability for damages 損害賠償責任

Liability for delay 遲延責任

Liability for fault 過失責任

Liability for loss 損失責任

Liability imposed by law 法律施加的責任；〔保〕終審判決的責任 (指法律對被保險人施加支付一定保險金額的責任)

Liability in solido 連帶責任

Liability in tort 侵權行為責任

Liability insurance 責任保險

Liability insurance premium 責任保險費

Liability insurer 責任保險承保人

Liability ledger 票據債務分類賬戶

Liability limits 賠償責任限額 (賠付最高的保險額)

Liability of acceptor 票據承受人的責任

Liability of drawer 出票人的責任

Liability of endorser 背書人的責任

Liability of shareholders 股東的責任

Liability reserve 負債準備；〔保〕責任準備金

Liability risks 〔保〕責任風險

Liability to give evidence 舉證責任

Liability to pay compensation 賠償責任

Liability under pending lawsuit 未結終訴訟的責任

Liability without fault 無過失責任

Liable 有 (法律) 責任的；應負責的；(財產等) 可受 (法律) 處理的；應受 (罰) 的；應付 (稅) 的；有義務的；易遭受的；〔香港〕負擔債務責任的；需負責賠償的

Liable for damages 有賠償損害的責任的；對損害應付賠償責任的

Liable to 有法律責任的；有法律義務的；可受法律處理的；可招致的；可能遭受的

Liable to a fine 應付罰金

Liable to action 應服從判決

Liable to customs duty 應付關稅

Liable to the penalty 應受處罰的

Liable to the tax   應付稅；有納稅義務

Liaison   私通；聯絡；聯繫

Liaison committee   聯絡委員會

Liaison man   交通員；聯絡員

Liaison office   聯絡處

Liaison officer   聯絡官

Libel   誹謗；文字誹謗；誹謗罪（指用文書以書面、繪畫及其他永久性等方法詆毀、抹黑他人名譽、人格等，引起公眾的憎恨、歧視和嘲弄使得受害者生意或職業受到損害。對此可對加害者提起侵權行為之訴，普通法上一般構成輕罪。"libel" 與 "slander" 不同，後者為言語誹謗）；〔美〕（海事訴訟的）原告訴狀；〔蘇格蘭〕民事或刑事檢控狀；（海事或宗教法院）原告的訴狀；〔香港〕永久性的誹謗（指永遠存在的、揮之不去的，例如，一篇文章等）

Libel Act   〔英〕誹謗法（1792 年發佈的關於保護個人名譽的法律）

Libel action   書面誹謗的訴訟；文字誹謗的訴訟

Libel and slander   名譽毀損；文書和口頭誹謗

Libel insurance   文字誹謗保險（指承擔對詆毀和損害名譽等賠償責任）

Libel of accusation   〔蘇格蘭〕（指控犯罪的）刑事起訴書

Libel of review   〔美〕（海事法）複審程序（指終審判決期滿後提出上訴的複審程序）

Libellant   誹謗者；〔英〕（在海事法庭或宗教裁判所提出控告訴訟的）起訴人；原告

Libellee   被誹謗者；（在海事法庭或宗教裁判所的）被告

Libellist (or libeler)   誹謗者；原告（告訴人）

Libellous   誹謗的；誹謗性的；破損名譽的；中傷的

Libellous per quod   間接誹謗（間接誹謗性的）

Libellous per se   直接誹謗（文字本身就是誹謗性的）

Liberal   自由的；慷慨的；大方的；不受約束的；不嚴格的

Liberal access   自由進入

Liberal construction   自由解釋；廣義解釋

Liberal direction   自由化方向

Liberal economic environment   自由的經濟環境

Liberal ideas   自由化的思想

Liberal international economic order   自由化的國際經濟秩序

Liberal international trade rules   自由化的國際貿易規則

Liberal interpretation   自由解釋

Liberal licensing   自由許可制

Liberal profession   自由職業

Liberal trade policies and internationalism   自由化的貿易政策與國際主義

Liberal trade regime   自由貿易制度

Liberalism   自由主義

Liberalist   自由主義者

Liberalisation   自由化；放寬限制（範圍）

Liberalisation coalition   自由化聯盟

Liberalisation in service   服務自由化

Liberalization Liberalisation   自由化措施

Liberalisation of agricultural trade   〔關貿〕農業貿易自由化（農產品貿易自由化）

Liberalisation of agriculture   農業自由化

Liberalisation of capital transaction   資本交易自由化

Liberalisation of cross-border trade in services   跨越邊界服務貿易自由化，過境服務貿易自由化

Liberalisation of domestic policies   〔關貿〕放寬國內政策限制

Liberalisation of exchange   外匯自由化

Liberalisation of financial market   金融市場自由化

Liberalisation of foreign exchange   外匯自由化；國外匯兌自由化

Liberalisation of interest rate   放寬利率

Liberalisation of its pricing polices   〔中〕放開價格政策

Liberalisation of market access in sectors   放寬部門行業市場准入的限制（範圍）

Liberalisation of non-tariff barrier   放寬非關稅壁壘

Liberalisation of pricing policy   放寬定價政策

Liberalisation of production and trade in agricultural commodities exits   農業商品生產和貿易出口自由化

Liberalisation of service trade   〔關貿〕服務貿易自由化

Liberalisation of tariffs and trade   關稅貿易自由化

Liberalisation of the international trading system   國際貿易制度自由化

Liberalisation of trade   貿易自由化

Liberalisation of trade in agricultural products   農業產品貿易自由化

Liberalisation of trade in services   〔關貿〕放寬服務貿易的限制；服務貿易自由化

Liberalisation process   〔世貿〕自由化進程（世貿組織紡織品與服裝的）

Liberalisation programme   自由化規劃（方案）

Liberalisation rate   自由化速度

Liberalise   v. 使自由化；放寬…的限制（或範圍）

Liberalise exchange controls across Europe   橫跨歐洲的外匯管制自由化（指 20 世紀 50 年代歐洲經濟合作組織發起的）

Liberalise its pricing polices   〔中〕放開定價政策範圍（限制）

Liberalising commitment   〔世貿〕自由化承諾；放寬限制的承諾

Liberalising market   自由化市場

Liberalising services trade   自由化的服務貿易

Liberate   n. & v. I.〔英〕年金令狀（命令財政部出納支付年金及其他費用蓋有國璽的令狀）；交付令狀（命令執行官使違反向法院具結保證者交出財產的令狀）；釋放囚犯令狀（命令監獄官使被保釋者出獄的令狀）；II. 釋放；解放

Liberate rolls   倫敦檔案館令狀目錄表（1201−1436 年）

Liberated territory   解放地區

Liberation   解放；〔羅馬法〕清償（指清償契約的債務，因而債務消滅）；豁免；特免；天平動（空間法用語）

Liberatory abandonment   免責委付

Liberatory certificate   免責證券

Liberatory prescription   免責時效

Liberatory term   免責期間

Liberticide   扼殺自由；扼殺自由主義者

Liberties (or franchises)   〔美〕自由（權）；北自由區（指以前費城的附屬政治區）；〔英〕自由區；郡長管轄外的自由區（指豁免司法執行官管轄的特區）；特權（指英王授與人民享有原屬君主的特權，例如上岸魚等等，現可歸人民所有）

Liberties of a prison   監獄自由區；獄外居住地

Liberties of the subject 〔英〕臣民的自由權

Liberty 自由；自由權；特許權；特許區域 (特許管轄區，尤指英國一些城市中享有某種司法、行政特權的區域)

Liberty bond 〔美〕自由公債 (1917–1918 年)；戰時公債；救國公債

Liberty day 〔美〕上岸自由日；光復日

Liberty interest 〔美〕自由權益 (指憲法第 5 條和第 14 條修正案確保州和聯邦公民的自由權益)

Liberty of a port 〔美〕入港自由 (指在海運保險單中可包括允許船隻在指定港口停泊和貿易的自由)

Liberty of abode 居住自由；住所自由

Liberty of assembly 〔英〕集會自由

Liberty of association 結社自由

Liberty of business 營業自由

Liberty of changing 移動自由

Liberty of conscience 信教自由；宗教信仰自由

Liberty of contract 訂立契約的自由；締約自由

Liberty of creed 信教自由

Liberty of meeting and association 集會結社自由

Liberty of opinion 言論自由

Liberty of publication 出版自由

Liberty of pursuits and tastes 追求愛好自由

Liberty of speech 言論自由

Liberty of the globe 〔美〕全球靠港自由 (指海上保險單中可包括船舶被授權許可駛向世界各國港口的自由)

Liberty of the person 個人自由；人身自由

Liberty of the press 新聞自由；出版自由

Liberty of the yard 囚犯監獄內的庭院自由運動的自由

Liberty on parole 宣誓釋放

Liberty on promise 諾言釋放

Liberty to apply 回訪自由 (指准許當事人延長已發傳票效力而不再發傳票而到庭的法院命令)

Liberty to call 有權靠港

Liberty to hold pleas 〔封〕自設公堂開庭受理訴訟的自由 (指某些封建領主在其莊園內受理訴訟裁斷的特權)

Liberty to touch 停泊的自由

Liberty to transship 有權轉船；有權轉載

Liberty under pending lawsuit 待決的訴訟責任

Liberty-man 〔英〕獲准上岸的船員 (海員)

Liberty-pass 外出許可證；外出許可時間；〔軍〕外出許可

Library and Documentation Service for Asia and the Pacific (LDS) 亞太圖書館與文獻服務處

Library Association of London 倫敦圖書館協會

Library lending right 〔英〕(作者) 出租圖書收費權；圖書出租權

Library of Congress 〔美〕國會圖書館

Liceciado 〔西〕律師

Licence (licence) 執照；牌照；許可證；〔英〕特許；許可 (指須經許可方可進入，否則即為非法侵入他人住所或土地)

Licence to marry 〔英〕結婚許可證

Licence-holder 假出獄者；執照持有人

Licencer of plays 發演劇許可證者

Licence agreement 許可證協議

Licence application procedures 許可證申請程序

Licence bond 〔美〕執照保證金；許可證保證人 ("License bon" 可与 "permit bon" 通用)

Licence cases 〔美〕特許證案例 (1847 年關於最高法院裁定州法收取頒發銷售酒類許可證之税不抵觸憲法條款等規定)

Licence contract 許可證合同；特許合同

Licence duties (tax) 牌照税

Licence fee 〔美〕特許權費；許可證費；執照費；牌照費；專利費

Licence for sale of goods 出售貨物執照

Licence for the export of comodities 出口貨物許可證

Licence holder 〔世貿〕許可證持有人

Licence in amortisation 永久管業轉讓許可證 (授權移轉財產的許可證)

Licence issuing authority 發證機關

Licence of Patent Rights 專利權准用證

Licence of shooting 狩獵許可證；狩獵執照

Licence plates 執照牌；(汽車) 車牌

Licence system 許可證制度 (指一國為了加強對外貿易管制，規定某些商品的進出口必須領取許可證的一種具有法律強制力的貿易制度以限制進出口貿易額，屬非關税壁壘之一)

Licence tag (汽車的) 牌照

Licence tax 牌照税；許可證税

Licence to trade 貿易許可證

Licensed 領到許可 (或批准) 的；領有執照的；被允許享有破格自由的

Licensed appraiser 特許評價人 (指得到許可以評價動產等為業的人)

Licensed area 安置區

Licensed bank 掛牌銀行；〔香港〕持牌銀行；持執照的銀行 (規定境外銀行在香港註冊掛牌營業必須繳足資本限額，最低為一億港幣)

Licensed broker 特許經紀人

Licensed conveyancer 〔英〕特許撰擬轉讓契據的律師

Licensed deposit taking company 〔香港〕掛牌接受存款銀行

Licensed gambling 公共賭博業

Licensed imports 得到許可的進口產品

Licensed premises 〔英〕特許的賣煙酒店 (持有特許證的場所)

Licensed property 認可財產

Licensed public accountant 註冊會計師

Licensed technology 許可轉讓的技術

Licensed vessel 領有執照的船舶

Licensed victualler 特許酒類銷售商 (如，允許銷售酒類等飲料)

Licensee 持照人；執照持有人；受證人；許可購買方；技術引進方

Licensee by invitation 〔美〕應邀允許進入人 (指經明示或默示邀請進入地主或佔有人進行土地交易的人)

Licensee by permission 〔美〕經允許獲准進入者 (指進入邀請者的土地或房屋)

Licenser (or licensor) 授證人；發執照者；許可證頒發人；許可人 (方)；技術輸出方

Licenser of plays 發演劇許可證者

Licenser of the press 發出版執照者

Licensing Acts 〔英〕出版物認可法 (1662 年頒發)；許可經營法 (控制出版發行的議會制定法；1964–1967 年的烈性酒銷售規範法)

L

Licensing and quota requirements　許可證和配額規定

Licensing authority　〔英〕許可證管理機關

Licensing bank　簽證銀行

Licensing board　牌照登記局

Licensing motor vehicle　〔英〕頒發機動車輛牌照

Licensing　*n. & a.* I.〔美〕許可證貿易（指允許買賣使用其他公司專利、商標或其他技術的執照）；II.〔關貿〕特許的；許可證的（指按 MTN 規定辦理進口許可證的程序）

Licensing power　〔美〕許可證授予權（如銷售酒類等）

Licensing procedures　許可證程序（指申辦而言）

Licensing requirements　〔關貿〕許可證要求（指東道國政府要求外資方必須向東道國轉讓專利許可）

Licensing requirements for products　使用產品許可證的規定

Licensing system for MTO　發給多種方式聯運人執照的制度

Licensing to administer import restriction　實行進口限制

Licentiate　領有開業執照者；專科證書持有人（指可憑證從事藝術或執教業務）

Licentiate in law　有資格開業的律師

Licentiate in medicine　有資格開業的醫生

Licentie　〔法〕學士

Licentiousness　放蕩；淫亂

Licinian law　護民官法（古羅馬對於土地關係人的法規）

Licit traffic　合法買賣

Licitation　賣給出價最高的人；共有物的競標行為者（指共有或不可分之物的共同繼承人或共有人之間進行競購的行為）

Licking of thumbs　舔拇指（表示交易成功的一種古老的手續）

Lidford justice　私刑

Lidford law　私刑之法（指一種先判刑後審訊的法律）

Lie　*v. & n.* I. 撒謊；成立；維持；存在；（案件可）受理；II. 說謊；謊言；欺騙性言行

Lie detector　測謊器

Lie in franchise　〔美〕可自由佔有（指遺棄的贓物、失事船舶殘骸和迷途牧畜等，有特許權者無須經法院幫助，即可自由佔有取得）

Lie in grant　〔美〕依讓與契據取得（指可繼承的無體財產無須移轉佔有而是通過讓與契據取得）

Lie in livery　〔美〕依讓渡取得（指可繼承的有體財產須經移轉佔有方可取得，例如自由保有的地產等等）

Lie in wait　埋伏

Liege　*n. & a.* I. 家臣，從臣，臣下；王侯；〔複〕臣民；〔英〕君臣關係（指以封地維繫的封建關係）；II. 受封建土地保有約束的；忠誠的；完整的；完美的；純結的；絕對的

Liege homage　絕對臣服（對國王等的忠誠宣誓）

Liege lord　君主；王侯

Liege people (or Lieges)　臣民

Liegeman　臣；臣民；宣誓效忠者

Lieger (or leger)　駐節大使

Lie-in　臥街示威；阻塞交通示威

Lien　留置權；扣押權；優先權（指債權人對已佔有的債務人的動產、未付款的不動產及未付款的貨物留作擔保直至清償為止的權利）；〔蘇格蘭〕扣留權

Lien account　留置權聲明；留置權主張

Lien by operation of law　依法產生的留置權（指依據普通法、衡平法或制定法規則而產生的這種留置權，其可分為三種：普通法留置權、衡平法留置權和制定法上的物權擔保）

Lien clause　留置條款（指船東可扣留租船人或收貨人的船貨直至他們交付運費、空艙費和滯留費為止之謂）

Lien creditor　留置權債權人；留置權權利人

Lien holder　留置權人

Lien of a covenant　蓋印合同的開端（陳述蓋印證書當事人及合同的性質，不管連帶或分別的）

Lien of attachment　查封留置權；扣押留置權

Lien of execution　（依法扣押判決債務人財產）執行程序中的留置權

Lien of garnishment　扣押留置權（向債權被扣押在第三債務人手中的債務人送達通知留置權的扣押令）

Lien waiver　放棄留置權（指分包者簽字放棄技工的留置權）

Lienee　被留置權者

Lienor　留置權人；留置權權利人

Lieu and substitution　替代；更換

Lieu lands　替代土地

Lieu tax　替代稅

Lieutenant　助理官員；代理官員；〔美〕（陸、海、空軍中的）中尉；上尉；〔英〕陸軍中尉

Lieutenant colonel　〔美〕（陸、空、海軍陸戰隊）中校；上尉；〔英〕（陸、空、海軍陸戰隊）中校

Lieutenant commander　〔英〕〔美〕海軍少校

Lieutenant governor　代理總督；副總督；〔日〕副知事；〔美〕副州長

Lieutenant-general　〔英〕（陸軍或海軍陸戰隊）中將；〔美〕（陸、空、海軍陸戰隊）中將

Lieutenant-general of the kingdom　攝政官

Life　生命；性命；壽命；生活；生存；〔總稱〕生物

Life annuity　終身年金；生存年金（但如領取者過早亡故則即行停付）

Life assurance　人壽保險

Life assurance fund　人壽保險基金

Life assurance policy　人壽保險單

Life beneficiary　終身受益人

Life boat　救生船；救生艇

Life care contract　〔美〕終身扶養契約（主要指老人與療養所之間訂立的）

Life cycle　生命週期；耐用年數；〔保〕生活週期表（指由入學至退休）

Life estate　終身地產；非世襲的終身財產（指保有者在對土地和建築物不永久毀損或改變其性質範圍內可以終身使用和取得收益，死後其繼承人不得繼承，並應立即將它交付複歸權者或殘餘種者的不動產物權）

Life expectancy　估計壽命（又稱平均壽命）；預期壽命；使用年限

Life expectancy of a capital good　資本貨物的使用年限

Life imprisonment　無期徒刑；終身監禁

Life in being　生存期（指當事人在合同效力存在中的壽命，例如，遺囑生效後遺囑者彌留的期間）

Life income　終身所得；終身年金收入

Life income policy　所得保險；終生年金保險

Life insurance　人壽保險；生命保險（指承保人對要保人在保險期間死亡或生存至一定年齡時給付保險金之保險）

Life insurance company　人壽保險公司

Life insurance contract　人壽保險契約（合同）

Life insurance on medical examination　經醫療檢查的人

壽保險

Life insurance policy 人壽保險單

Life insurance premium 人壽保險費

Life insurance proceeds 〔美〕人壽保險收益 (指要保人去世時受益人可得到一筆免稅的保險收益)

Life insurance reserves 〔美〕人壽保險責任準備金 (指以供以後要保人要求支付保險費及其利息之用)

Life insurance trust 人壽保險信託 (指信託人部份或全部擁有要保人的財產，俟要保人去世即予付還)

Life insurance with dividend 人壽分紅保險 (附有利益分紅的人壽保險)

Life insurance with return of premium 退保險費的人壽保險

Life insurance without dividend 不附有分紅的人壽保險；無利益分配保險

Life insurance without medical examination 無醫療檢查人壽保險

Life insurance without return of premium 不退保險費的人壽保險

Life insured 受保壽命；被保險人

Life interest 終身財產所有權；非世襲的終身財產擁有者的財產權

Life issue 生存子女；生存子嗣

Life jacket 救生衣

Life of an execution 令狀執行期間

Life of an obligation 放款期限；償還債務期限

Life of franchise 特許期限

Life of imprisonment 終生監禁；無期徒刑

Life of loan 借款期限

Life of writ 令狀的有效期

Life office 人壽保險事務所

Life or limb 〔美〕一罪不二罰 (根據美憲法第 5 條修正案條款規定，任何人不得因同一罪而受到兩次處罰，其適用於任何刑事處罰)

Life peer 〔英〕終身貴族；非世襲貴族

Life peerage 〔英〕終身貴族 (爵位)；非世襲貴族 (爵位) (1958 年)

Life policy 人壽保險單

Life raft 救生筏

Life rate 人壽保險保險費；生存率

Life rent 終身地產

Life rent and fee 〔蘇格蘭〕終身用益權及可繼承的不動產物權

Life renter 〔蘇格蘭〕終身地產受益人；終身租地保有人

Life saving station 〔海法〕救生站

Life sentence 無期徒刑；終身監禁

Life sustaining procedures 〔美〕維持生命措施 (延長死亡時刻的措施，這種措施繼承與否由法院定奪)

Life tables 〔保〕生命表 (生存率與死亡率之表)；人壽統計表

Life tenancy 終身租賃；終身保有不動產權

Life tenant 終身承租人；終身租地人；終身不動產物權保有人

Life tenure 終身任期；終身制；終身保有 (權)

Lifeboatman 救生艇艇員

Life-cycle costing 壽命週期價格 (指產品生產製造者到消費者，從開始到被拋棄止)

Life-land (or life-hold) 終生的租地；終生租約保有的土地

Life-line (潛水員) 安全索；救生索

Lifetime income 終身收入

Lifetime insurance 終身保險

Lift *v.* 提起；舉起；解除 (封鎖、包圍等)；撤銷 (命令)；清償；償付

Lift a mortgage 清償擔保債務

Lift all measures applicable to motor vehicle producers 取消全部適用於汽車製造者的措施

Lift insurance 電梯及起重機責任保險

Lift prices 提高價格

Lift the ban on 對…開禁 (撤銷)

Lift the bar 解除…禁令

Lift the curfew 解除宵禁；解除戒嚴

Lift the restrictions of the categories, types or models of vehicle permitted for production 取消允許生產汽車的類別、類型或型號的限制

Lifting capacity (船運) 裝載能力

Lifting dock 升降船塢

Lifting the veil 〔英〕揭開公司面紗

Liga 〔歐古〕聯盟；同盟

Ligan (lagan) (海難時) 繫有浮標的投海貨物 (多繫以浮標註明物主)

Ligare *v.* 結合；聯合；結盟；締結條約

Ligea 〔英古〕女臣民

Ligeance, ligeancy, ligealty 效忠；忠誠 (=allegiance)

Lighhouse 燈塔

Light 光；光線；燈光；採光權；光線不受 (鄰居) 阻礙權

Light and air 採光通風；採光權和空氣權

Light bill 燈檯稅收據

Light boat 燈船

Light buoy 燈浮標

Light displacement of a ship 船的空載吃水線

Light draft (draught) 空載吃水；輕吃水；空船吃水

Light draught 輕吃水；空船吃水；淺吃水

Light dues 燈塔稅 (燈塔費)

Light duty 燈塔稅

Light goods 輕量商品

Light line 空船吃水線

Light load (船運) 輕量貨物；〔世貿〕少量的案件數 (指爭端解決機構承辦的案件)

Light loss 輕微損失

Light money 〔美〕入港稅

Light mortality 〔保〕較少死亡率 (指保險業者預想的死亡比實際的死亡數為小)

Light poll (投票的) 少數

Light porter 小件行李服務員

Light punishment 輕的處罰；輕刑罰

Light purse 無資力；貧窮

Light railway 輕軌鐵路

Light sentence 輕判

Light water line (船運) 未裝貨時的吃水線；空載水線

Lighten a punishment 減輕處分

Lighten taxes 減稅；減輕賦稅

Lightening expenses 減輕吃水的費用

Lighter 駁船

Lighterage 駁運；駁運費；駁船費

L

Lighterage clause　駁船條款（指租船時訂明駁船費應由何方負擔的條款）

Lighterman　駁船長；駁船主；駁船所有人；駁船船員

Light-fingered gentleman　善於扒竊的人；小偷小摸，扒手

Light-fingered gentry　善於扒竊的傢伙；盜竊社會；小偷，小摸，扒手

Lighthouse　燈塔

Lighthouse dues　燈樓稅，燈塔稅

Lighthouse establishment　燈塔局；燈樓局；燈塔設施

Lighthouse tender　燈塔供應船

Lighthouse tower　燈塔

Lightning　雷擊；閃電

Lightning clause　閃電條款

Lights of ship not under command　失控船舶信號燈

Lights on buoys　浮標燈

Lights on land　陸上燈標

Lightship　燈船

Ligurian Sea, the　利古利亞海

Like benefits　同等利益

Like character　相同的；相似的

Like commodity　相同商品；類似商品

Like domestic products　〔關貿〕相同的本國產品；類似的國內產品（指對進口產品與相同的本國產品應實行國民待遇）

Like merchandise　相同貨物；類似貨物

Like　*n. & a.* I. 同質；同類；同等；相同；類似；II. 臣民（指嚴格受他人的約束）

Like or competitive product　相同或競爭產品

Like or directly competitive products　〔關貿〕相同或競爭產品

Like product　相同產品；類似產品

Like product of national origin　本國同類產品

Like products of domestic origin　國產的相同產品；本國原產地的類似產品

Like sacrifice　〔財政〕類似犧牲

Like-kind exchange　〔美〕同等交換；同類財產交換

Like-kind property　同類財產

Likelihood　可能（性）；有希望的事；可能發生的事物

Likelihood of confusion　〔美〕（商標的）混淆可能性

Likely　很可能的；有希望的

Lilliputian state　極小國

Lima Declaration　利馬宣言（1971 年，77 國集團）

Lima Declaration and Plan of Action on Industrial Development and Co-operation　關於工業發展和合作的利馬宣言和行動綱領（指由 77 國集團於 1975 年 3 月在秘魯首都利馬通過的）

Limb of law　法律家；法學家；警官

Limb of the law　〔俗〕執法人員（指警察、律師或法官）

Limine　防止偏見申請（詳見 "motion in limine"）

Limit　*n. & v.* I. 界限；界線；境界；限制；限定；（權力和權限等）範圍；限度；極限；限額；限價；〔保〕限額；II. 限制；限定；定…的界限

Limit consignment　限制委託

Limit imports from the country of　限制從…國進口

Limit of competency　權限；權限限制

Limit of credit　信貸限額（信用帶出限額）；信用度範圍

Limit of debate　辯論範圍

Limit of hours　時限

Limit of indemnity　賠償限額

Limit of jurisdiction　管轄界限

Limit of liability　賠償責任限度；責任範圍；責任限額

Limit of national jurisdiction　國家管轄範圍

Limit of stay　逗留期限

Limit of time　時間限制

Limit one's power to retaliate　限制…報復的權力

Limitation　（訴訟）時效；（出訴）期限；界限；極限；限制；限度（額）；界線；範圍；境界；〔保〕責任範圍；除外責任；〔英〕權利繼續期限

Limitation Bill　〔英〕限定王位繼承的法案（1861 年）

Limitation in law　法律限制的不動產（不動產授予持續佔有條件的限制）

Limitation of actions　訴訟時效；出訴期限

Limitation of armament　軍備限制

Limitation of assize　〔英古〕聲明主張土地佔有權的期限（指古時法律要求土地權利人應依法在一定期限內聲明主張本人或其祖先業已根據《土地所有權收回令狀》取得對訟爭土地所有權的佔有權）

Limitation of estates　〔英〕不動產期限的限制（不動產物權存續期間限定為土地讓與證書或遺書上不動產物權存續期間的文句）

Limitation of liability　責任限制（指股東責任依持股多寡而定；船東對所承運的貨物和旅客損失或損傷的責任依法而定）

Limitation of Liability Acts　〔美〕責任限制法

Limitation of prosecution　刑事起訴時效；追訴時效

Limitation of the Crown Act　〔英〕限制王位繼承法（1701 年）

Limitation on bank loans　銀行貸款金額限制；銀行貸款限制

Limitation on investment　投資限制

Limitation on the total indebtedness of national banks　國立銀行總債務金額限制

Limitation over　（轉讓財產）期限屆滿後

Limitation period　時效期限；起訴期限

Limitation proceedings　時效之訴

Limited (Ltd.)　有限責任公司

Limitations of staff in the delegation and the secretariat　〔世貿〕代表團和秘書處工作人數的限制的；有限責任的；特別的

Limited administration　臨時性遺產管理（授予對遺產在特定期間內、特別或特定事項進行臨時性的管理，即對遺產附有一定限制的管理）

Limited admissibility　〔美〕有限制的可採用性（指根據證據法，陪審團採用證言和物件時應在限定目的範圍之內審慎地依法官指示裁斷）

Limited appeal　〔美〕部份上訴（指只限於特定不利的判決部份可予上訴）

Limited ballot　限制性投票

Limited company　有限公司；有限責任公司（指股東的責任有限）

Limited concession　有限期的特許

Limited court　〔美〕專門法庭（限制管轄權的法庭。例如，遺囑檢驗法庭）

Limited divorce　有限離婚（指夫婦分居期間不得再婚、不規定撫養費等）

Limited endorsement 有條件背書

Limited entry certificate 有限入境證（一般指對入境口岸的限制亦即只允許持證人從特定的口岸入境）

Limited evidence 有限的證據

Limited execution 有限制的遺囑執行（指在權限、時間、場所或執行事項上有一定限制）

Limited executor 有限制的遺囑執行人（指受時間或權力限制）

Limited exemption 〔英〕有限豁免（指豁免移民法規定的各種限制依不同類別申請人而定）

Limited fee 限嗣繼承地；附條件的可繼承地產

Limited franchise 有限制特許；限制選舉

Limited full powers 有限全權

Limited functions 有限職務

Limited guarantee 限額擔保（指一定數額內的擔保）

Limited guaranty 限定擔保（指只限於單一的交易）

Limited heir 有限制的繼承人

Limited hostilities 有限敵對行動

Limited immunity 有限豁免權

Limited income 有限所得

Limited interpretation 限制性解釋

Limited jurisdiction 〔美〕有限制的管轄權；專門管轄權（指法院限於對特種案件的管轄權或要受制定法規定的時效和情勢規定才能執行）

Limited liability 有限責任；有限賠償責任

Limited Liability Act 〔英〕有限責任法（1855 年）

Limited liability company 有限責任公司

Limited liability partnership 〔美〕有限責任合夥

Limited market capacity 有限的市場吐量

Limited membership agency 有限會員資格機構

Limited monarchy 立憲君主國；立憲君主政體

Limited most favoured nation clause 有限最惠國條款

Limited open-end mortgage 有限敞口抵押；附有條件的限制清償期不定的抵押

Limited order 限價訂單（定貨）；有限指令

Limited owner 有限制的所有人；有限制的終身不動產保有人

Limited participation treaty 有限參加條約

Limited partner 有限責任合夥人；有限責任股東

Limited partnership 有限合夥；兩合公司（指法院限於對特種案件的管轄權或要受制定法規定的時效和情勢規定才能執行）

Limited Partnership Act 〔英〕有限責任合夥法（1907 年）

Limited partnership system 有限責任合夥制

Limited passport 有限護照

Limited payment life policy 定期繳費的人壽保險單；限期繳費的人壽保險單

Limited payment plan 限期繳納保險費方法（指一種一次性繳清保費，不再另行繳付的保險）

Limited policy 限制保險單；有限責任保險單（指一般只負全損責任而排除特定損害的保險單）

Limited power of appointment 〔美〕限定委託權（指所委任的權力僅限於行使文書中規定的所創設有利於數人或一批人的權力）

Limited power of GATT 關貿總協定的有限權力

Limited privileges and immunities 有限特權與豁免

Limited probate 有限制的遺囑檢驗（指僅檢認遺書中的特定事項）

Limited publication 限量出版；有限發行

Limited recognition 有限承認；（繼承等的）限定承認

Limited responsibility 有限責任

Limited rights of things 限制的物權

Limited staff 〔世貿〕有限的工作人員

Limited tendering 限制性投標；限制投標

Limited territorial application 有限領土適用

Limited trading rights 有限的貿易權

Limited veto 限制否決權

Limited vote 限制投票

Limited war 有限戰爭

Limited-payment insurance 限期繳費保險

Limited-period franchise 附有限期的特許

Limiting subsidisation 〔世貿〕限制補貼（指對農產品而言）

Limits of consumers' purchasing power 消費者購買力限度

Limits of examination and approval authority 審批權限

Limping marriage 跛腳婚姻（例如，甲國法院判決有效的婚姻，乙國法院有可能宣佈其無效等等）

Lincoln's Inn (inns of court) 〔英〕林肯法律協會（有權授予律師資格的四個倫敦法律協會之一）

Line 血親；血系；親系；線；線路；界線；（地產）邊界；分界線；行業；職業；（汽車）運輸公司；班輪公司；限額；額度；款額；保險種類

Line by line budget 〔美〕預算支出逐項的詳細記錄

Line employee 授權職工（指直接為實現組織目標而負責的員工）

Line haul 鐵路正線運輸

Line haul charge 鐵路正線運費

Line inter fauces terrarium 地峽間線

Line limit 承保限額

Line manager 授權經理；生產線管理人員

Line of actual control 實際控制線

Line of anchor 錨位線

Line of ascent 血統

Line of business 行業；營業範圍；職業範圍；業務範圍

Line of consanguinity 兩人間的親屬關係

Line of credit 信用額度；信貸額度；融通額度（指銀行根據借款人的信譽、財政狀況和周轉黃金需求而提供最高限額的貸款）

Line of demarcation 分界線

Line of descent 繼承血親

Line of duty 值勤（美國陸軍法律和慣例規定，其陸軍或海軍士兵在值勤中傷亡的求償撫恤規定）；公務；職責

Line of equidistance 等距離線

Line of ordinary high tide 正常高潮線

Line of orinary tide 正常高潮線

Line of sight 目力所及範圍（指 18 世紀一些法學家提出一種劃分領海寬度標準的主張）

Line of special service 特許服務行業

Line of the coast 海岸線

Line of war 戰爭界線

Line sheet 限額表；險種指南

Line tree 界樹

L

Lineage 血統；世系；血親；子孫；後裔

Lineal *a. & n.* I. 直系的；屬同一家系的；世襲的；祖傳的；繼承的；線的；直線的；II.〔複〕死者血親

Lineal ascendants 直系尊親屬；祖先

Lineal consanguinity 直系親屬；直系血親（指父子、祖父和孫子之間的關係）

Lineal descendants 直系卑親屬；直系後裔；直系晚輩

Lineal descent 直系繼承；直系晚輩；直系卑親屬（直接由家譜傳下的子孫後代）

Lineal heir 直系繼承人

Lineal kin 直系親屬

Lineal relationship 直系親屬

Lineal relative 直系親屬

Lineal relative by blood 直系血親

Lineal successor 直系繼承人

Lineal warranty 〔英〕直系親屬擔保

Linear approach 劃一減稅辦法（即"等比例減稅法"）

Linear concessions 〔關貿〕劃一削減；劃一減讓（亦稱"一攬子方式""直線減稅"，指各國工業品關稅按同一百分比削減，然後分階段實行）

Linear method of cutting tariffs 直線性減低關稅法

Linear programming (LP) 線性規劃（指應用線性規劃求出材料的最低採購費用、或最大盈利的產品構成，以此幫助企業決策者選擇一個最佳決策的一種數學方法）

Linear reduction 直線式減低（關稅）

Linear reduction of tariffs 〔關貿〕直線式降低關稅（各締約國根據商定的百分比，對選定的產品做出統一幅度的減讓，減稅的幅度按議定的時間表分階段實施，此為美國金融家猶龍於 1960−1962 關稅談判中採用的多邊減讓方法，但未取得預期效果）

Line-item veto 否決明細開列的項目

Liner 班輪

Liner code 班輪規約（聯合國的）

Liner Code of Conduct 〔聯〕班輪行為守則

Liner conference 〔英〕班輪公會；班輪運價公會

Liner markets 班輪市場

Lines and corners （地契卜與勘測的）界線及其相互的界角

Line-up 列隊辨認（指一種辨認犯罪嫌疑人的程序）

Linguistic interpretation 語言解釋

Linguistic minorities 語言少數

Link *n. & v.* I. 連環；聯繫；環節；令（測量土地用的長度單位 =7.92 寸）；連接部份；連結物；聯繫點；II. 接連；接合；聯繫

Link between development assistance and SDR alloctions 〔基金〕發展援助與特別提款權分配之間的聯繫

Link issues 相關議題（指對貿易有重大影響問題，其中包括環境規則、人權、貨幣、軍控與擴散等與貿易有關的政策）

Linkage between trade and development 貿易與發展的聯繫

Linkage between trade and the environment 貿易與環境之間的聯繫

Linkage of import policies for agriculture 農業（產品）進口政策的聯繫

Linkage 聯繫；連鎖；聯動

Linkages between trade and other issues 貿易與其他問題之間的聯動關係

Linkages between trade, Labour standards, resource depletion and environmental degradation 貿易、勞動標準、資源耗盡和環境退化之間的聯繫

Link-in-chain 〔美〕（證據）鏈環節（憲法第 5 條修正案所謂"連鎖鏈"規定，保護證人證言中"自認犯罪"豁免權）

L'Institut Superieur International de Sciences Criminelles 〔法〕國際刑事科學高級研究所

Lion's share 最大（或最好）份額

Lip service 口惠

Liquid 流動的；不穩定的；易變換為現金的；擁有大筆周轉資金的（尤指流動資本）

Liquid assets 流動資產；變現資產

Liquid capital 流動資本；活動資本；周轉資本

Liquid debt 即期債務；墊付款

Liquid liability 流動負債

Liquid monetary compensation 〔關貿〕臨時的貨幣補償

Liquid securities 流動證券

Liquidate *v.* 清償；清理；清算（破產的企業等）；（將資產等）變換現金

Liquidated 已決定的；確定的；已付清的；（公司等）已破產的；已清算的；已清償的；已支付的；（將資產等）變現的

Liquidated account 已確定金額的賬目；已清算的賬目

Liquidated claim 確定數額的索賠（經訴訟當事人雙方同意或依法確定的）

Liquidated damages 約定違約金（當事人訂定的違約賠償金）；〔英〕預定違約賠償金（指雙方當事人事先在合同中就約好違約的賠償金額）

Liquidated debt 已清償的債務

Liquidated demand 協定的求償額；訂定的求償額

Liquidated penalty 約定違約罰款

Liquidating distribution 清算分配

Liquidating dividend 清算攤分額；清算分配的股利；還本性股利（指以股利方式分配公司資產，將其分給股東，以減少公司資本或公司要解散時的一種處置方式）

Liquidating partner 清算合夥人（指合夥企業停止或解散後負責清理債權債務的人）

Liquidating trust 清算信託

Liquidation 清算；停業清理（指公司因無力清償債務而停止營業進行清理）；（債務）清償；清理；清算；清盤；（資產的）變現

Liquidation account 清算賬戶；清理賬戶；變產清算表

Liquidation committee 〔英〕清算委員會（由債權人和公司股東指定行使破產法所授與的職能）

Liquidation dividend 清算攤分額；清算分配的股利（=liquidating dividend）

Liquidation of a company 公司清算

Liquidation of debt 債務清理

Liquidation of the Fund 償還國際貨幣基金的債務

Liquidation price 清算價格；清產拍賣價（指出售財產以清償債務的價格，通常要比市價低）

Liquidation profit and loss a/s 清算損益賬

Liquidation reserve 清償準備金

Liquidation rights 清償股東的權益

Liquidation sale 清算拍賣；停業清理大拍賣；破產拍賣

Liquidator 清盤人；清算人（指定執行清理倒閉公司之財產者）；〔英、加〕破產管理人；破產企業清算人

Liquidity 清償力；償債能力；(資產的) 流動性；資產的變現力 (指把資產變現為資金的能力)

Liquidity control 流動資金的控制

Liquidity position 流動頭寸

Liquidity preference 流動偏好 (指寧願持有現款和存款，不願持有可生利但較難變化的股票和債券等資產)；流動性優先

Liquidity ratios 清算比率；清償力比率 (指測定一間公司清償到期債務能力)；流動性資產變現比率

Liquidity requirements 流動要求

Liquidity squeeze 流動性 (清償力) 緊縮

Liquidity trap 流動陷阱

Liquidity-constrained capital market 〔基金〕流通受限制的資本市場

Liquor 酒；酒類；含酒精飲料

Liquor licences 酒類營業執照

Liquor offenses 〔美〕酒類犯罪；無賣酒牌照罪

Liquor tax 酒稅

Liquor traffic 酒類販；酒商；酒類貿易

Lisbon Agreement for the Protection of Appellations of Origin and their International Registration 保護原產地名稱及其國際註冊里斯本協定

List 表；一覽表；(財產) 清單；備審案件目錄表；議事日程表；財產清冊；官方目錄表；官方的選民登記；價目表，價目單；上市證券表

List a stock 使股票上市

List any grounds for refusal 列舉拒絕的理由

List as wanted 通緝單

List of annexes 附件清單

List of arbitrators 仲裁員名單

List of candidates 候選人名單

List of casualty 傷亡名單

List of changes of names 船名變更表

List of conciliators 和解員名單

List of contraband 禁製品清單

List of creditors 債權人名單 (載有債權者的姓名、住址和金額的名單)

List of crew 船員名單；機組人員名單

List of distribution 分配表 (特指破產財團的分配表)

List of dividend payments 股息支付表

List of eligible voters 選民榜

List of exchange rate quotations 外匯牌價表；外匯行情表

List of import commodities 進口商品目錄

List of item 項目單；項目表

List of products 產品清單

List of products covered by this agreement 〔世貿〕本協議範圍內的產品清單

List of property 財產清單；財產目錄

List of radio signals 〔海法〕無線電信號表

List of signatories and parties 簽字國和當事國名單；簽字者和當事者名單

List of territories 〔關貿〕領土名單

List of the dead 死亡者名單

List price 標價；目錄價格；價目單定價

Listed 列入名單的；列入目錄的；列表的；掛牌的；登記的；(股票等) 上市交易的；上市的；上場的

Listed company (股票) 上市公司；掛牌公司

Listed securities (交易所) 掛牌證券；上市證券

Listed security exchanges 〔美〕上市證券交易所 (指有組織地在指定的營業場所的交易)

Listed stock 上市股票；掛牌股票；證券交易所登記的股票

Listen continuously 〔海法〕連續監控值班 (指對無線電的)

Listening watch 監聽值班

Listers 〔美〕(某些州) 制定應稅表人；估價員

Listing 不動產代理協議 (指不動產所有者與不動產代理簽訂的出售或出租不動產價格及其備金的協議)；上市；掛牌；(證券申請) 上市合同；掛牌合同；列舉；編表；列入清單

Listing agent (不動產) 代理人；(上市經紀銷售) 代理商

Listing agreement 〔美〕(不動產) 代理協議 (不動產所有者與其經紀人之間掛牌的買賣協議)；上市協議；上市合同

Listing fee 掛牌費；上市費

Listing of securities 證券上市

Lists of information 資料清單

Liszt 李斯特 (F. von Liszt) 德國刑法家，刑事社會學派創始人 (卒於 1919 年)

Lit de justice 〔法古〕國王在御座上行使法官權力並以敕令制定法律；國王主持審判會議的御座

Lite pendente purchaser 產權訟爭中的買受人

Literacy 能讀；能寫；識字；博學

Literacy test 〔美〕識字測試 (為某些州投票選舉權的先決條件)

Literal 按照字面的；文字上的；按字面意義解釋的；照文字的；原文的；精確的

Literal construction 字面解釋；文字解釋

Literal contract 成文契約；文書契約，書面合同

Literal interpretation 字面解釋；直譯 (指逐句或逐字加以解釋)

Literal proof 書面證據

Literal sense 字面意義

Literary 文學上的；有關文學的；精通文學的；從事文學的；從事寫作的；文人學士的；書面的；書籍的

Literary composition 文字作品；文學作品

Literary executor 遺著管理人

Literary piracy 侵害著作權；剽竊著作物

Literary pirate 侵害著作權者；剽竊著作物者

Literary property 著作權；版權；文藝財產；文藝作品財產權

Literary work 文學作品，文字作品 (包括地圖、圖案、目錄表、編纂物等)

Literate *n. & a.* I. 識字的人，有文化的人；II. 知識淵博的；受過教育的；有知識的；有教養的

Literatim 逐字地；照原文

Literature 文學；文學作品；文獻；(事業計劃等的) 證明書；著述；(廣告、傳單等) 印刷品；宣傳品

Litigable (事件等) 可訴訟的

Litigant 訴訟者；訴訟當事人

Litigants' statement 訴訟當事人的陳述 (指當事人向法院說明案件的事實經過，提出證據和分析證據，提出適用法律的意見，以及同意或反駁對方的事實和主張)

Litigate *v.* 提起訴訟；進行訴訟；爭訟；訴諸法律；對簿公堂

Litigation 民事訴訟；法律訴訟；打官司；爭訟

Litigation bond 〔保〕訴訟保證保險

L

Litigation capacity　訴訟能力

Litigation cost and expense　訴訟費用

Litigation expenses　訴訟費用

Litigator　爭訟者，訴訟當事人，訴訟一方；庭審律師

Litigiosity　〔蘇格蘭〕禁止訴訟中可繼承財產的轉讓（指法律上禁止債務人轉讓可繼承的財產以取消剛提起的訴訟）

Litigious　*n. & a.* I. 訴訟標的；II. 有爭議的；爭訟的；好訴訟的；好打官司的；可引起訴訟的；〔宗〕有爭議的（神職或聖俸）

Litigious bondholder　可引起債券持有者的訴訟

Litigious right　訴訟權；有爭議的權利（指只有通過訴訟才能得以行使的權利）

Litigious right of possession　佔有訴訟權

Litis contestation　爭訟程序

Litispendence　訴訟待決期間；訴訟期間

Litre　〔法〕升（容量單位）

Littering　〔美〕亂拋廢棄棄物

Little Assembly　小型聯大

Little board　小交易所

Little case　使人立臥不得的牢籠

Little Englander　反對擴張殖民地或擴張領土的英國人

Little Entente　小協約國；小協商（指前南斯拉夫、羅馬尼亞和捷克三國之間協商）

Little master　小包工；日僱工

Little Neddy　〔英〕小經會（為《王國經濟發展委員會的俗稱》"National Economic Development Council"）

Little Parliament　〔英〕小議會（指 1653 年克倫威爾召集的英國議會）

Little paying-receiving system　〔中國台灣〕小出納制度（由櫃檯人員、記賬、會計和出納四人組成，辦理顧客提、存款業務的銀行出納制度）

Littleton　利特敦法官（著有《利特敦土地保有權論》一書）

Littoral　海岸的；沿岸的；沿海岸的；沿大湖的

Littoral land　沿岸的土地（指沿大洋、大海和大湖沿岸的土地）

Littoral owner　沿岸土地所有者（指沿海或沿湖的土地）

Littoral proprietor　沿岸土地所有人（指沿海或沿湖的土地）

Littoral rights　沿岸土地財產權（指毗鄰大洋、大海、大湖沿岸灘的使用和享有權）

Littoral sea　沿岸海

Littoral state　沿岸國

Littoral waters　近海水域

Live　*a. & v.* I. 活的；有生命的；目前大家關心、熱議的；尚在爭論中的；實況播送的；II. 活；生存；謀生；居住；旅居

Live and cohabit together as husband and wife　〔美〕以夫妻名義一起生活和居住

Live at home under surveillance　〔中〕監視居住（指司法機關命令被告人在指定地區居住，不得擅自離開以便進行偵查和審判）

Live performance　現場表演

Live stock insurance　牲畜保險

Live storage　〔美〕在用車庫

Live up to the promise　〔領事〕兌現承諾

Livelihood　生計；活計；謀生之道

Livelode　維持；支持；撫養；供養；贍養；生活費

Liverpool court of passage　〔英〕利物浦航行法院（17 世紀根據特許批准成立的法院，擁有對發生於該市區的訴訟案件和海事事件管轄權。1971 年廢止）

Liverpool homes for aged mariners　利物浦海員養老院

Liverpool seamens' pension fund　利物浦海員養老金

Livery　〔英古〕（財產所有權的）讓渡；移交佔有地產令狀（指受衡平法院監護的未成年者成年後訴請從其監護人手中取回所佔有的地產）；〔總稱〕倫敦同業公會會員；穿特殊制服的公會會員；同業公會或公司的特權；載重牲畜租約（尤指馬等供僱主使用的契約）；（馬及各種車船）出租行；〔英〕封建的土地佔有讓度（形式）

Livery conveyance　（無歧視的）公共交通工具

Livery in chivalry　〔封〕騎士軍役封地的移交（指軍役封地的監護人應將其所監護的軍役封地交付給成年的被監護人，男達 21 歲，女為 16 歲）

Livery in deed　交付土地儀式（兩個當事者進入目的地，在該土地上讓與者用鑰匙和樹枝等作為全部權利標誌交給對方，以此轉移佔有權的方法）

Livery in law　讓渡土地佔有權儀式（兩個當事者不進入土地而在能夠看得見土地的地方用鑰匙或樹枝等作為標誌以讓渡佔有權的方法）

Livery insurance　車輛出租行保險（指對各種車輛和出租車司機的保險）

Livery of seisin　轉讓土地佔有權儀式（指習慣法上，讓與人把其有形佔有的地產或住宅房屋轉讓給受讓人的適當儀式）

Livery office　〔美〕土地轉讓辦事處（指定辦理交付轉讓房地產的機構）

Livery stable　租馬行

Livery stable lien　馬夫留置權

Livery-man　倫敦同業公會會員；（具有倫敦市長選舉權的）倫敦自由民；賃馬車出租店主

Lives in being　存在的生命；現有的生命（生存期間創設的未來權益）

Lives of the Chief Justices　〔英〕首席法官列傳

Lives of the Lord Chancellors　〔英〕大法官列傳

Livestock　家畜；牧畜

Livestock cattle insurance　家牛保險

Livestock insurance　牲畜保險

Living　活的；活着的；現行的；現存的；生存的；有生命的；使用着的；維持生活的

Living allowances　生活補貼；生活津貼

Living apart　（夫妻）分居

Living at time of another's death　未亡人的（另一方已故，而一方尚活着的，意指遺孀或鰥夫）

Living in open and notorious adultery　〔美〕公開眾所周知地私通同居（指必須同居在一起且眾所周知地私通，只是事實上的同居而並非夫婦）

Living index　生活指教

Living issue　生存的子女；活的後嗣

Living marine resource　海洋生物資源

Living organism　生物機體

Living pledge　活質（以收益抵利息之典當）

Living resources　生物資源

Living separate and apart　（夫妻）分居

Living together　〔美〕同居；共同生活（意指夫妻居同屋、食同桌，但各行其是）

Living trust　生前信託

Living wage　最低生活工資

Living will 活遺囑；安樂死囑託 (指傷殘者恢復無望時，要求法律上准許其被人道滅亡，即安樂死之一種書面聲明的囑託)

Living with husband 與丈夫同居

Living witness 人證

Lloyd's Act 〔英〕勞合社法 (1871 年)

Lloyd's custom 勞合社慣例

Lloyd's Form 勞合社標準救助協議書

Lloyd's lists 勞合社日報；勞氏船務事故日報

Lloyd's of London 倫敦勞埃德保險社；倫敦勞合社 (主管海上保險事務)

Lloyd's Open Form 勞合社標準救助協議書

Lloyd's Register 勞合社船舶登記簿；勞埃德船舶年鑒；勞埃德船級社

Lloyd's Register Book 勞合社船舶年鑒

Lloyd's Register of British and Foreign Shipping 勞埃德不列顛和外國船級社年鑒

Lloyd's Register of Shipping 勞埃德船級社 (勞合船級社)

Lloyd's Registry 勞合社登錄處

Lloyd's 勞合社；勞氏；勞埃德協會；勞埃德船級社協會 (1871 年於倫敦向政府註冊成立的)

Lloyd's agents 勞合社代理人；勞合社代理商 (由勞合公司委任世界各主要港口，其職責是報道出入各港埠船舶海難事故以及船舶保險等信息)

Lloyd's association (Lloyd's Underwriter) 勞合社保險人；勞合社承保人；勞氏保險商

Lloyd's bonds 勞合社債券；勞埃德債券

Lloyd's broker 勞合社經紀人；勞埃德保險經紀人

Lloyd's Certificate 勞埃德船舶等級證明書

Lloyd's cooperation 〔英〕勞埃德船級社協會；勞埃德海上保險協會

Lloyd's insurance 勞合社個人保險；勞埃德個人保險

Lloyd's Insurance Pool 勞合社保險聯營

Lloyd's List 勞合社日報；英國勞氏海事情報 (創刊於 1834 年 2 月，為英國最古老報紙之一)

Lloyd's of London 倫敦勞埃德保險社；倫敦勞合社

Lloyd's policy 勞合社保險單

Lloyd's policy of marine insurance 勞合社海上保險單

Lloyd's Register 〔英〕勞氏船級社；勞埃德船級社

Lloyd's surveyor 勞合社船舶檢查人

Lloyd's underwriter 勞合社保險人；勞合社承保人；勞氏保險商

Lo Codi 《查士丁尼法典概述》(大約 12 世紀中葉寫於葡萄牙)

Load 裝載；裝載量；附加費

Load displacement (船運) 滿載排水量

Load draft (船運) 滿載吃水

Load draught (or loaded draught) (船運) 滿載吃水

Load fund 共有基金；收費基金

Load line marks 載重線標誌

Load line regulation (船運) 裝載量限制線規定

Load lines 載重線

Load up 裝貨

Load waterline 載重水線

Loadage 裝載量；貨車

Loader 裝卸工人

Loading 裝載；載貨；附加保險費；附加費用，間接費用

Loading certificate 裝貨證明書

Loading charges 裝船費；裝貨費；裝運費

Loading dues 裝貨稅

Loading lay days 裝貨期間；裝貨天數

Loading list 裝船單；裝貨清單

Load-line 滿載吃水線；載重線

Loadman 領船員；引水員

Loadmanage 拖船費；領航費；引水費

Loaf *v.* 遊蕩；閒逛；懶散地工作

Loafer 無業遊民；不務正業者

Loan 貸款；放款；借貸；借；借入 (出)

Loan account 貸款賬戶；放款賬戶；借款賬戶；借貸賬戶

Loan agreement 借款協議；貸款合約

Loan amortisation schedule 〔美〕分期分類償還本金及其利息的貸款計劃

Loan applicant 申請借款人

Loan application 貸款申請書

Loan amortisation 貸款協會；〔美〕互助儲金會 (詳見 "building and loan association")

Loan broker 貸款經紀人

Loan capital 借貸資本；貸款資本；借入資本

Loan certificates 貸款證書；貸款憑證；借據

Loan claims 〔基金〕貸款要求權

Loan claims of member countries 〔基金〕國際貨幣基金組織會員的貸款權利要求

Loan commitment 承付貸款；貸款承諾

Loan crowd 股票借貸經紀人

Loan employee or servant 〔美〕借出僱員；出租的傭人

Loan for consumption 消費借貸；消費貸款

Loan for exchange 交換借貸契約 (指借出者把一動產給借入者，後者承諾將來以相似物品給前者，且彼此可無償加以使用)

Loan for use 使用貸款；使用借貸；借用

Loan fund 借貸基金

Loan guarantee 貸款擔保

Loan holder 債券持有人；(押款的) 受押人；債權人；公債持有人

Loan interest 貸款利息

Loan interest rate 貸款利率

Loan mix 混合貸款

Loan notice 貸款通知書

Loan of Asian Development Bank 亞洲開發銀行貸款

Loan of International Monetary Fund 〔基金〕國際貨幣基金組織貸款

Loan of World Bank Group 世界銀行集團貸款

Loan on bottomry 冒險貸款

Loan on collateral 證券擔保借款

Loan on favourable terms 優惠貸款

Loan on property-transfer 財產轉移貸款

Loan on respondentia 冒險貸款

Loan on security 擔保貸款 (抵押貸款)

Loan participation 參股貸款 (一種分散違約風險的合夥貸款人)

Loan pass-through certificates 〔世行〕通過證券貸款；轉讓貸款證券 (證書)

Loan rate 借款利率；貸款利率

Loan ratio 貸款利率；貸借比率

L

Loan regulations　借貸條例；借貸規章

Loan secured by credit　以信用擔保的貸款

Loan secured by mortgage　以抵押作擔保的貸款（以抵當作擔保的貸款）

Loan secured on landed property　以地產作擔保的貸款

Loan services　貸款業務；放款業務；出借業務

Loan shark　高利貸者；高利貸業（口頭用語）

Loan sharking　放高利貸

Loan societies　〔英〕互助儲金會；貸款互助會；融資協會（一種俱樂部，目的是為工業界籌集貸款資金）

Loan syndicate　貸款財團

Loan tied to an index　按指數償付的貸款

Loan value　抵借價值；保險單押借限額；（人壽保險）貸款限額

Loan without security　無擔保貸款

Loan worthy　有償付能力

Loanable funds　可貸放資金；可貸資金；可能貸出資金

Loaned employee　〔美〕借出的職工

Loaned employee or servant　〔美〕借出的僱員；出租的傭人

Loaned servant doctrine　〔美〕出借僱員原則

Loaned stock　貸出的股票；借貸抵押股票；貸款股份

Loanee　借入者；債務人

Loaner　借出者；債權人；貸款人；借用物

Loaning at a premium　有利息的借貸

Loaning flat　無利息借貸

Loaning rate on stock　股票抵當貸款利率

Loans (Government Bonds) Ordinance　〔香港〕政府債券條例（有關債券利息等規定）

Loans payable account　借款賬

Loan-to-value ratio　借資對價值比率（融資買價與抵押之百分比，普通比率為 80% 到 90%）

Lobby　*n. & v.* I. 議會走廊；〔英〕議會下院會客廳（受僱游說議員之所）；下議院議員投票廳（贊成及反對的議員分別投票時的兩個投票廳之一）；〔美〕院外活動集團（也稱"第三院"，指美國壟斷組織以收買或脅迫議員為手段使國會立法為其服務而派的專人所設的專門機構。因活動在議會走廊、休息室而得名）；II. 遊說；說項；疏通；施壓

Lobby groups　游說團體

Lobby-fodder　走廊政客（指專門在下院議會走廊遊說國會議員的）

Lobbying　院外遊說；院外活動（指以各種手段勸使立法議員通過或否決議案）；遊說拉票

Lobbying Acts　〔美〕聯邦院外活動法（規範聯邦與州院外遊說者行為規則）

Lobbying contract　〔美〕院外遊說合同

Lobbying interests　遊說勢力；遊說利益團體

Lobbyism　院外活動（指對國會立法者的工作，企圖影響議案的通過）；遊說；說項；疏通

Lobbyist　議院外活動者；院外說客（指受僱專門對議員或政府官員等進行疏通的人或對國會立法議員做工作以通過議案或加以否決）

Local　地方的；當地的；本地的；地方性的；地區性的；局部的；部份的

Local act　〔英〕地方法；〔美〕地方法；特別法

Local actions　區內訴訟；屬地訴訟（指應在案件發生地提起的訴訟，僅在訴訟原因發生地的法院才有管轄權的訴訟）

Local administration　地方行政；地方行政管理

Local affairs　本地事務；地方性事務；〔美〕市政性事務

Local agent　〔美〕當地代理商；地區性代理商；地方性代理商

Local agreement　局部協定；當地協定

Local allegiance　〔英〕當地效忠；居留地效忠（指外僑對其僑居地政府或國家負有效忠的義務）

Local and personal acts　〔英〕特別立法（屬發行的二類議會法，法律上視為議會公法，釋義見 1978 年的《解釋法》）

Local and spersonal legislation　〔美〕地方立法；特別法（適用於特定地區、特別或特殊個人的立法）

Local armistice　局部停戰；局部停戰協定

Local arrangement　局部安排；局部辦法

Local assessment　〔美〕地方派款（作為地方下水道、人行道等公益事業之用）

Local assessment mutual insurance　地方攤派稅款相互保險

Local authority　〔英〕地方當局（根據 1972 年法重組的，現指郡、區、倫敦自治區、教區或社區委員會）

Local autonomy　地方自治

Local chattel　〔美〕（自由保有不動產的）固定附着物

Local concern　〔美〕地方性事務；市政事務

Local content requirements　〔關貿〕當地成份要求（指東道國政府為保持其對外收支平衡，要求外資企業必須購用一定數量的東道國產品作為其自身的生產投入的規定）

Local content subsidies　當地含量補貼（指最不發達國家對出口產品的補貼）

Local courts　〔美〕地方法院，地區法院（州府法院）；〔英〕地方法院（限於一定區域管轄權的法院，例如，郡、縣法院等）

Local currency　當地貨幣；國內貨幣；地方貨幣

Local custom　（特定）地方習慣；當地慣例

Local de facto government　事實上地方政府

Local debt　地方債務

Local defence　地方自衛

Local dispute　地方性爭端

Local division of power　地方分權

Local election　地方選舉

Local equity requirements　〔關貿〕當地股權要求（指東道國政府為限制外資所有權，要求外資企業或項目中必須有東道國政府或私人參股例如，外國投資者所佔股權不得超過 49% 等限制性規定）

Local expenditure　地方開支

Local government　地方政府

Local government and non-government standardising bodies　〔世貿〕地方政府和非政府標準化機構

Local Government Board　〔英〕地方政府委員會（現已撤銷）

Local government rules　地方政府法規

Local governments at the sub-national level　地方各級政府

Local hostilities　局部敵對行動

Local improvement　〔美〕地方改良（特定地方公地的設施改良，尤指使接壤鄰近的不動產受益的）

Local improvement assessment　〔美〕地方土地改良費（指定地區土地改善而獲益地者應繳的費用）

Local income tax　地方所得稅

Local inquiry　〔英〕地方調查

Local inspections　當地視察

Local international institutions 地方性國際機構

Local jurisdiction 當地管轄權

Local law 〔英〕地方法；〔美〕地方法；特別法（指僅適用於某個羣體特定人或物之法）

Local law theory 本地說（指一國法院在審理涉外民事案件時，有時需要考慮外國的某種實體規則，將其"合併"到"本地法"中以使法院承認和執行的權利並不是外國的權利，而是根據自己的法律所創設的權利）

Local legislation 地方立法

Local lighthouse authority 〔英〕地方燈塔機構（指對燈塔、浮標或信標所擁有的權力）

Local loan 〔英〕地方公債

Local measure 當地措施

Local navigation 當地航行

Local obligation 地方義務

Local officers 〔美〕地方官員

Local option 〔美〕地方選擇權；地方抉擇權；地方自決（如禁酒問題）

Local option election 〔美〕地方自決選舉

Local patent administrative authorities 地方專利管理當局

Local people's congress at different levels of P.R.C. 〔中〕地方各級人民代表大會

Local people's courts at different levels of P.R.C. 〔中〕地方各級人民法院

Local people's procuraterates at different levels of P.R.C. 〔中〕地方各級人民檢察院

Local planning and zoning 地方計劃與分區制度

Local police station 當地警察派出所

Local protection 當地保護

Local protectionism 地方保護主義

Local public security force of P.R.C. 〔中〕地方公安部隊

Local rate 區間運價；〔美〕本地運費率

Local regulations 當地規章

Local remedy 當地補救方法；當地救濟方法

Local rules 〔美〕地方規則；地區法院規則

Local standard 當地標準；國內標準

Local state 當地國家

Local statute 〔美〕地方法（=local law）

Local supervision 就地監督

Local tax 地方稅

Local taxation licences 〔英〕地方徵稅許可證

Local trade 當地貿易

Local train 〔美〕慢車

Local treaty 地方性條約

Local truce 局部休戰；限域休戰

Local usage 地方習慣；當地慣例

Local valuation court 〔英〕地方估稅法庭

Localised treaty 地方化條約

Locality 地理位置；臨近地區；地區；四鄰；鄰近；附近；場所；現場

Locality of a crime 犯罪地

Locality of a lawsuit 〔美〕審判地；法律訴訟地

Localisation 〔美〕當地化（指外國公司應受其經營州地方法律管轄）；地區化；場所化（指國際民商事爭議的）；局限

Localisation process 地方化進程

Localisation rate 地方化標準

Locally-administered state enterprise 地方國營企業

Locally-established supplier 〔世貿〕本國公認的供應商

Locarno Agreement Establishing an International Classification for Industrial Designs 建立工業品外觀設計國際分類洛迦諾協定（1968 年，中國於 1996 年加入）

Locataire 〔法〕承租人；租賃人；房屋承租人；房客；租戶

Locate v. 確定…的位置；定位；指出…的所在地；找出；發現；探測；定居

Locate and identify persons 查找和辨認人員

Locate, restrain and forfeit the instruments and proceeds of crime 〔領事〕查找、限制和沒收犯罪工具和犯罪所得

Located 找到的；發現的；座落於某地的

Location 地點；定位；位置；場所（標明特殊用途的場所，如供定居）；尋找；查明；（採礦地區）探測；勘測；確定地界；（房屋、土地、車輛等）出租（契約）；〔蘇格蘭〕勞務僱傭契約

Locational services 場所服務；定位服務

Locative calls 〔美〕位置標記（特定地點標記）；地界標記（可找到鑒別的界標記號）

Lock n. & v. I. 鎖；拘留所；閘；水閘；堰；性病醫院；II. 上鎖；鎖上；監禁；拘留；關押；使（船）通過水閘

Lock gate 閘門

Lock hospital 性病醫院

Lock pen 牢房

Lock-away 〔英〕長期債券

Lockbox 〔美〕加鎖信箱（由銀行給公司提供的供客戶放入支票等以加速收取和處置款項的服務郵箱）

Lockdown 〔美〕臨時監禁

Locked in 〔美〕被鎖住；套住；固定投資回報率；貸款利率

Locked-in 被佔用的；擱置的（指因變動資產收益需要大量繳稅，故而不能或不願轉移投資基金）；〔美〕佔駐示威（指一羣人佔據一座建築物或辦公室的示威行動）

Lock-out 解僱；閉廠；關廠；停工，停業（工廠主禁止工人進廠，以迫使他們接受對廠主更有利的條件）

Lock-up 拘留所；臨時羈押（指關在警察局以待交付法院審理）；鎖門時間（指監牢關門上鎖的時間）

Lococession 〔美〕讓位行為

Lode 礦脈；排水溝；水渠

Lode claim 礦脈權

Lode location 礦脈區勘定

Lodemanage 引水；領航；領港

Lodesman 領航員；領港員；引水員

Lodesmanship 領航員費；領港員費

Lodestar rule 〔美〕計費規則（按時間點數計價的律師費規則）

Lodge v. 提出；提起；告訴；舉報（申訴、抗議等）；留宿；寄宿；寄存；存放（文件等）

Lodge a claim 索賠；提出權利主張

Lodge a complaint against sb. 控告某人；投訴某人

Lodge a false accusation against sb. 誣告某人

Lodge a protest against court judgments 抗訴（指由檢察院或檢察官對一審法院的判決提出抗訴，要求停止執行或撤銷原判）

Lodge an appeal 提起上訴

Lodge an appeal against the suspension with the competent authorities 〔世貿〕就中止事項向主管當局提出上訴（指進口商權利人就其貨物被中止放行事上訴成員方法院）

L

Lodge complaints with organs of state　向國家機關提起
訴訟

Lodgement　〔愛爾蘭〕銀行存款；提存；告發；起訴；寄存；
向當局提出

Lodgement in court　向法院起訴（向法庭提出的起訴）

Lodger　房客；住客；寄宿人

Lodging allowance　房租津貼

Lodging house　〔美〕寄宿房屋（分間出租的住房，房間內家
具按週或按月出租，或不供應膳食，或有供餐的租房）

Lodging place　臨時住處（暫住處）

Lodgings　宿舍；寄宿；寄居住所；寄宿房屋

Log　原木；圓木；乾柴；木筏（指將原木捆扎一起繫成卷軸
以測算船速）；航海日記；船舶日記；飛行日記；航行日記；
測程儀；〔海法〕（船的）計程儀

Log line　〔海法〕計程儀線

Log rolling　相互捧場；互投贊成票以通過對彼此有利的提案

Logbook　航海日誌；飛行日記；航行日誌志；車輛日誌

Logic　邏輯；倫理學；推理法

Logic in legal contexts　法律中的邏輯；法律研究及其適用
上的邏輯

Logical interpretation　邏輯解釋；論理解釋

Logical presumption　邏輯上的推定（指從明確的事實推定
不明確的事實）

Logical relevancy　邏輯相關性

Logismography　〔意〕三聯式簿記法

Logroll　v. 互投贊成票；互投贊成票促使（提案等）通過

Log-slate　航海日記單

Lohnsystem　〔德〕工資制度

Loi de la societe cooperative　〔法〕合作社法（1925 年）

Loi de police　〔法〕警察法

Loi fondamentale　〔法〕根本法

Loi relative a la creation des syndicats professionnels
〔法〕職業團體法（1884 年）

**Loi sur la protection des enfants maltraites ou moralement
abandonnes**　〔法〕受虐待或遺棄的未成年人保護法
（1889、1910、1921 年）

Loi sur la transcription hypothecaire　〔法〕抵押登記法
（1855 年）

Loi-cadre　〔法〕綱要法

Loiter　v. 遊蕩；徘徊；逗留；遲延

Loiterer　遊蕩者

Loitering　遊蕩

Lolissement　〔法〕租船運貨

Lombard loan　〔英〕倫巴第貸款（英格蘭銀行給商業銀行的
證券抵押貸款）

Lombard rate　證券抵押；短期放款利率；抵押放款利率

Lombard street　倫巴第人街（為倫敦金融中心）；倫敦金融
市場；英國金融界

Lombard street man　銀行家；金融家

Lombarda　《倫巴第法規彙編》（1100 年）

Lombardian Law　倫巴第法（公元 5–6 世紀時征服意大利、
建立倫巴德王國的日爾曼民族法）

Lombarding　〔英〕通過證券經紀人購買證券

Lombards　意大利商人；意大利銀行業者（指 12–13 世紀期
間，創設於歐洲主要城市的意大利商人和銀行業者）

Lome Convention　洛美協定（指歐共體國家給予非洲、加勒

比和太平洋國家進口物品數量上不設限和免稅的優惠規定，
1975、1979 年）

London Assurance Corporation　倫敦保險公司

London Brokers Relief Act　倫敦經紀人救濟法

London central criminal court　倫敦中央刑事法院

London chamber of shipping　倫敦海運局（船舶局）

London commercial sales room　倫敦商業買賣所

London Corn Trade Association (LCTA)　〔英〕倫敦穀物業
協會

London Court of Bankruptcy　倫敦破產法院

London Court of International Arbitration　倫敦國際仲裁院

London Exchange　倫敦交易所

London financial market　倫敦金融市場

London Gazette　倫敦政府公報（創刊於 1665 年）

London Interbank Market　倫敦銀行同業拆放市場

London Interbank Offered Rate (LIBOR)　倫敦銀行同業
往來貸款利率；倫敦銀行同業優惠利率；倫敦銀行同業拆放
利率

London Lloydbank　倫敦船級社

London Naval Treaty　倫敦海軍限制條約

London parity　倫敦平價（匯兌用語）

London rates　倫敦行情（匯兌用語）

London Regional Transport　倫敦地區運輸公司（主要為大
倫敦地區公共交通提供安全服務）

London Salvage Corps　倫敦火災救護隊（主管大倫敦地區
火險救災工作）

London sessions　倫敦開庭期（倫敦中央刑事法庭開庭期）

London Shipping Exchange　倫敦海運交易所

London sittings　倫敦市庭審

London Transport Board　倫敦交通委員會

London Workingmen's Association　〔英〕倫敦工人協會

Long　a. & n. I. 長的；長期的；長久的；做多頭的；買空的；
行情看漲的；II. 〔複、英〕長期定息債券（政府發行的 15 年
內不償還的公債）；買主，買方；（投機市場的）買空者，多頭
戶；做多頭的人

Long account　多頭賬戶

Long and Short-Haul Clause　〔美〕長短途運輸條款（指在
同一路線或同一方向運送旅客或貨物索取短途運費高於長途
者須經州際商委員會特批）

Long bill　長期禁錮；長期匯票；遠期票據

Long date　（票據等的）遠期

Long distance basic telephone services　長途基礎電話
服務

Long distance blockade　長距離封鎖

Long distance bombardment　長距離轟炸

Long end of the market　優等證券市場中的長期證券交易；
長期證券交易

Long handnote　普通筆錄

Long hundredweight　長擔（=112 磅）

Long Island Sound　〔美〕長島海灣

Long Parliament　長期議會（指 1640 年 11 月–1653 年 10 月
的查理一世至克倫威爾的議會和 1661 年–1678 年 12 月 30
日的查理二世議會）

Long period normal supply price　長期標準供應價格

Long position　多頭戶；多頭寸；多單（指持有大宗證券等
待價格上揚）；長餘期貨（指買進超過賣出的長貨數量）

L

Long price 昂貴；高價

Long quinto 〔英〕《第五版長編案例彙編》(愛德華四世於 1465–66 年所編)

Long range agreement 長期協定

Long range blockade 遠距離封鎖

Long robe 長袍服 (律師業者喻稱)

Long standing trade irritants 〔美〕長期貿易煩擾；長期的貿易摩擦 (刺激)(指諸如，醫藥、化工和農產品方面的貿易爭端)

Long term *a. & n.* I. 長期的；II. 長條款；長期限；〔保〕長期保險

Long term bill 長期匯票

Long term care (LTC) 長期照顧；長期護理

Long term contract 長期合同

Long term credit 長期信貸；長期債權人

Long term debt 長期債務 (通指一年以上)

Long term financial plan 〔美〕長期財務編制計劃

Long term financing 長期融資 (指一年或兩年以上的抵押貸款等期貨運作)

Long term insurance 長期保險

Long term lease 長期租賃合同；長期租約

Long timer 長期徒刑犯

Long ton 英噸；長噸 (=2240 磅)

Long vacation 〔主英〕(法院) 夏季休庭期；長休庭期 (8 月 13 日至 10 月 24 日止)

Long-and-medium-term debt (LMT debt) 長期、中期債務

Long-arm statutes 〔美〕長臂法 (各州規定本州法院的管轄權可以及於其他州的人或他國國民的法律；允許對親自或通過代理人進入本州經商等目的之非居民被告行使司法管轄權)

Long-distance service 長距離服務 (例如，匯款、長途電話等)

Long-distance trade 長距離貿易；遠程貿易

Long-established liberalising vocations 久已確立的自由化行業

Long-established practice of consensus 久經確認的協商一致的慣例

Longevity pay 〔美〕年功加俸；長期服役津貼 (指在陸海軍中實際服役資歷的額外津貼)

Long-haul goods traffic 長途貨物運輸

Long-haul rate 長途貨運費率

Long-range balance growth 長期平衡的增長

Long-range balanced growth of international trade 〔世行〕國際貿易長期均衡的增長

Long-range fishing 遠洋捕魚

Long-run dumping 長期性傾銷

Long-run piece-discriminatory dumping 長期的歧視性價格傾銷

Longshoreman 碼頭裝卸工人；僱用的沿岸散工；碼頭工人；港口工人；海邊漁夫

Longshoremen's and Harbour Workers' Compensation Act (L.H.W.C.A.) 〔美〕碼頭和港口工人賠償法

Long-standing coherent approach 〔關貿〕長期一貫的方法

Long-standing interest 長遠利益

Long-standing policy 長期政策

Long-standing preferences 長期間的優惠；長期存在的特惠

Long-standing trade irritants 長期貿易煩擾 (摩擦)

Long-term 長期的

Long-Term Arrangement regarding International Trade in Cotton Textiles 〔關貿〕國際棉紡織品貿易長期安排 (關貿總協定 1962 年 2 月簽署的)

Long-term capital gain 長期資本收益

Long-term capital gain loss 長期資本收益損失

Long-term capital loss 長期資本損失

Long-term Co-existence and Mutual Supervision 〔中〕長期共存，互相監督 (中共多黨民主合作制準則)

Long-term Co-existence and Showing of Utter Devotion to Each Other 〔中〕長期共存，肝膽相照 (中共多黨民主合作制準則)

Long-term contract 長期合同

Long-term debt ratio 長期債務比率 (指長期債務與資本總額之比)

Long-term efficiency 長期效率

Long-term environmental policy goals 長遠的環境政策目標

Long-term growth 長期增長

Long-term growth in the developing countries 〔基金〕發展中國家的長期增長

Long-term loan 長期貸款

Long-term objective 長期目標

Long-term operating costs 長期經營費用

Long-term residence permit 長期居留證

Long-term securities 〔美〕長期證券 (指 10 年以上到期的)

Long-term solution 長期的解決辦法

Long-term training programme 長期培訓規劃

Long-term trend 長期趨勢

Long-term welfare 長期的福利

Look after the legal rights of fellow-nationals and legal entities therein the consular district 〔領事〕監護領區內僑胞和法人實體的合法權益

Look and feel of computer programme 計算機程序的"外型與感覺"(指計算機運作程序、菜單和數據等)

Look and listen 看和聽 (交通用語)

Looking at Law School 〔美〕法學院指南

Lookout 警戒；監視；留神；留心觀察 (指司機行車注意以免發生車禍)；〔海法〕瞭望員

Loophole 漏洞；空子 (指法律條文上的空子或可偷、漏稅而言)

Loose leaf ledger 活頁分類賬；活頁分戶賬

Loose leaf system 活頁記賬法

Loose voting authority of the GATT 關貿總協定鬆散的選舉機構 (指有學者認為，關貿總協定對"協商一致"沒有明確的界定，相反世貿組織非常嚴格，會議上決策一旦做出，任何成員方就不得加以反對)

Loose wording 不嚴謹的措詞

Loose wording of GATT decision-making power 關貿總協定決策權鬆散的措詞

Loose-leaf accounting book 活頁賬簿

Loose-leaf schedules 活頁減讓表

Loot *n. & v.* I. 〔總稱〕掠奪物；戰利品；(官吏的) 非法收入；贓物；II. 搶奪 (刑法用語)

Looter 掠奪者；劫奪者

L

Lord 君王，君主；貴族；領主；莊園主；地主；勳爵（指對侯、伯、子、男爵等貴族）；大人；閣下（對市長等高級官員的尊稱）；〔英〕法官大人（稱之為 "My lord"）；上議院議員

Lord Aberdeen's Act 〔英〕阿伯丁勳爵條例（1845 年發佈關於廢除買賣奴隸的）

Lord advocate 〔蘇格蘭〕檢察總長；政府法律總顧問；〔英〕律師會長

Lord Advocate for Scotland 蘇格蘭檢察總長

Lord and vassal 〔封〕領主及附庸

Lord Campbell's Act 〔英〕坎貝爾勳爵條例（1846 年發佈的關於死亡損害賠償的條例；1843 年發佈的關於誹謗罪的條例；1857 年發佈的關於淫穢出版物取締的條例）

Lord Chamberlain 內廷大臣；侍從長；衛隊長

Lord chamberlain of the household 內廷大臣；侍從長；衛隊長

Lord Chancellor (L.C.) 〔英〕大法官；御前大臣（御前大臣兼任上議院議長）

Lord Chancellor of England 〔英〕英格蘭大法官（在上議院有議席的最高法院院長）

Lord Chancellor of Ireland 愛爾蘭大法官

Lord Chancellor of Scotland 蘇格蘭大法官

Lord Chancellor's committee 大法官委員會

Lord Chief Baron 〔英〕皇家財稅法院首席大法官

Lord Chief Justice (L.C.J.) 〔英〕（王室法庭和高等民事法庭）首席大法官；高等民事法院院長

Lord Chief Justice of England 〔英〕英格蘭皇家首席大法官

Lord Clerk Register 〔蘇格蘭〕檔案和公文登記保管主事官

Lord Cranworth's Act 〔英〕克蘭沃思勳爵條例（1860 年發佈的關於擴張財產管理人及質權人的權利的條例）

Lord demesne 領地內莊園主自用地

Lord Denman's Act 〔英〕登曼勳爵條例（1843 年發佈的關於修正刑事訴訟程序的條例）

Lord Ellenborough's Act 〔英〕艾倫巴勒勳爵條例（關於處罰傷害人體的條例）

Lord Great Chamberlain 〔英〕王室掌禮大臣（管理威斯敏斯特王宮和監督貴族開會並在加冕儀式時陪從國王執行職務的第六位高級官員）；財務管理人

Lord High Admiral 〔英〕海軍事務大臣

Lord High Chanceller 〔英〕大法官（閣員之一，兼任上議院議長，＝Lord Chancellor）

Lord High Commissioner 〔蘇格蘭〕宗教事務特派專員（1603－1607 年）

Lord High Constable 〔英〕監軍司令；皇家侍衛長

Lord High Steward 〔英〕貴族審判法庭庭長（議會休會期間審判貴族叛罪或重罪，於 1948 年廢止）；王宮刑事法庭庭長；牛津大學特設法庭庭長

Lord High Steward of the Household 〔英〕宮內大臣

Lord High Treasurer 〔英〕首席財政大臣（第三位國務大臣）

Lord in gross 〔英〕不附有領地的領主

Lord in waiting 女王的侍從官；女王的宮廷侍從

Lord Justice Clerk 〔蘇格蘭〕最高法院副院長；高等刑法庭法官；高等民事法庭第二庭高級法官

Lord Justice-General 〔蘇格蘭〕最高刑事法院院長；最高法院院長

Lord Justices of Appeal (L.J) 上訴法院法官

Lord Keeper 〔英〕掌璽大臣

Lord Keeper of the Great Seal 掌璽大臣（國璽保管官）

Lord Keeper of the Privy Seal 內務大臣

Lord lieutenant 〔英〕郡最高軍事長官；（舊時）愛爾蘭總督

Lord lieutenant of the county 郡長

Lord Lyndhurst's Act 〔英〕林德赫斯特條例（1835 年發佈的關於禁止近親結婚條例；1844 年發佈的保全非國教教會財產的條例）

Lord Lyon King of Arms 〔蘇格蘭〕紋章院院長；皇家紋章大臣

Lord Mansfield 孟斯菲爾德勳爵（1705 年生，1757 年被任命為王室法院院長，大法官。他的判決使得商業習慣法與普通法同化，從而確立了英國商事法的基礎，他同時也是保險法的創始人）

Lord Mansfield Rule 〔美〕孟斯菲爾德勳爵規則（指關於夫妻任何一方所提供的性交證言為不能承認之規則，但數個州已廢棄該規則）

Lord Marshal 〔英〕掌禮大臣

Lord Mayor 市長；大市長（指倫敦、約克、曼徹斯特、伯明翰、不列斯特等城市的）；市長大人；市長閣下

Lord Mayor's Court in London 倫敦市長法庭（由倫敦市長進行審判，已於 1971 年廢止）

Lord mayor's day 〔英〕市長日（當選倫敦市的市長以列席的身份去衛斯特向國王宣誓的 11 月 9 日）

Lord of a fee 享有無條件財產保有的領臣的領主

Lord of a manor 〔美〕受讓人；莊園領主

Lord of session 〔蘇格蘭〕最高法院法官

Lord of the King's Bench 最高法院院長；王室法院院長

Lord of the manor 莊園領主

Lord Ordinary 〔蘇格蘭〕最高民事法院獨任法官

Lord paramount 〔英〕最高領主（封建君主）；英王；君主

Lord President 〔蘇格蘭〕最高民事法院第一法庭庭長（該職務已併入刑庭中的最高法院院長名下）

Lord President of the Council 〔英〕樞密院院長

Lord President of the Court of Session 〔蘇格蘭〕最高民事法院院長

Lord Privy Seal 〔英〕國璽大臣；掌管王璽大臣

Lord Remembrance 〔英〕財政部書記官

Lord St. Leonary's Act 〔英〕聖·倫納德條例（1840 年發佈的關於減輕財產管理人的負擔及與個人財產關係的條例）

Lord Steward of the King's (or Queen's Household) 王室總管（主管宮中人事和會計等事務）

Lord Steward to Her Imperial Majesty 〔英〕皇后的財政管理員

Lord Tenderden's Act 〔英〕坦德頓勳爵條例（規定發生義務或責任的某種約定必須記錄的條例）

Lord Treasurer 〔英〕財政大臣

Lord Warden of Cinque Ports 〔英〕五大港口主事官（負責監管港口事務並曾享有民事管轄權）

Lord waste 入會地

Lords' Act 〔英〕貴族法；破產人救濟法（1759 年發佈的關於禁止監禁無力支付的債務者的法律）

Lords Commissioners 國務委員；〔英〕委員會委員

Lords Commissioners of the Great Seal 〔英〕國璽專員

Lords Commissioners of the Treasury 〔英〕財政部總務委員

Lords Commissioners of the Treasury Board 〔英〕財政

部總務委員

Lord's Day 禮拜日；主日；安息日

Lord's Demesne 領主保有的土地

Lords Justices of Appeal 〔英〕上訴法院法官

Lords Marchers 邊境藩王；敕賜領有權（指在 1282 年威爾斯合併於英國以前，英王對攻下該地方的英國貴族作為報酬給予對其佔領部份的領有權，並在該區域內與主權類似的特權）

Lords of appeal 〔英〕兼任上訴法官的上議院議員

Lords of Appeal in Ordinary 〔英〕上議院上訴審常任法官

Lords of Erection 〔蘇格蘭〕站起來的貴族

Lords of parliament 上院議員；貴族院議員

Lords of regality 〔蘇格蘭〕國王授予的領主（在其管轄權內擁有廣泛的民、刑事管轄權）

Lords of Session 〔蘇格蘭〕最高民事法院法官（=Lords of Council and Session）

Lords of the Articles 〔蘇格蘭〕議會立法委員會

Lords of the Treasury 〔英〕財政委員會（通常由首相、財政大臣等組成）

Lords of Ordainers 〔英〕特命大臣；授命大臣

Lords Ordinary 〔蘇格蘭〕最高民事法院初審法官；最高法院外庭法官

Lords spiritual 上議院僧侶議員；上議院神職議員（指大主教和主教神職議員）

Lords temporal 上議院世俗議員

Lordship 〔英〕貴族身份；領主身份；貴族地位；爵爺（對顯貴人物的尊稱）顯貴法官閣下

Lordship of Ireland 愛爾蘭領主權（亨利二世創設於 1171 年）

Lose *v.* 損失；喪失；遺失；丟失；毀滅；失敗；降低；減少

Lose a lawsuit 敗訴

Loser 遺失者；敗訴者；〔美〕刑事犯

Loser of property 失主

Losing a case 敗訴

Losing effect 失效

Losing litigant 敗訴的訴訟當事人

Losing party 敗訴當事方；敗訴當事人

Losing qualification 失掉資格

Losing right 失權

Losing suit 敗訴

Loss 損失；虧損；虧耗；損害（尤指被保險物的）；喪失；遺失；〔海法〕滅失；毀損；〔軍〕傷亡；〔複〕傷亡及被俘人員；污損

Loss adjuster 〔保〕損失理算員

Loss advice 〔保〕損失通知（書）

Loss and gain statement 損益計算書

Loss assessor 〔保〕公估人

Loss carry-back 回計虧損；〔美〕向前結算（稅收用語）

Loss carry-over (or carry forward) 計入後期虧損

Loss clause 損失條款

Loss control 〔保〕防災；防損；損失控制

Loss department 〔保〕理賠部

Loss draft 損失提款

Loss frequency 〔保〕損失頻率

Loss from liability 責任損失

Loss incurred 已發生的損失

Loss leader 吸引商品；招徠顧客的廉價商品（削價虧本出售商品以招引顧客購買其他額外商品而賺回利潤）

Loss of a right of recourse 喪失追索權

Loss of bargain （合同）交易損失

Loss of consortium 喪失配偶權（指喪失夫妻間的互助、互諒、互愛的關係等）

Loss of earning capacity 喪失收益能力（指以損害了賺工資的能力作為侵權訴訟損害賠償要件）

Loss of earnings 喪失收入（收入喪失）

Loss of entitlement 喪失權利

Loss of expectation of life 預期壽命損失（生命期望值的喪失）

Loss of eye 眼睛喪失；視力損害

Loss of faculty 官能的喪失

Loss of law 法律資格的喪失

Loss of life 死刑；生命損失

Loss of member 肢體喪失

Loss of nationality 國籍喪失

Loss of possession 佔有權的喪失；財產損失

Loss of prevention 〔保〕防災；防損

Loss of profits 利潤損失

Loss of profits insurance 利潤損失保險

Loss of property 財產損失

Loss of right in personal 對人權利的喪失

Loss of services 勞務喪失

Loss of sight 視力喪失

Loss of sovereignty 主權喪失

Loss of territory 領土損失

Loss of use 使用權的喪失；損害使用權

Loss of use of hand 手的使用功能傷害

Loss of vessel clause 船舶丟失約款（指規定短期租賃的船舶丟失後停止交付租金的責任條款）

Loss on capital account 資本賬上的損失

Loss or damage 滅失或損害

Loss or gain on exchange 外匯損益

Loss payable clause 〔保〕損失給付條款；賠償給付條款（列舉被保險的財產在火災中受損時，投保人請求賠償的優先順序）

Loss payee 〔保〕（承保財產滅失時的）賠付受款人；保險受益人

Loss rate 〔保〕損失率

Loss ratio 〔保〕損失率；賠付率

Loss reserve 〔保〕賠款準備金；賠付準備金

Loss retention 損失扣除

Loss run 發生的損失

Loss severity 〔保〕損失程度

Loss subrogation 賠款代位權

Loss through vermin 〔保〕未列的鼠、蟲損不保（指保險單上如未列擔保對鼠、蟲造成的海損則不承擔賠償責任）

Loss transfer 損失轉移

Loss unit 同一損失單位

Loss(es) on revenue account 收入計算上的損失

Losses of programmes 項目虧損

Loss-making 經常虧損的

Lost 遺失的；喪失的；丟失的；〔海法〕滅失的；沉沒的；遭難的

Lost and found 失物招領（失物認領）

Lost bonds　遺失的公司債券；丟失的公債

Lost certificate　遺失的證券

Lost corner　消失的測量標記 (指找不到政府土地測量員確定的界角)

Lost document　丟失的文件

Lost grant　〔英〕讓與地產的契據遺失

Lost objects　失物

Lost or not lost　〔保〕不論滅失與否 (海上保險契約特別條款，規定契約的效力可追溯到航海的開始之日，而不論在締結契約當時標的物，即船舶是否已失或未失，一概有效)

Lost or not lost clause　〔保〕不論滅失與否條款；滅失或不滅失條款

Lost papers　遺失的文件

Lost profits　〔美〕損失的利潤

Lost property　遺失物；遺失的財產

Lost thing　遺失物

Lost will　〔美〕丟失的遺囑 (指已生效的遺囑，但其在立遺囑者死亡時無法找到)

Lot　抽籤；拈鬮；一堆；一包；一組；一批；一攤 (指人或物等集合名詞)；一份；地塊，地段；一塊地皮；拍賣的項目；〔保〕論份攤法

Lot and building account　地產賬；房地產賬

Lot and scot　〔英〕選舉稅 (規定行使選舉權的某些城市或自治市須繳納一定稅收之後才能獲得投票權)

Lot book　地 (區) 圖冊

Lot land　劃分土地

Lot line　(一片土地的) 邊界線

Lot money　拍賣備金；拍賣費

Lot note　分批票據；個數證券 (倉庫用語)

Lot Number　地段號碼；批號 (指出口貨裝貨標記)

Lotherwite or leyerwit　〔英古〕獲取賠償權 (指未經領主許可與其女奴發生性關係)

Lottery　抽籤；彩票；抽彩給獎法；拈鬮

Lottery loan　抽籤公債 (附有彩票的)

Lottery tax　抽彩稅

Lottery tickets　彩票；獎券

Louage　〔法〕僱傭契約；租賃契約 (物或勞務皆宜)

Love and affection　愛情 (愛與感情)

Love-based marriage　戀愛結婚

Love-day　〔英古〕愛心日

Low cost　低成本

Low cost housing　低價住房

Low duty rate　低稅率

Low flying　低空飛行

Low growth　低增長

Low income country　低收入國家

Low income developing countries　低收入的發展中國家

Low inflation　低通貨澎脹

Low inflation country　低通脹國家

Low interest loan　低息貸款

Low interest rate　低利率

Low justice　〔歐古〕輕罪管轄權

Low living standards　低生活水平

Low stages of economic development　〔世貿〕低級經濟發展階段；經濟發展的低級階段 (指發展中國家而言)

Low tide　低潮

Low tide elevation　低潮地

Low tide line　低潮線

Low toby　攔路搶劫的盜賊

Low waste and environmentally sound technology　排廢量少而合乎環境要求的工藝 (或技術)

Low water　低潮

Low water line　低潮線；低水位線

Low water mark　低潮標

Lowball　偏低估價 (指向顧客提供欺騙性的低價而又無意承兌)

Low-cost housing　低價住房

Lower chamber　〔英〕下議院；〔美〕衆議院

Lower counties of the middle-income spectrum　中等偏低收入一點的國家

Lower court　下級法院；初級法院；原審法院

Lower House　〔英〕下議院；〔美〕衆議院

Lower limit　低界限；下限

Lower middle-income country　"中下等收入水平"國家

Lower of cost or market　以成本或市價低者為準 (一種庫存貨物的計價方法)

Lower people's court of P.R.C.　〔中〕下級人民法院

Lower population-growth rates　較低的人口增長率 (指由於貿易自由化等提高人民收入所致)

Lower roll　〔羅德西亞〕次級選民名冊

Lower tariff rate　較低的關稅率

Lower the interest rate for loans　降低貸款利率

Lower tranche　〔基金〕低檔貸款 (即優惠條件的貸款)

Lower transaction cost　降低交易成本 (費用)

Lower-ranked officers of the receiving State　接受國的低級官員

Lowers　〔法〕海員工資

Lowest level of the local people's court of P.R.C.　〔中〕基層人民法院 (包括：縣或市人民法院、自治縣和市轄區人民法院，審理第一審民、刑事等案件)

Lowest perigee　最低近地點 (指太空距離地球之最低點)

Lowest responsible bidder　負責的最低出價人 (指投標中出價最低者，根據其以前業績證據表明有財力和能力完成其投標項目)

Low-income allowance　低收入津貼

Low-income countries of centrally planned economy　低收入的中央計劃經濟國家

Low-income country　低收入國家

Low-income home energy assistance　低收入家庭能源資助

Low-income states　低收入國家

Low-inflation country　低通貨膨脹的國家

Low-level uniform liability　〔保〕低標準統一賠償責任

Low-polluting manufacturing technologies　低污染的生產技術

Low-profile　低姿態；有損形象

Low-skilled workers　低技術的工人

Low-wage countries　低工資國家

Loyal　合法的；忠誠的；效忠的

Loyal domains　〔英〕王室領地

Loyalty　守法；忠誠；忠實；效忠

Loyalty contract　〔海法〕忠誠契約 (指海上公共承運人或運費同盟與托運人所訂較低運費率的契約)

Loyalty oath　忠誠宣誓；效忠宣誓

Loyalty rebate 忠誠信約的回扣

Lubricating oil tank 〔海法〕潤滑油櫃

Lucid 易懂的;清醒的;理智的;有推理能力的;心智健全的;心志正常的;意識瞭的

Lucid interval 神志清醒時刻 (指精神病犯者在神志不亂的間隙,其時的行為是有效的)

Lucis Trust 路西弗基金會 (路西弗基金會是聯合國教科文組織的常駐機構,路西弗原稱 "Lucifer",是撒旦背叛上帝之前的名字)

Lucke (John Locke) 洛克 (John Locke,1632-1704,英國古典自然法學派代表之一)

Lucrative 有利的;生利的;賺錢的

Lucrative act 有償行為

Lucrative bailee 有償受託人;租借受託人

Lucrative bailment 有償寄託;租借受託

Lucrative capital 營利資本;厚利資本

Lucrative investment 有利的投資

Lucrative office 有薪公職;有固定工資的公職

Lucre 〔貶〕利益;利潤;金錢;錢財;貪慾

Lucre of gain 獲得利益

Lull (海面) 暫平息,暫時平靜;(病痛的報告) 暫止

Luminare (教堂) 燈龕

Lump 現金;財富;總共;許多;〔英〕(總稱) 分包工;轉包工;個體包工

Lump of labour theory 失業說 (指新機械新技術的採用提高生產率而失業者卻隨之增加的學說)

Lump sum (金額) 一次總付的;整筆總付的

Lump sum agreement 一次性結算協議

Lump sum freight 包乾運費;總括運費;按整船計算的運費 (不管貨量多大,一次付清所租用整船運費)

Lump sum premium 〔香港〕頂手費;頂盤費 (指一筆整付的手續費)(物業稅評估用語)

Lumping 批發;整批銷售

Lumping sale 整批拍賣 (適用法官判決的拍賣)

Lump-sum *n. & a.* I. 總額;總計;總值;II. 一次總付的 (款項);整筆總付的

Lump-sum alimony 一次總付的離婚生活費;一次性給付的離婚扶養費

Lump-sum charter 包船契約

Lump-sum distribution 一次性分紅;總額整付 (指職工退休或死亡的保險到期時,全部金額一次性給付而不是分期給付)

Lump-sum income transfers 整筆收入轉移

Lump-sum payment 一次總付,一次性支付 (一次總付款)

Lump-sum payment insurance 一次性總付保險費的保險;一次繳付保險費的保險

Lump-sum price 整批售價

Lump-sum purchase 一次總購入;整批購買

Lump-sum settlement 總額清算;一次性清償

Lunacy 精神錯亂,心神喪失;瘋狂行為

Lunar 月的;太陰的

Lunar calendar 陰曆

Lunar month 太陰月

Lunatic 心神喪失者;精神病患者

Lunatic not so found (by inquisition) 審決的精神貫常者以外的精神異常者 (經審問裁決為非精神病患者)

Lunatic so found (by inquisition) 審決的精神異常者 (指負責精神病的法官經過審查程序審決為精神病犯者的人。審決的精神病犯者所作的財產處分絕對無效)

l'Union internationale d'assurances transports 〔法〕國際運輸保險協會

Lure *v.* 勾引;引誘,誘惑

Lust 淫慾;色慾

Lustmurder 殺人淫虐狂

Luxembourg financial market 盧森堡金融市場

Luxembourg Law 盧森堡法

Luxury duty (or luxury tariff) 奢侈品關稅

Luxury tax 奢侈品稅

Lying by 默認;懈怠;疏於行使權利 (指疏於主張權利,或者允許他人處置其土地或財產而似乎就中與其無利害相干)

Lying in franchise 可自由佔有的財產 (指遺棄的贓物、失事船舶殘骸和迷途牧畜等,不需要經過訴訟即可佔有取得)

Lying in grant 依契據讓與無形財產權 (指無形財產權不能實際交付而必須通過以讓與契據方式方可取得,釋義見 "lie in grant")

Lying in livery 依交付移轉財產所有權

Lying in port (船舶) 停泊在港口

Lying in wait 事先埋伏 (殺人)

Lying on 位於 (描述邊界或地界用語)

Lying-in expenses 分娩費

Lynch *v. & n.* I. 施以私刑;私刑拷打;II.〔美〕私刑 (美國反對勢力對黑人所施行的不經司法程序的殺害)

Lynch law 〔美〕私刑 (指不經經法院審訊、無逮捕證或法律權威而對疑犯私加以刑罰的一種即決裁判)

Lyncher 施私刑者

Lynching 私刑

Lyndhurst 逮捕證或法律權威而對疑犯私加以刑罰英〕林德赫斯特 (勳爵) 條例 (1844 年,其使禁止親等婚姻完全無效)

Lyon 〔蘇格蘭〕紋章長官

Lyon court 〔蘇格蘭〕紋章院長法庭

Lyon king at arms 〔蘇格蘭〕紋章官員

Lyon's Inn 〔蘇格蘭〕萊昂斯律師學院

Lyttleton (=Littleton) 利特敦法官

L

M

"Main objects" rule　公司章程主旨條款規則

"M" countries　受影響最重的國家

M　一千（羅馬數碼的代號）；"M" 印記（指印在誤殺罪犯的大拇指上，但教會人員不受此刑辱）；〔美〕國庫券利息標誌（印在國庫券面上，標誌每分利率為百萬分之一）

M'Naghten Rule　姆內頓規則（=Mc Naghten Rule）

M-1 visa　〔美〕M-1 簽證（"非學術性（職業）學生簽證"，由美駐外使、領館發給前來參加公認的職業學校或非學術性機構全日制學習的）

Maastricht Treaty　馬斯特里赫特條約（又稱"歐洲聯盟條約"，1991 年 12 月 9-10 日第 46 屆歐共體首腦會議在荷蘭馬斯特里赫特會議期間草簽，1992 年 2 月日正式簽署，於1993 年 1 月 7 日正式生效，其為歐共體政治聯盟和經濟、貨幣聯盟奠定了基礎）

Macau Special Administrative Region of P.R.C.　〔澳門〕中華人民共和國澳門特別行政區

Mace　權標（一種權力的象徵，例如英國議會上下兩院開會時就把權杖放在桌子上；美國衆議院開會時亦如此）；一種傷害性壓縮液態毒氣（如傷害眼睛等）

Mace-bearer　持權杖者

Mace-greff　〔英古〕購買盜竊物者

Mace-proof　免受逮捕

Macers　〔蘇格蘭〕（高等民、刑事法院）執杖法官

Machinate　v. 圖謀；策劃

Machination　陰謀詭計；奸謀；密謀

Machinator　策劃者；陰謀家

Machine-franked　機器蓋印的

Machine-readable　機器可讀的

Machinery and electronic products　機電產品

Machinery and equipment　機械及其他設備材料

Machinery breakdown insurance　機器損壞保險

Machinery industry promotion law　機械工業獎勵法規

Machinery insurance　機械保險

Macroeconomic adjustment　〔基金〕宏觀經濟調整；宏觀經濟調控

Macroeconomic adjustment programmes　〔基金〕宏觀經濟調整計劃

Macroeconomic and financial sector policies　宏觀經濟與金融部門政策

Macroeconomic conditionality　宏觀經濟制約

Macroeconomic framework of Fund-supported programmes　國際貨幣基金組織支助的宏觀經濟計劃綱要（與世行援助相一致，以協助推行關貿總協定的貿易改革項目）

Macroeconomic objectives　宏觀經濟目標

Macroeconomic policy　宏觀經濟政策

Macroeconomic policy coordination　宏觀經濟政策協調

Macroeconomic policy mix　宏觀政策的混合

Macroeconomic stability　宏觀經濟的穩定

Macroeconomic stabilisation　宏觀經濟的穩定化

Macroeconomics　宏觀經濟學

Macro-insurance　總體保險（學）；宏觀保險（學）

Macrosociology　大社會學

Maculare　v. 〔歐古〕使受傷；傷害

Mad Parliament　〔英〕瘋狂議會（指 1258 年英議會共 24 名議員，其中 13 名由貴族任命，其餘由國王任命，賦予無限的權力）

Madam　〔香港〕法官閣下（對女法官的尊稱）

Mad-cow disease　瘋牛病

Made　提出的；已生效的；已執行的；完成的；（人工）製造的；迫使的

Made bill　背書票據；被背書票據

Made compensatory adjustment　〔關貿〕做出補充調整（指對貿易紊亂的補償損失而言）

Made known　已告知的（指犯罪者已被當值官員知曉的）；已送達的（指傳票已送達被告）

Made provable　可資證明的

Madman　瘋子；精神失常者

Madrid Agreement Concerning the International Registration of Trade-Marks　馬德里國際商標註冊協定（中國於 1989 年加入）

Madrid Arrangement for the International Registration of Trade-Marks　商標國際註冊的馬德里協定（1891 年）

Madrid Agreement for the Repression of False or Deceptive Indications of Source on Goods　制止產品來源虛假或欺騙性標記的馬德里協定（1891 年）

Madrid Multilateral Convention for the Avoidance of Double Taxation of Copyright Royalties　避免對版權使用費雙重徵稅的馬德里多邊公約

Madrid Union for the International Registration of Marks　商標國際註冊馬德里協定

Maebote　〔撒〕殺害男性家屬賠償金

Maec-burgh　〔撒〕血緣關係；親屬關係；家屬關係；家庭

Maeg　〔撒〕男性親屬

Maeigne (or maisnade)　〔英古〕家庭

Mafioso　〔美〕秘密犯罪集團成員；秘密恐怖集團成員；黑社會份子；黑手黨成員

Maghreb Common Market　馬格里布共同市場（西北非突尼斯等三國共同市場）

Maghreb Integration Scheme (CPCM)　馬格里布一體化計劃

Maghreb Permanent Consultative Committee (CPCC)　馬格里布常設協商委員會（1964 年 10 月）

Magic　〔英〕巫術；魔法

Magisterial　治安法官的；有權威的；執法者的

Magisterial district　〔美〕縣治安法官管轄區

Magisterial ineptitude　判決失當

Magisterial precinct　〔美〕縣治安法官管轄區（劃定太平紳士和警察的轄區）

Magistracy　公務員（廣義上包括立法、司法和行政）；執法

人員（狹義上指最基層的）；基層司法官員（審理輕罪案件）；治安法官；〔香港〕裁判司署

Magistrate 公務官員（廣義上講，指行使司法權的任何人，甚至可指國王、君主；狹義而言則指下級司法官員）；治安法官；初級法院推事；〔美〕司法官員（由聯邦地區法院委任）；〔蘇格蘭〕自治市市長；（郡、市等）治安官；受薪司法官；〔香港〕裁判司

Magistrate's courts 〔英〕治安法院（管轄權各州相異，但均限於審理輕罪案件）；初級法院

Magna assisa 〔英古〕大巡迴陪審制（亨利二世提出經議會同意由陪審團審理關於佃戶或被告的權利令狀之訴案件）

Magnetic compass 〔海法〕磁羅經

Magnetic dip 〔海法〕磁傾角

Magnetic disturbance 〔海法〕磁擾

Magnetometer screening 〔海法〕地磁儀甄別

Magnum concilium 〔英〕國會重臣會議（1295 年）

Magnuson-Moss Warranty Act 〔美〕馬格努森－莫斯消費品質量保證法

Maiden 年青未婚女子；〔蘇格蘭〕斷頭機；斬首機（用於 16 世紀）

Maiden assize 〔英〕未判處死刑的巡迴法院；無犯人可以審訊的巡迴法院

Maiden rents 〔英古〕出嫁費（指佃戶女兒出嫁時付給領主的罰金以取代被取消對其出嫁女兒習俗的初夜權費用）

Maihem 〔英〕重傷害；殘暴使他人殘廢（指以暴力傷害他人自衛的手足等）

Mail *n. & v.* I. 郵件；郵包；〔美〕郵遞；郵遞員；郵政制度（英國一般用 "post"）；〔蘇格蘭〕地租；租金；II. 郵寄；寄送

Mail bag 郵袋

Mail ballots 〔世貿〕郵遞投票

Mail boat 郵政小船

Mail box rule 〔美〕郵筒規則

Mail carrier 郵差；郵遞員

Mail contract 郵寄合同；郵政合同

Mail contractor 郵遞物品遞送承攬人

Mail float 郵件回執尚在郵寄途中

Mail fraud 〔美〕郵件詐騙罪（屬聯邦犯罪行為）

Mail order (M.O.) 函購；郵購

Mail order divorce 信函離婚（當事人意思以郵購方式批准離婚。如，墨西哥式離婚，但一般不予承認）

Mail order insurance 郵購保險

Mail service 郵遞工作

Mail ship 郵船

Mail teller 郵件出納員

Mail transfer (M/T) 信匯（買方將貨款交進口地銀行，開出匯款委託書經收貨人簽字後通過郵局（航空）遞交賣方所在地銀行，匯入行，委託其向賣方付款）

Mailable 適用郵寄的；按規定可作郵件接受的

Mail-bomb 郵寄炸彈（指將炸彈裝在信中，乃恐怖分子所為）

Mailbox 信箱

Mailcert 郵政執照

Mailed 郵件已寄出的；已投遞的

Mailing 〔蘇格蘭〕租來的農場；農場的租金

Mailing-list 通訊（或發送）名單

Mail-order house 以函購為經營方式的商行

Mails and duties 〔蘇格蘭〕地租、土地稅或勞務（以現金或穀物支付）

Maim (or mayhem) *v. & n.* I. 重傷罪（殘暴致人於殘廢）；II. 重傷害；（=mayhem）

Maiming 〔英〕傷害動物；（=mayhem）

Main 主要的；首要的；第一的；重要的；總的

Main agreement 主協定

Main bulkhead 〔海法〕主艙壁；水密艙壁

Main channel （河流的）主航道

Main committee 下議院常設委員會；主要委員會

Main culprit 主犯；首犯

Main emergency feeder 〔海法〕主應急饋（電）線

Main evidence 主要證據

Main headings 大標題

Main judgment 判決主文

Main office 主辦事處；總辦事處；總行；總公司；總局；總店

Main profession 正業

Main purpose doctrine 〔美〕"主要目的規則"要指欺詐法要求承擔債務合同者缺席時可以書面表示履約，但如立約人能承擔或擔保自己利益者可不必寫出書面承諾）

Main residence 主居所

Main seas 公海；開放海

Main space （船的）主機處所；主機艙

Main stream 主流

Main stream society 主流社會

Main suit 主案；主訴

Main thing 主物

Main Toby 乘馬搶劫

Main transverse bulkhead （船的）主橫艙壁

Main treasury 國庫；總金庫

Main war criminal 主要戰犯

Mainad 〔英古〕偽誓；偽證

Main-a-main 〔法〕立即；馬上

Maine law 〔美〕禁酒法（緬因州 1851 年通過禁止銷售酒類的州立法）

Maine port 〔英古〕小貢品（通常的麵包，交給教區區長以代替小什一稅）

Mainour 被盜物品；贓物（在盜賊手中發現的盜竊贓物）

Mainovre 〔美〕直接侵權行為；直接犯罪（指以手犯下的侵權罪）

Mainpernable 〔美〕可被保釋的；允許保釋的；獲准保釋的

Mainpernor 〔英古〕保釋保證人（指擔保被拘留者隨時應傳）

Mainprise *v.*〔英古〕保釋（指將拘留者交付保釋保證人監管）；保釋令狀（指具保釋放。"Bail"與"Mainprise"含義不同，前者可能：1. 再度入獄；2. 應傳出庭；3. 回答特定的問題；後者沒有 1. 和 2. 的問題，但他必須回答所有人控告他的問題。現已廢止）

Main-rent 〔英古〕封臣；附庸；諸侯身份；臣屬；領地；采邑

Mainstream thinking 主流派思想

Mainswear *v.* 發偽誓；作偽證

Mainsworn 〔英〕發偽誓的；作偽證的；偽證罪的（以手放在聖經書上立假誓言，用於英格蘭北部）

Maintain *v.* 維修；保養；養護；維持；維護；使繼續；贍養；扶養；供給；幫助訴訟（指已經提起，但尚未宣判的訴訟）

Maintain a general level of reciprocal and mutually advantageous concessions 〔關貿〕維持互惠互利減讓的一般水平（指為締約國提出修改或撤銷關稅減讓談判規定）

M

Maintain a wide circle of contacts in the local government and society 〔領事〕同當地政府和社會保持廣泛的聯繫

Maintain social order 維持社會秩序

Maintain the balance of rights and obligations 維持權利和義務平衡

Maintain the order of competition in the market 維護市場競爭秩序

Maintain the stability of RMB 保持人民幣的穩定

Maintain the stability of the RMB exchange rate 維持人民幣匯率的穩定

Maintained 維持的；繼續的；保持佔有的；照管的；有效保有的

Maintainors 〔美〕不法幫訟者 (指以支付金錢或其他方式支持他人待決的訴訟)；包攬訴訟罪者

Maintenance 贍養；撫養；撫養費 (扶養未成年子女眷屬和精神病犯者衣食費用)；〔香港〕贍養費 (指地方法院作出有利於被丈夫忽視的妻子或分居之妻子的贍養令)；〔英〕包攬訴訟 (指為公訴或辯護而以金錢等方式插手支持一方控告對方而與己無關的法律訴訟)；支持；維持；維修；維護；保養

Maintenance agreement 贍養費協議 (指配偶一方對分居或離婚對方的配偶贍養費財務上安排之協議)

Maintenance and Chaperty 〔英〕包攬訴訟和幫訟圖利罪 (依普通法，"maintenance"：與己無利害關係，亦無合法理由而為民訴當事人幫訟，其既是犯罪行為也是侵權行為；幫訟 "chaperty" 意欲在民訴當事人勝訴後分得訴訟利益。"crimes and torts" 於 1967 年廢止)

Maintenance and cure 〔美〕供養和醫療補助費 (指海員在船上工作期間因病等按照普通海洋法應提供的補償金有權要求船東彌補其食宿等生活和醫療補助費，但並不因此而放棄告訴船東過失行為的權利)

Maintenance and education clauses 扶養和教育條款

Maintenance and repairs 維修 (保養與修繕)

Maintenance assessment 維修費；保養費

Maintenance bond 維修保證書；〔保〕維修保證保險

Maintenance call 催交保證金通知；追加保證金通知

Maintenance clause 扶養條款

Maintenance cost 保養費；維修費

Maintenance fee 維修費；維持費；維護費

Maintenance of actions 包攬訴訟

Maintenance of equal rates (世界性的) 維持均等費用率

Maintenance of intellectual property rights 知識產權的維護

Maintenance of justice 主持公道；維持正義

Maintenance of membership 〔美〕(勞資契約中) 工會會員資格的保留

Maintenance of order 維持秩序

Maintenance of peace 維持治安；和平的維持

Maintenance of possession 佔有保全；繼續佔有

Maintenance of proper balance between rights and obligations 〔世貿〕維持利益和義務的適當平衡

Maintenance of value 保值

Maintenance of value obligation 〔基金〕保值債務 (指特別提款權的)

Maintenance order 贍養令 (法院的撫養費判決)

Maintenance pending suit 未決訴訟的贍養費命令 (指法院命令未決的離婚訴訟中的配偶一方按期給付對方贍養費)；

〔香港〕候審期間贍養費

Maior (偶一方按期給付的舊拼法) 市長

Maister (=master) 船長；助理法官，助理審判員；〔英〕主事官 (最高法院主事的簡稱)；僱主；業主；(男) 主人；師傅；碩士

Maitre 〔法〕船長；船東；船主

Majalla 奧托曼帝國民法典 (1869–1876 年)

Majesty (皇室) 尊嚴；陛下 (對國王和皇帝的尊稱)；君主；君權；最高權力

Major *n. & a.* I. 成年人；長者；(陸軍或海軍陸戰隊) 少校；II. 重要的；主要的；較大的；較多的；成年的

Major accident 重大事故

Major act of smuggling 重大走私行為

Major and minor fault rule 〔美〕(船舶) 主次過失舉證規則

Major annus 閏年

Major borrowers 主要借款人 (國)；主要借戶

Major case prints 主要印痕 (指手掌等印紋)

Major classification 主要分類；主要船級

Major crimes 重大犯罪；嚴重罪行 (例如，謀殺、強姦和持械搶劫)

Major crimial case 重大刑事案件

Major dispute 主要爭議

Major factor 主要因素 (指進口產品對國內同類產業造成損害或損害威脅之謂)

Major general (陸軍) 少將

Major hospitalisation insurance 大宗住院費保險

Major item on the agenda 〔世行〕議程上的主要項目

Major medical expense insurance 大病醫療費用保險

Major offence 主罪；重罪 (指主要的不法行為)

Major offender 主犯

Major players in the WTO 世貿組織中的主要遊戲者 (指美國)

Major power 大國

Major proportion 〔世貿〕主要比例

Major shortcoming 主要缺點

Major smuggler 大走私犯

Major suspect 重大嫌疑犯；重大嫌疑份子

Major war criminal 主要戰犯

Majority 〔英〕成年；法定年齡；多數，大多數，過半數

Majority clause 多數條款

Majority decision 多數議決

Majority floor leader 議會多數黨領袖

Majority holding 多數股權 (持有多數股)

Majority interest (股東) 多數權利；控股權 (指母公司持有其子公司 50% 以上股票之控股權)

Majority judge 多數方面的法官

Majority leader 多數黨領袖

Majority of qualified electors 〔美〕多數的合格選舉人 (過半數的合格選舉人)

Majority of votes 多數表決

Majority opinion 〔美〕多數意見 (指上訴法院出庭法官的多數法律觀點)

Majority ownership 過半數所有權

Majority right 過半數權

Majority rule 多數決定原則 (以出席實際人數投票的過半數計)；多數人統治

Majority share of foreign-invested joint-ventures 外資佔

多數股份的合營企業；外資佔控股的合營企業

Majority stockholders 大股東；過半數股東；控股股東

Majority vote 多數票；過半數票

Majority voting 多數表決制（指投票人數）；多數股權投票制（股東每人一票制，獲得簡單多數者即可當選公司董事長）

Major-medical insurance 〔美〕大病保險；重大醫療保險（一種包括外科手術、住院費及其他醫療費用的保險）

Majus jus 〔英古〕更多或更優先的權利；審理土地權利令狀（在一些適用於習慣法的莊園法庭）

Make *v.* 製作；製造；建造；創造；制定；訂立；定（價）；構成；變成；使成為；獲得；產生；履行（義務等）；簽署；開具（票據）

Make a clean breast of 坦白供認；和盤托出

Make a clean breast of one's guilt 坦白認罪

Make a confession of one's crime 供認犯罪

Make a contract 訂立契約；訂立合同；訂約；締約

Make a counter-notification 做出反向通知

Make a difference between 區別對待

Make a dividend 分派股息

Make a final determination of the existence and amount of subsidy 〔世貿〕對補貼的存在及其數額做出最後判定

Make a finding 做出裁決

Make a fingerprint 捺指印

Make a formal apology 〔中〕賠禮道歉

Make a fresh request 重新提出請求（要求）

Make a good deal （股票等）中簽

Make a quorum 構成法定人數

Make a ruling 裁決

Make a statement of dutiable goods 報稅

Make a statement of repentance 〔中〕具結悔過

Make a supplementary budget 追加預算

Make a will 立遺囑

Make a written request for information on the nature and extent of a subsidy 〔世貿〕書面請求提供補貼性質和規模的資料

Make amends 賠償；補償

Make amends for one's crime by good deeds 將功折罪

Make amends to sb. for sth. 為某事向某人賠罪（或賠償）

Make an additional expenditure 追加開支

Make an award 做出其公佈裁決

Make an inroad into 竄入

Make an inventory of a criminal's possessions and confiscate them 〔領事〕查抄沒收某犯贓物的清單

Make an objective assessment 做出客觀評估

Make an objective effort to solve any complaints 〔世貿〕做出切實的努力以解決任何的投訴（國際標準化機構接受WTO成員方的各種申訴）

Make apology to sb. for sth. 為某事向某人道歉

Make appropriate allowance 留有適當的餘地

Make appropriate arrangements 做出合適的安排

Make appropriate arrangements for effective cooperation with other intergovernmental organisations 〔世貿〕與其他政府組織的有效合作做出適當安排

Make appropriate recommendations 提出適當建議

Make appropriate recommendations for security with such provisions 〔關貿〕提出適當的建議以保證這些規定

得到遵守

Make arrangements as appropriate for consultation or cooperation with intergovernmental and non-governmental organisations 〔關／世貿〕就與政府間和非政府間組織進行磋商或合作做出適當安排

Make best efforts to reduce and eliminate price controls 大力減少和取消價格管制

Make censorship process transparent 使審查程序透明化

Make comments in writing 提出書面意見

Make comments on the application of the methodology for determining price comparability 評論確定價格可比性方法的運用

Make default 未能履行法律義務；缺席（指在指定日期不出庭）

Make due allowance 給予適當考慮

Make every effort to achieve a national consensus on the standards 〔世貿〕做出一切努力使得標準（化）在全國取得一致的意見

Make every effort to maintain trade margins at equitable levels 〔關貿〕盡力將貿易利潤維持在公平的水平

Make good 抵償

Make injury findings 做出傷害調查結論

Make inquiries 調查

Make laws 立法；制訂法律；〔古〕通過宣誓否定原告控告

Make local government rules 制定地方政府法規

Make look 打賭（航空、醫療保險等專用術語）

Make motion 提出動議

Make necessary adjustments 做出必要的調整

Make one's law (=make his law) 宣誓滌罪（以宣誓並鄰人的證明否認犯罪或原告的民事訴訟請求）

Make one's cross 畫押

Make or buy decision 〔美〕自製或外購的決策（指比較產品零部件自製成本和與廠外供應商等處購買的成本兩者間哪種划算的決定）

Make out a cheque 開支票

Make out one's account 清算；結賬

Make payments to a funding mechanism 〔世貿〕向籌資機構付款（指一私營機構接受政府委託或代辦）

Make plea 答辯；抗辯

Make recommendations 提出建議；推薦

Make recommendations towards the improvement 提出改進建議

Make registrability 作為註冊的條件

Make replacements and technical innovations 改造與技術創新

Make representations to the judge about an unjust decision 向法院抗議不公正的判決

Make restitution or pay compensation 〔中〕退賠（指退還或賠償非法所得財物）

Make reverse notifications 〔世貿〕反向通報；反向通知；提出撤銷通報

Make sure of fact 查清事實

Make technical adjustment 進行技術性調整

Make territorial claim 提出領土要求

Make the rich richer and poor poorer 使得富的更富，窮的更窮

Make unwarranted arrest 擅自逮捕

M

Make written representations　提出書面請求；提出書面交涉

Maker　（期票）出票人；本票或定期存單簽發人；製造者；立法者；締約者；立借據者；製造廠商

Making law　〔美〕宣誓斷訟法（在公開法庭上以宣誓及鄰人證明否認原告指控手續舊時做法）；新的立法（指法院在特定案件上的判決確立了新的法律）

Making normal allowance for waste　扣除正常損耗

Making of calls on shares　催交股款

Making of law　立法

Making of promissory note　開具期票

Making record　〔美〕準備上訴的法庭記錄；審判過程的記錄

Making-up day　證券展期結算日；補足日

Making-up price　法定價格；補進價格；〔美〕股票的核定價格

Mal(e) feasance　瀆職；不法行為；違法亂紀（指國家工作人員利用職務之便或玩忽職守致使國家和人民利益遭受重大損失的行為）

Mal.　壞的；不法的；詐欺的

Mala fide agent　惡意代理人

Maladministration　管理失當；管理不善；弊政

Malandrinus　〔英古〕盜賊；海盜

Malapportionment　〔美〕不當分配（指衆議員選區議員名額分配）；違憲的衆議員選區議員名額分配）

Malconduct　不誠實行為；管理失當；瀆職行為（例如，公務失當行為等）

Malcontent　a. & n. I. 不滿的；反叛的；II. 不滿者；反叛者

Male　a. & n. I. 男的，男性的；II. 男性；雄性

Male estate tail　限定男嗣繼承的地產（權）

Male heir　〔英〕男性繼承人（指限定兒子或孫子輩直系繼承）

Male issue　子；子嗣

Maleficent　犯罪的；邪惡的

Malentendu　〔法〕誤解；誤會

Malesworn　發偽誓的；作偽證的

Malevolence　惡意；惡毒

Malevolent　含有惡意的；惡毒的

Malfeasance　不法行為；瀆職罪；違法亂紀（尤指公務員人等）

Malfeasant　違法亂紀者；違法者；瀆職者

Malice　惡意；蓄意；預謀（指懷有謀殺罪的意圖）

Malice act　惡意行為

Malice aforethought　故意（傷人）；惡意預謀（謀殺的意思）；預謀不軌

Malice in fact　事實上的惡意（指對特定人的惡意，企圖傷害或誹謗其人，釋義同 "Express malice; actual malice"）

Malice in law　法律上的惡意（指無正當的理由或藉口而故意侵害他人的行為）

Malice prepended　惡意預謀（謀殺的意思）

Malice prepense　惡意預謀（謀殺的意思）

Malicious　蓄意的；惡意的；惡毒的；無正當理由或藉口的

Malicious abandonment　惡意遺棄（無正當理由遺棄丈夫或妻子）

Malicious abuse of civil proceedings　〔英〕惡意濫用民事訴訟程序

Malicious abuse of legal process　蓄意濫用法律程序

Malicious accusation　誣告；惡意控告；惡意指控

Malicious act　惡意行為；故意傷害他人的行為

Malicious arrest　非法逮捕（指非法逮捕，主要為民事案件，無合理根據明知無罪而予逮捕）

Malicious assault with deadly weapon　以兇器蓄意企圖傷害（指被告以致命武器威脅毆打他人致死或造成嚴重傷害）

Malicious burning　蓄意縱火

Malicious damage　惡意損壞；惡意破壞所致損失

Malicious falsehood　惡意中傷；惡意誹謗（指口頭的或書面的對原告權利和財產造成損害）

Malicious injuries to property　惡意損壞他人財物

Malicious injuries to the person　惡意損害他人身體

Malicious injury　故意傷害；惡意傷害（指一腔仇恨無正當理由不計後果地故意傷害他人。對此，原告可獲懲罰性損害賠償裁決）

Malicious intent　惡意；犯罪意圖

Malicious killing　蓄意殺人（指無法律依據或正當理由的殺人）

Malicious mischief　〔蘇格蘭〕故意毀損他人財產；〔美〕（現多數州定為）蓄意毀損（財產）罪

Malicious motive　惡意動機

Malicious prosecution　誣告；惡意控告；〔香港〕誣告（指原告不存在有把握或正當的控告理由而致被告以事實上的損害）

Malicious trespass　惡意損害行為；故意侵害他人財產（或公共財產）

Malicious use of process　故意濫用司法程序；〔美〕惡意使用傳喚的令狀

Maliciously　惡意地；故意地

Malign　v. 誹謗；中傷；誣衊

Malinger　v. & n. I. 詐病；裝病（旨在逃避任務、責任或工作）；II. 裝病者；裝病不出勤者；詐病以取得傷殘給付者（或補助者）

Malingerer　裝病逃差者（尤其士兵）

Malingering　裝病，詐病（指健康人為達到某種目的偽裝疾病，例如為取得勞保待遇或逃避刑事責任；軍人以托病免除義務）

Malleable　可鍛的；可延長的；有延展性的；韌性的；易受外界影響的

Mallory Rule　〔美〕麥洛禮的 "供認原則"（釋義見 "McNabb-Mallory Rule"）

Maloney Act　〔美〕麥洛尼法案（指要求從事非掛牌證券的經紀人應予註冊登記的《證券交易法》的修訂案，1938 年）

Malpractice　〔美〕玩忽職守；瀆職行為；職業上的過失（本詞通常用於醫生、律師和會計業務上的失誤而使其客戶遭受傷害、損失或損害）

Malpractice liability insurance　職業過失責任保險

Malthusian theory　馬爾薩斯人口論

Maltreatment　虐待；治療失當（指外科醫生對病人醫術不當或過失之謂）

Maltreatment of captives　虐待俘虜；虐待戰俘

Maltreatment of prisoners　虐待囚犯

Malversation　〔法〕瀆職（指政府職員和官員等不規矩行為）；貪污；受賄；營私舞弊；盜用公款

Mammonism　拜金主義

Mammonist　拜金主義者

Man　人（含男女和兒童）；男人；成年男人；諸侯；〔撒〕奴僕；佃農；租戶

M

Man of business （法律或商業上的）代理人；實務者；事務家

Man of death 殺人犯；處以死刑的人

Man of law 律師；辯護人；法學家

Man of straw 稻草人證人；偽證人；無資產者

Man of war 軍艦

Manacles 鐐銬；手銬

Manage *v.* 管理；經營；處理；控制；統治；指揮

Managed floating (also called "dirty float") 管理浮動；匯率自由浮動（又稱"甩航髒浮動"）

Managed trade 管理貿易；計劃貿易；受管制的貿易

Managed-trade approach to trade policy 計劃貿易的貿易政策方法

Management 管理；處理；經營；指導；控制；監管；經營活動（指對大企業指導的勘酌決定權）；〔基金〕管理

Management administration 經營管理

Management autonomy and responsibility 經營自主權和職責

Management committee (council) 管理委員會

Management consultant 管理顧問

Management contract （企業）管理合同

Management expenses 管理費

Management fee 經理費；〔美〕管理費

Management jurisdiction 管理管轄權

Management of initiative and incentive 獎勵管理法

Management of mandate 委任管理；委任經營

Management of property 財產管理

Management Relationship Act 〔美〕勞資關係法

Management Services Agency 〔香港〕管理參議署

Management statistics 管理統計；經營統計

Manager 經理；總管；（公司）負責人；〔美〕眾院代表（指代表眾議院向參院提出彈劾的人）；〔英〕財務管理人（根據破產法規定，在委任受託管理人期間可指定一位特別財務管理人負責管理債務人的事務）；破產財產管理人（按照衡平法院做法，可指派一位財產管理人負責進行清算公司停業事務）；〔英〕議員代表（指議會兩院開會時，指定協調兩院分歧的代表）

Manager and underwriter 〔保〕經理兼承保（負責）人

Manager of emigrants 移民管理人

Manager of votes-opening 開票管理人

Managerial personnel 經營管理人員

Managerialist 管理學家

Managers of a conference 〔英〕議會兩院聯席會議代表（由上下兩院提名的各院代表）

Manager's shares 官員股份；官股

Managing agent 總代理；經營代理人

Managing board 管理委員會

Managing clerk 〔英〕（律師事務所的）常務書記員；事務律師助理

Managing committee 業務執行委員會；管理委員會

Managing director 總經理；總裁；常務董事；董事經理；〔基金〕總裁（IMF 董事會的最高領導，兼任執行董事會主席，任期五年，主持 IMF 業務工作，無投票權，但在執行董事會票數相等的情況下，也有一可決票；也可出席理事會，但亦無投票權）

Managing editor 總編輯

Managing owner （船舶）管理人；船主代表

Managing partner 執行合夥人；主管的合夥人；執行業務股東

Managing trustee 執行受託人

Manbote 〔撒〕殺人賠償金

Manca, mancus, or mancusa 方形金幣（通常值 30 便士）

Manche-present 〔法〕賄賂（由贈與人親手贈與的禮品）

Manchesterism 自由貿易主義；曼徹斯特學說

Mancipate *v.* 奴役；約束；約束；束縛

Mandant (or Mandator) 〔法、蘇格蘭〕委託人；委任者

Mandatary 〔蘇格蘭〕受託人；代理人

Mandate 指示；要求；命令；委任書；授權書；僱用契約；支付命令；〔香港〕委託；〔蘇格蘭〕無償寄託（指無代價地託人管理其事務的契約）；〔英〕女王訓令；〔美〕（上級法院給下級法院的）執行令（指刑事訴訟中一法院或一司法官要求一適當的官員執行其判決或命令）；〔際〕委任統治

Mandate A 甲類委任統治地（釋義見 "mandate system"）

Mandate agreement 委任統治協定（釋義見 "mandate system"）

Mandate B 乙類委任統治地（釋義見 "mandate system"）

Mandate C 丙類委任統治地（釋義見 "mandate system"）

Mandate Commissions 〔國聯〕託管委員會（國聯委任統治所有第一次世界大戰戰敗國的殖民地，主要是德意志第二帝國和鄂圖曼土耳其帝國）

Mandate system 委任統治制度（指第一次世界大戰後，國聯對戰敗國殖民地進行再分割和統治的制度）

Mandated area 委任統治區

Mandated bank 〔香港〕受託銀行（指銀行向借款人提出要約，如被接受，該行即稱為受託銀行）

Mandated island 委任統治島嶼

Mandated territory 委任統治地（為國聯在第一次世界大戰結束後設立的委任管理德國和土耳其殖民地所採用的方法，現已為聯合國所代為託管）

Mandato 〔西〕寄託合同

Mandator 委任者；委託者；（無償）寄託人

Mandator representative 委任代理人

Mandatory *a. & n.* I. 命令的；訓令的；強行的；強制的；絕對的；委託的；有義務的；〔香港〕積極性的；II. 受任國；託管地；受託統治國；受託管理國；〔際〕託管地；〔英〕取得有薪牧師職務者

Mandatory action 強行性行動

Mandatory administration 委任管理；委託管理

Mandatory age for retirement 法定退休年令

Mandatory and directory provisions 強制性及指令性履行規定

Mandatory arbitration 強制仲裁

Mandatory binding 強制性的約束力

Mandatory constitutional provision 強制性憲法條款

Mandatory decision 強制性決定

Mandatory enforcement 強制執行

Mandatory grounds 法定理由；強制性理由

Mandatory injunction 強制性禁令（指命令被告做某事、禁止或強制履行特定行為的命令）

Mandatory instructions 命令性指示；強制性指示（法官指示陪審團關於該案件應適用的法律）

Mandatory insurance 強制保險

Mandatory judgment 強制性判決

M

Mandatory legislation　強制性立法（指西德五十年代初的《銷售法》而言）

Mandatory measure　強制措施

Mandatory order　強行性命令

Mandatory period　法定期限

Mandatory personal appearance　強制親自出庭

Mandatory power　受任國；託管國

Mandatory presumption　強制性推定（指一種根據事實作出的不許反駁的推定）

Mandatory provision　強行性規定；命令性規定

Mandatory rates　強制費率

Mandatory repurchase　強制性回收；強制回購

Mandatory requirements　強行規定

Mandatory rescheduling　強制重新安排債還期

Mandatory restriction　強制（限制）措施

Mandatory retirement　強制退休

Mandatory right　委任權

Mandatory rule　委任統治

Mandatory rules　強制性的規則

Mandatory sanction　強制性制裁

Mandatory sentencing　強制判決（指要求承審員在特定時間內對特定罪犯作出判決，不允許法官有所斟酌給予緩刑的任何選擇餘地）

Mandatory state　受任國

Mandatory statute　強行法；強制性制定法

Mandatory sub-contract　強制分包合同

Mandatory system　委任統治制度

Mandatory training courses　〔領事〕強制培訓課程

Man-day　工日（亦稱"人日"，一種表示工作時間的計量單位）

Mangonare　v.〔英古〕在市場上採購

Manhood　法定年齡；成年身分（美國為 18 歲）；（封臣對領主的）效忠儀式

Manhood suffrage　成年男子選舉權；男公民選舉權

Man-hour　人時（亦稱"工時"，一種表示工作時間的計量單位）

Man-hour rate method　一人一小時內完成工作量的方法；職工時率法

Mania　癲狂；瘋狂；精神錯亂

Manic　n. & a. I. 瘋子；躁狂症者；II. 躁狂的

Manifest　a. & n. I. 明白的；明顯的；有根據的；II. 貨物清單、艙單；（由船長簽署的）載貨清單；旅客名單

Manifest injustice　明顯不公正

Manifest intent　明顯意圖；明確的意圖表示

Manifest law　明示法；決鬥裁判；神意訴訟法

Manifest necessity　明顯緊急狀態；明顯危急情況

Manifest of a ship　艙單；艙口單

Manifest of cargo　艙單；貨物清單，載貨清單

Manifest weight of evidence　明顯的證據力（指不容爭辯、無可置疑的證據）

Manifestation of intention　意思表示

Manifesto　宣言；聲明（由主權國宣佈的書面聲明或由國家行政當局聲明宣戰理由等）

Manifold classification　多組分類

Manila Declaration　馬尼拉宣言（77 國集團，1976 年）

Manilla rope　〔海法〕白棕線

Manipulate　v. 竄改；偽造；操縱

Manipulate exchange rates　操縱匯率

Manipulate policy　操縱政策；竄改政策

Manipulation　竄改（賬目）；操縱證券交易

Manipulation of account　偽造賬目；竄改賬目

Manipulator　竄改者；操縱者

Mankind　人類

Man-made island　人工島嶼

Mann Act　〔美〕曼恩法（"販賣婦女為娼法"，關於在州際間和對外貿易中禁止賣淫和販賣婦女為聯邦罪法，1948 年）

Manned flight　載人飛行

Manner　方式；方法；風俗；習慣

Manner of operation　經營方式

Manner of payment　付款方法

Manner of service　送達方式

Manner of war　戰爭方式

Manning　〔美〕一人一天的工作；傳喚到庭

Mannire　v. 傳喚…人出庭並接受判決

Mannopus　〔英古〕人贓俱獲

Mano River Union　馬諾河聯合會

Manor　莊園；住宅；宅第；〔英〕莊園；采邑；〔美〕領地

Manor courts　莊園法院；〔英古〕領地法庭

Manor house　莊園主的住宅

Manor lease　〔美〕領地租賃

Manorial court　〔英〕（領主的）莊園法院；領地法庭

Manorial extent　〔英古〕莊園領地評估

Manorial system　莊園制度；領地制度

Manpower Services Commission　〔英〕人力服務委員會（新名稱"培訓委員會"，成立於 1973 年，主要協助錄選、培訓和求職工作）

Manpower tax　勞力稅（釋義見 "employer's payroll tax"）

Manqueller　〔撒〕殺人犯，殺人兇手

Manrent　〔英〕勞役（佃農個人提供對土地使用權的役務）；〔蘇格蘭〕隸農契約（標誌自由民成為領主的農奴而提供勞役，並以此得到領主的保護）

Manse　〔蘇格蘭〕牧師住宅；〔英古〕住宅；附有土地的住所

Mansion (or mansion-house)　官邸；〔英〕莊園領主宅第；居所

Manslaughter　殺人；過失殺人，過失殺人罪；謀殺罪；非預謀殺人罪（指不帶有明示或默示惡意之非法殺人，但其所犯的非法或過失之行為屬故意或非故意所致）

Manslayer　殺人犯；殺人兇手

Manstealing　拐騙；劫持；綁架（其同義詞為 "kidnapping"）

Mantheoff　〔撒〕盜馬賊

Manticulate　v. 扒竊

Mantle children　〔英古〕准正後的非婚生子女

Man-traps　〔英〕捕人陷阱（指為捕捉在太陽升、落期間非法侵入私宅者以自衛所設的機關）

Manual　a. & n. I. 手的；手工的；手工操作的；體力的；II. 手冊；保險手冊；說明書；操作指南

Manual alarm　手動報警器

Manual delivery　實際交付（指交付已出售、贈與和抵押的動產於買受人的受託人）

Manual gift　實際贈與（指以實際交付而不需要正式形式有體動產贈與）

Manual instructions　指導手冊

Manual Labour 體力勞動；手工勞動

Manual of Export Promotion Techniques 〔世貿〕《促進出口技術手冊》(世貿組織出版的刊物)

Manual on Government Finance Statistics 政府財政統計手冊

Manual rates 〔保〕手冊費率；標準風險費率

Manual rating 〔保〕分類法 (指將相同的危險歸類以計算保險費率的方法)

Manual strangulation 扼死；卡死

Manualis obedientia 宣誓效忠；宣誓遵從

Manucaptors (=minpernors) 保釋保證人 (保證被拘留者再出庭)

Manuel des lois de la guerre maritime dans les rapports entre belligerants 〔法〕海戰法規手冊 (1913 年)

Manuel des lois de la guerre sur terre 〔法〕陸戰法規手冊 (1880 年)

Manufacture *v. & n.* I. 製造；加工；II. 製造；製成品；(專利新型)產品

Manufactured cost adjustment account 生產成本調節賬

Manufactured diversity 〔美〕不當變更國籍 (指為取得聯邦法院的管轄權而不惜虛構變更國籍)

Manufactured products 製成品

Manufacturer 製造人；製造商；工廠主；製造廠；生產商

Manufacturer's inspection certificate 製造商檢驗證明書

Manufacturer's liability doctrine 〔美〕製造商責任原則

Manufacturer's liability insurance 製造廠商責任保險

Manufacturing account 製造賬戶

Manufacturing corporation 製造業公司；生產商

Manufacturing cost 生產成本；製造成本

Manufacturing establishment 製造企業 (是用以生產機器用的處所)

Manufacturing expense budget 生產費用預算；製造費用預算

Manufacturing industry 製造業

Manufacturing limitation 〔關貿〕生產限制；製造界限 (指東道國政府為避免外資企業所生產的產品與本國產品競爭，要求外企不得生產某些特定產品)

Manufacturing overhead 製造管理費；製造費用；製造間接費

Manufacturing overhead account 製造管理費用賬戶；製造間接費賬戶

Manufacturing requirements 〔關貿〕製造要求 (指東道國政府為加快進口替代，要求外資企業專門生產其所需零部件等某些產品)

Manufacturing statement 生產報表；製造成本表

Manufacturing to order against offered sample 〔中〕來樣定制

Manumission 解放；解放奴隸 (指釋放奴隸或農奴，使其不再受束縛)

Manumissor 解放者

Manung (or monung) 〔英古〕司法行政官管轄區

Manurable 〔英古〕可擁有的；可持有的；可手工佔有的；可耕作的；可養殖的；可觸及的；有實體的；有形的

Manure 〔英古〕佔有；耕作；使用；耕耘；在…上進行手工勞動

Manuscript 手稿；原稿；底稿

Manworth 〔英古〕人的生命價值；人頭價值

Map 地圖

Mar. *v.* 損壞；毀壞；傷害

Marakesh agreement 馬拉喀什協定 (指 1994 年 4 月 15 日關貿總協定各締約代表在摩洛哥首都馬拉喀什部長會議上通過《建立世界貿易組織協定》，故而聞名於世)

Maraud *v. & n.* 擄掠；搶劫；掠奪

Marauder 擄掠者，搶劫者

Marcatus 常年的租金 (古時保留下來的)

Marchers 〔英〕候爵；邊境領主 (指威廉征服王對征服和佔領威爾斯邊境一帶土地的領主所賜予的頭銜)

Marches 〔英〕邊境；邊界；邊境地區 (尤指英格蘭和威爾斯、英格蘭和蘇格蘭的疆界；或英國自治領之間的邊界；或蘇格蘭財產的疆界)；〔蘇格蘭〕不動產邊界

Marchet (or marcheta, merchetum) 〔英古〕出嫁補償金 (指佃農女兒出嫁時向領主繳納的金錢以補償勞役上的損失)

Marchioness 女侯爵；侯爵夫人

Mare adjacent 毗連的海 (意大利法學家 Gentilis 於 1661 提出的主張把沿岸水域歸於沿岸國領土之內)

Mare Clarism 海洋封閉論 (英國學者塞爾登 (Selden) 寫於 1618 年)

Mare clausum 閉海；《閉海論》(指塞爾登 (Selden) 於 1584－1654 所寫回答海洋自由化的著名論文)

Mare liberum 公海；海洋自由；《海洋自由論》(格勞秀斯 1583－1645 年著名論文，指責葡萄牙排斥他國商業、封鎖海洋是違法的，證明世界各國都有使用海洋的平等權利)

Mare partio terrae 海是陸地的一部份 (意大利法學家於 1661 年提出的主張)

Mare with three legs 絞刑台

Mareva injunction 〔英〕限制被告資產轉移國外的禁令 (指允許管轄法院限制被告把其資產轉移到外國的禁令)

Margin 邊緣；邊界；陸地水域交匯的邊緣；毛利、差價；押金，保證金；邊際收益；加算差額；備註，欄外的註解；〔保〕幅度

Margin account 保證金賬戶；邊際賬戶；成本和售價差額賬戶

Margin buying 憑押金購買；投機買進；看漲買進

Margin call 追加保證金通知 (指當股價下跌時經紀人要求增加貨幣或股票的投入通知)

Margin line 〔艙破後水面的安全〕限界線

Margin list 〔美〕(美聯儲公佈的)上榜銀行名單

Margin notice 追加保證金通知書 (增收保證金通知)

Margin of cultivation 耕作界限

Margin of dumping 〔關貿〕傾銷幅度；促銷差額

Margin of intensive cultivation 集約耕作界限

Margin of preference 特惠差額；優惠幅度；優惠邊際 (指某些實行普遍優惠制的國家對於一些不能享有完全免稅的進口商品，給予低於一般稅率一定百分比的優惠待遇)

Margin of profit 邊際利潤；利潤幅度；餘利

Margin of profitable expenditure 有利支出的界限

Margin of profitableness 利潤性的界限

Margin of safety 安全邊際；保險幅度

Margin of tariff preference 〔關貿〕關稅優惠差額 (幅度)

Margin requirement 〔美〕額定保證金；保證金要求 (聯邦儲備局對證券交易所每筆交易事先都要有一定百分比的保證金規定)；追加保證金；追加押金；邊際需要

M

Margin trading　保證金交易；憑保證金交易

Margin transaction　保證金交易；憑保證金交易（指每購買一宗股票或商品交易通常要經中間商支付一部份現金和一部份貸款之謂）

Marginal　邊際的；限界的；限度的；頁邊的

Marginal belt　邊緣帶

Marginal benefit　邊際利益

Marginal cost　邊際費用；邊際成本

Marginal cost accounting　邊際成本賬

Marginal cost of production　邊際生產費；生產的邊際成本

Marginal cost pricing　按邊際成本訂價

Marginal demand price　邊際需求價格

Marginal demand price curve　邊際需求價格曲線

Marginal disutility　邊際犧牲；邊際負效用

Marginal dose　邊際用量

Marginal expenses　邊際開支

Marginal factor cost (MFC)　邊際要素成本

Marginal increment　邊際增殖

Marginal investment　邊際投資

Marginal Labourer　邊際勞工

Marginal land　限界地

Marginal letter of credit　邊際信用證

Marginal manuscript　有旁註的手稿

Marginal normal expenses of production　邊際標準生產開支

Marginal notes　旁註；邊註；附註；邊緣註解（指法令條文旁邊印有旁註或提要不屬該法令的一部份）

Marginal price　邊際價格

Marginal producer　邊際生產者

Marginal profits　邊際利潤；限界利潤

Marginal propensity to consume (MPC)　邊際消費傾向

Marginal propensity to export　邊際出口傾向

Marginal propensity to import　邊際進口傾向

Marginal purchase　邊際購置；邊際購買

Marginal rate of substitution (MRS)　邊際替代率；邊際替換率；商品替代率（指消費者在保持相同的滿足程度時，增加一種商品數量與必須放棄的加一種商品數量之比）

Marginal rate of tax　最際稅率

Marginal rate of transformation (MRT)　邊際轉換率；邊際產品轉換率（指在既定的資源和技術水平條件下，增加一種產品生產必須減少的另一種產品生產的比率）

Marginal reserve requirements　最低儲備規定（要求）

Marginal revenue of product (MRP)　邊際收益產品

Marginal sea　邊緣海；沿岸海

Marginal seat　（競選中雙方票數接近）可能為任何一方爭得的席位

Marginal street　連接商業和航運的碼頭或船塢；沿岸街道

Marginal tax　邊際稅收

Marginal trading　邊際貿易

Marginal utility　邊際效用

Marginal waiting　邊際期待

Marginal water　邊緣水；沿岸海

Marginalisation　邊緣化（指在全球經濟一體化進程中，存在最不發達國家邊緣化問題和某些發展中國家邊緣化的危險）

Margins around parity　平價差幅

Margins of preference　優惠邊際（指某些實行普遍優惠制

的國家對於一些不能享有完全免稅的進口商品，給予低於一般稅率一定百分比的優惠待遇）

Marguiladoras　〔墨〕免稅區（指從外國進口產品在墨西哥組裝後再出口則予免稅的）

Marihuana, mariguana, marijuana　大麻；大麻毒品；粉藍煙草；大麻製品

Marime Environmental Data Information Referral System (MEDI)　海洋環境數據資料分派系統

Marine　*a. & n.* I. 海的；海洋的；海事的；海商的；海運的；海洋運輸的；海軍的；II. 船舶；海事；海運業；商船隊；〔美〕水兵；海軍陸戰隊

Marine adventure　海上冒險（事業）（指船舶及其所運載的貨物或其他動產等均暴露於海險之中）

Marine alarm　海上警報器

Marine art permit　海上技術許可證

Marine association　海事協會

Marine belt　海域；領海帶

Marine bill of lading　海運提單

Marine cargo insurance　海運貨物保險；海上貨物保險

Marine carrier　〔美〕海上承運業（商）；海運器具

Marine casualty　海難；海上事故

Marine contract　海運契約；海商合同

Marine corps　〔美〕海軍陸戰隊

Marine court　海事法庭；海事法院

Marine court in the city of New York　紐約市海事法院（原為解決海員訴訟案件的地方法庭）

Marine court of inquiry　海員審判所

Marine damages　海上損害賠償

Marine Department　〔香港〕海事處

Marine Department of Board of Trade　〔英〕商業部海事局

Marine environment　海洋環境

Marine environmental pollution damage　海洋環境污染損害

Marine exchange　海運交易所

Marine fishery　海洋漁業

Marine guard　海岸警衛隊

Marine hold insurance　海洋船舶保險

Marine hull insurance　船舶保險；船體保險

Marine inspection　海上檢疫

Marine inspector　海事檢查員

Marine insurance　水險；海上保險（指承保人擔保依雙方同意的對海損給予投保人賠償額的水險合同）

Marine Insurance (Gambling policies) Act, 1909　〔英〕禁止賭博保險的海上保險法（1909 年）

Marine Insurance Act　〔英〕海上保險法（1906 年）

Marine insurance action　海上保險訴訟

Marine insurance agency　海上保險代理處

Marine insurance application　水險投保單

Marine insurance broker　海上保險經紀人

Marine insurance certificate　海上保險證明書（憑證）

Marine insurance company　海上保險公司

Marine insurance contract　海上保險契約（合同）

Marine insurance law　海上保險法

Marine insurance on hull　船舶保險；船體保險

Marine insurance policy　海運保險單；水險保單

Marine insurance premium　海上保險費

Marine insurer　水險保險人；海上保險人

Marine interest 海上借貸利息;海商利率(指用於一種船體抵押證券貸款保險的特別利率)

Marine law 海商法(=maritime law)

Marine league 海里格(英、美各為三英里或三海里)

Marine lien 船舶優先受償權(指因海上碰撞引起的損害賠償中所提供的救助服務方對船舶、船貨或運費有優先受償權)

Marine Magistrate 〔香港〕海事裁判司

Marine Mammal Protection Act 〔美〕海洋哺乳動物保護條例(1972 年頒佈,具體規定了漁船在海上作業時保護海豚的標準)

Marine nature conservation area 海洋自然環境保護區

Marine perils 海上災害;海難;海上風險

Marine police 〔英〕水警;海上警察(1798 年倫敦港為保護商船建造而設的)

Marine policy 海上保險單;水險單

Marine pollution 海洋污染

Marine pollution control zone 海洋污染控制區

Marine pollution prevention law 海洋污染防止法

Marine pollution zone 海洋污染區

Marine products 海產品;水產品

Marine protest 海上事故說明書;船長證明書

Marine risk 〔保〕水險;海上風險

Marine salvage 海上救助(指對遇難船舶、人命或貨物的救助)

Marine shelf 大陸架

Marine space 海洋空間

Marine surveyor 驗船師(船舶檢驗員)

Marine zone 海洋區

Mariner 水手,海員,船員

Mariner's card 海圖

Mariner's lien 船員留置權(指船員因工資問題有扣船或船上貨物的權利)

Mariner's will 海員遺囑;水手遺囑(指海員在海上所立的口頭遺囑,僅涉及動產)

Mariner's almanac 海員年鑒

Marischal 〔蘇格蘭〕軍法官(指通過軍事法庭對戰時軍人違法、釋放出獄等具有管轄權,但此職自 1707 年之後已不復存在)

Marital 婚姻的;夫妻的;有關丈夫的;屬丈夫的

Marital agreement 〔美〕夫妻(財產)協議(指依法通過第三者訂立夫妻結婚時或分居時關於婚姻財產的分割或共有的合約)

Marital autonomy 婚姻自主權

Marital communications privilege 〔美〕夫妻私通訊保密特權(指在審理婚姻訴訟中夫妻私相談話和通信等不得披露並不作為證據的特權,但配偶一方對他方或對其子女犯罪行為除外)

Marital deduction 〔美〕婚姻財產轉讓減稅(指夫或妻生存期間或一方去世後其財產或遺產可以相互轉讓,可依法扣減贈與稅和遺產稅)

Marital deduction trust 〔美〕婚姻財產減稅信託(為獲得婚姻財產的最高減稅額的利益,依法可將夫妻婚姻財產分半、已故配偶的一半財產轉為婚姻遺產減稅信託,另一半則可規避稅收,即免稅的作法,但在 1981 年以後去世的配偶之財產正常轉讓則無需繳納遺產稅)

Marital dispute 婚姻糾紛

Marital dissolution 婚姻關係的解除

Marital portion 〔美〕寡婦應繼份(指寡婦有權享有亡夫生前記於她名下的那份遺產)(路易斯安那州法律用語)

Marital privileges 夫妻特權(關於諸如婚姻關係的權利的作為夫妻所擁有的財產權)

Marital property 夫妻財產(指結婚雙方所購置的財產,解除婚姻時依法院審理按比例分配)

Marital rights 〔英〕婚姻權利;丈夫因結婚而取得對妻子不動產的權利(其同義詞為"conjugal rights")

Marital rights and duties 〔美〕夫妻雙方權利和義務;配偶權利和義務

Marital status 婚姻狀況

Maritima Angliae 〔英古〕(國王)海業收入(其後該收益被授予海軍事務大臣)

Maritima incrementa 〔英古〕海水沖積地(指由海水沖積而形成所獲取新增加的土地)

Maritime 航海的;近海的;沿海的;海上的;海事的;海運的

Maritime Administration 〔美〕海事管理局(歸商業部管轄下的一個機構)

Maritime arbitration commission 海事仲裁委員會

Maritime Arbitration Commission of the China Council for the Promotion of International Trade 中國國際貿易促進委員會海事仲裁委員會

Maritime area 海洋區

Maritime belt 領海帶;海域(沿岸區,海濱區)

Maritime bills 〔美〕海商法法案

Maritime blockade 海上封鎖

Maritime boundary 海洋疆界

Maritime canal 海洋運河

Maritime capture 海上拿捕

Maritime case 海事案件

Maritime casualty 海上事故,海難

Maritime cause 海事訴訟案件

Maritime cause of action 海事訴訟案件(關於航運商貿和對乘客傷害事故之訟案)

Maritime ceremonial 海上禮節

Maritime claim 海事求償權;海事索賠

Maritime coasting 近海航行

Maritime coasting trade 沿海貿易

Maritime code 海洋法典

Maritime collision 海上碰撞

Maritime commerce 海上商務;海上貿易

Maritime commission 〔美〕海事委員會

Maritime conference 海事會議

Maritime contract 航海契約;海事契約;海商契約

Maritime convention 海事公約;海洋公約

Maritime Convention Act 〔英〕海商公約法(1911 年)

Maritime court 海事法庭;海事法院

Maritime customs 海關

Maritime declaration 海事聲明

Maritime Disaster Inquiry Agency 〔日〕海事仲裁廳

Maritime Division 〔基金〕海事處

Maritime domain 海洋領域

Maritime environment 海洋環境

Maritime Environment Protection Committee (MEPC) 海洋環境保護委員會

M

Maritime Exchange 〔美〕海運交易所（如波羅的海、紐約等地主要經營船舶租貸業務的）

Maritime fisheries 海洋漁業

Maritime flag 海商旗

Maritime fraud 海事欺詐；海事詐騙

Maritime freight 海運運費

Maritime freight rate 海運運費率

Maritime frontier 海洋邊界

Maritime highway 海洋大道

Maritime honour 海上榮譽

Maritime hypothecation 船舶抵押；船貨抵押；海事抵押

Maritime inspection 海上檢疫

Maritime insurance 海上保險；水險

Maritime interest 海上借貸利息（其同義詞為 “marine interest”）

Maritime interior waters 內海水

Maritime international law 國際海洋法；國際海事法

Maritime jurisdiction 海事管轄權；〔美〕海洋管轄權（規定海事訴訟程序由聯邦法院管轄）

Maritime law 海商法，海事法；海洋法

Maritime lien 海上留置權；船舶留置權（指對於船舶由於碰撞所造成的損害賠償或債務，求償方有權扣留該船舶、船貨或運費以償還的留置權）；〔美〕船舶優先受償權（指對於一些為提供海上服務的船舶因有航行中受到損害，其所欠債務債權人有權依法將該船扣押做為債務擔保或將其出售以把所得優先償還其債務的權利）

Maritime life insurance 海上人壽保險

Maritime limit 海洋界限

Maritime loan 海事借貸；〔美〕海事借貸合同（指如遇海難或不可抗力時所借和所餘船貨數額相等時可免予償還等規定的契約）

Maritime mile 海里

Maritime navigation 海洋航行

Maritime negligence 海事過失；海上侵權行為

Maritime neutrality 海上中立

Maritime perils 海難；海上風險（指火災、海盜、戰爭風險、搶劫、偷竊等在海上保險單上指定的）

Maritime policy 海事政策

Maritime port 海港

Maritime Port Convention 海港公約（1914–1918 年）

Maritime power 海洋國家

Maritime prize 海上捕獲品

Maritime quarantine 海上檢疫；海上隔離

Maritime radio beacon 〔海法〕航海無線電信標

Maritime reprisals 海上報復

Maritime safety 海上安全

Maritime safety procedure 海上安全程序

Maritime salute 海上敬禮

Maritime salvage 海上救助；海上救助報酬

Maritime service 海事工作；海事勞務；船務工作；海上服務（關於貿易或航行的）

Maritime signal 海上信號

Maritime Silk Road 海上絲綢之路

Maritime sovereignty 海洋主權

Maritime space 海洋空間

Maritime state 海洋國家；英國海軍（按英國議會制定法規定，由英國海軍官兵組成）

Maritime territory 海洋領土

Maritime tort 海上侵權行為（指在通航水域內）

Maritime trade 海上貿易

Maritime traffic 海上交通；海洋交通

Maritime transaction 海上交易

Maritime transport 海上運輸

Maritime transport services 〔世貿〕海運服務；海上運輸勞務

Maritime transportation insurance 海上運輸保險

Maritime war 海戰；海上戰爭

Maritime warfare 海戰；海洋戰爭

Maritime waters 海洋水域

Maritime zone 海洋區；海區

Mark 花押（因不會寫字而以此代以簽字）；馬克（德國貨幣單位）；金銀的重量單位（約等於八益士，為歐洲一些國家所通用）；特徵；標記；商標；〔英古〕馬爾克公社；馬爾克公社土地

Mark system 〔澳〕（囚犯的）“記分制”（指根據囚犯在監禁期間的勞改表現積分可予減刑或釋放，始於 1840 年）

Mark up imported products 進口產品加價（提高進口產品的價格）

Mark-down 減價；削價；標低的金額；標低抵押品價格

Marked ballot 劃叉的選票（指在選票上劃有選擇候選人的記號）

Marked cheque (check) 保證兌現支票

Marked man 嫌疑份子；被監視的人

Marked money 違禁品交易備金；綁架贖金；加註記號的貨幣

Marked value 標明價值

Marked-on 成本加成

Marker 墓碑；蓋印人；計點數者；出席檢查者；點名人

Market 市場；交易；銷售；市價；市況；市場行情；銷路

Market access 市場准入；〔世貿〕市場准入（規定各成員方應承擔的特定義務）

Market access commitments 〔世貿〕市場准入承諾

Market access concessions 〔世貿〕市場准入減讓（指削減關稅而言）

Market access conditions 市場准入條件

Market access for goods 商品的市場准入

Market access for non-agricultural products 多哈回合非農產品市場准入

Market access for non-agricultural products in Doha Round Negotiations 〔世貿〕多哈回合非農產品市場准入談判

Market access for service exports 勞務輸出的市場准入；服務輸出的市場准入

Market access negotiations 市場准入談判

Market access on textiles and clothing 紡織品和服裝的市場准入

Market access opportunities 〔世貿〕市場准入的機會（指發展中國家農產品而言）

Market access schedule 市場准入表

Market analysis 市場分析

Market averages 市場平均（指數）

Market boards 市場營銷機構

Market borrower 市場借款人（國）；市場借戶

Market changes　市場變化

Market clearing　市場結算

Market conditions　市場條件

Market day　集市日；交易日

Market disciplines　市場風紀；市場紀律

Market disruption　〔世貿〕市場破壞；市場擾亂（美國 1974 年貿易法中隱含指責社會主義國家歧視性貿易的用語，或指 WTO 一成員方出口產品在數量、價格上給其他成員方市場同類產品競爭所造成的影響）

Market economy　市場經濟

Market economy conditions　市場經濟條件；市場經濟狀況

Market economy country　市場經濟的國家

Market economy criteria　市場經濟標準；市場經濟的指標

Market exchange rate　市場匯率

Market failure　市場故障

Market financing　市場籌資；市場融通資金

Market forces　市場力量

Market geld　市場稅；攤捐；攤位費

Market glut　市場貨物充斥

Market hall　市場

Market imperfection　市場不完善

Market interest rate　市場利率

Market letters　（證券交易所印發的）行情通報；市況報告書，商情報告書；商情報告單

Market maker　市場主持者；造市者

Market making　〔美〕造市（指製造證券交易市場）

Market mechanism　市場機制

Market norms　市場規範

Market of industrial countries　工業化國家的市場（意指諸多貿易壁壘，發展中國家難以進入）

Market opening　市場開放

Market order　市場訂單（指證券或商品交易買賣的訂單）；買進賣出證券指示

Market overt　〔英〕公開市場；公開買賣（指在公開市場上買，意指非秘密交易）

Market penetration　市場滲透；打入市場

Market portfolio　市場資產價值權數業務量；市場資產價值權數投資量

Market potential　市場潛力

Market power　市場實力；市場支配力（指提高市場競爭價格而又不影響生意的支配市場的能力）

Market price　市價；市場價格

Market price conditions　市價條件；市場價格情況

Market price equivalent　市場價格等價物

Market price support　市場價格支持

Market price support component　〔世貿〕市場價格支持成份

Market principles　市場原則

Market quotations　時價；市場報價；市場行情（指證券或商品的最新價格）

Market rate　〔英〕市場利率；市場匯價（指商業銀行的貼現率）

Market rent　市場租價

Market research　市場研究；市場調查；銷售研究

Market research firms　市場調查公司

Market research services　市場調查服務

Market reservation　市場保留權（指服務貿易中的配額、數量限制、出口限額、政府採購、條例、國營貿易等）

Market risk　市場風險（指市場價格受供求關係影響，盈虧難料）

Market SDR　市場特別提款權

Market share　市場份額；市場佔有率（指商行所控制的市場實際銷售額）

Market share of developing countries in world export of non-factor services　發展中國家在世界非生產要素服務輸出的市場佔有率（據統計，1973–1990 年僅佔 22%；按個別國家統計，這期間中國、印度、印尼等 22 個發展中國家所佔世界非要素服務出口的市場佔有率分別為 0.12–2.8% 不等，美、英等發達國家則佔近 80%）

Market structure　市場結構（指賣方中心產品差異和進入市場障礙的市場結構特點）

Market supply and demand　市場供求

Market town　〔英〕集鎮（指有權舉辦集市的城鎮）

Market transparency　市場透明度

Market turn　市場利潤；市場一筆證券交易的獲利

Market value　市場價值；市場價格；商品平均價值

Market viability test　市場生存性檢測（指要求以產品的本國結構價格和出口到第三國進行檢測）

Market wages rate　市場工資率

Market yield　市場收益

Marketability　適銷性；可售性；市場性；變現性；流通性

Marketable　可銷售的；暢銷的；適合於市場上銷售的；可變現的；銷路好的；市場買賣的

Marketable agricultural production　適銷的農產品生產

Marketable grain　商品糧

Marketable product　可銷售的產品

Marketable securities　暢銷證券；可流通證券；可轉讓證券

Marketable title　可轉讓的產權（無負擔和效力無疑問的所有權）

Marketable Title Acts　〔美〕簡化產權交易法（旨在簡化地產交易程序）

Marketable value　市場價格

Market-access commitment　〔關貿〕市場准入承諾

Market-access right　〔關貿〕市場准入權利

Market-based trade policy　依託市場的貿易政策

Market-directed economy　市場經濟；市場取向的經濟

Market-economy criteria　市場經濟的準則；市場經濟的標準

Marketing　市場行銷；市場營銷；銷售學；市場學；營銷學

Marketing and promotion services　〔世貿〕營銷和促銷服務

Marketing approval　營銷核准

Marketing Boards　〔關貿〕購銷局；銷售局；營銷協會；市場管理所

Marketing contract　合作銷售契約（指願賣和願買的價格合同）

Marketing devices　市場運營手段（謀略）

Marketing facilities　市場銷售設施

Marketing Law　〔西德〕銷售法（1950 年頒佈的）

Marketing research　銷售調查；營銷調研

Marketing-cost reduction measures　〔世貿〕市場銷售成本降低措施

Market-opening agreements　〔世貿〕市場開放協議

Market-opening trade policies　開放市場的貿易政策

Market-oriented economy　面向市場的經濟

Market-oriented investment　面向市場的投資；市場導向的投資

M

Market-oriented production 面向市場的生產；以銷售為目標的生產

Market-oriented system 市場導向的制度

Market-regulated price 市場調節的價格

Market-related price 與市場有關的價格

Markets and fairs 〔英〕市場權與集市權；市場與集市

Market-shares of service exports 勞務輸出的市場份額

Market-sharing 分佔市場；市場分配

Marking ballot 畫叉選票（指選舉人在選票上畫投票的記號）

Marking of cargo 貨物標記

Marking requirement 標誌性規定

Marking up 〔美〕法案審議過程（指國會立法院對法案逐條審議並就其文字和內容進行必要的修改和補充的過程，但對其大量的修改乃至於會導致產生出新編號的法案）；案件列入審理日程的程序

Markon （成本）加成；零售價與成本之差額

Marks of identification 識別標誌

Marks of origin 〔關貿〕原產國標誌（指締約國間對標誌的產品應施予最惠國待遇）；原產地標誌

Marksman 畫記號人；畫押人（指不識字的人，以畫個記號代其簽名）

Markup 加價；毛利（指商品成本與售價間的差額）

Markush doctrine 〔美〕馬庫什規則（申請專利應遵循的原則）

Marlinspike 〔海法〕擴索錐；分股錐

Marque 拿捕；報復（釋義見 "letters of marque and reprisal"）

Marquis (or marguess) 〔英〕侯爵（此封號始用於英王愛德華二世，在英國位居公爵之後第二等貴族的稱號，僅次於公爵）

Marrakesh Agreement Establishing the World Trade Organisation 建立世界貿易組織馬拉喀什協定

Marriage 婚姻（指建立夫妻法律關係的儀式或手續）

Marriage Act 〔英〕婚姻法（1753 年）

Marriage agency 婚姻介紹所

Marriage application 結婚申請（書）

Marriage articles 婚姻財產設定預約；婚前財產協議條款（指結婚之前雙方關於財產上初步約定的條款）

Marriage banns 結婚預告

Marriage between cousins 表親婚姻；中表婚（指表弟、姐妹間締結的婚姻）

Marriage between family 親族結婚；親屬婚姻

Marriage bonds 夫妻關係

Marriage breakage contracts 結婚撮合酬金契約；婚姻經紀契約

Marriage breakdown 婚姻破裂

Marriage broker 婚姻撮合人；婚姻介紹人；媒人；媒妁

Marriage brokerage 婚姻介紹費

Marriage brokerage contract 婚姻經紀契約

Marriage broking 〔英〕婚姻經紀活動

Marriage by certificate 〔英〕依證明書結婚（指可憑婚姻登記局局長的證明書而不要結婚許可證的結婚）

Marriage celebration 〔宗〕結婚儀式

Marriage ceremony 結婚儀式

Marriage certificate 結婚證書（婚姻證明書）

Marriage contract 結婚契約；婚約

Marriage counseling 〔英〕婚姻諮詢服務

Marriage dispute 婚姻糾紛

Marriage in articulo mortis 臨終時結婚

Marriage law 婚姻法

Marriage Law (of P.R.C.) （中華人民共和國）婚姻法（1980 年）

Marriage licence 〔美〕結婚許可證

Marriage of consent 合意婚姻

Marriage Ordinance 〔香港〕婚姻條例（規定結婚可按宗教儀式或民式婚禮舉行，廢除納妾制度）

Marriage Persons Status Ordinance 〔香港〕已婚人士地位條例（規定夫婦雙方享有同等的訂立契約和擁有財產的權利，並廢除了丈夫要為妻子的民事過失、契約債務及義務等負責）

Marriage portion 妝奩；嫁妝

Marriage promise 訂婚；婚約

Marriage property register 婚姻財產登記

Marriage records 〔美〕結婚檔案；婚姻記錄

Marriage Reform Ordinance 〔香港〕婚姻改革條例；修訂婚姻制度條例（規定宗教儀式婚禮婚姻和民式婚禮婚姻均可以登記為有效婚姻）

Marriage Registry 〔香港〕婚姻註冊處

Marriage settlement 〔英〕婚前財產協議；婚姻財產設定（指夫婦婚前考慮解決其財產問題的協議，預定財產權、繼承權劃定一部份財產贈與妻子和子女等）；〔蘇格蘭〕婚姻財產授予（指配偶婚前與婚後設定授予產權的婚約）

Marriage system 婚姻制度

Marriage upon arbitrary decision by a third party 〔中〕包辦婚姻（指違背當事人意願或未經同意而決定辦他人婚姻的行為）

Marriageable age 結婚年齡；婚齡

Marriage-notice book 〔英〕婚姻登記簿

Married Persons Status Ordinance 〔香港〕已婚人士地位條例

Married woman 已婚婦女；有夫之婦

Married Women's Property 〔英〕已婚婦女財產

Married Women's Property Act 〔英〕已婚婦女財產保護法（1870、1908 年）

Marry v. 結婚；娶，嫁

Marshal n. & v. I. 元帥；陸軍大將；〔英〕法官隨從；巡迴法官秘書；巡迴法官助理；高等法院犯人管埋'旨；海事法院執行官；法警；〔英古〕司馬官；〔美〕聯邦法院執行官（每個司法轄區的執行官均由總統任命執行美當局頒發的法律令狀和命令等）；（州）執法官（在某些市具有類同警察和直達吏權力和責任）；（市警察局、消防局）局長；II. 排列；整理；引導；清償序列

Marshal court 〔英古〕騎士法庭

Marshal of the admiralty 〔英〕海事法院執行官

Marshal of the King's bench 王座法庭典獄長

Marshal of the King's household 〔英〕王室司法官

Marshal of the Queen's bench 王座法庭典獄長

Marshal of the Queen's household 〔英〕王室司法官

Marshal Plan 〔美〕馬歇爾計劃（1947 年任國務卿時提出 "援助" 歐洲經濟復興的方案）

Marshalling 分派；攤派；排列；安排；按順序處分；〔美〕確定清償債務原則（指在管理死者遺產中，排列遺產順序以期優先償還債務；在分配遺產中，有數個權利主張人，有的資金只分配給特定求償人；其他求償人一般也可以得到分配，如此以使所有權利主張者都盡可能得以滿足；對債權人

有兩筆償債資金，依衡平法原則只能使用其中一筆；對兩個或兩個以上種類的財產均有求償權者，依清償債務順序原則，則按優先留置權和次位留置權順序清償，以便盡最大可能使得各利益攸關方均可公平滿意地分取償還各自債務份額的原則）；分配遺產；分配償還受押人債務

Marshalling assets　〔英〕排列清償債務次序（指清理死者遺產依衡平法按順位償付所欠債務人之債務次序，盡力使各個求償人得到合理份額）；〔保〕財產清償順位權

Marshalsea Prison　〔英〕皇家監獄（關押拖欠國王的債務者的監獄，聞名於 1300−1842 年，=Queen's Bench Prison）

Mart　商業中心；市場；拍賣場

Marten's clause　馬爾頓條款（馬爾頓做為俄國代表於 1899 年 6 月 20 日在第一次海牙和平會議上宣讀的聲明第 3 節與海牙和平會議第二公約和第四公約前言內容基本相同並被寫進了上述公約的前言，起到了限制害敵手段以維護人權的保護作用，故而得名）

Martial court　軍事法庭（指擁有審判軍事犯管轄權的法院）

Martial judge　軍法官；軍事審判員

Martial justice　軍事審判；軍事司法

Martial law　軍事管制法，戒嚴令；軍法（指完全由一軍事指揮官管制下的一種戰爭狀態）

Martinmas　〔英〕聖馬丁節（11 月 11 日，季度結賬日之一，蘇格蘭的半年結賬日；另一個結賬日為聖誕靈降臨節）

Marxist legal theory　馬克思主義法律理論（馬克思沒有專門的法律理論著作，但可從他論述關於政治和經濟理論中看到他的法律思想）

Marxist school　馬克思主義學派

Masochism (or massachism)　色情受虐狂（一種以受異性虐待為快的病態色情狂）

Mason and Dixon Line　〔美〕梅森−迪克森分界線（指 1949−1900 年賓夕凡尼亞州北部與馬里蘭州南部奴隸與自由民州之間的界線）

Masonic body　互助團體

Masonic lodge　共濟會會址

Masonic society　共濟會

Mass convention　選民大會

Mass emigration　集體出境移民

Mass immigration　集體入境移民

Mass levee　總動員；居民軍

Mass media　輿論媒介（工具）；大衆媒介；大衆媒體

Mass meeting　羣衆大會

Mass migration　集體移民

Mass observation　〔英〕民意調查

Mass rebellion　聚衆叛亂

Mass security organisation　〔中〕羣衆性治保組織

Mass suicide　集體自殺

Mass Transit Railway (Land Resumption and Related Provisions) Ordinance　〔香港〕集體運輸鐵路（收回土地及有關規定）條例

Massachusett Body of Liberties　〔美〕麻薩諸塞自由法規（1648 年）

Massachusetts ballot　麻薩諸塞式選票（指以"辦公室區"式澳洲選票，即黨指定的提名候選人按阿拉伯字母順序印出在每個"辦公室區"內投票）

Massachusetts General Laws and Liberties　〔美〕麻薩諸塞一般法律與自由（1648 年）

Massachusetts rule　麻薩諸塞規則（指規定支票必須通過銀行託收）

Massachusetts trust　麻薩諸塞式信託

Masses　〔宗〕彌撒（羅馬天主教堂的宗教禮儀）

Massive retaliation　大規模報復

Mast　桿；桅桿

Master　船長；助理法官，助理審判員；〔英〕主事官（最高法院主事的簡稱）；僱主；業主；（男）主人；師傅；碩士

Master agreement　主協定（指工會和僱員之間達成的一種總括性的勞動協議）

Master air waybill　空運主提單

Master and servant　僱主與僱員；主人與備人

Master at common law　〔英〕普通法高等法院主事官

Master budget　總預算（指公司的全套的預算計劃和估計的財務報表）

Master compass　〔海法〕主羅經

Master contract　總保險單（指一種團體的人身保險單）；主約

Master copy　標準本；原本

Master deed or lease　〔美〕(公寓房業主)轉讓或租賃契約

Master Extraordinary　〔英〕衡平訴訟特命監督主事官

Master gyro　〔海法〕主陀螺儀

Master in chancery　衡平法院法官助理（為大法官和記錄主事官的助理）

Master in lunacy　〔英古〕精神病鑒定司法官（由大法官委任的前保護法院的主事官，主要負責對精神病者鑒定、監護和財產管理人）

Master lease　〔美〕總租賃；主租約（用以控制在後契約或轉租約，或稱之為"一攬子"綜合安排的"主租約"）

Master Limited Partnership (MLP)　〔美〕公開交易的有限合夥公司

Master list　總清單

Master mariner　船長

Master of a house　戶主；家長

Master of a ship　船長

Master of accounts　會計碩士

Master of business science　〔美〕商學碩士

Master of ceremonies　典禮官；司儀

Master of Comparative Laws　比較法學碩士

Master of house　家長

Master of King's Household　〔蘇格蘭〕王室財務總管

Master of Laws (ML)　法學碩士

Master of Queen's household　王室會計科長

Master of the Bench　〔英〕律師公會主管

Master of the coin　造幣局長

Master of the Court of Protection　〔英〕(最高法院)保護法庭主事官（主管精神不健全者財產的法院官員）

Master of the Court of Wards and Lieberiers　〔英〕王室監護法院主事官

Master of the Crown Office　〔英〕王座法庭刑事部主事官；王座法庭刑起訴科長（為王室審訊死因法官和律師，主要在王室高等法院法官指導下負責刑事檢控工作）；(現任)高等法院王座法庭主事官

Master of the Faculties　〔英〕大主教特許法院主事官（負責頒發執照和施捨物等）；坎特伯雷大主教法庭庭長

Master of the horse　〔英〕王室饗馬官（王宮內第三大官員）

Master of the Household　〔英〕王室內務總管

M

Master of the King's wardrobe　〔蘇格蘭〕王室主事官（1603年停止運作）

Master of the mint　〔英〕造幣局長

Master of the Ordnance　〔英〕國防部軍械總長

Master of the pens　〔英〕財政部記錄科長

Master of the Rolls (M.R.)　〔英〕保管案卷法官（衡平法院法官之一，負責管理各種專利和贈與工作）；衡平法院法官助理；上訴法院民事法庭庭長

Master of the Rolls in Ireland　〔愛爾蘭〕保管案卷法官

Master of the Temple (London)　（倫敦）聖殿教堂主事官

Master of the wards　〔英〕王室監護法庭法官

Master Pay Scale　總薪級表

Master plan　〔美〕總體規劃（指城鎮的房屋、工業和文體設施及其對環境因素發展佈局的總規劃）

Master policy　總保險單；母保單（指包括諸如健康和人壽保險在內的團體保險，例如對同一個法人坐落在不同地區的財產和債務責任加以統保之謂）

Master pro hac vice　專案法官

Master space in ship　船長室

Master Workman Arbitration Act　〔英〕僱主工人仲裁法（1824年）

Master-attendant　港務長

Master-builder　監工；建築承攬人；建築師；營造師；木工班長

Masterdom　主權；管理權

Master's licence　船長執照

Master's mate　（商船）大副；(美國過去的) 副船長

Masters of Requests　〔英〕小額債權法院評審員；小額債權法院法官；〔蘇格蘭〕國務主事官（大法官事務秘書，其職責接受臣民申訴等事務）

Masters of the Bench　律師公會主事官（釋義見 "Inns of court"）〔香港〕法學院大師

Masters of the courts of Common Law　〔英〕普通法法院主事官（負責記錄訴訟程序、監督頒發令狀、收納訴訟費。每個法院都有5人擔任此項工作）；最高法院的助理法官

Masters of the seas　制海權

Masters of the supreme court　〔英〕最高法院的主事官（普通法法院自1879年以來共有16個主事官），最高法院的助理法官

Master's report　船長海事報告；衡平法院主事官裁決報告

Master-servant rule　〔美〕僱傭規則（指僱主應對其僱員在其僱傭工作範圍內的行為負有責任）

Masthead light　桅燈

Mast-selling　在船上桅桿出售死亡海員遺物習慣做法

Match fund　對等基金

Matching credit and debit aspects of a transaction　一項交易的借貸雙方面的相一致

Matching credit and debit aspects　貸方與借方方面的相一致

Matching　協調；一直；配合

Mate　（商船）大副；伴侶；配偶

Mate's receipts　收貨單；大副收據

Material　*a. & n.* I. 重要的；實質性的；II. 材料；資料

Material allegation　實質性主張

Material alteration　（文件）實質性更改；重大修改（指可能影響文件效力、文意或法律上的意義和效力的更改）

Material book of account　重要賬簿

Material breach　重大違約；實質性違約

Material civilisation　物質文明

Material compensation　物質補償

Material competency　事物管轄

Material concurrence of crimes　實體上的數罪俱發

Material connected with a case　專案材料

Material Connecting Factors　實質性連接因素（連接因素包括仲裁地點、當事人國籍、住所或居所、法人註冊地及公司管理中心所在地等）

Material contract　購料合同；〔香港〕重要合約

Material cost　原料成本

Material damage　物質損害；物質損失

Material date　應生效之日（指 "cy-pres doctrine" 的慈善信託是否適用的日期）

Material delict　實質犯

Material error　實質性錯誤；重大錯誤

Material evidence　實質性證據（指對案件事實有證明作用的物品或痕跡）

Material fact　重要事實；基本事實；實質性事實

Material forgery of document　重大文書偽造（實質性有形的文書偽造）

Material injury　〔關貿〕重大損害；實質性損害（指一締約方產品因其傾銷而對該產品進口的另一締約方同類產品造成損害或損害威脅）

Material injury test　〔關貿〕重大損害測定

Material issue　實質性爭點

Material means of war　戰爭物資

Material misrepresentation　重要虛報；實質性虛偽陳述

Material object　有體物

Material omission　重要遺漏

Material piece of evidence　實質性證據

Material product　物質產品

Material reciprocity　實質性互惠

Material remains of a crime　犯罪遺物

Material representation　重要事實陳述；實質性陳述

Material resource　材料來源

Material retardation　嚴重妨礙

Material stipulation　實質條款

Material witness　重要證人

Materialism　唯物主義；唯物論；實利主義

Materialistic conception of history　唯物史觀

Materiality　重要性；實質性；重點矩數（指會計在做報表上應判斷每筆交易的影響重要性以最快地決定適當的處理辦法）

Materially impossible　事實上的不可能

Materially retarding the establishment of industry　〔關貿〕實質阻礙某一工業的建立（指傾銷阻礙了進口國同類產品工業的興建）

Materialman　〔美〕材料供應商（尤其供給修建用材料）

Materialman's lien　〔美〕材料供應商留置權（指供應建材人有優先支付款項後再供貨的請求權）

Materials of war　戰爭物資

Maternal　母親的，母方的，母系的；母性的

Maternal authority　母系權威

Maternal estate　母系地產；母系遺產

Maternal fee　母系限嗣繼承地產

M

Maternal grandchildren 外孫子女

Maternal line 母系；母系親屬

Maternal parent 母親

Maternal property 母方財產；母系財產

Maternal uncle 母方伯父（或叔父）；母親的兄弟

Maternity 母性；母道；母親身份

Maternity allowance 生育津貼

Maternity insurance 生育保險

Maternity leave 產假

Maternity nurse 助產士，產科護士

Maternity Pay Fund 〔英〕產假工資基金（指產假期間可領取產假工資，產後並可回到原所僱用單位工作）

Mate's receipt 大副收據；載貨單；收貨單（指船主收到貨物時常向托運人發出收貨單，其後托運人將收貨單交船長換取提貨單）

Mathematical evidence 精確證據；毋庸置疑的證據

Mathematical expectation 數量期望值

Mathematical theory （關於轉稼租稅的）數學說

Matima 教母；乾媽

Matriarch 女家長；女族長；母權

Matriarchate 母權；母系社會

Matriarchy 母權制；母系氏族制

Matricidal 殺母的；殺母罪的

Matricide 殺母罪；殺母者（殺死自己的母親）

Matriculate *v.* 錄取；登記（指入學；入會）；註冊入學

Matriculation 錄取入學；註冊入學；入學典禮；（大學）入學考試；入會

Matriculation fee 註冊費（指錄取大學院校的）

Matrimonial 婚姻的；婚禮的；婚姻財產的；夫妻的

Matrimonial action 婚姻訴訟（包括夫婦分居、解除婚約和離婚訴訟等）

Matrimonial agency 婚姻介紹所

Matrimonial causes 婚姻訴訟案件（指離婚、婚姻無效、裁判分居及其他夫婦關係等關於婚姻權利的案件）

Matrimonial Causes Acts 〔英〕婚姻案件程序法（1. 1857 年關於婚姻法院制定的婚姻條例；2. 1878 年關於離婚與分居條例；3. 1884 年關於妻子財產及遺棄嬰兒的條例）

Matrimonial Causes Ordinance 〔香港〕婚姻訴訟條例（規定如夫婦雙方沒有犯下婚姻上的過錯，即便雙方分居多年，法庭也不得作出離婚判決，且無權干涉不幸福的婚姻。只有切實證明婚姻破裂無可挽回方可判決離婚）

Matrimonial claudicans 跛行婚姻（一國認為有效而另一國認為無效的婚姻）

Matrimonial cohabitation 夫婦同居（也包括偽裝夫婦的同居）

Matrimonial court 婚姻法院

Matrimonial dispute 婚姻糾紛

Matrimonial domicile 婚姻住所

Matrimonial home 〔英〕婚姻住所（1985 年《婚姻住所條件》規定妻子無權佔有婚姻住所，但無辜的妻子為婚姻住所共有者等情況除外）

Matrimonial misconduct 婚姻法上的不正當行為

Matrimonial Proceedings and Property Ordinance 〔香港〕婚姻訴訟與財產條例（規定婚姻訴訟可在地方法院進行，訴訟費用也較前大為減低，離婚導致有關財產和子女問題依法判決）

Matrimonial regime 夫妻財產制（指處置夫妻婚前婚後財產的歸屬、債務的清償等規定）

Matrimonial res 婚姻狀況

Matrimonial sea 聯婚海

Matrimony 婚姻；婚姻生活；婚姻關係；婚姻狀態

Matron 女看守（指監獄等的）；已婚婦女；寡婦；年長婦女；（學校等）女總管；孤兒院院長；護士長；（婦女團體的）總幹事

Matter 事項；事情；物質；材料；（主張或辯護所依據的）事實；實質性事實（構成求償或辯護根據的）；爭議事實；待證事實；（系爭等）問題

Matter in controversy 爭議事項；訴訟標的

Matter in deed 有契據可證明的事實（指可用契據加以證明的事實），有據可查的事實；事實問題

Matter in dispute 爭議事項；訴訟事由

Matter in issue 爭議事項；系爭問題（指原告和被告爭執不決的事項）

Matter in ley ne serra in bouche del jurors 法律問題不應由陪審員裁決

Matter in pais 無文據可證明的事項（指要靠證人來證明，要由陪審團來審訊的事項）

Matter of aggravation 加重事項；增加損失事項

Matter of concern 有關事項

Matter of course 理所當然的事；當然可行的事

Matter of domestic jurisdiction 國內管轄事項（指未經條約或習慣國際法規定為牽涉到一個國家的國際義務而可以由該國家自由處理的事件）

Matter of fact 事實問題

Matter of form 形式問題（其反義詞為 "matter of substance"）

Matter of internal economy 國內經濟事項（內部經濟問題）

Matter of internal order and discipline 內部秩序與紀律事項

Matter of international concern 國際有關事項

Matter of law 法律問題

Matter of life and death 事關重要；生死悠關的問題

Matter of priority 優先事項

Matter of probate 遺囑檢驗事項

Matter of procedure 程序事項

Matter of record 有案可查的事項；備案事項；有庭審記錄事項（指可由法院的審判記錄加以證明的）

Matter of substance 實體問題；實質事項

Matter pertinent to 有關的事項

Matter(s) of inducement 訴狀引言（訴狀前言）

Matters of domestic jurisdiction 國內管轄事項

Matters of mutual interests 共同關心的問題；涉及雙方利益的問題

Matters of particular common interest or trade relevance 特殊共同關心的或與貿易相關聯的事項（指 WTO 與 IMF 的關係範圍）

Matters of substance for man 人的消費物質

Mature technology 成熟技術

Matured 到期的；應支付的；成熟的

Matured claim 到期求償權

Matured interest 到期利息

Maturity 到期日（指票據等）；到期；期滿；成年；成熟；〔香港〕定期

M

Maturity date　償還日；到期日（指票據、債務等到期日）

Maturity distribution　到期分佈情況（指證券債務的）

Maturity due date of obligation　債務到期日

Maturity list　到期日表

Maturity mismatch　到期日不當

Maturity of a bill　畫單到期；票據到期

Maturity period　分期償還期，分年償還期（《巴黎俱樂部》的）

Maturity profile　到期票據日程表（指商品交割的通知日）

Maturity sheet　到期日表

Maturity structure　到期票據分佈結構（應收或應付票據登記簿到期分佈結構）

Maturity tickler　到期日備忘錄；票據到期日記錄簿

Maturity tickler card　票據到期日記錄卡

Maturity transformation　到期票據的轉移（應收或應付票據登記簿的轉移）

Maturity value　到期值（指債務到期和應付的本金加利息）

Maugre　〔古〕儘管；不顧；違心，違背

Maxim　法律格言，法諺；箴言；法律準則；基本原理；行為準則

Maxim of taxation　租稅的原則

Maximise　v. 最大化；最大程度

Maximise the potential for quota　挖掘配額潛力至最高的限度

Maxims of equity　衡平法格言（以斷訟公道和人性為原則，以彌補制定法之不足而著稱）

Maximum　n. & a. I. 最大量；最大數；最大值；最大限度；最高額；II. 最大的；最高的；最多的

Maximum access entitlement　最高限度發行量（取得最大限度的權利；簽發證據等的最高限度）

Maximum amount　最高額；最大限額

Maximum and minimum tariff　最高、最低稅則

Maximum and minimum tariff system　最高最低稅則制（指每個國家均設有最低和最高的兩種稅率制度，前者適用於來自友好國家或享有最惠國待遇國家的貨物，後者則適用於高稅率）

Maximum contiguous zone　最大寬度毗連區

Maximum draft (or maximum draught)　〔海法〕最大吃水（深度）

Maximum hight restriction　建築物高度限制

Maximum insured amount　最高保險額

Maximum legally-prescribed punishment　〔中〕法定最高刑

Maximum likelihood method　最大可能性的方法

Maximum loss expectancy　預估最高損失額；最大損失預期值

Maximum pension entitlement　領取退休金的最高限額

Maximum price　最高價格

Maximum probable loss　最大的可能損失額

Maximum profit　最高利潤

Maximum range of ship　船的最大航程

Maximum security cellblocks　實行最大程度防備措施的監房區

Maximum sentence　最高刑罰；量刑上限

Maximum support　〔世貿〕最大限度的支持

Maximum sustainable yield　最高持續產量

Maximum tariff　最高稅率

Max-planck Institut fur auslandisches und internationales

Privatrecht　〔德〕馬克斯·普朗克外國和國際私法研究所

Mayhem (=maim)　v. & n. I. 重傷罪（殘暴致人於殘廢）；II. 重傷害

Mayn　〔法〕手；字跡；手跡；筆跡

Mayor　市長

Mayor of the palace　王宮大臣；首相（弗朗哥王國）

Mayoralty　市長職位；市長任期

Mayorazgo　〔西〕某種綜合財產共享權

Mayor's and City of London Court　〔英〕倫敦市長和倫敦市法院（市長法院和倫敦市法院於 1921 年合並成立的，1971 年廢止。倫敦市成為“郡法院區”，而郡法院則繼續以現名著稱）

Mayor's auditor　市長的會計檢查官（指自治市鎮審計官中有一人是由市長任命的）

Mayor's court　〔美〕市長法院（指某些城市法院，其中市長兼任法官，對於市內犯罪案件具有警察法官或指揮地方法官和其他法定的權力）

Mc Naghten Rule　〔美〕麥卡那頓規則（指精神病人犯罪行為無罪的辯護規則）

McCarran Act　〔美〕麥克卡倫法（指允許州政府對在本州從事業務活動的外國保險公司制定規章和徵稅的聯邦法律）

Mckinley Tariff　〔美〕麥肯利關稅法（指對本國內不能生產或不怕同外國競爭的外國物品徵收低關稅的法律）

Mclean-Platt Act　〔美〕麥克萊恩·普拉特法（關於國內銀行在外國銀行、公司投資的法律）

McNabb-Mallory rule　〔美〕麥克納布·馬洛里規則（指要求把嫌疑犯立即移送地方法官或把他在被非法拘留期間承認自己有罪的供述予以查封的規則）

Meadow　低草地

Meager resources　資源貧乏

Meal allowance　伙食津貼；膳食津貼

Mean (mesne)　中間的；中庸的；平均（數）的；平均（值）的；中數的；卑鄙的；低劣的

Mean deviation　〔統計〕平均偏差

Mean draft (=mean draught)　（船舶）平均吃水深度

Mean high tide　平均高潮

Mean high water mark　平均高潮誌（平均高水位點）

Mean low tide　平均低潮

Mean low water mark　平均低潮誌（平均低水位點）

Mean lower low tide　平均次低潮

Mean reserve　期中責任準備金（指保險期開始和年期末之間責任準備金的平均數）

Mean sea level　〔海法〕平均潮水位

Mean square deviation　平均平方差

Meander　v. 曲流，蜿蜒而流；循着…測繪（指順着河流的彎曲測量和繪圖）

Meander lines　折測線（指測量河流與相接壤的土地數量用語）

Meaning　意義；意思

Means　手段，方法；財產；資力；經濟能力；收入

Means of accommodation　通融資金

Means of accumulation　積累手段

Means of action　行動方法（手段）

Means of air warfare　空戰手段

Means of coercion　強制方法（手段）

Means of combat　戰鬥手段

Means of communication　交通工具；通訊工具；通訊方法

Means of conciliation　和解方法

M

Means of defense　防禦方法；辯護方法；防衛手段

Means of destruction　破壞手段

Means of disclosure　披露方法

Means of enforcement　執行方法

Means of evidence　證據手段

Means of identification　識別方法；認識方法

Means of injuring the enemy　害敵手段

Means of international trade diplomacy　〔關貿〕國際貿易外交手段（國際外交貿易手段）

Means of interpretation　解釋方法

Means of land warfare　陸戰手段

Means of livelihood　生活資料

Means of mass annihilation　大規模殺人工具

Means of massive reprisal　大規模報復手段

Means of naval warfare　海戰手段

Means of offence and defense　攻守手段；攻防手段

Means of payment　支付手段

Means of payment for the transaction　交易事項的支付手段

Means of production　生產資料；生產方式

Means of proof　證據方法；舉證方法

Means of reconciliation　調解方法

Means of recourse　追償辦法

Means of redress　救濟方法；補救方法

Means of relief　救濟方法

Means of sea warfare　海戰手段

Means of security　保全措施（指為保全當事人權益的一種仲裁措施）

Means of settlement　解決方法

Means of shooting　槍決方法

Means of subsistence　維持生計方法

Means of support　生活來源

Means of trade compensation　貿易補償辦法

Means of transport　運輸工具

Means of voting　表決方法

Means of warfare　作戰手段；戰爭手段（指用以作戰的武器、工具和方法）

Means test　〔英〕家計調查；資產調查（在發放救濟津貼前對申請人家庭經濟情況調查）

Means to improving performance　優化業績手段

Mean-variance framework analysic of the rate of return　〔統計〕（關於）收益率平（均）方差的基礎分析

Mean-variance framework analysis　〔統計〕（關於）平均方差的基礎分析

Measurable uncertainty　〔保〕可測定的不確定性

Measure　措施；手段；方法

Measure for a new jacket　笞刑

Measure of coercion　脅迫措施；強迫措施

Measure of control　管制措施

Measure of damages　損害賠償限度；損害賠償確定（損害賠償額的計算標準，應以被告給原告所造成的損失定限）

Measure of discrimination　歧視措施

Measure of enforcement　強制措施；執行辦法

Measure of execution　執行處分

Measure of indemnity　賠償方法

Measure of intimidation　恫嚇手段

Measure of protection　保護措施

Measure of reprisals　報復措施

Measure of restraint　約束措施

Measure of retaliation　報復措施

Measure of safeguard　保障措施

Measure of safety　安全措施

Measure of security　安全措施

Measure of terrorism　恐怖手段

Measure of value　價值尺度；定價

Measure policy interventions in service trade　衡量服務貿易的政策干預

Measure punishment　量刑

Measure restricting access to service markets　〔世貿〕限制進入服務市場的措施（世貿組織規定必須是非歧視性的）

Measure short of war　次於戰爭的措施

Measure the effects of divergence between private and social costs　測定私人和社會成本間的差異效應

Measure(s)　測量；衡量；計量；度量衡制；量度；措施；方法，手段；〔英〕聖公會制定法〔複〕（教會法）議案；法案

Measured rate　量度費用

Measurement　度量；測算；丈量；測量；計算；〔複〕尺寸；尺碼

Measurement account　衡量賬單（戶）

Measurement and boundaries　邊界；分界；土地邊界線

Measurement freight　按體積計算運費

Measurement of integration effect　一體化效應衡量（一般以靜態和動態兩種標準進行評價）

Measurement of penalty　量刑

Measurer　〔美〕度量官

Measures　〔英〕教會法案

Measures affecting the transfer of technology　影響技術轉讓的指標（措施）

Measures by Members affecting trade in service　〔世貿〕成員方採取的影響服務貿易的措施（包括購買、支付或使用一項服務等措施）

Measures in affecting the transfer of technology　影響技術轉讓的指標（措施）

Measures of dispossession　剝奪手段；徵用措施（指對外資企業的國有化）

Measures provided against by law　法律禁止的措施

Measures provided for by law　法律規定的措施

Measures to control abuse of international intellectual property rights　〔中〕控制濫用知識產權的措施

Measuring money　〔英古〕織布稅

Measuring (or weighing clause)　稱量條款（運費一般是以裝船時的載重量決算，但航海中如有增減，船主可在交貨時重新過秤以改變運費的條款）

Measuring rod　〔海法〕測深桿

Mechanic　技工；機械工；機修工

Mechanical advantage　機械利益

Mechanical asphyxia　機械性窒息（由於機械作用阻礙人體呼吸，致使體內缺氧等而引起生理功能障礙而死亡）

Mechanical equivalent　機械性等同（指兩種裝置同時以同樣方法生產同樣出的結果，專利法則謂之侵權）

Mechanical injuries　機械性損傷（指由各種致傷害物以機械作用使人身組織機構破壞或生理機能發生障礙）

Mechanical link　機械聯繫

M

Mechanical means of voting 用機械設備表決

Mechanical process 機械程序；機械工序

Mechanic's lien 〔美〕技工留置權（根據州制定法就建築或修繕房屋或其他建築物中所提供的工作量和材料以及其附着在土地、建築物及其改進措施等的價格或價值取得優先支付的請求權）

Mechanic's lienor 技術勞務留置權人；技工留置權人

Mechanics of collaboration 協作手續

Mechanics of fingerprints 指紋技術

Mechanism for managing domestic pressures for protection 〔關貿〕管理本國保護貿易壓力的機制

Mechanism of adjustment of balance-of-payment 國際收支調整機制

Mechanism of market-based pricing 憑市場定價的機制；以市場為依據的定價機制以市場定價的機制（以市場為基礎的定價機制）

Mecklenburg Declaration 美國殖民地的獨立宣言草稿

Medal 徽章；獎章；勳章；紀念章

Meddle *v.* 干預；插手；多管閒事

Meddler 干預者；多管閒事者

Medfee 〔英古〕賄賂；酬報；補償（指不等值交易而言）

Media 媒體；傳播媒介；新聞媒體；傳導體

Media nox 〔英古〕午夜；深夜

Mediaeval law 中世紀法

Median line 中線；中央線；中間線

Median viam 路中間；路中央

Median 中等的；中間的

Median-voter polities 中間選民政治學

Median-voter-political-economy model of trade policy determination 中間選民政治經濟學決定貿易政策的模式

Mediate *v. & a.* I. 居中調停；調解；斡旋；II. 間接的；居間的；介於中間的；中間人的

Mediate contacts 間接接觸

Mediate datum 間接事實（指可藉以合理地推斷最後存在的事實）

Mediate descent 間接繼承（指父死無子而由孫子繼承之謂）

Mediate evidence 間接證據；第二手證據

Mediate possession 間接佔有；委託佔有

Mediate powers 從屬權力（由委託人所授予的）

Mediate testimony 間接證據

Mediating committee 調停委員會

Mediating power 調停國

Mediating state 調停國

Mediation 調解（指減輕訟累，經法庭或羣眾組織從中疏導，使當事人互相諒解，爭端得以解決）；調停；居中調停（指由第三國出面對當事國進行調停）；〔世貿〕調停；調解（指按照世貿組織《爭端解決諒解書協定》附件 2 第 5 條規定加以調解）

Mediation and conciliation 調停和解（前者是第三國直接參與當事國的談判；後者則是當事國將爭端提交調停委員求得公正的解決）

Mediation and Conciliation Service 〔美〕調停和解委員會（聯邦政府的一個獨立部門，負責解決勞資爭端事宜）

Mediation committee 調停委員會

Mediation Committee of Neibourhood 〔中〕居民調解委員會（調解鄰里閭民事爭端）

Mediation decision 調解書

Mediation out of court 庭外調解

Mediation personnel 調解人員

Mediator 調解人；調停專員；調停人；調停國；調解員（意指 GATT 的權利機構"締約方全體"所扮演的角色）

Mediators of questions 〔英古〕商業糾紛調解人

Mediatory 調停的；調停人的

Mediatress 女調停人

Medicaid 〔美〕醫藥補助；〔美、加〕聯邦醫療補助制度（聯邦和州政府為低於一定水平收入的人提供健康保險的計劃，尤指向 65 歲以上老人提供廉價的住院及醫療照顧）

Medical 醫學的；醫術的；醫療的；內科的；醫藥的

Medical aid 〔美〕醫療援助；醫療補助

Medical aircraft 醫務飛機

Medical and Health Services Department 〔香港〕醫務衛生署

Medical assistance 醫務救助

Medical association 醫師協會；醫學協會

Medical attendance 治療；醫療護理

Medical benefit 醫療福利

Medical benefits fund (MBF) 醫療保險基金

Medical care 醫療保健；免費醫療

Medical care insurance 醫療費用保險

Medical certificate 健康證明書；診斷書；醫療證

Medical certificate of cause of death 〔新〕死因診斷證書

Medical clearance 體格檢查合格證

Medical Control Administration (MCA) 〔英〕醫藥管制署（其職責類同美國的"FDA"，檢查進出口醫藥食品衛生免疫事宜）

Medical council 〔英〕醫學委員會

Medical coverage 醫療保險

Medical deduction 醫療費減免

Medical directive 醫療指南

Medical duties 醫療職責

Medical establishment 醫療所

Medical ethics 醫療道德

Medical evidence 醫療證據（指為醫生、護士等提供的證據）；醫學證據

Medical examination 體檢；體格檢查；驗屍

Medical examiner 法醫；驗屍官；醫生資格考核者；體檢醫生

Medical expense 醫療費用

Medical expert 法醫鑒定人

Medical inspection 檢疫；〔英〕體檢

Medical insurance 醫療保險

Medical jurisprudence 法醫學；醫學法理學（指以醫學為基礎從事研究法律的一門科學，例如驗屍等等。宋朝閩建陽宋慈所撰《洗冤錄》開其先河，以為後代採證依據之典籍，釋義同 "forensic medicine"，"Medical jurisprudence" 與 "Forensic medicine" 前者有兩層含義）

Medical malpractice 醫療失誤；醫療責任事故

Medical malpractice insurance 醫療責任事故保險

Medical materials 醫療器材

Medical Officer of Health (MOH) 〔英〕（公共衛生）醫務官員（由地方當局委任負責監督地方公共衛生工作）

Medical parole 保外就醫（指犯人在服刑期間患有嚴重疾病經批准具保出獄醫治）

Medical personnel 醫務人員

Medical practitioner 醫師；行醫者；開業醫師

Medical profession 醫療職業

Medical record 病歷；醫療檔案

Medical regulations 醫療規章

Medical report 體檢報告；診斷報告書

Medical service 醫務部門；醫療服務

Medical transport 醫務運輸

Medical treatment 內科治療

Medical unit 醫療隊；醫療單位

Medical vehicle 醫療車輛

Medical Women's International Association 國際醫學婦女協會

Medicament 內服或外用藥品

Medicare 醫療保險制度；〔美、加〕聯邦醫療保險制度（釋義同 "Medicaid"）

Medicare catastrophic coverage Act 〔美〕聯邦健康保險高額醫療費用保障法（1988 年，已廢止）

Medicinal administration 醫藥行政

Medico-legal 法醫的；法醫學的（"Medico-legal expert" 與 "Medico-legal"，釋義見《中國百科全書》法學卷第 108 頁）

Medico-legal autopsy 法醫學屍體解剖

Medico-legal examination 法醫學檢驗

Medico-legal expert 法醫鑒定人；法醫專家

Medico-legal expertise 法醫學鑒定（指法醫學鑒定人運用法醫學知識對涉及民、刑事的人身、屍體及有關物證進行檢驗所得出的結論）

Medico-legal pathology 法醫病理學

Medietas linguae 雙語的；可分語言的

Medietate linguae 雙語的；可分語言的

Medieval European law 歐洲中世紀法律（泛指公元 476－1640 年歐洲封建時期的法律）

Medieval Islamic law 伊斯蘭中世紀法

Meditatio fugae 〔蘇格蘭〕逃避債務企圖

Mediterranean country 地中海國家

Mediterranean market （船舶）地中海運輸市場

Mediterranean oriental trunk route 地中海東方幹線航線

Mediterranean passport 地中海護照；地中海通行證（指 18 世紀英、美依條約所頒發的通行於北非伊斯蘭教各國的護照）

Mediterranean region 地中海區域

Mediuim-sized embassy 中等使館

Medium *n. & a.* I.〔英〕靈媒；巫師（偽裝能與亡靈接觸的人）；手段；媒介；〔英、複〕中期定息債券（英國政府發行的，為期 5－15 年）；II. 中等的；中間的；中號的

Medium countries 中等國家

Medium of circulation 通貨；流通媒介物

Medium of exchange 交換媒介（指貨幣、支票等）；流通手段

Medium of neutralisation of accounts 計算中和的媒介

Medium of payment 支付手段

Medium security cellblocks 實行中等程序防備措施的監房區

Medium tempus 〔英古〕同時；中間利潤

Medium-or-long-term remedy 中、長期的救濟

Medium-term adjustment policies and programmes 中期調整政策及計劃

Medium-term Euro-credit market 中期歐洲貸款市場

Medium-term loan 中期貸款

Medium-term notes 〔美〕中期票據（類似商業票據須向《證券交易委員會》發行登記；為期 9 個月至 30 年）

Medletum 〔英古〕混雜人羣；混合在一起；扭鬥，混戰；爭吵

Medley 鬥毆；爭吵；糾鬥；扭打

Medsceat 〔英古〕賄賂

Meet a basic consumption needs 滿足基本的消費需求

Meet at least once every two years 〔世貿〕至少每 2 年召開一次（會議）

Meet food needs 滿足糧食需求

Meet national policy objectives 實現國內政策目標

Meet such requirement to the extent possible 在可能的範圍內滿足要求

Meet the criteria for eligibility for protection 〔世貿〕符合保護資格標準

Meet the specific conditions 〔關貿〕符合特定的條件；合乎具體條件

Meet unforeseen short-term requirements 〔世貿〕滿足無法預料的短期要求（指進口產品而言）

Meet with international financial institutions and least developed countries in an effort to increase coherence and efficiency in the provision of technical assistance 〔世貿〕滿足國際金融組織機構和最不發達國家努力提高技術援助規定的條理性和效率

Meeting 會議

Meeting and association 集會結社

Meeting in camera 秘密會議；行政性會議

Meeting of creditors 債權人會議

Meeting of minds 意見一致；合意

Meeting of shareholders 股東會議；股東大會

Meeting of stockholders 股東會議；股東大會

Meeting-hall 會議廳

Megalomania 誇大狂病；自大狂；精神錯亂

Megalopolis 大城市；大都市（人口過於日益稠密的市區）

Megbote 〔撒〕謀殺親屬的償金

Megegavel 食品貢；食物租

Meindre age 〔法〕未成年；未屆法定年齡

Melancholia 憂鬱症（一種精神病）

Meldfeoh 〔撒〕檢舉酬金；告發費

Meliorations 〔蘇格蘭〕（房地產）改良，改善；修繕；〔美〕永久性改善

Member 會員；成員；委員；身體器官（尤指四肢和其他部份）；〔基金〕會員；〔世貿〕成員方；會員；成員

Member bank 成員銀行；會員銀行；同業銀行

Member country 〔基金〕會員國

Member country delegation 〔世貿〕成員國代表團

Member firm 同業商行；〔美〕會員行；會員店；合員公司；會員合夥

Member government 會員國政府；成員國政府

Member nation 會員國

Member of armed forces 武裝部隊人員

Member of Congress (M.C.) 〔美〕國會議員（略作 M.C.，包括參衆兩院議員，但習慣上通指衆議員）

Member of crew 〔美〕海員；船員（規定必須是職業海員或艦艇士兵才有資格入會）；乘務員

M

Member of family　家庭成員

Member of Parliament (M.P; M.P.)　〔英〕下議院議員

Member of partnership　合夥人

Member of private staff　私人服務人員

Member of right　當然委員；當然成員

Member of service staff　服務人員

Member of standing committee　常務委員會委員

Member of the consular post　領館人員

Member of the diplomatic staff　外交人員

Member of the House of Commons (M.P.)　〔英〕下議院議員

Member of the House of Lords　〔英〕上院議員；貴族院議員

Member of the House of Peers　〔英〕貴族院議員

Member of the House of Peers by Imperial Nomination　敕選議員

Member of the House of Peers by Imperial Nomination for the Life Tenure　敕選的終身制議員

Member of the House of Peers Elected from the Highest Tax-Payers　長者議員（多由納稅最高的人中選出的貴族院議員）

Member of the House of Peers Representing the Highest Tax-payer　代表納稅最多者的議員

Member of the House of Representatives　眾議院議員

Member of the ILC　國際法委員會委員

Member of the mission　使館人員；使團人員；代表團人員

Member of the palace　宮中顧問官

Member of the private staff　私人服務人員

Member of the service staff　服務人員；事務職員

Member of the Standing Committee of the Political Bureau (of C.P.C.)　（中共）政治局常務委員

Member party　成員方

Member register　股東名冊；會員名冊

Member state　會員國；成員國

Member state bearing the highest assessment　攤額最高的會員國（指會費等而言）

Member-driven organisation　〔世貿〕成員方驅動的組織；依靠成員方帶動的組織（指 WTO 資金短缺、職員由其駐日內瓦的使館官員等兼職。因此，WTO 日常活動多參加常駐日內瓦其他國際組織的活動）

Members in deficit　赤字的會員國

Members in surplus　順差的會員國

Members of the family　家庭成員

Membership　成員資格；會員資格；會籍；會員人數；全體會員；全體成員

Membership application　〔世貿〕申請入會；申請取得會員資格；成員方資格申請書

Membership application　申請入會；申請取得會員資格

Membership certificate　會員證；會員資格證書

Membership committee　會員資格審查委員會；〔基金〕會員資格委員會

Membership corporation　會員制法人

Membership dues (fee)　（會員）會費

Membership in multiple free trade agreements　多重自由貿易協定的會員資格

Membership in overlapping free trade agreements　交叉自由貿易協定會員資格

Membership list　會員名錄；會員名冊

Membership meeting　全體成員會議；全體會員會議

Membership resolution　會員資格決議（會籍決議）

Membership roster　成員名冊

Members' voluntary winding up　股東自願結業；成員自願清盤

Memoire　〔法〕訴狀；上訴陳情書（指將文件以陳述形式向最高法院提起上訴）；（外交上的）備忘錄；節略，節錄；〔複〕回憶錄；研究報告書

Memoranda Rolls　〔英〕財務備忘錄檔案（1199-1848 年）

Memorandum account　備查賬戶

Memorandum articles　附註條款（海上保險用語，釋義同"memorandum clause"）

Memorandum cheque　備忘支票；到期即還的短期貸款支票（指貸款人不經銀行以諒解形式直接給借款人的）

Memorandum clause　〔保〕附註條款（指免除承保人對易壞性質的物品損害責任，諸如玉米、麵粉、魚、鹽、水果、種子等）

Memorandum decision　節略判決書；簡式判決書（既不是法院的判決也不是其裁決，只是法院的意圖，不得就此提出上訴）

Memorandum entry　備查記錄；備忘分錄

Memorandum in error　錯誤陳述備忘錄（附有錯誤事實的宣誓書）

Memorandum item　備忘項目

Memorandum of agreement　協議備忘錄

Memorandum of alteration　〔英〕專利權變更備忘錄

Memorandum of appeal　上訴備忘錄；上訴摘要

Memorandum of appearance　出庭通知；出庭備忘錄

Memorandum of association　公司組織大綱；公司基本章程；公司簡章；〔英〕公司註冊證書（依法由兩人以上合法註冊組成的有限或無限責任的公司約款，其說明公司商號、資本情況以及公司宗旨和股東的責任等等）；〔香港〕公司組織章程大綱

Memorandum of payment　繳款通知

Memorandum of satisfaction　清償債務備忘錄；賠償備忘錄

Memorandum of understanding　〔基金〕諒解備忘錄

Memorandum on China's Foreign Trade Regime　中國對外貿易體制備忘錄

Memorandum sale　試銷（指貨物銷出後，其所有權仍屬賣方的一種有條件的銷售，須經買方接受或拒絕貨物後才算完成交易）

Memorial　請願書；摘要；（外交上的）備忘錄；法院命令草案；〔英〕契據等登記簿；〔際〕書狀（訴狀）

Memorial of re-entry　〔英〕收回租地產權契據備忘錄（租地收回備忘錄）

Memory　記憶；回憶；記憶力

Men of straw　職業證人（雅典盛行這種"稻草人"），不負責任的保證人

Menace　v. & n. I. 恐嚇；威脅；II. 威脅；恐嚇；脅迫（可構成離婚理由，亦可據此使契約無效）

Menace of trade sanctions　威脅使用貿易制裁

Menace of war　戰爭威脅

Menacing　威脅（只用於言語）

Mend　v. 修補；改善；糾正；改正錯誤

Mend one's ways　悔改；改惡從善

Menial　n. & a. I. 住家傭工（指住在僱主家中的僕人）；奴僕；奴性的人；II. 僕人的；奴僕的；奴性的

Mental　精神的；智力的；心理的；精神病的

Mental aberration　心理失常

Mental alienation　精神錯亂

Mental anguish　精神痛苦；精神煩惱

Mental capacity　精神能力；意識能力

Mental competence　心智能力；心神健全能力；意識能力

Mental cruelty　精神虐待

Mental disability　智殘；智力障礙；精神失常

Mental disease　精神（疾）病

Mental disorder　精神混亂；精神錯亂；精神失常

Mental disorder and illness　〔英〕精神失常和精神病

Mental Health Act　〔英〕精神錯亂法（1983）

Mental illness　精神病

Mental illness of an intermittant nature　間歇性精神病

Mental impairment　精神損害（指由於他人不負責任行為所致）

Mental incapacity　智力不健全；智障；精神上無能力（無意思表示能力，不能理解審斷正常生活事務，按指無法律行為能力，類同 "mental imcompetency"）

Mental infirmity　精神虛弱

Mental reservation　意思保留（指當事人思想上的保留）

Mental state　精神狀態；意識能力

Mental suffering　精神痛若；精神折磨

Mental test　精神檢查；適應性檢查

Mental welfare worker　〔英〕精神福利官

Mentally disoredered persons　〔英〕無意思表示能力者；精神失常者

Mentition　撒謊行為；欺騙；説謊

Mer　池塘；沼澤地

Merantile Law Amendment Act　〔英〕商業修正法

Mercable　適銷的；可銷售的

Mercantant　外國商人；外國貿易商

Mercantile　商業的；貿易的；商人的；按商業規則行事的

Mercantile agencies　商業徵信所；商業信用諮詢事務所

Mercantile agent　商務代理人；商業徵信人

Mercantile bill　商業票據

Mercantile company　商業公司

Mercantile contract　商業合同

Mercantile credit　商業信貸；商業信用

Mercantile doctrine　重商主義

Mercantile exterior robbery insurance　商店外部搶劫保險

Mercantile flag　商船旗，海商旗

Mercantile interior robbery insurance　商店內部盜竊保險

Mercantile law　商法（釋義類同 "Commercial Law"）

Mercantile Law Amendment Act　〔英〕商法修正法

Mercantile marine commission　海運業調查委員會

Mercantile Marine Service Association　〔英〕（利物浦）商船船員協會

Mercantile open-stock burglary insurance　商品盜竊保險

Mercantile paper　商業票據

Mercantile partnership　商業合夥；商行；貿易行

Mercantile safe burglary insurance　商店保險箱盜竊保險

Mercantile Service Association　商船乘務員協會

Mercantile specialty　可交易的商業票據

Mercantile speculation　商業投機

Mercantile system　重商主義；商業系統

Mercantile trader　商人

Mercantile transaction　商業交易

Mercantile usage　商業習慣；貿易慣例

Mercantilism　重商主義（經濟學哲學的一種，其學説主張等同於擁有黃金或國際貨幣資產的積累）

Mercantilist　重商主義者；重商主義的

Mercantilist trade policy　重商主義貿易政策（主張國家干預對外貿易，實行獎勵出口，限制進口的政策，以爭取貿易順差，促進國內經濟發展，擴大就業）

Mercative　貿易的；關於貿易的

Mercenaries　（外國）僱傭兵

Mercenariness　唯利是圖；貪財

Mercenary marriage　買賣婚姻（指第三者以索取財物為目的，強迫他人結婚的行為）

Mercenary system　僱傭兵役制；募兵制

Mercenary troops　僱傭軍

Mercen-Lage　〔英〕默歇法律（指 11 世紀英國中部郡和毗連威爾斯各郡所遵守的法律制度，為征服王威廉所編制的三種法律制度之一）

Merchandise　（總稱）商品；貨物（指日常的生活用品，日用百貨，例如食品等，但不包括不動產在內）

Merchandise broker　商品掮客；商品中介人；商品經紀人

Merchandise distribution　商品分配；商品經銷

Merchandise insurance　商品保險

Merchandise marks　商品標記（商品嘜頭）；商標

Merchandise Marks Act　〔英〕商標法（1887-1953 年）

Merchandise of national origin　本國產品

Merchandise trade　商品貿易

Merchandise trade balance　〔基金〕商品貿易收支（1977 年提出，要求所有成員國進出口的商品價格均按 FOB 價格計算）

Merchandise trade deficits　商品貿易赤字

Merchandise turnover　商業營業額；商品成交量；商品銷售率；商品周轉率

Merchandising　商品推銷

Merchant　商人；貿易商；〔美〕零銷商；批發商

Merchant adventurers　〔英〕商業冒險家協會；〔美〕商業投機家

Merchant agent　銷售代理人；商業代理

Merchant appraiser　商業鑒定人；商業評估人

Merchant banks　商業銀行；商人銀行；證券銀行；〔香港〕投資銀行

Merchant bill　商業票據

Merchant capital　商業資本

Merchant consul　商人領事

Merchant contract　商業合同

Merchant flag　商船旗；海商旗

Merchant laws　〔主英〕商事法規

Merchant marine　〔總稱〕（一個國家的）商船；商船隊及全體商船船員；海運業

Merchant Marine Act　〔美〕海商法（1920，1936 年）

Merchant market for upstream product　上游產品的銷售市場

Merchant navy uniform　〔英〕商船員海軍制服

Merchant rate　商業匯價

Merchant seaman　商船船員（指私人僱傭的，區別於海軍或公營船員）

Merchant service　〔總稱〕（一國）商船；海上貿易

M

Merchant ship　商船

Merchant shipper　托人；收發貨商

Merchant shipping　商船航運；商船運輸

Merchant Shipping Act　〔英〕海商法，商務航運法（1906年）；商船法

Merchant steamship line　私營商船航線

Merchant vessel　商船；貨船

Merchantability　適銷性；可銷性

Merchantable　可銷售的；有銷路的；適銷的

Merchantable quality　適銷質量

Merchantable title　〔美〕可出售產權；可轉讓產權（指不會引起訴訟的不限定繼承人的世襲不動產物權）

Merchanting　商品經紀（業）

Merchantman　商船；商人

Merchants' accounts　商人間的賬戶；商業往來賬戶（包括債權債務的往來賬等）

Merchant's book(s)　商用賬簿；商人的會計賬簿

Merchants' court　〔美〕商事法院（以前在麻薩諸塞州殖民地，外國人在該殖民地經營商業所設立的法院）

Merchet (or marchet)　〔英古〕婚嫁費（封建時代佃戶出嫁女兒向領主繳納的款項）

Merciament　懲罰；罰金，罰款

Merciless parliament　〔英〕不仁議會（1385年英國的秘密議會，後被查理二世所解散）

Mercy　〔美〕從寬處罰（指在刑事犯罪上，法官在法律規定範圍內按自由裁量並根據陪審團的建議對罪犯減輕處罰）；〔英古〕仲裁裁決；懲罰性裁決（指國王或法官對犯罪案件不是直接依法懲處的做法）；寬恕；憐憫；慈悲

Mercy killing　〔美〕安樂死；無痛苦死亡（指因治療無望康復而應病人要求服藥而死）

Mere　〔法〕母親

Mere evidence rule　〔美〕純證據規則（指只可搜尋犯罪作案工具及其罪證的權利而不可動及其他物品的規則）

Mere licensee　自動被許可人（意指經默許進入他人土地等）

Mere motion　出於自願的行為

Mere negligence　普通的過失；普通的懈怠

Mere right　名義上的權利（無佔有權的土地所有權）

Mere shipment rule　單純交貨規則

Merely　僅僅地；單單地；只不過

Mere-stone　〔英古〕界石；界碑

Meretricious　娼妓的；淫蕩的；下流的；非法性交的（指婚姻契約因法律上無行為能力無效而仍維持的性關係）

Merger　〔美〕合併；混同；權利的混同；（公司）兼併；吸收合併（指一間公司或企業被其他公司或企業所吸收合併，從而喪失其獨立法人地位的企業行為）；〔香港〕公司合併

Merger clause　〔美〕合併條款；混同條款（指合同中的一條條款大意是各種先前書面或口頭的協議均已合併寫入書面的合約中）

Merger of offences　數罪併合

Merger of sentences　合併判刑

Merger of states　國家的合併

Merger treaty　〔歐共體〕合併條約（1965年）

Mergers and acquisition (M&A)　兼併與收購（併購）

Meridian　子午線（丈量土地起點之基線）

Meridian of life　壯年

Merit goods　特殊商品；優值商品；優質貨物

Merit principle　〔領事〕論功獎賞原則

Merit rating　稅率評級（設法對在同一類保險中的被保險人課收變動的費率）；等級稅率；人事考核制；人員級別評定；工資評定；〔保〕費率增減法

Merit rating plan　〔美〕考績徵收辦法（關於企業保持僱用記錄可繳納較低州失業稅的規定）；〔保〕費率增減計劃（旨在鼓勵受保人自控風險）

Merit system　〔美〕功績制；考績制（根據才能任命或提升文職人員的制度）

Merit System Protection Board　〔美〕考績制保護委員會

Merit(s)　價值；功績；功過；優點；〔複〕當事人的法定權利；（案件）是非曲直；（訴訟辯論的）實質依據

Meritorious cause of action　權利性訴因

Meritorious defense　實質性答辯（擊中要害的答辯）

Meritorius　有法律上價值的；有勳功的；值得稱贊的；可獎勵的

Meritorius consideration　道義上的約因；無價約因

Merits of case　案件的實質問題；案情內容；案情真相

Mese　房屋；房屋及其附屬物

Mesmerism　催眠術；催眠；催眠狀態

Mesnalty　中間領主的莊園或地產

Mesne assignment　中間讓與；中間轉讓（例如甲將土地租給乙，乙又租給丙，丙又把它租給丁，乙與丙之間的轉讓關係即為中間轉讓或轉租）

Mesne conveyance　中間讓渡；中間轉讓

Mesne incumbrance　中間負擔

Mesne lord　〔英古〕中間領主

Mesne process　（訴訟的）中間程序；（訴訟）中間令狀（指對終局程序而言，即處於訴訟的提起程序及其執行的終局程序的兩者之間）

Mesne profits　中間收益（指非法佔有土地期間佔有人的利益）

Mess of pottage　付出大代價而得到的利益；付出較高的精神代價而得到的物質享受

Message　文電；通訊；消息；口信；祝詞；諮文

Message of congratulations　賀電

Message rate　度數手續費；電信的計費率

Message register　（電話的）度數計算器

Messarius　〔英古〕（地主）管家；執達員

Messenger　信使；通訊員，投遞員；行政官員（指應僱負責執行立法機構和法院的口頭或書面的通訊或執行其他命令）

Messenger of the Exchequer　財政部的通訊員

Messenger of the press　取締出版物的官員

Messenger sevice　〔軍〕傳令值勤

Messenger-at-arms　〔蘇格蘭〕高等民事法庭和高等法院執達吏

Messing allowance　伙食津貼

Messuage　宅院；住宅（指建築物及其環繞的附屬土地，即正屋連同附屬建築物，果樹園及宅邊院地，也包括花園在內）

Metabolism　新陳代謝；代謝作用

Metachronism　時間計算錯誤

Metage　〔英〕容量（或重量）檢定；（容量、重量）檢定費，稱量費；船貨計量稅

Metal detector　金屬探測器（指尋找金屬或探礦的一種工具）

Metalaw　宇宙法

Metallic reserve　硬幣儲備

Metallic standard　金（或銀）本位

Metalling clause　吃水線下貨物特擔分損不擔保條款

Metaphysical club　〔美〕形而上學俱樂部

Metaphysical jurisprudence　形而上學法律學（特指康德的個人意志自由的學說）

Metatus　〔歐古〕宅院；住宅；座位；生活或逗留的地方

Metayage　〔法〕分益耕種制；土地收益分成制

Metayer　〔法〕分益佃農；分成制佃農；分成制租佃者

Metayer system　〔法〕收益分成制；分成租佃制；分益農法

Mete　分界標誌；界石；邊界；分界

Metecorn　穀物報酬（指領主給予習慣地產保有者穀物以資獎勵）

Meter　計量器；儀錶；米表（汽車停車路邊的收費表）；米；公尺

Meter gauge　米式規格

Meter rate　收費率（例如，電的計量費用單位為"千瓦時"）

Meterage　計量（或測量）費；量表使用費

Metermaid　處理違章停車的女警察

Metes and bounds　邊界；分界；界線，地界（土地分界線）

Metewand (meteyard)　計量基礎

Methadone　美沙酮（一種合成製品，類似嗎啡）

Methel　〔撒〕演講；談話；會話

Method　方法

Method ad volorem　從價法；按值計算法

Method of adjustment　調整方法

Method of Amendment　地界（國際私法用語）

Method of combat　戰鬥方法

Method of compound interest　複利計算法

Method of control　管制方法

Method of cost-finding　成本計算法

Method of depreciation　折舊法

Method of equivalents　等價法

Method of identification　識別法

Method of means　平均數計算法

Method of political economy　政治經濟學的研究方法

Method of redress　救濟方法；補救方法

Method of service　服務方法（服務手段）

Method of settling accounts　結算方式

Method of simple interest　單利計算法

Method of supervision　監督辦法

Method of teaching law　法律教授法

Method of trading　交易方法；買賣方法

Method of voting　表決方法；投票方法

Method of warfare　作戰方法

Methodological clarification　方法上的澄清

Methodological interpretation　方法論解釋

Methodology for determining price comparability　確定價格可比性的方法

Methods of payment　付款方法；支付方式

Methods of risk assessment　風險評估方法

Metier　〔法〕職業；行業；生意

Metre treaty　〔法〕尺制條約（1875 年在巴黎除德國以外共 16 個國家締結的有關米尺法的條約）

Metric horsepower　公制馬力

Metric measure　米制度量

Metric system　公制；米制；國際公制；十進制

Metric ton　公噸；法國噸

Metro　大都市的（包括郊區在內）；大都市地區政府的

Metrological law　計量法

Metronymic　母系的

Metronymy　母系

Metropolis　大都市；大都會；主要都市（常指首都、首府或文化等的中心）

Metropolitan (Metrop.)　*a. & n.* I. 首府的；大都市的（包括郊區在內）；宗主的，宗主國的；大主教區的；II. 大都市地區政府；大主教（坎特伯雷大主教是全英大主教監督長）

Metropolitan area　本土區域

Metropolitan Board of Works　〔英〕大都市工作委員會

Metropolitan council　〔美〕（大都市）市政委員會（官方或半官方由市鎮地區選舉產生的）

Metropolitan country　宗主國

Metropolitan county　〔英〕大都市郡

Metropolitan currency　大都市貨幣

Metropolitan district　〔美〕都市地區

Metropolitan homeland　宗主國本土

Metropolitan Life Insurance Co.　〔美〕大都會人壽保險公司

Metropolitan magistrate　首席推事

Metropolitan planning　大都市規劃

Metropolitan police　〔英〕大都市警察

Metropolitan police board　大都市警察廳

Metropolitan police magistrate　大都市警察法官

Metropolitan police office　大都市警察廳

Metropolitan state　宗主國

Metropolitan stipendiary (formerly police) magistrates　〔英〕大都市受薪司法官（以前的警察）

Metropolitan territory　本土領土

Metteshep (or mettenschep)　〔英古〕穀物謝禮；罰金（指領主對佃戶不給收割玉米者）

Meubles　〔法〕動產

Mexican Coinage Law　墨西哥貨幣法

Mexican divorce　墨西哥離婚（指通過郵寄等方式）

Mexico/Latin Caribbean Division　〔基金〕墨西哥 / 拉丁加勒比處

Mexico-US Textile Agreement　墨美紡織品協定（1975 年簽訂，於 1981 年 1 月 1 日生效）

MFN principle　最惠國原則

MFN rate of duty　〔關貿〕最惠國稅率（屬約束性稅率一種對所有締約方無差別的）

Michaelmas　〔英〕米迦勒節（9 月 29 日，英國的四大結賬日之一）

Michaelmas Day　〔英〕米迦勒節（9 月 29 日為聖米迦勒和所有安琪兒節的統稱）

Michaelmas sittings　米勒節開庭期（釋義見"Michaelmas term"）

Michaelmas term　米勒節開庭期

Miche (or mich)　以隱瞞或秘密方式實施犯罪；偷竊

Michel-Gemote　〔撒〕米切爾－吉蒙特議會

Michery　〔英古〕盜竊；詐欺；欺騙行為

Microclimate　小氣候

Microeconomic development　微觀經濟的發展

Microeconomic policy　微觀經濟政策

Microfaction　小宗派；小集團

Micro-insurance　個體保險（學）；微觀保險（學）

M

Micro-land bridge transport　微陸橋運輸方式

Micro-state　微小國家

Mid election　中期選舉

Mid-career ranks　〔領事〕中等職業官銜

Mid-channel　中心航道

Middle age　中年

Middle aged　中年的

Middle channel　中心航道

Middle Chinese　中國中產者；中國中產階級的

Middle class　中產階級

Middle District (M.D.)　〔美〕中部司法區

Middle Easten oil exporter　中東石油出口商

Middle Eastern Department　〔基金〕中東處

Middle income developing countries　中等收入的發展中國家

Middle landlord　中間地主；複貸地主

Middle line　中間線

Middle line of main channel　主航道中心線

Middle of the river　河流中間線

Middle of the stream　水流中心

Middle power　中等國家

Middle rate　中間價；中間匯率；平均價

Middle Temple　〔英〕中殿法學協會；中殿律師學會（倫敦四個享有檢定律師資格的法學協會之一）

Middle term　〔邏輯〕中詞；中項

Middle thread　中間線；中心線（水流或道路的）

Middle-ager　中年人（指 40—60 歲之間的男女）

Middle-class tax cut　中產階級減稅

Middle-classer　中產者

Middle-income status　中等收入地位（指貿易自由化等會增加發展中國家收入）

Middleman　經紀人；中間商；批發商；媒介者

Middleman collector　中間貨物搜集人

Middleman's fee　佣金

Middlesex Registry　〔英〕米德爾塞克斯登記局（主管米郡的土地契據和遺囑登記事宜）

Middlesex registry of deeds　〔英〕米德爾塞克斯土地登記局

Middling quality　次品

Middlings　中級；〔美〕標準棉花

Mid-east African Division　〔基金〕中東非處

Mid-level class　中等階級

Mid-level course　中級課程

Mid-level grades　中等水平級

Mid-level ranks　中等職銜

Midnight　午夜；子夜

Midnight deadline　午夜截止期

Midnight judge　〔美〕夜間法官（美國亞當斯總統在任期間最後一夜任命的哥倫比亞治安法官馬柏里，故而得名）

Mid-ocean archipelago　遠洋羣島

Midpoint rate　中間價；中間匯率；平均價

Midstream　水流中心

Midstream line　河道中心線

Midsummer day　仲夏；夏至（約於 6 月 22 日）；施洗約翰節；〔英〕季度交租日（6 月 22 日為英國四大結賬日之一）

M **Mid-term**　中期

Mid-term Agreement on Agricultural Negotiation　〔關貿〕農產品談判中期協議（1989 年 4 月達成的）

Mid-term election　中期選舉

Midterm review　〔關貿〕中期回顧；中期評議；〔基金〕中期審查；中期審議；中期評審

Midway　*n. & a.* I. 主航道（詳見 "thalweg"）；II. 半途的；半路的；位於中間的

Midwest African Division　〔基金〕中西非處

Midwife　接生婆；助產士

Mid-year review　〔基金〕年中審查；年中審議

Miel test　彌勒試驗（指幼稚工業受到保護之後，能夠克服初期發展的障礙而繼續成長至能與外國強手競爭，不再需要政府保護，只有如此才值得保護）

Might　*v.* 或許有權；或許可能；應該可能

Migrant　移居者；〔美〕（農業）季節工人；〔中〕農民工

Migrant Labour system　流動勞工制；季節勞工制；外僑勞工制

Migrant worker　季節工人；流動工人；外僑工人（指其他歐洲等國工人可應僱到英國工作，但無長期居留權）；〔中〕農民工

Migrants' effects　流動工人效應；〔美〕農業季節工人效應

Migrants' transfers　季節工人遷移

Migrate　*v.* 遷移；移居

Migration　移民；移居（外國）；遷徙；羣體遷移

Migration date　移民日期；搬遷日期

Migrator　遷移者；移居者；候鳥

Migratory divorce　〔美〕遷移離婚（指為規避本州法律而移民到容易獲得離婚的州或縣去離婚）

Migratory divorce seeker　〔美〕遷移離婚者

Migratory game　候鳥

Milan Decree　〔德〕米蘭法令（拿破倫一世在 1807 年 12 月 27 日在米蘭發佈的封鎖英國的法令）

Mile (M.; mi.)　英里；哩

Mile of line　鐵路里數

Mileage　里程；里數；（按英里支付）旅費；（按里計數的）差旅費津貼；（按英里數計數的）運費

Mileage bounties　航海獎勵金；航海里數獎金

Mileage rate　里數運費率

Mileage tax　〔美〕養路稅（指對州際間運輸業使用州的公用道路補償而按英里課收的牌照稅）

Milestones　里程碑；（歷史上）重大事件

Milibank prison　常爾班克監獄

Millimeter　毫米

Milionocracy　財閥政治

Militant　好戰的

Militant suffragist　主張男女選舉權平等的鬥士

Militarisation　軍事化

Militarisation clause　軍事化條款

Military　軍事的；軍用的；軍人的；戰爭的

Military abetment　軍事幫助

Military accord　軍事協定

Military action　軍事行動

Military administration　軍政；軍事管理

Military advantage　軍事利益

Military agent　軍事人員

Military aggression　軍事侵略

Military agreement　軍事協定

Military aircraft 軍用飛機；軍用航空器
Military airship 軍用飛艇
Military alliance 軍事同盟
Military allocation 軍事撥款
Military allowance 陸軍津貼；陸軍薪餉
Military appeals 〔美〕軍事上訴
Military appropriations 軍事撥款
Military area 軍事區
Military armistice 軍事停戰；軍事停戰協定
Military armistice commission 軍事停戰委員會
Military arrangement 軍事安排
Military assistance 軍事協助
Military assistance programme 軍事援助計劃
Military attaché 武官；陸軍武官
Military authorities 兵權；軍事當局
Military authority 軍事當局
Military base 軍事基地
Military billeting 軍事屯宿
Military bloc 軍事集團
Military blockade 軍事封鎖
Military boards 〔美〕軍事委員會
Military boundary zone 軍事邊區
Military bounty 入伍津貼；入伍獎勵；軍人獎勵
Military bounty land 〔美〕軍人獎勵地（獎勵軍人的入伍服役而授予的公有地）
Military capitulations 軍事投降；軍事投降協定
Military ceremonial 軍事禮儀
Military character 軍事性質
Military charge 軍事負擔；軍事費用
Military chest 軍隊金庫；軍隊資金
Military coercion 軍事脅迫
Military colony 軍事殖民地
Military commission of array 〔英〕徵集國防軍和警察令狀（指根據 1181 年一般徵兵法為國防和警察徵集子弟的令狀）
Military Commission of the Central Committee (of C.C.P.) （中共）中央軍事委員會
Military commissions 〔美〕軍事審判庭（指專門審訊違犯軍法或戒嚴法公民的軍事法庭，第一次啟用於美墨戰爭）；軍事委員會
Military condition 軍事情況
Military conflict 軍事衝突
Military confort (or sex slaves) 慰安婦；性奴隸（指第二次世界大戰期間，日本侵略軍在中國、韓國、菲律賓和澳洲等國徵召、誘騙和被迫年輕婦女為其侵略軍提供性服務）
Military conquest 軍事征服
Military consideration 軍事上考慮；軍事理由
Military contributions 軍捐；軍事捐獻
Military control 軍事管制
Military Control Commission 〔中〕軍事管制委員會（指文化大革命期間的產物，簡稱"軍管會"）
Military convention 軍事專約
Military councilor 軍事評議員
Military coup d'etat 軍事政變
Military court of inquiry 〔美〕特別軍事調查法庭
Military courts 軍事法院
Military crimes 軍人違反職責罪

Military criminal code 軍事刑法典
Military criminal law 陸軍刑法
Military custody 軍事羈押；軍法扣押
Military debt 軍事債務
Military demonstration 軍事示威
Military dependents 軍屬，軍人家屬
Military deserter 軍事逃亡者；逃兵
Military discipline 軍事紀律；軍紀
Military discipline and military orders 軍紀軍令
Military disengagement 軍事上脫離接觸
Military draft 徵兵
Military duty 軍事職責；軍事義務
Military effort 軍事努力
Military emergency 軍事上緊急狀態
Military enrolment 軍事徵募
Military equipment 軍事裝備；軍需品
Military escort 軍事護衛
Military establishment 〔美〕武裝力量（含陸軍、海軍和海陸戰隊等軍種）；軍事機構
Military exigence 軍事要求
Military expedition 軍事出征隊；軍事出征
Military expenditure 軍費支出
Military expense 軍費支出
Military feuds 〔英〕軍役封地；騎士役封地；軍事採邑（指因軍隊兵役佔領土地而受封）
Military forces 軍事部隊
Military fortification 軍事堡壘
Military government 軍事管制政府；軍政府
Military governor 軍政府首腦；軍事管制首席長官
Military highway 軍事公路；軍用公路
Military honour 軍事榮譽
Military hospital ship 軍用醫院船
Military identity document 軍事證明文件；軍人身份證
Military information 軍事情報
Military installation 軍事設施；軍事裝置
Military insurance 徵兵保險
Military integration 軍事一體化
Military intelligence 軍事情報
Military interest 軍事利益
Military intervention 軍事干涉
Military intimidation 軍事威脅
Military judge 軍法官；軍隊法官
Military judicature 軍事司法
Military jurisdiction 〔美〕軍事管轄（權）（指平時和戰時，同外國作戰和叛亂及內戰、抵抗外國入侵等根據憲法授與的三種軍事管轄權）
Military justice 軍事司法
Military lands 軍事重地；軍用地
Military law 軍法；軍事法
Military laws and regulations 軍事法規
Military Laws of the United States 美國軍法
Military legislation 軍事立法
Military list 海陸軍費；士兵名冊；兵籍簿
Military man 軍人
Military maneuvers 軍事演習
Military manuals 軍事條令；軍人手冊

M

Military materials　軍事物資
Military means　軍事手段
Military means of transport　軍事運輸工具
Military measure　軍事措施
Military might　軍事實力
Military mission　軍事使團；軍事使命
Military navigation zone　軍事航行區
Military necessity　軍事需要；軍用必需品
Military neutrality　軍事中立
Military neutralisation　軍事中立化
Military objective　軍事目標
Military obligation　軍事義務
Military observer　軍事觀察員
Military observer mission　軍事觀察員使團
Military occupant　軍事佔領者
Military occupation　軍事佔領 (指戰爭或武裝衝突中交戰一方以軍隊佔領敵方領土一部或全部，暫時行使統治的狀態)
Military offence　軍事罪行
Military office　軍職
Military officer　軍職人員；陸軍將校；軍官
Military operation　軍事行動
Military operation zone　軍事活動區
Military or naval forces　〔美〕武裝部隊；武裝力量；軍事力量
Military order　軍令
Military organisation　軍制；軍事組織
Military outfit　外交官津貼；軍人裝備
Military papers　軍事文書
Military pass　軍事通行證
Military penal law　軍事刑法
Military pension　退伍費；軍人撫恤金
Military personnel　軍事人員
Military plane　軍用飛機
Military police (M.P.; MP)　憲兵 (略作 M.P. 或 MP)
Military police corps　憲兵隊
Military politics　軍事政治學
Military post　軍事郵件；兵站；(軍事) 崗哨；哨所
Military power　軍事權力；軍權；兵權
Military preparation　備戰；軍事準備
Military preparedness　軍事戒備
Military pressure　軍事壓力
Military prison　軍事監獄；陸軍監獄
Military procurator　軍事檢察官
Military procuratorate　軍事檢察院
Military prosecution　軍事公訴
Military prosecutor　軍事公訴人
Military provocation　軍事挑釁
Military purposes　軍事目的
Military questor　陸軍主計官；(武士的) 出納員
Military quota　軍事配額；軍事定額
Military rank　軍銜
Military reason　軍事理由
Military record　軍事記錄
Military regime　軍事制度；軍事政權；軍政府
Military register　軍籍；士兵登記簿
Military regulations　軍規；軍事條例

Military requirement　軍事要求
Military requisition　軍事徵用
Military reservation　〔美〕軍事儲備用地
Military resource　軍事實力
Military salute　軍事敬禮
Military salvage　軍事海上救難
Military sanction　軍事制裁
Military secret　軍事秘密
Military security　軍事安全
Military service　兵役；現役；軍職
Military service insurance　徵兵保險
Military service law　兵役法
Military service of the militia　國民兵役
Military servitude　軍事地役
Military severance pay　(軍人) 轉業費
Military siege　軍事包圍
Military spending　軍事開支；軍費
Military staff committee　〔聯〕軍事參謀團
Military state　軍事化國家；極權主義國家
Military state servitude　軍事性國家地役
Military station　兵站
Military status　軍籍；軍人身分
Military store　軍用品；軍需品
Military sub-district　軍分區
Military supplies　軍事供應品
Military support in wartime　軍隊戰時供給；軍隊戰時薪金
Military target　軍事目標
Military tax fund　免役稅基金
Military tenures　〔英、封〕軍役土地保有權 (由於服兵役而獲得土地所有權，每年有義務提供一定數目的武裝士兵的土地保有制)
Military territory　軍事禁地
Military testament　軍人遺囑 (指現役軍人所立的口頭遺囑)
Military threat　軍事威脅；軍事恫嚇
Military title　軍銜
Military transit　軍事過境
Military transport　軍事運輸
Military treaty　軍事條約
Military tribunal　軍事法庭；軍事審判庭
Military use　軍事用途
Military vessel　軍艦；軍用船舶
Military warning zone　軍事警戒區
Military will　〔英〕軍人遺囑 (指現役軍人所立遺囑，不須按制定法所規定形式)
Military works　軍事工程
Military writ　軍令狀
Military zone　軍事地帶
Militia　全體民兵；民兵組織；〔總稱〕民兵；〔英〕國民軍 (1939 年)；〔美〕後備隊；國民警衛隊
Militia reserve　國民兵後備隊
Militiamen　(男) 民兵
Milk　牛奶；奶油 (但不包括奶粉在內；〔英、複〕普通股票 (指芝加哥、摩洛烏琦、恩德、聖路易斯鐵路公司發行的)
Milk manufactory　制乳廠
Milk the market　儘量從市場中榨取好處；左右市場從中牟利

Mill *n. & v.* I.〔美〕磨坊；碾磨廠；磨粉廠；磨粉機；密爾；厘（十分之一分，許多州用此來計算財產稅）；II.（在錢幣上）壓印花邊（常以過去分詞形式出現）；磨碎

Mill power 水米力；水米度（指水能源的計量單位）

Mill privilege 磨坊特權（指河岸所有者享有建立磨粉廠，利用其河流水力的權利）

Mill site 〔美〕磨坊的選址（指選擇在便於利用河流水力地段建立磨坊）

Mill tax 〔美〕工廠土地稅

Millbank penitentiary 〔英〕米爾班克監獄

Millbank prison 〔英〕米爾班克監獄

Milled money 鑄幣

Millenary petition 〔英〕千人請願書（英國詹姆斯一世時清教僧侶的上書）

Miller Act 〔美〕米勒法案（關於政府公共建築物或公共工程合同獎金額的法案）

Miller-Tydings Act 〔美〕米勒－泰丁斯法（1937年，宣佈有關反對豁免託拉斯規定，1975年廢止）

Miller-Tydings and McGuire Act 〔美〕米勒－泰丁斯和麥誇爾法（1952年，對反托拉斯法的修正）

Milligramme 毫克（克的千分之一，略作 mg.）

Millimetre 毫米（米的千分之一，略作 mm.）

Milling in transit 〔美〕（穀物）運輸途中的碾磨（享有一種特別優惠補貼）

Millowner 廠主

Millrate 〔美〕密爾率（估算不動產稅率方法）

Mina 〔英古〕米納（玉米和穀物的量器，計量單位）

Minage 〔英〕米納稅（指以米納計量單位銷售玉米應繳納的使用費或稅金）

Minare 〔古〕採礦；開礦；採掘

Mind 意志；智力；智能；理智；意向

Mind and memory 意識與記憶（訂立遺囑的精神能力）

Mind-control drugs 神經控制劑

Mine and thine 自己所有物與對方所有物；自己的財產與對方的財產

Mine defense 地雷防禦；水雷防禦

Mine inspection office 礦山監督局

Mine(s) 礦（藏）；礦山；礦井；〔英〕鐵礦河；〔軍〕地雷；水雷；〔德〕〔複〕礦主的責任

Mineal 礦物；礦石；礦物的；礦質的；含礦物的；無機的

Minefield 佈雷區；佈雷場

Miner 礦工

Miner and Collieries Act, 1842 〔英〕礦工與礦山法（1842年）

Miner's inch 礦工英吋（礦上排水計量單位）

Mineral *a. & n.* I. 礦物的；含礦物的；無機的；II. 礦物；礦石；無機物

Mineral courts 〔英〕（海皮克）礦區法院

Mineral deed 採礦證；〔美〕礦藏轉讓契據

Mineral district 〔美〕礦區

Mineral industry 礦山工業

Mineral land entry 礦山入口

Mineral lands 礦山

Mineral lease 礦山租賃合同；礦藏租約

Mineral lode 礦脈

Mineral lot 礦區

Mineral manager 礦長

Mineral products 礦山產品

Mineral property lease 礦山設備租賃

Mineral resources 礦物資源

Mineral right 礦物採掘權；礦藏權

Mineral royalty 礦山特許權使用費；礦藏使用費

Mineral servitude 礦山地役權

Mines and mineral 礦藏與礦物

Minesweeper 掃雷艦；掃雷艇

Minesweeping 掃雷

Mini convention 小公約

Minielection 小選舉；小型選舉

Mini-land bridge transport 小陸橋運輸方式

Minimal change 〔世貿〕最小的變更（指世貿組織由關貿組織蛻變而來，其機構框架變化不大）

Minimal contacts 〔美〕最少聯繫原則（指外國公司在一州內受到起訴的管轄原則是必須滿足該公司在該州內最基本的活動要求，對非居民也同樣適用這個原則）

Minimal operations or processes 〔關／世貿〕微操作或加工（指對貨品原產地資格而言）

Minimal operations 最微小的操作

Minimal protection 最低限度的保護

Mini-maxi 極點；極小化極大

Miniments (or muniments) 〔英古〕（土地所有權的）憑證；證書

Minimise *v.* 使減到最少；使縮到最小；把…估計得最低

Minimise any incidental protective effects 把任何附帶的保護（貿易）作用減到最低程度

Minimise the burden 減輕負擔（把負擔減至最低限度）

Minimise the burden on trade 把經營負擔減至最低限度

Minimise the incidence and complexity of import and export formalities 〔關貿〕降低輸出入手續的負擔和繁瑣到最低限度

Minimise the risks of furture infringements 〔世貿〕減少進一步的侵權危險（將未來的侵權風險減至最低限度）

Minimum *n. & a.* I. 最小量；最小數；最低值；最低限度；最低程度；II. 最小的；最少的；最低的

Minimum access opportunities 〔世貿〕最低限度的進機會（對指定的產品而言）

Minimum bill of lading charge 最低提單費；提單最低費

Minimum cash requirement 最低現金規定

Minimum charge 最低收費；最低限度費用；〔複〕起碼運費

Minimum contacts 〔美〕最少聯繫說（指被告與法院和訴訟案件之間很少聯繫而由法官完全自由裁量，=minimal contacts）

Minimum cost restriction 最低建房費用限制

Minimum fee schedules 〔美〕律師最低收費標準（一覽表）

Minimum fine 最低罰款額

Minimum franchise clause 最低額免責條款

Minimum freight agreement 最低運費率協定

Minimum height restriction 建築高度限制

Minimum Holding of Specified Liquid Assets 〔香港〕流動資產最低比率

Minimum import price 〔世貿〕最低進口價格

Minimum international standard 最低國際標準（指對外國公民的待遇）

Minimum lending rate 〔英〕最低借貸率；最低放款利率

Minimum living wage 最低的生活工資

M

Minimum lot　最小宅地（指所佔用的地皮面積）
Minimum number of annuity　最小限額年金
Minimum obligation　最低限度義務
Minimum of subsistence　最低生活水平
Minimum of taxation　租稅最低額
Minimum of the fine　小額罰金
Minimum premium　最低保險費；最低入會費
Minimum prescribed penalty　法定最低刑
Minimum prices levels　最低價格限度
Minimum prices　最低價格
Minimum punishment　最低刑罰；最低處罰
Minimum reference prices for certain goods　確定商品的最低參考價格
Minimum rent　最低礦山使用費
Minimum royalty　最低使用費
Minimum royalty clause　最低法定版權稅條款；〔美〕最低特許使用費協議條款
Minimum sacrifice　（對於租稅的）最低犧牲
Minimum sacrifice theory　（對於租稅的）最小犧牲說
Minimum security cellblocks　實行最低程度防備措施的監房區
Minimum sentence　最短刑期判決；最低刑罰
Minimum standard of civilisation　文化的最低標準；最低限度的文明標準
Minimum standard of international law　國際法的最低標準
Minimum standard of treatment　最低待遇標準
Minimum subscription　最低認股額
Minimum tariff　最低稅率
Minimum tax　最低額稅
Minimum taxable income　最低可徵稅收入
Minimum timeframes　最短的時限
Minimum time-in-grade requirement　〔聯〕級內最短服務期條件（指在 UN 秘書處工作的）
Minimum valuation　最低的評估（指對所有進口的各項產品以最低的價格估稅的意思）
Minimum value　最低價值
Minimum wage　最低工資（指維持正常的生計）
Minimum wage in industry　最低的工業工資
Minimum wage system　最低工資制
Minimum wages　最低工資
Mining　採礦；採礦業
Mining area　礦區
Mining book-keeping　礦業簿記
Mining business　礦業
Mining claim　（私人佔有地上）採礦請求權；〔美〕蘊藏貴金屬的公有地
Mining company　礦業公司
Mining concession　採礦特許權；礦山開採權
Mining consortium　礦業財團
Mining contango day　礦山股票轉期交割決算日
Mining district　〔美〕礦區；採礦區
Mining engineer　採礦工程師；礦山工程師
Mining industry　採礦工業
Mining Industry Act　〔英〕礦業法（1920 年）
Mining inspection office　礦山監督局
Mining inspector　礦山監督

Mining law　礦業法
Mining lease　礦山租賃；採礦租賃
Mining Leasing Act　〔美〕礦業租賃法（規定只允許租賃權，1973 年頒佈）
Mining location　〔美〕劃定礦區範圍；採礦定位
Mining lot tax　礦區稅
Mining operation　礦業經營；採礦操作
Mining partnership　開礦合夥
Mining penalty　採礦處罰
Mining registeration　礦業登記
Mining rent　採礦租金（授予一種採礦特許權的對價）
Mining right　礦業權；開採權；採掘權；採礦權
Mining securities　礦山有價證券
Mining tax　礦業稅；採礦稅
Minions of (for) the law　監獄看守；刑事；〔蔑〕警察
Mini-state　極小國家
Minister　部長；大臣；公使；牧師
Minister for Foreign Affairs　外交部長；外交大臣；外相
Minister of Army　陸軍部長；陸軍大臣
Minister of Civil Affairs　民政部長
Minister of colonisation　開拓殖民地部長；開拓殖民地大臣
Minister of Foreign Affairs　外交部長；外交大臣；外相
Minister of Foreign Trade　外貿部長
Minister of Imperial Household　宮內部長；宮內大臣
Minister of Justice　司法部長；司法大臣
Minister of Law　司法部長；司法大臣
Minister of Marine　海軍部長；海軍大臣
Minister of National Defense　國防部長
Minister of Navy　海軍部長；海軍大臣
Minister of Pension　〔英〕撫恤金部長；撫恤金大臣
Minister of Public Security　公安部部長
Minister of State　國務部長；國務大臣
Minister of the Crown　〔英〕王國政府大臣
Minister of the Imperial Household　宮內部長；宮內大臣
Minister of Transport　運輸部長；運輸大臣
Minister of War　陸軍部長；陸軍大臣
Minister Plenipotentiary　全權公使
Minister Plenipotentiary and Envoy Extraordinary　特命全權公使
Minister President　總理部長；總理大臣
Minister President of State　內閣總理部長；內閣總理大臣
Minister resident　常駐公使；駐節公使；駐辦公使；駐節部長
Minister without portfolio　無任所部長；無任所大臣；不管部部長
Ministerial　大臣的；部長的；公使銜的；國務委員的；行政性的；內閣的；牧師的
Ministerial act　行政行為；執行行為
Ministerial Benches in the House of Commons　〔英〕下議院中執政黨的席位
Ministerial capacity　行政身份
Ministerial conference　部長級會議；〔世貿〕部長會議（接管了 GATT "締約國全體" 的職權，為世貿組織最高權力機關，規定至少每兩年召開一次由所有成員方主管經貿的部長、副部長級官員或其全權代表組成，有權就其管轄的一切事項做出決定，是其最高權力機關）

M

Ministerial crisis 內閣危機

Ministerial Decision on Negotiations on Maritime Transport Services 〔世貿〕關於海運服務談判的部長決議

Ministerial Decisions Adopted by Ministers at the Meeting of the Trade negotiations Committee in Marrakesh on 14 April 1994 在 1994 年 4 月 15 日馬拉喀什貿易談判委員會會議上部長們通過的部長決定

Ministerial Declaration on Dispute Settlement Procedures, 1982 〔關貿〕關於爭端解決程序的部長宣言 (1982 年 11 月 29 日通過)

Ministerial Declaration on Trade in Informational Technology Products 〔世貿〕關於信息技術產品貿易的部長宣言 (1997 年 3 月 27 日簽署於新加坡)

Ministerial duty 執行性義務；行政性職責 (照章辦事的職責)

Ministerial function 行政職能；執行性職能 (照章執行的職能)

Ministerial meeting 部長級會晤

Ministerial office 行政廳；行政辦事處；行政公署；〔美〕執行性職務 (指官員只能遵從其上司委任事項辦事，而無自行裁量權)

Ministerial officer 行政官員；〔美〕執行官員 (指只能按上級委任辦事，不得擅自裁斷)

Ministerial power 行政權；職務權；〔美〕執行權

Ministerial responsibility 部長責任制；〔英〕大臣責任制

Ministerial trusts 名義上的信託；消極信託 (僅是一種轉交財產的特別信託，其不同於 "discretionary trusts")

Ministerial whip 執政黨議員首領

Ministerialist 內閣的支持者

Ministers of the Crown Act 〔英〕王國政府大臣法 (1937 年)

Ministrant 〔宗〕盤問對方的證人；反詰對造的證人；交叉詢問對方證人

Ministry (政府的) 部；〔英〕內閣成員 (首相等全體部長)；牧師工作

Ministry for Foreign Affairs 外交部

Ministry of Defence 〔英〕英國國防部

Ministry of Foreign Trade 外貿部

Ministry of Housing and Local Government 〔英〕住宅與地方政府部

Ministry of International Trade and Industry 〔日〕通產省

Ministry of Justice 司法部

Ministry of National Defense 國防部

Ministry of Official Personnel Affairs in Feudal China 〔中〕吏部 (中國封建社會國家機構之一，主管官吏任免事務)

Ministry of Pension 撫恤金部

Ministry of Pensions Royal Warrant 〔英〕王室年金授權令部

Ministry of Public Security 公安部

Ministry of Punishments 〔中〕刑部 (中國封建社會國家機構之一，主管刑務工作)

Ministry of Revenue 〔中〕戶部 (中國封建社會國家機構之一，主管國家稅收事務)

Ministry of Rites 〔中〕禮部 (中國封建社會國家機構之一，負責禮儀方面的工作)

Ministry of Supervision 監察部

Ministry of the British Government 英政府內閣

Ministry of Transport Transfer of Railways Bill 〔英〕運輸部鐵道讓與法案 (1921 年)

Ministry of War 〔中〕兵部 (中國封建社會國家機構之一，主管國防事務)

Ministry of Ways and Communications Bill 〔英〕鐵路及交通部法案 (1919 年)

Ministry of Works 〔英〕工程部

Ministry of Works in Feudal China 〔中〕工部 (中國封建社會國家機構之一，負責修建王宮等項工作)

Mini-summit *a. & n.* I. 小國首腦的；小國高峰的；II. 小國首腦會議；小國高峰會議；小型最高級會議

Mini-trial 〔美〕庭外私了；訴訟外公斷 (指一種私下的、自願的和在庭外非正式的、由雙方爭議人及其律師陳述案情，由中立第三方參與聽審，並提出一個非拘束性的參考意見，解決雙方的爭端)

Miniwar 小規模戰爭

Minor *a. & n.* I. 次要的；較小的；較少的；年幼的，未成年的；II. 未成年人

Minor breaches of customs regulations or procedural regulations 〔關貿〕輕微違反海關規章和手續事項

Minor canons 〔英〕小教堂的祈禱牧師

Minor coin 小輔幣

Minor coinage profit fund 少額貨幣鑄造利潤基金

Minor confinement 輕監禁

Minor crime 輕罪

Minor detention 輕拘押

Minor dispute 次要爭議 (指因對集體協議意義或正確適用看法上小有不同，沒有必要為此再搞一個新的協議)

Minor diviation rule 〔保〕輕微偏離規則 (關於汽車投保人保險範圍問題)

Minor enterprises 中小型企業

Minor fact 從屬事實；間接事實；次要事實

Minor fine 輕罰金

Minor functionary 低級人員

Minor imprisonment 輕禁錮；輕監禁

Minor injury 輕傷

Minor interests 〔英〕次要權益，非優先的權益 (指所有不受 1925 年《土地登記條例》保護的土地權益，例如已委託銷售的土地案件等)

Minor issue 枝節問題

Minor offence 輕罪

Minor offender 未成年罪犯；輕罪犯

Minor patents 〔專利〕實用新案權；實用新型專利

Minor player in service trade 服務貿易的次要遊戲者 (指發展中國家僅佔不到 2% 的服務貿易市場份額)

Minor tenant-in-chief 〔英古〕直臣中的小貴族

Minora regalia 〔英〕王室次要的特權 (含稅收權)

Minorities 少數民族；少數 (者)

Minorities treaty 少數民族條約

Minority 未成年；未屆法定年齡；少數；少數派；少數票；〔複〕少數民族

Minority autonomous areas 少數民族自治區域

Minority clause 少數者條款

Minority community 少數者社區 (村社)

Minority holding 少數股權

Minority interest 小股東權益；少數股權 (指在公司中的股份或投資利益較其他控股或多數權益為小)

Minority opinion 少數意見

Minority right 少數者權利

M

Minority share 少數股份

Minority share of foreign-investment 外國投資少數的股份

Minority shareholder rights 少數股東的權利

Minority stockholder 小股東（佔少數股權之股東，指只佔有公司很小的股份，所持股票不到公司全部股票 50% 不能控制公司管理權，或當選為董事）

Minors' estates 未成年者財產

Mint 鑄幣廠

Mint cheque 造幣廠支票

Mint coins 剛出廠的硬幣；鑄幣

Mint fine bars 造幣廠純金銀棒

Mint par of bullion 金銀的造幣平價

Mint par of exchange 外匯平價；平準匯率（指兩國貨幣兌換的法定價）；外匯鑄幣平價

Mint parity 法定平價

Mint price of gold 金幣的法定價

Mint ratio 造幣幣率；鑄幣量比率（雙本位制下的金銀比例）

Mintage 造幣費；鑄幣；鑄幣權；〔總稱〕硬幣

Mint-mark 印記（指硬幣上刻有誰負責鑄造的，以示貨幣合法性，解除其訴訟責任）

Mint-master 造幣廠廠長

Minute book 〔蘇格蘭〕登記簿（保存於土地轉讓總署辦公室及高等民事法庭發佈的訴訟判決摘要）；〔美〕（法庭書記員登記）庭審備忘錄；股東會議記錄

Minutes 會議記錄；記錄；紀要；審判記錄；（兩當事者協定向法院提出的）裁判案文；（法院授權作出的）庭訊備忘錄；〔蘇格蘭〕附記（一種程序上的附帶通知。例如提議一個修正案）；〔單〕分

Minutes book 股東會議記錄；董事會議記錄；〔美〕（書記員保管的）庭審記錄

Minutes of conference 會議記錄

Minutes of meetings 會議記錄

Minutes of proceedings 議事記錄；會議記錄

Minutes of the voting 投票記錄

Minutes of trust investment committee 信託投資委員會議事錄

Minutes of world trade 世界貿易議事錄

Miraculous reform 奇跡般的改革

Miranda hearing 〔美〕米蘭達聽審（一種審判前確定公訴方是否遵從“米蘭達規則”要求的一種程序）

Miranda rule (warnings) 〔美〕米蘭達規則（公安人員在逮捕嫌疑犯後對他進行訊問前，必須告知其所享有的權利的規則）

Miri land 無主土地

Mirror 寫真；寫實文學（中世紀晚期和文藝復興時期一種流行的文體）

Mirror of justice 〔英〕司法高抬貴手（一般認為安德魯·杭所編著的一部英國法律著作，在愛德華二世時期 1307–1327 年寫成）

Mirror of Parliament, the 〔英〕議會寫真（由 John Henry Barrow 撰寫 1828–1841 年議會辯論筆錄）

Misa 〔英古〕權利令狀中的系爭點；協議；和解方式

Misadministration 管理失當

Misadventure 不幸事故；意外事故（指合法行為所發生的不幸後果，此詞一般用於過失致死）

M

Misaligned currency 貨幣失調

Misallege v. 虛偽陳述；舉證錯誤（援引錯誤證據）

Misallocation of resources 資源分配不當；資源分配不合理

Misapplication 誤用；濫用；挪用，盜用（指公司董事長或代理人等濫用公司資金或公款）；援引錯誤

Misapplication of funds 〔美〕挪用資金；盜用資金；侵佔資金

Misapplication of property 濫用財產；盜用財產

Misapply v. 誤用；濫用（公款）

Misapprehension 誤會；誤解

Misappropriate v. 濫用；濫支；侵吞；挪用

Misappropriation 濫用；濫支；盜用，挪用；侵佔（公司董事長或代理人等故意濫用公司資金或其他委託金）；〔英〕挪用罪（指不誠實地處理受託安全保管或其他專門用途的財產）

Misappropriation of funds 〔美〕挪用資金；私吞資金

Misbehaviour 行為不檢；品行不端；不當行為；不法行為

Misbranding 虛假標記；貼錯標記（指藥品、食品等在美國於聯邦法律禁止之列）

Miscarriage 墮胎；流產；管理失當；（信件等的）誤投，誤送；（計劃等）失敗；審判錯誤

Miscarriage of justice 審判失當；審判不公；司法錯誤；錯判；誤判；冤獄

Miscegenation 異族通婚（尤指美國白種人與非白種人的通婚）；種族混雜；混血

Miscellaneous 雜項的；其他的；多方面的；各式各樣的

Miscellaneous charges 雜費

Miscellaneous clauses 雜項條款；雜項

Miscellaneous cost system 包括成本計算制

Miscellaneous levies 雜稅

Miscellaneous provisions 其他規定；雜項規定

Miscellaneous revenue 雜項收入

Miscellaneous tax (es) 雜稅

Mischarge 誤告；誤控；錯誤指示（指法官給陪審團的指示錯誤，其涉及可予以撤銷的判決）

Mischief 〔美〕損害行為；損害；傷害；危害；毒害；〔英〕（制定法中）不明確；含糊不清

Mischief of a statute 法令條文晦澀（指法令所要防止和消除的弊病和危害）

Mischief-maker 挑撥離間者

Misconduct v. & n. I. 處理失當；使行為不端；瀆職；II. 不合法行為；不當行為；品行不端（尤指官吏）；行為不檢；瀆職；〔保〕通姦

Misconduct and inaction 瀆職與曠職

Misconduct in office 瀆職（罪）

Misconduct of judge 法官的不當行為

Misconduct of jury 陪審團的不當行為

Misconduct of physician 醫師的不當行為

Miscontinuance （訴訟）不當延期（=miscontinuance）

Miscreant 〔英古〕歹徒；惡棍；背教者；異教徒；違背基督教教義者

Misdate v. & n. I. 寫錯日期；弄錯（事件等）日期；II. 偽造或寫錯證件或文件上的日期

Misdelivery （信件等）誤投，誤送；錯誤交付

Misdemeanant 輕罪犯人

Misdemeanor 〔英〕輕罪（一般限於需要起訴之罪，普通法則依法院量刑處以罰款或監禁，但不等於重罪）；不軌行為；不端行為；〔香港〕觸犯刑律

Misdescription 錯誤陳述（特指關於契約中重要事實的誤記）

Misdirect a jury 對陪審團的不當指示（指法官在法律上給陪審團錯誤的訓示）

Misdirection 指示失當（指承審法官對訟案的審理上給陪審團的錯誤指示）

Mise 〔英〕即位禮物（指從前威爾斯人民送給新國王或王儲即位的禮物）；權利令狀；權利令狀中的系爭點；金錢支出；支付租稅；仲裁解決；訴訟費用；宅院，住宅；〔法〕存款；投資

Misfeasance 違法亂紀；非法行為；失職行為；不當行為；濫用職權（執行職務中的過失）

Misfeasor 違法行為者；失職行為者；濫用職權者；侵權者

Misfeazance (=misfeasance) 違法亂紀；非法行為；失職行為；不當行為；濫用職權（執行職務中的過失）

Misfortune 災難；不幸

Mishna 〔猶太〕猶太教口述法規彙編（公元前 450 年）

Mishna Torah 〔猶太〕猶太法典評註（由 Moses Maimonides 先生以阿拉伯語編纂於公元 12 世紀）

Misjoinder 錯誤的共同訴訟；不合法的共同訴訟；錯誤的訴訟合併（即指以原告或被告身份或不同的訴由不當地參與當事人一起訴訟）

Misjoinder of causes 訴訟的不當合併（指做為不同的原告或被告、不同訴因的不當合併）

Misjoinder of parties 訴訟當事人的不當合併（指因訴訟主體錯誤而改訴，亦即把不適當的當事者作為共同被告或共同原告而合併訴訟）

Misjudged case 判決錯誤的案件

Misjudgment 誤判；判決失當

Mislaid property 錯置的財產；失落的財產（指存放於某處後遺忘的財產）

Mislay v. 誤放；放錯（指事後遺忘所放財物的處所）

Mislead the public 誤導公眾

Misleading 引人誤解的；誤導的；誤稱的；誤寫姓名的；騙人的

Misleading declaration 失實的申報

Misleading indications 易引起誤解的標誌；引入歧途的標記

Misleading sales talk 不正當招攬（指買賣、保險等生意）

Mismatch ratio 不相配的比率

Misnomer 名稱錯誤；姓名筆誤；名實相背

Mispleading 訴狀中的錯誤；狀詞瑕疵；抗辯中疏漏（指發生於訴訟或抗辯中的疏漏）

Misprision 〔英〕蔑視政府；知情不報；包庇隱匿（指不向法官或太平紳士告知其叛國罪和重罪）；煽動行為（指反政府、反法院等的行為）；玩忽職守，瀆職（指公職人員在抄寫或保管檔案上的疏漏）；隱瞞鑄造外國假幣罪

Misprison of felony 包庇重罪犯的罪行（指對重罪的知情不告）

Misprison of treason 包庇叛國罪；隱匿叛逆罪（指對叛國犯知情不報）

Misreading 蓄意讀錯（指以偽造或欺騙方式給文盲或盲人讀契據或文件上的文字以使其對文件內容得到一個錯誤概念）

Misrecital 錯誤陳述（事實）

Misreporting 〔基金〕誤報；謊報

Misrepresent v. 誤述

Misrepresentation 虛偽陳述；謊報（指訂約一方的當事人故意謊報有關契約規定的重要情況，另一方當事人可據此解除契約）

Misrepresentation Act 〔英〕虛偽陳述法（1967 年）

Missing 失踪的；遺失的；遺漏的；缺少的；〔軍〕未擊中的

Missing child 失踪兒童

Missing in action (MIA) 戰鬥失踪人員（指戰鬥中下落生死不明者）

Missing person 失踪者

Missing Person Act 〔美〕失踪人法

Missing ship 失踪船隻

Missing vessel 失踪船隻

Mission 使團；任務；使命；〔複〕傳教；佈道

Mission ad interim 臨時使團

Mission allowance 出差津貼

Missionary 傳教士；使者

Missive 公文，公函；〔蘇格蘭〕文契（以信件形式交換的法律文件。如土地或建築物的租賃文契）

Missive letter 公文書，公函，官方文書

Missive of leave 〔蘇格蘭〕租地契約

Missive of sale 〔蘇格蘭〕銷售證書

Missive of tack 〔蘇格蘭〕租地契約

Missouri compromise 〔美〕密蘇里妥協案（1820 年國會決議在密蘇里州北部地區 36 度 3 以上的地方禁止奴隸）

Missouri plan 〔美〕密蘇里州方案（指以考核業績選拔司法官員）

Misstate v. 謊報；偽稱

Misstatement 錯誤陳述

Misstatement of age 年齡錯誤（指誤報或偽報年齡以逃避兵役或享受社會保險金等達到某種目的）

Mistake 〔英〕錯誤；過失；誤解（在刑事案件中真實的錯誤可作為一種辯護；在民事案件中可為救濟的一種根據；而在衡平法上其作為一種救濟比普通法更為廣泛）

Mistake as to the nature of obligation 關於債務性質的錯誤

Mistake as to the parties 關於當事者同一性的錯誤

Mistake as to the subject matter 關於標的物的錯誤

Mistake in communication 傳達錯誤

Mistake of fact 事實上的錯誤

Mistake of law 法律上的錯誤

Mistaken complaint 錯告

Mistery 貿易；行業；職業；經營

Mistress 貴夫人；主婦；女主管；女管家；〔英〕情婦

Mistress of the Robes 〔英〕女王侍從長（掌管女王衣着的女官）

Mistrial 受理錯誤；無效審理（指因承審法院或陪審團組成對某訴訟案件缺乏管轄權無法審理依據因而是不合法的、無效的）

Misuse 濫用；誤用（指廠家以未能預見到為由作為對其產品責任訴訟的辯護理由）；虐待

Misuse of AD and CVD laws 〔關 / 世貿〕濫用反傾銷與反傾銷稅的法律

Misuse of authority 濫用職權

Misuser 濫用權利；濫用職權者

Mitigate v. 減輕（刑罰等）

Mitigate damages 〔世行〕減少損害（指世行自 1970 年開始在其業務活動中就很注意環境保護工作，在貸款援助中努力減少對環境的破壞）

M

Mitigated punishment　減輕刑罰

Mitigating circumstances　減輕處罰情節 (指雖然罪責難恕，但可酌減量刑。如將故殺，改為誤殺)

Mitigation　減輕；緩和；減輕刑罰；〔香港〕緩和 (減輕損失賠償)

Mitigation of damages　減輕損失賠償 (屬一種積極辯護並適用於原告沒有合理起訴而意味着要減輕被告對其損害的懲罰性賠償)

Mitigation of penalty　減刑；減輕懲罰

Mitigation of penalty on account of voluntary surrender　自首減刑

Mitigation of punishment　減輕刑罰 (指法官考慮到被告過去良好的表現、家庭情況、與警方的合作和親友因素而給予輕判)

Mitigation of sentence　減輕處刑；縮短刑期

Mitigation speech　〔香港〕要求從輕判決的發言 (指辯方律師搜集證據要求法院從輕發落)

Mitsubishi Bank　〔日〕三菱銀行 (成立於 1919 年)

Mitsui Bank　〔日〕三井銀行 (成立於 1876 年)

Mitter　〔法〕旅行；發送；許可

Mitter avant　〔法〕呈交法庭；(在法庭上) 提出

Mixed　混合的；混雜的

Mixed account　混合賬戶 (指商品中未調整的預付費用虛賬戶與編制資產負債表的各類實賬戶相混合)

Mixed action　混合訴訟 (同時帶有回復動產或不動產並賠償損害的兩種訴訟)

Mixed agent　兼營代理 (指既直接經營又代理經營業務的人)

Mixed arbitral tribunal　混合仲裁法庭

Mixed arbitration　混合仲裁

Mixed armistice commission　混合停戰委員會

Mixed banking　銀行兼營主義

Mixed blood　混血 (兒)

Mixed boat　貨客混用船

Mixed claim　混合索賠

Mixed claim commission　混合求償委員會

Mixed collateral loan　混合抵押貸款

Mixed commission　混合委員會；混合佣金；混合手續費

Mixed committee　混合委員會

Mixed condition　混合條件

Mixed contract　混合合同 (指各自對價不同)

Mixed council　宗教兼民事法庭

Mixed court　混合法庭 (法院)

Mixed Court of International Settlement of Shanghai　上海國際租界混合法庭 (舊譯：上海公共租界"會審公廨"，1868 年成立，1927 年國民黨政府收回，1930 年改為"上海第一特區地方法院"。其時，法庭的首席陪審官由英國副領事充任，各國陪審員參與審理洋人在華民、刑事案件，而中國法院對此卻無權問津。此外，天津、武漢、廈門有此類法庭。此為舊中國帝國主義在華行使治外法權的一個典型事例)

Mixed cultivation　混合耕種

Mixed demarcation commission　混合標界委員會

Mixed duties　混合稅

Mixed enterprise　混合企業

Mixed estate　混合地產租賃權 (指租賃期限為 99 年，但可永久展期的租約)

Mixed frontier commission　混合邊界委員會

Mixed fund　混合資金 (包含動產和不動產收益的資金)

Mixed government　混合政府 (指由君主政體、貴族政體和民主政體組成。英國政府就是一例)

Mixed holding company　混合控股公司 (指既有自營公司的和其他公司的股票)

Mixed holding jurisdiction　混合控股管轄權

Mixed insurance　混合保險

Mixed insurance company　混合保險公司 (兼具互助與股份兩種特點)

Mixed international division of labour　混合型國際分工

Mixed jurisdiction　混合管轄

Mixed jury　混合陪審團 (尤指具有白人和其他有色人種的混合陪審團)

Mixed larceny　混合盜竊罪；合併盜竊罪；重盜竊罪 (指伴有暴行或侵入住宅等)

Mixed laws　混合法 (涉及人身及財產的法律)

Mixed loans　混合貸款 (又稱"政府貸款")

Mixed marriage　雜婚；混合婚姻 (指不同國籍或不同人種之間的通婚)

Mixed Member Proportional Election System (MMP Election System)　〔新〕混合議員比例選舉制 (規定小黨只要有 5% 選民代表選票即可進入議會，參與組織聯合政府)

Mixed nuisance　混合妨害行為

Mixed ownership　混合所有制 (指國有制或全民所有制與個體所有制相混合)

Mixed policy　(海事) 混合保險單

Mixed presumption　混合推定 (指兼顧法律與其事實的推定)

Mixed procedure　混合程序

Mixed proceedings　混合訴訟程序

Mixed property　混合財產 (屬不動產但又附有些動產法律性質的財產)

Mixed punishment　混合處罰

Mixed questions　〔美〕法律相抵觸的問題 (指外國法律與本國法律相抵觸時所產生的問題)；涉及法律與事實的問題

Mixed residence　雜居

Mixed statute　混合法 (涉及人身與財產的法律)

Mixed subject　混合臣民

Mixed subjects of property　混合財產 (概念上屬不動產，但雜有動產性質的法律問題)

Mixed temporary commission　混合臨時委員會

Mixed ticket　混合票 (記載各黨派候補人名單)

Mixed tithes　混合什一稅 (指同時繳納畜產的物產的稅)；雜稅 (指既屬自然產品，同時又包括部份人工培育和保養的稅)

Mixed tribunal　混合法庭

Mixed war　混合戰爭 (混戰)

Mixing quota　混合配額

Mixtion　混雜；混同；〔美〕混合物 (屬不同所有人的物品混合在一起，例如兩種酒的混同)

Mob　(盜賊等的) 一夥；團夥；一羣罪犯；暴民；騷徒

Mob law　暴民的法律；私刑；私罰

Mob riot　聚眾暴動

Mob violence　聚眾暴亂

Mobbing　〔蘇格蘭〕參與聚眾鬧事罪

Mobile home　活動房屋 (指一種改裝的由汽車拖拉的"住房拖車")

M

Mobile medical unit　流動醫療隊

Mobiles　動產

Mobilisation　（儲備金的）動化；流通；資金調動；資金籌措；動員

Mobilisation of resources　動用資源

Mobilisation order　動員令

Mobles　動產；家具

Mobocract　暴徒首領

Mobsman　〔英〕打扮時髦的扒手；暴徒

Mobster　暴徒；匪徒

Mock　*v.* 嘲笑，恥笑；愚弄

Mock auction　〔英〕虛假拍賣（釋義同 "Dutch auction"）

Mock marriage　假結婚

Mock trial　假審判；模擬審判；有名無實的審判

Mockery　嘲弄；愚弄；輕侮；欺詐；惡劣（或可鄙）的事例

Mockery of a trial　不公正的審判

Modal　規定執行（或應用）方式的；形式的；樣式的；方式的

Modal tariff　標準關稅

Modality　形式；方式；樣式

Modality of payment　支付方式

Mode　方式；樣式；時尚；狀態

Mode of appointment　任命方式

Mode of execution　執行方法

Mode of operation　經營方式；操作方式

Mode of payment　付款方式

Mode of proof　證明方式

Mode of supply　供應方式；提供方式（指服務貿易而言）

Mode of trade liberalisation　貿易自由化的方式

Mode of transportation　運輸方式

Mode of travel　旅行方式

Mode of trial　審訊形式

Model　模式；模範；原型；樣式；模型；時裝模特兒

Model Act　〔美〕示範法；模範法

Model agreement　示範協定；合同範本；標準合同

Model arbitration clause　標準仲裁條款

Model bill of lading　標準提貨單；提單樣本

Model clauses　〔英〕示範條款；標準條款

Model code　示範法典

Model contract　標準合同；示範合同；合同範本

Model convention　公約範本；示範公約；示範協約

Model corporate statute　公司法規範本

Model jury instructions　陪審團指示範本

Model law　示範法律

Model law on patent　專利法範本

Model of market-driven economic development　〔基金〕市場帶動經濟發展的模式

Model P and I bill of lading　標準保賠提貨單

Model parliament　〔英〕模範議會（指 1295 年的議會）

Model Penal Code　〔美〕標準刑法典（1962 年）

Model regulations　示範規章

Model rules　示範規則

Model Rules of Arbitral Procedure　仲裁程序示範規則；仲裁程序規則範本（1958 年聯合國國際法委員會通過的）

Model rules of procedure　示範議事規則

Model Rules of Professional Conduct　〔美〕模範律師職業行為規則；職業律師操行標準規則（制定於 1983 年）

Model Rules on Arbitral Procedure　〔際〕仲裁程序示範規則（1958 年）

Model salary scale　標準薪級制

Model Set of Arbitration Rules　〔際〕標準仲裁規則（1957 年國際法律委員會通過）

Model statute　示範法規

Model treaty　條約範本；示範條約

Model worker　〔中〕勞動模範

Moderate　*a. & n.* I.（價格）公道的；花費不多的；節制的，適度的；溫和的；穩健的；中庸的；II. 溫和派；穩健派

Moderate protective duty　適度保護關稅（旨在保護本國產品的競爭力）

Moderator　〔美〕（某州議會）議長；（指定主持群衆大會）主席；〔美〕（紐英倫市鎮會議）主席；〔蘇格蘭〕長老會大會主席

Moderatorship　仲裁人的職權；主席的職權

Modern Chinese marriage　〔香港〕文明婚姻（指 "一夫一妻" 制婚姻）

Modern consular affairs　現代領事事務

Modern enterprise system　現代企業制度

Modern environmental era　現代環境時代

Modern foreign service　現代外交服務

Modern law　近代法（始自歐洲文藝復興和宗教改革，時間跨度上市自 15 世紀末至 19 世紀初）

Modern law of nature　現代自然法（為文明國家所公認的一般法律原則的法律規範別稱之一）

Modern Law of Trusts　現代信託法

Modern Legal Systems Cyclopedia　〔美〕現代法制百科全書

Modern state　現代的國家

Modern western legal thoughts　現代西方法律思想（泛指 20 世紀西方資產階級各派法律思想，又稱現代西方法律哲學或法理學）

Modes of acquisition　取得方式

Modes of delivery in service trade　服務貿易交付方式

Modes of supply of export interest　出口行業的供應方式

Modicum　少額；少量；一小份

Modies investers service　投資者預報業

Modification　變更；更改；修改；〔蘇格蘭〕教區牧師薪俸令狀（指什一稅法院授予教區牧師一種適當的薪俸命令）

Modification of contract　合同的變更

Modification of judgment　判決的修正

Modification of legislation　修改立法；修訂法律

Modification of motion　修改動議

Modification of schedules　〔關貿〕減讓表的修改（指締約方的修改產品關稅減讓表三年進行一次等有關協商等程序性規定）；計劃表的修改

Modification of state　制定法的修訂；制定法的修改

Modification of tenancy　〔香港〕租賃變更（指對租賃房屋加建或改建屬違法，被告人可能會被判罰款或入獄）

Modification to the contractual condition　修改合同條件

Modified premium　調整後的保險費

Modify　*v.* 修改；變更；更改

Modify the terms of a contract　修改合同條款

Modifying Member　〔世貿〕修改成員方

Modulation of quota clause　〔世貿〕（保障措施）配額調整條款

M

Moeble　〔法〕動產的；可移動的

Moerda　暗殺；謀殺；兇殺

Mohammedan law　穆罕默德法（即伊斯蘭法）

Mohammedanism　伊斯蘭教

Mohatra　〔法〕（規避高利貸法的）詐欺性交易

Moiety　部份（尤指政府給告密者的一份報酬）；一半（共同承租人兩部份中各佔一部份）

Moiety acts　半獎法；折半法（指把犯罪的罰金的一半獎給檢舉人的方法）

Mole　防坡堤；堤道；有防坡堤的海港

Mole drainage　暗渠排水法

Molestation　干擾；騷擾；性騷擾；困惱分居的夫妻；〔蘇格蘭〕干擾他人佔有土地；排除妨礙佔有土地之訴

Molmutian laws　莫爾慕第斯法律（指古大不列顛人第 16 位國王，其所制定的著名法律在英國適用至威廉征服王為止）

Monarch　君主；英王查理二世的貨幣

Monarchical　國王的；君主的

Monarchical power　君權

Monarchism　君主制（指以世襲的君主為國家元首的制度，其反義詞為共和制）

Monarchy　君主政體；君主制；君主國；帝制

Monastery　寺院；修道院

Monetary　金錢的；貨幣的；金融的

Monetary and financial crisis　貨幣金融危機

Monetary and fiscal policy　貨幣財政政策

Monetary area　貨幣區

Monetary assets　貨幣性資產

Monetary authorities　貨幣當局；金融當局

Monetary authorities sub-sector　金融當局分部；貨幣主管當局分區

Monetary base　貨幣基礎

Monetary bequest　現金遺囑讓與；金錢遺贈

Monetary bloc　貨幣集團

Monetary characteristics of SDR　〔基金〕特別提款權的貨幣特性

Monetary compensation amounts (MCA)　〔世貿〕貨幣補償金額（指對農產品出口的補貼）

Monetary control　金融管制

Monetary equivalent　折算金額

Monetary erosion　貨幣磨損

Monetary fine　罰款

Monetary flow　貨幣流量

Monetary gold　貨幣黃金

Monetary gold stock　貨幣黃金股票

Monetary growth　貨幣增長

Monetary inflation　通貨膨脹

Monetary integration　貨幣一體化

Monetary law　貨幣法

Monetary liabilities　貨幣債務（指承諾將來可支付固定金額的現金，包括應付未付的賬款、工資及債券）

Monetary limit of liability　賠償金限額

Monetary loss　金錢損失；貨幣虧損

Monetary management　金融管理

Monetary mechanism　貨幣結構；貨幣機制

Monetary penalty　罰款；罰金刑

Monetary policy　貨幣政策

Monetary regime　貨幣制度；貨幣結構

Monetary reserve　〔世貿〕通貨準備金；貨幣儲備

Monetary restraint　貨幣限制

Monetary reward　酬金

Monetary sovereignty　貨幣（金融）自主權

Monetary Statistic Ordinance　〔香港〕貨幣統計條例（關於如何管制香港金融機構業務的規定）

Monetary stock　貨幣發行總額；手頭的現金額；貨幣儲備

Monetary stringency　銀根緊

Monetary survey　貨幣概覽

Monetary system　貨幣制度；貨幣體制

Monetary threshold　貨幣臨界值；貨幣最低度

Monetary treaty　貨幣條約

Monetary Union　貨幣聯盟（指 1865 年法、比、意和瑞士等國創立的旨在建立互惠、統一的貨幣體系）

Monetary Union of Equatorial Africa　赤道非洲貨幣聯盟

Monetary unit　貨幣單位

Monetary veil　貨幣面紗

Monetisation of gold　黃金貨幣化

Monetisation of silver　白銀貨幣化

Monetisation of the economy　經濟貨幣化

Monetised economy　貨幣化的經濟；商品化的經濟

Money　貨幣（硬幣和紙幣）；通貨；金錢

Money arbitrage　套利

Money at call　短期放款；流動資金

Money authority　貨幣管理機關

Money award　獎金

Money bill　〔英〕〔美〕財稅法案

Money broker　兌換商；（代辦短期）借貸經紀人；貨幣經紀人

Money broking　〔世貿〕貨幣代理；貨幣經紀（指各種形式的集體投資、養老金等的管理、監督、保存和信託業務等）

Money capital　貨幣資本

Money changer　貨幣兌換人；兌換行；〔香港〕兌換商；銀莊；錢幣兌換器

Money changer licence　〔香港〕貨幣兌換執照（指通過買賣外幣賺錢）

Money Changers (Commissions on Exchange Transaction) Ordinance　〔香港〕貨幣找換（貨幣找換佣金）條例（規定只要持有合法的貨幣兌換執照 "money changer license" 即可開店營業通過買賣外幣賺錢）

Money claims　〔英〕貨幣債權（指對出售貨物、貸出款項等的求償）

Money consideration　金錢代價（指一種貨物買賣交易合約中應付的價錢）

Money cost　貨幣成本（貨幣生產費）

Money counts　〔英〕金錢訴由（指在舊時履行金錢債務的請求訴狀中，申述給付金錢請求宗旨）

Money creation　貨幣的創造

Money damages　金錢賠償

Money dealer　貨幣兌換商

Money demand　金錢求償權（指要求償還確定的或約定的金額，而不須經過陪審團的裁決）

Money destruction　貨幣破壞

Money GDP　貨幣國內生產總值

Money had and received　〔英〕返還金錢之訴（指原告要求被告歸還其所收到的款項）

Money illusion 貨幣幻覺；貨幣錯覺

Money income 貨幣收入

Money judgment （給付）金錢判決（指法院判令被告支付一定數量的貨幣）

Money kept 保管金

Money land 〔美〕購地款項（指描述要把所持有的一筆信託款項轉換成土地，意即購買土地）

Money laundering 洗錢（指把從詐騙、毒品買賣等非法渠道來的錢加以合法化的犯罪行為）

Money lender 貸款人；放款者；放債人（指當鋪、共濟會、法定的銀行及其他金融法人以外的金錢借貸的商人）

Money lender licence 〔香港〕貸款人執照（指可合法經營借貸生意的）

Money lender's action 貸款訴訟

Money Lenders Ordinance 〔香港〕貸款業條例（規定：1. 銀行不得將本身的股份作為發放貸款或提供信用擔保；2. 貸款總額不得超過本身繳足資本和儲備金的 25%；3. 向銀行本身的董事、親戚和負責審批貸款的職員之貸款限額為銀行儲備金和繳足資本的 10%；4. 向銀行僱員貸款最高限額為其一年的薪水）

Money lent 所借的款項（被告承諾給付所貸的款項）

Money lent and lodged book 現金借貸賬

Money made 已執行款項（指司法行政官根據執行令狀所收取得款項）

Money man 投資者；金融家；金融工作者

Money market 貨幣市場；金融市場（指短期紙幣諸如票據和借貸市場）

Money market instrument 貨幣市場票據

Money Market Mutual Fund Shares (MMMF shares) 〔美〕貨幣市場互助基金股票；貨幣市場共同基金股票

Money multiplier 貨幣乘數

Money of account 記賬貨幣；名目貨幣

Money of adieu 〔法〕定金；保證金

Money on call 臨時借款

Money order (M.O.) 匯票；匯款單；郵政匯票

Money order office 〔美〕匯兌郵局

Money paid 已付款項（意指原告要求被告償還其所借的款項）

Money purchase plan 〔美〕退休基金購買制（指僱主每年給其僱員捐助特定數額現金的一種退休金計劃。僱員所收到最終利益雖不特別確定，但取決於該筆現金投資的回報率）；保險費基準制（指先訂立保險費金額，由此而定出退休金金額之基本標準一種方法）；貨幣採購計劃

Money rate 利率（=interest rate）

Money rent 貨幣地租；貨幣租金

Money space 貨幣區

Money spent on meals 伙食費

Money standard 貨幣本位

Money Statistic Ordinance 〔香港〕貨幣統計條例

Money stock 現金股票；金融股票；貨幣存量

Money stolen 盜竊贓款

Money supply 貨幣供應；〔美〕貨幣供應量（在美國其分為流通基金、互助基金、長期購買合同和定期存款超十萬美元、以及銀行承兌等四類）

Money transfer 貨幣劃撥

Money transmission services 貨幣傳遞服務

Money trap 貨幣圈套；貨幣陷阱

Money trust 貨幣信託；貨幣託拉斯；

Money value （資產的）貨幣價值

Money wages 貨幣工資；現金工資額

Moneyed capital 貨幣資本

Moneyed corporation 金融公司

Moneyed interest 金錢上的利害關係；（總稱）資本家；金融界

Moneyer 鑄幣人；造幣人

Money-lending 〔英〕金錢借貸；放貸業

Money-monger 放債者（人）；銀莊；錢莊

Money-order 匯票；郵匯；匯款單

Money-spinner 〔英〕投機賺錢的人

Monger 商人；經銷商；證券商；販子；販賣；散佈

Mongrel parliament 〔英〕不純議會（1861 年在牛津召開的議會）

Moniers 鑄幣大臣；鑄幣部長；銀行家；銀行業者

Moniment 紀念物；銘文

Monism 一元論

Monistic doctrine 一元論

Monitary letters 〔宗〕訓諭信；告誡信

Monition 傳票（指海事訴訟法院發出令被告出庭和答辯，在美國於 1966 年廢止）；〔宗〕告誡書（指主教、宗教法庭頒發的警告被告不得重犯其罪）

Monitor activites 監督活動

Monitor and enforce agreed minimum social standards 〔世貿〕監督和執行議定的最低社會標準（指環境和勞動等標準）

Monitor compliance 監督遵守

Monitor trade measures taken in relation to the financial crisis 監控採取針對金融危機的貿易措施

Monitoring 監測；監聽

Monitoring activities 監測活動

Monitoring behaviour 監控動向

Monitoring cost 監控成本

Monitoring process 〔基金〕監控程序

Monitoring system 監測系統；監聽系統；〔美〕監控制度（美商務部於 1984 年設立反傾銷的）；〔基金〕監控制度

Monk 和尚；僧侶；修道士

Monkey law 〔英〕進化論禁止法

Monkey up the chimney 房屋抵押

Monocracy 獨裁政治；獨裁政府

Monocrat 獨裁者；專制君主

Mono-currency loan 單一貨幣貸款

Monogamist 實行一夫一妻制的；主張（或實行）一生一婚制者；單婚論者

Monogamous 一夫一妻制的；一生一婚制的

Monogamous marriage 一夫一妻制婚姻

Monogamy 一夫一妻制；一生一婚制

Monogeny 人類同源論

Monogram 交織字母；花押字；字母圖案（指不識字的文盲等以 "X" 在文件、字據上畫押以代替簽名）

Monolithic 整體的；鐵板一塊的

Monomachy 決鬥；單打（指一對一廝打）

Monomania 單狂（一物狂）；偏執狂；偏癖

Monomentallism 單本位制；單本位金屬貨幣制度

M

Monometallic　〔貨幣〕單本位制的

Monometallic standard　〔貨幣〕單本位制；單金屬本位

Monoply power　壟斷力量；壟斷勢力

Monoply supplier of a service　〔世貿〕服務的壟斷提供者（指被授權在另一成員方市場上某項服務唯一的提供者的政府或個人）

Monopolies　獨資賣主；壟斷企業；壟斷集團

Monopolies and exclusive service suppliers　壟斷與專營服務提供者

Monopolies and restrictive trade practices　〔英〕壟斷及限制性貿易慣例

Monopolies and Restrictive Trade Practices Act　〔印〕壟斷及限制性貿易慣例法（1969 年）

Monopolist　壟斷者；獨佔者；專利者；壟斷論者

Monopolistic competition　壟斷競爭；壟斷性競爭

Monopolistic market structure　壟斷性市場結構

Monopolised thing (commodities)　專利品；專賣品

Monopolodies and Mergers Commission　〔英〕壟斷及兼併企業委員會（1973 年）

Monopoly　壟斷；專賣權；專利；壟斷權；壟斷性經營權

Monopoly bureau　專賣局

Monopoly capital　獨佔資本；壟斷資本

Monopoly control　獨家控制（指對指定市場的）

Monopoly dumping　壟斷傾銷

Monopoly of sale　壟斷專賣；包銷

Monopoly position　壟斷身份（地位）

Monopoly power　壟斷力量；壟斷勢力

Monopoly price　壟斷價格

Monopoly rent　壟斷地租

Monopoly supplier　壟斷供應商

Monopsony　買主獨家壟斷；獨家買主（指有很多賣主而只有一個買主的市場情況）；專買

Monos　〔希〕單獨

Monroe Doctrine　〔美〕門羅主義（1823 年美國總統門羅所公佈的對外政策，主張歐洲列強不得干涉美洲各國的政治）

Monroeism　〔美〕門羅主義（1823 年美國總統門羅提出口號是：“美洲是美洲人的美洲”）

Monsoon　季風

Monster　〔英〕畸胎；怪胎（無土地繼承權）；怪物；畸形的植物

Monstrans de droit　〔法〕權利表示；權利聲明

Monstrans de faits　〔英古〕出示契據；出示方法（指訴訟文件或契據）

Monstrous crimes　暴行；滔天罪行

Monstrous slanders　惡毒誹謗

Montana-clause　蒙大拿條款（海上保險用語）

Mont-de-piete　〔法〕當鋪

Montes pietatis　國營當鋪；官辦當鋪（為歐洲各國政府所舉辦的以動產質借之小額金錢的當鋪；在法國稱之為 “monts de piete”）

Montevideo　蒙特維第爾貿易協定（1968 年 2 月 8 日由阿根廷等 9 國簽署，旨在成員國之間實行外匯自由匯兌）

Montevideo Convention　蒙特維多公約（1888 年 8 月 25 日至 1889 年 2 月 18 日在烏拉圭首都蒙特維多召開的會議上通過的拉美各國國際私法統一公約）

Montevideo Trade Agreement　蒙特維多貿易協定（1968 年

2 月 8 日由阿根廷等九國簽署，旨在成員國之間實行外匯自由匯兌）

Month　月（份）（現在法律上所用均為陽曆月，而不是陰曆月）

Month contract rate　論月契約運費

Month to month　兼職（“打兩份工”，指一人正常工作後，又另做一個工，即一天打兩個工）

Month to month lease　按月租賃

Monthly allowance　每月津貼

Monthly assessment　月付；每月付稅額

Monthly balance sheet　月終決算表；月份資產負債表

Monthly installment　按月分期付款；每月攤付額

Monthly pay　月薪

Monthly premium　月繳保險費

Montreal Agreement　蒙特利爾協定

Montreal Convention for the Suppression of Unlawful Acts against the Safety of Civil Aviation　關於禁止危害民用航空安全的非法行為的蒙特利爾公約（1971 年簽訂於蒙特利爾，簡稱《蒙特利爾公約》）

Montreal Protocol　蒙特利爾議定書（控制摧毀臭氧層化學品的使用，1974 年簽署）

Montreal Protocol Fund　蒙特利爾議定書基金

Montreal Protocol on Substances that Deplete the Ozone Layer　消耗臭氧層氣體物質的蒙特利爾議定書（1987 年）

Montreux Straits Convention　蒙特婁海峽公約

Monufactory industry　製造業工業

Monument　墓地；紀念碑；石碑；標石，界石；地界標誌（指做為兩地、兩州、兩國邊界上的客觀上存在的標誌或自然存在的，例如樹木、河流和其他的地上特徵；或且是人為製造的，例如籬笆、石頭、標樁等等）

Monung　〔英古〕徵稅區

Moonlighting　〔美〕逐月租賃；按月租賃；做兼職工作；同時兼兩個職業

Moonshine　〔美〕非法釀造烈性酒；走私販賣烈酒

Moor　*v. & n.* I. 繫泊（船隻）；繫留；下錨；II. 摩爾人（非洲北海岸的土著）

Moorage　泊船費；停泊費；泊位；繫泊

Mooring　停泊；繫泊，繫留；泊船；泊地；繫泊處，繫留處；繫船具；繫船設備

Mooring cable　〔海法〕繫泊鏈

Mooring line　〔海法〕繫泊纜

Mooring shackle　〔海法〕繫鏈鏈扣

Moot　*a. n. & v.* I. 可爭論的；未決的，未定的；未在法律上作出處理的；假設的；II.〔英〕法院；答辯；訴訟；（解決司法、行政等問題的）自由民集會；（法科學生的）模擬案件辯論會；實習審判；練習辯論；III. 爭論；辯論；（在模擬法庭上）進行辯論；練習辯論；提出討論

Moot case　示範案件；模擬案件；〔美〕死案，假案；學術性案件（指爭議已不復存在的、無實際作用的案件）

Moot court　示範法庭；模擬法庭（作為法學院學生學習培訓充任未來的律師和法官之假設法庭）

Moot hill　〔英〕集會山丘（古時英國人舉行審判的地點，法官坐在山丘高處）

Moral　*a. & n.* I. 倫理的；道德（上）的；良知的；道義上的；II.〔複〕道德；品行；風化；世道

Moral actions　道德行為；良知行為

Moral blackmail 精神恐嚇

Moral certainty 內心確信；高度自信；確信無疑

Moral code 道德準則

Moral consideration 道德約因；道德對價（指無物質價值的報酬，意即雖無法律效力，但具有道義上的責任，可構成明示許諾的根據）

Moral court 道德法庭

Moral damage 精神損害

Moral duress 道德脅迫，精神脅迫

Moral duty 道德義務；道德責任

Moral embargo 道義上禁運

Moral evidence 確鑿證據；蓋然性證據（指一種高度可能性的、有說服力的、毋庸置疑的、絕對必需肯定的證據）；推斷性證據

Moral fraud 實際詐欺；事實上詐欺

Moral hazard 〔保〕道德風險（指道德倫喪的危機或指要保人鑒於以前保險經歷之事實無特別的價值上的報酬不敢再接保險，例如火災、承保人在防盜保險有過刑事犯罪記錄等）

Moral injury 精神傷害

Moral law 道德律；道德法；社會風化法

Moral monster 道德敗壞的人

Moral norm 道德規範

Moral obligation 道德義務（指就良心和自然公平而言為有效和有拘束力的義務，但不為法律所認可）

Moral person 法人；有道德的人

Moral principle 道德原則

Moral rearmament 道德重振運動

Moral reparation 精神賠償

Moral right 精神權利

Moral risks 人為的危險；道德風險

Moral sanction 精神制裁

Moral standard 法度；道德標準

Moral turpitude 道德墮落；違反公德的行為；有傷風化的犯罪（指嚴重違反道德情感或社區道德準則，一種道德上的犯罪）

Morality 道德，美德；品行，品德；道義；倫理學

Morally impossible 道義上（或道德上）不可能

Morally wrong 道義上錯誤

Moratorium 延期償付權；延期付款，延期償還；延緩償付期（指依法給予債務人清償債務期限）

Moratorium interest 延期償還利息；延期付款利息

Moratory 延期償付的；可以延期履行義務的

Moratory interest 延期償付利息

Moratory law 延期償付法

Morcellement 〔法〕土地分割；財產細分割

More coherent and complementary international economic policies 〔世貿〕更具一致性和互補性的國際經濟政策（指烏拉圭回合的一個積極成果）

More favourable terms clause 更優惠條件條款

More or less 約略；左右（用於土地讓與的大量小數項內）

More than half of the members 過半數以上的成員

More-open policies 更加開放的政策

Moreover 而且；加之；又；此外

Mores 風俗；習俗；不成文法

Morese Code 〔海法〕慕爾斯電碼

Morese Code light 〔海法〕莫爾斯信號燈

Morganatic wife 貴賤妻（上層社會男子與下層社會女子結婚）

Morganatic-marriage 貴賤婚（指太子或貴族與貧賤出身之女子結婚不影響其婚姻有效性，但妻兒不能繼承其夫、父的世襲爵位等）

Morgangina (morgangiva) 新郎婚禮後次日送給新娘的禮物

Morgue 陳屍所

Mormon 〔美〕摩門法；摩門教徒（1830 年創立於美國的一個教派，初期行一夫多妻制）

Mormon marriages 〔美〕摩門教婚姻（指實行一夫多妻制，但英國法不予承認）

Mormonism 〔美〕摩門主義

Morning drop 絞首台；〔俚〕絞首架

Morning hour 〔美〕例會時間（衆、參兩院每天）；報告時間（指國會議事錄朗讀後的時間或議論末了的議事前的時間）

Morning loan 晨間貸款；午前貸款

Moron 低能者；童樣痴患者（指智能程序停留在 8 至 12 歲的成人）

Morphine 嗎啡毒品

Morphinomania (morphinsin) 嗎啡狂；嗎啡癮；慢性嗎啡中毒

Morrill Act 〔美〕莫里爾條例（關於規定各州大學至少要選修農業及機械學一門的條例）

Morrill Tariff 〔美〕莫里爾稅則（1861 年發佈的關於提高關稅的規定）

Morris plan 〔美〕莫里斯方案（指關於銀行制度的法案）

Morris Plan Bank System 〔美〕莫里斯方案銀行制度（關於對無產者用適當的利率給予貸款的制度）

Morris Plan Company 〔美〕莫里斯方案公司（指工業銀行接受公衆投資定期給予利息）

Morris plan full-paid investment certificate 〔美〕莫里斯方案全部付清的投資證券

Morris plan insurance society 〔美〕莫里斯方案保險協會（指根據投資付款的證券交付人壽保險費的制度）

Mort 死亡

Mort civile 〔法〕民事死亡；剝奪民事權利

Mort d'ancestor 〔英古〕回復不動產佔有的訴訟（原告控告第三者在其父母、兄弟姐妹等親屬死亡時侵佔其自由保有的土地。已於 1833 年廢止）

Mortal 致死的；致命的；臨終的；極大的；極度的

Mortal sins 重罪；大罪

Mortal wound 致命傷

Mortality 致命性；必死性；死亡率；死亡數

Mortality insurance 死亡保險

Mortality life insurance 死亡（人壽）保險

Mortality rate 死亡率

Mortality returns 死亡統計表

Mortality risk 死亡風險

Mortality table 死亡表

Mortgage *n. & v.* I. 抵押；抵當權（指以動產或不動產作為償付借款的擔保，但其所有權不轉移）；抵押契據；〔香港〕按揭；II. 抵押；以⋯作抵押；以⋯作擔保

Mortgage action 抵當訴訟；抵押之訴

Mortgage agreement 抵押合約

Mortgage assets 抵押資產

Mortgage banker 抵當銀行家；抵押銀行業者

M

Mortgage bond　抵押債券；抵押擔保債券（指以動產和不動產作償付擔保）

Mortgage broker　抵押經紀人

Mortgage certificate　抵押證明；抵押權證書

Mortgage clause　〔保〕抵當約款；抵押條款（保護受押人利益的條款，火災保險用語）

Mortgage commitment　抵押貸款承諾書（指放款人以特定財產作抵押的貸款，寫明貸款數額、時限和其他條件的正式書函）

Mortgage company　抵押融資公司

Mortgage contingency clause　抵押條件條款（指貸款履約協議條件）

Mortgage contract　抵押契約（合同）

Mortgage credit　抵當信貸；抵押信貸（以不動產為抵押擔保的融資）

Mortgage debenture　抵押債券（附有抵押品的公司債券）

Mortgage debts　抵押債務

Mortgage deed　抵押契據

Mortgage discount　抵押拆扣

Mortgage dues　抵押稅

Mortgage dues and stamp duties　抵押稅和印花稅

Mortgage foreclosure　抵押品贖回權喪失（指犯罪等原因所致）

Mortgage guarantee insurance　抵押擔保保險

Mortgage insurance　抵押保險

Mortgage lien　〔美〕抵押優先權（指抵押權人有扣留抵押人的財產以優先償還其債務之擔保）

Mortgage loan　抵押貸款（指以不動產做抵押的貸款）

Mortgage market　抵押市場（指以抵押品買賣作為部份投資組合的有關的金融機構）

Mortgage of chattels　動產抵押

Mortgage of goods　動產抵押

Mortgage of land　土地抵押

Mortgage of patent　專利權抵押

Mortgage of railway　鐵路抵押

Mortgage of ship　船舶抵押（權）

Mortgage of shipping　船舶抵押

Mortgage point　抵押點（一般為 1%）

Mortgage portfolio　抵押業務量；抵押投資組合

Mortgage protection policy　抵押保障保險單

Mortgage receivable a/c　應收抵押貸款賬

Mortgage servicing　抵押服務（指由服務公司分期收回貸款和解除留置權等業務）

Mortgage warehousing　〔美〕抵押暫存（指抵押公司持有原擬要出售的抵押貸款，以便其後以較低折扣價出售的機制，並以其作為提供向銀行借新貸款的擔保短期貸款）

Mortgagee　抵押權人，承受抵押者；受押人（指創設有利抵押的債權人即接受抵押作為擔保而貸出款項的人俗稱"受押人"）

Mortgagee clause　受押人條款（指保護受押人權益的保險條款）

Mortgagee in possession　佔有抵押者不動產的抵押權人；取得抵押品收益的受押人（指抵押人明示或默示同意抵押權人佔有其不動產為清償債務留置權以解除受抵押財產衡平法上的前提條件）

Mortgagee of shares　股票抵押權人

Mortgagee's rights　受押人的權利

Mortgaging out　全額抵押（抵押人以其 100% 抵押款項購得財產）

Mortgagor (mortgager)　抵押人；抵押債務人；出押人（指創設抵押的債務人，即以抵押品為擔保借入款項的人，俗稱"出押人"或"出抵人"）；〔香港〕按揭人；按揭受益人

Morth　〔撒〕謀殺

Morthlaga　〔撒〕謀殺者

Morthlage　〔撒〕謀殺

Mortician　承辦殯葬者

Mortification　極度屈辱；〔蘇格蘭〕修行保有（以祈禱和作彌撒換取土地的永久保有權，已廢止）

Mortmain　〔英古〕永久管業；死手保有地（指轉讓給教會或社會團體的永久土地所有權，成為其"死手"的財產）

Mortmain Acts　〔英古〕永久管業法（1736 年發佈的禁止將要死亡的被繼承人以慈善的名義將土地遺贈宗教團體捐贈而導致家屬繼承人喪失繼承權）

Mortuary　停屍室；（醫院的）太平間；殯儀館

Mortuary tables　死亡統計表

Mosaic code　摩西法典

Mosaic law　摩西法

Mosaic of exceptions　〔關貿〕例外條款的迷宮（指關貿總協定例外規則之多的意思）

Mosaic talmudic law　摩西民族的固有法

Moslem　穆斯林

Moslem Law　穆斯林法

Moss-trooper　土匪；強盜；劫持者（17 世紀英格蘭、蘇格蘭邊境沼澤地的）

Most close connecting element　最密切聯繫因素（作為涉外經濟合同的涉訟中適用法律的原則）

Most confidential　絕密

Most effective and useful　最大的效率和實用（指解釋條約應遵循的原則之一）

Most efficient way to organise world market　最有效地組織國際市場的方法

Most favourable national treatment　最惠國待遇（"Most favourable national treatment" 與 "Most favoured national treatment" 均可譯為"最惠國待遇"，見中國著名法學家王鐵崖教授所編的《英法漢國際法詞匯》）

Most favoured licence clause　最惠特許條款

Most favoured nation (MFN)　最惠國

Most favoured nation clause　最惠國條款（指相互給予最惠國待遇的條款，首次於 1642 年 1 月 24 日出現於《英－葡商務條約》中，其後逐漸被廣泛運用而成為專門術語）

Most favoured nation principle　〔香港〕最惠國原則（以維護和促進自由貿易為宗旨）

Most favoured nation tariff rates　最惠國關稅率

Most favoured nation treatment　最惠國待遇

Most favoured nation treaty　最惠國條約

Most mislabeled product　〔美〕最多誤貼標籤的產品

Most representative rate　〔基金〕最有代表性的匯率（指國際貨幣基金組織當天美元外匯行市折算出各種貨幣的比率，亦即用收盤時的美元買價和賣價的平均匯率來計算之謂）

Most seriously affected countries (MSA countries)　受到嚴重影響的國家

Most significant contact theory　最密切聯繫說

Most significant relationship　最密切關係（美國際私法專

家里斯提出的，主張法院適用與該法律關係有最密切關係地的法律）

Most significant relationship theory 最密切聯繫説（指以法律關係相對集中地或國的法律作為合同准據法的理論，法院在確定合同准據法時，不再拘泥於某一個或某幾個客觀標誌，而是從質和量兩個角度全面考察與合同有關的各種客觀因素，並對這些因素進行分析、權衡，以法律關係相對集中地或國的法律即為合同准據法）

Most suitable use valuation 按最適用方式估價（指對轉讓財產時以最合適、最高和最有用原則來估算其價值以為課收贈與稅和繼承稅依據）

Most-Favoured-Nation Clause (first used between UK and Portugal on Jan 24, 1642) (MFN clause) 最惠國條款（此詞條於 1642 年 1 月 24 日第一次用在英葡條約中，其後為世界各國所通用）

Most-favoured-nation provision 最惠國條款

Most-favoured-nation rate of duty 〔關貿〕最惠國稅率；最惠國關稅率

Most-favoured-nation requirement 〔關/世貿〕最惠國要求

Most-favoured-nation rule 最惠國規則

Most-favoured-nation tariff rate 最惠國關稅率

Most-favoured-nation treatment 〔世貿〕最惠國待遇（指一國在國際貿易問題上，在其貿易夥伴之間，應同等對待，不應造成歧視）

Mote 〔撒〕會議；集會；法庭；答辯

Moteer 〔撒〕出席集會或貴族審判庭的費用

Motel 汽車遊客旅館

Mother 母親

Mother company 母公司

Mother General 女修道院總院長

Mother law 母法

Mother right 母權

Mother superior 女修道院院長

Mother town 母市（都市計劃用語）

Mother's brother 舅父

Mother's father 〔香港〕外祖父

Mother's father's wife 〔香港〕庶外祖母

Mother's husband 〔香港〕繼父

Mother's mother's husband 〔香港〕非嫡親外祖父

Mother's sister 姨母

Mother-in-law 岳母；外母；婆婆；義母；繼母

Motif 主旨；動機

Motion 申請；附帶請求；動議；提議（指訴訟人向法院提出的以求作出有利於申請人的裁決）

Motion for judgment 申請判決

Motion for judgment notwithstanding verdict 〔美〕申請法庭做出與陪審團相反的裁定要求（指要求法庭不要顧及陪審團早先作出的評斷）

Motion for judgment on pleadings 申請就原告訴狀法律問題上作出裁決

Motion for more definite statement 要求作出更加確切陳述的申請

Motion for new trial 複審申請

Motion for severance 分別審判的申請

Motion in arrest of judgment 中止判決的申請（指在刑事判決記錄上發現有錯誤，法院根據被告的動議中止判決）

Motion in bar 終止訴訟的申請

Motion in limine 防止偏見申請（審判前的要求禁止提及動議具有高度偏見問題的證據）

Motion model 動作模型（工廠管理用語）

Motion of urgent necessity 緊急動議

Motion picture 電影

Motion to censure 不信任提案

Motion to dismiss 駁回起訴的申請（以法律上理由等欠缺為由）

Motion to quash service of summons 〔美〕宣佈送達傳票無效的動議

Motion to reconsider 覆議的申請（再予考慮的動議）

Motion to set aside judgment 取消判決的申請

Motion to strike 〔美〕刪除申請（要求法院刪除兩造在抗辯中任何多餘的、不相干的或誹謗性等內容）

Motion to suppress 〔美〕排除非法證據的申請（要求制止刑事案件審理上取消關於違反憲法第 4 和第 5 條非法取得證據的申請）

Motion-picture makers 電影製作者

Motions examination committee 提案審查委員會

Motions for reconsideration 覆議事項

Motivated request 無可非議的請求

Motive 動機；目的；主旨；行為理由

Motor car 汽車

Motor car insurance 汽車保險

Motor car liability insurance 汽車責任保險

Motor carrier 機動車輛承運人

Motor Carrier Act 〔美〕汽車承運商法（公路承運人法）（1983 年）

Motor cycle 摩托車

Motor cycle insurance 摩托車保險

Motor insurance 汽車保險

Motor Insurer Bureau 〔英〕機動車輛保險局（成立於 1946 年，由機動車保人組成的）

Motor third party liability insurance 汽車第三者責任險

Motor vehicle 機動車輛（可譯成"機動車輛"和"汽車"均可）

Motor vehicle code 機動車輛（汽車）法典

Motor vehicle insurance 汽車保險

Motor vehicle taxes 機動車輛稅

Motto 標語；題詞；箴言；座右銘，格言

Moulage 印模；印痕（指刑事案件偵察中從實物複製下來作為證據的）

Moulded base line 〔海法〕（船）型基線

Moulded breadth 〔海法〕（船）型寬

Moulded depth 〔海法〕（船）型深

Moulded displacement (in ton) 〔海法〕（船）型排水量（噸）

Mountain boundary 山脈疆界

Mounted police 騎警隊；騎巡查

Mouth of a river 河口

Mouth-piece 〔俚〕（刑事案件的）辯護律師

Movable 動產的；可移動的；活動的

Movable estate 動產

Movable freebold 可變的自由保有的不動產

Movable private property 私有動產

Movable property 動產

M

Movable public property　公有動產

Movable tangible assets　可移動的有形資產

Movable thing　動產

Movables　〔複〕動產 (指可移動財產，如金錢貨物和家具等)

Movables insurance　動產保險

Movant (movent)　倡議人；動議人；(法庭上的) 申請人；(裁決或命令的) 請求人

Move　*v.* 申請 (指就裁決、命令或採取行動問題向法院提出的)；採取行動；移動；取得 (指原告尋求必須完成的法院救濟命令)；建議；轉移；讓與；轉手；促使；搬遷

Move out　搬出；騰空；放棄佔有

Move to report progress　〔英〕(下院) 提議暫停辯論

Movement of goods document　運貨單據

Movement of natural persons　〔世貿〕自然人流動 (指一成員方的服務提供者個人到另一成員方境內提供服務，例如一成員方教授、高級工程師或醫生、護士等到另一成員方境內從事個體服務等)

Movement of personnel (natural persons)　〔世貿〕自然人流動 (指一成員方的服務提供者個人到另一成員方境內提供服務。例如一成員方教授、高級工程師或醫生、護士等到另一成員方境內從事個體服務)

Movement of trade　貿易走向

Movements of international capital　〔基金〕國際資本流動；國際資本流向

Moving average　移動平均數

Moving capital　運轉資本；營業資本

Moving company　搬遷公司；搬運公司

Moving expenses　〔美〕搬遷費 (指因工作調動而搬遷的費用，可依法扣稅)

Moving papers　〔美〕支持性申請證件 (指該證件可構成當事人申請法庭訴訟程序的基礎，例如：以支持性宣誓書申請法院作出簡易判決)

Moving picture rights　攝製電影權

Moving treaty frontier　移動的條約邊界

Moving-average method　〔統計〕移動平均成本法 (指用移動平均數方法計算存貨價值，每次採購後計算一次新平均成本一種永續庫存成本制度)

Mr. Attorney　檢察總長的稱呼

Mr. Beckrney　續庫存成本貝克氏方案 (關於戰時保險問題)

Mr. Owen's scheme　歐文氏方案 (對於戰時的保險問題)

Mr. Wilding's scheme state insurance　威爾丁氏的國家保險方案 (指戰時對航行船隻，不管航線如何，照樣徵收保險費的戰時保險法)

MT103　匯款報文格式

MTR (Land Resumption and Related Provisions) Ordinance　〔香港〕集體運輸鐵路 (收回土地及有關規定) 條例

Mud Slides　泥石流

Mufti　伊斯蘭教法典解說者；伊斯蘭教法學家

Mug　*v.* 行兇搶劫；(為給罪犯) 拍照存檔

Mug book　〔美〕(警察局存查的) 嫌疑犯照片或面部照片集

Mugger-shot (mugshot)　〔美〕(警察局存查的嫌疑犯) 面部照片

Mulatto　黑白種人混血兒

Mulct　*n. & v. I.* 罰金；罰款；供給領事等費用 (以前曾經為了供給領事等費用而由貿易公司對船舶或貨物課徵稅費)；

II. 處…以罰款；騙取；盜取；詐騙

Mulct tax　懲罰稅

Mulieratus　婚生兒子

Mulierty　〔英古〕婚生子；合法子嗣

Multi-channeling of capital sources　多渠道的資金來源

Multi-country balance of payments summations　多國國際收支差額總數積累

Multicountry scheme　多國方案

Multicraft union　多種行業工會 (多工種工會)

Multi-currency intervention　多種貨幣介入

Multi-currency loan　多種貨幣借貸

Multi-currency pegging　多種貨幣關係釘住匯率

Multidisciplinary　〔世貿〕多種學科的，跨專業的，綜合性的 (這一單詞冠於 WTO 秘書處工作人員特質則至為恰當，因其工作人員均是法學和經濟學兩者兼優)

Multidistrict litigation　〔美〕多地區訴訟 (涉及在多個聯邦地區法院提起的民事訴訟，可以移送並由一個地區法院獨任法官統一管理審判)

Multifarious　多種多樣的

Multifarious issue　不當合併的爭點 (指需要查清的多種不同的事實爭點，其中每個事實均須在不同的爭點中分別加以調查)

Multifariouseness　不當合併的訴因；多重訴因 (指原告在衡平訴訟中錯誤把幾個獨立、互不相同的訴因合併在一個訴狀中提出)

Multi-Fiber Arrangement (MFA)　〔關貿〕多種纖維安排 (即國際紡織品貿易安排) (關貿總協定於 1973 年 12 月 30 日簽訂的)

Multi-functionality　(農業) 多功能性

Multilated　殘缺不全的

Multilateral　多邊的；多方面的

Multilateral administrative treaty　多邊行政條約

Multilateral agencies　多邊機構

Multilateral agreement　多邊協定

Multilateral Agreement on Investment (MAI)　多邊投資協定；〔世貿〕多邊投資協定 (為管理跨國投資活動的規則)

Multilateral Agreements on Trade in Goods　〔關／世貿〕多邊貨物貿易協議 (1994 年)

Multilateral aid　多邊援助

Multilateral aid programme　〔世行〕多邊援助計劃 (方案)

Multilateral armed force　多邊武裝部隊

Multilateral arrangement with trade liberalisation　放寬貿易 (限制) 的多邊安排；多邊貿易自由化的安排

Multilateral assistance　多邊援助

Multilateral character　多邊性質

Multilateral commercial diplomacy　多邊商務外交

Multilateral commitment　多邊承諾

Multilateral compensation　多邊清償 (指在一次票據交易中清償許多參加者之間的債權和債務)

Multilateral contract　多邊合同

Multilateral convention　多邊協約；多邊公約

Multilateral corporation　跨國公司

Multilateral deal in financial services　多邊金融服務交易

Multilateral declaration　多邊宣言；多邊聲明

Multilateral Development Banks (MDB)　多邊發展銀行 (包括非洲發展基金、亞洲開發銀行、美洲發展銀行和世界銀行

集團）

Multilateral diplomacy 多邊外交

Multilateral dispute procedures 多邊爭端程序

Multilateral environment agreements (MEAs) 多邊環境協議（泛指 WTO 體制外所有 2000 多個有關環境問題國際協議的統稱）

Multilateral Exchange Rate Model (MERM) 多種匯款模式

Multilateral forum 多邊討論會；多邊論壇

Multilateral framework 多邊框架

Multilateral framework for service trade 多邊服務貿易的框架

Multilateral framework of disciplines 〔世貿〕多邊紀律體制；多邊紀律框架

Multilateral framework of principles and rules for trade in service 多邊服務貿易原則和規則的框架

Multilateral framework of rules and disciplines 〔世貿〕多邊的規則和紀律的框架

Multilateral guarantee 多邊保證

Multilateral guarantees fund 多邊保證基金

Multilateral interest 多邊的利益

Multilateral international agreement 多邊國際協定

Multilateral international convention 多邊國際公約

Multilateral international debt 〔基金〕多國國際債務

Multilateral Investment Guarantee Agency (MIGA) 多邊投資擔保機構；〔世貿〕多邊投資保證機構（鼓勵到發展中國家投資並提供風險擔保）

Multilateral investment insurance 多國間投資保險

Multilateral level 多邊範圍

Multilateral market group 跨國市場集團

Multilateral most favoured nation clause 多邊最惠國條款

Multilateral negotiation of binding commitments 〔世貿〕多邊約束性承諾談判

Multilateral negotiations on trade in services 多邊服務貿易談判

Multilateral process 多邊程序

Multilateral protocol 多邊議定書

Multilateral readjustment 多邊再調整

Multilateral representation 多邊代表制

Multilateral reservation 多邊保留

Multilateral rounds 多邊回合

Multilateral rules 〔世貿〕多邊規則（指在原 GATT 的基礎上擴大至包括服務業和在服務範圍內的投資政策）

Multilateral safeguard system (MSS) 〔關貿〕多邊保障體系

Multilateral settlements 多邊清算

Multilateral subsidy remedies 多邊補貼救濟

Multilateral subsidy rules and disciplines 多邊補貼規則和紀律

Multilateral surveillance 多邊監察

Multilateral system of payment 多邊支付制度

Multilateral tariff negotiation (MTN) 多邊關稅談判（指關貿總協定的現代談判方式。即：一締約方同時向若干締約方提交關稅減讓清單，並同時向後者提出關稅減讓索要清單，通過多邊談判以期達到多邊全面關稅減讓）

Multilateral tax treaty 多邊稅務條約（指三國以上共同締結之條約）

Multilateral trade 多邊貿易

Multilateral trade agreement 多邊貿易協定

Multilateral trade and tariff agreement 〔關貿〕多邊貿易和關稅協定

Multilateral trade commitment on individual commodities 個別商品貿易的多邊承諾

Multilateral trade liberalisations 多邊貿易自由化

Multilateral trade negotiation 〔關貿〕多邊貿易談判（旨在磋商相互削減關稅和降低非關稅貿易壁壘的多邊談判）

Multilateral trade order 多邊貿易秩序

Multilateral trade order based on rule of law 〔世貿〕以法律規則為基礎的多邊貿易秩序

Multilateral Trade Organisation (MTO) 〔關貿〕多邊貿易組織（1990 年由歐共體主席的意大利提出建立一個多邊貿易組織，同年歐共體 12 國將該倡議交由《烏拉圭回合》談判討論，但因美國一直不贊成使用該名稱而擱置）

Multilateral trade rules 〔世貿〕多邊貿易規則

Multilateral trade talks 多邊貿易談判

Multilateral trading system 〔世貿〕多邊貿易制度；多邊貿易體制

Multilateral treaty 多邊條約

Multilateral treaty of a non-organisation type 非組織形態多邊條約

Multilateral treaty of an organisation type 組織形態的多邊條約

Multilateral treaty of limited participation 多邊限制性條約（多邊有限參加條約）

Multilateral undertaking 多邊承諾；多邊保證

Multilateralism 多邊主義；多邊貿易主義（國際經濟關係中要求各國力求商業間的合作，GATT 在此原則下應運而生，其要求各締約國間普施最惠國待遇，即為適例）

Multilateralisation 多邊化

Multilateralise *v.* 使多邊化；使多國化

Multilaterally Agreed Equitable Principles and Rules for the Control of Restrictive Business Practices 多邊協定的管制限制性商業慣例的公平原則和規則（1980 年）

Multilayer frontier 多層邊界

Multilineal tariff 多欄稅則；複式稅率（釋義同 "multiple-schedule tariff"），即對同一種進口商品採用兩種以上，適用不同貿易對象的不同稅率）

Multimember district 〔美〕大選區（指有權選出兩個以上國會議員的選區）

Multimodal transport (MT) 多式聯運；多種方式聯運

Multimodal transport document 多式聯運單據；多種方式聯運單據

Multimodal transport operator (MTO) 聯運人（多式聯運經營人）；聯運公司

Multimodal transport user 聯運使用人（多式聯運使用人）

Multinational 多民族的；多國家的；跨國的；多國公司的

Multinational bank 多國銀行

Multinational company 多國公司；跨國公司

Multinational corporation 多國公司；跨國公司

Multinational Customs Cooperation Council 跨國海關合作委員會；多國海關合作委員會

Multinational economic organisation 多國經濟組織

Multinational enterprise 多國企業

Multinational entities 多國實體

M

Multinational Investment Guarantee Agency (MIGA) 多邊投資擔保機構

Multinational market group 跨國市場集團

Multinational river 多國河川；複國河川

Multinational safeguard 多邊貿易保護

Multipartite 多方的；被分成多部份的；多方參加的

Multipartite agreement 多方協定

Multipartite convention 多方專約；多方公約

Multipartite treaty 多方條約；多國之間的條約

Multiple access 多個情人確認生父之訴；多重機會

Multiple accreditation 多國委派

Multiple address telegram 同文電報

Multiple benefit 〔保〕多倍賠付

Multiple bingo 多種不同紙牌搭成的賭博

Multiple citizenship 多重公民資格

Multiple classifications 多重分類

Multiple column tariff 多欄稅則（＝mutilineal tariff）

Multiple cost system 複式成本制；複合成本計算法

Multiple counts 多重訴因；多重罪項（指在一個民事答辯或刑事控告中包含着不同的訴由或在一個抗辯中含多條罪狀）

Multiple currency bonds 複合通貨公債；多數國通貨支付公債

Multiple currency practices 〔關貿〕複匯率；多種貨幣措施（認為通過國家貨幣部份的貶值在某種情形之下可構成一種出口補貼）

Multiple damages 多倍損害賠償

Multiple depositary 多方保存者

Multiple discipline 〔世貿〕多邊紀律（指具體制定加強對貨物貿易、服務貿易和知識產權相互影響的規則和監督用於環境目的的貿易措施等等）

Multiple entry-exit visa 多次入出境簽證

Multiple evidence 〔美〕限於特定目的方可採用的證據（指必須限於特定目的並證明同一事實的證據，且不能用以證明不同的事實，否則不可採用）

Multiple exchange rates 多元匯率；多重匯率；複匯率

Multiple listing 多重掛牌；多重上市

Multiple nationality 多重國籍

Multiple offenses 數罪；多重罪（指一個行為觸犯兩個或多個法律之罪）

Multiple or duplicative conformity assessment procedures 多重或雙重相符的評估程序

Multiple ownership 多人共同所有

Multiple peril insurance 多種風險保險

Multiple quotation method 重複市價法

Multiple rates of exchange 多種匯率

Multiple regressions 多重回歸；多元回歸（指以使用一個以上的變量，以估計某一變量的回歸）

Multiple representation 多方代表制

Multiple retirement ages 多種退休年齡

Multiple sentences 累加刑判決；數罪並罰（指被告犯有多於一種以上的罪則予連續科刑判決）

Multiple sovereignty 多國主權

Multiple standard 計表本位制；平均物價標準；複本位制

Multiple tariff 多種關稅，複稅；多重稅率；多欄稅則；複式稅則

Multiple tariff system 複式稅則制（指具有多欄稅率的海關稅則制，即：對同一號列的進口貨物按其來源地不同而徵收兩種以上的稅率，屬歧視性關稅）

Multiple taxation 多重課稅；複稅

Multiple trade instruments 多種貿易文件

Multiple voting 重複投票

Multiple-party accounts 多方賬戶（例如有聯合賬戶、活期賬戶和信託賬戶等）

Multiple-Party system 〔中〕多黨制（廣開言路，施行多黨政治乃中共治國重要方略）

Multiplepoinding 〔蘇格蘭〕確定優先求償權的訴訟（指對一物或資金有幾個主張權利者的訴訟中確定主張者優先給付程序之訴）

Multiple-schedule tariff 複式稅率（指對於同一進口商品對不同貿易對象採用兩種以上不同稅率）

Multiple-use building 多種用途的建築物

Multiplicates 〔複〕多重文件的副本；并聯文件副本

Multiplicity 複雜性；多重性；大量；增加

Multiplicity of actions 重複訴訟（指同一事由的數宗訴訟）

Multiplicity of legal proceedings 複合訴訟程序

Multiplicity of suits (or actions) 重複訴訟；纏訟

Multiplying insurance 加倍保險

Multipolar relationship 多極關係（指世界關係由兩極到單極而走向多極）

Multi-polar world 多極世界

Multi-polarity 多極

Multi-product firm 多種產品公司

Multipurpose bank 綜合利用的銀行

Multipurpose survey 多種用途的檢測

Multistage investigation 多級調查；分階段調查

Multi-stage processes 多階段程序（多級程序）

Multi-storey 多層的

Multi-storey Buildings (Owners incorporation) Ordinance 〔香港〕多層大廈（業主組織法團）條例

Multital rights 對世權（指一大組之中基本類似或分開的真實或潛在的權利屬一個人或單組人所享有，並用以對抗不確定的一大組人）

Multitextual treaty 複本條約

Multi-tier pricing practices 多重定價做法

Multitrade 多邊貿易

Multitude 大批人；大羣人；衆多

Multiyear (debt) rescheduling arrangement 調整償還多年期債務的協定

Multures 〔蘇格蘭〕碾磨；碾磨費；碾磨稅

Mund 〔日爾曼〕保護權和監護權（指對某人家庭、親屬及其財產的）；〔撒〕和平；保障

Mundbryce 〔撒〕破壞治安的賠償

Mundium 〔法古〕家父權；教會或修道院捐獻的貢金（指教會或修道院獻給它們領地辯護官和主教代理官以為保護他們的代價）

Municipal 市的；市政的；都市的；市立的；地方政府的；內政的

Municipal accounting 自治市的會計；市政會計

Municipal action 市政行為

Municipal administration 市政管理

Municipal affairs 市政事務

Municipal aid 市政資助；市政援助

Municipal application　國內適用

Municipal authorities　市政當局

Municipal bonds　市公債；市政債券

Municipal by-laws　市政規章；自治市規章

Municipal charter　市政特許狀 (指授予地方機構立法制定權)

Municipal commission　市政委員會

Municipal corporation　〔美〕市政機關；市營公司；市政法人；〔英〕自治團體；市屬社團 (由市長、市議長和自治市市民組成)

Municipal Corporation Act　〔英〕市政法人法 (1834 年)

Municipal corporation de facto　〔美〕事實上市政法人

Municipal courts　〔英〕都市法庭；自治市法庭；〔美〕市法庭；都市法庭；市鎮法庭；社區法院

Municipal domicile　〔美〕縣 (或鎮或市) 住所

Municipal economy　都市經濟學

Municipal election　〔美〕市政選舉

Municipal execution　國內執行

Municipal franchise　市政當局特許；地方自治權

Municipal function　〔美〕市鎮功能

Municipal Government　〔美〕市鎮政府

Municipal insurance　〔美〕市政保險

Municipal judge　市法官

Municipal jurisprudence　國內判例

Municipal law　國內法 (通指一特定國家之法律，其不同於公法、商法和國際法 "law of nations" 或 "international law")；〔美〕市政法 (關於市、鎮、村及地方政府的法律)

Municipal legislation　國內立法

Municipal lien　〔美〕市政法人優先權 (指市政府就公共改良獲益上按比例份額要較財產所有者個人享有優先權)

Municipal officer　〔美〕市政官員 (如市長等)

Municipal official　市政官員

Municipal ordinance　市政條例；市鎮法令

Municipal ownership　〔美〕市鎮所有權

Municipal people's congress　〔中〕市人民代表大會

Municipal people's court　〔中〕市人民法院

Municipal people's procuratorate　〔中〕市人民檢察院

Municipal police　地方警察

Municipal police court　市警察法院

Municipal purposes　〔美〕市鎮目的 (指包括所有關於健康、道德和市政福利活動)

Municipal securities　市鎮證券

Municipal social politics　自治體的社會政策

Municipal warrants　市政公債證書；市政支付令 (指命令指名或持票人應支付特定金額款項)

Municipality　市；市政府，市政當局；自治市；自治區；〔英〕自治市；市；〔美〕地方自治體 (指州屬市鎮、自治市、村政府)

Municipality directly under the central authority　〔中〕直轄市

Muniment house　檔案室；證書保存所；契據保存所

Muniment room　檔案室

Muniments　〔複〕土地所有權證書；土地所有權憑證；土地契據

Muniments of title　〔美〕產權證書 (產權證書)：1. 作為保護地產所有人的地產證據；2. 地產所有者賴以進行可銷售性產權交易的地產記錄根據；3. 在產權爭議訴訟中，法院將按照 "產權證書原則" 判處持有產權證者勝訴)

Munition of war　軍火 (戰時軍需品)

Munitions of War Act　〔英〕軍需法 (1915 年)

Murder　*n. & v.* 謀殺；故殺；謀殺案；謀殺罪 (指事前惡意明示或默示的非法殺人罪)；(戰爭中的) 屠殺

Murder case　預謀殺人案

Murder in the first degree　一級謀殺 (包括縱火、強姦、搶劫和盜竊罪)

Murder in the second degree　二級謀殺 (除上述一級謀殺所犯的縱火等罪行外均屬二級謀殺罪)

Murder in the third degree　過失殺人

Murder suspect　謀殺嫌疑犯；兇殺嫌疑犯

Murderee　被謀殺者

Murderer　謀殺犯；兇手；殺人犯

Murderess　女謀殺犯；女兇手

Murderous　謀殺的

Murderous weapon　謀殺兇器

Murdock Bill　〔美〕默多克法案 (企圖把全美國郵局變成職業介紹機關)

Murdrum　〔英古〕暗殺；暗殺罪；殺人罰金 (指對因過失或自衛殺人所付的罰金，於 1340 年廢止)

Murky legal status　〔關貿〕隱晦的法律地位

Murmuring a judge　〔蘇格蘭〕〔古〕詆毀法官；毀壞法官名譽

Musculinist　男權主義者

Mushroom in Theft Act　〔英〕採摘他人地上野蘑菇 (依據 1968 年法除非採摘以為銷售則為偷盜罪)

Music and dancing licences　音樂及舞廳營業執照

Music Library Association of U.S.A.　美國音樂圖書館協會

Musical works　音樂作品

Muslin law　穆斯林法

Muslin World League　穆斯林世界聯盟

Must　*aux.* 必須

Must calls　必須拜訪的客戶

Muster　*v. & n.* I. 集合；召集；點名；(士兵和武器)；II. 總名冊；花名冊；人員總數；樣品

Muster book　海員名冊

Muster roll　(船舶公司) 花名冊；船員名單；海員名冊；士兵名冊

Musters regulations　〔英〕海員規章 (由國務部長頒發的關於海員登船及其職責等規定)

Mutation　〔法〕遺產稅；地籍冊上納稅人收入更動；(所有權、財產權的) 移轉

Mute　不會說話的；啞的；緘默的；沉默的；〔英〕不作答辯的 (指受刑事指控者受審時對陪審團的發問站立不予答辯)

Mutilated cheque　殘缺不全的支票；毀損的支票

Mutilation　(手足等) 切斷；毀損；使…殘缺不全 (指以剪斷、撕毀或塗改其遺書、法庭記錄等書面證件的主要部份)；使肢體失去用以打架能力 (刑法用語)；切斷刑 (指切斷手、足或身體重要部份的刑罰)

Mutilation of corps　肢解屍體 (罪)

Mutineer　〔軍〕叛變者；反抗者；反抗指揮官者

Mutinous　反抗的；暴動的；意圖煽動或慫恿叛亂的；抗命的

Mutiny　*n. & v.* I. 兵變；叛變；反抗指揮官罪 (尤指陸、海軍士兵及海員聯合起來旨在反抗或推翻合法當局的行為)；II. 叛變；反抗 (against)

Mutiny Act　〔英〕《軍紀法》(關於反對指揮官法，1689 年以後英國國會每年整肅軍紀法)

M

Mutual　*a. & n.* I. 共同的；相互的；彼此的；II.〔複〕互助保險公司

Mutual account　雙方互有借方登記的賬戶；雙方互有往來賬戶

Mutual adjustment　〔世貿〕互相調整（指解決成員方之間爭端問題的一個有效的可選擇的方法，例如：處理易腐物品海關檢驗問題）

Mutual affray　相互決鬥；互相鬥毆

Mutual agreement　相互協定；雙方協議；合意

Mutual aid　互助

Mutual Aid and Loan Guarantee Fund　互助貸款保證基金

Mutual aid financial guild　互助財政公會

Mutual aid insurance　相互保險；共濟保險

Mutual aid team　〔中〕互助組（中國農業合作化運動的初級形式）

Mutual assent　相互同意；合意

Mutual assistance　互助；互相協助（指兩人或兩人以上共保海險）

Mutual assistance in criminal matters　刑事互助；刑事協助

Mutual Assistance of the Latin-American Government Oil Companies (ARPEL)　拉丁美洲國家石油公司互助協會（1965 年）

Mutual association　互助協會

Mutual assurance　相互保險；共濟保險

Mutual benefit　互利；互惠

Mutual benefit association　互助協會；共濟協會

Mutual benefit insurance　互利保險；互惠保險

Mutual benefit societies　共濟會；兄弟會

Mutual company　〔美〕互助公司（指以股份形式組成的，在成員間分享利潤的公司）

Mutual concession　互讓（彼此讓步以達成協議）

Mutual consent　合意；互相同意

Mutual contracts　雙務合同

Mutual credit　相互債權

Mutual dedts　相互債務（指兩人之間的債務，其反義詞為"mutual credit"）

Mutual defence　共同防務

Mutual Defence Assistance Agreement　共同防禦互助協定

Mutual defence pact　共同防禦公約

Mutual defence treaty　共同防禦條約

Mutual demands　相互請求權（相互之間同樣責任能力或權利）

Mutual election　互選

Mutual forbearance agreement　互相自制協議

Mutual fund　〔美〕共同基金；互助基金；共同投資基金

Mutual fund investment company　互助資金投資公司（發行隨時可以換成現款的股票投資公司）

Mutual gable　〔英〕共有牆（指兩座建築物之間起着山牆作用的一堵牆）

Mutual guarantee　互相保證

Mutual guarantee treaty　互保證條約

Mutual help　互助

Mutual Indamnification Agreement　相互補償協定

Mutual insurance　互利保險；共濟保險（用於海上保險時，其意限於兩人以上相互同意就海損問題彼此進行保險）

Mutual insurance association　〔英〕相互保險協會（指船東和其他人聯合組成相互保險海損的俱樂部）

Mutual insurance company　互助保險公司；相互保險公司（一種排他性的保險公司，公司持股者既是投保者又是保險者）

Mutual insurance societies　相互保險協會；互助保險協會

Mutual interest　互利關係

Mutual investment company　共同投資公司；合股投資公司

Mutual investment trust　相互投資信託（指一種公開的投資公司，其發行隨時可兌現的股票，以此進行融資的投資信託，其資本金不固定）

Mutual judicial assistance　司法互助

Mutual legal assistance　司法互助

Mutual loan association　相互貸款協會

Mutual mistake　相互錯誤；雙方互有錯誤（指雙方當事人共同意向源於其共同或相互的錯誤）

Mutual monitoring　〔世貿〕互相監督；互相監控

Mutual most favoured nation clause　相互最惠國條款

Mutual non-aggression　互不侵略

Mutual non-aggression pact　互不侵犯條約

Mutual non-interference　互不干涉

Mutual office　〔保〕共同經營公司

Mutual preferential duties　互惠的特惠關稅

Mutual principle　互助原則

Mutual promises　相互承諾；合意契約

Mutual recognition　相互承認

Mutual recognition agreement　相互承認協議

Mutual regional arrangement　相互區域安排

Mutual relations　相互關係

Mutual relief association　〔美〕共濟會；互濟會（協會內無股本而只承保會員繳納的救濟基金集成並向保險專員報告說明其不是為會務官員譽利的組織）

Mutual rescission　〔美〕相互解約（相互取消彼此間簽訂的契約）

Mutual reserve company　〔美〕互助儲備公司

Mutual resiliation　相互終止

Mutual respect　相互尊重

Mutual respect for sovereignty and territorial integrity, mutual non-aggression, non-interference in each other's internal affairs, equality and mutual benefit and peaceful coexistence　〔中〕互相尊重主權和領土完整，互不侵犯，互不干涉內政，平等互利，和平共處（此為中印兩國總理於 1954 年提出的關於處理兩國間關係的和平共處五項原則的具體內容。現已成為處理國際關係的基本準則）

Mutual restraint　互相牽制

Mutual savings bank　〔美〕互助儲蓄銀行（由存款人組織的、為存戶服務的、由存款人憑存款單分享收益的銀行）

Mutual security　共同安全

Mutual Security Act　〔美〕共同安全法（1951 年由美國務卿馬歇爾創議實施的軍事和經援兩手兼用的對外政策，亦即"大棒加胡蘿蔔"著稱的政策）

Mutual settlement　相互財產轉讓

Mutual supervision　互相監督

Mutual testaments　相互遺囑；共同遺囑（兩人互立遺囑把財產交由後死者處置）

Mutual understanding　相互諒解，互相諒解

Mutual wills　共同遺囑；連帶遺囑；相互遺囑（指兩人就相互的遺產互惠地留給彼此生存者繼承之遺囑）

M

N

Mutuality 相依；相互；相互性（指兩人相互制約的義務之相互性）

Mutuality doctrine 〔美〕履約的相互義務原則

Mutuality of estoppel 相互禁止反言

Mutuality of interest 互利關係

Mutuality of obligation 義務的相互性（指雙方共同訂立的契約，彼此均應受其拘束，各方都負有履約的義務）；債務的相互性

Mutuality of remedy （契約）救濟的相互性（依衡平法，在當事人均受到契約的拘束才能得到衡平救濟）

Mutually responsible 連環保的

Mutuant 貸方；出借人（指消費借貸合同中出借動產者）

Mutuary 〔美〕借方；借用人（指他人動產供消費並以實物和相同數量出借人）；消費借用人（消費借貸合同中借用的借用人）

My country, right or wrong 國家至上主義

My hand and seal 親手簽名蓋章

My learned brother 〔英〕我精通法律的同行（律師間彼此稱呼用語）

My learned friend 〔英〕我精通法律的同行（律師間彼此稱呼用語）

My lord 老爺；尊敬的閣下（對法官等的尊稱）

My uncle's 當鋪

Myrmidon of justice 法院的小職員（即法官下屬的辦事人員）

Myrmidon of the law 法院的小職員（即法官下屬的辦事人員）

Mysterious disappearance 〔保〕神秘失踪（盜竊保險單上的保險規定用語）

Mystery 〔英〕行業；行會；手藝；職業

Mystic testament 〔美、西〕密封遺囑

Mystic will 〔美〕密封遺囑（路易斯安那州法律用語）

N

"No claim" bonus 〔保〕無賠款回扣；無賠償獎金

N visa 〔美移〕特別移民的父母簽證（由美國駐外使、領館頒發入境美國不受移民配額限制的簽證）

N.O.W. account 〔美〕撤銷可轉讓的指令（=negotiable order of withdrawal account）

Naam 〔撒〕扣押（指扣或佔有押動產或活的或死的牲畜）

NAFTA goes into effect 北美自由貿易協定生效（1994 年 1 月 1 日）

Nail 〔英〕納爾（一種古老的計量單位 =1/2 英吋）

Naked 裸體的；未經證實的；缺乏必要條件的；單純的；無效的

Naked authority 無償委任

Naked bailment 無償寄託（寄存）

Naked confession 未經證實的供認；有待事實證明的認罪

Naked contract 不能強制執行的契約；無擔保契約；無償契約

Naked debenture 〔英〕無擔保債券；無擔保公司債券；企業公司發行的債券（指僅憑企業或公司信用而無銀行擔保所發行的債券）

Naked pact 不能強制執行的契約

Naked possession 單純佔有；無權佔有；無保證的佔有

Naked power 單純權力；無保證的權力（指關係人僅具有附隨的權限、在受贈人中無其利益，亦不持有據以創設權力的產權文契）

Naked trust 名義信託；表面信託；無擔保信託（指無法律保證的單純保管信託）

Nam 〔英〕扣押牲畜或動產

Namation (=nam) 〔英〕扣押牲畜或動產

Name *n. & v.* I. 姓名；名字；名稱；名義；法人名稱；企業名稱；II. 提名；任命；命名

Name and arms clause 姓名和紋章條款（有時訂定在遺囑或授產書內，使接受遺產或財產者必須承襲遺囑或授產人的姓氏和紋章，否則喪失權利）

Name brand 名牌（商品）

Name Law 〔美〕姓名法

Name of the punishment 刑名

Named bill of lading 記名提單

Named consignee 指定收貨人

Named insured 記名被保險人

Named perils 〔保〕指定危險

Named policy 記名保險單（指明載運貨物船舶名稱的保單）

Named principal 署名委託人；指定委託人

Name-debenture 記名的公司債券

Name-list of members 會員名冊

Namely 即；就是

Names 〔英〕保險辛迪加的消極會員（指不積極參與保險業務，但授權一個成員以他們的名義包銷保險單）

Names and change of name 姓氏和姓名的變更

Names' List 戰士花名冊

Naming a Member 〔英〕點名警告（指下議院議長有權對堅持不服從其裁決而拒絕收回冒犯性言辭的議員可令其當即退出會場）

Nansen certificate 南生證件

Nansen passport 南生護照（指 1922 年 7 月 5 日通過的關於授予俄羅斯難民身份證的日內瓦協定，創立了南生護照。國際聯盟為保護已被剝奪俄羅斯國籍的前蘇聯境內的難民，其代替由官方頒發的一種身份證明書，翌年在日內瓦會議上為 53 個國家所採納，史稱"南生護照"）

Nantissement 〔法〕抵押；質押合同（如動產則稱其為"質物"；不動產則稱其為"不動產抵押"）

Napoleonic codes 拿破侖法典（包含《民法典》(1804 年)、《民事訴訟法典》(1806 年)、《商法典》(1807 年)、《刑法典》(1810 年)，以及《刑事訴訟法典》(1811 年)）

Nar (or nark) 〔美俚〕毒品科探員；專捉違反麻醉毒品法罪犯的聯邦便衣警察

N

Narcoanalysis 〔美〕麻醉心理分析；麻醉精神分析（美國拘留所為取得真實口供向被拘禁者中樞神經注射一種特製的興奮針劑，使其神經失控，致昏睡或半昏睡狀態而後進行審訊，有問必答，此舉乃有侵犯 "個人隱私"）

Narcotic Act 〔美〕毒品法

Narcotic 麻醉劑；毒品；吸毒者；〔美〕非法麻醉劑

Narcotic addict 毒品嗜好者

Narcotic drug 麻醉品；麻醉藥

Narcotic Drug Act 〔美〕麻醉品法

Narcotic Drug Supervisory Body 〔聯〕麻醉品監督機構

Narcotic trade 麻醉品貿易

Narcotics 麻醉劑；毒品

Narcotics control 麻醉品管制

Narrative 〔蘇格蘭〕叙述；叙述條款

Narrative evidence 叙述性證據

Narrative jurisprudence 叙述法學

Narrow band 狹小匯率幅度（指歐洲共同市場於 1972 年 4 月 24 日將成員國間的貨幣即期匯率縮小至平價上下為 2.25% 的波動幅度，為史密森學會協定規定的平價上下各 2.25% 幅度的一半）

Narrow channel 狹峽（狹窄海峽）

Narrow construction 狹義解釋；嚴格按字面解釋

Narrow continental shelf 狹窄大陸架

Narrow EEC band 歐洲經濟共同體狹小匯率幅度（=Narrow band）

Narrow interpretation 狹義解釋

Narrow margins 薄利；微小幅度

Narrow market 呆滯的市場；市場不景氣

Narrow money 狹義貨幣

Narrow seas 狹海；窄海（通過兩海岸的英吉利海峽和愛爾蘭海）

Narrow supposition 狹窄的推測

Narrowest group or range of imported goods of the same class or kind 〔世貿〕範圍最窄一組或一系列同級別或同種類的進口貨物

Narrowest group or range of products 最小產品組或產品類別

Narrowly-drawn protective order 〔世貿〕嚴格制定的保護性法令；周密制定的保護性法令（指保護機密性信息而言）

Natal 出生的；誕生的；天賦的

Natal hour 出生時；生辰

Nation 民族；國民；國家

Nation state 民族國；單一民族國家

Nation's economic budget 國民經濟預算

National *a. & n.* I. 民族的；國家的；國民的；成員方的；單獨關稅區的；單獨成員方的（此詞除含 "國家" 外亦含住在 "單獨關稅區" 內的自然人或法人或其有實際的產業或商業機構，諸如中國的香港、澳門和台灣－編者註）；II. 國民（尤指僑居於外國的）

National Aboriginal and Islander Legal Services Secretariat 〔聯〕國家土著與島民法律服務秘書處

National Academy of Sciences 〔美〕國家科學院

National accounting 國民經濟會計

National accounts 國民核算；國民核算賬戶；國民收支賬戶；國民會計

National administration 國家行政；國家管理

National Advisory Council on International Monetary and Financial Problems 〔美〕國際貨幣金融問題諮詢委員會

National Aeronautic Association (NAA) 〔美〕國家航空協會

National Aeronautics and Space Act 〔美〕國家航空航天法

National Aeronautics and Space Administration (NASA) 〔美〕國家航空航天管理局

National agricultural credit corporations 〔美〕農業信用公司；農業信用銀行；國立農業信用社

National Air Quality Commission 〔美〕國家空氣質量委員會（1977 年）

National air space 國家空氣空間

National airborne contingent 國民空軍部隊

National aircraft 本國飛機；國有飛機

National allocation and reallocation policy 國家分配與再分配的政策

National and sub-national authorities 〔中〕國家及其附屬當局

National and sub-national level 國家及其以下一級

National anthem 國歌（代表國家的歌曲，反映一國的歷史和現實，以鼓舞愛國主義為主題）

National appropriation 國家佔有

National armament 國家軍備

National armed forces 國家武裝部隊

National army 國家軍隊

National Assembly 國民議會（實行三權分立制的國家的最高立法機關）；〔法〕國民議會（1789−1791 的國民議會；1848 年後的國民議會；第二帝國沒落後的 1871 年的國民議會；1875 年憲法規定為上下兩院的名稱）

National Assembly of the Church of England 英格蘭國教全國代表大會；英格蘭聖公會全國代表大會（成立於 1910 年）

National assistance 〔英〕國家補助（指給予無生活來源者以補助）

National Association of Accountant (NAA) 〔美〕全國會計師協會

National Association of Claimants' Compensation Attorney 〔美〕全國索賠代理律師協會

National Association of Counsel for Children 〔美〕全國兒童法律顧問協會

National Association of Insurance Commissioners 〔美〕全國保險監理官聯合會；國家保險總監協會

National Association of Manufacturers (NAM) 〔美〕全國製造商協會（成立於 1896 年，總部設於紐約）

National Association of Prison Visitors 〔英〕全國探監社協會（1944 年）

National Association of Realtors (NAR) 〔美〕全國房地產經紀人協會（全國房地產代理商協會）

National Association of Rents 〔美〕全國房地產租賃協會

National Association of Securities Dealers (NASD) 〔美〕全國證券商協會

National Association of Securities Dealers Automated Quotations (NASDAQ) 〔美〕納斯達克（全國證券商協會自動報價系統）；成立於 1971 年，迄為世界上最大股票市場之一

National Association of Victims Support Scheme 全國受害者援助計劃協會

National Association of Women Lawyers 〔聯〕國家女律師協會（指被列入經社理事會名冊的非政府組織）

N

National Audubon Society, Inc.　國家奧杜邦協會有限公司
（1905 年成立於美國，一個非政府的環保組織，致力於研究
保護環境問題）

National authorities　國家當局

National Automobile Underwriters Association (NAUA)
〔美〕全國汽車保險商協會（全國汽車保險業者協會）

National autonomy　民族自治

National bank　〔美〕國民銀行

National Bank Act　〔美〕國民銀行法

National bank tax　國立銀行券發行稅

National banking association　國立銀行協會

National Banking Law　國立銀行法

National banking system　國立銀行制度

National Bankruptcy Law　〔美〕全國破產法

National Bar Association　〔美〕全國律師協會

National baseline　國家基線

National Biological Standards Board　〔英〕國家生物標準
委員會（成立於 1975 年，旨在確定生物物質標準）

National border　國境（國家邊境）

National border health and quarantine regulations　〔中〕
國境衛生檢疫規定

National boundaries　國界

National budget　國家預算；國民預算

National Bureau of Economic Research　〔美〕國民經濟調
查局

National Centre for State Courts　〔美〕全國州法院中心

National character　本國性

National Citizenship　〔美〕美國公民權

National College of the State Judiciary　〔美〕全國州法官
培訓學院

National commission　全國委員會

National Commission on the Environment　〔美〕全國環境
委員會（1993 年成立）

National commissioner　全國委員

National committee　全國委員會

National Committee on International Trade Documentation
(NCITD)　〔美〕國際貿易單據問題全國委員會

National Committees of ICC　國際商會國別委員會

National competence　國家職權（國家權能）

National Conference of Bar Presidents　〔美〕全國律師會
長聯誼會

National Conference of Commissioners on Uniform State
Law　〔美〕統一州法律全國委員會議

National congress　全國代表大會；國民代表大會；國會

National Congress of Neighbourhood Women　全國社區
婦女大會

National Conservation Commission　〔美〕自然財源調查
委員會（1908 年，羅斯福總統為了調查水流、土地、森林、
礦山等的自然資源任命的委員）

National constitutional conference　國民制憲會議

National contingent　國家分遣隊

National convention　〔法〕國民會議（1792 年法國王政消滅後
的憲法修訂議會；1838 年英國民權黨主義者的集會）；〔美〕政
黨委員會（美國確立總統、副總統候選人及其政綱的黨代會）

National convoy　本國護航

National Copyright Administration (NCA)　〔中〕國家版權局

National corporation　國營公司（國家公司）

National Council for US-China Trade　美中貿易委員會（成
立於 1973 年 5 月）

National Council on Drug Abuse (NCDA)　全國防止藥物濫
用委員會

National court　國家法院（合衆國裁判所）

National Court of State Appeals　〔美〕全國上訴法院（全國
州上訴案件法院）

National Covenant　〔蘇格蘭〕民族聖約（1637 年）

National Crime Information Centre　〔美〕全國犯罪情報中心

National crises　國家危機

National currency　〔美〕法定貨幣（國家貨幣）

National Currency Acts　〔美〕銀行貨幣條例（1863、1864、
1865 年）

National customs territory　國家海關轄境

National day　國慶日；國慶節

National debt　國債（國家債務）

National Debt Commissioners　〔英〕國家債務委員會

National defense　國防

National defense council　國防委員會

National Delegations in Geneva　〔世貿〕駐日內瓦國家級
代表團（指所有成員方）

National demand　本國需求；國內需求

National diplomacy　國民外交

National Discipline Data Bank　〔美〕全國律師懲戒數據庫

National domain　官有地；國家領域；〔美〕國有產業；國有
土地

National domicile　國內住所；國家住所（指某人在某一特定
國家領土內）

National economy　國民經濟

National election　〔美〕聯邦選舉

National emblem　國徽

National emergency　全國緊急狀態（國家緊急狀態）

National Employment Service Act　〔美〕國家就業服務法
（1935 年）

National Energy Conservation Policy Act　〔美〕國家節約
能源政策法（1978 年）

National ensign　國旗

National enterprise　國營企業（國家企業）

National Enterprise Board　〔英〕國家企業局（成立於 1975
年，旨在發展經濟，增強工業產品國際競爭能力等）

National Environmental Policy Act (NEPA)　〔美〕國家環境
政策法（1969 年）

National equality　民族平等

National export　本國產品出口

National Export Initiative　國家出口倡議

National Farm Loan Association　〔美〕全國農業貸款合作
社（1916 年）

National festival　全國節日

National flag　國旗（國家的正式標誌之一，其象徵國家的主
權和尊嚴）

National fleet　國家船隊

National Foreign Trade Council (NFTC)　〔美〕全國對外貿
易委員會（1914 年 5 月 28 日成立於首都華盛頓，總部設在紐
約，由各行業從事國際貿易與投資的公司組成）

National forests　國有森林

N

National frontier　國界，國家邊界

National government　中央政府；本國單獨成員方政府；國民政府；〔美〕聯邦政府

National government decision　中央政府決策；〔美〕聯邦政府決策

National government system　〔世貿〕國家政府制度

National grievance　國難

National group　本國團體

National guard (N.G.)　〔美〕國民警衛隊；國民軍；現役民兵（為美國陸軍和空軍的後備軍）

National health insurance　國民健康保險

National Health Service　〔英〕國民保健署（規定提供免費醫療衛生服務等，但根據各種修正法可不時課收費用）

National holiday　國慶節；國定假日；法定假日

National Homestead Act　〔美〕國民家圍法；國民宅地法；一般家圍法

National honour　國家榮譽

National identity　民族同一性；民族本性；民族特性

National income (NI)　國民收入

National income purse　國民實際收入

National indemnity　國家補償

National Industrial Recovery Act　〔美〕國家產業復興法（1933 年 6 月頒佈，後因被判違憲而於 1935 年 5 月廢止）

National Industrial Relations Act　〔美〕全國勞資關係法

National Industrial Relations Court　〔英〕全國勞資關係法院（1971–1974 年）

National insignia　國徽

National Institute of Economic and Social Research) (NIESR)　〔英〕國家經濟社會研究會（"經社研究會"）(1936 年)

National Institute of Justice　〔美〕國家司法機關

National insurance　〔英〕國民保險（指僱主和僱工按月均要交付一定數額保險費的一種健康和失業的強制保險）

National interest　國家利益

National investment funds　國家投資基金

National Iranian Oil Company　伊朗國家石油公司

National judge　本國法官

National Judicial College　〔美〕全國州法官培訓學院

National jurisdiction　國家管轄

National Labour Relations Act (Wagner Act) (N.L.R.A.)　〔美〕全國勞資關係法（華格納法 1935 年）

National Labour Relations Board (N.L.R.B.)　〔美〕全國勞資關係委員會（1935 年）

National law　國法；國內法；本國法

National Law Journal　〔美〕美國法律雜誌

National laws and practices　〔世貿〕成員方的法律和慣例

National laws for the protection of intellectual property　〔世貿〕保護知識產權國內法規

National Lawyers Guilds　〔美〕全國律師公會

National legal system　〔世貿〕成員方的法律制度；單獨成員方的法律制度

National legislation　國家立法

National level　單獨成員方（諸如中國的香港、澳門和台灣均為 WTO 的單獨成員方）；國家一級（中央一級）

National liberation movement　民族解放運動

National liquidity　國家流動性（指各部門之間信息交流，加強合作，把握和控制國家整體的風險能力）

National Loans Fund　〔英〕國家貸款基金

National macroeconomic policies　國家宏觀經濟政策

National Maritime Law Associations　〔香港〕國家海洋法協會

National market power　本國市場的實力；國內市場的支配力

National Mediation Board (NMB)　〔美〕國家調解委員會（指調解鐵路和空運工人工資糾紛等）

National minorities　少數民族

National Monetary Commission　〔美〕國立貨幣制度調查委員會；國立幣制調查委員會

National monetary policy　國家貨幣政策

National ocean space　國家海洋空間

National of a particular country residing abroad　僑民（居住在國外一特定國家的國民）

National official　國家官員

National open port　國家對外開放口岸

National organisation　國內組織

National origin　家世；民族血統；出生地國；祖籍國

National ownership　國家所有制；國民所有制；全民所有制

National Parks Commission　〔英〕國家公園委員會（1949 年）

National passport　國家護照

National People's Congress　〔中〕全國人民代表大會

National personality　國家人格

National policy　國策；國是；國家政策

National political constraints　國家政治限制

National polity　國家政體；國家組織

National presentation　國家展出；國家陳列

National prize court　國內捕獲法院

National product　國民產值；本國產品

National protection　國家保護；本國保護

National public law　國內公法

National purse　國庫；國富

National Railroad Passenger Corporation　〔美〕全國鐵路客運公司

National regulatory bodies　國家管理機構

National representative　國家代表

National revenue　國稅收入

National river　國內河川

National safety　國家安全

National Savings Bank　〔美〕國民儲蓄銀行

National seashore　〔美〕國家海岸（指由聯邦政府撥款管理的海岸遊樂區）

National security　國家安全

National Security Agency　〔美〕國家安全局

National security argument　國家安全論（指對涉及國家安全的產業予以保護的主張）

National security clause　國家安全條款（指為國家安全需要進口的產品必要時可減免關稅）

National Security Council　國家安全委員會（美等國均設有乃由總統直接管轄）

National security exceptions　國家安全例外

National security installment　國家安全設施

National security requirements　國家安全要求

National self-defense　民族自衛；國家自衛

National self-determination　民族自決

National sentiment　民族感情

National service insurance 國民兵役保險

National Service Life Insurance 〔美〕國民兵役人壽保險；軍人人壽保險

National Shippers' Councils of Europe 歐洲各國托運人理事會

National shipping 國內航運

National Socialist Party of America 〔美〕美國國家社會黨（由納粹主義份子組成的小團體，總部設在芝加哥）

National sovereignty 〔西歐〕國家主權（指總統雖由人民選出，但並不反映人民的觀點和先民的利益，而以國家利益至上為制定內外政策的原則）

National sovereignty concept 國家主權思想

National standard 國家標準

National state 民族國家

National stream 國內水流

National supreme government 〔美〕中央最高政府

National tariff 國定稅率；法定稅率；固定稅率；自主稅率；自主關稅（一國政府根據國家主權，在關稅完全自主主義的基礎上依法制定的關稅稅率）

National tariff autonomy 國家關稅自主

National tariff system 國定稅則制（又稱"法定稅率制"、"固定稅率制"、"自主稅率制"）

National tax 國內稅

National Taxpayers Union 〔美〕全國納稅者聯盟

National territory 國家領土

National Transport Act 國家運輸法

National Transportation Safety Board (N.T.S.B.) 〔美〕全國運輸安全委員會

National treasure 國庫

National treatment 國民待遇；〔世貿〕國民待遇（指成員方相互承諾給予彼此自然人、法人和商船在對方境內享有同等待遇不得有歧視）

National treatment clause 國民待遇條款

National treatment exception 〔關／世貿〕國民待遇免責事項

National treatment in services sectors 服務部門的國民待遇

National Treatment on Internal Taxation and Regulation 〔關貿〕關於國內稅收和調整的國民待遇

National treatment principle 〔關／世貿〕國民待遇原則

National treatment principle of trade in goods 〔關／世貿〕貨物貿易的國民待遇原則

National treatment standards 國民待遇標準

National Trust (NT) 〔英〕國家信託（根據1907-1971年《國家信託條例》創設的，旨在保護名勝古蹟和動植物等）

National Union 〔美〕全國工會聯合會

National value 國民價值

National vessel 本國船舶

National wages board 全國工資局

National war bonds 國民軍事公債

National War Labour Board 〔美〕國民戰時勞動會議

National waters 內水；國內水域

National Waters Council 〔英〕全國水政委員會

National wealth 國家財富；國民資產

National welfare 國民福利；國家福利

National Wildlife Federation 〔聯〕國家野生動物聯盟

National Aboriginal and Islander Legal Services Secretariat 〔聯〕國家土著與島民法律服務秘書處

Nationalism 民族主義；國家主義；國營主義；工業國有化主義

Nationalist tendency 民族主義的傾向

Nationalistic policy 國家主義的政策

Nationality 國籍（指作為一個國家成員而隸屬於該國的一種法律上的身份）；民族；國民身份；船籍

Nationality Act 〔美〕國籍法（是一部全面的包含外國入境移民、歸化和入籍諸問題的聯邦法律，其為"Immigration and Nationality Act"的簡稱）

Nationality by birth 出生國籍

Nationality by decent 血統國籍

Nationality by marriage 依婚姻取得國籍

Nationality by naturalisation 依歸化取得國籍

Nationality de jure 法律上國籍

Nationality law 國籍法

Nationality legislation 國籍立法

Nationality of aircraft 飛機國籍

Nationality of claims 求償權國籍

Nationality of origin 原始國籍；原有國籍

Nationality of ship 船舶國籍

Nationality of space object 空間物體的國籍

Nationalisation 國有化（指政府徵用或統制私人擁有的企業，將其收歸國有）

Nationalisation decree 國有化法

Nationalisation law 國有化法（在國際投資法中，資本輸入國基於國家公共利益的需要而對外國投資企業資產的全部或一部實行徵用收為國有）

Nationalisation of enterprise 企業國有化

Nationalisation of insurance 保險業的國有化

Nationalisation of railways 鐵路國有化

Nationalise *v.* 收歸國有；使國有化；歸化（使歸化入籍）

Nationalised export 本國化產品出口

Nationalising state 國有化國家

Nationals of members 會員國國民；成員國國民

National-treatment requirement 〔關／世貿〕國民待遇要求

Nationhood 成為國家的地位

Nation-wide programme 全國範圍的計劃

Nation-wide unified and open market system 〔中〕全國範圍內統一和開放的市場制度

Nation-wide working conference 全國範圍的工作會議

Native *a. & n.* I. 出生的；出生地的；本土的；本國的；土生的；II. 本地人；本國人；當地人（與暫居者相對）；〔美〕本國出生的臣民（或公民）；出生公民；居住地國出生的公民；出生於外國的公民

Native born 本土生，本國生

Native country 祖國；出生地國

Native inhabitant 土著居民

Native law 本國法

Native place 出生地

Native population 本土人民

Native question 土人問題

Native subject 本土人民；本土臣民

Native-born citizen 土生公民；出生在當地的公民

Native-born person 土生的人；出生在當地的人

Native-born subject 土生臣民

Nativism　本土主義；土著民族主義；排外主義

NATO (=North Atlantic Treaty Organisation)　北大西洋公約組織 (1949 年 4 月 4 日，以美英為首的英法等西歐國家為了北大西洋地區的集體防衞而在華盛頓簽訂了北大西洋公約，並根據該公約擴大成立了公約組織，以對抗前蘇聯為首的華沙條約組織)

Natura brevium　〔英〕《國王敕令選集》(愛德華三世)

Natural　私生的；私生關係的；自然的；天然的；非人為的；本土的；固有的；真實的；天賦的；肉慾的

Natural accretion　自然添附

Natural affection　親情；血緣感情 (通常用於契據中，表示出自親屬關係之贈與財產動機或報酬)

Natural allegiance　自然效忠 (指對自己出生地祖國的永久忠誠)；對祖國的效忠 (對出生地國的效忠)；〔英〕生來國民的忠誠服從關係

Natural and probable consequences　自然和可能的結果

Natural and proximate result　自然而直接的結果

Natural boundary　自然疆界；天然邊界

Natural boundary sensu politico　政治意義的自然疆界

Natural calamities　自然災

Natural canal　自然運河

Natural child　親生子女；私生子女；非婚生子女 (親生子，但通常適用於非嫡出的子女)

Natural consequence　自然結果；可預知的後果

Natural daughter　私生女

Natural death　自然死亡

Natural Death Acts　〔美〕安樂死法 (意即業已病入膏肓，拒絕給予特殊治療，允予按《死亡權法》死亡)

Natural dissolution of juridical person　法人的任意解散

Natural easement　(根據土地的自然狀況所產生的) 自然地役權

Natural entrance　自然入口；天然入口

Natural entrance point　天然入口點

Natural environment　自然環境

Natural equity　自然衡平 (=natural justice)

Natural father　生父 (非婚生子女之父)；私生子女的父親

Natural fixture　自然的定着物

Natural flood channel　〔美〕天然洪水通道

Natural flow of surface water　地表水的自然水道

Natural grade　自然坡度；天然坡度

Natural growing crops　未分離的果實；未經耕作的自然果實 (通常被看作土地的一部份)

Natural guardian　自然監護人；法定監護人

Natural harbour　天然港

Natural heir　自然繼承人；法定繼承人；直系親屬繼承人

Natural infancy　幼年期 (7 歲以下的兒童的狀態，指完全無能力的時期)

Natural international law　自然國際法

Natural interruption　時效的自然中斷

Natural island　自然島嶼

Natural justice　自然公平；自然正義 (指公正、正義、依法斷案者)

Natural law　自然法

Natural law of nations　自然國際法

Natural law school　自然法學派

Natural law theory　自然法學說

Natural liberty　天賦自由 (無法律狀態；法律內的自由；個人自由)

Natural life　自然生命

Natural loss　自然損耗；自然損失

Natural meaning　自然意義

Natural monopoly　自然壟斷；自然專利 (指自然所賦予的獨特條件。例如，一種商品只限於在一種特定氣候和土壤內的地區生產，或一種礦產品總量絕大部份集中生產於一個地區。例如，"茅台酒"全中國只有貴州省仁懷縣茅台鎮的水才能生產釀造)

Natural monument　天然劃界物 (如河、湖、池塘…以及道路、牆和山泉、石頭等)

Natural mother　生母

Natural neutrality　自然中立

Natural object of testator's bounty　〔美〕自然受遺贈人 (指依遺囑法，在無遺囑的情況下，近親屬則為死者的自然受遺贈人)

Natural objects　〔美〕天然劃界物 (解釋為邊界術語包括山、湖、河流等)

Natural obligations　自然義務；自然債務

Natural parents　生身父母

Natural person of another Member　〔世貿〕另一成員方的自然人 (指居住在該另一成員方或任何其他成員方境內並受該另一成員方法律管轄的自然人)

Natural persons　自然人 (別於"法人"，為自然界中的人)

Natural possession　現實佔有；自然佔有

Natural premium　自然保險費 (實際必要的逐年遞增的保險金額)

Natural produce　自然產物；天然產物

Natural prolongation　自然延伸

Natural rent　實物地租；產品地租

Natural reserves　自然保護區

Natural resource-abundant countries　自然資源蘊藏豐富的國家

Natural resource-intensive　自然資源密集型的

Natural resources　自然資源

Natural Resources Defense Council　〔美〕自然資源保衛委員會 (成立於 1969 年)

Natural restitution　自然歸還

Natural rights　自然權利；天賦權利；生得權利

Natural risk　正常的風險；自然風險 (指颱風等不可抗力的自然災害遭致的損失)

Natural role　自然的作用

Natural servitude　自然地役

Natural son　私生子；非婚生子

Natural state of stream　水流的自然狀態

Natural strait　自然海峽

Natural trading partners　固有的貿易夥伴

Natural use　自然使用

Natural wages　實物工資；正常工資

Natural waste　自然消耗

Natural watercourse　天然河道

Natural waterway　自然水道

Natural wear and tear　自然損耗；使用折舊

Natural-born citizen　本國出生的公民 (區別於經改變國籍而成的公民)；屬土公民

Natural-born national　本國出生的國民；土生國民

Natural-born subjects　〔英〕本國出生臣民；生來臣民（指英格蘭、蘇格蘭、愛爾蘭或威爾斯人在王國境內、英聯邦或其屬地所生之子女、元首在任何國家所生子女、大使在國外所生子女等均自然為英國臣民）

Naturalist　自然法學者；自然法學派；中立主義者

Naturalisation　取得國籍；歸化；入籍（指給予外國人以本國出生的公民之地位）

Naturalisation Act　〔英〕歸化法令（1870 年）

Naturalisation by fraud　詐欺入籍

Naturalisation by marriage　婚姻入籍

Naturalisation certificate　入籍證書

Naturalisation clause　〔美〕入籍條款；歸化條款

Naturalisation court　〔美〕歸化法院（指審理申請人是否符合歸化入籍條件，聯邦和各州法院對此均有管轄權）

Naturalisation papers　入籍文件

Naturalisation proceedings　入籍程序

Naturalise　v. 歸化；授予⋯國籍；入籍

Naturalised alien　入籍外國人

Naturalised citizen　入籍公民；歸化公民

Naturalised subjects　歸化臣民；入籍臣民

Naturally navigable waterway　自然可航水道

Nature　本性；性質；屬性；自然力；種類；〔宗〕（人的）未贖罪狀態

Nature and scope of obligations　〔世貿〕義務的性質與範圍（指知識產權而言）

Nature Conservancy　〔英〕自然保護協會（1949 年）

Nature Conservancy Council　〔英〕自然保護委員會（成立於 1973 年）

Nature fruits (or natural fruits)　天然果實

Nature of the problem of protectionism　貿易保護主義問題的本質

Naturised person　入籍人

Naulage　〔法〕租船；租船費；乘船客運費

Nautical　航海的；海員的；船舶的；海上的

Nautical assessors　〔英〕海事案件顧問（由有經驗的船長或對航運或海事事務專門經驗的人組成。他們有時被傳喚到法庭協助審判員審理涉及海上碰撞、海難救助、拖船費用之海上過失等困難的海事案件，在庭上對當事人的辯論及其證據力等給法官提供諮詢意見）；海事公證人

Nautical chart　海圖

Nautical line (=nautical mile)　海里（＝1.852 公里，3.704 市里，1.151 英里）

Nautical mark　航路標誌

Nautical mile　海里（＝1.852 公里，3.704 市里，1.151 英里）

Nautical subsidy　航海補助金

Naval　海軍的；軍艦的；船的；海上的

Naval Academy　〔美〕海軍軍官學校（位於馬里蘭州首府安納波里斯）

Naval agreement　海軍協定

Naval armament　海軍軍備

Naval arsenal　海軍工廠

Naval attaché　海軍武官

Naval authorities　海軍當局

Naval auxiliary vessel　海軍輔助艦

Naval base　海軍基地

Naval blockade　海上封鎖

Naval bombardment　海軍轟炸

Naval capture　海軍拿捕

Naval court　海軍法院；〔英〕海軍海事法庭

Naval court martial　〔英〕海軍軍事法庭（由來自海軍部隊 5–9 名軍官組成，由軍法官和法庭書記員加以協助）

Naval criminal law　海軍刑法

Naval criminal procedure　海軍刑事訴訟法

Naval demonstration　海軍示威

Naval Department　〔美〕海軍部

Naval disarmament　海軍裁軍

Naval Discipline　〔英〕海軍守則

Naval Discipline Act　〔英〕海軍軍紀條例（1957 年頒佈，1971 年《陸軍條例修訂》）

Naval dock　軍用船塢

Naval forces　海軍

Naval law　海軍法

Naval mission　海軍使團

Naval munitions　海軍軍需品

Naval office　〔美〕航海局

Naval officer　關稅徵收官；〔美〕財政部駐海關官員（負責評定關稅、簽發許可證和結關等事宜）

Naval operation　海軍活動

Naval paymaster　海軍出納員；海軍主計長；軍需官

Naval port　軍港

Naval prison　海軍監獄

Naval prize　海上捕獲

Naval prize fund　海軍捕獲基金；海上捕獲基金

Naval punishment　海軍刑罰

Naval reserves　〔英〕海軍後備隊

Naval ships　海軍軍艦

Naval staff office　海軍參謀部

Naval station　軍港

Naval stores　海軍補給品；海軍軍需品；船具；船舶必需品

Naval supremacy　海上霸權

Naval treaty　海軍條約

Naval war　海戰

Naval warfare　海戰

Naval wireless station　海軍無線電站

Naval yard　海軍工廠

Navicert　航海證明書；航運執照；准運證（"navigation certification" 縮寫）

Navigable　（河、海等）可航行的；可通航的；適行的

Navigable boundary river　可通航的疆界河川

Navigable channel　航路；可通航水路；可通航水道

Navigable in fact　實際上適航的（溪、湖）

Navigable river　可通航河流；適航河流

Navigable rule　航行規則

Navigable waters　可通航水域；適航水域

Navigable Waters of the United States　〔美〕美國可通航水域；美國適航水域

Navigable waterway　可通航水道

Navigable waterway of international concern　國際性通航水道

Navigate　v. 水上航行；駕駛船舶

Navigate a bill through parliament　使議案在議會通過

N

Navigating area　航行區
Navigating zone　航行區
Navigation　航海；航空；航行
Navigation Acts　〔英〕航海法 (1831-1849 年)
Navigation and inspection law　〔美〕航海監督法
Navigation bounties　航海獎金
Navigation certificate　適航證書
Navigation channel　航道
Navigation encouragement law　航海獎勵法
Navigation laws　航行法；航海法
Navigation light　航行燈
Navigation loan bond　海軍公債
Navigation policy　航海政策
Navigation reckoning　(航行) 日誌推算法 (從航海日誌記載的事項推算船舶位置)
Navigation records　航行記錄
Navigation right　航海權；航運權, 航行權
Navigation risk insurance　航行風險保險
Navigation rules　航海規則
Navigation Safety Regulations　〔美〕航海安全規則
Navigation satellite　空航衛星
Navigation servitude　公共航行用益權 (公共航行地役權)
Navigation shape　〔海法〕航路號形
Navigation ship　航運船
Navigation treaty　海軍條約
Navigation zone　航行區
Navigational aid markers　助航標記
Navigational facilities　導航設施
Navigational records　航行記錄
Navigational right　航行權利
Navigational security　航行安全
Navigational visibility　航行能見度 (指有雲霧可能影響船舶、飛機等行進速度)
Navigator　領航員；航海者；導航儀；航海探險家
Navy　海軍；艦隊
Navy Academy　〔美〕海軍軍官學校
Navy agency　海軍代理機構
Navy agent　海軍承包商 (指供給海軍所需物品的商人)
Navy attaché　海軍武官
Navy bills　〔英〕海軍匯票 (皇家海軍將官薪餉)
Navy board　〔美〕海軍局；〔英〕海軍人事局
Navy day　海軍紀念日
Navy department　〔美〕海軍部
Navy league　〔英〕海軍協會；海軍擴張同盟
Navy leaguer　〔英〕海軍協會會員
Navy Personnel　〔美〕海軍人員
Navy Personnel Act　〔美〕海軍人事法
Naye　(立法機關的) 反對票；否決票；投反對票的人
Naysay　n. & v. I. 拒絕；否認；II. 拒絕；反對；否認
Naysayer　拒絕者；否認者
Neap tide　小潮 (指月於天上 1/4 或 3/4 時, 海潮不高也不低狀態之謂)
Near　近的；鄰近的；近期的；差不多的；相鄰的；近親的；親密的；關係密切的；有密切利害關係的
Near delivery　近期交貨；近期交割
Near earth space　近地空間

Near land locked country　近鄰內陸國
Near money　準貨幣；近似貨幣 (指不能看作貨幣但實際上充作貨幣流通)
Near of kin　最近親
Near relative　近親屬
Near unanimity　接近全體一致
Nearest blood kin　最近的血親
Nearest blood relations　最近的血親
Nearest blood　最近親的
Nearest kin　最近親 (=Nearest of kin)
Nearest of kin　最近親
Nearest relatives　最近的親屬
Near-money　準貨幣；類似貨幣；近似貨幣
Near-nuclear state　準核國家
Neat cattle　〔英〕牛類牲畜
Neat, net　純的；純淨的；不摻水的；精製的；整潔的；乾淨的
Neat-land　〔英〕出租的耕地
Necation　〔美〕殺人行為
Necessaries　〔複〕必需品 (指未成年者的生活必須品, 包括肉、飲料、食物、藥品和良好的教育等)；船舶航海中所需要的物品
Necessarily included offense　〔美〕被控 "當然含於" 較重罪行中的較輕罪行 (=lesser included offense)
Necessary　必需的；必要的；必須的；必不可少的；強制的；被迫的
Necessary and proper　必須與適當的
Necessary and proper clause　〔美〕必須與適當條款
Necessary business expense　必須業務費用
Necessary compensatory adjustment　〔世貿〕必要的補償性調整
Necessary domicile　法定住所
Necessary expense　必要經費
Necessary hypothecation　由法的作用產生的動產抵押
Necessary implication　必要的含義
Necessary inference　必要的推定；不可避免的推定
Necessary Law of Nations　國際強制法
Necessary legislative procedures　必要的立法程序
Necessary party　必要當事人；必要締約國
Necessary repairs　必要的修繕；必要的維修
Necessary representation　必要代表
Necessities　生活必需品
Necessitous　貧困的；貧窮的
Necessitous area　貧困地區
Necessitous circumstances　基本的生活必需品
Necessity　必要；必然；不得已的事故；緊急事故；貧困；〔英〕緊急避險 (為使公共利益、本人或者他人人身和其他權利避免遭受正在發生的危險, 不得已採取的損害另一種利益的行為)
Necessity for life　生活必需品
Necessity in (of) self-defense　自衛必要
Necessity in defense　防衛必要
Necessity in self preservation　自保必要
Necessity knows no law　緊急面前無法律
Necessity of war　戰爭必要
Necrophilia　姦屍

Necrophilism 戀屍慾；姦屍

Necropsy 驗屍；屍體檢驗

Necroscopy 驗屍；屍體檢驗

Nee 娘家姓…的

Need 必需品；緊急或短缺的用品

Need for infrastructural improvement in least-developed countries to take advantage of trading opportunities 〔世貿〕需要利用有利的貿易機遇優化最不發達國家的基礎設施

Need help from the nearest embassy or consulate 需要最近使領館的幫助

Need to exercise caution 需要施加小心（有學者認為，雖然《烏拉圭回合》制定的協議中規定對發展中國家有利，但仍有諸多漏洞陷阱，執行時須善加小心）

Needful 需要的，必要的

Needless 不需要的；無益目的行為的

Negate the role of law in international economic relations 否定國際經濟關係中的法律作用

Negative 消極的；否定的；否認的；反面的；負面的；禁止性的

Negative act 消極行為；無作為；不作為

Negative averment 否定實質性事實主張（肯定性主張的簡單否定，即形式上否定，但實質肯定。例如，房屋未在修繕之中，所言形式上否定，實質上是肯定的，而當事人所言"未修繕"的事實需要加以證明）

Negative condition 消極條件；否定條件（指純依當事人的意思決定的隨意條件）

Negative conflict of jurisdiction 管轄權的消極衝突

Negative consensus 〔世貿〕否定式協商一致（指在違法之訴中，除非 DSB 裁定駁回申訴方的請求，否則給予申訴方報復授權決策方式，提交所有成員方表決，只要沒有否決意見，包括被申訴方在內就算通過）

Negative consequence 消極的後果

Negative covenant 不作為條款（指在僱傭協議或銷售合同中訂定不履行某種行為的約款）；〔美〕禁止性條款（指在僱傭協議或銷售合同中訂定禁止僱員或銷售員在同一地區或市場進行競爭行為的約款，但此種限制於範圍和期限應屬合理）；〔香港〕反面承諾

Negative crime 消極的犯罪

Negative demonstration 間接證明

Negative determinations 〔關貿〕否決性裁定（指對反傾銷的訴訟案）

Negative dumping margins 負傾銷幅度

Negative duty 消極義務（指不作出一定行為的義務，如不得侵入他人住宅的義務）

Negative easement 消極地役權（對於承役地的佔有者要求一定的不作為或容忍的地役權，如採光權和換氣權）

Negative effect 消極效果；消極效應；消極影響

Negative entrustment 消極的委託

Negative evidence 反證；反面證據；否定證據（指不存在所稱事實的證據）

Negative factor 消極因素；負因素

Negative impact 負面影響

Negative income tax (or negative tax) 〔美〕負所得稅；低收入補助（指聯邦政府給予收入低於法定標準的家庭補助；貧困線以下的收入者不僅可免所得稅，且還可得到政府的補助）

Negative knowledge 未知情

Negative list 負面清單（指不准進口的商品清單）；限制進口商品名表；〔關貿〕否定報表；不准進口報表；不准進口的商品清單（指當成員國限制進口時，應將不符合關貿總協定規定的進口清單向關貿總協定事務局通報。例如，關貿總協定 1958 年到 1960 年討論關於貿易自由化問題期間，德國政府以其《銷售法》為強制性立法為由，不執行關貿總協定解除貿易限制的有關規定，仍限制美國農產品進口並決定計劃維持限制其全部進口產品的 18%）；限制進口商品表（指發展中國家原來禁止外資進入的就業表或不准或限制外國的商品進口清單）

Negative listing approach 限制進口報表法

Negative most favoured nation clause 消極最惠國條款

Negative neutralisation 消極中立化

Negative obligation 消極義務

Negative offence 不作為犯（意指犯罪未遂）

Negative plea 否定答辯（反對原告陳述的抗辯）

Negative pledge clause 限制抵押條款；抵押設限條款

Negative pregnant 包含肯定之否定；包含確認的否認

Negative prescription 消滅時效（指做為消滅時效出訴期限的間接效果）；佔有人取得財產的時效

Negative profit 虧損

Negative proof 反面證據

Negative property 消極財產；負債

Negative rate of effective protection 負有效保護率（指有效保護率為負值）

Negative reprisal 消極報復

Negative right of servitude 消極地役權

Negative saving 減少儲蓄

Negative servitude 消極地役權（指一國根據條約同意為另一國利益不在其特定領土上設防之謂）

Negative standard 〔世貿〕（原產地的）否定標準

Negative statute 禁止性制定法（指法律中所列不准許的行為）

Negative voice 否認權；反對的意見

Negative vote 反對票；否定票

Negative-signal 消極的信號

Neggildare *v.*〔美〕聲稱具有親屬關係

Neglect *v.* 不作為；玩忽；疏忽；疏漏；遺棄

Neglect of duty 失職；玩忽職守

Neglected children 被遺棄子女；被遺棄兒童（指因父母或監護人虐待所致）

Neglected minor 無人照顧的未成年者

Neglecting of tax paying 怠忽納稅；滯納租稅

Neglecting to pay tax 怠忽納稅

Negligence 過失；疏忽；疏忽行為；過失行為；玩忽職守（指忽視在法律上應盡的積極職責的一種過失罪，刑事案件中證明過失的程序要比民事案件複雜）

Negligence clause 過失條款，疏忽條款；免責條款（指免除船長等因過失所造成損害的條款）

Negligence in law 法律上的過失；可訴訟的過失（指沒有依法履行職責所致）

Negligence liability insurance policy 過失責任保險單

Negligence penalty 過失罰金

Negligence per se 法律上的當然過失（指自身違法，違規所致）

Negligent 過失的；疏忽的，玩忽的，粗心大意的

N

Negligent clause 過失條款

Negligent crime 過失罪

Negligent escape （囚犯）乘隙逃脫罪（被拘禁者乘看守人不註意的逃亡罪，其反義詞為 "voluntary escape"）

Negligent homicide 過失殺人

Negligent manslaughter 過失誤殺

Negligent offense 過失犯罪

Negligent violation of statute 〔美〕偶因或伴隨過失行為的違法

Negligently 疏忽地；粗枝大葉地

Negligently done 玩忽職守；失職造成

Negligently injure another 過失傷人

Negligently kill another 過失殺人

Negligible 微不足道的；可忽略不計的

Negotiability 流通性（證券等可合法的流通性）；可轉讓性；流通能力

Negotiable （票據、證券等）可轉讓的；可流通的；可變現的；可談判的

Negotiable bill 流通票據；可轉讓票據

Negotiable bill of lading 可轉讓提單；可流通提單

Negotiable bond 可轉讓債券；流通債券

Negotiable certificate of deposit 流通存單；可轉讓的存款證

Negotiable document 流通單據；可轉讓單證

Negotiable document of title 〔美〕流通物權證書；可轉讓貨物所有權憑證（指將貨物交付給訂貨者或指定的受讓人）

Negotiable instrument 流通證券；可轉讓證券；流通票據；可轉讓票據（以背書或單純的交付可讓與的證券，只要受讓人是在善意而且有償的情況下，不管讓與人及其前手的權利瑕疵如何可成為完全權利人的證券。諸如匯票、財政部證券、國庫券和無記名的股票等）；〔香港〕流通證券

Negotiable instrument law 流通票據法（規定票據的種類、形式、內容和有關當事人的權利、義務的法律規範）

Negotiable instruments 可轉讓票據

Negotiable letter of credit 可轉讓信用證；流通信用證

Negotiable note 可流通期票；轉讓期票；流通票據

Negotiable order of withdrawal account 〔美〕可開能轉讓支付指令的活期存款賬戶

Negotiable papers 可流通票據；可轉讓票據

Negotiable securities 有價證券；流通證券；可轉讓證券

Negotiable words 插入可轉讓的言辭（例如，在票據等寫上指示應支付給某甲或持票人等詞句或短語）

Negotiant 交涉者；談判者；洽談者；（票據等）轉讓人；議付人；交易者；讓與人

Negotiate *v.* 轉付；轉讓；兌現（票據等）；流通；議付；認購；協商；磋商；談判；議定；通過談判達成（某種協議）

Negotiate a peace treaty 談判和約

Negotiate in good faith 善意談判

Negotiate peace 議和

Negotiated agreement 談判的協議；議定協定

Negotiated amount 議付金額

Negotiated international rules 議定國際規則（此處指推動政府事實上執行通過國際機構解決其公民或公司經濟爭端案件的議定規則的義務）

Negotiated market 議定的市場

Negotiated offering 出售證券協議

Negotiated plea 認罪交易的答辯（指刑事被告同意認罪，但要求從輕判決）

Negotiated price 議價；協商價格

Negotiated settlement 協商解決

Negotiating agent 談判代表

Negotiating background 談判的背景

Negotiating Bank 議付行（UCP500 規定議付是指由被授權銀行對匯票或單據付出對價。只審查單據而未付出對價不構成議付。議付行即是被授權買入或貼現受益人交來的跟單匯票的銀行。可以是通知行也可是指定的其他銀行）

Negotiating body 談判機構

Negotiating committee 談判委員會

Negotiating context 磋商範圍

Negotiating forum 〔世貿〕磋商論壇（有些成員方代表提議 WTO 不應單單只是一個論壇機構，還應是 "分析和討論" 的機構）

Negotiating framework of the WTO 世貿組織的磋商體制

Negotiating goal 談判目標

Negotiating group 談判小組

Negotiating Group on Maritime Transport Services 〔世貿〕海運服務談判組

Negotiating group on the functioning of the GATT system 關貿總協定體制運行談判小組

Negotiating guidelines and procedures 〔世貿〕談判的準則和程序

Negotiating history 談判歷史

Negotiating machinery 談判機構

Negotiating mandate for textiles and clothing 紡織品和服裝的談判授權

Negotiating organisation 談判組織

Negotiating position 談判地位

Negotiating power 談判權

Negotiating process 磋商過程；談判程序

Negotiating records 談判記錄

Negotiating state 談判國

Negotiating team 談判小組

Negotiation 談判；協商；磋商；交涉；流通（指得到對價把流通證券讓與的行為）；轉讓；議付

Negotiation credit 議付信用證；認購信用證

Negotiations for appropriate compensation 〔世貿〕適當的補償協商

Negotiations of specific commitments 〔世貿〕具體承諾的談判（意指開放市場逐步實現貿易自由化的承諾）

Negotiations on a reciprocal and mutually advantageous basis 互惠互利基礎上的談判

Negotiations on agriculture and on services 〔世貿〕關於農業和服務的談判

Negotiations on financial services 〔世貿〕關於金融服務的談判

Negotiations on the Extension of MFA, 1977 〔關貿〕1977 年多種纖維協定延期談判

Negotiations on the improvement of market access in services 〔世貿〕優化服務業市場准入的談判

Negotiator 磋商者；協商者；談判者；交易者；轉讓者

Neiboring right system 毗鄰的權利制度

Neighbour 鄰居；街坊

Neighbour's rights 相鄰者的權利

Neighbourhood 鄰居；鄰里；街坊；小區；小區顯要，小區名人

Neighbourhood benefit 小區利益

Neighbourhood committee 〔中〕居委會；居民委員會

Neighbourhood mediation 〔中〕居民調解委員會

Neighbourhood road 小區道路

Neighbouring land 毗鄰地

Neighbouring right 鄰接權；鄰近權利；鄰接權利；類似權利

Neighbourly relations 相鄰關係（指不同的所有人之間由於土地、房屋等相鄰而發生的權利、義務關係）

Neighbours as partners 以鄰為伴

Neighbours with kindness 以鄰為善

Neither party 〔美〕毋庸再出庭（指雙方當事人已協議和解私了訴案）

Nemesis 公正的懲罰；報應

Neo-centralism 新中央的集權主義

Neoclassical competitive market 新古典主義的競爭市場（指 WTO 使用國際經濟擺脫劍橋的新古典派經濟學而走向自由化貿易）

Neoclassical economics 新古典派經濟學（指 20 世紀以來在經濟學界廣泛流行的一套"劍橋學派經濟學"的生產、交換和分配的理論）

Neo-colonisation 新殖民化

Neofascist 新法西斯主義

Neo-Hegelian school of Law 新黑格爾主義法學派（以繼承和發展黑格爾的哲學和法律思想為特徵的資產階級法學派別）

Neo-Hegelian theories of justice 新黑格爾主義正義論

Neo-hegelianism 新黑格爾學說

Neo-Kantian theories of justice 新康德主義正義論

Neo-Kantian school of Law 新康德主義法學派（以繼承和發展康德的哲學和法律思想為特徵的資產階級法學派別）

Neo-Kantism 新康德學派

Neo-liberalism 新自由主義

Neo-malthusianism 新馬爾薩斯主義

Neo-mercantilism 新重商主義（凱恩斯的國際貿易理論的別稱）

Neo-natural school of law 新自然法學派（又稱復興自然法學派，分為天主教神學的新託馬斯主義法學和非神學的、世俗的自然法學說）

Neopopulism 新民粹主義；新人民黨主義

Neo-scholastic theories of justice 新經院主義正義論

Neo-Thomist school of law 新托馬斯主義法學派（以繼承和發展中世紀神學家、經院主義哲學家托馬斯·阿奎那的神學法律思想為特徵現代資產階級法學派別，又稱新經院主義法學派）

Nep man 前蘇聯採取新經濟政策後產生的以私人利潤為目的商人

Nepheloid layer 〔海法〕霧狀層（指深海的層狀混濁海水）

Nephew 外甥；侄子；教士的私生子

Nepotism 族閥主義；裙帶關係；重用親戚；任人唯親

Nepotist 重用親戚的人；任人唯親的人

Nerve agent 神經毒劑

Nervous shock 神經系統震盪

Net *a. & n.* I. 純的，淨的；基本的；最後的；II. 淨數；淨利；淨值；淨得

Net (nett) budget 純預算

Net asset value (N.A.V.) 資產淨值

Net assets 資產淨值；淨資產

Net available assets 可用的資產總額

Net balance 淨差額；淨餘額（指銷售所得扣除支出後）

Net barter terms of trade 純易貨貿易條件

Net benefits 淨利

Net bonded debt 純公司債額；債券負債淨額

Net book value 賬面淨值

Net borrowing 借款淨額

Net cash 現金淨價；現金淨額

Net cash flow 〔美〕現金淨流量；淨周轉及擴充用現金

Net chargeable income 應納稅的純所得；〔香港〕（稅後）淨收入

Net cost 純成本；淨成本（指從總成本中扣除全部收入和財務收益後的實際成本）

Net creditor position 債權人淨額頭寸

Net creditor 淨債權人；淨貸款人

Net cumulative allocation 〔基金〕純累積撥款（指特別提款權的）

Net debtor position 債務人淨額頭寸

Net debtor 淨債務人；淨欠款人

Net domestic product (NDP) 國內淨產值

Net drawing 〔基金〕淨提款

Net earning(s) of management 純經營收入

Net earnings 淨盈利；淨收益；淨得工資

Net errors and omissions 誤計和遺漏淨額

Net estate 淨遺產；財產淨額（指扣除遺產稅，喪葬費和債務等之後所餘的）

Net export 淨出口

Net exporting country 純輸出國；淨出口國

Net food-importing developing countries 糧食純進口的發展中國家

Net freight 淨運費；運費淨收入

Net funded indebtedness 純負債；淨負債

Net growth 淨增長

Net IMF position 國際貨幣基金組織淨頭寸

Net import 淨進口

Net income 純收益；淨收益；淨所得；淨盈利

Net increase 純增加額；總增加額；淨增加

Net interest 純利息；淨利

Net investment 淨投資額

Net lease 淨租賃（指由出租者支付地稅、稅款、保險費和維修費的租賃合同）

Net lending 淨放款

Net level annual premium 〔美〕淨得的年度保險費

Net listing 〔美〕淨代理合同；上市淨價

Net loss 〔保〕淨損；純虧損

Net material product (NMP) 物質生產淨值

Net national product (NNP) 國民生產淨值

Net of justice 法網

Net official holdings 官方淨持有債券

Net operating assets 淨營業資產（指扣除資產折舊和呆賬外的）

N

Net operating income　淨營業收入；純營業收入

Net operating loss　淨營業虧損；營業淨損失

Net operational income　淨營業收入

Net payment　〔香港〕十足付款（淨支付）

Net position　買賣淨頭寸（指經紀人所持有的長期契約與短期契據之間的差價）（證券和商品交易用語）

Net premium　純保險費（指扣除傭金或折扣之後所納）；淨貼水；獎金淨額

Net premium rate　淨費率；淨保險費率

Net present value (NPV)　淨現值（從項目中流動資金的現值減去其投資支出之所得）

Net present value method　淨現值法

Net price　實價；淨價（指除去一切折扣等之後的最低價格）

Net proceeds　淨收益；淨收入；實得額

Net profit margin　純利潤率；淨利邊際

Net profits　純利潤；淨利

Net realizable value　淨變現價值；變現淨值

Net register ton　登記噸位

Net registered tonnage　淨註冊噸位；淨噸位（指從船舶總註冊噸位中減去不能載運旅客、貨物的空間容積所得的船舶有效容積之謂）

Net rent　純租金（基本租費加每月的稅費、公共事業費及維修費之和）

Net rentable area　淨可出租部份

Net reserves indicator　淨儲備指標

Net return　純利潤；營業淨收入

Net revenues　純收益，營業淨收入

Net sale contract　淨銷價契約

Net sales　（產品）銷售淨額，銷貨淨額

Net salvage　淨殘值

Net salvage value　稅後淨餘金額；淨殘值金額

Net settlement　結算淨額（指淨收的款額）

Net single premium　純人壽一次付足的保險費；純躉繳保險費

Net succession　淨遺產

Net tonnage　淨噸位

Net trading profit　銷貨淨利

Net valuation　查定價格

Net value　〔保〕淨值（指在繼續保險中過去未被吸收之淨保險費餘額之累積）

Net weight　淨重

Net worth　淨值；淨財產；財產淨值

Net worth method　〔美〕淨值法（疑有稅收詐騙時採用的方法）

Net yield　純利潤；淨收益率；淨產量

Netherlands law　荷蘭法（1446 年）

Neto　〔西〕純的；淨的（=net）

Netted against each other　相互抵消

Netted out　按淨數登記；按淨重計算；按淨值計算

Netto　〔德〕純的；淨的（=net）

Network　網絡；廣播網

Network characteristics　網絡特點

Network externalities　網絡外差因素（指網絡上表現出私人費用和社會費用或兩者收益間的不一致）

Network of Fertiliser Information System (NFIS)　肥料數據系統網絡

Network security　網絡安全；互聯網安全

Network terminal　網絡終端

Neurasthesia　神經衰弱

Neurology　神經病學

Neuropoison　神經毒藥

Neutral　*a. & n.* I. 中立的；中立國的；II. 中立；中立者；中立國；中立國的國民

Neutral aircraft　中立飛機

Neutral alien　中立外國人

Neutral and objective criteria　〔世貿〕中立和客觀的標準（指可在法律、條例中或可在官方文件中載明核查的標準）

Neutral asylum　中立庇護所；中立國庇護

Neutral budget　中性預算（維持現狀的預算）

Neutral certificate　中立證書

Neutral character　中立性

Neutral coast　中立海岸

Neutral commerce　中立商業

Neutral commercial domicile　中立商業住所

Neutral convoy　中立護航

Neutral country　中立國

Neutral domicile　中立住所

Neutral duty　中立義務

Neutral flag　中立旗幟

Neutral goods　中立貨物

Neutral government　中立政府

Neutral harbour　中立港

Neutral hospitality　中立款待

Neutral individual　中立個人

Neutral inspection and supervision　中立檢查和監督

Neutral intermediary　中立媒介；中立居間人

Neutral jurisdiction　中立管轄權

Neutral mail ship　中立郵船

Neutral merchant ship　中立商船

Neutral merchant vessel　中立商船

Neutral merchantman　中立商船

Neutral military aircraft　中立軍用飛機

Neutral nation　中立國

Neutral national　中立國民

Neutral observer　中立觀察員

Neutral person　中立的人

Neutral port　中立港

Neutral power　中立國

Neutral principles doctrine　〔宗〕中立原則論（指法院在解決教會財產紛爭中應完全適用律師和法官所熟知的財產法等原則辦理）

Neutral private aircraft　中立私有飛機

Neutral prize　中立捕獲品

Neutral property　中立財產（指屬中立國公民的財產）

Neutral protective zone　中立保護地帶

Neutral public non-military aircraft　中立非軍用飛機

Neutral right　中立權利

Neutral ship　中立國船隻

Neutral state　中立國

Neutral status　中立地位

Neutral subject　中立臣民；中立國人民

Neutral target　中立目標

Neutral territory   中立領土；中立國領土

Neutral trade   中立貿易

Neutral vessel   中立國船舶

Neutral warship   中立軍艦（中立國軍艦）

Neutral waters   中立水域；中立國領海

Neutral zone   中立地帶；中立區

Neutralism   中立主義

Neutrality   中立（傳統國際法上指戰爭時期非交戰國選擇的不參與戰爭、對交戰雙方不偏不倚的法律地位）

Neutrality laws   〔美〕中立法（1935、1939年）；中立法規（調整中立國與交戰國之間關係的法規和慣例）

Neutrality legislation   中立立法

Neutrality proclamation   中立公告；中立聲明（指第三國宣告不介入交戰國的爭端，保持與交戰雙方和平相處的立場）

Neutrality regulations   中立條例

Neutrality rule   中立規則

Neutrality treaty   中立條約

Neutrality zone   中立地帶

Neutralisation   中立化；〔美〕抹掉，消除；刪去；刪除（指消除或刪去從交叉詢問或其他證人所作陳述中與其證詞相矛盾而未曾料及的有害證詞）

Neutralisation of state   國家中立化

Neutralised canal   中立化運河

Neutralised locality   中立處所

Neutralised person   中立化的人

Neutralised state   中立國

Neutralised territory   中立化領土

Neutralised vassal   中立化船舶

Neutralised waterway   中立化水道

Neutralised zone   中立化地帶

Never-ending efforts   〔領事〕不懈的努力

New   新的；不熟悉的；〔專利〕新穎的；新發現的

New abridgment   〔英〕新法節本（指《制定法與衡平法節本》（1736年）和《衡平法案例節本》（1793年）兩書）

New acquisition   新獲得財產（指除了從父母方繼承、遺贈或贈予以外所獲得非祖傳的財產）

New agent   新業務員；實習業務員（實習期一般不超過3–6個月）

New analytical school of law   新分析法學派（指20世紀60年代形成的、以繼承和發展19世紀J·奧斯汀的分析法學為特徵的現代西方方法學派別之一）

New and useful   新穎而實用

New appellate procedure   〔關／世貿〕新的上訴程序（可取代一部份關貿理事會核准專家小組的每個報告。按國際法，實際上均可得以生效的程序並克服凍結，此為第八輪《烏拉圭回合》談判的成果之一）

New assets   〔美〕新遺產（指遺囑執行人或遺產管理人新收到的遺產）

New assignment   複述（原告對起訴事實或理由的再陳述）；新的陳述（原告為糾正被告的誤解所作的新陳述）

New Book of Entries   《新判例彙編》

New cause of action   新的訴因（由於產生新的事實而修正並增補抗辯）

New clean-air standard for gasoline   〔世貿〕汽油新的清潔空氣標準

New court party   〔美〕新法院黨（1825年在肯塔基發起的主張廢除最高法院而成立新法院的黨）

New Deal   〔美〕新政（指1933年美國羅斯福總統為解救美國嚴重的經濟政治危機所採取的施政綱領）

New design   〔專利〕新圖案；新的設計；新型

New design for practical use   〔專利〕實用新型

New economic policy (nep.)   〔蘇〕新經濟政策

New England Confederation   紐英倫同盟；紐英倫邦聯（指北美洲中的麻薩諸塞、普利茅斯、康涅狄格以及紐黑文，1643年）

New entrants   新參加方（指紡織品與服裝貿易的）

New Entries   《新判例集》（有時指《科克判例集》，1614年）

New Environmental Strategy   〔世行〕新的環境保護戰略（2001年7月17日頒佈，重點突出放在對發展中國家的援助上，提出為發展中國家人民生活質量提高作出貢獻等環保目標）

New evidence   新證據

New Federalism   〔美〕新聯邦主義

New for old   以新換舊；〔保〕新換舊（船舶修理中更換其零部件價差屬保障範圍，其扣減後新材料費1/3由受保人的船東承擔）

New foreign policy environment   〔領事〕新外交政策環境

New forms of international intermediation through bond   〔基金〕通過證券的國際中介化的新形式（指通過這個辦法以償付債務國的債務問題）

New GATT-Code   新的關稅總協定守則（又稱"新估價法規"於1981年1月1日在GATT《東京回合》第七輪多邊貿易談判中簽訂的）

New global intellectual property regime   〔世貿〕新的全球性知識產權制度

New head of a family   新戶主

New Hegelianism   新黑格爾主義

New imperfect competition environment   〔世貿〕新的不完善的競爭環境（尤指服務市場的自由化）

New Inn   〔英〕新律師公會（衡平律師會館之一）

New international commercial global village   新的國際商貿地球村（意指WTO大家庭）

New International Development Strategy   〔聯〕新的國際發展戰略

New international economic order   新的國際經濟秩序（國際經濟新秩序，1974年發展中國家提出的對國際經濟關係的一種主張）

New international environmental entity   新的國際環境實體

New international regime   〔基金〕新的國際制度

New issue   新發行（證券）；〔世貿〕新議題

New Jason clause   〔美〕紐杰森條款（往返於美國商船海運提單通用的一項條款，明示宣佈如有過失的情況，船東可從共同海損的損失中得到追償）

New Jersey collateral inheritance tax   〔美〕新澤西州附加繼承稅

New land   新開拓的土地

New law of north-south relations   南北關係的新法律（最主要的條款是單方決定條件下給予發達國家貿易利益）

New lord   新貴族；新領主

New matter   新事項（指在抗辯中，兩造先前均未提及的新的事實問題）

New mercantilism   新重商主義

New model of major-country relations 新型大國關係（意指大國間應優勢互補、不衝突、不對抗、相互尊重、合作共贏，為維護世界的和平、穩定與發展做出貢獻）

New Natura Brevium 《新敕令選編及其評註》（1534 年）

New normal 新常態（指中國經濟增長進入新模式）

New Panel appeal process 〔世貿〕新的專家小組上訴程序（指爭端敗訴方若對專家小組報告不滿意可以向上訴專家小組提出申訴。對此若無全體一致反對，就是通過的強制性程序）

New partner 新加入的合夥人

New pattern of diversification of investors 投資者多樣化的新格局

New pattern of relationship between great powers 新型大國關係

New pharmacy 新製劑

New police 〔英〕新警察（1829 年喬治四世在倫敦設立的）

New promise 重新承諾（對已過時效的負債容許在道義上予以清償的契約）

New protectionism 新貿易保護主義（其特徵是採用非關稅壁壘的方法）

New public loan 新公債

New Scotland Yard 倫敦警察廳總部

New share 新股

New style (N.S.) 新款式；〔英〕《新曆法》（1750 年）

New tax and financial system 〔中〕新的稅收和財務制度

New Territories (Renewable Crown Leases) Ordinance 〔香港〕新界（可續期官契）條例

New Territories Ordinance 〔香港〕新界條例

New trail 〔英〕複審；重審；再審；重新審判（指依英國法律在民事案件中審判員在法律點上給予陪審團的指示錯誤，不恰當承認或否認證據。對此可上訴，撤銷原判，加以複審）

New United Nations Structure for Global Economic Cooperation 聯合國促進全球經濟合作的新結構

New Year's Day 〔羅馬法〕元旦

New York City Criminal Court Act 〔美〕紐約城刑事法庭法

New York Civil Practice Law and Rules 紐約州民事訴訟法律和規則

New York Codes 紐約法典

New York financial market 紐約金融市場

New York Insurance Code 紐約保險法

New York Insurance Exchange 〔美〕紐約保險交易所

New York interest 紐約式利息計算法（按每月實際準確的天數計算利息）（=Boston interest）

New York Law Journal 紐約法律報

New York State's Domestic Relations Court Act 紐約州家庭關係法院法

New York Stock Exchange (N.Y.S.E.) 紐約證券交易所（1792年成立，1863 年起用本名稱，現為美國全國最大的一家）

New Zealand Immigration Act 新西蘭移民法（1987 年）

New Zealand Immigration Service 新西蘭移民局

New Zealand Immigration Service Branch 新西蘭移民局分局

New Zealand law 新西蘭法（自 1840 年 1 月 14 日起生效）

New-born infant 〔英〕新生嬰兒

New-born island 新生島嶼

Newgate 〔英〕紐蓋特監獄（位於倫敦城新門，建於亨利一世 1188 年，關押民事犯和刑事犯；1902 年拆除）

Newgate Calendar 〔英〕紐蓋特監獄紀實（1700−1760 年）

Newly developed industry 新興工業

Newly emerging state 新興國家

Newly formed state 新形成國家

Newly independent state 新獨立國家

Newly industrialising country (NIC) 〔聯〕〔基金〕新工業化的國家

Newly minded gold 新開採的黃金

Newly-discovered assests 新發現的資產

Newly-discovered evidence 〔美〕新發現的證據

Newsletter 通訊；簡報；（公司等刊印的）業務通訊

Newsman's privilege 〔美〕新聞工作者特權（可拒絕披露信息來源的權利）

Newspaper merger 〔英〕新聞報紙合併

Next 緊接的，最近的，其次的；緊接着來到的

Next devisee 剩餘遺產受贈人

Next election 補選

Next eventual estate 最後的最終財產權（指終止累計事件發生後生效的資產）

Next friend 訴訟代理人（未成年人或其他無行為能力人的訴訟監護人，通常由親戚擔任）；〔蘇格蘭〕監護人；親戚；親友

Next legal heirs 最近的法定繼承人

Next of kin (NOK) 近親；最近親屬；直系親屬（一般用於有權繼承無遺囑死亡者的動產最近之親屬）

Next presentation 〔宗〕最近空缺的聖職推薦權

Next-in, first-out (NIFO) 後進先出（一種存貨估價法）

Nexus 連結；聯繫；關係

Nice Agreement Concerning the International Classification of Goods and Services for the Protection of Appellation of Origin and Their International Registration 關於保護商品原產地名稱及其服務註冊國際分類尼斯協議（1957 年）

Nice Agreement Concerning the International Classification of Goods and Services for the Purposes of the Registration of Marks 商標註冊用商品與勞務國際分類尼斯協議（1957年簽訂，中國於 1994 年加入）

Niche for trade in services 〔關貿〕服務貿易的壁壘（多指遲至 1986 年，關貿成員國尚不考慮把服務貿易列入關貿總協定範圍內進行研究而懸掛一邊）

Nickname 別號；綽號；渾名

Niece 侄女；外甥女

Nient 〔法〕無；不；沒有

Nient comprise 〔法〕未列括；未列入；無所根據

Nient culpable 〔法〕無罪

Nient dedire 〔法古〕無否認；無答辯；受到缺席判決（指因未加否認或未提出答辯，而致使受到不利於自己的缺席判決）

Nient le fait 〔法〕主張契據非自己所訂立的答辯；否認是他契據的答辯

Nient seisi 〔法古〕未佔有

Niger Basin Authority (supersedes Niger Commission) 尼日爾河流組織

Night 夜；夜間（自日落至日升計算）

Night court 夜間法庭

Night walkers 夜間擾亂安寧者；晚上行竊者；夜間上街拉客的妓女；夢遊病患者

Night-census 夜間調查

Nightspot 紅燈區（指妓院和夜總會等集中的地區）

Nighttime 夜間；黑夜

Nihilist 虛無主義者；無政府主義者

Nil dicit judgment 被告無答辯的判決

Nil norm 〔英〕零點額；最低限額

Nimmer 竊賊；盜竊犯

Nine "squares" system 〔中〕井田制（中國奴隸制社會的土地所有制）

Nine-dotted line 九斷綫是中國"傳統海疆綫"（又稱為"斷續國界綫"），它不僅是南海諸島的"島嶼歸屬綫"，而且是中國南海管轄海域的範圍綫。中國在南海的主權、主權權利、管轄權主張是在長期的歷史發展過程中形成的。中國從公元前 200 年漢朝開始就發現和逐步完善了對南海、特別是南沙諸島礁以及相關海域的管理，至今有 2000 多年。中國的西沙羣島、南沙羣島，在 2000 多年的發展過程中，都在中國的管轄下，都屬於中國所有）

Nineteen Propositions 〔英古〕19 條建議（1642 年查理一世關於嚴格執行反天主教的政策）

Nineteenth Amendment 〔美〕憲法第 19 條修正案（關於婦女選舉權的修正案）

Nineth Amendment 〔美〕憲法第九條修正案（關於憲法中所列舉的某種權利不應被解釋為剝奪或輕視他人所保留權利的修正案）

Ninety (90) day letter 〔美〕90 天納稅通知（指納稅人在收到國內稅務署補稅通知書 90 天內或補繳所欠稅額，或對此如有異議可向稅務法院提出申訴）

Nintety days consultation period 〔世貿〕90 天的協商期限（世貿組織的規定）

Nisei 〔日〕第二代（特指父母為日本人而生在美國的子女）

Nisi decree 臨時判決；臨時裁定

Nisi prius clause 初審法院條款

Nisi prius record 〔英〕初審案卷；初審記錄

Nisi prius roll 初審案卷；初審記錄

Nixi prius court 初審法院

Nixon Round 尼克松回合（詳見"the Seventh Round"）

No additional conformity assessment procedures 無附加的符合評估程序

No arrival, no sale "貨不到，不報價"報貨物買賣合同中規定：如果貨物未抵達買方要求的地點，賣方沒有貨物就沒有義務報價）

No award 尚未作出（仲裁的）裁決

No bill 不予起訴（大陪審團認為證據不足不應對刑事被告起訴的決定）

No bonus clause 〔美〕無額外補償金條款（政府徵用租賃地時僅允許租戶就其租賃地的實際改良部份有權提出申請補償的規定）

No case 〔英〕訴由不充分（意指被告提出原告代表國王的答辯法律上的理由不充分，即便其所舉出的證據可以採納，但如作出原告勝訴的裁決在法律上是不適當、不合法的。對此，承審法官將決定是否將該案提交陪審團評斷）

No case to answer 〔英〕無須答辯

No claim bonus 〔英〕無賠款回扣（汽車保險用語）

No commercial value (NCV) 無商業價值（以此向海關申報；商品內容或進運的產品海關據此免收關稅或通關）

No confidence vote 不信任投票

No contest clause 不爭議條款（指死者在生前遺囑中規定

其遺囑贈予或遺贈是在不得對其遺囑提出爭議訴訟條件下給予的，如對此提起訴訟該遺贈即予收回）

No cure, no pay 〔保〕無效果，無報酬（指海難中救助不成功，救助人不取報酬的勞合船級社原則）

No deviation 不繞航；未離開航線

No entry 不准駛入；不准入內

No evidence 〔美〕不充分證據（指不是"缺乏證據"乏而是證據在法律上不足以證明所列的事實）

No eyewitness rule 無目擊證人規則（指無法找到事故發生之前目擊證據其時死者通常注意自身安全所為可視為直接證據）

No fault 〔保〕無過錯；不追究責任（指在車禍事件中，被保險人不論有無過失，均由保險公司承擔賠付一定限額的責任）

No fault insurance 無過失保險（不追究過失的保險）

No fault liability 無過錯責任（指在美、加某些省主張在車禍事件中，受害人無須舉證即有權要求加害人給付損害賠償金）

No funds (NF) 無存款（指出票人在銀行負擔支付支票的存款不足而被銀行退票的背書用語）

No goods 無可供執行的財產（指執達員或警察發現債務者無財產可供執行）

No independent bureaucracy and little funding 無獨立的官僚且極少資金（指 GATT 於 1948 年 1 月成立時的困境，聯合國在美元和人員上僅僅出自支持而已）

No known heir 未留下具名的繼承人

No lawyer 不懂法律的人；法盲

No less favourable 〔關 / 世貿〕不得低於優惠的（指國民待遇而言）

No less favourable than 〔關 / 世貿〕在優惠上不得低於（此短語在表述上有兩種含義：1. "不得低於本國產品"者，指的是"國民待遇"；2. "不得低於任何其他國家相同產品"者，指的是"最惠國待遇"）

No limit order 不限定指令（指買賣證券而言）

No man's land 無人地（無人地帶）

No objection procedure 無異議程序

No owner 無主

No par 無面值的；無票面價值（股票）的

No par value stock 無票面價值的股票

No protest (N.P.) 不可拒付；（票據）免除拒絕證書（指票據兌現則不免除拒付的權利）

No record 無案可查

No recourse 〔美〕不准入；不返回；無償還請求；無追索權

No risk after disharge (N.R.A.D) 不保卸貨後風險

No risk till water bound 水運前的風險不保

No state's land 無主地

No waiting 不准停車等候（指禁止停車等候的交通地段）

No-action clause 〔保〕不得起訴條款（指在保險單中明示要保人因傷害第三人而被判處賠付者不得訴保險人的條款）

No-action letter 〔美〕不起訴意見書（指律師認為政府機關所提供的事實不足以為裁決的依據而寫信勸告他們不起訴為宜）

Noahide laws 〔以〕諾亞法規（猶太教典中的七條《聖經》的法律）

Non-automatic licensing procedures 非自動許可程序

Nobble *v.* 〔英〕捉住；捕住

N

Nobel Prizes 諾貝爾獎金（瑞典人阿佛烈·諾貝爾 (A. B. Nobel) 將其遺產作獎金，發給物理、化學、醫學和生理、文學、和平等五種傑出貢獻者）

Nobile officium 〔蘇格蘭〕特別救濟權

Nobility 〔英〕貴族（由公、侯、伯、子、男爵組成）

Nobility by birth 〔英〕貴族出身；血親貴族

Nobility by office 世宦貴族

Nobility by tenure 〔英〕土地保有制貴族

Noble 貴族；〔英〕古金幣（相當於英國舊幣六先令八便士）

Noble families 貴族家族

Noblesse de robe 〔法〕長袍貴族（世襲貴族）

No-bonus clause 〔美〕無額外補償條款（指關於政府徵用租賃地的規定）

Nocent 有罪的；有害的

Noctanter 夜間的；在夜間的

No-duty rule 無義務規則（指對產家或賣主生產或出售的產品或商品的疏忽行為不承擔責任）

No-fault 〔美、保〕不追究責任的；無過失的（指：1. 汽車保險事故中受害者由其保險公司負責賠償損失及費用；2. 離婚案中，男女雙方均不負婚姻破裂的責任）

No-fault and compensation laws 〔美〕不論過失補償法；無過失賠償法

No-fault automobile insurance 無過失汽車保險

No-fault divorce 〔美〕無過錯離婚

No-fault insurance 不追究責任的保險（指一種無須提供過失責任的賠償保險）

No-fault liability 無過錯責任

No-go 〔英〕治外法權的；只准特許人士進的

Noise 噪音

No-knock 〔美〕不需敲門的（指法律賦予警察不需表明身份可進入私人住宅）

Nolissement 〔法〕租船運貨

No-load fund 無負擔基金（指對互助基金的股票出售時毋須支付行政和營業費用）

Nomenclature for the Classification of Goods in Customs Tariffs (also known as Brussels (Tariff) Nomenclature-BTN, or Customs Co-operation Council Nomenclature-CCCN) 海關稅則商品分類表；品名表（海關合作埋事會於 1950 年 12 月就商品分類稅則問題在比利時首都布魯塞爾召開國際會議商定，並於 1955 年加以修訂）

Nominal 名義上的；掛名的；有名無實的；票面的；（金額上）微不足道的；有行無市的

Nominal account 名義上的賬戶；虛賬戶

Nominal annual rate 名義年利率

Nominal capital 名義資本（指非常小的微不足道的）；額定資本；〔香港〕票面股本

Nominal consideration 名義對價

Nominal damages 名義上的損害賠償金；象徵性損害賠償金

Nominal debenture 記名公司債券

Nominal defendant 名義上的被告（指雖對損害賠償無直接責任，亦無特別救濟要求，但因與訴訟標的有關，如果以被告名義參與，原告訴訟即有缺陷）

Nominal effective exchange rate index 名義有效匯率指數

Nominal GDP 名義國內生產總值

Nominal holder 名義上的持票人

Nominal interest rate 名義利率

Nominal liability 假定負債

Nominal par 票面價值；名義票面價格

Nominal partner 名義合夥人；掛名股東（指徒有虛名，實與該商號或生意並無實際利益關係）

Nominal party 名義上的當事人（可為原告，也可為被告，根據辯護需要在記錄中做為原告或被告出庭）

Nominal payee 〔美〕名義受款人

Nominal payee rule 〔美〕名義受款人規則

Nominal plaintiff 名義上的原告

Nominal price 虛價

Nominal punishment 象徵性處罰

Nominal rate 票面利率；掛牌利率；掛名匯率

Nominal rate of protection 名義保護率（指一類商品在各種貿易保護措施的作用下，該商品國內市場價格超過國際市場價格部份與國際市場價格的百分比）

Nominal share capital 額定股份資本（指股票面值由公司章程授權發行）

Nominal shipper 掛名托運人

Nominal sovereignty 名義上主權

Nominal stock certificate 記名股券

Nominal trust 名義上的信託（指在單純保管信託和消極信託中，為受益人所實際控制，受託人只有名義上的責任而已）

Nominal value 面值；表面價值；票面價值

Nominal value of a bill 票據的票面價值

Nominal value of the shares 股票的票面價值

Nominalist 唯名論者；名目論者（貨幣論上的）

Nominate *v.* 提名；提名…為候選人；推薦；任命；指定；〔蘇格蘭〕任命

Nominate candidates 提出候補人

Nominate contracts 〔美〕有名合同（指法律上有適當或金錢上和形式的合同）

Nominate executor 遺囑指定遺產管理人

Nominated parliament 〔英〕指名議會（1653 年奧立佛·克倫威爾（Oliver Cromwell）召集的）

Nominatim 按名字叫；逐個地叫；挨個地叫

Nominating and reducing 〔英〕提名篩選（從前在倫敦和米德爾塞克斯郡為審理特別訴訟案件從 48 位候選陪審員名單中挑選組成陪審團的方法）

Nominating ballot 提名投票

Nominating convention 推薦會（推薦政府或地方機關的候補官員）

Nomination 任命；提名（指推薦某人補缺晉升或提出解除某人職責）

Nomination committee 提名委員會

Nomination day of candidate 候選人指定日

Nomination of guardian 監護人的指定

Nomination paper 〔美〕（候選人）提名書（指非政黨團體用以提名候選人）

Nomination to a living 〔英〕提名某神職人員擔任有薪俸的聖職

Nominative （股份等的）記名的；被提名的；被任命的

Nominative and elective members 任命的成員及選舉產生的成員

Nominative shares 記名的股份

Nominator 提名人；任命人；推薦者

N

Nominee 被提名者；被指定人；獲任命人；獲得提名人；名義人（指不是實質上的權利者，只有名義上地位的人）

Nominee companies 名義公司

Nominee shareholder 名義股東（名為公司註冊股東，實為代他人持股）

Nominee trust 〔美〕指定信託；隱名信託（指定的受託人按照書面信託書可為一名或數名未披露的受益人獲取所擁有財產的利益）

Nomocanon 東方寺院法彙編（公元 11 世紀）

Nomogram （航海）列線圖

Nomographer 制定法學問題的專家；列線圖學專家

Nomography 法律制定學

Nomological 法律學的；制定法律的

Nomology 法律學

Nomothetical (nomothetic) 立法的；制定法律的

Non acquiescence (N.A.) 〔美〕不承認（指國內稅務局不同意稅務法院所作的判決）

Non allocatur 無資料；不詳；不允許

Non contest clause 不可爭議條款（遺囑繼承用語）

Non culpability 無罪；無過失

Non est inventus 他未被查獲；所在不明（指執達員在其轄區內未找到被告時退回令狀拘捕被告令狀時的用語）

Non expert evidence 非專家證據

Non feasance 不履行責任；不作為；懈怠

Non lienable 不可留置的

Non military purposes 非軍事用途；非軍事目的

Non obstante 縱使，雖然

Non obstante veredicto (N.O.V.) 不顧陪審團評決；儘管已有評決

Non oil middle eastern country 不產油的中東國家

Non profit institution 非營利性機構（指協會、學會等）

Non project loan 〔世行〕非項目貸款

Non protestable bill 無追索權的匯票

Non reserve currencies 非儲備貨幣

Non sufficient cheque (check) (NSF cheque/check) 存款不足支票；空頭支票

Non tenure 未保有；否認佔有的抗辯（指在不動產訴訟中被告提出未保有原告起訴書中提及的部份或全部有關土地的抗辯）

Non trial without complaint 不告不理；告訴乃論（指未經起訴的事情法院不予受理的訴訟原則。亦即民、刑事訴訟必須有原告、公訴人或自訴人提出訴求，司法機關才能受理追究被告的民、刑事責任，依法論處）

Non-abatable nuisance 無法消除的滋擾；無法消除的妨礙

Non-ability 無法律行為能力

Non-acceding party 非加入一方

Non-acceptance (N/A) 拒絕接受；不接受；拒絕承兌

Non-accepted 拒絕接受的

Non-access 未交合；未同房；無性生活；無交接；無接觸

Non-acquiescence 〔美〕不承認（指政府行政機關不承認與其組織法政策解釋相悖的司法判例拘束，直至最高法院就此爭議作出裁決）

Non-act 不行為；不作為

Non-actionable subsidies 〔世貿〕不可訴訟的補貼（指成員方對其高等教育、研究機構、領土內落後地區，以及普遍性的補貼等不受其他成員方指責或因此而採取的反補貼措施不違反 WTO 的規定）

Non-adjacent archipelago 非鄰接羣島

Non-admission 不接納；不准加入；〔美〕不承認；拒絕採納

Non-age 未成年；不到法定年齡；未屆法定的成年年齡

Non-aggression 不侵犯

Non-aggression pact 不侵犯公約

Non-agricultural population 〔中〕非農業人口

Non-alienation 不讓與；不割讓

Non-aligned 不結盟的

Non-aligned country 不結盟國家

Non-alignment 不結盟

Non-amicable means 非和平方法

Non-ancestral estate 非繼承的地產（非祖先的不動產，亦非贈與的不動產，而是自己購置的不動產）

Non-apparent easement 〔美〕非繼續的地役權；間斷的地役權

Non-appearance 被告不應訴；不出庭（被告或證人未在指定的時間內到庭）

Non-application of multilateral trade agreements 〔世貿〕互不適用多邊貿易協定

Non-Application of the Agreement between Particular Contracting Parties 〔關貿〕特定締約方間不適用於本協定

Non-arbitrable dispute 不可仲裁的爭端

Non-assessable 不增繳的（指不能拒付或損害支付寫在股票上的金額責任）

Non-assessable stock 不加繳股份；不需估價的股份

Non-assignable 不可轉讓的

Non-attendance 缺席

Non-automatic export licensing 〔關貿〕非自動出口許可證（實指總協議限制進口數量的一種行政管理方式，為非關稅壁壘的一種常見手段）

Non-automatic licensing 非自動許可證

Non-automatic licensing and export restrictions 〔關貿〕非自動許可證和出口限制（1994 年）

Non-autonomous conventional tariff system 非自主協定稅則制

Non-autonomous tariff 非自主關稅；非自主稅則

Non-bailable 不許保釋的；不能保釋的

Nonbank 非銀行的

Non-bank financial institution 非銀行金融機構

Non-bear bond 記名債券（公司債）

Non-belligerence 非交戰狀態

Non-belligerency 非交戰地位；非交戰狀態

Non-belligerent *a. & n.* I. 非交戰的；II. 非交戰國；非交戰者

Non-belligerent countries 非交戰國

Non-belligerent power 非交戰國

Non-binding treaty 不拘束性條約

Non-blockaded port 未封鎖港口

Non-borrowed reserves 〔美〕非借入儲備

Non-business 非商業性的；非營業性的

Nonbusiness bad debts 非商業性呆賬；營業外壞賬

Non-business day 非營業日

Non-business expenditure 營業外支出；非營業支出

Non-business income 商業外收入；非營業收入

Non-callable bonds 到期償還債券

Non-cancellable 〔保〕不可撤銷的；不可解除的

N

Non-cancellable policy 不可解除的保險單

Noncandidate 沉默候選人（指沒有宣佈或者不願宣佈其候選人資格者）

Non-capital murder 〔加〕不判死刑的謀殺罪；判處無期徒刑的謀殺罪

Non-carrier MTO 非承運人的聯運人

Noncash charge 非現金費用；非現金支出

Non-cash 非現金的

Non-cash issuance of government securities 政府發行非現金的有價證券

Nonce 臨時；暫時；現時；目下；只在特殊的情況下

Non-charitable trust 非公益信託

Non-Circumvention, Non Disclosure & Working Agreement (NCNDWA) 不詐欺、不公開工作協議（關於確保經紀人傭金的規定）

Non-Circumvention, Non-Disclosure Agreement (NCND) 不詐欺、不披露協議（關於確保經紀人佣金的協議）

Non-citizen national 非公民的國民

Non-claim 未提出索賠（指由於疏忽而未在法定時間內本應主張的權利）

Non-coastal archipelago 非沿海羣島

Non-coastal state 非沿海國；無海岸國家

Non-coercive act 非強行性行為；非強迫行為

Non-colonisation 非殖民化

Non-combat equipment 非作戰設備

Non-combatant 非戰鬥（人）員（如軍醫等）

Non-combatant civilian 非戰鬥的平民

Non-combatant vessel 非戰鬥船舶

Non-commercial nature 非商業性質

Non-commercial performance 非商業性演出

Non-commercial risk 非商業風險（指因資本輸入國的政治、自然及其他原因導致外國投資者損失的風險）

Non-commercial stocks of agricultural products 非商業性農產品的庫存

Non-commercial transaction 非貿易交易；非商業性交易

Non-commercial use 非商業使用；非商業用途（指不為就業而相互競爭的工人集團）

Non-commissioned 非委任的；非受任命的，未受軍官銜的

Non-committal 不置可否的，不表示意見的；不承擔義務的

Non-community property 非夫妻共有的財產

Non-competing group 非競爭集團

Non-competitive practices 非競爭性慣例（做法）

Non-compliance 不履行；不遵守；違約行為；不遵守命令；〔香港〕缺乏書面證據

Non-complying purchase 〔基金〕違約行為的購買

Non-conference port （定期船的）不停泊港

Non-confidence motion 不信任案，不信任動議

Non-confidential summaries 非機密性摘要

Non-confidential summary of confidential data 〔世貿〕保密資料的非保密性摘要

Non-confiscation 不沒收；非沒收

Nonconforming lot 〔美〕不規範地塊（不符合區域分區要求的所在地塊）

Non-conforming provision 不一致條款

Nonconforming use 〔美〕不規範用途（不符合區域分區規定的使用）

Non-conformist *n. & a.* I. 拒絕附和他人的人；不（求）符合準則（或規範）的人；不信奉國教的人（即不信奉英國國教的新教徒）；獨立教派的人；II. 違反準則的；不規範的

Non-connected service 無關聯性的服務

Non-constituency lawmaker 〔台灣〕不分區立委

Non-content 〔英〕否決者（上議院中投反對票的議員）；（上議院的）不贊成者

Non-contentious 不會引起爭論的；非爭論性的；非訴訟的

Non-contentious business 非訴訟業務；〔英〕非訟事務（指取得無爭執的遺囑檢證及遺產管理權）

Non-contentious jurisdiction 非訴訟管轄權

Non-contest clause 無爭議條款（遺囑繼承用語）

Non-contestability clause 〔美保〕不可爭議條款（指在規定時間內排除爭議的保險單上的條款）

Non-contestable clause 〔保〕不可爭議條款（指確保承保人不受詐騙和錯誤等而使保險合同無效的損害）

Non-contiguous state 非毗連國

Non-continuous easement 間斷通行地役權；非持續性地役權

Non-continuous probate business 〔英〕非訟遺囑檢驗事務（根據1970年的《司法裁判法》由高等法院家事分庭經辦）

Non-contraband 非禁製品；非違禁品

Non-contracting party 非締約方；非締約國

Non-contracting power 非締約國

Non-contracting state 非締約國

Non-contractual claims 非契約索賠

Non-contractual liability 非契約性責任

Non-contractual preferences 非契約性優惠

Non-contribution clause 〔保〕不分擔條款（指在火災中規定只保物主和第一受押人的利益）

Non-conventional international bureau 非協議國際事務所

Non-conventional succession 非約定繼承

Non-convertible 不能兌換的；不可兌現的；不換的

Non-criminal proceedings 非刑事訴訟

Non-cumulative 非累積性的

Non-cumulative dividends 非累計股息

Non-cumulative preferred stock (or share) 非累積優先股

Non-cumulative revolving L/C 非累積循環信用證

Non-cumulative voting 非累計投票制；直接投票法

Non-current assets 非流動資產

Non-custodial sentence 非拘留判決

Non-debt flow 非債務流量

Non-debt outward 非外債出口

Non-debt-creating flow 非債務產生的流量

Non-debt-generating flow 非債務產生的流量

Non-defended locality 無防禦地方

Non-delivery 未交付；無法投遞；提貨不着（指承運人、賣方或受託人等的過失或拒絕交付貨物以至於收貨方提不到貨）

Non-delivery clause 提貨不着條款；〔保〕遺失條款

Non-diplomatic agent 非外交代表

Non-diplomatic mission 非外交使團

Non-diplomatic person 非外交人員

Non-diplomatic representative 非外交代表

Non-direction 未作指示（指法官在必要的法律點上未對陪審團作出指示）

N

Non-disclosure　不反映存在的事實；不披露；不告知；未公開

Non-discrimination　不歧視；無差別待遇；非歧視性待遇

Non-discrimination clause　無歧視條款；無差別待遇條款

Non-discrimination in employment　無就業歧視；無就業歧視待遇

Non-discrimination rule　〔關貿〕非歧視性規則（又稱“無差別待遇規則”，為關貿總協定的基本原則之一）

Non-discriminatory　無差別待遇的；非歧視性的（指世貿組織對出口商徵收反傾銷稅數額時應按“無歧視原則”處理）

Non-discriminatory administration of quantitative restrictions　〔關貿〕非歧視性地實施數量限制

Non-discriminatory fashion　非歧視形式

Non-discriminatory government procurement　非歧視性的政府採購

Non-discriminatory preference　無歧視優惠

Non-discriminatory tariff preference　無歧視關稅優惠

Non-discriminatory terms and conditions　無差別的條款和條件

Non-discriminatory trade　非歧視性貿易

Non-discriminatory trading system　〔世貿〕非歧視性的貿易制度

Non-discriminatory treatment　無歧視待遇；非歧視性待遇

Non-distinctive mark　無區別性的標誌

Non-durable goods　非耐用品；日用品

Non-economic extraordinary expenditure　非經濟的臨時費

Non-economic forces　非經濟力量（指形形色色的貿易壁壘）

Non-election　不選舉

Non-eligible commercial paper　〔美〕不合格商業票據（指不能在聯邦儲備銀行貼現或再貼現的商業票據）

Non-enclosed sea　非封閉海

Non-entry　〔蘇格蘭〕因疏於展期其土地租約而應向領主繳納租金

Non-equity　非產權式

Non-essential provision　非主要規定

Non-essential stipulation　非主要條款；非主要規定

Non-exclusive economic zone　非專屬經濟區

Non-exclusive jurisdiction　非專屬性管轄權；非排他性管轄權

Non-execution　不履行

Non-exempt　不豁免；不免稅

Non-exempt direct payments　〔世貿〕應減讓的直接支付（指對出口農產品補貼而言）

Non-exempt measures　不可免除的措施（不可豁免的措施）

Non-exempt support　不可免除的支持（不可豁免的支持）

Non-exercise of entitlements　不行使應享權利

Non-existent payee　不存在的受款人

Non-existent person　不存在的人

Non-expert evidence　非專家證據

Non-extraditable offence　不可引渡的罪行

Non-extraditable offender　不能引渡犯

Non-extradition　不引渡

Non-extradition of political criminal　政治犯不引渡

Non-factor payments　非要素支付款項

Non-factor services　非要素服務（指廣告、銀行業、數據處理、工程建設、教育、保險、租賃、運輸和旅遊等等）

Nonfeasance　不履行職務；失職

Non-financial corporate and quasi-corporate enterprise sector　非金融公司和準金融公司企業部門

Non-financial intangible assets　非金融的無形資產

Non-financial public enterprise (NPE)　非金融的公營企業

Non-flagrant delict　非現行犯罪

Non-flagrant delictor　非現行犯

Non-forcible measure　非武力措施

Non-forcible reprisals　非武力報復

Non-foreign service personnel　〔領事〕非外交服務人員

Non-forfeitable　不可沒收的；不可剝奪的

Non-fortification　不設防

Nonfrac countries　非法（區域）國家

Non-free tenure　農奴土地保有制（農奴在莊園主的飼料地上用提供不定數量的農業勞動以佔有土地的制度，此佔有條件記載莊園法院的記錄上，把該記錄的謄本作為佔有的證明。後來稱為謄本佔有地。到近代逐漸演變為提供金錢）

Non-freehold estates　非自由保有的地產權；非完全保有的地產權

Non-fuel exporter　非燃料出口商

Non-fulfillment　（任務等的）不完成；（諾言等的）不履行；不履約

Non-fully independent state　不完全獨立國

Non-functional　非功能性的；非機能性的；不起作用的

Non-fundamental breach　非重大違約

Non-government agency　非政府機構

Non-government body　非政府團體

Non-government entity　非政府實體

Non-government trade mission　民間貿易代表團

Non-governmental agency　非政府機構

Non-governmental entity　非政府實體

Non-governmental international organisation　非政府性國際組織

Non-governmental organisation (NGO)　非政府組織

Non-governmental purposes　非政府性的用途

Non-guaranteed debt　無擔保債務

Non-holographic wills　非親筆遺囑

Non-horizontal mergers　非橫向合併

Non-hostile destination　非敵性目的地

Non-hostile intercourse　非敵對交往

Non-hostile relations　非敵對關係

Non-immigrant　非移民

Non-immigration visa　非移民簽證

Non-importation agreement　〔美〕排斥輸入品的協約（1777年美國殖民地締結的排斥英格蘭、愛爾蘭和西印度的產品的協約）

Non-incorporated association　無法人資格的協會（社團）

Non-indictable offence　不論罪

Non-innocent passage　非無害通過

Non-institutional financial sector　非機構的金融區

Non-insurable risk　不可保風險

Non-insured driver　未保險司機

Non-intercourse　不通商；（夫妻間）斷絕性交；中止關係

Non-Intercourse Act　〔美〕禁止（英法兩國）通商令（1809年發佈的禁止英法兩國的商船進港及其貨物的輸入）

Non-interest bearing　不帶利息

N

Non-interest-bearing bonds 無息的公司債 (券)

Non-interest-bearing note 無息票據；無息期票

Non-interference 不干涉

Non-international armed conflict 非國際性武裝衝突

Non-international war 非國際性戰爭

Non-interposition 不干預

Non-intervention 不干涉

Non-intervention pact 不干涉公約

Non-intervention will 〔美〕"不干預遺囑"（指有時適用於遺囑授權遺囑執行人不要法院干預等自行處理和分配死者的遺產）

Non-intromittant clause 〔英〕豁免管轄條款（自治市章程中規定不受郡治安法院管轄的條款）

Non-involvement 不捲入；不介入

Non-issurable pleas 〔美〕不涉及本案實質性問題的抗辯（作為妨訴抗辯，法庭所作出的裁決不涉及本案實質性問題的訴訟）

Non-issurance 不簽發

Non-joinder 欠缺共同訴訟人；應參加的訴訟當事人而未參加（例如被告應有兩人而只對其中一人起訴）

Non-judicial day 非法庭開庭日

Non-judicial interpretation 非司法解釋

Non-judicial means 非司法方法

Non-judicial organ 非司法機關

Non-jurors 〔英〕拒絕宣誓效忠於政府者（指拒絕依法要求宣誓效忠於王位繼承者，或支持政府的人）

Non-jury 不需要陪審團

Non-justicable dispute 不可裁判的爭端（指不應由司法機關受理的爭端）

Non-ledger asset 賬外資產；未入賬資產

Non-leviable 不應強制執行的（指免除扣留沒收或破產變賣等的財產）

Non-lienable 不可留置的

Non-lieu 〔法〕不予起訴

Non-life insurance 非人壽保險

Non-liquid assets 固定資產；非流動性資產

Nonliquidating distribution 〔美〕非清算性收入分配（指合夥企業支付給合夥企業實體所有者款項不參與清算收入分配）

Non-listed company 非上市公司

Non-littoral state 非沿岸國

Non-living resources 非生物資源

Non-localised treaty 非地方化條約

Non-mailable 〔美〕不予郵寄的（指因信件、郵包大小及其所裝的內容性質等原因依法不應由郵局運送）

Non-mailable matter 〔美〕不可郵寄物（如鈔票等）

Non-maritime international waters 非海洋的國際水域

Non-market activities 非市場活動；非商業性的活動

Non-market economy (NME) 〔關貿〕非市場經濟（又稱"計劃經濟"，指國民經濟的運行、生產佈局等均由中央政府機構決策）

Non-market economy country 非市場經濟國家

Non-material goods 無形財物

Non-maturing bond 不到期的證券

Non-medical 〔保〕無體檢的

Non-medical insurance 無體檢保險

Non-medical life insurance 無體檢人壽保險

Non-medical policy 保險單（指不含承保人體檢險的保險單）

Non-member government 非會員國政府；非成員國政府

Non-member state 非會員國；非成員國

Non-mercantile partnership 非商業性合夥（企業）

Non-merchantable title 不可轉讓的產權證書（釋義見"unmarketable title"）

Non-metropolitan county 〔英〕非大都市郡

Non-metropolitan territory 非本土領土

Non-military aircraft 非軍用飛機

Non-military character 非軍事性

Non-military government vessel 非軍用政府船舶

Non-military objective 非軍事目標

Non-military person 非軍事人員

Non-military purposes 非軍事用途；非軍事目的

Non-military state 非軍事國家

Non-military use 非軍事用途

Non-military vessel 非軍用船舶

Non-monetary capital 非貨幣資金

Non-monetary financial institution 非貨幣金融機構

Non-monetary gold 非貨幣性黃金

Non-monetary items 非貨幣款項（指所有者的資產而言）

Non-name bond 無記名債券

Non-national 非國民

Non-national river 非國內河川；非國內河流

Non-natural capital stocks 非自然的資本貨物

Non-navigable 不可通航的；不適於航行的

Non-navigable river 不通航河流

Non-navigable waters 不通航水域

Non-navigational uses 非航行使用（用途）

Non-navigational uses of international watercourses 國際水道的非航行使用

Non-negligible size in export market 很大的出口規模市場

Non-negligible 不可轉讓的，不可流通的；不能抵押的；不可議付的；不可談判的；無商議餘地的

Non-negotiability 不可流通性；不可轉讓性

Non-negotiable 禁止轉讓的；不得抵押的；不可流通的；不可談判的；無商議餘地的

Non-negotiable bill of lading 不可轉讓提單，非流通提單；不能背書的提單（指只是提單的副本，僅供參考用）

Non-negotiable cheque (check) 禁止轉讓的支票；非流通支票

Non-negotiable document 不可轉讓的單據

Non-negotiable goods 不可轉讓的貨物

Non-negotiable note 非流通票據；禁止流通的票據

Non-negotiable paper 禁止流通票據；不可流通票據

Non-negotiable securities 不可轉讓的證券

Non-nuclear signatory 無核簽字國

Non-nuclear state 無核國

Non-nuclear weapon state 無核武器國家

Non-nuclear zone 無核區

Non-observance （對規則等的）不遵守；違反；〔基金〕不遵守，違反（指對規則的不遵守或違反規章制度）

Non-occupational 非職業性的；與專業無關的

Non-occupied territory 未佔領地

Non-occupied zone 未佔領區；未佔領地

Non-OECD countries 非經濟合作發展組織的國家

Non-official interpretation　非官方解釋

Non-official suite　非官方隨從人員

Non-oil developing country (NODC)　不是產油的發展中國家

Non-oil GDP　非產油的國內生產總值

Non-oil primary producing country　非石油初級生產國

Non-open port　不開放口岸

Non-original member　非創始會員國；非創始成員國

Non-panel work　〔世貿〕非調査小組的工作

Non-participant　不參與者；不參加者；不分享額外紅利者

Non-participation　〔保〕不參加（人壽保險中無分紅權）

Nonpartisan ballot　超黨派的選票；無黨派的選票

Non-partisan election　無黨派選舉

Non-partisan league　非黨派同盟

Non-partner country　非夥伴國

Non-party　非當事方；非當事國

Non-party state　非締約國；非當事國

Non-patrials　〔英移〕非國民（指進入英國本土要受移民限制而無居住權的人）

Non-payment　不支付；無力支付；未清償；拒絕支付（到期的債務）

Non-payment lease　不足支付的租賃

Non-payment of bills of exchange and the recourse　匯票拒付與追索匯票的拒付與追索（又稱"退票"，指持票人向付款人提示匯票要求承兌或付款時，遭到付款人拒絕。此外，如付款人避而不見、死亡或宣告破產，也視為拒付。匯票遭拒付時，持票人向出票人或背書人或承兌人要求償還匯票金額的行為稱為追索。匯票遭拒付時，除匯票載明不需作拒絕證書外，持票人都必須在法定時間內承兌）

Non-payment of multilateral international debt　〔基金〕停止支付多邊的國際債務

Non-penetration　未（能）姦入

Non-pensionable　無退休金的

Non-pensionable services　不計撫恤金的勞務

Non-pensionable supplements　不計撫恤金的補助金

Non-performance　不履行；不履約（指拒絕履行合意的契約條款）

Non-performance of an obligation　債的不履行；債的不給付；不履行債務（指債務人沒有實施債的內容所規定的行為或不行為，又稱"債的不給付"；不履行義務）

Non-performing loans　違約的貸款

Non-permanent decision　非永久性裁決

Non-permanent member　非常任理事；非永久成員

Non-physical loss　無形損失

Non-political act　非政治行為

Non-political agreement　非政治協定

Non-political conference　非政治性會議

Non-political crime　非政治罪

Non-political criminal　非政治犯

Non-political decision-making　非政治決策

Non-political military court　非政治性軍事法院

Non-political organisation of states　非政治性國際組織

Non-political treaty　非政治性條約

Non-preference　〔美移〕非優先類移民（指可用第一至第六優先的任何六個優先移民定額中未用完的定額加上每年的非優先移民定額，例如，美國每年給予中國兩萬名定額移民）

Non-preference visa　非優先簽證

Non-preferential commercial policy instruments　〔世貿〕非優惠商業政策工具（包含所有原產地規則）

Non-preferential duty　非優惠關稅

Non-preferential rules of origin　非優惠性原產地規則（指對進口的貨物不享受優惠關稅的待遇之謂）

Non-price competition　非價格競爭

Non-price measures　非價格措施

Non-probate property　非遺囑的檢驗遺產；遺囑檢驗外遺產（指不需納稅的死者遺產，因而不需檢驗其遺囑）

Non-procedural matter　非程序性事項

Non-product-specific aggregate measurement of support　〔世貿〕非特定產品綜合支持量

Non-product-specific domestic support　〔世貿〕非特定產品的國內支持（指規定這種支持不得超過該成員方產品生產總值的 5%）

Non-professional consul　非專業領事；非職業領事

Non-professional organisation　非營利組織

Non-profit　非營利的

Non-profit association　非營利性團體（非營利社團）

Nonprofit body　非營利機構

Non-profit corporation　非營利公司；慈善團體；非營利法人

Nonprofit institution　非營利機構

Non-project lending　非項目貸款

Non-proliferation　不擴散

Non-proprietary technology　非專利技術

Non-provided school　〔英〕非公立學校

Non-quota immigrant　非定額移民；非限額移民

Non-quota visa　非定額簽證；非限額簽證

Non-ratification　不批准

Non-ratifying state　未批准國家

Non-realised assets　非變賣資產（未變賣的資產）

Non-rebuttable presumption　不能推翻的推定

Non-reciprocal preference　非互惠性優惠

Non-reciprocal preferential treatment　非互惠性優惠待遇

Non-reciprocal reservation　非相互保留

Non-reciprocal tariff preference　非相互關稅優惠

Non-reciprocal trade preference　非互惠貿易優惠

Non-reciprocal treatment　非互惠待遇

Non-recognition　不承認

Non-recognised state　未經承認的國家

Non-recognising state　不承認國家

Non-recorded vote　無記錄表決

Non-recourse　無追索權的

Non-recourse debt　無追索權債務

Non-recourse L/C　無追索權的信用證

Non-recourse loan　〔美〕無追索權貸款（指證券貶值時不得要求借款人支付跌價的份額）

Non-recurrent expenses　臨時支出；臨時經費

Non-recurrent levies on property　臨時徵收財產稅

Non-recurrent measure　非重複性的措施

Non-recurrent receipts　臨時收入；非經常收入

Non-recurring programme costs　非經常性項目成本

Non-redeemable bond　非可換成現款的證券

Non-refund annuity　非償還性年金；不退還的年金

Non-refundable tax credits　不可退稅的減免額

N

Non-registered　未登記的

Non-registered bond　不記名債券

Non-registration　不登記

Non-reimbursable assistance　無償援助

Non-renewable lease　不可續期的租約

Non-represented country　無代表國；沒有代表的國家

Non-reserve capital　非儲備的資金

Non-reserve claims　不含於儲備的債權（不包括在儲備內的債權）

Non-reserving state　無保留國

Non-residence　無居所；〔美〕特定管轄權外的居所；〔英〕不在教區內居住的神職人員

Non-resident (N.R.)　非居民；非當地居民

Non-resident agent　非當地代理人

Non-resident alien　非居留外國人

Non-resident service　非居民服務

Non-resident service suppliers　非居住本地的服務提供者；民非居民服務提供者

Non-resistance　不抵抗；順從；不抵抗主義

Non-resort to force　不訴諸武力

Non-resourse jurisdiction　非資源管轄

Non-restraint system　無限制主義

Non-restricted area　非禁區

Non-retroactivity　不溯及既往；無追溯力

Non-retrospective　不追溯的；不溯既往的；無追溯效力的

Non-return valve　〔海法〕（船舶）止回閥

Non-revolving letter of credit　非循環信用證；非周轉性信用證

Non-riparian state　非沿河國

Non-salary earner　非賺工資者

Non-sanctioned barriers　非認可的壁壘

Non-sane　非精神病的；心智不健全的

Non-scheduled air transport services　計劃外的空運服務

Non-scheduled flight　不定期飛行

Non-scheduled international air service　非定期國際航空服務

Non-sector state　非扇形國家

Non-self-executing treaty　非自動執行的條約；非自動生效條約

Non-self-governing territory　非自治領土

Non-service invention　非職務發明創造

Non-signatory　非簽字國；非簽字者

Non-signatory state　非簽字國

Nonsmoker　非吸煙者

Non-solvent　不能清償債務的；無償還能力的；無支付能力的

Non-sovereign act　非主權行為

Non-sovereign state　非主權國家

Non-space state　非空間國家

Non-spouse certificate　無配偶證明書

Non-state entity　非國家實體

Non-state traders　非國營的貿易商

Non-state trading enterprises　〔中〕非國營貿易企業

Non-state-operated economy　非國營經濟

Non-stock corporation　非股份法人；非股份公司（指在慈善一類公司中股東不持有股份）

Non-suit　*n. & v.* I. 駁回訴訟；終結訴訟；銷案；II. 駁回起訴（指原告審訊時不到庭或起訴理由不充分而被法院駁回）

Non-summons　〔英古〕傳票未送達

Non-support　不履行扶養；不扶養（指拒絕供養子女和配偶等）

Non-tariff barriers (NTB)　非關稅壁壘（指除關稅以外的一切法律上和行政上的各種直、間接限制進口的措施為當今貿易保護主義所採取的主要手段，歧視和限制外國產品進口，受害者為發展中國家）

Non-tariff border measures　〔關貿〕非關稅邊境措施（指要取代以相當於保護關稅的水平）

Non-tariff device　非關稅手段

Non-tariff distortion　非關稅干擾

Non-tariff element　非關稅成份

Non-tariff frontier barriers　非關稅邊境壁壘

Non-tariff import barriers on products of particular export interest to less-developed contracting parties　〔關貿〕對欠發達締約國家出口利益特別有關的產品不設進口關稅壁壘（對發達國家而言）

Non-tariff measures (NTM)　〔關貿〕非關稅措施

Non-tariff measures in existence　現有的非關稅措施

Non-Tariff Measures Subject to phased elimination　〔中〕非關稅措施取消時間表

Non-tariff obstacle　非關稅障礙；非關稅壁壘（=non-tariff barriers）

Non-tariff restrictions on trade in goods　貨物貿易的非關稅限制

Non-tariff taxes　非關稅稅收

Non-tariff walls　非關稅壁壘；非關稅墻

Non-tax revenue　非稅收收入

Non-taxable income　非徵稅收入；免稅收入

Non-taxable securities　免稅證券；免稅債券

Non-tenure　未保有（指被告稱其未保有部份或全部原告宣稱的不動產）

Non-term　休庭；非開庭期（指法院兩個開庭期之間的假期）

Non-territorial gulf and bay　非領灣

Non-territorial sovereign　非領土主權者

Non-trade concern　非貿易關切

Non-trade restrictive manner　非貿易限制的方式

Non-trade sanction　非貿易制裁（例如書面警告等）

Non-traded goods　非貿易貨物

Non-trading body　非商業團體（機構）

Non-trading company　非營利公司；非貿易公司

Non-traditional security　非傳統安全（非傳統安全涉及範圍由政治和軍事領域擴大到經濟、文化、科技、社會、生態環境等多種安全領域，其關註點也由國家安全轉移到從個體人到整個人類社會及其賴以存在的環境安全，其既區別於傳統軍事安全，又能夠給國家安全造成實質性影響的安全因素。即所謂"低級政治問題"。例如，經濟安全、金融安全、能源安全、環境安全、水資源安全、民族分裂問題、宗教極端主義問題、恐怖主義、武器擴散問題、信息安全問題、網絡安全、流行疾病問題、人口安全問題、毒品走私問題、非法移民問題、海盜問題以及洗錢等問題）

Non-traditional trade in service and related items　服務和有關項目的非傳統貿易；非傳統服務和有關項目的貿易

Non-transferable　不可轉讓的

Non-transferable bills　不得轉讓匯票（不能以背書方式轉讓）

Non-transferable L/C　不可轉讓信用證

N

Non-treaty power 無約國

Non-uniform application 不統一適用；未統一適用

Non-uniform application of the trade regime 非統一的貿易應用制度（非統一的貿易制度應用）；未統一適用貿易制度

Non-uniform practices 不統一的做法

Non-union 不屬（或不加入）工會的；不遵守工會規章的；不承認（或不贊成）工會的

Non-union man 非工會的職工

Non-unionism 非工會主義

Non-unitary state 非單一制國家

Non-usage 〔法〕不行使權利；棄權

Non-use 不使用；不形成習慣

Non-use of force 不使用武力

Non-user 不使用；棄權；疏於行使使用權（不使用取得的權利就可能因不行使使用權而喪失）

Non-vessel-operating carrier (NVOCC) 無船承運人

Non-vessel-owning common carriers (NVOCCs) 無船共同運輸承運人；不擁有船舶的公共承運人

Non-violation cases 〔關貿〕非權利侵害案件；非違法性案件

Non-violation complaints 〔關/世貿〕非違法之訴（指經專家小組或上訴機構調查、審議，被告成員方不存在違約措施，因此有關爭議方可通過適當調整達成雙方滿意的解決）；非侵害之訴

Non-violation nullification and impairment 〔世貿〕非違法性利益喪失或減損（指一成員方所採取的措施即便沒有違反 WTO 義務，但如果有可能對其他成員方造成潛在的或間接的經貿損失責任也會同樣受到指控，應承擔賠償責任）

Non-violence 非暴力

Non-voluntary licensing clause 〔世貿〕非自願許可證條款

Nonvoter 不投票者；棄權者；無投票權者

Non-voting 不投票的；無投票權的；無表決權的；棄權的

Non-voting delegate 列席代表

Non-voting stock 無投票權股票；無表決權股票

Non-wage awards 非工資獎金

Non-wage-earning activity 〔英〕非賺工資性活動（指外人入境後從事經商興辦企業活動）

Non-waiver agreement 〔美、保〕不棄權協議（指承保人保留火險單上未放棄的和受保人未曾被取消的一切權利）

Non-war armed action 非戰爭的武裝行動

Non-war armed conflict 非戰爭武裝衝突

Non-war armed hostilities 非戰爭的武裝敵對行動

Non-war hostilities 非戰爭敵對

Nonzero 非零；不同於零

Nonzero effect 非零效果

Nook of land 〔英〕古度量單位（=12.5 英畝）

No-process-measures principle 〔世貿〕"無程序標準"原則

Nordic Council 北歐理事會（挪威、丹麥、芬蘭、瑞典和冰島等國就共同關心的問題於 1952 年成立一個合作協商組織）

Nordic Investment Bank 北歐投資銀行

Norfolk Island 諾福克島（位於西南太平洋，今屬澳洲）

No-right or no-claim 〔英〕無權或要求權（指按霍菲爾德法律關係中，如甲擁有自由和特權，則乙無權要求阻止甲行使其自由和特權）

Norm 標準；規範；準則；（每天工作的）定額

Norm creating provision 產生規範的規定

Norm for remuneration 報酬標準；薪金標準

Norm of general international law 一般國際法規範

Norm of international law 國際法規範

Norm of lending 貸款標準

Norm of morality 道德標準；道德規範

Norm of the civil law 民法規範

Normal 正常的

Normal allowance for waste 損耗的正常扣除

Normal articles of association 協會規範定款

Normal balance 正常餘額

Normal base line 正常基線

Normal coastline 正常海岸線

Normal diplomatic relation 正常外交關係

Normal diplomatic representation 通常外交代表

Normal income 正常收益；正常所得

Normal law 〔美〕有關正常人的法律（指近代法學家關於影響做為正常狀態下人行為的法理學）

Normal legal safeguards 正常法律保障

Normal line 正常線

Normal meaning 通常意義

Normal mind 精神正常

Normal multilateral treaty 通常多邊條約

Normal operations of the government 政府的正常運作

Normal organisational processes of governance 〔世貿〕正常組織管理的程序

Normal price 標準價格；正常價格（指一種商品在長時期內形成的供求關係相適應的價格）

Normal production costs 正常的生產成本

Normal relations 正常關係

Normal school 師範學校

Normal value 標準價值；正常價值；正常評價；〔關貿〕正常評價；正常價值（指"商品的勞動價值"，界定只有"低於正常價值"的產品在另一締約方領土內銷售，並造成實質損害或威脅者方為"傾銷的商品"）

Normalisation 正常化

Normalisation measure 正常化措施

Normalised unit labour cost 標準化的單位勞動成本

Normally 標準地；一般地；正常地；正規地；按規矩

Norman conquest 〔英〕諾曼征服（指 1066 年及其後諾曼底人征服英國的重大和深遠影響的歷史事件）

Norman-French 〔英〕諾曼法語（在英國的幾個要式訴訟中繼續沿用的法語）

Normative law 規範法則

Normative order 規範秩序

Normative pressure 規範性的壓力

Normative treaty 規範（性）條約

Normogram 〔海法〕列線圖

Norris-La Guardia Act 〔美〕諾里斯－拉瓜迪亞法（1932 年頒佈，旨在限制聯邦法院在勞工政策問題上濫用禁制令程序）

Norroy 〔英〕第三紋章官

North African Division 〔基金〕北非處

North American Commission on Environmental Cooperation 北美環境合作委員會（1993 年）

North American Division 〔基金〕北美處

North American Dredging Company Case 北美疏浚公司案（指 1923 年北美疏浚公司訴墨西哥政府違反承包疏浚其薩萊納克魯斯港工程合同的求償案）

N

North American Free Trade Agreement (NAFTA)　北美自由貿易協議

North Atlantic Assembly　北大西洋公約組織成員國大會

North Atlantic Coast Fisheries Arbitration, 1910　北大西洋沿岸漁權仲裁案 (1910 年)

North Atlantic Treaty Organisation (NATO)　北大西洋公約組織 (1949 年 4 月 4 日，以美英為首的英法等西歐國家為了北大西洋地區的集體防衞而在華盛頓簽訂了北大西洋公約，並根據該公約擴大成立了公約組織，以對抗前蘇聯為首的華沙條約組織)

North Britain　北不列顛 (即蘇格蘭)

North Briton　《北不列顛人》(發刊於 1762 年，主張新聞自由的一份報紙)

North Central African Division　〔基金〕北中非處

North German confederation　北德意志同盟 (1867 年)

North Sea Continental Shelf Case　北海大陸架案 (1969 年國際法院對西德、丹麥和荷蘭之間關於北海大陸架疆界的爭端作出的判決案)

North Sea Fisheries Convention　北海漁業公約 (1882 年)

Northern Districh (N.D.)　〔美〕北區法院 (如紐約北區聯邦地方法院)

Northern European Division　〔基金〕北歐處

Northern Ireland Law　北愛爾蘭法 (1920 年)

North-South Conference　南北會議

North-South conflict　南北衝突 (指發展中國家與發達國家就貿易政策制度上經常發生衝突)

North-South Dialogue　南北對話 (指發展中國家與發達國家的經濟合作會議)

North-south economic relations　南北經濟關係 (指發展中國家與發達國家之間的經濟關係)

North-South interaction　南北相互作用

North-South interdependence　南北相互依存關係

North-South partnership　南北夥伴關係 (指發達國家與發展中國家的關係)

Northwest African Division　〔基金〕西北非處

Northwest territory　〔美〕西北部領土 (從前指俄亥俄河西北的領土)

Norwegian law　挪威法

Norwich Guildhall Court　〔英〕諾里奇市政廳法院 (1971 年廢止，其類似倫敦市法)

No-strike clause　不罷工條款

Nostrum　冒險政策；不可靠的改革方案；有專利權的藥品

Not applicable (N.A.)　不適用的；不存在；無價值的物品

Not available (N.A.)　得不到；沒有；無現貨；無供應

Not be liable to any form of arrest　不受任何形式的逮捕

Not elsewhere classified (n.e.c.)　〔統計〕別處未分類的

Not elsewhere specified (n.e.s.)　他處未列的；未另說明的

Not exhaustive express trust　不徹底的明示信託

Not found (=ignoramus)　不予起訴

Not guilty　無罪 (刑事被告人把起訴書中的全部犯罪事實加以否認的無罪申述；對於侵權行為訴訟中原告所主張的事實加以總括否認的被告的抗辯)

Not guilty by reason of insanity (NGRI)　因神經錯亂而判處無罪 (因犯有精神病而無罪)

Not in session　休會期間

Not included elsewhere (n.i.e)　〔統計〕別處未列入；未另列的

Not later than　在指定的時間內；不超過規定的時間內；不遲於…

Not less than　在最小或最低的程度上；最低估價；不少於…

Not negotiable　不可轉讓的；不流通的

Not negotiable instrument　不流通證券

Not otherwise indexed by name (N.O.I.B.V.)　不另按名稱索引

Not otherwise provided for　無相反的規定

Not possessed　未曾佔有 (指在特別非法佔有動產損害賠償訴訟中，被告聲明並未佔有原告動產的抗辯)

Not proven　〔蘇格蘭〕罪證不足 (在刑事審訊中，陪審團這種評決在法律上的效力等於"無罪的評決"罪)

Not risk after shipment　〔保〕不保裝船後風險；啓運後解除責任 (啓運後不再擔負責任)

Not satisfied　〔美〕無財產可供執行 (指執達吏或警察未發現可執行的財物對執行令狀的回復，但被法院批評為"不明確、不充分")

Not subject to call　到期前不得要求償還；支付日期前不得要求償還

Not subject to previous redemption　到期前不得贖回

Not sufficient evidence　〔世貿〕無充分證據 (指經調查證明所涉進口產品不存在傾銷或者損害時應即駁回申請)

Not sufficient funds (NSF)　存款不足；資金不足

Not to be performed within one year　不在一年之內履行

Not to inure clause　〔保〕不得受益條款；不適用條款 (指承保人保留對承運人或貨物受托人追償的權利)

Not warranted　〔世貿〕無保證的；得不到保證的 (指利害當事人對機密資料要求保密理由事)

Not what is said, but what lays stress on investigation and study is to be regarded　重在強調要重視調查研究而不在於言詞

Not what is said, but what is done, is to be regarded　重在行為而不在言詞

Nota bene (N.B./n.b.)　注意；留心

Notable break　明顯的突破

Notarial　公證的；公證人的；由公證人經辦 (或處理) 的

Notarial act　公證行為；公證員行為；〔美〕公證人的官方行為

Notarial deed　公證文書；公證證書

Notarial fee　公證費

Notarial function　公證職務

Notarial instrument　〔蘇格蘭〕公證文書；公證契據

Notarial protest certificate　公證人拒絕證書

Notarial public　公證員

Notarial record　公證記錄

Notarial seal　公證員印章

Notarial service　公證服務

Notarial supervision　公證監督

Notarial will　公證遺囑

Notarisation　公證人的證實；(附在文件上的) 公證狀；公證書

Notarisation services　公證服務

Notarise　*v.* 以公證人資格證實

Notarised contract　經公證的合同

Notarised document　業經公證的文件

Notary　公證人；公證員 (指對申請者的法律行為或者有法律意義的文書、事實、證明其真實性與合法性的非訟行為)

Notary office　公證處

Notary public (N.P) 公證人；公證員

Notary system 公證制度（指對法律關係、法律事實和行為加以證明）

Notation credit 〔美〕記數信用證（規定任何人購買或議付匯票等都要在信用證項下填寫所購匯票等的金額之謂）

Note *n .& v.* I. 票據；借據；紙幣；(外交上的) 照會；便條；批註；註解；摘要；備忘錄；II. 摘記；摘錄；註釋；注意；記下；〔英〕簽註 (匯票)

Note a bill 〔英〕簽註匯票（指公證員在被拒兑的外國匯票背面背書日期及拒兑理由等）

Note ad referendum 待核准的照會（待示照會）

Note an exception 簽註異議（為了保留在上訴法院提出異議的權利在法官或法院的備忘錄中記載這種聲明）

Note of a fine 〔英古〕土地轉讓協議摘要（由事務律師寫的，載有雙方當事人姓名、所轉讓的土地和協議，已於1833年廢止）

Note of acceptance 承諾書

Note of allowance 〔英〕批准通知（指助理法官簽發准予當事人提出所發現在法庭記錄和訴訟程序中的法律錯誤的通知）

Note of dishonour 退票通知；拒絕承兑證書

Note of hand (or promissory note) 本票；期票；借據；手據；親筆憑據

Note of payment 付款通知單

Note of protest 抗議照會；海事聲明；拒付簽註（指由公證員在票據背面簽註拒付事實的背書備忘錄）

Note of this commitment 註意到這個承諾（記下這個承諾）

Note of understanding 諒解照會

Note officielle 〔法〕正式照會

Note or memorandum 合同記錄；協議備忘錄（一種非正式的記錄，但必須包含合同全部要件及其實質部份）

Note verbale 〔法〕普通照會

Note-holder 票據持有人

Note-issuing bank 發行鈔票的銀行

Notes 審判員的審理備忘錄

Notes of stenographer 速記員筆錄

Notes payable 應付票據

Notes receivable 應收票據

Not-for-profit corporation 非盈利公司；非盈利法人

Not-for-profit entities 非盈利單位 (實體)

Not-full sovereign state 不完全主權國

Not-full sovereignty 不完全主權

Notice *v. & n.* I. 通告；通知；告知；佈告；預告；公告；公示；知悉（指法官職務上應知悉因而無須證明的事實）；通知書；II. 通知；註意

Notice in lieu of distringas 代替扣押令狀通知

Notice of abandonment 〔保〕委付通知書；棄船聲明（指在發生推定全損情況下，要保人向承保人要求全損賠償時須將其失事標的物委付給承保人並正式通知承保人之謂）

Notice of action 訴訟通知（舊時對一定範圍的人特別是機關起訴時，必須在起訴前通常在一個月前發出通知）

Notice of appeal 上訴通知書

Notice of appearance 出庭應訴通知書（被告通知原告其本人將親自或由其律師到庭的通知書）

Notice of arbitration 仲裁通知書

Notice of arrival 到貨通知；到達通知

Notice of assessment 評稅通知書

Notice of assignment 轉讓通知

Notice of award 獎金通知書

Notice of death 死亡通知

Notice of defense 答辯通知 (書)

Notice of deficiency 〔美〕補稅通知

Notice of discontinuance 中止訴訟通知書

Notice of discontinuance of appeal 中止上訴通知書

Notice of dishonour 拒絕承兑通知；止付通知 (書)（指期票停止承兑的通知）

Notice of dismissal 撤訴通知

Notice of expiry 期滿通知

Notice of failure to fulfill obligations 〔基金〕未能履行債務通知書

Notice of intent 〔美〕退稅申報單

Notice of issue 〔美〕開庭通知（=notice of trial）

Notice of its intention to withdraw from a treaty 退約意思通知

Notice of judgment 判決通知書

Notice of lis pendens 案件待決通知（指財產所有權在訟爭中的通知）

Notice of location 礦藏勘測通知

Notice of loss 損失通知 (書)

Notice of loss or damage 損失或損壞通知

Notice of motion 動議通知；向法院提出書面申請的通知（對方當事人將於一定期間向法院提出申請）

Notice of orders or judgments 〔美〕裁定或判決通知

Notice of pendency 〔美〕案件待決通知（=Notice of lis pendens）

Notice of proposed procurement 〔世貿〕擬議採購的通知（指公告政府採購投標事項）

Notice of protest 〔美〕拒兑通知；拒付通知

Notice of readiness (N.O.R) （船貨）準備就緒通知書；裝卸通知書；裝卸準備完成通知書

Notice of rescission 解約通知 (書)

Notice of resignation 辭職通知 (書)

Notice of settlement 和解通知 (書)

Notice of suspension 中止通知

Notice of tax deficiency 補稅通知書

Notice of tax-paying 納稅通知書

Notice of termination （合同）屆滿通知；（租約）終止通知；任滿通知

Notice of the decision on appeal 〔世貿〕上訴判決通知

Notice of the General Administration for Industry and Commerce of the P.R.C. Concerning the Handling of Registration Matters by Resident Representative Offices of Foreign Enterprises 中華人民共和國工商行政管理總局關於外國常駐代表機構辦理登記事項的通告

Notice of title 產權公告

Notice of transfer 過戶通知；轉讓通知

Notice of transfer of ownership of land use 土地使用權過戶通知書

Notice of transfer of ownership of motor vehicle 汽車所有權過戶通知書

Notice of trial 開庭通知

Notice of trial by continuance 推遲辯論的開庭通知（指舊時原告把口頭辯論日期推遲到下次開庭期的通知）

Notice of vessel arrival 船舶抵港通知書

N

Notice of withdrawal　退出通知；取消通知；撤回通知；提款通知

Notice of writ　代替令狀的通知（又稱"代替送達令狀的通知"替指代代替訴訟傳票的通知。把令狀送達給外國人或住在外國的英國人時，不送令狀本身而代之經外交部送達通知）

Notice race statutes　〔美〕產權證件先登記者優先法（善意登記權利優先法）

Notice recording statutes　〔美〕善意買主權利優先法（意指前手買主未經登記的財產轉讓或其他契據對後手真正買主是無效的）

Notice refund　退稅通知書

Notice to admit　要求承認的通知；承認文件通知書（在準備手續中訴訟當事人一方通知對方應承認作為證據的某一文件，否則證明該檔的費用應由該方負擔）

Notice to appear　（被告）出庭通知（通知被告出庭並說明不應判其敗訴理由簡便的傳票或命令）

Notice to creditor　致債權人通知書（關於破產訴訟程序中給債權人的正式通知）

Notice to mariners　〔海法〕航行公告

Notice to plead　〔美〕要求答辯的通知

Notice to produce　提供文件通知書（當事人一方必須向法庭提供的證明文件由對方佔有時，可要求對方把所列舉的文件或證據等以供法庭準備和庭審之用。如對方不交時，可以提出該文件的抄本或口頭證據等次要證據）

Notice to produce for inspction　提出文件供檢查通知書

Notice to quit　遷出通知書；退房通知書；解僱通知書；解約通知書；〔英〕退租通知（租期屆滿前房東或地主給租戶或佃戶的或租戶歸還遷移權或租物的通知）

Notice to readiness　準備就緒通知書

Notice to third party　致第三方參與訴訟的通知（指被告對第三方提出損害賠償時，經法庭准許參與訴訟的通知）

Notice to treat　〔英〕土地徵用通知書（指根據 1845 年《土地徵用條款合併法》政府和公共機構辦公事業有強制購買私人土地權利，其購買土地時給予的通知）

Notification　通知；通知單；通知書；通告；告示

Notification obligation　〔世貿〕通報義務；通知義務

Notification of a suit　訴訟通知

Notification of accession　加入通知

Notification of adhesion　加入通知

Notification of appointment　委派通知

Notification of assent　同意通知

Notification of birth　〔英〕出生通知

Notification of blockade　封鎖通知

Notification of bombardment　轟炸通知

Notification of change of particulars　〔警〕更改細則通知書

Notification of continuance　延續通知

Notification of denunciation　廢約通知

Notification of discontinuance　不延續通知

Notification of losing bidders　通知落選投標者（指各級投標機構對落標者的請求應立即通知）

Notification of occupation　佔領通知

Notification of succession　繼承通知

Notification of war　戰爭通知

Notification procedures　〔世貿〕通知程序（指遇有瘟疫等流行病應及時發表公告知曉各成員方等）

Notification process　〔世貿〕通知程序（指發展中國家抱怨所提合理要求很難得到世貿組織通知程序的支持）

Notification Pursuant to Article XXV of the Agreement on Subsidies and Countervailing Measures　〔世貿〕根據《補貼與反補貼措施協定》第 25 條做出的通知

Notification requirements　通知規定

Notification system　〔基金〕通知制度

Notified blockade　已通知的封鎖

Notify　v. 通知；宣告；報告；通告；〔香港〕向某人說明

Notifying power　通知國

Noting　簽註匯票（票據被拒絕支付或拒絕承兌時，公證人在所提出的票據上寫上拒付或拒兌的備忘錄，記載公證人名字的頭一個字母、日期和手續費）

Noting a bill　〔英〕記錄拒兌匯票（指公證員應申請代表持票人記錄一份拒兌匯票經過的備忘錄，內容包括公證人姓名開頭字母的簽名，年、月、日及所收費用等，以為抗議步驟的公證書）

Notional　名義上的

Notional income basis　〔香港〕假設應收租值（指 1983 年稅務修訂條例規定，物業稅的評估始按實際所收租值評估）

Notional occupation　觀念上的佔領

Notional unit　名義單位

Not-national river　非國內河流

Not-neutralised state　非中立化國家

Notorial service　公證服務

Notoriety　聲明狼籍；臭名昭著；惡名

Notorious　著名的；眾所周知的，臭名昭著的，聲明狼藉的

Notorious cohabitation　〔美〕公開同居罪（美國某些州司法管轄區對兩人公開同居，而不登記結婚者認定其為法定犯罪行為，但很少得以執行）

Notorious insolvency　眾所周知的無力償債

Notorious possession　公眾皆知的佔有；公開佔有

Notour bankrupt　破產避債者

Notour bankruptcy　〔蘇格蘭〕公認的破產；眾所周知的破產

Novation　〔美〕債的變更（指經債權人同意以新契約取代舊契約、以新債取代舊債、以新債務人取代原舊債務人或不同的舊債務人）；〔英〕契約變更；締約方變更（經三方締約方同意以新締約方取代舊締約方、或以不同的人取代債權人或債務人）

Novation of bills　票據的更改

Novation of contract　契約更新；契約變更

Novel　新穎的；新奇的

Novel assignment　〔美〕再申述（原告為糾正被告的誤解所作的新陳述，參見 "new assignment"）

Novelty　（專利法）新穎性；新式樣

Novigild　〔撒〕九倍於對象價值之損害賠償金

No-vote procedure　不付表決程序

No-voting procedure　不付表決程序

Now　此刻；此時；現在；立刻；馬上；當時；（法律的）生效日期；發言及其考慮的時間；立遺囑者死亡的時間；遺囑日期（按上下文而言則指）

NOW account (Negotiable Order of Withdrawal Account)　〔美〕撤銷可轉讓的訂貨單賬戶

Now known as (NKA)　現以…著名（著稱）；現在稱為…

Noxal action　損害賠償訴訟（原告對於受到被告所有的奴隸的損害而提起的訴訟；受到奴隸損害的人，對其所有人提起損害賠償的訴訟，作為被告的所有人可將其奴隸委付給受害人，以免除賠償責任，釋義同 "noxalis actio"）

N

Noxal liability　傷害責任

Noxious　有害的；有毒的；有罪的

Noxious insect　害蟲

Noxious substance　有毒物質；有害物質；可致命物質

Noyade　〔法〕溺刑（尤指 1794 年在法國把大批人淹死的處決）

Nuanced legal-diplomacy　微妙的法律外交（指美國抱怨古巴紡織品關稅減讓方面損害了美國的利益。對此，關貿總協定工作組報告建議美、古重開談判）

Nubbing-cove　〔俚〕絞刑吏；死刑執行官

Nuclear accidents　核事故

Nuclear arm race　核軍備競賽

Nuclear armament　核軍備

Nuclear cargo ship safety certificate　核能貨輪安全證書

Nuclear damage　核損害

Nuclear deterrence　核威懾

Nuclear device　核裝置

Nuclear disarmament　核裁軍

Nuclear energy　核能

Nuclear energy liability insurance　核能責任保險

Nuclear explosion　核爆炸

Nuclear explosive device　核爆炸裝置

Nuclear family　核心家庭

Nuclear free zone　無核區

Nuclear installation　核設施

Nuclear launching device　核發射裝置

Nuclear passenger ship safety certificate　核能客船安全證書

Nuclear pollution　核污染

Nuclear power　有核國；核國家

Nuclear powered ship　核動力船

Nuclear proliferation　核擴散

Nuclear Regulatory Commission　〔美〕核管理委員會

Nuclear shelter　核掩護所

Nuclear ship　核動力艦（船舶）

Nuclear state　有核國；核國家

Nuclear submarine　核潛艇

Nuclear terrorism　核恐怖主義

Nuclear test　核試驗

Nuclear test explosion　核爆炸試驗

Nuclear umbrella　核保護傘

Nuclear war　核戰爭

Nuclear warhead　核彈頭

Nuclear waste　核廢料

Nuclear weapon　核武器

Nuclear weapon state　核武器國家

Nuclear weapon test　核武器試驗

Nuclear weapon test explosion　核武器試驗爆炸

Nuclear Weapons Test Ban Treaty　核子武器禁試條約（1963 年生效，簡稱「核禁試條約」）

Nuclear-competent state　有能力生產核武器的國家

Nuclear-powered ship　核動力船

Nuclear-weapon-free zone　無核武器區

Nude　（契約等）無償的；裸體的；公開的；赤裸裸的；缺乏基本法律要件的

Nude contract　無報償的契約（指沒有寫明報酬或等同的報酬）；無對價的單純合意（指由於缺乏對價，除非蓋印，即為無效的契約）

Nude matter　無證據支持的事項

Nude pact　無償契約；單純約定；無對價的待履行契約

Nueva recopilacion　〔西〕新法典（1564 年頒佈）

Nueva indebted　〔英〕無根據債務的答辯（指在合同訴訟答辯中，被告否認合同，並由此而提出存在債務事實。例如，在已經廉價出售貨物訴訟中，被告卻以否認土地買賣合同作答辯。這種概括否認答辯已不再被承認，(=plea of never indebted)）

Nugatory　無價值的；無效的；無用的

Nuisance　妨害；騷擾；煩擾；滋擾；滋擾行為；妨害權利；安居妨害行為；安居煩擾行為（指非法地騷擾和損害他人的行為。其可分為兩類：1. 對公眾的妨害行為，如阻礙高速公路交通等；2. 對私人的妨害行為，如使用自己的財產而導致損害他人的財產）

Nuisance at law　法律上的妨害；法律上的煩擾行為

Nuisance duty　〔關貿〕低稅率；〔台灣〕瑣碎稅率

Nuisance in fact　事實上的妨害；事實上的煩擾行為

Nuisance per accidens　不確定的妨害；偶然構成的妨害（所謂不確定者指直至行為真正發生後才構成傷害）

Nuisance per se　本身妨害；自身妨害（指不管如何地點或環境，隨時都存在的一種肯定性損害行為）

Nuisance tariff　〔美〕低率關稅

Nuisance tax　煩擾稅；〔美〕小額消費稅（直接向消費者徵收）

Nul　〔法〕無效的；無法律效力的；無意義的；無價值的

Nul agard　〔法〕無仲裁裁決

Nul record　〔法〕無此記錄

Nul tort　無違法行為（指被告否認在不動產訴訟答辯中犯有任何違法行為）

Nul waste　〔法〕無毀損（抗辯毀損訴訟的名稱，否認有毀損，而構成一般性的爭點）

Null　無效的；不存在的；無法律約束力的

Null and void　無效的；無法律約束力的；依法無效的（在合同法規中，此詞常解釋其意為「可使無效的」）

Null and void vote　廢票；無效的投票

Nullification　廢止；無效；取消；無效的狀況；〔美〕拒絕執行聯邦法令（指州政府在其轄區內有權判定并宣佈聯邦行為是違憲的，因此對國會法令可予拒絕執行，可謂州政府廢除聯邦法令的行為）

Nullification doctrine　〔美〕廢止聯邦法令的理論（指州法院有權拒絕執行聯邦法的理論）

Nullification or impairment　〔世貿〕利益的喪失或損害（指世貿組織締約國一方的利益受到喪失或損害，失掉均衡之謂）

Nullify　*v.* 使無效；廢棄；取消；註銷

Nullify one's registration　註銷登記

Nullity　無；不存在；無效；無法律約束力；無效的行為；無效的東西

Nullity ab initio　自始無效；一開始即屬無效

Nullity of contract　契約無效

Nullity of judgment　判決無效

Nullity of marriage　婚姻無效（指以性無能或重婚為由提起訴訟以取得宣告該婚姻無效的判決書）；婚姻無效之訴

Nullity of treaty　條約無效

Nullity suit　婚姻無效的訴訟

Number plate　（車）號牌

Numbers game　〔美〕數碼彩票賭博；數字抽獎

Numeraire　〔法〕〔基金〕貨幣兌換率標準；法幣；硬幣

Numerical ceiling　〔美〕最高限額 (指移民配額)

Numerical limitations　〔美〕數字限制 (指移民配額人數的限制)

Numerical lottery　數字抽彩

Numerical quota　數量配額

Nunc pro tunc order　追溯性命令

Nunciature　羅馬教廷使團；羅馬教皇使節的職位 (或任期)

Nuncupate　*v.* 口頭宣佈 (公開莊嚴地宣佈遺囑證詞等)

Nuncupation　口述遺囑

Nuncupative will　口述遺囑；口授遺囑 (指在足夠的證人面前口述自己的遺囑而後寫成書面遺囑，除了現役軍人和海員外不得為之)

Nundination　集市交易；買賣

Nunnery　尼姑庵；女修道院

Nuptial　婚姻的，結婚的；婚禮的

Nuremberg Laws　紐倫堡法規 (指 1933 年德國納粹政權制定的迫害猶太人的法律)

Nuremberg Trials　紐倫堡審判 (指英、美、蘇、法四國於 1945 年 11 月 20 日－1946 年 10 月 1 日在紐倫堡審判了德國主要戰犯)

Nurse a constituency　(候選人或當選人) 籠絡選區的選民

Nurse fees　護理費

Nursing home　療養院；〔英〕小型療養院 (指用於為傷、病人、體弱者，包括產婦在內的接待和看護)

Nursing home insurance　療養院保險

Nursing home professional liability　療養院職業責任

Nurture　*v.* 給…營養物；養育，培養，教養；照顧教育兒童的行為

Nurture a shared epistemic community　培育一個共識的社會

Nycthemeron　〔希〕一晝夜 (共計 24 小時)

Nyet diplomacy　否決外交 (指任意使用否決權的聯合國安理會成員)

Nyetman　否決專家 (指任意使用否決權的聯合國安理會代表)

Nymphomania　慕男狂；患色情狂女子

Nyon Arrangement　尼翁協定 (1937 年 9 月 14 日英法等國在尼翁簽訂了旨對付在西班牙沿海和公海上潛艇偷襲的協議)

O

O visa　〔美〕臨時僱員簽證 (指美國駐外使、領館頒發給具有特別才能的赴美就業工作的簽證。例如高級廚師等)

O.K.　同意；認可 (商務行業中常用的代號；文件票據上核准語)；正確的；照準的；接受的；同意的；可以的 (司法背書用語，但不常用)

Oath　宣誓 (立誓)；誓言；誓約

Oath against bribery　〔英〕反賄賂宣誓 (選舉議員時，選民要作拒受賄賂的宣誓，已於 1854 年廢止)

Oath capacity　宣誓資格

Oath ex officio　〔英古〕無罪宣誓 (牧師當然無罪宣誓，指從前牧師犯罪，法庭准其以宣誓證明無罪並也可用善良宣誓者來作證)

Oath in litem　起訴宣誓 (原告證明爭議標的價值宣誓)

Oath in supplement　補足宣誓

Oath of allegation　效忠宣誓 (政府官員、士兵和歸化入籍者等)

Oath of calumny　非濫訴宣誓 (原告證明無惡意濫訴的宣誓)；〔蘇格蘭〕(原告) 無誹謗宣誓

Oath of fidelity　效忠宣誓

Oath of grand jury　大陪審團成員宣誓

Oath of juror　陪審員宣誓

Oath of loyalty　效忠宣誓

Oath of neutrality　中立誓言

Oath of office　就職宣誓

Oath of opinion　〔蘇格蘭〕鑒定人的宣誓意見

Oath of party　〔蘇格蘭〕當事人宣誓

Oath of secrecy　保密宣誓

Oath-helpers　助誓人 (指被告的親屬或近鄰證明被告誠實或無罪的宣誓人)

Oath-rite　宣誓儀式

Ob non solutum canonem　〔蘇格蘭〕由於未付年役而終止封建租約關係之訴

Obdurate　執迷不悟的；不思悔改的

Obedience　服從；遵守 (指指揮，命令、禁令等)；〔宗〕信徒

Obediential obligation　〔美〕負有義務 (指因當事人所處的狀況或關係而應承擔的義務)；〔蘇格蘭〕必負義務 (尤指家庭關係所產生的義務)

Obit　葬禮；週年祭奠

Obiter dictum　(dicta〔複〕) (法官在判決中的) 附帶意見；判決中的附帶判詞

Object　*n. & v.* I. 客體；對象；目的；目標；標的物；II. 反對；提出異議；提出…作為反對的理由 (或根據)；把…問題提交法院

Object code　目標代碼

Object of a legal right　法律權利的客體；法定權利客體

Object of a statute　制定法目的；立法宗旨；立法目的

Object of a treaty　條約的目的

Object of adjudication　審判對象

Object of an action　訴訟目的 (指訴訟之目的在於取得法律上的救濟)

Object of attack　攻擊對象

Object of civil legal relations　民事法律關係的客體

Object of connection　聯結對象 (指法院決定涉外民事案件所涉及的法律關係的性質，從而決定所適用的准據法)

Object of crime　犯罪客體 (指刑事法律所保護而為犯罪行為所侵害的社會關係)

Object of dictatorship　專政對象

Object of insurance　保險標的

Object of international law　國際法客體

Object of litigation　訴訟標的 (當事人之間因民事權益發生爭議，要求法院作出裁判的法律關係)

Object of private right　民事權利的客體

Object of proof　證明對象（指司法人員在訴訟中需要運用證據予以證明的事實情況）

Object of reprisals　報復對象；報仇對象

Object of right　權利客體（即法律關係的客體，又稱權利客體，指法律關係中權利主體間權利和義務所指向的對象）

Object of sovereignty　統治權的客體

Object of tax　課稅物件

Object of the rental　出租對象

Object of war　戰爭目的

Objecting signatory　表示反對的簽字國

Objecting state　提出反對的國家

Objection　反對；異議；抗辯；異議的根據；反對的理由

Objection to consideration　反對給予考慮

Objection to grand jury　對大陪審團的異議

Objection to reservation　對保留的異議

Objection to the jurisdiction　對管轄權的異議（管轄異議）

Objective　*n. & a.* I. 目標；目的；對象；II. 客觀的；按用途分項的

Objective and quantifiable data　客觀和可量化的數據

Objective criteria　客觀的標準

Objective elements of crime　犯罪客觀方面的要件（如行為的結果、行為與結果的因果關係等）

Objective evidence　客觀證據

Objective examination　客觀的檢驗；客觀審查

Objective factors　客觀因素

Objective interpretation　客觀解釋

Objective law　客觀法則；客觀規律

Objective neutrality　客觀中立

Objective of economic reform　經濟改革的目標

Objective of establishing and improving the socialist market economy　〔中〕建立和優化社會主義市場經濟的目標

Objective regime　客觀制度

Objective requisites of crime　犯罪的客觀要件

Objective responsibility　客觀責任

Objective symptom　他覺症狀；客觀症狀

Objective territorial jurisdiction　客觀領土管轄權

Objective territorial principle　客觀領土（管轄權）原則

Objective theory　客觀標誌說（指單純依照某些具有客觀性的標誌確定合同准據法的理論，是“場所支配行為原則”在確定合同准據法理論上的直接體現，客觀標誌說是確定合同准據法最古老的理論，形成了一門較為固定的學說）

Objective-based programme　以目標為基礎的規劃（方案）

Objectives of integration　一體化目標

Objectivity principle　〔會計〕客觀性原則

Objector　反對者

Objects clause　（公司）宗旨條款，目標條款；〔英〕標的物條款（指在公司章程中列出的）

Objects of a power　指定權之受益人（釋義見 “power of appointment”；權利客體（例如，父親在兒女中分配資金，那麼子女就是權利的客體）

Objurgatrix　潑婦

Oblation　〔宗〕捐獻物

Obligate　*v.* 使受約束；（道義或法律上）強制…做某事；使負（法律上或道義上的）義務；承擔責任；踐約；指定（某款）作還債專用

Obligation　（道義或法律上的）義務；責任；債務；債務關係；蓋印契約；債務保證書（指一種包含罰款、附加條件、金錢給付和履約等相似的證書）

Obligation and responsibility　義務和責任

Obligation created by administrative orders　行政命令之債（指因國家計劃、法令、規定和國家機關的決議、命令而發生的債）

Obligation fees　承擔費（指對貸款協議中的餘額應付的）

Obligation in favour of a special credit　指名債權

Obligation in public law　公法上的義務

Obligation insurance　債權保險

Obligation not to harm the global commons　不損害地球公地的義務（指防範污染而言）

Obligation of a contract　合同之債；契約債務

Obligation of compensation　賠償義務

Obligation of exporter contracting party　〔關貿〕出口者的締約方義務

Obligation of money　金錢債務

Obligation of national treatment　國民待遇義務

Obligation of non-recognition　不承認義務

Obligation of summons　催告債務

Obligation of tax　納稅義務

Obligation on Bill　票據債務

Obligation solidaire　〔法〕連帶之債

Obligation to pay claim　〔保〕理賠義務

Obligation to pay tax　納稅義務

Obligation to provide currency　供應貨幣義務

Obligation under seal　蓋印合同之債

Obligation with several creditors or several debtors　多數人之債（指以同一給付為標的而有多數債權人或多數債務人參加的債）

Obligations　債務，義務；債據，債券；約定

Obligations and disciplines of Members for trade in services　服務貿易成員方義務與紀律（指服務貿易總協定每個成員方立即無條件地給予服務業國民待遇，工業發達國家應為發展中國家勞務提供者進入商業和技術領域、註冊和取得職業資格的承認以及獲得服務技術提供便利條件等明文規定）

Obligations regarding exchange arrangements　關於交換使用權的約定

Obligator　債務人；借款人；義務者；有責任者

Obligatory　（道義上或法律上）必須履行的；強制性的；有拘束力的；應盡的

Obligatory abstention　強制（性）棄權

Obligatory arbitration　強制仲裁

Obligatory character　拘束性；強制性

Obligatory judicial settlement　強制司法解決

Obligatory jurisdiction　強制管轄權

Obligatory maturity　義務到期的日期；債務的給付日期

Obligatory notification　強制（性）通知

Obligatory pact　非正式的債務合約（羅馬法拒絕承認的）

Obligatory provisions　強制性規定

Obligatory registration　強制登記

Obligatory reinsurance　強制再保險，強制分保；義務再保險

Obligatory reinsurance contract　固定分保合同

Obligatory right 債權

Obligatory rule 強制性規則

Obligatory settlement 強制解決

Obligatory term 義務年限；強制性條款

Obligatory voting 強制投票；義務投票

Obligatory writing 答辯的強制性擔保 (= writing obligatory)

Oblige v. 迫使；責成；以誓言 (或契約等) 束縛 (某人)；〔法〕義務人；債務人

Obligee 受約人；權利人；債權人

Obligor 立約人；義務人；債務人

Obligor of quittance 償還債務者；償還義務者；履行義務者

Obligor of tax-paying 納稅義務者

Obliterate traces of murder 殺人滅跡

Obliterated corner 被遺忘的角落；已被滅跡的證據 (指原來勘測員建立的可見證據已不復存在)

Obliteration 消滅；滅跡；塗抹；刪除；擦掉

Obliteration of accounts 塗改賬目

Obliteration of name 塗改姓名

Oblivion 遺忘；健忘；赦免 (指大赦或特赦)

Oblivious 忘卻的，健忘的；不在意的

Obloquy 斥責；譴責；耻辱；污辱；醜名；誹謗

Obnoxious 令人非常不快的；引起反感的；應受處罰的；應負責任的

Obreption 詐欺取得；突襲取得；隱瞞真相 (以虛假的陳述等騙取歸公的財產)

Obrogation 部份或全部廢止的法律；變更法律；修正法律

Obscene 猥褻的；淫猥的；下流的

Obscene language 猥褻語言

Obscene libel 刊印淫穢性作品誹謗 (罪)

Obscene picture 淫畫

Obscene publication 淫穢出版物 (出版敗壞風俗的淫畫、淫書；敗壞風俗的文書、刊物)

Obscene Publication Act 〔英〕淫穢刊物取締法 (1959 年)

Obscenity 猥褻；淫穢；可憎 (指書籍、電影、書畫等作品之類的使人看之或讀後產生腐化墮落後果，但如有利於科學、文化、藝術等除外)

Obscure 含糊的；不清楚的；難解的，晦澀的，不明顯的

Observance 遵守；奉行 (法律、習俗和規章等)；〔基金〕遵守；履約

Observance of law 嚴格遵守法律

Observance of rules 遵守規則

Observance of treaties 條約的遵守 (遵守條約)

Observant 嚴格遵守的

Observant party 守約方；履約方

Observation 監視；觀察；注意

Observation group 觀察小組

Observation satellite 觀察衛星

Observe v. 遵守；奉行 (法律、習俗和規章等)

Observe any conditions imposed by the Requesting Party 〔領事〕遵守請求方所附加的條件

Observe the following provisions 遵守下列規定

Observe the law 守法

Observe the obligations 履行義務

Observer 觀察員 (國際會議等)；監場員 (指監管交易場內買賣雙方交易情況)

Observer delegation 觀察團

Observer group 觀察員小組

Observer mission 觀察員使團

Observer status 觀察員身份

Observer team 觀察員小組

Obsignatory 批准的；認可的；確認的

Obsolescence 過時；廢棄；淘汰；無用；陳舊；貶值

Obsolescent 日漸過時的；逐步被廢棄的；陳舊的

Obsolete 作廢的；已不用的；過時的；淘汰的

Obsolete law 廢法

Obsolete treaty 廢約

Obstacles to the formation of domestic political coalitions between sectoral interests pursuing protectionist aims and public-interest groups puring environmental goals 推行保護貿易主義目標的局部利益團體和推行環境目標的公益團體兩者之間形成國內的政治上聯合的障礙 (有學者認為這是世貿組織對會員資格施加的法律限制所致)

Obstacles to trade 貿易障礙

Obstante 妨礙；阻撓；抵擋；反抗

Obstinate desertion 堅決遺棄；決計遺棄 (指離婚而言)

Obstriction 義務；債務；合同；契約

Obstruct v. 妨礙；阻塞；阻擋；阻礙；遮住；阻撓；設置障礙 (尤指在議事進程中)

Obstruct the free flow of trade 阻礙貿易的自由流量

Obstructing justice 〔美〕妨礙公務；阻撓司法；阻礙司法執行

Obstructing mails 〔美〕妨礙郵政罪

Obstructing proceeding of legislature 〔美〕妨礙立法程序

Obstructing process 妨礙訴訟程序 (罪)；妨礙執行公務 (罪)

Obstruction 妨礙；障礙；堵塞；阻塞；阻礙 (指阻礙警察執行任務和公路的暢通等)；障礙物；堵塞物；〔英〕妨礙罪

Obstruction of justice (=obstructing justice) 〔美〕妨礙公務；阻撓司法；阻礙司法執行

Obstruction to navigation 妨礙航運 (指船舶自由航行的不必要障礙)

Obstructionism 故意妨礙議案通過

Obstructionist 故意妨礙議案通過者

Obstructive a. & n. I. 妨礙議事的；II. 妨礙議事者 (尤指英國下院議員)

Obtain v. 擁有；佔有；收取；獲得；得到；買到

Obtain a guarantor and await trial out of custody 取保候審

Obtain an advantage 獲得一項利益

Obtain confession by compulsion and give it credence 逼供信

Obtain evidence 調取證據；獲取證據

Obtain funds from private markets 〔世行〕從私人市場獲取資金 (指世行的客戶從私人資本市場上籌措到資金後，未加減即付給世行，世行又利用這筆資金"支援研究項目和促進發展的職能"，這樣做可以不受世行制約)

Obtain negotiating credit in GATT negotiations for trade policy reforms 取得關貿總協定貿易政策改革談判的議付信用證

Obtain one's exequatur 獲取…領事證書

Obtain property by deception 詐欺取財

Obtain security for one's loans 獲得為…貸款擔保；為…人貸款獲取擔保

O

Obtain suitable accommodation (for) 獲得適當房舍

Obtain testimonies from witnesses 向證人取證；從證人取得口供

Obtain the right to import and export goods 獲得進出口貨物的權利

Obtaining and providing expert evaluations 獲取和提供鑒定結論

Obtaining money or property by false pretences 以詐騙取得金錢財物（詐騙錢財）

Obtaining property by deception 詐騙財物（以欺騙手法取得財物）

Obtaining testimony by deception 騙取證供；騙供（通過欺騙取得證言）

Obtest v. 抗議；反對；祈求；傳喚作證；傳喚證人作證

Obventions 〔宗〕捐獻物（款）（指付給教會牧師個人的什一稅）

Obviate the consular responsibility 解除領事責任

Obvious 顯然的；明白的；顯著的；顯而易見的

Obvious danger 明顯風險

Obvious risk 明顯風險；可預見的危險

Ocasion 〔西〕事故

Occasion n. & v. I. 偶然事件；緊急情況；時機；機會；理由；〔西〕事故；II. 引起；使發生；招致；提供機會

Occasional call 臨時靠港

Occasional cause 偶然的原因

Occasional contraband 偶然禁製品

Occasional criminal 偶發性犯罪者

Occasional dumping 偶然傾銷

Occasional income 臨時收入，非經常性收入

Occasional licence 〔英〕酒類臨時販賣執照

Occasional line 不定期船；臨時航線

Occasional overdraft 臨時透支

Occasional paper 〔基金〕〔世行〕臨時證件

Occult 隱藏的；秘密的；不公開的；神學的；神秘的；玄妙的

Occult crime 秘密犯罪；不公開的犯罪

Occultation 隱匿；隱藏

Occupancy 佔用；佔有（指佔有前無物主之財物，其同義詞為 "possession"）；居住（期間）；〔際〕先佔；佔領；〔英〕實際佔用；〔美〕聯邦政府管轄範圍（指不再允許州的訴訟行為，諸如叛亂法和間諜法規）

Occupancy agreement 佔用協議

Occupancy right 租佃權

Occupant 佔據者；實際佔有人（指佔有和控制某財物）；佔用者；居住者；（無主物的）先佔者；先佔取得者

Occupation 佔用；佔有（指使用、租用或佔有他人的土地及房屋）；霸佔（指非法佔用未經君主特許的東西）；職業；居住（期）；〔宗〕實際使用和使用權；〔際〕先佔；佔領（指侵佔他國國土；又如戰時把他人趕出，非法強佔其自由保有的不動產）

Occupation accident insurance 職業傷害保險；職業意外事故險

Occupation administration 佔領行政當局

Occupation area 佔領區

Occupation army 佔領軍

Occupation census 職業統計調查

Occupation court 佔領法院

Occupation franchise 〔英〕承租人投票權；承租人選舉權；土地佔有人的議員選舉權

Occupation government 佔領政府

Occupation in war 戰時佔領

Occupation regime 佔領制度

Occupation statute 佔領法規

Occupation tax 職業稅；營業稅

Occupation zone 佔領區

Occupational 職業的；軍事佔領的

Occupational accident 職業意外事故

Occupational association 職業協會

Occupational authorities 佔領當局

Occupational disease 職業病

Occupational earning 職業收益

Occupational forces 佔領軍

Occupational hazard 職業危險（特別行業或職業的事故或疾病的危險）

Occupational pension scheme 〔英〕職業退休金制

Occupational power 佔領國

Occupational Safety and Health Act (OSHA) 〔美〕職業安全與健康法（1970 年）

Occupational Safety and Health Administration 〔美〕職業安全與健康管理局

Occupational Safety and Health Review Commission 〔美〕職業安全與健康審查委員會

Occupative 佔有的；佔有權的

Occupied area 被佔領區

Occupied country 被佔領國

Occupied territory 被佔領土；被佔領區

Occupier （土地、房屋的）佔用者；居住者；佔有者

Occupier's liability 住戶責任；佔用人責任

Occupier's tax 農民所得稅（農業所得稅）

Occupy v. 擁有；佔用；佔領；佔據；盤據；住用；使從事；使忙碌

Occupying administration 佔領行政

Occupying army 佔領軍

Occupying authorities 佔領當局

Occupying claimant 〔美〕返還改良土地的求償人；追償改良土地利益的請求人（指佔有者向實際土地所有者追償其佔有期間對該土地的改良費用）

Occupying Claimant Acts 〔美〕返還善意改良土地求償法

Occupying power 佔領國

Occupying state 佔領國

Occupying tenant 佔有承租人；佔有租戶

Occur v. 發生；出現；存在

Occurrence 發生；（偶發）事件；事變；發生的事件

Occurrence of crime 罪行的發生

Ocean 大洋；海洋

Ocean basin 海洋盆地

Ocean bill of lading 海運提單；遠洋船貨提單

Ocean bottom 洋底

Ocean cargo insurance 海運貨物保險

Ocean carrier 海運承運人；海運公司；遠洋輪船

Ocean common carrier 海洋公共承運人

Ocean dumping 海洋傾倒（指倒入垃圾等）

Ocean floor　洋底

Ocean freight　海運運費

Ocean freight differential　〔美〕海洋運費差價

Ocean freight differential subsidy　〔美〕海運運費差價津貼

Ocean freight forwarder　海運貨運承攬業主

Ocean freight rate　遠洋運費率；海運費率

Ocean going ship　遠洋船舶

Ocean highway　海路

Ocean line　遠洋航線

Ocean liner　遠洋定期客輪

Ocean marine insurance　遠洋運輸保險

Ocean pollution　海洋污染

Ocean route　遠洋航線

Ocean shipping　海運；遠洋運輸

Ocean space　海洋空間；海洋區域；海域

Ocean trade route　海洋商業航線

Ocean traffic　海洋交通

Ocean tramp　不定期的遠洋貨輪

Ocean transport　海洋運輸

Ocean waybill　海運提單 (海上旅客和貨物運單)

Ocean-going vessel　遠洋輪船

Oceanic coastal state　大洋沿岸國；大洋沿海國

Oceanic crust　海洋地殼

Oceanic meteorological observatory　海洋氣象台

Oceanic sounding　〔海法〕海洋測深

Ochlocracy　暴民政治；暴民統治；濫用民主

Ochlocrat　暴民政治家

Octavus subscriptor　簽名證人

Octroi　〔法〕(貨物) 入市稅；入市稅徵收處

Octuplicate　第八副本；一式八份

Ocular testimony　目擊的證據

Ocular witness　目擊者

Oculist　眼科醫生；〔美〕特許眼疾專家

Odal　完全財產權

Odal right　自主保有權；絕對所有權

Odd job　(做) 零活；打短工；散工

Odd lot　零股；零星股；碎股 (指不滿一百股的交易單位)

Odd lot dealer　零星批發商 (做零星交易者)；零股交易商

Odd lot doctrine　〔美〕殘廢工人補償規則 (指不完全喪失就業能力，但在競爭市場上找不到工作時則被認為完全喪失就業能力)

Odd lot order　零股委託；零股指令 (不足 100 股股票的訂購單)

Odd man　投決定性一票的人 (指兩邊票數相等時所投的票)

Odd-fellows　〔英〕(一種) 秘密共濟會會員 (18 世紀在英國創始的)

Odious　可憎的；可惡的；醜惡的；臭名的；令人厭惡的；惡劣的

Odious debt　惡債

Odium　憎惡；公憤；厭惡 (指這種帶着對訴訟另一造的仇視情緒能否給予不偏袒的審理表示質疑)

OECD High Level Group on Commodities　經濟合作發展組織高級商品小組

Of　*conj.* …的；…之中的；屬…的；與…相關聯的

Of age　成年的

Of counsel　〔美〕助理律師 (通常為訴訟一方當事人所僱用，尤以協助辦理訟案或上訴，但非當事人的主要律師)；特邀律師；法律顧問 (指律師事務所的律師或退休的律師)

Of course　理所當然的；自然的；遵照法律訴訟程序的

Of even date　同一日期的

Of force　有效的；實施中的；尚存的，未廢的，未過時的；有約束力的

Of good repute　信譽良好的

Of grace　寬限的；赦免的；(法院) 允許的

Of no fixed abode　居無定所 (的)

Of one's own accord　自願的，心甘情願的；自動的

Of purpose　故意的，有意的，蓄意的

Of record　有記錄的；記錄在案的

Of right　當然的；意料中的；正當的；合法的

Of the blood　同一血親的；同宗的，同祖的

Off brand　老字號；老牌子

Off duty　下班；休假

Off hire　應從租船費的計算中扣除的時間；停租

Off hire clause　停租條款 (指因船上機器發生故障等而停航、停租)

Off hire survey　(船舶) 退租檢驗

Off the rails　出軌

Off the record　不公開的；非正式的；(談話等) 秘密的；不許發表 (或引用) 的

Off year election　中期選舉

Off-balance sheet item　不列入資產負債表的融資項目

Off-balance-sheet financing　資產負債表外的資金融通 (指毋須上報的公司資產負債表之資金融通)

Off-board　場外交易的

Off-budget　預算外

Off-course betting　場外賭博；外圍投注

Offence　違法行為；犯罪行為；犯罪 (在美國多指輕罪)

Offence against discipline　違反紀律罪

Offence against morality　有傷風化罪

Offence against peace and security of mankind　危害人類和平及安全罪

Offence against public health　妨礙公共衛生罪

Offence against public order　妨礙公共秩序罪

Offence against public safety　妨礙公共安全罪

Offence against public security　危害公共安全罪

Offence against social order　危害社會秩序罪

Offence against the law　違法罪行

Offence of Bribery of Foreign Public Officials　賄賂外國公務員罪

Offence of forging national currency　偽造國家貨幣罪

Offence relating to forgery of seals　偽造印章罪

Offence relating to smoking opium　吸鴉片罪

Offences against a law relating to taxation, customs duties and other revenue matters　觸犯涉及稅收、關稅以及其他財稅方面的法律罪

Offences against peace and security of mankind　危害人類和平及安全罪

Offences Against the Person Act　〔英〕侵犯人身法 (1861 年)

Offences Against the Person Ordinance　〔香港〕侵犯人身罪條例；傷害他人罪行條例 (規定任何人遺棄 2 歲以下兒童或 16 歲以下兒童或少年受其監護人虐待和毆打等均屬觸犯刑律，都要受到懲處)

O

Offend *v.* 違犯；犯罪

Offend against the law 犯法

Offend public morals 有傷風化

Offender 〔美〕違法者；罪犯；犯人；不法行為者（包括輕罪犯和違章駕駛行為）

Offender under labour reform 〔中〕勞改犯

Offending parties 〔關貿〕違約方；侵害者一方

Offending party's veto 〔關貿〕違約方的否決權

Offending private-sector parties 違犯私營部門當事方

Offense 〔美〕違法；犯罪（或輕罪）；違法行為

Offensive 冒犯的；冒犯性的；唐突的；無禮的；令人不愉快的；進攻的；進攻性的；攻勢的；攻擊性的

Offensive alliance 進攻性同盟

Offensive and defensive alliance 攻守同盟

Offensive and defensive league 進攻與防衛同盟

Offensive armament 進攻性軍備（武器）

Offensive language 污穢的語言；冒犯性語言；令人不快的語言

Offensive measure 進攻性措施

Offensive military alliance 進攻性軍事同盟

Offensive trade 厭惡性行業

Offensive war 進攻戰；進攻性戰爭

Offensive warfare 進攻戰

Offensive weapon 兇器；攻擊性武器；進攻性武器

Offensive-defensive alliance 攻守同盟（指一旦受到第三國侵犯時，締約國雙方相互援助之約定）

Offer *n. & v.* I. 報盤；報價；發盤；要約（其反義詞為"承諾"。要約與承諾兩者為合同要素）；提議；發價；（談判）出價；報價；企圖；II. 提供；提出；建議；報價；發盤；企圖；力圖賄賂（刑法用語）；出示（指以提供證人或證件來證明）；〔宗〕奉獻

Offer a reward 懸賞

Offer and acceptance 要約和承諾

Offer by description 附說明書的要約

Offer compensation 提供補償

Offer for sale 公開發售

Offer list 〔關貿〕提供談判減稅的商品清單

Offer no evidence 提不出證據（無證據提出）

Offer of compromise 和解提議（指提議友好解決爭端或分歧）

Offer of judgment 判決提議（指審判前被告向求償方提出同意作出賠償判決的提議）

Offer of marriage 求婚

Offer of proof 提出證據；出示證據

Offer rate 貸款利率

Offer telex 邀請電文

Offer the opportunity to be heard 提供聽證的機會

Offered observer-ship in the vast majority of WTO bodies including the Dispute Settlement Body 給予世貿組織絕大多數機構包括爭端解決機構在內以觀察員身份（指 IMF 和 World Bank 給予 WTO 以觀察員身份參與他們的會議）

Offeree 受約人；被要約人；受盤人；被發價人

Offerer 要約人；報盤人；發價人

Offering 發行證券（出售）；〔複〕呈奉；捐獻；獻納（指按慣例付給教區牧師的個人什一稅）

Offering circular 發行證券通告；出售證券通告

Offering memorandum 證券出售備忘錄

Offering price 發行價格；證券發盤價（每股證券出售價格）；開放互惠基金的轉盤價

Offering statement (=offering circular) 發行證券通告；出售證券通告

Offeror (offerer) 要約人

Offertory 〔宗〕獻祭曲；聖餐捐獻儀式；捐獻；獻金

Off-going crop (=away-going crop) 〔英〕租期屆滿後成熟的作物（租地人最後一年所種植而在租期屆滿後才成熟的作物，對此租地人可依明示或默示合同條款等規定獲得該所種作物的補償權）

Off-hire clause 停租條款（指租船契約因海員不足或機器故障等原因所致）

Office 職位；職務；公職；官職；職責；辦公室；辦事處；事務所；營業所處；局；廳；社；行；公司

Office allowance 辦公費

Office audit 〔美〕機關審計

Office burglary and robbery policy 營業處所盜竊搶劫保險單

Office copy 正式抄本；正式副本；留底

Office for Treaty Affairs 〔美〕條約事務局（美國務院下屬機構可提供別處搞不到的國際協定文本並協助對協定的解釋）

Office found 〔英〕職位調查結果

Office grant 〔美〕官方財產讓與

Office held 前任職位

Office hours 辦公時間；營業時間

Office in Europe (Paris) 〔基金〕（巴黎）歐洲司；歐洲辦事處

Office in Geneva 〔基金〕日內瓦司；日內瓦辦事處

Office lawyers 寫字間律師

Office manager 業務經理

Office of a Judge 〔英〕法官職務

Office of Alien Property 〔美〕外僑財產管理局

Office of census and statistics 人口統計辦公室

Office of commercial counselor 商務參贊處

Office of criminal law accounts 〔英〕刑法會計局

Office of emolument 有薪之職

Office of entry 入境辦事處

Office of Government Procurement Review 〔日〕政府採購審查辦公室（依照世貿組織的規定於 1995 年 12 月 1 日成立，以實施政府採購制度的透明、公平和有效的競爭性）

Office of honour 〔美〕無薪金的公職機構

Office of judge 〔英〕法官之職（教會刑事法庭刑事訴訟的法官）

Office of legal advisers 法律顧問處；〔關貿〕法律事務所（指關貿總協定自 1948 年成立起至 1983 年為止仍無正式的法律事務所或正式的法律顧問，直言其機構不健全，職能有限）

Office of legal affairs 法律事務所

Office of Personnel Management 〔美〕人事管理局

Office of profit 〔英〕受薪職位

Office of Profit under the Crown 〔英〕國王之下的有薪職位

Office of public notary 公證處

Office of public trustee 〔英〕公眾信託局（1908 年）

Office of Secretariat Services for Economic and Social Matters 〔聯〕經濟與社會問題秘書組辦事處

Office of strategic services 戰略服務局

O

Office of the Commissioner for Administrative Complaints 〔香港〕行政事務申訴專員公署 (1996 年改稱申訴專員公署 (Office of the Ombudsman))

Office of the commissioners of inland revenue 內國稅收委員會

Office of the Director General for Development and International Economic Corporation 〔聯〕發展與國際經濟合作總幹事辦事處

Office of the Managing Director 〔基金〕總裁公署 (總裁辦事處)

Office of the Ombudsman 〔香港〕申訴專員公署

Office of the Privacy Commissioner for Personal Data 〔香港〕個人資料私隱專員公署

Office of the Solicitor of Customs 〔英〕海關檢察局

Office of the Special Representative for Trade Negotiations 〔美〕貿易談判特別代表署 (根據《1962 年貿易擴大法》第 241 條於 1962 年成立的，直接對總統負責，旨在確保制定美國貿易政策及從事國際貿易談判時，能夠平衡國內外各種相互衝突的利益)

Office of the United Nations High Commissioner for Refugees 〔聯〕難民事務高級專員公署 (難民事務高級專員辦事處)

Office of the United States Trade Representative 美國貿易代表署 (於 1979 年易名，其職能同 "貿易談判特別代表署")

Office of Thrift Supervision 〔美〕儲蓄監管局

Office patient 門診病人

Office visit 門診

Office-bearer 在職人員

Office-block ballot 〔美〕順序選票；麻省選票 (或由或不以政黨指定的麻薩諸塞州以候選人名字按其競選單位順序編組序)

Office-book 〔美〕公務文書

Officer 職位擔當人 (指擔任信託、公司、政府或其他機構、組織的職位者)；官員；辦事員；公務員，高級職員 (主任；秘書、司庫等)；(團體等) 幹事；軍官；警察；法警；執達員；高級船員

Officer de facto 事實上職位擔當人 (事實上的負責官員)

Officer de jure 法律上職位擔當人 (法律上的負責官員)

Officer of health 檢疫官

Officer of justice 法警；〔美〕(司法部) 司法官員

Officer of prison 典獄官；監獄官

Officer of the United States 美國官員 (由總統提名、參議院批准或僅由總統任命的官員或部長)

Officer of the watch 〔海法〕值班船員

Officer on agreement 簽約聘任的職員

Officer on probation 試用職員

Officer on trial 試任職員

Officer(s) of the court 法院官員；法院執達員；法院職員

Officers of State 〔蘇格蘭〕國務官

Official act 官方行為；公務行為；經授權的行為

Official activities 公務活動；職務活動

Official administrator 遺產管理官；〔香港〕(遺囑的) 官方承辦人

Official agent 官方代表

Official approval 正式批准；官方許可

Official assignees 法定受讓人；〔英〕指定受託人 (依 1869 年以前的破產法規定，由大法官任命與破產債權人推選的受託人共同工作)

Official auditor 會計檢查官；會計查賬官

Official authority 官憲；官方權限 (力)

Official ballot 正式選票

Official bond 保證保險；〔美〕任職保證書 (公務員的一種誠實保證)

Official borrower 正式借款國；官方借戶

Official bulletin 正式公報

Official capital 官方資本

Official ceremony 正式禮節；官方儀式

Official certificate 〔英〕正式證明書 (供申辦移民手續使用)

Official channels 官方途徑

Official commission 官方委任狀

Official communication 公務通訊；官方通知；公報

Official communiqué 公報

Official confiscation (官方) 沒收；充公

Official correspondence 來往公文

Official courier 官方信使

Official custodian for charities 〔英〕慈善事業管理官 (根據《慈善事業法》委任的作為處理慈善事業案件的官方受託人)

Official custody 正式拘押

Official deed 正式契據

Official Development Assistance (ODA) 官方發展援助；官方開發援助

Official discipline 官員紀律；官紀

Official document 公文；官方文件

Official exchange rate 官方外匯牌價；法定匯率

Official forms 正式表格；官方表格

Official function 官方職務；公務

Official gazette 公報；〔美〕專利商標公報 (刊登專利商標通告和申請，以及商標註冊等)

Official holding 官方持有證券 (債券)

Official holiday 法定假日；公休日

Official immunity 官員豁免權

Official immunity doctrine 〔美〕官員豁免原則

Official import statistics 官方進口統計

Official information 官方消息

Official inspection 官方檢查

Official insurance broker 正式保險經紀人

Official intercourse 正式往來

Official interpretation 正式解釋；官方解釋

Official interpreter 官方譯員；翻譯官

Official Journal 正式會刊；公報；〔歐共體〕《官方文報》

Official language 正式語文；官方文字

Official Languages Agency 〔香港〕法定語文事務署 (法定語文事務署已經在 2003 年 7 月 1 日歸入公務員事務局，並改名為法定語文事務部 (Official Languages Division))

Official letter 公函

Official Liquidator 〔英〕官方清算人 (由貿工部長委任處理公司的破產事務的官員)

Official log book 正式航海日記；官方航海日記

Official managers 〔英〕(破產公司) 官方督察員；官方管理人

Official manual 官方手冊

Official map 〔美〕官方地圖 (關於城鎮土地使用劃區)

Official meeting 正式會議

Official misconduct 〔美〕失職；瀆職；公務不當行為

Official mission 公務使團

Official mourning　公喪

Official municipal　市政官員；公僕

Official negotiation　正式談判

Official notification　官方通知；正式通知

Official oath　〔英〕就職宣誓

Official of land survey　陸地測量官

Official oral message　官方口信

Official order　訓令

Official organisation　官制；官方組織

Official par of exchange　法定匯兌平價

Official pass　官方通行證

Official passport　公務護照

Official petitioner　〔英〕官方申請人（清償債務官按 1986 年破產法規定，負責破產債務償還事宜）

Official pouch　公務信袋

Official premises　辦公館舍

Official principal　〔英〕教務總長（負責主教管轄區的事務）；副主教；教區大法官（主教任命的協助處理法律事務並代表主持教區法院開庭事宜）

Official procurator　公訴人

Official publication　正式刊本；官方刊物；官方出版物

Official rank　官等；官價；官員等級

Official rate　官方匯率；法定匯率

Official rate of discount　公定貼現率；法定貼現率

Official rate of exchange　法定匯率（官方匯率）

Official receipt　正式收據；實收

Official receiver　〔英〕破產管理官；官方接管人（負責處理公司的清算和破產事務）；〔香港〕破產管理官；破產管理署署長

Official Receiver's Office　〔香港〕破產管理署

Official reception　正式接見

Official recognition　正式承認

Official record　官方記錄，官方檔案（關於官員執行公務情況的記錄）；行政記錄（指行政程序中可採性的正式記錄）

Official Records Act　〔美〕官方檔案法

Official referees　官方鑒定人；〔英〕官方調查人；官方仲裁人（1971 年廢止）

Official register　正式註冊；〔美〕官方銜名錄（指政府部門的官員名單）

Official report　官方報告

Official reports or reporters　〔美〕法院判決錄；法院判例彙編

Official representative　正式代表；官方代表

Official reprimand　懲戒

Official residence　官邸

Official sanction　正式核准；官方認可

Official seal　公章；官方印章；政府印章

Official secrets　公務秘密

Official Secrets Acts　〔英〕公務機密法（1911 年）

Official settlement balance　官方結算（清）餘額

Official solicitor　〔英〕官方律師（由最高法院委任的代為無行為能力者服務）

Official statistics　官方統計

Official support　官方支持

Official symbol protection　官方象徵性的保護

Official translation　正式譯文

Official travel　公務旅行

Official traveler　公務旅客

Official trustee　官方受託人

Official Trustee of Charity Lands　〔英〕慈善土地官方受託人

Official Tustee of Charitable Funds　〔英〕慈善基金官方受託人

Official use　官方用途；官方用益；法定用益

Official value　法定價值

Official visa　公務簽證

Official visit　正式訪問

Official weights and measures　法定度量衡

Official　*n. & a.* I. 職位擔當人；官員；高級職員；〔宗〕宗教法庭推事；非刑事案件的副主教代理；〔蘇格蘭〕（中世紀）牧師；II. 官方的；正式的；法定的；公務的；公職的；職位上的；經官方批准的；假借官方權力之名的

Officialism　官僚作風；文牘主義

Officialite　〔法〕宗教法庭

Officiality　〔美〕法院院長

Officious statement　非正式聲明

Officious will　履行撫養義務的遺囑（指把財產留給其家屬的遺囑）

Off-licence　〔英〕只許外賣酒類執照

Offset　*n. & v.* 補償；抵銷；彌補；沖銷

Offset account　抵銷賬戶（收支相抵賬）

Offset differences in domestic policies　〔世貿〕抵銷國內政策上的分歧

Offset dumping　抵消傾銷

Offset guilty by merit　〔中〕立功贖罪

Offset policy divergences　抵銷政策分歧

Offset requirements　補償要求（指為減少進口國國際貿易收支差額等而向產品進口國政府索取補償的措施）

Offset well　（石油）偏井

Offsetting duty　補稅

Offsetting entry　補償登記

Off-shore　近海；境外；海外

Offshore archipelago　近海羣島；岸外羣島

Offshore area　近海地區

Offshore bank　近海開發銀行

Offshore banking centre　境外金融中心

Offshore boundary　近海疆界

Offshore drilling　近海鑽探；海洋鑽井

Offshore exploitation risks　海洋石油開發保險

Offshore financial market　〔基金〕境外金融市場（可對發達國家發放）

Offshore fishery　近海漁業

Offshore fishing　近海捕魚

Offshore fund　外島資金；國外資金；境外資金；〔美〕國外股票（指美法律禁止不得在國內註冊和上市在國外發行的投資股票）；海外投資公司（指在百慕大、巴拿馬等地所設的）

Offshore installation　近海裝置；海底裝置

Offshore oil　海底石油

Offshore petroleum resources　海上石油資源

Offshore processing　境外加工；國外裝配

Offshore structure　近海構造

Offshore terminals　岸外碼頭

Offshore tracks　近海航路

Offshore transactions 〔美〕海外交易；國外交易；離岸交易；境外交易

Offspring 子孫；後裔；產物；結果

Off-the-bench 法庭外的；法庭以外的

Off-the-record （談話等）秘密的；不許發表（或引用）的

Off-track betting 出軌的賭博；（賽馬的）場外投注

Oft-conflicting definition 經常爭議的定義；經常抵觸的定義

Oft-found phenomenon 常發現的現象

Oil and Gas Law 油氣法

Oil and gas lease 油氣租約

Oil bill 石油發貨單

Oil carrier 運油船

Oil Companies Institute for Marine Pollution Compensation, Ltd. 石油公司海洋污染賠償協會（有限）

Oil country 產油國

Oil damage 油漬損害

Oil embargo 石油禁運

Oil exporting country 石油輸出國

Oil facility 〔基金〕石油貸款；石油信貸基金（指1974年6月國際貨幣基金組織對於因油價上漲而國際收支有嚴重困難的會員國所訂制的貸款安排，亦稱"石油資金特別貸款制度"，即對因石油漲價引起的國際收支困難的發展中國家發放，也可向發達國家發放）

Oil filings 〔美〕採油區

Oil firing 〔海法〕燃油

Oil Pollution Act 〔美〕油污染法（1924年）

Oil price shock 油價危機

Oil record book 油輪裝載記錄簿

Oil refiner 〔海法〕淨油器

Oil residues 油渣

Oil royalties 石油產地使用費；油區使用費

Oil securities 石油股票；石油公司證券；石油證券

Oil settling tank 〔海法〕油沉櫃

Oil shock 石油危機

Oil tanker 油輪；油船

Oil-importing developing countries 進口石油的發展中國家

Oil-producing country 產油國

Okay (O.K.) *a. & v.* I.〔口〕同意的；可以的；很好的；行；（對上呈的提議表示）正確的；照準的；接受的；同意的；可以的；II. 對…表示同意；對…予以認可；在…上簽"O.K."兩字

Okinawa trough 琉球海溝（海溝為國際法上公認的終止大陸架的界溝）

OKO-Test Standard 100 環保紡織品標準100

Old age 年老；衰老

Old age and survivors insurance 老年及遺屬保險

Old age pensions 養老金

Old age policy 老年醫療保險

Old age security system 老年保障制度

Old Age, Survivors, and Disability Insurance (OASDI) 老年、遺屬和殘疾保險

Old and New Extent 〔蘇格蘭〕新舊土地估價

Old bailey 〔英古〕老貝利（即中央刑事法庭，受理重大刑事案件）

Old Booke of Entries 〔英〕《舊判例彙編》（亦稱《新登錄集》，編纂於1566年）

Old code 舊法典

Old line company 傳統人壽保險公司

Old Natura Brevium 〔英〕《舊令狀彙編及其評注》（編寫於愛德華三世，1534年）

Old offender 前科犯

Old Pension Act 養老金法

Old Series 〔美〕舊債券

Old style (O.S.) （西洋）舊曆

Old Tenures 《論土地保有制》（寫於14世紀末葉，其後為利特敦著名的《土地保有論》提供了素材）

Old Term de la ley 〔英〕古代法律詞匯（1624年發行）

Old-age and invalidity insurance 老殘保險

Old-age and survivors' insurance 老年及遺屬保險

Old-age insurance 老年保險；養老保險

Old-age Pension Act 〔英〕養老金條例（1908年）

Older age policy 老年醫療保險

Older Workers Benefits Protection Act 〔美〕老年工人津貼保護法

Old-fashioned trade agreements jurisprudence 舊時流行貿易協議的法律體系

Oligarch 寡頭政府的執政者（或支持者）

Oligarchy 寡頭政治；寡頭統治者

Oligopoly 商品供應壟斷（指少數製造商在有大量買主的情況下進行的控制）

Olograph 親筆文件；手書

Olographic 親筆寫的

Olographic will 親筆遺囑

Olympic Council of Asia 亞洲奧林匹克委員會

Ombudsman 〔美〕民政專員；行政監察專員（指聽取民眾向其申訴政府冤情的官方或半官方人員）；政府特派員（專門調查官員違法舞弊情況的政府官員、負責聽取批評、投訴的人）；〔英〕（議會任命的）調查專員（代表政府就行政訴訟作調查）

Ombudsmanship 民政專員的職權

Ombudswoman 女民政專員

Ome bueno 〔西〕好人（指有經濟信用的人）；正直的人

Omission 遺漏；疏漏；懈怠；不作為；不履行法律義務，省略的東西；遺漏的東西

Omissive 遺漏的；失職的；疏忽的

Omit *v.* 遺漏；疏忽；省略

Omittance (=forbearance) 不作為（＝omission）

Omittance is no quittance 不催賬不等於銷賬（遺漏不等於銷賬）

Omitted transaction 遺漏的交易；刪略的交易

Omnibus *a. & n.* I. 所有的；總括的；綜合的；包含多項的；多種用途的；II. 公共汽車；公共馬車

Omnibus bill 綜合議案；統括法案（指包括多項不同問題的立法議案合而為一以迫使行政當局批准接受而無法加以否決）；綜合訴狀（指衡平法訴訟中，包括衝突各方當事人利害關係的訴狀，旨在避免重複訴訟）

Omnibus bill of lading 綜合提單

Omnibus clause 統括條款；綜合條款（指擴及明示或默示允許他人使用自己車輛責任保單上的條款）；〔保〕其他駕駛人條款

Omnibus credit 統括貸款（指多種不同性質的貸款）；綜合信用證

Omnibus Crime Control and Safe Streets Act of 1968 〔美〕犯罪管制法 (旨在減少犯罪的聯邦法律, 1968 年)

Omnibus hearing 綜合聽審 (指審理許多與日程上審議案件無關的事項)

Omnibus resolution 綜合決議

Omnibus Trade and Competitiveness Act of 1988 (OTC Act) 〔美〕1988 年綜合貿易與競爭法 (指國會授權總統與關貿總協定締約國談判多邊貿易協定)

Omnicompetent 有全權的

Omniparity 一切平等

On a comparative basis 在競爭的基礎上

On a cost incurred basis 以已付費用為準; 實報實銷

On a day to day 按日計算

On a mutually advantageous basis 在互利的基礎上

On a non-discriminative basis 在無差別待遇的基礎上

On a quarterly basis 每季度; 按季度計

On a reciprocal mutually advantageous basis 在互惠互利的基礎上

On a regular basis 採用正常方法; 按正常做法

On Access to the Ground Handling Market at Community Airports 關於進入共同體機場地面處理的市場 (歐盟 1996 年 10 月 15 日通過)

On account 記賬; 掛賬; 賒賬; 部份付款 (其反義詞為 "in full")

On account of whom it may concern 考慮到所有應保利益者 (保險單日期上的保險標的明示並由被獲得保險當事人考慮到的人)

On all fours 完全一致; 完全相似 (指對審理中案件所表示的看法)

On approval 待核准

On bail 具保, 交保

On bail bond 具保在外候審

On board 已裝船

On board bill of lading 已裝船提單

On call 即期付款; 隨時提取 (=on demand)

On carrier 二程承運人; 後程承運人

On country to country basis 以國別為準; 在逐國的基礎上

On deck bill of lading 艙面貨提單; 甲板提單

On default 如有過失; 如未出庭; 發生疏漏; 怠於履行職責

On demand 見票即付 (在提出要求就付的票據)

On duty 值班, 在值班; 在服役

On easy terms 以分期付款方式; 按寬厚條件

On equal terms 處於平等地位

On expatriate terms 按外地僱用條件

On file 存檔的; 歸檔的; 記錄在案的

On going global financial crisis 進行中的全球金融危機

On going international economic crisis 進行中的國際經濟危機

On going international financial crisis 進行中的國際金融危機

On hand 現有; 現存; 庫存

On hire 起租, 出租, 在租賃中

On joint account 按共同計算

On lease 租用; 在出租中

On line 在線

On line service 在線服務

On line shopping 網上購物

On no-objection basis 〔世貿〕以不反對為原則 (指世貿組織可派、可不派董事會成員作為觀察員身份參與世行的會議)

On one's own initiative 按照自己的提議

On one's own terms 按照自己的定價 (條件)

On or about 約在…日; 於或約於…; 大約

On or about the person 大約就是與那人有關

On or before 當天或前天; 當期或前期; 在特定時間或在此之前

On pain of death 違者處死

On parole 假釋

On probation 察看中

On purpose 故意

On record 記錄在案的; 公開宣佈的

On sale 出售; 上市的 (指出售發明專利)

On sale or return terms 無法銷售可以退貨條款; 准許退貨條件條款

On the alert 戒備

On the basis of demonstrated evidence 依據明確的證據

On the basis of mutual benefit to exporting and importing countries 〔世貿〕在進出口國共同利益的基礎上; 在進出口國互利的基礎上

On the basis of mutual respect for sovereignty, equality and mutual benefit 在相互尊重國家主權和平等互利的基礎上

On the basis of neutral and objective criteria 基於中立、客觀的標準; 在中立和客觀標準的基礎上

On the basis of sharp and substantial increase in imports 在進口急劇和實質上增加的基礎上

On the basis of the facts available 〔世貿〕在現有事實的基礎上 (指反傾銷協議規定, 對利害關係人拒不提供必要資料時, 調查當局可根據現有事實做出裁定)

On the brief 〔美〕參與撰寫法律理由書的全體人員名單; 參與撰寫辯護狀的全體律師名單 (包括在案律師在內)

On the brink of a trade war 在貿易戰的邊緣

On the contrary 相反的

On the docket 在審理中; 在執行中

On the face of it 推定的; 自明的; 初看的; 據初步印象

On the merits 根據案情實質; 基於法定權利

On the merits of a case 案情的實質; 根據案情的是非曲直

On the run 在逃

On the spot 當場; 現場

On the voyage 在航行中

On the whole 大體上

On trial 正在審理中 (案件); 備審的 (案件)

On vacation 休假

Onanism 手淫; 自淫

Once a mortgage, always a mortgage 抵押總歸是抵押; 一旦抵押, 永遠抵押 (意指抵押規則或法諺, 一旦成為抵押, 永遠為抵押, 是不可變更的)

Once in jeopardy 被追訴定罪判刑之虞 (一度在法律訴訟中曾被指控有罪者, 就有被追訴定罪和判刑的危險)

Once-for-all transaction 一次可結的交易; 例外的交易; 特殊的交易

Oncunne 〔法〕被告

One bank holding company 單一銀行持股公司

O

One Belt and One Road "一帶一路"(習近平戰略外交構想，意指一帶一路的沿線國家可搭乘中國發展的順風車，做到：經濟上互利互補、文化上互信互鑒、理念上包容認同；政策溝通、設施聯通、貿易暢通、資金融通、民心相通)

One chamber legislature 一院制

One country, one vote 〔世貿〕一國，一票制

One country, one vote nature 〔世貿〕"一國一票"制的性質

One country, one vote organisation 〔世貿〕"一國一票"制組織(指 WTO 不同於 IMF 和 IBRD，沒有加權表決權，每個成員方彼此都是平等的)

One flag doctrine 一面旗幟主義

One for all, all for one 一人為衆，衆為一人；我為人人，人人為我

One hour rule 〔美〕一小時規則(美國議會中禁止作一小時以上的演說)

One hour zone 一小時區

One hour's sailing distance 一小時航行距離

One man company 〔英〕一人公司

One man corporation 〔美〕一人公司；個人公司

One man vote principle 一人一票主義；一人一票原則

One man, one vote rule 一人一票原則；一人一票制

One month's credit 延期一個月的支付

One country, two systems 〔中〕一國兩制(指鄧小平提出的關於收回香港、澳門主權和台灣回歸祖國，社會主義和資本主義兩種制度並存，實現中國統一的偉大構想)

One person, one vote 〔美〕一人一票制(美國州立法劃分選區中規定給各地所有公民平等的立法代表權)

One SDR (special drawing right) 一次特別提款權單位

One side to blame collision 單方過失的碰撞

One sided 單方的；單方面的；片面的

One single assessment 〔香港〕統一計算

One vote majority 一票領先

One vote one value principle 一票一價原則

One who has committed homicide 殺人犯

One who has committed mayhem 傷害犯

One's last will and testament 遺囑

One-country, one-vote procedure for decision making 〔世貿〕一國一票的決策程序

One-crop economy 單一作物經濟

One-family house 一戶住宅；單戶住宅

One-man company 一人公司；一人經營的公司(為公司法所不許可)

Oneness of husband and wife 夫妻一體主義

Onerous 負有法律義務的；過度繁重的；艱巨的；單方的；有償的

Onerous act 苛例

Onerous contract 有償契約(當事者雙方相互負擔義務的契約)

Onerous covenants 有償契約

Onerous gift 附義務的贈與(以受贈者做某種事情為條件的贈與)

Onerous property 附債務的財產(有債務負擔的財產)

Onerous title 有償取得的所有權

One-sided 片面的；單方面的

One-sided pressure from producer's interest 來自產家利益的單方面壓力

One-sided promise for a sale 買賣預約

One-sided test 單方面檢定；單尾檢定；片面測試

One-tail test 單尾檢定

One-time adjudication 一次性裁決制度

One-time measure 一次性的措施

One-trial assessor system 一審陪審制

One-way bypass 單行道輔路

One-way street 單行道

Ongoing global financial tsunami 進行中的全球金融海嘯

Ongoing investigation 正在進行的偵查

Ongoing negotiations 進行中的談判

Ongoing process 不斷進行的過程

Ongoing project 進行中的項目

Ongoing reform 進行中的改革

Ongoing responsibilities 不斷增加的責任；現有職責

Ongoing result 現有成果

Onlending 歸還借用的資金

On-line service provider 在線服務提供者(指網絡服務)

Onomastic 文件筆跡與簽名不符的

Onset date 〔美〕傷殘起始日期(社會保險署註明支付殘廢金開始的日期)

On-street parking space 路旁停車位

On-the-job training 〔領事〕工作內培訓；在職培訓

On-the-spot 現場的；當場的

On-the-spot investigation 實地調查；現場調查；現場勘察

On-the-spot mediation 就地調解

On-the-spot trial 〔中〕就地審判(指中國司法人員為減輕人民訟累定期下鄉審案)

Onus of proof 舉證責任

OPEC (Special) Fund 石油出口國組織(特別)基金會

OPEC Fund for International Development (OPEC Fund for International Development also known as "OPEC (Special) Fund") 石油出口國組織國際發展基金會

Open *a. & v.* I. 開放的；公開的；衆所周知的；專利的；懸而未決的；概括的；金額未定的；II. 揭開；展開；展現；使看得見；使受審問；開立；開放；開墾

Open a case 開審案件，開始作案情陳述(指向法院、陪審團等簡略解釋案件特徵，以及將要出示的證據)

Open a commission 〔英〕開始履行委任訴訟職務；開始承審委任訴訟義務(指巡迴法官開始執行授權受理所委任案件的職責)

Open a court 開庭(通常由庭丁或法警正式宣佈開庭，受理承審申請事務)

Open a judgment 公開判決

Open a vice-consulate 設立副領事館

Open accession clause 開放供加入條款

Open account 賒賬(一種發放商業信貸的辦法。賣方基於對買方的商譽允其賒購)；未清賬戶

Open and notorious 公開的和衆所周知的(指公開佔有他人土地的和公然通姦行為)

Open ballot 無記名投票；公開投票

Open bid 公開投標；敞口式投標(指一種投標者可保留減低標價的權利)

Open bidding 公開招標

Open bulk 拆開包的；散開裝的

Open cargo policy 開口貨物保單

Open cheque (check) 普通支票；非劃線支票(指未經劃線

的，其與劃線支票相對）

Open city 開放城市；不設防城市

Open coast 開闊海岸

Open coastal cities 〔中〕開放的口岸城市；沿海開放城市

Open coastal economic areas 〔中〕沿海經濟開發區

Open competition law 〔美〕公開競爭法（1969 年）

Open contract 未結合同；開口合同；簡略契約；條件未完全訂明的契約（專門用於土地買賣的契約）；預約保險契約

Open convention 開放（性）公約（指供原當事國以外國家加入或參加的）

Open court 公開法庭（指公衆有權參加旁聽的法庭）；開庭

Open cover 預約保險；〔英〕預約保險協議（合同）

Open cover cargo insurance 暫定保險金額的貨物保險

Open credit 無擔保貸款；開放式信貸

Open diplomacy 公開外交

Open door doctrine 門戶開放主義

Open Door International for the Economic Emancipation of the Woman Worker 國際爭取女工經濟解放協會

Open door policy 門戶開放政策

Open election 公開選舉

Open endorsement 無記名背書

Open fields doctrine 〔美〕可無逮捕證搜查原則

Open for acceptance (accession) 開放供接受（加入）（按 GATT/WTO 協定或條約等）

Open for signature 開放供簽署

Open freight market 公開運費市場；自由運費市場

Open general licence 公開的一般許可證（指進口商只要在貨物進口報關時填寫一般許可證申報單，即可不必事先申請發證）；〔英〕無限制一般許可（又稱“總括進口許可證”，或“開放許可證”，為英國及英鎊區內各國採用的一種外匯管理制度）

Open housing 〔美〕自由租售（禁止存在種族或宗教歧視的房產政策）

Open letter 開立信用狀；公開信

Open letter of credit 普通信用狀；普通信用證；開口信用證

Open licence 公開（營業）許可證；無限制許可證

Open list 船員名冊

Open listing 〔美〕開放式代理合同（指任何人有權參與銷售簽訂代理不動產協議一種形式）

Open mail of one's own accord 私自開拆郵件

Open market 公開市場（自由市場）

Open market chartering 〔海法〕公開市場洽租（指船舶等租賃業務）

Open market operation 公開市場買賣業務；公開市場活動（指央行公開市場上買賣證券以執行政府貨幣政策）

Open market purchase 〔美〕公開安排交易市場上購買證券

Open meeting 公開會議

Open mortgage 未足額的抵押；可加抵押；開放式抵押

Open mortgage clause 〔保〕開放式抵押條款

Open multilateral convention 開放性多邊公約

Open multilateral framework 〔世貿〕開放的多邊貿易框架

Open multilateral trading system 開放性的多邊貿易制度

Open order 〔美〕開口訂單；無條件訂購（指在特定的價格上下購買證券或物品只要買方不取消都為有效的訂單）

Open policy 開口保險單；預約保險單；開放政策

Open port 開放港；不凍港；通商口岸；開放口岸

Open possession 公開佔有

Open price 〔美〕待定價格

Open price term 價金未定買賣合同條款；待定價格買賣合同條款

Open primary 〔美〕開放性初選

Open question 未決問題

Open regionalism 開放性區域主義（指 1980 年中期以後“自由貿易區”如雨後春筍般破土而出，尤其是區域間優惠的貿易安排和擴張為當前 WTO 面臨的主要挑戰，但對此與會者意見未完全一致）；開放地區主義（由亞太經合會組織倡議的）

Open roadstead 開敞泊地；開放錨地

Open roadsteads port 開口沿海港

Open sea 公海；開闊海

Open sea fisheries 公海漁業

Open season 漁獵開放季節；（漁獵）解禁季節

Open shop 自由僱傭企業（指不論是否工會會員一律招僱的商店或工廠）；〔英〕開放性工廠

Open single ballot 單記無記名投票

Open skies 開放領空（指裁軍時雙方相互讓對方從空中視察軍事設施）；開放天空

Open Skies Agreement 開放天空協定（美－荷 1992 年簽訂的，即彼此間相互開放航空運輸市場）

Open space 〔英〕空地（劃作公園或娛樂用的土地）

Open tendering 〔世貿〕（政府採購）公開招標

Open the ballot box and count the ballots 開票（指選舉開箱點票）

Open the budget 〔英〕（向英國下議院）提出預算案

Open to all members 向所有成員開放

Open to public 公開；向公衆開放

Open town 開放城鎮

Open trade regimes 開放的貿易制度

Open trading policy 開放性的貿易政策

Open trading system 開發性的貿易制度

Open treaty 開放性條約（指供原當事國以外的國家加入或參加的）

Open trial 公審；公開審判（指法院對訴訟案件的審理及判決都在法庭公開進行，允許公衆旁聽）

Open unemployment 自由失業

Open union 〔美〕開放性工會（無限制會員入會規定的可自由加入的工會）

Open verdict 存疑評決；死因未詳的評決

Open vote 記名投票

Open will 口頭遺囑

Open world trading environment 〔世貿〕開放的世界貿易環境

Open, liberal trade policies 〔世行〕開放的自由化的貿易政策

Open-air meeting 露天集會

Open-end 開口的；開放的；不受時間限制的；（借款）無限制的

Open-end bonds 開放債券（附有未確定發行額擔保的公司債券）

Open-end conflict rules 靈活性衝突規範（有學者認為，在調整涉外民事案件中，使用“最密切聯繫原則”來取代傳統的固定的空間連接點，從而使選擇法律的靈活性得到加強，視這種“軟化處理”衝突規範為靈活性的觀點）

Open-end contract　開口合同；無限期合同 (指一定時間內不改變價格或條件而允許買方隨時購買的合同)

Open-end credit　開放式信貸 (可逐月付還欠款的信用證)

Open-end credit plan　〔美〕開放式信貸方案 (可逐月以信用卡償付購物欠款的方案)

Open-end investment　開放式投資 (發行隨時兌換成現款的股票的投資)

Open-end investment company　開放式投資公司 (發行隨時可換成現款的股票的投資公司；公開投資公司)；股份不定的投資公司

Open-end investment trust　公開投資信託；開放型投資信託

Open-end issue bond　不定額公司債券

Open-end lease　開口租賃；無定期租賃

Open-end mortgage　開口抵押；開放式抵押 (債務清償期不確定的抵當)；可加抵押；非限額抵押；追加型抵押 (指在已經抵押後的財產上可增加押款)

Open-end transaction　非限額交易；追加型交易；開放型交易

Openess of the economy　經濟開放

Openess　開放

Opening　開始；開庭陳述；〔英〕(在開庭時證人作證結束後) 律師開始陳述；〔美〕(在選任陪審員後) 律師開始陳述；開盤；交易開始時間；空額；空缺

Opening a commission　委任開始 (巡迴審判庭開始時，宣讀委任令，然後進行審判)

Opening accounts　〔英〕開始處理賬務

Opening American borders to trade　開放美國貿易邊境

Opening assets　營業資產

Opening biddings　公開競標 (指拍賣公開後，買者爭先出價)

Opening clause　開放條款；開始條款

Opening date　開幕日期；開出日期 (開立信用證日期)

Opening date of quotas　配額發放的日期

Opening liabilities　消極債務

Opening meeting　首次會議

Opening of a court　開庭

Opening of areas for non-state investment　開放非國家投資的領域

Opening of biddings　開標 (指拍賣成交)

Opening of border　邊界開放

Opening of boundary　疆界開放

Opening of European borders to trade　歐洲貿易邊界的開放；開放歐洲貿易邊界

Opening of hostilities　戰事的開始

Opening of succession of property　遺產繼承的開始

Opening of tenders　投標書的開始

Opening of the ballots　開票

Opening session　開幕會議

Opening sitting　開幕會議

Opening statement of counsel　辯護律師開場陳述 (給陪審團開審時有關案件性質及其所舉證據的概述)

Opening the case　開始陳述訴訟案情

Opening the pleadings　〔英〕開庭陳述 (指由原告初級律師在庭審時向陪審團概述案情實質內容以期待陪審團的指示)

Opening time of office　開始辦公的時間

Opening-up policy　開放政策

Open-market operation　公開市場活動

Open-minded　思想開放的

Operate　*v.* 履行 (職責)；經營；奏效

Operate in accordance with the rules of procedure　依照議事規則運作

Operate within the institutional framework of the WTO　在世貿組織機構框架內運作

Operating a monopoly of trade　實行壟斷貿易

Operating account　營業賬戶；經營賬戶

Operating activities　經營活動 (指公司從事產品生產、銷售及服務和進入確定淨收入的相關經營活動)

Operating agreement　工作協定

Operating assets　營業資產

Operating budget　營業預算

Operating circle　經營週期 (進貨－銷售－收款)

Operating cost　生產費用；營業成本；產銷成本；運營成本

Operating deficit　營業虧絀

Operating Differential Subsidy (ODS)　〔美〕承建船舶差價津貼

Operating expenses　經營費用

Operating funds　流動資金；業務基金

Operating income　營業利潤；營業收益

Operating lease　營運租約；經營性租賃 (規定出租者除提供融資外，還要提供保險和維修，且可取消的租約)

Operating leverage　經營能力；經營槓桿作用 (指公司可變動固定的費用之間的均衡關係)

Operating losses　經營虧損 (營業損失)

Operating margin　營業毛利

Operating profit　營業利潤；營業盈利

Operating profit margin　〔美〕營業利潤比率；營業利潤幅度 (指營業收益與銷售淨額之比)

Operating range　〔海法〕營運航程；(船的) 航程能力；(船的) 續航能力

Operating risk　經營風險；操作風險

Operating rules (instructions)　操作規程

Operating surplus　營業利潤盈餘

Operating target　營業指標

Operation　經營；業務；管理；經營責任；行動；運作；實施；生效；交易；投機買賣；權力的行使；手術

Operation of law　法的效力；法律的運作；〔美〕依法移交 (表示權利等及債務僅僅按適用專項既定法律規則的方式移轉給某人即可，而不需要當事人採取行動或配合)

Operation of nature　自然作用

Operation of sole investor　獨資者經營

Operation of treaty　條約的實施

Operation of war　戰鬥；戰爭行動

Operation term　經營期限 (指外資企業在華的)

Operation zone　作戰行動區

Operational activities　經營活動；業務活動

Operational budget　業務預算

Operational charges　經營手續費

Operational contribution　業務貢獻

Operational cost　經營成本

Operational Directives　〔世行〕業務指令

Operational income　經營收入

Operational Manual Statement　〔世行〕業務手冊 (1984 年

制定，該手冊中規定了環保方面的政策）

Operational organisation 業務機構

Operational Policy 〔世行〕業務政策（內中包含了貫徹環境保護方面的政策）

Operational Protocol of Signature Concerning the Compulsory Settlement of Dispute 關於強制解決爭端的簽字操作議定書

Operational record 業務檔案

Operational research 〔英〕運籌學；經營研究

Operational responsibility (for ship) （對船的）操作責任

Operational rights 經營權（指依法經營航空運輸業務的權利）

Operational zone 作戰區

Operations account 營業賬戶（法郎地區）

Operations Division for General Resources 〔基金〕一般資源管理處

Operations Division for SDRs and Administered Accounts 〔基金〕特別提款權與科目管理處

Operations officer 〔基金〕業務人員（官員）

Operative *a. & n.* I. 有效的；施行的；可動手術的；II. 〔美〕工人；勞動者；技工；特務；偵探；操作人員

Operative clause 實施條款

Operative instrument 施行文件

Operative norm 行動準則

Operative paragraph 執行段落

Operative part 正文；判決主文；執行部份；主體部份（指條約、決議中的）

Operative part of a deed 契約主體的執行部份

Operative provision 實施規定

Operative words 有法律效力的詞語；影響交易的關鍵性詞語（指契約等中記載權利的設定或轉移的部份）

Operator in real estate 房地產投機商

Operator(s) 〔美〕經營者（指廠礦、鐵路和農場等）；經紀人；投機商（指股票、商業等）；話務員；（電報的）收（發）報員；航運業者；海運業者；施手術者

Ophthalmologist 眼科醫生

Opiate 麻醉劑

Opinion 意見；證人意見；〔美〕律師意見書；法官（或法院）判決意見書

Opinion evidence 意見證據；專家證據

Opinion of judges 〔英〕法官意見書

Opinion poll 民意測驗

Opinion recommending prosecution 起訴意見書

Opinion testimony 意見證詞

Opium 鴉片

Opponent 反對者；敵手；對手；競爭對手；答辯人（抗辯人）；（訴訟）對方當事人

Opportunity cost 機會成本

Opportunity for appeal 上訴機會

Opportunity for forum shopping 挑選起訴法院的機會（指原告挑選能做出維護自己利益的判決或裁決的法院）

Opportunity for the defend of their interests 維護自身利益的機會；為自己利益辯護的機會

Opposability 可對抗性

Oppose an action 抗訴

Opposing forces 敵方部隊

Opposing state 反對國；敵對國家

Opposing vote 反對票

Opposite 對手；敵手；反對者；抗辯人；（訴訟）對方當事人

Opposite party 對立面的當事人；（訴訟）對方當事人方對造

Opposition 反對黨；在野黨；異議；對抗；反對；反抗；反對派系

Opposition benches （在議會中的）反對黨席位；在野黨席位

Opposition to negotiations 反對談判

Oppression 〔英〕濫用職權罪（官吏為私利濫用職權損害人民構成輕罪）；壓迫；壓制

Oppressive clause 苛刻的條款

Oppressor 壓迫者；壓制者（指以壓迫手段非法使用權力的公務員）

Opt *v.* 決擇；選擇；拒絕接受

Opt back in 〔基金〕行使選擇恢復權利或職務；行使恢復選擇權

Opt for a candidate 選擇候選人

Opt out 〔基金〕宣佈放棄選擇權（指特別提款權的）；〔口〕宣佈放棄選舉（權）；〔英〕選擇退出；停止不幹（某事）；請求免除（責任、責罰等）

Optimacy 高位；高貴；高貴的人；最高職銜的官員

Optimal 最適宜的；最理想的；最令人滿意的

Optimal currency area 最佳貨幣區

Optimal pollution control programmes 最理想的污染控制規劃；最適宜的污染管理規劃

Optimal tariff 最適宜的關稅

Optimal use of the world's resources in accordance with the objective of sustainable development 〔世貿〕按可承受之發展目標，最適宜地利用世界資源（世貿組織序言中這個表述比 GATT 序言中的表述更具有科學性，考慮到資源利用與環境保護的合理關係）

Optimise and facilitate the financing mechanism 最佳而便於籌措資金的機制

Optimum currency area 最佳貨幣區

Optimum tariff 最佳關稅；最合適的關稅（指一國通過徵收關稅所得最大利益的關稅）

Optinal Protocol of Signature concerning the Compulsory Settlement of Dispute 關於強制解決爭端簽字的任意議定書

Opting in formula 選入方式

Opting out formula 選出方式

Option 〔英〕大主教選擇特權（指大主教有選擇任命教區內主教助理的習慣特權，已廢止）；選擇；選擇權；買賣選擇權（如購買股票、承租人購買租賃土地以及物品等等選擇權）

Option agreement 選擇權協議；期權協議書

Option bolder 期權持有人

Option clause 任擇條款；任意條款；選擇性條款

Option of emigration 移民出境選擇權

Option of nationality 國籍選擇（權）

Option spread 期權價差（指在同一時間同時買進和賣出同一證券期權，以獲取其價差）

Option to purchase 購買選擇權

Option to renew 續租選擇權

Option to terminate 終止合同選擇權

Option writer 〔美〕選擇權交易短缺期貨者；立權人（指買賣期權的個人或金融機構）；選擇權賣方

Optional 可選擇的；非強制的

Optional annex　任擇附件

Optional bill of lading　選擇卸貨港提單；選擇港提單

Optional bond　選擇權債券；隨時償還的債券

Optional clause　任擇條款；任意條款

Optional compulsory jurisdiction　任意強制管轄權

Optional conciliation　任意和解；非強制性調解

Optional neutrality　任意中立

Optional protocol　任擇議定書

Optional Protocol to the Vienna Convention on Consular Relations Concerning Acquisition of Nationality, 1963　維也納領事關係公約關於取得國籍之任意議定書 (1963 年)

Optional Protocol to the Vienna Convention on Consular Relations Concerning the Compulsory Settlement of Disputes, 1963　維也納領事關係公約關於強制解決爭端之任意議定書 (1963 年)

Optional Protocol to the Vienna Convention on Diplomatic Relations Concerning Acquisition of Nationality, 1961　維也納外交關係公約取得國籍之任意議定書 (1961 年)

Optional Protocol to the Vienna Convention on Diplomatic Relations Concerning the Compulsory Settlement of Disputes, 1961　維也納外交關係公約關於強制解決爭端之任意議定書 (1961 年)

Optional referendum　任意複決權

Optional statutes　選擇性制定法

Optional succession　任意繼承

Optional use of the world's resources　〔世貿〕最適宜地利用世界資源

Optional writ　選擇令狀 (指被告可按令狀要求說明沒有致人損害理由予以補救，或任擇賠償損害)

Optionee　選擇權獲得者；期權獲得者

Oral　口頭的；口述的

Oral agreement　口頭協定

Oral amendment　口頭修正

Oral argument　口頭辯論

Oral bail　口頭保證；口頭保釋

Oral communication　口頭通知

Oral confession　口頭供認；口供

Oral contract　口頭契約；口約

Oral declaration　口頭聲明

Oral discussion　口頭討論

Oral evidence　口頭證言；言辭證據

Oral explanation　口頭說明

Oral introduction　口頭介紹

Oral negotiation　口頭談判

Oral pleadings　〔英古〕口頭答辯 (指從前民事案件可在法庭進行口頭答辯一直到英王愛德華三世止)

Oral presentation　口頭提出

Oral procedure　口述程序

Oral proceedings　口述程序；〔英古〕口頭答辯 (指兩造在法庭上進行答辯)

Oral report　口頭報告

Oral representation　口頭表示

Oral statement　口頭陳述

Oral test　口試；口答檢查法

Oral testimony　口頭證人證詞

Oral treaty　口頭條約

Oral trust　口頭信託 (以一種通過口頭方式信託的非正式財產轉讓)

Oral will　口頭遺囑；口述遺囑

Orator　〔英〕原告 (從前在衡平訴狀內的原告用語)；請願者；〔羅馬法〕辯護人；律師

Oratrix　女原告

Orbit　軌道

Orbital weapon　軌道武器

Orbitral flight　軌道飛行

Ordain　v. 委任…為牧師；授予…聖職；制定，規定；頒佈法令；制定法律

Ordeal　神明裁判 (古條頓族施行的判定刑事被告是否有罪的原始審判方法，例如，將嫌疑犯的手浸於沸水中，如無損害，則定無罪)

Ordeal by fire　火審；用火神裁法

Ordeal by water　水審；用水神裁法

Ordeal of water　〔英、撒〕投水斷訟法

Ordeff, or ordlfe　礦石所有權 (指主張地上和埋在地下礦石所有權)

Order　命令；指令；法庭命令；法官命令；行政命令；秩序；裁定；訴訟規程；付款指令；(轉讓產權的) 許可證；授權證明書；匯票；訂購；訂貨單；〔宗〕教團；儀式；(船舶) 指令 (航行方向)

Order bill　指示性抬頭匯票 (又稱 "記名抬頭匯票"，這種匯票憑背書轉讓)

Order bill of lading　指示提單 (指在提貨單的收貨人欄寫有 "憑指示" 字樣以為處理貨物的指示)

Order book　訂貨簿，訂貨小冊子

Order cheque (check)　記名支票；抬頭支票

Order committal　收監令；拘押令

Order conformation　定貨確認書

Order document　〔美〕指示性背書所有權憑證

Order for arrest　通緝令

Order for attachment　扣押令；拘捕令

Order for collection　徵收令

Order for delivery (or delivery order)　出倉單；出庫單

Order for foreclosure nisi　取消抵押物贖回權的附條件裁定

Order for goods　訂單；訂貨單

Order for inspection　監察命令；審查命令

Order for possession　〔香港〕(樓宇) 管領命令

Order in council　〔英〕樞密院訓令 (1.〔英〕女王在樞密院制定頒發的敕令，通常由樞密院書記官代簽；2.〔香港〕香港回歸中國前其立法機構制定的成文法須報經英國國會審批後由英女王會同樞密院頒發即成為香港的成文法)；諮詢樞密院後不經議會同意而頒發的敕令

Order instrument　指示票據 (特別背書的票據)

Order nisi　附條件裁定；暫時裁決 (指限期內無人提出反對則法庭判決即行生效令)

Order of acquittal　釋放令 (指嫌疑犯和罪犯而言)；清償令；解除令

Order of adducing　引證程序，援引程序

Order of attachment　扣押命令

Order of business　議事順序

Order of certiorari　複審令；〔香港〕撤銷令 (指撤銷下級法庭或政府官員的不合法判決)

Order of coif　高級律師階層

O

Order of collection　徵收令

Order of committal　收監令；拘押令

Order of consideration　審議次序

Order of continuance　續審令

Order of Council　〔英〕樞密院命令（與 "order in council" 不同之處為女王外出生病期間可用女王權力頒發命令，其餘無不同）

Order of deportation　驅逐令；遞解出境令

Order of discharge　〔英〕免除破產債務令（指由破產法院發出具有免除破產者債務效力的命令，但由於詐欺或其他原因負債者除外）；特免決定；複權命令

Order of disposition　處分令

Order of filiations　私生子父確認令

Order of Gartner　〔英〕嘉德爵位；嘉德勳章（騎士爵位中的最高一級）

Order of knighthood　騎士等級

Order of Mandamus　執行責任令；執行職務令（指命令被起訴的政府人員或法庭依法執行責任）

Order of Merit　勳章；爵位

Order of motion　動議的先後次序

Order of payment　付款憑單

Order of precedence　位次；優先順序

Order of priority　優先次序（輕重緩急次序）

Order of procedure　進行程序；程序順序

Order of Prohibition　〔英〕禁審令；〔香港〕禁止令（指禁止下級法庭或公務員不合法的行為）

Order of Quo Warranto　證明權力令

Order of seat　席次

Order of seniority　資歷次序

Order of severity　嚴重程度

Order of Specific Performance　依約履行令

Order of State　國家命令

Order of succession　繼承順序

Order of succession of property　遺產的繼承順位

Order of the day　議事日程；當日議程；〔軍〕特殊命令

Order of voting　表決的先後次序

Order paper (=order instrument)　指示票據（付給特定的受款人）

Order policy　記名保險單

Order the arrest of criminal at large　通緝令

Order to pay or deliver　支付或發貨通知單

Order to show cause　要求陳述理由的命令（要求當事人出庭向法院説明法庭判決令不應生效的理由）

Orderer　訂貨人，定購人；發命令者

Orderly export arrangement　有秩序的出口協議

Orderly market conditions　有秩序的市場狀況

Orderly Marketing Agreement　有秩序銷售協定；正常銷售協定

Orderly marketing arrangements (OMAs)　〔關貿〕有秩序地銷售協議（指為貿易保護主義開方便之門，嚴重損害或威脅 GATT 之宗旨、目標和原則的"灰色區域"）

Orders and judgments that misuse the law　枉法裁判

Orders in chancery　衡平法法院的訴訟規程

Orders in Council　〔英〕樞密院訓令

Orders of Companions of Honour　榮譽爵士勳位（勳章）（1917 年）

Orders of knighthood　騎士等級

Orders of Merit　勳位；勳章

Orders of Specific Performance or Injunction　〔香港〕依約履行令或禁制令

Orders of the Crown of India　印度王室勳位

Orders other than kinghood　騎士資格公會

Ordianry person　一般人；普通人

Ordinance　〔美〕條例（屬市政法規，管理市的分區、建築及安全等事項，今天條例則由總統發佈執行法律和授權立法等）；條令；〔英〕法令（地方性法規，不經議會或國王一致同意，只經一方或贊成的議會法律）；〔香港〕條例

Ordinance of Amsterdam (=Laws of Wisby)　威斯比海（商）法（13 世紀末公佈，曾被歐洲大多數國家採為海商法）

Ordinance of military calling　陸軍召集令

Ordinance of military department　陸軍部命令

Ordinance of military punishment and discipline　陸軍懲戒令

Ordinance of officials appointment and discipline　文官任命和懲戒令

Ordinance of Parliament　〔英〕議會條例（古時為國王解答偉人和國會議員的問題，宣示現行的法律而不同於 "statute"）

Ordinance of the Forest　〔英〕森林法（愛德華一世發佈的）

Ordinance of the Saladin Tithe　〔英〕沙拉丁什一税條例（1180 年發佈的關於動產課税條例）

Ordinance pertaining to discipline of civil officers　文官懲戒令

Ordinance pertaining to the application of the law　法例（法律適用條例）

Ordinance regulating town and village organisation　〔日〕鎮村組織法

Ordinances　〔香港〕法例；條例（指由香港立法局（現立法會）自 1843 年起制定通過並由前香港總督批准的所有成文法，即狹義上所稱的"香港法律"）

Ordinand　聖職候選人

Ordinarily resided in Hong Kong　經常在香港居住

Ordinary　*n. & a.* I.〔英〕常任法官（一般為教區的主教）；罪犯的懺悔牧師；獨任推事；〔美〕常任法官（主要為各州審理遺囑、遺囑檢驗、遺囑管理和監護等案件）；公寓；驛站；II. 直隸的；有直接管轄權的；普通的；平常的；平凡的

Ordinary agent　普通代表；普通人壽保險代理人

Ordinary ambassador　通常大使

Ordinary and necessary expenses　〔美〕正常和必要的開支

Ordinary annuity　普通年金

Ordinary bay　普通海灣

Ordinary business risks　通常商業風險

Ordinary calling　〔美〕（每天、每週）正常性訪問

Ordinary care　通常注意；普通注意；一般注意

Ordinary civil service examination　普通文職官員考核

Ordinary conviction　一般性定罪；通常有罪判決

Ordinary course　〔關貿〕正常途徑，正常程序（指貿易的）

Ordinary course of business　正常交易程序（指按商界或社區的慣例和習慣等進行買賣交易）

Ordinary criminal law　普通刑法（1667 年）

Ordinary criminal procedure　通常刑事程序

Ordinary customs duties　普通關税

Ordinary damages incident to employment 附隨僱傭工作的通常危險

Ordinary diplomatic channel 通常外交途徑

Ordinary drawing right 〔基金〕普通提款權

Ordinary election 普通選舉

Ordinary envoy 普通使節

Ordinary expenses 經常支出 (包括管理、維修和納稅等費用)

Ordinary fault 通常過失

Ordinary income 一般收入 (包括工資、佣金、利息、紅利等);(商業) 經營收入

Ordinary jurisdiction 普通管轄權

Ordinary jury 普通陪審團;小陪審團 (由 12 人組成,判決前評定事實)

Ordinary life insurance 普通人壽保險;普通終身保險

Ordinary Lord 〔蘇格蘭〕最高民事法庭法官

Ordinary loss 通常損失;一般損失 (在稅收上不計為資本損失)

Ordinary majority 普通多數

Ordinary meaning 通常意義

Ordinary meeting 定期大會;例會;常會

Ordinary negligence 普通過失;一般過失 (指忽視了通常人應盡的注意義務)

Ordinary of assize and sessions 〔英〕巡迴法院及法庭副主教級的罪犯懺悔牧師

Ordinary of Newgate 〔英〕新門監獄懺悔牧師

Ordinary offence 普通罪

Ordinary offence of officers 普通職務犯罪

Ordinary person 一般人;普通人

Ordinary policy 〔保〕普通保險單

Ordinary proceedings 普通訴訟程序

Ordinary prudent man 普通謹慎的人

Ordinary reasonable and prudent man (ORP) 通常的、通情達理的和謹慎的人

Ordinary reasonable and prudent woman (ORP) 通常的、通情達理的和謹慎的女人

Ordinary repair 通常維修;一般性修繕

Ordinary residence 通常居所 (指無永久居住國之意的居所)

Ordinary resident 〔英移〕普通居民 (指合法地居住在王國本土及其屬島的居民)

Ordinary resolution 普通決議 (指由公司大多數股東通過的決議)

Ordinary risks 普通風險;通常風險 (指不是由於僱工過失所致)

Ordinary seaman 普通海員;普通水手

Ordinary sense 通常的意義

Ordinary servicers of administrators 〔美〕遺囑管理人的經常性服務 (如對遺產等的特別保護)

Ordinary session 常會;例會

Ordinary shareholders 普通股股東

Ordinary shares 普通股

Ordinary skill 普通技能

Ordinary skill in an art 專門技藝;專業普通技能

Ordinary standard of civilisation 一般文明標準

Ordinary stock 普通股

Ordinary treaty 普通條約

Ordinary trustee 普通受託人 (指任何個人、有限公司或法

人團體均可被委任為受託人)

Ordinary visa 普通簽證

Ordinary war crime 普通戰爭罪行

Ordinary wear ane tear 自然損耗;普通的損壞

Ordinary written law 一般成文法

Ordination 〔宗〕聖職授任儀式;授聖職禮;按手禮

Ordnance 〔英〕大炮;兵器;武器;軍械;軍需品;軍械署

Ordnance Department 兵器局

Ordnance stores 兵器庫

Ordnance survey 〔英〕大不列顛及馬恩島軍械檢驗

Ordonnance Civile (Code Louis) 〔法〕路易法典 (1667 年)

Ordonnance de commerce 〔法〕商事敕令 (1673 年)

Ordonnance de la marine 〔法〕海事敕令 (1681 年)

Ordre de police 〔法〕警察法

Ordre public 〔法〕公共秩序

Ordre public interne 〔法〕國內公秩序法規

Ordre public international 〔法〕國際公秩序法規

Ore resources law 礦產資源法

Ore-leave 陸地礦石開採許可證;礦石開採權

Orfgild 〔撒〕一頭牲畜的價值 (款項);拿走牲畜的懲罰

Organ 機關;機構;器官

Organ of consultation 協商機關

Organ of dictatorship 專政機關

Organ of execution 執行機關

Organ of police execution 警察執行機關

Organ of resolution 議決機關

Organ of State Power 政權機關;國家權力機關

Organ of the state 國家機關

Organ of the supreme power 最高權力機關

Organic Act 〔美〕組織法

Organic Law 〔美〕政府構成法 (1912 年);組織法 (指一州或一國的成文或不成文的根本法或憲法)

Organic law 根本法;基本法;組織法;憲法

Organic Law of the Local People's Congresses and Local People's Courts of the P.R.C. 中華人民共和國地方人民代表大會和地方人民法院組織法

Organic Law of the National People's Congress of the P.R.C. 中華人民共和國全國人民代表大會組織法

Organic Law of the People's Courts of the P.R.C. 中華人民共和國人民法院組織法

Organic Law of the People's Procuratorates of the P.R.C. 中華人民共和國人民檢察院組織法

Organic rules 組織條例;組織細則

Organisation 組織;體制;編制;團體;機構

Organisation and functioning of the secretariat 〔世貿〕秘書處的機構及其運行

Organisation Central American States (O.C.A.S.) 中美洲國家組織 (1951 年)

Organisation certificate 設立證明書

Organisation chart (公司) 組織系統圖;人事關係分析圖

Organisation for Economic Cooperation 經濟合作組織 (由巴基斯坦、土耳其和伊朗三國副外長於 1985 年 1 月間在德黑蘭舉行會議決定將 1964 年成立的《區域發展合作組織》改為現名,並於 1988 年初恢復活動,旨在加強穆斯林國家間經濟合作)

Organisation for Economic Co-operation and Development

(OECD) 〔聯〕經濟合作與發展組織 (簡稱 "經合發組織", 成立於 1961 年, 總部在巴黎, 旨在研究、規劃有關會員國經濟增長、充分就業和發展貿易等問題, 後為 "OECD" 所取代)

Organisation for European Economic Cooperation (OEEC) 歐洲經濟合作組織 (指歐洲 20 個國家接受馬歇爾計劃於 1948 年 4 月 16 日成立, 後於 1961 年 9 月為 "OECD" 組織所取代)

Organisation for funneling capital to the war-torn global periphery 〔基金〕註資到全球廣受戰爭毀壞地區的組織; 將資本匯入全球受戰爭毀壞地區的組織 (指二戰後由於資金流動渠道受到限制, 國際貨幣基金組織為他們恢復家園建設而註資、融資做出了貢獻)

Organisation for Intellectual Property of Africa 非洲知識產權組織 (1962 年 9 月 20 日簽訂於加蓬首都, 1976 年 3 月 9 日改為現名)

Organisation for International Economic Relations (IER) 國際經濟關係組織

Organisation for the Development of the Senegal River (supersedes "OERS") (OMVS or ODSR) 開發塞內加爾河組織

Organisation for Trade Cooperation (OTC) 〔關貿〕貿易合作組織 (1955 年在關貿總協定全會上討論通過, 其作為永久性行政機構, 試圖補救其組織上的缺陷而提出設立個組織, 負責處理在全體大會休會期間各締約國的事務和主持定期的大規模貿易談判, 並作為政府間商討有關國際貿易事務的渠道試圖補救其組織上的缺陷而提出設立個組織, 但由於美國國會否決結果只留下這個名稱而以失敗告終)

Organisation law 組織法; 構成法

Organisation of African Unity (OAU) 非洲團結組織 (成立於 1963 年旨在協調非洲國家文化、政治、科學和經濟政策, 結束殖民主義, 推動獨立國家的共同防禦)

Organisation of American States (OAS) 美洲國家組織 (1948 年於波哥大會議創立的美洲區域性組織)

Organisation of Arab Petroleum Exporting Countries (OAPEC) 阿拉伯石油輸出國組織 (阿拉伯石油出口國國際卡特爾, 1968 年 1 月成立於科威特)

Organisation of Central American States (OCAS) 中美洲國家組織

Organisation of courts of justice 法院的組織

Organisation of Eastern Caribbean States (OECS) 東部加勒比國家組織

Organisation of mankind 人類組織

Organisation of Petroleum Exporting Countries (OPEC) 石油輸出國組織 (亞非拉一部份石油生產國於 1960 年 9 月成立的一個國際組織, 旨在維護其民族經濟利益, 總部設在維也納)

Organisation of Railways Co-operation (ORC) 鐵路合作組織

Organisation of States 國際組織

Organisation of the Inland Revenue Department 〔香港〕稅務局的組織

Organisation tax 開辦稅

Organisational bias 編制上的偏見

Organisational changes 〔領事〕組織變動

Organisational development 組織的發展

Organisational expenses 〔美〕編制費用; 機構開支

Organisational forms of economy 經濟形態

Organisational principle of the Party 〔中〕黨的組織原則

Organisational structure 〔世貿〕組織結構

Organisational underpinnings 〔領事〕組織基礎

Organise *v.* (成立) 組織; 編制; 編組; 創立; 發起; 使有條理

Organised armed group 有組織的武裝團體

Organised county 〔美〕有組織的縣

Organised crime 有組織犯罪

Organised exchange 〔美〕有組織的股票交易會

Organised labour 〔美〕(代表工會勞動大軍的) 部份勞工

Organised liberation movement 有組織的解放運動

Organised powerful resistance 有組織的強有力的抵抗

Organised resistance movement 有組織的抵抗運動

Organised speculation 有組織的股票投機

Organiser 創辦人; 組織者

Organising committee 組織委員會

Organs of exercising the right of sovereignty 行使主權機關

Organs of political power 政權機關

Organs of self-government of national autonomous areas 〔中〕民族自治地方的自治機關

Organs of state power 國家權力機關

Orgild 〔撒〕沒有賠償; 未獲賠償 (指被判決為合法所殺)

Orientation price 方向性價格

Origin 原產地; 出生地; 來源; 產地; 〔世貿〕原產地 (指貨物的生產地)

Origin criterion 〔世貿〕原產地標準 (為進口成員方簽發原產地商品證明的依據, 也是一種識別貨物 "國籍" 的依據)

Origin of law 法的起源

Original *a. & n.* I. 最初的; 最早的; 原始的; 原先的, 原本的, 第一的; 獨創的; 原著的; II. 正本; 原件; 原文; 原作品; 原物; 有獨創性的人 (專利法上指原著的作者)

Original acquisition 原始取得 (指因先佔、自然添附或腦力勞動, 如發明創造等而取得的)

Original and derivative estates 〔英〕原始和派生地產權 (指原始地產是與其派生地產相比較而言, 而派生地產是從更大的地產中分割出來的特別權益)

Original arbitration award 第一審仲裁裁決; 強制執行程序中的仲裁裁決

Original assignor 原有讓與人; 原有委託人

Original beneficiary 原收益人

Original bill 〔英〕原案 (衡平法抗告用語); 初始起訴狀 (指衡平法抗辯中, 具有相同利害關係的同一當事人訴狀中所涉及的某些問題以前未嘗向法院提過訴訟); 匯票正本

Original bill of lading 正本提單

Original binding 最初約束

Original carrier 原承運人

Original certificate 原始證書; 原產地證明書

Original charter 〔蘇格蘭〕初始地產讓與證書 (指讓與人作出把一塊特定土地的初始讓與證書與其繼續讓與證書相對應, 展期該地產讓與證書給他一個繼承人或第一接替人或其繼承封臣)

Original Contracting Party to the General Agreement on Tariff and Trade 1947 〔中〕1947 年關稅與貿易總協定的原始締約國

Original contractor 原始承包人;第一承包人

Original conveyance 首次轉讓;原始轉讓

Original copy 原本

Original copyright 原著的版權(指諸如將小說改編成戲劇者即擁有該劇本的版權之謂)

Original cost 原始成本;原始費用

Original Crown Lease 〔香港〕官地租借契約正本

Original destination 原來目的地

Original document 原始憑證;原始單據;原本(單據正本)

Original document rule 原本規則(原始證件規則)

Original domicile 原住所

Original entry 〔美〕原始記錄;原始分錄

Original estates 原始不動產權;原始產權

Original evidence 原始證據;原始憑證

Original grade doctrine 原始坡度原則

Original insurance 原保險

Original insurer 原保險人

Original inventor 〔專利〕最先發明人;原始發明人

Original issue 原始發行(第一批發行的特種股票或債券)

Original judgment 原判;初判

Original jurisdiction 第一審管轄權;初審管轄權;〔香港〕原訴管轄權

Original language 原來文字

Original maturity 原定償還期

Original member 創始會員國;創始成員

Original Membership 〔世貿〕創始會員資格(創始成員)

Original nationality 本來國籍;原始國籍(即出生地國國籍)

Original notification 原通知

Original of the treaty 條約原本

Original owner 原業主;原始所有人

Original package 原裝;原始包裝

Original package doctrine 〔美〕原裝規則(原先州對進口貨物的徵稅和執照費一攬子規則)

Original party 原始當事國;原始當事方

Original plat 〔美〕城鎮原始地區圖

Original precedents 創立性判例(指沒有先例,法院是根據自己的意見所做出的判決,而成為其後某種案件首創的案例)

Original price 原始價格

Original process 初始傳票;初始傳喚狀;傳喚被告到庭的傳票;原審程序(指賴以提起司法訴訟的程序);初審程序(指強制被告出庭的程序,有別於 mesne process)

Original promise 最初許諾;原始允諾

Original record 原始記錄

Original responsibility 原始責任

Original rolls 原始檔案

Original signatory 原始簽字國

Original signature 原始簽字

Original text 原文;原本

Original title 原始所有權

Original treaty 原條約;原約

Original underwriter 原保險人;原保險商(尤指水險)

Original version 原本

Original voucher 原始憑單

Original work 原著;原始作品;獨創性作品

Original writs 〔英〕開始令狀;開審令狀(由衡平法院發出蓋有國璽的令狀頒發給郡長,命令他讓被告就其損害案件出庭應訴)

Originalia rolls 〔英〕原始檔案(1236–1837年)

Originality 獨創性;創造性;創造力

Originating entry 原始記錄;原始分錄

Originating in (or within) 〔關貿〕來自;原產於

Originating summons 高等法院衡平法庭開審令狀(主要審理裁決由委託管理遺產而產生的特定問題的案件)

Origination clause 〔美〕創始條款(指國會眾院所有徵稅法案均源自憲法憲法第1條第7款規定)

Origination fee 〔美〕初始規費

Ornest 〔英古〕決鬥審判

Orographical limit 山岳界限

Orphan 孤兒(指無父母、無父或無母的兒童或嬰兒);〔保〕孤兒合同

Orphan's courts 〔美〕孤兒法院(審理死者及孤兒財產等問題的法院)

Orphan's deduction 〔美〕孤兒繼承遺產減稅額

Osborne judgment 〔英〕奧斯本判決(1910年)

Oslo Convention 奧斯陸公約(指瑞典、丹麥、挪威與荷蘭、比利時、盧森堡等國於1930年簽署的關於關稅減讓條約)

Ostensible 名義上的;表面上的;顯然的;外觀的

Ostensible agency 表見代理

Ostensible agent 名義代理人

Ostensible authority 表見的權力;表現的授權

Ostensible ownership 表見所有權;名義上的所有權

Ostensible partner 表見合夥人;名義合夥人;掛名合夥人(指容許以自己的信譽為合夥人作擔保,使第三者足以相信其為合夥人,但實為掛名合夥,於公司內並無權益)

Ostensio 〔古〕展銷稅(指古時商人獲允在市場展銷其貨物)

Osteopath 整骨者;施行整骨者

Osteopathy 療骨術;整骨術;骨胳療法

Ostracism 〔希古〕貝殼放逐法;陶片放逐法(由公民將其認為對國家有危險的人的名字記於貝殼或陶片上進行投票,過半數者,則被放逐國外10年或5年);流放;放逐

Ostrogothic laws 東哥特法令(公元7世紀)

Other 各異的;不同的;另外的;其他的;別個的;其餘的

Other customs formalities 其他海關手續

Other factors 〔關貿〕其他因素(指與"傾銷無關的)

Other income 其他收入

Other measures of dispossession 其他徵用措施(指對外資企業而言)

Other party 對方

Other resources remaining in production 生產中遺留下來的其他資源

Other things being equal 在其他情況都相同的條件下

Other U.N. Specialised Agencies and Programmes 聯合國其他專門機構及計劃

Otherwise 另外;別樣;在其他方面

Othesworthe 〔撒〕值得宣誓的

Ottawa Agreement 渥太華協議(指1932年英、加兩國簽訂的關於英聯邦國家產品可免稅輸入英國的協議)

Ottoman constitution 奧斯曼憲法(1876年)

Ourlop 〔英古〕風化罰金(交給領主的)

Oust v. 驅逐;攆走;橫奪;剝奪(佔有);取代

Ouster 非法剝奪佔有(指合法的承租人為取得自由保有土地或不動產而對合法的財產所有者所受到的損害給予法律上

的救濟）；驅逐；攆走；免職；罷黜

Ouster le main *n. & a.* I.〔法〕脫手（照字面上的意義）；〔英〕讓渡地產令狀（指把國王佔有的土地判決歸還申請該地產享有權者，因其已經成年，國王無權再繼續佔有）；交還代管的土地（指被監護人男到 21 歲，女 16 歲時，監護人依法應交出由其代管的土地交歸被繼承人，該法已於 1660 年廢止）；II. 無法控制的；不可收拾的；脫手；告終；立即

Ouster le mer 〔法〕在海外，在國外（傳喚不到庭時的一個藉口）

Ouster of franchise 非法剝奪選舉權

Ouster of jurisdiction 管轄權的喪失（指法院被停止控制對原系爭事項的管轄權）

Out of benefit 中止保險（指由於要保人不支付保險費所致）

Out of bounds 禁區；範圍外

Out of condition 等級外；無用；損壞

Out of court 法庭外的；敗訴的（意指主要證人的證詞被駁倒至使訴訟當事人被推出於法庭門外而敗訴通俗的口語短語）

Out of court settlement 庭外和解（庭外私了）

Out of hand 失去控制；無法約束

Out of print 絕版（指不再出版發行的書刊）

Out of state 〔美〕在州外；在國外

Out of term 休庭期

Out of the state 〔美〕在州外（指不在管轄權之內）

Out of time （船舶）誤時；過時

Out space 太空；外層空間

Out stroke 挖礦（指通過坑道和出租房屋豎坑的毗連地產中挖出礦產）

Outage 〔美〕出口香煙稅（舊時馬里蘭州對出口大桶香煙所徵收的稅）；儲運損耗

Out-and-out protectionist 徹頭徹尾的保護貿易主義

Outboard delivery 船邊交貨價

Outbreak of hostilities 戰事開始

Outbreak of war 戰爭爆發

Outbuilding 附屬建築物；外屋（倉庫、穀倉等的）

Outcome of a future debt crisis 〔基〕未來債務危機的後果

Outcome of a long process of research on GATT Negotiations 長期對關貿總協定談判的研究成果

Outcome test 〔美〕訴訟結果標準（指關於美公民資格在聯邦法院的不同訴訟結果理應如同其在州法院開始訴訟的結果相同）

Outdated product 過時的產品；陳舊的產品（指有學者認為，世行主要活動不符合發展中國家需要而言）

Outdoor agitations 院外運動

Outer bar 初級律師；外席律師（在英國，級別較高的王室律師在法庭的欄杆內就坐為被告辯護，而級別較低的律師則就坐於欄杆外辯護）

Outer barrister 初級律師；外席辯護律師（釋義同 "outer bar"）

Outer belt 外帶

Outer continental shelf 外部大陸架

Outer Continental Shell Act 〔美〕外部大陸架條例（只有美公民或美國內註冊的公司才有租賃開採石油、天然氣、硫磺等權利）

Outer door 〔美〕禁止插手份外的民事訴訟（指禁止官員插手本部門以外的民事訴訟事務）

Outer harbour 外港

Outer house 〔蘇格蘭〕高等民事法庭的初審法庭（主要負責監查預備階段的訴訟事項）

Outer limit 外部界限

Outer port 外港

Outer space 外層空間；宇宙空間（指大氣層即空氣空間外的整個太空空間）

Outfangthef 〔封〕外盜竊犯管轄權（指領主對住在其莊園內而在轄區之外所犯的重罪盜竊犯仍可將其抓回審判的一項自由或特權）

Outflow of capita 資金外流

Outgo 支出；消耗；費用

Outgoings 〔複〕支出；開銷；費用；〔英〕賦稅義務（指購買土地者負有交納地方稅和租稅等義務）；〔香港〕其他支出（指在物業稅項下補償業主曾支付的修理費用及其他支出）

Outgoing-staff 外派人員

Outhouse 外屋；附屬房屋；附屬的小屋（例如工具棚等）；戶外廁所

Outland 〔撒〕佃農的租地；外封土地（指領主將不靠近其住宅附近的土地給予其承租人）

Outlaw 〔英〕被剝奪法律權益者；被剝奪法律保護（或援助）的人；法外人；罪犯；歹徒；亡命之徒

Outlaw foreign bribery payments 剝奪外國賄賂款項的法律保護

Outlawed 〔美〕已愈時效的；法律上失效的（債務等）

Outlawry 〔英古〕剝奪法律權益（指被告或藐視民、刑事訴訟者被宣佈為法外人，被沒收其所有財產，法律保護者）；放逐；逍遙法外

Outlawry of war 戰爭的廢棄

Outlay *n. & v.* I. 支出；費用；II. 支出；花費；支出額

Outlay overrun 超支

Outline 大綱；提綱；草案；概要

Outline for investigation 調查提綱

Outline Land Law 〔中〕土地法大綱（1947 年 10 月 10 日實行，為中共領導的解放區土地改革的重要立法）

Outline of Reform of the International Monetary System 國際貨幣制度改革大綱

Outline of subsidies and countervailing duties 補貼與反補貼稅概要

Outlot 〔美〕村鎮邊屬地（指早期美國土地法中，尤指密蘇里州中屬市政府管控的鎮村以外的一塊地；現只用於除了建房工地之外範圍的土地）

Outlying archipelago 遠洋羣島

Outlying possessions 遠洋領土；境外領土；境外屬地

Outlying territory 遠洋領土

Out-of-court 法庭外的

Out-of-court settlement 庭外私了；庭外和解

Out-of-pocket cost 實付成本；付現成本；保險戶自付的總額

Out-of-pocket expenses 實際支出；付現費用；現金支出；增支成本；邊際成本

Out-of-pocket loss 實際支出的損失（指物品實際價值與其市場價格間的差價，兩者背離，買者所受到實際損失）

Out-of-pocket rule 買價與市場差價賠償原則

Out-of-work donation 解僱津貼；失業補助

Outparters 偷牛賊；偷盜牲畜的人

Outpensioner 院外領受年金（或津貼）的人（指救濟院、慈善機關等的）

Outpoll *v.* 得到的選票超過（某人）

Outport 外港；輸出港；海岸港；小港

Outpost 前哨

Outpost for military, naval and commercial purposes 陸軍、海軍和商業用途的前哨基地

Output 產量；〔電腦〕輸出

Output contract 產品包銷契約（指一方同意出售其全部產品，另一方同意買）

Output level 產出水平

Output price 產出價格

Output value 產值

Outrage *n. & v.* I. 嚴重傷害；強暴；凌辱；虐待；II. 對⋯施暴行；傷害；違法；強姦；暴行

Outrage public opinion 違反民意

Outriders 〔英古〕外勤法警（指奉郡長派遣去外郡傳喚當事人出庭）

Outright *a. & adv.* 直率的（地）；無保留的（地）；徹底的（地）；全面的（地）；立即；當場

Outright gifts 贈款

Outroper 拍賣人（指依法從事拍賣業者）

Outs 擺脫合同終止談判的權利（給予銀行業者根據預知履約條件和保證情形時的權利）

Outshore fishery 遠洋捕魚權；遠洋漁業

Outsid broker 場外經紀人

Outside 局外人；非會員；外行；門外漢；外部的；向外的；外圍的；遠距離的

Outside constraint 外部限制（指發達國家對進口服務貿易所設的壁壘）

Outside director 外聘董事（指非本公司股東擔任的董事，不參與公司日常業務管理，其可包括投資銀行業者、律師或公司業務顧問，與公司金融管理上有關係的人等）

Outside money 外部貨幣

Outside opinion 〔英〕外界的意見（尤指英國議會外人士的意見）

Outside parliamentary diplomacy 議會外外交（指外國政府或組織僱傭說客向美國國會進行遊說以保護其利益）

Outside salesmen 店外推銷員（指不在僱主營業所內而在外面開展推銷業務）

Outside the law 超出法律範圍

Outsiding debt 未償債務；殘存債務

Outstanding *a. & n.* I. 〔股票等〕已公開發行並售出的；未解決的；未付款的；未付清的；未償還的；著名的；II.〔複〕未償清的貸款；未清算的賬目

Outstanding accounts 未清賬目；未清賬款；結欠賬目

Outstanding and open account 未清和待結欠的賬單

Outstanding balance 待結款項；未結清的餘額；未用餘額

Outstanding bonds 在外股票；流通股票；未償債券（指已發行並售出的公司債券或股票）

Outstanding borrowing 未償還借款

Outstanding check 未兌現的支票

Outstanding claim 未決賠款

Outstanding debt 未償債務；殘存債務

Outstanding drawings on the Fund 〔基金〕未償還國際貨幣基金組織的提款

Outstanding drawing 未償還提款

Outstanding issue 懸而未決的問題

Outstanding loans 未償還的貸款

Outstanding obligations 未償債務

Outstanding purchases 未付的洽購

Outstanding securities 已發行的證券；在外政券

Outstanding shares （已發行的）在外股票；流通股票

Outstanding term 〔英〕定期地產保有年限（指以受託者身份擁有繼承者既定的普通法上地產權期限）；殘存的租賃權（指受託為繼承者看管的不動產物權期限）

Outstroke 挖礦（指從通過坑道和出租房屋豎坑的毗連地產中挖出礦產）

Outvote *v.* 投票多於（對方）；得票多於（對方）；通過投票壓倒（對方）

Outward bill of lading 外運提單

Outward blockade 外向封鎖

Outward charges 出船費；出航稅

Outward documentary bill 出口跟單票據；出口押匯匯票

Outward investment 國外投資

Outward manifest 出航艙單

Outward oriented trading system 〔世貿〕出口取向的貿易制度；出口型的貿易制度

Outward processing system 國外加工制度（指給惠國對受惠國加工產品的規定）

Outward remittance 匯出匯款

Outward voyage 海外航行

Outward-bounder 開往外國（或外地）的輪船

Outweigh any injury 超過損害

Outworker 外勤工作者；外工；戶外工人（指靠從他人手中拿取物件或材料進行清潔加工、改裝、修理等之後在家裏或屋外自行經營出售）

Ovelty 〔英古〕平等

Over *a. & prep.* I. 上面的；上級的；外面的；超過的；多餘的；過份的；繼續的；附條件的；II. 在上；高於；以上；超過

Over cargo 留待處理的貨物

Over draft 透支；透支額

Over invoicing 貨品計價過高

Over sea 外國的；與外國有關的；向海外的；在海外的；在國外的

Over the counter 場外（交易）

Overall agreement 全面協定

Overall arrangement 統籌安排

Overall assessment of weighted average tariff rates 加權平均關稅率的全面評估

Overall balance 總餘額；全部差額

Overall balance of rights and obligations 權利與義務的全面平衡

Overall budget 總的預算

Overall budget level 預算總額

Overall coherence 總體一致性

Overall integration 全盤一體化

Overall objective of the Members 各成員方的總體目標

Overall rate of subsidisation 〔世貿〕總補貼率（指對企業特定出口產品補貼不得超過產品價值的 5%，不得超過企業總投資基金的 15% 的規定，否則就會構成嚴重損害）

Overall support 全面支持

Overawe *v.* 威脅；嚇住

Overbreadth doctrine 〔美〕過份限制原則（指用以懲罰限制憲法賦予保護人民言論、出版、行動和集會自由權利的立法，要求應宣告其上述立法無效）

Overcharge 索價過高（指超過法律許可範圍的收費）

Overcome *v.* 被證明抵銷的推定；由證據推翻的推定；克服；戰勝；推翻

Overcome protectionist pressures from import-competing sector 〔世貿〕克服來自進口競爭部門的保護貿易主義的壓力

Overcrowding 〔英〕過份擁擠（指10歲以上不同性別者不能在同一房間睡覺和房屋內房間數目及面積超出法律規定之謂）

Overcyted or overcyhsed 已被定罪的；被宣判有罪的

Over-draft 透支（指開出支票上的金額超出其在銀行存款的數額）

Overdraw *v.* 透支

Overdue 過期（未付）的；逾期的，延誤的

Overdue bill 逾期票據；過期未付的賬單

Overdue financial obligation to the Fund 〔基金〕拖欠國際貨幣基金組織債務

Overdue financial obligation 過期未付的債務；拖欠的債務

Overdue fine 滯納金

Overdue payment to the Fund 拖欠國際貨幣基金組織的款項；逾期給國際貨幣基金組織的付款

Overdue payment 拖欠的款項；到期未付的款項

Overdue reinsurance 對於失踪船隻的再保險

Overdue tax payment 滯納稅款；積欠稅收

Over-employment 額外就業

Overestimate 過高估計

Overfall 〔海法〕擾流，激浪（指由螺旋槳引起的或不同向水流相遇激起的）；湍潮

Overflight 飛越

Overflowed lands 不能通航水域所淹沒的土地

Overhang 過剩額（指無法兌換黃金的美元的）

Overhaul *v.* 檢查；複審；騷擾；大修；檢修

Overhead 通常費；管理費；間接費用；一般管理費；雜項開支

Overhead capital 間接資本

Overhead charges 企業一般管理費用

Overhead cost 管理費用；製造費用

Overhead expenses 經常開支；（企業）一般管理費用；間接費用

Overhernissa 〔撒〕拒絕出庭應訴；藐視法庭罪

Overindebtedness 超量欠債，超額債務

Over-insurance 超額保險；超值投保（指所保標的保險金超過標的物實際價值）

Overinvestment 過量投資

Overinvoicing 開出發票過限；爛開發票

Overissue *n. & v.* I. 濫發；超額發行（指鈔票、公債等的）；II. 濫發（鈔票、公債等）

Overland bill of lading 水陸聯用提貨單

Overland through freight 陸地通行運費

Overland transportation cargo insurance 陸上貨物運輸保險

Overland transportation cargo risk 陸路運輸貨物保險；陸上運輸貨物險

Overlapping insurance 重複保險（指要保人就同一標的物

向兩個或兩個以上的保險公司投保）

Overlapping period 重疊期

Overlay days 超過租船期限的天數

Overload *v.* 超載；超負荷；超重；超額投保

Overload capacity 超過負荷量

Overlook *v.* 檢查；監督；忽略

Overlying right 引水權（土地所有者使用其地下水的權利）

Overnight money 隔夜資金；過渡資金

Overpayment 超付；多付（逾額付款）

Over-plus 剩餘；過剩的金額；超出的數量；物品殘餘的部份

Overpopulation 人口過多

Overrate *v.* 估價過高；高估

Overreaching 〔英〕（衡平法上的）權益不附隨地產移轉原則；〔美〕過份（指商業消費者交易所獲利益不平等）

Over-reaching clause 〔英〕權益不隨產權轉移條款

Overreaching conveyance 可將附着在土地上的衡平法上的權利取消的土地所有權轉讓

Over-rebate 過份退稅

Override 佣金；酬金（根據代銷額給經理人以傭金）；〔美〕油、氣開採權使用費

Override a veto 使否決無效

Overriding adverse consequences 重大不利後果

Overriding commission 代辦傭金；轉分保手續費

Overriding interests 優先利益

Overriding royalty 開採油氣田租賃費；油氣開採權使用費

Overriding trust 優先信託

Overrule *v.* 駁回；拒絕；否決；撤銷（例如上級法院駁回或撤銷下級法院的判決）；推翻先例（指廢棄既存的判例原則的判決）；廢除；取消；使無效

Overruled case 失去做為先例的判決

Overruling 撤銷（原判）；推翻（原判）

Overruling precedent 推翻先例

Oversamessa 〔英古〕對蔑視或疏於追捕罪犯者處以罰金

Over-saving 超額儲蓄；過多儲蓄

Oversea company 〔英〕海外公司

Oversea possessions 海外領地

Oversea territory 海外領地

Oversea-investment funds 海外投資資金

Overseas absentee 海外缺席者

Overseas absentee voting 海外缺席投票

Overseas branch register 〔英〕海外公司職員居民登記分局

Overseas Chinese and Foreign Investment Screening Commission (OCFISC) 〔中〕華僑及外國投資審議委員會

Overseas Chinese enterprise 僑資企業

Overseas Chinese Investment Corporation 華僑投資公司

Overseas Chinese remittance 僑匯；華僑匯款

Overseas citizens services 海外公民服務

Overseas colony 海外殖民地

Overseas Countries and Territories (OCT) 海外國家和領地

Overseas divorce 海外批准的離婚；〔香港〕外地批准的離婚

Overseas education allowance 海外教育津貼

Overseas Private Investment Corporation (OPIC) 〔美〕海外私人投資公司（給美國公司海外投資提供貸款擔保）

Overseas Product Sales Group (OPS) 〔美〕海外產品銷售集團（美國商務部集團協助美出口商研究預測海外商品銷售市場）

Overseas remittance　僑匯

Overseas representative office　駐外機構代表處

Overseas Trade (Credit and Insurance) Act, 1920　〔英〕海外貿易（信貸和保險）法（1920 年）

Oversee global regimes　監督國際制度

Oversee the functioning of the General Agreement on Trade in Services　負責服務貿易總協定的運作；監督服務貿易總協定的實施情況

Oversee the implementation of the ATC　〔世貿〕監督紡織品與服裝協議的執行

Oversee the international monetary system　監督國際貨幣制度

Overseer　監工；監督者；主管人；大學董事會成員；濟貧官（從前在教區內依法委任的協助貧民的官員，現歸社會保障部管）

Overseers of highways　〔美〕公路監管委員會

Overseers of the poor　〔英〕濟貧官（教區中專管救濟的人員）；貧民救濟金徵收員

Overshooting　匯率的過渡調整

Oversight　失察

Oversman　〔蘇格蘭〕公斷人；獨立仲裁員

Oversmessa　〔英古〕對蔑視或疏於追捕罪犯者處以罰金

Overstep　v. 逾越；違犯

Oversubscribe　v. 超額認購（公債、股票等）；訂購（某物）過多（指超出供應量）

Oversubscription　超額認購（指超過公司能夠發行的股票數額）

Oversupply　供給過多；供應過度

Overt　公開的；明示的；明顯的；表現為行動的

Overt act　公開行為；明顯的行為；外在的行為（其中就可能隱含犯罪行為）

Overt competitive devaluation　公開的競爭性貶值

Overt word　公開的言詞；明晰的言詞；不會產生誤解的言辭；明晰易懂不會被誤解的言詞

Overtake　v. 追上；趕上；超過；超越

Overtax　v. 過重徵稅；超額徵稅

Over-the-Counter (O.T.C.)　櫃檯交易的；買賣雙方直接交易的；場外交易的（指通過經紀人事務所而不是通過證券交易所）

Over-the-counter market　櫃檯交易市場；交易所外市場（指通過經紀人事務所而不通過交易所直接售給顧客的證券買賣）

Over-the-counter sale　場外買賣；場外交易

Over-the-counter securities　場外交易證券；非掛牌證券

Over-the-counter trading　現貨交易

Over-the-telephone market　電話交易市場（指銀行間直接通過電報、電話等進行投資等交易的市場）

Overthrow　v. 推翻

Overtime　加班時間；工作超時（超過規定時間的）

Overtime allowance　加班津貼

Overtime pay　加班工資

Overtime rate　加班工資率

Overtime wage　加班費；加班工資；超時工資

Overture　開幕；建議；提案；序曲

Overturn an action　推翻訴訟

Overturn parliamentary decision　推翻議會的裁決

Overturning of vehicle　翻車（指機動車輛等因出交通事故所致）

Overvalued currency　定值過高的貨幣；高估通貨

Overview of developments in the international trading environment　〔世貿〕國際貿易環境發展概述

Overweight charge　過重加費；超重費

Overwhelming majority　壓倒性多數

Owe　v. 欠；應給付；應付（或償還的義務、道德或社會債務）

Owelty　同等；平等；均等；等值

Owing　未付的；負債的

Owler　走私者；走私船（尤指夜間的）

Owling　〔英〕走私羊毛、綿毛出口罪（在英國指夜間將羊毛或羊絨運出國境）

Own　v. 擁有良好的合法所有權；有；擁有；佔有

Own immovable property　擁有不動產

Own reserves　非借入儲備；自有儲備

Own risk　自負風險

Own-account fixed capital formation　自有賬戶固定資本的形成（構成）

Owned circuits　自有線路

Owner　所有權者；所有人；物主；貨主；船東；船舶所有人；〔香港〕業主

Owner equity　業主產權；業主權益

Owner of lost property　失主

Owner of property　物主

Owner's capital　業主資本

Owner's risk (OR)　貨主自付風險；船東自負風險

Owner's risk clause　船東自負風險條款

Owner's tax　不動產所得稅

Ownerless　無主的；不知道屬誰的

Ownerless land　無主土地

Owner-occupation　〔英〕業主自用；業主所有權；業主所有制

Owner-occupied　自己住的；不出租的；〔英〕業主自用的

Owner-occupier　業主住戶；〔英〕業主；住用自己房屋的人

Owner's equity　業主權益；業主產權

Owners of collective property　集體財產所有人

Owner's risk rate　所有者危險負擔運費率

Owner's tax　不動產所得稅

Owner's, landlords and tenants liability coverage　業主、地主和承租人責任保險範圍

Ownership　所有制；所有權（指所有人依法對所有物佔有使用、效益和處分，並排除他人干涉的權利）

Ownership acquired by accession　〔香港〕通過自然滋生而獲得所有權（指河流的淤泥沉積而增加的土地）

Ownership acquired by creation　〔香港〕通過自創物品方式而獲得的所有權

Ownership by the individual labourer　〔中〕個體勞動者所有權；個體勞動者所有制

Ownership by the whole people　全民所有權；全民所有制

Ownership certificates　所有權證明書；證券所有證書

Ownership in common　共有制

Ownership insurance　所有權保險

Ownership of land　土地所有權

Ownership of mines　礦山所有權

Ownership of personal property by citizen　〔中〕公民個人財產所有權

Ownership of property　物權；財產所有權

Ownership of trade mark 商標權

Ownership system of land 土地所有制

Oxfild 〔英古〕回復原狀的補償（指由百家村或郡內任何人不法行為所造成的損害）

Oxford Law School 牛津法學院

Oxford propositions 牛津建議（1643 年）

Oxgang (or Oxgate) 一頭公牛的可耕地（約 12-15 英畝土地）

Oyer 〔英古〕聽訟，聽審；宣讀契據（庭審中應契據上被訴方的請求，另一方當事人向他作了宣讀）；契據或蓋印證書副本（按舊習慣，在法庭上宣讀契據後將其交給被指控的對方當事人）

Oyer and terminer 〔英〕聽審並判決（英國對巡迴法官或美國對若干州高等法庭發給的令狀中的用語，給予法官審理並判決刑事案件之權）；〔英〕巡迴法院；〔美〕（若干州的）高等刑事法院

Oyer de record 審閱訴訟記錄申請（為更好查明證據起見，法官應聽取和查閱訴訟記錄，為此而在法庭上提出申請）

Oyer of deeds and records 〔英〕聽取法官宣讀證據（之前訴訟當事人提起訴訟或答辯時都要把契據帶進法院，同時反對方當事人也有權聽取法官在法庭上宣讀該文件契據，已於 1852 年廢止）

Oyez 聆聽！肅靜！靜聽（在法庭上向公眾宣佈要事時使人注意並安靜的喊聲，一般由傳呼員連喊三次）對君主、政府宣誓效忠）

Ozone depletion 臭氧耗盡

Ozone hole 臭氧洞（放射出來的紫外線會導致皮膚癌等）

Ozone layer 臭氧層

Ozone layer depletion 臭氧層耗減

Ozone layer protection 臭氧層的保護

Ozone layer protection funds 臭氧層保護專款

P

P and I Association (=Protection and Indemnity Association) 保險協會

P and I club (=Protection and Indemnity club) 保險俱樂部；保險協會

P and I cover (=Protection and Indemnity cover) 保障保賠保險

P and I insurance (=Protection and Indemnity insurance) 保賠保險

P and I liability insurance 保賠責任保險

P and I liability insurer 保賠責任保險承保人

P and I mode bill of lading 保賠協會標準提單格式

P and I standard bill of lading 保賠協會標準提單格式

P visa 〔美〕運動員及表演者簽證（指由美國駐外使領、館頒發給赴美參加比賽的運動員和演員等）

P.O.D account (payable on death account) 〔美〕亡者付款賬戶（生存者在世期間某個受款人一經提出即應付款的賬戶，在其死亡時便成為他一個或多個亡時受款人賬戶；或者其在世期間有一個或多個受款人，死亡時全部成為其一個或多個亡時受款人賬戶）

Paage (=pedage) 〔英古〕通行費（指通過他人土地的）

Paasche index 帕拉斯指數

Pace 步；步測；一步度（等於 2.5 英尺）；二步尺（為 5 英尺長的幾何步度）

Pace infracta 因妨礙治安而頒發的令狀

Pacific Arear Travel Association 太平洋地區旅行協會

Pacific Basin Economic Council (PBEC) 太平洋地區經濟理事會

Pacific blockade 平時封鎖；和平封鎖（19 世紀初期提出的一種戰時封鎖權的理論，即以干預或報復的方式強制解決國際爭端）

Pacific coexistence 和平共處；和平共存

Pacific Division 〔基金〕太平洋處

Pacific Economic Cooperation Conference (PECC) 太平洋經濟合作組織會議（1962 年成立，為太平洋區域非政府性的多邊組織，旨在推動本區域間的經濟合作）

Pacific embargo 和平禁運；平時禁運

Pacific intercourse 和平往來

Pacific international law 平時國際公法

Pacific means 和平方法

Pacific parliament 〔英〕媾和議會（1713 年）

Pacific relations 和平關係

Pacific reprisals 平時報復；平時復仇

Pacific settlement 和平解決

Pacific settlement of international disputes 國際爭端的和平解決（指國家間按現代國際法以和平方法解決其國際爭端的原則和制度）

Pacification 綏靖行動；鎮定；平定；和解；媾和；安撫；和約

Pacificator 平定者；調解人；使和解的人

Pacificatory 和解的；調解的；綏靖的

Pacifist 和平主義者；非戰主義者；和平解決國際爭端主義者

Pacifist movement 和平運動

Pack *v. & n.* I. 偽裝；欺騙；籠絡；糾集（利用非法、不正當或欺騙手段籌組偏袒某方的陪審團以期影響公正裁斷）；II. 配克（英制容量名稱，等於兩加侖）

Pack ice 〔海法〕流冰羣

Package 包裝；包裹；一攬子交易；〔英〕打包稅（從前外僑進出口倫敦的貨物應付的）

Package deal 整批交易；一攬子交易；一攬子建議

Package insurance 一攬子保險；成批保險

Package proposal 一攬子建議

Packaging and labeling regulation （商品）包裝及標籤規定

Packaging restrictions 包裝限制（意指應符合無污染可回收等要求）

Packaging waste 包裝廢料（指各種用過的包裝袋子、盒子、箱子等）

Packaging, Labeling and Marketing Regulations 〔美〕包裝、標籤和市場營銷條例（對於發展諸國家而言實屬一種非關稅壁壘）

Packed parcels 打包的小件貨物（由幾個小包裹打成一個大包裹）

Packing charges 包裝費；裝箱費

Packing list 裝箱單；包裝清單；打包清單；花色碼單

Packing specification 包裝說明

Packman 小販

Pact 合同；契約；協定；條約（近乎條約）；公約；盟約

Pact of amity 友好條約

Pact of Locarno 洛迦諾公約（1925 年）

Pact of mutual assistance 互助公約

Pact of non-aggression 互不侵犯公約

Pact of non-intervention 不干涉公約

Pact of the League of Arab States 阿拉伯國家聯盟公約（1945 年）

Paction 短期的國際協定；〔蘇格蘭〕合同；契約

Pactional 合同的，契約的；以協議方式的；短期國際協定的

Pactional damages 約定損害賠償金

Pad v.〔美〕虛報（賬目）；〔美俚〕黑錢（指警察轄區或部門內成員收受和分享賄賂款項作為不對非法活動採取行動的代價）

Padded accounts 虛賬

Padded bill 虛報的賬單

Padder 強盜；盜賊；（徒步的）攔路強盜；搶劫犯

Paddle v.（用扁形刑杖）鞭撻

Pagus 縣；郡

Paid 已付的；付清的；已兌現的；支薪的；受僱的

Paid labour 有酬勞動

Paid loss 已付賠款

Paid officials 領薪官員；支薪金官員

Paid trustee 〔香港〕支薪的受託人

Paid-in surplus 繳入盈餘；資本盈餘（意即公司的盈餘不是產生於利潤的盈餘）

Paid-in-capital 已繳股本；繳訖資本；實收資本

Paid-up 已繳款的；已付清的；付足；還清

Paid-up capital 已繳股本；實收資本；繳足資本（已繳清資本）

Paid-up capital subscription 實收認繳股本

Paid-up insurance 繳清保險（指已提前繳訖保險費之謂）

Paid-up insurance premium 已繳清保險費

Paid-up loan 還清的貸款（已清債的貸款）

Paid-up stock 已繳款股份（指公司所售的出的股本已經全部付清）

Pain 痛苦

Pain and suffering 痛苦與創傷（指侵權行為所造成肉體上與精神上的創傷可要求給予補償）

Pains and penalties （除死刑外的）刑罰

Painter (line) 〔海法〕繫艇索

Paintings 油畫

Pair 一對；對立政黨的兩個議員；對立政黨的兩個議員之間的不投票協議（指相約相不投某議員的票）

Paired accounts 成雙賬目

Paired value 匹配的價格（成對價格）

Pairing 〔英〕相約放棄投票權（兩個對立黨議院議員為保持政府在議會中地位而相約不參加某一議案的投票）

Pairing-off 約定缺席投票（兩對立黨立法機構中兩個反對黨立法議員相議同意就某一指定問題不參加投票，此舉乃立法機構的慣常做法）

Pairs Register of Shipping 巴黎船級社

Pais (pays) 〔法〕陪審團；國家；鄰居

Palace 王宮；宮殿

Palace court 〔英〕宮庭法院（詹姆斯國王一世立的）

Palace of Westminster 〔英〕威斯敏斯特宮（議會大廈）

Palatine 〔英〕宮廷官吏；巴拉丁伯爵（領地內享有王權的封建伯爵領主）

Palatine court (county palatine) 特權法院（巴拉丁法院）

Pale 〔愛爾蘭〕柵界區

Palimony 同居生活費（只是為了性服務而同居，男方應予付給女方生活津貼）

Palliator 掩飾（罪過等）的人

Palm off v. 以詐騙手段經營；以不公平手段騙售

Palm print 掌紋；掌印（用於刑事案件的驗證）

Palm tree justice 公正裁斷（指穆斯林國家民法官坐在棕欄樹下審案）

Palmistry 手相術；觀掌術；手掌上花招

Palpable 顯而易見的；明顯可知的；容易感覺的；明白的；明瞭的

Palsgraf doctrine 〔美〕帕爾斯格拉夫原則（指帕爾斯格拉夫案所衍生而確立的處理"可預見過失造成損害或傷害的個人責任"）

Palsgraf Rule 〔美〕帕爾斯格拉夫規則（1928 年）

Pamphlet Laws (P.L.) 〔美〕傳單法；小冊子法；活頁法

Panama Canal Treaty 〔美、巴〕巴拿馬運河條約（1977 年）

Panama Congress 巴拿馬會議（1826 年）

Pan-American Congress 泛美公會（1889 年）

Pan-American Union (PAU) 泛美同盟（1889 年創立，由 21 個美洲國家組成）

Pan-Americanism 泛美主義

Pandectists 〔德〕《羅馬法學匯纂》派；《學說匯纂》派法學家

Pandects 《學說匯纂》（公元 6 世紀羅馬皇帝查士丁尼命令編纂的）

Pander n & v. I. 淫媒者；拉皮條的人；妓院主人；妓院男老闆；II. 勾引；淫媒；拉皮條

Panderer 拉皮條的人；淫媒者

Pandering 淫媒；拉皮條

Panel 侯選陪審員名單；小組；〔美〕合議庭（例如，上訴庭則由三名法官組成合議庭審案）；〔英〕陪審員名單；全體陪審員（指政府為公務目的把專門人才列成名單，例如醫生名單等）；〔蘇格蘭〕刑事被告人（第一次出庭時的稱謂）；〔世貿〕專家小組（作為進一步解決成員方之間有關糾紛而臨時成立的機構）；調查小組；（選定的）專門小組

Panel deliberation 專家組審議

Panel interview 集體會見；集體會談，集體訪問

Panel meeting 小組會議

Panel obligations 〔關貿〕專家小組的義務

Panel of arbitrators 仲裁員名單

Panel of consultants 顧問小組

Panel of experts 專家小組

Panel on Conciliation 〔關貿〕調解小組

Panel on Take-over and Mergers 〔英〕接管合併小組名單

P

(指負責上市證券公司的接管與合并事宜)

Panel procedure 〔關貿〕專家程序 (是關貿組織解決成員國間爭端體制第二種改進，創設於 1952 年，其成員除理事會指派三至五人參加，不是作為政府代表，而是以個人身份行為，不是來自爭端當事國，而是大多數挑選自締約國的外貿部，但與工作組一樣，其所作出的爭端決定對爭端當事方無強制執行權和制裁權)

Panel report 〔世貿〕專家小組報告 (指關貿理事會對該報告如無全體一致反對就是通過，但其報告授命只針對一個案件的具體問題作出的，因而僅對當事方有約束力)

Panel's right to seek information or advice from various sources 專家組從各種渠道查詢信息和意見權 (指從成員方政府及有關當局)

Panel-made law 法官制定法

Panels of Experts 〔關貿〕專家小組 (其職責是代表關貿總協定就特定會員國間的爭端提交審查、認定及建設意見)

Pannage (or Pawnage) 〔英〕共有林地牧豬費；林地豬飼料；代人放牧者繳納的豬飼料費 (指在林中放養豬所吃的橡子、山毛櫸堅果等飼料)

Pannellation 〔美〕選任陪審團 (籌組陪審團行為)

Pannier (or pannierman) 〔英〕內侍律師學院僕人 ("馱藍人")

Panopticon 圓形監獄 (指看守人駐紮在監獄中心，以監視所有囚犯)

Papacy 教皇職位；羅馬教廷；教皇制度

Papal arbitration 教皇仲裁 (國際仲裁的一種)

Papal bull 教皇詔書

Papal court (天主教的) 最高法院

Papal documents 教皇信扎；教皇文書

Papal internuncio 教廷公使

Papal legate 教廷特命大使

Papal line of demarcation 教皇勢力範圍分界線 (指 1493 年劃分教皇在西班牙和葡萄牙之間的勢力範圍)

Papal nuncio 教廷大使

Papal representative 教皇代表

Papal supremacy 教皇的最高統治權

Paper 證券；票據；鈔票；單證；文件；證件；身份證；論文；〔複〕訴訟文書

Paper and documents 文件

Paper blockade 紙上封鎖 (指不伴隨有實力的或有效的封鎖)

Paper book 〔英〕紙謄本 (含上訴法院中進行訴訟和調查證據之妨訴抗辯的法律爭點記錄)

Paper Duty Repeal Bill 〔英〕廢除紙稅法案 (1660 年)

Paper gold 〔基金〕紙黃金 (即國際貨幣基金的 "特別提款權"，附黃金價值的保證，但不能用以兌換黃金故而得名，一種新的國際貨幣單位，創立於 1969 年，釋義見 "SDR")

Paper money 紙幣；鈔票

Paper office 〔英〕白廳檔案局 (保存在白廳國家檔案文件)；王座法庭檔案館 (保存古代王座法庭的案卷記錄)

Paper patent 紙上專利 (尚無商業用途的專利)

Paper profit 賬面利潤；紙上利潤 (假設可以得到的利潤，指只有在出售證券或投資後才得以實現的利潤)

Paper standard 紙幣本位 (1931 年由於金本位崩潰後而改為紙幣本位制)

Paper to bearer 不記名投票

Paper work 日常文書的工作

Paper-credit 期票；信用狀債券；證券債權；借據

Papian poppaean law 巴比亞波培亞法 (由羅馬執政官於公元 9 年提出的一部鼓勵結婚生育的法律)

Pappercorn rent 名義地租

Par *n. & a.* I. 同等；平等；相等；基準價；同價，平價；(股票的) 票面價；行為標準；行為規範；II. 與票面價值相等的；平價的

Par delictum 同樣有罪

Par items 按票面款匯兌 (指受票銀行匯兌免收手續費)

Par of exchange 匯兌牌價；匯兌等價

Par of sterling exchange 匯兌平價標準率；英鎊標準的匯兌平價

Par value 面值；票面價值 (指股票或債券印明的)

Par value or stated value 面值或設定價值

Par value systems 平價制度

Parachronism 年代錯誤 (時間計算錯誤)

Paraesthesia 感覺錯亂

Parage 〔英古〕平等 (指相稱的家世或身份，尤指共同繼承人所繼承的等份土地)；土地的平等分割 (繼承人之間均等分配地產)

Paragraph 項；段；段落；節；條；款

Para-institution 半官方機構

Paralegal 律師助理；準法律人員 (指有法律知識，但還不是律師者)

Parallel act 平行行為

Parallel citation 並行援引 (指援引自同樣的案件但被刊印在兩個或兩個以上不同的判決錄中的)

Parallel proceedings 〔美〕平行訴訟 (程序) (指當事方就涉及同一宗爭訟問題可向地區法院要求取得暫停訴訟的權利)

Parallel retaliation 〔世貿〕平行報復 (指在違法之訴中，被申訴方應依 DSB 的決定在同一部門中實施)

Parallel standard 複本位制；雙重標準

Paramilitary forces 準軍事部隊

Paramount *a. & n.* I. 最高的；至上的；首要的；最重要的；II. 〔英〕元首；女王；最高統治者；上級領主 (對 "中間領主" 而言)

Paramount allegiance 最高效忠

Paramount clause 首要條款 (指提貨單中規定人承運有與托運人之間的權利和義務的條款)

Paramount equity 衡平法上優先權

Paramount lien 優先留置權

Paramount ownership 最高所有權

Paramount title 〔美〕最高所有權；優先所有權 (指在不動產法上的兩種產權相比較而言，後者源於前者，故而常說前者較好，具有優先所有權)

Paramountcy 優位主權；〔印〕最高權位 (指印度皇帝與其各邦統治者的關係，此種關係於 1947 年《印度獨立法》頒佈而告終止)

Paramour 情婦；情夫

Paranoia 偏執犯；妄想狂

Paraph 花押；簽名；簽署；花筆 (簽名後用以防止偽造)

Paraphasia 語言錯亂症；錯說症

Paraphernal property 妻子個人的動產 ("paraphernalia")

Paraphernalia 〔蘇格蘭〕妝奩；妻子私有財物 (丈夫贈與妻子的服飾，如衣服，首飾等，尤指寡婦私人所有物)

Para-police 輔助警察的

Paraprofessional　專業人員助理 (指本身不是專業人員，但協助專業人員工作者，如律師等)

Parastatal　半官方的；半政府的；半國營的；半官方團体 (的)

Para-state entity　準國家實體

Paratroop　傘兵；降落傘部隊

Paravail　〔英〕附屬的；下級的；〔英古〕佃農 (指最低等級的農民，其耕作的土地收益完全歸中間領主所有，類同中國解放前農村的"僱農")

Parcel　n. & v. I. 一塊土地；包裹；小宗貨物；II. 分配財產；分配遺產

Parcel post insurance　郵包保險

Parcel post risk　郵包風險

Parcel-post zone (=postal zone)　包裹郵遞區

Parcenary　(土地的) 共同繼承

Parceners　(土地的) 共同繼承人

Parchment　羊皮紙

Pardener　(中世紀) 獲准攜帶出售天主教免罪符的人

Pardon　n. & v. I. 赦免；免罪；赦罪；特赦 (指免除特定罪犯的罪刑宣告之刑罰的執行)；〔英〕特赦 (必須根據君主特權或根據議會法律方可得以赦免)；II. 赦免

Pardon attorney　〔美〕特赦檢察官 (司法部官員，負責審議聯邦申請特赦的案件並推薦由總統行使仁慈赦免)

Parent　父親；母親；兩親 (法學家潘漢典意見可譯為"兩親"，也可譯成"雙親")；〔複〕雙親

Parent and child　父母與子女 (法律關係)

Parent by adoption　養父母

Parent company　母公司；總公司

Parent convention　母公約

Parent corporation　母公司；總公司

Parent enterprises　母企業

Parent firm　母店；母公司

Parent state　母國；〔美〕本州

Parentage　出身；家系；父母身份

Parental consent　父母的同意 (指對未成年者的婚事或承擔法律義務)

Parental Kidnapping Prevention Act (PKPA)　〔美〕防止父母"拐帶"子女法

Parental liability　父母賠償責任 (指父母對其子女給他人財產造成損害負有賠償的責任)

Parental power　親權

Parental rights　親權 (指父或母對子女佔有、撫養和教育等的權利)

Parental rights and duties　父母的權利和義務

Parent-child immunity　〔美〕對子女過失之訴的免責權 (指父或母對子女訴其過失責任時，在有些管轄權上可免除過失責任，儘管有傾向要廢止或限制這種豁免權)

Parentela　血親；親屬；親戚；同宗；同一祖先

Parentelic system　親屬關係制度 (以為確定繼承人的條件)

Parenticide　殺父 (母) 犯；殺親罪；殺父 (母) 罪

Parent-in-law　養父 (母)；岳父 (母)；家翁；姑母

Parent's liability for child's torts　父母對子女的侵權責任

Parietals　〔美〕(校舍內) 異性訪客守則

Pari-mutuel　〔法〕同注跑馬賭博 (1870 年至今)

Pari-mutuel betting　同注分彩賭博 (指一種共同賭馬或犬的分彩賭博)

Paris commune law　巴黎公社法律 (指 1871 年 3 月 28 日法國工人建立巴黎公社實行無產階級專政後所頒佈的一系列法律)

Paris Congress　巴黎和平會議 (指克里米亞戰役後英法俄三國在巴黎召開的會議)

Paris Convention for the Protection of Industrial Property　保護工業產權巴黎公約 (1883 年，中國於 1985 年加入)

Paris Declaration Respecting Maritime War　巴黎海戰宣言 (1856 年)

Paris financial market　巴黎金融市場

Paris Revision of the Berne Convention　伯爾尼公約巴黎修正案 (1971 年)

Parish　教區 (郡之下的分區，有教堂和牧師)；〔蘇格蘭〕民政教區；〔美〕縣 (路易斯安那州政府所轄領土的劃區)

Parish apprentices　〔英〕教區學徒 (指因父母不能養育其子女而由教區作為他們的監護人之謂)

Parish clerk　教區執事

Parish constables　教區警察；教區治安官

Parish council　〔英〕農村教區行政委員會 (1894 年成立，300 人或 300 人以上的農村為一教區單位，由一主席、參事等五人組成，其職責是有權使用修建區內的人行道等公共施)

Parish court　〔美〕教區法院 (路易斯安那州每個教區均有一個相當於縣的具有民事管轄權的法院)；〔英〕教區法院

Parish meeting　〔英〕教區會議 (每年開一次，在沒有教區地方每年至少開兩次會)

Parish register　教區記事錄 (記錄教區居民的洗禮、命名、婚、喪事等)；村的戶籍簿

Parish watch　鎮 (或村) 的警官

Parity　等價；等值；平價；對等

Parity ratio　評價比率；等價比率

Parity treatment　平等待遇

Park　n. & v. I. 公園；〔英〕(國王特許的) 私人獵園；公園；II. 停車

Parkhurst　〔英〕帕克赫斯特監獄 (1838 年)

Parking fees　停車費

Parking meter　停車計時器

Parking place　停車場

Parking space　停車位；停泊位

Parking ticket　〔羊〕違規停車傳票 (由交通警簽發，違規者或接受罰款處分，或上交傳票，出席交通法庭說明未曾違規)

Parking violation　違規停車

Parlementaire　〔法〕軍使

Parley　v. 會談；商議；談判

Parliament　議會；國會；議院 (是實行三權分立制國家的最高立法機關)

Parliament Acts　〔英〕議會法 (1911 年限制上院的否決權的議會法案)

Parliament chamber　議會廳；國會議事室

Parliament House　〔英〕議會大廈 (1622–39 年)

Parliament of Australia　澳洲議會 (1901 年)

Parliament of Canada　加拿大議會 (1867 年)

Parliament of England　英格蘭議會 (1066 年)

Parliament of Ireland　愛爾蘭議會 (1310 年)

Parliament of New Zealand　新西蘭議會 (1854 年)

Parliament of Northern Ireland　北愛爾蘭議會 (1914 年)

Parliament of Scotland　蘇格蘭議會 (1293 年)

Parliament of the Great Britain　大不列顛議會 (1707 年)

Parliament of the United Kingdom 聯合王國議會 (1801 年)

Parliament Rolls 〔英〕議會案卷 (自 14 世紀初葉至今的議會會議記錄)

Parliamentarian 議會法規專家；議會法學者；國會議員

Parliamentarism 議會主義；議會制度；議會政治

Parliamentary 議會的；國會的；議會政治的；議會法學者的；與議會有關的；與英國議會有關的；有關立法的；(合於) 議會法規的

Parliamentary agents 議會代理人；議會狀師 (指向國會遞交並促使私人法案得以通過)

Parliamentary and quasi-parliamentary systems 議會和準議會制度

Parliamentary Bar 〔英〕議會律師 (指專門從事促使或反對議會法案通過的團體事務律師，他們在 19 世紀和 20 世紀早期發揮重要作用，特別是涉及鐵路議案、市政事務和擴大地方當局權力，但該等業務自 1945 年之後大為衰減)

Parliamentary barrister 議會律師 (釋義同上)

Parliamentary bill 議會法案

Parliamentary borough 〔英〕議員選舉區 (享有國會議員選舉權的市區)；都市選舉區

Parliamentary burgh 構成一個選舉區的市鎮；不和別的市鎮合並選舉議員的市鎮

Parliamentary cases (P.C.) 國會案件；議會案件

Parliamentary Commissioner for Administration 〔英〕議會行政監察專員 (委任代表政府調查對政府行政行為的抱怨)

Parliamentary committee 議會委員會；國會委員會 (上院或下院的)

Parliamentary Counsel to the Treasury 〔英〕財政部法案顧問 (撰寫法案的主要官員成立於 1869 年)

Parliamentary Debates 〔英〕議會辯論集

Parliamentary diplomacy 議會外交

Parliamentary draftsmen 〔英〕議會法案起草人

Parliamentary franchise (市或市區的) 國會議員選舉權

Parliamentary government 議會制政府；議會制政體

Parliamentary History 〔英〕議會歷史

Parliamentary law 議會法；會議法

Parliamentary oath 國會議員就職宣誓

Parliamentary Papers 〔英〕議會文件；議會公文

Parliamentary Private Secretary 〔英〕議會私人秘書

Parliamentary Privilege 〔英〕議會特權

Parliamentary reform 議會改革

Parliamentary Rules 議事規則

Parliamentary system 議會制 (為資產階級國家的政權組織形式，具有立法職能，並對政府實行監督的制度)

Parliamentary tax 〔美〕國會稅；〔英〕議會稅

Parliamentary under-secretary 〔英〕政務次官；政務副部長；副國務大臣

Parlour 客廳；會客室；(旅館等的) 談話室；〔美〕營業室

Parochial 牧師管區的；教區的；地方範圍的；偏狹的；狹隘的

Parochial board 〔蘇格蘭〕教區貧民救濟委員會

Parochial church council 教區管理委員會

Parochial school 教會學校

Parol *a. & n.* I. 口頭的；言語的；沒有蓋章的；II. 口頭供述；口頭答辯；〔香港〕口頭方式

Parol agreement 口頭協議 (未蓋章的協議)；口頭合同；諾成契約

Parol arrest 〔英〕口頭逮捕 (因破壞治安罪而由治安法官下令逮捕)；當庭羈押 (指因妨礙法庭秩序，法官或審判員可不經起訴而下令當場扣押)

Parol contract 口頭契約；簡單契約

Parol evidence 口頭證據；證詞 (指庭審時證人的證言)

Parol evidence rule 〔美〕口頭證據規則

Parol lease 口頭租賃

Parol promise 口約；口頭承諾；簡單契約

Parol representation 口頭陳述；口頭說明

Parole *n. & v.* I.〔美〕有條件釋放；假釋 (指刑滿前有條件釋放)；〔際〕(戰俘) 誓言 (如保證永不逃脫等)；〔英〕假釋 (指服刑中的囚犯如無犯罪行為發生，且有 "悔悟表現"，經當局批准有條件釋放。其有別於緩刑 "suspension of sentence"，後者是罪犯判決後在一定期限內暫緩執行)；II. 宣誓釋放 (俘虜)；假釋

Parole board (or commission) 〔英〕〔美〕假釋委員會 (指授權審定囚犯可否刑滿提前釋放)

Parole commission 假釋委員會

Parole of honour 誓言；誓約

Parole officers 〔美〕假釋官 (負責囚犯假釋事務包括監督假釋犯，同時假釋應定期向假釋官員報告其假釋後活動情況)

Parole rule 假釋規則

Paroled prisoner 宣誓釋放的俘虜

Parolee 〔美〕假釋犯；被假釋人

Parquet 〔法〕監察部

Parricide (or patricide) 弒親；弒父母；弒親者；弒父母者；〔美、英〕弒父者；弒親罪

Parson 教區長〔英〕教區牧師

Parsonage 牧師住宅；牧師俸祿 (指土地、什一稅和獻納等)

Parsonage tithes 教區長什一稅 (繳納穀物、牲口飼料、木材的稅)

Part 部份；局部；土地權利讓與證書或契約的兩文本之一；角色；地區；零件；配件；部件；原件

Part delivery 部份交貨

Part I members 〔世行〕I 類國家

Part owners 船舶共有人；共有物主；共有人

Part payment 部份支付；部份償還

Part performance 部份履行 (指諸如買賣合同、土地銷售等合同除非有書面證據原告不能強制履行，只局或部份履行之)

Part pooling 部份集合經營

Part purchase 部份採購

Part shipowner 船舶共有者

Part sovereign state 部份主權國

Part used in common 共用的部份

Partage 部份；份額；〔法〕(共有財產的) 分割；(共同繼承人之間的) 分配

Partial 局部的；部份的；不完整的；不完全的；偏私的

Partial abandonment 〔保〕委付的分割

Partial acceptance 部份接受；部份承兌

Partial accession 局部加入

Partial account 部份賬目 (遺囑執行人、遺產管理人只列出其處理死者遺產的部份賬目)

Partial actual eviction 不完全的實際逐出 (住宅或所有地)

Partial adhesion 部份加入

Partial adjustment 部份調整

Partial agreement　局部協定

Partial alteration　部份變更；局部更改

Partial Amount Anticipatory Credit　部份預支信用證

Partial annexation　局部兼併；部份兼併

Partial armistice　局部停戰

Partial assignment　部份轉讓；局部出讓；部份出讓

Partial average　單獨海損（＝particular average）

Partial breach　局部違反；部份違約

Partial cession　部份割讓

Partial codification　局部法典編纂

Partial compensation　部份補償

Partial delivery　部份交貨；部份交付

Partial denial　局部否定；局部否認

Partial denunciation　部份廢棄

Partial destruction　部份毀壞；局部毀壞

Partial disability　部份傷殘；部份喪失工作能力；部份無行為能力（如未成年者，精神異常者）

Partial disablement　〔保〕喪失部份勞動力

Partial disablement benefit　局部殘廢津貼；〔保〕半殘給付

Partial disarmament　局部裁軍

Partial evacuation　部份撤退

Partial eviction　部份剝奪佔有（指業主住宅所有權被部份剝奪）

Partial evidence　部份證據；局部證據

Partial extinction　部份消失

Partial government　局部政府

Partial incapacity　局部喪失能力

Partial insurance　部份保險；局部保險（指保險金額低於標的物實際價值，僅及其部份）

Partial interest forgiveness　免除部份（保險）利（權）益

Partial intestacy　部份無遺囑

Partial intestate　部份遺產未立遺囑

Partial invalidity　部份無效

Partial joint-purse arrangement　部份的共同經濟關係

Partial jurisdiction　局部管轄權

Partial limitation　部份責任限額；局部的損失全賠（指保單上規定如果實際損失超過一定數額者，承保人同意按全損賠付的條款）

Partial limitation clause　部份責任限額條款

Partial loss　〔保〕部份損失；局部損失

Partial neutrality　局部中立

Partial occupation　部份佔領；一部佔領；部份佔有

Partial payment　部份支付；部份償還

Partial performance　部份履行（指可分債務而言）

Partial ratification　部份批准

Partial release　局部解除（留置權）；部份解除索賠權（指放棄對一部份抵押財產的索賠權）

Partial shipment　分批裝運

Partial solution　局部解決

Partial succession　部份繼承

Partial taking　局部徵用；部份徵用（參見"minent domain"）

Partial total loss　局部全損

Partial transfer　部份轉讓；部份轉移

Partial verdict　部份有罪評決（指陪審團認定被告犯有部份被控告的罪行）

Partial withdrawal　部份退出

Partially underwritten offer　局部包攬的要約

Partible　可分的；可分割的

Partible inheritance　可分的遺產；可分割的繼承

Partible lands　可分割的土地；可分割繼承的土地（平均繼承制習慣的土地）

Participant　參加者；參與者；分享者；〔保〕合格受保者；〔基金〕參加國（指特別提款賬戶的）

Participant in proceedings　訴訟參與人

Participant in the Special Drawing Rights Department　〔基金〕特別提款權部參與者

Participant seat　與會者；參加人；參與者

Participants in criminal preceding　刑事訴訟參與人（指偵查、檢察、審判人員以外的其他參加訴訟的人，即當事人、被害人、法定代理人、辯護人、證人、鑒定人和翻譯人員）

Participate　v. 參與；參加；分擔；分享

Participating associate　參與合夥人

Participating insurance　參加分紅保險

Participating nations　參與國；參加成員方

Participating policy　參加分紅保險單

Participating power　參加國

Participating preference　參與優先股；參加管理的優先股

Participating preferred stock　參加優先股（除按規定優先分得當年定額股利外，還可與普通股一同分享當年剩餘利潤的一種優先股）

Participating share　參與優先股；參加管理的優先股

Participating state　參加國；與會國

Participation　參加；參與；分享；參股；共攤風險條款（指按保險單上規定的百分比要保人分擔所發生的每項損失）

Participation agreement　參股協議；參與協議

Participation clause　參加條款；參與條款

Participation fee　參與費

Participation in international intellectual property agreements　〔中〕參加國際知識產權協定

Participation in liability　分擔責任

Participation in meetings of the executive board of the Bretton Woods institutions　〔世貿〕參加布雷頓森林兩機構執行董事會會議（指當今只有 WTO 應邀參加 IMF 和 World Bank 執行局會議，過去 GATT 以及現在其他國際組織均無此殊榮）

Participation in profit　分享利潤

Participation in the reciprocal tariff negotiation　參加互惠的關稅談判

Participation loans　參加貸款；參與放款；共同放款

Participation mortgage　〔美〕參與抵押；參與風險利潤抵押（分享風險利潤抵押）

Participation of interest　利益均沾

Participation of the staff of each of the institutions in their respective meetings of members　各自機構的職員相互參加彼此成員方的會議（指 WTO、IMF 和 World Bank 工作人員相互應邀參加各機構召開的會議）

Participation of workers in business like management　職工參加企業管理

Participation rate　參股利率

Participation treaty　參與再保險合同（再保險時承擔原保險公司所承擔的一部份險的合同）

Participatory framework　參與的範圍（指 WTO 參與

IMF、IBDR 會議活動而言)

Particula 一小塊土地

Particular 特殊的;特別的;特定的;個別的;單個的;局部的;特有的;單獨的;詳細的;地方的

Particular agent 專項代理人

Particular agreement 特別協定

Particular alliance 特別同盟

Particular areas of policy 特殊政策範圍(領域)

Particular article 特殊條文

Particular average 單獨海損(指海難中船隻、船貨和運費所遭受損失由財產所有者自己單獨承擔)

Particular average loss 〔英〕單獨海損(標的物部份損失,一種航海事故所致損失)

Particular averment 特別陳述(指對特定事實的陳述)

Particular charge 特別費用

Particular commodity rate 特定貨物運費率

Particular concerns about treatment in the auto sector 特別關心對汽車部門的待遇

Particular contribution 特殊分擔

Particular convention 特別公約;特別專約

Particular custom 特殊習慣

Particular estate 〔英〕先行地產權(指按 1926 年前的不動產法,先於殘餘地產權或複歸財產權中的地產)

Particular evidence 特定證據

Particular fideicommissum 特別信託遺贈

Particular international convention 特別國際公約

Particular international law 特殊國際法

Particular international organisation 特殊國際組織

Particular jurisprudence 特殊法學;單純法理學(指民、刑、憲法及國際法一類的法學)

Particular law 特別法

Particular legacy 特定遺贈

Particular lien 特項留置權;特定留置權(指對某種特定財產所產生的債務而加以留置作為清償債務之擔保)

Particular Members 〔世貿〕特定會員

Particular partnership 單獨合夥;專項合夥(指共同經營某一項目分享其利潤)

Particular port 特定港(租船契約用語)

Particular procedure or requirement 特別程序或要求

Particular protection 特別保護

Particular region of war 特殊戰區

Particular risk 特定風險

Particular status 特別地位;特別身份

Particular successor 特定繼承人

Particular tenant 特別財產權持有人;先行地產權人

Particular trade 特殊貿易(指發展中和最不發達國家而言)

Particular treaty 特殊條約

Particularism 〔美〕各州分立主義;〔德〕各邦分立主義

Particularism-nationalism school 特殊主義-國家主義法學派(19 世紀末葉代替普遍主義-國際主義學派興起的國際私法學派,該學派認為一個國家的國際私法是它的國內法的一部份,並對內國法和外國法採取不平等的態度)

Particularist 〔美〕各州分立主義者;〔德〕各邦分立主義者

Particularity 〔美〕(訴訟抗辯的)詳細陳述書

Particulars 〔複〕細節;詳情;請求事項的明細書;訴狀明細書(訴訟事項的明細文件);船舶明細書

Particulars of applicant 申請人詳情

Particulars of breaches and objections 〔英〕侵權與異議的詳細說明(指對專利侵權訴訟,原告在訴狀中必須陳述關於索賠清單之侵權細節)

Particulars of claim or defence 〔英〕(原告或被告的)索賠或辯護事實的詳細說明

Particulars of criminal charges 刑事訴狀的詳細說明(檢察官要求在訴狀中應詳細叙述所指控被告的特定犯罪行為)

Particulars of sale 拍賣說明書(指擬待出售的土地、房屋等財物的詳細情況和出售條件)

Parties 〔英〕當事人(指對任何事情親自自願參加或由其律師參加,例如"契據的當事人";"當事人"用法諸多,例如:羅馬法稱之"actor and reus";民事訴訟中稱"plaintiff and defendant";衡平訴訟中稱"complainant, or plaintiff and defendant";海事實踐中稱"libellant and respondent or libelee";在上訴案中則稱"appellant and respondent or appellee"等等);訴訟當事人(被要求參加訴訟的當事人,例如"民事訴訟的被告人")

Parties and privies 〔美〕(契約的)當事人與關係人(例如出租人和承租人)

Parties concerned 關係當事人

Parties in action 訴訟當事人

Parties in interest 利害關係人(有合法權利的訴訟當事人)

Parties interested 關係方;利益有關方

Parties to a bill 票據當事人

Parties to a contract 簽約方;合同當事人

Parties to a joint venture 合營企業各方;合營企業當事人

Parties to civil suits 民事訴訟當事人

Parties to dispute 爭論的各方

Parties to treaties 締約國

Partisan 遊擊隊員;遊擊人員;〔美〕(對特定黨的)黨徒;信徒

Partisan troop 遊擊隊

Partition 分割;分割土地房屋;土地分割(共同土地所有者之間的);分配收益(指法院通常是下令變賣財產,分配所售財產的收益以代替分割實體財產);瓜分;區分

Partition deed 分割契據(指兩人或兩人以上共同租賃人分割其共有的地產)

Partition of a succession 〔美〕分割繼承遺產(可分為自願的和按法律程序兩種)

Partition of chattels 動產分割

Partition of inheritance 遺產分割(分割繼承遺產)

Partition of State 國家的瓜分

Partition treaty 瓜分條約

Partner 合夥人;合股人;股東;配偶(指夫或妻)

Partner by estoppel 不容反悔的合夥人,不容否認的合夥人(根據禁止反言原則分擔與合夥人同樣責任的人)

Partners capital account 〔香港〕合夥人資本賬項

Partners in crime 共犯

Partnership 合夥;合股;合營;合夥關係;合夥契據;〔保〕合夥團體;〔香港〕合夥企業;合股商號(規定其來自或獲自香港生意中所得利潤均應納稅)

Partnership Act 〔英〕合夥法(1890 年)

Partnership agreement 合夥協議(契約)

Partnership articles 合夥契約;合夥章程

Partnership assets 合夥資產

Partnership association 合夥商業協會；合夥商社；合夥組合

Partnership at will 任意合夥（指沒有規定存續時間，而且按合夥人的要求隨時可予解散的合夥）

Partnership by common law 普通法上的合夥

Partnership certificate 合夥證書

Partnership contract 合夥契約

Partnership debt 合夥債務

Partnership in commendam 〔美〕"康孟達"合夥（指合同契約以一定數額的財產或貨幣參加合夥按所佔份額分享利潤）；投資合夥（指投資一定股份於合夥企業，按股份分享利潤、分擔債務責任）

Partnership insurance 組合保險；合夥保險（合夥者間的人壽保險表明生存者可以購買已故者的資產）

Partnership Law 〔中〕合夥企業法

Partnership limited by shares 股份有限合夥（責任限於股份的合夥）

Partnership property 合夥財產

Partnership rather than alliance 結伴而不結盟

Partowners of a ship 船舶共有人

Part-payment 部份支付；部份付款；部份償還

Part-sovereign state 部份主權國

Part-time 部份時間的；兼任的；兼職的

Part-time affair 兼職的事務

Part-time agent 兼職代理人

Part-time job 零工；非全日性工作

Part-time judge 〔英〕兼職法官

Part-time teacher 兼職教師

Part-time worker 短工；臨時工

Parturition 分娩

Party （條約、契約、訴訟等有關的）當事人；（條約、契約、會議、訴訟等有關的）一方；（條約、契約、訴訟等的）當事方；當事國；政黨；〔香港〕締約人

Party aggrieved 受害當事人

Party autonomy 意思自治（當事人意思自治，也稱契約自治，即：契約一經合法成立，當事人必須按照約定，善意履行，非經共同同意，不得修改或廢除）

Party candidate 政黨候選人

Party concerned 有關一方；有關當事人；有關人士

Party constitution 黨章

Party convention 〔美〕政黨代表大會

Party government 政黨政治

Party in bankruptcy 破產當事人

Party in conflict 衝突當事國；衝突一方；衝突當事方（衝突當事者）

Party in default 缺席當事人

Party in interest 利害關係當事人

Party in private law suit 私訴當事人

Party in stake 利害攸關方

Party in the lawsuit 訴訟當事人

Party membership 黨籍

Party membership dues 黨費

Party policy and law 〔中〕黨的政策與法律

Party programme 黨綱；（政黨的）政綱

Party system 黨派制度（閣員出自一黨的制度）

Party to a dispute 爭端當事國（方）

Party to a treaty 締約國；締約一方

Party to an international undertaking on official export credit 官方出口信貸國際承諾的當事方（參與方）

Party to be charged 被告方；受指控方（人）

Party to the adultery 相姦者；通姦一方

Party to the conflict 衝突一方

Party to the controversy 爭端當事國；爭端當事方

Party to the dispute 爭端當事國；爭端一方；爭端當事者

Party to the suit 訴訟當事人

Party vote 〔美〕根據政黨的路線所投的票

Party who initiates a private prosecution 自訴人

Party-jury 雙語陪審團（指以外國人和入籍人各半組成的陪審團）

Party-wall 隔墙；界墙（指鄰接屬兩個不同所有者之間共有毗鄰的土地或房屋的共有墙）

Pas 〔法〕優先權；優先位次

Pass *v. & n.* I. 合格；通過海關；通過（議案）；批准（賬目）；傳達（命令等）；（貨幣）流通；宣佈（判決）；轉讓（財產）；宣誓；發誓；II. 通行證；旅行執照；（由鐵路等交通部門頒發的在特定路段的）免費車票

Pass a verdict （陪審團）作出評斷

Pass Act, 1952 〔南非〕通行證法（1952 年）

Pass dividend 紅股未付（指公司到期應付而未付或未予公佈、未發的紅利）

Pass judgment 宣判

Pass law 通行證法

Pass sentence 刑的宣告（指法官經陪審團認定被告有罪後而作出刑事判決）

Pass upon a case 宣判案件

Passable （建議的法律條文等）可制訂的；（錢幣等）可流通的；可通用的

Passage （法案等的）通過；經過；通道；航道；（河流、海上、空中）航行權；通過權；船費（包括膳宿）

Passage Court 〔英〕利物浦航行法院（=Court of Passage of the City of Liverpool）

Passage fare 乘車費；乘船費

Passage mileage 客運里程

Passage money 旅客運費，車船費；航道費

Passbook 存摺；存款賬簿；銀行存摺；顧客賒賬簿

Passbook custodian certificate 存摺保管證

Passenger 旅客；乘客

Passenger arrival list （船長交給海關人員的）下船旅客名單

Passenger bodily injury liability insurance 乘客人身傷害責任險

Passenger duty 通行稅

Passenger freight 旅客運費

Passenger list 旅客名單（指船長、機長交給海關的乘客名單）

Passenger mile 客運里（計算單位，等於運送一里路一個乘客）

Passenger money 車船費

Passenger return 〔英〕返程旅客名單（指船上載運的旅客）

Passenger service 客運服務

Passenger ship safety certificate 客船安全證書

Passenger steamer 〔英〕客船；客輪

Passenger ticket 乘客機票

Passing of a bill 法案的通過

Passing of title 產權轉移；所有權移轉

Passing off 假冒；影射；假冒經營 (把自己的交易商品或營業偽裝成別人的商品或營業，在普通情況下有可能使人誤認為同一樣商品或同一營業的行為，特指用別人的商標販賣商品或用別人的名義出版書籍等非法行為)；〔英〕損害賠償或禁制令之訴

Passion 大怒；激怒 (指在定義上，因生氣、仇恨等情緒激動誘發引起的殺人)

Passive 消極的；被動的；含有負擔的；無利息的；不抵抗的

Passive (or permissive) waste 消極毀損 (例如，對房屋不作必要的修繕而致破損，或對土地不耕作而致荒廢)；容許的毀損 (指為了必要的修繕而把房子推倒)

Passive activity 消極活動

Passive assets 固定資產

Passive bonds 無息債券

Passive debt 無利息債券；消極債務

Passive income 消極收入 (非勞動收入)

Passive investment income 被動投資收入 (指租金、股息、利息、年金及銷售股票、證券等所得收益)

Passive loss 消極損失 (1. 納稅人未參加活動的損失；2. 租稅活動損失；3. 納稅隱蔽的損失)

Passive nationality 消極國籍

Passive nationality principle 消極國籍原則

Passive personality 消極人格

Passive personality jurisdiction 消極人格管轄權

Passive precaution 消極預防措施

Passive resistance 消極抵抗

Passive right of legation 消極使節權

Passive servitude 消極地役 (權)

Passive trust 消極信託；被動信託 (受託人無積極義務的信託)；消極託管

Passive trustee 無積極義務的受託人

Passive use 消極用益權

Passport 護照；安全通行證

Passport agent 護照人員

Passport Bureau 〔美〕護照局

Passport regulations 護照條例

Passport visa 護照簽證

Pass-through basis 即時歸還使用的借款；立即轉讓所用借款

Past consideration 過去對價；既往約因 (締結契約的一方基於過去曾從對方得到利益或過去對方曾為他受有損害的考慮而締結契約)

Past recollection recorded 〔美〕(證人) 追記的備忘錄

Pastor 牧師

Pasturage 放牧權；牧畜

Pasture 牧場；放牧；牧畜飼養

Patent *a. & n.* I. 專利的；獲得專利權保護的；特許的；專利權的；公開的；顯然的；明顯的；〔美〕上等的；II. 專利；專利權；專利證；專利品；〔美〕公有地讓渡證書；特許狀

Patent agent 專利代理人

Patent ambiguity 文字明顯含糊；明顯的曖昧

Patent and copyright clause 專利版權條款

Patent and Trademark Office 〔美〕專利商標局 (負責按美憲法規定監督頒發專利、商標證書事宜)

Patent appeals 〔美〕專利上訴

Patent applicant 專利申請人

Patent application 專利申請書

Patent cases (P.C.) 專利案件

Patent certificate 專利證明書

Patent Cooperation Treaty 專利合作條約 (1970 年締結於華盛頓，1978 年生效，中國於 1994 年加入)

Patent defect 明顯的瑕疵

Patent fee 專利費

Patent holder 專利持有人；專利持有方

Patent infringement 侵犯專利權 (指在專利有效期內未經准許使用或出售以及誘使專利發明之行為)

Patent insurance 專利保險

Patent law 專利法 (確認發明人或其權利繼受人對其發明享有專有權，及其權利和義務的規定)

Patent Law Amendment Act 〔英〕專利法修正案 (1852 年)

Patent Law of the P.R.C. 中華人民共和國專利法

Patent licence 專利許可證；專利特許使用權

Patent licence agreement 專利特許協議

Patent medicine 專賣藥 (取得專利的藥品，即不需醫生處方即可售賣的藥品)

Patent of precedence 〔英〕優先權特許狀 (授予出庭律師位居總檢察長之後，更確切地說位居於皇家大律師之後，現已廢除)

Patent of revalidation 進口專利；引進專利

Patent Office 〔香港〕專利局

Patent owner 專利所有者

Patent pending (pat.pend.) 〔美〕尚在審批中的專利

Patent pool 專利聯營；專利共享；專利共享企業；專利俱樂部 (又譯 "共享專利企業"、"專利共享"，指某些企業所共享的專利)

Patent pooling 〔美〕專利聯營；專利共享

Patent protection 專利保護

Patent protection for pharmaceutical and agricultural products 對藥品和農藥專利的保護

Patent Re-examination Board 專利複審委員會

Patent registration 專利註冊

Patent relating to national security 保密專利

Patent review board 專利審議局

Patent right 專利權

Patent right protection 專利權利的保護

Patent royalty 專利權使用費

Patent suit 專利訴訟 (指涉及一項專利的合法性或侵權爭議的問題)

Patent tax 專利稅；專賣特許稅

Patent term 專利期

Patentability of inventions 取得專利的發明的可能性

Patentable 可授予專利的；依法得到專利保護的；可許專賣的

Patentable subject matter 可取得的專利事項

Patented article 專利品

Patented process 專利的工藝；有專利權的工序

Patented product 有專利權的產品

Patentee 專利權所有人；專利權獲得者；〔香港〕專利權領受人

Patentor 專利權授予者；專利批准者

Patent-register 專利登記簿

Patent-right dealer 專利權經銷商

Patent-rolls 〔美〕專利登記簿；〔英〕特許狀案卷（1202 年）

Patents Act 〔英〕專利法（1949 年）；〔印〕專利法（1970 年）

Patents and copyrights 〔關貿〕專利與版權

Patents and trademarks 專利和商標

Patents Appeal Tribunal 〔英〕專利上訴法庭

Patents Court 〔英〕專利法庭（1977 年）

Paternal 父親的；父系的；得自（或傳自）父親的

Paternal government 保護政治（政府對待人民，像父親對待兒子那樣）

Paternal grandfather 祖父

Paternal grandmother 祖母

Paternal line 父系

Paternal parent 父親

Paternal power 父權；親權

Paternal property 父系財產（指來自父親、祖父或父系祖先或其旁系傳承的財產）

Paternity 父職；父權；父親身份；父系

Paternity suit 確認生父的訴訟（請求法院確認非婚生子的生父並使其承擔贍養義務的訴訟）

Path 小路，小道；軌線，軌道

Path-breaking 開創性；創新型

Pathologist 法醫官；病理學家

Pathology 病理學；病理，病狀

Paths of development of the developing countries 發展中國家的發展道路

Patient *n. & a.* I. 病人；患者；無行為能力者；II. 忍耐的；容忍的；堅韌的

Patient Self Determination Act 〔美〕病人自我決定法

Patient's Bill of Rights 〔美〕病人權利法案

Patient-physician privilege 〔美〕病人－醫生間談話守密特權（美國大多數州制定法都規定該談話特權屬病人的，因此病人可廢止該特權）

Patrial 〔英移〕居住民，有居住權的人（指享有在英國本土居住、入境不受限制，但入境時須出示護照的英聯邦公民）

Patrial status 〔英移〕居住民身份

Patriality 國民（或公民）身份；國籍

Patriarch 家長；族長；元老

Patriarchal state 家長國家

Patriarchal system 宗法制度

Patriarchate 父權制；父權制社會；族長政治；主教的職權（或任期，管轄區、住所）

Patriarchism 父權制；族長制；族長政治

Patriarchy 父權制；族長制；族長政治；父權制社會

Patrician 特權貴族（早期羅馬特權市民階級，公元前 400 年）

Patricide 殺父；殺父者

Patrimonial 父親的；父母親的；祖傳的；世襲的；世襲財產的（但嚴格為男系之祖先）；教會財產的

Patrimonial jurisdiction 世襲財產管轄權

Patrimonial rights 世襲財產權

Patrimonial sea 承襲海

Patrimony 祖傳財產（指同一家系傳下的世襲財產）；教堂基金；教會財產

Patriotic debt 愛國公債

Patriotic loan 愛國公債（指諸如軍事公債等）

Patrol *n. & v.* I. 巡邏；巡查；巡邏兵；斥候；巡邏隊；巡邏艦隊；巡邏機隊；II. 巡邏；巡查

Patrol ship 巡邏船

Patrol torpedo boat 巡邏魚雷艇

Patrol vessel 巡邏船

Patrolman 〔美〕巡警；警察

Patrol-wangon 囚車

Patron 老顧客；老主顧；保護者；贊助人；資助人；舊奴隸主（古羅馬釋放奴隸後保留一定控制權的）；〔宗〕（有俸聖職）推薦權人

Patron state 保護國

Patronage 保護；庇護；聖職推薦權；〔美〕任命權（1. 委任公職並授予榮譽；2. 考慮作為額外福利或個人權利而委以公職而非出自公益信託的初衷）；顧客的光顧

Patroness 女庇護人

Patronise *v.* 庇護；保護；嘉獎；贊助；資助；光顧

Patronymy 父系

Pattern 方式；形式；模式；式樣；類型；格局

Pattern of domestic consumption 〔關貿〕國內消費形態；國內消費方式

Pattern of international economic relations 國際經濟關係格局

Pattern of racketeering activity 〔美〕詐騙活動形式

Pattern of trade 貿易格局（指一國對外貿易格局，一般指進出口的總值、數量、商品結構和地理方向、國別頒佈等等）

Patterns of domestic consumption 〔關貿〕國內消費形態；國內消費方式

Patterns of private commercial dispute resolution 私營（人）商業爭端解決的模式

Pauper 貧民；（可免交訴訟費的）貧民起訴人；平民被告人（指刑事訴訟中有權獲得指定律師辯護）；依靠公家救濟者

Pauper's oath 貧困者宣誓（指尋求指定義務辯護律師及免繳訴訟費的貧民起訴者）

Pause *v.* 暫停

Pautital rights 〔英〕屬人權（指對於個人或集團反對某個人或某集團獨有的權利）

Pawn *n. & v.* I. 典當；質押；動產質；質物；II. 當；出質（指以讓與動產作為債務的擔保）

Pawn shop 典鋪；典當業

Pawn tickets 當票（抵押憑證）

Pawnbroker 當鋪經營者；當鋪老闆，典當商；質押商

Pawn-broking 典當業；質押業

Pawnee 承質人（接受質物的人）；收當人；接受典當人

Pawnor (or pawner) 出質人；典當人（典當物品的人）

Pawnshop 當鋪

Pay *v. & n.* I. 支付；付款；繳納；補償；償還；報酬；II. 支付；報酬；津貼；償還；工資；薪金（尤指軍餉）

Pay a bill 付賬

Pay an indemnity 給予賠償

Pay an overdue tax 補稅

Pay any bank 〔美〕付給銀行；由銀行收款

Pay as you earn (PAYE) 〔英〕所得稅預扣法（指由僱主從僱員薪金中分期扣除所得稅的制度）

Pay as you go 單據到期即付；付現款；量入為出；〔英〕預扣所得稅

Pay as you see 見貨後即付款

Pay at maturity 到期付款

Pay back 付還；償付；報酬率

Pay back the capital plus interest 還本付息

Pay by (or in) installments 分期付款

Pay compensation at the market price 按市價交付補償

Pay down 即時付款；預付首期款；先付 (指分期付款購貨時先付的部份貨款)

Pay fines commensurate with the level of infringement 支付與侵害程度相當的罰款

Pay for the damage 賠償損害

Pay grain tax 支付糧稅

Pay in advance 預付

Pay in advance in quarterly installments 分季預繳；按季度預付

Pay in advance the expenses, allowances and fees 先支付費用、津貼和報酬

Pay in cash 付現金；付現款

Pay in cheque (check) 以支票支付

Pay in full 付清

Pay in kind 以實物支付

Pay much attention to further improve foreign trade and the environment 高度關註進一步改善對外貿易環境

Pay off 清償債務；分配盈利；分贓；分期償付；發工資；付清工資解僱

Pay off the mortgage 歸還抵當借款

Pay off the principal and interest 付清本息；還本付息

Pay on a consolidated basis 匯總繳納

Pay on delivery 貨到付款

Pay out 支出；花費

Pay rent 交付租金

Pay scale 工資標準；工資級別

Pay scot and lot 〔英〕按能力支付教區稅

Pay sheet 工資名單；餉銀名單

Pay taxes 納稅；上稅

Pay the amount in full 全部付清

Pay the defendant expenses 支付被告費用；支付辯方費用

Pay the penalty 繳納罰金

Pay the piper and call the tune 出資而作主；承擔費用而有決定權

Pay the travel costs of someone en route to or from his post 〔領事〕支付…往返工作崗位旅行費用

Pay to bearer 付持票人

Pay to order 憑指示付款

pay to the order of A Co. 付給甲公司 (或其指定的) 收款人

Pay to the specific person 付給指定的收款人；付給記名人

Pay up (全部或按時) 付清；繳清

Payable 可付的；到期的；應付的；(礦山投資等) 可獲利的；有利的；〔複〕應付款項；應付項目

Payable after sight 見票後付款 (票據承兌後即付；拒絕承兌證書後即付)

Payable at sight 見票即付

Payable by a bill sum 應付的票據金額

Payable on demand 索還時立即付款；見票即付

Payable on presentation 提出票據即可兌現

Payable only through the clearing house 只能在票據交換所支付的支票

Payable to bearer 憑票取款；交付持票人

Payable to order 憑指示付款；交付指定人收款 (指付給流通票據上特定有理由確定的收款人)

Payable to tonnage 按噸位付費

Pay-as-you-earn (PATE) 〔英〕所得稅預扣法 (指從薪金和收入中扣除所得稅)

Pay-as-you-earn system 來源徵稅制 (從收入來源扣去入息的制度)

Payback method 回收期法 (指分析估計現金投入項目回收所需時間的一種核算方法)

Payback period (資金) 回收期 (指初期投資經費回收所需的時間)；(資金) 償還期

Pay-day 發薪日；交割日；過戶結賬日；付款日

Payee 受款人；收款人；〔香港〕抬頭人

Payer (or payor) 付款人

Payer for honour 參加付款人；支付人

Paying agency 付款代理處；收付代辦處

Paying agent 付款代理人 (一般指付款銀行)；收付代理人；承擔付款人；代傳人

Paying back of tax 付還稅金

Paying Bank 付款銀行；付款行 (指開立信用證、兌付和支付票據銀行，通常就是開證行或其指定銀行或保兌行，付款行是接受開證行委託，代開證行進行付款，一經驗單付款後，對受益人或議付行行無權追索)

Paying certificate 付款憑單

Paying teller 銀行的付款員

Paymaster (發放薪餉的) 出納員；付款員；軍需官

Paymaster robbery insurance 發薪人遭搶保險

Paymaster-General 〔英〕財政部主計長 (1835 年)；軍需部長；〔美〕海軍主計總監

Paymaster-general of the navy 海軍主計長

Payment 支付；付款 (持票人於匯票到期日向付款人提示匯票，要求支付匯票金額的行為)；償付；繳納；支付方式；支付的款額

Payment against document 憑單付款；付款交單

Payment against presentation of shipping document 憑運輸單付款

Payment agreement 支付協定

Payment arrears 〔基金〕拖欠付款

Payment at sight 見票即付；即期付款

Payment bond 付款保函；〔保〕付款保證保險

Payment by acceptance 承兌付款

Payment by bill 憑匯票匯款

Payment by installments 分期付款

Payment by intervention 第三者參加支付款；通過調停付款

Payment by mistake 誤付

Payment by remittance 匯撥支付

Payment considerations 支付報酬 (指中東國家常發生赤字，經常拖欠海員工人工資)

Payment crisis 支付危機

Payment date 〔美〕紅利發放日；股息發放日；股利發放日

Payment deficit 支付赤字

Payment for debt 債務的償還

Payment for honour 票據的參加支付；參加付款

Payment for honour supra protest 拒絕支付證書寫成後的參加支付

Payment guaranted 保證支付；付款保證

Payment imbalance　收支不平衡

Payment imbalance in service trade　服務貿易收支不平衡 (指發展中國家為淨輸入)

Payment in arrears　拖欠款項

Payment in cash　現款支付；付現

Payment in due course　到期支付 (期票到期或到期後即付給持票人)

Payment in full　全部付訖；一次付清

Payment into court　提存法院 (指在未決訴訟中向法院交存款項或可交付的物件以為擔保)

Payment L/C　付款信用證

Payment of compensation (reparation)　賠款

Payment of emolument　發薪

Payment of interest　付息；利息支付

Payment of modality　支付方式

Payment of money into court　〔英〕提存法院款項 (指被告清償債務或損害賠償之訴而向法院提存款項，以供支付進一步訴訟費用)

Payment of payroll　工資的支付

Payment of remuneration　支付酬金

Payment of rent　支付租金

Payment of reparation　賠款

Payment of royalty　版權費

Payment on a fixed day after sight　見票後定期支付

Payment on admission　入場費

Payment on deferred terms　遲延支付

Payment on term　定期付款

Payment order　付款通知；付款憑證；付款委託書；支付指示；支款憑證

Payment out of court　〔英〕從法院提取的款項 (1965 年)

Payment refused　拒付；拒絕支付

Payment voucher　支付憑單；支付傳票，支出傳票

Payment without discount　〔英〕無貼現付款 (羅埃德租船用語)

Payments and transfers　支付和轉讓

Payments in kind　實物支付

Payments position　付款頭寸

Payments restrictions　支付限制；付款限制

Payments under environmental programmes　按環保計劃支付的款項

Pay-off　回扣；結算時間

Payor bank　付款銀行

Pay-out　花費；支出；付出款項

Pay-out ratio　付出比率；股息率 (企業股息收入與盈利之比)

Payraise　工資的增加

Pay-reparations　賠款

Payroll　工資單 (餉金單)；(發放) 工資總額；領薪人員名單

Payroll cheque (check)　〔美〕工資支票

Payroll register　工資表；工資登記簿

Payroll tax　〔美〕薪金稅；工資稅 (包括所得稅和社會保險稅)；僱員稅；就業稅

Payroller　〔美〕領薪金者；受津貼者 (尤指政府的僱員)

Pay-teller　出納員

Peace　和睦；和平；寧靜；社會秩序

Peace ballot　和平投票

Peace bond　治安保證金

Peace clause　〔世貿〕(關於農產品反補貼的) 和平條款

Peace condition　和平條件

Peace conference　和會；和平會議

Peace conferences of the Hague　海牙和平會議

Peace congress　和平大會

Peace corps　和平隊

Peace dividend　和平紅利

Peace enforcement　和平執行

Peace envoy　和平使者；媾和使者

Peace force　和平部隊

Peace keeping　維持和平

Peace keeping force　〔聯〕維持和平部隊 ("維和"部隊)

Peace keeping operation　維持和平活動

Peace loving state　愛好和平的國家

Peace making　促成和平；調解

Peace making operation　調解和平活動

Peace money　〔英古〕對擾亂公安的人所課的罰金

Peace movement　和平運動

Peace negotiation　和平談判

Peace observation　和平觀察

Peace observation commission　和平觀察委員會

Peace observation corps　和平觀察團

Peace observation mission　和平觀察使團

Peace observer　和平觀察員

Peace of God　上帝和平 (在遺囑上表示和平與善行所用的言辭)

Peace of port　港口安寧

Peace of the Queen　〔英〕女王安寧；王國治安；公安秩序的維持

Peace offer　和平提議

Peace officer　〔美〕治安官

Peace overture　和平建議

Peace pact　和平公約

Peace parley　和平會談

Peace police　治安警察

Peace preliminaries　和平初約

Peace preservation police　保安警察

Peace preservation regulations　保安條例

Peace proposals　和平提議

Peace protocol　媾和議定書

Peace settlement　和平解決

Peace talks　和談 (為兩國或多個國家間的和平而進行的談判)

Peace terms　和平條件

Peace treaty　和約；和平條約

Peace Treaty of Lausanne　洛桑和平條約 (1923 年)

Peace Treaty of Versailles　凡爾賽和平條約

Peace Warrant　保安官發出的逮捕狀

Peace zone　〔際〕和平區

Peace, Prosperity, and Democracy　〔美〕和平、繁榮和民主 (1994 年提出，其為美國對外援助的基石)

Peaceable　和平的；平靜的；非暴力的

Peaceable possession　和平佔有

Peaceful adjustment　和平調整

Peaceful annexation　和平兼併

Peaceful cession　和平割讓 (領土)

Peaceful change　和平變動

Peaceful coexistence　和平共處

Peaceful competition　和平競賽

Peaceful cooperation　和平合作

Peaceful demonstration　和平示威

Peaceful enjoyment　享有住宅的安寧

Peaceful means　和平方法

Peaceful occupation　和平佔領；平時佔領

Peaceful possession　和平佔有；平時佔領

Peaceful purpose　和平目的

Peaceful relations　和平關係

Peaceful settlement　和平解決

Peaceful shipping　和平航運

Peaceful solution　和平解決

Peaceful transition　和平過渡

Peaceful use　和平用途；和平利用

Peacemaker　調停者

Peacemaking　調停

Peacetime　平時

Peacetime frontier　和平邊界

Peage dues　港灣稅

Peak　尖端；高峰；波峰（指經濟活動擴張階段的最高標誌）

Pear of confession　〔古〕梨子形的拷問器

Pearson Commission (also known as "Commission on International Development")　〔聯〕皮爾遜委員會（又稱"國際發展委員會"）

Peasant proprietary　自耕農

Peasant proprietor　小農；自耕農；佔有土地的農民

Peasant proprietorship　自耕農業

Peccable　易犯罪的

Peccadillo　輕罪；小過失

Peccancy　有罪；犯罪；罪行；罪狀；違章；犯規

Peccant　有罪的；犯罪的；違章的；犯規的

Peculate　v. 挪用；盜用；侵吞

Peculation　盜用公款；挪用；侵佔公有財產；監守自盜（指貪污自己經管的官有財物）

Peculator　挪用公款者；盜用公款者

Peculiar　特有財產；〔英〕特殊教區，特殊教堂，特殊教區法院（指豁免宗教案件的管轄權）

Peculiar courts　〔英〕特殊教會法院

Peculiar property　特有財產

Pecuniary　金錢上的；與金錢有關的；可以金錢計價的；應罰款的

Pecuniary accommodation　資金通融

Pecuniary aid　資助

Pecuniary benefits　金錢利益（指可以金錢估價的利益）

Pecuniary bequest　金錢遺贈

Pecuniary claim　金錢求償

Pecuniary compensation　金錢補償

Pecuniary condition　經濟狀況；財產狀況；經濟條件

Pecuniary consideration　金錢報酬；金錢上的考慮（指延長償還債務給付的對價）

Pecuniary damages　金錢損害賠償（可以金錢計算的損害賠償）

Pecuniary formulas　〔美〕（遺孀獲取減納遺產稅金額的）現金遺贈格式

Pecuniary injury　金錢上的損失（指死者生前缺乏相伴、慰

籍和指導等）

Pecuniary interest　〔美〕金錢利害關係（法官無資格審理與自身有直接金錢利益關係的訴訟）

Pecuniary legacy　金錢遺贈；〔保〕現金遺產（指受保死者遺產中含其一筆現金或年金在內）

Pecuniary loss　金錢損失；經濟上損失（包括勞務、培訓、食物、教育等損失）

Pecuniary offence　應罰款的違法行為

Pecuniary penalty　罰金；罰款；罰鍰

Pecuniary punishment　財產刑；罰款的處分

Pecuniary redress　金錢賠償

Pecuniary reparation　金錢賠償

Pecuniary resources　資產；財力

Pecuniary unit　貨幣單位

Pedage　〔英古〕通行稅；通過費（指步行或騎馬通過森林或其他受保護地方的）

Peddle　v. 叫賣；零賣；沿街叫賣；挨戶兜售

Peddler　小販；商販；叫賣者；毒品小販

Peddlery　小販的貨物；小販的營生

Peddling　行商；買賣

Pedency　訴訟中；待決；暫停，中止

Pederasty　雞姦

Pedestrian　步行者；行人

Pedigree　家譜；家系；血統；門第，出身；名門出生

Pedigree animal　〔英〕純種畜（應依法向公認的俱樂部登記）

Pedlar　小販；商販；貨郎

Pedlary　小販的貨物；小販的營生

Pedler　小販；商販；貨郎

Peeping Tom　偷看裸體性行為惡習者（鬼祟地爬上窗戶偷看裸體女人的習性）

Peer of the Blood Royal　〔英〕皇家上院議員

Peer of the realm　上議院議員；貴族院議員；公、侯、伯、子、男

Peer Review Organisation　〔美〕核算師同業審查組織

Peerage　〔英〕貴族頭銜；貴族爵位；貴族身份

Peerage Bill　〔英〕貴族法案（1719 年發佈的關於貴族院議員的數目法案）

Peeress　女貴族；貴族夫人

Peers　〔英〕貴族（可指公侯、伯、子、男中的任何一種爵位）；同等的人；上議院議員；貴族院議員；同等地位的公民

Peg　v. 固定；釘住（例如，政府以固定價格購買出售的黃金來穩定金價）；限定；控制

Peg a currency　釘住一種貨幣價值；釘住一種市價

Peg post　（巡查的）派出所

Peine forte et dure　〔法、英古〕酷刑審問；嚴刑逼供（指對拒不答辯的重罪犯施加嚴禁和饑餓等酷刑）

Pele-mele　〔法〕亂簽

Pelf (pelfe, pelfre)　掠奪物；贓物

Pen register　電話裝置

Penal　刑事的；刑法上的；應受刑罰的；刑罰場所的；當受刑法的

Penal actions　刑事訴訟；罰金之訴；刑事附帶民事訴訟（指以提起民事訴訟控告他人犯罪而獲得對被告的罰款）

Penal bond　罰款保證書

Penal clause　刑事條款；罰則（旨在執行損害賠償等罰金刑的金錢義務）；刑法條款

Penal code (P.C.)　刑事法典；刑法典

Penal Code of the Romania Socialist Republic　羅馬尼亞社會主義共和國刑法典（1968 年）

Penal colony　〔英〕海外流放地（指把罪犯流放到澳洲等殖民地）

Penal damages　懲罰性的損害賠；處罰性的損害賠償

Penal deduction　罰款扣除額

Penal farm　勞役農場；勞改農場

Penal institution　刑罰機構（如監獄和教養院等通稱）

Penal international law　國際刑法

Penal jurisdiction　刑事管轄；刑事管轄權

Penal jurisprudence　刑事法學；刑事法理學

Penal law　刑法

Penal laws　（總稱）刑事法規；〔英〕刑罰法（自 16–19 世紀的英格蘭、蘇格蘭和愛爾蘭的立法法規，旨在歧視和鎮壓天主教徒。釋義同刑法制定法 "penal statutes"）；罰則

Penal obligation　刑事上的義務；違約金上的債務（指合同規定在不履行合同債務時應付的違約金）

Penal procedure　刑事程序

Penal proceedings　刑事訴訟

Penal prosecution　刑事追訴

Penal provision　刑事規定

Penal Reform International　國際刑法改革

Penal responsibility　刑事責任

Penal sanction　刑事制裁；懲罰性制裁

Penal servitude　〔英〕勞役刑；徒刑

Penal servitude for a fixed term　有期徒刑

Penal servitude for life　無期徒刑

Penal servitude for life imprisonment　無期徒刑

Penal statutes　刑罰法（關於刑罰的法令，包括刑罰和罰款。其內涵大於 "penal law"）；〔單〕刑法法規，刑法制定法

Penal sum　〔美〕約定保證金（指關於保證金的約定，經締約方同意，如不履約，即將其沒收充作罰款）

Penal terms　處罰條款

Penal tribunal　刑事法庭

Penalise　v. 刑事懲罰；處罰；罰款；宣告有罪處罰

Penalty clause　處罰條款；〔美〕私人冒用者必罰（指冒用政府免費郵戳）

Penalty duty　懲罰稅（指海關所徵收的懲罰性關稅，例如，國際貿易中的反傾銷稅、反補貼稅等）

Penalty for default　滯納金；逾期金

Penalty for life　無期徒刑

Penalty interest　違約金利息

Penalty provision　罰則

Penalty　刑罰（儘管其只限於金錢處罰，但其所涉及還包括肉體和金錢、民事和刑事思想在內）；懲罰；處罰；罰款；違約金；〔保〕保證金額（指承保人承擔的最高賠償額）

Penance　〔宗〕（教會法院實施的）懲罰

Pendency　未決案；未結案；懸而未決

Pendent　未決的；懸而未決的

Pendent jurisdiction　〔美〕未決事項管轄權

Pendente lite administration　（訴訟期間）零時遺產管理人

Pendente lite alimony　（審批期間）臨時贍養費

Pending　未決的；待決的；懸而未決的；審理中的；在…期間；在…以前

Pending action　未決的訴訟；懸案（指中止或中斷狀態的訴訟）

Pending case　未決案；懸案

Pending decision issue　未決爭點；等候判決的爭點

Pending indictment　後決刑事審判

Pending litigations　未決訴訟

Pending prosecution　未決刑事訴訟

Penetration　姦入（指所稱的強姦案，即男的陰莖進入女的陰道，深淺不論）

Penisula canal　半島運河

Penitence　悔過；悔罪（宗教法法院對宗教罪施加的處罰）

Penitent　a. & n. I. 悔罪的；悔過的；II. 悔罪者；悔過者

Penitentials　〔宗〕悔罪書

Penitentiaries　反省院；感化院

Penitentiary　〔美〕罪犯教養所（罪犯感化院）；州（或聯邦）監獄

Penitentiary establishment　反省機關

Penn's Charter of Libertie　〔美〕賓夕凡尼亞自由憲章（1701 年）

Pennant　（船舶）三角旗

Pennoyer Rule　〔美〕彭諾伊爾規則（指對被告無管轄權法院不得對其作出判決）

Pennsylvania system　賓夕凡尼亞刑法制（1829 年，倡導犯人進行單獨囚禁的制度）

Penny stocks　便士股票（指一股售價不及 1 美元）

Pennyweight　〔英〕錢；本尼威特（金衡單位 =1.555 克）

Penologist　刑罰學家；監獄學家；監獄管理學家

Penology　刑罰學；監獄管理學；監獄學

Pension　養老金；撫恤金；退休金；（軍人）退役金；（神職人員）津貼；年金

Pension Act　〔英〕養老金法

Pension Benefit Guaranty Corporation (PBGC)　〔美〕退休金擔保公司（成立於 1974 年，旨在確保職工保險福利費得以給付）

Pension bond　年金公債

Pension Committee　〔基金〕撫恤金委員會

Pension for the disabled and for survivors　殘廢和遺屬撫恤金

Pension fund　養老基金；退休基金（指由公司、工會和政府等機構設立的為其退休工人給付的福利金）

Pension fund management　養老金管理；退休金管理

Pension plan(s)　〔美〕養老金計劃；退休金計劃（指僱主按僱員工作年限為其提供退休金給付）

Pension scheme　退休計劃；退休方案

Pension trust　〔美〕養老金信託；退休金信託（指僱主把足額的退休金轉由受託人交給僱工）

Pensionable　有資格領退休金的；應計養恤金的

Pensionary　撫恤金（或養老金等）的；領取撫恤金（或養老金等）的；依靠撫恤金（或養老金等）生活的

Pensionary parliament　〔英〕撫恤金議會（騎士國會亦即查理二世時期的長期國會）

Pensioner　領撫恤金者；領退休金者；養恤金領取人

Pensions Ordinance　〔香港〕長俸條例（指關於退休金的規定）

Pentonville　〔英〕彭頓維爾監獄（1842 年建於倫敦的示範監獄）

Pent-up demand　被抑制的需求

Penumbra doctrine　〔美〕裴娜姆布拉主張（指聯邦政府具有憲法條款默示的權力）

Peon （拉丁美洲的）日工；僱農；〔墨〕抵債備工者；苦工；奴僕；農場工人

Peonage 〔美〕勞役償債（為憲法第 13 條修正案所禁止）

People 人民；國民；民眾；公民

People's Bank of China (PBC) 中國人民銀行

People's Commisariates 〔蘇〕人民委員部

People's assessor 〔中〕人民陪審員（指法院的第一審案件由陪審員組成合議庭參加辦案和全部審判活動）

People's charter 人民的權利；人民的特權

People's Congress System 〔中〕人民代表大會制度

People's court 人民法院

People's democratic dictatorship 〔中〕人民民主專政

People's judge 〔中〕人民審判員

People's mediation committee 〔中〕人民調解委員會

People's mediation system 〔中〕人民調解制度

People's parliament 〔英〕人民議會（1839 年）

People's procuratorate 〔中〕人民檢察院

Pepper 重罰

Peppercorn rent 名義上的租金；象徵性租金；空有其名的租金（俗稱 "胡椒子租金"）

Per auter vie (pur autre vie) 〔法〕在他人生存期間（享有的不動產物權）

Per capita dispensable income 人均非必需的收入；人均可節省的收入

Per capita gross domestic product (GDP) 國內人均生產總值

Per capita gross national product (GNP) 國民人均產值；國民生產總值（按人口平均計算）

Per capita income 每人的收入；按人口計算的國民收入；人均國民收入

Per capita income 人均收入

Per capita wealth 每人的財產；按人口計算的財產

Per cent （"per centum" 的縮略，符號為 %）每百；百分之一；百分比；〔口〕百分率

Per diem allowance 每日費用津貼

Per diem expenses 每日費用

Per diem rate 日率；按日計算率

Per my et per tout 〔法〕按部份或按全部（指共同所有者共同佔有之用語，共同佔有共有物，並有權讓與平均佔有的份額）

Per power of attorney 根據授權委託書

Per pro indorsement (P.P. endorsement) （經授權）代理背書

Per procuration 經授權；按照特別授權代理

Per procuration endorsement 代理背書

Per procuration signature （經授權）代理署名

Per sample 憑樣品；按貨樣

Per se doctrine 〔美〕自身原則

Per se violations 〔美〕自身違法（指某些商品協議本身就違反市場競爭原則）

Per tout et non per my 〔法〕按全部而不是按一半

Per year 每年；逐年

Perambulate 〔警〕巡查

Perambulation 〔美〕察勘地界；步勘地界（指巡視確定地區或一塊土地的界限）；〔英〕巡視教區邊界（每年祈禱週步行到教區邊界巡行一次，有權進入教民領地兼以此消除其公害，形成了英國很多教區的慣例，現已基本上廢止）

Perceived marginal revenue 已預見的邊際收入

Percent co-insurance clause 按百分比的共同保險條款

Percentage 百分比；百分率；傭金；利潤；賺頭；手續費

Percentage coinsurance and limitation clause 比例共同保險和限制的條款

Percentage depletion 〔美〕百分率耗減法（指從石油、煤氣等礦產的毛收入中，一定百分比的收入中可得到的一種減稅優惠待遇的計算方法）

Percentage distribution 分配百分比

Percentage lease 分成租約；比例租賃

Percentage of completion method 完工百分率法（指完成長期合同的損益計算法）

Percentage of voter turnout 投票率

Percentage order （股票）百分比購（銷）指令（按市價和限定的價格購銷定額股票）

Percentage point 百分點

Percentage shares of total external trade to be used for the purpose of making the determination 〔關貿〕做出決議時需用的對外貿易總額的百分比分配數

Perception 認識；理解力；地價取得（或獲得）；〔美〕佔有；（農作物的）收穫；清償債務

Percolate （土地所有者房屋）地下流動水使用權

Percolation test （石油）滲透測試（指檢測石油吸水和排水用以建築和防腐系統的能力）

Peremptory 絕對的；強制的；無可變更的；不許違反的；最後決定的；終局的（指無望複審或變更之終局的行為）

Peremptory challenge 斷然要求陪審員迴避

Peremptory day 絕對確定的審判日

Peremptory defense 主張原告無訴訟權的答辯

Peremptory exceptions 斷然反對起訴的辯護理由

Peremptory instruction 絕對指示（指法官給陪審團關於案例法最終的指示）

Peremptory judgment 終審判決

Peremptory mandamus 強制性執行令（指法院對前頒發給被告的命令以法律理由不充分或以事實偽造為藉口拒不執行而強制命令其立即執行）

Peremptory norm 強制性規範

Peremptory norm of international law 國際法強制性規範

Peremptory pleas 斷然的答辯；主張原告無起訴權的抗辯（通常更多地是被告在法庭上的抗辯）

Peremptory provision 強行性規定

Peremptory reservation 強行性保留

Peremptory rule 強制性規則

Peremptory undertaking 起訴承諾（原告承諾下次開庭審訊或巡迴審判時就案件提起訴訟）

Peremptory writ 〔英〕強制被告出庭令狀

Perfect 完美的；完全的；完善的；法律上有效的；可強制執行的

Perfect act 完全行為

Perfect attestation clause 有效的見證條款（指證明遺囑訂明的處分財產事項已完全履行）

Perfect competition 完全競爭；完善的競爭

Perfect competitive framework 完全競爭的範圍

Perfect instrument 有效文件

Perfect international person 完全國際人格者

Perfect neutrality 完全中立

Perfect obligation 完全債務；有效債務；可強制執行債務

P

Perfect sovereignty 完全主權

Perfect subject of international law 完全國際法主體

Perfect trust 已生效的信託；完全訂明的信託（釋義同 "executed trust"）

Perfect usufruct 完全用益權

Perfecting bail 手續完備的保釋（指當事人擔保在指定日期 到庭）

Perfection of security interest 〔美〕（獲得）有效的權益擔 保（指債務人以其標的物財產作為留置權擔保債權人之權益）

Perfidy 背信棄義；違背約諾（行為）

Perform v. 履行；執行；完成（事業等）；表演

Perform a wedding ceremony 履行婚禮；舉行婚禮

Perform consular duties 履行領事職責

Perform governmental functions 履行政府職能

Perform merits to atone for one's misdeeds 立功贖罪

Perform one's functions 執行…職務；履行…職責

Perform the diplomatic acts 承辦外交事務

Perform the international treaty obligations in good faith 〔中〕忠實地履行國際條約的義務

Perform the same functions 履行相同的功能（具有相同的 功能）

Perform various services 履行各種服務

Performance 履行；執行（指全部或部份履行業經合意的承 諾、合同或債務）；講演；傳喚（英國《1956 年著作權法》用 語）；業績；表演；工作成果

Performance benchmark 〔基金〕業績基準

Performance bond (PB) 履約保證書；履約保函（履約保函 一般是信用證金額的 2% 一般也採用信用證的形式對賣方按 合同供貨進行擔保，違約時由保證人支付以賠償其損失）；履 約保證保險（指承包商擔保按期完成所承包的工程之謂）

Performance by accord and satisfaction 代物清償

Performance criteria 業績標準

Performance fund 營業基金

Performance guarantee 履約擔保；履約保證人

Performance guarantee money 履行保證金

Performance L/C 履約信用證（指開立備用信用證的銀行向 受益人擔保，如申請人不履行債務，則由開證行給予補償）

Performance of a contract 合同的履行

Performance of an obligation 債務的履行（指債務人根據 法律或合同規定給付清償其債務）

Performance of consular functions in regard to estates 履行領事關於遺產的職責

Performance of debt 清償債務

Performance of financial obligations 履行金融債務

Performance of one's functions 執行…職務

Performance of treaty 條約的履行

Performance proof (PR) 業績證明

Performance rating act 成績評判法

Performance requirements 〔關貿〕經營要求；業績要求 （指東道國政府對外國投資項目或外國投資企業經營的政策 規定）

Performance share (stock) 獎金股票；乾股；紅股（指公 司給優秀職工無償獎勵的）

Performance standards board 業績標準委員會

Performing loan 產生法律效果的貸款

Performing place of obligation 債務履行地

Performing right 表演權

Performing Right Society 表演權協會

Performing Right Tribunal 〔英〕表演權法庭（指就保護作 品上演許可證個人之間爭議事裁定發放版權許可證法庭）； 〔香港〕表演權利審裁處（指審理作家組織和錄音廣播組織就 准許表演權引起的糾紛）

Peril 危險；風險

Peril insured against 承保風險（指要保人尋求和承保人同 意給予保護的風險）

Perils of the lakes (=perils of the sea) 海難；海上危險； 海上風險（航海所固有的風暴和擱淺等自然危險）；〔美〕湖上 風險

Perils of the ocean 海洋上的風險；海難

Perils of the sea 海難；海上危險；海上風險（航海所固有 的風暴和擱淺等自然危險）

Perils of the sea clause 海難條款

Perimeter base line 周邊基線

Period 期間；時期；期限

Period for compliance 〔世貿〕遵守期間

Period of abatement of land tax for the cultivation of waste-land 免除開墾荒地時期的土地稅

Period of acceptance 接受期限

Period of adjournment 休會期

Period of application 適用期

Period of application of any provisional measure 〔世貿〕 臨時措施適用期

Period of dividend 分紅期

Period of election 選舉期

Period of exemption of land tax for land under cultivation 新開墾地免租年期

Period of existence 存續期間

Period of gestation 妊娠期

Period of grace 寬限期；優惠期

Period of initial application 〔世貿〕初始適用期

Period of insurance 保險期限

Period of limitation 起訴期限；時效期限；法定期限

Period of non-application 不適用期

Period of prescription 時效期

Period of priority 優先期

Period of probation 學徒期；試用期

Period of redemption 償還期；付還期限（指公債、公司債 券的）

Period of the occurrence 發生期

Period of time 期限；期間（指訴訟行為所應遵守的時間規定）

Period of validity 有效期；有效期限

Periodic 定期的；週期的

Periodic alimony 定期贍養費

Periodic bonus 定期紅利；〔香港〕定期花紅

Periodic charges 定期的規費

Periodic conference 定期會議

Periodic meeting 定期會議

Periodic payment 定期付款

Periodic report 定期報告

Periodic review 定期回顧；定期評審；定期審議

Periodic tenancy 週期性租賃（指按週、按月或按年）

Periodic visit 定期視察

Periodical 期刊；雜誌；定期出版物

Periodical audit 定期稽核；定期審計

Periodical literature 定期發行物

Periodical payments 〔香港〕週期付款

Periodical payments for the children 〔香港〕給子女週期付款

Periodical publications 期刊

Periodical right 〔香港〕期權 (指在期刊上發表作品的專有權，作者僅保有其版權)

Periodical survey 〔海法〕(船舶) 定期檢驗

Periodical transaction 定期交易

Periodicity of payment 定時付款；定期付款 (付款的定期性)

Peripheral rights 邊緣權利；派生權利

Perish v. 完結；終止；死亡；滅亡；腐爛

Perishable commodity 易腐商品 (如水果和新鮮蔬菜)

Perishable goods 易腐貨物；易變質物品

Perishable property 易損耗的財產

Perjure v. 作偽證；發偽誓

Perjured witness 作了偽證的證人；作偽證者

Perjury 假誓；偽證；偽證罪；〔香港〕偽證據

Perks 額外津貼；額外福利；獎金

Permanent 永久的；持久的；常設的；長期的

Permanent abode 永久住所；固定住所

Permanent administrative council 常設行政理事會

Permanent adviser 永久顧問；長期顧問

Permanent advisory commission 常設顧問委員會

Permanent agreement 永久性協定

Permanent alimony 終生贍養費；長期扶養費

Permanent allegiance 永久效忠

Permanent alliance 永久同盟

Permanent appointment 長期任用

Permanent assets 固定資產；永久性資產 (如土地、房屋和機械等)

Permanent body 常設機構

Permanent canal law 〔美〕巴拿馬運河法 (1912 年國會通過的在一定限度內通船費的權限由美總統規定)

Permanent capital 永久性資本

Permanent central board 常設中央委員會

Permanent civilian medical personnel 永久平民醫務人員

Permanent close 長期停閉

Permanent commission 常設委員會

Permanent Commission for the South Pacific (CPPS) 南太平洋國家常設委員會

Permanent commission of enquiry 常設調查委員會

Permanent committee 常設委員會

Permanent Committee of the Industrial Development Board 〔聯〕工業發展局常設委員會

Permanent council 常設理事會

Permanent Court of Arbitration 常設仲裁法院 (海牙法院，設立於 1899 年)

Permanent Court of International Justice (PCIJ) 常設國際法院 (1921 年設於海牙，二戰後為 "International Court of Justice" 所取代)

Permanent debt (or funded debt) 永遠公債

Permanent delegate 常駐代表

Permanent delegation 常駐代表團

Permanent depository 常設公款受託處 (保管處)

Permanent diplomatic envoy 常駐外交使節

Permanent diplomatic mission 常駐外交使團；常駐使團

Permanent disability 終身殘廢；永久喪失謀生能力

Permanent disablement benefit 終身殘廢補助金

Permanent disappearance 永久消失

Permanent domicile 永久住所

Permanent employment 終身聘用；終身僱用；固定僱傭；固定工作

Permanent enquiry commission 常設調查委員會

Permanent entry 永久入境

Permanent envoy 常駐使節

Permanent Executive Committee of the Inter-American Council for Education, Science, and Culture (CEPCIECC) 美洲間教育、科學和文化理事會常設執行委員會

Permanent Executive Committee of the Inter-American Economic and Social council (CEPCIES) 美洲間經濟和社會理事會常設執行委員會

Permanent file 永久檔案

Permanent financing 長期融資；永久性籌資 (例如，抵押貸款用以償還建設貸款，一般為 15-20 年才能償還的)

Permanent fixed assets 永久性固定資產

Permanent force 常設部隊

Permanent group 常設小組

Permanent Group Expert (PGE) 〔關貿〕常設專家組 (由 5 位資深補貼及貿易關係事務的高級專家組成，由委員會選舉，每年更換一人，其職責之一是協助調查斷定成員方有關措施是否屬禁用的補貼，並向當事方做出結論報告；職責之二是確定世貿組織各成員方所實施的補貼措施是否符合協議規定，以及是否需要進行反補貼)

Permanent harbour works 永久海港工程

Permanent health insurance 〔英〕長期健康保險 (指承保因病所受損失險)

Permanent injunction 永久禁制令

Permanent injury 永久性損傷

Permanent International Commission 常設國際委員會 (成立於 1913-1915 年，以解決國際爭端的組織機構)

Permanent international institution 常設國際機構

Permanent international tribunal 常設國際法庭

Permanent law 永久性法律

Permanent legation 常駐公使館；常駐使館

Permanent life insurance 長期人壽保險

Permanent lists of qualified suppliers 〔世貿〕合格供應者 (商) 的固定名單

Permanent maintenance 終生贍養費

Permanent means of transport 永久性運輸工具

Permanent medical unit 常設醫療單位

Permanent member 永久會員；常任理事

Permanent military deputies group 常設軍事代表團

Permanent mission 常駐使團；常駐代表團

Permanent neutrality 永久中立

Permanent neutralisation 永久中立化

Permanent neutralised state 永久中立國

Permanent observer 常駐觀察員

Permanent observer mission 常駐觀察員使團

Permanent organ 常設機關

P

Permanent peace keeping force 常設維持和平部隊

Permanent Programme for Development Co-operation Related to Industrial Property (WIPO) 發展工業產權合作常設規則署 (世界知識產權組織的常設機構)

Permanent representation 常駐代表制

Permanent representative 常駐代表；常務代表

Permanent Representative of the Member States 成員國常駐代表

Permanent residence 永久居留；永久性居所

Permanent residence booklet 戶口簿

Permanent resident 永久居民

Permanent saving account 長期儲蓄賬戶

Permanent secretariat 常設秘書處

Permanent Secretariat of the General Treaty for Central American Economic Integration (SIECA) 中美洲經濟一體化公約的常設秘書處

Permanent secretary 常任書記；常任秘書

Permanent sovereignty 永久主權

Permanent staff 長期工作人員

Permanent under-secretary 常務副部長

Permanently neutral state 永久中立國

Permanently neutralised state 永久中立國

Permeability (船的) 滲透率 (=permeabilite)

Permeate all aspects of trade relations 滲透到貿易關係的各個方面

Permissible option for interpretation 允許有解釋的選擇權

Permissible options 允許的選擇權

Permissible reservation 許可性保留

Permissible subsidies 准許的補貼

Permission 授權；批准；允許；許可；同意；(複) 法律的否定 (指由於法的默示或明示所致)

Permissive 容許的；許可的；隨意的；寬大的；容忍的

Permissive action 許可性行動

Permissive counterclaim (美) 任意性反訴 (指允許被告無條件反訴的權利)

Permissive joinder 許可的共同訴訟人

Permissive legislation 授權立法

Permissive provisions 非約束性條款；任選條款 (指下級機關可隨意實施的)

Permissive servitude 許可性地役

Permissive use 獲准使用權；(英) 消極用益

Permissive user 獲准使用者 (例如，經明示或默示同意使用要保人的機動車輛等財物)

Permissive waste (美) 消極毀損；不作為的毀損 (指於單純過失引起的損毀，例如房屋倒塌因疏於必要的修繕所致)

Permit *n. & v.* I. 執照；許可證；(美) 完稅證明 (由稅務官員或海關出具證明該貨物已經完稅准許轉運他處)；II. 許可；准許；允許

Permit all enterprises to trade in all goods 允許所有企業經營各種貨物貿易

Permit card (美) 工作卡；准僱證 (僱主可據此僱用由工會發給非工會會員的證件)

Permit for warehousing in bond 入庫許可證

Permit importers to distribute goods 允許進口商經銷貨物；允許經銷貨物的進口商

Permit of residence 居留證

Permit of transit 過境許可證

Permit the application of discriminatory internal taxes and charges to import goods and services 允許對進口貨物和服務運用歧視性的國內稅和規費

Permit the sale of products produced in domestic prisons while restricting the sale of those made in foreign prisons (世貿) 允許銷售本國監獄生產的產品而限制銷售外國監獄製造的產品

Permit verification of pertinent data (世貿) 允許核實有關數據 (指出口補貼、出口產品信息等)

Permitted margin 允許的範圍；允許的幅度；允許的盈利 (毛利)

Permitted subsidy (關貿) 許可使用的補貼 (釋義見 "Green category")

Permittee 持證人

Permutation 物物交換；互易；易貨；易物

Pernancy 取得；獲得；收取；財產收益

Peronero (西) 代理人 (指代理他人處理法庭內外事務)

Perpetrate *v.* 犯 (罪)；作 (惡)；做 (壞事)

Perpetrate a crime 犯罪

Perpetration 犯罪；(美) 實施犯罪 (以自己的手或工具或通過無辜代理人的犯罪行為)

Perpetrator 犯罪者；行兇者；加害者；正犯；主犯 (亦稱 "實行犯" 行主犯的意思，即直接參加實施犯罪行為的罪犯)

Perpetrators of trade policy 貿易政策的執行者

Perpetual 永遠的；永久性的；(職位等) 終身的；永續的

Perpetual allegiance 永久效忠

Perpetual bond (英) 永久債券 (指不可隨時收兌的債券)

Perpetual charge (德) 永久租金

Perpetual concession 永久特許

Perpetual Council (英) 王政廳 (1100 年)

Perpetual curate 終生牧師 (在一個適當教區擔當的聖職)

Perpetual debenture 永久債券；無限期債券

Perpetual disability 永久無行為能力

Perpetual edict (羅馬上級法官就任時公佈的) 永久法令

Perpetual floating rate note 永久浮動利率債券；永續浮動利率債券

Perpetual franchise 永久特許權

Perpetual injunction 永久性假處分；永久性禁制令 (永久地禁止某行為的命令，除非上訴才可解除的禁令)；最終判決前有效禁令

Perpetual inventory system 永續盤存制

Perpetual lease 永租；永租權；永久租賃

Perpetual neutrality 永久中立

Perpetual neutralisation 永久中立化

Perpetual neutralised territory 永久中立地

Perpetual Peace 永久和平 (1502 年英格蘭與蘇格蘭之間締結的和約)；《永久和平論》(伊曼努爾·康德寫於 1795 年並於同年出版，該書中提出議會制政府與世界聯邦的構想)

Perpetual right 永久性權利

Perpetual succession (美) 永久存續 (指公司經營和持有的財產可永久毋須轉讓，儘管成員經常變動，但該法人仍然永久存在)

Perpetual treaty 永久性條約

Perpetually neutral state 永久中立國

Perpetually neutralised state 永久中立國

Perpetually neutralised territory 永久中立地

Perpetually renewable lease or under lease 〔英〕可終身續租或轉租

Perpetuating testimony 〔美〕保全證人證言 (聯邦和州允許保全證人證言規則的方法或程序，以免審訊使用前以防喪失)；保全證據 (指衡平法訴訟程序上允許取證保存備用以防喪失之虞等)

Perpetuation of testimony 證言的永久保全 (證件保全備案)

Perpetuity 永續；永存；永久持有的不動產權，永久持有權；永久不得轉讓的產業；永續年金；終身年金

Perpetuity of the king 〔英〕國王永垂不朽 (一種出自政治目的擬制，意即國王一駕崩，新王馬上就會繼位)

Perpetuity period 可以禁止轉讓財產的期間；〔香港〕永久期

Perquisite(s) (工資外的) 額外所得；津貼；獎金；賞錢，小費；額外福利；自得物 (非因繼承所得的物品)；〔香港〕額外賞賜

Perquisition 徹底搜查；非繼承取得 (財產)

Perquisitor 〔英古〕買主；第一個取得家庭財產者；非繼承取得者 (指通過銷售、贈與或繼承以外的方式取得財產者)

Persa 比塞 (256 重量單位英鎊)

Persecute *v.* (尤因政治、不同宗教信仰) 迫害；殘害

Persecutee 受迫害者

Persecution 迫害；困擾；虐待

Persecutor 迫害者；虐待者

Persistent crulty 經常虐待；慣常虐待

Persistent dumping 〔世貿〕連續性傾銷 (指廠家接連地將其產品以低於生產銷售成本向國內外市場拋售)

Persistent offender 〔英〕慣犯；累犯 (指屆滿 21 歲後被檢控至少犯過三次以上不法行為者可判處連續監禁兩年以上徒刑)

Perso 〔西〕比沙 (西班牙銀元、阿根廷和智利貨幣)

Person 人；自然人 (其反義詞為 "artificial person")

Person accused 被告人

Person aggrieved 含冤者；受害人

Person aided 受援者

Person being designated on the bill to pay 被指定的票據付款人

Person born out of wedlock 非婚生子女

Person bound on legacy 遺贈義務人

Person bound to contribute 攤款義務人

Person bound to furnish support 撫養義務人

Person bound to legacy 遺贈義務人

Person breaking a contract 違反契約者；違約者

Person charged 被告

Person convicted 被定罪者

Person deceased 死者

Person designated on the bill to pay 被指定的票據付款人

Person detained 被羈押者

Person directly responsible 直接責任人

Person entitled to a legal portion 有權獲得法定特留分者；特留分權利人

Person entitled to delivery 有權提貨的人

Person entitled to mining right 有開採權者

Person entitled to support 有撫養權者；撫養權利人

Person executed 受刑者

Person given in charge 主管人

Person granted asylum 被給予庇護的人；受庇護人

Person guilty of corruption 貪污犯

Person hired 受僱人

Person in charge 主管人

Person in loco parentis 代親 (例如，師傅對學徒而言即處於代父母親地位的人)

Person in transit 過境的人

Person indicted 被控告之人

Person injured 受害人

Person interdicted 禁治產者

Person interested 利害關係人；有關人士

Person intoxicated 酗酒者

Person liable under bill 匯票支付義務人

Person of full capacity 有完全能力者

Person of full capacity to action 有完全訴訟能力者

Person of mental disorder 精神病者；神經錯亂的人

Person of standing 有地位的人士

Person of uncertain nationality 國籍不明的人

Person of unsound mind 精神異常者

Person primarily liable 第一責任人

Person punished 受罰者

Person to be elected 被選舉人

Person under the surveillance of the masses 〔中〕被管制份子

Person undergoing rehabilitation 勞教人員；康復人員

Person who swear 宣誓人

Person who takes oath 具結者

Person's trademark 人身商標

Personable 〔美〕具有人的權力的；具有在法庭上持續答辯能力的；具有接受贈與或給付資格的；〔英古〕有訴訟能力的

Personal 屬人的；私人的；個人的；可動的；親身的

Personal abuse 人身攻擊

Personal access to the detainee 〔領事〕親自探視被拘押人

Personal accident and sickness insurance 人身意外傷害和疾病保險

Personal accident insurance 人身意外傷害保險 (指為保意外事故以致殘廢或死亡而不確保給付金錢的險)

Personal Act 〔英〕私益法 (關於涉及處理特定個人的地位、財產及其他權利的議會制定法)

Personal action 對人訴訟 (只限於由受害者本人和並非為收回土地提起的訴訟)

Personal agreement 屬人協定

Personal allowance 個人津貼；個人免稅額

Personal and dependency exemption 〔美〕本人和受其撫養眷屬稅收豁免權

Personal and fatal injury 個人致命傷

Personal and immaterial goods 動產和無形財產

Personal assessment 個人估稅；〔香港〕個人入息評稅 (包括物業稅、利息稅、薪俸稅及利得稅四種)

Personal assets 動產資產

Personal Assistant to the Managing Director 〔基金〕總裁的個人助理

Personal automobile insurance 自用汽車保險

Personal bar 〔蘇格蘭〕禁止本人翻供

Personal belongings 個人用品；自用物品

Personal bias 個人偏見

Personal chattels 動產；有體動產

P

Personal competence　屬人職權

Personal consumption expenditures (PCE)　私人消費支出 (指特定的私人消費支出)

Personal contract　對人契約；個人合同；個人財產合同

Personal covenant　對人契約；個人合約

Personal data　生存人物資料

Personal defenses　自我辯護

Personal dignity　人身尊嚴

Personal dossier　人事檔案

Personal dues and taxes　對人捐稅

Personal effects　私人物品；私人行李

Personal effects insurance　個人行李保險 (指在旅行中，承保私人行李或隨身携帶的物品丟失的風險)

Personal equity plan　〔英〕屬人公平計劃 (指投資者有權從投資中減輕所得稅和資本收益稅)

Personal estate　動產；私人財產；〔英〕屬人遺產 (指死者遺留下的包括租賃房地產、金錢、有價證券、債務、物品和動產之遺產)

Personal exchange of views　個人交換意見

Personal exemption　個人免稅額 (指所得稅)

Personal expenses　〔美〕個人開支 (除非稅法規定之外，不得予以減稅)

Personal file　人事檔案

Personal freedom　人身自由

Personal goods　私人的財物

Personal hereditaments　動產遺產；可繼承的私人財產

Personal history　履歷

Personal holding company　〔美〕私人控股公司 (由少數自然人擁有，不分配收入以此免除被課收高稅級的稅)

Personal holding company income　〔美〕私人控股公司收入

Personal holding company tax　〔美〕私人控股公司所得稅 (以罰稅威脅強迫公司分配收入來課收聯邦稅)

Personal honour　個人榮譽

Personal identity of state　國家屬人同一性

Personal immunity　人身豁免 (權)

Personal income　個人收入；個人所得；私人所得

Personal income tax　個人所得稅

Personal injury　人身傷害

Personal injury case　〔香港〕傷害人的訴訟 (指肉體和心靈上的傷害)

Personal insurance　人身保險；個人保險

Personal integrity　人格完整

Personal inviolability　人身不可侵犯權

Personal judgment　對人判決 (指施予被告償還其私人債務的判決)

Personal jurisdiction　屬人管轄權

Personal law　屬人法

Personal liability　個人責任 (個人承擔支付債務的責任)；私人負債；〔香港〕個人承擔義務

Personal liability insurance　個人責任保險

Personal liberty　人身自由 (權)

Personal liberty laws　〔美古〕人身自由法 (關於北方諸州奴隸逃亡的法規)

Personal loan　個人貸款；租購

Personal nonproperty relations　人身非財產關係 (指與人身相聯繫或不可分離的沒有直接財產關係)

Personal nonproperty right　人身非財產權 (例如姓名權、榮譽權、創作權等)

Personal obligation　私人債務

Personal Officer　〔基金〕人事服務部官員

Personal or real tax　對人或對物的徵稅

Personal particulars　個人簡歷

Personal permit　個人許可證

Personal privilege　個人特權

Personal procedure　人事訴訟

Personal process　人事訴訟程序

Personal property　個人財產；動產 (其反義詞為不動產 "real property"，動產的所有者死後只能交由遺囑執行人分配給死者親屬)

Personal property tax　動產稅

Personal recognisance　本人具結 (按本人保證到庭承諾釋放)

Personal relations between spouses　夫妻人身關係 (指夫妻雙方在家庭中的人格、身份、地位方面的權利義務關係)

Personal remedy　〔香港〕對人訴訟補償

Personal representation　私人代表權

Personal representative　遺產代理人；遺囑執行人；遺產管理人 (職責就是解決和處理死者遺產事宜)；私人代表；個人代表

Personal reputation　個人信譽

Personal right　人格權；人身權；對人權

Personal safety　人身安全

Personal savings　私人儲蓄

Personal savings account　個人存款賬戶；私人儲蓄賬戶

Personal security　個人擔保；人身安全；動產擔保；〔英〕人身擔保；第三者擔保；〔蘇格蘭〕本金的擔保人

Personal service　(把傳票等) 直接送達當事人；私人勞務

Personal service and contribution　私人勞務及貢獻

Personal service income　個人勞動所得

Personal service of writ　把訴訟令狀直接送達當事人

Personal services　個體勞務；個人服務 (如理髮、按摩等)

Personal services income　個人勞務收入

Personal servitude　人役權 (此為一種屬人地役，即為了個人利益而使用他人之物)

Personal sovereignty　屬人主權

Personal statute　屬人法；私益法

Personal supremacy　屬人優越權；屬人最高權

Personal surety　〔保〕個人擔保

Personal tax　直接稅 (向應徵稅者直接抽取的稅款)

Personal test　屬人標準

Personal theft insurance　個人財產盜竊保險

Personal tithes　人役什一稅 (從勞動所得繳納的什一稅，如手工業、漁業等)

Personal treaty　屬人條約

Personal trust　個人信託

Personal union　身合國；君合國 (指兩個獨立國家共擁戴一個君主但各自擁有憲法、立法、國防和外交權力的複合制國家)

Personal visit　個人訪問

Personal wealth　個人財產；私人財產

Personalism　個人人格至上 (不可侵犯) 論

Personaliter　〔英古〕親自；親身；親自地

Personalities　〔複〕人身攻擊；人物評價

Personality 人格;個性;人格權;〔際〕法律人格(指能持續行使法律權利並承擔法律義務和責任之能力者)

Personality disorders 人格怪謬;人格障礙

Personality in public law 公法上的人格

Personality of laws 〔英〕法律的屬人性;屬人法原則

Personality settlement 授與動產;對人繼承財產的設定

Personalty 動產;個人財產(在英國意為包含與土地無聯繫和與土地上利益有聯繫的純粹和混合的兩種意義;在美國指屬不動產的財產)

Personalty has no locality 動產無場所

Personate *v.* 冒充(他人);假冒(未經許可,旨在詐騙以牟利)

Personation 冒充;冒名頂替;冒充罪(誘與已婚婦女通姦並冒充其夫者英國法上為強姦罪)

Personator 冒充者;冒名頂替者

Personification of the state 國家人格化

Personne 〔法〕人(指男人和女人或兩者)

Personnel 職工;人事;全體人員

Personnel administration 人事管理

Personnel category 人事類別

Personnel loss 人才損失

Personnel of war 戰爭人員

Personnel system 人事制度

Persons who have joint responsibility 連帶負責人

Persuade *v.* 說服;勸服;使(某人)相信

Persuasion 勸誘;勸說

Persuasive authority 誘導力;說服力

Persuasive precedents 說服性判例(有別於拘束性判例"binding precedents")

Pertain *v.* 屬;關於;有關

Pertaining to the separate customs territory 〔世貿〕與單獨關稅地區有關

Pertenencia 〔西〕主張財產所有權;領地

Pertinent 可適用的;適當的;有關的

Perusal alteration 審閱更改各點

Pervasive rules 普遍性的規則

Perverse verdict 不合法裁決;無視證據的不當評決(指陪審團不依審判員指示之裁定)

Perversion of legal remedy 濫用法律救濟

Perversion of truth 歪曲真相

Pervert justice for a bribe 貪贓枉法

Pervert the law 枉法

Perverted 不正當的;墮落的

Perverting the course of justice 罔顧司法罪;破壞司法罪

Pest and disease control 蟲害和疾病控制

Pest or disease-free areas 無瘟疫或無疾病地區;無病蟲害區域;病蟲害非疫區

Pesticide control law 農藥管理法

Pet shop 〔英〕寵物店

Peterloo massare 〔英古〕彼得陸大屠殺(指 1819 年皇家騎兵隊鎮壓曼徹斯特平民政治集會)

Peter's pence (or peter-pence) 〔英〕教皇稅;聖彼得獻金(舊時英國每戶每年呈給羅馬教皇的一便士獻金)

Petion in intervention 參加訴訟的申請

Petit 小的;枝節的;不值得考慮的;微不足道的

Petit average 小海損

Petit cabotage 〔法〕小型沿海航運

Petit cape 〔美〕司法令狀(舊時回復土地佔有之訴而簽發的,要求郡長佔有該地產,在被告承租人到庭答辯之後,其後續訴訟階段就作出缺席判決)

Petit jury 小陪審團(由 12 人組成,判決前評定事實)

Petit larceny 輕盜竊罪(在美國,指非法侵佔 100 美元以下的財產罪;在英國,指非法偷盜價值 12 便士以下的財產罪;"Petit larceny"與"Petty larceny"為同義詞,"偷盜"與"偷竊"都有"偷取"的意思)

Petit serjeanty 〔英〕小服侍(指自由土地保有者對莊園領主的服侍)

Petit treason 輕叛逆罪(殺害主人或丈夫;殺害宣誓效忠上級牧師的牧師)

Petition 申請;請願;訴願;請求書;情願書;(如向高等法院衡平法庭、向女王、向議會提出的訴訟及其他的救濟請求等;此詞在英國還用於選舉訴訟、離婚訴訟以及破產申請等);〔美〕起訴狀;〔香港〕申請;(向法院呈遞的)請願書

Petition de droit 〔法〕權利請願書

Petition for mercy 請求赦免書

Petition for naturalisation 〔美〕入籍申請(書)

Petition for probate 申請遺囑檢驗

Petition for sequestration 申請假扣押;申請查封

Petition in bankruptcy 破產申請書(指債務人向法院申請宣告破產,尋求依法給予救濟)

Petition in error 再審請願書

Petition is answered 〔英〕關於口頭辯論日期的附注(衡平法院書記員在起訴書上記載的)

Petition of appeal 上訴狀;上訴申請書

Petition of revision 上告狀;上訴書

Petition of rights 〔英〕權利請願書(1628 年查理一世許可的關於人民權利的國會宣言);權利請願書(向政府請求歸還財產或賠償違約損害的文書,由於 1947 年發佈人民得對政府部門起訴的法律而廢止)

Petition of Thirty-one Articles 〔英古〕三十一條請願書(1406 年)

Petitionary 請願的;請求的

Petitioner 〔美〕請願人;請求人(指向法院、政府官員或立法機構提交情願書者);(離婚訴訟的)原告;〔香港〕呈請人;申請人

Petitioner substituted 替代上訴人

Petitioning creditor 〔英〕提出申請書的債權人(指債權人出具申請書,向法院申請宣告其債務人破產。依英國法,債權人債務經清算不得少於 750 磅,債務人確實無法清償,即可宣告破產)

Petitions committee 請願委員會

Petitor 請願人;申請人;原告

Petitory 提出所有權主張的

Petitory action 〔美〕本權之訴;確認所有權訴訟(指不佔有物的物主向物的實際佔有者提起要求確認該物所有權之訴)(路易斯安那州法用語)

Petrodollars 石油美元

Petroleum revenue tax 〔英〕石油收入稅(指在聯合王國、領海及其大陸架上生產的石油和天然氣課收的稅)

Petronian law 〔美〕禁止鬥獸法

Pettifogger 訟師;訟棍

Pettifogging 訟棍般的;詭計多端的

Petty 小的;輕微的;小額的

Petty assize　小巡迴審判（1. Assize of Darrein Presentment；2. Assize of Mort d'Ancestor；3. Assize of Novel Desseisin；4. Assize Utrum）（包括對於下列訴訟的審判：1. 回復牧師職務推舉權的訴訟；2. 回復被佔的繼承土地訴訟；回復繼承不動產佔有的訴訟；3. 回復被侵佔的不動產佔有的訴訟；4. 回復教會領地佔有的訴訟）

Petty average　小海損；雜費（指船長所支出的拖駁船、裝卸、領航員、燈費、拋錨等費用）

Petty average charges　小海損費；貨物運費諸雜費

Petty bag office　〔英〕小袋子辦事處（1888 年前衡平法院普通法令狀頒發處）

Petty cabotage　小型沿海航運

Petty cash　備用現金；零用現金；小額出納金

Petty constables　〔英〕小巡警；下級警官（舊時英國治安法官任命的在教區內或城鎮內維持治安和送達令狀的警察官員，現演變為警察制度）

Petty juror　〔英〕小陪審團陪審員

Petty jury　小陪審團（由 12 人組成，評定刑事案件的事實。其反義詞為大陪審團 "grand jury"）

Petty larceny　輕盜竊罪（在美國，指非法侵佔 100 美元以下的財產罪；在英國，指非法偷竊價值 12 便士以下的財產罪）

Petty offence　〔美〕輕罪（最高處罰為罰款，或坐牢或送感化院，但為期不得逾 6 個月）

Petty office　〔美〕海軍軍士

Petty officers　（海軍）下級軍官；海軍軍士

Petty patent　小專利（指對專利的新穎性和獨立性要求比較有限，專利的保護期比較短）

Petty pilferage　小扒竊

Petty serjeanty　〔英〕小侍君役保有制（指軍役土地保有制以每年向英王提供勞役製造戰爭工具，例如，弓、箭和長矛等武器而保有土地）

Petty session(s)　〔英〕簡易法庭；小治安法庭（由二人或二人以上的治安法官進行即決審判的法庭）

Petty sessional court　小合議法庭

Petty treason　〔英〕輕叛逆罪（僕人殺主人、妻子殺丈夫、僧侶殺主教罪等）

Peventive attack　預防性攻擊

Pew　教堂的座席；教堂內的靠背長板凳

Peyote　無棘仙人掌

Phanton stock plan　〔美〕影子股票計劃

Pharmaceutical products　藥品

Pharmaceutical Society　〔英〕藥劑師協會

Pharmaceutist　製藥者；藥劑師；藥商

Pharmacist　藥劑師；製藥者；藥商

Pharmacist professional liability　藥劑師的職責

Pharmacists' liability insurance　藥劑師責任保險

Pharmacopoeia　藥典；（一批）備着的藥品

Pharmacy Act　〔英〕毒藥銷售法（1868 年）

Phase in　逐步使用

Phase introduction of new measures　分階段採用新的措施

Phase out　逐步淘汰

Phase out all restrictions within a period not exceeding the duration of this Agreement　〔世貿〕在不超過本協定有效期限的一段時期內分階段取消全部的限制（指在 WTO 協定生效 6 個月內將全部取消對紡織品和服裝貿易的限制）

Phase out the limitation on the grant of trading rights for goods　逐步停止限制批准經營貨物貿易的權利；逐步停止允許經營貨物貿易權利的限制

Phase out to withdraw gradually　逐步撤軍

Phase-in period　逐步使用期間

Phasing and performance clauses　分階段實施條款

Phenomenological jurisprudence　現象法理學

Phenomenology of law　法的現象學

Philadelphia Convention　〔美〕費城大會（1787 年）

Philadelphia lawyer　精明的律師（尤指擅長詞令，深知法律界內幕，善用手段的「費城律師」）

Philanthropic institutions　慈善機構

Philanthropic mission　慈善使命

Philanthropy　慈善事業；慈善捐獻

Philological interpretation　語言學解釋

Philosophical jurisprudence　哲學法理學

Philosophy of law　法律哲學；法理學

Philosophy of politics　政治哲學

Phoenician law　腓尼基法（公元前 3000 年在地中海東岸以航海和經商著名的腓尼基人的奴隸制法律）

Phony　騙子；假冒者；假貨

Photograph　相片；〔複〕攝影

Photographic copy　影印件

Photography on crime　刑事照相（為適應偵查和物證工作之需，其分為現場照相，物證照相和辯認照相）

Photostatic copy　影印本

Phrased elimination　分期消除

Phrase-out period　遞減期間

Phsical suffering　肉體痛苦；肉體折磨

Phylasist　獄吏，監獄看守

Phylosophy of consensus　協商一致的指導原則

Physical　身體的；物質的；實體的；有形的

Physical abuse　體刑（指對身體上或精神上的凌辱）

Physical and emotion well-being　身心健康（身心康寧）

Physical and psychological suffering　肉體和精神上的摧殘；肉體和精神上的磨難

Physical assets　實物資產

Physical boundary　自然疆界

Physical capital　實物資本；有形資本

Physical coastline　自然海岸線

Physical contact　實體接觸

Physical continental shelf　自然大陸架

Physical cruelty　肉體摧殘；人身虐待

Physical danger from terrorist activity　〔領事〕來自恐怖活動的人身危險

Physical defect　生理缺陷；身體缺陷

Physical depreciation　有形損耗；實際折舊

Physical disability　生理缺陷；身體殘疾（指缺乏履行法律行為能力，一般用以表示不能充分享受普通的法律權利）

Physical evidence　物證；實物證據

Physical examination　體格檢查；體檢

Physical examination of judicature　司法物理檢驗（指運用物理學的原理和方法對物證的物理屬性進行檢驗）

Physical fact　客觀事實；有形事實（例如槍聲、跑步聲、人在地上的足印等）

Physical fact rule　〔美〕客觀事實規則（如果陪審團發現原

告關於客觀事實證據根據無可爭辯的物理法則客觀不可能時，則要求法官受理其案件；上訴法庭不受違背物理法則裁決的拘束。客觀事實規則指的是：一個司機沒有看到而是能夠而且必須看到的事故而視而不見，那麼該司機在法律上就是犯下過失罪）

Physical force 人身攻擊

Physical harm 人身傷害；肉體上損傷；實際損害（指對動產和不動產而言）

Physical hazard 實質危險；實際危險

Physical impairment 身體缺陷

Physical impossibility 客觀上不可能（根據常識實際上不可能）

Physical incapacity 性無能（為結婚和離婚的要件）

Physical infrastructure 物質基礎設施

Physical injury (P.I.) 肉體傷害（但不包括精神煩惱、驚嚇和感情上的騷亂）

Physical inspection 實地檢查；實物檢查

Physical investment 實際投資

Physical loss or damage 實際滅失或損壞；有形滅失或損壞

Physical necessity 實際需要（指某種客觀條件逼迫所做出的一種行為。例如，餓極了連樹皮、黃土也用以充饑）

Physical or mental incapacity 身體或心神上的無行為能力

Physical person 自然人

Physical planning legislation 自然環境規劃立法

Physical pollution 有形污染

Physical possession 實際佔有

Physical product 有形產品；實物產品

Physical punishment 體罰；肉刑（包括監禁、鞭打、處死等）

Physical spillovers 有形外溢（指污染）

Physical structuring adjustment 有形的結構調整

Physically incorporated components 物理結合的附件

Physician （內科）醫生

Physician's licence 行醫執照；醫師執業許可證

Physician-patient privilege 醫師－病人溝通病情保密的特權（釋義見 "Patient-physician privilege"）

Physician's liability insurance 醫師責任保險

Physiotherapy 物理療法；理療

Phytosanitary measures 〔關貿〕植物檢疫措施

Picaroon 盜賊；海盜；海盜船

Piccage, picage, pickage 〔英〕攤位費

Pick and steal 扒竊；小偷小摸

Pick of land 楔形地

Pick up 逮住；提審（罪犯等）

Pickers and stealers 扒手和竊賊

Picket *n. & v. I.* 站樁刑（古時使罪犯一隻腳站在樁上的刑罰）；站樁刑用的樁；〔複〕（罷工工會派出的）糾察隊員；II. 擔任糾察（或警戒哨）

Picket line 警戒線

Picketer 糾察（隊）員

Picketing 糾察（指組織罷工、勸阻或阻止工人復工）

Picking 〔複〕贓物；扒竊物；〔保〕挑撿受損物

Picking and stealing 扒竊；小偷小摸

Pick-lock 撬鎖賊；撬鎖工具

Pick-pocket 扒手

Pick-purse 扒手

Picquet 〔警〕守衛

Pie chart 扇形圖

Pie Poudre Court 〔英〕集市法庭（=Court of Piepoudre）

Pie wag(g)on 押送囚犯的警車

Piece rate 計件工資率；按件計酬（率）

Piece rate system 計件工資制（計件制）

Piece wage 計件工資

Piece wage rate 計件工資制

Piece work 計件工作（指按件或按數量而言）；散工；零工

Piecemeal 一件一件的；逐漸的；零碎的

Piecemeal appeal 零碎上訴

Piecemeal approach 計件方法

Piecemeal zoning 部份分區制

Piepoudre (=Court of Piepoudre) 〔英〕集市法庭（舊時當場審理市場內發生的案件，為英國最基層的法院）

Pier dues 碼頭稅（費）

Pierage 碼頭費；碼頭稅

Piercing the corporate veil 〔美〕揭穿公司詐騙行為面紗

Pier-master 碼頭主管

Pignorative contract 抵押契約；擔保契約

Pike 收費柵；收費門；通行稅；收稅路，稅道；收稅關卡

Pikeman 稅道柵看守人

Pilfer *v.* 偷竊

Pilferage 輕微盜罪；小偷小摸（一般偷商店、庫存物品）；偷竊；贓物

Pilferage and looting insurance 搶劫保險

Pilferage, theft and non-delivery risks 〔保〕偷竊提貨不着險

Pilferer 小偷；扒手；竊賊

Pilgrim fathers 〔英〕殖民祖先（1620 年移到美洲的英國清教徒）

Pilgrimage insurance 朝聖保險；巡禮保險

Pillage 〔軍〕掠奪；搶劫；戰利品

Pillory 頸手枷（指將犯人頭及手納入板空中站立示衆的一種刑具）

Pilot 引水員；領港員；領航員；航行駕駛員；機長

Pilot a course 〔海法〕標繪航線

Pilot census 試驗性人口調查

Pilot chart 航空氣象簡圖；領航圖

Pilot clause 領航員條款（關於領航員使用自由特約條款）

Pilot distances 標繪距離

Pilot expense 領航（員）費

Pilot jack 領港旗；領航旗；引水旗

Pilot ladder 引水梯

Pilot project 示範計劃；試辦項目；試製產品

Pilotage 領港費；領航費；引水費；〔英〕領航；水路嚮導；引水

Pilotage authorities 〔英〕領航員管理局

Pilotage inwards 入港領港費

Pilotage sates 引水費

Pilotage tariff 領航費率

Pilotage waters 引航水域

Pilot-flag 領港旗；領航旗；引水旗

Pilot-house 操舵室；領水員室

Pilotless aircraft 無人機；無人駕駛飛機

Pilot's guild 引水員同業公會

Pilot's water　引水員領航區

Pilot-sphere　領航區

Pimp　淫媒；拉皮條的人

Pink slip　〔俚〕解僱通知書

Pin-money　零用錢，私房錢（指丈夫給妻子購買服裝和零用錢）

Pint　品脫（容量單位）

Pioneer industry　創始工業

Pioneer patent　首創性專利；新創專利

Pipe line project　管道工程

Pipe line　商品供應線；在計劃中；在決定中；用管道輸送

Pipe Roll Society　〔英〕財政部檔案協會

Pipe Rolls　〔英〕財政部案卷；財政部檔案

Piping transport　管道運輸

Piracy　海盜行為（指在海上的海盜及其他的海盜行為或在公海上搶劫掠奪的行為）；侵犯版權；侵犯專利權；非法翻印

Piracy aircraft　海盜飛機

Piracy jure gentium　國際法上海盜行為

Piracy under international law　國際法上海盜行為

Pirate broadcasting　海盜廣播

Pirate broadcasting station　海盜廣播電台（站）

Pirate jure gentium　國際法上海盜

Pirate radio ship　海盜無線電廣播船

Pirate radio station　海盜無線電台

Pirate ship　海盜船

Pirated copyrigtth goods　〔世貿〕盜版商品

Pirates　侵犯版權者；非法廣播者；非法翻印者；海盜；海盜船

Piratic(al)　海盜的；非法翻印的；盜版的

Piratical act　海盜行為

Piratical ship　海盜船

Piratical vessel　海盜船

Piscary　捕漁權（在他人水域內捕魚的權利）；捕魚場

Pistol　手槍

Pistol wound　槍擊傷

Pistol-armed　手槍武裝的

Pit　礦井；煤礦；地窖；〔美〕（交易所中某種商品的）期貨交易場

Pit and gallows　〔英〕（授予封建領土設置）地牢和絞刑架條款

Pius darrein continuance　自延期後；追加抗辯理由（指自上次訊問後續有新的事由）

Pivot rate　中心匯率；樞紐匯率

Pixing the coin　〔英〕確定硬幣是否合符水準

Placard　告示；佈告；公告

Place　*n. & v.* I. 地點；地方；地區；場所；II. 安置；安排；投保

Place (put) an offender on probation　處犯人以緩刑

Place a case on file for investigation and prosecution　刑事立案

Place and circumstances of seizure　扣押地點和狀況

Place bills　〔英〕（下議院）席位法案（1701 年）

Place for negotiations and the implementation of agreements　〔世貿〕談判和履行協議的場所（指 WTO 是成員方談判磋商，執行協定之處所）

Place hunting　鑽營官職

Place of abode　住所；住所地；所在地

Place of act　行為地

Place of appointment　出任地；任職地

Place of arbitration　仲裁地

Place of business　營業所；營業地

Place of contract　締約地；合同訂立地

Place of delivery　交貨地點

Place of departure　出發地；來源地

Place of destination　目的地

Place of detention　拘留所

Place of employment　僱傭地點；工作地點

Place of entry　入境地點

Place of execution　法場（執行死刑場地）

Place of internment　拘禁處所

Place of issue　發行地；頒發地

Place of lands　〔美〕劃定用地（指道路兩側內特定限制之劃定土地）

Place of most significant contacts　最密切聯繫地

Place of offence occurred　犯罪行為地

Place of official appointment　出任地；任職地

Place of origin　原產地；來源地；原發地點

Place of payment　支付地；付款地；付款場所

Place of performance　履行地

Place of reform through labour　〔中〕勞動改造場所

Place of refuge　收容所；庇護所

Place of re-registration　重新登記地

Place of safety　安全地方

Place of sailing away　發航地

Place of sojourn　旅居地；居留地

Place on probation　緩刑

Place prohibited　禁區

Place protected　〔警〕保衛區

Place sb. on the ballot　推舉某人為候選人

Place to be searched and any property to be seized　搜查的場所和需扣押的財產

Place under probation　緩刑

Placemen　〔貶〕祿蟲（在政府任職的下議院議員）

Placement　發行（新債券）；安置（就業）；安排（貸款或抵押）

Placer　砂礦，砂積礦牀；金砂礦；投資者；投保者；保險安排人

Placer claim　〔美〕砂礦開採權

Placer location　〔美〕砂礦開採地界（位於並佔據公有土地）

Placing　出盤，出售（未經申請等手續而將公司全部或部份）；發行（新股票）；投保

Placit　判決；裁決

Plagiarism　剽竊；抄襲；剽竊物

Plagiarist　剽竊者；抄襲者

Plagiarise　*v.* 剽竊；抄襲

Plain bond　無擔保債券

Plain dealing　公平交易；坦白直率（的）；光明磊落（的）

Plain error rule　〔美〕明顯的錯判規則

Plain invoice　普通發票

Plain language　簡明語言；簡易文字

Plain meaning　明顯意義

Plain meaning rule　〔美〕簡明詞意規則（指法官解釋法規的詞句應根據該詞句通常的或清楚的意思為普通民眾所能理解的規則）

Plain sight rule　〔美〕一目了然原則（=plain view doctrine）

Plain view doctrine 〔美〕一目了然原則

Plain-clothesman 便衣警察；偵探

Plaint 控告；起訴；〔英〕起訴狀（向郡法院提起訴訟，由記錄官記錄在案）；訴訟開始令狀

Plaintiff 原告（向法院起訴的民事訴訟的當事人）

Plaintiff in civil suit 民事訴訟原告人

Plaintiff in error 訴請再審令狀的當事人；上訴人

Plaintiff lawyer 原告律師

Plaintiff's claim 原告訴訟標的

Plaintiff's representative 原告代理人

Plan 描畫；設計；圖案；計劃；方案；方法

Plan law 計劃法

Plan of Action 〔世貿〕行動計劃；行動綱領（旨在優化最不發達的和糧食純進口的國家對世貿的貿易制度所提供的機遇以全面反應的能力）

Plan of Action on World Food Security 世界糧食安全行動計劃（1979 年 11 月經糧農組織第二屆大會批准）

Plan to systematically revise its relevant domestic laws 〔中〕計劃系統地修訂相關的國內法規

Planet's environment 星球環境

Planetary Citizens 星球公民

Planholder 退休金計劃的受益者

Planned development 規劃開發

Planned economy 計劃經濟（與市場經濟相對的）

Planned parenthood 計劃生育

Planned supply coupons 〔中〕計劃供應票證（指計劃經濟時代因物資缺乏而實行按人供應食品和日用品如糧票，布票等）

Planned unit development (PUD) 〔美〕有規劃的住宅開發區（例如，在毗鄰區劃出一塊土地做為單一實體規劃建造一個或多個居民住宅區之謂）

Planning 〔美〕城市發展系統規劃

Planning agencies 規劃機構

Planning board 〔美〕（城建發展）規劃委員會

Planning commission 計劃委員會；〔美〕（城建發展）規劃委員會

Planning Department 〔香港〕規劃署

Planning economic system 計劃經濟體系

Planning model 計劃模式

Planning of work 工作規劃

Planning permission 〔英〕土地開法許可（根據 1971 年《城鄉計劃法》，開發土地的計劃應獲得地方土地規劃局批准）

Planning, Environmental and Lands Bureau 〔香港〕規劃環境地政局（此局在九十年代專責香港的城市規劃、土地利用及環境保護事務，現已解散）

Planning-programming-budgeting system (PPBS) 設計、規劃、預算制度

Plant 工廠；車間；廠房；固定設備；固定資產

Plant and equipment 廠房與設備

Plant breeder's rights 〔英〕植物培育者專賣權

Plant inspections 植物檢驗

Plant patent 植物專利

Plant quarantine certificate 植物檢疫證明書

Plant quarantine law 植物檢疫法（為防止植物蟲害蔓延而對進出口和國內不同地區調運的植物及其產品進行檢疫和處理的法律）

Plant varieties 〔世貿〕植物多樣化品種

Plant variety protection 植物品種的保護

Plantation 〔英〕殖民地；原始拓居地；〔美〕種植園；大農場（指美南部種植棉花、煙草和蔗糖等）

Plat map 〔美〕地區圖

Plate 板牌；（地殼）板塊

Plate "L" 〔警〕"學"字練車牌（指在汽車上掛"L"，標明為學習駕車者，其他車輛應予禮讓）

Plate glass insurance 平面玻璃保險

Plate market 南美運費市場（以布宜諾斯艾利斯為中心的船舶運費市場）

Plate tax 牌照稅

Platform 〔美〕政綱（指政黨競選的綱領以呼籲公眾投票支持其當選執政）；平台；月台；站台；講台

Platform committee 政綱起草委員會

Play a crucial role in the economic growth process 經濟增長過程中起了關鍵性的作用

Play a leading role 發揮主導作用

Play a notably active role (in) 發揮了特別積極的作用（指烏拉圭回合多邊貿易談判而言）

Play booty 勾結；朋比為奸

Play for hire 等候租賃

Play-debt 賭債

Playing cards tax 骨牌稅

Plea 抗辯；答辯（指被告對原告在訴訟中聲述的有罪或無罪的答辯；民事答辯，指向衡平法院起訴的書狀的一種特別的答辯，說明該訴訟應予駁回、延期或禁止。如其加入該書狀中就成為抗辯，這種簡要申明不同於對原告所提出訊問案件，被告給予詳細的答辯）；訴狀；〔古〕訴訟

Plea agreement 〔美〕控辯協議書（被告認罪交易控辯協議書）

Plea bargaining 〔美〕控辯交易；控辯商定（指檢控官與被告間進行的協商，條件是容許被告承認較輕的控罪）

Plea in abatement 妨訴抗辯（主張訴訟形式有重大缺陷的抗辯）

Plea in avoidance 提出新事實據以主張把原告之訴駁回的抗辯

Plea in bar 終止訴訟的抗辯（指被告主張原告無權起訴，如所陳述成立將完全終止或推翻原告訴訟請求的答辯）；刑事被告主張無罪的申述

Plea in bar of trial 〔英〕（因患有精神病而懇請）中止審理的答辯

Plea in discharge 〔美〕已償付的抗辯（被告承認原告主張的事實和訴由，但以其後事實表明債務已清償或雙方已達成和解協議的抗辯）

Plea in law 〔蘇格蘭〕法律要點的簡明陳述

Plea in suspension 申請延期訴訟（指訴訟進行中因臨時無法進行而請求延期）

Plea of "act of state" "國家行為"抗辯

Plea of confession and avoidance 〔美〕承認但主張無效的抗辯（被告承認原告主張的事實和訴由，但以其後的事實陳述原告訴訟已被法院駁回的抗辯）

Plea of duress(e) 以被脅迫為理由，請求宣告行為無效

Plea of general issue 總括性的抗辯（指在刑事案件中，被告全部否定原告申述的抗辯）

Plea of guilty 認罪；有罪答辯

P

Plea of justification　無過失的抗辯（被告主張原告所控訴只不過是被告行使其權利的抗辯）

Plea of nolo contendere　放棄抗辯（意即刑事被告認罪）；捨棄抗辯的聲明

Plea of non est factum　非其所為的抗辯（否認簽立字據的抗辯）

Plea of non-discrimination　無歧視抗辯

Plea of not guilty　不認罪；無罪抗辯（刑事被告不認罪的辯訴）

Plea of novation　更新抗辯

Plea of parole demurre　在到成年前延期訴訟手續的抗辯

Plea of pregnancy　罪犯以妊娠為理由請求延至生產後執行刑罰的抗辯

Plea of release　放棄求償權的抗辯（指被告承認原告的訴由，原告其後放棄其求償權的抗辯）

Plea of tender　提存抗辯；準備給付的抗辯（指被告隨時準備償還原告的索賠並把所賠的款項帶到法庭上的抗辯，錢交送法院，聽候判決）

Plea Peremptory　斷然的答辯；主張原告無請求權的抗辯

Plea side　〔英〕（法院的）民事訴訟部

Plea to the jurisdiction　無管轄權的抗辯（被告主張法院無裁判管轄權的抗辯）

Plea to the means of proof　就（案件）證據問題的抗辯

Plead　v.（為⋯案件）辯護；（為⋯案件）提出抗辯，答辯（尤其更多的是對原告的指控或彈劾進行答辯）

Plead for the accused　為被告人辯護

Plead guilty　認罪

Plead innocence　無罪申述

Plead not guilty　不認罪的抗辯

Plead of non-discrimination　無歧視抗辯

Plead over　忽略；未注意到（指未注意到對造在最後抗辯中有缺陷的事實陳述）

Plead the baby act　未成年的抗辯（主張未成年時所訂契約無效的抗辯）

Pleader　辯護人；抗辯人；辯護律師；代為求情者；撰狀律師（專門起草辯護詞等的訴狀者）

Pleading the fifth amendment　〔美〕基於憲法第五條修正案提出抗辯（指憲法禁止政府要求被告充當證人，提供自己認罪證據，禁止政府逼迫被告提供認罪證據的規定）

Pleading(s)　〔英〕訴狀（提供民事訴訟的書面答辯，以為法庭審理的根據）；訴辯狀（律師在法庭上為委託人訴訟理由進行口頭辯護）；撰擬訴狀技巧；法庭上辯論技巧；口頭辯論；〔美〕當事人各自的求償和辯護的正式主張；原告的起訴狀；被告的答辯狀；原被告的請求書

Pleas of the Crown (P.C.)　〔英〕公訴；刑事訴訟；國王財政權益之訴

Pleas of the sword　〔英〕王劍之訴（指諾曼底公爵享有刑事訴訟權）

Pleas Roll　〔英〕（中世紀的）訴訟案卷

Plebiscians　〔羅馬法〕平民；平民團體

Plebiscite　公民投票；平民表決；全民公決

Plebiscite territory　公民投票地；公民投票決定歸屬的領土

Pledg(e)or　出質人；出當人；質押人

Pledge　n. & v. I. 質押；典質；典當物；擔保；出質動產（指債務人把動產交付給債權人做為還債的擔保。不動產的擔保稱為"抵押：mortgage"）；擔保物；擔保人；II. 抵押；出質；擔保

Pledge certificate of goods in warehouse　倉庫質入物證明書（證券）

Pledge of immovables　不動產質權（不動產抵押）

Pledge of movables　動產質權（動產抵押）

Pledge of obligation　債權質（債權抵押）

Pledge of prosecution　追訴的保證人

Pledge of right　權利質（權利抵押）

Pledge of territory　領土抵押

Pledged account　有抵押的賬戶（目）

Pledged gold　抵押黃金

Pledgee　受質人；承押人；質權人；收當人；抵押權人

Pledgery　擔保；保證；發誓

Pledges　訴訟擔保人

Pledging　抵押物；典質物

Pledging conference　認捐會議

Pleine jurisdiction　〔法〕完全管轄權

Pleins pouvoirs　〔法〕全權；全權證書

Plenarty　聖職已佔滿

Plenary　全部的；完全的；充分的；絕對的；無條件的；全體出席的

Plenary action　完整訴訟（指按實情進行完全正式的審訊或審判，其反義詞為"summary hearing"）

Plenary assembly　全會

Plenary causes　〔宗〕完整的程序訴訟（指必須嚴格按教會規定的訴訟規程進行審理的訴訟）

Plenary commission　全體委員會

Plenary committee　全體委員會

Plenary conference　全體會議

Plenary confession　徹底坦白；全部供認

Plenary drafting body　全體起草機構

Plenary jurisdiction　完整管轄權

Plenary meeting　全體會議

Plenary powers　全權

Plenary proceedings　完整訴訟

Plenary session (or meeting)　全會；全體會議

Plenary suit　完整訴訟

Plenipotentiary　a. & n. I. 有全權的；II. 全權代理；全權代表；受全權委託的人；全權使節

Plenipotentiary ambassador　全權大使

Plenipotentiary conference　全權代表會議

Plenipotentiary representative　全權代表

Plenitude　〔際〕權限的完整

Plethora　過多；過剩

Plethora of trade barriers of service exports　〔關貿〕過多勞務輸出的貿易壁壘（指發展中國家面對的主要是難以逾越的非關稅壁壘。例如，資本限制、勞務限制以及技術標準等等）

Plevin　擔保；保證

Pleyto　〔西〕訴狀

Plight　〔英古〕土地；地產權（擁有土地的習慣及土地等級）；包括地租和寡婦不確定的權益

Plot (plat)　地區；地段；地區圖（特定市鎮地段等的平面圖）；標繪圖；小塊土地；（戲劇的）情節

Plot behind the scenes　幕後策劃

Plot distances　〔海法〕標繪距離

Plot of land for personal needs　自留地

Plottage　土地面積

Plough (carucage)　〔古〕地租；耕地；乾地

Plough bote　可耕地；耕地；〔英〕木材取用權（指用以修繕農具之用）

Plough land　年耕地（約八頭牛一年中可耕的面積）

Plough the seas　〔海法〕破浪前進

Plow (plough) back　〔美〕（保存利潤）再投資

Plunder　*v. & n.* I. 掠奪；搶劫；II. 掠奪行為；搶掠物；戰利品；贓品

Plunderage　盜竊貨

Plural　複數的；多數的

Plural marriage　重婚（指多夫或多妻之婚）

Plural nationality　多重國籍

Plural representation　多方代表制

Plural treaty　多邊條約

Plural vote　雙重投票

Plural voting　重複投票

Pluralism　多元論；多元主義

Pluralist　兼職牧師；兼職者

Pluralistic theory of the state　多元的國家論

Plurality　多數；大量；（上訴法院中的）多數法官意見；〔美〕超過票數（指競選中得票最多者比得票次多者所多得的票數）；相對多數（指有兩個以上競選者戈參加競選時，得票最多者所得的票數）；〔英〕同時兼有兩個或兩個以上俸聖職

Plurality of votes　相對多數票

Plural-territory state　複領土國家

Pluri-continental State territory　多洲國家領土

Pluries writs of execution　第三次判決執行令狀

Plurilateral　複邊的；多邊的；諸邊的

Plurilateral agreement　複邊協定；〔世貿〕複邊協議；多邊協議（意指非強制性的協定，成員方並沒有必須加入的義務）

Plurilateral consultation　多邊協商

Plurilateral convention　複邊公約

Plurilateral initiatives　複邊的主動性行動（指對區域貿易自由採取的）

Plurilateral Trade Agreement　多邊貿易協定；複合貿易協定；〔關／世貿〕複邊貿易協議；諸邊貿易協議（指未經"烏拉圭回合"多邊貿易談判修訂，但仍保持 GATT 體制下的分化性，各成員方可以選擇參加，但對所有成員國沒有約束力）

Plurilateral treaty　複邊條約；締約方有限的多邊條約

Plurilingual text　多文字本

Pluri-national river　多國河流

Pluripartite treaty　多方條約

Plus　加；附加額；附加的；貸方的

Plutarch (plutocracy)　富豪統治；財閥統治；財政寡頭；財閥；富豪統治階級

Plutocrat　富豪

Plutonomist　經濟學家；（政治）經濟學者

Plutonomy　政治經濟學；經濟學

Poach　*v.* 偷獵；偷捕（魚）

Poacher　偷獵（或偷漁）者

Poaching　偷獵；偷捕獵物

Pocket　*v.* 侵吞；盜用（款項等）

Pocket a portion of the soldiers' pay　克扣軍餉

Pocket borough　〔英〕懷中選舉區；腐敗選區（指議會改革前由個人或一個家族操縱的選區）

Pocket judgement　〔英〕袖珍判決書（清償債務保證書，意即在指定日期內對拒絕支付者可予強制執行）

Pocket sheriff　司法執行官（由國王直接任命，而不是曾經是由大法官提名的。該做法延續至喬治三世為止）

Pocket veto　〔美〕擱置否決（指國會通過的議案呈交總統簽字時，如被擱置至國會休會後十日不簽字即被否決）

Podesta　〔意〕（中世紀城鎮）首席法官；軍事長官；（19–20世紀城市）市長

Poetic justice　理想的賞罰；勸善懲惡

Poinding　〔蘇格蘭〕扣押財產（指扣押債務者財產以清償債務的命令）

Poinding of the ground　〔蘇格蘭〕扣押地上財產之訴（指債權人為確保清償其債務而扣押債務者土地上全部財產的訴訟程式）；授權扣押並變賣債務人地上財產的命令

Point　要點；法律點；爭議點；點（股票行情、物價、商品行情等的單位。例如，在美國的股份交易上一點為 1 美元，證券上的一點則為 10 美元；在英國的一點為百分之一英鎊，即一便士）；貸款手續費（在美國的住宅抵押貸款中，貸方可以成交的借款本金中扣出百分之一作為手續費）

Point at issue　爭點（指訴訟系爭點）

Point estimation　點估計

Point in (of) dispute　爭點；爭執點，爭論點

Point of Contact　連結點（又稱為"連結因素"結是衝突規範藉以確定涉外民事法律關係應當適用什麼法律的根據。可以說連結點是衝突規範中據以連結涉外民事法律關係與其應適用的某國法律的基礎，起到了橋梁和媒介的）

Point of defense　辯護要點；辯論要點

Point of departure　出發點

Point of destination　目的點；到達地點；裝運目的地

Point of entry　入境地點

Point of exit　出境地點

Point of fact　事實點（事實問題）

Point of issue　訴訟的爭點

Point of law　法律要點；法律問題

Point of order　程序問題；〔英〕（議事）程序異議

Point of origin　起運地；起運站

Point of pleadings　訴狀要點；答辯要點

Point of rejoinder　再答辯論點

Point of the compass　〔海法〕羅經方位點

Point of transshipment　轉運地點

Point of valuation　計價地點；估價地點

Point reserved　〔美〕保留點（指當審理過程中遇到重要法律難題，法官無把握時就臨時做出裁決留待更審）

Point system　〔美〕積分制，記分制（指汽車司機違反車輛法所規定的點數，例如 12 分時就要進"學習班"或即予吊銷駕駛執照）

Point(s) of claim　商業案件的訴訟請求

Point-of-sale terminals (banking)　〔美〕銷貨集散中心地（銷售點終點）

Points for quarters　申請房屋積分

Points of sale for imported products　進口產品銷貨（售）點

Poison　*n. & v.* I. 有毒物質；毒藥；毒物；II. 下毒；投毒；使中毒

Poison pill　〔美〕"毒丸"丸一種防範被收購公司的策略，以免要溢價償還優先持股人）

Poisoned arm　有毒武器

Poisoned weapon 有毒武器

Poisoner 毒害者；毒殺者；放毒者

Poisoning 下毒；毒殺；中毒

Poisonous gas 毒氣；毒性氣體

Poisonous tree doctrine 〔美〕"毒樹原則"(指非法逮捕或搜查所得證據不容採納的原則，因執法官員所為一開始就構成非法)

Poison-pen letter 匿名信

Poisson distribution 波伊森分配原則(參見"Law of small numbers")

Polar region 極地

Polar sea 極海

Polar star rule 〔美〕北極星規則(意指文書製造者意圖除違反公共政策等外應予貫徹執行)

Polar state 近極國家

Pole 桿(長度名 =51/2 碼)

Police 警察；巡捕；警察機關

Police accident report 警察事故報告

Police action 警察行動

Police aircraft 巡邏飛機

Police authorities 警察當局

Police bail 警方保釋

Police board 〔美〕治安保衛局

Police bureau 治安保衛局

Police business 警察事務

Police captain 警察署長

Police car 警察巡邏車

Police cell 警察局拘留室

Police clearances 〔英移〕無犯罪記錄證明(指赴英等國留學生或移民要件之一)

Police commissioner 警察署

Police Complaints Board 〔英〕警務投訴案件委員會(1976 年)

Police constable 〔英〕警員；普通警察

Police control 警察管制

Police court 〔美〕警務法庭；違禁法庭；〔英〕治安法庭

Police department 〔美〕警察局

Police detective 刑事巡查

Police dog 警犬(為了同罪犯鬥爭而專門訓練的犬)

Police fine 警察罰款

Police for prevention of infectious diseases 防疫警察

Police force 警察部隊；(總稱)警察

Police investigation 警方調查

Police judge 治安法官；違警罪法庭法官

Police jury 〔美〕教區管理局(路易斯安那州的教區團體)

Police justice 〔美〕違警法庭法官(有如"太平紳士"同時並有民事管轄權)

Police lawyer 警方律師

Police magistrate 〔美〕違警罪法庭推事；警務司法官；〔英〕(領薪的)治安法官

Police of preservation of peace 保安警察

Police of private safety 保安警察；私人警察

Police of the high seas 公海上的警察

Police offence (offense) 違警罪

Police office 〔英〕(地方的)警察局；警察分局

Police officer (P.O.) 〔美〕警官；警務人員

Police order 警察命令

Police organs, procuratorate and courts 〔中〕公安機關，檢察院和法院(簡稱"公檢法")

Police post 〔中〕派出所(主管街道戶籍等項工作)

Police power 警力；警察權；治安權

Police punishment 警察處分；警察處罰

Police rate 警察稅

Police record 警方記錄；違警記錄

Police regulations 警察條例；治安法規

Police sergeant 警長；警官

Police spy 警探；刑事巡查

Police stand 警崗

Police station 派出所；警察分局

Police substation 派出所

Police surveillance (刑法上的)監視

Police wagon 警車

Police whistle 警笛

Police witness 警方證人

Policeman 警察；巡警

Policeman in charge of household registration 戶籍警

Policeman in plain 便衣警察

Policewoman 女警察

Policies affecting trade in goods 影響貨物貿易的政策

Policies affecting trade in services 影響服務貿易的政策

Policies and practices of the Fund 國際貨幣基金組織的政策與實踐

Policies and procedures of the Fund 國際貨幣基金組織的政策與程序

Policies distorting competion 干擾競爭的政策

Policies of Marine Insurance Act 〔英〕海上保險契約法

Policies toward corruption in government procurement 〔世貿〕應付政府採購中的腐敗政策

Policitation 〔羅馬法〕許諾

Policy 政策；保險單；〔美〕法的準則；法的宗旨；數字賭博

Policy actions 政策行動；政策性行為

Policy advice 政策性建議(意見)

Policy Advice Capabilities 〔世貿〕政策性指導的才能

Policy advice to individual countries 〔世行〕對個別國家的政策性指導意見

Policy analysis and advice functions 政策分析和建議的職能

Policy Analysis Matrix (PAM) 政策分析矩陣(指把政策的經濟數據寫成行列，其中行表示一個經濟變量，列表示另一個經濟變量的分佈。列向量就是由一個列組成的矩陣，行向量就是一個行組成的矩陣。這個分析服務貿易在農業發展政策方面的方法是八十年代由美國康乃爾大學 Monke Eric A 和 Pearson Scott R 兩位學者開發應用的)

Policy classification 政策分類

Policy clause 保險單條款

Policy conditionality 政治性制約

Policy conditions 保險單條件

Policy coordination 政策協調

Policy coverage 政策包涵的範圍

Policy Development and Review Department 〔基金〕政策部和審議部

Policy dialogue 政策性對話；政策對話

Policy formation and coordination 政策制定和協調

Policy game 賭彩；抽彩賭博

Policy guidelines 政策指導；政策準則

Policy holder 保險單持有人

Policy instruments 政策手段 (經濟和貨幣的)

Policy legacy 政治遺產 (指二戰後國際經濟史所留下的)

Policy loan 政策性貸款；保險單貸款 (保單質押貸款)

Policy makers 決策者；制定政策人

Policy making 決定政策；制定政策

Policy making organ 決策機關

Policy mix 政策的綜合 (指綜合經濟和預算的措施)

Policy objective 政策目標

Policy of assimilation 同化主義

Policy of assurance 保險單

Policy of combining punishment with leniency 〔中〕懲罰與寬大相結合的政策

Policy of deterrence 遏制政策；威懾政策

Policy of disbursement 〔保〕費用保險

Policy of good-neighbourliness 睦鄰政策

Policy of grab 掠奪政策

Policy of insurance 保險單

Policy of law 立法政策

Policy of leniency 寬大政策

Policy of life insurance 人壽保險單

Policy of opening to the outside world 〔中〕對外開放的政策 (向外部世界開放的政策)

Policy of protection 保護貿易政策

Policy of protective tariffs 保護關稅政策

Policy of redemption 贖買政策

Policy of restraint 緩和政策；抑制政策

Policy of the big revolver 用報復關稅威脅外國的政策

Policy of the law 法律精神

Policy on enlarged access to the Fund's resources 有關擴大進入國際貨幣基金組織資源的政策

Policy package 一攬子政策；承保多項內容的保險單

Policy position 政策地位

Policy preference 政策優惠

Policy proof of interest (P.P.I) 保證利益保險單；保單保險權益 (發生損害時，保險單被視為充分的利益證明)

Policy proof of interest clause (P.P.I. clause) 保險單證明保險利益條款

Policy provisions 保險條款

Policy reforms 政策改革

Policy renewal 保險單續保

Policy reserve 保險單責任準備金

Policy statement 政策聲明

Policy targets 政策目標

Policy territory 保險單區域

Policy value 保險單現金價值 (指交付或取消保險單時可付給保險持有人的金額)

Policy variables 政策變故；政策變量

Policy writing agent 簽單代理人 (指簽保保險單的)

Policy year 保險單年度

Policy-advice functions 〔世行〕政策性建議的職能

Policy-based trade sanction 按照政策的貿易制裁 (以政策為根據的貿易制裁)

Policy-coverage dimension 政策所涵蓋的範圍

Policy-holder 保險單持有人

Policyholders Protection Board 〔英〕投保人保護委員會；保險單持有人保護委員會 (指投保利益受到保險公司侵害時可以投訴訴並得到賠償)

Policy-maker 決策人 (政策制定人)

Policy-makers in industrialised countries 工業化國家的決策者

Policy-making 制定政策

Policy-making body 決策機構

Policy-making level 決策水平

Policy-making organ 決策機關

Policy-making process 決策程序

Policy-oriented approach 〔世貿〕政策取向的方法

Policy-related uncertainty 與政策相關的不穩定性 (指國際貨物交易常受貿易保護主義的國家政策影響)

Policy-relevant insights 有關政策的洞察力

Policy-science of law 政策法學；政策法學派 (現代資產階級法學派別之一，以強調在適用法律時應作出政策選擇為特徵)

Policy-setting body 制定政策機構

Policy-shifts 轉變政策

Policy-specific criteria 特定政策標準 (特殊政策標準)

Policy-statement 政策聲明

Polimetrics 政治統計學

Political 政治的；政治上的；政黨的；黨派政治的；政府管理的

Political action committees (PAC) 〔美〕政治行動委員會 (由各地委員會、俱樂部、各種協會等會員組成的為競選募捐經費的組織)

Political activities 政治活動

Political adjustment 政治調整

Political Advisor 政治顧問

Political agent 政治代表；政治人員

Political agreement 政治協定

Political alliance 政治同盟

Political alternative 政治選擇

Political and commercial geography 〔領事〕政治商業地理

Political appeal 政治上的誘惑力 (政治感召力)

Political appointment 政治任命；政治上任用

Political aspirations 政治願景

Political assassination 政治暗殺

Political asset 政治資產

Political association 政治結社

Political asylum 政治避難；政治庇護

Political authority 政治當局；政治權力

Political backings 政治上支持

Political benefit of increased access to foreign markets 政治上增加進入外國市場的利益 (增加打入國外市場的政治上利益)

Political blackmail 政治恐嚇；政治上敲詐

Political boundary 政治疆界

Political capability 政治資格；政治行為能力

Political capital 政治資本

Political coastline 政治海岸線

Political code 政治準則

P

Political cohesion of the GATT Community　關貿總協定團隊的內聚力

Political commitment　政治上承諾

Political conditions　政治條件

Political consequences　政治後果

Political contract　政治性契約

Political convention　政黨代表大會

Political corporation　公法人；政治團體；公營公司

Political crime　政治犯罪（直接反對政府的罪）

Political criminal　政治罪犯

Political delegation　政治代表團

Political democracy　政治的民主主義

Political department　政治部門

Political dismemberment　政治分離

Political dispute　政治爭端

Political duty　政治義務

Political economy　政治經濟學

Political envoy　政治使節

Political equality　〔美〕政治橫平法

Political events　政治事件

Political factor　政治因素

Political figure　政治人物

Political frontier　政治邊界

Political fugitive　政治逃犯

Political function　政治職能

Political genocide　政治性種族滅絕；政治性屠殺

Political geography　政治地理學

Political hegemony　政治霸權

Political hijacking　政治性劫持（飛機）

Political independence　政治獨立

Political infrastructure　政治基礎結構

Political institution　政治機構

Political interactions between government officials and private common-interest groups　政府官員與私人共同利益集團之間政治上的相互作用

Political interpretation　政治解釋

Political Law　政治法學（論述政治學之法理學的分支）

Political leadership　政治領導

Political level　政治範圍；政治水平

Political liberty　言論自由；政治自由

Political meeting　政治會議；政治性集會

Political necessity clause　〔關貿〕政治需要條款

Political negotiation　政治談判

Political objectives　政治目標

Political obligation　政治義務

Political obstacles　政治障礙

Political offence　政治罪，政治犯罪（指有組織、有計劃、有綱領的從事煽動政治動亂、破壞國家政治秩序、達到某種政治目的，諸如進行戰爭、發動革命和叛亂等所犯下的罪行）

Political offender　政治犯

Political offense　政治罪，政治犯罪（釋義同 "Political offence"）

Political office　政治職務；政務官

Political opponent　政敵

Political opposition　政治上反對（派）

Political organ　政治機關

Political organisation of mankind　人類政治組織

Political party　政黨

Political persecution　政治迫害

Political philosophy　政治哲學

Political platform　政治平台

Political power　〔英〕政權；政治權力；政治影響力

Political prerogative　政治特權

Political pressure group　政治壓力團體；政治壓力集團

Political price　政治價值；政治代價

Political prison　政治監獄

Political prisoner　政治犯；政治罪犯

Political programme　政綱

Political questions　政治問題

Political recognition　政治承認

Political refugee　政治難民

Political relations　政治關係

Political remedy　政治救濟方法

Political responsibility　政治責任

Political restraints　政治上限制（因素）

Political revolt　政治叛亂

Political rights　政治權利

Political risk　政治風險（指政府變更、政策變動、戰爭或內亂以及法律事務等方面導致的投資損失，例如，"徵用"，"外匯"和"戰爭"的風險；以及發展中國家政府推行貿易自由化可能發生社會動亂而引發的政治危機的風險）

Political risks　〔保〕政治風險

Political science　政治學；國家學；行政學

Political settlement　政治解決

Political show　政治秀

Political sovereignty　政治主權

Political stability　政治穩定

Political statement　政治聲明

Political structure of state　國家政體

Political subdivision　〔美〕政治分區單位（為州轄下分區附屬的政治單位在憲法性權力範圍內履行其職能）

Political supervision　政治監督

Political support　政治上支持（指對政黨選舉投票上的支持）

Political suspect　政治嫌疑犯

Political swindler　政治騙子

Political system　政治制度（主要指政權的組織形式，即政體）

Political terrorism　政治恐怖主義

Political testament　政治遺囑

Political treaty　政治條約

Political trial　〔美〕政治性審判（意旨在訴反對黨的政治信仰）

Political weight　政治份量

Political wheel　〔美〕政治操作；政治操控

Political-economy term　政治經濟學術語

Political-legal　政法的；政治法律的

Political-legal cadres　〔中〕政法幹部（政治公務人員）

Political-legal functionaries　〔中〕政法幹部

Political-legal group　政法小組

Political-social-economic rationale　政治社會經濟的基本原理

Politician　政治家；政客

Politics　政治學；政治術；政見；政綱；策略；政治活動；政治生活；黨派關係

Politics and law 政法

Polity 政體；國體；政治形態；政治組織；國家組織

Poll book 選舉人名冊

Poll clerk 選舉投票工作人員（尤指計票人）

Poll *n. & v.* I. 頭；人頭；投票數；選民名單；陪審員名單；（選舉）投票；投票結果；投票數；計票；點票；〔慣用複〕投票處；民意測驗；人頭稅；II. 選出；選拔；投票；得票；計票；點票；〔美〕審查（關於陪審員作出雷同的評決後，要對每個陪審員分別進行查問，意指要究其評決一致的原因）；〔英〕表決療法（按每人持股數目而對公司決議可投贊成票或反對票）；選舉的投票和計票方法

Poll tax 人頭稅

Poll watcher 監票人；監察人；選舉觀察員（指監督競選中違法事項者）

Pollcard 選舉卡；登記卡

Poller 民意測驗者；選舉人；選舉登記者

Polling *n. & a.* I. 查點人數；點票；II. 投票的；選舉的；聯營的；合併的

Polling booth 投票站（在英國收取投票用；在美國分配投票紙時用，屬臨時性的）

Polling contract 共同計算運費合同（海上運輸用語）

Polling day 投票日

Polling district 投票區

Polling of land 土地入股

Polling place 投票所；投票地點；選舉地點

Polling station 投票所；投票站

Polling the jury 〔美〕徵詢陪審員對評決的意見（習慣做法是；要逐一徵詢各個陪審員對案件評斷的意見，如達不到一致，或退庭進一步考慮，或解散陪審團）

Pollster (polltaker) 民意測驗者；民意調查者

Pollutant 污染物；污染物質（尤指工業廢物、廢氣及放射性的物質）；散佈污染物質者

Pollutant burden 污染負荷

Pollute *v.* 污染；褻瀆；敗壞（道德）

Polluted country 受污染的國家（有權要求對其環境傷害給予賠償）

Polluted mark 印記污染

Polluted water 污水；污染水

Polluter 污染者；污染物質

Polluter nation 污染者的國家（指由生產某種產品造成的）

Polluter pays principle 造成污染者償付原則

Pollutim-free technology 無污染工藝

Polluting country 污染的國家

Polluting nation 污染中的國家

Polluting product 污染的產品

Pollution 污染；褻瀆；敗壞

Pollution abatement 污染減少

Pollution and contamination 污染和沾染

Pollution by-products 副產品污染

Pollution charges 污染規費

Pollution control 污染控制；污染管理

Pollution control spending 控制污染的花費（污染管理事務的開銷）

Pollution control zone 污染控制區

Pollution damage report 污染損害賠償報告書

Pollution distribution 污染分佈

Pollution exclusion 污染除外責任

Pollution export 污染輸出

Pollution haven 污染的庇護所；污染天堂；污染的樂園；污染源

Pollution insurance 油污保險

Pollution level 污染程度；污染水平

Pollution loan 污染負荷量

Pollution of a river 河流污染

Pollution of air 空氣污染

Pollution of international waters 國際水域的污染

Pollution of sea 海洋污染

Pollution of territorial waters 領水污染

Pollution of the atmosphere 大氣污染

Pollution of water 水污染

Pollution prevention 預防污染

Pollution reduction 污染減少

Pollution source 污染源

Pollution spillovers 污染外溢

Pollution survey 污染調查

Pollution treatment 污染處理；三廢治理

Pollution zone 污染區

Pollution-abatement policies 減少污染的政策

Pollution-and labour-intensive industries 污染和勞動密集型工業

Pollution-intensive industries 污染密集型的工業

Pollution-intensive production 污染密集型的生產

Pollution-intensive products 污染密集型的產品

Pollution-intensive textile and leather tanning industries 污染密集型的紡織和皮革鞣革工業

Polyandry 一妻多夫制

Polygamist 多配偶論者；多配偶的人

Polygamy 多配偶制；一夫多妻制，或一妻多夫制；多夫制；多妻制

Polyglottal treaty text 有數種文字對照的條約文本

Polygraph 測謊器（指檢測受審人是否老實回答問題的電子儀器）；多種波動描記器（指描記脈博、呼吸及運動的器械）；複寫器

Polygyamy 一夫多妻；多配偶制

Polyopsony 買方多頭壟斷（指以少數幾個買者為特點直接操縱影響物價的市場）

Polypoly 賣方多頭壟斷（指由少數幾個賣者為特點直接操縱影響物價的市場）

Pomerence Bills of Lading Act 〔美〕坡摩倫斯提貨單法案

Pond 池；塘

Pondus Regis 〔英〕國王的重量標準（指查理一世時規定的重量橫標準）

Pone 〔英〕移審令狀（指將未決案件由下級法院移送高等民事法院審理）；指令郡長擔保被告在指定日期出庭的令狀（已廢止）

Ponit loco suo (Po.lo.suo) 〔美〕使…以處於他的地位（用於律師出庭委託書之詞語）

Pontage 〔英〕過橋費；橋梁養護稅

Pool 合夥經營，聯營；運價協定同盟；聯合投資；集合基金；股票操縱集團（尤指用來操縱證券或商品行情者）；賭注總額；水塘；〔保〕共保集團

Pooling agreement 聯營協議

P

Pooling arrangements 聯營安排

Pooling of interests 股權集合 (指合併公司的資產和負債的賬目的合併);利益共享

Pooling of land 〔中〕土地入股 (中國農村合作化時實行的一種政策,即將土地改革時分給農民的土地做為股份投入組成高級農業合作社)

Poor country 窮國;貧窮國家

Poor debtor 貧困債務人 (無力清償判決債務的債務人)

Poor debtor's oath 〔美〕貧困債務者誓言

Poor house 貧民院;教養院

Poor Laws 〔英〕濟貧法 (貧民救濟法);〔複〕恤貧法令

Poor person 〔英〕貧民;貧困者 (可享受提起、參與或辯護免費的民事訴訟,並可免費代聘狀師或律師出庭辯護等法律援助)

Poor rate 〔英〕濟貧稅;貧民救濟稅 (由從前教會執事和教區誌管救濟濟人員徵收來救助教區貧民的稅款)

Poor track record 低劣的業績記錄 (檔案)

Poor working conditions 惡劣的工作條件

Pope (羅馬天主教的) 教皇

Popedom 教皇的權力;教皇的在職時期;教皇的轄區

Popular action 〔英、法〕請求判處罰金的訴訟 (對一定的刑事案件,被害人或一般人民都可以民事訴訟的方式,請求判處被告罰金,勝訴時罰金的一部份給予原告)

Popular chamber 下院

Popular election 普選

Popular entrepreneurship and innovation 大衆創業萬衆創新

Popular opinion poll 民意測驗

Popular referendum 公民投票權

Popular sense 通俗含義 (指能易為人們所熟悉的涉及標的事項之法律解釋)

Popular sovereignty 〔美〕人民主權論 (南北戰爭前一種政治上的主義,主張各洲人民有權處理其內政,並決定是否容許奴隸制。這種 "人民主權論" 為風行至今美國政治的理念)

Popular sovereignty 〔美〕人民主權論;民衆主權 (南北戰爭前一種政治上的主義,主張各州人民有權處理其內政,並決定是否允許奴隸制。這種 "人民主權論" 為風行至今美國政治的理念)

Popular suffrage 普選

Population 人口;全體居民;全體人;殖民

Population census 人口普查

Population characteristics 人口的特徵

Population control 人口控制

Population dencity 人口密度

Population Education Clearing House (POPED) 人口教育情報交換所

Population explosion 人口爆炸;人口驟增 (指由於對老年人和幼兒的保健日趨完善而導致世界人口急劇增長)

Population growth 人口的增長

Population parameters 人口的參數

Population pressure 人口壓力

Population pyramid 人口金字塔 (表示人口構成、分佈的統計圖表)

Population statistics 人口統計

Porcion 〔西〕一份;一塊;分配的一塊土地

Porcupine provisions 〔美〕豪豬條款 (指公司條款自衛性規定,以防未經同意無擔保的接管或兼併)

Pornographic 色情文字的;色情畫的;淫穢作品的

Pornographic book 淫書

Pornography 色情文學;色情畫;黃色讀物;淫穢作品

Porrect v.〔宗〕提出 (公文)

Port 港口;口岸;商埠

Port administration 港口管理

Port admiral 海軍要塞司令

Port authority 〔美〕港務局;機場管理局

Port charges 港口費用;港口使用費

Port clearance 出港證書;(船舶) 出口結關

Port dues 港口費;入港費

Port facilities 港口設施

Port left on first voyage 啓航港

Port of arrival 到達港

Port of authority 港口管理機關

Port of call (P.O.C.) 停泊港;停靠港;寄航港;中途港 (指船行中途站因裝卸貨物或上下旅客而暫時停泊的港口)

Port of definited anchorage 定泊港

Port of delivery 交貨港;卸貨港

Port of departure 出發港;啓運港;出口港

Port of destination (船) 到岸港;目的港

Port of discharge (or unloading) 卸貨港

Port of dispatch 發貨港;起運港

Port of distress (or refuge) 避難港

Port of entry 進口港;輸入港;報關港;入境地點;入境口岸

Port of exit 出境港;離境口岸

Port of loading 裝貨港;裝運港;卸貨港

Port of London Authority 倫敦港務局

Port of recruit 供應品補充港;接應港

Port of refuge 避難港

Port of refuge expenses 避難港的費用

Port of registry 船籍港;船舶註冊港

Port of shipment 裝貨港

Port of transit 轉口港;過境港;過境口岸

Port of transshipment 中轉港;轉運港

Port of unloading 卸貨港

Port policy 碇泊保單

Port risk insurance 港內保險;港內停泊風險保險

Port risk policy 港內停泊風險保險單

Port Safety and Tanker Safety Act 〔美〕港口安全與郵輪安全法 (1978 年)

Port services 港口勞務

Port state 港口國;海港國

Port surcharge 港口附加費

Port to port 港至港;港到港

Port toll 載貨入港稅;入港費;港口費

Portage 搬運費;搬運行李;搬運業

Portal to Portal Act 〔美〕門到門法 (按進出門時間計付工資法)

Porter convention 坡特專約

Portfolio 公文包;文件夾;有價證券;有價證券投資組合;資負報表 (指銀行的資產負債表);〔英〕大臣;部長;(持有不同股票、證券的) 投資者;〔保〕業務量;業務責任;未滿期業務

Portfolio acquisition 〔保〕全部購買;全部業務移轉

Portfolio adjustment 資產調整;投資調整;投資證券調整

Portfolio assets 證券資產

Portfolio choice 有價證券選擇

Portfolio composition 資產結構；有價證券構成

Portfolio income 有價證券收入

Portfolio investment 證券投資；一攬子有價證券投資（對多種證券投資以分散風險）

Portfolio management 證券投資管理

Portfolio shift 部長職務變更；政府部門變動；政府結構（組成）變更

Portion 一份（給予或留給子女或代親者繼承的一份遺產，尤指留給年幼子女的款項）

Portion disponible 〔法〕可遺贈的遺產部份（指可遺贈給除其自然繼承人以外的任何人）

Portionist 分與財產（或繼承分）受領人

Port-reeve 〔英古〕市長；（英國某些城市或市鎮）副市長；港務長；都市首席治安法官

Ports and Harbours 〔英〕敕賜港口碼頭管理權

Portsale 〔英古〕拍賣；公開銷售

Portuguese law 葡萄牙法

Pose unduly strict requirements 提出過份嚴格的要求

Position 境況；狀況（指個人的特定評判或市場投資狀況）；職位；地位；頭寸；財務狀況

Position as international officials （以）國際官員身份；作為國際官員的身份

Position by dead reckoning 〔海法〕推算船位

Position by observation 〔海法〕觀察船位

Position classification 職務分類

Position of developing countries in world trade in service 發展中國家在世界服務貿易中的地位

Position of United States 美國司法平等論（意指根據美國司法平等法，美國政府訴訟雖敗訴，但只要其在訴訟中論述有理則可允許政府免交律師費）

Position policy 職位保險單

Position trader 期貨買賣者

Positive 積極的；確定的；實定的，正面的；肯定的；實證的；絕對的；建設性的

Positive act 積極行為

Positive and negative standard 積極與消極標準

Positive condition 積極條件；肯定條件

Positive consensus 〔關貿〕肯定式協商一致（指在違法之訴中，對 DSB 所作的裁定，只要任何一締約國反對，就可以阻止決定的通過）

Positive correlation overtime between sustained trade reform and improvements in labour standards 持續貿易改革與改善勞動標準之間的加班工作正相關

Positive covenant 作為條款（指訂定積極履行行為的約款）；〔香港〕正面承諾

Positive demonstration 直接證明

Positive duty 積極義務

Positive effects 積極作用（指政府干預支持經濟發展的）

Positive energy 正能量

Positive evidence 確證；直接證據；積極證據；肯定性證據（證人目睹的）；正面證據；〔世貿〕確鑿證據；積極證據；肯定性證據

Positive fraud 故意的欺詐；積極欺詐

Positive international law 實定國際法；實在國際法

Positive law 實定法；實在法（指由國家制定的法規和法院判例組成的）

Positive law of nations 實定國際法；實定萬國公法；實在萬國法；實在國際法

Positive list 准許進口的貨單；積極清單（指發展中國家修改投資法以放寬對外資准入所列允許外資進入的待業表）

Positive listing approach 准許進口的貨物報表法

Positive means 積極手段

Positive misprision 侵佔公款；濫用職權罪

Positive morality 實在道德

Positive most favoured nation clause 積極最惠國條款

Positive neutrality 積極中立

Positive obligation 積極義務

Positive philosophy 實證哲學；實證論

Positive prescription 積極時效（與 "acquisitive prescription" 同義）

Positive proof 確證；直接證明

Positive reprisals 積極報復

Positive right of servitude 積極地役權；完全地役權

Positive servitude 積極地役

Positive standard 肯定性標準

Positive wrong 肯定的不法行為

Positivism 實證主義；實證論；實定法主義；實在法主義

Positivist 實證主義者；實證論者；實在法學派；實定法學家

Positivist jurisprudence 實證主義法學（又稱"實證法學"或法律實證主義，指以實證主義哲學為思想基礎的資產階級法學）

Possess *v.* 佔有；持有；擁有；支配；控制；〔美〕實際控制和管理的毒品

Possess dual nationality 擁有雙重國籍；具有雙重國籍

Possess evidence 掌握證據

Possess evidential value 具有證據價值

Possess full autonomy 〔關貿〕擁有完全自主權；享有充分自治權；享有充分自治（權）；（指可獨立處理對外貿易關係等事務的政府或單獨關稅領土均可提出申請並經締約國 2/3 多數通過後即可正式加入）

Possess general trading rights 具有普遍的貿易權利；擁有普通的經營權

Possess initial negotiating rights 〔世貿〕具有最初談判權

Possession 佔有；擁有；持有；所有；所有權；〔香港〕管領權；持有權；管領貨物；〔複〕所有物；財產；領土；領地

Possession by entireties 共同佔有權

Possession in law 法律上的佔有

Possession in nine points of the law 佔有人在訴訟中總佔上風（=possession is nine-tenths of the law）

Possession money 〔英〕保管費（付給執行官按判決執行令狀保管財產的費用）

Possession of unlawful objects 持有非法物品

Possessor 佔有人；持有人；所有人

Possessor bonae fidei 善意佔有人

Possessor bonorum 遺產佔有人

Possessor captus 握持佔有人

Possessor corporis 有體物佔有人

Possessor fictus 假想佔有人

Possessor malae fidei 惡意佔有人

Possessor of estate 財產佔有人

P

Possessory 佔有的；所有的；聲稱擁有的；所有者的；有關佔有的

Possessory action 回復佔有訴訟（收復土地佔有的訴訟）；〔英〕收回佔有土地之訴

Possessory claim 佔有請求權（聲稱已申請購買的公地只是尚未付款的所有權）

Possessory interest 佔有的權益（指行使控制特定的土地排除他人佔有的權利）

Possessory lien 據有留置權；佔有性留置權（指債權人留置債務人動產至清償債務為止）

Possessory remedies 佔有救濟訴訟

Possessory title 〔英〕佔有取得的產權（指按照 1925 年《土地登記法》，不交地租佔有滿 12 年、佔有王室土地為 30 年者即可取得該土地的產權）；登記取得土地產權

Possessory warrant 恢復佔有財產令

Possibility 可能性；可能發生的事；不確定的權益（不能確定未來可能發生的事，動產或不動產的未來利益也是如此難以料定）

Possibility of reverter 取得財產複歸權的可能性

Possible 可能的；可能存在的；潛在的；或有的；可以接受的；可行的；合理的

Possible conditions 可能的條件

Post *v. & n.* I. 張貼（公告等）；（把佈告等）貼在…上；公佈；宣佈，佈告；投寄，郵遞；過賬，謄賬（指把日記賬過入分類賬）；II. 屯兵；駐地；營地；兵營；守備部隊；職位；崗位；哨所；崗哨；〔英〕郵政；郵寄；郵遞

Post acceptance 事後承兌

Post audit 事後審計

Post dating an instrument 倒填日期的證書

Post entry 後補進口手續書；進口補報；追加記賬

Post exchange 〔美〕陸軍消費

Post fine 〔英古〕土地受讓人付給國王的稅費（指訴訟當事人在法庭上按同意的條件准予用以轉讓土地的手段而和解息訟者向國王交付一筆稅費以獲得國王認可）

Post giro 郵匯

Post nuptial 婚後

Post obit bond 死後還款借據（指生前訂定死後以其財產清償的協約，亦即放款人有權佔有借款人死後的財產）

Post office (P.O.) 〔美〕郵局；〔香港〕郵政署

Post order 郵政匯票；郵政匯款單

Post paid (P.P.) 郵資付訖（的）

Post responsibility system 〔中〕崗位責任制

Post scriptum (P.S.) 再者，又及；再啓（用於信末）；附言；附筆；（書籍等的）附錄；補遺；跋

Post-act 事後行為

Postage 郵費；郵資

Postage district 郵區

Postage due 欠（郵）資

Postage free 免付郵資

Postage paid 郵資已付；郵資付訖

Postal 郵政的；郵局的；〔美〕郵政小匯票

Postal arrangement 郵政安排

Postal ballot 郵寄投票（選票）

Postal convention 郵政公約；郵政專約

Postal correspondence 郵政函件

Postal currency 〔美〕郵票貨幣；郵票通貨（指南北戰爭時期把郵票當貨幣流通）

Postal deposit 郵政存款

Postal draft 郵匯

Postal forbidden article 郵政禁製品

Postal immunity 郵政豁免

Postal inspector 〔美〕郵政檢查員

Postal law 郵政法

Postal money order 郵政匯票；郵政匯款單

Postal Parcels Agreement 〔香港〕郵寄包裹協定

Postal regulations 郵政規則

Postal relations 郵政關係

Postal savings 郵政儲蓄

Postal savings bonds 郵政儲蓄公債

Postal Service 郵政業務；〔美〕郵電總局（1971 年改的新名稱為 "Post Office Department"

Postal service charges 郵政服務費

Postal territory 郵區

Postal treaty 郵政條約

Postal union 郵政聯盟

Postcode 〔英〕郵區代碼

Postconcillar 大公會後的（指 1962－1965 年梵蒂岡基督教大公會會議後存在或發生的）

Post-conviction remedies 〔美〕定罪後救濟（指被判有罪者的在押因犯指出法院對其判決違反憲法而撤銷判決並加以更正的救濟）

Post-date 填遲日期（指支票上所填的日期比實際的日期為遲的日期）

Post-dated cheque (check) 填遲日期支票（指在票據指定日期之前發出的支票）

Post-dated instrument (bill) 填遲日期票據

Post-dating instrument 填遲票據的日期

Postea 〔英〕訴訟筆錄（指記載各出庭當事人、法官和陪審團出庭其後並在審判地就連帶爭議問題作出裁決，並由陪審員背書的訴訟記錄）；〔美〕訴訟審理程序說明（指業經背書記載訴訟審判的訴訟程序的正式說明的初審法庭記錄）

Posted price 標價；牌價；已公佈的價格

Posted values （食品）市場價目表

Posted waters 〔美〕張貼告示專用之水（指流入圍地或耕地之水僅供土地所有者或佔有者專用，禁止他人入內捕獵或垂釣等）

Post-election survey 選後檢查，選後調查

Postential sovereignty 潛在主權

Posteriority （時間、次序、位置上的）在後

Posterity 子孫；直系後代；直系後裔

Post-glossators 後註釋法學派（指 12 世紀註釋羅馬法學復興之後學習研究羅馬法的第二批法學家）

Posthumous 父死後出生的；遺腹的；著作者死後出版的；死後的；身後的

Posthumous adopter 死後的收養；死後的領養

Posthumous child 遺腹子（指父死後所生的）；產婦破腹而死所生子女（指母因難產剖腹手術而死）

Posthumous work 遺著（死後發表的著作）

Posting 過賬；謄入總賬；職位派調

Posting visa 〔日〕職業簽證（發給從事商務、宗教活動和新聞從業人員）

Postliminy (=postlimium) 權利恢復；恢復公民權；恢復

本國權；戰後財產複歸權；戰後權利恢復（羅馬法中規定俘虜等在戰後回國可恢復其喪失或被剝奪的公民權和財產權的權利）

Postman 郵差；郵遞員；〔英〕稅務法院初級律師

Postmark *n. & v.* I. 郵戳；II. 蓋郵戳

Postmaster (P.M.) 郵政局長

Postmaster-General 〔英〕〔美〕郵政總局局長

Post-mortem *a. & n.* I. 死後的（指死後檢驗屍體以查明死因）；驗屍；事後驗屍；II. 屍檢；屍體解剖；事後調查分析

Post-mortem examination 屍檢驗；死後檢驗

Postmortem fingerprinting 屍體指紋捺印；死後指紋捺印

Postmortem lividity 屍斑（指通過屍斑的變化能測出死者死亡的時間）

Postmortem phenomena 屍體現象（指屍體變色等各種現象）

Post-nuptial 婚後的

Post-nuptial agreement 婚後協定

Post-nuptial settlement 婚後家產設定；婚後授產協議

Post-obit bond 死後還款的借據；約定在第三人死後償還借款的契據

Post-office annuities 郵政年金

Post-office life insurance 郵政人壽保險

Post-office order 郵政匯票

Post-payments 後付款

Postpone *v.* 推遲；延期；延擱；遲誤

Postpone indefinitely 無限期延長

Postpone surrender 推遲移交

Postpone tariff payment 推遲繳納關稅；關稅緩納；緩納關稅

Postpone the application (of) 推遲實施

Postponement 延期；推遲；延擱；延遲；中止

Postponement of collection of tax 延期徵收租稅

Postponement of hostilities 戰事暫停

Postponement of military service 服役延期；徵兵延期

Postponement of mobilisation 延期徵兵；延期徵集

Postponement of payment act 支付延期法

Postponement of the hearing 聽審延期

Postponement of the surrender 推遲移交

Postponement of trial 延期審訊（可以宣誓書形式寫明充足理由申請延期）

Post-qualification increment 獲取正式資格後的加薪額

Postremogeniture 〔英〕末子繼承制（只有末子才能繼承土地的繼承習慣。釋義同 "Borough English"）

Postscript (P.S.) 附言；附筆

Post-shortfall year 在後欠年（或指財政有赤字，或指農業歉收）

Post-trial discovery 審判後披露（證人證據）

Post-trial motions 審判後申請

Post-trial remedy 審判後補救

Post-Uruguary Round period with analysis of competition policy 對後烏拉圭回合時期競爭政策的分析

Post-Uruguay Round rules and procedures 〔關貿〕後烏拉圭回合的規則和程序

Postwar 戰後的

Postwar credits 戰後信貸

Postwar inflation 戰後通貨膨脹（指第二次世界大戰以後）

Postwar trade policymaking 戰後的貿易決策

Pot-de-vin 〔法〕（買賣成交後的）酬金；賄賂

Potentate 當權者；統治者；君主

Potential 潛在的；有可能性的

Potential advantages 潛在的有利條件；潛在的利益

Potential alternative 潛在的選擇

Potential application 潛在適用；可能運用

Potential borrowers 可能的借款人

Potential competition 潛競爭

Potential conflicts of interests between rich and poor economies 貧富經濟利益之間的潛在衝突

Potential deadlocks 潛在的僵局

Potential existence 〔美〕潛在的存在

Potential for drawing 潛在的提款

Potential harm 潛在的損害（可能的損害）

Potential immigrants 〔領事〕潛在入境移民

Potential of developing countries in service exports 發展中國家服務輸出的潛力

Potential output 潛的產量

Potential partner 潛在的合夥人

Potential possession 潛在佔有

Potential problems to central decision makers 對中央決策者的潛在問題

Potential remota 渺茫可能性；潛在可能性

Potential risk to the global trading system 全球性貿易制度的潛在風險；潛在的全球性貿易制度的風險（指有學者認為，世貿組織前景不容過份樂觀）

Potential role 潛在的作用

Potential sources of information 潛在情報來源；潛在信息來源

Potential tenders 潛在投標人

Potential terrorist threats 潛在恐怖威脅

Potestative condition 隨意條件（取決於締結者任何一方意願的條件）

Potsdam Proclamation 波茨坦公告（指中美英三國於 1945 年 7 月 26 日在德國柏林西南波茨坦城發表，促日本投降。該公告明確聲明台灣主權歸還中國，日本的主權僅限於本州、北海道、九州四島）

Potwallers (or potwallopers) 〔英〕自食其立者才有選舉權的人（指按照某些自治市慣例，只有自家擁有爐灶舉炊者才有權代表自治市參加投票選舉議會議員）

Potwalloper boroughs 〔英〕自起灶火的土著市鎮選區（自起灶火者的自治市鎮選區）

Pouche 郵袋；錢袋

Poultry 家禽

Pound 牲畜欄（關禁無執照或馴養的家畜）；磅（重量單位，等於 16 盎司）；英鎊；〔警〕拘留所；待贖所（扣押的財物等）

Pound breach (pound-breach) 〔英〕竊取待贖所貨物（指在未履行扣押者求償之前就竊走所扣押貨物的為普通法上的犯罪行為）；非法搬動保管物

Pound Roscoe 〔美〕法學家龐德·R（1870−1964，美國法學家，社會法學派的主要代表之一）

Poundage 〔英古〕磅稅（指進出口所有價值一英鎊的商品應向國王繳納 12 便士的補貼稅）；執行費（執達員執行判決所課收的費用）；（迷失牲畜）認領費

Poundage fees 〔美〕執行費 (每鎊徵收稅額中給予執達吏等官員的津貼);認領費 (指所有者從牲畜欄中領走其被扣押的迷途家禽或丟失的財產應付的費用);〔英古〕磅稅 (規定商人和作為外僑的客民進出口貨物價值一英鎊的商品應向國王繳納 12 便士補貼稅)

Pour acquit 〔法〕付訖 (債權人簽字的收據)

Pour-over "傾倒"條款 (指示分配的財產併入遺囑條款或把財產併入信託相似的遺囑條款)

Pour-over trust "傾倒"性財產信託

Pour-over will 傾倒性財產遺囑 (指在遺贈中指示將其全部財產交由信託分配)

Pourparler 〔法〕(談判前) 磋商;(預備性) 談判 (指當事方之間正式簽訂合約前討價還價式的預備性談判)

Pourpresture 〔英古〕侵佔公地 (指圈佔公有地或高速公路等以為私有)

Poursuivant 國王的使者;國家使者;(紋章院) 紋章官助理

Pourveyance 〔英古〕採購特權 (指供應皇家穀物、食品、燃料及其他必需品)

Pourveyor or purveyor 皇家採購官 (指為皇家採購供應生活必需品的官員)

Pourvoi en cassation 〔法〕撤回上訴

Poverty 貧困,貧窮

Poverty affidavit 貧窮宣誓書 (起訴人宣誓旨在取得公訴人法律援助和免交訴訟費)

Poverty alleviation 解除貧困

Poverty alleviation loans 貧困救濟貸款 (減輕貧困貸款)

Poverty law 〔英〕濟貧法

Poverty line 貧困線 (指在政府規定的維持生活的最低收入標準以下者)

Poverty stricken region 貧困地區

Power 權力;民法上的權利;勢力;權限;職權範圍;授權證書;〔複〕職權;全權;授權

Power base 〔美〕權力基地 (指競選運動或政策的政治支持的基礎)

Power broker 〔美〕政治掮客;權力掮客 (指影響有權勢人物而操縱權力者)

Power centre 權力中心

Power coupled with an interest 附有標的物利益的代理權

Power in conflict 衝突國

Power of acceptance 承諾權

Power of administration 行政權

Power of advancement 預付權力 (指委託人預付部份託管財產於受益人的權力)

Power of alienation 財產處分權;轉讓權 (指銷售、轉讓、讓與或處分財產的權力)

Power of appointment 指定權 (指按指定的契據或遺囑處分財產或遺產);任命權;委任權

Power of appropriation 撥款權

Power of attorney (PA) 授權書;委託書 (授權給代理人的證件);〔蘇格蘭〕代理權;〔香港〕授權書

Power of bequest 遺贈權

Power of disallowance 駁覆權

Power of disposition 處分權 (指受贈人或繼承人擁有絕對處置所得財產的權限)

Power of eminent domain 國家徵用權

Power of entry and search 入屋搜查權

Power of expulsion 驅逐權

Power of life and death 生死權 (處以死刑與否的權)

Power of police order 警察命令權

Power of preventive arrest 防範性拘捕權

Power of procuration 委任狀,代理權 (指商業性的合資企業)

Power of punishment 懲罰權

Power of random search 任意搜查權

Power of recognition 承認權

Power of representation 代表權

Power of revocation 撤銷權 (指對現有財產有減小或取消的權力)

Power of sale 銷售權;出售變賣財產權 (指在抵押和委託證書中條款授予受押人在債務到期未能償付時可予公賣抵押財產的權力)

Power of sanction 裁可權

Power of self-government 自治權

Power of substitution 複代理委任狀

Power of termination 終止權 (例如受讓人不把所贈與的財產用於教會事業而轉向他用時,贈與人即可起訴終止其贈與)

Power of the father 父權

Power of the keys (基督教) 司鑰權;教皇享有的最高教權;教會管理權

Power of the purse-strings 財權

Power of the state 國家權力

Power of the sword of justice 司法權;裁判權

Power of the WTO institutions 世貿組織機構的權力

Power of veto 否決權

Power politics 強權政治

Power to formulate administrative regulations 制定行政法規的權力

Power to formulate the constitution and laws 〔中〕制定憲法和法規權力

Power to interpret the constitution 解釋憲法權 (釋法權)

Power to make recommendation 建議權

Power to postpone 推遲的權力;延後的權力

Power to proclaim war 宣戰權

Power to promulgate law 頒佈法律權

Power to sign (代表) 簽字權

Power to supervise through auditing 審計監督權

Power to tax 課稅權;徵稅權

Power with impunity 不受損害權;不受懲罰權

Powerful combination 強有力的聯合

Powerful economic alliances 強大的經濟同盟 (泛指歐洲聯盟和北美自由貿易區)

Powerful nation 強大的國家

Powerful trading entities 〔世貿〕強有力的貿易實體

Power-holder 當權派;實權派;掌權派

Power-oriented 權力型的 (意指 GATT 的局限性,對締約方間的爭端無法可依,而是靠外交手段解決)

Power-oriented attitude 權力導向的態度

Power-oriented diplomacy 權力導向的外交

Power-oriented diplomatic approach 〔世貿〕權力取向的外交處理方法 (途徑)

Powers and duties 職權與職責

Poyning's Act 〔英〕波伊寧法 (1495 年愛爾蘭議會通過的關

於召開愛爾蘭議會須經英王核准的法律）

PPP Project (Public-Private Partnership Project) 〔中〕公私合營的投資項目（政府和民間資本聯合投資經營的項目）

Practicable 可行的

Practicable, practically 實際的；可行的；可履行的；可能的

Practical 實踐的；實用的；實行的；有實踐經驗的

Practical construction 實踐解釋；實際解釋

Practical interpretation 實際解釋

Practice 訴訟程序；慣例；律師執業；醫師專業；實踐；實際；實行；應用

Practice acts 〔美〕(法院)訴訟程序法

Practice as a barrister 執行律師職務

Practice at the bar 開業做律師；掛牌做律師

Practice bribery 行賄

Practice bribery at an election 賄選

Practice court 〔英〕保釋法庭（附屬於王室法庭，有譯作"訴訟程序法庭"訟主要審理普通商務等案件）；〔美〕模擬法庭；示範法庭

Practice democratic centralism 〔中〕實行民主集中制

Practice directions 〔英〕訴訟程序指南（旨在指導法庭和律師處理訴訟事務）

Practice fraud 弄虛作假

Practice intimidation and bribery 威脅利誘

Practice master 〔英〕訴訟程序主事法官（王座法庭主事官之一，職責為每週輪流回答關於訴訟程序上的疑難問題）

Practice masters' rule 〔英〕訴訟程序主事官規則

Practice muster 〔海法〕演習集合

Practice of advocacy 律師業務

Practice of law 律師執業；律師業務（需要通曉法律、能出庭辯護和會撰寫訴狀等從事律師業務）

Practice of medicine 醫師專業；行醫（會治療傷病、能找出病因和會開處方等）

Practice the law 開業做律師；執行律師職務

Practice usury 放高利貸

Practicing certificate （律師、醫生的）執業證書

Practicing permit 執業許可證

Practicing trade lawyer 執業貿易律師

Practicks 〔蘇格蘭〕最高民事法院判決錄

Practitioner 從業者；執業者（指律師、醫師、牙醫、獸醫）

Praecipe in capite 國王直臣的權利令狀

Praedial servitude 地役權

Praedial servitude of prospect 觀望地役權

Praedial tithes 農產品什一稅

Pragmatic approach 務實方法；〔世貿〕務實的態度；實用主義的方法

Pragmatic economic consequences of a decision 〔世貿〕務實經濟決策的後果（意指某些成員方對特定經濟決策感到困難，但由自敬重而又不表態反對，對此實際執行起來則會招致較大的經濟風險）

Pragmatica sanction （羅馬君主頒佈的）國事詔書

Pragmatism 求實主義；實用主義

Pratique 〔法〕(船隻)檢疫通行證，無疫通行證；進口檢疫證

Pray in aid 〔英古〕請求幫助

Prayer 聲明；請求（指衡平法訴狀內所載原告希望法院准予救助等請求的表示）

Prayer for relief 救濟請求（指在民事訴狀中，原告向法院提出請求救濟）

Prayer of process 請求送達傳票；傳喚被告狀（強令被告出庭應訴）

Preamble （法規、條約、法案等的）序言；序文；導言；緒論

Preamble of a statute 〔英〕議會制定法序言

preamble to contract 合同前言(序言)

Preambular clause 序文條款(序款)

Preambular paragraph 序文段落

Preambular part 序言部份

Preappointed evidence 事先規定的證據

Pre-approved mortgage 〔新〕批准前抵押證書（說明銀行同意給購房者的貸款數額）

Prearmistice agreement 停戰前協定

Pre-arranged insurance policy 預約保險單

Preaudience 〔英〕優先發言權（指律師在法庭上的發言權，依其資歷分為先後，在英國法庭上司法部長先於皇家律師發言，皇家律師發言又先於資歷淺的出庭律師）

Preaudit 事前審計；事先審計

Preauthorised cheques (checks) (PACs) 〔美〕事先授權的支票

Prebend 〔英〕教會財產（供養牧師的俸祿津貼或信徒的捐獻）；牧師的俸祿；受俸牧師（分割教會固定租金和利潤以供受俸牧師之用）

Prebendary 受俸牧師；〔英〕名譽受俸牧師

Precarious 易受人擺佈的；靠不住的，前提有問題的；根據不足的；不穩定的；不確定的；不安全的，危險的

Precarious loan 靠不住的貸款；不良貸款

Precarious possession 不穩定的佔有

Precarious right 〔美〕不確定的權利（指物主把某物的權利讓與他人享用直至其高興撤銷該讓與為止）

Precarious trade 經默許的貿易（指中立國被容許在兩交戰國中進行貿易）

Precatory 懇求的；請求的

Precatory trust 〔英〕懇求性信託（指在遺囑或契據中表示信念、請求或意願以懇求的措詞表示的信託）

Precatory words 〔美〕懇求性託詞；成立信託的懇求性措詞（指遺囑者懇求或希望將要做的事情寫進其遺囑或設定，但在處分財產上的委託或遺囑的措詞或表述遺詞必須是"要求或命令"，否則無效）

Precaution 預防；預防措施；警惕

Precautionary balances 預防性差額

Precautionary measure 預防措施

Precautionary motive 預防性目的

Precedence 優先地位（指居先位次順序）；在先權，優先權；先取權

Precedence of motions 動議的優先順序

Precedence of the members of the diplomatic staff 外交人員的優先順序

Precedent 判例；案例；先例（主要用在下述兩種情形：1. 可援引作為抗辯的法院判例；2. 契據、遺囑、抵押和抗辯的草案可作為初級律師撰寫文件之準繩）；〔英〕範本（司法文件起草人撰寫蓋章證書或遺囑等範本）

Precedent condition (condition precedent) 先決條件

Precedent to go by 有先例可援

Precedented 有前例（可援）的

Precept 〔美〕訓令；命令；指令；指示；令狀；行為準則（施加行為標準準則）；〔英〕治安法官書面命令向他交送某人或記錄；郡長指示其轄區的市和自治市選舉管理官選舉國會議員；治安法官和巡迴專員指示直達吏傳喚足夠人數的陪審員；治安法官先前發出指令編寫陪審員名單；非地方費率厘定機構當局向費率厘定機構索要規定的款項；〔英古〕調查謀殺或其他犯罪；〔法古〕國王命令（對法律產生破壞性的，要求法官執行或容忍違法之事）

Precept of attachment 扣押被告財產令（通常在訴訟開始後而扣押令尚未啓用前由法院簽發的）

Precept of sasine (seisin) 〔蘇格蘭〕授予土地令狀（舊時上級貴族指示司法官將其確定的土地讓與某一封臣的令狀，後成為土地授予狀的一項條款，現已無此必要）

Precinct 〔美〕管轄區；選舉區；警察區；分區（在城鎮中為選舉中投票和計票方便而劃分的）；〔英〕區域範圍（邊界範圍，意指：1. 教堂；2. 派有警察的地區；3. 以前屬免受建捕的地區）

Precipitate recognition 過急承認

Precipitation 突發事件；突來的危機

Preciput 〔法〕（遺產的）先取份；未亡配偶的特殊利益

Precis 〔法〕摘要；概要；大意；梗概

Precise 精確的，準確的；明確的

Precise functions 準確的職務（職能）

Preclude v. 禁止，阻止，妨礙；預防，排除，消除

Preclude conflict-of-interest relationship between related process and production methods 消除有關工序和生產方法上的利益衝突關係

Preclude import monitoring or licensing systems 不妨礙進口監控和許可證制度

Preclude imports from distant sources 〔世貿〕妨礙遠距離來源的進口（意指頒發許可證配額的時間不應太短）

Preclusion 排除

Preclusion order 阻止令（排除不執行披露證據合作的訴訟當事人求償權或辯護的命令）

Precognition 預知；預見；〔蘇格蘭〕對證人的預審（指證人在法庭上對其調查中的問題就其所知所作的未經宣誓的書面陳述）

Pre-competitive development activity 〔世貿〕競爭前開發活動（指從事把產業科研的結果轉化為計劃、藍圖、新的設計、改正或改造產品、工藝等包括尚不具商業用途之前的一種原型性的科研活動）

Precondemn v. （不經審問）預定…有罪

Precondition 前提；先決條件

Precondition to recourse to consultation 訴諸談判的先決條件

Preconisation 宣佈；公佈；聲明

Precontract 〔美〕前約（指在一契約之前不得再締結另一同性質的契約）；（婚姻的）預約；婚約

Predatory 掠奪性的，掠奪成性的

Predatory dumping "掠奪性"傾銷；競爭性傾銷

Predatory export subsidies 掠奪性的出口補貼

Predatory intent 競爭性削價意向；掠奪性意圖

Predatory price 掠奪性價格

Predatory price cutting 掠奪性削價（指以低於買進的價格或以低於生產成本出售以期損害對方競爭者的利益）

Predatory pricing 〔美〕反競爭性削價；掠奪性定價

Predatory war 掠奪性戰爭

Predecease v. 先死；死在別人之前

Predecessor 前輩；前任；原有事物；祖先；被繼承人

Predecessor state 先前國家；先行國家

Pre-design architectural services 建築設計前的服務

Predetermined targets 事先確定的指標；預定指標

Predial 土地的；田地的；不動產的；附屬於土地上的

Predial servitude 地役權

Predial tithes 農業什一稅（以土地產物繳納）

Predictability 可預測性

Prediction studies （犯罪學的）預測研究

Predictive power 預測能力；（對一經濟模式的）預計權力

Predisposition （事先想好的）犯罪傾向

Predominant 佔優勢的；支配其他的（over）；主要的；突出的，最顯著的；流行的

Predominant partner 優先合夥人；大股東

Predominant recipient 主要的受援者；優先受援者

Predominant usage 主要慣例；支配性的慣例

Predominant use 支配性使用；主要使用

Preembargo price 禁運前價格

Preeminent areas of work 〔世行〕重點的工作領域（指世行自八十年代初以來將推動貿易自由化作為工作重點來抓）

Preempt v. 搶先取得或佔用；預先佔有（公地）而取得先買權；搶先購買

Preemption 〔美〕先買權；優先購買權（指一個人有比另一個人優先購買權，例如土地的優先註冊權；政府賦予個人的優先購買公地權）；〔美〕聯邦法優先於州法原則；〔際〕強制購買權（交戰國對經過其領海或領土向敵國運輸中的第三國人的財產以公正的價格強制進行購買的權利）；〔英古〕（王室用品徵購官）優先購買權

Preemption act 先買法（交戰國以商業價值強行購買中立國貨物以免其落入敵國手中）

Preemption claimant （土地的）優先購買權請求人

Preemption doctrine 〔美〕優先購買權適用原則

Preemption entry 〔美〕宅地先佔權（指公開進入，在兩個證人在場情況下預先佔有不動產）

Preemption right 〔美〕公地先買權（指政府對公地有優先購買特權）

Preemptive 先買權的；有先買權的；先發制人的

Preemptive attack 預防性攻擊

Preemptive measures 〔世貿〕優先程度（措施）

Preemptive right 〔美〕優先購股權（指按比例認購公司發行的新股票而言）

Preengage v. 預約；先得；先佔；（以先訂的婚約）約束

Pre-established damages 預先確定的損失

Pre-existing 先已存在的

Pre-existing duty 既存義務（責任）

Prefect 〔法〕公務員（負責主管縣各部門的司法工作）；縣長；(法國的)省長；(巴黎)檢察局長；教皇詔書長；〔中〕知府；〔美〕(墨西哥等州的)遺囑檢驗法官；〔羅馬法〕長官，高級文武官員

Prefect of grain 饑饉救濟官

Prefect of police 〔法〕巴黎警察局

Prefectual system 府縣制

Prefectural governor 〔中〕刺史（中國封建官銜的一種）

Prefecture 〔法〕省長之職；省長任期；省政府；省會；省；

〔中〕府;專區;〔日〕知事(都、道、府、縣的首長);〔羅馬法〕行政長官之職;軍事長官之職;大行政區

Prefecture de police 〔法〕巴黎和塞姆省警察部隊;警察總局;(巴黎)警察局

Prefer *v.* 提起;提出;舉報(甲向法院告發乙);審判;賦予優先權;選擇優先償付(某債權人)

Preference (or preferred) 優先;優先權;優惠(指關稅等方面的);受優先償還的權利;〔關貿〕特惠,優惠(進口國給予部份貿易合夥人關稅等特殊的貿易優惠)

Preference bond 〔英〕優先公債

Preference dividend 優先股紅利;優先股息

Preference duty 特惠關稅

Preference of recognition 優先發言的准許

Preference programme 特惠計劃

Preference rate 優惠率(指貨幣兌換而言)

Preference shares 〔英〕優先股(指優先於普通股東;即便在公司解散時,其資本亦應優先給付)

Preference status 〔美移〕優先身份

Preference stock 〔美〕優先股

Preference-giving country 給惠國(優惠給予國,即承擔條約義務給予締結他方國民最惠國待遇的國家)

Preference-receiving country 受惠國(優惠接受國,即根據條約在給惠國中享有最惠國待遇的國家)

Preferential 優先的;優待的;優先權的;特惠的

Preferential agreement 特惠協定

Preferential area 優惠地區

Preferential arrangement 優惠安排

Preferential assignment 〔美〕特惠轉讓;優先轉讓(無償付能力的債務人將其財產轉讓給債權人以抵債,但多數州法律禁止以免詐欺性轉讓)

Preferential claim 優先索賠;優先求償權

Preferential clause 優惠條款

Preferential concession 特惠讓與;優惠減讓

Preferential creditors 優先債權人

Preferential debts 優先清償的債務(指在破產清理程序中按求償順序優先償還債務、僱員工資和行政費用等)

Preferential dividend 優先股紅利,優先股股利

Preferential duties 特惠關稅;優惠關稅(指一國對另一國進口的商品和部份商品徵收不同於一般稅率的特別低的進口關稅)

Preferential fishery zone 特惠漁區

Preferential fishing right 特惠漁權

Preferential income tax 特惠所得稅

Preferential income tax policies 優惠所得稅政策

Preferential income tax rate 優惠所得稅率

Preferential income tax treatment 優惠所得稅待遇

Preferential interest rate 優惠利率

Preferential loan 優惠貸款

Preferential measure 優惠辦法

Preferential payments 優先給付(指破產時優先付訖的債權)

Preferential Payments in Bankruptcy Act 〔英〕破產優先償付法(1883年)

Preferential price 優惠價格

Preferential rate of duty 〔關貿〕特惠稅率(指發達國家為在政治上控制的國家或其領地而慣用的一種低於最惠國稅率之稅率)

Preferential rates 優惠稅率

Preferential rates in force 現行優惠稅率

Preferential right in immovables 不動產的先取特權

Preferential right in movables 動產的先取特權

Preferential rights 特惠權;優先權

Preferential rights of coastal state 沿海國的優先權利

Preferential rules of origin 〔關貿〕原產地優惠規則;優惠性原產地規則(指對所進口的產品可享受優惠關稅待遇)

Preferential share holder 優先股股東

Preferential shop 〔美〕優先僱用勞工場所(根據協議僱主可優先僱用工會會員)

Preferential system 優惠制;選擇選舉制(指選舉人可在選票中註明對幾個被選舉人的優先選擇次序);〔關貿〕特惠制(比最惠國稅率還要低,較之還要優惠的一種體制,但其本身含有歧視性,實屬一種歧視性制度)

Preferential tariff 特惠關稅;特惠稅則;優惠運價表

Preferential tariff agreements 優惠關稅協定

Preferential tariff cut 優惠減稅額

Preferential tariff system 關稅特惠制;關稅優惠制

Preferential trade 特惠貿易

Preferential Trade Area of Eastern and Southern Africa 東南非洲特惠貿易區(成立於1981年12月21日)

Preferential trade arrangement 優惠貿易安排

Preferential trading arrangement (PTA) 特惠貿易協定(安排)

Preferential transfer 優先轉讓

Preferential treatment 特惠待遇;優惠待遇;優待;優先處理

Preferential voting 選擇投票制(指選舉人可在票中註明對幾個被選舉人的優先選擇次序)

Preferentialism 特惠關稅制度

Preferment 優先權(指購置財產等);提出(控告等的);提升,升級;肥缺(有利可圖的職位)

Preferred 優先的;有優先權的

Preferred creditor 優先債權人(指有完全擔保利息者優先於無擔保者其債務比他人優先得以清償之謂)

Preferred debt 優先債務(指破產時應比別的負債先行支付的債務)

Preferred dividend 〔美〕優先股息(優先股的紅利)

Preferred docket 〔美〕優先備審案件表(指根據憲法規定,刑事案件較民事案件要優先審理)

Preferred environmental stances 優先的環境態度

Preferred ordinary shares 優先普通股

Preferred policy 優先的政策(指國際法對國內法而言,應優先適用國際法)

Preferred stock 〔美〕優先股(指持有者有權優先領取股息,並有權在公司清理時優先領回股金)

Preferred stockholders 優先股股東

Preferred stockholders' equity 優先股股東權益

Pregnancy 懷孕

Pregnant 懷孕的

Pregnant negative (=negative pregnant) 包含肯定之否定;包含確認的否認

Pre-incorporation contract 籌備訂立的合同

Prejudge *v.* 不審而判;過早判斷;臆斷

Prejudication 判例;預先判斷;預先判決;草率的判斷

P

Prejudice　偏見，成見；損害；侵害（指法官判斷不公正使當事人利益受損害的意思）

Prejudice its sovereignty or security　損害主權或安全

Prejudice of judge　法官的偏見（指先入為主不能公正客觀的斷案）

Prejudice public interest　損害公共利益

Prejudice the interests of a Member　〔世貿〕損害成員方的利益

Prejudice the interests of other contracting parties　〔關貿〕損害其他締約國的利益

Prejudice the legitimate commercial interests (of)　〔關／世貿〕損害…合法的商業利益（指不要求成員方披露影響執法等機密資料而言）

Prejudicial　不利的；有害的；有損害的

Prejudicial act　詐害行為；損害行為

Prejudicial action　中間先決訴訟

Prejudicial effect　有害影響

Prejudicial error　造成損害的錯誤；影響法定權利的錯誤（影響上訴人法定權利義務錯誤，可據此提出複審和撤銷判決的理由）

Prejudicial publicity　有害的公開（指民、刑訴訟的兩造當事人接受由公正無私的陪審團或審判庭不受外界影響的正當的審訊程序，但是報紙、廣播和電視的廣泛報道對於刑事案件審理可能會有損於被告的公正審判）

Prejure　v. 偽證；偽誓

Prejurer　偽證者；偽誓者

Prelate nullius　（羅馬天主教的）非專任教區主教

Prelaw　法科預科的；修司法科預科的

Prelaw student　法科預科生

Preliminaries of peace　和平初約

Preliminary　n. & a. I. 初約；II. 開端的；初步的；預備的；序言(性)的；暫時的；臨時的；在前的；在先的

Preliminary act　〔英〕預備行為（指律師向海事法院就船舶碰撞所引起的損害賠償訴訟案件提出的書面報告，記載各方當事人對碰撞時的有關船名、碰撞時間、地點、船速、信號燈、方位、風力、退潮和氣候等事實所作的陳述並蓋有印章）

Preliminary affirmative determination　〔世貿〕初步肯定性的裁定（指經調查，初步確認顯示產品的成員方因受傾銷而對其國內工業造成損害的肯定性結論，但利害關係方對此可提交證據等加以辯駁，故此"裁定"尚非屬終局判決）

Preliminary agreement　初步協定；意向書

Preliminary bordereaux of risks　〔保〕未確定的承保報告

Preliminary clause　初步條款

Preliminary complaint　〔美〕初審控告狀（指某些州對於刑事案件實質性問題無管轄權的法院可以簽發初審訴狀或傳票以備聽審）

Preliminary conference　預備會議；初步會議

Preliminary consideration　初步審議

Preliminary consultation　初步協商

Preliminary contest　初步辯論；初選

Preliminary court of inquiry　預審調查法庭

Preliminary court of point　初步法律論點

Preliminary criminal proceedings　〔英〕預備刑事訴訟；刑事預備程序

Preliminary decision　初步判決；初步決定

Preliminary determination　初步認定；最初裁決

Preliminary draft　草案初稿

Preliminary enquiry　初步調查

Preliminary evidence　初步證據

Preliminary examination　〔美〕預審（由一法官聽審確定被指控犯罪者是否有充分證據應交付法庭審訊）；〔英〕財產預查（指涉訟財產管理人私下搞清債務人資產負債情況，並對債務人的回答寫成筆錄）

Preliminary expenses　（公司的）籌備費用；創辦費用

Preliminary hearing　預審；初步審訊（指法官決定對被控犯罪者應否開庭審判前的）

Preliminary injunction　臨時禁制令；中間禁制令（指原、被兩造的權利確定前，法院禁止被告在爭議中的行為的命令，或為避免緊急重大的損害而發佈的臨時禁令，只要沒有其他命令，該命令的效力可持續到本案判決為止）

Preliminary inquiry　初步調查；〔保〕預審

Preliminary judge　預審法官

Preliminary judgement　初審；初步的判決

Preliminary list of items　暫定項目表

Preliminary meeting　籌備會議

Preliminary negotiation　預備性談判；初步談判

Preliminary notice　初次通知

Preliminary objection　初步異議；初步反對意見（國際法院用語）

Preliminary proof　〔保〕初步證明

Preliminary prospectus　〔美〕初步募股說明書；預備招股說明書

Preliminary provision　緒則

Preliminary question　先決問題（或稱"附帶問題"，指國際私法中為解決主要問題必須先行解決的附帶問題。例如，為解決夫妻間的遺產繼承糾紛問題，必須先解決其在法律上是否存在有效的婚姻存在的問題）

Preliminary report　初步報告

Preliminary rulings　〔歐共體〕先行裁決（指歐共體法院對於涉及歐共體的條約、有效性法律等解釋上可予先行裁決）

Preliminary treaty of peace　和平初約

Preliminary verification　〔關貿〕初步核實（指對出口商品價格、外匯兌換率、裝運清單在出口商合同基礎上進行查核）

Preliminary verification of price　初步審核價格；損先核實價格

Preliminary voyage　試航

Preliminary warrant　〔英〕預審令（指帶被告出庭預審的命令）

Premarital agreements　〔美〕婚前契約

Premature annexation　過早兼併

Premature death　夭折

Premature recognition　過早承認

Premeditate　v. 預謀；預先思考；預先策劃

Premeditated　預謀的；預先思考的；預先策劃的

Premeditated design　謀殺企圖

Premeditated murder　謀殺；預謀殺人

Premeditatedly　預先思考地；預先謀劃地

Premeditation　預謀；事先策劃

Premier　總理；首相；內閣總理大臣

Premier of State Council　〔中〕國務院總理

Premises　〔單〕前提；〔複〕前文；上述各點；上述事實；〔英〕開端部份（指契據內容梗概，契據開始述及立約者姓名、物業產權概況和約因等）；房屋；土地；房地產；房屋連地基；

邸宅；〔香港〕樓宇

Premises for gamblers 賭場；賭館

Premises of the mission 使團館舍

Premises to let 房屋出租；出租房屋

Premises wanted 租房（尋租房屋）

Premium 獎金；額外補貼（指利息，工資等以外的）；保險費；升水，加價，溢價；補付地價（指租約獲准時部份的租金有時一次性總付）

Premium bearing national debts 附有獎金的國債

Premium bonds 〔英〕政府有獎債券；溢價債券

Premium forward exchange market 遠期外匯市場升水；期貨匯兌市場備water；期貨匯兌市場保險費

Premium fund 收入保險費基金

Premium income 保險費收入（額）

Premium loan 保險費貸款

Premium note 保險費支付單；保險費付款期票

Premium on capital stock 股本溢價（指股票面值和發行的價格之間的差價，即實際每股價格高於其設定的價格）

Premium on gold 黃金溢價；金幣貼水

Premium rate 保險費率；升水率，貼水率，溢價率

Premium received 收到備金（酬金）；收到保險費

Premium reserve 保險費準備金

Premium statement 保險費清單

Premium system 獎金制度

Premium tariff 保險率表

Premium tax 保險費稅

Premium wage system 獎金工資制（按產量計酬工資制度）

Premiums less claims 減少索賠保險費

Premonition law 預先警告令；預戒令；告戒令

Premunire (praemunire) 〔英古〕擅自行使教皇司法權罪；蔑視王權罪

Prenatal injuries 胎內傷害；產前傷害

Prendre (prender) 〔法〕拿取；不等出價即可拿走物件的權利

Prendre de baron 〔法〕出嫁（娶得丈夫）；結婚

Pre-negotiating process 前談判過程

Pre-nuptial agreement 婚前協議

Preoccupancy 先佔；先取；先佔權

Preoccupation 先取；先領；先佔；第一要務；急務；全神貫注

Prepaid expense 預付費用（中國俗稱"待攤費用"攤費諸如，先付租金後進住和先付保險費等，先付款，後受益）

Prepaid income 預收收益；預收進款（指收到尚未賺取的收益）

Prepaid interest 預付利息

Prepaid legal service 預付律師費；預付法律服務費

Prepaid tax 預付稅金

Preparation 準備；預備；籌備；編制

Preparation for a crime 犯罪預備

Preparation of background papers 〔世貿〕準備背景文件（指世貿秘書處為成員方開會而準備的）

Preparation of committee documents 準備委員會文件

Preparatory action (prejudicial action) 中間先決訴訟

Preparatory commission 籌備委員會

Preparatory committee 籌備委員會

Preparatory committee for a congress 大會籌備委員會

Preparatory Committee for the New International Development Strategy 〔聯〕新的國際發展戰略籌備委員會

Preparatory crime 預備犯罪

Preparatory group 籌備小組

Preparatory meeting 籌備會議；預備會議

Preparatory pleading 準備抗辯（指把準備的口頭抗辯或寫成書面的）；預備申訴書

Preparatory procedure 準備程序

Preparatory work 準備工作；籌備工作

Prepare *v.* 籌備；準備；預備

Prepare a basic document for the consultations 〔世貿〕準備內容充實的一份基本協商材料（指擬採取限制進口措施的成員方應寫一書面報告，連同"基本文件提交給 WTO 秘書處，內容應包括國際收支狀況和前景的概述、評述限制內容、擬採取放寬進口限制的措施以及將取消和逐步放鬆其餘的限制等）

Prepare a factual background paper 準備一份事實背景文件

Prepare a factual report 〔世貿〕準備一份事實報告（指涉及對年度許可證程序問卷簽發及有關可靠的信息向貨物貿易理事會報告）

Prepare an information packet covering initial arrest, remand procedure, trial procedure and penal conditions and rules 〔領事〕準備一個資料包記有（國民）第一次被捕、選押程序、審判程序、刑罰條款以及法院審理申請（準備一個記有（國民）第一次被捕、選押程序、審判程序、刑罰條款以及法院審理申請的資料包）

Prepare committee documents and subsequent publication 準備委員會的文件及其後的出版工作

Prepare financial statement 編制財務報告

Prepare substantial papers and documents for committee discussion 準備大量文件供委員會討論（這是歐洲經合組織秘書處職能之一）

Prepare the way for subsequent consideration of possible solutions of trade problems 〔關／世貿〕為日後考慮解決貿易問題的可能解決辦法鋪平道路

Prepayment 預付；預納；提前償付；〔複〕經常性支付（指諸如預付租金和保險費等後受益的資產）

Prepayment clause 提前償付條款

Prepayment penalty 提前償付罰款

Prepense 蓄意的，預謀的；預先策劃的

Prepensed malice 預謀；預謀的惡意；謀殺的意思

Preponderance of evidence 有力證據；有份量證據，證據優勢（指證據中具有較大份量、較強說服力或可信之處）

Prepossession 先得；先佔

Prerequisite of jurisdiction 管轄權前提

Prerogative *n. & a.* I. 特權；特免權；〔英〕女王特權；君主特權；II. 特權的；〔羅馬法〕有最先投票權的

Prerogative court 〔英〕（大主教）遺囑檢驗法庭；（國王）特權法院（1660 年前廢止）

Prerogative Court of Canterbury 〔英〕坎特伯雷遺囑檢驗法院

Prerogative Court of York 〔英〕約克大主教遺囑檢驗法院

Prerogative law 〔英〕帝王特權法

Prerogative of mercy 特赦權；赦免權

Prerogative of the Crown 王室特權

Prerogative office 〔英、法〕宗教法庭；遺囑法庭

Prerogative writs 〔英〕敕令，特權令狀（指政府干預人民的自由和財產，無特殊理由一般不發）

Prerogatives of remainder 國王的殘留特權

Pres *prep.* 〔法〕靠近；臨近；接近；將近

Presby 長老；司祭席

Presbyter 長者；僧侶；牧師；司祭

Presbyterian Church 長老會；〔美〕聯合長老會

Presbyterian Minister's Fund 〔美〕長老會牧師基金

Presbyterianism 長老派；長老制

Presbyterianium 牧師席；司祭席

Presbytery 〔蘇格蘭〕教務評議會

Pre-screening of all application 所有申請的事先甄別（事先甄別所有的申請）

Prescribable 依時效可取得權利的

Prescribe *v.*〔英〕依時效而請求；主張對長期享有物的權利；〔美〕主張權利（指對權利或產權因不間斷和無法記憶的享有）；命令；指示；制定；規定；（醫生）開處方

Prescribed holder 規定的持有人

Prescribed operations 規定的業務；規定的專業工作

Prescribed period for arbitration 仲裁時效

Prescribed period for litigation 訴訟時效

Prescribed procedure 規定的程序；法定程序

Prescribed time 規定期間；法定期間

Prescribed time-line 規定期限

Prescription 時效；因持續使用而取得權利；〔際〕連續不間斷對一領土行使主權而取得；〔羅馬法〕原告的書面抗辯；規定；藥方；處方

Prescription in criminal law 刑法時效（指刑事追訴權和刑罰執行權在一定期限內必須行使，超過法定期限即歸消滅）

Prescription of action 訴訟時效

Prescription of currency 貨幣時效

Prescriptive 時效的；依時效而獲得的；規定的；指示的；命令的

Prescriptive easement 時效地役權

Prescriptive jurisdiction 時效管轄

Prescriptive resolution 時效決議

Prescriptive right 時效權

Prescriptive rule 法定規則

Presence 在場；到場；存在；存在的人（或物）；面前；眼前

Presence of an officer 〔美〕（在）警察面前（指在警察面前犯罪可予無證逮捕）

Presence of defendant 〔美〕被告人到場；被告出席權（指在刑事訴訟的每個重罪審理階段中，被告均有出庭權）

Presence of natural persons 〔世貿〕自然人存在（指一成員方自然人或永久居民經允許到其他成員方境內提供服務的意思）

Presence of the court 〔美〕在法庭上；當庭蔑視法官（指在法官面前犯下的藐視法官罪）

Presence of the testator 遺囑者在場；遺囑人面前（指證明人當立遺囑人的面證明其遺囑）

Present *v. n. & a.* I. 提出；出示；提示（承兌匯票）；II. 禮物；贈品；贈與物；〔複〕根據本契據；文件；III. 出席的；在場的，在座的；現在的；現存的；目前的

Present a detailed justification 提供詳細的正當理由

Present ability 〔美〕現場傷害能力（用於描述被告人身傷害罪的一個要素）

Present and not voting 出席而不參加投票

Present beneficiary 直接受益人

Present business 現在事務（指現在執行中的事務）

Present concession 現行的減讓

Present conveyance 當即生效的轉讓

Present credentials 呈遞國書

Present danger test 現實危險標準

Present discounted value (PDV) （遠期票據的）貼現現值

Present enjoyment 即付財產佔有使用權；現實財產用益權

Present estate 現有不動產物權；現有地產；直接地產

Present evidence 出示證據；提出證據

Present goods 現貨

Present interest 現實權利；〔美〕現實財產佔有權

Present money 現金

Present one's credentials 遞交…國書

Present recollection recorded 目前回憶起的記錄（證人可以使用，但不能充作證據）

Present recollection revived 目前恢復起的回憶（指以當前的回憶用以證明過去發生的事件）

Present sale 現時銷售（指按簽定合同即予提貨銷售）

Present scenario 目前狀況（指發展中國家所佔服務市場而言）

Present time 目前；現在；當前可考慮折舊期間

Present use 現時用益權

Present value (PV) 現值

Present value index 現值指數（指現金淨流量與淨投資現植之比）

Presentation 提起，呈遞；引見；展示；提示（持票人將匯票提交付款人要求付款或承兌叫做提示）；〔宗〕聖職推薦；牧師薦舉權（指向主教引見教士）

Presentation draft 見票即付

Presentation of a clergyman 薦舉聖職任命權請求（牧師職務推舉人以書書方式向大主教推舉候選人並請求任命）

Presentation of credentials 呈遞國書

Presentation of reports 提示報告書

Presentation of valid documents 出示有效證件

Presentative advowson 遞弟聖職推薦權（怡聖職推薦權人通常有權向主教薦舉執事）

Presentee 受贈人；被推薦人；被授予聖職者

Pre-sentence hearing 判決前聽審（指法官在判決前審閱案件報告和所有其他有關的材料）

Pre-sentence investigation 判決前調查（指由法院的緩刑監護官代表審理法官對既決犯有關背景進行調查）

Pre-sentence report 〔美〕判決前的調查報告（判決前的調查包括罪犯活動、罪犯教育、就業背景和其社會、住所、歷史、病歷以及對罪犯的處理建議等11個問題）

Presenter 承兌票據提示人；聖職者；贈送者；提出者

Presenting bank 提示銀行（承兌匯票的）

Presently 立刻；即刻；迅速

Presentment 〔宗〕給付薪俸；（大陪審團）起訴報告；控告狀（莊園承租人在法庭外對莊園主的指控）；正當審訊（指大陪審團聽取支持公訴狀的證據後認為有充分根據的）；票據提示

Presentment for acceptance 承兌（票據）提示

Presentment for payment 付款提示（提出票據要求付款）

Presentment of a bill　提交法案

Presentment of a bill for acceptance　提示承兌票據；提示匯票要求承兌

Presentment of a bill of exchange　匯票提示

Presentment warranty　提款擔保

Preservation　保管；保護；保存；維護，維持

Preservation forest　保護林；禁伐林

Preservation measure　保全措施

Preservation of environment　環境保護

Preservation of indigenous technology and technologies appropriate to countries' development needs　保存本地技術和適合發展中國家所需要的技術

Preservation of peace　維護和平

Preservation zone　保全區

Preservative registration　保存登記

Preserve　v. 保護區；禁獵區

Preserve evidence　保存證據

Preserve indigenous technology and production methods and processes compatible with their development needs　〔世貿〕保護與其發展需要相適應的本國技術、生產方法和工藝（特指發展中國家而言）

Preserve the basic principles　〔世貿〕維護基本的原則（指多邊貿易體制）

Preserve the utmost secrecy (in)　嚴守機密

Preshipment inspection (PSI)　裝運前檢驗（為國際貨物買賣中慣用的一種檢驗方式，指僱傭專業私人公司來檢驗海外訂購的貨物價格、數量和質量，多為發展中國家用以防止資金外流、商業詐欺和逃避關稅等）

Pre-shipment inspection activities　〔關貿〕裝船（運）前檢驗活動

Pre-shipment inspection entity　〔關貿〕裝船前檢驗實體；裝船前檢驗機構

Pre-shortfall year　在前欠年（或指財政赤字，或指農業歉收）

Preside　v. 作主席，主持；指導；統轄；行使職權；主持法庭（主審）

President　〔美〕總統；首席官員；州長；（議會的）議長；會長；社長；（會議）主席；大學校長；（銀行）行長，總裁，（公司等）董事長，總經理；〔英〕大學院長；總督（指殖民地或屬地，屬國等的）

President agreement　總統協定

President of law court　法庭庭長；法院院長

President of the board of agriculture　〔美〕（各州的）農業局局長；農業局總裁

President of the Board of Control　印度監督局總裁；東印度公司監督局局長（1784 年設在匹茲堡）

President of the Council　〔英〕樞密大臣（內閣成員、出席君方召集的會議、向國王作工作建議）

President of the House of Representatives　〔美〕眾議院議長

President of the Leslative Council　立法會主席

President of the local government board　地方政務局總裁；地方行政局總裁

President of the People's Bank　〔中〕人民銀行行長

President of the People's Court　人民法庭庭長；人民法院院長

President of the Privy Council　樞密院院長

President of the Supreme People's Court　〔中〕最高人民法院院長

President of the U.N, General Assembly　聯合國大會主席

President of the United States　美利堅合眾國總統

President of the World Bank　〔世行〕世界銀行行長兼執行董事會主席（任期五年，可以連任）

President's Assistant for National Security　〔美〕總統國家安全事務助理

President's Export Council　〔美〕總統貿易出口委員會（就美出口貿易及其管理等問題做出建議）

President-elect　〔美〕候任總統；當選總統（已當選但尚未宣誓就職）；當選的下屆議長；當選的會長

Presidential agenda power　總統議程權

Presidential campaign　總統選舉運動

Presidential candidate　總統候選人

Presidential election　總統選舉

Presidential electors　〔美〕總統選舉人（指從各州挑選出來候任的總統和副總統的選舉團）

Presidential government　總統制；總統制政府

Presidential powers　總統權力

Presidential Proclamation No. 2668 Concerning the Policy of the U.S. with Respect to Coastal Fisheries in Certain Areas of the High Seas　〔美〕關於公海上某些地區沿海漁業的美國政策的第 2668 號總統公告（1945 年）

Presidential republicanism　總統制共和政體

Presidential system　總統制

Presidential treaty termination　〔美〕總統廢約權（指有權廢止與外國簽訂的條約）

Presidential veto　總統否決（權）

Presidential year　〔美〕總統選舉年

President's cabinet　總統內閣

Presiding arbitrator　首席仲裁員

Presiding chairman　執行主席

Presiding judge (PJ.)　首席法官；審判長；合議庭庭長；〔美〕法院院長

Presiding Judge of the Supreme Court　最高法院院長；大審院院長

Presiding justice (PJ.)　首席法官；審判長；合議庭庭長

Presiding officer　（主持會議的）主席；〔香港〕主理官員

Presidium　主席團；〔蘇〕常務委員會

Press　〔英古〕（訴訟記錄或檔案用的）一片羊皮紙；報刊；出版物；新聞業；新聞媒介

Press and printing　〔英〕出版印刷

Press Association　新聞協會

Press attaché　新聞專員

Press censor　新聞審查官；新聞監察官

Press censorship　新聞審查

Press communiqué　新聞公報

Press Council　〔英〕出版協會；新聞工作者理事會（成立於 1953 年，＝General Council of the Press）

Press for payment of debts　逼債

Press for payment of rent　逼租

Press law　出版法（指制定印刷出版權力、限定出版自由的法律）

Press media　新聞媒界，新聞傳媒

Press release （通訊社發佈的）通訊稿；（向記者發佈的）新聞稿

Press-gang 〔中〕抽丁；抽壯丁；〔英〕抓壯丁隊；水兵強募隊

Pressing to death 〔英〕嚴刑逼供

Pressure group 〔美〕壓力集團（指通過遊說等手段對國會議員施加壓力通過或阻止通過議案）

Pressure groups 壓力集團

Pressure of constituents 選民的壓力

Pressure valves 壓力閥門

Pressure vessels 密封容器；增壓運輸機

Pressure-valve options 壓力閥選擇權

Prestable 〔蘇格蘭〕應支付的；可付的；可強制執行的

Prestation 〔英古〕給付；付款；貢賦；〔蘇格蘭〕到期應付的款項；應履行的義務

Presume v. 假定；推定；推測；（沒有證據的）相信；濫用

Presume one's position 濫用職權

Presumed intent 推定的意圖

Presumed intention 推定的意向

Presumed liability 推定的責任

Presumed total loss 推定全損；假定全損

Presumed trust 推定信託

Presummit 高峰會前的

Presumption 推定；推斷；推理；推測（從其他的已知事實推斷某事實）

Presumption of death 死亡推定

Presumption of fact 事實推定

Presumption of guit 有罪推定

Presumption of innocence 無罪推定

Presumption of law 法律推定

Presumption of legitimacy 婚生子女合法地位的推定

Presumption of life 生存推定（指在特定的日期中有生存的證明時，法律推定其後的生存）

Presumption of marriage 婚姻推定；推定上的婚姻（指未履行法定結婚手續而即行長期同居過着夫婦生活為鄰里所共知。這在舊中國的農村或邊遠山區比較多）

Presumption of survivorship 生存推定（指船舶遇難兩人中沒有證據證明誰先死，可推定甲或乙為尚存者）

Presumption of validity 有效性推定（專利有效性的法定推定）

Presumption taxation 推定稅制

Presumptive 推定的；靠推定的；假定的；假設的；設定的

Presumptive (or hypothetical) intention 推定（或假定）意思

Presumptive evidence 推定證據（憑常情可推斷的證據，釋義類似 "circumstantial evidence" 和 "probable evidence"）

Presumptive heir 假定繼承人（指有血統更近的繼承人出生時即失去繼承權者）

Presumptive tax assessment 推定稅額（推定的徵稅估值）

Presumptive title 推定產權

Presumptive trust 推定信託

Pret 〔法〕貸款；實物借貸合同（指用後應原物、以原質量歸還）；無償委付；現役士兵的生活津貼

Pret a interet 〔法〕有息貸款；有償借貸

Pret a usage 〔法〕使用借貸

Pret de consommation 〔法〕消費借貸

Pretax 收稅前的；未除稅的；繳稅前收入的；稅前的

Pretax earnings 稅前淨收入；稅前所得

Pretax profit 稅前利潤

Pretence (pretense) 托詞；偽稱；無事實根據的要求；虛偽的理由

Pretend v. 藉口；假托；假裝；假冒；偽稱（提供虛偽或毫無根據的事實）

Pretend title 虛假的所有權

Pretended 虛假的；假冒的；冒充的；假裝的

Pretended right 虛偽的權利

Prete-nom 〔法〕出面人；頂替人

Preter legal 不合法的；違法的；超出法律範圍的；無法律根據的

Preterition 遺囑內遺漏的合法繼承人；被遺囑遺漏的合法繼承人

Pretermission 忽略；脫漏；遺漏；被遺漏的繼承人（指遺囑中被立遺囑者遺漏的繼承人或其子女）

Pretermission statute 〔美〕繼承人遺漏法（各州均規定如果父母無遺囑死亡，其子女可獲得同等繼承份額）

Pretermit v. 忽略，遺漏（指在遺囑中未提及的子女）

Pretermitted heir 補遺的合法繼承人；被遺漏的繼承人（指立遺囑者非故意所致）

Pretext 藉口；托詞

Pretrial a. & n. I. 審判前的；II.〔美〕審判前會議

Pre-trial conference 審前會議

Pre-trial confinement 審判前監禁

Pretrial detention 審判前拘留；審判前羈押

Pretrial discovery 審判前披露（審判前搜索證據和預備審訊）

Pretrial diversion 〔美〕審前管教（指將某些刑事罪犯交由社區機構提供職業培訓進行教育和勸導，如獲成功，即可撤銷對其犯罪指控）

Pre-trial hearing (=pre-trial conference) 審前會議

Pre-trial intervention (PTI) 〔美〕審前介入（旨在使罪犯得以康復，回到社區，成為建設性的公民）

Pretrial order 〔美〕審判前約定（指在審前會議上各方所達成的條件和規定）

Prevail v. 生效；奏效；流行；盛行；普遍；成功；被廣泛接受；被廣泛採用；佔優勢；佔上風

Prevail to the extent of the conflict 與…產生抵觸時，以（本協定條款）為準（本協議條款在衝突範圍內有效）

Prevailing 現行的；盛行的；流行的；佔優勢的；有勢力的，有效力的

Prevailing commercial rates 通行的商業匯率；普遍採用的商業利率

Prevailing market conditions 現行市場條件；通行的市場條件

Prevailing market rate 現行市場匯率；現行市場匯價

Prevailing opinion 最普遍意見

Prevailing party 勝訴一方；勝訴當事人

Prevailing price 時價；現行價格

Prevailing terms and conditions 現行條款和條件

Prevailing wind 〔海法〕盛行風

Prevalence of specific diseases or pests 特定疾病或瘟疫的流行

Prevaricate v. 支吾；搪塞；推諉；不誠實

Prevarication 遁詞；搪塞；推諉；欺騙行為；不誠實行為；

故意隱瞞；虛假陳述；〔英〕串通（指檢舉人和被告共謀以提起刑事訴訟；或指律師背叛他的當事人而串通協助敵手）；避免正面答覆（指證人支吾搪塞回答所提問的問題）

Prevent *v.* 阻止；禁止；制止；防礙；防止；預防；排除

Prevent abuse 防止濫用

Prevent any dealing in, transfer or disposal of those instruments or proceeds of crime 〔領事〕防止犯罪工具或者犯罪所得進行交易、轉移或者處置

Prevent cash outflow 防止資金外流

Prevent compliance with patent, trademark, copyright or similar procedures 〔關貿〕阻礙履行專利權、商標、版權或類似程序

Prevent crime 防止犯罪行為

Prevent deceptive practices 阻止欺詐行為

Prevent harm 防止損害

Prevent or relieve critical shortages of foodstuffs or other products essential to the exporting party 〔關貿〕防止或緩和輸出國的糧食或其他必須品的嚴重缺乏

Prevent or remedy serious injury 〔世貿〕防止或補救嚴重損害（指進口產品對進口成員方國內同類產品工業而言）

Prevent or remedy the injury 〔關貿〕防止或糾正損害（指進口締約方對同類產品的大量進口造成嚴重損害威脅時可按GATT規定採取防範行動）

Prevent over-and-under-invoicing 〔世貿〕避免發票金額開高或開低

Prevent price increases 防止價格上漲

Prevent the abuse of intellectual property rights by right holder 〔世貿〕防止知識產權所有者濫用知識產權

Prevent the entry into the channels of commerce 阻止進入商業渠道

Prevent trade distortions 防止貿易損害；防止貿易扭曲

Preventing cash outflow 防止資金外流

Preventing harm 防止損害

Prevention 防止；阻止；妨礙；預防；排除；法官的審理權；〔宗〕先佔權，在先權

Prevention action 預防行動；〔世貿〕防範行動；防範措施

Prevention for collisions at sea 預防海上碰撞

Prevention measures 預防性措施

Prevention of Bribery Ordinance 〔香港〕防止賄賂法例

Prevention of burglary 防盜

Prevention of corruption 〔中〕防腐；防止貪污腐敗

Prevention of crime 預防犯罪；防止犯罪

Prevention of crime act 犯罪預防法

Prevention of fire 防火

Prevention of fraud 防止舞弊；防止詐欺

Prevention of pollution of the seas 防止海水污染

Prevention of smuggling 查禁走私

Prevention of thievery 防盜

Preventive 預防的；防止的；妨礙的

Preventive (Coastguard) Service 〔英〕海關緝私署

Preventive action 防止行動

Preventive arrest 防止犯罪的逮捕

Preventive detention 〔美〕防範性拘留；預防性監禁（指拘禁期間不准保釋以審前可能的犯罪行為）

Preventive injunction 防止性禁制令

Preventive jurisdiction 預防性管轄權

Preventive justice 〔美〕（政府直接採取的）防範性犯罪措施（指或讓有犯罪嫌疑者出具恪守無過失行為的保證或擔保）

Preventive law 預防法

Preventive measure 預防措施

Preventive punishment 預防性處分

Preventive remedy 預防性救濟

Preventive service 〔英〕海關緝私部

Preventive war 預防性戰爭

Previous 先前的；以前的；在前的

Previous contract of bill 期票預約

Previous contract of exchange 承兌預約

Previous conviction 前科（罪犯）

Previous offence 前犯（舊的罪行）

Previous question （議會）先決問題（指在表決前決定是否要表決的動議）

Previous representative period 〔關貿〕前一代表時期（指產品進口總額或總值中各締約方的供貨配額比例）

Previously rescheduled debt (PRD) 先前重新安排的償債期

Previously taxed income (PTI) 先前完稅的收入

Pre-war 戰前的

Price 價格

Price actually paid 實付價格

Price adjustment 價格調整；調價

Price asked 開價；喊價

Price association 價格協會；價格聯盟（集團）

Price based on performance 按利用率的價格

Price boom 價格暴漲

Price cartel 價格協定；價格卡特爾

Price combine 價格聯合；賣價協定

Price comparability 價格可比性

Price comparison 價格比較

Price competition 〔關貿〕價格競爭

Price component 價格成分；價格構成

Price control 物價管制；價格控制

Price current (P.C) 時價表；行市表

Price cutting 削價（指為了挫敗競爭者等而降價）

Price demand 賣主開叫的價格

Price depression 跌價；價格抑制

Price differences 差價

Price discrimination 價格歧視；價格差別

Price elasticity 價格彈性

Price elasticity of demand 價格的需求彈性（需求的或然百分比變更的措施，即需求隨價格變化而調整的措施）

Price escalation clause 價格上漲條款

Price expectations 預期價格；價格預測

Price fixing 限價，定價；固定價格

Price floor in the domestic market for the foreign firm 國內外國公司的市場價格下限

Price follower 價格追隨者

Price formation 價格構成

Price free on board 船上交貨價；離岸價格

Price freezes 價格凍結

Price incentives 價格刺激

Price index 物價指數（指當前抽樣物品價格平均數與另一時期同類物品價格之比）

Price index number 物價指數

Price inflation　價格膨脹

Price information　價格信息

Price law　價格法（制定價格和管理監督物價的法律依據）

Price leader　吸引價格；領頭定價者

Price leadership　領先訂價；領頭定價；價格上的領導地位（指一工廠主根據市場情況確定一個價格，其他廠家亦將該價格作為自己產品的價格）

Price level　價格水平；物價水平

Price list　定價表；價目單；價目表

Price list agreement　定價協議；價目協議

Price maintenance agreement　維持價格協定

Price maker　定價者

Price mark　價格標簽；價格記號

Price measure　價格措施

Price movement　價格變動；價格變化；行情變化

Price of a unit of import　一個進口單位的價格

Price of commodity　物價；商品價格

Price of elasticity of demand　需求價格彈性

Price of land　地價；土地價格

Price of money　貸款利率；借貸資本的利率；延期日息

Price offered　報價；提議的價格

Price ordinance　價格法令

Price payable　應付價格

Price policy　價格政策

Price range　價格幅度；價格變動幅度

Price ratio　價格趨勢比；價比；比價

Price reform　價格改革

Price ring　操縱物價集團；價格協議

Price sensitivity　價格敏感性

Price setter　定價者

Price stability　物價穩定

Price standard　價格標準

Price structure　價格結構

Price supports　〔美〕價格補貼，價格支持；價格協助辦法（為免日用商品跌價，政府採取貸款、補貼、購買措施以維持價格，不跌至指定價格線以下）

Price suppression　價格抑制

Price system　價格體系

Price tag　價格標簽；標價條

Price taker　隨行逐市商人

Price tendered　投標價格

Price understanding　價格約定；〔關貿〕價格約定；價格承諾（又稱"價格承擔"，指有關出口商自願承諾提高傾銷產品的價格或停止以傾銷價格出口的措施）

Price undertakings　價格企業；價格保證書

Price verification　〔世貿〕（裝運前檢驗）價格核實

Price war　價格戰（指價格上的商業競爭）

Price-based measures　〔關貿〕按價格標準的措施；以價格為依據的措施

Price-based safeguards　〔世貿〕以價格為基礎的保障措施；基於價格的保障措施（指啟動價格固定是作為以價格為基礎的保障並且該啟動價格是以 1986-1988 年期間的基價的平均價格為基礎的，WTO 成員可按基礎價的保障作為裝運貨物特定進口價格與啟動價格之間的差價，增長課收增加的關稅稅率，如果產品進口量下降則不予強制實行基於價格的保障措施）

Price-based trade measures　〔世貿〕基於價格的貿易措施（指建立在價格基礎之上的貿易舉措）

Price-cutter　削價者

Price-discriminating behaviour　價格歧視行為

Price-earnings ratio (P/E Ratio)　價格－收益比率（指在指定的時期內，公司普通股每股市價為其上一年每股市場所除之商）

Price-fixing　限價；定價；固定價格

Price-output policy　價格－產量政策

Price-output relationship　價格－產量關係

Prices for traded goods and services in every sector to be determined by market forces　每個部門經營的商品和服務貿易應由市場力量作價

Prices of factors of production　生產要素價格

Prices of related products　相關產品的價格

Price-setting behaviour　固定價格動向；固定價格變化情況

Price-setting mechanisms　固定價格的機制（制定價格的機制）

Price-work　價款工作；計價的工作

Price-work system　計件工資制

Pricing　定價；標價

Pricing authorities　定價當局

Pricing decision　定價決策

Pricing mechanism　價格機制；定價機制；市場法則；定價機制

Pricing out of the market　定價高於市價（定價過高而沒有銷路）

Pricing policy　物價政策

Pricing rights　定價權；標價權（指企業決定貨物價格權利，或指空運企業決定運價的權利）

Pricking for sheriffs　〔英〕選擇郡長儀式（指從各郡中推選三名法官，而後由國王以銀針扎三個人的名字，被扎中者即為下屆郡長的慣例。但是，實際上被標中者事前已經選定。如此每年舉行一次。現倫敦和米德爾塞斯郡郡長的委任仍然循此儀式）

Pride's purge　〔英〕普賴德上校的清洗（下議院，1648 年）

Priest　〔英〕牧師；神父；僧侶（英國法規定 24 歲以下者不能委此聖職）

Priest of the blue bag　〔俚〕律師；辯護人

Priestly code　祭司法典

Priest-penitent privilege　牧師－懺悔者的守密特權

Prima facie　初步的；表面的

Prima facie case　初步證明的案件；表面上證據確鑿的案件（指被告只有舉出反證才能推翻的證據確鑿的案件）；〔香港〕可能有罪（意指原告舉不出證據以使人相信被告有罪之謂）

Prima facie case of damage　初步推定有損害的案件

Prima facie evidence　表面證據；初步證據；推定證據

Prima facie evidence of abandonment　〔世貿〕放棄的初步證據（指"烏拉圭回合"協議中規定一個商標如果連續 3 年不使用即意味著放棄）

Prima facie nullification or impairment　〔關貿〕初步的利益喪失或損害

Prima facie presumption　初步推定；法律上的推定

Prima facie tort　表面侵權行為；初步推定有侵權行為

Primacy jurisdiction　初步管轄權

Primacy of international law　國際法優越性

Primage 小額酬金 (指貨主或收貨人贈給船長的);運費外額外酬金 (=hat-money);運費貼補 (應付給裝貨海員的酬金)

Primary *n. & a.* I. 預選;初選;II. 第一的;最初的;首先的;主要的;首要的;基本的

Primary activity 一致行動 (指罷工等)

Primary allegation 〔宗〕初次答辯 (指在宗教法庭訴訟中的)

Primary assembly 候選人選拔會;公民大會

Primary beneficiary 〔保〕第一順位受益人

Primary boycott 直接聯合抵制 (不用、不運、不買、不處理)

Primary capital 原始的資本;基本的資本

Primary commodities 初級商品 (指農、林、牧、漁、採礦等業生產的未經深加工的初級商品)

Primary contractor 主要承包商

Primary conveyances 直接讓與;原始轉讓 (指自由保有地的讓與、贈與、租賃和分割等等)

Primary debtor 主要債務人

Primary dependent 主要受撫養人

Primary disposal of soil 〔美〕(聯邦政府的) 州領土的直接處理權

Primary duty 第一義務

Primary election 〔美〕初選,預選 (指選民直接選出參加黨代會的候選人代表或議員等)

Primary energy 一次能源

Primary evidence 最佳證據;第一手證據;原始證據

Primary expenditure 主要經費

Primary exporting country 初級產品出口國 (指生產農、林、牧、漁、採礦及礦石等產品)

Primary industry, the 第一產業;初級工業 (指農、林、牧、漁和礦業)

Primary infringement 直接侵犯版權行為

Primary insurance 原始保險;基本保險;優先保險

Primary jurisdiction 初級管轄權;第一管轄權 (指法律賦予行政機關權力就爭議案件作出裁決,只有其履行法定職責後法院才會予以受理)

Primary jurisdictional line 根本的管轄線 (首要管轄線)

Primary liability 直接責任;絕對責任;主要責任

Primary liability on bill of exchange 匯票的第一位責任

Primary market 主要市場;基本市場;一級市場,初級市場 (指銷售新發行的有價證券的市場和商品集散中心)

Primary meeting 預選;候選人選拔會;預備會議

Primary money 主要貨幣;標準貨幣

Primary obligation 原始債務;〔美〕首要義務;基本義務 (例如,買受人的首要義務就是購買貨物)

Primary powers 主要代理權 (委託人授予的)

Primary producing country 初級生產國 (指生產農、林、牧、漁、採礦及礦石等產品)

Primary product exporter 〔基金〕初級產品出口商

Primary products 〔關貿〕初級產品 (持納入總協定法律框架的農產品)

Primary products trade 初級產品貿易

Primary purpose 基本目的;主要目的

Primary reserve assets 第一準備金資產;原始準備金資產

Primary responsibility 首要責任

Primary right 原始權利;優先權

Primary right to exercise jurisdiction 優先管轄權

Primary rules 主要規則;初次規則

Primary sovereignty 首要主權

Primary, secondary and higher education services 高中小學教育服務

Primate 〔英〕首席主教;大主教 (指授予坎特伯雷和約克,及杜柏林等郡大主教們的尊稱)

Primate of all England 〔英〕坎特伯雷大主教

Primate of England 〔英〕約克大主教

Prime *a. & v.* I. 最初的;第一的;首要的;最好的;II. 優先於…;地位在…之上;在級別方面比…高

Prime borrower 基本客戶

Prime borrower 信譽最佳的借款人;基本客戶

Prime contractor 總承包人;主承包人 (建築工程方面的承包用語)

Prime cost 主要成本;直接成本;原始成本

Prime cost method 主要成本法;第一成本比率法 (間接工資轉嫁法)

Prime culprit 主犯

Prime facie rule 〔香港〕按常規 (指買賣已經成交,其後風險應由買主承擔)

Prime interest rate 〔美〕最低利率;優惠利率 (指銀行貸給信譽最好的短期無擔保貸款的特別客戶的利率)

Prime maker 最先出票人;最優出票人;(協議、文據的) 簽署人

Prime minister 總理;(內閣) 總理;〔中〕丞相 (中國封建社會);〔英〕首相

Prime mover 發起人

Prime price 成本;生產價

Prime rate 〔美〕優惠利率 (商業銀行給信譽良好的大企業短期貸款的最低利率)

Prime rate of interest 〔美〕最優惠利率 (指商業銀行貸款的最低利率)

Prime remedy 〔關貿〕最好的救濟 (指對非違犯案件的當事方的)

Prime sergeant 〔英〕高級御用狀師

Primer fine (=fine of land and tenement)

Primer seisin 〔英〕租地初年收益權 (指在死者繼承人即若已成年,但國王仍有權先收取其佃戶死者土地的頭一整年的收益,其已於 1660 年廢止)

Primitive law 原始法律

Primitive obligation 基本義務;原始債務 (債務人出賣其地產以轉移產權則為出賣人的原始債務)

Primogeniture 〔英〕長子身份;長子繼承權 (在英國 1926 年以前長子可繼承無遺囑死亡的父或母的全部不動產);婚生子繼承權

Primordial right 第一權利;原權

Prince (王室) 親王;王子

Prince Consort 〔英〕皇夫 (女王丈夫);親王 (女王丈夫的封號)

Prince elector 〔德〕選舉候

Prince of wales 〔英〕威爾斯親王

Prince regent 攝政王

Princely families 王侯家族

Princess 女王;公主;王妃

Princess of Wales 〔英〕威爾斯太子妃

Princess royal 〔英〕長公主 (國王長女)

Principal *a. & n.* I. 主要的，首要的；最重要的；負責人的；原來的；基本的；第一位的；本金的；資本的；II. 相傳動產（例如傳家寶）；(中學) 校長；首領；本人；主管人；主犯；主謀；第一被告；主債務人；〔英〕本金；資本；(居間人或代理人所代表的) 委託人；〔保〕投保金額；被保證人 (指保證保險的定事項中的個人或公司，其對保證人給付權利人的賠償金，負有償還義務)

Principal action 中間先決訴訟；本訴；主訴

Principal administrative organ 主要行政機關

Principal adviser 主要顧問

Principal agent 首席代表 (指美國出席第八輪烏拉圭回合多邊貿易談判的)

Principal and accessory 主犯和從犯；共犯；主從犯；首犯和協從犯

Principal and interest 本息；本利

Principal and surety 債務者本人與保證人；期票出票人和受票方

Principal belligerent 主要交戰國；主要交戰者

Principal belligerent state 主要交戰國

Principal cause 主因，主要原因；〔關貿〕主要原因 (指進口產品的傾銷是國內工業受到損害的根由)

Principal challenge 〔英〕依正當理由的迴避請求 (指要求一位與指出案件有初步嫌疑的陪審員迴避)

Principal channel 主航道

Principal claim 主訴；本訴

Principal clause 主條款

Principal conditions 主要條件

Principal conspirator 主謀

Principal contract 主契約；主合同

Principal creditor 主債權人

Principal criminal 主犯

Principal culprit 首犯

Principal debt 主要債務

Principal debtor 主債務人 (指 "從債務人" 而言)

Principal duty 主要職責；主義務

Principal establishment 〔美〕主要居住地；主要營業地

Principal executive officer 主要行政長官

Principal fact 主要事實

Principal features 主要特徵

Principal in the first degree 主犯；一級主犯

Principal in the second degree 從犯；二級主犯

Principal income earner 主要經濟收入，主要經濟來源

Principal intervention 主要介入；主參加

Principal judicial organ 主要司法機關

Principal legal system 主要法系 (主要法律體系)

Principal murderer 正兇；元兇

Principal obligation 主債務；主要義務

Principal offence 主罪行 (指在犯罪活動中起組織、領導作用或在共同犯罪中起主要作用的罪犯)

Principal offender 主犯；首惡

Principal office 主營業所；主要辦公地

Principal office of the Fund 國際貨幣基金組織總部

Principal officer 〔聯〕特等專員 (指聯合國秘書處的)；(公司) 主管

Principal penalty 主刑

Principal political organ 主要政治機關

Principal provisions 主要規定

Principal punishment 主刑

Principal question 主要問題

Principal real right 主要物權

Principal reserve asset 主要的儲備資產

Principal residence 主居所 (指單一家庭的納稅人大部份時間居住的地方，例如 trailer, houseboat 等)

Principal resident representative 主要駐節代表

Principal rights 主要權利

Principal role 主要作用

Principal sentence 主要刑罰

Principal spouse 原配 (髮妻)

Principal supplier 主要的供應商；主要供應者

Principal supplying interest 主要利害關係

Principal tenant 承租人 (俗稱 "二房東" 房東指直接向出租人租賃的人)；〔香港〕包租人

Principal things 主物；主要財產

Principal underwriter 主要承保人

Principal, interest, taxes and insurance (PITI) 〔美〕本金、利息、稅金和保險 (指每月抵押應常付的費用)

Principality of Scotland 蘇格蘭親王領地

Principality of Wales 威爾斯親王領地

Principate (羅馬帝國) 早期帝政；最高統治權

Principle 主義；原則，原理；要素；本質；定律

Principle of ability to pay 支付能力的原則 (關於課稅的)

Principle of automatic representation 自動陳述原則

Principle of benefits 利益主義 (關於課稅的)

Principle of change of circumstances 〔關貿〕情勢變遷原則 (指當發生締約時完全未能預料到的情勢變化，而使締約國利益受到嚴重損害時可終止條約或尋求救濟的原則)

Principle of consultation and consensus 〔關／世貿〕協商與協商一致原則 (是關貿總協定和世貿組織及其法律制度運作的一項基本準則)

Principle of contemporaneous expositio 以文件擬就時的意義為解釋的原則

Principle of continuity 連續性原則

Principle of convenience 便宜的原則 (課稅的法則)

Principle of customs duties as means of protection 〔世貿〕關稅保護原則 (世貿組織及其法律體系的另一項基本原則，即把關稅做為一種保護手段)

Principle of democratic centralism 〔中〕民主集中制原則

Principle of differential treatment 差別待遇原則

Principle of direct trial 直接審訊原則 (指法官、陪審員直接審查各種證據，讓當事人、證人、鑒定人出庭，並聽取其口頭陳述和辯論，並據此對案件實質問題作出裁判)

Principle of due process 正當程序原則

Principle of economy 經濟原則

Principle of effectiveness 效率原則

Principle of elasticity 彈力原則 (關於課稅的)

Principle of environmental cost internalisation 環境費用國內化原則

Principle of equal justice before law 法律面前公平審判原則

Principle of equal opportunity 機會均等原則

Principle of equal pay for equal work 同工同酬的原則

Principle of equality 公平原則；平等主義

Principle of equality and mutual benefit 平等互利原則

P

Principle of equitable burden-sharing　公平分攤原則

Principle of equity　衡平原則；公平原則；平等主義

Principle of faculty　能力稅

Principle of fair competition　〔世貿〕公平競爭原則（釋義同 "principle of fair trade"）

Principle of fair trade　〔世貿〕公平貿易原則（是關貿總協定及世貿組織主要針對出口貿易而規定的一項基本準則）

Principle of free establishment　自由設立主義

Principle of free intention　自由心證原則（指為現代一些國家訴訟法所規定的自由判斷證據的原則）

Principle of full faith and credit　絕對信任及忠誠原則

Principle of general prevention　一般預防主義（刑法不僅是對於犯人懲戒的處分，而且是對一般社會的警戒）

Principle of good faith　誠信原則（誠意原則）

Principle of good faith and reciprocal confidence　善意和互相信賴的原則（指解釋條約應遵循的原則）

Principle of gratis　免費原理；贈予原理

Principle of humanity　人道主義原則

Principle of impartiality over foreigner　不偏袒外國人的原則

Principle of indemnity　損失補償原則

Principle of international law　國際法原則

Principle of justice and equality　公正平等原則

Principle of justice, equity and good conscience　正義、公平和善意的原則（指處理阿拉伯產油國契約爭議所運用的准據法）

Principle of law　法律原則

Principle of law common to the parties　雙方當事人公認的法律原則（指發展中國家同外資企業簽訂的特許協議中可規定關於契約的解釋及執行，可選擇適用當事人公認的法律原則以避免對當事人權利義務確切範圍的誤解）

Principle of least expense　最小徵稅費原理（關於租稅的）

Principle of legitimacy　正統原則

Principle of market economy　市場經濟原則

Principle of maximum social advantage　最高的社會利用主義

Principle of mutual goodwill and good faith　相互友好及善意原則

Principle of national economic sovereignty　國家經濟主權原則

Principle of national treatment　國民待遇原則

Principle of nationalities　國籍主義；屬人主義

Principle of non-discrimination and proportionality　無歧視比例原則

Principle of non-discrimination between domestically produced and imported products　〔世貿〕國產與進口的產品非歧視原則

Principle of non-disrimination　〔世貿〕非歧視原則（世貿組織的一項首要的基本原則）

Principle of non-reciprocal treatment　〔世貿〕非互惠待遇原則（釋義同 "principle of non-reciprocal treatment"）

Principle of non-reciprocity in trade negotiations between developed and developing countries　〔關貿〕發達與發展中國家貿易談判的非互惠原則

Principle of occupier's liability　佔有者責任原則

Principle of parity　〔際〕對等

Principle of preferential treatment　〔世貿〕優惠待遇原則

（是世貿組織關於發達成員國與發展中成員國之間貨物貿易和服務貿易關係的一項基本原則）

Principle of presumption of innocence　無罪推定原則（指被告人在未被依法確定有罪以前，應被視為無罪者的原則）

Principle of pricing of falling average cost　平均成本降低的原理

Principle of proportionality　〔歐洲〕比例原則；相稱原則（歐洲法院認為，環境保護與貨物自由流通，兩者相互平衡、相互制約，實現歐洲一體化的兩個基本原則，以保護人類和動物生命和健康）

Principle of punishing the few and reforming the many　〔中〕懲辦少數，改造多數的原則（為中共處分對黨內外犯罪和腐敗份子的原則）

Principle of reciprocity　互惠原則；互惠主義

Principle of respect for vested rights　尊重既得權利的原則

Principle of rule-oriented policymaking　規則導向的決策原則

Principle of selecting best qualified　擇優錄取的原則

Principle of separation of functions, coordination and mutual check　〔中〕分工負責、互相配合、互相制約的原則（指為了保證準確有效地執行法律、公、檢、法三機關間的關係）

Principle of substitution　代用法則

Principle of taking facts as the basis and the law as criterion　〔中〕以事實為根據，以法律為準繩（指進行訴訟必須以案件的客觀事實作為基礎，嚴格依法辦事）

Principle of territoriality of criminal law　刑法屬地原則

Principle of the balance of power　勢力均衡原則；均勢原則

Principle of the law of nations　國際法原則

Principle of the progressive taxation　累進稅主義

Principle of transparency　〔關/世貿〕透明度原則（是關貿總協定及世貿組織法為各成員國的貿易法律、規章、政策、決定和裁規規定的一項基本準則）

Principle of transparent policymaking　透明度決策原則

Principle of unanimity rule　一致同意原則；一國一票的表決原則（從歐洲傳統的會議外交基礎上發展起來，其後發展成為國際組織普遍採用的表決制度的一個原則）

Principle of unconditional most-favoured-nation treatment　〔世貿〕無條件的最惠國待遇原則

Principle of uninterrupted trial　不間斷審訊原則（指法院開庭審理案件，應在不更換審判人員的條件下連續進行，不得中斷審理的訴訟原則）

Principle of universality　普遍性原則

Principle of using native language　〔中〕民族語言原則（指公民有權選用通用的民族語言和本民族語言進行訴訟活動）

Principles of free consent and of good faith　自由同意與善意的原則

Principles of International Cooperation in Detection, Arrest, Extradition and Punishment of Persons Guilty of War Crimes and Crimes against Humanity　〔聯〕關於偵察、逮捕、引渡和懲治戰爭罪犯和危害人類罪犯的國際合作原則（1973 年）

Principles of interpretation of treaties　條約解釋的原則

Principles of Surplus Disposal and Consultative Obligations　〔糧農〕剩餘農產品的處理和協商義務原則

Principles of treaty interpretation　條約解釋原則
Printer　印刷工；印刷者
Printers Ink Statute　〔美〕印刷品法（範本，草擬於 1911 年）
Printer's mark　出版商的商標
Printing　印刷（指用於最高法院訴訟答辯、宣誓書和紙張規格要求印刷）
Prior　*a. & n.* I. 前邊的；在前的；以前的；早先的；在先的；居先的；過去的，以往的；最初的，開始的，起初的；年長的，歲數大的；前面的；更可取的；更好的，意義較大的，較為重要的；優先的；有優先權的；II. 女修道院院長；女修道會會長；男修道院副院長；住持；方丈
Prior approval　事先許可
Prior approval law　〔美〕早先批准法
Prior art　在先工藝（申請專利中的前發明工藝）
Prior claims　優先索賠；優先要求權；優先求償權
Prior condition　先決條件
Prior consultation　〔關貿〕事先協商（指一締約國因國際收支嚴重困難在採取限制會損害其他成員利益時應事先協商尋找補救的辦法）
Prior creditor　優先債權人
Prior deposits　預繳保證金（指出口商應預繳規定的進口商品百分比的外匯）
Prior endorser (endorser)　前手背書人
Prior experience requirements for establishment in insurance sector　〔中〕建立保險部門先前經驗的規定
Prior express consent of　事先明示同意
Prior import deposit　預繳進口保證金
Prior inconsistent statements　〔美〕與先前不一致的陳述（意指證人所作前後相互矛盾的陳述不可採信為證據，而只能以此質疑證人的可信度）
Prior jeopardy　〔美〕一事不再理規則
Prior lien　優先留置權
Prior lien bonds　優先留置權債券
Prior limitation　預定限額
Prior notification　事先通知
Prior party　〔法〕前者
Prior petens　第一申請人
Prior preferred stock　第一優先股；第一級優先股（優先股的優先股）
Prior redemption　優先償還
Prior restraint　〔美〕出版前的約束（憲法第 1 條修正案禁止對出版物出版前先行課稅）
Prior sale　優先銷售；在先銷售；先售（指一公用財產在兩個公共機構之一所用，如無明文立法規定不得作為另一公共用途）
Prior treaty　先前條約
Prior use doctrine　〔美〕事先使用原則
Priority　在先；居先；優先；優先次序；優先順序；優先權；預算先議權；〔保〕自留部分；〔美〕優先行使管轄權（指兩人同時擁有對同一標的物權利時，而另一人具有排他性權利）
Priority date　優先日期
Priority date of the application　優先權申請日（指專利而言）
Priority of debts　要求優先於別的償還權；優先被償付權
Priority of liens　留置權的次序
Priority of registration　註冊優先；註冊在先
Priority of use　使用在先（優先使用）

Priority rights　優先權
Priority zone　優先區
Prior-stage cumulative indirect tax　前期累計間接稅
Prior-stage indirect taxes　前期間接稅（指產品或服務在製作過程中直、間接所徵收的稅）
Prisage　〔英〕酒輸入稅；海上合法捕獲物屬國王的份額
Prison　監獄；監牢
Prison association　監獄協會
Prison bird　囚犯
Prison breach　〔美〕越獄罪
Prison breaker　越獄犯
Prison breaking　越獄罪
Prison camp　（監禁一般犯人使服勞役的）囚犯集中營；戰俘集中營
Prison cell　囚室
Prison chaplain　監獄牧師；教誨師
Prison Commission　〔英〕監獄管理委員會（1877 年）
Prison director　監獄長
Prison editor　"監獄編輯"（負刑事責任的新聞編輯人，對報導有法律上的責任，由於妨害治安及其他理由受到拘留、監禁的刑罰的人）
Prison Fellowship International (PFI)　國際監獄聯誼會
Prison governor　監獄長
Prison guard　獄卒；監獄看守
Prison house　牢房
Prison missionary　監獄傳教牧師；監獄教誨師
Prison officer　獄吏；監獄官員
Prison Officer's Association　〔英〕典獄官協會
Prison raid　劫獄
Prison reform　〔英〕監獄改革（1773 年）；〔美〕監獄改革（1870 年）
Prison term　刑期
Prison treatment　監獄待遇
Prison van　囚車
Prison violence　監獄暴亂
Prison visitors　探監者（指親友等探視被監禁在監牢內的囚犯）
Prison ward for females　女牢房；女監獄
Prison warden　監獄看守；監獄保管員；典獄長
Prisoner　囚犯；刑事被告，羈押犯；俘虜
Prisoner at large　消遙法外的囚犯；受約束處分的海軍人員（指只許在軍艦上或營房內自由走動）
Prisoner at the bar　〔美〕在審刑事被告人；在審刑事犯（指正在法庭上接受審判的刑事被告）
Prisoner awaiting trial　待審囚犯（候審囚犯）
Prisoner of conscience　政治犯
Prisoner of state　政治犯；國事犯
Prisoner of war (POW)　戰爭俘虜；戰俘
Prisoner of war processing station　戰俘處理站
Prisoner on remand　未決囚犯
Prisoner under public surveillance　〔中〕被管制犯
Prisoner under sentence of death　死囚；死刑犯
Prisoner's cage　囚籠
Prisoners of war camp　戰俘營
Prisoners' representative　戰俘代表
Prisoners' van　囚車

Prisoner-transferred treaty 移交囚犯的條約

Prison-labour regulations 監獄勞動條例

Privacy 隱私權；隱居；獨居；個人隱私；個人私生活

Privacy laws 〔美〕隱私權法（指干預私權不受侵犯，諸如不得私下竊窺照相片、嚴禁了解私人收入和私人通信等內情）

Privacy of individual 個人私生活

Private 私人的；私有的；私營的；私自的；私立的，私設的；個人的；非官方的；民間的

Private account (P.A.) 個人賬戶（私人賬目）

Private Act 〔英〕內規；私人權益法（有關特定個人權益制定法）

Private Act of Parliament 〔英〕私益法（指影響公司、郡、市等地方的個人特別利益或其關切的議會制定法）

Private affairs 隱私；私事；個人的事

Private agreement 私人協定

Private air law 航空私法

Private aircraft 私有飛機

Private attorney 私人代理人

Private auditors 私人審計員；私人查賬員（私人為調查其資產而委託的查賬人）

Private bank 私人銀行；私營銀行

Private bill 〔美〕個人或地區特殊利益議案；〔英〕私人法案（指由有利害相關的當事人提交議會，申請立法的法案，且要向國會交納立法費用。這些法案普遍關於個人、郡或其他地方利益、其有別於公共法案，但在美國多數州憲法除非一般法外均禁止這種立法）

Private bonded house 私營保稅倉庫

Private bonded warehouse 私營保稅倉庫

Private capital market 〔基金〕私人資本市場（指從私人資本市場上借貸加價後再以低於可告貸的利率貸給帶其客戶，即發展中國家等）

Private carrier 私人運送人；私人承運人；私營運輸行

Private carrier's traffic 私營運輸

Private chapels 私人教堂（私家所用，不對外公眾開放）

Private claim 私人求償

Private company 私人公司；私營公司；封閉式公司；股份不公開公司（指股東人數少，不公開對外招股、股東所持股票非經營其他股東同意不得轉讓）

Private consultants 私人顧問

Private consultations 〔世貿〕非公開協商；私下協商（指世貿組織締約國間有關爭端先行私下協商解決。如協商未果，任何一當事國可將爭端提交締約國全體，DSB 以求得以解決）

Private consumption expenditure 私人消費支出

Private contract 私人契約

Private corporation 私營公司；股份不公開公司（釋義同 "private company"）

Private detective 私人偵探（指個人或單位僱用的）

Private direct of foreign investment 私人外國投資指導

Private documentary securities 私人的有價證券

Private domain 私有地；私人產業

Private dwelling 私人住宅；私人住所

Private dwelling insurance 私人住宅竊盜保險

Private easement 私人地役權（類同 "private way"）

Private enemy individual 敵國私人

Private enemy property 敵國私產

Private enemy ship 敵國私船

Private enemy vessel 敵國私船

Private enterprise 私營企業；私人企業；民營事業

Private export funding corporation (PEF Co.) 〔美〕私人出口基金會公司（指銀行辛迪加或私人公司為美國出口提供出口基金）

Private firms 私人公司

Private forest 私有林

Private foundations 私人基金會（在美國經營為慈善事業和辦教育項目而設的私營組織，一般均免稅）

Private gainful occupation 私人有償職業（私人獲利職業）

Private gaol 私設監獄

Private immovable property 私有不動產

Private individual 私人

Private injuries 個人侵害；個人傷害

Private inquiry 私人調查

Private insurance 民營保險；私營保險

Private interlocal (or private interregional) law 區際私法（解決同一國家中各個地區民法不一致或者解決地區民法抵觸的法律，可發生於聯邦國家，也可發生於單一國家）

Private international air law 國際航空私法

Private international organisation 國際私人協會

Private international law 國際私法（對於含有涉外因素的一些民法關係的解決，規定應當適用哪一個國家法律的哪一部份法律，是關民法的法律適用法。它不是實體法）

Private international organization 私人國際組織

Private interpersonal law 人際私法（解決同一國內適用於各個不同的種族、宗教或階級的一些不同的民族的抵觸的法律，不是解決法律的空間抵觸問題）

Private interpretation 私人見解的解釋

Private intertemporal law 時際私法（解決法律時間抵觸，例如，中國先後於 1950 年和 1980 年頒佈了《婚姻法》，其適用時應遵循兩個主要原則："後法優於前法和法律不溯既往"）

Private investment 私人投資

Private investor 私營投資者

Private labourer 個體勞動者

Private land 私有地；民有地

Private law 私法（指處理公民私人之間的關係和財產等個人利益的法律，其反義詞為 "public law"）

Private law agreement 私法協定

Private law convention 私法公約

Private law corporation 私法公司

Private leased circuits 私人租用的線路

Private ledger 專用分類賬；機密（分類）賬；內賬

Private letter ruling 〔美〕個人稅收的答覆（國內稅務署就納稅人所提的對特定事實問題適用問題法律解釋的書面答覆）

Private libel 對私人文書誹謗罪

Private maritime law 海事私法

Private market 自由市場

Private meeting 秘密會議；非公開會議

Private member of parliament 下院議員（指非內閣成員的）；普通議員

Private Members' Bill 〔英〕後座議員法案；普通議員法案

Private necessity 個人必須品

Private neutrality 私中立

Private nonprofit institutions 私營非營利機構

P

P

Private nuisance 私障礙物;私人妨擾;私人的安居煩擾行為(指由於煤煙或惡臭等侵入他人土地或侵害他人的通行權或採光權等,連續地妨害他人享有其土地或土地上的權利)

Private offerings 〔美〕不公開出售的證券(指只在小部份熟諳證券公司業務的消息靈通者之間銷售)

Private ownership 私有制;私人所有權

Private paper 私人票據

Private party who prosecutes a case by himself 自訴

Private passenger automobile liability insurance 私家客車責任保險

Private passenger automobile material damage insurance 私家客車毀損保險

Private person 〔美〕平民(指不擔負公職,不在服兵役的人)

Private person or entities 私人或私營實體

Private placement 私人領養;私人收養(由母親等直接收養);自售證券;私下交易(指將公司股票賣給私人而不是公開銷售);私募;私人配售

Private plot 自留地

Private port 私營港;工礦專用港

Private power 私人授與的權限

Private pre-shipment inspection entity 私人裝運前的檢查單位(機構)

Private property 私有財產;私產;個人財產

Private prosecution 自訴(指被害人、或其法定代理人、近親屬為追究被告人的刑事責任,直接向司法機關提起的訴訟,並由司法機關直接受理,其反義詞為公訴)

Private prosecutor 檢舉人;自訴人(釋義同"private prosecution")

Private rate of return 私營部門收益率

Private residence 私人寓所

Private right 私權;私法上的權利

Private ruling 〔美〕個人稅收的答覆(=private letter ruling)

Private sale 不公開買賣;私售

Private seal 私人印章;私人簽署

Private sector 私營部門;私人部份

Private sector in the economy 私營經濟部門;民營經濟部門

Private sector of economy 經濟的私營部門;經濟的私人部份

Private sector of the economy 私營經濟部門

Private servant 私人僕役(私備)

Private share 〔中〕私股

Private ship 私船;私有船舶

Private space object 私有空間物體

Private staff 私人服務人員

Private statute (=private Act) 〔英〕內規;私人權益法(有關特定個人權益制定法)

Private tender 指名投標

Private trader 私營商人;〔關貿〕私商,私人貿易商(指締約國政府應給予私商進口貨物以非歧視待遇)

Private treaty 私約;財產出讓契約(指買賣雙方直接議定條件的)

Private trust 私人信託;私人託管(指明示指定受益人)

Private underwriter 私營保險公司;私營保險業者

Private vessel 私船;私有船舶

Private war 私戰

Private way 私人的通行權;私人道路

Private writing 私書;私署證書

Private wrongs 侵犯個人權益的不法行為;民法上的不法行為;侵權行為

Privateering 私掠制

Privateers 武裝私船;私掠船(指戰時特准攻擊、緝捕敵方商船等的);私掠船船長(或船員)

Privately owned industrial and commercial enterprises 〔中〕私營工商業

Privately-owned 私營所有;民營所有

Private-sector adviser 私營經濟部門的顧問;民營經濟部門顧問

Private-sector bank 私營部門的銀行

Privation 剝奪;褫奪

Privatisation 私有化;私營化

Privies 當事者;利害關係人

Privies in blood 共同繼承人與共同被繼承人(指繼承人與其祖先相互的關係)

Privies in estate 承租人與出租人;受讓人與讓與人;受贈者與贈與者

Privies in law 依法被委託管理土地的人

Privies in representation 遺囑執行人或遺產管理人與已故遺囑者或無遺囑者(相互關係)

Privilege 特權;特典;特免;免責特權;優惠;優惠增購權(指對公司發行的股票)

Privilege against self-incrimination 〔美〕(刑事案件被告)不須提供對自己不利證據的特權(憲法第 5 條修正案規定)

Privilege from arrest 不受拘捕的特權(指依國際法、政府法規或政府行政法規對某些類別人員可免於民、刑事訴訟的特權)

Privilege of clergy 教士的特權(指犯罪時可不受普通法院審判);受過教育者的特權(指初次犯罪可免於判刑)

Privilege of estate transfer 遺產轉讓權

Privilege of exterritoriality 治外法權特權

Privilege of extraterritoriality 領事裁判權特權

Privilege of inviolability 不可侵犯特權

Privilege of parliament 〔英〕議會(或議員)的特權

Privilege of peerage 上議院的特權

Privilege of peers 上議院議員的特權

Privilege of silence 緘默權

Privilege of witness 作證權

Privilege tax 〔美〕特惠稅;特許權稅

Privileged 有特權的;特許的;免責的;享有優先權的

Privileges and immunities clauses 〔美〕特權與豁免條款

Privileged belligerent 享受特權的交戰者

Privileged communication 法律上特許不予泄露的內情(指夫妻之間、律師與顧客等之間通信受到法律保護之特權);機密通信;特免報道;〔英〕免責言論(作為舉證而泄露的信息免責,法律上不構成誹謗罪)

Privileged copyholds 〔英〕特許謄本保有權;特許登錄的不動產保有權(特許自由保有的不動產所有權)

Privileged debts 優先清償的債務(指公司破產、結業、備人工資等應予優先還債務和給付所欠工資;又如遺囑執行人、遺產管理人應優先償付藥費及喪葬費等)

Privileged evidence 特許不予提供的證據(包括政府機密等)

Privileged holder 股東優先認股權

Privileged person 享有特權的人

Privileged places 〔英〕庇護所 (指倫敦城內及其附近為庇護權的區域)

Privileged property 特許的財產

Privileged shareholder 股東優先認購權

Privileged statement 特許聲明；不受一般法律節制的聲明

Privileged treatment 特權待遇

Privileged villeinage 〔英〕特權農奴 (或佃農) 的勞役保有

Privileges and immunities 特權與豁免

Privileges and immunities clause 〔美〕特權與豁免條款

Privity 共同關係；相互關係 (指對同一權利或財產上有合法利益的人之間的關係)；非當事人的利益 (指對合同等因與當事人的一切有關係而產生的)；暗中參與；私下知悉

Privity of blood 血緣相互關係；血緣利害關係 (僅存在於繼承人和物的財產的被繼承人之間)

Privity of contract 契約的利害關係 (指存在於兩人或兩人以上締約者之間的關係)；契約雙方的相互關係；契約關係不涉及第三方原則 (指權責的關係)

Privity of estate 地產利害關係；地產保有相互關係；出租人與承租人的相互關係；承受人與讓與人相互關係；受贈者與贈與者相互關係；直接物權關係

Privity of possession 佔有利害關係 (這種關係在對抗佔有訴訟中尤為重要)

Privity of tenure 租地保有相互關係 (指領主與其直接承租人之間的相互關係)

Privity or knowledge 船東參與或事實上知道可能造成的損害

Privy *a. & n.* I. 個人的，私人的；暗中參與的；秘密的；機密的；II. 關係人；有利害關係人；(法律關係的) 當事人

Privy Council (P.C.) 〔英〕樞密院 (屬國王的智囊團，現已讓位於內閣)；私人智囊團

Privy councilor (P.C.) 〔英〕樞密院顧問；樞密院成員

Privy purse 〔英〕女王私用金 (指由國會撥給的，專供女王和其夫私人自由使用的錢)

Privy seal 〔英〕國璽 (僅用於政府公文)；王璽

Privy seal and privy signet 王璽和禦璽

Privy Signet 〔英〕禦璽 (用於國王或女王的私人信件和批准的法案上)

Privy verdict 法庭外評決；密封的裁決書 (指在法官退席後，由陪審團交給法庭書記官初步的書面裁決)

Prize 獎賞；懸賞；獎金；獎品 (其不同於"bet"賭金、賭註和"wager"賭註)；俘獲品；戰利品；捕獲物 (尤指戰時交戰國在海上捕獲敵方的船、貨等)

Prize bounty 捕獲品獎金

Prize case 捕獲案件

Prize court 捕獲法庭 (指處理戰利品的海軍軍事法庭，其管轄權在英國屬海事法院，在美國則屬聯邦地方法院)

Prize crew 捕獲水手

Prize fight (職業) 拳擊賽

Prize fund 捕獲基金

Prize goods 捕獲物；掠奪物 (指在公海上從敵人手中奪取的)

Prize judgement 捕獲判決

Prize jurisdiction 捕獲管轄權

Prize law 捕獲法 (指適用於海上捕獲、沒收、捕獲者權力及收益分配法律和規則制度)

Prize money 捕獲獎金 (舊時出售捕獲船的貨等分給立功官兵的賞金)；(競賽等) 獎金

Prize of war 戰利品

Prize procedure 捕獲程序

Prize Proceedings 捕獲程序

Prize salvage 捕獲救助費

Prize winner 得獎人

Prize-crew 捕獲水手；押送捕獲船的船員

Prize-fighting 拳擊 (一種在公共場所的鬥毆，拳擊者和支持者均屬犯罪行為)

Prize-master 捕獲船押送官；捕獲船船長

Pro- 親…的；贊成…的

Pro et contra (pro et con) 贊成與反對；正面與反面

Pro forma cost 估計費用

Pro forma invoice 估價單；預開發票 (作為發貨通知等用)

Pro forma statement 預計決算表；預測報表；試算報表；示範性報表

Pro forma vote 形式上的表決

Pro memoria account 備忘錄賬目

Pro memoria reserve 備忘的公積金

Pro rata clause 〔保〕按比例填補的條款

Pro rata distribution clause 按比例分攤的條款

Pro rata freight 按比例運費，按比例計算的運費 (指包括航程部份的比例運費)

Pro rata rate 比例保險費率；按比例分配的保險費率

Pro rate *v.* 按比例；攤派 (例如財產稅、利息、保險費等的)

Pro re nata meeting 臨時會議

Pro tempore (pro.tem.) 暫時；臨時

Pro tempore president 臨時主席；臨時議長

Pro(s) and con(s) 贊成與反對；正面與反面；〔複〕贊成者和反對者；贊成和反對的票數；正面與反面的理由

Pro-abortionist 贊成墮胎者

Proactive fiscal policy 按照積極的財政政策；執行積極的財務政策

Probability 可能性；〔保〕概率；或然率

Probability distribution 〔保〕機率分配

Probability level 概率標準

Probability of cooperation 合作的可能性；合作的概率

Probability of damage 〔保〕損害確率；損害或然率

Probability of dying 〔保〕死亡估計數

Probability of living 〔保〕存活估計數

Probability of ruin 〔保〕破產或然率

Probable 或有的；或然的；大概的；很可能的；象真實的；似確有的；很有希望的

Probable cause 適當理由；合理根據 (可令人相信存在事實的合理根據)

Probable cause hearing 〔美〕預審 (法官決定是應簽發刑事訴狀須交由大陪審團合理根據的程序，釋義見"preliminary hearing")

Probable consequence 可能的結果

Probable evidence 推定證據；假定的證據 (釋義見"presumptive evidence")

Probable price 概算價格；近似價格；估計價格

Probably 大概地；或然地

Probacy 證據；確證

Probate 遺囑認定；遺囑檢驗 (指由遺囑執行人提出並驗證原存放於登記法院的死者遺囑)；〔英〕遺囑檢驗證書

Probate Act 遺囑檢驗法

Probate action　遺囑檢驗訴訟

Probate bond　〔美〕遺囑執行人保證書；遺囑管理人保證書；監護人保證書

Probate code　〔美〕遺囑檢驗法規

Probate copy　遺囑檢驗的謄本

Probate court　遺囑檢驗法院（指具有檢驗死者的遺囑、管理死者遺產、授權指定繼承人等權力）

Probate division　遺囑檢驗分庭（緩刑司）

Probate duty　遺囑檢驗稅（指政府規定的檢認遺囑或估價立遺囑人死後動產稅和死者遺產應繳納的稅）

Probate estate　〔美〕遺囑檢驗的財產（由遺囑執行人或遺產管理人管理的死者遺產）

Probate guardian　根據任命的監護人

Probate homestead　遺囑的住宅（指遺囑檢驗法庭把死者部份住宅留出供遺屬其生存的配偶和未成年的子女住用）

Probate in common form　即決遺囑檢驗（關於檢驗遺囑無爭議時的通常形式）

Probate in solemn form　嚴格遺囑檢驗（關於檢驗遺囑有爭議時的嚴格形式）

Probate judge　遺囑檢驗法官（遺囑法庭的法官）

Probate jurisdiction　遺囑檢驗管轄權

Probate of codicil　遺囑附錄檢定證書

Probate of will　遺囑認證；遺囑檢驗

Probate proceeding　遺囑檢驗訴訟；遺囑檢驗程序

Probate registry　遺囑檢驗登記處

Probate, Divorce and Admiralty Division　〔英〕遺囑檢驗、離婚和海事分庭（前高等法庭的一個分庭）

Probation　〔英〕緩刑（指暫緩執行刑罰或不執行原判刑罰的一種制度）；察看（以觀後效）；感化犯人；監視教導（指法庭在某種情形之下不需發給緩刑令，命令由教導官用 1-3 年時間對犯人管教）；證明事物的證據；證明的行為；鑒定；檢驗；試用；見習

Probation division　緩刑分庭；緩刑司

Probation of offenders　罪犯的緩刑判決（指獲准得以緩刑判決的罪犯）

Probation of will　遺囑檢驗；遺囑認證

Probation officer　緩刑監督官；感化官；監護官（負責監督緩刑犯的政府官員，衡平法院對未成年者等的監護和對緩刑犯的監視，在香港並為負責對被告背景情況作出詳細報告以為法庭量刑依據）

Probation period　考驗期；觀察期

Probation period for suspension of sentence　緩刑考驗期限

Probation system　緩刑制度

Probational procurator　見習檢察官

Probationary appointment　試用職位

Probationary judge　見習法官

Probationary period　緩刑期間；試用期間

Probationer　緩刑犯；感化犯

Probative　有證明力的；鑒定的；試驗的；證明的；〔蘇格蘭〕證明性

Probative evidence　有證明價值的證據；有證明力的證據

Probative facts　提供證據的事實

Probative force　證據力（有助於證明爭點的證據）

Probative value　證據價值（證據力價值）

Probatory term　立證期限；檢驗期

Problem of juvenile delinquency　少年犯罪問題

Problematic agenda　未定的議事日程

Problem-solving in basket exercise　〔領事〕解決於搖籃中的問題（意指解決問題於萌芽之中）

Procedural　程序上的；程序性的

Procedural arrangements　程序安排

Procedural Aspects of International Law Institute　〔聯〕國際法學院程序方面

Procedural capacity　訴訟能力

Procedural clause　程序條款

Procedural committee　程序委員會

Procedural difficulty　程序上的困難

Procedural due process　〔美〕程序性的正當法律程序（指當事人的權利受到影響時為確保其權利，他們必須得到通知，並有權提出再審。它包括合理的通知、聽審機會、提出索賠或辯護的意思）

Procedural guidelines of the Executive Board　執行董事會程序準則

Procedural law　程序法；訴訟法

Procedural matter　程序事項

Procedural motion　程序性動議

Procedural obstacle　程序上的障礙

Procedural principles　程序原則

Procedural protectionism　程序上的貿易保護主義

Procedural question　程序問題

Procedural requirements　程序（性）要求；程序上的要求

Procedural right　程序性權利

Procedural rule　程序性規則；訴訟規則

Procedural rules　〔基金〕程序性規則

Procedural strictures　〔關貿〕程序上的限制（指限制進口的措施）

Procedural vote　程序性表決

Procedure　程序；手續；訴訟程序

Procedure alteration　訴訟程序變更

Procedure for appeal　上訴程序

Procedure for review of death sentence　〔中〕死刑覆核程序（中國刑事訴訟中死刑案件必須經過最高人民法院或高級人民法院進行複查核准的程序）

Procedure for supervision upon adjudication　審判監督程序；再審程序（指司法機關對認為確有錯誤的已發生法律效力的刑、民事判決、裁定，進行重新審理的訴訟程序）

Procedure for taking evidence　取證程序

Procedure for the comparison　比照程序（指執行調查債務者財產中有沒有未被扣押的東西，向已經扣押財產的執行官請求為總債權者拍賣的程序）

Procedure of adjustment　調整程序

Procedure of administrative law　行政法程序

Procedure of appeal　上訴程序

Procedure of arbitration　仲裁程序

Procedure of bankruptcy　破產程序

Procedure of compromise　和解程序

Procedure of conclusion of treaties　條約的締結程序（主要包括談判、簽署、批准和交存的批准書）

Procedure of consultation　協商程序

Procedure of first instance　第一審程序

Procedure of judgement by default　缺席判決程序

Procedure of pacific settlement　和平解決程序
Procedure of preparation　準備程序
Procedure of registration　登記程序
Procedure of verification　鑒證程序；核實程序
Procedure of winding-up　(公司的)解散手續；(公司的)清盤手續
Procedures for assessment of conformity　合格評定程序
Procedures for balance-of-payments consultations　國際收支磋商的程序
Procedures for conversion　兌換程序
Procedures for developing information concerning serious prejudice　〔世貿〕有關嚴重損害的資料的收集整理程序(按 WTO 規定，各成員方均應協助專家小組合作收集所需資料通報 DSB)
Procedures for environmental assessments of trade　環境貿易評估程序
Procedures for multiple complainants　〔世貿〕複合投訴者程序(指解決世貿組織一個以上成員國就同一事項提出控訴的程序)
Procedures for Negotiations under Article XXVIII　〔關貿〕依據第 28 條規定的談判程序
Procedures for on-the-spot investigations　現場調查的程序
Procedures for sampling　抽樣程序
Procedures of the P.R.C. for the Registration and Administration of Chinese-Foreign Joint Ventures　中華人民共和國中外合資經營企業登記管理辦法
Procedures, charges and conditions for granting of business licences　頒發營業執照的手續、規費和條件
Proceed　v. 起訴；辦理訴訟手續
Proceed to sea　出海
Proceeding in lieu of demurrer　代替妨訴抗辯的抗辯方法
Proceedings in rem　對物訴訟
Proceeding with a reference　委託訴訟
Proceeding(s)　司法程序；聽審；審訊；調查；〔複〕訴訟程序；訴訟；記錄；活動記錄；決議錄
Proceedings at first instance　第一審程序(分民、刑事案件，前者為民事審判程序的基本程序；後者是在提起公訴或自訴後，管轄法院進行審查，決定是否審理)
Proceedings at second instance　第二審程序(在兩審終審的國家，上訴審程序為第二審程序，其有民、刑事之分)
Proceedings in bankruptcy　破產程序
Proceedings in error　複審程序
Proceedings in persona　對人訴訟
Proceedings with a reference　委託訴訟
Proceeds　收益；收入；所得；〔保〕保險金
Proceeds from the sale　銷售收入
Proceeds of crime　犯罪所得；犯罪收入
Proceeds of insurance　保險所得；保險收入
Proceres　貴族；領主；首席市行政官
Process　〔英〕傳票；令狀(指從前在訴訟過程中法院發出的各種令狀，法院命令被告到庭應訴的令狀)；法律程序；訴訟程序；手續；處理；過程；方法；工序
Process Acts　〔英〕發佈令(1539 年英王及樞密院發佈的具有與法律同樣效力的規定)
Process agent　〔美〕訴訟傳票代收人(指授權代理他人接收訴訟書狀)

Process costing system　分步成本計算制度
Process in aid　上級法院對於下級法院發出的審判權補充手續
Process in rem　對物訴訟程序
Process of accession　加入程序
Process of analysis and review　分析和審議程序
Process of bargaining　談判過程；討價還價過程
Process of collection　徵收手續
Process of collection and dissemination of information　信息的搜集和傳遞程序
Process of discovery　提供證據程序(原、被告雙方交換所持與審訊有關的文件，並就此各自準備答辯)
Process of effecting insurance　保險契約程序
Process of integration　一體化進程
Process of investigation　調查手續
Process of law　法律程序(=due process of law)
Process of multilateral surveillance　多邊監督程序
Process of paying in　付款手續
Process of pleader　確定財產權利之訴程序
Process of ratification　批准程序
Process of setting government price　政府制定價格的程序
Process of systematic discussion and review　系統的討論和審議程序
Process patent　製造方法專利；製造工藝專利；工藝專利
Process server　傳票送達員；送達傳票的司法人員(指依法授權向被告送達訴訟傳票和司法文件的司法人員)
Process visa and passport requests　處理護照簽證申請
Process-attorney　訴訟代理人
Processed and manufactured products　加工生產的產品
Processing　〔美〕加工；步勘邊界
Processing charges　加工費
Processing cost　加工成本
Processing deal for export　委託加工外銷；來料加工(對外加工外銷貿易)
Processing deal trade　來料加工貿易
Processing industry　加工工業
Processing on order　定單加工
Processing supplied material　〔中〕來樣加工；來料加工
Processing tax　加工稅
Processing trade　加工貿易；委託加工貿易
Procession　〔英〕列隊行進
Processioner　〔美〕勘界人
Proces-verbal　〔法〕(案件)筆錄；供詞(控告時提出的書面事實陳述，一種調查審問方式，並須經法官簽署)；會議記錄；議事錄
Proces-Verbal Relating to the Rules of Submarine Warfare　潛艇作戰規則議定書
Prochein army　〔法〕訴訟代理人
Prochronism　早記日期的錯誤(指誤記事實發生的日期)
Proclaim　v. 宣佈；公佈；佈告；聲明；揭露
Proclaim a law　公佈一項法律(法令)
Proclamation　公告；宣佈；公佈；宣告；宣言；聲明書；傳喚出庭宣告(指衡平法院實踐中，司法行政官根據扣押令狀傳喚缺席被告親自到庭回答原告訴狀)
Proclamation by lord of manor　莊園領主公告
Proclamation of exigents　〔英古〕剝奪公權公告

Proclamation of fines　〔英〕恢復土地佔有公告（指根據訴訟和解或協議經國王饗準將土地歸還其所有者並由郡內各巡迴法院公開莊嚴公告，為期一年）；〔英古〕宣讀和解協議（指返還佔有的土地，終止開始的訴訟，原要在法庭上宣讀 16 次，後減為 6 次，之後減為 1 次）

Proclamation of martial law　宣佈戒嚴令

Proclamation of neutrality　中立公告；中立宣言（1793 年英法交戰時，華盛頓發佈的宣言）

Proclamation of President　〔美〕總統公告（指涉及國家重大利益事項由總統簽署發佈政府公告）

Proclamation of rebellion　〔英古〕違抗法庭公告（指執達員宣告命令違抗執行衡平法院傳喚或扣押的人出庭。如再不到庭者，即簽發違抗法庭逮捕狀）

Proclamation of the Governor　總督文告

Proclamator　〔英〕高等民事法院公告官

Pro-consul　代理領事

Procreation　生育兒女

Proctor　代理人；代訴人（英國古宗教和海事法院行使類同律師職責的官員）；（大教堂或教區聖職人員的）代表；（大學的）學監；訓導主任；監考人

Proculians and Sabinians (proculeiani et sabiniani)　普羅庫勒法學派和薩賓法學派

Procuracy　委任狀（指授權代理人代辦的書面證件）

Procuration　代辦；代理；代理權；委託；委任（指對代理人或代訴人的）；（借貸中的）中介費，傭金；淫業；淫媒罪；〔複〕巡查費（指教區神父每年交付主教的巡查費）

Procuration fee　〔英〕經紀人手續費；貸款佣金（指在借貸中代理人或法庭外律師取得金錢貸款的）

Procuration money　〔英〕貸款手續費（指在借貸中代理人或法庭外律師取得金錢貸款的）

Procuration of women　介紹婦女賣淫

Procuration signature　代理署名；代表簽署

Procurator　檢察官；代訴人；代辦人；〔英古〕代理人；（議會中的）貴族代表；教會代表；（牧師薪俸）代收人（代替徵收寺祿）；教區代表；〔羅馬法〕代理人，訴訟代理人；地方收稅官；〔德〕（1879 年前）訴訟委託人

Procurator Fiscal　〔蘇格蘭〕財務檢察官；郡法院檢察官（其職責為調查其轄區內的犯罪嫌疑案件，同時也充任公訴人）；法院管轄區內辯護人

Procurator general　總代理人；檢察總長

Procurator of parliament　下議院議長

Procurator of the fisk　〔蘇格蘭〕財務檢察官；地方檢察官

Procuratorate　監察院；代理人（或代訴人，檢察官）的職位；〔中〕檢察院

Procurator-General and Treasury Solicitor　〔英〕總檢察長兼財政部律師

Procurator-General of the Supreme People's Procuratorate　〔中〕最高人民檢察院檢察長

Procuratorial committee　〔中〕檢察委員會

Procuratorial organ　檢察機關

Procuratorial system　檢察制度

Procurator's office　檢察部門

Procuratory　〔蘇格蘭〕（對代理人等的）委任；授權

Procure　v. 提起訴訟；（努力）取得；獲得；完成；實現；勸誘（婦女賣淫、當妓女）；中介；介紹客戶；引起；導致

Procure a quorum　達到法定人數

Procuremen officer　〔美〕（政府）採購官

Procurement　獲得，取得；完成，達到，實現；採購，採辦；勾引（婦女賣淫）

Procurement activity　採購活動

Procurement authorisation　採購授權書

Procurement contract　採購合同

Procurement Guidelines　〔世行〕採購指南

Procurement of inputs and goods and services necessary for production of goods　商品生產所必需的投入、貨物和服務的採購

Procurement price paid by any buyer　買主所付的採購價格；買主所付的收購價格

Procurement price　採購價格；收購價格

Procurement programme　採購計劃

Procurement trip　採購之行

Procurer　淫媒；拉皮條的人；勸誘者，教唆者；引誘者（尤指幹秘密壞事）

Procureur　〔法〕檢察官；代理人；〔古〕（訴訟）代訴人

Procureur de la republique　〔法〕檢察官

Procureur general　〔法〕檢察總長

Procuring cause　近因；發生原因；產生原因

Procuring government　購買方政府

Prodigal　a. & n. I. 浪費的；揮霍的；II. 浪費者；揮霍者；揮霍成性者（指雖已成年，但缺乏自我管理能力，尤因其揮霍成性的壞習性需要指定監護人加以監理）

Prodition　謀叛；通敵；叛國；背叛行為；變節行為

Proditor　叛徒；賣國賊

Produce　n. & v. I. 產品；農產品；勞動成果；資本產品；II. 提出；出示（證據）；出具（證明、證件）；產生（稅收效益）；演出；上映（演）；製作；生產（石油）

Produce a written record　出具書面記錄

Produce broker　農產品經紀人

Produce evidence　提出證據

Produce services　生產服務

Produce subject to designated trading　指定經營產品

Producer　生產者；製造者；製造商

Producer capital　生產資本

Producer goods　生產資料；生產物資

Producer interest groups　生產者利益集團（團體）

Producer of phonograms　錄音製品製作者

Producer price　生產者價格

Producer price index　生產者價格指數

Producer subsidy equivalent (PSE)　〔關貿〕生產者補貼的等價物（例如，所用的唯一政策上的補貼措施為關稅，那麼 PSE 即為該關稅的等價補貼）

Producer welfare　生產者福利

Producer' value　出廠價格；生產價格

Producers' cooperative　〔中〕生產合作社（指中國農村合作化的組織）

Producer's goods　生產物資（指用於生產其他產品的物資，如工具，原料等）；生產者的物資

Producers under investigation　調查中的生產者

Producing　促…實現；發生原因；製造；效果；結果

Producing cause　產生原因；發生原因；近因

Product　收入；收益；成果；產品；產物；產量；製品；商品

P

Product advertising　產品廣告

Product certification　產品證書

Product coverage　產品範圍

Product eligible for GSP treatment　符合普惠制待遇條件的產品

Product liability　產品責任；產品賠償責任；生產者和銷售者的法律上的責任（指對買者、用戶以至旁觀者因物品的瑕疵而受到損傷的賠償責任）

Product liability insurance　產品責任保險（保護產家和供應商利益的一種保險）

Product liability law　產品責任法

Product mandation requirements　〔關貿〕產品指令要求（指東道國政府為防止外資方通過國際卡特爾分割或獨佔本國市場，要求外企生產特定產品，並應出口一定比例的產品）

Product market　產品市場

Product mix　產品結構；產品搭配；產品組合

Product quota　產品配額

Product registration　產品註冊

Product safety standards　產品安全標準

Product specifications　產品說明書

Product subject to state trading　〔中〕國營貿易產品

Product subject to the agreement　協定產品

Product versus process　〔關貿〕產品對加工（指關貿總協定專家小組就美－墨捕撈金槍魚方法的法規衝突案問題所作的報告，意指：美國不得因墨西哥不執行美國法律而對墨採取貿易行動，禁止從墨進口金槍魚產品。即 GATT 規則不允許一國藉口以保護動物健康等理由而為在他國實施其本國法律目的而對他國採取治外法權的貿易行動）

Product wage　生產工資；工資收入

Product-by-product　〔關貿〕產品對產品

Product-by-product method　〔關貿〕產品對產品（談判）方法

Product-by-product negotiation　產品對產品談判；逐項產品談判（指關貿總協定的傳統談判方式。即：兩國之間在雙邊基礎上按有選擇的產品稅目逐一談判，相互交換關稅減讓，在互惠的基礎上為特定產品提供關稅的相互減讓）

Production　生產；製作；產品；著作；勞動成果；智力成果；製成作品；〔英〕出示；出具（文件）；〔蘇格蘭〕（在法庭上）出示證物

Production account　生產科目；生產賬目

Production brigade　〔中〕生產大隊（中國農村合作化的基層組織）

Production cost　生產成本；生產費用

Production cost report　生產成本報告單

Production for commerce　商業（性）生產

Production function　生產函數；生產關係的相關公式

Production gap　生產差額；生產差距

Production incentives　生產獎勵

Production inputs　生產投入

Production of document　出示文件

Production of evidence　提供證據

Production of goods　商品生產

Production of suit　舉出助訴人

Production or processing capacity　生產或加工能力

Production processes　生產過程；生產流程

Production schedule　生產（按月）進度表

Production sharing　產量分成

Production sharing contract　產品分成合同

Production subsidy　〔關貿〕生產補貼（指政府對某一種產品生產給予國內生產企業的補貼）

Production unit　生產單位

Production-income lag　生產收入滯後

Production-limiting programme　〔世貿〕限制生產計劃；限量計劃（指農產品而言）

Production-possibility (frontier) curve　生產可能性（邊緣）曲線

Productive　富有成效的

Productive activities　生產活動

Productive capacity　生產能力

Productive capital　生產資本

Productive consumption　生產性消費

Productive credit　生產信用

Productive division of labour　生產勞動分工

Productive effect of integration　一體化生產效應（指可降低生產成本，提高規模經濟效益）

Productive expenditure　生產經費

Productive extraordinary expenditure　生產的臨時費

Productive labourer　生產勞動者

Productive loan　事業借款；生產借款

Productive property　生產性財產

Productivity　生產率，生產能力；多產；（港口業務）裝卸車

Productivity gains　生產能力收益

Productivity of labour　勞動生產率

Products for export　外銷產品

Products of domestic origin　國產品

Products of prison labour　監獄勞動產品

Products or services which may be subject to common industrial development programmes　〔世貿〕可能屬共同工業發展範圍內的產品或服務（業）

Products subject to designated trading　指定交易的產品

Products subject to export duty　〔世貿〕實行出口稅的產品

Products subject to government guidance pricing　政府指導性標價的產品（以政府指導性標價作準的產品）

Products subject to import licence　須進口許可證的產品

Products subject to price control　受價格管制的產品；實行價格管制的產品

Products subject to quotas　屬配額的產品；須有配額的產品

Products subject to state pricing　以國家標價為準的產品；隸屬於國家經營的產品

Product-specific domestic support　〔世貿〕特定產品國內支持（按 WTO 規定，該支持不得超過該成員方農產品總值的 5%）

Product-specific pest and disease control measures　〔世貿〕特定產品蟲害和疾病的控制措施（指成員方政府服務內容之一）

Product-specific safeguard provisions　特別產品的保護規定

Product-specific subsidy　特定產品補貼

Product-to-product method　〔世貿〕產品對產品（談判）方法

Pro-environmental proposition　贊成環境提議（案）

Profane 瀆神的；褻瀆的（指以文章、言語或行為明示或默示不敬上帝或聖物）；世俗的；非宗教的

Profanity 瀆神；使用褻瀆的言語

Profert 〔英古〕（證書等）提出；提供；出示；有關人提出進行訴訟；呈報賬目（指郡長向財政部呈報賬務及其呈送的費用）

Profess v. 公開表示；承認；聲稱；明白表示

Profession 專業；職業；同業；公開表示；公開聲明；信奉的宗教

Professional a. & n. I. 職業的；專業的；從事專門職業的；II. 專業人士；職業人士

Professional accountant (PA) 職業會計師；專業會計師（即註冊公共會計師，=CPA）

Professional activity 專業活動

Professional adviser 專業顧問

Professional aid 專業援助

Professional association (P.A.) 專業協會；專業社團；職業團體

Professional competence 專業能力；業務能力

Professional concerns 職業上的關心（指各國政府財政部長和央行行長對 IMF 的特殊關係）

Professional conduct (or responsibility) 專業品格；專業職責

Professional consul 職業領事

Professional corporation (P.C.) 〔美〕職業法人（例如：public accountants; certified public accountants; physicians; dentists and attorneys at law, etc.）

Professional courier 專業信使；職業信使

Professional development programme 職業發展規劃（職業開發計劃）

Professional education 專門教育；職業教育

Professional establishment 專業機構

Professional ethics 職業道德

Professional gambler 職業賭徒；職業賭博者

Professional indemnity insurance 業務過失賠償責任保險（指會計師、律師、經紀人和建築師等因在履行其專業職責上的過失對其當事人所造成的損害負賠償責任）

Professional institution 專業機構；專業團體

Professional knowledge and skills 專業知識和技術

Professional liability insurance 職業責任保險（職業過失責任保險；業務過失責任保險）

Professional makeup 〔世貿〕專業組成（指秘書處工作人員專業上的特質，非一般人所能承擔）

Professional qualification 業務能力；業務條件；專業資格

Professional responsibility 職業責任

Professional services 專業服務；專業性服務

Professional services charges 專業服務費（用）

Professional staff 〔世貿〕專業工作人員

Professional standards 專業標準（準則）；專業水平；業務水準

Professional standing 專家名望；專業名望

Professional valuation 專家估價

Professional vendettas 職業復仇者

Professional witness 有專業知識的證人；專業證人

Professionals 〔世貿〕專職人員

Professor emeritus 退休教授

Proffer v. 提供；提出；出示（證據等）

Proffered evidence 提供的證據

Profit 收益；利潤；利益；紅利

Profit and general expenses 利潤和一般費用

Profit and loss (P & L) 損益

Profit and loss account 損益賬（合夥企業的收支資本賬目）

Profit and loss appropriation account 損益分配賬戶

Profit and loss statement 損益表；損益計算書（指在指定期間內生意上的收支的報表；或其利潤和虧損之差額）

Profit before tax 納稅前利潤

Profit centre 盈利中心；利潤中心

Profit commission 〔保〕盈餘備金；利潤備金

Profit control 利潤控制；利潤管理

Profit in common 共同採取權

Profit insurance 利潤保險

Profit levels 利潤水平

Profit margin 利潤率（指扣除全部營業費開支外）；利潤幅度

Profit margin rate 邊際利潤率；毛利率

Profit margins 利潤幅度；利潤率

Profit rate 利潤率

Profit recipients 利益接受者；利益受方

Profit sharing 分紅製（資本家給僱員部份紅利的欺騙手法）；利潤分配；利潤分成；利潤分配

Profit squeeze 套取利潤；利潤縮減

Profit taking 獲取利潤；實現利潤；套購牟利；見利拋售；見利補進

Profitability 獲利能力；盈利性；盈利率；利潤原則

Profitability of foreign trade to national economy 國民經濟對外貿易的盈利性

Profitability ratios 獲利能力比率

Profiteer 牟取暴利的人；投機商人

Profiteering 牟取暴利；不當得利行為（例如利用通漲價格或戰爭時機銷售必需品牟利）

Profit-making year 獲利年度，營利年度

Profit-price spiral 利潤價格螺旋

Profit-related pay 〔英〕與營業利潤掛鈎的工資（指如果按國內稅務署規定支付，僱員與公司營業利潤掛鈎的工資，其個人所得稅免半）

Profits a prendre 〔法〕共同用益權；土地收益權（指取得土壤或土地上的部份用益或產品，例如伐木、採礦和放牧權等）

Profits and losses 盈虧

Profits of fiscal monopolies 專賣利潤（財政壟斷的利潤）

Profits tax 利潤稅；利得稅；〔英〕利潤稅；國防稅

Profits Tax Section 〔香港〕利得稅處

Profit-sharing plan 〔美〕利潤分成計劃（指僱主與其僱員分享利潤以刺激生產積極性）

Profound implications 深遠的含義（指世貿組織成立之意義）

Profound institutional change 深刻的機構變革

Pro-free trade coalition 親自由貿易的聯合

Programme 規劃；計劃；方案；綱領；項目；〔電腦〕程序表

Programme budgeting 設計預算編制；產出預算

Programme loan 〔世行〕計劃貸款（指世界銀行對借款國的一種貸款類別）

Programme of action 行動綱領

Programme of Action on the Establishment of a New

International Economic Order　建立國際經濟新秩序的行動綱領 (1974 年)

Programme of Aid to Families with Dependent Children (AFDC)　〔美〕對有子女負擔家庭的補助方案

Programme of external and domestic policy measures　國內外政策措施計劃 (方案)

Programme of work　工作日程；工作計劃

Programme-based budgeting　按計劃編制的預算

Programmes to private state-owned firm　私營國有公司的規劃

Progress in liberalisation international transactions　國際交易自由化的進展 (放寬國際貿易限制方面的進展)

Progress report　進度報告

Progressional taxation　累進課稅

Progressive abolishment of state trading　逐步廢止國營貿易

Progressive codification　前進法典編纂

Progressive development　逐漸發展

Progressive development of international law　國際法的逐漸發展

Progressive dismantling of obstacles and restrictions to world trade　〔世貿〕逐步消除國際貿易障礙和限制

Progressive dismantling of obstacles to trade　〔世貿〕不斷清除貿易的障礙

Progressive income tax system　累進所得稅制

Progressive interpretation　漸進的解釋

Progressive liberalisation　〔關 / 世貿〕逐步放寬限制；逐步自由化 (主要確定了服務貿易自由化的進程安排和具體承諾表之標準，規定各成員尤其是發展中國家服務貿易自由化的原則及其權利)

Progressive liberalisation of trade in services　逐步放寬服務貿易的範圍；逐步使服務貿易自由化

Progressive rate　累進稅率

Progressive stage system　〔英〕(監獄囚犯管理上的) 漸進階段制

Progressive surtax　累進附加稅

Progressive tax　累進稅

Progressive taxation　累進稅制，遞增稅制

Progressivity of a tax　稅的累進性

Progressivity　進展性；發展性；累進性

Prohibit　v. 禁止；阻止；取締

Prohibit any Member country from imposing unilateral sanctions against another Member country　〔世貿〕禁止任何成員國對另一成員國進行單方面的制裁

Prohibit export of narcotic drugs, poisons, materials containing state secrets precious and rare animals and plants　〔中〕禁止出口麻醉品、毒品、包含國家機密材料、貴重和稀有動植物

Prohibit export subsidies　禁止出口補貼

Prohibit monopolies and exclusive service providers　禁止壟斷和專營的服務供應商

Prohibit or restrict the importation of certain commodities　禁止或限制特定商品的進口

Prohibited area　禁區

Prohibited article　違禁品

Prohibited degrees　禁止通婚親等

Prohibited goods　禁製品；違禁品；禁止進口的貨物

Prohibited immigrant　違禁入境的移民

Prohibited list　拒絕承保險別表，拒保危險表

Prohibited maritime traffic of war　戰時禁止海運

Prohibited means of warfare　違禁戰爭方法 (禁用的戰爭方法)

Prohibited risk　拒保風險

Prohibited security zone　安全禁區

Prohibited subsidies　〔世貿〕禁止性補貼 (指除農產品協議中規定者外，反傾銷協議規定，成員方在法律上或事實上僅按出口業績或僅將使用本國產品替代進口及其作為多種條件之一而提供有條件的補貼均屬禁止之列)

Prohibited transport　被禁止的運輸

Prohibited zone　禁區

Prohibiter　禁止者；阻止者

Prohibition　禁止令；禁止審理令 (指上級法院禁止下級法院審理不屬其管轄的案件。此詞不同於 "injunction"。前者既禁止法院也禁止敵對當事人對無管轄權訴訟案件的審理)；〔美〕禁酒令 (指 1920 年憲法第 18 條修正案，禁止銷售和運送烈性酒令，1933 年廢止)；〔英〕禁酒 (指禁止生產、銷售和運輸含酒精的飲料)

Prohibition against bills of attainder　禁止公權喪失法案

Prohibition against ex post facto laws　禁止溯及既往法

Prohibition law　〔美〕禁酒法

Prohibition of abuse of rights　禁止濫用權利

Prohibition of arrangement of marriage by pictures　禁止照片結婚

Prohibition of double jeopardy　禁止兩次危險

Prohibition of forced labour　禁止強迫勞動

Prohibition of illegal use of force　禁止非法使用武力 (指國際法上禁止在國際關係中使用武力和武力威脅，尤指侵略和侵略戰爭)

Prohibition of payment　支付的凍結

Prohibition of publication　禁止發行

Prohibition of the manufacture, sale or transportation of intoxicating liquors　〔美〕禁止釀造、銷售或運輸酒類的法律

Prohibition party　〔美〕禁酒黨

Prohibition term　禁止期限

Prohibitive　禁止性的

Prohibitive duty　禁止性關稅；高額關稅 (指對進口商品課以高額關稅，旨在限制某種商品的進口)

Prohibitive duty on imports　禁止性進口關稅

Prohibitive impediments　禁婚條件；禁止性妨礙

Prohibitive import duties　禁止性進口稅

Prohibitive measure　禁止性措施

Prohibitive rate　禁止性稅率

Prohibitive subsidy　〔世貿〕禁止使用的補貼 (指世貿組織成員國不得授予也不維持的補貼)

Prohibitive tariff　禁止性關稅 (保護性貿易，對外國進口商品課以重稅)；抑制關稅 (指關稅稅額大大超過進口貨物成本與國內生產同類貨物成本的差額，使進口成為不可能時關稅)

Prohibitory injunction　法院禁止令

Project aid　項目援助；計劃型援助

Project appraisal　項目評估；項目評價

Project assistance　項目援助

Project audit 項目審計

Project basis 計劃基礎

Project cost control 項目成本管理 (項目成本控制)

Project cycle 〔世行〕項目週期 (指世行貸款時對項目進行鑒定、準備、評估、談判、簽訂貸款協議、項目的實施、監督以及項目執行效果評估等制訂的一整套項目貸款機制的一個環節)

Project financing loan 項目貸款

Project fund 項目基金

Project implementation and follow-up 〔世行〕項目實施及其後續的措施

Project implementation and supervision 〔世行〕項目的實施與監督 (為世行貸款機制的一個環節)

Project lending 項目貸款 (行為)

Project loan 〔世行〕項目貸款 (指世界銀行對會員國的項目給予的貸款之謂)

Project monitoring 項目監測 (行為)

Project package deal 項目一攬子交易

Project performance audit report 項目業績審計報告

Project protectionism 〔世行〕項目保護主義 (意指世行中有一種主張傾向贊成使用關稅、配額、稅收減讓或補貼等手段推行項目投資貸款)

Projet 〔法〕草案，方案；計劃，規劃；〔際〕(條約、公約) 草案

Projet de loi 〔法〕議案；法案；法律草案

Projet de Reglement pour la Procedure Arbitrale Internationale 〔法〕國際仲裁程序條例草案 (1875 年)

Prolicide 殺害嬰兒 (指婦女殺害 12 個月以下嬰兒，毀滅其後代)；毀滅子孫，毀滅人類後代

Proliferating preferential arrangement 激增優惠協定

Proliferation 擴散

Prolixity 冗長的陳述；冗長失當 (辯護詞或證明中陳述不必要的事實；指宣誓書之冗長有可能使其從案卷中剔除；在抗辯訴訟中可能使犯法方支付費用)；冗長；累贅

Prolocutor 〔英〕(貴族院) 議長；(教士會議) 議長；(尤指英國教教區評議會下院) 主席；代言人；發言人

Prolong the suspension of the release of the goods 〔世貿〕延長中止貨物的放行

Prolongation 延期；延長契約履行的期間；保險契約的延期

Prolongation clause 延長定期租船契約條款 (規定須在租約屆滿前書面通知船東的條款)

Prolonged blast 拖長的暴炸 (指船舶碰撞爆炸時間長達 4-6 分鐘)

Promation roll 提升表；晉級表

Promise *v. & n.* I. 允諾；約定 (指一方向另一方自願約定做或不做某事，其與 "contract" 不同。後者涉及雙方共同的主張；前者只是單方自願的約定)；II. 諾言；承諾，允諾；〔蘇格蘭〕約定字據

Promise of marriage 婚約；定婚；婚姻預約

Promisee 受約人

Promisor 立約人；要約人；允諾人

Promissory 含承諾的；構成允諾的，允諾性的約許；約定的，訂約的；約定支付的

Promissory estoppel 不得反悔的允諾；不容否認的承諾

Promissory fraud 允諾性欺詐

Promissory note (P/N) 本票；期票 (其與 "bill of exchange" 不同，前者開發期票人稱為 "出期票人"，受票方稱 "收款人"，而後者為 "匯票"，開票方稱作 "發匯票人"，受票方作 "受領人")

Promissory oath 承諾性的宣誓

Promissory representations 承諾性說明；承諾事項的陳述

Promissory warranty 約定擔保；〔保〕承諾性保證 (指承保人在某種特定條件下保險單上承諾的險給予絕對保證擔保)

Promote and support domestic production 促進支持國內生產

Promote application 促進運用

Promote commercial, travel, science, technology, cultural and educational exchanges 〔領事〕促進商務、旅遊、科技、文化和教育的交流

Promote domestic structural changes 〔關貿〕促進國內結構改變

Promote economic growth through trade and protection of the environment 通過貿易與環境保護促進經濟增長

Promote economic reform and opening of economy 促進經濟改革和經濟開放 (促進經濟改革開放)

Promote effective and adequate protection of intellectual property rights 〔世貿〕促進對知識產權有效和充分的保護

Promote export expansion 促進擴大出口

Promote long-term stability of prices 〔關 / 世貿〕促進價格的長期穩定

Promote regional development 促進區域性發展

Promote regional development and foreign investment 促進區域發展和外國投資

Promote the adoption of EU norms and standards 推動採用歐盟的規範和標準

Promote the balanced expansion of world trade 〔基金〕促進世界貿易均衡發展

Promote the exportation of automobiles 促進汽車出口

Promote the long range balanced growth of international trade 〔世行〕促進國際貿易長期均衡增長 (世行基本任務之一)

Promote the maintenance and improvement of earning of developing countries 〔關 / 世貿〕促進發展中國家維持和增加收益

Promote the sale (of) 推銷；促銷

Promote trade-related investment at home and abroad 〔關貿〕促進國內外與貿易有關的投資

Promote *v.* 推動；促進；推廣；推銷；提升；振興；發起，創立；創辦起；晉升；耀升

Promote world-wide environmental protection 促進世界範圍的環境保護

Promoter 人民公訴起訴人；(企業) 創辦人；推銷商；〔英〕(刑事訴訟) 告發人 (現只用於教會訴訟案件)；提案人 (指個人或公司法人向議會提出並獲通過的)；發起人 (指為修建鐵路或其他公共目的而提出的)

Promoter's stock 發起人股 (份)

Promoter's share 發起人股 (份)

Promoting the office of judge 擢升法官之職；擢升法官職位

Promotion Association of A Long March to China Qualification 中國質量萬里行促進會

Promotion choice 發展選擇

P

Promotion expense 創辦費；開辦費；籌備費；推銷費（指推銷新產品和宣傳廣告費用

Promotion money 發起酬金（指獎賞創辦新公司者）

Promotion of Mining Act 〔美〕採礦獎勵法（規定只許美國公民或歸化民才有開採和租賃之權）

Promotion of personnel 人員晉升

Promotion process 〔領事〕晉升程序

Promotion rate 晉升比率

Promotion roll 晉升表；晉級表

Promotion worker 推銷員

Promotional costs 推銷成本

Prompt *a. v. & n.* I. 立即的；迅速的；即期的；即付的；當場交付的；II. 振起；激起；推動；立即行動；III. 領款單；付款期限；付款期限協定

Prompt cash payment 即期付現；立即付款

Prompt date 交割日

Prompt delivery 即時交貨；即送；限時專送

Prompt goods 當場交貨的商品

Prompt note 即期支票；期貨金額及交割日期通知單；債務到期通知單

Prompt renewal 迅速延期

Prompt review 立即審核；立即複審

Prompt shipment 即期裝船；迅速裝運

Promptly execute a request for assistance 〔領事〕迅速執行協助請求

Promptly inform the Requesting Party of the outcome of the execution of the request 〔領事〕將執行請求的結果迅速通知請求方

Promulgate *v.* 頒佈；公佈

Promulgate a constitution 頒佈憲法

Promulgate a decree 公佈法令；頒佈法令

Promulgate Regulations and Procedures on Anti-Dumping and Countervailing Duties 〔中〕頒佈了反傾銷和反補貼稅條例和程序（1997 年）

Promulgation 公佈；頒佈

Promulgation of a Law 〔英〕法律的公佈

Promulgator 頒佈者；公佈者

Pronounce *v.* 宣佈；宣告；聲明；宣判（在法庭宣佈判決或判刑）

Pronounce a judgment 宣判

Pronounce sb. guilty 判決某人有罪；宣判某人有罪

Pronounce sb. not guilty 判決某人無罪

Pronounce sentence 宣判刑罰

Pronouncement 宣判；宣佈；聲明

Pronouncement of sentence 刑事判決的宣告

Pronunciation 〔法〕判決

Proof （口頭或書面）證明；證據；物證；〔蘇格蘭〕法官單獨聽審證據

Proof beyond a reasonable doubt 排除合理懷疑的證明；證實無可置疑（刑事案件所要求的證據標準）

Proof of birth 出生證明

Proof of citizenship 國籍證明；公民資格證明

Proof of claim 索賠證明；債權申報金額（指在破產訴訟中和遺囑檢證訴訟中，償還債權人所欠金額清單）

Proof of death 死亡證明

Proof of debt 債權證明（指債權人諸如以宣誓陳述書的某種

規定方式正式確認其破產債權）

Proof of foreign law 外國法的證明

Proof of Fund (POF) 資金證明

Proof of loss 〔保〕損失證明（保險單所有人向承保人正式陳述其損失情況以便據此確定賠償額）

Proof of material injury 物質損害的證據（實質性損害的證據）

Proof of nationality 國籍證明（國籍證據）

Proof of one's guilt 證明某人有罪

Proof of product (POP) 產品證書

Proof of service 送達證明（指傳票送達員已把傳票送達給被告的送達收據的證明）

Proof of status 身份證明

Proof of the facts 事實證據

Proof of will 遺囑檢驗（本術語義同 "probate"，彼此可相互通用）

Proof reading 校對；核對

Proof to the contrary 反證；反面證據；相反的證據

Propaganda 宣傳；宣傳手段

Propaganda against peace 危害和平的宣傳

Propaganda centre 宣傳中心

Propaganda of war 戰爭宣傳

Propaganda warfare 宣傳戰

Propensity 傾向；嗜好；癖好

Propensity to consume 消費傾向；消費習性

Propensity to save 儲蓄傾向；儲蓄習慣

Proper 適合的；適當的；恰當的；正確的；特有的；特別的；專門的 (to)；正確的；有充分理由的；固有的；本身的

Proper care 適當的注意（指在類似的情況下，一個謹慎的人理應給予照管的程度）

Proper evidence 適當證據；可採納的證據（指依據法律規則並為法院所承認的為可採納的證據、實質性的、有關連的證據）

Proper feuds 〔英〕真正的封地；原始封地（由軍人或服兵役者所掌控）

Proper journal 特別日記賬

Proper jurisdiction 〔蘇格蘭〕法官職務上具有當然的管轄權

Proper law 〔英〕准據法（國際私法用語，但其尚未被英國法學界所接受）

proper law of contract 〔英〕合同自體法（意為"自治說與最密切聯繫說"的有機結合，是自英國司法實踐中發展起來的合同法律適用體系，是意思自治說與最密切聯繫說的有機結合，以意思自治說為基礎，以最密切聯繫說進行補充，完善了合同法律適用的體系）

Proper law of the torts 侵權行為自體法

Proper lookout 適當留神（指駕車時特別留神之謂）

Proper name 名；教名

Proper party 〔美〕合適的當事人（指與訴訟標的有利害關係的人，區別於必要的當事人）

Proper trial 正當審判

Properly payable （受票一支付銀行）應支付的

Property and assests of the Fund 國際貨幣基金組織的財產和資產

Property claim 產權主張；關於財產損害之訴

Property collectively owned by the labouring masses 〔中〕勞動羣眾集體所有的財產

P

Property dispute 財產糾紛

Property for public service 公用財產

Property held for sale 待售財產

Property in action 回復財產權之訴 (指一旦被拒絕交付只有通過訴訟才能得以回復的物權。例如在銀行的存款和債券上到期的款項等。其反義詞為 "chose in possession")

Property in custodia legis 法院管理下的財產；法院依法扣押和佔有的財產

Property in land 土地所有權

Property income 財產收入

Property insurance 財產保險

Property life insurance 財產壽命保險

Property of legacy 遺產

Property of local self-government 地方自治政府的財產

Property of the debtor 債務人的財產

Property of the state 國家財產；國有財產

Property owned by the village 村有財產

Property owned by the whole people 〔中〕全民所有的財產

Property owner's indemnity 業主責任保險；財產所有者責任保險

Property preservation 財產保管；財產保存

Property protection 所有權的保護 (指財產所有權被侵害或妨礙時受到國家法律保護)

Property qualification 財產資格 (資產階級國家選舉權的條件)

Property register 財產登記簿 (冊)

Property right 財產權；產權

Property risks 財產風險

Property settlement 〔美〕財產分割協議 (指離婚訴訟中夫妻雙方就分配結婚期間雙方所有的財產，包括丈夫定期或一次性總付給妻子的款項的協議書)

Property tax 財產稅 (包括動產和不動產的)；〔香港〕物業稅 (含動產和不動產)；〔英〕土地收入稅

Property tax exemption 財產稅豁免

Property torts 〔美〕財產性侵害行為 (指涉及對動產和不動產的傷害和毀損)

Property value 財產價值

Property, plant and equipment 財產、廠房及設備

Property 財產 (含動產和不動產、有形的和無形的財產，以及金錢等物品)；所有權 (財產所有權可分為絕對的、有限的和佔有的三大類)；(房) 地產 (含土地，房屋)

Prophylactic reprisals 預防性報復

Propinquity 〔美〕血親；(血統上的) 近親關係；接近；近鄰；相似；近似

Propios 〔西、墨〕(城鎮) 公共用地

Propone v. 提出；提供；出示；陳述

Proponent 提議人；提出人；建議人

Proponent bank 〔香港〕提出建議書的銀行

Proponent of a will 提出檢驗遺囑人

Proportion of births to the population 人口生育率

Proportional form 按比例投保單 (詳列要求保險種類明細表並由要保人寄給承保人收)

Proportional reduction 按比例減少 (降低)

Proportional reinsurance 比例再保險

Proportional representation 比例代表制 (法)

Proportional tax 比例稅

Proportionality 比例性；相稱性

Proportionality test 均衡標準 (指環保公益與貨物自由流通相統一的標準)

Proportionate 成比例的；均衡的；勻稱的；相稱的

Proposal 發起；建議；提議；提案；求婚；〔保〕投保書；〔美〕投標

Proposal form 投保單

Proposal offer 〔香港〕建議書 (又稱 "要約" 約)

Proposal prevailed by a large margin 大幅度獲勝的提案

Proposal right 提案權

Proposal to create a WTO by Canada's trade minister, John Crosbie 加拿大貿易部長約翰·科羅斯貝提議創立 "世界貿易組織"(科羅斯貝於 1990 年 4 月為成立 WTO 的第一個倡議人)

Proposals of peace 和平建議

Propose v. 求婚；提議；建議；推薦

Propose to introduce a particular conformity assessment procedure 提議採用特定合格評定程序 (指現行國際標準化評定程序之一)

Propose to invoke the safeguard action 〔世貿〕提議援引保障措施

Proposed convention 擬議中公約

Proposed decision 擬議的決定

Proposed defendant 〔香港〕設想的被告

Proposed law 法案

Proposed measure 建議措施；擬議的措施

Proposed plaintiff 〔香港〕設想的原告

Proposed project 建議方案

Proposed Regulation (Prop. Reg.) 〔美〕試行規則；條例草案 (規章草案)

Proposed resolution 建議的決議

Proposed restraint level 擬議的限制水平

Proposed suspension of concessions and other obligations 〔世貿〕擬議的減讓和其他義務的中止 (意指諸如關稅減讓等應報由貨物貿理事會決定)

Proposer 動議人；提議人；提名人；申請人；〔保〕要保人；投保人

Proposition 要約；建議；提案

Propositional bill 建議案

Propound v. 提請檢驗遺囑；提出；提議；建議

Propounder 〔英〕提出真實遺囑者 (作為遺囑執行人或聲稱附有遺囑的管理人在家事法庭或衡平法庭提出主張)；提議人；提出人；陳述人

Proprietary a. & n. I. 所有人的；業主的；所有權的；財產的；專有的；專賣的；II. 所有人；業主；所有權；〔美〕(獨立前，英王特許獨佔賓夕凡尼亞州和馬里蘭州的) 業主；專賣藥

Proprietary action 關於土地所有權的訴訟

Proprietary articles 專利品；專賣產品

Proprietary capacity 〔美〕(市鎮) 經濟功能

Proprietary capital 業主資本

Proprietary chapels 私有小教堂

Proprietary colony 〔美〕(獨立前，英王特許領主) 獨佔的殖民地

Proprietary company 控股公司，持股公司 (佔有其他公司

股票的全部或幾乎全部的）；〔英〕獨佔公司（股票由經營人支配，不向外界發售）；土地興業公司；〔澳〕私營公司

Proprietary duties　〔美〕市政府職責

Proprietary functions　〔美〕（市政府）經濟職能

Proprietary insurance　營利保險

Proprietary interest　所有者權益；業主權益（財產及附隨於該財產權的所有者的利益）

Proprietary lease　〔美〕業主租約

Proprietary name　專利商標名稱

Proprietary possession　自主佔有人

Proprietary relation　〔香港〕（有效的）產權關係

Proprietary remedy　所有權的救濟；〔香港〕所有權的補救

Proprietary rights　〔美〕（業主）所有權；所有權權利；財產權

Proprietary technology　專利技術；具有產權的技術

Proprietate probanda　扣押為自己的財產（指債權人稱其財產已被扣押於債務人財產中）

Proprietor　所有人；所有權人；業主；〔美〕（獨立前，英王特許獨佔某塊殖民地的）領主

Proprietorship　〔美〕獨資企業（通常指非法人的、一人擁有並管理的獨資企業）；資本主權，所有權（指非公司組織形式企業業主的所有權）；投資額；資本淨值

Propriety　財產（殖民地時期麻薩諸塞州用語）；〔英古〕財產；訴訟中的財產；佔有的財產；混合的財產；（行為等）妥當；得體；合宜；合禮；〔複〕禮節；禮儀

Pro-protection forces　親貿易保護制度的勢力；親貿易保護主義勢力；贊成保護貿易制度的勢力

Pro-protection veto players　親貿易保護制度的否決權遊戲者

Prorated cost　分攤的成本；攤派的費用（按比例分配的費用）

Prorogated juisdiction　協議管轄；合意管轄（指由於雙方當事人明示或默示同意而授與某國法院管轄權審理涉外民事案件）

Prorogation　〔英〕（議會等）閉會，休會；授予管轄權；延期租約；延期；展期

Prorogation of Parliament　〔美〕議會休會（指本屆議會閉會）

Prorogue　v. 休會（使議會、國會閉會）

Prosaic reason　平常的理由

Proscribe　v. 公佈（死囚等）的姓名；剝奪…的公權，使失去法律保護；充軍，放逐；排斥；禁止

Proscribed　〔羅馬法〕懸賞；購求罪犯首級者；被剝奪公權者

Proscription　剝奪公權；放逐；問罪；排斥；禁止；〔羅馬法〕公敵宣言

Prosecute　v. 告發；檢舉；追訴；實行；執行；進行；〔美〕提起公訴；進行刑事訴訟

Prosecute a claim　提出權利主張；索償（指依法提出賠償要求）

Prosecute sb. for theft　告發某人犯盜竊罪

Prosecuting and Defence Counsel　〔香港〕控辯雙方的律師

Prosecuting attorney　〔美〕檢察官（代表州政府或公眾處理每個司法區、巡迴法院或縣裏的刑訴案件的官員）；控方律師（指代表政府或人們進行刑事訴訟案件）

Prosecuting officer　檢察官；公訴人

Prosecuting State　追訴國

Prosecuting witness　控方證人（指人身或財產受到主要傷害的當事人提出控告和證據，例如搶劫、毆打等等）

Prosecution　檢舉；起訴；追訴；刑事起訴；公訴方；控告方；經營；實施；從事

Prosecution history estoppel　（專利）經營史不容否認（指限制專利求償範圍）

Prosecution of the bribery of a foreign public official　告發賄賂外國公務員

Prosecution witness　控方證人

Prosecutor　公訴人；檢舉人；檢察官

Prosecutrix　女檢察官；女公訴人

Prospecting　探礦；勘探

Prospecting claim　〔澳〕給予金礦發現者的特權

Prospecting permit　探礦執照

Prospective　預知的；預期的；未來的；將要發生的

Prospective adoptive parent　預期的養父；擬定的養父

Prospective damages　預見到的損害賠償；可預期的損害賠償金（在提起訴訟的當時，對於預見到其後可能發生的損害要求賠償）；〔香港〕預期性的賠償

Prospective law　無追溯力的法律（只適用於頒佈後將來案件的法律）

Prospective liabilities　可預期的債務

Prospective rating　預期法（計算保險費率的方法）

Prospectus　招股書；招股說明書；募股說明書；招股章程；證券推銷書（指介紹證券公司財務和發行股票、證券情況以招徠認購人）；籌款啟事

Prosper alone　一枝獨秀（指一國經濟獨個繁榮而言）

Prosperity of developing countries　發展中國家的繁榮

Prostitute　n. & v. I. 娼妓；出賣貞節的行為（指從事濫用才幹等不名譽的事情）；賣淫者；皮條者；II. 賣淫，拉皮條，使淪為娼妓；出賣，濫用（才能）

Prostitution　賣淫；賣淫罪

Protect　v. 保護；保障；防衛；課稅（指對進口物資徵收保護性關稅以保護國內工業）；備付；（期票等的）準備支付金

Protect and preserve the environment　保護和維護環境

Protect citizen's rights of the person　保護公民個人權利

Protect competitors　〔世貿〕保護競爭者（世貿組織反傾銷宗旨）

Protect confidential business information　保護秘密的商業信息

Protect confidential information　保護機密信息

Protect confidentiality of individual records and accounts　〔世貿〕保護個人檔案和賬目的機密（性）

Protect criminals　包庇罪犯

Protect defendant　保護辯護人；保護被告

Protect employment　保護就業

Protect foreign investments　保護外國投資

Protect human, animal or plant life or health　〔關貿〕保障人民、動植物的生命或健康

Protect in the receiving State the interests of the sending State and its nationals　〔領事〕保護在接受國內的派遣國國家及其國民的權益

Protect infant industry　保護幼稚產業

Protect public morals　維護公共道德

Protect socialist property　〔中〕保護社會主義財產

Protect state's interests　保護國家利益

P

P

Protect the markets from government interference 保護市場不受政府的干預

Protect the ozone layer 保護臭氧層

Protect the privacy of individual in processing of personal data 保護在處理個人資料中的個人隱私

Protect the privacy of individuals in relation to the processing and dissemination 〔世貿〕保護與個人資料的處理和擴散有關的個人隱私

Protected national or regional sites 國家或區域保護地點

Protected person 被保護人

Protected personnel 被保護人員

Protected state 被保護國;受保護國;被保護邦

Protected trade 保護貿易

Protecting and indemnity clubs 保障賠償協會 (保賠協會)

Protecting employment 保護就業

Protecting power 保護國

Protecting state 保護國

Protecting State's interests 保護國家利益

Protection 庇護;保護;保障;〔英古〕特別豁免證 (由國王頒發給在王國之外而為王國效勞的海員等,有效期一年);〔美〕國籍證明書 (由公證員等發給為美國公民的海員和其他出國人員的豁免證書以免被強徵入海軍);貿易保護主義;貿易保護制度 (政府所採取包括關稅和非關稅的兩種措施以加強本國產品對外國產品市場上的競爭地位);〔英古〕特權令狀 (從前國王特免所有被告一年一次動產和不動產訴訟)

Protection against foreign trade risk 保障對外貿易風險;對外貿易損失保賠風險

Protection and indemnity clause 保障及賠償條款 (保賠條款)

Protection and indemnity club 保賠協會

Protection and indemnity insurance 保賠保險

Protection by anti-dumping 反傾銷保護

Protection forest 保護林

Protection of chip topography 芯片分佈圖的保護

Protection of citizens abroad 國外公民的保護 (國外僑民的保護)

Protection of commercial interests 保護商業利益

Protection of core labour standards 〔世貿〕保護核心的勞動準則 (標準)

Protection of foreign investment 保護外國投資

Protection of import-competing industries 〔世貿〕保護進口競爭工業

Protection of infant industry 〔關貿〕幼稚產業的保護 (指政府應補貼處於萌芽狀態的新技術、新行業、新產品、高技術產品需要以進口關稅加以保護的對國計民生有重大影響或具有發展潛力的本國工業而言)

Protection of intellectual property 〔世貿〕保護知識產權

Protection of intellectual property rights 保護知識產權的權利

Protection of layout designs of integrated circuit 集成電路佈局設計的保護

Protection of minorities 保護少數

Protection of national sovereignty 保護國家主權

Protection of nationals and corporate enterprises of the sending State 〔領事〕保護派遣國國民和法人企業

Protection of ozone layer 保護臭氧層

Protection of persons giving evidence or assisting in investigations 〔領事〕保護證人或協助偵查人員

Protection of right variety 保護權利的多樣化

Protection of the confidential information 保護機密資料

Protection of the fellow-nationals and interests abroad, afford them such reasonable assistance 〔領事〕保護海外僑胞及其利益並給予他們合理的協助

Protection of trade and commerce 保護貿易和商業;貿易保護與商業

Protection of Trading Interests Act 〔英〕保護貿易利益法 (1980 年)

Protection of well-known trademarks 馳名商標的保護

Protection of Women and Juveniles Ordinance 〔香港〕保護婦孺條例 (規定:1. 與 16 歲以下少女發生性行為是違法的;2. 16 歲以下人不准結婚;3. 16-21 歲者結婚須徵得父母或監護人同意;4. 離婚申請須自結婚之日起三年滿方可提出,但情況特殊者例外)

Protection order 〔美〕保護令 (為了保護被丈夫遺棄的妻子;為保護被父母虐待的子女,法院有權發佈的命令)

Protection personnel 保安人員;警衛人員

Protection standards 保護準則;保護的標準

Protection, surveillance and buffer zones 〔世貿〕保護、監測和緩衝區 (指避免傳染病傳入或擴散等的措施)

Protectionism 保護貿易政策;保護 (貿易) 主義;〔美〕保護貿易主義;保護貿易制 (指高築貿易壁壘和抬高本國與外國同類產品的價格以阻攔外國產品進口)

Protectionist act 貿易保護主義的行為

Protectionist bias in trade policy-making 貿易決策者的保護主義偏向

Protectionist forces 保護貿易主義勢力

Protectionist groups 保護貿易主義集團

Protectionist policy 保護貿易政策;保護 (貿易) 主義政策

Protectionist pressures 保護貿易主義的壓力

Protectionist-oriented 保護貿易主義取向的 (指美國商務部)

Protective action 保護行動

Protective committee 保護性委員會 (指公司清算或重新組合時而由指定的股東和優先股證券持有人組成,以保護其權益)

Protective custody 保護性拘留 (指對醉酒者或精神病人及吸毒癮者)

Protective detention 保護性拘留

Protective devices 保護方法;保護性裝置

Protective duties 保護義務;〔關貿〕保護關稅;保護性關稅 (指總協定締約國為保護本國市場及工農業產品為主要目的而對進口商品徵收的關稅)

Protective duty 保護性關稅;保護義務

Protective emblem 保護標誌

Protective import duty 保護性進口稅

Protective jurisdiction 保護性管轄權

Protective law of structure 建築物保護法

Protective measure 保護措施;保全措施 (指為保全當事人權益,法院可依一方當事人的申請作出臨時凍結或扣押對方財產的措施);保安措施

Protective order 保護性命令 (指法院發出保護某人不再受騷擾的命令)

Protective ozone layer 保護臭氧層

Protective principle 保護性原則

Protective sign 保護記號

Protective signal 保護信號

Protective system 保護貿易制

Protective tariff 保護性關稅（指保護本國工農業生產為主要目的而徵收的關稅）

Protective trade 保護性貿易（指憑藉國家權力，採取各種措施來保護一國的對外貿易）

Protective trade policy 保護性貿易政策

Protective trust 保護性信託（指終生或比終生短一點的信託，包括防止債權人和自願轉讓的剝奪條款）

Protective zone 保護區

Protector 保護者；攝政者；〔英〕護國公

Protector of settlement 〔英〕繼承財產的保護人（指依英國不動產法，經剩餘地產所有人同意指定由不超過 3 人組成）

Protectorate 〔英〕護國主時期（尤指 1653－1659 年英國克倫威爾父子攝政時期）；攝政政體；保護國（強國對弱國的保護關係）；攝政者的職位（或任期）；〔際〕被保護國；被保護領地；保護權（對被保護國行使的權力）；保護關係

Proted coin 〔英〕受保護的硬幣（傳統上在一國內作為通貨使用）

Protege 〔法〕被保護人

Protest fee 拒付手續費；拒付證書費（指銀行或其他金融機構對提示的票據不能收賬時所要求支付的費用）

Protest for non-acceptance 拒絕承兌證書

Protest for non-payment 拒絕付款證明書；拒付證書

Protest *n. & v.* I. 拒絕證書；拒付證書（指拒絕承兌或見票即付匯票的拒絕付款證書，應於提示承兌或付款期間內作成，其他拒絕付款證書應於匯票到期日後兩個營業日之內作成。匯票的持票人對背書人及出票人的追索時效為一年，從拒絕證書作成之日起算；背書人之間及背書人對出票人之訴訟時效為 六個月，自背書人作出清償之日或背書人被起訴三日起算；匯票上一切訴訟權利，對承兌人是三年，從匯票到期日起算）；船長證明書；船長海事報告書；〔英〕抗議書（指少數貴族議員不同意貴院的決議，並可將其不同意見記錄於《議院記事錄》中）；II. 反對（關係人對其要履行的行為）；抗議（和 against 連用）；異議；聲明；宣佈；拒兌（票據等）

Protest vote 反對票

Protestant 抗告人；抗議人；持異議者；〔英〕新教徒；耶穌教徒；基督教徒

Protestator (or protester) （匯票等的）拒付者；被拒付（期票）者；抗議者

Protested case 抗訴案件

Protesting party 抗議方；被拒付方

Prothonotary 〔美〕（賓夕凡尼亞州法院）首席書記官

Protocol 〔際〕（對條約等修正或補充的）議定書；會議記要；會議備忘錄；（外交）禮儀；典禮；（條約等的）草案；草約；〔美〕（國務院）條約司；（法國）外交部禮儀局；〔香港〕協議

Protocol Additional to the Geneva Conventions of 12 August 1949, and Relating to the Protection of Victims of International Armed Conflicts (Protocol I) 1949 年 8 月 12 日日內瓦四公約關於保護國際性武裝衝突受難者的附加議定書（第一議定書，1977 年）

Protocol Additional to the Geneva Conventions of 12 August 1949, and Relating to the Protection of Victims of Non-International Armed Conflicts (Protocol II) 1949 年 8 月 12 日日內瓦四公約關於保護非國際性武裝衝突受難者的附加議定書（第二議定書，1977 年）

Protocol amending part I and articles 24 and 30 修正第一部份和第 24 條及第 30 條的議定書

Protocol amending the Slavery Convention signed at Geneva on 25 September, 1926 關於修正 1926 年 9 月 25 日在日內瓦簽訂的禁奴公約的議定書（1953 年）

Protocol book 〔蘇格蘭〕公證記錄簿

Protocol for the Prohibition of the Use in War of Asphyxiating, Poisonous or other Gases, and of Bacteriological Methods of Warfare 關於禁用毒氣或類似毒品及細菌方法作戰議定書（1925 年）

Protocol of 1981 〔關貿〕1981 年議定書（指第二次多種纖維協定於 1977 年期滿後各參加國談判達成延長該協定的議定書）

Protocol of 1984 to amend the International Convention on Civil Liability for Oil Pollution Damage, 1969 修訂 1969 年國際油污損害民事責任公約的 1984 年議定書

Protocol of 1984 to amend the International Convention on the Establishment of An International Fund for Compensation for Oil Pollution Damage, 1971 修訂 1971 年設立的國際油污損害賠償基金公約的 1984 年議定書

Protocol of Accession 加入議定書

Protocol of Amendment to the Warsaw Convention of 1929 1929 年華沙公約修正議定書（關於規定的限制商務航空運載工具責任的議定書，1955 年在海牙外交會議上修訂，1962 年 8 月 1 日生效）

Protocol of arbitration 仲裁議定書

Protocol of authentication 認證備忘錄

Protocol of conference 會議議定書

Protocol of interpretation 解釋議定書

Protocol of preliminary examination 預審備忘錄

Protocol of Provisional Accession (PPA) 〔關貿〕臨時加入議定書

Protocol of provisional application 臨時適用議定書；暫時適用議定書；〔關貿〕臨時適用議定書（自 ITO 夭折後，關貿總協定一直以「臨時適用」的狀態擔負著調整世界經貿關係的艱巨任務，步履維艱地走過了近半個世紀，直至 WTO 成立，完成了其可歌的歷史使命，其旨在使得關貿總協定創始締約國能夠納入其普遍的義務與利益的法律手段）

Protocol of ratification 批准議定書

Protocol of signature 簽字議定書

Protocol officer 禮賓官；典禮官

Protocol on Arbitration Clauses 仲裁條款議定書（1923 年）

Protocol on Non-Detectable Fragments (protocol I) 關於無法檢測的碎片的議定書（第一議定書，1980 年）

Protocol on Prohibitions or Restrictions on the use of Incendiary weapons (Protocol III) 禁止或限制使用燃燒武器議定書（第三議定書，1980 年）

Protocol on Prohibitions or Restrictions on the Use of Mins, Booby-Traps and Other Devices (Protocol II) 禁止或限制使用地雷（水雷）、餌雷和其他裝置的議定書（第二議定書，1980 年）

Protocol relating to a Certain Case of Statelessness 關於某種無國籍情況的議定書（1930 年）

Protocol relating to Military Obligations in Certain Cases of Double Nationality 關於雙重國籍某種情況下兵役義務的議定書（1930 年）

P

Protocol relating to the Status of Refugees　關於難民地位的議定書（1967 年）

Protocol to Amend the Convention for the Unification of Certain Rules Relating to International Carriage by Air Signed at Warsaw on 12 October 1929 (Hague Protocol)　修改 1929 年 10 月 12 日在華沙簽訂的統一國際航空運輸某些規則的公約的議定書（《海牙議定書》，1955 年）

Protocol to Amend the Convention for the Unification of Certain Rules Relating to International Carriage by Air Signed at Warsaw on 12 October 1929 (Hague Protocol)　修改 1929 年 10 月 12 日在華沙簽訂的統一國際航空運輸某些規則的公約的議定書（《海牙議定書》1955 年）

Protocol to Amend the International Convention for the Unification of certain Rules of Law relating to Bills of Lading (Visby Rules)　修改統一提單若干法律規則的國際公約的議定書（《維斯比規則》，1968 年）

Protocolar clause　形式條款

Protocols Extending the Arrangement Regarding International Trade in Textiles (1986)　國際紡織品貿易協議延長議定書（1986）

Protocols of the Madrid Agreement Concerning the International Registration of Marks　國際商標註冊馬德里協定議定書（中國於 1996 年加入）

Protonotary　〔拜占庭、英古〕首席書記官；〔澳〕州法院首席行政官；〔宗〕（基督教）主任書記；書記教士

Protracted negotiation　長時間的談判（馬拉松式的談判）

Provable　可證明的；可證實的

Provable debts　可證實的債務（指管理破產命令以前所見的債務）

Prove　*v.* 證明；證實；檢定；檢驗；查驗（證明證據的正確；證實破產債務，得以分派償還）；檢認（遺囑）

Prove a debt　破產債權的檢定

Prove a will　檢定遺囑；證明遺囑

Prove an alibi　提出不在犯罪現場的證據

Prove useful　證明有用

Proven　被證實的；已證明的

Proven renegade　證據確鑿的叛徒

Prover　〔英〕揭發同案犯（重罪犯人自認犯罪並舉他人犯罪以期減免自己罪刑者）

Provide　*v.* 撫養；贍養；供養（for）；規定，訂定；提供；供給；供應；給予；防備；作準備

Provide a certificate of the existence of that right　〔領事〕提供存在該項權利的證明書

Provide a copy of documents　提供文件副本

Provide a detailed written explanation　提供詳細的書面說明

Provide a forum for dispute settlement and negotiations　〔關貿〕為爭端解決和協商提供了一個論壇

Provide a framework for the implementation of the results of such negotiations　〔世貿〕提供實施此類談判結果的體制（框架）

Provide a meaningful remedy　提供富有意義的救濟

Provide a regular forum for consultation　為磋商提供經常性場所

Provide adequate justification　提供充分正當的理由

Provide advice and assistance　提供建議和協助

Provide aid in kind　提供實物援助

Provide an improved safeguards mechanism　提供優化的保障機制

Provide any assistance practicable　提供任何可行的幫助

Provide assistance to each other pursuant to other international agreements or otherwise　〔領事〕不妨礙雙方根據其他國際協定等相互提供協助

Provide balance of payments lending　〔基金〕提供國際收支差額的貸款；提供國際收支平衡的貸款

Provide complete and unambiguous information　提供全面而明確的信息

Provide copies of any official document or record　〔領事〕提供任何官方文件或者記錄的副本

Provide detailed information on the process and criteria　提供關於手續和標準的詳細資料

Provide different and more favourable treatment (to)　提供差別和更加優惠的待遇

Provide documentation of a business-confidential nature　提供商務機密性質的證明文書

Provide documents, records and articles of evidence　〔領事〕提供文件、記錄和證據物品

Provide due process　提供正當程序

Provide effective protection and assistance to arrested nationals　〔領事〕對被捕國民提供有效的保護和協助

Provide emergency assistance　提供緊急協助

Provide emergency diplomatic visa　提供緊急的外交簽證

Provide for rotation of its members at appropriate intervals　〔世貿〕規定其成員每隔適當時間進行輪換（指 TMB 成員）

Provide for the progressive liberalisation of trade in services　提供服務貿易的漸次自由化

Provide for the speedy, effective and equitable resolution of disputes　〔世貿〕提供快速、有效和公正的爭端解決辦法

Provide full explanation　提供全面說明（解釋）

Provide full GATT national treatment in respect of laws　提供關稅與貿易總協定國民待遇方面的整套法規

Provide full information (on)　提供全部信息

Provide greater uniformity and certainty (in)　提供更大的統一性和確定性

Provide incentives　提供獎勵

Provide job opportunity (for)　提供就業機會

Provide latitude sufficient (to)　提供充分的自由

Provide more certainty in the conduct of world trade　〔世貿〕對世界貿易的活動提供更大的可靠性（指世貿組織協調原產地規則機制的職能而言）

Provide policy-related discussion documents　提供與政策有關的討論文件

Provide price support　提供價格支持（指對廠家而言）

Provide special guidance on procedures for international judicial co-operation in civil and criminal matters　〔領事〕提供關於民、刑事國際司法合作程序上的特別指導

Provide the common institutional framework　〔世貿〕提供共同的體制框架

Provide the forum for negotiations　〔世貿〕提供談判的場所（指為雙邊和多邊貿易關係）

Provide the framework of rules for the international trading system　為國際貿易體系提供了一個規則框架（指《烏拉圭

回合》的多邊貿易談判的貢獻而言）

Provide the full text of the written application 提供書面申請的全文

Provide the same processing period and complaint procedures 提供同樣的加工期和控告程序

Provide venues for further negotiations 提供進一步談判的場所

Provide with proof of service 出具送達證明

Provide, upon request, that person's criminal record 〔領事〕提供該人在被請求方的犯罪記錄

Provided 除非；以…為條件；假如；倘若；如果

Provided by law 〔美〕依法規定的（用於憲法或國會制定法時的意思）

Provident fund 準備基金；節約儲備金；退休儲蓄基金

Province 省；行省；大行政區；州；〔英〕（農業部使用的）郡行政區；殖民地；附屬地；教省；大主教轄區；（醫學、法律等）領域；範圍

Province of Jurisprudence Determination, the 〔英〕法理學範圍的確定

Provincial committee 省行政委員會；州行政委員會

Provincial constitution 〔英〕主教教區憲章（指自亨利三世至五世時期坎特伯雷教區通過條令，其後亦被約克教區所採納）

Provincial courts 〔英〕教省法院（指坎特伯雷和約克郡的大主教轄區法院）

Provincial government 省政府

Provincial governor 省長

Provincial people's congress 〔中〕省人民代表大會

Provincial tax 地方稅

Proving a will 檢定遺囑

Proving executor （有）證明遺囑職務的遺囑執行人

Proving of the tenor 〔蘇格蘭〕證明謄本屬實（指遺失或毀損的契據可從其草本、副本或其他證據得以證明之訴）

Provision 〔美〕應變；預備；防備（預見未來發生的事件）；條文；條款；〔英〕聖職的委任；預先委任（指教皇對尚未出缺的聖職的預先委任）；〔複〕備付資金（匯票出票人撥付資金給受票人以供預計費用）；給養；糧食

Provision and transfer of financial information 金融信息的提供和轉讓

Provision of training and technical assistance 〔世貿〕培訓和技術援助規定

Provision of value of the quota or tariff rate quota 配額或關稅率配額的價值規定

Provision of volume of the quota or tariff rate quota 配額或關稅率配額的數量規定

Provisional 臨時的；暫時的；暫緩的；暫時性的

Provisional accession 暫時加入

Provisional account 臨時賬戶

Provisional administration 臨時行政

Provisional admission 臨時接納

Provisional agenda 臨時議程

Provisional agreement 臨時協定

Provisional anti-dumping duty 〔世貿〕臨時反傾銷稅（指在反傾銷調查開始時，進口產品的成員方為及時有效地保護其國內工業而對被初步確認因受到傾銷而造成損害的進口產品所徵的一種特殊稅，可以捐稅也可以支付現金或其他保證

金形式，但規定其數額只可等於或小於而不得大於預計傾銷的幅度）

Provisional application 臨時適用；〔關貿〕臨時適用；臨時運用

Provisional appointment 臨時任命；臨時委任

Provisional apprehension 臨時拘捕；臨時拘留

Provisional arrest 臨時羈押；臨時逮捕

Provisional assessment 臨時估稅額

Provisional assignee 臨時破產管理人（從前由破產法庭臨時委託至債權人正式委任破產清算人為止）

Provisional asylum 臨時庇護；臨時庇護所

Provisional attachment 假扣押；臨時扣押

Provisional budget 臨時預算

Provisional certificate （船舶）臨時證書

Provisional committee 臨時委員會

Provisional constitution 臨時憲法

Provisional contract 臨時契約

Provisional countervailing duties 〔世貿〕臨時反補貼稅；臨時反傾銷稅

Provisional court 臨時法庭（由被佔領區的軍事當局或其臨時政府成立的具有聯邦法院管轄權力）

Provisional credit 臨時信用貸款

Provisional custody 臨時拘留

Provisional custody of money 臨時保管的金錢

Provisional disposition 假處分

Provisional domicile 臨時住所

Provisional government 臨時政府

Provisional injunction 臨時禁制令；中間禁止命令（原告的權利確定前禁止被告進行爭論中的行為的命令）

Provisional international organisation 臨時性國際組織

Provisional judicial measure 臨時司法措施

Provisional liberation 假釋；暫時釋放

Provisional licence 臨時許可證

Provisional liquidator 臨時清算人；臨時清盤人

Provisional measure of protection 臨時保護措施

Provisional measures 臨時措施；〔世貿〕臨時措施（指按規定以與受到補貼進口產品的補貼數額相等的現金或債券作擔保的反補貼形式以防止在調整期間對本國同類產品發生損害，但其適用期不得超過四個月）

Provisional Measures of the People's Bank of China Concerning the Mortgage by Enterprises with Foreign Investment of Foreign Exchange for Renminbi Loans 中國人民銀行《關於外商投資企業外匯抵押人民幣貸款的暫行辦法》

Provisional order 〔英〕臨時命令（指由政府給公營企業下達的命令須待議會核准才能生效）

Provisional pass 臨時通行證

Provisional policy 暫時保險單；暫保單；預保單

Provisional premium 暫時保險費；預收保險費

Provisional prolongation 臨時延期

Provisional ratification 臨時批准

Provisional recognition 暫時承認

Provisional registration 臨時登記；假登記

Provisional regulation 暫行條例

Provisional remedy 臨時救濟

Provisional report 臨時報告

Provisional rules of procedure 暫行議事規則

Provisional safeguard measures 〔世貿〕臨時性保障措施 (指可臨時提高關稅以防止造成或正要造成對因進口產品而對國內同類產品工業的嚴重損害)

Provisional seizure 〔美〕臨時扣押 (按路易斯安那州法律稱為 "救濟" 其實性質上與其他州的 "財產扣押" 同義)

Provisional sovereignty 臨時主權

Provisional specification 〔英〕臨時說明書

Provisional tax 暫繳稅

Provisionally adopted 暫時通過

Provisionary 臨時的；暫時性的；暫定的

Provisionary injunction (provisional injunction) 臨時禁制令；中間禁止命令 (原、被告的權利確定前禁止被告進行爭論中的行為的命令)

Provisioning 〔基金〕物資供應

Provisions for Supervision and Control Over the Quality of Import Commodities 進口商品質量監督管理辦法

Provisions of Oxford 〔英〕牛津規約 (1258 年英國亨利二世時代瘋人議會為了防止國王違反大憲章而設立貴族委員會的憲法規定)

Provisions of the Ministry of Labour and Personnel of the P.R.C. on the Right of Autonomy of Enterprises with Foreign Investment in Hiring of Personnel and on Wages, Insurance and Welfare Expenses of Staff and Workers 〔中〕中華人民共和國勞動人事部《關於外商投資企業用人自主權和職工工資、保險福利費用的規定》

Provisions of the P.R.C. for Labour Management in Chinese-Foreign Joint Ventures 中華人民共和國中外合資經營企業勞動管理規定

Provisions on Capital Contribution of Sino-Foreign Equity Joint Ventures 中外合資經營企業合營各方出資的若干規定

Provisions on voting 〔關貿〕表決條款 (烏拉圭回合對此條款又做了修訂)

Proviso 但書；附文；附帶條件 (制定法和契據的保留條款，決定賣據的有效條件)

Proviso clause 限制性條款；保留條款

Proviso for cesser 終止條款 (指把做為債務的擔保或某財產上的長期租借權設定為信託時所訂立的條款，債務還清後或其他特定事項發生時，雖然期限未滿也可使租借權終止的決定)

Provisor 〔英古〕王室徵購官；伙食採辦人；聖職繼任人 (指帶俸牧師死亡前出缺位置由教皇預先委任)

Provisory clause 附帶條款；附文

Provocateur 〔法〕煽動份子

Provocation 激怒 (指陪審團在審理被控犯有謀殺罪案件中要查明被告是否因被他人言語行為或被他人言行所激怒而失去理智導致殺人的證據以便裁定)；煽動；挑撥；挑釁

Provocation and estrangement 挑撥離間

Provoke v. 刺激；挑釁；挑撥；煽動；激怒；引起

Provoked aggression 由挑釁引起的侵略

Provost 〔英〕大學校長；(牛津、劍橋某些學院) 院長；〔蘇格蘭〕市長；監獄看守；憲兵司令

Provost court 憲兵法庭

Provost guard 糾察隊 (與地方當局合作維持秩序並受憲兵司令管轄的)

Provost-Marshal 〔英〕憲兵司令 (掌管海軍犯人；監管陸軍和空軍警察犯人；戒嚴令時期拘捕懲辦罪犯，行刑亦歸他指揮的憲兵主任)

Proxemics 人類空間統計學

Proxies 〔英〕(向主教繳納的) 巡視費；代表 (如代表上議院或公司股東投票人)

Proximate 近似的；最接近的；緊接的；緊鄰的；貼近的；直接的；立即的

Proximate cause 近因；直接原因；直接產生結果的原因 (如意外事故對身體產生的傷害)

Proximate consequence 直接後果

Proximate damage 直接損害

Proximate result 直接後果

Proximity 接近；最近；貼近；親近；近親屬；血親關係

Proximity of blood 近親

Proxy 〔香港〕代表；〔英〕代理人；代表 (例如在上議院、破產債權人會議、公司股東會等會議上代表投票)；〔美〕代理委託書；授權書 (指授權代表他在股東大會上投票)；〔複〕(付給) 主教的巡視費

Proxy contest 投票權之爭；代表權之爭 (指上市公司股東為了控制公司而通過徵集、收購其他股東的投票權等方式以改變公司董事會組成人選)

Proxy marriage 代理婚姻 (由代表男方或女方或男女雙方的代理人代訂婚姻或舉行婚禮)

Proxy statement 代表權申明書；委託投票書 (指授權代表股東投票選舉公司董事等)

Proxy with coupled an interest 持有自身股息的代理人

Prudence 謹慎；小心；深謀遠慮；賢達；節儉；節約

Prudent 謹慎的；小心的；深謀遠慮的；賢明的；節約的；節儉的

Prudent Man Rule 〔美〕謹慎者通則 (指退休基金受託人利用該款進行投資信託時，只要取得合理收入和管理該資金即可靈活處理的投資規則)

Prudent policy 謹慎的政策；審慎的政策

Prudential measures 〔世貿〕慎重措施；審慎措施 (指對金融監管的技術性措施，以保護本國投資者、存款者、投保者等個人利益)

Prudential measures 慎重措施

Prudential standards 審慎的規範；審慎的標準

Prudhomme 〔法〕勞資協調會審理委員

Prurient interest 低級趣味 (指病態性慾)

Prussian Civil Code 普魯士民法典 (1794 年)

Prussian code 普魯士法典

Psephologist 選舉學家

Psephology 選舉學 (對選舉結果等的統計估價)

Pseudo 假的；偽的；冒充的；冒牌的

Pseudo Isidorian Decretals 偽羅馬教皇的訓令集 (根據後人空想編寫的羅馬教皇訓令集)

Pseudograph 偽作；偽造文件

Pseudo-guarantee 假擔保；假保證

Pseudo-hermaphroditism 假兩性人狀態

Pseudo-international agreement 準國際協定

Pseudonym 假名；筆名；(尤指作者等的) 別號

Pseudo-state 準國家

Pseudo-trade agreement 冒牌的貿易協定 (指 GATT 規避美國會批准而成立的意思)

Psychiatric 精神病的

Psychiatric expert certification 司法精神病學鑒定（指對刑事被告人、被害人、在押犯、民事當事人以及證人等的精神狀態的鑒定）

Psychiatrist 精神病醫生；精神病學者

Psychiatry 精神病學

Psychological theory of law 心理學法學派（主張心理現象解釋法律為特徵的社會法學派的一個支派）

Psychological treatment of prisoners 囚犯的心理治療

Psychoneurosis 神經病；神經官能症

Psychopath 精神病患者；精神變態者

Psychopathic 精神變態的；患有精神病的

Psychopathic disorder 精神變態（病）；心理變態病；精神錯亂（指精神傷殘包括明顯的智力障礙）

Psychopathology 精神病理學

Psychopathy 精神變態；心理變態

Psychotherapy 精神療法；心理療法

Psychotic 精神病患者

Ptomaine 屍毒；屍鹼

Ptomaine poisoning 屍體中毒；食物中毒

Ptomatopsia 屍體剖檢

Ptomatopsy 屍體剖檢

Puberty 青春期；生育年齡；結婚年齡，適婚年齡（舊時指男及 14 歲，女及 12 歲即可為訂婚年齡，現美國等大多數國家仍依此規定，但英國規定男女均為 16 歲）

Pubic good 公益

Pubic-service corporations 〔美〕公用事業公司

Public *a. & n.* I. 公有的；公眾的；政府的；國家的；國際的；公立的；公用的；公共的；公共事務的；公開的；當眾的；眾所周知的；知名的；突出的；II. 公眾；民眾；羣眾；〔英〕客棧；小旅館

Public accommodation 〔美〕公共膳宿

Public accountant 開業會計師；公共會計師

Public accounting 公共會計；會計師業務；社會會計

Public Act 公共文件；公共行為；〔英〕公知法（指無須證明的議會制定法）

Public Act of Parliament 〔英〕公知法；議會制定法

Public adjuster 公共理算師；被保險者代理人

Public administration 〔美〕公定遺產管理；〔英〕公共行政

Public administrator 公設遺產管理人（指為因公殉職而設的）

Public advantage 公共利益

Public advocate 〔美〕公益辯護人；公益代言人（代表公眾關心的問題，例如環保質量和消費者問題等出庭辯護）

Public affairs 公共事務

Public agency 政府機關；政府機構；行政機關

Public agent 代辦人；公眾代理人

Public agreement 公共協議

Public air law 航空公法

Public aircraft 公有飛機；國家航空器

Public analyst 〔英〕政府化驗員（指依食品法對特定地區的食品和藥品進行化驗）

Public announcement 佈告；公告

Public appointments 公職任命

Public assembly 〔英〕公共集會（指 20 人或 20 人以上在公共場所集會即應派一警察官員到場指揮）

Public assistance index 公共援助指數

Public assistance pensions 老年救助金

Public auction 公開拍賣

Public audit 公開審計；政府審計

Public authority 公共機構（由政府設立，並政府部門，但受政府部門管理的機構）

Public bidding 公開投標

Public Bill 〔英〕公共關係法案（關於涉及國家政策、社會利益並適用於聯合王國，或英格蘭和威爾斯或蘇格蘭，或倫敦等大都市的法案）

Public body 政府機構；公共機構

Public bond 公債券

Public bonded warehouse 公共關棧；公營保稅倉庫

Public boundary 自然分界線；天然分界線

Public building 公用建築物，公有建築物；政府建築物

Public business 公務；公眾事務；政府事務；行政事務

Public capital formation 公有資本構成

Public carrier 公共運輸業者；公共運送人

Public chapels 〔英〕公共小教堂

Public character 〔美〕知名人物；公眾人物（例如政治家和發明家等）

Public charity 公眾福利；公共福利

Public company 公營公司；股票上市公司（其股份在交易所中買賣）

Public concern 公共事業

Public conscience 公眾良知（公眾良心）

Public contract 公共契約；公用事業集資合同

Public control 〔中〕管制；公眾管制（指對罪犯不予關押而限制其行動自由的一種刑法）

Public controls on international trade 國際貿易的政府管制

Public controversy 公共爭論；公共爭議

Public convenience 公眾便利；公眾便捷

Public convenience and necessity 公眾便利與需要

Public corporation 〔美〕公法人；公營公司（指官辦的為公眾服務的公司）；公眾持股公司；公開招股公司

Public credit 政府信用；政府信貸；商業信譽（指商人的手法及其正直經商的道德行為）

Public debt 公債；國債；政府債務

Public debts redemption fund 公債償還資金

Public defender 公設辯護人（指由法院或政府指定或聘用刑事案件的律師）

Public director 公方董事，官方董事

Public dispute 〔香港〕爭端

Public document 公文；公共文件；政府文件

Public domains 〔美〕公有土地；國有土地；公產；公有地產；公有水域；無專利權狀態；無版權

Public duty 公共職責

Public easement （在他人土地上）公共通行權

Public economy 公眾經濟

Public economy of socialism 社會主義公有經濟

Public election 公共選舉；公開選舉

Public employee 公務員；公職人員；政府僱員

Public employment office 公立職業介紹所

Public enemy 公敵；國家敵人

Public enemy property 公有敵產

Public enemy ship 公有敵船

Public enemy vessel 公有敵船

Public enterprise 公營企業（國營企業）

P

Public entity 〔美〕公共實體（包括國家、州、縣等政府的公共機構）

Public establishment 公共營造物

Public examination 公開審查

Public exchange offer 〔美〕公開證券交易報價

Public expense 公費；公共開支

Public figure 公衆人物；知名人士（例如藝術家、運動員和商界人士等）

Public financial institution 公共財務機構

Public fishery 公共捕魚權（在海或河流中的一般人的捕魚權）

Public funds 公款；公共基金

Public general Act 一般性制定法

Public General Statutes 〔英〕共知的一般法（指於 1963 年頒佈的法院共知的普遍適用的制定法）

Public goods 公有物；公共品

Public grain 公糧

Public harm 公害

Public health 公共衛生

Public Health (Regulations as to Food) Act 〔英〕公共衛生（食品）法（1907 年）

Public Health (Smoke Abatement) Act 〔英〕公共衛生（消煙）法（1926 年）

Public Health Service 〔美〕公共衛生局；檢疫站

Public hearing 公開審訊；公開聽證；意見聽取會（指聽取消費者的意見）

Public holiday 公休假日〔香港〕公衆假期

Public indecency 猥褻罪；公開猥褻行為

Public injuries 公傷；公共侵害

Public institution 公共機構；公共事業單位；公共營造物

Public instrument 公共文件；公共文書

Public insurance 公營保險；公共保險

Public interest 公益；公衆利益

Public international authority 公共性國際機構

Public international conference 公共性國際會議

Public international law 國際公法

Public international organisation 公共性國際組織

Public intervention 社會干預原則（指為保護被保護人的合法權益，可以機關、組織或個人自己的名義提起民事訴訟）

Public investment 公共投資；政府投資

Public invitee 受邀的公衆客人（指房東邸宅向公衆開放而受到邀請入內並對主人的一般注意和關照安全的來客）

Public joint-stock company 公設股份公司

Public land 公地；公有土地

Public land survey 公地勘測

Public land system 〔美〕公有土地制

Public law (P.L.) 公法（指處理規定國家的組織等，一般包括憲法、行政法、刑法和國際法）

Public Law 103–465 〔美〕103–465 號公法（指美國國會第二次會議履行接納美國作為世貿組織會員國的《烏拉圭回合的協定法》）

Public law 480 〔美〕第 480 號公法（指美國 "Agricultural Trade Development and Assistance Act"，簡稱 PL 480，為美國處理剩餘農產品的重要法案，1966 年改稱糧食用於和平計劃 "food for free plan"，凡屬美國的友好國家均可循外交途徑申請購買，並可以該國貨幣支付；該項價款存放於該購買國中央銀行的美國政府專戶中，作為美國開發農產品新市場、購買軍需用品、推動各國經貿開發的貸款，及促進國際文化交流等用途的基金。美國也用以對印度推銷其剩餘的農產品，美其名曰 "援助"，上世紀七十年代美印常常為此齟齬）

Public law and order 公共法律和秩序

Public law claim 公法求償

Public law clause 公法條款

Public law of Europe 歐洲公法

Public lending right 〔英〕公衆租借權（指授與作者能不時從《中央基金》收到地方圖書館租借其著作款項的權利）

Public liability 公衆責任

Public liability insurance 〔保〕公衆責任險（指承保受保人免受除僱工由於生產條件、財產管理或經營行為以外的第三者損害責任險）

Public libel 公開文書誹謗（罪）；（對國教、國王或政府的）文書誹謗罪

Public maritime law 公海法

Public meeting 公開會議；公開集會；公衆集會（指合法的集會或須經申請批准的）

Public Minister 駐外國的高級外交使節；〔英〕內閣大臣

Public mischief 〔英〕公害；公衆妨害（指意圖使社區受損害之犯罪行為）

Public money 公款

Public morals 〔英〕公共道德

Public necessity 公衆需要；公共需要

Public neutrality 公開中立

Public non-military aircraft 公有非軍用飛機

Public non-monetary enterprise 非公營貨幣企業

Public notary 公證員

Public notice 公告；公開啓事

Public notice and explanation of determination 〔世貿〕裁決的公告與說明（指對發起反補貼調查結果情況的交待）

Public notice of the suspension of an investigation 中止調查的公告

Public nuisance 公害；妨害公衆（例如阻塞公共道路，可據此捆起公訴），公的安居煩擾行為（指有害於社會衛生或安樂等的侵害一般社會的行為為公的妨害行為。公的妨害行為是輕罪，但如給個人造成損害時構成侵權行為）；〔英〕妨害公共權利罪（例如，從事不受法律保障和不履行法律責任，給公衆造成煩擾）

Public offense 〔美〕違法行為；犯罪行為（指授權私人逮捕別人的不法行為）

Public offer of reward 懸賞廣告

Public offering 公開發售，公開買賣；公開上市（指公開出售股票證券）

Public office 公職

Public officer (P.O.) 公務員；公職人員

Public official 政府官員；行政官員

Public opinion 社會輿論；民意；輿論

Public opinion poll 民意測驗

Public or (/and) publicly guaranteed debt 政府或由政府擔保的債務

Public order 公共秩序

Public order and safety 公共秩序和安全

Public order clause 公共秩序條款

Public Orders Act 〔英〕公共秩序法（1986）

Public ownership 公有制

Public ownership of means of production 生產資料公有制

Public partner 公開合夥人；出名合夥人（其反義詞為 "dormant partner"）

Public passage 公共通道；公共水路；公衆通行權（指通過他人的土地上）

Public peace 公安；社會安寧

Public place 公共地方；公共場所

Public policy 公共政策（指適用外國法將損害內國公共秩序時，不適用外國法之謂）；公共秩序；公共利益準則（指適用外國法將損害內國公共秩序時，不適用外國法之謂）；〔香港〕政府政策

Public policy clause 公共政策條款

Public policy doctrine 〔美〕公共政策原則

Public policy limitation 〔美〕公共政策限制（指國會規定，所得稅的扣減不得違反公衆利益，否則，即為一種非法的行賄等）

Public political agent 公共政治人員

Public port 公共港口；開放港口

Public power 國家機關或官吏具有的權限

Public procession 〔英〕公共遊行（旨在支持反對黨派；宣傳慶祝重大歷史事件，但均須事先向警察局申請允許）

Public proclamation 公告

Public procurator 檢察官；公訴人

Public procurator-general 總監察長；檢察總長

Public property 公產；公共財產；共有地，公有地

Public prosecution 公訴

Public prosecutor 檢察官；公訴人

Public purpose 公益目的；公共目的

Public purse 國庫；公共資金

Public Reclamations and Works Ordinance 〔香港〕填海工程條例

Public Record Office 〔英〕倫敦檔案局；國家檔案館

Public records 國家檔案；政府檔案

Public register 公共登記

Public registered document 公證文件

Public Rental Housing 公租房

Public reprisals 公共報復

Public retirement plan 政府退休計劃

Public revenue 國庫收入；國家財政收入；政府歲收；國家歲入

Public rights 公權；公共權利（指公路通行權等）

Public road 公共道路

Public safety 公共安全

Public sale 拍賣；公賣；公開出售

Public school 〔英〕公學（大學預備學校）；〔美〕公立學校（中學或小學）

Public seal 公印；公章

Public sector borrowing requirements 公營部門借款要求（規定）

Public sector of the economy 公營經濟

Public sector workers 公營部門的工人

Public security 公安

Public security bureau 〔中〕公安局

Public security commissioner 〔中〕治保委員

Public security committee 治安保衞委員會

Public security officer 公安人員

Public security organ 公安機關

Public security organs, procuratorial organs and people's courts 〔中〕公安機關、監察機關和人民法院（簡稱 "公、檢、法"）

Public security station 〔中〕公安派出所

Public servant 公僕；公務員

Public service 公職；公用事業；公益服務

Public Service Commission 〔美〕公用事業委員會；〔香港〕公務員銓叙委員會（負責審核挑選候任前港英政府公務員的資格及經驗並查處其違法行為等）

Public service corporation 〔美〕公共事業公司（政府管理的私人所有的公司，主管供應煤氣、水、電等）

Public service regulation 服務規則

Public service responsibilities 公共服務職責

Public session 公開會議

Public sewer 公共下水道

Public shareholder 國有股東；公家股東

Public ships 公有船舶；國家船舶

Public sitting 公開會議

Public soil 公有地

Public space object 公有空間物體

Public speeches 公開演説；公開發言

Public Square 公共廣場

Public state aircraft 公有國家飛機

Public statute (P.S.) 公法（關於社會或國家等的制定法）

Public stockholding 公共庫存；公共儲備

Public subsidy 政府補助

Public summons procedure 公示催告程序

Public swearing 公開宣誓

Public telecommunications transport networks 公共電訊傳遞網絡

Public telecommunications transport service 公共電訊傳遞服務

Public tender 公開投標

Public treaty 公共條約

Public trial 公審；公開審判

Public trial meeting 〔中〕公審大會

Public trust 公益信託

Public trust doctrine 公益信託原則

Public Trust Office 〔新〕公益信託事務所（設定遺產和處理遺產事務的政府組織）

Public trustee 〔英〕公益受託人；公共受託人（按照 1906 年《公衆信託法》委任一官員掌管）

Public Trustee Act 〔英〕公共受託人法（1906）

Public Trustee in England 英格蘭公共受託人

Public undertaking 〔關貿〕公共事業（包括中央與地方政府當局、國家專營與國有化企業，以及準公共事業）

Public use 〔美〕公用；公益；公開使用（指國家徵用權之憲法與法律的準則）

Public utilities subject to government pricing 須經政府定價的公用事業

Public utility 公用事業；公用事業公司

Public utility bonds 公用事業債券

Public utility commission (P.U.C.) 公共事業委員會

Public utility corporation 公用事業公司

Public utility enterprise 公益企業

Public Utility Holding Company Act 〔美〕公用事業控股公司法（1935 年）

Public Utility Society 〔英〕公益事業協會

Public vehicle insurance 公共汽車保險

Public vessel 公船；公有船舶；國家船舶

Public Vessels Act 〔美〕國有船舶法；公用船舶法

Public war 國際戰爭；公戰

Public waters 公海；通航水域

Public way 公路；公共道路

Public welfare 公共福利

Public welfare fund 公益金；公共福利基金

Public welfare measure 公共福利措施

Public wholesale market 公設批發市場

Public works 公共建築；公共工程；市政工程

Public works loan 公共工程貸款；事業公債

Public Works Loan Acts 〔英〕公共工程貸款法

Public Works Loan Commissions 〔英〕公共工程貸款專署

Public wrong 侵害公共利益的不法行為；公共違法行為

Public, true, and notorious 公開、確實與衆所周知的

Publican 〔美〕(賦稅的) 徵收員；國庫財產租賃人；〔羅馬法〕收稅人；農民的財政收入；〔英〕酒店老闆 (指經註冊可在住宅內銷售酒水)；客棧店主

Publication 公佈；發表 (在英國指從前立遺囑人為使其遺囑生效應在證人面前發表和文字誹謗的原告應將材料公佈以使公衆周知；在美國，本詞指將法規條例印刷發表；將商務資料和書面誹謗材料印刷分發給第三者等)；出版；發行；刊物；出版物，發行物；〔英〕散佈；傳播 (文字的誹謗性材料)

Publication by subscription 預約出版；預定出版

Publication of a libel 誹謗文書的發表

Publication of banns 預告結婚 (以便有理由反對結婚的人在結婚前反對)

Publication of treaties 條約的公佈

Publication police 對出版物進行檢查的警察

Publication programme 出版計劃

Publications and Administration of Trade Regulations 〔關貿〕貿易條例的公佈與實施

Publicist 國際法學家；國際法研究者；公法學家；政論家

Publicity expense 宣傳費

Publicity of meeting 會議公開

Publicity of treaties 條約公開

Publicised loan 已公佈的貸款

Publicly 公開地；當衆地

Publicly held 公衆持股的 (公司)

Publicly issued 公開發行的

Publicly-funded government programme 〔世貿〕公共 (資金) 供資的政府計劃

Publicly-traded 公開市場交易的 (股票)

Public-private owned housing property rights 〔中〕共有產權房 (公私擁有的房產權，指政府為無房戶提供的租賃房，可終身租賃，但其後在無房戶經濟上許可時可予購買)

Public-private partnership (PPP) 公私合夥；公私合夥關係 (一種新開創的公私合夥企業模式：公方合作夥伴的代表是地方和國家政府；私方合作夥伴可以是私營企業、國營公司或特定專業領域的企業財團，其合同可從簡單的短期管理合同到長期合同，包括資金、規劃、建設、營運、維修等等，PPP 尤其對服務大衆的基礎設施需要投入大筆資金的大項目

來說是很有益的，例如，新的電信系統、機場和電廠等重大投資項目)

Public-private property rights 〔中〕共有產權房 (指公家和私人共同擁有的房產權)

Public-sector borrowing requirements (PSBR) 公營部門借款要求 (規定)

Publish *v.* 出版；發行；公佈；公開；散佈

Published criteria 公佈的標準

Published price lists 公佈的價格表

Publisher 發表人；公佈者；發行人；出版者；出版商

Publishing agreement 出版契約；出版合同

Publishing-right 出版權

Pudicity 貞節；貞潔；純潔；羞怯

Puerility 幼稚；兒童期 (指男童 7-14 歲，女童 7-12 歲期間的表現情況)

Pufendorf 賽繆爾·馮·普芬多夫 (全名是 Samuel von Pufendorf，為德國法學家，古典自然法學派主要代表之一，主要著作有《法學概論》等，生卒年：1632-1694)

Puff 〔香港〕吹噓性質的宣傳

Puffer 抬價人 (應僱代表地產或出售財產的所有人在拍賣場中喊價者)

Puffing 言過其實的吹噓 (指銷貨員對商品質量過份吹捧)

Pugwash Conferences on Science and World Affairs 帕格沃什科學和世界事務會議 (是一個學者和公共人物的國際組織，旨在減少武裝衝突帶來災難)

Puis darrein continuance 〔英〕根據新事實的新抗辯；追加抗辯理由 (指被告聲稱自上次法院延期審理後而繼續發生的辯護問題，根據新事實而追加新的抗辯。例如，債務已經支付，原告按破產法已解除對被告債務之訴)

Puisne *a. & n.* I. 年輕的；後輩的；下級的；資歷淺的；II. 陪席推事

Puisne incumbrance 嗣後發生的負債

Puisne judge 高等法院陪審法官；〔香港〕副按察司

Puisne justices 高等法院普通法官

Puisne mortgage 〔英〕普通抵押 (指一種不屬影響及保護存放合法財產文據的抵押，即沒有交出地產文件作為抵押品的合法抵押)

Pull a holdup 攔路搶劫

Pullman abstention 〔美〕"普爾曼式" 迴避原則 (指迴避受理州的訟案)

Pumise 〔海法〕浮石

Pumise sand 浮石沙

Pump-priming 經濟刺激開支；刺激經濟的政府投資

Punish *v.* 罰；懲罰；處罰；辦罪；懲辦

Punish counter-revolutionaries according to law 依法懲辦反革命份子

Punish crime 懲辦犯罪行為

Punish in accordance with the law 依法懲辦

Punish severely 嚴懲

Punish severely without mercy 嚴懲不貸

Punish with severity 嚴辦；嚴懲 (指對殺人、放火等重罪犯)

Punishable (人或罪行) 應受懲罰的；可受懲處的；應處以刑罰的

Punishable attempt (應處罰的) 未遂罪

Punishable offence 應受懲處的犯法行為

Punishable omission 不作為犯 (指只要有犯罪事實，就是

犯罪既遂，亦即既遂犯)

Punished person 受罰者；被罰人

Punisher 加刑者；處罰者

Punishment 刑罰；處罰；懲罰

Punishment depriving the life 生命刑；死刑

Punishment does not fit the crime 罰不當罪

Punishment fits the crime 〔中〕定罪量刑

Punishment for destroying evidence 銷毀證據罪

Punishment for violating the articles 違約處分

Punishment of arrest 拘留

Punishment of death 死刑

Punishment of honour 名譽刑

Punishment of imprisonment 自由刑；徒刑；監禁處罰

Punishment ordinance 懲罰令

Punishment under control 〔中〕管制處分 (指對犯罪份子交由街道或村鎮委員會加以監管)

Punitive 懲罰的；懲罰性的；處罰的；刑罰的

Punitive damages 懲罰性的損害賠償

Punitive economic sanction 懲罰性的經濟制裁

Punitive expedition 討伐；懲罰性出征

Punitive intervention 懲罰性干涉

Punitive measure 懲罰措施

Punitive sanction 懲罰性制裁

Punitive statute 〔美〕懲罰性制定法

Punitive surtax 懲罰性附加稅

Punta-del-Este Declaration 〔關貿〕埃斯特角宣言 (指 1986 年 9 月 20 日關貿總協定締約國在烏拉圭埃斯特角召開部長級特別會議通過了"關於貨物貿易宣言")

Pupil 〔蘇格蘭〕未成年人；受監護人 (指分別為 14 歲或 12 歲以下的未及青春期的、僅具有限法律行為能力的男女兒童)

Pupilage 學徒身份；未成年期

Puppet state 傀儡國家

Pur 〔法〕為了；依照；由於

Pur autre vie 在他人生存期間

Purchase *v. & n.* I. 購買；購置 (指財產所有權由一個人移轉給另一人的行為)；採購；進貨；II. 買；購買；購置；(指由轉讓、遺贈、贈與等非繼承方式) 獲得；取得；(土地等) 年收益；年租，價值；〔基金〕購買 (指會員申請貸款時以本國貨幣"購買借款"，就法律上而言，"購買"是指通過自願和協議形式，財產所有權從一個人移轉至另一個人的行為)

Purchase agent 購貨代理人

Purchase agreement 購買合同；買賣合同 (買賣雙方就財產售價和出售條件達成的協議)

Purchase by agreement 〔香港〕協議以購買形式收回

Purchase confirmation 購貨確認書

Purchase contract 購貨合約

Purchase contract scheme 〔關貿〕購買合同方案 (指通過生產方和消費方之間長期協議的方式設置貿易的數量和價格)

Purchase discounts and allowances 進貨折讓

Purchase foreign exchange 購買外匯

Purchase invoice 購貨發票

Purchase method 購置法；採購法；盤進法

Purchase method of accounting 盤進法記賬 (指對公司獲得的財產按購價作賬)

Purchase money 買價；定錢；首付款 (以現金或支票購買財產，其餘額則以抵押或定期給付)；(購買土地的) 對價

Purchase money mortgage 〔美〕購買財產抵押；購買財產擔保

Purchase money resulting trust 〔美〕購買財產擔保信託

Purchase money security interest 〔美〕購買財產擔保權益

Purchase on account 賒購

Purchase on credit 賒購

Purchase option 購買選擇權

Purchase order (P.O.) 定購單；進貨訂單

Purchase price 買價；購買價格

Purchase returns 購貨退回 (指因質量問題而退貨)

Purchase service by international post 國際郵購服務

Purchase supplemental foods 購買輔助性食品

Purchase tax 〔英〕購買稅 (消費品零售稅，已廢止)

Purchase-and-sale 買賣；轉賣；轉售

Purchaser 買主；購買人；買受人；採購人 (指以金錢購得的動產或不動產的人)；(以非繼承方式的不動產) 取得者

Purchaser for value 支付價款的買受人

Purchaser's lien 買受人的留置權

Purchasers' value 購買者的價格 (購得的價格)

Purchases journal 購貨日記賬

Purchasing agent 採購員；代購人；購貨代理商

Purchasing and marketing agent 代購代銷點

Purchasing centre 收購站

Purchasing licence 購買許可證

Purchasing option 購買選擇權

Purchasing permit 准購證

Purchasing power 購買力

Purchasing price 收購價格；買價

Purchasing specifications 採購規格

Purchasing station 採購站；收購站

Purchasing-power parity (PPP) 購買力平價 (購買力平價是使宏觀經濟處於理想狀態的匯率水平理論之一，即國家間的外匯行市取決於兩國貨幣國內購買力的對比關係，而貨幣購買力則取決於貨幣數量)

Purchasing-power parity (PPP) rates 購買力平價標準

Pure 單純的；純粹的；絕對的；完全的；無；清白的；貞潔的；完全的；無瑕的；無錯的；條件的；不受限制的；純理論的

Pure accident 單純意外事故 (指事故不是由於粗心或過失所致，而是由於無法預料和不可避免的事件所造成的，訴訟當事人任何一方都無法控制的)

Pure charity 純粹慈善目的

Pure commercial act 純粹商業行為

Pure competition 純粹競爭

Pure debt 實際應支付的債務

Pure economic rent 純粹經濟地租

Pure endowment 純生存保險

Pure endowment insurance 純養老保險；單純生存保險

Pure life insurance 單純人壽保險

Pure obligation 現實債務；單純債務

Pure personalty 純粹動產

Pure plea 純粹答辯；肯定性答辯

Pure premium 純保險費

Pure race statute 〔美〕純粹競購地產登記優先法 (某些州不管獲悉早晚，先登記者可優先購買)

Pure risks 純風險

Pure theory of law　純粹法學 (以純粹法學派創始人奧地利法學家 H. 凱爾森為代表，該學說以康德的不可知論作為思想基礎，比較極端)

Pure villenage　純粹農奴保有 (朝不慮夕，起早貪黑幹着不固定的勞作)

Purgation　剖白；洗雪；滌罪 (指刑事被告發誓自己清白無辜，並以 12 個鄰居宣誓他是無罪的或以神裁方法證明自己是無罪的)；服滿刑期

Purgatory oath　滌罪宣誓

Purge　*v.* 辯白；肅清；清除；〔宗〕滌罪，洗雪

Purge counter-revolutionaries　肅清反革命份子

Purge one's contempt　作不侮辱法院的宣誓，以證明自己並未侮辱法院

Purging　〔英〕滌罪行為 (例如贖回藐視法庭的罪，以此認罪，即洗雪了所犯藐視法庭之罪)

Purging a contempt of court　洗雪藐視法庭罪

Purging an irritancy　〔蘇格蘭〕免除宣判不履行債務的判決 (意指債務者在宣判之前就支付或履行債務條款以免除法庭作出不利於他的判決)

Purity　純淨；潔淨

Purlieu　〔英古〕空地，森林邊緣地 (指亨利三世那塊地上的森林全部砍伐掉並將土地權利歸還原主)；貧民區

Purlieu man　在森林邊緣地有地產並在其地上有狩獵權的人

Purloin　*v.* 偷竊；盜竊

Purparty　一份；(共有土地) 分割的份額

Purport　*n. & v.* I. 意義，涵義；主旨；法律效果；目的；意圖；II. 表達；表示；意圖；寫明；說明

Purpose　目的；宗旨；意向；意圖

Purpose of the subsidy　補貼目的；補貼用途

Purpose of war　戰爭宗旨；戰爭目的

Purposely　有意地；故意地；特意地

Purposes of assisting governments in the world to better manage problems of international economic interdependence　〔世貿〕宗旨在於協助世界各國政府更好地處理國際經濟相互依賴的問題 (此為世貿組織成立的目的)

Purpresture　侵佔公產 (指盜用公共的權利和地役權)；被不法侵佔或圈佔的公地 (指私自圈佔為公衆開放和免費享用的部份土地，但這種非法圈佔不致對公衆造成不便，因此不同於 "public nuisance")；〔英古〕侵害王室土地 (例如，侵害王權，在王室領地內阻塞公路、妨礙河道通行等)

Purse　錢包；獎金；獎賞

Purse-bearer　出納員；保管銀錢的人；會計員；〔英〕(行典禮時大法官前的) 捧國璽者

Purser　(船舶) 事務長 (負責處理乘客的財務賬目和交易事宜)

Pursuant　追趕的；追求的；依據的，按照的；遵照的

Pursue　*v.* 〔警〕追捕；追趕；追蹤；追擊；起訴；控告；從事 (任何職業)

Pursue a coordinated policy　〔關／世貿〕採取一種協調的政策 (指成員方為平衡外匯收支差額而採取進口貿易限制以應謀求與 IMF 合作，求得合理解決)

Pursue and capture　追捕

Pursue for arrest　追捕

Pursue for arrest and bring to justice　追捕歸案

Pursue the right of action　行使訴訟權

Pursue the tax payment　追繳稅款

Pursuer　追趕者；追捕者；〔蘇格蘭〕起訴者；原告

Pursue the foreign policy of "being a good neighbour and partner" and "building an amicable, tranquil and prosperous neighbourhood"　〔中〕奉行"與鄰為善、以鄰為伴"的外交方針和"睦鄰、安鄰、富鄰"的政策

Pursuit　〔美〕事務；職業；追捕；追趕；追求；追擊；追蹤；追繳

Pursuit of happiness　〔美〕追求幸福的權利 (包括人身自由、訂約自由等憲法賦予的權利)

Pursuivants　〔英〕紋章院官員助理；國王的使者；國家使者

Purveyance　糧食供給；〔英〕(王室用品) 徵購特權

Purveyor　承辦人；〔英〕王室徵購官 (負責徵購國王食品等的王室官員)；伙食供應商

Purview　法規本文；法令的引言；議會法的前言；議會法的範圍；權限；領域；職權；範圍；附有條件的贈與

Push forward its task　〔世貿〕推行世貿組織的任務

Push forward trade liberalisation　推行貿易自由化；推動貿易自由化

Pusher　販賣毒品者

Put　〔美〕賣出期權；看跌期權 (指允許持股人在一定期限內以一定價格出售一定數量的股票或商品)

Put aside　擱置；摒棄；屏斥

Put back to port　返港

Put bond　〔美〕可回購債券 (指債券持有者有權買回所持到期之前的債券)

Put down　拒絕；平定；鎮壓；取締；制止

Put in　正式向法庭提出；記入法院記錄

Put in force　施行；實施；使…生效；強制執行

Put in issue　提出爭點；提出異議

Put in jail　囚禁；坐班房

Put in prison　關押；監禁；收監

Put into effect　執行；使生效；付諸實施

Put into force　付諸實施

Put into operation　實施；使運轉

Put into port　進港

Put into port in emergency　緊急時港

Put into practice　落實，付諸實施

Put off　拖延；推遲；延期

Put on probation　…緩刑；緩刑期中的察看

Put on public trial　公審；公開審理

Put on trial　(交由法院) 審理

Put oneself on one's (or the) country　訴諸本選區的選民；要求陪審團審判

Put option (=put)　〔美〕賣出期權；看跌期權 (指允許持股人在一定期限內以一定價格出售一定數量的股票或商品)

Put out to lease　出租

Put out to tender　招標

Put price　〔美〕協定價格

Put to (the) vote　交付表決；付諸表決

Put to death　處決；處死

Put to death in accordance with the law　依法處決

Put to sea　出海

Put twice in jeopardy　因同一犯罪行為再次受審

Put under arrest　拘禁

Put under probation　緩刑；緩刑期中的察看

Put under public surveillance　〔中〕交羣衆管制 (中國對輕罪犯等的一種獨特的做法)

Put under surveillance 管制

Putative 假定的；推定的；被公認的；想像的；傳聞的

Putative father 推定的父親 (指非婚生子的被假定的生父)

Putative marriage 公認的婚姻；共知的婚姻 (指未正式舉行合法的結婚儀式但長期以夫妻身份共居，釋義同 "reputed marriage")

Putative spouse 公認的配偶；〔美〕自認的配偶

Put-call parity 期貨買賣價與買方選擇買價之間的平價

Puts and calls 買進和賣出選擇權；特權交易 (指出售標的物的交付與否之特權)

Putting in fear 〔美〕恐嚇搶劫行為 (指以言語等製造害怕搶劫犯罪心理以使人遠離搶監行為)

Putting in prison 入獄；投入監獄

Putting-in through stress of weather 〔海法〕強迫停泊 (由於氣候惡劣的緊急停泊)

Puture 〔英〕強徵供應捐 (指治安法官等向佃戶索要供其本人及馬、狗糧草等食物的捐稅)

Pyramid sales scheme 〔美〕金字塔式銷售法；傳銷

Pyramiding 金字塔式控制股 (為了積累利潤而連續進行投機買賣，通過控股公司，以少數資本控制多數公司)；金字塔式交易法 (股市上的一種投機買賣)

Pyromania 放火狂；放火癖

Pyx 〔英〕(造幣廠) 硬幣樣品盒；確定硬幣是否合符水準 (指檢查硬幣的重量和純度，=pixiing the coin)

Pyx-jury 〔英〕硬幣評審團 (高等法院財務徵收官主持由 6 名倫敦金匠公司自由民組成檢測硬幣成色是否符合法定標準)

Q

Q visa 〔美〕文化交流訪問者簽證 (由美國駐外使、領館發給簽證費申請人)

Qadi (or Cadi) 〔穆斯林〕民事法官 ("卡迪"，審理關於繼承、結婚和離婚等案件)

QHSAS 18001 職業安全衛生管理體系認證

Qibble 無端指責；口頭反對；不必要和不恰當的責難

QS9000 汽車行業質量管理體系認證

Qua guardian 作為監護人

Qua trustee 作為受託人

Quack 庸醫 (冒充醫術內行)；江湖郎中

Quack medicine 假藥

Quadragesms 〔英〕四十起判例年鑒名稱 (1367-1377 年英王愛德華三世的)

Quadrant 扇形體

Quadrant 90 90 度弧；四分儀；象限儀；十字路的一角 (或街交叉的一角)

Quadraplication 〔海法〕被告的第三次答辯；一式四份

Quadripartite 由四份組成的；分成四份的；由四方參加的；四方面的

Quadripartite agreement 四方協定

Quadripartitus 〔撒〕《四篇論文集》(編纂於 1113-1118 年，內容關於盎格魯-撒克遜法律拉丁文譯文、作者時代國家重要文件、法律程序及盜賊四篇)

Quadroon 混血兒

Quadruple Pact 四國條約 (指 1921 年美國、英國、日本和法國在華盛頓簽訂的《關於太平洋島嶼屬地和領地的條約》)

Quadruplicate 一式四份中的一份；作成一式四份；第三副本

Quai d'Orsay 〔法〕法國外交部；法國外交政策

Qualification 資格；法定資格 (指擔任公職的)；合格證明；限制條件；定性 (指在受理涉外民事案件中須確定其所涉及的案件應當適用什麼法律之法律關係的法律性質，叫做定性)

Qualification certificate 資格證書

Qualification for election 當選資格

Qualification for mutual election 互選資格

Qualification laws 保險從業人員資格法

Qualification of a legal person 法人資格

Qualification of candidate 候選人資格

Qualification of elector 選舉人資格

Qualification of juror 當選陪審員資格

Qualification of staff of international institution 國際機構工作人員的資格

Qualification of suppliers 〔世貿〕供應者資格 (指對各成員方參與政府採購投標商、供應實體的資格審查等規定)

Qualification of voter 投票人資格

Qualification shares 資格股 (指為了擔任公司經理職務應佔有的必要股數)

Qualification system 資格審查制度

Qualifications for standing for election 候選人資格

Qualifications of representative 代表資格

Qualified 有資格的；合格的；合適的；能勝任的；附有限制的；有條件的；具有合法能力或行為能力的；有保留的

Qualified acceptance 有限承兌；有條件承兌；附條件承兌 (指承兌票據時所附加的生效期變更等條件)；有條件接受；附條件承諾

Qualified adoption 合格的收養 (領養)

Qualified annuity 合格年金

Qualified diplomatic relations 有限外交關係

Qualified elector 合格投票人；合格選舉人

Qualified endorsement 限制性背書；附條件背書 (指限制或增大匯票或期票背書人的責任，一種免責的特種背書，又稱 "無追索權背書")

Qualified estate 限定地產權；附有限定的不動產物權

Qualified fee 家臣採邑；有條件可繼承地產 (指封建繼承人在繼承時效上加以限制)；應得費用

Qualified immunity 有限制的豁免權 (指公職人員因公務活動所致民事損害可予免責的積極辯護)

Qualified Instrument of Commitment 〔世貿〕附條件承諾書 (釋義見 "Instrument of Commitment")；經立法程序批准的承諾書

Qualified jurisdiction 有限管轄權

Qualified majority　特定多數

Qualified most favoured nation clause　有條件最惠國條款

Qualified negative　有限制的否定議案權

Qualified neutrality　有條件中立

Qualified notary　合格公證員（人）

Qualified oath　就職宣誓

Qualified opinion　〔美〕有保留的鑒定書（附審計特定項目異議的財務報表之鑒定意見）

Qualified ownership　限制性所有權（指行使所有權上加以限制）

Qualified pension plans　合格的退休金計劃；〔美〕合格的養老金計劃

Qualified person　合格人員

Qualified personnel　合格人員

Qualified privilege　〔美〕附條件的特權（指被告可允有口頭誹謗性陳述但無事實上的惡意，則可免責）（誹謗法用語）

Qualified property　〔英〕限定財產權；非絕對所有權（指要求歸還馴服了的動物的權利或指受託人要求把寄託的財產移交給他的權利）

Qualified residence interest　〔美〕合格居民減息額（指合格納稅人可減除其支付的利息額）

Qualified sovereignty　有條件主權

Qualified stock option　〔美〕附條件的股份認購權（關於公司僱員購買股票權利的規定）

Qualified supplier　合格的供應者（商）

Qualified terminable interest property (Q-TIP)　〔美〕限制性的終身財產權益（指生存者可終身享有扣減喪偶收入的遺產稅）

Qualified terminable property trust (Q-TIP trust)　〔美〕限制性的終身財產權益信託

Qualified title　有限地產權（指在限定時期內或有某種保留可予確立的有限度產權）

Qualified to inherit　有資格繼承

Qualified treaty relations　有限條約關係

Qualified ultimatum　有條件的最後通諜；附條件的最後通諜

Qualified veto　有限制的否決權；有條件的否決

Qualified vote　有條件投票（符合住所、年齡和登記等諸項條件）

Qualified voter　合法投票人

Qualify　*v.* 授法權予；使具有資格；使合格；限制；約束

Qualify for the vote　（依法）取得選舉權

Qualifying clause　限制條款

Qualifying member　合格會員

Qualifying share　資格股（指以合格於作為股份發行公司股東董事長應擁有的普通股）

Qualitative discrimination　質的歧視

Qualitative observation　〔統計〕質量觀察

Qualitative proportionality　質的相稱

Qualitative rule of evidence　證據質量規則（指證據可採性的規則）

Quality　特性；特性；性質；品級；質量；身份；（社會）地位

Quality bonus system　優質獎金制度；質量獎金制度

Quality for election　選舉資格

Quality licence system　質量許可證制度

Quality licensing body　質量許可證機構

Quality of estate　〔美〕享用財產權所有期間（指證明佔有不動產期間和方式，其權利是現在的、還是將來的、是獨家享用、還是與他人共用抑或大家共同享用）；〔英〕地產權的性質（指（就那個地產而言，其開始享用時間及其享用方式）

Quality of life restrictions　生活質量限制（此處指廢品回收問題）

Quality of person elected　被選資格

Quality of services　服務質量

Quality Supervision and Inspection and Quoratine　〔中〕質量監督、檢驗和檢疫

Quality to elect　選舉資格

Quangos　〔英〕準自治非政府組織（=quasi non-governmental organisation，諸如，B.B.C 等法人組織等）

Quantitative easing monetary policy　〔美〕量化寬鬆的貨幣政策（2010 年 11 月）

Quantitative restraints on trade　貿易數量限額

Quantitative restrictions　〔關貿〕數量上的限制（指對締約國進出口產品應實施無歧視差別待遇的配額制，或指對特定產品進口量進行實物或金額限制，屬非關稅壁壘的一種）

Quantitative restrictions on supply for all service sectors　〔世貿〕數量上對所有服務行業供應的限制

Quantitative restrictions on trade　貿易數量限制

Quantity　量；數量；份量；額；定額；定量

Quantity and quality inspections　數量和質量檢驗

Quantity component　數量組成部份

Quantity discount　數量折扣（指賣方對於超過一定數量的交易付給買方的一種特別折扣，買的越多，優惠越大）

Quantity factors　數量因素（指確定進口貨物完稅價格而言）

Quantity index number　數量指數

Quantity of contribution　分擔額

Quantity of goods specially reserved for importation by state trading enterprises　〔中〕特別保留由國營貿易企業進口的商品數量

Quantity prices　數量類別售價

Quantity reduction commitment　削減數量承諾

Quantity trigger level　〔世貿〕數量促發水平（指農產品特殊保障措施）

Quantum index　數額指數

Quantum of damages　損害賠償額

Quantum of international trade　國際貿易量

Quantum of international trade　國際貿易量（指以一定時期內不變的價格來計算各個時期的國際貿易值）

Quarantine　檢疫；（船舶）檢疫期；隔離（來自轉染病國家的船隻 40 天檢驗期）；〔英〕孀居期（為期 40 天，寡婦在此間有權居住在先夫房屋直至遺產得以分配為止）；（測量）土地的 40 桿

Quarantine action　隔離行動

Quarantine airport　機場檢疫

Quarantine Certificate　檢疫證書

Quarantine declaration　檢疫申請書，檢疫申報單（指船隻抵達港口檢疫站時由船長和船舶醫生填制向港口衛生機關申請檢疫的證書）

Quarantine doctor　檢疫醫生

Quarantine fee　檢疫費

Quarantine flag　黃色檢疫旗（指掛在被檢疫的船上的）

Quarantine harbour　檢疫港

Quarantine law 檢疫法

Quarantine laws and regulations 檢疫法規

Quarantine measure 檢疫措施

Quarantine of animals and plants 動植物檢疫

Quarantine of sea-port 海港檢疫

Quarantine period 隔離期

Quarantine regulations 檢疫條例

Quarantine requirements 檢疫要求

Quarantine standard 檢疫標準

Quarantine station 檢疫站；隔離所；船舶檢疫地

Quarantine, Sanitary, and Health Law, and Regulations 〔美〕檢疫、衛生、健康法和規章（指政府採取的保護消費者健康的措施）

Quarantine, sanitation and fumigation 〔關貿〕檢疫、衛生及熏蒸消毒

Quaratine officer 檢疫官

Quare actions 為甚麼造成原告損失的令狀

Quarrel 爭吵；爭執；互相責備；〔古〕法律訴訟

Quarrier 採石工人

Quarry (Qurries) 石礦；採石場；石坑（指為挖出礦石而設的）

Quarter 四分之一（任何東西的四分之一，尤指一年的四分之一）；季度；（土地）區；〔複〕（軍隊的）營房；屯住處；（對降敵）饒赦

Quarter at sea 海上饒赦

Quarter cousin 遠親（準確説為四等親，但現在該術語用以表示遠親）

Quarter Seal 〔蘇格蘭〕四分印（指大法官掌管的為國璽章的四分之一印章）

Quarter section 〔美〕方塊土地（一塊按東西南北分成四塊，每塊 160 英畝）

Quarter session courts 〔美〕季審法院（英國已於 1971 年取消季審法院，並將其併入刑事法院）

Quarter sessions (Q.S.) 〔英〕季審法庭（亦譯為"季期法庭"）（廢止）

Quarterage 按季收付的款項；季度工資；季度稅；季度津貼；住宿費用

Quarter-day(s) 季度結賬日；季度清算日（英國為：3 月 25 日，"聖母馬利亞日"；6 月 24 日，"施洗約翰節"；9 月 29 日，"米迦勒節"；12 月 25 日，"聖誕節"；美國為：1 月、4 月、7 月和 11 月的第一天）

Quartering 〔英古〕裂肢刑，肢解刑（行刑後刑事犯被肢解成四分之一）；四分紋章；供給軍營駐紮；供給士兵的住宿

Quarterisation 肢解刑事犯

Quarterly 按季；每季一次；每季的；一年四季的

Quarterly interest 季度利息（每三月支付利息）

Quarterly report （公司）季度報告

Quarterly settlement days 季度結算日

Quarterly settlements 按季結算；季度結算

Quarter-man （工廠的）職工監督

Quartermaster 軍需官；軍需主任；〔美〕航信士官；信號兵

Quartermaster general 陸軍軍需兵司令兼軍需局局長

Quarters of coverage 〔美〕季度保險繳款額（指依每人按季所繳的社會保障基金多寡來領取福利）

Quash *v.* 撤銷；推翻；取消；廢止；宣告無效（例如，上級法院宣告下級法院的定罪無效）；平息；鎮壓

Quash a conviction 上訴庭宣判下級法院的判決無效

Quash an indictment 撤銷公訴；撤銷刑事起訴（合議庭宣判下級法院所提出的控訴無效）

Quash the array 解除陪審團；撤銷全體陪審員名單（指對陪審員名單表示異議之謂）

Quash the original judgement 撤消原判

Quasi admission 準供認；半招供；準接受；準接納，準承認

Quasi affinity 準姻親關係（指一方同另一方親屬訂了婚，但雙方迄未成婚）

Quasi argument 類似辯論

Quasi assets 準資產

Quasi bailment 準寄託

Quasi Banking 類似銀行

Quasi blood 準血親關係（指本無血緣聯繫，而由法律確定其地位與血親相等）

Quasi clandestine robberies 準盜竊罪

Quasi commons 準公地；準公共土地

Quasi consular 準領事的

Quasi contract 準契約；類合約（指雖不是合意契約，不是基於當事人的允諾，而是基於法律或衡平約因的一種義務性契約。例如，遺囑執行人或遺產管理人必須履行其所收取死者遺產的義務）

Quasi corporation 〔美〕準公司；準法人團體；準市政法人（指具有限市政機關性質和行使其某些職能的機關例如縣、城鎮和市區機關）

Quasi crime 準犯罪（包括所有犯罪和帶罪行性質，但不包括罪行和可控告的犯罪）

Quasi easement 準地役權（修補相鄰土地上的籬笆有時稱為準地役權）

Quasi entail 準限嗣繼承地產（指授予某人及其直系繼承人繼承其生存期間的土地財產權）

Quasi estoppel 準禁止翻供原則（指不准作出不利於對手而與原主張的權利相矛盾衡平法上的原則）

Quasi goods 準貨物；準資本貨物

Quasi in rem 準對物的

Quasi in rem jurisdiction 準對物管轄權

Quasi incompetent person 準禁治產者（指精神衰弱的人、聾啞人、揮霍無度以致貧困或影響家庭義務者而被法院宣告限制行為能力者）

Quasi judicial 準司法；類司法

Quasi judicial act 準司法行為（指非法官所為的司法行為人）

Quasi lien 準留置權

Quasi office 準公職；準職位

Quasi partner 準合夥人（指不是實際上的合夥者）

Quasi personalty 準動產（雖屬固定的不動產，但在法律點上屬可移動的。例如，長期租賃的地產權等準不動產）

Quasi possession 準佔有（指為佔有權而非法佔有物，即行使佔有權或使用權）

Quasi possessor 準佔有者

Quasi posthumous child 準遺腹子（指在遺腹子的祖父等直系親屬在世時出生的，不是其祖父等立遺囑時的繼承人，但卻在其父死時成為其在世祖父等的繼承人）

Quasi real right 準物權（指有些國家的民法把知識產權以及在知識產權上設定的某些權利稱為準物權）

Quasi realty 準不動產（法律上屬不動產，但實際上本身屬動產。例如，傳家寶、房地產所有權證書等）

Quasi rent 準地租，類地租（指不是從土地，而是從其他生產要素上取得的租金收入）；準租借費

Quasi seisin 準佔有

Quasi tenant 準承租人；次承租人（指承租權取決於第一承租人）

Quasi trustee 準受託人（指因違反信託而獲利者應擔當受託人的責任）

Quasi usufruct 準用益權（不完全用益權，即無物的消費用益權）

Quasi violation of woman 準強姦罪

Quasi-automatic adoption 〔世貿〕準自動通過（此為 WTO 審議違法之訴案件中的創舉，加大了 DSB "報復的威懾作用"）

Quasi-automatic IMF certification of payments restrictions 準自動的國際貨幣基金組織支付限制證書

Quasi-belligerent 準交戰者

Quasi-belligerency 準交戰狀態

Quasi-burglar 準盜竊犯

Quasi-combatant 準戰鬥員

Quasi-composite State 準複合國

Quasi-contract 準契約

Quasi-contractual obligation 準契約性義務

Quasi-corporate enterprise 準法人企業；準公司

Quasi-corporatist consultation 準法人團體磋商

Quasi-delict 準不法行為（指由於過失而致他人傷害的行為）

Quasi-deposit 準寄託（受託人以正當的手段具有他人寄託的物品，但無寄託的意思）

Quasi-endorser 類似背書人；準背書人

Quasi-flagrant delict 準現行的不法行為

Quasi-flagrant offense 準現行犯

Quasi-form 準格式；準要式

Quasi-full employment 接近充分就業

Quasi-government nature 準政府性質

Quasi-guardian 準監護人

Quasi-incompetency 準法律上無資格

Quasi-incompetent 準法律上無資格的

Quasi-international agreement 準國際協定

Quasi-international law 準國際法

Quasi-judicial 準司法的（指在實體上或程度上與司法相類似，其有某些司法裁量權性質的為正式訴訟的依據）

Quasi-judicial authority 準司法當局

Quasi-judicial body 準司法（性）機關；準司法團體

Quasi-judicial duty 準司法義務；準司法職責

Quasi-judicial function 準司法職能

Quasi-judicial power 準司法權（指行政機關具有對職員判決權）

Quasi-legislation 準立法

Quasi-legislative 準立法的

Quasi-legislative act 準立法行為

Quasi-legislative decision 準立法決定

Quasi-legislative international institution 準立法國際機構

Quasi-legislative power 準立法權（指行政機關具有制定規則或細則權力）

Quasi-liquidation 準清算

Quasi-mandate 準委託；準委任

Quasi-military organisation 準軍事組織

Quasi-military service 準兵役

Quasi-money 準貨幣

Quasi-monopoly 類似壟斷；準壟斷

Quasi-municipal 準市立的；準市營的

Quasi-municipal bonds 準市政債券

Quasi-municipal corporation 〔美〕準市政法人（執行市政機關一種或多種職能。例如縣、城鎮或學區機關團體）

Quasi-negotiable 準流通性的

Quasi-negotiable instrument 準流通票據（指可起流通作用的有價證券）

Quasi-neutral 準中立者

Quasi-neutral status 準中立地位

Quasi-neutrality 準中立（指不參加實際戰鬥，有限中立之謂）

Quasi-offense 準犯罪

Quasi-proprietary right 準所有權

Quasi-protectorate 準保護關係；準被保護國

Quasi-public agency 半官方機構

Quasi-public corporation 準公法人；準公營公司（私營公用事業公司）；準公益事業機構（屬一種慈善機構）

Quasi-seller 準賣方；準賣主

Quasi-servitude 準地役

Quasi-sovereign 半獨立的；半主權的

Quasi-sovereign state 半獨立國；半主權國家

Quasi-sovereignty 準主權

Quasi-state of war 準戰爭狀態

Quasi-territorial jurisdiction 準領土管轄權

Quasi-territoriality 準領土性

Quasi-tort 準侵權行為（本人沒有侵權但負有侵權的責任。例如僱主負有對其僕人在僱用工作中不法侵權行為的責任）；準過失罪

Quasi-unanimity 準全體一致

Quasi-war 準戰爭

Quay 碼頭

Quay dues 碼頭費

Quayage 碼頭稅；碼頭使用費；停泊費；泊位

Que estato 〔法〕誰的地產（舊時抗辯術語，尤其用於主張取得地產時效。據此，原告聲稱，他久已行使主張該地產的權利，因而排除了該地產的以前所有人）

Queen 女王；王后

Queen Anne's Bounty 〔英〕安娜女王基金會（安娜女王的獎勵基金，用於增加貧困牧師俸祿的基金）

Queen can do no wrong 女王無過失（指女王對她全部所為不負法律上的責任的意思）

Queen consort 王后

Queen dowager 已故國王遺孀

Queen in Council 〔英〕御前會議；樞密院院會議

Queen regent 攝政女王

Queen regnant 〔英〕執政女王

Queen's and Lord Treasurer's Remembrancer 〔蘇格蘭〕王室及財務大臣駐各部財務代表

Queen's Bench Division 〔英〕王座分庭；女王座法庭

Queen's Bench Prison 〔英〕（高等法院）王座法庭債務人監獄

Queen's Chambers 〔英〕王國海域（大不列顛專屬海域）

Queen's consent 〔英〕女王同意

Queen's Counsel 〔英〕御用大律師；王室律師；王室律師

顧問

Queen's enemy 〔英〕公敵（國家的敵人）

Queen's Printer 〔英〕（王國政府）特許印刷業者

Queen's Recommendation 〔英〕女王的建議

Queen's Regulations 〔英〕陸海空三軍軍紀條例

Queen's serjeant 〔英〕皇家高級律師

Queen's shilling 〔英〕軍餉

Queen's ship 〔英〕皇家船艦（王國的船舶和軍艦）

Queen's advocate 〔英〕王室法律顧問；皇家律師；御用律師

Queen's Bench (Q.B.) 〔英〕王座法庭（是王室法院和高等法院王座法庭的簡稱，為英女王統治時期的法院稱謂）

Queen's Bench Division (Q.B.D.) 〔英〕（高等法院）王座法庭分庭（高等法院由王座法庭、衡平法庭和家庭法庭組成）

Queen's Coroner and Attorney 〔英〕（高等法院）王座法庭驗官及律師（現已併入最高法院刑事法庭）

Queen's Counsel (Q.C.) 王室法律顧問；皇家律師；御用大律師（從學術和經驗卓越的法庭律師中任命的顧問，精通法律以開封敕許狀授予高等律師的稱號，穿絹的法衣，坐在法庭欄杆內具有比一般律師先辯論的特權，但沒有特許不得替罪犯辯護。這種限制現已有所放寬）

Queen's evidence 檢察官提供的證據；供出對同案犯不利的證據（指數人被指控犯罪，其中一人在國王答應給予赦免時出來揭發並供出同案犯）；免除追訴的證言

Queen's exchange 〔英〕硬幣與金屬板的交換所（英女王指定的）

Queen's head inn new gate 〔英〕陰森監獄（指 1218 年初在倫敦建立的）

Queen's Key 〔蘇格蘭〕准許侵入債務者住宅的令狀

Queen's messenger 〔英〕傳遞公文的人

Queen's peace 〔英〕王國治安；社會安寧；公共秩序的維持

Queen's prison 〔英〕皇家監獄（原用以監禁威斯敏斯特高等法院等判處的債務犯和刑事犯）

Queen's proctor 〔英〕王室代訴人；政府律師；王室訟監（指亦稱政府律師有權監察離婚、遺囑等案件的官員）

Queen's Remembrancer 〔英〕王室債務徵收官，政府債務徵收官（高等法院的官員）

Queen's speech 〔英〕女王致詞（指女王就本屆議會開幕式上所要討論的內外政策和立法議題的説明）

Query *v.* 質問；詢問；疑問；懷疑

Query a witness 訊問證人

Quest 審問；審理；驗屍；查詢；調查

Question （訊問證人的）問題；（審議待決或陪審團裁決的）問題；審判對象的問題；付表決的問題；爭點；（法庭上的）爭端；質詢；詰問；訊問；審問

Question de preseance 〔法〕位次問題

Question of fact 事實問題

Question of incursions upon sovereignty 〔世貿〕侵犯主權的問題

Question of law 法律問題

Question of order 程序問題（議會中關於違反規則的問題）

Question of precedence 位次問題

Question of privilege 特權問題（指關於議院或議員的特權或權利的問題）

Question of procedure 程序問題

Questionable 可疑的

Questionaire on subsidies 〔世貿〕補貼問卷；補貼調查表

Questionaires used in a countervailing duty investigation 〔世貿〕反傾銷税調查所用的問卷

Questioner 審問者；訊問者；詢問者

Questionnaire 〔法〕調查提綱；調查表；調查問卷；徵詢書；〔關貿〕調查表（指對傾銷產品進行調查）

Questions in parliament 〔英〕議員質詢；議會質詢

Questman 〔英古〕起訴人；告發人；被推選為調查者（指調查舞弊行為，尤指濫用度量衡事件）；〔宗〕教區副執事

Qui ne dit mot consent 〔法〕沉默即是同意（默示同意）

Quick 活的；有生氣的

Quick asset 速動資產（流動資產）（指獎金、票據等可隨時變現或變現時間極短）

Quick asset ratio 速動資產比率（指現金、應收賬款和可銷售的證券的流動資產對流動負債的比率）

Quick assets 速動資產（如現錢和即可兑現的資產）

Quick capital 有利資本；流動資本

Quick child 活動的胎兒（指在母腹中的）

Quick liabilities 短期債務；速動負債

Quick yielding project 快速收益的工程項目

Quickening 首次感到胎動；胎動初覺（通常發生在妊娠中期）

Quiet *v. & a.* I. 使靜；使平靜；使（爭論等）平息；使不受滋擾；II. 無煩擾的；寧靜的；安定的；平靜的；（成交）清淡的

Quiet enjoyment 安寧享用（指沒有妨礙購買地產者順利地佔有租賃的房屋）

Quiet title action 確定土地所有權之訴

Quinella 〔香港〕連贏

Quinque partite 〔法〕五份；分成五份

Quinquennial census 〔美〕每五年一次調查（指聯邦政府對製造業、礦山等行業的調查）

Quinquennial Review of Quotas 〔基金〕五年一次的份額審議

Quintuplicate 一式五份；第四副本

Quisle *v.* 賣國；做賣國賊；當傀儡政府的頭子

Quisling 賣國賊；內奸；傀儡政府頭子

Quit *v. & a.* I. 離開；遷出；放棄佔有；開除；解僱；償清（債務等）；辭職；〔古〕赦免；釋放；II. 了結的；已經清償的；自由的；被赦免的；被宣告解除某項指控的

Quit rent 免役地租（指封建時代自由保有不動產和登錄不動產保有權者的莊園主為免除或其他勞役義務而繳納的固定額地租）

Quit tam action 分享罰金之訴（指部份罰款歸起訴，餘者歸國有）

Quitclaim *v. & n.* 放棄要求；放棄權利

Quitclaim deed 權利轉讓證書；放棄權利證書；放棄權利契據

Quit-rent 〔英〕免役地租（指自由地產保有者或登錄不動產保有者向莊園領主繳納地租以免除其他勞役和捐税）

Quit-rent of Quit-rent 極少的報酬

Quittance 解除；免除；赦免；清償；（清償）收據

Quonian Attachiamenta 〔蘇格蘭〕法律原理（14 世紀一位無名氏所著，蘇格蘭最早的一部法律文集）

Quorum 法定人數；〔英〕（法院開庭時必須達到的）治安法官人數

Quorum and voting 法定人數和投票

Quot 〔蘇格蘭〕動產遺產份額（指死者欠教區主教可沖抵債務前動產的 1/20，已於 1701 年廢止）

Quota 定額，配額，分攤額，限額（尤指政府對進口貨物或移民人數的控制額）；當選商數

Quota administered 支配的限額

Quota allocation 配額分配

Quota allocation certificate 配額分配證書

Quota category 配額分類；配額目錄

Quota certificate 配額證書

Quota competition 〔關貿〕配額競爭

Quota control 配額管制

Quota duty rate 配額的稅率

Quota for non-textile 非紡織品配額

Quota for textiles 紡織品配額

Quota growth rates 配額增長率

Quota immigrant 配額移民（例如每年美國給予中國與中國台灣各兩萬移民配額）

Quota period 配額期限

Quota plan 定額分配法

Quota quantity 配額數量

Quota restriction 配額限制

Quota review 定額審查

Quota share 定額；成數

Quota share reinsurance 定額再保險；定額分保；成數再保險

Quota system 定額分配製；配額制；限額制度（指發達國家對紡織品等進口採用的）

Quota-holder 配額擁有人

Quotation 引用；引證；行市；行情；牌價；時價；報價；行情表

Quotation of prices 報價（單）

Quotations on the stock exchange 股票行市

Quote v. 引用；引證；報價，開價

Quoted price 公佈價格；收盤價格

Quoted securities 掛牌證券；上市證券

Quotent award 平均數裁決

Quote-part （共有者的）分配額

Quoter 引用者；引證者；報價者；記錄保險單紅利並計算其應付利息的職員

Quotient 商；系數；份額；應得的部份

Quotient verdict 商數評決（"平均數裁決"，指陪審團事先合意以寫下各自認為受害者應得的損害賠償數額之和，除以其人數所除之商作為賠償金額的裁決）

R

Rabbi (rabbin) 拉比法學博士（猶太的法學博士）；拉比教教士（猶太教教士）

Rabbinaical judgements 〔以〕拉比式判決（猶太教式判決）

Rabbinate 猶太法學博士身分（或職位）；〔總稱〕拉比法學博士（猶太法學博士）；拉比教教士身份（猶太教教士身份）

Rabbinic(al) 猶太法學博士的（拉比法學博士的）；猶太法學博士的教義（或著作）的

Rabbinical courts 〔以〕拉比法院（或稱"猶太教法院"）

Rabbinical divorce 拉比式離婚（猶太教式離婚）

Rabbinical tribunals 〔以〕拉比法庭（猶太教法庭）

Rabbit 〔英〕非法捕捉或滅絕兔子罪

Race 人種；種族；民族；競賽；比賽

Race destruction 種族毀滅

Race discrimination 種族歧視

Race prejudice 種族偏見

Race recording statutes 〔美〕在先登記者權利優先法（指不動產轉讓契據在先登記者求償權優先）

Race relations 種族關係

Race-notice recording statutes 〔美〕登記者權利優先法（指州法律規定，對於不動產轉讓契據登記而言，不知情購買者購買未登記者不享有優先權利法）

Racharte 〔法〕買回；贖回

Rachat 〔法〕買回；贖回；買回權（=remere，指賣方在期限內有權買回）；〔宗〕拯救

Rachmanism 〔英〕剝削房客行為

Racial conflict 種族衝突

Racial difference 種族差別

Racial discrimination 種族歧視

Racial grounds 〔英〕種族根據（膚色、種族和國籍或血統根據）

Racial group 種族羣體；種族集團；種族團體

Racial hatred 種族仇恨（在英國煽動種族仇恨為犯罪行為）

Racial integration 種族一體化

Racial intolerance 種族上不容異己

Racial line 種族界線

Racial minorities 少數種族

Racial prejudice 種族偏見

Racial relations 種族關係

Racial segregation 種族隔離

Racial separation 種族分離

Racial unity 種族統一

Racial war 種族戰爭

Racism 種族主義

Racist minority 種族主義者少數

Racist regime 種族主義政權

Rack n. & v. I. 肢刑架（古代拷問犯人時拉其四肢使關節脫離的一種刑具）；逼供；拷問；II.〔英〕逼供；刑訊；拷問（指把放在拉肢刑架上施刑，使屈打成招）；把…放在拉肌刑架上施刑

Racket 非法交易；敲詐勒索；有組織的非法活動

Racketeer 敲詐勒索者

Racketeer Influenced and Corrupt Organisation Act 〔美〕反勒索及受略組織法

Racketeering 有組織敲詐勒索罪 (指以不法使用武力或恐嚇方式取得他人的錢財)；〔美〕犯罪組織的敲詐勒索活動 (如賭博、吸毒等)

Rack-rent 勒索性高額租金 (指與財產相等或超過財產的經濟價值的租金)；全額地租；市面最高租金；付法外地租，苛刻的租金

Rack-renter 勒索高額地租人

Rada 烏克蘭的議會

Radiated exposure 〔保〕放射危險

Radio log book 無線電訊航海日記

Radio Television Hong Kong 香港電台

Radius of action 有效破壞半徑；活動半徑；航續距離

Radius of visibility 有效觀察界；有效能見度

Raffle 抽彩售貨 (指幾個人一起擲骰子抽籤，贏者購之)；抽彩義賣

Ragman roll 指忠於愛德華一世之貴族及其首要人物名單

Raid *v. & n.* I. 〔警〕搜查；搜捕；搶劫；竄犯；侵入；襲擊；II. 突襲；突然行動；故意造成股票價格猛跌的行為；〔警〕突然搜查，搜捕；非法盜用；搶劫公款；搶劫；竄犯

Raider 入侵者；襲擊者；劫掠商船的武裝快船；〔美〕突擊收購者 (指企圖控制目標公司股票者)

Raiding 〔美〕眼線；臥底 (指假扮為反對黨的選民以影響其預選結果的做法)

Railage 〔英〕鐵路運費；鐵路運輸

Railroad *v.* 〔美〕急速通過；強行草率通過 (指在少數反對之下使立法強行通過)

Railroad policy 鐵路保險單

Railway Act 〔英〕鐵路法 (1921 年)

Railway and Canal Commission 〔英〕鐵路與運河委員會 (1949 年廢止)

Railway and steamship combination ticket 鐵路輪船聯運票

Railway bond 鐵路公債

Railway Commissioners 〔英〕鐵路專員

Railway Labour Act 〔美〕鐵路勞工法 (旨在迅速解決州際間鐵路公司與鐵路工人糾紛的法律，1962 年頒佈)

Railway Labour Dispute Act 〔加〕鐵道勞資爭議法

Railway loan 鐵路公債

Railway police 路警；鐵路警察

Railway rate 鐵路運費率

Railway Rates Tribunal 〔英〕鐵路運價法庭

Railway tariff 鐵路運費率

Railway transport court(s) 鐵路運輸法院

Railway transportation services 鐵路運輸服務

Rain insurance 暴雨保險；降雨保險

Raine's Law 雷茵法 (紐約州的酒稅法)

Raise *v.* 引起；提高，增加 (稅等)；徵收 (稅)；籌款；募集；提薪；擢升；變造票據面值 (用塗改等詐騙手法增加票據面值)；解除；解禁

Raise a blockade 解除封鎖

Raise a loan 借款；舉債

Raise a mortgage on a house from a bank 用房屋向銀行抵押借款

Raise a point of order 提出議事程序

Raise a presumption 作出推定 (指沉默在某種情況之下即可推斷為同意的意思)

Raise an embargo 解除禁運

Raise an issue 提出爭點 (兩造當事人就訴訟中提出爭點的結果進行答辯)

Raise barriers 〔關貿〕提高壁壘 (指貿易壁壘)

Raise parliament 解散議會或休會

Raise perceptions of its standing as third of the global international economic institutions 〔世貿〕提高對自身作為全球第三大經濟組織地位的理念

Raise revenue 徵稅

Raise standards of living 〔關貿〕提高生活水平

Raise strong public reaction in different quarters of the world 引起世界上不同地區公眾的強烈反應 (指對《烏拉圭回合》所簽訂的服務貿易等協定)

Raise the overall political profile of the international trading system 全面提高國際貿易制度的政治層次

Raised cheque (check) 變造金額的支票 (未經出票人授權擅自增大支票面額，因此具有詐欺性)

Raising a loan 借款；舉債

Raising a promise 默示承諾；推定承諾 (指從某民事實和情況中含有未予明示承諾，並假定其為承擔法律責任根據)

Raising a use 創設用益；默示用益權

Raising of a loan 借款；舉債

Raising of the blockade 封鎖解除

Raising of the siege 撤圍

Raison d'Etat 〔法〕國家理由 (以國家利益為名的理由；為了國家的最高利益而採取的特別措施)

Raison d'etre 〔法〕存在理由；〔香港〕原因

Raked trust 被動信託 (其反義詞為 "dry trust")

Rake-off 傭金；回扣 (尤指在非法交易中所獲得的回扣、賄賂、分配或掠取利潤)

Ramistic method 拉米斯方法 (指由拉米斯所創設的一種法律註釋教學法，1515-1572 年)

Ramp 索取高價，敲詐

Rampton 〔英〕蘭普頓醫院 (收治精神不健全和罪犯等的特種醫院)

Ran 〔撒〕公開的偷竊；搶劫；公然強姦；強盜罪

Rancho 〔西〕村寨；小村莊；大牧場或適於養牛馬的大片土地

Random action 輕率行為

Range *n. & v.* I. 射程；範圍；幅度；〔美〕一排城鎮；(南北六英里寬窄範圍的) 區域；II. 排列；列入

Range of activities 經營範圍；活動範圍

Range of cannon 大炮射程

Range of discretion 〔世貿〕處理權的範圍 (指在判斷傾銷品損害上成員方可自由處理)

Range of discussion 討論範圍

Range of prices 價格範圍；價格變動

Range of profits 利潤幅度

Range of service 服務範圍

Range of tasks 任務範圍

Ranger 〔英〕皇林看守官；護林員 (森林巡視員)；〔美〕(德薩斯州) 巡警

Rank *n. & a.* I. 等級；社會地位；職銜；軍銜；品位；II. 過多的，過份的，極度的；數量上過多的；粗鄙的；下流的；絕對的；完整的

Rank modus 〔英〕違反規則；完全脫離規則 (指理查一世時期不合法的徵收什一稅而言)

Rank of diplomatic agents 外交代表等級

Rank of states 國家等級

Ranking and sale 〔蘇格蘭〕破產者變賣財產償債順序（指無力清償債務者按司法變賣其可繼承財產的一種訴訟程序，已廢止）

Ranking member 高級官員；高級委員

Ranking of creditors 債權人的順序（指破產債務人按順序償還一個或幾個債權人一部或全部的求償金額）

Ranking officer 〔美〕高級軍官

Ranking system 等級制度

Rank-in-job 〔領事〕因工作設立職位

Rank-in-person 〔領事〕因人設立級銜

Ranks of consuls 領事職銜

Ransom 贖金（指釋放綁架人、俘虜等）；〔英古〕贖金（為求得赦免重罪而給付金錢以贖身）；〔際〕贖回（指以金錢或商定的金額贖回在海上被捕獲的財產）

Ransom bill 〔海法〕贖回證書；贖回單據（同意就釋放被捕獲船隻及其在規定航線和規定時間安全通行證問題繳付一定金額作為"贖金的契約"）

Ransom bond 贖回單據（=ransom bill）；捕獲船隻賠償證書

Ransom from captors 向捕獲者付贖金而得以釋放

Ransom insurance 贖回保險；賠償保險

Ransom money 贖金

Ransom of prize 捕獲品贖金

Ransom price 贖價

Ransomer 賠償者；贖身者；捕獲船隻賠償擔保物

Rap 〔美俚〕刑事責任；刑事定罪

Rap sheet 〔美俚〕警方檔案

Rape in succession 輪姦

Rape of the forest 〔英古〕武力侵入森林罪；洗劫森林罪

Rape or seduce 強姦或誘姦

Rape shield law 〔美〕被強姦者保護法

Rape. *n. & v.* I.〔美〕強姦（指未經女方同意的非法性交）；強姦罪；強奪；〔英〕郡區（含幾百個百家村，屬郡的部份）；強姦；侵入森林；〔英古〕薩什克斯郡區（該區共劃分六個郡區）；II. 強姦；強奪

Raper 強姦犯

Hape-reeve 〔英古〕郡首席官員

Rapid build-up of inventories of the imported product 進口產品的庫存快速增加

Rapid transit commission 〔美〕快速交通委員會

Rapine 劫掠；搶劫（指非法地掠走他人的動產）；〔古〕強姦

Rapine and red ruin 強盜和放火

Rapist 強姦犯

Rapporteur 〔法〕預審法官（法國國法官審查調查人員搜集的證據並就對證據的看法和建議向法庭全體法官報告）；報告員；會議報告撰寫人

Rapproachement 〔法〕和解；接近

Rapscallion 流氓；無賴；惡棍

Raptor 〔英古〕強姦者；強奪者

Rare earth 稀土（含有各種不同的貴金屬成份可提煉成高科技原料）

Rascal 流氓；無賴；惡棍

Rascality 流氓性；流氓行為；卑劣行為；流氓集團；烏合之眾

Rasure 削除；塗改（指將證件上的某些字擦掉"使無"該字，

其與"obliteration""塗掉"或"抹掉"不同，但兩字時常通用）

Ratability 納稅義務（=ratability）

Ratable 〔美〕按比例的；可估價的；（財產）應納稅的；〔英〕應負擔地方稅的

Ratable estate 應納稅的財產

Ratable freight 按比例的運輸費

Ratable payment 應納稅的款項

Ratable property 可估價的財產；應納稅財產

Ratal 納稅額；徵稅價格

Ratal qualification 納稅條件

Rate 價格；費用；率；比率；費率；等級；利率；〔美〕運價；運費淨值（指運貨人從托運人那裏所賺的）；〔英〕〔複〕房地產稅；地方稅（指課收可繼承的財產稅）；市稅

Rate agreement 運費協定

Rate base 利潤基數；費率基準

Rate cutting 降低工資率；減低運費；降低保險費率

Rate for advances on securities 證券抵押借款利率

Rate for computations 計算比率；計算價格

Rate for telegraphic transfer 電匯匯率

Rate list 保險費率表

Rate of application for dispute settlements 〔世貿〕申請爭端解決的（案件）比率

Rate of attendance 出勤率；出席率

Rate of contract interest 約定利率

Rate of death 死亡率

Rate of depreciation 折舊率

Rate of detection 破案率

Rate of discount 貼現率

Rate of duty 稅率；關稅稅率

Rate of exchange 匯率；（貨幣）兌換率

Rate of foreign exchange 外匯兌換率

Rate of freight 運費率

Rate of gross investment 總投資率

Rate of growth 增長率

Rate of interest 利率

Rate of mail transfer 信匯匯率

Rate of mortality 死亡率

Rate of premium 保險費率；升水率；溢價率

Rate of profit 利潤率

Rate of profit on capital 資本利潤率（對於資本的運轉利潤率）

Rate of profits on the turnover 貨物營業利潤率

Rate of remuneration 報酬率；補償率

Rate of returns 投資收益率；投資回報率

Rate of tax 稅率

Rate of taxation 稅率

Rate of telegraphic transfer 電匯匯率

Rate of unemployment 失業率

Rate of value-return 價值與所得的比率

Rate of wages 工資級別

Rate per annum 年利；年率

Rate per mensum 月利；月率

Rate support grant 〔英〕扶助性贈與稅（根據 1988 年《地方政府財政法》繳納支付當地政府財政虧空、尤其教育財政之用）

Rate tariff 運費價目表

Rate tiering 區分利率；等級利率（指債務重訂）

Rate tithe 〔英〕按比例徵收的什一稅（指按各教區不同慣例對羊或其他牲畜徵收的年稅）

Rate up 徵收較高的保險費；負擔高的保險費；提高費率

Rate war 運費戰

Rate(s) of fee 費用率

Rated age 〔保〕額定年齡；分級年齡

Rated tax 額定稅率

Rate-payer 〔英〕納稅人（上交地方稅的人）；交付市稅的人

Rater 保險費率厘定人；定等級人

Rates of duty 〔關貿〕關稅稅率；稅率

Ratification 追認（指對過去行為的追認）；認可；批准；〔際〕批准書（指對條約、契約等的批准）

Ratification Hurdle 〔美〕批准障礙

Ratification of acts-in-the-law 對法律行為的追認

Ratification of treaty 條約的批准

Ratifier 追認者；批准者；認可者

Ratify *v.* 批准；認可；追認；確認

Ratify a convention 批准公約

Ratifying state 批准國

Rating 信用等級；信用評級（指個人或公司財政狀況、信用等的）；軍階；（士卒）等級；品級；（船隻、海員）分級；定級；定額；（對償債）信譽評價；估價；〔保〕費率厘定；等級評定

Rating and valuation 〔英〕課徵地產稅與估價

Rating and Valuation Department 〔香港〕差餉物業估價署

Rating scale 評定等級

Ratio 比例；比率；（複本位制中金銀法定）比價；等級；諒解；理由；判決理由

Ratio analysis 比率分析（指利用數學關係法對公司流動資產和活動等進行分析評價其經濟效益）

Ratio of aid to GDP 援助款項佔國民生產總值比率

Ratio of capital invested to sales 資本投資對出售額比率

Ratio of current assets to current liabilities 流動資產對流動負債的比率

Ratio of debt to net worth 負債對資本淨值的比率

Ratio of fixed assets to net worth 固定資產對資本淨值的比率

Ratio of global reserves to imports 全球進口儲備比率

Ratio of merchandise to receivables 商品對應收款項的比率

Ratio of net profits to net worth 純利率對資本淨值的比率

Ratio of plant to net worth 工廠對資本淨值的比率

Ratio of quick assets to current liability 速動資產對短期負債之比

Ratio of representation 代表比例（對於比例選舉制）

Ratio of reserve to liabilities 儲備對負債的比率

Ratio of sales on credit to receivables 銷售對應收款項的比率

Ration allowance 糧食配給津貼

Ration roll 配給名單

Rational 理性的；合理的

Rational basis test 〔美〕合理依據標準（指上訴法院對有合理立法依據的特定制定法的智慧和合理性是確信無疑的）

Rational doubt 合理懷疑

Rational purpose test (=rational basis test) 〔美〕合理依據標準（指上訴法院對有合理立法依據的特定制定法的智慧和合理性是確信無疑的）

Rationale 解釋；說明理由；基本原理；理論基礎

Rationale of the technical regulation 技術法規的基本理由

Rationalism 理性主義；〔宗〕唯理派教義

Rationality and transparency of government pricing 政府定價的合理性及其透明度

Rationalisation 合理化

Rationalisation of consumption 消費的合理化

Rationalisation of distribution 分配的合理化

Rationalisation of industry 工業的合理化

Rationalisation of investment 投資的合理化

Rationalisation of management 經營的合理化

Rationalisation of production 生產的合理化

Rationalisation of the requirements 合理化要求（指發展中國家對世貿組織的）

Rationing 定量配給

Rationing of exchange 外匯配給

Rattening 〔美〕迫使工人加入工會罪（指工會為迫使工人加入工會或停工而將其工具、衣服以及其他財產非法藏匿起來）；〔英〕藏匿工人工具以強迫加入工會罪（英國對這種犯罪行為判處罰金或監禁）

Raunch 粗俗；淫威；猥褻

Ravine 溝壑；深谷

Ravish *v.* 〔美〕強姦（指以武力並違反婦女的意願而姦者）

Ravished 被強姦的

Ravisher 強姦者；強奪者；狂喜者

Ravishment 強姦；強奪有夫之婦（從丈夫或監護人奪取妻子）；強奪被監護者

Ravishment of ward 〔英〕被監護的未成年人未經監護人同意的婚姻

Raw data 原始數據

Raw land 未耕過的土地；處女地；生地；毛地

Raw material 原料（原材料）

Raw material for the processing trade 委託加工貿易的原材料

Rayon d'action 〔法〕活動範圍

Raze *v.* 鏟平；拆毀；刮去；削去；消除（=erase）

Reach a conclusion on a case 定案

Reach a decision by consensus 以一致同意方式做出決定（做出一致意見的決議）

Reach a mutually satisfactory resolution 達成互相滿意的解決辦法

Reach strengthened commitments 〔世貿〕做出有力的承諾

Reach the woolsack 〔英〕成為上議院議長（兼大法官）

Reacquired stock 〔美〕重獲股票（股份）；重購股票（股份）

Reacquisition of nationality 國籍的重新取得

Reactionary *a. & n.* I. 反動的；II. 反動分子；反革命份子

Reactionary slogans 反動標語

Reader 〔英〕（律師學院）講師；寺院牧師

Reading （議會宣）讀議案；讀會；解釋

Reading clerk 宣讀書記員

Reading in 〔英〕朗讀（指就任的聖職人員必須朗讀英國國教的 39 信條等規定）

Reading of the law 〔美〕攻讀法律

Reading rooms 〔美〕閱覽室（指美國際貿易委員會設有向公眾開放的閱覽室）

Reading rule 複合保險約款規則（全部財產按特定財產擔保以扣除分擔責任的複合保險約款規則）

Reading stage 宣讀階段

Reading the Riot Act 〔英〕宣讀暴亂法（以示對暴亂者的警告）

Readings of bill 〔英〕宣讀法案（草案）

Readjustment 重整；重新調整（指公司股東間因財政困難而自願重新組合）

Ready 準備好的；即期的

Ready and willing 能夠並且願意（指訂約並履行約定）

Ready money 現金；手頭現金

Ready money sales account 現金銷售賬

Ready pay in 即付；即納

Ready, willing and able (RWA) 準備、願意簽訂並且有能力履行（商業意向書用語）

Ready, willing and able buyer 準備、願意並可付現金的買主

Ready-made 現成的；預先製成的；平凡的；陳舊的；非創新的

Reaffirm *v.* 重申；再確認

Reaffirm right of a complaining governments 〔關/世貿〕重新確認申訴方政府的權利（第八輪烏拉圭回合的成果之一）

Reaffirmation agreement 再確認合同（指經法院核准重新確認解除破產債務之前所簽訂的合同仍為有效）

Real 物的；對物的（不是對人的）；土地的；適用土地的（尤指自由保有的地產權益）；不動產的；實際的；真實的

Real action 物權訴訟；產權訴訟；對物訴訟；回復不動產訴訟（指因不動產受到侵害而提起恢復原狀的訴訟）

Real agreement 物權契約

Real and personal property 〔英〕不動產與動產（不動產指地產，死者如無遺囑則由其法定親屬繼承；動產，死者生前未處理者則由遺囑執行人或遺囑管理人處分）

Real assets 不動產；不動產遺產

Real authority 實際代理權（指經委託人向代理人宣示的明示或默示的權力）

Real burden 〔蘇格蘭〕不動產負擔（指給付土地或樓宇的債務負擔）

Real capital 實物資本

Real chattel (=chattels real) 不動產（如不動產上的收益；房屋、土地及其租賃收益）；〔香港〕不動產的收益

Real consumption 實際消費

Real contract 要物契約（普通法上指關於不動產契約。例如，永久租賃地）

Real cost 實際成本；真實成本

Real cost of production 實際生產成本

Real covenant 對物契約（指附屬於土地或其他不動產相關連的契約）

Real defenses （被告）基於物權的抗辯

Real distress 不動產扣押；財產扣押

Real dues and taxes 實物捐稅

Real earnings 實際收入（旨在調整在指定時期內通脹與確定變動購買力）

Real effective exchange rate index 實效匯率指數

Real estate 土地；地產；不動產；房地產（指永久附屬於土地，諸如房屋圍欄、建築物及其附屬設施）；不動產權益（包含於土地及房地產之中）

Real estate account 不動產賬戶

Real estate agent 〔美〕不動產代理人；房地產經紀人；房地產代理商

Real estate and rental guide 房地產租賃指南

Real estate appraiser 不動產鑒定人

Real estate bond 不動產債券

Real estate broker 不動產經紀人；房地產經紀人

Real estate investment trust (REIT) 不動產投資信託；房地產投資信託

Real estate listing 不動產登記名單（指不動產經紀人與不動產所有人訂立的代理出售協議，以收取備金）

Real estate loans 不動產抵押放款；不動產擔保貸款

Real estate management company 物業管理公司

Real estate mortgage 不動產抵押

Real estate mortgage bonds 不動產抵押債券

Real Estate Mortgage Investment Conduit (REMIC) 〔美〕不動產抵押投資管道

Real Estate Settlement Procedure Act (RESPA) 〔美〕不動產購置程序法（1975 年）

Real estate syndicate 不動產辛迪加；不動產企業組合（為共同利潤和收益投資於房地產而組成的一個鬆散的企業）

Real estate tax 不動產稅；房地產稅

Real estate title deeds 房地契

Real estate trust 不動產信託公司；不動產信託

Real evidence 實物證據；物證（法官或陪審員實際調查的實物證據而區別於口頭證據）

Real flow 實際流量（指一個部門以上商品和勞務運行情況）

Real gross fixed investment 實際固定投資總額

Real hereditament 不動產遺產（可繼承的不動產）；世襲不動產

Real income 實際收入

Real income and effective demand 實際收入和有效需求

Real injury 實際損害（不法行為造成的傷害，其反義詞為 "verbal injury"）

Real intention 真正意思（意圖）

Real interest rate 實際利率

Real international person 真正國際人格者

Real law 不動產法；物權法（關於特定動產或不動產的法律）；〔羅馬法〕物法

Real link 真正聯繫

Real money 硬幣；現金；現錢

Real nationality 真實國籍

Real obligation 實際義務；真正義務

Real occupation 實際佔領；真實佔領

Real party in interest 〔美〕有合法權利的訴訟當事人

Real price 實際價格；實價

Real property 不動產（指土地和生長其上或附屬於其土地上可繼承的財產）；房地產；物權的財產權

Real Property Act, 1925 〔英〕不動產法（1925 年）

Real property tax 不動產稅

Real representative 不動產代管人（指繼承人或受遺贈人，或已故的遺囑執行人或遺產管理人）

Real right 物權；對物權

Real rights granted by way of security 擔保物權（指為了擔保債的履行而設定的，包括抵押權，質權和留置權）

Real securities 實物擔保；不動產擔保（指以地產或租金作保證的抵押）

Real servitude 不動產地役權；對物地役權

Real statute 物權法（關於不動產的法律）

Real terms of trade 實際貿易條件

Real things 不動產

Real total loss 〔保〕實際全損

Real treaty 對物條約

Real union 政合國（指由兩個國家組成，有一個共同的國家元首、共同的憲法和一個行使聯盟政府職能的機構，但成員國各自保持主權、憲法、議會和政府，如歷史上的奧匈帝國等）

Real wages 實際工資（指反映實際購買力的工資）

Realignment 調整；重新組合（指法院根據原、被告雙方最後的各自利益的考慮而確定其管轄權的程序）

Realignment of currency 貨幣調整；通貨整頓

Realism 現實主義法學

Realist school of law 現實主義法學派（以反對傳統法學、強調對法應採取"現實"態度的一個新法學派別）

Reality 不動產

Reality of laws 不動產法；物權法；財產法

Realisable value 可變現的價值

Realisation 變現；實得；結算；變賣；變現

Realisation account 變現賬戶

Realisation and liquidation 變產清算

Realisation of property 變賣產業

Realisation of the investment 投資的落實

Realisation value 變現價值

Realise *v.* 變現（把證券、產業等變為現錢）；變賣資產；獲得（因出售、投資等而獲得利潤）；認識到；領悟，了解；實現

Realised 收訖；已付；已實現的

Realised gain or loss 實際損益（指財產出售和其調整制之間的差額）

Realised income 變賣收入；實現收益

Realised price 實售價格

Realm 王國；國土，領土；領域；範圍

Real-time transmission 實時傳輸（指對兩點或多點間客戶的服務而言）

Realtor 〔美〕房地產經紀人（在聯邦政府註冊的全國房地產同業工會會員）

Realty 〔美〕不動產（指在土地上自由保有的權益）；房地產（=real estate）；具有不動產性質的財產（釋義見 "real property"）

Reap profit 營利；獲利

Reappointment 複任；再聘；重新任命；重新委任；重新約定

Reapportionment 〔美〕議席再分配（議席的重新分配）

Reappraiser 重新估價人（指對在海關倉庫的進口貨物的再估價）

Rear vassal （封建時代的）陪臣；諸侯

Reargument 〔美〕重審；再審（旨在向法院表明有些判決或具有決定意義的法律原則、這些曾被忽視或對事實有所誤解）

Rearmament 重新武裝；重整軍備

Rearraignment 再次傳訊；重新傳訊

Rearrest *v. & n.* 重新逮捕；重行逮捕；再次逮捕

Reason 理由；理性；原因

Reason for rejection 不接受的理由

Reason of judgement 判決理由

Reason of security 安全理由

Reason of State 〔際〕國家利益原則；國家利益學說

Reason of suspension 停止理由

Reason of war 戰爭理由

Reasonable 合理的；適當的；明理的；公道的；有理的，明智的；正當的；通情達理的；合情合理的

Reasonable act 合理的行為；正當行為

Reasonable alms 合理的土地賑濟（指把無遺囑死者的部份土地按份額分配以撫恤貧民）

Reasonable and probable cause 合理及可成立的根據（指被告在抗辯對於非法拘捕或誣告訴案中有相當的理由逮捕原告或提出該要求；在惡意的控告訴訟中，原告必須證明沒有相當指控的理由；美國法學家則解釋為：有理由懷疑被告正在犯罪，因此將其拘留是正當的）

Reasonable basis 合理的根據；〔關貿〕合理基礎；合理的根據

Reasonable belief 〔美〕合乎情理的相信（指雖無逮捕證，但基於懷疑的充分事實可予當場逮捕犯罪中的被告的理由）

Reasonable care 合理註意，合理謹慎；合理小心；應有照料

Reasonable cause （逮捕的）正當理由；合理根據（指作為無逮捕證時抓人的根據）

Reasonable commercial terms and conditions 合理的商業條件

Reasonable compensation 合理賠償

Reasonable construction 合理解釋

Reasonable departure clause 〔關貿〕合理偏離條款（指總協定進口國在與出口國達成協議的情況下，可在一定程度上部份免除多種纖維協定有關條款的適用與約束）

Reasonable doubt 合理懷疑（指總協定進口國在與出口國達成協議的情況下，可在一定程度上部份免除多種纖維協定有關條款的適用與約束）

Reasonable evidence 合理的證據

Reasonable expectation 合理期待

Reasonable expectation doctrine 〔保〕合理期待原則

Reasonable force 適度武力（指使用適度武力以保護自己人身安全或財產者不負刑事或侵權責任）

Reasonable grounds 合理根據（指無逮捕證，但司法官員有正當理由相信是個刑事罪犯依制定法授權可予以逮捕）

Reasonable inference rule 合理推定規則

Reasonable interpretation 合理解釋

Reasonable length of time 〔關貿〕合理的時限；合理的時間期限；合理的持續時間

Reasonable man (or person) 理性人（注意避免產生過失責任的人）

Reasonable man doctrine or standard 理性人的原則或標準（避免產生過失責任所應遵守的標準）

Reasonable measures 合理措施

Reasonable needs of the business 〔美〕合理經營上需要（指與公司累積收入稅有關）

Reasonable notice 合理的通知

Reasonable part 〔英古〕動產特留份（指依法身後留給妻子和子女的部份動產遺產份額）

Reasonable period of time 〔關貿〕相當期間

Reasonable rate of increase in foreign exchange reserve 外匯儲備的合理增長率

Reasonable sense 合理意義

Reasonable skill 合理技術

Reasonable suspicion   合理嫌疑（意指審慎的警察深信被告正在進行犯罪活動）

Reasonable time   合理期間（例如，票據的承諾就必須在規定的合理時間之內）

Reasonable use theory   合理使用說（指河岸所有者合理使用自然或人為的用水需要以不影響及下游河岸土地所有者的合理使用原則）

Reasonable woman standard   理性婦女標準

Reasons for decisions   判決根據；裁定理由

Reassemble   v. 再開庭；再集會；重新裝配

Reassessment   重新估價（指重估財產價值）

Reassignment   再轉讓；再安排（工作調換）

Reassurance   再保險；分保

Reassure   v. 再保險；重新保證

Reassured   再分保險分出人

Reassurer   再保險人

Re-attachment   〔英〕再次拘傳（指因法官未到庭或發生其他事情而把釋放者第二次依法傳其到庭審訊）

Reauction   再拍賣

Rebate   回扣；折讓；退稅；部份退款（考慮及立即付款原因）

Rebate system   運費回扣制

Rebate treatment   退稅待遇

Rebated acceptance   提前承兌票據（提前支付已承兌的票據）

Rebel   n. & v. I. 造反者；反叛者；II. 反叛；反抗；造反

Rebel force(s)   叛亂部隊

Rebellion   〔美〕叛亂（指 1861–1865 年的美國的南北戰爭）；反叛，反抗；〔英古〕藐視法庭（尤指藐視衡平法院）；〔蘇格蘭〕民事叛亂；違抗命令（指債務者違抗命令而不履行償付其債務）

Rebellious assembly   〔英古〕造反集會（指 12 人或 12 人以上集會旨在改變英王國法律或議會制定法等為非法集會活動）

Rebellious forces   叛亂部隊

Re-bidding   再投標

Rebuilding allowance   重建免稅額

Rebut   v. 反駁；推翻；否定；舉出反證；推翻證據

Rebuttable   可反駁的

Rebuttable presumption   可反駁的推定；可否定的推定；可以反證推翻的推定（到能舉出反證為止，認其為真實的推定）

Rebuttal   反駁；否認

Rebuttal evidence   反證；反駁證據；相反證據（解釋或提出相反證據，以反駁證據或推翻對方當事人所列證據事實）

Rebutter   被告的第三次答辯（指被告對於原告的第三次答辯的抗辯）；第三答辯狀

Rebutting evidence   反證；相反證據（指列舉出反駁事實或法律推定的證據以使其無效）

Recall   n. & v. I. 召回（外交使節並撤銷其職務）；罷免（指由人民賦予的罷免官吏的方法）；罷免權（指由人民投票依法定票數罷免未滿任期的官吏的權利和程序）；II. 收回（貸款等）；撤回；取消；撤銷；罷免

Recall a judgement   撤銷判決

Recall a public officer by popular vote   以投票方法罷免公務員

Recall an ambassador from his post   召回大使；撤回大使

Recall an order   撤銷訂單

Recall election   取消選舉

Recall of judical decision   撤銷司法判決

Recall of witness   撤銷證人資格

Recant   v. （正式並公開宣佈）撤回；公開認錯

Recanter   變節份子；抵賴者

Recapitalisation   資本結構調整（指對公司的投票、債券或其他有價證券的格式、金額、收益或其優先次序的調整）；運費回扣制

Recapitulation   提要；摘要；扼要的重述

Recapitulation book   摘要記錄簿

Recapitulation proof sheet   摘要記錄簿

Recapitulation sheet   摘要記錄簿；摘要表

Recaption   領回；追回；取回；自行奪回（指對剝奪他人財產或非法扣留他人妻兒或傭人者的報復）；再扣押（指以同樣的理由作第二次扣押）

Recaptor   再拿捕者

Recapture   v. 〔美〕收回（折扣或以前貸款的稅收津貼）；再捕獲（指敵國的船隻）；收復；奪回（敵國的捕獲物）；〔保〕分保解約

Recapture clause   〔美〕收回條款（指出租物權合同中規定，出租人收益過低時，有權收回或終止租約）

Recapture of depreciation   折舊回收（指在出售或處分折舊的財產上，以前表現加速折舊收益的部份已作為正常收入完過稅了）

Recapture of investment tax credit   〔美〕收回投資稅款減免數額；回收投資的減稅額

Recaptured deserter   再被拿捕的逃亡者

Recaptured vessel   再拿捕的船舶

Receipt   收到；接到；收據；收條；發票；簽收；收入；進款；收款；〔英〕財政部稅務局

Receipt book   收據簿

Receipt clause   保險費收據條款

Receipt of trust money   收取信託金錢

Receipt rolls   〔英〕收據簿（用於亨利二世和三世時期，記載每日收支情況）

Receiptor   領受人；財產保管人（為過去某些州保管司法行政官扣押的財產者的名稱）

Receipts and expenditures   收支（收入和支出）

Receivable   a. & n. I. 可接受的；可收到的；可收領的；應收的；II.〔複〕應收票據；應收款項

Receivable account   應收款賬戶

Receivable premium   應收保險費

Receivable testimony   可接受的證據

Receivable turnover ratio   應收項目周轉率（每年信用買賣賬款平均以應收賬款之謂）

Receive   v. 接到；收到；接受；窩藏（贓物）

Receive a written notice of withdrawal (from)   收到退出書面通知

Receive anti-dumping and countervailing petitions   受理反傾銷和反補貼的申訴

Receive applications   受理申請（書）

Receive credit for service of the sentence   折抵服刑

Receive credit for service of the sentence for the period of time   折抵刑期

Receive the approval   〔基金〕獲准

Received form   〔海法〕收據的格式

Received form B/L   提貨單收據格式

Received in bribes   贓款

Received text 標準文本

Receiver 〔英〕收受贓物人(指故意窩藏並協助處置偷盜物品的人);接管官(指法院委派收取財產稅及其收益並向法院報告的人);涉訟財產管理人(指法院委任的臨時管理債務者財產的人);精神錯亂者看管人(指法官可以根據 1983 年智力康復法第 99 條規定予以委任);〔蘇格蘭〕破產財產管理人(指只能由法院委任或由通過流動質權方式享有公司證券的代理債權人擔任);〔香港〕(產業)接管人;破產管理人

Receiver of stolen goods 盜竊贓物收受人

Receiver of the Metropolitan Police 〔英〕都市警方財產監管員

Receiver of wreck 遇難船舶管理員

Receiver pendente lite 〔美〕未決訴訟財產管理人(指委任負責對尚未作出判決案件者的資金和財產的管理人)

Receiver-general 國庫收入官;國庫出納員

Receiver's and trustee's report 破產財產清理人和管理人的報告

Receiver's certificate 財產管理人證書(衡平法院出具的不得轉讓的債務證據以為破產財產管理人掌握的關於債務人公司財產的第一留置權)

Receivership 破產清算人職責(職能);破產財產的接管

Receiving account 收入賬戶

Receiving bribe 收受賄賂

Receiving charge 受理手續費

Receiving clerk 受理員;接貨員

Receiving country (state) 接受國

Receiving object stolen or embezzled 收受盜竊或侵佔的贓物

Receiving Order 〔英〕破產接管命令(法院委派破產財產管理人的);〔香港〕(破產)接管令(法院頒發破產令後,破產管理官即為債務者財產之接管人,債權人未經法院批准不得向債務人提起民事訴訟,而且也不得從債務人財產中得到補償)

Receiving state 接受國

Receiving stolen goods 接贓;〔美〕收受贓物

Receiving stolen property 接贓;〔美〕收受贓物

Receiving teller 收款員

Recent enough, sudden enough, sharp enough and significant enough 〔關/世貿〕足夠逼近的、足夠突然的、足夠急劇的和足夠明顯的(指關稅與貿易總協定專家小組在阿根廷鞋類產品的保障措施案中對"進口增加"一事調查的評語,亦即必須證明該進口產品對進口國同類產業"嚴重損害或嚴重損害的威脅"時,進口成員方當局方可按《GATT1994》第 19 條等規定採取相應保障措施)

Reception 接收;接受;接待;招待(會);收容;繼受(指日爾曼法繼受的羅馬法)

Reception Committee 接待委員會

Reception of reports 接受報告

Reception of verdict 接受裁決

Reception order 精神異常者的監護命令

Recess (議會)休會;休庭(暫停開庭)

Recession 衰退(經濟衰退,但無 depression 嚴重);(領土的)歸還;交還

Rech 〔德〕權利;正義;公正;平等;法律彙編;法;不成文法

Recharter *v.* 重發執照

Recidive 〔法〕再犯;慣犯;再犯過失

Recidivism 累犯

Recidivist 慣犯;累犯(指服完有期徒刑或被赦免後,在法定期限內又犯有期徒刑以上刑罰的罪犯);職業犯(指以犯罪為業者)

Recidivist class 〔英〕累犯級(指第二期拘禁的)

Recipient 受益者;收件人,收信人,收貨人;領津貼者,領補助者

Recipient country 受援國;接受國

Recipient firm 〔世貿〕受補貼企業(指在補貼成員方境內的企業)

Reciprocal 相互的;互惠的;互補的;有往來的

Reciprocal admission 〔美〕相互認可(指律師經考試可互惠在各州開業)

Reciprocal agreements 互惠協定

Reciprocal and consordant declarations 相互一致的聲明

Reciprocal and proportionate limitation 對等和相稱的限制

Reciprocal association 相互保險協會

Reciprocal commercial arrangement 互惠商務安排;對等商務安排

Reciprocal concessions 互惠關稅減讓

Reciprocal confidence 互信;相互信任(指締約國之間相互信任)

Reciprocal contract 互惠契約;互惠合同

Reciprocal credit 對開信用證(指交易雙方同時作為買方和賣方相互為對方開出兩張金額相等的信用證,兩證可同時生效亦可分別生效);互惠信用

Reciprocal dealing arrangement 互惠買賣協議;互惠交易安排

Reciprocal duties 互惠關稅(指兩個國家根據各自外貿政策互相降低或豁免某些貨物的進口關稅)

Reciprocal Enforcement of Support Act 〔美〕(各州)撫養費相互執行法(指居住另一州的丈夫或父親應承擔對其妻兒撫養費責任。各州法院對此類案件可相互行使管轄權)

Reciprocal exemption 互免;相互免稅

Reciprocal exchange guarantee 互惠交換擔保物;互惠交換保證書

Reciprocal laws 〔美〕互惠法律(各州之間的)

Reciprocal letter of credit 對開信用證;互開信用證

Reciprocal most favoured nation clause 相互最惠國條款

Reciprocal or interinsurance exchange 〔美〕互惠或相互保險交易

Reciprocal promises 互惠承諾

Reciprocal representation 相互代表制;相互表示

Reciprocal reservation 相互保留

Reciprocal security pact 相互安全公約

Reciprocal tariff 互惠稅率;互惠關稅(指兩國間相互減免進口稅)

Reciprocal tariff agreements 互惠關稅協定

Reciprocal trade 互惠貿易

Reciprocal Trade Act 〔美〕互惠通商法

Reciprocal trade agreement 互惠貿易協定

Reciprocal Trade Agreement Act 〔美〕互惠貿易協定法(1934 年)

Reciprocal treatment 互惠待遇;對等待遇

Reciprocal treaty 互惠條約

Reciprocal trusts 互惠信託

R

Reciprocal unilateral action 對等的單方行動

Reciprocal wills 互惠遺囑（指兩人或兩人以上互訂對彼此互惠的遺囑）

Reciprocity 互惠性；對等；相互性；〔際〕互惠業務；互惠性；相互的權利與義務；〔美〕互惠性（指降低進口關稅以換取其他國家的關稅減讓）

Reciprocity agreement 互惠協定

Reciprocity clause 互惠條款

Reciprocity principle 互惠的原則

Reciprocity trade 互惠貿易

Reciprocity treaty 互惠條約

Reciprocity-based negotiation 〔世貿〕互惠基礎上的協商

Recision 取消；撤銷；解除；〔美〕取消契約權（指一旦契約一方發生違約時，另一方有權取消所立契約）

Recision of contract 合同的解除

Recital of an agreement 協議的備考（陳述事實）部份

Recitals 事實陳述部份；說明部份；叙述理由部份（指陳述契據、論據及其他事實問題以解釋該契據確立的理由之必要的部份）；（法律文件）引述部份

Recite v. 書面陳述；援引；列舉；詳述；引證；引述；引用

Reck v. 注意；留心；謹慎

Reckless 重大疏忽的；不顧後果的；不顧一切的；粗心大意的；輕率的；冒險的；魯莽的

Reckless disregard of rights of others 〔美〕極度漠視他人的權利

Reckless driving 魯莽駕駛（指不注意可能發生的後果，也不顧及他人的權利旁若無人似地在公路上隨意亂開）

Reckless endangerment 過失危害罪（指致他人傷亡危險罪）

Reckless homicide 〔美〕不留心過失殺人（指以不計後果而造成殘廢為特點的）

Reckless litigation 輕率的訴訟

Reckless misconduct 輕率的犯罪行為；不計後果的瀆職行為

Reckless negligence 重大過失

Recklessly 粗心大意地

Recklessness 魯莽；輕率；大意；放任；魯莽行為；放任行為；冒險行為；輕率行為

Heckoner 計算者，清算人

Reckoning day 算賬的日子；結賬日；清算日

Reclaim v. 改造；糾正；感化；教化；使悔改；要求收回；要求恢復；要求歸還

Reclaimed animals 馴服的動物（指野生動物經馴養而成）

Reclaiming 〔蘇格蘭〕再訴

Reclamation 開墾（如給沼澤地排水、給沙漠地引水和植樹等以提高土地的經濟使用價值）；歸還要求；再託收（指銀行開出的匯票或支票錯誤而要求收回）；填海（地）；廢料回收

Reclamation Act 〔美〕灌溉法（1902 年）

Reclamation bonds 土地開墾公債

Reclamation Bureau 〔美〕灌溉局

Reclamation district 〔美〕農墾區（指沼澤地等）

Reclusion 〔美〕監禁；幽禁；〔法〕（對罪犯）單獨監禁

Recognition 認可；確認；承認；准予發言；收回土地（蘇格蘭古法用語）

Recognition and enforcement of foreign arbitral awards 〔英〕外國仲裁裁決的承認和執行（指含有涉外因素的民商事仲裁裁決在國際上的相互承認和執行）

Recognition and enforcement of foreign judgements 外國判決的承認和執行（指外國法院的判決得到內國的承認和執行，因而在內國發生域外效力）

Recognition by the family 家庭承認

Recognition de facto 事實上承認

Recognition de jure 法律上承認

Recognition in international law 國際法上的承認（指確認某事物在國際法上的存在，因而產生政治的法律後果）

Recognition of belligerency 交戰團體的承認；交戰地位的承認

Recognition of gain or loss 認可的損益；實現的損益

Recognition of government 政府的承認

Recognition of head of state 國家元首的承認

Recognition of independence 獨立的承認

Recognition of insurgency 叛亂團體的承認；叛亂地位的承認

Recognition of new territorial title 新領土所有權的承認

Recognition of new title of a state 國家新稱號的承認

Recognition of state 國家的承認

Recognitor 〔英〕陪審員（指從前被列入巡迴法庭不動產訴訟名單上公認的陪審員）；具結人；保證人；取保候審人

Recognisance 具結；保證（指向法院或司法行政官具結保證應傳出庭、維持治安和償還債務等懲罰的拘束）；保證金；具結金；保釋金；抵押金；取保候審；保證到庭受審（指司法機關關責令被告人提供擔保人，保證其不逃避偵查、審判，以獲取釋放或者免予拘留逮捕）；保證書（指被告保證應傳到案）

Recognise v. 使具結；備案；承認；檢驗（旨在確定問題的真實性）；使立保證書

Recognise the legality of one's marriage 承認該婚姻的合法性

Recognise the validity of the general principle of valuation 〔關貿〕承認估價一般原則的有效性

Recognised 承認的；公認的

Recognised body 公認的機構

Recognised gain or loss 實現的損益；已經認可的損益

Recognised market 公認的市場

Recognised principle 公認的原則

Recognised right 公認的權利

Recognised sign 公認標記；公認記號

Recognised state 被承認國

Recognisee 被保證人（指受具結保證的人）

Recognisor 具結人；具保人；保證人；取保候審人；承認者

Recognising state 承認國

Recollection 回憶；追憶；回憶錄

Recommend v. 建議；推薦；保舉；託付

Recommendation 勸告；建議；推薦；保舉；〔封〕委身（指將自主地轉變為封建財產的一種方法以求取得國王或領主的保護）

Recommendation of purchase 洽購介紹信

Recommendation of sale 銷售介紹信

Recommendation on the Use of Radar Information as An Aid to Avoiding Collisions at Sea 關於運用雷達觀測資料協助海上避碰的建議（1960 年）

Recommendation to the emperor （向皇帝）奏薦

Recommendations 〔世貿〕（爭端解決的）建議

Recommendatory 推薦的；介紹的；勸告的；建議的；指導的；懇求的

Recommendatory award 建議性裁決

Recommendatory letter 介紹信

Recommended measure 建議措施

Recommended practice 建議做法

Recommended procedure 建議程序

Recommended standard 建議標準

Recommission 〔軍〕再服役

Recompense 勞務報酬；(物品或財產的)酬金；賠償；補償；〔蘇格蘭〕不當利得的返還

Reconcile v. 使和解；使複交；使和好；調停；調解；排解；調節；對賬；查核(會計用語)

Reconcilement of accounts 核對賬目

Reconciliation 〔英〕排解；和解；修好；調解；調停(英國離婚訴訟中院外和解的程序)；調節(指銀行往來)；〔會計〕對賬

Reconciliation agreement 調解協議；調解書

Reconciliation Parliament 〔英〕和解議會(1554 年)

Reconciliation statement (賬目)對賬表

Reconciliation system 調節制度

Reconciliation table 調節表

Reconducted alien 被押解出境的外國人

Reconduction 〔法〕押解出境；(原租賃)展期；續租

Reconfirm v. 重新確認；重新證實

Reconnaissance 偵察；搜索

Reconnaissance plane 偵察飛機

Reconnaissance satellite 偵察衛星

Reconquest 再征服

Reconsideration 再考慮；覆議；重新審議

Reconsign v. 再托運(貨物)

Reconsignment 運輸變更(指貨物交付運輸後變更原先的目的地)；再交付；再寄售；再委托

Reconstitution 〔基金〕重組，重建；復原(指特別提款權的)

Reconstruct v. 重建；改建；重組；修復；再議

Reconstruction Acts 〔美〕復興條例(1861–1865 年美南北戰爭後原退出聯邦的南方各州的改組與重新加入聯邦)

Reconstruction Committee on Relation Between Employers and Employed 〔英〕勞資關係改造委員會

Reconstruction Finance Corporation Act (R.F.C.A.) 〔美〕復興金融公司法

Reconstruction of share capital 股本的內容變更

Recontinuance 回復被奪不法剝奪的世襲財產

Reconvene v. 提出反訴

Reconvention 〔美〕(被告的)反訴(指被告就同一訴訟中起訴原告)；反訴狀(指在衡平訴訟中被告就同一案件起訴原告)

Reconventional demand 被告的反訴請求

Reconversion 恢復原狀；恢復重建；財產回復；再轉化

Reconveyance 歸還(返還以前當事人佔有的不動產契據及其所有權)；再轉讓(指收回抵押再把契據上的抵押的不動產物權再出押)

Record n. & v. I. 訴訟記錄；公判錄；錄音帶；錄音記錄；賬簿；〔複〕(法院)記錄；案卷；檔案；II. 記錄；登記；立檔；複製；錄音；記賬

Record a serious mistake 〔中〕記大過一次(指中共對黨、政官員違紀處分)

Record and writ clerks 〔英〕(衡平法院)案卷和令狀書記官

Record commission 〔英〕法律文獻委員會

Record date (股東)登記日期；過戶日期

Record fees 記錄費

Record notice 登記通告；登記公示

Record of American Shipping 美國船名錄

Record of assets and liabilities 資產負債表

Record of birth 出生登記

Record of conviction 定罪記錄

Record of death 死亡登記

Record of investigation 勘察筆錄

Record of investigation or examination 勘驗或檢查筆錄(主要指勘查犯罪現場時對勘驗過程、勘驗方法、勘查結果所作的文字記錄，兼指單獨進行勘驗時所作的筆錄)

Record of losses 損失統計簿

Record of penalty charges 罰款記錄

Record of previous crime 前科記錄

Record of proceedings 訴訟筆錄；程序記錄

Record of trial 審訊筆錄；審訊記錄

Record of words 筆錄

Record Office 倫敦國家檔案局；〔蘇格蘭〕檔案局

Recordation 記錄；登記(指契約文件等)

Recordation of event 大事記

Recordation system 記錄制度

Recorded past recollection 〔美〕過去事件回憶記錄(指記錄下當時發生的事件以為法官認可的原始證據)

Recorded vote 記錄表決

Recorded voting 記錄表決

Recorder n. & v. I. 〔美〕地方司法官(類似違警罪法庭法官，具有刑事管轄權、通常具有有限民事管轄權，有時州政府還授予另類訴訟案件管轄權)；登記官；記錄官(記錄或登記蓋印證書或其他法律文書)；〔英〕季審法院法官(在英格蘭和威爾斯，由大法官任命具有至少執業五年的出庭律師擔任獨立季審法院兼職法官)；刑事法院法官(大法官依 1971 年《法院法》委派具有十年以上出庭律師或事務律師資歷並經效忠宣誓和法官就只宣誓擔任兼職法官)；(北愛爾蘭)郡自治市首席法官；II. 回顧；追憶；溫習；證實(諾曼底法用語)

Recorder of London 倫敦市中央刑事法院法官；倫敦司法官

Recording 記錄；錄音

Recording acts 〔美〕(不動產)登記法

Recording clerk 記錄員

Recording of ballots (候選人)得票記錄

Recording officer 〔基金〕入賬人員(官員)

Recording secretary 記錄員

Recording tax 不動產登記稅

Records Division 〔基金〕賬簿處

Recoup 扣除；扣減；補償；賠償

Recoup economic loss 補償經濟損失

Recoupment 扣除；扣減(指抗辯中被告反訴原告違約以求取得減額賠償的權利)；(被告的)求償權；扣減權；扣減權抗辯；扣除權抗辯；補償；賠償反訴

Recourse 追索權(指流通證券持有人可向第二責任當事人要求支付的權利)；請求償還

Recourse action 追索訴訟

Recourse loan 有追償權的貸款(指一旦借款人違約時)

Recourse to arbitration 訴諸仲裁

Recourse to force　訴諸武力

Recourse to law　訴諸法律

Recourse to war　訴諸戰爭

Recover　*v.* 勝訴；收回；恢復 (指收復丟失的財產、國土等)；獲得；重新取得；康復

Recover booty　追回贓物

Recover damages　取得賠償

Recover debts　追償債務

Recover judgement against the defendant　勝訴 (獲得不利於被告的判決)

Recover losses　彌補損失；追償損失

Recover stolen property　追回贓物

Recoverable　(香港) 可討回 (指契約不能履行時，因本國法律或其履行法律變更，使契約變成不合法。對此，可追回已支付的款項)

Recoveree　〔美〕被告 (指舊時不動產讓與訴訟中的敗訴者)

Recoverer　〔美〕原告 (指收回不動產讓與訴訟中的勝訴者)

Recovery　複權；勝訴恢復了權利；財產收回；追償 (指依判決真實恢復某物或其價值)；收回土地之訴 (指以訴訟手段收回被非法佔據或扣押的財產)；〔保〕追償；取回 (失物)；追償金

Recovery Act　復興法

Recovery action　追償訴訟

Recovery of debts and goods　追償債款與物品

Recovery of land　恢復土地的訴訟

Recovery of nationality　恢復國籍

Recovery of possession　恢復佔有

Recovery of right　回復權利

Recovery of profits　追償利潤

Recovery of the original state　恢復原狀

Recredentials　辭任國書

Recrimination　互責；互控；反控 (指離婚訴訟案中被告以原告的行為構成離婚原因作為抗辯)

Recrimination in divorce　〔美〕離婚中的反控

Recross examination　反復的盤問；再次交叉詢問 (指對證人的再詰問)

Recruit　*v. & n.* I. 徵募 (新兵)；II. 新兵

Recruiting and Traning Division　〔基金〕招募培訓處

Recruiting system　徵兵制

Recruitment　招募；補充

Recruitment Division (supersedes "Recruiting and Traning Division")　〔基金〕招募處 (取代了 "招募培訓處")

Rectification　更正；矯正；修正；校正；厘正；改正；訂正；整頓

Rectification of boundaries　〔英古〕確定土地邊界之訴 (指調整兩塊相鄰的土地邊界)

Rectification of instrument　證書的更正；證書的更正程序 (向法院請求更正證書或其他文件的訴訟程序)

Rectification of land register　土地登記的更正

Rectification of register　〔英古〕登記的修正 (指修正誤登的名字)

Rectified　已糾正的；已修正的

Rectifier　調酒師

Rectify　*v.* 改正；糾正；矯正

Rectify one's life　改過自新

Rector　〔英〕教區長 (英國國教、天主教等)；(牛津某些學院

的) 院長

Rector of a board of trustees　〔英〕管理財產局局長

Rector sinecure　〔英〕掛名的教區長 (指在教區內無聖職任務，而且也不住在教區內，其任務由教區長代理執行)

Rectorial tithes　〔英〕大什一稅；農業什一稅 (繳納穀物、牲畜飼料和木材)

Rectory　教區長的住宅 (職位、領地或薪俸)；教區禮拜堂

Recurrent abuse　經常性虐待

Recurrent expenditure　經常開支；正常營業費用

Recurrent taxes　週期性稅

Recurring contract　續生合同

Recusal　取消資格 (指因法官對本案有利害關係或審案有偏頗而被兩造取消審理該案的資格)

Recusants　〔英古〕不服從英格蘭國教者 (實踐上僅限於羅馬天主教)

Recusation　〔美〕取消法官資格 (釋義同 "recusal")；〔羅馬法〕申請法官迴避 (指由於利害或偏見原因而申請指定的陪審法官迴避)；申請陪審員迴避；繼承人口頭或書面放棄繼承

Recycling　資金回流；回收利用

Recycling of funds　資金回流；資金周轉

Red　〔撒〕勸告；建議

Red bill of lading (Red BL)　〔保〕紅提貨單；劃紅線提貨單 (指兼具保險單作用的提貨單，因以紅線劃出所保險之內容，故名)

Red book　官方名冊；職員錄；紅紙船名錄 (指倫敦公司發行反對船主的船名冊)；紳士錄；貴族名冊

Red Book of the Exchequer　〔英〕財政部紅皮書 (1896 年)

Red category　〔關貿〕紅燈類 (指總協定各國可直接採取反補貼措施的補貼，又稱禁止性補貼)

Red clause　紅字條款；預支條款 (指在信用狀中以紅字印刷條款標明允許受益人可憑證向在出口地銀行預支部份貨款的條款)

Red Clause Credit　預支信用證；紅條款信用證 (因用紅墨水寫成，故而得名)

Red Cross　紅十字會

Red Cross Convention　紅十字公約

Red Ensign　〔英〕商船旗

Red herring　非正式招股章程 (非正式招股說明書；〔美〕預備性的招股說明書 (指證券交易所或州證券專員尚未予以批准經銷)

Red interests　負利息

Red light district　紅燈區 (指有傷風化之嫖妓區域)

Red star　國際動物救護團體

Reddendo　貢賦條款；租金條款

Reddition　〔美〕返還；司法確認 (指在法庭上承認交出的某物屬原告的)

Redeem　*v.* 買回；贖回；變賣；履行契約

Redeem a mortgage　贖回抵押品

Redeem all the national bonds　還清全部公債

Redeem bonds　償還證券；有期公債

Redeem oneself by good service　戴罪立功

Redeem pawned goods　贖回當掉的物品

Redeemable　可償的；可隨時收兌的

Redeemable bond　可償還債券 (按票面值償還的債券)；可提前清償的債券

Redeemable preference shares　可贖回的優先股

Redeemable rights 可贖回的權利

Redeemable shares 可償還債券；可回購股份

Redeemable stock 可償還債券；可回購股份

Redelivery 交還；返還；重新發運；重新發回 (物品)；轉售交貨

Redelivery bond 解除動產扣押保證書 (指向執達吏或其他官員交付被扣押的財產或其課稅款項後即予解除歸還)

Redemise 回租 (指甲把其土地租給乙，而後乙又把該地出租給甲，因而收取雙方合意的租賃方法)

Redemption 買回；贖回；贖回轉賣掉抵押品 (指以支付所欠抵押到期的款項買回抵押物)；〔英〕償還地租；償還地稅 (地主一次性總付款項以求豁免地租)；贖金，贖身 (指付定額現金以從監獄中贖回或免受刑罰)；〔主英〕(對地位、資格的) 出錢購買；〔宗〕贖罪

Redemption action 清償債務之訴；贖回抵押品之訴

Redemption fund 償債基金；贖債基金

Redemption of bonds 回購債券

Redemption of cheque (check) 償還支票

Redemption of mortgage 贖回抵押 (贖回抵當)

Redemption of mutilated currency 收回毀損的貨幣

Redemption of national debts 償還國債

Redemption of pledge 贖回質押的財產

Redemption of public loan 償還公債

Redemption period 償還期；回贖期 (在此期間抵押品、土地契約等可贖回)

Redemption premium 回購溢價 (指買回註銷的證券支付的附加費)

Redemption price 償還價格；回購價格；贖回價格 (指債券到期之前兌回所付的價格)

Redemptiones 〔英古〕巨額罰金

Redemptive 贖回的；贖買的；〔宗〕贖罪的

Red-handed 正在犯罪的；現行犯的

Redhibition 退貨 (指因發現所售貨物有瑕疵無用或不用而退還)

Redhibitory action 退貨訴訟

Redirect examination 再次直接詢問 (在對方詢問之後傳喚的一方對證人再次直接進行詢問)

Redirection (對方律師對本方律師證人詰問後的) 再詢問

Rediscount (票據) 再貼現；轉貼現；再折扣

Rediscount ceiling 再貼現的底線 (再貼現的最高限額)

Rediscount quota 再貼現限額；再貼現份額

Rediscount rate 再貼現率；〔美〕(美聯儲) 貸出利率

Redisseisin 〔英古〕再次侵佔 (指同一人再次重新侵佔返還後的自由保有地)

Redistrbutional transfers 再分配過戶；再分配過戶憑單

Redistribution 再分配；〔美〕付給彩金 (支付給賭博中的中獎彩票持有者之彩金)

Redistribution of land 土地重新分配

Redlining 〔美〕劃紅線註銷；劃紅線拒貸 (指不予承保的高風險區域，指因特定地區房地產條件日趨惡化，風險大，金融機構故而拒絕給申請人發放抵押貸款)

Redraft *v.* 重開匯票；重新起草

Redress 補償；補救；救濟辦法；平反

Redress a wrong 雪冤

Redress an injustice 申冤

Red-tape 文牘主義；繁文縟禮；官樣文章

Reduce a decree 〔蘇格蘭〕撤銷判決

Reduce a price 降低價格

Reduce debt burdens 減少債務負擔

Reduce distortions and impediments to international trade 〔世貿〕減少對國際貿易的扭曲和障礙

Reduce excessive tariff 削減過高的關稅

Reduce global environmental degradation 降低全球性環境退化

Reduce incidental protective effects 減少附帶保護 (貿易) 作用

Reduce minimum capitalisation requirements 降低最低資本總額的要求

Reduce passport-visa fees 降低護照簽證費

Reduce restrictions on international capital flows of all kinds 減少國際上各種資本流動的限制

Reduce the availability of certain types of subsidies 減少可用的某些補貼種類；減少現有的某些補貼種類

Reduce the establishment 裁員；減少編制；淘汰人員；節約經費

Reduce the minimum registered capital requirement 降低最低註冊資本的要求

Reduce the production cost 降低生產成本

Reduce the quantity of imports below the level of a recent period 〔世貿〕將產品進口量減到最近一段時期的水平以下

Reduce the rate of environmental degradation 減少環境毀環率

Reduce the sentence 減刑

Reduce the submission to writing 改寫成書面資料

Reduced officer 被裁減的官員；為節約經費等而被解職的官員

Reduced price 折扣價格；處理價格

Reduced rate certificate 折扣率證明書

Reduced to practice 付諸實施；付諸應用 (參見 "Reduction to practice")

Reduction 減少；(刑罰等) 減輕；折扣；回復；降職；〔蘇格蘭〕回復訴訟 (指要求宣告契據或文據詐欺為由以固有無效的法院命令為無效之訴)；〔保〕減額 (減付保險金額)

Reduction and elimination of barriers to products 〔關貿〕降低或拆除產品壁壘 (指國家的義務而言)

Reduction at free discretion 酌量減輕

Reduction commitment 〔世貿〕減少義務；減少承諾

Reduction commitment level 〔世貿〕削減承諾水平 (指對出口補貼而言)

Reduction into possession 〔英〕回復佔有 (指通過訴訟才能佔有的權利動產轉為實際佔有的動產，尤其被用以行使某丈夫先前的權利以確保屬妻子的權利，例如應歸還她到期借款)

Reduction of armaments 裁軍；裁減軍備

Reduction of capital (公司的) 減少資本；縮減資本

Reduction of expenditures 縮減經費

Reduction of expenses 縮減開支

Reduction of nuisances and pollution 減少廢棄物和污染

Reduction of punishment 減輕刑罰

Reduction of sentence 減刑

Reduction of tariff 削減關稅；〔關貿〕削減關稅

R

Reduction of tax　減稅

Reduction of trade barrier　〔關貿〕減少貿易壁壘

Reduction on account of self-denunciation　自首減輕（減刑）

Reduction to possession　〔美〕轉化為實際佔有（指將行使動產權產生的權利轉化為動產，從而降低債務轉化為佔有）

Reduction to practice　付諸應用（指使專利發明能用之於實際和成功的使用，以實現其預期目的）

Redundancy　*a. & n.* I. 題外的；多餘的；II. 題外問題（指將訴訟範圍以外的事項列入訴訟答辯中）；多餘事項（把不必要的問題寫進法律文件等）；〔英〕人浮於事；過剩；冗員；裁員

Redundancy payment　〔英〕失業補償金（根據工人服務時間長短由僱主支付）

Reef　礁

Re-election　改選；複選

Re-eligibility　再選資格

Re-eligible　有重新當選資格的；有被連選資格的；有蟬聯資格的；可重選的；可改造的；可再任命的

Re-employment right　再就業權利

Re-enact　*v.* 重新制定；恢復效力；使再生效

Re-enter　*v.* 回復佔有；重新佔有（出租的土地）；收回（貸出物）

Re-entry　再進入；回復佔有；收回租借；再進入土地；所有權的再獲得（指從土地承租人的手中收回出租的土地或房屋）；再登記；再入境（如簽證）；重返大氣層

Re-entry and Vesting Remedies Ordinance　〔香港〕收回及授權管理辦法條例

Re-entry permit　再入境許可證；〔中〕回鄉證（頒發給港澳同胞回鄉探親的入境證件）

Re-entry visa　再入境簽證；重返簽證

Re-establish multilateral control over safeguards　〔世貿〕重建對保障措施的多邊控制

Re-establishment　重新安置；重建；恢復

Reeve　〔英〕戶長；（百家村法庭的）司法官（地位僅次於市長）；地方治安官（協助國王執法、治安）

Re-examination　複審；再審查；再訊問（指對訊問後出現的問題再次詢問證人）；複檢（指代表本造的律師對證人在盤問中所提供的證據問題進行複查）；〔香港〕三輪訊問（指傳喚對造證人再次訊問有關辯方盤問時曾提及的問題）

Re-examine　*v.* 複審；再審查；再審問；再調查；再檢查

Re-exchange　退匯費（因匯票在國外未能兌現而退回本國時，發票人應付退匯的費用）；退匯補償（指因匯票拒兌所受的損失）

Re-export　*n. & v.* I. 再輸出；轉口貿易；再出口的貨物；II. 再輸出；轉口

Re-extent　〔英〕重新評估（指法院在業主控告其房地產債務上次只得到部份償還，要求再次對債務者土地和自由保有的地產進行評估）

Re-extradition　再引渡

Refection　修繕；重建；小食；茶點

Refer　*v.* 提交（處理）；委託（處理）；涉及；查看；參考；參閱

Referee　鑒定人；調停人；公證人；公斷人；〔英〕仲裁員（指受法院的委託收集證言、聽取當事人意見並將結果報告法院）；受託人；〔美〕破產法官

Referee for inquiry　調查事實的仲裁人

Referee in bankruptcy　〔美〕（具有行政上和準司法職能）破

產審定人

Referee in case of need　（票據的）預備付款人；預備承付人，預備支付人（指為避免票據一旦被拒絕承兌時，背書人或出票人預先指定一人為預備付款人，作為持票人之保障）

Referee's rulings　仲裁人的裁決

Reference　介紹；推薦；證明書；交仲裁人裁定；公證人的裁定（指法院將案件交託公正人調查事實並將結果報法院審理）；協議仲裁（指合同雙方當事人同意將其爭議提交選擇公斷人審斷）；提交；移送；參考；參照

Reference of a bill to a committee　向委員會提交議案

Reference price　參考價格

Reference rate　參考價格

Reference rates of RMB against the US dollar　人民幣對美元的參考費率（價目表）

Reference statutes　〔美〕參考性制定法（指參閱其他制定法，旨在編入、吸收和採納其他法律以成為本制定法之組成部份）

Reference to a committee　提交給委員會；向委員會提交

Reference to another court for fresh proceeding and decision　審判案件的移送（1. 法院對訴訟案件無管轄權時把案件移到有管轄權的法院；2. 上訴法院認為原審法院管轄錯誤而將案件移送別的同級法院）

Reference to the European Court　提交歐洲法院（裁決）；訴諸歐洲法院（裁決）

Reference years　參照年

Referendary　宮廷大臣；〔複〕仲裁者；裁判者

Referendum　公民複決投票（關於政治措施、法律等問題）；公民複決權；公民複決；全民公決（例如，1975 年就英國是否應留在歐共體內進行全民公投，結果多數均投贊成票；又如，2014 年關於蘇格蘭是否應脫離英國獨立的公投，結果多數投了反對票）；〔際〕請示書（指大使就未得以指示的問題向本國政府請示的公文）

Referendum petition　全民公決請願書

Referent　法庭顧問

Refinance　*v.* 重新籌措資金；再融資（以借新債償還舊債）

Refinancing　再籌集資金（發行新債券以代替舊債券）

Refine drafts　推敲草案的措詞；加工草案的措詞（指對草案詞句加以精雕細琢的修改）

Reflect sustained movements in exchange rate　反映了匯率持續的變化（動）

Reflect the results of the harmonisation work programme　反映協調工作計劃的成果

Refloatation　再募集；使擱淺的船舶浮起來

Reflow　〔基金〕回流（指國際貨幣基金、信託基金）

Reflows, use of Trust Fund　〔基金〕再使用回流信託基金（指再使用的資金來自償還的信託基金的款項）

Reform　*v. & n.* 改革；改造；革新；改過自新；感化

Reform a criminal through labour　〔中〕通過勞動改造犯人（簡稱“勞改”）

Reform Act　〔英〕改革法（1832 年）

Reform and opening up　改革開放

Reform and opening up policy　改革開放政策

Reform diplomatic and consular system　改革外交和領事制度

Reform measures　改革措施

Reform of agricultural policies　農業政策改革

Reform of domestic support policies 〔關貿〕改革國內支持政策 (指對農業的)

Reform of international financial system 國際金融體制改革

Reform of the international monetary system 〔基金〕國際貨幣制度改革 (指 1972 年 IMF 設立了 20 國委員會研究國際貨幣問題，1974 年發表經成員國核准於 1978 年 4 月 1 日正式生效)

Reform of the pricing system 價格制度的改革

Reform oneself 改過自新

Reform process 〔世貿〕改革進程；改革程序

Reform school 教養院，感化院；〔美〕少年教養院

Reform through labour 〔中〕勞動改造 (中國對判死刑、無期徒刑、有期徒刑、拘役的反革命犯和其他刑事犯，凡有勞動能力的，都強迫他們在勞動中改造自己，改惡從善，成為新人的制度)

Reformable 可改過自新的；可改造的

Reformation (罪犯等的) 改過自新；〔英〕刑罰制度改革 (1895 年)；宗教改革運動；改正，變更 (指契約的衡平救濟，即用於約因一方或雙方的錯誤而未能確切反映訂約者的初衷而重新更改制訂的)

Reformation (or Black) Parliament 〔英〕改革 (或黑色) 議會 (亨利八世的第五屆議會，1592-1536 年)

Reformatory 感化院；〔美〕(少年罪犯) 教養院；〔中〕(少年) 管教所

Reformatory school 管教所；教養院；〔中〕工讀學校

Reform-through-labour farm 〔中〕勞改農場 (指組織犯人有計劃地從事農業、工業、建設工程等生產勞動，使其自食其力，悔過自新，爭取減刑或提前釋放等；現已正式宣佈取消這種形式的勞教制度)

Refoulement 〔法〕驅回；驅逐

Refrain from taking any measures to influene or direct state trading enterprises 避免採取左右或指揮國營貿易企業的措施

Refresher 〔英〕(訴訟延長時付給) 額外律師費；追加酬金

Refresher fee 律師的額外費用；追加酬金

Refresher training 進修培訓

Refreshing recollection 恢復記憶

Refreshing the memory 恢復記憶 (指證人以查閱筆記等追憶事實情況)

Refuge 收容所；庇護所，避難所；庇護國

Refuge haven 避難港

Refugee 難民 (指因種族、政治、宗教、內戰等原因留在本國之外，並不能或不願接受本國保護的人，或因上述原因不能留在原先的國家，並不能或不願返回該國的無國籍人)

Refugee camp 難民集中營；難民營

Refugee organisation 難民組織

Refugee relief programme 難民救濟規劃

Refund *v. & n.* I. 歸還；償還；還款；退款；退稅；調換證券 (發行新債券取代舊債券)；II. 償還；歸還；〔美〕〔複〕退款；歸還多付款項 (指政府或其官員退還當事人多收的稅款、貨款)

Refund annuity 退還年金

Refund claim 退款要求

Refund of charges 退還手續費

Refund of customs duty 退還關稅

Refund the excess on a tax 歸還 (退回) 多繳的稅款

Refundable 可歸還的；可退還的

Refunding 發行新債券替代舊債券；債券轉期；舉債還債

Refunding bond 調換債券 (替代原債券或用以償還舊債券)

Refunding first mortgage bond 附有償還第一抵押權條件的公司債券

Refusal 優先權；先買權；優先取捨權；拒絕，拒簽 (指申請移民的簽證被拒簽，其反義詞為批准 "grant")

Refusal of agrement 拒絕同意

Refusal of justice 拒絕司法

Refusal of quarter 拒降；拒絕投降

Refusal of ratification 拒絕批准

Refusal to accept 拒絕接受；拒絕承兌匯票

Refuse *v. & n.* I. 拒絕；拒受；拒給；不願；II. 廢料；廢物；渣滓；垃圾

Refuse a visa application 拒絕簽證申請

Refuse access to necessary information 不允許使用必要的信息 (拒絕使用必要的信息)

Refuse bail 不准許保釋

Refuse payment 拒付

Refuse to accept the referee's ruling 不服裁決

Refuse to entertain (a proposal) (外交) 不接受 (建議)

Refuse to pay support 拒付贍養費

Refuse to pay tax 抗稅，拒絕納稅

Refutantia 〔法古〕免除或承認放棄將來請求權

Regal fishes 〔英〕王室漁產權 (釋義見 "fish royal")

Regalia 王權；國王 (女王) 的大權；王室特權；王權標誌

Regalia facere 主教向君王效忠

Regalia of the church 教會特權；教會世襲權

Regalism 王權至上說 (尤指國王有權控制教會的理論)

Regality 王權；王國；王位；〔蘇格蘭〕自由土地管轄權

Regality court 〔蘇格蘭〕王室屬地管轄權法院 (1747 年廢止)

Regality justiciar 〔蘇格蘭〕王室屬地管轄權法院法官

Regard 〔英古〕監督；檢查；賀禮金 (晉升高級律師的賀禮金)；額外福利

Regardant 〔英〕屬地農奴 (附屬於莊園領主的農奴)

Regency 〔英〕攝政；攝政期；攝政權；攝政職位

Regency Act 〔英〕攝政條例 (規定君主在 18 歲以下或因病不能視事時可由攝政王代理國務)

Regency Bill 〔英〕攝政法案 (1788 年)

Regent 〔英〕統治者；攝政者 (指國王不在、不能視事或年幼時所指定管理國務者)；〔美〕公共機構主理；總監；(學院或大學) 校務委員；〔宗〕教會學院院長或教授

Regicide 弒君；弒君罪；〔英〕審判查理一世者；查理一世死刑執行者 (1649 年宣告查理一世死刑的國會指定委員)

Regid constitution 剛性憲法 (指非經一定程序不得加以修改的)

Regie 〔法〕專賣局 (指政府對煙草或鹽等的專賣；政府專賣的煙草和煙草產品)；政府對公共事業的直接經營

Regime 〔法〕章程；規章，條例；政體；政權；制度

Regime construction 〔世貿〕制度建設

Regime creating convention 創立制度的公約

Regime en communaute 〔法古〕夫妻財產共有制

Regime management 〔世貿〕制度管理

Regime of capitulations 領事裁判權制度

Regime of high seas 公海制度

Regime of law 法制；法律制度

Regime of liability 賠償責任制度

R

Regime of the international sea bed 國際海底制度（指有關國際海底區域的法律制度）

Regimen 政權；政體；統治（方式）；社會制度

Regimental court martial 〔美〕審判輕罪的軍法法庭

Regina 女王；女王稱號

Region 行政區；地區；區域；範圍；領域；〔蘇格蘭〕行政區（創始於 1975 年，行使地方政府職能，其下劃分為區）

Region of attraction 吸引地區

Region of war 戰區

Region quotas 地區配額（指進口國將規定的總額分配給不同地區的進口份額）

Regional action 區域行動

Regional agency 區域機構

Regional agent 地區代理人

Regional agreement 區域協定（協儀）

Regional allocation 地區分配（指撥充地區使用）

Regional alternative 區域性選擇

Regional and sub-regional levels 區域和次區域各級

Regional approach 區域性解決辦法

Regional approach to trade liberalisation 區域貿易自由化的途徑（指區域性自由貿易區的建立）

Regional arrangement 區域辦法；區域安排；區域協定；〔關貿〕區域安排；區域協定

Regional association 區域協會

Regional balance of payments statements 區域國際收支表；區域國際收支差額一覽表

Regional bank 地區銀行；區域性銀行

Regional body 區域團體

Regional bureau 區域辦事處

Regional centre 區域中心

Regional Centre for the Transfer and Development of Technology 技術轉讓和發展區域中心

Regional Centre for Transfer of Technology (RCTT) 技術轉讓區域中心（亞太經社會的）

Regional codification 區域性法典編纂

Regional collective security pact 區域性集體安全公約

Regional commission 區域委員會

Regional Committee for the Western Pacific 西太平洋區區域委員會

Regional compensation scheme 區域性補償計劃

Regional Comprehensive Economic Partnership (RCEP) 區域全面經濟夥伴關係（指東盟國家於 2011 年 2 月 26 日首次提出組建 "區域全面經濟夥伴關係協定" 的草案，旨在實現以東盟為主導的區域經濟一體化，推動成員國間相互開放市場，消除內部貿易壁壘、創造和完善自由的投資環境、擴大服務貿易，並且還將涉及知識產權保護、競爭政策等諸多領域，主要成員國包括與東盟已經簽署自由貿易協定的國家，即中國、日本、韓國、澳洲、新西蘭、印度，迄已覆蓋 16 個國家參加這一自貿區的建設進程，但美國和俄羅斯尚未加入談判事宜）

Regional conference 區域會議

Regional cooperation 區域合作

Regional Cooperation for Development (RCD) 地區發展合作組織（指伊朗、土耳其和巴基斯坦三國為加強經濟技術和文化合作於 1964 年 7 月成立的，總部設於德黑蘭）

Regional cooperation tax system 區域合作稅收制度

Regional Cooperative Project on Food Irradiation 關於食品輻射問題的區域合作項目

Regional Council 區域理事會；區域委員會；〔香港〕區域市政局（1986-1999 年）

Regional Council on Human Rights in Asia 亞洲地區人權委員會

Regional customary international law 區域性國際習慣法

Regional Development Incentives Act 〔加〕地區開發鼓勵法

Regional disarmament 區域裁軍

Regional division of labour 區域分工，地域分工

Regional economic integration 區域性經濟一體化；地區性經濟一體化

Regional economic integration settings 區域經濟一體化安排

Regional economic union 區域性經濟組合

Regional Energy Development Programme (RERC) 區域能源發展方案

Regional exit 地區出路；區域出路

Regional exit option 區域性出路選擇

Regional group 區域集團；〔聯〕地區小組

Regional institution 區域機構

Regional integration 區域性一體化

Regional integration agreements 區域性一體化協定

Regional integration programme 區域一體化規劃（方案）

Regional international law 區域國際法

Regional international organ 區域性國際機構

Regional international tribunal 區域性國際法庭

Regional jurisdiction 區域管轄權

Regional meeting 區域會議

Regional national autonomy 〔中〕民族區域自治區（根據《中華人民共和國憲法》規定，在各少數民族聚居的地方實行民族自治的制度）

Regional Network for Agricultural Machinery (RANM) 區域農業機械網

Regional Network for the Chemistry of Natural Products in Southeast Asia 東南亞天然產品化學區域網絡

Regional Network for the Exchange of Information and Experience in Science and Technology in Asia and the Pacific (ASTINFO) 亞太科技資料與經驗交換區域網

Regional office 區域辦事處；〔保〕地區公司

Regional Office for the Western Pacific 西太平洋區域辦事處

Regional officer 區域官員

Regional organ 區域機關

Regional organisations 區域性組織

Regional oriented 地區性的；地區導向的；面向地區的

Regional pact 區域公約

Regional plan 區域性計劃

Regional price differences 地區差價

Regional private international law 區域性國際私法（指同一地區的國家基於相似的文化）

Regional rule of international law 區域性國際法規則

Regional Rules 區域性規則

Regional sea 區域海

Regional security treaty 區域安全條約

Regional Services Department 〔香港〕區域市政總署
(1985—1999 年)

Regional subcommittee 區域分團；區域小組委員會

Regional system 區域體系

Regional trade 區域貿易

Regional trade agreements 區域貿易協議

Regional trade policy issues 區域性貿易政策問題

Regional trading arrangements 〔關貿〕區域貿易協定 (安排)

Regional transit agreement 區域性過境協定

Regional treaty 區域條約

Regional Understanding 區域性諒解

Regionalism 區域主義 (指國際經濟地區化，如歐洲共同市場、北美自由貿易區等等)；地方主義

Regionalism and Multilateralism in the World Economy 〔世貿〕世界經濟區域主義和多邊貿易 (指世貿秘書處 1995 年所寫的報告)

Regional-oriented 地區性的；地區導向的；面向地區的

Regions with ethnic group residence 種族居住地區；民族聚居地區

Register *n. & v.* I. 書記官；登記官 (指生、死和結婚的登記)；遺囑登記員；遺囑檢驗法院書記員；〔英〕登記冊；註冊簿；花名冊；船籍登記簿；倫敦船名錄；教區教堂登記簿；土地產權登記簿；海關證明書；II. 記錄；註冊；登記；編入

Register book 登記簿；總賬；底賬

Register certificate 登記證

Register in bankruptcy 破產審定人

Register of births and deaths 生死登記簿

Register of captains 船長登記簿

Register of copyright 版權登記冊

Register of deaths 死亡登記簿

Register of Debates 〔英〕議會講演錄 (1825—1837 年)

Register of deeds 〔美〕契據登記官 (主管州內契據、抵押等文據的登記事宜)；契據登記簿

Register of joint stock company 股票公司登記簿

Register of judgement 判決登記 (冊)

Register of land office 〔美〕(聯邦地區) 土地局登記官

Register of M.P.s' interests 〔英〕議員利益登記 (指議會的老規矩，下院議員與辯論議題有金錢關係者不得參與該議題的投票等規定)

Register of members 股東登記；股東名冊；會員名冊

Register of national debts 公債登記簿

Register of office 登記處；註冊處

Register of original writs 〔英〕原始令狀記錄 (指由國王簽發給郡長蓋有國璽的強制性書狀，指示郡長記錄郡內所犯下的違法者或被告當事人出庭審斷情況)

Register of patents 〔英〕專利登記冊 (簿)

Register of pending action 未決案件登記；未決訴訟登記

Register of perpetual lease 永久租借地登記 (簿)

Register of Sasines 〔蘇格蘭〕土地象徵性轉讓登記

Register of seisins (or register of seizins) 依法佔有的財產登記

Register of ships 〔美〕商船登記簿；船舶記錄

Register of stock transfer 股票過戶登記簿 (冊)

Register of the agreement of the property of husband and wife 夫婦財產契約登記簿

Register of the building in the ground of emphyteusis 永

久租地上的建築物登記簿

Register of the limited partnership 有限責任合夥登記 (冊)

Register of the mutual insurance company 相互保險公司登記 (冊)

Register of the partnership 合夥登記 (冊)

Register of the staff 職員名冊

Register of the Treasury 〔美〕財政部登記官

Register of titles 註冊官；土地財產所有權登記冊

Register of trust companies 信託公司登記簿

Register of trusts 信託受理簿

Register of voters (or the parliamentary register) 〔英〕選民名冊

Register of wills 〔美〕遺囑登記官

Register of writs 〔英古〕令狀記錄簿；令狀錄

Register or apply for residence 報戶口

Register the Changes 變更登記

Register's court 〔美〕遺囑檢驗法院 (賓夕凡尼亞州以前對遺囑事項具有管轄權的法院)

Registered 已登記的；已註冊的；掛號的；有官方證明的；經正式鑒定的

Registered articles 註冊規章

Registered ballots 記名投票

Registered bond 記名公債券；登記債券

Registered capital 註冊資本；註冊股本

Registered certificate 記名證券；註冊證券

Registered certificate of shares 記名股票證書 (指將股東姓名記在股票和股票名冊上並據以領取紅利的股票證)

Registered cheque (check) 記名支票 (俗稱 "匯款單"，銀行的另一種形式的本票)

Registered clause 〔英〕註冊住所條款 (指公司註冊證書中英說明該公司住所是在倫敦抑或蘇格蘭)

Registered company 註冊公司

Registered corporation 註冊公司

Registered debenture 記名的公司債券；已登記的債券

Registered deposit taking company 接受存款銀行；〔香港〕註冊接受存款公司

Registered Design Act 〔英〕註冊設計法 (1949 年)

Registered design system 註冊設計的制度

Registered designs 註冊的外觀設計

Registered document 記名文件；已登記文件

Registered interest bond 把利息支付給持有人的記名債券

Registered invention 註冊的發明

Registered land 已登記土地

Registered land certificate 土地註冊證

Registered loan 註冊的公債

Registered mail 掛號郵件

Registered office 〔英〕(公司的) 註冊辦事處 (指公司正式地址、公司通信和通知等文件均由此發出)

Registered office clause 〔英〕公司住所條款 (指在公司章程條款中應說明公司住所是在英格蘭抑或蘇格蘭，從而確認該公司的國籍)

Registered permanent residence 〔中〕戶口；戶籍

Registered post insurance 掛號的郵件保險

Registered representative 註冊代理人 (指可依法向公衆銷售股票證券的)

Registered securities 記名證券

Registered security　記名證券

Registered share　記名股票（指登記在股東名冊上的股票以為分配紅利之通知用）

Registered share capital　（公司）註冊股本

Registered ships　註冊船隻；登記船舶

Registered society　註冊團體

Registered stock　〔美〕登記的股票；記名股票

Registered tonnage　（船舶）登記噸位；註冊噸位

Registered trademark　註冊商標

Registered User　註冊使用人

Registered vessel　註冊船隻

Registered voters　〔美〕已經登記選民；合格選民（指依法已將合格的選民登入花名冊的州或縣的選民）

Registrability of a trademark　商標註冊的可能性；可能註冊的商標

Registrable treaty　可登記條約

Registrant　註冊人；登記人

Registrar　註冊官；登記官（指委任負責登記法院命令或保管花名冊等文件的官員）；登記代理人；股票轉讓的信託公司代理人；證券發行登記所；校務主任（負責招生登記事務）；住院登記員（負責入院病人住宿登記事務）；〔際〕書記官長；〔香港〕經歷司；司法常務主任

Registrar and merchants　〔英〕登記官和商人

Registrar General's Department　〔香港〕註冊總署（在其中任職的原多為前港英政府律師或大律師，主管公司註冊、土地註冊、商標註冊及破產管理處工作，至 1993 年解散）

Registrar of Births and Deaths　〔香港〕生死註冊主任

Registrar of companies　公司登記官；公司登記代理人

Registrar of deeds　〔美〕契據登記官

Registrar of joint stock companies　股份公司登記官

Registrar of marriage　婚姻註冊官

Registrar of probate　遺囑檢驗登記官

Registrar of wills　遺囑登記官

Registrar-General　戶籍局長；〔香港〕註冊總署（釋義同 "Registrar General Department"）；〔英〕登記總長（主管生死及婚姻登記事務，由政府大臣擔任）

Registrar-general of births, deaths and marriages　〔英〕出生、死亡和婚姻註冊總局長

Registrar-General Shipping and Seamen　〔英〕船舶及海員總登記官

Registrarius brevium　令狀登記錄

Registration　登記；註冊；掛號；選民登記表；〔美〕（新證券發行）登記申請

Registration and Electoral Office　〔香港〕選舉事務處

Registration card　登記證

Registration certificate　註冊證書

Registration fee　登記費；註冊費

Registration for execution　〔蘇格蘭〕執行登記

Registration for military sevice　服兵役登記

Registration for preservation　〔蘇格蘭〕保存登記

Registration for publication　〔蘇格蘭〕（土地契據的）公示登記

Registration Law of Industrial and Commercial Enterprises　〔中〕工商企業登記法

Registration law of lawyer's list　律師名冊登記法

Registration obligation　註冊義務

Registration of a new design　新圖案設計的註冊

Registration of aliens　〔美〕外僑登記

Registration of birth　〔英〕出生登記

Registration of birth, deaths and marriages　〔英〕生、死及婚姻登記

Registration of business names　〔英〕商號登記

Registration of Business Names Act　〔英〕商號登記法（1916 年）

Registration of charge on land　〔英〕土地負擔登記

Registration of copyright　〔英〕版權登記；版權註冊

Registration of criminal　刑事犯登記

Registration of death　〔英〕死亡登記

Registration of deeds　〔英〕契據登記

Registration of delegate　代表登記

Registration of design　外觀設計登記

Registration of initial imports of chemical products　化工產品首次進口的註冊

Registration of judgements　判決登記

Registration of marriage　婚姻登記

Registration of mortgage　抵押登記

Registration of one's quality　身分登記

Registration of patent　專利權登記

Registration of Patents Ordinance　〔香港〕發明品專利權註冊條例

Registration of persons　人事登記

Registration of securities　證券登記

Registration of stock　〔美〕股票登記

Registration of stock transfer　股票轉讓登記

Registration of title　〔英〕土地所有權登記；土地產權登記

Registration of trademarks　〔美〕商標註冊

Registration of treaties　條約登記

Registration of vessel　船舶登記

Registration of voters　選民登記；投票人登記

Registration office　註冊處；登記所；登記處

Registration privilege　註冊的優先權；記名特權

Registration procedures　註冊手續；註冊程序

Registration statement　〔美〕（公司）申請上市登記表；申請上市登記報告

Registration tax　登記稅；註冊稅

Registro Italiane　〔意〕熱那亞船舶檢查協會

Registro Italiano Navale　〔意〕意大利船級社

Registry　登記；註冊；（郵局）掛號處；登記處；註冊處；登記簿；船舶登記；船籍登記；書記處

Registry of deeds　〔美〕契據登記

Registry of ship　船舶登記

Registry office　登記處；註冊處

Regius chairs of law　〔英〕欽定法學教授職位

Regius professor　〔英〕欽定教授（亨利八世國王設予牛津、劍橋兩大學的神學等五門學科的教授或講師的教席）

Reglement International des Prises Maritimes　〔法〕國際海上捕獲條例（1882/1883 年）

Reglement pour la Libre Navigation des Rivieres　〔法〕河流自由航行規則（1815 年）

Reglement sur le Rang entre les Agents Diplomatiques　〔法〕外交代表等級規則（1815 年）

Reglements sur les Immunities Consulaires 〔法〕領事豁免規則 (1896 年)

Regnal years (國王) 在位期；執政年限

Regnant 統治者 (擁有國王的權威者)；攝政王 (行使王權者)

Regrant *n. & v.*〔英〕再讓與；複歸 (指歸還的財產)

Regrating 〔英古〕囤積居奇罪

Regrator (regrater) 囤積居奇者

Regress *v.* 複歸；回歸；再進入

Regressive 回歸的；(稅率) 遞減的

Regressive tax 遞減稅；累退稅

Regressive taxation 遞減稅制

Regs. 〔美〕美國國務院法規 (=U.S. State Department Regulations)

Regular *a. & n.* I. 固定的；定期的；正常的；通常的；普通的；正式的；正規的；依法的；循規的；有秩序的；有規律的；習慣性的；常備的；II.〔複〕正規軍人；修道士

Regular agent 常設代理人

Regular air service 定期航線；定期航空服務

Regular and established place of business 固定公認的營業所

Regular and special meetings 例會和特別會議

Regular annual session 每年常會

Regular armed force 正規武裝部隊；〔美〕正規陸軍

Regular audit 定期審計

Regular board 普通證券買賣部 (在交易所內買賣政府發行證券以外的證券部)

Regular budget 正常預算

Regular channels of trade 正常貿易途徑

Regular collective appreciation and valuation 〔世貿〕定期集體評價和評估 (指貿易政策審議機制的運作)

Regular course of business 〔美〕正常商業慣例

Regular dealer in securities 正規證券經紀人

Regular election 例行選舉

Regular election of Executive Directors 〔基金〕〔世行〕定期選舉執行董事

Regular employ 固定職工

Regular entries 固定入賬；日常賬目

Regular income 固定收入

Regular indorsement 正常背書

Regular interagency consultation 機構間定期磋商

Regular international air navigation line 定期國際航空線

Regular jetsam 正規拋棄的貨物

Regular joint meeting 定期聯席會議

Regular marriage 〔宗〕正式婚姻；合法婚姻

Regular medical insurance 普通醫療保險

Regular meeting 例會；常會

Regular member 正式成員

Regular on its face 〔美〕表面上合法的 (意指由具有法律權威的法官等簽發的傳票形式上是合法的，其不包含任何無法律根據的內容)

Regular passport 正規護照

Regular practitioner 掛牌律師

Regular price 規定價格；普通價格；正常 (通常) 價格

Regular procedure 例行手續；合乎規定的手續

Regular programme of staff exchange 工作人員定期交換的計劃

Regular reports 監修判例集；定期報告

Regular sale 翌日交貨的交易 (隔日交貨的交易)；直接交易

Regular service 定期航線；定期班機；定期航班；定期航空服務；定時開車

Regular session 常會；定期會議

Regular session of the court 通常開庭期

Regular surveillance of Members' policies 〔關／世貿〕定期監督成員方的政策

Regular term 常規開庭期

Regular trial 正規審判

Regular use 正常使用 (汽車保險單用語)

Regular visitation 定期探視

Regular voyage 定期航行

Regularly constituted court 正規組織的法院

Regularly organised bank 依法設立的銀行

Regulate *v.* 管理；管制；控制；調整；調節；規定

Regulate and introduce new regulations 制定和實施新規定

Regulate expenditure 控制費用

Regulate market supply and demand 調節市場供求 (關係)

Regulate the traffic 管理交通；管理運輸

Regulate the use of exchange restrictions 〔基金〕調節外匯使用限制

Regulation 條例；章程；規章；管理；調節；管制 (民用航空用語)

Regulation A 〔美〕規則 A (按證券交易委員會規定，簡化註冊申請發行小額證券的登記手續)

Regulation charge 管理費

Regulation D 〔美〕規則 D (證券交易委員會依據 1933 年《證券法》關於發行證券的登記手續)

Regulation J 〔美〕規則 J (美聯儲規定銀行向國內託收支票及資金過戶管理規則)

Regulation M 〔美〕規則 M (美聯儲規定銀行向國內發行外匯儲備金的提取規定)

Regulation of an executive department 〔美〕行政部門行為規則

Regulation of armaments 軍備管制

Regulation of aviation 航空管制

Regulation of coinage 造幣規則

Regulation of commerce 〔美〕商業規則

Regulation of competition 競爭調節

Regulation of enterprise loan 事業公債條例

Regulation of intendant of shipbuilding and arsenal 造船、軍火庫監督官條例

Regulation of Railway Act, 1868 〔英〕鐵路條例 (1868 年)

Regulation of registration 登記規則

Regulation of restrictive trade practices 限制性貿易做法條例

Regulation of the military councilors 軍事顧問條例

Regulation of the Navy 〔美〕海軍規則

Regulation of the State Council Concerning the Balance of Foreign Exchange Income and Expenditure by Sino-foreign Equity Joint Ventures 國務院關於中外合資經營企業外匯收支平衡問題的規定 (1986 年)

Regulation of traffic 交通管制

Regulation of work 工作規則

Regulation Q　〔美〕規則 Q（美聯儲依照 1933 年關於儲蓄存款的最高利率規定）

Regulation T　〔美〕規則 T（美聯儲關於證券商向客戶提供信貸最高限額規定）

Regulation U　〔美〕規則 U（美聯儲關於銀行向客戶提供用於購置證券貸款最高限額規定）

Regulation X　〔美〕規則 X（住房與城市發展部制定的關於實施《不動產購置程序法》有關條款的規則）

Regulation Z　〔美〕規則 Z（美聯儲關於執行消費信貸保護法的規定）

Regulation(s)　條例；規章；規則；細則；管理；管制；控制；監管；調整；調節；〔香港〕規例；〔歐共體〕行政法規（由共同體理事會或委員會制定，適用於其所有成員國）

Regulations concerning civil appointment　文官任用條例

Regulations for Suppression of Counter-revolution　〔中〕懲治反革命條例

Regulations for the Implementation of Controls relating to Carrying Foreign Exchange, Precious Metals and Foreign Exchange Instruments into and out of China　〔中〕對外匯、貴金屬和外匯票證等進出國境的管理施行細則

Regulations for the Implementation of the Law of the P.R.C. on Joint Ventures Using Chinese and Foreign Investment　中華人民共和國中外合資經營企業法實施條例

Regulations Governing Foreign Banks and Joint Chinese-Foreign Banks Special Economic Zones of the P.R.C.　中華人民共和國經濟特區外資銀行、中外合資銀行管理條例

Regulations governing international trade　國際貿易條例

Regulations of foreign investment　外國投資條例

Regulations of navigation　航行規章

Regulations of the Bank of China on Providing Loans to Enterprises with Foreign Investment　中國銀行對外商投資企業貸款辦法

Regulations of the P.R.C. on Import and Export Duties　中華人民共和國進出口關稅條例（1985 年）

Regulations of the P.R.C. on Labour Management in Joint Ventures Using Chinese and Foreign Investment　中華人民共和國中外合資經營企業勞動管理規定

Regulations of the P.R.C. on Special Economic Zones in Guangdong Province　中華人民共和國廣東省經濟特區條例

Regulations of the P.R.C. on Technology Import Contract Administration　中華人民共和國技術引進合同管理條例

Regulations of the P.R.C. on the Registration of Enterprise as Legal Person　中華人民共和國企業法人登記管理條例（1985 年）

Regulations of the P.R.C. on the Registration of Joint Ventures Using Chinese and Foreign Investment　中華人民共和國中外合資經營企業登記管理辦法

Regulations of the Shenzhen SEZ Concerning the Management of Commodity House Property　深圳經濟特區商品房產管理規定

Regulations on academic degrees　學位條例

Regulations on Customs Duties for Imports and Exports　海關進出口稅則

Regulations on Economic Association between the Xiamen Special Economic Zone and Inland Areas of China　廈門經濟特區與內地經濟聯合的規定

Regulations on Import and Export Customs Duties of the P.R.C.　中華人民共和國進出口關稅條例

Regulations on Labour Control in the Xiamen Special Economic Zone　廈門經濟特區勞動管理規定

Regulations on Punishment for Counter-Revolutionary Activity　〔中〕懲治反革命活動條例

Regulations on Safeguard　〔中〕保障條例

Regulations on Technology Imports to the Xiamen Special Economic Zone　廈門經濟特區技術引進規定

Regulations on the exchange system　外匯制度條例

Regulations on the exercise of autonomy　自治條例

Regulations on the Registration of Enterprises in the Xiamen Special Economic Zone　廈門經濟特區企業登記管理規定

Regulations on the sale and purchase of and payment in foreign exchange　關於以外匯買賣、購買和支付的條例

Regulations on the Use of Land in the Xiamen Special Economic Zone　廈門經濟特區土地使用管理規定

Regulations regarding assessment and control for protection of the environment　關於環境保護評估管理條例

Regulations Regarding the Punishment of Counterrevolutionaries　〔中〕懲治反革命條例

Regulations respecting the Laws and Customs of War on Land　陸戰法律和習慣章程（1899、1907 年）

Regulatiory　規章的；規範的；制定規章的；受規章限制的

Regulatory act　制定規章的行為

Regulatory agency　〔美〕制定規章的管理機構（準政府性的司法委員會）

Regulatory authorities　管理機關

Regulatory body　管理機構

Regulatory flexibility Act　〔美〕規範性通融法（意在改善聯邦制定行政規則程序）

Regulatory power　制定規章的權力；管理權力

Regulatory regimes　規章制度

Regulatory requirements　管理規定

Regulatory review　〔世貿〕定期評議；定期審議

Rehabilitate　v. 恢復（地位、權利、財產、名譽等）；昭雪；康復

Rehabilitation　（破產公司）恢復權利；（罪犯的）再教育；（受害者）證人的名譽恢復；康復（指吸毒者如何走向社會生活的心理）；恢復社會生活（指協助離婚者通過業餘培訓恢復其對社會的建設性作用）；善後

Rehabilitation Act　〔美〕複權法（1973 年頒佈關於禁止歧視有工作能力的殘疾人之法）

Rehabilitation bonds　復興債券

Rehabilitation centre　康復中心

Rehabilitation clause　再就業條款

Rehabilitation of offenders　〔英〕消除罪犯前科（指犯罪者經改造出獄後多年未再犯罪者不應向外界披露其前科，對青少年前科犯尤應如此）

Rehabilitation of Offenders Act　〔英〕消除罪犯前科法（1974 年）

Rehabilitation of person's reputation　恢復名譽

Rehabilitation period　〔英〕前科犯的名譽恢復期

Rehabilitation through labour　勞動教養；勞動改造

Rehabilitative measures　善後措施

Rehear　v. 複審；再審

Rehearing 〔美〕重新審理；〔英〕複審；再審；續審；上訴審；重新聽證

Rehearing en banc 全體法官出庭複審

Rehypothecate 二重抵押；再抵押

Rehypothecation 再質押

Reichskammergericht 〔德〕帝國樞密法院

Reichsrat 〔德〕帝國參議院；奧國議會

Reification (時空概念的) 具體化；體現 (包含於付款轉讓契約中的書面財產權利)

Reign 統治；君主統治

Reigning sovereign 在位的皇帝

Reimburse v. 償還；付還 (款項)；賠償；補償

Reimburse excess amount of duties 付還多徵的稅額

Reimbursement 償還；付還 (款項)；賠償；補償

Reimbursement of capital 退還資本

Re-import 再進口；複進口 (指本國商品出口後未經加工而因質量等問題未能出售而重新運回國內者，但美國對此產品關稅上規定很嚴謹：1. 未增值者免稅；2. 在境外經修理改動後如增值者，對該部份徵稅；3. 如維修部份所用美國零部件可予扣稅)

Reincorporation 重新組合；重新組成

Reinforce the effectiveness of the role of the Council for Trade in Goods 〔世貿〕加強貨物貿易理事會的有效性作用

Reins of government 政權；執政；執掌政權

Reinstate v.〔保〕以實物填補；恢復；使恢復現狀 (或原位)；使複任；使複職

Reinstate a case 恢復訴訟

Reinstatement 恢復原狀；複職；複位；複任；〔保〕修復；復原；恢復效力 (指財產因火災損失或損壞或在寬限期內的保險單未交費而予以恢復效力)

Reinstatement of action 恢復訴訟

Reinsurable 再分保的；可重新給予保險的

Reinsurance 再保險；轉保險；分保；再保證

Reinsurance bordereaux 再保險報告 (書)

Reinsurance broker 再保險經紀人

Reinsurance commission 分保手續費；再保險傭金

Reinsurance company 再保險公司

Reinsurance contract 再保險合同

Reinsurance cover 再保險範圍

Reinsurance open cover 預定再保險

Reinsurance pool 再保險集團；分保聯營

Reinsurance premium 再保險費

Reinsurance relations 分保關係

Reinsurance treaties 再保險契約；分保合同；分保合約

Reinsure v. 分保；再保險

Re-insured 受分保者；被再保險者；再保險分出人

Reinsurer 再保險人；再保險承保人

Reintegration 重新整合；綜合理解

Reinvest v. 再投資；再授予

Reinvested earnings 再投資收益

Re-invested profits 利潤再投資 (按中國外資政策該再投資的利潤所付的所得稅款項可百分百退還投資者)

Reinvestigation 複查；〔保〕再調查

Reissuable notes 再流通的銀行本票

Reiterate their request for the submission of a complete list of restrictions 重申要求呈交一份完整的限制表 (指對進出口商品貿易項目的限制)

Reject v. 拒收；拒絕；抵制；駁回；否決；廢 (次) 品

Reject a bill 否決議案

Reject a complaint 不受理申訴；駁回申訴

Reject an appeal 駁回上訴

Reject the authentication 拒絕認證

Rejected goods 不合格的物品；拒收貨物

Rejection 拒絕；抵制；駁回；否決；〔保〕拒保；拒賠；〔美〕拒絕接受要約；拒收貨物 (指買者有權拒絕接受不符合合同訂定的貨物)

Rejection of offer 要約的拒絕 (指契約不被要求訂約者所接受)

Rejection of payment 拒絕支付；拒絕付款

Rejection of re-registration 拒絕複籍

Rejoin v. 再次答辯 (指普通法抗辯中，被告對原告法律訴訟辯駁所作的)；再加入

Rejoinder 被告對原告答辯的辯駁 (指被告對原告作第二次答辯)；第二次答辯狀；〔際〕複辯狀 (指被告國對請求國提出的答辯狀可向國際法院再提出辯駁之謂)

Relate v. 關於；有關係；屬；涉及

Related 有關聯的；有關係的；相關的；聯姻的；親屬的；親戚的

Related claim 〔美〕相關求償權 (根據專利法對於實質上同一事實不公平的競爭提出求償)

Related company 聯號；聯營公司

Related cost 關係成本 (指兩種成本之間互有因果關係)

Related goods 相關貨物；相關商品

Related interest parties 利益有關的當事方

Related parties 〔關貿〕有關當事方；有關各方

Related party transactions 〔美〕有關方交易 (美國稅法禁止有關各方之間承認損益從銷售中扣除損失或交換其財產)

Related proceedings 〔美〕相關的訴訟 (指破產求償訴訟以向相關破產法院以比向州法院提起為好)

Related producers 〔世貿〕有關聯的生產商

Related taxpayer 〔美〕有納稅人；相關納稅人

Relater (relator) 告發人；陳訴者

Relating to the implementation 〔世貿〕與履行 (行為) 有關的

Relation 告發 (與 relator 相對應)；親屬；親戚；親族關係；特定關係的親屬 (包括所涉及該人的全部親屬)；〔複〕關係；關聯

Relation back 〔美〕追溯效力 (指不一定是修正為新的或不同的求償抗辯，而是指後發生的行為有追溯前行為的效力，意即今天完成的行為可視同前已完成之行為。最後交付第三者保管的文件可視為迄已將該文件交付第三者保管)

Relation by blood 血親關係

Relation by marriage 姻親關係

Relation of affinity 姻親 (指因婚姻而產生的親戚)

Relation of contract 契約關係

Relation of debt 債務關係

Relation of equality 平等關係

Relation of private right 私權關係

Relation of subjection 隸屬關係

Relation of submission 服從關係

Relations between parents and children 父母子女關係；親子關係 (在法律上指父母和子女間權利義務關係的總和)

Relations with non-members 與非會員國的關係

Relationship 親屬關係;(人際等)關係

Relationship agreement 關係協定

Relationship between trade and investment 〔世貿〕貿易與投資之間的關係

Relationship between trade and the environment 〔世貿〕貿易與環境之間的關係

Relationship by affinity 姻親關係

Relationship by consanguinity 血親關係

Relationship in law 法律上的關係

Relationship of agnati 男系血親

Relationship of the blood 血統關係

Relationship of the courts to legislatures 〔世貿〕法院同立法機構的關係

Relationship of the half-blood 半血親關係

Relationship of the wholeblood 純血親關係

Relationship with other international organisations 〔世貿〕與其他國際組織的關係

Relative *n. & a.* I. 親戚;親屬(對兒童而言指祖父、哥哥、姐姐、叔叔或姨母);II. 相對的;相關的,有關的;比較的

Relative by marriage 姻親

Relative confession 相關供認(指被告認罪,同時並揭發他人)

Relative contraband 相對禁製品

Relative duty 相對的義務

Relative fact 〔美〕有關事實(證據法中指與另一事實有關的事實);次要事實;客觀環境

Relative factory endowments 相對要素稟賦(指服務貿易總協定賦予了傳統生產力"三要素"的新內容,顯示資金、人力資源和技術的重要性)

Relative immunity 相對豁免權

Relative impediment 禁止親屬結婚的相對障礙

Relative invalidity 相對無效

Relative majority 相對多數

Relative political crime 相對政治罪

Relative powers 〔美〕相關權力(指與土地有關的權力)

Relative rights 相關權利(指作為社會上的成員,彼此之間相關聯的權利)

Relative shares 相關的份額(指國民生產或收入中所佔的)

Relative shares in the national income 國民收入中所佔的相關份額

Relative sovereignty 相對主權

Relative title 相對所有權

Relative total loss 相對全損

Relatively least developed countries (RLDCs) 〔聯〕相對的最不發達的國家(1971年聯合國大會確定列入不發達國家的三個標準:1. 1968年人均收入為100美元或不到100美元;2. 國民生產總值的生產額只佔10%或不到10%;3. 識字人的比例只有20%或不到20%)

Relatives by affinity 姻親

Relatives by blood 血親

Relativism 相對主義

Relator 告發人(在英國,經檢察總長有權就禁止干預公權或減輕公共滋擾而提出檢控;在刑事案件上這類人應為"公訴人");陳訴者

Relator action 〔英〕告發人之訴(指個人或團體有權禁止干預公權或減輕公共滋擾而提出檢控但須以檢察總長名義提起訴訟)

Relatrix 女告發人

Release *n. & v.* I. 放棄(求償權利或訴權);轉讓,轉讓證書(指將土地上的利益放棄或讓渡給土地佔有者);豁免證書(指解除對受託人所託管遺產的求償權及其債務);釋放(指解除控制或監禁。鑒此,被非法投入監獄者得以釋放而獲得人身自由)II. 免除(指在侵權案件中,原告為取得現金結算而免除被告債務);釋放;解除;發佈(消息等);(海關)放行;解僱;(保險)債務清償證

Release a criminal of one's own accord 私放罪犯

Release by way of enlarging an estate 〔美〕以擴大地產權方式讓與土地(指將土地讓與特定的佃戶及其繼承人的方式)

Release by way of entry and feoffment 以進入及分封方式讓與土地(指將兩個共同強佔者的土地讓與分封給一個侵入者,以便其單獨佔有)

Release by way of extinguishment 以減失方式讓與剩餘地產權

Release by way of passing a right 以放棄權利方式讓與(指以棄權方式讓與被其侵佔的地產權)

Release by way of passing an estate 以轉移方式讓與地產權(將一個或兩個共同繼承人所有地產權利讓與其他繼承人)

Release certificate 釋放證明書(指勞改期滿、刑滿釋放證書)

Release from a post 免職

Release from bond 從保稅倉庫放出

Release from nationality 國籍解除(解除國籍)

Release from rehabilitation 解除教養

Release of claim 放棄求償權

Release of debt 免除債務

Release of dower 〔美〕寡婦放棄地產權(以已婚婦女方式放棄期待寡婦地產權益或與其夫聯合將屬其夫特定的一塊地產讓與第三者)

Release of insurance 保險棄權

Release of mortgage 解除抵押(書)(指抵押人在受押人一付款後即發給解除其債務的書面證件)

Release on bail 保釋

Release on own recognisance (ROR) 具結釋放(指被告提供保證金承諾將應傳到庭受審)

Release on parole 宣誓後假釋

Release pay 遣散費

Release police report 發佈警察報告

Release the contracting party from the obligations under the GATT 解除締約方根據關貿總協定所承擔的義務

Release to uses 〔美〕出讓用益權(指甲以出讓土地產權契據給乙而供丙使用之謂)

Released on bail for medical treatment 〔中〕保外就醫(指罪犯因病獲准取保出獄醫治)

Releasee (指財產或權利等的)受讓人;被免除債務者;被釋放人

Releasor (指財產或權利等的)讓與人;解除者;免除債務人;豁免者

Relegation 〔羅馬法〕放逐;〔英古〕流放(指把未被宣告民事死亡者有限期地流放到國外);貶謫(指降職處分)

Relet *v.* 再出租；續租；轉租

Relevancy 關聯性；相關性；有關性；〔蘇格蘭〕無關聯的答辯

Relevancy and admissibility of evidence 證據的關聯性和可採納性 (指能夠和可以用以證明案件待證事實的證據)

Relevant 有關的；相關的；關聯的；按比例的；相應的

Relevant action 有關訴訟

Relevant acts or omissions 有關作為或者不作為

Relevant cost 有關成本；相關成本

Relevant employment 〔英移〕相關聯的僱傭 (指與聯合王國公民或國民有密切聯繫的申請人或正在申請取得聯合王國公民資格者)

Relevant evidence 有關聯的證據 (針對爭點有直接關聯的的證據)

Relevant implementing rules 相關的履行規則

Relevant inspection, sampling and testing methods 〔世貿〕有關的檢驗、取樣和測試方法 (指對動、植物等傳染病而言)

Relevant market 〔美〕有關聯的市場 (指原告必須界定被告所稱具有壟斷權力內的 "有關聯市場" 範圍，因其涉及違反《謝爾曼條例》包括的 "產品市場" 和 "地理市場")

Relevant tables of supporting material 〔世貿〕有關支持材料表 (指對農產品的支持補貼而言)

Relevant testimony 有關的證據；相關的證據

Reliable 可靠的；可信賴的；確實的

Reliable partner 可靠的合夥人

Reliance 〔美〕信任；信賴；依靠 (指在欺騙侵權訴訟中，原告必須證明其所依靠是虛偽的陳述而遭到損失才能得以追償)；受信賴的人 (或物)；可依靠的人 (或物)

Reliance on promise 〔美〕對被告承諾的信賴 (按照不容否認的承諾原則，原告須證明他因信賴被告承諾而受到損害)

Reliance on the new procedure 〔世貿〕依靠新的程序 (指1997年美國政府向上訴機構提出 25 個爭議案件均倚新開拓的程序得以解決)

Relict 喪偶者 (寡婦或鰥夫，但尤指寡婦)

Reliction 增益地 (指海水或河水長期沖積退卻露出的自然增積的新增陸地)

Relief 采邑繼承稅 (指封建時代封臣的後裔在繼承領地時對領主所付的錢)；救恤；救助；救濟 (當事人向衡平法院提起訴訟請求給予救濟)；司法救濟 (指承租人因無力支付租金而達約被解除租賃而向法院申請請求救濟，尤指向衡平法庭)；〔英〕(稅收) 減免 (例如對勞動所得稅的減免)；〔美〕援助；求助 (指以公開或私下形式對貧困者給予金錢或除此以外的援助或供應)

Relief action 救濟行動

Relief against forfeiture 免除沒收

Relief association 救濟協會

Relief food 救濟糧

Relief from natural disaster 減免自然災害救濟 (自然災害救濟)

Relief fund 賑款；救濟基金

Relief law 〔美〕(債務者) 救濟法

Relief organisation 救濟組織

Relief society 救濟團體

Relief worker 救濟工

Relief-service 救濟工作；賑濟工作

Relieve *v.* 安慰；慰藉；援助；救濟；減輕；免職；解除…職務；接替 (職務)；支持；幫助

Relieve exporters from their obligation (in) 免除出口商的義務

Religion 宗教；信仰

Religious *a. & n.* I. 宗教的；宗教上的；信奉宗教的；II. 修道士；女修士；尼姑

Religious and liquistic minorities 宗教與語言少數

Religious assembly 宗教集會

Religious belief 宗教信仰；信教

Religious corporation 教會的法人；宗教法人

Religious court 宗教法庭；宗教法院

Religious discrimination 宗教歧視

Religious freedom 宗教自由

Religious house 教堂；僧院；尼姑庵

Religious intolerance 宗教上不容異己

Religious journal 宗教刊物；宗教報刊

Religious law 宗教法

Religious liberty 宗教自由

Religious meeting 宗教集會；宗教會議

Religious minoritoies 宗教少數

Religious protectorate 宗教被保護國；宗教保護關係

Religious purpose 宗教目的

Religious Sect 宗教派別

Religious society 宗教團體

Religious test 〔美〕宗教宣誓

Religious tolerance 宗教容忍

Religious use 慈善收益 (=charitable use)

Relinquish *v.* 放棄；棄權；拋棄；讓與 (權利、財產等)

Relinquishment 放棄；棄權；拋棄；讓與；放棄繼承權

Reloading survey 重新裝貨檢驗；再裝檢查

Relocated quota 浮動的份額；再定位的配額

Relocation 重新確定新礦址 (指由非合同當事人稱，其從廢棄礦址處找到的或原礦主要改變礦區界限或改正原礦址錯誤)；重新安置；〔軍〕調動

Reluctant follower 脅從份子

Rely on cheap imports of intermediate products to keep prices down 依賴廉價進口半成品以降低其價格

Rely on decision-making by consensus 依靠協商一致決策

Rely on the collective clout of the WTO 依靠世界貿易組織集體智慧 (神通)

Remain *v.* 遺下；遺留

Remain at large 逍遙法外

Remain in effect more than three years 持續有效的期限超過三年

Remain in force 繼續有效；仍屬有效；保持有效

Remain in force for three years 有效期為三年

Remain open for accession 繼續開放供加入；均可加入；〔世貿〕繼續開放供接納 (指世貿組織協定生效後仍可按規定接納新成員入世)

Remain valid for three years 保持三年有效

Remainder 剩餘繼承權；指定繼承權；期待繼承財產權 (指土地所有者將其地產永久讓與甲，等甲死後再讓與乙。甲的產權稱為 "特別財產權" "particular estate"；乙則稱為 "殘餘財產權或期待財產權" "estate in remainder")；剩餘部份；餘數；餘額；〔保〕(剩餘的) 再保金額

R

Remainder interest 剩餘遺產利益

Remainder vested subject to being diversted 以在發生特定意外事故的附帶條件下，應將轉給另一人的剩餘地產權

Remainderman 〔美〕剩餘地產權人；剩餘財產繼承人（指繼承特定動產遺贈全部支付之後所剩餘者）

Remaining exchange control regimes 遺留的外匯管制制度

Remaining in force 仍然有效

Remains of the dead 遺骸

Remand *v. & n.* I. 還押；押後；候審（指將刑事被告押候審訊）；案件發回（上訴法院把案件退回下級法院處理）；II.〔英〕還押候審；還押候審令（指命令將罪犯押回地方治安法院延期審訊，但獲准保釋者除外）；案件的發回（指經批准將案件發回或使證人出庭、或查閱罪犯歷史、或找其他合理的理由）

Remand centre 〔英〕羈押候審中心（指 14－21 歲的青少年犯拘留候審或候判的中心）

Remand homes 〔主英〕(青少年犯) 羈押候審拘留所

Remand procedure 還押程序

Remandate 再委任；複委任

Remanet 殘存；殘留物；剩餘物；押候審理；延期審理的訴訟案件（指審理延期或推遲到另一開庭期審理）；剩餘刑期；未服完刑期（指尚未服完的刑期）

Remargining 追加保證金

Remarkable change in the orientation of developing countries 發展中國家取向方面的顯著變化

Remarriage 再婚；複婚；再嫁

Remarriage certificate 複婚證明書（"Remarriage" 與 "Remarriage certificate" 根據中國婚姻法和實踐做法：婚姻登記包括 "結婚登記"、"離婚登記" 和 "複婚登記"。因此，第一次結婚和離婚後的再結婚或一方配偶死亡後再婚均應按 "結婚登記" 規定程序辦理。再婚與複婚之配偶對象相異。公證實踐中只有辦理結婚證書、離婚證書和複婚證書）

Remarry *v.* 再婚

Remediable 可補救的；可挽回的；可矯正的；可修補的

Remedial action 補償之訴；補救行動；〔基金〕補救措施；補救行動

Remedial laws 〔美〕救濟法

Remedial measure 補救性措施

Remediable right 受法律救濟權；可獲取補償權利

Remedial statutes 〔美〕救濟法（救濟普通法缺隙的制定法，以提供補救冤假錯案的措施或方法）

Remedies for breach of contract 對違約的救濟

Remedy 救濟；救濟方法，補救方法；維護權利的手段（指依法恢復權利的手段或對侵權行為的補償）；治療；〔世貿〕補救（指對進口方因大量受補貼產品進口而對同類產品損害的）

Remedy market disruption 彌補市場的破壞

Remedy over 追償（指主債務人對從債權人的補救方法）

Remedy the injury 糾正損害；補救損害

Remedy these difficulties 克服這些困難

Remembrancers 〔英〕王室債權徵收官（舊時高等法院的官吏）；倫敦市參議員（＝City Remembrancer）

Re-militarisation 重新武裝

Remise *v.* 放棄（棄權契據的正式用語）

Remission 反致（意指 "送回"，國際私法用語）；減刑；赦免；免予處罰（指對罪行的宥恕）；免除（債務、捐稅等的）；

豁免；〔英〕發還（指案件由上級法院移送下級法院）；(病灶) 減輕；〔宗〕宥恕

Remission and transmission 反致和轉致（反致意指 "送回"；轉致意指 "轉送"）

Remission of a debt 免除債務

Remission of crime 免罪

Remission of duties 退還關稅

Remission of land-tax 免除地租

Remission of sentence 減免刑罰

Remission Renvoi 反致（又稱 "一級反致" 或 "直接反致"）

Remissness 疏忽，懈怠；粗心大意

Remit *v.*〔美〕匯款；匯寄；還押；把案件發回下級法院更審；使無效（指罰金判決或處罰）；放棄；免除（債務等）；寬恕；赦免；傳送；弛緩；減輕；拖延

Remit taxes 豁免捐稅

Remitment 還押；廢除；取消

Remittal 匯款；赦免；放棄；免除；送回

Remittance 匯款；匯款額

Remittance bill 匯款票據

Remittance by telegram 電匯

Remittance letter 匯款通知單

Remittance of funds 匯回資金

Remittance of money 匯款

Remittance restrictions 〔關貿〕匯款限制（指東道國為防止外資方向國外轉移資金而限制將款項匯出東道國）

Remittance restrictions 〔關貿〕匯款限制（指東道國為防止外資方向國外轉移資金而限制將款項匯出東道國）

Remitted earning 把收入匯回（指把所賺的錢匯回）

Remittee (匯款的) 收款人

Remitter 匯款人；案件的移送（常指把案件移送給下級法院審理）；回復佔有；取回有效產權證書（指真正財產所有者通過訴訟回復被非法佔有的財產或土地上的財產權，以有瑕疵所有權證書換回以前有效的產權證書）

Remitting agency 承辦匯款單位（機構）

Remitting bank 匯款銀行；託收銀行（指受託將匯款人的款項匯往國外）

Remittitur 案件的移審（指拒絕減免陪審團裁決的程序性傳票）；減免賠償額（減除陪審團的過當裁定賠償或者法院替代辦法，即將該案發回原審法院重審）

Remittitur of record 〔美〕發回案卷（指上訴法院將案件退回原審法院重審）

Remittor 匯款人

Remonstrance 苦勸；諫諍；〔美〕反對（指敦促法院或立法機關停止預定的措施法案）；抗議書；抗議政府（指代表受害公民陳詞反對政府或某些官員的政策或其行為）

Remonstrant 抗辯者；抗議者

Remote 間接的；相隔很遠的；遙遠的；輕微的

Remote areas 邊遠地區

Remote cause 遠因；間接原因

Remote consequence 遠因；遠果

Remote damage 間接損害

Remote disbursement 遠程支付

Remote economic level 偏遠的經濟發展水平

Remote holder 票據的前手

Remote parties 間接關係人

Remote possibility 雙重可能性；雙重不確定性

Remote sensing 遙感

Remoteness 間接性 (原因、後果、影響)；遙遠；疏遠 (指權利侵害行為和造成的損失彼此在因果上無直接聯繫時，法律上稱其為"疏遠")

Remoteness of damage 間接性損害；行為與損害的結果無直接和自然因果關係

Remoteness of evidence 間接性證據 (指因證據與要證明的事實等相距甚遠、看不見、弄不清楚及其必要聯繫等緣故，最後往往不被採納)

Remoteness of vesting 遲遲未移交的 (財產)

Removal 〔英〕案件移送 (指將案件從高等法院移送郡法院審理；或反之由低級法院移送高等法院審理)；移動；搬遷；調動；撤換；〔美〕變更住所；〔移〕遣送

Removal allowance 遷居津貼

Removal bond 搬運合同；〔美〕出倉貨物關稅保證書 (指涉及貨物從進口的倉庫搬運出口可能要繳納關稅)；移審案件保證書 (指當事人委託訴訟中的案件改換另一法院審理，對此有些州規定要繳納保證金)

Removal from officer 撤職；解除職務

Removal from one warehouse to another 移庫 (指由一保稅倉庫移到別的保稅倉庫)

Removal of actions 移送管轄；案件移送 (指案件由高等法院移送地方法院，或地方法院移送高等法院審訊)

Removal of causes 〔美〕移送管轄；案件移送 (將一案件由一法院轉到另一法院審理；由一州法院移送到另一州法院審理；或從州法院移送到聯邦法院審理)

Removal of directors 撤換董事長

Removal of office 撤職；解除職務

Removal of one's name from the family register 銷除戶籍

Removal of price competition 解除價格競爭

Removal of restrictive import measures 取消限制性進口措施

Removal of the exporting country's right to retaliate against a safeguard measure for the first three years 〔關貿〕撤銷出口國頭三年保障措施的報復權利 (指對關貿總協定第 19 條款的修改，但前提條件是進口國的確是受到進口嚴重的損害)

Removal of the tariff-quota 取消關稅配額

Removal of trade barriers 清除貿易壁壘

Removal to avoid tax 遷移產地以避稅 (指在涉及沒收產品制定法範圍內，將產品的固定產地或原產地遷移至較難徵稅的地方)

Remove *v.* 移送案件；撤換；取消

Remove a non-border obstacle to trade 排除非邊界貿易障礙

Remove a temporary surplus of the like domestic product 〔關貿〕消除相同本國產品的暫時過剩

Remove case for trial 提審

Remove from office 革職；撤職

Remove obstacles to competition 清除競爭障礙

Remove the 50 per cent foreign equity limit for joint-ventures 取消對合資公司的外國股份佔 50% 的限制

Remove the injury to the domestic industry 〔世貿〕消除對內產業的損害 (指採取反補貼措施及徵收反補貼稅等都是為消除違反 WTO 補貼規定給進口方國內同類產品損害，以確保公平競爭)

Remove the tariff and non-tariff barriers 取消關稅和非關稅壁壘

Remove the underlying causes of the disquilibrium 〔關貿〕消除造成不平衡的內在原因 (指造成國際收支失衡的內在因素)

Remover 移送 (將未決案件移送另一法院審理)；搬運者；搬運公司

Removing 〔蘇格蘭〕遷移之訴 (指租期已屆等緣由，房東提出要求承租人遷出其租屋的訴訟)

Removing cloud from title 消除地產權上的瑕疵 (以期使其成為可出售轉讓的所有權行為或程序)

Remunerated reserve tranche position 〔基金〕補償儲備部份貸款頭寸

Remuneration 報酬；酬勞；薪金；酬金；補償；償還

Remuneration for personal services 勞務報酬

Remuneratory sanction 以報酬作賞罰；報酬性制裁 (指為了使遵守紀律而給予的制裁)

Renaturalisation 再歸化

Render *v. & n.* I. 放棄；讓與；提供，開出 (賬單)；作出 (判決)；判處；繳納 (租稅)；執行；實施；給付；II.〔封〕索納租金 (或貢獻役務權)

Render a bill 開出 (賬單)

Render an account 編造賬單

Render an award 作出裁決

Render assistance to sending State nationals 〔領事〕對派遣國國民提供協助

Render forcible aid 提供強有力的援助

Render judgement 宣判；作出判決

Render judicial-like decision 做出類似司法的判決

Render useless 致使無用

Render verdict 作出裁決 (指陪審團將同意的書面裁決交付法庭，由承審法官在公開法庭上宣佈)

Rendition 引渡 (指民事罪犯等，但政治犯不引渡則為國際法公認的慣例)；〔美〕遣返 (指在一州犯罪的逃犯逃到另一州時，州長命令將其遣返)

Rendition of judgement 宣判；作出判決

Rendition of verdict 作出裁斷；作出評斷

Renegotiation 〔美〕重新談判 (指對合同的條件等)；重新協商 (政府的契約履行後要複審，如有超額利潤者將予以徵收)

Renegotiation Act 〔美〕覆議法 (指對政府的合同進行重新審議以確定可否收回超額利潤，1951 年)

Renegotiation Board 〔美〕覆議委員會 (根據 1951 年《覆議法》，1951 年 10 月成立的一個獨立機構，意欲取消國防和航天合同及有關分包合同超額利潤；該聯邦機構已於 1979 年終止並將其財產和檔案移交行政事務管理局接管)

Renew *v.* (契約) 展期；續期；重訂；換發；使恢復；〔保〕續保；更新

Renew a bill 重提議案

Renew a lease 重訂租約；續租

Renew one's term of office 連任；蟬聯

Renewable 可展期的；可更新的；可重訂的；可再次使用的；可再生的；可續保定期保險的

Renewable energy resources 可再生能源

Renewable lease 可續期的租約

Renewable term insurance 可續保的定期保險

Renewable term policy 可續保的定期保險單

Renewal 重建；恢復；展期；續期；(條約等的)重訂；〔保〕更新；續保

Renewal bonds 可展期的債券

Renewal fee 換領牌照費；展期費

Renewal notice 展期通知書；〔保〕續保通知書

Renewal of contract 合同展期

Renewal of insurance 續保

Renewal of lease 租賃續期；租約續期

Renewal of motion 重提動議

Renewal of registration 註冊轉期

Renewal of treaties 條約的展期

Renewal of writs 〔英〕令狀的更新 (法院傳喚令狀有效期可逾 12 個月，但在期滿前可展期 6 個月)

Renewal period 〔保〕展期期間

Renewal procedures 展期程序

Renewed order 繼續訂購

Renounce *v.* 放棄；拋棄；拒絕

Renouncement 放棄 (例如，放棄條約規定的權利)

Renouncing probate 放棄遺囑檢驗 (指定的遺囑執行人拒絕接受其職務)

Rent 租金；地租；房租；〔美〕地租合同 (路易斯安那州土地租金契約)；〔羅馬法〕永租權契約

Rent a robber 〔美〕僱請的強盜；槍手

Rent a-cop 〔美〕(銀行、社團等僱用的) 駐守警察

Rent allowance 房租津貼

Rent control 〔美〕租金控制 (指美國某些城市對可出租的財產實施限額收租)

Rent in kind 作物地租；實物地租

Rent in the form of service 勞役地租

Rent insurance 房租保險；租金保險

Rent of land 地租；土地租金

Rent payer 付租金者

Rent rebate 〔英〕房租折扣 (指租用市、鎮、郡等地方當局營造的房屋)

Rent seck (dry) 乾租；光租；名義上的地租 (由契據保留但不附扣押條款的租金)

Rent strike 〔美〕拒付房租；集體抗租 (指租戶們有組織的拒付房租直至與其房東之間的怨訴得得以解決為止)

Rent tribunals 〔英〕債務法庭；租金審判庭 (依 1977 年租金法成立的審判庭審理租約租金或減租的事務)

Rent 租金；地租；〔美〕地租合同 (路易斯安那州土地租金契約)；〔羅馬法〕永租權契約

Rent, issues and profts 〔美〕租金、收益和利潤 (利潤一般產生於財產、租金由佔有人收取純利潤)

Rentability 營利性；收利力 (收利性)

Rentage 租金 (=rent, rental)

Rental 租費；租金額；出租業；租摺；租冊；地租賬簿

Rental agreement 租賃協議

Rental allowance 房租津貼

Rental and leasing services 租賃服務

Rental and maintenance 租金和維修費

Rental charge theory 地租負擔說

Rental income 租金收入

Rental index 租金指數

Rental property 租賃財產

Rental rights 出租權；租賃權

Rental value 租賃價；租賃價值

Rental value insurance 租賃價額保險；租賃價值保險

Rentalers 〔英古〕終身低租者

Rental-rights 〔英古〕終身低租

Rent-a-robber 僱請的強盜；槍手

Rent-charge 〔美〕(永久性) 地租；地租負擔 (附有扣押動產條款以保證應支付的地租)

Rente 〔法〕地租；歲入；年金；公債；定期利息；定期租金

Rente annuity 〔法〕年金

Rente fonciere 〔法〕地租；土地年金

Rente viagere 〔法〕終身年金 (指依合約終身給付租金)

Rented ground 出租地

Renter 租用人；租賃人；租戶；房客

Renter's film quota in force 〔關貿〕實施租片人的電影片限額

Rent-free 不收地租的；免租金的

Rentier 〔法〕領年金者；放利為生者；食利者 (指靠持有的公債、證券或靠動產收入為生者)；有固定地租 (或債券利息) 收入者

Renting automobiles 汽車租賃

Renting fee 租費；租賃費

Rent-roll 〔美〕租摺；租冊；付租金者名單 (指應付給特定人或公共團體的租金者)；地租賬；房地租總收入

Rents and profits of land 土地的總收入 (指地租、作物等)

Rents of assize 固定租金；定額租金；法定租金；死租

Rent-seeking economic interests 牟取租金的經濟利益集團 (追求租金的經濟權益)

Rent-seeking polity 謀求租金的政治組織

Rent-service 勞役租金 (代替租金的勞役，即普通法上以勞役做為一種補償之謂)

Renunciant 放棄者；拋棄者

Renunciate *v.* 放棄；拋棄

Renunciation 放棄；放棄聲明書 (指放棄自己應得的權利而不轉讓給別人)；犯罪中止；不承認；〔美〕拋棄；廢棄；棄權；脫籍，契約的拒絕履行；遺囑執行人 (或管理人) 拒絕就任或放棄其權利；拋棄 (指寡婦要求取得法定繼承的份額而拒絕按亡夫遺囑所得較少的繼承)

Renunciation Act 〔英〕(應愛爾蘭人民的要求) 權利放棄法 (1783 年)

Renunciation of a lease 〔蘇格蘭〕租地權的讓與

Renunciation of a real right 不動產權的放棄

Renunciation of citizenship 放棄國籍

Renunciation of property 放棄財產

Renunciation of right 放棄權利

Renunciation of war 廢棄戰爭；廢戰

Renunciation of will 遺囑的放棄

Renvoi 〔法〕反致 (指涉外案件被"送回"適用法院地國法)；驅逐出境 (通指驅逐外國的外交官)

Renvoi au premier degree 〔法〕第一級反致

Renvoi doctrine 反致規則

Reopening a case 案件重審 (指擬允許當事人提出新證據，特別是對案件重新審理)

Reopening clause 〔美〕重新協商條款；重新談判條款

Reopening of boundaries 重開邊界

Reopilacion de las leyes de los reinos de Indias 〔西〕印

度羣島各地區法律彙編（1624 年）

Reorganisation 改組；重組；改編；整頓；改革

Reorganisation committee 組織變更委員會；改組委員會；整編委員會

Repair v. 修繕；修理；修復；修補；整修；彌補（損失等）

Reparation 賠償；補償；戰爭賠款（戰敗國需付的賠款）；〔蘇格蘭〕損害賠償

Reparation agreement 賠償協定

Reparation by equivalence 同等賠償

Reparation by service 勞務賠償

Reparation commission 賠償委員會

Reparation in kind 實物賠償

Repatriate v. 遣送；遣返（回國）；調回；調入

Repatriate prisoners of war 遣返戰俘

Repatriated prisoner 遣返俘虜

Repatriation 遣返（指把偷渡入境者、戰俘送回原籍國）；恢復國籍（指因被流放、驅逐出國或放棄等原因而喪失國籍者）；抽回資本；匯回本國（意指出售國外投資項目將資本匯回本國投資）

Repatriation certificate 遣返證明書

Repatriation grant 回國補助金

Repatriation of the remains 運回遺骸；送回遺骸

Repatriation or relief of nationals 國民的遣返或救濟

Repay v. 付還；償還；補償；報答；酬報

Repay a debt 還債

Repay capital with interest 還本付息

Repayment 償還貸款；付還；還款；賠償

Repayment of principal (or capital) 還本；償還本金

Repayment period 償還貸款期

Repeal v. 撤銷；取消；刪除；廢除；廢止（指廢止前法代之以制定的新法）

Repeal a decree 撤銷法令

Repeal agitation 〔愛爾蘭〕取消聯合行動（19 世紀初愛爾蘭獨立運動領袖奧康諾等反對與英國合併為聯合王國的運動）

Repeal and cease to apply all the existing laws, regulations and other measures 廢止適用全部現行的法律規章和其他的措施

Repeal and cessation of all WTO inconsistent laws 廢除並停止所有與世貿組織不一致的法規

Repeal by implication 默示作廢；默示廢止

Repeal of a law 廢止法律

Repeal of constitution 廢止憲法

Repeal of existing national legislation 〔關貿〕廢除現行的本國立法

Repeal of franchise 廢除特許

Repealer 撤消者；廢止者；廢止某一法令的法令

Repeated offences 累犯

Repeater 慣犯

Repent v. 悔悟；悔改

Repent and make a fresh start 悔過自新

Repent and start anew 悔過自新

Repent and turn over a new leaf 悔過自新

Repentance 悔悟；悔改；懺悔

Repertory 〔法〕商品目錄；財產目錄；索引（公證員所製作的全部契約錄）；倉庫

Repetition 訴請返還（要求返還錯誤給付的金錢或財物之訴）

（羅馬法和蘇格蘭法用語）

Replace v. 置於原處；恢復原狀；取代；代替；撤換

Replace embezzled funds 退賠盜用的公款

Replace quantitative import restrictions (on) 取代數量進口限制

Replacement cost 更新成本（例如公用事業的改良）；重置成本（例如修復被盜、被毀壞的財物等）

Replacement cost insurance 重置成本保險

Replacement cycle （資產）替代週期

Replacement fund 更換基金；重置基金

Replacement insurance 更新保險；重置保險

Replead v. 重新答辯；重遞新訴狀

Repleader 再答辯命令；第二次答辯命令（指法院審發斷案錯誤後經動議命令訴訟雙方當事人進行第二次答辯）

Repledge v. 再典當；轉質

Repledging 〔英古〕轉管轄權（指轉押者要求移送管轄權，將罪犯移送至其犯罪管轄地審判之謂）

Replenish a loan 補充貸款；添加擔保

Replenishable 可補充的；可補償的；能替代的；可更新的；可展期的；能再生的

Replenishment 補充，補充物；補充資金；籌集資金

Replenishment fund 補充基金

Replenishment of reserves 補足儲備金

Repleviable (replevisable) 可恢復佔有的；可訴請返還的；可具結返還扣押物的

Replevin 返還扣押動產之訴；收回扣押物品訴訟；動產佔有回復訴訟（指物主有權要求返還被不法佔有或扣押的動產的訴訟）

Replevish 〔英古〕保釋（指法院允許具保釋放）

Replevisor 返還扣押動產之訴的原告

Replevy v. 取回被扣押物訴訟（指具保後把被扣押物歸還原主）；保釋（指繳納保釋金後予以釋放出獄）

Replevy bond 領回被扣押財物保證書（該保證書保證原告將保持被扣押財產原狀等候法院判決）

Repliant or replicant 作出答覆或申請答辯的原告

Replication 答覆（指原告對被告的答辯的駁覆）；答辯（指在離婚訴訟中，原告答覆被告的答辯）

Reply v. & n. 反訴答辯（指在民事或刑事案件中，原告對被告辯訴的駁覆或原告律師對被告所提問題的駁覆）；〔美〕原告對答辯的駁覆（指允許原告對指明被告反訴或經法院命令對被告或第三方的駁覆）；〔際〕答辯狀（指各爭端當事國共同向國際法院對他方的辯訴提出答覆）

Reply in writing 書面答辯

Reply to the counter-claim 對反訴的答辯

Repone v. 〔蘇格蘭〕恢復辯護權（指恢復被告的權利，並允許自行辯護，對其在缺席情況下所作出不利於他的判決）

Report 〔美〕報告；匯報；正式的事實陳述書（指主事官或書記員就法院交予的一些問題向法院作出的調查報告。"report" 不同於 "return" 前者為官員調查結果的報告，所含內容要比其原先所知為多；後者僅僅涉及官員已辦或已注意到某事的報告）；〔複〕判例彙編；筆錄（指律師對法律案件辯訴始末和法院判決的理由）

Report a case to the security authorities 向公安局報案

Report a counterrevolutionary to the local government 向地方政府檢舉反革命份子

Report for the record 呈報備案

Report of business　營業報告

Report of closing account　決算報告

Report of disappearance　失踪報告

Report of settled accounts　決算報告；清算報告

Report of shipwreck　船難報告；海難報告

Report of the Executive Board　執行局報告；董事會報告

Report of the Independent Commission on International Development Issues (also known as "Brandt Commission")　國際發展問題獨立委員會的報告 (又稱 "勃蘭特委員會")

Report of the Working Party on the Accession of China　〔世貿〕關於中國加入問題的工作組報告書 (指世貿組織工作組向部長會議呈交的關於中國申請 "入世" 問題的審批報告)

Report on Manufactures (proposed by US Financial Minister in 1791)　關於製成品的報告 (1751 年由美國財長提議的)

Report on one's own activities (to)　〔中〕自己的活動情況報告

Report on the budget　預算諮文

Report stage　〔英〕審查階段；討論階段 (指議會在三讀前對修正案的討論與處理階段)

Report the matter to the higher level for the record　呈報上級機關備案

Report to the Council on the exercise of its functions　就其行使職責問題向 (奶制品) 理事會提交報告 (WTO 秘書處的職責之一)

Report to the General Council for appropriate actions　〔世貿〕向總理事會報告以採取適當行動

Reporter　報到員 (指報道案卷法院的判決)；判決發佈人；判決記錄員；新聞記者；通訊員；〔蘇格蘭〕帶少年到庭審判的官員

Reporting agency　〔基金〕申報機構

Reporting contract　〔保〕申報合同

Reporting country　申報國

Reporting period　報告期；申報時期

Reporting procedure　報告程序

Reporting to the IMF　〔基金〕向國際貨幣基金組織報告

Repose statutes　〔美〕時效法

Repossession　取回；收回；恢復；回復佔有；〔香港〕收樓 (指向租客收回所出租的樓宇，如要求合理，法院將向租戶發出 "收樓令")

Represent　v. 象徵；表現；表示；代表；代理；扮演；陳述

Represent the interests of UK nationals　代表英國國民的利益

Representation　事實陳述；陳述；代位繼承 (指任何無遺囑死亡者親屬的子女在一定親等內允予繼承他們父母的遺產)；代表，代表權 (指具有繼承人、受遺贈人、遺產管理人等的身份)；代議制 (即是議會制或國會制，為資本主義國家的一種政治制度)；國會議員選出權；外交交涉；〔保〕〔複〕告知 (指要保人就保險申請所作的書面陳述)；再呈示 (商業用語)

Representation allowance　開會津貼；出席會議津貼

Representation by counsel　由律師代表

Representation for particular interests　特殊利益集團的申述書 (代表特定的利益集團)

Representation of authorisation　授權代理

Representation of mandate　委任代理；授權代理

Representation of need　匯票保證人陳述書

Representation of the People Act　〔英〕人民代表法 (1918、1928 年)

Representation of the People Bill　〔英〕人民代表法案 (指 1913 年婦女參政權法)

Representations and expenses　代表和費用

Representative　代表；代理人；(美) 衆議院議員；立法機構成員；遺囑執行人；遺產管理人；(代位) 繼承人；訴訟代理人；〔保〕業務員；〔香港〕遺產管理人

Representative action　代理訴訟；集團訴訟

Representative capacity　代表資格；代理人身份

Representative chamber　衆議院

Representative democracy　代議制民主；代議民主政體

Representative form of government　代議制政府

Representative government　代議制政府；代議政體；代議政治

Representative government system　代議制

Representative institution　代議制機構

Representative money　代表貨幣；紙幣；兌換券

Representative of a deceased person　死者代理人

Representative partner　合股人代表；合夥人代表

Representative peers　貴族代表 (蘇格蘭或愛爾蘭在上議院有 16 位議席的貴族)

Representative period　代表期 (指有關產品市場發展的明確趨勢的)

Representative rate　代表性匯率

Representative sample　代理性樣本

Representative set of currencies　代表性的成套貨幣

Representative system　代議制度

Representative system of government　代議制

Representative without authority　無權代理

Reprieval　緩刑

Reprieve　v. & n. 緩刑；暫緩刑罰；暫緩執刑 (指刑事被告因懷孕或心神喪失而暫停執行死刑等)；暫緩宣判 (指給予罪犯的寬恕以使其獲得減刑的機會)

Reprimand　v.〔美〕懲戒；譴責 (指國會對議員、最高法院對律師不當行為的嚴厲懲戒或遣責)

Reprint　再版；重刊；〔複〕再版判例集

Reprint prohibited　禁止複製

Reprisal　報仇 (原屬非法行為，但被用作對違法國的制裁場合卻被認為是合法的，而且不排除行使武力)；報復行為 (例如沒收不法行為者的財物以為不法行為之補償)；沒收 (受害國強制沒收屬致害國的物件以為受害的賠償)

Reprisals　〔關貿〕報復 (指 GATT 締約方在貿易中如有違反給最不發達國家締約國的差別和更加優惠待遇義務時則授予其有限的報復權)

Reprise　〔英〕〔複〕(從地產收入中支付) 年金；租金；〔古〕奪回；賠償

Re-privatisation of agricultural land　農業土地重新私有化

Reprobation　〔宗〕提出反對；異議

Reproducible capital　再生資本

Reproducible　可再生的；能再生的；能翻版的；可複製的

Reproduction of fixations　翻錄

Republic　共和國；共和政體

Republican government　共和政府

Republicanism　共和制 (指通過選舉產生最高國家機關或國家元首的一種政治制度，常與代議制民主制通用，其反義詞

為君主制）；共和主義

Republication 恢復撤銷的遺囑；重新執行已撤銷的遺囑；
（立遺囑者）重新宣佈遺囑；再版；重刊

Republish 重新訂立（遺囑）

Repudiate v. 拒絕接受；放棄（權利、責任義務或特權）；否
定；否認…的權威；斷絕（關係）；遺棄（妻子）；拋棄（子女）

Repudiate a contract 拒絕執行合同

Repudiate a debt 賴賬

Repudiate an obligation 拒絕履行義務

Repudiated father 公認的生父

Repudiated marriage 公認的婚姻

Repudiation 拒絕履約；否認；推翻；放棄（指尤其是放棄
交易中的求償份額以免承擔其默示的責任）；遺棄，拋棄（指
已訂婚的女子或妻子）；〔宗〕拒絕接受薪俸；〔香港〕契約之
否定

Repudiation of will 〔英〕重新宣佈遺囑（為實行無有效遺囑
繼承死者的遺產目的，可通過重新作出一份遺囑或者作出一
份遺囑補正書而撤銷原來的遺囑）

Repudiator 休妻者；拒絕支付者；賴債者

Repudiatory breach of contract 廢棄性的違約行為

Repugnancy 不一致；矛盾；抵觸

Repugnant 矛盾的；不一致的；不相容的

Repugnant verdict 不一致的裁定；相悖的裁斷

Repurchase v. 購回；贖回；回購；〔基金〕購回（指會員國
償還貸款時以黃金外匯買回其從基金提取或購買外幣時所用
的本國貨幣）

Repurchase agreement 〔基金〕重購協議；購回協議；〔美〕
重購協議（指證券等，且多在一個營業日內完成）

Repurchase in installments 分期購回

Repurchase of obligations 購回債務

Reputable 聲譽好的；可尊敬的；享有聲望的

Reputation 名聲；聲譽；信譽；共知；公認；〔英〕共知的
證據；公認的證據（指涉及公眾利害之案件中可允採用舊文件
或已故者在其起訴前所作的陳述等以作為本案證據）

Repute 名氣；名譽；聲望；聲譽

Reputed 公認的；共知的；馳名的，出名的

Reputed father 眾所共知的生父（指私生子的親生父親）

Reputed marriage 公認的婚姻（指未履行法定結婚的手續，
但長期以夫妻名份同居，成為公眾共知的事實上的婚姻）

Reputed owner 共知的所有人；出名的所有人

Reputed ownership 共知的所有權

Reputed thief 共知的盜賊

Request v. & n. 請求；要求；懇求；徵求；〔世貿〕（談判）
要價

Request additional information 要求補充資料

Request for a purchase 申請購買

Request for admission 請求受理

**Request for assistance involving the use of compulsory
measures or the forfeiture of proceeds of crime** 〔領事〕
請求（囑託國）協助涉及採用強制措施或者沒收其犯罪所得

Request for bid 要求承包；招標

Request for confidentiality 保密要求

Request for consultation 〔世貿〕請求協商；要求磋商

Request for extradition 引渡請求；請求引渡

Request for permission 請求准許

Request for recall 召回請求

**Request for resumption of PRC status as a GATT 1947
contracting Party** 申請恢復中華人民共和國作為 1947 年
關貿總協定締約國的地位（中國政府於 1986 年 7 月 10 日向
關貿理事會提出申請）

Request for the licence 申請許可證

Request for the withdrawal of consuls 請求撤回領事（要
求撤回領事）

Request for waiver 豁免申請

Request list 索要清單

Request note 保險申請書

Request reexamination 申請複審

Request the establishment of a panel 〔世貿〕請求設立專
家組（指一當事方對爭端得不到滿意解決時所為）

Requested authorities 被請求機關；被請求當局

Requested party 被請求方；被請求當事方

Requested State 被要求國；被請求國；受託國

Requesting authorities 請求機關；請求當局

Requesting Member 〔世貿〕提出申訴成員方；投訴成員
方；請求成員方

Requesting party 請求方；請求當事方

Requesting State 要求國；請求國；囑託國

Requests and inquiries 請求與詢問

Requests for assistance 協助請求

Require v. 需要；要求；命令

Require a conversion of currencies 需要進行貨幣換算

Require long transition periods to phase out the restrictions
〔關貿〕逐漸取消限制需要長久的過渡時期（意指發展中國家
若不求助於“國際收支規定”就得減緩貿易赤字時間）

Require proof(s) of a statement 要求對陳述提供證據

Required documents 所需證件

Required majority 必要多數；法定多數

Required reserve 規定的準備金；最低準備金要求（指屬一
種強制性的準備金）

Required reserve ratio 規定的準備金比率

Requirement contract 〔美〕全額購入合同（指買方同意以
充足之酬資向賣方洽購其所需特定類別的全部商品）；按需
供貨合同，有限制條款的合同（指賣方承諾在指定的期間按
雙方協議的價格提供他方明示或默視所需的的全部特定貨品
或服務）

Requirements on undisclosed information 未公開的信息
要求

Requires transmission of originals 要求轉遞原件

Requisite majority 必要多數

Requisites of contract 契約成立要件

Requisition 書面請求；正式請求；徵用（物品）；請購單；
調撥單；〔美〕引渡請求（指彼此政府，或州長向姐妹州州長
請求引渡其逃犯）

Requisition in kind 實物徵用

Requisition in service 勞務徵用

Requisitioned judge 受託的法官

Requisitions on title 〔英〕產權質詢書；消除產權瑕疵請求
書（指由土地購買者律師就賣方的土地所有權證書中明顯的
缺陷寫信向賣方律師查詢）

Re-routing 變更原定航線

Resale 轉賣；再賣；再出售

Resale price maintenance 維持轉售價格

Reschedule *v.* 重新安排；重新排定

Rescheduling debt 重訂還債期限

Rescheduling of payment 重新安排付款期限

Rescind *v.* 廢除；撤銷；解除；宣告無效

Rescind a contract 撤銷合同

Rescind a judgement 撤銷判決；取消判決

Rescind a penalty 撤銷處分

Rescind an agreement 取消合約；撤銷協定

Rescind the unreasonable rules 廢除不合理的規章

Rescinded action 撤銷的訴訟

Rescission 解約；廢除；廢止；解除；取消；撤回；撤銷

Rescission by agreement 協議撤銷

Rescission for misrepresentation 謊報解約（因虛偽陳述而取消合約）

Rescission of contract 解約；解除合同；撤銷合同

Rescission of reciprocal agreement 互惠契約的廢止；取消互惠合約

Rescissory action 解約訴訟；撤銷合同之訴

Rescissory damages 解除合同的損害賠償

Rescous 營救；劫獄（劫奪犯人）；強行奪回（指反抗合法當局提走在法律監管下的人或物）

Rescript 法庭命令（或法令、聲明、佈告等）；〔美〕判決書（指上訴法院其對案件判決的書面陳述理由下發給審判法庭）；敕答（指皇帝或教皇回答法律問題或申請的複文）；〔宗〕敕令；抄件；副本

Rescue clause 救助條款；施救條款

Rescue doctrine 營救原則

Rescue operation 營救活動

Rescue 援救；營救；救助；強行奪回（因欠租金等而被扣押的財物）；劫獄（指非法劫奪依法囚禁的犯人）；交付捕獲物

Rescuer 營救者；援救者；暴力劫奪犯；劫獄犯

Rescuing and labouring clause 救護條款；損害防止條款

Rescussor 〔英〕劫奪犯人者；劫獄犯（指從下非法劫奪被拘捕或扣押的人的罪）；非法劫奪扣押物者

Resealing 〔英〕處理遺產程序（在英格蘭獲允遺囑檢驗之前的必要程序可用以處理蘇格蘭遺產的程序，反之亦然）

Resealing writ 〔英〕令狀的重新蓋印（由令狀主事官將令狀重新蓋印以便其繼續生效抑或更正其中不規則之處）

Research *v.* 研究；調查

Research and Development (R & D) 研究與發展

Research and intellectual leadership function 〔世貿〕研究和技能上的領導作用

Research area 研究地區

Research Assistant 〔基金〕研究助理員

Research budget 研究預算

Research capabilities and capacity for intellectual leadership 〔世貿〕研究才能和文化領導的能力

Research capacity 〔世貿〕研究能力（科研能力）

Research credit 研發稅收抵免

Research Department 〔基金〕研究部

Research establishments 科研機構（不含基礎科研項目在內）

Research fellow 研究員

Research grant 科研補助金

Research marketing 市場研究

Research student 研究生

Researchers 研究人員

Resell *v.* 轉賣；再賣

Resell at a profit 倒賣

Resentense *v.* 重新量刑

Reservation 保留（指租賃土地的人有時作為例外條款保留其收租的權利；又如出租房屋人保留其中一間作為己用等）；〔英〕保留條款（指財產轉讓人在其轉讓契據中保留某些權益）；〔美〕印第安人的保留地；居留地；專用地（供作公園、兵站、哨所和印第安人等公用土地）；禁獵地；保護區；〔世貿〕保留（指 WTO 規定，其所有協議或協定，非經所有成員方一致同意，任何一條條款都不得做出保留的約束性規定）；預定，預約

Reservation clause 保留條款（指在適用外國法將損害內國公共秩序的情況下，對外國法不予適用）

Reservation in the contract 合同的保留條款

Reservation of claim 保留請求權（指可呈示信用狀，明示保留）

Reservation of Public Order 公共秩序保留（指法院地國根據本國的衝突規範應當適用外國法時，如果外國法的適用或外國法的適用結果會違反法院地國的公共秩序時，限制或排除該外國法適用的一種限制外國法適用的最直接、最有效的方法制度，其結果使依法院地衝突規範指引的外國實體法沒有得到適用）

Reservation of right 保留權利

Reservation of the right to use a transitional period of one year 保留利用一年過渡期間的權利（加入 WTO 者）

Reservation price 保留價格；最低銷售價格

Reservation price of labour 人工的保留價格；勞動力的最低銷售價格

Reservations by WTO Member(s) WTO 成員方的保留

Reserve *n. & v.* I. 公積金；儲備金，準備金；保留地（區）；專用地；外匯儲備；II. 儲備；留存；保留；〔軍〕後備

Reserve account 公積金賬目；儲備賬目；〔英〕準備賬戶（科目）

Reserve asset 儲備資產；準備資產

Reserve bank 〔美〕儲備銀行（聯邦儲備銀行系統的支行）

Reserve Board 〔美〕聯邦儲備委員會

Reserve centre 儲備中心

Reserve clause 保留條款

Reserve currency 儲備貨幣（準備貨幣）

Reserve deficiency 儲備不足

Reserve deposit 儲備存款

Reserve duty 預備役

Reserve excess 剩餘儲備金

Reserve for repurchasing 更新資金；回購資金

Reserve fund 〔美〕準備金；公積金

Reserve fund of machinery depreciation 機器折舊公積金

Reserve held 實際保有準備額

Reserve indicators 準備指標

Reserve interest 保留利息

Reserve money 基本貨幣

Reserve position 儲備頭寸；儲備淨額

Reserve position in the Fund of a participant 〔基金〕會員國在國際貨幣基金組織中的儲備淨額（指一會員國在 IMF 中交納的基金份額＋其從 IMF 獲得的各項貸款－（IMF 所持有的該國貨幣＋未列名的認購部份）所得餘額即為該會員

國在 IMF 中的儲備淨額）

Reserve position of the Fund 〔基金〕國際貨幣基金組織儲備淨額

Reserve premium 公積金保險費

Reserve premium system 公積金保險費制度

Reserve price 底價；最低價格；保留價格（指拍賣時，賣方願出的最低的或稱為"保留"的底價）

Reserve ratio 〔美〕儲備比率；準備金比率（指銀行為顧客提款、支票兌現等第一金，即庫存現金）

Reserve requirements 〔美〕備金規定；儲備必要額；最低儲備金要求（屬強制性的）

Reserve stringency 儲備不足

Reserve target 〔基金〕儲備指標

Reserve the right of public reply 保留公開答辯的權利

Reserve the right to demand compensation for losses 保留要求賠償的權利

Reserve the right to modify the schedule 〔關貿〕保留修改減讓表的權利

Reserve the right to reply at later date 保留以後答覆的權利

Reserve the right to use a transitional period of one year 保留使用一年過渡時期的權利

Reserve tranche 〔基金〕儲備部份貸款（國際貨幣基金組織的業務之一）

Reserve tranche position 〔基金〕儲備部份貸款淨額；儲備部份貸款狀況

Reserve tranche purchase 〔基金〕購回儲備部份貸款

Reserved 保留的；留作專用的；預備的，預定的

Reserved army 後備軍

Reserved domain 保留領域

Reserved droits 保留權利

Reserved judgement 〔英〕延期的判決

Reserved land 〔美〕保留地（不得出售或處分的公地）

Reserved powers 〔美〕保留的權力（由憲法或其他法令賦予的未提及的默示的其他的特別權力）

Reserved rent 約定租金

Reserved seaplane area 〔海法〕水上飛機專用水域

Reserved shares 未認購的股份

Reserve-related official borrowing 與儲備有關的官員借款

Reservice 再服役

Reserving points of law 〔英〕保留的法律點（指過去巡迴法官保留法律點以待威斯敏斯特合議庭審議的作法；自 1876 年之後則由法官自行考慮解決；刑事案件法官的法律保留點則留由法庭辯論解決）

Reserving signatory 保留簽字國

Reserving state 保留國

Reservist 後備軍人

Reset *v. & n.* I.〔蘇格蘭〕窩藏贓物罪；II.〔羅馬法〕接受贓物；收受或窩藏被褫奪公權者；〔英古〕收受或藏匿被剝奪公權者

Resetter 〔蘇格蘭〕收受或窩藏贓物者

Resettlement 重新安居；重新增補（指加進命令中原應包括而被遺漏的引語或條款）；繼承財產的再設定

Resettlement allowance 重新安置補貼

Resettlement benefits 重新安置補助金

Reshipment clause 〔保〕重新裝運條款；轉重貨物條款

Reshuffle *n. & v.* 改組（政府內閣等機構）；撤換（官員）

Resiance 居所；居住地；繼續居住的處所

Resiant 〔英古〕連續的住處；居住；居民

Resiant rolls 〔英〕（十戶區）居民冊

Reside *v.* 居住

Residence 居所（永久居住的處所）；居住地；寓邸

Residence address 居住地址

Residence and outside theft insurance 住宅內外盜竊保險

Residence certificate 居留證件

Residence of detor 債務人居所地

Residence of enterprises 企業住所

Residence of foreign corporation 外國公司住所地

Residence of ward 被監護人住所地

Residence Permit for Foreigner 外國人居留證

Residence Permit for Overseas Chinese and Compatriots form Hong Kong, Macao and Taiwan 〔中〕華僑、港澳台同胞居住證

Residence status 居留身分

Residency 居留權

Residency requirements 居住條件（在美國指享受福利待遇、取得律師資格等入境移民最低的居住期限）

Resident 居民；駐外政治代表；駐紮官（尤指派駐保護國的官員）；〔英〕駐辦公使（職別低於大使或公使）

Resident agency 常駐代理；地區代理

Resident agent 地區代理人；常駐代理人（駐外代理人）

Resident alien 外僑；居留外國人；〔美〕外籍居民

Resident alien enemy 居留敵國人

Resident ambassador 常駐大使

Resident broker 常駐經紀人

Resident certificate 居民證

Resident diplomatic missions 常駐外交使團

Resident diplomatic officer 常駐外交官員

Resident freeholder 〔美〕常住的自由土地保有者

Resident minister 駐辦公使

Resident missions 常駐使團；常駐代表團

Resident national 居留國民

Resident office 常駐辦事機構

Resident official sector 常駐的官員區

Resident population 常住人口；居住人口

Resident representative 常駐代表：〔基金〕常駐代表

Resident Representative Office Registration Certificate 〔中〕常駐代表機構登記證

Resident-general 總督（宗主國派駐被保護國的）

Resident-general office 總督府

Residential area 住宅區；居民區

Residential care home 〔英〕居民區康復之家（指為老年人、殘疾人、酒癖及毒癮者等提供住宿和康復設施）

Residential cluster 〔美〕居民住宅區；居住區

Residential construction 住宅建築

Residential demand 住宅需求

Residential density （人口）居住密度

Residential holdings 房產

Residential land 住宅地；宅居地

Residential mortgage 住宅抵押借款

Residential qualification for voters 選民的居住資格

Residential rental property 住宅的租賃財產

Residential section 居住區（段）

Residents' Committee　居民委員會

Resident's Committee and Villager's Committee　〔中〕居民和村民委員會（中國基層羣衆性自治組織，在農村為村民委員會）

Resident-to-resident transaction　居民對居民的交易

Residual　*a. & n.* I. 剩餘的；殘留的；遺留的；遞延傭金的；II.〔美〕重演版權費（指廣告片或演出等，每次重演付給演員或作者的報酬）

Residual assets　剩餘資產

Residual character　剩餘性

Residual claim　剩餘索賠權（指在前的全部索賠權益，業已解決之所遺留的部份）

Residual competence　剩餘權限

Residual liability　剩餘責任

Residual payments　剩餘款項；結差付款

Residual property　剩餘財產

Residual restrictions　〔關貿〕剩餘限制（1. 指至 1962 年關貿總協定"肯尼迪回合"貿易談判中，法國和意大利仍不放棄對美國農產品進入歐洲的限制；2. 指發達國家援引"祖父條款"迄今仍堅持限制他國剩餘農產品的進口）

Residual right　剩餘權利

Residual risk　剩餘風險（指公司大股東除外的由普通股東所承擔的公司風險）

Residual rule　剩餘規則

Residual security　剩餘證券（指普通股或可轉為普通股的證券）

Residual settlement　剩餘償金

Residual value　餘值（指從原始成本扣除折舊費後所餘的可折舊的產值）

Residuary　殘餘的；剩餘的；剩餘財產的；接受剩餘遺產的

Residuary account　〔英〕剩餘遺產賬目（指遺產執行人及其管理人在清償死者債務和特定遺贈之後支付之前的餘產賬）

Residuary bequest　剩餘動產遺贈

Residuary clause　（遺囑中）剩餘遺產條款

Residuary devise　剩餘不動產遺贈

Residuary devisee　剩餘不動產繼承人；剩餘不動產遺產受贈人（指有權依遺囑取得立遺囑者的剩餘不動產受贈人）

Residuary estate　剩餘遺產；殘餘遺產（指償還債務和行政管理費用後所餘下的遺產，主要用以償還債務部份的動產）

Residuary gift　剩餘遺產贈與

Residuary government power　剩餘政府權力

Residuary legacy　剩餘遺產遺贈（指在償還債務後所遺下的殘餘財產的遺贈）

Residuary legatee　剩餘動產受遺贈人（指繼承依遺囑在清償死者的債務和喪葬費以及金錢遺贈後所餘的遺產）

Residuary session　續會；後續會議

Residuary sovereignty　剩餘主權

Residue　剩餘遺產（指清償死者債務及特定遺贈之後所餘之遺產）；餘款

Residue of estate　剩餘遺產

Residuum of Power　剩餘權力

Residuum of the residuum　剩餘遺產分配後的殘餘遺產

Residuum rule　〔美〕剩餘遺產分配規則（司法審中，遺囑管理委員會的裁定部份是基於聽證的傳聞證據，但堅持只有基於剩餘遺產可採納的證據作出分配。聯邦法院通常拒絕適用此規則）

Resign sovereign authority　（君主）讓位

Resignation　〔英〕放棄（指主教放棄薪俸而將其歸於俗人）；辭職；辭呈；辭職書；土地轉讓（指封臣將其土地交還給上級領主，旨在將其轉讓給第三方。上級領主對此需要重新授封給新封臣。蘇格蘭古法用語）

Resignation bond　〔宗〕辭職擔保書

Resignation of a right　棄權

Resignation of director　董事長辭職（辭去董事長職務）

Resignation of public office　辭去公職

Resignation on bloc　集體辭職

Re-silver　〔英古〕收割費（指卑賤的佃農們在支付給領主金錢後才允許他們為其收割玉米）

Resist　*v.* 抵抗；反抗；對抗；抗拒

Resist protectionist pressure of all kinds　〔世貿〕抵制各種保護（貿易）主義的壓力

Resist tax　抗稅

Resistance　抵抗；反抗；對抗；抗拒

Resistance movement　抵抗運動

Resistance to search　抗拒搜查

Resisting an officer　〔美〕抗拒治安法官執行公務罪

Resisting arrest　拒捕

Resolution　決定；決議；決議案（共分三大類：債權者決議案、公司決議案和議會決議案）；解除（契約的）；判決（國會或議會的決議案是暫時的，而法院判決則是永久的）；果斷；〔古〕解釋；解答

Resolution committee　決議委員會

Resolution Concerning Conflict of Laws in the Law of the Air　關於空中國際私法的決議（國際法學會於 1963 年在布魯塞爾年會上通過）

Resolution Concerning the Legal Regime of Outer Space　關於外層空間的法律制度的決議（國際法學會於 1963 年在布魯塞爾年會上通過）

Resolution for voluntary winding up　〔英〕自願停業決議（公司可根據 1986 年《無力償債法》規定作出決定）

Resolution on distribution of profit　分配利潤解決辦法

Resolution on Small-Calibre Weapon Systems　〔聯〕關於小口徑武器系統的決議（1929 年）

Resolution Trust Corporation　〔美〕〔聯邦〕清算信託公司（其中一項職責為出售《聯邦儲蓄貸款保險公司》破產資產）

Resolutive　解除的

Resolutive clause　解除條款

Resolutory condition　解除條件（指恢復原狀）

Resolve a dispute through consultations and negotiations　〔世貿〕通過協商和談判解決爭端

Resolve the trade disputes (between)　解決貿易糾紛

Resort　*v. & n.* I. 求助；憑藉；訴諸，採取；II. 求助；憑藉；採取；經常集會地；獵區；旅遊勝地

Resort of thieves　賊窩

Resort to　訴諸

Resort to armed force　訴諸武力

Resort to armed force short of war　訴諸次於戰爭的武力

Resort to compulsion　採取強制手段

Resort to force　訴諸武力

Resort to majority voting　〔世貿〕訴諸多數票決（指 DSB 對專家組報告作出的決議得不到協商一致通過而採用的另一種方法）

Resort to trade sanctions　訴諸貿易制裁

Resort to war　訴諸戰爭

Resource allocation　資源分配

Resource allocation in the world economy　世界經濟的資源分配

Resource Centre for Consummers Legal Services　〔美〕消費者法律援助中心

Resource conservation and recovery Act (RCRA)　〔美〕資源保護與回收法（資源保護與再生法）

Resource depletion　資源耗減；資源枯竭

Resource jurisdiction　資源管轄權

Resource of endowment　天然資源

Resource retirement programmes　資源推出計劃；資源停用計劃

Resource(s) gap　資金差額

Resource-based industry　以本國資源為基礎的工業

Resource-poor countries　資源貧乏的國家

Resources　資源；來源；資金來源

Resources development　資源發展

Respect for vested right　對既得權利的尊重

Respect the international character of the responsibilities of the Director-General　〔世貿〕尊重總幹事職責的國際性質（指不得尋求對總幹事和秘書處職責施加影響）

Respective　各個的；各自的；個別的；分別的；與特定人或物有關的

Respective portfolios　各自的業務量

Respite　v.〔美〕暫緩執行；緩期執行（死刑等）；延期；推遲；暫緩償還（債務人提議須經債權人同意，其含全體債權人自願同意或其中部份反對則按司法判決強制其他債權人依法執行讓債務人償還期債務）；〔英〕中止臣服；延期審判；中止陪審團（因缺少一個陪審員所致）；延期；暫緩；中止；停止，停付

Respite a payment　延期付款

Respite of appeal　上訴的延期審理（指將上訴延至將來某個時間審理）

Respond　v. 回答；應答；答覆，反應；承擔責任

Respond in damages　承擔賠償費用；承擔損失賠償

Respond promptly and fully to any request (by)　〔世貿〕迅速而全面地答覆…任何請求（指對專家組所提信息請求）

Respondeat ouster　結束答辯（指被告提出延訴答辯被駁回後結束答辯，方式上雖有利原告的判決，但非終局判決，因此法庭准許被告準備出以更好的方式提出實質性的答辯）

Respondeat superior　僱主負責（指主人應為受僱人的侵害行為負責）；委託人負責（指本人應為其代理人的行為負責）；上級負責

Respondent　a. & n. I. 被告的；II. 被上訴人；替代答辯人（指對請願書或上訴書的答辯）；被告（指離婚訴訟及衡平法訴訟的被告）；保證人

Respondent State　被告國；負責國

Respondentia　船貨抵押貸款（以船上載貨為抵押的貸款）

Respondentia bond　船貨抵押合同（以船貨作為融資抵押以期完成航程將船貨運至目的地的契據）

Responding party　〔世貿〕（爭端解決的）應訴方

Responsibilities of the Director-General and of the Staff of the Secretariat　〔世貿〕總幹事和秘書處工作人員的職責（世貿組織章程規定他們是代表全體成員方而不是代表個別成員的利益）

Responsibility　責任；職責；責任能力；償付能力

Responsibility community　責任共同體

Responsibility for crime　刑事責任

Responsibility for delay　遲延責任

Responsibility for eviction　驅逐責任

Responsibility for risk　風險責任；危險責任

Responsibility of compensation　賠償債任

Responsibility of guaranty　擔保責任

Responsibility of State　國家責任

Responsibility of testification　舉證責任

Responsibility system　責任制；包工制

Responsible　有責任的；應負責任的；可靠的；有信譽的

Responsible agencies for policy formulation and implementation　〔中〕制定和執行政策的主管機關

Responsible bidder　可靠投標人；有責任的出價人；有履約能力的投標人（指有能力在財力上按合同條款規定完成其投標的工作）

Responsible cause　解除被告傷害行為責任的事由

Responsible for one's own profits and losses　自負盈虧

Responsible government　責任政府（責任政府制）

Responsible government agency　主管的政府機構

Responsible military authorities　負責軍事當局

Responsible state　負責國

Responsible system of agricultural production　〔中〕農業生產責任制

Responsive　應答的；回答的；響應的；構成完整回答的

Responsive tendering　答覆投標

Rest　v. & n. I. 舉證完畢（指當事人已向法庭舉出證據）；II. (銀行的) 儲備金；〔英〕盈餘；休息；安靜；盤存和結算；英國銀行資產負債相抵的餘額

Rest and Recuperation (R and R or R & R)　〔美〕休閒假（美軍人服役一年可得 5 天假期，每年 30 天例假除外）

Restate　v. 重新陳述；再聲明

Restatement　重述；重新陳述

Restatement of Law　〔美〕《法律沿革論述》；《法律匯編》（由美國法學協會組織搜集編纂關於普通法各方面的資料定期發行）

Restatement of the Law of Conflict of Laws　〔美〕《法律衝突法彙編》

Restatement of the Law of Contracts　〔美〕《合同法註釋彙編》

Restatement of the Law of Torts　〔美〕《侵權法彙編》

Restaur　〔保〕不同的賠付（承保人按各自承保日期給予不同的補償）；追償（指海事保險商在海難補償或追償權案件上彼此意見相佐；也指追償者不滿於擔保人已經給予其補償或其他人擬補償他免於繼續承受損害）

Resting a case　舉證完畢；停止舉證（意指當事人通知法庭他已呈報對該案提供所出具的全部證據）

Resting time　休息時間（指勞動者在法定工作時間以外，自行支配的時間）

Restitution　恢復原狀；收回；返還原物（指收回被他人非法強佔的土地或房產）；恢復（例如，恢復夫妻同居權等）；〔蘇格蘭〕原物歸還（指蘇格蘭契約法中規定，公務員所佔的財產必須歸還給屬真正物主的義務）

Restitution in integrum　恢復原狀（指 WTO 專家小組作為對非法授予的政府採購合同而損害另一締約方利益時的一種救濟用語）

Restitution in kind 恢復實物原狀

Restitution of conjugal community 恢復夫婦同居

Restitution of conjugal rights 〔宗〕恢復婚姻權利；恢復夫婦同居權利(指在英國夫或妻一方可以沒有足夠分居為由向高等法院請求分居的一方恢復同居)；〔香港〕再賦予結婚權利

Restitution of consortium 恢復夫妻關係

Restitution of property 歸還財產

Restitution of sovereignty 主權恢復

Restitution order 〔英〕歸還令(恢復被盜財產命令)

Restitutional remedy 歸還性質的補償

Restitutions 退回；償還(指歐共體國家償付給出口商品產家的部份款項)

Restitutive damage 恢復性損害賠償

Restocking 補進存貨

Restoration of a marriage 複婚

Restoration of diplomatic intercourse 恢復外交關係

Restoration of friendly relations 恢復友好關係

Restoration of peace 恢復和平

Restoration of sovereignty 主權恢復

Restoration of status quo 恢復原狀

Restoration 歸還；返還；康復；恢復；修復；複位；複職；復辟

Restore an official to his original post 官復原職

Restore equilibrium in its balance of payments on a sound and lasting basis 〔關貿〕健全和持久的基礎上恢復國際收支平衡

Restore for freer trade 恢復更加自由的貿易

Restore Hong Kong to the P.R.C. 香港回歸中國

Restore protection 恢復保護

Restrain *v.* 管束；拘押，監禁(狂人、瘋人等)；限制；約束；抑制；遏制；制止；禁止；阻止

Restrained Member 〔世貿〕受限制成員方

Restraining order 〔英〕禁止令(指禁止英格蘭銀行或公司從事命令中指定的股票交易令)；暫緩執行令

Restraining powers 限制權力(指賦予人施加的對行使權力的限制)

Restraining statutes 〔英〕限制性法律(限制先前權力的法律，尤指議會法通過的限制為生計而進行聖職買賣的慣例)；限制法人權力的制定法；禁止特定法人轉移財產的法律；對習慣法予以限制的法律

Restraint 管束；監禁；拘押；約束；限制；抑制；克制；遏制；禁止；禁止行動；限制因素；〔警〕控制

Restraint of embargo 封港；禁止出港

Restraint of labour 〔中〕勞動管制

Restraint of liberty 限制自由

Restraint of marriage 〔英〕禁止婚姻(禁止贈與人等以受與人接受贈與或遺贈作為結婚條件的規定，尤指議會法通過的限制為生計而進行聖職買賣的慣例)

Restraint of princes 封港；限制航行

Restraint of trade 貿易限制(指在合同上一般對貿易有限制，即在時間和地區上無限制的契約為無效)

Restraint on alienation 禁止讓與(指贈與物禁止出售或轉讓)

Restraint on anticipation 預支限制(指限制婦女婚姻期間讓渡或預支特有財產的收益)

Restraint on export 限制出口；限制輸出

Restraint on export and import 進出口限制；輸入入限制

Restraint on import 限制進口；限制輸入

Restraint ownership 限制所有權

Restrict *v.* 限制；限定；約束

Restrict access 限制會見；限制接觸

Restrict import 限制進口(指發達國家對發展中國家的)

Restrict market access 限制市場准入

Restricted allotment 〔美〕限制分配(指限制將印第安部落的土地分給個人)

Restricted assets 限定用途的資產(指根據法律或合同限於特定用途的政府財產)

Restricted ballot 限制性投票

Restricted business practice 限制性商業做法

Restricted deposit 限制性的存款

Restricted distribution 限制分配；不公開分發

Restricted fund 專用基金；限定用途基金

Restricted immunity 有限豁免

Restricted most favoured nation clause 有條件的最惠國條款

Restricted multilateral treaty 有限多邊條約

Restricted navigation zone 禁航區

Restricted property 限制性財產(一般指股票，僱主不得將其低於市價過戶給其僱員)

Restricted securites 限制性股票；限制性證券

Restricted sovereignty 有限主權；相對主權

Restricted stock option 有限制的股票認股權

Restricted surplus 限制用途的公積金(指留存盈餘部份不得作為股息分配)

Restricted zone 禁區

Restriction 限制；〔美〕財產契據或租約使用上限制

Restriction of expenditure 費用限制

Restriction of production 生產限制

Restriction of right 權利限制

Restriction on marriage 婚姻限制(例如，限制近親婚姻等)

Restriction on the liberty of the press 限制出版自由

Restriction on unfair advertising competition 不正當廣告競爭的限制

Restrictions applicable in service trade 適用服務貿易的限制

Restrictions for safeguarding balance of payments 保障國際收支平衡的限制

Restrictions on domestic production or consumption 限制國內生產或消費

Restrictions on the making of payments and transfer for current international transactions 〔基金〕對經常性國際交易上的支付和轉賬的限制(國際貨幣基金規定未經批准不得施加限制)

Restrictions to safeguard the balance of payments 〔關貿〕為保障國際收支而實施的限制

Restrictive 限制性的

Restrictive application 限制申請；限制性適用

Restrictive business practices (RBPs) 限制競爭的商業做法；限制性商業慣例；〔關貿〕限制性商業慣例(指目前國際組織和有關國家均通過立法方式，對限制性商業慣例加以管制；私營部門例如勾結最大的國際供應商旨在保持相對高價格以限制競爭的做法)；〔關貿〕限制性商品實踐(做法)

Restrictive condition 限制性條件(例如限制承租人將其房

子轉租等）

Restrictive covenant 〔英〕限制性協議（指為了其他土地的收益而限制對特定土地的使用並且本協議的當知悉各土地所有者均有約束力）；〔美〕不作為條款（限制財產的使用和禁止某種使用的契據條款；合夥合同屆滿後，合同當事方不得在一定期間和特定地區從事類似工作。這種限制條款如果時間和地域上合理則仍為有效）

Restrictive endorsement 限制性背書（指對票據其後的流通設有某種限制，背書人指明轉讓給某人且註明禁止再度轉讓，該項禁止不同於"blank indorsement"，"full indorsement"和"qualified indorsement"）

Restrictive export measures 限制性出口措施

Restrictive immunity 〔英〕有限豁免

Restrictive import measures 〔世貿〕限制性進口措施（指發展中國家為平衡國際收支的舉措）

Restrictive indorsement (endorsement) 限制性背書

Restrictive injunction 禁令；禁止特定行為或事項的命令；禁止被告某種行為的命令

Restrictive interpretation 限制性解釋（指對法規條款的解釋而言）

Restrictive measure 限制措施

Restrictive most favoured nation clause 限制性最惠國條款

Restrictive multilateral treaty 限制性多邊條約

Restrictive practices 限制性商業慣例

Restrictive Practices Court 〔英〕限制性貿易慣例法院（成立於 1956 年由大法官任命 3 名高等法院陪席法官）

Restrictive provision 限制性規定

Restrictive servitude 限制性地役

Restrictive sovereignty 有限主權

Restrictive trade measures 限制性貿易措施

Restrictive trade practices 限制性貿易慣例

Restrictive Trade Practices Act 〔英〕限制性貿易行為法（1956 年頒佈的禁止製造業公司通過共同行動為其產品規定價格，並強制零售商服從的法令）

Restrictive trading agreement 〔英〕限制性貿易協議

Restructure government agencies 改組政府機構（重組政府機構）

Restructuring of debt 債務重訂（詳見"Debt restructuring"）

Rests 〔英〕盈餘；（銀行的）儲備金；（銀行負債相抵的）餘額；結算期（指定期結算賬目以將利息轉入本金等）；停止舉證；舉證完畢

Result 結果；效果；成績；再訴；〔美〕（議會等的）決議；決定；〔英〕歸複（交回給舊物主的意思）

Result in serious adverse effect to the domestic industry 〔世貿〕對國內產業造成嚴重的不利影響（指一補貼成員方的超量補貼給進口成員方同類產品的損害後果

Result in serious financial difficulties 造成嚴重的財政上困難

Result of any search 搜查結果

Resulting powers 派生的權力

Resulting trust 推定信託；自益信託；回歸信託；歸覆信託

Resulting use （衡平法上不動產讓與人）特典用益權；歸複用益

Resume 〔法〕摘要；簡歷

Resummons 再次傳喚（指第二次傳喚當事人出庭應訴的傳票）

Resumption 〔英〕收回租賃地；〔英古〕收回救賜土地（指國

王聽取誤諫等原因而賜給其繼承人或分封轉讓給他人的土地）

Resumption of citizenship 恢復公民資格

Resumption of diplomatic relations 外交關係的恢復

Resumption of diplomatic intercourse 外交往來的恢復

Resumption of exchange transactions 恢復外匯交易

Resumption of matrimonial relation 複婚

Resumption of nationality 恢復國籍

Resumption of negotiation 恢復談判

Resumption of specie payment 恢復硬幣支付

Resumption of trade relations 貿易關係的恢復

Resurrection 復活；掘墓盜屍

Resurretionist 盜屍者

Retail *v. & n.* 零售；零賣

Retail capital 零售資本

Retail credit 零售信用

Retail dealer 零售商

Retail goods of non-Chinese origin 非中國原產地的零售商品

Retail installment account 零售分期付款賬

Retail installment contract 零售分期付款合同

Retail market 零售市場

Retail method 零售價盤存法

Retail outlets 零售銷路

Retail price 零售價格

Retail price index 零售價格指數

Retail price control 零售物價管制；限制零售價格

Retail sale 零售

Retail tax 零售稅

Retail trade 零售貿易

Retailer 零售商

Retain *v.* 保持；保留；具結；保有；聘請（律師顧問）

Retain concurrent jurisdiction over maritime disputes involving crimes, wages taking place on board a foreign vessel while in the territorial water 〔領事〕保留對於發生在領水內外國船舶上涉及刑事、工資等海事糾紛的並行管轄權

Retain nationality 保留國籍

Retain the double standard 保持雙重標準

Retain the right to challenge 〔世貿〕保留質詢的權利（指對 GATT1994 減讓表關於"其他關稅和費用"一語的連貫性隨時可以質問的意思）

Retain the U.S. nationality 保留美國國籍

Retain U.S. national sovereignty 維護美國國家的主權（一美學者認為：WTO 或其成員方一旦觸犯或損害美國國家利益或其主權，美國政府、國會就將實行單邊主義，蔑視國際法、國際規則和慣例，不會遵守 WTO 的任何協議和規則，乃至宣告立即退出 WTO）

Retaine pay 〔美〕僱傭補償（指對應招入伍服役，但非現役軍人的補償）

Retained earnings 留存利得；留存收益；自留盈餘（也稱"未分配利潤"）

Retainer 〔英〕傭人（指只是在主人家中服侍主人穿衣等）；保留權（指遺囑執行人有權保留死者的遺產做為償還死者的債務）；聘用律師；聘用律師費；律師費（指一般或特別的律師費）；訴訟委託書（指律師被授予權力受理送達訴訟文書，提出起訴）；〔美〕保留權

Retainer clause　〔保〕保有條款

Retaining fee　聘請律師費；律師費

Retaining lien　律師留置權（指扣留當事人的財產直至交付律師費為止的權利）

Retaking　取回（指從無權佔有者手中收回被佔有的財物）

Retaliation　報復（例如受害國對加害國的報復）；復仇；〔關貿〕報復（指出口國因受他國提高關稅或採取的限制貿易措施而採取相應的相對應的行動，但 GATT 在使締約方履行其義務時，傳統方法上更多的是靠規勸或施加暗含的壓力，即耐心地通過經濟和與貿易政策有關的政策性會議討論來加強勸說作用的力度，而不訴諸報復手段）

Retaliative tariff　報復關稅（報復性關稅率）

Retaliatory act　報復行為

Retaliatory blockade　報復性封鎖

Retaliatory duties　報復關稅（指對外國駐美公司徵收報復性稅款和罰金等）；用以懲罰外國歧視性商業活動並迫使其貿易讓步的一種差別關稅）

Retaliatory law　〔美〕報復性法律（賓夕凡尼亞州等保險用語）

Retaliatory measure　報復措施

Retaliatory military action　報復性軍事行動

Retaliatory suspension of performance　報復性暫停履行

Retaliatory tariff　報復關稅；報復性關稅率

Retard the establishment of a domestic industry　〔關／世貿〕阻礙國內工業的建立

Retention　〔英〕保留權；扣除權；留職；責任額；自留額；〔保〕自擔風險；〔蘇格蘭〕留置權（指留置債務人的動產至清償債務為止）

Retention of goods　貨物扣留

Retention policy　自留責任保險單；自負式保險單（指損失超過特定金額的部份由承保人賠付）

Retention quota　留成額度

Retinue　隨從人員

Retinue of diplomatic envoy　外交代表隨從人員

Retire　v. 退休；退職；退役；收回（紙幣、票據等）；清償；付清（證券等的本息）

Retire a bill　贖票（單）（指付清票款後收回押匯的票據）

Retired allowance　養老金；退休金

Hetired diplomat　退休的外交官

Retired pay　退休金；養老金

Retirement　退休；退職；退役；退席；收回（股票）；償付（債券）；報廢（指固定資產由於使用年限屆滿而退出生產）；〔美〕公債還本

Retirement annuity　退休年金

Retirement benefit　退休金；退職金；〔保〕退休給付

Retirement income insurance　退休收入保險

Retirement of bonds　債券的註銷

Retirement of land　土地退耕

Retirement of outstanding debt　償還未償債務

Retirement of partner　（合夥人）退夥

Retirement of securities　〔美〕註銷的證券

Retirement of stock　股票的註銷

Retirement pay　退休金；退役金；養老金

Retirement plan　退休計劃

Retirement reserve account　〔基金〕退休儲備賬戶

Retiring a bill　〔英〕贖票；收回票據

Retiring allowance　退役金；養老金

Retiring pension　退役金；養老金

Retorsion　〔際〕報復；反報（為合法的行動，但報復不容許行使武力，指受害之國以加害國施用同樣或類似的手段進行報復，以維護本國國際地位和聲望，其區別於"reprisal"，後者則不擇手段以牙還牙式的報復，帶復仇之意）

Retour　〔蘇格蘭〕案件調查呈報摘要（在法庭向大法官法院簡報，說明陪審團就其令狀中所列查詢問題進行調查結果的答覆）

Retour sans frais　〔法〕免費退回（指被拒兌的商業票據）

Retract　v. 撤回要約；收回承諾；取消（聲明、諾言、意見等）

Retract one's testimony　翻供；取消證言

Retractation (=retraction)　〔美〕撤回；撤回解約聲明；正式撤回誹謗性材料；撤回放棄聲明書（指在遺囑檢驗實踐中，撤回拒絕擔任遺囑執行人或遺產管理人的棄權聲明）

Retraction　〔美〕撤回；撤回解約聲明；正式撤回誹謗性材料；撤回放棄聲明書（指在遺囑檢驗實踐中，撤回拒絕擔任遺囑執行人或遺產管理人的棄權聲明）

Retreat　v. & n. I.〔宗〕退隱；隱居；退卻；撤退；退讓（指被告在被迫使用暴力自衛前的一招）；II.〔宗〕隱退；靜修（指默禱脫離凡塵的地方）；收容所（醉漢、狂人的）；下落；證券行情下跌

Retreat to the wall　〔美〕退避原則（指一個處境危險者在訴諸致命力量以自衛之前，會使用一切合理手段避免奪取人命的必要，意即逼不得已才訴諸武力自衛，以說明其乃自衛殺人）

Retrial　再審；複審；再次審理

Retribution　懲罰；報酬；報答

Retributive justice　報應性司法

Retributive punishment　報復性懲罰

Retributivism　懲罰主義（一種懲罰罪犯的報應論，認為處罰罪犯是對其所犯罪行的報應的觀點）

Retributivist　懲罰主義的；懲罰主義者

Retributory damages　懲罰性損害賠償

Retroact　v. 追溯既往；有追溯力

Retroaction　追溯效力

Retroactive (retrospective)　追溯既往的；追溯的；有追溯力的

Retroactive application　追溯適用

Retroactive application of antidumping duties　〔世貿〕反傾銷稅追溯徵收；反傾銷稅追溯適用（指經調查裁定屬傾銷的外國進口商品採用徵收反傾銷稅的措施後可對該產品追溯徵收反傾銷稅）

Retroactive assessment　追溯性稽徵

Retroactive effect　追溯效力；溯及力

Retroactive force　追溯力

Retroactive interpretation　追溯解釋

Retroactive law　〔美〕追溯法（指追溯既往業已消失的既得權益，因其違憲而不可能得以強制執行的）

Retroactive pay　補發增加工資

Retroactivity　追溯性；追溯力

Retroactivity of recognition　承認的追溯力

Retrocede　v. 交還；歸還；恢復（領土、司法權等）；轉分保（指承保人將分保業務再分給其他分保人）

Retrocedent　轉分保的承保人；轉分保接受人

Retrocession　交還；歸還（指繼受權利的受讓人將其權利交還給讓與人）；轉分保；〔蘇格蘭〕歸還所轉讓的權利（指受讓

人歸還給轉讓人原先所轉讓的權利)

Retrocessionaire 〔法〕接受交還的人；接受歸還的人；接受轉讓的人；〔保〕轉分保接受人

Retrospective 追溯既往的；有追溯效力的；溯及的

Retrospective insurance 追溯保險

Retrospective law 追溯法（指對發生於過去的行為或事實等有追溯力的法律）

Retrospective method 〔保〕後觀法

Retrospective rating 〔保〕追溯費率制（計算保險費率的方法）

Retrospective statute 〔美〕追溯法（具有追溯力的制定法）

Return 〔英〕送達回證（指法院傳票、令狀及其他證件送達或執行結果的簡報）；當選議員報告；令狀執行報告（例如人口普查報告）；取回被扣押物的報告；（通常年度）所得稅申報表；〔美〕返還；回復；選舉結果報告；納稅申報（國內稅務局等機構索要的）；〔複〕利潤；利益；報酬；報告書；統計表；利潤率，收益率；報稅率

Return a deposit 退押金；退還保證金

Return address 回送地址；回郵地址

Return as to allotment 關於股票分配的報告書

Return cargo 回程貨，回頭貨；回運貨物

Return commission 回傭（回扣）；〔保〕退還傭金（指對保險單期滿前退約者而言）

Return day 被告出庭日；送達傳票回呈日（此為執達員向法院報告證明在指定時間內傳票業已送達的證據）；投票清點日；投票結果公佈日

Return documents, records and articles of evidence 歸還文件、記錄或者證據物品

Return export and imports 退回進出口貨物（商品）

Return of capital 資本利潤率；資本收益率

Return of loans 借款的償付

Return of premium 退還保險費

Return of process 傳票回呈（指直達吏、治安官員或執行官員奉命把令狀或傳票送達給當事人情況報告法院）

Return of writ 令狀送達回執（指執達吏令狀送達或執行的回執，即令狀收訖）

Return on assets 資產收益率

Return on capital employed 已用資本利潤（率）

Return on equity 股本收益率；資本利潤率（指普通股股東總投資總值扣除總開支後的年收入額之比）

Return on investment (ROI) 投資利潤率；投資收益率；投資報酬率；投資回報率

Return on investments 投資報酬率；投資利潤率

Return premium 退回保險費（指投保人提前解約）

Return receipt （掛號郵件）回執

Return schedule （土地的）收穫表

Return the seals 交還印綬（辭去大臣或大法官的職務）；免職（被解除印綬）

Return the unused portion of the allocation 退還分配而未使用的部份（配額）

Return to one's post 返任

Return visit 〔中〕回訪

Return what one has unlawfully taken or pay compensation for it 〔中〕退賠

Returnable （在指定時間、地點）依法必須送回（或答辯）的；（令狀等）送達回執的；可報告的；可說明的

Returnable deposit 允許退還的保證金

Returned article 退回的商品（釋義見 "re-import"）

Returned bill 退回的票據；退票

Returned goods 退回的貨物

Returned purchases book 退貨記入賬

Returnee 釋放回來的人（指在流放服刑後）；〔美〕回國軍人（指在國外服役後）

Returning board 〔美〕（選舉）檢票委員會

Returning officer 選舉主任；〔英〕選舉監察官；選舉管理官（在一地區內負責議員或官吏選舉的官員）

Returning permit 〔美移〕返回許可證（指由僑居國移民機關或其駐外機構頒發的返回僑居國的再入境簽證，多指偷渡入境者通過律師辦理以獲得合法居留權）

Returning resident 〔英移〕回歸居民（指經移民局批准在海外居住不超過兩年回聯合王國定居者）

Returning visa 〔移〕"回頭簽證"（指美國等移民當局為便於外國留學生回國探親的舉措；或對偷渡進入美國或對非法滯留者經獲允到其第三國領事館申辦再入境簽證以獲取合法居留權）

Returns 〔香港〕保稅表

Returns clause 〔保〕退保費條款（指在特定情況下如取消險單或船舶擱置則可退回保險費）

Returns inward 銷貨退回

Returns inwards book 銷貨退回登記賬；銷貨退回登記簿

Returns outwards a/c 銷貨退回賬

Returns outwards book 貨物退回的登記簿

Returns outwards journal 歸還賬

Revaluation 〔美〕重新估價；重定幣值；重定匯率

Revaluation system 評定價還法

Revamped tax 補稅

Revanchism 復仇主義（尤指戰敗的帝國主義國家藉口恢復失地而力圖發動新的侵略戰爭的政策）

Reveland 郡管地（指屬國王的土地，但由莊園執行官或副郡長負責掌管）

Revelation of a secret of another 泄漏隱私

Revendication 收回；索回；（外交上）收復失地的正式要求；（經要求後）收復失地；〔羅馬法〕請求返還訴訟（指索回被他人佔有的所有物）；〔美〕請求返還權利（指賣主因買受人未按價支付所購得貨物的款項而要求返還）

Revendication action 〔羅馬法〕請求返還訴訟

Revenge *n. & v.* I. 報仇，報復；洗雪；II. 替…報仇；報復；洗雪

Revenge murder 仇殺；報復殺人

Revenger 報復者；報仇者；洗雪者

Revenue 歲入；財政收入；稅收；收入；收益（指來自土地、投資等）；稅務署；稅務局；〔複〕總收入；（都市、君主等的）諸收入

Revenue account 營業收入賬戶

Revenue Act 稅務法；稅收法

Revenue Act of 1916 〔美〕1916 年稅收法（參照加拿大 1904 年反傾銷法而制定的第一部反傾銷法）

Revenue agent's report (RAR) 〔美〕稅收代理人報告

Revenue and expenditure 歲入和歲出；收支

Revenue and expenditure account 收支賬

Revenue bill 稅收法案

Revenue bond 〔美〕收入債券（由州或地方政府特定部門發行償還的或為維修橋梁公共工程並由其中收益用以償還的債券）

Revenue charges　營業支出；財政規費

Revenue cutter　緝私船

Revenue duty　財政收入稅；財政關稅（旨在增加國家財政收入而對進口貨物徵收的關稅）

Revenue ensign　〔美〕海關巡邏船旗

Revenue expenditure　營業支出；收益支出

Revenue from domains　土地收入

Revenue from public enterprises　公營企業收入

Revenue import duty　財政收入進口稅；財政收入輸入稅

Revenue law　稅收法；賦稅法

Revenue neutral　〔美〕稅收持恒（例如，公司法人稅收增加，但卻為個人減少納稅所沖銷）

Revenue of capital and industrial domain　資本及企業收入

Revenue of government of industry　政府經營企業收入；公營企業收入

Revenue office　稅務署

Revenue officer　稅務官員；緝私官員

Revenue paper　〔英〕稅收上訴候審案件一覽表

Revenue procedure (Rev. Proc.)　〔美〕稅收程序（稅法規定的關於納稅人報稅和稅務局課稅的手續）

Revenue property　收益財產

Revenue protectionism　〔基金〕收入保護主義（指國際貨幣基金中有一派人以財政理由主張接受或提倡關稅或高關稅率）

Revenue receipt　稅收收入

Revenue Ruling (Rev. Rul.)　〔美〕稅收裁決書（國內稅務署應有關方面要求出具的意見書，發表於財務署公報）

Revenue sharing　收入分配；收入分享

Revenue side of the exchequer　〔英〕高等法院財稅法庭或財稅分庭的管轄權

Revenue stamps　〔美〕印花稅票（原為出售不動產所納的聯幫稅，現改為貼在契據上或蓋在契據上橡皮圖章以示繳稅金額）

Revenue tariff　財政關稅（以增加本國財政收入而非保護本國工業為目的的關稅）

Revenue tax　財政稅；印花稅收入

Revenuer　〔美〕財政部稅務官（尤指取締非法釀酒業者）；（海關）緝私船

Reversal　撤銷；推翻；變更原判；撤銷原則（指上訴法院駁回或撤銷下級法院的判決）；顛倒；倒轉；逆轉

Reversal of a loan　反向貸款

Reversal of judgement　撤銷原判

Reversales　〔法〕追認書

Reverse　*v.* 推翻；撤銷；使無效；廢止

Reverse a judgement　撤銷原判

Reverse an entry　沖銷；沖賬；相反分錄（記錄）；轉回分錄（記錄）

Reverse an unjust verdict　平反冤獄

Reverse discrimination　反向歧視

Reverse dumping　逆傾銷；〔關貿〕逆傾銷；反向傾銷（指以遠超過國內市場價格的方式向國外市場銷售本國商品的行為或指以較低的價格在國內而非外國市場上銷售）

Reverse income tax　反所得稅

Reverse posting book　還原轉記賬

Reverse posting proof sheet　還原轉記表

Reverse posting sheet　還原轉記表；相反過賬制

Reverse posting slip　還原轉記表

Reverse posting system　還原轉記法；相反過賬制

Reverse preferences　反向優惠（尤指歐共體國家給予發展中國家的普惠待遇，發展中國予以有利的回報為此而安排簽署了《洛美公約》）

Reverse racism　〔美〕反向種族歧視

Reverse stock split　反向股份分割；併股；股票合併（指在公司資本不變的情況下收回公司已發行的全部股份，減少股份數目並發行小股以增加每股的價值）

Reverse the charge (or reversed charge)　對方付費（指由接電話者付費）

Reverse the decision of a lower court　撤銷下級法院的判決

Reverse the verdict　翻案；推翻評決

Reversed　〔美〕（判決）被撤銷的（指已被上一級法院撤銷的判決）

Reversed burden of proof　轉變舉證責任；舉反證責任

Reversed charge　對方付費（對方支付長途電話費）

Reversible　可撤銷的（判決、法令等）

Reversible error　可撤銷判決的錯誤（指上訴法院按實質錯誤撤銷原判）

Reversing (Rev'g)　〔美〕（上級法院）撤銷（下級法院判決）

Reversion (=reverter)　複歸原主（指歸還地產等）；地產複歸；租權複歸（指租賃土地期滿後將產權歸還原主）；未來享有的所有權；殘餘財產的複歸；〔蘇格蘭〕贖回權

Reversion in rank　降回原職

Reversionary　複歸的（指歸還原主或其繼承人）；未來可享有（或佔有）的；應繼承的

Reversionary additions　增加保險金額

Reversionary annuity　死後年金；繼承年金；未來可享有的年金

Reversionary heir　將來的繼承人

Reversionary interest　複歸權益（含地產複歸和財產複歸）；將來權益（將來可享有的財產所有權）

Reversionary lease　〔美〕將來租賃（指第二個租賃於第一個租賃租賃期滿後開始生效）；〔英〕將來租賃（指自擬定租賃契據之日起 21 年內生效，否則該租賃為無效或前手租賃到期後生效的租賃）

Reversionary legacy　複歸遺產（複歸遺贈）

Reversionary right　複歸權利

Reversioner　未來地產權者；複歸權者；將來財產權者；期待財產權者（含動產和不動產）

Revert　*v.* 歸屬；歸還（指設定的財產期滿後歸還原主或交其繼承人）

Reverter (=reversion)　複歸原主（指歸還地產等）；地產複歸；租權複歸（指租賃土地期滿後將產權歸還原主）；未來享有的所有權；殘餘財產的複歸；〔蘇格蘭〕贖回權

Revertible　可回歸的；可歸還的；（財產等）應歸還的

Reverved way　保留通道

Revest　*v.* 重新佔有；重新授權（指賦予所有權，其反義詞是 "divest"）；使恢復原狀（或使恢復原職）；再投資；重新投資

Revesting　物歸原主（財產歸還給原主）

Review　*n. & v.* 複審；覆議；再審（指上訴法院複審下級法院的判決）；〔基金〕審查；審議；〔美〕司法審查；行政審查

Review a case in which a death sentence has been passed by a lower court　死刑判決覆核

Review a case tried by a lower court　提審

Review and appraisal 審查和評定

Review board 審查委員會；複查委員會

Review conference 審查會議

Review national trade policies 〔世貿〕審議成員方貿易政策（指審議各成員方所制定貿易政策亦為 WTO 的任務之一）

Review of constitutionality 違憲審查制度（指對法律、法令、行政法規、行政行為進行審查以對其是否違憲作出裁決的制度）

Review of Developments in the Trading System 〔關貿〕《貿易制度發展述評》（1983–1989 年期間關貿總協定秘書處出版的刊物名稱）

Review of taxation 訴訟費用的複查（指應對收取訟費不滿者之申請，法院令主事官重新加以評定）

Review of the implementation of commitment 〔關貿〕評審承諾的履行情況（指對成員方在履行農產品的市場准入、國內和出口競爭等方面的承諾做出評審）

Review on appeal 上訴複審

Review procedure 複審程序；審議程序；評審程序

Review the accuracy and adequacy of the evidence 審查證據的準確性和充分性

Review the annual budget estimate and financial statement 審議年度概算和財務報告（為 WTO 總幹事職責之一）

Review the merits of the case 審查案件實質問題

Review the operation and implementation of this Agreement 〔世貿〕審議本協議運作和實施情況

Review the operation of its laws and regulations in the light of the provisions of this Article 〔關貿〕按照本條款規定審查法律法規的執行情況（指一補貼成員方的超量補貼給進口成員方同類產品的損害後果）

Revise *v.* 修訂；修改；修正（判決等）

Revise a constitution 修改憲法

Revise a contract 修改合同

Revise China's current regulations and procedures prior to its accession 中國在加入世貿組織之前修訂其現行的法規（章）和程序

Revise the current voluntary national, local and sectoral standard 〔世貿〕修訂現行國營、地方和部門任意的標準

Revised amendment 修訂的修正案

Revised American Foreign Trade Definitions 美國對外貿易定義修訂本（1941 年）

Revised General Act for the Pacific Settlement of International Disputes 1949 和平解決國際爭端修訂總議定書（1949 年）

Revised laws (R.L.) 〔美〕修訂法

Revised Reports 〔英〕《判例彙編修訂本》（1785–1865 年）

Revised statutes (R.S.) 制定法修訂本

Revised text 修訂約文；修訂文本

Revised treaty 經修訂的條約

Revised Uniform Reciprocal Enforcement of Support Act 〔美〕修訂的統一撫養費相互執行法

Revised version 修訂本

Revising assessors 〔英〕校勘助理（指兩名當選官員協助市長修訂教區議員名冊，其後為 "revising barrister" 所取代）

Revising barrister 〔英〕校勘律師（指每年委任一批資歷不及 7 年的後進律師修訂各區的議員選舉人名冊）

Revision 修訂；修改；修正；覆核；複審；複查

Revision bill 修正案

Revision clause 修正條款；修改條款

Revision of by-laws 修訂附則；修改章程

Revision of domestic laws 國內法的修訂

Revision of statutes 制定法的修訂

Revision of the Constitution 憲法的修改；憲法的修訂

Revision of the dispute settlement system 〔世貿〕厘訂爭端解決體系（制度）

Revision of treaty 條約的修訂（改）

Revision procedure 修改程序

Revisionist 修正主義者

Revisior of statutes 制定法修訂者

Revisit 再臨檢

Revisors 修訂者；修正者；修改者；核對員；再核員

Revival 〔美〕判決效力重新生效程序；（契約等的）再生效；（遺囑的）恢復（指立遺囑人取消其意欲撤銷遺書的條件下，其遺囑可以得以恢復）；更新；復興

Revival of a barred claim 恢復失效的求償

Revival of action 恢復訴訟

Revival of contract 契約複效；合同的再生效

Revival of corporation 恢復法人資格；公司恢復

Revival of policy 保險單複效；保險單再生效

Revival of treaties 條約的恢復；條約的再生效

Revival of wills 遺囑的再生效（指立遺囑者在特定情況下恢復已被撤銷的遺囑的效力）

Revival statutes 〔美〕恢復效力法（指恢復制定法的效力）

Revive *v.* 〔美〕更新；使再生效；使恢復；恢復已失效的債務；又犯下另一婚姻罪

Reviving 〔英〕更新；展期；再生效（指恢復已失時效的租金、債務以及訴權等）

Revivor 〔英〕恢復訴訟程序（指要求恢復因一方死亡而中斷之訴訟程序）

Revocable 可撤銷的；可廢除的；可取消的；可撤回的

Revocable credit 〔美〕可撤銷的信用證

Revocable letter of credit 可撤銷信用證（指無需徵求受益人同意或事先通知受益人，開證行在議付前可隨時修改或撤銷的信用證；該信用證對受益人收款沒有保障，故在國際貿易中極少使用）

Revocable transfer 可撤銷的讓與（指財產讓與人保留收回讓與財產的權利）

Revocable trust 可撤銷的信託

Revocation 取消（要約、緩刑等）；撤銷（訂立契約的建議或遺囑等）；撤回（任命）；廢止；無效

Revocation of a law 廢止法律

Revocation of agency 撤銷代理

Revocation of exequatur 撤消領事證書

Revocation of offer 撤消要約；撤盤

Revocation of order 撤銷命令

Revocation of parole 假釋的撤銷

Revocation of probate （法院）撤銷遺囑檢驗

Revocation of probation 緩刑的取消

Revocation of the Edict of Nantes 〔法〕廢止南德敕令（1865 年法國國王路易十四廢除南德敕令，剝奪新教徒信教自由）

Revocation of treaty 廢約；廢除條約

Revocation of unequal treaty 廢除不平等條約

Revocation of will 撤銷遺囑

Revocatory 撤銷的（錯判）

Revocatory action 取消訴訟

Revoke *v.* 撤回；取消；撤銷（法律、契約、建議、諾言等）；廢除；宣告無效

Revoke a court action 撤回訴訟

Revoke a decision 取消一項決定（或裁判等）

Revoke a driving licence 吊銷駕駛執照

Revoke a parole 撤銷假釋

Revoke an order 撤消命令

Revoke the exequatur 撤銷領事證書

Revoke the permits (for) 吊銷執照

Revolt 叛變；反叛；顛覆（指企圖推翻政府）；船員謀反（指船員反對船長指揮意欲取替的行為）

Revolution 革命（指推翻舊政權）；徹底的改革；劇烈的變革

Revolutionary *a. & n.* I. 革命的；革新的；大變革的；II. 革命者

Revolutionary committee 〔中〕革命委員會（簡稱"革委會"）

Revolutionary concept 〔關貿〕革命的思想（指關稅與貿易總協定1962年提出的）

Revolutionary government 革命政府

Revolutionary tribunal 〔法〕革命法庭（1793年在巴黎設立）

Revolving assets 流動資產；浮動資產

Revolving character of resources 〔基金〕周轉性資金的性質

Revolving charge account 循環費用賬戶

Revolving credit 循環信貸；循環信用證

Revolving Documentary Letter of Credit (RDLC) 循環跟單信用證

Revolving fund 循環基金；周轉性基金；備用金

Revolving fund for Natural Resources Exploration 〔聯〕自然資源勘探基金

Revolving letter of credit 循環信用證（指在同樣條款的情況下，在一定期間內，信用證金額可重複使用的信用證）

Revolving loan 自動展期放款；周轉性貸款；循環貸款

Revote 再投票

Reward 賞金；獎賞；報酬；酬謝；懸賞

Reward and punishment （官吏）獎懲

Reward and punishment of offices 官吏賞罰

Reward and punishment system （官吏）獎懲制度

Reward for services 服務報酬；工作報酬

Reward of prison work 監獄工作酬金

Reward payment 獎金

Reward system 獎金制度；報酬制度；獎賞制度

Rhadamanthine 嚴峻的；公正的

Rhadamanthus 嚴峻的法官；公正的法官；剛直的法官；鐵面無私的法官

Rhandir 〔英古〕四戶組（威廉征服王征服英國之前威爾斯的一部份，其每個城鎮由四戶交年租金者組成）

Rhodian laws 羅得海商法（約於公元八世紀在羅得島編纂，是共同海損法的淵源）

Ricardian formula 里嘉圖氏地租論公式

Rice exchange broker 穀物交易所經紀人

Rich country 富國

Richard Roe 某甲（訴訟程序中對不知真實姓名的當事人的稱呼，尤指第二被告；普通法上收復不動產佔有訴訟中的被告的假設的稱呼）

Ride circuit 在審判區所轄城鎮作巡迴審判

Rider 但書；附件；附則；（議會議案的）附加條款；追加條款（作為擴大或限制契約、文件或保險單上條件追加或背書的修訂款）；（陪審團評決的）附加意見；騎馬者；乘騎者；巡迴商人；〔保〕（保險單）附加條款；批單

Riding committee 視察委員會

Riding officer 海關官員；稅收官；乘騎軍官（1831年前拿破侖戰爭期間，英軍官騎馬巡視封鎖海岸以防走私活動）

Ridings 〔英〕乘騎；區（約克郡分為北、東和西三個郡分區）；（英本土及其自治領的）行政區；選區

Rien culp 〔古〕無罪

Rien dit 〔古〕未作答辯

Rien luy doit 〔古〕不欠他；一無所欠（無欠賬）

Riens en arriere 〔法〕無拖欠

Riens en carriere 〔法〕過期未付款不得拖欠

Riens passa per le fait 〔法〕未通過契據轉讓任何東西

Riens per descent 沒有繼承任何東西（意指繼承人借先輩沒有留下任何可繼承的土地財產和名位為由抗辯被起訴要求償還其先輩所遭的債務，即：既無遺產，就毋須償還遺債）

Rier county 〔英古〕附設郡法庭

Rifflare *v.* 搶劫（以武力搶掠東西）

Rig *v.* 操縱；控制；〔礦〕鑽機；鑽車；鑽塔；鑽井

Rig an election 控制選舉

Rig the market 操縱市場

Rigging the market 操縱市場（指投機者有意虛造指定股票脫銷假像，打亂供求價格以操縱股市）

Right 權利（指對任何東西之合法所有權和求償權，通常指對非法佔有物的主張）；認股權；正義；公正；合法

Right a wrong 申冤

Right and duties of the parents 父母的權利和義務

Right and might 公理和強權

Right and wrong test 〔美〕辨別是非能力測試（指按刑事責任，當事人在犯罪當時因患精神病以至於不知其所為乃犯罪行為，因此不應對其行為負刑事責任）

Right barred by reason of limitation 因喪失時效而被禁止行使的權利

Right heir 合法繼承人，法定繼承人

Right holder 〔世貿〕知識產權所有者；權利所有者；權利擁有人

Right in action 訴訟權（指可依法取得，但尚未實際佔有的動產的權利）；無形動產權（有權利，但非實際佔有的動產，=chose in action）

Right in court 在法庭上的權利（指受法律保護的人）

Right in personam 對人權

Right in rem 對物權（指對物的直接管領和支配，並排除他人干涉的民事權利）

Right of abandonment 委付權

Right of abode 居住權

Right of absolute use of design 設計專用權

Right of access 進入權；（丈夫的）房事權

Right of access to all non-confidential information 接觸所有非機密資料（信息）的權利（指IMF & IBRD給予WTO工作人員的）

Right of access to data 資料使用權

Right of access to the sea 出海權

Right of accused 被告的權利

Right of accused to refuse to testify　被告拒絕作證權

Right of action　起訴權；訴訟權；告訴權（特定案件的起訴權，通過司法程序取得救濟，通過訴訟才能佔有的動產）

Right of adjoining land　鄰地權

Right of agency　代理權

Right of alienation　財產轉讓權

Right of angary　非常徵用權；中立國財產徵用權（指戰時交戰國可以徵用或毀壞中立國的財產，留待以後賠償的權利）

Right of appeal　上訴權

Right of appeal without penalty　〔世貿〕上訴的不受處罰權

Right of approach　接近權；駛近權（登上靠近在公海上的軍艦以對可疑的商船可駛近查視檢查其國籍等權利）

Right of arraignment　公訴權

Right of assembly　集會權

Right of asylum　庇護權；避難權

Right of attendance　出席權

Right of aubaine　外國人遺產沒收權

Right of audience　出庭辯護權（陳述權）；律師辯護權

Right of autonomy　自主權；自治權

Right of being elected　被選舉權

Right of chapel　設堂禮拜權

Right of citizens　公民的權利

Right of claim　請求權；求償權

Right of coast trade　沿岸貿易權

Right of coinage　貨幣鑄造權

Right of collective bargaining　集體議價權

Right of collective self-defence　〔聯〕集體自衛權（此為聯合國憲章第 51 條的規定）

Right of command　統帥權；指揮權

Right of common　共用權（對他人土地共同使用權）；開採權（指可從他人所有的土地上或水中與所有者共同開採牧草、魚、礦物等自然資源）

Right of communication　通信權

Right of complaint　告發權；控告權；申訴權

Right of conscience　信仰權

Right of consular access to imprisoned nationals　領事會見被監禁國民的權利

Right of consular access to nationals in prison　領事會見被羈押國民的權利

Right of consultation　磋商權；延醫權

Right of contest　否認權

Right of continuing and developing existence　生存權

Right of contribution　分攤權；〔香港〕有權要求分擔法律的責任（指若一受託人被訴而敗訴時，有權要求其他共同受託人分擔法律責任）

Right of criminal justice　刑事訴訟權

Right of curtesy　鰥夫財產權（指鰥夫有權繼承其亡妻財產權）

Right of diplomatic protection　外交保護權（指資本輸出國利用以保護其在海外投資的保證）

Right of discipline　懲戒權

Right of discovery　發現權（指科學家對自然現象、特性或規律提出前所未有的闡述因而依法取得的權利）

Right of disposal　處置權

Right of disposition　處分權

Right of distress damage feasant　扣留侵害中的動物的權利

Right of division　〔蘇格蘭〕按份權

Right of dower　寡婦財產權（指遺孀可享有亡夫 1/3 特留份的遺產權）

Right of drainage　排水權

Right of drip　滴水權（雨水漏到他人墻根的土地上的建造權）

Right of easement　地役權（指以他人土地而為自己土地提供便利之謂）

Right of election　選舉權；選擇權

Right of eminent domain　國家徵用權；土地徵用權

Right of enacting law　立法權

Right of entry　進入權；〔英〕收回租地權（指以和平方式進入土地收回或恢復土地的佔有權）

Right of equality　平等權

Right of establishment　〔關貿〕開辦機構權；營業地權（有利於工業化國家）

Right of exclusive use of trade mark　商標專用權

Right of existence　生存權

Right of expatriation　放棄原國籍權

Right of fame　名譽權

Right of fence　圍障權

Right of first publication　初版權（著作權）

Right of first refusal　優先購買權（指優先購買不動產的機會）

Right of fishing　漁業權；捕魚權

Right of flag　懸旗權

Right of flights beyond　以遠權

Right of free access to the sea　自由通往海洋的權利

Right of free communication　自由交通權

Right of free entry to the employment market　〔世貿〕自由進入就業市場的權利

Right of GATT contracting parties　關貿總協定締約國的權利（指發展中締約方等因為支付危機時可以根據國際貨幣基金組織規定對其貿易施加管制，這一權利原本是為了促進可兌換性和匯率穩定性目標服務的）

Right of homestead　宅地權；宅地豁免權

Right of honour　榮譽權

Right of hot pursuit　緊追權（指沿海國對違反該國法律並從該國管轄範圍內的水域駛向公海的外國船舶有追捕權）

Right of impeachment　彈劾權

Right of independence　國家獨立權

Right of individual　個人權利

Right of information　告知權

Right of inheritance　繼承權

Right of initiative　提案權；動議權

Right of inland navigation　內河航行權

Right of Innocent Passage　無害通過權（指沿岸國不得阻礙外國船舶通行和收取費用，但這種通過不得有損沿岸國的安全、公共政策或財政利益）

Right of inspection　臨檢權；查閱權

Right of intercourse　交往權

Right of interpellation　催告權

Right of interrogatory　質詢權；詢問權

Right of invention　發明權（指發明人對其生產中的創造性成果依法取得的權利）

Right of inviolability　不可侵犯權

Right of labour　勞動權（指具有勞動能力的公民能夠得到保障並有適當報酬的工作的權利）

Right of legal defence　合法防衛權

Right of legal representation　法定代理權

Right of legation　使節權

Right of lien　留置權

Right of life　生命權

Right of local self-government　〔美〕地方自治權

Right of man　人權

Right of management　管理權

Right of mandate　委任權

Right of mankind　人權

Right of mining　採掘權；採礦權

Right of minority shareholders　少數股東的權利

Right of monopoly　獨佔權；專利權

Right of mooring　拋錨權

Right of mutual commerce　（國家）相互貿易權

Right of mutual trade　（國家）相互貿易權

Right of notification and visitation　通知探視權

Right of occupation　佔有權

Right of option　選擇權

Right of passage　通行權；通過權；過境權

Right of Passage over Indian Territory　印度領土通過權案（1957 年國際法院判決）

Right of patent　專利權；特許權

Right of pension　養老金權；退休金權

Right of peoples to self-determination　民族自決權（泛指一個民族不受外族統治干涉、決定和處理自己事務的權利）

Right of performance　執行權；履行權

Right of permanent residence　永久居住權

Right of personal security　人身安全權

Right of persons　〔美〕個人權

Right of petition　申訴權；請願權

Right of pledge　質權

Right of possession　佔有權（指可進入自己的住所、趕走為他人事實上佔有的權利，但事實上的佔有者可拒所有反對者於門外）

Right of preemption　先買權（尤指政府賦予個人的公地先買權）；優先購股權

Right of preservation　自保權

Right of primogeniture　長子繼承權

Right of priority　先取特權；優先權

Right of privacy　陰私權

Right of private defence　個人防衛權

Right of prize　捕獲權

Right of property　財產權（指民事權利主體所享有的具有經濟利益的權利，其反義詞為人身權。財產權包括以所有權為主的物權、準物權、債權、繼承權以及知識產權等）

Right of property　私有財產權

Right of proposal　提案權

Right of prosecution　（刑事）起訴權

Right of prospect　觀望權

Right of prospecting　試掘權；探礦權

Right of protest　抗議權

Right of publicity　公開權（控制知名人士名字、影像商業使用權）

Right of punishment　刑罰權；處分權

Right of purgation　清洗權；滌除權；滌罪權

Right of pursuit　追捕權

Right of quay　碼頭權

Right of recall　罷免權

Right of recognition　認可權（指版權所有人的權利之一）

Right of recourse　追索權；求償權

Right of recovery　追索權；請求歸還權

Right of redemption　贖回權；贖買權

Right of redress　索賠權

Right of re-entry　所有權再獲權；重新進入權

Right of relief　〔世貿〕（獲得）補償權

Right of re-photography　影印著作權

Right of reply　答辯權

Right of representation　代理權；代位繼承權

Right of rescission　撤銷權；解除權；解約權

Right of residence　居住權

Right of retainer　聘用律師權；遺囑執行人或遺產管理人的財產保留權

Right of retention　扣留權；保留權

Right of sale　銷售權

Right of sanctuary　庇護權

Right of search　〔際〕搜索權；搜查權；臨檢權（交戰國軍艦在公海上對中立國船隻的）

Right of selection　選擇權

Right to self-defence　自衛權

Right of self-determination of peoples　民族自決權；人民自決權

Right of self-preservation　自保權（指解除所訂條約拘束以求自保之謂）

Right of self-reservation　自衛權

Right of sovereignty　主權的權利

Right of sovereignty in constitution　憲法上的大權

Right of state　國家權利

Right of stoppage　停航權

Right of stoppage in transitu　運輸途中停航權；中途停運權

Right of strike　罷工權

Right of subrogation　代位權

Right of succession　繼承權

Right of suffrage　選舉權；投票權

Right of suit (=right of action)　起訴權，訴訟權；告訴權（特定案件的起訴權，通過司法程序取得救濟，通過訴訟才能佔有的動產）

Right of superintendence　監督權

Right of supervision　監督權

Right of support　撫養權；扶養權；贍養權；（受建築物）支撐權；支撐地役權

Right of survivorship　〔美〕生存者財產權（後死的配偶對先死配偶的遺產的繼承權利）；共有財產繼承權

Right of suspension　中止權

Right of talent　智力權；智能權

Right of termination　〔英〕終止合同權

Right of territorial sea　領海權

Right of territory　領土權

Right of the head of family　戶主權

Right of the minority shareholders　少數股東權

Right of the person　人身權（指與人身相聯繫或不可分離的沒有直接財產內容的權利，其反義詞為財產權）

Right of the third person　第三者的權利

Right of the writ of habeas corpus　請求人身保護令狀權

Right of things　物權

Right of trade mark　商標權

Right of transit　過境權

Right of unimpeded transit through and over straits　無阻礙通過及飛越海峽權

Right of use　使用權

Right of using of design　設計使用權

Right of using public property　公物使用權

Right of veto　否決權

Right of visit　臨檢權

Right of visit and search　臨檢搜索權 (交戰國軍艦在公海上對中立國船隻的)

Right of visitation　臨檢權；探視權 (指對被拘留的國民或僑民而言)

Right of visitation and search　臨檢權

Right of vote　議決權；投票權

Right of voting　選舉權；表決權

Right of water　引水權；疏水權 (經過他人土地引水或疏水的權利)

Right of watercourse　水道權 (經過他人土地引水或疏水的權利)

Right of way　通行權 (指通過他人土地上的地役權，一般為通往教會、人行道、馬路或馬車路的權利，但要受特定的條件、習俗等限制)；優先通行權 (指依照道路法規而言)；鐵路用地權 (指鐵道用地權等)

Right over highways　公路通行權

Right patent　〔英古〕地產權利令 (指發給非限嗣繼承土地保有者)

Right to alluvion　淤積地取得權；沖積地取得權

Right to arms　〔美〕保有及携帶槍支權 (美憲法第 2 條修正案賦予每個公民的權利)

Right to attorney　獲得律師辯護權

Right to be consulted　〔英〕(國王的) 被諮詢權

Right to be heard　聽取陳述權

Right to begin　先辯權 (指原、被兩方的律師中的一方有先行辯論的權利)；首先舉證權

Right to claim　求償權；要求權

Right to claim for repayment　請求償付權

Right to commerce　(國家) 貿易權；通商權

Right to communicate with his/her consular officer　與領事官員通訊權

Right to compensation　請求賠償權

Right to counsel　〔美〕獲得律師辯護權 (美憲法第 6 條和第 14 條修正案的規定)

Right to cure　治療權；康復權

Right to decline to give evidence　拒絕作證權

Right to defence　辯護權

Right to develop resources　資源開發權

Right to development　發展權 (發展中國家在里約宣言中提出的，也是人權中一條最基本的原則)

Right to die laws　〔美〕死亡法 (彌留者謝絕非常治療權法)

Right to education　教育權

Right to encourage　獎勵權

Right to equal and fair treatment　享受平等和公正待遇的權利

Right to equal pay for equal work　同工同酬權

Right to foreclose　阻止贖回權

Right to honour and respect　(國家) 名譽權；相互尊重權

Right to import and export　進出口權

Right to import and export goods　進出口貨物的權利

Right to impose import controls　〔世貿〕有權實施進口限制 (指對監獄產品而言)

Right to indemnity　受補償權

Right to infant-industry and balance-of-payments trade restrictions　〔關貿〕幼稚工業和國際收支差額貿易限制權

Right to intercourse　(國家間的) 交往權

Right to interpret　解釋權

Right to intervene　干預權

Right to know acts　〔美〕知情權法

Right to labour　勞動權

Right to light　採光權

Right to monitor the contents of the conversations　〔領事〕監視談話內容的權利

Right to movement of labour　〔關貿〕勞動遷移的權利 (有利於發展中國家的勞務輸出)

Right to obtain a share of the trade (in)　〔關貿〕取得一份貿易份額的權利

Right to personal existence and freedom　生存和自由權

Right to personal safety and freedom　人身安全和自由權

Right to redeem　贖回權；贖回不動產權

Right to regulate trade　管制貿易權；調節貿易權

Right to reject　拒收權

Right to remain silent　〔美〕沉默權 (指審判時，罪犯可保持沉默不予作答的權利)

Right to repurchase　贖買權；買回權

Right to retainer　遺囑執行人保留權；遺產管理人保留權 (指有權從死者遺產中留足財產以供優先清償死者所欠的債務)

Right to self-determination　自決權

Right to set tariff levels　制定關稅水平的權利

Right to sit at fixed rents　定額地租的權利

Right to strike　罷工權

Right to sue　訴訟權

Right to superintend　(行政) 監督權

Right to take anti-dumping measures　採取反傾銷措施的權利

Right to take possession　〔香港〕管領權

Right to terminate participation　終止參加權

Right to the exclusive use of a design　設計專用權

Right to the use of a site　場地使用權

Right to trade　貿易權；經營權

Right to trade in all goods　經營各種貨物的權利

Right to travel　遷徙權

Right to use a thing　使用權

Right to use land　土地使用權

Right to visit the national charged with espionage activities　〔領事〕探視被指控從事間諜活動的國民的權利

Right to vote　選舉權；表決權；投票權

Right to vote and to stand for election　選舉權和被選舉權

Right to warn　〔英〕(國王的) 警告權

Right to withdraw　提取權；撤銷權

Right to work　勞動權；工作權 (指工人有權獲得或保有職業的權利)

Right to Work Bill　〔英〕勞動權法案 (1912 年)

Right to work laws　〔美〕工作權法律 (指各州的《勞動權利法》根本上禁止就業歧視、禁止工會壟斷就業、禁止只允許會員就業或繳納會費才能就業等條件)

Right wingers　〔美〕右翼份子

Right with beginning term　附有始期的權利

Right with expired term　附有終期的權利

Rightful　正義的；公正的；合法的；依法享有權利的；恰當的；合適的

Rightful act　合法行為

Rightful actions　正義的行動

Rightful executor　合法的遺產管理人 (指在遺囑中合法指定的管理人)

Rightful heir　合法繼承人

Rightful owner　合法所有人

Rightful owner of a house　房屋的合法所有人

Rightful position　合法地位

Right-hand side　(車輛的) 右行規則；道路規則示意圖

Right-holder　權利擁有人

Rightist　右派；右派份子

Rights and duties　權利和義務

Rights and duties of the parents　父母的權利和義務

Rights and duties with condition precedent　附有先決條件的權利和義務

Rights and liberties of citizens　公民的權利和自由

Rights and obligations　權利和義務

Rights and remedies　權利與救濟

Rights arising out of the bill　票據上的權利

Rights in personam　對人權

Rights in rem　對物權

Rights issue　增股 (指公司以比低於市場現行股票給予股東認購原股票的新股)；認股權證的發行

Rights of individual　個人權利

Rights of man　人權

Rights of mankind　人權

Rights of the person　人身權利

Rights offering　〔美〕股權出售；配購優先認股權 (指分配購買公司現有股東洽購新發行的普通股的權利，稱之為 "privileged subscription")

Rights to emblements　莊稼收益權；莊稼收益；未與土地分離的耕作物；未收割的耕作物

Rights to participate in the WTO process　參與世貿組織辦理手續的權利

Rights to protect nationals in the receiving State　〔領事〕保護接受國國民的權利

Rights-on　帶權股票 (附有認購新股權)

Righty　〔英〕右派；保守派；反動派

Rigid constitution　硬性憲法；剛性憲法 (指非經一定立法程序，不得進行修改)

Rigid price　僵硬價格 (指價格不隨市場供求關係的變動而相應變動)

Rigidity　無彈性；(價格) 僵硬

Rigjacker　海上油鑽劫持者

Rigjacking　海上油鑽持劫

Rigo(u)r of martial law　戒嚴法的森嚴 (軍法森嚴)

Rigo(u)r of the law　法律的嚴格

Rigsdag　〔丹〕(1953 年前的) 議會；〔瑞典〕(上院制) 議會；〔芬〕(一院制) 議會

Ring　(黑社會) 集團；團夥；幫派

Ringing the changes　〔美〕套換騙術 (指以反復換錢為手段，製造混亂場面，伺機以小錢換取大錢，多收少找等盜竊行為)

Ringing up　〔美〕差額交易 (指商人和經紀人之間期貨交易相互結算)

Ringing-out settlement　輪環交易

Ring-leader　頭目；魁首；元兇；首要份子

Riot　暴動；暴亂 (罪)；騷擾 (罪)；騷亂治安 (罪)；妨害公安秩序 (英國公共秩序令規定，12 個人懷有共同目的和行動一起使用或威脅使用不法暴力使他人安危形成恐懼即構成妨礙公共秩序罪)

Riot Act　〔英〕騷亂取締條例 (1715 年；宣讀此條例中的條文之後不解散者判以重罪)

Riot and civil commotion insurance　暴亂保險 (暴動與內亂險)；暴動與民眾騷亂保險

Riot police　防暴警察

Rioter　暴亂者 (指鼓動或參與暴亂者)

Rioting　暴動；暴亂

Riotous　暴亂的；騷亂的；以暴亂方式的；鬧酒的；放蕩的

Riotous assembly　〔英〕暴亂集會 (指 12 人或 12 人以上擾亂安寧的非法集會)

Riotous demonstration　暴動示威

Rip off　v.〔美俚〕偷竊；搶掠；搶劫；盜竊；詐騙 (財物)

Riparian　河邊的；河岸的；住在河邊的；湖濱的；海濱的；水的

Riparian land　河岸地

Riparian law　河流法

Riparian lease　河岸使用契約

Riparian owner　河岸土地所有權者

Riparian proprietor (owner)　河岸土地所有權者 (通常指溪流或河岸的土地或毗連、連接於河流的土地所有者)

Riparian right(s)　河岸權

Riparian state(s)　河岸國 (指這些國家的管轄權由河岸界定)

Riparian water　河流水 (指低於正常河流最高水位的水)

Riparian work　治水工程；河岸工程

Ripe for judgement　可作出適當判決的 (指一個訴訟案件所涉及的法律爭議點均已解決，只待法院作出判決)

Ripeness dorctrine　成熟原則 (指雙方當事人的爭議至可由法院作出宣判為止)

Ripoff　〔美俚〕盜竊行為；搶掠；盜竊者

Ripuarain law　法蘭克法 (公元 4 世紀萊茵河畔科洛轟附近法蘭克人所遵守的法律)

Rise　n. & v. 上漲 (指價格)

Rise in rebellion　叛亂

Rise to order　發表關於議事進行的質問；發表是否違反規則的提問以阻止議事的進行

Rising of court　〔美〕法院開庭的最後一天；休庭 (指無限期休庭，其反義詞為："sitting" or "session")

Risk　危險；風險；保險險別；保險金額

Risk analysis　風險分析

Risk appraisal　風險評估

Risk assessment service　風險評估服務

Risk assessment techniques　風險評估技術

Risk asset　風險資產

Risk avoiders　避免風險代理商

Risk bearer　風險承擔者

Risk capital　風險資本；投資資本 (一般指企業的普通交易)

Risk capital test　〔美〕風險資本檢測標準；風險資本標準

Risk classes　類似風險投資組別

Risk control　風險控制

Risk distribution　〔保〕風險的分配

Risk expectancy　〔保〕風險預測

Risk identification　〔保〕風險識別

Risk incident to employment　職業風險 (指通常的、直接的或間接的或工作特殊性質有關所致)

Risk management　〔保〕風險管理

Risk manager　〔保〕風險經理；風險管理專家

Risk measurement　〔保〕風險度量 (危險估算)

Risk neutral　無敏感性 (投資) 風險

Risk note　〔保〕暫保單；承保通知書；減責運輸契約

Risk of breakage　破損險

Risk of capture clause　〔保〕戰爭險除外條款 (釋義見 "war risk clause")

Risk of collision　碰撞險

Risk of contamination with other cargo　污染險

Risk of counter-retaliation　反向報復的風險

Risk of craft and/or lighter　駁船險

Risk of environmental damage　環境損害的風險

Risk of fresh-water damage　淡水險

Risk of hook damage　〔保〕鈎損險

Risk of illiquidity　非兌現性風險

Risk of insolvency　無清償能力的風險；無償債能力的風險

Risk of loss　損失危險；損失風險

Risk of misuse　〔關貿〕濫用的風險

Risk of mould　發黴險

Risk of non-delivery　遺失險；提貨不着險

Risk of oil damager　油漬險

Risk of rust　生銹險；銹損險

Risk of shortage　短損險

Risk of shortage in weight　短重險

Risk of sliding damage　吊索險

Risk of strikes, riots and civil commotions　罷工、暴動和民眾騷亂險

Risk of sweat damage　汗潮濕；潮腐險

Risk of theft and/or pilferage　盜竊險

Risk of theft, pilferage and non-delivery　偷竊險和提貨不着險

Risk of war　戰爭險；戰爭危險

Risk of warehouse to warehouse　倉庫至倉庫險

Risk premium　風險酬金；風險報酬；風險溢價 (風險升水)

Risk premium of international trade and other economic transactions　〔世貿〕國際經濟貿易和其他經濟交易的風險升水

Risk ratio　風險率

Risk responsibility　危險責任

Risk securities　風險證券 (指投機、違約之類證券)

Risk selection　風險選擇 (指對投保者是否予保的決定)

Risk suspended　〔保〕未肯定的危險；中斷的危險

Risk taker　風險承擔者

Risk transfer　轉嫁危險；風險轉移

Risk unit　危險單位；風險單位

Risk-bearing　承擔風險的

Riskless rate　無風險投資的收益率

Risk-sharing　分擔風險

Risk-taking　保險承擔

Risky policy　風險政策；冒險政策；有風險的政策

Rivage　過河費 (河川通航稅)

River　江；河；水道；河川

River authorities　〔英〕河流管理局

River banks　河岸

River basin　江河流域

River bed　河牀

River bill of lading　內河提單

River boards　〔英〕河流管理委員會 (成立於 1948 年，代表地方當局和漁業局等負責處理污染、漁業和水患控制等)

River boundary　河流疆界

River community　河川共同體

River dues　內河稅

River improvement　治水

River law　河流法

River Niger Commission　尼日爾河委員會 (為 "尼日爾河組織" 所取代)

River Plate Division　〔基金〕里約河高地處

River trade　沿河貿易

River transportation insurance　內河運輸保險

River waybill　河運提貨單

Riverain　沿岸國；沿河國

Riverain state　沿岸國；沿河國

River-port　內河港

Rivers and Harbour Act　〔美〕河流和港口法 (1899 年)

Rivers in internatonal law　國際法上的河流

Rivers in municipal law　國內法中的河流

Rivers Pollution Prevention Act　〔英〕河流防污法 (1876 年)

Riyadh Agreement　〔沙特〕利雅得協定

RMB banknote custodian certificate　〔中〕人民幣現鈔保管證

RMB exchange rate　人民幣匯率

RMB foreign exchange instrument　〔中〕人民幣外匯票證

Road　道路；公路

Road agent　〔美〕攔路強盜

Road carrier　陸運承運人

Road District　〔美〕公路管理局 (準市政法人機構)

Road map for the Common Space of Freedom, Security and Justice for European Countries　歐洲各國關於自由、安全和公正的共同空間路線圖 (2003 年 5 月，歐洲各國首腦在美國匹茲堡峰會上達成歐洲各國人民關於免簽證、無邊界可自由遷徙的)

Road mileage　鐵路英里數

Road signal　道路信號

Road taxes　公路稅 (指對銷售或經營汽車所課收的路稅)

Road traffic　道路交通

Road user charges　養路費

Road way 車行道；(鐵路的)路線；道路

Roadblock 路障

Roadmap for U.S.-China Cooperation on Energy and Climate Change Overcoming Obstacles 美中兩國關於能源和克服氣候變化障礙合作路線圖 (2010 年 5 月 7 日至 10 日於哥本哈根)

Road-money 旅費；道路維持稅

Roadstead 泊船處；近岸錨地；港外錨地；拋錨地

Roadstead port 臨海港；沿岸停船港

Roadster 〔美〕攔路強盜；流浪者

Rob *v.* 搶劫；劫掠；盜取；欺騙

Rob state records 搶劫國家檔案

Robber 強盜；劫匪；搶劫者

Robber insurance 盜竊保險

Robber risk 〔保〕盜竊危險

Robberies among family 親屬相盜

Robbering ring 搶劫集團

Robbery 強盜罪；偷盜罪；搶劫；劫掠；盜取

Robbery in forest 森林劫盜

Robbery insurance 搶劫保險

Robbery suspect 搶劫嫌疑犯

Robe 〔英〕律師界；司法界

Robing room (法官、律師)更衣室

Robinson-Patman Act 〔美〕羅賓了森-帕特曼法 (1936 年，規定任何從事直間接銷售同類同等質量商品價格歧視者為非法)

Robotpatent 〔奧〕強制農民勞役法令 (奧匈帝國強迫農民為其領主提供勞役。該法令直至 1848 年才終於被廢止)

Robust guide to the choice between regionalism and multilateralism 堅定地指導區域主義與多邊主義之間的選擇

Rock bottom (物價等的)最低點

Rock bottom price 最低價格；底價

Rockfeller Drug Law (紐約州)洛克菲勒禁酒法 (1973 年)

Rod 杠 (51/2 碼、161/2 呎) (度量單位)

Rod licence 〔加〕鮭魚稅

Roerich pact 羅厄立舒公約

Rogation 法律草案 (古羅馬執政官或護民官提出的)

Rogatory 奉命查訊的

Rogatory letters 〔美〕調查委託書 (一法院法官囑託另一法院法官審問證人，錄取證言)

Rogue 流氓；流浪乞丐；懶漢；遊民；無賴；惡棍

Rogue money 〔美〕各州徵收逮捕犯人和在監獄中監禁犯人所需費用的稅

Rogues' gallery 罪犯照片集

Roi 〔法〕國王

Role of the dominant players in world trade 在世界貿易中扮演着主要遊戲角色的作用 (就美國而言)

Role of the foreign service 外交服務作用

Role of the Secretariat 〔世貿〕秘書處作用

Roll *n. & v.* I. 名單 (納稅人及其財產的)；花名冊；目錄；公文；檔案；案卷 (法院訴訟的)；〔複〕記錄卷 (舊時以羊皮紙作成記錄後，裝成卷以長期保存)；II. 搶劫

Roll call 唱名；點名

Roll call vote 唱名表決

Roll of Attorneys 〔美〕律師名冊

Roll of court 〔英〕莊園法庭案卷 (指保存承租人的姓名和勞役等的法庭記錄)

Roll over 貸款展期；再籌資

Roll over credit 浮動利率信貸

Rollback 壓低物價；壓平物價；〔關貿〕回降；逐步回退 (GATT 對各締約方的關稅和非關稅措施要求實施的一種承諾形式)

Rollback clause 〔關貿〕回歸條款 (指締約國承諾消除現行違反總協定有關規範的貿易措施，而回到合乎總協定的規定)

Rolling capital 經營資本

Rolling over 短期貸款展期

Rollover 貸款展期；滾轉法

Roll-over paper 〔美〕展期票據 (在起算日到期後可延期或轉為分期付款)

Rolls court 〔英古〕案卷法庭 (1873 司法改革前為衡平法院首席掌卷法官，其司法職責是保管衡平法院的案卷和記錄，本詞尤指用於大法官法庭庭長開庭的處所)

Rolls of Parliament 國會檔案；〔英〕議會議事錄

Rolls of the Court of Session 〔蘇格蘭〕最高民事法庭案卷

Rolls Office of the Chancery 〔英〕衡平法院檔案處

Rolls Series 〔英〕卷宗檔案集 (又稱"大不列顛和愛爾蘭中世紀編年史回憶錄"，從 1858 年開始編寫，共集 253 卷)

Roman Catholic 羅馬天主教；羅馬天主教教徒

Roman jurisprudence 羅馬法學 (泛指古羅馬奴隸制社會的法學，尤指公元 3-6 世紀法學家編纂法典的重大成就)

Roman law (R.L.) 羅馬法 (自公元前 753-565 年羅馬皇帝查士丁尼在位時的法律制度，現今世界兩大法系之一的大陸法系即源於此；普通法系亦受其影響)

Roman-Dutch Law 羅馬-荷蘭法

Romano-Germanic family 羅馬-日耳曼法系

Rome Convention for the Protection of Performers, Producers of Phonograms and Broadcasting Organisations 保護表演者、錄製者及廣播組織羅馬公約 (1961 年)

Romescot 聖彼得節奉金 (=Peter pence)

Romney Marsh 根德郡羅姆尼濕地

Rood of land 路得 (=1/4 英畝，或 1210 平方碼土地)

Rookeries 〔英〕魯克區 (為 15 世紀倫敦的刑事犯人區)

Roomer 〔美〕房客；寄宿者

Root and Branch Petition 〔英〕廢除主教制請願 (1640-1643 年)

Root cause of environmental or labour-market problems 環境或勞動市場問題的根本原因

Root of descent 祖先

Root of title 產權的最初文書 (指賣方擬出售土地時在出具產權證中要說明在過去 30 年中該塊土地的產權變遷並證明現為其所有的絕對有效的產權文書，亦即證明該要出售的土地合同附有法律和衡平權益的有效產權的文書)

Ross barrier 羅斯壁壘

Ross dependency 羅斯附屬地

Ross ice shelf 羅斯冰架

Ross sector 羅斯扇形區

Roster 名單；名簿；花名冊；勤務名簿；(軍隊)官兵勤務名冊

Roster of candidates 候選人名單

Rota court 天主教最高法院

Rotary international "扶輪國際" (1905 年成立於美國，由

從事工商和自由職業的人員組成的羣眾性服務社團）

Rotation in office 官職輪換制

Rotation of directors 董事的輪換（指每年公司中都有部份董事退職輪換）

Rotten borough 〔英〕腐敗選區（具有同等選舉權但居民比其他選區少得多的選區）；保持議員選舉權的市鎮（1832 年前已失去選區實質但仍選舉議員的市鎮）

Rotten clause 〔保〕鏽損條款（指船舶檢查如果發現有鏽損或無適航能力者，承保人可得以免除責任）

Rotuli Parliamentorum 〔英〕議會檔案（1290–1503 年）

Rough log 航海日誌草本

Rough-wrought produce 粗加工產品

Round 〔關貿〕回合（按關貿總協定所舉行的多邊貿易談判的）

Round lot 〔美〕大宗；整數批量（股票單位，紐約股票交易所單位，每份 100 股，每張債券 1000 或 5000 美元面值）

Round table conference 圓桌會議

Round table discussion 圓桌討論會

Round table meeting 圓桌會議

Round trade 完全交易

Round trip charter 往返租船合同

Round trip lease 往返租賃

Round trip ticket 來回票；往返票

Round tripping 循環借款（指美國公司借歐洲美元）

Rounder 〔美〕慣犯；浪蕩子；酒鬼

Roundhouse 拘留所；監獄

Roundsman 巡官；看夜人；商業推銷員；跑街

Roup *n. & v.* 〔蘇格蘭〕拍賣

Roustabout 〔美〕碼頭工人；甲板水手；〔澳〕打雜工

Rout 騷動；聚眾鬧事；非法集會（指在一定情形下聚眾三人或三人以上即構成非法集會）

Route 路線；路程；航線

Route rights 航線權

Routine activities 〔世貿〕日常活動

Routine work 日常工作

Rover 海盜；海盜船；流浪者

Roving ambassader 巡迴大使

Roving mission 巡迴特派團

Roving policy 流動保險

Rowdism 流氓作風；粗暴（或吵鬧）的行為

Roy 〔法〕國王

Royal 王家的；皇家的；皇室的；敕准的

Royal adopted son 王室養子

Royal agricultural society 〔英〕皇家農業學會

Royal arch 共濟會

Royal arms 〔英〕皇家紋章

Royal assent 〔英〕敕准（指兩院的議案經國王或女王裁可後即成為議會法令）

Royal authorisation 皇室授權

Royal burgh 〔蘇格蘭〕御准自治市（按於 1707 年前根據國王的敕令建立的自治都市）

Royal Charter 〔英〕英王敕書

Royal commission 〔英〕皇家委員會（成立於 1976 年，其職責是解決市民的日常法律問題）

Royal Commission on the Provision of Legal Services 〔英〕皇家法律事務調查委員會

Royal Courts of Justice 〔英〕皇家法院

Royal declaration 〔英〕皇室宣言（1689 年）

Royal decree 敕令

Royal demesne 皇室的土地；皇畿

Royal edict 敕令；聖旨

Royal Exchange 倫敦交易所

Royal Exchange Assurance Corporation 倫敦交易所保險公司（1770 年）

Royal fish (or fish royal) 〔英〕皇魚（指在海上捕獲獻給國王的鯨魚等）

Royal fishery 特許捕魚權（國王在水面的排他性漁業權）

Royal foreces 〔英〕皇家武裝力量

Royal forests 〔英〕皇家獵場；皇家森林

Royal grants 王室特許（權）

Royal Household 〔英〕王宮各政要官職

Royal Human Society 皇家拯救溺水者協會

Royal Institution 〔英〕皇家學院；皇家科普學院

Royal Instruction 〔英〕英皇制誥；〔香港〕皇室訓令（指英王室對香港總督的指示）

Royal mail 〔英〕王室郵件；皇家郵件

Royal Marriage Act 〔英〕皇家婚姻法（王室成員婚姻法，頒佈於 1772 年）

Royal mines 〔英〕皇家金銀礦

Royal Mint 〔英〕皇家造幣廠（英國造幣局）

Royal Naval Engineers 〔英〕造船監督

Royal Netherland Shipowners' Association 荷蘭王國船東協會

Royal pardon 〔英〕皇家赦免

Royal prerogative 〔英〕君權；君主特權；帝王大權；王權

Royal proclamations 〔英〕王室公告；詔書

Royal Reserve Fund 〔英〕法定儲備金

Royal Society 〔英〕皇家科學協會（1662 年在王室協助下設立於倫敦）

Royal Society of Arts 皇家藝術學會（1753 年）

Royal standard 〔英〕王旗

Royal style and titles 〔英〕英王稱號和頭銜

Royal title 女王尊稱

Royal veto 國王否決權；君主否決權

Royal Warrant 皇室委任狀；〔香港〕英廷委任狀

Royalties' payable 應付的特許權使用費；應付的專利權費

Royalty 版稅；使用費；礦區租用費；〔英〕王室尊嚴和特權

Royalty acres 歸屬於土地所有者部份的石油

Royalty bonus 超額租用費（指石油、天然氣的租約）

Rub down 〔口〕對（犯人等）全身搜查

Rubber cheque (check) 〔美俚〕空頭支票（因存款不足銀行拒付的支票）

Rubber stamp 橡皮圖章（意指沒有實權的機構）

Ruberts' Rules of Order 〔美〕羅伯茨程序規則（諸如議會及其他股東等團體會議程序等）

Rubric 〔英〕紅標題；指令；指示（印在英格蘭國教會的《公禱書》上，以紅色印刷上，以求醒目）

Rubricated account 專款賬戶

Rudeness 粗野與無禮；粗魯；狂暴；猛烈；突然

Rue of Most-Favoured-Nation Treatment 〔關貿〕最惠國待遇原則

Ruffian 暴徒；歹徒

Rule *n. & v.* I. 準則，規則；細則；統治；(法庭的) 裁決；裁定；命令；〔複〕規則 (法院審理申請時間可在開庭抑或休庭期間)；II.〔美〕(依法院規則) 命令；要求；裁決 (指法官解決或就審理中的法律點作出裁決)

Rule 415　〔美〕415 規則 (指證券交易所委員會 1982 年頒發的第 415 項規則)

Rule absolute　絕對命令；確定性裁決 (在裁決生效後馬上產生絕對效力的即決裁判)

Rule against a motion　否決動議

Rule against hearsay evidence　不接納傳聞證供的規則

Rule against perpetuities　禁止永久權規則；禁止永久不得轉讓財產的原則

Rule by law　法治

Rule day　被告出庭日；(=rule to show case)

Rule in Shelley's case　〔美〕謝利訟案規則 (關於繼承人享有剩餘產權案規則)

Rule nisi　附條件的裁決；暫時裁決；可推翻的裁決 (意指除非敵對當事人能提出充足的反對理由，否則即成為強制執行的、終局的判決)

Rule of 72　〔美〕72 規則 (指本金利率分為 72 份規則)

Rule of 78　〔美〕78 規則 (指一年內每月分期償還貸款的計算法)

Rule of aerial warfare　空戰規則

Rule of characteristic performance　特徵履行規則 (又稱"特徵給付說"，指以合同的特徵性履行決定合同的最密切聯繫，並以此確定合同準據法的指導原則。在商務合同中，合同的本質特徵往往由一方當事人履行合同的行為反映，如買賣合同中賣方的交貨行為、運輸合同中承運人的運輸行為等，則反映合同本質特徵一方當事人的履行是合同的特徵性履行，它決定了合同與該方當事人的住所地或營業地有最密切聯繫，適用該住所地或營業地 (所在國) 法即被認為適用最密切聯繫地 (國) 法)

Rule of comity　禮讓規則

Rule of construction　解釋規則

Rule of continuity of nationality　國籍不變規則

Rule of conventional international law　協定國際法規則

Rule of customary international law　習慣國際法規則

Rule of debate　辯論規則

Rule of descent　〔英〕繼承法規則

Rule of double actionability　雙重可訴規則 (即對侵權行為案件同時適用侵權行為地法和法院地法)

Rule of effectiveness　實效規則

Rule of environment for multilateral trade agreements　〔世貿〕多邊貿易協定的環境規則

Rule of equity　衡平法規；衡平規則；平衡規則

Rule of Exceptions of Customs Unions & Free-Trade Areas　〔關貿〕關稅同盟和自由貿易區例外規則

Rule of fair trade　〔關貿〕公平貿易原則

Rule of four　〔美〕四人規則 (為最高法院四個法官共同裁定是否需要複審的辦案規則)

Rule of general elimination of quantitative restrictions　〔關貿〕取消一般性數量限制的規則

Rule of Generalised System of Preference　〔關貿〕普惠制規則

Rule of humanitarian warfare　人道主義戰爭規則

Rule of infant industry　〔關貿〕幼稚產業規則 (幼稚產業保護原則)

Rule of international conduct　國際行為規則

Rule of international law　國際法規則

Rule of international practice　國際常例規則

Rule of interpretation　解釋規則；〔香港〕一般法律解釋的法規 (指所有運輸法規都適用於運輸契約，解釋運輸契約中，如有某些條款可導致承運人據此免責時，法庭將儘量採用有利締約另一方而不利於承運人的解釋，或對承運人較少免責的解釋)

Rule of justice　正義規則

Rule of law　法律規範；法治 (指法律面前人人平等主義依法行政、依法經商之法則)

Rule of law in north-south trade relations　南北貿易關係的法律原則 (其中去掉了最惠國規則，而不加進其他行為規則)

Rule of lenity　〔美〕從寬規則 (指對法規的罰則可有一個以上解釋意思時依最寬大處罰)

Rule of local remedies　(用盡) 當地救濟規則；當地補救規則

Rule of marshalling assets　〔美〕債務清償順序規則

Rule of military honour　軍事榮譽規則

Rule of morality　道德規則

Rule of Most-Favoured-Nation Treatment　〔關貿〕最惠國待遇原則 (規則)

Rule of National Treatment　〔關貿〕國民待遇原則

Rule of necessity　〔美〕必要性規則 (指允許獨審法官聽審和裁決權規則，即便其與該案由直接關係)

Rule of neutrality　中立規則

Rule of non-discrimination　〔關貿〕非歧視性原則

Rule of presumption　推定規則

Rule of procedure　議事規則；程序規則；訴訟程序規則

Rule of rank　等級規則

Rule of reason　〔美〕合理準則 (指實行貿易限制應考察到諸如限制歷史等案件的所有重大因素及其應達到謝爾曼反託拉斯政策的目的)

Rule of Reciprocal Trade　〔關貿〕互惠貿易原則

Rule of security exceptions　〔關貿〕安全除外規則

Rule of speaking　發言規則

Rule of stare decisis　遵循先例規則 (參見 "stare decisis")

Rule of strict compliance　嚴格符合原則 (指銀行對以信用證付款的要求而言)

Rule of the law of nations　國際法規則

Rule of the road at sea　海路通行規則

Rule of the war　〔英〕戰爭規則 (1756 年)

Rule of transparency of trade policy　〔關貿〕貿易政策的透明度規則

Rule of unanimity　全體一致規則；〔關貿〕全體一致規則 (指 1965 年對 GATT 修改時提出的原則要求全體締約方大會一致通過，但對不接受的締約方仍無約束力)

Rule of usufruct　用益權規則

Rule of waivers　〔關貿〕豁免義務規則

Rule orientation　〔世貿〕規則取向；規則導向

Rule orientation of the WTO procedures　世貿組織的規則取向程序；世貿組織程序的規則取向

Rule(s) for privy council affairs　樞密院事務規程

Rule(s) of fee of sheriff　執達員手續費規則

Rule(s) of redemption by lottery　抽籤償還法

Rule(s) of sheriff 執達吏規則 (執行官規則)

Rule(s) of shipbuilding 造船規程

Rule(s) of the official duty 公務規則

Rule-based dispute resolution process 〔世貿〕根據規則的解決爭端程序

Rule-based governance system 〔世貿〕以規則為基礎的管理制度

Rule-bound European integration 歐洲規則約束的一體化

Rule-bound free trade 規則約束的自由貿易

Rule-bound global trading system (受) 規則約束的全球性貿易體系

Rule-bound integrated European Union 一體化規則約束的歐洲聯盟

Rule-enforcing process 〔世貿〕執行規則的程序

Rule-making 制定規則

Rule-making forum 〔世貿〕制定規則的論壇

Rulemaking power 〔美〕制定規則權 (指國會授權最高法院為其下級各法院制定訴訟程序規則以為他們審理案件所遵循)

Rule-making procedure 制定規則程序

Rule-oriented concept 規則取向的概念

Rule-oriented diplomacy 規則導向的外交；規則取向的外交

Rule-oriented liberalisation of international agricultural trade 規則導向的國際農產品貿易自由化

Rule-oriented system 〔關／世貿〕規則取向的制度 (指導全世界千百萬個企業家按其穩定規則行事)

Rules against hearsay evidence 〔香港〕不接納傳聞證供規則 (指證人必須親自出庭，且只能就本人直接知道或親自經歷的事，而不是別人告訴他的事作供的規則)

Rules and Practices of the Fund 國際貨幣基金組織規則和慣例

Rules and regulations 規章制度；〔基金〕規章制度

Rules and regulations in force 現行規章制度

Rules committee 議事規則委員會

Rules delegalising trade relations between developed and developing countries 發達國家與發展中國家貿易關係失去法律效力的規則 (學者認為，南北貿易關係的新法律不利於發展中國家是關貿總協定失誤之謂)

Rules Enabling Act 〔美〕制定規則授權法 (1934 年)

Rules for designation 〔基金〕名稱規則 (指貨幣基金的特別提款權的規則)

Rules for Foreign Investment Enterprises to Apply for Import and Export Licences 〔中〕關於外商投資企業申領進出口許可證的實施辦法

Rules for implementation 施行細則

Rules for increasing and reducing penalties 刑罰加減令

Rules for International Commercial arbitration and Standards for Conciliation of the United Nations Economic Commission for Asia and the Far East, 1966 〔聯〕亞洲與遠東經濟委員會商事仲裁規則和調解準則 (1966 年)

Rules for reconstitution 重建規則

Rules for registration of companies 公司註冊章程

Rules for repurchase 購回的準則；購回的標準

Rules for the government of prisons 監獄法

Rules for the Implementation of Confirmation and Examination of Export Enterprises and Technologically Advanced Enterprises with Foreign Investment 〔中〕關於確認和考核外商投資的產品出口企業和先進技術企業的實施辦法

Rules for the Implementation of Foreign Exchange Controls relating to Individuals 〔中〕個人外匯管理實施細則

Rules for the Implementation of Foreign Exchange Controls relating to Foreign Institutions in China and their Personnel 〔中〕對外國駐華機構及其人員的外匯管理實施細則

Rules for the Implementation of the Income Tax Law of the P.R.C. Concerning Chinese-Foreign Joint Ventures 中華人民共和國中外合資經營企業所得稅法實施細則

Rules for the Implementation of the Individual Income Tax Law 〔中〕個人所得稅法實施細則

Rules for the International Chamber of Commerce Court of Arbitration 國際商務法院仲裁規則

Rules governing the inspection of export and import commodities 進出口商品檢驗工作細則

Rules of admixture 混合 (適用) 規則

Rules of an evidentiary character 證據性規則

Rules of Appellate Procedure 〔美〕上訴程序規則

Rules of applicable law 適用法律規則

Rules of application 適用規則

Rules of Application of Law 法律適用規範 (國際私法上的稱謂)

Rules of Bankruptcy Procedure 〔美〕破產訴訟程序規則

Rules of choice of law 選擇法律規則

Rules of civil procedure 〔美〕民事訴訟 (程序) 規則

Rules of competence 權限規則

Rules of Conciliation and Arbitration 1955 〔聯〕調解與仲裁規則 (國際商會仲裁法庭的)

Rules of Conciliation and Arbitration of the Internationational Chamber of Commerce 國際商會仲裁法庭調解與仲裁規則

Rules of Conduct 行為規則

Rules of conflict 抵觸規則 (又作 "適用規則"，指在處理涉外民商事案件中當與有關法律相抵觸對所應適用的一種國際司法規則)

Rules of conflict of laws 法律衝突法規則

Rules of construction or interpretation 解釋規則

Rules of conversion 折合規則 (指將外幣兌換成本國貨幣)

Rules of court 法院規則 (規定法院的各種訴訟程序規則，例如：刑、民事訴訟規則等等)

Rules of criminal procedure 〔美〕刑事訴訟規則

Rules of customs valuation 海關估價規則

Rules of debate 辯論規則

Rules of Decision Act 〔美〕判決規則法 (該法頒發於 1789 年，但迄今仍然適用，其實質性沒有變更)

Rules of distribution 遺產分配規則

Rules of engagement 交戰規則

Rules of evidence 證據規則 (指在審訊和聽證會上指導採納證據的法院規則)

Rules of games 遊戲規則 (指 WTO 的)

Rules of good husbandry 〔英〕良好管理規則 (指管理莊稼和牲畜免受疫災)

Rules of good seamanship 良好船藝規則 (指不管在任何情況下都能使船舶正常執行任務)

Rules of grain trade　〔美〕穀物交易規章

Rules of imperative law　強行法規則

Rules of interpretation　解釋規則（一般法律解釋的法規）

Rules of jus commune　普通法規則

Rules of market economy　市場經濟規則

Rules of navigation　〔美〕航行規則（規範管理船舶在河流
和海上航行避碰危險等規則）

Rules of operation　業務細則

Rules of optional conciliation　非強制性調解規則

Rules of order　議事規則

Rules of organisation　組織法

Rules of origin　原產地規則

Rules of origin for textiles and apparel and autos　〔美、
墨〕紡織品、服飾和汽車原產地規則

Rules of practice　訴訟規則；程序規則；實務規則

Rules of Private International Law　國際私法規則

Rules of procedure　議事規則；訴訟程序規則；〔香港〕程
序法規

Rules of Procedure for International Arbitration　國際仲
裁程序規則（1895 年）

**Rules of procedure of the Inter-American Commercial
Arbitration Commission**　美洲商事仲裁委員會程序規則
（1969 年）

Rules of Professional Conduct　〔美〕律師職業行為準則
（規範律師與其委託人關係行為準則）

**Rules of Shenzhen SEZ Concerning External Economic
Contracts**　〔中〕深圳經濟特區涉外經濟合同規定

Rules of the Air and Air Traffic Control　航空及空中交通管
制規則

Rules of the court　法院訴訟規程

Rules of the Court of Claims of the United States　美國索
賠法院規則

Rules of the game　博弈規則

Rules of the law merchant　商法通則

Rules of the prison　監獄規則

Rules of the road　路規（指管理機、船等航行安全和避免碰
撞的路規）；小型船舶航行規則

Rules of the supreme court　〔英〕最高法院規則

**Rules of the Supreme Court of England and Wales
(R.S.C.)**　英格蘭和威爾斯最高法院規則

**Rules of the United States Court of Customs and Patent
Appeals**　美國海關和專利案件上訴法院規則

Rules of the United States Supreme Court　美國最高法院
規則（規定了最高審判機關審核上訴的程序）

Rules of trade behaviour　貿易動態規則

Rules of travel agencies　旅行社細則

Rules of war　戰爭規則

Rules of warfare　作戰規則

Rules on competition policy　競爭的政策規則

Rules on services　〔世貿〕關於服務貿易規則

Rules section　〔瑞士〕規則選擇（指要求法官適用與案件最
密切關係的法律）

Rules-based organisation　〔世貿〕循規蹈矩的組織；按照
規則辦事的組織

Rules-making and rules-enforcing organisation　〔世貿〕
制定和實施規則的組織

Rules-oriented procedure　〔世貿〕以程序為目標的規則；
程序導向的規則

Rule-writing process　〔世貿〕編寫規則的程序

Ruling　細則；裁決；決定

Ruling cases　主要案例；主要判例；指導性判例

Ruling on a motion　對動議的裁決

Rummage　〔警〕搜查；海關檢查

Rummage sale　清倉拍賣；遺留品拍賣；捐贈品義賣

Rumour　謠言；謠傳

Rumour-mongering　散佈謠言

Rump parliament　〔英〕殘餘議會（亦稱“最後議會”，1648
年英國的長期議會普萊特放逐百余人議員後而召開的議會，
於 1660 年 3 月解散）

Run　*n. & v.* I. 小河；小水流；生產週期；擠兌；爭購；擠提
（存款）；II.（在規定的領土內）具有法律效力；附隨於；附
屬於（例如，地上的所有物隨土地一起移轉）；（在規定的時
期內）適用於；擠兌；擠提

Run a blockade　偷越封鎖；衝破封鎖

Run a candidate in　提出競選⋯候選人

Run a red light　闖紅燈（交通用語）

Run a rumour　追查謠言

Run afoul of local law　觸犯當地法律

Run aground　擱淺

Run down　撞倒；追捕

Run for mayor　競選市長

Run for office　競選公職

Run foul of　與⋯相撞；與⋯衝突；與⋯糾纏

Run foul to the law　觸犯法律

Run free　〔海法〕順風航行

Run goods　走私貨物

Run in　〔俚〕拘留；逮捕

Run off　〔警〕逃脫；逃跑

Run on　擠提；暢銷；搶購

Run on a currency　擠兌一種貨幣

Run over　〔警〕輾過

Run scared　（擔心落選）盡力拉票

Run the risk of ...　冒險

Run under the lee of the shore　〔海法〕在岸下風航行；在
背風岸邊航行

Runaway shop　〔美〕逃亡工廠；外逃工廠（指為反對工會而
把工廠搬遷到他處或暫時關閉停產）

Rundown on inventories　出清存貨；出售庫存

Runner　走私人；走私船；偷越封鎖線的人；〔美〕為律師招
攬意外傷害者案件生意的人（指為律師介紹意外事故死亡者
案件辯護）；庭外跑堂兒（指協助保釋擔保人看護、監視應傳
將被告押送出庭等案件者）

Runner or bailiff in a feudal yamen　〔中〕差役（中國封建
時代衙門內的）

Running account　流水賬；來往賬；連續結轉賬戶

Running agreement　持續合約；有效合約；臨時海員僱用
協議（契約）

Running at large　〔美〕競選城鎮公職候選人；街上流浪的
家畜；失主的家畜

Running broker　流動經紀人（無固定辦公室，四處兜攬生意）

Running cost　經常費用；日常費用；運行成本；連續成本

Running days　連續裝卸區；連續工作日（指包括星期日和

假日在內的租船合同中的用語）；自然日

Running down cases 交通災害事故；駕車碰撞索賠案件；〔英〕撞車事故損害賠償訴訟；船舶碰撞事故損害賠償訴訟

Running down clause (R.D.C.) （船舶）碰撞條款；碰撞責任條款

Running expenses 日常費用

Running lands 〔蘇格蘭〕鄰接地（田塍或其中部份相互連接而屬不同產主的土地）

Running lights 航行燈；航行指示燈

Running number 連續號碼；流水號

Running of goods 逃稅物品的上岸

Running of the blockade 破壞封鎖

Running of the statute of limitations 〔美〕已逾時效；已失時效（的訴訟）

Running Parliament 蘇格蘭議會

Running policy 流動保險單

Running repair 小修繕；經常性修理；巡迴修理

Running with the land 附隨土地移轉（指土地轉讓人履行的義務或利用其有利的權利附隨契約的過戶而移讓給受讓人）

Running wound 膿瘡

Runnymede 〔英〕蘭尼米德（1215 年《大憲章》簽署地，位於泰晤士河南岸，離倫敦 20 英里）

Run-off election 〔美〕最後選舉

Run-on bank 銀行擠提；向銀行擠提存款

Rupture 斷肢；破裂；斷絕

Rupture of commercial relations 斷絕商務關係

Rupture of consular relations 斷絕領事關係

Rupture of diplomatic relations 斷絕外交關係

Rupture of pacific relations 斷絕和平關係

Rural 鄉下的；農村的

Rural and urban employment policies 城鄉就業政策

Rural area 郊區

Rural credit act 〔美〕農業信貸條例

Rural credit cooperatives 〔美〕農村信用合作社

Rural credits 農業信貸；農村信貸

Rural dean 〔英〕教長代理（由主教或副主教委任，並代行其職責）

Rural deanery 〔英〕教長代理巡迴管轄區

Rural district 農業區

Rural District Council 〔英〕農村性質的郡區委員會（1972 年撤銷）

Rural economy 農業經濟；農村經濟

Rural Electrification Administration (R.E.A.) 〔美〕鄉村電力化管理局（農村電力化管理局）

Rural free delivery (R.F.D.) 〔美〕鄉村免費郵遞

Rural resident 農村居民

Rural servitude 農村地役權

Rural sociology 農村社會學

Rurswood 〔美〕魯爾斯伍德格式（租船契約分為定期船舶租約和旅程船舶租約兩種。後者又分為魯爾斯伍德格式和根康格式 "Gencon"，締約者可按自己認為合式自由修訂租船條款，其為國際上認可的旅程船舶租約兩格式之一）

Ruses of war 戰爭詐術；軍略；戰略

Rush order 緊急訂貨（單）

Rush-Bagot Agreement 〔美、英〕拉什－巴格特協定（1817 年）

Rust risk 貨物銹損險

Rustler 盜牛賊；偷盜牲畜賊

Rustling 盜牛罪；偷盜牲畜罪

S

S-1 〔美〕公司證券上市申請表（指任何公司要使自己的證券上市都要向證券交易委員會填寫此表 "Form S-1"）

Sabbath 〔猶太〕安息日，主日；星期日（為一個星期中的一天的名稱；猶太教徒為星期六，基督教為星期日）

Sabina's school 薩賓學派（按為羅馬古典法學的兩大學派，其為卡皮托學派的門人，擁護帝政，曾對羅馬法學作出過重要貢獻）

Sabotage *n. & v.* I. 故意破壞（故意毀損國防或戰爭等物資或其設施）；陰謀破壞；破壞行動（指工人為怠工而進行毀壞機器等活動）；II. 破壞；進行破壞；從事破壞活動

Sabotage an agreement 破壞協定

Saboteur 〔法〕破壞者；破壞份子；怠工者

Sac 〔英古〕審理案件；莊園法庭管轄權；領主審判權（指在莊園法庭中審理其承租人之間的侵權並予以罰款的訴訟案件的特權）

Saccabor 〔英古〕被盜財物的物主；立即追捕竊賊的物主

Sack *v.* 劫掠；洗劫；獨擔全部罪責（指本應與他人共同承擔的罪責）；解僱

Sack and fork 處以溺刑及絞刑

Sacker 劫掠者

Sacred territory 神聖的領土；不可侵犯的領土

Sacred trust 神聖的委託

Sacrifice 犧牲；虧本出售；大賤賣；虧損；虧本出售的商品

Sacrifice sale 虧本出售

Sacrilege 〔宗〕瀆神罪；盜竊聖物罪（指撬門進入教堂行竊）

Sacrilegious 盜竊聖物的

Safe *n. & a.* I. 保險箱；II. 安全的；保險的；平安的；無損的

Safe arrival 安全到達

Safe conduct （=Safe-conduct）通行證（指通過禁區等可免受逮捕或傷害）；安全通行證；〔英〕戰時通行證（指外國人持有蓋有英國國璽在征戰時可自由出入於王國；亦指由交戰國發給敵國國民或其他人的書面許可證，准許持證人只要遵照規定即可不受騷擾地為其特定目的前往特定地方或返回家鄉。但此證不包括貨物或行李，除非通行證對此有說明；交戰國間按國際法規定安排，通行證也可有效地頒發給交戰國的船舶或貨物）；護送持有安全通行者的衛兵

Safe conduct card 通行證

Safe custody 安全保管

Safe custody charges　保管費

Safe deposit box　安全保險箱 (指在銀行租用放置存摺、債務和金銀首飾等珍貴物品的)

Safe deposit company　保管公司 (專門負責保管貴重物品)

Safe Drinking Water Act (SDWA)　〔美〕安全飲水法

Safe drinking water　安全的飲用水

Safe harbour for protectionist domestic interests　〔關貿〕國內保護貿易主義利益團體的安全避風港 (指關貿總協定早期的反傾銷規定)

Safe harbour rule　〔美〕安全避稅規則；安全避風港規則

Safe limit of speed　(十字路口的) 車速限制

Safe place to work　〔美〕安全工作場所 (指僱主必須為僱工提供合理的安全工作場所，但不等於消滅所有工作中的危險)

Safe port　安全港 (指可供船舶和裝卸等安全設施的港)

Safe stopping distance　安全停車距離

Safe-cracker　撬開保險箱的盜賊

Safeguard actions　保障措施

Safeguard agreement　保障協定參照美國的《烏拉圭回合協議案》的協議)

Safeguard balance-of-payments position　〔世貿〕保障國際收支狀況

Safeguard clause　保障條款；保留條款 (指貿易協議中准許成員方在特定情況下撤銷或停止履行該協議規定的正常義務以保障其某種更重要的利益)

Safeguard competition　保障競爭

Safeguard measures　〔關貿〕保障措施 (又稱"免責條款"、"保障條款"，指在特殊情況下，免除締約國對有關協定承擔義務的措施，釋義同 "safeguard clause")

Safeguard mechanism　〔關貿〕保障機制 (指總協定的發達國家在給予發展中國家普惠制待遇時，為防止發展中國家的產品與本國產品競爭而施以限制進口商品的數量)

Safeguard rules　〔世貿〕保障規則 (指反傾銷措施會損害競爭，故其措施不得長於四年)

Safeguard the balance of payments　保障國際收支平衡

Safeguard the decedents' properties pending notification and arrangements for such representation　〔領事〕保護正在通知和安排代理中的死者財產

Safeguard the interests of the parties to the conflict　保護衝突當事方的利益

Safeguarding duties　保護關稅 (指為消除不平等的競爭條件而對進口貨徵收關稅)

Safeguarding of Industry Act　〔英〕工業保護法

Safeguards against import surges　預防進口劇增的保障措施

Safeguards for those accused of treason　被指控犯叛逆罪者的保護措施

Safe-pledge　擔保出庭 (擔保按指定日期到庭的保證)

Safety　安全；平安；〔警〕安全；保險

Safety and quality licence system　安全質量許可證制度

Safety Appliance Act　〔美〕安全設備法 (指公共運輸業者在各州間從事商務活動的設備安全規範)

Safety area　安全區

Safety assessment　〔海法〕安全鑒定書 (核能船用語)

Safety check　安全檢查

Safety clause　安全條款 (關於削減保險金的規定)

Safety code　安全規程

Safety device　安全設施

Safety fund banking law　安全基金銀行法

Safety fund banks　安全基金銀行

Safety fund law　安全基金法

Safety insurance　安全險

Safety island　安全島 (指馬路中間供行人穿行躲避車輛處)

Safety licence system for import commodities　進口商品安全許可證制度

Safety localities　安全處所

Safety mark　安全標誌

Safety measure　保安措施；安全措施

Safety net　安全網；安全淨賺

Safety of life at sea　海上人命安全

Safety of principal　本金的安全

Safety of the society　社會安全

Safety of way　道路安全

Safety operating rules　安全操作規程

Safety regulations　安全規章；安全條例；保安規程

Safety responsibility system　安全責任制

Safety rules　安全規程；安全規則

Safety standard　安全標準

Safety valve　〔關貿〕安全閥門 (意指保障措施條款在多邊貿易保障體系中的作用)

Safety zone　安全地帶

Safety Responsibility Law　〔美〕安全責任法

Said　上述的，該… (法律、商業等文件用語)

Said contract　上述契約

"Said to be" clause　"據稱" 條款

Said witness　該證人

Sail　*v.* 航行；啓航；開航

Sailing directions　航海指南

Sailing instructions　航行指令 (指護航艦隊司令給船長安全航行的書面指令)；航行須知

Sailing order　出航 (時間) 命令；開航通知

Sailing papers　出航文書

Sailing schedule　航運時刻表；船期表

Sailing vessel　航行中的船舶

Sailor　水手；海員；船員；水兵

Sailor's home　海員佰吉，海員救護所

Sailor's route　帆船航線

Sailors' will　〔美〕海員遺囑；海員口頭遺囑 (指法律允許航海中的海員可立下口頭遺囑，在其死時有權轉交其動產，但不含不動產)

Saint Hilary sitting　〔英〕最高法院開庭期 (1 月 1 日至 3 月 23 日止)

Saisie　〔法〕扣押，查封 (指由法院判決作出的財產扣押)

Saisie conservatoire　〔法〕保全扣押

Saisie executoire　〔法〕執行扣押

Saisie gagerie　〔法〕擔保物扣押；質物扣押 (指房屋或農場出租人可加以留置的保全行為)

Saisie-arret　〔法〕扣押由第三者佔有中的債務人財產 (指甲、乙、丙三方當事人，甲為乙的債權人，乙又將其財產託丙保管，甲為保護其債權而向法院申請扣押乙在丙手中的債務人財產)

Saisie-brandon　〔法〕未收穫作物扣押

Saisie-execution　〔法〕動產扣押令 (指債權人有權扣押債務

者財產並加以出售，以其收入抵債）

Saisie-foraine 〔法〕越區扣押（指法官授權債權人到債務人前居住區支付到期債務）

Saisie-immobiliere 〔法〕扣押不動產令（指債權人可扣押債務人不動產加以出售以償還債務）

Salable 可銷售的，有銷路的，易賣的；賣得出的

Salable value 可出售價值

Saladin's tenth "伊諾森"什一稅（教皇伊諾森三世在 1188 年作為英法征伐埃及王撒拉金軍餉徵收的；後世"什一稅"源出於此）

Salamander Society 紐約火災保險協會（1819 年）

Salaried consul 有薪領事；帶薪領事

Salaries and allowance 薪金與津貼

Salaries tax 薪俸稅，薪金稅

Salary 薪俸；薪水；薪金；工資

Salary commission 〔香港〕薪俸調查委員會

Salary cuts 削減薪水

Salary scale 薪資表；〔香港〕薪級表

Sale 買賣（指以金錢作為報酬的物權轉讓）；買賣契約；減價出售（尤指存貨）；出售；銷售

Sale against the box 〔美〕實倉賣空（指納稅人當其實際擁有同樣股票賣空的一種）

Sale and leaseback 〔美〕售後回租（指將產權出售同時又加以租用，以此籌措資金以供他用，並可扣納所得稅等好處）

Sale and return 委託販賣契約（指賣方，通常為廠家或批發商，把物品交付買方；買方即擁有該貨物產權的特權，可買下亦可出售該貨物直至其取消該特權為止）

Sale as per origin 憑產地買賣

Sale as per specifications 憑規格買賣；憑說明書買賣

Sale by agent 代理銷售

Sale by auction 拍賣；競買

Sale by authority of law 根據法院命令出售

Sale by bulk 薹賣；批發；成批出售

Sale by candle 限時競買（"點火拍賣法"，指賣給一支臘燭燃燒完之前提出最高價的人）

Sale by conditioned weight 正量買賣

Sale by earnest money 定錢買賣

Sale by installments 分批分期出售

Sale by payment in advance 預先付款的買賣

Sale by sample 照樣品出售；憑樣品買賣（指出售按與展銷樣品一樣的貨物交貨）

Sale confirmation 售貨確認書

Sale contract 銷售合同

Sale for (the) account 賒賣；延期交易；期貨交易

Sale for cash 現金交易

Sale for cash money 現金交易；現金買賣

Sale in gross 薹批銷售

Sale journal 銷售日記賬

Sale of goods 貨物銷售；貨物買賣

Sale of Goods Act 〔英〕貨物買賣法（1893 年）

Sale of Goods Ordinance 〔香港〕售賣貨品條例

Sale of land 土地買賣

Sale of mortgaged property 抵當財產的出賣

Sale of pledged property 質物的出賣

Sale of territory 領土買賣；領土銷售

Sale of work 義賣（由教會主持）

Sale on account 賒銷；賒賣

Sale on approval 試銷（包退包換，指只有買者對所購物品經試用認可或不滿意可退貨的一種銷售方式）

Sale on credit 賒賣；賒銷（指伴隨交付佔有的財產但可延期付款的買賣）

Sale on open account 賒銷；賒賣

Sale or return (S.O.R.) 銷售或退貨；剩貨保退（附有解除權的買賣合同）；或買或退買賣契約（意即無法銷售的剩貨可以退還給批發商或製造商的買賣契約）；附有解除權的買賣

Sale per aversionem 大宗銷售；薹批售賣（指不論數量或重量之成堆貨物）；〔美〕總價額出售（成片土地一次性總價買賣）

Sale society 銷售協會

Sale value 銷售價值

Sale warrant 買賣倉庫收款憑單；買賣倉庫證券

Sale with all faults 不擔保商品瑕疵的買賣（指以樣品現狀出售，賣方明示和默示不承擔商品瑕疵的責任，好壞與否買者自斟，"sale as is"）

Sale with right of redemption 附買回權的買賣（有買回權的售賣，指賣主保留以原價買回原物的權利）

Sale(s) confirmation 售貨確認書

Sale(s) for actual delivery 實物買賣

Sale(s) on term 定期買賣

Sale-note 銷貨單；售貨確認書（由經紀人或代理人交給賣方）

Sales account 銷貨賬；售貨登記簿

Sales agreement 銷售貨物合同；銷售協議（包括銷售現在和將來貨物以及不動產的契約）

Sales below producing cost 〔美〕低於生產成本的銷售（1974 年《貿易法》規定視之為傾銷行為）

Sales budget 出售預算（指企業預算統制）

Sales commission 回扣；銷售佣金

Sales discounts and allowances 銷貨折讓

Sales finance company 銷售金融公司；銷售貸款公司（指主要從事於以低於市價購買應收賬目的業務）

Sales invoice 銷售物品的發票

Sales ledger account 銷售客戶分類賬

Sales manager 營業主任；銷售經理

Sales promotion 推銷

Sales returns 銷貨退回；退貨

Sales returns and allowances 退貨及折讓

Sales returns and allowances a/c 退貨及折讓賬

Sales tax 營業稅；銷售稅

Sales volume 銷貨量（額）

Sales voucher 銷貨憑證

Saleslady 女售貨員

Salesman 店員；售貨員；推銷員；交易員

Salesmanship 售貨術；推銷術

Salesmanship test 推銷術檢查

Salic (or Salique) Law 薩利克法（公元五世紀舍拉族法蘭克人的法律，即不准女子繼承遺產和王位）

Saliva test 唾液檢測（用於醉酒司機等檢測法）

Salmon 沙門魚（又稱"大馬哈魚"，詳見英國 Salmon Act，1986）

Salt an account 虛報賬目

Salt eel 笞刑；笞刑用的竹板；笞刑用的鰻皮

Salt the books 虛報賬冊（指在賬冊中虛報收益）

S

Salt-money 〔中〕鹽幣 (中國西藏農奴制度下代替通貨使用的鹽塊)

Salute 敬禮；致敬

Salute at sea 海上敬禮

Salute to national flag 向國旗致敬

Salvage *n. & v.* I. 可利用的廢品 (如加工後下腳料、陳舊的設備等)；〔海法〕海上救助；海難救助；船舶救助；海上救助報酬；〔保〕火災時財產的救助；搶救出的財產；殘值；剩餘財產 (指火災或其他損失後獲救的貨物或財產殘餘部份，在支付求償損失後歸保險公司的部份財產，減除支付殘值後歸受保人的財產)；救助費；施救費用；優先受償權 (指救獲財產免於損失者的要求稱之為 "equitable salvage" 和一種賠付性質的留置權)；II. 救助 (船舶)；搶救；海上打撈

Salvage Act 海難救助法

Salvage agreement (or bond) 救助契約；救助協議

Salvage association 打撈協會；海難救助協會

Salvage at sea 海難救助；海難救助費

Salvage charges (海難) 救助費用 (包括打撈和保護危難中財產全部工作和費用)

Salvage company 打撈公司；海難救助公司

Salvage corps (火災保險公司的) 救火隊；消防隊

Salvage dues 海難救助費

Salvage loss 〔保〕殘餘損失 (指保險物遇險出售的殘餘價值與扣除原承保財產價值之間的差額)

Salvage loss system 救護損失填補法

Salvage money 救難費；海難救助酬金 (指從海難中、從海盜、敵人手中救獲之船由貨物船東或貨主支付的賞金)

Salvage service 救助；救助服務 (指自願救助危難中的船舶)

Salvage ship (vessel) 救助船舶

Salvage tug 海難求助拖船

Salvage value 獲救價值；殘餘價值 (指財產用後所剩餘的折舊價值)

Salvage worker 船舶救助人員

Salve *v.* 救助 (船舶)；搶救；打撈

Salved vessel 被打撈的船舶；被救助的船舶

Salver (=salvor) (難船) 救助人員；打撈人員；打撈船，援救船

Salving vessel 救助船舶

Salvor (難船) 救助人員；打撈人員；打撈船，援救船

Same *n. & a.* I. 該人；上述事物；上述情況 (法律，商業上的舊用語；常略定冠詞)；II. 相同的；同樣的；同一的；相等的；平等的；均一的；等量的

Same basic philosophy 同樣的基本宗旨 (指世貿組織、國際貨幣基金和世行三者關係之一)

Same case (S.C.) 同一的案件；類似案件

Same evidence test 〔美〕同一證據標準 (指同一證據可適用於 "一事不再理" 規則)

Same invention 同一發明；相同發明

Same offence 〔美〕同一罪行；類似罪行 (用於旨在加強懲罰性法規時的含義，指一罪名不二審，即 "一事不再理" 之謂)

Same product 同一產品

Same set of agreements on trading rules 〔世貿〕相同的一套貿易規則協定

Same standing in law 同樣的法律地位

Sample 樣本；樣品；貨樣

Sample of goods 貨物樣品

Sample of no value 免費樣品 (只可允許不徵關稅而進口的商品樣本)

Sample order 貨樣訂購 (指少量訂購試銷以預測市場)

Sample survey 抽樣調查

Sample-passer 樣品檢驗員

Sampler 樣品檢驗員；取樣員；抽樣人

Samples convention 樣品公約 (有關商業樣品)

Sampling 試食品；試飲品；試供品；取樣，抽樣；簽封樣品

Sampling framework 樣品範圍

Sampling procedures 抽樣程序

Sampling techniques 抽樣技術

Samuel journal 總括日記賬

Samurai bond 武士債券；外國日圓債券

Sanatorium benefit 〔保〕療養費

Sanbenito 〔西〕悔罪服 (尤指西班牙宗教法庭給悔過的異教徒穿的黃色衣服)；地獄服 (西班牙宗教給處火刑的，不改悔的異教徒穿的黑色衣服)

Sanction *n. & v.* I. 認可；許可；批准；處罰；刑罰；制裁 (指旨在對違法行為施加處罰或對守法者給予獎勵的法律；使法律得到遵守的附加條款)；法令 (尤指教會發出的)；〔際〕國際制裁 (指一國對其他國違反條約或國際法施加的制裁以使法律得到遵守的附加條款，如賞罰等)；II. 認可，許可；同意，裁可；制裁；批准

Sanction of a law 實施法律的規定 (法律規定的施行)

Sanction of marriage 批准結婚

Sanction-based organisation 〔世貿〕建立在制裁基礎上的組織 (以制裁為基礎的組織)

Sanctioned barriers 認可的 (貿易) 壁壘

Sanctioned discrimination against foreign suppliers 〔關貿〕反對採取對外國供貨商的差別待遇 (指根據進口關稅的規定)

Sanctioned exceptions 同意的除外條款

Sanctioned list 批准的進口商品清單

Sanctioned non-price measures 批准的非價格措施

Sanctions 制裁；銀行同意的透支額

Sanctity 神聖不可侵犯性

Sanctity of frontiers 邊界神聖

Sanctity of territory 領土神聖

Sanctity of treaty 條約神聖

Sanctuary 鳥獸禁獵區；〔英古〕聖地，聖所；庇護所；避難所 (免除法律執行的享有特權的區域，犯人在此可免予逮捕，通指至聖所)；〔宗〕聖堂，聖地

Sand 沙；沙土

Sand precaution law 防沙法

Sandwich lease 原租賃 (指承租人把所租的土地再租給他人)；三明治式租賃；二房東租賃

Sane 心智健全的，神誌正常的

Sanhedrin 猶太教公會 (羅馬時期猶太人的最高地方統治機構)

Sanitary 衛生的，清潔的；無傳染病毒害的

Sanitary administration 衛生行政；衛生管理

Sanitary aircraft 醫療飛機

Sanitary and phytosanitary (SPS) 〔世貿〕衛生和植物檢疫

Sanitary and phytosanitary measures 〔關貿〕衛生和植物檢
疫措施 (旨在採用立法手段保護人類和動、植物生命和健康)

Sanitary and phytosanitary standard 〔世貿〕衛生與植物
檢疫標準 (指"烏拉圭回合協定"所制定的基本標準)

Sanitary certificate 衛生檢驗證書

Sanitary code 衛生法典

Sanitary convenience 〔英〕小便所

Sanitary convention 衛生公約

Sanitary establishment 醫療機關

Sanitary expenses (船舶的)消毒費

Sanitary fee 檢疫費

Sanitary inspector 衛生檢查員

Sanitary measure 衛生措施

Sanitary personnel and material 醫療人員和材料

Sanitary police 衛生警察

Sanitary regulations 衛生規則;衛生條例;海關檢疫條例

Sanitation 環境衛生;衛生科學實際應用;衛生設施;衛生
設備 (尤指下水道);養生法

Sanitation association 衛生協會

Sanity 判斷正確,理解正確;心智健全;精神正常

Sanity hearing 〔美〕精神健全的預審 (指受審前對刑事被告
心況之預備性調查程序)

Sanity trial 〔美〕精神健全的審理

Sans date 〔法〕無日期

Sans frais 〔法〕免費;

Sans jour 〔法〕無限期地

Sans nombre 〔法〕無限制 (一般指在公共放牧地上吃草的
牧畜不受頭數限制);無數;不可勝數

Sans recours 〔法〕無追索權 (指代理人代表其委任人在票
據上背書的用語,即若該票被拒絕承兌時,不負支付的責任)

Santiago Declaration on the Maritime Zone 〔南美〕關於
領海的聖地亞哥宣言 (1952 年)

Satellite 衛星

Satellite Broadcasting Board 〔英〕衛星電視廣播服務局

Satellite country 衛星國家

Satellite currency 衛星貨幣

Satellite state 衛星國家

Satisdator 保證人

Satisfaction 〔美〕滿足;法定賠償 (指受害者接受一定數額
的金錢或物質的賠償以息賠償之訴);明示或默示贈與 (指立
遺囑者給予受遺贈者的一種生前贈與);(判決)清償登記 (判
決記載他的債務已經得以清償和給付);債務的清償 (指由於
償還而消滅債權;由於履行或執行債務而達到判決的目的,
"satisfaction" 區別於 "performance" 前者包含代物清償,而
後者以雙方同意的條件全部或部份給付);清償(債務);滿
足(需求);履行 (指當事人履行義務或訂立的協議)

Satisfaction of a claim 償付賠款

Satisfaction of creditor 償清債務證明書

Satisfaction of debts 償清債務

Satisfaction of judgement 判決執行證明書 (指表明債權人
的債務已得以清償)

Satisfaction of lien 解除留置財產證明書 (指持有人解除所
抵押的財產)

Satisfaction of mortgage 贖回抵押權;抵擋債務履行證明
書 (指所抵押的財產因清償而解除)

Satisfaction of portions 更改分給的財產證明書

Satisfaction of record 償清債務的記錄證明書

Satisfaction on the roll 〔英〕案卷記錄;有記錄的清償 (指
記載了法院判決得到了履行,不管判決債務者自願抑或依強
制的法律程序償付了債務)

Satisfaction piece 判決履行備忘錄 (指陳述原、被告承認
他們之間債務業已清償的備忘錄)

Satisfactory 令人滿意的 (指合同條款應解釋為令當事人滿
意的);良好的

Satisfactory adjustment 滿意的調整

Satisfactory evidence 充分的證據 (指真實的、可信的、有
份量的、可使法院或陪審團據此做出裁決的)

Satisfied 已清償的;已給付的;已履行的 (義務、契約等)

Satisfied term 償還期,履行期 (按規定期滿前的)

Satisfier 償還者;賠償者

Satisfy *v.* 償還 (債務);應允 (要求);令陪審團信服;履行
(義務);使確信;使釋疑

Satisfy a creditor 償付債權人

Satisfy a debt 清償債務 (還清債務)

Satisfy the court 使法庭滿意

Saturnine poisoning 鉛中毒

Saudi Arabian Monetary Agency (SAMA) 沙特阿拉伯貨
幣署

Saudi fund for Development (SFD) 沙特阿拉伯發展基金會

Saunkefin 〔法〕絕代;非血親 (指不屬直系繼承順序的血親)

Save *v.* 避免 (損失等);保留;免除;中止

Save harmless clause 〔美〕免除賠償責任條款 (有些州認
為,再租賃條款違反公共政策,因而無效)

Save one's bail 保釋後如期出庭

Save one's neck 免受絞刑

Save our souls (S.O.S.) 國際通用的呼救信號 (船舶、飛機
等遇險的)

Saver 儲戶;有節約的人

Savigny, Friedrich Karl 德國法學家薩維尼,F.K.Von
(1779-1861 年德國法學家,歷史法學派主要代表)

Saving *a. & n.* I. 救助的;保存的;儲蓄的;節約的;無損失的;
保留的;除外的;II. 救助;節約;節儉;儲蓄;保留;除外

Saving clause 例外條款,保留條款;但書 (指旨在保留權
利等)

Saving to suitors clause 〔美〕管轄權除外條款 (指海事原
審管轄權屬地區法院管轄,州法院則無權受理海事民事訴訟
案件或海事管轄權)

Savings account 儲蓄賬戶;存款賬戶

Savings account book 銀行存摺

Savings account trust 儲蓄賬戶信託

Savings agency 儲蓄所

Savings and loan association 〔美〕儲蓄和貸款協會;儲
蓄和貸款互助會 (屬共同擁有為會員購買不動產或房子提供
貸款方便的一種互助性質的儲蓄協會)

Savings association 儲蓄協會;建築資金儲蓄協會

Savings bank 儲蓄銀行;儲蓄所

Savings bank for seamen 〔英〕海員儲蓄銀行

Savings bonds 儲蓄債券

Savings deposit 儲蓄存款;儲蓄金

Savings notes 銀行發行附利息的短期票據

Savings pass-book 儲蓄銀行存摺 (儲金簿)

Savings ratio 儲蓄率

Savour *v.* 意味；帶有…性質；與…具有姻親關係

Sawed-off shotgun 〔美〕鋸短槍管的機關槍（指便於犯罪份子隱藏和携帶）

Saxon lage 西撒克遜人法律

Say about 大約；估計；差不多（買賣契約用語）

Scab 拒不參加工會者；拒不參加罷工者；破壞罷工者；工賊

Scaccarium 英國財政部的別名；財稅法庭

Scaffold 斷頭台；絞刑架

Scale of assessment 攤額比例；分攤比額表；（價格的）評定比例

Scale of charges for drawings 提款收費比例

Scale of contributions 會費比例

Scale of fees 收費表

Scale of hire charges 租費表

Scale of penalty 判刑標準；刑罰等級

Scale of rates 運費表；運價率表；郵資級別

Scale order 差度訂單；步序指令

Scale-down of prices 價格按比率降低

Scale-up of wages 按比率加工資

Scalp *n. & v. I.* 小投機；〔美口〕搶帽子（從事小投機買賣所得的薄利）；II. 轉手買賣（股票等）以牟取暴利；從事小投機買賣

Scalper 小投機商；逐小利者；倒賣門票者（指從事高價出售戲票、運動會入場券等文娛票券以牟利的人）

Scalping 投機買賣；倒賣（從事轉手買賣股票所牟取的薄利）

Scamp work and stint material 偷工減料

Scampish 流氓（似）的；無賴（似）的

Scampish conduct 流氓行為

Scandal 醜聞；誹謗（指抗辯訴訟中與爭點無關的侮辱性的陳述）；詆毀名譽性的報道或謠言

Scandalous matter 誹謗性事項

Scandinavian School of Law 斯堪的納維亞法學派（以心理現象解釋法律為特徵的現代資產階級的法學派別之一，盛行於斯堪的維亞半島各國）

Scap 〔美〕破壞罷工

Scarce-Currency Clause 〔基金〕稀有貨幣條款（IMF 協定條款第 7 條，為美國在布雷頓森林會議上所提出，旨在迫使國際收支順差大的國家對修正國際收支不平衡承擔責任以減少逆差國家緊縮經濟的壓力）

Scarcity economics 稀缺經濟學；稀少經濟學（限制產量以保證利潤的資產階級經濟理論）

Scarcity rent 稀缺性租金；不足的租金；稀薄的定期租金（指地租、非再生的資源）

Scarcity value 稀缺價格；短缺價格

Scare buying 搶購（因戰爭恐慌等所引起的）

Scare currency 稀有貨幣

Scarlet letter 〔美〕紅"A"字（指殖民地時期給判通姦罪者戴的耻辱標誌）

Scatter diagram 散佈圖；散形圖，散點圖

Scavenger's daughter 一種刑具

Scene of accident 事故現場

Scene of crime 犯罪現場；作案現場

Schedule 附表；議會制定法及其他文件的附則；清單；程序表；進度表；議事日程表；明細表

Schedule CLII - People's Republic of China 〔世貿〕第 152 號減讓表－中華人民共和國

Schedule for phased elimination 逐步取消的明細表

Schedule in legal documents 法律文件明細表

Schedule of charges 收費計算表

Schedule of Concession and Commitments on Goods resulting from the negotiations 〔世貿〕關於談判結果的貨物減讓表與承諾表

Schedule of Concession and Commitments on Goods 〔世貿〕關於貨物的減讓表與承諾表

Schedule of concessions 〔關貿〕減讓表（明確：1. 各締約方的關稅中減讓義務；2. 約束締約方對進口產品所徵收的費用；3. 對完稅價格進行審定或貨幣的折合方法）

Schedule of freight rates 運費一覽表

Schedule of par values 票面價值表

Schedule of price differentials 差價清單；價格級差一覽表

Schedule of prices 價格清單

Schedule of repurchase 購回時間表

Schedule of specific commitments 〔世貿〕具體承諾表（包括市場准入、國民待遇、其他具體承諾履行、實施的時間框架及其生效日期）

Schedule of specific commitments 專門的承諾表

Schedule of Specific Commitments on Services 〔世貿〕具體服務承諾表（關於服務的特殊承諾表）

Schedule of Specific Commitments on Services List of Article II MFN Exemptions 〔世貿〕服務貿易具體承諾減讓表第 2 條最惠國豁免清單

Schedule of tariff concession and schedule of services commitments 〔關貿〕關稅減讓表和服務承諾表（烏拉圭回合多邊談判中，關貿總協定要求每個成員國都要列出該表）

Schedule of tariffs 關稅稅率表；收費價目表；〔美〕海關稅則

Schedule price 單價

Schedule rating 〔保〕表定法（指事先在分類中對各種特殊保險設定一個客觀標準）

Scheduled air transport services 計劃的空運服務

Scheduled commitments for products 預定產品承諾

Scheduled flight 定期飛行；定期航班

Scheduled injuries 〔美〕表定傷害賠償（依法對工傷事故應付給的特定金額）

Scheduled installment 分期付款時間表

Scheduled international air service 定期國際航空

Scheduled international airline 定期國際航空線

Scheduled period 預定期間；除斥期間（指法律對某種權利所規定的存續期間）

Scheduled property 〔保〕列明財產（財產細目單及每件財產的價值，以備一旦財產丟失或損壞時承保人將照此賠償）

Scheduled sailing 定期開航

Schedules of bindings in goods and service 〔世貿〕貨物和服務約束明細表

Schedules of Initial Commitments on Trade in Service 〔關貿〕服務貿易初步承諾表

Schedules of specific commitments 〔關貿〕具體承諾表（服務貿易總協定承諾表包括：市場准入的內容限制和條件、國民待遇條件和要求、具體承諾的履行與其實施的時間框架以及其生效的日期）

Schedules of tariff concessions 〔關貿〕關稅減讓表

Schematic outline 專題綱要

Scheme 〔英〕計劃書（含有財產分配或管理等條款）；方案；

計劃;規劃;陰謀;詭計;詐騙;體制

Scheme for power 陰謀奪權

Scheme of arrangement 償債安排計劃;債務整理合約 (指破產程序中,債務人與債權人之間同意按協議支付或部份支付債務,從而代以宣判債務人破產的合約)

Scheme of distribution 分配表

Schemer 設計者;計劃者;經營者;陰謀家

Schengen Visa 申根簽證 (指 1985 年,德國、法國、荷蘭、比利時、盧森堡五國在盧森堡邊境小鎮申根簽訂協議而得名,規定了成員國的單一簽證政策)

Schism 分裂 (指工會分裂成兩派,其中一派脱離工會);教會分裂;教會宗派

Scholars accident insurance 學童傷害責任保險

Scholarship 獎學金

Scholarship Fund 研究生基金

Scholarship record 學歷證明

Scholastic theories of law 經院法學

School 學校;學派;流派

School age 學齡

School attendance committee 〔英〕學生就學委員會

School board (or committee) 〔美〕校董會;校務委員會 (由負責公立學校行政事務的市政官員組成)

School commissioner 學監

School committee 學校委員會

School director 校董事

School district 學區

School district bonds 學區公債

School fee 學費

School inspector 學監

School lands 〔美〕校用土地 (由州政府劃出州或國會的公共土地並將其出售所得收入設為開辦公立學校基金)

School of comparative jurisprudence 比較法學派

School of judicial realism 實在主義法學派

School of natural law 自然法學派 (指 17、18 世紀反封建的啓蒙運動中,代表新興資產階級利益的、以強調自然法為特徵的一個法學派別)

School of positive law 實定法學派 (指各種分析法學派,主張以實證材料為根據的法律科學)

School of social jurisprudence 社會法學派 (19 世紀末葉以來資產階級法學中一個重要派別,其以社會學觀點和方法研究法律,強調法的社會利益和法的社會化)

School taxes 校稅

Schooling certificate 學歷證明書

Science of business 商業學

Science of diplomacy 外交學

Science of finance 財政學

Science of insurance 保險學

Science of international economic law 國際經濟法學 (指以國際經濟法研究範圍包括國際貿易法、國際投資法、國際貨幣金融法、國際稅法及國際經濟組織法等)

Science of international law 國際法學

Science of law 法學;法律科學

Science of positive law 實定法學 (又稱實在法,即國家制定的法)

Science of statistics 統計學

Scienter 故意地;明知地 (指在某些損害賠償訴訟中,原告陳述被告慫恿原告受到損害,但在詐欺訴訟中必須有實據證明)

Scientific and technological research achievement 科學技術研究成果

Scientific Committee on Antarctic Research (SCAR) 南極研究科學委員會

Scientific discoveries 科學發現

Scientific machine rate methods 科學的機械率法

Scientific management 科學管理

Scientific mission 科學使團

Scientific principle 科學原則

Scientific research 科學研究

Scientific school of legal thought 法學論理學派

Scientific tariff 科學性關稅 (指關稅稅額等於進口貨品成本與本國生產的同類成本差額時的關稅)

Scientific verification 科學鑒定

Scintilla of evidence 丁點證據;微弱證據

Scission system 〔挪威〕〔丹〕〔瑞典〕分產制;區別制 (又稱"分割制",指在確定涉外繼承的准據法時,將遺產區分為動產和不動產,分別受不同的准據法支配。例如,當一國對涉外法定繼承法律適用作出規定時,規定:不動產依遺產所在地法;動產依被繼承人住所地法。區別制產生於意大利法則區別説時期,至今已為很多國家的立法和實踐所接受)

Scissor-back 不參加工會的人

Scissor-bill 不參加工會的人

Scissors movement of world market price 國際市場價格剪刀差

Scite or site 位置;場所;坐落;地基;遺址

Scoff *n. & v.* I. 藐視;II. 搶劫;偷竊

Scoff-law 藐視法令者 (尤指違犯交通和禁酒法者)

Scold 罵街的潑婦;干擾鄰里的女人 (指擾亂鄰居安寧愛吵架罵人的女人)

Scope and definition 〔關貿〕範圍和定義 (主要內容是對服務貿易的宗旨、目的和原則加以界定)

Scope for contacts 聯繫範圍

Scope for environmental harm 環境損害範圍

Scope for investment 投資範圍

Scope of a convention 公約的範圍

Scope of a patent 專利保護範圍

Scope of application 適用範圍

Scope of authority 授權範圍;委託權限;代理權範圍

Scope of bilateralism 雙邊主義範圍 (包括協議形式。例如,雙邊談判、雙邊協議、雙邊安排等)

Scope of business 業務範圍

Scope of consular duties 領事職務範圍

Scope of convention 公約範圍

Scope of cover 〔保〕承保範圍

Scope of employment 僱用範圍

Scope of export subsidisation 出口補貼範圍

Scope of law 法域

Scope of liability 責任範圍

Scope of monopoly 壟斷範圍

Scope of multilateralism 多邊主義範圍 (GATT 談判的基本形式)

Scope of operation 經營範圍;業務範圍

Scope of patentee's right 專利權所有者的權利範圍

Scope of products 產品範圍

Scope of regulatory action 制定規章的範圍

Scope of responsibility 職責範圍

Scope of review 審議範圍

Scope of Rules and Regulations 規則與規章範圍

Scope of the delegated authority 代理權限

Scope of the legitimate duties 合法職責範圍

Scope of the right to trade 貿易權範圍;經營權範圍

Scope of the WTO 世貿組織的範圍

Scope of trade and environment clashes 貿易與環境衝突的範圍

Scope of validity 效力範圍

Scope of work 工作範圍

Scot 〔英古〕賦稅;貢金;賬款

Scot and lot 〔英古〕按能力繳納教區稅;維持稅(指自治市鎮居民按自能力繳納的一種慣例性捐稅名稱)

Scot-and-lot borough 〔英〕按能力納稅的自治市

Scotch prize (戰時)非法捕獲的船隻

Scotch verdict 蘇格蘭式判決(指雖無證據,但不判無罪,而暫判"未證實");非最終的決定;未最後定案的事件

Scotland yard 倫敦警察總局;倫敦警察;倫敦警察廳刑事部;倫敦警察偵探科;蘇格蘭場;蘇格蘭場(1890年起稱"新蘇格蘭場")

Scotland yarder 倫敦警察廳人員;倫敦警察廳刑事部人員;倫敦警察廳偵探科人員

Scots law 蘇格蘭法(雖是聯合王國的一個組成部份,但由於歷史原因,蘇格蘭存在着遠遠不同於英格蘭和威爾斯的法律結構和法律體系)

Scottare *v.* 納貢;繳稅(或例費)

Scottish Grand Commettee 蘇格蘭大委員會

Scottish Land Court 蘇格蘭土地法院

Scottish peers 蘇格蘭古代貴族;蘇格蘭上議院議員(指依1963年貴族條例,所有蘇格蘭貴族持票人均有權受傳參加上議院)

Scottish representative peers 蘇格蘭上議院議員(代表蘇格蘭貴族的上議院議員)

Scoundrel 惡棍;流氓;歹徒;無賴

Scourge *n. & v.* I.(用作刑具的)鞭;懲罰的工具;懲罰;II. 鞭打,鞭笞

Scout *n. & v.* I. 偵察員(兵);II. 偵察,跟蹤,搜索,監視

Scouting 偵察

Scrambling possession 爭奪土地佔有(指對土地自身而非在法庭上或侵入他人土地的佔有)

Scrap of paper 等於一張廢紙(指條約,1914年德國侵犯比利時中立的德國首相稱國際條約的話)

Scrap value 殘餘價值

Scratch *v.*〔美〕刮擦;勾去,勾掉,勾銷(指在政黨候選人名單上勾去一些名字以示不贊成或抵制)

Scratching ticket 〔美〕勾掉…政黨提名人;投…反對黨提名人(指本黨選舉人支持並把選票投給反對黨一個或多個提名人)

Scrawl 潦草的字跡

Screen *n. & v.* I.〔俚〕紙幣;II. 甄別;審查

Screen offender 包庇罪犯

Screen quotas 〔關貿〕放映限額(指電影而言)

Screen time 〔關貿〕電影片放映時間

Screening committee 〔中〕甄別委員會(中共在整黨整風運動成立的,任務在對被揭發的反黨幹部問題加以審查,區別真假)

Screw *n. & v.* I.(監獄)看守人;拇指夾(古代的刑具);II. 強迫;壓榨;勒索,榨取;〔美俚〕姦污

Screw down 使降低價格(或租金)

Scribe (古時)猶太法律學家;抄寫員

Scrip (=scrip certificate) 〔英〕認購券;臨時股票;臨時憑證(可憑以換取正式股票的臨時股款收據或股份憑證等);非常時期的臨時通貨(尤指戰時軍隊在佔領區所發行的紙幣);〔美〕臨時通貨(指為美國南北戰爭時期所發行的1元以下的鈔票);臨時貨單

Scrip company 可以自由無記名讓與股份的公司

Scrip dividend 臨時股息;紅利憑證(指以現金或股票或產品作為日後支付的股票紅利憑證)

Scrip holder 臨時股票持有者

Scrip share 權利股

Scrip stock 無記名證券

Script 正本;手跡;手稿;文稿;底稿;遺書或遺書的補充部份的草稿;〔英〕遺囑文件;遺書的附錄

Scrivener 作家;文書;代書人;代筆人;公證人;放債人;掮客

Scroll 花押(處)(即打"X"供蓋章的地方);羊皮紙卷軸

Scruet-roll 〔古〕人身保護令狀保釋金卷宗(或檔按)

Scrutator 〔英〕檢查員;驗關人員;水上警察(其職責是看護國王的權益,諸如失事船隻和皇魚)

Scrutin d'arrondissement 〔法〕單記投票;小選舉區法

Scrutin de liste 〔法〕連記投票;大選舉區法

Scrutineer 〔英〕選舉檢查人;監票人

Scruting 選舉投票效力的審查

Scrutinise balloting 監票

Scrutins 投票紙;投票檢查

Scrutiny 複查選票;調查投票(指依落選候選人請求,對獲選者選票進行檢查是否合法等);監察;監視;調查;仔細檢查

Scutage 〔英〕免服兵役稅

Scutage rolls 〔英〕免服兵役稅賬簿(記有從1215-1347年免除兵役稅的賬目)

SDR (special drawing rights) 〔基金〕特別提款權

SDR as a unit of account (also known "SDR as numeraire") 以特別提款權作為記賬單位(以特別提款權作為貨幣兌換率標準)

SDR as numeraire 以特別提款權作為貨幣兌換率標準

SDR as reserve 〔基金〕(以)特別提款權作為儲備

SDR basket 〔基金〕特別提款權籃子

SDR Department 〔基金〕特別提款權部

SDR dominated 〔基金〕特別提款權主導

SDR interest rate basket 〔基金〕特別提款權利率籃子

SDR link 〔基金〕特別提款權的聯繫物

SDR parity 〔基金〕特別提款權平價

SDR standard 〔基金〕特別提款權本位

SDR valuation basket 〔基金〕特別提款權估值籃子

SDR-denominated Euro-credits 〔基金〕以特別提款權計值的歐洲貸款

SDR-denominated syndicated credits 以特別提款權計值的辛迪加貸款

Sea 海;海洋;海域

Sea area 海區;海域

Sea bed　海牀；洋底

Sea bed area　海牀區

Sea bed zone　海牀區

Sea border belt　海邊帶

Sea cabotage　海上沿岸航行

Sea carriage　海洋運輸

Sea Carriage of Goods Act　〔澳〕海上物品運輸法

Sea carriage trade　海運貿易（海運業）

Sea chart　海圖

Sea coast　海岸

Sea contact zone　海上接觸區

Sea damage　海損

Sea damage for seller's account　海損由賣方負責

Sea damaged　海水損害（指倫敦穀物交易市場所採用的賣方貨物品質條件之一）

Sea defense zone　海防區

Sea Disputes Chamber　〔海法〕海底爭端分庭

Sea fisheries　海洋漁業；海洋漁場；海洋漁業權

Sea floor　海底

Sea floor spreading　海底延伸

Sea force　海軍

Sea freight　海運費

Sea frontage　海洋前沿

Sea frontier　海洋邊界

Sea going area　海上航行區域

Sea going ship　遠洋船舶

Sea going vessel　遠洋船舶；航海船舶

Sea insurance　海上保險

Sea lane　海上航路；海道；分隔航道

Sea laws　海洋法

Sea letter　航海證書；海上通行證；中立船舶證明書（戰時對中立國船隻離港時發給的）

Sea level　海平面

Sea locked State　海鎖國

Sea log　航海日誌

Sea marks　航海標誌（指燈塔、浮標和指向標）

Sea peril　海上風險

Sea pilot　海洋引水員

Sea port　海港

Sea postage　海上郵資

Sea Power　海洋大國；制海權

Sea protest　〔保〕海事報告書；海損聲明書

Sea right　海洋權

Sea risk　海上風險

Sea routine　海上日常工作

Sea rovers　海盜

Sea speed　航海速度

Sea traffic　海運；海上交通

Sea transit　海上過境；海上通道

Sea transport　海洋運輸

Sea war　海戰

Sea warfare　海戰

Sea-Air-Land (LEAL)　〔美〕海豹突擊隊

Sea-Bed Disputes Chamber　海底爭端分庭（國際海洋法法庭的分庭）

Sea-borne　海運的；海上輸送的；由海輪裝運的

Sea-borne commerce　海上貿易

Sea-borne only　〔保〕僅限海上（指只承保戰爭中在海上遭受損害才予賠償）

Sea-borne trade　海運貿易

Sea-brief　航海證書；海上通行證（指戰時中立國商船所必須持的證件）

Sea-carrying　海運

Sea-carrying trade　海上運輸貿易

Seadrome　海面機場

Sea-farer　海員；水手；航海員

Sea-going tug　海洋拖船

Seal　印章；蓋印；封印；封條；印記；圖章；封蠟；火漆印

Seal and signature is true　簽字印章屬實（外交認證用語）

Seal days　蓋印日（衡平法院動議日的稱謂）

Seal of emperor　璽璽

Seal of public credit　公章

Seal of the court　法庭印鑒

Seal of the State　國璽

Seal paper　〔英古〕法庭日程表（1873－1875 年）

Seal up and confiscate enemy property　查封敵產

Sea-lawyer　精通海上法的人；〔口〕好爭辯的水手；會油嘴滑舌地推卸責任的人

Sealed　蓋印的；密封的；經蓋章認證的

Sealed and delivered　已蓋章並交付的（指經由見證人簽字為讓與證明的通常程式）

Sealed bid (or tender)　密封投標

Sealed consular bag　加封的領事郵袋

Sealed instrument　蓋章文書（指當事人簽字並蓋了章的文據）

Sealed orders　密封命令

Sealed tender　秘密投標

Sealed verdict　密封評決；密封裁決書（指法官退庭後，陪審團暫時將評決寫成書面語並密封，俟下次法官開庭時，陪審團予以宣讀）

Sealed will　〔美〕在證人前作成並密封的遺囑

Seal-fishery　海豹漁業

Sealing　蓋印；遺產封存（指在繼承問題上，由有管轄權的法官命令封印）

Sealing of records　〔美〕密封案卷；密封的罪犯檔案（通常指存少年罪犯的案卷，未經法院或指定法官批准不得啓封查閱）

Sealing ring　印章戒指

Sealing wax　封蠟（指對文件啓封處以蠟封上以防拆閱）

Sea-locked State　海鎖國

Seaman's will　海員遺囑；海員口頭遺囑（釋義同 "sailor's will"）

Seamanship　駕駛船舶技術；航海技術；船藝

Sea-map　海圖

Seamen　海員；水手

Seamen-deserter　海員逃亡者

Seamen's expenses　海員費

Seamen's hospital society　海員醫院協會

Seamen's savings bank　〔英〕海員儲蓄銀行

Seamen's Shipping Act　〔英〕海員航海法

Sea-mile　里；海里

Sea-pass　海上通行證；航海證（戰時對中立國船隻離港時發給的）

S

Sea-pay 海上勤務工資

Sea-pilot 海上領航員

Seaplane 水上飛機

Seaplane ambulance 水上巡迴醫療飛機

Search 搜查 (指對刑事被告人身、住宅和所用車輛等的搜查以期獲取犯罪證據);臨檢 (指戰時對商業船舶臨時檢查以確定是否扣押,如抗拒臨檢連船帶貨即可能被沒收);〔英〕(對擬購買的土地簽約之前的) 產權調查;〔蘇格蘭〕財產負擔調查 (指查詢公共登記簿上業主的某特定可繼承財產有無影響該財產的負擔、有無阻礙業主自願處分該財產的調查)

Search and seizure 搜查和拿捕

Search for smuggler 緝私

Search incident to arrest 〔美〕逮捕附帶搜查 (指警官只要有權逮捕某個人,不管有無搜查證,均可對被逮捕者人身並對其直接控制的逮捕地區進行搜查有無暗藏的兇器)

Search warrant 搜查證;搜查令狀 (指由法官簽發的以搜查住房和船舶以便獲取罪證)

Searcher 海關檢查員;驗關人員;〔英〕土地負擔調查員

Searches 〔英〕土地負擔調查 (指購地者向土地登記局查明該出售的不動產有無負擔。例如抵押等)

Searchlight 〔海法〕探照燈

Sea-reeve 〔英〕沿海城鎮長官 (指守護封建莊園領主海洋權利益,如看守海岸,收拾失事船隻等)

Sea-route 航線;海路

Sea-rover 海盜;海盜船

Sea-shore 海邊;海濱;海岸;海邊地 (高低二水量線間的土地)

Seasonable 合時的;恰好的;便利的;〔美〕合意的訴訟時間內

Seasonable duty 季節性關稅 (是保護關稅的一種,指對季節性的水果、蔬菜、鮮貨等農產品,在一年中的特定季節適用高於通常稅率)

Seasonal cargo 季節性貨物

Seasonal credit 季節性信用貸款

Seasonal employment 季節性工作;季節性就業

Seasonal fluctuation 季節性變動

Seasonal price differences 季節性價格差別

Seasonal rate 按季節計算的費用率

Seasonal river 季節性河流

Seasonal stream 季節性河流

Seasonal trade 季節性行業

Seasonal unemployment 季節性失業

Seasonal unemployment insurance 季節性失業保險

Seasonal workers 季節性工人

Seasonally adjusted 季節調整的

Seasonally adjusted annual rate 季節調整的年利率

Seasoned securities 可靠的證券

Seat 議席;席位;會員資格;議員權;會所;會址;總部;所在地

Seat charges 席位費用

Seat of authority 政府所在地;權力所在地

Seat of government 省會;州 (縣) 政府所在地

Seat of honour 名譽席

Seat on the exchange 交易所席位 (商品交易所及證券交易所會員資格習慣上稱"席位")

Seat-belt (車船上的) 安全帶

Seated land 〔美〕已用地;開墾的土地;已用作住宅地 (指經佔有施工改良的住宅地的熟地)

Sea-term 海上術語;航海用語

Seat-mile cost 客運哩 (英里) 程的成本費 (計算客運量的統計單位,指一個旅客一英里的旅程費用)

SEATO Council 東南亞公約組織理事會

Seaward boundary 向海疆界

Seaward headland 向海地岬 (指伸入海中最遠的尖地,稱為"岬")

Seaward limit 向海界限;向海線 (指連接兩個向海地岬間的直線,向海線以內為內水,以外為領海)

Sea-way 海上航道;可航海區

Seaworthiness 適航;適航性;適航能力 (指安全航海能力)

Sea-worthiness admitted clause 承諾適航性條款 (承認適應能力條款)

Seaworthy 適於航海的 (船)

Seaworthy trim' clause 〔英〕適航平衡條款 (租船合同中的一項條款,說明租船人應有多於一個的卸貨港口,以便能夠在港口間裝卸操作)

Secession 分離;脫離;退出 (組織);〔美〕脫離聯邦 (特指美國 1861 年南方十一州的脫離聯邦)

Secession of a parliament 議會的閉會

Secession of State 國家分離

Seck 〔美〕不能以扣押財物作為救濟

Seck rent 〔英〕無利息 (指僅是不附扣押條款契約書上所訂定的一種租金,而且在普通法上亦無扣押的權利)

Seclusionist 鎖國論者;閉關自守主義者

Second a motion to adjourn 附議休會的動議

Second Amendment 〔美〕憲法第 2 條修正案 (指確保美國公民持有和攜帶武器不可侵犯權)

Second ballot 決選投票制 (在選舉中如沒有人得票超過半數時,以得票最多和次多的兩人為被選舉人而進行的第二次決選投票);第二次投票

Second Banking Directive 第二銀行指令 (歐共體於 1989 年 12 月 25 日頒發,旨在採用協調方式加強跨境銀行業務監管等審慎措施以確保金融市場的穩定)

Second chair 〔美〕助理律師;次席律師

Second chamber 上議院 (特指荷蘭、瑞典等國的)

Second class citizen 二等公民

Second clearing 第二交換 (票據交換所用語)

Second complaint 再申訴

Second cousin 再從兄弟;再從姐妹 (父母的堂或表兄弟或姐妹的子或女)

Second crime 再犯

Second degree crime 〔美〕二級犯罪 (有些州有一、二、三級罪,按等論處)

Second degree murder 〔美〕二級謀殺 (指無事先預謀的非法殺人)

Second Development Decade 〔聯〕第二個發展十年

Second dicky 二副

Second division 〔英〕按普通犯人寬大處理 (指在監獄的犯人按罪行分級待遇);內閣秘書長的下級

Second estate 〔英〕上院 (全體貴族議員);僧侶

Second exchange (一式三份中的) 第二張匯票

Second half year 下半期;下半年

Second in blood 有二等血親的關係

Second industry, the 第二產業（包括製造業和運輸業）

Second Inland Revenue Ordinance Review Committee 〔香港〕第二次稅務條例複審委員會

Second instance 再審；複審；二審

Second lien 〔美〕第二順位留置權

Second line of defence 第二道防線

Second marriage 再婚

Second mate 二副

Second mortgage 第二順位抵押權（指抵押人為擔保債務，以移轉贖回抵押物的權利）

Second officer 二副

Second preference 〔美移〕第二優先（指申請前往美國永久居住民的家庭團聚的配偶和未婚的子女移民配額排隊的審批程序）

Second preference shares 第二優先股

Second preferred stock 第二優先股

Second reading 二讀；第二讀會（指議會討論或辯論提案）

Second report 第二次報告

Second round of multilateral tariff negotiation at Annecy 〔關貿〕安納西第二回合多邊關稅談判（關貿總協定於 1949 年 7 月至 10 月在美國安納西城舉行）

Second storeyman 夜盜，竊賊（尤指從樓上窗口爬進去行竊）

Second tariff 第二稅率

Second timer 第二次犯罪的人

Second United Nations Development Decade 第二屆聯合國發展十年

Second use 第二用益

Second World Bank 第二世界銀行（"國際開發協會"的簡稱）

Secondary *n. & a.* I. 副手；助手；次要人物；代表；代理人；〔英〕倫敦助理司法行政官；II. 第二的；第二位的；第二次的；中級的；次要的；副的；從屬的；輔助的；非原著的；第二手的；較劣的；代理的

Secondary ballot 第二回投票

Secondary boycott 間接的聯合抵制；間接抵制（指工會因與第一僱主有爭議而迫使第二僱主停止與其生意往來之謂）

Secondary conveyance 從屬性轉讓（釋義同 "derivative conveyance"）

Secondary credit 從屬信用證

Secondary creditor 第二債權人（位置次於優先債權者的債權者）

Secondary distribution 再分配；次要分配；（證券）二次銷售

Secondary duty 第二義務（指義務產生的先後而言，例如，因遲延交貨而引起的損害賠償，前者為第一義務，後者為第二義務）

Secondary evidence 間接證據；次要證據；輔助證據（釋義同 "hearsay evidence" 是由他人捎給法院的口頭或書面的陳述）

Secondary expenditure 輔助經費；從屬的經費

Secondary infringement 間接侵犯版權（指盜版、複製品交易）

Secondary jurisdiction 附屬管轄權

Secondary liability 第二位責任；次級責任；從屬債務，第二債務（其反義詞為 "primary liability" 主債務；或（匯票）第一位責任）

Secondary line of reserves 第二儲備線

Secondary market 二級市場；次要市場

Secondary motion 附屬動議；附加動議

Secondary nationality 次要國籍

Secondary obligation 次級責任；第二位責任；第二債務（指出賣其地產但不轉移產權者則應付賠償責任之謂）

Secondary offering 二手交割；二次發售（由投資保險業者大批出售的堅挺股票）

Secondary parties 次位當事人；第二位當事人（指在可轉讓票據上的出票人或背書人）

Secondary picketing 二級糾察

Secondary reserve 次級儲備金；輔助儲備金

Secondary right 次級權利；救濟權

Secondary rule 次要規則；次級規則

Secondary standards （度量衡的）副原器

Secondary strike 間接罷工

Secondary use 轉讓用益權（釋義見 "shifting use"）；（商標的）二次使用權

Secondary world Bank (IDA) 第二世界銀行（"國際開發協會"的簡稱）

Second-best theory 次好論（指帕累托氏經濟學的分析理論）

Second-class misdemeanant 二級輕罪犯

Second-hand evidence 第二手證據；間接得來證據（釋義同 "hearsay evidence"）

Second-hand witness 間接證人；陳述從他人聽到的話的證人；根據他人的證言作證的證人

Seconding of a motion 附和動議

Second-order environmental harms 二級環境損害

Second-tier bank 二等銀行

Secrecy 〔美〕秘密；保密（美國規定，大陪審團審案要在秘密中舉行）

Secrecy declaration （銀行等的）嚴守秘密誓言

Secret 秘密的；機密的

Secret agent 特務；暗探；秘密代表

Secret agreement 秘密協定

Secret alliance 秘密同盟

Secret archive(s) 機密檔案

Secret arrest 秘密逮捕

Secret article 秘密條文

Secret assault 秘密企圖逞兇加害

Secret ballot 無記名投票

Secret clause 秘密條款

Secret correspondence 秘密通信

Secret diplomacy 秘密外交

Secret document 秘密文件；保密文件

Secret election 秘密選舉

Secret enemy 隱藏的敵人

Secret instruction 秘密訓令

Secret investigation 秘密偵查

Secret judgement 秘密宣判

Secret ledger 暗賬

Secret lien 〔美〕秘密優先權（指出賣秘密優先出售其動產而不讓所有第三人所知，直至買受人付款為止）

Secret partner 隱名合夥人（釋義同 "dormant partner"）

Secret patent 機密專利

S

Secret police 秘密警察

Secret political agent 秘密政治代表

Secret poll 秘密投票

Secret process 秘密製造方法（指一種雖非專利但受法律保護的商品等）

Secret profit 秘密利得；暗利（例如，以公司名義為個人謀取私利）

Secret prostitution 暗娼（秘密賣娼者）

Secret record 秘密記錄

Secret seal 蓋有私章的證書（契約）

Secret service 秘密事務（指民事上或政治上的事務）；特工處；（政府的）特務機關；〔美〕聯邦經濟情報局（隸屬於美國財政部）

Secret service agent 秘密特工

Secret session 秘密會議

Secret sitting(s) 秘密會議

Secret society 秘密結社；未經許可的社團；幫會

Secret treaty 密約；秘密條約

Secret trust 秘密信託（指立遺囑者明示或默示約許將其財產留給受遺贈人由他作為其一個人的利益而託管）

Secret vote 秘密投票；無記名投票

Secret will 秘密遺囑

Secretarial staff 秘書人員

Secretariat 書記處；書記（或秘書）處的全體成員；書記官；秘書官；〔聯〕秘書處

Secretariat of the International Plant Protection Convention 國際植物保護公約秘書處

Secretariat of the WTO 〔世貿〕世貿組織秘書處（為世貿組織的行政機構，由一位總幹事和四位副總幹事領導，秘書處設在日內瓦，負責會議和談判安排、新聞、培訓等組織工作，其所有職員均由總幹事任命，目前大約 550 名工作人員）

Secretariat's potential role 〔世貿〕秘書處的潛在作用

Secretariat's work 秘書處的工作

Secretariat's work programme 〔世貿〕秘書處的工作規劃（指新創立的 WTO 貿易審議機制方面的工作已拼入作為秘書處工作職責之一）

Secretary 秘書；書記；幹事；文書；大臣；部長；秘書長；〔香港〕司長

Secretary archivist 檔案秘書

Secretary at war 〔英〕戰事大臣

Secretary for Administration 〔香港〕政務司司長

Secretary for Finance 〔香港〕財政司司長

Secretary for foreign affairs 外交大臣；外交部長

Secretary for Justice 〔香港〕律政司司長

Secretary interpreter 翻譯官

Secretary of corporation 公司秘書

Secretary of Defense 〔美〕國防部長

Secretary of Embassy 大使館秘書（指經任命做為大使或公使的秘書或助理的外交官員）

Secretary of Interior 〔美〕內務部長

Secretary of Justice 〔英〕司法大臣

Secretary of labour 勞動部長

Secretary of Legation 公使館秘書（指應僱作為書記參加外交團並執行某種任務的官員）

Secretary of Navy 海軍大臣；〔美〕海軍部長

Secretary of Provincial Party Committee 〔中〕省委書記

Secretary of State 〔英〕國務大臣；〔美〕國務卿；州務卿

Secretary of State for Colonies and Dominions 〔英〕殖民地和自治領大臣

Secretary of State for Employment 〔英〕勞工大臣；勞工部長

Secretary of State for Foreign Affairs 〔英〕外交大臣

Secretary of State for Home 〔英〕內務大臣

Secretary of State for Scotland 〔英〕蘇格蘭事務大臣

Secretary of State for War 〔英〕陸軍大臣

Secretary of State of Commonwealth Affairs 〔英〕聯邦事務部大臣

Secretary of the Fund 〔基金〕國際貨幣基金組織的秘書

Secretary of the Interior 〔美〕內務部長；〔英〕內政大臣

Secretary of treasury 〔美〕財政部長；財政大臣

Secretary of war 陸軍部長；陸軍大臣

Secretary's Department 〔基金〕秘書部

Secretary-General 秘書長；總書記

Secretary-General of the United Nations 聯合國秘書長（聯合國首席行政長官，由安理會提名，由聯合國大會投票選舉產生）

Secrete *v.* 藏匿，窩藏

Secret-keeping measures 保密措施

Secretly cross the national borders 偷越國境

Secretly gather intelligence 刺探情報

Secret-matter 機密事項

Section (S.) （成文法等的）款；項；節；（文章的）段落；（鐵路）路段；部門；科；股；組；〔美〕一平方英里面積；640 英畝土地

Section 301 authority 〔美〕301 授權條款（指授權總統採取包括報復在內的必要行動，對違反國際協定的外國政府政策或做法造成或對美國商業負擔或限制的不合理、不公平以掃清障礙）

Section of land 〔美〕一塊地（640 英畝）；一平方英里地塊

Sectional budget 部門性預算

Sectional committee 會期委員會

Sectional interests 部門的利益；局部利益

Sectional negotiations 會期談判

Sectional order 〔英〕國會會期內處理事務規程

Sector 扇形區；部份；戰區

Sector claim 扇形區主張

Sector principle 扇形原則（指某些扇形區國家對靠近南北極扇形陸地或冰川海洋的主權要求）

Sector State 扇形區國家

Sectoral adjustment loans 調整部門貸款

Sectoral advisory committee 〔美〕部門諮詢委員會（由工業部門專家組成，充當關貿總協定談判的顧問工作）

Sectoral agreement 部門協定

Sectoral bargaining 部門性的討價還價談判

Sectoral budget 部門預算

Sectoral coverage 部門性所包括的範圍

Sectoral integration 部門性一體化

Sectoral interest 部門的利益

Sectoral programme 部門計劃

Sectoral standards 行業標準

Sector-by-sector and issue-by-issue negotiations 逐個部門和逐一問題的談判

Sector-specific negotiations 特定部門的談判

Secular 現世的；世俗的；非宗教的；塵世的；非基督教會的

Secular arm 俗權；民事裁判權

Secular court 非宗教法庭；世俗法庭

Secular growth 長期性增長；持續增長

Secular power 俗權

Secular trend 長期趨勢

Secure *v. & a.* I. 保衛；獲得；擔保；保證支付；為 (借款等) 作保；向 (債權人) 提供保證；II. 保險的；安全的；可靠的

Secure a painter 〔海法〕繫住纜索

Secure a redistribution of negotiating rights 〔世貿〕保證重新分配談判權 (指關稅修改或減讓談判應確保有利於中小出口成員方)

Secure a share in the growth in international trade commensurate with the needs of their economic development 〔世貿〕獲得在國際貿易增長中與 (成員方) 經濟發展需要相應的份額

Secure an obligation 保證付債義務

Secure an overall balance of rights and obligations 〔世貿〕謀求權利與義務的總體平衡

Secure and effective 安全而有效

Secure claims 保證債權

Secure compliance with intellectual property laws 確保遵守知識產權法

Secure one's exequatur 獲取…領事證書

Secure to a buoy 〔海法〕繫浮筒

Secured 有保證的，有擔保的；保險的；安全的

Secured bond 擔保債券 (指由債券發行銀行提供財產作為抵押以保證償還)；附保險的約據

Secured creditor 有擔保債權人 (指債權人對其債務擁有諸如抵押品和留置權的特別的擔保)

Secured debt 有擔保債務 (指持有質權或抵押供清償債務的擔保)

Secured debt-tax 有擔保債權稅

Secured loan 抵押放款；擔保放款 (例如買機動車輛貸款以其產權作抵押)

Secured national debts 有擔保的國債

Secured note 〔美〕擔保票據；抵押票據

Secured party 有擔保的當事人

Secured transactions 有擔保的交易 (指建立在擔保契約上的交易)

Securities 〔英〕證券；有價證券；〔美〕證券；債券；股票；〔複〕債務或財產的證據；產權證明

Securities Acts 〔美〕證券法 (1933–1934 年)

Securities and Exchange Commission (SEC) 〔美〕證券及交易委員會 (1933–1934 年)

Securities and Investments Board 〔英〕證券及投資局 (為監督實施 1986 年《財政局條例》而設立的)

Securities broker 證券經紀人

Securities credit tickler 到期有價證券記錄簿

Securities deposited ticket 保管有價證券傳票

Securities Exchange Act 〔美〕證券交易所法 (規定外國投資者取得總資產 100 萬美元以上的美國公司的股份超過 5% 以上者，必須在 30 天前向證券交易委員會申報) (1934 年頒發，1975 年修訂)

Securities exchanges 證券交易所

Securities for keeping peace (=security to keep the peace)

Securities for peace and good behaviour (=security for good behaviour) 遵守社會治安保證 (指治安法官有權命令被告在規定期限內無過失行為的擔保或具結，保證遵守社會治安，否則會被關入監獄)

Securities index (信託公司的) 有價證券索引

Securities Investor Protection Act (SIPC) 〔美〕證券投資者保護法 (旨在協助證券經紀人和證券投資者解決其財務問題避免財務麻煩)

Securities ledger 有價證券出納分類賬

Securities offering 證券發行；包銷證券

Securities outstanding card 有價證券應付款的卡

Securities withdrawn ticket 提取有價證券的傳票

Security 擔保；擔保人；擔保書；抵押品；擔保物；保證金；安全；保障；證券

Security administration personnel 〔中〕治安管理工作人員

Security Administration Punishment Act 〔中〕治安管理處罰條例

Security against search and seizure 防止搜查和捕獲的保障

Security agreement 擔保合同

Security Bureau 〔香港〕保安局

Security cadre 治安幹部

Security classification 保密級別；密級

Security consideration 安全考慮

Security cost 擔保費用

Security Council of the United Nations 聯合國安全理事會 (簡稱 "安理會")

Security deposit 〔美〕保證金 (指承租付給出租人做為善意履行租約的保證，租期屆滿時，如房子完美無損可退還押金)

Security deposit of insurance 保險押金；保險保證金

Security enhancement programme 加強安全的規劃

Security exceptions 〔關 / 世貿〕安全例外 (指涉及國家安全基本利益的機密資料和安全信息，締約方可不予，也不得要求予以披露)

Security First Network Bank 安全第一網絡銀行 (成立於 1996 年，意指金融服務網絡化勢在必行)

Security for costs 訴訟費用擔保 (指原告或上訴人應被告人要求以現金、財產或證券提存法院作為訴訟案件的費用擔保)

Security for good behaviour 遵守社會治安保證 (指治安法官有權命令被告在規定期限內無過失行為的擔保或具結，保證遵守社會治安，否則會被關入監獄)

Security for keeping the peace 遵守社會秩序保證；維持治安保證

Security for right of claim 債權擔保

Security forces 保安部隊

Security fund 〔美〕安全基金 (在美國是指律師協會會員應繳納的會員誠實保證金)

Security guard 安全警衛

Security in litigation 訴訟擔保

Security interest 物權擔保 (指以出售財產作為清償債務的擔保)

Security issued for cash 發行籌款證券

Security jurisdiction 安全管轄

Security list 有價證券表

Security measures 保安措施；安全措施；保安處分（刑法上用以補充或代替刑罰，適用於有犯罪行為、犯罪嫌疑或妨害社會秩序嫌疑的人）

Security mediation committee 〔中〕治安調解委員會

Security of obligation 債的擔保（指為確保債權人的債權得到清償而承擔的特別保證）

Security of right of claim 債權擔保

Security of tenure 租地使用權保障；任期保障

Security pact 安全公約

Security personnel 保安人員

Security regulations 保密條例；安全規章

Security service 安全服務（安全防衛措施的服務）；保安服務

Security treaty 安全條約

Security zone 安全地帶

Security-graded information 機密級資料

Security-house 證券買賣所；現貨批發商

Sedentary fisheries 定着漁業

Sedentary species 定着魚類

Sedimentary basin 沉積盆地

Sedition 〔美〕動亂教唆罪；煽動叛亂；煽動性行為（指非法出版、出售或散發或有組織地誹謗或鼓吹推翻現政府的行為）；〔英〕煽動罪

Sedition Act 〔美〕叛亂法（1918 年）

Seditionary 煽動叛亂者；煽動份子

Seditious 煽動性的；參與煽動的；犯煽動罪的；危及治安的

Seditious conspiracy 煽動性共謀推翻政府罪

Seditious libel 煽動性誹謗；誹謗政府罪（指英美法律規定以非法手段教唆人們誹謗國王，政府和憲法等構成犯罪，但美國政府對此已不再進行追訴）

Seditious propaganda 煽動性宣傳

Seditious speech 煽動性言論（指鼓吹以武力或暴力推翻現政府）

Seduce v. 誘惑；誘使…墮落；誘姦；勾引；誘入歧途

Seducer 引誘者；誘姦者；勾引者

Seduction 唆使；誘惑；誘拐；勾引；誘姦行為〔美〕誘姦罪；〔英〕誘姦婦女；誘入歧途（指以花言巧語等手段達到非法性交目的的）

See 主教巡迴管轄區；主教的教庭或聯位

See the nationals' rights respected in foreign land 〔領事〕關註國民在外國的權利得以尊重

Seed and Plant Varieties Act 〔肯〕種子和植物品種法（1972 年）

Seed capital 創始資本；種子資本

Seed law 種子法（指國家為保證農業生產用的種子質量、調整品種選育及種子生產、經營、使用各方權利、義務的法律規範）

Seeds Act 〔印〕種子法（1966 年）

Seek a prompt access to the detainee 〔領事〕尋求立即探視被拘留者

Seek access to the accused 〔領事〕尋求探視被告

Seek access to the employment market of a Member 〔世貿〕尋求進入某成員方的就業市場

Seek an extension of a safeguard measure 〔世貿〕謀求延長保障措施

Seek appropriate collaboration 〔關貿〕謀求適當合作（指與聯合國及其附屬機構）

Seek exorbitant profits 牟取暴利

Seek feasible methods to expand trade 〔關貿〕尋求擴大貿易的可行辦法

Seek redress 要求賠償；尋求糾正的辦法（例如申冤等）

Seek technical expertise 尋求技術專長

Seek the emergency action on imports of particular products 〔世貿〕尋求對特定產品進口的緊急行動

Seek to avoid adverse effects on trade 〔世貿〕力求避免對貿易產生不利的影響

Seek to avoid the imposition of new quantities restrictions 尋求避免實施新的數量限制

Seek to influence 施加影響

Seek to obtain the additional information 尋求獲得額外信息

Seespere 〔德〕海上禁區

Segregation 種族隔離；隔離；分離；分開

Seignior 莊園主；封建領主；貴族；顯貴；紳士

Seigniorage 鑄幣費；鑄幣收益；君主特權；鑄幣權（為君主的一種君權或特權）；

Seigniory (seignory) 〔英〕領主權；貴族身份；（貴族的）領地；莊園；〔意〕市政議會（中世紀義大利城市共和國的）

Seise v. 佔有（尤指終身或世襲領地）；拘捕

Seisi 〔英古〕被奪取的；被佔有的；享有佔有權的

Seisin (Seizin) 法定佔有（指終身或世襲領地等）；〔英〕佔有（指佔有完全自由保有的地產、完全自由保有地產的封建佔有）

Seisina facit stirpitem 佔有創設家系繼承（法律的諺語）

Seismological investigation commission 震災調查委員會

Seize v. 佔有（指自由保有的不動產）；強力佔有；緝捕，緝拿，逮捕；俘獲

Seize and deliver to the public security organ 〔中〕扭送公安機關

Seize power 奪權

Seize smuggled goods 緝私；沒收走私貨物

Seize smugglers of smuggled goods 緝私（沒收走私者的走私貨物）

Seize the proceeds 扣押所得；扣押收益

Seize the proceeds of the offence 〔領事〕扣押犯罪所得；沒收犯罪所得

Seized 〔英〕完全佔有自由保有地產的；〔美〕被扣押的（指被警察扣留，限制其走開的自由）

Seized in demense as of fee 〔英〕實際佔有自己所有的不動產（指佔有有體世襲不動產的單純繼承土地的租戶，意指該不動產不純粹簡單地屬其所有，而是最終歸屬上級領主所有）

Seized of （依法）佔有着；擁有；依法獲得所有權

Seized of contraband by the customs 海關對違禁品的扣押

Seizin in deed 事實佔有（指完全保有自由保有的地產）

Seizin in fact 事實佔有（指自由保有的不動產）

Seizin in law 法定佔有；法律上的佔有（指自由保有的不動產）

Seizing of heriots 〔英〕收取貢品；奪取貢品（領主按捐贈方式佔有死亡領臣的牲畜或其他不動產）

Seizor (or seizer) 佔有人（尤指終身或世襲領地）；扣押人；押收人

Seizure 依法佔有；充公；查封；沒收；拿捕；逮捕；奪取；扣押

Seizure and handing over 〔中〕扭送（指羣衆將當場抓住的

違法犯罪份子強制送交司法機關處理的行為）

Seizure of contraband 扣押違禁品；沒收違禁品

Seizure of goods 沒收貨物；扣留財物

Seizure of property 扣押財產；沒收財產

Seizure of property on default of payment 因不付款而扣押財產

Seizure quousque 〔英〕暫時收回（指按照大多數莊園習慣，在謄本土地保有者死亡時，莊園主在習慣法院連續三次公佈無人前來繼承時，即收回該土地。如其後有繼承人主張，可予歸還）

Select *v.* 選擇，挑選；選拔

Select committee 〔英〕特別委員會；特別調查委員會

Select for employment on the basis of one's qualification 〔中〕擇優錄取（指大學招生和選聘人才的舉措）

Select key regions 選擇重點地區

Select man 〔美〕市鎮官員（紐英倫州所選拔為主管州的公共事務，並且具有某些行政權的官員）

Select Vestries Bill 〔英〕選擇議案件（指每屆上議院對女王施政演說進行辯論前一讀的議案）

Selected consumer products 上選的消費品

Selected Decisions of the International Monetary Fund and Selected Documents 〔基金〕國際貨幣基金組織決議和文件選集

Selected forum 合同指定的法院

Selection board 遴選委員會

Selection committee 提案處理委員會；選拔委員會

Selection of Chairman and Vice-Chairman of the Board of Governors 〔基金〕〔世行〕挑選理事會的主席和副主席

Selection of guardian 選擇監護人

Selective blockade 選擇性封鎖

Selective draft 〔美〕徵兵制

Selective Employment Tax 〔英〕選擇性就業稅（1966 年至 1972 年為財政法所取代）

Selective excise on goods 選擇性產品貨物稅

Selective increase in quotas 有選擇增加配額

Selective liberalisation 選擇性的自由化；有選擇的放開限制

Selective quota 選擇性配額

Selective safeguard clause 〔關貿〕選擇性保障條款（指對總協定特定出口國的特定產品實施保障措施而言）

Selective safeguard measures 〔關貿〕選擇性保障措施

Selective service 選徵兵役；義務兵役

Selective Service Act 〔美〕義務兵役法

Selective service system (SSS.) 義務兵役制（組織）；〔美〕選徵兵役機構（徵兵的執行機構，一種義務徵兵的常備組織）

Selective tendering 〔世貿〕（政府採購的）選擇性招標

Selective tendering procedures 〔世貿〕選擇性投標程序

Selenographer 速記員

Self insurance 自保；自我保險（指由自己撥出一筆基金以應付意外損失而不通過保險公司的一種習慣做法）

Self-accusation 自首

Self-adjusting 自動調整的

Self-adjustment 自動調整

Self-administration 自治

Self-assertion 自己的權利主張；堅持自己的權利（或要求）

Self-blockade 自封鎖

Self-burning 自焚

Self-confessed 自首的；自供的

Self-consumption 自動消費

Self-contained 〔世貿〕自成一類的；齊全的（指 WTO 法律體系而言）

Self-contradiction 自相矛盾

Self-criticism 自我檢討；自我批評

Self-defense (or self-defence) 〔美〕自衛；正當防衛；自衛權（指為了保衛自己、家庭或財產免受侵害或因此而誤殺行兇者）

Self-destruction 自殺；自我毀滅

Self-determination 自決

Self-determination of peoples 人民自決

Self-employed 自營職業的；自謀職業的

Self-employed person 自營職業者

Self-employed worker 自營職業的工人

Self-employment tax 〔美〕個體經營稅（指徵收個體經營收入的社會保險稅）

Self-enforcing contracts 自動實施的合同

Self-enforcing liberal international trade constitution 自動實施自由化的國際貿易憲章（指《烏拉圭回合》多邊談判中有推動將 GATT 轉成一個新的"世界貿易組織"的傾向）

Self-evident 不證自明的；顯而易見的

Self-exciting 〔關貿〕自動實施（指"一般例外"和"安全例外"條款，成員國不需事先批准，也不需事後報告可自行處置）

Self-executing 自動實施的（毋須立法手續）；自動生效的（不需補充立法）；〔關貿〕自動實施的（指"一般例外"和"安全例外"條款，成員國不需事先批准，也不需事後報告可自行處置）；毋須立法手續即可實施的；不需補充立法即可生效的

Self-executing constitutional provision 〔美〕自動執行的憲法條款

Self-executing judgement 〔美〕自動生效的判決（毋須法院宣判執行的判決）

Self-executing treaty 自執行條約；自動生效條約（指締約國毋須再立法程序即可生效的條約）

Self-execution 自執行

Self-executive treaty 自執行條約；自動執行的條約

Self-executory agreement 自執行協定

Self-financing 自籌經費；資金自給

Self-governing administration 自治行政

Self-governing colony 自治殖民地

Self-governing community 自治團體（自治社區）

Self-governing dominion 自治領

Self-governing state 自治國家

Self-governing territory 自治領土

Self-government 自製；自治；自治制

Self-government body 自治團體

Self-help 自力救助；自助（以自己的行動維護自己的權利，排除他人的侵害，而不訴諸行政或司法機關，其分正當防衛、緊急避險和自助行為）

Self-imposed penalty 自我懲罰

Self-incrimination 自咎；自罪；自我認罪（指在審判前或審判中的證言或供詞等中暗含自己有罪）

Self-inflating life raft 〔海法〕氣脹式救生筏

Self-insurance 自我保險

Self-insurer 自保人；自我保險者

Self-interest 自身利益；私利；自利原則

Self-interested seekers of protection 尋求保護自身利益者 (指多邊貿易談判中各成員方都設法保護本國產業的利益)

Self-judging domestic-jurisdiction reservation 自定保留內國管轄權

Self-judging reservation 自定保留

Self-jurisdiction 自管轄

Self-limitation 自限制

Self-liquidating 自動償付的；自動清償的

Self-liquidating loan 能把貨物迅速變現的貸款；自身能生利還本的貸款；自動清償貸款

Self-murder 自殺；自我毀滅

Self-neutralisation 自行中立化

Self-preservation 自保；自衛；自我保護

Self-protection 自衛；自保

Self-protection by carrying firearms （以）携帶槍支自衛

Self-protection jurisdiction 自保管轄權

Self-questioning 反省

Self-regarding evidence 當事人自己提供的證據 (指不論對本人有利或不利的證據)

Self-regulating organisation 〔英〕自律投資組織 (指對該組織內的成員從事投資工作施以強制性規則)

Self-reinforcing process 自我加強程序 (指區域性自由貿易走向開放市場的)

Self-restraint Agreement 自限協定；自願限制協定 ("自限協定"，指產品出口國按照國際協定自限其預定的出口配額，其在紡織品和汽車等國際貿易中應用最廣)

Self-seclusion 閉關自守

Self-seeking misconduct 徇私舞弊

Self-selection 自選；自我選擇；自己挑選

Self-service 自助；無人售票，無人售貨

Self-serving declaration 對自己有利的陳述 (傳聞證據之一，由訴訟當事人司法外陳述構成，旨在證明其涉案事實)

Self-slayer 自殺者

Self-sufficiency 自給自足；自產自給

Self-sufficient 自足的；自給自足的 (指美國經濟能自身維持)

Self-sufficient economy 自給自足的經濟

Self-supplying country 自給的國家

Self-supporting economy 自足經濟

Self-sustaining 自立的

Self-vote 自選投票

Self-wounding 自傷 (身體)

Sell *v.* 出賣；銷售；出售

Sell a deserter's property left on board the vessel 出售逃亡海員留在船上的財產

Sell on credit 賒銷

Sell out 售完；出賣；為清償債務出賣的貨物；出賣以抵償欠款；出賣軍職而退役

Sell short 賣空；低估

Sell three (or any number) 締結買賣契約後三天之內的任何一天可以請求提供物品並交付價款的定期交易

Sell under the hammer 拍賣

Seller 賣方；賣主；出賣人；銷售者；行銷貨

Seller's lien 賣方留置權

Seller's option 賣方選擇 (權)；賣方期權

Seller's risk 賣方風險

Seller-consignor 賣方發貨人

Seller's credit 賣方信貸

Seller's failure to perform 賣方不履行合同

Seller's market 賣方市場 (對賣方有利的市場，即求大於供)

Selling and marketing of air transport services 空運服務銷售和營銷

Selling commission 銷售傭金

Selling cost 銷售成本 (指包括廣告費、推銷員工資和旅差費等推銷活動)

Selling price 售價；銷售價格

Selling rate 賣價 (指銀行賣出外匯的價格)；售出匯率；賣方匯率 (指銀行售出外匯的匯率)

Selling stock short 賣空 (指賣方實際上不擁有股票)

Selling syndicate 銷售辛迪加；銷售聯營；推銷組合

Selling-off sale 清倉出售

Semantics 語義學 (研究作為語言符號所指對象的詞語與其他詞語之間關係等的一門學科)

Semble 〔法〕似乎是；看似好像 (常用於判決錄的表述，表示法官對某法律點上非直接的意見)

Semi-annual report 半年期報告

Semi-autonomous region 半自治區域

Semi-bankruptcy 半破產狀態

Semi-circle test 半圓標準

Semi-closed sea 半閉海

Semi-colonial and semi-feudal society 半殖民地半封建社會

Semi-colony 半殖民地

Semiconductor agreement 半導體協議 (指 1986 年美日兩國達成的協議)

Semiconductor chip layout designs 半導體芯片外觀設計

Semiconductor Chip Protection Act of 1984 〔美〕半導體芯片保護法 (1984 年)

Semi-conductor technology 半導體技術

Semi-developed nation 半發達國家

Semi-diplomatic agent 半外交代表

Semi-durable goods 半耐用品

Semi-enclosed sea 半閉海

Semi-endowment assurance 半養老保險

Semi-finished goods 半成品

Semi-finished product 半成品

Semi-fixed exchange rate regime 〔基金〕半固定匯率制度

Semi-independent colony 半獨立殖民地

Semi-independent state 半獨立國家

Semi-judicial body 半司法機構

Semi-knocked down kits for motor vehicles 機動車輛半拆散裝運的元部件

Semi-land-locked state 半內陸國家

Semi-legislative treaty 半立法性條約

Semi-logarithmic plotting paper 半對數測繪紙

Semi-manufactured article (or goods) 半成品

Semi-manufactured products 半製成品

Semi-matrimonium 準婚姻 (俗稱"妾")

Semi-municipal bonds 準市債券

Seminar 討論會；研究班

Semi-nationality 準國籍；半國籍

Semi-occupied state 半被佔領國

Semi-public company 公私合營公司

Semi-public corporation 準公共公司；公私合營公司

Semi-public ports 半公營港口

Semi-skilled labour 半熟練勞動力

Semi-skilled worker 半熟練工人

Semi-sovereign state 半主權國；部份主權國

Senage （宗教）會議費

Senate 〔美、法〕參議院；上院；〔羅馬法〕元老院

Senate Bill 參議院議案

Senate committee on finance (Senate Finance Committee) 〔美〕參議院財政委員會

Senate of the Inns of Court and the Bar 〔英〕律師協會與出庭律師理事會評議會（為四大律師學院理事會，成立於 1966 年）

Senate vote 〔美〕參議院投票

Senates Judiciary Committee 〔美〕參議院司法委員會

Senator 參議員；上議員；〔羅馬法〕元老院議員

Senatorial district 參議院選舉區

Senators of the College of Justice 〔蘇格蘭〕高等民事法庭法官

Send v. 寫信；送信；派人；把…向下發送

Send a captive under escort 押解俘虜

Send a convict to his native place under escort 遞解犯人回籍（遞解犯人還回原籍）

Send a criminal under escort 押解罪犯

Sending state 派遣國

Senescent industry 開始衰老的產業

Seneschal 〔歐古〕（中世紀的）管家；執事

Senior Advisor 〔基金〕高級顧問

Senior bonds 優先的公司債券；上等債券

Senior counsel 〔英〕高級出庭律師；〔美〕資深律師

Senior debt 優先債務

Senior Economist 〔基金〕資深經濟學家

Senior interest 優先權益

Senior issue 優先發行；優先發行股；優先發行債券

Senior judge 高級法官；資深法官（指在同一法院中受任工作年限最長者）

Senior lien 優先留置權

Senior managerial personnel 高級管理人員

Senior mortgage 優先質權（優先抵押權）

Senior n. & a. I. 年長的；資深的；資格較老的；上級的；有優先權的；先任的；II. 年長者；前輩；年資較深者；上級；評議員

Senior officer 〔基金〕高級官員

Senior official 高級官員；資深的官員

Senior partner 大股東；主要合夥人

Senior partner in a firm 商行的主要合夥人

Senior procurator 首席檢察官

Senior security 優先分紅的證券；優先證券（指收益分配時具有優先權的證券）

Senior staff 〔基金〕高級職員

Seniority 資歷；年長；年資；工齡

Seniority rule 〔美〕資歷規則；年資規則（指國會把在某委員會內任職最久的多數黨議員任命為該委員會主席的規定）

Senior-level position 高級職位

Sense of belonging 歸屬感

Sense of security 安全感

Sensible diplomacy 敏感外交

Sensitive and touchy question 敏感而棘手的問題

Sensitive goods 敏感性商品

Sensitive products 敏感性的產品

Sensitive subjects 敏感性問題

Sentence 〔美〕判刑；判決；刑罰；刑事判決（在美國由法院或法官對被告刑事起訴定罪後正式宣判所設定的刑罰，其刑罰種類有"死刑"和"暫緩監禁"等；對民事案件"判決"所用的術語有："judgement, decision, award and finding"）；〔英〕判決；刑罰；宣判（在英國由刑事法院，在被告認罪後科以刑罰，其特定種類有："監禁"、"緩刑"或"罰金"等）

Sentence discretion 量刑（指審判人員審理刑事案件後，根據一定的原則和應予考慮的各項細節，依權衡輕重，對被告宣告一定的刑罰或免予處罰）

Sentence of a court 終局判決（法院就民、刑事訴訟的宣判）

Sentence of bankruptcy 宣判破產

Sentence of death recorded 〔英〕記錄在案的死刑判決（指已判決死刑，但將不執行）

Sentence of imprisonment 判處監禁

Sentenced to death 判處死刑

Sentenced to five years' imprisonment 判五年徒刑（被判處五年徒刑）

Sentencing 科刑（在美國對刑事被告的定罪通常由主審法官科刑，但也有的司法管轄區的科刑由陪審團或量刑委員會執行；在英國科刑由法院宣告，陪審團和原告律師不得干預，但被告辯護人可提出具體減刑建議）

Sentencing a person to death, suspending its execution for two years 判處死刑緩期兩年執行

Sentencing Council 〔美〕量刑委員會（由三名或三名以上法官組成）

Sentencing guidelines 〔美〕量刑準則

Sentencing standards 量刑標準

Sentry post 哨所

Separability of treaty provisions 條約各規定的可分性

Separable contract 可分契約；可分割契約

Separable controversy 〔美〕可分性爭議（指關於可否把案件由州法院移送聯邦法院的審理爭議）

Separable obligation 可分債務

Separate a. & v. I. 各別的；特別的，特有的；單獨的；不連接的；不相聯的；II. 切斷；分開；分裂；使分離；使分居；使脫離關係；使解除契約

Separate account 專賬；分立賬；分開的賬戶

Separate action 分別行動；單獨訴訟（其反義詞為"joint action"）

Separate armistice 單獨停戰；單獨休戰

Separate article 各別的條款

Separate confinement 單獨監禁

Separate counts 〔美〕獨立罪項（指被告在一個刑事訴狀中被指控有兩個以上的罪項。實際上每個指控可構成一個單獨的刑事起訴書，可據此對被告進行審判）

Separate creditors 特別債權人

Separate currencies 多樣貨幣；多種貨幣

Separate currencies within a member's territories 〔世行〕成員國領土內的多種貨幣

Separate customs and tariff territory 〔香港〕獨立關稅地區（指雖在一國領土之內，或雖受一個國家的管轄，但卻實行與該國完全不同的關稅管理制度及關稅稅則的特別地區。這一概念出自"關貿總協定"）

Separate customs territory 單獨關境；單獨關稅區

Separate customs territory member of WTO 世貿組織單獨關稅地區成員

Separate Customs Territory of Taiwan, Penghu, Kinmen and Matsu (Chinese Taipei) 台灣、澎湖、金門、馬祖單獨關稅區（簡稱"中華台北"）

Separate entity 單獨實體

Separate estate 〔英〕特有財產（指衡平法上屬分居的妻子可隨意處置而不受丈夫支配的特有財產或地產）；〔美〕單獨財產（地產）（指衡平法上與其夫的生意關係上的財產或地產，其反義詞為"joint estate"）

Separate examination 〔美〕單獨訊問（指法官在丈夫不在場的情形下個別對妻方進行審問旨在確定妻方承認契據或其他文據是出於自願而不是受其夫所迫）；個別訊問；分別訊問（指在同一訴案中對證人們逐一進行訊問）

Separate identification 單獨確認

Separate industry 〔世貿〕獨立的工業；獨立產業（指被劃分的各個市場生產商）

Separate jurisdiction 分別管轄權

Separate legal entities 獨立法人；獨立的法律實體；獨立的法定實體

Separate licence of import approval for goods 各別貨物核准進口許可證

Separate maintenance 分居贍養費（指由丈夫提供給予分居妻子的日常生活費）

Separate offenses 併合罪（指對一個罪犯的多項罪狀按逐個宣判處罰）

Separate opinion 個別意見（指法官，尤指國際法院法官對判決的一部或全部持有不同觀點有權單獨發表其意見）；〔英〕（上訴法院法官）單獨意見

Separate peace treaty 各別和約；單獨和約

Separate property 特有財產；單獨財產（指丈夫或妻子結婚時私自擁有動產或不動產，包括個人工資收入等，尤指妻子私有財產永歸個人所有）；〔英〕（夫妻）分別財產制

Separate provision 分別規定；單獨規定

Separate regulations 單行法規

Separate return 〔美〕夫妻分別報稅單（指各報各的所得稅）

Separate system 〔美〕隔離監禁制，單獨囚禁制（釋義見"Pennsylvania system"）

Separate tariff 單獨稅率

Separate trial 〔美〕獨立審訊，分別審理（指數人被控告犯下同一罪行進行個別審訊；民事訴訟為省錢等亦可分開單獨審理）

Separate use 〔美〕分居妻子可隨意處置的財產（釋義見"separate estate"）

Separate votes 單獨表決；分別表決；分部份表決

Separation 分離；脱離；分開；分隔；〔美〕夫妻分居（如法院判決分居，法院的判決書中明確規定對妻子的扶養費）；〔英〕夫婦分居協議（指丈夫在協議中同意支付給分居妻子規定數額扶養費）

Separation a mensa et thoro 夫婦分居（指部份解除婚姻關係）

Separation agreement 分居協議（指夫妻離婚之前或法定分居時就監護、子女撫養、贍養費和財產分割問題達成的協議）

Separation allowance 軍屬分居津貼（戰時士兵按期給予妻子並由政府補助的或由政府發給出征軍人妻子的津貼）

Separation and Maintenance Orders Ordinance 〔香港〕分居及贍養令條例（指可向法院申請分居贍養費及子女的撫養費）

Separation centre 〔軍〕復員轉業中心

Separation deed 分居契約；分居契據；分居協議

Separation from bed and board 夫婦分居（單方解除婚姻關係，但不等於解除婚約，即；保留夫妻關係但不共寢食）

Separation of financial policy from commercial operations of central bank 〔中〕財務政策與中央銀行的商業行為分離

Separation of government from enterprise 〔中〕行政管理和企業分離（即政企分離）

Separation of jury 〔美〕陪審團（成員）分離（通指陪審員分開，法官不得同其中如何人討論案情）

Separation of ownership and control 〔中〕所有權和控制權的分離

Separation of patrimony 〔美〕遺產分離（指把繼承的財產與繼承人的財產分離以使繼承產和繼承人自己財產不相混同，從而防止特定的債權人要求以混同財產清償其先人的債務）（路易斯安那州法律用語）

Separation of powers 〔美〕分權；三權分立（指國家的立法、行政、司法三權分立，分別由議會、內閣或總統和法院掌握，各自獨立行使職權又互相制衡的制度）

Separation of spouses 〔美〕夫妻分居（此在很多州中在法定期間內為"無過失離婚"的先決條件）

Separation of the property 財產分開

Separation of witnesses 〔美〕證人退庭命令（指除了原、被告外，所有證人等候在審判室外等待傳喚後再到庭作證）

Separation order 〔美〕夫妻分居判決（含子女的監護和撫養問題）

Seperate identification 〔世貿〕分別認定（指對受補貼進口產品影響估計應從其產、銷和所得利潤與國內同類產品進行逐一審查）

Seperate peace 單獨媾和

Seperatists 持不同意見者；〔英〕脱離國教者

Septennial Act 〔英〕七年會期法（英國議會 1716 年 5 月 7 日規定最長每七年改選一次的法律）

Sequential order of applications 適用順序

Sequestor *v.* 〔美〕分離；孤立；隔離（指在審判敏感的案件時不讓陪審員與公衆接觸）；〔羅馬法〕拋棄權利（寡婦對亡夫遺產上的權利）；扣押監管被告的財產（衡平法實踐指法院扣押被告人財產並將其置於法庭監管之下直至其自行滌除蔑視法庭罪為止）；扣押有爭議財產交第三者保管（指在判決前交託保管兩個或兩個以上當事人有爭議的財產）；〔際〕沒收；徵用（將私有財產以為公用）；扣押敵國公民財產（指因拖欠其敵國臣民債務所致）

Sequestrate *v.* 扣押（債務人財產以清償判決確定的債務）；把（有爭議的財產在判決前）暫交第三者保管；沒收

Sequestration 〔美〕扣押；查封財產（指一般程序是在未決訴訟的結果之前，訴訟當事人的財產或租金暫被扣押）；〔英〕扣押財產令（指被告因過失蔑視法庭或拒傳出庭答辯或拒絕執行法院命令，因而指派四位專員佔有被告動產和不動產以執行返還財產或金錢的判決令狀）；〔宗〕清償債務令（主教指示教會執事扣押被告牧師封地以償還原告直至全部清償債務的命令）；〔羅馬法〕爭議物的保管；〔蘇格蘭〕將私人手中財產移轉到法官的司法令狀；〔際〕徵用（指扣押個人財產充作政府使用）

Sequestrator 有爭議財產暫行保管人；扣押令狀執行人；扣押財產保管人

Serf 農奴

Serf owner 農奴主

Serfdom 農奴制；農奴地位；農奴境遇；奴役

Sergeant (=serjeasnt) 準尉；警官；巡佐；〔英〕警衛官（擔任禮儀或維持議會，法庭等高級辯護人秩序的）；高級律師（在英國皇家法院享有特權的）；司法官員（倫敦市巡迴法院法官）

Sergeant's inn (or serjeant's inn) 〔英〕高級律師協會；高級律師法學院（是授予律師中最高頭銜的學府，這種律師頭銜雖尚未廢除，但很少授予）

Sergeant-at-Arms (=serjeant-at-arms) 警衛官；守衛官（君主侍衛官，有兩名在上、下議院工作，執行議會命令和逮捕叛國罪犯等）；倫敦市助理法官（=Common serjeant of London）

Sergeant-at-law 〔英〕高級律師（為法律職業的最高級別，是皇家御用律師的前身）

Serial bonds 分期償還的債券；序列債券（指同時發行但到期日和利率不同的債券）

Serial notes 分期支付的本票

Serial redemption 分期償還

Serial right 連載權；逐次出版的著作權

Series bonds 分期發行的債券；系列債券

Serious 重要的；重大的；有影響的；有份量的；須認真對待的；嚴重的；危急的；令人擔心的

Serious and wilful misconduct 嚴重而故意的過失行為

Serious crime 嚴重罪行

Serious financial difficulties 嚴重財政上困難

Serious Froud Office 〔英〕嚴重查捕調查局（根據 1987 年刑事司法法成立，局長由總檢察委任，可對嫌疑有嚴重詐騙嫌疑犯或任何人進行調查）

Serious illness 重病；嚴重疾病

Serious injury 嚴重損傷；嚴重身體傷害；〔世貿〕嚴重損害（意指對國內某一工業地位造成重大的全面的損害）

Serious market disequilibrium 嚴重的市場不平衡

Serious prejudice 〔關貿〕嚴重妨礙（指補助給成員國相同產品造成嚴重價格抑制等等）

Serious warning 嚴重警告

Serjeant at law 〔英〕高級律師；御用狀師；民法博士

Serjeant or sergeant 警官；〔英〕高級律師；國王侍衛；副檢察長

Serjeant or sergeant (=Sergeant-at-Arms; serjeant-at-arms) 警衛官；守衛官（君主侍衛官，有兩名在上、下議院工作，執行議會命令和逮捕叛國罪犯等）；倫敦市助理法官（=Common serjeant of London）

Serjeants at arms (=Sergeant-at-Arms) 〔英〕（議會、法院等）法警；警衛官；守衛官（君主侍衛官，有兩名在上、下議院工作，執行議會命令和逮捕叛國罪犯等）；倫敦市助理法官（=Common serjeant of London）

Serjeants' Inn 〔英〕律師公會

Serjeanty 侍君役（例如，在國王登基加冕時，必須親自替國王捧劍、扛旗等）；侍君土地保有制（古代的土地保有制一種）

Serment 〔英古〕宣誓；誓言

Serological test 〔美〕血清檢測（婚前檢測以確定有否性病）

Serrated 鋸齒狀的（契據）

Servage 〔封〕提供勞役（指佃戶除繳納一定地租外，還應給領主提供一個或多個勞役）

Servant 僕人，傭人；僱員；受僱人

Servant of the state 官吏；公僕

Servant's registry 傭工介紹所

Serve v. 送達（傳票等）；向…送交（令狀等）

Serve a process on 對…發出傳票

Serve a sentence of 服刑

Serve a sentence on bail 保外執行

Serve a writ of attachment 送達扣押令

Serve as an assessor in law case 陪審

Serve as evidence 作為證據

Serve legal documents 送達法律文件

Serve legal process 送達法律程序

Serve on a jury 陪審

Serve on a technical expert group 〔世貿〕在技術專家小組中任職（指成員方公民的任職須經各成員方同意）

Serve sentence outside the prison under surveillance 〔中〕監外執行（指把罪犯交由公安機關或基層單位負責執行管制、緩刑、假釋等）

Serve the national economic interest 服務於國家經濟利益

Serve the particular interests of the major commercial powers 服務於主要商業大國的特殊利益（有學者認為美國會默認 GATT 成立的原因之一）

Serve the remainder of a sentence 服完剩餘的刑罰

Serve time 服有期徒刑或拘役

Server 傳票送達員

Service 〔英〕役務（指領地租借人應對領主在家或戰時提供勞役和貢品）；勤務（指傭人侍候主人）；送達（指令狀、傳票等）；家務（指妻子陪伴丈夫等）；照護妻子（指妻子受傷時丈夫應予照顧或者向其侵害者提起訴訟以獲取傷害賠償）；（合同法）服務，公務，勞務；〔複〕效勞；服務業；〔宗〕禮拜式

Service abroad of documents 域外送達（指將司法文件或司法外文件送達域外的本國人或外國人，其文件包括民、商事法院發出的傳票、判決書以及當事人的訴狀和答辯狀的副本等）

Service account 勞務賬目；無形賬目（指旅行、保險等）

Service activities 勞務活動

Service agreement 服務協定；服務合同

Service allowance 在職津貼（根據工作情況加給的津貼）

Service and remittance country 勞務和匯款國

Service attache 公務專員

Service by public notification 公示送達

Service by publication 公示送達

Service by substitution 代替送達（如把傳票留在應受送達人的家內，視為已送達）

Service capacity 服務能力

Service certificate 送達證

Service charge 服務費；管理手續費

Service charge upon drawing on Fund facility 關於動用國際貨幣基金貸款的服務費

Service club 服務會社

Service commitments 服務承諾

Service company 服務公司；勞務公司

Service condition of ship 船的營運情況

S

Service consumer　服務消費者；勞務消費者 (指接受或使用服務的任何人)

Service contract　勞務合同；檢修契約 (指在特定期限內對消費產品等履行保養或維修事務)

Service cooperation　服務合作；勞務合作

Service cost　服務成本；勞務成本

Service economy　服務經濟

Service export　服務輸出；勞務輸出

Service heirs　〔蘇格蘭〕繼承人的役務程序 (指繼承人通過特種役務程序確認其與被繼承人法律上的關係以獲取其繼承財產權利)

Service import　服務輸入，勞務進口

Service industry　服務業；服務性行業 (指創造無形產品。諸如，金融、運輸和旅遊等各類服務性行業)

Service insurance　醫療服務保險

Service judicial documenters　送達司法文件

Service life　使用期限 (指資產的使用年限)

Service manual　使用細則

Service mark　服務商標；勞務商標 (指銷售或廣告中使用的稱號、商號和電視節目等用以識別於人與其他項目的服務)

Service occupation tax　服務行業稅

Service of another Member　〔世貿〕另一成員方的服務 (指提供一項服務者)

Service of legal process　送達法律令狀

Service of notice　送達通知書

Service of order　送達命令

Service of process　送達訴訟令狀 (指司法機關按照法定的一定方式，將令狀、傳票等法律文書送交當事人或被告和其他訴訟參與人的訴訟行為)

Service of sommons　送達傳票

Service of writ　送達訴訟令狀

Service operation　服務經營；服務業務；服務管理

Service out of jurisdiction　〔英〕域外管轄權的送達

Service output　勞務產出；服務產出

Service passport　公務護照

Service payments　償還額；還本付息額

Service policy　勞務保險單

Service preventive　〔英〕海關緝私部

Service product　服務產品；勞務項目

Service regime　服務制度

Service retirement system　〔美〕政府公務員退休制度

Service sector　服務部門；勞務部門；服務業

Service sectors subject to government pricing　須依照政府標價的服務部門 (須經政府標價的服務業)

Service speed　〔海法〕營運航速

Service staff　服務人員

Service standard　服務標準

Service structure and career patterns　〔領事〕服務結構和職業模式

Service supplier　〔世貿〕服務提供者

Service trade　服務貿易

Service trade negotiations　服務貿易談判

Service trade protectionism　服務貿易保護主義

Service transactions　服務交易；勞務交易

Service type firm　服務性企業

Service, Justice and Peace in Latin America　拉丁美洲服務、正義與和平

Serviceman　現役軍人；維修工；保養員

Service-oriented market　服務型的市場；服務導向的市場

Services auxiliary to all forms of transport　各種輔助性運輸服務

Services auxiliary to insurance　輔助性保險服務

Services codes　服務守則；勞務守則

Services council　〔關貿〕服務業理事會

Services Division　〔世貿〕服務司；勞務司

Services negotiations　服務談判；勞務談判

Services of rental and leasing of aircraft　飛機出租與租賃服務

Services sectoral classification　服務部門分等 (級)

Services subject to price control　受價格管制的服務

Services supplier　服務供應商；勞務提供者，勞務供應商 (包括提供勞務、原材料、商品的個人或企業)

Services technology　服務技術

Servicisation of the economy　經濟服務化

Servient　勞務；承役地

Servient estate　供役地；承役地 (負擔地役權的土地)

Servient land　承役地

Servient tenement　承役地，供役地 (指享有通過該土地道路權的土地)

Servitude　勞役；苦役；徒刑；地役權；用益權 (指自願地為他人服役是從羅馬民法衍生出的一種無形權利之形式，與普通法的 "easement" 近似。前者為他人的利益承擔不動產物權上的負擔，而後者為圖自己於不動產物權上增殖的利益而使用他人土地的權利)；〔英〕學徒身份

Servitude for conducting water　引水地役權

Servitude for use of water　用水地役權

Servitude in gross　人役權

Sess　〔英〕稅；租稅；稅率；徵稅

Session　會期；開庭期；議會期 (立法機關和委員會的會期，英國議會每年一般開一次會)；〔複〕法庭；治安法官定期會議；(證券交易的) 市；盤

Session judge　〔美〕區法官

Session laws (S.L.)　〔美〕州議會法規彙編 (指州議會一年或兩年會議上制定的法規名稱，以別於州的 "compiled laws" 和 "revised statutes" 編纂抑或修訂)

Session of Parliament　〔英〕議會會期

Session pairs　會期相對

Sessions of the peace　〔英〕(英格蘭和威爾斯) 治安法官法庭

Set a person free with a verdict of "not guilty"　宣告無罪釋放

Set aside　撤銷；宣告無效；留出；撥出；擱置

Set aside a claim　駁回一項權利請求

Set back　撤銷；宣佈…無效；〔美〕縮進 (指在路邊和建築物之間要留出一定距離，禁止建造佔用)；挫折；受阻

Set down　開審；填入，記載，登記 (指將審判的訟案登記在候審清單上)

Set foreign exchange rate　訂定外匯匯率

Set forth private legal channels　闡明私人合法的渠道；宣佈私人法律渠道

Set forth the findings　宣佈調查結果

Set forth the procedure for service of documents　陳述

送達文件程序

Set free 釋放;使獲得自由

Set of bills 成套匯票(只有第一聯未被承兌,第二聯才能兌現,或指一式二、三份的"成套匯票")

Set of bills of lading 一套提單;一套起貨單

Set of exchange 成套匯票(釋義同"sets of bills")

Set one's hand and seal to a document 在文件上簽名蓋章

Set one's hand to 在…上簽字;批准;承認;干預

Set out 陳述;闡明(事實或情況);描述;結合;組合;開始;從事;動身;出發

Set out the power, duties, conditions of service and term of office of the Director-General 〔世貿〕確定總幹事的權力、責任、任職條件和任期

Set price 固定價格;預定價格

Set rules of the game 〔關貿〕制定遊戲規則(指在服務貿易方面)

Set the contract aside 撤銷契約

Set the war prisoners free 釋放戰俘

Set up 設立;創立;建立;提出;提議;宣稱;聲明

Set up a clandestine tribunal 私設公堂

Seti 〔美〕租賃;出租(採礦法用語)

Set-off 抵消;債務抵銷(指兩造部分抵銷各自的求償額)

Setter 為警察做諜報者;為盜賊作眼線者

Setter-on 教唆者;煽動者

Setting agent 理賠代理人

Settle a dispute 解決爭端

Settle claims and debts 清理債權(求償權)債務

Settle inter-agency problems 解決機構間的問題

Settle the account 結賬;結算

Settle up 清算;結清(指死者、破產者或破產公司全已清理了結);解決;交付

Settle v. 解決;授予(財產、土地);同意;批准;設立;確立和解;達成協議;清償;支付;結算;了結;定居;立約

Settle with creditors 與債權人清算賬目;與債權人談妥償付債務

Settled 結過賬的;付清的

Settled account 已結賬目;付清的賬目

Settled estates 已設定繼承產的土地

Settled income 固定收入

Settled land 限制轉讓的土地;設定繼承產的土地(限於以繼承方式取得的土地,或稱受繼承限制的土地,亦即限定所有人的土地)

Settlement (通過法律手續的)財產授與;設定的財產;(債務的)清償;結算;支付;〔保〕理賠,賠付;給付;〔英〕財產處分;和解(指以各方合意條件終結爭議事項);租界;居留地;大農場

Settlement allowance 安置費

Settlement and clearing services for financing assets 金融資產的清算服務;金融資產的支付清算服務

Settlement by arbitration 仲裁解決

Settlement colony 移居殖民地

Settlement currency 結算貨幣

Settlement day 〔英〕決算日,結賬日;交割日(股票交易所指定結算股票買賣的日子,涉外證券和股票每月結算兩次)

Settlement of accounts 清算賬目;清賬

Settlement of accounts in full 總決算

Settlement of claim 求償的解決;理賠

Settlement of disputes 爭端的解決

Settlement of financial obligation 〔基金〕金融債務的清償

Settlement of international dispute 國際爭端的解決

Settlement of international investment disputes 國際投資爭議的處理(解決國際投資爭議的手段,可依國內法或國際法包括通過司法訴訟或仲裁程序加以解決,也有通過政治手段解決)

Settlement of the crown 〔英〕王位繼承法

Settlement of trust 信託的設定

Settlement officer 〔印〕拓殖官員

Settlement on account 記賬結算

Settlement option 清償方式選擇權;〔保〕支付方式選擇權(指在人壽保險中,對於所得保險利益可選擇一次總付或分期給付等)

Settlement out of court 庭外和解

Settlement relations 結算關係(指因商品交易或提供勞務等所發生的債權債務通過銀行等金融機構以轉賬或現金方式進行的貨幣收付關係)

Settlement statement 結算清單

Settlement term 決算期

Settler 殖民者;開拓者;居留者;定居者;〔香港〕信託創立人

Settling and survey agent 理賠檢驗代理人

Settling bank 結算銀行

Settling fee 理賠費

Settling-day 〔英〕結算日;交割日(交易所每兩週一次的)

Settling-in allowance 安家費

Settling-in grant 首先安裝

Settlor 〔美〕財產贈與人;財產捐贈人;信託創立人;〔英〕授產者;財產授予者(指設定地產或私人財產者)

Seven clear days notice 七日前發的通知(星期日除外)

Seven kinds of trade barriers other than tariffs 關稅以外的七種貿易壁壘(指財政措施、信貸措施、市場保留、資本和勞動限制、技術標準、行政規定以及環境考慮,意指發展中國家勞務因此很難進入發達國家的勞務市場)

Seven Western Countries Summit Conference 西方七國首腦會議(指 G7 的發達國家集團)

Seventeen-Member Special Committee 十七國特別委員會

Seventeenth Amendment 〔美〕憲法第 17 條修正案(關於參議員選舉問題)

Seventh Amendment 〔美〕憲法第 7 條修正案(關於陪審團審判權保護問題)

Seventh round of multilateral tariff negotiations under the GATT 關稅與貿易總協定第七回合多邊關稅談判(又稱"東京回合",於 1973 年–1979 年在東京舉行)

Seventy-Seven Group 77 國集團(聯合國發展中國家的聯合體於 60 年代初成立,現已有 100 多個會員國,旨在協調成員國活動和在國際經濟關係方面制定共同綱領)

Sever v. 〔美〕切斷;中斷;使分離;分割(產業);分開審理(如,兩個或兩個以上就同一利害問題成為共同被告時分開各自進行獨立審理);〔英〕各自進行訴訟(指兩人或兩人以上涉及在同一令狀或訴訟案件中為共同被告時則予分開,各自進行訴訟);解散共同租賃;終止共同租賃(釋義見"severance")

Severability clauses 可分性條款

Severability of deposition （庭外）證言的可分性

Severability of treaty clauses 條約條款的可分性

Severable 可分離處理的；可分的

Severable contract 可分契約

Several 專有的；獨佔的；單獨的；不同的；分歧的；各自的；各別的；個別的；幾個；數個（至少三個）

Several actions 可分的訴訟（指就同一個標的而告發兩人以上的訴訟）

Several contract 可分契約；可分別履行的契約

Several covenants 分別性契約（幾個當事人締結的契約，如果各當事人利益不同，對契約可作各自的解釋）

Several fishery 專有捕魚權；排他性捕魚權

Several inheritance 分割繼承（兩人以上各自的繼承產）

Several judgement （對一羣被告人的）分別判決；可分判決

Several liability 單獨責任；個別責任

Several profit a prendre 一人單獨享有承役地上的採取權（在承役地上一人獨佔的採取權）

Several tail 分別限嗣繼承（指授予的土地限定於在兩個人中分別繼承）

Several tenancy 單獨租賃（指由某人以其自己的權利不與人分享的個人單獨保有的土地）

Severally 各自地，分別地

Severalty 單獨所有；單獨所有權；單獨保有的物權

Severance 分離；隔離；斷絕（關係）；（共有物的）分割；〔美〕分離；〔英〕各自訴訟（指兩人或兩人以上涉及在同一令狀或訴訟案件中為共同被告時則予分開，各自進行訴訟）；解散共同租賃；終止共同租賃

Severance of actions 〔美〕分開求償訴訟（指分開多個求償當事人求償之訴並允許就各自的求償分別訴訟）

Severance of consular relations 領事關係的斷絕

Severance of diplomatic relations 外交關係的斷絕

Severance of financial relations 財務關係的斷絕

Severance of trade relations 貿易關係的斷絕

Severance pay 解僱費；離職金；退職金；遣散費

Severance tax 〔美〕採掘稅；採伐森林物產稅

Severe 嚴肅的；嚴密的；嚴厲的；嚴格的；劇烈的；苛酷的；難以忍受的

Severe disposal of a criminal 對罪犯的從嚴處理

Severe isolation 嚴重孤立

Severe judgement 重判，嚴判

Severe law 嚴峻的法律

Severe mental impairment 嚴重的精神減損（指精神過於興奮以至行為不能自控的一種精神病）

Severe penalty 重罰；嚴刑；嚴懲

Severe reprimand 嚴重警告；嚴厲懲戒

Severe sentence 重刑判決；嚴刑判決

Sewer 下水道；陰溝；排水管

Sewerage works 下水工事；排水工事

Sex 性；性別（指男或女）

Sex discrimination 性別歧視；性別差別

Sex Discrimination Act 〔英〕性別歧視禁止法（1975 年）

Sex question 性問題

Sex shop 性用品商店（如住宅、汽車、船舶或存放用於銷售性用品和活動的場所）

Sex slaves (or military confort) 性奴隸；慰安婦（指第二次世界大戰期間，日本侵略軍在中國、韓國、菲律賓和澳洲等

國徵召、誘騙和強逼年輕婦女為日本侵略軍提供性服務）

Sext 第六卷教令集（1298 年頒發，其乃格雷戈里九世五卷教令集的補充）

Sextant 〔海法〕六分儀

Sexual abuse 性侵犯（指由單親、監護人或親戚等姦侮未成年者）

Sexual assault 性侵犯（指性暴力行為）

Sexual battery 〔美〕強姦罪

Sexual desire 性慾

Sexual equality 男女平等

Sexual harassment 性騷擾

Sexual intercourse 交媾；性交；發生性關係

Sexual relations with a young girl 姦淫幼女

Shack 〔英古〕共同放牧權（指在毗鄰共同佔有土地上收割後共同享有的放牧權）；離羣的家畜

Shackles 鐐銬

Shadow v. 盯梢；跟踪

Shadow cabinet 〔英〕影子內閣（Shadow Ministry）

Shadow director 幕後董事長，事實上的董事長（指公司一切事務聽命幕後操作者指示行事）

shadow exchange rate 〔世行〕影子外匯率

Shadow price 影子價格

Shakedown 徹底的搜查；〔美〕勒索，敲詐（指以人身傷害為要挾索取金錢；如警官則以逮捕要挾）

Shall 應；必須（法令或契約上的用語）

Shallow integration 〔世貿〕膚淺的一體化，淺表的一體化

Shallow port 淺海港

Sham 假的；假裝的；虛偽的；劣等的；仿造的

Sham marriage 假結婚

Sham plea 〔英〕強辯；虛偽的答辯（與事實不符的辯訴，旨在濫訴和遲延，對此法官可把它刪去或加以修改）

Shanghai Cooperation Organisation (SCO) 上海合作組織（簡稱"上合組織"，2006 年 6 月 15 日在上海舉行"上海五國"元首峰會，宣佈成立永久性政府間國際組織，並簽署了《上海合作組織成立宣言》，上海合作組織遂告正式成立，其觀察員國有：阿富汗、白俄羅斯、伊朗和蒙古；主席國客人為：土庫曼、東盟和獨聯體）

Shanghai Interbank Offered Rate (Shibor) 〔中〕上海銀行間同行拆放利率（2007 年 1 月 4 日開始運營）

Share n. & v. I. 股份；股票；股；份；額；II. 分享；分攤；分擔；共有；共享

Share and share alike 平均分配（指按人頭，也可按集團、按個人均分）

Share broker 股票經紀人

Share capital 股本；股份資本

Share certificate 股票；股份證券；股份證書

Share in the partnership 合夥人在合夥中出資的份額

Share information 分享信息

Share investment 股份投資；證券投資

Share of adjustment loans 調整貸款的份額

Share of corporate stock 公司股票額（指佔有公司權利的比例，一旦公司解散，可以此為據分配公司的財產）

Share of government prices 政府價格份額

Share of labour force 勞動力份額

Share of partner 合夥人的股份

Share of product 產品份額

Share of product reserved for importation and exportation by state trading enterprises 〔中〕國營企業保留的進出口產品的份額 (指在議定書草案附錄 2A 中所列的產品)

Share of world tonnage 世界總頓位的佔有率

Share of world trade 國際貿易份額 (指每個成員方繳納世貿秘書處會費多寡是根據其外貿份額而定);世界貿易份額 (指整個拉丁貿易市場對美國而言所佔份額太小)

Share of world trade in the goods and service 〔世貿〕世界貨物和服務貿易的份額

Share premium 股票發行溢價

Share premium account 股票發行溢價賬

Share scheme 〔中〕股份制 (中共十五大推出的國營企業改革的新舉措,即對國有企業只要國家佔控股,其餘股均可出讓)

Share split 分股,折股,析增股 (指把公司股份由小股合成大股,或反之)

Share the booty (loot) 分贓

Share warrant 股權證;認股證;股份保證書

Share warrant to bearer 無記名的證券

Share-capital 股本;股份資本

Share-cropper 〔主美〕佃農 (指一種扣除依靠勞作的佃農預先投入種子、農具等予以補償之後用穀物交租者)

Sharecropping 〔美〕作物收益分成租約 (地主與佃農訂立用百分之幾作物收成作為租金的分成租約)

Shared bay 共有海灣

Shared foreign Sales Corporation (SFSC) 〔美〕共同擁有股份的境外銷售公司 (指美國在境外註冊的公司希望對其所持有股份延期向政府交納出口所得稅)

Shared natural resources 共有的自然資源

Shareholder 股票持有人;持股人;股東

Shareholder loans 股東貸款

Shareholder meeting 股東大會

Shareholder's equity 股東權益;股東資產淨值 (指扣除公司所有債務後所餘下的部份)

Shareholders' protective agreement 股東保全契約

Shareholders' right 股東權利

Shareholders' voting rights 股東表決權

Shareholding 持有股份

Sharepusher 股票販子 (硬推銷不值錢的股票的掮客)

Sharer 分擔者;分享者

Shares without par value 票面價值未定的股票

Share-warrant to bearer 認股證明書 (由公司發出的持券人有權認購一定數額的無記名股份證明書並附有股息分派券)

Sharing of profit and loss 損益的分配

Sharing of research efforts 分享調研成果 (指 WTO、IMF 和 World Bank 三組織之間相互的)

Sharing profit 利益分配

Sharp 急速的;趕急的;精明的

Sharp clause 督促條款 (例如抵押契據條款中訂明,一旦債務人遲延給付時,債權人應即刻採取法律行動)

Shave v.〔美〕欺詐;詐取 (他人財產行為);削減價格;減價買進 (期票或債券)

Sheading 〔英〕曼島行政區 (共劃有六個區)

Sheer fabrication 純屬捏造

Sheer line (船) 舷弧線

Shelf 大陸架

Shelf area 大陸架地區

Shelf channel 大陸架峽道

Shelf edge 大陸架邊沿

Shelf floor 大陸架底

Shelf zone 大陸架區

Shelf-less state 無架國

Shelf-locked state 架鎖國

Shelter 〔美〕藏身處,避難所 (指為失所的兒童們提供食品、衣物等的收容所)

Shelter and rehabilitate 收容教養

Shelter harbour 避難港

Sheltered sectors 不受外國競爭影響的部門

Shenyang and Taiyuan War Crime Trials 瀋陽和太原戰犯審判 (指 1956 年中華人民共和國最高人民法院特別軍事法庭在瀋陽和太原對日本帝國主義侵略中國時期犯有嚴重罪行的日本戰爭犯罪份子的審判)

Sheriff (or Shire-reve) 〔英〕郡長 (由政府委任,主要職責是監督郡的國會議員選舉、執行高等法院訴訟令狀、召集陪審員和沒收保釋金等);〔美〕縣行政司法官 (由選舉產生,主要職責為協助縣刑事和民事記錄法院工作)

Sheriff court 〔蘇格蘭〕郡法院 (受理民、刑事案件的主要下級法院)

Sheriff in the county 郡長

Sheriff officers 〔英〕副郡長;執達吏;郡長助理;百家村村長;〔蘇格蘭〕郡行政司法官;百家村執達吏

Sheriff's Court 〔英〕郡長法院 (後拼入市長法院,現為倫敦法院,指按調查令狀估量無答辯訴訟案件中原告所受的損害)

Sheriff's Court of the City of London 倫敦郡長法院 (受理倫敦市小額債務案件的下級法院)

Sheriff's deed 〔美〕司法拍賣之所有權契據 (司法行政官主持的拍賣會上頒發給買受者的產權證件;亦即將拍賣所得款項用以支付法院對物主財產的判決)

Sheriff's jury 郡長選定的陪審團

Sheriff's poundage 〔英〕執行費 (指直達吏執行判決所課收的費用)

Sheriff's sale 〔美〕行政司法官的拍賣

Sheriff's tourn 〔英古〕郡長治安法庭 (產生於 13 世紀,一種案卷法庭,每年在復活節和米迦勒節月內由郡長主持開庭兩次,已於 1887 年廢止)

Sherman Antitrust Act 〔美〕謝爾曼反托拉斯法 (1890 年美國會制定的反壟斷法)

Shew cause 〔英〕(=show cause) 提出理由;陳述事實和理由 (指高等法院動議傳喚敗訴方到庭應陳述其反對法庭裁定的充分理由)

Shibboleth (黨派,行業,集團等的) 行話;術語;口頭禪

Shield laws 〔美〕新聞秘密保護法 (指給予新聞記者在採集新聞資料過程中所取得的筆記和材料等新聞信息可拒絕披露的特權)

Shift 輪班;輪值;推託;轉嫁;變更,更動

Shift between reserve assets 儲備資產之間的轉移

Shift claim 〔保〕轉嫁索賠

Shift loans 轉借貸款

Shift of economic thinking 經濟思想的轉變

Shift of short-term funds 短期資金的轉移

Shift of tax 賦稅轉嫁

Shifting (船的) 移泊;移動;轉嫁;替代

Shifting clause 轉換條款（指在財產授與合同中規定，在一定情況下，例如保有人死亡等，可以與原規定不同的方式移轉財產的條款）；〔美〕轉移用益權條款

Shifting income 〔美〕轉移收入（指父母把自己的收入劃歸子女或給低收入者以規避較高所得稅率）

Shifting of customs duty 轉嫁關稅

Shifting of tax 轉嫁賦稅（例如通過購買房地產避而轉嫁了課收所得稅）

Shifting risk 〔美〕變動風險（創設關於供出售的庫存貨物或其他類似財產，或買賣項目處於變動狀態，但保險單所承保的貨物不受其構成影響）

Shifting the burden of proof 轉移舉證責任（指由一方轉移給他方）

Shifting use 轉讓用益權（即把一定的土地交給甲及其繼承人，使其為了乙的用益權加以佔有，如果乙結婚時，乙的用益權轉讓給丙而設定的用益權）

Shift-work （礦井）分班工作

Ship *n. & v.* I. 船；船舶；II. 把…裝上船；船運，運送

Ship canal 通航運河

Ship chartering 租船

Ship in distress 遇難船舶；失事船隻

Ship inspectors office 船舶檢查所

Ship insurance 船舶保險

Ship master （商船等的）船長

Ship money 〔英〕港口稅；城鎮稅；船艦建造稅；船舶稅

Ship Mortgage Act 〔美〕船舶抵押法

Ship nationality 船舶國籍

Ship navicert 船舶航運執照

Ship owners 船東；船舶所有人

Ship safety control zone 船舶安全控制區

Ship standstill 停止對船舶製造業的信用貸款（指 OECD 成員國同意廢止對飛機、船舶製造業的正式貸款）

Ship under convoy 被護航船舶

Ship's nationality 船籍，船舶國籍

Ship's number 船舶編號

Ship's protest 海事報告（指船舶在海運過程中發生事故時，船長應向其最近的本國駐事故發生地國的使領館報告出事的經過）

Ship's recreation room 〔海法〕船上休息室；船上文娛室

Shipborne radar 〔海法〕船用雷達

Ship-breaker 拆卸廢船的承攬人（承包人）

Ship-broker 船舶掮客；船舶經紀人（經營船舶買賣或租賃、保險的代理人）

Ship-building subsidy 造船補助金

Ship-mate 船員

Shipment 裝貨；裝船；裝運；裝運的貨物（表明船上財產或所載的貨物，包括船舶註冊證書、提貨單和護照、船員名冊等）

Shipment by rail 鐵路裝運

Shipment note 貨運通知單

Shipment policy 裝運保險單

Shipment request 裝運申請書

Ship-mortgage 船舶抵押（船舶抵當）

Shiporne radar 〔海法〕船用雷達

Ship-owner 船舶所有人；船主；船東

Ship-owner's agency 船主代理商

Ship-owner's conference 船東聯合會

Shipped bill 已裝船提單

Shipper 貨主；裝貨人；發貨人；托運人

Shipper's representative 托運人的代理人

Shipping 〔美〕（總稱）船舶；海運；航運；發貨

Shipping advice 裝運通知

Shipping agent 海運代理商；船務代理

Shipping agreement 航運協定

Shipping articles 船員僱傭合同（指船長與船員雙方就工資等問題簽訂的合同）

Shipping bill 船貨清單；艙單

Shipping board 〔美〕船舶局；海運局

Shipping clause 裝運條款

Shipping concern 船運業

Shipping conference 航運公會

Shipping Contracts and Commercial Documents Act 〔英〕航運合同和商業單據法（1964 年）

Shipping cost 航運費

Shipping document 裝運單據；貨運單據；裝船單據（例如，提貨單、信用證和保險證書等）

Shipping engaged in international trade 從事國際貿易的航運

Shipping exchange 航運交易所（由船東、航運經營者、貨主和船舶經紀人組成以交換國內外航運情報信息等的機構）

Shipping expenses 航運費，裝運費，運費

Shipping freight 海運運費

Shipping industry 航運業

Shipping inquiry 〔英〕航運調查

Shipping instructions 裝船須知；裝運須知；裝運指示；裝貨指示（指買方通知賣方有關貨物包裝及交貨運輸等等事項）

Shipping instruments 裝運證書

Shipping interest 航運界；航運業

Shipping law 海運法；船法，航行法，船舶運輸法

Shipping list 裝運單；發貨清單

Shipping manifest 航運艙單

Shipping market 航運市場

Shipping note (S.N.or S/N) 船貨通知單

Shipping office 運輸事務所；船員僱傭管理處

Shipping operations 航運業務

Shipping order (s/o) 發貨通知單；發貨單（指船公司發給托運人的提貨單，可據以向碼頭或船方交貨的憑證）

Shipping papers 貨運單據；裝運單據（釋義同 "shipping document"）

Shipping policy 海運政策

Shipping port 裝貨港；裝運港

Shipping receipt 裝運收據；裝貨單收據

Shipping register 船舶登記冊

Shipping route 航線

Shipping sector 航運業（部門）

Shipping service(s) 航運業；航運服務

Shipping term 裝貨期間

Shipping ton 裝載噸；貨運噸

Shipping valuer 船舶評價人

Shipping-master 海員監督官

Ships and vessels 船舶

Ship's book 船舶登記簿

Ship's broker　船舶經紀人

Ship's captain　船長

Ship's cargo　船貨

Ship's husband　船東總代理 (指由船舶共有人共同委任的代理人，在岸上代表船方，從事供應，修理等照料各方的共同利用利益) (古時海洋法用語)

Ship's log　航海日誌；航行日記

Ship's manifest　船舶裝貨目錄；輪船載貨清單

Ship's papers　船舶證書；船舶文件 (指船舶國籍證書、提貨單、護照、船員名冊、船舶租約、免疫證書等證明船舶的性質和所載的貨物)

Ship's safety certificate　船舶安全證書

Ship's warrant　船舶保證書

Shipwreck　失事船隻；海難；失事船舶的殘骸

Shipwrecked　遇船難者

Shipwrecked person　遇船難者

Shipwrecked ship　遇難船舶

Shipyard　造船廠

Shire　〔撒〕郡 (撒克遜文字意為一個 "區" 字，由不定數目的百家村組成，後稱郡，現為英國行政區，=county)

Shire clerk　〔英〕郡法庭法官

Shire mote　〔撒〕區巡迴法庭 (或稱 "郡法庭")；人民議會；郡；縣會

Shire town　郡府 (或縣政府) 所在地

Shire-court　郡法院

Shire-gemot　〔撒〕郡法院；郡議會

Shire-hall　郡法院

Shire-man　〔撒〕郡法官

Shire-reeve　〔撒〕郡長；行政司法長官

Shirking　逃避 (義務，責任，戰鬥等)

Shock　精神損害；(對神經的) 震擾；震盪

Shogunate　〔日〕幕府時代；幕府時代將軍的地位 (或統治)

Shoot　*v.* 發射；開 (槍)；射中；射傷；射死

Shoot on the spot　就地槍決；就地正法

Shooting　〔主英〕獵權；獵場；持槍殺人；槍決

Shop card　(工會發的) 營業卡，營業證

Shop commissioned to sell certain goods　代銷店

Shop committee　工人代表委員會 (資本主義國家廠礦中代表勞方跟資方談判的委員會)

Shop right rule　〔美〕使用僱員發明權原則

Shop steward　〔英〕工人談判代表 (資本主義國家工廠或車間推選的)；〔美〕工會代表 (由工會選舉出來的官員，其職責是收集會費、招收新會員及代表工人申訴案件的初步談判)

Shop steward committee　工人代表委員會 (資本主義國家廠礦中代表勞方跟資方談判的委員會)

Shop-assistant　〔英〕店員；售貨員

Shop-books　(商店) 賬簿；賬冊

Shop-deputy　工人談判代表 (資本主義國家工廠或車間的工人代表)

Shop-hours　〔複〕營業時間

Shoplifter　入店扒竊者；偷貨人

Shoplifting　〔英〕入店扒竊；入店行竊 (指冒充顧客進入商店行竊)；〔美〕偷竊商店貨品罪

Shopper　顧客；購物的人；代客選購貨物的人；打聽行情的人；店鋪偵察員；〔美〕商店的廣告傳單

Shop-walker　大商店中的巡視員；顧客招待員；店監督

Shore　岸；濱；漲潮與落潮線之間的地帶

Shore bailee　岸上代理人

Shore battery rule　海岸炮台規則

Shore lands　灘地，岸濱地 (指高、低潮線之間的土地)

Shore pass　登陸證；登岸證

Shore right　停泊權

Shoreline　濱線；濱海線

Shoresman　(漁業等的) 陸上勤務人員

Short　短的；賣空的；投機買賣的；空頭交易的

Short account　賣空的總額；空頭賬戶

Short ballot　短票選舉 (限於對少數主要官員或議員)

Short bill　〔英〕短期票據 (指不被看作現鈔使用見票即付的票據，釋義見 "entering bills short")

Short blast　撞裂爆炸，劇烈爆炸 (指船舶在一秒鐘內傾刻相撞而爆炸)

Short cause(s)　簡易案件 (指法官認為短期內可審理終結的案件)

Short contract　空頭交易合同

Short covering　(賣空) 補進 (指買進以前退回所借入的股票再賣空)

Short end of the market　短期資本市場

Short entry　托收票據的暫時登記；收到未到期票據的暫時登記 (指銀行在未收到款項前，只能將其日期記在顧客賬上。釋義同 "entering bills short")

Short exchange　短期匯票

Short interest　保險差額；空頭淨額 (指借入股票人期待股價下跌以期賤價買進同數目的股票歸還放款人)

Short lease　短期租賃 (為期一個月或一年)

Short measure　分量不足；尺寸短缺

Short notice　〔美〕短期通知；緊急通知 (釋義見 "short summons")

Short parliament　〔英〕短期議會 (1640 年 4 月 13 日至 1640 年 5 月 5 日為止的英國議會)

Short period insurance　短期保險

Short position　空頭；缺頭寸；賣出的期貨合同；短缺期貨 (指投機者為賣股票而舉借，期待股價跌落，而後再買進償還放款人)

Short sale　賣空；賣出的期貨合同 (指賣方賣出手頭不擁有的股票或股券以期依交易規則在交割前補進)

Short shrift　臨終前的懺悔 (執行死刑前給犯人懺悔的極短的時間)；宣判與執行死刑之間的短暫時間的緩刑

Short summons　〔美〕緊急傳票 (指限期內送達給詐欺或非居民債務人的傳票，傳喚被告到庭答辯期限較通常傳票時間為短)

Short swing profits　短線利潤；短期趨勢利潤 (指股票購買 6 個月後由局中人加以銷售)

Short term　短期

Short term franchise　短期特許

Short term notes　短期票據

Short term paper　〔美〕短期票據；短期匯票 (指發行期為九個月期滿即付的)

Short term tenancy　短期租約

Short title　〔英〕制定法簡稱；簡略標題 (指每部議會法都有標題和小標題，如條、款、項等以便於引用)

Short weight　重量不足

Shortfall　虧空；不足；缺少；缺額

Shorthand test 〔美〕速寫測驗(應招外交僱員考試題目之一)

Shorthand writer's note 〔英〕(高等法院)庭審速記員筆錄

Short-hand-writers 〔英〕法庭速記員

Shorts 〔英〕短期債券(指政府發行的五年期債券);定息短期債券

Short-Term Arrangement regarding International Trade in Cotton Textiles 〔關貿〕國際棉紡織品貿易短期安排(總協定與會國和地區代表於 1961 年 10 月 1 日至 1962 年 9 月 30 日談判簽署的協定)

Short-term assets 短期資產

Short-term debt 〔美〕短期債務(指發行期為一年屆滿即付的票據)

Short-term interest 短期利息

Short-term interest rate 短期利息率

Short-term Liquidity Operations (SLO) 〔中〕短期流動性調節(始於 2013 年 1 月 18 日,作為公開市場常規操作的必要補充,在銀行體系流動性出現臨時性波動時相機使用)

Short-term loan 短期貸款

Short-term paper 短期票據;短期證券

Short-term stay visa 〔日〕短期停留簽證(旅遊、探親、研討會等短期訪問者)

Short-term trade liberalisation 短期的貿易自由化

Short-termer 服短期徒刑的犯人

Short-timer 服短期徒刑的犯人

Short-to-medium-term costs of liberalisation 中短期的自由化代價

Shotgun agreement 強迫達成的協議

Shotgun marriage 強迫的婚姻(指由於懷孕而被迫結婚)

Should 將(表示"shall"的過去時);應當,應該(表示道德上義務或責任,或事理上必要,其既有別於"ought",又非"may"的同義詞,雖常與"would"通用,但又不含"will"的肯定性);必須(用於表示建議、命令、決定等的從句中)

Shove a bill through the legislature 強使立法機關通過一項法案

Show *n. & v.* I. 顯示;表演;II. 澄清;以證據表明;證明

Show cause 提出理由;陳述事實和理由(指高等法院動議傳喚敗訴方到庭陳述其反對法庭裁定的充分理由)

Show cause order 〔美〕要求說明理由的命令(指法院指示敗訴方當事人到庭陳述對其判決不應實施或生效的理由)

Show good cause 提出正當理由

Show of hands 舉手表決(指投票時舉手表示贊成或反對的表決方式的一種)

Show trial 公審大會

Shower 〔美〕陪同勘查員(指陪同陪審員到現場勘查實物)

Shrievalty 〔英〕郡長的職務(或職權);郡長任期;〔美〕縣司法行政長官的職務(或職權、任期)

Shut down 關閉;停工(常指工廠)

Shut-in royalty 閉井油氣開採租用費(指雖然油氣井停產,但未保持續租仍需照常繳納使用費)

Shyster 惡棍;奸商;奸詐的人;訟棍;狡猾的律師;奸詐的律師

Sib 〔撒〕親屬;男親屬(現用於蘇格蘭);(總稱)親族;氏族

Sibling 〔複〕同胞;兄弟(或姐妹);血親親屬(尤指兄弟姐妹)

Sick and wounded 病者和傷者

Sick bay 〔海法〕醫務室;病房

Sick benefit 病假津貼;疾病救濟金(指給予因病請假者的津貼)

Sick berth attendant 〔海法〕衛生員

Sick leave 病假(指僱員等可照拿工資的每年請假天數);病假工資

Sick nurse 女看護

Sickness benefit 疾病救濟金

Sickness insurance 疾病保險

Sick-pay 病假工資

Side 邊;旁邊;邊端;界線;面;側面;(敵對的)一派;一方;船舷;一方當事人(指訴訟原告方或被告方);法院管轄範圍(如 "equity side" 和 "law side")

Side Agreement 〔關貿〕附屬協議(指作為 GATT 的附件)

Side code 〔關貿〕附屬守則(指作為 GATT 的附件)

Side effects 副作用

Side reports 非官方的判例彙編

Side-bar *a. & n.* I. 兼職的;次要的;II.〔英〕法庭旁廳

Side-bar lawyer 兼職律師

Side-bar rule 法庭旁廳裁決(指在英國的法律實踐中,法院授權律師在公開法庭或法庭旁廳內不經申請即可就被告的抗辯或答辯問題依法律點上的權威裁定訟案,不必由法官裁量的法定規則)

Side-line products 副業產品

Sidestep the Congress 〔美〕迴避國會(指 GATT 成立而言)

Sidewalk 人行道

Siege *v.* 圍攻;〔警〕包圍

Sierra Club Legal Defense Fund 塞拉法律辯護基金俱樂部(1971 年曾與塞拉俱樂部一起工作過的無償律師建立的塞拉俱樂部法律辯護基金)

Sight *a. & n.* I. 即期的;見票即付的;II. 視力,視覺

Sight bill 即期票據;即期匯票(指付款人在持票人向其提示匯票時立即付款的匯票,也稱"有信用期限的匯票")

Sight bill of exchange 見票即付的匯票

Sight credit 見票即付的信用狀;即期信用證

Sight deposit 活期存款

Sight draft 即期匯票

Sight letter of credit 即期信用證

Sight payment L/C 即期付款信用證(指受益人開立即期匯票,銀行見票即付稱為即期付款信用證)

Sign *v. & n.* I. 簽字,簽署,簽名;II. 招牌;符號;記號;跡象

Sign a Bill into Law 簽字批准法案使其成為法律(西方國家的國會議案經總統簽署後即成為法律。此處指克林頓總統批准美國加入 WTO 的議案)

Sign a legislative bill into a law 簽字批准法案使其成為法律

Sign away 簽字讓與;簽字放棄

Sign manual 親筆簽名;手筆簽署;〔英〕國王簽名(國王親自簽名);君主親筆簽名;禦署

Signal 〔海法〕信號(海上船舶之間通訊用語);暗號;近因;導火線

Signal ball 〔海法〕信號球

Signal of distress 〔海法〕遇難信號

Signal port 信號港

Signal service bureau 〔美〕信號局(農業部主管天氣預報事務)

Signal station 信號站

Signaling pistol 〔海法〕信號槍

Signaling station 信號站

Signaling system 信號系統

Signalment 特徵的描述 (指通緝中的犯人)

Signatory *n. & a.* I. 簽署者；簽名人；簽約人；簽約國；簽字國；II. 簽名的；簽署的；簽約的

Signatory government 簽字國政府

Signatory party 簽字一方

Signatory power 簽署國；簽字國

Signatory state 簽署國，簽字國

Signatory to a treaty 條約簽署國

Signatory to the Final Act Embodying the Results of the Uruguay Round of Multilateral Trade Negotiations 烏拉圭回合多邊貿易談判最後文件的簽字國 (收歸《烏拉圭回合》多邊貿易談判最後文件的簽字國)

Signature 簽署；簽名；署名

Signature ad hoc 臨時簽字

Signature ad referendum 待示簽署；待核准的簽署；暫簽

Signature by procuration 代理署名

Signature by proxy 代理人簽字

Signature card 印鑒卡 (銀行和金融機構為識別其顧客身份真偽而要求其所留的簽章)

Signature differee 〔法〕推遲簽署

Signature of the bearer 持證人簽名；持照人簽名

Signature of witness 證人簽署；證人簽字

Signature subject to 附條件簽署；待批准的簽署

Signed 已簽字的

Signed ballot 記名投票

Signed, sealed and delivered 簽名蓋章各執為憑

Signet 玉璽；圖章；私章；〔英〕御璽 (指女王用於其私人信件的印章)；〔蘇格蘭〕狀師 (其所履行的職能實質上類同 "solicitor")

Significant adverse effect 〔世貿〕重大的不利後果；顯著的不利影響 (指調查反傾銷案當局未經許可而向外提供機密資料者會使提供資料者造成巨大不利後果)

Significant competitive advantage 〔世貿〕巨大的競爭優勢；重大的競爭優勢 (指反傾銷協議規定，調查當局獲取屬機密性資料未經提供者特別允許不得公開以免給競爭對手帶來好處)

Significant environmental spillovers 突出環境外溢因素

Significant increase 〔世貿〕顯著增加；大幅度增加 (指所進口的傾銷產品而言)

Significant overall impairment 〔關貿〕重大的全面損害 (指對總協定締約國國內工業的嚴重損害或嚴重損害的威脅)

Significant price undercutting 〔世貿〕明顯的削價；價格大幅削低 (指以進口國同類產品是否削價出售以為確定 "傾銷" 損害的原則)

Significant role in boosting supply and meeting demand 〔中〕增加供應、滿足需求上起着重大作用

Significant transitional social costs 巨額的過渡期社會成本

Significantly adverse effect 〔世貿〕巨大的不利後果；顯著的不利影響 (指調查反傾銷案當局未經許可而向外提供機密資料者會使提供資料者造成重大不利後果)

Signing authority 簽字權

Signing judgement 〔英〕判決書的簽署 (高等法院王座法庭的判決書為一式兩份，一份由相應的法官簽名歸檔，另一份蓋上法院印章後交給當事人)

Signing of the Treaty of Maastricht 簽署馬斯特里赫特條約 (又稱 "歐洲聯盟條約"，旨在實行共同的外資、防務、大會政策，擴大歐共體超國家機構權力，於 1992 年 2 月 7 日簽訂於荷蘭馬斯特赫特，故而聞名)

Signing of Treaty of Rome establishing the European Common Market 簽署成立歐洲共同市場的羅馬條約 (1957 年)

Signing power 簽字權

Sign-manual 國王的簽名；國王的御筆

Silence 沉默；緘默

Silence of accused 〔美〕被告人沉默不語 (指對案被捕庭審時可允許其對所犯罪行保持沉默，拒絕答辯。法庭不得據此作出有罪判決，而只能作出 "無罪答辯")

Silent barter 無言互易 (無言交換)

Silent leges inter arma 戰爭期間法律暫停生效

Silent partner 隱名合夥人；不參加具體經營的合夥人 (釋義同 "dormant partner" 和 "sleeping partner")

Silent system 〔英〕禁言制度 (指在監中的禁止犯人交談的監禁制度)；沉默制 (指監禁中的犯人)

Silent vote 秘密投票；不記名投票

Silk 〔英〕皇家大律師；御用大律師長袍 (指王室法律顧問所着綢制長袍)

Silk gown 〔英〕皇家法律顧問服 (指王室法律顧問穿的長袍綢服)；王室法律顧問 (指穿上王室顧問絲綢服即意味着取得王室法律顧問的職銜)

Silk products 絲產品

Silk road economic belt 絲綢之路經濟帶

Silver 銀；銀幣；錢；銀子 (作為商品或交換媒介的)

Silver certificates 〔美〕銀元券

Silver day 交付日

Silver Platter Doctrine 〔美〕銀盤規則 (指過去聯邦檢察官採納了州檢察官員所非法取得的證據，多以他們沒有參與侵犯被告的權利為限)

Silver standard 銀本位

Similar 相似；類似

Similar clauses 類似條款

Similar designs 類似設計

Similar goods 類似貨物

Similar objectives 類似的目標 (WTO、IMF 和 World Bank 三個機構的組織協定都是一樣的要致力於擴大國際貿易、促進充分就業、在充分利用生產資源的同時提高國民生活水平並且真正增加收入)

Similar products 類似產品

Similar sales 類似銷售額 (指當市場價格成為爭點時，相類似財產的銷售額可用以證明其價格，證據法用語)

Simla Rule of 1931 〔印〕〔巴基斯坦〕西姆拉規則 (指關於印、巴解決克什米爾領土糾紛的規則)

Simondian Constitutions 〔宗〕西蒙憲章 (編纂於公元 430 年)

Simony 〔英〕買賣聖職聖物 (罪)

Simple 單純的；樸素的；簡單的

Simple arithmetic mean 〔統計〕單純算術平均

Simple assault 單純企圖傷害罪 (指行為人未傷及他人身體，未造成損害結果)

Simple average 單獨海損 (釋義同 "particular average")；average 簡單平均數

Simple average tariff 簡單平均關稅

Simple cessation of hostilities　敵對行動的簡單停止

Simple contract　非要式契約；單純契約（明示或默示的口頭或書面但不經蓋印或主管機關登記的非正式契約）

Simple contract debt　單純契約債務（指不經蓋印或主管機關登記契約而產生的債務）

Simple cost accounting　類別成本計算

Simple entry　單式簿記

Simple error　單純的錯誤

Simple executive agreement　單純行政協定

Simple force　不伴隨着其他犯罪的暴行

Simple harmonic mean　〔統計〕單純調和平均

Simple homage　對於中間領主的忠誠宣誓

Simple imprisonment　單純監禁

Simple interest　單利（指按年金計算的利息，利息不併入本金內生利之謂）

Simple international person　單純國際人格者

Simple kidnapping　單純拐帶（罪）；〔美〕單純拐騙（意指僅為取得贖金而扣留兒童，不得判處監禁）

Simple larceny　單純的盜竊罪（不伴隨有行兇情況的）

Simple life insurance　單純人壽保險

Simple majority　簡單多數

Simple majority vote(s)　簡單多數票

Simple most favoured nation clause　單純最惠國條款；簡單最惠國條款

Simple negligence　單純過失（指在通常情況下所構成的這種過失普通謹慎的人都能做到對他人施加小心保護而可予以防範的過失）

Simple obligation　無條件債務；簡單之債（指在債的雙方當事人中，只有一個債權人和一個債務人的債，其反義詞為"多數人之債"）；無條件義務

Simple premium policy　單一保險費保險單（指一次性繳清人壽保險費的）

Simple robbery　單純搶劫罪

Simple State　單一國

Simple surrender　簡單投降

Simple tariff system　單一稅率制

Simple trust　〔英〕消極信託；簡單信託；單純信託（指除轉讓產權外，不要求受託人作為的信託）

Simplification of customs procedures　簡化海關手續

Simplified agreement　簡化協定

Simplified consultation　簡化磋商

Simplified consultation procedures　〔世貿〕簡化協商程序（指對採取限制進口措施舉行不超過兩次協商會議的程序）

Simplified documentation　簡化報表手續

Simplified Employee Pension Plan (SEP)　〔美〕簡式僱員退休金制度

Simplified most favoured nation clause　簡化最惠國條款

Simplify the procedures for obtaining the new, unified certification mark　簡化取得新的、統一的證明標誌的程序

Simplify the TRQ administration regime and procedures　簡化關稅率配額管理結構和程序

Simulate　v.〔美〕假裝；冒充；模仿（旨在詐騙他方當事人以獲取不當得利或是為了侵害或欺騙他人）

Simulated contract　假契約（指表面上有契約形式，事實上是不存在的）

Simulated death　裝死

Simulated fact　捏造的事實；偽造的事實

Simulated judgement　模擬的判決

Simulated sale　模擬的銷售

Simulated scene　偽造的現場

Simulated trial　模擬的審判

Simulation　模擬；假裝；虛偽表示

Simulation of disease　詐病；裝病

Simultaneous　同時發生的；同時的

Simultaneous Death Act　同時死亡法

Simultaneous death clause　同時發生死亡的條款

Simultaneous declaration　同時表示；同時宣言

Simultaneous interpretation　同聲傳譯

Simultaneous processus　合併訴訟

Simultaneous sentences　同時執行的判決

Simultaneous translation　同時傳譯；即時翻譯

Simultaneous-equations model　同時平均的標準（指衡量貿易自由化對環境的影響）

Sin　罪

Sin of commission　積極的罪惡

Sin of omission　消極的罪惡；疏忽罪

Since　*conj.* 因為；既然；自…以後；自…以來

Sinecure　〔英〕閒職教區長（指無具體傳道責任的聖職）；冗職；虛職；閒職；掛名職位；虛聘（光領薪俸的職位）

Sinful　罪惡深重的

Singapore financial market　新加坡金融市場

Singapore inter-bank offered rate (SIBOR)　新加坡同業銀行間貸款利率

Singapore Ministerial Declaration　新加坡部長宣言（指WTO 成員方於 1996 年 12 月 9 日至 13 日在新加坡第一次定期舉行 WTO 成立後兩年一次的部長會議，並發表了宣言，號召各成員方進一步加強 WTO 作為談判論壇、在根據規則體系內繼續推行貿易自由化、多邊審議和評估貿易政策）

Single　單一的；單式的；單純的；一方的；未婚的；單身的；獨身的

Single adultery　單方通姦（指已婚者與未婚者的通姦）

Single ballot　單記投票；一次投票

Single bond　〔英〕單純債券；單純約據（指當事人有義務在指定的一日之內給付他人定額金錢，不附任何使債務無效的條件。這種情形在實踐中是不可能發生的）

Single column tariffs system　單欄稅則制（指只有一欄稅率的海關稅則制）

Single combat　〔英〕決鬥審判

Single condition　單一條件

Single convention　單一公約

Single Convention on Narcotic　麻醉品單一公約

Single cost system　單一成本制（指只採用一種成本計算多項產品的成本）

Single count and several counts　單一罪與數罪（單一罪即行為人實施一個犯罪行為或幾個具有內在聯繫的犯罪行為而具備一個獨立的犯罪構成。數罪即行為人在判決宣告以前，實行幾個具有不同犯罪或幾個同種犯罪構成的犯罪行為）

Single creditor　〔美〕單一資金留置權的債權人

Single currency peg　單貨幣掛鈎；釘住單一貨幣

Single customs document　單一海關單據

Single dwelling house　單一家庭所有的住宅

Single entry 單式記賬方法 (指每筆賬都要記入分類賬中的日記賬、發票賬、現金賬和票據賬)；〔領事〕一次入境 (簽證)

Single entry book-keeping 單式記賬法；單式簿記

Single escheat 〔英〕全部沒收 (在因被宣佈叛亂時，其個人動產全部沒收歸國王所有)

Single European Act 單一歐洲法 (指 1987 年制定通過的，對歐洲議會工程的響應，具有深遠的意義，但也有學者譏諷其為歐洲議會所起草的一個"烏托邦"條約，難以實施)

Single fare 單程租金；單程車費

Single finger dactylography 單指指紋學；單指指紋法

Single frequency receiver 單頻接收機

Single grade ladder 〔美〕單一級台階 (指領事晉升職務而言)

Single identity disc 單身份牌

Single insurance 個別保險

Single juror charge 〔美〕單一陪審員反對指示 (意指陪審團中一個陪審員就原告所提反對被告的證據感到不滿意，陪審團就不能作出被告敗訴的裁決)

Single liability 單方責任

Single life insurance 單獨生命保險

Single man 單身男子

Single market 單一市場 (尤指 1985 年出現的歐洲共同市場)；統一大市場

Single name's straight paper 只有義務者一人簽名而沒有背書的證券

Single preferential rate 單一的優惠稅率

Single premium life policy 一次性繳付保險費的人壽保險單；躉繳保費的人壽保險單

Single ship company 只有一條船隻的輪船公司

Single ship owner 只有一條船的船東

Single sovereign state 單一主權國

Single state 單一國

Single system 單一制 (就議會制而言)

Single tariff 單一稅率；單一稅制；單一稅則

Single tariff system 單式稅則制 (指每個稅目只有一種稅率，對於任何國家的商品均無差別待遇的收稅法)

Single tax 單一稅 (指對一項收益只課收一次稅)

Single tax system 單稅制

Single thing 單一物

Single ticket 單程票

Single transit document 單程過境單據

Single undertaking 單一承諾；單一保證

Single woman 單身女人

Single-candidate system 單一候選人制

Single-chamber legislature 一院制立法機關

Single-child policy 〔中〕獨生子女政策

Single-crop economy 單一農作物經濟

Single-factor terms of trade 單因素貿易條款

Single-head system 一長制

Single-member district 〔美〕小選舉區 (制) (指按州的人口數只分配選出一名立法或國會議員)

Single-member district plan 分區選舉制

Single-name paper 單名票據；單名票據

Single-package idea 一籃子計劃 (指 WTO 以多邊貿易協定着稱，消滅了 GATT 制度中 "搭便車" 和 "挑肥揀瘦" 可能性的弊病)

Single-Party system 一黨制

Single-premium insurance 一次付足保險費的保險；躉繳保險費保險

Single-product economy 單一經濟

Single-schedule tariff 單一稅率 (指對任何國家進口的每種貨物只設有一種稅率)

Single-tailed test 單尾檢定；單方面檢定；片面檢定

Sing-Sing Prison 〔美〕新新監獄 (紐約州的大監獄)

Singular 個別的；獨一的；單獨的；唯一的；獨立的

Singular succession 特定繼承；〔蘇格蘭〕單純繼承；個別繼承主義

Singular successor 特定繼承人

Sink v. 償還 (債務)；減價；隱匿 (證據等)；沉沒

Sink a national debt 償還國債 (公債)

Sinking 〔船〕〔保〕沉沒

Sinking fund 償債基金 (指由各種議會法令規定用以返還國債的基金，或公司從盈利中提存一定金額作為償債基金)

Sinking fund annuity 償債基金年金

Sinking fund assets 償債基金資產；償債專款資產

Sinking fund assurance 償債基金保險

Sinking fund bonds 償債基金債券

Sinking fund debenture 償債基金債券

Sinking fund method of depreciation 償債基金折舊法

Sinking fund system 償債基金制度

Sinless 無罪的；清白的；聖潔的

Sino Swiss Free Trade Agreement 中瑞自由貿易協定 (中瑞自由貿易協定於 2013 年 7 月 6 日在北京正式簽署，根據該協定，瑞方將對中方 99.7% 的出口立即實施零關稅，中方將對瑞方 84.2% 的出口最終實施零關稅。中國是瑞士在亞洲的第一大貿易夥伴，瑞士是中國在歐洲的第八大貿易夥伴)

Sino-US Agricultural Co-operation Agreement, 25 March 1997 中美農業合作協議 (於 1997 年 3 月 25 日於上海)

Sino-U.S.Three Joint Communiqués 中、美三個聯合公報 (指《1972 年中華人民共和國與美利堅合衆國聯合公報》、《1978 年中華人民共和國與美利堅合衆國建立外交關係聯合公報》和《1982 年中華人民共和國與美利堅合衆國聯合公報》，史稱《中美 8.17 公報》。上述三公報是發展中美兩國正常關係的指導性原則，是確保中美兩國關係沿着健康道路穩定發展的指南)

Sino-American Textiles Negotiations 中美紡織品談判 (中美於 1980 年 9 月 7 日簽訂了為期三年的紡織品協議)

Sino-Australian Free Trade Agreement 中澳自由貿易協定 (2015 年 6 月 17 日在堪培拉正式簽字，為中澳兩國貿易自由化和實現亞太經濟一體化具有里程碑的意義)

Sino-British Joint Declaration on the Question of Hong Kong 中英關於香港問題的聯合聲明 (1985 年 6 月 30 日，決定香港於 1997 年 7 月 1 日歸還中國)

Sino-British Joint-Liaison Group 中英聯合聯絡小組 (根據《中英聯合聲明》，為了進行聯絡、磋商及交換情況的需要，經兩個政府同意於 1988 年 7 月 1 日成立，工作至 2000 年 1 月 1 日為止)

Sino-Japanese Joint Communiqué 中日聯合聲明 (釋義見 "Joint Communiqué of the Government of the P.R.C.and the Government of Japan")

Sino-Portuguese Joint Communiqué on the Question of Macao 中葡關於澳門問題的聯合聲明 (1987 年 4 月 13 日，決定澳門於 1999 年 12 月 20 日歸還中國)

Sino-South Korea Free Trade Agreement (or Free Trade Agreement between China and South Korea) 中韓自由貿易協定 (簡稱中韓自貿協定。於 2012 年 5 月啓動談判，2015 年 6 月 2 日正式在韓國首爾簽署)

Sino-US Bilateral Agreement on China's Entry Into WTO 中美關於中國加入世界貿易組織的雙邊協議 (1999 年 11 月 15 日)

Sir Edward Coke 〔英〕愛德華·科克爵士 (簡稱科克，1552−1634 年，在詹姆士一世統治時是英國王室法院院長和樞密院委員)

Sir judge 法官先生

Sir William Bovill's Act 〔英〕威廉波威爾條例 (指簡化權利訴願程序)

Sist 〔蘇格蘭〕暫停訴訟；中止審理；將某人列為案件當事人

Sister 姐妹；姐；妹；同父異母 (或同母異父) 的姐妹；〔宗〕修女

Sister Corporation 姐妹公司

Sister ship clause 〔保〕姐妹船條款；同船舶所有人條款

Sister-in-law 小姨子；弟媳；姑；嫂

Sit v. (議會等) 開會；(法院) 開庭

Sit at chambers 非公開審訊

Sit for a borough in parliament 〔英〕代表一個選區在議會當議員

Sit on a committee 擔任委員會的委員

Sit on the wool-sack 〔英〕(在上議院佔有議席的大法官) 最高法院院長

Sit-down strike 靜坐罷工

Site 專用地；位置；場所；場地；地點

Sit-in 靜坐抗議

Sit-in strike 靜坐罷工

Sitting at nisi prius 單獨審理；獨任法官審理 (指只由一個法官審判案件而或有或無陪審團參加的)

Sitting tenant 現有房客；現有租賃人

Sittings 法院開庭期；議會開會期；席位

Sittings en banc 全體法官出庭審理；合議庭審理 (全體法官或達到法定多數的法官出庭聽證主要裁定法律問題和處理司法事務而不是審訊訴案，由最高法院四名法官組成；為了法律問題的判定，在當代的司法實踐中，用以區別於初審法院)

Sittings in bank (=sittings en banc) 全體法官出庭審理，合議庭審理 (全體法官或達到法定多數的法官出庭聽證主要裁定法律問題和處理司法事務而不是審訊訴案，由最高法院四名法官組成；為了法律問題的判定，在當代的司法實踐中，用以區別於初審法院)

Sittings in camera 不公開審訊；秘密審訊；內庭審理 (指為了取得司法上公正或公允的理由而不公開審訊，而在法官辦公室審訊。例如離婚等民事訴訟)

Situation 地位；職位；處境；局面；形勢；狀況，境遇

Situation complaint 〔世貿〕其他情況之訴 (指成員國之間的商貿爭端的上訴案件)

Situation of danger 危險處境

Six Acts 〔英〕六法令 (1819 年，旨在限制言論和新聞自由以阻止革命宣傳)

Six and eight pence 〔英〕律師一般費用 (英國以前付給律師的一般費用)；律師

Six clerks 〔口〕六個主事官 (舊衡平法院官員)

Six round of multilateral tariff negotiations under GATT 關稅與貿易總協定第六回合多邊關稅談判 (又稱"肯尼迪回合" 即：為第一回合處理非關稅問題的多邊關稅談判，於 1964−1967 年在日內瓦舉行，釋義見 "the Six Round…")

Six-day licence 〔英〕六日許可證 (1964 年許可證法規定星期日營業所必須全日關閉，但事實上現在倫敦不少商店星期日亦多開門營業)

Sixpenny writ office 六便士令狀辦公室 (舊衡平法院官員)

Sixteenth Amendment 〔美〕憲法第 16 條修正案 (1913 年的憲法修正案，關於允許國會有權徵收所得稅問題)

Sixth Amendment 〔美〕憲法第 6 條修正案 (關於公正陪審團加速公審權、被告知悉權、證人對質權獲得律師幫助權，以及強制性法律程序等)

Sixth preference 〔美移〕第六優先 (指美國所缺少的技術或非技術工人，可申請移民美國按移民配額排隊所屬審批順序)

Sixty per cent 〔俚〕高利貸

Sixty-fourth shares 〔英〕船舶共有 (英國慣例的分法，按英國的慣例分為 64 份而著稱)

Size of each credit tranche 〔基金〕每個信貸份額的規模 (每一筆信用貸款規模)

Size of the Fund 〔基金〕國際貨幣基金組織的規模

Skate 〔美俚〕躲債

Skeleton bill 空白匯票

Skeleton ledger 梗概分類賬

Skeleton-invoice 概略的貨物清單

Skill 技能；技巧；技藝；熟練

Skill grades 技術等級

Skilled labour 熟練勞動力

Skilled manpower 技術勞力

Skilled services 技術服務

Skilled witness 技能證人；專家證人 (指涉及專門性的問題，例如毒品效力檢測則應由專門醫生出庭作證鑒定事實等)

Skilled worker 技術工人

Skim milk powder 脫脂奶粉

Skimming 〔美〕賭場漏稅 (指少報收入)

Skin impression 膚紋

Skinpop 皮下注射麻醉品

Skip bail 保釋中逃跑

Skip tracer 尋找失蹤者 (尤指債務人) 的調查員

Skyjack 劫持 (飛機) (指飛向與原來目的地的另一個地方，一般指飛向外國或敵對的地區)

Skyjacker 劫機事件；劫機者 (同 "air pirate")

Skyjacking 劫機 (事件)

Skywayman 劫持飛機者

Slack capacity 閒置生產能力

Slack water 平潮

Slacker marriage (戰時) 為了結婚而逃避兵役的人

Slander 口頭誹謗；言語誹謗；造謠中傷

Slander and libel 侮辱及誹謗 (兩詞均為毀損他人名譽，但有區別：口頭誹謗為 "slander"；文字誹謗為 "libel")

Slander of goods 〔英〕商品誹謗訴訟；動產誹謗 (指誹謗貨物的品質)

Slander of title 權利誹謗；〔美〕誹謗所有權；誹謗他人財產所有權 (指含對動產、不動產等虛假和惡意的陳述以使其蒙受某些權利上的特別損害之謂)

Slanderer 誹謗者；造謠中傷者

Slanderous per se 本質性的侮辱；本質性口頭毀謗（指為一種無特別損害證據而行為本身即構成的口頭誹謗）

Slate 〔美〕公職候選人名單；董事會職務候選人名單

Slaughter 屠殺；殺戮；虧本出售（證券）

Slaughterhouse 〔英〕屠宰場（指宰殺牲畜以供應市場鮮肉銷費之用）

Slave 奴隸

Slave driver 監管奴隸的人；嚴厲的監工；使人工作過度的老闆（或當權者）

Slave state 〔美〕實行奴隸制度的州（美國南北戰爭前）；居住在合法買賣奴隸的州；極權國家

Slave trade 奴隸貿易；販賣奴隸（尤指過去的黑奴）

Slave traffic (or trade) 販賣奴隸（尤指過去的黑奴）

Slavery 奴隸身分；奴隸制度（美國憲法第 13 條修正案廢除了奴隸制度）

Slavery Convention 禁奴公約（1926 年）

Slave-trader 販賣奴隸的人

Slavish copying 原樣複製（工業產權之一）

Slay 殺害；殺死（指殺人，尤指在戰場上殺人，其同義詞為 "kill"）

Sleeping partner (=Dormant partner; Silent partner) 隱名合夥人；不參加具體經營的合夥人（釋義同 "dormant partner" 和 "sleeping partner"）

Sleeping rent 固定的租金；限定的租金

Sliding (scale) tariff 滑動關稅

Sliding parity 滑動平價；可調整平價

Sliding scale 滑尺；計算尺；比例相應增減制（指按市場等情況變化調整工資，稅收和價格等）

Sliding scale duty 滑動稅；機動稅

Sliding scale royalty 滑動調節專利使用費

Sliding scale system 變動法，屈伸法（用於發行銀行券，工資、車費，租稅等）

Sliding scale wage system 滑動工資制（依市場物價狀況適時調整工資的制度）

Sliding-scale clause 滑動條款

Sliding-scale tariff 滑動關稅（指事先規定價格的上、下限幅度，在幅度以內按原定稅率徵稅；價格高於上限時，減低稅率，低於下限時則提高稅率）

Slight 輕微的；不足考慮的；無足輕重的；不重要的；冷淡的；疏遠的；間接的；（原因等）遠的

Slight alterations 輕微改動（指對進口產品稍加更改。對此，歐共體亦認為是一種規避行為）

Slight care 輕微的注意

Slight diligence 輕微注意；輕度注意

Slight fault 小過失；輕過失

Slight negligence 輕微過失；輕微疏忽

Slip *n. & v.* I.〔保〕分保條；承保單（海事保險單，雖在法律合同上無效，但在附屬目的上仍不失可採納作為證據）；II. 失足；失誤

Slip cash receipts book 票證式顧客分類賬；傳票式顧客分類賬

Slip day book 票證式銷售賬

Slip law 單行本法

Slip law print 單行本法註釋

Slip opinion 〔美〕判決意見書單行本（指每個法院判決作出後即以單行本公佈發行）

Slip posting system 表簿式

Sloping oceanic plain 斜坡大洋平原

Slot charter （集裝箱）箱位租用權

Slot-machine-theory 〔英〕投幣機理論

Slough 河灣；叉流

Slough (up, in) 〔美俚〕逮捕；監禁

Slow account 沒有收支的賬

Slow assets 呆滯資產

Slowdown 減退；怠工（指工廠工人怠工或減緩生產速度，給僱主施加壓力以改善勞動條件）

Slow-moving Uruguay Round 〔關貿〕進展緩慢的烏拉圭回合

Slum 貧民窟；貧民區；陋巷

Slush fund 〔美〕行賄基金（指搜集或用於行賄目的。例如，非法的院外遊說或為類似活動所用）

Small and medium-scale enterprises 中小型企業

Small and medium-sized exporting Members 〔世貿〕中小出口成員方

Small and middle-sized enterprises (SME) 中小型企業

Small business 小企業

Small Business Act 〔美〕小企業法

Small Business Administration (SBA) 〔美〕小企業管理局（小企業事務管理局，旨在扶持和保護小企業利益）

Small business corporation 小企業公司

Small Business Investment Act 〔美〕小企業投資法（1958 年）

Small character poster 〔中〕小字報（指文革中機關羣衆或幹部把對揭發領導的錯誤或批評等意見寫在辦公用紙或信紙上張貼在機關內部，因用的是 16 開小紙，又用小字寫的，故而得名）

Small claims court 〔美〕小額索賠法院（有時亦稱 "調解法院"）；〔英〕小額索賠法庭（1971 年）

Small commodity economy 小商品經濟

Small country terms of trade 小國貿易條件

Small debt court 〔蘇格蘭〕小額債務法院

Small debt(s) 〔美〕小額債務

Small Debts Courts 〔英〕小額債務法院（現已為郡法院所取代）

Small electoral district system 小選舉區制

Small estate probate 〔美〕小額遺產檢驗（對死者小額遺產檢驗上有一套非正規的程序，通常不需要聘用律師辦理）

Small fault 小錯；小失檢

Small holder of land 小土地私有者

Small holding 〔英〕出賣（或出租的）五十英畝以下的小農田；小面積的耕地；小塊租地

Small land holder 小農

Small land lesser 小土地出租者

Small loan acts 〔美〕小額貸款法（各州有對銀行和金融公司提供短期貸款最高的法定利率和其他條件的規定）

Small loan law 小額貸款法

Small low-income country 低收入的小國

Small order 小宗定貨

Small peasant economy 小農經濟

Small Penalties Act 〔英〕微罪法（1865 年發佈，規定即決判決課以罰金的人不服判決時處以監禁）

Small profit and quick returns 薄利多銷

Small profits 薄利

Small profits but quick turnover 薄利多銷

Small proprietor 小業主

Small shopkeeper 小業主

Small suppliers 小供應方；小供應商（指紡織品與服裝貿易的）

Small tithes 小什一稅（含羊毛、豬、絲織品、漁業，以及居民私人水果業等應徵給教區長代理之什一稅）

Small-and-medium enterprise 中小型企業

Small-denomination notes 小額紙幣票據

Smaller low-income Country 較低收入的國家

Smart-money 〔美〕懲罰性損害賠償（指對被告重大過失案件中的懲罰性損害賠款）；傷兵撫恤金

Smash-and-grab raid 〔英〕打碎商店櫥窗的強盜

Smash-up 猛撞；撞車事故

Smith Act 〔美〕史密斯法（鎮壓以暴力推翻政府的行為）

Smithsonian exchange rates 史密森匯率（兌換率）

Smog 霧霾

Smoke signal 〔海法〕發煙信號

Smokestack （輪船、工廠等）大煙囱（指冒出的濃煙污染空氣）

Smooth log 平穩無事故的航海日誌；本航停泊日誌

Smoot-Hawley Tariff Act of 1930 〔美〕1930年史莫特－霍雷關稅法（貿易保護主義法，旨在保護美國農民和部份不受外國競爭的產業）

Smoothing 磨光；最後一道加工

Smuggling 走私；〔英〕走私罪（指進出口違禁品或逃避繳納進出口關稅物品的行為）

Smuggling adventure 走私貿易

Smuggling ring 走私集團

Smut 淫詞穢語；淫穢的東西

Snake in the tunnel 〔歐共體〕"洞中之蛇"（指西歐共同市場6國結成一個集團共同使用一種匯率制度，它們之間匯率波動幅度與史密森氏學會協議規定的匯率波動幅度關係的形象化名稱）

Snake 蛇形浮動；蛇形匯率浮動（金融術語）

Snob 不參加罷工的人；從事低工資勞動的人

Snug anchorage 安全錨地

Sobriety checkpoint 醉酒檢查站（警察在路障處攔截檢查司機是否飲酒開車）

Sobriety test 醉酒檢測

Soc (sok, soka) 〔撒〕司法管轄權；司法或執行法律的權利（指執行法律和審判訴訟權力或特權）；郡；縣巡迴區；領地

Socage 〔英〕農役土地保有制（指指一種以繳納租金而不服兵役的土地保有形式或以提供固定勞役而不服兵役的自由租地權。迄今，唯一保留下來的這種土地保有形式，而且廢除了其附帶條件）

Socage 〔英〕農役土地保有制（指一種以繳納租金而不服兵役的土地保有形式或以提供固定勞役而不服兵役的自由租地權）

Socage tenure （一種）封建的土地保有制度（土地保有人須服勞役）

Socagers (socmans, sokemans, or socmen) 〔英〕農役土地保有者（提供固定勞役土地保有制的承租人）

Social accounting 〔英〕社會會計（學）

Social accounts 〔英〕國民賬戶；社會賬目

Social adaptation 適應社會

Social administration 社會管理

Social attaché 社會專員

Social benefits 社會福利

Social club 〔美〕交誼俱樂部（不以營利為目的、不交聯邦所得稅的）

Social commission 社會委員會

Social compact 社會契約

Social contract 社會契約；(盧梭) 民約論

Social controls 社會管理；社會控制手段（指維護、調節和限制社會個人或社會羣體的行為手段和力量）

Social co-operation 社會合作

Social cost 社會成本

Social Defence 〔英〕社會防衛原則

Social dumping 社會傾銷

Social economics 社會經濟學

Social effects of pollution 污染的社會影響（污染的社會效應）

Social enginerring 〔英〕社會工程（是羅斯科‧龐德等社法學家對法律起社會作用的一種隱喻）

Social estate system 社會等級制度

Social evil 社會邪惡（指販毒、偷竊活動等）；賣淫娼妓制度

Social expenses 交際費

Social guest 〔美〕靠分享別人財產過活的人（俗稱"食利階層"）

Social hazard 公害

Social idealism 〔英〕社會理想主義

Social infrastructure 社會基礎設施

Social insurance 社會保險（指勞動者或全體社會成員在年老、疾病或者喪失勞動能力以及發生其他生活困難時，從國家社會或有關部門獲得物質幫助的一種制度）

Social insurance system 社會保險制度

Social Labeling Scheme 社會標籤計劃（發展國家提出在一國產品上標出生產和加工過程中是否符合勞工標準的）

Social law 社會法

Social legislation 社會立法

Social liquidation 社會清算（指使私有財產成為社會的公有財產）

Social morality 社會風範；社會道德

Social necessity 社會需要

Social opportunity cost 社會機會成本

Social opportunity cost of resources 資源的社會機會機會成本

Social origin of crime 社會犯罪根源

Social overhead capital 社會間接資本

Social position 社會地位

Social rate 社會地方稅

Social rate of return 社會收益率；社會利用率

Social retailing products 社會零售產品

Social risk management 社會風險管理

Social sciences 社會科學

Social security 社會保障（指英美等國家由僱主、僱工和自主經營者都要繳納一筆保險費結成一種特別信託基金以備退休、喪失勞動力等情況時每月均可領取現金津貼的一種社會保險制度）

Social Security Act 〔美〕社會保障法（1937年）

Social Security Administration (SSA) 〔美〕社會保障管理局（社會保障署）

Social security benefits 社會保障給付（福利）

S

Social security laws　社會保障法

Social security system　社會保險制度；社會保障制度；社會保障系統

Social services　社會公益服務；社會服務事業（尤指有組織的所謂慈善服務事業）

Social solidarism　社會連帶主義（一種資產階級社會學理論，其創始人為法國的狄驥，他認為利害相關的社會組織是以社會成員的相互依存為基礎的）

Social solidarist　社會連帶主義者

Social standing　社會地位

Social statistics　社會統計學

Social system　社會制度（指反映並維護一定社會形態或社會結構的各種制度的總和）

Social utilitarian jurisprudence　社會功利主義法學

Social value　社會價值

Social waste　社會浪費

Social welfare　社會福利；社會福利救濟

Social welfare charges　社會福利費

Social Welfare Department　〔香港〕社會福利署

Social welfare needs　社會福利需要

Social welfare policy　社會福利政策

Social welfare principle of taxation　社會福利的課稅原則

Social welfare programme　社會福利計劃

Social work　福利救濟工作

Socialist cultural civilisation　〔中〕社會主義文化文明

Socialist international law　社會主義國際法

Socialist International Women (SIW)　國際社會黨婦女（第一屆國際社會黨婦女由歐洲和其他國家的 58 位代表於 1907年 8 月 17 日在斯圖加特召開，並在大會上決定建立其秘書處，1955 年正式成立國際社會黨婦女組織）

Socialist jurisprudence　社會主義法學

Socialist law　社會主義法（指反映並保護工人階級和廣大人民的利益和意誌，確認、保護和發展社會主義社會關係和社會秩序，以利於社會主義建設事業的順利進行）

Socialist legal construction　社會主義法制建設

Socialist legal system　社會主義法制（泛指社會主義國家的法律和制度）

Socialist market economy　〔中〕社會主義市場經濟

Socialist material civilisation　〔中〕社會主義物質文明

Socialist ownership by the whole people　社會主義全民所有制（指生產資料歸全體人民所有）

Socialist political civilisation　〔中〕社會主義政治文明

Socialist public ownership　社會主義公有制

Socialist Sisterhood in Global Institute　國際社會主義姐妹學會（全球社會主義姐妹學院）

Socialist spiritual civilisation　〔中〕社會主義精神文明

Socialist state ownership　社會主義國家所有權（指國家財產所有權歸全民所有）

Socialist transformation of capitalist industry and commerce　〔中〕資本主義工商業的社會主義改造（指 1956 年，中國政府以限制、利用和改造的政策，採取贖買的辦法把民族資本主義經濟改造為社會主義經濟）

Socialist transformation of the system of ownership of the means of production　〔中〕生產資料的社會主義改造（指把民族資本家私人所佔有的生產資料以給付定期利息的政策逐步改變為國家所有）

Socialisation　社會化；社會主義化

Socialisation of laws　法的社會化

Socialised medicine　社會化的醫療制度；公費醫療制

Sociedad　〔西〕合夥；合夥關係

Societal burden　社會負擔

Societal trough　社會管道

Societe　〔法〕合夥；合夥關係；公司；社團；社交界

Societe anonyme　〔法〕股份有限公司

Societe de Legislation Comparee　〔法〕比較立法學會

Societe en commandite　〔法〕隱名公司；兩合公司；合資公司

Societe general de credit mobilier　〔法〕動產信貸銀行

Society　社會；社團；團體；會社（非營利的公司，一般社團）；協會；共濟會（指海員死亡，其寡婦和親友等可從中得救濟和慰籍等）；配偶權，親屬權（指每個家庭成員相互間利益交融，包括關愛、照護等等）

Society for Comparative Legislation　比較立法學會

Society for constitutional reformation　憲法修正協會

Society for International Development (SID)　國際開發協會

Society for the encouragement of arts, commerce, and manufactures　〔英〕鼓勵藝術和工商業發展協會

Society for the Psychological Study of Social Issues　心理學社會問題研究學會

Society for Threatened Peoples　〔聯〕世界受威脅的民族互助組織

Society for Worldwide Inter-bank Financial Telecommunication (SWIFT)　環球銀行金融電信協；國際銀行金融電信協會；環球銀行財務電訊協會（1973 年成立於比利時，為國際財務提供快捷、準確、安全的電訊服務，現會員已增至 600 餘家）

Society General de Surveillance (SGS)　〔美〕公證檢驗總會（獨立於政府的全美最大的公證檢驗機構之一）

Society of accountants　會計師協會

Society of arts　〔英〕技術協會

Society of comparative legislation　〔英〕比較立法學會

Society of Medical Jurisprudence (SMJ)　〔美〕醫學法理學會；法醫學學會

Society of nations　國際社會；國際團體

Society of Solicitors in the Supreme Courts of Scotland　蘇格蘭最高法院事務律師協會（成立於 1797 年）

Society of Solicitors-at-Law in Edinburgh　〔蘇格蘭〕愛丁堡事務律師協會（成立於 1707 年）

Society of states　國際社會；國際團體

Socilist collective ownership by the working people　〔中〕社會主義勞動人民集體所有制（指生產資料歸勞動人民集體所有）

Sociological jurisprudence　社會學法理學；法律社會學（指法律對社會影響和作用的一門學說）

Sociological jurist　社會法學者；社會法學家

Sociological school　社會學派

Sociological school of law　社會學法學派（為 19 世紀末葉以來資產階級法學中一個重要派別，屬廣義的實證主義法學）

Sociology　社會學

Sociology of law　法律社會學（指以生物、種族和心理現象來研究解釋社會現象的法律）

Socionomy　社會法則學

Socman　農役土地保有人

Socmanry　自由農役土地保有

Socna　特權；特許；自由

Sodomite　雞姦者；獸姦者

Sodomy　雞姦；獸姦（=abominable crime）

Soft corporate offer (SCO)　軟報價（虛盤）

Soft currency　軟通貨；軟幣（指在國際市場上不吃香的通貨）

Soft law　軟性法（指無拘束力的法律）

Soft loan　優惠貸款；軟貸款（指一般僅提供給發展中國家的一種可用本國貨幣償還、低利息的、條件優惠的外國貸款）

Soft loan facility　軟貸款設施

Soft money　軟幣；軟通貨；不兌換紙幣

Soft probe　〔商〕軟查證（指賣方核查買方訂貨意向書或不可撤銷訂單的銀行資信情況）

Soft sell　軟式推銷（使用誘勸等軟辦法的推銷）

Soft spot　軟弱不振的企業（或經濟部門）；廉價股票；疲軟的股票

Soft terms　優惠條件

Softening process　軟處理（意指以"最密切聯繫原則"靈活選擇處理衝突法來取代傳統的固定的空間連接點的一種理論）

Soil bank　〔美〕土地休耕補貼制（聯邦土壤環境保護規劃，土地休耕，農民不種糧食作物或只種非商業性植物，但政府發給農民工資）

Soil contamination (pollution)　土壤污染

Soil contamination grade standard　土壤污染等級標準

Sojourn　*v.* 旅居；逗留；寄居

Sojourner　旅居的人；逗留的人

Sojourning　旅居；逗留

Soke　〔英〕領地；莊園；地方司法權；法院管轄區域

Sola bill　單張匯票

Sola bill of exchange　單張匯票（指匯票一般由二聯組成，此處為單張匯票）

Solar　〔西〕土地；莊園

Solar day　太陽日（指太陽升起與落日之間的時間）

Solar month　曆月

Solar spot　太陽黑點

Solatium　〔蘇格蘭〕慰藉金；情感損害賠償

Sold invoice　銷售品發貨清單

Sold note　經紀人售貨通知單（該單上寫明出售物品的質量和價格等等）

Sold pay book　商品銷售賬

Sold returns book　退貨物品登記賬

Soldier's bearing and discipline　軍風紀

Soldiers in the front-line trenches　〔領事〕前線戰壕的士兵（指在動亂國家中使領館領事官員的處境）

Sole　唯一的；個別的；分開的；獨身的；未婚的（常指女子）

Sole agency　獨家代理（機構）

Sole agent　獨家代理人；全權代表

Sole arbitrator　獨任仲裁員（指雙方當事人共同選定一人，單獨審理爭端案件）

Sole cause　單獨原因；唯一原因（指原告或第三方的過失為傷害的唯一原因以解除被告的責任）

Sole concessionaire　獨家受讓人

Sole corporation　單獨法人

Sole distributor　獨家經銷商；總經銷商

Sole draft　單張匯票

Sole estate　單獨保有的地產權

Sole heir　唯一的繼承人

Sole investment　獨資

Sole judge　獨任法官

Sole licence　獨家許可證

Sole proprietorship　獨資經營；獨資企業（指外國資本獨資經營的企業）

Sole tenant　單獨承租人；單獨租地人

Sole trader　個體戶；獨資經營者

Solemn　嚴正的；莊嚴的；莊重的；嚴重的；鄭重的；正式的；正當的；按照儀式的；視祭的；宗教上的

Solemn declaration　莊嚴宣言

Solemn form　〔英〕莊嚴格式（指遺囑檢驗上合於法律規定的兩種程式中的一種，是經由法院公開傳訊與遺囑檢驗有利害關係者，然後宣判發給的，一般情況下不可取消）

Solemn League and Covenant　〔英〕神聖盟約（指 1643 年，英格蘭、蘇格蘭和愛爾蘭貴族和平民代表為取得蘇格蘭人支持英格蘭議會黨人反對查理一世的鬥爭而締結的協定）

Solemn oath　正式誓言；莊嚴誓言

Solemn will　正式遺囑

Solemnity　（莊重的）儀式；禮節；必要形式（依法使契約等生效的）

Solemnisation　監誓；隆重的結婚儀式

Solemnise　*v.* 監誓；舉行結禮儀式（指在證人們面前公開舉行宗教式的以別於秘密的或普通法式的婚姻）

Solemnise a marriage　舉行婚姻儀式

Solemnly and sincerely declare　謹以至誠宣誓

Solicit　*v.* 請求，懇求，要求；給予；徵求；誘惑；勾引；誘人犯罪

Solicitation　誘人犯罪；教唆；兜攬；（妓女）拉客

Solicitation of bribe　唆使行賄

Soliciting　引誘；拉客；招引（包括在街上滑冰、滑雪、扣門鈴、燒火、鳴笛和遊蕩、賣淫等行為）

Soliciting agents　營業代理人

Solicitor　〔英〕初級律師；不出庭律師；法庭外的律師，事務律師（英國制度上，律師分為"solicitor"和"barrister"。前者處理非訟事件；後者為大律師，受理庭訊案件，但訴訟當事人須先委託 solicitor，而後由其轉委大律師承辦）〔美〕首席法務官（指在政府部門或一城市中負責法律事務的）；大訟師；大狀師；大律師；營業代理人；兜攬者；遊說者；〔蘇格蘭〕訴狀律師

Solicitor before the Supreme Court　高等法院律師

Solicitor General　〔英〕副總檢察長；法務次長；〔美〕副總檢察長；司法部副部長；（若干州的）首席法官；大訟師；大狀師；大律師；〔香港〕律政專員（主要協助律政司處理其政務及香港的法律改革工作）

Solicitors before the Supreme Courts (=Society of Solicitors in the Supreme Courts of Scotland)　蘇格蘭最高法院事務律師協會（成立於 1797 年）

Solicitor's lien　律師留置權（指當事人不給付律師費時，律師對當事人的證件有留置權）

Solicitors of the Supreme Court　〔英〕最高法院事務律師（根據 1873 年《法院組織法》規定所有"attorneys"，"solicitors"和"proctors"通稱為"事務律師"）

Solicitress　（初級）女律師；女法務官

Solid backing　堅定的支持

Solid vote　全體一致的投票

Solid waste 純屬廢料

Solid waste management 固體廢料管理

Solidarism 連帶責任主義，社會連帶主義（一種資產階級社會學理論，認為利害相關的社會組織是以社會成員的相互依存為基礎的）

Solidarist 社會連帶主義者

Solidarity 連帶債務（指對全部債務負連帶責任）

Solidarity Fund for Economic and Social Development in the Non-aligned Countries 不結盟國家經濟和社會發展連帶基金會

Solidarity obligation 〔美〕連帶責任；連帶債務（指每個債務人對全部債務都負有責任，其區別於"joint obligation"）（路易斯安那州法律用語）

Solidary 連帶的

Solitary confinement 單獨監禁

Solitary system 單房制；獨居制（指將犯人拘禁在單一處所）

Solution of international controversy 國際紛爭的解決

Solution to remedy the situation 補救局勢的解決辦法

Solvabilite 〔法〕支付能力；償債能力；清償能力

Solvability 有支付能力

Solvable 有支付能力的

Solve *v.* 償債；支付；解決

Solve a case 破案

Solve the debt problems of developing countries 解決發展中國家的債務問題

Solvency 償債能力；償付能力（有償還到期債務的能力）

Solvency insurance 償債能力保險（包括承保一般不支付和特定不支付債務之兩種險）

Solvent 有償付能力的；有清償債務能力的；有資力的

Solvent partner 有資力的合夥人

Somme rural 《索姆農業區》（該書闡述關於1390年法蘭西法律的全部內容，對後世有重大的影響）

Sommons and orders 〔英古〕傳喚和裁決

Somnambulism 夢遊症

Son 兒子；〔法〕他的

Son of a bachelor 庶子（宗教社會中非正室所生的子女）

Son-in-law 女婿

Soon-to-be-born nation 即將誕生的國家

Sophisticated media material 尖端媒體材料

Sophisticated products 尖端產品

Sophisticated technique 尖端技術

Sorcerer 神漢

Sorcery 巫術；妖術；魔法

Sororicide 〔美〕殺害親姐妹行為；殺害親姐妹者（該詞非法律專業術語）

Sotheby's 倫敦書籍拍賣商會

Soul-scot 〔英〕喪葬費（指教區土地保有者死亡時送給最好的動產，次之送與教會以為貢品）

Sound *a. & v.* I. 完全的；充分的；健康的，有效的；合法的；安全的；正確的；合理的；明智的；可銷售的；有償付能力的；資金充實的；適合市場銷售的；目的在於；II. 提及，涉及；目的在於；與…有關聯；針對

Sound and disposing mind and memory 〔美〕遺囑能力；立遺囑的法定資格（指因心神健康和健全的記憶力使得立遺囑者明白此刻其正在書寫遺囑）

Sound dues 海峽捐

Sound environmental policy 穩妥的環境政策

Sound health 身體健康

Sound judicial discretion 〔美〕合法的司法裁量權（指法官對以公認的訴訟程序方式提供給他的事實經過充分和公正考慮方依法行使其自由裁量權）

Sound mind 心理健康

Sound money 完全通用的貨幣

Sound off by the bell 〔海法〕發出警鐘

Sound recordings 錄音記錄

Sound signal 〔海法〕音響信號

Sound social environment 健康的社會環境

Sound value 〔保〕合理價值

Sounding 〔海法〕水深；測深

Sounding in damages 〔美〕要求損害賠償訴訟的（僅涉及損害賠償方式並非為了回復土地和財物等的訴訟）

Soup 〔英俚〕"湯"案（指委託資歷較淺的律師承辦的刑事起訴案件）

Source 淵源；資源；來源；出處

Source country 來源國

Source of finance 財源

Source of funds 資金來源

Source of international law 國際法淵源（主要是國際條約和國家之間的習慣）

Source of interpretation 解釋淵源

Source of law 法源；法的淵源（指被國家認可的習慣和法律文件的形式，主要包括成文法、不成文法和法理，可分直接和間接的兩種淵源，前者為法律、法令和條例等；後者為習慣和判例等）

Source of revenue 稅收來源；財政來源；財源

Source of revenue for the treasury 國庫財政收入的來源；國庫財源

Source of revenues 財源；歲入來源

Source of taxation 稅源

Source of the increase of dumping action 傾銷行為增加的根源（指因貨幣失調而引起後果的一種理論）

Source state 來源國

Sources of information 信息來源；資料來源

Sources of pollution 污染源

Sources of power 權力來源

Sources of private international law 國際私法的淵源

South African Apartheid Law 南非種族隔離法（泛指南非制定的100多項種族歧視法令，主要如《種族分區隔離法》、《通行證法》和《班圖自治法》等）

South African Law 南非法（指1652年荷蘭佔領了好望角，並給當地帶來了羅馬－荷蘭法）

South American Commission for Peace, Regional Security and Democracy 南美洲和平、地區安全與民主委員會

South Central African Division 〔基金〕南中非處

South European Division 〔基金〕南歐處

South Pacific Bureau for Economic Co-operation (SPEC) 南太平洋經濟合作局

South Pacific Forum (SPF) 南太平洋論壇

South/Central American Division 〔基金〕南美／中美處

Southeast African Division 〔基金〕東南非洲處

Southeast Asia Collective Defence Treaty 東南亞集體防禦條約

Southeast Asia Treaty Organisation　東南亞條約組織（成立於 1954 年，旨在共同防禦，防止共產主義擴張，於 1977 年廢止）

Southern African Customs Union　南部非洲關稅同盟

Southern Common Market　南方共同市場（指南美區域性貿易集團，成立於 1995 年 1 月 1 日，現成員有巴西、阿根廷、巴拉圭、烏拉圭，以及波利維亞）

Southern European Division　〔基金〕南歐司

South-North trade　南北貿易（泛指發達國家與發展中國家間的貿易，因發達國家多位於北半球，發展中國家多在南關球，故以比喻而言）

South-South Conference　南南會議

South-South trade　南南貿易（指發展中國家間的貿易合作）

Southwest African Department　〔基金〕西南非洲司

Sovereign　君主，國王；元首；統治者；主權者；主權國

Sovereign authority　主權權威；主權權力；主權當局

Sovereign community　主權社會

Sovereign credit　最高的信用貸款

sovereign debt　主權債務（指一國以自己的主權為擔保向外，不管是向國際貨幣基金組織還是向世界銀行，還是向其他國家借來的債務）

Sovereign debt bankruptcy procedures　〔基金〕主權國債務破產程序

Sovereign debt crisis　主權債務危機（2009 年 11 月 27 日自迪拜危機爆發後，同年 12 月 8 日，匯率下調希臘政府債務信用評級，希臘等國隨之爆發了主權債務危機）

Sovereign debt problem　〔基金〕有效的債務問題；主權國債務問題

Sovereign equality　主權平等

Sovereign government　主權政府

Sovereign immunity　主權豁免（指一國享有獨立處理國內外事務，其政府行為豁免，不能被充作訴訟的當事方，但其商業性行為不在此限）

Sovereign Independent State　主權獨立國

Sovereign nation　主權國家

Sovereign person　主權人格者

Sovereign political power　主權；國家主權

Sovereign power　主權權力；主權國家（指國家獨立自主地處理自己對內對外事務的最高權力，主權是不可分的，其區別於其他社會集團的特殊屬性）

Sovereign right　主權權利

Sovereign risk　政治風險；最高的風險

Sovereign state　主權國家；獨立國

Sovereign status　主權地位

Sovereignty　君權；主權（有學者認為，世界經濟相互依賴性極大地破壞了國家"主權"的概念，其使得"經濟制裁"手段因此而失靈）；統治權；國家主權（指國家獨立自主地處理自己對內對外事務的最高權力，主權是不可分的，其區別於其他社會集團的特殊屬性）

Sovereignty debate　〔世貿〕主權辯論（指 1994 年就美國境內所謂"接受 WTO 體制會損害美國主權"的一場辯論）

Sovereignty of parliament　議會主權

Sovereignty over subjects　對臣民的統治權

Sovereignty-of-the-air theory　大氣空間主權說；太空主權說

Sowne　〔英古〕可徵稅的（適用於郡長回報財政部的一個術語）

Space　空間；太空；空地；間隔

Space broker　廣告業

Space buyer　廣告經紀業

Space communication　空間交通；空間通訊

Space conflict　空間衝突

Space country　航天國家

Space crime　空間罪行

Space disarmament　太空裁軍；空間裁軍

Space discovery　空間發現

Space exploration　空間探索

Space flight　空間飛行

Space jurisdiction　空間管轄權（國際法上指發射國對射入外空的人造衛星等物體及其所載人員具有管轄權）

Space law　外空法；太空法；外層空間法（指聯合國和平利用外層空間委員會成立於 1959 年，設立了法律和科技兩個小組委員會，分別審議和研究有關的法律和科技問題）

Space object　空間物體；宇宙物體

Space observation　空間觀察

Space of time　期間；時空（關係）

Space platform　空間平台

Space policy　空間政策

Space power　航天國家

Space resources　空間資源

Space ship　宇宙飛船；空間飛船

Space shuttles　太空渡船

Space state　航天國家，空間國家

Space station　空間站；宇宙中繼站

Space telecommunication　宇宙通訊

Space telegraph　無線電信

Space travel　空間旅行

Space vehicle　宇宙飛船；宇宙飛行器；航天器

Space warfare　空間戰

Spaceman　太空人；宇航員

Spacewalk　太空行走

Spade　無生育能力的人

Spalpeen　勞動者；〔愛爾蘭〕卑劣的傢伙；無賴；小流氓

Spanish Division　〔基金〕西班牙處

Spanish inquisition　西班牙宗教法庭（中世紀天主教審判異端的）

Spanish law　西班牙法（指公元前 200 年至公元 5 世紀為羅馬帝國的一部份，深受羅馬法律影響）

Spatial economics　空間經濟學

Speaker　發言人；演講者；〔英〕下議院議長；〔美〕眾議院議長

Speaker for temporary　臨時議長

Speaker of the House of Commons　下院議長

Speakers of the Houses of Parliament　〔英〕議會兩院議長（分上、下兩院，各有議長一人，主持議會會議，上院議長由大法官或掌管國璽大臣擔任；下院議長由議員中選任）

Speakership　議長的職位；議長的任期

Speaking demurrer　根據新事實提出的妨訴抗辯（指被告根據在訴狀中未列出的事實對原告恢復權利提出異議）

Speaking motion　〔美〕要求考慮兩造請求書之外事項的申請（現可允許根據《聯邦民事訴訟規則》第 12 條第 2 款提出備查）

Speaking with prosecutor 〔英〕向控方說清（指犯有將受判處鬥毆罪和坐牢等刑罰的被告，在宣判之前可經法院同意，被告可向公訴人說明犯罪情況，如控方滿意，只予以輕微處罰）

Spear half 父系；男方

Spear side (of the house) 父系；家中男的一方（其反義詞為 "distaff side"）

Special Arab Aid Fund for Africa (superseded by Arab Bank for Economic Development in Africa) 阿拉伯援助非洲特別基金（已為 "阿拉伯非洲經濟發展銀行" 所取代）

Special 特別的；特殊的；特別的；非常的；專門的

Special acceptance of a bill of exchange 〔英〕特別承兌匯票

Special account 特別賬戶

Special act of legislation 特別立法行為；特別條例

Special action 特別訴訟

Special Acts 〔英〕特別法（指只適用地方、個人或私人事務的法律）

Special additional risks 特殊附加險

Special administration 特別遺產管理（指對死者某種特別財物的管理）

Special administration of an estate 特別地產遺產管理

Special administrative area 專區；特別行政區

Special administrator 特別遺產管理人

Special adviser 特別顧問

Special agent 特別代表；特務；〔英〕特別代理人；特定代理人（具有關於僅有特定事項的代理權的人）

Special aggravation 特別加重

Special agreement 特別協定；特別協議；特殊合同

Special agricultural levies 〔世貿〕特別農業稅

Special amnesty 特赦

Special and different treatment 〔關/世貿〕特殊差別優惠（指關貿總協定 "東京回合" 談判中發表的宣言中規定根據發展中國家貿易、財政和發展的需要給予減免關稅特殊優惠待遇；同時並規定在政府採購中應盡可能列入購買與發展中國家出口有利害關係的產品的實體）；特殊差別待遇（指在農產品的市場准入、國內支持和出口競爭承諾方面給發展中國家和最不發達國家的一種優惠待遇）

Special appearance 〔美〕特別出庭應訴（指對法院的管轄權提出疑議）

Special appointment of consul 領事的特別任用

Special Arab Aid Fund for Africa (SAAFA) 阿拉伯援助非洲特別基金會

Special Arab Fund for Africa (SAFA) 阿拉伯援助非洲特別基金

Special Arab Fund for African Oil Importers 非洲石油進口國阿拉伯特別基金會（1974 年成立於開羅）

Special area 特別地區；〔英〕長期不景氣的工業地區

Special assumpsit 特別簡約訴訟（主要由於不履行既無記錄又無蓋印的簡單契約而請求賠償損害的訴訟）

Special attorney 〔美〕特聘律師（由司法部或司法部長或檢察長特聘處理涉及公益的特殊案件的律師）

Special bail 特別保釋（以前曾用於事實上擔保以區別於 "John Do" 和 "Richard Roe"，即 "某甲" 既擔保原告檢舉訴訟，也擔保被告出庭）

Special bailiff 特別執達吏；特別司法執行官（指根據民事訴訟當事人申請而由法院指定的送達或執行令狀的執行官）

Special bastard 特別非婚生子女（指由於生父母嗣後結婚而取得准婚生地位的非婚生子女）

Special benefits 特殊利益；特別利益

Special border measures 〔中〕特定邊境的措施

Special bureau 特別事務所

Special cargo insurance 特種貨物保險

Special case 特別案件；〔英〕特別事實陳述（法院代表雙方或多方當事人認定的所呈送的本案事實陳述書作出法律上的判決）；特別案情陳述（根據 1848 年《刑事案件法》，出清監獄的聽審法院或季審法院可保留本案中所產生的法律問題並以刑事案件特別案情方式陳述其意見，管轄法院將其轉呈刑事上訴管轄法院審理，刑事上訴管轄法院根據 1966 和 1968 年《刑事上訴法》又將其轉送刑事法院的刑事法庭審理）；法官的案情陳述（根據 1980 年《治安法院法》，高等法院法官對本案意見的陳述）；〔蘇格蘭〕特別案情陳述（指在雙方當事人對事實認定一致情況下，法院就其法律問題作出裁定）

Special case for investigation 專案

Special chamber 特別分庭

Special chamber of the world court 國際法院特別法庭

Special charge 特別費用（尤指發生海損時，承保人賠付的檢驗費用等）；特別指示（法官在法律點上對陪審團的）；〔基金〕特別費用

Special charter 特別許可狀

Special circumstances 特別情況

Special clause 特別條款

Special commerce 特種貿易

Special commission 特別委員會（審判、提審囚犯出清監獄的特別委員會，僅限於需要立即調查和處罰的案件）

Special commissioners 〔英〕特別專員署（又稱 "所得稅徵收特別專員署"，專司所得稅事務）

Special committee 特別委員會

Special compensatory theory 特別補償主義

Special compromissory clause 特別仲裁條款

Special constables 〔英〕特別警察；臨時警察（指特殊場合下由初級法院推事任命執行拘捕狀或特別緊急時協助維持治安的）

Special convention 專約

Special court 特別法庭

Special court-martial 〔美〕特別軍事法庭

Special crossed cheque (check) 特別劃線支票

Special custom 特別慣例

Special damage 特定損害

Special damages 特定損害賠償（指特定情況下例如由於被告暴行或非法拘捕而給原告所造成的損害等）

Special defense 〔蘇格蘭〕特別辯護（蘇格蘭刑事訴訟中可以犯罪時不在現場、受株連、自衛或精神錯亂而做為無罪的辯護理由，如其中一種理由可信則須在庭審前特別地呈報國王，且對此免予出示證據）

Special demurrer 特別妨訴抗辯（指當事人出示對方訴訟文書形式上有缺點的特別的理由以妨訴他方的抗辯）

Special deposits 特別存款；專用存款

Special design features 特殊設計特色

Special digests 〔美〕特別判例摘要

Special disability 限定無能力（如未成年；精神異常者）

Special disbursement account 〔世行〕特別收款賬目（戶）

S

Special discount　特殊折扣

Special discount sale　特別減價出售

Special district　〔美〕特區（指限制性的政府架構，旨在給地方以津貼和改良，例如開闢公園、區域，規劃和控制蚊蟲等）

Special dividend　特別股息；額外紅利（指普通股息以外對股東支付的紅利）

Special domicile　特別住所

Special drawing account　特別提款權賬戶

Special drawing rights (SDR)　〔基金〕特別提款權（指限定於 1945 年 12 月 27 日在華盛頓簽訂的國際貨幣基金協定條款含義之內的，是該組織在一定時期分配給會員國的一種使用資金的權利，作為會員國原有提款權的補充，用於政府間結算、可與黃金、美元一起作為黃金外匯儲備的一種計算單位）

Special Drawing Rights Department　〔基金〕特別提款權部

Special duty　附加稅；特殊任務

Special economic areas　特殊經濟區

Special economic zone (SEZ)　特別經濟區；經濟特區（指一國為集中有效地利用外國資金及技術對本國進行生產、發展貿易、繁榮經濟而設置的特別地區，並在區內推行對外開放，提供稅收等優惠政策以吸引外資）

Special economic zones (SEZs)　〔中〕經濟特區

Special edict　特殊法令（羅馬法規定大法官在特殊場合發佈的法令）

Special election　特別選舉

Special enactment　單行法規

Special endorsement　特別背書；記名背書（又稱“記名背書或全銜背書”，在流通票據上註明只付給特定受款人）；簽註，加註（指在護照和簽證上加註等）

Special enquiry convention　特別調查公約

Special envoy　特使

Special errors　特殊錯誤；特殊複審抗辯（指被上訴原告方可提出複審的時效已屆等特殊情況作為駁回複審令狀理由的特殊複審抗辯）

Special examiner　〔英〕特別取證人（指由法官指定對特別的訴訟進行取證的人）

Special exception　特殊例外

Special exchange agreement　特殊外匯協定

Special execution　特別判決執行令（附有背書指示執達員執行的判決書副本）

Special executor　特定遺囑執行人；特別遺囑執行人（指僅負責處理死者特定部份的遺產）

Special expenditure　非常支出；特別開支

Special expenses　特別開支

Special expertise　專門技能；特定的專門知識

Special external factors　外部特別因素

Special facility　〔基金〕特別貸款

Special factor　〔關貿〕特殊因素（指國內外不同生產者間的相對生產效率方面的變動）

Special favour　特別優惠

Special fee tail　特別限嗣繼承；特別限嗣繼承土地

Special finance　特別金融；特別財政學

Special Fiscal Studies Division　〔基金〕專門財務研究處

Special fishery　特別漁業

Special fishing permit　特別捕魚許可證

Special freighter　特殊貨物船

Special fund　特種基金；專用基金

Special goods　特種貨物

Special grand jury　專案陪審團；特大陪審團（指召集大陪審團以審訊專案或一系列涉及類似的犯罪案件）

Special heir　特定繼承人，特別繼承人

Special honour　特殊榮譽

Special humanitarian concern　特別的人道主義關懷

Special identity card　特殊身份證

Special immunity　特別豁免

Special imprest　特別備用金

Special indorsement (=Special endorsement)　特別背書；記名背書（又稱“記名背書或全銜背書”，在流通票據上註明只付給特定受款人）；簽註，加註（指在護照和簽證上加註等）

Special enquiry convention　特別調查公約

Special indorsement of claim　特別請求要旨附記

Special insurance　特別保險

Special interest groups　〔美〕特殊利益集團（指企圖影響政府通過立法以維護其利益的）

Special interest lobby　〔美〕院外遊說的特別利益集團

Special interrogatories　〔美〕專案訊問書（指提交給陪審團一個或數個係爭事實作出書面訊問，並要求陪審團對其作出必要的裁斷）

Special invitations　特別邀請

Special issue　特別爭議點（指對訴狀中的法律點的）

Special journal　特種日記賬

Special jurisdiction　〔美〕特別管轄權；限定管轄權的法院（指僅限於處理特定案件的法院，例如遺囑檢證的法庭）

Special jury　〔英〕特別陪審團（指重大民事案件的特別陪審團由具有某種社會地位的人，諸如商人、銀行家等 12 人組成）

Special law　特別法（指專為個別案件、特定地方或區所制定的）

Special legacy　特別遺贈；特定物的遺贈

Special legislation　特別立法（僅僅關於特殊人、特種地方的立法）

Special letters of marque　特別私掠船證書

Special licence　特許結婚證（指由坎特伯雷大主教等人根據英國 1533 年教會許可狀條例頒發的結婚證書）

Special lien　特別留置權（指留置以為履行某種限定的債務）

Special magistrate　〔香港〕特委裁判官

Special majority　特別多數；合格外多數

Special manager　特別經理

Special marine protection area　海洋特別保護區

Special material clerk　特殊原料管理員（工廠管理用語）

Special matter　特別事項

Special measure　特別辦法；特殊措施

Special measure fund for the least developed countries　最不發達國家特別措施基金

Special mediation　特別調停

Special meeting　特別會議

Special meeting of shareholders　股東特別會議

Special mercantile agency　特別商品代銷店

Special missions　特別使團；特殊使命

Special most favoured nation clause　特別最惠國條款

Special multilateral treaty　特別多邊條約

Special note　記名式銀票；特別記名式的期票

Special occupant　〔英〕特別佔有人（指甲在乙生存期間擁有一塊土地並在乙生存期間去世。如果丙進入並作為甲的繼

承人而取得按照贈予給甲及其繼承人的土地者之稱謂)

Special Olympics International 國際特殊奧運會組織(國際特奧會是為全世界智障人士參與體育活動而設立的國際組織,也是國際奧委會認可並可以使用"奧林匹克"名義獨立開展活動的組織,多年來一直致力於在全球範圍內推動)

Special Order 〔英〕特別命令(上議院指出哪些立法文件有法律效力之前,須得到上、下兩院對該立法文件的贊成)

Special owner 限定所有人

Special paper 口頭辯論的案件目錄;跟單票據

Special pardon 特赦

Special parliamentary procedure 〔英〕特別議會程序

Special partnership 特別合夥;有限合資(指專為經營特定企事業而組成的合夥,一種特種的營業部門,其類同於"limited partnership")

Special passport 特別護照

Special people's courts 〔中〕專門人民法院

Special people's procuratorate 〔中〕專門人民檢察院

Special perils 特別危險;特殊風險(指與火險同時承保的諸如爆炸、洪水及戰爭等自然事故險)

Special permission 特許

Special permit 〔美〕特許證書;特別使用許可(指允許財產所有人使用按劃分區域內規定的財產)

Special personal representative 特定的遺產代理人(指定或增列的代表僅解決受繼承限制土地問題)

Special plea 特別抗辯(被告承認原告的陳述,但提出特殊的情況,如一事不再理等,使訴訟不能成立)

Special pleader 撰狀律師;狀師(指專為人提交給他的陳述書提出口頭或書面的意見和起草民、刑事答辯狀和訴狀的律師)

Special pleading 間接答辯(不直接答覆對方,而提出新事實以抵銷對方論點的效果);〔英〕訴狀撰擬學(指草擬訴狀的科學,構成法律一個支脈,專門由律師來草擬訴訟狀紙)

Special plenipotentiary 特派全權代表

Special policy 〔美〕特殊保險單(尤指對特殊貨運物品的出口承保憑證)

Special political risk guaranties 〔美〕特別政治風險保證(美國政府對其私人企業在發展中國家投資三體制之一)

Special post allowance 特別職位津貼

Special power 特定權力(根據委任的特定權限)

Special preference 特殊優惠;特別優惠

Special preferential duties 優惠關稅

Special preferential right 特別的優先權

Special preferential tariff policy 優惠關稅政策

Special preferential treatment 特別優惠待遇

Special price 特別價格

Special priority 特別優先

Special procedure 特別程序(為民事審判程序的一種,即民事訴訟法對法院審理某些類型案件另行規定的程序,案件類型不同,審理的程序也不同)

Special proceeding 特別訴訟程序

Special property 〔英〕特別財產權(指限定而合格的任何物權問題,例如租用一匹馬騎,對該匹馬即擁有限定的所有權)

Special protection 特別保護;特殊保護

Special protocol 特別議定書

Special Protocol Concerning Air Carriers to Passengers and Cargo 關於旅客和貨物的航空運輸機的特別議定書

Special Protocol Concerning Statelessness 關於無國籍

的特別議定書(1930 年)

Special provision 特別規定;分則

Special provisions in the WTO Agreement 世貿組織協定的專門條款(指對發展中國家的差別和更加優惠的待遇的規定)

Special provisions relating to cinematograph films 〔關貿〕有關電影片的特殊規定(指有關放映電影時間、限額等實體性法律規定)

Special rapporteur 專題報告員;特別報告員

Special receiver 特別爭訟財產管理人

Special recommendation 特別建議

Special referee 特別仲裁人

Special regime 特殊制度

Special regional agreement 特殊區域協定

Special registration 特別註冊;特別登記(指特別選舉登記,即投票人不得在其後選舉中再行投票)

Special regulations 單行法規

Special relationship 特殊關係

Special relationship determined by the balance-of-payments restrictions 〔世貿〕受制於國際收支差額限制的特殊關係(指與世行的關係)

Special representation 特別代表制

Special representative 特別代理人;特別代表

Special Representative to the United Nations 〔基金〕駐聯合國的特別代表

Special reprisals 特殊報復

Special requirements 特別要求;特種規定;特種要求

Special resolution 特別決議(指由到會的大多數人或由到會的四分之三的債權人或代理人投票通過的)

Special right 特別權利

Special right of discovery of ship's papers 船舶證書的特別監查權

Special right of security 特別擔保權

Special rights 特別權利

Special risks 特殊風險;特種風險

Special safeguard 〔世貿〕特殊保障(指為保護本國生產者不再增加進口或測定價格跌至歷史上的最低水平至少在六年內須經批准方可進口的農產品)

Special safeguard measures 〔世貿〕(農產品的)特殊保障措施

Special Safeguard Mechanism (SSM) 〔世貿〕特別保障機制(指發達國家抵制發展中國家產品進口所採取的貿易保護主義行徑,諸如存在於存在紡織品、農產品和文具等領域的問題)

Special safeguard provision 〔關貿〕特殊保障條款(《農產品協議》重要條款之一,指任何有關關貿總協定成員國每年在承諾輸入減讓的特定農產品數量及其價格嚴重超標時可以背離總協定規定所承擔的義務而採取特別措施即允許進口成員方徵收額外關稅)

Special services 特別服務;特種服務

Special session of the diet 〔日〕臨時議會

Special sessions 〔英〕特別開庭期(指治安法官主持下召開,有時亦稱其為"特別小治安法庭"法院的);(立法機關的)特別會期;特別屆會

Special statutes 特別法(指關於特定個人或團體的制定法)

Special suppressive measures 特殊制止措施

Special surveillance 特別監視

Special tail 〔英〕限嗣繼承（指只限於特定的直系血親才能繼承的不動產物權）

Special tariff concession 特別關稅減讓

Special tariffication treatment 〔世貿〕特別關稅化的待遇（指 WTO 成員可按《農業協定》第 4 條規定採取保護措施）

Special tax bond 特種稅債券；〔美〕特徵稅債券

Special technology 特種技術；專門技術

Special term 特別開庭期；〔美〕獨任法官審判庭（指紐約的法律）

Special trade 專門貿易；特殊貿易

Special trade arrangements 特殊的業務安排；專門貿易協定

Special trade representative (STR) 〔美〕特別貿易代表（出席關貿總協定肯尼迪回合多邊貿易談判）

Special traverse 特別否認抗辯（指一造設法詳盡地解釋以反駁對方所主張的事實的的抗辯）

Special treatment (ST) 特殊待遇，特別處理（指《農業協定》附件 5 的）

Special treatment for developing countries 〔世貿〕對發展中國家的特殊待遇

Special treaty 特殊條約

Special tribunal 特別法庭

Special trust 特鐘信託；積極信託；能動信託（指受託人負有積極的義務）

Special unit of account 特別記賬單位

Special use permit 〔美〕特別使用許可

Special use valuation 特別使用評估

Special verdict 特別評決；特別裁斷（指陪審團陳述其發現加以證實的案件事實的評決後交由法院據此作出法律推斷；此種特別評決在刑事案件中及其少有）

Special visa 特別簽證

Special warranty 特別擔保（指在操作上限於對某些人或某種債的擔保）

Special warranty deed 〔美〕特別擔保契據（在某些管轄區內稱其為「權利讓與證書」）

Special zone of control 特別控制區

Special zone of fishery 特別漁區

Special-interest lobbies 〔美〕特殊利益集團的遊說（指特殊利益集團遊說拉選票的院外活動，企圖影響政府通過立法維護該團體的利益）

Special-interest lobbying 〔美〕特別利益集團遊說拉票的院外活動

Specialist 專家；行家

Specialist training facilities 專業培訓設施

Speciality 〔美〕蓋印契約（蓋印合同）；經簽字蓋印的契據（指經簽字蓋印作為給付債務擔保的文據）；特別建築或建築物

Specialisation in parts and components 零部件專業化分工

Specialisation in technological process 工藝流程專業化

Specialisation of commodities and duty rates 商品與稅率詳細分類

Specialise v. 特別指明；列舉；在（票據）上指明受款人的背書

Specialised ability 〔經〕特殊能力

Specialised adoption 特別採用

Specialised agencies 〔聯〕專門機構（指由聯合國經社理事會協調下的一系列政府間的組織，包括 IMF 和 IBRD 共有 11 個，= Specialised Agencies of the United Nations）

Specialised body 專門團體

Specialised collegial panels 特別合議庭；專門合議庭

Specialised Committees of the House of Commons 〔英〕下議院專門委員會（下議院自 1966 年起任命了一些專設委員會以審議特定問題或特定行政部門的工作）

Specialised conference 專門會議

Specialised institution 專門機構；專門機關

Specialised intellectual property courts 專門的知識產權法庭

Specialised intergovernmental organisation 專門化政府間組織

Specialised international body 專門化國際團體

Specialised knowledge 〔世貿〕專門知識（指據統計 1995 年 WTO 每週平均開 11 次會議，1996 年增至每週 39 次會議。不僅會議增加，而且專業知識水平要求也隨之提高）

Specialised mission 特別使團

Specialised one's accusation 指名控訴（控告）

Specialised organisation of states 專門化國際組織

Specialised scientific expertise 專門科學知識

Specialised solvency information company 清償能力專業情報公司

Specialised staff 〔世貿〕專業工作人員

Specialised technical personnel 專業技術人員

Specialised technical training 專業技術培訓

Specialised wharf 專業碼頭（指專門裝卸煤炭和石油等專用貨物的碼頭）

Specially crossed cheque 特別劃線支票

Specially entrenched provision 特別維護條款（指須經特別程序才能修改的）

Specially protected area 特別保護區

Specially to cover' clause 特殊包括條款

Specialty contract 〔英〕蓋印合同（簽字蓋印契約）；書面複式合同

Specialty debt 〔美〕蓋印合同債務；經立據蓋印到期的債務（根據簽字蓋印證書的金錢債務）；〔英〕書面要式合同之債

Specie 硬幣；正幣

Specie circular 〔美〕硬幣佈告（美財政部 1836 年 7 月 11 日發佈）

Specie par 鑄幣平價

Specie payments 硬幣支付

Specie Resumption Act 〔英〕恢復硬幣支付的條例

Species certificate 品種證明書

Specific 特有的；專向性的；特定的；具體的；明確的；從量的

Specific agreement 特殊協定

Specific bequest 特定動產遺贈（指在遺囑中指明的特定物品，例如一把「舊搖椅」）

Specific commitment 〔關 / 世貿〕具體承諾；專門承諾；具體義務（指服務貿易總協定的中心內容，包括市場准入和國民待遇兩個方面，並規定各成員應承擔的特定義務）

Specific denial 特定否認（指被告在抗辯中否認原告特定問題的指控）

Specific depreciation 特殊的減價（值）

Specific devise 特定不動產遺贈

Specific duty 從量稅（指按商品的重量、容量、數量、長度、面積等為標準計徵的關稅）

Specific evaluation criteria　具體評審標準

Specific goods　特定動產；特定貨品（指根據買賣契約所指定的物品）

Specific guaranty　特定保證；特殊擔保

Specific implement　〔蘇格蘭〕特別履行（關於被告違約案件所獲得一種救濟）

Specific import tendering requirements　特別投標進口的規定

Specific insurance　特定保險（對特定物的保險）

Specific intent　特定意思；特定意向（例如有偷盜他人財產的意念）

Specific judicial decision　特定司法裁決（指侵犯知識產權）

Specific legacy　特定物的遺贈（指特定的專款遺贈或特定動產遺贈，例如以一匹馬或一件家具等動產遺贈）

Specific licence　特別許可證（指對進口數量一般不設限，但對其進口來源要受嚴格限制的商品，進口商應事先申請獲得進口許可證）

Specific lien　特別留置權

Specific mandatory legislation　特定強制性立法

Specific mens rea　特別犯罪意圖

Specific modalities for domestic support　〔關貿〕國內支持的具體模式（規定了國內對農產品方面支持減讓承諾的方式、內容及一般原則）

Specific modalities for market access　〔關貿〕市場准入的具體模式（規定了市場准入減讓承諾的模式、內容和一般原則）

Specific modalities of export competition　〔關貿〕出口競爭的具體模式（規定了成員方出口農產品競爭減讓承諾的方式、內容、出口補貼範圍和具體模式）

Specific order cost　分批成本

Specific performance　特定履行（根據合同規定，履行具體義務。例如民事判決確定後對債務人財產的執行）

Specific permission　特別許可

Specific piece of foreign investment　外國投資的特定項目

Specific policy　單獨保險單；特殊保單（指單獨承保一批貨物，載明該船舶的名稱及其具體航程）

Specific regulation　單行條例

Specific relief　特別救濟

Specific requirements　具體規定

Specific reserve　特別公積金

Specific restitution　要求返還特定物的訴訟

Specific service　特定服務

Specific subsidies　專向性補貼（指確定或根據立法規定的某項補貼只限於某些企業專用的意思）

Specific tariff　定量稅；從量稅

Specific tariff equivalent　具體關稅等值

Specific tax　從量稅（指按商品的重量、容量、數量、長度、面積等為標準計徵的關稅）

Specific technical problems　具體技術性問題

Specific tendering requirements　具體投票要求

Specific thing　特定物

Specific voting procedures　特定的投票程序；具體投票程序

Specificant　加工者

Specification　規格；〔英〕說明書（指關於特定的發明專利、生產和建設的合同，系列說明其所涉及的成份和材料等）

Specification in different types and specifications of

same kind products　同類產品不同型號與規格的說明書

Specification in parts and components　零部件說明書

Specification of shipment　船載的重量明細單

Specification of weights　重量明細單

Specificities of the telecommunications services sector　電信服務部門的特殊性

Specificity　〔世貿〕專向性；專一性（指 WTO 成員方境內政府以立法等方式有選擇、有差別、非普遍性地給予某一企業或產業或一組企業或產業提供的特殊性補貼）

Specified　限定的；規定的；特定的；明確的

Specified (prison) sentence　有期徒刑

Specified cheque　記名式支票

Specified liquid assests　〔香港〕指定流動資產（指境外和外國銀行在港設立分行的條件，其流動資產最低比率不得少於每月短期負債的 25% 等要求）

Specified policy　補償實際損失額的保險單

Specified route　指定路線

Specified thing　加工物

Specified timeframes　規定時限

Specified visa　〔日〕特定簽證（發給留學生及其家眷、工業技術培訓和從事文化活動人員）

Specify　*v.* 指定；詳細說明；分列（清單）

Specify a contact person　指定一個連絡人

Specify the technical regulations　闡釋技術法規

Specimen　樣本；標本；樣品

Spectrograph　攝譜儀（以光譜方法作成的記錄來鑒別聲紋以為識別採集犯人聲音的證據）

Speculate　*v.* 投機；倒把；推測；猜測

Speculation　〔美〕投機（指期待從價格漲落中牟利的買賣交易）；推測；推斷

Speculation of stocks　做股票投機

Speculative　投機的；冒險的；好投機的

Speculative building　投機性建房

Speculative business　投機交易；投機事業

Speculative commerce　投機的商業

Speculative contract　冒險的契約

Speculative cycle　投機的循環期；投機週期

Speculative damages　預期損害；投機性損害賠償金

Speculative enterprise　投機事業

Speculative goods　投機商品

Speculative market　投機市場

Speculative risks　投機危險；投機性風險

Speculative trade　投機買賣

Speculative transaction　投機交易

Speculator　投機者；投機商；投機人

Speech　〔美〕言論自由（憲法第 1 條修正案確保言論自由權）；演說；發言；講話；方言

Speech from the throne　〔英〕國王的國情與施政演說（英國議會開幕時國王或女王所作或委託宣讀的）

Speed　*v.* 神經興奮劑（刺激大腦中樞神經系統的藥物）；快速（以非法或危險的速度行駛）

Speed hours　時速限制法；限速法（指對汽車等的時速限制以保公共安全）

Speed laws　時速限制法；限速法（指對汽車等的時速限制以策公共安全）

Speed subsidy　（船舶）速度獎金

Speed warranty 航速擔保 (指船舶在好的天氣順水情況下航速能及 14 節的租船擔保契約)

Speeding up 加速生產速度

Speed-limit 速度極限；限速 (指司機駕車)

Speed-up 增加產量要求 (指僱主對僱員提出增加產量而不增加工資的要求)

Speedy execution 巡迴法官的即決判決；即決執行令

Speedy remedy 即時救濟

Speedy trial 〔美〕快速審判；即決審判 (指被告人有依憲法第 6 條修正案得以確保快速審理不得遲延審理的權利，但仍應按具體案情而論)

Speedy, effective, predictable, equitable resolution of disputes arising under WTO Agreement 快速、有效、可預見和公正地解決世貿組織協定之下產生的爭端

Spell out consular rights to assist seamen 〔領事〕闡明領事協助海員的權利

Spending agencies 開支機構；消費機構

Spending departments 開支部門；消費部

Spending of risks 風險分攤

Spending-production lag 生產－消費滯差

Spendthrift *n. & a.* I. 揮霍者；浪費者；II. 揮霍的；浪費的

Spendthrift trust 〔美〕揮霍者信託；克儉信託 (指為使遺產受益人維持生活，避免浪費所設立的資金信託)

Spent conviction 已失效的定罪 (指罪犯已服完其所定罪的刑期)

Sphere d'influence 〔法〕勢力範圍

Sphere of action 行動範圍

Sphere of application 適用範圍

Sphere of influence 勢力範圍

Sphere of initiative 提案權範圍；主動行動範圍

Sphere of interests 利益範圍

Sphere of jurisdiction 管轄範圍

Sphere of right 權利範圍；利益圈

Sphere of service trade 服務貿易範圍

Sphere of services 服務範圍；勞務範圍

Sphere of trade in services 服務貿易範圍

Sphere of validity 效力範圍

Spiel 〔澳〕利用賭博行騙者；騙子

Spill blood 傷人 (或殺人) 罪

Spillover 外溢因素；外溢效果 (指一種商品供不應求而誘發出對其他有關商品的需求)

Spillover pollution harms 外溢污染危害

Spindle side of the house 母方；母系

Spinning house 〔英〕妓女感化院

Spin-off 轉產易股；轉股 (指將母公司部份資產轉讓給新組的公司以換取新子公司的股份)

Spinster 未婚女子；老處女；紡織女

Spirit 精神；真意；要旨；〔複〕酒，火酒 (指白蘭地和威士忌等)；酒精

Spirit of law 法意；法的實質

Spiritual 教會的；精神上的；宗教的；心靈的；高尚的

Spiritual court 宗教法院

Spiritual damage 精神上的損害

Spiritual lords 〔英〕宗教貴族 (指上議院的大主教和主教們)

Spiritual lords of parliament 〔英〕僧侶議員；上議院大主教和主教

Spiritual ownership 精神的所有權

Spiritual peer 〔英〕大監督議員

Spiritual sovereignty 精神主權

Spiritual tenure 宗教的土地保有制

Spiritualities of a bishop 主教的收益

Spital (or spittle) 慈善基金會；不健全的人的醫院；醫院

Spite fence 無益的籬笆；惡意籬笆 (指旨在阻礙鄰地所有人採光、通氣和觀賞風景)

Split exchange rates 〔英〕多種外匯利率

Split headphone 〔法海〕頭戴式耳機

Split on an accomplice 告發共犯

Split order 分批訂單；分割訂單 (指導經紀人以一種價格購買或出售股票以另一種價格購買或出售其他股票的命令)

Split pricing 分別訂價

Split proof system 分割試算制度

Split sentence 〔美〕分別判決 (把把緩期監禁與罰金判決相分離。即：先執行罰金判決而暫緩監禁判決；或被告先服一段監禁刑，所餘刑期暫緩執行)

Split stocks 分割股

Split tickets 〔美〕分裂票 (指同時投幾個黨候選人的票)

Split-off 易股；讓售易股；股本轉移 (指公司成立和籌措新公司的資金，以新股換取原公司股東的舊股，即母公司向子公司部份股本轉移)

Split-run 〔加〕分版 (刊有當地商品廣告等內容的雜誌的期刊，加方對其徵收一種消費稅，實行與本國出版物差異郵政費率，違反 WTO 的規定)

Splitting cause of action 〔美〕分割訴權；分割訴訟原因 (把單一訴訟請求分成幾個部份而只提起一個部份的訴訟)

Split-up 股東轉移；分立新公司 (指一間公司分立兩個或兩個以上新公司，並將其全部股份分給原公司的股東，原公司即告解散)

Spoil 戰利品；掠奪物；贓物；〔美·常用複〕得勝黨分到的官職

Spoilator 搶奪者；掠奪者；破壞者；消滅者

Spoiler 〔美〕可左右大局的第三黨候選人 (指一個第三政治候選人奪走足夠的票數而毀去另一位候選人獲選的機會)

Spoiler party 〔美〕分裂黨，第三黨 (指為分裂參選的老牌政黨的共和黨或民主黨之中的一間而組成第三黨旨在使被分裂的黨失去贏得當選的機會)

Spoils system 政黨分贓制 (指將公職分配給獲勝政黨的各支持者的制度)

Spoils' man 〔美〕為獲官職而為政黨效勞的人；贊成政黨分贓制的人

Spoilt ballot papers 廢票；作廢的選票 (因未按規定選舉而無效的選票)

Spoilt vote 廢票

Spokesman 發言人

Spoliation 銷毀證據；〔美〕毀滅證據；篡改文件 (以達到使人不能用作證據的目的)；(對中立國船舶的) 搶劫；掠奪 (尤指交戰國對中立國船隻的搶劫)；篡改保險單；〔英〕冒領俸祿 (指聖職人員冒領他人俸祿的權利侵害)；存在於公職人員間相互掣肘案件的令

Spoliator 銷毀文件者；篡改文件者 (指銷毀證據，毀壞有價值物件的人)；搶劫者；掠奪者；破壞者

Sponging house 〔英〕債務人拘留所

Sponsions 越權約定 (指戰爭中由將軍或艦隊司令等官員代

表本國政府或未經授權的代表的約定）

Sponsor 發起人；主辦人；提案人；倡議者；保證人；贊助人

Sponsor country 提案國；發起國

Sponsor such negotiations from time to time 〔關貿〕隨時主持這項談判；不時主持這項談判

Sponsor technical consultations and study 主辦技術磋商和研究

Sponsoring power 發起國；提案國

Sponsorship 保證人（或教父，教母）的地位；發起；主辦；倡議

Spontaneous combustion 自然燃燒（由於內熱發展引起的燃燒，而不是外部媒界引起的）

Spontaneous ignition 自然發火

Spontaneous law 自發法（指私人或私人團體間形成的一些在作用上類似法律的規則，其在國際貿易中包括國際商業慣例和國際貿易仲裁中所確認的一些原則）

Spoon-fed （工業等）受特惠待遇的（如獎金、進口稅保護等）

Spoontoon 逮捕犯人時携帶的短矛（或戟）；警棍

Sporadic dumping 〔世貿〕零星性傾銷；偶發性傾銷（指廠商經常性地以遠低於國際正常價格、低於國內市價或低於生產銷售成本向市場拋售）

Sporting house 〔美俚〕妓院；康樂宮（運動、賭博等娛樂場所，聲譽不名，但不一定違法的）

Sporting rights 〔德〕因打獵而對土地造成損害的賠償請求權

Sports ground 運動場，體育場（指露天並有招待設備的）

Sports liability insurance 運動責任保險

Spot 現場交付（指商品和外匯的當場交易）；現貨；當場；當地

Spot and forward 現場交付或預先交付的價格；現場交付或預先交付；現貨和期貨交易

Spot assets 現金存款

Spot audit 抽查

Spot broker 現貨交易經紀人

Spot cash 即付現款；現款支付

Spot check 抽查

Spot contract 即時交付契約

Spot delivery 立即交付；當場交貨

Spot exchange 即期外匯；現匯

Spot exchange rate 即期匯價（率）；現匯匯率

Spot exchange transaction 現匯交易

Spot foreign exchange 即期外匯

Spot market 現貨市場

Spot price 現貨價格

Spot quotation 現場報價；現場牌價；現匯牌價

Spot rate 即期匯率；現匯匯率

Spot regulation of traffic 現場交通管制

Spot survey 局限性調查

Spot theory （關於經濟危機的）太陽黑點論

Spot trading 現貨貿易；當場交貨的現金交易；即期交貨的銷售

Spot transaction 現金交易；現貨交易

Spotter 〔美〕私人偵探；暗探；暗中稽查

Spousals 〔英〕婚約；婚禮

Spouse 配偶（指妻或夫）

Spouse allowance 配偶津貼

Spouse's benefit 配偶津貼

Spouse-breach 〔英古〕通姦

Spread 差額（原料與商品貿易之間、遞價與要價之間的差額）；價差（在套利，套匯中，兩個市場之間的價差或其同一種貨幣價值之差）；利差，差幅（指歐洲兩個市場之間的利率之差）

Spread between rates 匯率差幅

Spread between the buying and selling rates 買賣匯率差幅

Spread eagle 伸開四肢縛在索具上受刑的人；買賣上腳踩兩隻船的投機

Spread of a pest or disease 瘟疫或疾病的蔓延

Spread of radiation 輻射範圍

Spread poison 投毒

Spread sheet 分列表；多欄式的工作表（供會計和審計員總結和分析交易情況的計算表）；棋盤式對照表

Spreading the risk 分散危險

Spring tide 大潮

Springing use 有條件的使用權；將來用益權（該用益權現在只存在於限於將來事實發生時的有關衡平法上的利益）

Sprinkler leakage insurance 灑水管滲漏保險；噴淋設備滲漏保險

Sprinkler system 〔海法〕灑水系統

SPS committee 〔世貿〕衛生和植物檢疫委員會

SPS enquiry point 〔世貿〕衛生和植物檢疫問詢站

SPS measures 衛生和植物檢疫措施

SPS notification authorities 〔世貿〕衛生和植物檢疫通知當局

Spuilzie 〔蘇格蘭〕非法騙取動產

Spurious 假的；偽造的；庶出的；私生的

Spurious bank-bill 偽鈔

Spurious certificate 假證書

Spurious class-action 〔美〕虛假的集團訴訟（過去集團分類之訴的一種，現已不復存在）

Spurious coins 偽幣

Spurious document 偽造文件

Spurious drugs 假藥

Spurious work 偽造物

Spurious writing 偽作

Spy 間諜，間諜者，特務，密探，偵探

Spy out 投機；查出

Spy police 刑事巡捕；刑事警察

Spy ring 間諜網

Spy-master 特務頭子；間諜大王

Squally weather 風暴天氣

Squander *v.* 浪費；濫用；揮霍

Squanderer 浪費者；濫用者

Squandermania 浪費狂（指政府公款等等揮霍）

Square *n. & v.* I. 廣場；II. 結清（賬目）；賄賂；收買

Square accounts 結賬；清賬

Square deal 公平交易；公平待遇

Square up 結清賬目

Squat *v.* 擅自佔地；非法佔據空屋（指依法在政府公地上定居下來以圖獲得該地的所有權）

Squater's right 〔美〕佔地者取得所有權

Squatter 擅自佔地者（指無合法所有權或授權者而定居在他人建築或房屋或土地的違法行為者）；違章擅佔公地人（指依法在政府公地上定居以圖獲得該地所有權的人）；〔澳〕牧畜權所有者；牧羊場主

S

Squatter sovereignty 〔美〕人民主權論（南北戰爭前，一種政治上的主義，主張各州人民有權處理其內政並決定是否允許奴隸制）

Squeeze v. 榨取；壓榨；使（利潤等）縮減；壓印（硬幣）

Squeeze-out 排擠；排斥，把…排擠出去（指排擠消滅小股東以控制公司的股權）

Squeezing bulls 脅迫買方（交易用語）

Squire (=Esquire or Esquier) 〔英〕大人；先生（治安官等的尊稱；騎士長子的尊稱；貴族幼子的尊稱）；候補騎士；紳士；地主；隨從；〔美〕先生（普遍附於律師名字之後）

Squire of the pad 攔路搶劫的盜匪

Squirearchy 地主政治

St.Johnston's tippet 〔蘇格蘭〕絞刑用的索

St.Lubbock's Day 英國銀行的假日（8 月第一個星期日）

Staatenbund 〔德〕邦聯；國家聯合

Staatengunst 〔德〕國際禮讓

Stab v. 刺；戳；刺入；刺傷

Stab hand 週薪（或時薪）工人

Stabbing 刺殺

STABEX (arrangement) schem 穩定出口收入措施

Stability 穩定；穩定性（指發展中國家向外國投資者保證在改變其外資法律制度，即若改變也不對其投資項目生效）

Stabilisation fund 平準基金

Stabilisation measures 穩定措施

Stabilisation System for Export Earnings (STABEX) (Lome Convention) 穩定出口收益機制

Stabilise v. 穩定；安定；固定

Stabilise prices 穩定價格

Stable v. 被關在馬廐（或牛棚）裏

Stable but adjustable par values 穩定而可調整的面值

Stable export product 穩定出口產品（主要糧食出口產品）

Stable production 穩定生產（安定生產）；均衡生產

Stacher 裝卸煤炭工人的監督；煤炭裝卸工

Stacking 〔美〕連續索賠（指表示要保人的能力，可接二連三從其保險單取得補償）

Stadium 〔英〕弗隆，浪（英國長度單位 =1/8 英里或 201.167 米）；古希臘長度單位（相當於 607–738 尺）；長度單位（古羅馬相當於 607 尺）

Staff allowance 工作人員津貼

Staff assessment 工作人員薪給稅

Staff attendance at other organisations meetings 工作人員參加其他組織的會議（指 WTO 的職員可參加 IMF 或 IBRD 的會議）

Staff committee 工作人員委員會；〔基金〕職員福利處

Staff consultation and cooperation 工作人員的協商與合作

Staff consultations to ensure consistency between members' obligations under WTO agreements or the Articles of agreement of the IMF 職員磋商以確保各成員之間執行世貿組織協定義務或國際貨幣基金組織協定條款的連貫性

Staff Development Division 〔基金〕職員發展處（取代了"Recruiting and Training Division"）

Staff director 職員監督

Staff insurance 業務人員的保險；職員保險

Staff meetings at head and deputy level on a regular basis 〔世貿〕定期舉行組長或副組長級別的工作人員會議

Staff member 〔基金〕工作人員

Staff member beneficiary 工作人員指定受益人

Staff mission 〔基金〕職的任務（國際貨幣基金組織各部門的職責）

Staff of diplomatic mission 外交使團工作人員

Staff regulations 工作人員條例；〔基金〕工作人員論文集（IMF 定期出版工作人員的研究著作）

Staff relocation allowance 工作人員搬遷津貼

Staff resources 工作人員的資源

Staff Retirement Fund 〔基金〕工作人員退休基金

Staff Retirement Plan 〔基金〕工作人員退休計劃

Staff rules 工作人員服務細則；工作人員規則（守則）

Staff share 職工股

Staff shortage 工作人員短缺

Staff travel 旅差費

Staff(s) （全體）工作人員；（全體）職員；參謀；參謀人員；參謀機構；權杖；〔基金〕職工，職員

Stag 偵察；告密者；〔英〕證券投機商；投機認股者（指購進大量新發行的股票，在其上市時，以圖遇到有利機會即予拋售牟取利潤）

Stage implementation 分階段執行

Stage of development 發展階段

Stage of negotiation 談判階段

Stages of commission of a crime 犯罪階段（指犯罪人實施故意犯罪時可能經過的各個階段，包括：犯罪表示、犯罪預備、着手實行犯罪行為、犯罪既遂）

Stages of trial 審訊階段

Stagflation 通貨滯脹

Staggered election 交錯選舉（指董事會成員每年按一定比例改選的方法以確保不影響公司的業務交接承替）

Staging matrix 分段運輸矩陣

Stagnant 蕭條的；不景氣的

Stagnant income 停滯的收入

Stagnate v. 停滯，不景氣；（使）變蕭條

Stained sheets 私通；姦淫

Stair Society 斯泰爾協會（成立於 1934 年，旨在鼓勵研究和提高蘇格蘭法的歷史知識）

Stake 賭金；賭註；標記；標樁（丈量土地的標記）；利害關係

Stake out （警察對嫌疑犯等的）監視；監視地區

Stake-holder 〔英〕賭註保管人（指保存賭款以待賭勝者來取的人）；保管保證金的人（指買方交付一筆款項做為簽訂購買物業的定金。這筆錢通常是交給做為立約雙方當事人的保管人，而不做為賣方的代理人）；爭議財物保管者（指保管所有權有爭議的物品的第三者）

Staking 土地界樁（指一塊土地邊界上所插的標記）

Stale n. & a. I. 失效的；失時效的；閒散的；停滯的；II.〔撤〕盜竊罪

Stale affidavit 過期的宣誓書（指保存一年以上已失時效的宣誓書）

Stale bill of lading 過期提單

Stale cheque (check) 過期支票；失效支票

Stale claim 過期債權

Stale debt （喪）失時效的債務

Stale demand 失效要求；〔撤〕偷盜罪

Stall 貨攤；書攤，棚店；扒手的幫助犯

Stallage　〔英〕攤租；攤位；擺攤權（指在集市或市場上的）

Stall-keeper　攤販

Stammler, Rudolf　德國法學家施塔姆勒‧魯道夫（德國法學家，新康德主義法學派首創人，1856-1938 年）

Stamp Act Congress　〔英〕反對印花稅條例會議（紐約等九個州殖民地選出代表開會反對英國 1765 年發佈的印花稅條例）

Stamp Acts　〔英〕印花稅法（1765 年發佈但次年即廢除的向北美殖民地徵收印花稅的條例）

Stamp and signature is authentic　簽字印章屬實（外交文件認證用語）

Stamp duties　〔英古〕印花稅（指對書面文件所施加的從價稅或固定數額的稅，例如，邸在文件上貼印粘性郵票）

Stamp Duty Office　〔香港〕印花稅署

Stamp duty on bill　票據印花稅

Stamp Ordinance　〔香港〕印花條例

Stamp tax　〔美〕印花稅（指黏貼法律契據文件上的郵票費）

Stamp(s)　戳子；印章，戳記；郵票；印花

Stamp-collector　印花稅徵收人

Stamped seal　封印

Stamped signature　簽字蓋章

Stamp-office　印花稅務局

Stand　*n. & v.* I.〔美〕法院的證人席；看台（指人為建築的運動場四周所蓋的帶有屋頂的觀眾站台）；II. 站，立；停止不動；停滯；容忍；遵守；等待；提交；呈送；接受；出庭；堅持；維持現狀；持續有效；〔英〕體育館；做候選人；參加競選

Stand by　等候；準備，後備；保持；援助；遵守；旁觀

Stand down　離開證人席；退出（競選）

Stand in witness of　作為⋯證據（或證人）

Stand integrated into GATT 1994　納入 1994 年關貿總協定（指紡織品和服裝以外的全部產品）

Stand mute of malice　對被控罪名拒不答辯

Stand out to sea　〔海法〕出海

Stand terminated　終止

Stand trial　受審訊；受審

Stand void　失效；作廢

Standard　軍旗（戰爭中使用的）；標準（指度量衡）；水平；水準；準則；規格；貨幣本位；（純金銀與含金的）法定比例；（貨幣的）法定成分

Standard agreement　標準協定

Standard and Poor's Composite Index　標準普爾股票價格綜合指數（指為紐約證券交易所公用事業等 500 種普通股票加權綜合價格指數）

Standard and Poor's Corporation　標準普爾公司（為美國一家最大的投資諮詢公司）

Standard as technical barrier to trade　（作為）技術性貿易壁壘標準

Standard Barrel Act　〔美〕標準桶規則（1915 年）

Standard basket　〔基金〕標準籃（又稱"一籃子"，國際貨幣基金組織在美國極力主張"特別提款權"應脫離基金束縛的原則下於 1974 年 7 月 1 日起，特別提款權的價值改按 16 種貨幣加權平均來表示的新名稱，每隔五年作一次調整）

Standard blanket policy　〔保〕標準統單

Standard Bueadu　〔美〕標準計量局

Standard Central America Tariff Code (SCATC)　中美洲關稅標準守則

Standard Central American Tariff Nomenclature (SCATN)　中美洲標準關稅稅則分類表

Standard city　〔保〕標準市

Standard classification　標準等級；標準分類

Standard clause　標準條款；條文範例

Standard clauses on confidentiality, implementation, review, termination and approval　機密、履行、審議、終止和核准的標準條款

Standard coin　標準貨幣

Standard compass　〔海法〕標準羅經

Standard components　標準組成部份

Standard Container Act　〔美〕標準容器規則（1915 年）

Standard contract clause　標準合同條款

Standard cost　標準成本

Standard deduction　〔美〕標準扣除額（指美所得法規定准許納稅人從已調整的總收入中扣除一定百分比後，所余收入即應納所得稅。亦即納稅人不希望逐項扣除，而希望從應納稅總收入中決定扣除不須納稅的部份收入更為有利）

Standard deviation　〔統計〕標準離差；標準差

Standard error　〔統計〕標準誤差

Standard error of estimate (SEE)　估計的標準誤差

Standard established by law　法定標準；法律確立的標準（指註意避免產生過失責任的講道理的人之標準）

Standard examination　標準考試；標準測驗

Standard feature of Bank conditionality　銀行制約特徵的標準

Standard for determining value of currency　確定貨幣價值的標準

Standard form　標準格式；標準保險單格式

Standard form contract　標準契約

Standard game theoretical metaphors　標準的形象化策略運籌方法

Standard Ground Handling　〔航空〕標準地面處理

Standard International Trade Classification (SITC)　國際貿易標準分類（指為世界各國採用的兩種稅則商品分類之一）

Standard Juvenile Court Act　〔美〕標準少年法庭法

Standard market quotation　標準市場行情

Standard minimum rules　標準最低限度規則

Standard Minimum Rules for the Treatment of Prisoners　囚犯待遇最低標準規則（1977 年）

Standard mortgage clause　標準抵押條款

Standard of care　注意標準（指在過失法律中，一位合理謹慎者如其行為低於標準的注意程度就要承擔其所造成損傷或賠償的責任；注意的標準也適用於醫療和法律等專業的瀆職案件）；維護標準；管理標準（指在同樣或相似的情況下一個謹慎人應注意履行管理職責的標準）

Standard of Central American Tariff Code　中美洲關稅法標準

Standard of Central American Tariff Nomenclature　中美洲稅則標準

Standard of civilisation　文明標準

Standard of comfort　生活水平；生活標準（滿足最小限度的物質生活）

Standard of conduct　行為標準；行為準則

Standard of international conduct　國際行為準則

Standard of international law 國際法標準
Standard of interpretation 解釋標準
Standard of justice 正義標準
Standard of life 生活水準；生活程度
Standard of living 生活水平；生活標準（滿足最小限度的物質生活）
Standard of need 〔美〕生活必需標準（如收入不夠可向政府要求補助）
Standard of performance 〔美〕業績標準（指環保條例規定的關於空氣新污染源的標準）
Standard of proof 舉證準則；證明標準（特指刑事等案件中，諸如揭發檢舉的證據要求應有確鑿的標準）
Standard of service 服務水準；〔世貿〕審議標準（指上訴機構專家小組的調查報告）
Standard of tax 課稅標準
Standard of treatment 待遇標準
Standard of Unviversal Schedule for Rating Mercantile Risks 〔美〕商業風險評級統一標準表
Standard of value 價值本位；價值標準；價格標準
Standard of weight 法定計量標準
Standard of weight and fineness 重量與品位（純度，成色）的標準
Standard of weight, or measure 〔美〕法定計量或度量標準
Standard of work 工作水準
Standard policy 〔保〕標準保單
Standard price 標準價格
Standard processing period 標準處理期限
Standard rate 標準價格；標準比率
Standard recognition of service suppliers 服務供應商的承認標準
Standard scale 〔英〕標準等級（指對簡易犯罪的罰款標準等級，共有五個等級）
Standard silver dollars 標準的銀元券
Standard source of authoritative data 標準的權威資料來源
Standard time 標準時間
Standard trade and security service 商業情況及證券行情預報事務
Standard trade policy rule 標準的貿易政策規則
Standard unit 標準單位
Standard unit of value 標準單位值
Standard weights and measures 標準度量衡
Standardisation 標準化；標準製造
Standardisation Act 〔南歐〕標準化法
Standardisation law 標準化法（指國家對現代化生產進行科學管理的有關標準化的法律規範的總稱）
Standardisation of products 產品的標準化；產品的規格化
Standardising bodies 〔世貿〕各標準化機構
Standards and conformity assessment procedures 標準一致的評估程序
Standard-setting international organisations 制定標準的國際組織
Standards-setting process 制定標準程序
Standard-Vacuum Oil Company 美孚石油公司（於1870年由美國約翰·洛克菲勒創立的）
Stand-by agreement 備用協定；支持協定
Stand-by arrangement 備用安排；支持性安排；〔基金〕備

用信貸協定；備用信貸安排（指申請信貸會員國經獲准後可在規定有效的一年期內隨時提用，不需一次性全部提用，此為 Fund 在1952年創設的貸款方式）
Stand-by arrangement charge 支持性安排手續費；備用安排手續費
Stand-by credit 備用信用證；支持信用（備用信用證的開證行承擔的是第二付款人的責任，如申請人履行了債務，備用信用證則屬備而不用）
Stand-by force 備用部隊；支援部隊
Standby letter of credit 備用信用證（指開證銀行承擔第二付款人的責任，受益人只要開出相應匯票及申請人未履行義務的書面證明即可得到開證行的償付）
Stand-by Operations Division 〔基金〕核准協調有關業務工作處（支援專業工作處）
Stand-by Policies Division 〔基金〕備用性政策處
Standing *n. & a.* I. 職業；身份；地位；名望（指一個人在社區內的社會、商務和道德關係方面的地位等）；II. 已由法律或習慣所確定的；長期有效的；永久的；固定的；常務的；常設的；常備的
Standing and Procedural Committees 〔聯〕常設和程序委員會
Standing appellate Body 〔世貿〕常設上訴機構（為世貿組織增設的一個機構，其可維持、修改或推翻專家小組的裁決和建議，以期使爭端得以較好的解決，上訴機構由7人組成，任期4年，但世貿組織協定生效後立即任命的7個成員，其中3人任期為2年，以確保其不因成員交替而中斷工作）
Standing Appellate Body's Review 上訴機構的審議
Standing aside jurors 〔英〕排除陪審員（指在編選刑事陪審團時，檢察官可暫把其中一名陪審員剔除在外而不說明理由的慣例）
Standing body 常設機構
Standing by 默認；準備
Standing Civilian Courts 〔英〕常設文職人員法庭（設立於1976年）
Standing committee 常務委員會，常設委員會
Standing imprest 常備備用金
Standing Lending Facility (SLF) 〔中〕常備借貸便利（對金融機構開展操作，提供流動性支持）
Standing master 常務法官助理（由法院指定以審決轄區內日常案件的法官助理）
Standing military force 常備軍事部隊
Standing mute 保持沉默（指被告對被控犯罪拒不答辯）
Standing offer 持續性要約
Standing order(s) 〔美〕法院訴訟程序規則；〔英〕議會議事規則；現行通令（指上、下兩院議事程序規章）；長期訂單
Standing orders committee 議事規則委員會
Standing Orders of Legislative Council 〔香港〕立法會會議常規（為前港英政府屬下財務委員會成立及行使其權力之依據）
Standing permit 長期許可證
Standing practice 習慣做法
Standing rule 定款；永久的規定；現行規定
Standing Rules for Conducting Business in Senate of the U.S.A. 〔美〕參議院議事規則
Standing seized to uses 〔美〕長期保有的蓋印契約（其他地產契據持有者同樣可以使用，但通常由有血親或姻親關係

所使用，這是一種取決於《用益法》有效的地產轉讓方式）

Standing to be sued 被訴的資格（指個人或國家作為訴訟中的被告當事人資格，主權國家除非同意外不具被訴的資格）

Standing to sue doctrine 起訴資格原則（指訴訟當事人必須對爭議的問題有充分利害關係要求法院作出司法裁決保護其有形的利益）

Standing track 停車線

Standing vote 起立表決

Standstill 〔世貿〕維持現狀；凍結點（指在過渡期間，任何一個成員方不得加強其所通知的 TRIMS，以免加大與本協議要求的差距，同時還規定在《貿易組織協定》生效前 180 天之內開始實施且凡不符合 TRIMS 規定不享受過渡期，應立即予以取消）

Standstill agreement 就地協議；凍結信貸協定；暫停償債協議

Standstill cease-fire 就地停火

Standstill truce 就地休戰

Standstill understanding 凍結信貸諒解書（指經濟合作與發展組織成員國達成對飛機、原子能發電站和船舶的建造三個行業的國家不提供軟貸款的諒解）

Stannaries 〔英〕錫礦；錫礦區（指位於康沃爾和德文地區）

Stannary Court 〔英〕錫礦區法院（指審理康沃爾和德文地區礦區訴訟事務的法院）

Staple 大宗出產商品（例如，大米、食鹽和麵粉等）；主要商品（或產品）；〔英〕（某些城、鎮的）商業中心；主要市場；外國商品市場權

Staple commodity 大宗出產商品；主要商品

Staple Inn 〔英〕斯戴普衡平律師學院（九個律師學院之一）

Staple mart (marker) 重要商品市場

Staple products 重要產品

Staple rate of freights 運費率的穩定

Stapler 主要商品批發商；羊毛商

Star Chamber (or Camera Stellata) 〔英〕星座法院（一所於 1487 年由亨利七世的議會改造，1641 年停閉的古老法院，由樞密院宗教貴族和世俗貴族及兩名普通法法院法官組成審理暴亂、詐欺，執達員行為不檢，以及土地之外的其他犯罪行為。該法院以專斷暴虐出名）

Star class 〔英〕星座級（指第二期監禁）

Star witness 主要證人

Starboard （船舶）右舷

Stare decisis 遵循判例；依照先例（指訴訟爭點與舊案件相同時應受先例拘束，依據英、美法，判例有拘束力）

Stare decisis rule 根據判例規則（意指依美國法制關貿總協定專家小組的報告雖為其後引用，但不能被看作美國案例加以沿用）

Start divorce proceedings 提出離婚訴訟

Start of the Marshall Plan and the establishment of the Organisation for European Economic Cooperation 發起馬歇爾計劃和成立歐洲經濟合作組織（1947 年）

Start with a clean slate 改過自新；言歸於好

Starting point 起點；起算點

Start-up period 起步階段；投產期

Start-up situation 投產狀態

Starvation wages 不足溫飽的工資；饑餓的工資（資本主義社會中）

Stash *v.* 隱藏；藏匿（指將不義之財藏匿起來）

State *n. & v.* I. 狀態；狀況；情形；國家；政府；領土；〔美〕〔澳〕州，省，郡；II. 陳述；說明；闡明；聲明

State a ruling 宣佈裁決

State act 國家行為

State action 〔美〕向國家求償的訴訟（指對政府不當干預個人生活所致損害要求賠償之訴）

State Administration for Industry and Commerce (SAIC) 〔中〕國家工商管理局

State Administration of Foreign Exchange (SEFE) 〔中〕國家外匯管理局

State Administration of Taxation 〔中〕國家稅務管理局

State affairs 國家事務；國務；國事

State agency 國家機關

State aid 〔美〕州政府用於地方公共事業的補助費；國家補助

State aircraft 國有飛機；國家飛機

State allegiance 效忠國家

State apparatus 國家機器

State arbitral institution 國家仲裁機構

State archives 國家檔案

State auditor 〔美〕州審計長（當選或任命的）

State bank 國家銀行；〔美〕州立銀行

State bank examiner 州銀行檢查官

State bankers' association 〔美〕州銀行家協會

State board of regents 州評議會

State bonds 〔美〕州債券

State border 國家邊境；〔美〕州邊境

State budget 國家預算

State comptroller 〔美〕州審計官

State concerned 有關國家

State conference 國務會議

State constition 〔美〕州憲法

State contract 國家契約；政府合同（指一國政府特別是發展中國家或其政治分支機構和代理機構，以當事人的身份與外國投資者企業之間，就允許該外國企業在一定時期內，在本國境內從事開發自然資源和其他公益事業而簽訂的，帶有特許性的各種形式的經濟發展合同）

State control 國家控制（監督）

State controlled trade 〔關貿〕國家控制的貿易；國家壟斷的貿易

State convention 〔美〕（選舉總統的）州大會

State Council (of P.R.C.) 〔中〕國務院（中華人民共和國）國務院（為最高國家權力機關的執行機關，是最高國家行政機關）

State Council Tariff Commission 〔中〕國務院關稅委員會

State courts 〔美〕州法院（市和縣的法院是否屬州法院系統要視其管轄權範圍而定）

State crime 國事罪；〔美〕觸犯州法罪

State criminal 國事犯；政治犯

State demesne 公有地；國有地

State department (or department of state) 〔美〕國務院

State documents (or papers) 國務文件；官方文件

State domain 國家領域；國有財產（指土地、森林等）

State Economics and Trade commission (SETC) 〔中〕國家經濟貿易委員會

State economy 國家經濟

State emblem 國徽

State enterprise 國家企業；國營企業

S

State enterprise law　國營企業法

State equality　國家平等

State expense　公費

State farm　國營農場

State farm law　〔中〕國營農場法

State farm under local administration　地方國營農場

State frontier　國界

State funeral　國葬

State General Administration of Exchange Control　〔中〕國家外匯管理總局

State having no sea coast　無海岸國家

State immunity　國家豁免

State Immunity Act　〔英〕國家豁免法 (1978 年)

State in dispute　爭端國

State industrial commission　〔美〕州工業委員會

State insurance　國營保險；國家保險；〔美〕州保險

State insurance fund　〔美〕州保險基金

State jurisdiction　國家管轄權

State knowledge-of-law popularisation schemes　〔中〕國家普法知識計劃

State lands　公有地；國有地

State law　國家法；〔美〕地方法；州法；市 (或鎮) 法規

State law association　〔美〕州律師協會

State legislation　〔美〕州議會；州立法

State machinery　國家機器

State medicine　國家公費醫療

State member　會員國；成員國

State monopoly　國家專營；國家壟斷

State monopoly of foreign trade　對外貿易國家壟斷

State not party to the conflict　非衝突當事國

State of affairs　事物狀態；局勢；情況

State of belligerency　交戰狀態

State of emergency　緊急狀態

State of facts　事實陳述 (指從前訴訟雙方當事人做為各自的證據交給衡平法院，以此證明自己或反駁對方陳述的事實證據)

State of flag　旗艦國；船旗國

State of general hostilities　全面敵對行為狀態

State of health　健康狀況

State of hostilities　敵對行為狀態

State of landing　着陸國

State of mind　心理狀態；精神狀態；行為的動機和目的 (證據法用語)

State of nationality　國籍國

State of necessity　必要狀態

State of neutrality　中立狀態

State of origin　產地國；來源國

State of peace　和平狀態

State of permanent neutrality　永久中立國

State of refuge　避難國；庇護國

State of registration　登記國；註冊國

State of registry　(船舶) 登記國；註冊國

State of residence　居留國；居所地國

State of siege　戒嚴狀態；包圍狀態

State of the art　〔美〕科技水平；技術水平 (指當時生產製造有關的科技知識水平)

State of the case　案情陳述訴訟中的情況或指準備就緒開庭審理，在審理中或在上訴中

State of the forum　法院地國；審判地國

State of transit　過境國

State of transition　過渡狀態

State of Union Message　〔美〕國情咨文 (通常指美國總統每年年初在國會開幕會上的致詞，就國內外情況和政策措施向國會提出的報告和建議，提請國會審議的政府施政綱領)

State of war　戰爭狀態 (指戰爭正式開始至正式結束期間交戰國之間關係的法律狀態)

State office　〔美〕州公職 (由公民選出的，如州長、州務卿等)

State officers　國家官員；〔美〕州政府官員

State official　國家官員

State operated commercial vessel　國營商船

State organ　國家機關 (指統治階級為了行使國家權力，實現國家職能而建立起來的，慣稱為行政機關)

State owned ship　國有船舶

State ownership　國家所有制；〔美〕州所有制

State paper office　〔英〕倫敦國家文書管理局 (成立於 1578 年)

State papers　官方文件；政府文件；國家文書 (諸如，白皮書和藍皮書之類)

State party　當事國；締約國

State personnel　國家工作人員

State piracy　國家海盜

State police　〔美〕州警察局

State police power　〔美〕州警察權；州治安權 (指聯邦憲法賦予有制定保護本州公民安全福利等權力)

State policy banks　〔中〕國家政策銀行 (指國家發展銀行、中國進出口銀行及農業發展銀行，但制定貨幣政策管理銀行應為中國人民銀行)

State power　國家政權；國家權力

State practice　國家實踐；國家慣例

State primary　〔美〕(選舉總統的) 州預選會

State prison　〔美〕州監獄；州的懲治監；〔英〕政治犯監獄

State prisoners　國事犯；政治犯；重罪犯

State property　國家財產

State purchase scheme　土地國有制 (國家購賣土地統制權而不使所有者在經濟上受到實質上的損害)

State rate　法定利率；〔美〕州定保險率 (由州政府規定的保險費率，管理保險人並交納合理的保險費)

State responsibility　國家責任 (也稱 "國家的國際責任"，指國家違反其國際義務必須承擔的法律責任)

State revenue　國庫收入；〔美〕州歲入

State rights　〔美〕州權 (歸屬於各州的權利，指對於中央政府的權利而言)

State seal　國璽；國家印鑒；〔美〕州璽 (州政府印鑒)

State secret　國家機密

State secrets privilege　國家機密特權 (指涉及國家軍事和外交機密的證據不予披露)

State sector　國營部門

State sector of the economy　國營經濟部門

State servitude　國家地役

State shareholder　國有股股東

State ship　國有船舶

State socialism　國家社會主義

State sovereignty　國家主權；〔美〕州自主權

State structure   國家結構 (指國家整體與組成部份之間的相互關係)

State structure of the P.R.C.   中華人民共和國國家結構

State succession   國家繼承 (指一國喪失其國際法律人格或喪失一部份領土時,它的國際法上的權利和義務被別國,一國或數國所代替的情況)

State supremacy   國家最高權

State supreme court   〔美〕州最高法院

State system   國體 (指確立一國階級統治關係的基本制度)

State tax   國稅;〔美〕州稅

State tax court   〔美〕州稅務法院

State territory   國家領土

State terrorism   國家恐怖主義

State the exceptional circumstances justifying the decision   〔世貿〕陳述證明該決定的例外情況 (指對一成員方申請豁免某項義務時,部長會議應在 90 天之內做出決定,如同意則應充分說明其理由)

State the facts of a case   闡明案情的真相

State trading   〔關貿〕國營貿易 (指“享有法定專營權、特權的政府或非政府企業,它們通過買賣能夠影響進出口流向”)

State trading   國家貿易;國營貿易

State trading country   〔世貿〕國營貿易國家

State trading enterprises   〔關貿〕國家貿易企業;國營貿易企業 (雖亦屬國有企業,但只強調其“經營權”國有,以別於“State-owned enterprise”的“國有企業”)

State trading entities   〔中〕國營貿易實體 (單位)

State trading nations   國營貿易的國家 (指對外進出口貿易由國家統制的社會主義計劃經濟國家)

State trading rights   國營貿易的權利

State treasurer   〔美〕州財政局長

State treasury   國庫券

State Treaty for the Reestablishment of an Independent and Democratic Austria   重建獨立和民主奧地利的國家條約 (1955 年)

State trials   〔英〕《重大案件判例集》(內容涉及一系列關於英國公安和刑法重大案件的判例彙編,從 1710–1858 年期間,經托馬斯·薩蒙等作者多次編修,前後共出了五版,其內容也包含一些不太重要的彙編)

State under protectorate   被保護國

State visit   國事訪問

State warrants   〔美〕州債

State will   國家意誌

State without a sea coast   無海岸國家

State workshop   政府補助的車間

State's attorney   〔美〕州檢察官

Stated   已決的;固定的,已結清的,結過賬的

Stated account   協定結餘 (指雙方當事人之間互有結欠)

Stated capital   設定資本 (又稱“法定股本”);申報股本 (指公司章程中規定的認購股本數額)

Stated interest rate   設定利率

Stated payment   規定的支付 (指從總收入中應繳納所得稅等)

Stated transaction value   設定的成交價格;規定的交易價格

Stated value   〔美〕設定價值 (屬公司的法定資本,由董事會公佈的每股價值)

State-fixed price   牌價 (指國家規定的物價)

Statehood   國家;國家地位

State-invested enterprises   〔中〕國家投資企業

Stateless   無國籍的

Stateless domain   無國領域

Stateless person   無國籍人

Stateless territory   無國領土;無主領土

Statelessness   無國籍

Statelike community   類似國家的社會

Statelike entity   類似國家的實體

Statement   供述;陳述;發言;聲明;聲明書;財務報表;財務報告書

Statement analysis   借貸對照表分析;決算表分析;財務報表分析;資產負債表解析

Statement and Claim and Defences   〔香港〕訴訟書和答辯書

Statement general   法國議會 (1789 年);〔荷〕議會 (15–16 世紀)

Statement in answer to the charge   刑事被告答辯書 (指警察將犯人送交法庭檢控之前,把所控罪狀通知犯人,由犯人對所控罪發表意見,並作記錄,而後向警方人員和犯人連署具有法律效力的答辯書)

Statement in lieu of prospectus   代替規劃的説明書

Statement made by the accused under examination   刑事被告口供

Statement made under examination   供詞

Statement of accident   事故報告書

Statement of account   收支報告書;賬單;賬目表

Statement of account of income and outgo   收支計算書;損益計算書

Statement of affairs   財產狀況説明書;清算資產負債表;債務清冊 (指破產債務者在破產訴訟中填寫並開具債務人和債權人名單及其資產清單回答財政狀況問題的説明書);〔香港〕業務情況報告書

Statement of Agreement (Contract) Value of Foreign Investment Enterprises Approved by China, 1979–1986   1979–1986 年中國批准外商投資企業協議外商投資額按行業分類表

Statement of Approved Agreement (Contract) of Foreign Investment Enterprises by China, by Country (Region) from 1979 to 1986   1979–1986 年中國批准外商投資企業協議 (合同) 按國別 (地區) 表

Statement of assets and liabilities   資產負債表

Statement of assets, liabilities and capital   資產負債和資本對照;企業財務報表

Statement of average   海損明細書

Statement of bankruptcy   破產申明

Statement of case   案情的陳述

Statement of China's Accumulated Amount of Utilised Foreign Capital from 1979 to 1986   中國利用外資統計匯總表 (1979–1986)

Statement of claim   索賠清單;〔英〕原告訴訟標的陳述書 (指原告對其所請求的訴訟標的訴由的陳述)

Statement of Claim and Defences   〔香港〕訴訟書和答辯書

Statement of confession   〔美〕接受判決;認罪書 (指債務人接受法院的判決,釋義見“confession of judgement”)

Statement of defendant   被告人供訴

Statement of defense 〔美〕被告的答辯書（指原告對被告求償的反求償）；〔英〕答辯狀（指被告對原告求償的答辯，其答辯書必須在接到原告求償陳述書後 14 天內提交、或限於送達訴訟文件回執時間內提交、或經法院或法官同意延期）；〔商〕（仲裁程序中的）抗辯聲明

Statement of earnings 損益計算書

Statement of factory expenditures 工廠經營費用細賬

Statement of facts 〔美〕事實陳述（指原、被兩造在其訴、辯狀中均須陳述案件的事實以為訴辯證據的根據）

Statement of final accounts 會計決算報表

Statement of Financial Accounting Standard (SFAS) 財務會計準則彙編

Statement of financial position 財務狀況表

Statement of general average 共同海損精算書

Statement of ignorance of fact 關於不知事實的陳述

Statement of income 收益計算書

Statement of income and expense 收支表；收益及費用明細表

Statement of income, profit and loss 總括性損益表

Statement of intent 意思聲明；意圖聲明

Statement of losses and gains 損益表

Statement of merchandise in company 公司商品貨物清單

Statement of Number of Each Year's Foreign Investment Enterprises Approved by China by trade, 1979−1986 中國批准外商投資企業個數分年度匯總表（1979−1986）

Statement of Number of Foreign Investment Enterprises Approved by China by Trade, 1979−1986 中國批准外商投資企業個數按行業分類表（1979−1986）

Statement of offence 罪行摘要；〔香港〕控罪

Statement of operations 營業報告

Statement of particulars 〔美〕詳情訴狀（指詳述犯罪的時間、地點、買賣方式和作案手段等，以此知會被告，使其有所準備，釋義見"bill of particulars"）

Statement of principles 原則聲明

Statement of realisation and liquidation 變現和清算表（指企業倒閉時所編的報表）

Statement of receipts and payments 收支報表

Statement of resources and liabilities 資產負債表；資金來源及負債表

Statement of revenue and expense 收支報表

Statement of service 履歷表

Statement of stockholders' equality 股東權益表

Statement of transfer from IBRD 〔世行〕國際復興開發銀行撥來資金報告書

Statement of understanding 諒解聲明

Statement of worth 資產表

Statement on dispute Settlement Pursuant to the Agreement on Implementation of Article VI of GATT 1994 or Part V of the Agreement on Subsidies and Countervailing Measures 1944 關於按照對實施 1994 年關貿總協定第 6 條的協議或對 1994 年補貼與反補貼措施第 5 部份的協議的爭端解決聲明（指需要一致解決因反傾銷和反傾銷稅措施而引起的爭端）

Statement on Standard of Review for Dispute Settlement Panels 〔關貿〕關於解決爭端的專家組審議標準聲明

Statement rendered 未支付的清單

State-operated commercial vessel 國營商船

State-operated industry and commerce 國營工商業

State-owned bank 國有銀行；〔美〕州有銀行

State-owned corporation 國營公司

State-owned economy 國營經濟

State-owned enterprise 國營企業；國有企業（指該企業"所有權"屬國家所有）

State-owned industrial enterprise law 〔中〕國營工業企業法

State-owned sector 國營部門

State-owned ship 國有船舶

State-run, state-affiliated, or state-control entities 〔中〕國營、附屬於國營的或國家控制（監督）的單位

State's attorney 〔美〕州檢察官（一般由縣選舉產生，其權力及於本縣範圍）

State's craft 治國方略；國政；政治手腕；外交的技術

State's evidence 供出對同犯不利的證據（指從犯或同案犯為取得個人減刑所為）

States General 〔法〕法國議會（1789 年）；〔荷〕議會（15−16 世紀）

State's rights 〔美〕州權（歸屬於各州的權利，指對於中央政府的權利而言）

Statesman 政治家；國務活動家；〔英〕小自耕農（英國北部地區）

Statesmanship 政治手腕；政治風度；治國的才能

Statesmen's year-book 政治年鑒

State-trading country 貿易國營的國家

State-trading economies 國營貿易經濟

Static capital 靜態資金

Static effect of economic integration 經濟一體化靜態效應（指達到降低成員國社會生產成本並提高貿易水平等）

Static gains 〔美〕靜態效益

Static ratio 靜態比率

Static risks 〔保〕靜態風險

Stating to the emperor 上奏皇帝

Station 〔美〕社會身分；社會地位；軍事基地；站；車站；碼頭；舶船處；（船舶）停伯地

Station agent 〔美〕火車站管理人員

Station bill （船上人員應急崗位）部署表；崗位表

Station clerk 站務書記員

Station coolie 車站苦力

Station house 〔美〕警察分局（站）；警察管轄區

Station in life 身份；社會地位

Stationary post 〔中〕派出所

Stationer's Hall 〔英古〕倫敦版權註冊處；書籍出版社協會（成立於 1842 年）

Stationery Office 〔英〕皇家文書出版局（出版和發行政府文件、書籍等）

Station-master 火車站站長

Statism 中央集權下的經濟統制；國家主義

Statist 政治家；政客；國務活動家；統計學家；統計員；主張中央集權下經濟統制的人

Statistical data 統計數據；統計資料

Statistical law 統計法則

Statistical services 〔關貿〕統計事項

Statistical table 統計表

Statistics 統計學

Statistics law 統計法 (指調整國家統計體制和統計活動的法律規範的總稱)

Statistics of professions 職業統計

Statistics of trade 貿易統計

Statistology 社會統計學

Statolatry 中央集權論

Status 法律地位；法律身份；狀態；狀況；情勢；〔羅馬法〕自由；公民資格；訂約能力；訂立契約資格

Status as a contracting party to GATT 作為關貿總協定的締約國地位

Status crime 身份罪 (指由於被告個人情況及其特別性格的犯罪類別，例如流氓罪)

Status of aliens 外僑地位；外國人地位 (指外國人在法律上權利和義務)

Status of consul 領事身份；領事地位

Status of document 單據效力

Status of Foreign Private Interest Stemming from Economic Development Agreements with Arbitration Clauses 〔美〕附帶仲裁條款的經濟開發協定中外國私人權益的地位

Status of irremovability 〔英〕不受驅逐權 (指根據《窮人法》，窮人在任何教區內住滿一年者，即獲取不受驅逐的居住權)

Status of member 成員資格

Status of minor 未成年身份 (地位)

Status of neutrality 中立地位

Status of refugee 難民身份

Status of the Fund 〔基金〕國際貨幣基金組織狀況

Status of war 戰爭地位

Status quo (事物的) 現狀

Status quo on the border 邊界現狀

Status, immunities, and privileges 地位、豁免和特權

Statut de la Conference de la Haye de Droit International Prive 〔法〕海牙國際私法會議規約 (1951 年)

Statutable (or statutory) 法令的；法定的；有關成文法的；依照法令的 (其反義詞為 "普通法或衡平法" 的)

Statute (S.) 香港法律 (狹義上在香港的稱謂)；〔英〕制定法；成文法；法令；法規；規約；(公司，學校，法人等的) 章程；借貸契約 (過去在重要物產交易市的市長面前作成並附有擔保的)

Statute Book 法令全書；法典

Statute fair 〔英〕法定僱工集市 (男女工人站在集市上供人僱用，一般在秋季進行，僱主在集市上僱用農場工人或僕役)

Statute hiring (=statute fair) 〔英〕法定僱工集市 (男女工人站在集市上供人僱用，一般在秋季進行，僱主在集市上僱用農場工人或僕役)

Statute labour 教區居民法定的勞務 (1773 年)；〔蘇格蘭〕賦役 (為修繕蘇格蘭的道路每年向人民所課的勞役)

Statute law (S.L.) 制定法；成文法

Statute Law Commissions 〔英〕制定法委員會 (1868 年)

Statute Law Committee 〔英〕制定法委員會 (1833 年)

Statute Law Revision 〔英〕制定法修訂程序 (1854−1859 年)

Statute Law Revision Act 〔英〕制定法修定條例 (指根據 1856−1859 年第一個制定法委員會推薦制定的)

Statute merchant (or statute-merchant) 〔英古〕清償債務保證書 (指債務人在城市治安法官面前作成的保證書，否則不僅會被捕入獄、沒收其財產抵債，而且連其土地也會被交付債權人收其租金和收入直至清償債務為止)

Statute mile 法定哩 (=5,280 英尺)

Statute of accumulations 〔英古〕禁止財產累積法 (指禁止通過契約或遺囑聚集財產的法律)

Statute of allegiance de facto 〔英古〕事實上效忠法 (指亨利國王要求臣民對事實上的臨時國王表示效忠並因此而保護他們)

Statute of apprentices 學徒法

Statute of armour 軍務法

Statute of aston burnel 〔英〕負債徵收法 (即《阿克頓·伯納德條例》於 1283，1285 年愛德華一世發佈)

Statute of charitable uses 〔英〕慈善財產用益法 (1601 年發佈的保護以慈善為目的而捐獻的財產)

Statute of distribution 〔美〕遺產分配法 (指對死者動產和不動產遺產的繼承和分配的規定，詳見 "distribution")

Statute of Elizabeth 〔英古〕伊利沙伯法令 (1705 年)

Statute of frauds 〔英〕防止詐欺法 (查理二世時制定的關於某些契約必須訂立有書面協議、備忘錄等不得以口頭承諾償還債務而提起訴訟的法律)

Statute of Frauds Amendment Act 〔英〕防止詐欺修正法 (坦特登法，1828 年英國防止詐欺法修正法)

Statute of Gloucester 〔英古〕格羅塞斯特法 (首次使用制定法地名和訴訟費法)

Statute of labours 〔英〕勞工法 (由於疾病流行，招募的勞動工人數目銳減，工資猛漲，因此愛德華三世於 1348 年以與前年同等工資強迫勞動的條例)

Statute of limitations 訴訟時效法；追訴時效法 (指法院不得受理行使日期已過之權利訴訟。即規定逾期喪失請求權的限制性法規)

Statute of monopolies 〔英〕壟斷法 (1624 年)；〔香港〕專利權法規

Statute of Monopoly 〔香港〕專利法規

Statute of praemunire 〔英〕蔑視王權法 (1393 年)

Statute of provisors 寺院管理條例；〔英〕非教皇僧侶任職法 (1351 年)

Statute of sheriff 〔英〕郡長法 (愛德華二世)

Statute of the International Court of Justice 國際法院規約 (1945 年)

Statute of the International Law Commission 國際法委員會章程 (1947 年)

Statute of the Kingdom of Sardinia 撒丁王國憲法 (1848 年)

Statute of the Permanent Court of International Justice 國際常設法院規約 (1920 年)

Statute of the Six Articles 〔英〕六條教義律令 (亨利八世 1539 年發表的關於強制信奉羅馬教會的主要教義律令)

Statute of uses 用益權法 (指把土地轉讓給甲供乙和丙使用，乙可取得合法的不動產物權，但對於丙，法院則予以拒絕)

Statute of Westminster I 〔英〕威斯敏斯特第 I 法 (1275 年，是《大憲章》的補充)

Statute of Westminster II (De Donis Conditionalibus) 威斯敏斯特第 II 法 (1285 年規定限嗣遺贈條件等)

Statute of Westminster III 〔英〕威斯敏斯特第 III 法 (1290 年，規定自由民得自由出賣其土地)

Statute of Westminster IV (1931) 〔英〕威斯敏斯特第 IV 法 (1931 年規定大不列顛及其各自治領享有平等地位，都是英聯邦的成員)

S

Statute of Wills　〔英古〕遺囑法（亨利八世時發佈的一項條令，允許非限嗣繼承的土地佔有人可將其土地、保有物和可繼承財產的 2/3 以書面遺囑形式遺贈他人，但法人除外）

Statute on the Regime of Navigable Waterways of International Concern　國際性通航水道制度規約（1921 年）

Statute Rolls　〔英〕議會制定法大全（1468–1483）；議會制定法卷叢（指獲准後歸檔自 1278–1431、1445–1468 年，一直到當今）

Statute sessions　即決裁判（由兩人治安法官共同舉行的）

Statute staple　〔英〕借貸契約（指過去在重要動產交易市的市長面前作成並附有擔保的，=statute merchant）

Statute theory　法則區別說（指 13–18 世紀，為國際私法的發展奠基的學說，其分為人的法則、物的法則和關於人與物的混合法則）

Statute-barred　〔英〕已逾時效的規定（指訴訟理由因超過規定期間，因此根據《訴訟時效法》等規定，其在法律上不能再予以強制執行，意即請求權因時效消滅而喪失）

Statutes at large　〔美〕法令全集（指國家檔案局聯邦登記辦公室刊行的國會每次會期所通過的法律和決議的正式彙編，其內容包括公知法、私人權益法、聯合決議、國會兩院共同決議、條約、憲法修正案以及總統公告等兩部份組成）〔英〕制定法大全（指只是對 1215–1587 年期間他人編著的已頒佈的全部法令和決議文件的彙編版本的縮編）

Statutes fallen into abeyance　已失效的法令

Statutes in force　〔英〕生效制定法（關於英格蘭、蘇格蘭和北愛爾蘭制定法之官方檢定本，於 1972 年開始發行）

Statutes merchant and statutes staple　〔英古〕商人及主要商業城鎮判決債務擔保書（1283 年關於債務的即決判決以確保債權人利益的制度）

Statutes of amendment and jeofails　〔英古〕承認訴訟答辯錯誤與修正法（制定法規定，對於承認口頭答辯中陳述錯誤者允許修正，以爭取阻止判決）

Statutes of Canada　加拿大法規

Statutes of the Realm　〔英〕王國制定法彙編（1810–1825 年出版）

Statutes of Westminster　〔英〕威斯敏斯特法（指 1275 年通過的愛德華一世條例，共 51 章，每章可為現代的一項獨立的議會法令，同名者共有四個條例，其實為 1275 年的全部立法）

Statutory　法令的；法定的；有關法令的；依照法令的；符合制定法規定的

Statutory advisory body　法定顧問機構

Statutory agency　法定代理

Statutory agent　法定代理人

Statutory arson　縱火罪；放火罪

Statutory authority　法定權力

Statutory bond　〔美〕法定保函（指在文字上或實質上均應符合制定法要求的保函）

Statutory ceiling　法定最高限額

Statutory company　〔英〕法定公司；國會立法成立的公司

Statutory composition　法定和解；強制和解

Statutory construction　法定解釋

Statutory copyright　法定著作權

Statutory crime　法定犯罪

Statutory damages　法定損害賠償

Statutory Declaration　〔英〕法定陳述書；宣誓書（在地方法官或地方長官面前依 1835 年法令，自願作成的宣誓陳述書。該宣誓不得涉及有關正在進行的司法調查問題）；〔香港〕誓章

Statutory Declaration Act　〔英〕法定陳述書法；法定宣誓陳述書法

Statutory dedication　〔美〕法定徵用（指徵用私人土地充作公用）

Statutory demand　法定催告（指債權人向債務人催告歸還欠款）

Statutory duty　法定責任〔英〕法定義務

Statutory exception　法定例外（指某種行為或依法辯論時的口頭攻擊等可免予追究責任）

Statutory foreclosure　〔美〕制定法上的抵押物的拍賣（意指本術語適用於履行抵押規定的拍賣權力，符合制定法規定拍賣的條款而不必訴諸法庭終止抵押物贖回權）

Statutory guarantee　法定擔保

Statutory guardian　法定監護人

Statutory heirs　法定繼承人

Statutory information　法定資料

Statutory inspections　法定檢驗

Statutory Instruments (S.I.)　〔英〕行政性立法文件集（現代英國主要類別的次級立法文件集，其包括女王根據法定授權在樞密院作為樞密院命令頒發的命令、各部大臣、部委以及經制定法授權的其他個人或機構制定的法令、條例等立法文件的總稱，即自 1939 年以來所頒佈的行政條例和命令的集大成）

Statutory Instruments Revised　〔英〕行政性立法文件集修訂本

Statutory insurance　法定保險

Statutory interpretation　〔英〕法定解釋；（=statutory construction）

Statutory law　立法機關制定法（由立法法創設的法律機構，其比照由法官意見和行政機關所產生的法律）

Statutory lien　〔美〕制定法上的留置權（指在特定情況或條件下，純粹產生於制定法的留置權，但不包括依照或依賴擔保合同所提供的留置權、是否這種留置權也依照或也依賴制定法和是否該合同或留置權完全按照制定法生效）

Statutory limitation　法定時效

Statutory majority　法定多數

Statutory maximum　〔英〕法定最高罰款額（根據 1980 年《治安法院法》規定，法定即決有罪判決的最高罰款額為 1,000 英鎊以內）

Statutory measuring unit　法定計量單位

Statutory meeting　法定大會（指章程規定的年度會議等）

Statutory meeting of shareholders　法定股東總會；第一次股東總會

Statutory merger　〔美〕法定兼併；制定法上的公司合併（指依法一公司兼併另一公司）

Statutory obligation　制定法上的給付義務；法定債務

Statutory offense　制定法上的犯罪；法定罪行

Statutory owner　法定所有權人；制定法上的所有權人（依英國 1925 年設定繼承產的土地法規定，法定的財產受託人或其他年幼的人或無不動產終身承租人的時候依據該法擁有不動產終身承租人的權力，但不包括依法院命令的法定財產受託人在內。與此相反，受託人可以不動產終身承租人的名義轉讓該設定繼承產的土地）

Statutory partnership　法定合夥；制定法上的合夥

Statutory partnership association　法定合夥組織

Statutory penalty　〔美〕制定法上的處罰；法定處罰；法定罰金

Statutory portion　法定繼承人的繼承份

Statutory power　法定權力

Statutory provision　法律規定；法定條款；成文法條款

Statutory qualification　法定資格

Statutory rape　〔美〕法定強姦罪；強姦少女罪（指根據州法律，與 16、17 或 18 歲法定承諾年齡之下少女的非法性行為構成強姦罪）

Statutory rate of duty　法定稅率

Statutory regulation　〔香港〕法律管制（指為維護消費者的利益和滿足社會需求，成文法可使豁免條款失效或不能實施）

Statutory release　〔英〕法定轉讓

Statutory rent　法定租金

Statutory report　法定報告書

Statutory reserves　法定儲備；法定準備

Statutory right　法定權利

Statutory rules　法定規則

Statutory rules and orders (S. R. & O.)　〔英〕法規與法令集（指根據議會授權制定的行政法規，現稱"statory instruments"）

Statutory salary increase　法定加薪

Statutory share　法定繼承分

Statutory successor　法定繼承人（指公司解散時，法定繼承公司的全部資產者）

Statutory tariff　法定稅則；法定稅率（指一國政府依法制定的關稅率以保護本國國內市場）

Statutory tenant　法定承租人；法定租戶（指依法租金限制條例規定，在租期屆滿後有權佔用受管制房屋的租戶）

Statutory trusts　〔英〕法定信託；無遺囑的遺產託管（指按照 1925 年《遺產管理法》，無遺囑者的受託人代理應繼承人保管和在世子女成年後均等分配其遺產的信託）；〔香港〕法定信託（指未立遺囑死亡者，其財產所有權即轉移給死者財產管理人，並由其出售和分配給死者子孫或法定親屬）

Statutory undertakers　法定承包商

Statutory unemployment benefit　法定失業補助

Stay　*n. & v.* I. 中止；延期；暫緩；休止；停止；停停；中止訴訟；II. 中止；延遲；暫緩

Stay abreast of disputes settlement activities　隨時了解爭端解決活動

Stay judgement　延緩判決

Stay laws　〔美〕執行中止法規（指立法規定對某些案件暫緩執行、或中止抵押物品贖回權、或限期內休庭等等）

Stay of execution　停止執行；暫緩執行；延期執行

Stay of proceedings　中止訴訟程序；暫停訴訟程序（指法院發出即決命令停止訴訟，其不同於獨立法院的強制禁止令和上級法院的訴訟中止令）

Stay order　中止令；暫停司法程序令；暫停訴訟程序令

Stay proceedings　暫停訴訟；中止訴訟（指法院發出的即決命令停止訴訟，其不同於獨立法院的強制命令和上級法院的訴訟中止令）

Stay statutes　暫緩履行債務的法規

Stay-down strike　（礦工）留在礦井下的罷工；靜坐罷工

Stay-in strike　留廠罷工；靜坐罷工

Staying　駐在

Staying abroad　臨時居住；僑居（國外）

Steady course　〔海法〕航向堅穩；航向穩定

Steal　盜竊；竊得物；不正常的（或可疑的）政治交易

Steal and export　盜運出口

Steal and sell　盜賣

Steal intelligence　竊取情報

Steal secret information　竊取情報

Steal state secrets　盜竊國家機密

Stealer　盜竊犯；僭據者

Stealing　偷竊；盜竊（指竊用屬他人的財產，意欲永久據為己有）

Stealing an heiress　〔英〕詐騙女童繼承人（指未經父母或監護人同意而騙取 12 歲以下女童的繼承或期待繼承的財產）

Stealing children　誘拐兒童；〔美〕誘拐兒童罪（指誘騙兒童離開本國或其所居住的州）

Stealing ring　盜竊集團

Stealth　〔美〕秘密行動；鬼祟；偷竊行為（指盜竊時未被受害者所察覺）

Steam boiler insurance　蒸汽鍋爐保險

Steamboat inspection service　輪船檢查局

Steamboat inspector　〔美〕船舶檢查官

Steamship line subsidy　輪船航線補貼

Steel import substitution programme　鋼鐵進口替代計劃

Steerer　誘騙人；詐騙錢財者

Steering compass　〔海法〕操舵羅經

Steering committee　議案進行委員會；指導委員會

Steering Group　〔世貿〕舵手集團（指由成方挑選的一批成員負責向世貿組織總幹事和其他官員就談判議題、秘書處工作和解決新問題的倡議等進行指導或建議以加強對世貿組織公平、有效的管理）

Step　繼；異；腳印；足跡；梯級；〔會計〕步增（成本）

Step depreciation　梯級折舊

Step rate plan　〔保〕分級費率制；梯級費率制

Step-brother　異父兄弟；異母兄弟；繼子（繼父與前妻或繼母與前夫所生的兒子）

Step-child　繼子女（指妻子與前夫或丈夫與其前妻所生的子女）

Stepchild of the International Trade Organisation (ITO)　國際貿易的養子（指 GAFF，有學者的一種詼諧的比喻）

Step-daughter　繼女（指妻與前夫或夫與前妻所生的女兒）

Step-down in basis　（逐漸）減少財產所得稅

Step-father　繼父；後父

Step-father and step-mother　繼父母

Step-mother　繼母；後母

Step-parent　繼父（母）

Stepping stones to global free trade　實現全球性自由貿易目標的手段

Step-sister　異父姊妹；異母姊妹

Stepson　繼子（指妻與前夫或夫與前妻所生的兒子）

Step-up in basis　增加基數（指增加財產所得稅的基數）

Sterility　無生育能力；不妊；不育；不育症

Sterilisation　絕育；封存；消毒；滅菌

Sterilisation of capital　資本封存

Sterilised funds　封存基金

Sterilised intervention　取消干預

Sterling 英國銀幣，英國貨幣；標準純銀（每份成色為 925–1000）

Sterling balances 英鎊結存

Sterling bill 英幣匯票

Sterling credits 英幣信用狀；英鎊信用狀

Sterling prices 以英幣計算的價格

Stern line 船尾纜

Sternlight 船尾燈

Stethe 河岸

Stevedorage 裝卸費，（碼頭）搬運費；碼頭工人；腳夫；監督裝貨手續費

Stevedore 碼頭裝卸工人；搬運工人；腳夫；碼頭裝卸公司

Stevedoring （船的）裝卸工作

Steward 管家；執事；（飛機、輪船的）乘務員；財務管理員；〔美〕車間（或部門的）工會代表；〔英〕貴族法庭審判長；領地管家；錫礦業法院審判長

Steward of manor 莊園管家；莊園執事

Steward of Scotland 蘇格蘭王室管家（王室內務大臣）

Steward of the household 〔英古〕王室管家

Stick 職工的聯合罷工

Stick up 強盜；持械搶劫

Stickiness of labour power 勞動力的黏度

Stickiness of price 黏性價格（價格黏性）

Stickiness of wages 黏性工資（工資黏性）

Stickler 仲裁人；公斷人

Sticky-fingered 有盜竊習慣的

Sticky-handed 有盜竊習慣的

Stiff 堅挺的；昂貴的；不易跌價的；嚴厲的

Stiff penalty 嚴厲的處罰

Stifling a prosecution 〔英〕放棄起訴；免訴協議（此對重罪者無效）

Still 非法釀酒場

Still alarm 火警警報

Stillborn 流產（指聯合國經社理事會於 1947 年 11 月在哈瓦拿開會討論 ITO 憲章，共有 56 個國家與會。雖然其中有 53 個國家簽署了最後文件，但由於美、英等國不同意而夭折）

Stillborn child 死胎

Stilwell Act 〔美〕廢止監禁債務者法令（1831 年發佈的關於規定除了私犯或詐欺以外廢除拘捕債務者的紐約法令）

Stimson Doctrine 〔美〕史汀生主義（1931 年 1 月美國國務卿史汀生就中國滿州事件向日本發出的不承認主義的聲明）

Stimson doctrine of non-recognition 史汀生不承認主義

Stimulate exports 刺激出口

Stimulation of deep-sea fishery 深海漁業獎勵

Stimulus package to the world economy 刺激世界經濟一籃子計劃

Sting 坐探；眼線

Sting Stock certificate 股票

Stint 〔英〕定額；定量；限額；限制；限額

Stint administration expenses 節約行政費用

Stinted pasture 被限制使用的共有牧地

Stipend 定期生活津貼；（給予牧師的）薪俸，薪給

Stipendiary 受俸給者；領薪金者；〔英〕封地（軍人因服役等而由領主授予的）

Stipendiary magistrate 〔英〕受俸治安推事；受薪治安法官（指在倫敦和其他自治城市中被任命有權管轄和處理違警等案件）

Stipulate *v.* 訂定；規定（for）

Stipulated damages 約定的損害賠償金；訂定的違約損害賠償金

Stipulated interest 約定利息（指契約所訂定的利息）

Stipulated jointure 約定下的亡夫遺產

Stipulated loss insured value 約定損失保險價值（指規定在合同有效期間，保險標的物受損失或遺失由承保人負賠償責任）

Stipulated rate of interest 約定利率

Stipulated surrender 有條件投降

Stipulation （條約、契約等的）條款；約定；訂定；規定；訂明；〔美〕（契約等）實質性條款；訴訟協議（兩造或其律師在司法訴訟程序上達成的協議或供狀）；保證被告出庭誓約（古法稱之為 "fide jussors"）；〔英〕〔羅馬法〕賦予協議法律效力的莊嚴形式；〔海法〕具結到庭保釋金（指在海事法庭以保釋金性質的擔保具結）

Stipulation in favour of a third party 有利於第三者的條款

Stipulation pour autrui 第三者受益的約定

Stipulation pro tertio 第三者受益的約定

Stipulations of an agreement 協定的規定（條款）

Stipulator 約定者；訂定者；規定者；訂契約者；要約人（按照要式口約的債權人）

Stir up fights and cause trouble 尋釁滋事

Stock 股份；股票；股本；資本；存貨；庫存品；貯存量；〔美〕股份總額；〔英〕種族；家系；〔複〕足枷；手枷

Stock account 股份賬，證券賬；存貨賬

Stock allotment warrant 股票配給特權證券

Stock assessment 增收股款；股票估值；股份估價

Stock association 〔美〕股份公司；合股公司

Stock attribution 股份屬性（例如，甲佔丙公司 60% 股份，乙佔丙公司 40% 股份，即可視為甲佔丙公司 100% 的股份）

Stock bonus 股份紅利（指以發放股份所得紅利）

Stock book 存貨簿；股東名冊

Stock broker 證券經紀人；股票經紀人

Stock brokerage 證券經紀業務

Stock broking 證券經紀；股票經紀；代客買賣證券經紀業務

Stock clerk 材料員

Stock company 合股公司

Stock corporation 〔美〕股份公司

Stock corporation law 〔美〕股份公司法

Stock cycle 股票週期

Stock dividend 股票股利；股票紅利（指以公司股票形式支付股息）

Stock Exchange (S/E) 證券交易所；股票交易所；證券交易；股票交易（股票交易規則為法院所承認以為處理合同當事人之間的證據）；倫敦證券交易所

Stock exchange banks 證券交易所放款銀行

Stock exchange loans 證券交易所貸款

Stock Exchange (S/E) 倫敦證券交易所

Stock in trade 待銷存貨；存貨；營業用具

Stock insurance 證券保險；股份保險

Stock insurance company 證券保險公司；股份保險公司

Stock jobber 股票交易商；股票自營商；證券投機者（以證券經紀人為買賣對象）

Stock jobbing 證券批發 (營業);證券買賣;股票交易

Stock joint company 股份公司

Stock law district 〔美〕禁止股票交易區

Stock lease system 〔蘇格蘭〕股份租賃制 (指土地承租人向地主交納定額租金而危險由自己負擔的管理農場制度)

Stock ledger 股東分戶賬;存貨分類賬

Stock list 證券行市表 (由證券交易所公佈的);〔香港〕存貨目錄 (報與稅務局以評定納稅之用)

Stock market 股票市場;牲畜市場

Stock of money 貨幣儲備;貨幣存量

Stock option 購股選擇權;認股選擇權 (指通常是給予本公司管理人員在特定的期限內按特定價格購買特定數量的股票權)

Stock power 〔美〕股票轉讓委任書;股票轉讓授權書

Stock purchase plan 股份認購計劃 (指允許證券公司職工購買公司的股票)

Stock purchase warrant 購股證;認股權證;股票購買證書

Stock quotations 股票行情

Stock record 存貨產品記入賬

Stock redemption 收回股份;股票回購

Stock register 股票登記冊;股份登記冊

Stock registrar 股票登記人

Stock restriction 〔美〕禁止轉讓的股票 (通常在股票上規定某種股票禁止轉讓)

Stock rights 購股權;〔美〕股票優惠權 (指給予現有股東認購以低於市價新發行增資股票的特權)

Stock sharing 股份的分配

Stock sharing system 股份分配製

Stock split 分股;股份分割;析增股 (指經董事會和股東的事先允准後,或把一股分割成若干大股,或把若干股合併組成若干小股以降低每股面值市價以期增加銷售量提高每股的價格)

Stock subscription 股票認購書 (指為一種向公司購買其股票的合約)

Stock swap 證券交換 (證券公司重組時,兩個有限公司間相互交換股票以圖取得另一公司的控股權)

Stock transfer 股票買賣;股票過戶;股票轉讓

Stock Transfer Act 〔美〕股票過戶法;股票轉讓法

Stock transfer agent 股票轉讓代理人;證券轉讓居間人

Stock transfer journal 股份過戶記入賬;證券轉讓日記賬

Stock transfer tax 股份過戶稅

Stock transfer tax law 股份轉讓稅法

Stock trust certificate 股份信託證券

Stock warrant 認股權證 (指在規定期限內據以購買股票權利憑證);儲存棧單

Stockade 用鐵絲網圍住的監牢 (尤指兵營監牢);俘虜拘留營

Stockbuilding 庫存成份;儲備結構;儲存;囤積;〔英〕存貨賬簿

Stockholder 股東;股票持有者;股票所有人

Stockholder's derivative action 股東派生之訴

Stockholder's equity 股東的產權 (權益) (有時亦稱公司的賬面總值、業主權益或淨值)

Stockholder's liability 股東的法定責任;股東的法定義務

Stockholders of records 註冊的股東;登記在公司名冊上的股東

Stockholm Chamber of Commerce 斯德哥爾摩商會仲裁院

Stockholm Treaty 斯特哥爾摩條約 (由丹麥、挪威、英國、瑞典和愛爾蘭組成的一個區域性貿易集團)

Stock-ledger 存貨分類賬;股東分戶賬;股東名冊 (登記有股東的住所、姓名、股份數量以及股票編號等)

Stock-tracing ledger 材料調查分類賬

Stolen 被盜的;失竊的;被偷竊的

Stolen goods 贓物;盜來之物

Stolen objects (盜竊) 贓物;盜取的物品

Stolen property (盜竊) 贓物;被盜物品

Stone blockade 石封鎖

Stop v. & n. I. 停車;中止;停付 (讓銀行停止支付);II. 停止 (指行人止步);停車,站 (車站);中止;終止

Stop a cheque 停付支票 (指通知銀行止付支票)

Stop a leak 〔海法〕堵漏

Stop and frisk 〔美〕攔截搜查 (指警察對疑在犯罪的人可予以臨時拘捕)

Stop and go 收放政策;應變經濟政策 (指政府在經濟膨脹與收縮之間交替運用的財經政策) (=stop-go)

Stop and search 截查權

Stop ecological harm and reduce pollution-based health risks 停止生態的損害和減少出自污染的健康風險 (意指很多環境專家憂慮貿易規則和貿易自由化的結構使得保護生態和環境工作更加困難)

Stop list 〔英〕禁止交易名單 (指冒犯同業公會會規,削價轉售其貨物所致)

Stop order 〔英〕停止訂購;防止損失指示 (證券交易中指示經紀人在證券行情上漲或下跌到某一價格時立即買進或賣出以限制盲目交易而遭受損失);停止支付通知

Stop orders on pass book 停止存摺上的支付通知

Stop payment card (銀行等) 宣告無力支付;(存戶給銀行的通知) 止付已開出的支票

Stop payment on a cheque 通知銀行停止支付支票

Stop payment order 止付通知 (指簽發匯票者因匯票遺失等情形要求銀行拒絕接受支付的指示)

Stop sign 停車指示牌

Stop transfer order 停止股份過戶通知

Stop-and-search 〔警〕截查 (指對嫌疑車、船或人警察有權截查)

Stop-gap measure 權宜措施;臨時措施

Stop-go 〔英〕(=Stop and go) 收放政策;應變經濟政策 (指政府在經濟膨脹與收縮之間交替運用的財經政策)

Stop-go policy 收放政策;應變經濟政策

Stop-limit order 限購指令;〔美〕限價停購指令 (指證券交易中,因價格太低或過高而影響其買賣的指令)

Stop-loss order 防損指令 (指股市到特定價格時,顧客給其經紀人買賣證券防止損失的指示)

Stoppage 補償;(債務的) 抵銷

Stoppage in transit (貨運) 中途留置權;中途停運權 (按指賣方得知買方破產未得以支付款項消息時,即可通知承運人停運或留置尚未交付其所售的貨物權利;但如買方以有價約因將背書提貨單賣給第三方,作為提貨單財產受託人的索賠權對於賣方停運權利至關重要)

Stoppage in transitu (貨運) 中途留置權;中途停運權 (釋義同上)

Stoppage of increment 暫停加薪

Stopped stock　賣掉的股票

Storage　貨棧；倉庫；棧房；棧租；倉庫費；〔美〕貨棧物品安全保管

Storage charges　棧租；保管費；儲存費

Storage expense　保管費

Storage fee　保管費；堆存費；倉儲費

Storage of goods by the customs　海關保管貨物

Storage-plant　貯藏所

Store　*n. & v.* I. 〔英〕倉庫；堆棧；貨棧；棧房；貯蓄；貯藏；〔美〕百貨店，店鋪；〔複〕物品；貨物；備用材料；貯備品 (指船上載有不同種類的生活用品供船員和乘客之需)；II. 收藏 (貨物)；保管；供給

Store burden rate　原料經費率

Store expenses account　營業費賬

Store keeper　倉庫管理員；軍需品管理員；〔美〕零售店店主

Store keeper's liability policy　〔保〕倉庫管理員責任保單；商店主責任保單

Store of value　保藏價值 (貨幣職能的一種)

Store pay　〔美〕以物品支付

Store price　倉庫價格；批發價格

Store-house　倉庫；棧房；貨棧；堆棧

Storekeepers' burglary and robbery policy　〔保〕倉庫管理員監竊資產保單；商店主搶劫保險單

Storeman　零售店店主；倉庫工人；倉庫管理員

Storeroom overhead　倉庫費用

Stores and fuel　補給品與燃料

Stores ledger　(製造工廠等的) 材料分類賬；在庫總賬；商品在庫賬；庫存物資分類賬

Stores ledger records　材料分類總賬

Stores requisition　購貨申請書；購貨原料申請書

Storge tank　(船的) 貯存櫃

Storm　暴風雪；暴風雨；風雹

Storm insurance　風暴保險

Storm signal　〔海法〕風暴信號

Story school　〔美〕斯托里學派 (Joseph Story，1779－1845，畢業於哈佛大學，自學法律，著有《憲法釋義》等著作，於 19 世紀上半葉創立的國際私法學派亦稱英美的屬地學派)

Stowage　堆倉費；裝載費；理倉費；〔海法〕積載；裝載；堆載；埋倉

Stowage charges　理倉費

Stowage factor　積載因素 (指裝運貨物的重量與體積的比例數)

Stowage survey　裝載檢查

Stowaway　偷乘者；無票的乘客；偷渡者 (指從船、機上偷越出境)

Stowe　〔英〕山谷；溪穀

Stractor　〔英〕公路勘測員

Straddle　套利；套期圖利 (指股票經紀人營運的術語，善用股票出售權和股票購買權的雙面特權確保股票持有者在指定時間內取得賣方要求的特定股份的股票數量的固定價格的權利，兩面下註，同時在一種證券上做多頭，而在另一證券上做空頭的交易進行套期圖利的一種賭博)

Straddle option　套利選擇權

Straddle the market　附有選擇權的交易

Straight ballot　徹底支持某政黨所有候選人的一票

Straight base line　直線基線

Straight baseline system　直線基線法

Straight bill of lading　記名提單；不轉讓提單 (指在收貨人欄內載明特定收貨人名單)

Straight bond　普通債券

Straight letter of credit　一次使用信用證；直接信用證 (指規定受益人必須憑證直接向特定銀行取款之謂)

Straight life annuity　純粹終身年金 (指受保者一死即停止給付)

Straight life insurance　普通終身人壽保險

Straight line boundary　直線疆界

Straight line method　直線法 (指折舊相等於資產價值的費用)

Straight loan　無擔保貸款

Straight paper　(由) 個人簽發 (或背書) 的流通票據

Straight piece work plan　計件工資制

Straight state　採用直線國

Straight ticket　〔美〕只選某一政黨所有候選人的選票

Straight time　正規工作時間

Straighten out the accounts　清理賬目

Straight-line　直線的；直排式的

Straight-line depreciation　直線折舊法；平均分期折舊

Strait　海峽 (處於兩塊陸地之間連接兩個海域的狹窄水道)

Strait jacket　(給犯人等穿的) 拘束衣

Strait seaport　海峽港

Strait state　海峽國

Strand　海濱；海灘；河岸

Strand fishery　近海漁業

Strand Inn　〔英〕斯特蘭德律師學院 (原為法學院低年級學生居住和學習法律基本原理及準備報考律師的學院)

Stranding　擱淺；坐礁；觸礁 (指由於大風暴等原因的偶發事故所致)

Stranger in blood　無血親關係的人 (本術語主要用於以前的動產遺贈或繼承的義務)

Strangers　非合同當事人；第三者；局外人 (指與罰款有瓜葛的局外人，其或為罰款者或為被罰款者或指非任何行為或交易的當事人，例如，非合同當事人)

Strangers' Court　〔美〕商事法院 (以前在麻薩諸塞州為外國人在該殖民地經商而設的)

Strangulate　*v.* 勒斃；扼殺；絞死

Strangulation　絞首；絞死；勒斃；扼殺

Strappado　"老鷹飛"刑罰 (舊時將犯人用繩縛住吊起和墜下的刑罰)；進行吊墜刑的刑具

Strasbourg Agreement concerning the International Patent Classification　關於國際專利分類斯特拉斯堡協定 (1971 年簽訂於法國，中國於 1997 年加入)

Stratagem　〔美〕計謀；詭計 (指戰時為了取得對敵優勢而採用語言或行動上詐行的計謀)

Strategic area　戰略地區；戰略區；戰略防區

Strategic blockade　戰略封鎖

Strategic boundary　戰略疆界

Strategic compact　〔世行〕"戰略性合同" (指 1997 年 3 月 13 日提交給世行執行董事會的。據稱，該合同的 34% 的項目包括投資的預期回報均未實現其目標)

Strategic protectionism　戰略性保護主義 (指國際貿易市場上價格高於邊際成本或高於平均成本等不完全競爭的條件下發生的)

Strategic rebalance 〔美〕戰略再平衡 (指美國欲保持其世界霸主地位之外交權術，旨在防患、圍堵中國的和平崛起)

Strategic rebalance 〔美〕戰略再平衡 (指美國欲保持其世界霸主地位之外交權術；釋義同 "Strategic reassurance")

Strategic stockpiling 戰略囤儲 (指政府儲存某些在國防上具有重大戰略意義的商品或資源)

Strategic target bombing 戰略目標轟炸

Strategic trade policy 戰略性貿易政策 (屬一種新的貿易保護主義理論)

Strategic trust area 戰略托管區

Strategic trusteeship 戰略托管區 (指按聯合國憲章規定可在重要戰略地帶設立特殊托管的制度)

Strategic weapon 戰略武器

Strategy 戰略

Stratocracy 軍人政府；軍人專政

Strator 〔英古〕公路勘測員

Stratosphere 平流層；同溫層

Straw bail 〔英〕無資力的保人 (指不負責任或無資產的人而為刑事被告保釋保證人)；〔美〕空頭保釋人；名義上 (或無用) 的保釋人 (=bail common)

Straw bond 空頭保證書 (以假名或無支付能力者的名字作為證人的證書)；無效債券

Straw man 〔美〕名義上的當事人；掛名負責人；(在非法交易中) 被人用作擋箭牌的人

Straw party (=Straw man) 〔美〕名義上的當事人；掛名負責人；(在非法交易中) 被人用作擋箭牌的人

Straw poll 〔英〕測驗民意的假投票

Straw shoes (在非法交易等中) 被人用作擋箭牌的

Straw vote 〔美〕測驗民意的假投票

Stray 迷途家畜 (指失主所不明的家畜)

Stream 溪；水流；溪流

Stream of commerce 〔美〕物流；貨物流程 (指州際間流通運輸、不課收地方稅的貨物，直譯為 "商業流程")

Streamline coefficient 〔海法〕流線 (型) 系數

Streamlined system 合理化的制度

Street 街；街道；行車道；馬路；街區

Streets (Alteration) Ordinance 〔香港〕街道 (改變) 條例

Street betting 〔英〕街頭聚賭罪

Street broker 街上交易掮客

Street certificates 可以空白背書讓與的股票

Street market 交易所外的市場

Street name 證券渾名；經紀人名義 (指為便於隱匿其真正的所有人名字而以證券經紀人的名字取代證券持有人的名字，故而得名)

Street offences 〔英〕街道上犯罪；街道上違警行為 (指包括在街上滑冰、滑雪、扣門鈴、燒火、鳴笛和遊蕩、賣淫等行為)

Street price (交易所) 場外行情

Street walker 娼妓 (街頭女郎)

Street worker 〔美、加〕街道工作者 (指從事親近及設法幫助社區中有問題的失足的或曾犯過罪的青年的工作)

Street-vender 攤販

Strengthen *v.* (股票) 價格上漲；加強

Strengthen the inter-relationship between trade, other economic policies and efforts to improve the functioning of the international monetary system 〔關貿〕增強貿易、其他經濟政策和致力於優化國際貨幣制度作用之間的相互關係

Strengthen the legal, regulator, and supervisory frameworks for banks 加強對銀行法律管理和監督的體制

Strengthen the multilateral trading system 加強多邊貿易體系

Strengthen the organisation competencies 〔世貿〕加強世貿組織的權力

Strengthen the secretariat's capacity 〔世貿〕加強秘書處的權力

Strengthen the socialist legal system 〔中〕加強社會主義法制

Strengthen the WTO's competencies 〔世貿〕加強世貿組織的權力

Stress must be on the weight of evidence and confessions should not be taken on trust 〔中〕重證據不輕信口供

Stress of weather 惡劣的天氣

Stress should be laid on evidence, investigation and study and one should not be too ready to believe confession 〔中〕重證據、重調查研究，而不輕信口供

Stretch 濫用；曲解；曲伸；〔俚〕徒刑；服刑期

Stretch hemp 〔俚〕徒刑；刑期

Stretch of authority 超越權限

Stretch of the law 對法律的濫用；枉法行為

Stretch the law 不恰當地引伸法律

Stretch-out 〔美〕強化勞動的工業管理制度 (不增加或略加工資，迫使工人負擔額外勞動或管理更多的機器等)

Strict comparison with domestic costs and prices 嚴格與國內的成本和價格比較

Strict construction 嚴格解釋；狹義解釋 (尤指對刑事法規不得擅加解釋)

Strict constructionist 嚴格解釋合眾國憲法的人；〔世貿〕嚴格解釋主義 (指對 WTO 作用上主張對其各種規則應從嚴解釋)

Strict foreclosure 〔美〕喪失抵押財產贖回權裁定 (指出押人逾期不償還抵押借款將喪失贖回權，其所抵押之物權則歸受押人所有)

Strict interpretation 嚴格解釋；狹義解釋 (指對法律的解釋)

Strict liability 嚴格責任 (銷售危及消費者人身安全的產品責任。例如，核反應堆出故障；出租的房子因房子失修而致承租人的傷害等應負的責任)

Strict liability crimes 〔美〕嚴格責任罪 (指非法傾倒有毒廢料危害公益)

Strict neutrality 嚴格中立

Strict performance 〔美〕嚴格履行

Strict performance of contract 嚴格履行合同條款；嚴格遵守合同條款

Strict settlement 〔英〕限嗣地產繼承設定 (本詞原用於限定為父親終身使用的地產，父親死後通過受託人保留其期待性剩餘地產權長限定由其長子或其他子女繼承，現在一般為任何人通過繼承的土地限種設定)；嚴格地產授予 (旨在使土地保留在男系血親之內的一種地產授予)

Strictly construed 〔美〕嚴格解釋的 (指對刑法而言)

Strictly forbid corporal punishment 嚴禁體罰

Strictly ministerial duty 〔美〕嚴格強制性義務 (指是一項既不要求官方裁量也無須其判斷強制性的絕對義務)

Strike *n. & v.* I. 罷工；罷市；罷課；II. 結算；取消（因法院對該案無審判管轄權，將該案從訴訟檔案中除去）；成交，定下（交易、合同等）；組成（陪審團）；罷工；毆打；〔船〕觸礁

Strike a balance 結算餘額；結算損益；結賬；作出被認為公平的處理（或調整）

Strike a bargain 成交；定約

Strike a docket 債務者申請破產

Strike breaking 破壞罷工

Strike committee 罷工委員會

Strike control 罷工統制

Strike fund 罷工基金

Strike insurance 罷工保險

Strike off 敲下；拍定（指拍賣程序而言）；迫使降價；撤銷案件（指法院對某案件無管轄權或審決權而指示將該案從檔案或備審案件單中除去）

Strike off the rolls (or staking off the roll) 除名（指開除律師等）；取消律師的資格

Strike out *v.* 刪掉；勾掉；刪除；剔除；去掉

Strike out a pleading 刪去訴狀

Strike pay 罷工津貼（指工會給予的罷工期間的津貼）

Strike price 成交價格；交易價格（指在有選擇權的合同中交易資產的價格）

Strike suits 股東圖謀之訴（指股東出自企盼獲得巨額律師的酬金或私下和解的派生訴訟，其理論上代表公司起訴，但事實上毫無為公司謀利之意）

Strike vote 罷工投票

Strike-breaker 破壞罷工者；工賊（指背叛工人利益，迫使罷工工人同意僱主停止罷工的要求）

Striker 罷工者；罷市者；罷課者；打手

Strikes and riots 罷工暴動

Strikes, riots and civil commotion risks (S.R.C.C. Risks) 罷工、暴動和騷亂險

Striking a docket 債權登記（申請破產的債權者將宣誓供述書和保證書提交於破產法院並登記在申請簿上）

Striking a jury 挑選陪審員（從全體候選陪審員名冊上挑選出 12 個陪審員組成非常陪審團）

Striking off the roll 被取消資格的律師；〔英〕被除名的事務律師（措應律師本人要求或因其行為不端而將其名字從最高法院律師名冊上除去）

Striking out 〔英〕刪除（指法庭刪除全部或部份訴狀的答辯理由，因其無助於求償的理由或答辯，或是誹謗性的，或僅僅是些瑣碎的情節）

Striking out pleadings 〔英〕刪除訴狀；刪改訴狀（指法庭或法官在訴訟程序的任何階段，必要時可刪除或修正惡罰不必要的、帶誹謗性的或旨在困擾或推遲公正審理的全部或部份訟狀）

Striking price 協定價格；約定價格（指買賣雙方同意履行股票選擇權買賣合同的價格）

Stringent 銀根很緊的；貨幣與信貸數量缺少的

Stringent measures 嚴格的措施，嚴厲的措施

Stringent rules 嚴格的規則；緊縮銀根的規則

Strip 〔美〕損壞土地行為；非法取去地上財物（指終生承租人或定期承租人所為）；拆銷（指把息票從股票資本金中分出來，各自出售）；剝奪（財產，榮譽，權力，職務等）

Stripes 〔複〕囚服（指犯人穿的橫條衣服）

Strip-pants diplomats 〔美〕出醜的外交官（指比喻在外交場合被撕掉褲子出盡洋相者）

Strive for greater global coherence of policies in the field of trade, money and finance 〔世〕努力使全球在貿易、貨幣和金融領域的政策更具一致性

Stroke of business 有利的交易；合算的交易；賺錢的買賣

Strong 有說服力的；無法反駁的；確鑿的；強有力的；強迫的；強制的；堅挺的；價格穩定上升的

Strong hand 〔美〕暴力；強制力（指帶有刑事犯罪程度。對此，原告無須給予證明）

Strong leadership 強有力的領導，堅強的領導

Strong market 堅挺的市場價格；看漲的行情

Strong personal leadership 〔關貿〕強有力的個人領導（尤指 GATT 成立初期的領導人）

Struck 被毆打的；挫傷的（指由受傷、毆打或挫傷體內出血引起死亡的謀殺罪刑事起訴書中的用語）

Struck jury 特別陪審團；非常陪審團；選定的陪審團

Structural adjustment 結構調整

Structural adjustment assistance 結構調整援助

Structural adjustment facility 〔基〕結構性調整貸款；結構性調整的資金融通；結構性調整設施

Structural Adjustment Facility within the Special Disbursement Account 〔基〕特別支付賬下結構調整貸款

Structural adjustment lending (SAL) 結構性調整貸款

Structural adjustment loans 結構調整貸款

Structural alteration or change 結構性改變（指建築物而言）

Structural inflexibility 結構的不可改變性（固定結構）

Structural reform 結構改革；體制改革

Structural rigidity 結構性僵化（剛性結構）

Structural unemployment 結構性失業

Structural weakness (in) 結構性弱點（指 50 年代作為關貿總協定成員的殿共體國家尤其在農業方面難以與美、日農產品競爭）

Structure 結構；構造；體制；建築物（諸如房屋和草棚等）

Structure and powers of the Government 〔中〕政府結構及其權力

Structure of duties 〔關貿〕關稅結構；關稅稅率結構（指一國關稅稅則中各類商品關稅稅率最低的相互關係）

Structure of service 服務結構（服務部門結構）

Structure of shipping 航運結構；貨運結構

Structure of tariff 關稅結構（指一國關稅稅則中各類商品關稅稅率最低的相互關係）

Structure of the international environment 國際環境結構

Structure of the international trading system 國際貿易制度的結構

Structure of the WTO 世貿組織的結構

Structured career candidate programme 〔領事〕結構性職業人選規劃

Structured settlement 結構式賠付（指被告同意付給原告對其身體所受傷害以定期或終身賠償金的一種方式）

Stub 〔美〕票根；存根

Stub of a cheque (check) 支票票根

Stub-book 存根簿

Stubs of cheque-book 支票存根簿

Student consul 學習領事；隨習領事

Student employee 〔英〕見習僱員（指允許前來英國旨在學習

管理取得管理工業和改進英語，見習期不得超過 12 個月者）

Student Financial Assistance Agency 〔香港〕學生資助辦事處

Student interpreter 見習譯員；學習譯員

Student visa 學生簽證

Studies in International Trade 〔關貿〕《國際貿易研究》（關貿總協定刊物）

Study grant 助學金

Study group 研究小組

Stuff gown 〔英〕毛質長袍（資歷較淺律師所著的服裝）；後進律師；外席律師（其反義詞為 "Queen's Counsel"）

Stultify *v.* 宣告某人心智不健全而無履行其行為能力

Stumbling blocks 障礙物；絆腳石

Stump speech 巡迴演說；政治演說

Stumpage 立木砍伐權；伐木許可證費

Stunted growth 阻礙增長

Sturgeon 〔英古〕王魚（鱘魚）（指一條魚被拋擲到岸上或在海岸上被捕獲時即屬國王的財產）

Stygian oath 不容違背的誓言

Style *n. & v.* I.（證件等的）式樣；風格，作風；〔英〕稱號；頭銜；〔蘇格蘭〕契據 本格式（契約先例）；訴狀 本格式（訴狀先例）II. 稱呼；命名；給（某人）稱號

Style clause 稱號條款；稱呼條款

Style of cause 案件名稱

Style of court 訴訟程序法；裁判程序慣例

Style of living 生活方式

Style of offence 犯罪方式

Suability 可起訴性

Suable 可起訴的；可控告的

Subagency 分代理處；分（經）銷處

Subagent 副代理人；分經銷人；分代理人

Suballotment 分撥款；再分配

Subaltern 副官；部下

Sub-Ambassadorial Level 副大使級

Subaqueous debric flow 水下泥石流

Sub-bodies 附屬機構

Sub-branches 支公司；支行；支店

Sub-broker 從屬經紀人

Sub-central government entities 中央以下各級政府實體

Sub-central jurisdiction 直屬中央管轄

Sub-charter 轉租；再租船；轉租租船契約

Subclause 副條款

Subcommission 小組委員會

Subcommittee 小組委員會

Sub-Committee on Least-Developed Countries 〔世貿〕最不發達國家小組委員會

Sub-company 子公司，附屬公司，支公司

Sub-components 次構成部份；附件

Subcontract 轉包合同；分包合同（指把承包的工作一部或全部轉包給第三者而訂立的合同）

Subcontractor 轉包人；分包人；轉承包人

Subdivide *v.* 把…再分；把…細分；把…分成幾部（尤指把大片土地分成建屋用地或出賣的小塊土地）；再分；細分

Subdivision 再分；細分；再分成的一部份；供出賣而分成小塊的土地

Subdivision map 土地分割圖

Subdivision of an article denoting the dimension of ground 標明供出售而分成小塊土地的界限條款

Subdivision of shares 股份的分割

Subduct 〔英〕撤回（用於遺囑檢驗訴訟。例如，撤回檢驗，遺囑贈予或遺產管理的申請）

Subeditor 副編輯；副主筆；〔英〕編輯，審稿員

Subflow （河流的）支流

Subgroup 小組；分組

Subgroup on customs matters 海關事務分組

Subgroup on subsidies and countervailing duties 補貼和反補貼稅小組

Subheading 分目，子目；分項；副標題

Subheadings or headings within the tariff nomenclature 〔世貿〕稅則目錄內的子稅目或稅目

Subinfeudation 〔英〕再分封採邑制（指將國王或上級領主所授予的不動產再分租給其下級承租人）

Subitem 分項

Subjacent right of support 土地受低下的鄰地支持權

Subjacent support 垂直支持權（指一塊土地位於另一塊土地之下，即指上層土地受下層土地的支撐權）

Subjacent waters 下層水域

Subject *n. v. & a.* I.〔英〕臣民，子民；國民；主體；題目；科目；II. 受制於；隸屬於；附屬於；III. 依照的；順從的；聽從的；附條件的；由他國統治的

Subject for registration 登記事項

Subject insured 保險標的

Subject matter 主題，主旨；事項；標的物；客體

Subject matter insured 保險標的

Subject matter jurisdiction 事物管轄權；訴訟標的管轄權（指法院對涉及訴訟中案件的審理和判決權）

Subject matter of a case 案由

Subject matter of action 訴訟標的

Subject matter of insurance 保險標的

Subject of crime 犯罪主體（指實施了危害社會的行為、依據刑法應負刑事責任的自然人）

Subject of debate 議題；辯論主題

Subject of dispute 爭論問題；爭執事由

Subject of insurable contract 保險契約的主體

Subject of international law 國際法主體（指在國際關係中具有國際法上的權利能力和行為能力的法律主體）

Subject of proceedings 訴訟程序問題

Subject of punishment 刑罰主體

Subject of right 權利主體（又稱；"權義主體"，指依法享有權利和承擔義務的法律關係的參加者，即法律關係的主體）

Subject of sovereignty 統治權的主體

Subject of state 制定法主題（制定法主體）

Subject of the action 訴訟標的

Subject of war 交戰主體

Subject on one's responsibility of the publication 出版的責任主體

Subject sb. to severe torture 嚴刑拷打

Subject sb. to strict surveillance 嚴加看管

Subject sb. to the third degree 刑訊逼供

Subject sb. to torture 動刑

Subject state 屬國

Subject to 受制於；取決於；以…為條件；須依照

Subject to a charge 附有負擔

Subject to approval 待核准；需經批准；以經批准為準

Subject to approval by the General Council 〔世貿〕須經總理事會批准 (以經總理事會批准為準)

Subject to call 待繳；可催繳

Subject to charges 須交手續費

Subject to contract 以簽訂契約為憑；以契約為準；待簽約

Subject to discipline 管教

Subject to ratification 須經批准

Subject to redemption 可以贖回

Subject to repurchase 例應回購 (應有購回的義務)

Subject to safeguards 受保障措施的限制

Subject to specific multilateral rules 〔世貿〕受專門的多邊規則的約束 (指補貼而言)

Subject to state pricing 實行國家定價

Subject to surveillance 看管

Subject to tariff 須徵關稅；例應完納關稅

Subject to tariff exemption 享受關稅豁免的

Subject to the decision-making of the enterprise 須由企業決策

Subject to the law of the land 受國家法律的支配

Subject to the provisions (of) 除…另有規定外

Subject to the rectification of terms 以…更正的詞語為準

Subject to the requirements of commercial confidentiality 在遵守商業機密要求的前提下

Subjection 服從 (意指必須服從判決及他人意誌行事。如敗訴，債務人必須服從債權人權利要求等等)；義務 (該詞常與 "liability" 具有同等概念；其對應詞為 "權利")；從屬 (意指受制於他權力)

Subjective commercial transaction 主觀的商業行為；主觀的商業交易

Subjective elements of crime 犯罪的主觀方面的條件 (指犯罪人對自己實施的犯罪行為及其結果的心理狀態，如故意、過失、動機和目的等犯罪要件)

Subjective exchange value 主觀的交換價值

Subjective interpretation 主觀解釋

Subjective neutrality 主觀中立

Subjective responsibility 主觀責任

Subjective territorial jurisdiction 主觀領土管轄權；主觀屬地管轄權

Subjective territorial principle 主觀領土原則；主觀的領域管轄權原則；主觀屬地原則

Subjective test 主觀標準

Subjective use vale 主觀的使用價值

Subjective value 主觀價值

Subject-matter 主題；爭議物；爭議事項；權利主張；訴訟事由；案由；標的；訴訟的

Subject-matter in dispute 訴訟標的物；爭議事項

Subject-matter insured 保險標的

Subject-oriented 以主題為目標的

Subjugate *v.* 征服；抑制；鎮壓

Subjugated state 被征服國家

Subjugated territory 被征服領土

Subjugating state 征服國

Subjugation 征服；鎮壓；抑制；〔際〕(征服) 兼併

Subjugator 征服者

Sub-landlord 二地主

Sublease 轉租；分租

Sublessee 轉承租人；分租人；次承租人

Sublessor 轉租人；分租人

Sublet *v.* 轉租；分租；轉貸

Subletting 轉租；分租

Sublittoral zone 淺海地帶

Submaine cable 〔海法〕海底電纜

Submaire sound signal 〔海〕水下音響信號

Sub-manager 副經理

Submarine 潛水艇

Submarine area 海底地區

Submarine automatic mine 海下自動水雷

Submarine cable 海底電纜

Submarine contact mine 海下觸發水雷

Submarine domain 海底領地

Submarine frontier 海底邊界

Submarine mine 海下水雷 (海底水雷)

Submarine platform 海底平台

Submarine resources 海底資源

Submarine structure 海底結構

Submarine survey work 〔海法〕水下測量工作

Submarine telegraphy 海底電信

Submarine warfare 海底戰；潛艇戰

Submerged land 淹沒地

Submerged structure 淹沒構造

Submerged territory 淹沒領土

Submersion 沉沒；浸沒；淹沒；沒入水中；潛入水中

Submission 服從，屈從；歸順；提交；提出；呈遞；向法官及陪審員提出的意見；〔英〕提交仲裁；委付公斷

Submission agreement 仲裁協議書

Submission bond 提付仲裁保證書 (指當事人同意交付仲裁並遵仲裁員裁決的保證)

Submission clause 提交條款

Submission of bids 投標；遞盤

Submission to arbitration 提交仲裁；交付仲裁

Submission to Arbitration Agreement 提交仲裁協議 (也有稱之為仲裁協議書。是指由雙方當事人於爭議發生之後訂立的、表示願意把已經發生的爭議提交仲裁的專門協議)

Submission to jurisdiction 服從管轄

Submission to jury 提交陪審團 (法官向陪審團說明本案的問題，提交陪審團考慮和評斷)

Submit *v.* 使服從，使受到 (to)；呈送；提交；提出；服從；屈從；順從

Submit a case to the court 向法院起訴

Submit information 提交信息

Submit positive information substantiating the need for a review 〔世貿〕提出證據複審必要性的確實資料 (指對於繼續徵收反補貼稅以抵銷補貼的必要性而言)

Submit proposals for amendments to the text of this Agreement 〔世貿〕提出修正本協議文本的建議

Submit responsive tenders 提交符合要求的投標書

Submit to the supervision of the masses 服從羣衆監督

Submortgage 轉抵當，轉押 (指甲以擔保抵押從乙取得的貸款，而後又把該抵押做為丙的質押以取得丙的貸款)

Sub-national authorities 〔中〕地方當局；國家附屬單位 (指

省、部、委辦等機構）

Sub-optimal public policy 次優的公共利益準則；次佳的公共利益準則；非最佳的公共政策

Subordinance legislation 〔香港〕附屬立法

Subordinate *n. & a.* I. 部屬；下屬；次要債務；II. 次要的；附屬的；附隨的

Subordinate body 下屬機構

Subordinate civil service 下級文官

Subordinate clause 補充條款；附屬條款

Subordinate combination of states 從屬的國家結合

Subordinate consul 助理領事

Subordinate consular employees 下屬領事僱員

Subordinate diplomatic agent 下屬外交代表

Subordinate judge 下級法官

Subordinate law 從屬法

Subordinate Legislation 〔香港〕附屬立法（指由香港立法機關，即"立法會"授權或委託行政機關制定發佈的各種法規，包括其規則、規章和附則等法規）

Subordinate officer 下屬官員；下級官員

Subordinate profession 副業

Subordinate staff 下屬職員；下屬工作人員

Subordinate state 附屬國

Subordinated bonds or debentures 次等證券或債券（指在公司清理債務時這類債券通常不附屬於一般債權人，而屬欠金融機構的債務可在其後清償）

Subordination 從屬關係；隸屬關係；列入次等（指在權利上位居他人之下）

Subordination agreement 附屬協議；從屬協議

Suborn *v.* 教唆；教唆他人發偽誓；唆使作偽證

Subornation 犯罪教唆；教唆罪

Subornation of perjury 唆使偽證罪（指唆使或誘使他人作偽誓罪，設法取得偽證行為的犯罪行為而構成偽證罪）

Suborner 唆使犯（指唆使他人犯罪者，尤其是犯偽證罪的人）

Subparagraph 分段；分款

Subpartner 附屬合夥人

Subpartnership 附屬合夥

Subpolar region 近極地區

Subpurchaser 轉買人；轉購人

Subregion 分區

Subregional cooperation 分區合作

Subregional integration 小地區一體化

Subrent 轉租租金

Subreption 〔宗〕隱瞞真相；〔法〕虛報事實（指以陳述與真相相反的手段以騙取赦免、稱號或贈予）

Subrogate *v.* 代位；代替；代位行使；轉讓權益（指保證人代償債務後，債權人對主債務人的權益即移轉於保證人）；取代別人（保證人代償債務後取代債權人）

Subrogate country 〔關貿〕替代國（指在認定來自非市場經濟國家難以計算其基本價格的進口產品時而採用某一市場經濟國家顯示器產品第三國或顯示器國的同類產品價格做為計算標準）

Subrogated note 代位證券

Subrogated performance by the third 由第三者代位清償

Subrogation 代位（通過替代繼承給予的財產）；〔保〕代位求償權（在保險法中，承保人代替被保險人清償其債務後，即可向致害者索償全部損失代替了投保人的權利；或指保證

人代債務人清償債務後債權人對主債務人的債權即移轉於保證人）

Subrogation rights 代位追償權

Subrogee 代位人；代位權人（由於代位而取得被代位人權利的人）；〔保〕代位求償人

Subrogor 被代位人；權益轉讓人；〔保〕代位求償權轉讓人

Sub-Saharan Africa 南部撒哈拉非洲

Subscribe *v.* 在…下面寫；簽署（文件）；簽名；認繳；認購；認捐；訂閱（報刊等）

Subscribe an Act 簽署法案

Subscribe for 訂定；預定

Subscribed capital 認繳股本（資本）

Subscribed stock 已認購股本（指載明股東按認購價將向公司所認繳的普通股款賬）

Subscriber 簽署者；簽名人；認購者；承購；認股人；捐助人，捐款人；（報刊等的）訂戶

Subscriber for bonds 認購債券人

Subscriber of shares 認股人

Subscriber to a government loan 公債認購人

Subscribing witness 見證人；在文據上簽名的證人（指在文據上簽字，證據該文據簽訂的見證人）

Subscript 象徵；標誌；指數；指標

Subscription 親筆簽名；簽署（文件）；認股；認購；認捐額；認繳額；預訂（費）；捐助（金）；會費；〔香港〕股本

Subscription blank 認股單

Subscription contract 認股契約；認捐契約；預定圖書或期刊契約

Subscription for (of) shares 應募股；認購股票

Subscription list 認股名單；認購名單；捐助名單

Subscription period 認購期限；認股期限

Subscription price 訂購價；認股價

Subscription right 認股權；認購權；認股權證（指現有的股東可以低於市價並按目前所持股份比例購買增資股票）；認股權證

Subscription warrant 儲存棧單；認股權證；認購證（公司發給認股人的購股憑證，＝stock warrant）

Subscriptions of members 會員國（會員）認捐；會員國認繳額

Sub-section 分款；分目；小節

Subsequent 繼…之後的；隨後的；後來的；後成的；後起的；後代的；後繼的

Subsequent agreement 嗣後協定；隨後的協議

Subsequent condition 解除條件（指已給予的遺產中所規定之條件如沒有或不予以履行者可能被解除或因不能履行合同的責任所適用的條件而後解除或權利移轉後可能發生的）

Subsequent confirmation 事後確認

Subsequent creditor 事後債權人

Subsequent endorsers 後手背書人（指背書先後順序而言）

Subsequent investigation 〔世貿〕後續調查（指進口國成員方對已進口的據受補貼的產品發起調查）

Subsequent negotiation of a concession 〔世貿〕隨後的減讓談判

Subsequent negotiations 後續的談判

Subsequent payment 分期繳付

Subsequent practice 嗣後慣例

Subsequent replenishment agreement 嗣後補充協議

Subsequent treaty　後條約

Subsequent work　後續的工作

Subsidence　地陷，塌落

Subsidiary　*a. & n.* I. 輔助的；附屬的；次要的；II. 子公司；附屬公司；附屬機構；補充條款；附則

Subsidiary agreement　輔助協定

Subsidiary body　輔助機構；輔助團體；附屬機構

Subsidiary company　附屬公司；子公司；附屬機構

Subsidiary corporation　子公司；附屬公司；附屬機構

Subsidiary ledger　明細分類賬；輔助分類賬

Subsidiary means　輔助方法

Subsidiary organ　輔助機關；附屬機構

Subsidiary source　輔助淵源

Subsidies　津貼；補貼；〔世貿〕補貼（WTO 認為補貼是政府行為，一種以促進出口來限制進口的國際貿易手段，WTO 只能約束其成員方，而不適用於非成員方）

Subsidies and Countervailing Duties Code　〔關貿〕補貼與反補貼稅守則（簡稱“反補貼規約”，總協定《東京回合》簽訂的，其對產品補貼範圍和反補貼稅訂立了一套完整的體系。1981 年 1 月 1 日起實施）

Subsidies and Countervailing Measure Agreement　〔關貿〕補貼與反補貼措施協定

Subsidies contingent　〔世貿〕有條件的補貼（指以進口商品替代為條件的）

Subsidies for health　保健費

Subsidies in general　〔關貿〕一般補貼（指對出口產品的價格與補貼性質和範圍等應書面通知締約國全體的規定）

Subsidies related to trade in services　與服務貿易有關的津貼

Subsidies to be phased out　〔世貿〕需逐步取消的補貼

Subsidisation of agriculture　農業補貼

Subsidised interest rate　貼補利率

Subsidised prices　補貼價格

Subsidised product　補貼產品

Subsidising Member　〔世貿〕實施補貼的成員方

Subsidy　補助金；津貼；政府補貼（指政府對公司的補貼，促其發展以利公益）；〔英〕貢稅（指按國會批准的程序每個臣民應向女王繳納的財產稅）；稅收補貼（指為降低價格而給予廠家的稅收減讓）

Subsidy account　〔基金〕利息補貼賬戶；補貼金賬戶

Subsidy and Anti-subsidy Code　〔關貿〕補貼與反補貼守則（又稱《關於解釋和適用關稅與貿易總協定》第 6 條、第 16 條和第 23 條的協議）

Subsidy benefit　津貼補助金（費）

Subsidy for deep-sea fishery　遠洋漁業補助金；深海漁業津貼

Subsidy for leave of absence from work　〔中〕離職補助（為中共司局級以上老幹部離職退休後的一種特權待遇）

Subsidy on service export　勞務輸出補貼

Subsidy per unit　單位補貼量

Subsidy programme　津貼方案；補貼計劃

Subsidy regulations　補貼規定（補貼條例）

Subsistence　生存；生計；生活；給養；生活維持費；軍餉（軍隊口糧代金）

Subsistence allowance　生活補貼；津貼；軍餉

Subsistence department　〔美〕陸軍糧食部

Subsoil　〔際〕底土（下層土）

Subsoil waters　地下水域；底土水

Substance　物質；實體；實質；主旨，要義；財產；財物

Substance of indictment　公訴狀實質部份

Substance of the dispute　爭議的實質部份

Substandard insurance　次級保險；次標準體保險

Substandard risk　次標準風險；低於標準保險（指從保險公司角度看損失的可能性大於一般同類的保險對象）

Substantial　有重要價值的；物質的；實質的；實體的；實際上的；真實的；殷實的；堅固的；大量的；大幅度的

Substantial authoritative support　實質性權威支持

Substantial capacity　〔美〕實際行為能力（意指刑法規定，精神病或精神缺陷者對其犯罪行為不負法律責任）

Substantial capacity test　〔美〕實際行為能力標準（指根據《示範刑罰典》，大意是犯罪被告如屬精神病者或精神缺陷者則對其犯罪行為缺乏辨別或識別能力則可免負刑事責任）

Substantial cause　〔美〕實質原因（指進口同類的或直接競爭的產品構成對美國國內產業嚴重損害或嚴重損害威脅之謂）

Substantial change of circumstances　情勢的重大變化

Substantial concurrence　實體的俱發

Substantial connection　實質聯繫

Substantial contributions to public discussion of economic policies　對公開討論經濟政策的實質性貢獻

Substantial control　實際控制

Substantial damages　實質損害賠償（指由陪審團裁決給予相當數額的損害賠償，其反義詞為 “nominal damages”）

Substantial equipvalent of patented device　〔美〕專利產品實質上的等同物（意指兩種專利裝置完成實際上同樣產品的效果）

Substantial evidence　實據；實質性證據（指對於法院確認行政機構裁決的一個必要證據）

Substantial increase　大幅度增長

Substantial interest　〔關貿〕實質性利害關係（要求修正或撤除減讓的締約方佔有出口市場份額而言）；巨額利益

Substantial justice　〔美〕實質公平（指儘管程序錯誤，但仍依實體法規則）

Substantial modification　重要修改；實質性修改

Substantial norm　實質性規範

Substantial penalties　重罰

Substantial performance　實質履行（指合同各要點均忠實地得以履行）

Substantial performance doctrine　〔美〕實質履行原則（指建築合同等得到實際上履行）

Substantial proof　實據；確實證據

Substantial reduction　大幅度削減

Substantial reduction of tariffs and other barriers to trade　〔世貿〕大幅度削減關稅和降低其他貿易壁壘

Substantial research programme　重要的研究計劃

Substantial supplying interest　實質供產利益

Substantial trade in the product　〔關貿〕對這一產品有大量貿易

Substantial transformation　〔世貿〕實質性改變（指使用進口的原材料在出口國或地區內製造和加工而使原有的特徵受到實質性的改變，為劃分貨物原產地的標準）

Substantial transformation of an existing industry　〔關貿〕現有工業的重大改革

Substantial transformation test 實質性改變標準 (指；對含有進口成分的產品或部份原產地產品，亦即對進口產品經加工完成的產品的檢驗標準，通常解釋時多採用稅目改變標準、增值百分比標準及加工工序標準)

Substantial unemployment area 〔美〕嚴重失業地區 (指失業率達 6% 以上的地區者)

Substantial wages 維持生活的最低工資

Substantially 實質上地；實際上地；大體地

Substantially prevailing party 實質上勝訴當事人

Substantiate v. 證明；證實；查證；核實；使有據據；列舉事實證明

Substantiate the right holder's claim 證實權利持有人的要求 (索賠)

Substantive 實質的；實體的；本質的；規定權利與義務的

Substantive clause 實質條款

Substantive decision 實質性決定

Substantive due process 〔美〕實質性正當程序 (指生命、自由和財產受憲法保護，不受無理訟累)

Substantive evidence 實質性證據 (指其為引以證明爭議的事實的證據)

Substantive issue 實質性問題

Substantive jurisdiction 實質管轄

Substantive law 實體法；實質法；主法 (對程序法而言，凡規定法律關係主體之間權利、義務本體的法律為實體法。如行政法、民法、婚姻法等，其反義詞為程序法 "adjective procedural or remedial law"，亦可譯為 "實質法" 或 "主法")

Substantive matter 實質事項

Substantive motion 實質性動議

Substantive offense 實體罪 (指完成是自身犯下的罪，而與他人無關)

Substantive part 實質部份

Substantive provision 實質條款；實質規定

Substantive punishment 主刑；實體刑

Substantive question 實質問題

Substantive requirement of form (法律行為的) 形式要求

Substantive rights 實體權利 (其區別於訴訟上的權利 "procedural right")

Substantive rules 實體規則

Substantive session 實質性會議

Substitutable products 可替代的產品

Substitute n. & v. I. 〔美〕代替人；代理人；代理兵，替代兵 (指應僱應徵入伍代人到前線部隊服役者)；代替物；代用品；〔蘇格蘭〕替代繼承人；II. 取代；代替；替換；交換

Substitute account 〔基金〕替換賬戶 (指 1979 年 9 月，美、英、法、西德及日本 5 國財長和中央銀行行長在巴黎會商建議由國際貨幣基金組織設立一種美元存款賬戶，會上有人提出收取及凍結美元過剩問題，主張將會員國其多餘的美元按特別提款計值存入該賬戶，實際上就是將存入國的美元資產變換為國際貨幣基金組織的特別提款權，但其具體辦法和實施日期未達成協議)

Substitute defendant 代替被告；替換被告 (指在同一爭訟中取代他人者)

Substitute father 替補父親 (指只是與子女之母同居，而非他們生身的父親)

Substitute for export 出口替代品

Substitute for import 進口替代品

Substitute goods 替代商品；替代貨物

Substitute in an entail 限嗣繼承財產的代理人

Substitute juror 替補陪審員

Substitute member 替代成員

Substitute obligation 替代義務

Substitute of draft 複本

Substitute of representative 複代理人 (按：複代理人不是代理人的代理人，而是被代理人的代理人，他是以被代理人的名義，而不是以轉委人的名義為行為，其所為行為的法律後果直接由被代理人承受，同時其代理權限不能超過原代理人)

Substitute organisation 替代組織

Substitute resolution 替代決議

Substitute service 替代性服務

Substituted 作為代用品的；使用代用品的；代位的；代替的

Substituted basis 〔美〕徵稅參照標準 (指徵稅時，參照讓與人、贈與人或授予人手中徵稅標準作為決定應稅財產的標準)

Substituted contract 被新契約代替的舊契約；被代替的契約

Substituted executor 替代的遺囑執行人 (代替原被指定為遺囑執行人因拒絕接受的執行人，故而以另指定一執行人取而代之)

Substituted service 替代送達 (指令狀、傳票等無法直接送達給本人時或由應受送達人以外的他人代收或代之以公告、登報等的公示方法送達)

Substituted treaty 替代條約 (被代替的條約)

Substitution 代理；代用；代替；替換；替代 (指定受遺贈人替代原先未能履行職責的受遺贈人)；代位繼承人的指定

Substitution drawback system 替代退稅制度

Substitution effect 替代作用；替代效應

Substitution in collateral 擔保品替換

Substitution of a penalty to the other 換刑

Substitution of parties 當事人的替換 (在訴訟中由於一方當事人的死亡，無能力，權利轉移等而由另一當事人替代)

Substitution of securities for currency 替代貨幣證券

Substitution sign 代書；代署

Substitutional heir 被指定的代替繼承人 (由立遺囑人或契約承包人指定)

Substitutional legacy 代替遺贈 (取消以前訂定的遺贈而代之以某種其他財產的遺贈)

Substitutionary evidence 替代性證據 (指替代原證據，並由證人證明已失去的文書證據的內容)

Substitutionary executor (=substituted executor) 替代的遺囑執行人 (代替原被指定為遺囑執行人因拒絕接受的執行人，故而以另指定一執行人取而代之)

Substraction 〔法〕詐欺性盜用 (尤指盜用死者遺物據為己有)

Subsurface rights 地下的權利 (指土地所有者對其所屬財產地表下的礦產和水擁有權)

Sub-system 分支體系

Subtenancy (土地、房屋等) 轉租；轉佃；轉借

Subtenant 轉租人；次承租人 (俗稱 "三房客")

Subterfuge 遁詞；托詞；詭計

Subterranean area 地下區

Subterranean waters 地下水

Subtle weight 淨重

Subtopia 〔英〕市郊

Subtraction 〔英〕拒絕履行義務 (指不出庭應訴、不納稅或拒不提供勞役等。例如：1. 承租人拒不出席莊園法庭；2. 土地所有者不向教會繳納什一稅；3. 夫或妻拒絕同居等等情況)；〔美〕違背義務；拒絕履行義務的違法行為 (如侵害他人不動產、拒付什一稅等觸犯刑律行為)

Subtraction of conjugal rights 不履行夫妻同居義務；〔美〕非法分居 (指夫妻無合法彼此分居的理由)

Subtreasury 國庫分庫

Sub-underwriting agreement 分銷合同 (指承銷部份股票責任以換取傭金的合同)

Suburban fire insurance exchange 〔美〕紐約郊外火災保險交易所

Subvention 補助金；津貼；援助

Subvention for regular line services 定期航班補助金

Subversion 顛覆；推翻行為；摧毀或敗壞的行為

Subversive *n. & a.* I. 顛覆份子；II. 破壞的；顛覆的；起破壞作用的

Subversive activities 顛覆活動

Subversive intervention 顛覆性干涉

Subvert the government 顛覆政府

Sub-waybill 貨物分運單

Succeeding government 繼承政府

Succeeding state 繼承國

Success of reform programmes 改革計劃的成功

Success rate 成功率

Successful bidder 得標人；中標人

Successful candidate 當選人

Successful party 勝訴當事人；勝訴方

Succession 繼任，繼位；繼受；繼承；繼承權；繼承人 (指繼承另一個生前所享有的單個或全部的財產，亦即對死者生前財產的權利和義務的承受)

Succession Act 繼承法

Succession by subrogation 代位繼承

Succession duty 〔英〕繼承稅；遺產稅 (指不動產繼承稅，繳納所繼承死者的遺產稅，美國稱為 "inheritance tax")

Succession of governments 政府繼承

Succession of property 遺產繼承；財產繼承

Succession of state 國家繼承

Succession of states in respect of matters other than treaties 條約以外事項的國家繼承

Succession of states in respect of treaties 關於條約的國家繼承

Succession state 繼承國；後繼國

Succession tax 〔英〕繼承稅；遺產稅 (指不動產繼承稅，繳納所繼承死者的遺產稅，美國稱為 "inheritance tax")

Succession to a house 世襲繼承；〔日〕家督繼承 (即 "戶主繼承"，為日本國的一種財產繼承的制度)

Succession to principal house 本家繼承

Succession to the Crown 〔英〕王位繼承

Succession to the Crown Act 〔英〕王位繼承法 (指 1701 英國國會發佈關於限定英國王位繼承者資格的法令)

Succession to the house headship 世襲繼承；〔日〕家督繼承 (即 "戶主繼承")

Succession to the throne 王位繼承

Succession treaty 繼承條約

Successional occurrence 繼承開始；連續發生

Successive 相繼的；繼續的；連續的

Successive actions 連續訴訟 (指同一事由但不能合併在一起的訴訟)

Successive ballots 連續投票

Successive carriage 連續運送 (輸)

Successive carrier 後程承運人

Successive international river 連接的國際河流

Successive international watercourse 連接的國際水道

Successive treaties 連接的條約

Successor 繼承人；接班人；繼任者；後繼者；繼承權者；繼受公司 (指承受另一公司負擔)

Successor allodialis 自由財產繼承人

Successor feudalis 籍貫繼承人

Successor in interest 〔美〕財產所有權 (或管理) 繼任人 (指當事人必須保持原先所有者權利而無變更所有權、必須只是形式上變動而無實質內容變更、受讓人不是利益繼承人。就公司而言，本術語原所指法定繼受，例如改變公司名稱，但其財產仍保持原先一樣)

Successor in title 所有權繼承人；權利繼承人

Successor state 繼承國

Successor to licence 牌照繼承人

Successor to the throne 王位繼承人

Successor trustee 繼任受託人 (具有原受託人同樣的權力)

Successor undertaking 後續承諾

Succint 簡明的；簡潔的；精確的；準確的；確切的

Succour in litigation 訴訟的救助

Such 上述的；該；這樣，那樣；這樣的；那樣的，如此的

Sudden 突然的；忽然的；意外的

Sudden attack 突然襲擊

Sudden death 突然死亡；猝死 (指外表似乎健康，而實際上有潛在疾病的人，突然發生的非暴力死亡)

Sudden fall (市價的) 暴落

Sudden heat of passion 突然的感情衝動 (指由於突然挑釁而激怒引起殺人)

Sudden huge profits 暴利

Sudden or violent injury 意外或劇烈傷害

Sudden peril 〔美〕緊迫危險

Sudden peril rule 〔美〕緊迫危險規則 (指被告對突然而來的緊急不及反應的過失可免罪)

Sudden rise (市價的) 暴漲

Sudder 〔印〕最好的

Sue *v.* 控告；起訴；提起民事訴訟 (指以法律程序提起民事權利求償的訴訟)

Sue (for) one's livery 訴請返還財產的佔有

Sue and labour charges 〔保〕施救費用 (防止損害費用，指海上保險貨物遭受意外事故發生損失時，要保人或其代理人為避免或減輕貨物受損所支付的必要費用)

Sue and labour clause 〔保〕施救條款；訴訟及保全條款 (載入保險單，以鼓勵被保險人盡力保全其遭受危險或損害的財產，從而減少保險公司的賠償數額)；防止損害條款

Sue at the law 提起法律訴訟

Sue at the people's court 向人民法院起訴

Sue for a breach of promise 為違約起訴；控告違約

Sue for a divorce 訴請離婚

Sue out 經申請獲得；通過申請取出；訴求 (指本術語或許僅用於以向法院申請的方式取得傳票或偶而除令狀以外的

文件)

Sue out a pardon 訴求赦免

Suerte 〔西〕小塊土地 (尤指在城鎮中供作花園等之用)

Suez canal measurement 蘇伊士運河丈量規則 (指蘇伊士運河管理局自行規定的徵收外國船舶通過運河的噸位稅)

Suffer v. 容許；允許；容忍；受害；遭受；患病

Suffer a default 接受缺席判決

Suffer a nonsuit 被駁回起訴

Sufferance 忍受；忍耐；容忍；許可；允許 (指租約屆滿後，業主仍允承租人繼續佔用其土地之謂)

Sufferance wharf 〔英古〕特許碼頭 (指海關准許輸入貨物在完納關稅之前可先存放的碼頭)

Suffering a recovery 容許回復讓與土地的虛擬訴訟 (指租約屆滿後，業主仍允承租人繼續佔用其土地，該土地所有者可作為假裝的訴訟被告承認受讓人作為原告的請求，藉以把權利轉讓給原告的手續)

Sufficiency of evidence 證據充分；證據的充分性 (指大陪審團依證據通過對罪刑審訊作出有罪裁決)

Sufficient 充分的；足夠的

Sufficient cause 充足的理由 (指罷免行政官員充足的合法理由)

Sufficient condition 充分條件 (指必然發生某種結果的前提條件)

Sufficient consideration 充分的對價

Sufficient deed 有效契據

Sufficient evidence 充分證據

Sufficient opportunity to present evidence and defend their interests 有充分的機會出示證據維護自身的利益

Sufficient publicity 廣為公告 (充分宣傳的意思)

Sufficient statistic 完整的概 (充分的統計數量)

Suffocate v. 窒息；使窒息；悶死 (指以停止供氧、勒死或窒息而死)

Suffragan 副主教

Suffragan bishop 副主教

Suffrage 投票；投票權；選舉權；協助

Suffragette 鼓吹婦女參政的婦女；婦女參政權運動者

Suffragist 參政運動者 (尤指主張婦女應有參政權者)；投票人

Sugar Convention 〔歐洲〕砂糖協定 (1902 年歐洲生產國在布魯塞爾為禁止關於生產與出口補助金等而訂立的)

Sugar duty 砂糖關稅

Sugar Exchange 砂糖交易所

Sugar excise 砂糖消費稅

Suggest v. 暗示；啓發；提議；建議

Suggest alternative approaches 提出備選方式

Suggestion 暗示；示意；啓發；建議 (該詞含義僅是一種推斷，不關乎事實是否存在)

Suggestion of error 請求複審

Sui generis 自成一類 (指有些法學家主張專屬經濟區不是公海，也不是領海，但其資源歸沿海國支配，其他國家可享有航行、飛躍、鋪設海底電纜和管道自由，但須遵守沿岸國有關法律和規章)

Sui generis "fast-track" for ratification 〔美〕特別快速批准渠道 (1974 年國會為參與關貿總協定談判特別設立的)

Suicidal 自殺的

Suicide 自盡；自殺 (勸人或助人自殺為一種犯罪行為)；自殺者

Suicide clause 自殺條款 (指人壽保單上規定要保人如自殺，其保險費不予償還)

Suicide oneself to escape punishment 畏罪自殺

Suicide pact 〔英〕自殺協議；集體自殺

Suing and labouring clause 〔英〕防止損害條款；施救條款 (參見 "sue and labour clause")

Suit 訴訟；民事訴訟 ("suit" 為民事訴訟和衡平法院訴訟用語，可為提起民事法律訴訟，即一個人訴訟另一個人的 "action" 所代替，但很少用於 "刑事控告")

Suit against state 〔美〕對州之訴

Suit at common law 普通法上的訴訟

Suit for contribution 分攤之訴 (請求分攤的訴訟)

Suit for counting 關於計算的訴訟

Suit for partition 分割共有物訴訟

Suit for restitution 恢復原狀訴訟

Suit for restitution of conjugal rights 請求夫婦同居的訴訟

Suit in marriage 婚姻訴訟

Suit money 律師費 (由法院准許或判由當事人支付的)；離婚訴訟期間的費用 (由丈夫支付包括訟費和臨時的扶養費)

Suit monger 訟棍；包攬訴訟者

Suit of a civil nature 民事訴訟；民事性質之訴 (指訴請對個人不法行為的救濟)

Suit of court 〔英古〕參加法庭訴訟義務 (指中世紀時參加地方郡法庭訴訟是一種沉重的義務)

Suit of election 選舉訴訟

Suit of the Crown 〔英〕政府訴訟案

Suit of the peace 犯罪追訴；刑事控訴

Suit on a bill of exchange 匯票訴訟；期票訴訟

Suit on document 文件訴訟；證書訴訟

Suit on promissory note 期票訴訟；本票訴訟

Suite 隨從；隨員；〔法〕隨從人員 (指大使或內閣部長等隨行官員)

Suitor 原告；起訴人；請求人

Suitors' deposit account 〔英〕原告存款賬戶 (指提存於衡平法院並附有 20% 年利)

Suitors' fee fund 訴訟費用基金 (衡平法院用這種基金支付法院職員的薪給和相關費用)

Suitress 女原告

Suject mixte 〔法〕混合國民

Sum 總數；總額；金額；一定數量的貨幣；概要；綱要；〔英〕〔複〕條約集 (英國若干古法律條約的名稱)

Sum certain 確定的金額

Sum due on a bill 到期票據金額

Sum in arrear 欠款金額

Sum in hand 手頭的現款金額

Sum insurance 定額保險

Sum insured 保險金額；投保金額

Sum of a bill 票據金額

Sum of auction 拍賣金額

Sum of claim 求償金額

Sum of credits 貸方金額

Sum of debits 借方金額

Sum of subscription 認捐金額；應募金額

Sum of the highest-bidding 最高投標價

Sum of the lowest auction 最低拍賣價

Sum payable 應付金額

Sum total　總計；總金額

Sum up the case for the prosecution　總結追訴的理由

Sumer code　蘇美爾法典 (拉爾薩，約公元前 18–20 世紀)

Summary　*a. & n.* I. 概括的；扼要的；簡略的；即時的；即決的；簡易的；略式的；暫時的；無陪審團的；法定的；II. 摘要；概要；提要；一覽；即審申請書 (指徑向法庭或法官提出不經全部訴訟程序的)

Summary actions　〔蘇格蘭〕簡易訴訟

Summary application　略式請願 (根據正式的傳喚或程序向法院或法官提出申請)

Summary arrest procedure　簡易拘捕程序

Summary conviction　簡易定罪；即決有罪判決 (指法官不經陪審團的定罪處刑判決)

Summary court　簡易法院；〔美〕即決法院

Summary court of the military　簡易陸軍法庭；略式陸軍法會議

Summary court-martial　簡易軍事法庭 (僅能判處士兵輕刑的法庭)

Summary dismissal　即時撤職

Summary execution　草率處決

Summary gift　包括遺贈；總括遺贈

Summary judgement　即決判決；簡易判決 (歸還債務請求訴訟等根據債權者和債務者雙方宣誓供述書，法院判斷認為無重要法律爭議時，不要陪審團審判所作的判決)

Summary jurisdiction　即決裁判權；簡易裁判權；簡易審判權 (指法官的裁斷之權力，特別是刑事案件地方法官可審訊處理而不必報上級法院審判)

Summary Jurisdiction Act　〔英〕即決審判法 (1848 年發佈的關於簡易刑事訴訟手續的法律)

Summary justice　即決裁判

Summary matters　簡易事件 (例如由簡易法庭審理的案件)

Summary of facts　事實綜括；情況摘要；事實簡述

Summary of the criminal act　罪行概述

Summary of the criminal act and its outcome　犯罪行為及其後果的概述

Summary offences　即決罪；簡易審判的罪行；〔英〕簡易罪

Summary Offences Ordinance　〔香港〕簡易程序治罪條例

Summary order　即決命令；略式命令

Summary power　即決權

Summary procedure　簡易程序 (指基層法院審理簡單的或某些特殊類型的民事案件所適用的一種程序，是簡化的普通程序)

Summary proceeding(s)　簡易程序；略式程序；〔複〕簡易訴訟程序 (以快速而簡易的方式亦在無陪審團協助、無提交公訴狀的條件下，指解決爭議、處理案件和進行審判民事案件)

Summary Proceedings Annual Meeting　〔基金〕國際貨幣基金組織年會記錄

Summary process　即決訴訟程序；簡易程序

Summary punishment　即決處罰

Summary record(s)　簡要記錄；摘要記錄

Summary review　簡要審議 (評審)

Summary statement　匯總表；總表

Summary statement of operations and transactions　〔基金〕業務交易匯總表

Summary trial　即決審理；簡易審理

Summation　(判決前) 辯論總結 (指陪審團總結訴訟雙方所列舉的證據的或判決前法庭辯論的總結)；〔美〕證據總結 (指陪審團總結訴訟雙方所提出的證據)

Summer load line　(船的) 夏季載重線

Summer tank　夏季油輪

Summer time　〔英〕夏季時間；夏時制 (指以格林威治時間為標準時將鐘點撥快一小時)

Summing up　總結；證據總結；法官對證據的概述 (指審理民、刑事訴訟中法官負責對援引的證據的概述提請陪審團注意法律方面的問題；各造律師也有權總結其所援引的證據，法官有時則負責向陪審團作全面的總結)；(法官對陪審員的) 說示

Summing up evidence　〔英〕證據總結 (指由法官或由律師就提出證據後對其案件作出一個結論)

Summit　絕頂；最高級的

Summit conference　最高級會議；高峰會議；首腦會議

Summit Conference of Non-Aligned Countries　不結盟國家首腦會議

Summit diplomacy　最高級外交

Summit meeting　最高級會議 (高峰會議)

Summit on the world economy and financial markets in Washington on 15 November 2008　關於國際經濟和金融市場問題的華盛頓峰會 (指 20 國集團首腦於 2008 年 11 月 15 日在美國召開的)

Summit to the Throne　奏請皇帝

Summitry　以舉行最高級會議為手段的外交手法；最高級會議的舉行

Summon　*v.* 傳喚；送達傳票 (指傳喚被告出庭應訴)

Summon a witness　傳喚證人

Summon for detention　拘傳 (指司法機關強制被告人到案接收審訊的最輕一種強制措施)

Summon the defendant　傳被告 (出庭)

Summoner　〔英〕傳訊官 (負責傳喚當事人出庭)

Summons　傳票 (用於民事訴訟或特別程序的文件，旨在取得對當事人的管轄權，由法院命令訴訟當事人或關係人在指定的時間內到庭；但命令證人到庭作證的傳票則稱 "suppoena")；〔美〕傳訊令狀 (由州司法執行官或其他合適官員送達通知，要求指定的當事人在指定的日期到對他開始訴訟的法院出庭應訴)

Summons ad respondendum　傳喚被告出庭答辯的傳票

Summons for directions　〔英〕訴訟指示的申請 (指被告應訴出庭後，當事人任何一方所提出的申請，要求指示應採取什麼手續和辦法以履行關於準備交換書面文件、提出證據和進行口頭答辯等)

Summons register　傳票登記簿

Sum-of-the-years' digits method of depreciation　計算折舊費方法；年限總和折舊法

Sumptuary　禁止奢侈浪費的；限制個人費用的

Sumptuary laws　〔英〕節約法令；反奢侈法 (指限制衣食等過於奢侈的法令，該法大部份已於 1603 年廢止)

Sumptuary tax　奢侈品稅

Sum-up evidence　法官概述證據 (法官把本案的證據向陪審員說明，必要時並作法律上的解釋)

Sunday closing laws　主日歇業法；禁止星期日營業法 (釋義同 "blue laws")

Sundry　*a. & n.* I. 各別的；雜的；各式各樣的；各種的；

II.〔複〕雜項；雜物；雜貨

Sundry cash accounts 雜項現金賬戶

Sundry ledger 雜項分類賬

Sundry revenue 雜項稅收

Sunk cost 已投成本 (旁置成本)

Sunken capital 固定資本

Sunken wreck 沉沒的船隻；船舶殘骸

Sunset clause 〔關貿〕日落條款 (指規定任何成員國不得尋求、採取或維持任何自願出口限制、有秩序的出口銷售安排，以及其他類似措施，不得濫用反傾銷稅，且任何反傾售稅必須自徵稅之日起 5 年內終止)

Sunset law 落日法 (要求定期評述特別法等存廢理論基礎的法規)

Sunshine Law 〔美〕陽光法；會議公開法 (指要求政府機構及其部門會議公開)

Super ego 自我控制

Super gold tranche 〔基金〕超黃金份額 (指國際貨幣基金組織的規則，即會員國在其繳存正常黃金的份額以外可自由提取的一種信貸)

Super tare 附加皮重

Super visum corporis 屍體觀察；驗屍結果

Super-301 and Helms-Burton Bill 〔美〕超級 301 和赫爾姆斯一伯頓法案 (單方面地給成員方施加壓力，公然違反 WTO 原則的適例)

Superannuate *v.* 發給養老金後退休；因年老 (或體弱) 令⋯退職

Superannuation (年老或體弱) 退休，退職 (金)；退休 (金)；退職津貼

Superannuation allowance 養老金

Superannuation benefit 退休金

Supercargo (船舶) 監運員；押運人 (指應船舶貨主的命令登船押送貨物並加妥善處理的貨主代理人)；載貨管理員

Superficiary 租地造屋者；地上權者；〔羅馬法〕讓渡地上權

Superficies 地上物；地上權 (指屋主在其房屋所佔的地面上所必要的各種權利，以及房屋的拆建等權利)

Superfluous lands 多餘的土地 (指已經購得的土地所有者，授權其強制購買多餘土地的所有權)

Superfluous word 多餘的字

Superfluous writing 繁文 (指行政法上的冗長無益的書面文件)

Superimposed tax 特別附加稅

Superinstitution 重覆授予神職；重疊的教會機構，附加的教會機構

Superintend *v.* 監管；管理；照管；監督；指導

Superintendence 監督；管理；支配指導

Superintendence on administration 行政監督

Superintendent 監督人；管理人；主管人；(部門、企業) 負責人；經理；警察長

Superintendent of (the) police 警察監督；警察總監

Superintendent of banks 銀行監管；〔美〕州銀行監督官

Superintendent of customs 海關監督；〔美〕海關負責人；海關長

Superintendent of finance 〔日〕財政部長；財政大臣

Superintendent of highways 公路監管人

Superintendent of insurance 保險監理官；保險總監

Superintendent of materials 材料管理員

Superintendent of state police 〔美〕州警察總監

Superintendent of streets 街道管理員

Superintendent registrar 〔英〕(生死婚嫁) 登記監督官

Superintendent-general of the metropolitan police 大都會警察總監

Superintendent-general of the police 警察總監 (警察總長)

Superintending judge 監督法官

Superior *n. & a.* I. 上級，上司；長官 (擁有較高官階者)；II. 較高的；上級的 (指在職位和權利等方面)；高位的；高職的；優越的；優勢的；勝過的

Superior and vassal 領主與封臣

Superior command 上級命令

Superior courts 高級法院；高等法院

Superior force 不可抗力

Superior limit 上限

Superior limit of exchange 匯兌的最高限額

Superior order 上級命令

Superjacent air space 上方大氣空間；上空

Superjacent waters 上覆水域

Super-majority requirements 壓倒多數的規定 (指對修正 WTO 協定的規定)

Supernational body 超國家團體

Supernational institution 超國家機構

Supernational law 超國家法

Superpanel 特級專家組

Superport 超級港

Superpower 超級大國

Super-power hegemony 超級大國霸權 (原指美國和前蘇聯的)

Super-profit 超額利潤

Superscale officer 高薪人員，特薪人員

Supersecret 極機密的，絕密的

Supersede *v.* 代替；取代；撤換；接替；廢止；取消；無效

Supersedeas 中止 (或暫緩) 執行令狀；中止訴訟令狀

Supersedeas bond 申請撤銷判決保證金；中止執行的保證金 (如敗訴保證金將歸他造所有)

Superseding cause 取代原因 (指第三者的行為或其他干預而防止了給他人由於前者實際過失原因所造成的傷害)

Supersleuth 超級偵探

Supersonic transport 超音速飛機 (一種巨型噴氣機，時速為 1200–1800 公里)

Superstate 超國家；超級大國；國上之國

Superstitious sects and secret societies 〔中〕會道門

Superstitious uses 〔英〕教會收益權 (呈送土地、房屋、租金、物品或牲畜供牧師作彌撒等用，其反義詞為 "charitable uses")

Superstitious uses and trusts 迷信的收益和信託 (指以法律所不允許的宗教儀式或未交割動產或不動產為無效的)

Super-tax 附加稅；附加累進所得稅 (對超過一定額的收入所徵收的)

Supervening cause 〔美〕後發原因 (指成為獨立操作之外的事故發生的新的實際原因)

Supervening impossibility of performance 嗣後履行不可能

Supervening negligence 〔美〕後發過失；繼起過失 (指未能利用最後明顯的機會以防止發生損害的過失)

Supervise *v.* 監察；監督；管理

Supervise and control offenders 〔中〕監管人犯

Supervise the enforcement of the constitution 監督憲法的實施

Supervising guardian 監督監護人

Supervision 監察；監督；管理

Supervision and Administration of Transit Goods 〔中〕過境貨物監督管理局

Supervision bureau for insurance 保險監督局

Supervision of residence 監視居住 (指司法機關令被告人在指定的地區居住，不得擅自離開並對其加以監視的一種強制措施，以限制被告行動自由，不得妨礙偵查、審判工作的進行)

Supervision or inspection of sending State vessels or aircrafts 〔領事〕監督檢查派遣國船舶或飛機

Supervision order 〔英〕監督令 (1961-1973 年)

Supervision procedures 監督程序

Supervisor 監督人；管理人；主管；〔美〕(某些州城鎮的) 首席官員

Supervisor of election 選舉監察員；選舉監督員

Supervisor of tutorship 監護監督人

Supervisor system 監察員制度

Supervisory audit 監察審計 (員)

Supervisory body 監督機構；監察機構

Supervisory committee 監察委員會

Supervisory control 〔美〕司法監督控制權 (指法院禁止下級審判庭超越其管轄權行為及撤銷其司法管轄權外行為的權力)

Supervisory jurisdiction 〔香港〕監察管轄權；監督管轄權；監察權；〔英〕司法監督權

Supervisory measure 監督措施

Supervisory relationship 〔領事〕監督關係

Supper-tranche 〔基金〕特種份額

Supplement *v. & n.* I. 補遺；增添；追加；II. 附錄；補遺；補充；增補；追加

Supplement a budget 追加預算

Supplement existing reserve assets 〔基金〕追加現有儲備資產

Supplement reserves 〔基金〕增補儲備

Supplemental 追加的；補充的，增補的

Supplemental Act 〔美〕補充法 (指彌補現行法不足而又不變更原法條文)

Supplemental affidavit 追加宣誓書，增補宣誓書 (因前一宣誓書有缺欠故而增補)

Supplemental agreement 補充協議

Supplemental answer 補充答辯 (旨在修正、增加或解釋前一遞送的答辯狀)

Supplemental bill 〔英〕補充訴狀 (指補充原在衡平法院提起的訴狀中的缺陷或新發生的爭議問題) (衡平法院訴訟程序用語)；補充議案；補充清單

Supplemental call 追加股款；增收保險費；補繳 (保賠協會的) 保險費

Supplemental claim 附加要求

Supplemental deed 補充契據 (補充原賣契據的事實部份，說明其條款已得以履行)

Supplemental jurisdiction 追加管轄權

Supplemental pleading 補充事實的抗辯

Supplemental proceeding 追加執行程序 (指自抗辯日期之後發生的新情況，故而在程序上需要加以補充)

Supplemental protocol to an agreement 協定補充議定書

Supplemental retirement income 補充退休收入

Supplemental security income (SSI) 社會保障補助金；補充社會保障收入

Supplemental unemployment benefits plan (SUB) 〔美〕補充失業給付計劃

Supplementary 補充的；附加的；添加的；追加的

Supplementary accident insurance 附加意外保險 (指人身安全險)

Supplementary account 補充科目；補充賬單

Supplementary act 補充文件；補充法例

Supplementary agreement 補充協定；輔助協定

Supplementary appropriations 追加撥款

Supplementary Benefits 〔英〕追加補貼；補助津貼

Supplementary Benefits Commission 〔英〕追加補助委員會 (該委員會取代了 1948-1966 年的 "National Assistance")

Supplementary budget 追加預算

Supplementary calls 追加股款；增收保險費

Supplementary civil action 附帶民事訴訟

Supplementary civil action in criminal proceedings 刑事附帶民事訴訟 (指刑事訴訟附帶民事訴訟，即犯罪行為及其所造成的損害賠償一起審判的訴訟)

Supplementary civil compensation 附帶民事賠償

Supplementary claim 追加補償 (指在提出索賠後又進一步提出附加救助的要求)

Supplementary clause 補充條款

Supplementary complaint 補充訴狀 (指在提交訴狀後，發生了可能會影響原告主張的權益的新問題，故加以補充。此有別於 "amended complaint")

Supplementary contract 補充合同

Supplementary convention 補充公約

Supplementary Convention on the Abolition of Slavery, the Slave Trade, and Institutions and Practices Similar to Slavery 廢止奴隸制、奴隸販賣及類似奴隸制的制度與習俗補充公約 (1956 年)

Supplementary criteria 補充標準

Supplementary declaration 補充聲明

Supplementary dividend 附加紅利；追加股息

Supplementary election 補選

Supplementary Employee Retirement Plan (SERP) 〔美〕增補給付職工退休金計劃

Supplementary estimates 追加預算；追加概算

Supplementary evidence 補充證據；輔助證據

Supplementary examination 補充測驗

Supplementary financing (credit) facility (April 1977) (SFF) 〔基金〕補充貸款 (1977 年 4 月，IMF 為解決衆多會員國面臨的龐大和持續的國際收支逆差而在第八次會議上決議成立此項貸款，其中一半由石油盈餘國提供，另一半由盈餘的工業國和美國提供，因此項基金是由總裁建議設立的，故又稱 "韋特文基金"，供會員國遇到最重國際收支不平衡之需，期限 1-3 年，償還期 3-7 年)

Supplementary income tax 追加所得稅

Supplementary information 補充資料

Supplementary investigation 補充偵查

Supplementary item 補充項目

Supplementary list 補充項目表

Supplementary machine-rate method （關於間接費轉嫁）輔助機械率法

Supplementary means of interpretation 補充解釋方法；解釋的補充資料

Supplementary oath 補充宣誓

Supplementary order 追加訂購；追加訂貨

Supplementary penalty 附加刑

Supplementary premium 追加保險費

Supplementary proceedings 追加執行程序；補充程序；輔助程序（旨在要求查明債務者的財產及在判決後適於償還的債務）

Supplementary Protocol to the Hague Convention on the Recognition and Enforcement of Foreign Judgements in Civil and Commercial Matters 民商事外國判決的承認和執行海牙公約附加議定書（1971 年）

Supplementary provisions 附則；補充規定

Supplementary punishment 附加刑

Supplementary role 輔助作用

Supplementary rule 附則

Supplementary service 輔助服務（輔助性服務）；輔助勞務；追加服務；補充服務

Supplementary statement 補充報表（指在年度財務報告書中所列的資產負債表、損益表、留存盈餘表和財務狀況變動以外的報表）

Supplementary tax 附加稅

Supplementary treaty 增補條約；附約

Supplementary wages 附加工資

Supplementary warranty 附帶條件（海上保險用語）

Supplementary zone 輔助區

Suppletory oath 〔宗〕增補另一半證據的宣誓

Suppliant 〔英〕（權利）請求者；申請人；求償人

Supplication in the quill 請願書

Supplier 供應人；供貨人；產品供應商；供應廠商（指從事直、間接供應消費品的人）；原料（或商品）供應國（或地區）

Supplier country 供應國

Supplier industry 供應行業

Supplier's credit 賣方信貸；供應方信貸；供貨商信貸

Supplies 〔複〕供應品；生活用品；儲備物資；補給品；存貨；糧食；〔英〕國費撥款（下議會對政府每年投票給維持王室及公共服務費用的撥款）

Supplies and equipment 供應與設備

Supply v. 供給；供應；供貨；補充

Supply access 提供公正、公平的市場准入

Supply and demand 供求

Supply and demand relations 供求關係

Supply and demand situation 供求情況

Supply and disposition 貨源與支配

Supply bottleneck 供應"瓶頸"

Supply curve 供應曲線，供給曲線

Supply depot 補給倉庫

Supply of money 貨幣供應量

Supply of service 勞務供應；服務供應

Supply price 供給價格

Supply price curve 供給價格曲線

Supply programme assistance 提供計劃援助

Supply service 一般支給費；一般服務費；〔英〕議定費

Supply such further detailed information 提供進一步詳細信息

Supply system 〔中〕供給制（指共產黨領導下的革命戰爭初期對幹部、戰士、勤雜人員及其家屬直接供給生活資料的分配制度）

Supply-side economies 供應學派經濟學

Supply-side policy 供應學派政策

Supply-side support measures 供方支持措施

Supply-sider 供應學派人物

Support v. & n. I. 提供證據；贍養；支持，維持；證實；擁護；援助；資助；II. 供養，撫養；生計；生活費；支持者；〔英〕支撐權（指建築物和地面上財產取得毗鄰的房屋或土地的支撐權）

Support at a time 臨時贍養費

Support budget 支助性預算

Support import substitution industrialisation policies 支持進口替代工業化的政策

Support intervention 支持干預

Support low standards of living 維持低生活水平

Support macroeconomic stabilisation programmes 〔基金〕支持宏觀經濟穩定的規劃

Support measurement unit 支持度量單位（歐共體削減對農業支持措施的核心）

Support of children 子女的撫養

Support of parents 父母的撫養

Support paper 證件

Support price 支持價格；維持價格

Support remittance 贍養匯款；贍家匯款

Support staff 輔助人員；備用職員

Support trade liberalisation 〔世貿〕支持貿易自由化

Support trade liberalisation goals 〔世行〕支持貿易自由化的目標（指世行通過促進貿易自由化給予關貿 / 世貿以支持）

Support trade policy liberalisation measures 支持貿易政策自由化措施

Supporter 撫養者，贍養者；支持者

Supporting affidavit 支持性宣誓陳述書

Supporting document 證件；單證，單據

Supporting documentation 證件；單證

Supporting evidence 輔助證據

Supporting mechanism 輔助辦法

Supporting paper 說明文件（指在國際性會議的提案中所附的附件）

Supporting schedules 附表（釋義同 "supplementary statement"）

Supporting services for air transport 空運支持性服務

Supporting staff 〔世貿〕輔助工作人員；輔助人員

Supporting table 明細表

Supporting voucher 有關單據

Supportive measures 支持措施

Support-side support measures 供方支持措施

Supposed rule 推定的法則

Supposition 推定；假定

Suppress v. 鎮壓，平靖，平定；撲滅（火警等）；抑止；阻止；防止；禁止發行；查禁；扣押（證據）；排除

Suppress smuggling 緝私

Suppress the evidence 隱匿證據

Suppress the rebellion 鎮壓叛亂；平定叛亂

Suppress the truth 隱瞞真相

Suppressing effect 抑制作用

Suppression 鎮壓；取締；禁止；隱瞞；壓制

Suppression hearing 〔美〕排除證據的聽審（指在刑事案件的預審程序中，被告請求排除採納非法所得的證據）

Suppression of crime 打擊犯罪；鎮壓犯罪

Suppression of evidence 〔美〕排除證據（指法官作出排除非法所得證據裁定）；隱匿證據；〔中〕扣押證據（指承審員裁定扣押非法所得證據）

Suppression of publication 禁止出版

Suppression of slave trade 取締奴隸販賣

Suppression of slavery 取締奴隸制度

Supra protest 參加承兌（指匯票付款人拒絕承兌後，第三者為維持出票人信譽而作的）

Supra-national authorities 超國家當局

Supra-national corporation 超國家公司

Supra-national institution 超國家機構

Supra-national law of the sea tribunal 國際海事法庭

Supra-national organisation 超國家組織

Supranational political function 超國家的政治職能（指有權對成員國作出有拘束力決定的國際性或地區性的組織）

Supra-nationalism 超國家主義

Supra-riparian 上游河岸（適用於位於靠近河流發展地的上游土地所有者的土地、權利和義務）

Supremacy 主權；霸權；最高權力；至高；無上

Supremacy clause 〔美〕最高權力條款（美國憲法第 6 條聲明所有依憲法制定的法律和與合眾國當局已經締結的一切條約均將為"全國最高的法律"，並將在法律上優於與其衝突的任何州憲法條款或法律）

Supremacy of international law 國際法的優越地位；國際法高於一切（國際法高於國內法）

Supremacy of law 法律的優越地位

Supreme 最高的；高於一切的

Supreme authority 最高權威

Supreme command 統帥；統帥權

Supreme council 最高會議；最高理事會

Supreme court 〔美〕聯邦最高法院；（多數州的）上訴法院；最高法院

Supreme court Act 〔英〕最高法院法（1981 年）

Supreme Court of errors （康涅狄格州）終審法院（現稱為"最高法院"）

Supreme court of judicature 〔英〕最高法院；最高司法機構（於 1873 年由平衡法庭、王座法庭、普通法庭、財務法庭、海事法庭和遺囑檢證及離婚法庭合併組成）

Supreme Court of Judicature Act 〔英〕最高法院審判法（1873 年）

Supreme Court of the United States of America 美國最高法院

Supreme Court Ordinance 〔香港〕最高法院法例（現已修訂為高等法院條例，即 "High Court Ordinance"）

Supreme disciplinary court 最高懲戒法院

Supreme executive power 最高行政權

Supreme federal court 聯邦最高法院

Supreme interest 最高利益

Supreme international crime 最高國際罪行

Supreme judicial court (SJC) 〔美〕（緬因州和麻薩諸塞州）最高上訴法院

Supreme law of the land 〔美〕國家最高法律

Supreme legal authority 最高法律權威

Supreme People's Court 〔中〕最高人民法院

Supreme People's Procuratorate 〔中〕最高人民檢察院

Supreme power 最高權力；國家最高權力；〔美〕（州）最高權力機關

Supreme state conference 最高國務會議

Supreme supervisor power 最高監督權

Supreme war council 最高軍事議會；軍事參議院

Sur disclaimer 收回土地令狀（指領主從其佃戶手中收回土地權利令狀）

Surcharge *n. & v.* I. 〔美〕過高索價（指超出合理的權力範圍的索價）；索回多開的賬款（指法院可索回受託人故意或過失違反信託而收取的款項）；收取過量的印花稅票費；附加稅；附加費；〔英〕附加責任（指如果地方當局對其資金使用不當，該報財產課稅財產區審計員有權要求負責官員承擔把非法動用的款項歸還政府的責任）；歸還公款宣告（指先前審計員發現政府中非法動用公款的個人有責任歸還該款的宣告）；II. 〔美〕追究責任（指在執行代理職務時的過失）；過高要價；課收附加稅；表明特定賬目漏記；〔英古〕過度放牧（對公共草地而言）

Surcharge according to port labour law 港口勞動法附加稅

Surcharge and falsify 〔美〕遺漏和錯誤（指衡平法院偶爾允許原告對一項被告稱"已付清"的特定項目的異議進行核查）

Surcharge for overdue tax payment 滯納金

Surcharge of common 〔英〕共用地超額使用費；收取附加費權（指如平民在森林或草原放進過多的牲畜，林地所有者有權向其收附加費）

Surechere 〔法〕抬高競賣價格；抬高拍賣價格

Surete generale 〔法〕法國秘密警察

Surete Nationale 〔法〕法國警察部隊（隸屬內政部管轄）；國家安全局

Surety 擔保，保證（指清償債務或履行的擔保）；保證人，擔保人（指簽訂代償債務契約的人，其與 "guarantor" 不同，後者是在債權人向債務人追訴無效後方予代償）；擔保品；保證金；保證物

Surety bond 保證書；履約保證（指委託人與保證人之間的約許，諸如"信託保證、合同保證"等）；〔保〕保證保險（指擔保人代替第三方償還拖欠第二方的債務）

Surety commission （票據）保證手續費；保證人備金

Surety company 擔保公司（負責擔保監護人、遺囑執行人和受委託人等履行契約責任）

Surety insurance （職工）保證保險；誠實保險（其同義詞為 "guaranty insurance"）

Surety of good behaviour 品行良好保證

Surety of the peace 治安保證（指對懷疑行為不檢份子的約束防範）

Suretyship 保證；保證責任；保證義務；保證人地位（資格、責任）

Surf 〔海法〕拍岸浪

Surf days 〔海法〕多浪日

Surface 表面；地面；地表

Surface of the bed of the sea 海牀表面（層）

Surface of the earth 地表

Surface right 土地表面使用權

Surface water 地面水；地表水

Surface-mining 露天採礦

Surgeon 外科醫師；〔英〕開業醫生；軍醫

Surgeon-General 〔美〕衛生部部長

Surgery 外科手術；外科；外科學；外科手術室；外科實驗室；〔英〕診所

Surmise 推測，猜測，臆測（指基於一種很薄弱證據的臆斷）；〔宗〕誹謗性的陳述

Surname 姓；姓氏；別名

Surplice fees 〔英〕牧師費（如洗禮費、喪葬費等）

Surplus *a. & n.* I. 多餘的；剩餘的；II. 公積金；盈餘；過剩，剩餘（物資）；剩餘額，溢額；順差

Surplus account 盈餘賬

Surplus assets 剩餘資產

Surplus commodities 過剩的商品

Surplus country 〔基金〕順差國家

Surplus fund 累積資金；盈餘資金

Surplus labour 剩餘勞動力

Surplus of capital 資本過剩

Surplus of the one year's account 歲計盈餘

Surplus reinsurance 溢額再保險

Surplus value 剩餘價值

Surplus wage 剩餘工資；盈餘工資額

Surplusage 多餘物；過剩物（多餘或無用的東西）；賬目盈餘；廢話；贅述（指訴狀中陳述與案情無關的不必要的事由；法律文件中附加不必要的東西）；多餘的辯解（指與訟案全然無關的抗辯發言）

Surplus-profit 剩餘利潤

Surprisals 突擊逮捕

Surprise 〔美〕出奇不意的行為；突發的事件（指普通謹慎的人防備不及難以自衛的事件）；突發事件免責（指法院考慮到動議的公正或事件的突發性而免除對當事人或對其遺囑代理人的終審判決、命令或訴訟）

Surprise attack 突擊

Surprise witness 〔美〕意外證人（指從未為原告所知的證人突然出庭為原告作證）

Surrebut *v.* 原告第三次駁覆（指原告第三次對被告的答辯加以駁覆）

Surrebuttal (=surrebutter) 原告第三次答辯（指原告第三次對被告的答辯加以駁覆）

Surrebutter 原告第三次答辯（指原告第三次對被告的答辯加以駁覆）

Surrejoin *v.* 原告第二次駁覆（原告對於被告第二次答辯的駁覆）

Surrejoinder 原告第二次答辯

Surrender *v. & n.* 〔美〕放棄；讓與；交出；退租；退還；歸還（因租約屆滿）；〔英古〕放棄（指放棄租賃權，或登錄不動產所有權）；〔保〕退保；交付，解約（指破產人將其財產送交債權人以解除契約）；〔警〕自首；投案；〔際〕投降

Surrender by bail 保釋人將罪犯交回羈押（指具保人主動把具結保釋的犯人再度交回司法機關羈押的行為，借以免責）

Surrender by operation of law 〔美〕法律推定的放棄

Surrender ill-gotten gains 退贓（指退回非法竊取的財物）

Surrender of a preference 出示優先權（指在破產訴訟中優先債權人向受託人出示）

Surrender of charter （公司）退回執照

Surrender of copyhold 放棄登錄的不動產所有權

Surrender of criminals 交回罪犯（指將罪犯送回其犯罪地的管轄權當局審判）

Surrender of foreign exchange 交出外匯

Surrender of fugitive 引渡逃犯；送還亡命者

Surrender of leases 放棄租賃

Surrender of policy 〔保〕退保

Surrender of right 放棄權利

Surrender of share 歸還股份（指股東將股份還給公司）

Surrender of the document 出示單據

Surrender oneself 破產者自己向法院出庭就審

Surrender oneself to the police 投案

Surrender to justice 自首

Surrender to one's bail （犯人）交保期滿後自動到案

Surrender to the People's Police 〔中〕向人民公安部門自首

Surrender value 退保現金價值；退保金額；解約價值（指被保險人中途放棄保險時的）

Surrender value in cost 解約退還金額；解約保險費貼補；放棄保險契約的償還金額

Surrenderee 被交付人；被讓與人；受讓人

Surrendering state 投降國

Surrenderor 讓與人；自首者；投降者

Surrendor 引渡人；讓與人；放棄者（指經當事人雙方合意，一方放棄所租借的土地或房屋，其別於單方面放棄的 "abandonment"）

Surreptitious 鬼祟的；偷盜的；秘密的；欺騙的

Surrey of a vessel 查驗船舶報告

Surrogacy arrangement 〔英〕代理人協議（指依協議使婦女成為代理母親）

Surrogate 〔美〕地方法官；孤兒法院法官（某些州的主管遺囑檢驗等事件的）；〔英〕代理人；發給結婚許可證的宗教法庭；主教代表（該詞通常用於由主教任命向無結婚預告者頒發結婚許可證的官員）

Surrogate court 〔美〕遺囑檢驗法院

Surrogate mother 〔英〕代理母親（指接管孩子並代理他人行使母親的權利）；〔美〕代孕母親（指以他人丈夫的精子種植懷胎並且生後代其撫養的權利）

Surrogate parent 〔美〕監護代理人；代親（由少年法庭委任代行父母或監護人的責任）

Surrogate parenting agreement 〔美〕代孕協議（指為另一女人丈夫代孕及撫養等責任的協議）

Surrogate world governments 代理國際政府（指國際組織而言）

Surrogate's court 主教代理人法院；代理孤兒法院及遺囑法院的法庭

Surrounding land 圍繞地

Surtax （關稅上的）附加稅；附加費；〔英〕超額累進所得稅（對超過一定額的收入徵收的稅）

Surveillance 監視；監督

Surveillance and control of trade 貿易的監督和管理

Surveillance and transparency mechanisms 監督透明度機制

Surveillance function 監督職能

Surveillance licence 監督許可證

Surveillance mandate 監督授權；監督委任狀

Surveillance mechanism 〔世貿〕監督機制

Surveillance of trade-related policies 與貿易有關的監督政策

Surveillance over exchange arrangements 〔基金〕監督交換協議

Surveillance practice 監督措施

Survey *n. & v.* I. 查勘，測量；調查；測量圖；測量記錄；〔保〕檢查；全面調查 (指代表保險公司逐點説明並回答要保人的問題)；II. 測量 (勘定) 土地；鑒定；估價

Survey certificate 鑒定證明書

Survey fees 檢查費

Survey indicator 測量標誌

Survey licence 測量許可證

Survey of a vessel 船舶查驗報告

Survey of development in commercial policy 〔關貿〕《商業政策發展調查》(關貿總協定 1983 年前秘書處出的刊物名稱)

Survey of French Law 法國法律概況 (法國法是大陸法系的主要發源國，其特點是較全面地接受了羅馬法的概念和原則；最早建立適用於全國的統一法制和統一的司法體系；以成文法典為主，判例只供參考；存在獨特的、與普通法院並列的行政法院體系)

Survey of Japanese Law 日本法律概況 (日本在明治維新前的法律屬古代法，多受中國法律影響；第二次世界大戰前受大陸法系影響，其後則較多受美國法律影響，但仍保留日本法律固有的特色)

Survey of ships 船舶鑒定 (指鑒定説明遇難船隻本身及其財產的狀況)

Survey of the Law of the Federal Republic of Gemany 德意志聯邦共和國法律概況 (德國法律以制定法為主，屬大陸法系，繼承了羅馬法的傳統，也保存了若干日爾曼法的特點)

Survey of the Law of the Union of Soviet Socialist Republics 蘇聯法律概況 (沙皇俄國時法律屬大陸法系，十月革命勝利後建立了社會主義法律制度)

Survey of the Law of the United Kingdom 英國法律概況 (英國法是英美法系的發源地，即普通法系以判例法形成的法系)

Survey of the Law of the United States of America 美國法律概況 (美國法在傳統上屬英美法系，源於英國法，但又與英國法大有不同。聯邦和各州自成法律體系，各有不同的判定法和判例法)

Surveying land and fixing production quota 〔中〕查田定產 (指在農村中丈量各農戶擁有的土地面積，規定其生產糧食定額)

Surveying mark of land 陸地測量標

Surveyor 驗關員；土地測量員；土地勘測員；檢驗員；鑒定人；公證人；公證行

Surveyor of highway 公路總監

Surveyor of the pavement 戴上頸手枷示衆的人

Surveyor of the port 港口檢驗員；口岸檢驗員

Surveyor's compass 測量羅盤針

Surveys of African Economies 〔基金〕非洲經濟調查

Survial craft 救生艇；救生筏

Survival actions 遺留的訴訟 (指受害人在求償訴訟中死亡，其訴權並不因此而喪失，且可依法繼續進行之謂)

Survival statutes 〔美〕幸存者訴訟法 (指制定法條款規定，受害人死死後，其親屬可為死者訴請其因傷死亡還是其他原因死亡而提起訴訟的制定法)

Survive *v.* 生存；幸存；活下來

Surviver (or survivor) 生存者，幸存者，生還者

Surviving 幸存的；生存着的；未死的；還健在的

Surviving company 承替公司，接替公司；續存公司 (指公司合併中接管資產並接替繼續經營的公司)

Surviving partner 生存合夥人；幸存合夥人 (指因其他合夥人死亡而使企業解散，以受託人地位處理未了的合夥事務)

Surviving spouse 生存的配偶 (遺孀或鰥夫)

Surviving widow 遺孀

Survivor benefit 遺囑撫恤金

Survivorship 幸存 (指其他人死後而尚存的人)；生存者權利；尚存者權利 (指財產共有者中一人死亡時，生存者取得死者原有權利的權利，即後死者取得先亡人全部財產的權利)

Survivorship annuity 生存者年金 (給寡婦的)

Survivorship insurance 生存者保險；聯合保險

Susceptibility to damage of shortage 〔海法〕故障可能性

Susceptible 可能的；有能力的；有資本的；有才能的；敏感性的

Suspect *v. & n.* I. 嫌疑；懷疑 (指關於無拘捕狀，但有充分理由可予逮捕的嫌疑犯)；II. 嫌疑犯；可疑份子；犯罪嫌疑人

Suspect classification 〔美〕可疑者分類 (指法院按照平等保護權法律條款規定，以嚴格審查標準對可疑人從種族、國籍、性別等進行分類給予 "平等保護")

Suspect the authenticity of the evidence 懷疑證據的真實性

Suspected bill 瘟疫流行嫌疑地船隻通行證明書

Suspected bill of health 自瘟疫流行嫌疑地出航的船隻的檢疫證書

Suspected criminal 嫌疑犯

Suspected enemy agent 特嫌

Suspected grafter 貪污嫌疑犯

Suspected of being guilty 涉嫌有罪

Suspected offender 嫌疑犯

Suspected person 嫌疑份子

Suspend *v.* 中斷；中止；暫停；推遲 (司法審判)；暫令停職；停產；暫時解僱；〔英〕禁止初級律師繼續短期渡假

Suspend a bicycle licence 暫時吊銷自行車執照

Suspend a judgement 緩期宣判

Suspend concession 暫停減讓

Suspend provisions 暫停實施規定

Suspend the application of concessions 中止減讓的實施；停止減讓的適用

Suspend the release of the goods 中止放行貨物

Suspend the rules 擱置 (會議) 規則；規則暫停生效

Suspended sentence 延期判決；緩刑判決；〔英〕緩期監禁 (根據英國刑法規定，法院判處監禁不超過 2 年的刑罰可予緩期執行，但如再犯監禁罪時可一併判刑)；〔美〕緩期處刑；暫緩服刑 (指被告雖已處刑判決，但不要求同時服刑)

Suspended sovereignty 暫停主權

S

Suspending power 〔英〕中止法規權 (指 17 世紀末時，英國幾位國王相繼利用王權中止施行某些制定法)；(國王的) 停止權

Suspense 暫停 (指租稅和利益等的)；中止；停職

Suspense account 暫記賬

Suspension 暫停；暫緩 (指法院以其權力或因當事人的申請而停止審判)；權利中止；停止支付；暫停會議；〔英〕中止職權 (指暫停或中止某人的權利)；中止效力 (指暫時中止由某主管當局制定法律的效力)〔蘇格蘭〕中止令；〔宗〕中止教職

Suspension and interdict 〔蘇格蘭〕暫時停止訴訟手續

Suspension from presence 停止出席 (禁止議員出席本屆會議和委員會的議會組織法上的制裁)

Suspension of a member of parliament 暫停議員的職權

Suspension of a right 權利中止

Suspension of a statute 暫停法律效力；中止法律效力 (指只是在限定時間內暫停或中止該法的運作而非廢止該法)

Suspension of action 訴訟中止

Suspension of arms 停戰協定

Suspension of business 停止營業

Suspension of commercial intercourse 停止商務往來

Suspension of concessions or other obligations 〔世貿〕中止減讓或其他義務 (指受害的申訴成員方經爭端解決機構授權中止給對方實施的減讓或協讓所包括的其他義務)

Suspension of diplomatic relations 外交關係中斷

Suspension of enforcement 緩期執行

Suspension of execution 中止執行；執行中斷；緩期執行 (指已經開始強制執行中的民事訴訟，但因發生一方當事人死亡等某種特殊情況而暫停執行)

Suspension of fire 停火

Suspension of hostilities 停止敵對行動；停止戰事

Suspension of judgement 暫緩判決；中止執行判決

Suspension of litigation 中止訴訟 (指在民事訴訟中，因一方當事人喪失訴訟行為能力等而中止對案件的審理)

Suspension of military operation 停止軍事行動

Suspension of office 停職

Suspension of payment 停止支付；中止付款

Suspension of prescription 中止時效；中斷時效

Suspension of release 中止放行

Suspension of sentence 暫緩監禁；(=suspended sentence)

Suspension of specie payment 暫停硬幣支付

Suspension of statute of limitation 訴訟時效中止

Suspension of the execution of punishment 暫緩執行刑罰

Suspension of the operation of treaties 條約的暫停執行

Suspension of trade 停止貿易

Suspension of treaties 條約的停止施行；條約停效

Suspensive condition 延緩條件；停止條件 (指阻止契約得以實施的條件)

Suspensive veto 暫行性的否決；暫停否決權；(國王的) 停止權，中止權

Suspensory clause 停止條款；停效條款

Suspensory condition 停止條件；停效條件

Suspensory veto 暫停的否決權；中止權

Suspention of a statute 〔美〕暫停制定法效力；中止法律效力 (意指只是暫停法律權力而不是廢止該法律)

Suspicion 嫌疑；懷疑；猜疑

Suspicion of being an enemy agent 敵特嫌疑 (指因敵特嫌疑而受檢查)

Suspicious character 〔美〕可疑人物 (指在某些州已被眾人所知為慣犯，或有理由相信他已經犯罪或正在計劃犯罪。據此，有理由加以逮捕或者要求其作出端正行為保證)

Sustain v. 認可；確認；准許；支撐；支持；承受住；繼續；持續；維持 (指上訴法院維持下級法院的原判)；供養；撫養；證實；證明；蒙受，遭受；忍受

Sustain high rates of growth 持續高增長率

Sustain the local jurisdiction 確認地方管轄權

Sustainable development 〔世貿〕可持續發展 (這一目標在WTO 序言中提及的，這一概念是由挪威首相布倫特蘭夫人在她向聯合國提交一份題為《人們共同的未來》報告中最先提出的，現成為環保資源代名詞，為世人所普遍接受)

Sustainable development policies 可持續發展的政策

Sustainable economic growth 可持續的經濟增長

Sustainable growth 可持續增長

Sustainable 可持續的

Sustained capital outflow 資本持續外流

Sustained growth 持續增長

Sustained growth depends on international competitiveness 持續增長賴於國際性的競爭

Sustained trade reforms in achieving macroeconomic and structural adjustment 〔世貿〕持續取得宏觀經濟與結構調整的貿易改革 (為 IMF 和世行倡議和支持 WTO 一直在運作的)

Sustainer 證實者；支持者；維持者

Sustenance money 生活補助費

Suthdure 教堂南門

Sutler 隨軍小販

Suttle n. & a. 淨重 (的)

Suzerain 宗主國；〔法〕國王直臣

Suzerain state 宗主國

Suzerainty 宗主權；保護權

Swain 〔英古〕森林法庭

Swainmote 〔英古〕森林法庭

Swamp 沼澤；沼澤地

Swamp and overflowed land 水沒地；沼澤地 (因沼澤和被水淹沒所致而不適於耕作的土地)

Swamping 〔英〕聚集貴族 (以任命貴族來把上院的勢力變成有利於政府的行為)

Swap 互換；掉期；互惠信貸

Swap trade-creating concessions 互換增加貿易的減讓

Swap-credits 互換信貸

Swaps (or swop) 互換；互換交易；掉期 (指買進現貨外匯的同時賣出同種貨幣期貨或反之以此套取國內外利率之間的差額之謂)

Swarf-money 城堡看守費

Swear v. 發誓；宣誓；使宣誓就職；使受依法監督的約束；以宣誓保證…真實性；咒罵 (在公共場所咒罵定為犯罪行為)

Swear (in) a witness 令證人宣誓

Swear out 通過宣誓的告訴使法院發出 (對被告人的拘捕證)

Swear the jury 使陪審員宣誓就職

Swear the peace against sb. 告訴某人圖謀行兇 (以令其保證不違法)

Swearing in　監督；主持宣誓就職；就任（宣誓）儀式

Swearing the peace　〔美〕告訴司法行政官某人圖謀行兇（以令其保證不違法）

Sweat box　疲勞審訊；處罰人的狹小囚室

Sweat equity　勞動增值（指通過財產所有者勞動改良而增加了其創設之財產的產值）

Sweat shop　血汗工廠（指工時長、工資低、勞動條件又差的工廠）

Sweated Industries Bill　〔英〕取締殘忍的工業法案（1907 年）

Sweating　逼供

Sweating industry　血汗工業；膏血工業

Swedish law　瑞典法

Sweeping　總括的；徹底的；一網打盡的

Sweepstakes　賭金獨佔的賽馬；抽採賭博法

Sweet heart contract　黃色勞工契約（指黃色工會頭目與資方勾結而訂立的合同，使工會和僱主互相讓步以排斥敵對工會的合同）

Swell　*v.* 腫脹；使膨脹；使（力量、數目、損害等）增大；增加

Swell mob　〔英〕紳士打扮的一羣扒手

Swell-mobsman　〔英〕紳士打扮的扒手

Swift Code　國際銀行金融電信協會代碼（環球銀行金融電信協會代碼）

Swiss Draft Conflict law　瑞士衝突法草案

Swift witness　敏感的證人（指俗稱過於熱心和偏頗的證人、多講話的證人）

Swindle　*v.* 詐欺；詐取；行騙；詐騙

Swindler　〔美〕騙子；詐騙犯

Swindling　陰謀詐騙；詐取利益

Swing clause letter of credit　交換計算信用狀條款

Swing credit　擺動信貸；互許貿易差額

Swing of the pendulum　政黨間執政的交替

Swing vote　決定票

Swinger　亂搞男女關係的人

Swinging limit　擺動額（指一筆無息貸款而言，債權國與債務國根據協定互相提供信用的限額）

Swiss Banking Corporation　瑞士銀行公司（為瑞士最大的一家銀行，總行設在巴塞爾）

Swiss formula　瑞士公式（由瑞士代表團於 1976 年在"東京回合"關稅減讓談判中綜合了"直線削減關稅"法和"協調關稅"法特點，提出了一個折中關稅減讓公式：Z ＝ A*X/(A+X)，其中 X 為原稅率，Z 為減讓後的新稅率，A 為固定參數（最低為 14，最高為 16），計算簡單易行，為發達國家所採納，故而得名）

Swiss law　瑞士法（1853−1855 年始有瑞士自己的民法典；此前一直為德國法制史組成部份）

Switch　*v.* 倒賣證券；交付期貨；轉手；轉換，調期（指購售較遠的期貨以沖銷近期的期貨之謂）

Switch transaction　套匯交易；轉手貿易；轉口貿易

Switching　穀物交易時，在購買契約期滿前結算

Switch-yard doctrine　〔美〕鐵路調車場規則

Swiz　〔英〕詐欺；詐取

Swoling of land　〔英古〕一年可耕作土地數量；一海得土地

Sword of justice　〔英〕司法權

Sworn　宣誓的（通常與"verified"通用）

Sworn brothers　〔英〕結義兄弟

Sworn clerks in chancery　〔英古〕監督就職書記官（指衡平法院負責保管案卷及製作訟狀副本官員）

Sworn evidence　宣誓的證言

Sworn statement　〔美〕宣誓陳述書（指臨時建築融資貸款機構要求建築承包商宣誓提供他的供貨商、分包商及其各自投標的清單）

Syb and som　〔撒〕和平安全（問候語）

Syber security　網絡安全

Sydicating　搜集自作家、藝術家的資料供報業辛迪加發表

Sydication　組織辛迪加

Syllabus　〔美〕判決摘要；判決提要（指對既決案件前所附的報告或意見包含法庭對案件法律點的裁決所作的梗概或判詞摘要）

Syllogism　推論式，三段論法，演繹法

Symblaeography　法律文件起草法

Symbol of the public interest　公共利益的象徵

Symbolic annexation　象徵合併

Symbolic delivery　象徵性交付（指為一種標的物的銷售或贈與成為事實之前的一種推定交付。例如在撒克遜時代，移交一些草根土為讓與土地的必須儀式）

Symbolic occupation　象徵性佔領

Symbolic speech　〔美〕象徵性言論（指涉及個人表達對某一問題觀點或看法是否可受到憲法第 1 條修正案保護問題）

Symmatrical action　〔基金〕對稱措施

Symmetallism　金銀混合本位（制）

Symmetry　對稱（性）；勻稱；對稱美

Symond's inn　〔英〕西蒙德法學會館（為"Inns of Chancery"的舊稱）

Sympathetic consideration　同情的考慮

Sympathetic strike　同情罷工（指為了聲援別的罷工工人而舉行的罷工）

Sympathy strike　聯合抵制；同情罷工（指為了聲援別的罷工工人而舉行的罷工）

Symposium　學術討論會；專題討論會，研討會

Synagogue　猶太教堂；猶太教徒的集會

Synallagmatic contract　〔美〕雙務契約；互惠契約（例如買賣契約、僱傭契約之類對雙方當事人均具拘束性的契約）

Syncopare　*v.* 切短；晦澀

Syndic　辯護人；保護人；贊助人；自由民；記錄員；受託人；代理人（民法用語）；〔法〕破產財產管理人（由法院委任）；〔英〕特定事務代理人（公司或大學的代理人或律師），〔美〕破產財產管理人；受託人（指由繼承權人從幾個人中推選一位管理遺產事務，路易斯安那州法律用語）

Syndicalism　工團主義；工聯主義（含工會的理論、綱要計劃和實踐以指揮工人總罷工活動）

Syndicate　辛迪加，銀團；企業聯合組織（指一般為臨時性的，進行商務交易，常帶有金融性質的）；〔保〕承保組合

Syndicate buyers　承攬購買協會

Syndicate manager　承兌證券辛迪加經理

Syndicate members　承兌證券辛迪加成員

Syndicated loans　辛迪加貸款，銀團貸款，聯合貸款

Syndication　辛迪加組織

Synergamy　雜婚，共婚

Syngraph　〔英〕騎縫契約（指經教會律師在一張羊皮紙一式兩份的契據中間簽署上阿拉伯等字母後對半切開各執一份而得名的契據）；所有當事人簽署的證書（或文件）

Synod　宗教會議（指宗教人士會議或大會。在英國分為：世

界主教大會、英國主教大會、州主教集會和主教區的主教會議）；長老院與最高法院之間的審判庭；路德教派的組織；宗教法院

Synodal 復活節捐稅

Synonymous 同義的；表述同樣或近乎同樣想法的

Synopsis 提要，概要，梗概（其同義詞為 "summary"）

Synthetic manufacture 綜合生產

Syphilitic 梅毒患者

Syro-Roman law book 叙利亞－羅馬法律大全（該書原以希臘文書寫，但卻僅以其東方語言譯本聞名於世。該書主要以羅馬法處理家庭、奴隸和繼承問題，作者原意可能是出自學術目的，但大約公元於 8 世紀在穆罕默德統治下的中東國家教士們將其用作一部基督教法律全書）

System 制度；體制；體系；系統

System agreement 水系協定；體系協定

System Development Division A 〔基金〕制度發展一處

System Development Division B 〔基金〕制度發展二處

System for quota allocation 定額分配制度

System of accounting and internal control 會計和內部核對制度

System of administration 管理制度；行政制度

System of advanced deposit for import 進口預付存款制；進口預繳押金制

System of arbitration 仲裁制度

System of balance of the National Economy 國民經濟平衡體制

System of beneficiary grants 〔英〕封賜制度

System of Civil Law 大陸法系（指成文法系，19 世紀初在歐洲以羅馬法為基礎發展起來的）

System of collective security 集體安全體系

System of Common Law 普通法系（即英美法系，以判例為準繩。11 世紀起在英國以源於日爾曼普通法為基礎逐漸形成的）

System of compensatory financing 補償貸款制度；補償性資金融通制度

System of consulat de la mar 海事例規制（即沒收敵性的船舶或貨物的制度）

System of courts 法院制度；法院體系

System of cumulative voting 累積投票制

System of currency 通貨制度

System of customs security 關稅保證制度

System of Declaration of Paris 巴黎海上法宣言制度

System of democratic centralism 〔中〕民主集中制

System of direct election 直接選舉制（指國家公職人員由選民直選的制度）

System of education 學制；教育制度

System of enfeoffment 〔中〕分封制（中國西周時代，公元前 11 世紀至公元前 771 年以世襲方式分給諸侯的土地和奴隸的封建制度）

System of enforcement 執行制度；執行體系；執行判決的制度

System of exporting licensing 出口許可證制度

System of feudal tenure 封建的土地保有制

System of fixed quotas for marketing 〔中〕定銷（1953 年對糧食實行定產、定購、定銷的 "三定" 政策）

System of free ships, free goods, enemy ships, enemy goods 〔際〕自由船、自由貨、敵船敵貨制

System of general preference 普惠制（指由發展中國家提出，1968 年聯合國貿發會決議通過，要求儘早建立在非互惠基礎上有利於發展中國家的發展貿易的制度）

System of global pollution charges 全球污染收費制度（指諸如收取二氧化碳稅、海洋傾倒費等等）

System of government 政制；政體

System of holding land on "shares" 分田耕作制度；定額農制

System of hostile infection 敵性傳染制（全部沒收敵船內的中立貨物和全部沒收中立船內敵性貨物）

System of indemnification 賠償制度

System of indemnity 保險補償制度

System of information 了解主義（主張 "必須要約人知悉承諾時，契約方成立"）

System of information notice 〔基金〕情報通知制度

System of inquest by sworn recognitors 陪審制度（指審判機關吸收非職業法官或非職業審判員為陪審員參與審判民、刑事案件的制度，其起源雅典等奴隸制國家，後盛行於資本主義國家）

System of international civil jurisdiction 國際民事管轄權制度（指一國司法機關審判具有涉外因素的民事案件的權限）

System of international payments and exchange rates among national currencies 國際支付和成員國貨幣匯率制度

System of Judicial Precedent 〔香港〕司法先例制度（指上級法院的判決可以約束下級法院，同級法院的判決相互之間無約束力，但同級法院通常都相互採納彼此的判例）

System of labour protection 勞動保護制度

System of labour protection for the worker under age 未成年工人保護制度

System of labour protection for woman workers 女工保護制度（指根據婦女的生活特點，對其就業和勞動報酬等方面給予保護的法律規範）

System of labour remuneration 勞動報酬制度

System of legal evidence 法定證據制度（指法律預先機械地規定各種證據的證明力，法官必須按照法定的條件，而不是根據自己的認識去判斷證據、認定證據事實。又稱形式證據制度）

System of licensing 許可證制度

System of mandate 委任統治制度

System of many reserves 銀行儲備分散制

System of material product balances 物質產品平衡制度

System of military service 兵役制

System of National Accounts (SNA) 〔聯〕國民核算制度

System of note issue 紙幣發行制

System of ownership 所有制

System of Party representatives 〔中〕黨代表制

System of payment in kind 〔中〕包乾制

System of peasant properties 〔中〕自耕農制

System of pollution control 控制污染的制度

System of pollution fees on global environmental harms 全球性環境損害污染費制度

System of prize 獎勵制度（指對工作成就優異者給予獎勵的制度，有榮譽獎和物質獎兩種）

System of protection for the worker under age 未成年工人保護制度 (由於生理特點，各國均制定有法律對未成年工人予以特殊保護，例如就業年齡、勞作時間和強度等限制性規定)

System of recourse 求償制度；追索制度

System of reward 獎金制

System of reward and penalties 獎懲制度

System of risk finance 經濟補償制度

System of rules and procedures 〔關貿〕規則和程序的體系

System of self-government 自治制

System of state pricing 國家定價制度

System of synthetic philosophy 綜合哲學 (斯潘塞的學説)

System of the conditional release 緩刑制 (緩期宣告刑罰制)

System of the court of second instance being the court of last instance 兩審終審制 (指上訴審程序為第二程序。上訴審程序包括民、刑事上訴程序)

System of the court of third instance being the court of last instance 三審終審制 (指上訴審為第二審和第三審程序。即第二審、第三審均為上訴審程序，如對第二審判決不服，還可以再上訴第三審才是終審)

System of trusteeship 託管制度

System of unemployment compensation 失業補償制度

System of unit 單位制

System of verification 核查制度

System of vocational and technical training 職業培訓制度 (指國家為培養和提高從事各種職業的人們所需要的技術業務知識和實際操作技能而制定的法律規範)

System of weights and measures 度量衡制

System states 水系國；體系國家

Systematic 有計劃的；非偶然的；故意的；成體系的；有秩序的；有組織的

Systematic analysis 系統分析

Systematic error 〔統計〕組織的誤差

Systematic interpretation 系統解釋

Systematic liar 一貫説謊的人

Systematic soldiering 有組織的怠工；磨洋工

Systematic thieving 有計劃的盜竊

Systematisation 系統化

Systems of centralisation 中央集權制

Systems of international civil jurisdiction 國際民事管轄制度

T

10-K 〔美〕表格 10-K；年度報表 (釋義見 "Form 10-K")

10-Q 〔美〕表格 10-Q；季度報表 (釋義見 "Form 10-Q")

T 標誌 1. 於殺人犯接受僧侶恩典時在其大拇指肌肉刺上 "T" 字標誌；2. 根據維珍尼亞州 1698 年的法律規定，盜竊犯應在其外衣左袖戴上 "T" 字卡子標誌；3. "T" 為 "term"、"territory"、"title" 和 "table" 字的縮寫，釋義各見其詞條)

T.C.memo. 〔美〕税收法院判決備忘錄 (便函)

Tabard 紋章袍 (古時武士穿在鎧甲上的繡有紋章的短外套)；無袖 (或短袖) 外衣

Tabarder 著紋章袍者

Tabelliones 高級公證員 (在很多方面不同於 般公證員，其在某些案件上具有司法管轄權，其判決不可上訴等等)

Table A 第一所得税；第一種關税；〔英〕股份有限公司管理條例

Table a motion 擱置動議

Table B 〔英〕私營股份有限公司組織綱要及公司章程格式

Table C 〔英〕無股份資本保證有限公司組織綱要及公司章程格式

Table D 〔英〕有股份資本保證有限公司組織綱要及公司章程格式

Table E 〔英〕有股份資本無限責任公司組織綱要及公司章程格式

Table F 〔英〕公營公司組織大綱格式

Table for annuity 年金計算表

Table money (發給高級軍官等的) 請客津貼

Table *n. & v.* I. 表格；圖表；項目表；計算表；目錄；銘文；文獻；II.〔美〕擱置 (指立法議案或其他措施)；提出；列入 (議程)

Table of cases 〔美〕案件一覽表；判例目錄；判例一覽表 (指排在卷首或附於卷末按字母順序編排援引的判決案例)

Table of charges 費用一覽表

Table of contents 目錄；目次

Table of degrees 禁止親等結婚表

Table of distribution 〔美〕破產債權人名單

Table of expectancy 〔保〕生存期間預測表

Table of figure 統計表

Table of freight 運費表

Table of import duty 進口税目表；輸入税目表

Table of interest 利息表

Table of limit 〔保〕限額表 (指承保人對某種保險業務依其危險大小可承保的最高限額及自己保留的最高數額)

Table of maximum 最高價格表 (1974 年法國實施的)

Table of money in circulation 通貨流通項目表

Table of mortality 〔保〕死亡表

Table of population 人口表

Table of precedence 〔英〕品位次序表 (指王公顯貴的官階位次排列)

Table rents 〔英〕(主教) 報酬 (舊時付給主教等留作餐費及家政開支的費用)

Table steward (輪船上的) 服務員；招待員

Tableau economique 〔法〕經濟表

Table-land 高原；台地

Tables showing progress of merchant shipping 英國政府商務航運年表

Taboo (=tabu) *n. & v.* I. 禁忌；忌諱；戒律；禁止接近；禁止交際；隔斷交通；II. 列為禁忌；禁止接近；禁止使用

Tabular book 表格式賬簿；多格式賬簿；表式簿

Tabular ledger 表格式分類賬；多欄式分類賬

Tabular petty case book 表格式小額現金記入賬

Tabular standard 幣值計算標準表物價指數表 (指為了保障債權人利益而按物價指數訂定的)

Tabular statistics 統計表

Tabular system 多欄式；表格式

Tabulated ledger 分欄分類賬

Tabulated quotation 行情表

Tabulation 製錶；列表；表 (統計用語)

Tabulation of the concessions 減讓表

T-account T 形賬戶 ("T" 字形格式地平線似的，左邊為借方，右邊為貸方)

Tacit 默示的；沉默的；心照不宣的；不言而喻的；推斷的

Tacit acceptance 默示接受 (指繼承遺產的行為)

Tacit accession 默示加入

Tacit acquiescence 默認

Tacit adherence 默示加入

Tacit admissions 默認；默示承認 (指默認事實或所言之行為)

Tacit agreement 默契；默示協定；默示的合意

Tacit approval 默認

Tacit confirmation 默示確認

Tacit consent 默許；默示同意

Tacit declaration 默示 (宣告)

Tacit dedication 默示捐獻 (指無明示立約而默許將私產提供公用)

Tacit hypothecation 〔海法〕默示留置權；法定抵押權 (毋須當事方的明示合意)

Tacit intention 默示意思

Tacit law 不成文法；民俗法 (指不是立法機關制訂而是為人民所公認的權威準則之謂)

Tacit mortgage 〔美〕法定抵押；默示抵押 (指某些案件毋須當事方合意即可將債務人的財產作為債權人抵押) (路易斯安拿州法用語)

Tacit mutual consent 默示相互同意

Tacit ratification 默示批准

Tacit recognition 默示承認；默認

Tacit relocation 〔蘇格蘭〕默示展期契約 (指租房契約屆滿，房東默認以與原租約同樣條件再續期一年)

Tacit renewal 默示重訂；默示轉期

Tacit treaty 默示條約

Tacit understanding 默示諒解；默契

Taciturnity 〔英〕沉默 (指對可索賠者長期保持沉默即可推斷為業已放棄)

Tack *v. & n.* I.〔美〕附加；合併 (使第二留置權附屬於第一留置權，因而取得中間留置權)；II.〔蘇格蘭〕租賃契約 (租地合同)

Tack duty 〔英〕租賃稅 (保留於租約中的租金)

Tacking 附加；合併 (第一抵押權人不知第二抵押權而取得第三抵押權時，第三抵押權被認為附加於第一抵押權而對第二抵押權有優先受償的效力)；〔英〕附加條款 (英下議院財政提案中的附加條款，使附加條款在上議院隨財政提案一起通過，因上議院無權修正財政提案)

Tacking mortgage 優先清償的抵押 (指按先後抵押順序，原為第三位抵押而提前為第一位抵押)

Tael 〔中〕銀兩 (舊中國的貨幣單位)；兩 (中國及亞洲東部一些國家的衡量單位)

Taft-Hartley Act 〔美〕塔夫托－哈特萊法 (1947 年國會修訂通過的為美國處理勞資關係方面的聯邦基本法律，其正式名稱是《勞資關係法》)

Tag *n. & v.* I. 標簽；簽條；II. (在違章的車上) 貼違反交通規則簽條

Tag wechsel 〔德〕支付日期確定的票據

Tahsildar 〔印〕稅務員；稅收人員

Tail *n. a. & v.* I. 限定所有權；限定繼承權 (指專為特定繼承人所繼承的永久管業地)；II. 限嗣繼承的；限定繼承的；有限的；節略的；減縮的；III. 跟蹤；尾隨

Tail a suspect 跟蹤嫌疑犯

Tail female 限定女性繼承的地產 (指限於女性或其子女繼承的地產，男性沒有資格繼承)

Tail general 無特 限嗣繼承的不動產權；概括限定繼 承的產 (指只限於男系卑血親而無性 限嗣繼承的不動產權)

Tail light (or tail lamp) 尾燈；後燈

Tail male 限定男性繼承的地產 (指限於男性或其子女繼承的地產，女性沒有資格繼承)

Tail special 特別限嗣繼承的地產 (指限於丈夫和妻子及他們的直系血親才能繼承的地產和不動產)

Taille 〔法古〕(1789 年大革命主要的) 人頭稅；〔法〕限嗣繼承的不動產 (類似 "tallage")

Tailzie 〔蘇格蘭〕繼承順位 (指土地所有人只能根據法律規定按契據限嗣移轉繼承)

Tainbands 民團；民兵 (指社區中受過軍事訓練者)

Taint *n. & v.* I.〔美〕重罪；重罪犯；II. 腐蝕，腐敗；使道德敗壞

Tainted goods 工會禁止受理的貨物 (因該貨物是非工會會員製造的或經過手的)

Taipei, China 〔台灣〕中國台北 (台灣當局在認同一個中國的前提下，可以並曾以此名義應邀派代表團出席在馬尼拉召開的亞洲經濟合作理事會部長級會議；並以此名義成為亞洲開發銀行的會員)

Taiwan Relations Act 〔美〕與台灣關係法 (1979 年) (本法維持美國與台灣的商業及文化關係，以促進美國外交政策)

Taiwan, China 〔台灣〕中國台灣 (指台灣當局在認同一個中國的前提下可以並曾以此名義應邀派體育代表團參加在美國洛彬磯舉行的世界奧林匹克運動會)

Take *v.* 控制；佔有；徵用；沒收 (所有者財產)；取得 (財產所有權)；挪用 (指未經財產所有者同意而非法取得或擅自挪用)；逮捕；拘押

Take a ballot 投票

Take a brief 律師接受委任辦理案件

Take a corrective action 採取糾正措施

Take a decision to apply or extend a safeguard measure 〔世貿〕對適用或延長保障措施做出決定

Take a flier 冒險的股票買賣；做冒險的證券買賣

Take a preliminary or final action with respect to countervailing duty 〔世貿〕對反補貼稅採取初步或最終行動

Take a sheet off a hedge 公然監竊

Take account of the special development, financial and trade needs 〔世貿〕考慮發展、資金或貿易方面的特殊需要 (指各成員方應尤其要注意權利和義務，不使技術規定等成為它們對外貿易的不必要障礙)

T

Take actions necessary to this effect　為此而採取必要的措施

Take additional administrative or financial burdens　承擔額外的行政上和財政上的負擔

Take advantage of one's office　利用職務之便

Take an oath　宣誓

Take any action for the maintenance of international peace and security　為維護國際和平與安全而採取的任何行動

Take appropriate countermeasures　採取適當的反措施

Take appropriate steps to remove the adverse effects or to withdraw the subsidy　〔世貿〕採取適當措施消除這些不利的影響或取消該項補貼

Take away　〔美〕誘拐 (指以唆使勸誘等手段拐走 18 歲以下的女子離開父母而被騙去為娼者)

Take back　撤銷；撤回；退卻；食言；收回 (指個人承諾等)

Take bail　保釋

Take bribes　受賄

Take bribes and bend the law　貪贓枉法

Take bribes and pervert the law　貪贓枉法

Take by stealth　偷竊；盜竊

Take captive　俘虜

Take care of　照料；護理；贍養；償還 (債務)

Take cognisance of　承擔對…的審理權；認識到；注意到

Take cognisance of all differences　認識到各種分歧

Take disciplinary measures against sb.　給予紀律處分

Take divorce proceedings　提出離婚訴訟

Take down　記錄

Take down a confession or testimony during an interrogation　錄供

Take effect　生效；實施；執行

Take effect for all Members upon acceptance by two thirds of the Members　〔世貿〕經三分之二成員方接受後即對所有成員方生效 (指對 WTO 協議或多邊貿易協議等的修正而言)

Take evidence　取證；調取證據

Take evidence from sb.　向…調取證據

Take exception to　提出異議

Take from the table　討論；〔美〕覆議擱置的議案 (指重新提出討論)

Take in water　〔海法〕裝水

Take initiatives　帶頭；採取主動

Take into account　考慮；斟酌；重視

Take into account by the use of a weighted average to weighted average or transaction-to-transaction comparison　考慮通過加權平均對加權平均或交易對交易的比較

Take into account differences in national legal systems　〔世貿〕考慮到各國法律體系的差異

Take into account seasonal patterns of shipments　考慮季節性的運貨方式

Take into account technical and economic feasibility　考慮技術和經濟上的可行性

Take into account the factors of non-trade concerns　考慮非貿易關註因素

Take into account the level of prevalence of specific diseases or pests　〔世貿〕考慮特定病害或蟲害的流行程度

Take into account the need to avoid serious disturbance in international trade in bovine meat and live animals　〔關／世貿〕考慮避免國際牛肉和活動物貿易嚴重混亂的需要

Take into account the special development, financial and trade needs (of)　考慮…特殊的發展、財政和貿易需要

Take into consideration the report of the Technical Committee　〔世貿〕考慮技術委員會的報告

Take into custody　拘禁；拘押；羈押；看押；保管

Take law as the criterion　以法律為準繩

Take legal action　起訴

Take measures prolonging the detention of the goods　採取延長扣留貨物的措施

Take necessary enforcement actions　採取必要的強制行動

Take off (take-off)　(經濟) 騰飛；起飛；(飛機) 起飛；(導彈) 發射

Take office　就任；就職

Take or pay contract　或買或付合同

Take out a policy　投保

Take out of bond　(完稅後) 由關棧提出；由保稅倉庫提出

Take over　接任 (指接替他人的職位)；接受，接管；收購 (指謀取某公司的控制權或經營權的行為，而不單單限於該公司財產所有權的移轉)

Take over power　奪權

Take part in adjudication　陪審

Take possession　取得所有權；具有；擁有；佔有

Take provisional measures　採取臨時措施

Take reasonable measures　採取合理的措施

Take reasonable measures as may be available　採取其所能採取的合理措施

Take sb. into custody　拘留某人

Take sides　〔際〕選邊站 (釣魚島自古以來就是中國固有的領土，但是對釣魚島主權歸屬問題上始作俑者美國卻作出 “不選邊站” 表態，實質上就是支持日本繼續侵佔中國領土)

Take silk　〔英〕當上王室法律顧問

Take stock　清點存貨；盤貨

Take stock in　購買 (公司等) 的股票

Take the chair　擔任會議主席

Take the form of tariff increases　利用提高關稅的形式

Take the law into one's own hands　違法處罰；私自處罰

Take the necessary measures to support the advantages of enterprises and exports　採取必要措施支持優勢企業和產品出口

Take the place of　代替 (替代)

Take the share of the domestic market　佔有國內市場的份額

Take the witness stand　出庭作證

Take turns to rape a woman　輪姦婦女

Take unilateral action　採取單邊行動；採取單方面的行動

Take up　付清；承兌 (匯票)；認購 (債券等)；贖回 (債券、票據等)

Take up one's functions (in)　開始執行職務

Take up one's post　就任；就職

Take up residence　定 (下) 居所；落戶

Take-care cabinet　看守內閣

Take-home pay　實得工資 (指僱員在每個發薪期扣除所得稅等稅後領到的實際錢數)

Take-home wages (of workers)　實得工資，淨得工資 (指工

人每週發工資時扣除所得稅、社會保險稅等後實得工資數)

Take-it-leave-it purchase 取捨聽便;不容討價還價的買賣

Taken with the mainour 盜竊犯人贓並獲

Take-or-pay agreement 或提取或支付協議

Take-over 接收;接管;接任;收購

Takeover bid 收購競爭;併購要約;合併遞價(接收出價)

Takeover defenses 避免無擔保合併遞價的策略或手段

Taker 接受者;受遺贈人(指以遺贈取得不動產)

Taker of funds 接受資金

Taker-in 以證券為抵押的貸款者(要求以證券做擔保的貸款者)

Take-up fee 承銷人傭金

Taking 〔美〕奪取;佔有;〔複〕收入;進款;利息;誘姦(指18歲以下的女子)

Taking case from jury 〔美〕直接裁決;維持判決(指法院根據情勢批准維持判決動議)

Taking delivery 〔美〕實物交割(指收到根據期貨合同或現貨市場合同所訂的實際貨物或收到最近洽購的證券)

Taking of evidence 取證;證據調查;記錄證據

Taking of hostage 作為人質

Taking the Fifth 〔美〕援引憲法第5條修正案(證人或嫌疑犯拒絕回答依照憲法第5條修正案賦予公民拒絕提供涉及自認犯罪材料的權利做法)

Taking-stock 盤點;清查存貨

Tale 計算錢數;點數;出納;〔古〕原告的訴由、訴狀或案件的陳述

Talesman 補充陪審員(從法院的候補陪審員中召集的)

Talion 報復(以牙還牙的懲罰);復仇

Talks 會談

Tall order 苛求;難辦的差使;法外定購;法外的要求;過高的要求

Tall price 法外價格;高價

Tallage (or tailage) 〔英〕稅(向城鎮和自治市所徵收作為王室歲入授予國王的稅);〔美〕整體中切出的一份(指每人應繳納一份貢金、捐稅或稅,該詞源自法語"tailler");稅賦(政府為歲入目的所徵收的津貼、稅、關稅);〔英古〕租稅(佃戶向封建領主繳的稅;封建領主向佃戶徵收的稅;在歐洲中世紀時代沒有人身自由的承租人向領主所納的地租;英格蘭的一種城鎮和百家村向國王繳納的稅,構成王室收入的一部份);封地(採邑)繼承稅

Tallager 收稅人

Talley or tally 符木(古時刻痕計數的木簽,分做兩半,債權人和債務人雙方各執一半為憑);理貨;記賬單;計分卡

Tally book 裝貨記錄簿

Tally certificate 理貨證書

Tally company 理貨公司

Tally trade 〔美〕分期付款的交易;賒賣

Tally up the for and against 統計贊成票和反對票

Tally-clerk 理貨員;〔美〕(眾議院)計票書記員

Tallying 交付貨物檢驗

Tally-man 〔英〕經營賒銷商品的商人;帶樣品賣貨的人;記賬員;理貨員

Tally-sheet 計數單;理貨單

Tally-system 〔英〕賒銷制;分期付款賒購法

Talmud 猶太教法典(包括猶太人的民法和寺院法)

Talmudist 猶太教法典編纂者;遵守猶太教法典的人;猶太

教法典研究者

Talon 息票;股息單調換券;存根;單據

Talweg 〔德〕深泓線;水域分界線;最深谷底線(指兩國之間的中間或最深海槽或航道的水界、湖界等。例如,中國的釣魚島與日本島之間就有一個最深的海溝)

Tam quam 〔英古〕糾錯令狀(指糾正下級法院判決錯誤及其執行的誤審令狀)

Tametsi 雖然

Tamper 篡改(文件等);干預;行賄;影響;收買

Tamper with the minutes 篡改記錄

Tamper with voters 以不正當手段影響投票人;收買投票人

Tampering 干預;干擾;暗中參與

Tampering with a witness 以不正當手段影響證人行為;收買證人行為

Tampering with jury 籠絡陪審員行為;以不正當手段影響陪審員的行為(指企圖以許諾和金錢利誘等腐敗手段影響陪審員裁斷)

Tampering with justice 以不正當手段干預司法的行為

Tampering with records 〔美〕篡改記錄罪(指篡改公共檔案企圖用以誘騙或傷害他人隱瞞其犯罪事實,釋義見"falsifying")

Tana 〔印〕(印度的)哨所;警察所

Tana dar (印度的)哨所所長;警察所長

Tangible 有形的;有體的;可觸知的;確實的;有實質的;可理解的

Tangible assets 有形資產(即指實物資產,例如土地和建築等)

Tangible cost 有形支出(指與鑽探石油、天然氣等有關的費用)

Tangible evidence 實物證據;物證

Tangible impact 實際影響

Tangible personal property 有形動產

Tangible proof 明確的證據

Tangible property 有形財產;有體財產(可以看得見,摸得着的財產,包括動產和不動產)

Tanistry 〔愛爾蘭〕男性長輩繼承制(古時一種保有制慣例,如以長兄或長子繼承死者的土地或城堡等)

Tank 混合牢房

Tanker Owner Voluntary Agreement on Liability for Oil Pollution 油輪所有人自願承擔油污責任協定(1968年,簡稱《船東協定》)

Tanteo 〔西〕收買權;優先購買權;〔英〕先買權

Tap *v. & n.* I. 竊聽;II. 政府發行的小面值債券(證券)

Tap issue 直接發行;〔美〕國庫債券

Tapping 竊聽;電話竊聽,電報竊聽(指以搭上電訊線路裝置偷聽他人講話,竊取情報)

Tard storage 散裝貨的保管

Tardy debtor 違約債務人

Tare 皮重(指扣除貨物包裝物品容器,貨車車身等的重量);扣除的皮重;空重(汽車除去燃料的)

Tare and draft 淨重與重量損耗折扣

Tare and tret 皮重和耗頭;扣除皮重的計算法

Target 目標;指標

Target area 目標地區

Target bombing 目標轟炸

Target company 計劃被收購的公司(指供招標中收購接管的目標公司)

Target corporation　計劃被收購的公司

Target group　指標組

Target of dictatorship　專政對象

Target of service　服務對象

Target offence　〔美〕預謀罪（意指共犯事先通過違法合約預謀某罪的犯罪）

Target price　目標價格；指標價格（指歐共體國家對農產品進口徵收差價稅的依據）

Target price deficiency payment　〔美〕目標價格差價補貼（指美財政部對農場主收穫季節時的商品當其現貨市價低於政府規定的目標價格時所受損失部份給予短細的彌補等規定）

Target variable　目標變量

Target witness　目標證人（指為調查團要尋找的能在大陪審團審理的案件中提供證據的主要證人；政府要提起公訴的大陪審團所傳喚的證人）

Target zone of rates　匯率指標區

Target zone　指標區

Tariff Act　〔美〕關稅法（1789/1930 年）

Tariff alliance　關稅聯盟

Tariff and import duties reduction and exemption　關稅和進口稅減免

Tariff and non-tariff barrier　關稅壁壘與非關稅壁壘

Tariff and non-tariff concession　關稅與非關稅減讓

Tariff and non-tariff restriction　關稅與非關稅限制

Tariff anomaly　原材料或半成品的關稅（其比成品的關稅要高）

Tariff association　〔英〕〔保〕（火險）費率聯合會

Tariff autonomy　關稅自主；關稅自主權

Tariff barrier　關稅壁壘（指為保護本國產品在國內市場上的競爭優勢而對外國進口的商品徵收高關稅）

Tariff bindings　關稅約束

Tariff cartel (or tariff cartel)　關稅卡特爾；關稅同盟

Tariff ceiling　關稅最高限度

Tariff classification　關稅分類（依不同的標準，對關稅進行分類的訴訟法和各種關稅名稱）

Tariff commission　〔美〕關稅委員會

Tariff Commission of the State Council (TCSC)　〔中〕國務院關稅委員會

Tariff compact　關稅協定

Tariff concession schedule　〔關貿〕關稅減讓表

Tariff concessions　〔關貿〕關稅減讓（指東道國政府為吸引外資向外國投資者提供零部件、原材料和投資設備進口關稅優惠）

Tariff coordination　運價協調；關稅協調

Tariff cut　削減關稅；減稅

Tariff cutting formula　減稅公式

Tariff diminution　關稅減讓

Tariff equivalent　關稅等量

Tariff escalate　關稅升高（關稅稅率隨產品加工程度逐漸深化而不斷提高的關稅結構）

Tariff escalation　關稅升級；滑動稅率；〔關貿〕稅率升級；滑動稅率（指產品扣工作的不同階段給予不同的關稅稅率，一般承受產品加工程度的提高而相應升級）

Tariff exemption policy　關稅豁免政策

Tariff exemptions　關稅豁免

Tariff ex-heading　稅目分項

Tariff for foreign trade　國際貿易稅則

Tariff for revenue　財政收入稅率

Tariff free zone　免稅區

Tariff harmonisation　關稅一致化（指《烏拉圭回合》中要求對服務貿易和貨物貿易實現統一關稅的目標）；協調關稅（各締約國在《東京回合》關稅談判中採納的減稅調和方式，旨在解決“直線減稅法”下產生的關稅差異，以使各締約國關稅體制趨於統一）

Tariff headings　稅目；關稅稅目

Tariff hike　關稅提高

Tariff item　稅則號

Tariff item No.　稅則項目號碼

Tariff level　關稅水平

Tariff lines　關稅細目

Tariff negotiation　〔關貿〕關稅談判

Tariff No.　稅則號

Tariff nomenclature　稅則類別；稅則目錄

Tariff of abominations　〔美〕厭惡關稅，應唾棄的關稅（1828年反對美國保護稅率者高呼的口號）

Tariff of fares　租金表；工資表

Tariff of freight　運費表

Tariff on cotton　棉花稅

Tariff on preference　關稅優惠

Tariff policy　關稅政策

Tariff Policy Review Mechanism　關稅政策審議機制

Tariff preference　關稅優惠；關稅特惠

Tariff premium　營業保險費；表定保險費

Tariff protection　關稅保護

Tariff quota　關稅配額（指先規定有關商品在特定時期內進口限額，而後規定其限額內和限額外的兩種關稅率，前者為優惠稅率，後者為關稅較高的普通稅率，即將徵收關稅與進口配額結合使用的一種方法）；〔關貿〕關稅配額（指進口稅則上規定，對特種貨物在一定進口數量下適用較低稅率，超過者則適用較高稅率）

Tariff quota administration　關稅配額管理

Tariff quota notification　關稅配額通知

Tariff rate　關稅率；運價率；〔保〕保險費協定率

Tariff rate quota (TRQ)　關稅率配額

Tariff rate quota regime　關稅率配額制度

Tariff reclassification　重訂海關稅則類別

Tariff reduction　關稅削減（降低）

Tariff reform　〔英〕關稅改革（在英國歷史上指要求削減進口稅率，擺脫保護主義；在英國歷史上指“自由貿易”，要求徵收進口稅）

Tariff reformer　關稅改革者

Tariff refund　關稅退稅

Tariff Regulations Commission　〔中〕關稅稅則委員會

Tariff Regulations on Imports and Exports　〔中〕進出口關稅條例

Tariff revenue　關稅收入

Tariff revenue gains　關稅收益盈餘

Tariff schedule　稅率表；稅則；收費表；價目表；關稅率表（指一國列出一份對每一種進口產品的綜合關稅表）；運費表；〔美〕海關稅則

Tariff Schedule of the United States (TSUS)　〔美〕美國海關稅則；美國關稅表

Tariff sentence　逃稅刑罰

Tariff storage （金庫）保管費表

Tariff structure 關稅結構

Tariff system 關稅制度

Tariff tax 海關稅

Tariff treatment 關稅待遇

Tariff treatment for kits for motor vehicles 對機動車輛配套元件的關稅待遇

Tariff treaty 關稅條約

Tariff truce 關稅休戰

Tariff union 關稅同盟

Tariff wall 關稅壁壘

Tariff war 關稅戰爭（指資本主義國家以關稅為武器，相互提高對來自對方國家進口商品的稅率而進行的貿易戰）

Tariff 關稅表；關稅率；關稅稅則；關稅（指政府對通過本國國境的貨物所徵收的關稅稅率）；稅則（指政府立法機構制訂的每種貨物不同稅率）；使用費；價目表；運費率表；保險費率

Tariff-averaging procedure 關稅平均程序

Tariff-cutting agreement 削減關稅協議

Tariff-free product in pharmaceuticals 免稅藥品的產品

Tariff-free zone 自由關稅區；免稅區

Tariffication 關稅化

Tariff-like charges 類似關稅的費用

Tariff-range 關稅幅度

Tariff-rate quota 關稅配額

Tariff-rate quota administration 關稅率配額管理（稅率配額管理）

Tariffs and quantitative restrictions 〔關貿〕關稅及數量上的限制

Task 任務；工作；作業

Task and bonus system 工作獎金制；職務獎金制

Task bonus principle 工作獎金主義

Task Force 特遣部隊；〔中〕特別工作組（主要任務是保護併調查處理侵犯知識產權的案件）

Task force on financial tsunami 金融海嘯專責小組；金融海嘯特別工作組

Task with bonus system 工作獎金制度

Task work 計件工作；包工

Task-master 工長；工頭；監工

Task-mistress 女工長；女監工

Task-setter 標準職工

Task-setting 工作的設定（規定在一定時間內工人應該幹完的工作）

Task-work with a bonus 工作獎金制

Tattoo the face of a criminal and send him into exile 〔中〕刺配（中國封建時代的刑罰之一，即在犯人面部或額上刺刻標記）

Tattooing the face 〔中〕墨刑（中國封建時代的五種刑罰之一，即在罪犯面部或額上刺刻標記，刺刻後塗以墨的刑罰）

Tautology 重述，重複（指在一句中同一術語重複兩遍）

Tavern keeper 〔美〕酒店店主；小旅館老闆

Tax *v. & n.* I. 課稅；對⋯徵收；評定（損失賠償金、訴訟費等）；II. 稅；稅款（英國只有國稅稱 "tax"；美國所有稅一律稱為 "tax"）

Tax abatement 減稅

Tax accounting 稅務會計（確定納稅人應課稅責任的規則和方法）

Tax ad valorem 從價稅

Tax Administration Division 〔基金〕稅務管理處

Tax agreement 徵稅協定；租稅協定

Tax anticipation bill (TAB) 〔美〕先期繳稅債券（聯邦政府發行的旨在供應政府流動資金需要的一種短期國庫券）

Tax anticipation note (TAN) 〔美〕抵稅債券；抵稅票據（州或地方政府發行的以供本期財政開支之用）

Tax anticipation warrants 〔美〕抵稅公債券（籌措公款交付的付款單憑證）

Tax arrearage bonds 預期稅款債券；未徵收的租稅公債

Tax assessment 徵稅估值；確定稅款金額

Tax assessor 估稅員；稅收稽查員；稅收評定人

Tax audit 稅收審計（指對納稅人的賬簿、發票進行審查）

Tax avoidance 避稅（避免納稅，指合法地利用避稅計劃以減少納稅的責任）

Tax base 課稅依據；徵稅基礎（在指定地區估定全部財產值中確定其中個人財產應課收的稅率）

Tax basis 課稅基礎；徵稅基數

Tax benefit 稅收利益（指因納稅而得到的好處）

Tax benefit rule 〔美〕課稅受益原則；課稅沾惠原則

Tax bracket 稅級；稅收等級

Tax buoyancy 保持高稅收

Tax burden 稅收負擔

Tax certificate 稅證；稅收證明書（指由官員發給按土地銷售稅購買土地的證明）

Tax clawback agreement 〔美〕收回分攤先前相關工程項目稅收協定

Tax-collecting 收稅

Tax collecting office 稅務署

Tax collector 稅務員；稅收官

Tax concessions 〔關貿〕國內稅減讓（指東道國向外國投資者提供所得稅減免等優惠措施以吸引外資）

Tax court (T.C.) 〔美〕稅務法院（租稅法院；賦稅法院）

Tax credit 納稅額扣除；稅收抵免；稅額減免

Tax day 納稅日

Tax deduction 〔美〕稅額扣減；應稅收入減免（指減除個人應課收的所得稅，其與 "tax credit" 不同；前者是可從應納個人所得稅中減免一定金額，後者是允許從其他應納稅款中扣減一定金額）

Tax deed 〔美〕稅契；稅務契據（指因欠稅而被稅務局拍賣的不動產後，由執法人員頒發負責轉給買主的納稅契據）

Tax deficiency notice 〔美〕補稅通知書（指催繳稅款差額）

Tax dodge 逃稅；偷稅

Tax dodger 逃稅人；偷稅人

Tax dodging 逃稅；漏稅

Tax duplicate 不動產估稅證書

Tax enforcement 實施稅收法

Tax equity 課稅公平

Tax Equity and Fiscal Responsibily Act 〔美〕稅務平等和財產責任法（1982 年）

Tax evasion 逃稅；偷稅漏稅

Tax exempt 〔美〕免稅的（指免稅從事教育、宗教和慈善事業財產以及聯邦和地方政府債券所得稅）

Tax exempt securities 〔美〕免稅證券（指投資證券產生的收入免稅）

Tax exemption 〔美〕免稅 (指用於教育和宗教或慈善事宜的財產免稅)

Tax exemption eligibility 符合稅收豁免資格

Tax exile 出國逃稅者

Tax expatriate 出國逃稅者

Tax expenditures 稅收支出

Tax farming 包稅

Tax ferrets 〔美〕搜查逃稅財產的人

Tax foreclosure 取消欠稅財產贖回權 (指由公共當局沒收拍賣無力付稅者的財產)

Tax fraud 〔美〕逃避納稅詐騙行為 (指非法規避納稅義務，對此將處以罰款並予監禁)

Tax handle 操縱課稅 (擔心操縱課稅基礎)

Tax haven 避稅港；避稅場所 ("逃稅樂園"，把個人營業稅或所得轉到低稅地區或免稅國家而逃避繳納本國規定的稅收)

Tax holidays 免稅期 (指在一定期限內享受免稅的待遇)

Tax home 〔美〕納稅地；外出旅遊納稅額

Tax in (the) peace of military service 免除兵役稅

Tax in kind 實物稅

Tax in personam 屬人稅

Tax in rem 屬物稅

Tax incentive 稅收鼓勵

Tax incidence 納稅負擔；稅款的負擔

Tax increment financing 〔美〕增稅融資法 (市政府用以開發商業發展項目籌措資金的一種方法，象徵性地說就是市政府發放債券為收購土地等項目融資，然後利用新開發項目產生的附加財產稅來償還債務)

Tax injunction Act 〔美〕禁止介入州稅務法 (指禁止聯邦地區法院介入州法院關於估稅或徵稅事務)

Tax items 稅目

Tax law 稅法 (是國家向納稅人徵稅的法律依據)；〔美〕稅則

Tax lease 稅收租賃

Tax levy 徵稅總額；年度課稅法案

Tax liability 納稅義務

Tax lien 課稅扣押權；欠稅留置權 (指依法有權扣留未納稅的個人或集體的財產)

Tax loophole 課稅漏洞；稅收漏洞

Tax loss carryback 〔美〕賦稅虧損退算 (指納稅人或公司可申請從前幾年或以後幾年的收入中扣減本年度所欠的納稅金額)

Tax loss carryforward 賦稅虧損結轉

Tax of currency 通貨稅

Tax of marine products 水產稅

Tax of privilege 特權稅

Tax of town 鎮稅

Tax on alcohol and alcoholic liquors 酒類及含酒精飲料稅

Tax on beer 啤酒稅

Tax on buildings 房屋稅

Tax on commodities 物產稅

Tax on contract 契約稅

Tax on elements of capital 對資本的組成部份所徵收的稅

Tax on elements of income 對收入的組成部份所徵收的稅

Tax on floating capital 動產收入稅

Tax on food 食品稅

Tax on gains from the alienation of property 財產轉讓所得稅

Tax on gift 贈與稅

Tax on land 地租

Tax on life or heath insurance 人壽或健康保險稅

Tax on luxuries 奢侈品稅

Tax on personal net wealth 個人淨財產稅

Tax on remission 減免稅

Tax on sale of property 銷售財產稅

Tax on salt 食鹽稅

Tax on succession 繼承稅

Tax on sugar 食糖稅

Tax on superfluity 奢侈稅

Tax on the issue of bank notes (兌換) 銀行券發行稅

Tax on the transfer of property right 產權過戶稅

Tax on total capital 全部資本稅

Tax on total income 全部所得稅

Tax on transfer of property 財產轉讓稅

Tax on transportation 運輸稅

Tax on wages 工資稅

Tax payment 支付稅款

Tax payment receipt 完稅憑證；納稅憑證

Tax planning 計劃避稅

Tax policy 稅收政策

Tax Policy Division 〔基金〕稅收政策處

Tax preference items 〔美〕稅收優惠項目

Tax privileges 稅收特權

Tax purchaser (按拍賣價) 購買地產者

Tax rate 稅率 (指徵收個人或公司所得稅的金額)

Tax rate schedules 稅率表；稅收清單

Tax Rates of Consolidated Industrial and Commercial Tax 〔中〕工商統一稅稅目表

Tax ratio 納稅比率

Tax rebate 退稅；退稅款

Tax receipts 納稅收據

Tax redemption 〔美〕贖回稅產 (指納稅人以補納欠稅及罰金等贖回稅產的行為)

Tax reduction 減稅

Tax reference price 稅收參考價格

Tax refund 退稅；退稅款

Tax regulations 稅則

Tax reimbursement 退稅

Tax relief bond 減稅債券

Tax Reserve Certificate 〔香港〕儲稅證

Tax return 納稅申報表；報稅單 (包含所得稅、扣稅金額和付稅表)

Tax revenue 稅收

Tax revenue sharing 納稅收入分享

Tax roll 〔美〕納稅人花名冊；徵稅手冊 (指由城鎮保存的納稅人及其財產估值名單的案卷)

Tax sale 〔美〕稅產拍賣 (指為收繳納稅者應稅財產而拍賣其拒絕納稅的財產)

Tax shelter 逃稅手段 (指逃避和縮小所得稅法人稅的各種會計手段)；避稅手法 (指減少或逃避繳納入息稅而作的投資或津貼)

Tax sheltered 逃稅手段的；(特別時間或情況下的) 免稅投資的

Tax situs 稅籍；納稅地 (指納稅地或納稅的管理區)

Tax sparing 虛擬的稅收信貸;稅收供讓;稅收抵免 (做法)

Tax stability 稅收穩定性 (指外國投資者可向東道國申請享有的權利)

Tax stamp 稅票;納稅印花

Tax straddle rule 〔美〕股票買賣選擇權的稅收規則 (指通常與無形資產有關的股票買賣選擇權規則,其更多是與有形資產諸如股票相比較而言)

Tax surcharge 附加稅

Tax system 稅制

Tax tables 稅率表;稅收項目表 (分已婚、未婚納稅人戶頭登記項目表)

Tax title 稅產;稅產所有權 (指買主在稅務公賣上所購買的財產權)

Tax warrant 追繳欠稅令狀 (徵收未繳的賦稅並沒收出售或拍賣該欠稅的財產正式手續)

Tax withholdings 預扣稅款 (額);稅金扣款額

Tax year 課稅年度;納稅年度

Tax(es) of town(s) and village(s) 村鎮稅

Taxable 可徵稅的;應課稅的

Taxable acquisition 須納稅的收購

Taxable capacity 納稅能力

Taxable costs 訴訟費用

Taxable estate 應納稅遺產 (指扣除管理費、婚姻和慈善等開支)

Taxable gift 〔美〕應納稅贈與 (指應納統一轉讓稅)

Taxable income 應稅所得;應稅收入 (指扣除免稅額以後的個人收入)

Taxable items 稅目

Taxable property 應稅財產

Taxable transaction 應稅交易事項

Taxable value 應稅價值 (指扣除免稅額以後的個人收入)

Taxable value of land 徵稅的地價

Taxable year 〔美〕課稅年度;納稅年度 (指納稅人每年會計結算期)

Taxation 徵稅;課稅;納稅;稅收;清算訴訟費用;評定訴訟費用

Taxation administration 稅務管理

Taxation and customs duty 捐稅和關稅

Taxation at the source 根據收入來源課稅

Taxation authorities 稅收當局

Taxation for nonfiscal purposes 非財政性質課稅

Taxation form 稅單

Taxation of costs 〔美〕核定訴訟費用 (指由收稅官決算訴訟當事人應付給律師等訴訟的費用額);〔蘇格蘭〕支付訴訟費令 (由法院向應付當事人發出支付訟費命令,其數額由法院稅收主事官核定)

Taxation office 稅務所

Taxation reform 稅制改革

Taxation service 稅務

Taxation superintendence office 稅務監督局

Taxation system 稅制

Tax-based incomes policy (TIP) 以徵稅為基礎的收入政策

Taxbearer 〔英〕納稅人 (美國為 "taxpayer")

Tax-collection 收稅

Tax-deductible 可應稅減免的 (在計算所得稅時可予以扣除的數額)

Tax-deferred annuity 〔美〕遞延稅年金 (指一種有延稅優點的儲蓄計劃,可選擇固定利率或變動利率的年金)

Tax-dodger 偷稅人

Taxed article 課稅品;有稅物品

Taxed cost 連稅成本

Taxes and charges levied on imports and exports 〔中〕對進出口貨物所課收的稅費和手續費

Taxes and corvee 〔中〕賦稅 (舊中國及封建時代的賦稅及徭役)

Taxes and fiscal provisions 稅收和財務規定

Taxes and levies 捐稅

Taxes during construction 公司建設稅

Taxes on capital appreciation 資本增值稅

Taxes on corporate net wealth 公司淨財產稅

Taxes on estates 財產稅

Taxes on gifts 贈與稅

Taxes on goods and services 貨物與勞務稅

Taxes on inheritance 繼承稅

Taxes on investment 投資稅

Taxes on net income and profits 淨收益及利潤稅

Taxes on the total amounts of wages or salaries paid by enterprises 企業支付的全部工資或薪金稅

Taxes paid in kind 用實物繳納的稅

Tax-exempt 免稅的

Tax-exempt bond 免稅債券

Tax-farmer 稅款包收人;包稅商

Tax-free 免稅的

Tax-free acquisition 免稅收購

Tax-free bonds 免稅債券;無稅債券

Tax-free exchange 〔美〕財產過戶免稅 (指過戶到控股公司或類似的財產過戶免收所得稅)

Tax-gatherer 收稅官;稅務員

Tax-gathering 收稅;徵稅

Taxing district 徵稅區 (域)

Taxing masters 〔美〕訴訟費核定主事官 (在美國是由法院任命的協助處理某些案件可能發生的特別法律責任,並要為法院寫出訴訟情況報告)

Taxing officer 稅務官;訴訟費評定官

Taxing power 課稅權

Taxing-out scheme 土地全部收益歸屬國家制 (土地國有的一種方法)

Taxless (or tax free) 無稅的;免稅的

Taxonomy to goods trade 貨物貿易分類學

Tax-option corporation 〔美〕納稅選擇公司

Taxpayer 〔美〕納稅人;納稅義務人 (包含法人和個人在內)

Taxpayer bill of rights 〔美〕納稅人法律權利 (1988 年)

Taxpayers' action 納稅人的訴訟 (納稅人對官吏非法行為而提起的訴訟)

Taxpayers' compliance 納稅人的公民責任感 (納稅人的愛國心)

Taylor Grazing Act 〔美〕泰勒放牧法 (1934 年)

Taylor system 〔美〕泰勒式工廠管理法;泰勒制 (指提高工效、增加計件工資和主張精細的成本核算的科學管理方法)

Taylor's differential piece rate system 泰勒式按產量支付的工資率制;泰勒差別計件工資 (泰勒式的差別工資率制)

T-bill 〔美〕(財政部發出的) 短期證券 (=treasury bill)

T-bond　〔美〕國庫債券（由美政府發行的五年期的長期的）；庫存債券（由一家公司發行的）

Tea chest　茶葉箱（出口用的，每箱重 100-140 磅或 25-30 磅不等）

Tea-dealer's association　茶葉商協會

Team　組；小組；〔英古〕特許權（英國的特許狀賦予莊園主擁有約束和審判奴隸和農奴的特權）

Team work　共同勞動；協同作業

Teamster　卡車駕駛員；卡車駕駛員工會會員；趕馬駕車運貨供租用的人

Tear down the trade barriers　拆除貿易壁壘

Tear-gassing　（用）催淚性的毒氣

Tearing of will　撕毀遺囑（應視為撤銷遺囑論）

Technical　嚴格根據法律意義的；根據法律的；技術的；工藝的；技能的；專門性的

Technical adviser　技術顧問；技術陪審員

Technical advisory service　技術諮詢服務

Technical agreement　技術協定

Technical and managerial skills　技術和管理技能

Technical appraisal　技術鑒定

Technical assault　技術上認為的侵害人身

Technical assessor　技術顧問；技術陪審員

Technical assistance　技術援助

Technical Assistance Committee (TAC)　技術援助委員會

Technical assistance in trade promotion　促進貿易的技術援助

Technical attaché　技術專員

Technical background in economies　經濟技術背景

Technical barrier to trade (TBT)　〔關貿〕技術性貿易壁壘（指總協定以衛生、安全和技術等嚴格檢驗程序間接限制境外商品的流入）

Technical Barriers to Trade Agreement　〔關貿〕貿易技術壁壘協定

Technical capacity　技術能力

Technical commission　技術委員會

Technical committee　技術委員會

Technical Committee on Customs Valuation　海關估價技術委員會；〔關貿〕海關估價技術委員會（其職責是專門負責有關估價技術問題的研究和解釋）

Technical Committee on Rules of Origin　〔關 / 世貿〕原產地規則技術委員會

Technical consultation　技術諮詢

Technical content　技術成份

Technical cooperation　技術合作

Technical cooperation administration　〔美〕技術合作署

Technical cooperation among developing countries (TCDC)　發展中國家間技術合作

Technical Cooperation and Training　〔世貿〕技術合作和培訓

Technical Cooperation and Training Division　〔世貿〕技術合作培訓處（秘書處的三個處之一）

Technical cooperation programme　技術合作規劃

Technical defect　技術缺陷

Technical delegate　技術代表

Technical delegation　技術代表團

Technical Education and Industrial Training Department　〔香港〕工業教育及訓練署

Technical employee　技術僱員

Technical errors　技術性錯誤（指審判中無損當事人的錯誤，因而不能作為撤銷判決的理由）

Technical exchange　技術交流

Technical expert　技術專家

Technical Expert Group　〔關貿〕技術專家組（為關貿總協定解決爭端的通常程序，其職責是，受理爭端案件，可與爭端當事國協商、調查研究、客觀評估，作出科學裁定，並在 6 個月內作出書面報告）

Technical expertise　技術知識；技術鑒定

Technical features　技術特徵

Technical feedback　技術效益

Technical gap　技術差距

Technical information　〔世貿〕技術資料；技術信息（指提供給 IMF 和世行組織）

Technical innovation　技術改造；技術創新

Technical insolvency　〔會計〕專門意義上的無力償付債務

Technical interpretation　技術性解釋

Technical know-how　技術訣竅；技術工藝知識

Technical meaning　技術意義

Technical meeting　技術會議

Technical mortgage　正式抵押（其反義詞為 "equitable mortgage"，由書面文據或無書面文據的衡平法上的抵押）

Technical organisation　技術組織

Technical qualifications　技術資格

Technical regulations　技術規章；〔關貿〕技術規章（指總協定的確定產品特性或其有關加工和生產方法的文件）

Technical reserve　〔保〕技術性準備

Technical rule of interpretation　解釋的技術規則

Technical service　技術服務

Technical specifications　〔關貿〕技術規格（指總協定規定的關於採購單位擬對產品質量、性能、體積、安全性、檢驗及檢驗方法、特殊用語及符號、包裝和標記等技術規格）

Technical standards　技術標準（指服務貿易中以安全、健康為由的壁壘以限制發展中國家的勞務輸入，一種非關稅壁壘）

Technical term　技術詞語；專門術語

Technical total loss　〔保〕推定全損

Technical visa　技術簽證（指有效管制外國商品進口的措施之一）

Technician allowance　技術人員津貼

Techniques of law　法律知識技術

Technological change　技術改造（指服務貿易手段而言）

Technological gap　技術差距

Technological Information Pilot System (TIPS)　技術資料引導系統

Technological innovation　技術革新

Technological upgrade　技術升級

Technologically advanced enterprise　技術先進企業

Technology consultancy　技術諮詢服務

Technology development　技術發展，技術開發

Technology diffusion argument　技術擴散論（指工業化國家要求保護知識產權而言）

Technology information　技術信息；技術情報

Technology intensive product　技術密集型產品

Technology intensive projects　技術密集型項目

Technology renovation 技術革新

Technology services 技術服務；技術勞務

Technology transfer 技術轉讓

Technology-intensive items 技術密集型項目

Teddy boy 阿飛

Teding-penny 〔英古〕小額稅收 (指郡長向郡的每個十戶區徵收小額稅或津貼以供維持法庭開銷等使用)

Teep 〔印〕期票 (由當地銀行業者或貸款人給佃農的本票以其作為他們向政府交納租稅的擔保)

Teind court 什一稅法庭

Teinds 〔蘇格蘭〕什一稅

Teinland 〔英古〕領主封地 (指國王封給領主或貴族的土地)；〔撒〕貴族領地

Telecom Agreement 〔世貿〕電信協定 (又稱《基礎電信服務協定》，1998 年 2 月 5 日達成的)

Telecom services 電訊服務，電信服務

Telecommunication agreement 〔世貿〕電信通信協定 (為世貿組織成立以來於 1996 年在新加坡部長會議上達成的第一個重要的服務貿易協定)

Telecommunication Law 電信法 (調整電信關係的法律規範的總稱)

Telecommunication lines 電信線路

Telecommunication network 電信通信網絡

Telecommunication satellite 電訊衛星

Telecommunications service 電信服務

Telecon 電話會議

Telegram intercourse 電訊往來關係

Telegraphic money 電匯 (款)

Telegraphic ratification 電訊批准

Telegraphic Transfer (T/T) 電匯 (買方將貨款交進口地銀行，填妥電匯申請書，由匯出行用電報或電傳通知賣方所在地銀行，委託其向賣方付款)

Teleological interpretation 目的論解釋

Teleological method of interpretation 目的論解釋方法

Telephone tapping 電話竊聽 (指偷聽，偷錄他人在電話中的講話)

Telephone time-charge system 電話按時計費制

Telephonic transfer 電匯

Television and Entertainment Licensing Authority 〔香港〕影視及娛樂事務管理處

Tell v. 作證；表明；說明

Teller in parliament 〔英〕國會唱票員 (國會分裂成兩派時選出的)

Teller(s) 唱票；監票人；計票人 (指由國會議長指定統計各選區的票數)；〔英〕稅務官 (指定負責為國王收稅及債券的四個稅務官，已廢止)；〔美〕(銀行等) 出納員

Tellership 點票員 (或出納員等的) 職位

Telling characteristic 生動的特點

Tellworc 承租人必須替領主勞動的日數

Temper v. 篡改 (文件)；干涉；干預；收買，賄賂

Temper justice with mercy 寬嚴並濟；恩威兼施

Temperance 節慾；節制；戒酒，禁煙

Temperance movement 禁酒運動

Tempest 大風暴；暴風雪；暴風雨

Templars (倫敦的) 法學家；律師；聖殿騎士團 (一種騎士的宗教團體，成立於 1119 年，其職業首先是在公路上保護到

耶魯撒冷的朝聖者不被搶劫)

Temples 〔英〕內寺和中寺律師學院 (為英國四大律師學院中的兩個，或可譯為"內寺和中寺法學院")；〔單〕聖殿；寺院；廟宇

Temporal 世俗的；非宗教的；非現世的；暫時的

Temporal application 時間上適用

Temporal court 非宗教法院

Temporal lords 〔英〕貴族院普通議員；上議院世俗議員

Temporal peer 非僧侶貴族的上議院議員

Temporalities 世俗財產 (教會擁有的財產或收入)

Temporalities of bishops 主教財產；主教教區的收入 (指屬主教教區歲入、土地、住宅及宗教保有的土地)

Temporality 俗人 (釋義見 "the laity; secular people")

Temporary 暫時的；臨時的 (其反義詞為 "perpetual" 和 "indefinite")

Temporary (nominal) account 臨時性賬戶 (又稱虛賬)

Temporary absence (from) 〔英〕臨時缺席；臨時不在 (英國 1971 年移民法規定離開英本土不得超過兩年，否則將影響及居留權)

Temporary absentee 暫時缺席者

Temporary accommodation 臨時通融；臨時貸款；臨時住處

Temporary administration 臨時遺產管理 (在遺產管理人或遺囑執行人委任之前，法院指定的臨時管理死者的遺產)

Temporary administration of territory 領土的臨時管理

Temporary administrator 臨時遺產管理人 (法院在合格的遺產管理人或遺囑執行人委任之前，臨時指定的管理死者遺產的人)

Temporary advances 臨時預支；臨時預付款

Temporary advisory commission 臨時諮詢委員會

Temporary agreement 臨時協定

Temporary alimony 臨時撫養費 (未決的離婚訴訟中臨時判與配偶的)

Temporary allegiance 臨時效忠 (指外國人對居住地國家所負的義務)

Temporary allowance 臨時補助費；臨時津貼

Temporary annuity 臨時年金；定期年金 (限期給付年金)

Temporary appropriation 臨時佔用；臨時徵用

Temporary asylum 臨時避難所；臨時庇護所

Temporary Authorisation 臨時認可狀 (指駐在國在給派遣國領事正式頒發領事證書之前准許其臨時執行領事職務的一種文書)

Temporary bonds 臨時債券

Temporary business 臨時營業

Temporary cease-fire 臨時停火

Temporary certificate 臨時證明書；代收據

Temporary cession 暫時讓與；暫時割讓；抵押

Temporary charge (of) 臨時代理

Temporary civilian medical personal 臨時平民醫務人員

Temporary close 臨時停閉

Temporary commitment (精神病人) 臨時收容

Temporary condemnation 臨時佔用；臨時徵用

Temporary control 臨時管制

Temporary deposit 臨時存款

Temporary depot (海關的) 臨時倉庫

Temporary detention 臨時拘留；〔美〕審前羈押 (指根據刑事案件是非曲直作出終局判決前的羈押)

Temporary diplomatic courier　臨時外交信使

Temporary diplomatic mission　臨時外交使團

Temporary disability　臨時性殘疾；臨時喪失工作能力（指求償人全部或部份因受傷正在治療康復期間，不能工作）

Temporary discharge　（船等）臨時卸貨

Temporary domicile　臨時住所

Temporary duty to support poors　臨時救貧義務

Temporary Emergency Court of Appeal　〔美〕臨時緊急上訴法院

Temporary employee　臨時工；臨時僱員

Temporary employment　臨時僱傭；臨時性工作

Temporary envoy　臨時使節

Temporary equilibrium of demand and supply　供求暫時的均衡

Temporary export　暫時出口

Temporary import　暫時進口

Temporary import surcharges　〔世貿〕臨時進口附加稅

Temporary impossibility of performance　暫時不能履行

Temporary imprisonment　有期監禁；有期徒刑

Temporary injunction (=preliminary injunction)　臨時禁制令；中間禁制令（指原、被兩造的權利確定前，法院禁止被告在爭議中的行為的命令，或為避免緊急重大的損害而發佈的臨時禁令，只要沒有其他命令，該命令的效力可持續到本案判決為止）

Temporary international commission　臨時國際委員會

Temporary interruption　臨時中斷；暫時中斷

Temporary judge　臨時法官

Temporary legal authority　臨時的法律上權力

Temporary letter of credence　臨時國書

Temporary licence　臨時執照

Temporary life annuity　〔保〕定期人壽年金；限期生存年金（指要保人在世期間的年金）

Temporary loan　臨時貸款；暫貸

Temporary loan for the redemption of paper money　償還紙幣貸款

Temporary means of transport　臨時運輸工具

Temporary measure　臨時措施

Temporary medical unit　臨時醫務所

Temporary mixed commission　臨時混合委員會

Temporary movement of business people　商業人士短期流動

Temporary mutual aid team　〔中〕臨時互助組（中國農村解放初期貧農和缺乏勞動力的農戶農忙期間盤工的一種形式）

Temporary neutrality　臨時中立；暫時中立

Temporary obstruction　（公路等）暫時關閉；暫時停用

Temporary occupation　臨時職業

Temporary occupation permit　臨時居住證

Temporary official mission　臨時公務使團

Temporary partial disability　暫時部份殘疾（指因工傷或疾病在康復前只臨時部份喪失勞動能力）

Temporary posts　臨時職位

Temporary president　代議長

Temporary punishment　有期徒刑；暫時處罰

Temporary quarantine station of port　臨時海港檢疫所

Temporary receipt　臨時收據

Temporary recognition　臨時承認；暫時承認

Temporary registry　暫時登記；暫時登記處

Temporary removal　〔美移〕臨時移送

Temporary repair cost　臨時修繕費；臨時修理費

Temporary residence　現居所；寄宿；寓居

Temporary residence of the emperor　行宮（封建時代京城以外供皇帝出行時居住的宮室）

Temporary residence permit　臨時戶口許可證；臨時居留證

Temporary resident　寄居者；臨時居民

Temporary restraining order (TRO)　臨時禁制令（法院只有在特殊情況下和就爭議標的審判之前，由於情況需要應訴訟對方當事人或其律師要求以彌補損害而簽發適當的命令）

Temporary settlement　臨時協議；臨時居留地

Temporary sovereignty　臨時主權

Temporary specialised mission　臨時特別使團

Temporary staff　〔世貿〕臨時職工，臨時職員；臨時的工作人員（指 WTO 秘書處直至 1997 年尚無自身固定的工作人員，他們均僱自 GATT 及從 ICITO 借僱，直言 WTO 成立之初的困境）

Temporary stay (in)　暫時居留

Temporary suit money　臨時律師費

Temporary support　臨時撫養費

Temporary surrender　臨時移交

Temporary suspension of a concession　〔關貿〕暫停減讓（指當一締約方利益受到嚴重損害時可按 GATT 規定採取的措施）

Temporary suspension of the execution of a sentence　緩刑；緩期執行刑罰

Temporary territory　臨時領土（暫時領土）

Temporary total disability　暫時全疾；暫時喪失全部工作能力（指工傷後在治療或恢復期中完全喪失勞動能力）

Temporary trade　暫時貿易（指海關允許暫時出（進）口而不投入商品流通內的貨物，因其不計入總貿易內）

Temporary transfer　臨時移交

Temporary treaty　臨時條約（指非永久性的條約，例如賠款條約等）

Temporary tribunal　臨時法庭

Temporary visa　臨時簽證

Temporary work　臨時工作

Temporising declaration　權宜聲明

Ten commodities index　〔美〕十品指數（哈佛大學珀森斯教授作出的特別物價指數，被認為最能敏感地表達景氣）

Ten Hours Act　〔英〕十小時勞動時間法（1847 年）

Ten percent rule　〔美〕（禁止貸款）百分計的規則（美國銀行關於禁止貸款的規則）

Ten Pound Act　〔美〕十磅條例（紐約殖民地法，1769 年頒佈，規定十磅以下的民事訴訟的審判權屬於保安官及其他地方官）

Ten Principles of Bandung Conference　萬隆會議十項原則（擺脫殖民統治後取得獨立的亞非國家，第一次於 1955 年 4 月在印度尼西亞萬隆召開沒有殖民國家參加的情況下，討論有關亞非人民切身利益問題的大規模國際會議，並通過了《亞洲會議最後公報》，提出了各國和平相處和友好合作的十項原則）

Tenancy　地產保有；不動產租賃；租賃地佔有；租賃房屋的佔有；租佃權；租借權（指承租人對土地或房屋佔有和控制權）

Tenancy agreement 租約；租賃契約

Tenancy at sufferance 寬容的不動產租賃；逾期租賃 (在租賃期滿未歸還不動產的情況下而繼續寬容租賃者)

Tenancy at will 任意租賃；不定期的不動產租賃 (指經所有者允許取得不定期租賃，但未定期限，即屬一種可隨意取消的租賃)

Tenancy by the courtesy of England 〔英〕保有亡妻不動產的租賃權 (指妻子生有子女而死後，其不動產由丈夫生存期間保有)

Tenancy by the entireties 夫妻共同保有；夫妻共同保有不動產的租賃權 (指丈夫或妻子共同租賃權，如果其中一人亡故，則全部租賃權歸另一人所有，並且排除已故繼承人的繼承)

Tenancy by the rod 經過註冊的不動產租賃

Tenancy card 租住卡

Tenancy contract 不動產租賃契約

Tenancy for a period 定期租賃；定期保有

Tenancy for years 定期租賃；定期保有

Tenancy from month to month 按月租賃；不定期保有

Tenancy from year to year 逐年定期租賃；跨年定期保有；(=estate from year to year)

Tenancy in common 共有租賃；共同佔有；混合共有 (指每人共同擁有未分割財產中的利益的一種所有制形式。例如，甲、乙共有的財產，甲死後，甲的繼承人可繼承與乙共有的財產)

Tenancy in coparcenary 共同繼承保有 (限於女系血親無遺囑的血統繼承)

Tenancy in partnership 合夥租賃；合夥保有的地產

Tenancy in perpetuity 永佃權；永久性保有的地產

Tenancy of stall 攤位租賃

Tenancy par la verge 經註冊的不動產租賃

Tenancy relationship 不動產租賃關係

Tenancy system 不動產租賃制度；租佃制度

Tenancy-right 不動產租賃權

Tenant 租賃人；承租人；佃戶；不動產承租人 (包括廣義和狹義兩種，前者逐年終身佔有他人的土地；後者則指暫時租賃佔有和使用他人的房、地產)；房客；住戶；〔香港〕房客

Tenant at sufferance 逾期承租人；默許承租人；容忍租賃人 (指合法佔有他人的土地，但租期屆滿後未經業主同意而繼續其不法佔有者)

Tenant at will 不定租期的不動產承租人；任意期限的不動產租賃人 (指出租人可隨意收回租賃；租戶亦可隨時退租的意思)

Tenant by copy of court-roll 〔英〕經註冊的不動產承租人；副本土地保有權的租戶 (為 "copyholder" 的舊稱)

Tenant by entireties 夫妻共同保有人；連帶或共同的不動產承租人

Tenant by sufferance (=Tenant at sufferance) 逾期承租人；默許承租人；容忍租賃人 (指合法佔有他人的土地，但租期屆滿後未經業主同意而繼續其不法佔有者)

Tenant by the curtsey (Curtsey of England) 〔英〕繼承亡妻遺產人；鰥夫地產保有人 (指丈夫繼承妻子的遺產)

Tenant by the curtsey initiate 鰥夫限定地產保有人 (指只有在妻子生育有權繼承其遺產的子女時，丈夫才可得對其妻子所繼承的不動產享有的終身租賃權)

Tenant by the manner 樣式地產保有人

Tenant farmer 租地農場主

Tenant for life 終身地產保有人 (終身產權人)；終身地產承

租人 (終生地產租戶)

Tenant for years 定期租賃人；定期不動產承租人 (指一年或確定數年的租賃期限)

Tenant from year to year 逐年租賃人；逐年不動產承租人 (指按習慣終止當年的租賃，但雙方應預先提前半年發出可否續租的通知)

Tenant in capite 英王直轄地承租人；國王的直屬封臣 (指在封建社會裏國王那裏直接保有土地的領主)

Tenant in chief 英王直轄地承租人；國王的直屬封臣 (釋義同上)

Tenant in common 〔英〕混合共同承租人；混合共同保有人 (根據英國 1925 年《財產條例法》規定，不動產共同租賃業已廢止，但動產共同租賃仍然存在)

Tenant in dower 遺孀地產保有人 (指終身繼承佔有亡夫三分之一的遺產)

Tenant in fee 完全保有地產權人；〔美〕永久繼承地產保有人；(現代法) 不動產所有人

Tenant in fee simple (=Tenant in fee) 完全保有地產權人；〔美〕永久繼承地產保有人；(現代法) 不動產所有人

Tenant in tail 限嗣繼承土地保有人 (指受贈人死亡時其限定保有的土地隨之解除而歸還贈與人或其繼承人)

Tenant of the demesne 中間領主土地保有者的承租人

Tenant paravail 〔美〕次承租人；分承租人；轉租承租人

Tenant pur autre vie 終身租戶

Tenant to the praecipe 〔英〕訴不動產承租人的令狀 (但該訴訟令狀所訴的對象實為虛擬的不動產承租人)

Tenant-farmer 佃農；佃戶 (指租地自行經營的農民)

Tenant-farming 佃耕

Tenant-right 〔英〕租戶權利；租賃人請求補償權 (指租期終止時，承租人對其租賃期間所作的土地 / 改良要求給予補償的權利)

Tencon 〔法〕爭議；爭端；爭吵；不和

Tend *v.* 傾向於；趨向於；服務於；貢獻於；(在某種程度或方法上) 有助於；(或多或少) 有直接影響或效果

Tender *n. & v.* I. 償還；履行 (指被告抗辯稱，在求償訴訟提起之前就準備隨時償還原告的債務)；貨幣 (或鈔票)；提供 (指逼使債權人接受硬幣或紙幣以償還其債務)；提出 (證據、抗辯等)；投標；招標；〔英〕報價單；開價單；〔蘇格蘭〕理賠數額；II. 支付；償還；投標；履行

Tender bidding 投標買賣

Tender bond 投標保證金

Tender documentation 投票證書

Tender guarantee 投標擔保

Tender invitation 招標；邀請投標

Tender money in payment of a debt 付款償還債務

Tender of amends 提供賠償；賠償損失的要求 (指損害或違約而提出補償物)

Tender of delivery 〔美〕提供交付 (指要求賣方把擬交付貨物置於買方處置之下，並合理必要地通知買方提取)

Tender of issue 爭點的提出；提交爭論點 (指被告在答辯中將其爭點提交陪審團裁決)

Tender of last resort 最後貸款人

Tender of performance 提供給付；履行要約 (指要約方通常需要約束違約方承擔履行違約之清償債務的責任)

Tender offer 提出要約；收購股權 (指由一家公司提出直接購買另一家公司的股權旨在求得控制第二家公司)；招標

Tender price　投標價格；交割價格

Tender rate (treasury bills)　〔英〕拍賣價格（英國短期國庫券的）；投標率

Tender requirements　招標要求（規定）

Tender the amount of rent　償付租金的提供

Tender years doctrine　〔美〕(法院) 授予母親監護幼年子女的原則

Tendered ballot paper　已投的選票

Tenderer　投標人；投標商

Tendering documents　投標證書

Tendering procedures　〔關貿〕投標程序（總協定對政府採購應以公開投標方式進行等詳細規定）

Tendering requirements　投標規定（要求）

Tenement　共同住宅；一套房間；經濟公寓；分租房屋；保有物（本術語一般只適用於房屋和建築物，但其原來法律意上 意味着一切可擁有的帶有永久性質理想的或實物的東西；在普通法上 "tenements" 包括土地和其他繼承財產、有資格完全自由保有的地產和租金）

Tenement house　〔美〕經濟住房（指低租金公寓住房只滿足安全和衛生等最低限度條件的經濟性住房）

Tenementary　地產的；住屋的；供出租的；供分租的

Ten-Nation Committee on Disarmament　十國裁軍委員會

Tenor　大意；要旨（要旨，指契據、文件上所含的真實意圖）；匯票期限；到期的日期；（文件等）抄本；謄本

Tenor draft　限期匯票

Ten-pounder　每年十磅地租；根據繳納的房租而具有選舉權的市民

Tension-ridden　充滿緊張的

Ten-spot　〔美俚〕十年刑期

Tentative　暫時的；暫定的

Tentative agenda　暫時議程

Tentative recognition　暫時性承認

Tentative suggestion　初步建議

Tenterden's Act　〔英〕坦特登法（防止詐欺法規，指 1828 年英國防止詐欺法修正法）

Tenth Amendment　〔美〕憲法第 10 條修正案（關於把權力保留給各州政府和人民行使，修正於 1791 年）

Tenths　〔英〕什一稅（供安娜女王賞賜給教會的一種賑濟金）；臨時補助金（古時由英國議會從私人財產中頒發給國王的）

Tenure　(官員等的) 仕地（指擔任職務的時間）；(教師、教授) 試用期；租期；使用期；佔有期；佔有權；保有權；(地產、職位等的) 佔有；保有；持有；〔封〕土地保有制

Tenure by barony　貴族領地保有權

Tenure by cornage　〔英〕負擔軍役的土地保有制（土地保有者在敵人侵入國境時負有鳴笛報警的義務）

Tenure by divine service　限定教役土地保有制（指教會法人負有定期進行祈禱等義務一種保有土地方式）

Tenure by serjeanty (or tenure by knight service)　軍役土地保有制（保有者每年有義務提供一定數目的武裝騎士保有土地的一種方式）

Tenure for life　終身土地保有制

Tenure in free socage　自由農役保有制

Tenure of office　任期；任職期間（指當選官員或任職期間有權保有官職、履行職責、享有其特權和報酬）

Tenure of use　使用年限

Tenured faculty　終身教員的職務（指終身或直至退休之前持

有學校教職員工的職務）

Terce　〔蘇格蘭〕寡婦享有先夫三份之一遺產繼承份；遺孀繼承亡夫 1/3 地產權

Term (T.)　〔英〕開庭期（按：普通法的高等法院開庭審理損害賠償案件期間；其與 "session" 常互相通用）；地產租期；定期租借；期；期限；(協議) 條款；約定；支付日期；術語；專門用語；〔香港〕任期

Term annuity　定期年金

Term bonds　定期債券；定期公司債券（指發行一種在同一時期到期的債券）

Term contract　定期合同

Term day　開庭日；支付日；〔蘇格蘭〕法定季度結賬日

Term deposit　定期存款

Term fee　〔英〕法庭費（指高等法院出庭後訴訟審理費）；分期律師費（指律師有權要其顧客交付定額費用，但其後勝訴方可向敗訴方求償）

Term for appeal　上訴期限

Term for deliberating　考慮期限（指供受益繼承人考慮作出對遺產的繼承抑或放棄的決定）

Term for years　地產佔有期限；地產保有年限

Term free from taxation　免稅年限

Term in gross　〔英〕尚未繼承的定期不動產保有年限（指該不動產尚在與繼承無關的第三者手中所保有的年限）

Term in preparation　準備期間

Term insurance　定期保險（指逐期展期的）

Term life policy　定期人壽保險單

Term limited for presentation　(票據等的) 提示期間

Term loan　定期貸款（一種附償還日期的貸款，其反義詞為 "demand loan"）

Term mortgage　定期抵押（定期抵當）

Term of a loan　貸款期限

Term of an insurance policy　保險單的有效期

Term of art　特定術語；特定用語

Term of collection of taxes　納稅期限

Term of contract　合同期；合同條款

Term of court　開庭期；審判期

Term of deposit　存款期限

Term of extinction　消滅期限

Term of grace　寬限期

Term of imprisonment　刑期；監禁期

Term of Insurance　保險期間

Term of judgement　裁定期間（又稱命令期間，按法院或政府的命令確定）

Term of lease　不動產租賃期間（指允許租戶佔用房地產期間，不包括訂約和進入的時間在內）

Term of office　任期

Term of Office Act　〔美〕任期法；官職任期條例

Term of payment　清償期；償還期；付款期限

Term of penalty　刑期（含有兩種意義：1. 法定刑期，即刑法規定具有時間因素的刑罰期限；2. 宣告刑期，即依法在刑事判決中宣告的具體刑期）

Term of performance　履行期（間）

Term of protection　保護期；保護期限

Term of public service　公職任期

Term of public summons　公示送達期間；公示催告期間

Term of redemption　償還期限；分期償還條件

Term of residence 駐在期限；居住期限

Term of service 任期；服役期

Term of suspension 停止期限

Term of tax 納稅期限

Term of ten years in prison 十年徒刑

Term of the sentence 刑期

Term of validity 有效期限

Term of years 年期；年限；〔英〕定期地產保有權（指保有土地的租賃權年限）

Term policy 定期保險單

Term probatory 〔宗〕（允許被告）提供證據期

Term time 〔英格蘭〕法定支付期（指租金或利息）

Term to conclude 〔宗〕（法官指定兩造）案件總結期；結案期間

Term to propound all things 〔宗〕舉證期間（指由法官制定的期間內，兩造各自分別舉出其訴由的全部行為和文件）

Terme de la loi 〔法〕法律術語

Termer 服刑者；定期的土地租戶

Termes de la ley 〔法〕（英國）法院術語

Terminable annuity 定期年金（指有限期的年金或養老金）

Terminable combination 臨時的企業聯合；定期企業聯合；臨時結合

Terminable contract 可終止的合同；有限期的契約

Terminable interest 定期利益；可終止的財產利益（指財產的利息隨財產所有者的死亡或特殊事件的發生而終止）

Terminable loan 定期貸款（可終止的貸款）

Terminable property 〔美〕有限期的財產（指非永久無限期而是有定期滿期的財產，例如：“a leasehold, a life annuity”）

Terminal 地點；終點；（指鐵路、公共汽車、航空線等）總站，終點站，終點港，航站樓；〔複〕終點站使用費；〔計算機〕終端

Terminal apron （飛機）停機坪

Terminal charge 終點裝卸費；發貨到站手續費

Terminal elevator 終點站市場穀倉

Terminal installation 〔英〕終端儲油庫裝置（指近海向海面的可接到由水上運來的石油包括可與儲油庫裝置相銜接的設施）

Terminal receipt 入庫收據

Terminate v. 結束；終止；終局；到期；解除

Terminate ... consul's functions 終止…領事職務

Terminate a contract 終止合同，解除契約

Terminate a pact 終止條約

Terminate contract before the date of expiration 提前終止合同

Terminate one's functions (with) 終止…職務

Terminate the consular status 終止領事身份

Terminate waiver 終止豁免

Terminating participant 退出的參與者；〔基金〕退出參與者；終止參與者

Termination 終止；結束；結局；終點；（租期）屆滿；〔保〕期滿；

Termination allowance 解僱津貼

Termination clause 〔保〕終止條款

Termination forthwith clause 立即終止生效條款

Termination Fund account 〔基金〕終止國際貨幣基金的賬戶

Termination grant 取消補助金；終止津貼

Termination indemnity 解僱償金

Termination of a par value 〔基金〕取消相同的面值；取消一種相同（匯兌）平價

Termination of association 協會終止；協會解散

Termination of authorisation 終止授權

Termination of conditional contract 〔美〕終止未履行部份的契約；撤銷未履行部份的契約

Termination of consular functions 終止領事職務

Termination of consular status 終止領事身份

Termination of control 解除管制

Termination of employment 解僱；終止就業；僱用期滿；〔保〕終止僱傭關係（意即保險期滿立即完全解除僱主與僱員的僱傭關係）

Termination of execution 終止執行（指民事訴訟中，已經開始的強制執行，因發生某種特殊情況不能繼續執行，因而結束執行程序）

Termination of lease 租約終止

Termination of litigation 訴訟終結（指民事訴訟開始後作為訴訟主體一方的當事人死亡或者根據法定的其他原因結束訴訟程序。又稱"訴訟終止"）

Termination of partnership 合夥解散；合夥終止；〔基金〕終止參加

Termination of risk 保險責任終止；保險期滿

Termination of tenancy 租賃屆滿；租賃期滿

Termination of term 期限屆滿

Termination of treaty 條約的終止（指條約到期或由於某種事實或原因而失去了效力）

Termination of trust 信託關係的終止

Termination of war 戰爭的終止（戰爭結束）

Termination prior to liquidation 清償前終止；〔基金〕結業前清算；屆滿前清算

Termination slip 〔美〕解僱通知單

Terminer 〔法〕斷定；決定；裁定

Terminology 術語學；術語；專門名詞

Termly 定期支付的

Termor 地產定期租戶；地產定期保有人；定期租戶；終身租戶

Terms 〔複〕（契約，談判等）條件；條款；約定；費用，價錢

Terms and conditions 條款和條件；條件（單據用語）

Terms and conditions as usual 按照常規的買賣條件

Terms and conditions of commercial contracts 商業合同的條款和條件

Terms and conditions of technology transfer 技術轉讓的條款和條件

Terms as usual 按通常的支付貸款的方法

Terms de la ley 《古法律術語》（指古時編纂的法律詞典主要用來解釋法語語系上技術性的法律術語）

Terms of an agreement 協定條件；合約條件

Terms of contract 合同條款

Terms of credit 信用貸款條件；信用證條件

Terms of delivery 交付條件；交貨條件；交付條款

Terms of employment 招工條件；僱傭待遇

Terms of loan 貸款條件

Terms of payment 付款條件；支付條款

Terms of peace 媾和條件；和平條件

Terms of price　價格條件

Terms of redemption　分期償還條件

Terms of reference　授權調查範圍；權限；委任範圍；審理事項

Terms of reference of panels　專家組職權範圍

Terms of sale　銷售條件

Terms of service　勞務條件；服務條件

Terms of settlement　解決辦法；解決條件；結算條件

Terms of settlement under the ICC Rules of Conciliation　按照國際商會和解規則的和解條件

Terms of the treaty　條約規定

Terms of trade　貿易條件；進出口交換比率（指進出口貨價之間的比率）

Terms of trust　信託條款；信託條件（本短語以明示方式表明信託設立人意願，其可被承認作為司法訴訟的證據）

Terms of WTO Agreement　世貿組織協定條款

Terms or term days　〔蘇格蘭〕清賬日；結賬日

Terms to be under　附有條件（訴訟當事人接受以遵守法院授予特惠為條件）

Terms-of-trade changes　貿易條件的變更

Terrestrial environment　陸地環境

Terrestrial space　陸地空間

Terre-tenant　土地實際佔有者（其有別於 "owner out of possession"）

Terrier (or terrar)　地產冊；地籍冊（包括畝數、租賃人的姓名等等，以及記入私人或團體所有的土地位置和境界等）

Territorial　領土的；領地的；特定區域的；區域性的；管轄區域的

Territorial acquisition　領土取得

Territorial aggrandisement　領土擴張

Territorial air　領空

Territorial air space　領空（指隸屬於國家主權的國家的領陸和領水的上空）

Territorial application　領土適用

Territorial application clause　領土適用條款

Territorial application, frontier trade, traffic-customs unions and free-trade areas　〔關貿〕適用的領土範圍、邊境貿易、關稅聯盟和自由貿易區

Territorial asylum　領土庇護（所）

Territorial atmosphere　領空

Territorial authority　領土當局

Territorial bay　領灣

Territorial belt of waters　領水帶

Territorial bonds　屬地聯繫；〔單〕地方債券

Territorial boundaries　領土邊界

Territorial cession　領土割讓

Territorial change　領地變動

Territorial civil jurisdiction　屬地民事管轄權

Territorial claim　領土要求；領土主張

Territorial claims against a country　對一個國家提出領土主張

Territorial clause　領土條款

Territorial control　領土控制

Territorial courts　領土所屬國法院；〔美〕領地法院；屬地法院（例如美屬維爾京羣島法院既做為聯邦法院又是州法院）

Territorial criminal jurisdiction　屬地刑事管轄權

Territorial department　〔美〕海外領土部（負責組織與直轄市美國海外領土範圍內的軍事行動）

Territorial difference　領土紛爭

Territorial dispute　領土爭端

Territorial division of labour　地域的勞動分工

Territorial domain　領域

Territorial effectiveness　領土實效性

Territorial expansion　領土擴張

Territorial facilities　領土便利

Territorial guarantee　領土保證

Territorial gulf　領灣

Territorial gulf and bay　領灣

Territorial integrity　領土完整

Territorial inviolability　領土不可侵犯性

Territorial judge　〔美〕屬地法院法官

Territorial jurisdiction　屬地管轄權；領土管轄權；地域管轄（即法院的權力只以其所固定的邊界為限）

Territorial jurisdiction of consul　領事管轄區（簡稱 "領區"）

Territorial laws　屬地法；〔美〕領地法律

Territorial limit　領土界限

Territorial maritime belt　領海帶

Territorial principle　領土原則；屬地原則；屬地主義

Territorial property　領土財產權；〔美〕州屬財產（指個州對其州內土地和水域擁有屬地管轄權）

Territorial propinquity　領土鄰近性

Territorial regime　領土制度

Territorial right　領土權利

Territorial river　領河

Territorial sea　領海（指鄰接一國陸地領土及其內水，並處於該國主權下的一定寬度的海域，又稱邊緣海或領水）

Territorial sea strait　領海海峽

Territorial settlement　領土解決

Territorial sky　領空（指隸屬於國家主權的國家的領陸和領水的上空）

Territorial society　地域團體

Territorial sovereign　領土主權者

Territorial sovereignty　領土主權

Territorial space　領空

Territorial sphere of validity　屬地效力範圍；效力的屬地範圍

Territorial state　領土所屬國；領土國

Territorial strait　領峽

Territorial subsoil　地下領土；領底土

Territorial supremacy　屬地最高權；領土最高權；屬地優越權

Territorial test　屬地標準

Territorial title　領土所有權

Territorial treaty　領土條約

Territorial unit　領土單位

Territorial violation　領土侵犯

Territorial water jurisdiction　領海管轄權

Territorial water jurisdiction Act　領水管轄法

Territorial waters　領水（指公海和領土之間的海面，一般為12海里，包括領水和內海）

Territoriality　領土權；領土性；屬地主義；屬地性原則

Territoriality of criminal law　刑法的屬地原則；刑法屬地性

Territoriality of laws　法律的屬地原則（指法律不問其籍貫和種族，只適用其某一領土區域或其境內的所有人的原則）

Territoriality of patents 專利有效區域

Territories of U.S. 美國準州

Territory (T.) 領土；版圖 (位於國家主權下的地球表面的特定部份，其底土和上空)；領地；〔美〕準州 (指尚未正式為州，但有本地立法機構的地區)；(行為，知識等的) 領域，範圍；(指定的地理責任) 區域 (例如，"推銷員的區域")

Territory Development Department 〔香港〕拓展署 (1973–2004 年)

Territory of a judge 法官的管轄區域

Territory under the jurisdiction 管轄區域

Territory under the trusteeship system 託管制度下的領土

Terror 恐怖；驚駭

Terrorism 暴政；恐怖主義；恐怖行動

Terrorist 恐怖主義者；恐怖份子

Terrorist act 恐怖主義行為

Terrorist activities 恐怖主義活動

Terrorist attacks 恐怖襲擊

Terroristic threats 恐怖性威脅；恐怖份子的威脅；〔美〕恐怖威脅罪

Terry-stop 特里攔截 (指命令停步搜身)；(=stop and frisk)

Test *v. & n.* I. 測試；檢驗；詢問；考驗；審查，考查 (指對任命或當選為公職人員的政治、宗教或社會觀點或對其是否忠誠等進行的詢問或者考查、考察) (公法用語)；II. 檢驗；檢查；測驗；試驗；考驗；考驗標準；檢驗標準；〔英古〕宣誓

Test Act 〔英〕效忠宣誓法 (關於任用的官員、軍官、議員必須信奉國教的法律，已廢止)；〔蘇格蘭〕宗教宣誓法 (規定宣誓信奉改革後的宗教法做為錄用公職人員職業的一個條件，1567 年)

Test action 〔美〕標準案件；選作標準的訴訟 (意指幾個原告訴同一個被告或一個原告訴幾個被告，所訴的事實和證據、所要解決的問題也相同，法官合意選出其中一個作出判決，將其確立為重要的法律原則或恢復權利的訴訟案件)

Test case 試驗案件；標準案件；判決先例；(=Test action)

Test check 抽查

Test data 押碼數據

Test oath 〔美〕評定誓言；效忠宣誓 (尤指對現政府的忠誠與效忠)

Test of compatibility 適合性標準

Test of control 控制標準

Test of fitness 適性檢查

Test paper 〔美〕供驗定筆跡的文件

Test word 證明電信暗號；電信證據暗號

Testable 有資格作證人的；有資格立遺囑的 (美國規定為年滿 21 歲的男人)；可根據遺囑處分的；可測試的

Testacy 〔美〕死時留有遺囑

Testament 〔英〕遺囑 (" will"的同義詞，但嚴格來說僅限於處理其身後動產的遺囑)

Testament disposition 遺囑處理

Testament olographe 親筆遺囑

Testamentarius 遺囑執行人

Testamentary 遺囑的，關於遺囑的；遺囑指定的；遺囑訂明的；以遺囑給予的

Testamentary burden 遺囑中訂明的負擔 (責任)

Testamentary capacity 遺囑能力；立遺囑的法定資格

Testamentary causes 〔英〕遺囑訴訟 (指關於遺囑的有效性及其執行而言，現由衡平法庭受理)

Testamentary character 遺囑的性質

Testamentary class 〔美〕遺囑受贈者羣體 (指給予贈品的時間不確定，但羣體中每個成員將來均可分取均等的一份遺贈品)

Testamentary disposition 遺囑處分的財產 (指遺囑中訂明的財產依贈予、遺囑或按照財產贈予人死後才生效的契約處分)

Testamentary gift 遺囑贈與

Testamentary guardian 遺囑選任的監護人；遺囑指定的監護人 (指在遺囑中為未成年子女指定管理動產和不動產的監護人)

Testamentary heirs 遺囑指定的繼承人

Testamentary intent 遺囑意圖 (指立遺囑者須寫明只有按其遺囑執行方為有效遺囑的意圖)

Testamentary paper 遺書；遺囑性文書 (指具有遺囑性質、未經遺囑檢驗的遺囑，但如允許作為遺書，則可據此處分和分配遺產)

Testamentary power 立遺囑的權力

Testamentary power of appointment 〔美〕遺囑指名權 (指立遺囑者指定財產取得人的權限，亦即：在立遺囑者死亡時，只有通過死者遺囑持有人才能實施其遺囑的權限)

Testamentary succession 遺囑繼承

Testamentary trust 遺囑信託 (指遺囑設立人死後才能生效的信託)

Testamentary trustee 遺囑受託人

Testate *n. & a.* I. 留有遺囑而死的男人；立有遺囑者；II. 立有遺囑的

Testate succession 遺囑繼承 (與法定繼承相對，指按照被繼承人所立的遺囑取得繼承其遺產或權利的制度)

Testation 證明；證人；證據

Testator 〔英〕留有遺囑而死的男人；已立遺囑的男人；〔美〕立遺囑人；留有遺囑而死的人

Testatrix 〔英〕立遺囑的女人；〔美〕立遺囑的女人；留有遺囑而死的女人；女立遺囑人

Testatum 〔美〕協助查找被告令狀 (指法院在其管轄地找不到被告的下落而發給本州內其他縣司法執行官協助查找被告的執行令狀)；本契據證明下列各項 (契據正文的引言，即讓與所有權證書開頭部份的慣用語，例如：立約為證 "Now this deed witnesseth" 字樣作為契據的開頭部份)

Teste of a writ 〔美〕令狀的證明條款 (實踐中令狀的結尾條款)

Tested 經證明的

Testification 舉證；作證；證明

Testify *v.* 證明；證實；作證；提供證據；莊嚴宣誓證明

Testimonial *a. & n.* I. 證據性質的；II.〔美〕證明書，推薦書；鑒定書 (除書面介紹性格含義外，還有一層特殊意義，即要在太平紳士主持下證明一士兵或海員登陸的時間、地點及其住所或出生地以限其在方便的時間內通行)

Testimonial evidence 證人證言 (比照文件證據和實物證據而言)

Testimonial proof 口供證明；證人證據 (其反義詞為 "literal proof")

Testimonium clause 證明條款 (指遺囑或契據結束前的結束語，例如："In witness whereof")

Testimony (宣誓) 證言；(法庭上) 證人證言；證據 ("testimony 與 evidence" 為同義語。前者是證人在法庭上宣誓陳述的，後者則為書面的證明)；〔宗〕十誡；〔複〕聖經

Testimony of a witness 證人的證供；人證

Testimony of accomplice 同案犯證言

Testimony susceptible of error 不大可靠的證詞

Testing certificate 檢驗證書

Testing clause 〔蘇格蘭〕驗證條款；證明條款

Test-paper 〔美〕供驗定筆跡的文件；供陪審團作為證據的文件（賓夕凡尼亞法院用的術語）

Text 原文；本文；正文

Text message 短信

Text of the protocol 議定書文本

Text of the treaty 條約全文

Textbook 法學教科書

Text-book method 教科書式（指法學教授法而言）

Textile consumption tax 紡織品消費稅

Textile designs 紡織品設計；織物設計；意匠圖

Textile fiber 紡織纖維

Textile Fiber Products Identification Act 〔美〕紡織纖維製品鑒別法

Textile Quality Control Association 紡織品質量管理協會

Textile quota 紡織品配額

Textile standard 紡織標準（紡織生產技術和紡織產品流通的共同依據）

Textile trade 紡織貿易

Textiles 紡織品

Textiles committee 紡織品委員會

Textiles Monitoring Body (TMB) 〔世貿〕紡織品監督局（由1名主席和10名由貨物貿易理事會任命的成員方代表組成，其職責是監督 ATC 的實施）

Textiles safeguard mechanism 紡織品保障機制

Textiles Surveillance Body (TSB) 〔關貿〕紡織品監督機構（關貿總協定設立的機構，為監視國際紡織品貿易協議執行情況）

Textual interpretation 本文解釋

Thalweg 主航道中心線；河道分界線（釋義同 "talweg"）

Thanatology 死亡學；死因學

Thanatolopsy 屍體剖檢

Thanatopsia 屍體剖檢

Thane 〔撒〕貴族（指盎格魯撒克遜時代分為王族和普通自由民的兩種貴族）

Thavies Inn 〔英〕薩維律師協會（曾經專供低年級法律學生學習的院校之一）

The 1st MFA 〔關貿〕第一次多種纖維協議（從 1974 年 1 月至 1977 年 12 月）

The 2nd MFA 〔關貿〕第二次多種纖維協議（從 1978 年 1 月至 1981 年 12 月）

The 3rd MFA 〔關貿〕第三次多種纖維協議（從 1982 年 1 月至 1986 年 7 月）

The 4th MFA 〔關貿〕第四次多種纖維協議（從 1986 年 7 月至 1991 年 12 月）

The Amended Warsaw Convention 華沙條約修訂本 (1955 年)

The changing structure of international law 變革中的國際法結構

The Confirming Bank 保兌銀行

The Eighth Round, known as the Uruguay Round, of the GATT Multilateral Trade Negotiations from 15 September, 1986 to 15 April, 1994 held in Uruguay 關貿總協定第八輪多邊貿易談判（又稱《烏拉圭回合》，於 1986 年 9 月 15 日至 1994 年 4 月 15 日

The electric system 混合主義（主張 "契約因要約人受信而成立，但契約效力之發生，追溯至要約人發信之時"）

The Fifth Round, known as the Dillon Round, of the GATT Multilateral Trade Negotiations from September 1960 to July 1962 held in Geneva 關貿總協定主持的第五輪多邊貿易談判，又稱 "狄龍回合" 於 1960 年 9 月至 1962 年 7 月在日內瓦舉行（這輪談判共有 45 個國家參加，因由美國當時副國務卿道格拉斯·狄龍建議發動的故而聞名，主要就歐共體創立所引起的關稅與貿易問題進行討論，並同意歐共體 6 國間的進口稅率改成 6 國對其他國家的共同稅率，即由歐共體的統一稅率約束取代了歐共體國別的關稅約束。"狄龍回合" 就約 4400 項商品達成新的關稅減讓，共涉及 49 億美元的貿易額，使應稅進口值 20% 的商品平均降低關稅中 20%，歐共體 6 國統一對外關稅也達成減讓，平均關稅降低 6.5%，但農產品和某些政治敏感性商品大都被排除在最後協議之外）

The first patent 第一項專利

The First Round, known as the "Geneva Round" of the GATT Multilateral Trade Negotiations from April 1947 to October 1947 held in Geneva 關貿總協定第一回合多邊貿易談判，又稱 "日內瓦回合" 的多邊貿易談判於 1947 年 4 月至 10 月，在瑞士日內瓦舉行（這次談判有 23 個國家參加，涉及 45000 項商品及近 100 億美元的世界貿易額，並在 7 個月內達成了 1232 項雙邊關稅減讓協議，共涉及 45000 項商品使佔進口值 54% 的應稅商品平均稅率降低 35%，制定了包含關稅減讓和關稅約束的兩份減讓表並繪成總表，成為其後 GATT 的重要組成部份，導致 1948 年 1 月 GATT 臨時生效。這輪談判的成功使 GATT 最終宣告成立）

The Fourth Round, known as the "Geneva Round", of the GATT Multilateral Trade Negotiations from January 1956 to May 1956 held in Geneva 關貿總協定主持的第四輪多邊貿易談判，又稱 "日內瓦回合" 的多邊減稅談判於 1956 年 1 月至 5 月在瑞士日內瓦舉行（這次談判因美國政府代表團有限的談判授權而受到影響，僅有 28 個國家出席，達成近 3000 項新關稅減讓協議，涉及 25 億美元的貿易額，最終使應稅進口值 16% 的商品平均降低關稅 15%）

The genesis of GATT 關貿總協定的創立

The granting authority 〔關貿〕補貼授予當局（指總協定的成員國政府當局）

The Harmonised Commodity Description and Coding System 〔關貿〕協調商品名稱及編碼制度（為海關合作理事會主持下編寫的）

The largest global tax cut in history 歷史上全球最大的減稅（指烏拉圭回合全球削減關稅達 7440 億美元，以此為由說服美國會批准加入 WTO）

The law 〔美俚〕（總稱）司法人員；警察人員；警察機關；監獄的看守人

The Law of the P.R.C. on Enterprise Operate Exclusively with Foreign Capital 中華人民共和國外資企業法

The most elementary standards of international usage and conduct 最起碼的國際慣例和行為準則

The most significant relationship theory 最密切聯繫說（指以法律關係相對集中地或國的法律作為合同准據法的理論

The nationality of goods 貨物的國籍

The origin of goods 貨物的原產地

The reissuing bank 轉開行 (指接受擔保行要求，向受益者開具保函的銀行)

The Relation of this Agreement to the Havana Charter 〔關貿〕本協定與哈瓦那憲章的關係 (指 GATT 而言)

The richest and poorest developing countries with no common trade interests 最富的與最窮的發展中國家間無共同的貿易利益 (有學者持此觀點)

The rule 〔美〕證人迴避規則 (指一人作證時，其他證人應予迴避)

The seals 〔英〕上議院議長 (或國務大臣) 的公章；上議院議長 (或國務大臣) 的官職

The second patent 第二項專利

The Second Round, known as the "Annecy Round", of the GATT Multilateral Trade Negotiations from April 1949 to October 1949 held in Annecy 關貿總協定第二輪多邊貿易談判，又稱 "安納西回合" 的多邊貿易談判於 1949 年 4 月至 10 月在法國安納西舉行 (這次談判共有 33 個國家參加，主要議題是有關新締約國的關稅減讓問題。這次談判共達成雙邊關稅協定 147 項，增加關稅減讓商品項目 5000 個，使應稅進口值 5.6% 的商品平均降低關稅 35%)

The selling and marketing of air transport services 航空運輸服務銷售及推銷

The Seventh Round, known as the "Tokyo Round", of the GATT Multilateral Trade Negotiations from September 1973 to April 1979 held in Tokyo 關貿總協定主持的第七輪多邊貿易談判，又稱 "東京回合" 於 1973 年 9 月至 1979 年 4 月在日本東京舉行 (這次談判共有 99 個國家出席，由美國總統尼克松建議召開的，故而也被稱為 "尼克松回合")

The Sixth Round, known as the "Kennedy Round", of the GATT Multilateral Trade Negotiations from May 1964 to June 1967 held in Geneva 關貿總協定主持的第六輪多邊貿易談判，又稱 "肯尼迪回合" 於 1964 年 5 月至 1967 年 6 月在日內瓦舉行 (這輪談判共有 54 個國家參加，是由美國總統肯尼迪根據 1962 年美國的《擴大貿易法》提議召開的，故而得名)

The standardising body 〔世貿〕該標準化機構

The system of declaration 宣示主義 (主張 "被要約人明白宣示其承諾，契約即成立")

The system of information 了解主義 (主張 "必須要約人知悉承諾時，契約方成立")

The theme of diplomacy 外交主題

The Third Round, known as the "Torquay Round" of the GATT Multilateral Trade Negotiations from October 1950 to April 1951 held in Torquay 關貿總協定第三輪多邊貿易談判，又稱 "托基回合"，於 1950 年 10 月至 1951 年 4 月在英國的托基舉行 (這次談判共有 39 個國家參加，達成關稅減讓協議共 1502 項，增加關稅減讓商品 8700 項，使應稅進口值 11.7% 的商品平均減低關稅 26%)

The Third Window 〔世行〕第三窗口 (貸款)；第三類業務 (成立於 1975 年 6 月，同年 12 月 23 日生效，為世行開辦的一項新的貸款，為其原有貸款的一項補充，發放給較貧窮國家的一種貸款，利率較低，只為 4.5%，貸款期限可達 25 年)

The third-party tribunal 第三方的法庭 (指 GATT 所起的作用)

The truth, the whole truth, and nothing but the truth 所說完全是事實，決無謊言 (指證人在法庭上的誓言)

The undersigned 簽字人；簽名人

Theatre of hostilities 戰場

Theatre of war 戰場

Theft 偷竊；盜竊；盜竊行為；〔英〕盜竊罪；偷竊罪

Theft Act 〔英〕盜竊法

Theft and larceny insurance 偷竊保險

Theft and pilferage risk 〔保〕盜竊險

Theft by false pretext 詐欺取財罪

Theft insurance 偷竊保險

Theft of money or commodities entrusted to one's charge 監守盜 (指貪污自己經管的公家財物之謂)

Theft of services 〔美〕盜竊勞務罪 (指以欺詐、脅迫、恐嚇、盜竊等或使用虛假的標誌或設計獲取他人勞務行為)

Theft Ordinance 〔香港〕盜竊條例 (法例)

Theft-bote 和解盜竊罪；私了盜竊罪 (指被盜竊人收回失物或得到賠償，同意不告發盜竊犯，按照英國法這種行為構成犯罪，參見 "Compounding a felony")

Thegn 〔撒〕家臣；隨從者；國王的重臣和僕人 (後歸入騎士之列)

Their imperial majesties 兩陛下

Thellusson Act 〔英〕特勒森法 (信託財產收益集聚法，1800 年)

Thelonmamus 〔英〕收稅官

Theme 主題；〔撒〕擁有對農奴管轄權的權力

Themis 〔希〕特彌斯 (掌管法律和正義的女神)；法律

Theocracy 神權政治；僧侶政治；神權政治國家；掌握政權的僧侶集團

Theoden 〔撒〕農夫；下層佃戶

Theodosian code 狄奧多西法典 (438 年狄奧多西斯二世任命委員會於公元 435 年編纂成的羅馬法典)

Theological jurisprudence 神學法學 (即教會法學或宗教法學)

Theoretical argument 理論上的爭論

Theoretical jurisprudence 理論的法理學

Theoretical jurisprudence school 理論法理學派

Theoretical justification 理論上的管轄權

Theory 理論；學理；原理

Theory of alternative liability 〔美〕選擇責任說 (指受害人向共同致害人中一人或數人提起訴訟，使其承擔賠償責任，類似於大陸法的連帶責任)

Theory of business cycle 商業 (經濟) 週期說

Theory of business fluctuations 商業 (經濟) 波動說

Theory of case 〔美〕訴權的理論 (指主張訴權存在於事實之中，是責任的基礎、辯護的根據)

Theory of comparative advantage 〔關貿〕比較優勢說

Theory of concerted liability 〔美〕共同責任說 (指數人共同預謀或一致同意並按計劃或方案協同實施的行為。對此，原告必須證明被告參加了導致侵權行為的發生的共同計劃或預謀，只要證明被告相互之間的默契即可)

Theory of contiguity 毗鄰學說

Theory of credit cycles 信用循環論；信用循環說 (米爾的學說)

Theory of equalisation of production cost 生產成本均等化論 (亦稱 "科學關稅論"，贊成保護貿易主義的一種理論)

Theory of expedition 發信主義 (指承諾信發出時，契約即告成立。英、美、法、日等國共同採用該規則)

Theory of expression 表示主義

Theory of game　博弈論；對策論

Theory of governmental interests　政府利益說（指不同國家的法律衝突就是不同國家的利益衝突。因此，在審理涉外案件時，如果只有一國有 “合法利益”，而其中一國為法院地國，則無論如何均應適用法院地國法；如果兩個外國都有合法利益，而法院地國為無合法利益的第三者時，則可以適用法院地法，也可適用法院依自由裁量認為應適用的法律）

Theory of industrial diversification　產業多樣論（保護貿易主義理論體系中和一種理論）

Theory of international trade　國際貿易原理

Theory of international value　國際價值論

Theory of law　法律原理；法律原則

Theory of limited sovereignty　〔蘇〕有限主權論（指前蘇聯大國沙文主義者製造侵犯他國主權的理論）

Theory of neutralisation in accounts　〔會計〕計算中和說

Theory of objective criterion　客觀標誌說（指在合同中當事人沒有具體地規定合同准據法，或是合同規定的准據法違反有關國家限制性的規定而被法院認為無效的情形是經常存在的。在此情況下，法院多是根據合同法律關係的各種客觀標誌選擇合同的准據法，此謂之合同准據法的客觀選擇方法）

Theory of outer space　外層空間學說

Theory of party-autonomy　意思自治說（指依照合同當事人的主觀意向決定合同准據法的理論）

Theory of permission in court　法院承認說（關於習慣法成立的理論）

Theory of pleading doctrine　〔美〕抗辯的理論原則（指原、被告均必須提供充分事實證明其所答辯案件的原則，否則仍將敗訴。現各種民事訴訟法典和規則均已廢除這種嚴格限制，允許兩造以證據為准修正其訴狀）

Theory of profit　利潤理論

Theory of protecting agriculture　農業保護論（贊成保護貿易主義的一種理論）

Theory of protecting Bloc's interests　集團利益保護論（贊成保護貿易主義的一種理論）

Theory of protectionism　保護貿易主義論（指通過關稅和各種非關稅壁壘阻止外國廠商與本國競爭，同時又扶植、加強和保護本國產業）

Theory of qualification　法律品質說（以法院地法為確定契約成立地為解決的准據法）

Theory of social contract　社會契約說；民約論（自然法學派的理論）

Theory of state　國家學

Theory of statutes　法則區別說（國際私法的最早名稱）

Theory of subjective criterion　主觀標誌說（指根據當事人的意思自治原則選擇合同准據法，是當事人的主觀意思決定的，此謂之主觀的法律選擇方法）

Theory of the place of the first effect　最先作用地論

Theory of the presumption of innocence　無罪推定說

Theory of the seat of a legal relation　法律關係地說

Theory of the state (=Theory of state)　國家學

Theory of trade suppression　貿易抑制論（一種認為區域經濟一體化、自由貿易區等的建立不利於國際經濟一體化進程的理論）

Theory of vested rights　〔美〕既得利益說（指在承認和執行外國法院判決時，既要避免直接適用外國法與屬地法之間的矛盾，同時要重視保護美國當事人的既得利益）

Theory of wages fund　工資基金說

Theory of war status　戰爭狀態學說

Thereabout　大約；左右；上下；在那附近

Thereinafter　以下；在下文

Thereof　由是；由此；因之

Thereon　在其上；於其上

Theresiana　特萊西亞刑罰典（奧地利刑法典，1769 年）

Thermonuclear weapon　熱核武器

These presents　本文件；本證書

Thief　竊賊；小偷；偷竊犯；盜竊犯

Thievery　偷竊；盜竊事件；竊品；〔罕〕被盜物

Thin capitalisation　減少的資本總額

Thin corporation　虛弱公司（指公司所欠股東的債務大於其資本結構，亦即公司資本少而負債重）

Thin market　呆滯的市場（交易量很少）

Thing possessed　佔有物

Thing(s)　〔斯堪的納〕立法機構；〔複〕物（指依法能夠成為民事法律關係客體並能為人所支配的動產和不動產。亦即所有物或訴訟中待回復之物品）；所有物；財產；用品；用具

Thing(s) forming the subject of performance　履行的目的物

Thing(s) without owner　無主物

Things in action　權利之訴（指可經訴訟得以回復之金錢或動產物權，=chose in action）

Things of value　賭註；值錢的財物

Things personal　動產（指金錢、物品和所有可隨身携帶的東西）

Things real　不動產（指土地等）

Think tank　智庫；智囊團

Thinly traded　很少交易的證券（呆滯的證券）

Third Amendment　〔美〕憲法第 3 條修正案（指禁止強制士兵駐紮於民房）

Third conviction　〔美〕第三次定罪；累犯的量刑定罪（指慣犯性的重罪）

Third country　第三國（指相對於接受最惠國待遇一方的）

Third cousin　曾堂兄弟；曾堂姐妹

Third degree　〔美〕（警察的）嚴刑逼供；拷問；疲勞訊問（指對嫌疑犯或囚犯的車輪式的訊問或使用威逼和拷打而取得供認或揭發地俗稱）；〔英〕第三階級（共濟會）

Third estate　平民階級；第三等級（區別於僧侶，貴族而言）

Third father　曾祖父

Third flag carrier　第三國承運人

Third house　〔美〕（國會的）第三院；院外的活動集團（與立法機構有關係的，對其施加壓力的團體，諸如 “遊說團”）

Third industry, the　第三產業（包括批發零售業、金融、保險、運輸、通訊和服務業等）

Third Inland Revenue Ordinance Review Committee　〔香港〕第三次稅務條例複審委員會（1976 年，指對物業稅 “property tax”、利息稅 “interest tax”、薪俸稅 “salaries tax” 和利得稅 “profits tax” 的四種直接稅實行低稅制。如此有利於香港繁榮與穩定）

Third market　第三市場（指證券經紀人與客戶場外交易市場私下自行買賣證券交易而不通過證券交易所的交易，俗稱 “黑市交易”）

Third officer　（船上的）三副

Third party　第三者；第三方；第三當事人（在英國指對於其他兩人正在訴訟中的第三人，其經法院或法官許可通知由被

告將他拉進訴訟向他索取損害賠償或補償；在美國指既非合約的一方，亦未參與交易，但於中有其權利的一方）；第三黨

Third party action 第三方訴訟（指第三方對被告賠付原告的求償負有部份或全部的責任）

Third party attachments 第三者財產抵債（指法院命令債權人動用向債務人借款的第三者的財產以償還債務）

Third party beneficiary 受益第三人（雖非訂約方，但合約中訂明具有其合法權益）；第三方受益人（非契約當事人的受益人）

Third party bill of lading 第三者提貨單（指以信用證受益人以外的第三者為托運人的提貨單）

Third party cheque (check) 第三方支票

Third party claim proceeding 第三方的索賠訴訟

Third party complaint 第三方參加訴訟；對第三方的訴訟（指被告發第三方稱，第三方對原告可能的勝訴負有全部或部份損害賠償責任）

Third party in litigation 訴訟參加人；訴訟中的第三人（指對他人之間的訴訟標的，具有獨立請求權，或雖然沒有獨立請求權，但案件處理結果與其有法律上利害關係，因而參加到訴訟中的人，其分為有獨立和無獨立請求權的第三人兩種）

Third party insurance 第三者保險（指對第三者造成損害的責任保險，其於汽車使用者來說是強制性的保險）

Third party intervention 第三方干預

Third party liability insurance 第三者責任保險（指要保人致第三者死傷等負有賠償責任）

Third party motor insurance 對第三方的汽車責任保險（指車主或司機因駕駛過失致使第三人受傷、死亡或財產遭受毀損滅失，而依法負有賠償責任險）

Third party notice 第三方參加訴訟的通知（指被告經法院或法官的許可提出向第三方索賠或補償要其參加訴訟的通知）

Third party procedure 訴諸第三方解決的程序

Third party risk insurance 對第三者責任風險的保險（指承保要保人應負對第三者損失的責任，是強制車主投保，當第三者受到其汽車損害時可得到保險公司的賠償）

Third party settlement 第三方解決

Third party treaty 第三者條約

Third preference 〔美移〕第三優先（指科學技術方面有卓越貢獻和才能的專家人員可申請移民美國的審批程序）

Third reading 三讀；議案的第三次宣讀（指表決前的最後一次宣讀）

Third Report of Balfour Commission 鮑爾弗委員會的第三報告（關於工商業效率方面，工業的構成標準化及科學研究中若干共同因素的報告）

Third Round of Multilateral Tariff Negotiations at Torquay 〔關貿〕托基第三回合多邊關稅談判（關貿總協定於 1950 年 9 月至 1951 年 4 月在美國托基城召開）

Third timer 第三次服刑的人；被第三次監禁的囚犯

Third window 〔世行〕第三類業務（指發放貸款等）

Third World, the 第三世界（指廣大不發達的和發展中的國家）

Third-country price 〔關貿〕第三國的價格（指第三國的國內市場產品價格）

Third-party adjudication 第三方的裁定（指 GATT 在解決當事方爭端中所起的作用）

Third-party complaints 〔關貿〕第三方之訴；第三方參加的訴訟

Third-party dispute settlement procedure 第三方解決爭端程序

Thirdparty liability 第三方責任；第三者責任

Third-party practice 〔美〕引入第三方解決的程序（指主訴開始後，被告向不屬原告所提全部或部份求償的第三方當事人提起訴訟，從而使第三方加入訴訟的程序）；被告附帶之訴；第三方帶入訴訟（指被告曾經把反對其訴求主張的第三方帶入訴訟）

Third-party summons 對第三方的傳票

Third-party-beneficiary contract 第三人受益契約（合約中訂明第三方對違約方有權提起訴訟）

Thirds 〔複〕寡婦產（指寡婦享有亡夫遺產的三分之一）

Thirlage 〔蘇格蘭〕磨谷費（指土地佔有者到期有義務應以實物繳納的費用）

Thirteen Colonies "十三個殖民地"（即：今天美國的康涅狄格、特拉華等州的"北美 13 州"）

Thirteenth Amendment 〔美〕憲法第 13 條修正案（1865 年關於廢除全美各地奴隸及強迫勞役制等問題）

Thirty days of receipt of the request 〔世貿〕收到申請的 30 天（之內）（指在違法之訴中，在申訴方提出報復申請後，如果被申訴方未表異議，DSB 應在合理期限到期後的 30 天之內給予報復授權的意思）

Thirty-day letter 〔美〕三十日通知單（指納稅人如果對其稅務審計有意見應在收到稅單後 30 日之內向國內稅務署提出上訴，逾期不予受理）

Thirty-nine Articles 〔英〕《三十九條教規》（指伊利沙伯一世規定其為英國國教的信徒們應遵守的信條，故而以其 39 條教規聞名於世）

Thirty-three 〔墨〕驅逐外國人條款（指墨西哥憲法中規定了可以不加說明理由而把外國人驅逐出境的條款）

This day six months 〔英〕否決（議案二讀辯論日期推遲的議會術語，意即議會拒絕對議案的二讀，因議會會期不可能推遲 6 個月，故實際上就是否決了該議案）

This present (These presents) 本證書

Thole *v.* 〔蘇格蘭〕忍受；遭受；接受；允許

Thomas Aquinas 〔歐洲〕托馬斯·阿奎那（神學法律思想支派，西歐中世紀神學家和經院主義哲學家，主要著作有《神學大全》，他的法律思想集中表現在他的神學著作中，對中世紀以及後世資產階級法學都有影響。現代西方法律哲學中的新托馬斯主義法學就是復興他的神學法律思想為特徵的一支學派）

Thomas Littleton 〔英〕托馬斯·利特爾頓（1402 年－1481 年，由律師當上巡迴法院和人民訴訟法院的法官，著有《土地保有法論》名著）

Thorny issue 棘手的問題

Those who acted under duress shall go unpunished 〔中〕脅從不問（中國刑法特點）

Thrash out the rights and wrongs of the case 弄清案件的是非；分清是非

Threat 威脅；恐嚇；脅迫（指施加未經本人自願而構成同意的行為）

Threat of force 武力威脅

Threat of injury 損害威脅

Threat of material injury to the domestic industry 對本國工業重大損害的威脅

Threat of serious injury 〔世貿〕嚴重損害的威脅（意指基於事實確實損害明顯迫於眉睫的）

Threat of violence　暴力威脅

Threat of war　戰爭威脅

Threat or use of force　以武力相威脅或使用武力

Threat to a liberal trade policy regime　威脅及自由貿易政策的制度 (指貨幣不穩定的一種後果)

Threat to the peace　對和平的威脅

Threatening letters　〔美〕恐嚇信罪 (定為一種 "聯邦罪")

Three column tariff system　三欄稅則

Three days of grace　〔英〕延期三天支付；三天寬限期

Three factors of production　生產三要素 (指勞力、資本和土地)

Three Favourable Principle　〔中〕"三個有利於" 原則 (指: "有利於發展社會主義社會的生產力、有利於增強社會主義國家的綜合國力、有利於提高人民的生活水平"。這是鄧小平提出的指導中國改革開放、發展國民經濟的根本法則)

Three figures　百位金額；百位數 (指銀行開出的一種證明信，證明客戶存款位數，但不告訴具體數字以為客戶保密)

Three K's (King, Constitution and Church)　三王 (指國王、憲法和教會)

Three line whip　要求議員出席議會的緊急命令；要求支持的緊急呼籲

Three miles zone　三海里區 (1782 年意大利人 F · 加利亞尼根據當時大炮射程約三海里而建議領海寬度為三海里，後來發展成為 "三海里規則"，但一直未被普遍公認)

Three months' prompt　三個月交付

Three principles for China's entry into WTO　中國入世三原則 (指 1997 年中國對加入世界貿易組織的表態: 1. 世界貿易組織沒有中國參加是不完整的; 2. 中國毫無疑義地要以發展中國家參加世界貿易組織; 3. 中國加入世界貿易組織要以權利和義務相平衡為原則)

Three rates with increased rate　三率工資制 (吉爾布雷斯工資制設立高、中、低三檔)

Three rules of Washington　華盛頓三規則 (指 1871 年英、美在華盛頓簽訂的《友好解決兩國分歧的條約》。該條約為解決 "亞拉巴馬號" 案件中的仲裁，規定了一個中立國應履行對海上貿易自由以限制等第三項規則)

Three space zones　三空間區域

Three-estates of the realm　〔英〕國會議員的三分野 (歷史上英國議員身份上分。1. 貴族，僧侶，平民; 2. 王室，上院，下院; 3. 普通貴族院議員，僧侶貴族院議員及下院議員)

Three-fourths condition of average　〔保〕四分之三攤條件

Three-fourths loss clause　〔保〕四分之三損失條款

Three-fourths running down clause　〔保〕四分之三碰撞條款 (指船隻相撞，保險人僅負四分之三的賠償責任)

Three-fourths value clause　〔保〕四分之三價值條款

Three-judge courts　〔美〕三位法官合議庭 (指美聯邦地區法院一直由獨任法官審理斷案，但國會多年來規定應提名三位特別專職法官組成合議庭，審理些由最告法院複審的特種案件)

Three-judge Federal District Courts　〔美〕聯邦地區法院三法官法庭

Three-miles limit　三海里界限；三海里領水 (指傳統上是從沿岸向海伸展三海里的領海界限的領土管轄權，其源於 18 世紀初賓克舒克提出的 "大炮射程説")

Threshold　臨界值；臨界點；最低限度；開始，開端；入口，入門

Threshold level　基本水平

Threshold price　入門價格 (門檻價格)；最低價格 (歐共體內進口銷售穀物的 "起點價格")

Threshold returns　臨界利潤；起碼利潤；保證利得

Thrift institutions　儲蓄機構

Throne　寶座；御座；王位；帝位；王權、君權

Through airway bill　空運聯運提單

Through bill of lading　全程提單；聯運提單；直達提單 (指貨物由起運地運抵目的地需由兩個以上承運人運送時，由第一承運人簽發的合同; 也指將貨物按每車固定的價格從自己的鐵路段一直運至目的地的聯運合同; 現也包括海陸空聯運合同)

Through document　全程提單；直達單據

Through lot　〔美〕鄰接街道兩端的一塊土地

Through mail　直達郵政 (件)

Through passenger　全程旅客；直達旅客

Through rate　聯運運費率；全程運費率；全程運價

Through ticket　通票；聯運票；直達車票；全程車票

Through toll　通行税；通行費

Through traffic (transit)　直達運輸；聯運

Through transit　直達運輸；聯運

Through transportation　直達運輸；聯運

Throw a sop to Cerberus　賄賂看守 (或官員等)

Throw out　拒絕 (起訴書)；駁回訴訟

Throw out a bill　否決議案

Throwback rule　〔美〕回溯規則 (税收用語)

Thrown from automobile　從車中拋出物事故保險 (單)

Thrusting　〔美〕猛推；猛扎；用力刺

Thug　惡棍；暴徒；刺客；兇手；兇徒 (指從前印度的暗殺黨徒)

Thuggee　謀財害命

Thuggery　謀財害命

Thumb impression　拇指印 (指代替對文件的簽字或蓋章，一般為文盲或一種傳統的作法)

Thumb-print　拇指印；母指紋

Thuringian code　瑟令吉法典 (大約編纂於公元 800 年，其內容涉及刑法等地方慣例的法典)

Thwart　v. 阻撓，反對；挫敗

Tick　信用；賒欠；賒銷 (指購買貨物的一種信用的口頭上通俗的表達方式)

Ticket　票；車票；入場券；許可證；(船長或飛行員) 軸照；〔美〕(政黨) 候選人名單；投票紙；召租牌 (放在出租房屋窗口的)；傳票 (指發給違反機動車輛法規者的出庭通知書，如不願出庭可以繳納罰款代替)

Ticket day　〔主英〕發票日 (股票交易所交割日的前一天)；決算日 (股票交易所憑據日定期接受的股票數及價格記上按順次傳給賣主，以此證明確應接受的股票價格，次日完成交易)

Ticket of admission　〔關貿〕入場券 (指申請國談判加入關貿總協定的關鍵納入方式。即申請國要求入關就必須先調整本國經濟貿易體制、政策和法律等而付出代價，故而被經濟法學者冠以此謔稱)

Ticket of leave　〔英〕假釋許可證 (指根據 1967 年刑事審判法第 61 條規定經內務部長批准的對無期徒刑罪犯予以釋放的證書)

Ticket speculator　〔美〕票券投機者

Ticket-of-leave man 假釋犯

Tickler 到期票據記錄簿；(銀行家的) 備忘錄

Ticket-taker 收票員

Tidal 有潮水的；依時漲落的；由於潮水作用的

Tidal basin 有潮港池

Tidal water 潮水；潮汐 (指受平常春潮漲退潮影響的河或海的部份地區)

Tidal water fishery 潮水漁業

Tide 潮；潮汐；潮水

Tide land 潮地；潮淹區 (指漲潮時為潮水所淹沒的地帶)

Tide mark 潮標；潮汐尺

Tide waiter 海關檢查員 (登上進港船隻檢查的海關工作人員)

Tide-harbour 潮汐港

Tideless coast 無潮海岸

Tidesmen 〔英〕海關收稅員 (泰晤士河上徵收駛進港口船舶的關稅)

Tideway 潮路 (高、低潮之間標誌的土地)

Tie *n. & v.* I.〔美〕(選舉) 同等票數 (在美國參議院議案等投票時一旦發生等票數時，副總統握有決定性的一票)；平分 (指比賽等)；〔複〕關係；II. 使 (選舉投票等) 同數；約束；拘束；限制；扎，捆，綁；凍結 (資本等)

Tie contract 束縛性契約

Tie of votes 票數相等

Tie the hands of domestic policy-makers 束縛國內決策者的手腳

Tied aid 限制性援助 (指受贈國必須以其援款購買贈與國的商品或勞務等限制)

Tied loan 附帶條件的貸款，限制性貸款 (指必須在放款人的國家或在放款國內使用)；〔關貿〕附有條件的貸款；限制性貸款 (指受款國如在國外購買所需物品進可以「商業上的考慮」使用為由；否則該款一般只許在放款國內使用)

Tied product 搭賣產品 (釋義同 "tie-in arrangement")

Tied sale 搭賣

Tied-in clause 搭賣條款

Tie-in arrangement 搭配安排 (指甲要售乙一產品，但以乙還要買一件不同的產品為條件，=tying arrangement)

Tiempo inhabil 〔西〕無行為能力期間；無力支付債務期間

Tierce 寡婦應得的亡夫遺產 (1/3 特留份)；四十二加侖 (液體計量單位)

Tie-up 使 (資金) 專款專用；使 (財產等) 受法律拘束而不能隨意變賣；船隻停泊處；交通停頓；停業；停止活動；〔美〕(鐵路) 罷工

Tight *n. & a.* I.〔美口〕期票；證券；抵押；租賃；II. 商品難得到的；銀根緊的；責任嚴格的

Tight credit policy 緊縮信貸政策

Tight labour market 供不應求的勞動力市場

Tight money 銀根緊縮 (指金融機構只貸款給最值得有信用的客戶)

Tight money market 銀根緊的金融市場

Tightening of monetary policy 緊縮銀根政策

Tightness of money 金融拮据

Tihler 〔撒〕控告；起訴；告發

Till countermanded (T/C) 直到取消為止

Tillage 耕地；耕作；開墾中的土地

Till-tapping 從收款機中偷錢；從錢櫃中偷錢

Tilt competitive conditions in the domestic market (against) 向國內市場競爭條件傾斜

Timber 木料，木材

Timber lease 〔美〕附伐木義務的土地租賃 (指在租賃期間承租人附有砍伐租賃地上木材的義務)

Timber right 伐木權

Time 時間；期限；時刻；時期；時代；次數；倍數；〔俚〕服刑期

Time and a half 〔美〕超時工作報酬 (超過原工資標準半倍的加班工資)

Time and cost clerk (工廠的) 成本書記員

Time bargain 定期交易；證券期貨交易

Time bill 定期匯票；期票

Time certificate of deposit 定期存款單

Time charter 定期租船合同

Time charter party 定期租船合同當事人

Time clock 特製的上班記時鐘；生產記錄鐘

Time collateral paper 附有定期擔保的票據

Time credit 遠期信用證 (指開證銀行要求受益人開證後保證在規定的期限內付款兌現)

Time deposit 定期存款

Time discount 貼現

Time draft 定期付款匯票；遠期匯票

Time expiring treaty 過時條約

Time fixed for proceeding uner the public summons 公告傳喚日期；公示催告日期

Time for adjudication 開標日期；宣判日期

Time for registration 登記期間

Time freight 定期租船運費

Time horizon 時期性；時間範圍；從時間上來說

Time hull insurance 船舶定期保險

Time immemorial 遠古時代；無法追憶的年代

Time insurance 定期保險

Time is the essence of the contract 時間是契約的要素

Time lag 時滯；時間間隔

Time limit 時限；期限

Time limit for declaration 報關期限

Time limit for duty payment 關稅繳納期限

Time loan 定期貸款

Time loan note 定期貸款證書

Time money 定期貸款；長期放款

Time note 定期償還的期票

Time of concentration (雨) 凝聚時間

Time of crime 犯罪時間

Time of delivery 交貨期 (時間)

Time of duration (法人的) 存在期間；持續時間

Time of effect 有效期間

Time of exclusion 排斥期間；除斥期間

Time of grace 禁獵期

Time of legal memory 法定記憶可及時間；法律可追溯的時間 (按英國法，自查理一世即位時起)

Time of memory 〔英〕可追憶及的年代；法律可追溯的年代 (英國法律規定，追溯時間自理查德一世即位起)

Time of objection 提出異議期間

Time of payment 付款期

Time of peace 平時

Time of performance 履行期間
Time of prescription 時效期間；時效期限
Time of presentation （票據的）提示期間；提出期間
Time of recording 年表；時間記錄
Time of sanction 制裁期間
Time of the bankruptcy 破產申請書提出期間
Time of war 戰時；戰爭期間
Time order 指時訂單；限時指令
Time out of mind 遠古時代；無法追憶的年代
Time paper 遠期票據
Time payment 分期付款
Time period 期間
Time policy 定期保險單
Time policy of assurance 期間保險單；定時保險單
Time preference 時間優惠率
Time rate 計時工資制
Time recorder (or time register) 時間記錄器
Time series 時間序列；時間序數
Time sheet 工作時間記錄卡片
Time study 時間研究（科學的管理法用語）
Time taken to grant a quota 批准配額所需的時間
Time the essence of the contract 時間是契約的要素
Time to expiration 到期時間；期滿時間
Time to maturity 到期時間；期滿時間
Time to run 減價日期；經過日數
Time utility 時間價值；時間效用
Time value 時間價值（指投資者只有等到其投資回報時才實現的價值）
Time value of money 貨幣的時間價值；〔美〕美元的時間價值（意指美元由於物價上漲等因素所致而增值）
Time wage 計時工資
Time-adjusted rate of return 按時間調整的收益率；時效調整的報酬率（分析投資機會的一種方法）
Time-barred 已失時效的
Time-base contract 計時合同
Time-bound policy 受時間約束的政策
Time-bound programme 有時限的計劃
Time-card 時間表；工時卡；計時卡片；（職工就業的）時間票
Time-charge-system （電話等）度數制；按時計費制
Time-consuming process 消費時間的過程
Time-cost trade-off 時間費用權衡
Time-expired 期滿，期限終止
Time-expiring treaty 過時條約
Time-fixed charge earned ratio 獲利額對固定費用的倍數比率
Time-frame 時限；時間進程
Time-honoured function 經久的職務（職責）
Time-honoured tradition 由來已久的傳統（指對公認的環境政策的效益已久存於部份環境團體之中）
Time-horizon disjunction 長期性的分離
Time-interest-earned ratio 利潤與利息之比（或譯"已獲得的計時利息比率"）
Time-limit for tendering and delivery 〔世貿〕投標和交付的期限
Time-limited objective 有時限的目標
Timeliness 及時性（指按合同訂定的時間履約的重要性）
Time-price differential 即付現金與賒購或分期付款的差額
Times interest earned 已獲利的計時時間
Time-schedule 時間表
Timesharing 分時；分享時間；〔美〕分時段享用共有財產權（例如，公寓樓的公有娛樂設施等可容納的人有限，故而應分時段分享，例如，每年兩個星期）
Time-work 計時（或計日）的工作
Timing adjustments 時序表調整
Timing notes 決定減價日數的期票
Timocracy 財閥政體（由有一定收入財產者組織政府，亦即柏拉圖和亞里士多德等主張以榮譽至上和以財產分配權力的政體）
Timocratia 富人政治
Tinkerman 〔英〕（泰晤士河上）非法捕魚者
Tinpenny 〔英〕（開採錫礦）貢金
Tinsel of the feu 〔蘇格蘭〕喪失封地權的採邑（由於五年連續不交封地稅而被剝奪權益所致）
Tip 酒錢；小費；小賬；內部信息；秘密情報，內部情報（指預先告知證券市場價格可能發生漲跌的情報，屬違法行為）
Tip sheet （股票買賣等的）內情通報
Tippees 〔美〕不當獲取內幕信息的人（指從與公司有內幕關係者違反信託法提供證券交易等內部行情而獲取不當利得的人）
Tipper 〔美〕不當披露內幕信息者（釋義見"tippees"）
Tippet （法官等的）披肩
Tipping house 酒吧間（指供飲銷售少量酒的酒店）
Tipstaff 法庭警察；法警（由法院任命的，其職責是在開庭時維持法庭秩序和保衛陪審員等）；〔英〕執法人員（指典獄官指定的持着飾有銀頭杖的警官）
Tipster 提供股票行情的人
TIR carnet 國際路運單據本；國際公路運輸證（指 1959 年關於國際公路運輸的日內瓦公約，規定締約國之間由公路汽車運輸的貨物憑國際公路運輸證放行）
Tire marks 車輪痕跡
Tissue ballots 投票用的簿紙
Tithe *n. & v.* I.〔美〕什一稅（廣義指任何應納的稅或攤派稅數的十分之一）；什一稅（狹義指慈善或宗教組織只納十分之一稅）；〔英〕〔常用複〕什一稅（每年向教會繳納土地、土地上物產和居民個人勞動收益）；II. 繳納什一稅；徵收什一稅
Tithe barn 貯放什一稅的農產品倉庫
Tithe rent-charge 〔英〕什一稅租費
Tithe-free 免繳什一稅
Tithe-proctor 收稅代理人
Tither 繳納什一稅的人；什一稅收稅員；收什一稅的人
Tithing 繳納什一稅；〔英〕十戶區（英國部份地區仍保持的行政單位，區中設有一位區長，實際上是警察維持區內治安的工作）；部落；〔撤〕十戶聯保制
Tithing-man 〔英〕十戶長；警官；部落首領；〔美〕治安官（在紐英倫每年選出維護教區秩序的官員）
Title (T.) 所有權；產權；產權證；房契；地契；所有權憑證；專利名稱；權利；資格；稱號，頭銜（指爵位，官銜等）；書名；題目；（議會法令、訴訟等的）標題；權原，名義；款（項）
Title bond 所有權保證書
Title by adverse possession or prescription 因相反佔有或取得時效而獲得所有權
Title by cession 因割讓而獲得的領土
Title by conquest 由征服而取得的權利

Title by descent 因繼承而取得所有權

Title by occupancy 佔有權；由於首先佔有而原始取得所有權

Title by prescription 取得時效；由於時效而獲得所有權

Title by purchase 購置得不動產所有權；非由於繼承而獲得不動產所有權

Title company 〔美〕產權審查公司 (從事查驗不動產所有權有效性並核發產權保險等業務)

Title deed 〔香港〕產權證；房地產契據

Title deed for a house 房契

Title deed for land 地契

Title deeds 地契；土地產權證明書；產權證明書；地產所有權契據；土地權利證

Title defect 所有權瑕疵 (所有權不完整)

Title defective in form 形式上有瑕疵的所有權

Title documents 所有權文件；所有權證書

Title guaranty 產權擔保；所有權擔保

Title guaranty company 所有權擔保公司；產權擔保公司

Title insurance 所有權保險

Title insurance company 所有權保險公司

Title of a cause 案件名稱

Title of an act 法令標題；法律名稱

Title of clergymen 教區

Title of debt 債務名稱

Title of declaration 訴狀標題

Title of entry 進入土地的權利

Title of penalty 刑名

Title of record 記錄所有權 (指所有者擁有以產權證書和遺囑等合法佔有不動產的證據)

Title of State 國家稱號

Title opinion 產權狀況意見書 (通常由律師或產權調查公司就特定不動產的法律狀況作出書面的評估意見)

Title registration 產權登記；不動產所有權登記

Title retention 〔美〕所有權保留 (屬留置權一種形式，作為性質上的一種動產抵押，以此確保賣方權的售價)

Title search 產權調查 (指通過註冊證書檔案的或官方證件以查驗該產權證件有效性或是否有瑕疵)

Title sheet for estate 遺產摘要書

Title standards 〔美〕產權狀況評估標準 (旨在確定某不動產是否有瑕疵抑或具有市場價值上作出評估)

Title to orders 〔英〕牧師授職證書

Title to property 財產所有權

Title to territory 領土所有權

Titled member 有爵位的議員

Titles of account 賬目

Titular 享有所有權的；有權持有的；有稱號的；有頭銜的

Titular possessions 有權持有的財產

Titular property 合法享有的財產

Titular sovereignty 名義主權

TL9000 電信產品質量體系認證

To all intents and purposes 事實上；在實際上；無論如何；從任何方面看來 (法律文件上用語)

To apply for an insurance policy of US$10,000,000 申請投保一千萬美元

To arrange for the insurance 治辦保險；投保

To arrive 即將達到；隨後達到；(貨物) 業已裝船

To be authentic only in English language 僅以英文為準

To bearer's bill 交付來人 (無記名式匯票)

To censure a motion 不信任動議

To date 至今；直到現在

To fill a vacancy 填補空缺

To give colour 姑且承認

To have a cargo insured 貨物業已投保

To have and to hold 取得並持有 (土地契據轉讓用語)

To pass sentence 刑的宣告 (指經陪審團認定被告有罪後，法官即作出宣判)

To raise perceptions of its standing as third of the global international economic institutions 〔世貿〕提高對自身作為全球第三大經濟組織地位的理念

To ratify a motion 批准動議

To read law 學習法律

To repeal a motion 撤銷動議

To the extent practicable 從實際出發；在可行的情況下

To the fraud of 為了詐騙

To whom it may concern 致 (本證書的) 任何收受人

To wit 即；就是說

Tobar Doctrine 陀巴主義 (指前厄瓜多爾外交部長托巴於 1907 年提出主張承認新政府的必要條件，即對違憲政變上台的事實上的政府不予承認的主張，故而著稱)

Tocher 〔蘇格蘭〕妝奩；嫁妝；陪嫁物

Toe print 趾印

Toft 〔主英〕宅院；住宅；廢棄的宅基地 (指因事故建築物倒塌而廢棄的宅基地)

Toftman 〔英古〕廢棄宅基地所有者

Toil 羅網；陷阱

Token 標誌；象徵；記號；證物；憑證 (指事實存在的重要證據)；紀念物；輔幣；代價券

Token payment 象徵性的償付 (指償付所欠的一小部份，作為承認該債務的象徵)

Token-money 鑄幣，硬幣；輔幣；代幣 (已不再允許流通)

Tokyo Declaration 〔關貿〕東京宣言 (1973 年 3 月由 105 個締約方部長代表簽署發表，倡議在日內瓦舉行東京回合的貿易談判的宣言)

Tokyo financial market 東京金融市場

Tokyo money market 東京金融市場

Tokyo Round 〔關貿〕東京回合；尼克松回合 (關貿總協定第七輪談判，1973 年 9 月至 12 月應尼克松總統倡議在東京舉行，通過了大多數國家認可的 “瑞士公式”，在肯尼迪回合的基礎上擴大了發展中國家的貿易優惠，不必作出與其各自發展需要以及財政和貿易需要背道而馳的犧牲，同時在非關稅壁壘方面取得了較大的進展)

Tokyo Round Codes 東京回合守則 (指關貿總協定自 1970 年開始談判於 1979 年 3 月在東京回合通過的《技術性貿易壁壘協議》)

Tokyo Round of Multilateral Trade Negotiations (=Tokyo Round) (GATT) 東京多邊貿易談判回合

Tokyo trials 東京審判 (指 1946 年 1 月 19 日，遠東盟軍最高統帥部根據 1945 年 12 月 16—26 日的莫斯科會議規定，發表特別通告，設置遠東國際軍事法庭審判第二次世界大戰的日本戰犯，其全稱為 “International Military Trial for the Far East”)

Tolerance 容忍；寬容；忍耐量

Tolerances for contaminants 污染物限量

T

Tolerate *v.* 容忍；寬恕；允許；默認

Toleration 信仰自由（指對非天主教徒而言）；容忍；寬恕；容許；默認

Toleration Act 〔英〕信仰自由法（1860 年頒佈的在某條件下准許非國教的新教徒的信教自由）

Toll and team 〔英〕授予管轄權（諾曼底時代用語）

Toll bridge 收通行費橋；徵收通行稅橋（交費後方開柵允許車輛通過）

Toll collection 徵收稅款

Toll collector 收稅人；收費機

Toll gate 收費門；收通行稅卡門

Toll gatherer 通行稅（或港稅）徵收人

Toll man 收稅人；收費人

Toll *n. & v.* I.〔英〕買賣自由區（指莊園或市場內的）；（道路、橋梁、港口、市場等的）通行費，通行稅；長途電話費；服務費；運費；重大代價；損失；傷亡人數；II. 取消；廢止；剝奪；阻止（指不准入境權）；中止（指由於被告缺席而被暫時停止了時效權）

Toll on transit 通行稅

Toll road 收稅路；公路稅（指徵收通行稅的公路）

Toll television 收費電視

Toll the entry 取消進入權

Toll the statute 中止訴訟時效

Toll thorough 〔英〕公共道路通行費（指通過高速公路、橋梁等）

Toll traverse 〔英〕私有地通行費

Toll turn 〔英〕牲畜市場稅

Tollage 通行費；通行稅；服務費；收費權；通行稅收納口；卡門

Tollbooth 監獄；海關；交易所；稱量處（貨物過磅和收稅處）；收費亭

Tolled 〔英〕被取消的；中止的；喪失權利的（指進入土地權利因時效終止而喪失）

Toller 收稅人；收費人

Toll-free highway 免稅高速路

Toll-house 徵稅所；收費處

Tollkeeper 收通行稅人

Tollsester 〔英古〕（國內）貨物稅；釀酒稅

Tolpuddle martyres 〔英〕托爾普德爾受難者（指 1834 年《農工共濟會》成員中六人被捕判處七年徒刑並被流放到澳洲服刑）

Tomb 墳墓

Tombstone 證券出售公告；墓碑；墓志銘

Tombstone advertisement 證券發行廣告

Tommy 實物工資制

Tommy-shop 實物工資制商店

Ton 噸

Ton mile 噸英里（指運送一英里的貨物等於一噸運費之謂）

Ton of displacement 排水噸數（位）

Tonnage 噸位；量噸；（船，貨物的）噸稅

Tonnage and pondage 噸稅與磅稅

Tonnage and Poundage Bill 〔英〕噸稅和磅稅法案（1641 年）

Tonnage certificate （船舶）噸位證書；噸位丈量證書

Tonnage dues 噸稅（指外國船隻入港按其登記的淨噸位徵稅）

Tonnage dues certificate 噸稅執照

Tonnage dues receipt 噸稅收據

Tonnage law 噸位法

Tonnage tax 噸稅；噸位稅

Tonnage-duty （船舶）噸稅（指按船的噸位或體積，即按船的裝載貨物實際重量課稅）

Tonnage-rent （採礦）噸位租金（指按礦產噸數計採掘特許費）

Tonne 〔法〕公噸（1000 公斤）

Tonnetight 〔英古〕付噸稅的一噸數量

Tontine 〔法〕養老儲金會；唐提式人壽保險法（指意大利銀行家 Tonti 於 17 世紀首創的，參加者繳付規定儲金後終身享受養老金；同時年金額領取人中一人死亡時其應領年金全部歸屬生存者分享的約定，此原則用於人壽保險）

Tontine annuity 唐提式年金

Tontine insurance 生存者分取保險；聯合養老保險

Tontine mortgage 聯合保險養老抵押

Too great 〔關貿〕過大（指實際或潛在的出口傾銷商品數目而言）

Took and carried away 竊取並帶走（對盜竊犯刑事起訴書中必要的用語）

Tool for the criminal purpose 犯案工具（指為犯罪目的所用的）

Tools 工具

Top lease 重迭租賃；期滿前的租賃

Top limit 最高限額

Top price 最高價格

Top secret 最高度機密；絕密

Topic 專題；話題；論題

Topping-up pump 〔海法〕抽氣灌水泵

Tormentor 死刑執行人；拷問官

Tornado 龍捲風

Tornado insurance 暴風雨保險；旋風保險；龍捲風保險

Toronto Future Exchange (TFE) 〔加〕多倫多期貨交易所

Torpedo 魚雷

Torpedo doctrine 水雷原則（釋義同 "attrictive nuisance doctrine"）

Torquay Round 〔關貿〕托基回合（關貿總協定第三輪關稅減讓談判，1950 年 9 月至 1951 年 4 月在美國托基舉行，達成 150 個關稅協定，涉及 8700 個關稅項目，使佔進口值 11.7% 的商品平均降低關稅 20%）

Torrens law 〔澳〕托倫斯法（關於登記土地買賣的法律）

Torrens systems of land title registration 〔澳〕托倫斯不動產登記制度（理查德·托倫斯，1814-1884，為澳洲的土地法改革家）

Torrens title system 〔澳〕托倫斯土地所有權登記制度

Torrent of speculative buying 搶購狂潮

Tort 侵權行為（指除違約外，因作為或不作為而不法侵害他人財產或人身權利的行為）

Tort Claims Acts 〔美〕侵權求償法；聯邦政府侵權行為索賠法

Tort Law 民事侵權法；侵權行為法

Tort liability 侵權行為的賠償責任（侵權行為的賠償責任）

Tort-feasor 侵權者；民事的侵權行為者；不法行為者

Tortious 侵權的；侵權性的；不法的；構成不法行為的

Tortious act 侵權行為

Tortious conveyance 不法讓與；土地侵權性轉讓

Tortious delinquency 不法侵權行為（非法侵權行為）

Torture *v.* 拷打；拷問；酷刑；虐待；折磨（指審訊過程中，用暴力手段逼取口供或供出同謀犯，作為定罪量刑的依據。中國古代又稱"拷鞠"、"刑訊"、"掠治"）

Torture of animals 虐待動物

Torture sb. brutally (or subject sb. to brutal torure) 嚴刑拷打

Torture sb. during interrogation 拷問

Torturer 刑官；拷問官；虐待者

Tory 〔英〕托利黨黨員；保守黨員（原為愛爾蘭人穿的寬長大衣的綽號。1655 年革命後保守的議會黨納之為自己的黨名）；美國獨立戰爭時期的親英份子；保守派

Tosefta 〔猶太〕托塞斯塔（猶太人口傳法律彙編）

Tota curia 全法院；合議庭

Total 全體；總計；總額；合計

Total absorption 全部吞併

Total Aggregate Measurement of support (Total AMS) 〔關貿〕總綜合支持程度（指總量支持單位總和，即基本農產品的綜合支持程度、非具體農產品的綜合支持程度和農產品的當量支持程度的總和）

Total annexation 全部吞併

Total assets 總資產

Total boycott 完全抵制；完全拒絕交易；完全排貨同盟

Total breach 完全違約

Total capital employed 資本使用總額

Total capital profit ratio 總資本利潤率

Total capital turnover 總資本周轉率

Total debt outstanding 未償還的債務總額

Total depravity 完全的墮落行為

Total destruction 全部毀滅

Total disability 全殘；完全損失工作能力（指只是失去當工人的做工能力，並不意味着肉體上全無行為能力）

Total embargo 全面禁運

Total equity 淨值總額

Total evacuation 全面撤退

Total eviction 〔美〕完全趕走；完全逐出（指承租人被完全剝奪租房權利）

Total fixed costs (TFC) 總固定成本

Total funds invested 總投資基金

Total GNP 國民生產總值

Total import value 合計進口值

Total incapacity 完全無資格；完全損失工作能力

Total incorporation 全部吞併

Total insurance 全保；全部保險

Total loss 〔保〕全損（指投保的船舶或貨物全部損失殆盡，保險者有義務給予船東或貨主以賠償）

Total loss of eyesight 全盲（完全喪失視力）

Total loss only (T.L.O.) 只賠全損險；全損擔保（指保險者只對目的物的全損負有賠償責任的海上保險契約條款）；火災保險

Total merger 全部合併

Total occupation 全部佔領

Total output value 生產總值

Total period of application of safeguard measures 〔世貿〕保障措施的整個適用期（依 1994 年 GATT 有關規定不得超過八年）

Total probability 〔統計〕全確率

Total productions cost 總生產費

Total quantity of service output 服務產出總量

Total returns 總銷售額

Total succession 全面繼承

Total taxable income 應稅收入；課稅收入

Total tonnage 總噸位；總噸數

Total tranche position of a country in the Fund 〔基金〕一國在國際貨幣基金中的總份額

Total value of a new product 新產品的總值

Total variable costs (TVC) 總可變成本；總變動成本

Total vote cast 總投票數

Total voting power 〔基金〕投票權總數

Total war 全體戰；全面戰爭；總體戰

Totalitarianism 極權主義

Totality of circumstances test 〔美〕總體情況標準（搜捕程序標準，曾用以裁定各種搜捕程序是否合乎憲法。例如，頒發逮捕證和調查性攔截。這種標準要着重特殊案件的全部情況，而不只是考慮其中某一特定因素）

Totalisator 賭金計算器（計算賭馬、賭犬）

Totalisator betting 電機計算的賭註

Tothill Fields 〔英〕托希爾感化院

Totted 對國王的有效務（指把債款付給郡長，由其轉交國王）

Totten trust 托騰信託；暫時信託（指存款人死亡，指定人以信託手段把死者賬戶上的財產轉給受益人）

Touch *v.* 停泊；短暫停靠；靠岸

Touch and go 快速行動；〔海法〕觸礁

Touch and stay 短暫停靠；彎靠停留（在保險單上提出給予要保方在航行中於指定點停泊的用語）

Touch station 接觸停車站

Touched bill (or suspected bill) 瘟疫流行地船隻通行健康證明書

Tour *v.* 旅行；遊歷；觀光；〔軍〕任職期（指在海外陸軍或海軍基地）；海外服務期

Tour of duty 值班；值勤；巡迴演出；巡迴醫療

Tour of inspection 巡視

Tour of service 服務期間；勞務期間

Tourism services 旅遊服務

Tourist 旅遊者；旅行家；遊覽者；觀光者

Tourist agency 旅行社

Tourist agent 旅遊代理商

Tourist industry 旅遊業

Tourist market 旅遊市場

Tourist party 旅行團；觀光團

Tourist price 旅遊價格

Tourist resources 旅遊資源

Tourist services 旅遊服務；旅行社

Tourist through ticket 旅行通票

Tourn 〔英古〕郡刑事巡迴法院（保管訴訟記錄，具有各郡的刑事管轄權，每年在復活節和米迦勒節之後開庭兩次，已於 1887 年廢止）

Tout 〔法〕全部；完全；整個；完全地

Tout for votes 拉選票

Tout temps prist 〔法〕隨時準備着（指被告在抗辯中對原告所提出訴訟並無異議，且主張早已準備履行，因此無起訴的必要）

Tow　*v. & n.* I. 拖 (船)；拖；牽引；II. 被拖的船 (車等)

Towage　拖；拉；拖航；拖船費；牽引費；拖輪費；〔英〕拖船合同

Towage service　搬運服務

Towaway　*n. & a.* I.〔美〕拖罰 (指拖走違例停泊的車輛)；II. 被拖罰的 (指違例停泊的車輛)

Towing light　拖航燈 (與船尾燈性質一樣為黃燈)

Town　鎮，村鎮；村邑；郡區；〔總稱〕鎮民；市民

Town and country planning　〔英〕城鄉規劃 (一個規劃使用城鄉土地的立法機構)

Town board　鎮委員會；〔美〕縣區委員會

Town clerk　〔美〕鎮務書記官 (屬地方自治政府的首席官員，負責保管案卷、召集村民大會，一般起着一個政治組織秘書作用)；鎮事務律師

Town collector　〔美〕鎮稅務官 (負責課收鎮宗旨所估定的稅項)

Town commissioner　〔美〕鎮務委員會委員

Town council　鎮委員會

Town councilor　鎮參議員

Town economy　都市經濟；城鎮經濟

Town hall　鎮公所；市政廳

Town house　連棟房屋 (指一般二至三層與相鄰的共同擁有一堵牆之市內住房，俗稱"筒子樓"，房租比較便宜)

Town master　鎮長

Town meeting　〔美〕鎮選民會議 (按照紐英倫州市機構規定，鎮政府召開有資格選民的一次立法會議，其職責是選舉鎮官員，討論公共事務及鎮費用等)

Town office　鎮公所

Town order or warrant　〔美〕鎮的付款令 (由鎮審計官發出的正式書面指令，指示鎮司庫付款)

Town planning　鄉鎮規劃；城鎮規劃

Town Planning & Development Control　〔香港〕城市設計及發展限制

Town Planning Ordinance　〔香港〕城市規劃條例 (授予草擬供各政府部門參考的計劃的責任和權力)

Town purpose　〔美〕鎮的宗旨 (指鎮的稅收或鎮的費用開支應用於與鎮有關之目的，即公共福利和總體上有益於鎮的)

Town tax　〔美〕鎮稅 (為鎮的特定開支所用，其不同於縣稅和州稅)

Town treasure　〔美〕鎮財務主管；鎮司庫

Town trustee　都市總務行政官；〔美〕縣區行政執行官 (一位縣區委員會的官員，有些州被委任主管縣區事務)

Town warrant　〔美〕鎮的付款令 (由鎮審計官發出的正式書面指令，指示鎮司庫付款)

Town-crier　〔美〕鎮事務公告員

Town-reeve　〔美〕鎮長 (或鎮的首席官員)

Town's husband　鎮的會計 (負責從非婚生子女的親人收取其撫養費的人)

Township　〔美〕〔加〕區；鄉；縣區 (指六里平方含 36 平方英里的地區；有些州為縣以下的民政區名稱)；〔英〕鎮區 (一級地方政府，類同一個教區)

Township enterprise　〔中〕鄉鎮企業

Township-moot　〔英〕邑會 (中世紀解決司法，行政等問題的)

Township-run enterprise law　〔中〕鄉鎮企業法

Toxic　有毒的；有毒性的；中毒的

Toxic article　有毒物品

Toxic chemical products　有毒的化學產品

Toxic chemicals　有毒化學製品

Toxic or radioactive waste and chemicals　有毒性和放射性廢料和化學製品

Toxic pollutants　含毒素的污染物質

Toxic Substances Control Act (TSCA)　〔美〕有毒物品管理法；有毒物品控制法

Toxic waste　有毒廢棄物

Toxic　有毒的；有毒性的；中毒的

Toxical　有毒的；含有毒素的

Toxicant　*a. & n.* I. 有毒性的；II. 毒物；毒藥

Toxicate　*v.* 毒殺 (指藥物本身起作用，而不是人為的行為)

Toxicological　毒素因子

Toxicology　毒理學；毒物學

Toxin　毒素

Toxing war　毒氣戰

Toxing weapon　毒素武器

TQR quantities　關稅率配額數量

TQR system　關稅率配額制度

Trace　*v. & n.* I. 跟蹤；追蹤；II. 痕跡；踪跡；足跡；遺跡

Trace parallele　〔法〕平行線

Trace polygone　〔法〕多邊線

Traced copy　摹本；描本

Tracer　失物追查人；失物追查單

Tracer ammunition　光彈彈藥

Traces of a crime　犯罪痕跡

Tracing　〔英〕追索信託的財產 (意指按衡平法原則規定，如果受託人把所託的財產錯交給他人，受益人可從他人處追回)；〔美〕描摹；描圖

Tracing missing person　尋找失踪的人

Track down　追捕 (到)；追查到底；追索捕 (查) 獲

Track down a fugitive criminal　查獲逃犯

Track down and arrest　偵輯

Track of growth　增長的軌道

Track record　工作履歷；業績檔案

Trackage　軌道；鐵路系統；鐵路使用權；取得鐵路使用權的費用

Tract　一片土地；大片土地

Tract of land　一塊地；一片土地；地帶

Tractatior　經營者

Tradable goods　可交換的貨物；可買賣的貨物

Tradable permit　可買賣的許可證

Tradable services　可交換的服務；可買賣的勞務

Trade　貿易；商業；交易；職業；行業；手藝

Trade acceptance　商業承兌匯票 (指賣方在發貨時簽發定期匯票，先由買方承兌並於到期時如數付清，以便於賣方依銷售條件籌措資金)

Trade access　貿易機會

Trade Act　〔美〕貿易法 (1974 年)；〔英〕貿易法令 (18 世紀議會通過的)

Trade agency　商務代理處；商業代理權；商業徵信所

Trade agreement　貿易協定

Trade Agreements Act　〔美〕貿易協定法 (1974 年 4 月頒發，其中包括經常揮舞的貿易保護主義的大棒，包括授予總統無限權力處理"不公平貿易做法"的 301 條款)

Trade Agreements Act of 1934, as amended　〔美〕修訂的 1934 年貿易協定法 (業經修訂的，旨在授權美總統同有關國

家舉行雙邊互惠降低關稅談判，以及參與關貿總協定頭五輪的貿易談判）

Trade Agreements Extension Act 〔美〕貿易協定延長法（1951 年，1979 年）

Trade and commerce 貿易與商務

Trade and commerce inspection agencies 商業貿易檢驗機構（商貿檢驗機構）

Trade and Competitiveness Act 〔美〕貿易與競爭法（1988 年）

Trade and Development Board (UNCTAD) 〔聯〕貿易和發展理事會

Trade and economic growth 貿易和經濟增長

Trade and environment conflict 〔關貿〕貿易與環境的衝突（指關貿總協定在解決美國與墨西哥 1991 年的海豚與金槍魚之訴的案件辯論中對妄稱關貿總協定對美國主權構成威脅的治外法權之說不能據實斷案而表現出無能為力）

Trade and environment work programme 〔世貿〕貿易與環境工作規劃（1994 年 4 月）

Trade and environmental disputes 貿易與環境的爭端

Trade and environmental tension 貿易與環境的緊張關係

Trade and Industry Bureau 〔香港〕工商局

Trade and investment policies 〔關貿〕貿易與投資政策

Trade and investment related measures 〔關貿〕與貿易和投資有關的措施

Trade and Payments Division 〔基金〕貿易與支付處

Trade and Tariff Act 〔美〕貿易與關稅法（1984 年）

Trade arbitration 貿易仲裁

Trade area 貿易區

Trade association 同業公會（指在同行中相互保護、相互切磋以保持其工業水準）

Trade balance 貿易平衡；貿易差額；貿易收支

Trade balancing 貿易平衡

Trade balancing requirements 貿易平衡的要求

Trade barrier 貿易壁壘（指國家之間對商品及勞務交換實行人為的限制）

Trade Barrier Committee of the International Chamber of Commerce 國際商會貿易障礙委員會

Trade barrier devices 貿易壁壘手段（詭計）

Trade barriers in services 〔關貿〕服務貿易壁壘（指發達國家所立看得見和看不見的兩種壁壘：從關稅配額到標準、規格等的貿易壁壘嚴重影響發展中國家的服務輸出市場）

Trade barriers in shipping services of the United States and Japan 美國、日本航運服務業的貿易壁壘

Trade bill 商業匯票（是企業或個人之間或對銀行簽發的匯票）

Trade Bill of 1970 〔美〕貿易法案（1970 年 7 月 15 日頒佈，主要對紡織品和鞋類實行了強制進口配額）

Trade block 貿易集團

Trade board system 〔英〕勞資協商制度；最低工資局

Trade boards 〔英〕勞資協商會

Trade book 商業賬簿

Trade by agreement 協定貿易（又稱"協定項下貿易"）

Trade capital 營利資本；商業資本；貿易資本

Trade certificate 貿易證書

Trade claims 貿易索賠（指向破產債權者索賠未付的票據）

Trade combinations 〔英〕貿易聯合；商業聯合

Trade commission 〔美〕聯邦貿易委員會

Trade commission act 〔美〕聯邦貿易委員會法

Trade commissioner 商務專員；貿易代表（專員）

Trade Committee of the Organisation for Economic Cooperation and Development 經濟合作與發展組織貿易委員會

Trade competition 商業競爭；貿易競爭

Trade concession 〔世貿〕貿易減讓（指成員之間解決貿易壁壘，減讓彼此間的關稅）

Trade conflicts 貿易衝突（指窮、富國之間的）

Trade consular officer 貿易領事官員；商務領事官員

Trade contract 貿易合同；貿易契約

Trade council 工會評議會

Trade creating 〔關貿〕貿易創造（經濟學家的術語，意指自由貿易區雖有作為世界貿易自由化的示範，但難免其中特惠歧視性或"貿易轉移"的負效應）

Trade creation 貿易創造（或譯"增加貿易"指增加貿易的途徑，例如，原來可以從任何其他國家進口產品，但由於成立了"關稅聯盟"，則只能從聯盟國家內進口產品，創設轉移了進口的途徑）

Trade creation effect 貿易創造效應（西方經濟學一體化理論中的一個概念）

Trade credit 貿易信貸；商業信用；信用交易；同業貸款

Trade currency 貿易貨幣

Trade custom 〔英〕行業慣例；貿易慣例；商業慣例

Trade cycle 貿易週期；貿易循環

Trade data 貿易數據

Trade deficit 貿易赤字；貿易逆差

Trade delegation 貿易代表團

Trade and Industry Department 〔香港〕工業貿易署

Trade description 〔英〕商品說明書（指商品數字、數量、規格、重量和產地等）

Trade Description Act 〔英〕貿易商品說明法（1968 年）

Trade Description Ordinance 〔香港〕商標條例（對註冊商標和不成文法商標的保護規定）

Trade deterioration 貿易惡化

Trade diplomacy 貿易外交

Trade diplomats 貿易外交家

Trade discount 商業折扣；批發折扣；交易折扣（指以優惠價格或價格上給予折扣批發給客戶）

Trade discrimination 貿易歧視

Trade dispute 勞資糾紛；〔際〕貿易糾紛

Trade Disputes Act 〔英〕勞資糾紛和解法（1896 年）

Trade Disputes and Trade Unions Act 〔英〕勞動爭議與工會法（1927 年）

Trade distorting device 干擾貿易手段

Trade distorting effect 貿易干擾作用；貿易扭曲的影響

Trade distortion 貿易扭曲；貿易異常現象；貿易畸形發展

Trade diversion 貿易轉向，貿易轉移（釋義同 "trade creation"）

Trade diversion effect 貿易轉向效應；貿易轉向的作用；貿易轉移的效果

Trade dollars 〔美〕貿易銀元（重 420 穀）

Trade domicile 貿易住所

Trade dress 產品包裝；產品裝潢（指產品的外觀與形象）

Trade effects 貿易作用；貿易效應

Trade effects of a subsidy 貿易補貼的作用

Trade effluent 商業污水排出；商業廢料排出（指從商品廠房內排入陰溝，河流的污物等）

Trade embargo　貿易禁運

Trade environment　貿易環境

Trade Expansion Act　〔美〕擴大貿易法，貿易拓展法（又譯 "貿易拓展法"，1962 年頒佈，該法旨在擴大總統對降低關稅 的權力，以對付歐共體、西歐和日本，並據此與歐共體和日 本等國舉行了 "肯尼迪回合" 的多邊貿易談判）

Trade facilitation　貿易便利化

Trade Facilities Act　〔英〕公私企業債務利息保證法（1921 年）

Trade fair　交易會

Trade Fair Act　〔美〕聯邦商品交易會法（1959 年）

Trade fixtures　商業設備（指屬個人財產，但供商業租賃之 用，例如陳列架等）；營業性裝置

Trade forms　貿易形式

Trade framework　貿易體制（貿易框架）

Trade friction　貿易摩擦

Trade gap　貿易差額；貿易逆差

Trade impediments　貿易障礙

Trade in arms　武器貿易

Trade in civil aircraft　〔中〕民用航空機貿易

Trade in goods　貨物貿易

Trade in hazardous wastes　危險廢棄物品貿易

Trade in services　〔關貿〕服務貿易（又稱 "無形貿易"，包 括下列 15 種：1. 國際運輸；2. 國際旅遊；3. 跨國銀行、多 國銀行、國際金融公司及其金融服務；4. 國際保險業務； 5. 國際信息處理和傳遞服務、電腦及資料使用服務；6. 國際 租賃；7. 國際諮詢服務；8. 建築和工程承包等勞務輸出或輸 入；9. 國際電訊服務；10. 廣告、設計、會計管理等項目服 務；11. 維修、保養、技術指導等售後服務；12. 國際視聽服 務；13. 教育、衛生、文化藝術的國際交流服務；14. 商業批 發和售後服務；15. 其他官方國際服務，以及會計、數據處 理、技術轉讓和法律服務等第三產業）

Trade in services across border　過境的服務貿易（跨越邊 境的服務貿易）

Trade in technology　技術貿易

Trade index　貿易指數

Trade information　商業信息；貿易信息

Trade integration　貿易一體化

Trade issues related to intellectual property rights　與 知識產權有關的貿易爭議問題（指與貿易有關的知識產權協 定，它還包括 1967 年的巴黎公約、1971 年伯爾尼公約和 1989 年的集成電路條約在內）

Trade jurisdiction　貿易管轄權

Trade law　貿易法

Trade law versus trade diplomacy　貿易法對貿易外交（美 學者主張按 GATT 規則辦事可保持主權國家的 "穩定性" 或 "確定性"，而 GATT 協定中的 "一般例外" 和 "豁免條款" 已為貿易外交留有空間）

Trade libels　貿易誹謗（指故意貶低貨物質量造成對原告的 金錢損害）

Trade liberalisation　貿易自由化

Trade liberalisation and environmental protection　貿易自 由化與環境的保護

Trade liberalisation programmes　貿易自由化規劃

Trade licence　貿易執照

Trade margin　貿易利潤

Trade mark　商標

Trade mark act　商標法

Trade Mark Agency under the China Council for the Promotion of International Trade　中國國際貿易促進委員 會商標代理部

Trade mark infringement　侵犯商標專用權

Trade mark law　商標法（清末曾譯為 "牌號" 或 "商牌"）

Trade Mark Law of the P.R.C.　中華人民共和國商標法

Trade mark paper　商標註冊證

Trade mark registration　商標註冊

Trade Mark Registration Treaty (TMRT)　商標註冊條約 （1973 年 6 月為英、美等國簽署，1980 年 8 月生效）

Trade measures　貿易手段；貿易措施（對發展中國家而言 即指 "美國的貿易大棒"）

Trade name　商號；店名；商品名稱；商號名稱；商標名稱； 商號專用權

Trade negotiation　貿易談判

Trade Negotiation Committee　〔世貿〕貿易談判委員會 （1986 年 9 月 20 日，GATT 在埃斯特角部長會議宣言通過 確定設立的，旨在監督烏拉圭回合各個談判小組的工作）

Trade Negotiations Committee of Developing Countries 〔聯〕發展中國家貿易談判委員會

Trade official　貿易官員

Trade on land　陸地貿易

Trade on the spot　境外貿易

Trade Opportunities Programmes (TOP)　〔美〕商業機會的 計劃（指美商務部提請其製造業注意參與海外展銷的計劃）

Trade or business　貿易或商業活動

Trade organisation　商業組織；同業公會；貿易組織

Trade pact　貿易條約

Trade piracy　貿易海盜行為

Trade policies and practices　〔世貿〕貿易政策與做法（慣例）

Trade policies review　〔世貿〕貿易政策的評審

Trade policy　貿易政策

Trade Policy Committee (TPC)　〔美〕貿易政策委員會（一 個高級機構之間給予廣泛指導的貿易機構）

Trade policy developments in the member countries　〔關 貿〕全體成員國貿易政策發展情況（指按規定，關貿總協定秘 書處應定期向成員國通報情況）

Trade policy instruments　貿易政策工具

Trade policy loans　貿易政策貸款

Trade policy making　貿易的決策

Trade policy management　貿易政策管理

Trade policy reforms　貿易政策改革

Trade policy relief　貿易政策救濟

Trade Policy Review Body (TPRB)　〔世貿〕貿易政策評審 機構；貿易政策審議機構（部長會議下設的又一個重要機構， 其包括由投資工作組、競爭工作組、政府採購工作組，28 個 加入世貿組織工作、代表團團長會議、幾個非正式區域小組 會議和各種特別討論會，以及談判小組組成的，職能是對世 貿組織成員方的貿易政策進行經常的監督、定期檢查，增強 貿易政策的透明度，嚴格遵守組織規則與紀律及履行其義務 等等）

Trade Policy Review Group (TPRG)　〔美〕貿易政策審議小 組（由國務卿幫辦一級成員組成）

Trade Policy Review Mechanism (TPRM)　〔世貿〕貿易政 策審議機制（1988 年 12 月烏拉圭回合中期審議會上同意成

立的，由關貿秘書處負責定期評審成員方貿易制度，包括回顧一年來影響多邊貿易制度的國際貿易環境發展狀況）

Trade policy reviews of the Least-developed countries and lower-income developing countries 〔世貿〕最不發達國家和低收入的發展中國家的貿易政策評審

Trade Policy Review 貿易政策評審；貿易政策審議

Trade policy surveillance 貿易政策監督

Trade policy-making 制定貿易政策；貿易決策

Trade politics 貿易政治學

Trade Practice Act Review Committee 貿易慣例法審查委員會

Trade Practices Tribunal 〔澳〕商業法庭（商業慣例法庭）

Trade preference 貿易優惠

Trade Promotion Centre (TPC) （亞太經社理事會）貿易促進中心

Trade protection association 貿易保護協會

Trade protocol 貿易議定書

Trade quota scheme 〔關貿〕貿易配額方案（指產品過剩時，限制生產國的出口和生產，反之則對消費國規定配額）

Trade reference 查詢資料處；信用調查（指提供關於被調查者的信用狀況的情報）；商業信譽介紹

Trade Reform Act of 1974 〔美〕貿易改革法（1974 年頒發）（擴大授予總統簽訂消除進口貿易壁壘的國際協定的權力）

Trade regime 貿易制度

Trade regulations 貿易規章（法規）

Trade remedies 貿易救濟

Trade Remedy Assistance Office 〔美〕貿易救濟服務處

Trade representative 貿易代表

Trade reputation 商譽

Trade restrictions 貿易限制

Trade sanction 貿易制裁

Trade secret 商業秘密（行業上的形式、款式、計劃生產工序、使用的工具和機器等等）

Trade show 商品交易會；商品展銷會

Trade stick 貿易大棒（為美國使用的專利，以壓服不順從的國家政策）

Trade system 貿易制度

Trade Technical Barriers and Standards Code 〔關貿〕技術性貿易壁壘與產品標準守則（或譯 "貿易技術障礙與產品標準規約"，《東京回合》多邊貿易談判中簽訂的，旨在限制利用技術性標準以限制進口，並對產品標準、合格證明、檢驗程序訂定及實施等建立了一個國際性的規範。1981 年 1 月 1 日起實施）

Trade term 貿易術語；貿易價格術語；對外貿易價格條件（國際貿易法範疇中的國際貿易慣例）；指國際貨物買賣中用以確定貨物單位價格的計價條件）

Trade treaty 貿易條約

Trade under imperfect competition 〔世貿〕不完善競爭下的貿易

Trade union 〔英〕工會；職工聯合會

Trade Union Act 〔英〕工會法（1871 年）

Trade Union Congress 工會代表大會；職工大會（1868 年）

Trade union law 工會法

Trade usage 商業慣例；行業慣例；貿易慣例

Trade war 貿易戰又稱 "商戰"，指爭奪商品銷售市場的鬥爭）

Trade warrant 貿易倉庫證券

Trade weapon 〔世貿〕貿易武器（指實現環保目標而使用的）

Trade with payment in convertible currency 現匯貿易

Trade with payment open account 記賬貿易

Trade-balancing requirements 貿易平衡要求

Trade-disruptive environmental policies 破壞性的貿易環境政策

Trade-distorting effect 貿易失常的影響；貿易畸形發展作用

Trade-environment clash 貿易－環境衝突

Trade-environment linkages 貿易與環境的聯繫

Trade-environment strife 貿易與環境衝突

Trade-ins 折價物（指以舊物作價加上部份現金以購取新物品）；折價價格（抵價貼換）

Trademark counterfeiting 偽造商標

Trademark infringement 侵犯商標專用權；冒用商標

Trademark law 商標法

Trademark licensing contract 商標使用許可合同

Trademark registrant 商標註冊人

Trademark registration 商標註冊

Trademark registration certificate 商標註冊證

Trademark renewal 商標續展；商標展期

Trademark right 商標權

Trade-off 交易；交換；安排；權衡；抉擇（指在不能並存、無法兼顧之間權衡取捨）

Trade-off between short-term stabilisation and long term growth in macroeconomic policy 在宏觀經濟政策上就短期穩定與長期增長兩者中做出抉擇

Trade-off the political risk of opening home market 權衡開放國內市場的政治風險

Trader 商人；零售商；商船；〔美〕證券經紀人；貿易商；交易商

Trade-related adjustment loans 與貿易有關的調整貸款

Trade-related adjustment operations 調整與貿易有關的業務

Trade-Related Aspects of Intellectual Property Rights (TRAIPR) 〔世貿〕與知識產權有關的措施

Trade-related geopolitical goals 與貿易有關的地緣政治目標

Trade-related institutions 與貿易有關的機構

Trade-related intellectual property regime 與貿易有關的知識產產權制度

Trade-related intellectual property rights 〔世貿〕與貿易有關的知識產權

Trade-related intellectual property standard and investment measures 〔世貿〕與貿易有關的知識產權標準和投資措施

Trade-related investment measures (TRIMS) 〔世貿〕與貿易有關的投資措施

Trade-remedies 貿易救濟措施

Trade-remedy decision 貿易救濟的決策

Trade-remedy process 〔世貿〕貿易救濟程序

Trade-restrictive and distorting effects of investment measures 〔世貿〕限制貿易和投資措施的扭曲作用

Trade-restrictive practices 貿易限制的做法

Traders in prostitution 經營娼妓業者

Trade's train 商界

Tradesfolk 〔總稱〕商人；商界

T

Tradesman　商人；店主；零售商；手藝人

Tradespeoples　〔總稱〕商人；商界；零售商販

Trades-unionist　工聯主義者；工會會員

Tradeswoman　女商人；女店主；女零售商

Trade-unrelated demands　與貿易無關的需求

Trade-weighted　貿易加權的

Trade-weighted average　貿易加權平均數

Trade-weighted average tariff　貿易加權平均關稅

Trade-weighted tariff average　貿易加權關稅平均數

Tradicion　〔西〕交付

Trading　交易；買賣；經商；貿易

Trading account　交易賬目；日常交易賬戶；購銷表

Trading advertising　貿易性廣告

Trading and profit and loss account　損益計算表

Trading balance requirement　〔關貿〕貿易平衡要求（東道國為防止外匯淨流出，要求外資企業為進口所需的外匯不得超過其出口額一定比例）

Trading body　交易團體

Trading capital　營業資本；流動資金

Trading certificate　〔英〕公司營業執照（由公司註冊處頒發的）

Trading company　〔英〕貿易公司

Trading consular office　商務領事辦事處

Trading corporations　〔美〕貿易公司；商業公司

Trading dilemma　貿易僵局

Trading firm　貿易行；貿易商行；貿易商號

Trading in services across border　過（跨）境服務交易（如金融和視聽等）

Trading interests　商業利益；貿易利益

Trading licence　營業執照

Trading limit　航行範圍；交易限額

Trading limits clause　〔美、加〕租船營業限制條款（指有關美國、加拿大東海岸、巴拿馬航線及英國在地中海直布羅陀漢堡航線間的包船營運的限制）

Trading mileage　營業里數（鐵路用語）

Trading monopolies　貿易壟斷

Trading nation　貿易國

Trading officer　貿易經紀人

Trading on the equity　舉債營業（指以固定利息和優先股息金籌取資金作為投資賺得較成本為高的回報率的作法）；產權經營

Trading partner　商業合夥人；貿易合夥人

Trading partnership　商業合夥；經商合夥；商行；貿易合夥（指進口買賣生活必需品）

Trading port　商港；貿易港；通商口岸

Trading posts　交易專櫃

Trading profit and loss account　損益賬戶；營業損益賬戶

Trading profits　營業利潤；銷貨毛利

Trading rights　經營權；貿易權；交易權

Trading service product　服務性項目（產品）

Trading stamps　交易券；折價券；優惠券；贈券

Trading subsidy　貿易補貼

Trading tax　交易稅

Trading ties　貿易關係

Trading unit　交易單位

Trading value　貿易價值

Trading vessel　商船；貿易船

Trading with Enemy Act　〔美〕禁止與敵通商法（指禁止與美國交戰的敵國國民和臣民之間的貿易往來）

Trading with the enemy　對敵貿易；〔美〕與敵國貿易罪

Tradition　交付；慣例；傳統

Tradition of territory　領土交付

Traditional area of merchandise trade　〔世貿〕傳統的商品貿易範圍（指世行和 IMF 與 WTO 的關係超出）

Traditional aspects　習俗方面；傳統方面

Traditional barriers to trade and investment　傳統的貿易和投資的壁壘

Traditional border measures　傳統的邊境措施

Traditional boundary line　傳統疆界線

Traditional customary boundary line　傳統習慣邊界線

Traditional diplomacy　傳統外交

Traditional diplomatic and consular functions　傳統的外交和領事職能

Traditional economics　傳統經濟學

Traditional fishing　傳統捕魚

Traditional fishing right　傳統捕魚權

Traditional industry　傳統工業

Traditional method of resolving disputes　傳統解決爭端的方法

Traditional notions of fair play and substantial justice　傳統的公平交易和實質上公正的理念

Traditional position　傳統地位

Traditional protectionist forces　傳統的保護貿易主義勢力

Traditional protectionism　〔美〕傳統的保護貿易主義

Traditional security　傳統安全（傳統安全涉及政治安全和軍事安全等，主要包括應對外部勢力對本國主權的戰爭威脅、軍事侵略和政治控制等，強調以增強軍事實力、實行軍事結盟和採取武力打擊等手段確保國家安全，即所謂"高級政治問題"）

Traditionary evidence　傳統證據；流傳證據（先人留傳下來涉及疆界等問題的說法證據）

Traditor　〔英古〕叛徒；賣國賊；犯重叛逆罪者

Traffic　*n. & v.* I. 商業；貿易；交易；交通（量）；運輸（量）；II. 販運

Traffic accident　交通事故

Traffic allowance　車貼；交通費

Traffic balances　客運和運費收支結平

Traffic commissioners　〔英〕交通專員

Traffic control　交通控制；交通管制；運輸管理

Traffic control area　交通管制區

Traffic court　交通法院

Traffic in arms　軍火交易

Traffic in children　販賣兒童

Traffic in or trafficking in　〔世貿〕販賣或正在販賣（指錄音帶和音樂影像製品的違法行為）

Traffic in persons　販賣人口

Traffic in transit　過境交通；中轉運輸；過境貨運；〔關貿〕過境運輸（指對以任何方式過境的貨物應實行無差別待遇）；中轉運輸

Traffic in woman　販賣婦女

Traffic island　交通安全島

Traffic light approach (or box technique)　〔美〕交通燈方案（或"盒式技術"，指約束國內對農業支持的方案）

Traffic lights　交通紅綠燈 (交通燈)

Traffic manager　運輸科長；運輸事務經理

Traffic offence　違章駕駛行為

Traffic officer　交通警察

Traffic orphan　交通事故孤兒

Traffic police　交通警察

Traffic police box　交通警察崗亭

Traffic policeman　交通警察

Traffic regulations　交通規章；交通規則

Traffic right(s)　航權；(運輸) 業務權；運營權；(航空運輸) 業務權；運營權 (航空法用語)

Traffic signal　交通信號

Traffic violation　違反交通法規行為

Traffic warning ticket　交通警告罰單

Trafficker　奸商；買賣人；捐客

Trafficking　買賣；交易；非法買賣 (指經營麻醉藥品等)

Trail　*v. & n.* I. 跟蹤；II. 足跡；痕跡；小路；小道

Trail a suspect　追蹤嫌疑犯

Trail by Grand assize　〔英古〕巡迴大審判

Trailer　拖車 (指運輸車後帶的拖車)

Train wreck　火車失事

Trainbands　〔英〕國民軍；〔美〕(=militia)；(社區訓練的) 民兵團

Trained career consul　培訓的職業領事 (經培訓的職業領事)

Trained nurse　女看護

Trainee　見習人員；受訓人員

Training centre　訓練中心；教導所

Training commission　〔英〕培訓委員會 (新名稱：人力服務委員會 "Manpower Services Commission")

Training courses　〔世貿〕培訓課程

Training expenses　訓練費用；培訓費用

Training of personnel　人才培訓；人員培訓

Training programme　培訓計劃

Training programmes in trade policy and technical assistance activities　〔關貿〕貿易政策和技術援助作業的培訓計劃

Training school　少年罪犯教養所

Training services　培訓服務

Trainman　乘務員；制動手；列車從業員

Traite-cadre　〔法〕框架條約；綱要條約

Traite-contrat　〔法〕契約性條約

Traite-loi　〔法〕造法性條約 (法律性條約)

Traitor　叛徒；賣國賊

Traitor's Gate　〔英〕叛逆者與重罪犯監獄

Traitorism　賣國主義

Traitorous activity　叛賣活動

Traitorous clique　賣國集團；叛徒集團

Traitorous treaty　賣國條約

Traitress　女叛徒；女賣國賊

Tramp　無業遊民；流浪者；流浪乞丐

Tramp steamer　不定期貨船

Trample on the sovereignty of another country　粗暴踐踏別國主權

Tramway Act　軌道條約；軌道法

Tranche　〔法〕國外債券；〔基金〕份額；分檔；一期；一批

Tranche drawings　〔基金〕份額提款 (指按 IMF 規定的提款)

Tranche policy　〔基金〕(貸款) 份額政策

Tranche position　(貸款) 份額頭寸

Tranquility of the port　港口安寧

Transact　*v.* 辦理；處理，執行；交易；經營，談判；協商；和解

Transacting business　〔美〕經營業務 (指外國公司必須持有經營執照方可在州內從事經營交易)

Transaction　和解協議 (指兩人或兩人以上就避免或終止訴訟問題以各方同意的方式經協商調整分歧達成協議)；交易；談判；事項；辦理；業務；〔蘇格蘭〕交易；合意 (指雙方當事人之間擬就解決彼此有疑義或爭議的權利主張問題達成協議)

Transaction approach　會計對商務交易淨收入確定計算重點方法

Transaction balances　交易差額

Transaction basis　交易行為基礎

Transaction business　業務交易

Transaction by agreement　〔基金〕以協議交易 (指特別提款權的)

Transaction control　交易管制

Transaction costs　成交費用；貿易成本

Transaction currency　交易貨幣

Transaction demand for money　現金供求交易

Transaction in goods　貨物交易

Transaction motive　交易動機；收付動機

Transaction on credit　賒購交易

Transaction or occurrence test　〔美〕交易或事件標準 (指為避免重覆訴訟，法院一般同意對於對立當事方的求償要求應逐字予以解釋)

Transaction over the counter　店內交易；櫃檯內交易

Transaction value　〔關貿〕成交價格 (指根據關貿總協定的《海關估價守則》規定對進口商品徵收關稅時海關估價的方法)

Transaction value of imported goods　〔關貿〕進口貨物的成交價格

Transaction value of similar goods　類似貨物的成交價格

Transaction velocity of money　貨幣的流通速度

Transaction(s) motive　交易動機；收付動機

Transactional immunity　交易豁免權；〔美〕追訴豁免 (指聯邦和州法規定，證人如果在大陪審團前被迫舉證中，其口頭證據中涉及證人犯罪事項免於追訴處分，但其由此產生其他犯罪交易則不受憲法保護)

Transactions accounts　〔美〕交易賬戶

Transactions by agreement　〔基金〕按協議交易

Transactions with designation　〔基金〕以標誌交易 (或譯 "以名稱交易"，指特別提款權的)

Transactor　經營代理人；交易當事人

Transation value of identical goods　相同貨物的成交價格

Transation value of imported goods　〔關貿〕進口貨物的成交價格

Transatlantic Free Trade Area (TFTA)　跨大西洋自由貿易區

Transazione　〔意〕自行和解 (指雙方通過相互妥協以結束爭議)

Trans-border (inter-bank) claim　境外 (折借銀行) 債權

Trans-border rate　過境運費 (率)；過境運價

Trans-boundary environmental harms 跨邊界的環境損害

Trans-boundary harm 跨越邊界損害（指從鄰國溢出污染所致）；跨國污染

Trans-boundary infrastructure projects 跨國基礎設施項目

Trans-boundary loss or injury 跨界損失或傷害

Trans-boundary pollution 跨越邊界污染；跨國污染

Trans-boundary river 跨邊界河川

Trans-boundary waters 跨邊界水

Transcontinental aviation 跨洲航空；洲際航空

Transcript 抄本；謄本；副本；轉錄；整理的記錄（指將速記的記錄整理成普通的文字記錄的副本）；證言筆錄；庭審記錄（法庭記錄員整理的）；〔英〕財政部主計長薄記副本

Transcript of evidence 證供記錄副本；訴訟案件記錄副本

Transcript of record 〔美〕法庭記錄副本（以為上訴法院複審備用）

Transcripted judgement 〔美〕法庭判決副本

Transcription 抄寫；轉錄；抄本；副本；謄本

Transfer *n. & v.* I.〔英〕訴訟案件的移送；（股票等的）過戶；過戶憑單；（土地）讓與證書；〔美〕（產權的）轉移；轉讓；變賣；遺囑贈與；II. 轉讓；轉移（財產等）；移送；移轉；過戶；變賣；調任；贈與

Transfer a person in custody to give evidence or assist in investigations 〔領事〕移交在押人員作證或者協助偵查

Transfer accounts 轉賬；過戶賬；（股票）交割賬

Transfer agent 過戶代理人（指由銀行或信託公司經營轉讓股份事宜的代理）

Transfer all or part of the instruments or proceeds of crime, or the proceeds from the sale of such assets 〔領事〕移交犯罪工具或者犯罪所得的全部或者部份，或者出售有關資產的所得

Transfer and dissemination of technology 技術的轉讓或傳播

Transfer book （股票等的）過戶賬

Transfer by succession 繼承轉讓（指專利而言）

Transfer charge 過戶手續費

Transfer company 轉運公司

Transfer costs 轉移成本

Transfer day of share 股票名義過戶日

Transfer deed 過戶證書，轉讓契據

Transfer fee 過戶手續費

Transfer in contemplation of death 死前讓與；臨終轉讓

Transfer in transitu 運送中的轉移

Transfer income 轉讓收入；過戶收益

Transfer intangible assets 轉讓無形資產

Transfer of a cause 〔美〕案件的移審（指合法機關將訴訟案件由一法院或法官移送給另一方法院或法官審理）；〔英〕案件的移送（指某些案件，根據 1984 年《郡法院法》和 1981 年《最高法院法》，有的案件被命令移送至郡法院審理或從下級移送高等法院審理）

Transfer of accounts 轉賬

Transfer of actions 訴訟的移送（移送訴訟案件）

Transfer of building property right 房產權的轉讓

Transfer of business 營業讓與

Transfer of cases 案件的移送；案件的移審

Transfer of criminal proceedings 刑事訴訟的移轉

Transfer of flag 旗幟轉移

Transfer of knowledge 知識轉讓

Transfer of nuclear technology 核技術轉讓

Transfer of obligation 債的轉移（即不變更債所規定的權利、義務內容，而變更債的主體－債權人或債務人，也就是債所規定的權利、義務在不同主體之間的轉移，其含債權的轉移、債務的轉移和債權債務的全面轉移的三種情況）

Transfer of ownership 所有權轉讓（過戶）

Transfer of patent 專利轉讓

Transfer of payments 支付轉賬；支付轉移

Transfer of policy 保險單的轉讓

Transfer of possessions 佔有權移轉

Transfer of property 財產轉讓

Transfer of real resources 轉移實質資源

Transfer of shares 讓股；股份轉讓；股單過戶

Transfer of ship 船舶轉移

Transfer of sovereignty 主權轉移；主權移交

Transfer of technology 技術轉讓

Transfer of technology requirements 〔關貿〕技術轉讓要求（指東道國政府要求外國資方必須轉讓某項技術給東道國）

Transfer of territory 領土轉移

Transfer of the business 營業讓與；企業轉讓

Transfer of the sentenced person for serving sentences 〔領事〕移交被判刑人服刑

Transfer of title 產權轉讓；所有權過戶

Transfer order 轉讓許可證；轉讓訂單；轉讓命令書

Transfer ownership 過戶；轉讓所有權

Transfer payments 〔美〕轉付款項（指政府撥款用於失業救濟等公共事業方面的開支，或發給社會保障支票，或失業支票）

Transfer price 內部調撥價格（指行業間貨物或勞務調撥的費用）；（產品）轉讓價格

Transfer pricing 轉賬價格定價法；內部調撥價格定價法

Transfer risk 轉移（貨幣的）風險

Transfer tax 〔美〕遺產稅；過戶稅；財產轉讓稅（指不動產等法定繼承的）；（證券）交易稅

Transfer tax on stock 股票過戶稅；證券交易稅

Transfer taxes （證券）交易稅

Transfer ticket 聯運票；中轉票

Transferable 可流通的；可轉讓的；可變換的；可過戶的

Transferable and divisible letter of credit 可轉讓可分割信用證

Transferable credit 可轉讓信用證

Transferable instrument 可轉讓證券；可轉讓票據

Transferable L/C 可轉讓信用證（經受益人申請，銀行在信用證上特別加註"可轉讓"字樣，將信用證金額全部或部份轉讓給一個或一個以上受益人使用，只有在信用證上註明"可轉讓"的信用證才可轉讓）

Transferable securities 可轉讓證券

Transferable vote 可轉移選舉制（指選舉人在選票上註明，如無人以絕對多數當選時，他的票可轉投於某人）

Transfer-days 〔英〕過戶日（指英格蘭銀行免費辦理公債過戶的日子，即星期一至星期五）

Transfered intent doctrine 〔美〕轉移故意說（意即犯罪行為雖非故意，但由此傷及他人造成的犯罪行為，依然被認定為非法的屬犯罪行為）

Transfered territory 被轉移領土

Transferee 受讓人；被轉讓人；第二受益人；〔香港〕承買人；承讓人；〔基金〕受讓人，被轉讓人，第二受益人 (指特別提款權的)

Transferee liability 受讓人的責任

Transferee power 受讓國

Transference (財產等的) 轉讓；讓與；訴訟的轉移；職務的調動；搬運，運送

Transferor 轉讓人；讓與人；移交人；〔香港〕讓股人；〔基金〕轉讓人，讓與人，出讓人 (指特別提款權的)

Transferor by delivery 交付人

Transferor of technology 技術轉讓方 (人)

Transferred territory 被轉移領土

Transferring power 讓與國

Transfers in kind 實物轉讓

Transfers to Minors Act 〔美〕未成年者財產受讓法

Transformation into a market economy 〔世貿〕向市場經濟轉換

Transformational investment 經濟改革方面的投資

Trans-frontier pollution 越界污染

Transgress v. 違反，違背；違法；犯罪

Transgressio 〔英古〕違法；侵害；非法侵害訴訟

Transgression 違例，違法；違反道德規範

Transgression of the law and neglect of duty 違法失職

Transgressione 〔英古〕非法侵害的令狀；非法侵害訴訟

Transgressive trust 違法信託

Transgressor 違例者；犯法者；違背者

Transhipment 轉運；轉船 (轉運僅指根據信用證規定的由裝運港至卸貨港之間的海運過程中，貨物由一船卸下再裝上另一船的運輸)

Transhipment of bill of lading 轉船提單

Transient a. & n. I. 路過的；經過的；短暫的；片刻的；II. 過客；暫時寄居的旅客

Transient alien 過境外國人

Transient foreigner 過境外國人

Transient jurisdiction 短暫的管轄權

Transient merchant 過境商人

Transient person 〔美〕無固定住所的人 (意指在一個州內的法定司法區內)

Transire n. & v. 〔英〕I. 貨物准行單；運輸許可證；貨物通關許可證；II. 放行；通過；傳遞 (指物或人由從一處到另一處)

Transit 過境；過境運輸；轉口；轉運；運送；運輸線；公共交通系統

Transit across the border 過境運輸

Transit agreement 過境協定

Transit by land 陸地過境

Transit card 過境證

Transit certificate 過境證書

Transit company 轉運公司

Transit corridor 過境走廊

Transit cost 過境費用

Transit country 過境國

Transit declaration 過境報關單

Transit dues 轉口稅；通行稅，通行費，過境稅

Transit duties 通行費；通行稅；厘金稅；過境關稅；轉口稅

Transit facilities 過境便利

Transit goods 轉口貨物；通過貨物；過境貨物

Transit improvement trade 過境加工貿易 (指從國外進口原材料或半成品在本國加工後再向原料或半成品供應國以外的第三國的貿易)

Transit in rem judicatam 已經判決 (已包括在判決之中)；業經確定判決的案件 (即意指 "一事不再理")

Transit insurance 貨物運輸保險

Transit journey 過境全程

Transit letter of credit 轉口信用證

Transit of drugs 毒品轉口

Transit passage 過境通行；〔海法〕過境通行 (指國際海洋法關於在國際海峽航行和飛躍自由的規定)

Transit permit 過境許可證；過境免稅許可證

Transit right 過境權；通行權

Transit state 過境國

Transit strait 過境海峽

Transit tax 通過稅；通行稅

Transit trade 過境貿易；轉口貿易；中轉貿易

Transit transport 過境運輸

Transit visa 過境簽證

Transit zone 過境區 (又譯 "中轉貿易區"，指沿海國家為缺乏或沒有入海設施的鄰國而設立的一個存儲和批發中心的進口港)

Transition 轉移；過渡

Transition economics 〔世貿〕過渡經濟；轉型經濟

Transition period 過渡時期

Transitional arrangement 過渡性安排；過渡辦法；〔基金〕過渡安排

Transitional diplomatic tasks 傳統的外交任務

Transitional enterprise 過渡性企業

Transitional measures 過渡性措施

Transitional nature 過渡性質

Transitional period 過渡時期

Transitional product-specific safeguard mechanism 過渡性特殊產品的保護機制

Transitional provision 過渡性條款

Transitional review mechanism 〔世貿〕過渡性的審議機制

Transitional safeguard 〔世貿〕過渡性保障 (釋義同上，為 "a specific transitional safeguard mechanism" 的簡稱)

Transitional safeguard measures (紡織品) 過度性保障措施

Transitional safeguard mechanism 〔世貿〕過渡性保障機制 (《紡織品與服裝協議》中的特別的規定以保護廣大成員方過渡時期內對尚未納入關貿總協定中的產品免受進口劇增而造成的損害，即世貿成員方遇有證明表明某種特定的紡織品過量進口而造成對該國同類產品、或與其競爭的產品工業造成嚴重威脅時，可對該產品進口加以數量限制等保護性措施)

Transitive covenant 連署契約；可轉移履行義務的契約 (指對人契約應履行的義務可轉於訂立契約的代理人履行之謂)

Transitory 暫時的；無常的；流動的；可變換的

Transitory actions 〔美〕隨被告人身轉移之訴；〔英〕可選擇管轄區之訴 (指可就案件的審判地點上講在任何郡或當地均可提起訴訟)

Transitory law 過度法 (釋義同 "Intertemporal law")

Transitory measure 暫時措施

Transitory provisions 暫時規定；過渡條款

Transitory treaty 過渡性條約

Transitus　通過；經過；過境

Transix shed　〔海法〕轉運堆棧；轉運倉庫

Translation　翻譯；譯文；譯本；〔英〕主教的調任；〔罕〕財產轉讓

Translative fact　〔美〕權利轉讓的事實（指一個人將權利轉讓給另一個人，其意味着轉讓者權利的結束和受讓人享有權利的開始）

Translator　讓與人；〔英〕譯者；翻譯員

Transmigrant　移居者（指人或動物）；移民（暫時居留的）

Transmigrator　移居者；移民

Transmissible　可轉移的

Transmissible L/C　可轉移信用證

Transmission　轉致（又稱"二級反致"，或稱"法律轉致"，就是"轉送"的意思，指對於某一涉外民事案件，即根據法庭地衝突規範適用的外國法律，根據該外國的國際私法，應適用其他第三國的法律，就以其他第三國的法律為該案件的准據法，這種適用法律的過程就叫做轉致）；傳達；傳送；交付；移轉（繼承人死亡未及行使繼承權時其繼承權移轉於其繼承人；但是，日本國際私法學者，有稱"單純的反致"為"反致"，稱"轉致"為"再致"或"複反致"）

Transmission commission　轉遞手續費

Transmission of documents or records　轉遞文件或記錄

Transmission of shares　股票轉讓（指持股人死亡或其破產後依法將其股份轉讓給其他股東）

Transmission service　傳遞服務；傳送服務

Transmit　v. 送達；轉送；傳達；傳遞；移轉；傳送

Transmit certified copies or photocopies　〔領事〕轉遞經證明的副本或者影印件

Transmit document　轉遞文件

Transmit judicial and extrajudicial documents　〔領事〕轉遞司法與司法外文書

Transmit the results of the assessment (to)　傳達評定結果

Transmittal letter　交付證書

Transmitted exposure　〔保〕傳播危險

Transmitting agent　轉遞代理人

Transmutation　權利轉移；讓渡

Transnational agreement　跨國協定

Transnational child custody disputes　跨國兒童監護爭端

Transnational contract　跨國契約

Transnational corporation (TNC)　跨國公司（又稱"多國公司、多國企業、國際企業、世界企業"等，其以開設子公司的方式在成員方境內進行巨額投資的壟斷集團）

Transnational interest group　跨國利益集團

Transnational law　跨國法（指所有規律超越國界的活動或事件的法律，是適用於超越國境而活動的行為規範）

Transnational legal problem　跨國的法律問題

Transoceanic canal　通洋運河

Trans-Pacifc Partnership Agreement (TPP)　跨太平洋夥伴關係協議（前身是跨太平洋戰略經濟夥伴關係協定 "Trans-Pacific Strategic Economic Partnership Agreement"）

Trans-Pacific Strategic Economic Partnership Agreement　跨太平洋戰略經濟夥伴關係協議（2005 年 5 月 28 日由亞太經濟合作會議成員國文萊、智利、新西蘭、新加坡四國協議發起泛太平洋夥伴關係，旨在促進亞太地區的貿易自由化。開始由於四國經濟總量很小，起初並未受到很大關注）

Transparency　〔世貿〕透明度（指成員方應公開公佈其正式實施的有關進出口貿易政策、法令及條例，以及成員方政府或政府機構與另一成員方政府或其機構簽訂的影響國際貿易政策的現行協定）

Transparency in government procurement　〔世貿〕政府採購的透明度

Transparency in government procurement practices　〔世貿〕政府採購做法的透明度

Transparency in public procurement　〔世貿〕公共採購的透明度

Transparency of measures　措施的透明度

Transparent procedures　透明度程序

Transparent regulations　透明度規章（條例）

Trans-polar aviation　越極飛行

Transport　v. & n. I. 運送；運輸；輸送；搬運；II. (紐約) 土地的轉讓

Transport and Housing Bureau　〔香港〕運輸及房屋局

Transport by land and water　水陸聯運

Transport by sea　海運

Transport capacity　運送能力，運輸能力

Transport charges　運輸費

Transport company　轉運公司

Transport disruptions　運輸中斷

Transport effect　輸送力；搬運力

Transport industry　運輸業

Transport insurance　（陸上）運輸保險

Transport insurance policy　運送保險單

Transport of contraband　禁製品運送

Transport services　運輸服務

Transport services charges　運輸業費用；運輸費；搬運服務費

Transport ship (vessel)　運送船；軍用運輸船

Transport Tribuanl　〔英〕運輸法庭（1947 年）

Transport's ensign　運輸船旗

Transportation　放逐；流放；流刑；流放海外（指將罪犯流放英國本土以外的地方，一般流放到英屬殖民地）；運輸；運送

Transportation allowance　交通津貼

Transportation by air　空運

Transportation by land　陸運

Transportation by sea　海運

Transportation by water　水運

Transportation charges　運費；運輸費用

Transportation construction project　運輸建設項目

Transportation contract　運輸合同

Transportation document　貨運單證（據）

Transportation expenses　交通費用

Transportation for life　終身流放

Transportation in space　空間運輸

Transportation insurance　運輸保險

Transportation revenue　運輸收入

Transportation services　運輸服務

Trans-provincial telecommunication services charges　跨省電信服務費

Transsexualism　無性狀態；性別倒差（指人工手術更換性別）

Transship　把…轉載於另一船（或另一運輸工具）；換船；換

運輸工具

Transshipment　轉運（指根據信用證規定，由裝運港至卸貨港之間的海運過程，貨物由一船卸下再裝上另一船的運輸）

Transshipment clause　〔保〕連續條款；轉載條款

Transshipment entry　轉船貨報關單

Transshipment expense　連續費；轉船運費

Transumpt　〔英〕抄本（指法律文件或文書副本）

Transvestism　異性模仿欲

Trap　陷阱；（陷入）圈套（指一種惡意致人傷害的裝置）；詭計；埋伏

Trap a person into a confession　誘供

Traslado　〔西〕一份抄件；一份副本；視域；意見；看法

Trassans　提款；提款人；（匯票）出票人

Trasstus　被提款人；（匯票的）付款人

Trauma　損傷，外傷

Traumatic　損傷性的，外傷性的；治創傷的

Traumatic injury　外傷

Traumatism　損傷病，創傷病

Travail　*n. & v.* I. 分娩；分娩行為；II. 分娩；感受陣痛

Travaux forces　〔法〕強制勞動；苦役

Travaux preparatoire　〔法〕準備工作材料；準備工作文件

Travel　*v.* 旅行；遊歷

Travel accident insurance　旅行傷害事故保險

Travel Act　〔美〕旅行法

Travel certificate　旅行證書

Travel document　旅行證件

Travel expenses　差旅費（包括吃住和交通費用）

Travel expense claim　旅差費報銷

Travel expenses　旅費；旅行費用

Travel expenses claim　旅差費報銷

Travel grant　旅行補助

Travel insurance　旅行事故保險

Travel on home leave　探親假

Travel pay　出差津貼

Travel permit　旅行許可證

Travel promotion activities　旅遊促銷活動

Travel status　旅行身份（地位）

Travel trailer　旅行拖車

Travel way　旅行公路

Travelled part of highway　旅遊公路段

Travelled place　旅遊區；遊覽區

Traveller　旅行者；旅行推銷員；巡迴推銷員

Traveller's cheque (check)　旅行支票

Traveller's letter of credit　旅行信用證

Travelling allowance　旅行津貼；出差補助費

Traversable　可否認的；可反駁的

Traverse　否認；反駁；抗辯（被告在抗辯中反駁他造陳述的事實）

Traverse jury　小陪審團；審判陪審團

Traverse of an indictment　〔英〕反駁控告；否認控告（以無罪為由，指出訴狀中的問題相互矛盾或對其要點的否認）；推遲審理（指被告以無罪抗辯否認訴狀所列的事實；經無罪抗辯後，推遲對刑事控告案件的審理）

Traverse of office　〔英〕〔美〕對充公調查報告書的異議（指臣民證明充公財產管理官對無人繼承的土地或財物所作的調查報告書有瑕疵、不真實，為此而提出異議）

Traverse toll (=toll traverse)　私有地通行費（指經過他人私有地應納的）

Traverse upon a traverse　〔美〕對同一爭點或標的抗辯的再抗辯

Traverser　〔美〕否認者；抗辯人；反駁者；刑訴被告人（受到刑事起訴的當事人）

Traversing note　〔英〕抗辯說明書（指原告代表被告就其拒絕回答訴訟中的質問而向大法官法庭提出說明抗辯，以使得原告佔有全部證據）

Trawler　拖網漁船

Trawling　（用以在水上捕魚的）拖網；撈網

Treacher　叛徒；賣國賊

Treacherous weapon　詭詐武器

Treachery　背叛行為；變節行為；背信棄義

Tread mill　〔英古〕踩踏車（讓囚犯踩踏的一種刑罰）

Treason　〔美〕叛國罪；〔英〕叛逆罪；叛逃；謀反；通敵

Treason felony　〔英〕叛國重罪（指推翻英王統治的叛逆行為，如印刷、寫文章煽動外國人入侵王國等可判處終身監禁的重罪）

Treason law　叛逆法；叛國法

Treasonable　叛逆的；叛國的；謀反的；犯叛國罪的；涉及叛國罪的

Treasonable act　賣國行為

Treasonable speech　叛國言論

Treasonable treaty　賣國條約

Treason-felony　〔英〕判逆罪

Treasons, felonies and misdemeanours　〔英〕叛逆罪、重罪和輕罪

Treasure　珍寶，珍品，貴重物品（指暗藏或埋藏在地下偶然發現的無主的無價之寶）

Treasurer　司庫；出納員；財務主任；〔蘇格蘭〕財務主任；財務主管（負責管理國王歲入）；〔基金〕司庫，出納員；財務主任

Treasurer of a county　縣司庫；縣會計官

Treasurer of the Mint　造幣局局長

Treasurer of the United States　〔美〕司庫；會計官

Treasurer's Remembrancer　〔英〕第一年貢捐的財務主管

Treasurer's Department　〔基金〕財務部

Treasure-trove　無主埋藏物（指埋藏在地下的貨幣或金銀財寶等）

Treasury　金庫；國庫；〔英〕財政部；〔複〕〔美〕公債券；國庫券（美國政府發行的）；〔香港〕庫務署

Treasury additional paper　〔英〕財政部附加證券

Treasury attaché　財務專員

Treasury bench　〔英〕政府大臣席（指下院議長右側第一排第一個座位所坐的為首席財政委員或聯合政府首相）；下院政府黨領袖席

Treasury bill　〔美〕短期國庫債券；短期無息國庫券（期限為3個月、6個月或1年）；〔英〕財政部證券，國庫債券（為籌款由財政部發行的）

Treasury board　〔英〕財政委員會（通常由首相、財政大臣等五人以上所組成）

Treasury bond　〔美〕長期國庫債券（由聯邦政府發行超過5年的長期債券）；（公司）庫存債券（由公司發行的債券）

Treasury certificates　國庫證券；〔美〕中期附息國庫券（財政部發行的，期限一年，按息票付利息）

Treasury committee 會計委員會

Treasury counsel 〔英〕政府公訴人（1883-1908 年）

Treasury department 〔美〕財政部

Treasury minute 財政部備忘錄

Treasury note 〔英〕通貨券（1914-1928 年）；〔美〕中期國庫券（財政部發行的，期限一至十年，按息票付利息）

Treasury regulations 財政法規；稅收法規

Treasury savings certificates 〔美〕國庫儲蓄證券

Treasury securities 庫存股份；庫存股票；〔美〕國庫債券

Treasury shares 庫存股份；〔美〕庫存股份；庫存股票（指由公司自行購買所發行的股票以為公司法人備用）

Treasury solicitor 〔英〕王室總檢察長（1883-1905 年）；財政部律師

Treasury stock 〔英〕國庫券；庫存股份；庫存股票（指由公司自行購買所發行的股票以為公司法人備用）

Treasury warrant 〔美〕國庫支付令（指財政部支票式匯兌通知書）

Treat 對待；看待；款待；處理；辦理；談判；協商；討論；醫治；治療

Treat ones with due respect 特示尊重

Treat prisoners of war leniently 寬待俘虜

Treaties for promotion and protection of investment 促進和保護投資條約

Treaties of Friendship, Commerce, and Navigations 〔美〕友好通商航海條約（指美國簽訂的世界範圍的雙邊條約的網絡）

Treating 〔英〕應酬；收買選票行為（指選舉投票期間或之前或之後以提供食品等小恩小惠手段收買投票人的不法行為）

Treating physician rule 治療醫師診斷證據規則（指社會保障就治療醫師診斷收求償人損傷的賠償規則）

Treatment 治療；待遇；對待

Treatment form 醫療證明書

Treatment of aliens 外國人待遇（指在一國境內不具有該國國籍的人所享受的待遇、或泛指一切不具有該國國籍的人含無國籍人所享受的待遇）

Treatment of intellectual property rights 知識產權待遇

Treatment of offenders 罪犯待遇

Treatment of prisoners 俘虜待遇

Treatment tribunals 罪犯待遇法庭

Treaty 條約（國際法主體間依據國際法所締結的據以確定其相互權利與義務的協議）；協定；盟約；合同

Treaty alien 有約國度外國人

Treaty annex 條約附件

Treaty Banning Nuclear Weapon Tests in the Atmosphere, in Outer Space and Under Water (Partial Test-Ban Treaty) 禁止在大氣層、外層空間和水下進行核武器試驗條約（《部份禁止核試驗條約》, 1963 年）

Treaty ceremony 條約儀式

Treaty clause 〔美〕締約條款（賦予總統簽署條約權的憲法條款）

Treaty coast 自由貿易海岸；外國人行使以條約保證的權利的海岸

Treaty commission 條約委員會

Treaty Concerning International Civil Law 〔南美〕國際民法條約（1889 年）

Treaty Concerning International Commercial Law 〔南美〕國際商法條約（1889 年）

Treaty Concerning International Penal Law 〔南美〕國際刑法條約（1889 年）

Treaty Concerning Literary and Artistic Property 〔南美〕文學藝術所有權條約（1889 年）

Treaty Concerning the Law of Procedure 〔南美〕訴訟程序法條約（1889 年）

Treaty Concerning the Permanent Neutrality and Operation of the Panama Canal 〔美、巴〕巴拿馬運河永久中立和經營條約（1997 年）

Treaty concerning Trade-Marks 商標註冊條約（1973 年）

Treaty Contracts 契約性條約

Treaty depositary 條約保存者；條約保存機關

Treaty document 條約文件

Treaty duties 約定關稅

Treaty Establishing the European Atomic Energy Community 歐洲原子能聯營條約（1957 年）

Treaty for Friendship Cooperation and Mutual Assistance 友好、合作及共同援助條約（前蘇聯 1950 年代與東歐各國間訂立的條約）

Treaty for Limitation and Reduction of Naval Armament 限制和裁減海軍軍備條約

Treaty for the Amicable Settlement of All Causes of Difference between the Two Countries (Treaty of Washington) 〔英〕〔美〕華盛頓條約（友好解決兩國分歧的條約，1871 年）

Treaty for the Establishment of Uniform Rules in Matters of Private International Law 〔南美〕國際私法統一規則條約

Treaty for the Limitation and Reduction of Naval Armament 限制和裁減軍備條約（1930 年）

Treaty for the Limitation of Naval Armament 〔美、英、法〕限制海軍軍備條約（1936 年）

Treaty for the Prohibition of Nuclear Weapons in Latin-America (Treaty of Tlatelolco) 拉丁美洲禁止核武器條約（《特拉特洛爾科條約》, 1967 年）

Treaty for the Renunciation of War 非戰條約

Treaty for the Suppression of the African Slave Trade 〔英〕〔奧地利〕〔法〕〔普魯士〕〔俄〕禁止非洲奴隸貿易條約（1841 年）

Treaty frontier 約定邊界

Treaty guarantee 條約保證

Treaty in operation 現行條約

Treaty in simplified form 簡式條約

Treaty investor 契約投資者

Treaty law 條約法

Treaty limit 約定界限

Treaty made state 條約形成的國家

Treaty making capacity 締約能力

Treaty making power 締約權

Treaty making procedure 締約程序

Treaty merchant 有約國度商人

Treaty obligations 條約義務

Treaty of a humanitarian character 人道主義條約

Treaty of alliance 同盟條約

Treaty of amity and commerce 友好通商條約

Treaty of Amity and Economic Relations　〔美〕〔泰國〕友好和經濟關係條約（1966 年）

Treaty of Amity, Commerce, and Navigation (Jay Treaty)　〔美、英〕友好通商航海條約（又稱《杰伊條約》，1794 年）

Treaty of arbitration　仲裁條約

Treaty of armistice　停戰條約；停戰規約；休戰條約

Treaty of assistance　援助條約

Treaty of Brussels (The "Accession" Treaty)　布魯塞爾條約（指 1972 年"加入條約"，指簽署加入歐洲共同體條約）

Treaty of Brussels (The "Merger" Treaty)　布魯塞爾條約（指 1965 年"合併條約"，即將歐洲的煤鋼聯營、歐洲經濟共同體和歐洲原子能共同體三個委員會合併為一個新的委員會，其後於 1957 年又成立了一個歐共體議會和歐共體法院）

Treaty of cession　割讓（領土）條約

Treaty of commerce and navigation　通商航海條約

Treaty of Commerce between France and Great Britain, 1860　法、英商務條約（簽訂於 1860 年 1 月 23 日。該條約第 19 條規定：雙方對進口關稅相互給予"無條件的最惠國待遇"。這一原則其後在世界上被廣泛採用）

Treaty of conciliation　和解條約

Treaty of confederation　邦聯條約

Treaty of Constantinople　君士斯坦丁堡條約（即關於蘇伊士運河中立的條約）

Treaty of establishment　定居條約

Treaty of extradition　（罪犯）引渡條約

Treaty of friendship　友好條約

Treaty of friendship and commerce　友好通商條約

Treaty of Friendship, Commerce and Navigation　〔美〕〔荷〕友好通商航海條約（1956 年）

Treaty of Friendship, Commerce, and Consular Rights　〔美、德〕友好通商和領事權利條約（1923 年）

Treaty of guarantee　保證條約

Treaty of International Copyright　國際版權公約

Treaty of International Procedural Law　〔南美〕國際訴訟程序法條約（1940 年）

Treaty of limited participation　有限參加條約

Treaty of limits　界約；邊界條約

Treaty of mutual assistance　互助條約

Treaty of Nanking　南京條約（又稱《江寧條約》或《中英南京條約》簽訂於 1842 年 8 月 29 日，系中英第一次鴉片戰爭中，清朝戰敗，英國強迫清政府在南京簽訂的，共十三條，主要內容有：中國向英國賠款 2100 萬銀元；開放廣州、廈門、福州、寧波、上海等五個港口，史稱《五口通商》；割讓香港中國史上第一個不平等條約，並相繼取得協定關稅、治外法權、劃定租界和片面的最惠國待遇等特權。這是中國史上第一個喪權辱國的不平等條約；隨後，歐美列強大肆割讓和侵佔中國大片領土。從此，中國便逐漸論為半封建半殖民地社會）

Treaty of Nerchinsk foedere　尼布楚條約（《尼布楚議界條約》是清朝和俄羅斯帝國於 1689 年 8 月 22 日簽訂的第一份邊界條約。該條約明確劃分了中俄兩國東西邊界，從法律上確立黑龍江和烏蘇里江流域包括庫頁島在內的廣大地區屬於中國領土，清政府同意把貝加爾湖以東的尼布楚之地劃歸俄羅斯，但有人認為該條約系"割地"，因此對中國來說是不平等條約）

Treaty of neutrality　中立條約

Treaty of pacific settlement　和平解決條約

Treaty of Paris　巴黎條約（1951 年）

Treaty of peace　和約；和平條約（指交戰國之間簽訂的同意放下武器修復和平的條約）

Treaty of peace and amity　和平友好條約；媾和條約

Treaty of Peace with Italy　對意和約（1947 年）

Treaty of Peace with Japan　對日和約（1951 年）

Treaty of protection　保護條約

Treaty of protectorate　保護關係條約

Treaty of reciprocity　互惠條約

Treaty of reinsurance　再保險條約

Treaty of Rome　羅馬條約（歐洲共同體條約和歐洲原子能聯營條約於 1957 年 3 月在意大利首都羅馬簽訂的條約總稱）

Treaty of settlement　居留協約

Treaty of Shimonosek　馬關條約（指清朝政府在甲午中日戰爭戰敗而與日本明治政府於 1895 年 4 月 17 日在日本馬關（今山口縣下關市）簽訂的不平等條約，原名《馬關新約》，日本稱為《下關條約》或《日清講和條約》。該條約割讓遼東半島、台灣島及其附屬各島嶼、澎湖列島給日本賠償日本 2 億兩白銀並開放沙市、重慶、蘇州、杭州為商埠，並允許日本在中國的通商口岸投資開工廠，刺激了日本侵略野心；使中國民族危機空前嚴重，半殖民地化程度大大加深。該條約適應了帝國主義列強對華資本輸出的需要，隨後列強掀起了瓜分中國的狂潮）

Treaty of the African Economic Community　非洲經濟共同體條約（2000 年 7 月 13 日簽署於摩洛哥首都洛美）

Treaty of the European Coal and Steel Community　歐洲煤鋼聯營條約（1951 年）

Treaty of the European Economic Community　歐洲經濟共同體條約（1957 年）

Treaty of Tordesillas　托爾得西拉斯條約（指 1494 年羅馬教宗亞歷山大六世頒佈諭旨劃分西班牙和葡萄牙在海上的勢力範圍，西班牙被迫承認葡萄牙在大西洋部份地區的霸權地位之條約）

Treaty of union　組合條約

Treaty of Versailles　凡爾賽條約（又稱《歐洲大陸和約》，第一次世界大戰結束時的歐洲大陸各國於 1919 年簽訂的）

Treaty of Waitangi　懷唐伊條約，或譯"威坦哲條約"（系英國王室與毛利人之間於 1840 年 2 月 6 日由 45 名酋長在北島 Bay of Islands 村鎮正式簽署的一項協定，隨後八個月之內，南北兩島先後共有 512 位酋長在該條約上簽字，其中 39 名酋長簽署了英文版）

Treaty of Wanghia, the　望廈條約（又稱《中美五口通商章程》，是清朝與美國於 1844 年 7 月 3 日在澳門的望廈村簽訂的不平等條約，也是清政府與美國簽訂的第一個不平等條約）

Treaty of Westphalia　威斯特伐利亞和約（1648 年）

Treaty on Antarctica　南極洲條約（1959 年 12 月 1 日簽署於華盛頓，規定南極的和平使用目的）

Treaty on extradition　關於引渡條約

Treaty on Intellectual Property in Respect of Integrated Circuits　關於集成電路的知識產權條約（中國於 1989 年加入）

Treaty on Intellectural Property　〔南美〕知識產權條約（1939 年）

Treaty on International Civil Law　〔南美〕國際民法條約（1940 年）

T

Treaty on International Commercial Navigation Law 〔南美〕國際商務航行法條約（1940 年）

Treaty on Limitation of Naval Armament 〔美〕〔英〕〔法〕〔日〕〔意〕限制海軍軍備條約（1922 年）

Treaty on Political Asylum and Refuge 〔南美〕政治避難與庇護條約（1939 年）

Treaty on Principles Governing the Activities of States in the Exploration and Use of Outer Space, Including the Moon and Other Celestial Bodies 關於各國探索和利用包括月球和其他天體在內外層空間活動的原則條約（1967 年）

Treaty on the Non-Proliferation of Nuclear Weapons 不擴散核武器條約（簡稱《核不擴散條約》，1968 年）

Treaty on the Prohibition of the Emplacement of Nuclear Weapons and Other Weapons on Mass Destruction on the Sea-Bed and the Ocean Floor and in the Subsoil Thereof 禁止在海牀、洋底及其底土安置核武器和其他大規模毀滅性武器條約（1971 年）

Treaty per se 條約本身

Treaty port 通商口岸；條約口岸（按條約規定的締約國開放的港口）；商埠；商港

Treaty power clause 締約權條款

Treaty power(s) 條約國；有約國；締約權；〔美〕（總統）締約權

Treaty provision 條約規定

Treaty reinsurance 合約分保；合約再保險；固定再保險

Treaty Relating to the Boundary Waters and Questions Arising along the Boundary between the United States and Canada 〔美、英〕關於美、加界水問題的條約（1909 年）

Treaty Relating to the Navigation of the Black Sea and Danube (Treaty of London) 黑海和多瑙河航行條約（又稱《倫敦條約》，1871 年）

Treaty relations 條約關係

Treaty revision 條約修訂

Treaty right(s) 條約權利

Treaty rule 條約規則

Treaty series 條約集，條約彙編

Treaty stipulation 條約規定

Treaty tariff 約定關稅

Treaty tax rate 協定稅率

Treaty text 約本；條約本文

Treaty to Facilitate the Construction of a Ship Canal (Hay-Pauncefote Treaty) 〔英〕〔美〕關於便利通洋運河建築的條約（又稱《海·龐斯富德條約》，1901 年）

Treaty trader 契約商人

Treaty-making 締約的；立約的

Treaty-making capacity 締約能力

Treaty-making incapacity 無能力締約（無締約能力）

Treaty-making power 締約權

Treble costs 三重費用（指敗訴方應支付給勝訴方的律師費等費用）

Treble damage suit 三倍損害賠償訴訟

Treble damages 〔美〕三重損害賠償；三倍損害賠償金（指陪審團發現的單一損害賠償，實際上的賠償額卻達其三倍）

Trench *v.* 侵犯

Trench upon sb's rights 侵犯某人權利

Trend in market-shares of service exports 服務輸出的市場佔有率趨勢

Trend method 傾向法（指對於比較借貸負債表的研究）

Trend path 趨勢軌道

Trend value 趨勢價值；趨勢價格

Trent incident 特倫特號輪事件（1861 年）

Trespass 侵害；侵犯；侵入；侵害行為；侵權行為；〔英〕違法；違法犯罪；不當行為；傷害他人行為；侵害之訴（指使用暴力侵害人身或財產的訴訟）；非法侵入他人住所或土地土地）；間接侵害訴訟（指由於過失或不作為的不法行為給原告造成的損害）；〔美〕非法侵權（指侵害他人人身、名譽、財產或權利的行為）

Trespass ab initio 自始侵入；自始侵害（指濫用特權非法侵入他人土地的訴訟）

Trespass against the person 對人身的侵害

Trespass de bonis asportatis 奪取他人佔有中的有體財產的侵害行為

Trespass for mesne profits 〔美〕返還不當得利訴訟（一種補充請求收回不動產佔有之訴的形式，要求承租人返還其不法佔有期間所得收益的訴訟）

Trespass of goods 侵害財產

Trespass of land 侵入土地

Trespass of property 侵害財產

Trespass of real property 侵害不動產

Trespass of rights 權利侵害

Trespass on the case 間接侵害訴訟（指返還由於他人直、間接的不法行為使當事人遭到傷害的損害賠償訴訟）

Trespass quare clausum fregit 〔美〕侵入他人土地訴訟（指非法侵入原告土地所致普通法損害賠償之訴）

Trespass to chattels 侵害他人動產（指非法干涉他人佔有權利所致）

Trespass to goods 侵害他人財物

Trespass to land 侵入他人土地（指未經授權和直接破壞他人地界的侵害行為）

Trespass to person 人身侵犯（指對別人身體施行暴力的行為）

Trespass to try title 〔美〕回復被非法佔有的不動產並附帶賠償所受侵害的訴訟（指該名稱有幾個州用以返還為被告非法佔有的不動產並要求其賠償在非法佔有期間所造成的損害之訴）

Trespass vi et armis 〔美〕暴力侵害之訴（指被告直、間接以使用暴力侵犯原告人身或財產的不法行為之訴）

Trespasser 侵犯者；侵害者；侵權者；違犯者；侵入他人土地者；侵入他人住宅者

Trespasser ab initio 自始侵犯者

Trestornare *v.*〔英古〕偏離；改變河流流向；改變道路走向

Treyt 從陪審團中退出的

Tria capita 〔羅馬法〕三種權利（指公民權、自由權和家庭權）

Triable 應受審訊的；可審訊的；應受審判的

Triable summarily 可用簡易程序審判的

Trial 審判；審理；審訊；庭審（指法官依國法審訊在其管轄範圍內的民事、刑事案件）

Trial and error 檢誤（試差）

Trial at bar 〔英〕會審；合議庭審理（指高等法院內全體定員法官出席審理的案件）

Trial at nisi prius 初審；獨任法官審訊（指在巡迴法庭開庭時通常由一人法官主持一種普通的初審案件）

Trial balance (T/B) 〔會計〕試算表（指在編制財務報表以前

所編列的)

Trial brief 〔美〕初審摘要

Trial by battle 〔英〕決鬥裁判 (指雙方以武力決勝負,已於 1819 年廢止)

Trial by certificate 〔英〕按證據進行審判 (指舊時允許證人以證據證明方式為審判爭議點上唯一的合格標準。現實踐中業已廢止)

Trial by default 缺席審判

Trial by fire 火審;憑火決獄 (古代的一種刑罰,即令被告手握或足踏灼熱的鐵,無損者宣判無罪)

Trial by grand assize 〔英古〕巡迴大陪審 (在英國過去准許根據權利令狀一種特殊的審判方式,一般由 12 個陪審員參加評斷)

Trial by inspection 毋須陪審團的審判

Trial by jury 陪審;陪審團審理 (指爭議事實由陪審員會同法官訊問裁決)

Trial by news media 〔美〕新聞媒介的審判 (指由新聞媒介帶領其讀者代為法官和陪審團對某人進行調查報道裁決其有罪或無罪的方法)

Trial by ordeal 神意裁判 (指古代的一種迷信的審訊方法)

Trial by proviso 提交陪審團審判 (意指原告原先停止訴訟,並未在方便之時提交審判,為此被告將其提交司法行政官,並為其召集陪審團繼續審理該案)

Trial by record 〔英〕記錄審判法 (指一造聲稱有筆錄為據,他造予以否認,法庭給予辯方一天時間去找,如果找不到,法庭即判他造勝訴的一種審判法)

Trial by the country 陪審裁判 (由陪審團審理)

Trial by wager of battle 決鬥裁判

Trial by wager of of law 〔英古〕宣誓審判 (指被告到庭由 12 個鄰居宣誓助訟人證明被告所陳屬實,為他滌罪)

Trial by witnesses 依證人證言審判 (指陪審團參與,法官憑藉對受盤問證人的信賴作出判決。這種審理方法只是見著於大陸法,普通法很少用之)

Trial by writing 文書審理

Trial calendar 候審案件表;候審案件清單

Trial court 受理法院;初審法院;一審法院

Trial day 庭審日期;審判日期

Trial de novo 重審;再審,複審 (指就好像未經初審而整個案件重新審理似的)

Trial docket 候審案件清單

Trial ended with a hung jury 審判因陪審團不能做出一致的評斷而懸而未決

Trial group 審判小組

Trial in camera 秘密審訊

Trial judge 審判本案的法官;承審法官 (指無陪審團的審判)

Trial jury 審理本案的陪審團;小陪審團 (由 12 人組成)

Trial justice 審理本案的法官;初審法官

Trial lawyer 〔美〕出庭律師;庭審律師 (為當事人出庭代理或辯護的律師)

Trial list 待審案件名單 (每個開庭期審理的)

Trial manufacture 試製

Trial meeting 審判大會

Trial of court of appeal 上訴法院的審判

Trial of fact 事實審

Trial of final instance 終審

Trial of first instance 初審;一審

Trial of law 法律審

Trial of second instance 二審

Trial of the court of revision 再審法院的審判

Trial of the pyx 〔英〕查定硬幣的標準度

Trial on a divorce suit 離婚訴訟的審理

Trial on indictment 刑事審判

Trial on merits 實體審 (對案件實質性問題的審判)

Trial procedure 審判程序

Trian admonitio 三倍警告;三重警告

Triangle trade 三角貿易;三邊貿易;三方貿易

Triangular treaty 三邊條約

Triarchy 三國同盟;三頭政治

Tribal lands 〔美〕印第安部落共有地 (指未分配給印第安人而由其部落共同所有的土地)

Tribunal 推事席;法官席;法庭;法院;裁判所 (指一個指定宣判或公斷爭議問題的團體,即一種特種法庭);審判庭;公堂 (法庭的舊稱);全體法官;管轄權;(法官)裁判權

Tribunal des conflits 〔法〕裁定管轄權法庭

Tribunal of arbitration 仲裁庭

Tribunal of commerce 商事法庭

Tribunal of conflicts 權利爭議法庭

Tribunal of Inquiry 〔英〕調查法庭

Tribunaux 〔法〕商事法庭

Tribune 護民官;民眾領袖;民權保衛者;財務官

Tributary *n. & a.* I. 納貢者,屬國;支流,支河;II. 納貢的,進貢的;從屬的;支流的

Tributary principality 納貢公國

Tributary state 納貢國;附屬國

Tribute 貢金;禮品;頌詞,稱贊

Tribute and taxes 貢稅

Tribute to the new process 〔世貿〕新程序的禮物 (指爭端解決程序的)

Trickle-down 〔美〕積極投資的 (尤指一種經濟理論,政府投資,刺激經濟增長)

Trickster 騙子

Tried 已經審訊

Triennial Act 〔英〕三年會期法 (規定每三年召開一次國會的法律,1641 年發佈)

Trier 〔英〕裁定陪審員應否迴避的法官

Trier of fact 事實審法官 (意指陪審團和法官只審理事實的爭點而不審證據的可採性)

Trifurcated trial 〔美〕三輪審訊;三階段審判 (例如,分認定爭端問題的責任、一般損害和特別損害,三部份或三個階段進行審理)

Trigamist 結過三次婚者;有過三個妻子或三個丈夫的人

Trigamus 〔英古〕結過三次婚的人;連續 (在不同時間內) 有三個妻子或三個丈夫的人;(=trigamist)

Trigger level 〔關貿〕啓動水平 (指總協定進口國對特定農產品數量超過前三年平均的 125%)

Trigger man 開槍行為者;刺客;匪徒

Trigger price 〔關貿〕啓動價格 (指某一年份輸入給予減讓承諾的總協定成員國關境內特定農產品價格為低)

Trigger price mechanism (TPM) 〔美〕啓動價格機制 (指主要是針對監測日本和七個歐共體國家鋼材進口產品價格以促進消除其損害、不公平的對美鋼鐵貿易行為,而於 1978 年初設立,但於 1980 年 3 月停止實施)

Trigild 〔撒〕三倍的價款（作為案件的和解或賠償之價款）

Trilateral agreement 三邊協定

Trilateral treaty 三邊條約

Trimming charges 平艙費

Trinity House 〔英〕海商促進公會；領港公司（英吉利和威爾斯沿海航務管理協會負責頒發領港許可證和建築燈塔、設置航路標誌等）

Trinity masters 〔英〕航務管理所資深會員（在海事訴訟中充任海事法庭航運技術經驗問題上的技術顧問）

Trinity sittings 〔英〕三一節開庭期（上訴法院和倫敦及米德爾塞克斯高等法院開庭期，開始於降靈節後的星期二，結束於 8 月 8 日）

Trinity term 〔英〕三一節開庭期（指普通法院的四個開庭期之一，5 月 22 日起至 6 月 12 日止）

Triniumgeldum 〔歐古〕二十七倍懲罰（對犯罪者的一種特殊的罰金）

Triors, triours or triers 〔英〕貴族院刑事審判員（從前挑選審訊被控告犯有重罪貴族的高等法院法官）；裁定陪審員應否迴避的裁決人（從前由法院從兩人中指定一人對所稱有嫌疑情況的陪審員的裁定）

Trip *n. & v.* I. 旅行；遠足；II. 失足；絆倒

Trip charter 程租賃；航程租賃

Tripartite 三聯的；三份的；三重的；三者間的；三方面的；分成三部份的；三部份組成的；三方面之間的

Tripartite agreement 三方協定

Tripartite alliance 三國同盟

Tripartite conference 三方會議

Tripartite indenture 三聯合同；三方蓋印契約

Tripartite representation 三方代表制

Tripartite treaty 三方條約；三國條約

Tripartite World Conference on Employment, Income Distribution, Social Progress and the International Division of Labour (ILO) 就業、收入分配、社會進步和國際分工的三方世界會議

Triple agreement 三方協定

Triple alliance 三國同盟

Triple Entente 〔英、法、俄〕三國協商；三國協約（1907 年至第一次世界大戰時的英法俄三國協約）

Triple pact 三國公約

Triple pillars of International economic relations 國際經濟關係的三根支柱（指 WTO、IMF 和 World Bank 三個組織）

Triplicate 一式三份；第三份；第二副本

Triplication 〔法〕被告第二次答辯（被告對原告第一次答辯的回答）；〔宗〕被告對原告的再答辯

Tripping 失足；犯錯誤

Trithing, triding or trihing 〔英古〕三個管轄區（指古時約克郡被分為三個管轄區且每區各有其自己的區名。直至 1972 年才按照《地方政府法》被撤銷）

Trithing-mote 〔英〕郡下三轄區法院

Trithing-reeve 〔英〕郡下三轄區主管官員

Triverbial days 審判日；開庭日；裁判官宣判案件日

Trivial 輕微的；微不足道的；不重要的；無價值的

Tronage 〔英〕過秤費；過秤稅（指稱羊毛的一種習慣稅）

Tronator 〔英〕羊毛驗秤員

Troop 軍隊

Trophies of war 戰利品

Trophy 戰利品；勝利紀念碑；紀念品

Tropical fresh water load line 〔海法〕熱帶淡水載重線

Tropical Ocean and Global Atmosphere Programme (TOGA) 熱帶海洋與全球大氣計劃

Tropical products 熱帶產品（傳統指美國銷向非洲、拉丁美洲和東亞各國的咖啡、茶葉、香料調味品、香蕉和熱帶硬木）

Troublemaker 鬧事者；搗亂者；麻煩製造者

Troubleshooter 解決麻煩問題的能手（指在政治、外交、商務等方面的）；故障檢修員；排解糾紛者

Trough 低潮（亦譯"低谷"、"波谷"）

Trover 追回動產訴訟；侵佔動產之訴（指控告被告非法佔用動產者而要求其賠償損失的一種擬制訴訟，實際上指要求補償財物被非法佔用所受損失之訴）

Troy ounce of fine gold 純金的金衡制盎司

Troy weight 金量；金衡制（金銀、寶石的衡量制度，一磅等於 12 盎司）

Truancy 逃學；曠課

Truant 逃學者

Truce 休戰；停戰；停戰協定

Truce agreement 停戰協定；休戰協定

Truce bearer 軍使

Truce commission 休戰委員會

Truce committee 休戰委員會

Truce line 休戰線

Truce of God 上帝休戰（1025 年），由教會倡導的在某一特定時間要求交戰雙方停止戰爭的制度）

Truce parley 休戰談判

Truck Acts 〔英〕實物工資法（指廢除實物公寓制度，必須代之以付現金的規定。1831–1960 年）

Truck system 〔英〕實物工資制（指給工人發實物而取代發錢的工資）

Truckage 貨車運費；貨車運輸；貨車租費

Truckers insurance 卡車司機保險

Truck-tommy 實物工資制

True 誠實的；忠實的；真實的，確實的；正確的；準確的，可靠的

True admission 法庭上的承認（指在訴訟司法程序中承認對手提供的真實證據）

True bearing 〔海法〕真方位

True bill 大陪審團認可的起訴書（大陪審團認為證據充分而簽署應予以受理的刑事起訴書）；大陪審團支持起訴的裁斷

True copy 正式副本；真實抄本

True heir 合法繼承人

True interest 純利息

True lease 正式租約；真實租賃

True north 〔海法〕真北

True position of ship 真船位

True rate of interest 實際利率

True recovery 實際恢復

True value 真實的價格（指財產的市場價格）

True value rule 足值規則（指認購公司應付等同於其發行的票面金額）

True verdict 公平裁決；公正的裁決

Trump up a charge against sb. 誣告；捏造某人的罪名

Trumped-up charge 捏造的罪名

Trumped-up-case 誣告的案件

Trump-up 捏造；假造

Trust 信賴；信任；信託；託管；信託財產（受託保管財產權含動產和不動產）；托拉斯（企業的壟斷性組合）

Trust account (=Fiduciary account) 信托賬目；受信托賬面；財產受托人賬目

Trust accounting 信託會計學（方法）

Trust administration 信託管理

Trust agreement 信託協議；信託契約

Trust allotment 〔美〕信託分配地塊（指出具信託證明書，宣佈由美利堅合眾國政府將所持有的土地分配給印第安人）

Trust area 託管區

Trust assists 信託資產

Trust bank 信託銀行

Trust bond 信用債券

Trust buster 〔美〕反托拉斯能手（尤指根據反托拉斯法令對托拉斯起訴的聯邦政府官員）

Trust certificate 〔美〕信託證書（在美國指受託人所持為籌措鐵路設備資金而發放的證書以為收回投放資金的擔保）

Trust committee 信託委員會

Trust company 信託公司（指以承擔、接納和執行作為各種合法承諾並代理作為遺囑受託人、遺囑執行人和監護人為目的而組成的）

Trust company account 信託公司賬目

Trust corporation 〔英〕信託公司；公益信託社；公益受託人（指在特定案件中的公益受託人或公益信託社團或由法院指定作為受託人或依公益受託法規則授權作為受託管理人）

Trust deed 信託契據（指為將財產交付託管而訂立的契據）；信託書

Trust deposit 信託存款；信託保證金；信託存證（指將金錢或財產單獨存放以不與其他存放於銀行的資金或財產相攙和）

Trust estate 信託財產；託管財產所有權（指為受託人財產、或為受益人的財產、或為應信託的財產基金的本金）

Trust estate as business companies 作為商業公司之用的信託財產

Trust for imperfect obligation 不受法律拘束的信託

Trust for sale 託賣；銷售信託

Trust fund 信託基金（一種為特定目的而設立和使用的政府基金；一筆專用的資金，例如，用以償付公司債務的專項基金）；〔基金〕信託基金（IMF 於 1976 年 1 月所設立的一筆基金，為一種以優惠條件向較窮的發展中國家提供的貸款，年利 0.5%，五年分十次還清）

Trust Fund Cash Account 〔基金〕信託基金現金賬

Trust fund doctrine 信託基金規則；信託基金論

Trust Fund Instrument 〔基金〕信託基金文據（件）（例如信託委託書等）

Trust fund investment 信託基金的投資

Trust in invitum 非自願的信託（指違背受託者的意圖和意願將其手中的財產交付信託）

Trust indenture 信託契約（包含規範受託人和受益人權利條件的文據）

Trust Indenture Act 〔美〕信託契約法（1939 年）

Trust instrument 信託證券；信託文件；託管文件（指設立信託、包括託管人的託管權和受益人權利的正式文件）

Trust investment committee 信託投資委員會

Trust law 信託法

Trust legacy 信託遺贈（信託遺產）（指將遺贈的動產交付受託管理人保管以為受益人終身的歲入）

Trust money 託管金；信託金

Trust of imperfect obligation 不受法律拘束的信託

Trust of perfect obligation 受法律拘束的信託

Trust officer 信託公司經理；信託部經理；信託委員（指在信託公司內以受託人名義直接負責管理信託資金的官員）

Trust ownership 信託所有權

Trust property 信託財產

Trust receipt 信託收據（一張說明批發商佔有給付金融業者貨物的收據，現通常伴有資金調度表作為金融買賣交易的一種擔保協議）

Trust record 信託受理簿

Trust res 信託財產；信託基金（指託管所包括的動產或不動產，同時受託人對其具有合法所有權）

Trust territory 託管地；託管領土（指由聯合國管理的一個國家的領土或殖民地）

Trustee 受託人；託管人；受託管理人；被信託人；破產管理人

Trustee Act 〔美〕受託人管理法（1893、1925 年）

Trustee ad litem 法院指定的受託人

Trustee de son tort 無權受託人（越權信託者，指未經授權而擅自參加信託之行為）

Trustee ex maleficio 違背職務的受託人（違背職責的侵權或詐欺行為的受託人）

Trustee for corporate mortgage 抵押不動產的受託管理人

Trustee in bankruptcy 破產財產管理人；破產受託人；破產財產受託人

Trustee investments 受託人投資（指依法授權受託人投放金錢購買公司債券和股票等）

Trustee Ordinance 〔香港〕受託人條例

Trustee process 〔美〕扣押第三者佔有屬債務人財產以清償債務的程序；扣押外國人財產交付託管國的通知程序

Trustee saving banks 〔英〕信託儲蓄銀行

Trustee state 託管國

Trustee stock 信託投資股票

Trustee territory 〔聯〕託管領土（指依聯合國憲章的特別協定置於聯合國管理和監督下的領土）

Trustee under agreement 根據契約的受託人

Trustee under wills 遺囑受託人

Trusteeship 託管；受託人的職位；託管制度

Trusteeship agreement 託管協定

Trusteeship Council (TC) 〔聯〕託管理事會

Trusteeship system 託管制度

Trusteeship zone 託管區

Trustor 信託人

Trusty 犯人優待（犯人因表現好而得以優待，准許其在獄內或監獄周圍自由活動的）

Truth 真實；真理；事實真相；真實性；真確性

Truth-in Lending Act 〔美〕誠信貸款法（旨在確保給每個需要消費信貸的顧客提供該貸款成本有價值的信息，該法於1970 年修訂規範了保險、持卡人責任和信用卡的詐騙使用問題）

Try *v.* 審問；審判；審訊；審理；（通過試驗或調查）解決（問題、爭議等）

Try and punish 審理和判處

Try to enhance the official relations with competent authorities therein the consular district 〔領事〕努力加強同領區內主管當局的官方關係

Tub 容積單位 (60 磅茶葉，56–86 磅樟腦)

Tub-man 〔英〕(財政法院的) 首席律師；享有特權的律師

Tuchas 〔西〕反對；異議；對證人的異議

Tucker Act 〔美〕塔克爾法 (1887 年)

Tuerto 〔西〕民事侵權行為；私犯；非法行為

Tug 拖輪

Tugage 拖帶費；拖帶

Tuition fees insurance 學費保險

Tumble 下跌

Tumbrel 〔法〕死刑犯押送車 (1789 年法國大革命時期所使用)；〔英古〕浸水刑凳 (古代用以懲罰罵人犯的一種刑具)

Tumultuous assembly 〔英〕聚眾鬧事

Tumultuous petitioning 〔英〕非法聚眾請願 (指由 20 人簽字組成向國王或議會兩院提出要求改變教會或國家制定的法律事項之請願則被認定為輕罪)

Tun 大桶 (酒或油的容量單位，每桶含 63–140 美制加侖，或等於英制 52.25 加侖；美制 63 加侖的液量單位)

Tungreve 鎮長；執行官；執達吏

Tunnage 〔英古〕酒稅

Turbary 挖掘泥炭權 (採煤地役權，即在他人所有土地上採掘煤炭的權利)

Turf and twig 〔美〕以交付一塊草根土或一根小樹枝作為擬制的轉讓土地佔有儀式 (指讓與人以此方式將其土地讓渡給受讓人)

Turkish law 土耳其法 (1961 年)

Turn drilling 交鑰匙式石油鑽探

Turn in 自首；歸還

Turn in public grain 〔中〕繳納公糧

Turn King's evidence 供出對共同犯不利的證據 (對同案犯不利的口供)

Turn or tourn 郡領地刑事法庭 (因為舊郡法庭由領地法庭郡長擔任法官，故又稱 "郡長法庭")

Turn over a new leaf 改惡從善；改過自新

Turn over to 轉賣；移交

Turn Queen's evidence 供出對同案犯不利的證據 (對同案犯不利的口供)

Turn toll 〔英〕牲畜市場稅

Turn traitor 叛國

Turncoat witness 倒戈證人；對立證人 (原期望作為自己的證人，但結果卻成為反對自己的證人)

Turned to a right 〔英〕必須通過訴訟才能收回被侵佔的財產 (指物主的財產被非法侵佔，僅靠進入不能趕出佔有人，只有訴諸訴訟才能收回被佔有物)

Turning back at border 驅回

Turning point 轉折點 (指商業週期中經濟活動的上、下的方向轉折之點)

Turning point in the GATT's history 關稅與貿易總協定歷史上的轉折點 (指 1973 至 1979 年第六回合的東京多邊貿易談判使關貿的規則和程序形成各類守則並得以貫徹執行作出了重大的貢獻)

Turning Queen's evidence 供出對同案犯不利的證據

Turning state's evidence 〔美〕供出對同案犯不利的證據 (對同案犯不利的口供)

Turning-key 獄卒；監獄看守者

Turn-key 監獄看守 (指掌管牢門開頭鑰匙的人)；起鑰方式；統包方式

Turn-key contract 啓鑰合同；交鑰匙合同；統包合同 (指承建住宅中，建築商同意完成建房至交付鑰匙可居住為止或鑽井工業從開始直至把石油裝進油罐為止的統包契約)

Turn-key drilling 交鑰匙式石油鑽探；統包式石油鑽探

Turnkey investment 啓鑰投資

Turnout 產品；產額；出席人數；罷工

Turnover 交易額 (量)；營業額；成交量；銷售額；周轉額

Turnover of account receivable 應收賬款周轉率

Turnover of capital 資本周轉

Turnover position limit 營業額的成交量限制

Turnover tax 營業稅；周轉稅；流通稅；交易稅 (指產品生產和分配過程中每個階段的銷售額所應課的稅)

Turn-pike 關卡；收通行稅的路柵門；收稅路；收稅高速公路

Turn-pike gate 收稅閘；收費關卡

Turntable doctrine 〔美〕鐵路 "旋轉台" 致人損害賠償原則 (即：對 "兒童有吸引力的危險物品" 原則，釋義同 "attractive nuisance")

Turpitude 卑鄙；墮落；卑鄙的行為；不公正；不誠實

Tutelage 監護；受監護的狀態；受保護期

Tutelar (tutelary) 監護的；監護人的

Tutelar authority 監護人的權力

Tutelary power 監護國

Tuteur 〔法〕監護人

Tutor 監護人 (指對未成年人及其財產的監護)；家庭教師；私人教師；〔英〕(大學、學院中) 指導教師，導師；〔美〕(某些大學或學院) 助教

Tutor alienus 〔英〕他人財產的監護人 (指佔有 14 歲未成年者的土地並獲取收益，因而有償還義務為停止軍役的監護人。對此未成年者可要求其報告收益賬目並擔稱其為 "保有地的繼承者監護人" 的責任)

Tutor gerens 專任監護人

Tutor honourarium 名譽監護人

Tutor impuberum 未及婚齡的監護人

Tutor legitimus 法定監護人

Tutor mulierum 女子的監護人

Tutor proprius 〔英古〕正當監護人

Tutor testamentarius 遺囑監護 (指根據死者的遺囑進行監護)

Tutorage 監護；導師的權力；監護的職責

Tutoress (or tutress) 女監護人

Tutorium 選任監護者

Tutors and curators 〔蘇格蘭〕未成年人的監護人和精神不健全人的保佐人

Tutorship 監護人職權；監護人地位 (監護人共有血親監護、遺囑監護、法定監護和指定的監護等四種)

Tutorship by nature 自然監護權；血親監護權 (指父母中一人死亡，另一生存的父或母，離婚的父或母即為當然的監護人)

Tutorship by will 遺囑監護權 (指定親戚或第三人作為監護人屬彌留之際的父或母的唯一權利)

Tutrix 女性監護人

Twa night gest 〔撒〕連宿兩夜便是客 (關於客棧房東對前來

投宿的客人及客人在住店期間犯罪問題應否承擔責任的撒克遜法律規定)

Twelfhindi 〔撒〕政府部門最高等的人，生命賠償金為 1200 先令的人

Twelfth Amendment 〔美〕憲法第 12 條修正案 (1803 年，關於改變選舉總統和副總統選舉團制度)

Twelve god-fathers (由 12 人組成的) 陪審團

Twelve Tables "十二銅表"法 (公元前 451–450 年制定的，由派出三名法官出國學習外國法律和制度回國後組成 10 人委員會編纂而成一部羅馬最早的法律，因由青銅鑄成故而聞名於世。十二表分別為：傳喚、審訊、求償、家長權，遺產繼承和監護、所有權及佔有、房屋及土地、私犯、公法、宗教法、補充前五表、補充後五表)

Twelve-mile outer limit 十二海里外部界限

Twelve-month bond 〔西〕十二個月期限的義務；簡易法定判決；合意的判決

Twentieth Amendment 〔美〕憲法第 20 條修正案 (指對憲法所謂 "跛鴨" 的修正案，改變新任總統和副總統從 3 月 4 日提前到 1 月 20 日就職；把國會會期從 3 月 4 日提前到 1 月 3 日等變動)

Twenty four hour's rule 二十四小時規則 (國際習慣法承認中立國可允受戰國軍艦駛入和停泊在自己國家的港口)

Twenty four mile closing line 二十四海里封閉線

Twenty percent rule 百分之二十規則 (銀行對於顧客維持相當其借款 20% 的平均存款餘額)

Twenty-Fifth Amendment 〔美〕憲法第 25 條修正案 (1965 年提出關於在任總統或副總統因故被免職或缺職的補缺方法)

Twenty-First Amendment 〔美〕憲法第 21 條修正案 (1933 年提出關於批准廢除禁酒制生效)

Twenty-four allowance (船舶) 二十四小時容許條款

Twenty-Fourth Amendment 〔美〕憲法第 24 條修正案 (1962 年提出關於總統或議員不得因未繳納人頭稅而被剝奪或限制的規定)

Twenty-Second Amendment 〔美〕憲法第 22 條修正案 (1947 年提出關於總統不得連任兩屆的規定)

Twenty-Seventh Amendment 〔美〕憲法第 27 條修正案 (1992 年提出關於國會議員不得自己投票決定提高工資等規定)

Twenty-Sixth Amendment 〔美〕憲法第 26 條修正案 (1971 年提出關於州和聯邦參選的選民年齡最低為 18 歲的規定)

Twenty-Third Amendment 〔美〕憲法第 23 條修正案 (1960 年提出給華盛頓特區 3 張選票，並使特區居民能參加總統選舉的規定)

Twice in jeopardy 〔美〕一罪二審；再次受到追訴 (被控二度犯有同一罪行和處罰的危險)，亦即："再次受到追訴")

Twisting 〔口·保〕唆使換約誘保行為

Twitter the governance of country 〔美〕推特治國

Two classes system 二級選舉法

Two freedom agreement 兩項自由協定 (航空法用語)

Two hundred miles zone 二百海里區 (即指二百海里專屬經濟區)

Two issue rule 雙爭點規則；兩個爭論點規則 (指不論一方提出許多爭論點，但只要其中有一個爭論點沒有影響上訴人法定權利義務的錯誤，陪審團即可據此作出全部爭論點都有利於勝訴方的裁決，並將維持其原判)

Two party tariff 二部徵稅制

Two thirds majority 三分之二多數

Two tier exchange rate 雙重匯率；雙重兌換率

Two tier exchange system 雙重匯率制

Two tier foreign exchange system 雙重外匯匯率制；雙重外匯兌換率制

Two to one principle 二對一原理 (指流通比率為二比一，即流動資產對流動負債為二比一時一般較為理想的理論)

Two-votes & single-member district system 〔台灣〕二票制和單一選區

Two witness rule 兩個證人原則 (指證明假釋罪假的要素條件是或者由兩個證人直接證言，或者由一個證人的直接證言加上一個佐證為認定原則)；雙目擊證人規則 (指在美國審判偽證罪虛假不實成份的訴訟案中應根據兩個證人的直接證言或以一個證人的直接證附加一個佐證來斷定的規則)

Two years' probation 緩刑兩年

Two-chamber system 兩院制 (指資本主義國家上下兩院制)

Two-gap model of economic growth 雙缺口的經濟增長模式

Two-income family 雙收入家庭

Two-party draft 雙名匯票

Two-party system 兩黨制 (即在野黨和執政黨共存，並以競選輪流執政的制度)

Two-sided test 雙方檢驗

Two-stage least squares 雙級最小平方

Two-tail test 雙尾檢驗

Two-third majority 三分之二多數

Two-thirds rule 〔美·保〕三分之二多數規則 (指民主黨規定，其競選總統候選人的提名須獲得全國黨代會代表三分之二贊成票的陳規)

Two-thirds vacancy clause 〔保〕三分之二空屋條款

Two-thirds vote 三分之二票數

Two-tier market 雙重市場

Two-tier systems 雙重制度；黃金二價制度 (指黃金二價制度、雙重匯率和雙重利率，以及商品的雙重價格等的總稱)

Two-time loser 兩次坐牢的人；兩次離婚者；兩度破產者

Two-way breakdown 雙向解體；雙軌解體

Two-way communications channel 〔海法〕雙向通信渠道

Two-way radio stations 雙向無線電台

Two-way street 雙行道

Twyhindi 〔撒〕地位較低的人；身價只值 200 先令賠償金者

Tyburn 〔英〕絞刑場 (1300–1783 年)

Tyburn ticket 〔英古〕免除勞役證書 (指免除重罪犯人在犯罪的教區內或牢房內服役)

Tyburn tree 〔英〕絞刑架

Tyhtlan 〔撒〕起訴；檢舉；犯罪指控

Tying 附有條件的 (指有限制使用權的租賃契約)；搭配的；搭售的

Tying arrangement (=tie-in arrangement) 搭配安排 (指甲要售乙一產品，但以乙還要買一件不同的產品為條件)

Tying contract 附帶條件合同；搭賣合同 (即賣一件再搭買一件為條件的買賣合同)

Tylwith 一個部落或家族的分支或支系

Tymbrella 〔英〕死刑囚犯護送車；浸水刑凳 (英國一種古刑具)

Type I error 一型誤差 (指在統計學試驗中，虛假設成立時予以否認的)

Type II error 二型誤差 (指在統計中，虛假設不成立時予以接受的)

Type line　指紋的線型

Type of barriers　壁壘的種類

Type of passport　護照種類

Type of product　產品類型

Type of tourism　旅遊類型

Type of visas　簽證種類

Types of law　法的類型（按照經濟基礎和階級本質而劃分的法的類別。其在人類歷史上迄今可分為奴隸制法、封建制法、資本主義法和社會主義法等四種類型）

Types of loan disbursement　貸款的支付方式

Types of subsidies　補貼的種類

Typing test　打字測驗

Tyranny　暴政；專制；專制政府

Tyrant　暴君；惡霸；僭王；君主專制；專制統治者

Tyrra (or toira)　山或丘陵

Tythes　什一稅；十分之一

Tything　〔美〕什一公司；一個區；十分之一；〔英〕什一徵稅；什一納稅；什一稅；十戶區

Tzar　俄國沙皇

U

U.N. Convention on the Prevention and Punishment of the Crime of Genocide　聯合國禁止及懲治滅絕種族罪公約（公約於 1948 年 12 月 9 日由聯合國大會一致通過，並於 1951 年 1 月 12 日生效）

Under the consideration by the grand jury　在大陪審團的審理中

Unemployment trust fund　〔美〕失業信託基金（根據《社會保障法》而創設的一種失業救濟基金）

United States agency　美國聯邦行政機關

United States Attorney General　美國司法部長，美國總檢察長

United States Marshal　美國執行官（經任命負責執行聯邦法院簽發的傳票或令狀事務）

Unity of ownership　共同所有

University of Bologna　〔意〕波倫那大學（歐洲最古老、最著名的大學之一，中世紀早期曾是歐洲法律研究中心）

Unsystematic risk　不規則的風險

Unwritten law of nations　不成文國際法（主要由國際習慣和慣例、國際判例和知名法學家論斷等淵源構成）

U-2 reconnaissance plane　U-2 偵察飛機

U.S. Council of the International Chamber of Commerce　美國國際商會理事會

U.S. dollar loan　美元貸款

U.S. Foreign Commercial Service　美國對外商務服務局（由助理國務卿和對外商務服務局總監負責，通過美國境內 47 個地區辦事處、21 個分處及在 62 個國家所設的 132 個機構連接美國出口所需的銷售信息，為促進美國產品出口服務、在美國境內舉行各種會議、研討會、協助私營部門組織籌措出口資金，以及促進美國出口水產品等等）

U.S. Helms-Burton Act (or Cuban Liberty and Democratic Solidarity) (Libertad)　美國赫爾姆斯－伯頓法（指《1996 年古巴自由民主團結法》，旨在加緊對古巴實行禁運）

U.S. Jurisprudential rules　美國法律學原則；美國法理學原則

U.S. Marine Mammal Protection Act　美國海洋哺乳動物保護法

U.S. Maritime Administration　美國海事管理局

U.S. Selective Services Laws　美國兵役法

US-Soviet Intermediate Nuclear Forces Treat　蘇聯和美國中短程導彈條約（簡稱"中導條約"）（美國與前蘇聯於 1987 年 12 月 8 日簽訂了《美蘇中導條約》，射程 1000 至 5500 公里的導彈定義為中程導彈，是 80 年代美蘇緩和時期簽訂的重要軍備控制協定。但是，特朗普政府以俄方四年來多次違反條約規定為由，2019 年 2 月 2 日起，美方暫停履行《中導條約》相關義務，正式啟動為期 180 天的退約進程）

US-Soviet Treaty on the Limitation of Anti-Ballistic Missile Systems (ABM)　美蘇限制反彈道導彈系統條約（簡稱"反導條約"）（美國和前蘇聯於 1972 年 5 月 26 日在莫斯科簽訂，同年 10 月 3 日生效，條約被視為全球戰略穩定的基石。但是，2001 年 12 月，美國為了研製和部署全球導彈防禦系統，不顧俄羅斯和國際輿論反對宣佈退出該條約。2002 年 6 月 13 日，條約正式失效）

U.S. Trade Representative (USTR)　美國貿易代表

U.S.-China strategic and economic dialogue　美中戰略與經濟對話（第一次於 2009 年 7 月 27 日至 7 月 28 日在華盛頓召開，每年一次，輪流在華盛頓和北京舉行）

U.S.-Japan controversy over automobiles　美－日汽車爭議案（指世貿組織成立第一年所遇到的第一宗得以解決的障礙案件）

U.S. Mint/Assay Office Seal　美國造幣／試金局印章

Ubiquity　無處不在；無所不在（指英國法律的一種擬制）

Ubiquity of the King　〔英〕國王的普遍存在（意指英國國王的"法律無所不在"，即被推定為君臨所有英國法庭之上的一種擬制）

Ubiquity of the Law　法律的普遍存在

U-boat　潛水艇

Udal　自由地；自主地；自主保有地（封建制度前北歐各國所實行的世襲土地所有權的制度；在芬蘭指為一種不動產的權利）

Udaller (or udlaman)　世襲土地所有人

Ugolini　〔意〕尤格里尼（12–13 世紀的意大利注釋法學家，補寫了亞述的《法學概要》，著有《刑事法庭程序》等法學論著）

UK Border Agency (UKBA)　英國國家邊境署

Ukas (or Ukaas)　俄國沙皇的敕令（俄國沙皇制定的法律或條例）；官方公告；正式決定

U

Ullage 損耗；漏損，缺量，漏損量（指木桶所裝液體因滲漏而最後發現沒有裝滿）

Ulpian 烏爾比安（古羅馬五個偉大的法學家之一，查士丁尼《民法大全》主要就是據其著作編纂成書的，公元 222 年成為皇帝的首席顧問）

Ulterior 秘而不宣的，隱蔽的；日後的，將來的

Ulterior destination 最後目的地

Ultimate 最後的；最終的；極限的；基本的；主要的

Ultimate beneficiary 最終受益人

Ultimate consumer 最後消費者；用戶

Ultimate controlling interest 最後控制權

Ultimate destination 最後目的地

Ultimate facts 基本事實；主要事實（指關於訴權或辯論問題的基本事實）

Ultimate heir 〔英〕最後的繼承人（複歸和失權或沒有繼承人時，土地的最後歸屬者，通常為封建領主或國王）

Ultimate issue 基本爭議點（例如在人身傷害訴訟中，被告的過失行為斷案的最後爭議點）

Ultimate necessity 最終的必要性

Ultimate purchaser 最後用戶；最終購買者（消費者）

Ultimate sanction 最終的制裁

Ultimate solutions 最終的解決辦法

Ultimatum 最後通牒，哀的美敦書（指在談判條約或合同中，一方威脅他方談不成就要破裂的一種最後建議；國際法上則為在爭端問題上，一國對他國絕對和最後要求的通知）

Ultimogeniture 〔英〕幼子繼承制

Ultra damages 額外增加的損害賠償

Ultra isolationists 〔美〕極端孤立主義份子

Ultra posse nemo tenetur 不要求人做其所不能

Ultra protective trade policy 超保護貿易政策（尤指發達國家用各種非關稅壁壘措施限制發展中國家進入市場）

Ultra vires 越權（指超越董事會關於公司章程的法定權限）；越權行為（指法人及其他超越普通法或成文法所承認之權利及能力範圍所作的無效行為）

Ultra vires act 超越法定權限的行為；越權行為

Ultra vires action 越權行為

Ultra vires corporation 越權的法人

Ultra-hazard 特大危險性

Ultra-hazardous activity 特大危險性活動

Ultra-modern 最新的；越現代化的

Ultro-motivity 自發行為

Ultroneous witness 不經傳喚而自行到庭的證人

Umbilical ancestor 母系祖先

Umbrella agreement 一籃子協議

Umbrella article 總括條文（條款）

Umbrella convention 總公約

Umbrella liability insurance 傘式責任保險

Umbrella liability policy 傘式責任保險單（承保基本或普通責任限額以上部份提供保障）

Umbrella policy 傘式保險單

Umbrella reinsurance 傘式再保險

Umbrella treaty 總括條約

Umpirage 仲裁裁決；公斷

Umpire 仲裁人；獨立仲裁人（尤指在仲裁中，兩個仲裁人的意見不一致時由第三人作出最後裁決的人）；仲裁長；公斷人；首席仲裁員；〔美〕（勞工爭議）仲裁人

Unmuzzle *v.* 撤銷束縛言論自由的法令

UN Commission on Sustainable Development 聯合國可持續發展委員會（該會具有促進環保和經濟增長的雙重任務）

UN languages 聯合國語言（泛指漢、英、法、俄及西班牙語，其後加入阿拉伯語）

UN League of Lawyers 聯合國律師聯盟

UN official documents 聯合國官方文件（1945 年至今）

UN peace-keeping operations 聯合國維持和平行動（有學者認為，美國形式上還會繼續公開支持多邊貿易主義，但可能會以"主權"問題為藉口而逃避承擔其義務）

UN Security Council 聯合國安全理事會

Un-transferable L/C 不可轉讓信用證（未加注"可轉讓"的信用證均為不可轉讓信用證）

Unable 無能力的（指證人在精神上和身體上作無作證能力）

Unabsorbed burden 未分配的負擔；未分配的費用；未吸收的費用

Unaccomplished offence 未遂罪

Unaccrued 未到期的（指租賃費）

Unacknowledged 不被承認的（指身份，資格等）；未承認的（過失）

Unactionable subsidies 〔世貿〕不可訴訟的補貼（指可以是特定或非特定的補貼，必須是涉及對工業研究以及競爭導向的開發活動的援助，對落後地區的補助等世貿組織的規定）

Unadjusted 不確定的；意見不一致的；未達成協議的

Unalienable 不可融通的；不可讓與的；不可分割的；不可剝奪的

Unalienable right 不容剝奪的權利（指最基本的權利）

Unaligned country 不結盟國家

Unallocated balance 未分配的餘額

Unambiguous 清楚的；不含糊的；無疑義的（指選舉投票等）

Un-American Activities Committee (UAAC) 非美活動調查委員會

Unanchored submarine mine 無錨觸發水雷

Unanimity 全體一致；一致同意

Unanimity Rule 〔際〕一致同意原則（指一個締約國對條約所提出的保留，必須得到所有其他締約國的明示或默示同意才能成立）

Unanimous （全體）一致的；一致同意的；無異議的

Unanimous agreement 一致協議

Unanimous ballot 一致投票

Unanimous consent 〔基金〕一致同意

Unanimous decision 一致裁定

Unanimous verdict （陪審團的）一致裁定

Unanimous vote 全票；一致表決

Unappeasable 不可上訴的（指判決等）

Unapprehended 未被逮捕的；逍遙法外的

Unapprehended ship 非裝甲船

Unascertained 未確知的；未確定的

Unascertained duties 未確知的稅額（指未經確定應徵稅的商品數量）

Unascertained goods 未經確定的貨物

Unassignable letter of credit 不可轉讓的信用證；不可過戶的信用證

Unassured 未保險的

Unattached 未被扣押（財產）的；未被逮捕的；獨身的；未婚的；未訂婚的；（軍官等）未任命的

U

Unauthorised 未被授權的；未經批准的；未經認可的（指未經授權的簽署或背書等）；越權的

Unauthorised representative 未被授權的代理人；未經授權代理人

Unauthorised use 〔美〕未經許可使用；未授權使用（指未經車主同意而動用的犯法行為）

Unavailability 不可獲得；無法得到（如證人已故等）；不近便（如證人不在法院管轄區內）；無效性；無效力

Unavailable lawsuit 無效的訴訟

Unavailing 無成效的

Unavoidable 不可避免的；不可阻止的；不能廢除的；必然的

Unavoidable accident 不可避免的意外；不可避免的事故；不能預見的事故；不可抗力（釋義同 "inevitable accident"）

Unavoidable casualty 不可避免的事故；意外事故

Unavoidable cause 不可避免的原因；非謹慎所能預見的原因；非能力所能挽救的原因

Unavoidable commitment 不可避免的承諾

Unavoidable dangers 〔保〕（河、海中）不可避免的風險

Unavoidable mistake 不得已的錯誤；不可避免的錯誤

Unballast 〔海法〕卸除壓載（固體，其反義詞為 "liquid ballast"）

Unbankable 銀行不受理的；銀行不接受的

Unberthed （船舶）無鋪位的

Un-bias and objective 公正客觀的

Unbiased 〔統計〕不偏的；不偏不倚的；無偏見的

Unbiased decision 無偏見的判斷；公正的判決

Unbiased estimate 〔統計〕無偏估計

Unbiased estimation 〔統計〕無偏估計；公正估計

Unbiased estimator 〔統計〕無偏估計量；無偏估計試

Unbiased statistical test 〔統計〕無偏統計檢驗

Unborn beneficiaries 尚未出生的受益人（指遺產等的繼承人）

Unborn child 胎兒（指胎兒因母親受傷而受傷，其出生後可向被告的不法行為取得賠償）

Unbound 解脫了鐐銬（或束縛了）的；被釋放的；非約束性的

Unbound rate 〔關貿〕非約束性稅率（指特惠稅率而言）

Unbound reduction 無約束的削減

Unbroken 未中斷的；連續的；未破損的；完整的

Uncalled capital 未繳股本；未催繳股本；未收資本

Uncalled share capital 未催繳股本；未繳的股份資本

Unceasesath 〔撒〕親屬對其親人死亡不作報仇的宣誓

Uncertainty 不確定（性）；不明確（指文書意旨不明確，契據或遺囑的文字含混不清，法官難以裁定）；〔保〕偶然性；危險的不定性

Unchallengeable use 〔基金〕不能改變的使用（指特別提款權的）

Uncharge v. 卸貨；起貨；不付費用；未被指控

Uncharted island 海圖上未標明的島嶼

Unchastity 不貞潔；淫蕩（僅指思想和行為不端，並無事實上搞不法的性交行為）

UNCITRAL Arbitration Rules 〔聯〕國際貿易法委員會仲裁規則（1976 年）

UNCITRAL Conciliation Rules 〔聯〕國際貿易委員會調解規則（1980 年）

Unclaimed baggage 無人認領的行李；無人領取的行李

Unclaimed balance 不提取的存款餘額

Unclaimed corpse 無人認領的屍體

Unclaimed deposits 無人領取的存款

Unclaimed dividend 未領取的股利；未領的紅利

Unclaimed merchandise 貨主不明貨物；無人認領的貨物

Uncle 伯父；舅父；姑父；姨父；叔父

Unclean bill of lading 不潔提單

Unclean hands 不清白；不廉潔（指無資格取得衡平法上的救濟）

Unclean hands doctrine 〔美〕不潔之手原則（意指原告的過失與被告的過失兩者並無差異。如果一造在訴訟標上欺騙他造者，衡平法院將不予以救濟的原則）

Uncleared 未收款的；未付清的

Uncleared check (cheque) 未收款的支票

Uncle-in-law 伯母的丈夫；叔母的丈夫

Uncollected capital 〔世行〕待繳資本（只有需要對外償付時才向會員國徵集）

Uncollected funds 未收款項；未收資金（指受票人或付款人尚未向銀行繳付存款）

Uncollected items 尚未收取的支票類

Uncollected premium 未收保險費

Uncollectible debt 壞賬；呆賬；無法收回的債務

Uncommitted 未遂的；不受（誓約等）約束的；未交議會的；未被監禁的；未被授權的；未被付托的

Uncommitted resources 未支配的資源

Unconditional 無條件的；絕對的；不受任何條件限制和影響的（指尤其適用於承保的動產質量而言）

Unconditional acceptance 無條件承兌；無條件接受

Unconditional appearance 無條件出庭

Unconditional contraband 絕對禁製品；無條件禁製品

Unconditional contract to sell 無條件預賣契約

Unconditional debts 無條件債務

Unconditional discharge 無條件釋放（指監禁期限屆滿）；無附加條件免除義務

Unconditional drawing rights 〔基金〕無條件提款權

Unconditional equality 無條件平等

Unconditional interpretation 無條件解釋

Unconditional liquidity 無條件流動能力；無條件兌換能力

Unconditional most favoured nation clause 無條件最惠國條款

Unconditional most favoured nation treatment 無條件最惠國待遇

Unconditional obligation 無條件債務

Unconditional right to impose trade controls 無條件強制執行貿易管制的權利（指 IMF 可惠予 WTO 成員方國際收支赤字的權利）

Unconditional surrender 無條件投降

Unconditionally 〔關貿〕無條件的（經多輪磋商商談後，終將最惠國待遇條款明確規定為 "無條件的" 最惠國）

Unconfessed 未供認的；未承認的

Unconfirmed 未最後認可的；未最後確定的；未確證的；未證實的

Unconfirmed credit 非保兌信用證

Unconfirmed letter of credit 非保兌信用證（未加保兌的信用證稱為不保兌信用證）

Unconnected 無親屬關係的；無關的

Unconscionability 不合理；顯失公平（尤指只對單方有利顯失公平的情況下締結的契約）

Unconscionable 極不公正的；顯失公平的；違背良心的；不道德的；駭人的

Unconscionable award 顯失公平裁決；不合理裁決

Unconscionable bargain 顯失公平交易（指單方面提出不公平詐欺或以壓迫而訂立的契約）；不正當的契約

Unconscionable conduct 昧良行為（昧着良心的行為）

Unconscionable contract 違背良心的契約；顯失公平的契約（合同）

Unconscious 不省人事的；失去知覺的

Unconstitutional 違憲的；不符合憲法的；與憲法相悖的（在英國方面指立法與公認的原則或政策相抵觸；在美國方面則指立法與成文憲法條款相抵觸）

Unconstitutional act 違憲行為

Unconstitutional ratification 違憲批准

Unconstitutional statute 違憲制定法；違憲的法律

Unconstitutional treaty 違憲條約

Unconstitutionality 違反憲法

Uncontestable clause 〔保〕不得爭議條款（指規定保險者對已生效兩年以上的人壽保單不得再提出求償的條款）

Uncontested election 無競爭選舉

Uncontested registration 無爭議註冊

Uncontrollable 不受控制的；無法管束的

Uncontrollable impulse 不可控制的衝動；難以克制的刺激（指人為難以克制的衝動，以為犯罪行為的一種辯解）

Unconventional warfare 非常規戰爭；非常規作戰

Unconventional weapon 非常規武器

Unconvicted person 未經定罪的人

Unconvicted prisoner 未（判）決的囚犯；未決犯

Uncore prist 〔法〕仍然準備（指當事人稱，屬合理債務者仍然予以支付或迄今仍舊準備支付或履約，為當事人的一種答辯的方式）

Uncorroborated confession 無確證的證供；未確認的供認

Uncover a spy ring 破獲一個特務組織

Uncovered 無擔保的；未投保的；無儲備的（指紙幣等）

Uncrossed 〔英〕未劃綫的（支票）

Uncrossed check (cheque) 未劃綫支票

UNCTAD Central Economic Data System 〔聯〕聯合國貿發會議中央經濟數據系統

UNCTAD/GATT International Trade Centre 〔聯〕聯合國貿發會議和關貿總協定合辦的國際貿易中心

Uncurrent 不流通的（指紙幣等）

Uncustomed 未經海關通過的；未報關的；未付關稅的

Uncuth 〔撒〕未知的；不知的；無名的；陌生人

Unde herd 集中放牧

Undeclared 未向海關申報的（指貨物）；未經宣佈的；不公開的

Undeclared war 不宣而戰

Undefended 〔英〕無辯護的（指在民事或被控犯罪案件的審訊中，被告不請律師或自行辯護、或缺席者；無辯護的訴訟案件：指不簽收送達通知、不置辯護陳述、在收到審訊送達通知後，自己既不應傳出庭，也不讓其律師出庭辯護）

Undefended city (towns) 不設防的城市（城鎮）

Undefended locality (place) 不設防地方

Undefended port 不設防港口

Undefended suit 〔香港〕無辯護的訴訟案件（指在離婚訴案中，法院在送達通知書後，如答辯人對離婚法令無異議，該訴案即以無辯護方式進行審理之謂）

Undelivered 無法投遞的（郵政用語）

Undelivered cargo list 催提貨單

Undelivered letter 無法投遞的信件

Undeniable 不可否認的；不容否認的；無可爭辯的

Under 在…底下（表示位置）；在…之下；從屬；依；依照，按照；根據…所說；降級（股票用語）

Under a penalty 附有罰金的傳票（不按傳喚到庭時科以罰金的訴訟傳票，舊時衡平法院訴訟時，大法官根據此令狀傳喚被告）

Under a pretence 藉口；托詞；藉故

Under age 未成年；未屆法定年齡

Under agent 下級代理人

Under and subject 取決於；受制於…；受…條件制約（通常用於土地轉讓中，受讓人要受到抵押條件的制約）

Under arrest 在逮捕中；在監禁中；在拘留中

Under balance 餘款不足的

Under beam measurement capacity 船舶裝載貨物能力

Under capitalisation 現金不足；投資不足；資本不足

Under colour of law 披着合法外衣的行為

Under colour of title 在產權的幌子下

Under consumption 消費不足（指商品生產超過購買力需求，即"供過於求"）

Under control 受控制之中

Under detention 在拘留中；在羈押中

Under hot pursuit 正在追捕中

Under house arrest 在軟禁中

Under insurance 不足額保險（指投保人對標的物的價值未投足額的保險）

Under investment 投資不足

Under market conditions as stable as possible 在市場盡可能穩定的條件下

Under martial law 在戒嚴中

Under my hand and seal 由本人簽字蓋印；經由本人簽署（指簽名和蓋章）

Under penalty of estoppel 不准推翻或提出抗辯的制裁

Under protest 持異議地；在抗議下；〔美〕強制支付（指當付款人聲稱不放棄拒付權利的情況下）

Under seal 簽字蠟封

Under sentence of death 被判處死刑

Under tenancy 轉租；分租

Under the aegis of the GATT 由關貿總協定主辦

Under the auspices of 由…主辦；由…主持

Under the circumstances 在此情形下

Under the control of 在…支配下

Under the Crown 在英王（或女王）統治下

Under the hand of 由…處理

Under the influence of drugs 〔美〕在毒品影響下（指受到毒品影響致使神經失控）

Under the influence of intoxicating liquor 〔美〕在烈性酒影響下（指受到烈性酒類影響而使神經失控）

Under the orders of 按…旨意；受命於…

Under the pretence of 藉故；托辭；藉口

Under the table 不公開的；不可告人的；秘密的，暗中進行的

Under tow 水下逆流

Under way　在航行中；在進行中

Underbid　*v.* 喊價低於別人；遞價過低；出腳低價

Undercapitalise　*v.* 投資不足

Under-Chamberlains of the Exchequer　〔英古〕財政署兩位下級官員（主管閱讀符木登記和查找國庫案卷）

Undercharge　少計價錢；少收費用；正當代價以下的請求；不充份轉嫁間接費

Undercharter　租船的再出租

Underclerk　下級職員

Undercover　暗中進行的；私下的

Undercover agent　密探；間諜；綫人；便衣警察

Undercover payment　繳付不足；私下塞給人的錢（指賄賂）

Undercover traitor　暗藏的叛徒

Undercurrent　暗流；潛流

Undercut the power of pro-protection interests　削除親貿易保護主義團體的權力

Underdeveloped　未開發的；欠發達的；未開展的；落後的

Underdeveloped area　不發達地區；欠發達地區；未開發地區

Underdeveloped country　不發達國家；欠發達國家

Underdeveloped region　不發達的地區

Under-employed　半失業的；就業不足的

Underemployed capacity　就業不足的能力

Underestimate　*v.* 低估；估計過低

Underestimation　低估；估計不足；估價不足

Underflow　暗水；潛流

Undergo a sea change　發生巨大的變化

Underground　秘密的；隱蔽的；不公開的；地下的；黑市的

Underground banks　地下錢莊（指一種特殊的非法金融組織，其游離於金融監管體系之外，利用或部份利用金融機構的資金結算網絡，從事非法買賣外匯、跨國資金轉移或資金存儲拆借、高利轉貸、社區華人的匯款、收款等非法金融業務）

Underground economy　地下經濟（指黑市交易等活動）

Underground press　地下刊物；非法出版社

Underground water　地下水

Under-insurance　不足額保險

Underinsured motorist coverage　駕駛員不足額保險（指所保不足以支付其損害賠償費）

Underinvoicing　開低價發票（指逃稅、逃匯等行為）

Underlease　轉租；分租（分租者是指承租人將其原租約中的部份權益讓與分租人，且期限短於其未屆滿的租期；同時分租人對原始出租人和承租人之間所立契約不承擔責任，其不同於 "assignment"，後者是把全部權益轉讓於受讓人）

Underleasee　轉手承租人；分承租人

Underleasor　轉租人；轉借人

Underlet (or sublet)　*v.* 轉租；分租；重租；分租轉借；廉價出租

Underlying　優先的；優先於索賠權或留置權的；根本的；基礎的；附屬的

Underlying bonds　優先債券（指附有第一或優先抵押權的債券）

Underlying company　附屬公司（指附有不能轉讓某種特權的）；子公司

Underlying document　原始憑證；原始單據

Underlying inflation　潛在的通貨膨脹趨勢；基本的通貨膨脹動向

Underlying insurance　基礎保險

Underlying lien　優先留置權

Underlying mortgage　第一抵押；優先抵押

Underlying public policy objectives (of)　基本的公共政策目標

Underlying retention　自負賠償金額（部份）；自留額（指在超額賠償損失再保險中，自負賠償的金額）

Underlying syndicate　承受發行證券的辛迪加；承受發行證券的企業聯合組織；原始辛迪加

Underlying tax　直接稅

Undermanned　人員不足的

Under-mentioned　下述提及的

Undermine social order　破壞社會秩序

Undermine the smooth operation of the international monetary system　破壞國際貨幣制度的順利運作

Underprivileged nation (state)　窮國；最不發達的國家

Underquote　*v.* 低報價格；開價過低（指低於市價）；開價比別人低

Under-secretary general　副秘書長

Under-set　水下逆流

Undersexed　缺乏性能力的

Under-sheriff　〔英〕助理司法行政官（指除負責議會選舉外，在高級司法執行官直接指導下，履行司法執行官辦事處的全部職能）；〔美〕代理司法行政官（指由司法行政官指派負責處理辦公室所有日常行政事務）

Undershooting　調節不完善；未及預期目的

Undersigned plenipotentiary　下列簽字的全權代表

Undersigned, the　簽名人；署名人；下列簽字人（指在文件末端簽字的人）

Understand　*v.* 知道；懂得；了解；理解；認識

Understand the legal procedures of the receiving State　〔領事〕了解接受國的法律程序

Understand the operation of notified subsidy programmes　〔世貿〕了解所通報補貼計劃的運作

Understanding　諒解；理解；非正式協定；默契

Understanding Concerning Interpretation of Specific Articles of the General Agreement on Tariffs and Trade 1994　關於解釋 1994 年關貿總協定特殊條款的諒解

Understanding in Respect of Waivers of Obligations under the General Agreement on Tariff and Trade 1994　〔世貿〕關於按照 1994 年關貿與貿易總協定義務豁免的諒解書

Understanding on Commitments in Financial Services　關於金融服務承諾的諒解（規定安排金融部門具體承諾的替代方法）

Understanding on Rules and Procedures Governing the Settlement of Disputes　〔世貿〕關於爭端解決規則和程序諒解書（為世貿組織解決締約國商事爭端較為系統的規定）

Understanding on Rules and Settlement of Disputes　〔世貿〕關於規則爭端與解決諒解書

Understanding on the Balance-of-Payments Provisions of the General Agreement on Tariff and Trade, 1994　〔關貿〕1994 年關貿總協定收支平衡規定諒解書（1994 年烏拉圭回合達成的，主要就數量限制措施的實施、協商措施、通知與文件的提供等方面作出進一步的規定）

Understanding on the Interpretation and Application of

Articles XXII and XXIII of the General Agreement on Tariffs and Trade 關於解釋和適用關貿總協定第 22 和第 23 條的諒解

Understanding on the Interpretation of Article II: 1(b) of the General Agreement on Tariffs and Trade 1994 關於解釋 1994 年關貿總協定第 2 條第 1 款 (b) 項的諒解

Understanding on the Interpretation of Article XVII of the General Agreement of Tariffs and Trade 1994 關於解釋 1994 年關貿總協定第 17 條的諒解

Understanding on the Interpretation of Article XXIV of the General Agreement on Tariffs and Trade 1994 關於解釋 1994 年關貿總協定第 24 條的諒解 (指締約國必須採取合理措施以保證關貿總協定的義務得到執行)

Understanding on the interpretation 解釋性諒解

Understanding on WTO-ISO Standards Information Systems 關於世貿組織 / 國際標準化組織標準信息制度的諒解

Understanding Regarding Notification, Consultation, Dispute Settlement and Conciliation 〔關貿〕關於通知、協商、爭端解決和調解諒解書 (1979 年關貿總協定在《東京回合》會議上提出，旨在改革完善解決當事國間的爭端機制)

Understanding short of reservation 次於保留的諒解

Understeer (汽車) 轉向不足；對駕駛盤反應失靈

Understood 已同意的；已達成協議的 (用於書面合同上)；含意在內的；心照不宣的；默認的

Undertake v. 承擔；從事；擔保，承諾，承辦；同意；擔任；保證；負責

Undertake a thorough review (of) 進行一次全面的審議

Undertake an enterprise 創辦事業

Undertake Chinese national and other legal acts 〔領事〕承辦中國國民及其他法律事務 (承辦華僑及其他法律事務)

Undertake commitments and concessions 作出承諾和減讓

Undertake conformity assessment 保證均一攤派稅款

Undertake duty 承擔責任

Undertake in principle to apply its tariff bound and applied rates 保證原則上應用關稅約束稅率和實計稅率

Undertake market-oriented reform in the agricultural sector 承諾在農業部門進行市場導向的改革

Undertake reduction commitments 〔世貿〕承擔削減義務 (指按《農產品協議》規定，發展中國家可在 10 年內做到的特殊待遇)

Undertake responsibility 承擔責任

Undertake the specific commitments 作出具體承諾

Undertake the work programme 實施工作計劃

Undertaker 承擔者，承辦人；承保人，保險人；保險商；企業家；殯儀員

Undertaking 承擔；承諾；允諾；保證；訴訟代理的承諾 (尤指在法律訴訟中以扣押財產作為擔保、律師可代表擔保被告出庭等)；承包；事業 (單位)；企業

Undertaking for profit 營利事業

Undertaking for the protection of discharged convicts 出獄者保護事業；獲釋囚犯的保護事業

Undertax v. 過低徵稅

Undertaxation 徵稅過低

Under-tenant 次承租人；分承租人；轉承租人；陪臣 (受到領主封與土地的人)

Under-the-counter 違法的；禁止的；私下出售的；暗中成交的；開後門的

Undertook 已同意的；已承諾的；已承擔的；已保證的

Under-tutor 〔美〕(未成年者的) 監督監護人 (路易斯安那州法律用語)

Underutilisation of productive capacity 生產能力利用不足

Undervalue v. 降低…的價值；便宜；低估

Undervalued currency 低估的通貨；定值過低的通貨

Underwater continental shelf 水下大陸架

Underway 在航行中；在途中；在駛向岸中；在進行中

Underwrite v. 經營保險；承保 (指保險人壽或財產)；證券包銷；認購 (約定於定期內以一定的代價購買未公募的股票)；簽名同意 (支付)；同意負擔…費用

Underwriter 保險業者；承保人；保險人；受保人；保險單簽發人 (指和數名同業者一起規定分別承擔的保險額，作為擔保賠償在保險契約書上所提及的損失的保險者而署名的人)；保險商 (尤指水險商)；認購者 (證券、公債等)；證券包銷商；證券包銷人；〔英〕勞埃德公司成員

Underwriter's Association 保險商協會；保險人協會

Underwriter's Association of New York State 紐約州火災保險者協會

Underwriter's contract 認購契約

Underwriter's option 認購人選擇權

Underwriting 經營保險業；承擔保險；承購；包銷 (股票、證券)

Underwriting agent 保險代理人

Underwriting agreement 承銷協議；包銷合約 (指承包全部或部份銷售公司股票或證券，以獲取佣金的協議)

Underwriting banks 承保銀行

Underwriting commission 承銷佣金 (指公司付給承保推銷公司股票或證券者的佣金)

Underwriting cost 承保成本

Underwriting fee 承保費用

Underwriting group 承保證券團體

Underwriting limit 承保限額；承銷限額

Underwriting of bonds and other issues 承購債券和其他發行物

Underwriting price 認購價格

Underwriting profit 保險利潤；承保利潤

Underwriting spread 承銷價差 (指銷售證券的購銷差價)

Underwriting syndicate 承保辛迪加；證券包銷銀行；認購財團 (指包銷證券的若干投資銀行的機構)

Undesirable incidental protective effects 〔關貿〕不必要的附帶保護結果 (指總協定對成員國進口產品數量限制等條件的規定)

Undesirable person 不良份子

Undetermined boundary 未定界

Undisbursed bebt 未付的欠款；未撥付的欠款

Undischarged 未履行的 (職責)；未償清的

Undischarged bankrupt 未償清債務的破產者

Undisclosed agency 隱名代理 (指處理不通知代理機構的第三者事務)

Undisclosed association 匿名協會；秘密組織

Undisclosed information 未泄露的信息

Undisclosed principal 隱名代理的本人；不公開的主人；不露其名的主犯

Undisclosed processes 未公開的生產工藝

Undiscovered 未被發現的;隱藏的

Undisputed 無疑的;確實的;無爭議的;毫無疑問的

Undisputed fact 無爭議的事實;不爭的事實(指法院認為光憑一、兩個證人證實,未經法院調查尚不構成不爭事實)

Undistributed earnings 未分配盈餘(收入)

Undistributed profits 未分配利潤("留存利益",公司企業的盈利部份事實上尚未分割或分配給股東或合夥人之謂)

Undistributed profits tax 〔美〕未分配利潤稅

Undivided interest 非分割權益;共有權益

Undivided ordinary share 不可分割的普通股

Undivided profits 未分配的利潤;未分配的盈餘(指事實上尚未作為公司的紅利分割或分配或記入盈餘賬戶)

Undivided right 未分割的權利;單獨享有的權利(指一人或兩人以上的承租人共同擁有的產權)

Undivided share 不分割的股份;不可分割的股份(指共有的、不可分的);不可分割的份額(指合租的土地或房屋,彼此共有的)

Undivided stock 不分割的普通股(指不分優先等)

Undocumented immigrant 進入他國而無合法居住證件無證移民(指通過偷渡等非法途徑的外國人

UNDP/World Bank/WTO Special Programme for Research and Training in Tropical diseases (TDR) 〔聯〕開發計劃署、世界銀行及世界衛生組織關於熱帶疾病研究訓練特別計劃

Undrawn balance 未提取餘額

Undres 〔英古〕未成年人;未及能携帶武器年齡人

Undue 不當的;非法的;未到(支付)期的

Undue delay of justice 不當司法遲延(審判上不適當的遲延)

Undue difficulties 〔關貿〕過分困難;不應有的困難(指對其他締約方而言)

Undue disturbance 〔關貿〕不適當的干擾(指對初級產品出口補貼會干擾其他締約方的正常貿易)

Undue harm 不應有危害;不正當損害

Undue influence 不當影響;不正當的威脅手段(指訂立契約時,當事人一方對另一方通過利用其優越的地位或特殊的關係等威脅手段,使對方訂立對自己有利的契約。根據不正當威脅手段訂立的契約可以取消。在當事者之間具有如監護人與被監護人的關係時,只要沒有反證,即可推定為當然行使過不正當的威脅手段)〔英〕威脅手段;不當壓力(指以暴力、威脅等誘使他人投票或以不當壓力的贈予或訂立的遺囑者,法院可予撤銷、賄選者為犯罪)

Undue means 不正當方式;不合法手段

Undue preference 不當特惠;不正當的特惠(指關稅方面)

Unearned income 份外收入;不勞而獲的收入;非營業收益(指工資等以外的收入,但均已扣除了所得稅);尚未得到的收入

Unearned increment 土地的自然增值;不勞增值(指業主未經勞動或付出,純因人口增加或社會發展而自然增值的)

Unearned interest 〔美〕預收利息(已收到但尚未實現的利息)

Unearned premium 未到期的保險費;未滿期的保險費

Unearned profit 不應得的利潤;非營業的利潤;份外收益

Unearned revenue 尚未得到的收入;遞延收入;預收收入

Unearned surplus 非營業盈餘(含"繳入盈餘"、"資產評估盈餘"和"捐贈盈餘")

Unearth a spy ring 破獲一個特務組織

Uneconomic investments 不經濟的投資;不實用的投資

Uneconomic 不經濟的

Unedited 未經檢查的,未經審查的(指電影等發行事業)

Uneducated 文盲

Unemployed 失業的;未利用的;閒置的

Unemployed capital 游資;準備資本;閒置資本

Unemployed Workers' Dependent Act 〔英〕失業工人家屬暫定法(1921 年)

Unemployment 失業

Unemployment benefit 失業津貼;失業救助(金)

Unemployment compensation 〔美〕失業救濟金;失業補助金;失業補償

Unemployment insurance (勞工)失業保險

Unemployment Insurance Bill 〔英〕失業保險法案(1919 年)

Unemployment pay 失業津貼

Unemployment pension 失業救濟金

Unemployment rate 失業率

Unemployment relief arrangement 〔美〕失業救濟安排

Unemployment risk 失業風險(指發展中國家在加入世界貿易組織初期因技術和資本等競爭不過發達國家,因此在增加就業機會的同時也會帶來嚴重的失業問題)

Unemployment tax 〔美〕失業稅

Unemployment Workmen Act 〔英〕失業勞動者法(1909 年)

Unencumbered 無負擔的(指抵押、債務等)

Unencumbered estate 無債務資產

Unencumbered property 未承擔債務的財產;未支配財產

Unenforceable 不能強制執行的;不能實踐的;不能執行的

Unenforceable contract 不可強制執行的契約(雖然完全有效,但因缺乏本案所要求的書面證據,因而法院不許強制執行的契約)

Unentangle *v.* 解開;排解(糾紛)

Unequal 〔美〕不平等的;不均勻的;有偏見的;歧視的;差別對待的;有損害的;不公平的;不公正的;不一致的

Unequal election 不公平選舉

Unequal relation 不平等的關係

Unequal right 不平等的權利

Unequal treatment 不平等待遇;不公平待遇

Unequal treaty 不平等條約

Unequivocal 清楚的;明確的;不含糊的;無疑義的;確定的;不容置疑的

Unerring 無過失的;無錯誤的;準確的,正確的

UNESCO Regional Office for Science and Technology for Southeast Asia (ROSTSEA) 〔聯〕教科文組織東南亞地區科技辦事處

Unethical 不合乎職業道德的;不合乎行業規矩的

Unethical conduct 不合乎職業道德的行為

Uneven 市價不穩定的;易變化的

Unexceptionable 不能反對的;沒有過錯的;無懈可擊的

Unexecuted 未執行的;未履行的;未按條約履行的

Unexecuted use 未生效的收益權(指託管土地等)

Unexpected 意料不到的;(出於)意外的;突然的

Unexpired insurance 未到期保險

Unexpired re-entry permit 〔美移〕未到期的再入境許可證

Unexpired term 〔美〕剩餘期限;未滿期間;未到期部份的期限(指契約等)

Unexplained variance 不可解釋的變異數

Unfair 不公道；不公正；不公平；不正直；不正當

Unfair advantage 不正當的利益；不當得利

Unfair claims practice 不正當理賠

Unfair comment 不公正的評論

Unfair commercial use 不正當的商業用途

Unfair competition 不公平競爭；不正當競爭（特指製造類似的在市場上享有聲譽的商品、利用類似的包裝、標簽的名稱等進行不誠實或詐欺式的競爭）

Unfair competitive advantage 〔基金〕不公平競爭的有利條件

Unfair dismissal 非法解僱；〔英〕不公正解僱（指違反勞務合同或在勞務合同期滿前通知的非法解僱，對此僱工可上訴請求失業工資賠償）

Unfair foreign competition 不公平的外國競爭（指國際貿易中諸如出口補貼、傾銷、歧視性的裝運安排、賄賂以及經濟抵制等）

Unfair hearing 不公正的聽證（指就正當法律程序而言，其瑕疵是缺一關鍵因素）

Unfair labour practice 不公正的勞動待遇

Unfair marketing practice 不正當的銷售行為（做法）

Unfair methods of competition 不合理的競爭方法；不公平的競爭手段

Unfair prejudice 不合理的偏見；不公正的偏見

Unfair trade law 不公平貿易法

Unfair trade practices 不公平交易作法；不正當貿易行為

Unfair trade rules 不公平的貿易規則（指單邊主義和歧視性的貿易制裁）

Unfair trading practices 不公平交易作法

Unfaithful 不忠實的；不守信的；不誠實的；對丈夫（或妻子）不忠實的；不貞的（其為"unlawful"的同義詞）

Unfathomed 未解決的（指刑事案件等）

Unfavourable balance of trade 入超；貿易逆差，貿易赤字；對外貿易逆差

Unfavourable rate of exchange 不利的匯率

Unfavourable trade balance 貿易逆差（又稱"貿易赤字"或"貿易入超"）

Unfettered press 自由出版；自由出版權

Unfilled jobs 職位空缺（的工作）

Unfilled orders 未交的訂貨單；未發貨訂單

Unfinished 未完成的；未結束的；不完美的；未琢磨的；未潤飾的

Unfinished goods 半成品

Unfit 不合適的；不勝任的；無能力的；（心神）不健全的；不適用的

Unfitness to plead 〔英〕無能力答辯（因刑事被告精神失常不能被傳訊或開庭審理）

Unforesceen event 不及預料的事故；屬不可抗力的事故；意外事件

Unforeseeable course of events 無法預見的事物趨勢（指不可抗力而言）

Unforeseen 未預見到的；意外的；預料不到的

Unforeseen development 不可預見的發展；意外的發展

Unfound allegation 無證據的指控

Unfounded 沒有理由的；無事實根據的；無稽的

Unfree tenure 〔英〕非自由的土地保有（舊時沒有國王法院保護的平民無一定勞役所佔有的一種不完全土地保有權）

Unfreeze v. 使解凍；解除對（價格或工資）的凍結；取消使用（或製造、出售）…的控制

Unfriendly act 不友好行為

Unfunded debt 短期債務；非抵押債務；流動債務（借款期在一年以內的債務）

Unfunded life insurance trust 無資金的人壽保險信托

Ungeld 〔撒〕被剝奪公民權者；不受法律保護者

Ungodly jumble 〔英〕"不動產法邪惡般混亂"（指英王克倫威爾曾對英國不動產法的評說）

Ungrounded 無根據的

Unharmed 沒有受傷的；平安無恙的

Unheard 未審訊的；不予傾聽的

Unicameral legislation 一院制議會

Unicameral system 一院制；單院制（指議會）

Unicurrency pegging 與單一外幣掛鈎；與單一外幣固定比價

Unidentified 未證明身份的

UNIDO Central Trust Fund 〔聯〕聯合國工發組織總信托基金

UNIDO Guidelines 〔聯〕聯合國工發組織準則

UNIDO Newsletter 〔聯〕聯合國工法組織簡報（周刊）

Unidroit 〔法〕國際統一私法學會（1926 年）

Unification of exchange rates 統一匯率

Unification of law 法律統一（統一規則）

Unification of Laws of Bills of Exchange 匯票統一法

Unification of licensing requirements 統一許可證的要求

Unification of rules 規則統一

Unification of tariff nomenclature 稅則類別的統一

Unified 統一的；綜合的；合併的

Unified assessment procedure 統一的評估程序

Unified Bar 〔美〕（州一級強制性的）統一律師協會

Unified Bar Association 〔美〕統一律師協會（業經政府批准成立的）

Unified dispute settlement system 〔關／世貿〕統一的爭端解決制度（指第八輪烏拉圭回合的成果之一）

Unified Estate and Gift Tax 〔美〕統一財產贈與稅

Unified foreign service 統一外交服務

Unified industry and commerce tax 〔中〕工商統一稅

Unified mortgage bonds 統一抵押債務

Unified procedures 〔世貿〕統一的程序；一元化的程序（指烏拉圭回合所制定的爭端解決程序是統一的一元化的程序而不象關稅與貿易總協定所有的八種或十種碎片式的不同的爭端解決程序）

Unified purchase and sale 〔中〕統購統銷（指國家對糧、油、棉等重要生活消費品由政府統一收購和銷售的一項經濟政策）

Unified tax credit 〔美〕統一稅抵免

Unified transfer tax 〔美〕統一財產轉讓稅（適用於因贈與和死者財產的讓與）

Uniform 一致的；劃一的；相同的；統一的；均一方式（規則）的

Uniform Act 〔美〕統一法

Uniform administration 統一經營；統一管理；統一實施

Uniform Arbitration Act 〔美〕統一仲裁法

Uniform Bills of Lading Act 〔美〕統一提單法（1909 年）

Uniform bonus 一定律的獎金（指獎勵工資制）

Uniform buoyage 〔海法〕浮筒統一制度

Uniform Certification of Questions of Law Act 〔美〕統一
法律問題認證法

Uniform certified public accountant examination 〔美〕
(特許)會計師統一考試

Uniform Child Custody Jurisdiction Act (U.C.C.J.A.) 〔美〕
統一子女監護管轄權法

Uniform Code of Military Justice (U.C.M.J.) 〔美〕統一軍
事司法法(1951年陸軍軍法會議制定的關於管理軍事人員行
為的法典)

Uniform Commercial Code (U.C.C.) 〔美〕統一商法典(除
路易斯安那州以外,已為各州所接受,1952年)

Uniform Conditional Sales Act 〔美〕統一附條件買賣法
(1918年)

Uniform Consumer Credit Code (U.C.C.C.) 〔美〕統一消費
者信貸法

Uniform Controlled Substances Act 〔美〕麻醉品統一管制
法(指各州麻醉品和毒品的使用和銷售等)

Uniform Crime Reports (U.C.R.) 〔美〕統一犯罪判例彙編

Uniform customs 統一慣例;統一習慣

**Uniform Customs and Practice for Commercial Documentary
Credits (UCP)** 商業跟單信用證統一慣例(指由國際商會擬
定的關於信用證條例,1930、1974年)

Uniform Customs and Practice for Documentary Credits
跟單(或押匯)信用證統一慣例(1962、1974年)

Uniform Division of Income for Tax Purpose Act (UDITPA)
〔美〕統一應稅收入分配法

Uniform Divorce Recognition Act 〔美〕承認離婚統一法
(指某些制度的關於解決完全誠意與信任及承認姐妹州離婚
問題的統一法規)

Uniform expert evidence act 鑒定證據統一法

Uniform fare 均一運費;統一運費

**Uniform Foreign Country Money-Judgement Recognition
Act** 〔美〕關於承認外國金錢判決的統一法

Uniform Fraudulent Conveyance Act (UFCA) 〔美〕統一反
欺詐轉讓法(統一欺詐性財產讓與標準法)

Uniform Fraudulent Transfer Act (UFTA) 〔美〕統一反欺詐
性轉讓法(統一假轉讓標準法,1984年)

Uniform Freight Classification Ratings, Rules and Regulations
統一運費等級及規則

Uniform Gifts to Minors Act 〔美〕統一向未成年者贈與財
產法

Uniform Law concerning Judicial Notice of Foreign Law
〔美〕關於法院知悉外國法的統一法(1936年)

**Uniform Law on the Formation of Contracts for the
International Sales of Goods (The Hague, 1964年)** 國
際貨物買賣合同統一法(1964年訂立於海牙)

Uniform Law on the International Sales of Goods 國際貨
物買賣統一法

Uniform Laws (ULA) 〔美〕統一法

Uniform Laws or Acts 〔美〕統一法(或法令)

Uniform legacy system 單一繼承制

Uniform legislation 統一立法

Uniform level of liability 統一責任標準

Uniform Marriage and Divorce Act 〔美〕統一結婚離婚法
(1970年)

Uniform Marriage Evasion Act 〔美〕統一婚姻規避法(1912年)

Uniform monetary limitation of liability rule 統一賠償責
任限額規則

Uniform Motor Vehicle Accident Reparations Act 〔美〕統
一機動車輛意外事故賠償法

Uniform Negotiable Instrument Law 〔美〕統一流通證券法

Uniform Negotiable Instruments Act 〔美〕統一流通票據
法(1896年)

Uniform Partnership Act 〔美〕統一合夥法(1914年)

Uniform policies and procedures 〔領事〕統一政策程序

Uniform policy 統一政策

Uniform price 統一價格(亦稱"單一價格")

Uniform Principal and Income Act 〔美〕統一本金與收益法

Uniform Probate Code 〔美〕統一遺囑檢驗法典(1969年)

Uniform Provision Law 〔美〕統一條款法

Uniform provisions 〔美〕統一條款

Uniform rates of freight to all 所有托運貨量均一費率;不
分托運分量均一費率

Uniform Reciprocal Enforcement of Divorce Act (UREDA)
〔美〕統一相互執行離婚法

Uniform Reciprocal Licensing Act 〔美〕互惠許可證標準
法;統一互惠許可證法

Uniform Residential Landlord and Tenant Act 〔美〕房東
與租戶關係統一法

Uniform rule 統一規則

Uniform Rules for a Combined Transport Document 聯
合運輸單據統一規則

Uniform Rules for Collection 托收統一規則(國際商會322
號出版物,1993年3月國際商會銀行委員會再次對該規則進
行修改並於1995年5月通過,稱為《托收統一規則》(國際商
會第522號出版物)(以下簡稱URC522)1996年1月1日起
實施。《托收統一規則》共26條包括總則與定義;托收的形
式和結構;提示方式;義務和責任;付款;利息、手續費及
其他費用;其他規定。該規則適用於委托人在收指示書中表
明按本規則行事的一切托收。除非另有明示同意或與一國或
地方不得違反的法律相抵觸,該規則對有關當事人均有約束
力。和修改前的322號出版物相比,新規則的規定更為系統、
嚴密,托收各方當事人的義務和責任更加明確,其基本精神
是,接受委托的銀行在辦理托收業務時,嚴格按照委托人的
托收指示辦事,對托收過程中發生的一切風險、開支費用、
意外事故等均不負責。對各國和國際間的托收程序、技術、
法律、條例等方面確實起到了調和和統一的作用)

Uniform Rules for Collections of Commercial Paper 商
業單據托收統一規則(1958年)

Uniform rules on choice of law 法律選擇的統一規則

Uniform Sales Act 〔美〕統一貨物買賣法(1906年)

Uniform Simultaneous Death Act 〔美〕統一同時死亡法

Uniform State Laws 〔美〕統一州法

Uniform Statutes 〔美〕統一法

Uniform substantive rule 統一實體規則

Uniform system for pricing 統一定價制度

**Uniform Trade Marks Regulations in European Economic
Community** 歐洲經濟共同體統一商標條例(起草於1964
年,但迄今未生效)

Uniform Transfer to Minors Act 〔美〕統一向未成年者轉讓
財產法(該法修訂並取代了"Uniform Gifts to Minors Act",
包括動產和不動產的贈與、有形和無形財產的贈與)

Uniform Trust Receipts Act 〔美〕統一信托收據法

Uniform Warehouse Receipts Act 〔美〕統一倉單法;統一倉庫收據法 (1906 年)

Uniformity 一致;統一;劃一;均勻

Unify *v.* 統一;聯合;合併

Unifying mortgage bonds 統一抵押證券

Unilateral 片務的;單邊的;單方面的;片面的 (尤指單方面受約束的契約);一造的;單系的 (指父系或母系)

Unilateral abrogation 單方面廢除

Unilateral acceptance of the results of conformity assessment 單方接受合符評估的結果

Unilateral act 單方行為 (片面行為;單邊行為)

Unilateral act of force 單方武力行為;片面武力行為

Unilateral action 單方行動;單邊行為 (指美國動用赫爾姆－伯頓法案第 301 條款以維護保守的保護貿易主義)

Unilateral agreement 單方承擔義務的協議 (協定)

Unilateral aid 單方面的援助;單邊援助

Unilateral and non-discriminatory trade liberalisation policy 單邊無歧視性的貿易自由化政策

Unilateral annexation 單方兼併

Unilateral arrangement(s) 單邊安排

Unilateral attempt to use trade retaliation against non-trade practices 單方面企圖利用貿易報復反對非貿易的做法

Unilateral bond 片務契約;單方契約

Unilateral clause 單務條款

Unilateral conflict rules 單邊衝突規範 (指只適用一個特定國家法律,一般為法庭地國法)

Unilateral contract 單方契約;單方合同 (指訂約前一方未經他方明示同意而已履行其部份或全部義務的合約)

Unilateral conventional tariff system 單方面協定稅則制

Unilateral debt rescheduling 單方面重訂還債期限

Unilateral decision 片面決定;單方決定

Unilateral declaration 單方聲明

Unilateral declaration of independence 單方面宣佈獨立

Unilateral defection 單方缺損

Unilateral denunciation 單方廢棄;單方解約;片面廢棄;單方宣告無效

Unilateral denunciation of treaty 單方廢除條約

Unilateral engagement of an international character 國際性單方負擔義務

Unilateral export 單邊出口

Unilateral guarantee 單方保證

Unilateral import 單邊進口

Unilateral import restrictions 單方面的進口限制

Unilateral increases of tariffs 單方面增加關稅

Unilateral instrument 單方證件;單方文件

Unilateral interpretation 單方解釋;片面解釋

Unilateral juristic act 單獨法律行為

Unilateral legal act 單方法律行為

Unilateral mistake 單方錯誤;單方誤解 (指僅一方當事人對契約條件或效力的誤解)

Unilateral most favoured nation clause 片面最惠國條款

Unilateral notice 單方通知

Unilateral obligation 單方義務;單方債務

Unilateral Principal and Income Acts 〔美〕統一資本和收益法

Unilateral quota 單邊配額;單方設定的配額

Unilateral record 單方記錄 (指只有利於或反對第三方的特定事實)

Unilateral removal of tariff barriers 單方面解除關稅壁壘

Unilateral representation 單方代表制

Unilateral repudiation 單方廢止;片面廢止

Unilateral repudiation of a debt 單方否認債務;單方不履行債務;單方拒付債務

Unilateral repudiation of treaty 單方面廢除條約

Unilateral rescission 單方面解除;單方面撤銷

Unilateral resolution 片面決議

Unilateral retaliation policies 單方面的報復政策

Unilateral retrogression from WTO rules 逆世貿組織規則的單邊行為;單方面倒退出世貿組織的規則

Unilateral statement 單方聲明

Unilateral stipulation 單方規定;片面規定

Unilateral tariff reduction 單方面降低關稅;單邊關稅減讓

Unilateral termination 單方終止

Unilateral trade 單邊貿易

Unilateral trade action 單邊貿易行動 (指美國經常威脅使用的,例如:"超級 301 條款")

Unilateral trade liberalisation 單方面的貿易自由化

Unilateral trade liberalisation policies 單邊貿易自由化政策

Unilateral trade policy 單邊貿易政策

Unilateral trade restrictions 單邊貿易限制 (指美國常以"國家主權"的做法強行要求另一國改變政策以適應美國的國內政策,例如,在環境政策上,1991 年美國－墨西哥的"海豚－金槍魚"案件中,美國即採取了單邊主義貿易措施,禁止墨西哥的金槍魚進口)

Unilateral treaty 片面條約;單務條約

Unilateral withdrawal 單方退出;片面撤回;片面解除

Unilateralism 單邊主義 (美國在國際上奉行單邊主義,經常遭到歐共體、加拿大和巴西等國的強烈批評)

Unilateralist 單邊主義者

Unimodal carrier 單一方式承運人

Unimpaired 無損傷的

Unimpeachable 無可指責的,無懈可擊的,無可懷疑的;無責任的;無瑕疵的

Unimpeachable for waste 無責任的損壞 (指所有者以外的權利者根據特別的授權可以承認對土地或建築物永久的損壞或其性質的改變)

Unimpeachable witness 無可非議的證人;無可非難的證人

Unimpeded navigation 無阻礙航行

Unimpeded transit 無阻礙通行

Unimproved land 未改良的土地 (含處女地)

Unimproved real estate 未改良的土地;未充份利用的不動產

Unincorporated 非社團法人的;非立案的

Unincorporated association 非註冊協會;非法人團體;不具有法人資格的社團

Unincorporated body 非法人團體 (指設有代表人或管理人而不具備法人資格的獨立社會組織)

Unincorporated company 非法人公司;個人商號

Unincorporated enterprise 無法人資格的企業;非公司企業

Unincorporated government enterprise 非實體性政府企業

Unincorporated societies 非法人團體 (指設有代表人或管理人而不具備法人資格的獨立社會組織)

U

Unincorporated territory　未合併領土

Unincorporation association　非法人團體

Uninfected　未污染的

Uninscribed bond　無記名債券

Uninscribed certificate　無記名的股票

Uninsured　未保險的；未保險過的

Uninsured motorist coverage　〔美〕未保駕駛員險（指承保人提供對被保險人受到未保險的駕駛員人身傷害的保險保障）

Uninsured risk　不可保風險

Unintelligible　難懂的；難辨認的

Unintentional crime　過失犯罪；過失犯；非故意犯

Uninterrupted series of endorsement　連續的背書

Uninvoiced goods　無運輸通知單的貨物

Union　工會；聯合（指兩個以上的團體或地區的合併）；聯盟；組合；美利堅合衆國（俗稱）；〔英〕英格蘭與蘇格蘭的合併；大不列顛與愛爾蘭的政治聯合；（教區間的）救濟聯合會；（各新教的）救貧教區協會；性交

Union Assessment Act　統一徵稅法

Union card　工會會員證

Union certification　〔美〕工會證明

Union contract　勞工合同；〔美〕聯合契約（指工人與工會訂立的關於勞動工資的勞動條件等的契約）

Union for Advice and Cooperation　〔聯〕諮詢和合作聯盟

Union for the International Registration of Marks (Madrid Union)　國際商標註冊同盟

Union Jack　英國國旗

Union mortgage clause　〔美〕聯合抵押條款

Union of Arab Jurists　阿拉伯法學家聯合會

Union of Banana Exporting Countries (UBEC)　香蕉出口國聯盟

Union of concubinage　納妾

Union of Regional Cooperation for South Asia　南亞區域合作聯盟（係南亞區域經濟合作組織，成立於 1980 年初）

Union of states　國家聯合

Union of the Crown　〔英〕身合國（指 1603 年英格蘭和蘇格蘭的聯合成為同一君主國，但仍保留各自樞密院、議會和法律制度及外交政策）

Union of Wales and England Act　〔英〕威爾斯與英格蘭合併法（1536 年）

Union of Western Europe　西歐聯盟

Union rate　〔美〕工會工資（指最低的計時或計件工資等級）

Union security clause　〔美〕工會會員擔保條款；工會保障條款（指工會在工廠地位的約款，即工會與工人的關係、工人的地位及其應僱的條件等）

Union shop　〔美〕工商機構；封閉型企業；排外性僱用制企業；又稱"工會工廠制"；〔英〕工人限期加入工會的工商企業（指所有工人均應為工會會員，非工會的工人在被僱後一定時期內也應加入某一工會的制度）

Union supreme court　聯邦最高法院；合衆國最高法院

Unionism　工會的制度（或原則、理論）；工會主義；工聯主義

Unionist　工會主義者；工聯主義者；工會會員

Unions international de secours (U.I.S.)　國際救濟聯盟

Union internationale contre le cancer (UICC)　國際抗癌協會

Union internationale contre le cancer la tuberculose (UNICT)　國際防癆協會

Unique article　無類品；獨一無二的物品

Unique position　特殊地位

Unissued stock　未發行的股票（指已核准但尚未公開發行的公司債券）

Unit　一股；一份（如石油辛迪加或投資等的）；單位；單元（計數、計量用語）；組；科（指團體、機構等）；組；科

Unit cost　單位成本

Unit holder　〔英〕聯合托拉斯股票持有人

Unit investment trust　〔美〕單位投資信託；單位投資信託公司

Unit labour cost　單位勞力成本

Unit of accommodation　居住單位

Unit of account　記賬單位；結算單位；假定貨幣單位（指歐共體內用以計算固定農產品價格及其對外簽訂貿易協定的核算單位）

Unit of money　貨幣單位

Unit of output　產量單位；產量法

Unit of production　〔美〕產品單位；產量單位（即指確定對石油和煤氣生意課稅淨收入的產量單位折舊法）

Unit of social value added　社會價值增值單位

Unit of taxation　租稅單位

Unit of value　價格單位；價值單位

Unit Ownership Acts　〔美〕單元公寓房所有權法

Unit price　單價

Unit price contract　單價合同

Unit price in the greatest aggregates quantity　最大綜合數量的單位價格

Unit pricing　單位標價；計件定價（指合同項目按件而不是根據合同統一標價）

Unit produced　產量單位；產量法

Unit profit sharing　單位利潤分配法

Unit rule　〔美〕單位證券計價規則；單位投票制（以代表團為單位，根據本團多數意見作為一個單位向大會投票）

Unit system　單一式；單一制

Unit trust　單位信託；〔香港〕聯合信託；〔英〕互惠投資公司

Unit value　單位價值；單位產品平均價格（指每單位產品的價格或及其同種產品在不同情況下的　價格平均數）計值單位；

Unit weight　單位重量

Unitary business　〔美〕單一企業

Unitary elasticity　當　的彈性；綜合的彈性

Unitary government　中央集權制的政府

Unitary income tax　綜合所得稅；單一所得稅

Unitary official rate　官方單一匯率

Unitary state　單一國（即單一制國家，只有一部憲法，一個中央政府的完整的主權國）

Unitary system　統一制；同一制（又稱"單一制"，指在確定涉外繼承的准據法時，把遺產看作一個整體，不區分動產和不動產，受同一準據法支配。例如，當一國對涉外法定繼承作出規定時，僅規定：法定繼承依被繼承人本國法。同一制起源於古代羅馬法的"普遍繼承"，至今已為很多國家的立法和實踐所接受）

Unitary system of the ownership of the means of production by the whole people　〔中〕單一生產資料全民所有制

Unitary tax　綜合稅；單一稅

Unitary theory　單一理論（關於綜合的企業實體收益理論）

Unite *v.* 聯合；統一；協力；團結；合開

United dispute settlement and enforcement mechanism in the new World Trade Organization 新的世界貿易組織統一的爭端解決和執行機制

United for peace 聯合一致共策和平（1950 年聯大決議）

United in interest 共同利益；〔美〕共同利害關係（指共同被告只有對訴訟中所涉及的爭點都有或將有相同利害關係才會受到法院判決的相類影響，例如“連帶擔保債務人”）

United Kingdom (UK) 聯合王國（指大不列顛和北愛爾蘭聯合王國，即英國；1801–1922 年的名稱）

United Kingdom Civil Service Rates of Pay 〔英〕聯合王國公務員薪俸率

United Kingdom Designs (Protection) Ordinance 〔香港〕聯合王國設計（保障）條例（已於 1997 年廢除）

United Kingdom of Great Britain 〔英〕大不列顛聯合王國（1707–1800 年名稱）

United Kingdom of Great Britain and Ireland 大不列顛及愛爾蘭聯合王國（1801–1922 年名稱）

United Kingdom of Great Britain and Northern Ireland 大不列顛及北愛爾蘭聯合王國（1922 年至今名的全稱）

United Kingdom Patent Office 〔英〕聯合王國專利局

United Kingdom State Immunity Act 〔英〕聯合王國國家豁免法

United loan 不附帶條件的貸款

United Nations (U.N.) 聯合國（根據 1945 年 6 月在舊金山會議簽訂的《聯合國憲章》建立的世界性國際組織）

United Nations / FAO Intergovernmental Committee of the World Food Programme 聯合國 / 糧農組織世界糧食計劃署政府間委員會

United Nations Action Programme for Economic Cooperation (UNAPEC) 聯合國經濟合作行動計劃署

United Nations Administrative Tribunal 聯合國行政法庭

United Nations Advance Mission in Cambodia (UNAMIC) 聯合國駐東埔先遣小組

United Nations Advisory Committee on the Application of Science and Technology to Development (ACASTD, ACAST) 聯合國運用科學技術於發展諮詢委員會

United Nations assessments 聯合國會費

United Nations Bank for Reconstruction and Development 〔聯〕聯合國復興開發銀行

United Nations Board of Auditors 聯合國審計委員會

United Nations bond issue 聯合國公債問題

United Nations Capital Development Fund (UNCDF) 聯合國資本發展基金

United Nations Centre for Human Settlements 聯合國人類居住中心

United Nations Centre on Transnational Corporation (UNCTC) 聯合國跨國公司中心

United Nations Centre for Development Planning Projections and Policies 聯合國發展規劃、預測和政策中心

United Nations Centre for Natural Resources, Energy and Transport (CNRET) 聯合國自然資源、能源和運輸中心

United Nations Centre on Science and Technology for Development (UNCSTD) 聯合國科學和技術促進發展中心

United Nations Centre on Transnational Corporations (UNCTC, CTC) 聯合國跨國公司中心

United Nations Charter 聯合國憲章

United Nations Children's Fund (UNICEF) 聯合國兒童基金會

United Nations Code of Conduct on Sea Transport 聯合國海上運輸行為守則

United Nations Commission on Human Rights 聯合國人權委員會

United Nations Commission on International Trade Law (UNCITRAL) 聯合國國際貿易法委員會（1966 年 12 月成立的聯合國大會輔助機構，其主要任務是促進更多國家加入國際條約、草擬國際貿易公約和法律及其統一解釋和運用，為發展中國家培訓貿易法律人才，並提供援助等）

United Nations Commission on Sustainable Development 聯合國可繼續發展委員會

United Nations Committee on International Criminal Jurisdiction 聯合國國際刑事管轄問題委員會

United Nations Conference on Environment and Development (UNCED) 聯合國環境與發展會議

United Nations Conference on International Commercial Arbitration 聯合國國際商務仲裁會議

United Nations Conference on International Organisation (UNCIO) 聯合國國際組織會議（1945 年 4 月 25 日於舊金山召開，會上起草通過了《聯合國憲章》，並於 1945 年 10 月 24 日生效，聯合國遂告正式成立）

United Nations Conference on International Trade Law (UNCITL) 聯合國貿易法會議

United Nations Conference on New and Renewable Sources of Energy 聯合國新的再生能源會議

United Nations Conference on Science and Technology for Development 聯合國科學技術發展會議

United Nations Conference on the Human Environment (UNCHE) 聯合國人類環境會議

United Nations Conference on the Law of the Sea 聯合國海洋法會議

United Nations Conference on the Least Developed Countries 聯合國最不發達的國家會議

United Nations Conference on Trade and Development (UNCTAD) 聯合國貿易和發展會議（簡稱“貿易會議”或“貿發會”，是個准自治機構，是聯合國應廣大發展中國家要求擺脫國際經濟舊秩序對發展本國民族經濟的障礙而於 1962 年 12 月 8 日決定召開的會議。其後的多次會議中經討論通過了《建立國際經濟秩序的宣言》，對推動改變不合理的國際經濟舊秩序的鬥爭起了很大的作用）

United Nations Conference on Trade and Employment 聯合國貿易與就業會議（二戰後，為解決國際貿易等有關問題曾於 1946 至 1948 年在紐約、日內瓦和哈瓦那召開的貿易與就業會議上通過了著名的《哈瓦那憲章》，並於 1948 年 1 月簽訂成立了《關稅與貿易總協定》）

United Nations Convention on Contracts for the International Sale of Goods 聯合國國際商品買賣合同公約（1980 年）

United Nations Convention on International Multimodal Transport of Goods 聯合國國際貨物多式聯運公約（指隨着海運集裝箱發展起來的而把遠洋運輸、內河、公路、鐵路以及空運聯結起來的運輸方式。1980 年 5 月 24 日簽訂於日內瓦）

U

United Nations Convention on the Carriage of Goods by Sea (Hamburg Rules) 聯合國海上貨物運輸公約 (漢堡規則，1978 年)

United Nations Convention on the Law of the Sea 聯合國海洋法公約 (1982 年)

United Nations Convention on the Recognition and Enforcement of Foreign Arbitral Awards (1958) 聯合國關於承認和執行外國仲裁裁決的公約 (1958 年)

United Nations Declaration on the Elimination of All Forms of Racial Discrimination 聯合國消除一切形式種族歧視宣言 (1963 年 11 月 20 日通過)

United Nations Development Cooperation Cycle 聯合國發展合作周期

United Nations Development Corporation (UNDC) 聯合國開發公司

United Nations Development Programme (UNDP) 聯合國開發計劃署

United Nations Disarmament Commission (UNDC) 聯合國裁軍審議委員會

United Nations Economic and Social Commission for Asia and the Pacific (ESCAP) 聯合國亞洲和太平洋經濟社會委員會 (簡稱 "亞太經社會")

United Nations Economic and Social Council (ESC, ECOSOC) 聯合國經濟及社會理事會 (簡稱 "經社理事會"，成立於 1945 年 10 月，主要職責是從事或發起關於國際經濟、社會、文化、教育、衛生及其他有關事項的研究、報告和建議，召集有關國際會議並起草公約草案，協調聯合國各機構的工作)

United Nations Economic Commission for Africa (ECA) 〔聯〕聯合國非洲經濟委員會 (簡稱 "非洲經委會")

United Nations Economic Commission for Asia and the Far East (ECAFE) 聯合國亞洲及遠東經濟委員會

United Nations Economic Commission for Europe (ECE) 聯合國歐洲經濟委員會 (簡稱 "歐洲經委會")

United Nations Economic for Latin America (ECLA) 〔聯〕聯合國拉丁美洲經濟委員會 (簡稱 "拉美經委會")

United Nations Economic for Western Asia (ECWA) 〔聯〕聯合國西亞經濟委員會 (簡稱 "西亞經委會"，1967 年)

United Nations Educational, Scientific and Cultural Organisation (UNESCO) 聯合國教育、科學及文化組織 (簡稱 "教科文組織")

United Nations Emergency Force (UNEF) 聯合國緊急部隊

United Nations Environment Programme (UNEP) 聯合國環境規劃署

United Nations Food and Agricultural Organisation (FAO) 聯合國糧食及農業組織 (簡稱 "糧農組織")

United Nations Forces 聯合國部隊

United Nations Fund for Drug Abuse Control (UNFDAC) 聯合國管制濫用麻醉藥品基金

United Nations Fund for Namibia 聯合國納米比亞基金

United Nations Fund for Populations Activities (FPA) 〔聯〕聯合國人口活動基金 (1967 年)

United Nations Funding System for Science and Technology for Development 聯合國科學技術促進發展籌措資金制度

United Nations General Assembly (UNGA) 聯合國大會

United Nations Global Negotiations on North-South Issues 聯合國關於南北問題的全球性談判

United Nations High Commissioner for Refugees (UNHCR) 聯合國難民事務高級專員

United Nations Industrial Development Board (UNIDB) 聯合國工業發展理事會

United Nations Industrial Development Fund (UNIDF) 聯合國工業發展基金 (簡稱 "工發基金")

United Nations Industrial Development Organisation (UNIDO) 聯合國工業發展組織

United Nations Institute for Training and Research (UNITAR) 〔聯〕聯合國訓練研究所 (1963 年)

United Nations Interim Fund for Science and Technology for Development 聯合國科學技術促進發展臨時基金

United Nations International Children's Emergency Fund (UNICEF) 聯合國國際兒童救援基金會

United Nations International Court of Justice (=International Court of Justice) 國際法院 (成立於 1946 年，總部在海牙，中國法學家倪征燠教授為首任法官)

United Nations International Tin Conference 聯合國國際錫會議

United Nations Iraq-Kuwait Observation Mission (UNIKOM) 聯合國伊拉克－科威特觀察團

United Nations Mandate of November 29, 1947 聯合國 1947 年 11 月 29 日決

United Nations Millennium Development Goals (UNMDGs) 聯合國千年發展目標

United Nations Model Law on Procurement of Goods 聯合國關於貨物採購的示範法律

United Nations Monetary and Finance Conference 〔聯〕聯合國貨幣金融會議 (又稱 "布雷頓森林會議"，1944 年 7 月 1 日至 22 日在美國新罕布什爾州的布雷頓森林舉行，通過決議成立國際貨幣基金和世界銀行)

United Nations Monetary and Financial Conference (=Bretton Woods Conference) (IMF/BIRD) 聯合國貨幣金融會議 (見 "Bretton Woods Conference")

United Nations Natural Resources Exploratory Fund 聯合國自然資源勘探基金

United Nations Negotiating Conference on a Common Fund under the Integrated Programme for Commodities 聯合國關于商品綜合方案的共同基金談判會議

United Nations Office for Project Services 聯合國項目服務署

United Nations Organisation (UNO) 聯合國組織 (1945 年)

United Nations Peace-Keeping Force 聯合國維持和平部隊 (由聯合國秘書長按照安理會決定建立而由若干會員國提供的分遣隊組成的一種受聯合國統一部署的武裝力量，簡稱 "聯合國維和部隊")

United Nations Population Commission 〔聯〕聯合國人口委員會 (1946 年)

United Nations Population Fund (UNFPA) 聯合國人口基金

United Nations Refugees Fund (UNREF) 聯合國難民基金會

United Nations Relief and Rehabilitation Administration (UNRRA) 聯合國善後救濟總署

United Nations Revolving Fund 〔聯〕聯合國周轉基金會

United Nations Revolving Fund for Natural Resource

Exploration 聯合國自然資源勘探循環基金

United Nations Seabed Committee 聯合國海底委員會

United Nations Second Development Decade 聯合國第二個發展十年

United Nations Secretariat 聯合國秘書處

United Nations Security Council 聯合國安全理事會（簡稱"安理會"）

United Nations Special Account 〔聯〕聯合國特別賬戶

United Nations Special Fund 聯合國特別基金（1974 年）

United Nations Special Fund for Landlocked Developing Countries 〔聯〕聯合國對無出海口發展中國家特別基金會（1975 年）

United Nations Standards Coordinating Committee (UNSCC) 聯合國標準協調委員會

United Nations Statistical Commission 〔聯〕聯合國統計委員會（屬聯合國"經社理事會"職能委員會之下，成立於 1946 年）

United Nations Statistical Office 聯合國統計局

United Nations System of National Accounts 聯合國公民核算制度

United Nations Technical Assistance Fund 聯合國技術援助基金

United Nations Treaty Series 聯合國條約集彙編

United Nations Truce Supervision Organisation in Palestine (UNTSO) 聯合國駐巴勒斯坦停火監督組織

United Nations Trust Fund 聯合國信托基金

United Nations University (UNU) 聯合國大學

United Nations Voluntary Disaster Fund 聯合國自願救災基金

United Nations Volunteers (UNV) 聯合國志願人員

United States 美國；美利堅合眾國；合眾國；國家聯盟

United States Army Criminal Investigation Labouratory 美軍刑事調查所

United States Attorney 美國聯邦檢察官；美國政府律師（指每個司法行政區的律師均由總統任命的）

United States Certificates of Indebtedness 美國債務證券

United States Chamber of Commerce 美國商會（與美國在國外的商會聯網、管理多邊商會事務，負責國際經濟發展政策，把國際事業、商業經貿發展情況通知給其會員，並主持研討會及各種會議）

United States Circuit Court 美國巡迴法院

United States Circuit Court of Appeals 美國巡迴上訴法院

United States citizen 美國公民

United States Coast Guard (USCG) 美國海岸警衛隊

United States Code 美國法典（1875–1932 年）

United States Code Annotated 美國聯邦法典注釋大全

United States Commission on International Trade Law (USCITRAL) 美國國際貿易法委員會

United States Commissioners 美國司法官

United States Costitution 美國憲法

United States Court of Appeals 美國上訴法院

United States Court of Appeals for the Federal Circuit 美國聯邦巡迴上訴法院

United States Court of Customs and Patent Appeals 美國關稅及專利權上訴法院

United States Court of Federal Claims 美國聯邦索賠法院

United States Court of International Trade (USCIT) 美國國際貿易法院（管轄受理涉及傾銷、關稅歧視等索賠案件，對其判決可直接向美最高法院起訴）

United States Court of Military Appeals 美國軍事上訴法院

United States Courts 美國法院（亦稱"美國聯邦法院"，包括最高法院及其下屬法院；除彈劾案件外，美司法權力依憲法集中於最高法院，下級法院由國會設置；所有各級法官經參議院提議同意後由總統任命）

United States Currency 美國貨幣

United States Customs Service 美國海關署

United States Department of Commerce (USDOC) 美國商務部

United States Department of Energy (USDOE) 美國能源署

United States District Attorney 美國地區檢察官

United States District Court 美國地區法院（全國現有 90 個司法區；每個州均由一個或多個聯邦司法區組成）

United States Foreign Sovereign Immunities Act 美國外國主權豁免法

United States garment market 美國服裝市場

United States Government Securities 美國政府證券

United States Internal Revenue Code 〔美〕國內稅收法典；國內稅收規約

United States International Development Cooperation Agency (USIDCA) 〔美〕美國國際開發合作署

United States International Trade Commission (USITC) 美國國際貿易委員會（其前身為"美國關稅委員會"）

United States investment trust 美國投資信托公司

United States judge 美國法官

United States Magistrates 美國司法官（指由聯邦地區法官委任的、具有部份民、刑事法官權力的，可從事對民、刑事案件進行初審或預審，並可審理輕罪案件的）

United States Mexico General Claims Commission 美墨求償委員會

United States Notes 美國國庫債券

United States of America (U.S.A.) 美利堅合眾國；美國

United States of America Law 美國法（美利堅合眾國法）

United States officer 美國官員

United States Price 美國價格（計算傾銷幅度的比價標準）

United States Reports 美國最高法院判決錄；美國最高院判例彙編（指由美最高法院審判的正式發表的案件記錄）

United States Rule 〔美〕美式還款辦法

United States Senate (USS) 美國參議院

United States Statutes at Large 美國制定法大全

United States Supreme Court (USSC) 美國最高法院（有一名首席大法官和 8 名大法官，均由參議院提議，總統任命）

United States Tariff Cmmission 美國關稅委員會

United States Tax Court 美國稅務法院

United States Trade Representatives (USTR) 美國貿易代表（大使級的內閣水平官員，是美總統的國際貿易和商業政策的主要顧問）

United States Travel Service 美國旅行社

United States-Germany Mixed Claims Commission 美德混合賠償委員會

United States-Japan economic conflict 美日經濟衝突

United States-Japan Textile Agreement 美日紡織品協議（1972 年 1 月 3 日）

U

United trade　單邊貿易

United Way International　國際聯合勸募

Unitholder　〔英〕聯合托拉斯股票持有人；互惠投資證券持有人

Uniting for Peace　《聯合一致，共策和平》(1950 年的聯大決議)

Uniting of States　國家的聯合

Unitrust (unit trust)　單位信托；〔香港〕聯合信托；〔英〕互惠投資公司；單位投資信托公司；〔美〕單位信托基金；互助基金 (1. 在美國指根據《統一遺囑驗證法》，遺囑執行人終身或定期每年應向受益人繳納不少於信托遺產公平市場價值淨值 5% 的一種信托單位；2. 在英國是指一種通過在股票交易所進行多種證券大量投資的方式以分散風險)；〔日〕證券投資信托

Unity　共同；統一 (指其同時具有四大特點，即：同一利益、同一所有權、同一時間和同一佔有)

Unity of interest　權利一致；共同權益 (指每個共有者對同一轉讓的共有財產都享有同等的利益)

Unity of possession　〔英〕連帶佔有 (指由一人合併佔有幾個產權中的兩個權利)；共同持有 (指兩人或兩人以上共同持有同一財產的混同份額)；〔美〕共同佔有；混同佔有 (指兩人或兩人以上的承租人共同佔有或享有同一財產的權益直至死亡為止)

Unity of seisin　〔美〕混同佔有 (指佔有隸屬於該土地的地役權、他人土地上的用益權，同時也附帶佔有該土地的地役權及其他權利)

Unity of time　同一時間；時間一致 (指共有者擁有的權利必須在同一時間開始)

Unity of title　〔美〕同一產權 (指承租人共同持有同一財產和同一所有權)；權利同一 (指相鄰所有土地共用屬於同一人和靠近灌溉水邊河岸土地關於水權的多數決定原則)

Universal　全體的；完整的；通用的；普遍的；全世界的

Universal adult franchise　成年人普選權

Universal adult suffrage　成年人普選制

Universal agency　總代理商

Universal agent　全權代理人；總代理人 (被授與對本人可為的全部合法行為以代理權的人)

Universal Convention on the Protection of Plant Varieties　世界物種保護公約 (中國於 1978 年加入)

Universal Copyright Convention　世界版權公約 (1952 年)

Universal Declaration of Human Rights　世界人權宣言 (指聯合國 1948 年發表的人權宣言)

Universal economy　世界經濟

Universal Federation of Travel Agents' Association　世界旅行社協會聯合會

Universal fideicommissum　全部遺產信托遺贈

Universal health insurance scheme　普遍醫療保險計劃；普遍健康保險計劃

Universal international community　普遍性國際社會

Universal international law　普遍國際法

Universal jurisdiction　普遍管轄權

Universal Law　世界法

Universal legacy　全部遺產遺贈 (指立遺囑者死後將其全部財產贈與一人或若干人)

Universal legatee　〔蘇格蘭〕全部遺產受遺贈人

Universal low-levels of trade barriers　普遍性的低標準的貿易壁壘

Universal mercantile system　通用商業制

Universal participation　普遍參加

Universal partnership　包括合夥；共同合夥

Universal peace　世界和平

Universal post card　萬國郵政明信片

Universal Post Convention　萬國郵政公約

Universal Postal Union (UPU)　萬國郵政聯合會 (簡稱 "郵聯"，萬國郵政聯盟，1874 年)

Universal respect　普遍尊重

Universal respect for and observance of human rights　普遍尊重和遵守人權

Universal rule of international law　普遍國際法原則

Universal succession　〔美〕全部繼承；統一繼承 (指繼承生者或死者的全部財產)；〔羅馬法〕包括繼承

Universal successor　全部財產繼承人；包括受遺贈者

Universal suffrage　普選權；普選制

Universal suffragist　普選運動者；普通選舉權論者

Universal time　世界時；格林威治時

Universal treaty　普遍性條約

Universalism　世界主義

Universalism-internationalism school　普遍主義－國際主義學派 (由德國 F.K. Von 薩維尼奠基，盛行於 19 世紀歐美兩洲的國際私法學派)

Universality　普遍性

Universities Service Centre　大學服務中心

University　大學

University courts　〔英〕大學法庭 (劍橋和牛津兩所大學法庭審理校內民事訴訟和輕的刑事案件，該大學法庭管轄上述兩大學所在的城市，開庭權最初是由國王敕許的，後由議會加以確認)

University Grants Committee Secretariat　〔香港〕大學教育資助委員會秘書處

University of the WTO　世貿組織的廣泛性 (有專家認為，只有接納中國入世才能體現出 WTO 是個普遍性的國際組織)

University Student Union　大學學生會 (大學生聯合會)

Unjust　非正義的；不公平的；不正當的

Unjust advantage　不當得利

Unjust benefits　不當得利

Unjust charge　冤獄

Unjust discrimination　不公平歧視

Unjust enrichment　不當得利 (指純因事實上的錯誤而取得屬他人的金錢或利益)

Unjust judgement　不公平判決；不公正的判決

Unjust protection　曲庇；不正當庇護

Unjust verdict　冤獄

Unjust war　非正義戰爭

Unjustifiable discrimination　不合理差別

Unjustifiable premium　不合理酬金

Unjustificable　不合理的；無理的；不正當的

Unjustified arrest　不正當逮捕

Unjustified benefits　不正當利益；不當得利

Unjustified enrichment　不當得利 (指沒有合法根據、或事後喪失了合法根據而被確認為是致他人遭受損失獲得的利益)

Unjustified government regulation　不合理的政府規章

Unknown　未知的；不知的；無名的；查無此人的

Unknown injury rule 未知侵害規則

Unknown persons 未能查明身份者 (未能確認身份的人)

Unlage 〔撒〕不公正的法律

Unlawful 不法的；非法的；(廣義上) 犯法的；違法的

Unlawful act 不法行為；違法行為

Unlawful activities 非法活動

Unlawful arrest 非法逮捕

Unlawful assembly 〔美〕不法集會 (指五人以下非法或合法集會旨在擾亂社會治安或暴動者) (堪薩斯州刑法用語)；〔英〕非法集會 (指三人以上從事非法活動或以合法手段從事非法活動，擾亂社會治安者可予拘捕，已於 1986 年廢止)

Unlawful belligerents 〔美〕不法交戰方

Unlawful cohabitation 非法同居

Unlawful combatants 不合法戰鬥員

Unlawful combination 不法共謀

Unlawful Combination of Workmen Act 〔英〕勞工結社禁止法 (1799 年)

Unlawful conditions 不合法條件；違法條件

Unlawful conversion 非法變換

Unlawful detainer 非法佔有 (指租期已屆滿而仍然拒不遷出所租用的不動產者)

Unlawful detainer proceeding 非法佔有他人不動產之訴

Unlawful detention 不法監禁；非法拘留

Unlawful entry 非法闖入 (構成夜盜罪要件之一)；〔美〕非法進入；非法侵入 (指未經授權以詐欺手段進入他人的土地)

Unlawful fight 非法鬥毆

Unlawful infringement 不法侵害

Unlawful interference 不法干預

Unlawful interference with possession 不法剝奪別人的佔有

Unlawful means 不法手段

Unlawful oaths 非法宣誓；〔英〕非法立誓罪

Unlawful omission 不法不行為

Unlawful picketing 〔美〕非法勸阻開工 (指虛偽地誤陳事實以阻止工人繼續開工)

Unlawful possessor 非法佔有人

Unlawful practice 不法行為；違法行為；非法做法；非法執業

Unlawful promise 不法契約

Unlawful search 非法搜查

Unlawful search of the person 非法人身搜查

Unlawful seizure 不法劫奪

Unlawful sexual intercourse 非法性交 (指無婚姻關係的性行為)

Unlawful structure 違法建築

Unlawful threats 不法脅迫 (包括法律所禁止的任何形式的威脅)

Unlawful trade 非法貿易；非法經商

Unlawful use of seals of a public office 盜用公章 (罪)

Unlawful war 不法戰爭

Unlawfully 不法地；非法地；犯法地

Unlawfulness 不合法

Unleased land 非租借地

Unless 除非；除…之外；若非；苟不

Unless lease 附條件租約 (除非租約條款中明示規定。如，支付延期租金等規定，為石油、天然氣開採用語)

Unless otherwise agreed 除有不同的約定外；除非另有協議

Unless otherwise established 除非另有確定

Unless otherwise indicated (mentioned) 除非另有説明

Unless otherwise prescribed (specified) 除非另有規定

Unless the context otherwise requires 除非文中另有要求

Unless the contrary is proved 除非有相反的證明

Unlicensed 沒有執照的；沒得到許可證的；未經核准印刷的

Unlicensed hawker 無證小販

Unlicensed insurer 無營業執照的保險人

Unlicensed prostitution 暗娼 (無執照的賣淫)

Unlimited 無限定的；無界限的；無限制的；無約束的；無限額的

Unlimited company 無限公司；無限責任公司 (指股東負有無限責任，亦即對股東對公司的責任沒有限制的公司)

Unlimited damages 不定額的損害賠償 (例如對誹謗、侵犯人身之損失沒有限定應賠償金額)

Unlimited duration 無期限

Unlimited full powers 無限全權

Unlimited liability 無限責任 (指債務人對其公司債務負有無限責任，其反義詞為 "limited liability")

Unlimited partner 無限責任合夥人

Unlimited partnership 無限合夥 (無限責任合夥)；無限公司 (指股東對其公司債務負責)

Unlimited responsibility 無限責任

Unliquidated 未償還的；未確定數額的；未清算的；未付的；未裁決的

Unliquidated claim 有爭議的求償權 (未裁決的責任或損害賠償的權利要求)

Unliquidated damages 未確定數額的損害賠償 (指諸如誹謗和暴行等的損害無法僅以數學方法計算的損害賠償，則有待法庭裁定的損害賠償)

Unliquidated debt 未清償的債務

Unliquidated demand 〔美〕未確定的請求 (金額)；有爭議的請求 (金額)

Unliquidated obligation 未清償的債務

Unlisted 賬外的；未掛牌的；未上市的；未登記的

Unlisted asset 賬外資產

Unlisted department of the stock exchange 未上市的股票證券部 (指股票交易所法定行情表上沒有公佈的各種有價證券)

Unlisted securities market 未達標的公司證券市場；非掛牌的債券市場；非上市的證券市場 (指未在證券交易所登記掛牌，未達到股票行市需求的公司股票證券市場)

Unlisted security 非上市的證券；非掛牌證券

Unlisted stock 非上市股票；未掛牌股票

Unlivery 船舶卸貨地 (指定把裝載在船上的貨物在交貨地點卸下)

Unload *v.* 拋售 (指預期股票和貨物等價格下跌前脱手出售)；卸下貨物；卸載

Unloading 卸貨；卸載

Unloading charges 卸貨費

Unloading lay days (船舶) 上岸期間

Unloading port 卸貨港

Unlooked for mishap or untoward event 意外事件 (指無法預料的、非自然的和不尋常發生的事件)

Unmailable 禁止郵寄的

Unmanned aerial vehicle (drone) 無人駕駛偵察機 (無人機)

Unmanned flight 無人飛行

Unmanned weapon　無人武器

Unmarketable　無價值的；買賣不振的；滯銷的

Unmarketable title　〔美〕不可轉手的產權證書(指產權證中涉有第三方未結清的利益，買方如若接受就會面臨一場惡意的訴訟，雖然產權證書事實上不一定不好，但在正常的買賣交易中，一個謹慎的人了解並深知該產權證所涉及的法律問題因此是不會輕易接手的)

Unmarried　未婚的；未結過婚的；無婚姻關係的

Unmatured　未到期的

Unmerited　不應得的(賞罰)；不當的

Unmugged　〔美〕(罪犯等)未被拍照存檔的

Unnamed principal　隱名的本人；隱名委任人；隱名委托人

Unnatural　違背人道的；邪惡的；不合人情的

Unnatural act　雞姦

Unnatural crime　違背自然罪(獸姦罪；雞姦罪)

Unnatural offender　雞姦犯

Unnatural offense　違背自然罪(指雞姦行為、雞姦罪、獸姦罪，一種違反自然的不名譽罪)

Unnatural will　不合人情的遺囑；反常的遺囑(指無正當理由把全部財產處分給非合法繼承人的第三者之有違人倫的遺囑)

Unnecessary　不必要的；多餘的；案情上不需要的

Unnecessary duplication　不必要的重複

Unnecessary expense　浪費；不必要的開支

Unnecessary injury　不必要傷害

Unnecessary obstacle to international trade　不必要的國際貿易障礙

Unnegotiable　不可轉讓的；不可流通的(指單據、證券等)

Unneutral act　非中立行為

Un-neutral character　非中立性

Unneutral conduct　非中立行為

Unneutral service　非中立役務；非中立服務

Unobjected to　不反對的

Unobjectionable alien　不予拒絕的外國人

Unoccupied　無人居住的(指無人住的住宅可豁免火險單上的責任)

Unoccupied lands　〔美〕非供應土地

Unoccupied territory　未佔領地

Unoccupied zone　未佔領區

Unofficial　非正式的，非官方的

Unofficial agent　非官方代表

Unofficial entity　非官方實體

Unofficial instrumentality　非官方媒介

Unofficial intercourse　非正式往來；非官方往來

Unofficial meeting　非正式會議

Unofficial opinion　非正式意見

Unofficial visas　非官方簽證

Unopened port　不開放港

Unpaid　未支付的；未繳納的；未償還的；不受報酬的；不支薪水的

Unpaid charge　〔基金〕未付的費用

Unpaid consul　(無薪的)名譽領事

Unpaid duty　未付的關稅

Unpaid interest　未付的利息

Unpaid letter　未貼郵票的信；未付手續費的郵件

Unpaid secretary　無薪秘書

Unpaid seller　未獲價的賣主(指買方未付款或所繳付為空頭支票等。對此，賣主對該貨物擁有留置權直至買主付款為止)

Unpaid vouchers' file　未支付的票冊；未付的傳票憑單

Unpardonable sin　瀆神罪；不可饒恕的罪

Unparliamentary　違反議會法的；議會所不允許的(言行)；不符議會慣例的

Unparliamentary government　非國會的政府

Unpatented　未獲專利權的

Unpeg the rate　脫鈎的貨幣

Unpleaded　未作抗辯的；抗辯中未提出主張的

Unprecedented　無先例的；前所未有的；新穎的

Unprecedented rainfall　前所未有的降雨量；史無前例的暴雨

Unpremeditated crime　過失罪

Unpremeditated homicide　誤殺，過失殺人

Unpresented check　未兌現的支票

Unpriced　無一定價格的；未標價的

Unprivileged belligerency　無特權交戰地位

Unprivileged belligerent　無特權交戰者

Unproductive capital　不生產的資本；無收益資本

Unproductive consumption　非生產性消費

Unproductive extraordinary expenditure　非生產性的臨時開支

Unproductive labour　無效勞動；沒有收益的勞動；非生產性勞動

Unproductive savings　非生產性儲蓄

Unprofessional　違反行業習慣(或道德)的；違反職業慣例的；不合規範的

Unprofessional conduct　違反職業道德的行為；不名譽的行為

Unprotected　(工業等)不受關稅保護的；沒有防衛的；未設防的；無掩護的

Unprotected harbour　無防波堤的港

Unprovoked aggression　無端侵略

Unprovoked assault　無故行凶；無故打人

Unprovoked attack　無端攻擊

Unpublished price sensitive information　不公佈證券價格的敏感信息(指因可能會影響及公司證券價格的信息)

Unpunished　未受懲罰的

Unqualified acceptance　無條件承兌；無條件接受

Unqualified immunity　無限制豁免

Unqualified opinion　無異議；無保留的意見書(指對會計師財務報表的審計意見表示滿意的看法)

Unquestioned　未經審閱的；未經調查的

Unquestioned rights　無疑義的權利

Unquoted securities　〔英〕未掛牌證券；未上市證券

Unratified treaty　未批准的條約

Unrealistic par value　〔基金〕不現實的票面價值

Unrealised profit　未實現的利潤

Unrealised receivables　未實現的收入

Unrealised revenue　未實現的收益

Unreasonable　不講道理的；無理性的；荒謬的；愚蠢的，無聊的；不合理的；超出常性的；過度的；過高的；獨斷的；沒收的

Unreasonable appreciation　賬面利潤；未實現的股權盈利(指只有股票或投資項目出售時才能實現的利潤)

Unreasonable compensation　不合理報酬；超額補償

Unreasonable decision　不合理的裁決

Unreasonable delay　不合理延期；無理拖延

Unreasonable refusal to submit to operation　不合理拒絕手術 (指受傷的僱工拒絕去做手術則會導致喪失其享有工傷補償的權利)

Unreasonable restraint of trade　不合理貿易限制

Unreasonable restraint on alienation　轉讓財產所有權上的不合理限制

Unreasonable search　無理搜查

Unreasonable search and seizure　無理搜查與扣押

Unreasonably failed to offer adequate compensation　〔關貿〕無理不提供適當補償

Unrecognised government　未被承認的政府

Unrecognised insurgent　未被承認的叛亂者

Unrecognised state　未被承認的國家

Unredeemed　未履行的 (指契約等)；未贖回的 (指典當物等)；未償還的，未清償的 (指票據)；未補償的；未挽救的；未實踐的

Unredressed injustice　不白之冤

Unregenerate　怙惡不悛；頑固不化

Unregistered bond　無記名債券；不註冊的公債

Unregistered debenture　不記名債券；無記名公司債 (券)

Unregistered promissory note　無記名的期票

Unregistered trademark　未註冊的商標

Unregistered treaty　未登記的條約

Unrelated business income　非本行業收益；營業外收益

Unrelated business income tax　營業外收入稅

Unrelated buyers　〔世貿〕無特殊關係的買方 (指買賣是在公平的條件下進行的，關係並不及所成交貨物之價格)

Unrelated offences　不相關的犯罪 (指所列舉的其他罪名證據不足以證明與某人之罪有關)

UN-related organisation　與聯合國有關的組織

Unreliable partner in multilateral organisations　不可靠的多邊貿易組織合夥人 (據稱，美國的盟友和對手都對美國持這樣看法)

Unreliable price　〔關貿〕不可靠的價格

Unremitted earnings　未匯出收入

Unremunerated reserve tranche position　〔基金〕無利可圖的儲備部份貸款狀況 (頭寸)；未得以補償的儲備淨額頭寸

Unrepentant　不改悔的；不悔悟的；頑固不化的

Unreported premium　未報告的保險費

Unreported tax subsidies　未報的稅收補貼

Unrequited payment　無償支付

Unrequited transaction　單方面交易

Unrequited transfer　無償轉讓；單方面轉移

Unreserved acceptance　無保留接受

Unresponsive answer　答非所問

Unresponsive evidence　非應答的證據

Unresponsive　非申縮性的

Unrest　紛亂；動亂；不安 (穩)

Unrestricted　無限制的；不受限制的；無約束的

Unrestricted ballot　無限制投票

Unrestricted submarine warfare　無限制的潛艇戰

Unrestricted use　〔基金〕無 (不受) 限制使用

Unrighted wrong　沉冤；不白之冤

Unrighteous　不義的；邪惡的；不公正的；不公平的

Unrighteous judgement　不公正的判決

Unruly and dangerous animals　〔美〕難以制服的危險動物

Unsafe　危險的；不安全的

Unsalability　賣不掉，無銷路

Unsalable　賣不掉的，無銷路的，滯銷的

Unsalable goods　滯銷貨

Unsalaried consul　無薪領事

Unsatisfied judgement funds　〔美〕補償判決基金；機動車輛事故特別基金 (指用以支付補償受害方因車禍肇事者未買保險或無賠償財力而設立的基金)

Unseaworthiness　不適航；不適於航海

Unseaworthy　(船舶) 不適航的；不適宜航海的

Unsecured　無擔保的；無保障的；無抵押的

Unsecured creditor　無擔保的債權人

Unsecured debt　無擔保之債

Unsecured lending　無擔保貸款

Unsecured liabilities　無擔保的債務

Unsecured national debts　無擔保的公債

Unsecured personal loans　無擔保的私人貸款

Unsettled　不穩定的；不安定的，動亂的；易變的；未付清的，未清算的；未在法律上作出處理的

Unsettled account　未付清的賬目；未結 (算) 賬戶

Unsettled debts　未清的債務；未決債務

Unsigned ballot　無記名投票

Unskilled labour　非熟練勞動；非熟練工

Unskilled personal services　非熟練的人工服務

Unskilled worker　非技術工人；非熟練工人

Unsolemn war　不宣而戰；非正式的戰爭

Unsolemn will　不莊重的遺囑；非正式遺囑 (未指定遺產執行人的遺囑)

Unsound mind　精神不健全；心神喪失 (指不能控制自己或不能自理的人)

Unsoundness of mind　精神失常；精神不健全

Unspoken agreement　默契

Unstable currency　不穩定的通貨

Unstowed　沒有裝好的 (貨物或設備)

Unsuccessful tenderer　落選投標人

Unswear　v. 違背 (誓言)；再次發誓；食言

Untapped resources　未開發的資源

Untenantability　不能租賃

Untenantable　不適於租賃的

Unthrifty　浪費的；揮霍的

Untied　不附帶條件的，無條件的

Untied aid　不受約束的援助；不附帶條件的援助；無條件援助

Untied loan　不附帶條件的貸款

Until　直到；直至…；在…以前

Until further notice　在另行通知以前

Until the entry into force of　在…生效之後

Untimed prompt shipment　不限期即期裝運

Untimely recoginition　不適時的承認；過早承認

Untrammeled foreign competition　不受限制的對外競爭

Untransferable　不可轉移的；不可讓與的

Untried　未經審訊的；未試過的

Untried prisoners　未決犯 (不准保釋尚待判決的囚犯)

Untrue　不真實的；不準確的；不正當的；不忠實的；不忠誠的；假的

U

Untrue method 不正當的方法

Untrue representation 不真實的表示；虛偽的表示（指不真實地陳述事實）

Unused portion of letter of credit 信用證未用部份

Unusual 不平常的；異常的；稀有的

Unusual loss 超過損失；非常損失

Unusual punishment 殘酷的刑罰；異常的懲罰

Unvalued 不定值的

Unvalued policy 不定值保險單；未定額保險單（指未確定付給投保人的賠償金額，而以標的物遭損當時的價值與保險金額來確定賠償額）

Unvalued policy of assurance 預定保險（指訂立契約當時的標的物，如船貨種類、數量、保險金額和運送船名等未作特定的保險）

Unvalued shares 票面未定的股票；無面值股票；無面值股份

Unvouched 未加證明的；無擔保的

Unwarrantable 不能承認的；無正當理由的；無法辯護的；不正當的；不可原諒的

Unwarranted 未擔保的；無保證的

Unwarranted accusation 誣告；無理控告

Unwarranted arrest 擅自逮捕

Unwarranted charges 莫須有的罪名

Unwarranted migrants 無擔保的出境移民

Unweighted 不計秤量的（指製作物價指數、生活費指數等時不考慮其包含的物品重要性在內，而一律加以平均處理）；未加權的

Unwholesome 不衛生的；（空氣等）不宜於健康的；有害身體的；（食物等）腐敗的

Unwholesome food 不衛生的食品；有害健康的食物

Unwitnessed 無證人簽署的

Unworthy 不恰當的；不相稱的（指行為等）；有損信譽的；無合適的質量或價值的

Unwritten constitution 不成文憲法

Unwritten law 不成文法；非制定法；習慣法（指不是由立法機關制定的條文式法律，而是經國家認可和保障的調整個人之間法律關係的行為規則包括一般和特殊習慣、判例和法理等）

Unwritten rule 不成文規則

Up account 賒賬；信用貸款；分期付款

Update lists of all laws 新修的全部法規一覽表；新修的全部法規一覽表（修改的全部法律一覽表）

Update the objective of trade liberalisation 刷新貿易自由化的目標

Updating notifications 最新情況通報

Upgrade the status 更新身份（提高身份）

Upholding a decision 維持原判（例如一審不服上訴結果仍維持原審判決）

Upkeep 保養；維修；保養費；維修費

Uplands 水邊高地；內地

Uplifted hand 舉手宣誓（以別於以手按福音書式的宣誓）；向天鳴誓

Upon accession 自加入時起

Upon appropriate notification 經適當通知

Upon request 基於請求；應請求

Upon the entry into force of 在…生效時

Upon the expiration (of) 屆滿後；到期後

Upper administrative office 上級行政機關

Upper atmosphere 上層大氣空間

Upper bench (UB) 〔英〕王室高等法院（1649–1660 年為英國克倫威爾共和政治時代王室法院的名稱，1886 年 2 月併入高等法院"王座法庭"）

Upper bracket taxpayers 高額納稅人；高收入階層納稅人

Upper Chamber 〔英〕上議院

Upper credit tranche 〔基金〕高檔信貸部份貸款

Upper credit tranche stand-by arrangement 〔基金〕高檔信貸備用安排

Upper hand 〔俚〕上流階層；貴族階層

Upper House 上議院

Upper income developing countries 較高收入的發展中國家

Upper limit 上限；上層界限

Upper scale 高薪級

Upper strata of the atmosphere 大氣上層

Upper tranche 〔基金〕高檔貸款

Uprising 起義；叛亂

Upset price 開拍價格（指拍賣時叫喊的）；底價；開盤價（指公賣時所定的最低出售價格）；〔美〕最低價格

Upset the balance of rights and obligations 打破權利和義務的平衡

Upstart 暴發戶

Upstream loan 反向貸款；逆向貸款（指子公司對母公司的貸款）

Upstream state 上游國家；上游國

Upstream subsidies 〔關貿〕上游補貼

Upstreaming 〔美〕反向資產使用法（母公司使用子現金出納額的做法）

Upsurge 增長；高漲

Upswing 高漲，向上趨勢（指經濟周期上升階段）

Upturn 上升，提高；好轉（指經濟周期上升階段）

Upward adjustment 向上調整；向上修正

Upward bias 向上偏（偏移，偏差，偏誤）

Upward pressure 上升壓力

Upward trend 上升趨勢

Upward-sloping supply curves for the product 向上坡度產品供應曲綫

Urban 城市的；市區的

Urban Council 〔香港〕市政局

Urban district council 〔英〕市區委員會（過去英格蘭和威爾斯兩郡分為非自治市、市區或鄉村區，但已於 1972 年廢止）

Urban dweller 城市居民

Urban homestead 市區宅基地

Urban household 城市戶口

Urban land 城市土地

Urban renewal 〔美〕城市發展規劃（指重新規劃諸如土地使用、改善交通、公共運輸、娛樂和社區設施以及包括取得飛越高速公路和道路的航空權等）

Urban rent 城市地租

Urban Services Department 〔香港〕市政總署

Urban Services Department Staff Welfare Fund 〔香港〕市政事務署員工福利基金（現由公務員事務局管轄）

Urban servitude 〔英〕城市地役權；城鎮地役權；房屋地役權（指關於建築物和建造房屋的地役權，例如採光權、空氣權和雨水流經鄰居房屋權）

Urbanisation 城鎮化

Urgency 緊急

Urgency motion 緊急動議

Urgent 緊急的；急迫的

Urgent affair 緊急的事情

Urgent circular 緊急通知

Urgent danger prevention 緊急避險

Urgent dispatch 急件

Urgent imperial ordinance 緊急敕令

Urgent mail 緊急郵件

Urgent military necessary 緊急軍事必要

Urgent motion 緊急動議

Urgent necessity 緊急必要

Urgent ordinance 緊急敕令；緊急條令

Urgent reasons of security 緊急安全理由

Urgent relief 緊急救濟

Urgent session 緊急會議

Uruguay Round 〔關貿〕烏拉圭回合（關貿總協定第八輪關稅減讓談判，1986 年 9 月至 1994 年 4 月 15 日在烏拉圭埃斯特角城舉行，因涉及締約國關稅再減讓，難度大，發達國家與發展中國家貿易不平衡利益衝突更加尖銳，延時近 8 年，但烏拉圭回合談判結束了關貿總協定的歷史使命，創立了世貿組織，對推動世界經濟發展起着積極作用）

Uruguay Round Agreement on Agriculture 〔關貿〕烏拉圭回合農產品協議

Uruguay Round Agreement (URA) 〔關貿〕烏拉圭回合協議（關貿總協定第八輪烏拉圭回合協定於 1993 年 12 月 15 日在簽訂於日內瓦）

Uruguay Round Agreements Act (URAA) 〔美〕烏拉圭回合協定法（美第 103 屆國會第二次會議於 1994 年 12 月 8 日批准"烏拉圭回合協定"為美國第 103−456 號公法並予執行）

Uruguay Round Balance-of-Payments Understanding 〔關貿〕烏拉圭回合國際收支差額諒解書

Uruguay Round Negotiation on Agriculture 〔關貿〕烏拉圭回合的農產品談判

Uruguay Round Negotiations on Agricultural Goals 〔關貿〕烏拉圭回合農業談判的目標

Uruguay Round Negotiations on Textiles and Clothing 〔關貿〕烏拉圭回合紡織品和服裝的談判

US Department of Commerce 美國商務部

Usable national currency 可使用（能用）的國家貨幣

Usage 慣例（指普通的商業慣例或只在特別案件或特定地方通行的慣例；構成慣例要件必須是公認的、確定的、合理的、合法的）；〔美〕習慣做法（指合理合法為當事人特定交易地區的共知的一種習慣）

Usage of nations 國際慣例

Usage of trade 商業慣例；貿易慣例；行業慣例（指各行業的傳統習慣）

Usage of war 戰爭慣例

Usage of warfare 作戰慣例

Usance 票期；匯票期限（指國家間根據不同習慣規定支付外國匯票的期限，各國規定不同有半個月、一個月或兩個多月不等慣例付款期）

Usance bill 遠期匯票（指可在見票後一定日期內付款的支票）；有期限匯票；定期匯票

Usance letter of credit 遠期信用證；定期信用證

Use *n. & v.* I. 〔英〕收益（權），用益（權）；使用權（指不動產的土地和房屋的收益權）；用途；運用；運用；II. 利用；使用；應用；僱用

Use and habitation 〔美〕居住性使用權（指授予居住性使用權並不意味着是排他性的，但其取決於被授予者所享有的特權範圍）

Use and occupancy insurance (U & O) 使用與佔用保險

Use and occupation 〔英〕土地使用費之訴（指沒有締結租金契約，只以支付使用費為條件而允許使用其土地的地主請求使用費的訴訟。即：地主向承租人索取使用土地收益的訴訟）

Use fee 使用費

Use immunity 使用豁免（一般指法庭強令證人作出自證有罪性質的證言，但條件是在其後對該證人的刑事控告中不將該證言作為證據使用）

Use in commerce 商業用途（指商標而言）

Use in common 共用；共享；共同使用權

Use of a service 〔世貿〕使用一項措施

Use of additives 使用添加劑

Use of armed force 使用武力

Use of evidence 使用證據

Use of force 使用武力

Use of Fund credit 〔基金〕基金貸款的使用

Use of Fund resources 〔基金〕基金資源的使用

Use of international standards 使用國際標準

Use of local inputs 地方投入的用途

Use of patent 專利使用權；實施專利權

Use of trade policy instruments 使用貿易政策工具

Use of Trust Fund Re-flows 〔基金〕使用回流的信託基金

Use of valuation methods 運用估價方法

Use one's discretion 酌行（相機行事）

Use public office for private gain 假公濟私

Use tax 〔美〕使用稅（指有形財產的使用、消費或貯藏的從價稅，即對商品在初次使用時徵收的一種稅）；〔英〕牌照稅；使用費（指船、機動車牌稅和港口、機場停靠等稅費）

Use the best information available 利用現有最佳的資料（指核實出口成員方政府或其出口商所提供的有關補貼承諾資料有無違反）

Use the threat of violence 以暴力相威脅

Use torture to coerce a statement 刑訊逼供

Use value 使用價值

Use variance 用法上差異

Use video link conference 使用視頻會議

Use video link conference to obtain oral testimony 使用視頻會議獲取證人證言

Use with consideration 有報酬的使用

Useful 有用的；有益的；實用的；有幫助的；有效的

Useful contribution to world understanding 理解世界的有用貢獻

Useful life （資產的）使用壽命；折舊年限；有效年限（指能用以產生收益的資產期限）

Usefulness 實用性；有用性

User 用戶（權利的實際享有或行使）；財產享有人；使用者

User agreement 使用國協定

User contracting party　使用者締約方

User cost　用戶成本；使用者成本；繼續使用成本

User fee　用戶使用費；用戶維修費

User Member　〔世貿〕用戶成員方（指進口成員方政府或其機構約定或授權裝運前檢驗活動的用戶）

User state　使用國

User Support Division　〔基金〕使用國贊助處（使用國（者）支助處）

Uses and trusts　〔英〕受益權和信托權

Uses to bar dower　〔英〕剝奪寡婦繼承丈夫婚前受讓土地使用權（現已廢止）

Usher　〔英〕門丁；門衛；門警；（法庭上的）法警；（法庭）庭丁（負有維持法庭的安靜和秩序職務的下級官員，亦即法庭的看門人）

Usher in a new era of global economic cooperation　開創全球經濟合作的新紀元（指 WTO 建立的歷史性作用）

Usher of court　法庭傳達員

Usher of the Black Rod　〔英〕烏棍侍衛（負責監禁違法的貴族院議員或其他儀式事項的官員）

Using mail to defraud　〔美〕利用郵件詐騙罪

Uso　〔西〕慣例；習慣做法

Usual　通常的；平常的；慣常的；慣例的；根據慣例或習慣的；公認的

Usual convenants　〔美〕（賣方出售不動產的）普通契約條款

Usual Marketing Requirements　通常營銷要求

Usual meaning　通常意義

Usual place of abode　慣常居所

Usual place of residence　慣常住所地

Usucaption (or usucapion)　〔英〕憑時效取得財產權；取得時效（指在法定時間內始終享有對物的所有權）

Usufruct　*n. & v.* I. 用益權（在民法上是指暫時使用他人財產並享受其收益的權利，但實際上均被理解為是終身的使用權，包括地上權、地役權、典權和永佃權等）；II. 根據用益權佔有

Usufructuary　*n. & a.* I. 用益權人（指有權使用不屬自己財產的權利）；II. 用益權的

Usufructuary lease　用益權租賃

Usufruit　〔法〕用益權；使用收益權

Usurer　放高利貸者

Usurer's capital　高利貸資本

Usurious　高利貸的；易利的；放高利貸的；進行高利盤剝的

Usurious contract　高利貸契約

Usurious loan　高利貸款

Usurious rate of interest　高利貸利率（指超過法律規定的貸款利率上限利率）

Usurious transactions　高利貸交易

Usurp　*v.* 篡奪；篡位，篡權；侵佔；侵犯；侵害

Usurp a name　盜用名義

Usurpation　侵佔；侵犯；侵權；非法使用（他人財產）；篡位；篡奪（統治權）；〔宗〕侵奪（指侵奪牧師推舉權，無推舉權的人非法推舉住持，造成有權利的人不能推選住持）

Usurpation of franchise　冒用他人特權

Usurpation of office　冒用他人職權

Usurpatory　篡奪的，奪取的；侵佔的

Usurped power　篡權，竊奪權力

Usurper　篡位者，篡權者；侵佔權利的人；非法使用者

Usurper of a public office　篡奪公職者

Usury　高利貸；暴利，重利（尤指超出法定利率限制以外的利息）；用益權人；受益人（大陸法用語）

Usury laws　高利貸法

Uterine　同母異父的

Uterine brother　同母異父兄弟

Uterine sister　同母異父姐妹

Utero-gestation　懷孕；受胎

Utfangthef or utfongenethef　〔撒〕審判住所外竊賊的特權（指在領主管轄權之內抓住者）；域外絞殺權（意指只要抓住臟物的竊賊，不管在莊園內外均可絞殺之）

Utilidad　〔西〕收益；利潤

Utilitarian calculus　功利計算

Utilitarianism　功利主義

Utility　*n. & a.* I. 效用；有用性；實用性；工業價值（專利法用語）；公用事業（=public utility）；〔複〕公用設施；公用事業企業；公用事業股票；II. 公用事業的；公用事業公司股票價格的；實用的；經濟實惠的

Utility bond　公用事業債券

Utility fund　公用事業基金

Utility jurisprudence　功利法學（功利主義法學認為法的作用在於實現"最大多數人的最大幸福"。該理論對 19 世紀主要資產階級國家的主張和法律改革起過重大的推動作用，其創始人為英國法學家 J·邊沁）

Utility model　〔專利〕實用新型（低於獨創性的一種發明，有的國家稱其為"小專利"）

Utility model patent　〔日〕實用新型專利

Utility stock　公用事業股票

Utilisation　利用；效用

Utilisation of a loan　貸款利用；貸款運用

Utilisation of capacity　設備生產能力利用率；開工率

Utilisation of exiting skills　現行技術的利用

Utilisation of quota　利用配額

Utlage　〔法〕被剝奪公民權者；被驅逐者；逃犯

Utlesse　越獄的重罪犯

Utmost care　最大注意；最好的照料

Utmost degree of care　最好的照顧

Utmost good faith　絕對誠信；最大誠信

Utmost resistance　奮力抵抗（以最大限度的反抗不使強姦者得逞，通常指婦女）

Utmost secrecy　極端秘密（絕密）

Utopian international law　烏托邦國際法；空想國際法

Utter　*v. & a.* I. 使用偽造物（如偽造印章、證書和貨幣等，屬犯罪行為）；發行，流通（票據等）；II. 完全的，徹底的，全部的，絕對的；無條件的

Utter bar　〔英〕初級律師；外席律師（其反義詞為"serjants at law and Queen's counsel"）

Utter barrister　〔英〕外席律師（不允許進法庭欄杆內辯護的低級律師，不是王室律師顧問的小律師）

Utter loss　〔保〕全損

Utterance　言詞

Uttering　〔英〕使用偽幣罪；〔蘇格蘭〕偽造證件詐騙罪

Uttering a forged instrument　使用偽造文書罪

U-turn　調頭（指駕車者按路規作"U"形轉彎）

Uxoricide　殺妻行為（丈夫殺害妻子的行為）；殺妻者（殺害妻子的丈夫）（本術語非法律術語）

V

Vacancy 空缺；空職；空位；空閒；空額；空地；空房間

Vacancy of succession 繼承人空缺；無人繼承

Vacant 空的；(土地) 未被佔用的；(職位) 空缺的；空閒的；無人繼承的

Vacant directorship 總經理職位空缺

Vacant estate 無人繼承的財產 (含動產和不動產)

Vacant lot 空地皮；空場地

Vacant possession 未被佔有；無人佔有；空房；空屋 (指承租人實際上已放棄其佔用的房屋，例如：鎖門遷走，法院可允房地產所有人將其作為無人佔有處分)

Vacant succession 無人繼承的遺產 (指無人主張繼承、繼承人不明或繼承人拋棄繼承權)；〔英〕無繼位 (指國王或產權所有人死後，沒有依法指定的繼承人)

Vacate *v.* 撤銷；廢除；宣告無效；解除 (職務)；退 (位)；撤離；搬出；騰空房屋

Vacate a judgement 撤銷判決

Vacation 〔英〕(法院) 休庭期 (按英國司法條例規定，法院和最高法院每年有四個休庭期：1. 長假期：8 月 1 日至 9 月 30 日；2. 聖誕節假：12 月 22 日至 1 月 10 日；3. 復活節假：從本節前星期四至第二個星期一；4. 聖靈降靈節假：從本節前星期六至第二個星期一)；(議會) 休會期；(學校) 假期；休假

Vacation barrister 〔法院〕休庭期律師 (指外席律師)

Vacation court 〔英〕休庭期法院

Vacation judge 〔法院〕休庭期法官

Vacation of courts 法院休庭期

Vacation of execution 撤銷執行令狀

Vacation of judgement 判決的撤銷 (指由錯誤、過失或詐欺等所作成的判決)

Vacation of term 〔美〕(法院) 休庭期

Vacation sittings 〔英〕休庭期的開庭 (指在長假期中，有兩名高等法院法官值班審理要求立即處理的申請案件)

Vacatura (教會) 聖職空缺；聖職出缺

Vaculty 空；空白；內容貧乏；毫無價值的事物

Vadlet 〔英古〕皇帝長子；太子

Vadum 〔古〕淺灘；可淌水而過的地方

Vagabond 流浪者 (指到處流浪而無固定住所者)

Vagrancy 流浪；游蕩；〔美〕流浪罪 (堪薩斯州刑法)

Vagrancy laws 〔美〕游民法；流浪漢法

Vagrant 流浪者；漂泊者；游民；流氓

Vagrant Act 〔英〕流浪者法

Vague 含糊不清的，不明確的；不確定的；不肯定的

Vague testimony 含混的證言 (未能說明案件事實真相)

Vagueness doctrine 〔美〕含糊原則 (意即法律不明示做甚麼或禁止做甚麼者，該法律即為違憲的法律)

Vale 〔西〕本票；期票

Valec, valect, or vadelet 〔英古〕年輕紳士；侍從；旅館服務員

Valentia 對象的價值或價格

Vali 〔土耳其〕州知事

Valid 有效的；經過正當手續的；有法律效力的；確鑿的；正當的；正確的；有根據的

Valid as from 自…起生效

Valid ballot 有效票

Valid contract 有效契約

Valid defense 有效防禦；有效答辯

Valid documents 有效的證件

Valid evidence 確鑿的證據

Valid for the calendar year 日曆年有效

Valid marriage 有效婚姻；合法婚姻 (指具備婚姻的要件)

Valid motives 正當的動機

Valid obligation 有效債務

Valid reason 有效的理由 (指有法律上根據的理由)；正當理由；有根據的理由

Valid technical certification 有效技術證書

Valid unexpired immigrant visa 〔美移〕有效的未到期移民簽證

Valid yardstick 有效的尺度

Validate *v.* 使生效；使生法律上的效力；證實；確認；批准；認可；宣佈 (某人) 當選；使合法化

Validate a treaty 使條約生效

Validate an election 使選舉合法化

Validating statute 〔美〕驗證法 (旨在糾正以前法律的錯誤和不作為以而使其成為有效的法律)

Validation 批准；確認；使生效；有效性檢查 (指檢查所搜集的與就業工作有關證據的處理)；〔美〕驗證 (考查搜集有關僱用工作證據)

Validity 有效 (期)；效力；有效性；合法性

Validity of contract 契約效力；契約有效

Validity of criminal law 刑法效力 (指刑法生效的範圍，分為時的效力、地的效力和人的效力)

Validity of law 法的效力 (指法的生效範圍，即法律規範對甚麼人、在甚麼地方和甚麼時間發生效力)

Validity of law of criminal procedure 刑事訴訟法的效力

Validity of notaries acts 公證行為的有效性

Validity of treaties 條約的效力 (指條約對締約國的拘束力，締約各方必須按照條約規定的條款履行其義務，不得違反)

Validity of will 遺囑效力

Valley 山谷；凹地

Valor ecclesiasticus 〔英〕教會財產記錄

Valorisation 穩定物價 (指政府調節、維持商品價格)；政府的調節商品價格；政府的價格維持；強制維持商品價格

Valorise *v.* 定價，限價，調節物價 (指政府維持商品的價格)

Valuable *a. & n.* I. 具有金融和市場價值的；有價值的；貴重的；II. 〔複〕貴重物品；有價物；財寶

Valuable consideration 充份對價；有效對價；有價約因 (有金錢價值的約因，有效的、有相等於金錢價值的贈予)

Valuable improvement 有效改良；有價值的改良 (可永遠增加自主保有地的價值)

Valuable papers 有價值的文書（立遺囑者認為有保留價值的）

Valuable securities 有價證券

Valuation 估價；估值；評價；評估

Valuation account 資產計價賬戶（折舊準備賬，呆賬準備賬）

Valuation basis 估價基礎；計價基礎

Valuation basket 〔基金〕定值籃子

Valuation change 估價變化

Valuation clause 〔保〕估價條款（記載價格保險條款）

Valuation for Customs Purposes 〔關貿〕關稅的估定；海關估價

Valuation laws 估價法律

Valuation list 〔英〕估價單（指在教區內所有應納稅的可繼承的財產所有者清單）

Valuation method 評價法；估價法（公司債券會計賬上處理方法之一）

Valuation of assets 資產評估；資產估價

Valuation of contracts 〔世貿〕合同估價（合同價值）

Valuation of goods for G/A 共同海損貨物估價單

Valuation of loss 損失評估

Valuation of property 財產評估

Valuation of special drawing rights 〔基金〕特別提款權估價（估值）

Value 價值；價格；交換力；估價；評價；對價；代價；購買力；重要性；有用性；〔複〕價值觀

Value added in manufacture 生產中增值

Value added tax (VAT) 增值稅（指課收的物品供應的勞務稅及物品進口稅，或為按商品售價徵收一定百分比的間接稅，屬一種銷售稅）

Value date （賬目記入）生效日；起息日；計息日

Value entity 價值實體

Value in damages 損害價額；賠償價額

Value index 價值指數

Value of application 申請價值

Value of assessment 課稅價值；估定稅額價值；課稅額

Value of exchange 交換價值

Value of export duties 出口的關稅額

Value of foreign trade 對外貿易額（值）；國際貿易值

Value of imports 進口值；輸入額

Value of insurable interest 保險價值

Value of international trade 國際貿易值（又稱"世界貿易值"）

value of marginal product (VMP) 邊際產品價值（它不能用於向托收行發送光票托收支票項下的付款通知）

Value of matter in controversy 爭議金額；損害求償金額；訴訟求償金額

Value of money 貨幣的價值

Value of output 產值；產出值

Value of requests for allocation 要求分配的價格

Value of service 服務價值；勞務價值

Value of service transactions or assets 服務交易的價值或資產

Value of tariff revenues 關稅總收入額

Value of tax 課稅價格

Value received 對價收訖；如數收訖；價款收訖（指匯票的價值已兌現，意即發票人已向付款人收取貨款）

Value-added component 增值成分；增值的構成

Value-added rules 增值規則

Value-added tax (VAT) 增值稅

Value-added tax refund 增值稅退稅

Valued 定值的；定額的；寶貴的；有值值的；受重視的

Valued policy 定值保險單；價額確定的保險單（指各方事先訂定和保險單上明示可發生損失時可據以計算取得賠償的數額）

Valued policy law 〔美〕定值保險法；定額保險法

Valued policy of assurance 定額保險單

Valueless 無價值的；沒有用的

Valuer 〔英〕估價人；評價者；鑒定人

Valuta 〔法〕價格；交換價格；協議通貨價格

Vandal 破壞他人財產者；破壞公共財產者；摧殘文化藝術者

Vandalic 蓄意破壞的；破壞財產的

Vandalism 破壞他人財產行為；破壞公共財產行為；故意破壞文化藝術行為

Vandalise v. 破壞（他人或公共財產）；摧殘（文化、藝術等）

Vanishment 失踪

Vanquished state 被征服國家

Variable annuity 變額年金；不定額年金，可變年金（指按年度支付的年金，取決於股票市場價格變動結果而定）

Variable budget 暫時預算；可變預算；機動預算

Variable capital 可動資本；可變資本；流動資本

Variable cost (VC) 可變成本；變動成本（又稱"直接成本"）

Variable expense 不定額的間接費；可變動費用

Variable import levy 差價關稅；差價進口稅；非固定進口稅

Variable interest rate 可變利率；浮動利率

Variable levy 差價稅（指歐共體實行"共同農業"這種稅收政策是背離 GATT 的軌道）；可變稅額（又稱"差額稅"，指可隨國際市場價格變更而選擇的一種關稅，指歐共體對從非成員國進口的農產品所徵收的一種進口關稅）（歐共體農業政策用語）

Variable levy system 差別課稅制度；差價稅制；可變課稅制度

Variable tariff 差別關稅；可變關稅（滑動稅）

Variable-rate mortgage 可變利率抵押

Variance 不一致；自相矛盾（指在同一訴狀中原告列舉的證據和其所主張的事實等自相矛盾）；差額；變異；差異（指訴狀和供詞等之間的）；〔美〕城市分區特許（指允許偏離分區條例字面規定，即可使用分區條例規定的特定地區）

Variation of order 更改令狀

Variety of enterprises and other entities 多樣化的企業及其他實體（單位）

Variety rights owner 多種權利所有者

Varying annuity 變額年金

Varying from the risks insured against 所保風險的變更

Vassal 諸侯；封臣；陪臣（準確地說即是"領主"）；附庸；奴僕，奴隸

Vassal State 僕從國；屬國；附庸國

Vassalage 封臣身份；附庸地位；附庸關係

Vatican 羅馬教廷；〔俗〕梵蒂岡

Vatican City 梵蒂岡城（於 1929 年建立的獨立國）

Vauderie 〔歐古〕巫術

Vaudeville 輕歌舞劇；歌舞雜耍表演

Vault cash 庫存現金

Vavasory 從男爵的封地

Vavasour 從男爵；陪臣

Vectura 〔海法〕運費；貨運

Vehicle 工具；運載工具，車輛；機動車；載體

Vehicle and shipping licence fee 車船使用牌照稅

Vehicle coverage 運輸工具保險

Vehicle currency 周轉貨幣；媒介貨幣；貿易通貨；國際支付貨幣（指為國際貿易最通用的貨幣）

Vehicle Inspection Centre 〔香港〕車輛檢驗中心

Vehicle Inspection license 教車師傅執照

Vehicle license fee 車輛執照費

Vehicle tax 車輛稅

Vehicle Tegting Centre 〔香港〕車輛檢測中心

Vehicular crimes 駕車犯罪（指駕駛機動車輛所致犯罪）

Vehicular homicide 〔美〕駕車殺人罪（指非法駕駛機動車輛造成故意或過失謀殺罪，各州對駕車犯罪構成要件規定各異）

Veil of ignorance 無知的面紗（引自美哈佛大學哲學家約翰·羅爾斯著作《正義論》，此處意指美工業將不受貿易談判回合中日趨激烈的市場競爭的影響）

Vein 礦脈；岩脈（地質學，地理學用語）

Vejours 視察員；現場查驗員（由法院派到有異議的現場查驗究竟以利做出正確的判決）

Velocity of circulation 流通速度

Velocity of money 資金周轉率；貨幣流通速度

Velocity ratio 周轉比率（資產負債表比率）

Venal 可用金錢賂賄的；易收買的；供出售的；貪污的（通常用於貶義，被認為是貪污和非法的買或賣）；唯利是圖的；受賄影響的

Venal officials 貪官污吏

Venal practice 賄賂行為；受賄行為

Venaria 野味；（林中捕獲的）獵物

Vend *v.* 出賣；販賣；叫賣（尤指小商品）

Vendee 買主；買受人（指購買土地或貨物的人）

Vender (or vendor) 賣主；小販；零售商；商販；供應商

Vendetta 世仇；血仇；親屬間復仇（指親屬殺死凶手或其親屬以為其家庭成員被殺的死者報仇）

Vendibility 可銷售（性）；有銷路

Vendible 可賣的；可銷售的

Vendible goods 可銷售的貨物

Vendition 出賣，銷售；銷售行為

Venditor bonae fidei 善意的賣主

Vendor 賣主（以買賣讓與財產，尤指不動產）；供應商；小販；零售商；叫賣商

Vendor and purchaser 賣主和買主

Vendor lease 賣主租約（指一種為租賃公司融資以幫助推銷的租約）

Vendor's covenants for title 賣主所有權約款（指賣方在出讓不動產時受讓人有權取得所有權約款）

Vendor's lien 賣主留置權（指賣主拒絕交出土地直到買主或其繼承人支付款項為止的權利）

Vendor's share 賣主的股份；對於轉讓營業的股份（把自己的營業轉讓給公司時公司往往認股份代替現金作為代價）

Vendue 〔美〕公開拍賣；競賣；司法拍賣（尤其由警察等依法授權拍賣）

Vendue master 拍賣人（=auctioneer）

Venerable 〔宗〕教會首長尊稱

Venereal 性交的；染有性病的

Venereal disease 性病；花柳病

Venery 狩獵（指古時捕獲的野獸歸國王所有）；交媾

Venezuela boundary dispute 委內瑞拉邊界爭端（1887 年）

Venial 可原諒的；可寬恕的；（錯誤）輕微的

Venial sin 〔宗〕小罪；微罪

Veniality 可寬恕性

Venireman 陪審員（陪審員名單的成員之一）；候選陪審員（指通過出庭令狀傳喚的陪審員）

Vente 〔法〕銷售；買賣契約

Vente a remere 〔法〕附條件的買賣

Vente aleatoire 〔法〕不確定的買賣

Vente aux encheres 〔法〕拍賣

Venture *n. & v.* I. 投機冒險企業；商業風險；商業投機；II. 投機；冒商業風險；商業投機

Venture capital 投機資本；風險資本；冒險資本（其反義詞為 "security capital" 安全資本）

Venture expansion fund 企業發展基金

Venturer 冒險者；投機者

Venue 審判地；犯罪地；案件發生地；審判籍（指陪審團在其所在地審理訴訟或彈劾案件）；起訴地點；〔英〕裁判管轄區域（在英國指特選的郡縣或城市法院才有對案件的審判管轄權之謂）

Venue facts 待定審判地的事實（特權抗辯審判地的事實尚待聽審時確定）

Venue for negotiations 談判地點

Venue for reviewing issues 審議問題的場所

Venue jurisdiction 〔美〕裁判權（指行使特定職能的法院）

Veracity 真實性；準確性（精確性）

Verarbeitung 〔德〕加工

Verbal *a. & n.* I. 口頭的；言詞的；非書面的；II. 口供（作為審判證據的口頭交代）

Verbal act doctrine 〔美〕（確定）口頭行為原則

Verbal acts 口頭行為

Verbal agreement 口頭協定；口頭協議

Verbal alteration 口頭更正

Verbal arrow 言辭上的錯誤

Verbal assaults 口頭威脅；口頭傷害

Verbal confession 口供；口頭供認

Verbal contract 口頭約定；口頭契約；口頭合同

Verbal evidence 證言；口頭證據

Verbal injury 〔蘇格蘭〕口頭傷害

Verbal note 口頭通知；口頭備忘錄；（外交上）不簽字的備忘錄；普通照會

Verbal obligation 〔蘇格蘭〕口頭義務

Verbal offer 口頭要約；口頭報價（出價）

Verbal process 〔美〕（=process-verbal）

Verbal treason 口頭背叛

Verbal treaty 口頭條約

Verbal trial 口頭辯論；口頭審理

Verbal understanding 口頭諒解

Verbal will 口頭遺囑

Verbatim 逐字；依口頭的記錄

Verbatim record 逐字記錄；按口述記錄

Verbatim transcript 證詞副本

Verboten *a. & n.* 〔德〕I. 被禁止的；被無理禁止的；II. 被禁止的物

Verboten film 〔德〕禁映的影片

Verderer (or verderor)　〔英〕王室護林官

Verdict　裁決;裁定;裁斷(指陪審團就民、刑等案件查明法律事實和審理結果情況給法院的裁定報告,交由法官作最終裁斷,有的法學家譯作"評決;評斷"。陪審團從事的事項可分民事案件和刑事案件兩大類,前者可作出原告勝訴裁決或被告勝訴裁決;後者要作出被告有罪或無罪裁決,而且必須全體陪審員意見一致;對於有罪或無罪裁決,英國自 1967 年開始不要求全體陪審員意見一致,但仍規定 12 個陪審員中要有 11 個、10 個陪審員中要有 9 個陪審員意見一致的裁決。在罪與非罪問題上要視具體事實而定,例如,對接受贓物者作出"有罪評決",而對竊賊卻作出"無罪評斷");〔蘇格蘭〕承審法官的裁決;定論;判斷;意見

Verdict against evidence　(陪審團)違背證據的裁定

Verdict contrary to law　(陪審團)違反法律的裁定

Verdict for the defendant　有利於被告的裁決

Verdict for the plaintiff　有利於原告的裁決

Verdict by lot　運氣裁決;運氣裁斷;抽籤評決(=chance verdict)

Verdict of guilty　有罪裁定

Verdit of not guilty　無罪裁決

Verdit subject to opion of court　取決於法官意見的裁決

Verein　〔德〕同盟;行會;公會;協會

Vereinbarung　〔德〕立法性條約

Vereingung van assecuradeuram　〔荷〕阿姆斯特丹船舶檢查協會

Verge (or virge)　〔英〕王室驗屍官轄區(距英王住所約 12 英里範圍);威格(約 15-30 英畝土地);權標;節杖(莊園主允其農奴保有的土地);公路邊土地(不含人行道)

Vergelt　〔撒〕犯罪罰金

Verification　宣誓證實(訴狀或答辯狀結尾的誓證);檢驗;核實;核查;證明

Verification certificate　檢驗證書

Verification note　檢驗證

Verification of account　核對賬目

Verification of data conversion　查核數據折換;數據換算核實

Verification of documents　文書檢驗;文件檢驗(主要任務是辨別文書真偽,顯現或掩蓋或被毀的字跡內容和認定筆跡等)

Verification of flag　旗幟的查明

Verification of handwriting　筆跡檢驗(亦稱書法檢驗,即檢驗者確定作為證據的文書上的特定人的手寫字跡)

Verification of powers　全權證書的審查

Verification of seals and stamps　印章、印文檢驗(指對文書上的印章或印文的真偽所進行的同一認定)

Verification of stock receipts　新證券(公債)交換證的檢驗

Verification of traces　痕跡檢驗(指對犯罪事件有關的人或物留下的手、足、牙印、工具痕跡、車輛痕跡以及離離痕跡等反映作出勘驗和鑒定)

Verification procedure　核查程序

Verification process　核實程序

Verification system　核查制度

Verified　經證實的

Verified by oath　宣誓證實

Verified copy　經核實的副本(作為獨立確實證據的文件副本)

Verified correct　核對無誤

Verified evidence, there is　查證屬實

Verified names　核實的姓名(經縣書記官核實在官方註冊名單上署名的姓名)

Verifier　檢驗員;檢證員;核對員

Verify　*v.* 宣誓證實(把誓證寫為訴狀或答辯狀的末尾,常與"sworn"通用);證實;證明;核實;作證

Verify information provided　核實已提供的資料(信息)

Verify the facts　印證事實

Verify the identity　驗明正身

Verify the quality, quantity or price of imported goods　〔世貿〕核實進口貨物的質量、數量或其價格

Verily　真正地;忠實地;確定地;確信地;毫無疑問地;肯定地

Veritas austro ungrico　〔德〕特裹斯特船舶檢查協會

Veritatem dicere　〔法〕證人的資格訊問(指證人的行為能力及其與當事人的關係等)

Verity　真實;事實;合乎事實;誠實可靠

Vermin exclusion　蟲害除外責任險(指海上承運貨物因鼠蟲害損失責任除外)

Vernacular　方言

Vernacular Press Act　方言出版法

Versailles Treaty　凡爾賽條約(第一次世界大戰後,參與歐戰的國家於 1919 年在法國巴黎凡爾賽宮簽訂的對德和約,是國聯在美英法等帝國主義操縱下,對戰敗國德帝國主義簽訂的和約,規定了分割德國領土,瓜分原屬德國的所有殖民地,限制德國軍備和勒索巨額賠款等條文)

Version　版本;文本;譯本

Version of the treaty　條約文本;約文

Versus (v. or vs.)　*prep.* (訴訟等中)對;訴(常略作 V 或 Vs);與…相對

Vert　〔英古〕砍伐樹木特許權;(林中)綠色植物;(貴族紋章中標識的)綠紋

Vertical　縱向的;垂直的

Vertical analysis　垂直分析(指一個會計期的財務狀況縱向分析)

Vertical axis　(直)立軸;縱坐標;縱軸,垂直軸

Vertical boundary　垂直疆界

Vertical boycott　垂直抵制

Vertical career path　〔領事〕垂直的職業生涯道路

Vertical combination　垂直聯合;縱向聯合,縱向合併;垂直航　管理

Vertical integration　垂直合併,縱向　體化(指企業單位從原材料的生產、分配和銷售至最後銷售的所有制或網絡控制)

Vertical international division of labour　垂直型國際分工

Vertical merger　縱向合併(指產銷企業間的合併)

Vertical preference　垂直優惠

Vertical price fixing　垂直定價;縱向限價(指廠家、批發商或零售商之間議定的批發價或零售價)

Vertical restraints of trade　垂直式貿易限制(指市場結構一種反競爭的協議)

Vertical trade　垂直貿易

Vertical union　(同一工業內跨行業的)職工工會;產業工會

Vertrag　〔德〕條約;契約性條約

Very　真正的;全然的;完全的;充份的;同一的

Very close neighbour　近鄰

Very high degree of care　高度注意

Very lord and very tenant　直屬的領主和領臣;直屬的領主

與佃農（指業主與承租人之間無中間領主，而是彼此直屬關係）

Vessel 船；飛船，飛機（尤指水上飛機）；艦

Vessel flag nation 船旗國

Vessel in distress 遇難船舶

Vessel insurance 船舶保險

Vessel license 船舶執照

Vessel nationality 船舶國籍

Vessel not under command 〔英〕堵塞航道的船舶（指船舶因碰撞堵塞住航道，除非通過特殊手段而無法將其清除出阻塞的航道）

Vessel of war 戰艦

Vessel restricted in her ability to maneuver 〔英〕運行能力受限制的船舶（指船舶因碰撞自身活動能力受損，無法啟動，只有通過特殊方法才能將其拖不出航道）

Vest v. 授與；賦與（指給全部土地及其權利）；（權利）歸屬於；增添；確定；生效；移轉佔有；交付佔有（指充份佔有土地或地產權）；授封土地

Vested 既得的；確定的；法定的；賦予的；絕對的

Vested devise 既得贈與；既得遺贈

Vested estate 既得地產

Vested gift 既得贈與

Vested in interest 確定的未來權益（表示現在確定的而在將來享有的權利）

Vested in possession 既得佔有的權利（指現時佔有的不動產物權）；現時佔有的權利（指其對應列為未來繼承的遺產或殘餘遺產而言）；〔美〕現時享有既得的權利

Vested interest 既得利益

Vested interests 既得利益集團（指在經濟、政治等方面有特權或控制權的）

Vested legacy 確定的遺贈

Vested pension 既定退休金；既定的養老金

Vested remainder 確定的剩餘地產權；既得的遺產繼承權（指立即生效並限於特定人佔有既得遺產的繼承權）

Vested right 既得權利（指受到政府承認和保護的個人合法的利益）

Vesting n. & a. I.〔美〕賦予受領養老金權利（指僱員受僱工作幾年後可受領僱主所賦予的各種權益，例如退休金）；〔英〕確定的將來權益；附條件的權益；或有的權益；II. 賦予的；授予的；給予的

Vesting assent 〔英〕授予財產認可書（指在終生承租人或法定所有人死後依文件規定為其私人代表授權認可解決有權繼承設定的土地）

Vesting declaration 〔英〕信托財產授予聲明（指定人在新信托人委任狀中聲明將信托財產歸由新信托人管理）；轉移權利的意思表示

Vesting deed 〔英〕授予財產的契據（指關於設定世襲不動產繼承人的契據）

Vesting instrument 〔英〕授予財產的證書（指法院的命令，或構成終身承租人地產權證據的同意書等文件）

Vesting of right 授予權利

Vesting order 〔英〕財產的移轉命令（指當指定的受托人不能或不便執行所委托事項時，由高等法院衡平法庭授予移轉法定土地繼承的命令）

Vestive facts 授權所有的事實

Vestry 教區委員會；教區大會；（教堂的）法衣室

Vestry-cess 〔愛爾蘭〕教區稅

Vesture 〔英〕一件衣服；土地的佔有權；土地的收益（除樹木以外，如穀類、草等）

Vesture of land 地表植被（指生長在土地上除樹木以外的所有東西）

Vet v. 檢審（稿件等）

Veteran 老兵；老戰士；〔美〕退伍軍人

Veterans Administration (V.A.) 〔美〕退伍軍人管理局（主要負責退伍軍人的福利事宜）

Veterans Affairs Department 〔美〕退伍軍人事務部

Veterans Appeals Court 〔美〕退伍軍人上訴法院

Veterans of Foreign Wars 〔美〕國外戰爭在鄉軍人會

Veterans Preference Act 〔美〕退伍軍人優待法

Veterinarian 〔美〕獸醫

Veterinary surgeon 〔主英〕獸醫

Veto 否決；〔英〕禁止；〔聯〕否決權

Veto a bill 否決議案

Veto players 否決權游戲者

Veto power 〔美〕（總統和州長的）否決權

Vetoer 否決者

Vetoing stock 否決權股

Vex v. 打擾；折磨；使煩惱，訟累（例如：就同一事實重複訴訟）；無合理根據的訴訟（意旨在滋擾或壓制他人的一種令人厭煩的訴訟，法院有中止這種訴訟的固有權力）

Vexation 受傷的煩惱

Vexatious 無理取鬧的；纏訟的；（訴訟）無根據的；旨在使對方為難的

Vexatious action 濫訴（旨在激怒或使對方困惑之訴）

Vexatious Action Act 〔英〕濫訴法（1896 年）

Vexatious delay 〔保〕遲延賠付

Vexatious litigation 濫訴；惡意訴訟（旨在使對方感到為難的訴訟）

Vexatious proceeding (=vexatious litigation) 濫訴；惡意訴訟（旨在使對方感到為難的訴訟）

Vexatious refusal to pay 〔保〕拒絕賠付

Vexatious suit (=vexatious litigation) 濫訴；惡意訴訟（旨在使對方感到為難的訴訟）

Vexatious tax 苛捐雜稅

Vexed question 議而未決的問題；討論未決的法律點

Via regia 〔英〕皇家路

Viability 生命力；生存性；生存能力（指嬰兒出生後繼續生存的能力）；可行性

Viability of projects 項目的可行性

Viable （嬰兒）能活的；似能養活的

Viable child 能活的胎兒（美國多數州按非法死亡的法規論處）

Viagere rente 〔法〕終身年金

Vibration 〔海法〕沖蕩振動

Vicar 〔英〕代理人；教區牧師，副主教（指有寺祿及什一稅取得權的牧師）

Vicar Capitular 教區署理主教

Vicarage 教區牧師的俸祿；教區牧師職位；教區牧師住宅

Vicarage tithes 小什一稅（指產品的十分之一稅與混合的十分之一稅）

Vicar-general 主教總代理（英國主教在訴訟等方面協助大主教或協助主教執行教務的教會官員）

Vicarial tithes 交付教區牧師代理的小什一稅（指產品的十分之一稅與混合的十分之一稅）

V

Vicarious apostolicus　教皇代理

Vicarious authority　代理職權

Vicarious liability　轉嫁責任；轉承責任；替代責任（指為他人過失行為所承擔的責任，例如車主對他人駕駛其汽車所致傷害負有責任）

Vicarious punishment　代人受罰

Vicarious responsibility　替代責任；轉嫁責任

Vice　*n. & a.* I. 瑕疵；缺陷；惡習；惡行；墮落；腐化；道德敗壞（指惡習或陋習，例如賣娼）；II. 代替的；副的；次的

Vice agent　副代理

Vice ambassador　副大使

Vice Chairman　副主席

Vice chancellor (VC)　〔英〕副大法官（現為高等法院衡平法庭庭長）；大學副校長（指牛津大學；劍橋大學等）

Vice comes　〔英〕郡長；伯爵代理；（某些城市的）行政司法長官；〔美〕縣的行政司法長官

Vice consul　副領事

Vice consulate　副領事館（代理領事館）

Vice consul-general　副總領事

Vice crimes　有傷風化罪（指賣淫等下流行為）

Vice establishment　色情場所

Vice gerent　副攝政；代理總督；副總督；〔美〕副州長

Vice governor　副地方長官；副省長；副總督

Vice judex　〔英〕代理法官；助理審判員

Vice king　攝政；太守；副王；總督（指代理國王管轄行省或殖民地）

Vice kingdom　太守領地；副王國

Vice President　副總統；副主席；副議長；副社長；副會長；〔宗〕副院長

Vice President of Prefectural Assembly　〔日〕（府、縣議會的）副議長

Vice proper　固有的瑕疵；固有缺陷

Vice squad　〔美〕警察捕快（專事取締賣淫、賭博等工作）

Vice treasurer　副出納員；副會計官；副財務主任

Vice-admiral　（海軍）中將

Vice-admiral of the coast　〔英〕海岸事務總長（一個郡的官員，以前由海軍上將委任，負責整個海岸事務，具有行政和司法雙重權力，可扣押在特定區域內發現的船舶為國王所用）；海岸郡法庭副庭長

Vice-admiralty　（海軍）中將

Vice-Admiralty Courts　〔英〕海上事務法庭（在英格蘭雖然成立了高等海事法院，但在 1835 年前，某些地方城鎮仍然保留着海上事務法庭）；域外海事法庭（指成立於 1662 年，對設在海外屬地並對海事糾紛具有審判權）

Vice-marshal　副元帥（被任命協助諾爾曼王朝督軍最高指揮官工作的官員）

Viceroy　副王；（代表國王管轄行省或殖民地的）總督

Vice-warden　〔美〕副典獄長；副看守長；副校長

Vice-Warden of the Stannaries　〔英〕錫礦區法院法官

Vici　村莊

Vicinage　鄰居；近鄰；犯罪地；審判地（指現代用語上是犯罪發生地、審判舉行地或縣陪審團的審訊地）

Vicinity　附近；鄰近；附近地區；近處，近鄰

Vicious propensity　惡性傾向（指動物不受管束本性在特定的情況下會危及人的安全）

Vicontiel (=vicountiel)　子爵的；郡長的；隸屬行政司法官的（諸如由郡長法院審理的案件）

Vicountiel jurisdiction　郡官員的管轄權（諸如司法官或驗屍官的）

Victim　受害者；犧牲者

Victim impact statement　（犯罪者對）受害者影響的陳述

Victimless　無受害的

Victimless crimes　無直接受害者之罪（例如，一般只是涉及非法擁有毒品罪）

Victimologist　受害者心理學家（指對受害者及其在遭受的罪行上所佔的位置的研究）

Victimology　受害者心理學

Victims of disaster　災民

Victims of famiae　饑民

Victims of violence　暴力行為受害者

Victims' statement　被害人陳述（指犯罪行為的直接受害者就案件事實所作的陳述）

Victualler　〔英〕酒食供應商；客棧老闆；（專給船舶或部隊）供應糧食者；補給船

Victualling　〔海法〕裝貯食物

Victuallings bill　船用食物報關單；船上食品清單

Video recording　磁帶錄音

Video recordings Act　〔英〕磁帶錄音法（1984 年）

Video tape　錄像帶

Video work　音像製作；錄製音像（含製作和放映）

Viduity　守寡；寡婦生活

Vienna Agreement Establishing on Classification of the Figurative Elements of Marks　商標圖形要素分類維也納協議（1973 年）

Vienna Agreement for the Protection of Type Faces and their International Deposit　印刷字體保護及其國際保存的維也納協議（1973 年）

Vienna Convention for the Protection of the Ozone Layer　維也納保護臭氧層的公約

Vienna Convention on Consular Relations　維也納領事關係公約（1963 年）

Vienna Convention on Diplomatic Relations　維也納外交關係公約（1961 年）

Vienna Convention on Succession of States in Respect of Treaties　維也納條約法國家繼承公約（1978 年）

Vienna Convention on the Law of Treaties　維也納條約法公約（1969 年 3 月 23 日聯合國在維也納召開的外交會議所通過，是現有國際習慣規則的條文化，1980 年 1 月 27 日生效）

Vienna Convention on the Representation of States in Their Relations with International Organisations of a Universal Character　維也納關於國家在其對普遍性國際組織關係上的代表權公約（1975 年）

View　現場勘驗；履勘（指法官或陪審團對有關財物、屍體、現場等到場查看）；視察（指對人或對有爭議物，例如對土地、房屋或公路建設等法官或陪審團親自到現場視察、審理並提出處理規則）；眺望權（普通法上指在市區內禁止遮攔阻礙從房屋窗戶向外觀望的一種形式的地役權）

View by court　法官的現場履勘

View of an inquest　（陪審團的）勘驗調查（關於事發的地點或財產情況）

View of frankpledge　〔英古〕十戶聯保制下的自由民善行保證審查

View of locus in quo 現場勘查；現場視察（指警察對所告侵害發生的現場的查看）

View of promises 宅地勘驗

View of the body 驗屍

View of the scene 現場勘驗

View the U.S. as a Paper Tiger 把美國看作是一隻紙老虎

Viewers 查驗員；勘驗人（由法院指定就特定問題進行調查並向法院提交意見報告）

Vifgage 〔法〕活質（指以不動產作為債務的抵押，以其租金等來償還債務，其區別於 "mortgage" 或 "dead pledge"）

Vigilance 警惕；警戒

Vigilance committee 〔美〕治安維持會（一種民間組織）；即決審判委員會（由市民選定的）

Vigilant 警備着的；警戒的；驚醒的

Vigilante 〔美〕治安維持會的成員

Vigilantism 〔美〕治安維持會的政策（或制度）；治安維持會員的做法（指不按法律程序立即裁決）

Vigorish 〔美〕高額利息（高利貸者索取的）

Vigour （法律的）效力

Viking 北歐強盜（指 8–10 世紀劫掠歐洲海岸的）；海盜

Vilify v. 中傷；誹謗

Vill 〔英〕城鎮；市；郊區；村莊；鄉村；〔英古〕百家村的分區

Village 鄉村；村莊；村民

Village assembly 村會

Village committee 〔中〕村民委員會

Village community 土地公有的村莊；農村公社；村民

Village economy 村莊經濟

Village head 村長

Village master 村長

Village meeting 村會

Village officials 〔中〕村官（指部份大學生畢業後分配到農村工作，從事宣傳貫徹中共方針政策、國家法律法規，協助地方政府完成富民強村建設等各項任務）

Village representative system 鄉村代表制

Villaggio 村落

Villain 歹徒；惡棍；賊奴；〔英〕奴隸；奴僕（屬貴族和其繼承人所有）；農奴（為莊園成員之一）

Villain services 下賤的役務

Villainous 惡人的；惡棍的；惡棍似的；腐化墮落的；罪惡的；卑鄙可恥的

Villainous judgement 剝奪叛逆者權利的判決（指被剝奪充任陪審員或證人資格，沒收財產，投入監獄）

Villainy 邪惡；腐化墮落；道德敗壞；邪惡行為；犯罪行為

Villein 農奴；佃農

Villein in gross 屬人農奴（附屬於莊園領主的農奴）

Villein regardant 附屬於莊園的農奴；屬地農奴

Villein socage 〔英古〕賤奴役務保有制（英國封建社會中一種低賤性質的土地勞役保有制）

Villein tenure 農奴土地保有制（指農奴對土地的使用權、佔有權）

Villenage 農奴屬地役務保有權；佃農對土地使用權（指奴必須做領主指令的各種役務）；農奴身份

Vindicable 可辯護的；可辯白的；可證明的

Vindicate v. 解除嫌疑；為…辯白；證明…正確；維護；辯護

Vindication 證實；辯護

Vindication of title 權利證明

Vindicative 起辯護作用的；起維護作用的

Vindicator 辯護者；辯白者；維護者；復仇者；報仇者

Vindicatory 懲罰的；懲罰性的；辯護的；辯白的；證明的；起維護作用的

Vindicatory sanction 懲罰性制裁

Vindictive 懲罰的；懲罰性的；惡意的；懷恨的；志在報仇的；復仇的；報復的

Vindictive action 報復行動

Vindictive damages 懲罰性損害賠償（指對被告使原告所受的實際損害科以超額的損害賠償之謂）

Vintner 酒商

Viol 〔法〕強姦；強姦罪；侵入，闖入，侵犯

Violable （條例等）可違反的；可褻瀆的；可侵犯的

Violate v. 違犯；違反；侵犯；強姦；玷污；污辱；〔宗〕褻瀆

Violate a ban (prohibition) 犯禁

Violate a nation's territory and sovereignty 侵犯一個國家的領土和主權

Violate rules and norms 違反規則和規範

Violate the control measures 違反管制措施

Violate the criminal law 觸犯刑法

Violate the law 犯法；觸犯法律；違反法律

Violate the law and discipline 違法亂紀

Violate the marriage-bed 通姦；犯通姦罪

Violate traffic regulations 違反交通規則

Violating party 違犯一方

Violation 違法；侵權；侵害；權利侵害；失職（違反職責）；違法行為；侵權行為；妨礙；妨害；褻瀆；強姦；誘姦

Violation cases 〔關貿〕權利侵害案件

Violation complaints 〔關/世貿〕違法之訴（指經專家小組或上訴機構調查、審議，被申訴方在 GATT 規定期限後 20 天內給予受害方以滿意的補償，否則申訴方可請求 DSB 授權，對被申訴方採取報復措施）

Violation nullification or impairment 違法引起的利益損失或損害

Violation of (the) constitution 違憲

Violation of blockade 破壞封鎖

Violation of contract 違反合同；違約

Violation of privacy 侵犯隱私

Violation of regulation 違章；違例

Violation of rights 侵犯權利

Violation of woman 強姦婦女

Violations of the law and breaches of discipline 違法亂紀行為

Violator 侵犯者；妨礙者；違犯者；強姦者；妨礙者；擾亂者；褻瀆者

Violence 暴力；暴行；濫用暴力；暴力行為；不法行為；侵犯；褻瀆；不敬

Violent 狂暴的；凶暴的；暴力的；由暴力引起的

Violent crime 暴力罪

Violent death 暴力死亡

Violent disorder 〔英〕暴亂罪（指三個人以上聚衆使用或威脅使用武力使人感到人身安全受到威脅即構成暴亂罪）

Violent offenses 暴力罪行

Violent possession 暴力佔有

Violent presumption 強有力的推定；接近證據的推定；法律的推定；足資佐證的推定

Violent profits 〔蘇格蘭〕強制收益

Violent theft 〔保〕暴力盜竊

Virga 〔英古〕權杖；節杖

Virga terrae 〔英古〕一碼地（含有 20 英畝至 40 英畝不等的土地數量）

Virgate 一碼地（=20 英畝）

Virgin soil 未開墾的土地；處女地

Virtual acceptance 事實上承諾；事實上承兌；事實上接受

Virtual carte blanche 〔關貿〕事實上的全權信用券（指授權條款實際上削弱了關貿總協定第 26 條的規定，未能阻止對發展中國家有害的做法）

Virtual gains from agricultural trade liberalisation 〔關貿〕農業貿易自由化的實際收益

Virtual occupation 事實佔領；真正佔領

Virtual possession 實際佔有

Virtual representation 〔美〕（集團訴訟）實際代表

Virtue of office 用權不當；濫用權力行為

Visa 簽證

Visa control 簽證控制（簽證管制）

Visa fee 簽證費

Visa operation 簽證業務

Visa processing formalities 辦理簽證手續

Visa symbol 簽證符號

Visa symbols 〔美〕簽證代號

Visa-granting office 簽證機關

Vis-a-vis 〔法〕面對面；相對；單獨對

Visby Rules 維斯比規則（又名"布魯塞爾議定書"，其於 1924 年 8 月 24 日在布魯塞爾修訂簽署的統一某些提單規則的議定書）

Viscount 〔英〕子爵；執行官的古稱號；郡長的古稱謂

Viscous mud flow 地震泥石流

Vise 〔法〕簽證

Visible 看得見的；有形的；明白的；明顯的；一覽式的；可知覺的；可認識的；可知知的

Visible export 有形輸出

Visible import 有形輸入

Visible means 有形手段；有形財產（資產）

Visible means of support 無自助能力；無自給力（意指雖然身體健康，但卻明顯地不能自食其力）

Visible supply 有形供給

Visible trade 〔世貿〕有形貿易（指進出口商品貿易的各個領域，以及國內財政等各種法律、法規）

Visit 臨檢（指戰時可派遣洋艦或軍艦上的海軍人員對在公海上懸掛別國國旗的船隻令其停航的檢查權）；訪問；探望；現場檢查

Visit a prisoner 〔領事〕探監（指對象為居住或停留在駐在國的中國公民或華僑之刑事被告、羈押犯、俘虜等）

Visit a prisoner 探監

Visit and search 臨檢；登船檢查（臨檢中立國船舶權）

Visit jailed citizens 〔領事〕探視被監禁的公民

Visit nationals in detention, in prison, in hospitals, or in any other difficult situation 〔領事〕探視被拘留、監禁、住院或其他任何處境困難的國民

Visit the arrestee 探視被逮捕人

Visit the nationals of the Sending State under arrest 〔領事〕探望在押的派遣國國民

Visitation 探望；探視；〔英〕督察；巡視（指主教對其管區每三年佈道一次；副主教每年一次）；臨檢（戰時海軍人員對中立船隻的檢查）；現場檢查

Visitation and search （船舶的）臨檢（指港務監督局或邊防檢查站對停泊在港口的外國船舶飛機等的臨檢權）

Visitation rights 探視權（指離婚的父或母有探視其子女權）；〔際〕臨檢權（指對中立國船舶的登臨檢查權）

Visiting associate professor 訪問副教授；客座副教授

Visiting committee 視察委員會

Visiting delegates 巡視代表；訪問代表

Visiting forces 客軍；外國佔領軍；外國駐軍

Visiting mission 參觀團

Visiting officials 巡視官員

Visiting professor 訪問教授；客座教授

Visitor book （旅館等的）旅客登記簿；來客簽名簿

Visitor's visa 訪問簽證（為旅遊和商務考察簽證）

Visitor's seat 旁聽席

Visitor 臨檢者；〔英〕巡視員；監察員（指定訪問、調查和更正法人的出軌行為）；精神病人的巡視委員（指由大法官根據《1983 年精神保健法》任命司法官員）；監獄巡視委員會（依 1971 年法院條例成立的，以取代以前的 Visiting Committee）

Visne 〔法〕鄰近；附近；四鄰；審判地；犯罪地

Vital bay 重要海灣

Vital change of circumstance 情況重大變化（變遷）

Vital interest clause 重大利益條款

Vital interests 重大利益

Vital statistics 人口統計；人口動態統計（指對於出生、婚喪和疾病等的統計）

Vitiate v. 使無效；使可撤銷；使失去法律效力（指使文書的約束力受到完全破壞或無效）；使（道德等）敗壞

Vitiate a contract 使契約無效

Vitiate a will 使遺囑無效

Vitiligate v. 無端爭訟（或僅僅為了好爭論的目的）

Vitious intromission 〔蘇格蘭〕佔有死者動產的行為

Viva voce 口頭的

Viva voce election 口頭選舉

Viva voce negotiation 口頭談判

Viva voce vote 口頭表決

Vivary 〔英〕圈養野性動物處所（包括魚等）；公園；魚池；魚塘

Vocal 〔宗〕有投票權的人（天主教教會用語）

Vocal interest groups 有投票權的利益團體

Vocal print 聲紋

Vocation 職業；行業

Vocational 職業上的；行業的；業務的

Vocational agreement 實際業務協定

Vocational education 職業教育

Vocational guidance 職業指導

Vocational school 職業學校

Vocational test 錄用檢查（考試）；職業檢查

Vocational training 職業培訓

Vocational Training Council 〔香港〕職業訓練局

Vociferous 喧嚷；大聲喊叫；喧鬧的

Voice exemplars 聲音標本（作為審案時的一種科學證據）

Voice identification 聲音鑒別；聲音辨認；聲音鑒定

Voice in management 管理影響；管理作用

Voice of the major commercial nations of that Western world 西方世界主要商業大國的喉舌（指 GATT 實際上的作用）

Voice printing 聲紋鑑別法

Voice vote 口頭表決；呼聲表決（法）（指參加者叫喊"同意"或"不同意"按呼聲更響亮的一方議定事項）

Voiceprint 聲紋；聲波紋；聲模（指在審理案件中用於識別案犯的聲音乃至鑑別人的身份）；聲印

Voiceprinter 聲紋機；聲印機

Voiceprinting 聲紋鑑別法

Void 無效的；作廢的；無法律拘束力的；不起作用的；法律上無效的（"Void" 與 "Voidable" 區別，前者意義嚴格，例如證件無效是不可更改的，而後者證件瑕疵則可以更改或彌補的）

Void ab initio 自始無效（指違反法律或公共政策的契約）

Void act 無效的行為；無效的法律行為（指法律上當然無效並確定不發生效力之法律行為）

Void after the fact 事後無效

Void and voidable 無效並可作廢的（指交易因不正當的威脅手段或欺詐性虛偽陳述而被取消）

Void ballot 無效票；廢票

Void contract 無效契約；無效合同

Void for remoteness 因日久或關係疏遠而無效

Void for vagueness 因含義模糊而無效（指連一個理性者都看不出其法律宗旨何在，故而因違背正當法律程序而無效）

Void in part 一部無效；部份無效

Void in toto 全部無效

Void in whole 全部無效

Void ipso jure 在法律上當然無效

Void judgement 無效判決

Void marriage 無效婚姻（指因欠缺婚姻成立的法定要件而使之無效）

Void on its face （契約）表面上即無效；明顯無效

Void process 無效傳票；〔美〕無效程序（指在某些事實方面不符合法律程序格式所致）

Void transaction 無效交易

Void treaty 無效條約

Void trust 無效信托

Voidability 可撤銷性；可成為無效性

Voidability of marriage 可撤銷的婚姻

Voidable 可使無效的；可作廢的；可取消的；可撤銷的

Voidable act 可撤銷的（法律）行為（指民事雙方當事人中的一方表意人因意思表示有缺陷而使其效力自始歸於消滅的法律行為，其有別於"void act"，前者是已發生法律效力的行為僅因表意不當而使其法律效力消滅，而後者則是當然確定無效的行為）

Voidable contract 可撤銷契約；可取消合同

Voidable judgement 可撤銷判決（指表面上為有效，但實際上缺乏決定性事實方面的依據）

Voidable juristic act 可撤銷的法律行為

Voidable marriage 可撤銷婚姻（指因被脅迫、被騙而結婚者可訴請予以撤銷）

Voidable preference 可撤銷的優先權（指在破產程序中，任何使用不當的手段而取得的優先清償的權利）

Voidable title 可無效的產權

Voidable treaty 可撤銷條約

Voidable trust 可無效信托（意指信托人訂約後破產了，該信托對破產管理人則是無效的）

Voidance 〔英〕空位（指無教會任職人薪俸的狀態）；宣告無效；撤銷；廢除

Voidance ab origin 自始無效

Voidance of the see 〔宗〕主教職位出缺

Voidance of treaty 條約的無效

Voir dire (or voire dire) 〔法〕預先審查；〔英〕預先查訊證人資格；預備訊問；接受預先審核時的宣誓

Voir dire examination 預先審查（證人的資格審查，釋義參見 "voir dire"）

Voiture de cellulaire 〔法〕囚車

Voiture de police 〔法〕警察

Volatile capital 可變資本

Volition 意志；意思；意志力；決斷

Volksgeist 〔德〕民族精神

Volstead Act 〔美〕禁止生產、銷售或運送烈性酒法

Volume 卷；冊；音量；體積

Volume of commissions 佣金數額

Volume of requests for allocation 要求分配的數額

Volume of the dumped imports 〔世貿〕傾銷產品的輸入量

Volume of the subsidised imports 〔世貿〕受補貼產品的進口數量

Volume of trade 貿易量；貿易額；經營額

Voluntary 無償的；無報酬的；自願的；自動的；自動完成的；出自好意的；自發的；有意的；故意的；任意的

Voluntary abandonment 自願遺棄（在收養法上指無視對所收養子女和親權義務之故意行為或指配偶一方不經他方同意，沒有充足理由，也無意返回而最後離開者可作為法定離婚的依據）

Voluntary abstention 自願棄權

Voluntary act 自願行為；意識行為；故意行為

Voluntary admission 自願供認

Voluntary agency 意定代理；事務管理；志願機構

Voluntary aid society 志願救濟團體

Voluntary appearance 自願出庭（被告的任意出庭）

Voluntary arbitration 自願仲裁；自行仲裁

Voluntary assignment 自願轉讓

Voluntary association 任意組合；自願組合的社團；自願協會

Voluntary bankruptcy 自願申請破產；自動宣告破產

Voluntary cession 自願割讓；自願讓與

Voluntary conduct 自願行為（有意識行為）

Voluntary confession 自願供認；自動招供；〔英〕自動認罪（指刑事被告在沒有口頭上利誘的許諾或損害威脅的情形下自願認罪。這種供詞常可作對罪犯的證據使用）

Voluntary contributions 自願捐獻；樂捐

Voluntary conveyance 無償讓與（不是基於有價約因的讓與）

Voluntary corps 志願隊；志願軍

Voluntary courtesy 有意的謙恭行為；自願的善意行為

Voluntary crime 故意犯罪

Voluntary date 任意日期

Voluntary decrease 自願減少（指產品出口而言）

Voluntary defender 志願辯護人；志願律師

Voluntary deviation 自動變更航程（航綫）

Voluntary discontinuance　自願終止訴訟（指原告方面在法官對訟票選未依是非曲直作出判決就自願撤銷所提起的訴訟）

Voluntary disposition　無償的財產讓與；無償的財產處分

Voluntary dissolution　自願解散；自行解散

Voluntary endorsement　〔香港〕自願批注（指專利權所有人可向專利局申請在登記冊內批注："容許自由領取准用證"）

Voluntary enlistment　自願兵役（制）；自願服兵役

Voluntary enrolment　自願應募

Voluntary escape　放縱罪犯（指監獄看守人故意使被監禁者逃亡）；囚犯的非法釋放

Voluntary export quota　自動出口配額制；自願出口配額（指產品出口國或地區按進口國的要求或壓力下自動限額或控制其出口，對超過配額者禁止出口，故又稱"自動出口限額"）

Voluntary export restraints (VER)　〔關貿〕自動出口限制；自動出口設限（指成員國在一定時期內自行限制某項商品的出口措施，實為貿易保護主義開方便之門，性質上屬"灰色區域措施"）

Voluntary exposure to unnecessary　自冒風險行事；自願承受不必要的風險

Voluntary fleet　志願艦隊

Voluntary forces　志願部隊

Voluntary gift　自願贈與

Voluntary grantee　無償受讓人

Voluntary ignorance　有過失的不知；明知不理

Voluntary import expansions　自動擴大進口

Voluntary indictment　高等法院法官指示或同意的公訴

Voluntary insurance　自願保險；任意保險

Voluntary jurisdiction　〔英〕自願管轄權（指英國古法中，某些教會法院對無異議的事項行使管轄）

Voluntary law　意志法；自願法

Voluntary law of nations　意志國際法

Voluntary liquidation　自動歇業；自願清盤；自動清理（指公司會員和債權人不經過法院而自行清算公司事務）；任意清算

Voluntary liquidator　自願清算人；自願破產管理人

Voluntary manslaughter　非預謀的故意殺人

Voluntary merger　自願合併

Voluntary misstatement　故意誤述

Voluntary murder　故殺

Voluntary naturalisation　自願入籍

Voluntary navy　志願海軍

Voluntary neutrality　自願中立

Voluntary notification　自願通知

Voluntary non suit　自願撤訴

Voluntary oath　〔英〕自願宣誓（指在民、刑事訴訟中不是在地方法官或適合的長官面前所作的宣誓，此為 1835 年的《法定宣誓陳述書法》所禁止）

Voluntary peace keeping operation　志願維持和平行動

Voluntary repatriation　自願遣返

Voluntary repayment　自動償還貸款；自動付還

Voluntary representative　任意代理人

Voluntary restraint agreements (VRAs)　自動限制協定（指特定國家自動限制出口產品以避免進口國受到經濟混亂影響的雙邊或多邊的協定）

Voluntary restriction of export　自動出口限制（自動限制出口）

Voluntary restrictions on export of some service　自動限制某種服務輸出

Voluntary retirement　自願退休

Voluntary retirement from association　自願退出協會

Voluntary sale　任意買賣；自願出售

Voluntary salvage　志願救助；自願救助（指海難救助）

Voluntary separation　（夫妻）自願分居

Voluntary service　無因管理（指未受他人委托、又無法律上的義務而為他人管理事物的事實行為）

Voluntary settlement　無價約因的設定；無償繼承財產的設定（指因婚姻或家庭成員而擁有的財產之無償贈與或繼承）；拋棄權利的和解

Voluntary statement　自願陳述（指在沒威脅、恐嚇和誘供情況下而作的陳述）

Voluntary stranding　自願擱淺；主動擱淺（指船舶故意擱淺以避免沉沒等）

Voluntary submission　自願服從

Voluntary subrogation　任意代位

Voluntary succession　自願繼承

Voluntary surrender　自首（指犯罪事實或犯罪人在被發覺前，犯罪人主動向司法機關坦白交代並願意受審判的意思表示）；自動投降

Voluntary time　任意期間

Voluntary trust　任意信托；自願信托

Voluntary undertakings　〔世貿〕自願承諾（指中止或終止補貼而言）

Voluntary waste　〔英〕積極毀損；故意損毀（指承租人的自願行為，其對所承租的土地上木材的採伐、房屋的破壞、礦石的開採等積極的毀損或改變的侵權行為，其反義詞為 "passive waste"）

Voluntary winding-up　自願清盤；自動停業清理；自動結業（指公司股東和債權人不經法院自行清算公司事務）

Voluntary winding-up under the supervision of the court　在法院監督下的自動停業

Voluntary withdrawal　自願辭職；自動撤銷

Volunteer　自願行為者；志願參加者；無償受讓人；〔香港〕受贈者；〔複〕（緊急狀態下召集的）國民志願軍（指 1863 年，喬治三世為預防拿破侖法國入侵而召集的）；志願者；志願兵；義勇軍

Volunteer army　志願軍

Volunteer corps　義勇兵團；志願部隊

Volunteer fleet　義勇艦隊；志願艦隊

Volunteer force　志願部隊

Vopo　〔德〕（前東德的）人民警察

Votable　有選票權的；有投票權的；可表決的

Votable citizen　有選舉權的公民

Vote　*n. & v. I.* 表決；投票；投票決定；投票選舉；投票通過；表決權；議決權（指公司持股人對公司決議表示贊成或反對的決定權）；選票；選票總數；議決的金額（或撥款）；II. 投票；表決

Vote against　投票反對

Vote article by article　逐條表決

Vote by (a) show of hands　舉手表決

Vote by ballot　無記名投票；投票表決；秘密投票選舉

Vote by machine　用機器投票

Vote by mail　郵寄方式投票

Vote by open ballot　記名投票

Vote by proxy　代理投票；委託投票

Vote by registered ballots　記名投票

Vote by roll call　唱名表決；唱名投票

Vote by roll call at the rostrum　唱名登台表決

Vote by secret vote　秘密投票表決

Vote by sitting and standing　起立表決（以坐、立表示的表決）

Vote by "yes" or "no"　以表示"贊成"或"反對"表決

Vote down　否決

Vote for　投票贊成；選舉（某人）

Vote in sb.　選舉某人

Vote in the affirmative　贊成票

Vote in the negative　反對票

Vote indicator　表決指示牌

Vote obligation　強制選舉

Vote of account　支出決議

Vote of assent　同意票（同意的投票）

Vote of censure　不信任決議；不信任票

Vote of confidence　信任投票；信任票

Vote of dissent　不同意票（不同意的投票）

Vote of no confidence　不信任投票；不信任票

Vote of thanks　致謝；謝意的表決

Vote record　經費開支使用記錄

Vote the split ticket　〔美〕兼投一黨以上的候選人的票

Vote the straight ticket　〔美〕只投某一政黨全部候選人的票

Vote through　表決通過；投票同意

Vote with　投票贊成（某黨）

Vote without debate　不經辯論的表決

Voteless　無投票權的；無選舉權的；無表決權的

Voter　選舉人；投票人；有投票權者；有選舉資格者；選民

Voter in the first class　一級選舉人

Voter in the second class　二級選舉人

Voter registration card　選民證

Vote-recorder　投票記錄器

Voter's list　選舉人名冊；選舉人名單

Votes and Proceedings　〔英〕下議院議決錄文件

Votes-opening　開票

Vote-winner　爭取選票的手段

Voting　*n. & a.* I. 投票；表決；有表決權；表決法；〔關/世貿〕投票；表決（世貿組織和關貿總協定一樣"一國一票"制，在投票權上與《國際貨幣基金組織》和世界銀行等其他國際組織投票權全然不同）；II. 投票的；選舉的

Voting age　選民年齡；公民年齡

Voting authority　投票機構；選舉機構

Voting ballot paper　選票

Voting booth　投票室

Voting by acclamation　鼓掌表決

Voting by ballot　記名投票

Voting by hand　舉手表決

Voting by secret ballot　不記名投票

Voting district　選區，選舉區

Voting equipment　表決設備

Voting formula　表決方式

Voting group　表決組（按股權類別投票權組或股權等級表決權組進行表決）

Voting letter　選舉書

Voting list　表決權名單

Voting machine　表決記錄機；選票計算機

Voting member　有表決權會員（成員）

Voting of series of names　連名投票

Voting overseer　投票監督者

Voting place　投票站

Voting power　表決權；投票權

Voting practices　投票慣例；表決慣例

Voting precinct　選區，選舉區

Voting procedure　表決程序

Voting register　選民名冊

Voting registration　選舉登記；選民登記

Voting right　表決權；投票權；選舉權

Voting right of stockholder　股東投票權；股東表決權

Voting Rights Act　〔美〕選舉權法（1965、1970 和 1975 年）

Voting rule　表決規則

Voting share　表決權股（股份）；有投票權股（國際貨幣基金組織的新近改革措施，以增加中、印等發展中國家在其執行董事會中的發言權和決策權等權利和義務）

Voting station　投票站

Voting stock　有表決權的股票；表決權股（指股東對公司某種股票在推舉董事長及紅利等問題上擁有表決權）

Voting stock rights　股東投票權（通常一股一票）

Voting tax　〔美〕人頭稅（＝poll tax）

Voting trading　投票交易

Voting trust　股權信托；表決權信托；表決權代理（指對股東不能親自行使表決權時設計的補救制度；或將數人的股票權委托給某人行使以控制公司的業務）

Voting-trust certificates (VTC)　股權信托證書

Voting trustee　受托投票人

Voting without meeting　不一致投票；以書信投票

Voting witness　投票見證人

Voting-paper　〔英〕選票

Vouch　*v.*〔英〕傳喚…出庭作證；證明；作擔保；宣誓作證；引用案例作為法律根據；引用判例彙編作為法律根據

Vouchee　被擔保者；法庭傳呼員

Voucher　〔美〕收據；付款憑據（指作為清償債務證據物件之用或用以證明賬目的正確）；〔英古〕擔保人（指應約出庭證明爭議土地所有權自初始購買起即屬土地保有者所有的擔保人）

Voucher payable　付款憑單；應付憑單

Voucher payable account　付款憑單賬戶；應付憑單賬戶

Voucher register　憑單登記簿

Voucher to warranty　擔保保證人（指在返還土地的不動產訴訟中，傳喚土地擔保者到庭為其辯護）

Vouching-in　參與訴訟通知（指被告告知第三方的擔保人參與訴訟，為其辯護）

Vow　*n. & v.* I. 誓；誓約；誓言；II.〔宗〕立誓；許願

Voyage　航海；航行；航空；航程；航次；行程

Voyage charter　航次租船；定程租船

Voyage charter-party　定程租船合約；航程租船合同；〔英〕特定航程租船契約（例如：從倫敦到紐約）

Voyage in stages　分段航程合同（指根據自然條件部份海運、部份河運、或依當事人合約或根據情形分段航行）

Voyage insurance　航次保險；航程保險
Voyage insured　投保航程 (經過保險的航程)
Voyage policy　航次保險單；航程保險單；限程保險單 (指承保運輸期間的財產保險單)
Voyager　航海者；航海探險者；航行者；旅行者
Voyeurism　觀淫癖
Vulgar　庸俗的；平民的；無知的；缺乏教育的；粗陋的；未加工的

Vulgar law　平民法 ("粗俗法"，為羅馬法與地方慣例和習俗相混合而成的貶稱，約於公元四世紀施行羅馬各行省的法律，其對日耳曼王國大遷徙時期法典編纂，以及東羅馬帝國立法均受其影響)
Vulgarian　暴發戶
Vulnerable position　脆弱的地位

W

W/M per ton　運費每噸按重量或體積計算
W-2 form　〔美〕僱員當年工資收入和預扣其所得稅報表
W-4 form　〔美〕預扣雇員免稅額報表
Wadset　〔蘇格蘭〕質押；抵當；典當 (舊時土地複歸權或再出售的一種形式)
Wadsett (=wadset)　〔蘇格蘭〕質押；抵當；典當 (舊時土地複歸權或再出售的一種形式)
Waftors　(海上) 船舶求救信號
Waga　〔英古〕重量單位 (相當於常衡的 256 磅)
Wage　〔複〕工資；薪俸；俸給；報酬；〔英古〕抵押；擔保；質押
Wage and controls　工資和價格統制率 (指政府對不同貨物和勞務規定最高的價格，對不同工種的工人規定給付最高工資的一種制度)
Wage and hour laws　〔美〕工資小時法 (聯邦法律規定最長的勞作時間與應付的最低工資)
Wage assignment　〔美〕工資轉讓 (通常指因與債務合同或履行判決有關而事先把自己的工資轉付給債權人)
Wage awards　加薪 (增加工資)
Wage bill　工資單
Wage cost　工資成本；工資費用
Wage differential　工資差別
Wage drift　工資浮動 (變動)；工資偏移；工資趨勢
Wage earner　〔美〕僱傭勞動者；工資生活者 (靠工資為生的人)
Wage earner's plan　〔美〕工資收入者計劃 (指僱傭勞動者部份破產式的保護財產和清償法院確定的債務比例計劃)
Wage equalisation mechanism　工資平等化機制
Wage freeze　工資凍結
Wage gap　工資差額 (指熟練工人和非熟練工人之間的)
Wage garnishment　扣發工資 (通知)
Wage goods　工資財貨
Wage grade　工資級別
Wage grading system　工資等級制
Wage index　工資指數
Wage labour　僱傭勞動 (力)
Wage protection argument　工資保護論 (指一種利用關稅和配額限制外國勞工跨境勞務就業，以保護本國工人較高工資的理論)
Wage rate　工資率
Wage restraint　工資減低；工資限制
Wage round　工資交涉

Wage scale　工資等級；工資級別
Wage settlement　工資協議
Wage standards　工資標準
Wage stop　〔英〕工資限額法 (指失業補助不得多於工作時的工資額)
Wage system　工資制度
Wage tax　勞力收入稅；工資稅 (又稱 "社會保險稅")
Wage-day　工資支付日；工資發放日
Wage-earning class　工薪階層
Wage-price spiral　工資－物價螺旋
Wager　賭注；賭博；賭物；賭博契約 (指甲、乙雙方就未知的事實或事件預定將來相互給付的協議)
Wager of battel (or wager of battle)　〔英古〕決鬥訴訟法；決鬥判決法；決鬥審判 (一種審判的方式，已於 1819 年廢止)
Wager of law　〔英古〕宣誓斷訟 (被告向法院宣誓證明沒有欠債，如得到鄰居 11 人宣誓證明其真實，即可勝訴，已於 1833 年廢止)；誓言判決法 (根據證人的證言宣告被告無罪；教會法院對於牧師刑事案件有證明被告無罪的善良宣誓時宣告被告無罪)
Wager policy (or gambling policy)　賭博保險單 (被保險人對保險標的物沒有真正的、有價值的或可保利益的保險，這種保險是違法的)；賭彩 (以數字打賭並在電視上公佈輸贏的數字，在西方國家十分盛行)
Wagering　〔英〕對賭 (指兩人對未來不確定事件的結果進行輸贏賭博)
Wagering agreements　賭博合同
Wagering contract　賭博契約 (指當事人約定際可能從未知事件發生中有所得失外相互沒有利益的契約)
Wagering policies　〔英〕賭博保險單 (指要保人對標的物沒有利益的保險單，例如對第三者的人壽保險)
Wages council　〔英〕工資委員會
Wages-fund　工資基金 (一定時期一定社會的總資本中用於支付工資的部份)
Wages-roll　工資支付賬
Wage-stop　〔英〕(對失業者) 工資限額法
Wages-worker　靠工資為生的人；僱傭勞動者
Wagner Act　〔美〕華格納法 ("全國勞工關係法"，禁止僱主企圖強迫工人退出工會，1935 年)
Wagonage　貨車運輸費
Waifs　〔複〕丟棄的髒物 (指盜賊害怕被捕慌逃時拋棄的贓物)；無主物 (指拾取而無人認領的物品)；絕產

Waifs and strays 〔英〕丟棄的贓物;無主家畜 (無人認領的家畜)

Wainage 〔英古〕農具

Wain-bote 〔英〕製造運貨馬車的木材

Wait and see doctrine 觀望主義;〔美〕期待權益原則 (意指允許考慮對授予有關將來權益文書發出後所發生的事件,期待權益的不確定性事件只有事實上是發生於 "永久持有規則" 限定期限之內,文書所授予的期待權益方為有效。對於期待的未來權益是否違反 "永久持有規則",很多州都制定了法律規定,允許法院加以審慎考慮)

Waiting clerk 〔英〕(衡平法院的) 侍應官 (1842 年廢止)

Waiting list 候補名單 (尤指列入等候購買飛機或火車等票座名單的旅客);〔英移〕候審的移民申請人名單

Waiting period 等待期間 (指保險單尚未生效的或不付賠償費的期間;通知罷工獲准前期間,即等候政府批准罷工的期間);等待期 (指證券等候批准上市期間)

Waive *v. & n.* I. 放棄;丟棄 (所盜的贓物);免除 (支付支票的義務);棄權;推遲進行;II.〔英古〕被剝奪公民權的婦女;〔香港〕放棄追究 (意指買主可放棄違約權利)

Waive GATT obligations 免除關貿組織的義務

Waive protest 免除作成拒絕證書

Waive the obligation 免除義務

Waiver 放棄;棄權 (指當事人有意或自願放棄其後求償的權利,其不同於對自己所為和所言的 "estoppel");拋棄 (權利、要求等);棄權聲明書;免除;豁免,免征,免付;〔關貿〕免除義務;〔保〕責任免除;〔香港〕延期生效

Waiver an obligation imposed on a Member by this Agreement 〔世貿〕豁免某成員方根據本協定所承擔的某項義務

Waiver authority 〔關貿〕豁免權;自動棄權;放棄權力

Waiver clause 放棄條款 (指在海上保單中說明為了救護或恢復被擔保的標的物不應被看作放棄或接受委付的條款);免責條款;保障權利條款

Waiver of demand 放棄要求;免除通知的要求

Waiver of immunity 放棄豁免權 (依制定法授權,一個證人在其出具證據之前可聲明放棄憲法確權賦予的基本權利,即任何人在刑事案件中不得被迫充當反對自己的證人的權利)

Waiver of injury 拋棄損害賠償請求權

Waiver of notice 免除通知

Waiver of premium 放棄保險費;免繳保險費 (指一旦要保人殘廢即可免付保險費)

Waiver of premium clause 免繳保險費條款 (指要保人投保後因故殘廢可免繳保險費,一般在殘廢後六個月內生效)

Waiver of protest 放棄拒付證書 (放棄期票拒付要求通知書,指背書人同意放棄作出拒付或拒絕承兌匯票證書的要求)

Waiver of restoration 免收復原保險費 (指發生損失恢復原保險金額時,可免繳保費)

Waiver of right to performance 放棄履行契約的權利

Waiver of tort 放棄侵權賠償之訴 (指受害者選擇按默示違約賠償處理,而放棄以詐欺或不法傷害的損害賠償)

Waiver provision 豁免條款

Waiving interest 免付利息

Wake 失靈;〔宗〕守夜;教堂周年紀念

Wakening of a process 〔蘇格蘭〕訴訟手續的恢復

Walk of life 職業

Walker 〔英、法〕森林巡視官

Walking delegate 工會巡視員;工會代表 (處理勞資關係等的)

Walking papers 解僱書;解僱通知

Walking possession 〔英〕巡視佔有 (頒發給執達吏佔有判決債務人財物的執行令狀)

Walking ticket 解僱書;解僱通知

Walk-out 罷工;罷課;退席;退出組織

Wall against wall 柏林圍牆;"飲泣牆"(指西耶魯撒冷所羅門廟廟西牆的殘垣)

Wall in common 隔牆 (指相鄰兩屋之間的牆)

Wall stall license 固定攤位執照

Wallia 〔英古〕牆;海岸屏障;護堤;防波堤

Walrus 〔海法〕海象

Walsh-Healey Act 〔美〕瓦爾希-海勒法 (1936 年聯邦法規定,政府承包商應給工人支持最低標準工資,遵守每日 8 小時工作制,以及對男女僱工年齡等規定)

Wand of peace 〔蘇格蘭〕執達吏所持的權杖

Wander 流浪;徘徊

Want of care 欠缺小心

Want of consideration 欠缺對價;缺乏約因 (指缺乏相互承擔義務和分享權利的約因,因此契約不成立)

Want of due diligence 未克盡職責

Want of issue 無子女;無所出;無後

Want of jurisdiction 缺乏管轄權 (指對人或對標的而言)

Want of necessary proof 缺乏必需的證明

Want of ordinary care 缺乏普通注意;缺乏適當注意

Want of prosecution 缺乏原告的訴訟手續 (指原告起訴後,沒有跟進,導致其訴訟被法院駁回)

Want of repair 失修狀態 (指高速公路因失修以致使旅行不便,不安全)

Want of use and occupancy insurance 喪失房屋用益保險

Wantage (滲漏等引起的) 漏損量;缺少量;缺額;滲漏

Wanted by the police 被警方通緝

Wanted for arrest 通緝在案

Wanted list 通緝名單

Wanted order 通緝令

Wanted poster 通緝通告

Wanton 蠻橫的;肆意的;惡意的;任性的;不負責任的;粗心大意的;不注意的;疏忽的;淫蕩的;不貞潔的

Wanton act 肆意行為;故意行為 (指全然不顧他人的正當權益行為)

Wanton acts and omissions 〔美〕恣意作為與不作為

Wanton aggression 肆意侵略

Wanton and reckless misconduct 〔美〕惡意輕率的不法行為

Wanton attack 肆意攻擊

Wanton conduct 放任行為;惡意行為 (指如此無理和危險以致可能給他人造成傷害的行為)

Wanton destruction 恣意破壞

Wanton injury 故意傷害

Wanton misconduct 肆意不法行為 (指明知會引起傷害而蠻幹)

Wanton negligence 放任的過失 (指粗心大意所致的過失)

Wanton of necessary proof 缺乏必要的證據

Wapentake 〔撒〕百家村法院;小邑;〔英〕百家村 (英國北部地區郡名)

War 戰爭；戰爭狀態（包括內戰，在國際法上主要指兩個或兩個以上國家使用武力推行國家政策引起的武裝衝突和由此產生的法律狀態）

War Amputations of Canada 加拿大戰爭截肢人協會

War at sea 海戰

War bond 軍事公債；戰爭債券

War booty 戰利品

War bride 戰時新娘（戰爭中和將派到海外服役的軍人結婚的女子或在海外服役的軍人所娶的外國女子）；戰時暴發戶；戰爭投機商

War cabinet 戰時內閣

War chest 戰爭基金；軍事基金；競選資金（為競選籌措的資金）

War claim 戰爭求償

War clause 戰爭條款

War conspiracy 戰爭共謀

War contraband 戰時禁製品

War contribution 戰時捐款

War correspondent 戰地記者

War crime 戰爭罪行；戰爭罪（指交戰國軍隊違反戰爭法規和慣例的行為，包括使用有毒或其他被禁止的武器，殺害或虐待戰俘，攻擊、掠奪和屠殺平民等）

War criminal 戰爭罪犯（如種族滅絕、虐待戰俘等）；戰犯

War damage 戰爭損害

War debt 戰債；戰爭債務

War Department 〔美〕陸軍部

War excess profits tax 戰時超額利潤稅

War finance corporation 軍需工業金融公司

War Finance Corporation Act 〔美〕戰時金融公司法 (1918 年)

War flag 戰旗

War guilt 戰爭罪

War in self-defense 自衛戰爭

War indemnity 戰爭賠款

War industries board 〔美〕戰時工業局

War loan 戰爭借款；戰債；戰時公債

War loss 戰爭損失

War making power 戰爭權；宣戰權

War materials 戰爭物資；軍需品

War measures 〔美〕（南北戰爭時的）戰爭條例及其命令；戰爭措施

War minister 陸軍部長

War monger 戰爭販子

War note 軍票

War of aggression 侵略戰爭

War of conquest 征服戰爭

War of defense 自衛戰爭

War of independence 獨立戰爭

War of intervention 干涉戰爭（指因干涉他國內政而引起的戰爭）

War of liberation 解放戰爭

War of succession 繼承王位戰爭

War office 陸軍部

War on land 陸戰

War operation 戰鬥

War paper 軍事公債

War power 戰爭權

War powers resolution 〔美〕戰爭權決議（指未經國會批准，總統不得介入外國紛爭事務，1973 年）

War preparation 備戰

War prisoner 戰俘

War proclamation 宣戰書；戰爭宣言

War profit tax 戰時利得稅

War profiteer 戰時投機商；發戰爭財者

War propaganda 戰爭宣傳

War rebel 戰爭反抗者

War reparations 戰爭（損失）賠款

War risk clause 兵險條款；戰爭險條款

War risk exclusive clause 戰爭險除外條款

War risk insurance 兵險；戰事保險；戰爭保險

War risk insurance office 戰時國內保險局

War risks 兵險；戰爭險（指由敵國戰爭、叛亂、革命、內戰包括海盜而引起的危險；又稱“戰亂險”，指投保人在保險期內在東道國境內爆發戰爭、動亂所致投資財產損失的風險）

War stricto sensu 嚴格意義的戰爭

War supplies 軍需品

War tax 戰時稅（指籌集戰爭軍費所征的稅）

War time rationing 戰時配給（制）

War traitor 戰時叛逆犯；戰時背叛者

War treason 戰時叛逆；戰爭叛逆罪

War trials 戰爭審判

War vessels 戰船；軍艦

War victim 戰爭受難者

War worker 軍需品工人

War zone 戰爭地帶；戰區

Ward 保護；看護；監護；病房；收容所；牢房；〔英〕受監護人（指受大法官法庭保護的未成年人）；受保護或監護人監護的未成年人；國王直臣未成年的繼承人；行政區；選區；區（為城、鎮的一部份）；自治市；〔蘇格蘭〕分區（蘇格蘭及其北部的，相當一百戶）

Ward boss 〔美〕選區政客

Ward of court 〔英〕受法庭監護的未成年人（包括未成年人和心神喪失的人）

Wardage 監護費

Warden 警衛；門衛；〔美〕監獄長；校長；〔英〕監護人；監察員（如，監護赫斯廷斯等五港的職責）；（大學的）學長；學監

Warden of a prison 典獄

Warder 獄警

Ward-holding 〔蘇格蘭〕兵役土地保有權

Ward-horn 〔英古〕號角衛士（指發現突擊情況時負有吹號的責任）

Ward-in-chancery 大法官監護下的精神病者；受衡平法院監護下的未成年人

Ward-mote 〔英古〕區法院（指古代在倫敦市的每一個區都設有一個法院）

Ward-penny 〔英古〕守城費，護城費

Wardress 女獄吏；女獄警

Wardrobe 〔英〕王室財務主管

Wardship 監護；保護；監護職責；〔英〕騎士的監護；領主監護權（指對其領臣的未成年子女及其財產的監護權）

Wardship and marriage 〔英〕領主監護與主婚權

Wardship proceedings 監護權之訴

Warehouse 倉庫；貨棧；〔英〕大型零售商店

Warehouse Act　倉庫法

Warehouse bailment contract　倉儲保管合同

Warehouse book　倉庫賬簿

Warehouse expense　倉儲費用

Warehouse keeper's certificate　棧單；倉單；倉庫管理人證明

Warehouse receipt　棧單；倉單；倉庫收據（指貨入倉後由倉庫保管員發給收據憑證）

Warehouse Receipt Act　〔美〕倉單法

Warehouse storage charges　倉租

Warehouse system　〔美〕保稅倉儲制度（釋義同 "Warehousing system"）

Warehouse to warehouse clause　〔保〕倉至倉條款；倉庫之間的危險負擔約款（指規定承運貨物保險責任範圍自起運地倉庫至目的地收貨人的倉庫為止的倉庫至倉條款）

Warehouse-keeper　倉庫管理員；倉庫保管員；貨倉管理人；倉庫主任

Warehouseman　貨棧主；倉庫經營者；倉庫業者；倉庫工作人員；貨站工人

Warehouseman's lien　貨棧主留置權（指有權扣留存棧貨物直至交付倉儲費為止）

Warehousing　倉儲；倉儲費；倉儲業務；周轉性短期貸款

Warehousing industry　倉庫業；倉儲業

Warehousing system　保稅倉儲制度（指允許進口的貨物存放公共貨棧交付合理棧租，如轉口則免交進口稅，如進口後就地銷售，則需在出倉時納稅）

Warfare　戰事；戰爭

Warfare by land　陸戰

Warlike act　戰爭行為

Warlike operations　作戰行動（指構成部份實戰或準備戰爭或由作戰部隊進行的一系列作戰行動）

Warm Water port　不凍港

Warning　警示；警告（指出危險的意思）；（解僱、解職等的）預先通知；〔英〕登記員通知（關於當事人在收到通知後應於6日內到遺囑檢驗法庭陳述其利害關係）

Warning area　警告區

Warning instrument　警報器（主要裝在汽車上以使人們得知車的行進位置）

Warning network　警報網

Warning notice　警告通知

Warning of a caveat　〔英〕預先通知（指通知已在高等法院衡平法庭遺囑檢驗登記處預告的人出庭並陳述其利益）

Warning point　警戒點

Warning signal　〔海法〕警告信號；警告標志

Warp　〔海法〕移船

Warrandice　〔蘇格蘭〕財產轉讓損害的補償義務

Warrant　*n. & v.* I.〔美〕支付命令（指出票人授權付給特定金額的命令）；令狀（頒發給收稅員的）；（權利瑕疵的）擔保；棧單，倉單；許可證；授權證；收付款憑證；憑據；〔英〕授權書；拘票；傳票（指傳兩造以外的人出庭參加訴訟）；購股證（其有別於 "bond"，前者不可能轉讓的，而後者是一種可轉讓的 "流通證券"）；II. 證明；保證；擔保（合同和不動產讓與契據用語）

Warrant for apprehension　逮捕令

Warrant for attachment　扣押狀（查封財產以清償債務的令狀）

Warrant for delivery of goods　交付貨物的許可證；發貨許可證；發貨棧單；發貨付款憑單

Warrant for detention　拘留狀

Warrant of arrest　逮捕令；逮捕狀

Warrant of attachment　扣押令狀（查封財產以清償債務的令狀）

Warrant of attorney　〔美〕訴訟代理人委任狀；接受判決授權書（指在債務訴訟中，債務人授權律師代理出庭接受法院清償債務判決的委任狀）

Warrant of commitment　收監狀；拘押令

Warrant of committal　拘押令

Warrant of distress　財產扣押令

Warrant of merchantability　適銷性擔保書

Warrant of seizure　沒收財產令；查封財產令

Warrant officers　〔美〕下級軍官；準尉（陸、海、空、海岸警衛隊和海軍陸戰隊等下級軍官按官銜頒發的書面委任狀）；會場警察

Warrant procedure　頒發拘捕證程序

Warrant to search a house　搜查房屋令

Warrant to sue and defend　〔英古〕訴辯委任狀（指舊時英國王頒發的特別委任狀，授權當事人指定一名律師代表他起訴或辯護）

Warranted free from all average　〔保〕不擔保分損

Warranted free from capture and seizure　〔保〕不擔保擄獲和拿捕

Warrantee　被擔保人；被保證人

Warranter (or warrantor)　保證人；擔保人

Warrantia　擔保；保證

Warrantia chartae　〔英古〕保證履行令狀

Warrantless arrest　〔美〕當場逮捕（即無逮捕證的逮捕，指當場犯有重罪或破壞治安者）

Warranty　擔保；保證（海上保險單中的一種明示擔保）；〔美〕擔保（指賣方給予買方的一種承諾或契約保證所售物品完好適用，屬一種 "默示擔保"）

Warranty deed　（房地產）擔保書；擔保契據（指讓與人擔保產權無瑕的契據）

Warranty law　擔保法

Warranty of authority　授權證書

Warranty of fitness　（貨物）適用性擔保

Warranty of goods safety　貨物安全保證

Warranty of habitability　宜居擔保（指房東向承租人擔保其房屋可適於居住）

Warranty of legality　〔保〕合法擔保（指要保人的冒險為海上保險的一種合法的默示擔保）

Warranty of neutrality　〔保〕中立擔保（指在海上保險中船隻或貨物被承保時應保證帶中立性質的默示條件，並有文件加以確認，否則一旦違反默示條件發生海損時，保險商可使該契約無效）

Warranty of quality　品質保證

Warranty of seaworthiness　（船舶）適航保證（船舶航海能力保證）

Warranty of title　所有權擔保；產權擔保（指買賣交易中擔保產權無瑕疵）；資格證明書

Warranty of title and of essential qualities　所有權和質量擔保

Warranty period　保證期限；擔保期間

Warren　飼養場 (鳥、魚和野獸養養場);〔英〕特許飼養權 (指國王特許飼養鳥獸、兔等特權)

Warsaw Convention　華沙公約 (1929 年締結於波蘭華沙的關於國際空間旅行規則包括責任限制的條約)

Warsaw Rules　華沙規則 (1928 年)

Warsaw-Oxford Rules　華沙－牛津規則 (國際法學會 1932 年牛津會議根據 1928 年華沙規則制定的對成本加保險費及運費價格條件的詳細解釋)

Warscot　〔撒〕捐贈甲冑 (習慣或經常給軍隊捐送武器);武裝部隊

Warship　軍艦

War-time agreement　戰時協定

Wash　窪地;河灘,乾河牀;海灣

Wash bank　可沖刷掉的海岸

Wash sale　〔美〕虛拋;虛賣;期許交易 (指為製造股票市場興旺的假像而在短期內買賣相同或相似的資產或證券交易)

Wash transaction　〔美〕沖銷交易;虛假交易

Washington Agreement　華盛頓協議 (1944 年)

Washington Conference　華盛頓會議 (1921 年 11 月至翌年 2 月美英日法意五國關於海軍比率及建造軍艦限制的會議)

Washington Naval Treaty　華盛頓海軍限制條約 (指 1921 年 11 月 12 日至 1922 年 2 月 6 日,美英日法意等國在華盛頓召開的關於限制海軍軍備以及關於太平洋和遠東問題的國際會議)

Washington Treaty　華盛頓條約 (指美、英之間於 1871 年簽訂的關於建議對邊界爭端進行的承諾仲裁和解決由亞拉巴馬號建築設備和美南部聯邦襲擊者而引起索賠的條約)

Washout signal　緊急剎車信號 (指令火車火速停車)

Waste　*n. & v.* I. 未開墾地 (指領地內未耕作的土地或共有地,承租人享有放牧權);毀損;毀壞 (指終身的不動產承租人或其他承租人對土地或建築物永久的毀壞或其他性質的改變。"trespass" 和 "waste" 基本區別是前者為非法侵害,後者則為佔有者的合法損害);廢物;〔英〕路邊土地 (不含人行道);II. (因使用不當而) 毀壞 (房屋);使 (土地等) 荒蕪;使荒蕪

Waste disposal　廢料處理

Waste export　廢物輸出

Waste gas　廢氣

Waste management　廢棄物品的管理

Waste product rate　廢品率

Waste trade　廢料貿易

Waste treatment　廢料處理

Waste water　廢水;污水

Waste-book　〔英〕日記賬;流水賬簿 (指登記所有商業交易的概要)

Wasteland　荒地;荒原;未墾地;廢墟

Wasting asset　消耗性資產;遞耗資產 (指自然資源的有限生命,例如可耗盡的木材、石油和煤氣等)

Wasting fixed asset　遞耗性固定資產

Wasting property　遞耗性財產 (指礦山、油井等為消耗性的財產)

Wasting trust　遞耗式信托 (指受托人為保持所托財產的完好耗費)

Watch　*v. & n.* I. 看守;守衛;守護;守夜;監視;警戒;注意;II. 值班時間;當值時間;值班海員 (一般不超過四小時)

Watch and ward　晝夜值勤;日夜警衛 (指警察在高速公路等地方值勤以逮捕暴徒和強盜等)

Watch committee　〔英〕公安委員會 (由自治市議會中挑選出不超過三分之一的議員組成特別警察部隊的委員會,負責任命和管理自治市的警察事務)

Watch house　拘留所

Watch-dog　守衛;監督;監察員

Watch-dog committee　監督委員會

Watcher　目擊者;(代表黨政或候選人的) 投票監督員

Watchman　門警;警衛員;哨兵;更夫;巡夜警察

Watchman clause　〔保〕看管人條款 (保險合同規定,有人看管的財產可降低保險費率)

Watchroom　〔海法〕值班室

Water　水;水流;清水股 (指名義上增資);〔複〕水域 ("土地" 一詞包括水域,但 "水域" 一詞不包括其賴以蓄存的土地);〔海法〕海域;水域;公海

Water Act　〔英〕水法 (1945–1973 年)

Water area　水域

Water bailiff　〔英〕海關檢查員 (指在港口鎮負責搜查船舶的官員);水上警察;河上漁業管理員 (指根據《鮭魚漁業條例》任命防止偷捕魚的)

Water ballast　壓載水

Water boundary　水流疆界

Water conservancy　水利,水利建設;水利工程

Water course　水道;水流 (指可獲取河流利益的權利,包括不受河流所有者干預等權利)

Water court　〔美〕水利法庭

Water cure　灌水刑罰

Water damage insurance　水漬保險

Water district　供水區

Water front　水邊;灘

Water law　水法

Water leakage insurance　漏水保險

Water mark　水位 (標記);水印

Water ordeal　水裁判法 (指古代條頓人裁定刑事被告是否有罪的審判方法,即將嫌疑犯的手浸於沸水中,如手無損害,即定無罪)

Water parting line　分水綫

Water pipe insurance　水管保險

Water pollution　水污染

Water Pollution Control　〔美〕水污染控制 (1972 年《聯邦水污染控制法》規定,企業不得將污染水放入河中等 65 種有毒污染物質,1977 年《水污染法》、又對其做了進一步的規定)

Water power　水力;水能

Water privilege　流水使用權;水利權;用水權

Water project　水利項目工程

Water rate　(自來) 水費;耗水率

Water right integrity　〔海法〕水密完整性

Water rights　用水權 (如用來灌溉);河 (或湖的) 使用權

Water service pipes　〔海法〕海水管系

Water Supplies Department　〔香港〕水務署

Water surface　水面

Water tax　水費 (自來水公司的)

Water treatment　水刑

Waterage　水運;〔英〕水運費

Water-borne　水運的

Water-borne clause　〔保〕水面條款;戰爭險水面條款

Water-borne trade　水上貿易

W

Water-borne trade routes　水上貿易路綫

Water-carriage　水運

Watered stock　虛股（未付足而作為已付足票面金額發行的股票）；乾股；酬勞股（即紅股或酬勞股，指沒有投入資本，但因對公司的成立運作有利，分紅時一般按 5% 的股份分取紅利）；攙水股；攙水股票；攙水股份；攙水股本

Water-gage　水標；水尺

Water-gavil　漁租（指在河流中捕魚或收益應支付的租金）

Water-guard　海關水上監視官；水上警察

Watering of stock　股票攙水；股份攙水

Watering stock　虛股；攙水股（為虛假增加資本而發行的股票）

Water-logged　（船）不易航行的（指因負載過重等）

Waterpipe insurance　水管保險

Water-police　水上警察

Water-police station　水上警察署

Waters of an exclusive economic zone　專屬經濟區水域

Waters of archipelagoes　羣島水域

Waterscape　水渠道；水通道

Watershed　分水嶺

Watershed in the international economic system　國際經濟制度的分界綫

Watertight　〔海法〕水密

Water-transport courts　水上運輸法院

Waterway　水路；排水道；（船）舷側排水溝；航道（指適於航行、游泳或捕魚的河、湖和運河等）

Water-works　〔複〕供水系統；水務；自來水廠

Water-works licence　供水業執照；供水業許可證

Waveson　遇難船飄浮物

Way　通道；小路；大街；通行權；〔英、複〕人行道；騎馬道；（運貨）馬車道；家畜路（有權驅逐家畜通行的公用道路）；公路

Way station　〔關貿〕中轉站（指總協定只是締約方的一個"俱樂部"或通向國際貿易組織的"中轉站"，而不具有獨立的法律人格）

Way to cure unemployment　消除失業的方法

Waybill　貨運單；陸路客運單；乘客名單

Waybill of lading　鐵路貨運單

Way-going crop　〔美〕租期屆滿後收穫的穀物（指佃農在租賃契約期內播種而在租賃期屆滿時尚未成熟直到租期屆滿後成熟時才能到地上收割的穀物等莊稼）

Waylay　v. 攔劫；攔路搶劫

Waylayer　攔劫者；攔路搶劫者

Way-leave　道路通行權（採礦人通過他人土地運出礦產的）

Ways and means　籌款；籌款辦法；歲入財源；賦稅方法；方法與手段；〔英〕賦稅委員會；〔美〕籌款委員會

Ways and means advances　〔英〕財政短期借款；暫付款（英格蘭銀行的）

Ways and Means business　〔英〕下議院賦稅職權

Ways and Means Committee　〔美〕財政立法委員會；賦稅委員會（國會立法機構之一）

Ways of maintaining or restoring momentum　維持和恢復勢頭的方法

Ways of viewing the world　觀察世界的方法

Waywardens　道路監督員；〔英〕公用道路管理員

Weak position of the developing countries　發展中國家虛弱的地位（指在航運服務業方面）

Weak position of the developing countries in a complex web of world trade　發展中國家在複雜的世界貿易網中的虛弱地位

Weakening price of agricultural products　疲軟的農產品價格

Wealreaf　〔英古〕盜墓

Wealth　財產；財富；富裕；資源

Wealth effect　財富效應

Wealth tax　財產稅（對個人所有財產超過指定最低部份徵收的年度稅）

Weapon　武器，兵器；兇器

Weapon of mass destruction　大規模毀滅性武器

Weapon of offence　攻擊性武器

Weapon of war　戰爭武器

Wear (or weir)　偃；導流壩（指攔河大水壩）

Wear and tear　磨損；使用損耗；自然損耗；固定資本損耗（有時用於租賃契約中）

Wear and tear depreciation　損耗減價

Wearing apparel　〔美〕穿着（包括外部衣着和內衣褲）

Weath　財富；財產；資源；豐裕；富裕

Weather patterns　氣候類型

Weather permitting　氣候允許

Weather permitting working day　允許工作日的天氣（指通常受氣候影響裝卸作業的工作日不計在內）

Weather portions　〔海法〕（船的）露天部份

Weather working day　晴天工作日（用於租船中指計算天氣允許裝卸貨作業的工作日）

Weather working days, Sundays, holidays excepted, even if used (WWDSSHEX EIU)　晴天工作日，星期天和節假日除外，即使已使用也除外（不計入裝卸時間）

Web of world trade　世界貿易網

Webb-Fechner Law of Decreasing Marginal Effect　〔美〕韋布－費克納邊界影響遞減法

Webb-Pomerene Act　〔美〕韋布－波默林法（《出口貿易法》，指合於免除《反托拉斯法》禁止的出口協會，即《聯邦出口貿易法》，1918 年）

WeChat　微信

Wed　〔撒〕契約；盟約；協議；質押；典押

Wedbedrip　〔撒〕習慣性的勞役（指佃農幫助領主秋收）

Wedded wife　正妻；正室

Wedding　婚禮；結婚儀式

Wedlock　婚姻；已婚狀態

Weekly loan　周貸；按周貸款

Weekly rental　按周計算的租金

Weekly tenant　按周的租賃人；按周租戶

Wehading　〔歐古〕司法決鬥；決鬥斷獄；決鬥裁判

Weighage　〔英〕過磅稅（指支付稱商品的稅費）

Weight　重量；重擔；砝碼；重量單位；衡量系數；衡量（制）；權衡；掂量；份量；重要性；影響力；〔統計〕加權

Weight and contents unknown clause　內容不明條款（運送契約用語）

Weight and quality unknown clause　質量不明條款（運送契約用語）

Weights and measures　度量衡

Weight of commitment　業務承擔

Weight of evidence　證據效力；有份量的證據（釋義同 "preponderance of evidence"）

Weight of proof　證據力（證據份量）

Weight of pro-protection groups　親貿易保護團體的份量

Weighted　加權的；衡量的

Weighted average　〔統計〕加權平均數

Weighted average post-Uruguay Round rates　後烏拉圭回合的加權平均費率

Weighted average prices　加權平均價

Weighted average tariff rates　加權平均關稅稅率

Weighted method　加權法

Weighted voting　加權表決；加權投票；投票權的大小（指 IMF 和 IBRD 所分別具有的）

Weighted voting structure　加權表決體制（特指 IMF 和 IDRB 按會員國出資多寡分配決策權。在現行的決策程序中，美國佔 17% 投票股權，日本佔 7%、德、法、英各佔 5% 的投票股權）

Weighted Voting System　加權表決制（指一種根據成員國實力大小、責任、貢獻及利益關係的多少分配投票權的方式）

Weighting　〔統計〕加權；衡量

Weighting method　加權法（=weighted method）

Weighting pattern　權衡結構

Weights and measures　度量衡

Weights and Measures Act　〔英〕度量衡法（1985 年）

Weighty authority　加權權威

Weimar Constitution　〔德〕威瑪憲法（1919 年在威瑪召開的制憲會議上通過的德意志共和國憲法）

Welfare　福利；康樂

Welfare and rights　福利和權利

Welfare benefits　福利費

Welfare Board　〔美〕濟貧委員會（縣鎮區的）

Welfare clause　〔美〕福利條款（美憲法第 108 條規定，允許聯邦政府為全體人民的福利立法）

Welfare cost　福利成本

Welfare economics　福利經濟學

Welfare effect of integration　一體化的福利效果（指通過一體化會提高成員國的生活水平）

Welfare funds　福利基金；福利費

Welfare Law　福利法

Welfare payments　福利金

Welfare revision　〔美〕福利的改善（意指批准 WTO 可提高國民收入，從而增加福利）

Welfare state　福利國家

Welfare work　福利事業

Welfare worker　福利事業家；福利事業工作者

Welfare-enhancing outcome of openness　提高開放的福利成果

Welfare-increasing trade policy　〔關貿〕增加福利的貿易政策（指 GATT 所推行的貿易政策均旨在提高締約國國民福利收入）

Welfare-oriented norm　福利型的規範

Well　*n. & a.* I. 水井；〔英〕（法庭上設有圍欄的）律師席；II.〔海法〕安全的，健全的

Well knowing　知情的（答辯用語）

Well-being　福利；健康；幸福

Well-diffused understanding　廣為傳播的約定

Well-earned penalty　罰所當罰；罪有應得

Well-established　沿用已久的；已經確立的

Well-established evidence　確鑿的證據

Well-founded　有充份根據的；理由充足的

Well-founded fear　（有）充足理由的恐懼；理由充份的恐懼

Well-grounded　有充份理由的；有充份根據的

Wellhead price　井頭價格（亦稱"油田價格"）

Well-judged decision　判斷正確的決策

Well-judged initiatives　判斷正確的動議權（提案權）

Well-known trademarks　馳名商標

Well-paying American jobs　薪金優厚的美國工作

Well-qualified　能夠勝任的

Well-qualified candidates　〔領事〕良好合格的人選

Well-reasoned case　理由充份的案件

Well-secured advance　有確實擔保的貸款

Well-tried export quota technique　久經試驗的出口限額技術

Welsh　賴賬；逃避履行義務

Welsh Grand Committee　威爾斯大委員會（為英下議院威爾斯事務常設委員會）

Welsh language　威爾斯式文字（指可在威爾斯法院由任何當事人、證人或願意者加以使用的文字）

Welsh law　威爾斯法

Welsh mortgage　威爾斯式抵押（指受押人收取移轉給他的不動產租金至債務得以清償為止，而出押人或其代理人可隨時贖回抵押權的協議）

Welsher　携款出逃

Wen　〔喻〕人口非常集中的大城市

Wera (or wer, wera, were)　〔撒〕身價（指每個人命的價格）；（受害者）賠償價

Weregild (or wergild)　〔撒〕贖罪賠償金（償命金，指對殺人犯不判以死刑而處以罰金，分成三份分別付給國王、領主和死者的親屬）

Werelada　洗滌罪行（指被告們根據其犯罪等級和性質以宣誓方式洗滌所犯的罪）

Werp-geld　〔歐法〕海損（指對海難中拋棄物）

West African Clearing House (WACH or CCAO)　西非清算所

West African Customs Union　西非關稅同盟（"西非國家經濟共同體"的前身，1959 年）

West African Development Bank (WADB or BOAD)　西部非洲發展銀行

West African Economic Community (Jan. 1, 1974) (WAEC or CEAO)　西非經濟共同體（成立於 1974 年 1 月 1 日，為兩法語國家區域性經濟合作組織）

West African Economic and Monetary Union (WAMEU)　西非貨幣聯盟（1962 年）

West African State Economic Community　西非國家經濟共同體（1975 年）

West European Common Market　西歐共同市場（即"歐共體"）

West Indies Associated States Council of Ministers (WIAS)　西印度聯繫國部長會議委員會

West or western　*n. & a.* I. 西；西部；西區；西方；II. 西的；在西的；向西的；自西的；西方的

West policies scenario　西方政策設想

West Saxon Lage　西撒克遜法

Western District (W.D.) 〔美〕西區

Western European theological legal thoughts in the middle ages 西歐中世紀神學法律思想 (指西歐中世紀佔統治地位的、為封建統治階級效勞的基督教神學法律思想)

Western European Union 西歐聯盟 (1954 年)

Western Hemisphere Department (WHD) 〔基金〕西半球部

Western Hemisphere Free Trade Agreement 西半球自由貿易協定 (西半球國家宣佈將於 2005 年實現區域自由貿易)

Western legal thoughts in the rising stage of capitalism 資本主義上升時期西方法律思想 (指 17–19 世紀近代西方資產階級關於法的基本思想,即其唯心主義的法學世界觀,包括歷史法學派和分析實證主義法學派等)

Westminster 〔英〕威斯敏斯特 (英議會所在地)

Westminster Hall 威斯敏斯特大廳 (1099 年)

Westmister Confession 〔宗〕威斯敏斯特信仰聲明書 (1643 年英國與歐洲大陸新教派會議宗教信仰原則聲明文件)

Westphalia Treaty 威斯特伐利亞媾和條約 (1648 年,德法和西班牙之間的條約)

Wet basis 濕基 (煤炭用語)

Wet marine insurance 海上保險

Wet metric ton (WMT) 濕公噸 (指礦石在自然狀態下的重量)

Wetback 〔美〕偷渡者

Whack v. 按份兒分,分成份;結賬;支付,付款

Wharf 碼頭 (指靠近河、運河或其他水域等供裝卸貨物之用地面,其分為 "legal quays" 和 "sufferance wharfs",前者是議會法令成立的;後者是經國王特別許可供裝卸貨物的場所);停泊處

Wharf police 碼頭警察

Wharfage 碼頭費;停泊費 (指支付船隻在碼頭停泊或裝、卸貨物的費用);碼頭 (釋義同 wharf);碼頭設施

Wharfage lien 停泊留置權 (指船舶付清碼頭停泊費後方可離港)

Wharfinger 碼頭老闆;碼頭管理人

Wharf-master 碼頭所有人;碼頭管理人;碼頭老闆

Wharton Rule 〔美〕澳頓規則 (指兩個人犯同一特定性質的罪,不得指控以 "陰謀" 罪論處)

Wheat flour Case 〔關貿〕麵粉案 (指 1983 年,對關貿協定專家組對歐共體麵粉出口補貼案的報告書,美國認為該報告 "案情不明,執法不公",表示遺憾。作者認為,美國如此做法 "有其政治目的")

Wheel 〔歐古〕車輪式刑車

Wheel house 〔海法〕駕駛室

Wheelage 車輛通行稅

When and where 時間和地點 (訴訟答辯用語)

When issued 〔美〕假若發行;如果發行

When received 收受之日;收取日月

When, as and if issued 假若發行;如果發行

Whenever feasible 只要可行

Where applicable 如可用

Where appropriate 在適當時

Where practicable 如可行

Whereabouts unknown 所在不明

Whereas 鑒於;就…而論

Whereby 因此;由是;因何;為甚麼

Whereupon 因此;於是

Wherever possible 只要可能

Wherever practicable 只要可行

Wherewithal 錢財;必要的資金

Whether valid or not 不論有效與否;不管有效與否

Whim 突然的念頭;衝動;奇想 (指揭示陪審員斷案應以證據而不應以個人怪想作裁決)

Whip n. & v. I. 〔英〕政黨組織秘書 (有維持紀律及要求該黨議員出席會議及表決之權);院內幹事;督導 (組織秘書發給本黨議員要求辯論和投票的命令);鞭;鞭韃;II. 鞭笞;抽打

Whiplash injury 鞭打傷

Whipper 鞭打者;〔英〕政黨的組織秘書;組織秘書發給本黨議員要求出席辯論和投票的命令;由船艙卸煤的人

Whipperin 〔英〕政黨的組織秘書;院內幹事

Whipping 〔英〕〔美〕笞刑 (一種體罰形式)

Whipping post 鞭撻罪犯的刑柱 (綁縛受鞭笞者的柱子)

Whipsawed 雙重損失的 (指急於補償損失而低價出售同一證券所致)

Whisky insurrection (or whisky rebellion) 〔美〕威士忌酒暴動案 (因為實施 1791 年議會通過的酒類消費稅法,反抗鎮壓非法釀酒而引起的 1794 年賓夕凡尼亞州的暴動)

Whispering Charlie 〔美〕精明強幹的律師 (查理為美國前司法部副部長,曾任巡迴法官,辦案精明高效,態度和藹。現藉以比喻精幹的律師)

Whistle 汽笛;警笛

Whistle-blower 〔美〕告密者;揭發者 (指僱員拒絕從事報告其僱主非法或違法活動)

Whistle-Blower Acts 〔美〕告發保護法 (保護僱工因檢舉僱主不端而遭受報復的惠斯勒–布羅格爾提案)

Whistling buoy 鳴笛浮標;警笛浮標

Whit Sunday 〔宗〕降靈節 (復活節後第七個星期日)

White acre 〔美〕"白英畝" 地 (是一塊以表明不動產交易的假名土地)

White alloy (or white metal) 假銀

White bonnet 〔蘇格蘭〕串通的拍賣者;合謀遞價者 (拍賣中虛偽出價人)

White book 白皮書 (有關政治、外交的公報或文件集)

White collar 白領階層 (通指腦力工作者)

White collar class 白領階級

White ensign 〔英國〕皇家海軍旗

White flag 白旗 (戰爭中所舉表示投降或休戰的)

White friars 〔英〕避難所;不受逮捕特權庇護所

White Hall 〔英〕白廳 (英國政府機構所在地)

White House 白宮 (美國總統官邸);美國政府 (總統和內閣)

White knight 白色騎士;潛在的併購合夥人

White list 白名單 (指守法人士或合法機構的名單,與黑名單相對)

White paper 〔英〕白皮書 (在重要性和完整性方面略低於 "White Book" 或 "Blue Book")

White rent 〔英古〕白銀地租 (以白銀支付地租)

White save traffic 〔英〕販婦為娼

White slave 〔美〕販賣婦女為娼罪 (現刑法上正式罪名為 "White Slave Traffic")

White Slave Traffic Act 〔美〕禁止販賣婦女為娼法

White-collar crimes 白領犯罪 (指利用職務之便進行偷盜、詐欺和挪用公款等犯罪,泛指政府公務員和企業管理員的犯罪)

White-collar worker 白領工人

Whitley commission 〔英〕懷特利委員會 (第一次世界大戰後英國改進工業關係的委員會，以該委員會主席的姓命名)

Whitley Council 〔英〕懷特利委員會 (惠特利勞資協進會，第一次世界大戰後英國改進工業關係的調查會)

Whitsun vacation 〔英〕高等法院降靈節休庭期

Whitsunday 聖靈降臨節；〔蘇格蘭〕法定結賬日 (5 月 15 日，以前為租約及僱傭期滿結算日)

WHO Regional Office for the Western Pacific (WPRO) 聯合國衛生組織西太平洋辦事處

Whole 強健的；健全的；饔鑅的；完好無損的；整個的；完整的；未經分割的

Whole blood 全血親；全血緣關係；同父母的兄弟姐妹；同胞兄弟姐妹；出自共同的一對祖先的血親

Whole brother 同胞兄弟

Whole chest 成箱；整箱 (指茶業貿易中，整箱含 100－140 磅，或者更多)

Whole insurance 全部保險；全額保險

Whole life annuity 終身年金

Whole life insurance 終身保險；終身人壽險

Whole record test 〔美〕檢查全部記錄

Whole sale price index 〔美〕批發價指數

Whole sisters 同胞姊妹

Whole-life insurance 終身保險；終身人壽險 (指保險單說明投保的金額，至投保者一去世即予以付還的一種人壽保險)

Wholesale v. 批發；躉售

Wholesale agent 批發代理商

Wholesale business 批發業務；批發企業

Wholesale dealer 批發商

Wholesale firm 批發商號；批發店

Wholesale insurance 批發保險；躉賣保險；大宗貨保險

Wholesale or retail distribution 批發或零售分配

Wholesale price 批發價

Wholesale price index (WPI) 批發價格指數

Wholesale trade 批發貿易

Wholesaler 批發商

Wholly Chinese-invested enterprises 中國獨資企業

Wholly destroyed 〔保〕全部毀損 (例如，房屋在火災中全部燒毀)

Wholly disabled 〔保〕全部殘廢 (並不意味着身心完全殘廢，而只是喪失從事其種業務或職業等之能力)

Wholly obtained product 〔關 / 世貿〕完全原產地的產品；完全在本國生產的產品 (指完全在一個國家本國或本地區生長、開採、收穫或完全利用該國或地區出產的原材料生產、製造的產品。即具有"土生土長"的特性，此為劃分貨物產地的標準)

Wholly or substantially dependent on government procurement 〔世貿〕完全依賴或實質上依賴政府採購 (指發展中國家工業單位而言)

Wholly owned subsidiary 獨家開設的分號；全部擁有的分公司 (子公司，附屬公司)

Whore v. & n. I. 賣淫；姦淫；II. 娼妓；淫婦；妓女

Whorehouse 妓院

Whoreman 嫖客

Whoremaster 嫖客；妓院老闆；妓院王八；老鴇；拉皮條者；龜奴

Whoremonger 嫖客

Whoreson 私生子

Widcat stock speculation 非法經營的股票投機

Wide experience 廣泛的經驗

Wide gap 很大差距

Wider acceptability 較大的可接受性

Wider margins 較大的差幅；擴大利潤；俏利

Wide-ranging competence 廣泛範圍的權限

Widespread floating 巨大差額浮動匯率

Widest measure of cooperation 最廣泛的合作

Widow 寡婦；遺孀

Widow and widower benefit 鰥寡撫恤金 (鰥寡津貼)

Widow bench 寡婦對其亡夫遺產的應繼分 (指除其夫生前撥給她作為死後贍養費的財產外)

Widow pension 遺孀撫恤金；寡婦撫恤金

Widow's allowance 〔美〕寡婦生活費 (指寡婦可索取亡夫遺產中的現金或財產以供維持生活的份額)

Widow's pension 〔英〕寡婦撫恤金

Widower 鰥夫

Widows and Orphans Pension Scheme 〔香港〕孤寡撫恤金計劃

Widows' and Children's Pensions Ordinance 〔香港〕孤兒寡婦撫恤金條例

Widow's benefit 寡婦撫恤金 (寡婦根據國家保險制每周領取的保險金)

Widow's Chamber 〔英古〕寡婦的遺產份額

Widow's election 〔美〕寡婦的遺產選擇權 (指大多數州規定，寡婦可依亡夫遺囑取得其遺產份額或也可拋棄其遺囑取得其應得的法定份額等)

Widow's Orphans' and Old Age Contributory Pension Act 〔英〕寡婦、孤兒撫恤金和老年人養老金法

Widow's quarantine 〔英〕寡婦居留期 (指在丈夫死後 40 天內，寡婦可留住亡夫的住宅直至亡夫的遺產分配為止)

Widows' and Children's Pensions Ordinance 〔香港〕孤兒寡婦撫恤金條例

Wife 妻子 (有夫之婦)

Wife's earned income allowance 〔英〕妻子收益減免

Wife's earning election 〔英〕妻子收益選舉權

Wife's equity 妻子衡平法上的權利

Wife's equity to a settlement 妻子享有衡平法上授產協議份額的權利 (指與其子女設定的衡平財產協議的部份)

Wife's part 〔美〕妻子特留份 (釋義參見"legitime")

Wife's separate estate 妻子的單獨財產；妻子自有的財產

Wig 假髮；〔俗〕法官；高級律師

Wikileaks 維基解密 ("維基解密"於 2006 年 12 月由澳洲人阿桑奇先生一手創立的，該網站在全球範圍內掀起了一場"信息化暴動"，曝光了大量美國與其他國家打交道的內幕機密)

Wild animal 野獸；野生動物

Wild land 荒地，荒蕪地；耕作上不當的土地；未耕地

Wildcat n. a. & v. I. 靠不住的冒險計劃；II. (企業等) 不可靠的；非法經營的；靠不住的；空頭的；(罷工) 未經工會批准的；III. 從事非法的商業活動

Wildcat securities 無價值的證券；欺騙性的有價證券

Wildcat stock speculation 非法經營的股票投機

Wildcat strike 〔美〕自發罷工；未經批准的罷工 (指未經工會批准或違反勞資談判協議不罷工條款規定)

Wildcatter 冒險（或欺騙）性企業的發起人；出售冒險（或欺騙）性企業的股票者；盲目開掘油井者

Wilful neglect of duty 故意失職

Will *n. & v.* I. 遺囑；遺書（死後個人意願應得以履行的法律聲明。"will"與"testament"有區別。前者限定於土地，後者限定於動產這種區別現已近乎不存在了）；願望；意志；II. 將要；務必，必須；應（"will"有別於"may"，前者表示"肯定"，後者為"不肯定"）

Will contest 遺囑爭議

Will or testament 〔英〕遺書（一般為處理其身後財產事項，並在死後生效）

Will power 意志力；意思能力

Will substitute 遺囑替代（指有意用人壽保險、委托等證件取而代之以完成遺囑）

Willful 故意的；惡意的；蓄意的；存心的；非法的；放任的；固執的

Willful act 故意的行為；蓄意的行為

Willful and malicious act 故意作惡行為（指毫無有恕餘地的不法行為）

Willful and malicious injury 惡意傷害（指無任何正當理由和藉口的不法傷害行為）

Willful and wanton act 故意的過失行為；蓄意的放任行為

Willful and wanton injury 〔美〕惡意傷害

Willful and wanton misconduct 〔美〕故意放任的不法行為（指不顧他人財產安全的過失行為）

Willful and wanton negligence 〔美〕恣意過失

Willful blindness 有意視而不見；故意過失

Willful default 故意缺席；故意拖延；故意不出庭；故意違約

Willful desertion 故意遺棄；惡意遺棄

Willful indifference to the safety of others 故意漠視他人的安全

Willful injury 故意傷害

Willful killing 謀殺；故意殺害

Willful misconduct 蓄意不法行為；故意違法行為；故意失職

Willful misconduct of employee 〔美〕惡意罔顧僱工嚴重傷害行為

Willful misrepresentation 故意的誤述；故意的不實表示；故意的虛偽表示

Willful murder 謀殺（指蓄意的不法謀殺，而無任何藉口或可減輕的情況）

Willful neglect 故意疏忽

Willful neglect of duty 故意失職

Willful negligence 蓄意過失；有意疏忽

Willful tort 故意侵權

Willful trademark counterfeiting 故意商標仿冒；蓄意假冒商標

Willful, deliberate and premeditated 惡意的、蓄意的和預謀的（殺人）

Willfully and knowingly 明知故犯

Willfully obstruct 故意阻撓

Willfully violate a law (rule) 明知故犯

Williams Act 〔美〕威廉斯法（指聯邦和州證券法有關併購第二家公司股份以獲取對該公司控股權的法規）

Willing witness 願意的證人（提供對召喚其作證的一方有利證言）

Will-less 未留下遺囑的

Will-making 立遺囑

Wills Act 〔英〕遺囑法（1837、1861、1963 年）

Wilmot proviso 〔美〕威爾莫特修正案（1846 年發佈的，規定新從墨西哥購買的土地禁用奴隸制）

Wilson-Gorman Tariff Act 〔美〕威爾森－戈爾曼關稅法（1894 年）

Win a court case 勝訴

Win a lawsuit 勝訴

Win storm insurance 風災保險；風暴保險

Winch 〔海法〕絞車

Winch cover 〔海法〕絞車罩

Winchman 〔海法〕絞車員

Wind a beam (on the beam) 〔海法〕正橫風

Wind abaft the beam 〔海法〕正橫後來風

Wind ahead 〔海法〕正面風

Wind (dead) astern 〔海法〕正後風

Wind on the bow 〔海法〕逆風駛

Wind on the quarter 〔海法〕後側風

Wind up （公司等）停業；結業，清理；結束

Wind up case 結案

Wind up one's affairs 結束某種營業事務，停止營業，關閉

Windage loss 風損

Wind-borne dust 隨風刮來的塵埃；風傳送來的塵土（指空氣污染而言）

Windfall profit(s) 意外利潤

Windfall profits tax 暴利稅（意外利潤稅，指對工商業特別突增的利潤所課收的稅）

Winding up an estate 清理資產（指在債權人和資產享有者之間進行分配）

Winding up by the court 〔英〕法院勒令停業（指公司自組合之日起一年內不開始營業，公司成員減至兩人以下、無償債能力或法院認為公平合理者即可令其解散）

Winding up of business 結束營業

Winding-up 停業清理；解散；結束

Winding-up acts 〔英〕公司停業法令（指關於公司停業的債務清償事務的一般議會制定法規範）

Winding-up of a partnership 合股的解散

Winding-up of company 公司的解散（結業）；公司清盤（指公司可自願進行清理或由法院勒令其清理結束）

Winding-up order 〔英〕停業命令；清盤命令（指法院勒令公司停止營業活動的命令）

Window 門窗；窗戶（指在建築牆上開設接納光綫、空氣和觀望之用，法律上為附屬於屋主的採光權等）

Window tax 〔英〕窗戶稅（英王威廉三世時制定的法律，規定對有六個窗戶以上的房屋每年徵收五鎊以上的稅）

Window-dressing 浮誇成果（或譯"粉飾"）；櫥窗佈置

Windsor 〔英〕溫莎（王室家族的姓氏，除了"殿下"頭銜，以及親王或公主姓"溫莎"外，其他後嗣均應姓"蒙巴頓－溫莎"）

Windstorm, cyclone and tornado insurance 風暴保險

Winning a suit 勝訴

Winning tender 中標（中選投標）

Winter assizes 〔英〕冬季巡迴法庭（每年 11 月至第二年 1 月開庭）

Winter circuit 〔英〕冬季巡迴法院（事實上於春季開庭）

Winter load line （船的）冬季載重綫

Winter North Atlantic load line　（船的）冬季北大西洋載重綫

Win-win outcome　雙贏的成果

Wipe off a debt　了結債務

WIPO Permanent Programme for Development Cooperation Related to Industrial Property　世界知識產權組織工業產權發展合作常設規劃署

Wire tapper　竊聽電話或電報情報者；以竊取的情報進行詐騙者

Wire transfer　電匯

Wireless telegraphy　無綫電報法

Wiretap　*n. & v.* I. 竊聽器；II. 非法竊聽（指從電話或電報綫路上竊取情報）

Wiretapping　搭綫竊聽（電話）

Wise woman　助產士；產婆

Wista　〔撒〕半海得（土地）；60 英畝（地）

Wit　*v.*〔美〕知道；了解；得悉

Wit to　即，就是

Witan　〔撒〕賢人；精通法律者；國王的顧問；國王御前會議成員；王國顯要；名流；（盎格魯撒克遜時代的）諮詢議會

Witch　女巫；〔英方〕巫

Witch doctor　巫醫

Witchcraft　施用魔術罪；巫術；〔英〕妖術（依 1541 年和 1603 年法令判處死刑；1916 年在英國最後一次是絞死一個女巫及其九個女兒）（已於 1951 年廢止）

Witches and Witchcraft　〔英〕女巫和妖術

Witch-hunter　進行政治迫害者

Witch-hunting　政治迫害

Wite　〔撒〕謀殺罪罰金（指古時日耳曼加害人付給國王或其社區的罰金）

Witena dom　〔撒〕判決（指郡法院或其他管轄權法院對動產或不動產的產權案件的判決）

Witenagemote (or Wittenagemote)　〔撒〕賢人國會（按為盎格魯撒克遜時代全國最高理事會亦即國會由國王、長老、國王代表、主教、修道院院長和其他組織首領組成，具有廢黜和推選國王等權力）

With a reasonable degree of certainty　相當準確地

With a strong hand　決斷地；強硬地

With a view to facilitating the operation and furthering the objectives of this Agreement　〔關貿〕為便於實施本協定和促進實現本協定所規定的目的

With a view to harmonising technical regulations on as wide a basis as possible　〔世貿〕為使技術法規在盡可能廣泛的基礎上協調一致

With all faults　瑕疵概不負責（指貨物一經售出，即便瑕疵，概不退換）

With average (w.a.)　〔保〕承保共同海損（指承保人對所承運的貨物因海難或意外事故遭致的部份損失負賠償責任）；水漬險；單獨海損賠償

With binding force　有拘束力

With consent　征得⋯同意

With costs　〔英〕包括訴訟費（涉及訴訟結果，勝訴方可向敗訴方索回訴訟費）

With full justification　附有充份的正當理由

With good intent　好心好意；懷有善意

With intent　故意

With intent wounding　蓄意傷害

With interest　帶息；附息

With malicious intent　懷有惡意

With particular average (W.P.A.)　水漬險；承保單獨海損；單獨海損賠償（指船隻或貨物等在海運過程中因海難或意外事故造成的損失不是由有關當事人分擔而是由貨主單獨承擔）

With prejudice　有影響；有損害；懷有偏袒（意指已作出駁回訴訟，撤銷不利於原告的終局判決，因而也就排除了原告重新起訴的權利）

With recourse　有追索權

With reference to　比照；關於

With special care　〔世貿〕特別謹慎（特別小心）

With strong hand　強制地；強有力地

With suspended execution of sentence　緩期執行判決

With the approval of the local government authority　經地方政府當局批准

With the consent of the Ministerial Conference　〔世貿〕經部長級會議同意

With the mainour　人贓俱獲

With variation as to the burden of proof　負有不同的舉證責任

Withdraw　*v.* 提取；提款；收回；撤回；撤銷（承諾，報告和陳述等）；吊銷（證件等）；退夥；退股

Withdraw a bill　撤銷議案

Withdraw a confession　翻供；撤回供認

Withdraw a juror　撤銷一個陪審員（根據原、被告雙方的同意或法官的許可，撤銷陪審員後，訴訟即終結，但原告得另行起訴）

Withdraw a motion　撤回動議

Withdraw a proposal　撤回提案

Withdraw all the market-access commitment　〔世貿〕撤銷全部市場准入的承諾（有學者認為，進口管制可以減少赤字之令人憂慮。美國即可借此對全面進口課征附加稅，屆時有的國家也可能借外貿赤字而取消其承諾乃至退出 WTO）

Withdraw an accusation　撤回告發（告訴）

Withdraw charges　撤回告發（告訴）

Withdraw concessions　撤回減讓

Withdraw from agreement　退出協議

Withdraw from prosecution　撤回起訴

Withdraw from the court　退出法庭

Withdraw one's consent to　撤銷對⋯同意

Withdrawal　撤回；收回；取消；撤消；退出；迴避（指司法人員為避嫌而避不承擔辦理與本人有特定關係的案件，以防徇私舞弊或發生偏見）；退股；提取；提款；〔關／世貿〕退出（締約方、成員方包括單獨關稅區均可自願退出，但應在聯合國秘書長接到退出書面通知後 6 個月生效）

Withdrawal by notice　通知退出；通知退約

Withdrawal clause　撤回租賃的船舶條款（指在租船契約中規定如果租船者不能履行繳付指定的船租，船東有權收回出租的船隻的條款）

Withdrawal from criminal activity　退出犯罪活動

Withdrawal from membership　〔基金〕退出會籍

Withdrawal from treaty　退出條約

Withdrawal of a juror　撤走一位陪審員（指經兩造雙方同意，可從 12 名陪審員中撤走一人。其原因是雙方信心不足，認為陪審團難以作出裁決、或不急於作出裁決、或爭議問題已經解決、或陪審團意見不一致。撤銷後，雙方各自支付訴

訟費，日後仍可以同樣訴由提起訴訟）

Withdrawal of action 訴訟的撤回

Withdrawal of appearance 退庭

Withdrawal of bid 撤銷投標

Withdrawal of candidate 撤銷候選人

Withdrawal of charges 撤回告訴；撤回控告（指控告人主動撤回；其有別於聽證後被法院駁回的"Dismissal"）

Withdrawal of claim 撤回要求

Withdrawal of concessions 撤銷關稅減讓（指 1962 年，美國對歐共體貿易所採取的報復）

Withdrawal of diplomatic relations 撤銷外交關係

Withdrawal of exequatur 撤回領事證書

Withdrawal of one's consent to 撤銷對…同意

Withdrawal of recognition 承認的撤回（撤回承認）

Withdrawal or modification of the restrictions 〔關貿〕撤銷或修改限制（指對採取限制進口的締約方的措施而言）

Withdrawer 提款人

Withdrawing record 〔美〕撤回案卷（指原告在開庭審理前就撤回起訴的案卷以免受審。這種撤訴只要征得被告律師同意，在陪審團宣誓就職前或後均可）

Withering away of law 法的消亡（指法將隨着國家的消亡而消亡）

Withernam 〔美〕奪回佔有；奪回佔有的財物（指奪回之前被轉移他處的財物）；〔英〕非法扣押財物（例如將扣押物移出或趕出郡外使得執達吏無法收回該非法扣押物）

Withhold *v.*〔美〕扣留（屬他人或他人已主張或尋求的財產）；拒付（指到期款項）；預扣，代扣（指僱主為其僱工代繳社會保險費）；拒絕披露（要求提供的信息）

Withhold lending 停止貸款

Withholding 〔美〕代扣繳應納稅款（指通常是僱主代替政府以僱員名義從其工資中扣繳所得稅和社會保險稅，代繳交給稅務當局）

Withholding agent 扣繳義務人；預扣稅款代理人

Withholding assessment duty 〔世貿〕預扣估價稅；扣留估價稅（指 1994 年"東京回合"達成的反傾銷產品調查開始之日前進入成員方消費市場的產品追溯徵收估價稅）

Withholding duty appraisement 預扣關稅評估

Withholding income tax return 扣繳所得稅申報表

Withholding of evidence 〔美〕扣留證據（指明知在訴訟程序中需要的某種證據、或偵查官員正在查詢的證據、或明知大陪審團正要調查的記錄，而竭力加以隱瞞、銷毀乃至將其轉移到法院管轄權以外的地方。該行為構成一種妨礙司法執行（罪））

Withholding or withdrawal of concessions 〔關貿〕減讓的停止或撤銷（指締約方要求部份或全部停止或撤銷產品減讓的規定）

Withholding statement 扣繳（所得稅）清單

Withholding tax 預扣稅；〔美〕扣繳稅款；代扣稅款（指從僱員工資中扣繳應納的稅款，釋義見"withholding"）

Within a maximum of 10 working days 〔世貿〕最多以 10 個工作日為限（指在收到申請進口許可證時，給予核准的時限）

Within any prescribed period 在規定的期限內

Within its jurisdiction 在其管轄範圍內

Within or outside margins 〔基金〕在內外幅度之內

Within the bar 在法庭上（指一般坐在法庭欄杆內的高級律師等）

Within the domain of law 在法律範圍之內

Within the specified time 在指定的期限內

Within three years of initiation 在開始後三年內

Without authorisation 擅自；私自

Without being married 未婚

Without compensation 無償；不補償；不予補償

Without day 無限期（指沒有指定再出庭的日期，故而意指被告可免被起訴或可免再出庭）

Without delay 毫不遲延地；立即；在法律允許的時間內

Without discount 無貼現付款；〔海法〕不打折扣

Without discrimination 一視同仁

Without fraudulent intent or gross negligence 〔世貿〕無欺詐意圖或嚴重疏忽

Without further formal acceptance process 〔世貿〕無須進一步正式接受程序（指對 TRIPS 協議的修正而言）

Without impeachment of waste 承租人不負毀損責任（指產權終身移轉給承租人時，其對該產權受到任何形式的毀損不負受指控的責任，即"毀壞租產免除責任"）

Without interest 無息；不附利息

Without issue 無生育；無子女；無子嗣

Without offset 不得抵銷

Without par value 無票面價值

Without particular average 不擔保單獨海損

Without penalty 無罰款

Without prejudice 〔美〕不損及固有權益（指不影響的要約或認諾；已被拒絕的動議或駁回的訴訟不受影響，意指聲明有關當事人的權利或特權除明示裁定外不受損害或喪失）

Without prejudice to China's rights in future negotiations 不損害中國將來談判的權利

Without prejudice to 不損害（權利）；在不妨礙…的情況下

Without prejudice to the rights and obligations 不損害權利和義務

Without previous notice 未事先通知

Without recourse 〔美〕無追索權（無追索的背書是指如背書的匯票被當事人拒付時，背書人對此不承擔責任。通常情況下，背書人在背書時注明"免於追索"字樣。當此種匯票遭拒付時，持票人將繞過該背書人，向其他前手進行追償，背書人在背書時必須把匯票之全部金額同時轉讓給一個受讓人）

Without recourse to me (=sans recours) 〔法〕無追索權（指代理人代表其委任人在票據上背書的用語，即若該票被拒絕承兌時，不負支付的責任）

Without reservation 無保留

Without reserve 無保留；無預定價，無最低限價（公賣用語）

Without stint 無限度；無限制；不指定限額

Without undue delay 毫不遲延地

Witness *n. & v.* I. 目擊者；見證人；證人；II. 目擊；目睹；見證；為…作證；在…簽名作證（指在契約、遺囑或其他文件上簽名證明其真實性）

Witness a document 在文件上簽名作證

Witness against oneself 不利於自己的證人

Witness against the accused 證明被告有罪；不利於被告的證人

Witness fee 證人費；證人酬金

Witness for the defense 被告方證人

Witness for the prosecution 公訴方證人

Witness in wedding 證婚人

Witness my hand and seal　親筆簽名並蓋章

Witness Protection Act　〔美〕證人保護法

Witness statements　證人陳述書(供作國際商務仲裁法庭一種書證的形式)

Witness summons　證人傳票

Witness tampering　〔美〕恐嚇證人;騷擾證人

Witness to a fact　(某)事實的見證人

Witness to a will　遺囑見證人;遺囑證人(指立遺囑人在其所立的遺囑上簽字時,需要證人在場簽字作證)

Witness to marriage ceremony　見證婚禮

Witness's testimony　證人證言(指證人就其自己所知的案件情況向法院或偵查機關所作的陳述)

Witness-box　〔英〕(法庭)證人席

Witnessing part　證明部份(雙聯契約中開頭部份的慣用語)

Witness-stand　證人席

Witteveen facility　〔基金〕維特分貸款(國際貨幣基金組織補充資金供應的措施)

Wittingly　知道地;有意地;故意地

Witword　〔美〕法律上允許的請求權(尤指以宣誓證明某人的所有權或擁有權)

Woman suffrage　婦女選舉權;婦女參政權

Woman suffragist　女權運動者;主張婦女應有參政權者

Womanaut　女宇航員;女航天員;女太空人

Women's liberationist　婦女解放運動者

Women's Enfranchisement Bill　〔英〕婦女參政權法案(1914年)

Women's Freedom League　〔英〕婦女自由同盟

Women's International Democratic Federation　國際婦女民主聯合會

Women's International League for Peace and Freedom　國際婦女和平與自由聯盟

Women's International Zionist Organisation　國際猶太婦女複國主義組織

Women's Liberal Federation　〔英〕婦女自由聯合會

Women's Social and Political Union　〔英〕婦女社會政治同盟

Women's World Banking　世界婦女銀行(成立於1976年,為全球性非營利組織,致力於金融回報和社會進步)

Wonderful Parliament　〔英〕不仁議會(指1388年英國的秘密議會)

Wong　〔撒〕(一塊)出地(土地)

Wood leave　伐木執照(指可在指定一片土地上伐木的權利)

Wood plea court　〔英古〕森林法院(一年開庭兩次)

Wood-burning stove　燒木頭爐子(指其所冒出的濃煙污染空氣)

Wood-corn　〔英古〕柴禾谷(指佃戶交付領主一年數量的燕麥秆和枯木)

Wood-geld　〔英古〕伐木費(支付在林中自由砍伐木材的費用)

Wood-house　犯人勞改場

Woodland　林地

Woodman　山林官;林務官;伐木管理人;在森林中工作的人

Wood-mote　森林法院(舊稱)

Woods　森林;林地;木材

Woodwards　〔英〕管理森林官員

Wool fabrics　毛織品

Woolsack　〔英〕上議院議長席;上議院議長兼大法官席的坐墊(內塞有羊毛)

Word of honour　諾言

Word of mouth　言詞

Word processing　文字處理(字碼處理);指令處理(電子計算機用語)

Wording　措詞

Wording of certificate　證明書的措詞

Wording of the article　條文措詞

Words　文字;詞句;言語

Words actionable in themselves　本身足以引起訴訟的文字

Words actionable per se　本身足以引起訴訟的文字

Words of art　術語;專門用語

Words of covenant　契約文字

Words of inheritance　繼承的用語

Words of limitation　限制性用語(指在財產讓與證書或遺囑中訂定受讓人或受遺贈人名字之後所寫上的詞句以限制或指明所受讓渡或遺贈物權或利息的範圍存續或期間的詞句)

Words of negotiability　可流通性用語(指用於由訂貨人支付合同中使用的文字或由持票人付款契約中使用的文字)

Words of procreation　創設性用語(用於限定第一個遺產受讓人繼承的用語)

Words of purchase　指定性用語(指明未來剩餘不動產持有人的用語)

Words of severance　分離文句(指把財產給數人共同佔有時所用的詞句)

Work　*n. & v.* I. 工作;勞動;作業;職業;業務;著作,作品;工程;II. 工作;勞動;幹活;做;從事某種職業

Work and labour　工作和勞動(指原告提供的其為被告勞作及材料)

Work camp　囚犯勞動營

Work council　勞資協議會(私人企業主在本企業中組成的)

Work experience　〔英〕工作經歷(指根據1973年教育條例的規定,中學生在其結業前夕可取得工作以為在校受教育的組成部份)

Work farm　勞改農場

Work force of a firm　公司職工人數

Work force　勞動力

Work furlough　獄外工作許可(指准許囚犯白天到社區勞動的一種監獄待遇)

Work hour　工時;工作時間

Work in concert　協力工作

Work in private domain　有版權的作品

Work in process　在製品;在產品

Work in progress　在製品;在產品

Work in public domain　無版權的作品

Work load　工作負荷;(指定期限的)工作量

Work made for hire　僱傭作品

Work of national importance　〔美〕國民的重要工作(指全民防衛與福利之具有全民性質的工作)

Work of necessity　必要的工作(指所有涉及經濟,社會或思想道德)

Work off a debt　償清債務

Work order　工程單;工作定單;工作通知單

Work permit　工作證；工作許可證

Work product rule　工作成果規則（指律師為其案件搞到提供證件的清單等）

Work programme for the harmonisation of rules of origin〔關貿〕協調原產地規則工作方案

Work programme　工作計劃；工作程序；分配方案

Work release programme　〔美〕勞改釋放方案（指一種改造方案，允許囚犯白天放出勞動，夜間和周末返回教養所報告工作情況）

Work report　工作報告（在工廠的）

Work schedule　工時表

Work sheet　（會計）計算表；工作底表；工作底稿

Work task　工作任務

Work to rule　照章工作；變相罷工（指以一種變相怠工形式迫使資方讓步）

Work to rule movement　怠工運動

Work under public surveillance　〔中〕管制勞動

Work vouchers　工作證書

Work week　工作周（指在一星期內所做的工作）

Workaway　（船上）額外零工

Work-day　工作日

Worked material　已加工原料

Worked products　〔世貿〕轉形農產品

Worker　工人；勞動者；職工

Worker welfare　工人福利

Workers' Compensation Board　〔美〕勞工賠償委員會

Workers' Compensation Commission　〔美〕勞工賠償委員會

Workers committee　職工委員會

Workers Congress　〔中〕職工代表大會；工會代表大會

Workers' control　工人管理；勞動者管理；工人自治

Workers' Compensation　〔英〕勞工賠償（金）

Workers' Compensation Acts　〔美〕勞工賠償法

Workers' Compensation Commisssion　〔美〕勞工賠償委員會

Workers' remittances　工人匯款

Workers' safety　工人們的安全

Work-fare　工作福利；勞動福利（指用物質福利刺激人們工作的計劃）

Work-house　〔美〕感化院；教養所；市監獄；〔英〕貧民習藝所；濟貧院；勞動救濟所

Work-in　自行生產與管理

Working age　工齡（指以工資收入為其全部或主要生活來源的工人、職員工作的年限）

Working age population　工齡人口

Working agreement　工作協議；臨時協定

Working asset　流動資產；營用資產

Working balances　營運餘額；周轉差額

Working capital　流動資金；周轉資金；〔英〕營運資金

Working capital fund　流動基金；業務周轉金；營運基金

Working capital ratio　運用資本比率；流動資金比率（流動負債與流動資產之比）

Working cash　周轉現金

Working committee　〔中〕工作委員會（簡稱"工委"）

Working day　工作日（租船契約中用語，規定在有關港口每天正常的工作量）

Working definition　工作定義

Working document　工作文件

Working expenses　營業費用；經營費用；工作費用

Working group　工作組；工作小組

Working Group on Access to Capital Markets　進入資本市場工作組

Working Group on Bribery in International Business Transactions　國際商務交易賄賂工作組

Working group on competition　競爭工作組

Working Group on Development Finance and Policy　開發金融及其政策工作組

Working group on government procurement　政府採購工作組

Working group on investment　投資工作組

Working Group on Notification Obligations and Procedures〔世貿〕通知義務和程序工作組

Working holiday　〔英〕工作假（指澳洲、新西蘭公民依英國1971年移民法規定可到英國本土工作一年為限之謂）

Working hours　工時；勞動時間；工作時間

Working hypothesis　工作假設

Working interest　經營權益；作業權益；開採權益（礦山開採權益）

Working knowledge　工作知識

Working language　工作語文

Working level　工作水平

Working linkages　工作聯繫

Working lives　使用年限；使用壽命；在職期；職業生活

Working Paper Series (WPS)　〔世貿〕《工作報告集》；工作文件集

Working papers　工作文件；工作底稿；審查底表；（未成年者的）僱傭證書

Working Parties on Accession　〔世貿〕加入問題的工作組（加入工作組）（指加入WTO的）

Working partner　經營合夥人（參與公司業務管理的合夥人）；執行業務股東

Working party (parties)　〔關貿〕工作組（成員由有利害關係的關貿總協定締約方代表和爭端當事方代表組成，即促使爭端當事方進行談判並達成妥協，其職能類似組織化的斡旋程序，設立於1950年）；工作隊；〔英〕經營效率提高委員會；專題調查委員會；作業隊（指軍隊中被派出從事非本職工作）

Working Party on China's Status as GATT 1947 Contracting Party　〔世貿〕中國作為1947年關貿總協定締約國地位的工作組（世貿組織秘書處下設的一個專門處理中國入世申請事務的工作組）

Working Party on GATS Rules　〔世貿〕服務貿易總協定規則工作組

Working Party on Professional Services　〔世貿〕專業服務工作組

Working Party on State Trading Enterprises　〔世貿〕國營貿易企業工作組

Working party on trade and labour standards　〔世貿〕貿易和勞動標準工作組

Working Party on Trade in Services and the Environment〔關貿〕服務貿易與環境工作組

Working personnel　工作人員；在職人員；施工人員

Working plan　工作計劃；作業計劃

W

Working platform　工作台；作業台

Working population　作業總體；勞動人口；工作人口；就業人口

Working procedure　工作程序

Working relationship　工作關係

Working rule　操作規則；工作規章；工作規則；操作規程

Working table　工作表；作業表；工作台

Working time　工作時間（指工作日或工作周，即勞動者用以完成所承擔工作任務的法定工作時間）

Working-class　工人階級

Work-in-process　在制產品；在製品

Workless　〔總稱〕失業者

Workload　工作量；工作負擔；工作負荷

Workman　工人；勞動者；工作者；工匠

Workmen's compensation　〔英〕勞工賠償；勞動補償金；工傷事故補償金

Workmen's Compensation Acts　〔英〕勞工賠償條例（1925 年）

Workmen's compensation insurance　〔美〕勞工保險；工傷事故賠償保險；勞工撫恤保險

Workmen's compensation law　勞工賠償法；工傷事故補償法

Workmen's guild　勞動者同業工會

Workmen's Personal Accident Insurance　勞工意外傷害保險

Workout　〔美〕庭外談判；庭外協議（指破產債務者與債權者在法庭談判達成的協議）；調整機構；再籌資金（指銀行重組債權人的不履行義務或過期的貸款）

Work-related injury　工傷事故；因工負傷；因公負傷

Works Bureau　〔香港〕工務局（1997−2002 年）

Works manager　〔英〕工廠經理；工場主任

Works without its author's name　無名氏的著作

Worksheet　計算表

Workshop　車間；工場；作坊；工作會議；工作研討會

Workshop Regulation Act　〔英〕工場管理條例（1867 年發佈，規定婦女及童工勞動時間）

Work-to-rule strike　怠工；變相罷工

Workwoman　女工；女勞動者

World Assembly of Youth　世界青年大會

World Association for Element Building and Prefabrication　世界構件和預製件協會

World Association for Psychosocial Rehabilitation (WAPR)　世界心理康復協會（國際心理康復協會）

World Association for Small and Medium Enterprises　世界中小型企業協會

World Association of Girl Guides and Girl Scouts (WAGGGS)　世界女童子軍協會（全球性女童子軍組織，1928 年成立，總部在英國倫敦，目前會員計有 144 個）

World Association of Industrial and Technological Research Organisation (WAITRO)　世界工業技術研究組織協會（簡稱"工技研究會"）

World Association of Judges (WAJ)　世界法官協會；世界法官聯合會（成立於 1956 年，來自 100 多個國家共有 15000 名以上法官。中國已故著名法學家李浩培教授和王鐵崖教授被接納為會員）

World Association of Law Professors　世界法學教授委員會

World Association of Law Students　世界法律學生委員會

World Association of Lawyers (WAL)　世界律師協會

World Association of Travel Agencies　世界旅行社聯合會

World Bank　世界銀行（"國際復興開發銀行"的簡稱，屬下具有兩個附屬機構，即"國際金融公司和國際開發協會"）

World Bank Atlas　世界銀行圖表集

World Bank Board of Governors　世界銀行理事會

World Bank Group　世界銀行集團（由世行及其附屬機構國際金融公司和國際開發協會組成）

World Bank structural adjustment loans　世界銀行結構性調整貸款

World Banker　世界銀行總裁

World civil aircraft market　世界民用航空器市場

World Code of Conduct　國際行為守則

World Commission on Environment and Development　世界環境與發展委員會

World community　國際社會

World Confederation of Labour (WCL)　世界勞工聯合會（簡稱"世界勞聯"）

World Confederation of United Nations Association　聯合國協會世界聯合會

World Conference of Mayors for Peace through Inter-city Solidarity　世界市長團結和平會議

World Conservation Strategy　世界自然資源保護大綱（1980 年）

World constitution　世界憲法

World Council of Indigenous Peoples　世界土著人理事會（1975 年 10 月 31 日成立於加拿大，總部設在渥太華，旨在維護土著人權，支持他們的文化、社會和經濟發展，成員國大會每三年舉行一次）

World Council of Jewish Communal Service (WCJCS)　世界猶太社區服務理事會

World court　國際法院

World Customs Organisation (WCO)　世界海關組織

World dimension　世界規模

World economic conference　國際經濟會議（1927 年）

World economic crisis　世界經濟危機

World Economic Organisation　世界經濟組織

World Economic Outlook (WEO)　〔基金〕世界經濟展望

World economy　世界經濟

World environmental day　〔聯〕世界環保日（1972 年）

World federation　世界聯邦

World Federation of the Ukrainian Women's Organisations　國際烏克蘭婦女組織聯合會

World Food Conference　世界糧食會議（聯合國糧農組織召集的）

World Food Council (Dec. 1974) (WFC)　〔聯〕世界糧食理事會（成立於 1974 年 12 月，為聯合國唯一的常設部長級理事會機構，總部設於羅馬）

World food crisis　國際糧食危機

World Food Programme (WFP)　世界糧食計劃署（聯合國糧農組織的附屬機構，1963 年 1 月設立，總部在羅馬）

World food Security Committee　世界糧食安全委員會（1975 年糧農組織第 18 屆會議決定成立的一個附屬機構）

World Food Stock　世界糧食儲備

World government　世界政府

World Health Organisation (WHO)　世界衛生組織（成立於 1948 年，總部設於羅馬，其宗旨是協助發展衛生事業，提高

世界人民健康水平）

World indicative plan for agriculture 世界農業指示性計劃

World Industrial Parliament 世界工業議會

World institution 世界組織；世界機構

World insurance market 世界保險市場

World Intellectual Property Convention 世界知識產權公約（中國於 1980 年加入）

World Intellectual Property Organisation (WIPO) 世界知識產權組織（成立於 1970 年，總部設於日內瓦，中國於 1980 年 3 月加入該組織）

World Jewish Congress 世界猶太人大會

World Jurist Association of the World Peace through Law Centre 世界和平法律中心國際法學家聯合會

World law 世界法

World legal order 世界法律秩序

World market 世界市場

World market for environmental products 世界環境產品市場

World market price 世界市場價格；國際市場價格

World Meteorological Organisation (WMO) 世界氣象組織（1947 年）

World monetary order 世界貨幣秩序

World monetary reserve 世界貨幣儲備

World monetary system 世界貨幣制度

World Muslim Congress 世界穆斯林大會

World order 世界秩序

World organisation 世界組織

World peace 世界和平

World Peace through Law Centre 〔美〕世界和平法律中心（1957 年）

World politics 世界政治

World Population Society 世界人口學會

World price 世界市場價格；國際市場價格

World Refugee Year Loan Fund 世界難民年貸款基金

World regime 世界制度（結構）

World rule of law 世界法治

World Safety Organisation 世界安全組織

World security 世界安全

World Society of victimology 世界受害者心理學學會

World space 世界空間

World standards 世界標準

World state 世界國家

World textile market 世界紡織品市場

World textile materials market 世界紡織品原料市場

World tonnage 世界總頓位

World Tourism Day 世界旅遊日

World Tourism Organisation (WTO) 世界旅遊組織（1975 年）

World trade 世界貿易

World Trade Charter 世界貿易憲章（有學者認為"烏拉圭回合"多邊貿易談判為世界貿易自由化繪畫出了一幅學術藍圖，故而冠以此名稱）

World trade diplomacy 世界貿易外交

World trade in commercial services 世界商業服務貿易

World Trade Law 世界貿易法

World Trade Model 世界貿易模式

World Trade Model of Merchandise and Invisibles 世界

商品和無形財產貿易模式

World trade order 世界貿易秩序

World Trade Organisation (WTO) 世界貿易組織（前身為關稅與貿易總協定，根據《建立世界貿易組織協定》第 1 條規定，於 1995 年 1 月 1 日正式成立，其包括世貿組織的章程、宗旨與原則、活動範圍、組織職能、組織結構、決策規則、成員資格、法律地位、財政預算與會費分配、與其他國際組織關係以及組織章程的修正、接受、生效和保存等共計 10 條，是世界各國、各地區間管理貿易政策的常設國際機構，現有 144 個成員國及關稅地區）

World trading system 世界貿易制度

World Union of Professions 國際職業聯盟

World Veterans Federation (WVF) 世界退伍軍人聯合會

World Vision International 國際世界宣明會

World Women Parliamentarians for Peace 國際女議員爭取和平協會

World's Fair 萬國博覽會

World's total 世界總數

World's trade rules 世界貿易規則；國際貿易規則

Worldly goods 財產

World-wide drive to liberalisation 全世界範圍的自由化運動

Worldwide integration of trade 全球性貿易一體化

Worse policies Scenario 〔基金〕比較不利的政策景況

Worship 〔宗〕禮拜；〔主英〕尊駕，閣下（對司法行政官、官員或有地位人的稱呼，例如"Your Worship, the Mayor of"）

Worshipful 〔英〕尊敬的，可敬的（用於對治安法官、市議員等稱呼）

Worst policies scenario 〔基金〕悲觀的政策前景

Wort or worth 〔美〕宅地；農莊；鄉村農場

Worth 質量；價值；貨幣價值；物質價值；精神價值；〔撒〕宅地；農莊；鄉村農場

Worthier title 更有價值的產權

Worthier title doctrine 〔美〕更有價值權利規則

Worthiest of blood 〔英〕最優先血親；最優先繼承者（指繼承順序中男性比女性優先）

Worthless 無價值的；無用的

WOT-5th Mininsterial Conference (held on 10–14 September 2003 in Cancun, Mexico) 世界貿易組織第五次部長級會議（於 2003 年 9 月 10 日至 14 日在墨西哥坎昆舉行，會議有來自世貿組織 146 個成員的近 5000 名代表以及非政府組織代表出席了會議。是次會議對世貿組織新一輪談判進行了中期評估，發表了《部長會議聲明》。會議原本計劃就主要談判範疇確立談判形式框架和展開新議題談判，藉此開展第二階段的多哈發展議程談判。不過，這次會議最後未能達成共識。這是世貿組織成立八年來無果而終的第二次部長級會議）

WOT-6th Mininsterial Conference (held on 13–18 December 2006 in Hong Kong, China) 世界貿易組織第六次部長級會議（於 2005 年 12 月 13 日至 18 日在中國香港舉行，部長級會議是世貿組織的最高決策機構，至少每兩年召開一次，由該組織的來自世貿組織 149 個成員的 5800 多名代表和 2000 多名非政府組織代表參出席會議，公佈的"部長宣言"草案表明，各成員在向最不發達國家的產品提供免關稅。是次會議通過了《香港宣言》，同意在 2013 年底前，取消所有農產品出口補貼）

Would-be suicide 未遂的自殺；自殺未遂者

Wound　*n. & v.* I. 損傷；傷口（指因暴力造成對人體皮膚流血不止的創傷；非法或故意致人創傷者為刑事罪）；II. 傷害；使受傷

Wounded feelings　感情傷害

Wounding　傷害（指嚴重鬥毆致使他人受到危險性的傷害。構成傷害必須是皮膚連續破裂）

Wounding and maiming　暴行傷害

Wounding with intent　故意傷害

Woven fabrics　機織品

Wraparound　〔美〕轉包式貸款（指賣方保留原來的低利率抵押貸款，買方把償還額付給賣方後，賣方再把償還額中的部份款項付給原來抵押貸款的貸方）；返回租賃

Wraparound mortgage　〔美〕第二次抵押；分包式貸款抵押（釋義參見"Wraparound"）

Wrap-up insurance　綜合保險

Wreck　（失事船、飛機）殘骸；失事船舶（按普通法是指在海上失事的船舶，且其貨物應投擲到岸上並應判歸國王所有）；漂流物（指漂到岸上傷害的人或物）

Wreck commissioners　〔英〕船舶失事調查專員（在英國由大法官任命和撤換，調查員的薪金由議會撥付）

Wreck master　撈獲失事貨物的指定管理人；遇難船主

Wreckage　（船舶）失事；遇難；毀壞；沉船殘骸；飛機殘骸

Wrecker　尋覓失事船隻者；打撈者；打撈船；營救船；破壞份子；為行劫而使船隻失事者

Wreckfree　〔英古〕船難貨物免被沒收為國王所有

Wrecking company　打撈公司；營救公司；（房屋等的）拆除公司

Wrench　猛扭；關節扭傷

Wrest　*v.* 歪曲；曲解

Wrest facts　歪曲事實

Wrest the law to suit oneself　曲解法律以營私

Wright of proof　證據力；證據份量

Writ　〔英〕〔美〕令狀；訴訟令狀（法院頒發涉及訴訟案件命令應做的事項。其分為開審令狀和司法令狀。前者是傳喚被告並有國王署名的令狀；後者由法院發出並有首席法官簽名的令狀）；書面命令（法官簽發給直達吏或執法官員命令開庭訴訟等）；〔英古〕訴訟（古書中分為：對物訴訟；對人訴訟；混合訴訟）；文書；文件（由大法官法院刑庭主事官或由被愛爾蘭總督簽發命令議員選區選舉官員主持選舉為該選區選出議會議員）

Writ a capias ad satisfaciendum　逮捕判決債務人令其清償的令狀

Writ de excommunicato capiendo　蔑視主教罪的令狀（指主教向國王呈示當事人犯有蔑視罪）

Writ department　高等法院令狀交付處

Writ fieri facias　財產扣押令狀

Writ in aid　救濟令狀（指命令執行官低價出售扣押物執行令狀後的補助令狀，釋義見"venditioni exponas"）

Writ of admeasurements of dower　繼承人訴請寡婦歸還應得亡夫財產超額部份的令狀

Writ of appraisement　評價令狀

Writ of assistance　返還土地佔有令狀（指當執達員難以執行法律判決時，由衡平法院名義頒發一協助執行宣判交還原告土地的令狀）

Writ of assize　土地所有權收回令狀（指法庭命令被告把非法侵佔的土地歸還原告的令狀）

Writ of association　參與巡迴審判令狀（指示巡迴法院書記員和其下級官員同法官、法警組成巡迴法庭，參加巡迴審案的令狀）

Writ of attachment　扣押令狀（指用以強制執行法院的命令或判決令，由法院發給執達吏扣押違令者到庭回答其拒不執行的理由）

Writ of attaint　撤銷陪審團裁決令狀（由大陪審團調查小陪審團的評斷是否合法的令狀）

Writ of audita querela　判決債務人訴諸停止執行判決令狀

Writ of capias　拘捕令狀（指命令執達員逮捕被告的令狀）

Writ of capias ad respondendum　拘捕在逃被告令狀；拘捕被告後審令

Writ of certiorari　移送案卷複審令狀（上級法院命令下級法院將案件或記錄移送上級法院的令狀）

Writ of conspiracy　〔美〕不法共謀的令狀（以不法共謀對被告起訴的令狀，古時指控被告企圖共謀傷害原告的令狀。現除指控原告叛國罪或重罪外，古書中普通法上所有其他共謀案件均屬例案訴訟）

Writ of coram nobis　糾正錯判令狀（訴訟當事人基於原判決有錯誤請求再審的令狀）

Writ of covenant　〔英〕違約賠償令狀

Writ of debt　償還到期的定額欠款令狀

Writ of deceit　詐欺令狀（指對以代理名義行事因而致使他人受到損害和欺騙者作出的令狀）

Writ of delivery　交付物品令狀；歸還財產令狀（指執達員令被告交付動產歸還判決勝訴者的令狀）

Writ of detainer　續行拘押令狀

Writ of detinue　非法扣押令狀（指追索返還被扣押的物品、動產、契據或著作）

Writ of distress　扣押財產令狀

Writ of distringas　強制履行義務令狀（指扣押被告財產以強制其履行義務的令狀）

Writ of dower　取得亡夫遺留地產令狀（寡婦訴請交付給其亡夫財產全部應得的地產令狀）

Writ of dower under nihil habet　取得亡夫全部地產令狀

Writ of ejectment　〔美〕返還被非法佔有的土地及賠償訴訟的令狀（釋義見"ejectment"）

Writ of election　〔美〕施行選舉令狀（命令行政當局實行選舉的令狀，特指國會議員發生缺員時在州長中實行補選的指示令狀）

Writ of elegit　〔英〕扣押土地令狀（指佔領債務人的土地並以其土地上的收益作為清償債務的令狀）

Writ of enquiry　調查令狀

Writ of entry　回復不動產佔有令狀（指要求收回證明承租人等所持地契為偽造的以非法手段佔有的土地權利的令狀）

Writ of error　糾錯令狀（指糾正答辯中或案卷中記錄錯誤）；複審令狀（指推翻原判錯誤）

Writ of error coram nobis　更正錯誤的令狀

Writ of execution　執行令狀；判決執行令狀

Writ of false judgement　糾正錯判令狀（指上級法院修正下級法院沒有保存記錄而在訴訟程序有錯誤的令狀）

Writ of fieri facias (fi. fa.)　扣押並拍賣債務人動產令狀（指強制扣押並拍賣債務人財產以清償債務的令狀）

Writ of formedon　返還遺產令狀（指限嗣繼承者子女或剩餘財產承受人或期待權者要求在結束限定繼承之後追索歸還其財產）

Writ of Habeas Corpus 人身保護令狀；出庭令狀（釋義見 "Habeas Corpus"）

Writ of habeas corpus ad subjiciendum 解交被拘押者並說明其拘押日期及原因的令狀

Writ of habeas corpus ad testificandum 傳訊出庭作證令狀

Writ of injunction 禁制令狀

Writ of inquiry 調查令狀；損害評估令狀（指在不定額賠償請求的訴訟中，原告經缺席判決勝訴後，法院命令執達員召集 12 個誠實而合法的人經口頭宣誓後調查原告損失賠償額令狀，迄已廢止）

Writ of mainprize 擔保出庭令狀（指要求執達員對於保釋的在押犯作出出庭擔保後再予以釋放的令狀）

Writ of mandamus 執行職務令狀（上級法院給下級法院或執達員的）

Writ of mesne 〔英古〕非法扣押財產令狀（訴訟開始後的中間執行令狀）

Writ of oyer and terminer 〔英〕審理並判決令狀

Writ of possession 土地佔有令狀；恢復土地佔有的判決執行令狀；歸還土地於所有權人的令狀

Writ of praecipe (=writ of covenant) 〔英〕違約賠償令狀

Writ of prevention 阻止（起訴）令狀（阻止可能因訴訟損害權益而訴清頒發的令狀）

Writ of privilege 維持特權令狀

Writ of probable cause 輔助程序令狀（旨在監督審判庭之判決的執行）

Writ of process 程序令狀

Writ of proclamation 公告令狀

Writ of prohibition 禁止令狀（上級法院因下級法院對特定案件無管轄權而命令其停止訴訟程序的大權令狀）

Writ of protection 〔英〕庇護令狀（國王可為其侍從頒發一年又一日內在民事訴訟中免除被捕的特權令狀）

Writ of Quo Warranto 〔香港〕證明權力令（命令執行職務的政府人員到法庭證明他的職權的令狀）

Writ of replevin 扣押財產令狀（指請求返還非法侵佔的動產令狀）

Writ of restitution 回復原狀令狀；發還令（指命令執達員恢復被告因執行原判而喪失物權的令狀）；返還財物令狀

Writ of review 複審令狀（上訴法院提起複審下級法院案件記錄或判決的令狀）

Writ of right 權利令狀；回復土地佔有令狀（即收回被非法侵佔的土地的訴訟）

Writ of right close 〔英〕被非法剝奪土地權利令狀（指為國王直接的封臣之土地權利被非法剝奪的稱謂）

Writ of right of advowson 回復聖職推薦權令狀（1833 年廢止）

Writ of right of patent 〔英〕（領主）佔有土地令狀

Writ of scire facias 告知令狀；說明理由令狀

Writ of search 搜查令狀

Writ of sequestration 暫時扣押令

Writ of special pardon or amnesty 特赦令狀

Writ of subpoena 傳票（指傳令證人如不到庭要予以處罰的傳票）

Writ of summons 〔英〕傳票；傳喚令狀（指訴訟開始時發出傳訊被告在指定的時間內出庭答辯，否則按缺席判決的令狀。依英國司法條例規定，該令狀必須附有求償聲明書的背書方可發出）

Writ of Summons to Parliament 〔英〕召至議會令狀

Writ of supersedeas 中止訴訟令狀

Writ of supervisory control 〔美〕監控令狀（指簽發更正下級法院在其管轄範圍內所作出錯誤裁決的令狀。監控令狀職能就是使得聯邦最高法院能夠監控下級法院的訴訟過程：下級法院在其管轄範圍訴訟程序中因適用法律錯誤或故意無視法律而作出錯誤裁決，從而遺留下無法上訴或上訴救濟不充份之重大沉冤）

Writ of tolt 移送地產權利之訴（將地產權利訴訟案件從領主法庭移送郡法院審理的令狀）

Writ of trial 移送審判令狀（指示將原送上級法院審理的案件移送下級法院或助理司法行政官審理的令狀）

Writ of waste 禁止毀損土地令狀（頒發禁止佃戶毀損房地產令狀）

Writ on the case 准侵害訴訟令狀（例案訴訟令狀）

Writ pro retorno habendo 返還非法扣押財產令（指命令原告歸還非法扣押被告財物的缺席判決的令狀）

Write v.〔保〕承保

Write off a bad debt 注銷一筆壞賬（呆賬）

Write the debts down 〔基金〕減除債務

Write-down 劃減；減記（指因資產減值而把其賬戶中的部份餘額轉入開支賬目）

Write-down procedure 減記（債務）程序；劃減（債務）程序

Write-in 另寫候選人名字（在選票上寫入非原定候選人的名字，即投給非原定候選人的選票）

Write-off 銷賬；沖銷；勾銷；注銷

Writer 〔蘇格蘭〕事務律師

Writer of the tallies 〔英〕財政部對賬官

Writer to the signet 〔蘇格蘭〕事務律師協會（蘇格蘭最古老和首要的律師協會）

Write-up 增加價值；提高資產的賬面價值（指在反映當前價格的資金調度表中增加資產的價值）

Writing 書寫；筆跡；文書；書面文件；〔複〕作品；著作

Writing obligatory 答辯保證書；支付保證書（指由政府或公司簽發的保證償還借款）

Written 書面的；成文的；筆記的

Written accusation 書面檢舉；書面控告

Written acknowledgement 書面承認

Written agreement 書面協定；書面協議；書面合約

Written application 書面申請

Written approval 書面許可，書面批准

Written authority 書面授權

Written authorisation 核准書

Written code 成文法（典）

Written confirmation 書面憑據；書面證明

Written consent 書面同意

Written constitution 成文憲法

Written contract 書面契約；書面合同

Written decision 判決書

Written estimate 估價單；書面評價

Written evidence 書面證據

Written expert testimony 鑒定書

Written explanation 說明書（辯明書）

Written guarantee 保證書

Written instructions 書面指示

Written instrument 書面證明；書面文據；書證

Written judgement 判決書
Written law 成文法；成文律（指國家立法機關按一定程序制定的、以規範性文件的形式表現出來的法，如憲法等法規等的成文法，也包括國際性條約在內）
Written negotiation 書面談判
Written notice 書面通知
Written notice of service 送達通知書
Written notice of the decision 決議的書面通知
Written notice of withdrawal 退出通知書
Written offer 書面要約
Written opinion 鑒定書；書面意見；意見書
Written petition 請願書
Written pleadings 〔英〕書面答辯
Written pledge 保證書
Written procedure 書面程序
Written proceedings 書面程序
Written protest 抗訴書；抗議書
Written protestation 抗告書
Written record 記錄在案
Written reply 答辯書
Written report 報告書（工作報告）
Written representation 書面表示；書面陳述
Written request 書面請求
Written rule 成文規則
Written sanction 書面許可
Written self-criticism 檢討書
Written statement 陳述書；書面陳述；書面報告
Written statement of repentance 悔過書
Written testimony 書面證言
Written transfer 讓與書
Written treaty 書面條約
Written verdict 評決書，裁定書（指陪審團的書面裁定）
Written will 遺囑；遺書
Wrong 不法行為；侵犯權利；侵權行為（釋義同 "tort"，都用於違法行為，但尤其用於不法違反契約或不法違背信托義務的民事損害）；不公正；不道德
Wrong direction 錯誤的方向
Wrong intention 惡意
Wrong-doer 不法行為者；侵權人；加害人
Wrong-doing 不道德行為；壞事
Wrong-doing state 不法行為國家
Wrongful 違法的；非法的；不正當的；惡劣的；不公允的
Wrongful abuse of process 非法濫訴；非法濫用訴訟程序
Wrongful act 違法行為；非法行為；不法行為；侵害行為
Wrongful arrest 非法逮捕
Wrongful attachment 非法扣押
Wrongful birth 〔美〕不當出生（一種醫療責任事故至不當懷孕或出生受傷害嬰兒的求償）
Wrongful collision 非法碰撞
Wrongful conception 不當妊娠；異常懷孕（因不孕藥或墮胎藥所致）
Wrongful conduct 違法行為；瀆職行為；不法行為
Wrongful death 異常死亡（如被他人撞車事故中致死等）
Wrongful death action 意外致死訴訟；不當過失致死之訴（由代表死者遺囑的指定受益人提起的）
Wrongful death statutes 〔美〕不當致死法（有關致害人賠

償死者配偶、父母和子女的規定）
Wrongful detention 非法拘留
Wrongful detention of goods 非法扣押貨物；錯誤扣押貨物
Wrongful discharge 〔美〕非法解僱；錯誤解僱
Wrongful dishonour 錯誤拒絕承兌（匯票）
Wrongful dismissal 非法解僱（僱工可就僱主違反勞務契約或在契約屆滿前通知所造成工資等損失提出賠償訴訟）
Wrongful entry into life 不當出生
Wrongful heir 非法繼承人
Wrongful levy 〔美〕非法扣押（指對於不法執行扣押，財產所有者有權提出損害賠償）
Wrongful life 不當生命（指因醫療上的過失而出生有缺陷的嬰兒）
Wrongful possessor 非法保留者（指承運人違約保管所承運的貨物）
Wrongful search 非法搜查
Wrongfully intending 惡意動機（構成指控被告所犯傷害之訴的理由）
Wrongous 〔蘇格蘭〕非法的；違法的；不正當的
Wrongous imprisonment 非法監禁；非法關押（釋義同 "false imprisonment"）
WTO Accession Working Party 世貿組織的加入工作組
WTO activities 世貿組織的活動
WTO Agreement on Import Licensing Procedures 世貿組織關於進口許可證程序協定
WTO Agreement on Subsidies and Countervailing Duties 世貿組織補貼與反傾銷稅協定
WTO Agreement on Textiles and Clothing 世貿組織關於紡織品和服裝協定
WTO agreements and rules 世貿組織的協定與規則
WTO Annual Report 《世界貿易組織的年度報告》（由世貿組織秘書處主辦的刊物）（以前稱為《國際貿易》）
WTO anti-dumping provisions 世貿組織反傾銷條款（規定）
WTO balance of payment provisions 世貿組織國際收支差額規定（條款）
WTO caseload 世貿組織承辦的案件數（包括專家組和上訴機構的）；世貿組織的工作量
WTO charter 世貿組織憲章（有時稱為 "指導性條款"，即指世貿組織憲章的第 16 條第 8 款）
WTO charter rules on decision-making 世貿組織憲章決策規則
WTO Committee on Customs Valuation 世貿組織海關估價委員會
WTO Committee on Trade and Environment 世貿組織貿易與環境委員會
WTO delegates resident in Geneva 世貿組織常駐日內瓦的代表（人數）
WTO delegation 世貿組織代表團
WTO discipline 世貿組織紀律
WTO Dispute Settlement Review Commission 〔美〕世貿組織爭端解決審議委員會（由五位聯邦上訴法官組成負責審議世貿組織專家小組對不利於美國的裁決）
WTO institutional framework 世貿組織機構框架
WTO institutional mechanism 世貿組織機構機制
WTO Integrated Date Base 世貿組織綜合數據庫

W

WTO Legal Affairs Division　世貿組織法律司

WTO Members　世界貿易組織全體成員

WTO model　世貿組織的模式（世貿是在關貿的基礎上逐漸演變而建成為一個定期研討的有合法體系的組織、一個有章程結構、管理規則的系統組織，其拼除了關貿"違約方否決權"等僅屬一個契約性結構的"先天缺陷"的組織）

WTO plan of Action　世貿組織行動計劃（指 1996 年 12 月在新加坡召開的部長會議上提出技術上援助最不發達國家的）

WTO rights　世貿組織的權利

WTO rules on amendments　世貿組織的修正規則

WTO rules on national treatment　世貿組織的國民待遇規則

WTO Secretariat　世界貿易組織秘書處

WTO secretariat attendance at executive board meetings of the Bank and the Fund　世貿組織秘書處參加世界銀行和貨幣基金組織執行董事局會議

WTO Secretariat Staff　世貿組織秘書處的工作人員出席世界銀行和國際貨幣基金組織執行董事會的會議

WTO surveillance of national trade policies via the Trade Policy Review Mechanism　世貿組織通過貿易政策審議機制監督成員方貿易政策

WTO's assumption of the mandate to enforce intellectual property rights　世貿組織承擔履行知識產權的任務

WTO's authority　世貿組織的權威；世貿組織的權力；世貿組織的代理

WTO's day-to-day activities　世貿組織日常活動（指接收來自各成員方首都的支持、援助、經常召開部長級會議等等）

WTO's institutional capacity　世貿組織的組織機構能力

WTO's Linkage Agreements with the IMF and the World Bank　〔世貿〕世貿組織與國際貨幣基金組織和世界銀行的聯繫協定（於 1996 年 11 月締結，相互給予對方秘書處工作人員以觀察員身份參加會議並磋商彼此感興趣的問題，尤其是與貿易有關的政策問題）

WTO's ministerial mandate to achieve greater coherence　世貿組織部長增強凝聚力的義務

WTO's mission　世貿組織的使命；世貿組織的任務

WTO's multilateral trade agenda　〔世貿〕世貿組織多邊貿易議程

WTO's organisational competencies　〔世貿〕世貿組織的組織能力

WTO's relationship to developing countries and countries in transition　世貿組織與發展中國家和過渡性國家的關係

WTO's rules and procedures　世界貿易組織的規則和程序

WTO's situation in the global economy　世貿組織的國際經濟地位；世貿組織的全球性經濟狀況

WTO's trade-liberalising goals　世貿組織貿易自由化的目標

WTO-2nd Ministerial Conference (held on 18-20 May 1998 in Geneva)　世界貿易組織第二次部長級會議（於 1998 年 5 月 18 日至 20 日在瑞士日內瓦舉行，會議主要討論了已達成的貿易協議的執行情況、既定日程和未來談判日程等問題以及第三次部長級會議舉行的時間和地點。會議的主要目的是為第三次部長級會議啓動新一輪多邊貿易談判做準備。並通過了關於電子商貿的宣言）

WTO-3rd Ministerial Conference (held on 30 November to 03 December 1999 in Seattle)　世界貿易組織第三次部長級會議（於 1999 年 11 月 30 日至 12 月 3 日在西雅圖舉行）

WTO-4th Ministerial Conference was held on 09-14 November 2001 in Doha, Qatar　世界貿易組織第四次部長級會議（於 2001 年 11 月 9 日至 14 日在卡塔爾首都多哈舉行，會議啓動了被稱為"多哈發展議程"即所謂"多哈回合"的新一輪多邊貿易談判。會議的另一個重要成果是批准中國加入世界組織。會議通過《部長宣言》等三個文件）

WTO-consistent fashion　世貿組織的一貫方式

WTO-First Ministerial Conference (held on 09-13 December 1996 in Singapore)　世界貿易組織第一次部長級會議（於 1996 年 12 月 9 日至 13 日在新加坡舉行，是世貿組織自 1995 年成立後舉行的首次國家貿易部長級會議。會議主要審議了世貿組織成立以來的工作及上一輪多邊貿易談判即"烏拉圭回合"協議的執行情況，包括檢討世貿組織成立後的工作）

WTO's Budget Committee　世貿組織預算委員會

WTO's family　世貿組織大家庭（包括全部 139 個成員方在內組成的）

WTO's functions　世貿組織的職能

WTO's mandate and organisational capabilities　世貿組織的任務及其組織能力

WTO's new role in international commercial relations　世貿組織在國際商務關係中的新作用

WTO's objectives　世貿組織的目標

WTO's regular budget　世貿組織的正常預算（財務的）

WTO's relationship to developing countries and countries in transition　世貿組織與發展中國家及轉型中國家的關係

WTO's role in relation to economic in transition　世貿組織對於轉型經濟的作用

WTO's secretariat　世貿組織的秘書處

WTO's three sets of rules　世貿組織的"三套規則"（指 1. 反傾銷和允許單方限制進口國的規則；2. 區域安排；3. 特殊和差別待遇）

WTO's work　世貿組織的工作

Wurth　〔撒〕值得的；合格的；有能力的

Wye　鐵軌的"Y"道（指鐵路軌道的兩個分杈）

Wyte　〔英古〕免除責任；免除罰金

W

X

X　*a. adv. prep. & n.* I. 追加的 (地)；額外的 (地)，外加的 (地)；特別的 (地)；II. 在…外；離開；出於，由於；缺乏；沒有；III. 乘；IV. 無利息票，除息票；花押 (指不識字者在證件上簽字畫 "X" 之符號)

X-axis (on the)　(在) 橫坐標上

X-efficiency theory　X－效率理論 (資源分配效率上的理論)

X rating　〔美〕17 歲以下未成人禁止觀看的電影

Xenium　禮物 (送外國使節等的)

Xenocurrencies　在發行以外的通貨 (指在發行國以外流通的貨幣)

Xenodochy　好客；款待

Xenophobia　排外主義；仇外

Xenophobic racism　仇外的種族主義

X-ray photoes　X 光片

X-ray photograph　X 光照片

Xylon　〔希古〕手枷；足枷 (古希臘的一種刑罰)

Y

Ya et nay　(未經宣誓的) 承認和否認；肯定和否定

Yacht fire coverage　游艇火險

Yacht insurance　游艇保險

Yalta Agreement　雅爾塔協定 (指 1945 年 2 月 11 日，蘇美英三國首腦在前蘇聯的雅爾塔舉行會議並背着中國秘密簽訂的)

Yalta voting formula　雅爾塔表決規則

Yamun　〔中〕衙門 (中國人對法庭的貶稱)

Yankee bond　〔美〕楊基債券

Yaounde Convention　〔歐〕雅溫得公約 (指歐洲共同體與其 18 個非洲聯繫國之間於 1963 年 7 月 20 日在喀麥隆首都雅溫得簽訂的為期 5 年的公約)

Yard　碼 (長度單位，一碼等於 3 英尺或 36 英寸)；工作場地；修船廠

Yardage　牲畜欄使用費

Yardbook of the United Nations　聯合國年鑒

Yardland (or virgata terrae)　〔英〕碼田 (有的郡含 20 英畝地，有的郡為 24 畝地，其他郡為 30 畝地)

Yaw　〔海法〕偏航；搖首

Y-axis (on the)　(在) 縱坐標上

Yea and nay　是與不是

Year　年；年度；日曆年 (1752 年實行舊制曆法與現在的計時制不同。舊制計時方式的特點：1. 不是從現在的 1 月 1 日起，而是從 3 月 25 日開始；2. 計算日子是每四年為閏年；3. 確定復活節規則也沒有現在這樣精密)；農業季節

Year and a day rule　一年又一日規則 (指在普通法中，如果受害者活過一年零一日者，就不得歸罪於被告的不法行為的審判原則)

Year and day　滿一年 (1. 蘇格蘭法律要求任何行為均須在一年以內完成，增加一日只是使其完成顯得更有把握而已；2. 英國法律在各類案件中也有類似規定)

Year Books　年鑒；〔英〕判決年刊；判例年鑒 (指愛德華一世至亨利八世時逐年的案例彙編)

Year end　〔會計〕年終，年底

Year of assessment　評稅年度；〔香港〕課稅年度；徵收年度 (截至每年 3 月 31 日止)

Year of grace　寬限年度；寬緩年限 (指勞合社寬限對船隻全面查驗的時限，但至多不得超過 12 個月)

Year of mourning　守寡年 (一年居喪期，在此期間寡婦不得再嫁，以免生育後，發生誰為生父的糾紛)

Year of our Lord　〔英〕公元紀年

Year to year　逐年 (指承租人應逐年續約的意思)

Year, day and waste　〔英〕一年又一日毀損土地的特權 (指英王在一年內佔有重罪犯人土地，取得其收益，並將土地毀損或改變的特權) (現已廢止)

Yearbook of International Organisations　國際組織年鑒

Year-end audit　年終審計

Year-end bonus　年終加薪；年終獎金

Year-end dividend　年終紅利

Year-end reward　年終獎金

Yearly installment　按年分期付款

Yearly interest　年利

Yearly payment　按年償還；逐年支付

Yearly rates　年率；每年年率

Yearly renewable term　〔保〕每年續保條件

Yearly salary　年薪

Yearly tenant　按年租戶；逐年承租人

Yearly updates　年度更新

Years of discretion　成年，明辨年齡

Yeas and nays　〔美〕贊成與反對；贊成票和反對票；點名表決

Yeggman　〔美俚〕夜盜

Yellow book　〔法〕黃皮書 (法國等政府或議會發表的報告書)

Yellow box　〔香港〕停車禁區；黃格區；〔世貿〕黃箱；黃盒子 (指 WTO 的《農業產品協議》規定成員方應逐年削減對國內農業產品的補貼政策措施；對中國政府支農資助而言，按世貿組織規定不得超過人民幣 485 億元)

Yellow dog contract　〔美〕反工會契約；黃狗契約 (以受僱者不加入工會為條件的僱傭契約)

Yellow jack　(船舶) 黃旗；檢疫旗 (被檢疫中的船上所懸掛的)

Yellow journalism　黃色新聞 (指專以刊載色情之類有傷風化的消息來促進報紙和雜志的銷路)

Yellow paper 〔法〕黃皮書 (法國等政府或議會發表的報告書；電話話碼廣告簿)

Yellow peril 黃禍 (指黃種人帶給西方人的 "威脅")

Yen loan 日元貸款

Yen pock 鴉片丸

Yenbond 日元公債 (由日本政府或企業發行的)

Yeoman 〔英〕自耕農 (指一年有 40 先令收入的土地。古時候據此就有權擔任陪審員和選舉郡騎士資格和依法做其他事情)；小地主，小農場主；倉庫看守 (指在軍艦上負責倉庫出納工作的上等水兵)；〔美〕(海軍) 文書軍士

Yeoman Usher of the black rod 〔英〕烏棍侍衛；上議院侍衛官

Yeomanry 〔總稱〕自耕農 (釋義同 "Yeoman")；地方自願兵 (指國王獲准徵集自願服役的人)

Yeomen of the guard 王室衛士 (御林軍衛士必須具備身材魁偉，每人必須高達 6 英尺)

Yield gap 〔英〕收益差距

Yield liberalisation outcome 產生自由化的成果

Yield of a tax 一種稅的收益

Yield of tax(s) 租稅收益

Yield spread 收益率差幅；收益差價

Yield tariff reductions (of) 達成關稅減讓

Yield to maturity (YTM) 到期收益；期末收益

Yield up possession 交出佔有物

Yield upon investment 投資年收益率；投資年收入率

Yield *v. & n.* I. 放棄；拋棄；屈服；投降；讓與 (權利，財產等)；同意；應承；允諾；產生 (收益或效果)；讓步；〔英

古〕提供勞役 (領臣或承租人對領主或出租人履行的服務)；II. 收穫量；(農業的) 產量；產出；紅利；收益；收益率 (年收益率，投資收益率，內在報酬率)；投資收益率

Yielding and paying 約定租金 (指依租約規定交納應付的租金，一般用於租約開頭的句子)

Yokelet 小農場 (要求同輛的二牛一日內可耕土地)

Yom kippur 〔猶太〕贖罪日

York-Antwerp Rule (Y.A.R.) 1974 〔英〕約克－安特衛普規則 (指關於統一提單和普通海損，及通常拼在海上保險單中的一種共同海損理算規則，於 1877 年首先在安特衛普開會而形成的規則，1974 年修訂故而著稱於世)

Yorkshire deeds registries 〔英〕約克郡土地文據交易登記所 (已於 1969 年關閉)

Young laird 〔蘇格蘭〕地主的長子或世襲繼承人

Young offenders 青少年犯罪者；未成年犯

Young Men's Christian Association 基督教青年會

Young person 〔英〕少年 (14–17 歲之間)

Young prisoner 未成年犯；青少年犯

Young Turks 〔美〕少壯派激進議員

Young Women's Christian Association 基督教女青年會

Younger Brethren 〔英〕航務管理協會青年會員；領港公會青年會員

Younger doctrine 〔美〕楊格原則 (指聯邦法院不應以強制命令或宣示性救濟干預州法院正在審理的刑訴訟案件)

Youth 青年；少年；青少年時期

Youth court 青少年法院

Youthful offender 青年違法者；未成年犯

Z

Zanja 〔西〕水溝；人造運河

Zealot 狂熱份子；激烈份子

Zealous witness 祖護一方的證人；有偏見的證人

Zebra crossing 斑馬紋人行橫道 (俗稱 "斑馬綫"，交通用語)

Zemindar (or zaminda) 〔印〕地主；土地管理員 (穆汗默德時代負責監督土地和保護耕農以確保政府貨幣或實物收入的官員)；〔意〕地主

Zemindary 地主管領地；地主所有

Zemstvo 〔俄〕地方議會

Zemstvoist 〔俄〕地方議會議員

Zero (standard) time 〔海法〕時區 (標準) 時間；地方 (標準) 時間

Zero base budget 零基預算

Zero base budgeting (ZBB) 零基預算

Zero bracket amount 〔美〕最低等級額；免稅收益額；零稅級金額 (1986 年起已為標準扣稅級所取代)

Zero Coupon Bond 〔美〕零息票債券；零息公債 (指配合退休時間表，買那些到退休才滿期的公債。這種公債比較安全，也有資金增值的潛力，在個人退休賬戶內是可以延稅的)

Zero growth 零增長；不增長

Zero line 〔海法〕中綫軸

Zero norm 〔英〕最低限額

Zero saving 無儲蓄；無存款

Zero tariffs 免關稅；零關稅

Zero visibility 〔海法〕零可見度

Zero-balance account 零數餘額賬 (指銀行設法每天撥出的現金是要恰好等於當天客戶兌現支票金額是以求得當天收支平衡)

Zero-Coupon Eurobond 不附息票的歐洲債券

Zero-duty binding 免稅待遇的凍結 (指在關稅談判中，一國對另一國承諾對某些免稅商品不再改為應稅商品，為關稅減讓的一種方式)

Zero-growth budget 不增加預算

Zero-rating 〔英〕免付增值稅 (指某類商品和服務的增值稅，例如，食品、書報和煤炭燃料等)

Zero-risk policy 〔關貿〕零風險政策 (指禁止進口歐共體超量荷爾蒙的牛肉，因食用後會導致嬰兒胸部過度發達)

Zero-sum game 零和對策 (指一方的收益恰與另一方的虧損完全相等之一得一失的理論)；零和博弈

Zetetick 調查程序

Pearl River Delta Open Economic Coastal Area 珠江三角洲經濟開發區

Z

Zip code　〔美〕郵區代碼；郵政編碼

Zollverein　〔德〕關稅同盟

Zone　區域；地帶

Zone (standard) time　時區（標準）時間；地方（標準）時間

Zone for revenue and sanitary laws　稅收檢疫法令地帶

Zone freight rate　地區統一運費率

Zone locked State　區鎖國

Zone of action　行動地帶

Zone of activity　活動地帶

Zone of application　適用地帶

Zone of approach　接近區

Zone of belligerent operations　交戰地區

Zone of boundaries　邊界區

Zone of combat　作戰區

Zone of conflict　衝突範圍

Zone of control　控制地帶

Zone of cultivation　耕地區；耕作區

Zone of employment　〔美〕工作區；工作地帶（工人在僱傭地帶範圍以內受到傷害時根據工人賠償條例可以取得賠償或撫恤，為勞工保險的有效範圍）

Zone of exclusive fishing jurisdiction　專屬捕魚管轄區

Zone of fishery　漁區

Zone of fortress　要塞地帶

Zone of influence　勢力範圍

Zone of inspection　監督區

Zone of military operation　軍事活動區

Zone of occupation　佔領區

Zone of operation　作戰區

Zone of peace　和平區

Zone of protection　保護地帶

Zone of protective jurisdiction　保護管轄區；保護管轄權地帶

Zone of responsibility　責任區

Zone of security　安全地帶；安全區

Zone of sovereignty　主權區

Zone of special jurisdiction　特別管轄區

Zone price　區域價格

Zone system　區域制度

Zone tariff　區域關稅

Zone tariff system　區域關稅制；分區關稅制；〔美〕區域收費制；區域運費制；分區運費制（分區收費標準制）

Zone theory　區域說（如依侵權和煩擾法飛越佔有者"有效佔有"的領空可予起訴）

Zoning　分區；分區制（如城市規劃中，分成工廠區，住宅區等）

Zoning commission　城市規劃委員會；分區委員會

Zoning law　〔美〕劃區法；分區法（指有關劃分城市的住宅區、商業區、工業區等土地使用的法令）

Zoning map　〔美〕分區地圖；區域地圖

Zoning Ordinance　〔美〕分區條例

Zoning variance　區域差異

Zoo　動物園

Zoonoses　動物寄生蟲病（指一種可傳染給人的動物病害）

Zurich financial market　蘇黎世金融市場

Zurich Gold Pool　蘇黎世黃金聯營（指瑞士黃金聯營，因設於蘇黎世而著名）

Zygocephalum　〔希古〕土地丈量單位（尤指一對公牛一天可耕地的數量）

Zygostates　〔希〕過磅員；稱貨員；司秤官

Z

附　編

羅馬法簡介

為了增進對羅馬法的瞭解，本文就羅馬概況、羅馬法淵源、羅馬法形成與發展、羅馬法對大陸法系、普通法系和對中華法系等的影響，以及羅馬法的歷史地位、學習、研究羅馬法的現實意義等概述如下：

一、羅馬概況

羅馬建國於公元前 753 年。羅馬是個善於政治組織及討伐征戰的民族，極為好戰，其精英階層中的競爭是以戰功衡量成就，因而窮兵黷武，擴張領土，疆域廣袤，橫跨歐、亞、非三個大陸，人口總數在九千萬以上。公元 330 年，羅馬皇帝君士坦丁遷都博斯普魯斯海峽西岸古希臘人所建的殖民城市，更名為君士坦丁堡，即"拜占庭"，史稱"東羅馬帝國"，並於公元 395 年分裂成西、東兩個國家。西羅馬帝國於公元 476 年為西哥德族所滅，但其國土南意大利和西西里島仍在東羅馬帝國統治下（注 1）；東羅馬帝國於公元 1453 年為奧斯曼帝國所滅。羅馬帝國雖然早已滅亡，但其給人類留下輝煌的法學遺產，影響世界各大法系，適用至今。

二、羅馬法淵源

羅馬歷經"王政、共和、帝國"三個歷史時期，其法律淵源分述如下：(1) 王政時期（公元前 753-509 年）的羅馬法淵源為"人民大會法律"和"平民大會法律"，後者最初只對平民適用，隨着平民地位提高，其適用範圍亦逐漸擴大；也有些學者把這一時期法律劃分為"市民法"和"萬民法"，前者適用於羅馬市民，後者適用於非羅馬市民或羅馬市民與非羅馬市民，公元前 287 年，《霍滕修斯法》明確規定兩者具有同等法律效力；(2) 共和時期（公元前 264−127 年）末葉，元老院的決定逐漸取代王政時代的"人民大會法律"和"平民大會法律"。這一時期的羅馬法淵源，主要為《十二銅表法》（公元前 451 年頒佈）、人民大會和平民大會通過的法律、元老院決議、法學家的解答及裁判官的告示，以及各地習慣等；(3) 帝國時期（公元前 127 年之後至 1453 年）的法律、法令均以敕令形式頒佈，構成這一時期的羅馬法淵源。帝國時代各種法律訴訟先是由法學家解答，但由於他們各持己見，形成學派，引起羅馬皇帝不滿，於是皇帝收回成命並獨攬了立法大權。

羅馬帝國先後組織編纂了彪炳史冊的六部法學名著：《葛列格里安努斯法典》（公元 294 年）、《海摩格尼安努斯法典》（公元 324 年）、《狄奧多西法典》（公元 438 年）、《查士丁尼法典》（公元 528 年）、《學說匯纂》（公元 530 年）和《法學階梯》（公元 533 年）。

三、羅馬法的形成、發展及其對大陸法系和普通法系等的影響

(1) 羅馬部落在歷史上也是一個氏族組織，但表現為城邦結構，其後逐漸形成一個城邦共同體，對外防禦和進攻，對內保衛城邦。城邦內的各種習俗逐漸形成了一個統一的"市民法"和"萬民法"的法律規範，為大家所共同遵守。這些法律規範雖系奴隸制社會產物，但其形成和發展是適應商品生產和交換的需要，反映了當時社會的各種法律關係，並作了詳盡的規定。

(2) 公元一世紀是羅馬帝國鼎盛時期，經濟十分繁榮，其與各國通商中所形成的原則和規則彙集成了一個統一共同的商法，並傳入英國，構成英國普通法的組成部份。公元七至十一世紀西歐各國包括英國商業興起，開始以金錢等動產取代了以佔有的土地為財富的經濟制度，其現行法律不敷所用，而且缺乏所需新的立法規則和司法機構，故而適用羅馬法便應運而生，於是先在意大利大學掀起對《查士丁尼法典》的研究之風，繼之傳播於西歐各國和英國各大學，尤其在牛津大學也掀起了研究羅馬法風潮；與此同時，法蘭克、德意志等國還承襲了羅馬皇帝的尊號，並在其諭令中引用羅馬法為根據，錄用一批因研究羅馬法而取得司法職位的學者充任法官。其時歐洲各國都適用查士丁尼的《法律大全》和《學說匯纂》，直至公元十八世紀中葉以後法國的《拿破崙法典》和《西班牙民法典》幾乎也是如法炮製，適用羅馬法。

此時，羅馬帝國實際上已經形成了一個大經濟貿易區，實行貿易自由、遷徙自由、海上自由；同時，對貿易秩序也加以保障。例如：制定苛法嚴禁殺人越貨的海盜等等。凡此種種都推動了西歐各國繼受羅馬法的運動。

（3）近代商法之形成始於公元十至十二世紀，開始於集市。共同的商事習慣形成共同的法律以排除城市的特別法，通過海、陸兩路傳播於歐、亞兩大洲，其時商業不僅盛行於大西洋及北海、波羅的海一帶，而且在非洲東岸、印度洋乃至中國亦有商事往來，各國間商務往來都普遍適用羅馬法。隨着商業發達，領事制度開始建立，各國都紛紛效法羅馬法以"誠信公平"簡易程式規則判決執行相互間的商事糾紛和貿易爭端。

（4）羅馬法的影響遍及歐、亞、非各國。在歐洲除英國大部份領土外，中、南、西歐包括萊茵河以西和多瑙河以南及其上游的德國、西班牙、法國和意大利等地中海地區的大片土地、亞洲則以小亞西亞為中心的土耳其和敘利亞等大部份領土，以及非洲北部地方都適用羅馬法。但是，英國普通法系形成過程中究竟是受羅馬法影響，還是受日爾曼法等的影響。對此，英國權威法學家各執一詞，沒有一致的看法；不過，英國的衡平法是深受羅馬寺院法的影響、英國商法更以羅馬法為其基礎。歐亞各國的大陸法系多淵源於羅馬法，例如：物權、債權、繼承權等；普通法中的契約原則、遺囑制度、信託規則也多採用於羅馬法。這些對於民事法律關係的界定均為其後的中、美、歐、日等國的民法規定所沿襲，其對後世資本主義法產生了重大和久遠的影響。

（5）中國從清末開始的民律草案以及國民黨政府的民法五編，也都深受羅馬法的影響。

四、羅馬法的歷史地位及學習、研究羅馬法的現實意義

羅馬法經歷了上千年的形成與發展，其造法淵源具有連貫性。它在理論上對各國現行法的適用具有充實和補充作用。正如恩格斯所説："羅馬法是簡單商品生產的完善的法。但是它也包含着資本主義時期的大多數法權關係"；它是"商品生產者社會的第一個世界性法律"。因此，學習、研究羅馬法，以便更好地為中國社會主義初級階段經濟形態下的法制建設服務，豐富中國文化內涵，此其一。其二，羅馬帝國"通過管理、法律……完成了世界史上獨一無二的業績"，並在若干世紀中"為東、西方各國樹立了光輝的榜樣"；羅馬帝國創立的羅馬法"是歐洲以及歐洲以外一切以後的法律的基礎"，為世代法學家"提供了並且正在提供着不僅是法律思想的第一個流派，而且還有直到現在仍然是根本性的一些範疇"。羅馬的萬民法"曾是古典國際法的名稱，……現代的列國體制的國際慣例都把羅馬的萬民法規範適用於它們的國際關係，而羅馬的萬民法此後就成為國際法，即古典的國際法"。因此，熟稔羅馬法對我們傳承和研究國際法歷史具有現實意義（注2）；其三，拉丁語是教會的語文，其"在羅馬帝國已取得偉大的地位，並且直到十八世紀，拉丁語不僅繼續是神學家和學者所使用的語文，而且也是國際法文件和外交往來所使用的語文"（注3），而沉迄今，羅馬法律格言、法律術語在世界各國的法律詞典和法學專家名著中仍多被沿用。正如有些法學家所説，羅馬法"注重實用，不尚空談"，故"冠絕古今，卓越東西"。因此，在當今世界經濟一體化和法律全球化的進程中，學習和研究羅馬法精神依然具有普遍意義。

（注1）見李浩培教授譯的《國際法》上冊第61頁。

（注2）見李浩培教授譯的《國際法》上冊第53頁。

（注3）見李浩培教授譯的《國際法》上冊第66頁。

拉丁語法律術語

A

A coelo usque ad centrum 財產所有人權利範圍（土地所有者擁有從天空到地心，亦即土地所有者佔有從天上到地下最低層）

A Confectine praesentium 從訂立契約之時起

A consiliis 忠告的；勸告的；(法律) 顧問

A contrarie 相反

A dato 從該日起

A die confectionis 從締約之日起

A fortiori 更加；尤其；更有理由；更不容置疑地

A latere 旁系親屬的（用於財產繼承的）；教皇全權代表的；交叉；經過；穿越（指訴訟程式上）；意外地；偶然地

A manibus 王室代書人；皇家書記員

A me 從我這裏（指上級領主授予的直接保有地）

A mensa et thoro 別居；分居（指依法分居，保留夫妻關係，但不共寢食，其釋義同 "separation"）

A pair 類推

A posse ad esse 從可能變為事實；從計畫到實現

A posteriori 自果至因；由結果追溯至原因；由事實推論出原理；歸納地

A primo ad ultimum 自始至終

A priori 自因至果；由原因推論至結果；推理；先驗地；演繹地

A propos 適當地

A quo 開始；起；由此

A retro 拖欠；遲延；落後遺囑中有意不把遺產或禮品遺贈給自己的繼承人）

A simili 類似

A verbis legis non est recendendum 法律文字不容變更（法律文字不得濫用而脫離其本義）；以法律文字為準繩（指法官解釋議會制定法適用的規則，其指南是制定法而不是立法的意圖）

A vinculo matrimonii 離婚；解除婚姻關係（指婚姻關係完全破滅）

Ab abusu ad usum non valet consequentia 濫用事務中所得出的結論是無效的

Ab actis 國家檔案管理員；法院書記員；公證員；保險統計員

Ab agendo 無行為能力的；喪失行為能力的；無處理事務能力的

Ab ante 以前；預先；事先（指立法機關或議會不允許第三者對所制定的法律事先進行更改或修訂）

Ab antecedente 預先；事先

Ab antiquo 自昔；自古以來；過去的；古時的；古代的

Ab assuetis non fit injura 默認不侵犯合法權利；不堅決主張自己的權利就會被認為業已放棄

Ab extra 從外部；外來；額外；特別；從前的；來自其他方面的

Ab extrinseco 從外部；外來；外在

Ab hodierno 從今日起

Ab inconvenient 不方便

Ab inconvenienti 由於困難；因為不便；反證法（證明反面理由不能成立）

Ab initio 從開始；自始；自行為的發端

Ab initio mundi 自古以來

Ab intestat 無遺囑的；未立遺囑的

Ab intestato 無遺囑而繼承的（遺產）

Ab intra 從內部；自內部

Ab invito 非出於自願；不情願地；違心地；被迫地

Ab irato 出於憤怒（指因憤怒或憎恨情況下，遺囑中有意不把遺產或禮品遺贈給自己的繼承人）

Ab limine 從開始；自始

Ab nodierno 從今日起

Ab olim 從前；以前；過去

Ab origine 從起源；從頭；開頭；自始

Ab ovo 自始；從開始

Ab ovo usque ad mala 自始至終

Ab urbe condita 建城後（羅馬城大約在公元前 753 年建立）

Abactio 奪取；盜竊家畜

Abactio factus 墮胎

Abacus partus 墮胎

Abalienandi jus 讓渡權；轉讓權

Abalienatio 財產的完全轉讓（指把全部財產由一羅馬市民移轉給另一羅馬市民）

Abandum (abandun, abandonum) 沒收物；扣押物；遺棄之物；抵償債務之物

Abaque dubio 無疑；毋庸置疑

Abarnare 揭發（向治安法官揭露秘密罪行）

Abatamentum〔英古〕廢除或撤銷完全保有地產；橫奪財產（指土地所有者死後合法繼承人未及接受之前第三者乘隙佔有）

Abatare v. 撤銷；廢除；終止；使無效；減輕；減免

Abavia 高祖母；外高祖母

Abavus 高祖父；外高祖父

Abbacinare 烙眼刑（中古時期的一種刑罰）；使雙目失明（現代意大利語拼為兩個 "b's"）

Abdicatio 讓位；辭職

Abdicatio hereditas 拒絕繼承

Abdicatio juris 放棄權利

Abdicatio tutelae 放棄監護

Abductio 誘拐；劫持；取消

Aberratio 錯誤

Aberratio criminis （犯罪的）客體的錯誤

Aberratio ictus 打擊的錯誤（方法錯誤）

Abesse 不在；缺席（指離開原來的所在地）

Abettator〔英古〕教唆犯（=abettor）

Abiaticus (aviaticus)（男系）孫子

Abigeatores 盜竊家畜者；盜竊家畜犯

Abigeatus 盜竊家畜罪

Abigei 盜竊家畜的慣犯（=abigeus）

Abigere （帶有盜竊企圖的）驅趕牲畜；盜竊家畜犯（指以前在英格蘭和蘇格蘭邊界一帶作案）；趕出（牧場，如馬、牛等）；驅趕（如豬、羊等）；（婦女）流產

Abigeus 盜竊家畜者；家畜盜竊犯（指以從他們草原上趕走牛馬等屠宰為業者）

Abjudicatio〔英古〕褫奪（依法判決剝奪財產）；逐出法庭

Ablegati 教皇特使（=envoy）

Ablocatio 租賃；出租

Abmatertera 高祖父母的姐妹；外高祖父母的姐妹

Abnepos 玄孫；玄外孫

Abneptis 玄孫女；玄外孫女

Abolitio 廢止；廢除

Abolitio criminis 免訴（免除追訴）

Abolitio infamiae 恢復名譽

Abolitio legis 法律的廢除

Abolitio restitution famiae 恢復名譽

Abortivum 墮胎藥

Abortum 流產

Abortus 流產兒；早產兒；墮產兒

Abortus procuratio 故意墮胎

Abpartruus （外）高祖父兄弟；（外）曾祖父兄弟

Absens haeres non erit 不在場者不得為繼承人

Absente 缺席；不到庭（指未到庭聽審的一名法官）

Absente reo 被告缺席；在被告缺席的情況下

Absentem accipere debemus eum qui non est eo loci in quo petitur 所在地方找不到者應視為缺席

Absentia 不在；缺席

Absentia causalis 偶然的不在

Absentia ejus qui reipublicae causa abest neque ei neque alii damnosa esse debet 因公缺席對其本人或他人均不應有所損害

Absentia extraordinaria 異常的缺席

Absentia ficta 假裝的不在

Absentia laudabilis 有理由不在；有理由缺席

Absentia malitiosa 惡意的缺席；惡意的不在

Absentia necessaria 必然的不在；必然的缺席

Absentia ordinaria 通常的不在

Absentia reipublicae causa 職務上的不在

Absentia voluntia 任意的缺席；任意的不在

Absoluta sententia expositore non indiget 文字意義簡明無須解釋

Absolutio 無罪判決；宣判無罪；赦免；免除

Absolutio ab actione 駁回請求

Absolutio ab instantia 駁回訴訟

Absolutionria indicia 無罪判決

Absolutoria sentensia 無罪判決

Absolutorium 無罪的宣判

Absque 無，沒有

Absque aliquo inde redendo 沒有從中保留任何租金；沒有繳納任何東西（用於國王無償恩賜的術語）

Absque consideratione curiae 未經法庭審議；無判決（舊習慣用語）

Absque hoc 無此；沒有此事（普通法抗辯中否認的技術用語）

Absque impetitione vasti 毀壞租賃財產不予追究；不負毀壞租賃房產的責任

Absque tali causa 無此等理由（指原告對被告的整個答辯問題的駁複）（已廢止）

Absque ulla conditione 無條件地

Abundans cautela non nocet 充份或極度謹慎不會招致損害（此原則適用於契據檔上的行文用語，加進一些必要的字句以便更清楚地表明契據意圖）

Abusus non tollit usum 違法亂紀並不表明法律已廢；不正當用途不能取代正當用途

Abyssus abyssum invocat 一錯再錯；一誤再誤

Ac etiam 並且；而且（引出訴訟的真正原因）；同時

Accedas ad curiam 准許上訴的原審令狀（指將收回扣押動產的訴訟從莊園主法院或百家村法院移送至一高等法院的審理。該令狀系指示郡長去下級法院，登記該訴訟，並將其記錄上呈審理）

Accensi velati 預備差役

Accepta 收入

Accepta et data 收支；收入及支出

Acceptare v. 接受；同意；承諾；接受對方的要約

Acceptatio 承兌（匯票等）；承諾；受領

Acceptatio cambii 匯票的承兌

Acceptatio donationis 接受贈與

Accepti codex 收入賬簿

Acceptilatio〔蘇格蘭〕正式免除債務（口頭取消契約的債務或只是名義上清償債務承諾）

Acceptilatio literis 銷賬（指債權人不計債務是否業已清償而撤銷賬簿上債務人的款項）

Acceptilatio verbi 口頭免除債務（口頭上免除口頭債務契約）

Acceptio 收領；承諾；承認

Acceptum 收入

Accessio 從屬物；附屬物；添附（指主物上所產生或增添的附屬物，例如母羊生小羊同樣也屬於牧主所有，即財產的自然增益）

Accessio artificialis 人為的添附

Accessio cedit principali 從物屬於主物的所有人；附屬物屬於主物

Accessio mixta 混合的添附

Accessio naturalis 自然的添附

Accessio possessionis 前佔有人佔有期間的並算；財產的添附；財產的增添

Accessoriales 從物

Accessorium non ducit, sed sequitur suum principale 附屬物不主導主物而附隨於主物

Accessorium sequitur suum proncipale 附屬物隨其於主物（土地的附著物或莊稼、動物幼子隨其母的原則）

Accessorius sequitur naturam sui principalis 從犯性質同其主犯；從犯的罪不能比主犯重（指從犯附隨於主犯，故其量刑不能比主犯重）

Accidens 偶然事故；事變

Accidentalia negotii 偶然性；偶素

Accidentia 偶然因素；偶素

Accidere 墮下；落到；發生

Accola 臨河居民；農夫；農場承租人；莊園承租人

Accommodatum 使用借貸；無償借貸；保釋人臨時使用免費實物借貸並還以現金

Accredulitare 宣誓滌罪

Accusare nemo se debet 誰都不須控告自己

Accusatio 告訴；告發；彈劾

Accusatio contumaciae 抗拒官吏的訴訟

Accusatio suspecti tutoris 對監護人管理財產疏忽的訴訟

Accusatus 刑事被告人

Acquirendi modus 取得方法

Acquirens primus 第一取得人

Acquisitio 取得

Acquisitio hereditatio 繼承財產所得

Acquisitum 取得物；佔有物

Acta 法令；告示；敕令；判決錄；議事錄

Acta adhibenda 附隨的記錄

Acta Apostolicae Sedis （羅馬）教廷官方刊物

Acta civilia 民事訴訟記錄

Acta comitialia 議事錄

Acta criminalia 刑事訴訟記錄

Acta Diurna 每日決議或記錄（記載元老院、人民院、法院等每日會議記錄）；每日公告；每日公報

Acta exteriora indicant interiora secreta 外部行為乃內在思想的表現；行為乃心的表現；行為表示意圖

Acta generalia 一般記錄

Acta judicialia 裁判所記錄；法院的記錄

Acta jure gestionis 行政法規

Acta publica 衆所周知之事；某些公務員面前處理的問題

Acta Senatus 元老院議事錄

Acta specialia 特別記錄

Actio 訴訟；訴權（該詞在羅馬法中原來是指原告的活動，其後演變成為整個訴訟的程式）

Actio ad deprecationem et declarationem honoris 請求謝罪和宣告名譽的訴訟

Actio ad excibendum 請求提出物件的訴訟（旨在迫使被告出示物件或佔有的產權證明書，意指要求返還動產或不動產的訴訟）

Actio ad id quod interest 損害賠償的訴訟

Actio ad interesse 損害賠償的訴訟

Actio ad supplendam 追加訴訟

Actio aestimatoria 評價訴訟（代替買受人按比例降低合同瑕疵物品價格的訴訟）

Actio aestimatoria; actio quanti minoris 一訴兩舉的訴訟（指代替買受人就物品瑕疵提出相應降低合同價格而不取消所售物品之訴）

Actio aquae pluviae arcendae 排除雨水阻礙工事的訴訟

Actio arbitraria 仲裁之訴；尚待法官裁量之訴（指除非被告按法官示意給予原告賠償，否則就可能受到判決）

Actio boanae fidei 善意訴訟；誠信訴訟（一種集團訴訟，法官依其職權考慮向他提出的影響各方當事人公平合理的情況）

Actio calumniae 誣告的訴訟（指制止被告對原告無根據的檢舉或捏造罪名之訴）

Actio cambialis 票據訴訟；票據上的訴訟

Actio chirographaria 根據親筆的訴訟

Actio civilis 民事訴訟（其反義詞為 "actioCriminalis"）

Actio commodati 借貸訴訟（指強制借款人或貸款人履約之訴）

Actio commodati contraria 借用人請求履約之訴（指要求迫使出借方履行合同義務）

Actio commodati directa 出借人請求之訴（指要求返還所有物）

Actio communi dividundo 分割共有財產訴訟（指獲得共有財產司法分割的訴訟）

Actio condictio indebitati 請求返還錯誤給付之訴（指原告要求返還部份錯付的金錢或財物的訴訟）

Actio conducti（conducti actio）租賃合同之訴（承租人的控訴）

Actio confessoria 確認訴訟；地役權保全之訴（指原告要求確認所有權以承認和執行地役權的訴訟）

Actio constitutoria 對於遲延債務之訴

Actio contrario 反訴；互訴；交叉訴訟

Actio criminalis 刑事訴訟

Actio damni injuria 損害賠償之訴（指因不法或過失行為而造成損失要求賠償的集團訴訟）

Actio de dolo malo 詐欺之訴（指被詐欺的人指控詐欺者及其繼承人以詐欺手段剝奪其財產而致富的訴訟）

Actio de dote 交付嫁資之訴

Actio de effusis vel de juctus 因自屋內投棄物件致損害他人而引起的訴訟

Actio de evictione 擔保之訴

Actio de pauperie 因動物加害於人而引起的訴訟

Actio de peculio 關於（兒子或奴隸）私有財產之訴

Actio de syndicata 濫用職權之訴

Actio depositi 委託契約訴訟；保管契約之訴

Actio depositi contraria 履行保管契約之訴（指受托人訴寄托人強迫其履行保管合同的訴訟）

Actio depositi directa 返還保管物之訴（指委托人訴保管人以期收回保管物之訴）

Actio depositis vel suspensi 因垂挂物件在街上致損害他人而引起的訴訟

Actio devortii 離婚訴訟

Actio directa 直接訴訟（基於嚴格的法律之訴）

Actio directa vel contraria 直接訴訟與反訴（指在羅馬合同契約與債務中，前者乃強制履行主債務，後者強制履行相反的債務）

Actio doli 詐欺之訴（釋義同 "actio de dolo malo"）

Actio duplex 雙方審判的訴訟

Actio empti 交付標的物之訴；買主之訴（指代表買受者迫使賣者支付損害賠償以及包括履行銷售合同中特定協議訴訟）

Actio ex conductio 收回租借物之訴（指出借物的寄托人對受托保管人提起訴訟，以迫使交回出借物的訴訟）

Actio ex contractu 契約之訴

Actio ex delicto 侵權之訴（指因過失、瀆職或不法行為而提起的訴訟）

Actio ex locato 租賃物之訴

Actio ex pacto 請求履行契約之訴

Actio ex pilatae hereditatis 非法繼承之訴

Actio ex stipulatu 要求履行承諾之訴

Actio ex testaments 關於遺囑的訴訟

Actio exercitoria 對船主之訴（對船主或對租船人的訴訟）

Actio familiae erciscundae 共同繼承財產分割的訴訟

Actio fide jussoria 保證之訴

Actio finium regundorum 請求確定疆界之訴

Actio furti 盜竊之訴（指只能附加刑罰而不能返還被盜物品的訴訟）

Actio hereditaria 繼承財產之訴；請求繼承的訴訟

Actio honoraria 名譽訴訟；裁判官的訴訟（指裁判官利用其衡平法權力而創設的一種訴訟救濟的形式）

Actio hypothecaria 質物之訴；質物保全訴權

Actio in factum 事實之訴（根據即定判例審理，類似於普通的 "action on the case"）

Actio in personam 對人訴訟（指要求損害賠償訴訟）

Actio in rem 對物之訴（指要求回復被他人佔有物的訴訟）

Actio in rem negativa（=actio negatoria）

Actio in solidum 全部保全訴訟；非分割之訴

Actio inanis 無效訴訟

Actio injurarum 侵害之訴（侮辱受害者人格行為的訴訟）；〔蘇格蘭〕無理損害之訴

Actio judicati 既判力訴訟（指訴訟提起四個月後給予判決法官頒發搜查財產令先佔有八天後出售的動產，然後將動產交付債權人為質或監護人保管兩個月後，如果債務尚未清償就將土地一併出售抵債的訴訟）

Actio legis Aquiliae 阿奎利亞法律訴訟（指根據阿奎亞法對非法殺戮或傷害他人的奴隸或家畜之訴）

Actio libera in causa 在原因上自由的行為

Actio locati 租賃物之訴（租賃人的訴權）

Actio mandati 委任契約之訴（指迫使實施委任契約或由此而產生的債務的訴訟）

Actio matrimonialis 請求訂婚人結婚的訴訟

Actio mixta 混合訴訟（指同時要求回復物權、賠償損害和支付罰款的訴訟；同時帶有對物和對人兩種性質的訴訟）

Actio mutui 歸還租賃物之訴

Actio nata 請求履行的訴訟

Actio negatoria 排除妨礙所有權之訴；排除地役權之訴（指原告主張被告在其土地上無權行使地役權而提起的訴訟）

Actio negotiorum gestorum 代理之訴；事務管理訴訟（包括委托人、代理人及另一人據以代替他人從事商業交易的一項約定的訴訟）

Actio non 被告主張原告不應起訴的抗辯（普通法抗辯用語）

Actio non accrevit infra sex annos 被告宣稱原告在六年內未起訴的訴訟

Actio non datur non damnificato 不受侵害者不予訴訟權

Actio non facit reum nisi mens sit rea 只有犯意之行為才構成犯罪

Actio noxalis 請求奴隸主為其奴隸的不法行為負責的訴訟（奴隸主可選擇或給付金錢賠償或以奴隸墊付）

Actio nullitatis 無效訴訟

Actio pauliana 撤銷詐欺行為之訴（債權人請求撤銷債務詐欺出讓財產的訴訟）

Actio per quod servitium amisit 請求賠償勞務損失之訴（指第三者對僱主的傭人傷害造成勞務損失的權利訴訟）

Actio permutatoria 交換訴訟

Actio perpetua 無時效期限的訴訟（永久訴訟）

Actio personalis 對人訴訟

Actio personalis moritur cum persona 屬人訴訟隨當事人一起消滅；對人之訴，因當事人死亡而終止（羅馬法一般原則是當事人死亡則可向原告或不法行為者代理人追訴，但亦有重要的例外；英國法對於該法諺大部份已因 1934 年《法律改革法令》而廢除，所餘的就是對死者遺產主張抑或不主張其權利的部份，而蘇格蘭法所餘部份就是向不法行為者代理人全部就感情傷害上主張賠償，但死者所造成金錢上的損失可續向遺產執行人追訴）

Actio pignoratitia 質押之訴

Actio poenalis 侵權之訴

Actio popularis 公眾訴權；公眾刑事訴權；大眾訴訟；羣眾行動

Actio praescriptis verbis 依據不成文法之訴；依慣例之訴

Actio pro socio 合夥之訴（指一合夥者訴其他合夥人迫使他們履行合夥契約條款之訴）

Actio publiciana 歸還丟失物訴訟（指回復丟失的善意佔有的財產之訴）

Actio quanti minoris 降價之訴（指因目的物有瑕疵而要求代表購物者對物品的瑕疵要求降價而不取消銷售之訴）

Actio quod metus causa 基於脅迫行為之訴（指准予被迫所訂交付、出售或承諾移轉財物契約的訴訟）

Actio realis 對物訴訟（民法上恰當的術語為 "rei vindicatio"）

Actio redhibitoria 解除買賣契約之訴（因標的物有瑕疵而提起解除買賣契約之訴）

Actio rei uxoriae 婚姻財產之訴

Actio rerum amotarum 回復轉移的財物之訴（指離婚訴訟案件中，對方要求回復被拿走財物之後才考慮離婚）

Actio rescissoria 回復權利之訴（請求回復原告因時效而喪失的權利或所有權的訴訟）

Actio simplex 一方審判的訴訟

Actio simulatus 虛偽行為；偽裝行為

Actio spolii 返還盜竊物之訴

Actio stricti juris 嚴格法律之訴（指對於民法對人的集團訴訟，法官只能按嚴格的法律斷案）

Actio temporalis 限期訴訟（須在限期內提起訴訟）

Actio tutelae 監護義務之訴（基於因對監護人與被監護人類似監護人關係的責任或義務問題而提起的訴訟）

Actio utilis 衡平之訴（指一種基於衡平而不是基於嚴格法律、有衡平權利或者可享有財產所有權利益者而提起的訴訟）

Actio venditi 賣主之訴（指用以代表賣方迫使買方給付價款或履行銷售合同中所包括的特定債務的訴訟）

Actio vi bonorum raptorum 返還被劫奪財物之訴（指被要求返還被以暴力劫奪的財物或動產以賠償三倍於該財物價值的一種混合之訴）

Actio voluntariae jurisdictionis 非訟事件的行為

Actio vulgaris 法律訴訟；普通訴訟（有時用於直接訴訟）

Actionare 起訴；提起訴訟；提起公訴

Actiones 訴訟；訴權

Actiones ficticiae 擬制訴訟

Actiones in factum 事實之訴

Actiones legis 合法行為；法律行為；法定訴訟

Actiones nominatae 法定的開審令狀形式（大法官法庭依英國威斯敏特條例授權在同等的案件中制定的新令狀）；依從先例之訴（根據既定判例審理）

Actor〔英〕原告；控訴人（可為原告或被告）；〔美〕行為人；〔歐古〕代理人；代訴人；管理人；答辯人；辯護人；抗辯人；（羅馬法）原告；管理人；代理人

Actor qui contra regulam quid adduxit,non est audiendus 提出與法律相佐之原告意見不予聽審；提出反對裁決的原告（或抗辯人）的意見不予聽取

Actor sequitur forum rei. 原告隨物所在地法院（原告應向被告的管轄法院或其住所地法院提出控告）

Actore non probante reus absolvitur. 原告不能證實案情，即應宣告被告無罪（原告不能提出證據，則被告免除責任）

Actori incumbit onus probandi. 舉證責任在於原告（原告負有舉證責任）

Actori incumbit probatio 原告負舉證的責任

Actorium 訴訟代理權（指依法由民事訴訟當事人授權或由法院指定進行訴訟行為和接受訴訟行為的許可權稱為訴訟代理權）

Actrix 女原告；女辯護人；女答辯人；女管理人；女代理人

Actum 行為

Actus 行為；行動；通行權（指包括牲畜、車輛等可通行的，有時譯為“道路”）；〔英古〕議會法案

Actus curiae (or legis) nemini facit injuriam. 法院的行為不得損害任何一方

Actus curiae neminem gravabit. 法院的行為不得損害任何一方；如果訴訟遲延是法院所致，任何一方當事人均不因此而受損害

Actus Dei nemini est damnosus 自然災害不是人的傷害（即：自然災害不是人的禍錯，不負傷害責任）

Actus Dei nemini facit injuriam 自然災害不是人的禍錯（意指是不可抗拒的、靠人的勤奮和政策均避免不了）

Actus extrajudicialis 審判外的行為

Actus injuria 侵權行為；不法行為；侵害行為（指損害他人之行為）

Actus inter vivos 生存人之間的行為

Actus judicialis 審判上的行為

Actus juridicus 法律行為（指能發生法律上效力的人們的意志行為）

Actus legis nemini est damnosus 法律行為不傷害任何人；法律行為不危害人

Actus legis nemini facit injuriam 法律行為不損害任何人（法律行為對任何人不產生損害）

Actus legitimi non recipiunt modum 法律要求行為不容
　保留

Actus me invito factus non est meus actus. 非出於自願的
　行為，不是本人的行為

Actus non facit reum nisi mens sit rea. 非有意犯罪的行
　為不算犯罪行為；意念和行為必須合一才算犯罪（只
　有意圖和行為同時發生才構成犯罪）

Actus privatus 私行為

Actus publicus 公行為

Actus reus 不法行為；犯罪行為；犯罪意念

Actus simulatus 虛偽行為

Actus solemnis 要式行為

Actus traditionis 交付行為

Actus uni laterdiis 一方行為

Actus voluntariae jurisdictionis 非訟事件行為（指法院審
　理沒有原告和被告和沒有民事權利爭議，旨在確定當
　事人或法人的民事權利和一定的法律事實是否存在的
　事件。例如，宣告失蹤人死亡、宣告公民無行為能力
　等非訟事件）

Ad 在…旁，靠近；到；向；傾向；因為；直至；根據；
　關於；至於；依照

Ad absurdum 反證

Ad abundantiorem cautelam 為特別注意起見；為格外
　的謹慎起見

Ad aliud examen 到另一個法庭去；屬於另一個法院管
　轄

Ad alium diem 在另一天（舊時《判決錄》中的慣用短語；
　在另一天舊時官方事實陳述書中通用的短語）

Ad amussim 準確地；精確地

Ad arbitrium 隨意；任意；任從所願（＝at will）

Ad assisas capiendas 舉行巡迴審判

Ad audiendum considerationem curiae 到庭聽取判決；
　候判

Ad audiendum et determinandum 聽審並判決；聽而後
　決（訊問後方予判決）

Ad barram 在法院；到法庭

Ad barram evocatus 授予律師資格

Ad casum 在偶然情況下

Ad cautelam 為謹慎起見

Ad colligenda bona 收集財物；收取易腐物品

Ad colligenda bona defuncti 收集死者遺物

Ad colligendum 收存財物（指做為死者遺產管理人或受
　託人）

Ad column 廣告欄

Ad comparendum 出庭；到庭

Ad computum reddendum 編造賬單；報賬

Ad curiam 在法庭上；上法院

Ad curiam vocare 傳喚到庭

Ad custagia 不惜一切代價

Ad custum 以…代價；照…原價

Ad damnum 就損害而言（原告陳述其金錢損失，要求損
　害賠償的條款）；〔保〕索賠金額

Ad defendendum 作辯護

Ad diem 在指定日期；在某一日；到指定日期止

Ad eundem 按同等學歷（程度）

Ad exhaeredationem 剝奪繼承權；侵害遺產

Ad exitum 在爭議中；系爭問題；在抗辯結束時

Ad extra 向外

Ad extremum 畢竟；最後

Ad faciendum 做；使…成為

Ad factum praestandum〔蘇格蘭〕履行義務

Ad feodi firmam 做為永久租賃地的

Ad filum aquae 以河流中心線為界（以水流中線為界）

Ad filum viae 以道路中線為界

Ad finem 到最後；至終

Ad finem litis 至訴訟最後；到訴訟終止

Ad firmam 出租土地；地租（該詞是從撒克遜文字演變
　來的）

Ad fundandam jurisdictionem 構成管轄權的基礎

Ad gaolas deliberandas 把監獄中犯人全部釋放；提審囚
　犯，出空監獄

Ad gravamen 導致冤情；出自冤情傷害或壓迫所致

Ad hoc 為此；特別；特設；專設；專案；臨時

Ad hominem 偏私的；針對個人而不對事的；以偏見代
　替說理之爭的

Ad honores 名譽的；義務的

Ad hunc diem 在這一天；在今日

Ad hunc locum (a.h.l.) 當地；在此處

Ad idem 意見一致；同一；相同

Ad impossiblie nemo tenetur 任何人都不對不可能的事
　情負擔責任

Ad infinitum 無窮的；無限的；無止境的；永遠；到無
　限之遠

Ad initium 起初；最初；在開端；開始時

Ad inquirendum 查詢（傳票的名稱）；調查令狀；司法
　令狀（指命令查詢關於有待法院審訊的訴訟案件）

Ad instantiam 經請求

Ad instantiam partis 經一方當事人要求

Ad instar 類似；仿效

Ad interim (ad int.) 臨時的；暫時的

Ad invidiam 偏私的；惡意的（辯論）

Ad judicium 關於判決的；關於法庭的；出庭

Ad judicium provocare 傳喚到庭；提起訴訟

Ad libitum (ad lib.) 隨意的；願意的；自願的；無限制
　的；按照本人的意願的

Ad litem 為了訴訟；為訴訟緣故；在訴訟上；在訴訟系
　屬中（指訴訟未決期間）

Ad litteram 逐字；照字句；照原文

Ad loco 當場；現場

Ad manum 在手邊；準備妥當；供使用

Ad medium filum acquae 以河流的中心線為界的土地
（意指以河道為界的不動產分界線）

Ad medium filum viae 以路的中心線為界的土地（以道
路為界的不動產分界線）

Ad melius inquirendum 複驗屍體令（命令驗屍官舉行第
二次驗屍調查的普通法令狀）

Ad modum 仿照；像

Ad multos annos 多年

Ad ostium ecclesiae 在教堂門前；五種嫁妝之一（根據英
國法律先前所承認的遺孀取得丈夫所遺不動產三分之
一權利）

Ad patres 死亡

Ad paucos dies 幾天

Ad prosequendam 檢舉；告發；起訴；為了檢舉

Ad quaestionem facti non respondent judices; ad
quaestionem juris non respondent juratores. 陪審團必
須解答事實問題，法官須解決法律問題（法官不判斷
事實問題，陪審團不決定法律的問題）

Ad quem 所至（計算時間或距離）；末端（計算機等用語）

Ad questiones facti non respondent judices; ad
questiones legis non respondent juratores（在陪審制度
下）法官不能決定案情問題，陪審團不解決法律問題

Ad questiones legis judices; et non juratores, respondent
解決法律問題是法官，而不是陪審團

Ad quod damnum 可能損害調查令狀（指用以在英王國
政府賦予交易會、市場等自由可能損害及他人的訴訟
令狀）；評估損失令狀（指對被徵用土地給地主所致
損失）

Ad referendum 尚待進一步審議；容再斟酌；尚待查詢；
待請示；尚待核准

Ad rem 中肯；貼切；對物

Ad respondendum 答辯；訴辯

Ad satisfaciendum 償還；清償

Ad sectam（ads.或 ats.）由於…訴訟；被…控告（訴訟文
件中用詞如原告姓名放在被告之前者用 vs. 或 v.，反
之被告姓名在先者則用 ads. 或 ats.）

Ad summam 歸根結底；簡言之；總之

Ad summum 最高限度；至多

Ad terminum qui praeterit 返還土地佔有令狀（指租期
屆滿的承租人仍佔有土地而簽發的令狀以保護業主的
利益）

Ad testificandum 作證；提供證言（指以人身保護令狀將
囚犯提出到法庭作證）

Ad unum omnes 全體；一致

Ad usum 依照習慣

Ad valorem 從價；按價值

Ad ventrem inspiciendum 調查寡婦是否有孕的令狀

Ad verbum 逐字

Ad vitam aut culpam 苟無過失，終身官職無虞（意指除
非有一定過失終身不得免職的官職；只要不犯錯誤，
即可終身任職）

Ad voluntatem 隨意，任意

Addendum 附件；補遺；附錄；增編；追加書；附加物

Addictio 司法行政官把放棄的債務者送交給債權人；已
故債務者的財產被轉讓給承擔其債務的人

Addictio in diem 競賣的附約（出賣人保留在得到更高價
金的要約時可以撤銷原買賣的契約）

Additamentum 追加

Additur 追加損害賠償金（指審判庭評估損害賠償或增
加陪審團裁決的賠償金額不足的權力）

Ademptio 撤銷遺贈

Ademptio bonorum 剝奪財產

Ademptio civitalis 剝奪公權；剝奪公民權

Ademptio legatorum 取消遺贈

Adeo 如此；這樣；到此為止

Adesse 在場；到場（反義詞為 "abesse"）

Adeu 不定期；無限期（指已被法院撤銷的問題）

Adhibere v. 利用；使用；適用；行使；實施

Adhibere deligentiam 使用小心；使用注意

Adhibere vim 使用暴力

Adhuc sub judice lis est. 案件未了（指案件尚在法院審理
中）

Adiratus 遺失的；迷失的；失物賠償金

Aditio hereditatis 繼承遺產

Adjectio 參加；參與；高價拍賣的要約

Adjectum pactum 附帶契約；附加契約

Adjectus solutionis gratia 破產債務分配受領人

Adjournatur 已休庭（此詞常用於古時的結案報告中）

Adjudicatio 裁決；裁定；宣判（指法院判定爭議物屬訴
訟人的財產）

Adjunctio（動產上）添附取得

Adjutorium 輔助；幫助

Adlegiare 以宣誓滌罪（指通過宣誓洗滌其罪）

Admanuensis 宣誓人（指把手置於聖經上進行宣誓）

Admatlatio 傳喚請求權

Adminiculum 補充性證據；副證；輔助物

Admiralitas 海軍；海事法；海事法庭；海事法院；〔歐〕
海上自衛協會（共同防衛海盜、敵人的個體武裝船舶
協會）

Adnichiled 撤銷的，取消的；無效的；作廢的

Adnihilare v.〔英古〕作廢；使無效；使等於零；使成為
烏有

Adoptator 養親

Adoptatus 養子（女）

Adoptivus n. & a. I. 收養；養子女；養父母；II. 收養的；
被收養的；有收養關係的

Adpromissiones 保證契約

Adpromissor 保證人

Adrectare v. 糾正；修正；補正；補償；賠償

Adrogatio 自權人收養

Adscripti（Adscriptus）增加；添加；附加的；登記的；註冊的；聯合的；結合的

Adscripti glebae 農奴

Adscripticii 農奴；奴隸；被徵募的軍團士兵

Adscriptus glebae 農奴（附屬於地主土地的奴隸）

Adstipulator 副債權人；債權人代理人；附屬立約人（具有與主債權人同樣的權利）

Adsum 到；有；在（傳喚、點名時應答用語）

Adulter 奸夫；奸夫罪（指犯有通奸的男子）

Adultera 姦婦；姦婦罪（指犯有通姦的女子）

Adulterinum 偽造

Adulterinum signum 偽造簽名；偽造印鑒

Adulterium 通姦；通姦罰金

Adulterium duplex 二重通姦

Aduteratio 偽造貨幣

Adventitia bona 私有財產

Adventura 冒險事業（指發貨人冒著風險把船貨拋入海洋）

Adversarius（訴訟的）對方

Adversus（versus）（訴訟案件中）針對；反對；違反（= "against, contra"）

Adversus bonos mores 違反善良道德

Adversus extraneous vitiosa possessio prodesse solet 優先佔有對所有的人都不失為更好的所有權契據

Advocare v. 辯護；擔保；要求援助

Advocati 律師；代訴人；贊助人；有牧師推舉權人

Advocati fisci（羅馬皇帝指派的）捐稅案件的辯護律師；稅賦案件辯護人

Advocatorium 召還；召還狀

Advocatus（〔單〕= Advocati）

Advocatus diaboli〔宗〕詭辯的律師；反對敕封為聖人的律師

Aedificare v.〔英古〕修建（指建造一座房屋，建立一棟樓房）

Aedificare in tuo proprio solo non licet quod alteri noceat 在自己土地上營造會損及他人者為不合法

Aedificatum solo, solo cedit 土地上的建築物成為土地的一部份；土地上的建築物歸屬於土地

Aedile 司法行政官；〔蘇格蘭〕員警官

Aegylde 未補償的；未給付的；未得以昭雪的

Aemulatio vicini〔蘇格蘭〕對鄰居的惡意（土地所有者可隨意合法地使用其不懷有惡意的相鄰土地，不管其對鄰居如何冒犯或損害，但如懷有惡意則為非法）

Aequalitas 同等；同等性

Aequitas 衡平；公平；良知；衡平法

Aequitas non facit jus, sed juri auxiliatur 公平並非法律，而只是補充法律

Aequitas nunquam contravenit legis 衡平與法律不相抵觸；公平從不違反法律

Aequitas sequitur legem 衡平法依從法律；衡平不偏離法律；公平隨法律

Aequum et bonum est lex legum. 公平和善良是法律的法律（法律的基本原則）

Aequus 公平的；平均的；平衡的；對等的；均等的（為遺囑中分割剩餘遺產的條款）

Aerarium 金庫；國庫；保險櫃

Aerarium publicum 國庫

Aerarium sacrum 寺院金庫

Aes 貨幣；金錢；銅幣；金幣

Aes alienum 債款；債務；他人的錢（其反義詞為 "aes suum"）

Aes et libra 青銅與秤（買賣式法律行為所使用的方式）

Aes suum 自己的錢；人欠之債；債權

Aesnecia〔英古〕長子的權利或特權

Aetas 年齡

Aetas legitima 法定年齡；法定的成年年齡

Aetas major 成年

Aetas minor 未成年

Aetas perfacta 成年；法定年齡

Aetas prima 周歲，幼年；未成年

Aetas pubertatis 婚姻年齡

Affactomie 掌握；持有

Affectus 性癖，性情；意向；意圖；衝動；傾向

Affectus punitur licet non sequatur effectus 意圖犯法，雖未犯法，也應懲罰

Affilare v. 登記；存檔；歸檔

Affines 姻親；鄰居

Affinis mei affinis non est mihi affinis 我之姻親的姻親非我之姻親

Affinitas 姻親；姻親關係

Affinitas affinitatis 遠房姻親關係；姻親的姻親（既非血親又非姻親關係。例如，丈夫的兄弟與妻子的姐妹結婚形成彼此兩家人的親戚關係）

Affinitas reciproca 相互的姻親；相互的姻親關係

Affinitas simplex 單純姻親

Affirmanti non neganti incumbit probatio 舉證責任在於確認事實的人而不在否認事實的人（舉證責任在於控訴的人，不在辯護的人）

Affirmantis est probare 確認事實就要出具證明；誰確認，誰負責證明

Affirmatim 肯定地

Affirmatio unius est exclusio alterius 肯定其一，即排除其他

Africanus 非洲征服者

Agenesia 性無能，無性行為能力；不能生育

Agentes et consentientes pari poena plectentur 行為者與同意者應受同等懲罰

Agenti incumbit probatio 舉證責任在於原告

Ager 土地；耕地；一塊地（附屬特定邊界的部份土地）

Ager centuriatus 百人團的土地

Ager decumanus 繳納什一稅的田地

Ager privatus 私有土地；私地

Ager privatus vectigalisque 私人納稅地

Ager publicus 公共土地；公地

Ager stipendiarius 貢稅地；貢賦地

Ager vectigales 徵稅地，納稅地；耕作地

Agere injuriam 提起損害賠償之訴（=to sue fordamages）

Agger 柵欄

Aggratiatio 大赦

Aggregatio mentium 合意；意思的一致；完成合同手續的當時

Aggressio 攻擊

Agillarius〔英古〕公共牧地畜牧看管人（由莊園法院委任，首要職責是看管牲畜不損壞圍籬等）

Agnates〔蘇格蘭〕父系親屬

Agnati 父系血統；父系親屬

Agnatio 男系親屬；宗親

Agnatus 父親親屬；男系親屬；遺腹子

Agnitio 承認

Agnitoria 認諾判決

Agnomen 附加名字；附加頭銜；別名，又名；綽號；古羅馬人的第四名字

Agreamentum〔英古〕契約；合約；協議

Agri limitati 劃界地（按政府測量的嚴格限制邊界綫的土地）

Aisiamentum〔英古〕地役權

Alba firma（White rent）〔英古〕白銀地租（指莊園主的領臣須向領主以白銀或銀幣繳納的免役地租，其區別於 "black-mail"）

Albus liber 白皮書（倫敦法規和關稅匯纂）

Aldermannus 參議員；〔蘇格蘭〕高級行政官（地位僅次於市長）；〔美〕市政官（殖民地時期）

Aldermannus hundredi seu wapentachii 百家村長官

Aldermanus civitatis vel burgi〔英古〕（市或自治市）參議員；高級市政官（"Alderman" 一詞源自此詞）

Aldermanus regis 國王資政（由國王任命的，對國王分配的房地產作出評判者）

Aldermanus totius angliae〔英〕全英參議員議長；〔撒〕官員（其後類似於英國首席法官）；合同的損益風險

Alea 賭博；投機

Aleator 賭徒；投機者；賭博冒險者

Aleatorium 賭場

Alia 其他事情

Alia enormia 其他不法行為（指被告所犯下的傷害行為）

Alias dictus 又名；亦名；亦稱；別名叫

Alibi 不在同一處；不在現場（以被告不在犯罪現場為由的抗辯）

Alienatio rei praefertur juri accrescendi. 依法讓與財產權勝於獎勵的積累（法律獎勵物品的讓與重予物品的積累）

Alienatio sensum 感情狂；精神錯亂狂

Alieni generis 屬於另一類的；另一種的

Alieni juris 他權人（受監護人，受他人權力支配的人，指服從家長或監護人權力的未成年人或精神病人或從丈夫權力的妻子）

Alieno nomine possidere 代理人代本人管理佔有物

Alieno solo 在別人土地上

Alienus 他人的；屬於他人的；他人的財產的

Alimenta 生活的必需品（包括衣、食、住用品）

Alimenta civilia 民法上的撫養費

Alimenta naturalia 必須撫養費；自然的撫養費

Alimentarius 護養權利人

Alimentum 護養費

Alimonia（付給前配偶的）贍養費，生活費；分居津貼

Alio intuitu 從另一角度看；從另一觀點來看；考慮到不同情況或條件；〔英〕別有居心；隱藏的動機

Aliter 另外；別樣；在其它方面；要不然，否則

Aliud est celare, aliud tacere 隱瞞是一回事，沉默是另一回事（沉默不等於隱瞞）

Aliud est vendere, aliud vendenti consentire 賣是一回事，同意賣又是一回事

Aliunde 自其他來源；另有來源；從其他地方

Alius 其他的；不同的；他人的；他物的

Allegans contraria non est audiendus 自相矛盾的話，不可聽信；自相矛盾的人不予聽取

Allegari non debuit quod probatum non relevat 無關證據不應提出

Allegata et probata 陳述的事實並得以證明的（指當事人對於訴訟所作的陳述並有證據可資證明）

Allegatio contra factum non est admittenda 與事實相反的主張，不予採納

Allocatur 允許；准允；被允許；批准

Allodium（Allodial lands）自有地（指自有地不需要向領主等納稅的完全自由保有所有權的土地）

Alluvio（Alluvion）沖積地；添附的土地（指由海水或河水沖積而形成的土地）

Alluvio maris〔英古〕海水沖積地

Alluvium 沖積洲；沖積地

Almaria 檔案館；教會檔案；圖書館檔案

Alod, alode, alodes, alodis 自主地

Alta proditio〔英古〕叛逆罪

Alta via〔英古〕公路；大道

Alter ego 第二個自我；知己；心腹；代辦人；私人交易的工具

Alteri stipulari nemo potest 不論何人均不得替別人訂約

Alterum non laedere 不損及他人 (查士丁尼皇帝將此視作制定所有法規的基本原則)

Alteruter 兩者之一；非此即彼的；二中之一的；每一的

Altius non tollendi (羅馬法) 限制加高地役權 (指屋主建築房屋受限於一定高度)

Altius non tollendi〔蘇格蘭〕限制加高地役權 (限制阻礙需役地採光的地役權)

Altius tollendi 加高地役權 (自己建築房屋高度不受限制的特權)

Alto et basso 全部地 (適用於雙方當事人就爭議大小的全部問題提交仲裁以達成協議)

Altum mare〔英古〕公海；深海

Alveus 河床；河道

Alveus derelictus 放棄的河道；廢河床

Amanuensis 代書人；聽寫員 (指寫下另一人所講的話)

Ambigendi locus 尚有疑問；值得懷疑

Ambiguitas 模棱兩可；雙關語；多義語

Ambiguitas contra stipulatorem est 模棱兩可的文字應用以最不利於當事人的解釋

Ambiguitas verborum latens verificatione suppletur nam quod ex facto oritur ambiguum verification facti tollitur. 文字之中隱含不明確之處，可以舉出證據來闡明；因為外在事實引起的不明確之處，可以舉出外在證據來説明

Ambiguitas verborum patens nulla verificatione excluditur. 顯然不明之處，不可以舉出外在證據來闡明

Ambitio 偏頗；非法庇護

Ambitus 非法買賣公職；賣官鬻爵 (指以金錢或財產贈與取得公職)；投票買賣；選舉舞弊

Ambulatoria est voluntas defuncti usque ad vitae supremum exitum 立遺囑人臨終前仍可變更其遺囑

Amicus curiae 法庭之友；法官顧問 (指對法院有疑問的事實或法律上的觀點善意地提請法院注意或向法院報告的人或事實上的律師)

Amisio 損失

Amissum quod nescitur non amittitur 不知道的損失，根本不算損失

Amita 姑母

Amittere〔英古〕損失；喪失

Amittere curiam 喪失出庭權利；被剝奪出庭的權利

Amittere legem terrae 喪失公民權 (喪失國家法律給予的保護)

Amittere liberam legen〔英古〕喪失公民權；喪失法律給予自由民的保護；喪失宣誓出庭作證的特權

Amor nummi 貪財

Amor proximi 睦鄰

Amotio〔美〕拿走；搬動 (有時這種最小距離的移動就可構成為 "盜賊" 行為)

Amoveas manus〔英古〕把沒收為國有的財產返還所有者的令狀 (指被國王沒收的受害者土地或動產)

Ampliatio 延期判決；重新審理 (指在刑事訴訟程式中，如果陪審團不能作出被告是否有罪判決而請求延期重新舉證)

Ampliationes 審判延期

Analogia 比較；比照；類推

Analogia juris 法律上的類推

Anatocismus 複利；重利法

Ancilla 女僕；助手；隨從

Ancipitis usus 用途不明；用途可疑 (意指可能用於民事、和平、軍事和類似戰爭目的之貨物，是否屬於禁運之列，尚待界定)

Anecius 長子；老大

Anguis in herba 潛伏的敵人；隱藏的危險；內奸

Animo 企圖；意向；有目的；心素

Animo et corpore 具有心素和體素；具有意圖和實際行動

Animo et facto 在意圖上和事實上

Animus 意向；意圖；(佔有的) 心素；敵意

Animus actoris 主犯的意向 (自己犯罪的意圖)

Animus aggressionis 侵略意向

Animus belligerendi 交戰意向

Animus cancellandi 解除的意向；取消意向

Animus capiendi 取得的意向；捕獲的意圖

Animus contrahendi 訂約意向

Animus defamendi 誹謗的意向；毀損名譽的意圖

Animus defendendi 防禦的意向；作為支配者的意圖

Animus derelinquendi 拋棄的意圖；委付的意圖

Animus deserendi 意圖遺棄

Animus differendi 遲延的意圖；意在拖延

Animus disponendi 讓與意思；處理的意向

Animus dominandi 所有的意思 (指佔有而言)

Animus domini 佔有意圖；所有的意向；據為己有的意圖

Animus donandi 贈與的意思 (意在表示給予所需構成的一件禮物)

Animus et factum 意向和行為 (意指要變更住所必須要有意願及其行為。"factum" 指遷居，"animus" 是永居的意思)

Animus et factus 意向和行為 (表示行為只有在伴隨著特定的意圖時才能生效)

Animus furandi 盜竊意圖；劫奪意向 (企圖永久剝奪所有者財產的犯意)

Animus hominis est anima scripti 當事人的意圖是證書的要素

Animus hostilis 敵意

Animus injuriandi 毀壞名譽的意圖；傷害意圖

Animus lucrandi 圖利意向；獲利企圖；漁利的企圖

Animus manendi 居留的意向 (意圖建立永久住所，此為確定某當事人住所地要素)

Animus morandi 遲延的意思；維持現狀的意思

Animus nocendi 給與損害的意向

Animus novandi 更改的意圖

Animus occidendi 殺害的意圖

Animus occupandi 佔領意向

Animus possidendi 佔有意向 (亦即 "intention of possessing")

Animus recipiendi 接受意向；有意接受

Animus recuperandi 恢復的意思；收回的意向

Animus rem sibi habendi 為了自己的意思 (用在佔有上)

Animus republicandi 重新公佈的意思；重新訂立遺囑的意向

Animus revertendi 回歸的意向

Animus revocandi 廢除的意向；撤銷的意向

Animus signandi 簽署的意圖

Animus socii 從犯的意思

Animus solvendi 清償的意向

Animus tenendi 持有意圖

Animus testandi 訂立遺囑的意向

Annexum 附屬物；從物

Anni nubiles 女子婚齡；女性婚齡 (對女子法定結婚年齡，英國婚姻法規定，男女 16 歲以下結婚為無效的婚姻，18 歲結婚則須徵得父母同意)

Anno aetatis suae 享受；享年 (寫在死者年齡後面)

Anno domini (A.D.) 公元⋯年 (從耶穌誕生之日算起)

Anno nate christum 公元前

Anno orbis conditi (A.O.C.) 公元元年

Anno regni (A.R.) 國王即位年次 (表示特定國王統治的時期)

Annotatio 國王手諭 (國王親自簽名)；敕答

Annua nec debitum judex non separate ipsum 法官不得分割年金或債務 (指法院不能劃分年金或分配債務)

Annuatim renovare 逐年更換；逐年改革

Annui census 成熟期

Annui discretionis 成熟年齡

Annui reditus 歲入

Annul reditus redimibiles 買回利息

Annus〔英古〕一年；365 天期間

Annus bissextilis 閏年

Annus civilis 民法上的年 (法令歷年)

Annus et dies 一年零一天 (整一年)

Annus lectus 居喪之年；守貞之年 (依市民法規定，丈夫去世不滿一年，寡婦不得再嫁以免懷孕引致生父之訴，亦為羅馬、丹麥和撒克遜人的法規)

Annus naturalis 自然之年

Annus utilis 由有用的日子組成的年 (不計算未成年無行為能力期間的日子)

Annus, dies et vastum (an, jour, and waste)〔英古〕國王取得重罪犯所有的土地一年零一日的收益並使該土地荒廢的特權 (釋義同 "anjourand waste")

Annuus reditus 年租；年金

Antapocha 債務收據 (指經債務人簽署後交付給債權人的債務確認書)

Ante 以前的；在前的；前頁的；前面的

Ante bellum 戰前

Ante Christum A.C. 公元前

Ante cibum 飯前

Ante diem 在限期以前；到期以前

Ante exhibitionem billae 向法院呈交訴狀之前；訴訟開始以前

Ante factum 事前；在事實發生以前；事前行為

Ante litem motam 訴訟開始之前

Ante lucem 天亮以前；拂曉前

Ante meridiem (A.M; a.m.) 上午；午前

Ante mortem 死前；臨終前

Ante natus 出生早的；出生在先的；婚前出生的 (在英國通指在英格蘭與蘇格蘭合併前的出生的人；在美國指在獨立宣言發佈之前所生的人)

Ante nuptias donatio 婚前的贈與

Ante omnia 高於一切；在所有其他事情之前

Ante tubam 臨陣戰慄

Antea 往昔，以前；從前；迄今為止

Antecedens 前項；以前的事實

Anteloquium 最初發言的權利

Antenati 事前出生的；出生在先的 (釋義見 "antenatus")

Antestatus 證人

Antichresis 不動產質押；不動產質押協議 (這是一種不動產抵押或質押的方式，債權人只是該不動產的佔有者，而不是所有者。債務人如違約，債權人可以起訴以取得出售不動產的判決；在路易斯阿那州分 "pawn" 和 "antichresis" 兩種，前者動產質押；後者屬不動產質押)；〔法〕取得孳息

Antiquae 古代的

Antiquare 恢復舊法 (或慣例)；否決新法；保存舊法

Apatisatio 契約；合同；協約

Aperto vive 隨心所欲地

Apex juris 法律極點；法律微妙之點；法律細節

Apices litigandi 訴訟上的玄機 (指被告善於抓住微妙的時機當其原告要求公正之時而運用其技術以使原告負擔訴訟費用)

Apocha 償還債務收據；免除債務證書

Apographia 財產清單；財產稽查目錄

Apostata〔英古〕背教者；變節者；放棄信仰基督教者

Apostolae 移送案件通知

Apostoli 移送案件證書 (下級法院法官將訴訟卷移送上級法院審理)；〔複〕教廷大使

Apparator or apparitor 執達員 (傳喚罪犯到宗教法庭的)

Apparatus belli 戰爭物資；軍需品

Appellatio 上訴

Appello 我上訴

Appenditia 不動產附屬物；房屋附加物

Appenticii ad legem〔英〕見習律師

Appetito 欲望；欲求

Applicare 縛；系；系泊；〔古〕適用；應用

Applicatio 適用；申請

Applicatio est vita regulae 適用是規則的生命

Apprehensio〔英古〕拘押；逮捕；扣押（財產）

Apprenticicius ad legem 見習律師；出庭律師（地位僅次
　於王室法庭中具有特權的高級律師 1455 年前用語，現
　改稱 "barrister"）；法科學生

Aqua〔英古〕水；小溪；水流；水道

Aqua aestiva 夏日水；夏天用的水

Aqua cedit solo. 土地上的水屬於土地（指出售土地時應
　連同覆蓋於其地面上的水）

Aqua currit et debet currere ut currere solebat 流水無主
　權，只有使用權（指水乃流經土地上的每個人的共有
　財產）

Aqua dulcis, or frisca 新鮮水；清水；甜水

Aqua fontanea 泉水

Aqua sala 咸水

Aquae ducende 物的地役的一種

Aquae ductus 引水權（指以從他人土地上安裝管道提水
　的用益權）

Aquae haustus 汲水權（指利用他人自來水、池水和泉水
　的用益權）

Arbitratus 判斷；自由判定；仲裁；催告

Arbitrium 仲裁；裁決；判決；仲裁書；仲裁員

Arbitrium divinum 神的裁決

Arbitrium est judicium boni viri, secundum aequum
et bonum 裁決是由善良者按公平與正義的原則做出的
　判決

Arbitrium judicis 法官的裁量；審判上的裁量

Arbitrium tutelae 監護人的訴訟

Arbitrum boni viri 公平的裁決；鑒定人的判定

Arbor civilis 家系圖；家譜

Arbor finalis〔英古〕界樹；邊界樹（指用以劃定邊界之樹）

Arcana imperii 國家機密

Arentare 出租；出借（以物租與他人而收取租金）

Arguendo 在辯論中；在辯論過程中（在辯論中法官對爭
　議問題的說明和保留）

Argumentum 論證；證明；解釋；證據理由

Argumentum a contrario 反面論證

Argumentum a fortiori 順理成章的論證（主張更有理由
　得出一定結論的辨論法）

Argumentum a pari 類推解釋；類推論證

Argumentum a simili valet in lege. 類似案件（或類比）之
　論證在法律上是有效的

Argumentum ab auctoritate est fortissimum in lege 依據
權威的論證在法律上最為有力

Argumentum ab incovenienti 選擇性解釋論證（指從折衷
　性解釋法律疑難點的論證而取得合意）

Argumentum ad baculum 恫嚇性論證（含有訴諸恐懼或
　膽怯之恐嚇性論證）

Argumentum ad crumenam 利誘的話；使雙方注意到金
　錢利益的言論

Argumentum ad hominem 攻擊性的論證（指攻擊
　對方人格、特性和癖好）

Argumentum ad ignorantiam 以對方不明事實為依
　據的論證

Argumentum ad misericordiam 求取同情的論證

Argumentum ad populum 求取民眾信賴的論證

Argumentum ad rem 中肯的論證

Argumentum ad verecundian 表示尊敬的論證（訴
諸對偉人的尊敬以求證論點之論證）

Argumentum collaterale 附隨的論證

Argumentum e contrario 反面的論證

Argumentum e fortiori 順理成章的論證

Argumentum externum 外部的證據

Argumentum internum 內部的證據

Argumentum legis 法律上的事由

Argumentum primarium 主要的證據

Argumentum probabile 蓋然的證據

Arma 武器；軍火；軍械；進攻性和防禦性的武器；（貴
族的）家族紋章

Arma accipere 受封為騎士（或爵士）；晉爵

Arma dare 封⋯為騎士（或爵士）

Arma in armatos sumere jura sinunt 法律允許拿起武器
反抗武裝者

Arma pacis fulcra 軍備是和平的支柱

Arma tuentur paces 武力維持和平

Armata vis 武裝力量；武裝部隊

Arrestatio〔英古〕拘留；扣押（=arrest）

Arrha poenalis 違約定金不歸還

Arrha poenitentialis 解約金

Arrhabo（合同交易）定金；（立約）保證金

Arrhae（=arrae）定金；保證金（買受人交給出賣人現金
或物品以資買賣契約的成立）

Arrhae sponsalitiae 聘禮（訂婚時的贈與物）；訂婚保
證金

Arrogatio 自權人的收養（指收養不在親權之下的人為養
子女，具有完全行為能力的成年人）

Articuli 條款；項；項目；〔宗〕訴狀（指以列舉誹謗證
據形式向教會法院提起訴訟）；（=articles）

Articuli cleri〔英〕教士法（1315 年）；班克羅夫特大主教
請願書（1605 年）

Articuli Inquisitione super statum Winchester〔英〕關於
調查溫徹斯制定法遵守情況條例（1285 年）

Articuli super chartas〔英〕確認大憲章條款法（1300 年）

Articulo mortis 臨終；臨死時

Articulus 項目；事項

Articulus additionalis 附隨的證明事項

Articulus defensionalis 答辯事項

Articulus demonstratorialis 證明的事項

Articulus elusivus (dlisivus) 使答辯成為無效的事項

Articulus generalis 一般事項

Articulus inquisitionalis 訊問事項

Articulus probatorialis 證據物件

Articulus reprobatiorius 反證物件

Articulus testimonialis 訊問證人事項

Ascriptitus (or ascripticius) 入籍外國人；歸化入籍者（外國人在其居住地經登記歸化入籍者）

Asportavit v. 竊取；運走；拿走（他拿走了他人的動產，轉移財物所在）

Assassinium 結黨謀殺

Assecurare v. 擔保；（以尊嚴的信仰）保證

Assignatus utitur jure auctoris. 受讓人行使讓與人的權利（受讓人擁有讓與人的權利）

Assisa〔蘇格蘭、英古〕巡迴審判；陪審員；陪審團；諮詢團；陪審訴訟程式或程式法；法令；條例；法規；令狀；開庭期；一個固定或特定的時間、數目、數量、品質、價格或重量；貢品；罰金；捐稅；對物訴訟；物權訴訟；產權訴訟；回復不動產訴訟；一種令狀名稱

Assisa armorum 軍事法（指要求保持武裝部隊以為共同防禦的法令）

Assisa cadere 訴訟駁回

Assisa de Ponderibus et Mensuris 度量衡法（約於公元 1303 年）

Assisa de utrum 土地歸屬令狀（確定特定土地由俗人或教會保有制的令狀，1833 年廢止）

Assumere v. 承擔；負擔；負責

Assumpsit〔美〕他承擔；他承諾；〔英古〕違反簡單契約賠償之訴（指要求賠償違約所受損失的訴訟）

Astitrarius haeres 財產當然繼承人（在被繼承人死亡前已在家中將其財產讓與當然繼承人和其家屬，意即繼承人在被繼承人死亡前已經獲得掌管其財產權）

Astrarius〔英古〕屋主；實際佔有房子的人

Attachiamenta bonorum 動產扣押（指為了強制履行債務以私力扣押債務人動產作為擔保以使其出庭應訴）

Attentat〔美〕（犯罪）企圖；未遂；下級法官對未決上訴案件的錯誤行為；〔法〕行刺；暗害，謀殺

Attentat crimen 未遂罪

Attornare v. 轉讓；承認新地主；指定律師或代理人

Auctionariae 拍賣貨物目錄

Auctionarius 賣者；零售商；舊貨商；倒賣者（指收買舊貨、破爛物品而後轉手售以較高價格的賤買貴賣者）

Auctor 拍賣商；讓與人；賣主；著作人；原權者；權利或物的原主或前主；證人；監護人；〔法古〕原告

Auctor delicti 教唆犯；造意犯

Auctor juris 法律學者

Auctor rixe 起訴人

Auctoramentum 僱用；僱用契約

Auctoris nominatio 原權人的指定

Auctoritas 權力；〔歐古〕證書；保證；擔保；文憑；畢業證書；王室特許狀

Auctoritas curatoris 保佐人的同意

Auctoritas publica 國權

Auctoritas senatus 元老院決議

Auctoritatis interpositio 補充能力

Auctoritatis publicae turbotae crimen 妨害行使國家權力罪

Audi alteram partem 莫聽一面之詞；聽取另一方的陳述；聽取他方的理由；聽取雙方的理由（指在判決作出前，兩造均應在場聽審）

Audiatur et altera pars（=Audi alteram partem）兼聽訴訟的另一方

Audiendo et terminado 平息叛亂令狀；平息動亂委任狀

Audita querela 救濟被告的令狀（判決宣告後發生被告的債因因免除或清償而已消滅的事實）

Auditeur de nonciature 教廷使館秘書

Auditorium 法院；訊問所

Aula regia〔英〕國王法院（諾曼王朝早期的主要法院由威廉征服王 1066-1087 年開始設立的是貴族院前身的議會高等法院和其它法院以及樞密院的起源）

Aut dedere, aut judicare 或引渡或審判；不引渡即審判

Aut punier, aut dedere 或處罪或引渡；不懲罰即引渡

Aut reddere, aut punire 或引渡或懲罰；不引渡即懲罰

Authenticum（羅馬法）原本；正本（指遺囑等文件的正本以區別於副本"copy"而言）

Autographum 手記

Auxiliator 助手；助理

Auxilium〔英古〕訴訟救助；強制援助；勞役；捐稅；貢賦（指屬於一種稅或奴隸向領主繳納的貢金）

Averamentum 對於訴訟的抗辯

Averia 家畜；牲畜

Averium 貨物；物品；駄畜；〔封〕（領臣獻給領主）最好的家畜

Aversio 避開；大宗出售；整塊土地出售；全部出租（指整座房子）

Averum 物品；財產；財物；駄畜

Avia 祖母；外祖母

Aviditas 食欲；貪求

Avisamentum 鑒定；官廳；裁決

Avocandi jus 召回狀

Avocando jus 召回權

Avocatorium 召回狀；召回本國國民（指在外國的）

Avulsio 土地轉位（因水路自然變更引起的陡然變位，但該土地的所有權不變）益；恩惠；特權；聖俸；聖職

B

Baculus〔英古〕權標（在古代英國的實踐中利用柳條、竿或棍插在沒有建築物的土地上以表示移交土地的佔有，象徵權威之權）

Ballium 要塞；堡壘；擔保；保釋；保釋金

Balnearii 偷竊公共澡堂沐浴者衣服的人

Banci narrators〔英古〕辯護人；高級律師；高等民事法庭律師

Bancus Communium Placitorm 高等民事法庭

Bancus reginae（女王）王座法庭（＝Queen's Bench）

Bancus Regis〔英〕（國王）王座法院

Banneret 戰地騎士（地位僅次於男爵，而在准男爵之前）

Banni〔英古〕流放犯；被剝奪公民權者；被驅逐出境者；不法之徒

Banni nuptiarum〔英古〕結婚預告

Bannitio 流放；被驅逐出境

Bannitus〔英古〕流放犯；被剝奪公民權者；被驅逐出境者；不法之徒

Beatitas 福氣

Bedeweri 土匪；歹徒；罪犯；（＝banni）

Bello parta cedunt reipublicae 得自戰爭者應歸國有（由於戰爭取得的，屬於國家）

Bellum 戰爭；（國家間）武裝衝突；國家間的交惡

Bellum civile 內亂；內戰

Bellum internecinum 自相殘殺的戰爭；內戰

Bellum interstinum 內亂；內戰

Bellum justum 正義戰爭

Bellum omnium contra omnes 針對一切人的全面戰爭

Bellum omnium in omnes 全面戰爭（指針對一切人的全面戰爭）

Bellum sociale 社會戰爭

Bene 好的；合法的；適宜的；充份的

Bene exeat 品行優良證書

Beneficium〔封〕封地，采邑，領地；國王恩賜；利益；恩惠；特權；聖俸；聖職

Beneficium absistentiae 檢索的抗辯

Beneficium abstinendi 拋棄繼承權；拒絕繼承權（指繼承人放棄接受遺產繼承權）

Beneficium appelandi 上訴權

Beneficium cedendarum actionum 代位權（指保證人因清償務而取得債權人的地位，保證人在代償債務前，有權要求移轉債權）

Beneficium cessionis bonrum 無償還能力的債務人把自己財產讓與債權人的權利

Beneficium clericale 牧師特權；聖職人員特權

Beneficium competentiae〔蘇格蘭〕維持生計的特權（減少償還債務的數額以使債務人能維持溫飽生活的權利）

Beneficium conditionale 附有條件的租地權

Beneficium cum cura 帶有負擔的扶助

Beneficium dationis in solutum 代物償還權

Beneficium deliberandi 考慮繼承的特權

Beneficium divisionis 分攤的利益（指保證人代主債務人清償債務時有與其他保證人分擔責任權）；〔蘇格蘭〕堅持按比例分攤債務的特權（指幾個共同保證人可堅持只分攤清償其按比例分配的一份債務的特權）

Beneficium emigrandi 移民利益

Beneficium emigrationnis 移居權利

Beneficium excussionis 先訴抗辯的權利

Beneficium ignorantiae juris 主張不知法律的特權

Beneficium impuberum 未屆婚齡的特權

Beneficium inventarii 限定承認繼承的權利；財產清單的利益（指有權要求按法律規定的時間和方式列出所繼承的財產清單以限定所繼承財產價值範圍內支付繼承的費用及其債務）

Beneficium invito non datur 授予特權或利益不應違反受惠者意願

Beneficium juris legis 法律上的權利

Beneficium legis faleiciae 收回繼承分的特權

Beneficium liberationis 免除保證的特權

Beneficium muliebre 婦女的特權

Beneficium non datum nisi propter officium 除非履行了義務，否則不給予報酬

Beneficium non datur nisi officii causa 聖職的授予只能根據職責；根據職責，給予薪俸（聖職的特權只能考慮其職責才能授予）

Beneficium non datur nisi officil causa 聖職的授予只能根據職責

Beneficium ordinis〔蘇格蘭〕順序特權；先訴抗辯權（或譯"後訴的利益"，指保證人有權要求債權人向主債務人追償，並用盡其救濟，亦即先訴抗辯權之謂）

Beneficium paupertatis 因貧困而免除訴訟費用的特權

Beneficium personale 個人權利

Beneficium principis debet esse mansurum 皇恩永繼

Beneficium processus gratuiti 免費訴訟的特權

Beneficium restitutuinis in integrum 恢復原狀的特權

Beneficium revisionis 上告的權利

Beneficium separationis 分離財產的特權（將繼承人財產和遺產分開以保護債權人的權利）

Beneficium sine cula 沒有負擔的扶助

Benignitas 寬容

Biennium〔複〕兩年期（單：bienia）；〔美〕撥款期（多數州立法機構均規定為兩年）

Bigamia 重婚

Bigamus 重婚的人（指在不同的時間內結婚兩次娶了兩

個妻子的人）

Bilagines 城鎮法規；市政法規

Billa 票據；匯票正本

Billa cassetur 撤銷訴訟

Billa exambii 匯票

Billa exonerationis 提單；提貨單

Billa vera 大陪審團認為證據充份的起訴書；大陪審團支持起訴的裁斷

Bis 再；二度；之二；兩次

Bis de eadem re agi non potest 禁止一事兩訴

Bona n. & a. I. 財物；財產（包括動產和不動產）；II. 良好的；真誠的

Bona acquisita 取得的財產

Bona admanuwationis 送達的貨物

Bona adventicia 特有的財產

Bona adventicia irregularia 不規則的特有財產（自由特有財產）

Bona adventicia regularia 正規特有的財產（非自由特有財產）

Bona allodialia 自由私有財產

Bona aviatica 世襲財產

Bona avita 世襲財產

Bona caduca 歸屬財產（指外國人的無繼承人的財產）

Bona castrensia 先佔物

Bona civitalis 國有財產

Bona communia 共有財產

Bona communitatis 共有財產

Bona confiscata 沒收物；沒收的財產（指被沒收歸國王或國庫的財物）

Bona conjugum 夫妻財產

Bona damnatorum 敗訴者的財產

Bona dotalia 嫁資；嫁妝

Bona ecclesiastica 寺院的財產；教會的財產

Bona ereptoria 剝奪物

Bona felonum 〔英〕重罪犯的財產

Bona feudalia 封地；采邑

Bona fidae judicium 公平訴訟

Bona fides 善意；誠實；誠意；非虛偽或非詐欺；善意的第三者

Bona fides exigit ut quod convenit fiat 守信即須履行契約（誠信要求履行所訂的合約）

Bona fides non patitur, ut bis idem exigatur 守信即是不許要求支付兩次代價

Bona fiscalia 公共財產

Bona forisfacta 沒收的財產

Bona fugitivorum 〔英〕逃兵的財產；在逃重罪犯的財產

Bona gentilitia 家族財產

Bona gestura 良好行為；善良行為；守法行為

Bona gratia 協議地；自願地；雙方情願地（指離婚或解除婚約而言）

Bona hereditatia 繼承財產

Bona illata 妻子所有的財產

Bona immobilia 不動產

Bona indivisa 非分割物（財產）

Bona indivisibilia 不可分物

Bona litigiosa 爭議物；系爭物

Bona locata 租賃物

Bona mariti 丈夫的財產

Bona materna 母親的繼承份

Bona minorum 未成年者財產

Bona mobilia 動產（指可以搬動，從一地運到另一地的財產）

Bona municipalia 市有財產

Bona notabilia 顯著的財產；貴重的財產（包括各種有形和無形的財產）

Bona paraphernalia 女子隨身攜帶的物品；妻子的特有財產（指出嫁女子除嫁妝以外的財物，如衣着、珠寶和裝飾品）

Bona paterna 父親的繼承份

Bona patrimonialia 固有繼承的財產

Bona per testamentum alienari prohibita 禁止以遺囑讓與的財產

Bona peritura 易腐物品；易變質財產（指遺囑執行人或受託人應盡速將易腐品處理變賣成金錢）

Bona pignoratitia 質物；典物

Bona publica 固有財產

Bona publicata 沒收的財產

Bona rupta 贓物

Bona suspenssa 拍賣物

Bona vacantia 無主物；無主財產（指無人認領的財物歸第一個佔有者或發現者所有，但王魚、失事船舶殘骸、埋藏物、盜竊或迷途家畜、殘餘遺產歸國有）；政府接管的財產（指依《1985 年公司法》規定，解散的公司全部財產除代為信託之外全歸國有）；（羅馬法）無人繼承的財產；絕產（一般指動產，如無人主張繼承者即收歸國庫）；未報稅貨物

Bona vi rapta 掠奪物

Bona waviata 〔英〕拋棄的財產；盜賊的棄贓（指盜賊因怕被逮住而逃跑中拋棄的贓物）

Bonae fidei 善意；善意地

Bonae fidei emptor 善意的買主

Bonae fidei negotium 善意的行為

Bonae fidei possessor 善意佔有者

Boni et legales homines 善良守法的人；合格陪審員

Boni homines 〔歐古〕善良的人；善良租賃人（指領主的租佃人）

Boni judicis est ampliare jurisdictionem 好法官的職責可擴大（或自由使用）其救濟權或管轄權；好法官必要

時可擴大其管轄權

Boni judicis est ampliare justitiam 好法官的職責在於伸張正義

Boni judicis est causas litium dirimere 好的法官應消除訴訟的原因

Boni judicis est judicium sine dilatione mandare xexcutioni 好法官的職責在於使判決得以迅速執行

Boni judicis est lites dirimere, ne lis ex lite oritur, et interest reipublicae ut sint fines litium 好法官的職責應該阻止訴訟，訴訟不應衍生出訴訟，為了國家的利益，訴訟應該結束

Boni mores 善良風俗

Bonis 物；財產

Bonis asportatis 非法侵害扣押外財物的令狀

Bonis cedere 轉讓財產；移交財產（指債務者將其財產移轉給債權人以抵償債務）

Bonis non amovendis 禁止搬移財產令

Bonitas 善心；善性；公正；合理

Bonna 界標

Bonorum cessio 財產讓渡；財產轉讓

Bonorum collatio 歸還受贈物的義務（繼承人應把從被繼承人生存中所得的受贈物歸還遺產人以便分配給全體繼承人）

Bonorum communio 財產的共有

Bonorum distractio 破產財團的個別財產的出售

Bonorum emptio 財產買賣

Bonorum emptor 破產財產的買受人

Bonorum possessio 遺產佔有；財產佔有權

Bonorum possessor 遺產佔有者；財產佔有者

Bonorum venditio 財產買賣；財產拍賣

Bonos mores 善良風俗；良好品行

Bonum et aequum 正義和衡平

Bonum factum（B.F）良好行為；良好表現；有效判決；批准的

Bonum publicum 公安；公共安全；國家安全

Bonus pater familias 善良父親的注意

Brachylogus juris civilis 羅馬法教學手冊；市民法大綱（一本於 12 世紀初葉關於以法語寫的，其首次於 1553 年出現法國里昂）

Bredwite〔撒〕罰款（因麵包缺斤少兩而受罰）

Brephotrophi 育嬰堂保姆（指被委任收攏和照顧被遺棄的嬰兒）

Breve 法庭命令；令狀；開審令狀；傳票；敕令（該詞於 "writ" 同義，其複數為 "brevia"）

Breve de recto 權利令狀；回復產權的訴權證明令狀（指被逐出財產佔有權者據此提起要求回複其所有產權的訴訟令狀）

Breve ita dicitur, quia rem de qua agitur, et intentionem petentis, paucis verbis breviter enarrat. 訴狀之所以稱其為訴狀，簡言之是因其簡略地寫明了爭訟事由和當事方訴請救濟之標的

Breve judiciale non cadit pro defectu formae. 司法令狀不因形式上的瑕疵而失效

Breve judicialia 司法令狀

Breve judicile debet sequi suum originale, et accessorium suum principale 司法令狀應依其開審令狀，附件應隨其主件

Breve originale 訴訟開始令狀；開審令狀

Breve testatum 封地認許狀（永久移轉土地權利和封地儀式的書面備忘錄）；戶籍認許狀

Brevi manu traditio 簡易的引渡

Brevia（=breve）

Brevia formata 要式訴訟令狀（經批准確立的要式，可適用、不可更改，除非經貴族同意）

Brevia judicialia 司法令狀（法院在訴訟過程中頒發或協助判決的輔助的令狀）

Brevia magistralia 主事官令狀（臨時頒發以適應各案件情況的令狀）

Brevia placitata 判例集（訴狀格式、法律解釋及判例等敕令，收集約至 1260 年，成書於 1947 年）

Brevia selecta（Brev. Sel.）經挑選的令狀或訴訟程式

Brevia testata（早期）土地權利讓與的簡略備忘錄；契據的初期形式

Breviarium 財產目錄

Breviarium alaricianum 阿拉里克羅馬法匯纂（西哥特國王阿拉里克二世於公元 506 年於西班牙編輯出版供羅馬臣民之用）

Breviarum extravagantium 羅馬教皇敕令匯纂（12 世紀寺院法原文）

Brocardica Juris《法律格言》（1805 年）

Bulla 御璽（羅馬皇帝御印，共有金、銀、臘和鉛四種）

Busones comitatus〔英古〕郡議員；郡男爵

C

Cadaver nullius in bonis 任何人不得對屍體主張所有權；屍體非權利的對象（意指人的屍體非權利的標的物）

Cadere 結束；終止；停止；失敗；敗訴；使改變；使成為

Cadere ab actione 敗訴

Cadit 失敗；敗訴；終止；結束；停止

Cadit quaestio 辯論終結；無繼續辯論餘地（指問題無繼續辯論的餘地）

Caduca 可繼承的財產；無人繼承的財產；已失效的遺產或遺贈（指因未履行遺囑中訂明的處分財產的義務而喪失時效）；複歸國有的財產

Caedes 殺害；殺人行為

Caerimonia 宗教慣例；教義

Caeteris paribus 餘者相同

Caeteris tacentibus 其他人保持沉默；其他法官不表示意見

Caeterorum 餘產；剩餘財產

Calumnia 誣陷；誣告；誹謗；惡意中傷；要求陪審員
迴避

Calumniae jusjurandum 所訴屬實宣誓；無誣告的宣誓
（指要求當事人宣誓他們對所提起的訴訟或辯護是真
實有理而不懷惡意的，尤其用於離婚訴訟案件）

Calumniators 誣告者；誣陷者

Cambassarius 票據持有人

Cambiale jus 交易法

Cambium 票據；互易（指用於互易土地、匯款交易或易
債等不同情形的術語）

Cambium locale, mercantile or tranjectitium 匯兌合同
（兩地間票據交換合同）

Cambium reale (or manuale) 土地交換；互易不動產所
有權

Camera imperialis 帝國法院

Camera stellata 星座法院（英國一種秘密審判的法院，
處刑嚴厲，因此受到國民非難，於 1641 年被廢止）

Cameralia 行政管理學

Cancellaria curia 衡平法院

Cancelli 畫斜線作廢（指在遺囑或其他文件上畫斜線擬
予以作廢的符號）

Capacitas 能力；繼承能力

Capax doli 有犯罪能力的；有犯罪意圖能力的

Capax negotii 有交易能力的；有行為能力的；有處理事
務之能力的

Capias 拘票；拘捕狀（依英國司法實踐，被告受到指控，
沒有拘票不得被捕）

Capias ad audiendum judicium 拘傳被告出庭聆候有罪
判決的令狀（指在被告發現犯有輕罪，但不應傳出庭
時，法院即頒發令刑事被告出庭聆候判決的令狀）

Capias ad computandum 迫使被告出庭報賬的令狀

Capias ad respondendum (caresp) 逮捕令（拘捕輕罪案
被告以便提審令）

Capias ad satisfaciendum (ca. sa.) 拘留債務人令狀（命
令執達吏羈押被告使其執行判決債務令狀）

Capias extendi facias〔英〕拘捕並扣押債務人財產令狀
（英國法院命令司法行政官拘留欠王室債務人並扣押
其財產的令狀）

Capias in withernam 扣押等值財產令狀（指當被告將被強
制履行債務的財產或牲畜移轉到郡外時，法院發出令
狀，令司法行政官扣押被告等值的財產或牲畜以償還）

Capias pro fine 追繳罰金令狀；拘捕被告使其繳納罰金
的令狀（指加在虛假答辯的被告之原債務訴訟判決記
錄末尾的一個條款）

Capias utlagatum〔英〕逮捕被剝奪公民權人的令狀（指
法院命令執達吏將被剝奪法律保護的人逮捕歸案後再
審判其藐視法庭罪）

Capio n. & v. I. 取得；擁有；攫取；徵收；II. 攫取，侵
佔；逮捕

Capio mortis causa 死因取得

Capio pignoris 質入

Capita 頭數（人或動物的頭數）；〔英〕各個（彼此互不相
干的）；按人頭比例的遺產分配法

Capitale 贓物；被盜物；被盜物的價值；資本支出

Capitale crimen 死罪；死刑罪

Capitale judicium 刑事法庭

Capitalis〔英古〕主要的；首要的；首位的；首席的

Capitalis justiciarius〔英〕首席法官；首席國務大臣；首
席攝政大臣

Capitalis peona 死刑

Capitalis res 人格降低罪

Capite 按人頭的；主要的；一般的

Capite censi 貧窮者

Capitis diminutio 人格減等（依羅馬法分為 "喪失自由
權、市民權和家族權" 三等）

Capitis diminutio maxima 人格大減等（指完全喪失 "自
由、市民和家族" 三權淪為奴隸）

Capitis diminutio media 人格中減等（指只喪失市民權而
保有自由和家族權）

Capitis diminutio minima 人格小減等（指僅喪失家族權）

Capitula (articles)〔英古〕（制定法、契約書的）條款；
（分章節的）法規彙編；牧師會

Capitularia 法蘭克王朝的法令

Capitulum 章；目；節（指書或文章按章節的主要劃分）

Capta hostis 俘虜

Captio 欺罔；傷害；財產損傷；〔英古〕佔有；扣留；扣
留；逮捕；開庭

Captivus 俘虜；戰俘；被捕者

Captura 逮捕；拿捕

Caput 首領；首要人物；人；人格；人的地位；民事條
件；〔英〕首長；郡長；執達吏；國王；城堡

Carucata〔英古〕土地稅（以一定數量的土地作為納稅
的標準，人以一把犁能夠在一年一天時間內耕種的土
地，舊時作為課稅標準的土地面積）

Cassetur billa 撤銷訴狀；撤銷訴訟

Cassetur breve 撤銷訴訟（指當法庭作出對原告敗訴判決
時，應其請求撤銷開審令狀但在該令狀生效後，他才
能再就此提起訴訟）

Castella 城堡

Castigatio 懲戒；體刑

Castigatio paterna 父親的懲戒

Casu consimili〔英古〕回復被土地佔有者轉讓之繼承權
的令狀（1278 年）

Casu proviso〔英古〕歸還被亡夫繼承土地保有人佔有之
繼承權的令狀

Casus 事件；場合；偶然事件；意外事故；案件；尚在
研究中的案件

Casus belli 交戰理由；戰爭藉口（引起交戰事故）

Casus civilis 民事案件

Casus criminalis 刑事案件

Casus foederis〔際〕履行條約的要件；履行盟約的場合（使條約上的諾言應予實現的情形）；合同訂明的事項

Casus fortuitus 不可避免的事件；偶然事故；意外事件

Casus fortuitus non est sperandus, et nemo tenetur devinare 意外事件不可預料，亦非任何人所能預見

Casus fortuitus non est supponendus 意外的事件不容臆斷

Casus major 重大事件；意外事件；非常事故（例如火災和船難等事故）

Casus merus 真正事件

Casus mixtus 非真正事件

Casus necessitatis 緊急場合

Casus non praestatur 場合未出現

Casus omissus 被疏漏的事項；無明文規定的事項（尤指議會制定的法律未加規定的情況只能留由習慣法處理）

Casus placitorum 重要判例集（指愛德華一世之前，法官的裁決守則，其由著名法官的判決和裁決、指導性的法律原則和訴訟程式規則合成的小冊子）

Casus regis〔英〕王位繼承案件（1199 年）

Casus reservatus 保留事項

Casus solitus 通常事故；普通事項

Casus supremus 死亡事故

Catalla〔英古〕動產（牲畜等）

Causa 原因；理由；動機；誘因；條件；約因；訴訟動機；〔英古〕權利（指取得財產的根由或方式）；訴訟；案件；待決訴訟，未決訴訟

Causa agendi 訴訟的原因

Causa appellabilis 上訴案件

Causa arrrhae 定金的目的

Causa causae est causa causati 訴訟案件的原因就是被訴事件的原因

Causa causans（causa proxima）近因；直接原因（指導致事件發生原因中的最後的環節）

Causa civilis 民事案件；民法上的原因

Causa Cognita 經過審理的案件

Causa conditionis implendae 履行條件的目的

Causa connexa 附帶案件

Causa credendi 信用目的

Causa criminalis 刑事案件

Causa debendi 債務原因

Causa denegatae justitiae 拒絕審判的訴訟案件

Causa divortii 離婚案件；離婚原因

Causa donandi 贈與目的

Causa dotis 嫁資的目的

Causa dotis constituendae 設定嫁資的目的

Causa essendi 存在的原因

Causa et origo est materia negotii 原因和原產地是物的本質，一物原因和原產地是該物重要組成部份

Causa excipiendi 抗辯原因

Causa exhereditationis 廢除繼承原因

Causa falsa 錯誤動機；錯誤原因

Causa finalis 終極原因

Causa inconnexa 獨立案件

Causa injusta 非法原因

Causa justa 合法權利；正當理由

Causa justa litigandi 正當訴訟原因

Causa latet, vis est notissima. 原因不明，但影響很大

Causa list 案件目錄（=cause list）

Causa litigandi 訴訟原因

Causa lucrativa 獲利原因

Causa mali 禍根；災禍原因

Causa matrimonialis 婚姻案件

Causa minuta 微小案件

Causa mortis 考慮死亡的；預期死亡的

Causa mortis donatio 臨終贈與；死前贈與（詳見 "Donatio mortis causa"）

Causa mortis gift 死因贈與

Causa obligandi 債務原因

Causa patet 公開的原因；明顯的原因

Causa perpetua 繼續的狀態

Causa petendi 求償原因；訴訟原因

Causa possessionis 佔有權的原因

Causa privata 關於私有財產的訴訟

Causa protractae justitiae 遲延審判的訴訟案件

Causa proxima 近因；直接原因

Causa proxima non remota spectatur 應考慮的是近因而非遠因

Causa rei 附屬物；從屬物；孳息

Causa remota 遠因；間接原因

Causa secunda 次要的原因；間接原因

Causa sine qua non 不可缺的原因；必要原因（例如，沒有疏忽就不可能招致傷害事件的發生）

Causa solutionis 償還目的

Causa solvendi 償還目的

Causa summaria 簡易訴訟案件

Causa turpis 卑鄙（不道德或非法的）原因或約因

Causa vaga et incerta non est causa rationabilis 含糊不確定的理由不是正當的理由

Causa verae 真正原因

Causae〔複〕訴訟案件；原因

Causae cognitio 案件的審理

Causae majores〔德古〕大案件（重罪）

Causae minores〔德古〕小案件（輕罪）

Causae summaiae 簡易訴訟案件

Causidicus 代言人；辯護人；律師

Cautela 警惕；謹慎，小心；注意

Cautio 擔保；保釋金；保證金；保證人

Cautio appellationis 上訴保證金

Cautio asinina 用存放訴訟物的價格做擔保

Cautio conventionis 契約擔保

Cautio damno infecti 因不動產可能造成損害而提供的賠償擔保

Cautio de damno infecto 因不動產可能造成損害而提供的賠償擔保

Cautio de lite prosequenda 為連續進行訴訟而提供的擔保

Cautio de non alienando 不讓與動產的擔保

Cautio de rato 追認擔保（指對於不完全代理人的行為的追認）

Cautio de reconventione 反訴的擔保

Cautio discreta 有因的債務證書

Cautio evictione 保全所有權擔保

Cautio extrajudicialis 裁判外的擔保

Cautio fidejussoria 第三人提供的保證或擔保（指以債券或擔保物）

Cautio indemnitatis 賠償損害的擔保

Cautio indiscreta 無因的債務證書

Cautio judicatum solvi 履行判決的擔保；訴訟費保證金；訴訟費用擔保

Cautio judicialis 審判上擔保

Cautio juratoria 宣誓保證；宣誓許諾

Cautio necessaxia 法定擔保；必要擔保

Cautio pignoratitia 質押擔保（指以存入金錢或物品作擔保）

Cautio pro expensis 費用擔保

Cautio realis 實物擔保

Cautio rei uxoriae 婚姻財產擔保

Cautio rem pupilli salvam fore 監護擔保

Cautio usuaria 使用擔保

Cautio usufructuaria 用益擔保（指終身承租人提供保護財產免受浪費和傷害的擔保）

Cavalieri 騎士

Caveat 請注意；告誡（某人）當心；正式通知或警告（指利害關係人向法院、法官或行政官吏反對履行其權力和管轄範圍內某些行為）；防止誤解的說明；中止訴訟程式的申請（遺產有爭議時中止發給管理狀的申請）；注意登記（指在登記簿中規定對於申請中止訴訟者未經事先通知不得採取某種步驟。例如，遺囑檢驗）；解釋（以書面形式警告讀者不同於提議的解釋）；〔美〕保護發明專利權的申請書；停止支付通知；〔美〕保護發明特許權的請求書

Caveat actor 行為者當心！

Caveat emptor 買者自慎；貨物出門，概不退換（尤指司法拍賣很注意保護消費者的利益）；〔保〕買方負擔風險

Caveat emptor, qui ignorare non debut quod jus alienum emit. 買主應該留意，不可貿然誤買別人的權利

Caveat venditor 賣主當心；包退包換；〔保〕賣方承擔風險

Caveat viator 徒步旅行者當心；旅遊者當心（指由於好意被允許在他人土地上通行者，在該土地上遭遇事故時不得追問所有者對過失事故責任的原則）

Caveator 反對檢驗遺囑者；告誡者

Cavendo tutus 小心留意，以策安全

Cavere v. & a. I. 注意；小心；防範；留神；告誡；II. 法律禁止的；給予逮捕警告的

Cedant arma togae 重文輕武；偃武修文

Census and Statics Department 〔香港〕統計處

Census annus 年刊

Census arearum 地租

Census capitas 人頭稅

Census detractus 遷移稅

Census emigrationis 移居稅；移民稅

Census regalis 〔英〕歲入；國王的年收入

Census temporalis 定期利息

Centesima 百分之一；百分之一部份；羅馬法定利率（每月 1%）

Centumviri 百名法官法庭（一個重要法院的名稱由 105 名法官組成，其後到凱撒時期增至 180 人；百人法官的成員）

Centuriae 百人團

Centurion 百夫長

Centuriones priores 前百夫長（由前綫、中綫和後綫部隊中選出的軍官）

Cepi 我已執行（令狀）

Cepi corpus (et paratus habeo) 我已逮捕（被告人）

Cepi corpus et bail 我已逮捕被告並根據保釋保證釋放

Cepi corpus et committitur 我已逮捕被告並已將其收監

Cepi corpus et est in custodia 我已逮捕被告並將其羈押

Cepi corpus et est languidus 我已逮捕被告，因其生病未能押回歸案

Cepi corpus et paratum habeo 我已拘捕該人並予扣押，聽候發落

Cera impressa 壓封印

Certa pecunia credita 金錢債權

Certa res 某事；某物

Certificator 公證人；償還（債務）保證人

Certiorari 調取案卷令（上級法院向下級法院或准司法機構移送上級法院複審的令狀）

Certioratio 通知

Certum est quod certum reddi potest 能夠確定的，就是真確的；可能確定的，便可以當它是真實的

Cessamentum 遲延；休止

Cessante causa, cessat effectus 原因消失時，效果就也消

失；動因不存在，效力就沒有了

Cessante ratione legis, cessat et ipsa lex. 法律理由消失時，法律本身亦隨之消失

Cessare *v.* 停止；中止；結束

Cessatio 停止；休止；遲延；懈怠

Cessavit per biennium 被告人已停止兩年（指按 1833 年不動產限制令規定，承租人兩年以上停止履行其勞役或納稅者應交出土地的令狀；同時並規定教堂所擁有的土地如不舉行某種神聖活動，該土地亦被取消佔有）

Cesset executio 暫緩執行；中止執行命令（對共同不法行為之一判令賠償全部損害時，中止對其他共同不法行為人的同一訴訟）；中止執行記錄的登記

Cesset processus 訴訟中止的記錄；中止訴訟令

Cessio 讓與；轉讓；讓渡；放棄

Cessio actiones 訴權讓與

Cessio bonorum 財產讓與（指破產債務人交出或放棄全部財產並將其讓與債權人以清償債務，本術語普遍用於大陸法系國家）

Cessio in jure 讓與物權；交出物權（以虛擬訴訟方式由司法官宣佈將物權歸受讓人）

Cessio legis 法定讓與（意指債權讓與）

Cessio necessaria 必要的讓與

Cessio nominis 名義上轉讓；債權讓與

Cessio voluntaria 自動的讓與；因契約的讓與（系指債權讓與）

Cestuis que trustent 信託財產受益人

Cestuy que doit inheriter al pere doit inheriter al fils 可繼承其父者亦可繼承其子；可為其父的繼承人也可為其子的繼承人

Ceteris paribus 假設其他情況都相同（分析各種經濟現象術語）

Charta〔英古〕特許狀；執照；許可證；契據；蓋印證書；轉讓財產和合同的正式證據；憲章

Charta agnationis 自由承認狀

Charta caritatis 憲章

Charta communis 雙聯合同；契約

Charta cyrographata〔英古〕騎縫證書（騎縫處簽字裁開雙方各執一紙的蓋章證書）

Charta de foresta 森林法彙編（1217 年亨利三世所編纂）

Charta de una parte 平邊契據；單邊契據；單方契據

Charta partita 租船契約；租船合同

Chartiaticum 紙幣

Chiesa 教會

Chirographaria actio 依據親筆的訴訟

Chirographaria cautio 親筆契約

Chirographaria pecunia 基於親筆契約的貸款

Chirographarius creditor 證書債權人

Chirographarius debitor 證書債務人

Chirographum 手書文件；親筆字據；借條；借款憑證

Chirographum apud debitorem repertum praesumitur slutum 債務人手中查有債務憑據者應推定擬要償還的

Chirographum non extans praesumitur solutum 不存在的債務憑據的債務應推定債務已經清償

Cibaria 食物；糧食

Circa, prep. 附近；鄰近；周圍；關於；近乎；大約（略作 "circu" 或 "C"，用在不確知精確的時間之前，例如 circa 1900 年）

Circiter 大約

Circulus in probando 循環論證

Circumactio 革命

Circumscriptio 詐欺

Circumscriptor 詐欺人

Circumstantia 境遇；境況

Circumventio 詐欺

Citatio 傳票；傳喚（出庭傳票）

Citatrium 傳票；傳喚

Cittadinanza 市民籍

Cittadinanza optimo jure 全權市民籍

Cittadinanza sine suffragio 無表決權市民

Cives 市民（羅馬法上享有市民權者）

Civilis annus 民事上的年（法定歷年）

Civilis mors 民法上的死亡

Civilis possessio 民事佔有；法定佔有

Civilitas 市民權；國家；市鎮

Civiliter mortuus 法律上的死亡；剝奪權利能力（指喪失民事權利和能力）

Civis 公民；市民（其反義詞為 "inhabitant"，前者因出生地取得，後者由住所而取得）

Civitas 國家；政府；居住在同一法治下的人羣

Civitas die 神國

Civitas maxima 世界國

Civitas sine suffragio 無參政權公民

Civitas terrena 人國；地上人國

Civitatas gentium maxima 世界國家

Clandestina possessio 秘密佔有；隱蔽的佔有

Clarissimi 最高階級（羅馬帝政時期的元老）

Classi 等級

Clausula 約款；條款；附款；（書面檔或法律中的）文句（或一個句段）

Clausula cassatoria 廢棄約款

Clausula ceterata 遺囑處分約款

Clausula codicillaris 遺囑處分約款

Clausula cum lifera 完全代理權約款

Clausula derogativa 無效的遺囑條款（指其後所立的遺囑，由於不當壓力的影響，對其效力產生懷疑）

Clausula derogatoria 取消無效約款

Clausula doli 惡意約款

Clausula generalis de residuo non ea complectitur quae

non ejusdem sint generis cum iis quae speciatim dicta fuerant. 未盡事項的概括條款不含與列舉事項特別提及的不同類別事項

Clausula indemnitatis 賠償約款

Clausula praegnans 禁止反證約款

Clausula privatoria 剝奪利益的約款

Clausula quae abrogationem excludit ab initio non valet （法律中）禁止廢除其廢止的條款自始無效

Clausula rebus sic stantibus 情勢不變條款（當支付的貨幣因通脹貶值時，要求以合同的價值支付為原則）

Clausulae inconsuetae semper inducunt suspicionem 契據中不尋常的條款總是招致懷疑

Clausum 鎖閉的；封閉的

Clausum fregit 他侵入了圍地（指侵入私人土地的訴訟）

Clientes 門客

Cloacae mittendae 通行地役

Codenunciat 共同被告人

Codex accepti 收入賬簿

Codex augustens 索遜法典

Codex diplomaticus 記錄大全

Codex Eurici 歐里克法典（西哥特，約公元五世紀末）

Codex expensis 支出賬簿

Codex fridericiani marchaci 普魯士國的州法

Codex Gregorianus 格里哥利法典（第五世紀中葉由一羅馬法學家將羅馬皇帝格里哥利敕令匯編成集）

Codex Hermogenianus 海摩格尼安努斯法典（第五世紀羅馬一法學家編成以補充格里哥利法典的彙編，內容包括公元 284-305 年和公元 286-305 年羅馬皇帝敕令）

Codex juris Bavarici criminalis 巴伐利亞刑法典（1751 年制定）

Codex Justinianus 查士丁尼法典（拜占庭，528 年，由查士丁尼皇帝委任十人委員會將其敕令編纂成集）

Codex Repetitae praelectionis 查士丁尼新法典（指公元 534 年新頒佈的抑或是第一次或是舊法典的新版，是至今唯一尚存於世的一部法典）

Codex Theodosianus 狄奧多西帝敕令彙編（由小狄奧多西皇帝於公元 438 年將當時生效的敕令編纂成集，為西歐各國公認的一部權威的民法典，直至 20 世紀）

Codicillus 遺囑附言；遺囑補正書（指羅馬人處理個人身後遺產用於羅馬人中的非正式文書的初等的遺囑書）

Coemptio 買賣式婚姻（在羅馬人之間締結婚姻的一種儀式）

Coemptionator 買賣式婚姻當事人；依買賣式婚姻結婚的夫婦

Cognati 母系親屬；母系血親；女系親屬

Cognatio 血親；親屬；女系血親；同血緣，同宗；〔宗〕血親關係（其不同於 "affinity"）

Cognatus 親屬；血親（人）；血統關係；母系親屬

Cognitationis poenum nemo (meretur) patitur 任何人不得因其想法而被懲罰（意指對任何的思想不應治罪，即有政治犯，不應有思想犯之謂）

Cognitio （羅馬法）司法調查；案件審理權；〔英古〕土地轉讓金確認；土地轉讓金確認證書

Cognitio causae 案件的審理

Cognitio extraordinaria 非常審理

Cognitura 訴訟代理人的地位

Cognovit actionem 被告供認狀（指被告在通常法庭上具狀供認所欠款項，授權原告律師簽署判決書並頒發執行狀）

Cohaeredes 共同繼承人

Cohaeredes una persona censentur, propter unitatem juris quod habent 共同繼承人因其權利一體而視如一人

Cohort 營隊

Coimperium 共同統治權

Coitus 性交；交媾

Coitus illicitus 非法奸淫；近親相奸

Coitus licitus 合法性交

Cojudices 〔英古〕協理法官；助理法官（與其他法官具有同等權力的法官）

Collaterales 旁系親屬

Collatio 合併

Collatio bonorum 財產的合併（指父親生前將動產合併一起以便去世時均分給其子女）

Collatio dotis 嫁妝的合併

Collatio legum Mosaicarum et Romanorum 摩西法與羅馬法的彙編（公元 400 年）

Collectio Anselmo Dedicata 安塞爾莫．德迪卡塔寺院法彙編（公元九世紀）

Collegatarius 共同受遺贈人

Collegia 行會；同業公會

Collegia mercatorum 交易所

Collegium 集會；社團；軍隊；公司；法人；有組織的集團（由同類的一羣人組合的）；牧師會

Colliberatus 共同被解放的人

Colonato 佃農制

Colonie 殖民區

Colonus 農奴（指享有介於自由人與奴隸之間的地位，因其人身不受約束，但其隨奴隸主的土地移轉而移轉）；〔歐古〕農民（指每年須向領主納貢並在每年指定的時間為領主的土地耕作）

Colore officii 濫用職權；超越職權

Combinatus 聯合制（又稱 "康平納" 意指相同的企業兼并聯合成大企業）

Combustio 焚燒；焚毀；〔英古〕火刑（背教的刑罰）

Combustio domorum 焚毀房屋；縱火

Comes v. & n. I. 被告到庭（答辯）；II. 隨從；侍從；伯爵；同伴；同事

Comes rerum provatarum 私人管家

Comes sacrarum largitionum 帝國財政官

Cominus 立刻；逼近地

Comitas 禮讓；文明；禮節

Comitas gentium (=Comitas inter gentes) 國際禮讓

Comitatu commisso〔英古〕管理委任狀 (指郡長被授權去某郡任職的令狀或委任狀)

Comitatus〔英古〕郡；郡機關；伯爵領地

Comitia 國民大會 (古羅馬由司法行政官召集的，分別由 30 個庫里亞、193 個森都里亞以及 35 個特里布之部落會議)

Comitia centuriata 軍人大會 (又稱 "森都里亞大會"，成立於公元前 450 年，具有立法、選舉司法官，宣佈戰爭與和平及判處死刑等職責)

Comitia curiata 貴族大會 (又稱 "庫里亞大會"，古羅馬由 30 名貴族組成，任命司法行政官和祭司等職責)

Comitia tributa 平民大會 (部落會議，又稱 "平民特里布大會"，發展於公元前 287 年；其後於共和時期日益成為通常的 "立法大會")

Commendatio 推薦；表揚；稱讚 (意指賣者誇耀其物品不等於保證該物品的品質)

Commentarii 備忘錄；記事錄

Commentarius anquisitionis 審訊記錄

Commercia belli 戰爭契約；交戰國間的協定；交戰者間的協定；交戰者之間的交往

Commercium (〔複〕commercia) 商業；買賣；貿易；合同；契約

Commissoria lex 違約金罰則 (指關於違反合同而言)

Commissum 犯罪

Committitur 收監令 (指命令或記錄上指名的人委由執達吏羈押)

Commixtio 固體物的混合 (指把屬於不同所有者的乾固或堅硬的財物混合在一起，其不同於 "confusio")

Commodatorius (使用借貸的) 借主

Commodatum 使用借貸；無償使用借貸合同 (受托人臨時使用免費實物借貸並還以現金)

Commodum 利益；收益；利用

Commodum ex injuria sua nemo habere debet 任何人不得因自己的不法行為取得利益

Commodum possessionis 佔有的利益

Commodum publicum 公安

Commondator (使用借貸的) 貸主

Commonitio 督促

Commonitorium 督促狀

Commune bonum 公益；公共福利

Commune jus 普通法

Communi consensu 根據共同意見；依公意；共同贊成

Communibus annis 平年；每年平均

Communicatio 入籍；與人談心

Communio 共有

Communio bonorum 貨物的共有；〔蘇格蘭〕(夫妻) 共有財物

Communis 共同的；一般的；普通的

Communis erro facit jus 普通錯誤重複多次便會構成法律

Communis juris 共同管轄權

Communis opinio 共同意見

Communis opinio doctorum 多數觀點原則；共同意見原則 (指權威法學家意見之分量超過其觀點的合理性)

Communis paries 共有牆；界牆

Communis stipes 共同血統；共同祖先

Commutatio 變更；交換

Compactum 契約

Comparatio literarum 筆跡比較

Compear v.〔蘇格蘭〕(被告) 出庭

Compearance (被告) 出庭

Compendia dispendia 欲速則不達

Compensatio 抵償；抵銷 (指原告對被告索賠減額，以此消減彼此間債權和債務)

Compensatio criminis 罪行相抵 (指彼此罪行相抵，例如在離婚訴訟中，原告與被告均有通奸行為等同類的罪行)

Compensatio culpae 過失抵銷 (指賠償損害訴訟中，兩造均有過失者可相互抵銷)

Compensatio in futurum 未來債務的抵消

Compensatio in practeritum 既存債務的抵消

Compensatio lucri cum damno 損益相抵 (指在損害賠償訴訟中，原告一面受害，另一面又受益。只有在其損益相抵後，再決定賠償額)

Compensatio necessaria 必要的抵消

Compensatio voluntaria 任意的抵消

Competens forum 管轄法院

Competentia 管轄權；審判管轄權；許可權

Competitio 審判上的請求；共同取得

Compilationes Antiquae 古代寺院法彙編；古代教令彙編 (釋義見 "cannon law")

Completio 履行；執行

Componere lites 解決爭端

Compos mentis 心智健全；精神健全 (指有完全的自控能力)

Compos sui 自製；肌體功能健全 (指利用自己的肢腿或掌握自身肢體移動的力量)

Compositio 贖罪金；償金；締結條約；和解契約，調停；組織；安置，安排

Compositio ulnarum et perticarum〔英古〕度量衡標準 (即量布的長與杆)

Comprehensio 扣押；逮捕

Compromissarii sunt judices 仲裁員就是法官

Compromissarius 仲裁員

Compromissum 和解；提交仲裁 (同意將爭端交付仲裁)

Compulsa 契據作準文本的司法檢正本；經司法檢驗的契據副本

Compulsio 強制；告誡

Computatio 計算；時間的計算；計量；評價

Computatio civilis 民事計算法；曆法的計算法

Computatio graduum 親等的計算

Computatio nuturalis 自然計算法

Computo 計算；估計

Conatus quid sit, non definitur in jure 只要是企圖就不會規定在法律中（意指無犯罪行為就無法律規定）

Concedo 我授予

Conceptio 受胎

Concessi 我已授予（在遺產繼承上不是保證，而僅是創設一種永久租賃的合約）

Concessimus 我們已授予

Concessio〔英古〕授予；讓與（舊時一種讓與土地財產權的蓋印證書）

Concessit solvere〔英〕同意支付；單純契約上的債務訴訟（習慣法上向倫敦和布里斯托爾法院提出的）

Concessum 允許的；同意的（意指法院接納辯論中提出的某一論點）

Concilia tributa 部落會議

Conciliabula 聚合地

Concilium domesticum 親屬會議

Concilium magnum regni 國會（1295 年）

Concilium plebis（羅馬）平民會議

Concillium 委員會；會議；議事機構

Concillium regis〔英古〕御前法庭（愛德華一世和二世時期審判特別疑難的案件）

Concinnitas 詐欺

Concio 國民議會

Concitatio 挑撥

Concitator 挑撥者

Conclusum 結束；封鎖

Concordia〔英古〕協議；和解；陪審團的一致意見

Concordia de singulis causis 倫巴第法律彙編

Concordia discordantium canonum 衝突寺院法規集（由意大利修道士格拉提安於公元 1151 年編就）

Concubinatus 准婚姻；同居關係；姘居（指一種非正式的、道德上未經許可的、或「自然」的婚姻）

Concurator 共同監護人；共同保佐人

Concursus 衝突；訴訟競合（美國路易斯安那州的訴訟程式，類似「interpleader」）

Concursus actionum 幾個相關訴訟同時發生

Concursus ad delictum 數罪俱發

Concursus creditorum 債權人間的利益衝突

Concursus delictorum 數罪俱發

Concursus facultativus 任意的共犯

Concursus formalis 形式的數罪俱發

Concursus idealis 想像上的數罪俱發

Concursus materialis 實質上的數罪俱發；蠱賣的競合

Concursus necessarius 必要的共犯

Concursus plurium delinquentium 共犯

Concursus realis 實質上的數罪俱發

Concussio 敲詐勒索罪；暴力恐嚇罪

Condemnatio 定罪；敗訴的宣判

Condemnator 控告人；檢舉人；原告

Condessoria action 實施地役權之訴

Condictio 對人性質之訴；出庭通知；返還訴訟（基於給予或做某種特定和指定的事情或勞役的義務，屬於對人性質訴訟的一般用語，其不同於「vindication rei」）

Condictio causa data non secuta 因事未成就而請求返還之訴（例如，解除婚約時，無過失一方可要求返還其訂婚的財禮）

Condictio causa finita 根據原因的消滅收回給付物的訴權

Condictio certi 基於承諾之訴（指根據明確承諾做某事而提起的訴訟）

Condictio certi ex jure gentium 要求返還非法佔有物之訴

Condictio certi ex lege 根據法律可予救濟為由之訴（以履行依新法產生的義務為由之訴）

Condictio certi ex mutuo 歸還消費借貸物之訴

Condictio ex lege 根據法律可予救濟為由之訴（即使無合適的訴訟形式而由此引起的訴訟）

Condictio furtiva（＝Condictio rei furtivae）

Condictio incerti 要求返還不特定物之訴

Condictio indebitati 要求返還錯誤給付之訴（指原告無論在事實上或法律上均無義務，卻錯誤地給付被告因而提起返還的訴訟）

Condictio liberationis 根據免除義務之訴

Condictio rei furtivae 要求返還贓物之訴（指失主向盜竊犯或盜竊犯的繼承人要求返還贓物的訴訟）

Condictio sine causa 要求返還不當利得之訴；要求返還無因給付之訴（指由於無約因已給付或承諾給付物件而請求返還的訴訟）

Condictio triticiaria 要求返還動產或不動產之訴

Conditio 條件

Conditio affirmativa 積極條件

Conditio causalis 偶成條件（指不由當事人主觀意志決定的客觀條件，例如天氣的變化不以人的意志轉移）

Conditio existens retrahitur ad initium negotii 成就的條件訴諸法律行為的當初

Conditio generalis 一般條件

Conditio illicita habetur pro non adjecta 非法條件不視為附加條件的

Conditio impossibilis 不可能的條件；不能實現的條件

Conditio in praesens 既定條件

Conditio in praeteritum collata 既定條件

Conditio juris 法定條件

Conditio mixta 混合條件

Conditio necessaria 必然條件；必要條件

Conditio negativa 消極條件

Conditio patestativa 隨意條件（指條件成否而取決於當事人一方的意思表示）

Conditio praesens 既定條件

Conditio resolutiva 解除條件

Conditio si testator sine liberis decesserit〔蘇格蘭〕遺腹子優先繼承條件（指即便立遺囑者在其家產設定中對其之後出生的子女無明文的繼承條款，但在其遺囑中對此有默示規定，則應認定為遺腹子優先繼承條款）

Conditio sine qua non 必要條件；必不可少的條件

Conditio suspensiva 停止條件

Conditio turpis 非法條件

Condominium 共管；共管領土（指兩個或兩個以上的國家對某一地域行使共同管轄權）；共有；（公寓樓中的）一套公寓房（指多單元的公寓樓房每個單元分別為各戶所有，但其屋前的草地及走廊則為各住戶共同所有權）

Condominus 共有者；共管者

Condonatio 贈與；寬恕；容許

Condonatio expressa 明示容許（通姦罪）

Condonatio praesumta 推定的允許（通姦罪）

Condonatio tacita 默示寬恕；默許（通姦罪）

Conductela 使用借貸；僱用

Conductio 租借

Conductio perpetua 承租

Conductum 租賃；租借；租賃的住處（租賃的房舍）；僱用

Conductus 租借物；租賃物

Confarreatio 共食婚（指與顯貴結婚時，為顯示夫權而訴諸於一種宗教的獻祭儀式）；聯合；聯結；同盟

Confectio 完成；（書面契約的）作成

Confectio inventarii （遺產目錄的）作成

Confederatio 聯合；連接；同盟

Confederatio civitatum 國家聯合

Confer (cf.) 比較；參照；參看

Confessio 供述；供認；認罪

Confessio de susceptor 受領書

Confessio extrajudicialis 審判外的供述

Confessio facta in judicio omni probatione major est 法庭上的供認比任何證據更具有效力

Confessio in judicio 法庭供述（指在法庭內或法庭上的供認）

Confessio judicialis 審判上的供認

Confessio legitima 法律上有效的供述

Confessio propria est omnium optima probatio 本人供述是最好的證據

Confessio pura 單純供認

Confessio qualificata 附條件供認

Confessio sponanea 任意供認

Confessio vi extorta 因逼供而供認

Confessoria actio 確認地役權之訴

Confide jussio 共同保證

Confide jussor 共同保證人

Confirmare est id firmum facere quod prius infirmum fuit 確認就是將原先不肯定的東西加以確定

Confirmare nemo potest prius quam jus ei acciderit 任何人只有在獲得權利之後才能加以證實

Confirmatio 批准；確認（指對轉讓財產的有效或無效、增加或擴增的確認）；證實，證明

Confirmatio Chartaram (cartarum)〔英〕御准憲章（指敕書的確認，1297 年英王愛德華一世統治時期制訂的關於確認《大憲章》作為普通法並加增補）

Confirmatio judicialis 審判上的確認

Confirmatio tutelage 監護人的追認

Confirmatio tutoris (tutelce) 監護人的追認

Confirmatorium juramentum 確認宣誓

Confirmavi 我已確認；吾已證實（舊時譯為“余茲證實”，古時確認契約上的強調用詞）

Confiscatio 沒收

Confiscatur ex navibus res, ex rebus navis 由於船而沒收物，由於物而沒收船

Confrontatio 對質；對審

Confrontatio testium 證人的對質

Confusio 混合；混雜；混同（指不同所有者的財產，例如：債務和債權的混同，又如，指不同液體或溶化的金屬物質的混合）

Confusio bonorum 遺產的混同

Congressus 性交

Conjectio 推定；推斷（民事證據法用語）

Conjectio causae 案情梗概（指開庭時，律師向法官所介紹的）（民法用語）

Conjuctura 推定；臆測，臆斷，臆說

Conjugium 婚姻（羅馬人中結婚的一種稱謂）

Conjunctim〔英古〕連合地；共同地；連接地

Conjunctim et divisim〔英古〕共同地和分別地

Conjunctio 結合；聯繫；合併；連合；（句子的）連接詞

Conjunctio affinitatis 婚姻關係

Conjuratio〔英古〕共同宣誓；結盟；陰謀；凶謀；〔歐古〕居民公約

Conlatio 捐贈

Connexio 附合（指動產與動產相附合）

Connubial 婚姻的；夫婦的

Connubium 正式婚姻；合法婚姻；通婚權（指其區別於”concubinage”同居的低級婚姻）

Conquestio 抗告

Consanguineus frater 同父兄弟（指同父異母兄弟，其反

義詞為 "frater uterinus"）

Consanguinitas 同父兄弟（姐妹）

Consanquineus 血親；同宗

Conscientia mille testes 良心是鐵證

Conscientia rei alieni〔蘇格蘭〕明知屬於他人的財產（意指明明知道不是自己的財產而佔有之）

Conscius 同謀者

Consecratio 獻祭刑

Consensio 同意

Consensus 協商一致（指雙邊或多邊國際會議決定程式的演進過程，由 "完全一致" 而 "准一致" 而 "三分之二多數" 一致，直至 20 世紀 60 年代才形成迄今的決定程式）；一致意見；協商一致意見

Consensus ad idem 意見一致；共同意見；合意（就同一標的物當事者各方意思的一致，作為契約成立的要件）

Consensus contrarius 反對的合意

Consensus expressus 明示的合意

Consensus facit legem 合意產生法律；法律基於公意（指合同就是當事人各方同意共同受其約束而產生的法律）

Consensus gentium 國際協商一致意見；國際合意

Consensus matrimonialis 婚姻的合意

Consensio nuptialis 婚姻的合意

Consensus omnium 一致同意；全部同意；公意

Consensus praesumtus 推定的合意

Consensus principis 元首的認許

Consensus sponsalicius 訂婚的合意

Consensus sus coactus 因強制而同意（承諾）

Consensus tacitus 默許；黙然的合意

Consideranda 應予考慮的

Consideratio 思考；考慮；商量

Consideratio curiae 法院的判決

Consideratum est per curiam 本院認為；本法庭認為（判決的開頭語）

Consideratur 經考慮

Consignatio bonorum 審判上的物件封印

Consilium 指定辯論日期（雙方當事人律師聽審的指定日期）；登記辯論的案件

Consilium principis 君主的顧問委員會（其職能是協助君主解決司法諮詢、行政等問題，一個非官方的團體）

Consimili casu〔英古〕相似訴由（指授權書記官制定將現有涉及適用於與以前同樣的法律和要求同樣的救濟的新案件令狀）

Consistorium principis 御前內閣

Consociatio 社團；協會；組合；合夥；公司；國家

Consolidatio 混同（用益權和所有權的）

Consortium omnis vitae 夫婦終身的結合

Constituere v. 任命；制定；建立；擔任

Constituimus（我們）授權或任命

Constitutio 法令；敕令；和解（不經審判而達成解決爭議）；和解金（按協議支付的金額）；〔英古〕法令；條令；制定法；制定法條款

Constitutio Antoniniana 安東尼敕令（指擴大羅馬公民資格範圍的 "卡拉卡拉敕令"，公元 212 年）

Constitutio carolina criminalis 加洛林納刑法典（神聖羅馬帝國皇帝查理五世刑事審判法，公元 1522 年）

Constitutio de Feudis 封地法令（神聖羅馬帝國康拉德二世皇帝於 1037 年制定保護小諸侯土地權利法）

Constitutio Deo auctore《學說匯纂》編纂令（公元 530 年 12 月查士丁尼發佈編纂）

Constitutio Imperatoriam Majestatem《法學階梯》生效令（查士丁尼皇帝於公元 533 年發佈）

Constitutio Tanta circa《學說匯纂》生效令（查士丁尼皇帝於公元 533 年發佈）

Constitutiones（羅馬法）法令；敕令（共有三類：告示、法令和敕令：律令、民、刑事案件的司法判決例；皇帝對上呈案件裁決的訓諭或回答訴願的複文）

Constitutiones Clementiae 克萊門特法規集（公元 1317 年）

Constitutiones Cnuti Regis de foresta 克努特王朝森林法彙編（1185 年）

Constitutiones dominii Mediolanensis 倫巴第統治者法規集（1541 年）

Constitutiones Marchiae Anconitae 安可尼特邊區法律修訂集（1357 年）

Constitutiones principum 羅馬諸王頒佈的主要律令

Constitutiones Sirmondi 西爾蒙德斯寺院法規集（1631 年）

Constitutiones tempore posteriors potiores sunt his quae ipsas praecesserunt 法優於前法

Constitutum 還債契約（指償還無立約人或其他當事人現存債務規定的契約）指定還債日期；上訴方式

Constitutum debiti 協議契約（在一定日期內償還債務的契約）

Constitutum debiti alieni 他人債務的承認（指代位履行債務契約之謂）

Constitutum debiti proprii 本人承認的債務

Constitutum possessorium 佔有的改定

Consuetude curiae 法庭慣例；法庭做法

Consuetudo 習慣；慣例；關稅；租稅；稅

Consuetudo contra rationem introducta potius usurpation quam consuetude appellari debet. 援引違反理性的慣例，與其管之 "慣例"，毋寧謂之 "侵權"

Consuetudo debet esse certa; nam incerta pro nulla habetur 習慣應該是確定的，因為不確定的習慣應視為無效

Consuetudo est altera lex 慣例是另一種法律

Consuetudo est altera natura lax 慣例是另一種自然的法律

Consuetudo est optimus interpres legum 慣例是法律的最好闡釋

Consuetudo et communis assuetudo vincit legem non scriptam, si sit specialis; et interpretatur legem scriptam, et interpretatur legem scriptam, si lex sit generalis. 就特殊法而言，習慣和慣例優於不成文法；但如其為一般法，則其解釋成文法

Consuetudo imperii 帝國慣例

Consuetudo licet sit magnae auctoritatis nunquam tamen, proejudicat manufestae veritati. 即便慣例具有非常的權威，其對明顯的真理也永遠無所偏見

Consuetudo loci observanda est 當地的習慣應予遵守

Consuetudo mercatorum 商人習慣；商業慣例

Consuetudo semel reprobata non potest amplius induci 慣例一旦不被認可，就再也不能加以援引（或依賴）

Consuetudo vincit communem legem 慣例勝過普通法

Consuetudo volentes ducit, lex nolentes trahit. 慣例使人誠服，法律則強制服從

Consul sine collega 獨任執政官

Consulares 執政官

Consultatio 法學家問答錄（該文集於 1577 年編輯出版，其內容部份是法學家回答律師的問題；部份為學術論文）

Consulto 故意地；蓄意地

Consummatum 完了

Consummatum delictum 犯罪既遂

Contemporanea expositio 當時解釋

Contemtibititer 輕蔑地；蔑視地；〔英古〕蔑視；侮辱；輕視

Contentio 競爭

Contestatio litis 訴訟的爭辯；爭點的確定（指訴訟一方接受對方提出的事實上的爭點）

Contestatio litis eget terminus contradictarios. 爭點須以對立為條件；構成爭點的要件以一方肯定和另一方否定

Contra 違反；反對；相反；反之；另一方面

Contra bandum 禁製品

Contra bonos mores 違反善良風俗道德的；有傷風化的；違反風紀的

Contra formam collationis 〔英古〕違反永久施捨土地令狀（指以信仰和慈善為目的的永久捐獻的土地被移轉給別人時，捐獻人或其繼承人可要求收回該土地的訴訟令狀）

Contra formam statuti 違反制定法的規定（刑事起訴書中的結論所用的文句）

Contra jus belli 違反戰爭法

Contra jus gentium 違反國際法

Contra legem 違反法律

Contra legem terrae 違反本國法；違反土地法

Contra natura 違反自然；違反本性

Contra non valentem agree nulla currit praescritio 沒有時效不利於不能提起訴訟的人

Contra pacem 破壞治安；擾亂社會秩序；破壞和平

Contra pacem domini 破壞國王的治安（使國王的治安受到威脅）

Contra preferentem 反對提出建議或提供物品的當事人

Contra proferentem 不利於提供者（選用解釋模棱兩可條款的文字以解釋書面文件最不利於提供的當事人）

Contra veritatem lex nunquam aliquid permittit. 法律決不容許違反事實

Contractus 契約；合同

Contractus accessorium 從屬契約；附屬契約

Contractus ad referendum 尚待核准的契約

Contractus aestimatorious 委托出售契約；寄售契約

Contractus assecurationis 保險契約

Contractus bilateralis 雙務契約

Contractus bonae fidei 善意契約

Contractus censiticus 利息契約

Contractus chirographarius 親筆契約

Contractus civiles 市民法的契約

Contractus claudicans 跛行契約（指在方式上有缺陷的契約，可能被一國法院認為有效，而被他國法院認為無效）

Contractus commodati 使用借貸契約

Contractus conducti 用益租賃契約

Contractus consensu 合意契約；諾成契約

Contractus consensualis 合意契約；諾成契約

Contractus emit et venditi 買賣契約

Contractus ex turpi causa, vel contra bonos mores, nullus est 由於不正當約因而產生的契約或違反道德的契約是無效的

Contractus famosi 名譽契約（基於名譽的契約）

Contractus feudalis 封建租地契約

Contractus innominanti 無名契約

Contractus legem ex conventione accipiunt. 契約要取得雙方當事人的合意才能依法得以執行

Contractus litteris 書約；書面契約；文字合同

Contractus locati 租賃契約

Contractus optimae fidei 最高度善意契約

Contractus permutationis 交換契約

Contractus pignoratitius 質權契約

Contractus principalis 主要的契約

Contractus re 物約；要物契約；踐成契約

Contractus realis 物約；踐成契約

Contractus reditus status 終身年金契約

Contractus retrovenditionis 買回契約，再買賣契約

Contractus simulatus 虛偽契約；假裝契約

Contractus societatis 社會契約

Contractus specialis derogat generali 特別契約優於一般契約

Contractus unilateralis 單方契約；片務契約

Contractus usurarius 高利貸契約

Contractus verbalis 口頭契約

Contractus verbis 口頭契約

Contractus verus 真正合意

Contradictio 矛盾

Contradictio in adjecto 自相矛盾

Contraria 反對

Contrarii probatio 對方的舉證

Contrarius actus 反對的行為

Contrarius consensus 反對的合意

Contrarius sensus 相反的意義

Contrectare v. 處理；掌握；干涉；〔英古〕處理；對待

Contrectatio〔英古〕觸動；處理；干涉（指移走一物件
行為，如不恢復其原狀即等於盜竊）

Contributio 分配；出資；贊助；捐贈，捐款

Contributione facienda〔英古〕分擔責任令狀（共同承租
人中的一人就共有物所負擔的全部損失提出迫使向其
他共有人按比例分擔的令狀）

Controversia 爭議

Contubernium 奴隸的婚姻；許可的同居（允許的同居）

Contumacia 缺席；不在場

Contumaciae declaratio 缺席判決

Contumax 被指控犯罪拒不出庭應訴者；不受法律保
護者

Contumelia 誹謗

Contutor 共同監護人

Conventio 條約；協定；合約；〔宗〕把被告當事人召集
到一起的行為

Conventio et modus vincunt legem 約定與習慣勝過法律

Conventio facit legem 協議就是法律

Conventio omnis intelligitur rebus sic stantibus 一切條約
都假定情勢不變

Conventio vincit legem 合同勝過法律；約定優於法律

Conventione〔美〕違反書面蓋印契約令狀（含動產或不
動產）

Conventus 聚會；集會；合同；公約；條約；合同交易

Convicium 公然誹謗或傷害；〔蘇格蘭〕惡意中傷

Convictio juris 法律信念

Cooptatio 補選

Copia〔英古〕抄本；謄本；副本；接近機會；接觸手段

Copia simplex 單純謄本

Copia vidimata 認證謄本

Copula 性交（指兩性肉體的結合）

Coram 在…面前；在…之前；當…的面（該詞僅適用於
人之間，而不適用於物之間）

Coram domino rege 在國王陛下面前

Coram ipso rege 在國王本人面前（指國王親自主持庭審）

Coram judice 在法官面前（由有管轄權的法院受理訴訟）

Coram nobis 在我們面前

Coram non judice 在非法官者面前；無管轄權的（向無
管轄權法院提起的訴訟，所作出的判決是無效的，其
乃本術語的意思）

Coram paribus 在同輩面前；在自由保有不動產所有者
面前

Coram publico 當眾；公開；公開地；在公眾面前

Coram rege〔英〕御前法庭（在國王面前的法庭，1234 年）

Coram sectoribus 在訴訟當事人面前

Coram vobis 在你們面前；糾錯令狀（指複審法院指示
原審案件法院糾正事實錯誤的令狀）

Coronare v.〔英古〕削髮；使（削髮）成為牧師

Corpore et animo 在肉體上和精神上；通過客觀的行為
和主觀的意圖

Corporis possessor 有體物佔有者

Corpus 物；物體；總體；信託財產；基金的本金（區別
於收益的）

Corpus Christi 基督教聖禮中

Corpus cum causa〔英〕衡平法院發出移送令狀（即由
衡平法院發出命令將債務人連同案件記錄移送王座法
庭，直至債務人清償判決債務為止）

Corpus delicti 犯罪事實；罪體；犯罪客體（例如，遭殺
害人的屍體）；構成罪行的主因（證明犯罪事實的主要
物證，例如，遭殺害人的屍體）；行為和犯罪行為代理
為犯罪的兩個要素）

Corpus juris 法典；法令大全；法律彙編（主要指羅馬民
法和寺院彙編的名稱；亦為美國法律規則的百科全書
式的說明書之名稱，內容豐富，使用方便）；〔美〕美
國國法大全

Corpus juris canonici 教會法大全（1582 年）

Corpus Juris Civilis 民法大全；民法典（公元 528-534
年，根據查士丁尼大帝命令由羅馬法學家編纂的羅馬
法大全及以後發佈的敕令的總稱）

Corpus juris gentium 萬國法法典

Corpus juris Justiniani（拜占庭）查士丁尼國法大全

Corpus Juris Lombardi 倫巴第法典

Corpus Juris Secundum（C.J.S.）美國法大全續編

Corpus possessionis 佔有的客體；佔有物的要素

Corpus separatum 單獨實體

Correctio 訂正

Correi 共同約定者；連帶要約者

Correi credendi〔蘇格蘭〕共同債權人

Correi debendi〔蘇格蘭〕共同債務人

Correus 共同債務者；共同被告人

Corrigendum 更正；勘誤

Corroboratio 證實（最後條款）

Corruptela 賄賂；受賄罪

Corruptissima re publica plurimae leges. 政府越腐敗，法
律越多

Crassa negligentia 重大過失；重大失職

Crastino 翌日；後天；〔英古〕令狀回呈日

Creamus〔英〕我們創立（指由英王創立的公司法人）

Creatio 選擇；選舉；創造

Creator 設計人；創設人；創立人；創立信託人；選舉人

Creditorum appellatione non hi tantum accipiuntur qui pecunlam, sed omnes quibus ex qualibet causa debetur "諸債權人"名下，不僅包括放貸，也包括造成欠債的那些人

Cremen erga omnes 危害全人類罪

Crescente malitia crescere debet et poena. 罪惡增加，懲罰也應加重

Crescit amor nummi, quantum ipsa 錢越多，越貪錢

Cretio 繼承確認期（允予繼承人在確定日期內考慮是否要繼承死者的遺產）

Crimen 犯罪；罪行；對犯罪的指控或起訴

Crimen abigeatus 盜竊家畜罪

Crimen abortus 墮胎罪

Crimen adulterii 通姦罪

Crimen atrociorum 重罪

Crimen attentatum 未遂罪

Crimen autochiriae 自殺罪

Crimen barentariae 監守盜

Crimen barratariae 賄賂罪

Crimen capitale 死罪；死刑罪

Crimen concussionis 敲詐勒索罪

Crimen consummatum 官員受賄罪

Crimen de residuis 消費委託物罪

Crimen ecclesiasticum 寺院犯罪

Crimen effracti carceris 越獄罪；逃亡罪

Crimen erga omnes 危害全人類罪

Crimen expilatae hereditatis 侵佔繼承財產罪

Crimen expositionis infantum 遺棄嬰兒罪

Crimen extrordinarium 非常罪

Crimen falsi 偽證罪；詐騙罪（一般指偽證性質的、唆使作偽證、虛偽陳述、欺詐、侵佔、詐騙等罪；普通法上影響司法審判的偽造、偽證罪；在民法上指竄改遺囑或其他證件的罪）

Crimen falsi monetae 偽造貨幣罪

Crimen fractae pacis publicae 損害公共安全罪

Crimen fragrans 現行犯

Crimen fraudatae annonae 以不當的高價出賣食品罪

Crimen furti 盜竊罪

Crimen incendii 縱火罪（不僅含現代的縱火罪，還包括燒人、畜和其他動產罪）

Crimen innominatum 不名罪；雞奸；獸奸

Crimen laesae majestatis〔英古〕叛國罪；大逆罪；傷害君主罪

Crimen laesae majestatis omnia alia crimina excedit

quoad paenam. 在刑罰上，叛國罪重於所有其他罪

Crimen leasae venerationis 狹義不敬罪

Crimen legitimum 正罪

Crimen non antrocioum 輕罪

Crimen ordinarium 普通罪

Crimen paculatus 浪費公款罪；挪用公款罪

Crimen parricidii 殺害尊親屬或主人罪

Crimen pejerationis 偽誓罪

Crimen perduellionis 大逆罪

Crimen perjurii 偽誓罪；違反宣誓罪

Crimen publicum 公罪；公犯

Crimen rapinae 強盜罪

Crimen raptus 強姦罪

Crimen receptatorum 窩藏罪；隱私罪

Crimen repetundarum 官吏受賄罪（官吏敲詐勒索罪）

Crimen residui 侵佔公款罪

Crimen roberiae 搶劫罪

Crimen sacrilegii 寺廟盜竊；寺院強盜

Crimen stellionatus 欺詐罪

Crimen stupri violenti 強姦罪

Crimen trahit personam 罪犯隨犯罪所在地法院管轄（犯人應在犯罪地的法院受審）

Crimen vis 暴行罪

Crimina morte extinguunter 人死罪也消失

Criminaliter 刑事上（地）

Cui ante divortium 離婚婦女收回其土地令狀（離婚前丈夫違反妻子的意願讓與土地而要求返還該土地之訴）

Cui bono 對誰有利？為誰的利益？（有時也譯為"有什麼好處、有什麼有用的目的"）

Cui in vita（cui ante divortium）遺孀收回土地佔有令狀（指寡婦要求返還佔有丈夫生前違反其意志而讓與他人原屬於她的土地）

Cui malo 對誰有害？

Cuilibet in arte sua perito est credenduntur 專家的話應該相信（對於有技藝或專長者應給予信任）

Cuique in sua arte credendum est 每個人對於自己技藝應有自信（"專家的話應該相信"，指應給予特定專業技術的人以信任，精於特別技藝者，相信其所言）

Cuique suum 各得其所應得；賞罰分明

Cujus est commodum, ejus est onus. 享受利益的人，就有義務負擔損失

Cujus est solum, ejus est summitas usque ad coelum 誰有土地，就有土地的無限上空

Cujus est solum, ejus est usque ad coelum 誰有土地，直至天的上空也是誰的

Cujus est solum, ejus est usque ad coelum et ad inferos 誰有土地，就有土地的上空及其底下；土地所有者擁有一塊土地就擁有其上下的一切直至無限的範圍

Cujus est solum, ejus est usque ad coelum et ad sidera 誰

有土地，就有土地的上空，而且直至星空

Cujus regio, ejus religio. 統治一地者，也就控制了其宗教；統治某地，也就控制了某地的宗教

Cul de sac 死胡同

Culpa 過失；疏忽（其有別於 "dolus"，但在蘇格蘭法中則與 "negligence" 同義）

Culpa caret qui scit sed prohibere non potest. 雖知而無力阻止，並非過失

Culpa concurrens 與有過失

Culpa est immiscere se rel ad se non pertinenti 干涉他人事務，即是過失

Culpa in concreto 具體過失

Culpa in contrahendo 締結契約上的過失；契約過失（指附加於要約者的毀約責任）

Culpa in eligendo 挑選上的過失

Culpa in faciendo 作為過失

Culpa in non faciendo 不作為過失

Culpa in vigilando 監督上的過失

Culpa lata 嚴重過失；嚴重疏忽罪

Culpa lata dolo aequiparatur 重大過失應視作故意的不法行為；重大過失以故犯論

Culpa lator 重過失

Culpa levis 輕微過失，普通過失

Culpa levis in abstracto 抽象的輕過失

Culpa levis in concreto 具體的輕過失

Culpa levissima 最輕過失

Culpabilis〔英古〕有罪的

Culpae poena par esto. 罪行應按輕重處罰

Culpam poena premit comes 有罪必有罰

Culposum adulterium 通姦罪

Cum 附有；帶；和；與；連同；在…情況下；在…時候；比較；所以；因此；為了…

Cum bonus 附紅利

Cum copula 圓房（以夫婦性交為標誌）

Cum grano salis 持保留態度；打折扣；不全信（指允許誇人其詞的）

Cum injusta causa 有不法的原因；由不法行為所得的利益；不當利得

Cum laude 優等

Cum licet fugere, ne quaere litem 法律訴訟，可免則免

Cum onere 連同負擔；附有負擔的

Cum privilegio 按特權

Cum privilegio ad imprimendum solum 獨家出版權

Cum tacent, clamant 無言的抗議，等於大聲的譴責

Cum testamento annexo（C.T.A.）附遺囑的（指有遺囑，但沒有指定遺產管理人或遺產管理人不能執行其職務時所授予的遺產管理狀）

Cumulatio 合併

Cumulatio actionum 訴訟的合併

Cuneator 鑄幣人

Cuper justice 把囚犯處死後再調查其有無罪過

Cupiditas 希望；欲望

Cura 注意；監督；監護看護；保佐

Cura absenti 失踪人的財產管理

Cura annonae 糧食供給保佐

Cura bonorum 財產管理

Cura extraordinaria 特別的財產管理

Cura furiosorum 精神病人的監護

Cura generalis 一般管理；全部管理；一般保佐

Cura legitima 法定管理；法定保佐，法定監護

Cura minorum 未成年者的監護

Cura prodigorum 浪費者的監護（保佐）

Cura realis 財產管理

Cura specialis 特定管理；特定監護

Cura testamentaria 根據遺囑的監護

Curatio 保佐人（或監護人）職責（指由法院指定的負責管理未成年者、精神不健全等不能自理事務的人的財產權利和義務）

Curatorium 保護人的任命書；管理人的任命書；保佐

Curia〔歐古〕法庭；法院；莊園；莊園大廳；附屬於莊園的一塊土地；院落；庭院或住宅；牧師住宅；庫里亞（羅馬人一支系為羅馬人組織單位和政治區劃，據稱分為三個部族）；元老院會議室；元老院（指古羅馬的）

Curia advisari vult（cur.adv.vult）延期判決；俟審酌後判決（意指法官對該案要做仔細斟酌之後再宣佈判決）

Curia Christiantatis 宗教法院；基督教教會法院

Curia magna〔英古〕大法院（英國古代議會的名稱之一）

Curia majoris〔英古〕市長法院

Curia palatii〔英古〕王宮法院

Curia Regis 國王法院（威廉征服王 1066-1087 年設立的國王法院，貴族院的前身的議會高等法院及其他法院和樞密院的起源；樞密院參議會由國王法院分開來後被稱為樞密院）

Curiculum vitae 履歷表

Cursitors〔英古〕書記官（其職責是為衡平法院起草開審令狀）

Cursus curiae est lex curiae. 法院訴訟程式等於法院的法律

Curtis 花園；宅地；房屋；庭院；貴族住宅；法院

Cusdodia 監護；看護；保衛

Custa, custagium, custantia 訴訟費用

Custodia legis 依法保管的（財產）；法院保管的（財產）（指在返還被扣押的財產訴訟中，被扣押的動產在做出判決前均由法院保管）

Custos 看守人；保管人；監護人；司法行政官（治安法官）

Custos brevium〔英古〕令狀保管官

Custos brevium et recordorum 令狀與案卷保管官（舊時負責保管令狀及記錄的法院書記官，於 1837 年廢止）

Custos ferarum 獵場看守人

Custos provati sigilli 掌璽大臣

Custos rotulorum〔英古〕郡案卷保管官（郡首席治安法官和首席文官保管郡治安法院記錄的官員）

D

Dadit qui dedit 給一次就會給兩次

Dagis? Dabo 你給嗎？我給（羅馬人口頭約定的一種形式）

Damnatus〔英古〕受刑的；法律所禁止的；非法的

Damnatus coitus 非法性交；非法性關係

Damni infecti 未來損害之訴（指可預先對鄰居有傾塌之危的房屋提起訴訟）

Damni infecti cautio 損害擔保

Damni injuriae actio 故意傷害他人奴隸或牧畜之訴

Damni praestatio 損害賠償

Damnosa haereditas〔英〕負擔債務的繼承（意指死者所遺下之債務超過其遺產。如此，依據羅馬法，繼承人負有責任繼承死者全部債務，因而系得不償失的繼承）；〔美〕不足償債的財產（對債權人而言，繼承的是債務負擔，而不是收益，因為破產人所有系無價值的財產）

Damnum 損害（指由於詐欺、疏忽或意外事故所致）

Damnum absque injuria 無不法行為的損害；未侵害權利的損害（指法律上無可救濟的損害，亦即不是因為非法行為而產生的損害或指合法競爭所致，因此法律上不承認其不法行為的成立）

Damnum aleatorium 賭博損害

Damnum causu fostuito datum 偶然損害

Damnum corpore corpori datum 財物的直接毀損

Damnum culposum 因過失而產生的損害；過失損害（傷）

Damnum datum illatum 實際的損害；現實的損害

Damnum dolo datum 故意損傷，故意損害

Damnum dolosum 故意損傷，故意損害

Damnum emergens 積極損害（指被害人所受的財產上損害或損失，或對將來或期待損害相比照而言）

Damnum fatale 意外損害；自然災害造成的損害（例如，船隻失事、雷擊等不可抗力的天災）

Damnum in mora 因延誤產生的損害

Damnum infectum 尚未發生的損害；即將發生的損害（指即將發生或有損害危險，但可制止發生的）

Damnum injuria datum 非法損害他人財物（指不法行為而造成對他人財物毀損）

Damnum irreparabile 無法補償的損害（無侵害行為的損害）

Damnum mediatum 間接損傷；間接毀損；間接損害

Damnum necessarium 避免不了的損害

Damnum negativum 消極的損害（剝奪得來的利益）

Damnum pecaniarium 金錢上的損害

Damnum positivum 直接損害；積極損害

Damnum rei amissae 給付上錯誤造成的損失（因當事人法律上的錯誤給付所致）

Damnum remotum 間接損害

Damnum sine (absque) injuria 非因錯誤引起的損失；無侵害行為的損害（不是因為非法行為而產生的損害，因此法律上不承認其不法行為的成立）

Damnum sine injuria esse potest 無侵權行為的損害；損害不一定由不法行為造成

Dans causam (or locum) contractui 因詐害或錯誤陳述訂立的合同（詐欺式虛偽陳述為廢止合同的要件提供法律依據）

Dare v. 給付；讓與財產（旨在清償債務）

Dare ad remantiam 以世襲繼承人可繼承的方式讓與；永久讓與

Dare pondus ideonea fumo 毫無價值

Data et accepta〔複〕收支（支出和收入）

Datio 交付；給付；支付；贈與；（一種）和解與清償

Datio curatoris 保佐人的任命

Datio in solutum 代物清償（以實物抵償債務）

Datio solutionis causa 以新債替代舊債

Datio tutoris 監護人的任命

Datum〔單〕原則；贈與物；信息；資料；日期

De ……的；從；自；由；關於；由於；對於；依照

De aequitate 在衡平法上（就嚴格的法律而言）

De aere confesso rebusque judiciatis 責償

De aestimato 代售契約（指一種無名的土地或財物契約，由協力廠商尋找買主予以擔保和以固定的價格出售）

De aetate probanda 為證實年齡（指召集陪審團以確定英王直轄地承租人聲稱已成年可繼承遺產的繼承人年齡的令狀）

De ambitu 關於賄賂的（指以金錢或送禮獲取公職、非法買賣公職）

De assisa proroganda 延期巡迴審判令狀

De bene esse (D.B.E.) 有條件的；暫時的；先行錄取證供；暫先處理；考慮到將來需要（而提前進行的程式。例如開審前先行調查有關證據）

De bonis asportatis（財物）被拿走的（指盜取的財物）

Debonisnon (D.B.N.)（=Debonisnon administratis）

De bonis non administratis (D.B.N.) 未經交付管理的；尚未被管理的（遺產）（指新指定的遺產管理人接替處理已故遺產管理人遺留部份尚未處理的遺產事務）

De bonis propriis 以自己財產清償的（指遺產管理人以自己的財產而非死者的遺產負責清償債務的判決）；自己支付費用的；自己負責賠償的

De cive 市民論

De commodo et incommode 利弊得失；優勢

De computo 賬務報告；報賬令狀（指法院命令被告向原告提供一份合理的賬目，或說明不能提供的理由，此

為現代計算訴訟的根由）

De cujus 來自誰；通過誰（求償）

De daminio et possessione 所有權及佔有

De delicto 私犯法

De die in diem 逐日；天天；按日計

De Diversis Regulis Juris antigui 古代法法諺集（指查士丁尼《學說匯纂》最後第 50 卷第 17 篇的標題，共集有 211 條規則或法諺）

De Donis Conditionalibus〔英〕附條件贈與法（1285 年）

De duobus mali, minus est semper eligendum 兩害擇其輕

De ejectione custodiae 收回監護權令狀

De ejectione firmae 回復佔有租借地的訴訟

De executione facienda 執行判決令狀

De executione facienda in withernamium 以報復形式執行判決令狀

De fide 信仰上的；該作信條遵守的

De fide et officio judicis non recipitur quaestio, sed de scientia, sive sit error juris, sive facti 法官的公正和職權毋容置疑，但對其法律上或事實上錯誤判決要表示非難

De fumo in flamman 每況越下

De haeretico comburendo 燒死異教徒令（指由宗教法庭正式頒發判處燒死異端邪説罪犯的令狀）

De harereditatibus et tutelis 繼承及監護

De homine replegiando 保釋令狀（指把無罪的入獄者保釋出獄的這種令狀差不多都中止使用，但在美國某些州中現仍沿用）

De in jus vocando 提傳

De ingressu 進入令狀（指權利者對於侵奪土地者及其繼承人要求收復土地的對物訴訟）

De injuria 他自己過錯的（原告對被告的特免抗辯所提出的抗辯事實的答辯，據此原告證明侵權行為起因於被告自身的過錯）

De integro 重新；從頭；再

De internis non judicat praetor 法庭不根據被告的意圖（只根據他的行為）審判

De judiciis 審問

De jure 權利上；法律上；合法的；按照法律；依據法律；完全按法律要求的

De jure belli《戰爭法》（詹蒂利斯著於 1598 年）

De jure belli ac pacis 戰爭與和平法（國際法學家、格勞秀斯寫於 1623-1624 年，一部國際法專著）

De jure judices, de factor juratores respondent. 法官裁定法律問題，陪審團認定事實問題

De jure patrio 家長權

De jure sacro 宗教法

De jure sedium et agrorum 家庭及土地

De lege ferenda 就實定法來説；根據應有法；根據擬議法

De lege lata 根據實定法；根據現行法

De lunatico inquirendo 精神病調查令狀（指示執達吏通過善良守法者調查被控告者是否犯有精神病的令狀）

De lure praedae 捕獲法（國際法學家、史學家格勞秀斯所著，記述 1618-1648 歐洲第一次殘酷的國際性戰爭要求制定戰爭法的規範）

De lege ferenda 就實定法來説；根據應有法；根據擬議法

De majori et minori non variant jura. 法律不因事情大小而作變動（意指法律規範不會受所涉標的之巨細而有所不同）

De maximis non curat practor 法官不問大事

De medietate linguae 雙語的；使用兩種語言的（指涉及外國人的民、刑事案件陪審團，其半數為英國人，半數由講其母語的歸化民組成）

De minimis doctrine 法律不過問瑣事原則

De minimis non curat lex 法律不管瑣事；法律不顧及自身小事；法律不計細故

De minimis non curat practor 法官不問小事

De minis 反脅迫令狀（訴請命令不法侵害人停止暴力威脅或損害財產以迫使其遵紀守法的令狀）

De mortuis nil nisi bonum 對死人只能讚揚；不記死過

De natura brevium《令狀性質論》（英國中世紀幾種法律教科書的標題）

De nihilo nihil 無中不能生有

De non apparentibus, et non existentibus, eadem est ratio. 不明確的事物與不存在的事物適用同一規則

De novo 重新；更始；再次；第二次

De odio et atia 出自正當懷疑抑或僅系出自怨恨和惡意的（命令執達吏調查被逮捕的殺人嫌疑犯是否有充份嫌疑的令狀，如僅屬惡意者則另發准予保釋令狀）

De plano 當場；隨便；非正式地；即決地；裁判官與被告同站在地上（描述古羅馬司法官審理訴訟案件方法的一個術語）

De praerogativa Regis〔英〕國王特權法（1323 年）

De praesenti 現存的；眼前的；用現在時態的

De proprio motu 出於自願；自動

De recto 返還土地所有權令狀（土地的權利者對於冒領土地者提出的本權訴訟令狀，釋義見 "writ of right"）

De seisina habenda 國王發給領主按年和按日佔有重罪犯土地上的收益或使其荒廢的特權令狀

De tallagio non concedendo 不許課徵貢税（規定未經人民同意不得課收捐款的愛德華一世時代限制國王課税權力的制定法，1272-1307 年）

De ventre inspiciendo 妊婦檢查令狀（指丈夫故後，主張已經懷孕的妻子要繼承遺產時而懷疑她詐稱繼承人時，法院根據非直系親屬的推定繼承人的申訴，命令其檢查妊婦的身體，如懷孕屬實，把該寡婦在分娩前置於適當監督下的令狀；又如，被判處死刑的婦女提

出懷孕辯護時，行刑前法官亦須下令予以查實）

De verbo in verbum 逐字的；逐句的

De Verborum Significatione 常用的詞彙、短語意義
和用語的注釋（《學說匯纂》第 50 卷第 16 章的標題包含
重要的）

De vicineto 來自近鄰的（選任陪審員的用語）

Debellatio 掠奪；征服

Debellator 掠奪者

Debet 借；債務

Debet et detinet 他拖欠並扣留了我的財物（指被告拖欠
債務訴訟開審令狀用語）

Debet quis juri subjacere uni delinguit 每個人都應受其犯
罪地法律約束

Debet sine breve 他沒有聲明就拖欠債務（供認判決用語）

Debet sua cuique domus esse perfugium tutissimum 每個
人住宅都應系其安全庇護所

Debile fundamentum fallit opus 房基不堅固房子就有倒
塌之虞（意即案由不成立，訴訟必然敗訴）

Debilitas animi 心神耗弱

Debita〔複〕債務；負債

Debita activa 主動的負債

Debita concensualia 得到法院同意的負債

Debita fundi〔蘇格蘭〕土地作保的債務（附屬於土地的
擔保債務）

Debita laicorum〔英古〕俗人債務；可從民事法院追償
的債務

Debita passiva 被動的負債（應實際交付的債務）

Debita portio 義務分

Debita sequuntur personam debitoris 債務跟隨債務人

Debita subsidiaria 補助金

Debitio 債務關係

Debitor 債務人

Debitor assignatus 被指定的債務人

Debitor cambialis 票據債務者

Debitor chirographarius 親筆債務者；契約債務者

Debitor communis 共同債務人

Debitor fugitivus 逃亡債務者

Debitor hereditarius 繼承財產債務者

Debitor hypothecarius 抵押債務者

Debitor in solidum 連帶債務者

Debitor non praesumitur donare. 債務人無權饋贈（指債
務人的行為不推定為贈與行為，其對財產的任何處置
變賣均應推定為供償債之用）

Debitor pignoratitius 典質債務者（動產典當）

Debitor principalis 主要債務者

Debitor putativus 假定債務者

Debitor subsidiarius 從屬債務者

Debitor usurarius 利息債務者

Debitorum pactionibus creditorum petitio nec tolli

nec minui potest 債權人的權益不因債務人的協定而取
消，也不因債務人的協議而減小

Debitrix 女債務人

Debitum 到期之債；欠款；債務

Debitum alienum 他債務（為了他人的債務）

Debitum cambiale 票據債務

Debitum certum 確定債務

Debitum conjugale 婚姻上的債務

Debitum exigibile 可要求清償的債務；可索償的債務

Debitum illiquidum 不明確的債務

Debitum incertum 不確定債務

Debitum inexigibile 不可要求清償的債務

Debitum legis 合法的債務

Debitum liquidum 明確的債務

Debitum naturae 自然債務

Debitum perpetuum 永久債務；不償還債務

Debitum proprium 自己的債務

Debitum sine brevi 無令狀之債；無宣示之債；無令狀債
務之訴（指原始訴狀代替令狀而提起債務之訴）

Debitum verum 無抗辯債務

Decanicum 寺院監獄

Decemviri 十人團（十人審判團）；十人委員會（公元前
451 年由 10 位特權貴族組成的委員會制定十銅表法，
之後第二個委員會公元前 450 年又制定二表，構成了
十二銅表法）

Decemvirate 十人執政團

Decemviri litibus judicandis 十人審判團（指協助裁判官
裁定法律問題）

Decendium 十日的不變日期

Decendium appellationis 上訴的不變日期

Decennarius 擁有半碼地者（一碼 =20 英畝）；十戶自由
保有不動產者中的一戶

Deceptio 欺詐

Deceptis non decepientibus, jura subveniunt. 法律援助受
騙的人而不援助行騙的人

Decessit sine prole. 死後無子女；死而無後

Decessus〔英古〕死亡；背離

Decidendi rationes 判決理由

Deciners 十戶自由保有不動產者中的一戶；十戶聯保制
監督者

Decipi quam fallere est tutius. 受騙比行騙更安全

Decisio 決定；裁決

Decisio litis 裁判；審判

Decisiones rotae 教皇法院的判決例

Decisum 裁決；判決

Declaratio 宣告；宣言

Declaratio contumaciae 缺席判決

Declaratio nulitatis matrimonii 宣告婚姻無效

Declaratio sententiae 判決說明

Decoctio 侵佔；霸佔；強佔

Decoctio honorum 侵佔財產

Decoctor 破產者；揮霍公款者；盜用公款者

Decollatio〔英古、蘇格蘭〕斬首；斬首刑

Decrementum maris〔英古〕退潮；海水退落

Decreta 司法判決（由羅馬皇帝作為最高法官宣示作出的）

Decretum 帝國憲法；判決；君主裁決（由君王審理後作出的類似“斬立決”）；寺院法；教會法

Decretum ad agendum 訴訟委任；訴訟代理

Decretum admissivum 准許上訴的裁定

Decretum alienandi 處分（讓與）的許可

Decretum ambitiosum 偏祖的審判

Decretum aulicum 敕令

Decretum commintorium 預定刑法處分

Decretum commune 共同決定

Decretum confirmatorium 確認判決

Decretum consessivum 申請許可的決定

Decretum de acquiendo 被監護人取得行為的許可

Decretum de aperiendo concursu 破產開始命令

Decretum de oppignorando 被監護人質入財產的許可

Decretum de solvendo 被監護人支付金錢的許可

Decretum decisivum 終局判決；最後判決

Decretum definitivum 終局判決；最後判決

Decretum denegayorium 否定決定

Decretum dilatorium 延期決定

Decretum distributionis（破產財團的）分配決定

Decretum Gratiani 格拉提安教會法典（共三集寫於 1151 年構成羅馬教會法）

Decretum inhibitorium 禁止命令

Decretum interlocutorium 訴訟指揮上的處分

Decretum intermisticum 假處分

Decretum jusdicis 法院的判決

Decretum permissivum 特許命令

Decretum praeclusivum 先權判決；除權判決

Decretum progatorium 延期判決

Decretum prohibitorium 禁止命令

Decretum punitorium 刑事判決

Decretum remissorium 特赦的判決

Decurio 元老（具有羅馬帝國省行政權和立法權）

Dedi 我已經給予（不動產權利讓與證書的習慣用語）

Dedi et concessi 我已授權並讓與（不動產權利轉讓證書的慣用語）

Dedicationes 獻祭禮

Dedimus potestatem〔英古〕我們已經授權（衡平法院授權任命監誓人的習慣作法；美國有時作為“囑託取證”的術語）

Deditio 交付；放棄

Dedititii 烙面罪犯（指用火或烙鐵在罪犯臉上或其身體上劃記以使其無法銷掉而後釋放，類似我國古代的“墨刑”）

Deductio 扣除；差額；保留

Deductio innocentiae 無罪主張

Deductio rationis 舉證；證明

Deductio usufructu 保留用益權

Defectum 缺陷；瑕疵；（=defect）

Defectus 瑕疵；缺陷；不合格；不健全；缺席；不完善；無資格

Defectus sanguinis 無後嗣；無繼承人；無直系血親

Defendemus 我們保證（贈與人與受贈人保證權利條款）

Defensio〔英古〕辯護；防禦

Defensio necessaria 正當防衛；緊急防衛

Defensor 辯護人；（民事）被告；監護人；防禦者

Defensor civitatis 平民保護人；城市衛道士（羅馬帝國的官員具有法官的和有限金錢案件審判管轄權等權力）

Defensor fidei 護教者

Defensor matrimoniorum 婚姻案件的辯護人

Defensor necessarius 強制辯護人；必要辯護人

Defensor voluntarius 任意辯護人；自願辯護人

Deffectio 瑕疵；缺陷；虧損

Definitio 定義；界定；限定

Deforciare v. 剝奪合法所有者土地或保有物（指扣佔合法所有者的土地、租借地或房屋）

Deforciatio〔英古〕扣押動產以清償合法的債務

Defunctus 死的

Defunctus sine prole 死而無嗣（無後而亡）

Dei gratia 上天保佑；承蒙天恩（指“君權神授”）

Dei judicium〔撒古〕上帝的判決（撒克遜古審判法用語）

Delatio 告訴；告發；檢舉；告密

Delator 控告者；告發者；告密者；間諜

Delectus personae 對人的選擇（指合夥人有行使其選擇新股東入夥的權利）

Delegatarius 受轉付者

Delegatio（職權）委託；委任；指派；轉存；替代；（債務關係等的）轉付

Delegatio debiti 債務的轉付

Delegatio nominis 債權的轉付

Delegatus 被轉付者；受託者；（職權的）受委任者

Delegatus judex 受委託的審判員

Delegatus non potest delegare 代理人不得委人代理；代理人未經認可無權委託他人代理；受權者不能授權於人

Delictum 不法行為；侵權行為；犯罪行為

Delictum atrox 重罪

Delictum catitale 死罪；死刑罪

Delictum civile 私犯；民事不法行為

Delictum commissivum 行為犯；作為犯

Delictum commune 普通罪

Delictum consumatum 既遂罪

Delictum continuatum 連續犯；累犯；慣犯

Delictum criminale 刑事罪

Delictum culposum 過失犯

Delictum dolosum 故意犯

Delictum ecclessiasticum 寺院犯罪

Delictum extraordinarium 特別犯罪

Delictum in abstracto 抽象的犯罪

Delictum in concreto 具體的犯罪

Delictum innoninatum 法律上未列舉的犯罪

Delictum jure gentium 國際法上不法行為（國際法上的犯罪）

Delictum leve 輕罪

Delictum nominatum 法典中列舉的犯罪

Delictum omissis 懈怠犯；不作為犯

Delictum omissivum 懈怠犯；不作為犯

Delictum ordinarium 通常犯罪

Delictum perfectum 既遂犯（罪）

Delictum privatum 對於個人的罪

Delictum proprium 特別身份罪

Delictum publicum 政治犯；叛國犯

Delictum qualificatum 加重罪

Delictum reiteratum 慣犯；連續犯

Delictum repetitum 慣犯；連續犯

Delictum successivum 慣犯；連續犯

Delictum verum 真正故意犯

Delirant reges, plectuntur achivi 國王有過，人民受罰（遭殃）

Delirium 精神錯亂；神志不清

Delirium tremens 中酒狂；震顫性譫妄（因酒精或毒品中毒所致）

Dementia 痴呆；癲狂，精神錯亂

Dementia praecox 早發性痴呆；早發性精神錯亂

Deminutio 拿走；損失；剝奪

Demisi 我已出租

Demissio 租賃；出租

Democratia 民主國；民主團體

Demonstratio 描述；名稱；稱號；官銜

Denarii 備用金；現金

Denarius Dei 定金；無因贈與；無條件的給付（"上帝便士"，屬慈善性質的，是一種賑濟，其與"arrhae"不同，後者的"定金"為約因的一部份，即買賣交易預付的定金）

Denegatio justitiae 拒絕司法

Denominatio 任命；指定

Denominatio juratorum 陪審員的任命

Denominatio testimi 證人的指定

Denuntiatio〔英古〕通知；公告；公示傳喚

Denuntiatio anonyam 匿名的通知

Denuntiatio litis 訴訟通知

Denuntiatio matrimonii 婚姻的公告

Denuntiator 告發者；告知者；通知者

Deportatio 放逐；流放

Deposita 押金；寄存物

Depositar 受託人；受寄人；保管人

Depositarius 保管人；受託人；受寄人

Depositio 寄託；受託；作證；廢黜；罷免；解除

Depositio ab officio 免職；罷官

Depositio debiti 債務的免除

Depositio honoris 名譽喪失

Depositio testium 證人的供詞

Depositum 寄託；寄存；無償寄託

Depositum irregulare 變相寄託（代替物寄託）

Depositum miserabi 緊急寄託；緊急寄託物

Depositum regulare 正常寄託；正常寄託物

Depraedatio 掠奪

Depraedator 掠奪者

Deprehensionis forum 逮捕法院

Derelicta 遺棄物；海水退出後露出的新陸地

Derelictio 廢棄；遺棄；拋棄

Descriptio personae 對人的代名詞；（對人）身份的說明（指對特定人身份上的描述旨在便於識別）；繼承人（用在遺囑中，指甲的長子可能是其關係的說明）

Desertio 懈怠（訴訟）；逃亡；逃走

Desertio appellationis 上訴因懈怠而過期；上訴期間懈怠

Desertio conjugalis 配偶的遺棄

Desertio conjugis 配偶的遺棄

Desertio documentorum 對證據文書提出期間的懈怠

Desertio juramandi 對宣誓的懈怠

Desertio probationis 對舉證期間的懈怠

Desertio remedii 對上訴期間的懈怠

Desertio testium 怠於提出人證

Desertor 逃亡者；逃走

Desertor malitiosus 惡意的遺棄者（遺棄妻子者）

Desertoria sententia 捨棄上訴的判決

Desideratum（〔複〕desiderata）願望；希望；需要條件；亟需的條件

Designatio personae（對人）身份的說明；對契據或合同當事人的描述（釋義同"Descriptiopersonae"）

Designatio unius est exclusio alterius et expressum facit cessare tacitum. 指定其一，即排除其他；明示勝過默示

Districtio 強制

Desuetudo 廢棄；不用

Desunt caetera（or cetera）以下缺；下文逸失（古書或手稿殘缺缺於末尾注明）

Desunt multa. 缺漏很多

Detachiare v.（對人或對物的）扣押；扣留（指根據扣押令狀或法律程式對另一個人的財物

或人實施扣押或扣留）；拘押（指以逮捕令狀或法律程式抓人）

Detector 探測器（一種探測金屬等物的電子裝置）

Detentio 持有；握有；暫許佔有（指可對有體物的隨意處分權）

Detentor nudus 不法的持有者

Detinet 他扣留；〔英古〕返還被扣留動產之訴

Detractio 移民；移民國外；誣衊；毀損；貶低

Detractionis census 移居稅

Detractionis jus 移民權；移居權

Detractus emigrationis 出境移民稅

Detractus personalis 移民稅；移居稅

Detunicari 發現；揭露；披露

Deus ex machine 牽強的結局

Devastavit 他已浪費了（遺囑執行人或遺產管理人違反管理遺產的義務損及遺產，因而對繼承人、債權人或受遺贈人的財產造成浪費管理遺產或遺產毀損負有責任）

Devendi causa 債務原因

Devent 債務人

Dextro tempore 適時；及時

Di. et fi (. =dilecti et fideli)

Diacatochia 土地佔有

Diacatochus 土地佔有者

Diaconus 教會執事（=deacon）

Diaeteta 仲裁員

Diam clausit extremum 調查並扣押死亡債務者財產的令狀（對國王的債務人死亡時命令執行官調查並扣押其財產的令狀）

Dictum meum pactum 口頭擔保

Diei dictio 彈劾告示（由司法行政官頒佈的通告，載明彈劾特定的日期和被告人姓名及其罪行）

Dies 一日；日期；出庭日；期限

Dies a quo 開始生效日期；時效開始日期；（交易）起算日

Dies ad quem （時效）到期日；終止日；截止日

Dies cedit 開始口期；權利義務成立日（羅馬法中表示確定權利的日期及其開始的日期）

Dies cedit et dies venit〔英〕賦予權利及履行義務
的日期（義務成立期及其履行期）

Dies certus (an certus quando) 確定期限

Dies civilis legalis 民法上的日期

Dies comitiales 舉行民眾會議的日子

Dies communes in banco 規定出庭的日期

Dies conventionalis 和解日期

Dies datus 開庭日；審訊日；寬限日（指給予訴訟中被告延期訴訟的日期）

Dies datus in banco 法庭指定的日期

Dies dominicus 主日；星期日

Dies fasti 開庭日

Dies fasti e nefasti 吉日與凶日（審理訴訟的合法日期與不合法日期）

Dies fasti vel nefasti 開庭日及公休日（指司法官執法的日子及無權執法和召集民眾的日子，即事實上的工作日和公休日）

Dies fastus 法院開庭日

Dies feriati 假期；假日

Dies gratiae〔英古〕寬限日

Dies impossibilis 不能期限

Dies incertus (an incertus quando) 不確定期限

Dies intercalaris 閏日

Dies irae 最後審判日

Dies juridicus 開庭日；法院工作日（法庭除周日外的日常辦公日期）

Dies natalis 生日

Dies naturalis 自然日

Dies non 停止審判日；休庭日（非法院工作日）

Dies non juridicus 不開庭日；休庭日（停審日，指星期日和一些假日）

Dies solis〔英古〕星期日

Dies utlies 有效期；法定期限（指用於在規定期限內可合法從事特別行為的日期的術語）

Dies venit 義務履行期

Dieta 一天的旅程；一天工作量；一天的費用

Diffamatio 誹謗

Diffamatio civilis 民事誹謗

Diffamatio crimindis 刑事誹謗

Diffamatio mortui 對死者的誹謗

Diffamator 誹謗者

Dilatio 延期；延誤日期

Dilatio ad excipiendum 抗辯期間

Dilatio citatoria 傳喚期間

Dilatio conventionalis 合意的延期

Dilatio definitoria 裁決期間；決定期間

Dilatio dijudicatoria 執行判決期間

Dilatio judicialis 裁定期間

Dilatio legalis 法定日期

Dilatio peremtoria 除權期間

Dilatio praeparatoria 準備期間

Dilatio probatoria 舉證期間；提出證據期間

Diligentia 注意（指受托人處理被執行事務時應予注意）

Diligentia in abstracto 抽象的注意

Diligentia in concreto 具體的注意

Diligentia pater familias 父親的注意

Diligentia quam in suis 和自己物品同樣的注意；如在處理自己的事情中所具有的注意

Diligiatus 被剝奪公民權者；被剝奪法律保護者；放逐者

Diminutio 減少；喪失；剝奪

Directarius 家內盜竊（家屬盜竊）

Direptio 強盜；搶奪

Diribitores 選票分發官（指發選民投票用的官員）

Disceptio causae 律師出庭辯論；兩造律師的辯論

Disciplina 懲罰；懲戒

Disciplina ecclesiastica 寺院懲戒

Discretio est scire per legem quid sit justum 自由裁量在於瞭解法律上何者公道

Discretio generalis 依一般情形斟酌

Discretio legalis 依法予以判斷（依法酌情裁定，指有兩種不同判例時可擇其一）

Discretio specialis 依特殊情形自由裁量；依特別情形審酌

Disjunctim 分別地；各自地

Dismissio 免職

Dispersonare v. 謳謗；輕視；蔑視；貶低；詆毀

Dispono 處分；處置；授予；轉讓

Dispositio 處分；安排

Disputatio 爭議；討論；辯論

Disputatio fori 當庭辯論（指在法庭上討論或辯論）

Dissensus 解除契約的合意；解約協議（指當事人協議解除對簡易契約的義務）

Dissentiente 持異議的；歧見的（用於諸法官斷案意見不一致）

Dissimulatio 虛構；隱蔽；引匿

Dissimulator 隱藏者；隱匿者；窩藏者

Dissolutio 解約；解散；分離

Dissonantia 不和諧；不調和

Distractio 分離；分割；變賣；盜用；挪用（指監護人挪用被監護者的財產行為）

Distractio bonorum 變賣破產者財產（指按指定代表債權人利益的破產管財人以零售價出售破產人的財產，盡力變現資金償還債務）

Distractio pignoris 變賣質物（指債權人在債務人不能付還債務時就出售其典當物品以抵償欠款）

Distributio 分配

Districtio 扣押動產（旨在償還債務或強迫被到庭）

Distringas〔英〕財產扣押令（為了強制不出庭被告履行義務，法院命令執行官扣押其財產的令狀）；迫使社團法人出庭的第一道令狀（衡平法用語）；執行請求返還不動產和除卻妨礙令狀之訴

Distringas in detinue 強制扣押被告動產令（指法院以連續扣押被告財產的方式強制被告交出其非法扣留的動產）

Distringas juratores〔英古〕強迫陪審員出席令（指法院命令司法行政官強制執行陪審員名單中指定的陪審員出席籌組陪審團）

Distringas nuper vice comitem〔英古〕扣押卸任郡長財產以強制其履行未了公務的令狀；強制被告出庭令

Diverso intuitu 不同的意見或目的；不同的方法；另一途徑

Divide et impera 分而治之

Dividenda 雙聯契約；雙聯契約的一聯；齒形契約的一份副本

Divimare v. 占卜；預言；預知；猜測

Divinatio 推測；臆測；（一種）預審

Divisio 分割；分配

Divisio hereditatis 繼承財產的分割

Divisio parentum inter liberos 按照無方式遺囑的遺產分配

Divisorium judicium 分割的審判（分割之訴）

Divisum imperium 共有管轄；分割的管轄權（適用於衡平法院和普通法院對同一標的之管轄權）；選擇審判籍

Divortium 協議離婚（指夫妻雙方不經過訴訟程序而自願口頭商議並訂立書面文據解除婚姻關係）

Divortium aquarium 分水嶺

Divortum 離婚

Do 我贈與（不動產）；我授予（采邑）

Do ut des 互惠；相互；平等交換契約（無名契約的一種）

Do ut facias 以物易工（雙務契約的一種，即一方須交付物品或金錢，而另一方須提供勞務）

Do, dico, addico 我准許、我主張、我判決（該羅馬法的三個詞用以表示羅馬裁判官民事管轄權的範圍，意即：准予提起訴訟、宣佈判決並將債務者財產或財物判給原告）

Do, lego 我贈與、我遺贈（羅馬人的遺囑用語，其仍沿用至今）

Doctrina 和議；學問

Doctrina placitandi 判例評注（格式、年鑑判例評注及早期判決錄編纂出版於 1677 年）

Documentum 證據；證據方法；文件；證書

Documentum a noviter reperta 新發現的證據方法

Documentum aliernum 他人的證書

Documentum discretum 特別原因的檔（包含特別債務原因的文件）

Documentum privatum 私人文件

Documentum publicum 公文

Documentum quasi publicum 准公文

Documentum referens 關係檔

Doli 故意；詐騙

Doli capax 有犯罪意念的，有犯罪能力的（指 10-14 歲少年兒童，有充份鑒別是非能力的，已具識別善良與罪惡的能力，因此對其犯罪行為應負刑事責任）

Doli incapax 無犯罪意念的；無犯罪能力的（指 10 歲以下不到懂事年齡的兒童，未及判斷力年齡的，無充份鑒別是非能力的，不能辨別正確與錯誤，因此對其行為不負刑事責任）

Dolo malo pactumse non servaturum 因欺詐誘使而訂立的合同無效

Dolus 詐騙（本詞與 "culpa" 有別，後者詐欺不是故意

的，而僅是過失而已）

Dolus alternativus 擇一的故意；擇一的犯意

Dolus antecedens 事前犯意；事前故意

Dolus auctoris non nocet successori 被繼承的欺詐不損害繼承人

Dolus bonus 允許的欺騙；善意的欺詐；合法的欺騙

Dolus circuitu non pergatur 欺詐憑拐彎抹角是解脫不了的；欺詐以其同樣的辦法是無法辯白的。

Dolus dans locum contractui 誘騙他人訂約；導致訂約的詐欺

Dolus determinatus 確定的故意；確定的犯意

Dolus directus 直接詐欺行為；直接犯意

Dolus et fraus nemini patrocinentur 欺騙和欺詐不應宥恕，亦不應使任何人從中受益

Dolus eventualis 間接詐欺行為；間接故意

Dolus exproposito 故意欺詐；故意詐騙

Dolus facti contrarius 反對事實的故意

Dolus generalis 概括的故意；概括的犯意

Dolus impetus 偶發的故意；偶發的犯意

Dolus indeterminatus 不確定的犯意；不確定的故意

Dolus indirectus 間接犯意；間接故意

Dolus latet in generalibus 詐欺隱藏於慷慨背後（欺詐潛伏於平淡的言詞之中）

Dolus malus 惡意詐騙；非法欺詐；詭計行為

Dolus manifestus 明白的詐騙

Dolus non purgatur circuitu 迂回不能免除欺詐之罪

Dolus praemeditatus 熟慮的故意；經過熟慮的犯意

Dolus praesumtus 推定的欺詐

Dolus subsequens 事後故意；事後犯意

Domesticum furtum 家內盜竊

Domicilium 住所（=domidile）

Domicilium habitationis 居住地；定居地

Domicilium necessarium 必要的住所

Domicilium originis 出生住所

Domicilium voluntarium 任意的住所

Domina 女男爵（貴婦人稱號）

Dominatio 貴族身份；〔英古〕貴族領地

Dominatus 所有權

Dominica potestas 家主權（指對奴隸而言）

Dominii jus 所有權

Dominii reservatio 所有權的保留

Dominium 〔英古〕財產權；所有權（指廣義上的財產包括財產權、所有權或使用權）；領有權；主權；統治；支配

Dominium analogicum 限制的所有權

Dominium civile 民法上的所有權

Dominium directum 嚴格的所有權（與衡平所有權相對）；〔封〕直接所有權；領主所有權；〔英〕完全所有權

Dominium directum et utile 完全所有權

Dominium dormiens 停止所有權

Dominium eminens 國家徵用權

Dominium ex jure quiritium 市民法所有權（指依據古羅馬法，只有羅馬市民擁有的。即：佔有、使用、收益和處分權）

Dominium fictum 假擬所有權

Dominium irrevocabile 不可取消的所有權

Dominium liberum 自由所有權

Dominium limitatum 限制的所有權

Dominium litis 爭議物所有權；訴訟當事人；〔蘇格蘭〕參加訴訟並成為支付訴訟費責任人

Dominium maris 海洋主權

Dominium minus plenum 不完全所有權

Dominium naturale 自然的所有權

Dominium perpetum 永久所有權

Dominium plenum 完全所有權

Dominium publicum 國家所有權

Dominium restrictum 限制的所有權

Dominium revocabile 可取消的所有權

Dominium subalternum 從屬所有權（單純所有權）

Dominium superius 上級所有權

Dominium utile 裁判官所有權；衡平所有權；〔封〕受益所有權

Dominium verum 真正所有權

Domino volente 經所有權人同意

Dominus 〔封〕領主；莊園領主；騎士；牧師；業主；所有人；主人；委託人；丈夫；家庭

Dominus conversorum 皈依堂（現用作倫敦檔案館）

Dominus directus 直接所有者；上級所有者

Dominus emphyteuseos 永久出租人；永佃權人

Dominus feudi 封地所有者；領主

Dominus legum 法學大師（授予 13 世紀法學家阿佐代．波里的稱號）

Dominus litis 訴訟當事人；主訴訟人

Dominus navis 船東；船舶所有人

Dominus rex 君主；國王

Dominus utilis 用益權者

Domitae 馴服的；馴養的，馴化的；非野生的

Domitae naturae 自然馴服的；馴養的（指經過自然馴服的和家養的牲畜。如馬、牛、羊和豬等）

Domo reparanda 〔英〕強制修繕房屋令（指因害怕而訴請法院要求鄰居修理房屋以免倒塌損害到自己房子的令狀）

Domus 〔英古〕房屋；住處；家宅；居所（其反義詞為 "domicile"，住所，久住之所）

Domus mansionalis 公館；宅邸

Domus procerum（D.P.，Dom.Proc）貴族院；上議院

Domus sua cuique est tutissimum refugium 家是每個人

最安全的庇護所

Dona clandestina sunt semper suspiciosa. 暗中贈與總是令人置疑的

Donandi animus 贈與意思

Donandi causa 贈與目的；贈與原因

Donatarius 受贈人；接受贈與者

Donatio 贈與物（指無償轉讓財產所有權）

Donatio absoluta 無條件贈與

Donatio ante nuptias 婚前贈與（男方的聘禮）

Donatio conditionata 附條件贈與

Donatio honoris causa 名譽贈與

Donatio illicita 不法贈與

Donatio impropria 不純贈與

Donatio inofficiosa 違反道義的贈與（指贈與者所贈與部份財產如此之大，以至於減少了法定繼承人的自然繼承份額）

Donatio inter vivos 生者間的贈與；生前贈與（按：生存者之間的贈與共有三種：無償贈與、負有法律義務的贈與和因提供勞務而付給補償性贈與）

Donatio inter vivum et uxorem 夫婦間的贈與

Donatio mortis causa 死前贈與；臨終遺贈（病者預計將死時，將他的財產贈給特定人，一般只限於動產，且病人康復時可以撤回贈與，其與 “legacy” 不同，只有遺贈人死後才能生效）

Donatio onerosa 附義務的贈與，附有負擔的贈與

Donatio propter nuptias 婚姻贈與；聘禮；定親禮物（依查士尼丁法令規定婚前或婚後均可贈與，但其稱為 “婚後贈與”，指羅馬法中新郎給予新娘的定親禮物）

Donatio pura 純粹贈與

Donatio reciproca 相互贈與

Donatio relata 基於服務的贈與

Donatio remuneratoria 謝禮的贈與；報酬性贈與

Donatio simplex 單純贈與

Donatio sub conditione 附條件的贈與

Donatio sub modo 附有負擔的贈與

Donatio testamento 遺贈（系遺囑上寫明的遺贈）

Donator nunquam desinit possidere, antequam donatorius incipiat possidere 受贈人佔有之前依然仍歸贈與人所有；只有受贈人開始佔有之後，贈與人才能終止佔有（指贈與人停止佔有受益人才開始佔有）

Donatorius 受贈人；買主；買受人

Donatrix 女性贈與人

Donec 只要…就；在…時候；和…同時；然而；直至…；到…為止；在特定時間內

Dono decit (D.D.) 贈與

Donum 禮物；贈與；贈送（“donum” 與 “munus” 區別，前者為 “一般贈與”，後者為 “特別贈與”）

Dorsum 背部；背面

Dos 嫁資；嫁妝；妝奩（指妻子娘家給予，婚後該財產轉讓給丈夫，以減輕其夫因結婚所承受的負擔）；〔英古〕婚姻贈禮（指丈夫在教堂門前給予）；亡夫遺產；寡婦地產（可取得亡夫所遺不動產的 1/3）

Dos adventicia 第三者設定的嫁資

Dos aestimata 評價所設定的嫁資

Dos certa 與身份相當的嫁資

Dos confessata 約定嫁資

Dos contituta 約定嫁資

Dos ecclesiae 寺院的基本財產

Dos inofficiosa 違反道義上的嫁資（損害遺留分的嫁資）

Dos legata 遺贈嫁資

Dos necessaria 必要的嫁資；法定嫁資

Dos profectitia 父系為親屬設定的嫁資

Dos promissa 約定嫁資

Dos putativa 誤想嫁資

Dos rationabilis 合理的嫁資；合法的嫁資（指寡婦有權享有先夫在結婚時贈與的一份地產）

Dos receptitia 附歸還義務的嫁資；返還嫁妝的約定（指男女雙方約定，日後如果離婚的話，男方須歸還女方的嫁妝）

Dos voluntaria 任意嫁資

Dotissa 受有亡夫遺產的寡婦；顯貴的寡婦

Dubitante v. 可疑；持懷疑態度

Dubitatur 可疑的

Dubitavit 懷疑的；不信的；不信任的

Duces tecum 携帶證據文件出庭令；命令携帶證明檔出庭的傳票（指要求受傳喚的當事人出庭時必須隨身携帶傳票上指定的某些證件、證據或證物以供法庭使用或審查）

Duces tecum licet languidus 即使因犯生病，也要帶其出庭令（命令執達吏即便冒著死亡危險亦應帶囚犯出庭）

Duellum 決鬥裁判；決鬥斷訟

Dulce bellum inexpertis 未經戰禍的人才喜歡戰爭

Dum 只要；當…的時候；直至…為止；直到…才；假如；以…為條件

Dum (quamdiu) bene se gesserit 忠誠服務期間；操行善良期間（意指任命的官員除非言故或瀆職者外，終身不得免職）

Dum casta 以不再嫁為原則（寡婦取得丈夫遺產往往附有這個條件）

Dum casta vixerit 行為純潔期間；妻子貞居期間（丈夫給分居妻子的津貼時所附的條件，如有不端行為時則停止支付津貼）

Dum fervet opus 工作熱火朝天期間；在劇戰中；在緊迫必要時

Dum fuit non compos mentis 心智不健全期間

Dum sola 獨身期間；未婚期間

Duo rei 二人的當事者

Duoviri 雙人制（羅馬首席司法行政官選任兩名法官審理

叛逆罪案件)

Dupla 一種物件的雙倍價格；加倍某物的價格

Duplex adulterium 二重通姦

Duplex judicium 雙重審判

Duplex querela〔宗〕雙重控訴（屬於上訴性質的教會訴訟程式）

Duplex valor matritagii〔英古〕雙倍婚價（指領主為其領臣子女的監護人，有權指婚論嫁。如一方拒絕領主指婚則應繳納相當婚嫁費用；如領臣子女自行婚嫁則罰交加倍婚嫁費用）

Duplicatio 再抗辯（指被告對原告駁複再抗辯）

Dura lex, sed lex 法律雖然苛刻，仍是法律

Dura mater 硬腦（脊）膜

Durante 在…期間；當…的時候

Durante absentia 不在期間（指無遺囑死亡者遺產管理而言，而遺囑執行人又不是遺產管理人的情況下，在新的遺產管理人待指定的這段期間謂之）

Durante bello 戰爭期間；在戰爭中

Durante bene placito〔英〕君主滿意期間；任命者的任意期間（表示根據任命者的意思，隨時都可以將被任命者解職，為古時決定英國法官的任職期）

Durante lite 訴訟進行期間

Durante minore aetate 未成年期間

Durante viduitate 孀居期間（指交給寡婦遺產直至她再嫁為止）

Durante virginitate（單身女子）未婚期間

Durante vita 生存期間；畢生期間；終身

Duress per minas 以死亡或肌體傷害相脅迫（例如，殘害四肢等）

Durum et durum non faciunt murum 嚴厲措施不能保障安全

Duumviri 殖民區的兩人委員會（古羅馬人中選出兩個司法行政官擔任職務或履行職責）

Duumviri municipales 兩人執政官（指在古羅馬城鎮、殖民地居民中選出兩個執政官，任期一年具有的司法審判權）

Duumviri navales 兩人海軍軍官（任命負責管理、裝備和建設海軍）

Dux 行省軍事長官；帝國邊塞軍官；（羅馬法）首長；軍事指揮官；統帥；〔歐古〕公爵

E

E 從；出自；在…之後；根據

E contra 另一方面；相反

E contrario 相反

E converso 反之；反過來說；相對；相反地；另一方面

E pluribus unum 合眾為一（美國國訓）

E re nata 因目前情況而產生；根據情況需要；在目前情況下

Ea quae dari impossibilia sunt, vel quae in rerum natura non sunt, pro non adjectis habentur. 不能贈與的財物，或者不屬於贈與之列的財物可不視為包括於協議中的財物

Ea quae raro accidunt non temere in agendis negotiis computantur 很少發現的那些財產在業務交易時，沒有充足的理由不應加以考慮

Eadem causa diversis rationibus coram judicibus ecclesiasticis et secularibus ventilatur 宗教與世俗法官以不同的原則辯論相同的訴訟案件

Eadem est ratio, eadem est lex 同一事由，適用於同一法律；法理同一（法不外乎理）

Eadem mens praesumitur Regis quae est juris et quae esse debet, praesertim in dubiis. 統治者的意志得推定與法律的意志一致，尤其對模棱兩可的問題更應以同樣的意志來推定

Eat inde sine die 立即釋放；無須再到庭；被告可免再出庭（意指撤銷對被告的訴訟辦完手續即予釋放。此為釋放被告或囚犯所用的語言）

Ecclesia 宗教集會；基督教會議；寺院；教堂；牧師住所；〔古希臘〕公民集會權

Ecclesia Anglicana 英國教會

Edict nautae, caupones, stabularii 裁判官就船東、客棧老闆及車行老闆嚴格確保遊客財物安全責任的告示

Edicta（皇帝）敕令；告示（羅馬帝國時代法官宣佈的，其後便被編入法典）

Edicta magistratum 高級官員的告示（羅馬法的十二表法之後可成為習慣法的）

Edicta repentina 特別告示

Edictales literae 公示傳喚

Edictum 告示；法令（裁判官或最高法官就職佈告，宣佈在其任職期間訴訟程式所遵循的原則）；命令；敕令（羅馬皇帝頒佈的）

Edictum annuum 年度告示

Edictum de pretiis reum venalium 關於被賣物的告示

Edictum peremtarium 總體強制令

Edictum perpetuum 永久告示（羅馬法官的告示，後都被編入《羅馬法學匯纂》）

Edictum principis 君主告示

Edictum provinciale 行省告示（羅馬帝國地方總督等頒發的司法告示）

Edictum successorium 繼承告示；繼承令

Edictum temporale 暫時告示；暫時命令

Edictum Theodorici 狄奧多西敕令；狄奧多西法令集（在意大利的羅馬帝國崩潰後，於公元 500 年由東哥德人的國王狄奧多西編纂的第一部法律彙編，共 154 章）

Edictum tralaticium 沿襲告示（指新上任的裁判官發表保留其前任的部份告示加以沿用）

Edictus (or Liber Edictus) 告示和敕令集（記載了自羅薩

國王至倫巴迪國王時期法律法令和敕令）

Editio princeps 初版；第一版

Editus〔英古〕頒佈（法律）；（嬰兒）出生，出世

Effecacio 有效性；效果

Effectum 效果；結果；作用

Effectus 效果；結果

Effectus sequitur causam 效果隨著原因（因果相隨）

Efficacitas 有效性；效果

Effractura 破壞；侵入

Effusio sanguinis〔英古〕（國王授予莊園領主的）
流血懲罰；罰金；傷人罰金

Ego 我；我自己

Ei incumbit probatio, qui dicit, non qui negat; cum
perrerum naturam factum negantis probatio. Nulla sit
舉證責任在於主張事實的人而不在否認事實的人，因
為依常理，否認事實的人是不會提供任何證據的

Einetius 最年長者；長子（女）

Eisdem modis dissolvitur obligatio quae nascitur ex
contractu, vel quasi, quibus contrahitur 由契約或准契
約產生的義務，應以其締約同樣的方式加以解除

Ejectione custodiae〔英古〕回復被監護人土地權利的令
狀（監護人在管理未成年繼承人的財產期間，請求回
復被排除佔有土地的訴訟令狀）

Ejectione firmae 收回出租地訴訟的令狀（逐出出租的土
地或房屋之訴）

Ejectum 海上漂棄物；海難投棄物（被海水摔上岸的投
棄物。例如，失事的船或飛機）

Ejus est interpretari cujus est condere 法律的解釋權屬於
制定者

Ejus est interpretari legem cujus est condere 有權制定法
律的人就有權解釋法律

Ejus est nolle, qui potest velle. 能表達自己意願者，就能
決定承諾與否

Ejus est non nolle qui potest velle 能默示同意者，就能明
示同意

Ejus est periculum cujusestd minium aut commodum. 誰
有權抑或可獲利者，誰就要承擔風險

Ejus modi 同類；同式

Ejus nulla culpa est, cui parere necesse sit. 被迫服從的人
應屬無罪（罪行不能強加於被迫服從的人，服從現行
法律者就足以在民事法庭上減輕其罪行）

Ejusdem 屬於同一類或同一性質

Ejusdem generis 同類的；同一種的；屬於同一類的；同
一性質的；類似情況同樣適用的

Elaborare v.〔歐古〕（通過勞動或勤勉）賺得；獲得；
購買

Elaboratus 勞動所得財產

Elapso tempore 經過若干時日之後

Electio 選舉；挑選，精選；選擇

Elegit 佔有土地執行令（判決授權債權人佔有被告土地，
並以地租清償其債務的執行令狀）（1956 年廢止）

Elogium 遺囑

Elongata a. & n. I. 被移放遠處的；II. 執行動產所在地
不明的報告書（指在回復被扣押動產的訴訟中，執行
官記載物品或牲畜由於沒有指定地點而不能執行的報
告書）

Emancipatio 脫離父權（奴隸或在監護下的子女得以
解放）

Emblemata Triboniani 特里波尼安編修（指特里波尼安
和他的同事奉命對古代法學家著作加以訂正、修改、
增添、刪除，使其整體內容和理解上查士丁尼時代法
律一脈相承。這些法學著作經他們加工構成了其後
《學說匯纂》的主體，故而史上以其名字稱謂）

Embryo 胎兒；胚胎

Emeritus a & n. I. 名譽退職的；II. 榮譽退職者

Emperium 大百貨商店（購物中心）

Emphyteusis 永租權；永佃權；永佃契約（指永久租用土
地並繳納地租的契約）

Emphyteuta 永久租戶；長期佃戶

Emphyteuticus 具有永久租佃權性質的；具有長期租賃
性質的

Emptio et venditio 買賣；買賣契約；買賣合同

Emptio rei speratae 期待買賣；預約購買；期貨買賣（指
將來交付的標的物）

Emptor 買主；購買人；採購人

Emptor bonae fidei 善意的買主

Emti actio 買主的訴權（指請求履行買賣契約的訴權）

Emtio 買賣行為；購買

Emtio ad gustum 試驗購買

Emtio commentitia 假擬購買

Emtio et ventlitio in scriptis 書面契約的買賣

Emtio et ventlitio sine scriptis 無書面契約的買賣

Emtio imaginaria 假裝買賣

Emtio in spei 希望買賣；僥倖買賣

Emtio per aversinem 總括買賣

Emtio rei speratae 未成品買賣（如，撒網捕魚和生長中
作物作為買賣標的）；期貨買賣（預約買賣）

Emtio restrictiva 限制買賣

Emtio spei 希望買賣（機運購買；僥倖購買）

Emtor 買主；購買者；採購人

Emtrix 女買主；女購買者；女採購人

Emunitas 免除；一般的免除負擔

Enitia pars〔英〕最年長者的份額（指合夥財產自願進行
分割時，最年長有優先選擇權）

Ens 存在；實體；創造物

Ens legis 法律的創造者；法人（與自然人、公司相對）

Eo animo 蓄意；有意

Eo die 在那天；在同一天

Eo instanti 在那時；同時；當時；立刻

Eo intuitu 為此目的；具有該意圖或目的

Eo ipso 這樣；因而；從而

Eo loci 當場；在當地；在那種情況下

Eo nomine 以該名義；在該名義下；以此為名；假借這個名義；因此

Ephors 監政官

Episcopalis audientia 主教聽審

Episcopus 監督員；視察員（指檢查監督麵包等食品的市政官員）；主教（中世紀歷史上的）；基督教主教

Epistae secretales 法規編纂

Epistolae（皇帝）詔書；批復；書信

Epitome Gaii《蓋尤斯節錄》

Epitome Hispanica（羅馬寺院法的）《西班牙節錄》

Epitome Juliani《朱利安節錄》（編纂的 124 部法規，公元 535-555 年）

Eques〔英古〕騎士

Equitas sequitur legem 衡平法遵從法律

Equuleus 肢刑架（一種逼供的刑具）

Erciscundus 要被分割（衍生自古羅馬十二表法中的用語，如分割遺產訴訟）

Eredita 遺產繼承

Erga omnes 對所有國家；對所有人；對世；對一切人；普遍

Ergo 因此；因為；由此；因為；那麼

Ergolabi 承建商；承包商；承擔人；承攬人；承辦人

Erigimus〔英〕建立；設立；創立

Errata 勘誤表

Erratum（書號或印刷中的）錯誤；〔複〕勘誤表

Essentialia 要素（指法律行為的要件）

Essentialia negotii 法律行為的要素；交易的基本要件

Est autem vis legem simulans. 暴力也會戴上法律的假面具

Et 和；與；及；同（表示並列或對稱的關係用來連接詞、短語或句子）；又；連接（強調連續、反復）；加（用來連接數詞）；那麼；於是；並且（位於句首，用來承上啟下）

Et alia 以及其他

Et alibi 以及其他地方

Et alii（et al）以及其他人；等人（"et al" 多用於作出被告敗訴的判決）

Et alius 及其他；以及另一個

Et cetera（etc）等等

Et ei legitur in haec verba 用這些話讀給他聽（指舊時在聽審記錄中的用語）

Et hoc genus omne 及其同類；諸如此類

Et hoc ponit se super patriam 聽憑國人公判（意即：聽候陪審團評決）

Et non 沒有（答辯中的技術用語）；並不

Et nunc et semper 現在以至永遠

Et sequentia（et seq.）及其後；及以下各項（各頁，各段）；以及其後的…頁（段）起

Et sic 因此；所以（法庭上答辯的結論用語）

Et sic de ceteris 其餘類推

Et sic de similibus 以此類推

Et sic porro 等等

Et similia 等等

Et toto 絕對的；全然的

Et ux 和妻子；以及其妻子

Etiam atque etiam 一再

Eundo et redeundo（船舶）在往返途中

Eundo, morando, et redeundo 前往、停留並返回（指做為證人具有前去與停留往返不受逮捕的特權）

Evasio 逃亡；逃脫；越獄

Eventus 事件

Evictio 追奪；追回擔保

Evictio expressa 明示追回擔保

Evictio solennis 正式追回擔保

Evictio tactia 默示追回擔保

Evidentia 證據

Ex 從；從…起；來自；因為，由於；依據；根據…，基於…（首碼）以前的；先前的（例如，"exmayor"）；無；不；未；除；（例如，"ex-dividen"）

Ex abrupto（or ab abrupto）事前未經準備；即席

Ex abundanti cautela 由於格外謹慎；由於充份注意

Ex adverso 反對；從反面；在另一邊；在另一方；對方（指對造律師）

Ex aequo 公平地；平等地

Ex aequo et bono 公允及善良（按公平合理原則；根據公正和善良的原則；以公正善良為原則）

Ex animo 全心全意地；誠心誠意地；出於誠意

Ex ante 事先的；根據推斷的

Ex arbitrio judicis 由法官自由裁量；由法官酌定

Ex assensu curiae 經法院同意

Ex assensu patris 經父親同意

Ex assensu suo 經他同意

Ex auctoritate mihi commissa 依據本人的授權；依據職權

Ex bona fide 出於至誠；以名譽擔保

Ex bonis 貨物的；財產的（指實際佔有的財產）

Ex capite 憑記憶

Ex cathedra 權威的；有權威性的；依據職權的

Ex causae 根據產權

Ex colore 以…名義；假借…名義；以…為藉口；以…為掩飾

Ex colore officii 假借公務名義；披著公務的外衣；以公務作為藉口

Ex comitate 禮貌上的；出於禮節的

Ex concensu 根據同意；依據已被承認的事實

Ex concensu advenit vinculum 同意發生拘束力

Ex concessis 根據已承認事實；根據自認

Ex concesso 根據已被承認的事實

Ex continenti 立即；馬上；毫不遲延地

Ex contractu 來自契約；源自合同；契約上的；依據契約

Ex curia 法院之外；庭外

Ex debito justitiae 作為法定債務；根據正當權利；按照法定條件或要求

Ex definitione 依據定義

Ex delicto 由於違法行為；由於侵權行為；由於過失行為

Ex delicto non ex supplicio emergit 聲名狼藉是因犯罪緣故，而不是因其受罰所致

Ex desuetune amittuntur privilegia. 特權不使用，即告喪失

Ex dolo malo 基於欺詐；由於詐騙或侵權行為

Ex dolo malo non oritur actio 欺詐不產生訴權（欺詐行為不得作為訴訟權利的根據）

Ex dono 由於贈予

Ex ephebus 剛剛成年

Ex facie 從表面上；表面地；或有地

Ex facto 根據某一事實（或行為）；實際上（通常適用於作為基於對產權的非法或侵權行為）

Ex facto jus oritur. 法律因事實而產生；法律源於事實

Ex gratia 出於特准（非屬權利應有的）；出於恩惠；特批

Ex hypothesi 依據假定；在假設的理論上

Ex improviso 無準備的

Ex injuria jus non oritur（Ex injuria non oritus jus）不法行為不產生權利；侵權行為不得產生權利

Ex justa causa 出於正當的理由；根據合法的權利

Ex lege 法律上；依法；根據法律

Ex maleficio 由於不法行為；由於侵權行為

Ex maleficio non oritur contractus. 違法行為不產生契約；契約不能產生於不法行為

Ex malis moribus bonae leges natae sunt. 良好的法律起源於不良的風俗；良好的法律由於人們的不良行為而有必要

Ex mero motu 出於自願；主動地；自願地

Ex mora 由於遲延

Ex more 根據習慣；按風俗

Ex necessitate 由於必要

Ex necessitate legis 出於法律上的必要；依據法律的需要；由於法律的需要

Ex necessitate rei 由於情況緊急；由於情況的需要

Ex new〔英〕無權要求新股；無新股權；除去新股

Ex nihilo nihil 無因便無果；無中不能生有

Ex nihilo nihil fit. 無中不能生有

Ex nomine 在此名義下；在此項下

Ex nudo pacto non oritur actio 無約因的契約無訴權；非法契約不產生訴權；締結非法契約無起訴權（無有效對價的口頭契約在法律上不產生效力，一方違約時，他方不得提起訴訟）

Ex nunc 從現在起

Ex officio 依職權；職權上的；當然；兼職

Ex officio information〔英〕依職權提起公訴（指總檢察長依職權代表英國國王就影響政府、國家治安和良好秩序的罪行提起公訴，1967 年廢止）

Ex officio justies 依據職權而工作的法官

Ex officio services 依據法律賦予特定職務提供服務（意指法律要求必須承擔履行的服務）

Ex opinione obligationis 由於認為受拘束的意見

Ex pacto illicito non oritur actio. 不得根據非法契約提起訴訟（非法契約無起訴權）

Ex parte 單方面的；一造的（只有當事者一方所作的單獨訴訟行為）；片面的；〔保〕缺席優惠賠付

Ex parte materna 在母親一方的；母系的

Ex parte paterna 在父親一方的；父系的

Ex post 事後

Ex post facto 追溯既往的；有追溯效力的；事後的

Ex professo 公然；直言不諱地；明示地

Ex proposito 故意地；有目的地

Ex propriis 自己負擔費用；自己出錢

Ex proprio motu 出自本意的；由於自願的；主動地

Ex proprio vigore 由於本身的力量；通過自己的力量

Ex quasi contractu 根據准契約

Ex quocunque capite 不論何種理由；無論如何

Ex rel 根據…告發（釋文見 "ex relatione"）

Ex relatione 根據…告發（指總檢察長根據私人的申述要求，以國家的名義提起的法律訴訟）；根據…報導

Ex tacito 默示

Ex tempore 臨時；暫時；即席；立即

Ex tunc 溯及力；從當時

Ex turpi causa non oritur actio 不道德的事情不能作訴因；不得根據非法理由提出訴訟（例如，有關風化之類事件一方不得向法院提起訴訟）

Ex turpi causa non oritur jus. 不正當原因不產生權利

Ex uno disces omnes 舉一反三

Ex usu 有用；有益

Ex utraque parte 任何一方；在雙方

Ex vi termini 在本義上；顧名思義

Ex voto 根據誓言；履行諾言

Exacta diligentia 密切的注意；仔細的注意

Exactissima diligentia 非常的注意

Examen 訊問；審訊；審判

Exasperatio poenae 刑的加重

Excelsior 精益求精（商標用語）

Exceptiones Legum Romanorum 羅馬法上的例外

Exceptio 除外；例外；抗辯；異議

Exceptio accptilationis 虛偽清償的抗辯

Exceptio bonae fidei possessionis 善意佔有的抗辯

Exceptio compensationis 反對債權的抗辯

Exceptio confirmat legem derogatam 例外證實法律有變更

Exceptio contionis 未保證的抗辯

Exceptio deficientis domenil 欠缺權利佔有的抗辯

Exceptio deficientis fundamenti agenti 欠缺訴訟原因的抗辯

Exceptio deviti illiquidi 債務存在不分期的抗辯

Exceptio dilatoria 暫時的排訴抗辯；延訴抗辯（例如雙方合意 5 年內不提起訴訟）

Exceptio divisionis 分割的抗辯

Exceptio doli mali 主張被欺詐為由的抗辯

Exceptio dolosae persuasionis 惡意勸說的抗辯

Exceptio domminii 主張所有權的抗辯（指被告提起主張回復財產所有權不為原告佔有的抗辯）

Exceptio ejus rei cujus petitur dissolutio nulla est 以訴訟尋求對業已解決的問題之抗辯是無效的

Exceptio error calculi 計算錯誤的抗辯；援用計算錯誤的抗辯

Exceptio excussionis 先訴的抗辯

Exceptio falsi omnium ultima. 否認事實的抗辯是末等之舉

Exceptio firmat regulam in casibus non exceptio. 例外證實不屬於除外案件的規則

Exceptio firmat regulam in contrarium 例外證明相反的規則

Exceptio fori non competentis 無管轄權的抗辯

Exceptio in factum 基於事實的抗辯

Exceptio in personam 對人抗辯（法律所允許關於個人性質問題只能本人自行提起抗辯）

Exceptio in rem 對物抗辯（指非屬於對人性質但由利害關係人包括繼承人或擔保人基於與法律有關的訴訟問題提起抗辯）

Exceptio incompetentiae 無管轄權的抗辯

Exceptio jurisjurandi 仲裁宣誓的抗辯；業經宣誓的抗辯（指債務人已作過宣誓其所欠債主的債務尚未到期的抗辯）

Exceptio laesions enormis 暴利的抗辯

Exceptio legitimationis adcausum 未確定起訴許可權的抗辯

Exceptio litis fimitae 絕對的排訴抗辯

Exceptio litis ingressum impediens 不必應訴的抗辯

Exceptio litis pendentis 已有訴訟提起尚未判決的抗辯

Exceptio mercis non traditx 未交付買賣物的抗辯

Exceptio metus 脅迫的抗辯（以脅迫為由的抗辯）

Exceptio metus causa 因強迫締約的抗辯

Exceptio non adimpleti contractus 未履行契約的抗辯（基於原告未履行涉及雙方義務合同中其自己部份義務無權起訴為由的抗辯）

Exceptio non competentis 無管轄權的抗辯

Exceptio non numeratae pecuniae 未支付金錢的抗辯

Exceptio non rite adimpleti contractus 不完全履行契約的抗辯

Exceptio non solutae pecuniae 以金錢債務未償付為由而解除的抗辯

Exceptio pacti conventi 原告已承諾不起訴的抗辯（以原告同意不起訴為由的抗辯）

Exceptio pacti de non petendo 不要求履行契約的抗辯

Exceptio pecuniae non numeratae 未支付金錢的抗辯（以從未收到承諾付還金錢為由的抗辯）

Exceptio peremptoria 絕對的排訴抗辯（指永遠消滅訴訟標的或訴訟理由的抗辯）

Exceptio peretua 絕對的排訴抗辯

Exceptio pluris petitionis 請求過當的抗辯

Exceptio plurium concubentium 在父權訴訟中，情人不止一個的答辯

Exceptio plurium constupratorum 無婚姻關係懷孕的抗辯；婚外受胎的抗辯

Exceptio praescriptionis 時效的抗辯

Exceptio probat regulam. 例外證實規則；有例外必有規則

Exceptio quae firmat legem, exponit legem. 確認法律的例外情形就解釋了法律

Exceptio quod metus causae 以被脅迫為由的抗辯（例如，被迫訂立契約）

Exceptio quoque regulam declarat 例外宣告法律規則的存在

Exceptio rei judicatae 既判力的抗辯；案件已判決的抗辯；一事不再審理的抗辯

Exceptio satisfactionis 未保證的抗辯

Exceptio solutionis 已清償的抗辯

Exceptio temporis 以時效已過為由的抗辯（指法律規定提起訴訟的時間已屆）

Exceptio transactionis 和解的抗辯

Exceptio veritatis 真實的抗辯（在毀損名譽罪，侮辱罪的案件中）

Exceptio vitiosae possessionis 強暴佔有的抗辯

Exceptis excipiendis 除了一切必要例外情況外；除了例外情況以外；例外情況除外

Excusat aut extenuat delictum in capitalibus quod non operatur idem in civilibus. 死刑案件中可宥恕或減輕犯罪行為，而於民事傷害訴訟案件中則無足輕重

Excusatio 寬恕；藉口；免責；免除責任的藉口；免除義務的理由

Excussio 催索債務；先訴抗辯權（=discussion）（指在主債務人訴諸擔保之前用盡向其追償的手段）

Executio 執行；訴訟中的最後程式（舊時習慣用語）；實施；追查到底；經營；管理

Executio bonorum〔英古〕對動產的管理

Executio est finis et fructus legis. 執行是法律的目的和結果

Executio juris non habet injuriam 執法（者）非侵害

Executio juris secundum judicium 依判決執行法律

Executione facienda in withernamium 命令執達員在無法把被已轉移到郡外的人手中追回被扣押家畜時，扣押第三者財產的令狀

Executione judicii 上級法院要求下級法院法官執行其自己的判決或報告推遲執行判決的正當理由的令狀

Executor negotii 執行吏

Exempli gratia (ex gr.or e.g.) 例如；為舉例起見

Exemplicatio documenti 認證的謄本（抄本）

Exemplum 副本；抄件；例子

Exempta actio 消滅訴訟權

Exennium〔英古〕禮物；新年禮物

Exequatur 使其得以執行；領事證書（由駐在國發給領事或商務人員等的）；〔法〕執行認可書（指對外國司法機關或法境內其他地區背書的管轄範圍授權予以執行的判決）；仲裁決定執行書

Exercitor 船主；包租者

Exercitor navis 臨時船東；臨時包船人；船舶承租人

Exercitoria actio 對船東的訴訟（指船長就其所訂合同向船主提起的訴訟）

Exercitus〔歐古〕軍隊；武裝力量

Exheredatio 剝奪繼承權；廢嫡

Exhibition biliae 呈交訴狀（表明訴訟的開始）

Exilium〔英古〕流放（國外）；驅逐（指把佃戶、租賃者趕出田園、房屋）

Exilium est patriae privatio, natalis soli mutatio，

legum nativarum. 流放就是剝奪國籍，變更鄉土，喪失本國法律保護

Existimatio 名譽（屬於羅馬市民的一種名譽，其名譽等級十分之嚴）

Exit v. & n. I. 退出；退場；頒發；簽發（此詞用於待審案件目錄）；II. 退出；出口；太平門

Exitus 子女；後嗣；孳息；地租或土地收益；出口稅；訴訟結束；訴狀（或答辯狀）結論

Exlegalitus 被剝奪公民權者（指被告發不再受法律保護）

Exlex〔英古〕被剝奪法律權益者；被剝奪受法律保護者；歹徒；逃犯；免責（指免除責任、義務等）；宣告無罪；撤銷對被告的刑事控告

Exlibris〔英〕（某人的）藏書（貼在書籍封面的簽語，下方有其姓名）

Exoneretur 免除其責任（指保釋保證人將主犯還押即可免除其擔保之責）

Exordium （演說的）開場白；演講時的引言；（文件的）序言；引言

Expedit reipublicae ne suare quis male utatur. 從國家利益考慮，個人不應不適當地享有自己財產而損害他人的財產

Expedit reipublicae ut sit finis litium 為了國家利益，訴訟應予了結（為公眾利益計，判決應告確定）

Expeditio 遠征隊；遠征軍；非常規的軍隊

Expeditio brevis〔英古〕令狀的送達

Expellentia 墮胎藥

Expenci codex 支出簿

Expendere 費用；花費

Expensae litis 訴訟費用

Experto crede 相信有經驗的話

Expilare v. 破壞；掠奪；搶劫；盜竊（適用於繼承案件）

Expilatae hereditatis crimen 掠取遺產罪

Expleta (or expletiae, explecia) 不動產所產生的租金和收益；不動產的孳息（指從不動產產生的租金和其他收入）

Explicatio 第四次答辯（＝普通法上的"原告第二次答辯"）

Expositio 遺棄；解釋；說明

Expositio infantium 遺棄嬰兒

Expressio unius est exclusio alterius 明示其一，即排斥其他

Expressis verbis 明文；明確地；顯然

Expressum facit cessare tacitum 明示即終止默示（默示因明示而失效）

Expressur concensus 明示合意

Expromissio 債務人更新（指債權人接受新的債務人以債務更新的形式，使新的債務人替代舊債務人承擔其債務，從而使舊債務人得以解脫）

Expromittere v. 代位承擔債務（代替他人承擔債務）

Extendi facias〔英〕扣押令狀；〔美〕臨時所有權令（指債權人臨時佔有債務人的地產）

Exterus 外國人；外僑；出生於國外者

Extincto subjecto tollitur adjunctum. 主體消滅了，附隨條件也就不復存在

Extortio est crimen quando quis colore officii extorquet quod non est debitum, vel supra debitum, vel ante tempus quod est debitum. 任何人假公濟私非法手段索取其不應得的或多於應得的，或尚未到期的財物都是一種勒索犯罪

Extra a. & pre. I. 額外的；外加的；另加的；另外收費的；特別的；號外的；II. 超出；越出；在…之外

Extra judicium 司法外的；訴訟外的；法庭外的；管轄範圍外的

Extra jus 法外的；超出法律的；超出法律要求的

Extra legem 法律範圍之外的；法律保護之外的

Extra ordinem 處於不適當的地位

Extra territorium 領土外

Extra viam 道路之外（用於侵入原告土地的抗辯用語）

Extra vires 越權（超越法定許可權的）；權力以外的，越權行為的（釋義同 "ultravires"）

Extractum 正本（指與原本相同）

Extractur actorum 判決抄本

Extraneus〔英古〕國外出生的人；外國人；（羅馬法）非在家中出生的繼承人

Extraordinaria cognitio 非常審理；非常訴訟程式

Extremis 臨終；臨死前；臨終之時；彌留之際

F

Fabrica〔英〕鑄幣；鑄造硬幣

Fabricare v.〔英古〕鑄幣（包括合法和非法製造或偽造硬幣）；偽造提單（刑事起訴書用語）

Facere v. 做；制定；造成；作為；引起；產生

Facias 你所造成的；你所引起的

Facies 外表；容貌；從外表或外觀考察或研究一事物

Facile criteria 適當標準；便利標準

Facinus quos inquinat aequat 犯罪使犯罪份子處於同等的地位

Facio ut des 雙務契約（原義為："我做工，你付錢"，以工作換取報酬）

Facio ut facias 換工；按勞給付；互為給付

Facta〔英古〕行為；行動；事實

Facta infecti non fieri prosunt 未完成的事實不成為有利的事實

Facta sunt potetiori verbis 事實勝於雄辯；行為比言辭更為有力

Facta tenent multa quae fieri prohibentur 行為中包含諸多不得為之事（行為中含有諸多事於禁止之列）

Factas bellandi 交戰國資格

Factio active 遺囑能力（=facto testamenti）

Factio passive 接受遺囑權；受領遺囑的能力

Factio testamenti 立遺囑權；立遺囑的能力

Facto 事實上；實際上；根據行為或事實

Facto et animo 根據事實與意圖

Factum 事實；事件；行為；事實陳述書；事實問題；蓋印契據〔英古〕個人行為；有罪或犯罪行為；法外行為；〔法〕事實摘要；〔歐古〕一份（或配給的）土地；執行遺囑；正當執行遺囑

Factum apprehensionis 執持行為；攫取行為

Factum commissionis 作為的行為

Factum dolosum 出於詐欺的行為

Factum judicium 愚蠢的判決；愚蠢的裁決

Factum juridicum 法律事實（指構成義務的因素或成份之一）

Factum naturae 自然事實；偶成事實

Factum omissionis 不作為的不行為

Factum probandum 待證事實；系爭事實；（證據法中）待證明的事實

Factum probans 證據事實；可以作為證據的事實；佐證；情況證據

Factum probantia 舉證事實

Facultas 資格；能力

Facultas alternativa 給付的選擇權；代用權；給付的更替（指債務者以另一種標的物以為給付）

Facultas bellandi 交戰國資格

Falsa demonstratio 錯誤標示；錯誤描述（指在文件中對人或文書中的錯誤描述）

Falsa demonstratio non nocet 錯誤的敘述無害；錯誤敘述不影響檔效力（不導致契據無效）

Falsa demonstratio non nocet, cum de corpore（persone）constat 單純錯誤的敘述不導致契據無效

Falsa demonstratione legatum non perimi 錯誤描述不會使得遺贈無效（錯誤描述不影響遺贈效力）

Falsa grammatica non vitiat chartam（concessionem）語法謬誤不影響契據效力

Falsa lectio 錯讀；抄錯

Falsa orthographia non vitiat chartam（concessionem）拼寫錯誤不影響契約效力

Falsi crimen 偽作；隱匿（包括言論、書面和行為三個方面）

Falsi exceptio 偽造的抗辯

Falsitas 偽造

Falsum 偽造；冒充；偽造之物；偽造證書；欺詐性仿造

Falsus 虛假的；欺詐的；錯誤的；欺騙的；虛偽的；謬誤的

Falsus in uno, falsus in onmibus. 一處假，處處假（意指證詞如有一處不實，即全部推翻）

Falsus procurator 虛假的管理人；虛假的代訴人（代理人，指律師等）

Fama 名譽；名聲；聲望；性格；傳聞；公眾意見

Familia 戶；家庭；家權；家長；全體家僕；一宗數量的土地（足以維持家計之用）；〔西〕家庭（含家僕、僕人）

Familiae emptor 家產買受人（指立遺囑人根據《十二銅表法》在訂立遺囑過程中將其遺產轉讓給遺產買受人，即賣給中間商）

Famosus〔英古〕損害影響人品格的；誹謗名譽的；造謠中傷的；誹謗的

Famosus libellus 誹謗性文字；毀損他人名譽的作品

Fas 神法；天意；神權；權利；公正；正義

Fasci 束棒（象徵權力）

Fasti 榜單（護民官的稱謂）

Fasti a. & n. I. 法定的；合法的；守法的；II.（羅馬）曆書

Fasti e nefasti dies 吉日和凶日

Fatua mulier 妓女

Fatuitas〔英古〕痴呆；白癡

Fatum 命運；天數；超人的權力；不可抗力

Fatum valet 事實不可改變

Fatuum judicium 愚蠢的判決；愚蠢的裁決

Fatuus *n. & a.* I. 白癡；傻子；II. 愚蠢的；荒謬的；輕率的

Favor legitimationis 子女合法地位原則 (衝突法中援引支持子女婚生地位訴訟案件的原則)

Favor matrimonii 確認婚姻原則 (私法衝突中援引維持婚姻的原則)

Favor negotii 支援協議原則 (贊成當事方反對給予協議的非法解釋的合意為私法衝突的法律原則)

Favor paternitatis 支持父權原則 (私法衝突中援引維持子女父權的法律原則)

Favor solutionis 適用法解釋原則 (私法衝突中支持指導履行適用法律的合同解釋規則之一)

Favor testamenti 遺囑有效原則 (國際私法中確認遺囑效力的一般規則)

Feciales (=fetieles) 戰和事務祭司

Felo 重罪犯

Felo de se 自殺；自殺者

Feodi firma (=fee-farm)〔英古〕永久租賃地

Feodi firmarius 永久租賃地的承租人

Feodum〔英〕采邑；封地；領地；〔英古〕領主權 (或管轄權)；(勞役的) 賞錢；補貼；慰勞金

Feoffamentum 授予封地；贈與自由保有地 (=feoffment)

Ferae bestiae 野獸

Ferae naturae *a. & n.* I. 野生的；獸性的；野生未馴服的；本性行兇惡的 (動物)；II. 野獸；原禽；野性；獸性；野生動物

Feria 節日；假日；休息日

Feriae〔英古〕周日；節日；假日；休息日；不得送達傳票日；交易會；集市；渡口 (=ferry)

Festinum remedium 迅速補償 (指適用於毫不遲延地給予傷害案件補償的術語)

Fetiales 戰和事務祭司 (指負責對外宣戰和簽訂條約事宜)

Feudale judicium 封建法院

Feudalia jus 封建法；地笈法

Feudalia successio 封地的繼承

Feudum 采邑；封地；封建租地；領地永久使用權 (條件是領臣應為其領主提供兵役等服務)

Fiat〔英古〕諭令；手諭 (指法官簡短的指令)；授權；命令；批准；許可；仲裁；裁決

Fiat justitia 公正處理 (國王准許再審錯判案件的命令)

Fiat justitia, ruat coelum. 雖然天崩，也伸正義 (不顧天崩，但求法律公平)

Ficta possessio 假想的佔有

Ficta traditio 假想的交付

Fictio 擬制

Fictio juris 法律擬制

Fictio legis neminem laedit 法律擬制不損害任何人

Fictio unitatis inter patrem et filium 父子一體的擬制

Fictus possessor 假想的佔有人

Fide jussio 追加保證 (指把自己作為他人債務的額外擔保行為)

Fide jussio indemnitatis 損害保證；缺額保證 (不足數保證)

Fide jussio succedanea 償還保證

Fide jussio surrogata 償還保證

Fide jussivum 為他人保證 (為他人債務作保)

Fidecia 信用質 (為羅馬法質權的一種)

Fidei bonae possessor 善意佔有人

Fidei commissa 信託遺贈

Fidei commissarius 信託受益人；信託財產受益人

Fidei commissum familiae (elictum) 家族信託財產；遺贈；家族世襲財產

Fidei commissum particulare 特定信託遺贈

Fidei commissum perpetum 永久信託遺贈；永久世襲財產

Fidei commissum universale 一般信託遺贈

Fidei committens 信託遺贈者

Fidei defensor 信仰的衛道士 (指教宗利奧十世封給英國亨利八世的稱號，該封號迄今仍刻印在英王國的硬幣上)

Fidei dictor 保證人

Fidei malae possessor 惡意佔有人

Fidei-commissaria hereditas 遺產信託

Fidei-commissum 託付；信託遺贈 (指立遺囑者對其無行為能力者之身後信託)

Fideicommissum singulare 特定物的信託 (指立遺囑者囑其繼承人將某特定物給予另一個人)

Fide-jussio 作為他人附加擔保；追加擔保 (指把自己做為他人債務的額外擔保行為)

Fide-jubere 為他人債務擔保；信用擔保

Fide-jussor 擔保人；債務擔保人 (指擔保為債務人償還債務)

Fide-jussor indemnitatis 損害保證人；缺額保證人 (不足數保證)

Fidelitas 忠誠；忠順；忠信；盡職

Fidelitas feudalis 封建的忠誠 (忠順)

Fidelitatis juramentum 忠誠宣誓

Fidem mentiri〔英古〕失信；背叛效忠之誓 (指佃戶背叛對領主效忠之誓)

Fidepromissio 要式擔保 (一種擔保形式)

Fidepromissor 保證人；債務保證人；債務擔保人 (釋義

見 "fide-jussor")

Fides 信託；信用；信任；信心；信賴；忠信；誠實；真實；準確

Fides bona 誠信；善意

Fides conjugalis 婚姻上的忠實

Fides documenti 證書的可信性

Fides est obligation conscientiae alicujus ad intentionem alterius 信任是對他人期許的良心之債

Fides etiam hosti servanda 對敵人也必須守信

Fides foederum 保證契約

Fides publica 公共誠信

Fides servanda est 必須守信 (代理人不得違背對他的信賴)

Fiducia 信託；質押 (指抵押時標的物的佔有權隨之轉移，俟償還債務後才予以回復，屬羅馬法中早期的一種抵押形式)

Fiduciarius 受託者；被信託者

Fiduciarius haeres 信託繼承人

Fiduciarius tutor 信託監護人 (依羅馬法，父死後已解放的不滿 14 歲未成年人之長兄充任)

Fieri 有待製作；有待完成

Fieri facias (Fi.Fa.) 扣押債務人動產令 (指命令執行官扣押債務者的動產並把它拍賣以清償債務的令狀)

Fieri facias de bonis ecclesiasticis 聖職債務人財產扣押令

Fieri feci 我已執行完畢 (執達吏或其他官員就履行扣押令狀中指定的課收全部或部份債務情況向法院所作的執行扣押債務人動產的書面報告)

Filius 兒子；兒童；子女 (民法上只用以表示 "兒童")

Filius est nomen naturae, sed haeres nomen juris 子系天然之名，繼承人則系法律之名

Filius familias 家子；未解放的子女

Filius ligitimus 婚生子女

Filius mulieratus 〔英古〕婚生長子

Filius naturalis 非婚生子女

Filius nullius 非婚生子女；私生子女

Filius populi 人民之子；親生子女

Filius terrae 農夫

Filum 穿紙釘 (指把檔匯總串訂一起成卷宗)；(河流、道路假想的) 中間線

Filum aquae 河流的中間綫 (指以此劃分其各自管轄權或財產的界限)

Filum forestae 森林的邊界

Filum viae 道路中間綫；道路的邊界 (指道路兩側土地所有者之間的界線)

Finalis Concordia 最後協議；最終協議

Finem facere 繳納罰金；支付罰款

Finis 結束；終止；罰金；界限；邊界；限制

Finis litium 案件終結

Finium regundorum 境界線；邊境所有權

Finium regundorum actio 確定邊界之訴 (指解決彼此毗

鄰土地邊界糾紛之訴)

Firma 〔英古〕租賃契約；地租；貢物；習慣貢品 (指款待國王一夜費用的習俗)

Firma burgi 固定收益權 (指中世紀自治市進貢國王或領主的固定收益權)

Firma feodi 〔英古〕農地；采邑租賃；永久租賃地

Firma noctis 習慣的貢品 (招待國王一夜所用)

Firmarius 租戶；承租人；定期租賃人

Fisco 國庫

Fiscus 羅馬皇帝私人金庫；國庫；〔英〕王室金庫 (指存放沒收的財產)；貴族或其他私人財產

Flagrans 燃燒的；憤怒的；在行兇中的；在犯罪中的

Flagrante bello 在戰爭中 (在實際戰爭狀態中)

Flagrante delicto 正在實施犯罪；現行不法行為

Flamini 大祭司

Florentinus 弗羅倫蒂努斯 (羅馬法學家，公元 2 世紀)

Floruit 全盛時期

Fluctus 洪水；漲潮

Flumen 排水役權；屋簷滴水權；河流；溪；〔英古〕洪水；漲潮

Fluvius 河流；公共河流；洪水；漲潮

Foedus 條約；盟約；協議；協約

Foedus aequum 平等條約

Foedus inaequum 不平等條約

Foedus non aequum 不平等條約

Foenus 利息；有息貸款；消費借貸

Foenus nauticum 海上貸款利息；海上船舶貸款協議 (指航行遇險時船舶作為抵押的特種利率的借貸)

Fons et origo 本源

Fontes juris 法源

Fora 居民區

Forensis strepitus 在法庭上吵鬧

Fori regni Valentiae 巴倫西亞法典 (1240 年頒佈，完整描述中世紀巴比倫西亞法律、法律制度和習慣的全貌)

Forinsecus 外國的；外部的；非常的；特別的

Foris 國外的；戶外的；門外的；某地之外的；外部的，外來的

Forisfacere v. 沒收；喪失財產 (指因犯罪或不法行為而喪失財產)；犯法；犯罪；觸犯法律

Forisfactus 罪犯；重刑犯；因犯死罪而喪命

Forisjudicatio 〔英古〕褫奪財產的判決；驅逐的判決 (指逐出法庭或流放的判決)

Forma 方式；程式；司法程式規定的程式

Forma pauperis 貧民的方式 (指從前在英國高等法院任何人可以充足的貧民身份作為法律當事人提起或申辯免繳訴訟費)

Formulae 程式；程式訴訟

Fornix 妓院；青樓；私通

Fortior 更有力的 (指出示證據所產生的效力比推斷的事

實更強而言）

Fortis 強有力的；強壯的；強大的

Fortum manifestum 盜竊現行犯

Fortuna 埋藏物（指埋藏在地下的金銀財寶）；財富，
財產

Forum 法院，法庭；審判地；訴訟地；管轄地（例如，
在一個指定的訴訟案中，一個在法國訂立合同的人而
在英國被起訴，那麼英國即為管轄地，英國法即為審
判地法）；（古羅馬）廣場（遺址）；公共庭院；合法人
數；市場

Forum academicum 大學法庭

Forum actus 行為地法院

Forum apprehensionis 逮捕地法院

Forum cambiale 票據訴訟管轄法院

Forum competens 管轄權法院（指對案件有管轄權的）

Forum connexitatis 牽連訴訟管理法院

Forum contentiosum 法院；訴訟地；普通法院

Forum contractus 契約締結地法院；訂約地法院

Forum conveniens 適宜法院；適宜於訴訟的司法區（以
最便於當事人和公眾提起訴訟的州或區）

Forum delicti commissi 侵權行為地法院

Forum domesticum 內部法庭

Forum domicilii 住所地法院；被告住所地法院

Forum ecclesiasticum 宗教法院；教會法院；（以為區別
世俗的）宗教管轄權

Forum externum 外國法院

Forum habitatonis 居所地法院

Forum incompetens 無管轄權法院（指對案件無管轄
權的）

Forum internum 內國法院

Forum locus delicte 不法行為所在地法院

Forum non conveniens 非適宜法院；非便利審理法院（指
以對法院不便或對被告不便為由拒絕接受管轄）

Forum originis 原籍地法院；出生地法院

Forum privilegiatum 根據身份的特別管轄法院

Forum prorogatum 當事人同意的法院

Forum reconventionis 反訴管轄法院

Forum regium 王室法庭

Forum rei 被告居所地法院；爭議標的物所在地法院；
物所在地法院（財產所在地法院）

Forum rei gestae 行為地法院（指作為行為管轄地和救濟
地法院）；系爭物所在地法院

Forum rei seitae 系爭物所在地法院；爭議標的物所在地
法院

Forum solutionis 履行地法院

Forum suprenum 最高法院

Fractio 破碎；分割；碎片；部份

Fractura navium 船舶破裂；（失事）船舶殘骸

Fragmenta 片斷（有時適用於查士丁尼的《學說匯纂》中

由許多法學家著作摘錄而成的名稱）

Francus 自由民；法蘭克人

Frangenti fidem, fides non est servanda 對毀信者不必
守信

Frater 兄弟

Frater consanguineus 同父異母的兄弟

Frater nutricius 非婚生兄弟；私生子兄弟

Frater uterinus 同母異父兄弟

Fraudare v. 欺騙；欺詐；詐騙

Fraus 詐欺；詐騙（在民法中常稱為 "dolus"，其區別在
於前者帶故意的詐騙，後者更具最廣泛意義）

Fraus est celare fraudem. 隱瞞欺詐，等於欺詐；隱瞞欺
詐之欺詐

Fraus legis 法律上的詐騙；規避法律

Fraus omnis corrupsit 欺詐毀滅一切

Fretum 海峽

Fructarius 用益權者（指對物的使用權人，例如，享用土
地、牲畜成果等）〔英古〕承租人；佃農

Fructus 果實；收益；孳息；利潤

Fructus civiles 法定孳息（如不動產的租金、利息）

Fructus consumti 消費的果實

Fructus fundi 土地孳息；土地產物

Fructus industriales 人工的產物；人工孳息；勞動成果，
勞動收益（例如穀物等）

Fructus legis 法律的果實

Fructus naturales 天然孳息；天然產物（如，羊毛、金屬）

Fructus pendentes pars fundi videntur. 樹上挂著的果實
系構成土地的一部份

Fructus perceptos villae non esse constat. 已收穫的果實
不是農場的一部份

Fructus rei alienae 他人財產的果實

Frumenta quae sata sunt solo cedere intelliguntur. 已播
種的穀物應理解為構成該土地一部份

Frustra 徒勞的；無效的；無用的；無理的；錯誤的

Frustra legis auxilium quaerit qui in legem committit
違法者祈求取得法律幫助，是徒勞的

Fugam fecit〔英古〕逃匿；畏罪潛逃（指叛國犯
和重罪犯已經潛逃，將其財產沒收直至赦免或宣告其無
罪為止）

Fugiens 被告人

Functus officio 卸任；已完成其任務；已履行其職務；
職務完成

Fundamendum agendi 訴訟原因

Fundamendum probationis 採證理由

Fundatio 設立；創立（尤指創立公司、創辦醫院等）

Fundus〔英古〕土地；不動產；農場

Fundus dominas 需役地

Fundus serviens 承役地

Funerali 葬禮

Fungibiles res 可替代物；可替代財產

Fur 盜竊犯；竊賊，小偷

Fur manifestus 現行盜竊犯（指作案中當場抓獲的賊）

Furandi animus 盜竊意圖（指有非法盜竊合法所有者財物的念頭）

Furandi nec manifestus 非現行盜竊犯

Furca et fossa 絞刑和溺刑（男女重罪犯分別處以的死刑罪，男犯處以絞刑，女犯則處以溺刑，淹死）

Furiosi 精神病人

Furtiva res 盜竊物

Furtuarium 笞刑（古時的一種刑罰，用鞭、杖或竹板打）

Furtuarium supplicium 笞殺刑（古時的一種刑罰）

Furtum 盜竊犯；盜竊（罪）；盜竊行為；盜竊物

Furtum attentatum 盜竊未遂

Furtum conceptum 查獲的臟物；臟物（指盜竊後查獲的）

Furtum domesticum 家內盜竊；現場查獲的臟物

Furtum improprium 擬似盜竊

Furtum manifestum 公開盜竊；人臟俱獲的盜竊犯

Furtum nocturnum 夜間盜竊

Furtum non manifestum 非現行盜竊犯；非即時捕獲的盜竊犯

Furtum oblatum 窩臟

Furtum possessionis 盜竊佔有

Furtum primum 初犯盜竊

Furtum qualiticatum 加重的盜竊（指持兇器盜竊等）

Furtum rei communis 公有物的盜竊

Furtum reiteratum 累犯盜竊

Furtum simplex 單純盜竊

Furtum usus 盜竊使用權

Fustigatio〔英古〕笞刑；杖刑

Fusturatium 杖刑

Futuri 未來者；未來的人（舊契據的開頭語部份）

G

Gabella〔英〕租稅；地租（以實物繳納或以勞務繳納）；仙農會（英國歷史上自由民和農奴所組成的繳納租稅或以勞役付租的團體）

Gabella emigrationis 移民出境稅

Gabella hereditaria 外國人繼承稅

Gamalis 婚生子女；合法子女（指訂婚前所生的子女）

Gemma 寶石

Gener 女婿

Genera 不特定物

Generale dictum Generaliter est interpretandum. 一般性用語應作一般性解釋

Generalia 一般規定；一般原則

Generalia praecedunt, specialia sequuntur 一般事項在先，特別事項隨後（一般規定在前，特別規定在後）

Generalia specialibus non derogant. 一般不減損特別；一般詞句不減損特別詞句

Generalia verba sunt generaliter intelligenda. 一般詞句應按一般含義理解

Generalibus specialia derogant 特殊事項優於一般事項；特別事項減損一般事項

Generosus 紳士；有身份的人

Gens 氏族；部族；宗族；家系

Gentes 人們；人民

Gentiles〔複〕同姓人（指同一部落的成員）；人民，人們；國民（古時契據擔保條款用語）

Genus 總類；類別；直系後裔；〔邏輯〕屬；類概念

Genus homo 人類

Germanus n. & adj. I. 純血親；同一世系；同一祖先；親兄弟，同胞兄弟；II. 嫡系的；同宗的；出於同一世系的

Gerousia 長老會議（由 2 個國王和 28 位至少 60 歲的長老組成）

Gestio 行為；舉止；管理；交易

Gestio negotiorum 事務管理

Gestio pro haerede 作為繼承人的責任；被指定為繼承人（羅馬法和蘇格蘭法用語）

Gestum 行為；完成某事；做完某件事

Gladius 刀；劍（懲罰犯罪的法律象徵，古代拉丁作家和諾曼法律用以表示最高管轄權）

Glebae adscriptitti〔英古〕農奴（只要應由他們做好土地上的勞作就不能被趕走）

Glos 大姑母；小姑母（指丈夫的姐妹）

Glossa 注釋；解釋；注解

Glossa ordinaria 注釋大全（指作成於公元 1220-1260 年是對羅馬法最權威的評注）

Glossa viperina est quae corrodit viscera textus 訛用文章實質的注釋是有毒的注釋

Gradus〔英古〕空地度量單位；親等；等級；一步；講壇；港口；可使船舶登陸的任何地方

Gradus honorum 榮譽職位；榮譽等級

Gremium 胸膛；保障；保護

Grosso modo 大概地；大體上

Gubernator 領航員；（船）舵手；長官

H

Habe or have 致詞格式（狄奧多西和查士丁尼法典敕令的標題）

Habeas corpora juratorum〔英古〕強制陪審員到庭令狀（1852 年廢止）

Habeas Corpus (H.C.)〔英〕人身保護令狀（根據英國 1679 年人身保護修正法，被非法拘押的人或其親友應申請法院以此令狀，命令將他送到法院，經審理後，如無正當拘押理由，即應予釋放，亦即對人身自由受到侵犯者在法律上提供最大救濟的令狀）

Habeas corpus ad deliberandum et recipiendum〔英〕解交

被拘押人到其犯罪郡所在地法院審判的人身保護令狀

Habeas corpus ad faciendum et recipiendum〔英〕解交民事案件被告從下級法院移送上級有管轄權法院審判的人身保護令狀

Habeas corpus ad prosequendum〔英〕將刑事被告解交其行為地有適當管轄權法院提起刑訴的人身保護令狀

Habeas corpus ad respondendum 上級法院命令下級法院解交其拘押的民事被告到另一法院對他起訴和答辯的人身保護令狀

Habeas corpus ad satisfaciendum〔英〕(應原告訴請)把敗訴既決判移送到上級法院執行的人身保護令狀

Habeas corpus ad subjiciendum 解交拘押者審查的人身保護令狀 (旨在審查拘捕的合法性而不問被拘留者有罪與否,以防不法監禁而由衡平法院頒發的令狀)

Habeas corpus ad testificandum 解交囚犯出庭作證的人身保護令 (傳訊被扣押者出庭作證令)

Habeas corpus cum causa 解交附上被告訴訟案件的人身保護令狀 (為 "writ of hebeas corpus and faciendum et recipiendum" 的別稱)

Habemus confitentem reum 被告認罪

Habemus optimum testem, confitentem reum 認罪的被告是最好的證人

Habendum〔英〕契約的物權條款權益範圍的條款 (指確定不動產或契據授予權益範圍的條款)

Habendum et tenendum 契據中訂明讓與的人物權的範圍條款 (早期土地轉讓契據中的正式用語,訂明讓與人物權的範圍條款)

Habentes homines〔英古〕富翁

Habere 擁有;持有 (指權利和佔有兩者)

Habere facias possessionem (Habere facias or hab.fa)〔英〕回復佔有令狀 (收回自由保有地的佔有令)

Habere facias seisinam〔英〕回復土地佔有命令 (回復依法佔有自由保有土地的執行令狀)

Habere facias visum〔英〕履勘土地令狀 (指命令執達吏對土地或房地產作出勘查)

Habere licere〔英〕容許佔有 (指出賣人負有允許購買人佔有和使用該財產的義務)

Habeto tibi res tuas 拿走你自己的財物 (羅馬法一種休妻的方式)

Habilis 合適的;適當的;有能力的;積極的;有效的;經證明的;認證的;可靠的;固定的;穩固的

Habitatio 居住權 (在他人房屋的自由居住權,人役權的一種)

Habitus 習慣;習性

Hac lege 依此法律;據這項規定

Hac mercede placet 我接受這些條件

Hades 地獄

Haec est conventio 是為協議 (為古時合約的起頭語)

Haec est finalis Concordia 此乃最終協議

Haeredes〔複〕繼承人

Haereditas 繼承 (指依法對死者不管其是否有、無遺囑或有、無委托一概予繼承);〔英古〕遺產

Haereditas jacens 待繼承的遺產;無繼承人的遺產 (指尚無人主張繼承的死者財產)

Haereditas nunquan ascendit 繼承權不能追溯及尊血親 (此規則已不適用,自 1833 年繼法公佈後,每個直系者均可為其子孫的繼承人)

Haeres 繼承人

Haeres legitimus est quem nuptiae demonstrant 婚生子女為合法繼承人

Haeres natus 親生繼承人;法定繼承人

Haeres rectus〔英古〕合法繼承人;法定繼承人

Haeres suus 直系繼承人 (指系死者的直系卑親屬)

Haeritico comburendo 烘死異教徒令狀

Hasta 矛;槍

Hastati 前線部隊

Haud longis intervallis 不時;每隔不久

Haustus 汲水權 (一種從水井中汲水的地役權)

Have (=habe)

Herbagium anterius 第一次割的草 (其反義詞為 "aftermath" 二次再割的草;萌草)

Herbagium 放牧權 (=herbage)

Herdium 自留地

Heredes〔複〕繼承人 (單為 "heres")

Heredipeta〔英古〕自稱繼承人 (血緣最親的土地繼承人)

Heredis institutio 繼承人的指定

Heredita damosa 損失的繼承財產

Hereditarium jus 繼承權

Hereditas〔英古〕繼承地;總括繼承

Hereditas delata 歸屬遺產

Hereditas fedeicommissoria 信託遺產

Hereditas futura 將來繼承的遺產

Hereditas jacens 待繼承遺產;無人繼承的遺產

Hereditas legitima 法定繼承遺產

Hereditas lucrativa 有利的繼承遺產

Hereditas pactilia 契約上的遺產

Hereditas suspecta 負債遺產

Hereditatis aditio 繼承的承認

Hereditatis petitio 繼承財產上的訴權 (主張繼承權之訴)

Hereditatis petitio partiaria 繼承財產上的部份訴訟權

Hereditatis renunciatio 放棄繼承

Heres (pl. haeredes) 概括繼承人

Heres ab intestato 自然繼承人 (法定繼承人)

Heres ex asse 一般繼承人;包括繼承人;全部遺產的繼承人

Heres fiduciarius 受託繼承人;信託繼承人

Heres institutus 指定繼承人

Heres intestatus 自然繼承人 (法定繼承人)

Heres legitimus 法定繼承人

Heres necessarius 義務的繼承人

Heres praecipieus 特權繼承人

Heres secundus 次位繼承人

Heres substitutus 代位繼承人；補充繼承人

Heres testamentarius 遺囑上的繼承人

Heres universalis 一般繼承人；包括繼承人；單獨繼承人

Heres voluntarius 任意繼承人

Hermogenian Codex 赫墨詹法典（彙集羅馬皇帝敕令，公元 5 世紀編成）

Herus 主人；僱主

Hic et nunc 此時此地

Hic et ubique 四處；處處；隨處

Hic jacet …之墓；墓誌銘

His non obstantibus 儘管如此

His testibus 這些作為證人

Hoc 這；為此；因此

Hoc anno (H.A.) 今年；在這一年

Hoc loco 在此地

Hoc mense 本月；在這個月

Hoc nomine 以此名義

Hoc partus est verificare 對此，他準備加以核實

Hoc quaere 查看此條

Hoc quidem perquam durum est, esd ital lex scripta est 這件事確實非常難，但法律就是這麼規定的；這是成文法，或實定法

Hoc sensu 在這種意義上；本乎此義

Hoc tempore 在此時；在這個時候

Hoc titulo 根據這種許可權

Homagium 臣服；臣服禮（=homage）

Homicida 殺人犯

Homicida mania 殺人狂

Homicidium 殺人（指故殺，謀殺）；殺人犯

Homicidium causale 偶然殺人；無意殺人

Homicidium culposum 過失殺人

Homicidium deliberatum 謀殺；蓄意殺人

Homicidium dolosum 惡意殺人

Homicidium ex casu 意外殺人；因故殺人；偶然事故殺人

Homicidium ex justitia 執法殺人；執法中殺人

Homicidium ex necessitate 自衛殺人；必要殺人（指不可避免的需要殺人，如：出自保護人身和財產的安全）

Homicidium ex voluntate 自願殺人；故意殺人

Homicidium necessarium 必不得已的殺人；正當自衛殺人

Homicidium simplex 單純殺人；故殺

Homicidium volumtarium 故意殺人

Homines〔封〕人；聲稱其案件享有只能在其領主法庭審

理特權的不動產承租人

Hominess novi 新人

Homo 人；人類；男人；女人；佃戶（封建承租人）；侍從；奴僕；傭人

Homo alieni juris 他權者（一家中除家父權外均為他權人）

Homo novus 新領臣；新被授予采邑者；被赦免的犯人；暴發戶；白手起家的人

Homo potest esse habilis et inhabilis diversis temporibus. 一個人在不同時間段內可表現為有行為能力或無行為能力

Homo sapiens 人；人類

Homo sui juris 自權人（指在家庭中享有絕對權者，如"家父"的男人為自權人）

Homogenesis 純一生殖；純一發生

Honeste vivere 誠實生活（指高尚地、值得讚揚地和有道德地生活著）

Honeste vivere, alterum non laedere, suum cuique tribuere 誠實生活，不傷害他人，相互提攜

Honestiores 體面者

Honestus 品行端正；正直；誠實；公正

Honorarium jus 裁判官法；市政官法

Honorarium 酬金；謝禮

Honoris 榮譽的；名譽的（頭銜、學位）

Honoris causa 作為榮譽標誌

Honorus 名譽權

Horae juridicae or judiciae 法官在法庭上處理司法事務的時間

Horae subsicivae 閒暇；閒置時間

Hortatio 催告；督促

Hospes 客人；賓客

Hospitia cancellarice〔英〕法學會；律師會館

Hospitia Curiae〔英〕法學院；律師學會

Hospitia 旅館；客棧

Hostes 敵人

Hostes humani generis 人類的敵人（危害人類的罪犯）

Hostes sunt qui nobis vel quibus nos belium decernimus; caeteri proditores vel praedones sunt. 敵人是我們對之宣戰的那些人，或那些人向我們宣戰；而所有其他人不是叛徒就是海盜

Hostis 敵人（羅馬法上分外國人為"友邦人和敵國人"）；外國人；異鄉人

Hujus anni 今年的

Hujus mensis 本月的

Humiliores 下層人

Hutesium et clamor 追捕犯人時的呼叫（釋義同 "hue and cry"）；通緝文告（指緝捕越獄囚犯）

Hypobolum 遺贈（指丈夫臨終前給予其妻子高於嫁妝的動產遺贈）

Hypochondria 精神病；憂鬱症

Hypomania（=hypochondria）

Hypotheca 抵押；〔英〕抵押權（指船長有權對受押船舶作必要的修補）

Hypotheca actio 實現抵押權之訴（收回抵押財產之訴）

Hypotheca conventionalis 約定抵押權

Hypotheca generalis 全部財產抵押權

Hypotheca judicialis 審判上的抵押權

Hypotheca specialis 特定抵押權

Hypotheca tacia 默示抵押權

Hypothecarii creditors（不佔有抵押物的）抵押權人；債權人（指貸款給以抵押權作擔保者）

Hypothecarius 抵押權人

I

Ibidem（ibid id）同上；同前；在同處；在同一案中；同一章節；出處同上

Ictus 法學家；精通法律者；律師；法學工作者（=jurisconsultus）

Id certum est quod certum redid potest 能夠確定，就是真實的

Id est（i.e.）即；就是說；換言之

Id genus omne 諸如此類

Idem（id）同上，同前

Idem genus 同類

Idem modi 同式

Idem per idem 同樣反復；毫無二致（指完全一樣，沒有增加對價問題什麼成分）

Idem sonans 同音（同音姓名。英國法院對名字拼寫錯誤如不造成誤導，不會因此而駁回訴案）

Ides（羅馬法）時間劃分（古羅馬人的曆月，三、五、七、十月的十五日及其他各月的十三日）

Idiocherium（or idiochirum）親筆證書

Idoneus 足夠的；有能力的；有資格的；合適的；負責的；無可置疑的

Ignis judicium 火審；憑火斷訟法

Ignoramus 無知者；不知情者；〔英〕證據不充份（指大陪審團在訴狀背面書寫 "No bill"、"Not true bill" 或 "Not found" 認為證據不足不予刑事起訴的用語）

Ignorantia 不知；無知（其有別於 "mistake" 或 "error"）

Ignorantia eorum quae quis scire tenetur non excusat 應知情而不知者不能宥恕

Ignorantia facti 不知事實

Ignorantia facti excusat 不知事實可以宥恕；不知事實者可免除責任（指訂立契約等行為）

Ignorantia facti excusat, ignorantia juris non excusat 不知事實可以宥恕；不知法律不能宥恕

Ignorantia juris 不知法律

Ignorantia juris（or legis）neminem excusat 法律上無知不能成為寬恕的理由

Ignorantia juris non excusat 不因不知法律而免除責任（不知法律也不能作為抗辯的理由）

Ignorantia juris sui non praejudicat juri. 不知其人權利者不損害其權利

Ignorantia vincibilis 可避免的不知

Ignorare 無知；不知

Ignoratia legis neminem excusat 法律上無知不能成為寬恕的理由

Ignoratio elenchi 反對論據與本問題無關（有時適用於上訴抗辯和辯論中一個不切題的錯誤，或稱之為 "不當推理"）

Illicitum collegium 非法公司

Illud 那；那個

Illustris 閣下；高貴

Imaginaria solutio 虛擬的清償；假想的清償債務

Imaginaria venditio 虛擬的出售；假想的出售

Immiscere v. 混合；併入

Immobiles res 不動產

Immobilia situm sequuntur 不動產依其所在地法；不動產適用其所在地法

Immobilis 不動產（指土地和建築物）

Impedimentum 障礙；妨礙，阻止；幹擾

Impedimentum civile 民法上的障礙

Impedimentum dirimens 合法婚姻的無效性障礙（使合法婚姻無效的障礙）

Impedimentum ecclsiasticum 寺院法上的障礙

Impedimentum impediens 停止婚姻的障礙（使婚姻停止的障礙）

Impedimentum legitimum 法律上的障礙

Impedimentum matrimonii 婚姻障礙

Impensae 開支；支出；費用；用度

Impensae necessariae 必要支出；必要費用

Impensae utilis 有益費用；有益支出

Impensae voluptuariae 奢侈費用

Imperator 皇帝；元首（羅馬皇帝和諾曼征服前英國王的頭銜）；大將軍；凱旋將軍

Imperitia 不熟練；無技術

Imperium 統治；統治權；命令（指利用國家的權力強制施行法律）；最高權力；司法權；司法行政管轄權

Imperium civile 民事司法行政管轄權；民事審判權

Imperium in imperio 主權內的主權；最高權力中的最高權力；國中之國；政府中政府

Imperium mixtum 混合裁判權

Imperium sacredotum 教職制度

Impersonalitas 非人格性；與個人無關的東西（指不涉及任何人的一種表達方式）

Implacitare v. 起訴；控告

Implementum 履行

Implementum contractus 契約的履行

Impossibilis conditio 不能完成的條件；不能的條件；不能履行的條件

Impossibilis est quod societas delinquat 社會不可能犯罪

Impossibilium nulla obligatio est 無義務做不可能的事

Impotentia 無能力；不能生育

Impotentia excusat legem 不可能之事可依法免除（依法要求不能做到的事情可免除履行責任）

Impresario 才藝鑒定人

Impretiabilis 無價可估的；非常貴的；貴重的

Imprimatur 出版許可；出版執照（指合法當局准許印刷和出版一本書的執照）

Imprimi permittitur 准許出版

Imprimis 首先；第一

Improvidentia 不注意

Imprudentia 無知；輕率；不注意

Impuberes 婚姻未成年者

Impubes 未屆婚齡者；未成年人（羅馬民法規定，男不滿 14 歲，女不滿 12 歲）

Impudicitia 猥褻

Impunitas 無罪

Impunity 免除懲罰；免罰；免責

Imputabilitias 能承擔責任的能力

Imputatio 法律責任；決算；歸責

In absentia 缺席；不在

In abstracto 抽象的；理論上的

In actu 實際存在

In aedificatio 建築（用自己的材料在他人的土地山上搞建築物；以他人的材料在自己的土地上建造房屋）

In aequali jure 權利平等；就權利上平等而言

In aeternum 永遠；永久

In alieno solo 在他人的土地上

In alio loco 於別處；在其他地方

In anglia non est interrognum 英國王位永不中斷（英格蘭王位永繼）

In animam malevolam sapientia haud intrare potest 惡意的人很難明白事理

In articulo 即時；立即（釋義同 "in a moment" 和 "immediately"）

In articulo motis 臨終時；彌留之際；在死亡時刻

In bonis 在實際佔有中；在財物之中；在財產之中

In bonis habere 裁判官法所有權；善意佔有

In brevi 簡言之；簡略地

In camera 秘密地；禁止旁聽；閉門審訊；在不公開法庭上；在法官辦公室

In capita 按人頭；每人

In capite 主要的；總的；第一土地保有人（指直接佔有國王土地的直臣即：第一土地承租人）

In casu 這裏指的是在…的情況下

In claris non fit interpretatio 明白的不需解釋

In concreto 具體地；事實上

In consimili casu 在同類的案件中；在同樣的情況下；相似的案件

In consimili casu, consimili debet esse remedium 同樣的案件應有同樣的救濟

In continenti 立即；馬上

In contumaciam 藐視法庭；侮辱法官

In conventionibus contrahentium volutas potius quam verba spectari placuit 在協定中，應注意當事各方的意思，而非實際使用的字句

In corpore 有形的；物質的；屬於實質物體的

In cujus rei testimonium 特此證明

In curia 在公開審訊中；在法庭上

In custodia legis 在法律的保管下；依法保管（指執達吏根據判決已經扣押保管的私人動產及其他財產繳納拖欠的租金後即予以解除）

In delicto 有過失；有過錯；有責任；在犯罪中

In deposito 在保管中；保存；作為抵押

In diem 一天；一日；一日之內

In dubio 有疑問的；在不確定狀態下；在疑案中

In dubio lex fori 遇有疑案，依法院所在地法

In dubio mitius 遇有疑義，從輕解釋

In dubio pro reo 遇有疑義，作有利於被告的解釋

In dubio pro reo, in dubio mitius 罪疑惟輕，以顧全被告的利益

In dubio, pars mitior est sequenda 有疑義時從寬（處罰）

In dubio, pro lege fori 有疑義時，按法院地法

In dubio, sequendum quod tutius est 有疑義時，慎重從事

In esse 實在的；存活的；確實存在的（其反義詞為 "in posse"，例如：嬰兒出生前則為 "可能存在的"，其出生後則為 "事實上存在的"）

In est de jure 系合法權利所默示；系依法所默示

In extenso 完全的；詳盡的；無遺漏的

In extremis 臨終；臨死時

In facie curiae 在法庭前

In facto 事實上的；行為上的；行動上的

In favorem 為了…利益

In favorem vitae 於生命有利；有利於生活

In fee 自由繼承（不限制具有一定身份的人繼承的地產）；永久繼承權

In fieri 在審理中；未決的；未完成的；在形成和發展過程中的

In fine 最後；（在）末尾；結尾（指在一頁或一段之末）

In flagrante delicto 正在犯罪的；現行犯的

In forma pauperis〔英〕以貧民身份（指經法院確認以貧民身份提起訴訟可取得訴訟救助免付法庭費用、免付律師費的訴訟）

In foro 在法庭上；在審理中；在講臺前

In foro conscientiae 在道德法庭上；從道德立場而言；接受良心譴責

In foro domestico 在本國法庭上

In foro legis 在法庭；在法院

In futuro 未來；將來；今後的

In genere 以同類（數量品質上相同，但各自彼此不相同）

In gremio legis 在法律保護下；於擱置的狀態；中止

In hac parte 代表這一方的利益；站在這一邊

In haec foedera non venimus 我們並未訂立此契約（指否定契約關係的存在）

In haec verba 以這些話；用同樣的話

In haeredes non slent transire actionses quae paenales ex maleficio sunt. 任何因犯罪性質問題而引起的刑事訴訟不株連其繼承人

In his quae de jure communi omnibus conceduntur，consuetude alicujus patriae vel loci non est allegenda. 凡那些財產中已為普通法權利所公認者，一個特定郡或地區的慣例不應用以為由加以辯解

In hoc 就此而言，為此；關於這一點

In infinitum 無止境地；無限制地（指直系親屬間的繼承的延續）

In initio 開始；起初

In integrum 恢復原狀；恢復以前的地位

In integrum restitutio 使回復原狀；恢復原有地位

In invidiam 煽動偏見

In invitum 違背意願的；強制的；未經同意的

In judiciis, minori aetati succurritur. 未成年人在法庭或法律訴訟中可得到法律援助和體恤

In judicio 在審理中（指在訴訟程式的第二階段）；在法官面前；在法庭上

In judicio non creditur nisi juratis. 在審訊中，只信任那些做過宣誓的人

In jure 法律上；根據法律；預審（羅馬共和時期的訴訟程式的）

In jure cessio 擬訴棄權；擬訴訟式的讓渡（指讓與財產）

In jure non remota causa, sed proxima spectatur 法律上只考慮近因而不考慮遠因（法律上只考慮事件的近因而不考慮其遠因）

In jus vocare 傳喚到庭

In lemine litis 在爭端開始時；在訴訟開始時

In limine 開端；開頭；最初；起始

In loco 替代；在原地；在適當的地方

In loco parentis 替代父母的地位；承擔父母的義務和責任；代親（指代替雙親接受監護和撫養子女的義務和責任者）

In maxima potentia minima licentia. 最大的權力中最少自由；最大權力，最少自由

In media res 徑入問題的核心（意即不拐彎抹角而直接論及問題的實質）

In memoriam 為了紀念

In mora 遲延；失約；未履行義務

In motu 在行動中

In natura 實在

In nomine 以…的名義

In nubibus 不明；尚未判定；在法律保護下；於擱置狀態；暫停

In nuce 概括地；簡略地；準確地

In odium spoliatoris omnia praesumntur 所有推斷都不利於不法行為者

In omnibus 在所有問題上；在所有方面；在各點上

In omnibus contractibus, sive nominatis sive innominatis, permutatio continetur. 所有契約中不論約定與否均包含有一項交換價值，亦即一項對價在內

In omnibus obligationibus in quibus dies non ponitur, praesenti die debetur. 所有未指定支付日期的債務中，今日即為償付日期

In pacato solo 在非交戰國境內；在和平的國土上

In pais 未經法律程式

In pari causa 同一事由；在同等條件下（案件各方面享有平等的條件下）；同等犯罪；同樣有罪

In pari causa possessor potior haberi debet 在同等情況下；佔有者一方具有優先權

In pari delicto 互有過失；雙方同屬違法；同樣有罪

In pari delicto potior est conditio defendentis (or possidentis) 雙方當事人過失相等時，則被告（或佔有者）的地位佔有優勢

In pari materia 關於相同的問題；關於相同的主題（指涉及的人、事和具有共同之目的）；同樣事項；類似情況

In patiendo 容忍；經准許；經允許

In pectore judicis 在法官心中；由法官自由裁量的

In perpetuum 永久

In personam 對人（指對一個特定的應予賠償或處罰的人）；對人訴訟

In pleno 完全；全體

In pleno lumine 公開；公然；光天化日之下

In plus stat minius 包括多少

In posse 可能存在著；在可能狀態中；不是實際上存在的

In praesenti 現在；當前；此時

In pretio emptionis et venditionis, naturaliter licet contrahentibus se circumvenire. 在買賣價格上，自然允許締約當事人相互瞞騙

In primis 第一（的）；首先；開端；最初

In principio 最初；開始；原則上

In promptu 有準備地；在附近；即席的；即興的；立即

In propria causa nemo judex. 法官不能審判自己為當事

人的案件；任何人不能審判自己的案件

In propria persona 本人；親自（指無律師代表出庭）

In proprio 自己

In re 關於（某事項）；至於；在…方面；就…而論

In re dubia, magis inficiatio quam offirmatio inelligenda. 在疑義的事情上與其肯定，不如拒絕或否定為好

In rebus 關於財物、案件或問題

In rem 對物（指救濟或處罰之類的訴訟，不是對人）

In rerum natura 按事物的本性；實際存在；在事理上

In situ 在原來位置；在原地；在原處；在原來情況下

In solido 總體上；總而言之；連帶責任地

In solidum 連帶（債務）；總體上；作為整體上來看

In specie 特定的；以實物方式；以硬幣方式；以同樣形式

In statu nascendi 在新生狀態中

In statu pupillari 處於被監護人的地位；以受監護人身份

In statu quo 照原狀；照舊；維持原狀

In statu quo ante bellum 照戰前原狀（在戰爭以前的狀態）

In substantia 實質上；實體上

In tempore 按時，及時

In tempore opportuno 及時；在適當時機

In terminis terminantibus 明白地；明確地（以明確或肯定的語言表達）

In terra pax hominibus sancti habentur legati 在人民有和平的國家裏使節不受侵犯

In territorio alieno 在外國領土上

In terrorem 在恐怖中；作為恐嚇；為了恐嚇；以威脅方式（法律稱之不予執行的條件）

In terrorem populi 恐嚇百姓；以一儆百；以儆效尤

In testimonium 作為…證據；以資證明；立此為據

In toli tempore 在那個時刻

In totidem verbis 逐字；以如此多的文字；以嚴謹的同樣文字

In toto 完全；全部；全然；整個地；總體上；大體上；一概

In toto et pars continetur 部份也包含在總體之中

In transitu 在途中；在運輸途中

In usu 在使用中；通用

In utroque jure 在兩種法律中；在民法和教會法中

In vinculis 受約束；在囚禁中；在事實上的拘禁之中；在被迫就範中

In vita 生存的；在世的；活著的

In vivo 活的

In withernam 為了報復；作為報復

Inadimplenti non est adimplendum 對不守約者無須踐約；不守約者不得要求他人踐約

Incapacitas 無能力

Incerdicarius 縱火犯

Incerta obligatio 不特定債務

Incerta res 不確定的物

Incertae persona 不確定的人（如遺腹的繼承人或指只有遺囑執行後才能確定的人等）

Incestum 近親性交

Inchartare v. 書面授權（以書面證明授予）

Incidere v〔. 英古〕淪於；陷於；發生；產生；實現；易於

Incipitur 訴訟的開端（舊時法院判決書，申訴書的引言中使用的開頭語）

Incivile 不規則的；不符合常規的；不正當的；不合法定程式的

Include v. 禁閉；拘禁；抑制；包括；包含

Inclusio unius est exclusio alterius 包括其一，即排除其他；有其一，不能有其他

Incognitio 隱匿姓名的；隱匿身份的；無名氏的

Incola 居民；住民

Inconventionibus contrahentium volutas potius quam verba spectari placuit 在協定中，應注意當事各方的意思，而非實際使用的字句

Incorporatis 附合；混合；摻合

Incredibitas 難以置信

Incubatio 瑕疵佔有

Incubator 瑕疵佔有者

Inculpata tutela 正當防衛

Incurramentum 遭受罰款的責任；遭受懲罰的責任

Incusator 公訴人

Inde 由此；因此；是故；所以；因而

Indebitatus 負債的；法律上有義務償還的

Indebitatus assumpsit 承諾或承擔償還所欠債務之許（指被告欠原告債務但沒有償付，原告訴求因被告承諾所造成的損害賠償訴訟，例如，勞動報酬，買賣價金的訴訟）

Indebiti conditio 非債務的償還請求

Indebiti solutio〔蘇格蘭〕誤償債務；非債務的錯誤償還；不到期的償還（由於錯誤償還的金額有可能通過訴訟得以歸還）

Indebitum 未到期債務；未有欠債；非債（儘管實際上已成立債務）

Indecorum 無禮；非禮；失禮

Indefensus〔英古〕未經辯護的；未經答辯予以否認的；拒絕辯護或答辯的被告

Indemnis 無害的；無傷害的；未受到損害的

Indeptio 取得

Indevotis 背信（棄義）；喪失良知

Index animi sermo 文字是意思的表示；法律或契據的文字乃意圖最好的指南

Index Interpolationum（篡改查士丁尼立法案文）修正索引

Index Librorum Prohibitorum 天主教禁書目錄（被認為對羅馬主教信仰有危險或異端邪說的目錄）

Index locorum 地名索引

Index nominum 人名索引；名錄

Index rerum 參考書名錄；參考資料一覽表

Indicare v. 展示；展露；定價；告知價格；告發；起訴；指控

Indicavit〔英古〕禁止令狀（指宗教法院禁止寺院徵收的什一稅）

Indicia 標誌；象徵；證據方法；表明事實可能存在的情況

Indicia facti 事實情況

Indicia proxima 直接情況

Indicia remota 間接情況

Indigena〔英古〕土著臣民；被歸化者

Indiligentia 怠慢；懈怠

Indivisum 兩人或兩人以上共有未分割之物；未分割之物；共有的

Inductio 抹掉；刪除

Infamia 不名譽；臭名昭著（指因偷竊等行為而被判罪，因而喪失名譽或降低人格）

Infamia facti 事實的不名譽；推測有罪（但法律尚未證明）

Infamia mediate 間接的不名譽

Infamis 聲名狼籍的人（因從事不名譽的職業或犯罪所致）

Infans 幼兒（指 7 歲以下）

Infantia 幼兒（依照羅馬民法規定為七歲以下）

Infanticidium 殺嬰犯；殺害嬰兒

Infensare curiam 若有紕漏，當請指正（法官向律師的歉語）

Inficiari v. 否定；否認；否認責任；拒絕付債或歸還典當物；拒絕原告的主張；拒絕原告的指控

Inficiatio 否定；否認；否認債務或責任；否認原告的求償或主張

Infiduciare〔歐古〕出質財產

Infortunium 橫禍；突發事故致死；過失致死

Infra 在下；以後；以下；下文；在…期間

Infra annos nubiles 未屆結婚年齡

Infra corpus comitatus 在郡的領土之內（指英國法上，在郡的水域之內不受海事法院管轄）

Infra dignitatem curiae 法院不屑受理；有損法院體面（指不屑一顧之細小案件）

Infra dignitatum (infra dig) 有失身份；有失體面

Infra metas 在範圍內；在分界線內

Infra praesidia 在保護之下；完全在拿捕者權力之下

Infra quatuor maria 在四海之內（指"勢力範圍之內"）

Infractio 破壞；違反（法律、契約等）

Infuriosus 精神病人（指無行為能力者）

Ingenuitas 自由；自由狀態

Ingenuus 生來自由人（指古羅馬時代兒子的身份隨母，

一出生即賦予自由權，其複數為"ingenui"）

Ingressu〔英古〕進入令狀（原告或被告訴請進入其土地，舊時對侵佔土地者及其繼承人請求收回土地的一種訴訟）

Ingressus〔英古〕進入；繼承金（繼承人付給莊園領主的土地繼承金，有時被如此稱呼）

Inhibitio 制止；禁止；停止

Inhibitum 禁止；禁令

Iniquae leges 不平等的法律（如"平民不能與貴族通婚"的十二銅表法中顯失平等之規定）

Iniquum est ingenuis hominibus non esse liberam reum suarum alienationem. 自由民不能自由處置自己的財產是不公平的

Injuria 侵害（權利）；(不法) 傷害（尤指名譽損害、人身傷害）；過錯；過失；〔英〕(可起訴的) 不法行為

Injuria absque damno 無損害的侵權行為（未造成損失或損害結果的侵權行為，因而不准許提起訴訟）

Injuria atrox 重大名譽毀壞

Injuria gravis 重大名譽毀壞

Injuria immediata 直接的名譽毀壞

Injuria levis 輕等名譽毀壞

Injuria mediata 間接的名譽毀壞

Injuria non excusat injuriam 受害不能作為害人的藉口

Injuria non praesumitu 侵害是不能假定的；侵害行為是不能推定的

Injuria realis 現實的名譽毀壞

Injuria scripta 書面誹謗

Injuria servi dominum pertingit. 主人要為其傭人所犯的侵害行為負責

Injuria sine (absque) damno 未造成損害的侵權行為；無損害賠償的傷害行為

Injuria verbalis 口頭的名譽毀壞

Injusta causa 不法原因

Injusta possessio 不法的佔有

Injustum est, nisi tota lege inspecta, de una aligua ejus particula proposita judicare vel respondere 對於一部法律未經全面審定就對其中特定部份作出裁定或判斷是不公正的

Innominati contractus 無名契約

Innotescimus〔英古〕茲予公佈（"開封特許狀"曾經使用的術語）

Innovatio 更正；更改；更新

Innoxiare v.〔英古〕滌罪；昭雪；洗雪罪名

Inofficiosum 違反道義上義務的（指父母遺囑中無正當理由而剝奪子女的繼承權或子女不欲繼承的財產）

Inofficiosum testamentum 違背道德義務之遺囑

Inops consillii 沒有得到法律顧問幫助的；未獲得律師指導的（指立遺囑者未經律師指導而自行起草的遺囑）

Inquirendo 調查權（指授權官員對國王的權益進行調查）

Inquisitio〔英古〕調查；查詢；審訊（尤指有陪審團參加）；糾問

Inquisitio specialis 特別調查；特別查詢；特別審訊

Inquisito post mortem〔英〕死後調查

Inquissima pax est anteponenda justissimo bello. 與其要最正義的戰爭，不如最不正義的和平

Inscribere v. 簽署訴狀（意指原告如不能證明被告有罪將甘受按該罪論處的一種保證書）

Inscriptio 書面控告（指原告如不能説明所控告被告的有罪將承受到懲罰）

Inserstatio 追訴

Insignem 無生殖器官（在羅馬法上視其有完全行為能力，但無締結婚約能力）

Insimul 共同地；一同地；聯合地；連帶地

Insimul computassent 已共同厘清賬目（指兩造已一起共同結算清楚其賬目，被告應付給原告的差額）

Insinuare v. 放入；存入；歸檔；將文件編檔存放法院（類同於 "file"）；當司法官員面前申訴或承認；賦予行為以官方形式

Insinuatio〔英古〕信息；建議

Inspeximus 已閲（開封敕許狀上的用詞）

Instans est finis unis teporis et principium alterus 瞬息是一個時間的終結，也是另一個時間的開始

Instar 類似；相同；相當

Insteger 完整的；全部的；未觸動過的；原樣的；未受損傷的

Institor 店員；代理人

Institoria actio 迫使委托人履約之訴（指委托人應履行由其代理人為其授權代為簽訂的合約）

Instituta Cnuti aliorumque regum Anglorum 克努特法學階梯（1100 年由一個教士以拉丁語編纂的一部盎格魯 - 撒克遜法典）

Institutio 繼承人的指定

Institutio haeredis 遺囑繼承人的指定

Institutio judicis 民選法官的指定

Institutiones 概論性著作（包含任何科學的原理）；〔拜占庭〕《法學階梯》（533 年，即君士坦丁皇帝的法律教科書）

Instrumenta 未蓋印文件的證據（法院卷宗、賬簿等等）

Instrumentum 契約；文件

Instrumentum authenticum 作準的證書

Instrumentum cessionis 讓與證書

Instrumentum emtionis et venditionis 買賣契約書

Instrumentum extrajudiciable 裁判外的證書

Instrumentum judiciable 裁判證書

Instrumentum privatum 私人文件

Instrumentum publicum 公文書

Insula 島嶼；孤立的房屋（指不與鄰近房屋相連，而由其周圍空地相隔開）

Insula nata 新生島嶼

Insuper 上面；上部；而且；尤有甚者；加之；超過

Intentio（羅馬法）目的；意圖；意向；原告的正式訴訟請求；〔英古〕（不動產訴訟中）原告的訴求或權利聲明

Inter 在…中間；在…當中

Inter alia 除了其他東西；除其他外；尤其是；其中包括

Inter alios 除其他人員外；在其他人之中；介乎所涉及事項的第三人之間

Inter arma caritas 戰爭中有尊重

Inter arma silent leges 交戰之際，法律默然；普通法律不適用於戰時；戰爭中無法律

Inter bellum et pacem nihil est medium 戰爭與和平之間無中間狀態

Inter conjuges 夫妻之間

Inter fauces terrarium 在地峽之間

Inter nos 僅限於我們自己之間

Inter pares 同等地位者之間

Inter partes 締約者之間；在當事人之間（各方當事人之間）

Inter praesentes 在場者之中；到場者之間；出席者之間

Inter se 彼此之間；在他們自己之間

Inter sese 彼此之間；在他們自己之間

Inter terrorem 在恐怖中

Inter virum et uxorem 在夫妻之間

Inter vivos 生存者之間；生者之間；人與人之間

Intercalare v. 加入；插入；添入；加…以為閏日（或閏月）

Intercedere v. 居間；調停；債累（指因他人債務而受牽連）

Intercessio 承擔債務

Intercessio tacita 承擔未成的債務

Intercessor 承擔債務人

Interdictum 令狀（根據當事人的申述為保護佔有而發的，法官使當事人之一造行為或不行為的令狀，其分為禁止令狀、歸還令狀和提出令狀三種）；佔有訴訟；假處分；禁止；禁令

Interdictum adipiscendae possessionis 佔有權證明書；佔有創設的訴訟

Interdictum duplex （對於當事者雙方的）複合命令

Interdictum ecclesix 關於婚姻的寺院命令

Interdictum exhibitoria 引渡命令

Interdictum fraudatorium 廢除詐害行為訴訟

Interdictum prohibitorum 禁止特殊命令

Interdictum recuperandae possessionis 回復佔有權證明書；回復佔有的訴訟

Interdictum simplex 單純命令（指只對當事人一方的命令）

Interdictum unde vi 回復關於暴力佔有之訴

Interdictum uti possidetis 禁止妨害不動產佔有（關於保持佔有不動產之訴）

Interdictum utrubi 關於保持佔有動產的訴訟

Interdum evenit ut exceptio quae prima facie justa videtur tamen inique noceat. 有時遇到表面上公正的抗辯，但卻是有害或不公正的

Interesse termini〔英〕定期租賃土地的權益（指普通法上土地承租人在租賃期間進入土地的權利）

Interest reipublicae ut sit finis litium 關乎國家權益之訴應予終結；為了公眾的福利應設定訴訟的期限

Interim 臨時；當時；同時；暫時；過渡期間

Interlocutio 中間判決；中間決定

Interlocutorium 中間判決；中間決定

Intermissio 中斷；間歇

Internucio 羅馬教廷公使

Interpolatio 變造（文書）

Interpositio 採取法律上的救濟手段

Interpositio appellationis 起訴；提起上訴

Interpositio auctoritais turois 監護人對於被監護人行為的追認

Interpositio remedi 採取法律上的救濟手段

Interpretatio 解釋

Interpretatio authentica 權威解釋

Interpretatio critica 訂正的解釋

Interpretatio declarativa 敷衍的解釋

Interpretatio doctorinalis 學理的解釋

Interpretatio doctrinalis 學理解釋

Interpretatio dogmatica 學理的解釋；教條式的解釋

Interpretatio extensiva 廣義解釋；擴張的解釋

Interpretatio historica 沿革的解釋

Interpretatio juris 法律解釋

Interpretatio legis 法律的既存解釋

Interpretatio legislativa 立法解釋

Interpretatio logica 邏輯解釋；論理解釋

Interpretatio restrictiva 狹義解釋；限制的解釋

Interpretatio stricta 嚴格解釋

Interpretatione legislativa 立法解釋

Interregnum 中間期；空位期（指舊王已死，新王尚未即位新舊朝代更迭的時期）；過渡期；政權空白期（指在政府的改組期間）

Interrogatio 訊問；審理

Interrogatorium 訊問

Interrogatus 訊問；審理

Interruptio 中斷（民法和普通法上的時效術語）

Interruptio praescriptionis 時效中斷

Interruptio temporis 臨時中斷

Intersse 利息；土地孳息

Intertrimentum 損失；損害

Interventio accessoria 從參加

Interventus 參加

Interversio 竊取；強佔；強佔動產

Interversor 竊取者；強佔者

Intestabilis 無資格作證的人，無訂立遺囑能力者；無法律上行為能力者；不名譽者

Intestato 無遺囑的；未立遺囑的

Intestatus〔英古〕未立遺囑死亡者；無遺囑死亡者

Intra 在⋯中；在⋯內；在中；在內；入內；接近地

Intra fidem 可靠的；可信賴的

Intra parietes 牆與牆之間；朋友中間；和解（法庭之外）；無訴訟

Intra vires 在許可權之內（其反義詞為 "ultravires"）

Introductio litis 勝訴

Intuitus 觀點；考慮；看法

Invadiatio 質；抵押

Invecta et illata〔蘇格蘭〕帶進和搬進的物品；房租抵押品（指房東對租戶所帶進租房內所有普通設備備如，房子、傢俱、存貨等具有抵押權，以為租金擔保）

Inventio 發現物；〔英古〕無主的埋藏物

Inventus 被發現的（如礦藏）；被找到，被尋獲（如，丟失的人被找著）

Inverso ordine 按相反次序

Invito 不願意；未經同意；違反本意（違背意願）

Invito beneficium non datur. 不得強迫接受恩惠（對於不願受領者不得強令其接受好處）

Invito debitore 違反債務人意願的

Invito domino 未經所有權者同意的

Ipissimis verbis 原文照錄（正是用同樣的字句）

Ipse 他自己；就是這個人

Ipse dixit 一面之詞；武斷的主張；他自己說的；一己之見（據他本人所述）

Ipsissima verba 確切的原文

Ipsissima verbis 原文照錄；據稱；據其所述

Ipso facto 依據事實；根據事實本身；根據某事實或行為自身的效力；〔宗〕開除教籍

Ipso jure 依照法律；法律上；就依據法律自身的效力

Ira motus 因憤怒或強烈情感而激動

Ire ad largum 逃跑；獲得自由；釋放出獄

Irrogare v. 罰款；懲罰；制定（法律）

Irrotulatio 登記；記錄

Is cui cognoscitur 應繳付罰金的人（=cognizee）

Is fecit cui prodest 犯罪人往往就是從其罪行中得到利益的人

Is qui cognoscit 科處罰金的人

Ita est 它就是這樣（公證員用語）

Ita lex scripta est. 法律是如此規定的

Ita te Deus adjivet 但願上帝幫助你（英國監誓古的形式）

Ita utere tuo ut alienum non laedas（or " sic utere tuo"）使用你的財產和自己的權利應不損及你的鄰居或妨礙

其所享受他自己的財產或權利

Iter 道路；步行；通行地役權；騎行權（指步行或騎馬
　通行權）〔英古〕旅行；巡迴（尤指法官巡迴審案）；〔海
　法〕航線；航程；航道

Iter Camerarii〔蘇格蘭〕自治市官員行政及經濟活動調
　查錄

Iteratio 重複（古羅馬解放奴隸程式用語）

Iterum 再次；依照法律

J

Jacens 處於中止狀態；屬於無主狀態（指遺產歸屬未定
　尚待人主張繼承狀態）

Jacens haereditas 待繼承遺產；尚無人主張繼承的遺產

Jacobus（Jac）〔英〕詹姆斯（拉丁語姓名拼寫方式）；雅
　各斯金幣（直徑 1 英吋 36 分，價值 25 先令，英王詹
　姆斯一世時的稱謂）

Jactura（or jactura mercium）投棄的貨物（指暴風雨中
　投棄海中貨物，以減輕船的載重量以免沉沒危險）；拋
　棄（＝jettison）

Jactus 拋棄海運貨物（指在沉船危險時，拋棄船上的貨
　物於海中以減輕船的載重量，由於所造成的貨損可為
　共同海損之正當標約）

Januis clausis 秘密；不公開

Jubere 命令；指令；指揮；指示

Judex 法官；審判員；民選法官（羅馬法中是從元老院
　議員和騎士中推選，只限於審查案件事實審查法律權
　則屬於裁判官 praetor 審查）；〔英古〕陪審員

Judex ad quem 上級法官；受理上訴案件的法官

Judex ad quo 下級法官；原審（案件）法官

Judex aequitatem simper spectare debe 法官應始終敬重
　衡平

Judex appellatur 上訴法官；上訴法院審判員

Judex competens 主管審判員；主審法官

Judex compromissarius 不由當事者選定的審判員

Judex corruptus 受賄法官；受賄審判員

Judex damnatur cum nocens obsolvitur 罪犯逃脫刑罰，
　法官應受譴責

Judex datus 委任法官（由裁判法官指派審理一案件的人）

Judex debet judicare secundum allegata et probata. 法官
　應該根據當事人所陳述的事實和證據作出裁判

Judex delegatus 專門法官；特別法官

Judex est lex loquens 法官是法律的喉舌

Judex fiscalis 國庫法官；財務法官

Judex incompetence 無權的審判員

Judex inferior 下級審判員；下級法官

Judex inhabilis 被排斥的法官

Judex non potest esse testis in propria causa 法官不得在
　為自己案件中充當證人

Judex non potest injuriam sibi datam punire. 法官不得對

加害自己的不法行為予以處罰

Judex non reddit plus quam quod petens ips requirt 法官
　的判決不應超出原告自己要求的範圍

Judex ordinarius 普通法官（指有直接管轄權的法官）

Judex palatinus 宮廷法官

Judex pedaneus 下級法官；助理審判員

Judex selectus 選定的法官（由裁判官選定審理刑事案件）

Judex superior 上級法庭法官

Judex suspectus 不被信任的法官

Judicandum est legibus, non exemplis. 應依據法律而不應
　依據判例判決

Judicare v.〔英古〕審判；審理；判決；裁決；裁判；
　宣判

Judicata 既判的

Judicata res 確定判決；既判案件

Judicatio 裁判；宣判

Judicatum 判決

Judicatum solvi 敗訴方負擔費用；訴訟擔保

Judicatus 法院；法官的職稱

Judices〔複〕法官（為 "judex" 複數）

Judices ordinarii〔複〕普通法官（指有直接管轄權的
　法官）

Judices pedanei〔複〕助理審判員；下級法官

Judices selecti〔複〕選定的法官（釋義同 ＝judex selectus）

Judicia 司法程式；案件審理

Judicia bonae fidei 善意審判

Judicia legitna e imperio continentia 法定審判和依權
　審判

Judicia publica 刑事審判

Judicis est jus dicere, non dare 法官職責是宣示法律而不
　是制定法律

Judicium 司法權；管轄權；聽證程式；訴訟程式；審訊；
　判決，裁決；訴訟；法庭偵訊

Judicium appellationis 上訴法院

Judicium aquae 水審

Judicium aulicum 宮廷法院

Judicium bannitorium 剝奪人格的宣告

Judicium camerale 宮廷法院；皇室法院

Judicium capitale（＝Judicium vitae amissionis）〔英古〕
　死刑判決

Judicium censorium 責問法院

Judicium civile 民事法庭（法院）

Judicium criminale 刑事法庭（法院）

Judicium Dei 上帝的判決；神裁（古代英國和歐洲國家
　將犯人施以火刑、灼鐵刑和探火、探水等的所謂神
　裁法）

Judicium divisorium 分割審判

Judicium duplex 雙方的審判

Judicium ecclesiasticum 宗教法院

Judicium equestre 名譽法院；懲戒法院

Judicium essoniorum〔英〕《論不出庭理由》(約於 1275 年，可能系由拉爾夫．得．京亨格姆所著的一本小冊子，其內容還論及大陪審團宣誓形式、違約、陪審員、記錄、抗辯以及其他程式問題)

Judicium est quasi juris dictum 判決乃法律之宣示 (判決乃法律之昭示)

Judicium ferri candentis 烙鐵審 (按灼鐵神裁)

Judicium feudale 封建法院 (封建裁判所)

Judicium finium regundonum 確定疆界的判決

Judicium ignis 火審；探火斷訟；探火神裁

Judicium legitima 合法訴訟

Judicium ordinarium 普通法院

Judicium parium〔英古〕陪審裁決；由同等地位者作出裁決

Judicium perduellionis 大逆罪特別法院

Judicium poenale 刑事法院

Judicium privatum 私審 (民事審判)

Judicium publicum 公審 (刑事法院)

Judicium secretum 秘密法庭

Jugum 軛 (測量土地的單位，即一對公牛一天能犁完的土地)

Jugum terrae〔英古〕一軛土地；半年的耕地

Jura 法律；權利 (其單數為 "jus")；法學理論

Jura eodem modo destituuntur quo constituuntur 廢止法律應循其原來的途徑 (指法律制訂後欲加廢止，應按其制訂時的同樣立法程式為之)

Jura fiscalia〔英〕財權；財政部權利

Jura in personam 對人權

Jura in re 物權

Jura in re aliena 他物權 (對他人的物的權利)

Jura in rem 對世權；絕對權

Jura majestatis 主權權利；國家主權；國家徵用權

Jura naturae sunt immutabilia 自然法則是不變的

Jura novit curia 法院知悉法律；法庭承認權利

Jura personarum 人權；人身權；身份權

Jura quaestia 法律上的既得權利

Jura regalia 皇權；王權；君主權 (指君主的權力或特權，特指民、刑事審判權)

Jura rerum 物權

Jural 法律上的；有關權利義務的；關於權利與義務學說的；法學的；法理學的；審判上的；司法上的；基於實定法的

Juramentae corporales 莊嚴宣誓；手按聖經宣誓

Juramenti delatio 宣誓要求

Juramenti violates 違反誓言

Juramentum 誓言；宣誓；當庭宣誓

Juramentum assertorium 陳述後的宣誓

Juramentum calumniae 善意宣誓 (指兩造誠信其訴訟合法而無惡意或無任何陰謀不軌目的)

Juramentum confirmatiorium 確認宣誓

Juramentum corporalis 莊嚴宣誓 (指宣誓時以雙手觸摸聖經上進行的)

Juramentum credulitatis 確認宣誓

Juramentum delatum 被要求的宣誓

Juramentum diffessionis 否認宣誓

Juramentum diffessorium 否認宣誓

Juramentum dolo 詐欺的宣誓

Juramentum editionis 提示宣誓

Juramentum est indivisibile; et non est admittendum in parte verum et in parte falsum. 誓言是不可分割的；不能部份是真的部份為假的誓言是不應接受的。

Juramentum ignorantiae 無知宣誓

Juramentum in litem 評估宣誓 (指原告在訴訟中對就其所遭致損害賠償的金錢數額評估的宣誓)

Juramentum irritum 無效宣誓

Juramentum manifestationis 公開宣誓，公示宣誓

Juramentum mentu extortum 受恐嚇的宣誓

Juramentum necessarium 必要宣誓；強制性宣誓 (裁判官迫使提起訴訟一造的當事人同意履行所作的披露宣誓申請上訴時，要求他造當事人要受其誓言約束)

Juramentum officii 職務上的宣誓

Juramentum paupertatis 貧困宣誓

Juramentum pauperum 貧困宣誓

Juramentum perhorrescentix 迴避宣誓

Juramentum principale 主要的宣誓

Juramentum promissiorium 陳述前的宣誓

Juramentum purgatorium 排除罪證宣誓 (證明清白無辜宣誓)

Juramentum relatum 被要求反對宣誓

Juramentum renuciatio 棄權宣誓

Juramentum subjectionis 忠誠宣誓

Juramentum suppletorium 補充宣誓

Juramentum testium 證人的宣誓

Juramentum voluntarium 自願宣誓 (訴訟一方當事人要求他造應按其履行所作的宣誓作出答辯承諾)

Juramentum zenonianum 損害評估的宣誓

Jurare v. 發誓；宣誓

Jurat〔美〕宣誓證明書；〔英〕宣誓書末尾簡要陳述；澤西島官員；(肯特、撒色克斯郡法人中) 類高級布政官員

Jurata 陪審團；〔英古〕普通法陪審團 (由 12 人宣誓組成)

Jurata depositio 宣誓的供述

Jurata renunciation 宣誓棄權

Juratores sunt judices facti 陪審員是認定事實的審判員

Jure 權利上的；法律上；依法

Jure belli 按照戰爭的權利；按照戰爭法

Jure civili 按照民法

Jure divino 根據神權；按照天律

Jure et facto 名符其實的

Jure gentium 按照國際法；依據萬民法

Jure gestionio 管理權

Jure humano 根據人類法律（或法則）

Jure impreii 統治權

Jure mariti（uxoris）根據夫權（妻權）

Jure naturae aequum est neminem cum alterius detrimento et injuria fieri locupletiorem. 依自然法則，任何人以損害或傷害他人而致富者都是不公正的

Jure uxoris 根據妻子的權利

Juridici 法官

Juridicus 法院的；司法管理的；司法上的；法律上的；依法的；合法的

Juris 權利的；法律的

Juris affectus in executione consistit 法律的效力存在於執行之中

Juris conditio 法定條件

Juris dicto 審判權

Juris doctrina 法學

Juris et de Jure 法律的和依據法律的；於法於權的（意指法律上決定性推定是不容舉證反駁的）

Juris interpres 法律解釋家

Juris positivi 實定法的；實證法的；制定法的

Juris possessio 權利的佔有

Juris possessionis 佔有權

Juris possessor 權利的佔有人

Juris practicus 律師

Juris praecepta sunt haec: honeste vivere, alterum non laedere, suum cuique tribuere 法律的行為準則是：處世誠實；不加害於人；每人各得其所

Juris privati 私權的；私有財產的

Juris publici 公權的；公用的；公共財物的（諸如，公共公路、橋、河流和港口等）

Juris tantum 法律上的推定；可舉證予以反駁的推定

Juris utrum〔英〕教區牧師權利令狀（指佔持請求回復其先輩已出讓的寺有不動產的訴訟令狀，該令狀已於1833 年廢止）

Juris vinculum 法律的連鎖關係（諸如，債務人與債權人間的連鎖關係等）

Jurisconsultus（J.C.）法學家；法律工作者

Jurisdictio 司法權；審判權；（審判）管轄權；管轄區域；管轄範圍（釋義同 "jurisdiction"）

Jurisdictio alta 上級審判權

Jurisdictio civilis 民事審判權

Jurisdictio communis 共同審判權

Jurisdictio contentiosa 爭訟審判權

Jurisdictio criminale 刑事司法權

Jurisdictio criminalis 刑事審判權

Jurisdictio ecclesiastica 寺院審判權

Jurisdictio est potestas de publico introducta, cum necessitate juris dicendi. 司法審判權是因施行公正所需而產生的一種維護公益的權力

Jurisdictio generalis 普通審判權

Jurisdictio inferior 下級審判權

Jurisdictio patrimonialis 領主審判權

Jurisdictio specialis 特別審判權

Jurisdictio summa 上級審判權

Jurisdictio superior 上級審判權

Jurisdictio suprema 最高審判權；終審審判權

Jurisdictio voluntaria 非訟審判權

Jurisdictionis fundandae causa（or gratia）為了建立管轄權

Jurisinceptor 民法學生；市民法學生；羅馬法學生

Jurisperitus 熟悉法律的；精通法律的

Jurisprudentia 法學；法理學；法律科學

Jurisprudentia didactiva 教授法學

Jurisprudentia est divinarum atque humanarum reum notitia, justi atque injusti scientia. 法律學是關於人神事務的知識，是關於什麼是正確和什麼是錯誤的科學

Jurisprudentia exegetica 解釋法學

Jurisprudentia historica 歷史法學

Jurisprudentia legis communis angliae est scientia socialis et copiosa 英格蘭的普通法是一門全面的社會科學

Jurisprudentia palemica 推理法學

Jurisrandum v. 受暴力的宣誓

Jurisrandum irritum 無效宣誓

Jurisrandum manifestationis 公開宣誓（公示宣誓）

Jurisrandum metu extortum 受恐嚇的宣誓

Jurisrandum necessarium 必要的宣誓

Jurisrandum officii 職務上的宣誓

Jurisrandum paupertatis 貧困宣誓

Jurisrandum pauperum 貧困宣誓

Jurisrandum perhorrescentiae 迴避宣誓

Jurisrandum principale 主要的宣誓

Jurisrandum promissorium 陳述前的宣誓

Jurisrandum purgatorium 排證宣誓

Jurisrandum relatum 被要求反對宣誓

Jurisrandum subjectionis 忠誠宣誓

Jurisrandum suppletorium 補充宣誓

Jurisrandum testium 證人宣誓

Jurisrandum zenonianum 損害評定的宣誓

Juristilium 中止審判程式

Jurum Doctor, Juirs Doctor（JD）法學博士

Jus 法；法律；權利（在羅馬法中，整套民事訴訟程式由 "jus" 與 "judicum" 來表述。前者由司法官或地方法官審理；後者則由陪審員審理爭議事實，"jus" 與 "lex" 區別，前者統包成文法和不成文法；後者則專指成文法）

Jus abalienandi 讓與權

Jus abinatus 外僑遺產沒收權

Jus abstinendi 棄權；拒絕繼承權

Jus abutendi 處分權；濫用權（指可當做自己所有者財產的使用權）

Jus abutendi aut abusus （財產的）處分權

Jus accrescendi 得來的權利；生存者的財產權（共有人中生者對死者名下共有財產享有的權利和共有人之一人死亡，後死者有權享有全部財產的共有繼承權）；追贈權（指繼承追贈分配取得權；遺贈追贈分配取得權）

Jus acquisticum 既得權利

Jus actio 民事訴訟法

Jus activum 積極權利

Jus ad bellum 訴諸戰爭權

Jus ad praeteritum trahi nequit 法律不溯既往

Jus ad rem 〔宗〕期待的和不完整的權利；對物權（物權是另一個人產生其債務的根據，對於所有者即可行使對特定財產的權利）

Jus advocandi 召還權

Jus advocatae 保護權

Jus advocatix eclesiasticae 國家寺廟保護權

Jus aequum 特赦權；適應個別案件的法律（指為個別案件而修訂法律，其反義詞為 "Jusstrictum"）

Jus aequumjus albinagii 外僑遺產沒收權

Jus agendi cum patribus 元老院代表權

Jus albinagii 沒有繼承人的外國人的遺產取得權

Jus albinatus 外僑遺產沒收權

Jus alluvionis 沖積地取得權

Jus altius non tollendi 禁止建築加高地役權

Jus angariae 非常徵用權；佔用中立財產權；〔際〕戰時財產徵用權；戰時船舶徵用權

Jus antichretium 抵當用益權，抵押用益權

Jus appulsus 遭難物品佔取權

Jus aquae 引水權

Jus aquae haustus 汲水地役權（指允許某人牲畜在他人田野上飲水的鄉村地役權）；汲水地役權（指允許某人從他人水井汲水的鄉村地役權）

Jus aquaeductus 引水地役權（允許土地所有者經過或通過他人土地上的導水地役權）

Jus armorum 軍事高等權利

Jus austraegarum 要求仲裁裁判的權利

Jus avocandi 召返權

Jus belli 戰事法；戰爭權

Jus belli et pacis 戰爭和和平法；（羅馬時代的）國際法

Jus bellum dicendi 宣戰權

Jus cambiale 票據法

Jus cambii 票據法

Jus canonicum 教會法；寺院法

Jus capiendi 接受遺贈的權利

Jus cavendi 保管法

Jus circa sacra 國家的寺廟最高權

Jus civile 市民法；羅馬法民法

Jus civile est quod sibi populus constituit. 市民法是（一國）人民為自己制定的法律

Jus civile strictum 嚴格的市民法

Jus civitatus 公民權；市民權；羅馬城市自治權（其不同於 "jus quiritium"，即如 "denizator" 與 naturalization" 之別）

Jus cloacae 陰溝地役權

Jus cloacae mittendae 排水的地域權

Jus cogens 強制權；強行法，絕對法

Jus collectandi 徵稅權

Jus commercii 貿易權；通商權；商法

Jus commune 共有權；一般法；〔英〕普通法；（羅馬教會）普通法

Jus compascendi 牧場共用權

Jus compascui 牧場共用權

Jus confessionis 信教自由的權利

Jus congrui 先買權（物權的權利）

Jus connubii 異族通婚權

Jus connubu 婚姻權；通婚權

Jus consistorii 寺廟監督權

Jus constitutum 立約權

Jus consuetudinarium 習慣法

Jus consuetudinis 不成文法

Jus contra bellum 反戰權

Jus contrahendi 締約權，立約權

Jus convenandi 共同狩獵權

Jus coronae 〔英〕君主權；王位繼承權

Jus criminale 刑法（刑事法）

Jus de non appellando 拒絕上告的權利

Jus deliberandi 深思熟慮的權利（指繼承人考慮繼承還是拒絕繼承的問題）

Jus denominandi 任命權

Jus detractionis 移居稅徵收權；外僑遺產出境徵收權

Jus detractus 外僑遺產出境徵收稅；中世紀領主向領地內的外人接受領民遺產時有權扣除其一部份遺產的權利

Jus devinum 神法；神權

Jus devolutionis 召回權

Jus devolutum 聖職推薦權

Jus discipline 寺廟懲戒權

Jus dispensandi 免除權；免除義務權

Jus dispensationis 免除權；免除義務權

Jus disponendi （財產）處分權

Jus dispositivum 任意法

Jus dividendi 依據遺囑處分不動產權

Jus divinum 神法

Jus dominii 所有權

Jus dominii impetrandi 可以取得無人購買的典當物的典當權者的權利

Jus duellecum 決鬥權

Jus ecclesiasticum 寺院法；教會法

Jus edicere or jus edicendi 發佈告示權（指全體高級司法行政官均有發佈敕令權利，但在羅馬法相關的歷史中發佈的僅屬裁判官告示）

Jus elegendi 選擇權

Jus eminens 緊急權

Jus emphyteuseos 永租權（指關於對不動產的永久或長期租賃權契約）

Jus emporii 市場法

Jus erga omnes 對一切人的權利

Jus est ars boni et aequi 法律是判斷善良與公正之科學；法律為公平之道

Jus est norma recti; et quicquid est contra norman recti est injuria 法律為公正規則，違反公正規則就是侵權

Jus et fraus nunquam cohabitant 正義與詐欺絕不相容

Jus ex injuria non oritur 不法行為不產生權利（權利不產生於違法行為）

Jus feciale 宣戰或議和法（指國際法是根據不同民族的習俗和宗教儀式而形成的）

Jus fenesfrarum 觀望權

Jus fetiale 國際法；祭司法

Jus feudale 封地法（指封建時代帝王分給王侯的采邑）

Jus fisei 國庫最高權

Jus fluminum 河流使用權

Jus fruendi or fructus 收益權

Jus futurum 期待權

Jus generale 一般法（實質的普通法）

Jus gentium 國際法；萬民法；萬國法

Jus gentium commune 一般國際法；一般萬民法

Jus gentium naturale 自然國際法；自然萬民法

Jus gentium pactitum 條約國際法；條約萬民法

Jus gentium proprium 特別國際法；特別萬民法

Jus gentium suetudinarium 習慣國際法；習慣萬民法

Jus gentium voluntarium 任意國際法；任意萬民法

Jus germanicum 日爾曼法

Jus gestionis 管理權

Jus gladii 最高管轄權；司法權；法律的執行權

Jus habendi 財產保有權；財產實際佔有權

Jus habendi et reretinendi〔宗〕保有並保留教區的收益、什一稅和捐獻物權利

Jus haereditatis 繼承權

Jus hereditarium 繼承法

Jus honorarium 大法官法；羅馬法主體（由最高法官的法令構成，尤其是裁判官的法令）

Jus honorum 榮譽權；擔任公職權

Jus hospilii 外國人優遇法

Jus humanum 人權

Jus imperii 統治權；主權權利

Jus in bello 戰時法

Jus in personam 對人權（指以人為物件的損害賠償訴訟等，其反義詞為“jus in rem”）

Jus in re 物權（指伴有佔有權的）；對世權

Jus in re aliena 他物權（對他人財產的權利，如：地役權等）

Jus in re propria 自物權（對自己財產的權利，其反義詞為“jus in re aliena”）

Jus in rem 對物權利（指包含佔有物的完全所有權）

Jus in sacra 寺院指揮權

Jus inter civitates 國際法

Jus inter gentes 國際法

Jus interstitii 中間地帶權

Jus jurandum 誓言；宣誓（訴訟當事人的宣誓）

Jus jurandum aestimatorium 評價宣誓

Jus jurandum assertorium 陳述後的宣誓

Jus jurandum calumuniae 善意宣誓（不誣罔宣誓）

Jus justinaneum 查士丁尼法典

Jus Latii 拉丁權

Jus legitimum 合法權利

Jus liberorum 多產婦女的特權（古羅馬時授予生育三個或四個子女之母親的一種特權，即免除其繁瑣的下廚事務）

Jus manuarium 操縱權

Jus mariti 夫權（對妻子財產的權利）

Jus mercantile 商人法

Jus mercatorum 商法

Jus migrandi 遷移權

Jus municipale 都市法

Jus municipii 都市法

Jus naturae 自然法

Jus naturae generale 一般自然法

Jus naturale 自然法

Jus navigandi 航行權；航海權；船舶航海貿易權

Jus necis 處死權（羅馬法家父擁有處死其子女權）

Jus neutralitatis 中立法；中立權

Jus non habenti tute non paretur 服從於無權人而言是不安全的

Jus non scriptum 不成文法；習慣法

Jus occupandi 先佔權

Jus omnimande (omnimodae) representationis 全面代表權（一般而言，系指國家元首在對外關系上擁有全面代表國家主權）

Jus omnimandae representationis 全面代表權

Jus oneris ferendi 支撐地役權（屋主保有鄰居牆壁支撐和

建房的地役權）

Jus optionis 選擇權

Jus papirianum 帕皮里法

Jus paretorium 司法自由裁量權；裁判官法；司法官法

Jus particulare 特別法

Jus pascendi〔英古〕放牧權；放牧役權

Jus passivum 消極權利

Jus patrix potestatis 父權

Jus patronatus〔英〕授予牧師封地權（古宗教法律中的）；聖職推薦權；確定牧師推薦權令（指聖職出缺，有兩個推薦權者時，主教便召集陪審團會議確認一個為合法的牧師推舉權人，而後由主教發任職令）

Jus paupertatis 受救濟權

Jus peregrini 外國人法

Jus personale 人法（在羅馬民法中規定屬於不同人格和與人之間關係的權利，如父母子女，主奴之間關係的權利）

Jus personarum 人法（羅馬法中基本上分為“人法、物法和訴訟法”三編）；人權；身份權（其反義詞為“對物權”）

Jus pignorandi 扣押權

Jus poenale 刑法

Jus poenitendi 解約權

Jus politae 員警權

Jus portus 港口權；入港停泊權

Jus positivum 制定法；實定法

Jus possessionis 佔有權（無所有權的佔有權）

Jus possidendi 所有者佔有權

Jus postliminii 複權法（公民資格恢復權）；〔際〕戰後財產恢復權

Jus potius 優先權

Jus praedae 捕獲權；戰利品權

Jus praelationis 優先權

Jus praetorium 裁判官自由裁量權；裁判官法

Jus primi liciti 提出優先拍賣權

Jus primi possidentis 先佔權

Jus primognituze 長子權；長子繼承權

Jus privatum 私法；私權

Jus propolii 先買權

Jus proponendi 發議權

Jus proprietatis 財產權；財產法（其不同於佔有權“jus possessionis”）

Jus prospectus 觀望權

Jus protectionis 保護權

Jus protimeseos 先買權（指地主對承租人的土地，為第一賣主具有優先購買權）

Jus provinciale 州法；省法

Jus publicum 公法；公權；主權

Jus publicum civitatum 萬國公法

Jus publicum extermum 對外公法（對外國法）

Jus publicum internum 對內公法（對內國法）

Jus publicum privatorum pactis mutari non potest 私人協議不能改變公法；私人契約不得變更公共權利

Jus puniendi 刑罰權

Jus quaesitum 詢問權；請求權；追償權

Jus quaesitum tertio〔蘇格蘭〕第三者契約權

Jus quarteriorum 公使居住區不可侵犯權；住區權

Jus questitum 既得權

Jus quiritium 奎里蒂法（按《十二表法》（原來只適用特權貴族，後來則適用於全體羅馬市民享有市民權）

Jus ratium 浮筏權

Jus reale 物權

Jus recadentize 繼承財產歸屬權

Jus recuperandi 回復（土地）權；重新取得（土地）權

Jus regium 王權；君權；主權

Jus relictae〔蘇格蘭〕遺孀繼承權（尤指繼承亡夫 1/3 財產的權利）

Jus relicti〔蘇格蘭〕鰥夫繼承權（指丈夫對亡妻財產的繼承權）

Jus representationis 代表權；代理權；受託代理人的權利

Jus representationis commimodae 元首的全部代表權；全權代表權

Jus rerum 物權；物法；物權法

Jus respicit aequitatem 法律尊重公平

Jus respondendi 解答法律權

Jus respondendi publice 公開解答法律權

Jus retentionis 留置權

Jus retorsionis 報復權

Jus revolutionis 繼承歸屬財產取得權

Jus romanus 羅馬法

Jus sacrum 禮拜法；祭祀法；宗教法

Jus sanguinis 血統主義；血統制（根據血統決定國籍）

Jus scriptum〔英〕成文法；制定法（指不論在什麼情況下，都必須以同一法律標準援用一定的法律的極其嚴酷的法律）

Jus separationis 離婚法

Jus singulare 例外法；特別法（其區別於共有法“jus commune”）

Jus soli 出生地主義；出生地原則（根據出生地決定國籍）

Jus speciale 特別法

Jus standi 確認的權利；訴訟權；出庭權；適格權利

Jus statutarium 基本法；都市法

Jus stillicidii vel fluminis recipiendi 排水地役權（指給予屋主在鄰居土地上架設屋簷或開通排水的都市地域權）

Jus strictum 嚴格法（指同一不變之法律標準，援用一定法規的嚴峻之法）

Jus succedendi 繼承權；繼承法

Jus successionis 繼承權；繼承法

Jus suffragii 選舉法；投票權；表決權

Jus summum 最高權

Jus summum saepe summa malitia est 極端的法律往往極為不當；法之極，害之極

Jus superioritatis 最高等；上級審判權

Jus suppletorium 任意法

Jus talinonis 報復權；反坐權（指誣告他人使無罪被判處有罪、或輕罪被判處重罪者，被告有權使誣告者受到懲處）

Jus territoriale 領地權

Jus tertii 第三者權利；協力廠商權利（指比如，甲表面上有義務給乙恢復其財產；甲稱，丙也有同樣權利。但此項規則不一定用於代理人對其委託人）

Jus tollendi 廢除權；拆除權

Jus transitus innoxii 無害通行權

Jus tutelae 監護權

Jus utendi 使用權

Jus utendi et abutendi 使用與濫用權

Jus variandi 更正權；變更權

Jus venandi et piscandi 漁獵權（指狩獵權和捕魚權）

Jus vicinitatis 相鄰權；毗鄰權

Jus vitae et necis 生存或處死的權利；生殺予奪的權利

Jus vocandi 控告權

Jus vocationis 控告權

Jus voluntarium 意志法；人定法；任意制定法

Jusjurandum confirmatorium 確認宣誓

Jusjurandum delatum 被要求的宣誓

Jusjurandum diffessionis 否認宣誓

Jusjurandum dolo 詐欺宣誓

Jusjurandum editionis 提示宣誓

Jusjurandum ignorantiae 無知宣誓

Jusjurandum in litem 評定宣誓

Jussio 命令

Jussum 命令

Jussus 命令；指令；授權

Justa causa 正當原因；合法理由（佔有權的法律根據）；某種的合法交易

Justa possessio 合法佔有

Justae nuptiae 合法婚姻；正式婚姻

Justicia 法；法官；首席法官

Justiciar〔英古〕首席政法官；攝政官（諾曼第及其後直到 13 世紀英格蘭王朝）；〔蘇格蘭〕首席司法官（輔佐國王職掌國王為院長的王座法庭事務）；法官（尤指高級法院推事）

Justicias facere 審判；受理訴訟

Justificatio 辯護

Justinianus 查士丁尼皇帝（公元前 753 年至公元 565 年羅馬帝國，在位時頒佈過許多法律，如查士丁尼法

典等）

Justitia 正義；公正；法官；裁判權；法官職位

Justitia communtativa 交換的公平

Justitia distributiva 分配的公平

Justitia est constans et perpetua voluntas jus suum cuique tribuendi 公正使人各得其所而有永恆的意思（公正是永恆的，其使人人各得其所）

Justitia non novit patrem nec matrem; solam veritatem spectat justitia 法官只認事實，不認爹和娘

Justitia omnibus 大公無私

Justitia plepoudrous 快速公正處理（意指即決審判）

Justitia suum cuique distribuit 法律使人人得所應得；司法應該賞罰分明

Justitium 法庭司法的中止；休庭期

Justum bellum 正義戰爭

Justum matrimonium 合法婚姻（正當結合）

Justus titulus 正當的名義；公正的所有權

Jusvicinitatis 相鄰權；毗鄰權

Juxta 靠近，接近；下述的；依照；按照

Juxta conventionem 依照約定；按照協議

Juxta formam statuti 根據法律形式；根據制定法的程式

L

Lacta〔英古〕稱量不足；缺斤少兩

Laesa majestas 不敬罪（指冒犯皇帝的不敬之罪）

Laesa majestas crimen〔總稱〕叛逆罪；叛國罪（叛逆罪及其他觸犯國王人身和尊嚴的罪名）

Laesa sanitas 傷害健康

Laesio 損害；傷害

Laesione fide i 拒絕支付債務之訴；違反民事合同之訴（提交教會法院審理）

Laga 法律；一部法律

Laicus 俗人（別於僧侶、牧師）

Languidus 被告人病重（指執達吏對拘捕令狀回複的名稱，意即被拘捕的被告病況至重，如若移送將會病危，乃至死亡）

Lantifundus 大片土地佔有人；大片土地所有者

Lapsus 失誤

Lapsus calami 筆誤

Lapsus linguae 口誤；失言

Lapsus memoriae 記錯

Lares et penates 家中財物

Largo sensu 廣義

Larrons 一夥盜賊

Lata culpa 重大過失

Lata culpa dolo aequiparatur 重大過失等於於詐騙

Latens 隱蔽的；潛伏的；不暴露的；不易發現的

Latifundium 大片的屬地；一大片田地；大地主領地；公地（由諸多小片土地組成，成為其後帝國時代的

公地）

Latifundus 大片土地所有者（由小片土地拼成的）

Latinarius 拉丁語翻譯（者）

Latini 拉丁人

Latini coloniarii 殖民區拉丁人

Latini Juniani 尤尼亞拉丁人

Latini prisci 早期拉丁人

Latini veteres 古拉丁人

Latitat〔英〕潛逃拘捕令狀

Latitatio〔英古〕隱匿；潛伏；埋伏

Lato sensu 廣義上；廣義來說；引申而言

Lator 持信人；送信人；立法者（創造或制定法律者）

Latro〔英古〕強盜；盜賊

Latrocinium 判決和處死盜賊的特權；偷竊；盜賊；被盜竊的財物

Latrunculator 判決和處死盜賊的法官；審判街道上強盜的法官

Laudare v. 命名；引證；引用；表示某人的權利或權力；〔封〕通過司法程式解決

Laudatio 品行證據（指在法庭上提供被告良好品行和性格情況的證明）

Laudatio auctoris 證人對於被告品行良好的證明

Laudator 仲裁員；人格見證人

Laudemium 永佃費；永久租金；〔英古〕支付新領主土地永久租賃費（指舊領主去世後，佃農作為唯一繼任者應向其新領主繳納一筆租金，謂之 "acknowledgment money"）

Laudibus legum anglix〔英〕英國法律禮贊（15 世紀左右，當時英國法院院長約翰．福特斯所著的英國法律書，讚揚英國法與羅馬法相比較有其優點）

Laudum 仲裁裁決

Laus Deo 讚美上帝（舊票據的標題）

Le est norma recti 法律是權利的準則

Leccator 放蕩的人；好色之徒

Lectio senatus 元老院選舉

Lega Latina 拉丁同盟

Legalis homo 守法者；守法人士（指享有充份法律權力的人的團體）

Legare v.〔英古〕遺贈；遺囑贈與；預見死亡及贈與

Legatarius 受遺贈者；遺產承受人；〔歐古〕使者；使節；信使

Legatos violare contra jus gentium est. 傷害大使違反國際法

Legatum〔英古〕遺贈給教會；遺贈（由死者繼承人予以執行）

Legatum ademtum 被侵奪的遺贈

Legatum alimentorum 撫養遺贈

Legatum conditionatum 附條件遺贈

Legatum debiti 附債務遺贈

Legatum dotis 嫁資遺贈

Legatum dotis constituendae 嫁妝設定遺贈

Legatum fructuum annuorum 年收果實遺贈

Legatum generics 種類物遺贈

Legatum incertae personae 不確定受遺贈人的遺贈

Legatum liberations 免除債務的遺贈（指以明示免除原為遺囑者的債務人之債務以作為一種遺贈）

Legatum menstruum 按月付的遺贈

Legatum mobilium 動產遺贈

Legatum nominis 債權遺贈（指以遺囑人的債權作為遺贈的標的）

Legatum ornamentorum 裝飾品遺贈

Legatum per damnationem 間接遺贈（指遺囑人不直接遺贈，而由其繼承人為之）

Legatum per praeceptionem 優先遺贈（指遺囑人指定以特定財產給予共同繼承人中之一的優先繼承權）

Legatum per vindicationem 直接遺贈（指受贈人可直接領取遺贈物，而不必請繼承人移轉）

Legatum purum 單純遺贈；無條件遺贈

Legatum quantitatis （代替物的）數量遺贈

Legatum reialienae 他物遺贈

Legatum usus fructus 用益權遺贈

Legatus a latere 教宗特使

Legem 法的賓格形式（以各種法律短語出現）

Legem facere〔英古〕立法；制定法律；宣誓

Legem ferre 提出法案（提議讓人民通過的法律）

Legem habere 有宣誓作證的能力

Legem jubere 制定法律；通過法律；贊成提交的法案

Leges〔複〕法律（其單數為 "lex"）；國民決議

Leges barbarorum 蠻族法（中世紀歐洲的法典）

Leges generales 一般法律

Leges imperfectae 不完全的法律

Leges minus quam perfectae 不完全的法律（次完全的法律）

Leges mori serviumt 法律應符合習慣

Leges non scriptae〔英〕不成文法；習慣法

Leges perfectae 完全的法律（指對非法行為有制裁力之法律）

Leges plus quam perfectae 最完全的法律（指不僅對非法行為有制裁力，而且還可以懲罰非法行為者之法律）

Leges posteriores priores contrarias abrogant 新法廢止有抵觸的舊法

Leges privatae 私法（私人法律）

Leges publicae 公法（公共法律）

Leges regiae 君王法

Leges rogatae 民決法律

Leges sacratae 神聖法律

Leges scriptae〔英〕成文法

Leges suum ligent latorem. 立法者應守法

Leges tabellariae 選舉法

Leges Wisbuenses 維斯堡法集 (約公元 13 世紀)

Legibus solutus 豁免 (意指國王不受法律約束)

Legis actio (羅馬法) 儀式訴訟；法定訴訟

Legisperitus 法學專家；精通法律者；律師

Legitima acquisitio 合法取得

Legitima aetas 法定年齡；成年

Legitima causa 合法原因

Legitima defensio 正當防衛

Legitima hereditas 法定繼承財產

Legitima impedimenta 合法的障礙

Legitima portio 特留份；法定特留份

Legitima possessio 合法佔有

Legitima potestas 合法權力；法定健康狀況

Legitima tutela 法定監護

Legitimae actiones 合法行為；合法的訴訟行為

Legitimatio 准正；准婚生

Legitimatio ad processum 訴訟代理的權能

Legitimatio per subsequens matrimonium 私生子的婚後准正；因結婚而取得合法地位 (指非婚生子因其生父母正式結婚而得以准正)

Legitimatis 准嫡；認正；准正

Legitime 特留份 (指父母專門留給其子女的繼承份額，無合理理由不得被剝奪)

Legitimi 合法婚姻所生子女

Legitimi haerees 合法繼承人

Legitimus 合法的；法定的；合法化的

Legitimus crimen 重罪

Legitimus haeredes 法定繼承人

Legitimus impedimentum 正當妨礙；正當障礙

Legitimus matrimonium 法律上的婚姻

Legitimus tutor 法定監護人

Lego 我贈與；我以遺囑遺贈 (羅馬法上遺囑中的通用術語)

Legum 法律的

Legum Baccalaureus (L.L.B.) 法學士

Legum Doctor (L.L.D.) 法學博士

Legum interpretatio 法的解釋

Legum Magister (L.L.M) 法學碩士

Legum sinendimodo 容許遺贈 (指遺囑中明示繼承人應允許受遺贈人取得某項特定遺產)

Lenocinium 猥褻媒介；〔蘇格蘭〕縱容妻子通奸並分享其賣淫利潤

Leonina societas 獅子合夥 (有的譯為 "與獅子合夥" 指獅子與驢一起去打獵，所得獵物獨歸獅子，不分於驢。此系古希臘的故事。指一方要承擔損失，但不分享利潤。此在羅馬法和英國法中均屬無效的合夥)

Levandae navis causa 減輕船舶載重 (指在投棄船上貨物入海以期成為共同海損)

Levari facias 執行扣押財產令狀 (指命令郡長扣押債務者的土地及動產，拍賣其動產，收取地租及土地的其他收益以清償債務的令狀)

Levis 輕微的；小的

Levis culpa 普通過失；輕微過失

Levissima culpa 最小過失；最輕微過失

Levissima diligentia 輕微注意

Lex 法；法律 (指以協議形式確定並具有權威性的法律實體規範)；原則，規則，規定；契約；風俗，習慣；條件，狀況

Lex abrogata 被廢止的法律

Lex actus 和解協議 (衝突法用語)；行為地法 (選擇法律場所的管轄)

Lex Aebutia 要式訴訟程式法 (即《阿布茲法》)

Lex aeterna 永久法；永恆法

Lex agraria 土地法

Lex Angliae 英國法；普通法；〔英〕丈夫應得亡妻遺產 (對亡妻遺產的繼承權)

Lex causae 准據法 (對一個涉外民事法律關係應當適用的內國或某一外國的實體法之衝突法)

Lex citationis 引證法

Lex commissioria (羅馬法) 解除約款 (指買方如在規定期限內不付款項即可免除賣方契約上的義務)

Lex communis 普通法

Lex contractus 契約地法；契約訂立地法 (指契約適用契約訂立地法律。例如，英國人在法國訂下的契約則應適用法國法，契約法實質問題由其訂立地法裁定，程式性問題則由法庭地法裁定)

Lex data 官定法律

Lex delicti 犯罪地；侵權行為地

Lex delicti commisi 犯罪地法；侵權行為地法 (指被告歸被告住所地之法院管轄)

Lex dispositiva 任意法

Lex divina 神法

Lex domicilli debitoris 債務人住所地法

Lex domicillii 住所地法 (指案件由其住所地法院審理，即法院的管轄權依被告的住所地法)

Lex duodecim tabularum 十二銅表法 (公元前 450 年羅馬發佈的確立平民的權利的法律)

Lex est norma recti 法律為權利的準則

Lex Falcidia 法爾西地亞法 (公元前 40 年奧古斯都統治時期制定的關於應確保繼承人獲得四分之一遺產處分法，該法迄今仍沿用於路易斯安娜洲)

Lex ferenda 應有法；擬議法

Lex forensis 村鎮制

Lex fori 法院地法；審判地法；訴訟地法 (指審理涉外民事案件的法院所在地國家的法律。這一系屬公式常常被用來解決有關涉外民事訴訟程式的法律衝突，有時也用來解決有關實體問題，如在離婚及侵權問題上，

一些國家法律規定適用法院地法）

Lex frumentaria 穀物法

Lex fundamentalis 基礎法；基本法

Lex generalis 一般法；普通法

Lex Hortensia 霍騰修斯法（羅馬公元前 287 年，賦予平民以公權）

Lex humana 人定法；人為法

Lex imperfecta 不完全法

Lex in casu 適用於本案的法律

Lex incerta 不確定法

Lex iner partes 當事者之間的法律

Lex inertiae 惰性的法律；惰性的法則

Lex inter partes 當事者之間的法律

Lex interpellat pro homine 債務人的給付義務基於法律的規定

Lex judiciaria 陪審法

Lex juridictionis ubi sita aunt 物所在地管轄法

Lex lata 現行法

Lex loci 當地法；發生地法；地方法律；所在地法

Lex loci actus 行為地法（指行為發生地的法律）

Lex loci celebrationis 婚姻締結地法；締約地法

Lex loci commissi 行為地法；不法行為發生地法

Lex loci contractus 契約地法；契約締結地法

Lex loci delicti commissi 不法行為發生地法；侵權行為實施地法

Lex loci delictis 犯罪地法；侵權行為地法；不法行為地法

Lex loci delictus 犯罪地法；侵權行為地法

Lex loci domicilii 住所地法

Lex loci executionis 履行地法

Lex loci rei sitae，(or lex situs) 物所在地法（不動產依不動產所在地法）

Lex loci solutionis 合同履行地法（合同適用履行地法，例如，倫敦的合同甲把貨物交付意大利的乙，則合同甲應適用乙地法律）

Lex mercatoria 商法；商業習慣法；商事法

Lex miliaria 軍隊法

Lex municipalis 都市法；國內法

Lex nationalis 國內法；當事人本國法

Lex naturale 自然法則；自然法

Lex non curat de minimis 法律不管小事

Lex non scripta 不成文法；習慣法；普通法（包括普通和特別的慣例在內）

Lex ordinandi 法院地法；審判地法；訴訟地法

Lex originis 原籍法；本地法

Lex patriae 本國法（當事人本國法）

Lex permissiva 容許法

Lex personalis 屬人法（屬人法是以法律關係當事人，包括自然人和法人的國籍、住所或習慣居所作為連結

點的系屬公式。該系屬公式主要用於解決有關人的身份、能力、家庭關係以及繼承等方面的民事法律衝突。"屬人法"有"本國法"即"國籍國法"和"住所地法"之分，歐洲國家均把當事人住所地法視為屬人法。主要是因為當時各國的國內法律尚未統一，不具備以本國法作為屬人法的客觀條件）

Lex Poetelia 柏德爾法（指廢除債權人出賣或殺害債務人權利的法律）

Lex positiva 實定法

Lex posterior derogat priori 後法廢止前法

Lex posterior derogate lex priori 後法勝於前法；後法優於前法

Lex posterior generalis non derogat legis priori speciali. 新的一般法不能減損以前的特殊法；後制定的普通法不廢止原有的特別法

Lex praeceptiva 命令法

Lex praetoria 裁判官法

Lex primaria 充實法

Lex prohibitiva 禁止（性）法規

Lex prospicit non respicit 法律不追溯既往

Lex regia 君主法；王法

Lex rei sitae (or Lex loci situs) 物之所在地法（指以涉外民事法律關係之標的物所在地作為連結點的系屬公式，主要用於解決物權、所有權等方面的法律衝突，現也適用於動產物權關系）

Lex Rhodia 羅德島法（最早的海上習慣法）

Lex Rhodia de jectu 海上棄物法（"羅德島棄物法"，指為了船隻的安全或為了別的貨主的安全而把貨物拋進海中時，該貨主有權要求分擔其損失）

Lex Roman burgundianum 巴爾幹民族的羅馬法；勃艮第羅馬法

Lex Romana 羅馬法

Lex Romana canonice compta 羅馬寺院法選編

Lex Romana Visigothorum 西哥特羅馬法典（約於公元 6 世紀）

Lex salica 薩利克法典（公元 5 世紀時薩利克·法蘭克人的法律）

Lex Saxonum 撒克遜法

Lex scripta 成文法；制定法

Lex situs 物所在地法；財產所在地法

Lex societas 會社法

Lex solutionis 契約履行地法

Lex specialis 單行法；特殊法

Lex specialis derogat generali 特殊法優於普通法

Lex successionis 繼承法

Lex talionis 報復性法律（以牙還牙的治罪法）；復仇法

Lex terrae 國內法；當地法（普通法律的適當程序，最嚴格意義上講為"宣誓審判"，"宣誓特權"）

Lex Theodosii 狄奧多西法典

Lex ultimi domicilii 最後住所地法

Lex uno ore omnes alloquitur. 法律大公無私；法律對任何人都是同一的（法律是用同一個嘴巴，同一個聲音說話的，意指：法律面前人人平等）

Lex validitatis 涉及婚姻和契約等有效推定（沖突法用語）

Lex voluntatis 當事人合意選擇的法律（當事人合意選擇法律的"意思自治"作為連結點系大多數國家確定涉外合同准據法的首要原則）

Lex Wallensica 威爾士法

Lexer〔俗〕法科大學生

Lexitationis 引證法（羅馬於公元 426 年頒佈）

Libellus famosus 誹謗；誹謗性出版物

Libellus repudii 離婚證書

Liber (L.) a. & n. I. 自由的；公開的；開放的；可進入的；自主的；自由的；獨立的；不受他人控制的；II.（有豁免權的）書，書冊；契據登記簿；（文學或專業作品）分冊；五十

Liber assisarum〔英〕巡迴審判案例集（愛德華三世時代巡迴審判等，1679 年）

Liber Augustalis 奥古斯都法典（1231 年）

Liber Decretalium Grregorii IX 格里戈利九世教令集（1234 年）

Liber homo 自由人；自主人

Liber Papiensis 倫巴第法文集（1040 年）

Libera 自由的；豁免的；免除税費的

Libera batella 自由船；自由捕魚權；漁業權

Liberam legem amittere 喪失自由人的權利（古時為剝奪同謀犯罪權利的判決，現改為罰款和坐牢）

Liberare v.〔英古〕提交；移送；轉讓；給予自由；釋放；解除債務

Liberatio〔英古〕交付；交付或使用貨物所付的款項；財產所有權的讓渡（批准書）；免除；豁免；特免；赦免

Liberatio legata 免除債務的遺贈

Liberatorium 無罪的判決；免責證書

Liberi 子女；孫子女；後代；晚輩血親；〔撒〕自由人；自由地的佔有者

Liberi justi 婚生子

Liberi non justi 非婚生子

Libertas 自由；自由權；特許權；被解放者；被釋放者

Libertas in legibus 合法的自由

Liberti〔複〕被釋放的奴隸（=libertine）

Libertimitas 被解放者的法律上地位

Libertini 自由民（獲得自由的奴隸）

Libertinus 獲得自由的奴隸；被解放的奴隸（指在與國家關係的層面上而言）

Libertus 被解放者；被釋放的奴隸（指在與主人關係上而言的）

Liberum arbitrium 自由意志；任意

Liberum maritagium〔英古〕嫁資地產（指結婚時岳父贈給女婿的限嗣繼承的不動產，釋義詳見"frank-marriage"）

Liberum tenementum 自由保有地產的抗辯；侵入地是被告自己所有的抗辯（在英國普通法上被告對被訴侵入他人土地的抗辯）；自由保有的地產（釋義同"freehold"）

Liberum veto 自由否決權；無限制否決權（指波蘭 17-18 世紀的國會中，如有一個議員反對，就不能通過決議的制度）

Libra〔英古〕一英鎊；價值等於一英鎊數目的錢；一磅

Libripens 過磅員；稱貨員；司秤員；中證人；中立人

Libro Siro Romano di Diritto 敍利亞 - 羅馬法學典籍

Licentia 許可（證）；允許；准許

Licentia loquendi 准予延期答辯；庭外和解（指法院准予被告延期答辯以使其與原告和解。釋義同"imparlance"）

Licentia transfretandi（命令海港當局讓特定人）出海令狀

Licere v. 合法；允許，依法許可

Licere liceri 開價；出價；投標

Licet 允許的；合法的；法律不禁止的

Licitare v.（拍賣中）出價；投標；接二連三投標

Licitator（拍賣的）出價人；投標人

Lictors 儀仗隊

Ligeantia 忠誠；效忠

Linea 血親；血統；家系；親系；繼承血親

Linea ascendentium 祖先系；祖輩血親；尊血親

Linea collateralis 旁系血親

Linea descendentium 卑血親；卑族系

Linea obiqua 旁系；旁系血親

Linea recta 直系；直系血親；直線；垂直線

Linea superior 祖先系；祖輩血親；尊血親

Linea transversalis 旁系；旁系血親

Liquere v. 使清楚；使明白；使滿意

Lis 爭執；爭議，訴訟；法律訴訟

Lis alibi pendens 異地未決的訴訟（大意是兩造就指定標的在不同法院提起尚待審決的訴訟）

Lis mota 訴訟在進行中；訴訟存續中（按此詞意指：已就導致其後構成的系爭因此點或問題而提起的法律訴訟的爭議）

Lis pendens 未決訴訟（特指關於土地契據問題進行中的訴訟，其釋義同"Lite Pendente"）

Lis seriatim 分訴訴訟

Lis sub judice 爭議的案件；爭議物；未決的訟案；審理中案件

Lis utere tus alienum non laeds 在不侵犯別人的權益的範圍內使用你的財產

Lite pendente 在審理中；在訴訟期間；尚未了結的訟案

（釋義見 "lis pendens"）

Litera 字母；書信；法律文書

Litera excambii 匯票

Litera legis 法規的文字

Literae 書信；書面檔；〔英古〕（各種）書面文據（含公、私的書面文據）

Literae communiatoriae 通知書

Literae compulsoriales 督促狀

Literae credentiales 認證證書

Literae imploratoriae 請願書

Literae informatoriae 報告書

Literae patentes 專利權證；公開信；開封特許狀（指按字面的意思）

Literae recognitionis〔海法〕提單；提貨單

Literarum obligatio 債權贍賬（名義上的契約，可分兩種：一種物對人的，以債務形式把交易從日記賬轉到總賬中；另一種是人對人的，把從一個人的債務轉到另一個人的名下。這種義務稱之為 "nomina transcript"）

Literatim 逐字地；照原文

Litigare v. 提起訴訟；進行訴訟（或以原告或以被告名義起訴，解決求償或爭端）

Litis aestimatio 訴訟標的估價；損害賠償標準

Litis aestimator 爭議標的估價人；損害賠償金評定人

Litis consortes 共同訴訟當事人

Litis consortium 共同訴訟

Litis contestatio 爭訟，爭訟程式；提交法官裁定（指兩造已向法官陳述抗辯時即達成合意通過訴訟解決，亦即兩造將遵守法官的裁決）；〔宗〕被告總括抗辯（指被告在宗教法院庭上總括否認誹謗中所控告他的問題）

Litis denuncitiatio 訴訟通知；告知參加訴訟（指財產購買人在財產歸屬訴訟中把自己的敗訴而產生的法律關係告知賣者要求給予辯護上的協助）

Litis dominium 訴訟代理人

Litis pendentia 權利的拘束

Litis reassumutio 再審

Litis renuntiatio 訴訟的放棄

Littera scripta manet 寫的字是始終存在的（是無法否認的，可以作證的）

Litterae 書面文件（=litera）；證券

Litterae accusatoriae 公訴狀；起訴書

Litterae cambiales 票據證書

Litterae communicatoriae 通知書

Litterae compulsoriles 督促狀

Litterae credentiales 認證證書

Litterae imploratoriae 請願書

Litterae informatoriae 報告書

Litteralis contractus 書面契約

Littori 侍從官

Litura 塗抹；修改（遺囑或其他文件）

Litus 河岸；海灘，海濱；海岸；〔歐古〕傭人；家奴；奴僕

Litus est quousque maximus fluctus a mari pervenit. 海水高潮所達之處為海岸

Litus maris 海濱；海灘；海岸

Liverare〔英古〕提交；轉讓；交付；釋放；給予自由

Locarium〔歐古〕出租價格；租賃費；租金

Locatarius 受託人；保管人

Locatio （廣義的）租賃；出租（一種雙務契約，一方為貸，一方為借，為一種托管合同）

Locatio censoria 監察官出租

Locatio conductio 租賃（指一方出租，另一方承租）；有償保管或租賃

Locatio conductio operarum 僱傭租賃

Locatio conductio operis 包工；承攬租賃

Locatio conductio rei 物件租賃；物品租賃

Locatio custodiae 保管物的租賃

Locatio navis 船舶租賃

Locatio operarum 勞務租賃；勞工僱傭

Locatio operis 僱傭契約；勞務合同

Locatio operis faciendi 托管；定作；加工承攬租賃（將貨物交付給為賺工錢而提供勞務者，例如將一件外衣交給縫紉匠縫補一樣）

Locatio operis mercium vehendarum 貨物運輸的租賃；交付貨物運輸承攬合同

Locatio rei 物的租賃；物件保管

Locator 勘定採礦邊界人；勘定地界者；出租人

Locator operaum 受僱人

Locator operis 定作人

Locatorium 租金

Locatum 租賃（物）

Loci communes《羅馬法諺彙編》

Loco 當地；當場；當地交貨（價）

Loco citato (Loc.cit.or L.C.) 見上引；在上述引文中；在上面引證過的地方（指引證過的某書、文件等）

Loco parentis 代親；代行父母權利、義務和責任者（詳見 "in loco parentis"）

Locum tenens 任職；副代表；代理人；代表；〔法〕下議院議員；副職官員；代理官員

Locuples 有能力應訴的；原告可得以補救數額的

Locus 地點；場所；所在地；行為地

Locus classicus 經典語句（或章節）

Locus contractus 訂立契約地；締約地；簽約地

Locus contractus regit actum 行為依締約地法；契約締結地支配行為

Locus criminis 犯罪地；犯罪行為實施地（釋義同 "locus delicti"，即不法行為由其發生地法院管轄）

Locus delicti 犯罪地；侵權行為地；不法行為地

Locus delicti commissi 侵權行為地；不法行為發生地；不法行為審判籍

Locus in quo 訴訟原因發生地；現場（指被控告所幹侵權行為的處所）

Locus poenitentiae 悔改地；悔改的機會；改變主意的機會；放棄犯罪機會；退出約定權利；中止締約的權利（通常適用於法律上確認已發生任何行為之前撤回討價還價之權力用語）

Locus publicus 公共場所

Locus regit actum 場所支配行為；行為依行為地法；地點支配行為（國際私法用語）

Locus rei sitae 物的所在地

Locus sigilli（L.S.）蓋印處（文件中應蓋印的地方）

Locus solutionis 合同履行地

Locus standi 立足點；出庭權；發言權；陳述權

Longa possessio est pacis jus 長期佔有乃和平法則（長期佔有構成和平權利）

Longa possessio jus parit 長期佔有產生權利

Longi temporis possessio 長期佔有

Longi temporis praescriptio 長期時效

Longissimi temporis praescriptio 長期取得時效

Loquela 談話；對話；〔英古〕爭議（因當事人口頭改變訴訟所致，現改為抗辯或庭外和解）

Lucerna juris 法律之星

Lucerna juris pontificii 大祭司法律之星

Lucra nuptialia 婚儀資金

Lucrativa causa 無償約因；無償贈與

Lucrativa usucapio 惡意的佔有繼承（在羅馬法上，因時效取得財產的方式，只有在財產所有者死亡時佔有其財產才是可允許的）

Lucri causa 以圖利為目的（指懷著盜竊意圖而竊取他人財產或獲利益才能構成盜竊）

Lucrum 一小塊土地

Lucrum cessans 損失的利益；消極損害

Luctus 哀悼

Lumen 採光權（地役權的一種）

Lumen juris 法律之光

Lumen legum 法律之光

Lumium 地役的一種

Lunatio 心神喪失者；精神病患者；瘋子

Luxuria 有認識的過失

Lytae 學習羅馬法的四年級學生

M

Mactator 〔歐古〕謀殺犯；兇手；故意殺人者

Magister 長官（羅馬帝國時代的一種官員的頭銜）；〔英〕主人；統治者；獲得著名科學學位者

Magister litis 訴訟主事官；（受理、執行或有權執行訴訟的）官員

Magister militum 軍事元帥

Magister navis 船長

Magister officiorum 辦公室主任

Magister populi 獨裁長官

Magister sententiarum "法律格言大師"（中世紀時曾一度給予彼得倫巴德的稱號）

Magistratus 司法官員；地方法官（狹義上而言屬於初級司法官員，有審理和斷案權，但確切地説，主要是查明法律問題，有別於事實上的法官）

Magna capitatis deminutio 人格中減等

Magna Charta 〔英〕大憲章（1215 年發佈，英國封建專制時期重要憲法性文件之一，為英國公民基本權利的根據，釋義同 "Creat Charter"）

Magna culpa 嚴重過錯；重大過失

Magna culpa dolus est 重大過失即成故意

Magna negligentia 重大懈怠；重大過失

Magnum in parvo 言簡意賅

Magnum vectigal est parsimonia 節約致富

Majestas 君主；主權；國家（或王儲）最高權力；叛國罪

Majora 〔複〕（投票的）多數

Majora regalia 顯赫的皇權（指君主的威嚴、皇室的特權）

Majores 〔英古〕大人物；社會地位高的人；（第六親等男系的）先輩；尊親（羅馬法和家譜用語）

Majus jus 〔英古〕較多權利；更優先的權利

Mala 壞的；罪惡的；不法的

Mala fides 不真誠，不誠實；惡意（釋義同 "bad faith"，其反義詞為 "bona fide"）；〔香港〕不誠實

Mala grammatica non vitiat chartam 語法不通不影響契據的效力

Mala grammatica non vitiat chartam. Sed in expossione instrumenatorum mala grammetica quoad fieri possit evitanda est 語法不通不影響契約的效力，但闡述契據時應盡力辮免出現病句

Mala in se 自然犯（指行為本身就是非法的，例如殺人犯等）；本質上違法行為（指行為本身就是不道德的）

Mala praxis 瀆職；治療錯誤；醫治不當；醫療上的過失（指內、外科醫生或藥劑師診治失當以致病人受害，對此，受害者有權要求賠償）

Mala prohibita 法定罪行；法律禁止的行為（例如，非法賭博）

Malae fidei 惡意；詐欺；不誠實

Malae fidei possessio 惡意佔有

Malae fidie possessor 惡意佔有人

Malefaction 犯罪行為；罪行；犯罪

Malefactor 罪犯；犯罪份子

Maleficia propositis distinguuntur. 罪惡行為與罪惡目的

應有區別

Maleficium 毀損；侵害；傷害；不法行為

Malitia（事實上的）罪惡企圖；明示惡意

Malitia praecogitata 惡意的預謀

Malitia supplet aetatem 惡意乃年齡之補缺（兒童犯罪責任舊的適用準則）

Malo animo 惡意地；居心不良地；不法意圖地

Malo grato 不樂意地；非自願地；怨恨地

Malum 不法的；惡意的；中傷的；錯誤的，應受譴責的

Malum in se 本質上不法行為；自然犯

Malum in se and malum prohibitum 本質上不法行為及法律上禁止違法的行為

Malum prohibitum 法律禁止的行為；違禁行為（指為實定法所明示禁止的行為）

Malus usus abolendus est 不良慣例應該廢除（指應廢除壞的和無效的慣例）

Mancipatio 要式買賣（指古代的一種合法有效買賣要求履行某種儀式或轉讓土地、房屋、奴隸或牲畜等正式手續）

Mancipatio familiae 家產要式買賣

Mancipi res 要式移轉物（包括土地、房屋、奴隸、馬等牲畜）

Mancipium 親子解放（指成人而脫離父母控制）；財產權；要式買賣權

Mandamus〔美〕履行職責令（上級法院命令下級法院恢復原告被非法剝奪的權利或特權）；〔英〕職務執行令（指以女王名義發出的指令，指示任何人、公司或下級法院要求他們在其職責內採取某些特定的行為；在適用上則限於關於侵犯公共利益或義務方面要求給予救濟的案件）

Mandans（委托合同的）受僱方；寄託人；授權人；指示人

Mandata 訓示；敕示（皇帝對行政官員等的訓示）

Mandatarius 受任者；受託者；代理人

Mandatio 委任

Mandatum 委託書；寄托（合同）；委託；委任；托運；托管

Mandatum accipiendi 接受委任

Mandatum actionis 訴訟委任

Mandatum allestatorium 逮捕命令

Mandatum alterius 強行命令

Mandatum cassatorium 取消命令

Mandatum cum clausula 附條件命令；附條件委任

Mandatum cum libera potesrate agendi 全權委任

Mandatum de non offendento 損傷禁止令

Mandatum generale 一般命令；一般委任

Mandatum illimitatum 全部委任

Mandatum in rem suam 交付訴求額的委任

Mandatum inhibitorium 作為命令

Mandatum praeceptivum 作為命令

Mandatum prohibitorium 禁令

Mandatum qualificatum 信用委任

Mandatum simplex 單純命令

Mandatum sine clausula 無條件命令；無條件委任

Mandatum solvendi 償付委任

Mandatum spciale 特定委任；特定命令

Mandatum tua gratia 對於受任者有利的委任

Mandavi ballivo 郡長已交付直達吏執行的令狀回複

Manerium〔英古〕莊園

Manifesta iniquitas 明顯的不公平

Maniples 連隊

Manser 非婚生子

Mansuetae naturae 家畜；馴服的牲口

Mansuetus 馴服的；馴良的

Manu 手；權力；〔印度〕摩奴

Manu brevi 立即；直接；以最短過程；無迂迴地

Manu forti 用暴力；強行地

Manu longa 間接地；迂回地

Manu militari 用武力；以軍事力量

Manu opera 家畜；農用家畜或工具；當場抓獲得被盜物品

Manucaptio〔英古〕保釋令狀（指不准郡長等保釋的重罪嫌疑犯）

Manumissio in ecclesia 寺院解放（指依羅馬法，主人得在寺院內宣佈解放其奴隸）

Manumission testaments 遺囑解放（指依羅馬法，主人得在遺囑上解放其奴隸）

Manupretium（僱用的）工資；（勞工的）報酬

Manus 手；權力；夫權；〔英古〕宣誓人

Manus injectio 拘禁

Manus mortua 死手；永久管業權

Mare 海

Mare altum 公海

Mare apertum 公海

Mare clausum 閉海；《閉海論》（指塞爾登於 1584-1654 所寫回答海洋自由化的著名論文）

Mare liberum 公海；海洋自由；《海洋自由論》（格勞秀斯 1583-1645 年著名論文，證明世界各國都有使用海洋的平等權利）

Mare nostrum 一國之領海；兩國（或數國）共有的海；我們的海（地中海）

Mare partio terrae 海是陸地的一部份（意大利法學家 Gentilis 於 1661 提出的主張）

Marinarius〔古〕水手；海員；船員

Maritagium 嫁妝；妝奩；婚姻監護權（指對領主未成年的領臣子女婚姻的處置權利）

Maritia 妻

Maritus 已婚男子；丈夫

Mater 母親

Mater terra firma 祖國大地

Mater-familias 家母；節婦

Materia 材料；〔英〕物；物質；事項；主題

Matertera 姨母（母親的姐妹）

Matrimonium 合法婚姻（指嚴格依古羅馬婚姻要件締約的）

Matrimonium cum manu 有夫權的婚姻（指婦女結婚後脫離娘家，而移居夫家）

Matrimonium illegitimum 不合法的婚姻

Matrimonium instauratum 重婚

Matrimonium legitimum 法律上的婚姻；合法的婚姻

Matrimonium levitatus 姻親婚姻（指寡婦與丈夫兄弟之間的婚姻）

Matrimonium putativum 誤想婚姻

Matrimonium ratum 寺院婚姻

Matrimonium sine connubio 非正式婚姻

Matrimonium sine manum 無夫權婚姻（指婦女結婚後仍屬娘家，不歸夫家，為古羅馬一種婚姻制度）

Matrina 教母

Matrix ecclesia 主教堂

Maxime paci sunt conteraria vis et injuria 武力和侵權行為是和平的大敵

Me judice 依我的意見

Mea culpa 由於我的過失

Media concludendi 辯論的經過；推理的步驟；主張權利的根據

Medianto altero 間接（繼承）

Medicamentum 藥品

Medice, cura te ipsum 以身作則

Medicina forensis 法醫學

Medicina legalis 法醫學

Medicinalis toxicosis 藥物中毒

Medietas linguae 雙語的

Meditatio fugae 脫逃的意思；意圖逃逸；企圖逃避；〔蘇格蘭〕逃避債務的企圖

Medium filum 中心線；中間線

Medium filum aquae 中航道；水道中間線

Medium tempus 同時；其間；〔英古〕中間利益

Melior 較好的；更好的

Melior est conditio possidentis et rei quam actoris 佔有者的被告處於較有利的地位，被告地位有利於原告

Melius est in tempore occurrere, quam post causam vulneratum remedium quaerere. 事情及時處理，勝於造成損害後設法彌補；預防勝於彌補

Melius est jus deficiens quam jus incertum. 不完備的法律勝過不明確的法律；法律寧可不完備，不可不明確

Melius inquirendo, or melius inquirendum 就死者財產被佔有事進行第二次調查的令狀

Membrana〔英古〕羊皮紙的一頁

Memor et fidelis 謹慎忠實

Memoriter adv. 憑記憶；根據記憶

Mens 意圖；意志；意願；意思；意識；見解；目的；意志力

Mens legis 法律目的；法律精神；法律意圖；法律真意

Mens rea 犯罪心態；犯罪目的；犯罪意圖（通常為罪行的要件之一）

Mens sana in corpore sano 身心健全

Mensa et thoro（夫妻）分居；別居（床與桌）

Mensis〔英古〕月；一個月

Mensor 測量員；土地丈量員；勘測員

Mensularius 錢莊；貨幣兌換商

Mensura〔英〕蒲式耳（英國舊時計量單位，1 蒲 = 36.368 升）

Mente capturs 全癡（習慣性精神錯亂）

Mentiri 撒謊；說謊

Mentis impotentia 智力缺陷

Mera noctis 半夜；午夜（晚上十二點）

Mercator 商人

Mercatula 商；商業

Mercatum 市場；買賣契約；銷售合同

Mercedary 僱主；租賃者

Mercenarius 傭工；傭人；僱傭兵

Merces 酬金；勞動報酬（以金錢或以實物）

Mercheta mulierum〔蘇格蘭〕（領主與其佃戶新婚女兒的）初夜權；佃戶應向領主繳納外嫁女兒罰金

Merx 商品；貨物；可移動的買賣物品；貿易品

Mesne a. & n. I. 中間的；II. 中間領主

Metallum 金屬；礦山，礦藏；礦山中勞動（作為一種犯罪的懲罰）

Metus 恐懼；脅迫；擔心（指因脅迫而簽約，其同義詞為 "fear, terror"）

Meum 我的；屬於我的

Miles 戰士；士兵；〔英古〕武士；騎士；〔蘇格蘭〕自由土地保有人

Militare v. 被封為騎士（或武士）；服兵役

Minae 米納（=1.29 公斤銀錢）

Minatur innocentibus qui parcit nocentibus. 縱容罪犯，即危害無辜

Ministri Regis〔英古〕國王重臣（指王國政府部長和法官們）

Minor aetas 未成年；幼年期

Minor jurare non potest 未成年人不能宣誓；未屆成年齡者無宣誓能力

Minucipium 城鎮

Minus 較少；比…少；根本就沒有

Minutio 減少；減輕；縮減

Miserabile depositum 強制儲備；災害儲備（如，失事船

舶、火災等保險，或其不可避免的災害）

Misericordia 憐憫；慈悲；罰金；罰款；隨意的罰款；免於受罰

Missi dominici〔英〕欽差大臣；巡迴大臣

Missio in bona 財產的扣押

Missio in possessionem 實現佔有

Mitior sensus 更為有利的含義（詞義）

Mittimus 羈押令；監禁令；法院移送案卷令；收監令（指法院向監獄看守所發出的接收並予保護囚犯的安全直至按法律程式解送審訊為止的令狀）；〔美〕定罪判決記錄副本（已經法院書記員依法證明）

Mobilia 動產；可移動的財物

Mobilia inhaerent ossibus domini "動產附骨"；動產附隨其所有者

Mobilia sequuntur personam 動產隨人；動產隨其所有人；動產依所有人住所地法

Mobilitas 動性；動狀

Moderamen inculpatae tutelae 正當防衛規則（用於人身和財產的安全，雖可能引起肇事者的死亡）

Moderata tutela 適當的緊急防衛

Moderatio 調節；減輕；減額

Moderatio expensarum 審判費用的減額

Moderatio poenae 減刑

Moderationis jus 減輕刑罰的權利

Moderatum spatium 相當期間

Modiatio〔英古〕（一種）酒稅（每 42 加侖中號桶應繳納一定數額的稅）

Modius 鬥（羅馬的量具，每單位為 550 立方英寸）；蒲式耳（英國中世紀法律用語）

Modo et forma 在方法上和形式上（指被告採取以在聲明中所稱被告訴的同樣方法和形式在抗辯中否認原告的指控）

Modus 方式；方法；手段；習慣；對價；不動產契約轉讓約因；限定；限制條件

Modus acquirendi 取得的方法

Modus cogitandi 填補方法

Modus contribuendi 分擔出資的方法

Modus decimandi〔宗〕什一稅方式；繳納什一稅的特殊方式；免納部份什一稅

Modus et conventio vincunt legem 慣例和協議支配法律；慣例與協議優於法律（習慣與協定在限度內不受法律限制）

Modus habilis 有效方式；適當方式

Modus injuriae 致害手段

Modus operandi（M.O.）施行方法；處理方法；作案手段

Modus procedendi 工作程式

Modus tenendi 保有土地的方式

Modus tenendi parliamentum《論議會的組織和權力》

（1846 年）

Modus transferrendi 讓與方式；讓渡方式；轉讓方式

Modus vacandi 放棄土地方式

Modus vivendi 代替什一稅所交的現金；生活方式；暫時解決辦法；臨時辦法；權宜之計；妥協；暫訂條約；臨時協議

Moerda 暗殺；秘密殺害；謀殺

Molliter manus imposuit 輕按其手（指被告對被訴毆打案件中未對原告施加不合理暴力的辯護詞）；〔英〕被告的特免抗辯（在不法侵害人身訴訟中，被告主張不得不用最低限度的暴力並且行使這種暴力具有正當理由的抗辯人）

Monarchia 王政；君主制

Monarchia assoluta 專制君主制

Monarchia Latina 拉丁君主制

Moneta 貨幣；金錢

Mora 過失；疏忽；遲延

Mora accipiendi 受領的遲延

Mora creditoris 債權者的遲延

Mora debitoris 債務者的遲延

Mora periculum 延誤上的危險；遲滯上的危險

Mora perpetuam facit obligationem 債務不因遲延而消滅

Mora reprobatur in lege 法律上不允許遲延

Mora restituendi 遲延歸還；遲延返還

Mora solvendi 履行遲延；給付遲延

Morandae solutionis causa 為遲延支付的緣故

More majorum 遵照祖宗成法

Mores 習慣；風俗；不成文法

Mors 死；死亡；致死

Mortis causa capio 死因取得

Mortis causa donatio 死因贈與

Mortis causa negotium 死因的法律行為

Mortis cause 死因；臨終前所作的

Mortuum vadium 死質；典當（指質物所得的租金或利息不作為清償債務之用，其釋義同 "deadpledge"，即不轉移佔有物的擔保，質物之利潤

或租金不能用以支付債務之用）

Mortuus 死的，死亡的；無生命的

Mortuus civiliter 民事死亡；剝奪民事權利

Mortuus exitus non est exitus 子嗣死亡即為無後（死亡的胎兒，不視為後嗣）

Mortuus sine prole 死者無後嗣

Mos pro lege 習慣就是法律；慣例等於法律

Motu proprio 自行；自動；自願地；主動地

Mulier 妻子；婦女；寡婦；處女；婚生子女

Mulier marita 妻子

Mulier puisne 婚生次子（指在長兄出生前的婚生次子）

Multa 罰金，罰款

Multatio 刑；刑罰

Multiplicitas 多樣性

Multo fortiori 更多力量；使用更大的力量；基於更充份的理由

Multum in parvo 言簡意賅；小而俱全（形體小而包含豐富）

Munera publica 公共稅賦

Muneratis 贈與

Municipes 自治市市民；自治市委員會委員

Municipia 自治市（地方自治團體）

Municipium 自治市（羅馬時代）

Munificium 納稅義務

Munus 公民義務；〔蘇格蘭〕公職人員（負有某種公共義務的職務）

Murorum operatio 維修城墻或城堡的勞役

Mutatio 變更；變化；萬化

Mutatio libelli 訴訟的變更

Mutatio nominis 改名；更改姓名

Mutatis mutandis 在細節上作必要的更改（指問題或情況大體相同，但必要時可對其名稱和辦公處所等作些必要的變更）

Mutuari 借；借入；借用

Mutuatus 金錢借貸

Mutuo 消費借貸

Mutuo soccorso 相互救濟；救濟基金

Mutus dissensus 解除契約的合意

Mutus et surdus〔英古〕聾啞

Mutuum〔蘇格蘭〕消費借貸；用實物償還借貸的契約（以借時同樣數量、相同種類、同品質和價值償還所借債務契約。例如以大麥、酒等等）

Mutuum adjutorium 相互救助

Mutuus consensus 互相同意；合意；協議

Mutuus consensus 雙方同意；締結契約的合意

N

Nacessaria cessio 必要的讓與

Nacessaria compensatio 必要的補償

Nam conj. & n..I. 因為；由於；II. 扣押牲畜或動產

Nam nemo est haeres viventis 無人為生存者的繼人（指繼承人必須等到被繼承人死時才能產生）

Namare v.〔英古〕取得；佔有；扣押

Namatio〔英古〕扣押

Namium〔英古〕取得；佔有；扣押；扣押物（指扣押貨物或牲畜以抵債）

Namium vetitum 非法扣押（指以僞稱牲畜侵害為由，把牲畜趕到非法之處）

Narratio 起訴狀（原告陳述其所賴以起訴之事實依據）

Narrator〔英古〕辯護律師；狀師（撰寫訴狀者）

Nasciturus 胎兒（指未出生者，已出生者稱 "natus"）

Natio 人民；種族；國家；出生地（古時檔案用語）

Nativa 女奴

Nativi 農奴；奴隸

Nativi conventionarii 契約奴

Nativus〔英古〕當地人；土著人；生為農奴

Natura maris 海的本性

Naturalia 常素；要件（指法律行為的要件，亦即自然要件）

Naturalia negotii 通常要件

Naturalis aequitas 自然的正義

Naturalis Liberi 非婚生子女；私生子女

Naturalis obligatio 自然義務；自然債務（指在道德上或良心上而無法律上的救濟之債）

Naturalis possessio 自然佔有（對法定佔有而言）

Naturalis possessor 自然佔有者

Naturtalis computatio 自然計算法

Natus 天生的，生來的；臨產的（將要出生的）

Nauclerus 船長；商船船主

Nauta 水手；船員；租船人

Nautae 船主

Nauticum foenus 海事利息

Navarchus 船長；艦長

Navicularii 船主協會

Navis 船；艦

Navis bona 完好狀態的船隻；適航的船舶

Ne acdmittas〔宗〕禁止性令狀

Ne baila pas〔法〕他未交付

Ne bis in idem〔英〕一事不再理；一罪不二審（指對已生效判決、裁定的案件，除法律另有規定外，不得再行起訴和受理的一個訴訟原則）

Ne exeat 禁止離境令（指禁止當事人離開國境或法院管轄區）

Ne exeat regno 禁止離國令；禁止出境令（指下達給郡法院執達員的君主特權令狀，命令其只有在被告給付所欠原告定額款項取得法院許可後才能離境）（英國習慣做法）

Ne exeat republica (or regno)〔美〕禁止離境令（不准離開國境令）

Ne impediatur legatio 使館不受妨礙

Ne injuste vexes〔英古〕禁止非法勒索令狀（指命令領主不得要求佃農超過合法的勞役）

Ne judex ultra petita partium 法官不判給超出當事人本身的要求

Ne luminibus officiatur 毗鄰房屋光線地役權（指有權使自己的房屋的光線不受鄰房的阻礙，意即禁止房主建造阻礙相鄰房屋採光地役權，即謂 "禁止阻礙採光權"）

Ne quis invitus civitate mutetur, neve in civitate manest invitus 不得強迫任何人放棄國籍，也不得強迫其保留

國籍

Ne recipiatur 不應受理（指告誡法官不要受理與他尚在訴訟中案件之對造提起的下一個訟案）

Ne unques 從未；從不

Ne unques accouple 從未結婚的；無合法婚姻關系的

Ne varietur 不得更改；不再變動

Nec plus ultra 無以復加；到極點

Nec veniam effuso sanguine casus habet. 導致流血案件不可饒恕

Necessaria cautio 必要擔保；法定擔保

Necessaria cessio 必要轉讓

Necessaria compensatio 必要的補償

Necessaria defensio 緊急防衛；正當防衛

Necessarii heredes 當然繼承人

Necessarius 必要的；不可避免的

Necessitas 必要；必然；必要性；貧困；壓力；不可避免性（指不得不違心地被迫行事）

Necessitas culpabilis 應受懲罰的犯罪；必不可免的犯罪（如，因自衛所迫不得已殺人等）

Necessitas non habet legem 緊急排除法律；必要無法律；必要情況下不考慮法律；急難罔顧法律

Necessitas publica major est quam privata 公共需要優於私人之需

Necessitas vincet legem; legum vincula irridet. 必要勝過法律；必要不受法律羈絆的約束（迫不得已不算犯法）

Necessitas vincit legem 需要之前無法律；迫不得已不算犯法

Necessitudo 義務；血親關係；親密聯繫

Nefas 違反權利；違背神法；邪惡；邪惡行為

Nefastus 不吉利的；不祥的（指非法開庭或監督的日子）

Negativa pregnans 口是心非（包含肯定的否定陳述）；包含有肯定的否定（＝negative pregnant）

Neglectus 懈怠；怠慢；過失

Negligentia 疏忽；粗心大意；過失（1. 可訴性的過失；2. 應受懲罰的過失，其不等同於 "negligence"）

Negotia inter vivos 生時行為（例如訂立契約、合同時的行為）

Negotia juris 法律行為

Negotia mortis causa 死後行為（如遺囑，須等立遺囑者死後才能執行之）

Negotiatrix 商婦

Negotiorum gestio 事務管理；無因管理（指未獲授權在他人不在時出自仁愛或友誼而從中幹預代理他人的事務）

Negotiorum gestor 無因管理人；未經授權的代理人（指未經授權委托或允許而自願負責管理他人的事務。這種幹預依英國法在海難救助案件中可以取得補償）

Negotium 事務；事業；法律行為

Negotium bonae fidei 善意行為

Negotium claudicans 跛行的法律行為（相對無效的行為）

Negotium inter vivos 生存者的法律行為；生前行為

Negotium mortis causa 死因的法律行為

Negotium nullum 無效的法律行為

Negotium sub conditione resolvitur 附有解除條件的法律行為

Negotium sub conditione suspenditur 附有停止條件的法律行為

Nem potest exuere patriam 誰都不能擅自拋棄國籍

Nemine contradicente（nem. con.）無反對者；一致同意；無人投反對票（議會投票表決用語）

Nemine dissentiente（nem.dis）無異議；一致同意；無（人提出）異議

Nemo 無人；沒有人

Nemo agit in se ipsum 沒有人會起訴自己的

Nemo auditur propriam culpam allegans. Nemo auditur turpitudinem suam allegans. 誰都不可以其過失作為自己辯護的理由

Nemo bis punitur pro eodem delicto. 一罪不二罰；同一罪行不受兩次處罰

Nemo cogitationis poenam patitur 誰都不得以其思想論罪；任何人不得因思想（問題）而受到刑罰

Nemo contra factum suam venire potest 誰不能出爾反爾（指不能與自己的行為相佐）

Nemo dat quod non habet 沒有人能夠把自己沒有的束西給他人；任何人不得給予其所未有的

Nemo de domo sua extrahi debet 任何人不應從其家中被強拉出去（每個人的家就是他自己的城堡）

Nemo debet bis puniri pro uno delicto 任何人不得因同一罪行受到兩次懲罰

Nemo debet bis vexari pro eadem causa 任何人不得就同一案件受到兩次騷擾（審訊）

Nemo debet esse judex in propria causa 任何人不得充任自己案件的法官（法官不能審判與自己有利害關係的案件）

Nemo est haeres viventis 任何人不得為在世者繼承人

Nemo est supra leges 任何人不得凌駕於法律之上

Nemo judex in re sua 當事者不得自己審判；任何人不得審判自己

Nemo patriam exuere potest 任何人均不得拋棄祖國

Nemo plus juris ad alium transferre potest, quam ipse habet. 任何人不得讓與超過自己所有的權利；受讓人的權利不得大於讓與人所有的權利

Nemo plus juris transferre potest quam ipse habet 任何人均不得轉移超過自己所有的權利

Nemo potest capere commodum ex injuria sua propria 任何人均不得從其自己的侵害行為取得利益

Nemo potest esse simul actor et judex 法官不能同時為原告；任何人不能同時為原告和法官

Nemo potest exuere patriam 誰都不能拋棄祖國

Nemo potest facere per alium, quod per se non potest 任何人不得通過他人做自己所不得做的事

Nemo potest plus juris ad alium transferre quam ipse habet 任何人不得向他人轉讓超出自己所擁有的範圍的權利

Nemo prohibetur pluribus defensionibus uti 不得禁止任何人利用幾種辯護理由

Nemo sibi esse judex vel suis jus dicere debet 任何人不得充任自己的案件或涉及有關自己親屬案件的法官

Nemo tenetur ad impossibile 不能要求任何人做不可為之事（任何人都沒有責任做不可為之事）

Nemo tenetur seipsum accusae 任何人無起訴自己的義務（沒有人會自投法網）

Nemo turpitudinem suam invocare potest. 誰都不能以自己過失作為申辯的理由

Nemo videtur fraudare eos qui sciunt et consentiunt 知悉並同意者，不能謂之被詐欺

Nepos 孫子；外孫

Neptis 孫女；外孫女；曾孫女；曾外孫女

Nexi 債奴（適用破產債務人的術語）

Nexum 要式契約；以人身償債的契約

Nihil (nil) 沒有；無（意為執達吏或員警回復司法令狀上的批語）；毫無價值的東西

Nihil ad rem 不相干的；牛頭不對馬嘴的；不切合的

Nihil capiat per billam 他不能根據令狀取得任何東西（中止作出不利於原告起訴狀的判決格式）

Nihil debet (or nil debet) 無債務；一無所欠

Nihil dicit (or nil dixit) 未作答辯（被告對原告所訴未提出抗辯而受到不利於己的判決）

Nihil est "什麼都沒有"（系執達員無法送達令狀時所寫的報告用語）

Nihil habet "他什麼都沒有"（系執達吏無法送達給被告的司法令狀而退回的用語）

Nihil habet forum ex scena 不告不理（法庭不審理其管轄範圍以外之事）

Nihil habuit in tenementis 原告對所租賃的土地沒有所有權的答辯

Nihil obstat 無障礙

Nihil quod est contra rationem est licitum. 不合理的事就是不合法

Nil 無；零（=nihil）

Nil ligatum 不受任何約束；未承擔任何義務或債務

Nisi 苟非；若不；除非；非最後的；非絕對的（當事者在一定期間內對法院不提出異議時產生絕對效力的假審判和假命令等的）

Nisi prius 除非以前（指由一位法官主持和陪審團參與對爭議事實的審判；但在美國以前是由陪審團審訊）

Nobiles 新貴族

Nobilitas 顯貴；貴族階層

Nocumentum〔英古〕妨害；煩擾；騷擾

Noda 裸體的；裸露的

Nolens volens 不論願意與否；強迫；不論是否同意

Noli me tangere 禁止接觸（或干涉）的警告

Nolle prosequi 撤訴；撤回起訴（指在民事或刑事訴訟中原告給法庭部份或全部撤回起訴書的通知，簡寫為"nol pros"）

Nollo contendere 不辯護也不認罪的答辯（"我不抗爭"，意指刑事訴訟中被告表示不願進行辯護但不承認有罪的指控）

Nollo prosequi 原告中止訴訟

Nomen 名字；名稱

Nomen generale 總稱；統稱；泛稱（指對同一類事物）

Nomen generalissimum 最普通用語；最普通的名稱；最廣泛的名稱

Nomen juris 法律名稱；法律術語

Nomina〔複〕名義；名稱

Nomina inexigibilia 無法收取的債

Nomina sunt ipso jure divisa 可分的債務（指數人同負的債務可由各人分別負擔）

Nominatim 點名地；指名地；逐個輪流地

Nominatio auctoris 指名參加（指被告為了他人利益而佔有原告的不動產，一種抗辯的形式，旨在引出真正的幕後被告，以便原告起訴之）

Nominis delatio 控告程式

Nomothetes 立法者

Non 無；沒有；不是（普遍用作詞的首碼）

Non acceptavit 他未承兌（指匯票付款人抗辯要求賠償違約所致損失訴訟用語）

Non adimplete contractus 不履行契約

Non allocatur (N.A.) 無資料；不詳；不允許

Non assumpsit（被告）並未允諾；（被告）並未保證（指原告要求賠償違約的損失時，被告聲明並未作出任何如原告訴狀中所說的承諾的答辯，否認有合同上的義務）

Non bis in idem 一事不再理；一罪不二審（指對已有生效判決、裁決的案件，除法律另有規定外，不得再行起訴和受理，即同一罪行不得審判兩次）

Non cepit 未曾取得；未曾扣押（指被告否認違法取得或扣留原告所訴請回復之財物）

Non compos mentis 精神失常的；精神不健全的；精神上不適宜於處理事務的；神經錯亂的

Non concessit 未授予（普通法否認授予的抗辯名稱）

Non constat 未提出證據（未向法院出示證據）；欠明確，不明顯；難以斷言（指所言之含意與其承諾難以推斷）

Non culpabilis 無罪（通常縮寫為"non cul"）

Non damnificatus 無傷害；無損害

Non dat qui non habet 不能給予自己所沒有的

Non datur tertium 無第三選擇

Non dedit 他沒有授予

Non demisit 他沒有出租

Non detinet 他未扣留（無扣留原告財產抗辯，僅指不法
扣留而言）

Non dimisit 他沒有出租；他沒有轉讓

Non esse 不存在

Non est 不在；不是

Non est certandum de regulis juris. 法律規則不容爭辯

Non est factum 非被告契據（被告否認原告訴狀中所列
的契據抗辯）

Non est regula quin fallet 規則皆有例外；法律難免疏漏

Non facere 不作為

Non fecit 他未簽發（期票）

Non haec in foedera veni 我未曾同意過這些條件（未成
為同盟）

Non impedivit 他未曾妨礙過

Non infregit conventionem 他沒有違約

Non judex in sua propia causa 不得在自己的訴訟中充任
法官

Non juridicus 非司法的；非法律的

Non licet 法律不准許的

Non liquet 案情不明（例指所控告的案件之案情而言）；
不明確（在羅馬法院法官審訊案件後認為案情不清
楚，不宜作出判決，即在投票紙上書寫 "N.L" 兩字要
求延期另審的評決）

Non liquet 不明確；案情不明；法律不明

Non molestando 禁止騷擾令狀（指獲准國王保護者）

Non obligat lex nisi promulgata 未經頒佈的法律無強制性

Non obstante 儘管；不顧；縱然；雖然；縱使

Non obstante veredicto（N.O.V.）不顧陪審團評斷的判
決）；儘管已有評決（指雖然陪審團已作出有利於被告
或原告的裁定，但是法院還是命令作出有利於原告或
被告的判決）

Non omittas propter aliquam libertatem 命令郡長不得因
在管轄區內享有特權而疏於執行令狀的條款

Non omne quod licet honestum est. 法律所容許者未必盡
合乎道德（許可之事未必都很官冕堂皇）

Non placet 不贊成；不批准；投反對票；否決票

Non placuit gentibus 未經國家許可

Non plus ultra 無以復加；極點；絕頂

Non possessori incumbit necessitas probandi possessiones
ad se pertinere 佔有者無須證明自己為物主（所有者無
庸提供物主證明）

Non possumus 表示自己無能為力的聲明；拒絕採取行
動的表示

Non pros（=non prosequitur）

Non prosequitur（or Non pros）他疏於跟進訴訟程序（指
原告未能在法院規定的時間內適時採取行動進行訴

訟，被告據此申請撤銷訴訟，致使法院對其作出缺席
判決，宣告原告敗訴）

Non quieta movere 定案不得再審

Non remota causa sed proxima spectatur 應考慮的是近
因，而不是遠因

Non sanae mentis 精神不健全

Non sequitur 不合理的推論；不根據前提的推理；結論
不符合邏輯

Non sub homine sed sub lege 不從人而從法

Non submissit 他未提交仲裁

Non sui juris 他無自主能力（指因年幼或精神不健全者
而無法律行為能力）

Non sum informatus 我沒有得到指示

Non tenent insimul〔古〕非共同租賃人（被告否認與原
告系不動產共同租賃人）

Non tenuit 他未持有（在返還佔有物訴訟中，原告在法
庭上公開稱其非為被告所稱方式持有的欠租）

Non ultra petita 不超出訴訟請求

Non usurpavit 沒有篡奪

Non usus 不行使

Non valentia agere 無訴訟能力；無起訴能力

Non veritate 不真實

Non videntur qui errant consentire 錯誤行為者不應視作
同意

Non vult contendere 他不爭辯（= "nolo contendere"）

Nonagium 九分之一動產（指在教區內死亡者遺產中分
九分之一應交給聖職人員）

Norma 規範；法則

Nosce te ipsum 自知之明

Noscitur a sociis 物以類聚；（法律）因相連字義而推知；
字義不明，從上下文推定；制定法文字有疑義時，應
就其上下文的字義求解釋

Noscitur ex socio, qui non cognoscitur ex se. 對某人不瞭
解，可以憑其關係人物推知

Nota 記號；烙印（指依法在人身上所作的）

Nota bene（N.B.n.b.）注意；留心

Notandum〔複〕natanda, natandums）備忘錄；注意事
項；（擬）記錄的事項

Notarius〔英古〕文書抄寫員；檔起草人；公證員

Nothus 私生子；非婚生子

Notio 承審員的權力；法官的審判權；法官的宣判權

Notitia 知識；信息；智力；告知

Notorium 公眾知悉

Nova causa interveniens 新介入的原因（釋義見 "novus
actus intereniens"）

Nova constitutio futuris formam imponere debet, non
praeteritis 新法影響未來，而不溯既往

Nova statuta〔英〕新法（有時稱自英王愛德華三世開始
以來所有制定法貫以的名稱）

Nova statuta and vetera statuta〔英〕新法和古法

Novae narrationes〔英〕新訴狀彙編（主要關於原告陳述求償的事實，並包括一些被告的辯護，編纂於英王愛德華三世，出版於 1515 年）

Novatio 債務的更替；債的更新

Novatio necessaira 必要的更改

Novatio non praesjumitur 債務的更新不是出自推定的（以新債取代舊債不是基於推定的）

Novatio voluntaria 任意的更改（隨意更改）

Novellae 新律；新敕令（指查士丁尼及其繼承者所頒佈的 168 條敕令彙編）

Novellae constitutiones（查士丁皇帝的）新敕令；新律

Novels（查士丁尼皇帝）新敕令；新法

Novel disseisin 新近發生的非法侵佔他人的不動產（自從上次巡迴法庭以來發生的）

Noverca 繼母

Novissima verba 臨別的話；臨終遺言

Novus actus interveniens 新介入的行為（指一個人的行為及其所造成損害之間的因果關係鎖鏈因第三者的介入而被打斷。對此，除非可預知者外，第三者對其介入的後果不負責任）

Novus homo 新人，自新的人（指獲赦的罪犯）

Noxa 傷害；損害（指由人的奴役或動物之非法行為而對人或財產造成的損害或傷害）

Noxalis actio 損害賠償訴訟（原告對於受到被告所有的奴隸的損害而提起的訴訟；受到奴隸損害的人，對其所有人提起損害賠償的訴訟，作為被告的所有人可將其奴隸委付給受害人，以免除賠償責任）

Noxia 傷害；損害；（指奴隸的違法行為或傷害）

Nubilis 可以結婚的；已屆結婚年齡的

Nucupare v. 指定；口頭宣佈

Nuda 裸體的；裸露的；無效的；無報酬的

Nuda pactio obligationem non parit 無償協定不產生義務（不能強制執行的協定無義務）

Nuda patientia 單純容忍

Nuda possessio 單純佔有

Nuda proprietas 虛有權（虛有所有權）

Nuda traditio 虛有轉讓

Nudum jus 虛名權

Nudum jus quiritium 市民法上的虛名權

Nudum pactum 無償契約；無對價契約（指由於缺乏對價除非蓋印，即為無效的契約）；（羅馬法）裸體簡約（指不能據此提起訴訟的非要式契約）

Nudum pactum ex quo non oritur actio 無償契約不產生追訴權（指不能根據無條件契約提起訴訟）

Nulla bona 無應徵稅的動產（指郡長執行財物扣押令時在郡內未找到可供徵稅貨物的報告）

Nulla poena sine lege. 法無明文者不罰（未經法律明文規定的，不得懲罰）；無法律就不能判刑

Nulli secundus 最好的；第一的

Nullius filius 非婚生子；私生子

Nullius in bonis 不屬於任何人的財產；無主的財產

Nullius juris〔英古〕無法律效力的

Nullum arbitrium 尚未作出仲裁裁決（指被告就仲裁保證書與抗辯之訴中聲稱，尚未作出仲裁裁決）

Nullum crimen nulla poena sine lege 法無明文不為罪（未經法律名文規定不算犯罪，意即主張"罪刑法定主義"）

Nullum crimen sine lege 無法律不為罪（法無明文規定犯罪者，不構成犯罪）

Nullum crimen sine lege praevia 作為時，無法律不為罪

Nullum crimen sine poena 無罪名不處罰

Nullum simile est idem 類似者未必即為相同者

Nullum tempus ocurrit regi 對國王無時效（即王位不受訴訟時效或法定期限的約束，因其作為國家代表的身份，而不是作為國王的個人身份）

Nullus 無效

Nullus Jus alienum forisfacere potest 任何人不得剝奪他人的權利

Numerata pecunia 點錢數；計算現金

Nunc pro tunc 追溯既往；現在代替當時；事後補正（指即如與已記錄在案的判決或已輯錄的檔具有同樣的法律效力）

Nuncians 告知者；通告者

Nunciatio 莊嚴公告；抗議

Nunciatus 被告知者；被通知者

Nuncio 教廷使節；羅馬教皇的使節

Nuncupatio 有儀式的意思表示；遺囑的作成

Nundinae〔英古〕集市；交易會

Nundinatio 市價；賄賂；強佔；搶佔；霸佔

Nunquam indebitatus 從未欠債

Nuntiatio 告知；通知

Nuper obiitt 分地令狀（指父、兄等無遺囑死亡，其女兒或姐妹們之共同繼承人要求均分該房地產被其中一人獨佔的令狀）

Nuptiae 婚姻

Nuptiae clandestinae 非正式婚姻

Nuptiae incestae 近親婚姻

Nuptiae injustae 非正式婚姻；非真正婚姻

Nuptiae justae 真正婚姻；合法婚姻

Nuptiae nefariae 非法婚姻

Nuptiae secundae 再婚；第二次婚姻

Nuptiales sumtus 婚儀費用

Nuptiales tabulae 結婚證書

Nuptialia pacta 婚姻契約

Nuptias non concubitus sed consensus facit 婚姻不但同居，而且只有經雙方同意始能構成

Nurus 兒媳；兒子的妻子

O

Ob turpem causam 出於不道德的約因；出於不良動機

Ob. 因為；由於

Obaeatus 債奴（指債務人要服役於債權人直到清償其債為止）

Obedientia est legis essentia 服從是法律的要件（要素）

Obit sine prole 無後嗣；死後無子女

Obiter 順便；順便説及地；偶發地；附隨地；附帶地；間接地

Obiter dictum (dicta〔複〕)（法官在判決中的）附帶意見；附帶説明

Obiter scriptum 附注；附帶文字

Objecto 抗議；異議

Oblatio 還債；（呈供教堂的）；捐獻；敬神物

Oblatio ad idem 同一代價的提供

Oblatio ad jusjurandum 宣誓提供

Oblatio ad reciproca 共助的提供

Oblatio debiti 償還債務的提供

Oblatio juramenti 宣誓提供

Oblatio realis 現實履行的提供

Oblatio verbalis 口頭的償還承諾

Oblatio verbalis nuda 單純償還的承諾

Oblatio verbalis solemnis 審判上的償還承諾

Oblator 顯示人；提供者

Oblgatio naturalis 自然債務；自然之債

Obligandi causa 債務原因

Obligatio 債（羅馬法上屬於一種契約，不僅是債務人的義務，也是債權人的權利）

Obligatio a lege reprobata 違法債務

Obligatio accessoria 附隨債務；從屬債務

Obligatio alternativa 選擇債權

Obligatio bonae fidei 善意債務

Obligatio certa 特定債權

Obligatio civilis 民法上的債務（通過訴訟可強制執行的債務）

Obligatio communis 共同債務

Obligatio compulativa 合併的債務

Obligatio conditionalis 附有條件的債務

Obligatio consensualis 合意上的義務

Obligatio correalis 全部共同債務；連帶債務

Obligatio divisibilis 可分債務

Obligatio ex contractu 契約之債（由於契約而產生的債務）；既存的對人之債

Obligatio ex delicto 侵權行為之債（由於侵權行為而產生的債務）

Obligatio ex maleficio（=obligatio ex delicto）

Obligatio generis 以物品種類為標的之債權

Obligatio hypothecaria 附抵押債務

Obligatio imperfecta 不完全債務

Obligatio in solidum 連帶債務

Obligatio inanis 無效債務

Obligatio incerta 不確定債務

Obligatio indivisiblis 不可分債務

Obligatio limitatia 有限債務

Obligatio literalis 證書債務

Obligatio literarum 證書債務

Obligatio mutua 相互債務

Obligatio naturalis 自然之債

Obligatio personalis 對人的債務

Obligatio praetoria 審判上的債務

Obligatio principalis 主要債務

Obligatio privilegiata 附有特權的債務

Obligatio pura et simplex 無條件債務

Obligatio quasi ex contractus 准契約債務（權）；基於准契約的債務

Obligatio realis 物的債務

Obligatio secundaria 從屬的債務

Obligatio solidaria 連帶債務（指數個債務人中的任何一人履行全部債務時稱連帶債務）

Obligatio specialis 特殊的債務

Obligatio stricti juris 嚴格法律上的債務

Obligatio subsidiaria 補充的代替債務

Obligationes ex lege 法定債務（由於法律規定而產生的債務）

Obligationes odiosae 惡債

Obligationes quasi ex contractu 准契約之債

Obligatus 債務；義務

Obliquus 傾斜的；不公平的；橫過的；旁系的（古法用語）；間接（證據）的；旁證的

Obreptio 以詐欺或意外獲得之物

Obrogare 通過與前法不同的法律；通過與前法部份條款不同的法律；修改部份前法的法律

Obscenitas 猥褻

Obscuritas pacti neocent ei qui apertius loqui potuit 約定含糊是不利於原本就能説明清楚的當事人

Obses 戰時人質（作抵押的人）

Obsessio viarum 脅迫性妨害公安；脅迫性妨害公安罪

Obsignare v. 密封；蓋章

Obsta principiis 自始即行阻止；一開就抵禦侵入或侵害

Obventio 租金；利潤；收入，投資回報；〔英古〕（給教會）捐款；捐獻物

Occasio 阻礙；麻煩；訟累；〔封〕租金；貢物；奉納

Occultatio 隱匿；隱藏

Occultator 隱匿者

Occupantis fiunt derelicta 拋棄的財物歸先佔者所有

Occupare v. 佔有；先佔；佔取無主物的所有權

Occupatio 先佔；佔領；佔有；職業；行業

Occupatio bellica 軍事佔領；交戰佔領

Occupatio non procedit nisi in re terminata 無限的東西是不能佔領的

Occupatio pacifica 和平佔領

Occupavit〔英古〕回復佔領之令狀 (指恢復戰時被逐出保有的土地或地產所有者的令狀)

Octavus subscriptor 簽名的證人

Octo tales 補充八個陪審員令狀

Oeconomicus〔英古〕遺囑執行人

Oeconomus 經理；遺產管理人

Officialis (羅馬教區婚姻法庭) 主任法官

Officina justitiae 法院；〔英〕衡平法院

Officium (=office)

Omicidio 殺人罪

Omne quod solo inaedificatur solo cedit 建築在土地上的所有東西都屬於該土地

Omne testamentum morte consummatum est 所有遺書須等立遺囑者之死才算完畢 (每個遺囑須至立遺囑者死亡始告最後成立)

Omnes hominess aut liberi sunt aut servi 所有人，或是自由民，抑或奴隸

Omnes licentiam habent his quae pro se indulta sunt, renunciare 凡屬給予的利益均可自由放棄 (古代法律的規則)

Omnes sorores sunt quasi unus haeres de una haereditate 全體姐妹對於一份遺產視如同一個繼承人

Omnia praesumuntur legitime facta donec probetur in contrarium 一切行為在沒有相反證明之前均應推定為合法

Omnia praesumuntur rite esse acta 在沒有相反證據之前，應初步推定公務員行為正當

Omnia praesumuntur rite et solemniter esse acta donec probetur in contrarium 一切行為在無相反證明之前均應推定為得以完全履行

Omnia praesumuntur solemniter esse acta 一切行為均應推定為已作適當處理

Omnibus idem 視同仁；　律看待

Omnis cautio abesse a legati debet 使節無提供擔保的義務

Omnis consensus tollit errorem 同意即消除錯誤

Omnis definitio in jure civili periculosa est, parum est enim ut non subverti possit. 法律的每項規定都是有危險的，因為很少有規定不可能被推翻的

Omnis definitio in lege periculosa 法律上的任何定義都是危險的

Omnis exceptio est ipsa quoque regula 每一例外本身就是一項規則

Omnis indemnatus pro innoxis legibus habetur. 未經判罪的人在法律上應視為無罪

Omnis nova constitutio futuris formam imponere debet,

non praeteritis 新訂法規應規範未來行為，不應規定過去行為

Omnis privatio praesupponit habitum. 剝奪就是假定以前享有

Omnis ratihabitio retrotrahitur 任何批准都有追溯力

Omnis regula suas patitur exceptiones 一切規則皆有例外；凡是規則皆有例外情況

Omnis rex imperio possidet, singuli domino 君主擁有統治權，而私人享有領有權

Omnium 擔保債券的總值；不同證券的總值 (貸款通常以此為依據的商法所表示的一個術語)

Omnium consensu 全體贊成；公意

Oneratio 船貨；貨物

Oneris ferendi 支撐地役權 (房屋的牆或柱支持鄰屋的地役義務)

Onus 義務；責任；負擔；任務

Onus probandi (= "burden of proof") 舉證責任；證明責任 (指在訴訟中必須為自己的主張提出證據)

Onus reale 物的負擔；不動產上的負擔

Onus tutelage 監護義務

Opera 勞務；使用

Operae pretium est 值得

Operae servorum et animalium 使用別人的奴隸或家畜的權利

Opere citato (op. cit, o.c.) 同前；見前；前引書

Opere in medio 在工作過程中；工作尚未完成

Opinio 意見；確信，確念

Opinio juris 法律的確念；法律意見

Opinio juris communis 共同法律確念

Opinio juris generalis 一般法律確念；一般法律意見

Opinio juris sive necessitatis 法律或必要的確念

Opinio necessitates 必要確念

Oplimus interpres rerum usus 習慣乃事物的最佳解釋

Oppignerare 抵押；典當

Opposuit natura 違反自然

Opprobrium 恥辱；不名譽；聲明狼藉

Optima est legis interpres consuetudo 習慣是法律最佳的解釋者 (羅馬法格言指 "法律之解釋應以習慣為依歸")

Optima est lex quae minimum relinquit arbitrio judicis; optimus judex qui minimum sibi 不需法官斟酌的法律才是最佳的法律，最少自由裁量權的法官是最好的法官

Optimus interpres rerum usus 習慣乃法規的最佳解釋

Optimus judex, qui minimum sibi 最少依靠自己的斟酌的法官是最好的法官

Optimus legem interpres consuetudo 習慣是法律的最好解釋者

Optimus legum interpres est consuetudo. 法律宜按習慣解釋；習慣是法律的最好解釋者

Optio 選擇

Optio legata 選擇遺贈

Optiones 補給官

Opus 工作；勞動；工作成果；勞動產品；作品

Opus manificum〔英古〕手工勞動；體力勞動（例如，編織柵欄、挖掘水溝）

Opus novum 新工程；新建築（指土地上的新建築物）

Opus operatum 完成的工作

Oratio 皇帝訓令

Oratio del principe 君主詔書

Orbus 無子嗣者

Orcinus 死亡的；冥府的；地獄的

Orcinus libertus 遺囑自由人；死亡自由人

Orders 團隊

Ordinamento centuriato 百人團制度

Ordinamento giuridico 法律制度

Ordinandi lex 程式法；訴訟法

Ordines judiciarii 審判程式彙編（輯自公元 12-16 世紀，主要記述關於羅馬法、寺院和教會法法院、民事審判程式的文集）

Ordinis beneficium 順序上特權；保證人先訴抗辯權（指債權人應先向債務人追償，如償還不足額或得不到償還時才可要求保證人代償）

Ordo 秩序；程式

Ordo attachiamentorum〔英古〕扣押順序（訴訟程式用語）

Ordo judiciorum〔宗〕判決順序；審理案件的正當程式規則

Ore rotundo 言詞委婉；措詞圓滑

Ore tenus 口頭的；口述的

Origo mali 罪惡的根源

Origo rei inspici debet. 凡事必須究其根源

Orphanotrophi 孤兒院管理人員

Ostendit vobis 理由如下（原告據此正式提出其要求的訴訟理由）

Ostium ecclesiae 教堂的門

P

Pacare v. 給付；繳納；償還

Pace〔英〕經…許可；請允許我；請准我發言

Pace et roberia 因妨礙治安及搶劫而發的令狀

Pace infracta 因妨害治安而發的令狀

Paceatur 釋放（把他給放了）；予以開釋

Pacem in maribus 海洋和平

Pacem in terris 天下太平；世上和平

Paci sunt maxime contraria vis et injuria. 暴力和傷害是和平的主要禍患

Pacta 合同；契約；簡單契約；任意約定；無方式契約；無訴訟權契約

Pacta adjecta 附加契約；補充協議

Pacta conventa 約定條款；協定

Pacta conventa quae neque contra leges, neque dolo malo inita sunt omni modo observanda sunt. 契約若非違法，亦非通過欺詐而訂立，概應嚴格遵守

Pacta dant legem contractui 當事人的約定構成契約法律；協議構成合約的法則（合意成立的契約即為法律）

Pacta de contrahendo 預約

Pacta dotalia 婚姻契約

Pacta in favoren tertii 對協力廠商有利的約定

Pacta non obligant nisi gentes inter initia 條約只在締約者之間才有拘束力

Pacta non obligant nisi gentes inter quas initia 條約只在締約者之間才有拘束力

Pacta nuda 無特殊形式簡約

Pacta privata juri publico derogare non possunt. 私人契約不得損害公共法律（權利）

Pacta quae contra leges constitutionesque, vel contra bonos mores fiunt, nullam vim habere, indubitati juris est 違反法令或道德的契約不得生效，這是無可懷疑的法律

Pacta quae turpem causam continent non sunt obervenda 基於不道德約因之契約不應予以履行

Pacta sunt servanda 約定必須遵守；條約必須遵守（意指條約一經成立，締約國雙方或多方必須接受條約的約束，善於履行的義務）

Pacta tertii 對第三者的約定

Pacta tertiis nec nocent nec prosunt 契約對協力廠商無損益；條約不使第三者負擔義務，也不給予利益

Pactio 協定；協議；條約；無方式契約；無訴訟權契約；簡約

Pactio et stipulatio 合意按規定為口頭契約

Pactum 簡約；〔單〕協定；協議；條約；無方式契約；無訴訟權契約

Pactum accessorium 附屬協定

Pactum acquisitionis 取得契約

Pactum acquisitivum 取得契約

Pactum addictionis in diem 附有期限的買賣預約

Pactum adjectum 附屬契約；附隨契約

Pactum antichireticum 質物收益契約

Pactum commissorium 失效協定（違約金協定）

Pactum conjugale 婚姻契約

Pactum conjugum 婚姻契約

Pactum de cambiando 期票預約

Pactum de compensando 抵銷契約

Pactum de contrahendo 預約（締結契約的預約）；締約承諾

Pactum de mutuo contrahendo 消費借貸契約

Pactum de negotiando 事務性約定

Pactum de non alienando 禁止轉讓契約；約定不得轉讓（指約束財產所有者的契約不得轉讓給第三者）；禁止轉讓條款（路易斯安那州法）

Pactum de non cedendo 不得轉讓的合同（如，債權）

Pactum de non petendo 不起訴的約定；不索債簡約

Pactum de re communi non devidenda 共有物不可分割的契約

Pactum de retrovendendo 回購約定；典賣簡約

Pactum dilatorium 延期協約

Pactum fiduciae 信託契約

Pactum herediterium 繼承契約

Pactum hypothecae 抵押契約

Pactum illicitum 非法協定；違法合同

Pactum juris 質物契約

Pactum legis commissoriae 逾期付款無效約定

Pactum legitimum 適法契約

Pactum palliatum 虛偽契約

Pactum personale （不能繼承的）對人契約

Pactum praesumtum 根據推定的合意

Pactum protimseos 賣主先買權的附約

Pactum reale 物的契約

Pactum reciprocum 雙方契約；雙務契約

Pactum remissorium 免除債務契約

Pactum reservati dominii 保留所有權的合意

Pactum simulatum 虛偽契約

Pactum sponsalium 婚姻契約

Pactum subjectionis 服務契約

Pactum sucessiorium 繼承契約

Pactum tacitus 默示同意合同；默示約許

Pactum vestitum 有效契約

Pactus 君民協議

Paculato 貪污

Palam 公開地；當眾

Palus infamans 笞柱（縛住笞刑犯人的柱子）

Papinianistae 帕皮尼安弟子（查士丁尼法學院學習帕皮尼安著作三年級學生的稱謂）

Par in parem imperium non habet 平等者之間無統治權；地位平等，互無支配

Par in parem imperium non habet jurisdictionem 平等者之間無統治權；平等者之間無司法管轄權（一國對另一國不能行使司法管轄權，地位平等，互無支配）

Par in parem non habet imperium 平等者之間無統治權；地位平等，互不支配

Par in parem non habet jurisdictionem 平等者之間無管轄權

Paraesthesia 感情錯亂

Paraesthesia sexualis 色情錯亂

Paragium 平等的血親；平等的地位（釋義同 "Parage"，意即繼承人之間的財產應均等分配）

Paranoia 偏執狂

Paraphasia 語言錯亂症；錯說症

Parapherna 隨嫁外的物品（指除嫁妝以外的隨嫁之動產）

Paraphernalia 嫁妝外的財產；妻子個人財產（除妝奩外，妻子隨身携帶至夫家財物諸如服飾等特有財物）

Paraphernalia bona 妻子的特有財產

Parasynexis 集會；非法集會

Paratum habeo 我已命令他做好準備（意指執達吏已準備好將被告遞交法庭審判）

Paratus est verificare 他已準備好舉證

Parens 父親（或母親）；（父母的）直系尊親屬

Parens patriae 國家監護人（指對少年犯或精神病等無行為能力者代表國家維護其權益）；〔英〕國父（通常指女王或國王）

Parentum est liberos alere etiam nothos 父母有撫養子女的義務，即便是私生子女亦然

Pares〔英古〕同等地位的人（指在充任陪審員時，佃農與封臣地位同等）

Pari causa 具有同等權利；處於同等地位

Pari delicto 同等過失；同樣的不法行為；同罪；相似罪行；類似法律上的過失

Pari materia 關於同樣事項；關於同一問題

Pari passu 同等地；同步地；不分先後；按同等比例（尤用於債權人有權均分破產者應予償付債務的財產）

Pari ratione 基於同樣的理由；以同樣說理的方式

Paria copulantur paribus 同類相聚；物以類聚

Paribus sententiis reus absovitur. 如法官對於被告是否有罪的意思相等，被告應予省釋

Paricidas 報復刑

Parium eadem est ratio, idem jus. 對於相同的事，如理由相同，適用法律也應相同

Parliamentum 立法機構；（尤指）英國議會

Parricidium 弒親；弒父（母）；弒親罪

Pars 一部份；（契約訴訟）一方當事人；職責；義務

Pars adversa 對方

Pars contraria 對方

Pars ejusdem negotii 同一筆交易的一部份

Pars gravata 受害者；受害的一方

Pars litigans 訴訟當事者一方

Pars pro toto 部份代替全體；以點代面；舉隅法；整體的一部份

Pars quanta 絕對的繼承份額；必要的繼承份額

Pars rationabilis 合理的份額

Pars rea 被告人

Pars succumbens 敗訴者

Pars vincens 勝訴者

Parsimonia 吝嗇；貪鄙

Parte inaudita 另造未加聽審；外加聽審的他方當事人（意指訴訟中，法庭尚未聽取他造到庭陳述意見）

Parte non comparente 未出庭的當事人（這種情況稱其為 "缺席者"）

Parte quacumque integrante sublata, tollitur totum 刪除

一個組成部份，即是整個刪除（去掉一個必要的組成部份，整體就不復存在）

Parter patrae 國父

Partiarius 受遺贈人（有權分享遺囑留給繼承人之遺產份額）

Particeps 參與人；分享者；〔古〕部份所有者；（土地）共同繼承人

Particeps criminis 共犯；從犯（指共謀參與犯罪行為者）

Partitio 分割（財產）；分配

Partus 兒童；子女；後代；嬰兒（指即將出生和剛出世的）

Partus obactio 墮胎

Passim （在）各處，遍及；若干處（用於對引文的注記）

Pateat universis per praesentes. 敬啟者（古時委託書的開頭語）；特此證明；特此公佈

Pater 父親（此詞有時包括祖父在內）；創始人；始祖

Pater adopivus 養父母；養親

Pater decretalium 預言之父（中世紀有時給予格里戈里教皇九世的稱號）

Pater est quem nuptiae demonstrant. 婚姻認定父親（產婦的丈夫即為生父，同我結婚者即為我的子女之父）

Pater et tuba juris canonici 寺院之父（中世紀曾給予約尼斯·安佐教皇的稱號）

Pater familia 家長

Pater familias 家長；家父；男性家長；族長

Pater juris 法律之父（常用以稱呼教皇伊諾森三世）

Pater patriae 國父

Paternitas 父親的身份；父親的資格

Patiens 忍受方；（行為的）被動方；交易中的消極當事人

Patientia 忍受

Patria 國家；鄰居；鄰人；鄰居陪審團

Patria potestas 父權；家父權；家長權

Patrimonium 可繼承財產

Patrocinium 庇護；保護；辯護

Patromania 愛國狂

Patronus 庇護者；〔刑事訴訟〕辯護人；律師；領主

Patruelis 堂（或表）兄弟；堂（或表）姐妹（父系方面）

Patruus 叔父；伯父；父親的兄弟

Pauliana actio 債權人基於破產債務人通過詐欺行為損害其權利的訴訟

Pauperies 因動物引起的損害賠償

Paupertas 貧困

Paupertatis juramentum 貧困宣誓

Pax 安寧；治安

Pax dei (or pax ecclesiae) 教堂的安寧；教堂的治安（宗門和平律）

Pax orbis terrarium 世界和平；天下太平

Pax paritur bello 有戰爭，才有和平

Pax Regis 國王的安寧；公安秩序的維持；國家的治安；社會安寧；安定；〔古〕王宮轄區（宮廷界限自王宮大門外延至三英里等範圍之內）

Peccata contra naturam sunt gravissima. 違反人性罪十惡不赦（指雞奸、亂倫罪）

Peccatum 惡行；罪行；過失；錯誤行為

Peccavi 認罪；認錯行為

Peculato 貪污

Peculatus 盜竊公款罪；挪用公款罪

Peculium 特有財產（羅馬法上指妻子、兒子或奴隸私有可自行處分的財產）

Peculium adventitium （在親權下的兒子）非從父親取得的特有財產；自家父以外的人取得的特有財產

Peculium castrense 軍役特有財產（指奴隸、妻子或其子參軍所取得的特有財產）

Peculium militaire 參軍所取得的特有財產

Peculium paganum 非因參軍所取得的特有財產

Peculium profectitium （在親權下兒子）非來自父親特有財產

Pecunia 金錢（嚴格意義上的）；有體動產，個人財產（狹義上的）；〔英古〕貨物；動產；牲畜；硬幣，錢幣，貨幣（羅馬帝國時代的）

Pecunia credita 債款金額

Pecunia deposita 提存金額

Pecunia doloris 慰藉金額

Pecunia hereditaria 繼承金；繼承的財產

Pecunia non numerata 未付的款項；欠款

Pecunia numerata 支付債務的款項；現金

Pecunia parata 現金

Pecunia pupillaris 監護保管金；監護財產

Pecunia reprobata 不流通的貨幣

Pedagium 通行費（＝pedage）

Pedaulus 末席法官（遵照裁判官命令審理細小問題的案件）

Pedis abscissio 剁腳（代替死刑刑罰的古封建法用語）

Pedis positio 〔英古〕踏足或立腳佔有；實際佔有（以腳踏在土地上以示有形佔有）

Pellex 妾；情婦

Pena 刑罰

Pena privata 私刑

Pena publica 公共刑罰

Pendens 未決的；未結的

Pendente bello 戰爭期間；在戰時

Pendente lite 訴訟系屬中；訴訟期間；在訴訟時；訴訟進行期間

Pendentia litis 權利拘束

Pensio 物租（指物件使用費）；租金；房租

Per 按；依；用；由；每；通過；依靠；藉…的力量（by means of）

Per annum 每年；按年；按年計

Per biennium 每兩年時期；按兩年計

Per capita（per caput）每人；人均；按人數；按人頭（本術語源自羅馬法，諸多用於遺產分配案，尤其對無遺囑的遺產完全按人頭均等分配）

Per centum 每百；百分比；按百計算

Per consequens 因此；是故；所以

Per conto 記賬；賒欠

Per contra 反之；相反；另一方面

Per cur, per curiam 由法庭議決（指由法庭全體法官而不是由一個法官寫出的判詞所表述的意見，有時由主審法官或庭長主筆）

Per curiam 由全庭法官定奪；依據案情由一個或多個法官決斷；按照法院斷定

Per diem 每日；按日；按日計算

Per essentiam 本質上；基本上

Per eundem 由同一位（法官）

Per fas et nefas 不擇手段

Per folio 每頁（字數）

Per forman doni〔英〕以贈與形式；由贈與人指定（而非依法處置）

Per formula pretori 依照裁判官的程式

Per fraudem 因詐欺（所致）；以詐欺手段

Per gradus 逐步地

Per incuriam 因不慎所致；由於粗心大意；由於疏忽

Per industriam hominis〔英古〕靠人的勤勞（指通過以技巧、勤奮和馴養使得野生動物得以馴化）

Per industrium 飼養和馴服野獸

Per infortunium 因橫禍；出自意外事故

Per interim 臨時；就在這期間

Per legem terrae 依國家法律；按正當的法律程序

Per mensem 按月；每月

Per metus et bundas〔英古〕按照土地的分界；根據土地的分界線

Per mille 每千；按千

Per minas 威脅手段

Per pais 由陪審團（審理）

Per pares 同儕（審判）；由同等人（進行，組成）

Per procura 由⋯代理；由⋯代表

Per procurationem 由⋯代辦；代行

Per quae servitia〔英古〕強迫承租人效忠的令狀（不動產訴訟中，莊園受讓人迫使承租的土地轉讓人效忠新領主的令狀）

Per quod 因此；由是；憑那個；歸咎於（指因被告行為給原告造成特別的損害，多指誹謗行為）

Per quod consortium amisit 他因此失去配偶陪伴（因毆打或虐待妻子而失去伴侶）

Per quod servitium amisit 他因此失去了奴僕的服侍

Per saltum 以跳躍方式；急進地；快速地

Per se 本身；自身；本質上；獨自（地）；孤立（地）；單獨（地）

Per stirpes 按家系（指按繼承人的家系分配無遺囑者所遺動產或不動產，其反義詞為“distribution per capita”）；代位繼承（無遺囑遺產的代位繼承分配）

Per subsequens matrimonium 由於其後的婚姻（系非婚生子女准正的主要方法）

Per totam curiam 由整個法庭；經全體法官

Per universitatem 整體上；作為整體（指一次性地取得全部財產）

Per verba de futuro 以將來時態的詞（本短語適用婚姻契約）

Per verba de praesenti 用現在時態的詞（本短語適用婚姻契約）

Per vivam vocem〔英古〕口頭上；口述的

Perceptio 受領；受領的權利

Perduellio（對羅馬共和的）敵對行為；叛國罪；危害國家活動罪

Peregrine 異邦人；外國人

Peregrinus 外國人；異邦人

Periculosus 危險的；冒險的

Periculum 危險；風險

Periculum est emptoris 危險由買主負擔

Periculum est locatoris 危險由租借人負擔

Periculum in mora 遲延的危險

Periculum rei 物的危險（指買賣標的物的危險，例如倉庫貨物失火等等）

Periculum rei ventditae nondum traditae, est emptoris 物已售出，雖未交付，其危險由買主承擔

Perioeci 邊民；邊居民（擁有自由民身份，但屬斯巴達階層中的第二級市民）

Peritia 經驗；熟練

Perjurium 偽誓

Permissio 許可；允許

Permistatio 交換

Permixtio 混和

Permutatio 交易；交換；易貨（物物交換，其釋義類似“barter”）

Perpars 分割的份額；遺產的一部份

Perpetuatio fori 法院的繼續性

Perpeturius 永久佃農

Perpetuum mobile 永恆運動

Perquisitio 購買；非繼承取得

Perquisitio domestica 住宅搜查

Persecutio 訴訟；非常訴訟

Persequi 追求；依法追償；起訴

Persona 人；人格；（人的）身份

Persona alieni juris 他權者（指家庭中除父親外的其他成員之謂）

Persona bublica 公人

Persona certa 特定的人

Persona designata 指定的人（特定的某一人，其有別於一羣人中的某一人）

Persona ficta 擬制的人

Persona grata 受歡迎的人（一般指外交官）；可接受的人（合意的人）

Persona incerta 不特定的人

Persona non grata 不受歡迎的人（一般指外交官）；不可接受的人（不合意的人）

Persona standi in judicio 出庭資格；訴訟資格；訴訟當事人的資格；起訴能力

Persona sui suris 自權者（指家庭中的"家父"之謂）

Personae vice fungitur municipum et decuria 市鎮如人一樣行動

Personali sactio 對人訴訟

Perssimi exempli 最壞的例子

Persuasio 確信

Perte inaudita 另造未加聽審（意指訴訟中法庭尚未聽取另一方當事人到庭陳述意見）

Perte non comparente 尚未出庭的當事人

Pervasio 佔有妨害

Pervasor 原無權佔有者；佔有妨害者

Petens〔英古〕不動產之訴中的原告

Petere 提起訴訟；追償；要求；申請

Petitio 原告陳述對物之訴中的訴訟理由；〔英〕申請；要求；不動產之訴的訴狀

Petitio principii 問題的開端；以未證明的論點為證據

Petitum 求償標的

Petri Exceptiones Legum Romanorum 羅馬法袖珍手冊（公元 12 世紀在法國南部摘編的供法官使用的四本查士丁尼學説小冊子）

Philosophia civilis 人為法

Pia fraus 貌似至誠的欺詐

Piae causae 基金會

Pietas 虔誠

Pignoratio 質押契約；典當契約之債；扣押（指關押被抓住侵入田地的牲畜直至其主人賠償所受損害為止）

Pignoratitia actio 質押之訴；基於典質之訴

Pignoris capio 取得擔保物之訴（指不經法院宣判，尤指涉及金錢案件訴訟，債權人以扣押債務人財物抵償，類同普通法的"distress"）

Pignus 質押；出質；典當物（指以動產作為債權的擔保，即債務人不移轉所有，僅移轉佔有）；人質

Pignus conventionale 質權契約

Pignus in causa judicati captum 法官判定的扣押質權

Pignus judiciale 審判上的質權（扣押質權）

Pignus legale 法定質權

Pignus pignoris 轉質

Pignus praetorium 裁判官的質權

Pignus speciale 特產質權

Pignus tacitum 默許質權

Pignus testmentarium 遺囑質權

Pileatus 被解放者

Pirata non mutat dominium 海盜行為不變更所有權

Placet 贊成（票）；認可；許可

Placit 判決；裁定，裁決

Placita (placitum) 當事人協議（當事人合約）；國王敕令；國王的意願；司法判決；法庭判決；〔英古〕國民大會（指國王主持公共集會諮詢王國重大問題）；法院；法庭；領主法庭；訴訟；訴訟程式；審理；審判；罰金；罰款；金錢懲罰；答辯狀；判決簡要

Placita communia 民事訴訟（詳見 "placitum"）

Placita coronae 刑事訴訟（國王為原告的）

Placuit gentibus 得到允許

Plagiarius 誘拐者；綁架者；剽竊者；抄襲者

Plagio 拐帶人口罪

Plagium 拐騙；誘拐；綁架；剽竊

Plagium litterarium 偽版；剽竊

Plebe 平民

Plebiscita 平民會決議；平定法（=plebiscitum）

Plebiscitum 民定法（平民制定的法律）；平民議會決議

Plebs 平民，庶民，公民（貴族和元老院議院不計其內）

Plena aetas〔英古〕成年

Plena forisfactura 全部沒收（按指個人所有的財產）

Plena potestas 全權；全權委任

Plena probatio 充份證據；補充宣誓（指原由一個證人的初步證據改由兩個證人證詞）

Plena proprietas 全部所有權；完全所有權

Plene 完全地；十分地；充份地

Plene administravit 業已全部處理完畢的答辯（指遺囑執行人或遺產管理人聲明死者全部遺產已處理完畢，無剩餘遺產不可供原告求償的請求）

Plene administravit praeter 已接近處理完畢的答辯（指遺囑執行人或遺產管理人稱，到手的遺產已全部處理完畢，所餘遺產不够滿足原告求償的請求）

Pleno jure 全權

Plenum 完全；完整；充份；充滿；充實；全體出席的會議

Plenum dominium 完全所有權；絕對所有權

Plethra 普列特拉（＝一萬平方公尺）

Plures rei 多數被告（連帶債務的）

Pluries fi.fa. 第三次執行令狀（證明法庭前兩次簽發為無效的）

Plus peccat author quam actor. 教唆者的罪比實施犯罪者為重

Plus petitio 苛求；過分的請求（指一造要求他造付給三倍的訴訟費用）

Poena 刑罰；懲罰

Poena ad ludos 判做奴隸

Poena ad metalla 送礦山強制勞動

Poena ad paucos, metus ad omnes perveniat. 懲一儆百

Poena arbitraria 擅斷刑（任意量定刑）

Poena capitalis 死刑；極刑

Poena certa 確定刑

Poena confessi 自白的刑罰（把缺席視為自白而予以處罰）

Poena conventa 違約罰（金）

Poena conventionalis 違約罰（金）

Poena corporalis 肉體懲罰；肉刑

Poena corporis affictiva 體罰；肉刑

Poena ecclasiastica 寺院罰

Poena extraodinaria 特別刑罰；非常刑罰

Poena in opus metalli 強制勞動

Poena legitima 正刑（合法的刑罰）

Poena ordinaria 常刑（普通的刑罰）

Poena pecunialia 罰金刑

Poena pilloralis〔英古〕枷刑（將頭及手納入板孔中站立示衆的刑具，謂之"頸手枷刑罰"）

Poena sanguinis 死刑

Poena suos tenere debet actores et non alios. 應受懲罰的是實際犯罪的人，而不應對其他人加以刑罰

Poena suspicionis 嫌疑罰

Poena talionis 報復刑

Poenae aggrevatio 刑的加重

Poenae exasperatio 刑的加重

Poenae moderatio 刑的減輕

Poenae stipulatio 違約罰金（指按契約規定，違約方應賠償給付款項）

Poenalis 刑罰的；處以刑罰；執行刑罰

Poenitentia 反悔；重新考慮；改變主意；撤回協議（指解除已達成的協議）

Politiae legibus non leges politiis adaptandae. 政治必須適應法律，而非法律遷就政治

Politica 政治學

Politor 加工者

Pollicitatio 許諾；單方的約束

Pomerium 城牆

Ponit loco suo (po.lo.suo)〔美〕使…處於他的地位（用於律師出庭委托書之詞語）

Pontefici 祭司

Pontifex maximus 祭司長

Pontificalia 祭司教務條例

Populiscitum 民定法（由羅馬人民議會通過制定的法律）

Populus 人民；平民；全體羅馬公民；共同體

Portio 一部份；一份

Portio gratiatis 特惠分

Portio hereditaria 繼承分

Portio legitima 法定遺留分（指生來即有的權利份額）；法定特留分；法定繼承份額

Portio statutaria 寡婦的特留分

Portio virilis 平均繼承份額

Positivi juris 實定法的；實在法的；成文法的

Posse 可能（指可能存在或發生的事物）；一隊協助員警追捕犯人者；武裝隊

Posse comitatus 武裝力量（郡長可隨時召集 15 歲以上的人民維持治安、協助追捕重罪犯和抗擊敵人等）；武裝隊；地方團隊；民兵隊

Possessio 佔有（擬據為己有的佔有）

Possessio ad interdicta 法定佔有（受執政官保護的）

Possessio apprehens 控制佔有

Possessio bonae fidei 善意佔有

Possessio bonorum 財產佔有

Possessio bonorum ventris nomine 寡婦為其胎兒實行的遺產佔有

Possessio capta 握持的佔有

Possessio civilis 合法佔有

Possessio contra tabulas 對遺囑未指明的繼承人給予遺產的佔有

Possessio corporis 有體物的佔有

Possessio extincta 已喪失的佔有

Possessio ficta 假想佔有

Possessio fratris 兄弟佔有（指兄弟佔有遺產意味其同胞姊妹亦可繼承其遺產，但同父異母者除外）

Possessio fratris facit sororem esse heredem 兄弟的佔有使其同胞姊妹成為繼承人

Possessio immemoralis 自古以來的佔有

Possessio injusta 不合法佔有

Possessio juris 權利佔有

Possessio justa 合法佔有

Possessio longi temporis 長期佔有

Possessio malae fidei 惡意佔有

Possessio naturalis 自然佔有

Possessio praescripta 時效的佔有

Possessio publica 公然的佔有

Possessio quasi 准佔有

Possessiores 佔有者

Possessorium 佔有訴訟

Possessorium constitutum 佔有的改定

Post praep. 在後，在後面，後面；在下；以後（＝ "infra"）

Post bellum 戰後

Post diem 日後

Post facto a. & adv. I. 事後的；追溯既往的；有追溯效力的；II. 在事後；追溯既往地；有追溯效力地

Post facto 事後

Post factum 事後行為

Post hac 此後；由此；因此

Post hoc 此後；今後；由此；因此

Post hoc, ergo propter hoc 倒果為因，把發生在後的事實
　　或原因作為發生在前的事實或現象的原因（一種錯誤
　　推理）

Post litem motam 在起訴後；在訴訟開始後（指起訴後
　　"可能成為司法訟爭的問題"）

Post meridiem（p.m.）午後；下午

Post mortem 死後的（指死後檢驗屍體以查明死因）

Post natus 事件後出生的

Post obit 死後生效；死後還款的借據

Postea 訴訟筆錄（指記載當事人、法官和陪審團出庭其
　　後並在審判地就連帶爭議問題作出裁決，並由陪審員
　　背書的訴訟記錄）；〔美〕訴訟審理程式說明

Posteriorarum Tabularum（十二銅表法）後五表達補充

Posteriores 六親等外的直系後裔

Postia 可能性；權力

Postliminium 恢復公民權（戰爭結束後恢復公民地位和
　　自由權、恢復本國權）；戰後財產恢復權；戰後恢復
　　（羅馬法中規定俘虜等在戰後回國可恢復其喪失或被
　　剝奪的公民權和收復被敵人奪去的財產權的權利）

Postnati 事件後出生者

Postnumerando 期滿後給付（如，寄托的報酬）

Postulalta 基本假定

Postulatio 申請；請求；〔英〕請求調換主教；告發犯罪

Potentia 可能性；權力

Potentia debet sequi justitiam, non antecedere. 權力必須
　　遵守法律，不得超越法律

Potentia non est nisi ad bonum. 凡非公共利益的事，不
　　得授予權力；權力只為公益而授予

Potentia propinqua 一般的可能性；可合理期待發生的
　　可能性

Potentia remota 極小的可能性（實現的可能性很渺茫）

Potentia remotissima 極小的可能性

Potentiores 土豪

Potere 權力

Potestas 權力；許可權；支配權；君權；統治權（指奴
　　隸主對奴隸而言）

potestas del pater familias 家父的權力

potestas del populus 共同體的權力

Potestas dominica 家長權；戶主權

Potestas ecclessiastica 寺院指揮權

Potestas imperii 統治權

Potestas patria 父權

Potestas rectoria 行政權

Potestas tribunicia 護民官的權力

Potior est conditio defendentis 被告處於較有利地位；被
　　告地位比原告有利

Potior est conditio possidentis 佔有人處於較有利地位

（指對簿公堂舉證責任在原告）

Prae 在…以前；在…前

Praeceptores〔英古〕（衡平法院）主事官

Praecipe 訴訟開始令狀（命令被告做某種行為或陳述不
　　履行的理由令狀）；申請頒發令狀或其他文件概要書；
　　頒發執行判決命令（指要求法院書記官頒發執行已經
　　判決的命令）

Praecipe quod reddat〔英古〕指令交付土地令狀（命令被
　　告恢復對土地佔有的令狀）

Praeco（法庭）庭丁，法警；傳令官

Praeda 繳獲品

Praedatio 掠奪；繳獲

Praedator 掠奪者；繳獲者

Praedatoria navis 掠奪船；許可拿捕船舶的緝私船

Praedecessor 前任者

Praedia 土地；地產；財產

Praedia bellica 戰利品；戰時俘獲物；贓物

Praedia servitude 地役權

Praedia stipendiaria 貢賦地

Praedia tributaria 納稅地

Praedial 土地的；不動產的；直接出產於地面上的（例
　　如，各種穀物、草和水果等）

Praedicatio 宣言

Praedictus 上述的；前述的

Praedium 土地；地產；田產；一塊地產

Praedium censiticum 永租地

Praedium dominans 需役地

Praedium serviens 承役地；供役地

Praedium urbanum 非農用地（供使用或居住的建築物或
　　大廈土地）；市區耕地；都市耕地

Praedo 盜賊；強盜

Praefectura 征服的城鎮；君士坦丁皇帝制訂的最大行政
　　區劃

Praefectus a. & n. I. 上述的；前述的；II. 長官；首領

Praefectus annonae 穀物配給官；糧食供給長官

Praefectus urbi 城市行政長官；城市裁判官

Praefectus vigilum 警視總監；城市值夜官；城市治安長
　　官（巡夜以及維護治安等職責）

Praejudicium 先決；預先判決

Praelegatum 先取繼承份額（指提前給予有權繼承遺產份
　　額的繼承人全部或部份）

Praemeditatio 預謀

Praemium 報酬；補償

Praemunientes clause 犯罪名稱條款

Praemunire〔英古〕反對國王罪；蔑視王權罪（指主張教
　　皇的權力比英王的權力優越罪）

Praenomen 名；教名

Praepositura 購物權（丈夫須承擔供給家庭及適當生活
　　方式必需品的義務）

Praepositus〔英〕當局者；掌權者；百家村村官；祖先

Praepositus regius 百家村村官

Praescriptio 時效（指長期佔有而取得時效成為物主的方式）

Praescriptio acquisitiva 取得時效

Praescriptio annalis 一年時效

Praescriptio biannalis 二年時效

Praescriptio cambialis 票據時效

Praescriptio definita 確定時效

Praescriptio dormiens 時效停止

Praescriptio extinctiva 消滅時效

Praescriptio indefinita 不定時效

Praescriptio interrupta 中斷時效

Praescriptio legalis 法定時效

Praescriptio longi tempolis 長期取得時效

Praescriptio redhibitionis 恢復時效

Praescriptio triannalis 三年時效

Praescriptiones 求償訴訟的導言（意指要言簡意賅準確地表達年金求償之訴的文字）

Praesentatio 呈示

Praeses（羅馬法）總督；省長；行省執政官

Praestare v. 履行；執行；實踐；負責；給付

Praestat cautela quam medela. 預防勝於醫療

Praestatio 擔保；保證；提供；給付

Praestatio damni 損害賠償

Praestatio doli 由於惡意所致的損害賠償

Praestatio evictionis 追奪擔保

Praestatio juramenti 進行宣誓

Praestatio publicae 公家的徵稅；公的給付

Praesumptio 推定，假設；侵入；非法取得（任何東西）

Praesumptio doli 惡意的推定

Praesumptio facta 事實上的推定（根據事實的推定）

Praesumptio fortior 強有力的推定

Praesumptio hominis 人為推定；（不受嚴格規則約束的）自然推定

Praesumptio juris 法律上的推定；有條件的推定；非決定性的推定；可反駁的推定

Praesumptio juris et de jure 法律和權利上的推定；不許反證的法律推定；確定性或不容反駁的推定

Praesumptio mali 惡意的推定

Praesumptio, ex eo quod plerumque fit. 推定從普遍發生的情況中產生（一般發生的情況可作為推定的根據）

Praesumptiones juris tantum 可用反證否定的法律推定（可用反證予以否定的推定，例如死亡的推定）

Praeter legem 超越法律之外；法律以外；違反法律

Praeteritio 疏漏；遺漏（指形容立遺囑人把法定繼承其遺產者排除在外）

Praeterium（將軍或攝政官）辦公室

Praetextu liciti non debet ad mitti illicitum. 非法行為，縱然偽稱合法，也不得容許

Praetextus 藉口；托詞；假裝

Praetor 裁判官；大法官（每年選出的首席法官，並擁有廣泛的衡平管轄權）

Praetor maximus 最高長官

Praetor minor 小執政官

Praetor peregrinus 外事裁判官；外事法官

Praetor urbanus 城市裁判官

Praetorian law 判例法（指導衡平法院的規則）

Praevaricatio 職務上的背信；陽奉陰違罪

Praevaricatio impropria 審判案件受托者的背信

Praevaricator 違反信託者；有負所托者

Praxis 慣例；使用；實踐

Praxis judicum est interpres legum. 法官的審判實踐即是法律的解釋

Precarium 假佔有（以他人容許為條件的佔有）；〔蘇格蘭〕隨時可被收回的無償佔用；〔英古〕軍役土地保有（指授予終身土地以換與服兵役）

Preces（向皇帝）懇求

Precipe（＝praecipe）

Prefects 盟軍長官

Prenomen 名；教名

Presidi 行省長官

Pretium 價格；價值；物價，賣出價

Pretium doloris 痛苦的代價；撫恤金

Pretium periculi 風險價格（例如，保險費和押船貨款利息）

Pretium sepulchri 殯儀館；停屍室；太平間

Prima facie 初步的；表面的；表面上看；初步看來

Primae impressionis 初次印象；表面上無判例的案件（指為新型的無確認的法律原則可適用的案件）

Primae preces 首次推薦權（指皇帝登基後第一次推舉教堂出缺的牧師職位）

Primitiae 頭茬收穫；租地頭年的全部收益（指應交給教皇或國王的）；〔英古〕聖職頭年俸祿（寺院主持或牧師第一年的全部收入）

Primo venienti 先付給先來者（指遺囑執行人對債務求償者先提出者先償付）

Primo, a & ad. 初次，第一次（的）；首次（的），頭一回；首先，開始；起初，最初

Primogenitus〔英古〕長子身份；長子繼承權

Primum decretum〔宗〕初步判決；（海事法庭）臨時判決

Primum vivere, deinde philosophari 以身作則

Primus inter pares 同輩中第一（平等中的首位）

Princeps 王子，太子；國王，皇帝

Princeps legibus solutus est 君主不受法律約束

Princeps senatus 元老院君主；議長

Principalis 本人；主債務人；主犯

Principe 君主

Principes 中線部隊（由壯年士兵組成）

Principiorum non est ratio 原則不須證明；基本原則不須論證

Principum pracita 最高主權；君主的絕對權

Prior tempore prior jure 先到者權利上優先；時間佔先者為大

Priori petenti 給在先申請人（指有幾個同樣有權擔任遺產管理人者）

Privatio 剝奪；號奪；釋放，解放

Privatorum conventio juri publico non derogat. 私人協議不損害公共權利；私人協定不得減損公法

Privatum commodum publico cedit 個人利益服從公共利益；公益重於私利

Privigna 繼女（前夫或前妻的女兒）

Privignus 繼子（前夫或前妻的兒子）

Privilegiarius 特權佔有者

Privilegium 特別敕令（指羅馬皇帝授予某些特定個人不正常的權利、義務和刑罰）；特權（指法律授予不同於普通規則的權利）；特別留置權（指海商法公認：海員可留置船舶直至發給工資）

Privilegium clericale 教士的特權；神職人員的特權

Privilegium exclusivum 壟斷權；專有權

Privilegium exigendi 優先權

Privilegium gratiosum 無償的特權；免還債務的特權；無負擔特權

Privilegium non valet contra rempublicam 對國家有害的特權不得生效；損害國家的特權無效

Privilegium onerosum 附有負擔的特權

Privilegium personale 人的特權

Privilegium prioritatis 優先權

Privilegium reale 物的特權

Privilegivm 特別敕令（指羅馬皇帝授予某些特定個人不正常的權利、義務和刑罰）；特權

Pro bono 為行慈善的；免費提供勞務的（例如法律服務）

Pro bono publico 為公益計；為了公眾福利

Pro confesso 如同供認；如同承認（根據訴訟規則，舊時以適用於衡平訴狀的條款，並據此作出判決，而被告未對此進行答辯。這一慣例，現代則為 "因缺乏原告控告程式而作出缺席判決"）

Pro domino 做為主人；以主人身份

Pro domo plea 自行辯護

Pro domo sua 為了個人利益

Pro emptore 作為買主；以買受人名義

Pro et contra（pro et con）贊成與反對

Pro facto 作為事實；就事實而言

Pro forma 形式上的；估計的；預計的；表面的；預編的

Pro futuro 為未來計（為了將來）

Pro hac vice（P.H.V.）只此一回；只限這一次；僅為此場合

Pro indiviso 未分割的；不可分開的；整個的；共同的；共有的；合租的

Pro interesse suo 根據他的利益；在他的利益範圍內（指為了自己的利益而介入其他當事人提起的訴訟）

Pro legato 作為遺贈物；基於遺贈物的權利（憑時效取得財產的方式）

Pro majori cautela 為求更加謹慎起見；為了格外安全起見

Pro memoria 作為紀念；為備忘起見；（數額）待定

Pro posse suo 在其權力（或能力）範圍內；按自己能力

Pro possessione pracesumitur de jure 佔有產生法律之推定（佔有即是法律上推定的根據）

Pro praep. 為了；按照，依照，根據，關於；因為，由於；代表；為…利益，對…有利；以…資格，以…地位

Pro rata 按比例；按份額；成比例地

Pro re nata 應立即處理的；應付特別需要的；適用於特特殊場合的；隨應應變的；臨時的

Pro se 為他自己；代表他本人；親自；親自出庭（指在沒有聘用律師時，自己親自到庭）

Pro solido 為了整體；作為全體；聯合；劃一

Pro tanto 就是這麼多；盡可能多；盡其所能；至此；到此程度

Pro tempore（pro. tem.）暫時；臨時

Pro veriate 為了真理；作為事實

Pro virili parte 盡力；竭盡其所能

Probamentum 證據

Probatia viva 人證

Probatio 證據；證明

Probatio artificiosa 人為的證據

Probatio contradictoria 反證

Probatio imperfecta 不完全證據

Probatio inspectinem ocularem 檢證

Probatio minus plena 不完全證據

Probatio mortua 物證（無生命的證據，例如契據或書面證據）

Probatio per documenta 書面證據

Probatio per instrumenta 書面證據

Probatio per praecumtiones 推定證據

Probatio per testes 人證

Probatio perfecta 完全證據；充份證據

Probatio pleana 充足的證據；兩個證人提供的證據；政府檔的證據

Probatio semi-plena 部份證據；一個證人證據；私人文書證據

Probatio viva 活的證據（即活人口述的證據）

Probatum est 已經審理；已經驗證

Procedendo 催促判決令狀（下級法院推遲審判時，上級法院發出的催促審判的令狀；由下級法院向上級法院移交的案件又送回下級法院的令狀）；發還審理令狀

（指民事案件因理由不充份由下級法院移交給上級法院審理或者再發還下級法院審理）

Procedendo ad judicium 作出判決令狀（指上級法院向下級法院下達的命令）

Processum continuando 繼續訴訟程式令狀（指在首席法官或其他法官死亡後發出繼續審理並判決令狀）

Processus 訴訟；訴訟案件；訴訟程式；程式

Processus causarum minutarum 微小的案件程式

Processus civilis 民事訴訟

Processus criminalis 刑事訴訟

Processus executivus 執行程式

Processus informatorius 調查程式

Processus summarius 簡易訴訟

Processus testamentium 戰地遺囑程式

Processus verbalis 口頭訴訟

Procul dubis 無疑；毫不置疑

Procura 代理；業務代理權

Procurare v. 為他管理他人事務；代管他人事務；管理；照管或監督

Procuratio 代理（指對代理人或代訴人辦理事務）

Procurator litis 訴訟代理人（指在原告不在期間，依其要求代為提起訴訟的人）

Prodigus 浪費揮霍者；浪費人；受監護的成年人（指精神病者，縱欲和嗜酒狂）（德國民法用語）

Proditio 背叛；洩露；背叛罪

Proditio civitatis 謀叛；叛逆罪

Productio documentorum 提出文件

Productio sectae〔英古〕舉出助訟人（原告讓其證人出示證明所列的罪狀）

Productio testium 提出證人

Profectitius 繼承自我們祖先的財產

Profert in curia 在法庭上出示（指當事人在法庭上出示由其所保管的契據或書證）

Proficua〔英古〕收益；地產的孳息

Progener 孫女婿；外孫女婿

Programma 公告；佈告；送達

Prohibitio 禁止；不允；查封

Projectio〔英古〕灘塗；沖積地（由於海水沖積泥沙所致）

Prolem sine matre creatam 非出自母胎；非模仿抄襲品

Proles 子孫；後裔；合法婚姻的子嗣

Proletarii 無產者

Proletarius 貧民；平民

Promatertera 曾姨祖母；曾姑祖母（即曾祖母或外曾祖母的姐妹）

Promatertera magna 高曾祖母；高外曾祖母；高外曾姨祖母；高外曾姑祖母

Promemoria 備忘錄

Promicui usus 雜亂用法

Promissor 允諾人

Promulgare v. 公開；公佈；頒佈法律；使公眾知曉

Promulgatio 公佈；頒佈

Promutuum 返還約定（指歸還他人錯付的款項或替代物品之一種准契約）

Pronepos 曾孫；外曾孫

Proneptis 曾孫女；外曾孫女

Pronurus 孫媳婦；外孫媳婦；曾孫媳婦；外曾孫媳婦

Propatruus 叔曾祖父；伯曾祖父

Propior sobrino, propior sobrina 父系或母系的伯（叔）祖父或姑（或姨）祖母的兒子或女兒

Proporsitum 提議

Proporsitus 被提名人；祖先；查尋繼承人（指死者未留下遺囑需按繼承法法則以確認死者的土地繼承人）

Propraetor （羅馬法）省的法官

Propria persona （P.P.）親自；本人

Propricidium 自殺

Proprietarius 所有者

Proprietas〔英古〕財產；所有權

Proprietas nuda 虛有權（指只有產權而已，其與使用權分離）

Proprietas plena 完整財產（包括產權和使用權）

Proprietates probanda 查清扣押財產物主的令狀（指要求執達吏查清債權人主張所被扣押的乃屬其自己財產情況）

Proprio motu 自願；自己意願

Proprio vigore 由於本身力量；就本義而言；根據其固有的意思

Propter hoc 為了這一點

Propter nuptias 由於婚姻

Propter nuptias donatio 婚前贈與

Propter privilegium 由於特權

Prorogatio 當事人合意的管轄

Prorogatio fori 當事人合意的法院管轄

Proscribed 被公佈為死囚者；被剝奪公權者；被懸償首級者

Prosequi v. 追捕；追蹤；起訴；檢舉；控告

Prosequitur 他追捕；他控告

Prosocer 岳祖父；妻子的祖父

Prosocerus 妻子的祖母；外子的祖母

Prostates 前導者

Protectio trahit subjectionem, et subjectio protectionem 保護引致服從，服從引致保護

Protestando 異議

Protutela 副監護（事實上的監護）

Protutor 准監護人；事實上的監護人（非為成年者的監護人而以監護人身份行使著自以為已合法授予監護財產或監護事務的權力；或因與監護人的女人結婚而成為監護人）

Proviciae 行省

Provinciale 轄區令

Provincialis 省裏有住所的人；外省人；外省居民；佔領地居民

Provisio 但書；附文；(附帶) 條件

Provocatio 挑撥；訴訟的挑撥

Provocatio ad populum 向民衆申請

Provocator 上訴人；控告人

Proxeneta 經紀人；媒人

Proxeneticum 經紀費

Proxeni 外國代表人

Proximi 隨從

Proximi agnati 旁系親屬 (指兄弟姐妹屬於第二順位繼承人)

Proximo (prox.) 下月的

Proximus successor 最近的繼承人

Puberes 成熟者；及婚年齡者

Pubertas 成年年齡；及婚年齡；青春期

Publica fides 公共的信用

Publica utilitas 公益；公衆的利益

Publicandum 公告

Publicani 包稅人；收稅人

Publicanus 包收租稅人；酒吧老闆

Publici juris 公共權利的；屬於公衆權益的 (指享受光線和空氣權)

Publiciana actio 請求交付物的訴訟

Publicum jus 公法

Puer 兒童；7-14 歲兒童 (包括女童)；男奴；男傭；奴僕

Pueritia 童年期 (男童為自出生起至 14 歲，女童至 12 歲止)；幼年

Puerperium 產後期

Puis darrein continuance 追加辯訴理由書 (指被告自上次答辯後發生新的爭議問題允許補充再行答辯)

Pulsare v. 歐打；起訴；控告

Punctatione (羅馬法) 契約準備書；條約草案；約定事項的協議

Punctum saliens 要點；重要情況

Punctum temporis 時間的點；瞬間；立即；馬上

Punica fides 反復無常；背信棄義；不忠實

Pupillus 被監護人；未成年人

Purus idiota 先天性白癡

Putativum matrimonium 誤想婚姻

Q

Qua 以…的資格 (或身份)；作為；以為；視為

Quacunque via data 不管採用何種方式

Quadragesima 第四十；四旬齋第一個星期 (即約為復活節前 40 天)；大齋節首主日

Quadriennium 四年 (羅馬法規定法科學生必須讀完四年課程才能攻讀法典)

Quadriennium utile 〔蘇格蘭〕四年有效期 (成年後四年有效期內仍然可尋求減輕所簽訂的於其嚴重不利的交易)

Quadruplatores 有償告發人 (如果被告被判有罪者可分得被告被沒收財產 1/4)

Quadruplicatio 被告第三次答辯 (相當於普通法的第四次駁複)

Quae ab hostibus capiuntur, statim capientium fiunt 從敵人那裏奪取的財物歸奪取者所有

Quae consistent in jure 法律上擬制的關係

Quae est eadem 內容相同 (指在抗辯中稱其所提及的侵權行為和其他的事實與之前的陳述相同，但同情況上看兩者還是有明顯的區別)；與前所述相同

Quae nihil frustra (法律) 不規定任何無用的東西；不要做無目的之事

Quae plura 〔英古〕查明死者佔有未被發現土地的令狀；查明死者是否還有更多的土地和保有地產的令狀

Quae servitia 要求效忠令狀 (釋義見 "per quae servitia")

Quae usu consumuntur 消費物

Quae usu minuntur vel consumunter 消費物

Quae usu non consumuntur 非消費物

Quaere 質疑；有疑義；有問題

Quaerens 原告 (釋義同 "plaintiff")

Quaerens non invenit plegium 原告未提供擔保

Quaestio 問題；爭點；刑訊；訊問；酷刑 (指逼供式審問，中世紀法律)

Quaestio facti 事實問題

Quaestio juris 法律問題

Quaestio vexata 議而未決的問題；難題；爭執中的問題

Quaestor 司法行政官；稅務官 (負責徵收國庫財政收入)

Quaestor sacri palaii 司法大臣；聖殿執法官

Quaestores classici 掌管公款的官員

Quaestus 購得財產

Quaetiones 刑事法庭；特設刑事法庭；刑事法庭程式；法律問答

Quaetiones paricidii 殺人罪審判官

Quaetiones perpetuae 常設刑事法庭

Quale jus 〔英古〕司法令狀 (指宗教人士申請返還在判決執行前作出的判決)

Quamdiu 在…時候；達…之久；長達…；到…為止

Quamdiu bene se gesserit 行為良好期間 (指如法官等在職期間或所享有的特權，除非玩忽職守、死亡可自願辭職外，只要其品行良好就不會被免職或喪失其特權)；品行良好期間 (指贈與人以受贈人品行良好時為條件)

Quando 當…時；那時侯；因為；由於；既然

Quando abest provisio partis, adest provisio legis 契約無規定之處依照法律規定

Quando acciderint 等候得到財產時；當將來發生時（指死者的債權人訴死者遺囑執行人或遺產管理人，債權人依判決有權取得死者的遺產，儘管該遺產將來可能落入死者合法代理人的被告中）

Quando aliquid prohibetur ex directo, prohibetur et per obliguum 凡被直接禁止者，間接亦不例外（意指法律禁止的不法行為，無論直接還是間接的均在禁止之列；不法行為無論直接還是間接均為法律所不許可）

Quanti minoris 減價之訴（指因所購之物有瑕疵，購物者提起要求按議價折扣的訴訟）

Quantum 量；額；多少

Quantum damnificatus 損害額（指損害賠償訴訟中衡平法院裁定所允許損害賠償額）

Quantum lucratus 按應得額（指返還不當得利一種可能的數量）

Quantum meruit 按照服務計值；按勞計酬；按照勞力價值（指無合同規定時依原告服務和所提供材料支付報酬）

Quantum sufficit（quan.suff.）足量；充足的分量

Quantum valebant 按值付價；支付合理價格原則（損害賠償訴訟中原告要求被告付給其出售和交付的物品的合理價格）；按值付價（指貨物價格未經事先議定而只是默示約諾的訴訟）

Quare 何故；因何；為什麼；基於什麼理由（用於拉丁文式的普通法令狀）

Quare clausum fregit 為何侵入私地令狀（指非法侵入原告圍場內的土地而產生的損害求償訴訟）

Quare ejecit infra terminum 為什麼在租約期間逐出出租人（指動產承租人在租約期滿前將承租人驅出其農場的令狀）

Quare executionem non（Q.E.N.）為什麼不能頒發執行令狀

Quare impedit 聖職推薦權受妨礙之訴（指被告被傳喚說明為何妨礙原告推薦聖職的理由）

Quarto die post〔英〕四日後（被告收到傳票後應於四日後出庭）

Quasi 類似；准；半

Quasi contractus 准契約（指應予履行的義務，不是由於簽訂合同而產生的法律行為的一種義務性契約）

Quasi dicat 似乎他應該説

Quasi falsum 准偽造；准詐欺

Quasi usus fructus 准用益權；不完全用益權

Quasi-delictum 准私犯

Quasi-maleficis 准私犯

Quasi-possessio 准佔有

Quasi-traditio 准交付；准佔用（他人的財產）；准產權移轉

Quator pedibus currit 與…相吻合；完全符合

Quem reditum reddit〔英古〕強迫承租人接受讓與人負

擔地租的令狀

Querela 訴訟（可向任何法院提起訴訟）；起訴狀（原告訴狀或聲明）；訴因；法律理由書

Querela denegatae justitiae 拒絕審判的抗告

Querela infficiosi testamenti 撤銷有失公正之訴（指以立遺囑者在心智不正常的情況下不公正地剝奪其子女繼承權為由，子女可根據法律推定提出撤銷該遺囑訴訟）

Querela inoffciosae donationis 請求補充遺留份之訴

Querela nullitatis 判決無效的抗告

Querela protractae justitia 拖延審判的抗告

Querela simplex 普通抗告

Querens 原告；控告人；詢問人；調查人；〔美〕（民事訴訟中）原告方面的控訴

Querimonia 抗辯；規避；質問

Querla nullitatis 判決無效的抗告

Questa 查訊；訊問（指在選任陪審團的宣誓下的）

Questio factio 事實問題

Questio juris 法律問題

Questio perpetua 永久審判

Questio vexata 爭議的問題；議而不決的問題；棘手的問題

Questores parridii 殺人罪審判官（指代表民衆大會授權確定兩位官員進行調查審訊）

Questura 財政官；基層執法官

Questus est nobis 排除滋擾令狀

Qui approbat non reprobat 凡認可者就不能否決

Qui cum alio contrahit, vel est, vel esse debet non ignarus conditionis ejus 與他人訂立契約者知悉或應當知悉對方的情況（與他人締約者不是或不應當不知對方情況者）

Qui facit per alium facit per se 通過他人所作的行為即本人自己的行為；代理人的行為由委任人負責

Qui in territorio meo est, meus subditus est 在我領土內的人都是我的臣民

Qui jure suo utitur, neminis facit injuriam 行使自己合法權利者不得損害他人

Qui nimium probat nihil probat 證明過多等於沒有證明

Qui non habet, ille non dat. 非自己所有者，不能讓與他人

Qui non improbat, approbat 不責備就是贊成

Qui non negat fatetur 不否認等於承認

Qui parcit nocentibus innocentibus punit 不懲罰罪犯等於懲罰無辜者

Qui prodest? 對誰有利？

Qui sentit commodum sentire debet et onus 獲取利益者亦應負有責任；有權利者有義務

Qui tacet consentire, si loui debuisset ac protuisset 如果應該而且能夠講話，則沉默應視為同意

Qui tacet consentit 沉默即是同意

Qui tacet, consentire videtur 沉默即視為同意 (沉默應視為同意)

Qui tam (Q.T.) 分享罰金者 (此項罰金依法應由起訴人與公家分得)

Qui tam actions〔美〕分享罰金之訴 (指依法在民事訴訟中，部份罰金發給提起訴訟的原告，餘則歸給政府或其他機構)

Quia 因為；然而；以…故

Quia emptores 有鑒於買主；封地買賣法 (允予出售全部或部份封地)；〔英〕禁止分封制法 (1290 年，英王愛德華一世頒佈停止分封法，規定每個自由民都可以合法地銷售其擁有的部份或全部土地和住宅房屋。買者亦同繼承土地的領主和以前封地承受人以同樣勞役和習慣持有土地一樣可持有土地和住宅房屋)

Quia falsavit sigillum 因他偽造印鑒

Quia ignorare non debuit quod jus alienum emit 買主不可貿然誤買別人的權利

Quia sunt duae animae in caene una 夫妻在法律上視為一人

Quia timet 因恐懼；為預防 (指原告因擔心為預防其權益將來可能受到侵害而向高等法院衡平法庭投訴尋求協助)；禁止侵害命令申請書或其申請手續

Quicquid est contra normam recti est injuria 違反正當規則的行為，即是侵害行為

Quicquid in excessu actum est, lege prohibetur. 過分的行為，即是法律禁止的行為

Quicquid plantatur solo, solo cedit 附著於地上者皆屬於該土地

Quid 什麼？

Quid nune 目前如何

Quid pro quo 一物換一物；物物對換 (換取類似物品價值的物品)；對價 (英美法上作為契約成立要件之一)；報價；交換條件

Quid prodest? 有何用？

Quid sit jus, et in quo consistit injuria, legis est definire 法律的作用是判明善惡是非

Quidam 某人

Quidquid est in territorio, est etiam de territorio 領土內的一切均屬於領土

Quieta non movere 不要擾亂已經確立的事物；勿擾亂和平

Quietare v. 清償；償還；免除債務；避免損害

Quiete clamantia〔英古〕放棄權利；放棄請求

Quiete clamare v. 放棄權利；宣佈放棄所有權利請求

Quietus〔英古〕清償 (債務等)；免除債務

Quietus redditus〔英古〕免租稅

Quiin territorio meo est, meus subditus est 在我的領土內都是我的臣民

Quilibet protest renunciare juri pro se introducto 人人可放棄有利於自己的權利 (任何人可以放棄為其提出的、對其有利的法律)

Quinguaginta decisiones 五十判決集 (公元前 530 年，編纂委員會期間編纂《查士丁尼法典》編纂人搜集的)

Quinque Compilationes Antiquae 古代五部教令匯編 (成書於公元 1140-1234 年，該巨著有詳細的注釋和精湛的研究，聲譽卓著，是學習和瞭解古代寺院法的基礎)

Quinto exactus〔英古〕第五次傳喚 (指連續五次傳喚被告到庭，如再不出庭即宣告剝奪其公民權者)

Quis custodiet ipsos custodes 誰看管看管者？誰該守衛？

Quo animo 動機何在 (指被告並無明顯的犯罪行為，唯一的疑問是他曾想幹什麼)

Quo jure〔英古〕依何項權利 (指迫使主張他人的土地者說明其權利依據的令狀)

Quo ligatur, eo dissolvitur 如何束縛就應如何解脫 (意指"解鈴還須系鈴人")

Quo minus〔英古〕避免毀損的令狀；財稅法院以擬制手法獲取普通民事訴訟管轄權令狀 (指財稅法院以原告無法償還國王債務的擬制手法剝奪了普通法院民事訴訟管轄權而獲得)

Quo modo 何種方式；何種情況

Quo non est in actis 不告不理

Quo warranto〔英古〕責問憑何權力行使權利令狀；憑何權力 (舊時英國法庭所發的責問被告根據什麼行使職權的令狀)；防止繼續非法行使權力的特別程式

Quoad hoc 關於此事；到此程度 (或範圍)；就此而論；關於這一點 (用於判決錄意思是指關於這件事，法律就是這樣規定的)

Quoad sacra 關於神聖的事物；出自宗教的目的

Quod ab initio vitiosum est non potest tractu temporis convalescere 自始即有缺陷 (的事物)，非時間所能補救；自始即無效者，以後也不得生效

Quod approbo non reprobo 我接受了就不能拒絕 (既已允諾，就不能又同時予以拒絕)

Quod bene notandum 應該特別注意之點

Quod constat clare non debet verificari 顯而易見的事，不必加以證明

Quod erat faciendum 待辦；待進行；這就是所做的

Quod est 即；這就是

Quod est inconveniens aut contra rationem non permissum est in lege 不適當與不合理的事，法律也不許可 (指有所不便或背理之事為法所不容)

Quod est necessarium est licitum 需要即合法

Quod initio non valet, tractu temporis non valet 自始無效者不能因時間推移而變為有效

Quod non agnoscit glossa, non agnoscit forum. 注釋家所不能承認的原則，司法者不予以考慮

Quod per me non possum, nec per alium 我自己所不能為者，亦不能通過他人為之

Quod plerumque fit 大致如此

Quod vide (Q.V.) 參看；參見；另見（指請讀者參閱書籍中某段等用語）

Quodque dissolvitur eodem modo quo ligatur. 締約方式應與解約方式相同

Quoties in verbis nulla est ambiguitas, ibi nulla expositi contra verba fienda est. 文字上不明之處時，不得作與文字相反的解釋；文字上沒有不明之處時，不得作與文字相反的解釋

Quousque 多久；多遠；直至；直到⋯為止

Quovis modo 無論以何種方式

R

Rapina 搶劫；掠奪（劫掠他人動產以為自用）

Raptor〔英古〕誘拐者；強姦者

Raptus 誘拐；誘拐婦女；強姦

Raptus virginum 誘拐處女；誘拐少女

Rapuit〔英古〕強姦（古訴狀中的專門術語）

Rara avis 罕見之物

Rata 分配額；定額；部份

Rata pars 份額

Rati cautio 追認擔保（對於不完全代理人行為的）

Ratihabitio 追認；認可；合同的確認

Ratio conventionis 協定理由

Ratio decidendi 判決理由；判決根據（常用以反對法官的"附帶意見"）

Ratio dubitandi 疑問的根據

Ratio est formalis causa consuetudinis 理為習慣之要式原因

Ratio est legis anima; mutata legis ratione mutatur et lex 理為法之靈魂；法理變更法隨之變更

Ratio in jure aequitas integra. 法律的根蒂是絕對的公平

Ratio juris 法律理由；法律的原理

Ratio legis 法的理性；法律（存在的）理由；立法理由

Ratio legis est anima legis 法的理性是法律的靈魂

Ratio naturalis 自然理性

Ratio seripta 成文的理性

Ratio status 國家的方針政策；國策；國是；國家方略

Ratio sufficiens 充份的理由

Ratiocinium 計算；算定

Rationabile estoverium 贍養費；生活費（指結婚訴訟期間或離婚後一方給付另一方的合理生活費，其釋義同"alimony"）

Ratione cessante 基於終止理由

Ratione domicilii 基於住所理由

Ratione impotentiae 基於無行為能力的理由

Ratione loci 基於屬地理由；因所在地點

Ratione materiae 基於屬物理由；就事而言

Ratione personae 基於屬人理由；對人的理由；就人而言

Ratione privilegii 依據特權理由（指英國王室准許，可以特許每人可在他人土地上射殺兩隻野獸）

Ratione soli 基於屬地理由；所在地的理由；由於土地的所有權

Ratione temporis 基於屬時理由；時間上的理由；在時間上

Ratione tenurae 因租期的理由；基於佔有的理由；基於使用期的理由

Ratione vis 依武力的理由

Rationes pro et contra 基於正反兩面的理由

Re 關於⋯（事件）；⋯事由；在⋯案件中；就⋯而言

Re infecta 事情尚未解決，案件未了

Reagentia 刺激反應；反應作用

Reassumtio litis 再審

Rebellis 叛亂；暴動者

Rebus sic stantibus 情勢不變；情勢重大變遷；在此情況下

Recautum 反對擔保

Receditur a placitis juris, potius quam injuriae et delicta maneant impunita 寧可捨棄實定法規則，不容罪行逃避法律制裁

Receptator 窩藏者；隱私者

Receptor 窩藏者；隱私者

Receptum arbitri 仲裁契約

Receptum indebiti 不當利得（指無法律根據而收受，致使他人蒙受損害）

Receptus 仲裁員

Recessus maris〔英古〕返回；退潮（海水後退）

Recognitio nil dat novi 承認並不產生新事物

Recompensatio 再抵消

Reconvenire〔宗〕交互請求（指向原告提出反要求）

Reconventio 反訴；反請求

Recordari facias loquelam〔英古〕移送關於返還被扣押動產未決訴訟的令狀（指使下級無記錄的郡法院把未決訴訟移送給威斯敏斯特大廳一個上級法院的令狀）

Rectitudo 公正；正義；法定費用；貢金或付款

Recto 權利令狀

Recto de dote 寡婦索回剩餘地產令狀（寡婦向亡夫的繼承人求償剩餘未歸還部份應得的地產令狀）

Recto de dote unde nihil habet 寡婦索取全部地產令狀（指寡婦向亡夫的繼承人求償全部應得的地產令狀）

Rector provinciue 省長

Rectum 權利；審判；控告；指控；告發

Rectus in curia 在法庭上的權利（指受法律保護的人）；恢復法律權利（指恢復被剝奪公民權的法律權利）

Recuperatio〔英古〕返還（指由法官判決歸還被非法或扣押財物）

Recuperatores 涉外法官（指任命一類能迅速裁定羅馬公民與外國人之間權益爭議給予救濟的法官）

Recurrendum est ad extraordinarium quando non valet ordinarium. 普通法律無效時應採用特別法律

Recusatio 拒絕；申請迴避

Recusatio judicis 申請法官迴避（指基於懷疑法官有個人利益、偏見或其他充足的理由而提出異議，要求其迴避）

Recusatio juramenti 拒絕宣誓

Recusatio testis 以證人法律上無資格為由拒絕其作證（以證人無作證能力為由而拒絕其作證）

Reddendo〔蘇格蘭〕貢賦條款；租金條款

Reddendo singula singulis 各對各（把證書中的語句解釋為對某一特定人表示一種意義，而對另一特定人表示另一種意義）；各按其文字的本義

Reddendum〔英古〕應付租金；租約條款（租約中規定租金及其支付日期的部份）

Reddens causam scientiae 給予他以知識的理由

Reddidit se〔英古〕他自己投案（意指主犯自付保釋保證金而免於入獄）

Redditus 租金

Redemptio operis 勞務合同

Redeundo 歸還；在歸還中

Redhibere v. 收回；取回；交還（指售出的物品）

Redhibitio 歸還買賣物品；解除買賣契約

Redimere 買回；贖回

Reditus 收入；租金（=redditus）

Reditus albi（=whiterent）白銀地租（用銀幣支付的租金）；用現金付租

Reditus assisus 固定租金

Reditus capitales 主要租金（指自由土地保有者以支付主要租金而解除所有其他的勞役）

Reditus nigri（=black rent）用穀物付租；以勞役付租

Reditus quieti 免役租

Reditus siccus（=rent seck）不附扣押條款的契約書所訂定的租金；地租

Reductio 減輕；縮減；復位

Reductio ad absurdum 歸謬法；間接證明法；反證法（以表示造成不合理的結果來推翻論點的方法）（邏輯用語）

Refare v. 使失去；拿走；搶劫

Rege inconsulto〔英古〕國王中止審理令狀（指國王發給法官要求其中止審理某案可能會損害王室的利益，等候國王建議意見的令狀）

Regina 女王

Regnum 統治

Regressus 償還請求

Regressus per saltum 選擇償還請求（權）

Regula 規則

Regula fidei 信仰規程

Regula juris 法律規則

Regula pro lege, si deficit lex 如無法律，依法律格言裁決

Regulae generales 一般規程；一般訴訟規則（指各法院宣佈各自的訴訟程式和司法程式之謂）

Rei interventus 幹預行為；〔蘇格蘭〕不得變更約諾的行為（指約諾經一方同意，另一方履行了部份合同，他方不得拒絕履行其義務，否則構成違約。此系英國衡平法禁止翻供的一個原則）

Rei uxoriae cautio 婚姻財產擔保

Rei vindicatio 收回所有權的訴訟

Relaxatio 棄權文書（英國古時財產轉讓用語）

Reliauatio 殘額的債務

Relicta verificatione 放棄答辯（指被告作出抗辯後撤銷抗辯並承認原告的訴權，因而接受原告勝訴的判決）

Religio 宗教

Reliquatio 殘額的債務

Reliquator 殘額債務者

Relocatio 續租（指租約展期）

Relocatio tacita 默示的續租（指允許承租人繼續居住之謂）

Rem 物（例如：in ram；jus in ram）

Remancipatio 讓回

Remanet pro defectu emptorum 因無買者而退回扣押物（因無買者而退回未售的被扣押財產）

Remedium 手段

Remedium juris 法律上的手段；法律上的救濟法；上訴

Remedium nullitatis 無效訴訟

Remedium pinague 有效法律手段；有效的上訴

Remedium possessorium 佔有手段

Remedium suspensivum 停止訴訟方法

Remissio 免除；返還

Remissio injuriae〔蘇格蘭〕寬恕通姦的過錯

Remissio juramentti 免除宣誓

Remittit damna（remittitur damna）減免損害賠償（指在訴訟記錄上登記，陪審團裁決給予原告部份或全部的損失賠償）

Rempupilli salvam fore coutio 監護擔保

Renovare v.〔英古〕更新；展期

Renunciatiorium juramentum 棄權宣誓

Renuntiatio 放棄；拋棄；棄權

Renuntiatio litis 訴訟的放棄

Renuntiatio mattimonii 離婚

Renuntiatio sucessionis 放棄繼承

Reo absente 被告缺席；被告不到庭

Repetitio 取回；收回；歸還請求；反復

Repetundae 索賄罪

Replicare, v.〔英古〕答辯；原告答覆被告的抗辯

Replicatio〔英古〕原告答覆被告的抗辯；原告的答辯

Repudiatio 拒絕；離婚

Repudiatio hereditatis 拒絕繼承

Repudium 解除婚約（有時也譯為 "離婚"，但不確切；羅馬法上的單方面離婚，類同中國舊社會的 "休妻" 之舉）；不一致；互相矛盾（指文件一部份正確，而另一部份錯誤）

Repudium necessarium 法律上的離婚

Repudium voluntarium 任意上的離婚

Rerum division 物的分割

Rerum natura 物性；事物本質

Rerum Novarum 新通諭（指教皇十三世於 1891 年頒發的，其對整個歐洲的社會思想產生了巨大影響）

Rerum permutatio 物的交換

Rerum premordia 原始物素

Res 物；訴訟事由；訴訟標的物；（信託或遺囑的）主題事項；特殊事件；權利客體

Res accessoria 從物；附屬物

Res accessoria sequitur rem principalem 附屬物隨主物；從物隨主物

Res adjudicata 既決事項；定案（＝res judicata）

Res alicujus 自主物（自己的所有物）

Res aliena 他主物（屬於他人所有物）

Res alienabilis 融通物

Res allodialis 自由讓與的財產

Res ancipitis usus 戰時與和平同樣有用之物；和戰兩用物

Res anticipitis uses 戰時及平時兩用物品

Res caduca 無主物；無人繼承的遺產（收歸國有）

Res capitalis 主物

Res certae 特定物

Res communa 共有物

Res communes 共用物（指光線和空氣等）

Res communis 公共財產；公有物

Res communis omnium 大眾公有物；公共之物；公用物

Res consumptibilies 消費物

Res contraversa 爭議物；爭議事項

Res corporales 有體物

Res delegata 讓與物；委任事項

Res derelicta 遺棄物；拋棄的財產

Res dividua 可分物（指稻穀等可分、可數之物）

Res divini juris 神權物

Res divisibiles 可分物（例如米與水果等類）

Res ecclesiasticae 寺院財產；教會財產

Res exra commercium 不融通物；非交易物

Res extra patrimonium 不可少物；不可有物

Res facti 事實

Res fungibiles 類物；替代物（指以等質和等量之物相替換）

Res furtivae 被盜竊物；贓物

Res gentium 萬國之物

Res gestae 有關的事物；發生的事情（指已說過的話、已表達的想法和作出的手勢，其作為傳聞證據例外的規則，一案件的基本事實，是可以接納的）；訴訟行為

Res hostium 敵貨

Res immobiles 不動產

Res in commercium 融通物

Res in patrimonio 可有物

Res in transitu 運送中之物

Res incertae 非特定物

Res inconsumptibiles 非消費物

Res incorporales 無體物

Res individua 不可分物

Res indivisibiles 不可分物

Res integra 完整的事物（無瑕疵）；未曾觸及的新事物（本術語適用於全新的、未經裁定和法官個人未曾觸及的法律問題，亦即無法律根據，亦無判例可援的事項）

Res inter alios acta 他人之間的行為；他人之間的事情

Res inter alios acta alteri nocere non debet. 他人之間的行為不應損害非當事方；兩造之間的訴訟不應損及協力廠商的利益

Res ipsa loquitur 事物本身說明；不證自明（用於因過失造成的損害賠償訴訟的短語，指毋須證據而事故本身即足以證明其過失行為）；根據情況的推定

Res judicata 既判力；既決事項；定案（即一事不再理之謂）

Res judicata pro veritate habetur. 定案即視為真實

Res litigiosae 爭議物；訴訟中的物權

Res mancipi 要式移轉物（指移轉土地、房屋、奴隸和馬、牛等所有權必須依一定的方式移轉）

Res merae facultatis〔蘇格蘭〕永久存在的權利

Res mobiles 動產

Res naturales 自然物

Res nec mancipi 非要式移轉物（移轉不必依一定的方式）

Res non fungibilis 非代替物

Res nova 新事件；新案件；無先例的問題

Res nullius 無主物（不是為物主所放棄，就是從未被人所佔用，或不容許為私人所有之物）

Res nullius naturaliter fit primi occupantis. 無主之物當屬最先發現者所有；無主物歸先佔有者

Res omnium 大家共有之物

Res omnium communis 公物；大眾共有之物

Res periit domino suo 物的毀損歸其所有人（指物的損失或損壞應由所有人負擔）

Res petita 求償物

Res principalis 主物（指對從物而言）

Res privatae 私有物（指屬個人私有的財產）

Res propria est quae communis non est. 非公物即是私物

Res publica 共和國；公有物

Res publica romana 國家事務

Res publicae 公共財產；公有物（指海、可通行的河流以及公路等）

Res publici juris 公法物

Res religiosae 宗教物；安葬地

Res sareae 神供物；聖物；神聖物

Res sic stantibus 情事不變，保持原狀

Res singolorum 私有物；個人自有之物

Res singularis 單一物

Res transit cum suo onere 物隨負擔而轉移（負擔隨財產同時轉移）；債務隨財產同時轉移

Res turtivae 被偷竊之物；被盜物品

Res universitatis 團體成員共有物；公物；公法人之物（如公共街道等）

Res vindicatio 所有物返還請求權

Rescissio 廢除；取消；撤銷；解約

Rescontro 補償；抵消

Rescripta 敕答；批復（指羅馬皇帝或其官員對人民所提法律問題的解答）

Reservatio 保留

Reservatio dominii 所有權的保留

Reservatio honoris 名譽保留

Reservatum dominii 所有權的保留

Residuum (or residua) 結餘；剩餘遺產（償債、納稅、遺贈等後餘下的動產）；剩餘物；餘產

Resignatio judicialis 所有權讓與的表示

Resilire〔英古〕撤銷合同（指在合同產生拘束力之前即予撤銷）

Resistensia 反抗

Resomnium communes 公共物

Respice finem 注意結果

Respodeat superior 上級負責；委託人應對其代理人的行為負責

Respondere 解答（古羅馬法學家關於法律問題的答覆）

Responsa 解答

Responsa prudentium 法學家的解答

Responsabilita dei maggistrati 司法官的責任

Responsio 回答；答辯；鑒定

Responsio unius non omnino auditur （對）一個證人的答辯不應全聽

Restipulatio 反對的約束

Restitutio 回復；歸還；返還

Restitutio ad pristinum 恢復先前狀態

Restitutio expensarum 費用的賠償

Restitutio in integrum 恢復原狀（指根據詐欺取消合同以恢復當事人原來的狀態，但適用在海商上則指船舶碰撞後保險賠償應足以支付修復恢復船舶的原狀為止的最高額費用）；〔香港〕回復訂約前的原有地位

Restitutio in pristinum 等價賠償

Restitutio natalium 恢復自由民令狀（指賦予被解放者自由民的權利）

Restitutio naturalium 非婚生子女取得准婚生地位

Retallia〔英古〕零售；分割貨物（指將商品切割成為較小的）

Retenementum〔英古〕限制；扣留；扣押

Retentum 保留；留置

Retinentia 隨員；隨從；僕從

Retorna brevium 令狀回復（指執達員和其他官員在令狀上背書其執行令狀情況）

Retorno habendo 返還被扣押財產的令狀

Retorsio facto 事實上報復

Retractatio 取消

Retractatio juramenti 取消虛偽的宣誓

Retractus 先買

Retractus jus 先買權

Retraxit 撤訴（指由原告在法庭上公開自動撤回其訴訟，意即原告將永遠喪失同一案件的訴訟權，其區別於"non-suit"，後者由於原告疏忽傳喚而未到庭而放棄訴訟所致）

Retro 後的；向後的；在後的；後面的

Reus〔宗〕被告；刑事被告人；訴訟當事人；締約人；合同當事人

Reus credendi 債權人

Reus debendi 債務人

Reus excipiendo fit actor 被告由於提出抗辯而成為原告

Reus promittendi （締約時的）承諾人

Reus stipulandi 契約當事人；訂約要約人

Reversio〔英古〕歸還土地（指將土地歸還給原贈與人）

Revindicatio 歸還所有者訴訟的請求；恢復所有權之訴

Revisio in jure 法律審

Revocatio 撤回；撤銷

Revocator 取消人；歸還請求書

Revocatoria 召回狀

Revocatur 撤銷；撤回的（指法院已宣佈原判決無效或撤銷錯誤的判決）

Rex (R) 國王（國王在刑事訴訟中被看做是控方）；（國土）範圍（指政府勘測劃分土地用語）

Rex non potest peccare 國王無過失；國王不會犯錯誤（此為英國憲法的一個根本原則）

Rhetra 宣言

Rigor juris 法律的嚴格性；嚴格的法律（有別於對法官的偏祖"gratia curiae"）

Rigor mortis 僵屍（一般在幾個鐘頭之內，為一種公認的死亡檢驗）

Rogatio 提案；法案；訴狀

Rogatio testium 約請見證（指立遺囑人約請證人到場作證，正式公佈其所立的遺囑）

Rogator 法律提案人

Rogo 我請求；我懇求（羅馬法中遺囑用語）

Roma locuta, causa finite 上級有指示，便成定局

Rota〔主英〕連續；輪換；交替；〔R-〕天主教最高法院

Ruptio 損害

Rusticum 耕作地

Rusticum judicium〔海法〕簡易裁決（指兩隻船互相碰撞共攤損害賠償的判決）

Ruta 挖掘物（地上挖出來的財產，如沙炭和煤等）

Ruta et caesa 挖掘並予以切割的財物（如挖出後將其切割成段或加以粉碎的沙炭、木柴和煤炭等）

S

Saccularii 扒手；割包賊（指錢包等）

Sacramentales〔封〕證明被告無罪的證人（指在民事訴訟中，幾個鄰居出面宣誓證明被告無罪）

Sacramentum（羅馬法）（兩造）訴訟賭金；（普通法）誓言；（羅馬法）誓約（指士兵宣誓效忠將軍、效忠國家）

Sacril Stirpes〔英〕後裔，子孫；祖先；家系；世系；血統

Sacrilegio 盜竊聖物者；盜竊聖物罪

Sacrilegium 盜竊聖物（罪）

Sacrilegus 盜竊（教堂）聖物罪者

Salii 戰爭祭司

Salus 健康；衛生；福利；安全

Salus populi est suprema lex 人民的福利是最高的法律（法律以人民的利益為前提）

Salus populi suprema lex est 人民的福利是最高的法律（法律以人民利益為前提）

Salus populi suprema lex esto 以人民的福利為最高的法律

Salvo 保留的；除外的；不受損害的；不使權利受損害的；在不妨礙…情況下

Salvo jure 不受法律上的拘束

Salvo jure cujuslibet 任何人的權利不受損害；以不損害任何人的權利為原則

Salvus plegius 安全保證

Sanae mentis〔英古〕心智健全的

Sanctio 罰則；制裁條款；懲罰條款

Satisacceptio 擔保的約定

Satisdare v. 保證；擔保

Satisdator 保證人

Satuta personalia 對人法；住所地法

Scaccarium 英國財政部的別名；財稅法庭

Scandalum magnatum〔英〕詆毀權貴（指誹謗貴族、法官和大人物，按 1275 年愛德華一世時的法律，要受罰款處分）

Sciendum est 須知；應予注意

Scientiae juridicare doctor（SJD）（=doctor of juridicia-science）法學博士

Scilicet（sc.scil, SS.ss.）即；換言之；也就是説；即是（略作 Sc. 或 SC.）

Scintilla juris 瞬間佔有；微小的權利

Scire facias 告知令狀（指根據記錄在案的問題，要求關係人説明為什麼某項判決或具結不應利用該有利的記錄來反對他和為什麼不應使該記錄作廢或無效的理由）；取消特許令狀

Scire feci 他已告知（司法行政官回報稱他已將頒發的 "告知令狀" 送交當事人的）

Scriba 抄寫員；書記；秘書

Scribere 著述

Scribere est agree 著述即作為；著述就是叛逆行為

Scrinia（皇帝秘書）辦公室

Scriniarii 謄寫員

Scriptum 文書；手稿

Se defendendo 自衛；出於自衛（指為因正當防衛而被指控殺人者的辯護）

Secta curiae 法律訴訟；（指和平時，佃戶負有到庭參與訴訟的義務）

Sectores 中標者；公賣中標者

Secta or Suit〔英古〕民事訴訟；助訟者（指古時支持原告提起訴訟的隨行證人或擁護者）

Sectores 中標者；公益中標者

Secundum 根據；依照

Secundum bonos mores 依照慣例；照例；通常

Secundum forman statuti 依照法定方式

Secundum juris 根據法律

Secundum legem 根據法律；依法

Secundum legem communem 根據普通法（依普通法）

Secundum naturam 本質上講；按照事物的本質

Secundum normam legis 依據法律規則

Secundum ordinem 依次；按次序地

Secundum probata 依照證據（指根據法庭審理時所提出的證據）

Secundum quid 只在某點上；局部地

Secundum rationem legis 類推解釋（指以相類似的法規加以解釋）

Secundum regulam 按照規定；按規則；依照規則

Secundum subjectam materiam 根據訴訟標的

Secundum usum 根據慣例

Secundum usum mercatorum 根據商事慣例

Securitas〔英古〕安全；保障；保證；擔保；保證人；（債務的）清償；（債務的）免除

Securitas publica 公安；社會安寧

Securitatis pacis〔英古〕維持治安（指為免受他人死亡或傷害威脅而頒發的 "治安保證令狀"）

Secus 不是這樣；與此相反；否則

Sed 然而；但是

Sed haec hactenus 這且不説；此事暫且不談

Sed non allocatur 但未獲允准（指法院不同意律師對爭議問題的呈報意見）

Sed quaere 但須進一步查詢；尚待研究（指對特定的陳

述或所訂的規則有疑義或對其正確性表示異議，給予深入調查）

Sed quaere 需要進一步審查（指對特定的陳述或所訂的規則有疑義或對其正確性表示異議）；尚待研究

Sed vide 但見；參見；參照

Sedato animo 有預謀地；帶有解決的預案

Sede plena 主教職位已有人充任（主教職位業已無空缺）

Sedente curia 開庭；在法庭；開庭期間

Seditio 暴動

Seisina 佔有

Seisina facit steirpitem 依法佔有產生法定繼承制的家系（法律的諺語）

Selecti judices 選任法官（按選任方法與陪審團相似）

Selectio 選擇；選拔；品評人才

Semble〔法〕似乎是；看似好樣（常用於判決錄的表述，標記法官對某法律點上非直接的意見）

Semestria（羅馬皇帝）裁決彙編

Semi-matrimonium 准婚姻（俗稱"妾"）

Semi-naufragium 半毀壞船舶（意大利律師用語，為防止船舶失事而把船上貨物拋入海中；同時也用以表明船隻事故損壞狀況）

Semi-plena probatio 初步證據；〔蘇格蘭〕不完全證據（指只由一個證人提供的證言）

Semper 始終地；一貫地；隨時地

Semper idem 同樣的；總是如此的

Semper in dubiis benigniora praeferenda 有疑義時應作廣義的解釋

Semper in dubiis benigniora praeferenda sunt 有疑義的案件，多作有利的解釋總是可取的（有異議時應作廣義的的解釋）

Semper paratus 時刻準備著（指被告稱將隨時應傳到庭答辯）

Semper praesumitur pro matrimonio 推定總是有利於認定為婚姻的合法性

Senatus 元老院；元老院會址；大國民議會

Senatus consultum 元老院決議（指羅馬帝政初期元老院的決議具有法律效力）；元老院法令

Senatus consultum ultimum 元老院緊急決議

Senium praecox 早衰

Sensu communis 常識

Sensu largo 廣義

Sensu lato 廣義上的

Sensu politico 政治意義上的

Sensu stricto 狹義上的

Sensus 意義；意思；含義

Sensus verborum est anima legis 文字的意義是法律的精神

Sensus verborum est duplexmitis et asper; et verba semper accipienda sunt in mitiori sensu 字有兩義，一

輕一重，始終應以其中較輕的字義為准

Sententia 意思；含意；（個人）意志或意圖的表述；（法官或法院）判決

Sententia absolutoria 無罪判決

Sententia condemnatoria 有罪判決

Sententia conditionata 附條件的判決

Sententia confirmatoria 確認判決

Sententia decisiva 終局判決

Sententia declaratoria 宣示判決

Sententia definitiva 終局判決

Sententia denegatoria 否認判決

Sententia desertoria 放棄上訴判決

Sententia finalis 終局判決

Sententia interlocutoria 中間判決

Sententia legis 法規的意義

Sententia locatoria 優先判決

Sententia mixta 混合判決

Sententia reformatori 更正判決

Separaliter 分別地

Separatim 各個做成的不動產轉讓證書地

Separatio 分離；分開；分類

Separatio a thoro et mensa 夫婦分居的分離

Separatio bonorum 繼承財產的分離

Separatio quoad torum et mensum 夫婦分居

Separatio quoad viculum 夫婦的全部份離；離婚

Separationis beneficium 遺囑人的財產與繼承人的財產分開的特權

Sequela villanorum 農奴家庭隨員及其動產和不動產附屬物完全由領主處置

Sequester 爭議物保管人（指被交托保管兩個或兩個以上當事人爭執的財產）

Sequestrai facias 扣押教產令

Sequestrai facias de bonis ealesaticis 扣押被告牧師財產及其繳納租稅的執行令狀

Sequestratio 爭議物的保管（指自願將爭議物交由第三者保管）

Sequestrum 交給保管的爭議物

Sequitur 由此可見；足證；（合理的）推斷

Seriatim 依次；順次；逐條；個別地；逐一地

Servatitum 救援費；救難費

Servator 救援者

Servi〔英古〕奴隸；農奴

Servi optio 選擇奴隸遺贈

Servitium〔英古〕服從領主和履行勞役的義務

Servitium liberam 自由役務（替領主僱人、找馬及耕種土地等）

Servitudes〔蘇格蘭〕地役權；國際法上的地役

Servitudes personarum 人役權

Servitudes praediorum 地役權

Servitus 奴隸制；奴役；役權

Servitus actus 牧場役權（指走路、騎馬和驅趕牲畜通行權）

Servitus affirmativa 積極地役權

Servitus aquae ducendae 導水地役權（指疏導水流從他人土地流向自己宅居或土地上的權利）

Servitus aquae hauriendae 汲水地役權（指從其他泉、井抽水的權利）

Servitus compascui 共同牧場地役權

Servitus continua 繼續地役權

Servitus discontinua 不繼續地役權

Servitus in faciendo 作為地役權

Servitus in faciendo consister nequit 地役不包括作為在內（地役不能作為要素）

Servitus itineris 人行地役；通行地役權（指走過、騎過和運過他人地面的特權）

Servitus juris gentium 國際地役權

Servitus juris gentium naturalia 國際法上的自然地役

Servitus juris gentium voluntaria 國際法上的自願地役

Servitus lignandi 伐木役權

Servitus luminum 採光地役（指從屬於他人或共有的牆上鑿洞開窗等以從他人建築物上取得光線的權利）

Servitus negative 消極役權

Servitus oneris ferendi 支撐地役（即把自己的建築物支持在鄰居的建築物牆壁、柱子上的權利）

Servitus pascendi 牧畜地役（指在他人草地上放牧的權利）

Servitus personae 人役；人的役權

Servitus poenae 奴役制

Servitus praediorum 地役權（指為他人不動產物權利益而承擔的役權）

Servitus praediorum rusticorum 田野地役權；地方地役

Servitus praediorum urbanorum 城市的地役權；城市地役

Servitus projiciendi 建築物突出地役（指在鄰居房屋空地前面建造工程項目權）

Servitus prospectus 眺望地役（指給予在鄰居土地上的觀望權或阻止鄰居從自己土地上的觀望權）

Servitus rerum 地的役權

Servitus stillicidii 屋簷滴水地役（指從鄰居屋簷上滴水的權利）

Servitus viae 道路通行地役（指從他人土地上走過、騎過或駛過的權利）

Servus〔英古〕奴隸；農奴

Servus terrae 土地奴隸；農奴

Sessio〔英古〕開庭期；會期

Severitas legem 法律的嚴峻

Si actio 訴訟判決結論（指法院應被告要求作出對訴訟答辯的總結陳述）

Si aliquid sapit 如果他無所不知；如果他不是全然沒有道理

Si contingat 如果此事發生

Si ita est 如果事情是這樣（舊令狀上命令法官的強調用語）

Si non omnes〔英〕如果不能全體法官到庭（如不能在指定日期全體到庭，可允許一、二名法官開庭審理，此為英國早期司法實踐一種召集法官的令狀）

Si omnes 普遍參加

Si paret 如果到庭（指用於裁判官任命的法官並指示他如何斷案之程式用語）

Si prius 如果在…以前（舊時召集審判員令狀的正式用語）

Si quis 如果任何一人（大法官法令的正式用語）

Si recognoscat 如果他承認（指債務人承認所欠債權人一筆特定數額，古令狀用語）

Si vis pacem, para bellum 如要和平，必須備戰；要和平，就要做好戰爭準備

Sic 原文如此；因此

Sic in originali 原文如此

Sic passim 到處如此

Sic ut alias 第二次傳票

Sic utere tuo ut alienum non laedas 使用自己的財產應不損及他人財產

Sicut alias 在其他時候；迄今為止

Sicut me dues adjuvet 因此上帝救救我吧

Sigillum〔英古〕印章；蠟印

Signiferi 索旗人

Significavit 逮捕被開除教籍者的令狀（主教在衡平法院向國王簽署令狀所提及的當事人犯下蔑視法庭罪）

Sigla 符號；記號；（文件上）縮寫標誌

Signatorius annulus 圖章戒指；印章戒指

Signum 簽字；印章；〔撒〕（特許狀或契據上的）畫押符號

Similia similibus persipiunter 同類相和

Similiter 同樣；類似；類似方式；（指被告將自己置於陪審團審訊時，原告或檢舉人亦處於類似境地）；合併（雙方對訴訟中某一系爭事實的共同點）；接受（指一造明示接受對造訴訟中某一事實的爭點）

Simpla 物的單一價值

Simplex 簡單的；純粹的；單純的；無條件的

Simplex adulterium 單純通姦

Simplex commendatio non obligat 單純的稱許無拘束力

Simpliciter 單純地；直截了當地；不拘禮節地；以簡易的方式；靠自己的力量；自身地

Simplum 單一物

Simul cum 連同；與…一起

Simul et semel 一起並且同時

Simulatio 虛偽的意思表示

Simulatio latens 虛報病情；假裝疾病

Sin generis 自成一類（意指專屬經濟區資源歸沿海國支配，他國在遵守沿海國有關法規前提下享有航行、飛越、鋪設海底電纜和管道的自由）

Sine 無；不；未；在外；出乎；超越

Sine animo belligerendi 無交戰意向

Sine animo revertendi 無返回的意向

Sine anno 無注明年代；（出版）日期不詳

Sine causa 無原因（指無原因而享受的利得，屬於不當利得）

Sine die 無限期；不定期（指無指定復會或再審的日期）

Sine loco, anno, vel nomine (s.l.a.n.)（出版）地點、日期及作者姓名不詳

Sine mora 毫不遲延；立刻

Sine prole (s.p.) 無出；無子女；無後嗣

Sine prole superstite (s.p.s.) 無後代；無子女；無後嗣

Sine qua non 必要條件；必具的資格；必要者；不可或缺的；非有不可的

Sine spe recuperandi 收回的希望

Sine spe redeundi 無回來的希望；無返回意思

Situs 情況；所在地；場所；地點（例如，犯罪所在地、營業地等）

Sobrini and sobrinae 堂（表）兄弟姐妹的子女

Socer 岳父；公公（丈夫之父）

Socida 僱傭契約（合同）；送貨合同（毀損或腐敗者由受托者自擔賠償責任）；受托人自擔貨物損失風險的租用合同

Societas 合夥（指兩人以上合資經營企業的契約行為）；合夥關係；合夥契約

Societas leonina 獅子合夥（指合夥中只分擔損失而不分利潤之謂）

Societas navalis 船舶合夥；船舶結夥航行

Societas totorum bonorum 並產合夥（指合併財產的合夥）

Societas unius alicujus negotii 特定事業的合夥

Socium delicti 從犯

Socius 合夥人

Socius criminis 共犯

Sol lucet omnibus 普天之下；人人都有天賦的權利

Solarium 地租

Solatium〔蘇格蘭〕精神損害賠償；慰藉金

Solemnes legum formulae 嚴格法律的方式；司法程式方式和交易法律行為方式（此為羅馬不成文法的淵源之一）

Solidum 整體；不可分割之物；連帶責任（指和其他人聯合或可分的一筆債務中，來負擔一整個的欠款，並不按比例來分擔的）

Solutio（債務）清償；履行

Solutio indebiti 錯誤償付；無債清償

Solutio particularis 部份償還

Solutionis causa 新債抵舊債

Solutis since causa 給付無因的債務；給付不存在的債務

Solutor 償付者；清償者

Solvendi causa 為了償付的目的

Solvendo esse 有償付能力的

Solvendum in futuro 待償還

Solvere v. 支付；履行；清償

Solvere poenas 支付罰金

Solvit 他已付；已清償

Solvit ad diem 他已按期給付（指在債務保釋抗辯訴訟中，被告稱已如期如數給付債務款項）

Solvitur in modum solventis 給付標的須依付款者指定（指定給付之標的）

Sonticus 有害的；傷害的；妨礙的；辯護延誤理由的

Soror 姊妹；姐；妹；同父異母（或同母異父）姐妹；修女

Sors〔英古〕本金；訴訟償還的物件；鬮；籤

Sortitio 拈鬮；抽籤以決（刑事審判抽選法官的程式）

Spadones 虛弱的人（因受傷所致）

Sparsim 到處；處處；散落（各地）；時時地；處處地

Spartiates 斯巴達公民

Spatium deliberandi 仔細考慮期間（拒絕繼承期間）

Specialia derogant generalibus 特別規定較一般規定優先適用；特殊優於一般

Species 式樣；形式；方式；格式；形狀；種類；特定物

Specificatio 加工（指把屬於他人的材料製成新的式樣並成為該產品的所有者）

Speculatio 思索；思辨；思考；冥思

Speculum《鏡子》（幾本最古老法典的名稱）

Speculum et lumen juris canonici 寺院法之鑒；寺院法明鏡（指中世紀給予喬安尼．安德列的稱號）

Speculum juris 法學之鑒；法學明鏡（指中世紀給予巴爾多魯的稱號）

Spes 希望

Spes accrescendi 倖存的希望

Spes recuperandi 收回的希望（指收回或奪回在海上被拿捕的財產）

Spes successionis 繼承的期望（有希望的繼承）；期待的希望

Spolia opima 最高榮譽

Spoliator 銷毀檔者；篡改檔者（指銷毀證據、毀壞有價值物件的人）；搶劫者；掠奪者；破壞者

Spolium 掠奪；侵佔物

Spondeo 我承諾；我保證（在問答契約中保證的表示）

Spondes? Spondeo 你保證嗎？我保證

Sponsalia (or stipulatio sponsalitia) 訂婚；婚約

Sponsalia clandestina 秘密婚約

Sponsalia per verba de praesenti 即時合意婚姻（即時合意互為夫妻婚姻）

Sponsalia publica 正式婚約

Sponsio 承諾（特別是一方回答他方的正式訊問或調查中的）；保證（指勝訴一方給勝訴一方支付一定數額金錢的約定）；越權條約

Sponsio de futuro 預約

Sponsio publica 公約

Sponte oblata 無償獻給國王的貢品；無償獻給國王的禮物

Sponte sua 自願；自發

Sportula 捐贈；（金錢捐贈官員）獎金；（法律允許的）額外所得

Spurii 私生子；非婚生子

Spurius 私生子女；非婚生子女（指同居所生）

Stabit praesumptio donec probetur in contrarium 推定在沒有相反證明之前應認為有效（無相反證明之前的推定應認為有效）

Stare ad rectum 接受審判；服從判決

Stare decisis 遵循判例；依照先例（指訴訟爭點與舊案件相同時應受先例拘束，依據英、美法，判例有拘束力）

Stare decisis et non quieta movere 遵照判例而不擾亂已確定的事項

Stare in judicio 到庭，出庭（指以原告或以被告身份到庭）

Statim〔英古〕即刻，馬上；立刻；在法定的時間內

Statu liber 半自由人；附條件的自由人

Statu liberi〔美〕附條件的自由人（路易斯安那州可獲取一時自由的奴隸，但仍處於奴隸地位）

Status 法律身份；法律地位

Status activus et passivus 財產狀況；借貸對照表

Status cauae et controversiae 爭議物的現狀

Status civilis 市民權

Status civitatis 市民權（公民地位）；

Status congnationis 血親；血親關係

Status conjugalis 婚姻上的身份

Status familiae 家族的身份；家族地位；家族權

Status in statu 國家中的國家，國中之國

Status insolventae 無力支付；不能支付

Status juris 法律地位

Status libertatis 自由的身份；自由權

Status mixtas 混合地位

Status naturalis 自然狀態；健康狀態

Status necessitatis 必要狀態

Status personalis 身份；人的身份

Status praeternaturalis 不自然狀態；病態

Status quo 現狀；事物的現狀

Status quo ante 原狀；事物的先前狀態

Status quo ante bellum 戰前狀態；戰前原狀

Status quo ante faedus 約前狀態

Status quo post bellum 戰後狀態

Statuta Ecclesiae Antiqua 古代教會法規彙編（480 年）

Statuta gildae〔英〕自治市法法典（"鍍金法"，始作於 13 世紀）

Statuta mixta 混合法則

Statuta personalia 對人法；住所地法

Statuta realis 對物法；所有地法規

Statuti 註冊律師；律師協會會員

Statutum 已制定的；確定的；〔英古〕制定法；條例（議會的一項立法）

Stellionate 契約詐欺（尤指將同一物賣給數人的犯罪行為）；〔蘇格蘭〕（各種無特定名目的）詐欺或欺騙

Stellionatus 詐欺（例如，同一物賣給不同的兩家欺或同一財產質押兩次）

Stet 不刪；保留原文（校對用語）

Stet processus 合意中止訴訟（指在訴訟中應經各當事人同意終止訴訟，具有裁決性質要記錄在案，其有別於經法院判決的終止訴訟）

Stillicidium 簷滴水（指屋簷滴水）

Stipendium 軍餉；工資；薪俸；津貼

Stipulatio 要式口約；言詞契約；問答式口約（指原告在控告前承諾敗訴時將負擔訴訟費用的保證）

Stipulatio poenae 違約金；罰金條款（指在契約內對違約金的訂定）

Stipulatio praetoria 裁判上的約束

Stirpes〔英〕後裔，子孫；祖先；家系；世系；宗親；血親；家屬

Stirpes〔英古〕祖先；家系；世系；血親；家畜；一宗貨品

Stramineus homo 稻草人（指無實質性擔保）

Strepitus judicialis 擾亂法庭的狂暴行為；破壞法庭秩序行為

Stricti juris 依照嚴格法律的；嚴格法律的；嚴格權利的

Stricti juris judicium 嚴格依法的訴訟

Strictissimi juris 最嚴格權利的；最嚴格法律的

Stricto jure 用嚴格的法律；在嚴格法律上

Stricto sensu 就嚴格意義而言；狹義而言

Strictum jus 嚴格的權利；嚴格的法律

Stultiloquium〔英古〕惡意的抗辯

Stuprum 猥褻行為；非法性交（指與未婚女子發生性關係，其不同於 "adultery"）

Stuprum sub spe matrimonii 在希望結婚下的淫行

Stuprum violentum 強姦

Stuprum voluntarium 自願通姦

Sua cuique utilitas （凡）物各有其用

Sua sponte 出於自願；自願地；未予提示或建議

Suapte natura 以其自身的本質；在其本質上

Sub pre. & v. I. 在…的下面；因…；根據…；II. 在脅迫之下；被迫

Sub colore juris 在權利的外衣下；以權利為幌子；假借法律的名義

Sub conditione 在…條件下；以…為條件地

Sub curia 依法；依照法律；基於法律

Sub judice 在法院審理中；在審判中；在訴訟中；待決的；尚未判決的；在未決中

Sub modo 在條件限制下；附有條件

Sub modo donatio 附有條件的贈與

Sub nomine 以…名義；在…名下

Sub poena 違犯者處以刑罪

Sub rosa 機密的；秘密地；不公開地

Sub sigillo 暗中地；絕對秘密地；極端秘密

Sub silentio 私下地；沉默地

Sub spe rati 尚待批准；尚待追認；尚待判決

Sub spe reconciliationis 尚有和解希望；尚待調停；尚待和解

Sub specie 假裝

Sub specis aeternitas 從本質上看；從永恆的觀點上看來

Sub suo periculo 風險自己承擔，損失自負

Sub vi 在脅迫之下；被迫

Sub voce (or sub verbo) 見…條；在…字下

Subalternatio 從屬關係；次等

Subditus〔英古〕附傭；僕從；傭人；諸侯；受撫養人；他權之下者

Subhastare v. 拍賣

Subhastatio 拍賣

Subjectio 補充繼承人的選定

Subjectus adj. & n. I. 毗連的；連接的；與有關的；II. 主格

Sublata causa, tollitur effectus 原因消除，其後果也就不復存在

Sublato fundamento cadit opus 基礎拆除，上層建築也就不復存在；基礎拆除，上層建築必然崩塌

Subpingnus 轉質

Subpoena〔英〕傳票（英國分三類：1，傳喚貴族等級以下的全體人員到庭並回答衡平法院訴訟的令狀，已於1852年廢止；2，命令某人出庭作證違者將受處罰的令狀，稱為 "Subpoena adtestificandum"；3，指令某人不僅出庭作證，而且還要攜帶文件到庭的令狀，稱為 "Subpoenaduces tecum"）；〔美〕傳票（指命令證人攜帶證件到庭，就特定問題在特定時間和地點出庭作證的傳票）

Subpoena ad testificandum 作證傳票；傳證人出庭作證的傳票

Subpoena duces tecum 提交文件到庭傳票（指命令證人攜帶指定的證件、物品到庭作證的傳票）

Subreptio 用矇騙手段獲取公產贈與（指用矇騙事實真相獲得國王的無主地財產等贈與的行為）

Subscriptio 簽署；簽名（在檔下方簽名處簽字）

Subsellia 下等席位（指由法官或下級司法行政官所坐的矮凳）

Subsequente copula 結果發生性交（指事態的進展導致男女間發生性關係）

Substantia 實體；物質（原物）

Substantialia 要素（法律行為的）

Substantialia delicti 構成犯罪的要素

Substitutio 補充繼承人的指定

Substitutio haeredis 代位繼承

Substitutio pupillaris 指定補充未成年之繼承人（指當未成年的繼承人死亡時，可指定另一繼承人來代替）

Substitutio vulgaris 指定次位繼承人

Suburbani〔英〕農夫；農民

Successio 繼承（指依死者遺囑繼承）

Successio ab intesta 無遺囑繼承；法定繼承

Successio ab intestato 無遺囑的繼承；法定的繼承

Successio ex testamento 遺囑繼承

Successio exclusiva 包括繼承；絕對繼承

Successio feudalis 分封土地的繼承

Successio in capita 按人頭繼承；各繼承人均分遺產的繼承

Successio in lineas 親等繼承

Successio in singulas res 個別繼承（指單獨繼承某一個指定物，其反義詞為 "概括繼承"）

Successio in stirpes 分股繼承

Successio in unsucapionem 取得時效的繼承

Successio pactitia 按繼承契約的繼承

Successio per universitatem 全部遺產繼承；概括繼承

Successio simultanea 共同繼承

Successio singularia 特定遺產繼承；部份繼承

Successio testamentaria 遺囑繼承

Successio universalis 全部遺產繼承；概括繼承

Successorium jus 繼承權

Successorium pactum 繼承契約

Suffragatio 投贊成票

Suffragium 選舉權（指在人民院的）；索取榮譽或官位（指通過金錢輔助或許諾以獵取勳銜或官位）；買官

Suffragium et honores 選舉權及名譽權

Suggestio falsi 虛假的陳述；虛偽表達（指假證詞，不真實的說話或暗示）

Sui causa 自因；由於自己的原因

Sui generis 特殊的；獨特的；自成一類的；自成一格的；與眾不同的

Sui haeredes 第一順位繼承人；已出繼承人；合法繼承人

Sui juris 自權人（指具有完全社會和民事權利來處理自己事務不受他權或監護權控制的人）；完全行為能力人（指擁有法律權力移轉其財產可受合同的約束、可起訴或被訴的人，有權處理自己事務的人）

Suicidium 自殺

Suit de bene esse 衡平法院為保全證據認可對證人的特別審理

Suitas 合格繼承人條件；合法繼承人資格；真正繼承人

Summa 概要

Summa cum laude 以最優等

Summa potesta 主權；最高權

Summa rerum potestas 主權；最高權

Summa summarum 總額；總計；合計

Summarussimum 簡易佔有訴訟

Summoneas〔英古〕傳票；傳喚令狀（傳喚當事人到庭的令狀）

Summonitio〔英古〕傳喚；傳票（傳喚出庭令狀）

Summum jus, summa injuria 法重，損害重（法越嚴，對無辜者損害也越大）

Summum jus, summa injuria; summa lex, summa crux 極端嚴格的法律會造成重大的損害

Sumptibus publicis 費用由政府負擔

Suo jure 憑本身的資格

Suo moto 自行

Suo nomine 以其自己的名義

Suo periculo 損失由自己負擔；自冒其險

Super 在…之上；在上面；超於；超過；超越；高於；比…多

Super altum mare 在公海上

Super visum corporis 屍體勘驗（驗屍陪審團委任對死者的屍體進行查驗）

Superanus 主權

Superficiarius 地上權受益人（指在他人土地上有建築物應訂明按期支付地租）

Superficies 地上權；建築物

Superficies solo cedit 附著於土地構成土地的一部份

Superficium 地上物；地上權

Superinductio 塗抹；消滅

Supernumerarii 非註冊的律師；非在編律師（指未考入和不屬律師公會的律師）

Superoneratio 附加費；額外收費

Supersedeas 中止執行令狀；中止訴訟令狀

Supplicatio 初犯者赦免請求；撤銷判決請求；再抗辯（=rejoinder）

Supplicavit〔英〕保證治安令狀（由衡平法院或高等法院指示太平紳士或司法執行官維持治安的令狀）

Supplicia summa 酷刑

Supplicium 懲罰；刑罰

Supplicium more maiorium 最嚴厲的處罰

Supplicium ultimum (or ultimum suplicium) 死刑

Suppositio 推定；假設

Suppositio partus 小兒的偷換

Suppressio veri 隱瞞真情；隱瞞事實

Suppressio veri, suggestio falsi 隱匿真相，等於詐欺

Supra 在上；在前；上述；前述

Suprema protestas 主權；最高權力

Supremus 最後的

Surdus 聾的；聾子

Sursum reddere v. 交出；放棄（古時財產轉讓證書用語）

Sursumredditio 放棄；轉讓

Suspendatur per collum (sus.per.coll.) 縊首；執行死刑（即"處以絞刑"，指從前由法官在囚犯案件日程表上，就被判處死刑囚犯的名字後面寫上這個詞作為發給執達吏的行刑令狀）

Suspensio per collum 絞刑

Suum cuique 各得其所應得

Suum cuique tribuere 物歸原主（這是查士丁尼確立的三大法律基本原則之一）

Suus 自己的

Suus haeres 自己的繼承人

Suus judex〔英古〕合格的法官；自己的法官

Sylva caedua〔宗〕砍伐用之木（指一種留作砍伐用材，砍伐後又可再生的樹木）

Symbolum animae 停屍室；喪葬費；靈魂象徵

Synodales testes 教區委員；教區副執事

Syntagma canonum Antiochenum 安提奧編年制寺院法規彙編（341-800 年）

Syntagma canonum et legume（東羅馬帝國）寺院法規與法律大全（1335 年）

T

Tabella 銘板；簡牒；書寫板（象牙或木等等薄板製成，古人用以投票、陪審團評決和法官的評決以尖折筆書寫其上）；選票

Tabellio 公證官員（負責起草法律檔並證明其作成）

Tabelliones 高級公證員（在很多方面不同於一般公證員，其在某些案件上具有司法管轄權，其判決不可上訴等等）

Tabernarius 店主；〔英古〕旅館老闆；客棧管家

Tabula 表；簡；碑；圖；通牌

Tabula 1 De in jus vocando 第一表，傳喚

Tabula 10. De jure sacro. 第十表，宗教法

Tabula 11. supplementum5. proorarum labularum 第十一表，前五表的補充

Tabula 12. supplementum 5. posteriorarum tabularum 第十二表，後五表的補充

Tabula 2. De judiciis 第二表，審判

Tabula 3. De acre confesso rebusque judicatis 第三表，求償

Tabula 4. De jure patrio 第四表，家父權

Tabula 5. De heareditatibus et tuelise 第五表，繼承及監護

Tabula 6. De dominio et possessione 第六表，所有權及佔有

Tabula 7. De jure aedium et agrorum 第七表，房屋及土地

Tabula 8. De delicto 第八表，私犯

Tabula 9. De jure pubico 第九表，公法

Tabula rasa 白板

Tabulae 書寫板；文書；遺囑；銘文（指用作交易契約和各種書面檔，尤為遺囑的證據，因原來是寫在銘板上並敷以蠟故而得名）

Tacita condonatio 默認的寬恕

Tacita hypotheca 默示抵押

Tacita voluntas 默示意思

Tacito consensu 默示同意；默認

Taciturnitas 慣常的緘默

Taciturnitas et patientia consensum imitantur 沉默和容忍等於同意

Tacitus consensus 默許；默認；默示同意

Tactis sacrosanctis 熱衷於傳道福音者

Tacto per se sancto evangelio 曾親自手按福音默示（描述一個莊嚴的宣誓）

Tale quale (T.Q.；t.q.) 按現狀；按商品現狀（不管品質如何都應接受，穀物運輸術語）

Tales 補缺陪審員（指因陪審員迴避等原因而不足數時，任何一方當事人均可請求補足陪審員。承審法官可命令執達員找合適的人來補充）；補充陪審員名單（存放於英國高等法院辦公廳）

Tales de circumstantibus 遞補陪審員缺額令

Talio 同態報復（以牙還牙的懲罰）

Tamen 雖然；然而；仍然

Tametsi 雖然（=although）

Tansactio judicialis 審判上的和解

Tarde venit 令狀返回太遲而未能得以執行（指執達吏在令狀上的批語）

Tauri liberi libertas 一頭公共的公牛；自由的公牛（因它離開莊園內所有的佃農而獲得自由）

Taxa 稅；分派的工作：任務

Taxare 徵稅；估稅；定稅率；〔英古〕評估；估價；評定稅率；調節稅率

Taxatio 徵稅；納稅；估定損害賠償金額（由法官評估，尤其是對原告的減額賠償）

Te judice 據你判斷；依你之見

Temere 輕率地；草率從事地；考慮不周地（輕率系指原告無正當訴訟理由即起訴）

Temperamenta 折中；調和

Temporalis 暫時的；臨時的；限定時間的

Temporalis exceptio 臨時抗辯

Tempus〔英古〕期間；時間

Tempus commissi delicti 犯罪時間；侵權行為時間；不法行為時間

Tempus continuum 連續時間；繼續期間

Tempus fatale 不變期間（指法律所規定的期間，例如上訴期間）

Tempus intercalare 間歇期間

Tempus intermedium 間歇期間

Tempus semester〔英古〕六個月或半年時間

Tempus utile 有效期間；有用期間；使用期間；便利權利人的期間（指休假日不計算在內）

Tenendas〔英〕授予保有租賃土地（土地租賃條款用語）

Tenendum 取得並持有（不動產契據上有關租期的字句）

Tenere v. 保有；持有；佔有（指純屬一種無形佔有物而已）

Teneri 約束；拘束

Tenet; tenuit 他保有；他曾經保有

Tenura 保有（=tenure）

Ter 三度；之三

Tergiversatio 敷衍塞責

Terii in favorem 為第三者的利益

Terminum 給予被告一天時間

Teriminus effluxus 懈怠日期；經過日期

Termeratio 毀壞；損害

Termini 終點；邊界；界限

Terminus 邊界；邊界；分界線；終點站（鐵路，汽車，航空等的）；終點；末端；期間；時間

Terminus a quo (私人道路的) 起點；出發點；(契約等的) 開始期；(車、船等的) 起點站；(辯論、政策等) 出發點

Terminus ad quem 私人道路通行權的起點和終點；(契約等的) 終止日期；(車、船等) 到達目的地；(辯論、政策等) 目標

Terminus arctatorius 不變日期

Terminus conventionalis 約定日期；約定期間

Terminus decretorius 宣告判決日期

Terminus edictalis 傳喚日期

Terminus elapsus 懈怠日期；經過多日期

Terminus fatalis 不變期間

Terminus hominis〔宗〕上訴審終止期（英國古教會用語，其比法定上訴終審期為短）

Terminus judicialis 裁定期間；裁判上的期間

Terminus juris〔英〕法定上訴終審日期（在英國教會法實踐上可依法允許為時一至二年的上訴案件判決期限）

Terminus legalis 法定日期

Terminus licitationis 拍賣日期

Terminus peremptorius 不變日期；失權日期

Terminus probatorius 提出證據期間

Terminus prorogatus 延長期間

Terminus solutionis 償還期；履行期

Terminus technicus 術語

Terra 土地；可耕地

Terra affirmata 租作農場的土地

Terra boscalis 林地

Terra culta 耕地；已耕地；已開墾地

Terra debilis 貧瘠地

Terra exultabilis 可耕地

Terra firma 乾地（旱地）；堅硬的土地；大地；陸地

Terra incognita 未知領域；未知的土地

Terra nullius 無主地

Terra nova 新地；未發現的土地

Terra putura 森林地；林中的土地

Terra salica 屋地；薩利克宅基地

Terra subulosa 沙地；礫石地

Terra testamentalis 肯特郡的保有地（即按遺囑可遺贈的
　　特許土地）（已廢止）

Terra transit cum onere 土地與其負擔一起轉移

Terra vestita 玉米地

Terra wainabilis 可耕地

Terra warrenata 可自由飼養及捕殺鳥獸魚類的土地

Terrae〔複〕土地

Terrae domicales Regis 國王自用地

Terrae potestas finitur, ubi finitur armorum vis（領海界
　　綫的）沿海炮彈射程說；陸地權力以其炮火所及範圍
　　為限（陸上國家的權力以其炮火射程所及的範圍為
　　限，即領海界綫的沿海炮彈射程說）

Terrae regis 歷代皇室佔用的土地

Terrae curtiles 領主自用地（供其家庭所用）

Terrarius〔英古〕地主；土地所有者；土地保有人

Territorium 領土；領域；區域

Territorium docminans 承役地

Territorum serviens 供役地

Tertium genus 第三種

Tertium non datur 不給予第三者

Tertium quid 第三者；介乎兩者之間的東西（人或物）；
　　難形容或難辨別的人

Tertius interveniens 介入的第三者；涉訟的協力廠商
　　（指前來介入訴訟當事人間的第三者）；參加訴訟的第
　　三人

Tertius quo 第三者

Tertullianus 特塔里安厄斯（羅馬法學家，著有《特別自
　　由的私人軍營》和《問題》八卷；亦可與神學家齊名）

Testamentarius 遺囑執行人

Testamenti factio 立遺囑儀式（指以立遺囑人、繼承人或
　　證人的身份出席）；遺囑能力；遺囑權

Testamenti factio activa 立遺囑能力

Testamenti factio passiva 領受遺贈物能力

Testamentum 遺言；遺囑

Testamentum allographum 他筆遺囑

Testamentum arcanum 密封遺囑

Testamentum calatis comitiis 會前遺囑

Testamentum civile 普通遺囑

Testamentum holographum 親筆遺囑

Testamentum improcinctu 戰時遺囑；戰前遺囑

Testamentum in pace 平時遺囑

Testamentum injustus 不法遺囑

Testamentum inofficiosum 違背義務的遺囑

Testamentum invalidum 無效的遺囑

Testamentum irritum 無成果的遺囑

Testamentum militare 戰時遺囑

Testamentum militis 軍人遺囑（戰時軍人立的遺囑）

Testamentum mysticum 未指名的遺囑

Testamentum nullum 無效遺囑

Testamentum nuncupativum 口頭遺囑

Testamentum omne morte consummatur 每個遺囑只有
　　在立遺囑者死亡後才得以生效

Testamentum pactitiam 繼承的遺囑

Testamentum paganum 自己住宅內做成的遺囑

Testamentum privatum 私人做成的遺囑

Testamentum publicum 在官署中做成的遺囑

Testamentum reciprocum 相互遺囑

Testamentum scriptum 書面遺囑

Testamentum simultaneum 共同遺囑

Testamentum solemne 正式遺囑

Testandibus actis 實際行為證明

Testari 作證；證明；訂立遺囑；在證人面前闡述

Testatum 契據正文的引言；本契據證明下列各項（契據
　　的開頭部份，即讓與所有權證書開頭部份的慣用語，
　　例如：Now this deed witnesseth 等）；〔美〕協助執行
　　令狀；第二次執行令狀（指被告管轄地法院查無下落
　　而發給本州內其他縣司法執行官的令狀）

Testatus 留有遺囑而死者；訂立有遺囑的人

Teste meipso〔英古〕"立此為證"（君王在特許、公文和
　　衡平法院開審令狀末尾鄭重的證明公式）

Testes〔複〕證人（多個證人）

Testificandum 立證

Testimonium 證據；憑證；簽名前條款（指簽名人在契
　　據或遺囑正文的末尾引述出來的一句話，例如："in
　　witness"）

Testimonium miniortatis 未達婚姻年齡的證明

Testimonium paupertatis 貧困證明（證據不足）

Testis 證人（指在法庭上舉證的人或在文件上署名的人）

Testis juratus 宣誓證人

Testis oculatus unus plus valet quam auriti decem 一個目
　　擊證人勝於十個耳聞的證人

Testis unus testis nullus 孤證不足為憑；一面之詞不足
　　為憑

Testium confrontatio 證人的對質

Testium depositio 證人的供述

Testium examinatio 對證人的訊問

Tetrarchia 四頭統治

Thema probandum 舉證事項

Thesaurus 金庫；寶庫；財寶；埋藏物；百科全書

Thesaurus absconditus〔英古〕埋藏的財物；隱藏的財物
（指暗藏或埋葬在一地下的金銀財寶）

Thesaurus inventus 無主埋藏財物；被發現的埋藏財物
（埋沒的金銀等）（釋義同 "treasuretrove"）

Tigni immitendi 支柱役權；架樑權（指從鄰居牆中嵌入
樑柱的役權）

Timocratia 富人政治

Titulus 名義；所有權；佔有根據，佔有基礎（指佔有權
的來源或根據）；獲取佔有的手段；大建築物；寺廟；
教堂

Titulus possessionis 佔有名義

Titulus pro donatio 贈與名義

Titulus pro dote 女子嫁妝名義

Titulus pro emptore 買賣名義

Titulus pro solutio 償還名義

Titulus putativus 誤想名義

Titulus verus 真正名義

Tonsura〔英古〕削髮；剃度；剃髮儀式

Tortura legum pessima 曲解法律是最壞的行為

Tota curia 全法庭；合議庭

Totidem verbis 用這麼多話；原話如此；一字不漏地；
原文照抄（原文就是如此）

Toties quoties 每次；時常發生；常易發生

Totis viribus 盡力；竭力；竭盡全力；全力以赴

Tout temps prist 早已準備（指被告早已準備履行，不擬
抗辯）

Tractatus 審理

Traditio 交付；讓渡；移轉（指標的物買賣成交而交付，
移轉產權）

Traditio clavium 鑰匙交付（指一種間接的或象徵性的交
付，移轉標的物的佔有。例如交付貨棧和倉庫的鑰匙
即意味著移轉佔有）

Traditio judicialis 審判上的交付

Traditio longa manu 直接交付；長手交付（指讓與人把
物品交到受讓人手上，或按訂單送貨上門）

Traditio symbolica 象徵性交付（例如交付房子鑰匙即意
味著物權移轉）

Trajectitius 海運（寄往海外）

Transactio 和解；和解協議（指訴訟當事人間就訴訟或
爭議的問題不經仲裁而私下自行和解息訟）

Transactio extra judicialis 審判外的和解

Transactio judicialis 審判上的和解

Transeat in exemplum 記錄此事，作為先例（或判例）

Transfretatio〔英古〕橫渡（多佛海峽）

Transgressio 犯法；直接違法侵害；〔英〕違法侵害訴訟

Transimissio herediratis 繼承財產的轉讓（未實現取得的）

Transitio ad aliud genus 過渡到另一類

Transitus 通過；經過；過境

Translatio 讓與

Translatio juris 權利的讓與

Translatitium edictum 傳襲諭令；裁判官告示（指告示的
部份或全部由其前任頒發的，已經批准或具有永久效
用性質而傳襲下來）

Tresviri 獄吏（負責管理監獄和處決罪犯）

Tresviri capitales 三人行刑官

Treuga Dei（or treva dei）停止私鬥；上帝休戰（違者將
會受到被革出教門等處罰）

Tria capita 三重人格；三種權利（指公民權、自由權和
家庭權）

Triarii 後線部隊（由最年長的士兵組成）

Tribuere v. 給；分發；分配

Tribune 護民官；民眾領袖；民權保衛者；財務官

Tribuni aerarii 司庫長

Tribuni et notarii 文書

Tribuni militum 軍團長

Tribunicia potestas 護民官權力

Tribunis militum 營長

Tribunus celerum 衛隊長

Tribunus militum 軍團營長

Tributum capitis 人頭稅

Triens 阿斯的三分之一（古羅馬重量單位，重 4 盎司）；
〔封〕亡夫遺產；遺孀可得亡夫 1/3 遺產

Trigamus 結續三次婚的人；連續（在不同時間內）有三
個妻子或三個丈夫的人

Trinepos（外）孫子（女）的（外）曾孫子（女）

Trineptis（外）孫子（女）的曾孫子

Trinoda necessitas〔撒〕三項義務；三重稅賦（指用於土
地所有者必須承擔繳納供修橋、建築城堡和服兵役的
三項義務或稅賦）

Triplicatio 原告的第二次答辯

Tritavia（外）曾祖母的（外）曾祖母；女系的六等直系血親

Tritavus（外）曾祖父的（外）曾祖父（男系的第六代先祖）

Triumvir（羅馬法）三人共同執政；〔英古〕三百戶的保
安官

Triumviri capitales 監獄長

Tullianum 地牢；地下監獄

Tulmultum 動亂

Turba 羣眾；民眾；暴民（至少由 10-15 人組成）

Turmae 騎兵隊

Turpis 卑鄙的；可恥的；卑劣的；下流的；不道德的；
不名譽的；非法的

Turpis causa 不道德的約因（指不法或不道德的內容致使
條約無效，亦不能將其作為訴訟的依據）

Turpis conditio 違法的條件

Turpis contractus 顯失公平的契約；不道德的契約

Turpis personae 喪失名譽的人

Turpitudo 卑鄙；卑劣；墮落；不道德行；可恥的行為

Tutela 監護（指監護不能自衛的兒童，但不包括父權下的兒童）

Tutela honoraria 名譽監護

Tutela legitima 法定監護（指無遺囑情況下的監護）

Tutela testamentaria 遺囑監護；遺囑設定的監護

Tutelae actio 監護訴訟；對監護人的訴訟

Tutorium 選任監護書

U

Uberrima fides 最高度誠信；最大誠信；完全坦白；絕對誠信；毫無隱瞞的誠實；最大善意（這點是指諸如監護人、律師和顧客、承保人和投保人之間所具有特種關係的合同的有效性的關鍵）

Ubi cessat remedium ordinarium, ibi decurritur ad extraordinarium 一般救濟無補者，應訴諸特殊救濟（普通辦法不能補救者，應採用特別辦法）

Ubi culpa est, ibi poena subesse debet 罪犯應在犯罪地點受懲罰（那裏犯罪即應在那裏處罰）

Ubi factum nullum, ibi fortia nullla 沒有主犯，就沒有從犯；沒有行為就沒有暴力

Ubi jus incertum, ibi jus nullum 法律不明確，等於沒有法律；法不確定，雖有若無

Ubi jus, ibi officium 有權利即有義務

Ubi jus, ibi remedium 有權利，就有救濟；有權利就有補救辦法（亦即反之，有補救方法就有權利）

Ubi lex non distinguit, nec nos distinguere debemus 法律未明文區別者，不得加以區別

Ubi major pars est, ibi totum 多數即是全體；多數決定一切

Ubi matrimonium, ibi dos 有婚姻就有奩產（嫁妝）

Ubi non est condendi auctoritas, ibi non est parendi necessitas 非權威制定的規則，不必遵守

Ubi non est directa lex, standum est arbitrio judicis, vel procedendum ad similia 凡無直接適用的法律，應以法官的意見為准或參照類似的案例

Ubi non est lex, ibi non est transgressio, quoad mundum 迄今世界上，凡無法律規定者，即非犯法

Ubi non est manifesta injustitia, judices habentur probonis viris, et judicatum pro veritate 沒有明顯的不公正，法官即應被認為廉潔，其判決應被認為真實

Ubi non est principalis, non potest esse accessorius 無主犯即無從犯

Ubi nullum matrimonium, ibi nulla dos 無婚姻即無嫁妝

Ubi quis delinquit, ibi punietur 罪犯應在犯罪地點受懲罰（如屬重罪，依普通法更應是在犯罪地審判）

Ubi remedium, ibi jus 有補救辦法，就有權利；有救濟，就有權利

Ubi supra 在上；如上文所說

Ubicunque est injuria, ibi damnum sequitur 有不法行為，隨之就有損害；有侵權必有損害；有損害就有賠償

Ulna ferrea〔英古〕鐵制厄爾；鐵制厄爾標準（量布長度名，英格蘭為 45 吋，蘇格蘭為 37.2 吋）

Ulpian 烏爾比安（古羅馬五個偉大的法學家之一，查士丁尼《民法大全》主要就是據其著作編纂成書的，公元 222 年成為皇帝的首席顧問）

Ultima ratio 終局辯論；最後手段，最終理由

Ultima ratio regum 訴諸武力；戰爭（國王的最後手段）

Ultima remedium 最後補救方法

Ultima Victoria 最後勝利

Ultimum supplicium 極刑；死刑

Ultimus haeres 最後繼承人；最末繼承人（一般指領主）

Ultra 超過；超出；超級的；極端的

Ultra licitum 超出合法範圍的；不在許可範圍的；不合法的；違法的

Ultra posse nemo tenetur 不要求人作其所不能

Ultra posse non potest esse, et vice versa 不可能的事即是不能存在的事，反之亦然

Ultra valorem 超過實際價值

Ultra vires 超權（超越董事會關於公司章程的法定許可權）；越權的；越權行為（指法人及其他超越普通法或成文法所承認的權利的能力範圍所作的為無效的行為）

Utrum horum mavis accipe 任擇其一

Una voce 異口同聲；全體一致；無異議；沒有反對的

Uncia 安西亞（＝ 一個盎司，為 "阿斯" 或磅 1/12）

Unde vi 保護強佔者（指用於以武力從實際佔有者那裏獲取佔有的人）

Unde nihil habet〔英古〕寡婦地產令狀（指因依法在限定時間內，寡婦沒有得到其先人給予的 1/3 地產，法院為此而發出令狀）

Unio 聯合；合併兩個教會為一

Unio civitatum 國家聯合

Unio personalis 偶然的聯合（人合）；身合國（偶然的同一君主國）

Unio realis 法律的同君國；合國

Unitas personarum 人合；身合（如，夫妻的結合、被繼承人與繼承人組合）

Unius omnino testis responsio non audiatur 一個證人的答辯根本不應聽取；單一證人的證詞在任何情況下應不予採納（此系羅馬法和寺院法的格言）

Universalia ante rem 事前全稱

Universalia in se 自己全稱

Universalia post rem 事後全稱

Universitas 社團法人；法人團體；總和；集合物

Universitas bonorum 財團；個人的全部財產

Universitas facti 事實上的集合物（指同種類的有體物集

合財產，例如，一羣牛羊等）；牧場

Universitas juris 法律上的集合物（指所有各類動產和不動產量的集合，例如繼承人）；法律整體

Universitas personarum 自然人團體；社團

Universitas rerum 總括物；集合物（指幾種互不相關的單一財產的集合體）

Universum jus 整體法

Universus 整體；全體；一起；並合

Uno actu 單一行為；同一事件；由於同一相同的行為

Uno animo 一致

Uno eadem die ac tempore in eadem loco 在同一天、同一時間和同一地點

Uno flatu 一舉；同時；異口同聲地

Uno actu 同一事件；一次；由於同一行為

Unum et idem 同樣的東西

Unumquodque principiorum est sibimetipsi fides; et persipicua verba non sunt probanda 一般原則不證自明；明顯的事實毋須證明

Unus judex 獨任審判員

Unus nullus rule, the 單一證人不足為憑的規則

Urbi et orbi 不論何處；全世界

Urbs 城邑；城市；城邦與其居民；大的鄉鎮

Uso 使用權

Usque 直至；直到…為止

Usque ad coelum（土地所有權）直達天空

Usque ad filum aquae，直至河流中間線（指兩岸的土地分屬於以河流中間線為界的土地所有人）

Usque ad medium filum 直至中間線

Usque ad medium viae 直至道路中間線

Usuare legitimae 法定利息

Usuaria cautio 使用擔保

Usuarius 使用權者；用益權者；高利貸

Usucapio (or usucaptio) 因時效取得財產；取得時效（指取得財產的一種方式，其前者意近乎"prescription"，後者在羅馬法上不同於英國法，其意為「長期時效」）

Usucapio pro herede 取得繼承財產的時效

Usufructuaria cautio 用益擔保

Usufructuarius 用益權者（指使用他人所有物以供日常所需）（民法用語）

Usufructus 用益；用益權

Usura 利息

Usura maritima 海事高利貸（指航海中以船舶作抵押的高利貸風險的貸款，釋義同"FoenusNauticum"）

Usurae cambiales 票據利息

Usurae consuetae 慣例利息

Usurae conventionales 約定利息

Usurae illegitimae 不法利息

Usurae illicitae 不法利息

Usurae legitimate 法定利息

Usurae manifesta 公開利息；公開高利

Usurae poenitoriae 科罰的利息

Usurae prohibitae 法律禁止的利息

Usurae usurarum 重利

Usurarius〔英古〕高利貸者

Usurpatio 時效中斷（因真正所有者某些行為所致）

Usurpatio juris 不法的權利行使

Usurpatrix 女篡位者；女篡權者

Usus 慣例；使用權；用益權（其與英國法 "tanancy at sufferance" 同義）；時效婚；容忍的不動產租賃；不定租期的不動產租賃；創立夫權的手段

Usus bellici 戰爭用途；戰爭用品

Usus bello 戰時慣例

Usus fori 審判慣例

Usus fructus 用益權（指暫時使用他物的權利）

Usus furum 盜用

Usus in bello 戰時慣例

Usus Modernus Pandectarum 當代實用法學匯纂（1690年）

Usus publicus 公共使用權；公共慣例

Ususfructuarius 用益權者

Ususfructuarius catio 用益當保

Ut dictum 如所指示；遵示；遵命

Ut hospites 做為賓客

Ut infra 如下所述；如下所示；如下

Ut mos est 依照慣例

Ut res magis valeat quam pereat 寧使條款有效而不使其失去意義

Ut supra 如上所述；如上所示；如上

Uterine 同母異父的

Uterque 兩方；二者；每一個

Uti 使用（為之必要之目的而使用）

Uti frui 用益；充份使用和享用（指對財物的充份使用和佔有收益而又保護其實質不受損害之謂）

Uti possidetis 佔有原則；按照已佔有的原則；佔領地保有原則（指允許交戰國各方在戰爭結束時，佔有實際佔領的地區，即承認彼此對佔領區的條件）

Uti possidetis juris 按照法律上已佔有的

Uti possidetis, ita possideatis 保持已佔有的部份

Uti rogas 按你的意旨辦；贊成（羅馬人投票通過議案或選舉代表時的用語）

Utilis 有用的；有益的；有利的；衡平法上的；有效的

Utilitas 有用

Utilitas privata 私用

Utilitas publica 公用

Utrum horum mavis accipe 任擇其一

Uxor 妻子；合法結婚的婦女

Uxor et filius sunt nomina naturae 妻子和兒子是自然的名稱

Uxor non est sui juris, sed sub potestate viri 妻子不再是
自有權利人，而是從屬於其丈夫的人

Uxor sequitur domicilium viri 妻子隨丈夫的住所（妻子
以其丈夫的住所為住所）

Utlima voluntas testatoris est perimplenda secundum
veram intentionem suam 立遺囑者之最後的遺囑將根
據其真實的意圖履行

V

Vacantia bona 無主物（指經查沒有當然物主的財產則歸
第一佔有人或發現人所有，除非沉船、埋藏物等歸國
有）；無繼承人財產；絕產（一般指，如無人主張繼承
者即收歸國庫）；歸公產業（指解散公司的某些財產）

Vacatio 豁免；免除；特權；特免權

Vacatio legis 法律上的豁免；法律上的免除

Vacatur（訴訟的）駁回；撤銷；撤銷某一程式規則或命令

Vacua possessio 解除佔有（指賣主應把土地交給買主）

Vacuus 空的；空缺的；無效的；未被佔用的

Vade mecum 手冊；便覽

Vades 保證；保釋；擔保（指擔保被告出庭應訊）

Vadiare duellum〔英古〕擔保；立誓保證以決鬥斷訟

Vadimonium 保釋；擔保；具保；交保出庭候審

Vadium 擔保；質；質押（其與 “mortgage” 不同，前者
專指動產，佔有權亦隨之轉移；後者專指不動產，且
不移轉抵押物的佔有）

Vadium mortuum 死質（指債務人把土地交付債權人以
為質權，期滿不贖時，即歸債權人所有）

Vadium vivium 活質（指債務人把土地交付債權人以為
質權，用其土地上的收益付債直至債務償清為止才歸
還土地）

Valent erga omnes 對一切人有效

Valenti non fit injura 對同意行為者，不構成侵權行為

Valentia 價值；價格

Validus 妥當性；確實性

Vallum 護欄

Valor 價值；價恰

Valor beneficiorum〔英〕聖俸評級（指從伊麗莎白女王
一世開始，俗稱 “國王賬簿”，據此評定教會牧師職稱
維持生活給付聖俸的名稱）

Valor ex-trinsecus 標明價值；銘價（指刻在貨幣上的
價格）

Valor intrinsecus 實價（貨幣）

Valor maritagii 婚姻價值；拒婚金徵收拒婚金令狀（指
監護成年尚未結婚的被監護者，雖尚未向其提供合適
婚娶，應繳納拒婚金）

Vantarius 馬前卒

Vas 質押；保證；作保；保釋

Vastum 荒地；共有放牧地（指對於開放的荒地所有佃戶
共有放牧權）

Veae servitus 在他人地上的通行權

Vectigal judiciarium 支付給國王維持法院費用的款項

Vectigalia（羅馬法）關稅；進出口稅（指商品的進出口
稅，其不同於捐稅）；地租

Vel non 或者不是

Velites 前戰部隊（由最年輕及財產等級最低的士兵
組成）

Velitis jubeatis quirites? 這是你們羅馬人意願嗎？（一種
向羅馬人民建議法律的方式）

Venatio 狩獵

Vendens eandem rem duobus falsarius est 一物二賣
乃屬詐騙

Venditio 買賣，出售（狹義上的）；銷售行為；銷售契約；
轉讓方式（廣義上的）；讓與契約；割讓

Venditio bonorum 財產的拍賣

Venditioni exponas 出售扣押物令狀；低價拍賣令（指郡
長或司法行政官助理依執行令狀出售所扣押的貨物而
賣不出合理的價格然後命令他不管適當與否應盡力賣
出最高價格以清償判決債務）

Venditor 賣主；出賣人

Venditor bonae fidei 善意的賣主

Venditum 出售

Venditurix 女賣主；女商人

Veneficium 投毒；毒殺

Venevolentia 仁愛；仁慈；慈善

Venia aetatis 成年宣告；〔英〕成人自主權（指由太子或
國王賦予未成年者的特權）

Venia necessitate datur 迫不得已的行為；情有可原

Veniae facilitas incentivum est deliquendi 輕易赦免罪過
等於鼓勵犯罪

Venire 到庭，出庭；傳喚陪審員到庭的令狀

Venire contra actum proprium 與自己的行為相抵觸

Venire contra factum 違反事實

Venire contra proprium 反對自己

Venire de novo 新陪審團召集令；再審令（指當在記錄
上發現錯判時，法院命令司法執行官更審的一種動議
形式）

Venire facias 出庭令狀（指法院令郡長組織 12 人陪審團
在指定日期內到庭審訊他們所知悉事實真相的案件的
令狀）

Venire facias de novo 新陪審團召集令；法院再審令狀
（指陪審團所作出的裁決有缺陷或含混難以判決時，法
院退回讓其更審）

Venire facias juratores 召集陪審團令狀（指命令
郡長召集 12 個陪審員到威斯特敏斯特審訊他們所熟知
事實的案件）

Venire facias tot matronas 傳喚婦女陪審團令狀（指為查
明女人是否懷孕）

Venire proprium 反對自己

Venit et defendit 到庭答辯

Venit et dicit 到庭陳述

Venter 腹；子宮；妻子（懷孕；妊娠）

Ventre inspiciendo 查明寡婦（或死刑犯）有無懷孕的令狀（指為排除寡婦或其假懷孕以冒名頂替遺產繼承人的懷疑而下令查明她是否懷孕；或判處死刑的女囚提出懷孕而申請緩期執行時，法院下令女陪審團予以查實）

Vera lex, recta ratio, naturae congruens 禮法正義合符天道

Veray 真實的

Verba 詞；詞句；言語；談話；文字

Verba accipienda sunt secundum subjectam materiam 文字解釋應符合訴訟事由；文字解釋必須符合本題

Verba chartarum fortius accipiuntur contra proferentem 契約文字要比贈與人的解釋更加有力

Verba de futuro〔蘇格蘭〕（教會法）訂婚契約（將來允諾）

Verba de praesenti〔蘇格蘭〕（教會法）結婚姻契約（現在允諾，即：立即結成夫妻）

Verba generalia generaliter sunt intelligenda 一般詞語應按一般意義瞭解

Verba ita sunt intelligenda ut res magis valeat quam pereat 契約文字可如此解釋，與其毀壞不如使之有效為好（意即：換言之，契據應盡可能使其生效）

Verba legis 法律詞語

Verberatio 鞭笞

Verbis legis 法律詞語

Verbis obligatio 口頭契約

Verbis plane expressis omnino standum est 明白表示的文字應絕對遵守

Verbis plane expressis onmio standum est 明示規定應絕對遵守（明白表示的文字應絕對遵守）

Verbis standum ubi nulla ambiguitas 明白文字必須遵守（白紙黑字必須遵守）

Veredictum〔英古〕評決；裁斷（指宣佈將爭議問題提交陪審團裁斷）

Veritas 真理；真相

Veritas convicii 詆毀事實；〔蘇格蘭〕誹謗訴訟的抗辯證據

Veritas nimium altercando amittitur 真相因過度爭辯而消失

Verna 家生的奴隸

Versari 受僱；從事；通曉

Verus 真實的；確實的；真正的；公正的

Verus usus fructus 真正用益權

Vestali 節婦；貞女

Vestigium 證據；標記；形跡；腳印；足跡；痕跡（或留下有形物體痕跡）

Vetera statuta〔英〕古代制定法（指從大憲章到愛德華二世統治期間的制定法）

Vetitum namium 被扣押牧主可要求協議償還

Vetus jus 十二銅表法；現行法（指新法未通過前仍有效的法律）

Vexari 受騷擾；打擾；困境

Vexata quaestio 議而未決的問題；久議不決的問題

Vi aut clam 以暴力地或掩蔽地

Vi et armis 以暴力；用武力；訴諸武力（以前用於侵權行為和公訴聲明書中的短語）

Via flaminia 築路；修築道路

Via prep. & n. I. 經過；經由；取道；II. 道路；馬路；通行權；（一種）鄉村地役權；通行地役權

Via publica 公用道路；公路

Via regia 國王大道；公共道路

Viae 道路

Viae servitus 在他人地上的通行權

Viaticum 旅費津貼

Viator 執達吏；傳訊官（指傳喚當事人出庭的小官）；市政官

Vicarius non habet vacarium 代理人不得讓他人代理（指不得把授予自己的權力 s 再授予他人之謂）

Vice n. & a. I. 過錯；瑕疵；缺陷；罪惡；壞事；惡習；墮落；道德敗壞（指惡習或陋習，例如賣娼）；II. 代替的；接替的；副的；次的

Vice-judex 助理審判員；備補法官（古倫巴第法用語）

Vice versa (v.v.) 亦即；反之亦然，反過來（也就是這樣）

Vice-dominus episcopi 主教總代理；代理主教

Vici 村莊

Vicinetum 四鄰；鄰居；近鄰；審判籍

Vicini viciniora praesumuntur scire 鄰居者應知鄰居事

Victus 糧食；食品；生計；供養；支持；生活；生活資料

Victus, victori in expensis condemnandus est. 敗訴一方應負擔他方的訴訟費用

Viculum juris 法律拘束；法鎖

Vide 參看；見；參閱；請看

Vide ante 見前；見上文

Vide ante supra 見前；見上文；參見上文

Vide infra 見下；參見下文

Vide post 見後；見下文

Videlicet (viz.) 即；換言之；就是說

Vidimus（賬目的）檢查；監查；（檔等的）摘要；有效文件副本

Vidua Regis〔英古〕國王遺孀

Viduitatis profeessio 莊嚴明誓為單身守貞的女人

Vigilantibus jura sunt scripta 明文規定的權利，以資慎重

Vigilantibus, et non dormientibus jura subveniunt. 法律幫助的是警覺的人，而不是恃仗權利而懈怠的人

Vigor 力量；權力；效力；效率

Viis et modis〔宗〕以…方法；千方百計；盡一切可能

Villa regia〔撒〕王室居所

Vilumus 我們願意

Vim vi repellere licet, modo fiat moderamine inculpatae tutelae, non ad sumendam vindictam, sed ad propulsandam injuriam. 用武力抵抗武力是合法的，但應以純粹自衛為限度，不為報復，而為防止損害

Vincit veritas 真理必勝

Vinculo matrimonii 離婚

Vinculum juris 法律義務；法律的拘束；法律聯結

Vindex 保證人；辯護人

Vindicare v. 聲稱；主張（權利）；對…表示異議；質疑

Vindicatio 主張；(羅馬法) 主張物權之訴 (主張被人佔有的產權屬於他自己所有的)

Vindicta (羅馬法) 棒；(表示官職的) 權杖；權標

Violatio corpolis 身體傷害

Violatio juramenti 違反宣誓

Violatio pacis publicae 妨害公安

Violenta non durant 暴力不能永久存在

Violentia 暴行

Vir 男人；〔英古〕丈夫

Vir et uxor censentur in lege una persona〔英〕夫妻在法律上視為一人

Vires 力；暴力；武力；自然力；授予有限權力；才能

Virgo intacta 童貞女，處女

Viribus unitis 共同努力

Virtute cujus 靠；憑藉；據此

Virtute officii 依職權（=ex officio）；靠政績

Vis 力；力量；暴力；武力；動亂

Vis ablativa 離格力量；切割的力量 (指將一物從另一物中分離的力量)

Vis absoluta 身體上威脅；物理上威脅 (指身體上所受的威脅，例如：使用麻醉品使人昏迷後而使他在文件上壓指印等)

Vis armata 武力；武裝力量；持戒武力；軍隊

Vis clandestina〔英古〕秘密武器 (多用於夜間的)

Vis compulsiva 強制力；精神上所受威脅；心理上所受的脅迫 (指用恐嚇等要脅手段以達到不法行為的目的)

Vis divina 神力；不可抗力；天災

Vis expulsiva〔英古〕武力驅逐

Vis exturbativa 排斥力；驅趕之力 (指把另一人趕出主張佔有之力)

Vis fluminis 水力；河流力；水流力

Vis inermis〔英古〕徒手之武力；用於佔有教堂之武力 (未持械之武力)

Vis laica〔英古〕世俗力量

Vis legibus est inimica 暴力是破壞法律的；暴力違背法律 (違法暴力)

Vis legis 法律的力量

Vis licita〔英古〕合法的武力

Vis major 天災；不可抗力 (主要指暴風雨，地震等自然災害)

Vis obligandi 拘束力

Vis perturbativa〔英古〕爭奪佔有之力 (當事人間互爭佔有而施加的暴力)

Vis privata 私的暴力

Vis probandi 證據力

Vis publica 公的暴力

Vis ratione 理智力

Vis viva 活力；(物的) 活動

Visus〔英古〕履勘；勘察；檢查

Vita 生活；生命

Vita ante acta 平常的生活狀況

Vitia possessionis 佔有的瑕疵

Vitia rerum 商品的瑕疵

Vitium 瑕疵；道德敗壞；邪惡

Vitium clerici〔英古〕筆誤；書記員錯誤

Vitium reale 實質瑕疵；產權固有瑕疵

Vitricus 繼父；後夫

Viva aqua 活水；流水；泉水

Viva pecunia〔撒〕活錢

Viva voce 口頭的；言辭的

Vivarium 動物園 (圈養野獸的圍地)

Vivum vadium 典權；質權；典當；活抵押

Vix ulla lex fieri potest quae onmibus commoda sit, sed si majori parti prospiciat, utilis est 法律不能適用於一切情況，如能適用於大多數情況，即是有用

Vocabula artis 術語；技術用語；專門用語

Vocare ad curiam〔封〕傳喚到庭

Vocatio in jus 傳喚 (到庭)

Vociferatio〔英古〕大聲叫喊；追捕逃犯時喊叫

Voco〔英古〕我叫；我傳喚；我擔保

Volens 自願的；願意的 (指明示或默示不反對)

Volens nolens 不論願意與否

Volenti non fit injuria 自願不能成立侵害 (自願接受不能視為侵權)；對同意者不構成損害；自願承擔風險 (指甘冒危險者不為過失不能對所受損害訴請賠償)

Volumen 卷；冊

Volumus 我們願意；我們希望

Voluntaria absentia 任意缺席；故意不在

Voluntaria cautio 任意擔保

Voluntaria compensatio 任意補償

Voluntaria jurisdictio 非訟事件管轄權

Voluntarii arbitrii 任意選定仲裁人

Voluntarii heredes 任意繼承人

Voluntarium domicilium 任意選定住所

Voluntas 目的；意圖；執意；〔英古〕遺囑

Voluntas antecedens 事前意思

Voluntas bilateralis 雙方意思

Voluntas consequens 事後意思

Voluntas et propositum distinguunt maleficia 有意圖、有預謀的目的，是犯罪的特徵

Voluntas habetur pro facto 意圖即是行為

Voluntas in delictis, non exitus spectatur 犯罪行為，應追究其意圖，不追究其結果（罪行的成立在於意圖，而不在行為的結果）

Voluntas reputatur pro facto 意圖即是行為

Voluntas tacita 默示的意思

Voluntas ultima 終意（遺囑）；臨終遺囑

Voluntas unilateralis 單方意思

Vos populi 民意；輿論

Votum 誓約；誓言；許諾；承諾

Vox 聲音

Vox audita perit, litera scripta manet 口説無憑，立約為據

Vox emissa volat; litera scripta manet 口説無憑，立約為證

Vox populi, Vox Dei 民意即是天意

Vulgariis opinio 一般的意見

Vulgaris purgatio 神意裁判；雪冤，洗冤；〔英古〕普通神裁滌罪

Vulgo concepti 非婚生子女；私生子女

Vulgo quaesiti 非婚生子女；無父親的子女（指因雜居所生）

Vulnus combusti 火傷；燒傷

Vulnus contusum 打傷

Vulnus electricum 電傷

Vulnus glandis 彈創傷

Vunlus morsum 咬傷

W

Wacreour 流浪者；遊民

Wadia 質押

Warda〔英古〕監護；看護；被監護人（指未成年者）

Warectare v.〔英古〕耕地；犁地（在春天進行旨在種麥）

Warrantia 擔保；保證

Warrantia chartae 保證履行令（同指賣方對所售土地或保有物的擔保條款）

Wifa〔英古〕標記；（土地上）標示，告示（表示專屬佔有，禁止入內）

X

Xenodochium〔英古〕（特許的小）旅館；酒店；醫院；招待所

常用縮寫術語表及其原文

A

A.B.A.J.	American Bar Association Journal
A.C.L.U.	American Civil Liberties Union
A.D.B.N.	Administrator de bonis non
A.D.R.	Alternative dispute resolution
A.F.D.C.	Aid to Families with Dependent Children
A.F.L	American Federation of Labor
A.F.L.C.I.O.	American Federation of Labor and Congress of Industrial Organization
A.J.	American Jurisprudence
A.L.R.	American Law Reports
A.L.T.A.	American Land Title Association
A.M (a.m.)	Ante meridiem
A.M.A	American Medical Association
A.P.A	Administrative Procedure Act
A.P.C.	Alien Property Custodian
A.W.W	Average weekly wage
A/D or a/d	After date
A/R	Against all risks
A/s	After sight/Account sales
AAA	American Arbitration Association
AAAS	American Association for the Advancement of Science
AAASA	Association for the Advancement of Agricultural Science in Africa
AACC	Afro-Asian Conciliation Commission
AACSL	American Association for the Comparative Study of Law
AALL	American Association of Labor Legislation
AALS	Association of American Law Schools
AAM	African Association of Management/Associate in Automation Management
AAODC	American Association of Oilwell Drilling Contractors
AAPAM	African Association for Public Administration and Management
AASHAD	African-American Society for Humanitarian Aid and Development
AATA	Angro-American Treaty Association
AB	Appellate Body
ABA	American Bar Association
ABADR	American Bar Association Disciplinary Rule
ABAM	Association Belge des Assureurs Maritimes
ABEDA	Arab Bank for Economic Development in Africa
ABQL	Administrative Bureau of Quota and License
ABS	American Bureau of Shipping
AC	Average cost
ACAS	Advisory, Conciliation and Arbitration Service
ACASTD	Advisory Committee on the Application of Science and Technology to Development
ACCNNR	African Convention on the Conservation of Nature and Natural Resources
ACE	Adjusted current earnings
ACH	Automated clearing house
ACJS	Academy of Criminal Justice Sciences
ACM	Andean Common Market/Arab Common Market

ACMRR	Advisory Committee on Marince Resourus Research
ACN	Air Consignment Note
ACO	Administrative contracting officer
ACP	African, Caribbean and Pacific
ACRS	Accelerated Cost Recovery System
ACTL	American College of Trial Lawyers
ACTN	Advisory Committee for Trade Negotiations
ACTPN	Advisory Committee for Trade Policy and Negotiations
ACTU	Arbitration Court of Trade Unions
AIEDP	Asian Institute for Economic Development and Planning
AIIB	Asian Infrastructure Investment Bank
AILA	American Immigration Lawyers Association
AIOEC	Association of Iron Ore Exporting Countries
AIQ	Automatic import quota
AIT	American Institute in Taiwan
AITSO	Agreement relating to the International Telecommunication Satellite Organization
ALI	American Law Institute
AMA	American Marketing Association
AFDF	African Development Fund
AFESD	Arab Fund for Economic and Social Development
AFMAAP	Association of Food Marketing Agencies in Asia and the Pacific
AFPTU	African Postal and Telecommunication Union
AFPU	African Postal Union
AFRCT	African Regional Centre for Technology
AFTO	African Timber Organization
AGC	African Groundnut Council
AGCA	Associated General Contractors of America
AGT	Agent
AIA	American Institute of Architects
AIAA	American Institute of Aeronautics and Astronautics
AIB	Anti-Inflation Board
AICA	Associate of the Institute of Chartered Accountant
AICPA	American Institute of Certified Public Accountants
AID	Agency for International Development
AIDC	Asian Industrial Development Council
AIDO	Arab Industrial Development Organization
AMF	Arab Monetary Fund
AMS	Aggregate measurement of support
AMT	Alternative minimum tax
ANCER	Australia-New Zealand Closer Economic Relations
ANCOM	Andean Common Market
ANRPC	Association of Natural Rubber Producing Countries
ANZCER	Australia-New Zealand Closer Economic Relations
AOAD	Arab Organization for Agricultural Development
AOSAI	Asian Organization of Supreme Audit Institutions
AP	Additional premium
APAC	Agricultural Policy Advisory Committee
APB	Accounting Principles Board
APDI	Asian and Pacific Development Institute

APEC	Asia-Pacific Economic Cooperation
APIBD	Asia-Pacific Institute for Broadcasting Development
APINMAP	Asian and Pacific Information Network on Medicinal and Aromatic Plants
APINSS	Asia-Pacific Information Network in Social Science
APLA	American Patent Law Association
APNWLA	Agency for the Prohibition of Nuclear Weapons in Latin America
APO	Andean Pact Organization/Asian Productivity Organization; Andean Pact Organization
App. Div	Appellate division
APPEA	Asia-Pacific Program of Education for All
APPEID	Asia and the Pacific Program of Educational Innovation for Development
APPTC	Asia-Pacific Postal Training Centre
APPU	Asia-Pacific Postal Union
APR	Annual percentage rate
APSDP	Asian and Pacific Skill Development Program
APTU	Asia-Pacific Telecomm unity
APV	Adjusted present value
ARB	Accounting Research Bulletin
ARCPFI	Asian Regional Cooperative Project on Food Irradiation
ARM	Adjustable rate mortgage
ARTEP	Asian Regional Team for Employment Promotion
ARUNECE	Arbitration Rules of the United Nations Economic Commission for Europe
ASCA	Arab Society of Certified Accountants
ASCE	American Society of Civil Engineers
ASCS	Agricultural Stabilization and Conservation Service
ASEA	Association of South East Asia
ASEAN	Association of South East Asian Nations
ASEX	American Stock Exchange
ASF	Arab Sugar Federation
ASIL	American Society of International Law
ASP	American Selling Price
ASPR	Armed Services Procurement Regulations
ASPS	American Selling Price System
ASR	Accounting Series release
ASTM	American Society for Testing and Materials
ASWP	Any safe world port
ATAC	Agricultural Trade Advisory Committee
ATB	Agreement on Technical Barriers to Trade
ATC	Agreement on Textiles and Clothing
ATLA	American Trial Lawyers Association/Association of Trial Lawyers of America
ATM	Automated Teller Machine
ATPC	Association on Tin Producing Countries
ATRIMs	Agreement on Trade-Related Investment Measures
ATS	Automatic Transfer Services
Atty. Gen	Attorney-General
AWB	Airway Bill
AWJF	African Women Jurists Federation

B

B.C	Before Christ/Bankruptcy cases/British Columbia

B.E. or CPA firms	Big Eight (The eight largest public accounting (CPA) firms in U.S.A.)
B.F.P	Bona fide purchaser
B.I.	Boxer Indemnity
B.L.P	British Labor Party
B.P	British patent
B.T.A.	Board of tax appeal
B/BA	Back-to-back account
B/E	Bill of entry
B/P	Bill of parcels/Bill payable
B/P/B or B.P.B.	Bank post bill
B/R	Bill receivable
BAFM	British Association of Forensic Medicine
Banc. Sup. or B.S.	Bancus Superior
BCL	Bank of Comfort Letter
BCT	Bryan cooling-off treaty
BCV	Brussels Convention on Value
BDTC	British Dependent Territories Citizens
BDV	Brussels Definition of value
BFOQ	Bona fide occupational qualification
BG	Bank Guarante/Burgerliches Gesetzbuch
BI	Boxer Indemnity
BIA	Best information available
Big eight	The eight largest public accounting (CPU) firms in U.S.A.
BIMC	Baltic and International Maritime Conference
BIS	Bank for International Settlement
BISD	Basic Instruments and Selected documents
Black's	Black's Law Dictionary
BLEU	Belgium-Luxembourg Economic Union
BLUE	Best liner unbiased estimator
BMLA	British Maritime Law Association
BNO	British National (overseas)
BOT	Board of trade
BRIC	Brazil, Russia, India and China
BSC	Balkan Sub-Commission
BSFF	Buffer stock financing facility
BSI	British Standards Institution
BTN	Brussels Tariff Nomenclature

C

C&F or CFR	Cost and freight (named point of destination)
C.	Chancellor
C.A.	Commercial agency/Commission agent/Court of Appeal
C.A.A.	Clean Air Acts
C.A.B	Civil Aeronautics Board
C.A.F. or CF	Cost and freight
C.B.	Chief baron
C.B.O.E.	Chicago Board of Options Exchange
C.C.C.	Commodity Credit Corporation
C.D.	Certificate of deposit

C.E.T.	Common external tariff
C.F.T.C.	Commodity Future Trading Commission
C.H.	Clearing house
C.I.F & C.	Cost, insurance, freight and commission
C.I.F.	Cost, insurance, and freight
C.I.F. & E.	Cost, insurance, freight and exchange
C.I.F. & I.	Cost, insurance, freight and interest
C.I.F. & W.R.	Cost, insurance, freight and war risk
C.I.F. cleared	Cost insurance, freight cleared
C.I.F. ex ship's hold	Cost, insurance, freight ex ship's hold
C.I.F. inland waterway	Cost, insurance, freight inland waterway
C.I.F. under ship's tackle	Cost, insurance, freight under ship's tackle
C.I.F. & net	Cost, insurance, freight net
C.I.F.C. &.I.	Cost, insurance, freight commission and interest
C.I.F. landed terms	Cost, insurance, freight landed terms
C.I.F. liner terms	Cost, insurance, freight liner terms
C.I.O.	Congress of Industrial Organization
C.I.S.	Community of Independent States
C.J.	Chief justice
C.J.C.P.	Chief Justice of the Common Pleas
C.J.K.B.	Chief Justice of the King's Bench
C.J.Q.B.	Chief Justice of the Queen's Bench
C.L.	Civil Law
C.L.U.	Chartered Life Underwriter
C.O.D.	Cash on delivery/Collect on delivery
C.P.	Common pleas
C.S.C.	Civil service commission
C.W.O.	Cash with order
C/C	Chamber of commerce
C/o	Care of
CA	Court of appeals
CAA	Civil Aviation Authority
CABEI	Central American Bank for Economic Integration
CACAS	Civil Aviation Counsel of Arab States
CACEU	Central African Customs and Economic Union
CACJ	Central American Court of justice
CACM	Central American Common Market
CAEU	Council of Arab Economic Unity
CAFEI	Central American Fund for Economic Integration
CAFJ	Cameroonian Association of Female Jurists
CAFSD	Central American Fund for Social Development
CALI	Comprehensive automobile liability insurance
CALT	Center for Advanced Legal Training
CAMO	Common African and Mauritius Organization
CAMSF	Central American Monetary Stabilization Fund
CAP	Common Agricultural Policy/Common agriculture policy
CAR	Civil air regulations
CARIBI	Caribbean Basin Initiative
CARICCM	Caribbean Community and Common Market

CARIDB	Caribbean Development Bank
CARIFTA	Caribbean Free Trade Association
CATV	Community antenna television
CATW	Coalition against Trafficking in Women
CBA	Cost-benefit analysis
CBLC	Catalogue of Books on Law in China
CBT	Chicago Board of Trade
CBWAS	Central Bank of West African States
CCA	Commission for Conventional Armaments
CCAA	Commonwealth Conciliation and Arbitration Act
CCAC	Commonwealth Conciliation and Arbitration Commission
CCAF	Canadian Comprehensive Auditing Foundation
CCC	Commodity Credit Corporation/Customs Cooperation Council
CCCM	Caribbean Community and Common Market
CCCN	Customs Co-operation Council Nomenclature
CCEC	Coordinating Committee for Export Control
CCIC	China Certification & Inspection (Group) Co., Ltd.
CCICC	Convention for the Creation of an International Criminal Court
CCIVS	Coordinating Committee for International Voluntary Service
CCJO	Consultative council of Jewish Organization
CCNAA	Coordination Council for North American Affairs
CCP	Committee on Commodity Problems
CCPIT	China Council for the Promotion of International Trade
CD	Committee on Disarmament/Conference on disarmament
CDB	Caribbean Development Bank
CDCC	Caribbean Development and Cooperation Comity
CDP	Committee for Development Planning
CDS	Construction differential subsidy
CE	Council of Europe
CEA	Council of Economic Advisers
CEC	Commission of the European Communities
CENYC	Council of European National Youth Committees
CEO	Chief Executive Officer
CERCLA	Comprehensive Environmental Response Compensation, and Liability Act
CET	Common External Tariff/Common external tariff
CFF	Compensatory financing facility
CFR	Code of Federal Regulations
CG18	Consultative Group of Eighteen
CGCC	Consultative Group Cooperation Committee
CGE	Computable general equilibrium
CGSA	Carriage of Goods by Sea Act
CIA	Central Intelligence Agency
CIB	Council for Industrial Business
CICMA	Conference on Interaction and Confidence-Building Measures in Asia
CICNRD	Committee for International Cooperation in National Research Demography
CICT	Commission on International Commodity Trade
CID	Center for Industrial Development/Criminal investigation Department
CIEC	Conference on International Economic Cooperation
CIETAC	China International Economic and Trade Arbitration Commission

CIF	Cost, insurance, and freight (named point of destination)
CIFIC	Cost, insurance, freight, interest and commission
CIMT	Charter of the International Military Tribunal
CIMTFE	Charter of the International Military Tribunal for the Far East
CIP	Cost of insurance paid to (named place of destination)
CIQB	China Inspection and Quarantine Bureau
CIRDAP	Centre of Integrated Rural Development for Asia and the Pacific
CISS	Comite Internationale des Sports des Sourds/Comprehensive Import Supervision Scheme
CITO	Charter for the International Trade Organization (Havana Charter)
CITPES	Convention on International Trade in Protection of Endangered Species of Wild Fauna and Flora
CLA	Computer Law Association
CLACS	Community of Latin American and Caribbean States
CLAMS	Center for Latin American Monetary Studies
Clean L/C	Clean letter of credit
CLP	Cyclopedia of Law and Practice
CMA	Certificate in Management Accounting/Certified Management Accounting
CMEA	Council for Mutual Economic Assistance
CNEP	Canadian National Energy Program
COAIMSO	Convention and Operating Agreement on the International Maritime Satellite Organization
COAS	Charter of the Organization of American States (Charter of Bogota)
COAU	Charter of the Organization of African Unity
COET	Crude oil equalization tax
CPA	Certified public accountant/Cocoa Producers Alliance/Cocoa Producers' Alliance
CPAC	Commodity Policy Advisory Committee
CPI	Consumer price index
CPPCC	Chinese People's Political Consultative Conference
CPSC	Consumer Product Safety Commission
CPT	Carriage paid to (named place of destination)
CRF	Clean Report of Findings
CRNIEO	Center for Research on the New International Economic Order
CRS	Computer reservation system
CSIAS	Centre for Shipping Information and Advisory Services
CSSN	China's Standard Service Network
CTBL	Combined transport bill of lading
CTC	Commission on Transnational Corporations
CTD	Committee on Trade and Development/Combined transport document
CTE	Committee on Trade and Environment
CTT	Capital transfer tax
CTW	Coalition against Trafficking in Women
CU	Customs Union
CUSFTA	Canada-United States Free Trade Agreement
CVD	Countervailing duty
CWAR	Committee of the Whole for the Annual Report
CWT	Charter for World Trade
CYLP	Cyctopedia of Law and Practice

D

D and D or DD	Drunk and disorderly
D.A. or DA	District attorney

D.A.P.	Directorate of Accident Prevention
D.B.A.	Doing business as
D.C.	District courts
D.FRT	Dead freight
D.J.	District judge
D.P.P.	Director of Public Prosecution
D.T.	Delivery time
D.W.I.	Died without issues/Dying without issue
D.W.T.	Dead-weight tonnage
D/A	Deposit account/Document against Acceptance
D/D	Demand draft
D/N	Debit note
D/O	Delivery order
D/P	Documents against payment
D/P sight	Document against payment at sight
D/W	Dock warrant
DAC	Development Assistance Committee
DAD	Development Assistance Directorate
DC	Danube Commission
DCAA	Defense Contract Audit Agency
DCL	Doctor of Civil Law
DCPSCS	Declaration on the Conduct of Parties in South China Sea
DDA	Doha Development Agenda
DDP	Delivered duty paid (named place of destination)
DDU	Delivered duty unpaid (named place of destination)
DEQ	Delivered ex quay (duty paid) (named port of destination)
DES	Delivered ex ship (named port of destination)
DF	Development fund
DFC	Development Finance Companies
DHSA	Death on High Seas Act
DIEC	Development and International Economic Co-operation
DIF	Development insurance fund
DIP	Debtor in possession
DISC	Domestic International Sales Corporation
DLF	Development Loan Fund
DMT	Dry metric ton
DNI	Distributable net income
DOA	Dead on arrival
DOD	Department of Defense
DOE	Department of Energy
DOT	Department of Transportation
DPACT	Defense Policy Advisory Committee on Trade
DPI	Disposable personal income
DRM	Dispute resolution mechanism
DS	Domestic saving
DSB	Dispute Settlement Body
DSIS	Development Support Information Service
DSU	Dispute Settlement Understanding
DTC	Depository transfer check

| DWI | Driving while intoxicated |
| DWT | Dead weight ton |

E

E.E	Errors excepted
E.E.O.C	Equal Employment Opportunity Commission
E.O.E.	Errors and omissions excepted
E.O.M	End of month
E.P.S.	Earnings per share
E/C	Electronic commerce
E/T	Electronic trade
EAC	East African Community
EADB	East African Development Bank
EADB	East African Development Bank
EAEC	East African Economic Community/European Atomic Energy Community
EAI	Enterprise for the American Initiate
EAIC	East Asia Insurance Congress
EAT	Earnings after tax
ECE	Economic Commission for Europe
ECFA	Economic Cooperation Framework Agreement
ECGLC	Economic Community of the Great Lakes Countries
ECGLCMA	Economic Community of the Great Lakes Countries of Mid-Africa
ECLA	Economic Commission for Latin America
ECM	European Common Market
ECO	Economic Cooperation Organization
ECS	European Currency System
ECSC	European Coal and Steel Community
ECU	European Currency Unit
ECWA	Economic Commission for West Asia
ECWAS	Economic Community of West African States
EDA	Economic Development Administration
EDF	European Development Fund
EDIM	Electronic Data Interchange Messages
EDRP	Evade domestic ratification procedure (for the establishment of the GATT)
EDT	Electronic document transmissions
EEC	European Economic Community
EEMU	European Economic and Monetary Union
EEZ	Exclusive economic zone
EFTA	European Free Trade Association (or European Free Trade Area)/European Free Trade Area
EIB	European Investment Bank
EIT	Earnings before interest and taxes
ELCI	Environment Liaison Center International
EMA	European Monetary Agreement
EMAC	Europe Migrants Association Council
EMCF	European Monetary Co-operation Fund
EMS	European Monetary System
EOHP	Except otherwise herein provided
EOSAN	European Organization for the Safety of Air Navigation
EP	Economist program

EPA	Environment protection agency
EBRD	European Bank for Reconstruction and Development
EC	European Communities
ECA	Economic Commission for Africa
ECAFE	Economic Commission for Asia and the Far East
ECCAPR	Economic Cooperation Center for the Asian and Pacific Region
ECCAS	Economic Community of Central African States
ECCB	East Caribbean Central Bank
ECCM	East Caribbean Common Market
EPC	Economic Policy Committee
EPIC	Export Payment Insurance Corporation
EPU	European Payment Union
EPZ	Export processing zone
ERA	Equal rights Amendment
ERSGBI	Electoral Reform Society of Great Britain and Ireland
ERTA	Economic Recovery Tax Act
ESA	Employment Service Agency
ESC	Economic and Social Council
ESCAP	Economic and Social Commission for Asia and the Pacific
ESCWA	Economic and Social Commission for Western Asia
ESOP	Employee Stock Ownership Plan
EU	European Union
EUA	European Unit of Account
Eximbank	Export-Import Bank
EXW	Ex Works (named place)

F

F.A.A	Federal Aviation Administration/Free from all Average/Free of all average
F.C.A.	Federal Credit Administration/Farm credit Administration
F.C.C.	Federal Communications Commission
F.C.I.C.	Federal Crop Insurance Corporation
F.C.S.	Free of capture and seizure
F.D.A.	Federal Drug Administration
F.D.I.C.	Federal Deposit Insurance Corporation
F.G.A.	Free from general average
F.G.R.	Free ground rent
F.I.	Free in
F.I.C.B.	Fellow of the Institute of Chartered Brokers
F.I.O.S.	Free in and out and stowed
F.M.	Foreign mission
F.O.	Foreign Office
F.O.B.	Free on board
F.O.P.	Free on plane
F.O.Q.	Free on quay
F.O.R.	Free on rail
F.P.A.	Free from particular average
F.P.I.L.	Full premium if lost
F.P.R.	Federal Procurement Regulations
F.R.A.P.	Federal Rules of Appellate Procedure

F.R.B G.	Federal Reserve Board of Governors
F.R.C.P.	Federal Rules of Civil Procedure
F.R.D.	Federal Rules Decisions
F.T.C	Federal Trade Commission
F/L	Freight list
F/X or FE	Foreign exchange
F10-K	Form 10-K
F10-Q	Form 10-Q
FA	Free alongside (named vessel at designated port)
FADINAP	Fertilizer Advisory, Development and Information Network for Asia and the Pacific
FATF	Financial Action Task Force
FAIR	Federation of Afro-Asian Insurers and Reinsures
FAO	Food and Agriculture Organization of the United Nations
FAS or F.A.S.	Free alongside ship
FASB	Financial Accounting Standards Board
FASC	Federation of ASEAN Shipper's Council
FASS	Federation of Associations of Specialists and Sub-contractors
FAT	Freight allowed to (named point)
FATF	Financial Action Task Force
FBI	Federal Bureau of Investigation
FC	Fixed cost
FCIA	Foreign Credit Insurance Association
FCL	Full container load
FCO	Full Corporate Offer
FCPA	Foreign Corrupt Practices Act
FDA	Food and Drug Administration
FE	Foreign exchange (forex F/X)
FECA	Federal Employee's Compensation Act
FELA	Federal Employers' Liability Act
FFA	Foreign freight agent
FFRDLC	Fully Funded Revolving Documentary Letter of Credit
FGA	Foreign general average
FGS	Functioning of the GATT system
FHA	Federal Housing Administration
FHLB	Federal Home Loan Banks
FHLBB	Federal Home Loan Bank Board
FHLMC	Federal Home Loan Mortgage Corporation
FIB	Free into barge
FICA	Federal Insurance Contributions Act
FIFO	First in, first out
FIFRA	Federal Insecticide, Fungicide and Rodenticide Act
FIIC	Federation Interamericaine de L'Industrie de la Construction
FIMBRA	Financial Intermediaries, Managers and Brokers Regulatory Association
FIO	Free in and out
FIRPTA	Foreign Investment in Real Property Tax Act
FKA	Formerly known as
FLAB	Federation of Latin American Banks
FLSA	Fair Labor Standards Act
FMC	Federal Maritime Commission

FMCS	Federal Mediation and Conciliation Service
FMI	Fonds Monetaire Internationale
FMV	Fair market value
FNMA	(Fannie Mae) Federal National Mortgage Association
FOA	Foreign Operation Administration/Free on board airport
FOB	Free on board (named inland carrier at inland point of departure)/Free on board (named inland carrier at named inland point of departure)/Free on board (named inland carrier at named point of exportation)/Free on board vessel (named port of shipment)
FOBV	Free on board vessel (named port of shipment)
FOGS	Functioning of the GATT system
FOIA	Freedom of Information Act
FPAAC	Free from particular average American conditions
FPAEC	Free from particular average English conditions
FPHC	Foreign personal holding company
FRB	Federal Reserve Banks
FSC	Foreign Sales Corporation
FSO	Foreign service officer
FSRO	Foreign service reserve officers
FSS	Foreign service staff
FTA	Fair Trade Act/Free trade area
FTAAP	Free Trade Area of the Asia Pacific
FTC	Federal Trade Commission
FTZ	Foreign trade zone
FUTA	Federal Unemployment Tax Act

G

G.N.M.A	(Ginnie Mae) Government National Mortgage Association
G.O.M.	Grand Old Man
G.O.P.	Grand Old Party
G10	Group of ten
G24	Group of twenty-four
G7	Group of seven
G77	Group of 77
G8	Group of Eight
GA	General agent/General Average
GAAP	General Accepted Accounting Principle
GAAS	Generally Accepted Auditing Standards
GAB	General Arrangements to Borrow
GAO	General Accounting Office
GAP	Gross Agricultural Product
GATS	General Agreement on Trade in Services
GATT	General Agreement on Tariffs and Trade
GB	Gold bond
GCC	Gulf Cooperation Council
GCGE	Global computable general equilibrium
GCWM	General Conference for Weights and Measures
GDI	Gross domestic income
GDP	Gross Domestic Product
GEF	Global Environment Facility

GEO	Global environmental organization
GIEWSFA	Global Information and Early Warning System on Food and Agriculture
GLACSEC	Group of Latin American and Caribbean Sugar Exporting Countries
G-man	Government man
GMBSIFS	Guide to Money and Banking Statistics in International Financial Statistics
GNC	Gross National Consumption
GNE	Gross national expenditure
GNG	Group of Negotiation on Goods
GNP	Gross national product
GNS	Group of Negotiation on Service
GNW	Gross national welfare
GPM	Graduated Payment Mortgage
GPO	Government Printing Office
GRIT	Grantor retained income trust
GS	General schedule
GSA	General Service Administration
GSP	Generalized System of Preferences
GSTPDC	Global system of trade preference among developing countries
GTC	Good-till-cancelled
Guadalajara, 1960	Convention on the Unification of certain Rules relating to International Carriage by Air Performed by a Person other than the Contracting Carrier

H

H.B.	House bill
H.B.M	Her Britannic Majesty/His Britannic Majesty
H.C.	House of Commons
H.D	Heavy duty
H.I.M.	Her Imperial Majesty/His Imperial Majesty
H.L.	House of Lords
H.P.	Hire-purchase
H.R.	House of Representatives
HAB	House air bill
HCDCS	Harmonized Commodity Description and Coding System
HED	History of European Diplomacy
HGI	Hardgrove Grindability Index
HMO	Health Maintenance Organization
HOW	Home Owners Warranty
HRW	Human Rights Watch
HS	Harmonized System
HTS	Harmonized tariff schedule

I

I.C.C.	Interstate Commerce Commission
I.C.O.R	Incremental capital-output ratio
I.F.B.	Invitation for (to) bid
I.N.S.	Immigration and Naturalization Service
I.R.C	Internal Revenue Code
I.R.D.	Income in respect of decedent
I.R.S.	Internal Revenue Service

I/T	Electronic trade/Internet trade
IACAC	Inter-American Commercial Arbitration Commission
IACCP	Inter-American Council of Commerce and Production
IACL	International Academy of Comparative Law/International Association of Comparative Law
IACO	Inter-African Coffee Organization
IADB	Inter-American Development Bank
IADL	International Association of Democratic Lawyers
IADPSR	International Architects Designers' Planners for Social Responsibility
IAEA	International Atomic Energy Agency/International Atomic Energy Authority
IAESC	Inter-American Economic and Social Council
IAFs	Immediately available funds
IAFTAC	Inter-American Federation of Tourism and Automobile Clubs
IAIGC	Inter-Arab Investment Guarantee Corporation
IAJC	Inter-American Juridical Committee
IALS	International Association of Legal Science
IAPH	International Association of Ports and Harbors
IAPL	International Association of Penal Law
IAPPPFI	International Association for Promotion and Protection of Private Foreign Investments
IARF	International Association for Religious Freedom
IAS	International Accounting Standards
IATA	International Air Transport Association
IBA	International Bar Association
IBEC	International Bank for Economic Co-operation
IBI	Intergovernmental Bureau for Informatics
IBLM	International Bureau of Legal Metrology
IBRD	International Bank for Reconstruction and Development
IBS	International Bank for Settlement
IBWM	International Bureau of Weights and Measures
ICA	International Commodity Agreement/International Cooperative Alliance
ICAC	International Cotton Advisory Committee
ICAO	International Civil Aviation Organization
ICB	International Competitive Bidding
ICBMA	Interaction and Confidence Building Measures in Asia
ICC	International Chamber of Commerce/ International Coffee Council
ICCA	International Council for Commercial Arbitration
ICCEC	Inter-Governmental Council of Copper Exporting Countries
ICES	International Council for the Exploration of the Sea
ICEVH	International Council for Education of the Visually Handicapped
ICFTU	International Confederation of Free Trade Unions
ICITO	Interim Commission for the International Trade Organization
ICJ	International Commission of Jurists/International Court of Justice
ICM	Intergovernmental Committee for Migration
ICMM	International Committee of Military Medicine
ICO	International Cocoa Organization
ICOSO	International Committee of Outer Space Onomastics
ICP	Internet content provider
ICPE	International Center for Public Enterprises
ICPEDC	International Centre for Public Enterprises in Developing Countries
ICPO	International Criminal Police Organization/Irrevocable Corporate Purchase Order

ICRC	International Committee of the Red Cross
ICREA	International Commodity-Related Environmental Agreements
ICSAF	International Commission for the Southeast Atlantic Fisheries
ICSEMS	International Commission for Scientific Exploration of the Mediterranean Sea
ICSIDSNOS	International Convention for the Settlement of Investment Disputes between States and Nationals of Other States
ICSLS	International Convention for Safety of Life at Sea
ICSTC	International Convention for Safe Transport Containers
ICSU	International Council of Scientific Unions
ICT	International Commercial Terms/ Internet content provider (ICP)
ICTNIM	Inter-American Centre for Training in National and International Marketing
ICTP	International Center for Theoretical Physics
ICTUR	International Centre for Trade Union Rights
ICVA	International Council of Voluntary Agencies
ICWM	International Committee for Weights and Measures
IDA	International Development Association
IDB	Industrial Development Board/Integrated Data Base
IDCA	International Development Cooperation Agency
IDF	Industrial Development Fund
IDLI	International Development Law Institute
IDP	International driving Permit
IDRC	International Development Research Center
IEA	International Energy Agency
IEC	International Electro-technical Commission
IEIS	International Environment Information System
IET	Interest equalization tax
IF/O	In favour of
IFAC	Industrial Functional Advisory Committee
IFAD	International Fund for Agricultural Development
IFAE	International Federation of Associations of the Elderly
IFAWPCA	International Federation of Asian and Western Pacific Contractors Associations
IFC	International Finance Corporation
IFCCA	International Federation of Consular Corps and Association
IFCE	International Federation of Consulting Engineers
IFED	Iraqi Fund for External Development
IFFFA	International Federation of Freight Forwarder Association
IFJ	International Fédération of Journalists
IFPO	International Foundation for Protection Officers
IFR	International Federation of Robotics
IFRCRS	International Federation of Red Cross and Red Crescent Societies
IGCP	International Geological Correlation Program
IGOSS	Integrated Global Ocean Services System
IHO	International Hydrographic Organization
IHP	International Hydrological Program
IHRAAM	International Human Rights Association of American Minorities
IIB	International Investment Bank
IIC	International Institutes for Cotton
IIDC	Injury Investigation and Determination Committee
IIL	Institute of International Law

IIR	International Institute of Refrigeration
IISAST	International Information System for the Agricultural Science and Technology
IJO	International Jute Organization
ILA	International Law Association
ILC	International Law Commission/International Labeling Centre
ILO	International Labor Organization
ILSPMH	International League of Societies for Persons with Mental Handicap
ILTA	Interest on Lawyer's Trust Accounts
ILU	Institute of London Underwriters
ILZSG	International Lead and Zinc Study Group
IMC	International Maritime Committee
IMCO	Inter-Governmental Maritime Consultative Organization
IMF	International Monetary Fund
IMFPA	International Money & Fees Protection Agreement/Irrevocable Master Fee Protection Agreement
IMO	International Maritime Organization
IMRO	Investment Management Regulatory Organization
IMSO	International Maritime Satellite Organization
IMT	International Military Tribunals
IMTE	International Military Tribunal for Europe
INCOTERMS	International Commercial Terms
INEI	International Network for Education Information
INIS	International Nuclear Information System
INISTE	International Network for Information In Science and Technology Education
INRC	International Natural Rubber Council
INRO	International Natural Rubber Organization
INS	Immigration and Naturalization Service
IOCU	International Organization of Consumers Unions
IODMM	International Office of Documentation on Military Medicine
IOE	International Office of Epizootics
IOLM	International Organization of Legal Metrology
IOLTA	Interests on Lawyer's Trust Accounts
IOP	International Organisation of Psychophysiology
IOPCF	International Oil Pollution Compensation Fund
IOS	International Organization for Standardization
IOU	I owe you
IPAC	Investment Policy Advisory Committee
IPC	Integrated program for commodities
IPD	Interest profits and dividends
IPDC	International Patent Documentation Center
IPPC	International Penal and Penitentiary Commission
IPPF	International Planned Parenthood Federation/International Penal and Penitentiary Foundation
IPTE	Intergovernmental Panel on Trade and Environment
IPU	Inter-Parliamentary Union
IRA	Individual retirement account/Individual Retirement Annuity
IRB	Individual Retirement Bond
IRITT	International Rules for the Interpretation of Trade Terms
IRO	International Refugee Organization
IRPTC	International Register of Potentially Toxic Chemicals
IRR	Internal rate of return

IRS	Internal Revenue Service
IRSFC	International Rayon and Synthetic Fibers Committee
ISA	International Schools Association/International Silk Association/International Standardization Association
ISAC	Industry Sector Advisory Committee
ISC	International Sericultural Commission/International Society of Criminology/International Sugar Council
ISCI	Internal Standing Committee on Investment
ISDB	Islamic Development Bank
ISF	International Shipping Federation
ISICAEA	International Standard Industrial Classification of All Economic Activities
ISO	International Standard Organization
ISP	Internet service provider
ISPAC	International Steel Policy Advisory Committee
ISRA	International Society for Research on Aggression
ISSA	International Social Security Association
ISTA	International Seed Testing Association
IT	Information technology/Internet trade
ITA	Information Technology Agreement/International Trade Administration
ITC	International Trade Center/International Trade Commission
ITCB	International Textiles and Clothing Bureau
ITI	International Textile Institute
ITLO	Insurance against total loss only
ITMF	International Textile Manufacturers Federation
ITO	International Trade Organization/Stepchild of the International Trade Organization
ITTO	International Tropical Timber Organization
ITU	International Telecommunications Union/International Telegraph Union
IUCNNR	International Union for Conservation of Nature and Natural Resources
IUFO	International Union Family Organization
IULA	International Union of Local Authorities
IWC	International Whaling Commission/International whaling Commission/International Wheat Council
IWTO	International Wool Textile Organization

J

J.A	Judge Advocate
J.A.G.	Judge Advocate General
J.D.	Juris Doctor
J.N.O.V.	Judgment non obstante veredicto
J.P.	Justices of the Peace
JCD	Juris civilis doctor
JCE	Judge of the Court of Exchequer
JCI	Junior Chamber International
JWO	Jettison and washing overboard

K

K.B.	King's bench
K.B.D.	King's bench division
K.C.	King's (or Queen's) Council
K.O.	Keep off

L

L.C.	Lord Chancellor
L.C.J.	Lord Chief Justice
L.E.A.A.	Law Enforcement Assistance Administration
L.H.W.C.A.	Longshoremen's and Harbor Workers' Compensation Act
L.J.	Law judge/Law Journal
L.J.A.	Lord Justices of Appeal
L.L.	Law Latin
L/C	Letter of credit
L/G	Letter of guarantee
LAAP	Law Association for Asia and the Pacific
LACM	Latin American Common Market
LAEO	Latin American Energy Organization
LAES	Latin American Economic System
LAFTA	Latin American Free Trade Association
LAIA	Latin American Integration Association
LAS	League of Arab States
LCL	Less than full container load
LCTA	London Corn Trade Association
LDC	Less developed countries
LDSAP	Library and Documentation Service for Asia and the Pacific
LFAC	Labor Functional Advisory Committee
LIBOR	London inter-bank offered rate
LIFO	Last-in, first-out
LISH	Last-in, still-here
LJA	Lord Justices of Appeal
LOC	Letter of commitment
LON	League of Nations
LP	Linear programming
LSAC	Law School Admission Council
LSAT	Law School Admission Test
LTC	Long term care
Ltd.	Limited

M

M&A	Mergers and acquisition
M.C.	Member of Congress
M.D.	Middle District
M.L.R.	Minimum lending rate
M.O.	Mail order/Modus operandi
M.P.	Member of Parliament/Military police
M.R.	Master of the Rolls
M/T	Mail transfer
MAI	Multilateral Agreement on Investment
MALAGOC	Mutual Assistance of the Latin-American Government Oil Companies
MBF	Medical benefits fund
MC	Marginal cost
MC	Multinational corporation
MCA	Medical Control Administration/Monetary compensation amounts

MDB	Multilateral development banks
MEA	Multilateral environment agreements
MEDIRS	Maritime Environmental Data Information Referral System
MEPC	Maritime Environment Protection Committee
MERM	Multilateral Exchange Rate Model
MFA	Multi-Fiber Arrangement
MFC	Marginal factor cost
MFN	Most favoured nation
MIGA	Multinational Investment Guarantee Agency
ML	Master of laws
MLP	Master Limited Partnership
MNC	Multinational corporation
MOH	Medical Officer of Health
MPC	Marginal propensity to consume
MRP	Marginal revenue of product
MRS	Marginal rate of substitution
MRT	Marginal rate of transformation
MSS	Multilateral safeguard system
MT	Multi-modal transport
MTA	Multilateral trade agreements
MTN	Multilateral tariff negotiations/Multilateral trade negotiations
MTO	Multilateral Trade Organization/Multi-modal transport operator
MU	Marginal utility

N

N.A.	Non acquiescence/Non allocator/Not applicable/Not available
N.A.V.	Net asset value
N.B. or n.b.	Nota bene
N.D.	Northern District
N.E.I.	Non est inventus
N.e.s.	Not elsewhere specified
N.G.	National Guard
N.L.R.A.	National Labor Relations Act（Wagner Act）
N.L.R.B.	National Labor Relations Board
N.O.I.N.	Not otherwise indexed by name
N.O.R.	Notice of Readiness
N.O.V.	Non obstante veredicto
N.P	Notary public
N.R.	Non-resident
N.R.A.D.	No risk after discharge
N.S.	New style
N.T.S.B.	National Transportation Safety Board
N.Y.S.E.	New York Stock Exchange
N/A	Non-acceptance
NAA	National Aeronautic Association/National Association of Accountant
NAFTA	North American Free Trade Agreement
NAM	National Association of Manufacturers
NAR	National Association of Realtors
NASA	National Aeronautics and Space Administration

NASD	National Association of Securities Dealers
NASDAQ	National Association of Securities Dealers Automated Quotations
NATO	North Atlantic Treaty Organization
NAUA	National Automobile Underwriters Association
NAWL	National Association of Women Lawyers
NCDA	National Council on Drug Abuse
NCITD	National Committee on International Trade Documentation
NCNDA	Non-Circumvention, Non-Disclosure Agreement
NCNDWA	Non-Circumvention, Non Disclosure & Working Agreement
NCV	No commercial value
NDP	Net domestic product
NEPA	National Environmental Policy Act
NF	No funds
NFIS	Network of Fertilizer Information System
NFTC	National Foreign Trade Council
NGO	Non-governmental organization
NGRI	Not guilty by reason of insanity
NI	National income
NIESR	National Institute of Economic and Social Research
NIFO	Next-in, first-out
NIRA	National Industrial Recovery Act
NKA	Now known as
NMB	National Mediation Board
NME	Non-market economy
NNP	Net national product
NOK	Next of kin
NPV	Net present value
NSF	Not sufficient funds
NT	National treatment/National Trust
NTB	Non-tariff barriers
NTM	Non-tariff measures
NVOC	Non-vessel-operating carrier
NVOCC	Non-vessel-owning common carriers

O

O.C.	Opere citato
O.C.A.S.	Organization Central American States
O.S.	Old style
O.T.C.	Over-the-Counter
OAPEC	Organization of Arab Petroleum Exporting Countries
OAS	Organization of American States
OASDI	Old Age, Survivors, and Disability Insurance
OAU	Organization of African Unity
OCAS	Organization of Central American States
OCFISC	Overseas Chinese and Foreign Investment Screening Commission
ODA	Official Development Association
ODS	Operating Differential Subsidy
OECD	Organization for Economic Co-operation and Development
OECS	Organization of Eastern Caribbean States

OEEC	Organization for European Economic Cooperation
OIER	Organization for International Economic Relations
OMA	Orderly marketing agreements
OPEC	Organization of Petroleum Exporting Countries
OPIC	Overseas Private Investment Corporation
OPSG	Overseas Product Sales Group
OR	Owner's risk
ORC	Organization of Railways Co-operation
ORP	Ordinary reasonable and prudent (man or woman)
OSHA	Occupational Safety and Health Act
OTC	Organization for Trade Cooperation
OTC Act	Omnibus Trade and Competitiveness Act

P

P&I Association	Protection and Indemnity Association
P&I club	Protection and Indemnity club
P&I cover	Protection and Indemnity cover
P&I insurance	Protection and Indemnity insurance
P&L	Profit and loss
P.A.	Private account/Professional association/Professional accountant
P.C.	Parliamentary cases/Patent cases/Penal code/Pleas of the Crown/Privy council/Privy councilor/Price current/Professional corporation
P.I.	Physical injury
P.L.	Pamphlet Laws/Public law
P.M.	Postmaster
P.O.	Post-office/Police officer/Principal officer (D_1)/Purchase order
P.O.C.	Port of call
P.O.D account	payable on death account
P.P.	Post paid
P.P.I	Policy proof of interest
P.S.	Post scriptum/Postscript/Public statute
P.U.C.	Public utility commission
P/E Ratio	Price earnings ratio
P/N	Promissory note
PA	Procurement authorization/Power of attorney
PAC	Political action committees
PAFDC	Program of Aid to Families with Dependent Children
PAM	Policy Analysis Matrix
Pat.pend.	Patent pending
PAU	Pan-American Union
PAYE	Pay-as-you-earn
PB	Performance bond
PBC	People's Bank of China
PBEC	Pacific Basin Economic Council
PBGC	Pension Benefit Guaranty Corporation
PCIJ	Permanent Court of International Justice
PCSP	Permanent Commission for the South Pacific
PECC	Pacific Economic Cooperation Conference
PECH	Population Education Clearing House

PEF Co.	Private export funding corporation
Per pro. or p.p.	Per procurationem
PFI	Prison Fellowship International
PGE	Permanent Group Expert
PJ.	Presiding judge/Presiding justice
PKPA	Parental Kidnapping Prevention Act
Po.lo.suo	Point loco suo
POF	Proof of Fund
POP	Proof of product
POW	Prisoner of war
PPA	Protocol of Provisional Accession/Protocol of Provisional Application
PPP	Purchasing-power parity/Public-private partnership
PR	Performance proof
PRD	Previously rescheduled debt
Pro et con	Pro et contra
Prop. Reg.	Proposed Regulation
PSE	Producer subsidy equivalent
PSI	Pre-shipment Inspection
PTA	Preferential trading arrangement
PTI	Previously taxed income; Pre-trial intervention
PTO	Patent and Trademark Office
PUD	Planned unit development
PV	Present value

Q

Q.B.	Queen's Bench
Q.B.D.	Queen's Bench Division
Q.C.	Queen's counsel
Q.D.	Quasi dicat
Q.E.N.	Quare executionem non
Q.S.	Quarter sessions
Q.T.	Qui tam
Q.V.	Quod vide
QR	Quantitative restrictions
Q-TIP	Qualified terminable interest property

R

R	Rex/Regina/Range
R and R or R&R	Rest and Recuperation
R&D	Research and Development
R.D.C.	Running down clause
R.E.A.	Rural Electrification Administration
R.F.C.A.	Reconstruction Finance Corporation Act
R.F.D.	Rural free delivery
R.L.	Revised laws/Roman law
R.S.	Revised statutes
R.S.C.	Rules of the Supreme Court of England and Wales
RAR	Revenue agent's report
RBP	Restrictive Business Practices

RCD	Regional Cooperation for Development
RCRA	Resource conservation and recovery Act
RCTT	Regional Center for the Transfer of Technology
RDLC	Revolving Documentary Letter of Credit
Red BL	Red bill of lading
REDP	Regional Energy Development Program
REIT	Real estate investment trust
REMIC	Real Estate Mortgage Investment Conduit
RESPA	Real Estate Settlement Procedure Act
Rev. Rul.	Revenue Ruling
Rev. Proc.	Revenue procedure
RLDC	Relatively least developed countries
RNAM	Regional Network for Agricultural Machinery
RNEIESTA	Regional Network for the Exchange of Information and Experience in Science and Technology in Asia and the Pacific
ROI	Return on investment
ROR	Release on own recognizance
RTAA	Reciprocal Trade Agreements Act
RWA	Ready, willing and able

S

S.	Statute
S.B.A.	Small Business Administration
S.C.	Same case
S.I.	Statutory instruments
S.L.	Session laws/Statute law
S.N. or S/N	Shipping note
S.O.R.	Sale or return
S.R.C.C.R.	Strikes, riots and civil commotion risks
S.R.O.	Statutory rules and orders
S.S.A.	Social Security Administration
S.S.S.	Selective service system
S/E	Stock Exchange
S/o	Shipping order
SAAFA	Special Arab Aid Fund for Africa
SAFA	Special Arab Fund for Africa
SAFE	State Administration of Foreign Exchange
SAMA	Saudi Arabic Monetary Agency
SCAR	Scientific Committee on Antarctic Research
SCATC	Standard of Central American Tariff Code
SCATN	Standard of Central American Tariff Nomenclature
SCO	Shanghai Cooperation Organization/Soft corporate offer/Special Commissioner Office
SD	Standard deviation
SDR	Special drawing right
SEATO	Southeast Asia Treaty Organization
SEC	Securities and Exchange Commission
SERP	Supplementary Employee Retirement Plan
SETC	State Economics and Trade commission
SEZ	Special economic zone

SFAS	Statement of Financial Accounting Standard
SFD	Saudi fund for Development
SFSC	Shared foreign Sales Corporation
SGS	Society General de Surveillance
SID	Society for International Development
SIPA	Securities Investor Protection Act
SITC	Standard International Trade Classification
SITO	Stepchild of the International Trade Organization
SIW	Socialist International Women
SJC	Supreme judicial court
SMJ	Society of Medical Jurisprudence
SNA	System of National Accounts
SOS	Save our souls
SPF	South Pacific Forum
SPS	Sanitary and phyto-sanitary
SSI	Supplemental security income
STR	Special trade representative
SUBP	Supplemental unemployment benefits plan
SWIFT	Society for Worldwide Inter-bank Financial Telecommunication

T

T.	Term/Territory/Title/Term
T.C.	Tax court
T.L.O.	Total loss only
T.Q. or t.q.	Tale quale
T/B	Trial balance
T/C	Till countermanded
T/T	Telegraphic Transfer
TAA	Trade Agreement Act
TAB	Tax anticipation bill
TAIPR	Trade-Related Aspects of Intellectual Property Rights
TAMS	Total Aggregate Measurement of support
TAN	Tax anticipation note
TBT	Technical barrier to trade
TC	Trusteeship Council
TCDC	Technical cooperation among developing countries
TCSC	Tariff Commission of the State Council
TDB	Trade and Development Board
10-K	Form 10-K
10-Q	Form 10-Q
TFC	Total fixed costs
TFE	Toronto Future Exchange
TFTA	Transatlantic Free Trade Area
TIPS	Technological Information Pilot System
TL	Total loss
TMB	Textiles Monitoring Body
TMRT	Trade Mark Registration Treaty
TNC	Trade Negotiation Committee/Transnational corporation
TOGAP	Tropical Ocean and Global Atmosphere Program/Tropical Ocean and Global Atmosphere Program

TOP	Trade Opportunities Programs
Total AMS	Total Aggregate Measurement of Support
TPC	Trade Promotion Centre/Trade Policy Committee
TPM	Trigger price mechanism
TPP	Trans-Pacific Partnership Agreement
TPRB	Trade Policy Review Body
TPRG	Trade Policy Review Group
TPRM	Trade Policy Review Mechanism
TRIM	Trade-related investment measures
TRIPS	Agreement on Trade-Related Aspects of Intellectual Property Rights
TRO	Temporary restraining order
TRQ	Tariff rate quota
TSB	Textiles Surveillance Body
TSCA	Toxic Substances Control Act
TSUS	Tariff Schedule of the United States
TVC	Total variable costs
TVHK	Radio Television Hong Kong

U

U.C.C.	Uniform Commercial Code
U.C.C.C.	Uniform Consumer Credit Code
U.C.C.J.A.	Uniform Child Custody Jurisdiction Act
U.C.M.J.	Uniform Code of Military Justice
U.C.R.	Uniform Crime Reports
U.N.	United Nations
UB	Upper bench
UBEC	Union of Banana Exporting Countries
UCPCDC	Uniform Customs and Practice for Commercial Documentary Credits
UDITPA	Uniform Division of Income for Tax Purpose Act
UFCA	Uniform Fraudulent Conveyance Act
UFTA	Uniform Fraudulent Transfer Act
UK	United Kingdom
UN MDG	United Nations Millennium Development Goals
UNAMC	United Nations Advance Mission in Cambodia
UNAPEC	United Nations Action Program for Economic Cooperation
UNCCGS	United Nations Convention on the Carriage of Goods by Sea (Hamburg Rules)
UNCDF	United Nations Capital Development Fund
UNCED	United Nations Conference on Environment and Development
UNCF	United Nations Children's Fund
UNCHE	United Nations Conference on the Human Environment
UNCIO	United Nations Conference on International Organization
UNCITL	United Nations Commission on International Trade Law
UNCSTD	United Nations Centre on Science and Technology for Development
UNCTD	United Nations Conference on Trade and Development
UNCTC	United Nations Centre on Transnational Corporations
UNCTR	United Nations Centre for Natural Resources
UNDC	United Nations Development Corporation/United Nations Disarmament Commission
UNDP	United Nations Development Program
UNEP	United Nations Environment Program

UNESCO	United Nations Educational, Scientific and Cultural Organization
UNFDAC	United Nations Fund for Drug Abuse Control
UNFPA	United Nations Fund for Populations Activities
UNGA	United Nations General Assembly
UNHCR	United Nations High Commissioner for Refugees
UNICEF	United Nations International Children's Emergency Fund
UNIDB	United Nations Industrial Development Board
UNIDF	United Nations Industrial Development Fund
UNIDO	United Nations Industrial Development Organization
UNIKOM	United Nations Iraq-Kuwait Observation Mission
UNITR	United Nations Institute for Training and Research
UNMDG	United Nations Millennium Development Goals
UNO	United Nations Organization
UNPF	United Nations Population Fund
UNRF	United Nations Refugees Fund
UNRRA	United Nations Relief and Rehabilitation Administration
UNSCC	United Nations Standards Coordinating Committee
UNTSOP	United Nations Truce Supervision Organization in Palestine
UNU	United Nations University
UNV	United Nations Volunteers
UPU	Universal Postal Union
URA	Uruguay Round Agreement
URAA	Uruguay Round Agreements Act
US CIT	United States Court of International Trade
US CITRAL	United States Commission on International Trade Law
US DOC	United States Department of Commerce
US DOE	United States Department of Energy
US ITC	United States International Trade Commission
US TR	United States Trade Representatives
USSC	United States Supreme Court
USTR	U.S. trade representative

V

V. or vs.	Versus
V.A.	Veterans Administration
VAT	Value-added tax
VC	Variable cost/Vice chancellor
VER	Voluntary export restraints
VMP	Value of marginal product
VRA	Voluntary restraint agreements
VTC	Voting-trust certificates

W

W.a.	With average
W.D.	Western District
W.P.A.	With particular average
WAEC	West African Economic Community
WAGGG	World Association of Girl Guides and Girl Scouts
WAITRO	World Association of Industrial and Technological Research Organization

WAJ	World Association of Judge
WAL	World Association of Lawyers
WAMU	West African Monetary Union
WAPR	World Association for Psychosocial Rehabilitation
WAS	working paper series
WCJCS	World Council of Jewish Communal Service
WCL	World Confederation of Labour
WCO	World Customs Organization
WFC	World Food Council
WFP	World Food Program
WHO	World Health Organization
WIPO	World Intellectual Property Organization
WMO	World Meteorological Organization
WMT	Wet metric ton
WPS	Working Paper Series
WROWP	WHO Regional Office for the Western Pacific
WTO	World Tourism Organization/World Trade Organization
WVF	World Veterans Federation
WWDSHEX EIU	Weather working days, Sunday, holidays excepted, even if used

X

| XB | Extra-budgetary |

Y

| Y.A.R. | York-Antwerp Rule |

香港機構名稱

A

Agriculture, Fisheries and Conservation Department 漁農自然護理處

Architectural Services Department 建築署

Audit Commission 審計署

Auxiliary Medical Service 醫療輔助隊

B

Buildings Department 屋宇署

C

Census and Statistics Department 政府統計處籌辦事處

Chief Executive Office 行政長官辦公室

Chief Secretary for Administration's Office 政務司司長辦公室

Civil Aid Service 民眾安全服務隊

Civil Aviation Department 民航處

Civil Engineering and Development Department 土木工程拓展署

Civil Service Bureau 公務員事務局

Civil Services Training and Development Institute 公務員培訓處

Commerce and Economic Development Bureau 商務及經濟發展局

Companies Registry 公司註冊處

Constitutional and Mainland Affairs Bureau 政制及內地事務局

Consumer Council 消費者委員會

Customs and Excise Department 香港海關

D

Department of Health 衛生署

Department of Justice 律政司

E

Education Bureau 教育局

Electrical and Mechanical Services Department 機電工程署

Employees Retraining Board 僱員再培訓局

Environmental Protection Department 環境保護署

Equal Opportunities Commission 平等機會委員會

F

Financial Services and the Treasury Bureau 財經事務及庫務局

Fire Services Department 消防處

Food and Health Bureau 食物及衛生局

G

Government Logistics Department 政府物流服務署

Government Laboratory 政府化驗所

H

Home Affairs Bureau 民政事務局

Hong Kong Arts Development Council 香港藝術發展局

Hong Kong Council for Accreditation of Academic and Vocational Qualifications 香港學術及職業資歷評審局

Hong Kong Council on Smoking and Health 香港吸煙與健康委員會

Hong Kong Export Credit Insurance Corporation 香港出口信用保險局

Hong Kong Housing Authority 香港房屋委員會

Hong Kong Industrial Estates Corporation 香港工業邨公司

Hong Kong Science and Technology Parks Corporation 香港科技園公司

Hong Kong Observatory 香港天文台

Hong Kong Post 香港郵政

Hong Kong Productivity Council 香港生產力促進局

Hong Kong Sports Development Board 香港康體發展局

Hong Kong Sports Institute 香港體育學院

Hong Kong Tourism Board 香港旅遊發展局

Hong Kong Trade Development Association 香港貿易發展局

Hospital Authority 醫院管理局

I

Immigration Department 入境事務處

Information Services Department 政府新聞處

Information Technology and Broadcasting Bureau 資訊科技及廣播局

J

Judiciary 司法機關

L

Labour Department 勞工處

Labour Registry 土地註冊處

Lands Department 地政總署

Legal Aid Services Council 法律援助服務局

M

Management Services Agency 管理參議署
Marine Department 海事處

O

Office of the Commissioner for Administrative Complaints 行政事務申訴專員公署
Office of the Communications Authority 通訊事務管理局
Office of the Ombudsman 申訴專員公署
Office of the Privacy Commissioner for Personal Data 個人資料私隱專員公署
Official Receiver's Office 破產管理署
Official Languages Division 法定語文事務部

P

Planning Department 規劃署
Planning, Environment and Lands Bureau 規劃環境地政局
Policy Innovation and Co-ordination Office 政策創新與統籌辦事處
Public Services Commission 公務員敍用委員會

R

Radio Television Hong Kong 香港電台
Rating and Valuation Department 差餉物業估價署

S

Social Welfare Department 社會福利署

T

Television and Entertainment Licensing Authority 影視及娛樂事務管理處
Trade and Industry Department 工業貿易署
Transport and Housing Bureau 運輸及房屋局

U

University Grants Committee 大學教育資助委員會

V

Vocational Training Council 職業訓練局

W

Working Family and Student Financial Assistance Agency 在職家庭及學生資助事務處
Works Bureau 工務局
Water Supplies Department 水務署

後 記

何以要編著英漢法律詞典

我非法學專科生，編著《簡明英漢法律詞典》，困難尤多，但承諸多老師朋友鼎力襄助，秉持初心，攻堅克難，終於編就。現簡略回顧編著歷程，以為釋懷。

我 1964 年畢業於外交學院，入外交部工作，適逢"文化大革命"，很孤立、很迷惘，因而萌發了"法治"念頭，激起幼時"渴望公平"的思想。不期在辦理一起"絕產"僑務繼承案件中，有文字需要譯成英文，我電話諮詢李浩培教授（外交部法律顧問），他浙江口音，我沒聽明白，不好意思再問，於是就找了翻譯室英語權威，也不知道如何翻譯，當時找不到一本英漢法律詞典可供查閱。一個泱泱大國居然沒有一本英漢法律詞典，不免令人浩歎。"一定要編本英漢法律詞典"的想法油然而生。

一個週日，我大膽登門拜訪李浩培教授，提出要編譯一本英漢法律詞典，李教授當即表示贊同，到書房把他多年積累的大量中英文法學典籍資料全都拿給我，並承諾詞典脫稿後，他可以看稿校對。這是我敢於承擔編著詞典的精神支柱。

編著詞典，一開始滿腔熱血，真正着手卻十分犯難，沒有樣本可循，從哪裏入手？怎樣編法？經李浩培教授指引，確定以 *Black's Law Dictionary* 作為編輯藍本。我同步開始強化法學知識，一是研讀中華法制史、歐美各國法制史。二是通讀北大、人大等高校編著的法律教科書。三是研讀李浩培教授關於國際私法抵觸規則的論述，以及英美等國關於衝突法、移民法等規定，以適應國際經貿訴訟、移民、婚姻、收養和繼承等案件需求，增強詞典的工具性。四是研讀中華法系、大陸法系、普通法系、印度法系、伊斯蘭法系（又稱"阿拉伯法系"），比較普通法系與大陸法系，以及羅馬法對普通法和大陸法在物權、債權和繼承權方面的影響，增強詞典的知識性和實用性。五是研讀李浩培教授等國內外知名法學家、港台學者以及律師對現行法律、法規的解說，增強《詞典》注釋的權威性。六是研讀李浩培教授翻譯的《國際法》和朱荔蓀等編著的《國際公法》，以及國際經濟法、國際海洋法、外太空法，以及美籍華人 Luke T. Lee 編著的《領事法律與實踐》等法學著作，彰顯詞典內容涵蓋廣泛的特性和實用性。

接着不斷蒐集法律術語資料，一、抄錄法律術語：李教授提供的法學資料（英、拉、法、西等法律術語），法學教科書中的術語，國內外法學專家論文中的術語，中外報刊雜誌中法律術語，節錄 *Black's Law Dictionary* 部分詞條，收集黃俊編譯的《羅馬法》中拉丁術語，參閱 *Oppenheim's International Law*（奧本海國際法）、*A Digest of English Civil Law*（英國民法彙編）、*Principle of German Civil Law*（德意志民法原則）、*American Law Dictionary*（由 Steven H. Gifis 編著）、*New English-Japanese Dictionary of Law, Politics, Economics & Commerce*（由南信好編著），摘譯美國移民八大優先、簽證規定，及其法律法規等術語。 二、抄錄法律術語譯文：李教授提供的法學資料中所有中譯文，《中國大百科全書》"法學"術語的譯文，王鐵崖教授法學譯著的法律術語，吳景榮教授主編的《漢英詞典》中的法律術語，上海外國語學院等編寫的《新英語詞典》中的法律術語，國際條約譯文，中國公佈的法律法規譯文。

到後來借來一台打字機，開夜車，將手抄的資料全都打出來，計四五百萬字之多。

1979 年，赴駐美國大使館工作，我隨身攜帶兩個箱子，一箱衣物行囊，另一箱便是滿滿的詞典書稿。到館後不張揚，利用業餘時間，繼續編輯工作，每天晚上十點之後回宿舍，按字母順序剪貼編輯，把所剪下的詞條，逐一張貼在蒐集的廢紙背面，每每工作至凌晨兩點。

日復一日，終於剪輯編排好了。有一天發燒，未去上班，鄧榕來宿舍看望，看到我桌上、地上、牀上（除留下睡覺的地方外）全都排滿書稿，十分驚訝，我只好告之原委。她便大力支持，動員使館諸多同事，幫助打印和謄清書稿，她本人就謄清了八本。

抄錄的資料進入翻譯階段，譯出抄錄的法律術語，摘譯 *Black's Law Dictionary* 部分詞條，譯校《新英語詞典》等詞典的法律詞條。

法律詞彙晦澀，翻譯每條術語，都要查閱大量中外典籍，弄通詞義，再動筆翻譯，"揮毫冬至暑，坐墊縫又補，三更難入眠，一字未譯出。"每每歎息，性識愚魯，學術生疏，不自量力，卻欲罷不能。

　　書稿在鄧榕等同事幫助下，打印編排成冊，形成詞典雛形，為向李教授交上一份乾淨書稿，我對全書進行初校。回國後，又請同事劉元元重新打印。翻譯難，校對也不容易，要過三關：一刪除關，"去粗取精，寧缺毋濫"，大凡不符合收錄原則的詞條，盡行刪除。每個詞條都是從書海中摘抄、敲打而來，刪除亦難以割捨，甚費腦筋。二數量關，蒐集資料時，只要與"法"字沾邊的術語全都抄入，刪除時要回顧該詞條是從何處抄來的，四五百萬之數，工作量很大。三錄入錯誤關，中文拼寫錯誤，音同字不同的錯誤，容易查出，但外語拼寫錯誤，查找起來，非常耗時，"編修一遍稿，宵徵幾星稀；錄入錯一字，查校費小時"。

　　耗時十餘年業餘時間，詞典終於編成，經李浩培教授通校，外層空間法專家賀其治、經濟學專家史久鏞和胡其安等專家參與校對部分書稿，取名為《簡明英漢法律詞典》，分別於 1990 年和 1991 年由北京和香港商務印書館出版。

　　此次再次承蒙香港商務印書館青睞，對詞典進行全面修訂和增補擴編，尤其大量增加了外交、領事、海商等國際法法律術語條目，更名為《實用英漢法律大詞典》(*Practical English-Chinese Dictionary of Law*)。數十年編纂生涯，匯成詞典一冊，感慨良多，有幾點體會：一、李教授支持和悉心指導，是編著詞典的精神支柱；二、"渴望公平"是堅忍不拔的內在動力；三、從事外交工作，有機會涉獵和博覽中外法學叢書，注意蒐集古今中外資料，是編著詞典詞彙來源的堅實基礎；四、司法工作有助於詞典譯文達到"信達雅"。上世紀八十年代初，我自始至終參與辦理湖廣鐵路債券訴訟案，並最終勝訴，深刻體會到：司法實踐融合法律書面知識、感性知識和辦案經驗於一體，只有對法律術語含義理解正確，才能譯得準確。所以，從駐美使館任滿回國後，我就申請調到了國際條約法律司工作，就近得到許多法學專家的指導和幫助。五、"業精於勤"是恩師李教授的治學座右銘，作為學生，我以此為榜樣，努力"博而得其要，簡而周於事"，刻苦鑽研，實現初心，矢志不渝，先後編著出版了《最新英漢法律詞典》(由法制出版社刊行)、《涉外視窗實用英語會話》、《WTO 英漢－漢英詞典》(分別由外文出版社刊行)，以及近著《簡明實用英漢法律大詞典》(由法制出版社刊行)和《實用英漢法律大詞典》(繁體字)(由香港商務印書館刊行)。

　　詞典乃他山攻錯，博採眾華，傾注了李浩培教授等法學專家的無限心血，薈萃了中外法學家的研究成果，期盼能為構建人類命運共同體、能為實現"最大多數人，謀取最大的利益"而貢獻綿薄之力。

彭金瑞

2019 年 6 月於海南